THE SCHOTTENSTEIN DAF YOMI EDITION

תלמוד
TALMUD BAVLI
בבלי

מהדורת דף היומי

The ArtScroll Series®

THE HORN EDITION OF SEDER MOED

מסכת תענית
TRACTATE TAANIS

תלמוד בבלי

מהדורת דף היומי

BAVLI

THE HORN EDITION OF SEDER MOED

מסכת תענית

TRACTATE TAANIS

Elucidated by
Rabbi Mordechai Kuber
Rabbi Michoel Weiner

under the General Editorship of
Rabbi Hersh Goldwurm
in collaboration with a team of Torah Scholars

The Schottenstein Daf Yomi Edition

TALMUD

THE GEMARA: THE CLASSIC VILNA EDITION,
WITH AN ANNOTATED, INTERPRETIVE ELUCIDATION,
AS AN AID TO TALMUD STUDY

The Hebrew folios are reproduced from
the newly typeset and enhanced
OZ VEHADAR Edition of the Classic Vilna Talmud

Published by
Mesorah Publications, ltd

We gratefully acknowledge the outstanding
Torah scholars who contributed to this volume:

Rabbi Hersh Goldwurm

reviewed and commented on the entire manuscript.

Rabbis Yehezkel Danziger, Hillel Danziger,
Yosef Davis and **Nesanel Kasnett**

were the primary editors, assisted by

Rabbis Avrohom Yoseif Rosenberg,
Avraham Berman, and **Dovid Katz.**

FULL-SIZE EDITION
First Impression . . . October, 1991

DAF YOMI EDITION
Nineteen Impressions . . . March 2004 — March 2022
Twentieth Impression . . . November 2023

Published and Distributed by
MESORAH PUBLICATIONS, Ltd.
313 Regina Avenue / Rahway, N.J. 07065

Distributed in Europe by
LEHMANNS
Unit E, Viking Business Park
Rolling Mill Road
Jarrow, Tyne & Wear NE32 3DP
England

Distributed in Israel by
SIFRIATI / A. GITLER — BOOKS
POB 2351
Bnei Brak 51122

Distributed in Australia & New Zealand by
GOLDS WORLD OF JUDAICA
3-13 William Street
Balaclava, Melbourne 3183
Victoria Australia

Distributed in South Africa by
KOLLEL BOOKSHOP
Northfield Centre, 17 Northfield Avenue
Glenhazel 2192, Johannesburg, South Africa

THE ARTSCROLL® SERIES / SCHOTTENSTEIN DAF YOMI EDITION
TALMUD BAVLI / TRACTATE TAANIS

ITEM CODE: DTTAA
ISBN 10: 1-57819-619-1
ISBN 13: 978-1-57819-619-7

Typography by CompuScribe at ArtScroll Studios, Ltd.
*Custom bound by **Sefercraft, Inc.,*** Rahway, N.J.

A PROJECT OF THE

Mesorah Heritage Foundation

Tractate Taanis is dedicated
to the memory of

Anna and Harry Bernstein ע״ה
Sarah and Joseph Furman ע״ה
Mr. Samuel Nassi ע״ה

By using this vehicle to memorialize their parents,
these families are building bridges
from the past to the future.

Surely there can be no more fitting memorial
to the past than to keep its traditions alive

תנצב״ה

Reverently dedicated
by their children and grandchildren

David and Jean Bernstein
Matthew Bernstein
Owen and Kei
Scott and Andrea Bernstein
Samara, Jonah, and Jesse
Albert and Gail Nassi
Jessica and Garrett

The publishers pay tribute to
the memory of the unforgettable

Jerome Schottenstein ז״ל

whose wisdom, warmth, vision, and generosity wrote new chapters
of Jewish life and learning in America and around the world.
Generations from now, he will be remembered as the one
whose enlightened support made the Talmud accessible
to English-speaking Jews everywhere;

Geraldine Schottenstein תחי׳

who wears her mantle with unusual grace
and firm adherence to the values with which she set
the strong foundation of her family.
She sets a powerful and principled example
for her children and grandchildren.
We are grateful for her support and that of her children:

Jay and Jeanie Schottenstein,
Ann and Ari Deshe,
Susan and Jon Diamond,
and **Lori Schottenstein,**

friends from the start,
as staunch supporters who have been instrumental
in the ten years of the Talmud's success.
They bring energy, devotion, magnanimity, and graciousness
to a host of vital causes
in their native Columbus and throughout the world.

THE SCHOTTENSTEIN DAF YOMI EDITION

TALMUD BAVLI

This edition — in a convenient new size
to serve the growing number of people
who are making the Talmud an indispensable part of their lives —
is dedicated by

Jay and Jeanie Schottenstein

and their children

Joseph Aaron and Lindsay Brooke
Jacob Meir, Jonah Philip, Emma Blake

Jonathan Richard and Nicole Lauren
Winnie Simone, Teddi Isabella,
Allegra Giselle, Elodie Yael

Jeffrey Adam and Ariella
Jerome Meir

They dedicate it in honor of their cherished loved ones
who have left indelible marks on their own lives
and the lives of countless others,
as models of inspiration, generosity, integrity,
and devotion to the noblest causes of Jewish life.

They are:
his parents

Jerome ע״ה and Geraldine Schottenstein

her parents

Leonard and Heddy Rabe

and their uncle and aunt

Saul and Sonia Schottenstein

Jay and Jeanie Schottenstein

have a perspective that transcends time and community.
Their names have become synonymous with
imaginative and effective initiatives
to bring Torah study and Jewish tradition to the masses of our people.

Through their magnanimous support of the various editions of

The Schottenstein Talmud

— this Daf Yomi Edition, the Hebrew Edition,
and the original full-size English Edition —
they spread Torah study around the globe and across generations.
Few people have ever had such a positive impact on Jewish life.
Myriads yet unborn will be indebted to them
for their vision and generosity.

PATRONS OF THE TALMUD ❖ DAF YOMI EDITION

With generosity, vision, and devotion to the perpetuation of Torah study,
the following patrons have dedicated individual volumes of the Daf Yomi Edition of the Talmud

INTRODUCTION TO THE TALMUD: **Robin and Warren Shimoff**
In honor of **Kollel Yisroel V'Shimshon** of the West Side
In memory of our parents Lynn and Irving Shimoff
ישראל דוב בן אהרן יעקב ז״ל חיה רבקה לאה בת אליעזר יהודה ע״ה

BERACHOS I: In memory of **Jerome Schottenstein ע״ה**
יעקב מאיר חיים בן אפרים אליעזר הכהן ע״ה

BERACHOS II: **Zvi and Betty Ryzman**
and their children
Mickey and Shelly Fenig — Aliza, Yissachar David, Batsheva, Aharon Yakov and Elazar
Elie and Adina Ryzman — Leora, Yonatan, Ari and Shai
Avi and Zahava Ryzman — Sarah Chloe and Eliana Shayna
Rafi and Elimor Ryzman — Ora and Nava
In memory of
Hagaon Harav Meir Shapiro זצ״ל, the unforgettable Rav of Lublin,
and in honor of
Chief Rabbi Hagaon Harav Yisrael Meir Lau שליט״א

SHABBOS I: **Dr. Paul and Esther Rosenstock** **Jake and Dr. Helaine Harman**
Mrs. Faigy Harman
and their children and grandchildren
Nechama Mordechai Binyamin **Michelle Marc**
Yonina and Dov Wisnicki, Avi and Leora
Shira and Shlomie Rosenberg
in memory of our father, husband, and grandfather
מרדכי ב״ר אברהם ע״ה — Mordechai (Mottel) Harman

SHABBOS II: **Stanley and Ellen Wasserman**
and their children
Alan and Svetlana Wasserman Mark and Anne Wasserman
Neil and Yael Wasserman Stuart and Rivka Berger
and families
In loving memory of
יוסף בן דוב בער ע״ה בילא בת יעקב ע״ה — Joseph and Bess Wasserman ע״ה, and
שמריהו בן משה ע״ה רבקה בת הרב יוסף הכהן ע״ה — Sascha and Regina (Czaczkes) Charles ע״ה

SHABBOS III: **Stanley and Ellen Wasserman**
and their children
Alan and Svetlana Wasserman Mark and Anne Wasserman
Neil and Yael Wasserman Stuart and Rivka Berger
and families
in loving memory of
יוסף בן דוב בער ע״ה בילא בת יעקב ע״ה — Joseph and Bess Wasserman ע״ה, and
שמריהו בן משה ע״ה רבקה בת הרב יוסף הכהן ע״ה — Sascha and Regina (Czaczkes) Charles ע״ה

SHABBOS IV: **Malkie and Nachum Silberman**
Leonard and Cassia Friedlander
Elkie Friedlander
in memory of their parents
ר׳ סיני ב״ר אריה לייב ורבקה גיטל בת ר׳ יוסף דוד ז״ל — Sidney and Gussie Friedlander ז״ל
and in memory of their grandparents
ר׳ יוסף דוד ב״ר משה ז״ל וזיסל בת ר׳ ישעיהו ע״ה — Joseph and Jennie Trattner ז״ל

ERUVIN: [two volumes] **Jerome and Geraldine Schottenstein Saul and Sonia Schottenstein**
Jay and Jeanie Schottenstein Ann and Ari Deshe
Susan and Jon Diamond Lori Schottenstein
in memory of
אפרים אליעזר בן יהושע הכהן ע״ה — Ephraim Schottenstein ע״ה
חנה בת צבי הירש ע״ה — Anna Schottenstein ע״ה

PATRONS OF THE TALMUD ❖ DAF YOMI EDITION

PESACHIM I: **Tommy and Judy Rosenthal**

Yitzchok and Tamar **Dani and Michali** **Michal and Avi Orzel** and their children

in memory of our parents

Yitzchok and Magda Rosenthal ז״ל — ר׳ יצחק ב״ר יעקב קאפיל ז״ל מחלה בת אשר זעליג ע״ה

Moshe Yaakov Jakabovits ז״ל — ר׳ משה יעקב בן ר׳ אברהם יצחק הכהן ז״ל

and in honor of יבלח״ט our mother

Beila Jakabovits שתחי׳ עמו״ש

PESACHIM II: **Yisroel and Rochi Zlotowitz**

Gitty, Aaron and Sori

in memory of their beloved grandparents and great grandparents

Zlotowitz — הרב אהרן ב״ר מאיר יעקב זצ״ל והרבנית פרומא בת ר׳ חיים צבי ע״ה

Schulman — ר׳ חיים חייקל ב״ר שמואל ז״ל וחיה בת הרב ישראל יהודה ע״ה

Maybloom — הרב משה יהודה ב״ר יצחק צבי ז״ל ושרה בת הרב שבתי ע״ה

Goldman — החבר שלום בן שבתי ז״ל וגיטל בת החבר פינחס צבי ע״ה

PESACHIM III: **Lorraine and Mordy Sohn** **Ann and Pinky Sohn**

in memory of

Dr. Harry Sohn ע״ה — ר׳ צבי ב״ר אלעזר ע״ה

Dora F. Sohn ע״ה — מרת הענדיל דבורה ב״ר אברהם שלמה ע״ה

Harold Levine ע״ה — ר׳ יחזקאל ב״ר אליקים חנוך הלוי ע״ה

Ruth Levine ע״ה — רבקה הענא בת שמעון הלוי ע״ה

Rosalie Sohn ע״ה — רייזל ב״ר שמשון ע״ה

SHEKALIM: **Laibish and Tanya Kamenetsky**

in memory of his parents

Max and Brenda Kamenetsky ז״ל — מרדכי בן משה צבי הלוי ז״ל ובראנשע בת צבי הערש ע״ה

in memory of her father

David Gottesman ז״ל — דוד פישל בן יחיאל מאיר ז״ל

and in memory of their grandparents

Kamenetsky — משה צבי בן מרדכי הלוי ז״ל וצירל בת זעליג ע״ה

Berman — צבי הערש ז״ל וחיה לאה בת לייביש אליהו ע״ה

Bolag — משה בן ישראל ז״ל ורעכיל בת משה בונם ע״ה

Gottesman — יחיאל מאיר בן שמואל ושרה בת יהודה דוב ע״ה

BEITZAH: **Eric and Joyce Austein**

and their children

Ilana and Avi Tobias **Michael and Aliza**

Jonathan and Ilana Miriam **Adam and Sara** **Eytan and Elizabeth**

in honor of their parents and grandparents שיחי׳

Morris ע״ה and Susi Austein שתחי׳

Leo and Shirley Schachter

ROSH HASHANAH: **Steve and Genie Savitsky**

and their children and families

Julie and Shabsi Schreier **Avi and Cheryl Savitsky**

Penina and Zvi Wiener **Yehuda and Estie Berman**

In honor of their mothers and grandmothers

Mrs. Hilda Savitsky שתחי׳ Mrs. Amelia Seif שתחי׳

And in honor of their grandparents

Mrs. Faye Raitzik שתחי׳ Max and Edith Grunfeld שתחי׳

And in loving memory of their grandparents — לעילוי נשמות

Shabsi Raitzik ע״ה — ר׳ שבתי בן ר׳ מיכאל הלוי ע״ה

Sigmund and Regina Schreier ע״ה — ר׳ אשר זעליג בן ר׳ יהושע הלוי ע״ה רבקה בת ר׳ משה נתן ע״ה

Irving and Goldie Stein ע״ה — ר׳ ישראל יצחק בן ר׳ אלימלך הכהן ע״ה גולדה בת ר׳ דוד לייב ע״ה

Sam and Rose Gottlieb ע״ה — ר׳ שמואל סנדר בן ר׳ אליעזר ליפא ע״ה ריזל זלדה בת ר׳ שלום קלמן ע״ה

Harry and Goldie Wiener ע״ה — ר׳ צבי הירש בן ר׳ נחום ע״ה חיה שרה גאלדא בת ר׳ יוסף ע״ה

And in loving memory of Cheryl Savitsky's father

Dr. Steven F. Stein ע״ה — ר׳ שמעון פייביש בן ר׳ ישראל יצחק הכהן ע״ה

PATRONS OF THE TALMUD ❖ DAF YOMI EDITION

YOMA I: **Mrs. Ann Makovsky**
Shmulie and Daryle Spero and children
Reuven and Dvora Makovsky and children
Leslie and Linda Spero and children
in memory of
Morris Makovsky ז״ל — משה דוד בן אברהם אשר ז״ל
Abraham Osher and Fanny Makovsky ז״ל — אברהם אשר בן משה דוד ז״ל ופרומא דבורה בת אלחנן דוב ע״ה
Meyer and Riva Nissen ז״ל — גמליאל בן שלמה ז״ל ורבקה בת אברהם חיים ע״ה

YOMA II: **Trudy and David Justin**
and their children
Daniel, Brandel, Nina, Adam and Ayala Justin
in honor of their parents and grandparents
Malka Karp תחי׳
Kitty and Zoltan Justin שיחיו
and in loving memory of
Hersh Karp ז״ל — צבי בן דוב ז״ל

SUCCAH II: **Reuven and Ruth Fasman and Family**
Rudolph and Esther Lowy and Family
Allan and Ettie Lowy and Family
in memory of their parents
Marcus Lowy ז״ל — מרדכי אריה בן ר׳ רפאל הלוי ז״ל
Mina Lowy ע״ה — מינדל בת ר׳ שלמה זלמן ע״ה

TAANIS: **David and Jean Bernstein**
Matthew Bernstein, Owen and Kei
Scott and Andrea Bernstein, Samara, Jonah, and Jesse
Albert and Gail Nassi, Jessica and Garrett
in memory of
Annna and Harry Bernstein ע״ה   Sarah and Joseph Furman ע״ה
Mr. Samuel Nassi ע״ה

MEGILLAH: In memory of
Jerome Schottenstein ע״ה
יעקב מאיר חיים בן אפרים אליעזר הכהן ע״ה

MOED KATAN: In honor of our beloved parents
Jochanan שיחי׳ לאוי״ט and Barbara ע״ה Klein (Sao Paulo, Brazil)
by their children
Leon and Olga Klein   Allen and Sylvia Klein   Daniel and Esther Ollech and Families

CHAGIGAH: **Benzi and Esther Dunner**
in memory of their grandparents
Reb Uri Cohen ז״ל — החבר ר׳ אורי יהודה ז״ל ב״ר אברהם אריה הכהן הי״ד
נפ׳ באמשטרדם כג כסלו תשס״א
Mrs. Rivka Cohen ע״ה — מרת רבקה ע״ה בת ר׳ יצחק הי״ד
נפ׳ באמשטרדם יב מרחשון תשס״א
Reb Moshe Stempel הי״ד — הרה״צ ר׳ משה ב״ר שרגא פייבעל הי״ד
נהרג על קדה״ש ד׳ מנחם אב תש״ב

YEVAMOS I: **Phillip and Ruth Wojdyslawski and Family**
In memory of his beloved parents
Abraham Michel and Ora Wojdyslawski ע״ה
ר׳ אברהם מיכאל ב״ר פינחס ע״ה
אורה בת ר׳ צבי הירש ע״ה

YEVAMOS II: **Phillip and Ruth Wojdyslawski and Family**
In memory of her beloved mother
Chaya (Cytryn) Valt ע״ה
חיה צירל בת ר׳ שלמה זלמן ע״ה

YEVAMOS III: **Phillip and Ruth Wojdyslawski and Family**
In honor of
Benjamin C. Fishoff לאוי״ט
To the public he is a leader with vision and dedication.
To us he has always been a role model, a father,
and a constant inspiration.

KESUBOS I: **The Fishoff Families**
in memory of their beloved mother
מינדל בת ר׳ ישראל ע״ה — Mrs. Mindl Fishoff ע״ה
נפ׳ כד תשרי תשמ״ט
and in memory of their dear grandparents
Fishoff — ר׳ דוב ב״ר מנחם אשר ע״ה מרת מירל בת ר׳ מנחם מענדל ע״ה
Neider — ר׳ ישראל ב״ר אברהם ע״ה מרת חיה זיסא בת ר׳ שרגא פייוועל ע״ה

KESUBOS II: **Moise & Angie Hendeles Hayim & Miriam Hendeles Jerry & Cecille Cohen**
and their families
in memory of their beloved parents and grandparents
אליעזר ב״ר משה ז״ל — Lazare Hendeles ז״ל
נפ׳ כ׳ ניסן ד׳ חוה״מ פסח תשס״א
מזל־טוב בת שלמה פינחס הכהן ע״ה — Moselle Hendeles ע״ה
נפ׳ ט״ו כסלו תשע״ח

KESUBOS III: **Brenda and Isaac Gozdzik**
Tova Chava Tzeryl Leah
in memory of their beloved parents and grandparents
שרגא פייוועל בן משה הענדעלעס ז״ל — Fred Hendeles ז״ל
נפ׳ ה׳ אלול תשס״ג
ביילע בת אליהו הלוי פערשלייסער ע״ה — Betty Hendeles ע״ה
נפ׳ כ״ו בניסן תשנ״ט

NEDARIM I: **Fradie Rapp**
Raizy, Menachem, Shimshon, Bashie, Tzvi
in memory of their beloved husband and father
הרב ישראל בן יעקב ז״ל — David Rapp ז״ל
נפ׳ כ׳ מרחשון תשס״ד

NEDARIM II: In memory of
Laurence A. Tisch
לייבל בן אברהם ע״ה

NAZIR I: **Andrew and Nancy Neff**
Abby and Adi Isaacs — Nesanel Simcha, Daniel Yisrael, Baruch, and Miriam Esther Isaacs
Esther and Jonah Mermelstein Barnet and Devora Neff Philip
in memory of our mother and grandmother
לאה מרים בת ישראל ע״ה — Lucy Rabin ע״ה
נפ׳ י״ד סיון תשס״ז
and in honor of our parents and grandparents
Alan and Joyce Neff
Sidney Rabin

NAZIR II: **Andrew and Nancy Neff**
Abby and Adi Isaacs — Nesanel Simcha, Daniel Yisrael, Baruch, and Miriam Esther Isaacs
Esther and Jonah Mermelstein Barnet and Devora Neff Philip
in honor of our brothers and sisters
Garth and Valerie Heald
Lauren Neff
Douglas and Vivian Rabin
Andrew and Liat Rabin

SOTAH: **Motty and Malka Klein and Family**
In memory of
ר׳ ישעי׳ נפתלי הירץ ב״ר אהרן ז״ל – Norman Newman

GITTIN I: **Mrs. Kate Tannenbaum**
Elliot and Debra Tannenbaum Edward and Linda Zizmor
and Families
in memory of beloved husband, father and grandfather
ר׳ נפתלי ב״ר יהודה אריה ע״ה — Fred Tannenbaum ע״ה
נפטר ח׳ ניסן תשנ״ב

GITTIN II: **Mrs. Kate Tannenbaum**
Elliot and Debra Tannenbaum Edward and Linda Zizmor
and Families
in memory of beloved husband, father and grandfather
ר׳ נפתלי ב״ר יהודה אריה ע״ה — Fred Tannenbaum ע״ה
נפטר ח׳ ניסן תשנ״ב

KIDDUSHIN I: **Leslie and Shira Westreich**
and our children
Adam and Dayna Westreich Ezra and Rayna Rosenzweig Daniel and Dina Lieberman
Joshua and Julie
in honor of our Rosh Yeshiva
HaGaon Harav Shmuel Kamenetsky שליט״א
and in memory of our parents and grandparents
הרב יהושע בן מו״ר הרה״ג יוסף יאסקא ז״ל — Rabbi Yehoshua and Gerda Westreich ז״ל
מרת גיטל בת זאב וואלף ע״ה
ר׳ יצחק בן משה ז״ל
מו״ר הרה״ג רב יוסף יאסקא בן בן ציון יצחק אב״ד קאנטשוגא ז״ל הי״ד
מרת סרקא בת הרה״ג אלעזר אב״ד היבניו ע״ה הי״ד
ר׳ זאב וואלף בן ר׳ יונה ז״ל
מרת איטא הענע בת ר׳ אריה לייב ע״ה

KIDDUSHIN II: In honor of our dear parents
Rav Berish and Hannah Fuchs
and in memory of our grandmother and great-grandmother
"Bobby" Serena (Molly) Fuchs
by their children
Dovy and Devory Freund — Sury, Chavy, Shmuly, Ruchy, Lippy, and Leiby
Shabse and Tova Fuchs — Goldie Tehila, Miriam Yehudis, Yehuda Boruch, and Risi
Gadi and Aliza Fuchs — Shmuel, Fay Fay, Mimi, and Ariella
Dovid and Miriam Ostreicher — Yocheved, Shabsi, Shmuel, Raizy, Rikki, and Sarah
Yoily and Shaindy Edelstein — Miri, Aryeh, Shmuli, Raizy, and Yaakov

BAVA KAMMA I: **Yitzchok and Shoshana Ganger**
in honor of their children and grandchildren
Aviva and Moshe Sigler
Aliza Saul Chani Ari Perri
Ilana and Menachem Ostreicher
Dov Ber Miriam Binyomin Paltiel Raizy Aryeh Leib Esti
Dovid and Penina Ganger
Yosef Yaakov Gavriel Moshe Ettie Aryeh Leib Tzipora Baila Eliyahu
Daniella
Batsheva Esther
and in memory of their parents
ר׳ יוסף יעקב ב״ר יצחק ישעיהו ע״ה — Joseph Ganger ע״ה
נפטר ט״ז כסלו תשנ״ז
הרב אריה ליב ב״ר מתתיהו ע״ה — Rabbi Aria Leib Newman ע״ה
נפטר כ״ח ניסן תשס״ד
אסתר פערל בת הרב משה דוד ע״ה — Pearl Newman ע״ה
נפטר ט״ו שבט תש״ע

BAVA KAMMA II: **The Magid Families** (Sao Paulo, Brazil)
לעילוי נשמת — in memory of their dear husband and father
ר׳ אברהם יהודה אביר בן ר׳ יהושע ז״ל — R' Abir Magid ז״ל
נלב״ע כ״ו אדר תשמ״ב
ולעילוי נשמות — and in memory of
ר׳ יהושע ב״ר צבי חיים ז״ל וזוגתו מרת שרה פייגא בת ר׳ יששכר דוב ע״ה
ר׳ יעקב ישראל ב״ר מרדכי ז״ל וזוגתו מרת אסתר פרומה בת ר׳ חיים ע״ה

PATRONS OF THE TALMUD ✦ DAF YOMI EDITION

BAVA KAMMA III: **Robert and Malka Friedlander** (Sao Paulo, Brazil)
Debby, David and Daniel
in memory of their fathers and grandfathers
הרב ישראל יעקב ב״ר יצחק מאיר ז״ל — Rabbi Israel Jacob Weisberger ז״ל
הרב נפתלי צבי נח ב״ר יהודה ז״ל — Rabbi Bela Friedlander ז״ל

BAVA METZIA I: **Drs. Robert and Susan Schulman** **Howard and Tzila Schulman**
Fred and Cindy Schulman
dedicated to our beloved parents
Milton ז״ל and Molly ע״ה Schulman
Stanley and Ruth Beck שיחי׳
Albert ז״ל and Sylvia תחי׳ Kuhr
Naftali שיחי׳ and Berta ע״ה Rendel

BAVA METZIA II: **Suzy and Yussie Ostreicher**
Ilana and Menachem Ostreicher **Miriam and Dovid Ostreicher**
Shayna and Yitzchok Steg **Ricki and Michoel Lopiansky**
in memory of our parents and grandparents
Michael and Rose Pollack ע״ה
Hershi Ostreicher ז״ל
and יבלח״ט in honor of our mother and grandmother
Helly Ostreicher שתחי׳

BAVA METZIA III: **Stephanie and George Saks**
in memory of
The Gluck Family
זאב בן דוד צבי ע״ה ואסתר בת אשר זעליג ע״ה – Zev and Esther Gluck ע״ה
ליבא, אשר זעליג, דוד צבי, שמואל, מנשה, יחזקאל שרגא ע״ה –
Lee, George, David H., Samuel C., Emanuel M., Henry ע״ה, and
in memory of their parents and grandparents
פייוועל בן אליה ע״ה ומלכה בת אברהם ע״ה – Philip and Mildred Pines ע״ה
יעקב יצחק בן זאב ע״ה ומיימי בת זאב ע״ה – Dr. Jack I. and Mrs. Mae Saks ע״ה
זאב בן חיים דוד ע״ה וחיה ביילע בת יצחק יעקב ע״ה – Wolf and Chaye Beilah Saks ע״ה
and in memory of
יחיאל בן משה ע״ה – Elie Neustadter ע״ה

BAVA BASRA I: **Nachum and Malkie Silberman**
in memory of his parents
ר׳ צבי ב״ר זאב הלוי ז״ל דבורה אסתר בת ר׳ ישראל ע״ה — Silberman
his paternal grandparents and their children who perished על קידוש השם in the Holocaust
ר׳ זאב ב״ר משה הלוי ז״ל הי״ד גיטל בת ר׳ אפרים אלימלך הכהן ע״ה הי״ד — Silberman
ובנותיהם רחל, לאה, ומרים ע״ה הי״ד
and his maternal grandparents
ר׳ ישראל ב״ר לוי משה ז״ל שיינדל רחל בת ר׳ יעקב ע״ה — Weitman

BAVA BASRA II: **Roger and Caroline Markfield**
and their children
Eric and **Maxine**
in memory of his parents
מרדכי ב״ר נתנאל ואודל בת ר׳ מאיר דוד ז״ל — Max and Eileen Markfield ז״ל
and his sister
זיסל ע״ה — Lynn Herzel ע״ה

BAVA BASRA III: **Jaime and Marilyn Sohacheski**
in honor of their children and grandchildren
Jasmine and Dovid Brafman
Melisa and Jonathan Beck
Lindsay and Steven Turk
Benyamin and Suri Sohacheski

PATRONS OF THE TALMUD ✧ DAF YOMI EDITION

SANHEDRIN I: **Martin and Rivka Rapaport**
and their children
Mordechai Ezriel Yehuda Aryeh Miriam Dreizel Shimshon
Leah Penina Eliyahu Meir Bracha
in memory of
ר׳ יהודה אריה ב״ר מרדכי הכהן ז״ל — Leo Rapaport ז״ל

SANHEDRIN II: **Martin and Rivka Rapaport**
and their children
Mordechai Ezriel Yehuda Aryeh Miriam Dreizel Shimshon
Leah Penina Eliyahu Meir Bracha
in memory of
ר׳ ישראל דוב ב״ר מרדכי ז״ל — Albert Berger ז״ל
חנה גיטל בת ר׳ עזריאל ע״ה — Chana Gittel Berger ע״ה

SANHEDRIN III: **Marvin and Roz Samuels**
in memory of
ר׳ צבי יוסף ב״ר יצחק ז״ל — Joseph Samuels ז״ל
רחל בת ר׳ זכריה מנחם ע״ה — Rose Samuels ע״ה
of Scranton, PA
בנימין נח ב״ר ישראל הלוי ז״ל — Norman Newman ז״ל
אלטא ביילא ראשקה בת נחמן הלוי ע״ה — Ruth Newman ע״ה

SHEVUOS: **Michael and Danielle Gross** (Herzlia and London)
in loving memory of their parents
Paul Gross — פסח בן צבי הלוי ע״ה
Marta Gross — מרים בת גרשון ע״ה
David Beissah — דוד בן נתן ע״ה
and in honor of
Edith Beissah

MAKKOS: **The Tepper Families**
Beth and Yisroel Rabinowitz Jay and Sari Tepper
Hope and Moshe Abramson Neil and Leah Tepper
and children
in honor of their parents
David and Joan Tepper
and in memory of their grandparents
ר׳ מנחם מענדל ב״ר יעקב ז״ל ומרת מינדל בת ר׳ אריה ליב ע״ה — Tepper
ר׳ ראובן ב״ר נחמיה ז״ל ומרת עטיל בת ר׳ ישראל נתן נטע ע״ה — Gralla

AVODAH ZARAH I: **The Kuhl Family**
in memory of
יחיאל ב״ר יצחק אייזיק ע״ה Dr. Julius Kuhl ע״ה
פרומט בת ר׳ שמואל הלוי ע״ה Mrs. Yvonne Kuhl ע״ה
שמואל ב״ר יחיאל ע״ה Sydney Kuhl ע״ה

AVODAH ZARAH II: In memory of
Jerome Schottenstein ע״ה
יעקב מאיר חיים בן אפרים אליעזר הכהן ע״ה

HORAYOS-EDUYOS: **Woli and Chaja Stern** (Sao Paulo, Brazil)
in honor of their children
Jacques and Ariane Stern Jaime and Ariela Landau Michäel and Annete Kierszenbaum

ZEVACHIM I: **Robin and Warren Shimoff**
in memory of his parents
ישראל דוב ב״ר אהרן יעקב ז״ל — Irving Shimoff ז״ל
חיה רבקה לאה בת ר׳ אליעזר יהודה ע״ה — Lynn Shimoff ע״ה
and יבלח״ט in honor of their children שיחי׳
Lael and Jonathan Seplowitz Atara and David Kramer Alexander Ariana

PATRONS OF THE TALMUD ❖ DAF YOMI EDITION

ZEVACHIM II: **Abbie Spetner**
Ari and Chaya **Sara and Dovi Nussbaum** **Chanoch** **Moshe**
Rivkah Dinah **Moshe Yosef**
in honor of their father and grandfather
Kenneth Spetner שיחי׳ לאוי״ט
and in memory of their mother and grandmother
רבקה דינה בת ר׳ משה יעקב ע״ה — Rita Spetner ע״ה
נפ׳ ד׳ ניסן תשס״ב

ZEVACHIM III: **Yaakov and Yona Spinner**
Dovi **Elisheva** **Yitzy** **Shiri** **Leora** **Gavriel**
in memory of their father and grandfather
אפרים יצחק ב״ר אברהם ז״ל — Ephraim Spinner ז״ל
נפ׳ י״ז שבט תשנ״ז
and in memory of their grandparents and great-grandparents
משה יודה בן דוד ע״ה רחל בת חיים דוד יהודה הכהן ע״ה
אברהם בן יוסף משה ע״ה צירל בת אברהם אליהו ע״ה
משה שלמה בן יעקב ע״ה רבקה בת משה ע״ה

MENACHOS I: **Terumah Foundation**

MENACHOS II: **Terumah Foundation**

MENACHOS III: **Terumah Foundation**

CHULLIN I: **Rabbi Heshie and Rookie Billet**
in honor of our children Dassi and Daniel Jacobson David and Anouche Billet
Avraham and Chana Billet Shira and Steven Exler Moshe and Rebecca Billet
Nava and Daniel Teger
our grandchildren Miriam Tehila, Aharon Ariel, Yehuda Akiva, Netanel Yedidya, Noam Ezra, and Elichai Yonah Jacobson Ora Zisl, Ellie Haya, Yonina Talya, and Nava Peninah Billet
Aliza Miriam, Yehuda Yaakov, Yael Tamar, Yonatan Michael, Temima Perel, and Menachem Billet
Ilan Shmuel and Talya Adirah Exler
and in memory of our parents
ר׳ אהרן ב״ר יצחק הכהן כ״ץ ז״ל — Arthur Katz ז״ל
פיגא בת דוד יעקב ע״ה — Phyllis Katz ע״ה
ר׳ יהודה יעקב ב״ר אברהם ז״ל — Jack Billet ז״ל
פעריל מינדעל בת אלחנן חנא ע״ה — Pearl Billet ע״ה
their daughter מרים רות ע״ה — Miriam Rus ע״ה
their granddaughter אליענה שרה ע״ה — Eliana Sara ע״ה

CHULLIN II: **The Kleinman Family**
לעילוי נשמות their parents and grandparents
ר׳ אברהם אייזיק ב״ר אלכסנדר ז״ל — Avrohom Kleinman ז״ל
מרת עטיא בת הר׳ אלימלך ע״ה — Ethel Kleinman ע״ה
ר׳ אלכסנדר ב״ר צבי אריה הי״ד
ומרת סימא לאה בת ר׳ אברהם ע״ה – הי״ד
הרב אלימלך ב״ר ישראל הי״ד
ומרת יוטא ברכה בת ר׳ אברהם ע״ה – הי״ד
ר׳ מנחם דוד ב״ר מרדכי שמואל ז״ל

CHULLIN III: **Members of the International Board of Governors of the Mesorah Heritage Foundation**
as a source of merit for all our brethren wherever they are

CHULLIN IV: **Terumah Foundation**

BECHOROS I: **Jeff and Leslie Gould** **Jody and Sheldon Hirst**
Rachel **Jacob** **Marci** **Tracy**
in memory of their father
ראובן בן יוסף ע״ה — Rubin Gould ע״ה

PATRONS OF THE TALMUD ❖ DAF YOMI EDITION

BECHOROS II: **Hilda and Yitz Applbaum**
in honor of their children Aaron Jacob Ariel Tsvi Miriam Gabriella Zahava
and in memory of their deceased parents
אהרן ב״ר יהודה לייב ז״ל ומרים בת ר׳ מנחם מענדל ע״ה — Aaron and Miriam Goetz ז״ל
הרב יהושע בן הרב מנחם צבי ז״ל וטובה גיטל בת ר׳ אברהם יהושע העשיל ע״ה
Rabbi Sidney and Tovah Gertrude Applbaum ז״ל

ARACHIN: **The Brown Family**
in memory of
בעריש דוב בן מרדכי אליהו ז״ל וטובא בת אברהם ע״ה — Bernard and Tillie Tublin ז״ל
אברהם בן בעריש דוב ז״ל ומייטא בת ישראל ע״ה — Abraham and Mae Tublin ז״ל
נחום בן אברהם ז״ל — Neil Tublin ז״ל
Harry and Molly Brown ז״ל
Beatrice Geller ע״ה
Sophie Noble Scherr ע״ה

TEMURAH: **Dr. Tommy and Bernice (Hornblass) Kohn** and children
The Kohn, Gunsburg, Eisenberger, Hornblass and Dushey Families
Dr. Allan and Susan Seidenfeld and their children
Mordechai and Shaindy Aaron and Dassi Dov and Chanala Yosef and Ahuva
Josh and Ahuva Eli and Esti
in memory of
דניאל בן מרדכי ז״ל (נפ׳ י״ט אב תשס״ח) — Daniel Rubinstein ז״ל
מינדל בת חיים ע״ה (נפ׳ כ״ה אדר ב׳ תשס״ג) — Vera Rubinstein ע״ה
ר׳ שמחה ב״ר שלמה ז״ל (נפ׳ ביום שב״ק ב׳ אדר תשע״ב) — Salomon Seidenfeld ז״ל
חיה מירל בת אברהם ע״ה (נפ׳ כ״ה מרחשון תש״ס) — Margit Seidenfeld ע״ה
ר׳ שלמה יהודה בן ר׳ משה הכהן ז״ל (נפ׳ י״א אייר תשע״ה) — Eugene Kohn ז״ל
ליבא בת אשר אנשל ע״ה (נפ׳ ה׳ ניסן תשע״ח) — Eva Kohn ע״ה
בלימה רבקה אדל בת דניאל ע״ה (נפ׳ ז׳ ניסן תשס״ז) — Annie Kohn ע״ה

KEREISOS: לעילוי נשמת מיסד ורוח החיים של רעיון הדף יומי
הגאון הרב ר׳ מאיר ב״ר יעקב שמשון שפירא זצ״ל נפ׳ ז׳ חשון תרצ״ד
In memory of **Rabbi Meir Shapiro זצ״ל, the Lubliner Rav**
whose revolutionary Daf Yomi initiative grows day by day.

ME'ILAH, TAMID, MIDDOS, KINNIM: **Steven and Renée Adelsberg**
Sarita and Rubin Gober Israel Joseph and Menachem Yechezkel
David and Joclyn Sammy Avi
in loving memory of
שמואל שמעלקא ב״ר גדליה ז״ל — Samuel Adelsberg ז״ל
and יבלח״ט in honor of
Helen Adelsberg Weinberg שתחי׳
and Chaim and Rose Fraiman שיחי׳

NIDDAH I: In memory of
Joseph and Eva Hurwitz ע״ה
יוסף ב״ר מרדכי הלוי וחוה פיגא ב״ר אליעזר הלוי ע״ה
and **Lorraine Hurwitz Greenblott — לאה בילא חיה בת ר׳ יוסף ע״ה**
by Marc and Rachel Hurwitz,
Elisheva Ruchama, Michal, and Nechama Leah;
Martin and Geraldine Schottenstein Hoffman,
Jay and Jeanie Schottenstein, Ann and Ari Deshe,
Susan and Jon Diamond, and Lori Schottenstein;
and Pam and Neil Lazaroff, Frank Millman, and Dawn and Avi Petel

NIDDAH II: In memory of
Jerome Schottenstein ע״ה
יעקב מאיר חיים בן אפרים אליעזר הכהן ע״ה

Malcolm and Joy Lyons
in loving memory of her father זיסל בן אברהם דוד ז״ל — Cecil Jacobs ז״ל
and in honor of their parents שיחי׳ — Leo and Eve Lyons Mona Jacobs

The Schottenstein Edition of the Talmud

This pioneering elucidation of the entire Talmud was named **THE SCHOTTENSTEIN EDITION** in memory of **EPHRAIM AND ANNA SCHOTTENSTEIN ז״ל**, of Columbus, Ohio. Mr. and Mrs. Schottenstein came to the United States as children, but they never surrendered the principles of Judaism or the love of Torah that they had absorbed in their native Lithuania. Tenacious was their devotion to the Sabbath, kashruth, and halachah; their support of needy Jews in a private, sensitive manner; their generosity to Torah institutions; and their refusal to speak ill of others.

They never surrendered the principles of Judaism or the love of Torah that they had absorbed in Lithuania.

This noble and historic gesture of dedication was made by their sons and daughters-in-law **JEROME ז״ל AND GERALDINE SCHOTTENSTEIN** and **SAUL AND SONIA SCHOTTENSTEIN.**

With the untimely passing of JEROME SCHOTTENSTEIN ז״ל, it became our sad privilege to rededicate THE SCHOTTENSTEIN EDITION to his memory, in addition to that of his parents.

Jerome left numerous memorials of accomplishment and generosity, but surely the Schottenstein Edition of the Talmud – spanning centuries – will be the most enduring.

Jerome Schottenstein ז״ל was a dear friend and inspirational patron. He saw the world through the lens of eternity, and devoted his mind, heart and resources to the task of assuring that the Torah would never be forgotten by its people. He left numerous memorials of accomplishment and generosity, but surely the **SCHOTTENSTEIN EDITION OF THE TALMUD** – spanning centuries – will be the most enduring.

The Schottensteins are worthy heirs to the traditions and principles of Jerome and his parents. Gracious and generous, kind and caring, they have opened their hearts to countless causes and people.

The Schottensteins are worthy heirs to the traditions and principles of Jerome and his parents. Gracious and generous, kind and caring, they have opened their hearts to countless causes and people. Quietly and considerately, they elevate the dignity and self-respect of those they help; they make their beneficiaries feel like benefactors; they imbue institutions with a new sense of mission to be worthy of the trust placed in them.

THE MESORAH HERITAGE FOUNDATION is proud and grateful to be joined with the Schottenstein family as partners in this monumental endeavor.

We pray that this great undertaking will be a source of merit for the continued health and success of the entire Schottenstein family, including the children and grandchildren:

JAY and JEANIE SCHOTTENSTEIN and their children, Joseph Aaron and Lindsay Brooke, Jonathan Richard, and Jeffrey Adam; **ANN and ARI DESHE** and their children, Elie Michael, David Scott, Dara Lauren, and Daniel Matthew; **SUSAN and JON DIAMOND** and their children, Jillian Leigh, Joshua Louis, and Jacob Meyer; and **LORI SCHOTTENSTEIN.**

The Schottensteins will be remembered with gratitude for as long as English-speaking Jews are nourished by the eternity of the Talmud's wisdom, for, thanks to them, millions of Jews over the generations will become closer to their heritage.

A Jew can accomplish nothing more meaningful or lasting in his sojourn on earth.

THE SCHOTTENSTEIN EDITION

TALMUD BAVLI

is reverently dedicated to the memory of
the patron of this Talmud
and of countless other noble causes in Jewish life

יעקב מאיר חיים בן אפרים אליעזר הכהן ע״ה

נפטר ה׳ אדר ב׳ תשנ״ב

Jerome Schottenstein ע״ה

and to the memory of his parents

אפרים אליעזר בן יהושע הכהן ע״ה — **חנה בת צבי הירש ע״ה**

נפטר ב׳ אייר תשט״ז — נפטרה ט״ו מנחם אב תשט״ו

Ephraim and Anna Schottenstein ע״ה

by

Geraldine Schottenstein

Saul and Sonia Schottenstein

and

Jay and Jeanie Schottenstein

and their children
Joseph Aaron and Lindsay Brooke,
Jacob Meir, Jonah Philip, Emma Blake
Jonathan Richard and Nicole Lauren,
Winnie Simone, Teddi Isabella,
Allegra Giselle, Elodie Yael
Jeffrey Adam and Ariella
Jerome Meir

Ann and Ari Deshe

and their children
Elie Michael, David Scott, Dara Lauren, Daniel Matthew

Susan and Jon Diamond

and their children
Jillian Leigh, Joshua Louis, Jacob Meyer

and

Lori Schottenstein

PATRONS OF THE SEDARIM

Recognizing the need for the holy legacy of the Talmud
to be available to its heirs in their own language,
these generous and visionary patrons have each dedicated
one of the six Sedarim/Orders of the Talmud.

THE FORMAN EDITION OF SEDER ZERAIM

is lovingly dedicated by

Mr. and Mrs. Sam Forman, Brett and Wendy

in memory of their beloved parents and grandparents

Mr. and Mrs. George Forman ע״ה **Dr. and Mrs. Morey Chapman ע״ה**

THE HORN EDITION OF SEDER MOED

is lovingly dedicated to the memory of

ר׳ משה מניס ב״ר יעקב יצחק ע״ה — Moishe Horn ע״ה

נפטר ב׳ מנחם אב תשנ״ד

by his wife **Malkie**

his parents **Jacob ע״ה and Genia Horn ע״ה**

and his children

Shimmie and Alissa
Ari Shana Michal Tali

Devorah and Dov Elias
Moishe Ariella Eli Chaviva Tehilla Tova

Shandi and Sruli Glaser
Ruthi Jack Miri Rachelli

THE ELLIS A. SAFDEYE EDITION OF SEDER NASHIM

is reverently dedicated to the memory of

המנוח יהודה אצלאן ומרת צלחה ויקטוריא ע״ה

Aslan and Victoria Safdeye ע״ה

and

המנוח יהודה ומרת מרגלית ע״ה

Judah and Margie Sultan ע״ה

by their children

Ellis A. and Altoon Safdeye

and grandchildren

Alan Judah and Rachel Safdeye **Joseph and Rochelle Safdeye**
Ezra and Victoria Esses **Michael and Bobbi Safdeye**

PATRONS OF THE SEDARIM

THE DAVIDOWITZ FAMILY
RENOV STAHLER ROSENWALD PERLYSKY EDITION OF SEDER NEZIKIN

is lovingly dedicated to

Rozi and Morty Davis-Davidowitz

builders of this dynasty

by their children and grandchildren

Esti and Ushi Stahler

Jamie, Danny, Duvi, Lisi, Avi, Eli, Malka and Loni

Rivki and Lindsay Rosenwald

Doni, Joshy, Demi, Davey and Tamar Rina

Ruki and Kal Renov

Tova, Tani, Eli, Ari, Yoni, Yael, Emi and Benji

Laya and Dov Perlysky

Ayala Malka, Tova Batsheva, Naftali Yonatan, Atara Yael, Eitan Moshe, Shira Avital, Akiva Yair, Avigail and Gavriel Yehuda

and is lovingly dedicated to the memory of our grandparents

Emily and Nathan Selengut ע״ה

נפתלי ב״ר יעקב ע״ה ומלכה בת ר׳ אלתר חיים ע״ה

THE SCHWARTZ EDITION OF SEDER KODASHIM

is lovingly dedicated by

Avrohom Yeshaya and Sally Schwartz

and their children

Ari and Daniella, Moshe, Dani, and Dovi

in memory of their beloved parents and grandparents

Isaac and Rebecca Jarnicki ז״ל — ר׳ יצחק ב״ר אשר ז״ל וחיה רבקה בת הרב בצלאל הירש ז״ל

נפ׳ יג׳ תמוז תשנ״ז — נפ׳ ג׳ אדר תשס״ד

and their beloved grandmother

Mrs. Pearl Septytor ע״ה — פערל בת ר׳ מרדכי ע״ה

and in honor of יבלח״ט their parents and grandparents

Rabbi and Mrs. Gedalia Dov Schwartz שליט״א

and in memory of our grandparents

Rabbi Eliezer and Pesha Chaya Poupko ז״ל **Abraham Schwartz ז״ל**

Betzalel Hersh and Hendel Berliner ז״ל **Asher and Gittel Jarnicki ז״ל**

PATRONS OF THE TALMUD ✧ FULL-SIZE EDITION

With generosity, vision, and devotion to the perpetuation of Torah study,
the following patrons have dedicated individual volumes of the Talmud

INTRODUCTION TO THE TALMUD: **Robin and Warren Shimoff**
In honor of **Kollel Yisroel V'Shimshon** of the West Side
In memory of our parents
Lynn and Irving Shimoff
ישראל דוב בן אהרן יעקב ז״ל　חיה רבקה לאה בת אליעזר יהודה ע״ה

BERACHOS I: In memory of
Jerome Schottenstein ע״ה
יעקב מאיר חיים בן אפרים אליעזר הכהן ע״ה

BERACHOS II: **Zvi and Betty Ryzman**
Mickey and Shelly Fenig — Aliza, Yissachar David, Batsheva, Aharon Yakov and Elazar
Elie and Adina Ryzman — Leora, Yonatan, Ari and Shai
Avi and Zahava Ryzman — Sarah Chloe and Eliana Shayna
Rafi and Elimor Ryzman — Ora and Nava
In memory of
הרב יהושע השיל ב״ר חיים ז״ל נפ׳ י׳ טבת, תשס״ט — Rabbi Yehoshua Heschel Ryzman ז״ל
מרת הלינה שיינדל בת ר׳ צבי ע״ה נפ׳ ה׳ מנחם אב, תשנ״ז — Halina Shaindel Ryzman ע״ה
and in honor of Mrs. Mila Kornwasser שתחי׳
and in memory of
הרב אהרן יעקב ב״ר אליעזר ז״ל נפ׳ ז׳ תמוז, תשס״ב — Rabbi Aharon Yaakov Kornwasser ז״ל

Malcolm and Joy Lyons
in honour of their parents שיחי׳
Eve Lyons
Cecil and Mona Jacobs
and in memory of his father
יהודה בן גרשון ע״ה נפ׳ כ״ב שבט תשס״ג — Leopold Lyons ע״ה

SHABBOS I: **Nachshon and Bruria Minucha [Nuchi] Draiman and Family**
in memory of
הר״ר יהודה ליב מנדלקורן זצ״ל בן הר״ר צבי הי״ו
Rabbi Yehuda Leib Mandelcorn זצ״ל — נפטר כ׳ תמוז, תשנ״ג

A Hebrew edition of the Talmud Bavli is now in progress.
The Hebrew edition is dedicated by

Jay and Jeanie Schottenstein

and their children

Joseph Aaron and Lindsay Brooke, Jonathan Richard, and Jeffrey Adam

— in honor of their cherished loved ones who have left indelible marks on their own lives and the lives of countless others, as models of inspiration, generosity, integrity, and devotion to the noblest causes in Jewish life:
his parents **JEROME ז״ל AND GERALDINE SCHOTTENSTEIN**,
her parents **LEONARD AND HEDDY RABE**
and **SAUL AND SONIA SCHOTTENSTEIN**

JAY AND JEANIE SCHOTTENSTEIN

have a perspective that transcends time and community.
Through their dedication of these editions of the Talmud, they spread Torah study around the globe and across generations.
Multitudes yet unborn will be indebted to them for their vision and generosity.

PATRONS OF THE TALMUD ❖ FULL-SIZE EDITION

SHABBOS II: **David and Bonnie Anfang** **Chaim and Ruthie Anfang**
Rachel, Julie and Elliot **Ariella Hope** **Michael Brett**
In loving memory of
ר׳ אריה ליב ב״ר דוד אביגדור ע״ה — Leib Anfang ע״ה
בשה לאה בת ר׳ אלימלך דוב ע״ה — Barbara Anfang ע״ה
Mimi Rosenbaum **Joseph and Sharon Prawer** **Alan and Louisa Prawer**
Stacey and Danny **Dovid and Natalie White,** **Ruben Pinchas**
Shlomo Haim, Sarah Meira, Yishai Shalom
Dena and Adam Ballew, Shlomo Gavriel, Ariella Shira, Daniella Elise
Alana and Meir Popowitz **Naomi White**
In loving memory of
ר׳ פנחס ב״ר יוסף ברוך הלוי ע״ה גילה בת אשר יונה ע״ה — Pinkus and Genia Prawer ע״ה, and
שרה בת שמעון ליב ע״ה — Sarah Cukierman ע״ה
Rabbi Eliyahu and Yehudit Fishman
Rivka and Zvi Silberstein and Leah **Akiva Yitzchak Fishman**
Rabbi Yechiel Meir and Chagit Fishman **Rabbi Yosef and Aliza Fishman**
Talia Chanah, Ariel Yishai and Daniel
In loving memory of
ר׳ יוסף ב״ר טוביה ע״ה רודע רבקה בת ר׳ הירש מאיר ע״ה — Yosef and Rude Rivka Fishman ע״ה
and their children Yechiel Meir, Leah and Chanah הי״ד who perished in the Holocaust

SHABBOS III: **Stanley and Ellen Wasserman**
and their children
Alan and Svetlana Wasserman **Mark and Anne Wasserman**
Neil and Yael Wasserman **Stuart and Rivka Berger**
and families
In loving memory of
יוסף בן דוב בער ע״ה בילא בת יעקב ע״ה — Joseph and Bess Wasserman ע״ה, and
שמריהו בן משה ע״ה רבקה בת הרב יוסף הכהן ע״ה — Sascha and Regina (Czaczkes) Charles ע״ה

SHABBOS IV: לעילוי נשמות
הורינו היקרים **ר׳ לוי ב״ר יהודה הלוי ע״ה וצירל בת ר׳ מרדכי ע״ה לוינגר**
זקנינו היקרים **ר׳ יהודה ב״ר אליעזר צבי הלוי ע״ה וטלצא בת פרומט ע״ה לוינגר**
ר׳ מרדכי ב״ר שמואל ע״ה ומלכה בת ר׳ נתן ע״ה אדלר
אחינו **שמואל הלוי ע״ה יהודה הלוי ע״ה יהונתן הלוי הי״ד**
אחותנו **לאה בת ר׳ לוי סג״ל ע״ה ובעלה ר׳ טוביה ע״ה**
גיסינו **ר׳ מיכאל ב״ר ברוך שמואל ע״ה שוויצר ר׳ שמואל ב״ר יעקב ע״ה מיכל**
ולעילוי נשמות דודינו ודודותינו ויוצאי חלוציהם שנפטרו ושנהרגו על קידוש השם הי״ד
Dedicated by **Louis and Morris Lowinger**
Teri Schweitzer **Kato Michel** **Margit Baldinger** **Eva Lowinger**

ERUVIN: [two volumes] **Jerome and Geraldine Schottenstein** **Saul and Sonia Schottenstein**
Jay and Jeanie Schottenstein **Ann and Ari Deshe**
Susan and Jon Diamond **Lori Schottenstein**
in memory of
אפרים אליעזר בן יהושע הכהן ע״ה — Ephraim Schottenstein ע״ה
חנה בת צבי הירש ע״ה — Anna Schottenstein ע״ה

The Edmond J. Safra Edition of the Talmud Bavli in French,
adapted from the Schottenstein Edition, is now in progress.
The Edmond J. Safra Edition
was dedicated by
Lily Safra לאה בת דוב הכהן וחנה ע״ה
in memory of her beloved husband
Edmond J. Safra רפאל אדמון עזרא בן אסתר ע״ה
His desire is in the Torah of HASHEM, and in His Torah he meditates day and night.
He shall be like a tree deeply rooted alongside brooks of water;
that yields its fruit in due season, and whose leaf never withers,
and everything that he does will succeed (Psalms 1:2-3).

PATRONS OF THE TALMUD ❖ FULL-SIZE EDITION

PESACHIM I: **Vera and Soli Spira and Family**
in memory of
ברוך בן חיים ע״ה — Baruch Spira ע״ה
בילה בת נתן שלום ע״ה — Bella Spira ע״ה
שמואל בן אברהם ע״ה — Shmuel Lebovits ע״ה
and their respective families הי״ד who perished in the Holocaust
and in honor of
שפרה בת משה — Caroline Lebovits תחי׳

PESACHIM II: **Vera and Soli Spira and Family**
in memory of an uncle who was like a father
and a cousin who was like a brother
ישראל בן נתן שלום ע״ה — Israel Stern ע״ה
נתן שלום בן ישראל ע״ה — Noussi Stern ע״ה

PESACHIM III: **Lorraine and Mordy Sohn** **Ann and Pinky Sohn**
in memory of
ר׳ צבי ב״ר אלעזר ע״ה — Dr. Harry Sohn ע״ה
מרת הענדיל דבורה ב״ר אברהם שלמה ע״ה — Dora F. Sohn ע״ה
ר׳ יחזקאל ב״ר אליקים חנוך הלוי ע״ה — Harold Levine ע״ה
רבקה הענא בת שמעון הלוי ע״ה — Ruth Levine ע״ה
רייזל ב״ר שמשון ע״ה — Rosalie Sohn ע״ה

SHEKALIM: In loving memory of
Mr. Maurice Lowinger ז״ל
ר׳ מאיר משה ב״ר בן ציון הלוי ז״ל
נפ׳ כ״ז אדר תשס״א

YOMA I: **A. Joseph and Rochelle Stern**
Moshe Dov, Zev, Shani, Esty, and Shaye
in honor of their parents and grandparents
Eli and Frieda Stern שיחיו
Frida Weiss שתחי׳
and in memory of
ר׳ ישעי׳ בן ר׳ ישראל שמואל ווייס ז״ל

YOMA II: **A. Leibish and Edith Elbogen and Family**
לזכר נשמות
מוה״ר אהרן בן מוה״ר יעקב קאפל עלבוגן ז״ל
וזו׳ אלטע חנה חיה מלכה בת מוה״ר חיים יצחק מאיר ע״ה
אחותי פערל עם בעלה ושבע בנים ובנות
ושלשה אחי: חיים יצחק מאיר, משה יוסף, יעקב קאפל הי״ד
בני אהרן עלבוגן שנהרגו עקד״ה
מוה״ר נתן פייטל בן מוה״ר אברהם וואלד ז״ל
וזו׳ ברכה בת מוה״ר דוד יהודה הי״ד שנאספה עקד״ה באוישוויץ

SUCCAH I: **Howard and Roslyn Zuckerman** **Steven and Shellie Zuckerman**
Leo and Rochelle Goldberg
in memory of their parents
ר׳ פסח יהודה ב״ר יצחק אייזיק ע״ה וחוה בת ר׳ יהודה לייב ע״ה — Philip and Evelyn Zuckerman ע״ה

in honor of their children
Yisroel and Shoshana Pesi Zuckerman שיחיו
Pesach Yehudah and Asher Anshel שיחיו
Michael (Ezra) and Lauren Zuckerman שיחיו
Adrianne & Shawn Meller, Elliot, & Joshua Goldberg שיחיו

in honor of their children
Glenn and Heidi, Jamie Elle, Benjamin,
Brett and Robin, Brandon Noah, Ross and T.J. שיחיו
and in honor of their parents
Marilyn and Aaron Feinerman שיחיו

in memory of
ר׳ ישראל צבי ב״ר ברוך ע״ה ושיינדל בת ר׳ ישראל ע״ה — Israel and Shaindel Ray ע״ה
and in memory of Mrs. Rose Ray (Glass) ע״ה

PATRONS OF THE TALMUD ❖ FULL-SIZE EDITION

SUCCAH I: [continued] **Arthur and Randi Luxenberg**
in honor of their parents
Irwin and Joan Luxenberg שיחי' Bernard and Evelyn Beeber שיחי'
their children Elizabeth Jewel and Jacqueline Paige שיחי'
in memory of his grandparents
ר' אברהם בן אהרן מרדכי ז"ל ורחל בת ר' משה ע"ה — Abraham and Rose Luxenberg ע"ה
ישעיהו צבי בן הרב טוביה ז"ל ושרה צירל בת ר' יעקב ע"ה — Jesse and Celia Aronson ע"ה

SUCCAH II: **Thomas and Lea Schottenstein** **William and Amy Schottenstein**
in memory of
אריה ליב בן אפרים אליעזר הכהן ע"ה — Leon Schottenstein ע"ה
מאיר אבנר בן דוד הלוי ע"ה — Meir Avner Levy ע"ה
and in honor of
Mrs. Jean S. Schottenstein שתחי' Bertram and Corinne Natelson שיחי'
Mrs. Flory Levy שתחי'

BEITZAH: **Paul and Suzanne Peyser** **Irwin and Bea Peyser**
in memory of
דוד בן פינחס ע"ה פריידע רייזעל בת יהושע ע"ה — David and Rose Peyser ע"ה

ROSH HASHANAH: **Steve and Genie Savitsky** **David and Roslyn Savitsky**
In memory of
יואל בן אברהם ע"ה — Jerry J. Savitsky ע"ה
ישראל בן מנחם מאנעס ע"ה — Irving Tennenbaum ע"ה
שמואל בן יצחק ע"ה — George Hillelsohn ע"ה
רחל בת דוד הלוי ע"ה — Ruth Hillelsohn ע"ה
אהרן בן יהודה אריה ע"ה — Aaron Seif ע"ה

TAANIS: **David and Jean Bernstein**
Matthew Bernstein, Owen and Kei
Scott and Andrea Bernstein, Samara, Jonah, and Jesse
Albert and Gail Nassi, Jessica and Garrett
in memory of
Annna and Harry Bernstein ע"ה Sarah and Joseph Furman ע"ה
Mr. Samuel Nassi ע"ה

MEGILLAH: Special Commemorative Edition published in conjunction with the Sh'loshim of the patron of this edition of the Talmud
Jerome Schottenstein ע"ה
יעקב מאיר חיים בן אפרים אליעזר הכהן ע"ה

MOED KATAN: **Solomon T. and Leah Scharf**
and their children
David and Tzipi Diamond **Alexander and Naomi Scharf**
Joseph and Lisa Scharf **Dovid and Chani Scharf**
לזכרון עולם
ר' אליהו בן משה יעקב ע"ה — R' Eliyahu Scharf ע"ה
שרה בת אלכסנדר זיסקינד ע"ה — Sara Scharf ע"ה
ר' יוסף בן צבי הירש ע"ה — R' Joseph Felder ע"ה
עטיל בת מוה"ר שמעון ע"ה — Mrs. Ettel Felder-Hollander ע"ה

CHAGIGAH: **The Alvin E. Schottenstein Family**
In memory of
חיים אברהם יונה בן אפרים אליעזר הכהן ז"ל — Alvin E. Schottenstein ז"ל
יצחק אייזיק בן עקיבא הכהן ז"ל — Irving Altman ז"ל
הדס בת אברהם אביש ע"ה — Helen Altman ע"ה
שרגא פייוול בן יצחק אייזיק הכהן ז"ל — Frank Altman ז"ל

YEVAMOS I: **Phillip and Ruth Wojdyslawski and Family**
In memory of his beloved parents
Abraham Michel and Ora Wojdyslawski ע"ה
ר' אברהם מיכאל ב"ר פינחס ע"ה
אורה בת ר' צבי הירש ע"ה

PATRONS OF THE TALMUD ❖ FULL-SIZE EDITION

YEVAMOS II: **Phillip and Ruth Wojdyslawski and Family**
In memory of her beloved mother
Chaya (Cytryn) Valt ע״ה
חיה צירל בת ר׳ שלמה זלמן ע״ה

YEVAMOS III: **Phillip and Ruth Wojdyslawski and Family**
In honor of
Benjamin C. Fishoff לאוי״ט
To the public he is a leader with vision and dedication.
To us he has always been a role model, a father,
and a constant inspiration.

KESUBOS I: **The Fishoff Families**
in memory of their beloved mother
מינדל בת ר׳ ישראל ע״ה — Mrs. Mindl Fishoff ע״ה
נפ׳ כד תשרי תשמ״ט
and in memory of their dear grandparents
Fishoff — ר׳ דוב ב״ר מנחם אשר ע״ה   מרת מירל בת ר׳ מנחם מענדל ע״ה
Neider — ר׳ ישראל ב״ר אברהם ע״ה   מרת חיה זיסא בת ר׳ שרגא פייוועל ע״ה

KESUBOS II **Arthur A. and Carla Rand**
in memory of their parents
ר׳ ישראל ב״ר צבי Rand ומרת ליבא מלכה ב״ר יהודה Marcus ע״ה
ר׳ שלמה ב״ר מרדכי יהודה Ratzersdorfer ומרת חוה ב״ר חיים Finkelstein ע״ה
and in honor of their children
Lydia M. and Lionel S. Zuckier — ר׳ אריה יהושע ב״ר אליהו דוב ומרת ליבא מלכה שיחי׳
Gigi A. and Joel A. Baum — ר׳ יואל אשר ב״ר חיים שלמה ומרת גנענדל חנה שיחי׳
Jay J. and Cyndi G. Finkel-Rand — ר׳ ישראל יהודה ומרת צפורה געלא ב״ר יצחק חיים שיחי׳
and grandchildren
דניאל יעקב, נפתלי צבי, חוה, בנימין, צפורה מרים, רחל, בתשבע Baum שיחי׳
שלמה יצחק, שירה חיה, צבי, שפרה לאה, בן ציון Zuckier שיחי׳
אליהו אריה לייב, יעקב שלמה, צבי, חסיה ליבא, מתתיהו דוד Rand שיחי׳

KESUBOS III **ישימך אלהים כשרה רבקה רחל ולאה**
May God make you like Sarah, Rebecca, Rachel and Leah

NEDARIM I: **Mrs. Goldy Golombeck**
Hyman P. and Elaine Golombeck   **Blanche B. Lerer**
Moishe Zvi and Sara Leifer   **Avrohom Chaim and Renee Fruchthandler**
In memory of
ר׳ משה יוסף ב״ר חיים פנחס ע״ה – Morris J. Golombeck ע״ה
and by Moishe Zvi and Sara Leifer in memory of
הרב ברוך יוסף ב״ר משה צבי ע״ה – האשה הצנועה מרים יוטא בת ר׳ לוי יצחק ע״ה
Mr. and Mrs. Baruch Leifer ע״ה

NEDARIM II: **The Rothstein Family**
In loving memory of
וועלוועל ב״ר יוסף ע״ה – Warren Rothstein ע״ה
David and Esther Rothstein ע״ה   Max and Gussie Gottlieb ע״ה
and in honor of
Howard and Beatrice Rothstein

NAZIR I: **Albert and Gail Nassi**
Garrett A. Nassi
Jessica Lea Nassi
in memory of
Samuel Nassi ע״ה
Albert and Leona Nassi ע״ה
Benjamin and Adell Eisenberg ע״ה
Arthur and Sarah Dector ע״ה

Daniel and Susan Kane
Jessica, Adam and Stacey
in memory of
Abraham and Rose Kanofsky ע״ה
Benjamin and Sophie Gornstein ע״ה
Elie and Irma Darsa ע״ה
Mack and Naomi Mann ע״ה

PATRONS OF THE TALMUD ✧ FULL-SIZE EDITION

NAZIR II: **Alan and Myrna Cohen, Alison and Matthew**

in memory of

Harry and Kate Cohen ע"ה   Harry and Pauline Katkin ע"ה

SOTAH: **Motty and Malka Klein**

for the merit of their children שיחי'

Esther and Chaim Baruch Fogel   Dovid and Chavie   Binyomin Zvi ז"ל
Elana Leah and Natan Goldstein   Moshe Yosef and Rikki   Yaakov Eliyahu and Tammy

In honor of his mother שתחי'

Mrs. Suri Klein לאוי"ט

In memory of his father

ר' יהודה ב"ר דוד הלוי ז"ל נפ' כ"ז אדר ב' תשס"ג – Yidel Klein

In memory of her parents

ר' אשר אנשיל ב"ר משה יוסף ז"ל נפ' ג' שבט תשנ"ט – Anchel Gross
שרה בת ר' חיים אליהו ע"ה נפ' כ"ד סיון תשס"א – Suri Gross

And in memory of their grandparents who perished על קידוש השם in the Holocaust

ר' דוד ב"ר יעקב הלוי ע"ה ופערל בת ר' צבי ע"ה הי"ד – Klein
ר' מרדכי ב"ר דוד הלוי ע"ה ולאה בת ר' יעקב הלוי ע"ה הי"ד – Klein
ר' משה יוסף ב"ר בנימין צבי ע"ה ומלכה בת ר' יחיאל מיכל ע"ה הי"ד – Gross
ר' חיים אליהו ב"ר מרדכי ע"ה ויוטא בת ר' שלמה אליעזר ע"ה הי"ד – Gartenberg

GITTIN I: **Mrs. Kate Tannenbaum**
Elliot and Debra Tannenbaum   Edward and Linda Zizmor
and Families

commemorating the first yahrzeit of beloved husband, father and grandfather

ר' נפתלי ב"ר יהודה אריה ע"ה — Fred Tannenbaum ע"ה
נפטר ח' ניסן תשנ"ב

GITTIN II: **Richard and Bonnie Golding**

in honor of   Julian and Frances Golding   Lawrence Cohen and Helen Lee Cohen
and in memory of   Vivian Cohen ע"ה

Irving and Ethel Tromberg   Clarence and Jean Permut

in memory of

Benjamin and Sara Tromberg ע"ה   Harry and Lena Brown ע"ה
Molly and Julius Permut ע"ה   Lizzie and Meyer Moscovitz ע"ה

KIDDUSHIN I: **Ellis A. and Altoon Safdeye**

in memory of their beloved parents

המנוח יהודה אצלאן ומרת צלחה ויקטוריא ע"ה — Aslan and Victoria Safdeye ע"ה
המנוח יהודה ומרת מרגלית ע"ה — Judah and Margie Sultan ע"ה
and in memory of his brother יוסף ע"ה — Joseph Safdeye ע"ה

KIDDUSHIN II: **Mr. and Mrs. Ben Heller**

in memory of his father

יואל נתן ב"ר חיים הלוי ע"ה — Joseph Heller ע"ה

and in honor of his mother

צפורה שתחי' לאוי"ט בת ר' בנימין ע"ה — Fanya Gottesfeld-Heller שתחי'

BAVA KAMMA I: **Yitzchok and Shoshana Ganger**
and Children

in memory of

ר' יצחק ישעיהו ב"ר שלמה זלמן ע"ה–רויזא גיטל בת ר' משה ע"ה — Ganger
מיכאל ב"ר אברהם מרדכי ע"ה–מרים יוכבד בת ר' בנימין ע"ה — Ferber
ר' משה דוד ב"ר יצחק זעליג מקוצק ע"ה–פיגא בת ר' אברהם מרדכי ע"ה — Morgenstern
ר' מתתיהו ב"ר שמואל דוב ע"ה–אסתר מלכה בת ר' אריה ליב ע"ה — Newman

PATRONS OF THE TALMUD ❖ FULL-SIZE EDITION

BAVA KAMMA II: **William and Esther Bein, and**
Joseph Hillel, Abraham Chaim Zev, and Bella Leah
In memory of parents and grandparents
מנחם מענדל ב״ר שמואל יצחק הכהן ע״ה — Edward (Mendus) Bein ע״ה
לאה בת חיים זאב הכהן ע״ה — Ilus Hartstein Bein ע״ה
מרדכי בן יוסף ע״ה — Mordochej Szer ע״ה
בילה בת אברהם ע״ה — Baila Silber Szer ע״ה
שמואל יצחק הכהן ושרה ביין ע״ה — חיים זאב הכהן ושרה הרטשטיין ע״ה
יוסף ויענטה שער ע״ה — אברהם ואסתר זילבר ע״ה

BAVA KAMMA III: **Dedicated to Klal Yisrael,**
and particularly to the Six Million.
הקב״ה שוכן בתוך בני ישראל והוא חד עם כנסת ישראל
"The Holy One Blessed is He dwells among the children of Israel;
He and the congregation of Israel are one." — *Tzidkas Hatzaddik* 179

BAVA METZIA I: **Drs. Robert and Susan Schulman**
Howard and Tzila Schulman   Fred and Cindy Schulman
and Families
in memory of
מיכאל בן צבי הירש ע״ה ומלכה בת ר׳ יוסף ע״ה — Milton and Molly Schulman ע״ה

BAVA METZIA II: **Donald E. and Eydie R. Garlikov, and Jennifer**
in memory of beloved son and brother
צבי שלמה בן דן ע״ה — Kenneth Scott Garlikov ע״ה
and in memory of parents and grandparents
עזריאל וועלוויל ב״ר אנשיל ע״ה   טשארנא בת ר׳ אריה לייב ע״ה
Irve W. and Cecelia (Kiki) Garlikov ע״ה
and in honor of parents and grandparents, brother and uncle
מרדכי ואסתר פריידל ריטטער — Marcus and Elfrieda Ritter
נפתלי חיים ריטטער — Dr. Nathaniel Ritter

BAVA METZIA III: **The David H. Gluck Foundation**
in memory of
The Gluck Family
זאב בן דוד צבי ע״ה   ואסתר בת אשר זעליג ע״ה — Zev and Esther Gluck ע״ה
ליבא, אשר זעליג, דוד צבי, שמואל, מנשה, יחזקאל שרגא ע״ה —
Lee, George, David H., Samuel C., Emanuel M., Henry ע״ה, and
יעקב יצחק בן זאב ע״ה   ומיימי בת זאב ע״ה — Dr. Jack I. and Mrs. Mae Saks ע״ה
and in memory of
זאב בן חיים דוד   וחיהביילע בת יצחק יעקב ע״ה — Wolf and Chaye Beilah Saks ע״ה
יחיאל בן משה ע״ה — Elie Neustadter ע״ה

BAVA BASRA I: In memory of
מנחם מענדל בן אלימלך יהושע העשל ע״ה
חיה בת יהושע הכהן ע״ה

BAVA BASRA II: **Paul and Beth Guez and Family**
in memory of
Felix (Mazal) Guez ע״ה

BAVA BASRA III: **Irving and Frances Schottenstein**
in honor of their beloved parents
מאיר בן יהושע הכהן ע״ה   ליבא בת הרב יצחק משה ע״ה — Meyer and Libbie Schottenstein
טוביה ע״ה   ויבדל״ח שיינדל תחי׳ — Tobias ע״ה and Jennie Polster תחי׳
Melvin ע״ה and Lenore תחי׳ Schottenstein
in honor of their beloved parents
אברהם יוסף בן יהושע הכהן ע״ה   ויבדל״ח בליה זילפה בת יצחק תחי׳
Abe J. ע״ה and Bessie (Stone) תחי׳ Schottenstein
יצחק ע״ה   ויבדל״ח שרה תחי׳ — Isadore J. ע״ה and Sophie תחי׳ Green

PATRONS OF THE TALMUD ❖ FULL-SIZE EDITION

SANHEDRIN I: **Mortimer and Barbara Klaus** **Lester and Esther Klaus**
Arthur and Vivian Klaus
in memory of their beloved parents
ר׳ שמשון ב״ר יעקב ע״ה באשא בת ר׳ מרדכי נתן ע״ה
Samuel and Bessie Klaus ע״ה
and in memory of their sister
רייזל בת ר׳ שמשון ע״ה — **Rosalie Klaus Sohn**

SANHEDRIN II: Dedicated by a fellowship of people who revere the Talmud, its sanctity and wisdom, who foster its study, and who join in helping bring its treasures to future generations, the world over.

SANHEDRIN III: **Joseph and Adina Russak**
Dr. Leonard and Bobbee Feiner
Larry and Rochelle Russak
in memory of
צבי הירש ורחל רוסק ע״ה — Mr. and Mrs. Harry Russak ע״ה
אליעזר ובריינדל דייטש ע״ה — Mr. and Mrs. Eliezer Deutsch ע״ה
יעקב ורבקה לאה פיינר ע״ה — Mr. and Mrs. Jacob Feiner ע״ה

MAKKOS: **Mr. and Mrs. Marcos Katz**
in honor of הרב אפרים לייבוש בן הרב מרדכי דוד הכהן כ״ץ שליט״א
Rabbi Ephraim Leibush Katz שליט״א

SHEVUOS: Dedicated by
Michael and Danielle Gross
(London)

AVODAH ZARAH I: **The Kuhl Family**
in memory of
יחיאל ב״ר יצחק אייזיק ע״ה Dr. Julius Kuhl ע״ה
פרומט בת ר׳ שמואל הלוי ע״ה Mrs. Yvonne Kuhl ע״ה
שמואל ב״ר יחיאל ע״ה Sydney Kuhl ע״ה

AVODAH ZARAH II: In memory of
Jerome Schottenstein ע״ה
יעקב מאיר חיים בן אפרים אליעזר הכהן ע״ה

HORAYOS-EDUYOS: **Woli and Chaja Stern** (Sao Paulo, Brazil)
in memory of his parents
ר׳ צבי בן ר׳ חיים הלוי ומרת מרים ז״ל – Stern
מרת דאכא בת ר׳ פרץ ומרת ברכה ע״ה — Tager
and in memory of her parents
ר׳ דוד אריה בן ר׳ יעקב ומרת שיינדל ז״ל – Brenner
מרת איטלה בת ר׳ חיים ומרת מדל ע״ה — Stern
and in memory of their mechutanim
ר׳ ישראל מרדכי ב״ר צבי יוסף סג״ל ז״ל – Landau
ר׳ יששכר טוביה ב״ר יוסף ז״ל — Weitman
ר׳ שמואל עקיבא ב״ר שלמה צבי ז״ל — Kierszenbaum
and in memory of their brother and sister-in-law
ר׳ אריה בן ר׳ צבי הלוי ומרת דאכא ע״ה – Stern
מרת זלטה פסל בת ר׳ אברהם יעקב ומרת חנה גיטל ע״ה – Stern
and in honor of their children
Jacques and Ariane Stern Jaime and Ariela Landau Michaël and Annete Kierszenbaum

ZEVACHIM I: **Mr. and Mrs. Samson Bitensky**

ZEVACHIM II: **Victor Posner**

PATRONS OF THE TALMUD ♦ FULL-SIZE EDITION

ZEVACHIM III: **Friends of Value City Department Stores**
In memory of
יעקב מאיר חיים בן אפרים אליעזר הכהן ע״ה — Jerome Schottenstein ע״ה

MENACHOS I: **Terumah Foundation**

MENACHOS II: **Terumah Foundation**

MENACHOS III: **Terumah Foundation**

CHULLIN I: **The Kassin Family**
in memory of
הרב יעקב שאול קצין זצ״ל — Rabbi Dr. Jacob Saul Kassin זצ״ל
The late Chief Rabbi of the Syrian-Sephardic Community
and in honor of
הרב שאול יעקב קצין שליט״א — Rabbi Saul Jacob Kassin שליט״א
Chief Rabbi of the Syrian-Sephardic Community

CHULLIN II: **Marty Silverman**
in memory of
Joseph and Fannie Silverman ע״ה and Dorothy Silverman ע״ה

CHULLIN III: **Harold and Ann Platt**
in memory of their beloved parents
אליעזר ושרה פיגא ע״ה — Eliezer and Sarah Feiga (Olshak) Platkowski ע״ה of Malkinia, Poland
ברוך ולאה ע״ה — Baruch and Laura Bienstock ע״ה of Lwow, Poland
and in memory of their entire families who perished in the Holocaust

CHULLIN IV: **Terumah Foundation**

BECHOROS I: **Howard Tzvi and Chaya Friedman**
Gabrielle and Noam Charnowitz Aryeh Yerachmiel Alexander and Daniella
in memory of their father and grandfather
הרב ירחמיאל ברוך בן הרה״ח ר׳ אלעזר ז״ל — Yerachmiel Friedman ז״ל

BECHOROS II: **Howard and Chaya Balter**
Nachum and Perri Augenbaum Gavriel Shmuel, Rachel
Naftali and Perele Balter Aryeh Leib Akiva
in memory of our parents and grandparents
דוד זאב בן ר׳ שלמה ז״ל, נפ׳ ז׳ תמוז תשס״ח — **David Balter** ז״ל
רחל בת ר׳ חיים ע״ה, נפ׳ ז׳ שבט תשנ״ט — **Ruth L. Balter** ע״ה
and in honor of their parents and grandparents שיחי׳
Noah and Shirley Schall
and in beloved memory of their grandparents and great grandparents
ר׳ שלמה ב״ר דוד ז״ל אדעל בת ר׳ זאב ע״ה — Balter
ר׳ חיים ב״ר לייב ז״ל פערל בת ר׳ בייניש הערש ע״ה — Lelling
ר׳ דוב בער ב״ר אליעזר ז״ל ליבה בת ר׳ ישראל ע״ה — Zabrowsky
ר׳ נפתלי ב״ר יעקב שלמה ז״ל שרה בת ר׳ רפאל ע״ה — Schall

ARACHIN: **Chanoch and Hadassah Weisz and Family**
in memory of his father:
לעי״נ אביו ר׳ צבי ב״ר שמחה הלוי ע״ה, נפ׳ כ״ז מנחם אב תשמ״ה — Weisz
his maternal grandfather:
לעי״נ ר׳ שלמה ב״ר יצחק ע״ה, נפ׳ ה׳ סיון תש״א — Grunwald
his maternal grandmother and their children who perished in the Holocaust:
לעי״נ מרת גננדל בת ר׳ חנוך העניך ע״ה, שנהרגה עקה״ש כ״ז סיון תש״ד הי״ד — Grunwald
ולעי״נ בניהם משה ב״ר שלמה, יעקב ב״ר שלמה, יצחק ב״ר שלמה, בנימין ב״ר שלמה,
שנהרגו עקה״ש כ״ז סיון תש״ד הי״ד

and in memory of her grandparents:
לעי״נ ר׳ חייא בן חכם ר׳ רפאל ע״ה, נפ׳ כ״ד מנחם אב תשל״ה — Aryeh
וזוגתו מרת מלכה בת ר׳ אליהו ע״ה, נפ׳ י״ח טבת תשל״ד

PATRONS OF THE TALMUD ❖ FULL-SIZE EDITION

TEMURAH: **Dr. and Mrs. Walter Silver**
Shlomo, Chani, and Avi Cohen
Sheri, Terri, Jennifer and Michelle Kraut
Evan and Alison Silver
in memory of our parents, and great grandparents
ע״ה Harry Silver — צבי יצחק ב״ר שמואל ע״ה
ע״ה Sarah Silver — שרה פיגא בת מענדל ע״ה
ע״ה Morris Bienenfeld — אברהם משה בן הרב שלמה זאלי ע״ה
ע״ה Gertrude Bienenfeld — גוטקה טובה בת אברהם דוד ע״ה

KEREISOS: **Mouky and Charlotte Landau** (Antwerp)
in honor of their children
Natalie and Chemi Friedman **Yanky and Miriam Landau**
Steve and Nechama Landau
and in beloved memory of their parents
ז״ל Chaim Yaakov Landau — חיים יעקב ב״ר יהושע ז״ל
ע״ה Esther Landau — אסתר בת ר׳ יעקב קאפל הכהן ע״ה
ז״ל Benzion Gottlob — בן ציון ב״ר יצחק צבי ז״ל
ע״ה Cila Herskovic — צילה בת ר׳ שמואל יהודה לייב ע״ה
and in beloved memory of our partner
מורנו הרב ר׳ יוסף יצחק בן מורנו ורבנו הרה״ג ר׳ מרדכי רוטנברג זצ״ל אבדק״ק אנטווערפן

ME'ILAH, TAMID, MIDDOS, KINNIM: **Steven and Renée Adelsberg**
Sarita and Rubin Gober **Israel Joseph and Menachem Yechezkel**
David and Joclyn **Sammy** **Avi**
in loving memory of
ז״ל Samuel Adelsberg — שמואל שמעלקא ב״ר גדליה ז״ל
and in honor of
Helen Adelsberg Weinberg שתחי׳
and
Chaim and Rose Fraiman שיחי׳

NIDDAH I: In memory of
Joseph and Eva Hurwitz ע״ה
יוסף ב״ר מרדכי הלוי וחוה פיגא ב״ר אליעזר הלוי ע״ה
and
Lorraine Hurwitz Greenblott — לאה בילא חיה בת ר׳ יוסף ע״ה
by
Marc and Rachel Hurwitz,
Elisheva Ruchama, Michal, and Nechama Leah;
Martin and Geraldine Schottenstein Hoffman,
Jay and Jeanie Schottenstein, Ann and Ari Deshe,
Susan and Jon Diamond, and Lori Schottenstein;
and Pam and Neil Lazaroff, Frank Millman, and Dawn Petel

NIDDAH II: In memory of
Jerome Schottenstein ע״ה
יעקב מאיר חיים בן אפרים אליעזר הכהן ע״ה

*Guardians of the Talmud**

A society of visionary people who recognize the primacy of the Jewish people's commitment to intellect, ethics, integrity, law, and religion — and pursue it by presenting the treasures of the eternal Talmud in the language of today . . . for the generations of tomorrow.

David and Jean Bernstein
Matthew Bernstein
Scott and Andrea Bernstein

in memory of
Mr. and Mrs. Harry Bernstein ע״ה
Mr. and Mrs. Joseph Furman ע״ה

The publishers pay tribute to the memory of a couple that embodied Torah knowledge and service to our people
Rabbi Yitzchok Filler ז״ל – הרב יצחק בן ר׳ שמואל ז״ל
נפטר ל״ג בעומר תש״ל
Mrs. Dorothy Filler ע״ה – הרבנית דבורה בת ר׳ אברהם בצלאל ע״ה
נפטרה כ״א מרחשון תשס״ג
and the memory of a man of integrity and sensitivity
George May ז״ל – ר׳ יוסף בן הרב יהודה אריה ז״ל
נפטר כ״ז שבט תש״ס
תנצב״ה
We also honor a matriarch and role model
Mrs. Sylvia May תחי׳

Stephen L. and Terri Geifman and children
Leonard and Linda Comess and children
Alan and Cherie Weiss and children

in loving memory of
Morris M. Geifman — משה מרדכי בן יחיאל מיכאל ז״ל
and in honor of
Geraldine G. Geifman

Elliot and Debbie Gibber
Daniel and Amy Gibber and family, Jacob and Jennifer Gibber and family,
Marc, Michael, Mindy, and David
in memory of our parents and grandparents
Charles Goldner ז״ל – אלימלך חיים בן ירמיה הלוי ז״ל
נפ׳ כ׳ חשון תשס״ב
who completed Shas many times
Kate Ettlinger Goldner ע״ה – מינדל בת משולם ע״ה
נפ׳ כ״א תמוז תשכ״ח

*In formation

The Written Word is Forever

Guardians of the Talmud*

A society of visionary people who recognize the primacy of the Jewish people's commitment to intellect, ethics, integrity, law, and religion — and pursue it by presenting the treasures of the eternal Talmud in the language of today . . . for the generations of tomorrow.

Milton and Rita Kramer

in honor of their 50th wedding anniversary and Milton's 80th birthday (April 1999),
in honor of the marriage of Ellen to George Gross (September 18, 2000),
and in honor of their children and grandchildren

Daniel and Gina Kramer and Children **Jonathan and Marian Kramer and Children**

Ellen K. and George Gross and their Children

and in everlasting memory of their beloved parents and grandparents
Hyman S. and Fannie D. Kramer ע״ה — חיים שניאור זלמן הלוי (חזק) ופייגע דינה ע״ה
Adolph H. and Sadie A. Gross ע״ה — חיים אלטער ושרה חנה ע״ה
Morris L. and Rachel E. Kramer ע״ה — משה אליעזר הלוי ורחל עלקא ע״ה
Barney and Dvorah Cohen ע״ה — דוב בער הכהן ודבורה ע״ה
Herman M. and Leah Gross ע״ה — משולם צבי ולאה ע״ה
Peisach and Hannah Neustadter ע״ה — פסח אלכסנדר וחנה ע״ה

Helene and Moshe Talansky **Ida Bobrowsky** **Irene and Kalman Talansky** **Shoshana Silbert**

in honor of

Rebecca Talansky's 100th birthday עמו״ש

and in memory of
Rabbi David Talansky ז״ל — הרב דוד בן הרב אברהם חיים ז״ל
Blanche Moshel ע״ה — בלומא בת ר׳ שלמה הלוי ע״ה
Abraham R. Talansky ז״ל — ר׳ אברהם חיים בן הרב דוד ז״ל
Rabbi Jacob Bobrowsky ז״ל — הרב יעקב בן ר׳ אברהם ז״ל
Tema Bobrowsky ע״ה — תמר בת הרב יעקב ע״ה
Rebecca and Morris Weisinger ז״ל — ר׳ משה בן ר׳ לייב ז״ל — בריינה בת ר׳ זלמן ע״ה
Rabbi Avraham Silbert ז״ל — הרב אברהם בן ר׳ נחמיה ז״ל
Ruth and Marek Stromer ז״ל — ר׳ מרדכי בן ר׳ שאול ז״ל — שפרה רייזל בת ר׳ צבי ע״ה
Rose and Aaron Lerer ז״ל — ר׳ אהרון בן ר׳ שלמה אריה ז״ל — רחל בת ר׳ יהושע אהרון ע״ה

Thomas R. and Janet F. Ketteler

in memory of his mentor

Jerome Schottenstein ע״ה

Alan and Myrna Cohen

in honor of

their children

Alison and Matthew

*In formation

Guardians of the Talmud*

A society of visionary people who recognize the primacy of the Jewish people's commitment to intellect, ethics, integrity, law, and religion — and pursue it by presenting the treasures of the eternal Talmud in the language of today . . . for the generations of tomorrow.

Rona and Edward Jutkowitz

In honor of our family's continuing commitment to Torah learning and Klal Yisrael.
We dedicate this volume to our daughters, **Rebecca and Mollie,**
who are the light of our lives and our blessings, and always fill our hearts with nachas;
and to their zeide, **Mr. Herman Jutkowitz**, who is a constant source of guidance and inspiration;

and in memory of our beloved parents
משה בן מאניס ז״ל ורחל בת אברהם הכהן ע״ה — Martin W. and Ruth Trencher ז״ל
ברכה בת שניאור זלמן ע״ה — Bernice Jutkowitz ע״ה

May our daughters have the honor to teach the value of Torah to their own children,
and may Torah be the guiding light for all of Klal Yisrael.

לעילוי נשמת

הבחור מרדכי גדליהו ז״ל בן משה ואסתר שיחי׳ — Franky Ehrenberg

נפ׳ כ״ג סיון תשס״ג / June 22, 2003

With a life of Torah study and service to Klal Yisrael ahead of him,
our beloved son, brother, and uncle was plucked from this life at only twenty-three.

כי מרדכי . . . דרש טוב לעמו ודבר שלום לכל זרעו

Dr. Martin and Esther Ehrenberg

Elisheva and Dr. Scott Leon Ehrenberg

Dr. Judy and Hillel Olshin

Yonatan Eliezer   Sara Elisheva   Shmuel Abba

Richard Bookstaber and Janice Horowitz

In memory of his son

May his memory be a blessing
to all those whose lives he touched.

Michael and Patricia Schiff

Sophia, Juliette and Stefan

in memory and appreciation of

Jerome Schottenstein ז״ל

and in honor of beloved parents and grandparents

Shirlie and Milton Levitin   Solange and Joseph Fretas   Judy and Robert Schiff

and Torah scholars

Rabbi Mordechai Schiff ז״ל and **Rabbi Ephraim Schiff ז״ל**

May we all bring honor to Hashem

*In formation

The Written Word is Forever

Community Guardians of the Talmud

A community is more than a collection of individuals. It is a new entity that is a living expression of support of Torah and dedication to the heritage of Klal Yisrael.

In honor of

Rabbi Reuven Fink and the *maggidei shiur* of **Young Israel of New Rochelle**

Dr. Joey and Lisa Bernstein
in memory of
שרה אלטע בת אברהם ע״ה
Mrs. Sondra Goldman ע״ה

Meyer and Ellen Koplow
in honor of their children
Tovah and Michael Koplow,
Jonathan, and Aliza

Stanley and Sheri Raskas
in memory of his parents
ראובן ב״ר חיים שבתי לייב ע״ה וחנה בת הרב טוביה ע״ה
Ralph and Annette Raskas ז״ל

Stanley and Ellen Wasserman
in memory of
חיה פיגא בת שמריהו — Viola Charles ע״ה
רות גולדה בת שמריהו — Ruth Schreiber ע״ה
לאה בת יוסף — Lee Salzberg ע״ה

Stanley and Vivian Bernstein and children
in honor of their parents and grandparents
Jules and Adele Bernstein
Andrew and Renee Weiss

Dr. Ronald and Susan Moskovich
in honor of their children
Adam Moshe, Leah Rivka, and David
״עשה תורתך קבע״

Drs. Arthur and Rochelle Turetsky
in honor of their children and grandson
Avi and Melissa, Jonathan and Nili, Yehuda
Shmuel Chaim

Gerald and Judith Ziering
in memory of
יחיאל מיכל בן אפרים פישל ז״ל וזלטא בת נחמן ע״ה
Jesse and Laurette Ziering ז״ל

Aaron and Carol Greenwald
in honor of their children and grandchildren
Ira and Jamie Gurvitch and children
Shlomo and Tobi Greenwald and children

Karen and Michael Raskas
and Family

Mark and Anne Wasserman
in honor of their children
Joseph, Bailey, Erin, Rebeccah
and Jordyn

Daf Yomi shiur
in honor of their wives

Lakewood Links
in honor of
Rabbi Abish Zelishovsky

The Community of Great Neck, New York

YOUNG ISRAEL OF GREAT NECK
Rabbi Yaacov Lerner
Rabbi Eric Goldstein
Dr. Leeber Cohen
Professor Lawrence Schiffman

GREAT NECK SYNAGOGUE
Rabbi Ephraim R. Wolf ז״ל
Rabbi Dale Polakoff
Rabbi Shalom Axelrod
Rabbi Yoel Aryeh
Rabbi Yossi Singer

In Memoriam
Rabbi Ephraim R. Wolf ז״ל,
a pioneer of *harbotzas Torah,* a *kiruv* visionary, and a gifted spiritual leader. His legacy is the flourishing Torah community of Great Neck, New York.

The Community of Columbus, Ohio

In memory of **Jerome Schottenstein** Of Blessed Memory
and in honor of **Geraldine Schottenstein and Family**

Jay And Jeanie Schottenstein
Joseph, Jonathan, Jeffrey
Ann And Ari Deshe
Elie, David, Dara, Daniel
Susie And Jon Diamond
Jillian, Joshua, Jacob
Lori Schottenstein
Saul And Sonia Schottenstein

Sarah and Edward Arndt & Family
Irwin and Beverly Bain
Daniela & Yoram Benary
Liron & Alexandra, Oron, Doreen
Deborah & Michael Broidy
Michelle & Daniel
Families of Columbus Kollel
Naomi & Reuven Dessler
Sylvia & Murray Ebner & Family

Tod and Cherie Friedman
Rachel, Ross & Kara
Jim & Angie Gesler
Gerald & Karon Greenfield
Ben & Tracy Kraner & Family
Mike, Heidi, Brian, Deena & Leah Levey
Helene & Michael Lehv
Gary Narin
Ira & Laura Nutis & Family

Lea & Thomas Schottenstein & Family
Jeff & Amy Swanson
Jon
Marcy, Mark, Sam, & Adam Ungar
Drs. Philip & Julia Weinerman
Michael & Channa Weisz & Family
Dr. Daniel & Chaya Wuensch & Family
Main Street Synagogue
Howard Zack, Rabbi

The Written Word is Forever

The Talmud Associates*

A fellowship of benefactors dedicated to the dissemination of the Talmud

Audrey and Sargent Aborn and Family

Dr. Mark and Dr. Barbara Bell,
Bentzion Yosef and Mordechai Yehudah

The Belz Family

Richard Bookstaber and Janice Horowitz
In memory of his son

Michael and Bettina Bradfield
Gabrielle and Matthew
(London)

Nachi and Zippi Brown,
Jessica, Daniella, Shachar and Mindy
in honor of their parents and grandparents

Columbus Jewish Foundation

Milton Cooper and Family

Dr. and Mrs. David Diamond

Nahum and Feige Hinde Dicker and Family

Sophia, Alberto and Rose Djmal

Dr. Richard Dubin

Kenneth and Cochava Dubin

Dr. Martin and Esther Ehrenberg

David and Simone Eshaghian

Rabbi Judah and Ruth Feinerman

In honor of
Mr. and Mrs. Yehoshua Chaim Fischman
by their children

Mayer and Ruthy Friedman
Ari, Yitzy, Suri, Dovi

Dr. Michael and Susan Friedman
לזכות בניהם, כלתם, ונכדם; בנותיהם, וחתניהם שיחי׳

Yeshaya and Perel Friedman

Julius Frishman

David and Sally Frenkel
לזכות בניהם וכלתם היקרים שיחיו:
דניאל שמואל ומאשה שושנה, אורי גבריאל, רונית פרימיט

Daniel and Ruth Furmanovich

Shimmy and Devorah Gardyn

Gorfine Schiller Gardyn

Sander and Tracy Gerber
לזכות בניהם היקרים יעקב עקיבא, אסתר פערל, טליה גולדה,
חנה טובה, רותי רבקה, שרה אורה, ושושנה חוה שיחי׳
שיתעלו בתורה ויראת שמים

Leon and Agi Goldenberg
in honor of the marriage of their children
Mendy and Estie Blau

Robert and Rita Gluck
לרפו״ש טויבא רחל בת פריידא שתחי׳

Shari and Jay Gold and Family

Dr. Martin and Shera Goldman and Family

Esther Henzel

Hirtz, Adler and Zupnick Families

Hashi and Miriam Herzka

Norman and Sandy Nissel Horowitz

Mrs. Farokh Imanuel, Kamram Imanuel
Dr. Mehran and Sepideh Imanuel
Eli and Fariba Maghen

David and Trudy Justin and Family
in honor of their parents
Zoltan and Kitty Justin

Nosson Shmuel and Ann Kahn and Family
ולזכות בניהם היקרים שיחיו:
חיים דוד, צבי מנחם, אברהם יצחק, ומשפחתם

David J. and Dora Kleinbart

In honor of
Mr. and Mrs. Label Kutoff
by their children

The Landowne Family

Ezriel and Miriam Langer

Mr. and Mrs. Chaim Leibel

Yehuda and Rasie Levi

Donald Light

Rudolph and Esther Lowy

Raphael and Blimie Manela
לזכות בניהם היקרים שיחיו:
מתתיהו, ישראל, ישעיהו, חיים משה, ושמעון

*In formation

The Written Word is Forever

The Talmud Associates*

A fellowship of benefactors dedicated to the dissemination of the Talmud

Howard and Debra Margolin and Family
Mendy and Phyllis Mendlowitz
Robby and Judy Neuman and Family
לזכות בניהם היקרים שיחיו:
אברהם לייב ושרה מאטיל, מרדכי שרגא וזיסל,
שמואל שמעלקא ונחמה, רחל ברכה וישראל זכריהו,
מנשה ברוך וחיה רחל
RoAnna and Moshe Pascher
לזכות בניהם היקרים שיחיו:
נח צבי, דוד ישראל, אילנה שירה בתיה
Naftali Binyomin and Zypora Perlman
Kenneth Ephraim and Julie Pinczower
לרפו"ש ישראל חיים בן פייגלא שיחי'
Dr. Douglas and Vivian Rabin
Michael G. Reiff
Ingeborg and Ira Leon Rennert
Alan Jay and Hindy Rosenberg
Aviva and Oscar Rosenberg
John and Sue Rossler Family
Mr. and Mrs. David Rubin and Family
Dinah Rubinoff and Family
Ms. Ruth Russ
Mr. and Mrs. Alexander Scharf
Mark and Chani Scheiner
Avi and Michou Schnur
Rubin and Marta Schron
Rivie and Leba Schwebel and Family
Shlomo Segev (Smouha)
Bernard and Chaya Shafran
לזכות בניהם היקרים שיחיו:
דבורה, יעקב חיים, דוד זאב, אסתר מנוחה

Jeffrey and Catherine Shachat
in honor of Rabbeim Howard Zack and Judah Dardik
Steven J. Shaer
Joel and Malka Shafran
לזכות בניהם היקרים שיחיו:
אשר נחמן, טובה חיה, תמר פעסיל, שרה חוה
Robin and Warren Shimoff
Nathan B. and Malka Silberman
The Soclof Family
Dr. Edward L. and Judith Steinberg
Avrohom Chaim and Elisa Taub
Hadassah, Yaakov Yehuda Aryeh, Shifra, Faige,
Devorah Raizel, and Golda Leah
Max Taub
and his son Yitzchak
Jay and Sari Tepper
Walter and Adele Wasser
Melvin, Armond and Larry Waxman
William and Noémie Wealcatch
The Wegbreit Family
Robert and Rachel Weinstein and Family
Dr. Zelig and Evelyn (Gutwein) Weinstein
Yaakov, Daniella, Aliza and Zev
Erwin and Myra Weiss
Morry and Judy Weiss
Shlomo and Esther Werdiger
Leslie M. and Shira Westreich
Willie and Blimie Wiesner
The Yad Velvel Foundation
Moshe and Venezia Zakheim
Dr. Harry and Holly Zinn
Mrs. Edith Zukor and Family

*In formation

In Memoriam — לזכרון עולם

Dedicated by the Talmud Associates to those who forged eternal links

✣

Abraham — שמחה בן ר׳ יהודה לייב הכהן ע״ה
דוד חי ב״ר שלום הכהן ע״ה וחנה בת ר׳ עזרא ע״ה
אהרן בן חיים זאב ע״ה גאלדע בת ר׳ דוד ע״ה
Ashkenazy — ר׳ שלמה ב״ר יצחק זצ״ל ורעיתו עלי׳ מינדעל בת ר׳ יעקב ע״ה
Sarah T. Belz — שרה בת אהרן צבי הלוי ע״ה
Ben-Ari — אליעזר בן מרדכי ע״ה ושרה בת ר׳ אברהם ע״ה
Ben-Ari — מרדכי בן אליעזר ע״ה
Berber — משה ורחל
Menashe Bernath — ר׳ מנשה בן שמואל שמעלקא ז״ל
Hency Bernath — הענצה רייזעל בת אברהם ארי׳ ע״ה
Biegeleisen — שמעון דוד ז״ל ב״ר יעקב שלמה שיחי׳ לאוי״ט
Blitz — דוב מאיר ב״ר דוד הכהן ע״ה
Freddy Bradfield — יעקב בן צבי ע״ה
אהרן ב״ר דוד הכהן ז״ל
Elihu Brodsky — אליהו ב״ר חיים ע״ה
Vera (Greif) Brodsky — יונה בת ר׳ פינחס ע״ה
Brown — אברהם דוד בן יוסף יוזפא ז״ל
Cooperberg — שימה רייזל בת ר׳ אהרן שלמה ע״ה
Cooperberg — אברהם אשר בן ר׳ מאיר ע״ה
Cumsky — דוב בער בן אברהם ישׂשכר ע״ה ופעשא מאטלא בת יוסף ע״ה
צבי טעביל בן ישראל ע״ה וליבע בת דוד ע״ה
Diamant — אשר ב״ר יהושע מרדכי הכהן ע״ה
Diamant — שרה בת ר׳ אריה ע״ה
Diamant — ר׳ דוב ב״ר משה ע״ה ודייזל בת ר׳ אברהם ע״ה
Diamond — דר. ר׳ יצחק ב״ר ברוך בענדיט ע״ה
Dicker — מרדכי צבי ב״ר יעקב ע״ה
Dicker — קיילא בת ר׳ משה ע״ה
Djmal — טופיק טוביה בן משה ושושנה ע״ה
Paul and Jeannette Dubin ע״ה
Mollie Dubinsky ע״ה
Abram B. Efroymson ע״ה
Sylvia Spira Efroymson ע״ה
Ehrenberg — אברהם בן עמנואל ע״ה ויוכבד בת ר׳ אלימלך ע״ה
Einhorn — משה בן ברוך ז״ל ורבקה נעכא בת חיים צבי ע״ה
Eshaghian — אברהם בן דוד ע״ה
Esrig — דוד בן שלמה ע״ה וחיה אייגא בת שלום ע״ה
Feiden — ישראל בן אהרן ע״ה
Feinerman — אליעזר בן יוסף ע״ה ולאה בת ישראל יצחק ע״ה
יוסף בן צבי יחזקאל ע״ה ושרה בת ר׳ משה ע״ה
Feinstein — הרה״ג ר׳ דוד בן הרה״ג ר׳ משה זצ״ל
Freier — ישעיה צבי ב״ר חיים אלכסנדר יוסף ע״ה
Freier — שיינדל בת ר׳ משה הלוי ע״ה
Freilich — הרב יצחק דוב ב״ר אברהם יעקב ז״ל
Frenkel — גרשון בן יחיאל דוד ע״ה Rottenstreich — דוד בן עקיבא ע״ה

Friedman — ר׳ אהרן ב״ר יעקב מאיר ע״ה
Friedman — ר׳ אברהם ב״ר אלטר יצחק אייזיק ע״ה
Frishman — מרים בת ר׳ יוסף מרדכי ע״ה
Frishman — יצחק אריה ב״ר יהודה ע״ה ומרים לאה בת ר׳ יצחק ע״ה
Furmanovich — לע״נ שרה הניה בת פסח הלוי ע״ה
Furmanovich — לע״נ גדליה דב בן אברהם יואל ז״ל
Gardyn — הרב משה בן הרב צבי זצ״ל
Gardyn — חיה פריידל בת שמעון פנחס ע״ה
Goldman — אביו, צבי יעקב בן חיים ז״ל
Goldman — אמו, שפרה בת ר׳ קלונימוס קלמן ע״ה
Goldberger — אברהם צבי בן מתתיהו ע״ה
Gugenheim — החבר אפרים בן רפאל ע״ה
Gugenheim — בריינדל בת החבר נתן הכהן ע״ה
Hanz — חיים בן מרדכי הי״ד
Henzel — אברהם בן ר׳ מנחם זאב ע״ה
Hirtz — אליעזר בן ישעיה ז״ל ולאה בת יוסף הלוי ע״ה
Honig — ר׳ פנחס בן ר׳ יצחק חיים ז״ל
Honig — בלומה לאה בת ר׳ מרדכי ע״ה
Horowitz — שלמה יהודה ב״ר זלמן יוסף הלוי ז״ל ומרים בת אברהם הכהן ע״ה
Imanuel — מרדכי בן רחמים ז״ל
Kahn — ר׳ ישראל אריה ב״ר שמואל הכהן ז״ל
Kahn — גיטל בת נתן ע״ה
Katzef — פרומה באדענה בת אלחנן ע״ה
Kleinbart — משה ב״ר אריה לייב ע״ה
Kleinbart — בתיה בת ר׳ משה אברהם ע״ה
Kriegel — רויזא מינצא בת הרב ישראל יהודה ע״ה
Kulefsky — הילד יהודה לייב ע״ה בן נתן נטע לאי״ט
Langer — משה בן יצחק הי״ד
Landowne — שלמה בן יוסף ע״ה
Lasry — שאול ב״ר אברהם ע״ה וזהרה אסתר בת משה ע״ה
Lazar — אליעזר שאול בן זאב מאיר ע״ה
Lefkovich — ר׳ זאב וועלוול ב״ר יצחק אייזיק ע״ה
Lemberger — יצחק בן אריה ע״ה
Leibel — יחזקאל שרגא ב״ר חיים ע״ה
Leibel — רויזא בת ר׳ אברהם משה ע״ה
Levi — הרב חיים מאיר בן ר׳ מנחם ע״ה
Levi — שושנה טייבא רייזל בת ר׳ יחזקאל גרשון ע״ה
Light — משה גבריאל בן אברהם אליהו ז״ל וחנה בת נתן ע״ה
Lowy — מרדכי אריה ב״ר רפאל הלוי ז״ל ומינדל בת ר׳ שלמה זלמן ע״ה
May — ר׳ יוסף בן הרב יהודה אריה ע״ה
Meizner — מרדכי חיים ב״ר זבולן יצחק חייא ז״ל
Miller — אלטער משה יוסף ב״ר צבי אריה ז״ל
Moskowitz — אליעזר ב״ר אברהם ברוך ז״ל וזהבה בת ר׳ משה ע״ה
Neuman — ר׳ יצחק אייזיק צבי בן מאיר אהרן ז״ל

תנצב״ה

In Memoriam — לזכרון עולם

Dedicated by the Talmud Associates to those who forged eternal links

❖

Dr. Moshe Neuman — ר׳ משה ב״ר יצחק אייזיק ז״ל
Bobi Neuman — פייגא יכט בת שרגא פייבל ע״ה
Rochel Neuman — רחל בת משה הכהן ע״ה
Nissel — שלמה מאיר בן הרב חיים לייב עזריאל ז״ל
Paneth — אלטע חיה שרה ע״ה בת ר׳ פנחס שיחי׳ לאוי״ט
Parnes — אריה לייבש בן יוסף יצחק ועטיא בת אשר ראובן ע״ה
Parnes — הרב אברהם זאב ב״ר ישכר ע״ה
Parsons — משה זלמן בן אהרן דוב ע״ה
Perlman — יוסף ב״ר נפתלי בנימין ז״ל ורעכל לאה בת ר׳ שלמה ע״ה
Perlowitz — הרב משה ב״ר אליעזר הלל ע״ה
Pinczower — אפרים ב״ר ישראל חיים ופייגלא בת ר׳ יעקב ע״ה
Rabin — ישראל בן נחום ע״ה
Reiff — לוי יצחק ב״ר עזריאל ז״ל ויהודית בת ר׳ יצחק אייזיק ע״ה
Rennert — שרה בת יצחק יעקב ע״ה
Rennert — יונה מנחם בן אהרן ע״ה
Rosenberg — חיים נחמן ב״ר דוד ולאה בת יוסף ע״ה
Sam and Leah Rosenbloom ע״ה
Roth — ר׳ צבי יהודה ז״ל ב״ר אברהם יצחק שיחי׳ לאוי״ט
Roth — משה ב״ר יעקב הכהן ע״ה Weisner — יצחק ב״ר זאב ע״ה
In memory of the Sanz-Klausenburger Rebbe זצוק״ל
כ״ק אדמו״ר אבדק״ק צאנז-קלויזענבורג זי״ע
מרן הרהגה״צ ר׳ יקותיאל יהודה בהרהגה״צ ר׳ צבי זצוק״ל
נלב״ע ש״ק פ׳ חקת, ט׳ תמוז תשנ״ד
William Shachat ע״ה and Israel Ira Shachat ע״ה
Scharf — אליהו ב״ר משה יעקב ושרה בת אלכסנדר זיסקינד ע״ה
Scherman — ר׳ אברהם דוב ב״ר שמואל נטע ע״ה
Scherman — ליבא בת ר׳ זאב וואלף ע״ה
Schneerson — כ״ק אדמו״ר יוסף יצחק בן כ״ק אדמו״ר שלום דובער זצ״ל
Schneerson — חי׳ מושקא בת כ״ק אדמו״ר יוסף יצחק ע״ה
Schneerson — כ״ק אדמו״ר מנחם מענדל בן הרב לוי יצחק זצ״ל
Schnur — אברהם יצחק בן אהרן הי״ד וחנה בת חיים יעקב ע״ה
Schonbrun — שרגא פייבל ב״ר יעקב הכהן ז״ל
Schonbrun — מאטל אסתר בת מרדכי הלוי ע״ה
Schron — אליעזר דוב בן חיים משה ע״ה
Schron — חוה בת שמעון ע״ה
Schulman — חיים חייקל בן ר׳ שמואל ע״ה
Schulman — חיה בת הרב ישראל יהודה ע״ה
Schwebel — אברהם זכריה מנחם בן יוסף ז״ל
Schwebel — מחלה בת ישראל מרדכי ע״ה
Scherman — חיים שמואל ב״ר אברהם דוב ע״ה
Scherman — הילד אברהם דוב ע״ה ב״ר זאב יוסף שיחי׳
Sol Scheiner — שלמה טוביה בן יהושע מנחם הלוי ע״ה
Rose Schwartz — רייזל בת הרה״ג ר׳ אברהם יצחק ע״ה
Shafran — ר׳ יהושע ב״ר אברהם ע״ה

Shayovich — משה יעקב ב״ר נחום ועטיא פייגא בת מרדכי ע״ה
Shimoff — ר׳ ישראל דוב ב״ר אהרן יעקב ז״ל
Shimoff — חיה רבקה לאה בת ר׳ אליעזר יהודה ע״ה
Shubow — יוסף שלום בן משה ע״ה
Silberman — ר׳ צבי ב״ר זאב הלוי ע״ה
Silberman — דבורה אסתר בת ישראל ע״ה
Silbermintz — יהושע ב״ר יוסף שמריהו ע״ה
Singer — צבי בן ר׳ חיים ע״ה
Singer — הינדי בת ר׳ שלמה ע״ה
Soclof — אברהם אבא ב״ר שמריהו ע״ה
Soclof — חיה ברכה בת צבי הירש הלוי ע״ה
Smouha — הרב אליהו בן מאיר הלוי ע״ה
Steir — משה בן מיכאל ע״ה
Steinberg – יצחק גדליה בן יהודה לייב ע״ה
Steinberg – מלכה בת מאיר לוי ע״ה
Stern — ר׳ חיים מאיר ב״ר שמחה ז״ל ובינה בת ר׳ יוסף מרדכי ע״ה
Tabak — שיינא רחל בת יוסף מרדכי ע״ה
Taub — ר׳ יעקב ב״ר יהודה אריה ע״ה נפ׳ ד׳ מנחם אב תשל״ט
Taub — אליעזר יוסף בן מענדל ע״ה
Taub — מענדל בן אליעזר יוסף חיה בת הירש ע״ה
Taub — רויזא בת ר׳ משה ע״ה
Wealcatch — חיים דוב ב״ר זאב ואסתר בת ר׳ יוסף אייזיק ע״ה
Weiss — צבי בן יואל ע״ה
Weiss — גיטל בת ישראל ע״ה
Werdiger — ר׳ שלמה אלימלך ב״ר ישראל יצחק ע״ה
Westreich — הרב יהושע בן הרב יוסף יאסקא ז״ל
Leo Werter ע״ה
Wiesner — הרב שמעיה בן הרב זאב ע״ה
Wiesner — שרה לאה בת ר׳ צבי אריה ע״ה
Zakheim-Brecher — בתיה רחל ע״ה בת ר׳ משה יוסף שיחי׳ לאוי״ט
Zalstain — שמעון בן מרדכי יוסף הלוי ע״ה
Zimmer — ר׳ אברהם יעקב בן אהרן אליעזר ע״ה
הרב אהרן ב״ר מאיר יעקב ע״ה
הרבנית פרומא בת ר׳ חיים צבי ע״ה
Zinn — צבי יהודה בן שמעון ע״ה
Zinn — דבורה בת יחיאל מרדכי ע״ה
Leslie Zukor — ר׳ יצחק חיים ב״ר יוסף ע״ה
Zlatow — ר׳ שמואל דוד ב״ר מאיר יעקב ז״ל
הרב אהרן ב״ר מאיר יעקב זצ״ל
הרבנית פרומא בת ר׳ חיים צבי ע״ה
צבי יהודה ז״ל בן אברהם יצחק לאוי״ט
חיים מאיר בן שמחה ז״ל ובינה בת יוסף מרדכי הכהן ע״ה
אליעזר ב״ר אברהם ברוך ז״ל וגולדה זהבה בת משה הלוי ע״ה

תנצב״ה

פטרוני התלמוד

We express our appreciation to the distinguished patrons
who have dedicated volumes in the

HEBREW ELUCIDATION OF THE SCHOTTENSTEIN EDITION OF THE TALMUD

מהדורת שוטנשטיין

תלמוד בבלי

Dedicated by

JAY AND JEANIE SCHOTTENSTEIN

and their children

Joseph Aaron and Lindsay Brooke, Jonathan Richard and Nicole Lauren, Jeffrey Adam and Ariella

Jacob Meir Jonah Philip Emma Blake Winnie Simone Teddi Isabella Allegra Giselle Elodie Yael Jerome Meir

SEDER ZERA'IM:	**Mrs. Margot Guez and Family** **Paul Vivianne Michelle Hubert Monique Gerard Aline Yves**
SEDER MOED:	**Jacob M. M. and Pnina (Rand) Graff** (Los Angeles) **Malka Ita and Aaron Rubenstein Chaya Rivka Graff** **Meira and Dr. Elie Portnoy Joy and Adam Kushnir** **Meir and Itta Graff Ahuva and Yehuda Levin and Families**
SEDER NASHIM:	**Geoffrey and Mimi Rochwarger** (Bet Shemesh) **Tehila Rivka Naftali Zvi Atara Kaila Aryeh Shalom Dalia Eliana**
SEDER NEZIKIN:	**Yisrael and Gittie Ury and Family** (Los Angeles)
SEDER KODASHIM:	**Yaakov and Beatrice Herzog and Family** (Toronto)
INTRODUCTION TO THE TALMUD:	**Robin and Warren Shimoff**
BERACHOS I:	**Jay and Jeanie Schottenstein** (Columbus, Ohio)
BERACHOS II:	**Zvi and Betty Ryzman** (Los Angeles)
SHABBOS I:	**Moshe and Hessie Neiman** (New York)
SHABBOS II:	**David and Elky Retter and Family** (New York)
SHABBOS III:	**Mendy and Itta Klein** (Cleveland)
SHABBOS IV:	**Mayer and Shavy Gross** (New York)
ERUVIN I:	**The Schottenstein Family** (Columbus, Ohio)
ERUVIN II:	**The Schottenstein Family** (Columbus, Ohio)
PESACHIM I:	**Serge and Nina Muller** (Antwerp)
PESACHIM II:	**The Cohen Family**
PESACHIM III:	**Morris and Devora Smith** (New York / Jerusalem)
SHEKALIM:	**The Rieder, Wiesen and Karasick Families**
YOMA I:	**Peretz and Frieda Friedberg** (Toronto)
YOMA II:	**Mr. and Mrs. Avrohom Noach Klein** (New York)
SUCCAH I:	**The Pruwer Family** (Jerusalem)
SUCCAH II:	**The Pruwer Family** (Jerusalem)
BEITZAH:	**Chaim and Chava Fink** (Tel Aviv)
ROSH HASHANAH:	**Avi and Meira Schnur** (Savyon)
TAANIS:	**Mendy and Itta Klein** (Cleveland)
MEGILLAH:	**In memory of Jerome Schottenstein ז"ל**
MOED KATTAN:	**Yisroel and Shoshana Lefkowitz** (New York)
CHAGIGAH:	**Steven and Hadassah Weisz** (New York)

פטרוני התלמוד

YEVAMOS I:	**Phillip and Ruth Wojdyslawski** (Sao Paulo, Brazil)
YEVAMOS II:	**Phillip and Ruth Wojdyslawski** (Sao Paulo, Brazil)
YEVAMOS III:	**Phillip and Ruth Wojdyslawski** (Sao Paulo, Brazil)
KESUBOS I:	**Ben Fishoff and Family** (New York)
KESUBOS II:	**Jacob and Esther Gold** (New York)
KESUBOS III:	**David and Roslyn Lowy** (Forest Hills)
NEDARIM I:	**Soli and Vera Spira** (New York / Jerusalem)
NEDARIM II:	**Mr. and Mrs. Yehudah Klein** **Mr. and Mrs. Moshe Klein**
NAZIR:	**Shlomo and Esther Ben Arosh** (Jerusalem)
SOTAH:	**Motty and Malka Klein** (New York)
GITTIN I:	**Mrs. Kate Tannenbaum;** **Elliot and Debra Tannenbaum; Edward and Linda Zizmor**
GITTIN II:	**Mordchai Aron and Dvorah Gombo** (New York)
KIDDUSHIN I:	**Dr. Allan and Dr. Chaikie Novetsky** (Jerusalem)
KIDDUSHIN II:	**Jacqui and Patty Oltuski** (Savyon)
BAVA KAMMA I:	**Lloyd and Hadassah Keilson** (New York)
BAVA KAMMA II:	**Faivel and Roiza Weinreich** (New York)
BAVA KAMMA III:	**David and Fanny Malek**
BAVA METZIA I:	**Joseph and Rachel Leah Neumann** (Monsey)
BAVA METZIA II:	**Shlomo and Tirzah Eisenberg** (Bnei Brak)
BAVA METZIA III:	**A. George and Stephanie Saks** (New York)
BAVA BASRA I:	**Ezra and Debbie Beyman** (New York)
BAVA BASRA II:	**Ezra and Debbie Beyman** (New York)
BAVA BASRA III:	**Ezra and Debbie Beyman** (New York)
SANHEDRIN I:	**Martin and Rivka Rapaport** (Jerusalem)
SANHEDRIN II:	**Aryeh and Faige Lebovic** **Avrom and Susie Lebovic** (Toronto)
SANHEDRIN III:	In honor of **Joseph and Anita Wolf** (Tel Aviv)
MAKKOS:	**Hirsch and Raquel Wolf** (New York)
SHEVUOS:	**Jacques and Miriam Monderer** (Antwerp)
AVODAH ZARAH I:	**Mr. and Mrs. Eli Kaufman** (Petach Tikva)
AVODAH ZARAH II:	**Mr. and Mrs. Chaim Schweid** (New York)
HORAYOS-EDUYOS:	**Woli and Chaja Stern, Jacques and Ariane Stern** (Sao Paulo, Brazil)
ZEVACHIM I:	**Mr. and Mrs. Eli Kaufman** (Petach Tikva)
ZEVACHIM II:	**Mr. and Mrs. Eli Kaufman** (Petach Tikva)
ZEVACHIM III:	**Mr. and Mrs. Eli Kaufman** (Petach Tikva)
MENACHOS I:	**Yaakov and Beatrice Herzog and family** (Toronto)
MENACHOS II:	**Yaakov and Beatrice Herzog and family** (Toronto)
MENACHOS III:	**Yaakov and Beatrice Herzog and family** (Toronto)
CHULLIN I:	**The Pluczenik Families** (Antwerp)
CHULLIN II:	**Avrohom David and Chaya Baila Klein** (Monsey)
CHULLIN III:	**Avrohom David and Chaya Baila Klein** (Monsey)
CHULLIN IV:	**The Frankel Family** (New York)
BECHOROS I:	**Mordchai Aron and Dvorah Gombo** (New York)
BECHOROS II:	**Howard and Chaya Balter** (New York)
ARACHIN:	**Mr. and Mrs. Eli Kaufman** (Petach Tikva)
TEMURAH:	**Abraham and Bayla Fluk** (Tel Aviv)
KEREISOS:	**Mr. and Mrs. Eli Kaufman** (Petach Tikva)
ME'ILAH, TAMID, MIDDOS KINNIM:	In memory of **ר׳ אליהו אלעזר ב״ר יוסף ברוך ז״ל**
NIDDAH I:	**Daniel and Margaret, Allan and Brocha, and David and Elky Retter and Families**
NIDDAH II:	**Jay and Jeanie Schottenstein** (Columbus, Ohio)

ACKNOWLEDGMENTS

We are grateful to the distinguished *roshei hayeshivah* and rabbinic leaders שליט״א in Israel and the United States whose guidance and encouragement have been indispensable to the success of this Talmud, from its inception. Their letters of approbation appear earlier in this volume.

A huge investment of time and resources was required to make this edition of the Talmud a reality. Only through the generous support of many people is it possible not only to undertake and sustain such a huge and ambitious undertaking, but to keep the price of the volumes within reach of the average family and student. We are grateful to them all.

The Trustees and Governors of the MESORAH HERITAGE FOUNDATION saw the need to support the scholarship and production of this and other outstanding works of Torah literature. Their names are listed on an earlier page.

JAY SCHOTTENSTEIN is chairman of the Board of Governors and has enlisted many others in support of this monumental project. In addition, he and his wife JEANIE have dedicated the HEBREW ELUCIDATION OF THE SCHOTTENSTEIN EDITION OF THE TALMUD and the DAF YOMI EDITION OF THE TALMUD in honor of their parents. But those are only formal identifications. The Schottensteins are deeply involved in a host of causes and their generosity is beyond description. Most recently they have undertaken sponsorship of the SCHOTTENSTEIN INTERLINEAR SERIES, which is bringing a new and innovative dimension of understanding to tefillah. Nevertheless, this Talmud is their *liebling*. They surpass every commitment to assure its continuity and it has justly become synonymous with their name.

HAGAON RAV DAVID FEINSTEIN שליט״א has been a guide, mentor, and friend since the first day of the ArtScroll Series. We are honored that, though complex halachic matters come to the Rosh Yeshivah from across the world, he regards our work as an important contribution to *harbatzas haTorah* and that he has graciously consented to be a trustee of the Foundation.

In addition, we are grateful to:

LAURENCE A. TISCH, JAMES S. TISCH and THOMAS J. TISCH, who have been more than gracious on numerous occasions; JOEL L. FLEISHMAN, Founding Trustee of the Foundation, whose sage advice and active intervention was a turning point in our work; ELLIS A. SAFDEYE, the dedicator of the SAFDEYE EDITION OF SEDER NASHIM, a legendary supporter of worthy causes and a warm, treasured friend; BENJAMIN C. FISHOFF, patron of several volumes of the Talmud, and a sensitive, visionary friend who has brought many people under the banner of this project; ZVI RYZMAN, patron of the HEBREW RYZMAN EDITION OF THE MISHNAH and of tractates in this Talmud edition, a dynamic and imaginative force for Torah life and scholarship, and a loyal, devoted friend; SOLI SPIRA, patron of Talmud volumes, who is respected on three continents for his learning and magnanimity; RABBI MEYER H. MAY, a man who devotes his considerable acumen and prestige to the service of Torah. He has been a proven and invaluable friend at many junctures; ABRAHAM BIDERMAN, a Trustee, whose achievement for Torah and community, here and abroad, are astounding; JUDAH SEPTIMUS, a Trustee, whose acumen and resources are devoted to numerous Torah causes; and RABBI SHLOMO GERTZULIN, whose competence and vision are invaluable assets to Klal Yisrael.

Loyal friends who have been instrumental in the success of our work and to whom we owe a debt of gratitude are, in alphabetical order:

Our very dear friends: RABBI RAPAHEL B. BUTLER, founder of the Afikim Foundation, a laboratory to create innovative Torah programs; RABBI ALAN CINER, whose warmth and erudition will draw Jews closer to Judaism in his new position in Palm Beach, Florida. RABBIS BUTLER and CINER were instrumental in moving this edition of the Talmud from dream to reality in its formative stage; REUVEN DESSLER, a good friend and respected leader who adds luster to a distinguished family lineage; ABRAHAM FRUCHTHANDLER, who has placed support for Torah institutions on a new plateau; LOUIS GLICK, who sponsored the ArtScroll Mishnah Series with the *Yad Avraham* commentary; SHIMMIE HORN, patron of the HORN EDITION OF SEDER MOED, a self-effacing gentleman to whom support of Torah is a priority; MOSHE REICHMANN, whose name is synonymous with visionary magnanimity for Torah study; DAVID RUBIN, dedicator of the RUBIN EDITION OF THE PROPHETS, whose visionary generosity is a vital force in his community and beyond; SHLOMO SEGEV of Bank Leumi, who has been a responsible and effective friend; HESHE SEIF, patron of the SEIF EDITION TRANSLITERATED PRAYER BOOKS, who has added our work to his long list of important causes; NATHAN SILBERMAN, who makes his skills and judgment available in too many ways to mention; A. JOSEPH STERN, patron of the SEFARD ARTSCROLL MACHZORIM and of tractates in this Talmud edition, whose warmth and concern for people and causes are justly legendary; ELLIOT TANNENBAUM, a warm and gracious patron of several volumes, whose example has motivated many others; STEVEN WEISZ, whose infectious zeal for our work has brought many others under its banner; and HIRSCH WOLF, a valued friend from our very beginning, and an energetic, effective leader in many causes.

We are grateful, as well, to many other friends who have come forward when their help was needed most: DR. YISRAEL BLUMENFRUCHT, YERUCHAM LAX, YEHUDAH LEVI, RABBI ARTHUR SCHICK, FRED SCHULMAN, and MENDY YARMISH.

We thank RABBI YEHOSHUA LEIFER, head of KOLLEL OZ VEHADAR, for permission to reproduce the folios from their new edition of the classic Vilna Talmud. Newly typeset and with many additions and enhancements, it establishes a new standard in Talmud publishing.

We conclude with gratitude to *Hashem Yisbarach* for His infinite blessings and for the privilege of being the vehicle to disseminate His word. May this work continue so that all who thirst for His word may find what they seek in the refreshing words of the Torah.

Rabbi Nosson Scherman / Rabbi Meir Zlotowitz

Adar 5764
March, 2004

מסכת תענית
TRACTATE TAANIS

מסכת תענית / Tractate Taanis

General Introduction

Tractate *Taanis* takes its name from the Hebrew word meaning *fast day;* yet the subject of this tractate is really two-fold: fast days and rain. These two subjects are related by the fact that perhaps the most common reason for decreeing a communal fast in Talmudic times was a delay in the onset of the rainy season.

Rain, in the Land of Israel, does not fall the year round. As is the case in many areas of the world, rain falls exclusively in a well-defined rainy season, corresponding to the second part of autumn and winter. Should this season pass without rain, there is virtually no chance of rain until the following year. The consequences of this – drought and famine – would quite obviously be catastrophic. Therefore, any delay in the onset of the rainy season is viewed with great concern.

Rain, and the lack of it, are the subject of two Rabbinical enactments. The first establishes prayers for rain that are inserted in the regular daily service in advance of, and during, the rainy season. The second enactment institutes a series of fast days to be decreed if the rains are late in coming. The discussion of these topics introduces many Aggadic (homiletic) passages regarding the blessings of rain and the spiritual causes of droughts. All of this is augmented (in the third chapter) by a lengthy section containing some of the most famous and inspiring stories of saintly people who lived in Talmudic times – great leaders and common folk alike.

Public fasts are decreed not only because of the lack of rain, but also for other impending disasters that threaten the entire community. These, too, are discussed in our tractate.

The Jewish response to adversity and danger must always include repentance and prayers to God for mercy. This is the belief on which the institution of fasts is founded, as expressed by *Rambam* in *Hilchos Taaniyos* (1:1-4):

It is a positive commandment, of Biblical status, to cry out [to God] and sound the trumpets over any disaster that befalls the community. As it is said (*Numbers* 10:9): . . . *against the enemy who oppresses you, and you shall sound the trumpets;* i.e. [if] a calamity befalls you, such as a drought, pestilence, locust plague or the like, cry out over it and sound [the trumpets].

This is one of the paths of repentance. When a disaster occurs and [the people] cry out over it and sound [the trumpets], everyone will recognize that it is because of their evil deeds that the misfortune befell them. As it is written (*Jeremiah* 5:25): *Your sins have turned away these [rainfalls] etc.* And [doing] this will cause [God] to relieve you of the calamity.

However, if [the people] do not cry out and do not sound [the trumpets], but say, "This occurrence that befell us is a natural event; this calamity happened by chance," such [an attitude] is a form of cruelty. It causes [the people] to perpetuate their evil deeds, and [as a result,] the calamity escalates into further disasters. This is the meaning of that which is written in the Torah (*Leviticus* 26:27, 28): *[If] you behave casually with Me, then I will behave toward you with a fury of casualness,* i.e. when I bring a calamity upon you in order for you to repent, if you claim that it is a random matter, I will intensify the fury of that "randomness."

From Rabbinic law [comes the requirement] to fast whenever a tragedy befalls the community, until mercy is granted from Heaven. During these fast days [the people] cry out in prayer, plead and sound the trumpets.

The following is an outline of each chapter:

Chapter One — מֵאֵימָתַי, *Me'emasai.*

The chapter opens by discussing the two references to rain that are inserted in the thrice-daily Shemoneh Esrei prayer during the winter. The phrase: מַשִּׁיב הָרוּחַ וּמוֹרִיד הַגֶּשֶׁם, *He makes the wind blow and He makes the rain fall* — is inserted in the second blessing of the Shemoneh Esrei. This formulation is not a prayer for rain; rather, it is a propitiatory praise of God. The second insertion — וְתֵן טַל וּמָטָר לִבְרָכָה, *and grant rain and dew for a blessing* — is a direct request for rain and is inserted in the ninth blessing of the Shemoneh Esrei. The chapter discusses at which points in the season we begin and cease reciting each of these passages.

The chapter then moves on to delineate the special series of fast days that are decreed in the event rain does not fall by a certain date.

Much of the first chapter is devoted to the discussion of rain: its nature and importance, the relationship between rain and the spiritual status of the people, the blessings recited upon seeing a [drought-breaking] rainfall, and other related topics. This chapter also includes Aggadic material on the subject of Torah study, inasmuch as Scripture often uses water and rain as a metaphor for Torah.

Chapter Two — סֵדֶר תַּעֲנִיּוֹת כֵּיצַד, *Seder Taaniyos Keitzad.*

This chapter details the prayer services of the fasts decreed in the event of continued drought. During these fasts, the regular Shemoneh Esrei is expanded by the addition of six special blessings, whose recitation is accompanied by the sounding of the shofar. The chapter concludes with a discussion of *Megillas Taanis,* the list of minor festivals observed during the Second Temple era.

Chapter Three — סֵדֶר תַּעֲנִיּוֹת אֵלּוּ, *Seder Taaniyos Eilu.*

This chapter treats the laws of fasts-days decreed in response to other disastrous events, such as abnormal rainfalls or crop growths, pestilence, locust plagues, sieges, etc.

In Rabbinic literature this chapter is referred to as פִּירְקָא דַּחֲסִידָא, *the chapter of the saintly ones,* for it contains many narratives about devout individuals and the wondrous things that happened to them.

Chapter Four — בִּשְׁלֹשָׁה פְּרָקִים, *Bishloshah Perakim.*

The theme of fast days is continued with a treatment of the *maamados* fasts and services. In Temple times, twenty-four groups, known as *maamados,* represented the people in attending the communal offerings in the Temple, and fasting and praying for their Divine acceptance.

This chapter also describes the national tragedies recalled by the fasts of the Seventeenth of Tammuz and Tishah B'Av, and it gives the laws that pertain to Tishah B'Av.

The tractate ends on an uplifting note with a mention of Israel's most festive occasions — Yom Kippur and the Fifteenth of Av — when joyous ceremonies were performed for the purpose of facilitating marriages.

The Months of the Year:

For an understanding of many sections of this tractate, a knowledge of the sequence of months in the Jewish calendar is essential. The order of the months is as follows: 1) Nissan, 2) Iyar, 3) Sivan, 4) Tammuz, 5) Av, 6) Elul, 7) Tishrei, 8) Marcheshvan, 9) Kislev, 10) Teves, 11) Shevat, 12) Adar.

The Jewish calendar is primarily a lunar calendar and its months therefore do not correspond precisely with the solar months familiar to most people today. The autumn and winter seasons (Tishrei — Adar) correspond approximately to September — March.

TERMS RELEVANT TO CHAPTER ONE

[For other relevant terms, see glossary at end of volume.]

Powers of Rain — God's rain-giving power; the prayer מוֹרִיד הַגֶּשֶׁם, *morid hageshem* (inserted during the winter in the second blessing of the Shemoneh Esrei) is often referred to as "the mention of the *Powers of Rain*."

mention of rain — the prayer *morid hageshem.*

request for rain — the prayer וְתֵן טַל וּמָטָר לִבְרָכָה, *v'sen tal u'matar livrachah* inserted in the ninth blessing of the Shemoneh Esrei.

Chapter One

Mishnah During the winter, two references to rain are added to the Shemoneh Esrei prayer: (1) מַשִּׁיב הָרוּחַ וּמוֹרִיד הַגֶּשֶׁם, *mashiv haruach u'morid hageshem* (He makes the wind blow and He makes the rain fall). (2) וְתֵן טַל וּמָטָר לִבְרָכָה, *v'sen tal u'matar livrachah* (and give dew and rain for a blessing). The former is not a prayer for rain, but a mention of God's rain-giving power — the Mishnah refers to this power as גְּבוּרוֹת גְּשָׁמִים, *Powers of Rain.* The latter is a request for rain.

The Mishnah defines at what point in the season we begin to recite the first insertion, *mashiv haruach u'morid hageshem:*[1]

מֵאֵימָתַי מַזְכִּירִין גְּבוּרוֹת גְּשָׁמִים – When do we begin to **mention the** ***Powers of Rain?*** **רַבִּי אֱלִיעֶזֶר אוֹמֵר – R' Eliezer says: מִיּוֹם טוֹב הָרִאשׁוֹן שֶׁל חַג – On the first Yom Tov of the Festival;** i.e. the first day of Succos. **רַבִּי יְהוֹשֻׁעַ אוֹמֵר – R' Yehoshua says: מִיּוֹם טוֹב הָאַחֲרוֹן שֶׁל חַג – On the last Yom Tov of the Festival;** i.e. Shemini Atzeres.[2]

R' Yehoshua challenges R' Eliezer's position:

אָמַר לוֹ רַבִּי יְהוֹשֻׁעַ – R' Yehoshua said to [R' Eliezer]: הוֹאִיל וְאֵין הַגְּשָׁמִים אֶלָּא סִימַן קְלָלָה בֶּחָג – Since rain on the Festival of Succos **is nothing but a sign of curse,** for it exempts one from the mitzvah of *succah*, **לָמָּה הוּא מַזְכִּיר – why should one mention** rain on Succos?[3] **אָמַר לוֹ רַבִּי אֱלִיעֶזֶר – R' Eliezer replied to him: אַף אֲנִי לֹא אָמַרְתִּי לִשְׁאוֹל – Even I did not say** that one is **to** ***request*** rain during Succos (by reciting the phrase, *and give dew and rain for a blessing*), **אֶלָּא לְהַזְכִּיר מַשִּׁיב הָרוּחַ וּמוֹרִיד הַגֶּשֶׁם בְּעוֹנָתוֹ – only** that one is **to** ***mention*** God's rain-giving power, by reciting the phrase, ***He makes the wind blow and He makes the rain fall,*** which is a praise of God for bringing rain **in its** due **season,** i.e. after Succos. **אָמַר לוֹ – [R' Yehoshua] said to [R' Eliezer]: אִם כֵּן – If so,** that the mention of God's rain-giving power with the phrase, *He makes the rain fall,* does not imply a request for immediate rain, **לְעוֹלָם יְהֵא מַזְכִּיר – one should mention it at all times** — even in the summer.[4]

The Mishnah rules:

אֵין שׁוֹאֲלִין אֶת הַגְּשָׁמִים אֶלָּא סָמוּךְ לַגְּשָׁמִים – We do not request rain except close to the rainy season. I.e. we do not begin to mention the *Powers of Rain* until the last day of the Festival (Shemini Atzeres), which immediately precedes the rainy season.[5]

The Mishnah presents a third opinion:

רַבִּי יְהוּדָה אוֹמֵר – R' Yehudah says: הָעוֹבֵר לִפְנֵי הַתֵּיבָה בְּיוֹם טוֹב הָאַחֲרוֹן שֶׁל חַג – The one who goes before the Ark to lead the prayers **on the last Yom Tov of the Festival,** i.e. on Shemini Atzeres: **הָאַחֲרוֹן מַזְכִּיר – the latter one** [who leads the Mussaf service] **mentions** the *Powers of Rain,* **הָרִאשׁוֹן אֵינוֹ מַזְכִּיר** – but **the first one** [who leads the Shacharis service] **does not mention** the *Powers of Rain.*[6]

NOTES

1. Only the last part of the phrase — *morid hageshem* (He makes the rain fall) — is critical. The recital of the first two words — *mashiv haruach* (He makes the wind blow) — is voluntary (Gemara below, 3a). However, since the custom has been adopted to recite *mashiv haruach* together with *morid hageshem,* the Mishnah discusses the phrase in its entirety: *mashiv haruach u'morid hageshem* (*Ritva*).

Similarly, in the request for rain (*v'sen tal u'matar livrachah*), the reference to dew (טַל, *tal*) is included merely out of custom.

2. The Mishnah follows the basic Biblical law, according to which Succos is seven days long and is followed by the one-day festival of Shemini Atzeres. (The term חַג, *Festival*, is used here to refer to the combination of these Festivals.) The first day of Succos and the one day of Shemini Atzeres are defined as Yom Tov because most forms of work are prohibited on those days.

Succos and Shemini Atzeres fall shortly before the advent of the rainy season (see Baraisa 6a; cf. 4a note 30).

3. The Mishnah in *Succah* (28b) teaches that if rain falls into one's *succah* and spoils the food, one is exempt from the mitzvah of *succah*. The Mishnah compares this situation to the case of a servant who came to dilute his master's wine with water. The master humiliated the servant by taking the water and splashing it in the servant's face saying, "I have no desire for your service!" (see Gemara there 29a).

By bringing rain on Succos, God indicates that He rejects our performance of the mitzvah. This is a curse, a sign of Divine displeasure. Therefore, R' Yehoshua argues, one should not mention the *Powers of Rain* on Succos for it appears as if one is requesting that rain should fall on Succos (*Rashi*).

4. A Baraisa, cited below (2b), records R' Eliezer's response to this argument, as well as his reason for designating the first day of Succos as the date for beginning the recital of *mashiv haruach u'morid hageshem.*

5. The Gemara (4a-b) presents two explanations of this clause. We have followed the first explanation, according to which the word שׁוֹאֲלִין, is not used here in its regular sense, *we request,* but rather it means: *we mention* [the *Powers of Rain*]. Hence, this portion of the Mishnah reflects the view of R' Yehoshua that we do not mention the *Powers of Rain* until Shemini Atzeres (*Rashi* to 4a; see 4a with notes 28,30 and 31; cf. *Ritva* ibid).

6. R' Yehudah agrees with R' Yehoshua that we begin to recite *mashiv haruach u'morid hageshem* on Shemini Atzeres. However, their views are at variance in respect to the specific prayer in which this phrase is first inserted. According to R' Yehoshua it is recited in the first prayer of the morning — Shacharis (see *Rashi* to 3a ד״ה הי), or perhaps even in the preceding Maariv prayer (*Gevuras Ari;* cf. *Tif. Yis.*); whereas R' Yehudah holds that it is not recited until the Mussaf prayer.

The *Yerushalmi* explains why, according to R' Yehudah, we do not recite *mashiv haruach* etc. until the Mussaf service: It would be unacceptable to start reciting this phrase in the Maariv service of the preceding evening (when the day begins in Torah law), because not everyone comes to the synagogue in the evening, and thus the community would be split — some people would utter the insertion and others would not. Nor is it recited in the Shacharis service of the following morning because those who attend the Shacharis service, but not the previous evening's service, might erroneously assume that the recitation had begun the previous evening, and in future years might begin the recital of *mashiv haruach* etc. in the evening.

Another reason for not beginning in the Shacharis service is that one may not recite *mashiv haruach* etc. until an announcement is made in the synagogue to do so. Such an announcement cannot be made during Shacharis because it is forbidden to make any interruption between the Shemoneh Esrei of Shacharis and the blessing that precedes it. It is for this (second) reason that the first recitation of this phrase is attributed by the Mishnah to the one leading the service, because the congregation does not recite it in their silent Mussaf prayer until the one leading the service [for example] makes an announcement to do so (*Rosh*; cf. *R' Amram Gaon* cited by *Rosh*).

מאימתי

מזכירין גבורות גשמים רבי אליעזר אומר מיום טוב הראשון של חג ר' יהושע אומר מיום טוב האחרון של חג אמר לו ר' יהושע הואיל ואין הגשמים אלא סימן קללה בחג למה הוא מזכיר אמר לו ר' אליעזר אף אני לא אמרתי לשאול אלא להזכיר משיב הרוח ומוריד הגשם בעונתו אמר לו א"כ לעולם יהא מזכיר אין שואלין את הגשמים אלא סמוך לגשמים ר' יהודה אומר [א]העובר לפני התיבה ביו"ט האחרון של חג האחרון מזכיר הראשון אינו מזכיר [ב]ביו"ט הראשון של פסח הראשון מזכיר האחרון אינו מזכיר: **גמ'** (א) תנא היכא קאי דקתני מאימתי תנא התם קאי דקתני (ב) [ג]מזכירין גבורות גשמים בתחיית המתים [ד]ושואלין בברכת השנים [ה]והבדלה בחונן הדעת וקתני מאימתי מזכירין גבורות גשמים וליתני התם מ"ש דשבקיה עד הכא אלא תנא מראש השנה סליק דתנן (ג) ובחג נידונין על המים ואיידי דתנא ובחג נידונין על המים תנא מאימתי מזכירין גבורות גשמים וליתני מאימתי מזכירין על הגשמים מאי גבורות גשמים א"ר יוחנן מפני שיורדין בגבורה שנאמר (ד) (א) עושה גדולות (א) עד אין חקר ונפלאות עד אין מספר וכתיב (ב) הנותן מטר על פני ארץ ושולח מים על פני חוצות מאי משמע אמר רבה בר שילא אתיא חקר חקר מברייתו של עולם כתיב הכא עושה גדולות עד אין חקר וכתיב התם (ג) הלא ידעת אם לא שמעת אלהי עולם ה' בורא קצות הארץ לא ייעף ולא ייגע אין חקר לתבונתו (ב) וכתיב (ד) מכין הרים בכחו נאזר בגבורה ומנא לן דבתפלה דתניא (ה) לאהבה את ה' אלהיכם ולעבדו בכל לבבכם איזו היא עבודה שהיא בלב הוי אומר זו תפלה וכתיב בתריה (ו) ונתתי מטר ארצכם בעתו יורה ומלקוש אמר ר' יוחנן (ה) ג' מפתחות בידו של הקב"ה שלא נמסרו ביד שליח ואלו הן מפתח של (ג) גשמים ומפתח של חיה ומפתח של תחיית המתים מפתח של גשמים דכתיב (ז) יפתח ה' לך את אוצרו הטוב את השמים לתת מטר ארצך בעתו מפתח של חיה מנין דכתיב (ח) ויזכור אלהים את רחל וישמע אליה

רש"י

מאימתי מזכירין גבורות גשמים. שאומר משיב הרוח ומוריד הגשם ובגמרא מפרש טעמא אמאי קרי ליה גבורות גשמים מפני שיורדין בגבורה שנאמר עושה גדולות וגו': **סימן קללה בחג הן.** כדאמרינן במס' סוכה בפרק הישן (דף כט.) מאימתי מותר לפנות משתחשך המקפה משל לעבד שבא למזוג כוס לרבו ושפך לו קיתון על פניו וא"ל אי אפשי בשמושך כלומר כשהגשמים יורדין לסוכה הכל יוצאין ונראה שאין הקב"ה חפץ שנשתמש לפניו ואמאי מתחילין להזכיר גבורות גשמים בחג ונראה שהוא מתפלל שיבא מטר בחג: **לא אמרתי לשאול.** שיתפלל על הגשמים בחג כגון ותן טל ומטר: **אלא להזכיר.** שמתחיל להזכיר בחג גבורות של מקום שמוריד גשמים: **בעונתו.** כלומר בזמנו: **אם כן.** ואמאי פוסק בפסח מלהזכיר: **גמ' תנא היכא קאי.** כלומר מדקתני מאימתי מכלל דפשיטא ליה להאי תנא דחייבים להזכיר והיכא חזינן דמחייב להזכיר: **התם קאי.** מזכירין גבורות גשמים כו' במסכת ברכות: (ו)(וליתני התם. במסכת ברכות סמוך דתני מזכירין ליתני מאימתי): **מ"ש דשבקיה עד הכא.** כלומר האי דקתני הכא בסדר מועד מאימתי ליתני התם (ד) דקתני מזכירין במסכת ברכות היינו סדר זרעים: **עד הכא.** עד סדר מועד: **אלא.** לא תימא דהא דקתני מאימתי דהתם קאי דתנא מראש השנה סליק ששניהן בסדר אחד הן להכי לא מצי למימר מאי שנא דשבקיה עד הכא: (ו)(**בחג.** הוי דין על המים ומשום דתני מאימתי הוי דין על המים קתני נמי אימתי זמן הזכרה (ה): **ואיידי דתני** בחג נידונין. כלומר אגב דתנא בחג נידונין על המים קסבר בנפשיה הואיל ונידונין בחג על המים ש"מ בעינן להזכיר עניינא דמיא לרצויי על המים דליתו לברכה להכי קתני מאימתי מזכירין: **כתיב עושה גדולות** (ו) **עד אין חקר.** אלמא דכתיב חקר בגשמים וכתיב חקר בברייתו של עולם מה ברייתו של עולם כתיב ביה גבורה אף גשמים הוי כמאן דכתיב ביה גבורה: **ואמר רבי יוחנן שלש מפתחות.** היינו שלא נמסרו לשליח אחד ביחד (ז): **יפתח ה'.** ולא שליח: כי

תוספות

מאימתי. מיום טוב האחרון של חג. שמיני דלא יתבון בסוכה ואפילו האידנא אינו אלא מדרבנן משום ספיקא ואע"ג דבקיאין בקביעא דירחא גזרה שמא יחזור הדבר לקלקולו או משום מנהג אבותינו בידינו כדאי' פ"ק דביצה (דף ד:) ולכן מדכרינן אבל כל שבעה לא שהגשמים בימי סוכה סימן קללה הן כדתנן פרק שני דסוכה (דף כח:) משל לעבד וכו':

אם כן. אם אתה אומר מזכירין אע"פ שאין שואלין הואיל ומשמע בעונתו אף בקיץ יזכירו ומה אתה נותן סימן מי"ט הראשון ור' אליעזר אומר בברייתא בגמרא כל הקיץ אם בא להזכיר מזכיר דלעולם בעונתו משמע מיהו עד הפסח לא רמי עליה חובה אבל בי"ט ראשון חובה לרצות לפני שאלה שכל הבא לבקש מקדים ומרצה ואסימן קללה לא קפדינן ורבי יהושע קפיד:

התם קאי. פירוש בסדר זרעים בברכות פרק אין עומדין (דף לג.) וליתני התם מאי שנא כו' כלומר אמאי תנא הכא במועד מאי דתני התם בסדר זרעים:

אלא תנא מראש השנה קא סליק. פירוש ור"ה הויא בסדר מועד ואם תאמר ואכתי ליתני בסדר זרעים וי"ל דהכא עיקר דאמר בחג נידונין על המים ואורחא דמילתא לרצות לפני שאלה לכך שביק עד הכא אבל בסדר זרעים (ח) אומרים מזכירין גבורות גשמים אפשר דמשמע לעולם כמו תחיית המתים או הבדלה בחונן הדעת:

וליתני מאימתי מזכירין (ט) גשמים מאי גבורות גשמים אמר ר' יוחנן שיורדין בגבורה. תימה התם בברכות פ' אין עומדין (שם) קתני כי הכא מזכירין גבורות גשמים ושואלין הגשמים וכו' אמאי לא קא מקשה כמו הכא וליתני מזכירין על הגשמים מאי גבורות ויש לומר שאני הכא דהוי עיקר סדר של גשמים באיזה זמן מתחילין לאומרו ומאימתי פוסקין מלאומרו ומשום הכי פריך הכא טפי מהתם: **וכתיב** מכין הרים בכחו נאזר בגבורה. וזה גבי בריאת עולם וכי היכי דהאי חקר בבריאת העולם רוצה לומר בגבורות כמו כן הכא גבי גשמים האי חקר נמי רוצה לומר גבורות אכן יש להקשות אמאי נקט גבורות טפי מכח וכמו כן הוה ליה למימר מאימתי מזכירין כח גשמים או ליתני גדולות גשמים וי"ל דמן הדין נקט גבורות משום טעמא דאיכא כח ואיכא גדולה אי נמי משום דהברכה מתחלת בגבורה להכי נקט גבורות:

שלשה מפתחות שלא נמסרו לשליח. וא"ת והא אמרינן (סנהדרין דף קיג.) דמפתח הגשמים (י) נמסרין לאליהו וכן מפתח של תחיית המתים וכן לאלישע דכתיב (מלכים א יז) ויאמר אליהו חי ה' וגו' דה"נ אומר בפירקין לקמן (דף כג.) וי"ל דהא דקאמר שלא נמסרו לשליח אינו ר"ל שלא נמסרו מעולם דהא של תחיית המתים ושל גשמים נמסרו אלא לא נמסרו לשליח להיות לעולם ממונה עליהם: **וישמע** אליה אלהים ויפתח את רחמה. פירוש שהוא בעצמו עשה וא"ת מהכא משמע דליכא אלא שלשה מפתחות וא"כ יש להקשות והא כתיב (ירמיה נ) פתח ה' את אוצרו ויוצא את כלי זעמו ומשמע נמי שלא נמסרו לשליח וכמו ההיא וישמע אליה אלהים וגו' וא"כ אמאי לא חשיב לה וי"ל דלא חשיב כי אם אותן מפתחות של טובה ולהכי לא קא חשיב מפתח של זעם וא"ת דמשמע מהאי קרא דפתח ה' שלא נמסר מפתח של זעם לשליח והא אמרינן (פסחים דף קיח.) יורקמי שר של ברד הוי וי"ל מכלי זעם אחרינא קאמר שלא נמסרו לשליח אבל משום ברד לא דאותו של ברד נמסרו:

איבעיא

עין משפט נר מצוה

א א ב ג מיי' פ"ב מהלכות תפלה הלכה טו סמג עשין יט טוש"ע א"ח סי' קיד סעיף א:

ב ד מיי' שם הלכה טז וסמ"ג שם טוש"ע א"ח סי' קיז סעיף א:

ג ה מיי' שם הלכה יב וסמג שם טוש"ע א"ח סי' רצד סעיף א:

רבינו חננאל

(אידי) [אהדא] דתנן במתניתין מאימתי מזכירין גבורות גשמים מקשי תנא היכא קאי דקתני מאימתי כלומר מי הזכיר שנזכיר גבורות גשמים עד שיאמר מאימתי. ושנינן תנא מר"ה סליק דתנן ובחג נידונין על המים. ולפיכך תנא הכא מאימתי מזכירין גבורות גשמים. ואמאי תני גבורות כלומר מה גבורה יש בגשמים. וא"ר יוחנן שיורדין בגבורה שנאמר בענין המטר עושה גדולות עד אין חקר וגמר חקר חקר מברייתו של עולם שנאמר בורא קצות הארץ אין חקר לתבונתו. וכתיב מכין הרים בכחו נאזר בגבורה. מיכן סמכו לומר גבורות גשמים ופריש במתני' בתפלה ואמרי' ומנא לן שלא תהא הזכרה זו אלא בתפלה. ופשטנא מדכתיב [ולעבדו] בכל לבבכם וגו' ונתתי מטר ארצכם בעתו יורה ומלקוש וגו'. ודייקינן איזו היא [עבודה] בלב שבשבילה המטר יורד הוי אומר זו תפלה. **וא"ר יוחנן** שלשה מפתחות לא נמסרו לשליח אלא הם בידו של הקב"ה. מפתח גשמים שנאמר יפתח ה' לך את אוצרו הטוב את השמים וגו'. מפתח של חיה

רבינו גרשום מאור הגולה

מאימתי מזכירין גבורת גשמים. שאומ' מוריד הגשם: **מאחר שהגשמים סימן קללה הוא בחג** כדאמרן בסוכה משל לעבד שמשמש לרבו והפך לו רבו קיתון על פניו כלומר שאינו חפץ בו אף כך כשיורדין גשמים בחג יוצאין הכל מן הסוכה ונראה שאין חפץ הקב"ה שישבו בסוכה **ואמאי מתחיל להזכיר** גבורות גשמים ונראה שהוא מתפלל שירדו גשמים בחג: **לא אמרתי לישאל** שיתפלל על הגשמים בחג **אלא להזכיר.** שמתחיל להזכיר בחג א) גבורות של גשמים של מקום שמוריד גשמים בעונתם לאחר החג כשצריכין: **אם כן לעולם יהא מזכיר** אפי' בימות החמה שמוריד גשמים בעונתן: **גמ' התם קאי מזכירין כו'** במס' ברכות: **וליתני התם** במס' [ברכות] סמוך לדתני מזכירין כו' ליתני מאימתי **מ"ש דשבקיה עד הכא** כלומר מי קתני הכא בסדר מועד מאימתי אמאי דתני מזכירין במס' ברכות דהיינו בסדר זרעים. **תנא מר"ה סליקי** ששניהם בסדר אחד הן להכי לא מצי למימר מ"ש דשבקיה עד הכא. **כתיב עושה גדולות עד אין חקר** אלמא דכתיב חקר בגשמים **וכתיב חקר בברייתו של עולם** מה בברייתו של עולם כתיב ביה גבורה אף בגשמים הוי כמו דכתיב גבורה: **שלא נמסרו שלשתן** ביחד **ביד שליח. יפתח ה'** ולא שליח

חשק שלמה על רבינו גרשום א) נראה דל"ל גבורות של מקום שמוריד גשמים וכו'.

מסורת הש"ס

א) [ברכות ב.], ב) שם לג., ג) ר"ה טז., ד) [צ"ל עושה גדולות ואין חקר נפלאות עד אין מספר (איוב ה פ"ט) וכן בס"א למהרש"א ע"ש וגם לקמן ט: ונדה לא. ובפי' הרע"ב מ"ב פ"ה דברכות צריכין אנו להגיה על דרך הנ"ל], ה) סנהדרין קיג., ו) רש"א מ"ז.

הגהות הב"ח

(א) גמ' שנאמר עושה גדולות ואין חקר נפלאות כו' כצ"ל ותיבת עד נמחק וכ"כ (איוב ה): (ב) שם אין חקר לתבונתו נותן ליעף כח וכתיב מכין הרים: (ג) שם ואלו הן מפתח של חיה ומפתח של גשמים ומפתח של תחיית המתים מפתח של חיה מנין דכתיב ויזכור אלהים את רחל וישמע אליה אלהים ויפתח את רחמה מפתח של גשמים מנין דכתיב יפתח ה' לך גו' מטר ארצך בעתו מפתח של תחיית המתים וכו' כצ"ל: (ד) רש"י ד"ה מאי שנא כו' ליתני התם היכא דתני כו' סדר זרעים אמאי שבקיה עד הכא כו' כצ"ל והד"א: (ה) ד"ה בחג כו' זמן הזכרה לישנא אחרינא ואיידי דתני כו' כצ"ל והד"א: (ו) ד"ה כתיב עושה גדולות ואין חקר כו': (ז) ד"ה ואמר כו' ביחד. נ"ב דקא קשיא ליה קושיית התוס': (ח) תוס' ד"ה אלא כו' אבל בסדר זרעים דתני מזכירין כצ"ל: (ט) ד"ה וליתני מאימתי מזכירין על הגשמים כו' פרק אין עומדין דקתני כי הכא מזכירין גבורות גשמים ושואלין וכו' אמאי לא כו' כצ"ל ותיבת הגשמים נמחק: (י) ד"ה שלשה כו' דמפתח הגשמים נמסר לאליהו:

ליקוטי רש"י

מזכירין גבורות גשמים. משיב הרוח שאינו לשון בקשה אלא לשון הזכרה ושבח. **ושואלין.** ותן טל ומטר לשון בקשה. **והבדלה בחונן הדעת.** במוצאי שבת אתה חוננתנו [ברכות לג.]. **בחג.** הוא חג הסכות [דברי הימים ב ה, ג]. **נידונין על המים.** מוצאי יום טוב האחרון של חג, שמאתמול נחתם גזר דינם על גשמי שנה כדתנן בחג נידונין על המים [יומא כא: עיי"ש רש"ש]. **הנותן מטר על פני ארץ.** ארץ ישראל. **ושולח מים על פני חוצות.** ע"י שליח לשאר ארצות [איוב ה, י]. **מכין הרים בכוחו.** שמצמיח ההרים שהם קשים בכוחו ומזמן ומכין בהם מזונות ומכין מטר כדכתיב (תהלים קמז ח) המכין לארץ מטר המצמיח הרים. **נאזר בגבורה.** לפי שבא להזכיר גבורת גשמים אמר נאזר בגבורה [תהלים סה, ז]. **איזו היא עבודה שבלב הוי אומר זו תפלה.** שהתפלה קרויה עבודה שנאמר (דניאל ו) אלהך די אנת פלח ליה בתדירא וכי יש פולחן בבבל אלא על שהיה מתפלל שנאמר וכוון פתיחן ליה וגו' וכן דוד הוא אומר (תהלים קמא) תכון תפלתי קטרת לפניך [דברים יא, יג]. **ונתתי מטר ארצכם.** עשיתם מה שעליכם אף אני אעשה מה שעלי. [שם יד]. **ג' מפתחות וכו' שלא נמסרו ביד שליח.** על אוצרו של הקדוש ברוך הוא יש מפתחות ומסרם ליד שלוחים הממונים אבל שלש מפתחות יש לו בידו שלא מינה שליח עליהם [סנהדרין קיג.].

תורה אור השלם

א) עֹשֶׂה גְדֹלוֹת וְאֵין חֵקֶר נִפְלָאוֹת עַד אֵין מִסְפָּר: [איוב ה, ט] ב) הַנֹּתֵן מָטָר עַל פְּנֵי אָרֶץ וְשֹׁלֵחַ מַיִם עַל פְּנֵי חוּצוֹת: [איוב ה, י] ג) הֲלוֹא יָדַעְתָּ אִם לֹא שָׁמַעְתָּ אֱלֹהֵי עוֹלָם יְיָ בּוֹרֵא קְצוֹת הָאָרֶץ לֹא יִיעַף וְלֹא יִיגָע אֵין חֵקֶר לִתְבוּנָתוֹ: [ישעיה מ, כח] ד) מֵכִין הָרִים בְּכֹחוֹ נֶאְזָר בִּגְבוּרָה: [תהלים סה, ז] ה) וְהָיָה אִם שָׁמֹעַ תִּשְׁמְעוּ אֶל מִצְוֹתַי אֲשֶׁר אָנֹכִי מְצַוֶּה אֶתְכֶם הַיּוֹם לְאַהֲבָה אֶת יְיָ אֱלֹהֵיכֶם וּלְעָבְדוֹ בְּכָל לְבַבְכֶם וּבְכָל נַפְשְׁכֶם: [דברים יא, יג] ו) וְנָתַתִּי מְטַר אַרְצְכֶם בְּעִתּוֹ יוֹרֶה וּמַלְקוֹשׁ וְאָסַפְתָּ דְגָנֶךָ וְתִירֹשְׁךָ וְיִצְהָרֶךָ: [דברים יא, יד] ז) יִפְתַּח יְיָ לְךָ אֶת אוֹצָרוֹ הַטּוֹב אֶת הַשָּׁמַיִם לָתֵת מְטַר אַרְצְךָ בְּעִתּוֹ וּלְבָרֵךְ אֵת כָּל מַעֲשֵׂה יָדֶךָ וְהִלְוִיתָ גּוֹיִם רַבִּים וְאַתָּה לֹא תִלְוֶה: [דברים כח, יב] ח) וַיִּזְכֹּר אֱלֹהִים אֶת רָחֵל וַיִּשְׁמַע אֵלֶיהָ אֱלֹהִים וַיִּפְתַּח אֶת רַחְמָהּ: [בראשית ל, כב]

R' Yehudah proceeds to teach at what point in the year one ceases to mention the *Powers of Rain:* **בְּיוֹם טוֹב הָרִאשׁוֹן שֶׁל פֶּסַח – On the first Yom Tov of Pesach,** הָרִאשׁוֹן מַזְכִּיר – **the first one** [who leads the Shacharis service] **mentions** the *Powers of Rain*, הָאַחֲרוֹן אֵינוֹ מַזְכִּיר – but **the latter one** [who leads the Mussaf service] **does not mention** the *Powers of Rain.*[7]

Gemara The Gemara asks: תַּנָּא הֵיכָא קָאֵי – **To what does the Tanna** of our Mishnah **refer** דְּקָתָנֵי מֵאֵימָתַי – **when he asks,** "WHEN do we begin to mention the *Powers of Rain*?" The Tanna's inquiry assumes the existence of an obligation to mention the *Powers of Rain.* Where is this obligation taught?

The Gemara answers:

תַּנָּא הָתָם קָאֵי דְּקָתָנֵי – **The Tanna refers [to that Mishnah]**[8] **which states:** מַזְכִּירִין גְּבוּרוֹת גְּשָׁמִים בִּתְחִיַּית הַמֵּתִים – WE MENTION THE *POWERS OF RAIN* IN the blessing of THE RESURRECTION OF THE DEAD.[9] וְשׁוֹאֲלִין בְּבִרְכַּת הַשָּׁנִים – AND WE REQUEST rain IN THE BLESSING OF THE YEARS.[10] וְהַבְדָּלָה בְּחוֹנֵן הַדָּעַת – AND we recite *HAVDALAH* IN the blessing of THE GRACIOUS BESTOWER OF WISDOM.[11] וְקָתָנֵי – **And** in reference to that Mishnah **[our Tanna] teaches:** מֵאֵימָתַי מַזְכִּירִין גְּבוּרוֹת גְּשָׁמִים – WHEN DO WE begin to MENTION THE *POWERS OF RAIN*?

The Gemara asks:

וְלִיתְנֵי הָתָם – **Then let [the Tanna] teach** it **there,** in the Order of *Zeraim*. מַאי שְׁנָא דְּשַׁבְקֵיהּ עַד הָכָא – **Why did he leave it until here** – the Order of *Moed* – to teach when we begin to mention the *Powers of Rain*?[12]

The Gemara accepts this objection and proposes a different answer:

אֶלָּא תַּנָּא מֵרֹאשׁ הַשָּׁנָה סָלֵיק – **Rather, the Tanna's point of departure is** a Mishnah in Tractate *Rosh Hashanah*[13] (which, like this tractate, is also in the Order of *Moed*), דִּתְנַן – **where we learned:** וּבֶחָג נִדּוֹנִין עַל הַמַּיִם – AND ON THE FESTIVAL[14] [THE PEOPLE] ARE JUDGED IN REGARD TO THE WATER that will fall in the coming year. וְאַיְּידֵי דִּתְנָא וּבֶחָג נִידּוֹנִין עַל הַמַּיִם – **Now since it was taught** in that Mishnah that **on the Festival [the people] are judged in regard to water,** it is evident that we must make mention of God's rain-giving powers in order to propitiate God for a favorable judgment. תָּנָא – Consequently, **[our Tanna] taught** in reference to that Mishnah: מֵאֵימָתַי מַזְכִּירִין גְּבוּרוֹת גְּשָׁמִים – WHEN DO WE begin to MENTION THE *POWERS OF RAIN?*[15]

The Gemara questions the language of our Mishnah:

וְלִיתְנֵי – **But let the Mishnah say:** מֵאֵימָתַי מַזְכִּירִין עַל הַגְּשָׁמִים – **When do we** begin to **mention rain?** מַאי גְּבוּרוֹת גְּשָׁמִים – **What is** meant by **the *Powers of Rain?***

The Gemara answers:

אָמַר רַבִּי יוֹחָנָן – **R' Yochanan said:** The insertion about rain is referred to in this manner מִפְּנֵי שֶׁיּוֹרְדִין בִּגְבוּרָה – **because [rain] descends with** the **power** of God, שֶׁנֶּאֱמַר: ,,עֹשֶׂה גְדֹלוֹת (עד־אין) [וְאֵין] חֵקֶר (ו)נִפְלָאוֹת עַד־אֵין מִסְפָּר" – **as it is said:** ***Who performs great deeds, beyond comprehension, and wonders beyond number.***[16] וּכְתִיב: ,,הַנֹּתֵן מָטָר עַל־פְּנֵי־אָרֶץ וְשֹׁלֵחַ מַיִם עַל־פְּנֵי חוּצוֹת" – **And** in the following verse **it is written: *Who gives rain upon the face of the land and sends water upon the face of the outskirts.***[17]

The Gemara asks:

מַאי מַשְׁמַע – **How is it implied** by these verses that rain is associated with power?

The Gemara explains:

אָמַר רַבָּה בַּר שֵׁילָא – **Rabbah bar Shila said:** אַתְיָא ,,חֵקֶר" ,,חֵקֶר" מִבְּרִיָּיתוֹ שֶׁל עוֹלָם – **It emerges** from an analogy between the word ***comprehension*** that is written in the first verse cited above, in reference to rain, and the same word ***comprehension*** that is found in connection with **the Creation of the World.**[18] כְּתִיב הָכָא: ,,עֹשֶׂה גְדֹלוֹת (עד־אין) [וְאֵין] חֵקֶר" – **Here,** in reference to rain, **it is written: *Who performs great deeds, beyond comprehension.*** וּכְתִיב הָתָם: ,,הֲלוֹא יָדַעְתָּ אִם־לֹא שָׁמַעְתָּ אֱלֹהֵי עוֹלָם ה׳ בּוֹרֵא קְצוֹת הָאָרֶץ לֹא יִיעַף וְלֹא יִיגָע אֵין חֵקֶר לִתְבוּנָתוֹ" – **And there,** in connection with the Creation, **it is written:**[19] ***Do you not know? Have you not heard? The God of the world, Hashem, the Creator of the ends of the earth, does not weary or become tired;***

NOTES

7. The reason why the recital of *mashiv haruach u'morid hageshem* is continued through Shacharis of the first day of Pesach and discontinued in Mussaf is the mirror version of the first reason given in the previous note (*Taz O.C.* 114:3). See there §9 for an explanation of how the *second* reason is applied to the discontinuation of the recital of *mashiv haruach* etc. (cf. *Magen Avraham* §5) .

8. *Berachos* 33a.

9. The blessing of the Resurrection of the Dead is the second blessing of the Shemoneh Esrei. The gift of rain and the Resurrection of the Dead are equivalent inasmuch as they both bring life to the world (*Yerushalmi Berachos* 5:2; see below, note 21).

10. The ninth blessing of Shemoneh Esrei is known as בִּרְכַּת הַשָּׁנִים, *the Blessing of the Years*, because in it we ask God to bless the year with prosperity. Consequently, it is the appropriate blessing in which to insert the request for rain (*v'sen tal u'matar livrachah*).

11. The Havdalah prayer is inserted in the Shemoneh Esrei of the Maariv service that follows the conclusion of the Sabbath to signify the differentiation between the Sabbath and the other days of the week. It is appropriately inserted in the blessing of Wisdom, in accordance with the dictum of the Sages, אִם אֵין דֵּיעָה הַבְדָּלָה מִנַּיִן, *If there is no wisdom, how can there be differentiation?* (*Yerushalmi Berachos* 5:2).

12. The Mishnah consists of six *sedarim* (orders). The basic obligation to mention the *Powers of Rain* is taught in Tractate *Berachos*, which belongs to the first order, *Zeraim.* Tractate *Taanis* is in the second order, *Moed*.

13. *Rosh Hashanah,* 16a.

14. I.e. the combined festivals of Succos and Shemini Atzeres (see note 2).

15. It is more appropriate to teach the dates for the mention of rain in reference to the Mishnah in *Rosh Hashanah,* which discusses rain in the context of a particular time-frame, rather than in reference to the Mishnah in *Berachos,* which does not discuss the issue of time at all (see *Tosafos*).

16. *Maharsha* and *Bach* emend the text to read וְאֵין (instead of עַד־אֵין) to conform with *Job* 5:9. [The version cited in our editions of the Gemara corresponds to *Job* 9:10. However, it does not seem that the Gemara refers to *Job* 9:10, for that verse is not connected with any mention of rain, unlike *Job* 5:9 which is immediately followed by a verse which discusses rain (see continuation of the Gemara).]

17. *Job* 5:10.

18. [Usually, the basis for this form of derivation, *gezeirah shavah,* is that it is one of the thirteen Divinely ordained methods of hermeneutical exposition. The use of the same word or phrase in two otherwise unrelated verses conveys an analogy between the topics of each verse. However, there is a rule that a *gezeirah shavah* cannot be drawn between a word in the Pentateuch and one in the Prophets (*Bava Kamma* 2b). The same is probably true of a *gezeirah shavah* between the Prophets and the Writings such as that discussed here in the Gemara. Moreover, the entire matter of the Mishnah's terminology is essentially a Rabbinic one. Therefore, we must conclude that this is not a *gezeirah shavah* in the regular sense but merely a homiletic exposition that follows the format of a *gezeirah shavah.*]

19. *Isaiah* 40:28.

מאימתי

מזכירין גבורות גשמים רבי אליעזר אומר מיום טוב הראשון של חג ר' יהושע אומר מיום טוב האחרון של חג אמר לו ר' יהושע הואיל ואין הגשמים אלא סימן קללה בחג למה הוא מזכיר אמר לו ר' אליעזר אף אני לא אמרתי לשאול אלא להזכיר משיב הרוח ומוריד הגשם בעונתו אמר לו א"כ לעולם יהא מזכיר אין שואלין את הגשמים אלא סמוך לגשמים ר' יהודה אומר [א]העובר לפני התיבה ביו"ט האחרון של חג האחרון מזכיר הראשון אינו מזכיר [ב]ביו"ט הראשון של פסח הראשון מזכיר האחרון אינו מזכיר: **גמ'** [א]תנא היכא קאי דקתני מאימתי תנא התם קאי דקתני [ב] [ג]מזכירין גבורות גשמים בתחיית המתים [ד]ושואלין בברכת השנים [ה]והבדלה בחונן הדעת וקתני מאימתי מזכירין גבורות גשמים וליתני התם מ"ש דשבקיה עד הכא אלא תנא מראש השנה סליק דתנן [ג]ובחג נידונין על המים ואיידי דתנא ובחג נידונין על המים תנא מאימתי מזכירין גבורות גשמים וליתני מאימתי מזכירין על הגשמים מאי גבורות גשמים א"ר יוחנן מפני שיורדין בגבורה שנאמר [ד] [א]עושה גדולות (א) עד אין חקר ונפלאות עד אין מספר וכתיב [ב]הנותן מטר על פני ארץ ושולח מים על פני חוצות מאי משמע אמר רבה בר שילא אתיא חקר חקר מברייתו של עולם כתיב הכא עושה גדולות עד אין חקר וכתיב התם [ג]הלא ידעת אם לא שמעת אלהי עולם ה' בורא קצות הארץ לא ייעף ולא ייגע אין חקר לתבונתו (ב) וכתיב [ד]מכין הרים בכחו נאזר בגבורה ומנא לן דבתפלה דתניא [ה]לאהבה את ה' אלהיכם ולעבדו בכל לבבכם איזו היא עבודה שהיא בלב הוי אומר זו תפלה וכתיב בתריה [ו]ונתתי מטר ארצכם בעתו יורה ומלקוש אמר ר' יוחנן [ה]ג' מפתחות בידו של הקב"ה שלא נמסרו ביד שליח ואלו הן מפתח של (ג) גשמים ומפתח של חיה ומפתח של תחיית המתים מפתח של גשמים דכתיב [ז]יפתח ה' לך את אוצרו הטוב את השמים לתת מטר ארצך בעתו מפתח של חיה מנין דכתיב [ח]ויזכור אלהים את רחל וישמע אליה

רש"י

מאימתי מזכירין גבורות גשמים. שאומר משיב הרוח ומוריד הגשם ובגמרא מפרש טעמא אמאי קרי ליה גבורות גשמים מפני שיורדין בגבורה שנאמר עושה גדולות וגו': סימן קללה בחג הן. כדאמרינן במס' סוכה בפרק הישן (דף כח:) מאימתי מותר לפנות משתסרח המקפה משל לעבד שבא למזוג כוס לרבו ושפך לו קיתון על פניו וא"ל אי אפשי בשמושך כלומר כשהגשמים יורדין לסוכה הכל יוצאין ונראה שאין הקב"ה חפץ שנשתמש לפניו ואמאי מתחילין להזכיר גבורות גשמים בחג ונראה שהוא מתפלל שיבא מטר בחג: **לא אמרתי לשאול.** שיתפלל על הגשמים בחג כגון ותן טל ומטר: **אלא להזכיר.** שמתחיל להזכיר בחג גבורות של מקום שמוריד גשמים: **בעונתו.** כלומר בזמנו: **אם כן.** ואמאי פוסק בפסח מלהזכיר: **גמ' תנא היכא קאי.** כלומר מדקתני מאימתי מכלל דפשיטא ליה להאי תנא דחייבים להזכיר והיכא חזינן דמחייב להזכיר: **התם קאי.** מזכירין גבורות גשמים כו' במסכת ברכות: [ו](וליתני התם. במסכת ברכות סמוך דתני מזכירין ליתני מאימתי): **מ"ש דשבקיה עד הכא.** כלומר האי דקתני הכא בסדר מועד מאימתי ליתני התם (ד) דקתני מזכירין במסכת ברכות היינו סדר זרעים: **עד הכא.** עד סדר מועד: **אלא.** לא תימא דהא דקתני מאימתי דהתם קאי דתנא מראש השנה סליק ששניהן בסדר אחד הן להכי לא מצי למימר מאי שנא דשבקיה עד הכא: [ז](בחג. הוי דין על המים ומשום דתני מאימתי הוי דין על המים קתני נמי אימתי זמן הזכרה (ה): **ואיידי דתני** בחג נידונין. כלומר אגב דתנא בחג נידונין על המים קסבר בנפשיה הואיל ונידונין בחג על המים ש"מ בעינן להזכיר עניינא דמיא לרצויי על המים דליתו לברכה להכי קתני מאימתי מזכירין: **כתיב עושה גדולות** (ו) **עד אין חקר.** אלמא דכתיב חקר בגשמים וכתיב חקר בברייתו של עולם מה ברייתו של עולם כתיב ביה גבורה אף גשמים הוי כמאן דכתיב ביה גבורה: **ואמר רבי יוחנן שלש מפתחות.** היינו שלא נמסרו לשליח אחד ביחד (ז): **יפתח ה'.** ולא שליח: כי

תוספות

מאימתי. מיום טוב האחרון של חג. שמיני דלא יתבון בסוכה ואפילו האידנא אינו אלא מדרבנן משום ספיקא ואע"ג דבקיאינן בקביעא דירחא גזרה שמא יחזור הדבר לקלקולו או משום מנהג אבותינו בידינו כדאי' פ"ק דביצה (דף ד:) ולכן מדכרינן אבל כל שבעה לא שהגשמים בימי סוכה סימן קללה הן כדתנן פרק שני דסוכה (דף כח:) משל לעבד וכו':

אם כן. אם אתה אומר מזכירין אע"פ שאין שואלין הואיל ומשמע בעונתו אף בקיץ יזכירו ומה אתה נותן סימן מי"ט הראשון ור' אליעזר אומר בברייתא בגמרא כל הקיץ אם בא להזכיר מזכיר לעולם בעונתו משמע מיהו עד השתא לא רמי עליה חובה אבל בי"ט ראשון חובה לרצות לפני שאלה שכל הבא לבקש מקדים ומרצה ואסימן קללה לא קפדינן ורבי יהושע קפיד:

התם קאי. פירוש בסדר זרעים בברכות פרק אין עומדין (דף לג.) וליתני התם מאי שנא כו' כלומר אמאי תנא הכא במועד מאי דתני התם בסדר זרעים:

אלא תנא מראש השנה קא סליק. פירוש ור"ה הויא בסדר מועד ואם תאמר ואכתי ליתני בסדר זרעים וי"ל דהכא עיקר דאמר בחג נידונין על המים ואורחא דמילתא לרצות לפני שאלה לכך שביק עד הכא אבל בסדר זרעים (ח) אומרים מזכירין גבורות גשמים אפשר דמשמע לעולם כמו תחיית המתים או הבדלה בחונן הדעת:

וליתני מאימתי מזכירין (ט) גשמים מאי גבורות גשמים אמר ר' יוחנן שיורדין בגבורה. תימה התם בברכות פ' אין עומדין (שם) קתני כי הכא מזכירין גבורות גשמים ושואלין הגשמים וכו' אמאי לא קא מקשה כמו הכא וליתני מזכירין על הגשמים מאי גבורות ויש לומר שאני הכא דהוי עיקר סדר של גשמים באיזה זמן מתחילין לאומרו ומאימתי פוסקין מלאומרו ומשום הכי פריך הכא טפי מהתם: **וכתיב** מכין הרים בכחו נאזר בגבורה. וזה גבי בריאת עולם וכי היכי דהאי חקר בבריאת העולם רוצה לומר בגבורות כמו כן הכא גבי גשמים האי חקר נמי רוצה לומר גבורות אכן יש להקשות אמאי נקט גבורות טפי מכח וכמו כן הוה ליה למימר מאימתי מזכירין כח גשמים או ליתני גדולות גשמים וי"ל דמן הדין נקט גבורות משום טעמא דאיכא כח ואיכא גדולה אי נמי משום דהברכה מתחלת בגבורה להכי נקט גבורות:

שלשה מפתחות שלא נמסרו לשליח. וא"ת והא אמרינן (סנהדרין דף קיג.) דמפתח הגשמים (י) נמסרין לאליהו וכן מפתח של תחיית המתים וכן לאלישע דכתיב (מלכים א יז) ויאמר אליהו חי ה' וגו' דה"נ אומר בפירקין דלקמן (דף כג.) וי"ל דהא דקאמר שלא נמסרו לשליח אינו ר"ל שלא נמסרו מעולם דהא של תחיית המתים ושל גשמים נמסרו אלא לא נמסרו לשליח להיות לעולם ממונה עליהם: **וישמע** אליה אלהים ויפתח את רחמה. פירוש שהוא בעצמו עשה וא"ת מהכא משמע דליכא אלא שלשה מפתחות וא"כ יש להקשות והא כתיב (ירמיה נ) פתח ה' את אוצרו ויוצא את כלי זעמו ומשמע נמי שלא נמסרו לשליח וכמו ההיא וישמע אליה אלהים וגו' וא"כ אמאי לא חשיב לה וי"ל דלא חשיב כי אם אותן מפתחות של טובה ולהכי לא קא חשיב מפתח של זעם וא"ת דמשמע מהאי קרא דפתח ה' שלא נמסר מפתח של זעם לשליח והא אמרינן (פסחים דף קיח.) יורקמי שר של ברד הוי וי"ל מכלי זעם אחרינא קאמר שלא נמסרו לשליח אבל משום ברד לא דאותו של ברד נמסרו:

איבעיא

עין משפט נר מצוה

א א ב ג מיי' פ"ב מהלכות תפלה הלכה טו סמג עשין יט טוש"ע א"ח סי' קיד סעיף א:

ב ד מיי' שם הלכה טז וסמ"ג שם טוש"ע א"ח סי' קיז סעיף א:

ג ה מיי' שם הלכה יב וסמג שם טוש"ע א"ח סי' רלד סעיף א:

רבינו חננאל

(אידי) [אהדא] דתנן במתניתין מאימתי מזכירין גבורות גשמים מקשי תנא היכא קאי דקתני מאימתי כלומר מי הזכיר שנזכיר גבורות גשמים עד שיאמר מאימתי. ושנינן תנא מר"ה סליק דתנן ובחג נידונין על המים. ולפיכך תנא הכא מאימתי מזכירין גבורות גשמים. ואמאי תני גבורות כלומר מה גבורה יש בגשמים. וא"ר יוחנן שיורדין בגבורה שנאמר בענין המטר עושה גדולות עד אין חקר וגמר חקר חקר מברייתו של עולם שנאמר בורא קצות הארץ אין חקר לתבונתו. וכתיב מכין הרים בכחו נאזר בגבורה. מיכן סמכו לומר גבורות גשמים ופריש במתני' בתפלה ואמרי' ומנא לן שלא תהא הזכרה זו אלא בתפלה. ופשטנא מדכתיב [ולעבדו] בכל לבבכם וגו' ונתתי מטר ארצכם בעתו יורה ומלקוש וגו'. ודייקינן איזו היא [עבודה] בלב שבשבילה המטר יורד הוי אומר זו תפלה. וא"ר יוחנן שלשה מפתחות לא נמסרו לשליח אלא הם בידו של הקב"ה. מפתח גשמים שנאמר יפתח ה' לך את אוצרו הטוב את השמים וגו'. מפתח של חיה

רבינו גרשום מאור הגולה

מאימתי מזכירין גבורת גשמים. שאומ' מוריד הגשם: **מאחר שהגשמים סימן קללה הוא בחג** כדאמרן בסוכה משל לעבד שמשמש לרבו והפך לו רבו קיתון על פניו כלומר שאינו חפץ בו אף כך כשיורדין גשמים בחג יוצאין הכל מן הסוכה ונראה שאין חפץ הקב"ה שישבו בסוכה **ואמאי מתחיל להזכיר** גבורות גשמים ונראה שהוא מתפלל שירדו גשמים בחג: **לא אמרתי לישאל** שיתפלל על הגשמים בחג **אלא להזכיר.** שמתחיל להזכיר בחג א) גבורות של גשמים מקום שמוריד גשמים בעונתם לאחר החג כשצריכין: **אם כן לעולם יהא מזכיר** אפי' בימות החמה שמוריד גשמים בעונתן: **גמ' התם קאי מזכירין כו'** במס' ברכות: **וליתני התם** במס' [ברכות] סמוך לדתני מזכירין כו' ליתני מאימתי **מ"ש דשבקיה עד הכא** כלומר מי קתני הכא בסדר מועד מאימתי אמאי דתני מזכירין במס' ברכות דהיינו בסדר זרעים. **תנא מר"ה סליקי** ששניהם בסדר אחד הן להכי לא מצי למימר מ"ש דשבקיה עד הכא. **כתיב עושה גדולות עד אין חקר** אלמא דכתיב חקר בגשמים **וכתיב חקר בברייתו של עולם** מה בברייתו של עולם כתיב ביה גבורה אף בגשמים הוי כמו דכתיב גבורה: **שלא נמסרו שלשתן ביחד ביד שליח. יפתח ה'** ולא שליח

חשק שלמה על רבינו גרשום א) נראה דצ"ל גבורות של מקום שמוריד גשמים וכו'.

מסורת הש"ם

א) [ברכות ב.], ב) שם לג., ג) ר"ה טז., ד) [צ"ל עושה גדולות ואין חקר נפלאות עד אין מספר (איוב ה פ"ט) וכן בח"א למהרש"א ע"ש וגם לקמן ט: ודה לא. ובפי' הרע"ב מ"ב פ"ה דברכות צריכין אנו להגיה על דרך הנ"ל], ה) סנהדרין קיג., ו) רש"א מ"ז.

הגהות הב"ח

(א) גמ' שנאמר עושה גדולות ואין חקר נפלאות כו' כצ"ל ותיבת עד נמחק ונ"ב (איוב ה): (ב) שם אין חקר לתבונתו נותן ליעף כח וכתיב מכין הרים: (ג) שם ואלו הן מפתח של חיה ומפתח של גשמים ומפתח של תחיית המתים מפתח של חיה מנין דכתיב ויזכור אלהים את רחל וישמע אליה אלהים ויפתח את רחמה מפתח של גשמים מנין דכתיב יפתח ה' לך גו' מטר ארצך בעתו מפתח של תחיית המתים וכו' כצ"ל: (ד) רש"י ד"ה מאי שנא כו' ליתני התם היכא דתני כו' סדר זרעים אמאי שבקיה עד הכא כו' כצ"ל והד"א: (ה) ד"ה בחג כו' זמן הזכרה לישנא אחרינא ואיידי דתני כו' כצ"ל והד"א: (ו) ד"ה כתיב עושה גדולות ואין חקר כו': (ז) ד"ה ואמר כו' ביחד. נ"ב דקא קשיא ליה קושיית התוס': (ח) תוס' ד"ה אלא כו' אבל בסדר זרעים דתני מזכירין כצ"ל: (ט) ד"ה וליתני מאימתי מזכירין על הגשמים כו' פרק אין עומדין דקתני כי הכא מזכירין גבורות גשמים ושואלין וכו' אמאי לא כו' כצ"ל ותיבת הגשמים נמחק: (י) ד"ה שלשה כו' דמפתח הגשמים נמסר לאליהו:

ליקוטי רש"י

מזכירין גבורות גשמים. משיב הרוח שאינו לשון בקשה אלא לשון הזכרה ושבח. **ושואלין.** ותן טל ומטר לשון בקשה. **והבדלה בחונן הדעת.** במוצאי שבת אתה חוננתנו [ברכות לג.]. **בחג.** הוא חג הסכות [דברי הימים ב ה, ג]. **נידונין על המים.** מוצאי יום טוב האחרון של חג, שמאתמול נחתם גזר דינם על גשמי שנה כדתנן בחג נידונין על המים [יומא כא: עיי"ש רש"ש]. **הנותן מטר על פני ארץ.** ארץ ישראל. **ושולח מים על פני חוצות.** ע"י שליח לשאר ארצות [איוב ה, י]. **מכין הרים בכוחו.** שמצמיח ההרים שהם קשים בכוחו ומזמן ומכין בהם מזונות ומכין מטר כדכתיב (תהילים קמז ח) המכין לארץ מטר המצמיח הרים. **נאזר בגבורה.** לפי שבא להזכיר גבורת גשמים אמר נאזר בגבורה [תהילים סה, ז]. **איזו היא עבודה שבלב הוי אומר זו תפלה.** שהתפלה קרויה עבודה שנאמר (דניאל ו) אלהך די אנת פלח ליה בתדירא וכי יש פולחן בבבל אלא על שהיה מתפלל שנאמר (שם) וכיון פתיחן ליה וגו' וכן בדוד הוא אומר (תהילים קמא) תכון תפלתי קטרת לפניך [דברים יא, יג]. **ונתתי מטר ארצכם.** עשיתם מה שעליכם אף אני אעשה מה שעלי. [שם יד]. **ג' מפתחות וכו' שלא נמסרו ביד שליח.** על אוצרו של הקדוש ברוך הוא יש מפתחות ומסרם ליד שלוחים הממונים אבל שלש מפתחות יש לו בידו שלא מינה שליח עליהם [סנהדרין קיג.].

תורה אור השלם

א) עֹשֶׂה גְדֹלוֹת וְאֵין חֵקֶר נִפְלָאוֹת עַד אֵין מִסְפָּר: [איוב ה, ט] ב) הַנֹּתֵן מָטָר עַל פְּנֵי אָרֶץ וְשֹׁלֵחַ מַיִם עַל פְּנֵי חוּצוֹת: [איוב ה, י] ג) הֲלוֹא יָדַעְתָּ אִם לֹא שָׁמַעְתָּ אֱלֹהֵי עוֹלָם יְיָ בּוֹרֵא קְצוֹת הָאָרֶץ לֹא יִיעַף וְלֹא יִיגָע אֵין חֵקֶר לִתְבוּנָתוֹ: [ישעיה מ, כח] ד) מֵכִין הָרִים בְּכֹחוֹ נֶאְזָר בִּגְבוּרָה: [תהלים סה, ז] ה) וְהָיָה אִם שָׁמֹעַ תִּשְׁמְעוּ אֶל מִצְוֹתַי אֲשֶׁר אָנֹכִי מְצַוֶּה אֶתְכֶם הַיּוֹם לְאַהֲבָה אֶת יְיָ אֱלֹהֵיכֶם וּלְעָבְדוֹ בְּכָל לְבַבְכֶם וּבְכָל נַפְשְׁכֶם: [דברים יא, יג] ו) וְנָתַתִּי מְטַר אַרְצְכֶם בְּעִתּוֹ יוֹרֶה וּמַלְקוֹשׁ וְאָסַפְתָּ דְגָנֶךָ וְתִירֹשְׁךָ וְיִצְהָרֶךָ: [דברים יא, יד] ז) יִפְתַּח יְיָ לְךָ אֶת אוֹצָרוֹ הַטּוֹב אֶת הַשָּׁמַיִם לָתֵת מְטַר אַרְצְךָ בְּעִתּוֹ וּלְבָרֵךְ אֵת כָּל מַעֲשֵׂה יָדֶךָ וְהִלְוִיתָ גּוֹיִם רַבִּים וְאַתָּה לֹא תִלְוֶה: [דברים כח, יב] ח) וַיִּזְכֹּר אֱלֹהִים אֶת רָחֵל וַיִּשְׁמַע אֵלֶיהָ אֱלֹהִים וַיִּפְתַּח אֶת רַחְמָהּ: [בראשית ל, כב]

His wisdom is beyond comprehension**.** The use of the word *comprehension* in both verses establishes a connection between rain and the Creation of the World. וּכְתִיב: – **And it is written** that God displayed power at the Creation: "מֵכִין הָרִים בְּכֹחוֹ נֶאְזָר בִּגְבוּרָה" – ***Who sets mountains with His strength, Who is girded with power.***[20] Accordingly, by virtue of the analogy between rain and the Creation, power is also associated with rain. Hence, the term: *the Powers of Rain.*[21]

The Gemara gives the source for the inclusion of the mention of rain in the Shemoneh Esrei:

וּמְנָא לָן דְּבִתְפִלָּה – **And from where do we know that** rain must be mentioned **in** the *Shemoneh Esrei* **prayer?** דְּתַנְיָא – **For it was taught in a Baraisa:** "לְאַהֲבָה אֶת־ה׳ אֱלֹהֵיכֶם וּלְעָבְדוֹ בְּכָל־לְבַבְכֶם" – Scripture states: ***TO LOVE HASHEM YOUR GOD AND TO SERVE HIM WITH ALL YOUR HEART.***[22] אֵיזוֹ הִיא עֲבוֹדָה שֶׁהִיא בְּלֵב – Now **WHICH SERVICE** of God **IS** performed **IN THE HEART?** הֲוֵי אוֹמֵר זוֹ תְּפִלָּה – **YOU MUST SAY** that **THIS IS** a reference to **PRAYER.**[23] וּכְתִיב בַּתְרֵיהּ – **AND** immediately **AFTER [THAT VERSE] IT IS WRITTEN:** "וְנָתַתִּי מְטַר־אַרְצְכֶם בְּעִתּוֹ יוֹרֶה וּמַלְקוֹשׁ" – ***AND I WILL PROVIDE RAIN FOR YOUR LAND IN ITS PROPER TIME – THE EARLY AND THE LATE RAINS.*** By the juxtaposition of one to the other, rain is associated with prayer.[24]

Another teaching from R' Yochanan on a similar theme:

אָמַר רַבִּי יוֹחָנָן – **R' Yochanan said:** שְׁלֹשָׁה מַפְתְּחוֹת בְּיָדוֹ שֶׁל הַקָּדוֹשׁ בָּרוּךְ הוּא – There are **three keys in the hand of the Holy One, Blessed is He,** שֶׁלֹּא נִמְסְרוּ בְּיַד שָׁלִיחַ – **that are not entrusted to an agent.**[25] וְאֵלּוּ הֵן – **They are:** מַפְתֵּחַ שֶׁל גְּשָׁמִים – **The key of rain,** וּמַפְתֵּחַ שֶׁל חַיָּה – **the key of childbirth,**[26] וּמַפְתֵּחַ שֶׁל תְּחִיַּית הַמֵּתִים – **and the key of revival of the dead.**

The Scriptural sources:

מַפְתֵּחַ שֶׁל גְּשָׁמִים – **The key of rain** is not entrusted to a messenger, דִּכְתִיב: – **as it is written:**[27] "יִפְתַּח ה׳ לְךָ אֶת־אוֹצָרוֹ הַטּוֹב אֶת־הַשָּׁמַיִם לָתֵת מְטַר־אַרְצְךָ בְּעִתּוֹ" – ***HASHEM will open for you His good storehouse, the heaven, to provide rain for your land in its season.*** The verse specifies God, and not an agent, as the provider of rain.

מַפְתֵּחַ שֶׁל חַיָּה מִנַּיִן – **From where** is it derived that **the key of childbirth** is not entrusted to an agent? דִּכְתִיב – **As it is written:**[28] "וַיִּזְכֹּר אֱלֹהִים אֶת־רָחֵל – ***And God remembered Rachel,*** וַיִּשְׁמַע

NOTES

20. *Psalms* 65:7.

21. The fundamental theme of the blessing of the Resurrection of the Dead (the blessing in which rain is mentioned) is the unique power of God to be able to bring life to what is dead. Man is capable of destroying what lives; only God has the power to create life. Hence, the blessing opens with the words: אַתָּה גִּבּוֹר, *You* [God] *are* [truly] *powerful.* This Divine life-giving power is evident in both rain, which makes vegetation grow, and the original act of Creation. Thus, both of these phenomena are described as "beyond comprehension," for they are manifestations of God's life-giving power, which lies outside the realm of human capability and understanding (based on *Maharsha*).

22. *Deuteronomy* 11:13.

23. [And Shemoneh Esrei is the standard prayer instituted by the Men of the Great Assembly (see *Rambam* 1:4).] It is elementary that mental and emotional concentration is an essential component of prayer. *Rambam* (*Tefillah* 4:15) states emphatically: "Any prayer [recited] without concentration is not [considered] prayer." Many of the laws of prayer have their basis in this principle.

24. Moreover, the verse implies that the provision of rain is a *consequence* of the fulfillment of the precept "to serve Him with all your heart," i.e. to pray to Him. The Sages (*Sifrei* loc. cit.; see *Rashi* there) comment on this verse: [If] you have done what is incumbent upon you ["to love . . . and to serve . . ."], then I too will fulfill My obligation [to provide rain]. The verse thus implies that the prayer alluded to earlier included a mention of rain.

25. Actually, several instances are recorded in which agents were entrusted with these keys. The Gemara (*Sanhedrin* 113a) relates that Elijah was handed the keys of rain and revival of the dead; and from *I Kings* 17 it is evident that Elisha was given the key of revival of the dead. Therefore, we must explain R' Yochanan's statement to mean that God never placed anyone *permanently* in charge of these keys, although on *occasion* they were handed over to agents (*Tosafos*).

Rashi resolves this difficulty by explaining that the keys were never given *together* to an agent (*Hagahos HaBach*, *Maharsha*).

[The connection between these three "keys" and also the reason they are limited (primarily) to God Himself can perhaps be understood in the light of note 21.]

26. *Tosafos* (*Niddah* 16b). *Tosefos HaRosh* (ibid.), however, understands this as a reference to conception.

27. *Deuteronomy* 28:12.

28. *Genesis* 30:22. God hearkens to the prayers of Rachel, heretofore childless, and grants her conception of a child.

מאימתי

מתני' מזכירין גבורות גשמים רבי אליעזר אומר מיום טוב הראשון של חג ר' יהושע אומר מיום טוב האחרון של חג אמר לו ר' יהושע הואיל ואין הגשמים אלא סימן קללה בחג למה הוא מזכיר אמר לו ר' אליעזר אף אני לא אמרתי לשאול אלא להזכיר משיב הרוח ומוריד הגשם בעונתו אמר לו א"כ לעולם יהא מזכיר אין שואלין את הגשמים אלא סמוך לגשמים ר' יהודה אומר [א]העובר לפני התיבה ביו"ט האחרון של חג האחרון מזכיר הראשון אינו מזכיר [ב]ביו"ט הראשון של פסח הראשון מזכיר האחרון אינו מזכיר: גמ' (א) תנא היכא קאי דקתני מאימתי תנא התם קאי דקתני (ב) [ג]מזכירין גבורות גשמים בתחיית המתים [ד]ושואלין בברכת השנים [ה]והבדלה בחונן הדעת וקתני מאימתי מזכירין גבורות גשמים וליתני התם מ"ש דשבקיה עד הכא אלא תנא מראש השנה סליק דתנן (ג) ובחג נידונין על המים ואיידי דתנא ובחג נידונין על המים תנא מאימתי מזכירין גבורות גשמים וליתני מאימתי מזכירין על הגשמים מאי גבורות גשמים א"ר יוחנן מפני שיורדין בגבורה שנאמר (ד) א) עושה גדולות (א) עד אין חקר ונפלאות עד אין מספר וכתיב ב) הנותן מטר על פני ארץ ושולח מים על פני חוצות מאי משמע אמר רבה בר שילא אתיא חקר חקר מברייתו של עולם כתיב הכא עושה גדולות עד אין חקר וכתיב התם ג) הלא ידעת אם לא שמעת אלהי עולם ה' בורא קצות הארץ לא ייעף ולא ייגע אין חקר לתבונתו (ב) וכתיב ד) מכין הרים בכחו נאזר בגבורה ומנא לן דבתפלה דתניא ה) לאהבה את ה' אלהיכם ולעבדו בכל לבבכם איזו היא עבודה שהיא בלב הוי אומר זו תפלה וכתיב בתריה ו) ונתתי מטר ארצכם בעתו יורה ומלקוש אמר ר' יוחנן (ה) ג' מפתחות בידו של הקב"ה שלא נמסרו ביד שליח ואלו הן מפתח של (ג) גשמים ומפתח של חיה ומפתח של תחיית המתים מפתח של גשמים דכתיב ז) יפתח ה' לך את אוצרו הטוב את השמים לתת מטר ארצך בעתו מפתח של חיה מנין דכתיב ח) ויזכור אלהים את רחל וישמע אליה

רש"י

מאימתי מזכירין גבורות גשמים. שאומר משיב הרוח ומוריד הגשם ובגמרא מפרש טעמא אמאי קרי ליה גבורות גשמים מפני שיורדין בגבורה שנאמר עושה גדולות וגו': סימן קללה בחג הן. כדאמרינן במס' סוכה בפרק הישן (דף כח:) מאימתי מותר לפנות משתסרח המקפה משל לעבד שבא למזוג כוס לרבו ושפך לו קיתון על פניו וא"ל אי אפשי בשמושך כלומר כשהגשמים יורדין לסוכה הכל יוצאין ונראה שאין הקב"ה חפץ שנשתמש לפניו ואמאי מתחילין להזכיר גבורות גשמים בחג ונראה שהוא מתפלל שיבא מטר בחג: לא אמרתי לשאול. שיתפלל על הגשמים בחג כגון ותן טל ומטר: אלא להזכיר. שמתחיל להזכיר בחג גבורות של מקום שמוריד גשמים: בעונתו. כלומר בזמנו: אם כן. ואמאי פוסק בפסח מלהזכיר: גמ' תנא היכא קאי. כלומר מדקתני מאימתי מכלל דפשיטא ליה להאי תנא דחייבים להזכיר והיכא חזינן דמחייב להזכיר: התם קאי. מזכירין גבורות גשמים כו' במסכת ברכות: (ז) (וליתני התם. במסכת ברכות סמוך דתני מזכירין ליתני מאימתי): מ"ש דשבקיה עד הכא. כלומר האי דקתני הכא בסדר מועד מאימתי ליתני התם (ד) דקתני מזכירין במסכת ברכות היינו סדר זרעים: עד הכא. עד סדר מועד: אלא. לא תימא דהא דקתני מאימתי דהתם קאי דתנא מראש השנה סליק שניהן בסדר אחד הן להכי לא מצי למימר מאי שנא דשבקיה עד הכא: (ח) (בחג. הוי דין על המים ומשום דתני מאימתי הוי דין על המים קתני נמי אימתי זמן הזכרה (ה): ואיידי דתני בחג נידונין. כלומר אגב דתנא בחג נידונין על המים קסבר בנפשיה הואיל ונידונין בחג על המים ש"מ בעינן להזכיר ענינא דמיא לרצויי על המים דליתו לברכה להכי קתני מאימתי מזכירין: כתיב עושה גדולות (ו) עד אין חקר. אלמא דכתיב חקר בגשמים וכתיב חקר בברייתו של עולם מה ברייתו של עולם כתיב ביה גבורה אף גשמים הוי כמאן דכתיב ביה גבורה: ואמר רבי יוחנן שלש מפתחות. הייני שלא נמסרו לשליח אחד ביחד (ז): יפתח ה'. ולא שליח:

כי

תוספות

מאימתי. מיום טוב האחרון של חג. שמיני דלא יתבון בסוכה ואפילו הצידנא אינו אלא מדרבנן משום ספיקא ואע"ג דבקיאינן בקביעא דירחא גזרה שמא יחזור הדבר לקלקולו או משום מנהג אבותינו בידינו כדאי' פ"ק דביצה (דף ד:) ולכן מדכרינן אבל כל שבעה לא שהגשמים בימי סוכה סימן קללה הן כדתנן פרק שני דסוכה (דף כח:) משל לעבד וכו':

אם כן. אם אתה אומר מזכירין אע"פ שאין שואלין הואיל ומשמע בעונתו אף בקיץ יזכירו ומה אתה נותן סימן מי"ט הראשון ור' אליעזר אומר בברייתא בגמרא כל הקיץ אם בא להזכיר מזכיר דלעולם בעונתו משמע מיהו עד הפסח לא רמי עליה חובה אבל בי"ט ראשון חובה לרצות לפני שאלה שכל הבא לבקש מקדים ומרצה ואסימן קללה לא קפדינן ורבי יהושע קפיד:

התם קאי. פירוש בסדר זרעים בברכות פרק אין עומדין (דף לג.) וליתני התם מאי שנא כו' כלומר אמאי תנא הכא במועד מאי דתני התם בסדר זרעים:

אלא תנא מראש השנה קא סליק. פירוש ור"ה הויא בסדר מועד ואם תאמר ואכתי ליתני בסדר זרעים וי"ל דהכא עיקר דאמר בחג נידונין על המים ואורחא דמילתא לרצות לפני שאלה לכך שביק עד הכא אבל בסדר זרעים (ח) אומרים מזכירין גבורות גשמים אפשר דמשמע לעולם כמו תחיית המתים או הבדלה בחונן הדעת:

וליתני מאימתי מזכירין (ט) גשמים מאי גבורות גשמים אמר ר' יוחנן שיורדין בגבורה. תימה התם בברכות פ' אין עומדין (שם) קתני כי הכא מזכירין גבורות גשמים ושואלין הגשמים וכו' אמאי לא קא מקשה כמו הכא וליתני מזכירין על הגשמים מאי גבורות ויש לומר שאני הכא דהוי עיקר סדר של גשמים באיזה זמן מתחילין לאומרו ומאימתי פוסקין מלאומרו ומשום הכי פריך הכא טפי מהתם: וכתיב מכין הרים בכחו נאזר בגבורה. וזה גבי בריאת עולם וכי היכי דהאי חקר בבריאת העולם רוצה לומר בגבורות כמו כן הכא גבי גשמים האי חקר נמי רוצה לומר גבורות אכן יש להקשות אמאי נקט גבורות טפי מכח וכמו כן הוה ליה למימר מאימתי מזכירין כח גשמים או ליתני גדולות גשמים וי"ל דמן הדין נקט גבורות משום טעמא דאיכא כח ואיכא גדולה אי נמי משום דהברכה מתחלת בגבורה להכי נקט גבורות:

שלשה מפתחות שלא נמסרו לשליח. וא"ת והא אמרינן (סנהדרין דף קיג.) דמפתח הגשמים (י) נמסרין לאליהו וכן מפתח של תחיית המתים וכן לאלישע דכתיב (מלכים א יז) ויאמר אליהו חי ה' וגו' דה"נ אומר בפירקין לקמן (דף כג.) וי"ל דהא דקאמר שלא נמסרו לשליח אינו ר"ל שלא נמסרו מעולם דהא של תחיית המתים ושל גשמים נמסרו אלא לא נמסרו לשליח להיות לעולם ממונה עליהם: וישמע אליה אלהים ויפתח את רחמה. פירוש שהוא בעצמו עשה וא"ת מהכא משמע דליכא אלא שלשה מפתחות וא"כ יש להקשות והא כתיב (ירמיה נ) פתח ה' את אוצרו ויוצא את כלי זעמו ומשמע נמי שלא נמסרו לשליח וכמו ההיא וישמע אליה אלהים וגו' וא"כ אמאי לא חשיב לה וי"ל דלא חשיב כי אם אותן מפתחות של טובה ולהכי לא קא חשיב מפתח של זעם וא"ת דמשמע מהאי קרא דפתח ה' שלא נמסר מפתח של זעם לשליח והא אמרינן (פסחים דף קיח.) יורקמי שר של ברד הוי וי"ל מכלי זעם אחרינא קאמר שלא נמסרו לשליח אבל משום ברד לא דאותו של ברד נמסרו:

איבעיא

עין משפט נר מצוה

א א ב ג מיי' פ"ג מהלכות תפלה הלכה טו סמג עשין יט טוש"ע א"ח סי' קיד סעיף א:
ב ד מיי' שם הלכה טז וסמ"ג שם טוש"ע א"ח סי' קיז סעיף א:
ג ה מיי' שם הלכה יג וסמג שם טוש"ע א"ח סי' רלד סעיף א:

רבינו חננאל

(אידי) [אהדא] דתנן במתניתין מאימתי מזכירין גבורות גשמים מקשי תנא היכא קאי דקתני מאימתי כלומר מי הזכיר שנזכיר גבורות גשמים עד שיאמר מאימתי. ושנינן תנא מר"ה סליק דתנן ובחג נידונין על המים. ולפיכך תנא הכא מאימתי מזכירין גבורות גשמים. ואמאי תני גבורות כלומר מה גבורה יש בגשמים. וא"ר יוחנן שיורדין בגבורה שנאמר בענין המטר עושה גדולות עד אין חקר וגמר חקר חקר מברייתו של עולם שנאמר בורא קצות הארץ אין חקר לתבונתו. וכתיב מכין הרים בכחו נאזר בגבורה. מיכן סמכו לומר גבורות גשמים ופריש במתני' בתפלה ואמרי' ומנא לן שלא תהא הזכרה זו אלא בתפלה. ופשטנא מדכתיב [ולעבדו] בכל לבבכם וגו' ונתתי מטר ארצכם בעתו יורה ומלקוש וגו'. ודייקינן איזו היא [עבודה] בלב שבשבילה המטר יורד הוי אומר זו תפלה. וא"ר יוחנן שלשה מפתחות לא נמסרו לשליח אלא הם בידו של הקב"ה. מפתח גשמים שנאמר יפתח ה' לך את אוצרו הטוב את השמים וגו'. מפתח של חיה

רבינו גרשום מאור הגולה

מאימתי מזכירין גבורת גשמים. שאומ' מוריד הגשם: מאחר שהגשמים סימן קללה הוא בחג כדאמרן בסוכה משל לעבד שמשמש לרבו והפך לו רבו קיתון על פניו כלומר שאינו חפץ בו אף כך כשיורדין גשמים בחג יוצאין הכל מן הסוכה ונראה שאין חפץ הקב"ה שישבו בסוכה ואמאי מתחיל להזכיר גבורות גשמים ונראה שהוא מתפלל שירדו גשמים בחג: לא אמרתי לישאל שיתפלל על הגשמים בחג אלא להזכיר. שמתחיל להזכיר בחג א) גבורות של גשמים מקום שמוריד גשמים בעונתם לאחר החג כשצריכין: אם כן לעולם יהא מזכיר אפי' בימות החמה שמוריד גשמים בעונתן: גמ' התם קאי מזכירין כו' במס' ברכות: וליתני התם במס' [ברכות] סמוך לדתני מזכירין כו' ליתני מאימתי מ"ש דשבקיה עד הכא כלומר מי קתני הכא בסדר מועד מאימתי אמאי דתני מזכירין במס' ברכות דהיינו בסדר זרעים. תנא מר"ה סליקי ששניהם בסדר אחד הן להכי לא מצי למימר מ"ש דשבקיה עד הכא. כתיב עושה גדולות עד אין חקר אלמא דכתיב חקר בגשמים וכתיב חקר בברייתו של עולם מה בברייתו של עולם כתיב ביה גבורה אף בגשמים הוי כמו דכתיב גבורה: שלא נמסרו שלשתן ביחד ביד שליח. יפתח ה' ולא שליח

חשק שלמה על רבינו גרשום א) נראה דצ"ל גבורות של מקום שמוריד גשמים וכו'.

מסורת הש"ס

א) [ברכות ב.], ב) שם לג., ג) ר"ה טז., ד) [צ"ל עושה גדולות ואין חקר נפלאות עד אין מספר (איוב ה פ"ט) וכן במ"א למהרש"א ע"ש וגם לקמן ט: ונדה לא. ובפי' הרע"ב מ"ב פ"ה דברכות צריכין אנו להגיה על דרך הנ"ל], ה) סנהדרין קיג., ו) רש"א מ"ז.

הגהות הב"ח

(א) גמ' שנאמר עושה גדולות ואין חקר נפלאות כו' כצ"ל ותיבת עד נמחק וכ"ב (איוב ה): (ב) שם אין חקר לתבונתו נותן ליעף כח וכתיב מכין הרים: (ג) שם ואלו הן מפתח של חיה ומפתח של גשמים ומפתח של תחיית המתים מפתח של חיה מנין דכתיב ויזכור אלהים את רחל וישמע אליה אלהים ויפתח את רחמה מפתח של גשמים מנין דכתיב יפתח ה' לך גו' מטר ארצך בעתו מפתח של תחיית המתים וכו' כצ"ל: (ד) רש"י ד"ה מאי שנא כו' ליתני התם היכא דתני כו' סדר זרעים אמאי שבקיה עד הכא כו' כצ"ל והד"א: (ה) ד"ה בחג כו' זמן הזכרה ליתנא אחרינא ואיידי דתני כו' כצ"ל והד"א: (ו) ד"ה כתיב עושה גדולות ואין חקר כו': (ז) ד"ה ואמר כו' ביחד. נ"ב דקא קשיא ליה קושיית התוס': (ח) תום' ד"ה אלא כו' אבל בסדר זרעים דתני מזכירין כצ"ל: (ט) ד"ה וליתני מאימתי מזכירין על הגשמים כו' פרק אין עומדין דקתני כי הכא מזכירין גבורות גשמים ושואלין וכו' אמאי לא כו' כצ"ל ותיבת הגשמים נמחק: (י) ד"ה שלשה כו' דמפתח הגשמים נמסר לאליהו:

ליקוטי רש"י

מזכירין גבורות גשמים. משיב הרוח שאינו לשון בקשה אלא לשון הזכרה ושבח. ושואלין. ותן טל ומטר לשון בקשה. והבדלה בחונן הדעת. במוצאי שבת אתה חוננתנו [ברכות לג.]. בחג. הוא חג הסכות [דברי הימים ב ה, ג]. נידונין על המים. מוצאי יום טוב האחרון של חג, שמאתמול נחתם גזר דינם על גשמי שנה כדתנן בחג נידונין על המים [יומא כא: עיי"ש רש"ש]. הנותן מטר על פני ארץ. ארץ ישראל. ושולח מים על פני חוצות. ע"י שליח לשאר ארצות [איוב ה, י]. מכין הרים בכוחו. שמצמיח ההרים שהם קשים בכוחו ומזמן ומכין בהם מזונות ומכין מטר כדכתיב (תהילים קמז ח) המכין לארץ מטר המצמיח הרים. נאזר בגבורה. לפי שבא להזכיר גבורת גשמים אמר נאזר בגבורה [תהילים סה, ז]. איזו היא עבודה שבלב הוי אומר זו תפלה. שהתפלה קרויה עבודה שנאמר (דניאל ו) אלהך די אנת פלח ליה בתדירא וכי יש פולחן בבבל אלא על שהיה מתפלל שנאמר (שם) וכיון פתיחת ליה וגו' וכן בדוד הוא אומר (תהילים קמא) תכון תפלתי קטרת לפניך [דברים יא, יג]. ונתתי מטר ארצכם. עשיתם מה שעליכם אף אני אעשה מה שעלי. [שם יד]. ג' מפתחות וכו' שלא נמסרו ביד שליח. על אוצרו של הקדוש ברוך הוא יש מפתחות ומסרם ליד שלוחים הממונים אבל שלש מפתחות יש לו בידו שלא מינה שליח עליהם [סנהדרין קיג.].

תורה אור השלם

א) עֹשֶׂה גְדֹלוֹת וְאֵין חֵקֶר נִפְלָאוֹת עַד אֵין מִסְפָּר: [איוב ה, ט] ב) הַנֹּתֵן מָטָר עַל פְּנֵי אָרֶץ וְשֹׁלֵחַ מַיִם עַל פְּנֵי חוּצוֹת: [איוב ה, י] ג) הֲלוֹא יָדַעְתָּ אִם לֹא שָׁמַעְתָּ אֱלֹהֵי עוֹלָם יְיָ בּוֹרֵא קְצוֹת הָאָרֶץ לֹא יִיעַף וְלֹא יִיגָע אֵין חֵקֶר לִתְבוּנָתוֹ: [ישעיה מ, כח] ד) מֵכִין הָרִים בְּכֹחוֹ נֶאְזָר בִּגְבוּרָה: [תהלים סה, ז] ה) וְהָיָה אִם שָׁמֹעַ תִּשְׁמְעוּ אֶל מִצְוֹתַי אֲשֶׁר אָנֹכִי מְצַוֶּה אֶתְכֶם הַיּוֹם לְאַהֲבָה אֶת יְיָ אֱלֹהֵיכֶם וּלְעָבְדוֹ בְּכָל לְבַבְכֶם וּבְכָל נַפְשְׁכֶם: [דברים יא, יג] ו) וְנָתַתִּי מְטַר אַרְצְכֶם בְּעִתּוֹ יוֹרֶה וּמַלְקוֹשׁ וְאָסַפְתָּ דְגָנֶךָ וְתִירֹשְׁךָ וְיִצְהָרֶךָ: [דברים יא, יד] ז) יִפְתַּח יְיָ לְךָ אֶת אוֹצָרוֹ הַטּוֹב אֶת הַשָּׁמַיִם לָתֵת מְטַר אַרְצְךָ בְּעִתּוֹ וּלְבָרֵךְ אֵת כָּל מַעֲשֵׂה יָדֶךָ וְהִלְוִיתָ גּוֹיִם רַבִּים וְאַתָּה לֹא תִלְוֶה: [דברים כח, יב] ח) וַיִּזְכֹּר אֱלֹהִים אֶת רָחֵל וַיִּשְׁמַע אֵלֶיהָ אֱלֹהִים וַיִּפְתַּח אֶת רַחְמָהּ: [בראשית ל, כב]

אליה אלהים ויפתח את רחמה מפתח של תחיית המתים מנין דכתיב א) וידעתם כי אני ה' בפתחי את קברותיכם במערבא אמרי אף מפתח של פרנסה דכתיב ב) פותח את ידך וגו' ור' יוחנן מאי טעמא לא קא חשיב להא אמר לך גשמים (א) היינו פרנסה: ר' אליעזר אומר מיום טוב הראשון של חג כו': איבעיא להו ר' אליעזר מהיכא גמיר לה מלולב גמר לה או מניסוך המים גמר לה מלולב גמר לה מה לולב ביום אף הזכרה ביום או דלמא מניסוך המים גמר לה מה ניסוך המים מאורתא א) דאמר מר א ג) ומנחתם ונסכיהם אפילו בלילה אף הזכרה מאורתא תא שמע דאמר רבי אבהו לא למדה ר' אליעזר אלא מלולב איכא דאמרי ר' אבהו גמרא גמיר לה ואיכא דאמרי מתניתא שמיע ליה מאי היא דתניא מאימתי מזכירין על הגשמים ב) רבי אליעזר אומר משעת נטילת לולב ג) ר' יהושע אומר משעת הנחתו א"ר אליעזר הואיל וארבעת מינין הללו אינן באין אלא לרצות על המים וכשם שארבע מינין הללו אי אפשר בהם בלא מים כך אי אפשר לעולם בלא מים אמר לו רבי יהושע והלא גשמים בחג אינו אלא סימן קללה אמר לו ר' אליעזר אף אני לא אמרתי לשאול אלא להזכיר וכשם שתחיית המתים מזכיר כל השנה כולה ואינה אלא בזמנה כך מזכירים גבורות גשמים כל השנה ואינן אלא בזמנן לפיכך אם בא להזכיר כל השנה כולה מזכיר רבי אומר אומר אני משעה שמפסיק לשאלה כך מפסיק להזכרה ר' יהודה בן בתירה אומר בשני בחג הוא מזכיר ר' עקיבא אומר בששי בחג הוא מזכיר ר' יהודה משום ר' יהושע אומר העובר לפני התיבה ביום טוב האחרון של חג האחרון מזכיר הראשון אינו מזכיר ביום טוב ראשון של פסח הראשון מזכיר האחרון אינו מזכיר שפיר קאמר ליה ר"א לרבי יהושע אמר לך רבי יהושע בשלמא תחיית המתים מזכיר דכולי יומא זמניה הוא אלא גשמים כל אימת דאתיין זמנייהו היא והתנן ד) יצא ניסן וירדו גשמים סימן קללה הם שנאמר ד) הלוא קציר חטים היום וגו' ר' יהודה בן בתירה אומר בשני בחג הוא מזכיר מ"ט דרבי יהודה בן בתירה דתניא ה) רבי יהודה בן בתירה אומר נאמר בשני ה) ונסכיהם ונאמר בששי ו) ונסכיה ונאמר בשביעי ז) כמשפטם הרי מ"ם יו"ד מ"ם הרי כאן מים מכאן רמז לניסוך המים מן התורה ומאי שנא בשני דנקט דכי רמיזי להו בקרא בשני הוא דרמיזי הלכך בשני מדכרינן רבי עקיבא אומר בששי בחג הוא מזכיר שנאמר בששי ונסכיה י) בשני ניסוכין הכתוב מדבר אחד ניסוך המים ואחד ניסוך היין ואימא תרווייהו דחמרא סבר לה כר' יהודה בן בתירה דאמר רמיזי מיא

אי

רש"י

כי אני ה'. ולא שליח: פותח את ידך. ולא שליח: גשמים נמי היינו פרנסה. (ג) וכבר חשבנא ליה: מלולב גמר לה. שדומה ללולב שכשם שאי אפשר לאלו ארבע מינין בלא גשמים ובאין לרצות על המים כדאמרינן בסוכה ו) כך אי אפשר לעולם בלא מים: מה לולב ביום. שמתחילין ליטול ביום ראשון אף הזכרה נמי ביום כלומר שאין מזכירין בלילי יום טוב הראשון עד למחר: מה ניסוך המים מאורתא. כדאשכחן במס' סוכה (דף מח:) שממלאין הכלי מים לניסוך המים בלילה ויש ספרים דכתיב בהו דאמר מר ומנחתם ונסכיהם בלילה (ג) שמקריבין הקרבנות ביום יכולין להביא המנחות והנסכים בלילה אף האי ניסוך המים נמי יכול לנסך בלילה: אף הזכרה נמי מאורתא. שבלילי י"ט הראשון קאמר ר' אליעזר שמתחילין להזכיר גבורות גשמים: גמרא גמיר לה. רבי אבהו דרבי אליעזר לא למדה אלא מלולב: ח) מתניתין שמיע ליה. דרבי אליעזר גמר מלולב: משעת הנחתו. מיום שמברכין בו באחרונה דהיינו בשביעי א): ארבעה מינין הללו. שבלולב ואתרוג: כך גשמים. יהא מזכיר כל השנה אפילו בימות החמה אם הוא רוצה יהא מזכיר: משעה שפוסק מלשאול. שבפסח פוסק מלומר ותן טל ומטר פוסק מלהזכיר גבורות גשמים והשתא לא מצית למימר אם בא להזכיר כל השנה כולה מזכיר אלא בימות החמה אינו מזכיר הואיל ואין זמנו אף בחג אינו מזכיר הואיל ולא סימן ברכה הן: האחרון. המתפלל תפלת מוסף: הראשון. המתפלל תפלת יוצר: אינו מזכיר. ושוב אין מזכירין: שפיר קאמר ליה ר' אליעזר לר' יהושע. דאמר כי היכי דמזכירין תחיית המתים כל השנה ואף על גב דלא מטא זימנייהו כך מזכירין גבורות גשמים אם רוצה כל השנה ובחג נמי אע"ג דלאו סימן ברכה הן מזכירין הואיל ואין שואלין: כל אימת דאתיין זימנייהו הוא. וכיון דלאו זימניה הוא אין מזכירין והוא הדין בחג: בשני ונסכיהם. דסגי בנסכה וכיון דבשני אייתר מ"ם לדרשה להכי מתחילין להזכיר בשני: בשני ניסוכין הכתוב מדבר. שני ניסוכין על קרבן אחד אבל ונסכיהם (ד) משמע הרבה דבקרבנות הרבה לכן לא הוה דריש רבי עקיבא מונסכיהם: סבר לה כרבי יהודה. דמ"ס יו"ד מ"ס מרבה ניסוך המים:

אי

תוספות

איבעיא להו רבי אליעזר מהיכא גמיר לה מלולב גמיר מה לולב ביום וכו'. פי' ולולב הוי רצוי דמים וגדל על המים או דלמא מניסוך גמר לה פי' ונפקא מינה (ה) אי מלולב גמר לה אבל ניסוך המים סבירא ליה דלאו ביום ראשון הוא או מניסוך המים קא גמר לה דסבירא ליה דניסוך המים ביום ראשון הוא אי נמי דאי מלולב גמר הוה דווקא ביום שנאמר (ויקרא כג) ולקחתם לכם ביום אבל אי מנסוך הוה אפילו בלילה ולענין זה אהני דאמר מר ומנחתם ונסכיהם (ו) בלילה אף וכו' פירוש דאע"ג דניסוך קרבנות לא הוי עד לאחר הקרבת קרבנותיהם ואם כן היאך קריבי נסכים בלילה רוצה לומר בלילה שניה והניסוך החג דהוי ממים מצי למהוי בלילה ראשונה ואע"ג דאמרינן במסכת יומא בפ' בראשונה (דף כו:) ט) אמר רב ואיתימא ר' יוחנן אין מנסכים מים בחג אלא בתמיד של שחר וא"כ לא הוי בלילה ראשונה דהא אינה אלא ביום יש לומר דאינו חייב לנסך אלא בתמיד של שחר מכל מקום אי בעי עביד ליה בליליא:

דאמר רבי אבהו לא למדה רבי אליעזר אלא מלולב. פירוש וסבירא ליה דניסוך לא הוי עד בשני: **משעת** נטילת לולב. פירוש דהיינו תחילת יום ראשון של סוכות ורבי יהושע אומר משעת הנחתו פירוש לאורתא דמוצאי שביעי של סוכות שמניחין בו את הלולב:

משעה שמפסיקין לישאל. ותן טל ומטר בברכת השנים פוסקין מלהזכיר מוריד הגשם בתחיית המתים: **העובר** לפני התיבה בי"ט של חג האחרון מזכיר וכו'. פי' האחרון שמתפלל תפלת מוסף הראשון אינו מזכיר פירוש שמתפלל שחרית אינו מזכיר ובירושלמי קאמר אמאי אינו מזכיר מאורתא פירוש מתפלת ערבית ומשני דלית תמן כל עמא ולדכרו בצפרא פירוש בתפלת שחרית ומשני דהוו סברי דהוו מדכרו ליה מאורתא:

מים. מ"ס מנסכיהם דכתיב בשני ויו"ד דכתיב בששי ונסכיה ומ"ס שבשביעי כתיב כמשפטם והוי מים (ז) טעמא דרבי עקיבא בששי ונסכיה דמשמע תרי נסכים הלכך בששי בחג הוא מזכיר גבורות גשמים:

אי

עין משפט נר מצוה

ד א מיי' פ"ד מהלכות מעשה הקרבנות הלכה ה:

רבינו חננאל

שנאמר וישמע אליה אלהים ויפתח את רחמה. מפתח של תחיית המתים שנאמר וידעתם כי אני ה' בפתחי את קברותיכם וגו'. גשמים היינו פרנסה ומשום שהגשמים חשובים כתחיית המתים קבעו ברכה זו בתחיית המתים: פיסקא ר' אליעזר אומר מיו"ט הראשון של חג מזכיר. [איבעיא להו אי מלילי יו"ט הראשון מזכיר] וגמר לה מניסוך דאתקש ניסוך המים לניסוך היין דאמר מר ומנחתם ונסכיהם (מלילי' יו"ם טו"ב הראשו"ן מזכי"ר) אפילו בלילה. פירושו בתמורה בתחלת פרק יש בקרבנות. או מלולב גמר לה דכתיב ולקחתם לכם ביום ולא בלילה ופשטנא מהא דתניא מאימתי מזכירין על הגשמים. ר' אליעזר אומר משעת נטילת לולב. ר' יהושע אומר משעת הנחתו. א"ר אליעזר הואיל וארבעת מינים הללו אינם באין [אלא] לרצות המים כו'. שפיר קאמר ליה רבי אליעזר לר' יהושע אני לא אמרתי לשאל אלא להזכיר כשם שתחיית המתים מזכיר כל השנה ואינה אלא בזמנה כך גשמים מזכיר ואינן אלא בזמנן. ואמרינן ר' יהושע פריך הכי מה לתחיית המתים שמזכיר בכל יום דכל יומא זמניה היא אלא גשמים אטו כל יומא זמנייהו הוא. והתנן יצא ניסן וירדו גשמים סימן קללה היא ר' יהודה בן בתירה אומר בשני של חג הוא מזכיר. וגמר לה מניסוך דכתיב בשני ונסכיהם מדכתיב מ"ם יתירה דהוה ליה למכתב ונסכה וכתיב ונסכיהם. ובששי כתיב יוד יתירה דכתיב ונסכיה. ובשביעי כמשפטם. כתיב מ' יתירה. מיכן לניסוך המים מן התורה. וכי רמיזי מיום שני רמיזי הלכך מיום שני מזכיר. ר' עקיבא אומר בששי בחג הוא מזכיר. ר' עקיבא נמי אית ליה מיכן לניסוך המים. מיהו דייק מדכתיב ביום הששי. ונסכיה. בשני ניסוכין הכתוב מדבר ניסוך מים וניסוך יין

רבינו גרשום

כי אני ה' ולא שליח פותח את ידך ולא שליח. גשמים נמי היינו פרנסה וכבר חשיבנא ליה: פיסקא מלולב גמר לה שדומה ללולב שכשם שאי אפשר לאילו בלא מים כך אי אפשר לעולם בלא מים מה לולב ביום שמתחיל ליטול ביום ראשון אף הזכרה ביום (בר' צ"ל כלומר) שאינו מתחיל להזכיר בלילי יו"ט ראשון עד למחר. מה ניסוך המים מאורתא כדאשכחן במס' סוכה שממלאין המים לניסוך המים בלילה ויש ספרים שכתוב בהן [דאמר מר] מנחתם ונסכיהם בלילה שמקריבין קרבן ביום יכולין להביא המנחה והנסכים בלילה אף האי ניסוך המים יכולין לנסך בלילה. אף הזכרה נמי מאורתא שבלילי יו"ט הראשון קאמר ר' אליעזר שמזכירין להזכיר גבורות גשמים. גמרא גמיר לה ר' אבהו דר' אליעזר לא למדה אלא מלולב. ממתניתין שמיעה ליה דר' אליעזר גמר מלולב: משעת הנחתו מיום שמברכין בו באחרונה דהיינו בשביעי. ארבעת מינין הללו שבלולב ואתרוג: כך גשמים יהא מזכיר כל השנה אפי' בימות החמה אם הוא רוצה אף בחג נמי אם הוא רוצה יהא מזכיר. משעה שפוסק מלשאל שבפסח פוסק מלומר ותן טל ומטר פוסק מלהזכיר גבורת הגשמים ועכשיו לא מצית למימר אם בא להזכיר כל השנה מזכיר אלא בימות החמה אינו מזכיר הואיל ואין זמנו אף בחג אינו מזכיר הואיל ולאו זמן ברכה הוא. האחרון המתפלל תפלת מוסף. הראשון המתפלל (תפלת) יוצר: מזכיר ושוב אינו מזכיר. שפיר קאמר ליה ר' אליעזר לר"י דכי היכי דמזכירין תחיית המתים כל השנה אע"ג דלא זמניה כך מזכירין גבורות גשמים אם רוצה כל השנה ובחג נמי אע"ג דלאו סימן ברכה הוא מזכירין. סימן קללה הוא וכיון דלאו זמנה אין מזכירין וה"ה בחג: נאמר בשני ונסכיהם דסגי בנסכה וכיון דבשני אתרבי מ' לדרשה דמים לפיכך מתחיל להזכיר בשני: בשני ניסוכין הכתוב מדבר שני ניסוכין על קרבן אחד ונסכיהם משמע ניסוכין הרבה דקרבנות הרבה. סבר לה כר"י דמרבה ניסוך המים

אי

מסורת הש"ס

א) תמורה יד. [זבחים מ. פד.], מנחות מד: נב., ב) [לקמן ד.], ג) [שם], ד) לקמן יב:, ה) שבת קג:, ו) זבחים קי:, ז) [דף לז: ע"ש תוס' שם ד"ה כדין], ח) נ"ל מתניתא, ט) לפנינו איתא ר' אבא ואי תימא רמי בר חמא ואי תימא ר' יוחנן.

הגהות הב"ח

(א) גמ' אמר לך גשמים נמי היינו פרנסה: (ב) רש"י ד"ה גשמים נמי היינו פרנסה שזורעים ופירות גדלים מהם לפרנסת העולם וכבר חשבנא ליה: (ג) ד"ה מה ניסוך כו' ונסכיהם בלילה אפילו בלילה דאע"פ שמקריבין הקרבנות: (ד) ד"ה בשני ניסוכין כו' אבל ונסכיהם דמשמע הרבה ניסוכין בקרבנות הרבה: (ה) תוס' ד"ה איבעיא כו' ונפקא מינה דאי מלולב גמר לה כו' דס"ל דניסוך המים נמי ביום ראשון הוא: (ו) בא"ד ומנחתם ונסכיהם אפילו בלילה וכו' פי' דאע"ג כו' וא"כ האיך קריבי כבשים בלילה אלא י"ל בלילה שניה מ"מ הניסוך דחג דהוי ממים כו' כצ"ל: (ז) ד"ה מים כו' וטעמא דר"ע דכתיב בששי ונסכיה:

הגהות מהר"ב רנשבורג

א] רש"י ד"ה משעת הנחתו וכו' דהיינו בשביעי. נ"ב וכן פרש"י לקמן דף ג ע"א בד"ה אלא ר' יהושע היא וכו' דהיינו בשביעי וכו' עכ"ל. וצ"ע דלקמן דף ד סע"א פרש"י בד"ה ר' יהושע היא וכו' דהיינו יום שמיני וכו' עכ"ל. וכן משמע מדברי הש"ס שם ודו"ק. שוב ראיתי דלק"מ דמ"ש רש"י בשביעי על שעת הנחת לולב אמר אבל ההזכרה היא לאורתא דשמיני וכמ"ש תוס' ד"ה משעת נטילה וכן נלמד ממהרש"א לקמן דף ג ע"א ד"ה דר' יעוש"ה:

תורה אור השלם

א) וִידַעְתֶּם כִּי אֲנִי יְיָ בְּפִתְחִי אֶת קִבְרוֹתֵיכֶם וּבְהַעֲלוֹתִי אֶתְכֶם מִקִּבְרוֹתֵיכֶם עַמִּי: [יחזקאל לז, יג]

ב) פּוֹתֵחַ אֶת יָדֶךָ וּמַשְׂבִּיעַ לְכָל חַי רָצוֹן: [תהלים קמה, טז]

ג) וּמִנְחָתָם וְנִסְכֵּיהֶם לַפָּרִים לָאֵילִם וְלַכְּבָשִׂים בְּמִסְפָּרָם כַּמִּשְׁפָּט: [במדבר כט, יח]

ד) הֲלוֹא קְצִיר חִטִּים הַיּוֹם אֶקְרָא אֶל יְיָ וְיִתֵּן קֹלוֹת וּמָטָר וּדְעוּ וּרְאוּ כִּי רָעַתְכֶם רַבָּה אֲשֶׁר עֲשִׂיתֶם בְּעֵינֵי יְיָ לִשְׁאוֹל לָכֶם מֶלֶךְ: [שמואל א' יב, יז] ה) וּשְׂעִיר עִזִּים אֶחָד חַטָּאת מִלְּבַד עֹלַת הַתָּמִיד וּמִנְחָתָהּ וְנִסְכֵּיהֶם: [במדבר כט, יט] ו) וּשְׂעִיר חַטָּאת אֶחָד מִלְּבַד עֹלַת הַתָּמִיד מִנְחָתָהּ וּנְסָכֶיהָ: [במדבר כט, לא] ז) וּמִנְחָתָם וְנִסְכֵּהֶם לַפָּרִים לָאֵלִם וְלַכְּבָשִׂים בְּמִסְפָּרָם כְּמִשְׁפָּטָם: [במדבר כט, לג]

ליקוטי רש"י

במערבא. בארץ ישראל [שבת סה:]. ומנחתם ונסכיהם אפילו בלילה. דמנחת נסכים קריבין בלילה ואי קשיא הא אמרי' בהקומץ [רבה] (מנחות כו:) דברים שדרכן ליקרב ביום וקחשיב מנחת נסכים מפרש לה בפ' יש קרבנות במסכת תמורה (דף יד.) דהא דקתני ביום בנסכים הבאים עם הזבח והא דקתני בלילה בנסכים הבאין בפני עצמן כגון שהביא זבח בלא נסכים ולאחר זמן הביא הנסכים בפני עצמן יכול להביאן בלילה [מנחות מד:]. משעת הנחתו. משעת הנחת לולב הוא מזכיר דהיינו יום שמיני וזהו סמוך לגשמים דמן החג ואילך הוא זמן גשמים [לקמן ד. עיין הגהות מהר"ב רנשבורג].

"אֵלֶיהָ אֱלֹהִים וַיִּפְתַּח אֶת־רַחְמָהּ" – ***God hearkened to her, and He opened her womb.*** The verse indicates that God Himself grants childbirth, and not an agent.

מַפְתֵּחַ שֶׁל תְּחִיַּית הַמֵּתִים מִנַּיִן – **From where** is it derived that **the key of revival of the dead** is not entrusted to an agent? דִּכְתִיב – **As it is written:**[1] "וִידַעְתֶּם כִּי־אֲנִי ה' בְּפִתְחִי אֶת־קִבְרוֹתֵיכֶם" – ***And you will recognize that I am HASHEM, when I open your graves.*** The verse specifies God, and not an agent, as the one who revives the dead.

The Gemara continues with a similar teaching:

בְּמַעֲרָבָא אָמְרֵי – **In the West**[2] **they say:** אַף מַפְתֵּחַ שֶׁל פַּרְנָסָה – **Also the key of sustenance** is not entrusted to an agent, דִּכְתִיב – **as it is written:**[3] "פּוֹתֵחַ אֶת־יָדֶךָ וגו'" – ***You*** [God] ***open Your hand etc.*** [*and satisfy the desire of every living thing*]. The verse intimates that sustenance is provided directly by God.

The Gemara asks:

וְרַבִּי יוֹחָנָן – **And R' Yochanan,** who mentioned only the keys of rain, childbirth and revival of the dead, מַאי טַעְמָא לֹא קָא חָשִׁיב לְהָא – why **did he not list this one** [the key of sustenance] as well?

The Gemara answers:

אָמַר לָךְ – **[R' Yochanan] could answer you:** גְּשָׁמִים הַיְינוּ פַּרְנָסָה – The key of **rain is** the same as the key of **sustenance,** for the world's sustenance is provided through rain.

The Mishnah stated:

ר' אֱלִיעֶזֶר אוֹמֵר – **R' ELIEZER SAYS:** מִיּוֹם טוֹב הָרִאשׁוֹן שֶׁל חַג כו' – [We begin to mention the *Powers of Rain*] **ON THE FIRST YOM TOV OF THE FESTIVAL ETC.**; i.e. the first day of Succos.

The Gemara discusses whether, according to R' Eliezer, the recital of *mashiv haruach u'morid hageshem* begins in the daytime of the first day of Succos or the preceding evening. As the Gemara explains, this question is dependent on the reason behind R' Eliezer's designation of the first day of Succos as the date for beginning the mention of rain:

אִיבַּעְיָא לְהוּ – **[The students] inquired:** רַבִּי אֱלִיעֶזֶר מֵהֵיכָא גָּמִיר לָהּ – **From where did R' Eliezer derive this** ruling that we begin to mention the *Powers of Rain* on the first day of Succos? מִלּוּלָב גָּמַר לָהּ – **Did he derive it from** the mitzvah of ***lulav,***[4] אוֹ מִנִּיסּוּךְ הַמַּיִם גָּמַר לָהּ – **or did he derive it from the water-libation** service?[5] מִלּוּלָב גָּמַר לָהּ – **If he derived it from** the mitzvah of ***lulav,*** מָה לוּלָב בַּיּוֹם – then **just as** the mitzvah of *lulav* begins **in the daytime,**[6] אַף הַזְכָּרָה בַּיּוֹם – **so too** the **mention** of the *Powers of Rain* begins **in the daytime.** אוֹ דִּלְמָא מִנִּיסּוּךְ הַמַּיִם גָּמַר לָהּ – **Or perhaps, he derived it from the water-libation** service, in which case the following analogy would apply: מָה נִיסּוּךְ הַמַּיִם מֵאוּרְתָּא – **Just as the water-libation** service may be held **at night,** דְּאָמַר מַר – **for** such may be derived from what **the master said** in reference to the verse that discusses the *mussaf* offerings:[7] "וּמִנְחָתָם וְנִסְכֵּיהֶם" – ***And their meal offerings and their*** [wine] ***libations*** אֲפִילּוּ בַּלַּיְלָה – may be brought **even at night** – אַף הַזְכָּרָה מֵאוּרְתָּא – **so too,** the **mention** of the *Powers of Rain* begins **at night.**

The Gemara adduces proof for one of these two sides:

תָּא שְׁמַע – **Come** and **learn** the following proof. דְּאָמַר רַבִּי אַבָּהוּ – **For R' Abahu said:** לֹא לָמְדָה רַבִּי אֱלִיעֶזֶר אֶלָּא מִלּוּלָב – **R' Eliezer derived [his ruling] only from** the mitzvah of ***lulav,*** not from the water libations. Therefore, like the mitzvah of *lulav* the mention of rain begins in the daytime of the first day of Succos.

אִיכָּא דְּאָמְרֵי רַבִּי אַבָּהוּ גְּמָרָא גְּמִיר לָהּ – **There are those who say** that **R' Abahu had a tradition** from his teachers to this effect, וְאִיכָּא דְּאָמְרֵי מַתְנִיתָא שְׁמִיעַ לֵיהּ – **and there are those who say** that **he had heard a Baraisa** in which this teaching was recorded.

The Gemara identifies the Baraisa:

מַאי הִיא – **Which [Baraisa]?** דְּתַנְיָא – **For it was taught in a Baraisa:** מֵאֵימָתַי מַזְכִּירִין עַל הַגְּשָׁמִים – **FROM WHEN DO WE MENTION RAIN?** רַבִּי אֱלִיעֶזֶר אוֹמֵר – **R' ELIEZER SAYS:** מִשְּׁעַת נְטִילַת לוּלָב – **FROM THE TIME THE *LULAV* IS** first **TAKEN;** i.e. from the first day of Succos. ר' יְהוֹשֻׁעַ אוֹמֵר – **R' YEHOSHUA SAYS:** מִשְּׁעַת הַנָּחָתוֹ – **FROM THE TIME [THE *LULAV*] IS PUT DOWN,** i.e. one begins to mention rain on the eighth day, after the *lulav* is used for the last time on the seventh day of Succos.[8] This Baraisa states, as R' Abahu reported, that R' Eliezer derived his ruling from the mitzvah of *lulav.*

The Gemara cites the continuation of the Baraisa:

אָמַר רַבִּי אֱלִיעֶזֶר – **R' ELIEZER SAID:** הוֹאִיל וְאַרְבַּעַת מִינִין הַלָּלוּ – **SINCE THESE FOUR SPECIES** which are taken on Succos[9] אֵינָן בָּאִין אֶלָּא לְרַצּוֹת עַל הַמַּיִם – **SERVE ONLY TO ENTREAT** God to issue a favorable judgment **CONCERNING WATER,** for by holding them we convey that וּכְשֵׁם שֶׁאַרְבַּע מִינִין הַלָּלוּ אִי אֶפְשָׁר בָּהֶם בְּלֹא מַיִם – **JUST AS IT IS IMPOSSIBLE FOR THESE FOUR SPECIES** to grow **WITHOUT WATER,** כָּךְ אִי אֶפְשָׁר לָעוֹלָם בְּלֹא מַיִם – **SO** too **IT IS**

NOTES

1. *Ezekiel* 37:13.

2. I.e. in Eretz Yisrael, which is to the west of Babylonia.

3. *Psalms* 145:16.

4. A *lulav* (palm branch) is one of the "four species" that we are commanded to raise on the Festival of Succos. The other species are: *hadasim* (myrtle branches), *aravos* (willow branches) and *esrog* (citron) [see *Lev*. 23:40].

All of these species are dependent on rain for their survival. By holding them, we highlight the fact that the world cannot exist without rain, and we thereby entreat God for a favorable decision on the world's rainfall for that year (see Gemara further). Since we recite *mashiv haruach u'morid hageshem* for a similar purpose (see above, 2a), it is appropriate to begin reciting this phrase on the day we begin to take the four species; i.e. the first day of Succos (see *Rashi*).

5. The Mishnah in *Succah* (42b) teaches that on each of the seven days of Succos, water was ceremoniously poured on the Altar in the Temple (see Mishnah ibid. 48a-b for a discussion of the exact procedure). In *Rosh Hashanah* (16a) the Gemara teaches that the purpose of this ceremony was to entreat God for a favorable judgment concerning the rainfall for the coming year. It is possible, therefore, that R' Eliezer designated the first day of Succos as the day for beginning the recital of *mashiv haruach u'morid hageshem* because that is the day when the water-libation service is first carried out.

6. The mitzvah of *lulav* applies only during the day, not at night, as is derived from the verse (*Lev.* 23:40): וּלְקַחְתֶּם לָכֶם בַּיּוֹם הָרִאשׁוֹן, *And you shall take* [the four species] *for yourself on the first day* (*Tosafos*).

7. *Numbers* 29:18. The *mussaf* offerings brought on each festival were accompanied by נְסָכִים, *wine libations*, [a specific quantity of wine poured on the Altar] and מְנָחוֹת, *meal offerings* [a mixture of flour and oil burnt on the Altar].

From this verse we derive that although the *mussaf* offering itself is brought during the day, its wine libation and meal offering may be brought the following night (see *Tosafos* to *Menachos* 44b for an explanation of the derivation). By extension, the Gemara derives that the water libations of Succos may also be performed at night, i.e. even on the first night of Yom Tov. Although the water libation was ordinarily poured on the Altar after the daily morning offering (*tamid*), it is nevertheless valid if it is poured prior to the offering, and, as implied by the Gemara here, even if poured on the preceding night (*Tosafos; see Rashi*).

8. [*Rashi* (as explained by *Maharsha, Hagahos R' B. Ronsburg* and *Keren Orah*); *Tosafos.*] This explanation is based on the *Yerushalmi* which explains that since the mitzvah of *lulav* may be performed throughout the seventh day, it is not irrevocably put aside until immediately before the eighth night.

9. See note 4.

עין משפט נר מצוה

ד א מיי' פ"ד מהלכות מעשה הקרבנות הלכה ה:

מסורת הש"ס

א) תמורה יד. [זבחים מ. פד.], מנחות מד: נב., ב) [לקמן ד.], ג) [ע"ש], ד) לקמן יג:, ה) שבת קג:, ו) זבחים קי:, ז) [דף לו: עי' תוס' שם ד"ה כדין], ח) ל"ל מתניתא, ט) לפנינו איתא ר' אבא ולפי מימא רמי בר חמא ולפי מימא ר' יוחנן.

אליה אלהים ויפתח את רחמה מפתח של תחיית המתים מנין דכתיב [א] וידעתם כי אני ה' בפתחי את קברותיכם במערבא אמרי אף מפתח של פרנסה דכתיב [ב] פותח את ידך וגו' ור' יוחנן מאי טעמא לא קא חשיב להא אמר לך גשמים (א) היינו פרנסה: ר' אליעזר אומר מיום טוב הראשון של חג כו': איבעיא להו ר' אליעזר מהיכא גמיר לה מלולב גמר לה או מניסוך המים גמר לה מלולב גמר לה מה לולב ביום אף הזכרה ביום או דלמא מניסוך המים גמר לה מה ניסוך המים מאורתא [א] דאמר מר [ג] ומנחתם ונסכיהם אפילו בלילה אף הזכרה מאורתא תא שמע דאמר רבי אבהו לא למדה ר' אליעזר אלא מלולב איכא דאמרי ר' אבהו גמרא גמיר לה ואיכא דאמרי מתניתא שמיע ליה מאי היא דתניא מאימתי מזכירין על הגשמים [ב] רבי אליעזר אומר משעת נטילת לולב [ג] ר' יהושע אומר משעת הנחתו א"ר אליעזר הואיל וארבעת מינין הללו אינן באין אלא לרצות על המים וכשם שארבע מינין הללו אי אפשר בהם בלא מים כך אי אפשר לעולם בלא מים אמר לו רבי יהושע והלא גשמים בחג אינו אלא סימן קללה אמר לו ר' אליעזר אף אני לא אמרתי לשאול אלא להזכיר וכשם שתחיית המתים מזכיר כל השנה כולה ואינה אלא בזמנה כך מזכירים גבורות גשמים כל השנה ואינן אלא בזמנן לפיכך אם בא להזכיר כל השנה כולה מזכיר רבי אומר אומר אני משעה שמפסיק לשאלה כך מפסיק להזכרה ר' יהודה בן בתירה אומר בשני בחג הוא מזכיר ר' עקיבא אומר בששי בחג הוא מזכיר ר' יהודה משום ר' יהושע אומר העובר לפני התיבה ביום טוב האחרון של חג האחרון מזכיר הראשון אינו מזכיר ביום טוב ראשון של פסח הראשון מזכיר האחרון אינו מזכיר שפיר קאמר ליה ר"א לרבי יהושע אמר לך רבי יהושע בשלמא תחיית המתים מזכיר דכולי יומא זמניה הוא אלא גשמים כל אימת דאתיין זמנייהו היא והתנן [ד] יצא ניסן וירדו גשמים סימן קללה הם שנאמר [ד] הלוא קציר חטים היום וגו' ר' יהודה בן בתירה אומר בשני בחג הוא מזכיר מ"ט דרבי יהודה בן בתירה דתניא [ה] רבי יהודה בן בתירה אומר נאמר בשני [ה] ונסכיהם ונאמר בששי [ו] ונסכיה ונאמר בשביעי [ז] כמשפטם הרי מ"ם יו"ד מ"ם הרי כאן מים מכאן רמז לניסוך המים מן התורה ומאי שנא בשני דנקט דכי רמיזי להו בקרא בשני הוא דרמיזי הלכך בשני מדכרינן רבי עקיבא אומר בששי בחג הוא מזכיר שנאמר בששי ונסכיה [י] בשני ניסוכין הכתוב מדבר אחד ניסוך המים ואחד ניסוך היין ואימא תרוייהו דחמרא סבר לה כר' יהודה בן בתירה דאמר רמיזי מיא

אי

רש"י

כי אני ה'. ולא שליח: פותח את ידך. ולא שליח: גשמים נמי היינו פרנסה. (ב) וכבר חשבנא ליה: מלולב גמר לה. שדומה ללולב שכשם שאי אפשר לאלו ארבע מינין בלא גשמים ובאין לרצות על המים כדאמרינן בסוכה [ז] כך אי אפשר לעולם בלא מים: מה לולב ביום. שמתחילין ליטול ביום ראשון אף הזכרה נמי ביום כלומר שאין מזכירין בלילי יום טוב הראשון עד למחר: מה ניסוך המים מאורתא. כדאשכחן במס' סוכה (דף נא:) שממלאין הכלי מים לניסוך המים בלילה ויש ספרים דכתיב בהו דאמר מר ומנחתם ונסכיהם בלילה (ג) שמקריבין הקרבנות ביום יכולין להביא המנחות והנסכים בלילה אף האי ניסוך המים נמי יכול לנסך בלילה: אף הזכרה נמי מאורתא. שבלילי י"ט הראשון קאמר ר' אליעזר שמתחילין להזכיר גבורות גשמים: גמרא גמיר לה. רבי אבהו דרבי אליעזר לא למדה אלא מלולב: [ח] מתניתין שמיע ליה. דרבי אליעזר גמר מלולב: משעת הנחתו. מיום שמברכין בו באחרונה דהיינו בשביעי [אן]: ארבעה מינין הללו. שבלולב ואתרוג: כך גשמים. יהא מזכיר כל השנה אפילו בימות החמה אם הוא רוצה יהא מזכיר: משעה שפוסק מלשאול. שבפסח פוסק מלומר ותן טל ומטר פוסק מלהזכיר גבורות גשמים והשתא לא מצית למימר אם בא להזכיר כל השנה כולה מזכיר אלא בימות החמה אינו מזכיר הואיל ואין זמנו אף בחג אינו מזכיר הואיל ולא סימן ברכה הן: האחרון. המתפלל תפלת מוסף: הראשון. המתפלל תפלת יוצר: אינו מזכיר. ושוב אין מזכירין: שפיר קאמר ליה ר' אליעזר לר' יהושע. דאמר כי היכי דמזכירין תחיית המתים כל השנה ואף על גב דלא מטא זימנייהו כך מזכירין גבורות גשמים אם רוצה כל השנה ובחג נמי אע"ג דלאו סימן ברכה הן מזכירין הואיל ואין שואלין: כל אימת דאתיין זימנייהו הוא. וכיון דלאו זימניה הוא אין מזכירין והוא הדין בחג: בשני ונסכיהם. דסגי בנסכה וכיון דבשני אייתר מ"ם לדרשה להכי מתחילין להזכיר בשני: בשני ניסוכין הכתוב מדבר. שני ניסוכין על קרבן אחד אבל ונסכיהם (ד) משמע הרבה דקרבנות הרבה לכן לא הוה דריש רבי עקיבא מונסכיהם: סבר לה כרבי יהודה. דמ"ם יו"ד מ"ם מרבה ניסוך המים:

אי

תוספות

איבעיא להו רבי אליעזר מהיכא גמיר לה מלולב גמיר מה לולב ביום וכו'. פי' ולולב הוי רצוי דמים וגדל על המים או דלמא מניסוך גמר לה פי' ונפקא מינה (ה) אי מלולב גמר לה אבל ניסוך המים סבירא ליה דלאו ביום ראשון הוא או מניסוך המים קא גמר לה דסבירא ליה דניסוך המים ביום ראשון הוא אי נמי דאי מלולב גמר הוה דווקא ביום שנאמר (ויקרא כג) ולקחתם לכם ביום אבל אי מנסוך הוה אפילו בלילה ולענין זה אהני דאמר מר ומנחתם ונסכיהם (ו) בלילה אף וכו' פירוש דאע"ג דניסוך קרבנות לא הוי עד לאחר הקרבת קרבנותיהם ואם כן היאך קריבי נסכים בלילה רוצה לומר בלילה שניה והניסוך החג דהוי ממים מצי למהוי בלילה ראשונה ואע"ג דאמרינן במסכת יומא בפ' בראשונה (דף כו:) [ט] אמר רב ואיתימא ר' יוחנן אין מנסכים מים בחג אלא בתמיד של שחר וא"כ לא הוי בלילה ראשונה דהא אינה אלא ביום יש לומר דאינו חייב לנסך אלא בתמיד של שחר מכל מקום אי בעי עביד ליה בליליא:

דאמר רבי אבהו לא למדה רבי אליעזר אלא מלולב. פירוש וסבירא ליה דניסוך לא הוי עד בשני:

משעת נטילת לולב. פירוש דהיינו תחילת יום ראשון של סוכות ורבי יהושע אומר משעת הנחתו פירוש לאורתא דמוצאי שביעי של סוכות שמניחין בו את הלולב:

משעה שמפסיקין לישאל. ותן טל ומטר בברכת השנים פוסקין מלהזכיר מוריד הגשם בתחיית המתים:

העובר לפני התיבה בי"ט של חג האחרון מזכיר וכו'. פי' האחרון שמתפלל תפלת מוסף הראשון אינו מזכיר פירוש שמתפלל שחרית אינו מזכיר ובירושלמי קאמר אמאי אינו מזכיר מאורתא פירוש מתפלת ערבית ומשני דלית תמן כל עמא ולדכרו בצפרא פירוש בתפלת שחרית ומשני דהוו סברי דהוו מדכרו ליה מאורתא:

מים. מ"ם מנסכיהם דכתיב בשני ויו"ד דכתיב בששי ונסכיה ומ"ם שבשביעי כתיב כמשפטם והוי מים (ז) טעמא דרבי עקיבא בששי ונסכיה דמשמע תרי נסכים הלכך בששי בחג הוא מזכיר גבורות גשמים:

אי

רבינו חננאל

שנאמר וישמע אליה אלהים ויפתח את רחמה. מפתח של תחיית המתים שנאמר וידעתם כי אני ה' בפתחי את קברותיכם וגו'. גשמים היינו פרנסה ומשום שהגשמים חשובים כתחיית המתים קבעו ברכה זו בתחיית המתים: **פיסקא** ר' אליעזר אומר מיו"ט הראשון של חג מזכיר. [איבעיא להו אי מלילי יו"ט הראשון מזכיר] וגמר לה מניסוך דאתקש ניסוך המים לניסוך היין דאמר מר ומנחתם ונסכיהם (מלילי יו"ם טו"ב הראשו"ן מזכי"ר) אפילו בלילה. פירושו בתמורה בתחלת פרק יש בקרבנות. או מלולב גמר לה דכתיב ולקחתם לכם ביום ולא בלילה ופשטנא מהא דתניא מאימתי מזכירין על הגשמים. ר' אליעזר אומר משעת נטילת לולב. ר' יהושע אומר משעת הנחתו. א"ר אליעזר הואיל וארבעת מינים הללו אינם באין [אלא] לרצות המים כו'. שפיר קאמר ליה רבי אליעזר לר' יהושע אני לא אמרתי לשאל אלא להזכיר כשם שתחיית המתים מזכיר כל השנה ואינה אלא בזמנה כך גשמים מזכיר ואינן אלא בזמנן. ואמרינן ר' יהושע פריך הכי מה לתחיית המתים שמזכיר בכל יום דכל יומא זימניה היא אלא גשמים אטו כל יומא זימנייהו הוא. והתנן יצא ניסן וירדו גשמים סימן קללה היא ר' יהודה בן בתירה אומר בשני של חג הוא מזכיר. וגמר לה מניסוך דכתיב בשני ונסכיהם מדכתיב מ"ם יתירה דהוה ליה למכתב ונסכה וכתיב ונסכיהם. ובששי כתיב יוד יתירה דכתיב ונסכיה. ובשביעי כמשפטם. כתיב מ' יתירה. מיכן לניסוך המים מן התורה. וכי רמיזי מיום שני רמיזי הלכך מיום שני מזכיר. ר' עקיבא אומר בששי בחג הוא מזכיר. ר' עקיבא נמי אית ליה מיכן לניסוך המים. מיהו דייק מדכתיב ביום הששי. ונסכיה. בשני ניסוכין הכתוב מדבר ניסוך מים וניסוך יין

רבינו גרשום

כי אני ה' ולא שליח פותח את ידך ולא שליח. גשמים נמי היינו פרנסה וכבר חשיבנא ליה: **פיסקא מלולב גמר לה** שדומה ללולב שכשם שאי אפשר לאילו בלא מים כך אי אפשר לעולם בלא מים **מה לולב ביום** שמתחיל ליטול ביום ראשון **אף הזכרה ביום** (בר' צ"ל כלומר) שאינו מתחיל להזכיר בלילי יו"ט ראשון עד למחר. **מה ניסוך המים מאורתא** כדאשכחן במס' סוכה שממלאין המים לניסוך המים בלילה ויש ספרים שכתוב בהן **[דאמר מר] מנחתם ונסכיהם בלילה** שמקריבין קרבן ביום יכולין להביא המנחה והנסכים בלילה אף האי ניסוך המים יכולין לנסך בלילה. **אף הזכרה נמי מאורתא** שבלילי יו"ט הראשון קאמר ר' אליעזר שמזכירין להזכיר גבורות גשמים. **גמרא גמיר לה ר' אבהו** דר' אליעזר לא למדה אלא מלולב. **ממתניתין שמיעה ליה** דר' אליעזר גמר מלולב: **משעת הנחתו** מיום שמברכין בו באחרונה דהיינו בשביעי. **ארבעת מינין הללו** שבלולב ואתרוג: **כך גשמים יהא מזכיר כל השנה** אפי' בימות החמה אם הוא רוצה אף בחג נמי אם הוא רוצה יהא מזכיר. **משעה שפוסק מלשאל** שבפסח פוסק מלומר ותן טל ומטר פוסק מלהזכיר גבורת הגשמים ועכשיו לא מצית למימר אם בא להזכיר כל השנה מזכיר אלא בימות החמה אינו מזכיר הואיל ואין זמנו אף בחג אינו מזכיר הואיל ולאו זמן ברכה הוא. **האחרון** המתפלל תפלת מוסף. **הראשון** המתפלל (תפלת) יוצר: **מזכיר** ושוב אינו מזכיר. **שפיר קאמר ליה ר' אליעזר לר"י** דכי היכי דמזכירין תחיית המתים כל השנה אע"ג דלא זמניה כך מזכירין גבורות גשמים אם רוצה כל השנה ובחג נמי אע"ג דלאו סימן ברכה הוא מזכירין. **סימן קללה הוא** וכיון דלאו זמנה אין מזכירין וה"ה בחג: **נאמר בשני ונסכיהם** דסגי בנסכה וכיון דבשני אתרבי מ' לדרשה דמים לפיכך מתחיל להזכיר בשני: **בשני ניסוכין הכתוב מדבר** שני ניסוכין על קרבן אחד ונסכיהם משמע ניסוכין הרבה דקרבנות הרבה. **סבר לה כר"י** דמרבה ניסוך המים

אי

הגהות הב"ח

(א) גמ' אמר לך גשמים נמי היינו פרנסה: (ב) רש"י ד"ה גשמים נמי היינו פרנסה שגורשים ופירות גדלים מהם לפרנסת העולם וכבר חשבנא ליה: (ג) בד"ה מה ניסוך כו' ונסכיהם בלילה ואפילו בלילה דאע"ג שמקריבין הקרבנות: (ד) ד"ה בשני ניסוכין כו' אבל ונסכיהם משמע הרבה דקרבנות הרבה: (ה) תוס' ד"ה איבעיא כו' ונפקא מינה דאי מלולב גמר לה כו' דס"ל דניסוך המים נמי ביום ראשון הוא: (ו) בא"ד ומנחתם ונסכיהם אפילו בלילה וכו' פי' דאע"ג כו' וא"כ היאך קריבי נסכים בלילה אלא י"ל בלילה שניה ומ"מ הניסוך דחג דהוי ממים כו' כל"ל: (ז) ד"ה מים כו' וטעמא דר"ע דכתיב בששי ונסכיה:

הגהות מהר"ב רנשבורג

אן רש"י ד"ה משעת הנחתו וכו' דהיינו בשביעי. נ"ב וכן פרש"י לקמן דף ג ע"א בד"ה אלא ר' יהושע היא וכו' דהיינו בשביעי וכו' עכ"ל. ול"ע דלקמן דף ד' סע"א פרש"י בד"ה ר' יהושע היא וכו' דהיינו יום שמיני וכו' עכ"ל. וכן משמע מדברי הש"ס שם דוק"ק. שוב ראיתי שבלקו"ת דמ"ש רש"י בשביעי על שעת הנחת לולב לא אמר אבל ההזכרה היא לאחרותה דשמיני דמ"ש תוס' ד"ה וכן בלמד מהרש"א לקמן דף ג ע"א ד"ה גמ' יעוש"ה:

תורה אור השלם

א) וִידַעְתֶּם כִּי אֲנִי יְיָ בְּפִתְחִי אֶת קִבְרוֹתֵיכֶם וּבְהַעֲלוֹתִי אֶתְכֶם מִקִּבְרוֹתֵיכֶם עַמִּי: [יחזקאל לז, יג]

ב) פּוֹתֵחַ אֶת יָדֶךָ וּמַשְׂבִּיעַ לְכָל חַי רָצוֹן: [תהלים קמה, טז]

ג) וּמִנְחָתָם וְנִסְכֵּיהֶם לַפָּרִים לָאֵילִם וְלַכְּבָשִׂים בְּמִסְפָּרָם כַּמִּשְׁפָּט: [במדבר כט, יח]

ד) הֲלוֹא קְצִיר חִטִּים הַיּוֹם אֶקְרָא אֶל יְיָ וְיִתֵּן קֹלוֹת וּמָטָר וּדְעוּ וּרְאוּ כִּי רָעַתְכֶם רַבָּה אֲשֶׁר עֲשִׂיתֶם בְּעֵינֵי יְיָ לִשְׁאוֹל לָכֶם מֶלֶךְ: [שמואל א' יב, יז] ה) וּשְׂעִיר עִזִּים אֶחָד חַטָּאת מִלְּבַד עֹלַת הַתָּמִיד וּמִנְחָתָהּ וְנִסְכֵּיהֶם: [במדבר כט, יט] ו) וּשְׂעִיר חַטָּאת אֶחָד מִלְּבַד עֹלַת הַתָּמִיד מִנְחָתָהּ וּנְסָכֶיהָ: [במדבר כט, לא] ז) וּמִנְחָתָם וְנִסְכֵּהֶם לַפָּרִים לָאֵילִם וְלַכְּבָשִׂים בְּמִסְפָּרָם כְּמִשְׁפָּטָם: [במדבר כט, לג]

ליקוטי רש"י

במערבא. בארץ ישראל [שבת סה:]. **ומנחתם ונסכיהם אפילו בלילה.** דמנחת נסכים קריבין בלילה ולאי קשיא הא אמרי' בהקומץ [רבה] (מנחות כו:) דבריס שדרכן ליקרב ביום וקחשיב מנחת נסכים מפרש לה בפ' יש קרבנות במסכת תמורה (דף יד.) דהא דקתני ביום בנסכים הבאים עם הזבח והא דקתני בלילה בנסכים הבאין בפני עצמן כגון שהביא זבח בלא נסכים ולאחר זמן הביא הנסכים בפני עצמן יכול להביאן בלילה [מנחות מד:]. **משעת הנחתו.** משעת הנחת לולב הוא מזכיר דהיינו יום שמיני והוא סמוך לגשמים דמן החג ואילך הוא זמן גשמים [לקמן ד. עיין הגהות מהר"ב רנשבורג].

IMPOSSIBLE FOR THE WORLD to exist **WITHOUT WATER.** Therefore, the day we begin to mention the *Powers of Rain* should coincide with the day we commence to hold the four species, viz. the first day of Succos.

R' Yehoshua counters:

וַהֲלֹא אָמַר לוֹ רַבִּי יְהוֹשֻׁעַ – **R' YEHOSHUA SAID TO [R' ELIEZER]: גְּשָׁמִים בֶּחָג אֵינוֹ אֶלָּא סִימַן קְלָלָה** – **BUT RAIN ON THE FESTIVAL** of Succos **IS NOTHING BUT A SIGN OF CURSE!** Therefore, why should one mention the *Powers of Rain* on Succos?[10]

R' Eliezer defends his position:

אָמַר לוֹ רַבִּי אֱלִיעֶזֶר – **R' ELIEZER REPLIED TO HIM: אַף אֲנִי לֹא אָמַרְתִּי לִשְׁאוֹל** – **EVEN I DID NOT SAY** that one is **TO REQUEST** rain during Succos, **אֶלָּא לְהַזְכִּיר** – **ONLY** that one is **TO MENTION** the *Powers of Rain.* To merely mention rain is appropriate even before (or after) its due season, as may be proven by the following analogy: **וּכְשֵׁם שֶׁתְּחִיַּית הַמֵּתִים מַזְכִּיר כָּל הַשָּׁנָה כּוּלָּהּ** – **JUST AS ONE MENTIONS THE RESURRECTION OF THE DEAD ALL YEAR ROUND,**[11] **וְאֵינָהּ אֶלָּא בִּזְמַנָּהּ** – even though **IT WILL OCCUR ONLY IN ITS DUE TIME; כָּךְ מַזְכִּירִים גְּבוּרוֹת גְּשָׁמִים כָּל הַשָּׁנָה** – **LIKEWISE, WE MAY MENTION THE *POWERS OF RAIN* ALL YEAR ROUND, וְאֵינָן אֶלָּא בִּזְמַנָּן** – even though **[THE RAIN] IS DUE ONLY IN ITS PROPER TIME;** i.e. after Succos. **לְפִיכָךְ** – **THEREFORE,** R' Eliezer concludes, **אִם בָּא לְהַזְכִּיר כָּל הַשָּׁנָה כּוּלָּהּ מַזְכִּיר** – **ONE WHO WISHES TO MENTION** rain **ALL YEAR ROUND MAY MENTION** it.[12]

Rebbi disagrees with R' Eliezer's position that one may mention the *Powers of Rain* at any time of the year:

רַבִּי אוֹמֵר – **REBBI SAYS: אוֹמֵר אֲנִי** – **I SAY: מִשָּׁעָה שֶׁמַּפְסִיק לִשְׁאֵלָה** – **FROM THE TIME ONE DISCONTINUES THE REQUEST** for rain, i.e. on Pesach, **כָּךְ מַפְסִיק לְהַזְכָּרָה** – **SO** too **ONE MUST DISCONTINUE THE MENTION** of the *Powers of Rain.*[13]

The Baraisa records three more views on the question of when one begins to mention the *Powers of Rain:*

רַבִּי יְהוּדָה בֶּן בְּתֵירָה אוֹמֵר – **R' YEHUDAH BEN BESEIRAH SAYS: בַּשֵּׁנִי בֶּחָג הוּא מַזְכִּיר** – Beginning **ON THE SECOND** day **OF THE FESTIVAL** of Succos, **ONE MENTIONS** the *Powers of Rain.*

רַבִּי עֲקִיבָא אוֹמֵר – **R' AKIVA SAYS: בַּשִּׁשִּׁי בֶּחָג הוּא מַזְכִּיר** – Beginning **ON THE SIXTH** day **OF THE FESTIVAL** of Succos, **ONE MENTIONS** the *Powers of Rain.*

רַבִּי יְהוּדָה מִשּׁוּם רַבִּי יְהוֹשֻׁעַ אוֹמֵר – **R' YEHUDAH SAYS IN THE NAME OF R' YEHOSHUA: הָעוֹבֵר לִפְנֵי הַתֵּיבָה בְּיוֹם טוֹב הָאַחֲרוֹן שֶׁל חַג** – **THE ONE WHO GOES BEFORE THE ARK** to lead the prayers **ON THE LAST YOM TOV OF THE FESTIVAL,** i.e. on Shemini Atzeres: **הָאַחֲרוֹן מַזְכִּיר** – **THE LATTER ONE** [who leads the Mussaf service] **MENTIONS** the *Powers of Rain,* **הָרִאשׁוֹן אֵינוֹ מַזְכִּיר** – but **THE FIRST ONE** [who leads the Shacharis service] **DOES NOT MENTION** the *Powers of Rain.* **בְּיוֹם טוֹב רִאשׁוֹן שֶׁל פֶּסַח** – **ON THE FIRST YOM TOV OF PESACH, הָרִאשׁוֹן מַזְכִּיר** – **THE FIRST ONE** [who leads the Shacharis service] **MENTIONS** the *Powers of Rain,* **הָאַחֲרוֹן אֵינוֹ מַזְכִּיר** – but **THE LATTER ONE** [who leads the Mussaf service] **DOES NOT MENTION** the *Powers of Rain;* and henceforth we do not mention the *Powers of Rain* until the following year.

The Gemara comments:

שַׁפִּיר קָאָמַר לֵיהּ רַבִּי אֱלִיעֶזֶר לְרַבִּי יְהוֹשֻׁעַ – **R' Eliezer replied well to R' Yehoshua!** It should be permitted to mention rain even at times that are inappropriate for rain, just as the the Resurrection of the Dead is mentioned in our prayers all year round even though its time has not yet arrived. What is R' Yehoshua's response to this argument?

The Gemara answers:

אָמַר לָךְ רַבִּי יְהוֹשֻׁעַ – **R' Yehoshua could answer you: בִּשְׁלָמָא תְּחִיַּית הַמֵּתִים מַזְכִּיר** – **It is understandable** why **one mentions the Resurrection of the Dead** throughout the year, **דִּכוּלֵּי יוֹמָא זִמְנֵיהּ הוּא** – **because every day is** potentially **its appropriate time. אֶלָּא גְּשָׁמִים** – **But** with respect to **rain, כָּל אֵימַת דְּאָתְיָין זִמְנַיְיהוּ הִיא** – can it be said that **whenever it falls, that is its** appropriate **time? וְהָתְנַן** – **But we have learned in a Mishnah:**[14] **יָצָא נִיסָן וְיָרְדוּ גְּשָׁמִים** – If **RAIN FELL** after the month of **NISSAN HAD ENDED, סִימַן קְלָלָה הֵם** – **IT IS A SIGN OF CURSE, שֶׁנֶּאֱמַר** – **AS IT IS SAID:**[15] **"הֲלוֹא קְצִיר־חִטִּים הַיּוֹם וגו׳"** – ***IS IT NOT THE WHEAT HARVEST TODAY?* ETC.** [*I will call to HASHEM and He will send thunder and rain, that you may know and see that your wickedness is great.*]

The Gemara quotes one of the opinions recorded in the Baraisa and gives its source:

רַבִּי יְהוּדָה בֶּן בְּתֵירָה אוֹמֵר – **R' YEHUDAH BEN BESEIRAH SAYS: בַּשֵּׁנִי בֶּחָג הוּא מַזְכִּיר** – Beginning **ON THE SECOND** day **OF THE FESTIVAL** of Succos, **ONE MENTIONS** the *Powers of Rain.* **מַאי טַעְמָא דְּרַבִּי יְהוּדָה בֶּן בְּתֵירָה** – **What is the reason for R' Yehudah ben Beseirah's** ruling? It is based on another one of his teachings. **דְּתַנְיָא** – **For it was taught in a Baraisa: רַבִּי יְהוּדָה בֶּן בְּתֵירָה אוֹמֵר** – **R' YEHUDAH BEN BESEIRAH SAYS: נֶאֱמַר בַּשֵּׁנִי** – **IN CONNECTION WITH** the *tamid* offering of **THE SECOND** day of Succos, **IT IS SAID:**[16] **"וְנִסְכֵּיהֶם"** – ***AND THEIR LIBATIONS*** [instead of וְנִסְכָּהּ, *and its libation* – a *mem* was added for exegetical purposes]. **וְנֶאֱמַר בַּשִּׁשִּׁי** – **AND IN CONNECTION WITH** the *tamid* offering of **THE SIXTH** day of Succos, **IT IS SAID:**[17] **"וּנְסָכֶיהָ"** – ***AND ITS LIBATIONS*** [instead of וְנִסְכָּהּ, *and its libation* – a *yud* was added for exegetical purposes]. **וְנֶאֱמַר בַּשְּׁבִיעִי** – **AND IN CONNECTION WITH** the *mussaf* offerings of **THE SEVENTH** day, **IT IS SAID:**[18]

NOTES

10. This was explained above; see 2a, note 3.

11. The Resurrection of the Dead is the central theme of the second blessing of the Shemoneh Esrei.

12. Since the phrase, *morid hageshem,* refers to God's bringing of rain in its due season, it may be recited at any point in the year. However, the *obligation* to recite *morid hageshem* applies only from the first day of Succos until Pesach. [This answers the challenge to R' Eliezer's position posed by R' Yehoshua in the Mishnah, 2a (see *Tosafos* ibid.).]

13. According to Rebbi, one should not recite *morid hageshem* in the summer since that is not the proper time for rain. Similarly, one should not recite this phrase on Succos, for rain on Succos is a sign of God's displeasure (*Rashi*).

14. Below, 12b.

15. *I Samuel* 12:17. When the people made an improper request to have a king appointed over them and ignored Samuel's rebuke, Samuel prayed for rain to fall at harvest time as a punishment. This proves that rain in the summer (in the Middle East) can be detrimental.

16. *Numbers* 29:19. In this chapter, Scripture details the requirements for the *mussaf* offerings of Succos. A separate paragraph is devoted to each of the days of Succos, and each of these paragraphs conclude with the words: מִלְּבַד עֹלַת הַתָּמִיד וּמִנְחָתָהּ וְנִסְכָּהּ, *Besides the tamid burnt-offering, its meal offering and its libation* (i.e. the special *mussaf* offering is brought in addition to the year-round *tamid* offering that one must continue to bring on Succos). The concluding word (וְנִסְכָּהּ) is identical in every paragraph, except in the one for the second day where it is changed to וְנִסְכֵּיהֶם, *and their libations* (v. 19), and in the one for the sixth day where it is וּנְסָכֶיהָ, *and its libations* (v. 31). Furthermore, in every paragraph (after the first one), in reference to the *mussaf* offerings themselves, it says: וּמִנְחָתָם וְנִסְכֵּיהֶם . . . כַּמִּשְׁפָּט, *And their meal offering and libations . . . in accordance with the law* [i.e. the law that was set forth in the first paragraph]. However, in the paragraph for the seventh day the wording is changed to כְּמִשְׁפָּטָם, *in accordance with their law* (v. 33). The Baraisa proceeds to explain the significance of these three changes.

17. Ibid. v. 31 (see note 16).

18. Ibid. v. 33 (see note 16).

אליה אלהים ויפתח את רחמה מפתח של תחיית המתים מנין דכתיב [א] וידעתם כי אני ה' בפתחי את קברותיכם במערבא אמרי אף מפתח של פרנסה דכתיב [ב] פותח את ידך וגו' ור' יוחנן מאי טעמא לא קא חשיב להא אמר לך גשמים (א) היינו פרנסה: ר' אליעזר אומר מיום טוב הראשון של חג כו': איבעיא להו ר' אליעזר מהיכא גמיר לה מלולב גמר לה או מניסוך המים גמר לה מלולב גמר לה מה לולב ביום אף הזכרה ביום או דלמא מניסוך המים גמר לה מה ניסוך המים מאורתא [א] דאמר מר [ג] ומנחתם ונסכיהם אפילו בלילה אף הזכרה מאורתא תא שמע דאמר רבי אבהו לא למדה ר' אליעזר אלא מלולב איכא דאמרי ר' אבהו גמרא גמיר לה ואיכא דאמרי מתניתא שמיע ליה מאי היא דתניא מאימתי מזכירין על הגשמים [ב] רבי אליעזר אומר משעת נטילת לולב [ג] ר' יהושע אומר משעת הנחתו א"ר אליעזר הואיל וארבעת מינין הללו אינן באין אלא לרצות על המים וכשם שארבע מינין הללו אי אפשר בהם בלא מים כך אי אפשר לעולם בלא מים אמר לו רבי יהושע והלא גשמים בחג אינו אלא סימן קללה אמר לו ר' אליעזר אף אני לא אמרתי לשאול אלא להזכיר וכשם שתחיית המתים מזכיר כל השנה כולה ואינה אלא בזמנה כך מזכירים גבורות גשמים כל השנה ואינן אלא בזמנן לפיכך אם בא להזכיר כל השנה כולה מזכיר רבי אומר אומר אני משעה שמפסיק לשאלה כך מפסיק להזכרה ר' יהודה בן בתירה אומר בשני בחג הוא מזכיר ר' עקיבא אומר בששי בחג הוא מזכיר ר' יהודה משום ר' יהושע אומר העובר לפני התיבה ביום טוב האחרון של חג האחרון מזכיר הראשון אינו מזכיר ביום טוב ראשון של פסח הראשון מזכיר האחרון אינו מזכיר שפיר קאמר ליה ר"א לרבי יהושע אמר לך רבי יהושע בשלמא תחיית המתים מזכיר דכולי יומא זמניה הוא אלא גשמים כל אימת דאתיין זמנייהו היא והתנן [ד] יצא ניסן וירדו גשמים סימן קללה הם שנאמר [ד] הלוא קציר חטים היום וגו' ר' יהודה בן בתירה אומר בשני בחג הוא מזכיר מ"ט דרבי יהודה בן בתירה דתניא [ה] רבי יהודה בן בתירה אומר נאמר בשני [ה] ונסכיהם ונאמר בששי [ו] ונסכיה ונאמר בשביעי [ז] כמשפטם הרי מ"ם יו"ד מ"ם הרי כאן מים מכאן רמז לניסוך המים מן התורה ומאי שנא בשני דנקט דכי רמיזי להו בקרא בשני הוא דרמיזי הלכך בשני מדכרינן רבי עקיבא אומר בששי בחג הוא מזכיר שנאמר בששי ונסכיה [ו] בשני ניסוכין הכתוב מדבר אחד ניסוך המים ואחד ניסוך היין ואימא תרוייהו דחמרא סבר לה כר' יהודה בן בתירה דאמר רמיזי מיא
אי

רש"י

כי אני ה'. ולא שליח: פותח את ידך. ולא שליח: גשמים נמי היינו פרנסה. (ב) וכבר חשבנא ליה: מלולב גמר לה. שדומה ללולב שכשם שאי אפשר לאלו ארבע מינין בלא גשמים ובאין לרצות על המים כדאמרינן בסוכה [ו] כך אי אפשר לעולם בלא מים: מה לולב ביום. שמתחילין ליטול ביום ראשון אף הזכרה נמי ביום כלומר שאין מזכירין בלילי יום טוב הראשון עד למחר: מה ניסוך המים מאורתא. כדאשכחן במס' סוכה (דף מח:) שממלאין הכלי מים לניסוך המים בלילה ויש ספרים דכתיב בהו דאמר מר ומנחתם ונסכיהם בלילה (ג) שמקריבין הקרבנות ביום יכולין להביא המנחות והנסכים בלילה אף האי ניסוך המים נמי יכול לנסך בלילה: אף הזכרה נמי מאורתא. שבלילי י"ט הראשון קאמר ר' אליעזר שמתחילין להזכיר גבורות גשמים: גמרא גמיר לה. רבי אבהו דרבי אליעזר לא למדה אלא מלולב: [ח] מתניתין שמיע ליה. דרבי אליעזר גמר מלולב: משעת הנחתו. מיום שמברכין בו באחרונה דהיינו בשביעי [א]: ארבעה מינין הללו. שבלולב ואתרוג: כך גשמים. יהא מזכיר כל השנה אפילו בימות החמה אם הוא רוצה יהא מזכיר: משעה שפוסק מלשאול. שבפסח פוסק מלומר ותן טל ומטר פוסק מלהזכיר גבורות גשמים והשתא לא מצית למימר אם בא להזכיר כל השנה כולה מזכיר אלא בימות החמה אינו מזכיר הואיל ואין זמנו אף בחג אינו מזכיר הואיל ולא סימן ברכה הן: האחרון. המתפלל תפלת מוסף: הראשון. המתפלל תפלת יוצר: אינו מזכיר. ושוב אין מזכירין: שפיר קאמר ליה ר' אליעזר לר' יהושע. דאמר כי היכי דמזכירין תחיית המתים כל השנה ואף על גב דלא מטא זימנייהו כך מזכירין גבורות גשמים אם רוצה כל השנה ובחג נמי אע"ג דלאו סימן ברכה הן מזכירין הואיל ואין שואלין: כל אימת דאתיין זימנייהו הוא. וכיון דלאו זימניה הוא אין מזכירין והוא הדין בחג: בשני ונסכיהם. דסגי בנסכה וכיון דבשני אייתר מ"ם לדרשה להכי מתחילין להזכיר בשני: בשני ניסוכין הכתוב מדבר. שני ניסוכין על קרבן אחד אבל ונסכיהם (ד) משמע הרבה דבקרבנות הרבה לכן לא הוה דריש רבי עקיבא מונסכיהם: סבר לה כרבי יהודה. דמ"ס יו"ד מ"ס מרבה ניסוך המים:
אי

תוספות

איבעיא להו רבי אליעזר מהיכא גמיר לה מלולב גמיר מה לולב ביום וכו'. פי' ולולב הוי רצוי דמים וגדל על המים או דלמא מניסוך גמר לה פי' ונפקא מינה (ה) אי מלולב גמר לה אבל ניסוך המים סבירא ליה דלאו ביום ראשון הוא או מניסוך המים קא גמר לה דסבירא ליה דניסוך המים ביום ראשון הוא אי נמי דאי מלולב גמר הוה דווקא ביום שנאמר (ויקרא כג) ולקחתם לכם ביום אבל אי מניסוך הוה אפילו בלילה ולענין זה אהני דאמר מר ומנחתם ונסכיהם (ו) בלילה אף וכו' פירוש דאע"ג דניסוך קרבנות לא הוי עד לאחר הקרבת קרבנותיהם ואם כן היאך קריבי נסכים בלילה רוצה לומר בלילה שניה והניסוך החג דהוי ממים מצי למהוי בלילה ראשונה ואע"ג דאמרינן במסכת יומא בפ' בראשונה (דף כו:) [ט] אמר רב ואיתימא ר' יוחנן אין מנסכים מים בחג אלא בתמיד של שחר וא"כ לא הוי בלילה ראשונה דהא אינה אלא ביום יש לומר דאינו חייב לנסך אלא בתמיד של שחר מכל מקום אי בעי עביד ליה בליליא:
דאמר רבי אבהו לא למדה רבי אליעזר אלא מלולב. פירוש וסבירא ליה דניסוך לא הוי עד בשני: משעת נטילת לולב. פירוש דהיינו תחילת יום ראשון של סוכות ורבי יהושע אומר משעת הנחתו פירוש לאורתא דמוצאי שביעי של סוכות שמניחין בו את הלולב:
משעה שמפסיקין לישאל. ותן טל ומטר בברכת השנים פוסקין מלהזכיר מוריד הגשם בתחיית המתים: העובר לפני התיבה בי"ט של חג האחרון מזכיר וכו'. פי' האחרון שמתפלל תפלת מוסף הראשון אינו מזכיר פירוש שמתפלל שחרית אינו מזכיר ובירושלמי קאמר אמאי אינו מזכיר מאורתא פירוש מתפלת ערבית ומשני דלית תמן כל עמא ולדכרו בצפרא פירוש בתפלת שחרית ומשני דהוו סברי דהוו מדכרו ליה מאורתא:
מים. מ"ם מנסכיהם דכתיב בשני ויו"ד דכתיב בששי ונסכיה ומ"ם שבשביעי כתיב כמשפטם והוי מים (ז) טעמא דרבי עקיבא בששי ונסכיה דמשמע תרי נסכים הלכך בששי בחג הוא מזכיר גבורות גשמים:
אי

עין משפט נר מצוה

ד א מיי' פ"ד מהלכות מעשה הקרבנות הלכה ה:

רבינו חננאל

שנאמר וישמע אליה אלהים ויפתח את רחמה. מפתח של תחיית המתים שנאמר וידעתם כי אני ה' בפתחי את קברותיכם וגו'. גשמים היינו פרנסה ומשום שהגשמים חשובים כתחיית המתים קבעו ברכה זו בתחיית המתים: פיסקא ר' אליעזר אומר מיו"ט הראשון של חג מזכיר. [איבעיא להו אי מלילי יו"ט הראשון מזכיר] וגמר לה מניסוך דאתקש ניסוך המים לניסוך היין דאמר מר ומנחתם ונסכיהם (מליל' יו"ם טו"ב הראשו"ן מזכי"ר) אפילו בלילה. פירושו בתמורה בתחלת פרק יש בקרבנות. או מלולב גמר לה דכתיב ולקחתם לכם ביום ולא בלילה ופשטנא מהא דתניא מאימתי מזכירין על הגשמים. ר' אליעזר אומר משעת נטילת לולב. ר' יהושע אומר משעת הנחתו. א"ר אליעזר הואיל וארבעת מינים הללו אינם באין [אלא] לרצות המים כו'. שפיר קאמר ליה רבי אליעזר לר' יהושע אני לא אמרתי לשאל אלא להזכיר כשם שתחיית המתים מזכיר כל השנה ואינה אלא בזמנה כך גשמים מזכיר ואינן אלא בזמנן. ואמרינן ר' יהושע פריך הכי מה לתחיית המתים שמזכיר בכל יום דכל יומא זימניה היא אלא גשמים אטו כל יומא זימנייהו הוא. והתנן יצא ניסן וירדו גשמים סימן קללה היא ר' יהודה בן בתירה אומר בשני של חג הוא מזכיר. וגמר לה מניסוך דכתיב בשני ונסכיהם מדכתיב מ"ם יתירה דהוה ליה למכתב ונסכה וכתיב ונסכיהם. ובששי כתיב יוד יתירה דכתיב ונסכיה. ובשביעי כמשפטם. כתיב מ' יתירה. מיכן לניסוך המים מן התורה. וכי רמיזי מיום שני רמיזי הלכך מיום שני מזכיר. ר' עקיבא אומר בששי בחג הוא מזכיר. ר' עקיבא נמי אית ליה מיכן לניסוך המים. מיהו דייק מדכתיב ביום הששי. ונסכיה. בשני ניסוכין הכתוב מדבר ניסוך מים וניסוך יין

רבינו גרשום

כי אני ה' ולא שליח פותח את ידך ולא שליח. גשמים נמי היינו פרנסה וכבר חשיבנא ליה: פיסקא מלולב גמר לה שדומה ללולב שכשם שאי אפשר לאילו בלא מים כך אי אפשר לעולם בלא מים מה לולב ביום שמתחיל ליטול ביום ראשון אף הזכרה ביום (בר' צ"ל כלומר) שאינו מתחיל להזכיר בלילי יו"ט ראשון עד למחר. מה ניסוך המים מאורתא כדאשכחן במס' סוכה שממלאין המים לניסוך המים בלילה ויש ספרים שכתוב בהן [דאמר מר] מנחתם ונסכיהם בלילה שמקריבין קרבן ביום יכולין להביא המנחה והנסכים בלילה אף האי ניסוך המים יכולין לנסך בלילה. אף הזכרה נמי מאורתא שבלילי יו"ט הראשון קאמר ר' אליעזר שמזכירין להזכיר גבורות גשמים. גמרא גמיר לה ר' אבהו דר' אליעזר לא למדה אלא מלולב. ממתניתין שמיעה ליה דר' אליעזר גמר מלולב: משעת הנחתו מיום שמברכין בו באחרונה דהיינו בשביעי. ארבעת מינין הללו שבלולב ואתרוג: כך גשמים יהא מזכיר כל השנה אפי' בימות החמה אם הוא רוצה אף בחג נמי אם הוא רוצה יהא מזכיר. משעה שפוסק מלשאל שבפסח פוסק מלומר ותן טל ומטר פוסק מלהזכיר גבורת הגשמים ועכשיו לא מצית למימר אם בא להזכיר כל השנה מזכיר אלא בימות החמה אינו מזכיר הואיל ואין זמנו אף בחג אינו מזכיר הואיל ולאו זמן ברכה הוא. האחרון המתפלל תפלת מוסף. הראשון המתפלל (תפלת) יוצר: מזכיר ושוב אינו מזכיר. שפיר קאמר ליה ר' אליעזר לר"י דכי היכי דמזכירין תחיית המתים כל השנה אע"ג דלא זמניה כך מזכירין גבורות גשמים אם רוצה כל השנה ובחג נמי אע"ג דלאו סימן ברכה הוא מזכירין. סימן קללה הוא וכיון דלאו זמנה אין מזכירין וה"ה בחג: נאמר בשני ונסכיהם דסגי בנסכה וכיון דבשני אתרבי מ' לדרשה דמים לפיכך מתחיל להזכיר בשני: בשני ניסוכין הכתוב מדבר שני ניסוכין על קרבן אחד ונסכיהם משמע ניסוכין הרבה דקרבנות הרבה. סבר לה כר"י דמרבה ניסוך המים
אי

מסורת הש"ס

א) תמורה יד. [זבחים מ. פד.], מנחות מד: נב., ב) [לקמן ד.], ג) [שם], ד) לקמן יב:, ה) שבת קג:, ו) זבחים קי:, ז) [דף לו: עי' תוס' שם ד"ה כדין], ח) נ"ל מתניתא, ט) לפנינו איתא ר' אבא ואי תימא ר' רמי בר חמא ואי תימא ר' יוחנן.

הגהות הב"ח

(א) גמ' אמר לך גשמים נמי היינו פרנסה: (ב) רש"י ד"ה גשמים נמי היינו פרנסה שזורעים ופירות גדלים מהם לפרנסת העולם וכבר חשבנא ליה: (ג) ד"ה מה ניסוך כו' ונסכיהם בלילה אפילו בלילה דאע"פ שמקריבין הקרבנות: (ד) ד"ה בשני ניסוכין כו' אבל ונסכיהם דמשמע הרבה ניסוכין בקרבנות הרבה: (ה) תוס' ד"ה איבעיא כו' ונפקא מינה דאי מלולב גמר לה כו' דס"ל דניסוך המים נמי ביום ראשון הוא: (ו) בא"ד ומנחתם ונסכיהם אפילו בלילה וכו' פי' דאע"ג כו' וא"כ האיך קריבי כבשים בלילה אלא י"ל בלילה שניה מ"מ הניסוך דחג דהוי ממים כו' כצ"ל: (ז) ד"ה מים כו' וטעמא דר"ע דכתיב בששי ונסכיה:

הגהות מהר"ב רנשבורג

א] רש"י ד"ה משעת הנחתו וכו' דהיינו בשביעי. נ"ב וכן פרש"י לקמן דף ג ע"א בד"ה אלא ר' יהושע היא וכו' דהיינו בשביעי וכו' עכ"ל. ול"ע דלקמן דף ד סע"א פרש"י בד"ה ר' יהושע היא וכו' דהיינו יום שמיני וכו' עכ"ל. וכן משמע מדברי הש"ס שם ודו"ק. שוב ראיתי דלק"מ דמ"ש רש"י בשביעי על שעת הנחת לולב אמר אבל ההזכרה היא לאורתא דשמיני וכמ"ש תוס' ד"ה משעת נטילה וכן נלמד ממהרש"א לקמן דף ג ע"א ד"ה גמ' יעוש"ה:

תורה אור השלם

א) וִידַעְתֶּם כִּי אֲנִי יְיָ בְּפִתְחִי אֶת קִבְרוֹתֵיכֶם וּבְהַעֲלוֹתִי אֶתְכֶם מִקִּבְרוֹתֵיכֶם עַמִּי: [יחזקאל לז, יג]
ב) פּוֹתֵחַ אֶת יָדֶךָ וּמַשְׂבִּיעַ לְכָל חַי רָצוֹן: [תהלים קמה, טז]
ג) וּמִנְחָתָם וְנִסְכֵּיהֶם לַפָּרִים לָאֵילִם וְלַכְּבָשִׂים בְּמִסְפָּרָם כַּמִּשְׁפָּט: [במדבר כט, יח]
ד) הֲלוֹא קְצִיר חִטִּים הַיּוֹם אֶקְרָא אֶל יְיָ וְיִתֵּן קֹלוֹת וּמָטָר וּדְעוּ וּרְאוּ כִּי רָעַתְכֶם רַבָּה אֲשֶׁר עֲשִׂיתֶם בְּעֵינֵי יְיָ לִשְׁאוֹל לָכֶם מֶלֶךְ: [שמואל א' יב, יז]
ה) וּשְׂעִיר עִזִּים אֶחָד חַטָּאת מִלְּבַד עֹלַת הַתָּמִיד וּמִנְחָתָהּ וְנִסְכֵּיהֶם: [במדבר כט, יט]
ו) וּשְׂעִיר חַטָּאת אֶחָד מִלְּבַד עֹלַת הַתָּמִיד מִנְחָתָהּ וּנְסָכֶיהָ: [במדבר כט, לא]
ז) וּמִנְחָתָם וְנִסְכֵּהֶם לַפָּרִים לָאֵילִם וְלַכְּבָשִׂים בְּמִסְפָּרָם כְּמִשְׁפָּטָם: [במדבר כט, לג]

ליקוטי רש"י

במערבא. בארץ ישראל [שבת סה:]. ומנחתם ונסכיהם אפילו בלילה. דמנחת נסכים קריבין בלילה ואי קשיא הא אמרי' בהקומץ [רבה] (מנחות כו:) דברים שדרכן ליקרב ביום וקחשיב מנחת נסכים מפרש לה בפ' יש קרבנות במסכת תמורה (דף יד.) דהא דקתני ביום בנסכים הבאים עם הזבח והא דקתני בלילה בנסכים הבאין בפני עצמן כגון שהביא זבח בלא נסכים ולאחר זמן הביא הנסכים בפני עצמן יכול להביאן בלילה [מנחות מד:]. משעת הנחתו. משעת הנחת לולב הוא מזכיר דהיינו יום שמיני והוא סמוך לגשמים דמן החג ואילך זמן גשמים [לקמן ד. עיין הגהות מהר"ב רנשבורג].

"כְּמִשְׁפָּטָם", – *IN ACCORDANCE WITH THEIR LAW* [instead of כַּמִּשְׁפָּט, *in accordance with the law* – a *mem* was added for exegetical purposes]. הֲרֵי מֶ"ם יוּ"ד מֶ"ם – THUS the extra letters are *MEM, YUD* and *MEM*. הֲרֵי כָּאן מַיִם – THUS we have HERE the word WATER (for *mem, yud, mem* spells מַיִם, *water*). מִכָּאן רֶמֶז לְנִיסּוּךְ הַמַּיִם מִן הַתּוֹרָה – THIS IS A SCRIPTURAL ALLUSION TO THE WATER-LIBATION services performed on Succos.

The Gemara asks:

וּמַאי שְׁנָא בַּשֵּׁנִי דְּנָקַט – **But why did [R' Yehudah ben Beseirah] designate the second** day of Succos as the day for beginning the mention of the *Powers of Rain?*

The Gemara answers:

דְּכִי רְמִיזֵי לְהוּ בִּקְרָא – **When Scripture alludes to [the water libations],** בַּשֵּׁנִי הוּא דִרְמִיזֵי – the first part of **the allusion is** found **in connection with the second** day of Succos; הִלְכָּךְ בַּשֵּׁנִי מַדְכְּרִינַן – **therefore,** according to R' Yehudah ben Beseirah, **we** begin to **mention** the *Powers of Rain* **on the second** day of Succos.[19]

The Gemara cites a Baraisa which records the source for R' Akiva's opinion:

רַבִּי עֲקִיבָא אוֹמֵר – R' AKIVA SAYS: בַּשִּׁשִּׁי בֶּחָג הוּא מַזְכִּיר – Beginning ON THE SIXTH day OF THE FESTIVAL of Succos, ONE MENTIONS the *Powers of Rain*. שֶׁנֶּאֱמַר בַּשִּׁשִּׁי – FOR IN CONNECTION WITH the *tamid* offering of THE SIXTH day, IT IS SAID: "וּנְסָכֶיהָ", – *AND ITS LIBATIONS* (plural), instead of וְנִסְכָּהּ, *and its libation* (singular). בִּשְׁנֵי נִיסּוּכִין הַכָּתוּב מְדַבֵּר – Evidently, THE VERSE SPEAKS OF TWO LIBATIONS: אֶחָד נִיסּוּךְ הַמַּיִם – ONE, A LIBATION OF WATER, וְאֶחָד נִיסּוּךְ הַיַּיִן – AND THE OTHER, A LIBATION OF WINE. This teaches that the water-libation services begin on the sixth day of Succos. Therefore, that is also the date when we begin to mention the *Powers of Rain.*[20]

The Gemara questions R' Akiva's derivation:

וְאֵימָא תַּרְוַיְיהוּ דְּחַמְרָא – **But** one could **say** that **both** the libations alluded to by the verse **are of wine.** What is R' Akiva's basis for assuming that the additional libation is of water?

The Gemara answers:

סָבַר לָהּ כְּר' יְהוּדָה בֶּן בְּתֵירָה – **He agrees with R' Yehudah ben Beseirah,** דְּאָמַר רְמִיזֵי מַיָּא – **who said that water is alluded to** by the addition of the letters *mem, yud,* and *mem*, which spell מַיִם, *water.*

NOTES

19. As discussed above (see note 5), the date for beginning to recite *morid hageshem* can be derived from the water-libation service. Since, according to R' Yehudah ben Beseirah, the water-libation services commence on the second day of Succos (as indicated by his Scriptural derivation), that is also when we begin to recite *morid hageshem* in his view.

20. R' Akiva does not derive the obligation for the water libations from the plural form וְנִסְכֵּיהֶם, *and their libations,* that is written in connection with the *tamid* offerings of the second day (see note 16). Since that word refers to many offerings [the morning and afternoon *tamid* offerings – *Rashi* ad loc.], libations (plural) are required – one for each offering. However, the mention of libations in reference to the *tamid* of the sixth day (וּנְסָכֶיהָ, *and its libations*) refers to only one sacrifice, indicating that two libations accompany a single offering (*Rashi*).

The Gemara asks further:

אִי סָבַר לָהּ כְּרַבִּי יְהוּדָה בֶּן בְּתֵירָה – But **if [R' Akiva] agrees with R' Yehudah ben Beseirah,** נֵימָא כְּוָותֵיהּ – **let him say, as [R' Yehudah ben Beseirah]** does, that we begin to mention the *Powers of Rain* on the second day of Succos. – ? –

The Gemara answers:

קָסָבַר רַבִּי עֲקִיבָא – **R' Akiva reasons** as follows: כִּי כְּתִיב נִיסּוּךְ יְתֵירָא – **When** Scripture **makes reference to an extra libation,** בַּשִּׁשִּׁי הוּא דִּכְתִיב – **the reference is made in connection with the sixth** day of Succos. Therefore, we begin the water libations and the mention of the *Powers of Rain* on the sixth day. Although R' Akiva agrees with the Scriptural interpretation taught by R' Yehudah ben Beseirah, he holds that it serves only to teach that the extra libation is of water (as opposed to wine), not to fix the commencement date of the water-libation services.

The Gemara cites another Scriptural source for the water libations:

תַּנְיָא – **It was taught in a Baraisa:** רַבִּי נָתָן אוֹמֵר – R' NASSAN SAYS: ,,בַּקֹּדֶשׁ הַסֵּךְ נֶסֶךְ שֵׁכָר לַה׳" – Scripture states: *ON THE HOLY [ALTAR] POUR A LIBATION OF INTOXICATING BEVERAGE TO HASHEM.*[1] בִּשְׁנֵי נִיסּוּכִין הַכָּתוּב מְדַבֵּר – From the double expression, *pour a libation,* we deduce that THE VERSE SPEAKS OF TWO LIBATIONS: אֶחָד נִיסּוּךְ הַמַּיִם – **one, a libation of water,** וְאֶחָד נִיסּוּךְ הַיַּיִן – **and the other, a libation of wine.**[2]

The Gemara asks:

אֵימָא תַּרְוַיְיהוּ דְּחַמְרָא – **But** one could **say** that **both of [the libations]** alluded to by the verse **are of wine.** What is R' Nassan's basis for assuming that the additional libation is of water?

The Gemara answers:

אִם כֵּן – **If so,** that both libations are of wine, לִיכְתּוֹב קְרָא – **let the verse write,** אוֹ הַסֵּךְ הֶסֶךְ – **either** both words with a *hey, **hasech hesech*** (pour a libation) אוֹ נַסֵּךְ נֶסֶךְ – **or** both words with a *nun, **nasech nesech*** (pour a libation). The Torah would have repeated the identical lettering were it referring to two libations of the same type. מַאי ,,הַסֵּךְ נֶסֶךְ" – **What** is signified by the diverse spellings, ***hasech nesech*** (pour a libation)? שָׁמְעַתְּ מִינַּהּ – **You learn from this** that the verse refers to two different libations: חַד דְּמַיָּא וְחַד דְּחַמְרָא – **one of water and the other of wine.**

Several opinions were recorded above[3] on the question of when we begin to mention the *Powers of Rain.* The Gemara now quotes a Mishnah and seeks to ascertain which of these opinions it follows:

אֶלָּא הָא דִּתְנַן – **But that which we learned in a Mishnah:**[4] נִיסּוּךְ הַמַּיִם כָּל שִׁבְעָה – THE WATER-LIBATION service is performed on ALL SEVEN days. מַנִּי – **Whose** opinion is reflected in this ruling? אִי רַבִּי יְהוֹשֻׁעַ – **If** it follows the view of **R' Yehoshua,** who ruled that we begin to mention rain on the eighth day, Shemini Atzeres. נֵימָא חַד יוֹמָא – then **[the Mishnah] should have said** that the water-libation service is performed only **one day** [the eighth].[5] אִי רַבִּי עֲקִיבָא – **If** it is **R' Akiva,** who derived from Scripture that the water-libation services commence on the sixth day, תְּרֵי יוֹמֵי – the Mishnah should have said that the water-libation services are performed for **two days** [the sixth and the seventh]. אִי רַבִּי יְהוּדָה בֶּן בְּתֵירָה – **If it is R' Yehudah ben Beseirah,** who derived from Scripture that the water-libation services commence on the second day, שִׁיתָּא יוֹמֵי – the Mishnah should have said **six days** [the second through the seventh].

The Gemara attempts to reconcile the ruling of the Mishnah with that of R' Yehudah ben Beseirah:

לְעוֹלָם רַבִּי יְהוּדָה בֶּן בְּתֵירָה הִיא – **Actually, it is R' Yehudah ben Beseirah** who authored that Mishnah; וּסְבִירָא לֵיהּ כְּרַבִּי יְהוּדָה דְּמַתְנִיתִין – **and** the disparity between their rulings may be resolved by proposing that **[R' Yehudah ben Beseirah] agrees with** the opinion of **R' Yehudah** that is recorded **in the** following **Mishnah.** דִּתְנַן – **For we learned in a Mishnah:**[6] רַבִּי יְהוּדָה אוֹמֵר – R' YEHUDAH SAYS: בְּלוֹג הָיָה מְנַסֵּךְ כָּל שְׁמוֹנָה – [THE KOHEN] WOULD POUR the water libations WITH a vessel that held A *LOG,*[7] ALL EIGHT days of the Festival; i.e. the water-libation services continue through Shemini Atzeres. וּמַפֵּיק רִאשׁוֹן – **Now,** unlike R' Yehudah of this Mishnah, **[R' Yehudah ben Beseirah] excludes the first** day of Succos from the water-libation service (for he derives from Scripture that it does not commence until the second day). וּמְעַיֵּיל שְׁמִינִי – **However,** like R' Yehudah of this Mishnah, **he includes the eighth** day. Thus, according to R' Yehudah ben Beseirah the water-libation services are performed for a total of seven days [the second through the eighth]. This corresponds to the ruling of the Mishnah cited above.

The Gemara rejects this suggestion:

וּמַאי שְׁנָא רִאשׁוֹן דְּלָא – **Why** does R' Yehudah ben Beseirah rule that the water-libation service is **not** performed **on the first** day of Succos? דְּכִי רְמִיזֵי מַיִם – **Because when** Scripture **alludes to** the **water-**libation service (by adding the letters *mem, yud* and *mem*), בַּשֵּׁנִי הוּא דִּרְמִיזֵי – the first part of **the allusion [appears] in the** passage of the **second** day of Succos; thus, the first day is excluded. שְׁמִינִי נַמִּי – By the same logic, **the eighth** day should **also** be excluded; כִּי רְמִיזֵי מַיִם – because **when** Scripture **alludes to** the **water-**libation service, בַּשְּׁבִיעִי הוּא דִּרְמִיזֵי – the last part of **the allusion [appears] in** the passage of **the seventh** day of Succos; thus excluding the eighth day. Therefore, R' Yehudah ben Beseirah cannot agree with R' Yehudah that the water-libation services continue through the eighth day.

The Gemara arrives at a conclusion regarding the authorship of the Mishnah:

אֶלָּא רַבִּי יְהוֹשֻׁעַ הִיא – **Rather,** the author of the Mishnah **is R' Yehoshua.** Although R' Yehoshua holds that we do not mention

NOTES

1. *Numbers* 28:7. The verse speaks of the wine libation that accompanies the *tamid* offering.

2. Although the verse from which R' Nassan adduces proof speaks of the *tamid* offering that is brought every day of the year, he concedes that the water-libation service is obligatory only on Succos (*Tosafos* to *Zevachim* (110b, ד״ה אי); see *Keren Orah* and *Gevuras Ari*).

3. Baraisa, 2b.

4. *Succah* 42b.

5. [*Maharsha;* see 2b, note 8.]

Four opinions were recorded in the Baraisa (2b) as to when we begin to recite *mashiv haruach u'morid hageshem:* R' Eliezer – the first day of Succos; R' Yehudah ben Beseirah – the second day; R' Akiva – the sixth day; R' Yehoshua – the eighth day. With the exception of R' Eliezer (who derived his ruling from the mitzvah of *lulav*), the Gemara assumes at this point that these Tannaim base their rulings on the date for the commencement of the water-libation services. (See *Keren Orah.*)

6. *Succah* 48b.

7. A *log* is a liquid measure that equals the volume of six eggs.

R' Yehudah disagrees with the Sages (in the Mishnah *Succah* 42b and 48a) on two points: (a) in contrast to the Sages who state that the libation was poured from a three-*log* flagon, R' Yehudah asserts that the libation consisted of only one *log;* (b) R' Yehudah holds that the libation service was performed for eight days, not seven days as held by the Sages.

אי סבר לה כרבי יהודה בן בתירה נימא כוותיה קסבר רבי עקיבא כי כתיב ניסוך יתירא בששי הוא דכתיב תניא ר' נתן אומר [א] בקדש הסך נסך שכר לה' בשני ניסוכין הכתוב מדבר אחד ניסוך המים ואחד ניסוך היין אימא תרווייהו דחמרא אם כן ° ליכתוב קרא או הסך הסך או נסך נסך מאי הסך נסך שמעת מינה חד דמיא וחד דחמרא אלא הא דתנן (א) [א] ניסוך המים כל ז' מני אי ר' יהושע נימא חד יומא אי ר"ע תרי יומי אי ר' יהודה ב"ב שיתא יומי לעולם ר' יהודה ב"ב היא וס"ל כר' יהודה דמתני' דתנן (ב) רבי יהודה אומר בלוג היה מנסך כל שמונה ומפיק ראשון ומעייל שמיני ומאי שנא ראשון דלא דכי רמיזי מים בשני הוא דרמיזי שמיני נמי כי רמיזי מים בשביעי הוא דרמיזי אלא רבי יהושע היא וניסוך המים כל שבעה הלכתא גמירי לה (ג) דאמר ר' אמי א"ר יוחנן משום ר' נחוניא איש בקעת בית חורתן [ב] עשר נטיעות [ג] ערבה [ד] וניסוך המים הלכה למשה מסיני: רבי יהודה אומר משום רבי יהושע העובר לפני התיבה ביום טוב האחרון של חג האחרון מזכיר הראשון אינו מזכיר ביום טוב הראשון של פסח הראשון מזכיר האחרון אינו מזכיר: הי רבי יהושע אילימא רבי יהושע דמתניתין הא אמר ביום טוב האחרון של חג הוא מזכיר אלא ר' יהושע דברייתא האמר משעת הנחתו ותו הא דתניא ר' יהודה אומר משום בן בתירה העובר לפני התיבה ביום טוב האחרון של חג האחרון מזכיר הי בן בתירה אילימא רבי יהודה בן בתירה הא אמר בשני בחג הוא מזכיר אמר רב נחמן בר יצחק (א) תהא ברבי יהושע בן בתירה זמנין דקרי ליה בשמיה וזימנין דקרי ליה בשמיה דאבא והא מקמי דליסמכוהו והא לבתר דליסמכוהו [ה] תנא בטל וברוחות לא חייבו חכמים להזכיר ואם בא להזכיר מזכיר מ"ט א"ר חנינא לפי שאין נעצרין וטל מגלן דלא מיעצר דכתיב (ב) ויאמר אליהו התשבי מתושבי גלעד אל אחאב חי ה' אלהי ישראל אשר עמדתי לפניו אם יהיה השנים האלה טל ומטר כי אם לפי דברי וכתיב (ג) לך הראה אל אחאב ואתנה מטר על פני האדמה ואילו טל לא קאמר ליה מאי טעמא משום דלא

רש"י

אי סבר לה כר' יהודה. לימא כר"י. שיזכיר בשני: **ניסוך יתירא בששי** כתיב. כלומר ונסכיה דמרבי תרי ניסוכין כתיב בששי להכי אמר בששי מתחיל להזכיר והני מ"ם יו"ד מ"ם מים דלא מצינו למימר תרווייהו דיין: **או הסך הסך או נסך נסך.** מדשני קרא בדיבוריה ש"מ תרתי: **אי ר"ע תרי יומי הוו.** ותו לא דהא אמר (ב) ונסכיה דהיינו בששי מרבה ניסוך המים: **וסבר לה כר' יהודה דמתניתין.** דאמר בלוג הוה מנסך כל שמונה לא סבר כוותיה במה דאמר כל שמונה מנסך אלא במה דאמר בשמיני מנסך וכיון דבשמיני מנסך משכחת לה לרבי יהודה [ב"ב] דאמר בשני מתחילין לניסוך המים כל שבעה: (ג) **דמפיק ראשון ומעייל שמיני.** משיב בעל הגמרא מי מצי אמר רבי יהודה דבשמיני מנסך: **מאי שנא.** דקאמר דבראשון אינו מזכיר דכי רמיזי מיא בשני הוא דרמיזי דמונסכיהם מרבה ניסוך המים שמיני נמי מי מצי אמר דמנסך הא שביעי אמר רחמנא דמ"ם יו"ד מ"ם מים כתיב בשביעי דסיום קראי דניסוך המים בשביעי כתיב כמשפטם ולא בשמיני: **אלא ר' יהושע היא.** דאמר משעת הנחתו (ד) [דהיינו בשביעי] מזכיר ואעפ"כ סבר דניסוך המים כל שבעה דגמרא גמיר לה הלכה למשה מסיני דניסוך המים כל שבעה ודאי כר"א אתי שפיר אבל כרבי יהודה בן בתירה וכר"ע לא מיתוקמא אלא להכי לא מוקי לה כר' אליעזר דהא לא מיבעי אי ר' אליעזר סבירא ליה הכי דודאי לרבי אליעזר אתי שפיר והא דקא מוקים כר' יהושע רבותא קמשמע לן אבל כר"י בן בתירה וכר"ע לא מיתוקמא דרבי יהודה יליף מונסכיהם בשני ונסכיהם כו' אלמא דסבר דניסוך המים לא הוו אלא ו' ימים דאיהו לא מפיק ראשון ומעייל שמיני משום הני פירכא דפריך לעיל לא אתי כרבי יהודה ורבי עקיבא יליף מנסכיה שנאמר בששי אלמא דסבר דניסוך המים לא הוו אלא תרי יומי אבל כרבי יהושע מיתוקמא לפיכך אין מזכירין אלא ביו"ט האחרון דגשמים בחג סימן קללה אבל ניסוך המים הוי כל שבעה דגמרא גמיר לה: **עשר נטיעות.** המפוזרות בתוך בית סאה חורשין כל בית סאה ערב שביעית עד ר"ה אע"ג דשאר שדות אין חורשין לפני שביעית ל' יום זה חורשין דהואיל אם אין חורשין סביבן מפסידין: **וניסוך המים.** כל שבעה: **ר' יהודה אומר משום רבי יהושע העובר לפני התיבה בי"ט האחרון של חג כו'.** כעין אמר מר הוא כלומר אמרינן לעיל ר' יהודה אומר: **הי רבי יהושע אילימא רבי יהושע דמתני'** (ה) מיו"ט האחרון הוא מזכיר. דראשון נמי המתפלל תפלת יוצר מזכיר ואילו הכא תני הראשון אינו מזכיר: **האמר משעת הנחתו.** דהיינו בשביעי והכא קתני יו"ט האחרון של חג דהיינו בשמיני: **ותו הא דתניא.** במכילתא אחריתי ר' יהודה אומר משום בן בתירה העובר לפני התיבה בי"ט אחרון של חג האחרון מזכיר הראשון אינו מזכיר: **(אלא) אמר רב נחמן בר יצחק תהא.** תרווייהו הא דבעית הי ר' יהושע והא דבעית הי בן בתירה היא דהאי דקאמר ר' יהודה לעיל משום ר' יהושע והדר קאמר משום בן בתירה תהא תרווייהו ר' יהושע בן בתירה ולא קשיא זמנין קרו ליה בשמיה דאבוה בן בתירה וזמנין דקרו ליה בשמיה דידיה ר' יהושע: **מקמי דליסמכוהו.** לא הוה חשוב וקרו ליה בשמיה דאבוה והאי דקרו ליה בשמיה דנפשיה ר' יהושע היינו לבתר דסמכוהו: **בטל וברוחות.** משיב הרוח ומוריד הטל לא חייבוהו חכמים להזכיר אפילו בימות הגשמים: **לפי שאינן נעצרין.** שאלמלא (ו) הן אין העולם מתקיים והאי דאמרינן בתפלה משיב הרוח ומוריד הגשם לאו משום חיוב אלא חוק גשם הוא מזכיר [א] דטל ורוחות מועילות לארץ לתקנה ולנגבה כדבסמוך זיקא דבתר מיטרא כמיטרא: **ואילו טל לא קאמר.** ואתנה טל ומטר אלא מטר בלבד: ולא

תוספות

אי רבי יהודה בן בתירה. דאמר בשני בחג הוא מזכיר שית יומי הוו א"כ לא יהיה הניסוך כי אם ששה ימים: **עשר** נטיעות. פירש"י (ז) נטיעות מפוזרות בבית סאה חורש כל בית סאה בשבילן דכל נטיעה יונקת ודווקא מבית סאה היה צריך להם יכול לחרוש עד ר"ה של שביעית דהוו שפיר אוקומי אילנא שרי אבל יותר מבית סאה אינו חורש אלא כדי צורכן דהואיל ומפוזרות ביותר מבית סאה קיימי שפיר ובפחות מיכן למה קיימי וליעקר קיימי ודוקא נטיעות אמר דחורשין בשבילן עד ראש השנה אבל אילנות אסור דאורייתא כל אלול ומדרבנן [ד] פסח ועצרת תקון בשדה הלבן עד פסח מותר אבל מפסח ולהלן אסור ושדה אילן עד עצרת מותר מכאן ואילך אסור: **ערבה.** שמקיפין את המזבח וניסוך המים הלכה למשה מסיני כולהו: **ויאמר** אליהו התשבי מתושבי גלעד. לכך נקרא מתושבי גלעד לפי שהרגו ישראל אנשי יבש גלעד על מעשה פילגש בגבעה ולא נשאר ביבש גלעד כי אם מעט אנשים מן המיושבים בעיר כי כל השאר היו עם אספסוף לכך מעיד כי אליהו מן התושבים כך שמעתי מהר"י טרוט"י משם הר"י בה"ר יצחק ממלאון: **בטל** וברוחות לא חייבו חכמים להזכיר. משיב הרוח ומוריד הטל כו' לפיכך אין קפידא לומר מוריד הטל אפילו בימות החמה אך שלא יאמר מוריד הגשם והכי הלכתא ואם לא אמר בימות הגשמים כי אם מוריד הגשם ודילג משיב הרוח ומוריד הטל אין מחזירין: **ואילו** טל לא מיעצר. ומ"ה נראה דגבי גדעון (שופטים ו) כשאמר (ח) על הארץ יהיה טל ועל הגיזה יהיה חורב כתיב ויעש כן אבל כשאמר על הארץ יהיה חורב ועל הגיזה יהיה טל כתיב ויהי כן כלומר דעל הגיזה היה הטל אבל לא כתיב ויעש כן משמע דעל הארץ היה טל דטל לא מיעצר ע"כ בנוסח שלפני ועוד מצאתי כשאמרו על כל הארץ יהיה טל כתיב ויעש אלהים כן וכשאמר טל יהיה על הגיזה לבדה (ט) ועל כל הארץ יהיה חרב כתיב ויהי כן ולא הזכיר בזה הש"י וטעמו אשר אומר כי הוא זה כי אין הש"י מזכיר שמו על הרעה כי אם יהיה חורב על כל הארץ היתה רעת יושבי בה וכתיב (שמות כ) בכל המקום אשר אזכיר את שמי אבוא אליך וברכתיך אבל כשאמר על כל הארץ (י) יהיה טל כתיב ויעש אלהים וכדומה לזה (בראשית א) ויקרא אלהים לאור יום ולחשך קרא לילה וגבי חשך לא הזכיר השם יתברך וכן במעשה דברות אחרונות (שמות כ) מלא תרצח ואילך לא הזכיר הש"י הכל הולך אל מקום אחד משל למלך שבנה בירה נאה והניח לצייר מגינו לפני כל חדרי הבית זולתי בית הכסא מקום הטינוף: בימות

עין משפט נר מצוה

ה א מיי' פ"י מהלכות תמידין הלכה ו סמג עשין רה:
ו ב מיי' פ"ג מהלכות שמיטה ויובל הלכה ה:
ז ג מיי' פ"ז מהלכות לולב הלכה כ:
ח ד מיי' פ"י מהלכות תמידין הלכה ו:
ט ה מיי' פ"י מהלכות תפלה הלכה ח סמג עשין יט טוש"ע א"ח סי' קיד סעיף ג:

הגהו"ת הגר"א

[א] רש"י ד"ה לפי כו'. מזכיר דרוחות מועילות. כצ"ל

רבינו גרשום

אי סבר כר"י [לימא כר"י] שיזכיר בשני. **ניסוך יתירה בששי כתיב** כלומר ונסכיה דמרבה תרי ניסוכין כתיב בששי להכי אמר בששי מתחיל להזכיר ואהני מים דלא מצי למימר תרווייהו דיין: **אי ר"ע תרי יומי הוו** ותו לא דהא אמר ונסכיה דכתיב בששי מרבה ניסוך המים. **אי ר' יהודה (בן בתירה) שתא הוי** ותו לא דהא אמר מ"י"ם' מים דהיינו בשני מרבה ניסוך המים: **וסבר לה כר' יהודה דמתניתין דאמר בלוג היה מנסך כל שמונה** ולא אמר דסבר כוותיה במה דאמר מנסך כל שמונה אלא במה דאמר בשמיני מנסך וכיון דבשמיני מנסך משכחת לה לר' יהודה [ב"ב] דאמר בשני מתחיל לנסך ניסוך המים כל שבעה **דאפיק ראשון ועייל שמיני**: משיב בעל התלמוד מי מצי אמר ר' יהודה דבשמיני מנסך מ"ש דקאמר **דבראשון אינו מזכיר דכי רמיזי מיא בשני רמיזי** דמונסכיהם מרבה ניסוך המים: **שמיני נמי** מי מצי אמר דמנסך ביה מיא שביעי אמר רחמנא דמים כתיב בשביעי ולא בשמיני **אלא ר' יהושע היא** דאמר משעת הנחתו דהיינו בשביעי מזכיר ואעפ"כ סבר **דניסוך המים כל שבעה דגמרא גמיר לה** הלכה למשה מסיני דניסוך המים כל ז' ודאי כר"א אתי אלא להכי לא מוקים לה כר' אליעזר דהוא לא בעי אי ר' אליעזר [היא] דודאי כר"א אתי שפיר: אי ר' יהושע חדא יומא ותו לא דאמר משעת הנחתו בשביעי מזכיר וה"ה דמתחיל לנסך: **עשר נטיעות** מפוזרות בתוך

רבינו חננאל

יין. דכי כתיב ניסוך יתירה בששי כתי' הלכך בששי מזכיר. **ואקשינן** אלא הא דתנן ניסוך המים שבעה מני אי ר' יהודה בן בתירה האמר ניסוך המים מיום שני של חג מתחיל משעה שמזכיר ולא משכחת אלא ששה אי ר' עקיבא תרי יומי הוו כו' כל אחד משעה שאומ' פי' מזכיר מאותה שעה מתחיל ימי הניסוך ואסיקנא הא דתנן ניסוך המים ז' גמרא היא דאמר משמיה דר' יוחנן [illegible]

מסורת הש"ס

א) סוכה מב:, ב) שם מח., ג) מו"ק ג: ע"ש סוכה לד. מד. ע"ש זבחים קי., ד) [שביעית פ"ב מ"א ומו"ק דף ג:].

הגהות הב"ח

(א) גמ' אמר רב נחמן בר יצחק תהא תרווייהו ברבי יהושע בן בתירה: (ב) רש"י ד"ה אי ר"ע כו' דהא אמר מ"ם יו"ד מ"ם דמרבה ניסוך המים היינו בששי הס"ד: (ג) ד"ה וסבר לה כו' לניסוך המים כל שבעה דמפיק ראשון ומעייל שמיני הס"ד ואח"כ מה"ד משיב בעל הגמ' מי מצי אמר רבי יהודה בן בתירה דבשמיני מנסך מאי שנא כו' כצ"ל והד"א: (ד) ד"ה אלא כו' משעת הנחתו הוא מזכיר ואעפ"כ כו' דגמ' כו' כל שבעה וה"ה ודאי דכר"א נמי אתי שפיר אבל כו' דהא לא מיבעי ליה אי ר' אליעזר כו' לא הוו אלא ו' ימים דליכא למימר דאיהו מפיק ראשון ומעייל שמיני משום הני פירכי דפריך לעיל הלכך לא אתי כר' יהודה כו' כצ"ל: (ה) ד"ה הי ר' יהושע וכו' הא אמר מיו"ט: (ו) ד"ה לפי שאין נעצרין שאלמלא נעצרין אין העולם כו' לאו משום חיוב דרוח אלא חיוב גשם הוא מזכיר: (ז) תוס' ד"ה עשר נטיעות פי' רש"י עשר נטיעות המפוזרות כו' אוקמי אילנא ושרי אבל יותר: (ח) ד"ה ואילו כו' דגבי גדעון כשאמר יהי נא חרב אל הגזה כו' כתיב ויעש כן אבל כשאמר טל יהיה על הגזה לבדה כו' כתוב ויהי כן כלומר כו' משמע דעל הארץ היה נמי טל כו' כצ"ל: (ט) בא"ד ועל כל הארץ חרב כתיב כו' כצ"ל ותיבת יהיה נמחק:

גליון הש"ס

גמ' ליכתוב קרא או הסך. וכן בב"ק דף סה ע"א ודף פה ע"ב ובמנחות דף יז ע"ב:

תורה אור השלם

א) וְנִסְכּוֹ רְבִיעִת הַהִין לַכֶּבֶשׂ הָאֶחָד בַּקֹּדֶשׁ הַסֵּךְ נֶסֶךְ שֵׁכָר לַייָ: [במדבר כח, ז]

ב) וַיֹּאמֶר אֵלִיָּהוּ הַתִּשְׁבִּי מִתֹּשָׁבֵי גִלְעָד אֶל אַחְאָב חַי יְיָ אֱלֹהֵי יִשְׂרָאֵל אֲשֶׁר עָמַדְתִּי לְפָנָיו אִם יִהְיֶה הַשָּׁנִים הָאֵלֶּה טַל וּמָטָר כִּי אִם לְפִי דְבָרִי: [מלכים א' יז, א]

ג) וַיְהִי יָמִים רַבִּים וּדְבַר יְיָ הָיָה אֶל אֵלִיָּהוּ בַּשָּׁנָה הַשְּׁלִישִׁית לֵאמֹר לֵךְ הֵרָאֵה אֶל אַחְאָב וְאֶתְּנָה מָטָר עַל פְּנֵי הָאֲדָמָה: [מלכים א' יח, א]

ליקוטי רש"י

בקדש הסך. על המזבח יתנסכו (ספרי). נסך שכר. יין המשכר פרט ליין מגתו (כ"ב ל"ז) [במדבר כח, ז]. [illegible]

חשק שלמה על רבינו חננאל [illegible]

the *Powers of Rain* until the eighth day, he concedes that the water libations are performed earlier וְנִיסּוּךְ הַמַּיִם כָּל שִׁבְעָה הִלְכְתָא גְּמִירֵי לָהּ – because **it is a law that has been received** in a chain of tradition from Sinai that **the water-libation** services are performed on **all seven** days of Succos.[8]

The Gemara proves the existence of such a tradition:

דְּאָמַר רַבִּי אַמִּי אָמַר רַבִּי יוֹחָנָן – **For R' Ami said in the name of R' Yochanan,** מִשּׁוּם רַבִּי נְחוּנְיָא אִישׁ בִּקְעַת בֵּית חוֹרְתָן – who said **in the name of R' Nechunya, a resident of the valley of Beis Chorton:** עֶשֶׂר נְטִיעוֹת – The ruling that one is permitted to plow a field in which there are **ten saplings** to every *beis se'ah,*[9] during the thirty days that precede the *shemittah* year,[10] עֲרָבָה – the **willow** ceremony that is carried out in the Temple on Succos,[11] וְנִיסּוּךְ הַמַּיִם – **and** the performance of the **water-libation** service throughout the seven days of Succos הֲלָכָה לְמֹשֶׁה מִסִּינַי – were all ordained by the Oral **Law** transmitted **to Moses at Sinai.**

The Gemara quotes from the Baraisa cited above:

רַבִּי יְהוּדָה אוֹמֵר מִשּׁוּם רַבִּי יְהוֹשֻׁעַ – **R' YEHUDAH SAYS IN THE NAME OF R' YEHOSHUA:** הָעוֹבֵר לִפְנֵי הַתֵּיבָה בְּיוֹם טוֹב הָאַחֲרוֹן שֶׁל חַג – **THE ONE WHO GOES BEFORE THE ARK** to lead the prayer services **ON THE LAST YOM TOV OF THE FESTIVAL;** i.e. on Shemini Atzeres: הָאַחֲרוֹן – **THE LATTER ONE** [who leads the Mussaf service], מַזְכִּיר – **MENTIONS** the *Powers of Rain,* הָרִאשׁוֹן אֵינוֹ מַזְכִּיר – but **THE FIRST ONE** [who leads the Shacharis service] **DOES NOT MENTION** the *Powers of Rain.* בְּיוֹם טוֹב הָרִאשׁוֹן שֶׁל פֶּסַח – **ON THE FIRST YOM TOV OF PESACH,** הָרִאשׁוֹן מַזְכִּיר – **THE FIRST ONE** [who leads the Shacharis service] **MENTIONS** the *Powers of Rain,* הָאַחֲרוֹן אֵינוֹ מַזְכִּיר – but **THE LATTER ONE** [who leads the Mussaf service] **DOES NOT MENTION** the *Powers of Rain.*

This ruling was reported by R' Yehudah in the name of R' Yehoshua. The Gemara seeks to ascertain whether it conforms with the version of R' Yehoshua's opinion recorded in our Mishnah, or the version of his opinion recorded in the beginning of that Baraisa:

הֵי רַבִּי יְהוֹשֻׁעַ – **Which** version of **R' Yehoshua's** opinion does this conform with? אִילֵימָא רַבִּי יְהוֹשֻׁעַ דְּמַתְנִיתִין – **If you say** the version of **R' Yehoshua's** opinion quoted **in our Mishnah,** such a position is untenable הָא אָמַר בְּיוֹם טוֹב הָאַחֲרוֹן שֶׁל חַג הוּא מַזְכִּיר – because in our Mishnah **[R' Yehoshua] said that** one makes mention of rain **on the last Yom Tov of** the Festival, implying the Shacharis prayer. This is unlike the ruling reported here in the name of R' Yehoshua, that rain is not mentioned until the Mussaf prayer. אֶלָּא רַבִּי יְהוֹשֻׁעַ דִּבְרַיְיתָא – **Rather,** it must conform with the version of **R' Yehoshua's** opinion recorded **in the Baraisa.** הָאָמַר מִשְּׁעַת הַנָּחָתוֹ – **But** this proposal is also untenable because in the Baraisa **[R' Yehoshua] said** that we begin to make mention of rain **from the time [the *lulav*] is put down** on the seventh day.[12] This conflicts with the ruling cited here by R' Yehudah in the name of R' Yehoshua, that rain is not mentioned until the eighth day. – ? –

The Gemara raises a similar difficulty with another Baraisa:

וְתוּ הָא דְּתַנְיָא – **And furthermore, that which was taught in a Baraisa:** ר׳ יְהוּדָה אוֹמֵר מִשּׁוּם בֶּן בְּתֵירָה – **R' YEHUDAH SAID IN THE NAME OF BEN BESEIRAH:** הָעוֹבֵר לִפְנֵי הַתֵּיבָה בְּיוֹם טוֹב הָאַחֲרוֹן שֶׁל חַג – **THE ONE WHO GOES BEFORE THE ARK** to lead the prayers **ON THE LAST YOM TOV OF THE FESTIVAL;** i.e. on Shemini Atzeres. הָאַחֲרוֹן מַזְכִּיר – **THE LATTER ONE** [who leads the Mussaf service] **MENTIONS** the *Powers of Rain* but the one who leads the Shacharis service does not.

The Gemara asks:

הֵי בֶּן בְּתֵירָה – **Which ben Beseirah** is quoted here by R' Yehudah?[13] אִילֵימָא רַבִּי יְהוּדָה בֶּן בְּתֵירָה – **If you say that it is R' Yehudah ben Beseirah,** such a position is untenable, הָא אָמַר בַּשֵּׁנִי בֶּחָג הוּא מַזְכִּיר – because **[R' Yehudah ben Beseirah] said**[14] that **one mentions** the *Powers of Rain* **on the second** day **of the Festival** of Succos, whereas according to the ruling reported here it is not mentioned until the eighth day. – ? –

The Gemara resolves both of these questions of authorship with the same answer:

אָמַר רַב נַחְמָן בַּר יִצְחָק – **Rav Nachman bar Yitzchak said:** תְּהֵא בְּרַבִּי יְהוֹשֻׁעַ בֶּן בְּתֵירָה – Both of these statements reported by R' Yehudah (one in the name of R' Yehoshua, and the other in the name of ben Beseirah), originate from **R' Yehoshua ben Beseirah.** וּמְנִין דְּקָרֵי לֵיהּ בִּשְׁמֵיהּ – **Sometimes [R' Yehudah] called**

NOTES

8. The Gemara retreats from its previous position that R' Yehoshua derives his ruling on the mention of rain from the commencement date of the water libations (see note 5). The Gemara now holds that according to R' Yehoshua the water libations begin on the first day of Succos, but because rain on Succos is a sign of God's displeasure, the mention of rain is postponed until the eighth day. (See *Meromei Sadeh.*)

The Gemara does not attribute the Mishnah to R' Eliezer (who ruled that we begin to mention rain on the first day of Succos) because the viability of such a proposal was never in doubt. Rather, the Gemara suggests that the Mishnah is reflective of the view of R' Yehoshua in order to inform us that even R' Yehoshua, who delays the mention of rain until the eighth day, possibly concedes that the water libations begin on the first day. This is in contrast to the rulings of R' Akiva and R' Yehudah ben Beseirah which cannot possibly be reconciled with that of the Mishnah (*Rashi*).

9. The area needed for sowing a *se'ah* of barley; 2,500 square *amos.*

10. [The Torah commands that fields must lie fallow every seventh year (*shemittah* – see *Lev.* 25:1-7 and *Deut.* 15:1-6). In addition, there is a prohibition against plowing fields during the thirty-day period that precedes the *shemittah* year (see *Moed Katan* 3b-4a; cf. *Rashi* and *Tosafos* to *Avodah Zarah* 50b).] However, it is permitted to plow a field that contains a density of ten saplings to every *beis se'ah* until the onset of *shemittah,* because otherwise the saplings would perish (*Rashi*).

Ten saplings require an area of one *beis se'ah* for their nourishment. Thus, if a field contained a lower density of saplings than this, one would not be allowed to plow the entire field, only the area around each sapling that is required for its nourishment. A field that contains a higher density of saplings may also not be plowed – since insufficient ground is available to the saplings for their nourishment, they would anyway have to be shifted to a different field (see *Tosafos*).

11. The Gemara in *Succah* (43b) presents two opinions on how this ceremony was performed. According to some, willow branches were stood up against the sides of the Altar, and the Kohanim would encircle the Altar carrying the four species (see 2b, note 4). Others maintain that the Kohanim encircled the Altar carrying willow branches, and these branches were then stood up around the Altar (see the Mishnah, *Succah* 45a, for a further discussion of the details of this ceremony).

12. As *Rashi's* commentary was explained above (see 2b, note 8), this means that the mention of rain begins on the *eighth* day, after the last opportunity to fulfill the mitzvah of *lulav* on the *seventh* day. According to this view, the contradiction noted by the Gemara between the opinion reported by R' Yehudah and that of R' Yehoshua (of the Baraisa) can be explained as follows: R' Yehoshua's statement "from the time the *lulav* is put down" implies that we begin to mention rain *immediately* after the seventh day; i.e. in the Maariv service of the eighth day. This conflicts with R' Yehudah's statement that rain is not mentioned until the Mussaf prayer of the eighth day. [However, this approach is not indicated by *Rashi* here; thus, the matter requires further study.] See *Keren Orah, R' Akiva Eiger* and *Meromei Sadeh.*

13. R' Yehudah identified the author of this ruling only as *ben Beseirah* – the son of Beseirah. He did not specify which son of Beseirah he was referring to.

14. In the Baraisa recorded above (2b).

אי סבר לה כרבי יהודה בן בתירה נימא כוותיה קסבר רבי עקיבא כי כתיב ניסוך יתירא בששי הוא דכתיב תניא ר' נתן אומר א) בקדש הסך נסך שכר לה' בשני ניסוכין הכתוב מדבר אחד ניסוך המים ואחד ניסוך היין אימא תרוייהו דחמרא אם כן ° ליכתוב קרא או הסך הסך או נסך נסך מאי הסך נסך שמעת מינה חד דמיא וחד דחמרא אלא הא דתנן א) א ניסוך המים כל ז' מני אי ר' יהושע נימא חד יומא אי ר"ע תרי יומי אי ר' יהודה ב"ב שיתא יומי לעולם ר' יהודה ב"ב היא וס"ל כר' יהודה דמתני' דתנן ב) רבי יהודה אומר בלוג היה מנסך כל שמונה ומפיק ראשון ומעייל שמיני ומאי שנא ראשון דלא דכי רמיזי מים בשני הוא דרמיזי שמיני נמי כי רמיזי מים בשביעי הוא דרמיזי אלא רבי יהושע היא וניסוך המים כל שבעה הלכתא גמירי לה ג) דאמר ר' אמי א"ר יוחנן משום ר' נחוניא איש בקעת בית חורתן ב עשר נטיעות ג ערבה ד וניסוך המים הלכה למשה מסיני: רבי יהודה אומר משום רבי יהושע העובר לפני התיבה ביום טוב האחרון של חג האחרון מזכיר הראשון אינו מזכיר ביום טוב הראשון של פסח הראשון מזכיר האחרון אינו מזכיר: הי רבי יהושע אילימא רבי יהושע דמתניתין הא אמר ביום טוב האחרון של חג הוא מזכיר אלא ר' יהושע דברייתא האמר משעת הנחתו ותו הא דתניא ר' יהודה אומר משום בן בתירה העובר לפני התיבה ביום טוב האחרון של חג האחרון מזכיר הי בן בתירה אילימא רבי יהודה בן בתירה הא אמר בשני בחג הוא מזכיר אמר רב נחמן בר יצחק (א) תהא ברבי יהושע בן בתירה זמנין דקרי ליה בשמיה וזימנין דקרי ליה בשמיה דאבא והא מקמי דליסמכוהו והא לבתר דליסמכוהו ה תנא בטל וברוחות לא חייבו חכמים להזכיר ואם בא להזכיר מזכיר מ"ט א"ר חנינא לפי שאין נעצרין וטל מנלן דלא מיעצר דכתיב ב) ויאמר אליהו התשבי מתושבי גלעד אל אחאב חי ה' אלהי ישראל אשר עמדתי לפניו אם יהיה השנים האלה טל ומטר כי אם לפי דברי וכתיב ג) לך הראה אל אחאב ואתנה מטר על פני האדמה ואילו טל לא קאמר ליה מאי טעמא משום

דלא

רש"י

אי סבר לה כר' יהודה. לימא כר"י. שיזכיר בשני: ניסוך יתירא בששי כתיב. כלומר ונסכיה דמרבי תרי ניסוכין כתיב בששי להכי אמר בששי מתחיל להזכיר ואהני מ"ם יו"ד מ"ם מים דלא מצינו למימר תרווייהו דיין: או הסך הסך או נסך נסך. מדשני קרא בדיבוריה ש"מ תרתי: אי ר"ע תרי יומי הוו. ותו לא דהא אמר (ב) ונסכיה דהיינו בששי מרבה ניסוך המים: וסבר לה כר' יהודה דמתניתין. דאמר בלוג הוה מנסך כל שמנה לא סבר כוותיה במה דאמר כל שמונה מנסך אלא במה דאמר בשמיני מנסך וכיון דבשמיני מנסך משכחת לה לרבי יהודה [ב"ב] דאמר בשני מתחילין לניסוך המים כל שבעה: (ג) דמפיק ראשון ומעייל שמיני. משיב בעל הגמרא מי מצי אמר רבי יהודה דבשמיני מנסך: מאי שנא. דקאמר דבראשון אינו מזכיר דכי רמיזי מיא בשני הוא דרמיזי דמונסכיהם מרבה ניסוך המים שמיני נמי מי מצי אמר דמנסך הא שביעי אמר רחמנא דמ"ם יו"ד מ"ם מים כתיב בשביעי דסיום קראי דניסוך המים בשביעי כתיב כמשפטם ולא בשמיני: אלא ר' יהושע היא. דאמר משעת הנחתו (ד) [דהיינו בשביעי] מזכיר ואעפ"כ סבר דניסוך המים כל שבעה דגמרא גמיר לה הלכה למשה מסיני דניסוך המים כל שבעה ודאי כר"א אתי שפיר אבל כרבי יהודה בן בתירה וכר"ע לא מיתוקמא אלא להכי לא מוקי לה כר' אליעזר דהא לא מיבעי אי ר' אליעזר סבירא ליה הכי דודאי לרבי אליעזר אתי שפיר והא דקא מוקים כר' יהושע רבותא קמשמע לן אבל כר"י בן בתירה וכר"ע לא מיתוקמא דרבי יהודה יליף מונאמר בשני ונסכיהם כו' אלמא דסבר דניסוך המים לא הוו אלא ו' ימים דאיהו לא מפיק ראשון ומעייל שמיני משום הני פירכא דפריך לעיל לא אתי כרבי יהודה ורבי עקיבא יליף מנסכיה שנאמר בששי אלמא דסבר דניסוך המים לא הוו אלא תרי יומי אבל כרבי יהושע מיתוקמא לפיכך אין מזכירין אלא ביו"ט האחרון דגשמים בחג סימן קללה אבל ניסוך המים הוי כל שבעה דגמרא גמיר לה: עשר נטיעות. המפוזרות בתוך בית סאה חורשין כל בית סאה ערב שביעית עד ר"ה אע"ג דשאר שדות אין חורשין לפני שביעית ל' יום זה חורשין דהואיל אם אין חורשין סביבן מפסידין: וניסוך המים. כל שבעה: ר' יהודה אומר משום רבי יהושע העובר לפני התיבה בי"ט האחרון של חג כו'. כעין אמר מר הוא כלומר אמרינן לעיל ר' יהודה אומר: הי רבי יהושע אילימא רבי יהושע דמתני' (ה) מיו"ט האחרון הוא מזכיר. דראשון נמי המתפלל תפלת יוצר מזכיר ואילו הכא תני הראשון אינו מזכיר: האמר משעת הנחתו. דהיינו בשביעי והכא קתני יו"ט האחרון של חג דהיינו בשמיני: ותו הא דתניא. במכילתא אחריתי ר' יהודה אומר משום בן בתירה העובר לפני התיבה בי"ט אחרון של חג האחרון מזכיר הראשון אינו מזכיר: (אלא) אמר רב נחמן בר יצחק תהא. תרווייהו הא דבעית הי ר' יהושע והא דבעית הי בן בתירה ר' יהושע בן בתירה היא דהאי דקאמר ר' יהודה לעיל משום ר' יהושע והדר קאמר משום בן בתירה תהא תרווייהו ר' יהושע בן בתירה ולא קשיא זמנין קרו ליה בשמיה דאבוה בן בתירה וזמנין דקרו ליה בשמיה דידיה ר' יהושע: מקמי דליסמכוהו. לא הוה חשוב וקרו ליה בשמיה דאבוה והאי דקרו ליה בשמיה דנפשיה ר' יהושע היינו לבתר דסמכוהו: בטל וברוחות. משיב הרוח ומוריד הטל לא חייבוהו חכמים להזכיר אפילו בימות הגשמים: לפי שאינן נעצרין. שאלמלא (ו) הן אין העולם מתקיים והאי דאמרינן בתפלה משיב הרוח ומוריד הגשם לאו משום חיוב אלא חוק גשם הוא מזכיר [א] דטל ורוחות מועילות לארץ לתקנה ולנגבה כדבסמוך זיקא דבתר מיטרא כמיטרא: ואילו טל לא קאמר. ואתנה טל ומטר אלא מטר בלבד:

ולא

תוספות

אי רבי יהודה בן בתירה. דאמר בשני בחג הוא מזכיר שית יומי הוו א"כ לא יהיה הניסוך כי אם ששה ימים: עשר נטיעות. פירש"י (ז) נטיעות מפוזרות בבית סאה חורש כל בית סאה בשבילן דכל נטיעה יונקת ודווקא מבית סאה היה צריך להם יכול לחרוש עד ר"ה של שביעית דהוו שפיר אוקומי אילנא שרי אבל יותר מבית סאה אינו חורש אלא כדי צורכן דהואיל ומפוזרות ביותר מבית סאה קיימי שפיר ובפחות מיכן למה קיימי וליעקר קיימי ודוקא נטיעות אמר דחורשין בשבילן עד ראש השנה אבל אילנות אסור דאורייתא כל אלול ומדרבנן ד) פסח ועצרת תקון בשדה הלבן עד פסח מותר אבל מפסח ולהלן אסור ושדה אילן עד עצרת מותר מכאן ואילך אסור: ערבה. שמקיפין את המזבח וניסוך המים הלכה למשה מסיני כולהו: ויאמר אליהו התשבי מתושבי גלעד. לכך נקרא מתושבי גלעד לפי שהרגו ישראל אנשי יבש גלעד על מעשה פילגש בגבעה ולא נשאר ביבש גלעד כי אם מעט אנשים מן המיושבים בעיר כי כל השאר היו עם אספסוף לכך מעיד כי אליהו מן התושבים כך שמעתי מהר"י טרוט"י משם הר"י בה"ר יצחק ממלאון: בטל וברוחות לא חייבו חכמים להזכיר. משיב הרוח ומוריד הטל כו' לפיכך אין קפידא לומר מוריד הטל אפילו בימות החמה אך שלא יאמר מוריד הגשם והכי הלכתא ואם לא אמר בימות הגשמים כי אם מוריד הגשם ודילג משיב הרוח ומוריד הטל אין מחזירין: ואילו טל לא מיעצר. ומ"ה נראה דגבי גדעון (שופטים ו) כשאמר (ח) על הארץ יהיה טל ועל הגיזה יהיה חורב כתיב ויעש כן אבל כשאמר על הארץ יהיה חורב ועל הגיזה יהיה טל כתיב ויהי כן כלומר דעל הגיזה היה הטל אבל לא כתיב ויעש כן משמע דעל הארץ היה טל דטל לא מיעצר ע"כ בנוסח שלפני ועוד מצאתי כשאמרו על כל הארץ יהיה טל כתיב ויעש אלהים כן וכשאמר טל יהיה על הגיזה לבדה (ט) ועל כל הארץ יהיה חרב כתיב ויהי כן ולא הזכיר בזה הש"י וטעמו אשר אומר כי הוא זה כי אין הש"י מזכיר שמו על הרעה כי אם יהיה חורב על כל הארץ היתה רעת יושבי בה וכתיב (שמות כ) בכל המקום אשר אזכיר את שמי אבוא אליך וברכתיך אבל כשאמר על כל הארץ (י) יהיה טל כתיב ויעש אלהים וכדומה לזה (בראשית א) ויקרא אלהים לאור יום ולחשך קרא לילה וגבי חשך לא הזכיר השם יתברך וכן במעשה דברות אחרונות (שמות כ) מלא תרצח ואילך לא הזכיר הש"י הכל הולך אל מקום אחד משל למלך שבנה בירה נאה והניח לצייר מגיעו לפני כל חדרי הבית זולתי בית הכסא מקום הטינוף:

בימות

מסורת הש"ס

א) סוכה מב:, ב) שם מח:, ג) מו"ק ג: ע"ש סוכה לד. מד. ע"ש זבחים קי:, ד) [שביעית פ"ב מ"א ומו"ק דף ג:].

הגהות הב"ח

(א) גמ' אמר רב נחמן בר יצחק תהא תרווייהו ברבי יהושע בן בתירה: (ב) רש"י ד"ה אי ר"ע כו' דהא אמר מ"ם יו"ד מ"ם דמרבה ניסוך המים היינו בששי הס"ד: (ג) ד"ה וסבר לה כו' לניסוך המים כל שבעה דמפיק ראשון ומעייל שמיני הס"ד ואח"כ מה"ד משיב בעל הגמ' מי מצי אמר רבי יהודה בן בתירה דבשמיני מנסך מאי שנא כו' כצ"ל והד"א: (ד) ד"ה אלא כו' משעת הנחתו הוא מזכיר ואעפ"כ כו' דגמ' כו' כל שבעה וה"ה ודאי דכר"א נמי אתי שפיר אבל כו' דהא לא מיבעי ליה אי ר' אליעזר כו' לא הוו אלא ו' ימים דליכא למימר דאיהו מפיק ראשון ומעייל שמיני משום הני פירכי דפריך לעיל הלכך לא אתי כר' יהודה כו' כצ"ל: (ה) ד"ה הי ר' יהושע וכו' הא אמר מיו"ט: (ו) ד"ה לפי שאין נעצרין שאלמלא נעצרין אין העולם כו' לאו משום חיוב דרוח אלא חיוב גשם הוא מזכיר: (ז) תוס' ד"ה עשר נטיעות פי' רש"י עשר נטיעות המפוזרות כו' אוקמי אילנא ושרי אבל יותר: (ח) ד"ה ואילו כו' דגבי גדעון כשאמר יהי נא חרב אל הגזה כו' כתיב ויעש כן אבל כשאמר טל יהיה על הגזה לבדה כו' כתוב ויהי כן כלומר כו' משמע דעל הארץ היה נמי טל כו' כצ"ל: (ט) בא"ד ועל כל הארץ חרב כתיב כו' כצ"ל ותיבת יהיה נמחק:

גליון הש"ס

גמ' ליכתוב קרא או הסך. וכן בב"ק דף סה ע"א ודף פה ע"ב ובמנחות דף יז ע"ב:

תורה אור השלם

א) וְנִסְכּוֹ רְבִיעִת הַהִין לַכֶּבֶשׂ הָאֶחָד בַּקֹּדֶשׁ הַסֵּךְ נֶסֶךְ שֵׁכָר לַייָ: [במדבר כח, ז]

ב) וַיֹּאמֶר אֵלִיָּהוּ הַתִּשְׁבִּי מִתֹּשָׁבֵי גִלְעָד אֶל אַחְאָב חַי יְיָ אֱלֹהֵי יִשְׂרָאֵל אֲשֶׁר עָמַדְתִּי לְפָנָיו אִם יִהְיֶה הַשָּׁנִים הָאֵלֶּה טַל וּמָטָר כִּי אִם לְפִי דְבָרִי: [מלכים א' יז, א]

ג) וַיְהִי יָמִים רַבִּים וּדְבַר יְיָ הָיָה אֶל אֵלִיָּהוּ בַּשָּׁנָה הַשְּׁלִישִׁית לֵאמֹר לֵךְ הֵרָאֵה אֶל אַחְאָב וְאֶתְּנָה מָטָר עַל פְּנֵי הָאֲדָמָה: [מלכים א' יח, א]

ליקוטי רש"י

בקדש הסך. על המזבח יתנסכו (ספרי). נסך שכר. יין המשכר פרט ליין מגתו (ב"ב צ"ז) [במדבר כח, ז]. ניסוך המים כל ז'. בתמידי החג שחרית ולא ערבית כדאמרינן בסדר יומא בפרק שני (דף כו:) [סוכה מב:]. בלוג היה מנסך כל שמונה. בתרתי פליג דקאמר ת"ק שלשה לוגין בכל יום ואיהו אמר בכל יום לוג וקאמר ת"ק שבעה ולא שמיני והוא אומר כל שמונה [שם מז.]. בתרתי פליגי אשלשה לוגין קאי ואשבעה דקאמר ת"ק ואתא רבי יהודה למימר אף בשמיני מנסכים [שם מח:]. עשר נטיעות ערבה וניסוך המים הלכה למשה מסיני. אלו שלשה נשאלו בבית המדרש מנין להם מן התורה והשיבו שהלכה למשה מסיני הם ושמע השומע וגרסם כסדר ששמעם וכן שיעורים וחציצין ומחיצין (סוכה דף ה:) שמען השומע וסדרן כסדר ששמען וכן בכל מקום. עשר נטיעות. משנה היא בסדר זרעים (שביעית פ"א מ"ו) עשר נטיעות המפוזרות בתוך בית סאה שאין בין זו לזו אלא כמה שיש בין זו לחברתה ותפסו בית סאה שהוא נ' אמה על נ' אמה מפוזרות לאורך ורוחב בשוה חורשין כל בית סאה בשבילן ערב שביעית עד ר"ה אע"פ שמצוה מן התורה להוסיף מחול על הקדש כדנפקא לן מבחריש ובקציר תשבות חריש של ערב שביעית הנכנס לשביעית ואסור לחרוש שלשים יום לפני ר"ה כדאמרינן בשמעתא קמייתא דמועד קטן (דף ג.) מקראי בנטיעות נאמר למשה מסיני שמותר לחרוש תחתיהם עד ר"ה כדי שלא יבשו ואם עשר הן ומפוזרות כהלכתן בתוך בית סאה נאמר למשה שיונקות בבית סאה כולה ומותר לחרוש את כולן בשבילן אבל אם אינם עשר או שאין מפוזרות כהלכתן חורש תחת כל אחת ואחת כשיעור יניקתה לפי חשבון עשר לבית סאה [סוכה לד. עיי"ש עוד]. המפוזרות בתוך בית סאה שהוא חמשים על חמשים חורשין כל השדה כלה בשבילן בערב שביעית עד ראש השנה ואמרי הני הואיל וילדות הן איכא פסידא יתירא לכך חורשין עד ראש השנה אבל זקינה אין חורשין עד ראש השנה [מו"ק ג:]. ערבה. למקדש דאילו ערבה ללולב מקרא נפקא [סוכה שם]. להקיף המזבח [מו"ק שם]. וניסוך המים. לתמידין של שחר שבעת ימי החג כדאמרינן לקמן בפרק לולב וערבה (דף מח.) והתם מפרש כיצד מנסכין בין מים בין יין וכל קרבנות כל ימות השנה אין נסכיהם אלא יין חוץ מן החג בתמיד של שחר שצריך שני ניסוכין [סוכה שם].

עין משפט נר מצוה

ה א מיי' פ"י מהלכות תמידין הלכה ו סמג עשין רה:

ו ב מיי' פ"ג מהלכות שמיטה ויובל הלכה ה:

ז ג מיי' פ"ז מהלכות לולב הלכה כ:

ח ד מיי' פ"י מהלכות תמידין הלכה ו:

ט ה מיי' פ"י מהלכות תפלה הלכה ח סמג עשין יט טוש"ע א"ח סי' קיד סעיף ג:

הגהו"ת הגר"א

[א] רש"י ד"ה לפי כו'. מזכיר דרוחות מועילות. כצ"ל

רבינו גרשום

אי סבר כר"י [לימא כר"י] שיזכיר בשני. ניסוך יתירה בששי כתיב כלומר ונסכיה דמרבה תרי ניסוכין כתיב בששי להכי אמר בששי מתחיל להזכיר ואהני מים דלא מצי למימר תרווייהו דיין: אי ר"ע תרי יומי הוו ותו לא דהא אמר ונסכיה דכתיב בששי מרבה ניסוך המים. אי ר' יהודה (בן בתירה) שתא הוי ותו לא דהא אמר מ"י"ם' מים דהיינו בשני מרבה ניסוך המים: וסבר לה כר' יהודה דמתניתין דאמר בלוג היה מנסך כל שמונה ולא אמר דסבר כוותיה במה דאמר מנסך כל שמונה אלא במה דאמר בשמיני מנסך וכיון דבשמיני מנסך משכחת לה לר' יהודה [ב"ב] דאמר בשני מתחיל לנסך ניסוך המים כל שבעה דאפיק ראשון ועייל שמיני: משיב בעל התלמוד מי מצי אמר ר' יהודה דבשמיני מנסך מ"ש דקאמר דבראשון אינו מזכיר דכי רמיזי מיא בשני רמיזי דמונסכיהם מרבה ניסוך המים: שמיני נמי מי מצי אמר דמנסך ביה מיא שביעי אמר רחמנא דמים כתיב בשביעי ולא בשמיני אלא ר' יהושע היא דאמר משעת הנחתו דהיינו בשביעי מזכיר ואעפ"כ סבר דניסוך המים כל שבעה דגמרא גמיר לה הלכה למשה מסיני דניסוך המים כל ז' ודאי כר"א אתי אלא להכי לא מוקים לה כר' אליעזר דהוא לא בעי אי ר' אליעזר [היא] דודאי כר"א אתי שפיר: אי ר' יהושע חדא יומא ותו לא דאמר משעת הנחתו בשביעי מזכיר וה"ה דמתחיל לנסך: עשר נטיעות מפוזרות בתוך

רבינו חננאל

יין. דכי כתיב ניסוך יתירה בששי כתי' הלכך בששי מזכיר. ואקשינן אלא הא דתנן ניסוך המים שבעה מני אי ר' יהודה בן בתירה האמר ניסוך המים מיום שני של חג מתחיל משעה שמזכיר ולא משכחת אלא ששה אי ר' עקיבא תרי יומי הוו כר' כל אחד משעה שאומ' פי' מזכיר מאותה שעה מתחיל ימי הניסוך ואסיקנא הא דתנן ניסוך המים ז' גמרא היא דאמר משמיה דר' יוחנן ערבה ביום השביעי של חג. וניסוך המים שבעת ימי החג. ועשר נטיעות (מעודרות) [מפוזרות] בבית סאה חורשין כל בית סאה בשבילן כבר פירשנוהו. ואלו כולן גמרא בידינו כי הל"מ הם. ותריצנה הכי א"ר יהודה משום ר' יהושע בן בתירה העובר לפני התיבה ביו"ט אחרון של חג האחרון מזכיר. פי' המתפלל במוסף הוא מזכיר בתחיית המתים מוריד הגשם. [והמתפלל שחרית אינו מזכיר וביו"ט הראשון של פסח] המתפלל שחרית מזכיר מוריד הגשם ופוסק. והמתפלל במוסף אינו מזכיר כלל. וכן הלכתא (ד)גרסינן בירושלמי א"ר יוחנן הלכה כר' יהודה שאמר משום ר' יהודה בן בתירה. ומ"ט דר' יהודה [כדי שיצאו] המועדות בטל. מפני שהטל סימן יפה לעולם. אם לא הזכיר גשמים בתחיית המתים ולא שאלה בברכת השנים מחזירין אותו. היכן הוא חוזר בו ויהיה כמו שא' בר"ח אם עקר את רגלו חוזר בתחלה. ואם לאו חוזר לעבודה. והכא אם עקר את רגליו חוזר בתחלה ואם לאו חוזר לשומע תפלה א) (וכן א"ר יהודה קודם שיסמך בישיבה היו קורין אותו בן בתירה). מתוך ה' דברים נגאלו ישראל ממצרים. מתוך צרה שנאמר ויאנחו בני ישראל מן העבודה. מתוך צווחה שנאמר וישמע אלהים את נאקתם. מתוך זכות אבות שנאמר ויזכור אלהים את בריתו וגו'. מתוך תשובה שנאמר וירא אלהים את בני ישראל וגו'. מתוך הקץ שנאמר וידע אלהים. וכך הם מפורשים בענין בצר לך ומצאוך. וכן בענין וירא בצר להם בשמעו את רנתם. אסור ליחיד להזכיר עד שיזכיר ש"צ ויאמר מוריד הגשם קמון לצלותא כמו שיזכיר ש"צ דמי ומזכירין הצבור ביחיד אע"פ שלא מקמי ש"צ: תנא בטל וברוחות לא חייבו חכמים להזכיר שאינן נעצרין כמו המטר דכתיב חי ה' אם יהיה טל ומטר כי אם לפי דברי. וכתיב לך הראה אל אחאב ואתנה מטר על פני האדמה. ואלו טל לא אדכר. למימרא

דלא

חשק שלמה על רבינו חננאל א) נראה שהסגור שייך למעלה וכצ"ל ותריצנא הכי אמר ר"י משום ריב"ב וקודם שנסמך בישיבה היו קורין אותו בן בתירה.

him by his own name, R' Yehoshua. וְזִימְנִין דְּקָרֵי לֵיהּ בִּשְׁמֵיהּ דְּאַבָּא – **And sometimes he called him by his father's name,** ben (the son of) Beseirah. וְהָא מִקַּמֵּי דְּלִיסְמְכוּהוּ – **This** name [ben Beseirah] was used **before he was ordained,** וְהָא לְבָתַר דְּלִיסְמְכוּהוּ – **and the other** [R' Yehoshua] **after he was ordained.**[15]

The Gemara cites a Baraisa:

תָּנָא – **A Tanna taught in a Baraisa:** בְּטַל וּבְרוּחוֹת לֹא חִיְּיבוּ חֲכָמִים לְהַזְכִּיר – THE SAGES DID NOT OBLIGATE ONE TO MENTION praise for DEW AND WINDS, וְאִם בָּא לְהַזְכִּיר – BUT IF ONE WISHES TO MENTION them, מַזְכִּיר – ONE MAY MENTION them.[16]

The Gemara inquires:

מַאי טַעְמָא – **Why** is the mention of wind and dew not obligatory? אָמַר רַבִּי חֲנִינָא – **R' Chanina said:** לְפִי שֶׁאֵין נֶעֱצָרִין – **Because they are never withheld,** as the world cannot survive without them.

The Gemara gives the Scriptural sources:

וְטַל מִנָּלָן דְּלֹא מִיעֲצַר – **And from where do we know that dew is never withheld?** דִּכְתִיב: ,,וַיֹּאמֶר אֵלִיָּהוּ הַתִּשְׁבִּי מִתֹּשָׁבֵי גִלְעָד אֶל־אַחְאָב – **For it is written:**[17] *And Elijah the Tishbite, who was of the inhabitants of Gilad, said to Ahab:* חַי־ה' אֱלֹהֵי יִשְׂרָאֵל אֲשֶׁר עָמַדְתִּי לְפָנָיו – *By the life of* HASHEM *the God of Israel, before Whom I stand,* אִם־יִהְיֶה הַשָּׁנִים הָאֵלֶּה טַל וּמָטָר כִּי אִם־לְפִי דְבָרִי'' – *there shall not be dew or rain these years except according to my word.* וּכְתִיב – **And it is written** in a later verse that after three years had passed God told Elijah:[18] ,,לֵךְ הֵרָאֵה אֶל־אַחְאָב וְאֶתְּנָה מָטָר עַל־פְּנֵי הָאֲדָמָה'' – *Go, appear before Ahab and I will send rain upon the earth.* וְאִילּוּ טַל לֹא קָאָמַר לֵיהּ – God told Elijah that rain would resume to fall, **but He did not mention dew to him.** מַאי טַעְמָא – **What is the reason** for this omission? מִשּׁוּם – **Because**

NOTES

15. Before R' Yehoshua ben Beseirah was ordained, he was not yet a prestigious person, and therefore he was referred to by his father's name (*Rashi*). [He is not identical with R' Yehoshua of the Mishnah and Baraisa. That R' Yehoshua is R' Yehoshua ben Chananya, the Tanna who is usually referred to simply as R' Yehoshua.]

16. One is not obligated to recite [in the Shemoneh Esrei] מַשִּׁיב הָרוּחַ וּמוֹרִיד הַטָּל, *He makes the wind blow and He makes the dew fall,* even during the rainy season.

Our custom of mentioning winds in conjunction with rain [מַשִּׁיב הָרוּחַ וּמוֹרִיד הַגֶּשֶׁם, *He makes the wind blow and He makes the rains fall*] is not done out of an obligation to mention winds per se; rather, we mention winds in their role as enhancing the effects of the rain. A wind that blows after a rainfall serves to dry out the land, and (as the Gemara says below, 3b) is of almost as much benefit as the rainfall itself (*Rashi*).

Ritva explains the Gemara as follows: One is not obligated to mention dew even in the summer (when we are accustomed to mention dew), and one is not obligated to mention winds even in the winter (when we are accustomed to mention winds in conjunction with rain). But one who wishes to mention winds or dew at any time of the year may do so (cf. *Ran*). [*Ritva* alludes to the custom, followed by Sephardim, of reciting מוֹרִיד הַטָּל, *He makes the dew fall,* in the summer months.]

17. *I Kings* 17:1.

18. Ibid. 18:1.

גמרא

אי סבר לה כרבי יהודה בן בתירה נימא כוותיה קסבר רבי עקיבא כי כתיב ניסוך יתירא בששי הוא דכתיב תניא ר' נתן אומר א) בקדש הסך נסך שכר לה' בשני ניסוכין הכתוב מדבר אחד ניסוך המים ואחד ניסוך היין אימא תרוייהו דחמרא אם כן ° ליכתוב קרא או הסך הסך או נסך נסך מאי הסך נסך שמעת מינה חד דמיא וחד דחמרא אלא הא דתנן ‎(א) א ניסוך המים כל ז' מני אי ר' יהושע נימא חד יומא אי ר"ע תרי יומי אי ר' יהודה ב"ב שיתא יומי לעולם ר' יהודה ב"ב היא וס"ל כר' יהודה דמתני' דתנן ג) רבי יהודה אומר בלוג היה מנסך כל שמונה ומפיק ראשון ומעייל שמיני ומאי שנא ראשון דלא דכי רמיזי מים בשני הוא דרמיזי שמיני נמי כי רמיזי מים בשביעי הוא דרמיזי אלא רבי יהושע היא וניסוך המים כל שבעה הלכתא גמירי לה ג) דאמר ר' אמי א"ר יוחנן משום ר' נחוניא איש בקעת בית חורתן ב עשר נטיעות ג ערבה ד וניסוך המים הלכה למשה מסיני: רבי יהודה אומר משום רבי יהושע העובר לפני התיבה ביום טוב האחרון של חג האחרון מזכיר הראשון אינו מזכיר ביום טוב הראשון של פסח הראשון מזכיר האחרון אינו מזכיר: הי רבי יהושע אילימא רבי יהושע דמתניתין הא אמר ביום טוב האחרון של חג הוא מזכיר אלא ר' יהושע דברייתא האמר משעת הנחתו ותו הא דתניא ר' יהודה אומר משום בן בתירה העובר לפני התיבה ביום טוב האחרון של חג האחרון מזכיר הי בן בתירה אילימא רבי יהודה בן בתירה הא אמר בשני בחג הוא מזכיר אמר רב נחמן בר יצחק (א) תהא ברבי יהושע בן בתירה זמנין דקרי ליה בשמיה וזימנין דקרי ליה בשמיה דאבא והא מקמי דליסמכוהו והא לבתר דליסמכוהו ה תנא בטל וברוחות לא חייבו חכמים להזכיר ואם בא להזכיר מזכיר מ"ט א"ר חנינא לפי שאין נעצרין וטל מנלן דלא מיעצר דכתיב ב) ויאמר אליהו התשבי מתושבי גלעד אל אחאב חי ה' אלהי ישראל אשר עמדתי לפניו אם יהיה השנים האלה טל ומטר כי אם לפי דברי וכתיב ג) לך הראה אל אחאב ואתנה מטר על פני האדמה ואילו טל לא קאמר ליה מאי טעמא משום

דלא

רש"י

אי סבר לה כר' יהודה. לימא כר"י. שיזכיר בשני: ניסוך יתירא בששי כתיב. כלומר ונסכיה דמרבי תרי ניסוכין כתיב בששי להכי אמר בששי מתחיל להזכיר ואהני מ"ם יו"ד מ"ם מים דלא מצינו למימר תרוייהו דיין: או הסך הסך או נסך נסך. מדשני קרא בדיבוריה ש"מ תרתי: אי ר"ע תרי יומי הוו. ותו לא דהא אמר (ב) ונסכיה דהיינו בששי מרבה ניסוך המים: וסבר לה כר' יהודה דמתניתין. דאמר בלוג הוה מנסך כל שמנה לא סבר כוותיה במה דאמר כל שמונה מנסך אלא במה דאמר בשמיני מנסך וכיון דבשמיני מנסך משכחת לה לרבי יהודה [ב"ב] דאמר בשני מתחילין לניסוך המים כל שבעה: (ג) דמפיק ראשון ומעייל שמיני. משיב בעל הגמרא מי מצי אמר רבי יהודה דבשמיני מנסך: מאי שנא. דקאמר דבראשון אינו מזכיר דכי רמיזי מיא בשני הוא דרמיזי דמונסכיהם מרבה ניסוך המים שמיני נמי מי מצי אמר דמנסך הא שביעי אמר רחמנא דמ"ם יו"ד מ"ם מים כתיב בשביעי דסיום קראי דניסוך המים בשביעי כתיב כמשפטם ולא בשמיני: אלא ר' יהושע היא. דאמר משעת הנחתו (ד) [דהיינו בשביעי] מזכיר ואעפ"כ סבר דניסוך המים כל שבעה דגמרא גמיר לה הלכה למשה מסיני דניסוך המים כל שבעה ודאי כר"א אתי שפיר אבל כרבי יהודה בן בתירה וכר"ע לא מיתוקמא אלא להכי לא מוקי לה כר' אליעזר דהא לא מיבעי אי ר' אליעזר סבירא ליה הכי דודאי לרבי אליעזר אתי שפיר והא דקא מוקים כר' יהושע רבותא קמשמע לן אבל כר"י בן בתירה וכר"ע לא מיתוקמא דרבי יהודה יליף מונאמר בשני ונסכיהם כו' אלמא דסבר דניסוך המים לא הוו אלא ו' ימים דאיהו לא מפיק ראשון ומעייל שמיני משום הני פירכא דפריך לעיל לא אתי כרבי יהודה ורבי עקיבא יליף מנסכיה שנאמר בששי אלמא דסבר דניסוך המים לא הוו אלא תרי יומי אבל כרבי יהושע מיתוקמא לפיכך אין מזכירין אלא ביו"ט האחרון דגשמים בחג סימן קללה אבל ניסוך המים הוי כל שבעה דגמרא גמיר לה: עשר נטיעות. המפוזרות בתוך בית סאה חורשין כל בית סאה ערב שביעית עד ר"ה אע"ג דשאר שדות אין חורשין לפני שביעית ל' יום זה חורשין דהואיל אם אין חורשין סביבן מפסידין: וניסוך המים. כל שבעה: ר' יהודה אומר משום רבי יהושע העובר לפני התיבה בי"ט האחרון של חג כו'. כעין אמר מר הוא כלומר אמרינן לעיל ר' יהודה אומר: הי רבי יהושע אילימא רבי יהושע דמתני' (ה) מיו"ט האחרון הוא מזכיר. דראשון נמי המתפלל תפלת יוצר מזכיר ואילו הכא תני הראשון אינו מזכיר: האמר משעת הנחתו. דהיינו בשביעי והכא קתני יו"ט האחרון של חג דהיינו בשמיני: ותו הא דתניא. במכילתא אחריתי ר' יהודה אומר משום בן בתירה העובר לפני התיבה בי"ט אחרון של חג האחרון מזכיר הראשון אינו מזכיר: (אלא) אמר רב נחמן בר יצחק תהא. תרוייהו הא דבעית הי ר' יהושע והא דבעית הי בן בתירה ר' יהושע בן בתירה היא דהאי דקאמר ר' יהודה לעיל משום ר' יהושע והדר קאמר משום בן בתירה תהא תרוייהו ר' יהושע בן בתירה ולא קשיא זמנין קרו ליה בשמיה דאבוה בן בתירה וזמנין דקרו ליה בשמיה דידיה ר' יהושע: מקמי דליסמכוהו. לא הוה חשוב וקרו ליה בשמיה דאבוה והאי דקרו ליה בשמיה דנפשיה ר' יהושע היינו לבתר דסמכוהו: בטל וברוחות. משיב הרוח ומוריד הטל לא חייבוהו חכמים להזכיר אפילו בימות הגשמים: לפי שאינן נעצרין. שאלמלא (ו) הן אין העולם מתקיים והאי דאמרינן בתפלה משיב הרוח ומוריד הגשם לאו משום חיוב אלא חוק גשם הוא מזכיר [א] דטל ורוחות מועילות לארץ לתקנה ולנגבה כדבסמוך זיקא דבתר מיטרא כמיטרא: ואילו טל לא קאמר. ואתנה טל ומטר אלא מטר בלבד:

ולא

תוספות

אי רבי יהודה בן בתירה. דאמר בשני בחג הוא מזכיר שית יומי הוו א"כ לא יהיה הניסוך כי אם ששה ימים: עשר נטיעות. פירש"י (ז) נטיעות מפוזרות בבית סאה חורש כל בית סאה בשבילן דכל נטיעה יונקת ודווקא מבית סאה היה צריך להם יכול לחרוש עד ר"ה של שביעית דהוו שפיר אוקומי אילנא שרי אבל יותר מבית סאה אינו חורש אלא כדי צורכן דהואיל ומפוזרות ביותר מבית סאה קיימי שפיר ובפחות מיכן למה קיימי וליעקר קיימי ודוקא נטיעות אמר דחורשין בשבילן עד ראש השנה אבל אילנות אסור דאורייתא כל אלול ומדרבנן ד) פסח ועצרת תקון בשדה הלבן עד פסח מותר אבל מפסח ולהלן אסור ושדה אילן עד עצרת מותר מכאן ואילך אסור:

ערבה. שמקיפין את המזבח וניסוך המים הלכה למשה מסיני כולהו: ויאמר אליהו התשבי מתושבי גלעד. לכך נקרא מתושבי גלעד לפי שהרגו ישראל אנשי יבש גלעד על מעשה פילגש בגבעה ולא נשאר ביבש גלעד כי אם מעט אנשים מן המיושבים בעיר כי כל השאר היו עם אספסוף לכך מעיד כי אליהו מן התושבים כך שמעתי מהר"י טרוט"י משם הר"י בה"ר יצחק ממלאון: בטל וברוחות לא חייבו חכמים להזכיר. משיב הרוח ומוריד הטל כו' לפיכך אין קפידא לומר מוריד הטל אפילו בימות החמה אך שלא יאמר מוריד הגשם והכי הלכתא ואם לא אמר בימות הגשמים כי אם מוריד הגשם ודילג משיב הרוח ומוריד הטל אין מחזירין:

ואילו טל לא מיעצר. ומ"ה נראה דגבי גדעון (שופטים ו) כשאמר (ח) על הארץ יהיה טל ועל הגיזה יהיה חורב כתיב ויעש כן אבל כשאמר על הארץ יהיה חורב ועל הגזה יהיה טל כתיב ויהי כן כלומר דעל הגיזה היה הטל אבל לא כתיב ויעש כן משמע דעל הארץ היה טל דטל לא מיעצר ע"כ בנוסח שלפני ועוד מצאתי כשאמרו על כל הארץ יהיה טל כתיב ויעש אלהים כן וכשאמר טל יהיה על הגיזה לבדה (ט) ועל כל הארץ יהיה חרב כתיב ויהי כן ולא הזכיר בזה הש"י וטעמו אשר אומר כי הוא זה כי אין הש"י מזכיר שמו על הרעה כי אם יהיה חורב על כל הארץ היתה רעת יושבי בה וכתיב (שמות כ) בכל המקום אשר אזכיר את שמי אבוא אליך וברכתיך אבל כשאמר על כל הארץ (י) יהיה טל כתיב ויעש אלהים וכדומה לזה (בראשית א) ויקרא אלהים לאור יום ולחשך קרא לילה וגבי חשך לא הזכיר השם יתברך וכן בחמשה דברות אחרונות (שמות כ) מלא תרצח ואילך לא הזכיר הש"י הכל הולך אל מקום אחד משל למלך שבנה דירה נאה והניח לצייר מגינו לפני כל חדרי הבית זולתי בית הכסא מקום הטינוף:

בימות

עין משפט נר מצוה

ה א מיי' פ"י מהלכות תמידין הלכה ו סמג עשין רה:
ו ב מיי' פ"ג מהלכות שמיטה ויובל הלכה ה:
ז ג מיי' פ"ז מהלכות לולב הלכה כ:
ח ד מיי' פ"י מהלכות תמידין הלכה ו:
ט ה מיי' פ"ב מהלכות תפלה הלכה ח סמג עשין יט טוש"ע א"ח סי' קיד סעיף ג:

הגהו"ת הגר"א

[א] רש"י ד"ה לפי כו'. מזכיר דרוחות מועילות. כצ"ל

רבינו גרשום

אי סבר כר"י [לימא כר"י] שיזכיר בשני. ניסוך יתירה בששי כתיב כלומר ונסכיה דמרבה תרי ניסוכין כתיב בששי להכי אמר בששי מתחיל להזכיר ואהני מים דלא מצי למימר תרווייהו דיין: אי ר"ע תרי יומי הוו ותו לא דהא אמר ונסכיה דכתיב בששי מרבה ניסוך המים. אי ר' יהודה (בן בתירה) שתא הוי ותו לא דהא אמר מ"י"ם מים דהיינו בשני מרבה ניסוך המים: וסבר לה כר' יהודה דמתניתין דאמר בלוג היה מנסך כל שמונה ולא אמר דסבר כוותיה במה דאמר מנסך כל שמונה אלא במה דאמר בשמיני מנסך וכיון דבשמיני מנסך משכחת לה לר' יהודה [ב"ב] דאמר בשני מתחיל לנסך ניסוך המים כל שבעה דאפיק ראשון ועייל שמיני: משיב בעל התלמוד מי מצי אמר ר' יהודה דבשמיני מנסך מ"ש דקאמר דבראשון אינו מזכיר דכי רמיזי מיא בשני רמיזי דמונסכיהם מרבה ניסוך המים: שמיני נמי מי מצי אמר דמנסך ביה מיא שביעי אמר רחמנא דמים כתיב בשביעי ולא בשמיני אלא ר' יהושע היא דאמר משעת הנחתו דהיינו בשביעי מזכיר ואעפ"כ סבר דניסוך המים כל שבעה דגמרא גמיר לה הלכה למשה מסיני דניסוך המים כל ז' ודאי כר"א אתי אלא להכי לא מוקים לה כר' אליעזר דהוא לא בעי אי ר' אליעזר [היא] דודאי כר"א אתי שפיר: אי ר' יהושע חדא יומא ותו לא דאמר משעת הנחתו בשביעי מזכיר וה"ה דמתחיל לנסך: עשר נטיעות מפוזרות בתוך

רבינו חננאל

יין. דכי כתיב ניסוך יתירה בששי כתי' הלכך בששי מזכיר. ואקשינן אלא הא דתנן ניסוך המים שבעה מני אי ר' יהודה בן בתירה האמר ניסוך המים מיום שני של חג מתחיל משעה שמזכיר ולא משכחת אלא ששה אי ר' עקיבא תרי יומי הוו כו' כל אחד משעה שאומ' פי' מזכיר מאותה שעה מתחיל ימי הניסוך ואסיקנא הא דתנן ניסוך המים ז' גמרא היא דאמר משמיה דר' יוחנן ערבה ביום השביעי של חג. וניסוך המים שבעת ימי החג. ועשר נטיעות (מעודרות) [מפוזרות] בבית סאה חורשין כל בית סאה בשבילן כבר פירשנוהו. ואלו כולן גמרא בידינו כי הל"מ הם. ותריצנה הכי א"ר יהודה משום ר' יהושע בן בתירה העובר לפני התיבה ביו"ט אחרון של חג האחרון מזכיר. פי' המתפלל במוסף הוא מזכיר בתחיית המתים מוריד הגשם. [והמתפלל שחרית אינו מזכיר וביו"ט הראשון של פסח] המתפלל שחרית מזכיר מוריד הגשם ופוסק. והמתפלל במוסף אינו מזכיר כלל. וכן הלכתא (ד)גרסינן בירושלמי א"ר יוחנן הלכה כר' יהודה שאמר משום ר' יהודה בן בתירה. ומ"ט דר' יהודה [כדי שיצאו] המועדות בטל. מפני שהטל סימן יפה לעולם. אם לא הזכיר גשמים בתחיית המתים ולא שאלה בברכת השנים מחזירין אותו. היכן הוא חוזר בו ויהיה כמו שא' בר"ח אם עקר את רגלו חוזר בתחלה. ואם לאו חוזר לעבודה. והכא אם עקר את רגליו חוזר בתחלה ואם לאו חוזר לשומע תפלה א) (וכן א"ר יהודה קודם שיסמך בישיבה היו קורין אותו בן בתירה). מתוך ה' דברים נגאלו ישראל ממצרים. מתוך צרה שנאמר ויאנחו בני ישראל מן העבודה. מתוך צווחה שנאמר וישמע אלהים את נאקתם. מתוך זכות אבות שנאמר ויזכור אלהים את בריתו וגו'. מתוך תשובה שנאמר וירא אלהים את בני ישראל וגו'. מתוך הקץ שנאמר וידע אלהים. וכך הם מפורשים בענין בצר לך ומצאוך. וכן בענין וירא בצר להם בשמעו את רנתם. אסור ליחיד להזכיר עד שיזכיר ש"צ ויאמר מוריד הגשם קמון לצלותא כמו שיזכיר ש"צ דמי ומזכירין הצבור ביחיד אע"פ שלא מקמי ש"צ: תנא בטל וברוחות לא חייבו חכמים להזכיר שאינן נעצרין כמו המטר דכתיב חי ה' אם יהיה טל ומטר כי אם לפי דברי. וכתיב לך הראה אל אחאב ואתנה מטר על פני האדמה. ואלו טל לא אדכר. למימרא

דלא

חשק שלמה על רבינו חננאל א) נראה שהסגור שייך למעלה וכצ"ל ותריצנא הכי אמר ר"י משום ריב"ב וקודם שנסמך בישיבה היו קורין אותו בן בתירה.

מסורת הש"ס

א) סוכה מב:, ב) שם מח:, ג) מו"ק ג: ע"ש סוכה לד. מד. ע"ש זבחים קי:, ד) [שביעית פ"ב מ"א ומו"ק דף ג:].

הגהות הב"ח

(א) גמ' אמר רב נחמן בר יצחק תהא תרוייהו ברבי יהושע בן בתירה: (ב) רש"י ד"ה אי ר"ע כו' דהא אמר מ"ם יו"ד מ"ם דמרבה ניסוך המים היינו בששי הס"ד: (ג) ד"ה וסבר לה כו' לניסוך המים כל שבעה דמפיק ראשון ומעייל שמיני הס"ד ואח"כ מה"ד משיב בעל הגמ' מי מצי אמר רבי יהודה בן בתירה דבשמיני מנסך מאי שנא כו' כצ"ל והד"א: (ד) ד"ה אלא כו' משעת הנחתו הוא מזכיר ואעפ"כ כו' דגמ' כו' כל שבעה וה"ה ודאי דכר"א נמי אתי שפיר אבל כו' דהא לא מיבעי ליה אי ר' אליעזר כו' לא הוו אלא ו' ימים דליכא למימר דאיהו מפיק ראשון ומעייל שמיני משום הני פירכי דפריך לעיל הלכך לא אתי כר' יהודה כו' כצ"ל: (ה) ד"ה הי ר' יהושע וכו' הא אמר מי"ט: (ו) ד"ה לפי שאין נעצרין שאלמלא נעצרין אין העולם כו' לאו משום חיוב דרוח אלא חיוב גשם הוא מזכיר: (ז) תוס' ד"ה עשר נטיעות פי' רש"י עשר נטיעות המפוזרות כו' אוקמי אילנא ושרי אבל יותר: (ח) ד"ה ואילו כו' דגבי גדעון כשאמר יהי נא חרב אל הגזה כו' כתיב ויעש כן אבל כשאמר טל יהיה על הגזה לבדה כו' כתוב ויהי כן כלומר כו' משמע דעל הארץ היה נמי טל כו' כצ"ל: (ט) בא"ד ועל כל הארץ חרב כתיב כו' כצ"ל ותיבת יהיה נמחק:

גליון הש"ס

גמ' ליכתוב קרא או הסך הסך. וכן ב"ק דף פ ע"א ודף פט ע"ב ובמנחות דף יז ע"ב:

תורה אור השלם

א) וְנִסְכּוֹ רְבִיעִת הַהִין לַכֶּבֶשׂ הָאֶחָד בַּקֹּדֶשׁ הַסֵּךְ נֶסֶךְ שֵׁכָר לַייָ: [במדבר כח, ז]

ב) וַיֹּאמֶר אֵלִיָּהוּ הַתִּשְׁבִּי מִתֹּשָׁבֵי גִלְעָד אֶל אַחְאָב חַי יְיָ אֱלֹהֵי יִשְׂרָאֵל אֲשֶׁר עָמַדְתִּי לְפָנָיו אִם יִהְיֶה הַשָּׁנִים הָאֵלֶּה טַל וּמָטָר כִּי אִם לְפִי דְבָרִי: [מלכים א' יז, א]

ג) וַיְהִי יָמִים רַבִּים וּדְבַר יְיָ הָיָה אֶל אֵלִיָּהוּ בַּשָּׁנָה הַשְּׁלִישִׁית לֵאמֹר לֵךְ הֵרָאֵה אֶל אַחְאָב וְאֶתְּנָה מָטָר עַל פְּנֵי הָאֲדָמָה: [מלכים א' יח, א]

ליקוטי רש"י

בקדש הסך. על המזבח יתנסכו (ספרי). נסך שכר. יין המשכר פרט ליין מגתו (ב"ב צז.) [במדבר כח, ז]. ניסוך המים כל ז'. בתמידי החג שחרית ולא ערבית כדאמרינן בסדר יומא בפרק שני (דף כו:) [סוכה מב:]. בלוג היה מנסך כל שמונה. בתרתי פליג דקאמר ת"ק שלשה לוגין בכל יום ואיהו אמר בכל יום לוג וקאמר ת"ק שבעה ולא שמיני והוא אומר כל שמונה [שם מז.]. בתרתי פליגי אשלשה לוגין קאי ואשבעה דקאמר ת"ק ואתא רבי יהודה למימר אף בשמיני מנסכים [שם מח:]. עשר נטיעות ערבה וניסוך המים הלכה למשה מסיני. אלו שלשה נשאלו בבית המדרש מנין להם מן התורה והשיבו שהלכה למשה מסיני הם ושמע השומע וגרסם כסדר ששמעם וכן שיעורים וחציצין ומחיצין (סוכה דף ה:) שמען השומע וסדרן כסדר ששמען וכן בכל מקום. עשר נטיעות. משנה היא בסדר זרעים (שביעית פ"א מ"ו) עשר נטיעות המפוזרות בתוך בית סאה שאין בין זו לזו אלא כמה שיש בין זו לחברתה ותפסו בית סאה שהוא נ' אמה על נ' אמה מפוזרות לאורך ורוחב בשוה חורשין כל בית סאה בשבילן ערב שביעית עד ר"ה אע"פ שמצוה מן התורה להוסיף מחול על הקדש כדנפקא לן מבחריש ובקציר תשבות חריש של ערב שביעית הנכנס לשביעית ואסור לחרוש שלשים יום לפני ר"ה כדאמרינן בשמעתא קמייתא דמועד קטן (דף ג.) מקראי בנטיעות נאמר למשה מסיני שמותר לחרוש תחתיהם עד ר"ה כדי שלא יבשו ואם עשר הן ומפוזרות כהלכתן בתוך בית סאה נאמר למשה שיונקות בבית סאה כולה ומותר לחרוש את כולן בשבילן אבל אם אינם עשר או שאינן מפוזרות כהלכתן חורש תחת כל אחת ואחת כשיעור יניקתה לפי חשבון עשר לבית סאה [סוכה לד. עיי"ש עוד]. המפוזרות בתוך בית סאה שהוא חמשים על חמשים חורשין כל השדה שלה בשבילן בערב שביעית עד ראש השנה ואמרי הני הואיל וילדות הן איכא פסידא יתירא לכך חורשין עד ראש השנה אבל זקינה אין חורשין עד ראש השנה [מו"ק ג:]. ערבה. למקדש דאילו ערבה ללולב מקרא נפקא [סוכה שם]. להקיף המזבח [מו"ק שם]. וניסוך המים. לתמידין של שחר שבעת ימי החג כדאמרינן לקמן בפרק לולב וערבה (דף מח.) והתם מפרש כיצד מנסכין בין מים בין יין וכל קרבנות כל ימות השנה אין נסכיהם אלא יין חוץ מן החג בתמיד של שחר שצריך שני ניסוכין [סוכה שם].

עין משפט נר מצוה

י א מיי' פ"י מהלכות תפלה הלכה ח סמג עשין יט טוש"ע א"ח סימן קיד סעיף ג ד ה:

רבינו חננאל

דלא מיעצרי. וכן הרוחות לא מיעצרי. דכתיב כי כארבע רוחות השמים פרשתי אתכם. א"ר חנינא בימות החמה אמר משיב הרוח אין מחזירין אותו. אמר מוריד הגשם מחזירין אותו בימות הגשמים לא אמר משיב הרוח אין מחזירין אותו. לא אמר מוריד הגשם מחזירין אותו ולא עוד אלא אפילו אמר מעביר הרוח ומפריח הטל אין מחזירין אותו לפי שאינן נעצרין. **תנא** בעבים וברוחות לא חייבו חכמים להזכיר. ואם בא להזכיר מזכיר. איני והא תני רב יוסף ועצר את השמים מן העבים ומן הרוחות ושנינן [עבים אעבים ל"ק] חרפי אין נעצרים. אפלי נעצרים משום דמעלי כדבעינן למימר קמן. רוחות ארוחות נמי [ל"ק] רוח מצויה לא מיעצרא. רוח גדולה שאינה מצויה בכל עת נעצרת. ולמה אין מזכירין. וצריכין אותה לזרות בגרנות. ושנינן אפשר בנפוותא פי' יכולין להבר בלא רוח לכבור בכברה ולהסיר התבן מן הבר. **תנא** עבים ורוחות שניות למטר. פי' מיטרא ובתריה זיקא בניחותא או עיבא מעלי כאילו מטרא תניינא. שמשא בתר מטרא כתרי מטרי והני מילי שימשי בגלויא אבל גלוהי דליליא ושמשי דביני קרחי לא השלג מועיל לארץ מה' מטרות שנאמר כי לשלג יאמר הוי ארץ. וגשם א' מטר ב' וגשם ג' מטרות ב' הרי כאן חמשה. השלג מועיל להרים. המטר הגדול לאילנות מטר בניחותא

רבינו גרשום

בתוך בית סאה חורשין כל השדה כולה בשבילן ערב שביעית עד ר"ה אע"ג דשאר שדות אין חורשין לפני שביעית שלשים יום זה חורשין דהואיל דילדות הן אם אין חורשין סביבן מפסידין: **וניסוך המים כל שבעה: ר"י משום ר' יהושע יו"ט האחרון של חג וכו' הי רבי יהושע אילימא ר' יהושע דמתניתין דאמר ביו"ט האחרון הוא מזכי'** (מיו"ט האחרון מזכיר) דראשון נמי המתפלל יוצר אור מזכיר ואלו הכא תני הראשון אינו מזכיר **האמר משעת הנחתו** דהיינו בשביעי והכא קתני יו"ט האחרון דהיינו בשמיני. **ותו הא דתניא** במכילתא אחריתי **ר' יהודה [אומר] משום בן בתירה העובר לפני התיבה ביו"ט האחרון [אחרון]** מזכיר ראשון אינו מזכיר: **אלא אמר רב נחמן בר יצחק תהא תרווייהו** הא דבעית הי ר' יהושע והא דבעית הי בן בתירה. **ר' יהושע בן בתירה. זימנין קרי ליה בשמיה דאבוה** [ר"ל בן בתירה] **וזימנין קרי ליה בשמיה** דידיה ר' יהושע. מקמי **דליסמכיה** לא הוי חשוב וקרי ליה משמיה דאבוה: **בטל וברוחות לא חייבו.** משיב הרוח ומוריד הטל: מ"ט לא חייבו חכמים להזכיר **דלא מיעצרי** כלומר שמעולם ירד טל ומנשב רוח ולא צריכי (שאין ברכה מ"ט דלא מיעצר כלומר שלעולם יורד ואין בו) ברכה: **ה"ק ליה אפי' טל שיורד לברכה לא ליהוי: וליהדריה נמי לטל דברכה** כלומר אמאי לא אמר ליה ואתנה מטר וטל על פני האדמה: **משום דלא מינכרא.** דכיון דבכל יומא הוי נחית טל שאינו של ברכה כי א"ל האידנא נחית טל דברכה לא מינכר בין טל דעד השתא [ר"ל דעד השתא נמין] הוי נחית טל: **דמכניפנא** לכו והכי משמע כי מארבע רוחות אשר פרשתי אתכם אקבץ אתכם: **כשם שאי אפשר לעולם בלא רוח** שבכל יום משיב הרוח: **אמר משיב הרוח אין מחזירין אותו.** אע"ג דלא זמניה הוא: **אמר מעביר הרוח** אין בכך כלום ואפ"ה לא מיעצר: **בעבים וברוחות** משיב הרוח ומביא עבים: **למימרא דלא מיעצרי** שתדיר באין עבים ומנשב הרוח ואין בהם לא קללה ולא ברכה. **בעבים וברוחות הכתוב מדבר.** אלמא דאית בהו ברכה וקללה ואמאי אמרת לא חייבו חכמים להזכיר: **קשיא עבים אעבים** כו' **חרפי** שלפני המטר אין בהן משום ברכה. **אפלי** שלאחר המטר יש בהן משום ברכה. **רוח מצויה.** ברכה. **שאינה מצויה** אינה ברכה: **מיבעי לבי דרי.** וכיון שצריכין הן אלמא דמיעצרי דיש בהן משום ברכה: **אפשר בנפוותא.** וכיון שאין צריכין אין בהן משום ברכה ולא מיעצרי: **שניות למטר** כלומר טובים הם כמטר כמו שני למלך: **דאתיא ניחא** הוה שני למטר כמטר: **דאתיא רזיא** כתיב ביה יתן ה' מטר ארצך אבק וגו': **גלוהי דליליא** ברק: **שמשא דביני קרחי** שזורח כאן ואין זורח כאן: **מעלי חד תלגא לטורי** להכי אמר לטורי שתדיר השלג בהרים: **גשם מטר וגשם מטרות** הרי ה': **אמר רבא תלגא לטורי** מעלי

עורפילא

בימות החמה אמר משיב הרוח אין מחזירין אותו מוריד הגשם מחזירין אותו. אבל אם דילג שלא אמר לא גשם ולא טל אין מחזירין ובימות הגשמים לא אמר משיב הרוח אין מחזירין אותו לא אמר מוריד הגשם מחזירין אותו אבל אם אמר מוריד הטל בימות הגשמים אין מחזירין ואם ספק אם הזכיר אם לאו אם אינו זכור (ג) שלא אמר שום דבר בימות הגשמים כל ל' יום חזקה מה שהוא למוד הוא אומר ומחזירין מספק כל ל' יום וכן זכרנו ומי כמוך וכתוב לחיים שאומרים מן הכסה עד יום הכפורים מספק מחזירין ירושלמי בשם רבי חנינא היה שייך בגשם והזכיר טל אין מחזירין אותו בטל והזכיר של גשמים מחזירין אותו והתניא בטל וברוחות לא חייבו חכמים להזכיר ואם בא להזכיר מזכיר לא דמי ההוא דמצלי ומיקל להההוא דלא מצלי ולא מיקל ומפרש רבינו נתנאל (ד) טוב כשאינו מזכיר לא גשם ולא טל מכשהוא מזכיר גשם לפי שהגשמים סימן קללה בימות החמה היה שייך בטל לא הזכיר לא טל ולא גשם אין מחזירין אותו והדין להפך במוריד הגשם דאמר בירושלמי בגשם והזכיר של טל אין מחזירין אותו והתניא אם לא שאל בברכת השנים או שלא אמר גבורות גשמים מחזירין בההוא דלא הזכיר כלל לא טל ולא מטר ומשם הר"ס שאין לומר בימות החמה משיב הרוח דהא אמר רבי חנינא בימות החמה אמר משיב הרוח אין מחזירין אותו מכלל דלכתחילה אין לאומרו ומשום הכי אמר הר"י בשם א"ז לעולם בין בימות החמה בין בימות הגשמים מוריד הטל דלעולם לא אתי לידי ספק אמר ספק לא אמר והיכא דלא מזכיר בגבורות מזכיר בשומע תפלה דהכי קאמר בירושלמי ומה שאלה שהיא מדוחק אומר בש"ת הזכרה שהיא מרווח לא כ"ש וכי היכי דשואלין בש"ת הוא מזכיר בש"ת ואפילו (ה) הזכיר קודם שומע תפלה אינו אומר עד שיגיע לש"ת והיכא דלא אמר בשומע תפלה אי נזכר קודם שעקר רגליו חוזר לש"ת ואי לא חוזר לראש בין לא אמר מוריד הגשם ובין לא אמר ותן טל ומטר (ומחזירין) וכן הפסק והני מילי ביחיד אבל שליח צבור פסק רבינו יהודה דאין מחזירין לפי דאין מחזירין שליח צבור אלא משום ג' דברים מתחיית המתים ומבונה ירושלים ומברכת ולמלשינים משום דנראה ככופר שמעתי מפי רבי שלמה לא דמי (ו) מצלי ומיקל למאן דלא מצלי ולא מיקל פירוש מיקל כמו מקלל כלומר שאין מחזירין אם לא אמר ותן טל ומטר:

הא בחרפי. פי' הא דאמר נעצרים בחריפי כלומר בפירות המתבכרות וכו' אבל באפלי במאוחרות לא מיעצרי:

רוחות ארוחות לא קשיא הא ברוח וכו'. וה"ה דמצי לשנויי הא בחריפי הא באפלי אלא שפיר קא משני ליה הא ברוח מצויה וכו':

שניות למטר. שניות במעלה כדאמרי אינשי משנה למלך:

הא דאתא ניחא. פי' כשיורדות בנחת חשובה כאן ברזיא כלומר בחוזק ואז אינה טובה:

גילהי דליליא. פי' זריחת הלילה שקורין לניסו"ר בלע"ז:

שמשא דביני קרחי. פי' כמו דבר קרחה שמכאן ומכאן יורדין הגשמים והשמש זורח באמצע זה דשמש לא מעלי:

עורפילא

דלא מיעצר וכי מאחר דלא מיעצר אליהו אשתבועי למה ליה הכי קא"ל אפילו טל דברכה נמי לא אתי ולידהדריה לטל דברכה משום דלא מינכרא מילתא (א) אלא) רוחות מנא לן דלא מיעצרי ג) א"ר יהושע בן לוי דאמר קרא א) כי כארבע רוחות השמים פרשתי אתכם נאם ה' מאי קאמר להו אילימא הכי קאמר להו הקב"ה לישראל דבדרתינכו בארבע רוחי דעלמא אי הכי כארבע בארבע מיבעי ליה אלא הכי קאמר כשם שאי אפשר לעולם בלא רוחות כך א"א לעולם בלא ישראל א"ר חנינא [א] הלכך בימות החמה אמר משיב הרוח אין מחזירין אותו אמר מוריד הגשם מחזירין אותו בימות הגשמים לא אמר משיב הרוח אין מחזירין אותו לא אמר מוריד הגשם מחזירין אותו ולא עוד אלא אפילו אמר מעביר הרוח ומפריח הטל אין מחזירין אותו תנא בעבים וברוחות לא חייבו חכמים להזכיר ואם בא להזכיר מזכיר מ"ט משום דלא מיעצרי ולא מיעצרי והתני רב יוסף ב) ועצר את השמים מן העבים ומן הרוחות אתה אומר מן העבים ומן הרוחות או אינו אלא מן המטר כשהוא אומר ולא יהיה מטר הרי מטר אמור הא מה אני מקיים ועצר את השמים מן העבים ומן הרוחות קשיא רוחות ארוחות קשיא עבים אעבים עבים אעבים לא קשיא הא בחרפי הא באפלי רוחות ארוחות לא קשיא הא ברוח מצויה הא ברוח שאינה מצויה רוח שאינה מצויה חזיא לבי דרי אפשר בנפוותא תנא העבים והרוחות שניות למטר היכי דמי אמר עולא ואיתימא רבי יהודה דבתר מיטרא למימרא דמעליותא היא והכתיב ג) יתן ה' את מטר ארצך אבק ועפר ואמר עולא ואיתימא רב יהודה זיקא דבתר מטרא לא קשיא הא דאתא ניחא הא דאתא רזיא (ואי בעית אימא) הא דמעלה אבק הא דלא מעלה אבק ואמר רב יהודה זיקא דבתר מיטרא כמיטרא עיבא דבתר מיטרא כמיטרא שימשא דבתר מיטרא כתרי מטרי למעוטי מאי למעוטי גילהי דליליא ושמשא דביני קרחי אמר רבא מעלי תלגא לטורי כחמשה מטרי לארעא שנאמר ד) כי לשלג יאמר הוא ארץ וגשם מטר וגשם מטרות עוזו ואמר רבא תלגא לטורי מטרא רזיא לאילני מטרא ניחא לפירי

עורפילא

ולא מיעצר. לעולם אפילו באותן שנים: **אישתבועי למה ליה.** (א) אם יהיה השנים האלה טל ומטר כי אם לפי דברי הא לא נעצר: **אפילו טל דברכה.** שילמית שום צמח: **ולידהדריה לטל דברכה.** ולימא ואתנה טל ומטר: **דלא מינכרא מילתא.** דהא טל הוה מעיקרא ולא היה אחאב הרשע מודה בחזירה דטל של ברכה דאי הוה אומר ואתנה טל ומטר היה אחאב מקנטרו ואומר לו שלא נעצר: **אלא דמכניפנא לכו מד' רוחי עלמא** לא גרסינן דהא פרשתי אתכם כתיב בקרא ואיכא למימר דגרס ליה והכי משתמע קרא כי מד' רוחות השמים שפרשתי אתכם משם אקבצכם ואריכות לשון בעלמא הוא דלא כתיב קיבוץ בקרא: **כשם שא"א לעולם בלא רוחות.** שלא יתקיים מרוב הבל וחמימות: **בלא ישראל.** שאין העולם מתקיים אלא בשביל ישראל והכי אמר קרא כי כד' רוחות השמים פרשתי אתכם לרוחות העולם כדי שיתקיים שנאמר (ירמיה לג) אם לא בריתי יומם ולילה חקות שמים וארץ לא שמתי: **בימות החמה.** מניסן עד החג: **משיב הרוח אין מחזירין אותו.** דבלאו הכי לא מיעצר: **מוריד הגשם מחזירין אותו.** דמיעצר וכיון דבעא אמיטרא לא התפלל תפלתו כהוגן וחוזר לראש הברכה ואומרה בלא מוריד הגשם לפי שהגשמים בקיץ סימן קללה הן מפני הקציר: **מעביר הרוח.** שלא ינשב: **ומפריח הטל.** שלא ירד: **אין מחזירין אותו.** דלא מיעצרי: **בעבים.** מקשר עבים: **למימרא דלא מיעצרי.** לפיכך לא חייבוהו להזכיר: **בחרפי.** עבים בכירות הבאים לפני המטר אינן עצורות: **באפלי.** הבאות מאוחרות לאחר המטר דשניות למטר הן כדלקמן ובהנהו כתיב ועצר וכיון דאין כולם נעצרות לא חייבו להזכיר: **שאינה מצויה.** כתיב ועצר ואפ"ה לא חייבוהו להזכיר דסגי ליה במצויה רוחות לא מצי לתרוצי הא בחרפי הא באפלי דרוח בין במטר בין בלא מטר לא מיעצר כגון רוח מצויה: **רוח שאינה מצויה נמי חזיא לבי דרי.** לגורן לזרות הקשין מן התבואה ונחייב להזכיר: **אפשר בנפוותא.** וו"ן בלע"ז בנפה וכברה: **שניות.** כמעט שמועילות כמטר עצמו: **מאי היא.** (ג) אי זה עבים ורוחות קאמר דשניות למטר: **אמר עולא ואיתימא רב יהודה דבתר מיטרא.** עבים ורוחות שלאחר המטר: זיקא ל"ג הכא: **יתן ה' את מטר ארצך אבק ועפר וגו':** **זיקא דבתר מיטרא.** שהרוח מעלה אבק אחר הגשמים ונדבק בתבואה: ה"ג **הא דאתא ניחא הא דאתא רזיא.** כשירד בנחת אינו מעלה אבק: **רזיא.** בכח ולא גרסינן ואי בעית אימא הא והא כו' אלא ה"ג הא דמעלה אבק הא דלא מעלה אבק והיינו הך: **כמיטרא.** שניות למטר כדקתני בתוספתא: **למעוטי מאי.** מאחר דכולהו כמיטרא מאי קמעטין דהוי בתריה ולא הוי כמיטרא: **גילהי דליליא.** אישלוסטר"א בלע"ז בגילהי הוה קאי במס' (פסחים דף יג.) ורוב גילהי בלילה שכיח: **וביומא שמשא דביני קרחי.** שבין העבים שנראה במקום אחד אורה ובמקום אחר מעונן כקרח שיש לו שערות במקום אחד וקרחה במקום אחר: **מעלי תלגא לטורי.** וכ"ש לבקעה אלא הרים אין להם גשמים אלא שלג שהגשמים יורדין למטה ואין ההר שותה מהן ועוד שלג שבעמקים נמס והולך מפני החום שבולט שם כמים הוא אבל בהרים קרוי שלג: **כחמשה מיטרי לארעא.** דהכי משמע קרא כי לשלג יאמר הוא ארץ כשיאמר לשלג הוה ארץ הרי הוא כגשם מטר וגשם מטרות והרי יש כאן חמשה: **מיטרא ניחא.** שיורד בנחת יפה לפירות התבואה:

עורפילא

מסורת הש"ס

א) [בע"י ליתא], ב) ע"ז י: ע"ש.

הגהות הב"ח

(א) רש"י בד"ה אישתבועי למה ליה דקאמר אם יהיה: (ב) ד"ה מאי היא באיזה עבים: (ג) תוס' ד"ה בימות כו' אם אינו זכור שאמר שום דבר כו' כל"ל ותיבת שלא נמחק: (ד) בא"ד ומפרש רבינו נתנאל יותר טוב כשאינו מזכיר כו' בימות החמה הלכך היה שייך בטל ולא הזכיר כו' גבורות גשמים בתחיית המתים מחזירין כו' ולא מטר (ומשם הר"מ שאין לומר כו' דלכתחלה אין לאומרו) תא"מ ונ"ב הגה"ה: (ה) בא"ד הוא מזכיר בש"ת ואפילו נזכר קודם ש"ת: (ו) בא"ד מפי ר' שלמה לא דמי ההוא דמצלי ומיקל למאן:

תורה אור השלם

א) הוֹי הוֹי וְנֻסוּ מֵאֶרֶץ צָפוֹן נְאֻם יְיָ כִּי כְּאַרְבַּע רוּחוֹת הַשָּׁמַיִם פֵּרַשְׂתִּי אֶתְכֶם נְאֻם יְיָ: [זכריה ב, י]

ב) וְחָרָה אַף יְיָ בָּכֶם וְעָצַר אֶת הַשָּׁמַיִם וְלֹא יִהְיֶה מָטָר וְהָאֲדָמָה לֹא תִתֵּן אֶת יְבוּלָהּ וַאֲבַדְתֶּם מְהֵרָה מֵעַל הָאָרֶץ הַטֹּבָה אֲשֶׁר יְיָ נֹתֵן לָכֶם: [דברים יא, יז]

ג) יִתֵּן יְיָ אֶת מְטַר אַרְצְךָ אָבָק וְעָפָר מִן הַשָּׁמַיִם יֵרֵד עָלֶיךָ עַד הִשָּׁמְדָךְ: [דברים כח, כד]

ד) כִּי לַשֶּׁלֶג יֹאמַר הֱוֵא אָרֶץ וְגֶשֶׁם מָטָר וְגֶשֶׁם מִטְרוֹת עֻזּוֹ: [איוב לז, ו]

ליקוטי רש"י

לבי דרי. לזרוק המוץ לאחר הדישה ברחת ברוח [ב"מ עד.]. **יתן ה' את מטר ארצך אבק וגו'.** זיקא דבתר מטרא (תענית ג:) מטר יורד ולא כל צרכו ואין בו כדי להרביץ את העפר והרוח באה ומעלה את האבק ומכסה את עשב הזורעים שהן לחים מן המים ונדבק בהם ונעשה טיט ומתיבש ומרקיבין [דברים כח, כד]. **מטרא רזיא לאילני מטרא ניחא לפירי.** דאתיא ניחא, ואמרינן בפירקא לעיל (דף ג:) מיטרא ניחא לפירי ולתבואה ומיטרא רזיא לאילני דאתיא ניחא לפירי ואתיא רזיא לאילנות [לקמן יט:]. **מטרא רזיא.** מרזו מכה, מכבידין את חולי המכה כמו מטרא רזיא לאילני במסכת תענית (דף ג:) [יבמות סג:]. שאני מילי למרזו מכה, מקוזות ומגדלות כאב המכה ומיטרא רזיא לאילני במס' תענית (דף ג:) [שם קכ:].

דְּלָא מִיעֲצַר – [dew] is never withheld. Even during the years of drought, dew continued to fall.

The Gemara asks:

וְכִי מֵאַחַר דְּלָא מִיעֲצַר – But if dew is never withheld, אֵלִיָּהוּ אִשְׁתַּבּוּעֵי לָמָּה לֵיהּ – why did Elijah swear to Ahab that dew would not fall?[1]

The Gemara answers:

הָכִי קָאָמַר לֵיהּ – This is the meaning of **what [Elijah] said to [Ahab]: אֲפִילּוּ טַל דִּבְרָכָה נַמִּי לָא אָתֵי – Even the dew of blessing will also not fall.** I.e. the dew that will fall during the drought will not be of blessing – it will not cause any plant growth.

The Gemara asks further:

וְלִיהַדְרֵיהּ לְטַל דִּבְרָכָה – Then let [God] restore the dew of blessing. I.e. why did God not tell Elijah to inform Ahab of the restoration of the dew of blessing at the end of the drought?

The Gemara answers:

מִשּׁוּם דְּלָא מִינְכְּרָא מִילְּתָא – Because the restoration of the dew of blessing **is not a discernible matter,** and therefore had Elijah informed Ahab of the restoration of the dew of blessing, the wicked Ahab would have taunted Elijah by denying that it was withheld in the first place.

Having given the source for R' Chanina's assertion that dew is never withheld, the Gemara now substantiates the other part of his statement that winds are never withheld:

(אֶלָּא) רוּחוֹת מְנָא לָן דְּלָא מִיעַצְרֵי – (But) from where do we know that winds are never withheld? אָמַר רַבִּי יְהוֹשֻׁעַ בֶּן לֵוִי – R' Yehoshua ben Levi said: דְּאָמַר קְרָא – For the verse states:[2] "כִּי כְּאַרְבַּע רוּחוֹת הַשָּׁמַיִם פֵּרַשְׂתִּי אֶתְכֶם נְאֻם־ה׳" – ***For like the four winds of the heaven, I have spread you*** [Israel], ***says HASHEM.*** **מַאי קָאָמַר לְהוּ – What** is the meaning of this message that **God imparted to [the Jewish people]? אִילֵימָא הָכִי קָאָמַר לְהוּ הַקָּדוֹשׁ בָּרוּךְ הוּא לְיִשְׂרָאֵל – If you say that this is what the Holy One, Blessed is He, said to Israel: דְּבִדַּרְתִּינְכוּ בְּאַרְבַּע רוּחֵי דְּעָלְמָא – I have scattered you to the four corners**[3] **of the earth; אִי הָכִי "כְּאַרְבַּע" – if so,** why does the verse state: ***like the four*** – an expression which is indicative of a metaphor? **בְּאַרְבַּע מִיבָּעֵי לֵיהּ – It should have** stated: ***to the four.*** **אֶלָּא הָכִי קָאָמַר – Rather, this is what [God] said: כְּשֵׁם שֶׁאִי אֶפְשָׁר לָעוֹלָם בְּלֹא רוּחוֹת – Just as it is impossible for the world** to exist **without winds, כָּךְ אִי אֶפְשָׁר לָעוֹלָם בְּלֹא יִשְׂרָאֵל – so is it impossible for the world** to exist **without Israel.**[4] From here it is evident that winds are essential for the world's existence; thus, they are never withheld.

The Gemara draws the following corollary from the ruling cited above, that one is not obligated to mention dew and wind in the Shemoneh Esrei but it is permissible to do so:

אָמַר רַבִּי חֲנִינָא – R' Chanina said: הִלְכָּךְ בִּימוֹת הַחַמָּה – Therefore, in the summer [between Pesach and Succos], **אָמַר מַשִּׁיב הָרוּחַ** – if during the recitation of the blessing of the Resurrection of the Dead, **one said** the phrase, ***He makes the wind blow,*** **אֵין מַחֲזִירִין אוֹתוֹ – he does not have to return**[5] to the beginning of the blessing. **אָמַר מוֹרִיד הַגֶּשֶׁם** – But if **he said** the phrase, ***He makes the rain fall,*** **מַחֲזִירִין אוֹתוֹ – he must return** to the beginning of the blessing and recite it without this insertion.[6]

בִּימוֹת הַגְּשָׁמִים – In the winter, לֹא אָמַר מַשִּׁיב הָרוּחַ אֵין מַחֲזִירִין אוֹתוֹ – if **one did not say** the phrase, ***He makes the wind blow,*** **he does not have to return** to the beginning of the blessing.[7] **לֹא אָמַר מוֹרִיד הַגֶּשֶׁם מַחֲזִירִין אוֹתוֹ** – But if **one did not say** the phrase, ***He makes the rain fall,*** **he must return.**[8]

R' Chanina concludes his ruling:

וְלֹא עוֹד – And not only that, אֶלָּא אֲפִילּוּ אָמַר מַעֲבִיר הָרוּחַ וּמַפְרִיחַ הַטָּל – but even one who said the phrase, ***He removes the wind and makes the dew fly away,*** **אֵין מַחֲזִירִין אוֹתוֹ – does not have to return** to the beginning of the blessing. Since the winds and dew are never withheld, even this insertion is of no consequence.

On the same theme:

תָּנָא – The Tanna taught in a Baraisa: בְּעָבִים וּבְרוּחוֹת לֹא חִיְּיבוּ חֲכָמִים לְהַזְכִּיר – THE SAGES DID NOT OBLIGATE ONE TO MENTION praise for **CLOUDS OR WINDS** in the Shemoneh Esrei, **וְאִם בָּא לְהַזְכִּיר – BUT ONE WHO WISHES TO MENTION** them, **מַזְכִּיר – MAY MENTION** them.[9]

The Gemara gives the reason for the Baraisa's ruling:

מַאי טַעְמָא – Why is the mention of clouds and wind not obligatory? **מִשּׁוּם דְּלָא מִיעַצְרֵי – Because they are never withheld.**

The Gemara challenges this notion:

וְלָא מִיעַצְרֵי – Are [clouds and wind] never withheld? וְהָתַנְיָא

NOTES

1. In the verse cited above (bottom of 3a), Elijah said to Ahab: חַי־ה׳ . . . אִם־יִהְיֶה . . . טַל וּמָטָר, *By the life of HASHEM . . . there shall be no dew or rain.* The words חַי ה׳, [by] *the life of HASHEM,* indicate an oath.

The Gemara's expression, אִשְׁתַּבּוּעֵי לָמָּה לֵיהּ, actually means: Why was it *necessary* for Elijah to swear? However, this formulation of the question is difficult to understand, for not only was the oath unnecessary – it was false. The Gemara should rather have asked: How could Elijah have sworn falsely?

Some commentators explain that Elijah's oath was not a false one, because one could say that he meant that rain and dew would not fall *together,* which is in fact what happened. However, the reference to dew is seemingly unnecessary and therefore the Gemara questions its inclusion (*Etz Yosef;* cf. *Maharsha*).

2. *Zechariah* 2:10.

3. רוּחוֹת, *winds,* can also mean *sides* or *corners.*

4. Without winds the world would cease to exist due to the humidity and heat that would accumulate. Similarly the world cannot survive without Israel, as the verse states (*Jer.* 33:25): כֹּה אָמַר ה׳ אִם־לֹא בְרִיתִי יוֹמָם וָלָיְלָה חֻקּוֹת שָׁמַיִם וָאָרֶץ לֹא־שָׂמְתִּי, *Thus says HASHEM, if not for My covenant* [with Israel], *day and night, the laws of heaven and earth I would not have fixed.* [The Gemara in *Nedarim* 32a derives from this verse that the natural order is dependent, according to one opinion, on the study of Torah, and according to another, on the mitzvah of circumcision.]

The verse cited in the Gemara is thus understood as follows: *Like the four winds of the sky I have spread you* to the ends of the earth – just as the four winds are spread out over the world to sustain it, so is Israel spread out over the world to sustain it (*Rashi*).

5. Literally: [we] do not return him.

Even without this insertion, winds are never withheld [therefore it is of no consequence whether one mentions winds in one's prayer or not] (*Rashi*).

6. Rain is withheld at times [consequently, the mention of rains in one's prayer is of significance]. Since rain in the summer is an indication of curse – for it adversely effects the harvest – one who mentioned rain in his prayers during the summer has prayed improperly and must repeat the blessing (*Rashi*). [If he had finished the blessing of the Resurrection of the Dead, before he realized his mistake, he must return to the beginning of Shemoneh Esrei (*Rosh* §1).]

7. See note 5.

8. According to *Rosh* this means that one who had finished the blessing of the Resurrection of the Dead without reciting the phrase, מוֹרִיד הַגֶּשֶׁם, *He makes the rain fall,* must return to the beginning of the *Shemoneh Esrei.* However, if one became aware of the omission of this phrase before ending the blessing, it is sufficient to recite it at that point and then continue (cf. *Ravyah* cited by *Rosh;* see *Mishnah Berurah* 114:29, 32).

9. The appropriate expression of praise in reference to clouds would be: מְקַשֵּׁר עָבִים, *He causes the clouds to cluster* (*Rashi*).

דלא מיעצר וכי מאחר דלא מיעצר אליהו אשתבועי למה ליה הכי קא"ל אפילו טל דברכה נמי לא אתי וליהדריה לטל דברכה משום דלא מינכרא מילתא (א) אלא) רוחות מנא לן דלא מיעצרי ג) א"ר יהושע בן לוי דאמר קרא א) כי כארבע רוחות השמים פרשתי אתכם נאם ה' מאי קאמר להו אילימא הכי קאמר להו הקב"ה לישראל דבדרתינכו בארבע רוחי דעלמא אי הכי כארבע בארבע מיבעי ליה אלא הכי קאמר כשם שאי אפשר לעולם בלא רוחות כך א"א לעולם בלא ישראל א"ר חנינא א הלכך בימות החמה אמר משיב הרוח אין מחזירין אותו אמר מוריד הגשם מחזירין אותו בימות הגשמים לא אמר משיב הרוח אין מחזירין אותו לא אמר מוריד הגשם מחזירין אותו ולא עוד אלא אפילו אמר מעביר הרוח ומפריח הטל אין מחזירין אותו תנא בעבים וברוחות לא חייבו חכמים להזכיר ואם בא להזכיר מזכיר מ"ט משום דלא מיעצרי ולא מיעצרי והתני רב יוסף ב) ועצר את השמים מן העבים ומן הרוחות אתה אומר מן העבים ומן הרוחות או אינו אלא מן המטר כשהוא אומר ולא יהיה מטר הרי מטר אמור הא מה אני מקיים ועצר את השמים מן העבים ומן הרוחות קשיא רוחות ארוחות קשיא עבים אעבים עבים אעבים לא קשיא הא בחרפי הא באפלי רוחות ארוחות לא קשיא הא ברוח מצויה הא ברוח שאינה מצויה רוח שאינה מצויה חזיא לבי דרי אפשר בנפוותא תנא העבים והרוחות שניות למטר היכי דמי אמר עולא ואיתימא רבי יהודה דבתר מיטרא למימרא דמעליותא היא והכתיב ג) יתן ה' את מטר ארצך אבק ועפר ואמר עולא ואיתימא רב יהודה זיקא דבתר מטרא לא קשיא הא דאתא ניחא הא דאתא רזיא (ואי בעית אימא) הא דמעלה אבק הא דלא מעלה אבק ואמר רב יהודה זיקא דבתר מיטרא כמיטרא עיבא דבתר מיטרא כמיטרא שימשא דבתר מיטרא כתרי מטרי למעוטי מאי למעוטי גילהי דליליא ושמשא דביני קרחי אמר רבא מעלי תלגא לטורי כחמשה מטרי לארעא שנאמר ד) כי לשלג יאמר הוא ארץ וגשם מטר וגשם מטרות עוזו ואמר רבא תלגא לטורי מטרא רזיא לאילני מטרא ניחא לפירי עורפילא

ולא מיעצר. לעולם אפילו באותן שנים: אישתבועי למה ליה. (א) אם יהיה השנים האלה טל ומטר כי אם לפי דברי הא לא נעצר: אפילו טל דברכה. שילמית שום למה: וליהדריה לטל דברכה. ולימא ואתנה טל ומטר: דלא מינכרא מילתא. דהא טל הוה מעיקרא ולא היה אחאב הרשע מודה בחזירה דטל של ברכה דאי הוה אומר ואתנה טל ומטר היה אחאב מקנטרו ואומר לו שלא נעצר: אלא דמכניפנא לכו מד' רוחי עלמא לא גרסינן דהא פרשתי אתכם כתיב בקרא ואיכא למימר דגרס ליה והכי משתמע קרא כי מד' רוחות השמים שפרשתי אתכם משם אקבצכם ואריכות לשון בעלמא הוא דלא כתיב קיבוץ בקרא: כשם שא"א לעולם בלא רוחות. שלא יתקיים מרוב הבל וחמימות: בלא ישראל. שאין העולם מתקיים אלא בשביל ישראל והכי אמר קרא כי כד' רוחות השמים פרשתי אתכם לרוחות העולם כדי שיתקיים שנאמר (ירמיה לג) אם לא בריתי יומם ולילה חקות שמים וארץ לא שמתי: בימות החמה. מניסן עד החג: משיב הרוח אין מחזירין אותו. דבלאו הכי לא מיעצר: מוריד הגשם מחזירין אותו. דמיעצר וכיון דבעא אמיטרא לא התפלל תפלתו כהוגן וחוזר לראש הברכה ואומרה בלא מוריד הגשם לפי שהגשמים בקיץ סימן קללה הן מפני הקציר: מעביר הרוח. שלא ינשב: ומפריח הטל. שלא ירד: אין מחזירין אותו. דלא מיעצרי: בעבים. מקשר עבים: למימרא דלא מיעצרי. לפיכך לא חייבוהו להזכיר: בחרפי. עבים בכירות הבאים לפני המטר אינן עצורות: באפלי. הבאות מאוחרות לאחר המטר דשניות למטר הן כדלקמן ובההוא כתיב ועצר וכיון דאין כולם נעצרות לא חייבו להזכיר: שאינה מצויה. כתיב ועצר ואפ"ה לא חייבוהו להזכיר דסגי ליה במצויה רוחות לא מצי לתרולי הא בחרפי הא באפלי דרוח בין במטר בין בלא מטר לא מיעצר כגון רוח מצויה: רוח שאינה מצויה נמי חזיא לבי דרי. לגורן לזרות הקשין מן התבואה ונחייב להזכיר: אפשר בנפוותא. וו"ן בלע"ז בנפה וכברה: שניות. כמעט שמועילות כמטר עצמו: מאי היא. (ג) אי זה עבים ורוחות קאמר דשניות למטר: אמר עולא ואיתימא רב יהודה דבתר מיטרא. עבים ורוחות שלאחר המטר: זיקא ל"ג הכא: יתן ה' את מטר ארצך אבק ועפר וגו': זיקא דבתר מיטרא. שהרוח מעלה אבק אחר הגשמים ונדבק בתבואה: ה"ג הא דאתא ניחא הא דאתא רזיא. כשירד בנחת אינו מעלה אבק: רזיא. בכח ולא גרסינן ואי בעית אימא הא והא כו' אלא ה"ג הא דמעלה אבק הא דלא מעלה אבק והיינו הך: כמיטרא. שניות למטר כדקתני בתוספתא: למעוטי מאי. מאחר דכולהו כמיטרא מאי קמעטין דהוי בתריה ולא הוי כמיטרא: גילהי דליליא. אישלוסטר"א בלע"ז בגילהי הוה קאי במס' (פסחים דף יג.) ורוב גילהי בלילא שכיח: וביומא שמשא דביני קרחי. שבין העבים שנראה במקום אחד אורה ובמקום אחר מעונן כקרח שיש לו שערות במקום אחד וקרחה במקום אחר: מעלי תלגא לטורי. וכ"ש לבקעה אלא הרים אין להם גשמים אלא שלג שהגשמים יורדין למטה ואין ההר שותה מהן ועוד שלג שבעמקים נמס והולך מפני החום ששולט שם כמים הוא אבל בהרים קרוי שלג: כחמשה מיטרי לארעא. דהכי משמע קרא כי לשלג יאמר הוא ארץ כשיאמר לשלג הוה ארץ הרי הוא כגשם מטר וגשם מטרות והרי יש כאן חמשה: מיטרא ניחא. שיורד בנחת יפה לפירות התבואה: עורפילא

בימות החמה אמר משיב הרוח אין מחזירין אותו מוריד הגשם מחזירין אותו. אבל אם דילג שלא אמר לא גשם ולא טל אין מחזירין ובימות הגשמים לא אמר משיב הרוח אין מחזירין אותו לא אמר מוריד הגשם מחזירין אותו אבל אם אמר מוריד הטל בימות הגשמים אין מחזירין ואם ספק אם הזכיר אם לאו אם אינו זכור (ג) שלא אמר שום דבר בימות הגשמים כל ל' יום חזקה מה שהוא למוד הוא אומר ומחזירין מספק כל ל' יום וכן זכרנו ומי כמוך וכתוב לחיים שאומרים מן הכסה עד יום הכפורים מספק מחזירין ירושלמי בשם רבי חנינא היה שייך בגשם והזכיר טל אין מחזירין אותו בטל והזכיר של גשמים מחזירין אותו והתניא בטל וברוחות לא חייבו חכמים להזכיר ואם בא להזכיר מזכיר לא דמי ההוא דמצלי ומיקל לההוא דלא מצלי ולא מיקל ומפרש רבינו נתנאל (ד) טוב כשאינו מזכיר לא גשם ולא טל מכשהוא מזכיר גשם לפי שהגשמים סימן קללה בימות החמה היה שייך בטל לא הזכיר לא טל ולא גשם אין מחזירין אותו והדין להפך במוריד הגשם דאמר בירושלמי בגשם והזכיר של טל אין מחזירין אותו והתניא אם לא שאל בברכת השנים או שלא אמר גבורות גשמים מחזירין בההוא דלא הזכיר כלל לא טל ולא מטר ומשם הר"ם שאין לומר בימות החמה משיב הרוח דהא אמר רבי חנינא בימות החמה אמר משיב הרוח אין מחזירין אותו מכלל דלכתחילה אין לאומרו ומשום הכי אמר הר"י בשם א"ז לעולם בין בימות החמה בין בימות הגשמים מוריד הטל דלעולם לא אתי לידי ספק אמר ספק לא אמר והיכא דלא מזכיר בגבורות מזכיר בשומע תפלה דהכי קאמר בירושלמי ומה שאלה שהיא מדוחק אומר בש"ת הזכרה שהיא מרווח לא כ"ש וכי היכי דשואלין בש"ת הוא מזכיר בש"ת ואפילו (ה) הזכיר קודם שומע תפלה אינו אומר עד שיגיע לש"ת והיכא דלא אמר בשומע תפלה אי נזכר קודם שעקר רגליו חוזר לש"ת ואי לא חוזר לראש בין לא אמר מוריד הגשם ובין לא אמר ותן טל ומטר (ומחזירין) וכן הפסק והני מילי ביחיד אבל שליח צבור פסק רבינו יהודה דאין מחזירין לפי דאין מחזירין שליח צבור אלא משום ג' דברים מתחיית המתים ומבונה ירושלים ומברכת ולמלשינים משום דנראה ככופר שמעתי מפי רבי שלמה לא דמי (ו) מצלי ומיקל למאן דלא מצלי ולא מיקל פירוש מיקל כמו מקלל כלומר שאין מחזירין אם לא אמר ותן טל ומטר: **הא** בחרפי. פי' הא דאמר נעצרים היינו בחריפי כלומר בפירות המתבכרות וכו' אבל באפלי במאוחרות לא מיעצרי: **רוחות** ארוחות לא קשיא הא ברוח וכו'. וה"ה דמצי לשנויי הא בחריפי הא באפלי אלא שפיר קא משני ליה הא ברוח מצויה וכו': **שניות** למטר. שניות במעלה כדאמרי אינשי משנה למלך: **הא** דאתא ניחא. פי' כשיורדות בנחת חשובה כאן ברזיא כלומר בחוזק ואז אינה טובה: **גילהי** דליליא. פי' זריחת הלילה שקורין לנישו"ר בלע"ז: **שמשא** דביני קרחי. פי' כמו דבר קרחה שמכאן ומכאן יורדין הגשמים והשמש זורח באמצע זה דשמש לא מעלי: עורפילא

עין משפט
נר מצוה

י א מיי' פ"י מהלכות תפלה הלכה ח סמג עשין יט טוש"ע א"ח סימן קיד סעיף ג ד ה:

רבינו חננאל

דלא מיעצרי. וכן הרוחות לא מיעצרי. דכתיב כי כארבע רוחות השמים פרשתי אתכם. א"ר חנינא בימות החמה אמר משיב הרוח אין מחזירין אותו. אמר מוריד הגשם מחזירין אותו בימות הגשמים לא אמר משיב הרוח אין מחזירין אותו. לא אמר מוריד הגשם מחזירין אותו ולא עוד אלא אפילו אמר מעביר הרוח ומפריח הטל אין מחזירין אותו לפי שאינן נעצרין. **תנא** בעבים וברוחות לא חייבו חכמים להזכיר. ואם בא להזכיר מזכיר. איני והא תני רב יוסף ועצר את השמים מן העבים ומן הרוחות ושנינן [עבים אעבים ל"ק] חרפי אין נעצרים. אפלי נעצרים משום דמעלי כדבעינן למימר קמן. רוחות ארוחות נמי [ל"ק] רוח מצויה לא מיעצרא. רוח גדולה שאינה מצויה בכל עת נעצרת. ולמה אין מזכירין. וצריכין אותה לזרות בגרנות. ושנינן אפשר בנפוותא פי' יכולין להבר בלא רוח לכבור בכברה ולהסיר התבן מן הבר. **תנא** עבים ורוחות שניות למטר. פי' מיטרא ובתריה זיקא בניחותא או עיבא מעלי כאילו מטרא תניינא. שמשא בתר מטרא כתרי מטרי והני מילי שימשי בגלויא אבל גלוהי דליליא ושמשי דביני קרחי לא השלג מועיל לארץ מה' מטרות שנאמר כי לשלג יאמר הוי ארץ. וגשם א' מטר ב' וגשם ג' מטרות ב' הרי כאן חמשה. השלג מועיל להרים. המטר הגדול לאילנות מטר בניחותא

רבינו גרשום

בתוך בית סאה חורשין כל השדה כולה בשבילן ערב שביעית עד ר"ה אע"ג דשאר שדות אין חורשין לפני שביעית שלשים יום זה חורשין דהואיל דילדות הן אם אין חורשין סביבן מפסידין: **וניסוך המים כל שבעה: ר"י משום ר' יהושע יו"ט האחרון של חג וכו' הי רבי יהושע אילימא ר' יהושע דמתניתין דאמר ביו"ט האחרון הוא מזכי'** (מיו"ט האחרון מזכיר) דראשון נמי המתפלל יוצר אור מזכיר ואלו הכא תני הראשון אינו מזכיר **האמר משעת הנחתו** דהיינו בשביעי והכא קתני יו"ט האחרון דהיינו בשמיני. **ותו הא דתניא** במכילתא אחריתי **ר' יהודה [אומר] משום בן בתירה העובר לפני התיבה ביו"ט האחרון [אחרון]** מזכיר ראשון אינו מזכיר: **אלא אמר רב נחמן בר יצחק תהא תרווייהו** הא דבעית הי ר' יהושע והא דבעית הי בן בתירה **ר' יהושע בן בתירה. זימנין קרי ליה בשמיה דאבוה** [ר"ל בן בתירה] **וזימנין קרי ליה בשמיה** דידיה ר' יהושע. **מקמי דליסמכיה** לא הוי חשוב וקרי ליה משמיה דאבוה: **בטל וברוחות לא חייבו.** משיב הרוח ומוריד הטל: מ"ט לא חייבו חכמים להזכיר **דלא מיעצרי** כלומר שמעולם ירד טל ומנשב רוח ולא צריכי (שאין ברכה מ"ט דלא מיעצר כלומר שלעולם יורד ואין בו) ברכה: **ה"ק ליה אפי' טל שיורד לברכה לא ליהוי: וליהדריה נמי לטל דברכה** כלומר אמאי לא אמר ליה ואתנה מטר וטל על פני האדמה: **משום דלא מינכרא.** דכיון דבכל יומא הוי נחית טל שאינו של ברכה כי א"ל האידנא נחית טל דברכה לא מינכר בין טל דעד השתא [ר"ל דעד השתא נמי] הוי נחית טל: **דמכניפנא** לכו והכי משמע כי מארבע רוחות אשר פרשתי אתכם אקבץ אתכם: **כשם שאי אפשר לעולם בלא רוח** שבכל יום משיב הרוח: **אמר משיב הרוח אין מחזירין אותו.** אע"ג דלא זמניה הוא: **אמר מעביר הרוח אין** בכך כלום ואפ"ה לא מיעצר: **בעבים וברוחות** משיב הרוח ומביא עבים: **למימרא דלא מיעצרי** שתדיר באין עבים ומנשב הרוח ואין בהם לא קללה ולא ברכה. **בעבים וברוחות הכתוב מדבר.** אלמא דאית בהו ברכה וקללה ואמאי אמרת לא חייבו חכמים להזכיר: **קשיא עבים אעבים** כו' **חרפי** שלפני המטר אין בהן משום ברכה. **אפלי** שלאחר המטר יש בהן משום ברכה. **רוח מצויה.** ברכה. **שאינה מצויה** אינה ברכה: **מיבעי לבי דרי.** וכיון שצריכין הן אלמא דמיעצרי דיש בהן משום ברכה: **אפשר בנפוותא.** וכיון שאין צריכין אין בהן משום ברכה ולא מיעצרי: **שניות למטר** כלומר טובים הם כמטר כמו שני למלך: **דאתיא ניחא** הוה שני למטר כמטר: **דאתיא רזיא** כתיב ביה יתן ה' מטר ארצך אבק וגו': **גלוהי דליליא** ברק: **שמשא דביני קרחי** שזורח כאן ואין זורח כאן: **מעלי חד תלגא לטורי** להכי אמר לטורי שתדיר השלג בהרים: **גשם מטר וגשם מטרות** הרי ה': **אמר רבא תלגא לטורי** מעלי עורפילא

מסורת הש"ס

א) [בעי' ליתא], ב) ע"ז י: ע"ש.

הגהות הב"ח

(א) רש"י בד"ה אישתבועי למה ליה דקאמר אם יהיה: (ב) ד"ה מאי היא באיזה עבים: (ג) תוס' ד"ה בימות כו' אם אינו זכור שאמר שום דבר כו' כצ"ל ותיבת שלא נמחק: (ד) בא"ד ומפרש רבינו נתנאל יותר טוב כשאינו מזכיר כו' בימות החמה הלכך היה שייך בטל ולא הזכיר כו' גבורות גשמים בתחיית המתים מחזירין כו' ולא מטר (ומשם הר"מ שאין לומר כו' לכתחלה אין לאומרו) תא"מ ונ"ב הגה"ה: (ה) בא"ד הוא מזכיר בש"ת ואפילו נזכר קודם ש"ת: (ו) בא"ד מפי ר' שלמה לא דמי ההוא דמצלי ומיקל למאן:

תורה אור השלם

א) הוֹי הוֹי וְנֻסוּ מֵאֶרֶץ צָפוֹן נְאֻם יְיָ כִּי כְּאַרְבַּע רוּחוֹת הַשָּׁמַיִם פֵּרַשְׂתִּי אֶתְכֶם נְאֻם יְיָ: [זכריה ב, י]

ב) וְחָרָה אַף יְיָ בָּכֶם וְעָצַר אֶת הַשָּׁמַיִם וְלֹא יִהְיֶה מָטָר וְהָאֲדָמָה לֹא תִתֵּן אֶת יְבוּלָהּ וַאֲבַדְתֶּם מְהֵרָה מֵעַל הָאָרֶץ הַטֹּבָה אֲשֶׁר יְיָ נֹתֵן לָכֶם: [דברים יא, יז]

ג) יִתֵּן יְיָ אֶת מְטַר אַרְצְךָ אָבָק וְעָפָר מִן הַשָּׁמַיִם יֵרֵד עָלֶיךָ עַד הִשָּׁמְדָךְ: [דברים כח, כד]

ד) כִּי לַשֶּׁלֶג יֹאמַר הֱוֵא אָרֶץ וְגֶשֶׁם מָטָר וְגֶשֶׁם מִטְרוֹת עֻזּוֹ: [איוב לז, ו]

ליקוטי רש"י

לבי דרי. לזרוק המוץ לאחר הדישה ברחת ברוח [ב"מ עד.]. **יתן ה' את מטר ארצך אבק וגו'.** זיקא דבתר מטרא (תענית ג) מטר יורד ולא כל צרכו ואין בו כדי להרביץ את העפר והרוח באה ומעלה את האבק ומכסה את עשב הזרעים שהן לחים מן המים ונדבק בהם ונעשה טיט ומתיבש ומרקיבין [דברים כח, כד]. **מטרא רזיא לאילני מטרא ניחא לפירי.** דאמיא ניחא, ואמרינן בפירקא דלעיל (דף ג:) מיטרא ניחא לפירי ולתבואה ומיטרא רזיא לאילני דאתיא ניחא לפירי ואתיא רזא לאילנות [לקמן יט:]. **מטרא רזיא.** מרזו מכה, מכבידין את חולי המכה כמו מטרא רזיא לאילני במסכת תענית (דף ג:) [יבמות מז:]. שאלי מיא דמרזו מכה, מחזיקות ומגדלות כלא למכה וכבירו מיטרא רזיא לאילני במס' תענית (דף ג:) [שם קב:].

רַב יוֹסֵף – **But Rav Yosef has taught the following Baraisa:** "וְעָצַר אֶת־הַשָּׁמַיִם", – When Scripture states:[10] ***AND [GOD] WILL RESTRAIN THE HEAVENS,*** מִן הֶעָבִים וּמִן הָרוּחוֹת – it means that the heavens will be prevented **FROM** providing **CLOUDS AND WINDS.** This explanation may be substantiated as follows: אַתָּה אוֹמֵר מִן הֶעָבִים וּמִן הָרוּחוֹת – **YOU SAY** that the verse means that the heavens will be prevented **FROM** providing **CLOUDS AND WINDS?** אוֹ אֵינוֹ אֶלָּא מִן הַמָּטָר – **PERHAPS** the verse means **ONLY** that the heavens will be prevented **FROM** providing **RAIN?** כְּשֶׁהוּא אוֹמֵר: "וְלֹא־יִהְיֶה מָטָר" – **WHEN IT SAYS** in the continuation of that verse, ***AND THERE WILL BE NO RAIN,*** הֲרֵי מָטָר אָמוּר – the withholding of **RAIN IS MENTIONED.** הָא מָה אֲנִי מְקַיֵּים: "וְעָצַר אֶת־הַשָּׁמַיִם" – **HOW THEN, DO I EXPLAIN** the phrase ***AND HE WILL RESTRAIN THE HEAVENS?*** מִן הֶעָבִים וּמִן הָרוּחוֹת – It must mean that the heavens will be prevented **FROM** providing **CLOUDS AND WINDS.**

The Gemara notes the contradictions between this Baraisa and the Baraisa cited at the onset of this discussion which implied that clouds and winds are never withheld:

קַשְׁיָא רוּחוֹת אָרוּחוֹת – **There is a contradiction between** the first Baraisa's position on **winds** (that they are never withheld) **and** the second Baraisa's position on **winds** (that at times they may be withheld). קַשְׁיָא עָבִים אַעָבִים – Furthermore, **there is a contradiction between** the first Baraisa's position on **clouds** (that they are never withheld) **and** the second Baraisa's position on **clouds** (that at times they may be withheld). – ? –

The Gemara resolves the contradiction concerning clouds:

עָבִים אַעָבִים לֹא קַשְׁיָא – **There is no contradiction between** one Baraisa's position on **clouds and** the other Baraisa's position on **clouds,** הָא בְּחַרְפֵי – because **this one** [i.e. the Baraisa which maintains that clouds are never withheld] speaks of **early [clouds],** which precede the rain, הָא בְּאַפְלֵי – and **the other one** [i.e. the Baraisa which states that clouds may be withheld at times] speaks of **late [clouds],** which follow the rain.[11]

The Gemara resolves the difficulty concerning winds:

רוּחוֹת אָרוּחוֹת לֹא קַשְׁיָא – **There is no contradiction between** one Baraisa's position on **winds and** the other Baraisa's position on **winds,** הָא בְּרוּחַ מְצוּיָה – because **this one** [i.e. the Baraisa which maintains that winds are never withheld] speaks of **normal winds** הָא בְּרוּחַ שֶׁאֵינָהּ מְצוּיָה – and **the other one** [i.e. the Baraisa which states that winds may be withheld at times] speaks of **extraordinary winds.**[12]

According to this answer, extraordinary winds may be withheld at times and yet we do not have to make mention of winds in our prayers because extraordinary winds are not essential (and the provision of normal winds is guaranteed). The Gemara, however, asks:

רוּחַ שֶׁאֵינָהּ מְצוּיָה חַזְיָא לְבֵי דָרֵי – But only **extraordinary winds** are **appropriate for** separating chaff from the grain in **the silo.** It should therefore be obligatory to make mention of winds for the sake of this purpose. – ? –

The Gemara answers:

אֶפְשָׁר בִּנְפָוָתָא – **It is possible** to remove the chaff from the grain **with sieves.** Therefore, extraordinary winds are not essential.

Another Baraisa that discusses winds and clouds:

תָּנָא – **A Tanna taught in a Baraisa:** הֶעָבִים וְהָרוּחוֹת שְׁנִיּוֹת לַמָּטָר – **CLOUDS AND WINDS ARE SECONDARY TO RAIN;** i.e. they are almost as beneficial as rain.

The Gemara defines the type of clouds and winds to which the Baraisa refers:

הֵיכִי דָמֵי – **What is the case?** אָמַר עוּלָּא וְאִיתֵימָא רַבִּי יְהוּדָה – **Ulla, and some say it was R' Yehudah, said:** דְּבָתַר מִיטְרָא – The Baraisa refers to clouds and winds that come **after the rain.**

The Gemara notes a contradiction between this teaching of Ulla (or R' Yehudah) and another one of his teachings:

לְמֵימְרָא דְּמַעַלְיוּתָא הִיא – Is this **to say that it is advantageous** for a wind to follow a rainfall? וְהָכְתִיב: "יִתֵּן ה׳ אֶת־מְטַר אַרְצְךָ אָבָק וְעָפָר" – **But it is written:**[13] ***HASHEM shall make the rain of your land dust and dirt,*** וְאָמַר עוּלָּא וְאִיתֵימָא רַב יְהוּדָה זִיקָא דְּבָתַר מִטְרָא – **and Ulla, and some say it was Rav Yehudah, said:** This verse speaks of a **wind** that blows **after a rainfall.** Such a wind causes damage by stirring up dirt which then clings to the wet crop. This contradicts the previous teaching, which described post-rain winds as beneficial. – ? –

The Gemara answers:

לֹא קַשְׁיָא – **No difficulty** is posed by these two teachings, הָא דְּאָתָא נִיחָא – because **one** speaks of a rain **that falls gently** הָא דְּאָתָא רַזְיָא – and **the other** speaks of a rain **that falls forcefully.** (ואי בעית אימא)[14] הָא דְּמַעֲלֶה אָבָק – **This** type of wind [a forceful one] **raises dust** and therefore is detrimental, הָא דְּלֹא מַעֲלֶה אָבָק – whereas **the other** type of wind [a gentle one] **does not raise dust** and is beneficial.

The Gemara continues to discuss the beneficial effects of winds and clouds that follow a rainfall:

וְאָמַר רַב יְהוּדָה – **And Rav Yehudah said:** זִיקָא דְּבָתַר מִיטְרָא כְּמִיטְרָא – **Wind after a rainfall is** almost as beneficial **as** the **rainfall** itself. עִיבָא דְּבָתַר מִיטְרָא כְּמִיטְרָא – Similarly, **clouds after a rainfall are** almost as beneficial **as** the **rainfall** itself. שִׁימְשָׁא דְּבָתַר מִיטְרָא כִּתְרֵי מִטְרֵי – **Sunshine after a rainfall is** almost as beneficial **as two rainfalls.**

The Gemara asks:

לְמַעוּטֵי מַאי – **What does this exclude?** Since all these forces are beneficial when they follow rain, which forces does Rav Yehudah intend to exclude as not being of benefit when they follow rain?

The Gemara answers:

לְמַעוּטֵי גִּילְהֵי דְּלֵילְיָא – Rav Yehudah intends **to exclude** the **flashes of light,** which usually occur **at night,** וְשִׁמְשָׁא דְּבֵינֵי קָרְחֵי – **and the sunlight** that appears **between the "bald patches"** of clouds.[15]

More on this theme:

אָמַר רָבָא – **Rava said:** מַעֲלֵי תַּלְגָּא לְטוּרֵי כְּחַמְשָׁה מִטְרֵי לְאַרְעָא –

NOTES

10. *Deuteronomy* 11:17. The verse describes the punishment that will befall the people if they turn away from God and worship idols.

11. Since at least some clouds [i.e. the ones that precede the rain] are never withheld, the first Baraisa rules that it is not obligatory to make mention of clouds in our prayers (*Rashi*).

12. [I.e. winds of unusually high intensity.]

Normal winds suffice to ensure the world's existence [and they are never withheld]; therefore, it is not incumbent to make reference to winds in our prayers.

Unlike the previous answer concerning clouds, here the Gemara does not differentiate between pre-rain winds and post-rain winds because some winds [normal ones] are never withheld regardless of their relationship to the rain (*Rashi*).

13. *Deuteronomy* 28:24. This verse is from the תּוֹכֵחָה, *Tochachah* (literally: rebuke), the passage in the Torah that depicts the dire punishment that will befall Israel if they do not observe God's commandments.

14. According to *Rashi* the words וְאִי בָּעֵית אֵימָא, *and if you prefer say,* are not included in the text. This phrase normally introduces a new answer; but here the continuation of the Gemara is merely an expansion of the answer already given.

15. A sky in which clouds are interspersed with sunny patches is compared to a head that is partially bald and partially covered with hair (*Rashi*).

עין משפט
נר מצוה

י א מיי׳ פ״י מהלכות תפלה הלכה ח סמג עשין יט טוש״ע א״ח סימן קיד סעיף ג ד ה:

מסורת הש״ס

א) [בע״י ליתא], ב) ע״ז י: ע״ש.

דלא מיעצר וכי מאחר דלא מיעצר אליהו אשתבועי למה ליה הכי קא״ל אפילו טל דברכה נמי לא אתי וליהדריה לטל דברכה משום דלא מינכרא מילתא (א) (אלא) רוחות מנא לן דלא מיעצרי ג) א״ר יהושע בן לוי דאמר קרא א) כי כארבע רוחות השמים פרשתי אתכם נאם ה׳ מאי קאמר להו אילימא הכי קאמר להו הקב״ה לישראל דבדרתינכו בארבע רוחי דעלמא אי הכי כארבע בארבע מיבעי ליה אלא הכי קאמר כשם שאי אפשר לעולם בלא רוחות כך א״א לעולם בלא ישראל א״ר חנינא י הלכך בימות החמה אמר משיב הרוח אין מחזירין אותו אמר מוריד הגשם מחזירין אותו בימות הגשמים לא אמר משיב הרוח אין מחזירין אותו לא אמר מוריד הגשם מחזירין אותו ולא עוד אלא אפילו אמר מעביר הרוח ומפריח הטל אין מחזירין אותו תנא בעבים וברוחות לא חייבו חכמים להזכיר ואם בא להזכיר מזכיר מ״ט משום דלא מיעצרי ולא מיעצרי והתני רב יוסף ב) ועצר את השמים מן העבים ומן הרוחות אתה אומר מן העבים ומן הרוחות או אינו אלא מן המטר כשהוא אומר ולא יהיה מטר הרי מטר אמור הא מה אני מקיים ועצר את השמים מן העבים ומן הרוחות קשיא רוחות ארוחות קשיא עבים אעבים עבים אעבים לא קשיא הא בחרפי הא באפלי רוחות ארוחות לא קשיא הא ברוח מצויה הא ברוח שאינה מצויה רוח שאינה מצויה חזיא לבי דרי אפשר בנפוותא תנא העבים והרוחות שניות למטר היכי דמי אמר עולא ואיתימא רבי יהודה דבתר מיטרא למימרא דמעליותא היא והכתיב ג) יתן ה׳ את מטר ארצך אבק ועפר ואמר עולא ואיתימא רב יהודה זיקא דבתר מטרא לא קשיא הא דאתא ניחא הא דאתא רזיא (ואי בעית אימא) הא דמעלה אבק הא דלא מעלה אבק ואמר רב יהודה זיקא דבתר מיטרא כמיטרא עיבא דבתר מיטרא כמיטרא שימשא דבתר מיטרא כתרי מטרי למעוטי מאי למעוטי גילהי דליליא ושמשא דביני קרחי אמר רבא מעלי תלגא לטורי כחמשה מטרי לארעא שנאמר ד) כי לשלג יאמר הוא ארץ וגשם מטר וגשם מטרות עוזו ואמר רבא תלגא לטורי מטרא רזיא לאילני מטרא ניחא לפירי עורפילא

רש״י

ולא מיעצר. לעולם אפילו באותן שנים: אישתבועי למה ליה. (א) אם יהיה השנים האלה טל ומטר כי אם לפי דברי הא לא נעצר: אפילו טל דברכה. שילמיח שום למח: וליהדריה לטל דברכה. ולימא ואתנה טל ומטר: דלא מינכרא מילתא. דהא טל הוה מעיקרא ולא היה אחאב הרשע מודה בחזרה דטל של ברכה דאי הוה אומר ואתנה טל ומטר היה אחאב מקנטרו ואומר לו שלא נעצר: אלא דמכניפנא לכו מד׳ רוחי עלמא לא גרסינן דהא פרשתי אתכם כתיב בקרא ואיכא למימר דגרס ליה והכי משתמע קרא כי מד׳ רוחות השמים שפרשתי אתכם משם אקבצכם ואריכות לשון בעלמא הוא דלא כתיב קיבוץ בקרא: כשם שא״א לעולם בלא רוחות. שלא יתקיים מרוב הבל וחמימות: בלא ישראל. שאין העולם מתקיים אלא בשביל ישראל והכי אמר קרא כי כד׳ רוחות השמים פרשתי אתכם לרוחות העולם כדי שיתקיים שנאמר (ירמיה לג) אם לא בריתי יומם ולילה חקות שמים וארץ לא שמתי: בימות החמה. מניסן עד החג: משיב הרוח אין מחזירין אותו. דבלאו הכי לא מיעצר: מוריד הגשם מחזירין אותו. דמיעצר וכיון דבעא אמיטרא לא התפלל תפלתו כהוגן וחוזר לראש הברכה ואומרה בלא מוריד הגשם לפי שהגשמים בקיץ סימן קללה הן מפני הקציר: מעביר הרוח. שלא ינשב: ומפריח הטל. שלא ירד: אין מחזירין אותו. דלא מיעצרי: בעבים. מקשר עבים: למימרא דלא מיעצרי. לפיכך לא חייבוהו להזכיר: בחרפי. עבים בכירות הבאים לפני המטר אינן עצורות: באפלי. הבאות מאוחרות לאחר המטר דשניות למטר הן כדלקמן ובהנהו כתיב ועצר וכיון דאין כולם נעצרות לא חייבו להזכיר: שאינה מצויה. כתיב ועצר ואפ״ה לא חייבוהו להזכיר דסגי ליה במצויה רוחות לא מצי לתרולי הא בחרפי הא באפלי דרוח בין במטר בין בלא מטר לא מיעצר כגון רוח מצויה: רוח שאינה מצויה נמי חזיא לבי דרי. לגורן לזרות הקשין מן התבואה ונחייב להזכיר: אפשר בנפוותא. וו״ן בלע״ז בנפה וכברה: שניות. כמעט שמועילות כמטר עצמו: מאי היא. (ג) אי זה עבים ורוחות קאמר דשניות למטר: אמר עולא ואיתימא רב יהודה דבתר מיטרא. עבים ורוחות שלאחר המטר: זיקא ל״ג הכא: יתן ה׳ את מטר ארצך אבק ועפר וגו׳: זיקא דבתר מיטרא. שהרוח מעלה אבק אחר הגשמים ונדבק בתבואה: ה״ג הא דאתא ניחא הא דאתא רזיא. כשירד בנחת אינו מעלה אבק: רזיא. בכח ולא גרסינן ואי בעית אימא הא והא כו׳ אלא ה״ג הא דמעלה אבק הא דלא מעלה אבק והיינו הך: כמיטרא. שניות למטר כדקתני בתוספתא: למעוטי מאי. מאחר דכולהו כמיטרא מאי קמעטינן דהוי בתריה ולא הוי כמיטרא: גילהי דליליא. אישלוסטר״א בלע״ז בגילהי הוה קאי במס׳ (פסחים דף יג.) ורוב גילהי בלילה שכיח: וביומא שמשא דביני קרחי. שבין העבים שנראה במקום אחד אורה ובמקום אחר מעונן כקרח שיש לו שערות במקום אחד וקרחה במקום אחר: מעלי תלגא לטורי. וכ״ש לבקעה אלא הרים אין להם גשמים אלא שלג שהגשמים יורדין למטה ואין ההר שותה מהן ועוד שלג שבעמקים נמס והולך מפני החום ששולט שם כמים הוא אבל בהרים קרוי שלג: כחמשה מיטרי לארעא. דהכי משמע קרא כי לשלג יאמר הוא ארץ כשיאמר לשלג הוה ארץ הרי הוא כגשם מטר וגשם מטרות והרי יש כאן חמשה: מיטרא ניחא. שיורד בנחת יפה לפירות התבואה: עורפילא

תוספות

בימות החמה אמר משיב הרוח אין מחזירין אותו מוריד הגשם מחזירין אותו. אבל אם דילג שלא אמר לא גשם ולא טל אין מחזירין ובימות הגשמים לא אמר משיב הרוח אין מחזירין אותו לא אמר מוריד הגשם מחזירין אותו אבל אם אמר מוריד הטל בימות הגשמים אין מחזירין ואם ספק אם הזכיר אם לאו אם אינו זכור (ג) שלא אמר שום דבר בימות הגשמים כל ל׳ יום חזקה מה שהוא למוד הוא אומר ומחזירין מספק כל ל׳ יום וכן זכרנו ומי כמוך וכתוב לחיים שאומרים מן הכסה עד יום הכפורים מספק מחזירין ירושלמי בשם רבי חנינא היה שייך בגשם והזכיר טל אין מחזירין אותו בטל והזכיר של גשמים מחזירין אותו והתניא בטל וברוחות לא חייבו חכמים להזכיר ואם בא להזכיר מזכיר לא דמי ההוא דמללי ומיקל להההוא דלא מללי ולא מיקל ומפרש רבינו נתנאל (ד) טוב כשאינו מזכיר לא גשם ולא טל מכשהוא מזכיר גשם לפי שהגשמים סימן קללה בימות החמה היה שייך בטל לא הזכיר לא טל ולא גשם אין מחזירין אותו והדין להפך במוריד הגשם דאמר בירושלמי בגשם והזכיר של טל אין מחזירין אותו והתניא אם לא שאל בברכת השנים או שלא אמר גבורות גשמים מחזירין בההוא דלא הזכיר כלל לא טל ולא מטר ומשם הר״ם שאין לומר בימות החמה משיב הרוח דהא אמר רבי חנינא בימות החמה אמר משיב הרוח אין מחזירין אותו מכלל דלכתחילה אין לאומרו ומשום הכי אמר הר״י בשם א״ז לעולם בין בימות החמה בין בימות הגשמים מוריד הטל דלעולם לא אתי לידי ספק אמר ספק לא אמר והיכא דלא מזכיר בגבורות מזכיר בשומע תפלה דהכי קאמר בירושלמי ומה שאלה שהיא מדוחק אומר בש״ת הזכרה שהיא מרווח לא כ״ש וכי היכי דשואלין בש״ת הוא מזכיר בש״ת ואפילו (ה) הזכיר קודם שומע תפלה אינו אומר עד שיגיע לש״ת והיכא דלא אמר בשומע תפלה אי נזכר קודם שעקר רגליו חוזר לש״ת ואי לא חוזר לראש בין לא אמר מוריד הגשם ובין לא אמר ותן טל ומטר (ומחזירין) וכן הפסק והני מילי ביחיד אבל שליח צבור פסק רבינו יהודה דאין מחזירין לפי דאין מחזירין שליח צבור אלא משום ג׳ דברים מתחיית המתים ומבונה ירושלים ומברכת ולמלשינים משום דנראה ככופר שמעתי מפי רבי שלמה לא דמי (ו) מללי ומיקל למאן דלא מללי ולא מיקל פירוש מיקל כמו מקלל כלומר שאין מחזירין אם לא אמר ותן טל ומטר:

הא בחרפי. פי׳ הא דאמר נעצרים היינו בחריפי כלומר בפירות המתבכרות וכו׳ אבל באפלי במאוחרות לא מיעצרי:

רוחות ארוחות לא קשיא הא ברוח וכו׳. וה״ה דמצי לשנויי הא בחריפי הא באפלי אלא שפיר קא משני ליה הא ברוח מצויה וכו׳:

שניות למטר. שניות במעלה כדאמרי אינשי משנה למלך:

הא דאתא ניחא. פי׳ כשיורדות בנחת חשובה כאן ברזיא כלומר בחוזק ואז אינה טובה:

גילהי דליליא. פי׳ זריחת הלילה שקורין לנישו״ר בלע״ז:

שמשא דביני קרחי. פי׳ כמו דבר קרחה שמכאן ומכאן יורדין הגשמים והשמש זורח באמצע זה דשמש לא מעלי:

רבינו חננאל

דלא מיעצרי. וכן הרוחות לא מיעצרי. דכתיב כי כארבע רוחות השמים פרשתי אתכם. א״ר חנינא בימות החמה אמר משיב הרוח אין מחזירין אותו. אמר מוריד הגשם מחזירין אותו בימות הגשמים לא אמר משיב הרוח אין מחזירין אותו. לא אמר מוריד הגשם מחזירין אותו ולא עוד אלא אפילו אמר מעביר הרוח ומפריח הטל אין מחזירין אותו לפי שאינן נעצרין. תנא בעבים וברוחות לא חייבו חכמים להזכיר. ואם בא להזכיר מזכיר. איני והא תני רב יוסף ועצר את השמים מן העבים ומן הרוחות ושנינן [עבים אעבים ל״ק] חרפי אין נעצרים. אפלי נעצרים משום דמעלי כדבעינן למימר קמן. רוחות ארוחות נמי [ל״ק] רוח מצויה לא מיעצרא. רוח גדולה שאינה מצויה בכל עת נעצרת. ולמה אין מזכירין. וצריכין אותה לזרות בגרנות. ושנינן אפשר בנפוותא פי׳ יכולין להבר בלא רוח לכבור בכברה ולהסיר התבן מן הבר. תנא עבים ורוחות שניות למטר. פי׳ מיטרא ובתריה זיקא בניחותא או עיבא מעלי כאילו מטרא תניינא. שמשא בתר מטרא כתרי מטרי והני מילי שימשי בגלויא אבל גלוהי דליליא ושמשי דביני קרחי לא השלג מועיל לארץ מה׳ מטרות שנאמר כי לשלג יאמר הוי ארץ. וגשם א׳ מטר ב׳ וגשם ג׳ מטרות ב׳ הרי כאן חמשה. השלג מועיל להרים. המטר הגדול לאילנות מטר בניחותא

רבינו גרשום

בתוך בית סאה חורשין כל השדה כולה בשבילן ערב שביעית עד ר״ה אע״ג דשאר שדות אין חורשין לפני שביעית שלשים יום זה חורשין דהואיל דילדות הן אם אין חורשין סביבן מפסידין: וניסוך המים כל שבעה: ר״י משום ר׳ יהושע יו״ט האחרון של חג וכו׳ הי רבי יהושע אילימא ר׳ יהושע דמתניתין דאמר ביו״ט האחרון הוא מזכי׳ (מיו״ט האחרון מזכיר) דראשון נמי המתפלל יוצר אור מזכיר ואלו הכא תני הראשון אינו מזכיר האמר משעת הנחתו דהיינו בשביעי והכא קתני יו״ט האחרון דהיינו בשמיני. ותו הא דתניא במכילתא אחריתי ר׳ יהודה [אומר] משום בן בתירה העובר לפני התיבה ביו״ט האחרון [אחרון] מזכיר ראשון אינו מזכיר: אלא אמר רב נחמן בר יצחק תהא תרווייהו הא דבעית הי ר׳ יהושע והא דבעית הי בן בתירה ר׳ יהושע בן בתירה. זימנין קרי ליה בשמיה דאבוה [ר״ל בן בתירה] וזימנין קרי ליה בשמיה דידיה ר׳ יהושע. מקמי דליסמכיה לא הוי חשוב וקרי ליה משמיה דאבוה: בטל וברוחות לא חייבו. משיב הרוח ומוריד הטל: מ״ט לא חייבו חכמים להזכיר דלא מיעצרי כלומר שמעולם ירד טל ומנשב רוח ולא צריכי (שאין ברכה מ״ט דלא מיעצר כלומר שלעולם יורד ואין בו) ברכה: ה״ק ליה אפי׳ טל שיורד לברכה לא ליהוי: וליהדריה נמי לטל דברכה כלומר אמאי לא אמר ליה ואתנה מטר וטל על פני האדמה: משום דלא מינכרא. דכיון דבכל יומא הוי נחית טל שאינו של ברכה כי א״ל האידנא נחית טל דברכה לא מינכר בין טל דעד השתא [ר״ל דעד השתא נמי] הוי נחית טל: דמכניפנא לכו והכי משמע כי מארבע רוחות אשר פרשתי אתכם אקבץ אתכם: כשם שאי אפשר לעולם בלא רוח שבכל יום משיב הרוח: אמר משיב הרוח אין מחזירין אותו. אע״ג דלא זמניה הוא: אמר מעביר הרוח אין בכך כלום ואפ״ה לא מיעצר: בעבים וברוחות משיב הרוח ומביא עבים: למימרא דלא מיעצרי שתדיר באין עבים ומנשב הרוח ואין בהם לא קללה ולא ברכה. בעבים וברוחות הכתוב מדבר. אלמא דאית בהו ברכה וקללה ואמאי אמרת לא חייבו חכמים להזכיר: קשיא עבים אעבים כו׳ חרפי שלפני המטר אין בהן משום ברכה. אפלי שלאחר המטר יש בהן משום ברכה. רוח מצויה. ברכה. שאינה מצויה אינה ברכה: מיבעי לבי דרי. וכיון שצריכין הן אלמא דמיעצרי דיש בהן משום ברכה: אפשר בנפוותא. וכיון שאין צריכין אין בהן משום ברכה ולא מיעצרי: שניות למטר כלומר טובים הם כמטר כמו שני למלך: דאתיא ניחא הוה שני למטר כמטר: דאתיא רזיא כתיב ביה יתן ה׳ מטר ארצך אבק וגו׳: גלוהי דליליא ברק: שמשא דביני קרחי שזורח כאן ואין זורח כאן: מעלי חד תלגא לטורי להכי אמר לטורי שתדיר השלג בהרים: גשם מטר וגשם מטרות הרי ה׳: אמר רבא תלגא לטורי מעלי עורפילא

הגהות הב״ח

(א) רש״י בד״ה אישתבועי למה ליה דקאמר אם יהיה: (ב) ד״ה מאי היא באיזה עבים: (ג) תוס׳ ד״ה בימות כו׳ אם אינו זכור שאמר שום דבר כו׳ כצ״ל ותיבת שלא נמחק: (ד) בא״ד ומפרש רבינו נתנאל יותר טוב כשאינו מזכיר כו׳ בימות החמה הלכך היה שייך בטל ולא הזכיר כו׳ גבורות גשמים בתחיית המתים מחזירין כו׳ ולא מטר (ומשם הר״מ שאין לומר כו׳ דלכתחלה אין לאומרו) תא״מ ונ״ב הגה״ה: (ה) בא״ד הוא מזכיר בש״ת ואפילו נזכר קודם ש״ת: (ו) בא״ד מפי ר׳ שלמה לא דמי ההוא דמללי ומיקל למאן:

תורה אור השלם

א) הוֹי הוֹי וְנֻסוּ מֵאֶרֶץ צָפוֹן נְאֻם יְיָ כִּי כְּאַרְבַּע רוּחוֹת הַשָּׁמַיִם פֵּרַשְׂתִּי אֶתְכֶם נְאֻם יְיָ: [זכריה ב, י]

ב) וְחָרָה אַף יְיָ בָּכֶם וְעָצַר אֶת הַשָּׁמַיִם וְלֹא יִהְיֶה מָטָר וְהָאֲדָמָה לֹא תִתֵּן אֶת יְבוּלָהּ וַאֲבַדְתֶּם מְהֵרָה מֵעַל הָאָרֶץ הַטֹּבָה אֲשֶׁר יְיָ נֹתֵן לָכֶם: [דברים יא, יז]

ג) יִתֵּן יְיָ אֶת מְטַר אַרְצְךָ אָבָק וְעָפָר מִן הַשָּׁמַיִם יֵרֵד עָלֶיךָ עַד הִשָּׁמְדָךְ: [דברים כח, כד]

ד) כִּי לַשֶּׁלֶג יֹאמַר הֱוֵא אָרֶץ וְגֶשֶׁם מָטָר וְגֶשֶׁם מִטְרוֹת עֻזּוֹ: [איוב לז, ו]

ליקוטי רש״י

לבי דרי. לזרוק המוץ לאחר הדישה ברחת ברוח [ב״מ עד.]. יתן ה׳ את מטר ארצך אבק וגו׳. זיקא דבתר מטרא (תענית ג) מטר יורד ולא כל צרכו ואין בו כדי לרבך את העפר והרוח באה ומעלה את האבק ומכסה את עשב הזרעים שהן לחים מן המים ונדבק בהם ונעשה טיט ומתיבש ומרקיבין [דברים כח, כד]. מטרא רזיא לאילני מטרא ניחא לפירי. דאתיא ניחא, ואמרינן בפירקא דלעיל (דף ג:) מיטרא ניחא לפירי ולתבואה ומיטרא רזיא לאילני דאתיא ניחא לפירי ואתיא רזא לאילנות [לקמן יט:]. מטרא רזיא. מרזו מכה, מכבידין את חולי המכה כמו מטרא רזיא לאילני במסכת תענית (דף ג:) [יבמות מז:]. שאני מיא דמרזו מכה, מזוקות ומגדלות כלא הכה ומכרו מיטרא רזיא לאילני במס׳ תענית (דף ג:) [שם קכ.].

Snow is as beneficial to mountains as five rainfalls are to the ground.[16] שֶׁנֶּאֱמַר: ,,כִּי לַשֶּׁלֶג יֹאמַר הֱוֵא אָרֶץ וְגֶשֶׁם מָטָר וְגֶשֶׁם מִטְרוֹת עֻזּוֹ'' – **As it is said:**[17] ***For He says to the snow, "Be on the ground,"*** [likewise to] ***the shower of rain and the shower of His mighty rains.*** Five manifestations of rain are mentioned in this verse.[18] Thus, the verse implies a comparison between snow and five rainfalls.

Another teaching from Rava on this subject: וְאָמַר רָבָא – **And Rava said:** תַּלְגָּא לְטוּרֵי – **Snow** is beneficial **to mountains.** מִטְרָא רַזְיָא לְאִילָנֵי – **Heavy rain** is beneficial **to trees.** מִטְרָא נִיחָא לְפֵירֵי – **Gentle rain** is beneficial **to produce.**

NOTES

16. Although Rava specifies mountains, snow is certainly of at least as much benefit to the lower-lying plains and valleys. Rava discusses snow in relation to mountains merely because mountains are watered primarily by snow, as opposed to rain which is of minimal benefit to mountains for it trickles down to the lower areas.

An alternative explanation is that Rava specifies mountains because the snow that falls on mountains retains its original form, as opposed to the snow that falls on the lower, warmer areas, which melts and disappears. Thus, only the snow that falls on mountains can truly be termed snow, in contrast to the snow that falls in the lower areas, which is in effect nothing more than water (*Rashi*)

17. *Job* 37:6.

18. They are: גֶּשֶׁם, *shower;* מָטָר, *rain;* גֶּשֶׁם, *shower;* מִטְרוֹת, *rains.* The plural form מִטְרוֹת, *rains,* is considered a reference to two rains.

עוּרְפִּילָא אֲפִילּוּ לְפַרְצִידָא דִּתוּתֵי קָלָא מְהַנְיָא לֵיהּ – **A light rain is beneficial even to a seed** that is **beneath a clod of earth.**[1]

The Gemara discusses the word עוּרְפִּילָא, *urfila,* which was used by Rava for light rain:

מַאי עוּרְפִּילָא – **What is** the root meaning of ***urfila?*** עוּרוּ פִּילֵי – **Awaken** (*uru*), seed which is in the **cracks** (*fili*)! A light rain sprouts the seeds in the cracks.[2]

Another teaching from Rava that makes reference to a seed under a clod of earth:

וְאָמַר רָבָא – **And Rava said:** הַאי צוּרְבָא מֵרַבָּנָן – **A young rabbinical student** דָּמֵי לְפַרְצִידָא דִּתוּתֵי קָלָא – **is like a seed beneath a clod of earth:**[3] דְּכֵיוָן דְּנָבַט נָבַט – **once he sprouts, he sprouts.** I.e. just as a seed grows unhindered once it has broken through the surface, so too a young scholar grows in stature once his name is recognized.

Another statement from Rava about young students:

וְאָמַר רָבָא – **And Rava said:** הַאי צוּרְבָא מֵרַבָּנָן דְּרָתַח – **When a young rabbinical student becomes heated,** i.e. angry, אוֹרַיְיתָא הוּא דְּקָא מַרְתְּחָא לֵיהּ – **it is the Torah that is causing him to become heated.** The knowledge of Torah increases his sensitivity and thus he takes things more to heart.[4] שֶׁנֶּאֱמַר – **As it is said:**[5] "הֲלוֹא כֹה דְבָרִי כָּאֵשׁ נְאֻם־ה׳" – ***Is My word not like a fire, says* H*ASHEM.***

A related exposition based on the same verse:

וְאָמַר רַב אַשִׁי – **And Rav Ashi said:** כָּל תַּלְמִיד חָכָם שֶׁאֵינוֹ קָשֶׁה כְּבַרְזֶל – **Any Torah scholar who is not as hard as iron,** i.e. he is not steadfast, אֵינוֹ תַּלְמִיד חָכָם – **is not a** true **Torah scholar,** שֶׁנֶּאֱמַר – **for it is stated** further in that verse: "וּכְפַטִּישׁ יְפֹצֵץ סָלַע" – ***and like a hammer that shatters a rock.*** The Torah (and by extension, those who are imbued with its teachings) is compared to an iron hammer.

An alternative source for this teaching:

אָמַר לֵיהּ רַבִּי אַבָּא לְרַב אַשִׁי – **R' Abba said to Rav Ashi:** אַתּוּן מֵהָתָם מַתְנִיתוּ לָהּ – **You derive [this principle] from [that verse],** אֲנַן מֵהָכָא מַתְנִינַן לָהּ – but **we derive it from the following** verse, דִּכְתִיב: "אֶרֶץ אֲשֶׁר אֲבָנֶיהָ בַרְזֶל" – **as it is written:**[6] ***A land whose stones are iron.*** אַל תִּקְרֵי – **Do not read** this as it is written, "אֲבָנֶיהָ" – ***its stones.*** אֶלָּא – **Rather,** read it as if it were written, בּוֹנֶיהָ – **its builders**[7] [Torah scholars, who support the world with their study].[8] Thus, the verse compares Torah scholars to iron.

The Gemara concludes:

אָמַר רָבִינָא – **Ravina said:** אֲפִילּוּ הָכִי מִיבָּעֵי לֵיהּ לְאִינִישׁ לְמֵילַף נַפְשֵׁיהּ בְּנִיחוּתָא – **Nevertheless, a person must train himself to be calm,** שֶׁנֶּאֱמַר: "וְהָסֵר כַּעַס מִלִּבֶּךָ וגו׳" – **as it is said:**[9] ***And remove anger from your heart*** **etc.**

The Gemara shifts to a different topic:[10]

אָמַר רַבִּי שְׁמוּאֵל בַּר נַחְמָנִי אָמַר רַבִּי יוֹנָתָן – **R' Shmuel bar Nachmani said in the name of R' Yonasan:** שְׁלֹשָׁה שָׁאֲלוּ שֶׁלֹּא כְּהוֹגֶן – **Three** individuals **made requests in an improper manner:** לִשְׁנַיִם הֱשִׁיבוּהוּ כְּהוֹגֶן – **Two were answered in a proper manner,** לְאֶחָד הֱשִׁיבוּהוּ שֶׁלֹּא כְּהוֹגֶן – **and one was answered in an improper manner.** וְאֵלּוּ הֵן – **They are:** אֱלִיעֶזֶר עֶבֶד אַבְרָהָם – **Eliezer, the servant of Abraham,** וְשָׁאוּל בֶּן קִישׁ – King **Saul, the son of Kish,** וְיִפְתָּח הַגִּלְעָדִי – **and Yiftach the Gileadite.**

אֱלִיעֶזֶר עֶבֶד אַבְרָהָם – **Eliezer, the servant of Abraham,** made an improper request when he sought a wife for his master's son, Isaac. דִּכְתִיב: "וְהָיָה הַנַּעֲרָ אֲשֶׁר אֹמַר אֵלֶיהָ הַטִּי־נָא כַדֵּךְ וגו׳" – **As it is written** that Eliezer prayed to God:[11] ***Let it be that the maiden to whom I shall say, "Please tip over your jug*** **etc.** [*so I may drink," and who replies, "Drink and I will even water your camels," let her be the one You have designated for Your servant, for Isaac.*] יָכוֹל אֲפִילּוּ חִיגֶּרֶת אֲפִילּוּ סוּמָא – Now **is it possible** that he meant to take **even a lame or a blind** girl as a wife for Isaac![12] הֱשִׁיבוּ כְּהוֹגֶן – Nevertheless, **[God] responded to [Eliezer] in a proper manner** וְנִזְדַּמְּנָה לוֹ רִבְקָה – **and Rebecca was sent his way.**

שָׁאוּל בֶּן קִישׁ – **Saul, the son of Kish,** made an improper promise when he sought a warrior to slay the giant Goliath. דִּכְתִיב: "וְהָיָה הָאִישׁ אֲשֶׁר־יַכֶּנּוּ יַעְשְׁרֶנּוּ הַמֶּלֶךְ עֹשֶׁר גָּדוֹל וְאֶת־בִּתּוֹ יִתֶּן־לוֹ" – **As it is written:**[13] ***And it shall be that the man who slays him, the king*** [Saul] ***shall enrich him with great wealth and will give him his daughter.*** יָכוֹל אֲפִילּוּ עֶבֶד אֲפִילּוּ מַמְזֵר – Now **is it possible** that Saul meant to give his daughter **even to a slave or a *mamzer!***[14] הֱשִׁיבוּ כְּהוֹגֶן – Nevertheless, **[God] responded to him in a proper manner,** וְנִזְדַּמֵּן לוֹ דָּוִד – **and David was sent his way.**

יִפְתָּח הַגִּלְעָדִי – **Yiftach the Gileadite** made an improper promise before setting out to battle the Ammonites. דִּכְתִיב: "וְהָיָה הַיּוֹצֵא אֲשֶׁר יֵצֵא מִדַּלְתֵי בֵיתִי וגו׳" – **As it is written** that Yiftach vowed:[15] ***And it shall be that whatever emerges from the doors of my house*** **etc.** [*to meet me when I return safely from the Ammonites, shall be to God and I will offer it as a burnt offering.*] יָכוֹל אֲפִילּוּ דָּבָר טָמֵא – Now **is it possible** that Yiftach meant to offer **even something unclean** (e.g. a pig or a dog)! הֱשִׁיבוּ שֶׁלֹּא כְּהוֹגֶן – **[God] responded to Yiftach in an improper manner.** נִזְדַּמְּנָה לוֹ בִּתּוֹ – **His daughter was sent his way.**[16] וְהַיְינוּ דְּקָאָמַר לְהוּ נָבִיא

NOTES

1. When it rains lightly, the seed immediately begins to sprout and break through the clod of earth (*Rashi*).

2. [*Rashi's* second explanation; *Tosafos, R' Chananel* and *R' Gershom*.]
Alternatively: close (*uru*) cracks (*fili*) (*Rashi* in first explanation; see *Menachem Meishiv Nefesh;* cf. *Aruch* ד״ה ערו with *Mussaf HaAruch*).

3. The term צוּרְבָא מֵרַבָּנָן signifies a sharp, young student. [In *Beitzah* 7a the same root, צרב, is used to describe an egg as well developed.] When the Gemara refers to an older Torah scholar it uses the term הַהוּא מֵרַבָּנָן, *one of the Rabbis* (*Rashi*).

4. This is to teach us that his anger should be viewed with tolerance (*Rashi*).

5. *Jeremiah* 23:29.

6. *Deuteronomy* 8:9.

7. This is not intended as an emendation of the text; rather, it is a homiletical interpretation based on the phonetic similarity between the two words. [*Maharsha* writes that this non-literal interpretation is justified because stones are not of iron.]

8. See *Gem. Shabbos* (114a) and *Berachos* (64a) where Torah scholars are described as builders (*Maharsha*).

9. *Ecclesiastes* 11:10.

10. This topic is introduced here because it leads to a teaching that is relevant to the previous discussion about rainfall.

11. *Genesis* 24:14.

12. In his prayer to God, Eliezer did not specifically exclude a lame or blind girl. Consequently, if such a person would have been the first to respond to his request in the prescribed manner, and Eliezer failed to recognize her deformity, he would have taken her as a wife for Isaac (*Rashi*).

13. *I Samuel* 17:25.

14. A *mamzer* (m.) and a *mamzeress* (f.) are the offspring of a union punishable by *kares* or capital punishment, or the children of a *mamzer* or *mamzeress*. They are forbidden in marriage to anyone except a *mamzer* (or *mamzeress*), a convert, or a freed Canaanite slave (see *Deuteronomy* 23:3; *Shulchan Aruch, Even HaEzer* 4:22,24).
The Gemara does not express this concern of *mamzer* above regarding the episode of Eliezer, for Eliezer had promised to take a girl from the family of Avraham, in which there was certainly no *mamzer* concern (*Maharsha*).

15. *Judges* 11:31.

16. Upon Yiftach's return from battle, his daughter ran out of his house to greet him. See *Iyun Yaakov* as to why only to Yiftach was there an improper response.

עורפילא אפילו לפרצידא דתותי קלא מהניא ליה מאי עורפילא עורו פילי ואמר רבא האי צורבא מרבנן דמי לפרצידא דתותי קלא דכיון דנבט נבט ואמר רבא האי צורבא מרבנן דרתח אורייתא הוא דקא מרתחא ליה שנאמר א) הלא כה דברי כאש נאם ה' ואמר רב אשי א) כל ת"ח שאינו קשה כברזל אינו ת"ח שנא' א) וכפטיש יפוצץ סלע א"ל רבי אבא לרב אשי אתון מהתם מתניתו לה אנן מהכא מתנינן לה דכתיב ב) ארץ אשר אבניה ברזל אל תקרי אבניה אלא בוניה אמר רבינא אפ"ה מיבעי ליה לאיניש למילף נפשיה בניחותא שנאמר ג) והסר כעס מלבך וגו' א"ר שמואל בר נחמני אמר רבי יונתן שלשה שאלו שלא כהוגן לשנים ג) השיבוהו כהוגן לאחד השיבוהו שלא כהוגן ואלו הן אליעזר עבד אברהם ושאול בן קיש ויפתח הגלעדי אליעזר עבד אברהם דכתיב (א) ד) והיה הנערה אשר אומר אליה הטי נא כדך וגו' יכול אפי' חיגרת אפי' סומא השיבו כהוגן ונזדמנה לו רבקה שאול בן קיש דכתיב ה) והיה האיש אשר יכנו יעשרנו המלך עושר גדול ואת בתו יתן לו יכול אפי' עבד אפילו ממזר השיבו כהוגן ונזדמן לו דוד יפתח הגלעדי דכתיב ו) והיה היוצא אשר יצא מדלתי ביתי וגו' יכול אפילו דבר טמא השיבו שלא כהוגן נזדמנה לו בתו והיינו דקאמר להו נביא לישראל ז) הצרי אין בגלעד אם רופא אין שם וכתיב ח) אשר לא צויתי ולא דברתי ולא עלתה על לבי אשר לא צויתי זה בנו של מישע מלך מואב שנאמר ג) ט) ויקח את בנו הבכור אשר ימלך תחתיו ויעלהו עולה ולא דברתי (ב) זה יפתח ולא עלתה על לבי זה יצחק בן אברהם אמר רבי ברכיה אף כנסת ישראל שאלה שלא כהוגן והקב"ה השיבה כהוגן שנא' י) ונדעה נרדפה לדעת את ה' כשחר נכון מוצאו ויבוא כגשם לנו אמר לה הקב"ה בתי את שואלת דבר שפעמים מתבקש ופעמים אינו מתבקש אבל אני אהיה לך דבר המתבקש לעולם שנאמר כ) אהיה כטל לישראל ועוד שאלה שלא כהוגן אמרה לפניו רבש"ע ל) שימני כחותם על לבך כחותם על זרועך א"ל הקב"ה בתי את שואלת דבר שפעמים נראה ופעמים אינו נראה אבל אני אעשה לך דבר שנראה לעולם שנאמר מ) הן על כפים חקותיך: אין שואלין את הגשמים כו': סברוה שאלה והזכרה חדא מילתא היא מאן תנא אמר רבא ° ר' יהושע היא דאמר ד) משעת הנחתו א"ל אביי אפילו תימא רבי אליעזר שאלה לחוד והזכרה לחוד ואיכא דאמרי לימא רבי

רש"י

עורפילא. גשמים דקים כך שמן כדלקמן: **אפי' לפרצידא דתותי קלא.** הגרעין שתחת גושה של קרקע: **מהניא.** שמתחיל לצלבן ולעלות מיד: **עורו פילי.** שפותח סדקי הארץ ל"א שמגדלת ומצמחת הגרעינין העומדין בסדקי הקרקע: **צורבא מרבנן.** בחור חריף כמו ביעי דצריבן במסכת ביצה (דף ז.) תלמיד חכם זקן לא קרי צורבא אלא ההוא מרבנן קרי ליה: **כיון דנבט נבט.** שמתחיל לצלבן ולעלות עולה למעלה כך תלמיד חכם כיון שיצא שמו הולך וגדל למעלה: **אורייתא מרתחא ליה.** שיש לו רוחב לב מתוך תורתו ומשים ללבו יותר משאר בני אדם וקמ"ל דחייבין לדונו לכף זכות: **כאש.** שמחמם כל גופו: **בוניה.** תלמידי חכמים מקיימי עולם בבניניהו: **ברזל.** קפדנים וקשים כברזל: **שלשה שאלו כו'.** משום דרבי ברכיה איירי בגשמים לקמן נקט לה: **ובנות אנשי העיר יוצאות והיה הנערה.** משמע הנערה היוצאה תחילה מן העיר ויאמר לה השקיני (ג) לה היה מנחש: **אפי' חיגרת אפי' סומא.** לפי שלא פירש בשאילתו ואפשר שתהיה בעלת מום ולא יבין בה אליעזר ויקחנה: **(אלא) השיבוהו כהוגן.** וזימנו לו רבקה: **דבר טמא.** כלב או חזיר: **והיינו דאמר להו נביא כו'.** מדגלי ביה קרא ואמר הצרי אין בגלעד ט) [אלמא דלא הוי ניחא קמי שמיא כדאמרינן הצרי אין בגלעד] פנחס היה שם והיה יכול להתיר נדרו אלא שלא רצה יפתח לילך אצלו (ד) והוא לא רצה לבוא אצל יפתח בבראשית רבה י): **וכתיב אשר לא צויתי.** בירמיה כתיב בפרשת בקבוק ובנו את במות (י) התופת אשר בגיא בן הנם) לשרוף את (בנותיהם ואת) בניהם באש אשר לא כ) [צויתי ולא] דברתי ולא עלתה על לבי שלא תאמרו הלא צוה כמו כן הקב"ה ליפתח ומישע ואברהם כי מעולם לא צויתי למישע לשרוף את בנו באש דכתיב ויקח את בנו הבכור אשר ימלך תחתיו ויעלהו עולה על החומה ולשמים נתכוון כסבור היה לרצות להקב"ה והאי דכתיב ט) על שרפו עצמות מלך אדום לשיד מילתא אחרינא הוא ולא דברתי ליפתח (ה) מימים ימימה ותהי חק בישראל ובתרגום מזכיר פנחס לגנאי ויפתח לגנאי אלמא לא היה הקב"ה רוצה בבתו שהרי מזכירם לגנאי לפי שלא הלכו זה אצל זה לבטל הנדר ה"ג ולא עלתה על לבי זה יצחק בן אברהם כלומר שאע"פ שצויתי לו מעולם לא עלתה על לבי לשחוט בנו אלא לנסותו מפני קטיגורו היינו שטן כדאמר בסנהדרין בהנחנקין (דף פט:) ויהי אחר הדברים האלה אחר דבריו של שטן וכו' ואית דלא גרסינן האי ולא עלתה על לבי י) דטעי בקרא אחרינא דלא כתב אלא אשר לא צויתי ולא דברתי (ירמיה ז פסוק כב) ובפרשת בקבוק כתיב כל הני שלשה אשר לא צויתי ולא דברתי ולא עלתה על לבי. בתנחומא אשר לא צויתי זו בתו של יפתח אע"פ שצויתי לו תורה ומצות מצוה זו לא צויתי עליו ולא דברתי זה בנו של מישע מלך מואב והלא מישע נכרי הוא ולא חולין הוא לי לדבר עמו אפילו דיבור בעלמא. ובאגדה קא חשיב כלב בהדייהו אשר יכה את קרית ספר ולכדה וגו' ורבי יונתן דלא חשיב ליה דבגמרא פשיט ליה להאי קרא בהלכות שנשתכחו בימי אבלו של משה כדאמרינן בתמורה (דף טז.) ואין לחוש שתשרה רוח הקדש על עבד ועל ממזר כדאמרינן בנדרים (דף לח.) שאין שכינה שורה כו' מפי רבי. וגדעון ששאל למנוע טל מעל הארץ ובגיזה לבדה יהיה אין זה שלא כהוגן ומה תקלה יש אם יחסר העולם טל לילה אחת לבד מפי רבי: **ויבוא כגשם לנו.** פעמים אינו מתבקש שהוא סימן קללה בקיץ: (ו) **דבר המתבקש לעולם.** טל אפילו בימות החמה: **פעמים נראה.** כשהוא ערום נראה זרועו וכנגד לבו ואינו נראה כשהוא לבוש והכף נראית כל שעה שהיד נראית לעינים וי"ל על כפים (ז) על השמים צורת אדם שהוא בכסא וכן נשא לבבנו אל כפים (איכה ג) מפי רבי: (ח) ה"ג **סברוה שאלה והזכרה חדא מילתא היא.** כלומר הא דקתני אין שואלין את הגשמים היינו אין מזכירין את הגשמים: **ומאן תנא.** דאמר סמוך לימות הגשמים מזכירין אבל לא קודם לכן: **רבי יהושע היא.** דאמר משעת הנחת לולב הוא מזכיר דהיינו יום שמיני וזהו סמוך לגשמים דמן החג ואילך הוא זמן גשמים: הכי

תוספות

עורפילא. היינו גשם דק אפילו לפרצידא דתותי קלא מהניא פי' פרצידא זו גרעין שהוא מתחת האבן היינו כמו חטה שמתחת הקרקע: **מאי** עורפילא עורו פילי. פי' מעוררן ומצמיחן פילי פי' אותן העומדים בסדקי הארץ:

שלשה שאלו שלא כהוגן. אליעזר שאול ויפתח וא"ת אמאי לא חשיב כלב בן יפונה שאמר אשר יכה את קרית ספר ולכדה ונתתי לו את עכסה בתי לאשה אמאי לא פריך כמו הכא יכול ממזר או עבד וי"ל דהא דקאמר כלב שיתן לו (ט) הקב"ה כל מי שיכול לחזור אותן הלכות ששכחו בימי אבלו של משה אתן לו עכסה בתי וי"מ דלכך נקראת י) עכסה שכל הרואה אותה כועס על אשתו וזהו ודאי משום צניעות יתירה דקא חזו בה והיה סומך דזכותה וזכות דידיה מסתייע דלא מזדווגין לה אלא כפי מעשיה כדאיתא בסוטה (דף ב.) דאין מזווגין וכו': **יכול** אפי' חיגרת או סומא. תימה אמאי לא נקט הכא גבי אליעזר עבד אברהם כמו דקאמר גבי שאול בסמוך יכול אפי' ממזרת או שפחה וכו' ואמר רש"י משום דגבי אליעזר לא שייך עדיין ממזרת דהא לא נתנה תורה אי נמי דגבי אשה לא דייק עלמא אלא ליופי וא"ת היכי קאמר דשאל אליעזר שלא כהוגן והא לא אמר אלא אשר אומר אליה הטי נא כדך ואם יראה שתהא חיגרת או סומא לא יאמר לה וי"ל דה"פ יכול אפילו חיגרת ואפילו סומא יכול אפי' חיגרת שיהיה לה אפילו רגל של עץ והוא לא יהא רואה או סומא כגון שיש לה עינים יפים ואינה רואה כלל: **והיינו** דקאמר להו נביא לישראל הצרי אין בגלעד אם רופא אין שם. כלומר להתיר נדרו ליפתח והא הוה פנחס ואמאי לא הלך יפתח אצלו להתיר נדרו אלא מתוך גסות רוחו אמר לא אלך אצלו שאני שופט ונגיד אלא יבא אצלי ופנחס אמר ליתי גבאי דאנא נביא ועל ידי תהא פטורה שהייתי (י) שורה ומתיר הנדר ופוטר אותה ולבסוף נענשו שניהם יפתח נענש שנפלו אבריו קודם מיתה כדכתיב ויקבר בערי גלעד ופנחס נענש דכתיב לפנים היה ה' עמו ל):

עין משפט / מסורת הש"ם

א) [עי' תוספות סוכה נב. ד"ה אם ברזל], ב) [צ"ל השיבום יעב"ץ], ג) [סנהדרין דף לט:], ד) [לעיל ג:], ה) רש"א, ו) [פ' חיי שרה], ז) צ"ל הבעל, ח) רש"א, ט) [עמוס ב], י) [צ"ל משום דטעו וכ"ה ברש"י שבע"י], כ) [תמורה טז. וע"ש ברש"י], ל) [כל זה איתא במ"ר סוף סדר בחקותי].

הגהות הב"ח

(א) גמ' אליעזר עבד אברהם דכתיב ובנות אנשי העיר יוצאות וגו' והיה הנערה אשר: (ב) שם ולא דברתי זו בתו של יפתח: (ג) רש"י ד"ה ובנות כו' השקיני בה היה מנחש: (ד) ד"ה והיינו כו' יפתח לילך אצלו מתוך גסות רוחו אמר לא אלך אצלו שאני שופט ונגיד ופנחס לא היה רוצה לבא אצל יפתח שהוא נביא בב"ר: (ה) ד"ה וכתיב כו' ולא דברתי ליפתח שנאמר מימים ימימה כו' ואית דלא גרסי האי: (ו) ד"ה ויבוא כו' קללה בקיץ הס"ד ואח"כ מה"ד טל דבר המתבקש לעולם אפילו בימות: (ז) ד"ה פעמים כו' ויש לומר על כפים השמים כו' כצ"ל ותיבת על נמחק: (ח) בא"ד מפי רבי הס"ד ואח"כ מה"ד שאלה והזכרה כו' ותיבות ה"ג סברוה נמחק ונ"ב זהו פי' לזאי דקאמר שאלה וכו': (ט) תוס' ד"ה שלשה וכו' שיתן לו כמו הכי קאמר כל מי וכו': (י) שם ד"ה והיינו וכו' שהייתי מורה ומתיר:

גליון הש"ם

גמ' ר"י היא דאמר משעת הנחתו. תמוה לי אמאי נקט ר"י דברייתא ולא נקט ר"י דמתני' מיו"ט האחרון אח"כ מצאתי בעז"ה בספר המכריע לריא"ז דמתק זה וכל"ל פתם מני ר"י סיא:

תורה אור השלם

א) הֲלוֹא כֹה דְבָרִי כָּאֵשׁ נְאֻם יְיָ וּכְפַטִּישׁ יְפֹצֵץ סָלַע: [ירמיה כג, כט]

ב) אֶרֶץ אֲשֶׁר לֹא בְמִסְכֵּנֻת תֹּאכַל בָּהּ לֶחֶם לֹא תֶחְסַר כֹּל בָּהּ אֶרֶץ אֲשֶׁר אֲבָנֶיהָ בַרְזֶל וּמֵהֲרָרֶיהָ תַּחְצֹב נְחשֶׁת: [דברים ח, ט]

ג) וְהָסֵר כַּעַס מִלִּבֶּךָ וְהַעֲבֵר רָעָה מִבְּשָׂרֶךָ כִּי הַיַּלְדוּת וְהַשַּׁחֲרוּת הָבֶל: [קהלת יא, י]

ד) וְהָיָה הַנַּעֲרָ אֲשֶׁר אֹמַר אֵלֶיהָ הַטִּי נָא כַדֵּךְ וְאֶשְׁתֶּה וְאָמְרָה שְׁתֵה וְגַם גְּמַלֶּיךָ אַשְׁקֶה אֹתָהּ הֹכַחְתָּ לְעַבְדְּךָ לְיִצְחָק וּבָהּ אֵדַע כִּי עָשִׂיתָ חֶסֶד עִם אֲדֹנִי: [בראשית כד, יד]

ה) וַיֹּאמֶר אִישׁ יִשְׂרָאֵל הַרְאִיתֶם הָאִישׁ הָעֹלֶה הַזֶּה כִּי לְחָרֵף אֶת יִשְׂרָאֵל עֹלֶה וְהָיָה הָאִישׁ אֲשֶׁר יַכֶּנּוּ יַעְשְׁרֶנּוּ הַמֶּלֶךְ עֹשֶׁר גָּדוֹל וְאֶת בִּתּוֹ יִתֶּן לוֹ וְאֵת בֵּית אָבִיו יַעֲשֶׂה חָפְשִׁי בְּיִשְׂרָאֵל: [שמואל א' יז, כה]

ו) וְהָיָה הַיּוֹצֵא אֲשֶׁר יֵצֵא מִדַּלְתֵי בֵיתִי לִקְרָאתִי בְּשׁוּבִי בְשָׁלוֹם מִבְּנֵי עַמּוֹן וְהָיָה לַייָ וְהַעֲלִיתִהוּ עוֹלָה: [שופטים יא, לא]

ז) הַצֳרִי אֵין בְּגִלְעָד אִם רֹפֵא אֵין שָׁם כִּי מַדּוּעַ לֹא עָלְתָה אֲרֻכַת בַּת עַמִּי: [ירמיה ח, כב]

ח) וּבָנוּ אֶת בָּמוֹת הַבַּעַל לִשְׂרֹף אֶת בְּנֵיהֶם בָּאֵשׁ עֹלוֹת לַבָּעַל אֲשֶׁר לֹא צִוִּיתִי וְלֹא דִבַּרְתִּי וְלֹא עָלְתָה עַל לִבִּי: [ירמיה יט, ה]

ט) וַיִּקַּח אֶת בְּנוֹ הַבְּכוֹר אֲשֶׁר יִמְלֹךְ תַּחְתָּיו וַיַּעֲלֵהוּ עֹלָה עַל הַחֹמָה וַיְהִי קֶצֶף גָּדוֹל עַל יִשְׂרָאֵל וַיִּסְעוּ מֵעָלָיו וַיָּשֻׁבוּ לָאָרֶץ: [מלכים ב' ג, כז]

י) וְנֵדְעָה נִרְדְּפָה לָדַעַת אֶת יְיָ כְּשַׁחַר נָכוֹן מוֹצָאוֹ וְיָבוֹא כַגֶּשֶׁם לָנוּ כְּמַלְקוֹשׁ יוֹרֶה אָרֶץ: [הושע ו, ג]

כ) אֶהְיֶה כַטַּל לְיִשְׂרָאֵל יִפְרַח כַּשּׁוֹשַׁנָּה וְיַךְ שָׁרָשָׁיו כַּלְּבָנוֹן: [הושע יד, ו]

ל) שִׂימֵנִי כַחוֹתָם עַל לִבֶּךָ כַּחוֹתָם עַל זְרוֹעֶךָ כִּי עַזָּה כַמָּוֶת אַהֲבָה קָשָׁה כִשְׁאוֹל קִנְאָה רְשָׁפֶיהָ רִשְׁפֵּי אֵשׁ שַׁלְהֶבֶתְיָה: [שיר השירים ח, ו]

מ) הֵן עַל כַּפַּיִם חַקֹּתִיךְ חוֹמֹתַיִךְ נֶגְדִּי תָּמִיד: [ישעיה מט, טז]

רבינו חננאל

לפירות: עורו פילי. פי' הטפה היורדת בכח מערערת פילא כמו פילחא כדכתיב כמו פולח ובוקע בארץ. אפי' לפרצידא דתותי קלא. פי' שתחת האבן צומח א) וכן ת"ח דומה לפרי תחת האבן (ששואב שואב) וכיון שצומח [צומח] בבת אחת. צורבא מרבנן דמרתח אורייתא מרתחא ליה שנאמר הלא כה דברי כאש: **אמר רב שמואל בר נחמני א"ר יונתן** ג' שאלו שלא כהוגן אליעזר שאול ויפתח. ומצינו בבראשית רבה ד' הן ששאלו שלא כהוגן אליעזר שאול ויפתח וכלב ופשטיה כיון דשאול וכלב שוין דתרווייהו נתינת [בתם חשיב] להו כאחד. לפיכך תני הכא שלשה: **אין שואלין הגשמים** כיון ששנינו כאן שאילת הגשמים סמוך לגשמים היא הוצרכנו לומר סברוה שאלה והזכרה ביום אחד הן הניחא לר' יהושע דאמר משעת הנחתו מזכיר ומיד שואל כי אין שאלה אלא בתפלת החול בי"ח בברכת השנים אלא לר' אליעזר קשיא ושנינן הזכרה לחוד ושאלה לחוד לזמן אחר ולאו כי הדדי:

חשק שלמה על רבינו חננאל

א) עי' מ"ש בפירוש רבינו לקמן ריש פ"ג וצ"ע כאן.

רבינו גרשום

עורפילא. מיטרא דקה. **פרצידא.** גרגר: **דתותי קלא.** תחת קרקע קשה: **עורו פילי** התעוררו בקעים כלומר שמכניס המטר דקה בבקעים ומוציא התבואה שבהם: **כיון דנבט** שבקע ויוצא אף ת"ח כיון שיוצא שמו בעולם שוב הולך וגדול בכל שעה: **שאינו קשה כברזל.** שאינו קשה לרצות. **הצרי אין בגלעד** כלומר שהיה יכול לילך אצל אליהו ומתיר לו נדרו: **על לבי זה יצחק** שלא היה בלבו של הקב"ה שישחטהו אלא בפה כדי לנסותו: **על כפים חקותיך.** וידים נראין לעולם: **אין שואלין את הגשמים.** ותן טל ומטר: **ר' יהודה אמר האחרון מזכיר.** גבורת גשמים וה"ה דשואלין ותן טל ומטר: **מאן תנא** דהתחלת שאלה והזכרה מצי למיהוי ביום אחד: **דאמר משעת הנחתו** דהיינו בשביעי מתחילין להזכיר שהוא חולו של מועד מצי להתחיל לשאול בברכת השנים שהרי מתפללין אתה חונן. דאי ר' אליעזר כיון דאמר בראשון מתחיל להזכיר לא מצי למיהוי התחלת הזכרה והתחלת שאלה ביום אחד דביו"ט ראשון ליכא שאלה שהרי אין מתפללין בו אתה חונן ולא מצי למישאל אלא בברכת השנים **אפי' תימא** דקתני אין שואלין **ר' אליעזר** היא ולא תימא שאלה והזכרה כהדדי.

ליקוטי רש"י

נבט. לשון צמח [מו"ק יח:]. **הלא כה דברי כאש.** לא היה להם לטעות ולדמות חלומות לומר שהם נבואה כי דבר נבואה כשבאה כפי הנביא בגבורה היא באה בו כאש בוערת כענין שנאמר (לעיל כ ט) ותהי בלב כאש בוערת ואומר ויד ה' עלי חזקה [ירמיה כג, כט]. **הצרי אין בגלעד.** שהצרי בא משם כמו שנאמר עלי גלעד וקחי צרי (לקמן מה) כלומר וכי לא היו להם אנשים לדיקים ממי ללמוד ויטיבו דרכיהם [ירמיה ח, כב]. **ויקח את בנו הבכור.** בפסיקתא דפרשת שקלים נדרש ששאל את עבדיו מה טיבה של אומה זו שנעשה לה נסים כאלה אמרו לו אביהם אברהם בן יחיד היה לו א"ל הקב"ה הקריבהו לפני ורצה להקריבו אמר להם אף אני בן בכור יש לי אלך ואקריבהו וכו' [מלכים ב ג, כז]. **לדעת את ה'.** באמת ובתמים נכונים כשחר זה אשר נכון מוצאו. **ויבוא כגשם לנו.** כגשם הבא להיות חיים לעולם שאז יבא להורות חיים שיבאו לנו [הושע ו, ג]. **שימני כחותם.** בשביל אותה אהבה תחתמני על לבך שלא תשכחני [שיר השירים ח, ו]. **על כפים חקותיך.** על כפי רואה אני כאלו את מקוקה על כפי לראותך ולזכרך תמיד [ישעיה מט, טז]. **סברוה.** האמוראין בני ישיבה היו סבורין כן לפיכך הוצרך להם לישאל הא דבעי לקמיה [פסחים עז.]. **משעת הנחתו.** מיום שמברכין בו באחרונה דהיינו בשביעי [לעיל ב: ועי' הג' הגר"ב רנשבורג שם].

לְיִשְׂרָאֵל – **And** in reference to **this, the prophet said to Israel:**[17] ,,הַצֳרִי אֵין בְּגִלְעָד אִם־רֹפֵא אֵין שָׁם" – ***Is there no balm in Gilead? Is there no physician there?*** God censures Yiftach for failing to have his vow annulled by the "physician" [the prophet Pinchas] who was in Gilead. The verse thus indicates God's displeasure with Yiftach's vow.[18]

The Gemara cites a Scriptural source which indicates that God did not want the sacrifice of Yiftach's daughter:

וּכְתִיב: ,,אֲשֶׁר לֹא־צִוִּיתִי וְלֹא דִבַּרְתִּי וְלֹא עָלְתָה עַל־לִבִּי" – **And it is written,** in reference to the act of sacrificing one's children: ***Which I have not commanded, nor spoken, nor has it entered My mind.***[19] This three-fold expression is interpreted as a reference to three historical instances:

,,אֲשֶׁר לֹא־צִוִּיתִי" – ***Which I have not commanded;*** זֶה בְּנוֹ שֶׁל מֵישַׁע מֶלֶךְ מוֹאָב – **this refers to** the case of **the son of Meisha, King of Moab,** שֶׁנֶּאֱמַר: ,,וַיִּקַּח אֶת־בְּנוֹ הַבְּכוֹר אֲשֶׁר־יִמְלֹךְ תַּחְתָּיו וַיַּעֲלֵהוּ עֹלָה" – **which is related** in the following verse: ***And he*** [Meisha] ***took his firstborn son who was to rule in his place and offered him as a burnt offering.***[20]

,,וְלֹא דִבַּרְתִּי" – ***nor spoken;*** זֶה יִפְתָּח – **this refers to** the case of the daughter of **Yiftach.**[21]

,,וְלֹא עָלְתָה עַל־לִבִּי" – ***nor has it entered My mind;*** זֶה יִצְחָק בֶּן אַבְרָהָם – **this refers to** the case of **Isaac son of Abraham.** Although God commanded Abraham to offer Issac, He never intended for Abraham to actually slaughter his son.[22]

The Gemara cites further cases of improper requests that were responded to in a generous fashion:

אָמַר רַבִּי בֶּרֶכְיָה – **R' Berechyah said:** אַף כְּנֶסֶת יִשְׂרָאֵל שָׁאֲלָה שֶׁלֹּא כְּהוֹגֶן – **Also the Congregation of Israel made an improper request,** וְהַקָּדוֹשׁ בָּרוּךְ הוּא הֱשִׁיבָהּ כְּהוֹגֶן – **yet the Holy One, Blessed is He, answered them in a proper manner.** שֶׁנֶּאֱמַר: ,,וְנֵדְעָה נִרְדְּפָה לָדַעַת אֶת־ה׳ – **As it is said:**[23] ***Let us know, let us pursue the knowledge of*** **HASHEM,** כְּשַׁחַר נָכוֹן מֹצָאוֹ – ***His going forth is sure as the morning,*** וְיָבוֹא כַגֶּשֶׁם לָנוּ" – ***and He shall come to us like the rain.*** Israel requested of God that he resemble the rain. אָמַר לָהּ הַקָּדוֹשׁ בָּרוּךְ הוּא – **The Holy One, Blessed is He, said to [Israel]:** בִּתִּי אַתְּ שׁוֹאֶלֶת דָּבָר – **My daughter, you request something** שֶׁפְּעָמִים מִתְבַּקֵּשׁ וּפְעָמִים אֵינוֹ מִתְבַּקֵּשׁ – **which at times is desirable and at other times is not desirable.** Rain is not of benefit at all times, for in the summer it is detrimental. אֲבָל אֲנִי אֶהְיֶה לָךְ דָּבָר הַמִּתְבַּקֵּשׁ לְעוֹלָם – **But I will be to you something which is desirable at all times.** שֶׁנֶּאֱמַר: ,,אֶהְיֶה כַטַּל לְיִשְׂרָאֵל" – **As it is said:**[24] ***I shall be like the dew to Israel.*** Dew is desirable all year round, even in the summer.

וְעוֹד שָׁאֲלָה שֶׁלֹּא כְּהוֹגֶן – **[The Congregation of Israel] made another improper request** of God. אָמְרָה לְפָנָיו – **She said before Him:** רִבּוֹנוֹ שֶׁל עוֹלָם – **Master of the Universe,** ,,שִׂימֵנִי כַחוֹתָם עַל־לִבֶּךָ כַּחוֹתָם עַל־זְרוֹעֶךָ" – ***Place me like a seal on Your heart, like a seal on Your arm.***[25] אָמַר לָהּ הַקָּדוֹשׁ בָּרוּךְ הוּא – **The Holy One, Blessed is He, answered her:** בִּתִּי – **My daughter,** אַתְּ שׁוֹאֶלֶת דָּבָר שֶׁפְּעָמִים נִרְאֶה וּפְעָמִים אֵינוֹ נִרְאֶה – **you request something which at times can be seen and at other times cannot be seen.** A seal that is placed on the heart or arm cannot be seen when one is clothed. אֲבָל אֲנִי אֶעֱשֶׂה לָךְ דָּבָר שֶׁנִּרְאֶה לְעוֹלָם – **However, I will make of you something which can be seen at all times,** שֶׁנֶּאֱמַר: ,,הֵן עַל־כַּפַּיִם חַקֹּתִיךְ" – **as it is said:**[26] ***Behold, on the palms*** [of My hands] ***I have engraved you.***[27]

The Mishnah ruled:

אֵין שׁוֹאֲלִין אֶת הַגְּשָׁמִים כו׳ – WE DO NOT REQUEST RAIN **etc.** [*except close to the rainy season*].

סָבְרוּהָ שְׁאֵלָה וְהַזְכָּרָה חֲדָא מִילְּתָא הִיא – **[The students] assumed** that **"requesting" and "mentioning" are one** and the same **thing;** i.e. when the Mishnah says "we do not request rain except close to the rainy season," it actually refers to the mention of the *Powers of Rain.*[28]

NOTES

17. *Jeremiah* 8:22.

18. The Midrash (*Bereishis Rabbah* ch. 6) relates that Yiftach refused to go to Pinchas, saying, "I am a judge and ruler, let Pinchas come to me." Pinchas, for his part, said, "I am a prophet, Yiftach should come to me." Both Yiftach and Pinchas were punished for this (cited by *Tosafos*).

Yiftach's vow would have had no validity even if the first thing to greet him was an unclean animal. The Amoraim (*Bereishis Rabbah* loc. cit.) differ if in such a case one is obligated to redeem the animal and use the redemption money to purchase a sacrifice; but all agree that the animal itself is not consecrated as an offering. Surely a human being is not treated more stringently in such a case (see *Maharsha* here). [Moreover, in the case of another human being there is also the question of jurisdiction. One cannot consecrate even someone else's property as an offering, and surely not his person. The fact that Yiftach consecrated his own daughter is of no consequence, since one does not own the person of his child to this extent.] Although the Midrash says that Yiftach should have gone to Pinchas to annul his vow, one should not infer validity of the vow from this. The Midrash means merely that had Yiftach consulted Pinchas to annul the vow, Pinchas would have ruled it null and void and not needing formal annulment (*Radak* to *Judges* 11:40; cf. *Maharsha*).

However, Yiftach and his daughter mistakenly believed that the vow was binding. Therefore, Yiftach's daughter remained celibate for the rest of her life in fulfillment of the vow (*Radak* ibid.). According to some other commentators Yiftach actually sacrificed his daughter (see *Ramban* to *Leviticus* 27:29).

19. *Jeremiah* 19:5. The prophet warns that God will utterly destroy Jerusalem as punishment for the people's sins, which included the sacrifice of children to the Baal idol: וּבָנוּ אֶת־בָּמוֹת הַבַּעַל לִשְׂרֹף אֶת־בְּנֵיהֶם בָּאֵשׁ עֹלוֹת לַבָּעַל אֲשֶׁר לֹא־צִוִּיתִי וְלֹא דִבַּרְתִּי וְלֹא עָלְתָה עַל־לִבִּי, *They have built the altars of Baal, to burn their children with fire to Baal, which I have not commanded, nor spoken, nor has it entered My mind.* As the Gemara proceeds to explain, the three-fold expression at the end of the verse — *which I have not commanded, nor spoken, nor has it entered My mind* — is a reference to three historical episodes in which a father sacrificed (or almost sacrificed) his child to God. Lest anyone attempt to argue otherwise, God stresses here that He never commanded or desired the sacrifice in those cases (*Rashi*).

20. *II Kings* 3:27. Although Meisha's intentions were for the sake of Heaven, for he sacrificed his son in an attempt to appease God, nevertheless God had no desire in the offering (*Rashi*).

21. The Targum (*Tosafos* to *Targum Yonasan, Judges* 11:39) derides both Pinchas and Yiftach for not having tried to annul Yiftach's vow. This indicates that God did not desire the sacrifice of Yiftach's daughter, which was the fulfillment of this vow (*Rashi*; cf. note 18).

22. The Gemara in *Sanhedrin* (89b) relates: Satan denounced Abraham saying that he had not offered a single sacrifice to God when he celebrated the weaning of his son Isaac. God responded that if He would ask Abraham to sacrifice Isaac himself, Abraham would not refuse. To demonstrate the veracity of this claim, God then asked Abraham to sacrifice his son. It was never God's intent that Isaac be slaughtered; God merely wished to test Abraham in order to refute Satan's accusation (*Rashi*).

23. *Hosea* 6:3. The Jewish people yearn for the ultimate deliverance, when they will all know God (see *Rashi* and *Metzudos David* ad loc.).

24. *Hosea* 14:6.

25. *Song of Songs* 8:6.

26. *Isaiah* 49:16.

27. Unlike his chest or arms, a person's hands are visible at all times (*Rashi's* first explanation).

Alternatively, *Rashi* explains that כַּפַּיִם means the sky (see *Rashi* to *Lamentations* 3:41). God engraved a human image (representative of Jacob and Israel) on the Heavenly throne in the sky (see *Ezekiel* 1:26).

28. *Gevuras Ari* explains the reason for this assumption, which seems to run counter to the regular usage of the term שׁוֹאֲלִין: The clauses of the Mishnah which precede and follow this clause specifically discuss "mentioning," while the details of "requesting" are not discussed until

עורפילא אפילו לפרצידא דתותי קלא מהניא ליה מאי עורפילא עורו פילי ואמר רבא האי צורבא מרבנן דמי לפרצידא דתותי קלא דכיון דנבט נבט ואמר רבא האי צורבא מרבנן דרתח אורייתא הוא דקא מרתחא ליה שנאמר א) הלא כה דברי כאש נאם ה׳ ואמר רב אשי א) כל ת"ח שאינו קשה כברזל אינו ת"ח שנא׳ א) וכפטיש יפוצץ סלע א"ל רבי אבא לרב אשי אתון מהתם מתניתו לה אנן מהכא מתנינן לה דכתיב ב) ארץ אשר אבניה ברזל אל תקרי אבניה אלא בוניה אמר רבינא אפ"ה מיבעי ליה לאיניש למילף נפשיה בניחותא שנאמר ג) והסר כעס מלבך וגו׳ א"ר שמואל בר נחמני אמר רבי יונתן שלשה שאלו שלא כהוגן לשנים ג) השיבוהו כהוגן לאחד השיבוהו שלא כהוגן ואלו הן אליעזר עבד אברהם ושאול בן קיש ויפתח הגלעדי אליעזר עבד אברהם דכתיב (א) ד) והיה הנערה אשר אומר אליה הטי נא כדך וגו׳ יכול אפי׳ חיגרת אפי׳ סומא השיבו כהוגן ונזדמנה לו רבקה שאול בן קיש דכתיב ה) והיה האיש אשר יכנו יעשרנו המלך עושר גדול ואת בתו יתן לו יכול אפי׳ עבד אפילו ממזר השיבו כהוגן ונזדמן לו דוד יפתח הגלעדי דכתיב ו) והיה היוצא אשר יצא מדלתי ביתי וגו׳ יכול אפילו דבר טמא השיבו שלא כהוגן נזדמנה לו בתו והיינו דקאמר להו נביא לישראל ז) הצרי אין בגלעד אם רופא אין שם וכתיב ח) אשר לא צויתי ולא דברתי ולא עלתה על לבי אשר לא צויתי זה בנו של מישע מלך מואב שנאמר ג) ט) ויקח את בנו הבכור אשר ימלך תחתיו ויעלהו עולה ולא דברתי (ב) זה יפתח ולא עלתה על לבי זה יצחק בן אברהם אמר רבי ברכיה אף כנסת ישראל שאלה שלא כהוגן והקב"ה השיבה כהוגן שנא׳ י) ונדעה נרדפה לדעת את ה׳ כשחר נכון מוצאו ויבוא כגשם לנו אמר לה הקב"ה בתי את שואלת דבר שפעמים מתבקש ופעמים אינו מתבקש אבל אני אהיה לך דבר המתבקש לעולם שנאמר כ) אהיה כטל לישראל ועוד שאלה שלא כהוגן אמרה לפניו רבש"ע ל) שימני כחותם על לבך כחותם על זרועך א"ל הקב"ה בתי את שואלת דבר שפעמים נראה ופעמים אינו נראה אבל אני אעשה לך דבר שנראה לעולם שנאמר מ) הן על כפים חקותיך: אין שואלין את הגשמים כו׳: סברוה שאלה והזכרה חדא מילתא היא מאן תנא אמר רבא ° ר׳ יהושע היא דאמר ד) משעת הנחתו א"ל אביי אפילו תימא רבי אליעזר שאלה לחוד והזכרה לחוד ואיכא דאמרי לימא רבי

רש"י

עורפילא. גשמים דקים כך שמן כדלקמן: אפי׳ לפרצידא דתותי קלא. הגרעין שתחת גושה של קרקע: מהניא. שמתחיל לבלבן ולעלות מיד: עורו פילי. שפותח סדקי הארץ ל"א שמגדלת ומצמחת הגרעינין העומדין בסדקי הקרקע: צורבא מרבנן. בחור חריף כמו ביעי דצריבן במסכת ביצה (דף ז.) תלמיד חכם זקן לא קרי צורבא אלא ההוא מרבנן קרי ליה: כיון דנבט נבט. שמתחיל לבלבן ולעלות עולה למעלה כך תלמיד חכם כיון שיצא שמו הולך וגדל למעלה: אורייתא מרתחא ליה. שיש לו רוחב לב מתוך תורתו ומשים ללבו יותר משאר בני אדם וקמ"ל דחייבין לדונו לכף זכות: כאש. שמחמם כל גופו: בוניה. תלמידי חכמים מקיימי עולם בבנייניהו: ברזל. קפדנים וקשים כברזל: שלשה שאלו כו׳. משום דרבי ברכיה מיירי בגשמים לקמן נקט לה: ובנות אנשי העיר יוצאות והיה הנערה. משמע הנערה היוצאה תחילה מן העיר ויאמר לה השקיני (ג) לה היה מנחש: אפי׳ חיגרת אפי׳ סומא. לפי שלא פירש בשאילתו ואפשר שתהיה בעלת מום ולא יבין בה אליעזר ויקחנה: (אלא) השיבוהו כהוגן. וזימנו לו רבקה: דבר טמא. כלב או חזיר: והיינו דאמר להו נביא כו׳. מדגלי ביה קרא ואמר הצרי אין בגלעד ה) [אלמא דלא הוי ניחא קמי שמיא כדאמרינן הצרי אין בגלעד] פנחס היה שם והיה יכול להתיר נדרו אלא שלא רצה יפתח לילך אצלו (ד) והוא לא רצה לבוא אצל יפתח בבראשית רבה ו): וכתיב אשר לא צויתי. בירמיה כתיב בפרשת בקבוק ובנו את במות (ז) התופת אשר בגיא בן הנם) לשרוף את (בנותיהם ואת) בניהם באש אשר לא ח) [צויתי ולא] דברתי ולא עלתה על לבי שלא תאמרו הלא צוה כמו כן הקב"ה ליפתח ומישע ואברהם כי מעולם לא צויתי למישע לשרוף את בנו באש דכתיב ויקח את בנו הבכור אשר ימלך תחתיו ויעלהו עולה על החומה ולשמים נתכוון כסבור היה לרצות להקב"ה והאי דכתיב ט) על שרפו עצמות מלך אדום לשיד מילתא אחרינא הוא ולא דברתי ליפתח (ה) מימים ימימה ותהי חק בישראל ובתרגום מזכיר פנחס לגנאי ויפתח לגנאי אלמא לא היה הקב"ה רוצה בבתו שהרי מזכירם לגנאי לפי שלא הלכו זה אצל זה לבטל הנדר ה"ג ולא עלתה על לבי זה יצחק בן אברהם כלומר שאע"פ שצויתי לו מעולם לא עלתה על לבי לשחוט בנו אלא לנסותו מפני קטיגורו היינו שטן כדאמר בסנהדרין בהנחנקין (דף פט:) ויהי אחר הדברים האלה אחר דבריו של שטן וכו׳ ואית דלא גרסינן האי ולא עלתה על לבי י) דטעי בקרא אחרינא דלא כתב אלא אשר לא צויתי ולא דברתי (ירמיה ז פסוק כב) ובפרשת בקבוק כתיב כל הני שלשה אשר לא צויתי ולא דברתי ולא עלתה על לבי. בתנחומא אשר לא צויתי זו בתו של יפתח אע"פ שצויתי לו תורה ומצות מצוה זו לא צויתי עליו ולא דברתי זה בנו של מישע מלך מואב והלא מישע נכרי הוא ולא חולין הוא לי לדבר עמו אפילו דיבור בעלמא. ובאגדה קא חשיב כלב בהדייהו אשר יכה את קרית ספר ולכדה וגו׳ ורבי יונתן דלא חשיב ליה דבגמרא פשיט ליה להאי קרא בהלכות שנשתכחו בימי אבלו של משה כדאמרינן בתמורה (דף טז.) ואין לחוש שתשרה רוח הקדש על עבד ועל ממזר כדאמרינן בנדרים (דף לח.) שאין שכינה שורה כו׳ מפי רבי. וגדעון ששאל למנוע טל מעל הארץ ובגזה לבדה יהיה אין זה שלא כהוגן ומה תקלה יש אם יחסר העולם טל לילה אחת לבד מפי רבי: ויבוא כגשם לנו. פעמים אינו מתבקש שהוא סימן קללה בקיץ: (ו) דבר המתבקש לעולם. טל אפילו בימות החמה: פעמים נראה. כשהוא ערום נראה זרועו וכנגד לבו ואינו נראה כשהוא לבוש והכף נראית כל שעה שהיד נראית לעינים וי"ל על כפים (ז) על השמים צורת אדם שהוא בכסא וכן נשא לבבנו אל כפים (איכה ג) מפי רבי: (ח) ה"ג סברוה שאלה והזכרה חדא מילתא היא. כלומר הא דקתני אין שואלין את הגשמים היינו אין מזכירין את הגשמים: ומאן תנא. דאמר סמוך לימות הגשמים מזכירין אבל לא קודם לכן: רבי יהושע היא. דאמר משעת הנחת לולב הוא מזכיר דהיינו יום שמיני וזהו סמוך לגשמים דמן החג ואילך הוא זמן גשמים:

תוספות

עורפילא. היינו גשם דק אפילו לפרצידא דתותי קלא מהניא פי׳ פרצידא זו גרעין שהוא מתחת האבן היינו כמו חטה שמתחת הקרקע: מאי עורפילא עורו פילי. פי׳ מעורכן ומצמיחן פילי פי׳ אותן העומדים בסדקי הארץ:

שלשה שאלו שלא כהוגן. אליעזר שאול ויפתח וא"ת אמאי לא חשיב כלב בן יפונה שאמר אשר יכה את קרית ספר ולכדה ונתתי לו את עכסה בתי לאשה אמאי לא פריך כמו הכא יכול ממזר או עבד וי"ל דהא דקאמר כלב שיתן לו (ט) הקב"ה כל מי שיכול לחזור אותן הלכות ששכחו בימי אבלו של משה אתן לו עכסה בתי וי"מ דלכך נקראת י) עכסה שכל הרואה אותה כועס על אשתו וזהו ודאי משום צניעות יתירא דקא חזו בה והיה סומך דזכותה וזכות דידיה מסתייע דלא מזדווגין לה אלא כפי מעשיה כדאיתא בסוטה (דף ב.) דאין מזווגין וכו׳: יכול אפי׳ חיגרת או סומא. תימה אמאי לא נקט הכא גבי אליעזר עבד אברהם כמו דקאמר גבי שאול בסמוך יכול אפי׳ ממזרת או שפחה וכו׳ ואמר רש"י משום דגבי אליעזר לא שייך עדיין ממזרת דהא לא נתנה תורה אי נמי דגבי אשה לא דייק עלמא אלא ליופי וא"ת היכי קאמר דשאל אליעזר שלא כהוגן והא לא אמר אלא אשר אומר אליה הטי נא כדך ואם יראה שתהא חיגרת או סומא לא יאמר לה וי"ל דה"פ יכול אפילו חיגרת ואפילו סומא יכול אפי׳ חיגרת שיהיה לה אפילו רגל של עץ והוא לא יהא רואה או סומא כגון שיש לה עינים יפים ואינה רואה כלל: והיינו דקאמר להו נביא לישראל הצרי אין בגלעד אם רופא אין שם. כלומר להתיר נדרו ליפתח והא הוה פנחס ואמאי לא הלך יפתח אצלו להתיר נדרו אלא מתוך גסות רוחו אמר לא אלך אצלו שאני שופט ונגיד אלא יבא אצלי ופנחס אמר ליתי גבאי דאנא נביא ועל ידי תהא פטורה שהייתי (י) שורה ומתיר הנדר ופוטר אותה ולבסוף נענשו שניהם יפתח נענש שנפלו אבריו קודם מיתה כדכתיב ויקבר בערי גלעד ופנחס נענש דכתיב לפנים היה ה׳ עמו ל):

רבינו חננאל

לפירות: עורו פילי. פי׳ הטפה היורדת בכח מערערת פילא כמו פילחא כדכתיב כמו פולח ובוקע בארץ. אפי׳ לפרצידא דתותי קלא. פי׳ שתחת האבן צומח א) וכן ת"ח דומה לפרי תחת האבן (ששואב שואב) וכיון שצומח [צומח] בבת אחת. צורבא מרבנן דמרתח אורייתא מרתחא ליה שנאמר הלא כה דברי כאש: אמר רב שמואל בר נחמני א"ר יונתן ג׳ שאלו שלא כהוגן אליעזר שאול ויפתח. ומצינו בבראשית רבה ד׳ הן ששאלו שלא כהוגן אליעזר שאול ויפתח וכלב ופשטיה כיון דשאול וכלב שוין דתרווייהו נתינת [בתם חשיב] להו כאחד. לפיכך תני הכא שלשה: אין שואלין הגשמים כיון ששנינו כאן שאילת הגשמים סמוך לגשמים היא הוצרכנו לומר סברוה שאלה והזכרה ביום אחד הן הניחא לר׳ יהושע דאמר משעת הנחתו מזכיר ומיד שואל כי אין שאלה אלא בתפלת החול בי"ח בברכת השנים אלא לר׳ אליעזר קשיא ושנינן הזכרה לחוד ושאלה לחוד לזמן אחר ולאו כי הדדי:

חשק שלמה על רבינו חננאל

א) עי׳ מ"ש בפירוש רבינו לקמן ריש פ"ג ושייך כאן.

רבינו גרשום

עורפילא. מיטרא דקה. פרצידא. גרגר: דתותי קלא. תחת קרקע קשה: עורו פילי התעוררו בקעים כלומר שמכניס המטר דקה בבקעים ומוציא התבואה שבהם: כיון דנבט שבקע ויוצא אף ת"ח כיון שיוצא שמו בעולם שוב הולך וגדול בכל שעה: שאינו קשה כברזל. שאינו קשה לרצות. הצרי אין בגלעד כלומר שהיה יכול לילך אצל אליהו ומתיר לו נדרו: על לבי זה יצחק שלא היה בלבו של הקב"ה שישחטהו אלא בפה כדי לנסותו: על כפים חקותיך. וידים נראין לעולם: אין שואלין את הגשמים. ותן טל ומטר: ר׳ יהודה אמר האחרון מזכיר. גבורת גשמים וה"ה דשואלין ותן טל ומטר: מאן תנא דהתחלת שאלה והזכרה מצי למיהוי ביום אחד: דאמר משעת הנחתו דהיינו בשביעי מתחילין להזכיר שהוא חולו של מועד מצי להתחיל לשאול בברכת השנים שהרי מתפללין אתה חונן. דאי ר׳ אליעזר כיון דאמר בראשון מתחיל להזכיר לא מצי למיהוי התחלת הזכרה והתחלת שאלה ביום אחד דביו"ט ראשון ליכא שאלה שהרי אין מתפללין בו אתה חונן ולא מצי למישאל אלא בברכת השנים אפי׳ תימא דקתני אין שואלין ר׳ אליעזר היא ולא תימא שאלה והזכרה כהדדי.

ליקוטי רש"י

נבט. לשון צמח [מו"ק יח:]. הלא כה דברי כאש. לא היה להם לטעות ולדמות חלומות לומר שהם נבואה כי דבר נבואה כשבאה בפי הנביא בגבורה היא באה בו כאש בוערת כענין שנאמר (לעיל כ ט) ותהי בלב כאש בוערת ואומר ויד ה׳ עלי חזקה [ירמיה כג, כט]. הצרי אין בגלעד. שהלכי בא משם כמו שנאמר עלי גלעד וקחי צרי (לקמן מה) כלומר וכי לא היו להם אנשים לדיקים ממי ללמוד ויטיבו דרכיהם [ירמיה ח, כב]. ויקח את בנו הבכור. בפסיקתא דפרשת שקלים נדרש ששאל את עבדיו מה טיבה של אומה זו שנעשה לה נסים כאלה אמרו לו אביהם אברהם בן יחיד היה לו א"ל הקב"ה הקריבהו לפני ורצה להקריבו אמר להם אף אני בן בכור יש לי אלך ואקריבהו וכו׳ [מלכים ב ג, כז]. לדעת את ה׳. באמת ובתמים נכונים כשחר זה אשר נכון מוצאו. ויבוא כגשם לנו. כגשם הבא להיות חיים לעולם שאז יבא להורות חיים שיבאו לנו [הושע ו, ג]. שימני כחותם. בשביל אותה אהבה תחתמני על לבך שלא תשכחני [שיר השירים ח, ו]. על כפים חקותיך. על כפי רואה אני כאילו את מקוקה על כפי לראותך ולזכרך תמיד [ישעיה מט, טז]. סברוה. האמוראין בני ישיבה היו סבורין כן לפיכך הוצרך להם לישאל הא דבעי לנקמיה [פסחים עז.]. משעת הנחתו. מיום שמברכין בו באחרונה דהיינו בשביעי [לעיל ב: ועי׳ הג׳ הגר"ב רנשבורג שם].

מסורת הש"ס

א) [עי׳ תוספות סוכה נב. ד"ה אם ברזל], ב) [צ"ל השיבום יעב"ץ], ג) [סנהדרין דף לט:], ד) [לעיל ג:], ה) רש"א, ו) [פ׳ חיי שרה], ז) צ"ל הבעל, ח) רש"א, ט) [עמוס ב], י) [צ"ל משום דטעו וכ"ה ברש"י שבע"י], כ) [תמורה טז. וע"ש ברש"י], ל) [כל זה איתא במ"ר סוף סדר בחקותי].

הגהות הב"ח

(א) גמ׳ אליעזר עבד אברהם דכתיב ובנות אנשי העיר יוצאות וגו׳ והיה הנערה אשר: (ב) שם ולא דברתי זו בתו של יפתח: (ג) רש"י ד"ה ובנות כו׳ השקיני בה היה מנחש: (ד) ד"ה והיינו כו׳ יפתח לילך אצלו מתוך גסות רוחו אמר לא אלך אצלו שאני שופט ונגיד ופנחס לא היה רוצה לבא אצל יפתח שהוא נביא בב"ר: (ה) ד"ה וכתיב כו׳ ולא דברתי ליפתח שנאמר מימים ימימה כו׳ ואית דלא גרסי האי: (ו) ד"ה ויבוא כו׳ קללה בקיץ הס"ד ואח"כ מה"ד טל דבר המתבקש לעולם אפילו בימות: (ז) ד"ה פעמים כו׳ ויש לומר על כפים השמים כו׳ כצ"ל ותיבת על נמחק: (ח) בא"ד מפי רבי הס"ד ואח"כ מה"ד שאלה והזכרה כו׳ ותיבות ה"ג סברוה נמחק ונ"ב זהו פי׳ למאי דקאמר שאלה וכו׳: (ט) תוס׳ ד"ה שלשה וכו׳ שיתן לו כמו הכי קאמר כל מי וכו׳: (י) שם ד"ה והיינו וכו׳ שהייתי מורה ומתיר:

גליון הש"ס

גמ׳ ר"י היא דאמר משעת הנחתו. תמוה לי אמאי נקט ר"י דברייתא ולא נקט ר"י דמתני׳ מיו"ט האחרון אח"כ מצאתי בעז"ה בספר המכריע לריא"ז דמחק זה וכצ"ל סתם מני ר"י היא:

תורה אור השלם

א) הֲלוֹא כֹה דְבָרִי כָּאֵשׁ נְאֻם יְיָ וּכְפַטִּישׁ יְפֹצֵץ סָלַע: [ירמיה כג, כט]

ב) אֶרֶץ אֲשֶׁר לֹא בְמִסְכֵּנֻת תֹּאכַל בָּהּ לֶחֶם לֹא תֶחְסַר כֹּל בָּהּ אֶרֶץ אֲשֶׁר אֲבָנֶיהָ בַרְזֶל וּמֵהֲרָרֶיהָ תַּחְצֹב נְחֹשֶׁת: [דברים ח, ט]

ג) וְהָסֵר כַּעַס מִלִּבֶּךָ וְהַעֲבֵר רָעָה מִבְּשָׂרֶךָ כִּי הַיַּלְדוּת וְהַשַּׁחֲרוּת הָבֶל: [קהלת יא, י]

ד) וְהָיָה הַנַּעֲרָ אֲשֶׁר אֹמַר אֵלֶיהָ הַטִּי נָא כַדֵּךְ וְאֶשְׁתֶּה וְאָמְרָה שְׁתֵה וְגַם גְּמַלֶּיךָ אַשְׁקֶה אֹתָהּ הֹכַחְתָּ לְעַבְדְּךָ לְיִצְחָק וּבָהּ אֵדַע כִּי עָשִׂיתָ חֶסֶד עִם אֲדֹנִי: [בראשית כד, יד]

ה) וַיֹּאמֶר אִישׁ יִשְׂרָאֵל הַרְאִיתֶם הָאִישׁ הָעֹלֶה הַזֶּה כִּי לְחָרֵף אֶת יִשְׂרָאֵל עֹלֶה וְהָיָה הָאִישׁ אֲשֶׁר יַכֶּנּוּ יַעְשְׁרֶנּוּ הַמֶּלֶךְ עֹשֶׁר גָּדוֹל וְאֶת בִּתּוֹ יִתֶּן לוֹ וְאֵת בֵּית אָבִיו יַעֲשֶׂה חָפְשִׁי בְּיִשְׂרָאֵל: [שמואל א׳ יז, כה]

ו) וְהָיָה הַיּוֹצֵא אֲשֶׁר יֵצֵא מִדַּלְתֵי בֵיתִי לִקְרָאתִי בְּשׁוּבִי בְשָׁלוֹם מִבְּנֵי עַמּוֹן וְהָיָה לַייָ וְהַעֲלִיתִהוּ עוֹלָה: [שופטים יא, לא]

ז) הַצֳרִי אֵין בְּגִלְעָד אִם רֹפֵא אֵין שָׁם כִּי מַדּוּעַ לֹא עָלְתָה אֲרֻכַת בַּת עַמִּי: [ירמיה ח, כב]

ח) וּבָנוּ אֶת בָּמוֹת הַבַּעַל לִשְׂרֹף אֶת בְּנֵיהֶם בָּאֵשׁ עֹלוֹת לַבָּעַל אֲשֶׁר לֹא צִוִּיתִי וְלֹא דִבַּרְתִּי וְלֹא עָלְתָה עַל לִבִּי: [ירמיה יט, ה]

ט) וַיִּקַּח אֶת בְּנוֹ הַבְּכוֹר אֲשֶׁר יִמְלֹךְ תַּחְתָּיו וַיַּעֲלֵהוּ עֹלָה עַל הַחֹמָה וַיְהִי קֶצֶף גָּדוֹל עַל יִשְׂרָאֵל וַיִּסְעוּ מֵעָלָיו וַיָּשֻׁבוּ לָאָרֶץ: [מלכים ב׳ ג, כז]

י) וְנֵדְעָה נִרְדְּפָה לָדַעַת אֶת יְיָ כְּשַׁחַר נָכוֹן מוֹצָאוֹ וְיָבוֹא כַגֶּשֶׁם לָנוּ כְּמַלְקוֹשׁ יוֹרֶה אָרֶץ: [הושע ו, ג]

כ) אֶהְיֶה כַטַּל לְיִשְׂרָאֵל יִפְרַח כַּשּׁוֹשַׁנָּה וְיַךְ שָׁרָשָׁיו כַּלְּבָנוֹן: [הושע יד, ו]

ל) שִׂימֵנִי כַחוֹתָם עַל לִבֶּךָ כַּחוֹתָם עַל זְרוֹעֶךָ כִּי עַזָּה כַמָּוֶת אַהֲבָה קָשָׁה כִשְׁאוֹל קִנְאָה רְשָׁפֶיהָ רִשְׁפֵּי אֵשׁ שַׁלְהֶבֶתְיָה: [שיר השירים ח, ו]

מ) הֵן עַל כַּפַּיִם חַקֹּתִיךְ חוֹמֹתַיִךְ נֶגְדִּי תָּמִיד: [ישעיה מט, טז]

Based on this assumption, the Gemara identifies the Tanna whose opinion is reflected in this ruling: מַאן תַּנָּא – **Who is the Tanna** of this statement that rain is not mentioned until close to the rainy season? אָמַר רָבָא – **Rava said:** ר׳ יְהוֹשֻׁעַ הִיא דְּאָמַר מִשְּׁעַת הַנָּחָתוֹ – **It is R' Yehoshua, who said** that we begin to mention rain **from the time [the *lulav*] is put down;** i.e. on the eighth day, after the *lulav* is used for the last time on the seventh day of Succos.[29] [30]

The Gemara suggests a different explanation of this clause of the Mishnah:

אָמַר לֵיהּ אַבַּיֵי – **Abaye said to [Rava]:** אֲפִילּוּ תֵּימָא רַבִּי אֱלִיעֶזֶר – **You may even say** that this clause of the Mishnah follows the opinion of **R' Eliezer,** שְׁאֵלָה לְחוּד וְהַזְכָּרָה לְחוּד – for **"requesting" is one thing and "mentioning" is another.** When the Mishnah says "we do not request rain except close to the rainy season," it refers to the request for rain: *v'sen tal u'matar livrachah.* Although R' Eliezer rules that we begin to *mention* rain on the first day of Succos, he concedes that we do not *request* rain until later.[31]

The Gemara cites a slightly different version of the previous discussion.

וְאִיכָּא דְּאָמְרֵי – **There are those who report** the following version: לֵימָא – Are we **to say**

NOTES

later (see Mishnayos on 5a and 10a). The students therefore concluded that the term שׁוֹאֲלִין is not used here in its usual sense. (See *Ritva* for an alternative interpretation.)

29. This is the version of R' Yehoshua's opinion that is recorded in the Baraisa (2b). It is unclear why the Gemara cited this version and not the one of our Mishnah (see Gemara 3a where the difference between the two versions is noted). A variant text of the Gemara exists which does not specify any particular version: it merely reads, *it is R' Yehoshua,* without the additional words, "who said from the time [the *lulav*] is put down" (*R' Akiva Eiger* in *Gilyon HaShas* and *Drush V'Chiddush;* cf. *Ritva* and *Rashash*).

30. The eighth day is close to the rainy season, which begins immediately after the Festival (*Rashi*). [Evidently, the Tanna of this segment – R' Yehoshua – holds that the rainy season begins immediately after the Festival, for according to this interpretation, the eighth and final day of the Festival is described as "close" to the rainy season.]

[Since (according to this interpretation), R' Yehoshua holds that the rainy season begins immediately after the Festival, presumably he disagrees with the views recorded in the Mishnah below (10a) that we do not request rain until the third or seventh of Cheshvan (see *Ritva* and *Ran*).]

31. According to this interpretation, the Mishnah does not fix a date for the beginning of the request for rain. It merely makes the point that although R' Eliezer advances the *mention* of rain to a date which clearly precedes the rainy season [the first day of Succos], he concedes that the *request* for rain is not made until a date which is "close to the rainy season" [which may be in Marcheshvan (see Mishnah 10a) or the end of the Festival] (*Ritva*).

עורפילא אפילו לפרצידא דתותי קלא מהניא ליה מאי עורפילא עורו פילי ואמר רבא האי צורבא מרבנן דמי לפרצידא דתותי קלא דכיון דנבט נבט ואמר רבא האי צורבא מרבנן דרתח אורייתא הוא דקא מרתחא ליה שנאמר א) הלא כה דברי כאש נאם ה' ואמר רב אשי (א) כל ת"ח שאינו קשה כברזל אינו ת"ח שנא' א) וכפטיש יפוצץ סלע א"ל רבי אבא לרב אשי אתון מהתם מתניתו לה אנן מהכא מתנינן לה דכתיב ב) ארץ אשר אבניה ברזל אל תקרי אבניה אלא בוניה אמר רבינא אפ"ה מיבעי ליה לאיניש למילף נפשיה בניחותא שנאמר ג) והסר כעס מלבך וגו' א"ר שמואל בר נחמני אמר רבי יונתן שלשה שאלו שלא כהוגן לשנים ג) השיבוהו כהוגן לאחד השיבוהו שלא כהוגן ואלו הן אליעזר עבד אברהם ושאול בן קיש ויפתח הגלעדי אליעזר עבד אברהם דכתיב (א) ד) והיה הנערה אשר אומר אליה הטי נא כדך וגו' יכול אפי' חיגרת אפי' סומא השיבו כהוגן ונזדמנה לו רבקה שאול בן קיש דכתיב ה) והיה האיש אשר יכנו יעשרנו המלך עושר גדול ואת בתו יתן לו יכול אפי' עבד אפילו ממזר השיבו כהוגן ונזדמן לו דוד יפתח הגלעדי דכתיב ו) והיה היוצא אשר יצא מדלתי ביתי וגו' יכול אפילו דבר טמא השיבו שלא כהוגן נזדמנה לו בתו והיינו דקאמר להו נביא לישראל ז) הצרי אין בגלעד אם רופא אין שם וכתיב ח) אשר לא צויתי ולא דברתי ולא עלתה על לבי אשר לא צויתי זה בנו של מישע מלך מואב שנאמר ו) ט) ויקח את בנו הבכור אשר ימלך תחתיו ויעלהו עולה ולא דברתי (ב) זה יפתח ולא עלתה על לבי זה יצחק בן אברהם אמר רבי ברכיה אף כנסת ישראל שאלה שלא כהוגן והקב"ה השיבה כהוגן שנא' י) ונדעה נרדפה לדעת את ה' כשחר נכון מוצאו ויבוא כגשם לנו אמר לה הקב"ה בתי את שואלת דבר שפעמים מתבקש ופעמים אינו מתבקש אבל אני אהיה לך דבר המתבקש לעולם שנאמר כ) אהיה כטל לישראל ועוד שאלה שלא כהוגן אמרה לפניו רבש"ע ל) שימני כחותם על לבך כחותם על זרועך א"ל הקב"ה בתי את שואלת דבר שפעמים נראה ופעמים אינו נראה אבל אני אעשה לך דבר שנראה לעולם שנאמר מ) הן על כפים חקותיך: אין שואלין את הגשמים כו': סברוה שאלה והזכרה חדא מילתא היא מאן תנא אמר רבא ה) ר' יהושע היא דאמר ז) משעת הנחתו א"ל אביי אפילו תימא רבי אליעזר שאלה לחוד והזכרה לחוד ואיכא דאמרי לימא רבי

רש"י

עורפילא. גשמים דקים כך שמן כדלקמן: אפי' לפרצידא דתותי קלא. הגרעין שתחת גושה של קרקע: מהניא מיד: עורו פילי. שפותח סדקי הארץ ל"א שמגדלת ומצמחת הגרעינין העומדין בסדקי הקרקע: צורבא מרבנן. בחור חריף כמו ביעי דצריבן במסכת ביצה (דף ז.) תלמיד חכם זקן לא קרי צורבא אלא ההוא מרבנן קרי ליה: כיון דנבט נבט. שמתחיל לבלבל ולעלות עולה למעלה כך תלמיד חכם כיון שיצא שמו הולך וגדל למעלה: אורייתא מרתחא ליה. שיש לו רוחב לב מתוך תורתו ומשים ללבו יותר משאר בני אדם וקמ"ל דחייבין לדונו לכף זכות: כאש. שמחמם כל גופו: בוניה. תלמידי חכמים מקיימי עולם בבנייניהו: ברזל. קפדנים וקשים כברזל: שלשה שאלו כו'. משום דרבי ברכיה מיירי בגשמים לקמן נקט לה: ובנות אנשי העיר יוצאות והיה הנערה. משמע הנערה היוצאה תחילה מן העיר ויאמר לה השקיני (ג) לה היה מנחש: אפי' חיגרת אפי' סומא. לפי שלא פירש בשאילתו ואפשר שתהיה בעלת מום ולא יבין בה אליעזר ויקחנה: (אלא) השיבוהו כהוגן. וזימנו לו רבקה: דבר טמא. כלב או חזיר: והיינו דאמר להו נביא כו'. מדגלי ביה קרא ואמר הצרי אין בגלעד ט) [אלמא דלא הוי ניחא קמי שמיא כדאמרינן הצרי אין בגלעד] פנחס היה שם והיה יכול להתיר נדרו אלא שלא רצה יפתח לילך אצלו (ד) והוא לא רצה לבוא אצל יפתח בבראשית רבה י): וכתיב אשר לא צויתי. בירמיה כתיב בפרשת בקבוק ובנו את במות (י) התופת אשר בגיא בן הנם) לשרוף את (בנותיהם ואת) בניהם באש אשר לא ט) [צויתי ולא] דברתי ולא עלתה על לבי שלא תאמרו הלא צוה כמו כן הקב"ה ליפתח ומישע ואברהם כי מעולם לא צויתי למישע לשרוף את בנו באש דכתיב ויקח את בנו הבכור אשר ימלך תחתיו ויעלהו עולה על החומה ולשמים נתכוון כסבור היה לרצות להקב"ה והאי דכתיב ט) על שרפו עצמות מלך אדום לשיד מילתא אחרינא הוא ולא דברתי ליפתח (ה) מימים ימימה ותהי חק בישראל ובתרגום מזכיר פנחס לגנאי ויפתח לגנאי אלמא לא היה הקב"ה רוצה בבתו שהרי מזכירם לגנאי לפי שלא הלכו זה אצל זה לבטל הנדר ה"ג ולא עלתה על לבי זה יצחק בן אברהם כלומר שאע"פ שצויתי לו מעולם לא עלתה על לבי לשחוט בנו אלא לנסותו מפני קטיגורו היינו שטן כדאמר בסנהדרין בהנחנקין (דף פט:) ויהי אחר הדברים האלה אחר דבריו של שטן וכו' ואית דלא גרסינן האי ולא עלתה על לבי י) דטעי בקרא אחרינא דלא כתב אלא אשר לא צויתי ולא דברתי (ירמיה ז פסוק כב) ובפרשת בקבוק כתיב כל הני שלשה אשר לא צויתי ולא דברתי ולא עלתה על לבי. בתנחומא אשר לא צויתי זו בתו של יפתח אע"פ שצויתי לו תורה ומצות מצוה זו לא צויתי עליו ולא דברתי זה בנו של מישע מלך מואב והלא מישע נכרי הוא ולא חולין הוא לי לדבר עמו אפילו דיבור בעלמא. ובאגדה קא חשיב כלב בהדייהו אשר יכה את קרית ספר ולכדה וגו' ורבי יונתן דלא חשיב ליה להאי קרא דבגמרא פשיט ליה להאי קרא בהלכות שנשתכחו בימי אבלו של משה כדאמרינן בתמורה (דף טז.) ואין לחוש שתשרה רוח הקדש על עבד ועל ממזר כדאמרינן בנדרים (דף לח.) שאין שכינה שורה כו' מפי רבי. וגדעון שאל למנוע טל מעל הארץ ובגיזה לבדה יהיה אין זה שלא כהוגן ומה תקלה יש אם יחסר העולם טל לילה אחת לבד מפי רבי: ויבוא כגשם לנו. פעמים אינו מתבקש שהוא סימן קללה בקיץ: (ו) דבר המתבקש לעולם. טל אפילו בימות החמה: פעמים נראה. כשהוא ערום נראה זרועו וכנגד לבו ואינו נראה כשהוא לבוש והכף נראית כל שעה שהיד נראית לעינים וי"ל על כפים (ז) על השמים צורת אדם שהוא בכסא וכן נשא לבבנו אל כפים (איכה ג) מפי רבי: (ח) ה"ג סברוה שאלה והזכרה חדא מילתא היא. כלומר הא דקתני אין שואלין את הגשמים היינו אין מזכירין אבל לא קודם לכן: ומאן תנא. דאמר סמוך לימות הגשמים: רבי יהושע היא. דאמר משעת הנחת לולב הוא מזכיר דהיינו יום שמיני וזהו סמוך לגשמים דמן החג ואילך הוא זמן גשמים: הכי

תוספות

עורפילא. היינו גשם דק אפילו לפרצידא דתותי קלא מהניא פי' פרצידא זו גרעין שהוא מתחת האבן היינו כמו חטה שמתחת הקרקע: מאי עורפילא עורו פילי. פי' מעוררן ומצמיחן פילי פי' אותן העומדים בסדקי הארץ:

שלשה שאלו שלא כהוגן. אליעזר שאול ויפתח וא"ת אמאי לא חשיב כלב בן יפונה שאמר אשר יכה את קרית ספר ולכדה ונתתי לו את עכסה בתי לאשה אמאי לא פריך כמו הכא יכול ממזר או עבד וי"ל דהא דקאמר כלב שיתן לו (ט) הקב"ה כל מי שיכול לחזור אותן הלכות ששכחו בימי אבלו של משה אתן לו עכסה בתי וי"מ דלכך נקראת כ) עכסה שכל הרואה אותה כועס על אשתו וזהו ודאי משום צניעות יתירא דקא חזו בה והיה סומך דזכותה וזכות דידיה מסתייע דלא מזווגין לה אלא כפי מעשיה כדאיתא בסוטה (דף ב.) דאין מזווגין וכו': יכול אפי' חיגרת או סומא. תימה אמאי לא נקט הכא גבי אליעזר עבד אברהם כמו דקאמר גבי שאול בסמוך יכול אפי' ממזרת או שפחה וכו' ואמר רש"י משום דגבי אליעזר לא שייך עדיין ממזרת דהא לא נתנה תורה אי נמי דגבי אשה לא דייק עלמא אלא ליופי וא"ת היכי קאמר דשאל אליעזר שלא כהוגן והא לא אמר אלא אשר אומר אליה הטי נא כדך ואם יראה שתהא חיגרת או סומא לא יאמר לה וי"ל דה"פ יכול אפילו חיגרת ואפילו סומא יכול אפי' חיגרת שיהיה לה אפילו רגל של עץ והוא לא יהא רואה או סומא כגון שיש לה עינים יפים ואינה רואה כלל: והיינו דקאמר להו נביא לישראל הצרי אין בגלעד אם רופא אין שם. כלומר להתיר נדרו ליפתח והא הוה פנחס ואמאי לא הלך יפתח אצלו להתיר נדרו אלא מתוך גסות רוחו אמר לא אלך אצלו שאני שופט ונגיד אלא יבא אצלי ופנחס אמר ליתי גבאי דאנא נביא ועל ידי תהא פטורה שהייתי (י) שורה ומתיר הנדר ופוטר אותה ולבסוף נענשו שניהם יפתח נענש שנפלו אבריו קודם מיתה כדכתיב ויקבר בערי גלעד ופנחס נענש דכתיב לפנים היה ה' עמו ל):

רבינו חננאל

לפירות: עורו פילי. פי' הטפה היורדת בכח מערערת פילא כמו פילחא כדכתיב כמו פולח ובוקע בארץ. אפי' לפרצידא דתותי קלא. פי' שתחת האבן צומח א) וכן ת"ח דומה לפרי תחת האבן (ששואב שואב) וכיון שצומח [צומח] בבת אחת. צורבא מרבנן דמרתח אורייתא מרתחא ליה שנאמר הלא כה דברי כאש: אמר רב שמואל בר נחמני א"ר יונתן ג' שאלו שלא כהוגן אליעזר שאול ויפתח. ומצינו בבראשית רבה ד' הן ששאלו שלא כהוגן אליעזר שאול ויפתח וכלב ופשטיה כיון דשאול וכלב שוין דתרווייהו נתינת [בתם חשיב] להו כאחד. לפיכך תני הכא שלשה: אין שואלין הגשמים כיון ששנינו כאן שאילת הגשמים סמוך לגשמים היא הוצרכנו לומר סברוה שאלה והזכרה ביום אחד הן הניחא לר' יהושע דאמר משעת הנחתו מזכיר ומיד שואל כי אין שאלה אלא בתפלת החול בי"ח בברכת השנים אלא לר' אליעזר קשיא ושנינן הזכרה לחוד ושאלה לחוד לזמן אחר ולאו כי הדדי:

חשק שלמה על רבינו חננאל

א) עי' מ"ש בפירוש רבינו לקמן ריש פ"ג וצ"ע כאן.

רבינו גרשום

עורפילא. מיטרא דקה. פרצידא. גרגר: דתותי קלא. תחת קרקע קשה: עורו פילי התעוררו בקעים כלומר שמכניס המטר דקה בבקעים ומוציא התבואה שבהם: כיון דנבט שבקע ויוצא אף ת"ח כיון שיוצא שמו בעולם שוב הולך וגדול בכל שעה: שאינו קשה כברזל. שאינו קשה לרצות. הצרי אין בגלעד כלומר שהיה יכול לילך אצל אליהו ומתיר לו נדרו: על לבי זה יצחק שלא היה בלבו של הקב"ה שישחטהו אלא בפה כדי לנסותו: על כפים חקותיך. וידים נראין לעולם: אין שואלין את הגשמים. ותן טל ומטר: ר' יהודה אמר האחרון מזכיר. גבורת גשמים וה"ה דשואלין ותן טל ומטר: מאן תנא דהתחלת שאלה והזכרה מצי למיהוי ביום אחד: דאמר משעת הנחתו דהיינו בשביעי מתחילין להזכיר שהוא חולו של מועד מצי להתחיל לשאול בברכת השנים שהרי מתפללין אתה חונן. דאי ר' אליעזר כיון דאמר בראשון מתחיל להזכיר לא מצי למיהוי התחלת הזכרה והתחלת שאלה ביום אחד דביו"ט ראשון ליכא שאלה שהרי אין מתפללין בו אתה חונן ולא מצי למישאל אלא בברכת השנים אפי' תימא דקתני אין שואלין ר' אליעזר היא ולא תימא שאלה והזכרה כהדדי.

ליקוטי רש"י

נבט. לשון צמח [מו"ק יח:]. הלא כה דברי כאש. לא היה להם לטעות ולדמות חלומות לומר שהם נבואה כי דבר נבואה כשבאה כפי הנביא בגבורה היא באה בו כאש בוערת כענין שנאמר (לעיל כ ט) ותהי בלב כאש בוערת ואומר ויד ה' עלי חזקה [ירמיה כג, כט]. הצרי אין בגלעד. שהצרי בא משם כמו שנאמר עלי גלעד וקחי צרי (לקמן מו) כלומר וכי לא היו להם אנשים צדיקים ממי ללמוד ויטיבו דרכיהם [ירמיה ח, כב]. ויקח את בנו הבכור. בפסיקתא דפרשת שקלים נדרש ששאל את עבדיו מה טיבה של אומה זו שנעשה לה נסים כאלה אמרו לו אביהם אברהם בן יחיד היה לו א"ל הקב"ה הקריבהו לפני ורצה להקריבו אמר להם אף אני בן בכור יש לי אלך ואקריבהו וכו' [מלכים ב ג, כז]. לדעת את ה'. באמת ובתמים נכונים כשחר זה אשר נכון מוצאו. ויבוא כגשם לנו. כגשם הבא להיות חיים לעולם שאז יבא להורות חיים שיבאו לנו [הושע ו, ג]. שימני כחותם. בשביל אותה אהבה תחתמני על לבך שלא תשכחני [שיר השירים ח, ו]. על כפים חקותיך. על כפי רואה אני כאילו את מקוקה על כפי לראותך ולזכרך תמיד [ישעיה מט, טז]. סברוה. המורגלין בני ישיבה היו סבורין כן לפיכך הוצרך להם לישאל הא דבעי לקמיה [פסחים עז.]. משעת הנחתו. מיום שמנכרכין בו באחרונה דהיינו בשביעי [לעיל ב: ועי' הגה' הגר"ב רנשבורג שם].

מסורת הש"ס

א) [עי' תוספות סוכה נב. ד"ה אם ברזל], ב) [נ"ל השיבום יעב"ץ], ג) [סנהדרין דף לט:], ד) [לעיל ג:], ה) רש"א, ו) [פ' חיי שרה], ז) נ"ל הבעל, ח) רש"א, ט) [עמוס ב], י) [נ"ל משום דטעו וכ"ה ברש"י שבע"י], כ) [תמורה טז. וע"ש ברש"י], ל) [כל זה איתא במ"ר סוף סדר בחקותי].

הגהות הב"ח

(א) גמ' אליעזר עבד אברהם דכתיב ובנות אנשי העיר יוצאות וגו' והיה הנערה אשר: (ב) שם ולא דברתי זו בתו של יפתח: (ג) רש"י ד"ה ובנות כו' השקיני בה היה מנחש: (ד) ד"ה והיינו כו' יפתח לילך אצלו מתוך גסות רוחו אמר לא אלך אצלו שאני שופט ונגיד ופנחס לא היה רוצה לבא אצל יפתח שהוא נביא בב"ר: (ה) ד"ה וכתיב כו' ולא דברתי ליפתח שנאמר מימים ימימה כו' ואית דלא גרסי האי: (ו) ד"ה ויבוא כו' קללה בקיץ הס"ד ואח"כ מה"ד טל דבר המתבקש לעולם אפילו בימות: (ז) ד"ה פעמים כו' ויש לומר על כפים השמים כו' כצ"ל ותיבת על נמחק: (ח) בא"ד מפי רבי הס"ד ואח"כ מה"ד שאלה והזכרה כו' ותיבות ה"ג סברוה נמחק וכ"ב וזהו פי' למאי דקאמר שאלה וכו': (ט) תוס' ד"ה שלשה וכו' שיתן לו כמו הכי קאמר כל מי וכו': (י) שם ד"ה והיינו וכו' שהייתי מורה ומתיר:

גליון הש"ס

גמ' ר"י היא דאמר משעת הנחתו. תמוה לי אמאי נקט ר"י דברייתא ולא נקט ר"י דמתני' מיו"ט האחרון אח"כ מצאתי בעז"ה בספר המכריע לריא"ז דמחק זה וכצ"ל סתם מני ר"י היא:

תורה אור השלם

א) הלוא כה דברי כאש נאם יי וכפטיש יפצץ סלע: [ירמיה כג, כט]

ב) ארץ אשר לא במסכנת תאכל בה לחם לא תחסר כל בה ארץ אשר אבניה ברזל ומהרריה תחצב נחשת: [דברים ח, ט]

ג) והסר כעס מלבך והעבר רעה מבשרך כי הילדות והשחרות הבל: [קהלת יא, י]

ד) והיה הנער אשר אמר אליה הטי נא כדך ואשתה ואמרה שתה וגם גמליך אשקה אתה הכחת לעבדך ליצחק ובה אדע כי עשית חסד עם אדני: [בראשית כד, יד]

ה) ויאמר איש ישראל הראיתם האיש העלה הזה כי לחרף את ישראל עלה והיה האיש אשר יכנו יעשרנו המלך עשר גדול ואת בתו יתן לו ואת בית אביו יעשה חפשי בישראל: [שמואל א' יז, כה]

ו) והיה היוצא אשר יצא מדלתי ביתי לקראתי בשובי בשלום מבני עמון והיה ליי והעליתיהו עולה: [שופטים יא, לא]

ז) הצרי אין בגלעד אם רפא אין שם כי מדוע לא עלתה ארכת בת עמי: [ירמיה ח, כב]

ח) ובנו את במות הבעל לשרף את בניהם באש עלות לבעל אשר לא צויתי ולא דברתי ולא עלתה על לבי: [ירמיה יט, ה]

ט) ויקח את בנו הבכור אשר ימלך תחתיו ויעלהו עלה על החמה ויהי קצף גדול על ישראל ויסעו מעליו וישבו לארץ: [מלכים ב' ג, כז]

י) ונדעה נרדפה לדעת את יי כשחר נכון מוצאו ויבוא כגשם לנו כמלקוש יורה ארץ: [הושע ו, ג]

כ) אהיה כטל לישראל יפרח כשושנה ויך שרשיו כלבנון: [הושע יד, ו]

ל) שימני כחותם על לבך כחותם על זרועך כי עזה כמות אהבה קשה כשאול קנאה רשפיה רשפי אש שלהבתיה: [שיר השירים ח, ו]

מ) הן על כפים חקתיך חומתיך נגדי תמיד: [ישעיה מט, טז]

יא א מיי׳ פ״ב מהל׳ תפלה הל׳ טז סמג עשין יט טוש״ע א״ח סי׳ קיז סעיף א:

א) לקמן ה., ב) [קידושין מה:], ג) גי׳ הרא״ש א״ר יוסי בר חנינא הלכה כו׳, ד) [לקמן י. וש״נ], ה) [שם], ו) [עי׳ תוספות יומא יג. ד״ה הלכה], ז) [ב״ק מג: סנהדרין כה. ל: חולין נב:], ח) ברכות ה: מד. שבת ע: סוכה לו. מח. יומא כא: ביצה ה. יד: קדושין כט: [ב״מ קז. ב״ב קמז.].

רבי יהושע היא דאמר משעת הנחתו אמר רבא אפילו תימא רבי אליעזר שאלה לחוד והזכרה לחוד: רבי יהודה אומר העובר לפני התיבה כו׳: ורמינהו [א] עד מתי שואלין את הגשמים (א) ר׳ יהודה אומר עד שיעבור הפסח ר׳ מאיר אומר עד שיעבור ניסן אמר רב חסדא לא קשיא כאן לשאול כאן להזכיר מישאל שאיל ואזיל להזכיר ביו״ט הראשון פסיק אמר עולא הא דרב חסדא קשיא [ב] [א] כחומץ לשינים וכעשן לעינים ומה במקום שאינו שואל מזכיר במקום ששואל אינו דין שיהא מזכיר אלא אמר עולא תרי תנאי אליבא דר׳ יהודה רב יוסף אמר מאי עד שיעבור הפסח עד שיעבור שליח צבור ראשון היורד ביו״ט ראשון של פסח א״ל אביי שאלה ביו״ט מי איכא א״ל אין שואל מתורגמן וכי מתורגמן שואל דבר שאינו צריך לצבור אלא מחוורתא כדעולא רבה אמר מאי עד שיעבור הפסח עד שיעבור זמן שחיטת הפסח וכתחילתו כן סופו מה תחילתו מזכיר אע״פ שאינו שואל אף סופו מזכיר אע״פ שאינו שואל א״ל אביי בשלמא תחילתו מזכיר (ב) הזכרה נמי ריצוי שאלה היא אלא סופו מאי ריצוי שאלה איכא אלא מחוורתא כדעולא [ג] א״ר אסי א״ר יוחנן הלכה כר׳ יהודה א״ל ר׳ זירא לר׳ אסי ומי אמר רבי יוחנן הכי והתנן [ד] בשלשה במרחשון שואלין את הגשמים רבן גמליאל אומר בשבעה בו [ה] וא״ר אלעזר [ו] א הלכה כרבן גמליאל א״ל [ז] גברא אגברא קא רמית איבעית אימא לא קשיא כאן לשאול כאן להזכיר והאמר ר׳ יוחנן במקום ששואל מזכיר ההוא להפסקה איתמר והאמר ר׳ יוחנן התחיל להזכיר מתחיל לשאול פסק מלשאול פוסק מלהזכיר אלא לא קשיא [ח] הא לן הא להו מאי שנא לדידן דאית לן פירי בדברא לדידהו נמי אית להו עולי רגלים כי קא״ר יוחנן בזמן שאין בית המקדש קיים השתא דאתית להכי הא והא לדידהו ולא קשיא כאן בזמן שבית המקדש קיים ° כאן בזמן שאין בית המקדש קיים ואנן דאית לן תרי יומי היכי עבדינן אמר רב מתחיל במוספין ופוסק במנחה ערבית ושחרית וחוזר במוספין אמר להו שמואל פוקו ואמרו ליה לאבא אחר שעשיתו קודש תעשהו חול אלא אמר שמואל מתחיל במוספין ובמנחה ופוסק ערבית ושחרית וחוזר ומתחיל במוספין

רבא

הכי גרסינן ואיכא דאמרי לימא ר׳ יהושע היא אפי׳ תימא רבי אליעזר כו׳. ולא גרסינן סברוה שאלה לחוד והזכרה לחוד דהא לא משתמע ממתני׳: עד אימתי שואלין את הגשמים. בסוף ימות הגשמים: עד שיעבור הפסח. דאמרינן כל חולו של מועד ותן טל ומטר: עד שיצא ניסן. וכדמפיק טעמא במתני׳: הכי גרסינן אמר רב חסדא כאן לשאול כאן להזכיר מישאל שאיל ואזיל והזכרה ביום טוב ראשון פוסק. לשאול שואל והולך עד שיעבור הפסח כדקתני עד מתי שואלין כו׳ להזכיר אינו מזכיר אלא בתפלת יוצר של יו״ט ראשון: במקום שאינו שואל. ביו״ט האחרון של חג שאינו מתפלל תפלתו תפלת חול דאין שאלה אלא בברכת השנים: מזכיר. גבורות גשמים כדאמר רבי יהודה האחרון מזכיר: במקום שהוא שואל. בחולו של מועד של פסח: תרי תנאי. חד אמר עד שיעבור הפסח שואלין כל שכן שמזכירין וחד אמר שאלה עד הפסח והזכרה שיכול להזכיר ביו״ט מזכיר ביו״ט הראשון של פסח בתפלת יוצר ובמוספין פוסק: רב יוסף אמר. האי דקתני עד אימתי שואלין עד שיעבור כו׳ ה״ק עד שיעבור שליח צבור כו׳ והיינו כאידך רבי יהודה דמתני׳ דאמר הראשון מזכיר האחרון אינו מזכיר: שאלה ביו״ט מי איכא. וכי מתפלל הוא תפלת חול שאתה אומר עד שיעבור הפסח דהיינו (ג) זמן שליח צבור של תפלת יו״ט הראשון של פסח: אמר ליה אין שאלה דמתורגמן. בדרשה שהוא דורש אומר ברכת שאלה לבדה: דבר שאינו צריך לצבור. דכיון דזמן הפסקה הוא לאו אורח ארעא למישאל בצבור דבר שאינו צריך: עד שיעבור זמן שחיטת פסח. (ד) חצות יום דארבעה עשר עד שיעבור חצות דהיינו כל תפלת יוצר ואשמעינן ר׳ יהודה דבמנחה דערבי פסחים אע״ג דמצלינן תפלת חול מפסיקינן ולא יאמר ותן טל ומטר ואע״ג דמדכרינן עד למחר במוספין פוסק השאלה בתפלת מנחה של ערב יו״ט הראשון והזכרה שיכול להזכיר ביום טוב מזכיר עד תפלת מוסף של יום טוב הראשון: כתחילתו. שהוא מזכיר תחלה ביום טוב אחרון של חג ואינו שואל עד לאחר החג (ה) כך בסופו אינו שואל במנחה ערב יו״ט הראשון ומזכיר עד מוסף של יו״ט ראשון והכא ליכא למיפרך שאלה ביו״ט מי איכא: דהזכרה נמי צורך שאלה היא. שמרצה תחילה לפי שא״א לו לשאול ביו״ט וכיון דאיכא שאלה אבתריה מזכיר הוא לרצויי בעלמא: אבל סופו. למה הוא מזכיר הואיל ואינו צריך לשאול מכאן ואילך הא כיון דאפסקת מאתמול גלית אדעתך דלא ניחא לך בהו ואמאי מזכיר: הלכה כרבי יהודה. דאמר העובר לפני התיבה וכו׳: מי אמר רבי יוחנן הכי. דהלכה כרבי יהודה דמזכיר ביו״ט האחרון: בשלשה במרחשון. הכי קים להו דהוה זמן גשמים כו׳: הלכה כרבן גמליאל. דאינו שואל עד שבעה במרחשון וקא ס״ד דבמקום שהוא שואל מזכיר עד דמשני לקמן: כאן לשאול. בשבעה במרחשון: כאן להזכיר. מיו״ט האחרון ור׳ יוחנן אית ליה דרבי אלעזר: והא א״ר יוחנן במקום ששואל מזכיר. (ו) במקום שאינו שואל אינו מזכיר והיכי א״ר יוחנן דהלכה כר׳ יהודה שמזכיר ביו״ט האחרון הא ליכא שאלה דאין אומר ברכת השנים ביו״ט: להפסקה איתמר. דכשהוא מפסיק לשאלה בערב הפסח פוסק נמי להזכרה דהכי משמע במקום ששואל מזכיר: והא תרווייהו איתמר. התחלה והפסקה: יתחיל לשאול. דהיינו בחול שיכול לשאול: פסק מלשאול. בערב הפסח פוסק מלהזכיר אלמא לא סבירא ליה כרבי יהודה והיכי אמר הלכה כמותו: הא לן והא להו. לבני בבל שיש לנו תבואה ופירות בשדה כל תשרי אין מזכירין עד שבעה במרחשון ושם שואלים כדאמר רבי יוחנן מתחיל להזכיר מתחיל לשאול: והא להו. לבני ארץ ישראל דקוצרין בניסן ואוספין בתשרי מזכירין בי״ט האחרון כרבי יהודה דאמר רב אסי הלכה כמותו: בדברא. מדבר כלומר בשדות: אית להו עולי רגלים. ואם ירדו להן גשמים קשה להן בחזירתן: אלא כי א״ר יוחנן. הלכה כר׳ יהודה דמזכיר מיו״ט האחרון כו׳ בזמן שאין בהמ״ק קיים וליכא עולי רגלים מזכיר: כאן בזמן שבית המקדש קיים. דאיכא עולי רגלים אינו מזכיר עד ז׳ במרחשון: אנן דאית לן תרי יומי. שני ימים טובים אחרונים שמיני ספק שביעי ותשיעי ספק שמיני לרבי יהודה דאמר מיו״ט האחרון באיזה מהן מזכיר: מתחיל במוסף. של שמיני ספק שביעי דשמא יו״ט האחרון הוא: ופוסק במנחה. שמא שביעי חול הוא ואין זמן הזכרה עד מוסף של מחר: ופוסק נמי בערבית ושחרית. של תשיעי ספק שמיני: לאבא. חברי: לאחר שעשיתו קודש. לשמיני ספק שביעי שהזכרת בו גבורות גשמים כרבי יהודה מיו״ט האחרון: תעשהו חול. בתמיה שמפסיק במנחה של אותו היום: ופוסק ערבית ושחרית. דלאו היינו תפלה של אותו היום:

רבא

ואמר ר׳ אלעזר הלכה כר״ג דאמר דאין שואלין עד שבעה וכו׳. פירוש ואת אמרת הלכה כר׳ יהודה בהא דקאמר במתני׳ רבי יהודה אומר העובר לפני התיבה בי״ט האחרון של חג האחרון מזכיר והראשון אינו מזכיר ומדמינן לעיל שאלה להזכרה דפריך ורמינהו עד מתי שואלין את הגשמים עד שיעבור וכו׳ ומשני גברא אגברא וכו׳: והא אמר רבי יוחנן במקום ששואלין הגשמים מזכיר. ומשני ההוא להפסקה פי׳ דבמקום שמפסיק מלשאול מפסיק מלהזכיר אבל מתחיל קודם להזכיר וטעמא הוי דהזכרה הוה ריצוי שאלה ומש״ה ליכא חששא אם מזכיר קודם: הא לן. פירוש לבני בבל (ז) [א] עד לאחר שבעה במרחשון דאית להו פירי בדברא ובארץ ליכא חששא דהא יכולים פירותיהן להיות יבשים בלא הולכה למדבר: והא להו. כי המתחיל להזכיר יתחיל לשאול:

רבא

ליקוטי רש״י

לשאול. ותן טל ומטר לשון בקשה. להזכיר. משיב הרוח שאינו לשון בקשה אלא לשון הזכרה ושבח [ברכות לג.]. מתורגמן. ראש ישיבה הדורש דרשות והמתורגמן עומד עליו באמורא להשמיע בקול רם לרבים [ברכות נו.]. מפרש [פסחים קיז.]. מתורגמן העומד לפני חכם הדרשן והחכם לוחש לו לשון עברית והוא מתרגם לרבים לשון שהן שומעין [יומא כ:]. מחוורתא. דבר ברור הוא כמו במחוורת עליו נזיר (דף סג.) [מעילה טו.]. אבא. שמואל היה קורא לרב אבא לכבודו [ברכות מז.]. משום דקשיש מיניה קרי ליה אבא כמו לשון נשיאי ורבי [יבמות נז:]. כך שמו של רב אבא בכבוד קורין אותו רב בבבל הכי כמו שקורין לרבי יהודה הנשיא בארץ ישראל רבינו וכן מוכיח בשחיטת חולין (דף קלז:) דאמרי׳ מאן ריש סידרא בבבל אבא אריכא וברב מיירי שהיה רב ארוך בדורו כדאמרינן במסכת נדה (דף כד:) [רשב״ם פסחים קיט:].

רבינו חננאל

פיסקא ר׳ יהודה אומר העובר לפני התיבה ורמינן עלה עד מתי שואלין את הגשמים ר׳ יהודה אומר עד שיעבור הפסח ומשני רב חסדא פוסק מלהזכיר מיום הראשון של פסח ושואל עד שיעבור הפסח. וזהו כחומץ לשינים (וכעשן) שמקהה לשינים וכעשן לעינים. ומשני עולא תרי תנאי ואליבא דר׳ יהודה [רב יוסף אמר כו׳] ואקשינן ושאלה ביו״ט מי איכא ופריק אין לשאול מתורגמן ומדלא דחי לה ואמר מי איכא תורגמן בצלותא שמעינן מינה דבי דינא הוו מוקמי מתורגמן לישאל מלתא דהוה צריכא להו לפיכך אמר אפשר לההוא לשאל בערבית ושחרית של יו״ט יהי רצון מלפניך ה׳ אלהינו שתתן טל ומטר על פני האדמה: רבה אמר מאי עד שיעבור הפסח עד שיעבור זמן שחיטת הפסח. פי׳ שואלין את הגשמים עד ערב הפסח זמן שחיטת הפסח ופוסק ומזכיר עד מנחה ואע״פ שפוסק מלישאל עדיין מזכיר ליל ט״ו ושחרית ביו״ט ופוסק נמצא מזכיר מאחרי שפסק מלשאל כתחלתו מה תחלתו מזכיר אע״פ שאינו [שואל] כן בסוף ודחה לה אביי בשלמא תחלתו מזכיר כי הוא ריצוי לשאלה. כלומר להבא עוד צריך לשאל. אלא סיפא הזכרה בלא שאלה למה כו׳ אלא מחוורתא כדעולא. דאמר תרי תנאי אליבא דר׳ יהודה: א״ר אסי א״ר יוחנן הלכה כר׳ יהודה דקתני העובר לפני התיבה ביו״ט האחרון של חג האחרון מזכיר. פירוש ש״ץ המתפלל מוסף הוא מזכיר מוריד הגשם ומזכיר והולך עד יו״ט הראשון של פסח בתפלת שחרית ואח״כ פוסק. ואקשינן איני דהלכתא כר׳ יהודה והאמר ר׳ אלעזר הלכתא כר״ג דתני בשבעה במרחשון שואלין את הגשמים ושנינן רבי אלעזר קא רמית אר׳ יוחנן. איבעית אימא הלכה כר׳ יהודה להזכיר כלומר מזכירין מיו״ט (הראשון) [האחרון] של (פסח) [חג] והלכתא כר״ג לשאל שאין שואלין את הגשמים ואין אומרים ותן טל ומטר אלא בז׳ במרחשון ונדחת זו דהא בהדיא לית ליה לר׳ יוחנן הפסקה בין הזכרה לשאלה דאמר ר׳ יוחנן התחיל להזכיר ישאל פסק מלשאול יפסוק מלהזכיר. אלא לא קשיא הא דר׳ יוחנן לבני ארץ ישראל והא דאמר רבי אלעזר עד ז׳ במרחשון לבני בבל משום דאית להו פירא בדברא והמטר מפסידם ואקשינן בני ארץ ישראל נמי יש להם עולי רגלים. ואם ישאלו מיום טוב (הראשון) [האחרון] של חג וירד המטר נמצא המטר מעכבן בחזירתן ואוקימנא בזמן הזה דליכא בית המקדש ושקלי

הגהות הב״ח

(א) גמרא ורמינהו עד מתי שואלין את הגשמים ר״מ אומר עד שיצא ניסן רבי יהודה אומר כו׳: (ב) שם בשלמא תחלתו מזכיר דהזכרה נמי ריצוי: (ג) רש״י ד״ה שאלה כו׳ שיעבור הפסח דהיינו עד שיעבור זמן תפלת שליח צבור: (ד) ד״ה עד שיעבור זמן שחיטת פסח עד שיעבור חצות יום די״ד דהיינו כל זמן תפלת יוצר כו׳ עד למחר במוספין ל״א פוסק השאלה בתפלת ערבית של ערב יו״ט: (ה) ד״ה כתחילתו כו׳ לאחר החג הס״ד ואח״כ מה״ד כך בסופו אינו שואל בלילי יו״ט: (ו) ד״ה והא אמר כו׳ מזכיר הא במקום: (ז) תוס׳ ד״ה הא לן פי׳ לבני בבל אין מזכירין עד שבעה במרחשון דאית להו פירי בדברא כי המתחיל להזכיר יתחיל לשאול והא להו פי׳ לבני א״י ליכא חששא דהא יכולים כו׳ כצ״ל וד״ה והא להו נמחק:

גליון הש״ס

גמ׳ כאן בזמן שאין בית המקדש קיים. עי׳ יומא דף יג ע״א תוס׳ ד״ה הלכה:

הגהות הגר״א

[א] תוס׳ ד״ה הא לן פי׳ לבני בבל אין שואלין עד שבעה. כצ״ל (ועמ״ש רבינו בא״ח ריש סימן קי״ד):

תורה אור השלם

א) כַּחֹמֶץ לַשִּׁנַּיִם וְכֶעָשָׁן לָעֵינָיִם כֵּן הֶעָצֵל לְשֹׁלְחָיו: [משלי י, כו]

רבינו גרשום

אלא שאלה לחוד והזכרה לחוד דמזכירין ביום ראשון ושואלין בחולו של מועד. אמר רבא [אפילו תימא] ר׳ אליעזר היא דאמר הזכרה ביו״ט הראשון ולא מצי למישאל ביה שהרי אין מתפלל אתה חונן. דראשון מזכיר וה״ה שואל. ר״י אמר עד שיעבור הפסח והיכי אמר במתני׳ שאינו שואל אלא עד יום ראשון של פסח. כאן לשאול כאן להזכיר. הא דאמר ר׳ יהודה במתניתין הראשון מזכיר ביו״ט ראשון של פסח היינו להזכיר אבל לשאול יכול לשאול עד שיעבור הפסח: במקום שאינו שואל מזכיר. שהרי מתחיל להזכיר בחג ואינו שואל עד ששים בתקופה: מקום שהוא שואל דקאמרת דשואל עד שיעבור הפסח: על אחת כמה וכמה שיזכיר (ומתרץ) [והיכי תריץ] רב חסדא דרבי יהודה קאמר שאינו מזכיר אלא עד יום ראשון של פסח וה״ה לשאלה א) דפרכת האמר ר׳ יהודה ששואל עד שיעבור הפסח תרי תנאי ואליבא דר״י: עד שיעבור ש״ץ ראשון של יו״ט ראשון היינו נמי כדאמר ר׳ יהודה במתניתין הראשון [מזכיר האחרון] אינו מזכיר וה״ה לשאלה: שאלה ביו״ט מי איכא דקאמרת דקאמר ר׳ יהודה ביו״ט ראשון שואל והא אינו מתפלל אתה חונן והיאך אמר שאלה בברכת השנים. שואל במתורגמן המתורגמן המתרגם דרשה ביו״ט של פסח אומר שאלה בדרשה: דבר שאינו צריך לצבור כלומר שאין הצבור שואלין בתפלתן היאך ישאל המתורגמן אלא כדעולא דלא תריץ ליה עד שיעבור ש״ץ אלא לאחר הפסח ממש: עד שיעבור זמן שחיטת פסח דהיינו י״ד אבל ביו״ט ראשון אינו שואל והאי דקאמר ר׳ יהודה במתניתין עד יו״ט הראשון היינו להזכרה ולא לשאלה מה תחלתו מזכיר אע״פ שאינו שואל שמזכיר בחג ואינו שואל עד ששים בתקופה: אף סופו מזכיר. עד יום ראשון ואינו שואל אלא עד י״ד: דהזכרה נמי ריצוי שאלה היא כלומר להכי מזכיר בחג הואיל ועתיד לשאול בששים בתקופה שלפניו. מאי ריצוי שאלה איכא והא ב) עדיין הוא עתיד לשאול אלא מכיון שפסק מלשאול שוב אינו מזכיר אלא כדעולא דתריץ עד שיעבור הפסח ממש והא דא״ר יהודה במתני׳ עד יום ראשון של פסח ג) היינו להזכרה ולא לשאלה. הלכה כר׳ יהודה דאמר מזכיר ביום אחרון של חג וה״ה לשאלה. כאן לשאול כאן להזכיר הא דאמר

חשק שלמה על רבינו גרשום א) נראה דצ״ל אלא אמר עולא הא דפרכת וכו׳. ב) נראה דצ״ל והא תו אינו עתיד לישאול וכו׳. ג) הדבר תמוה דהא פי׳ זה כבר דחי הגמ׳ לעיל ועולא הא ממרך דתרי תנאי אליבא דר״י וצ״ע.

רַבִּי יְהוֹשֻׁעַ הִיא – **that** the Tanna of this clause **is R' Yehoshua,** דְּאָמַר מִשְׁעַת הַנָּחָתוֹ – **who said** that the mention of rain begins **from the time [the *lulav*] is put down?** אָמַר רָבָא אֲפִילּוּ תֵּימָא רַבִּי אֱלִיעֶזֶר – **Rava said: You may even say** that this clause follows the opinion of **R' Eliezer.** שְׁאֵלָה לְחוּד וְהַזְכָּרָה לְחוּד – **"Requesting"** rain **is one thing and "mentioning"** rain **is another.**[1]

The Mishnah stated:

רַבִּי יְהוּדָה אוֹמֵר הָעוֹבֵר לִפְנֵי הַתֵּיבָה כו׳ – R' YEHUDAH SAYS: THE ONE WHO GOES BEFORE THE ARK etc. [to lead the prayer services on the first day of Pesach: the first one (who leads the Shacharis service) mentions the *Powers of Rain,* the last one (who leads the Mussaf service) does not mention the *Powers of Rain*].

The Gemara notes a contradiction to this statement of R' Yehudah:

וּרְמִינְהוּ – **But contrast them** [this statement of R' Yehudah with his statement in the following Mishnah]:[2] עַד מָתַי שׁוֹאֲלִין אֶת הַגְּשָׁמִים – UNTIL WHEN DO WE REQUEST RAIN? I.e. until what point at the end of the season do we recite: *v'sen tal u'matar livrachah*? ר׳ יְהוּדָה אוֹמֵר עַד שֶׁיַּעֲבוֹר הַפֶּסַח – R' YEHUDAH SAYS: UNTIL PESACH IS OVER.[3] ר׳ מֵאִיר אוֹמֵר עַד שֶׁיַּעֲבוֹר נִיסָן – R' MEIR SAYS: UNTIL the month of NISSAN IS OVER. R' Yehudah's ruling in our Mishnah that we stop mentioning rain on the first day of Pesach is contradicted by his ruling in the latter Mishnah that we request rain until Pesach is over.[4] – ? –

The Gemara resolves the contradiction:

אָמַר רַב חִסְדָּא – **Rav Chisda said:** לָא קַשְׁיָא – There is **no contradiction** between the statements of R' Yehudah כָּאן לִשְׁאוֹל – because **here** [in the latter Mishnah] the issue is when **to request** rain, כָּאן לְהַזְכִּיר – whereas **here** [in our Mishnah] the issue is when **to mention** rain. מִישְׁאַל שָׁאִיל וְאָזִיל – As far as **requesting** rain is concerned, **one continues to request** until Pesach is over; לְהַזְכִּיר בְּיוֹם טוֹב הָרִאשׁוֹן פָּסִיק – but as far as **mentioning** rain is concerned, **one ceases on the first Yom Tov** of Pesach.[5]

The Gemara rejects this resolution:

אָמַר עוּלָּא – **Ulla said:** הָא דְּרַב חִסְדָּא – **The [resolution]** proposed **by Rav Chisda** קַשְׁיָא ,,כַּחֹמֶץ לַשִּׁנַּיִם וְכֶעָשָׁן לָעֵינַיִם" – **is as disagreeable** ***as vinegar to the teeth and smoke to the eyes!***[6] וּמָה בְּמָקוֹם שֶׁאֵינוֹ שׁוֹאֵל מַזְכִּיר – **If when one does not** yet **request** rain, **one** nevertheless **mentions** it [on Shemini Atzeres],[7] בְּמָקוֹם שֶׁשּׁוֹאֵל אֵינוֹ דִּין שֶׁיְּהֵא מַזְכִּיר – certainly, then, **when one does request** rain, **is it not logical that one should mention** it? The request for rain must always be accompanied by the mention of rain. This disproves Rav Chisda's resolution according to which the request for rain continues throughout Pesach, after the mention of rain has been terminated on the first day of Pesach. – ? –

Ulla proposes a different resolution of the contradiction between the statements of R' Yehudah:

אֶלָּא אָמַר עוּלָּא – **Rather, Ulla said,** תְּרֵי תַּנָּאֵי אַלִּיבָּא דְּר׳ יְהוּדָה – The conflicting statements are attributable to **two Tannaim** who both rule **in accordance with R' Yehudah,** but have different versions of his opinion.[8]

The Gemara presents another resolution:

רַב יוֹסֵף אָמַר – **Rav Yosef said** that the disparity between R' Yehudah's statements may be resolved by reinterpreting his statement in the second Mishnah: מַאי עַד שֶׁיַּעֲבוֹר הַפֶּסַח – **What is** the meaning of R' Yehudah's statement that rain is requested **"UNTIL PESACH IS OVER?"** It does not mean (as we assumed until now), until the *Festival* of Pesach is over. עַד שֶׁיַּעֲבוֹר שְׁלִיחַ צִבּוּר רִאשׁוֹן הַיּוֹרֵד בְּיוֹם טוֹב רִאשׁוֹן שֶׁל פֶּסַח – Rather, it means: **until the first *shliach tzibbur* to go down** to lead the prayers **on the first Yom Tov of Pesach** [the one who leads the Shacharis service] **is over** with his prayer. That is, rain is requested for the last time in Shacharis of the first day of Pesach. This accords with R' Yehudah's statement in our Mishnah that the mention of rain is discontinued at that point.

The Gemara challenges Rav Yosef's explanation:

אָמַר לֵיהּ אַבָּיֵי – **Abaye said to [Rav Yosef]:** שְׁאֵלָה בְּיוֹם טוֹב מִי אִיכָּא – **Is there a request** for rain **on Yom Tov?** How can you say that the request for rain is continued through Shacharis of the first Yom Tov of Pesach; but we do not request rain on Yom Tov![9] – ? –

Rav Yosef defends his explanation:

אָמַר לֵיהּ – **[Rav Yosef] answered [Abaye]:** אִין – **Yes,** it is possible for rain to be requested on Yom Tov. שׁוֹאֵל מְתוּרְגְּמָן – **The *meturgeman* makes a request** for rain in his lecture.[10]

Abaye counters:

וְכִי מְתוּרְגְּמָן שׁוֹאֵל דָּבָר שֶׁאֵינוֹ צָרִיךְ לַצִּבּוּר – **But does the *meturgeman* request something that is not required by the congregation?** Since we stop mentioning rain on the first day of Pesach, it is inappropriate to make a public request for rain at that

NOTES

1. This is identical to the opinion which the first version attributed to Abaye.

2. Below, 5a.

3. That is, we continue the recital of *v'sen tal u'matar livrachah* (and give dew and rain for a blessing) throughout the intermediate days (Chol HaMoed) of Pesach (*Rashi*). [The request for rain appears only in the weekday version of the Shemoneh Esrei. Therefore, it is not recited on the first and last days of Pesach, which have the status of Yom Tov, but only on the intermediate days.]

4. [The Gemara assumes at this point that we do not make the request for rain unless the mention of the *Powers of Rain* is included in the same prayer.]

5. [The Gemara retreats from its original assumption – see note 4.]

6. An expression borrowed from Scripture – *Proverbs* 10:26.

7. The request for rain is not recited on Yom Tov for the blessing in which it is inserted – the Blessing of the Years – is not included in the Yom Tov service. Therefore, we do not request rain on Shemini Atzeres. Nevertheless, as R' Yehudah taught in our Mishnah, we do begin mentioning rain on that day (*Rashi*).

8. The Tanna of our Mishnah maintains that according to R' Yehudah one requests rain until the onset of Pesach; and the mention of rain, which can be recited on Yom Tov, is continued through the Shacharis prayer of the first day of Pesach. This version of R' Yehudah's opinion conflicts with the version reported by the Tanna of the latter Mishnah that one requests rain, and certainly mentions it, until Pesach is over (*Rashi; cf. Ritva*). [According to this resolution, and the following two resolutions, the Gemara returns to its original assumption – see note 4.]

9. As explained above, notes 3 and 7.

10. [It was customary to employ a *meturgeman* (literally: translator) to translate the Torah reading into the vernacular and repeat the Rabbi's lecture.] According to Rav Yosef, the *meturgeman* included a request for rain in his discourse (*Rashi, R' Gershom*).

R' Chananel explains that a functionary was appointed to pray for those things that the congregation required but could not include in their own prayers. According to Rav Yosef this individual would insert a request for rain in the Maariv and Shacharis prayers of the first day of Pesach.

רבי יהושע היא דאמר משעת הנחתו אמר רבא אפילו תימא רבי אליעזר שאלה לחוד והזכרה לחוד: רבי יהודה אומר העובר לפני התיבה כו': ורמינהו [א] עד מתי שואלין את הגשמים (א) ר' יהודה אומר עד שיעבור הפסח ר' מאיר אומר עד שיעבור ניסן אמר רב חסדא לא קשיא כאן לשאול כאן להזכיר מישאל שאיל ואזיל להזכיר ביו"ט הראשון פסיק אמר עולא הא דרב חסדא קשיא [ב] א) כחומץ לשנים וכעשן לעינים ומה במקום שאינו שואל מזכיר במקום ששואל אינו דין שיהא מזכיר אלא אמר עולא תרי תנאי אליבא דר' יהודה רב יוסף אמר מאי עד שיעבור הפסח עד שיעבור שליח צבור ראשון היורד ביו"ט ראשון של פסח א"ל אביי שאלה ביו"ט מי איכא א"ל אין שואל מתורגמן וכי מתורגמן שואל דבר שאינו צריך לצבור אלא מחוורתא כדעולא רבה אמר מאי עד שיעבור הפסח עד שיעבור זמן שחיטת הפסח וכתחילתו כן סופו מה תחילתו מזכיר אע"פ שאינו שואל אף סופו מזכיר אע"פ שאינו שואל א"ל אביי בשלמא תחילתו מזכיר (ב) הזכרה נמי ריצוי שאלה היא אלא סופו מאי ריצוי שאלה איכא אלא מחוורתא כדעולא [ג] א"ר אסי א"ר יוחנן הלכה כר' יהודה א"ל ר' זירא לר' אסי ומי אמר רבי יוחנן הכי והתנן [ד] בשלשה במרחשון שואלין את הגשמים רבן גמליאל אומר בשבעה בו [ה] וא"ר אלעזר [ו] א הלכה כרבן גמליאל א"ל [ז] גברא אגברא קא רמית איבעית אימא לא קשיא כאן לשאול כאן להזכיר והאמר ר' יוחנן במקום ששואל מזכיר ההוא להפסקה איתמר והאמר ר' יוחנן התחיל להזכיר מתחיל לשאול פסק מלשאול פוסק מלהזכיר אלא לא קשיא [ח] הא לן הא להו מאי שנא לדידן דאית לן פירי בדברא לדידהו נמי אית להו עולי רגלים כי קא"ר יוחנן בזמן שאין בית המקדש קיים השתא דאתית להכי הא והא לדידהו ולא קשיא כאן בזמן שבית המקדש קיים ° כאן בזמן שאין בית המקדש קיים ואנן דאית לן תרי יומי היכי עבדינן אמר רב מתחיל במוספין ופוסק במנחה ערבית ושחרית וחוזר במוספין אמר להו שמואל פוקו ואמרו ליה לאבא אחר שעשיתו קודש תעשהו חול אלא אמר שמואל מתחיל במוספין ובמנחה ופוסק ערבית ושחרית וחוזר ומתחיל במוספין

רבא

רש"י

הכי גרסינן ואיכא דאמרי לימא ר' יהושע היא אפי' תימא רבי אליעזר כו'. ולא גרסינן סברוה שאלה לחוד והזכרה לחוד דהא לא משתמע ממתני': עד אימתי שואלין את הגשמים. בסוף ימות הגשמים: עד שיעבור הפסח. דאמרינן כל חולו של מועד ותן טל ומטר: עד שיצא ניסן. וכדמפיק טעמא במתני': הכי גרסינן אמר רב חסדא כאן לשאול כאן להזכיר מישאל שאיל ואזיל והזכרה ביום טוב ראשון פוסק. לשאול שואל והולך עד שיעבור הפסח כדקתני עד מתי שואלין כו' להזכיר אינו מזכיר אלא בתפלת יוצר של יו"ט ראשון: במקום שאינו שואל. ביו"ט האחרון של חג שאינו מתפלל תפלתו תפלת חול דאין שאלה אלא בברכת השנים: מזכיר. גבורות גשמים כדאמר רבי יהודה האחרון מזכיר: במקום שהוא שואל. בחולו של מועד של פסח: תרי תנאי. חד אמר עד שיעבור הפסח שואלין כל שכן שמזכירין וחד אמר שאלה עד הפסח והזכרה שיכול להזכיר ביו"ט מזכיר ביו"ט הראשון של פסח בתפלת יוצר ובמוספין פוסק: רב יוסף אמר. האי דקתני עד אימתי שואלין עד שיעבור כו' ה"ק עד שיעבור שליח צבור כו' והיינו כאידך רבי יהודה דמתני' דאמר הראשון מזכיר האחרון אינו מזכיר: שאלה ביו"ט מי איכא. וכי מתפלל הוא תפלת חול שאתה אומר עד שיעבור הפסח דהיינו (ג) זמן שליח צבור של תפלת יו"ט הראשון של פסח: אמר ליה אין שאלה דמתורגמן. בדרשה שהוא דורש אומר ברכת שאלה לבדה: דבר שאינו צריך לצבור. דכיון דזמן הפסקה הוא לאו אורח ארעא למישאל בצבור דבר שאינו צריך: עד שיעבור זמן שחיטת פסח. (ד) חלות יום דארבעה עשר עד שיעבור חלות דהיינו כל תפלת יוצר ואשמעינן ר' יהודה דבמנחה דערבי פסחים אע"ג דמצלינן תפלת חול מפסקינן ולא יאמר ותן טל ומטר ואע"ג דמדכרינן עד למחר במוספין פוסק השאלה בתפלת מנחה של ערב יו"ט הראשון והזכרה שיכול להזכיר ביום טוב מזכיר עד תפלת מוסף של יום טוב הראשון: כתחילתו. שהוא מזכיר תחלה ביום טוב אחרון של חג ואינו שואל עד לאחר החג (ה) כך בסופו אינו שואל במנחה ערב יו"ט הראשון ומזכיר עד מוסף של יו"ט ראשון והכא ליכא למיפרך שאלה ביו"ט מי איכא: דהזכרה נמי צורך שאלה היא. שמרצה תחילה לפי שא"א לו לשאול ביו"ט וכיון דאיכא שאלה אבתריה מזכיר הוא לרצויי בעלמא: אבל סופו. למה הוא מזכיר הואיל ואינו צריך לשאול מכאן ואילך הא כיון דאפסקת מאתמול גלית אדעתך דלא ניחא לך בהו ואמאי מזכיר: הלכה כרבי יהודה. דאמר העובר לפני התיבה וכו': מי אמר רבי יוחנן הכי. דהלכה כרבי יהודה דמזכיר ביו"ט האחרון: בשלשה במרחשון. הכי קים להו דהוה זמן גשמים כו': הלכה כרבן גמליאל. דאינו שואל עד שבעה במרחשון וקא ס"ד דבמקום שהוא שואל מזכיר עד דמשני לקמן: כאן לשאול. בשבעה במרחשון: כאן להזכיר. מיו"ט האחרון ור' יוחנן אית ליה דרבי אלעזר: והא א"ר יוחנן במקום ששואל מזכיר. (ו) במקום שאינו שואל אינו מזכיר והיכי א"ר יוחנן דהלכה כר' יהודה שמזכיר ביו"ט האחרון הא ליכא שאלה דאין אומר ברכת השנים ביו"ט: להפסקה איתמר. דכשהוא מפסיק לשאלה בערב הפסח פוסק נמי להזכרה דהכי משמע במקום ששואל מזכיר: והא תרוייהו איתמר. התחלה והפסקה: יתחיל לשאול. דהיינו בחול שיכול לשאול: פסק מלשאול. בערב הפסח פוסק מלהזכיר אלמא לא סבירא ליה כרבי יהודה והיכי אמר הלכה כמותו: הא לן והא להו. לבני בבל שיש לנו תבואה ופירות בשדה כל תשרי אין מזכירין עד שבעה במרחשון ושם שואלים כדאמר רבי יוחנן מתחיל להזכיר מתחיל לשאול: והא להו. לבני ארץ ישראל דקוצרין בניסן ואוספין בתשרי מזכירין בי"ט האחרון כרבי יהודה דאמר רב אסי הלכה כמותו: בדברא. מדבר כלומר בשדות: אית להו עולי רגלים. ואם ירדו להן גשמים קשה להן בחזירתן. הלכה כר' יהודה דמזכיר מיו"ט האחרון: אלא כי א"ר יוחנן. כו' בזמן שאין בהמ"ק קיים וליכא עולי רגלים מזכיר: כאן בזמן שבית המקדש קיים. דאיכא עולי רגלים אינו מזכיר עד ז' במרחשון: אנן דאית לן תרי יומי. שני ימים טובים אחרונים שמיני ספק שביעי ותשיעי ספק שמיני לרבי יהודה דאמר מיו"ט האחרון באיזה מהן מזכיר: מתחיל במוסף. של שמיני ספק שביעי דשמא יו"ט האחרון הוא: ופוסק במנחה. שמא שביעי חול הוא ואין זמן הזכרה עד מוסף של מחר: ופוסק נמי בערבית ושחרית. של תשיעי ספק שמיני: לאבא. חברי: לאחר שעשיתו קודש. לשמיני ספק שביעי שהזכרת בו גבורות גשמים כרבי יהודה מיו"ט האחרון: תעשהו חול. בתמיה שמפסיק במנחה של אותו היום: ופוסק ערבית ושחרית. דלאו היינו תפלה של אותו היום:

רבא

תוספות

ואמר ר' אלעזר הלכה כר"ג דאמר דאין שואלין עד שבעה וכו'. פירוש ולא אמרת הלכה כר' יהודה בהא דקאמר במתני' רבי יהודה אומר העובר לפני התיבה בי"ט האחרון של חג האחרון מזכיר והראשון אינו מזכיר ומדמינן לעיל שאלה להזכרה דפריך ורמינהו עד מתי שואלין את הגשמים עד שיעבור וכו' ומשני גברא אגברא וכו': **והא** אמר רבי יוחנן במקום ששואלין הגשמים מזכיר. ומשני ההוא להפסקה פי' דבמקום שמפסיק מלשאול מפסיק מלהזכיר אבל מתחיל קודם להזכיר וטעמא הוי דהזכרה הוה ריצוי שאלה ומש"ה ליכא חששא אם מזכיר קודם: **הא** לן. פירוש לבני בבל (ז) [א] עד לאחר שבעה במרחשון דאית להו פירי בדברא ובארץ ליכא חששא דהא יכולים פירותיהן להיות יבשים בלא הולכה למדבר: **והא** להו. כי המתחיל להזכיר יתחיל לשאול:

רבא

עין משפט נר מצוה

יא א מיי' פ"ב מהל' תפלה הל' טז סמג עשין יט טוש"ע א"ח סי' קיז סעיף א:

ליקוטי רש"י

לשאול. ותן טל ומטר לשון בקשה. **להזכיר.** משיב הרוח שאינו לשון בקשה אלא לשון הזכרה ושבח [ברכות לג.]. **מתורגמן.** ראש ישיבה הדורש לרשות והמתורגמן עומד עליו באמורא להשמיע בקול רם לרבים [ברכות נו.]. מפרש [פסחים קיז.]. מתורגמן העומד לפני חכם הדרשן והחכם לוחש לו לשון עברית והוא מתרגם לרבים לשון שהן שומעין [יומא כ:]. **מחוורתא.** דבר ברור הוא כמו במחוורת עליו ניזל (דף סג.) [מעילה טו.]. **אבא.** שמואל היה קורא לרב אבא לכבודו [ברכות מז.]. משום דקשיש מיניה קרי ליה אבא כמו לשון נשיאי ורבי [יבמות נז:]. כך שמו של רב אלא בכבוד קורין אותו רב בבבל הכי כמו שקורין לרבי יהודה הנשיא בארץ ישראל רבינו וכן מוכיח בשחיטת חולין (דף קלז:) דאמרי' מאן ריש סידרא בבבל אבא אריכא וברב מיירי שהיה רב ארוך בדורו כדאמרינן במסכת נדה (דף כד:) [רשב"ם פסחים קיט:].

רבינו חננאל

פיסקא ר' יהודה אומר העובר לפני התיבה ורמינן עלה עד מתי שואלין את הגשמים ר' יהודה אומר עד שיעבור הפסח ומשני רב חסדא פוסק מלהזכיר מיום הראשון של פסח ושואל עד שיעבור הפסח. וזהו כחומץ לשינים (וכעשן) שמקהה לשינים וכעשן לעינים. ומשני עולא תרי תנאי ואליבא דר' יהודה [רב יוסף אמר כו'] ואקשינן ושאלה ביו"ט מי איכא ופריק אין לשאול מתורגמן ומדלא דחי לה ואמר מי איכא תורגמן בצלותא שמעינן מינה דבי דינא הוו מוקמי מתורגמן לישאל מלתא דהוה צריכא להו לפיכך אמר אפשר לההוא לשאל בערבית ושחרית של יו"ט יהי רצון מלפניך ה' אלהינו שתתן טל ומטר על פני האדמה: **רבה אמר** מאי עד שיעבור הפסח עד שיעבור זמן שחיטת הפסח. פי' שואלין את הגשמים עד ערב הפסח זמן שחיטת הפסח ופוסק ומזכיר עד מנחה ואע"פ שפוסק מלישאל עדיין מזכיר ליל ט"ו ושחרית ביו"ט ופוסק נמצא מזכיר מאחרי שפסק מלשאל כתחלתו מה תחלתו מזכיר אע"פ שאינו [שואל] כן בסוף ודחה לה אביי בשלמא תחלתו מזכיר כי הוא ריצוי לשאלה. כלומר להבא עוד צריך לשאל. אלא סיפא הזכרה בלא שאלה למה כו' אלא מחוורתא כדעולא. דאמר תרי תנאי אליבא דר' יהודה: **א"ר אסי א"ר יוחנן** הלכה כר' יהודה דקתני העובר לפני התיבה ביו"ט האחרון של חג האחרון מזכיר. פירוש ש"ץ המתפלל מוסף הוא מזכיר מוריד הגשם ומזכיר והולך עד יו"ט הראשון של פסח בתפלת שחרית ואח"כ פוסק. ואקשינן איני דהלכתא כר' יהודה והאמר ר' אלעזר הלכתא כר"ג דתני בשבעה במרחשון שואלין את הגשמים ושנינן רבי אלעזר קא רמית אר' יוחנן. איבעית אימא הלכה כר' יהודה להזכיר כלומר מזכירין מיו"ט (הראשון) [האחרון] של (פסח) [חג] והלכתא כר"ג לשאל שאין שואלין את הגשמים ואין אומרים ותן טל ומטר אלא בז' במרחשון ונדחת זו דהא בהדיא לית ליה לר' יוחנן הפסקה בין הזכרה לשאלה דאמר ר' יוחנן התחיל להזכיר ישאל פסק מלשאל יפסוק מלהזכיר. אלא לא קשיא הא דר' יוחנן לבני ארץ ישראל והא דאמר רבי אלעזר עד ז' במרחשון לבני בבל משום דאית להו פירא בדברא והמטר מפסידם ואקשינן בני ארץ ישראל נמי יש להם עולי רגלים. ואם ישאלו מיום טוב (הראשון) [האחרון] של חג וירד המטר נמצא המטר מעכבן בחזירתן ואוקימנא בזמן הזה דליכא בית המקדש ושקלי

מסורת הש"ס

א) לקמן ה., ב) [קידושין מה:], ג) גי' הרא"ש א"ר יוסי בר חנינא הלכה כו', ד) [לקמן י. וש"נ], ה) [שם], ו) [עי' תוספות יומא יג. ד"ה הלכה], ז) [ב"ק מג: סנהדרין כה. ל: חולין נב:], ח) ברכות ה: מד. שבת ט: סוכה לו. מח. יומא כא: ביצה ה. יד: קדושין כט: [ב"מ קז. ב"ב קמז.].

הגהות הב"ח

(א) גמרא ורמינהו עד מתי שואלין את הגשמים ר"מ אומר עד שיצא ניסן רבי יהודה אומר כו': (ב) שם בשלמא תחלתו מזכיר דהזכרה נמי ריצוי: (ג) רש"י ד"ה שאלה כו' שיעבור הפסח דהיינו עד שיעבור זמן תפלת שליח צבור: (ד) ד"ה עד שיעבור זמן שחיטת פסח עד שיעבור חלות יום די"ד דהיינו כל זמן תפלת יוצר כו' עד למחר במוספין ל"א פוסק השאלה בתפלת ערבית של ערב יו"ט: (ה) ד"ה כתחילתו כו' לאחר החג הס"ד ואח"כ מה"ד כך בסופו אינו שואל בלילי יו"ט: (ו) ד"ה והא אמר כו' מזכיר הא במקום: (ז) תום' ד"ה הא לן פי' לבני בבל אין מזכירין עד שבעה במרחשון דאית להו פירי בדברא כי המתחיל להזכיר יתחיל לשאול והא להו פי' לבני א"י ליכא חששא דהא יכולים כו' כצ"ל וד"ה והא להו נמחק:

גליון הש"ס

גמ' כאן בזמן שאין בית המקדש קיים. עי' יומא דף יג ע"א תוס' ד"ה הלכה:

הגהות הגר"א

[א] תום' ד"ה הא לן פי' לבני בבל אין שואלין עד שבעה. כצ"ל (ועמ"ש רבינו בא"ח ריש סימן קי"ד):

תורה אור השלם

א) כַּחֹמֶץ לַשִּׁנַּיִם וְכֶעָשָׁן לָעֵינָיִם כֵּן הֶעָצֵל לְשֹׁלְחָיו: [משלי י, כו]

רבינו גרשום

אלא שאלה לחוד והזכרה לחוד דמזכירין ביום ראשון ושואלין בחולו של מועד. אמר רבא [אפילו תימא] ר' **אליעזר היא** דאמר הזכרה ביו"ט הראשון ולא מצי למישאל ביה שהרי אין מתפלל אתה חונן. דראשון מזכיר וה"ה שואל. **ר"י אמר עד שיעבור הפסח** והיכי אמר במתני' שאינו שואל אלא עד יום ראשון של פסח. **כאן לשאול כאן להזכיר.** הא דאמר ר' יהודה במתניתין הראשון מזכיר ביו"ט ראשון של פסח היינו להזכיר אבל לשאול יכול לשאל עד שיעבור הפסח: **במקום שאינו שואל מזכיר.** שהרי מתחיל להזכיר בחג ואינו שואל עד ששים בתקופה: **מקום שהוא שואל** דקאמרת דשואל עד שיעבור הפסח: **על אחת כמה וכמה שיזכיר** (ומתרץ) [והכי תריץ] רב חסדא דרבי יהודה קאמר שאינו מזכיר אלא עד יום ראשון של פסח וה"ה לשאלה א) דפרכת האמר ר' יהודה ששואל עד שיעבור הפסח **תרי תנאי ואליבא דר"י: עד שיעבור ש"ץ ראשון של יו"ט ראשון** היינו נמי כדאמר ר' יהודה במתניתין הראשון [מזכיר האחרון] אינו מזכיר וה"ה לשאלה: **שאלה ביו"ט מי איכא** דקאמרת דקאמר ר' יהודה ביו"ט ראשון שואל והא אינו מתפלל אתה חונן והיאך אמר שאלה בברכת השנים. **שואל במתורגמן** המתורגמן המתרגם דרשה ביו"ט של פסח אומר שאלה בדרשה: **דבר שאינו צריך לצבור** כלומר שאין הצבור שואלין בתפלתן היאך ישאל המתורגמן **אלא כדעולא** דלא תריץ ליה עד שיעבור ש"ץ אלא לאחר הפסח ממש: **עד שיעבור זמן שחיטת פסח** דהיינו י"ד אבל ביו"ט ראשון אינו שואל והאי דקאמר ר' יהודה במתניתין עד יו"ט הראשון היינו להזכרה ולא לשאלה **מה תחלתו מזכיר אע"פ שאינו שואל** שמזכיר בחג ואינו שואל עד ששים בתקופה: **אף סופו מזכיר.** עד יום ראשון ואינו שואל אלא עד י"ד: **דהזכרה נמי ריצוי שאלה היא** כלומר להכי מזכיר בחג הואיל ועתיד לשאול בששים בתקופה שלפניו. **מאי ריצוי שאלה איכא** והא ב) עדיין הוא עתיד לשאול אלא מכיון שפסק מלשאול שוב אינו מזכיר **אלא כדעולא** דתריץ עד שיעבור הפסח ממש והא דא"ר יהודה במתני' עד יום ראשון של פסח ג) היינו להזכרה ולא לשאלה. **הלכה כר' יהודה** דאמר מזכיר ביום אחרון של חג וה"ה לשאלה. **כאן לשאול כאן להזכיר** הא דאמר ר' יוחנן הלכה

חשק שלמה על רבינו גרשום א) נראה דצ"ל אלא אמר עולא הא דפרכת וכו'. ב) נראה דצ"ל והא תו אינו עתיד לשאול וכו'. ג) הדבר תמוה דהא פי' זה כבר דחי הגמ' לעיל ועולא הא מתרץ דתרי תנאי אליבא דר"י וצ"ע.

time.[11] אֶלָּא מְחַוַּורְתָּא כִּדְעוּלָּא – **Rather,** Abaye concludes, **the clearer** resolution of the contradiction between the statements of R' Yehudah **is the one** proposed above **by Ulla;** viz. that they are authored by two different Tannaim.

The Gemara presents yet another resolution of the contradiction between the statements of R' Yehudah:

רַבָּה אָמַר – **Rabbah said** that the disparity between the statements of R' Yehudah may be resolved by reinterpreting his statement in the second Mishnah: מַאי עַד שֶׁיַּעֲבוֹר הַפֶּסַח – **What** is the meaning of R' Yehudah's statement that rain is requested "UNTIL PESACH IS OVER"? עַד שֶׁיַּעֲבוֹר זְמַן שְׁחִיטַת הַפֶּסַח – It means **until the time for slaughtering the Pesach offering has passed;** i.e. until noon on the day before Pesach, at which time the Pesach offering may first be slaughtered. We stop requesting rain in the Minchah prayer of the day before Pesach, which is recited after midday. However, we continue mentioning rain through the Shacharis prayer of the first day of Pesach, as R' Yehudah taught in our Mishnah.[12]

Rabbah proceeds to give the justification for continuing the mention of rain even after the request has been halted:

וּכְתְחִילָּתוֹ כֵּן סוֹפוֹ – **Like the beginning [of the mention of rain], so too is its end.** מַה תְּחִילָּתוֹ מַזְכִּיר אַף עַל פִּי שֶׁאֵינוֹ שׁוֹאֵל – **Just as at its beginning one mentions** rain **even though one does not request** it, i.e. one begins to mention rain on Shemini Atzeres even though the request for rain is not initiated until later;[13] אַף סוֹפוֹ – so **too at its end,** מַזְכִּיר אַף עַל פִּי שֶׁאֵינוֹ שׁוֹאֵל – **one mentions** rain **even though one does not request** it, i.e. one continues to mention rain through the Shacharis prayer of the first day of Pesach, even though the request for rain is discontinued in the Minchah prayer that precedes Pesach.

Rabbah's explanation is challenged:

אָמַר לֵיהּ אַבַּיֵי – **Abaye said to [Rabbah]:** בִּשְׁלָמָא תְּחִילָּתוֹ מַזְכִּיר – **It is understandable** why, at **the beginning [of the mention of rain], one mentions** rain without requesting it, הַזְכָּרָה נַמִּי רִיצּוּי שְׁאֵלָה הִיא – because **the mention** of rain **is also the propitiation for the request;** on Shemini Atzeres we praise God for His rain-giving power, in order to evoke a positive response to our request for rain that is made later. אֶלָּא סוֹפוֹ מַאי רִיצּוּי שְׁאֵלָה אִיכָּא – **But** at **the end [of the season], what** need of **propitiation** for **request is there;** what is the point of mentioning rain beyond Shacharis of the day before Pesach after the request for rain has already been discontinued?[14] אֶלָּא מְחַוַּורְתָּא כִּדְעוּלָּא – **Rather,** Abaye concludes, **the clearer** resolution of the contradiction between the statements of R' Yehudah **is the one** proposed above **by Ulla;** viz. that the two statements are attributable to two different Tannaim.

The Gemara cites a halachic decision:

אָמַר ר' אַסִּי אָמַר ר' יוֹחָנָן – **R' Assi said in the name of R' Yochanan:** הֲלָכָה כְּר' יְהוּדָה – **The halachah is in accordance with** the opinion of **R' Yehudah,** that we begin mentioning rain in the Mussaf service of Shemini Atzeres.

The Gemara asks:

אָמַר לֵיהּ ר' זֵירָא לְר' אַסִּי – **R' Zeira said to R' Assi:** וּמִי אָמַר רַבִּי יוֹחָנָן הָכִי – **Did R' Yochanan say this,** that the mention of rain commences on Shemini Atzeres? וְהָתְנַן – **But we learned in a Mishnah:**[15] בִּשְׁלֹשָׁה בְּמַרְחֶשְׁוָן שׁוֹאֲלִין אֶת הַגְּשָׁמִים – Beginning ON THE THIRD day OF MARCHESHVAN WE REQUEST RAIN.[16] רַבָּן גַּמְלִיאֵל אוֹמֵר בְּשִׁבְעָה בּוֹ – RABBAN GAMLIEL SAYS: We begin ON ITS SEVENTH day. וְאָמַר ר' אֶלְעָזָר – **And R' Elazar said** in reference to that dispute: הֲלָכָה כְּרַבָּן גַּמְלִיאֵל – **The halachah is in accordance with** the opinion of **Rabban Gamliel.** According to this decision, we do not request rain until the seventh of Marcheshvan; this conflicts with R' Yochanan's ruling that we begin mentioning rain on Shemini Atzeres.[17] – ? –

The Gemara answers:

אָמַר לֵיהּ – **[R' Assi] said to [R' Zeira]:** גַּבְרָא אַגַּבְרָא קָא רָמֵית – **You are contrasting** the opinion of **one man with** that of **another;** R' Yochanan's ruling need not concur with that of R' Elazar!

The Gemara gives an alternative answer:

אִיבָּעֵית אֵימָא – **If you prefer, answer** that indeed R' Yochanan does concur with R' Elazar's ruling, לֹא קַשְׁיָא – and yet there is **no difficulty,** כָּאן לִשְׁאוֹל – because **here** [in R' Elazar's ruling] the issue is when **to request** rain, כָּאן לְהַזְכִּיר – whereas **here** [in R' Yochanan's ruling] the issue is when **to mention** rain. Although R' Yochanan rules that we begin *mentioning* rain on Shemini Atzeres, he concedes that we do not begin *requesting* rain until the seventh of Marcheshvan.[18]

The Gemara challenges this answer:

וְהָאָמַר ר' יוֹחָנָן בְּמָקוֹם שֶׁשּׁוֹאֵל מַזְכִּיר – **But R' Yochanan has said** that **one mentions** rain **when one requests** it; i.e. the dates for mentioning and requesting rain must coincide. Consequently, it is impossible to assert, as above, that according to R' Yochanan the mention of rain begins on one date and the request for rain on another.[19] – ? –

NOTES

11. Even though we continue mentioning rain through Shacharis of the first day of Pesach, that is only due to technical considerations (see 2a, notes 6 and 7). Fundamentally, we should stop mentioning rain on the day before Pesach. Therefore, a request for rain is considered inappropriate on the first day of Pesach (*Rashash*).

12. Although we stop requesting rain in Minchah of the day before Pesach, the mention of rain, which can be recited on Yom Tov itself, is continued until Mussaf of the first day of Pesach (*Rashi;* see *Gevuras Ari* and *Keren Orah*). [Since the request for rain is always accompanied by its mention, there is no conflict between the two statements of R' Yehudah – see note 4.]

13. [The Mishnah below (10a) teaches that we do not begin requesting rain until the third or seventh of Marcheshvan. And even if one assumes that according to Rava's explanation above (4a) the request for rain begins immediately after the Festival (see ibid., note 30), nevertheless the mention of rain begins earlier, in the Mussaf prayer of the last day of the Festival.]

14. By suspending the request for rain on the eve of Pesach, we indicate that we no longer want rain. Therefore, there is no point in continuing the mention of rain (*Rashi*).

15. Below, 10a.

16. They had a tradition that the rainy season began on this date (*Rashi*).

17. The Gemara assumes at this point that the dates for requesting and mentioning rain must coincide (*Rashi*).

18. [The Gemara retreats from its previous assumption that the dates must coincide – see previous note.]

19. There is an internal contradiction in the rulings of R' Yochanan: Since Shemini Atzeres is a Yom Tov (when there is no request for rain), R' Yochanan's ruling that we begin to mention rain on Shemini Atzeres is apparently incompatible with his statement here that the dates for mentioning and requesting must coincide (*Rashi*).

However, other commentators explain that the difficulty is only in R' Yochanan's position [that mentioning begins on Shemini Atzeres] vis-a-vis R' Elazar's position [that requesting begins on the seventh of Marcheshvan]. In their view, there is no contradiction in the statements of R' Yochanan himself because R' Yochanan's ruling that the mention of rain must coincide with its request does not apply on Yom Tov when there is no possibility of requesting rain anyway. [This view is strongly supported by the case of the first day of Pesach, when the mention of rain is made without the request, and, as is evident from the Gemara's subsequent answer, that is no contradiction to R' Yochanan's assertion that the dates for requesting and mentioning must coincide] (*R' Akiva Eiger, Keren Orah;* see *R' Gershom*).

רבי יהושע היא דאמר משעת הנחתו אמר רבא אפילו תימא רבי אליעזר שאלה לחוד והזכרה לחוד: רבי יהודה אומר העובר לפני התיבה כו': ורמינהו א) עד מתי שואלין את הגשמים (א) ר' יהודה אומר עד שיעבור הפסח ר' מאיר אומר עד שיעבור ניסן אמר רב חסדא לא קשיא כאן לשאול כאן להזכיר מישאל שאיל ואזיל להזכיר ביו"ט הראשון פסיק אמר עולא הא דרב חסדא קשיא ב) א) כחומץ לשינים וכעשן לעינים ומה במקום שאינו שואל מזכיר במקום ששואל אינו דין שיהא מזכיר אלא אמר עולא תרי תנאי אליבא דר' יהודה רב יוסף אמר מאי עד שיעבור הפסח עד שיעבור שליח צבור ראשון היורד ביו"ט ראשון של פסח א"ל אביי שאלה ביו"ט מי איכא א"ל אין שואל מתורגמן וכי מתורגמן שואל דבר שאינו צריך לצבור אלא מחוורתא כדעולא רבה אמר מאי עד שיעבור הפסח עד שיעבור זמן שחיטת הפסח וכתחילתו כן סופו מה תחילתו מזכיר אע"פ שאינו שואל אף סופו מזכיר אע"פ שאינו שואל א"ל אביי בשלמא תחילתו מזכיר (ב) הזכרה נמי ריצוי שאלה היא אלא סופו מאי ריצוי שאלה איכא אלא מחוורתא כדעולא ג) א"ר אסי א"ר יוחנן הלכה כר' יהודה א"ל ר' זירא לר' אסי ומי אמר רבי יוחנן הכי והתנן ד) בשלשה במרחשון שואלין את הגשמים רבן גמליאל אומר בשבעה בו ה) וא"ר אלעזר ו) א הלכה כרבן גמליאל א"ל ז) גברא אגברא קא רמית איבעית אימא לא קשיא כאן לשאול כאן להזכיר והאמר ר' יוחנן במקום ששואל מזכיר ההוא להפסקה איתמר והאמר ר' יוחנן התחיל להזכיר מתחיל לשאול פסק מלשאול פוסק מלהזכיר אלא לא קשיא ח) הא לן הא להו מאי שנא לדידן דאית לן פירי בדברא לדידהו נמי אית להו עולי רגלים כי קא"ר יוחנן בזמן שאין בית המקדש קיים השתא דאתית להכי הא והא לדידהו ולא קשיא כאן בזמן שבית המקדש קיים ט) כאן בזמן שאין בית המקדש קיים ואנן דאית לן תרי יומי היכי עבדינן אמר רב מתחיל במוספין ופוסק במנחה ערבית ושחרית וחוזר במוספין אמר להו שמואל פוקו ואמרו ליה לאבא אחר שעשיתו קודש תעשהו חול אלא אמר שמואל מתחיל במוספין ובמנחה ופוסק ערבית ושחרית וחוזר ומתחיל במוספין
רבא

רש"י

הכי גרסינן ואיכא דאמרי לימא ר' יהושע היא אפי' תימא רבי אליעזר כו'. ולא גרסינן סברוה שאלה לחוד והזכרה לחוד דהא לא משתמע ממתני': עד אימתי שואלין את הגשמים. בסוף ימות הגשמים: עד שיעבור הפסח. דאמרינן כל חולו של מועד ותן טל ומטר: עד שיצא ניסן. וכדמפיק טעמא במתני': הכי גרסינן אמר רב חסדא כאן לשאול כאן להזכיר מישאל שאיל ואזיל והזכרה ביום טוב ראשון פוסק. לשאול שואל והולך עד שיעבור הפסח כדקתני עד מתי שואלין כו' להזכיר אינו מזכיר אלא בתפלת יוצר של יו"ט ראשון: במקום שאינו שואל. ביו"ט האחרון של חג שאינו מתפלל תפלתו תפלת חול דאין שאלה אלא בברכת השנים: מזכיר. גבורות גשמים כדאמר רבי יהודה האחרון מזכיר: במקום שהוא שואל. בחולו של מועד של פסח: תרי תנאי. חד אמר עד שיעבור הפסח שואלין כל שכן שמזכירין וחד אמר שאלה עד הפסח והזכרה שיכול להזכיר ביו"ט מזכיר ביו"ט הראשון של פסח בתפלת יוצר ובמוספין פוסק: רב יוסף אמר. האי דקתני עד אימתי שואלין עד שיעבור כו' ה"ק עד שיעבור שליח צבור כו' והיינו כאידך רבי יהודה דמתני' דאמר הראשון מזכיר האחרון אינו מזכיר: שאלה ביו"ט מי איכא. וכי מתפלל הוא תפלת חול שאתה אומר עד שיעבור הפסח דהיינו (ג) זמן שליח צבור של תפלת יו"ט הראשון של פסח: אמר ליה אין שאלה דמתורגמן. בדרשה שהוא דורש אומר ברכת שאלה לבדה: דבר שאינו צריך לצבור. דכיון דזמן הפסקה הוא לאו אורח ארעא למישאל בצבור דבר שאינו צריך: עד שיעבור זמן שחיטת פסח. (ד) אלות יום דארבעה עשר עד שיעבור אלות דהיינו כל תפלת יוצר ואשמעינן ר' יהודה דבמנחה דערבי פסחים אע"ג דמצלינן תפלת חול מפסיקינן ולא יאמר ותן טל ומטר ואע"ג דמדכרינן עד למחר במוספין פוסק השאלה בתפלת מנחה של ערב יו"ט הראשון והזכרה שיכול להזכיר ביום טוב מזכיר עד תפלת מוסף של יום טוב הראשון: כתחילתו. שהוא מזכיר תחלה ביום טוב אחרון של חג ואינו שואל עד לאחר החג (ה) כך בסופו אינו שואל במנחה ערב יו"ט הראשון ומזכיר עד מוסף של יו"ט ראשון והכא ליכא למיפרך שאלה ביו"ט מי איכא: דהזכרה נמי צורך שאלה היא. שמרצה תחילה לפי שא"א לו לשאול ביו"ט וכיון דאיכא שאלה אבתריה מזכיר הוא לרצויי בעלמא: אבל סופו. למה הוא מזכיר הואיל ואינו צריך לשאול מכאן ואילך הא כיון דאפסקת מאתמול גלית אדעתך דלא ניחא לך בהו ואמאי מזכיר: הלכה כרבי יהודה. דאמר העובר לפני התיבה וכו': מי אמר רבי יוחנן הכי. דהלכה כרבי יהודה דמזכיר ביו"ט האחרון: בשלשה במרחשון. הכי קים להו דהוה זמן גשמים כו': הלכה כרבן גמליאל. דאינו שואל עד שבעה במרחשון וקא ס"ד דבמקום שהוא שואל מזכיר עד דמשני לקמן: כאן לשאול. בשבעה במרחשון: כאן להזכיר. מיו"ט האחרון ור' יוחנן אית ליה דרבי אלעזר: והא א"ר יוחנן במקום ששואל מזכיר. (ו) במקום שאינו שואל אינו מזכיר והיכי א"ר יוחנן דהלכה כר' יהודה שמזכיר ביו"ט האחרון הא ליכא שאלה דאין אומר ברכת השנים ביו"ט: להפסקה איתמר. דכשהוא מפסיק לשאלה בערב הפסח פוסק נמי להזכרה דהכי משמע במקום ששואל מזכיר: והא תרווייהו איתמר. התחלה והפסקה: יתחיל לשאול. דהיינו בחול שיכול לשאול: פסק מלשאול. בערב הפסח פוסק מלהזכיר אלמא לא סבירא ליה כרבי יהודה והיכי אמר הלכה כמותו: הא לן והא להו. לבני בבל שיש לנו תבואה ופירות בשדה כל תשרי אין מזכירין עד שבעה במרחשון ושם שואלים כדאמר רבי יוחנן מתחיל להזכיר מתחיל לשאול: והא להו. לבני ארץ ישראל דקוצרין בניסן ואוספין בתשרי מזכירין בי"ט האחרון כרבי יהודה דאמר רב אסי הלכה כמותו: בדברא. מדבר כלומר בשדות: אית להו עולי רגלים. ואם ירדו להן גשמים קשה להן בחזירתן. הלכה כר' יהודה דמזכיר מיו"ט האחרון: אלא כי א"ר יוחנן. הלכה כר' יהודה דמזכיר מיו"ט האחרון כו' בזמן שאין בהמ"ק קיים וליכא עולי רגלים מזכיר: כאן בזמן שבית המקדש קיים. דאיכא עולי רגלים אינו מזכיר עד ז' במרחשון: אנן דאית לן תרי יומי. שני ימים טובים אחרונים שמיני ספק שביעי ותשיעי ספק שמיני לרבי יהודה דאמר מיו"ט האחרון באיזה מהן מזכיר: מתחיל במוסף. של שמיני ספק שביעי דשמא יו"ט האחרון הוא: ופוסק במנחה. שמא שביעי חול הוא ואין זמן הזכרה עד מוסף של מחר: ופוסק נמי בערבית ושחרית. של תשיעי ספק שמיני: לאבא. חברי: לאחר שעשיתו קודש. לשמיני ספק שביעי שהזכרת בו גבורות גשמים כרבי יהודה מיו"ט האחרון: תעשהו חול. בתמיה שמפסיק במנחה של אותו היום: ופוסק ערבית ושחרית. דלאו היינו תפלה של אותו היום:
רבא

תוספות

ואמר ר' אלעזר הלכה כר"ג דאמר דאין שואלין עד שבעה וכו'. פירוש ואת אמרת הלכה כר' יהודה בהא דקאמר במתני' רבי יהודה אומר העובר לפני התיבה בי"ט האחרון של חג האחרון מזכיר והראשון אינו מזכיר ומדמינן לעיל שאלה להזכרה דפריך ורמינהו עד מתי שואלין את הגשמים עד שיעבור וכו' ומשני גברא אגברא וכו': **והא** אמר רבי יוחנן במקום ששואלין הגשמים מזכיר. ומשני ההוא להפסקה פי' דבמקום שמפסיק מלשאול מפסיק מלהזכיר אבל מתחיל קודם להזכיר וטעמא הוי דהזכרה הוה ריצוי שאלה ומש"ה ליכא חששא אם מזכיר קודם: **הא** לן. פירוש לבני בבל (ז) [א] עד לאחר שבעה במרחשון דאית להו פירי בדברא ובארץ ליכא חששא דהא יכולים פירותיהן להיות יבשים בלא הולכה למדבר: **והא** להו. כי המתחיל להזכיר יתחיל לשאול:
רבא

עין משפט נר מצוה

יא א מיי' פ"ב מהל' תפלה הל' טז סמג עשין יט טוש"ע א"ח סי' קיז סעיף א:

ליקוטי רש"י

לשאול. ותן טל ומטר לשון בקשה. להזכיר. משיב הרוח שאינו לשון בקשה אלא לשון הזכרה ושבח [ברכות לג.]. מתורגמן. ראש ישיבה הדורש דרשות והמתורגמן עומד עליו באמורא להשמיע בקול רם לרבים [ברכות נו.]. מפרש [פסחים קיז.]. מתורגמן העומד לפני חכם הדרשן והחכם לוחש לו לשון עברית והוא מתרגם לרבים לשון שהן שומעין [יומא כ:]. מחוורתא. דבר ברור הוא כמו במחוורת עליו ניר (דף סג.) [מעילה טו.]. אבא. שמואל היה קורא לרב אבא לכבודו [ברכות מז.]. משום דקשיש מיניה קרי ליה אבא כמו לשון נשיאי ורבי [יבמות נז:]. כך שמו של רב אלא בכבוד קורין אותו רב בבבל הכי כמו שקורין לרבי יהודה הנשיא בארץ ישראל רבינו וכן מוכיח בשחיטת חולין (דף קלז:) דאמרי' מאן ריש סידרא בבבל אבא אריכא וברב מיירי שהיה רב ארוך בדורו כדאמרינן במסכת נדה (דף כד:) [רשב"ם פסחים קיט:].

רבינו חננאל

פיסקא ר' יהודה אומר העובר לפני התיבה ורמינן עלה עד מתי שואלין את הגשמים ר' יהודה אומר עד שיעבור הפסח ומשני רב חסדא פוסק מלהזכיר מיום הראשון של פסח ושואל עד שיעבור הפסח. וזהו כחומץ לשינים (וכעשן) שמקהה לשינים וכעשן לעינים. ומשני עולא תרי תנאי ואליבא דר' יהודה [רב יוסף אמר כו'] ואקשינן ושאלה ביו"ט מי איכא ופריק אין לשאול מתורגמן ומדלא דחי לה ואמר מי איכא תורגמן בצלותא שמעינן מינה דבי דינא הוו מוקמי מתורגמן לישאל מלתא דהוה צריכא להו לפיכך אמר אפשר לההוא לשאל בערבית ושחרית של יו"ט יהי רצון מלפניך ה' אלהינו שתתן טל ומטר על פני האדמה: רבה **אמר** מאי עד שיעבור הפסח עד שיעבור זמן שחיטת הפסח. פי' שואלין את הגשמים עד ערב הפסח זמן שחיטת הפסח ופוסק ומזכיר עד מנחה ואע"פ שפוסק מלישאל עדיין מזכיר ליל ט"ו ושחרית ביו"ט ופוסק נמצא מזכיר מאחרי שפסק מלשאל כתחלתו מה תחלתו מזכיר אע"פ שאינו [שואל] כן בסוף ודחה לה אביי בשלמא תחלתו מזכיר כי הוא ריצוי לשאלה. כלומר להבא עוד צריך לשאל. אלא סיפא הזכרה בלא שאלה למה כו' אלא מחוורתא כדעולא. דאמר תרי תנאי אליבא דר' יהודה: **א"ר אסי א"ר יוחנן** הלכה כר' יהודה דקתני העובר לפני התיבה ביו"ט האחרון של חג האחרון מזכיר. פירוש ש"ץ המתפלל מוסף הוא מזכיר מוריד הגשם ומזכיר והולך עד יו"ט הראשון של פסח בתפלת שחרית ואח"כ פוסק. ואקשינן איני דהלכתא כר' יהודה והאמר ר' אלעזר הלכתא כר"ג דתני בשבעה במרחשון שואלין את הגשמים ושנינן רבי אלעזר קא רמית אר' יוחנן. איבעית אימא הלכה כר' יהודה להזכיר כלומר מזכירין מיו"ט (הראשון) [האחרון] של (פסח) [חג] והלכתא כר"ג לשאל שאין שואלין את הגשמים ואין אומרים ותן טל ומטר אלא בז' במרחשון ונדחת זו דהא בהדיא לית ליה לר' יוחנן הפסקה בין הזכרה לשאלה דאמר ר' יוחנן התחיל להזכיר ישאל פסק מלשאל יפסוק מלהזכיר. אלא לא קשיא הא דר' יוחנן לבני ארץ ישראל והא דאמר רבי אלעזר עד ז' במרחשון לבני בבל משום דאית להו פירא בדברא והמטר מפסידם ואקשינן בני ארץ ישראל נמי יש להם עולי רגלים. ואם ישאלו מיום טוב (הראשון) [האחרון] של חג וירד המטר נמצא המטר מעכבן בחזירתן ואוקימנא בזמן הזה דליכא בית המקדש ושקלי

מסורת הש"ס

א) לקמן ה., ב) [קידושין מה:], ג) גי' הרא"ש **א"ר יוסי בר חנינא הלכה** כו', ד) [לקמן י. וש"נ], ה) [שם], ו) [עי' תוספות יומא יג. ד"ה הלכה], ז) [ב"ק מג: סנהדרין כה. ל: חולין נב:], ח) ברכות ה: מד. שבת ע: סוכה לו. מח. יומא כא: ביצה ה. יד: קדושין כט: [ב"מ קז. ב"ב קמז.].

הגהות הב"ח

(א) **גמרא** ורמינהו עד מתי שואלין את הגשמים ר"מ אומר עד שילא ניסן רבי יהודה אומר כו': (ב) **שם** בשלמא תחלתו מזכיר דהזכרה נמי ריצוי: (ג) **רש"י** ד"ה שאלה כו' שיעבור הפסח דהיינו עד שיעבור זמן תפלת שליח צבור: (ד) ד"ה עד שיעבור זמן שחיטת פסח עד שיעבור חצות יום די"ד דהיינו כל זמן תפלת יוצר כו' עד למחר במוספין ל"א פוסק השאלה בתפלת ערבית של ערב יו"ט: (ה) ד"ה כתחילתו כו' לאחר החג הס"ד ואח"כ מה"ד כך בסופו אינו שואל בלילי יו"ט: (ו) ד"ה והא אמר כו' מזכיר הא במקום: (ז) **תוס'** ד"ה הא לן פי' לבני בבל אין מזכירין עד שבעה במרחשון דאית להו פירי בדברא כי המתחיל להזכיר יתחיל לשאול והא להו פי' לבני א"י ליכא חששא דהא יכולים כו' כצ"ל וד"ה והא להו נמחק:

גליון הש"ס

גמ' כאן בזמן שאין בית המקדש קיים. עי' יומא דף יג ע"א תוס' ד"ה הלכה:

הגהות הגר"א

[א] תוס' ד"ה הא לן פי' לבני בבל אין שואלין עד שבעה. כצ"ל (ועמ"ש רבינו בא"ח ריש סימן קי"ד):

תורה אור השלם

א) כַּחֹמֶץ לַשִּׁנַּיִם וְכֶעָשָׁן לָעֵינָיִם כֵּן הֶעָצֵל לְשֹׁלְחָיו: [משלי י, כו]

רבינו גרשום

אלא שאלה לחוד והזכרה לחוד דמזכירין ביום ראשון ושואלין בחולו של מועד. **אמר רבא [אפילו תימא] ר' אליעזר היא** דאמר הזכרה ביו"ט הראשון ולא מצי למישאל ביה שהרי אין מתפלל אתה חונן. דראשון מזכיר וה"ה שואל. **ר"י אמר עד שיעבור הפסח** והיכי אמר במתני' שאינו שואל אלא עד יום ראשון של פסח. **כאן לשאול כאן להזכיר**. הא דאמר ר' יהודה במתניתין הראשון מזכיר ביו"ט ראשון של פסח היינו להזכיר אבל לשאול יכול לשאל עד שיעבור הפסח: **במקום שאינו שואל מזכיר**. שהרי מתחיל להזכיר בחג ואינו שואל עד ששים בתקופה: **מקום שהוא שואל** דקאמרת דשואל עד שיעבור הפסח: **על אחת כמה וכמה שיזכיר** (ומתרץ) [והיכי תריץ] רב חסדא דרבי יהודה קאמר שאינו מזכיר אלא עד יום ראשון של פסח וה"ה לשאלה א) דפרכת האמר ר' יהודה ששואל עד שיעבור הפסח **תרי תנאי ואליבא דר"י**: **עד שיעבור ש"ץ ראשון של יו"ט ראשון** היינו נמי כדאמר ר' יהודה במתניתין הראשון [מזכיר האחרון] אינו מזכיר וה"ה לשאלה: **שאלה ביו"ט מי איכא** דקאמרת דקאמר ר' יהודה ביו"ט ראשון שואל והא אינו מתפלל אתה חונן והיאך אמר שאלה בברכת השנים. **שואל במתורגמן** המתורגמן המתרגם דרשה ביו"ט של פסח אומר שאלה בדרשה: **דבר שאינו צריך לצבור** כלומר שאין הצבור שואלין בתפלתן היאך ישאל המתורגמן **אלא כדעולא** דלא תריץ ליה עד שיעבור ש"ץ אלא לאחר הפסח ממש: **עד שיעבור זמן שחיטת פסח** דהיינו י"ד אבל ביו"ט ראשון אינו שואל והאי דקאמר ר' יהודה במתניתין עד יו"ט הראשון היינו להזכרה ולא לשאלה **מה תחלתו מזכיר אע"פ שאינו שואל** שמזכיר בחג ואינו שואל עד ששים בתקופה: **אף סופו מזכיר.** עד יום ראשון ואינו שואל אלא עד י"ד: **דהזכרה נמי ריצוי שאלה היא** כלומר להכי מזכיר בחג הואיל ועתיד לשאול בששים בתקופה שלפניו. **מאי ריצוי שאלה איכא** והא ב) עדיין הוא עתיד לשאול אלא מכיון שפסק מלשאול שוב אינו מזכיר **אלא כדעולא** דתריץ עד שיעבור הפסח ממש והא דא"ר יהודה במתני' עד יום ראשון של פסח ג) היינו להזכרה ולא לשאלה. **הלכה כר' יהודה** דאמר מזכיר ביום אחרון של חג וה"ה לשאלה. **כאן לשאול כאן להזכיר** הא דאמר ר' יוחנן הלכה

חשק שלמה על רבינו גרשום א) נראה דצ"ל אלא אמר עולא הא דפרכת וכו'. ב) נראה דצ"ל והא תו אינו עתיד לישאול וכו'. ג) הדבר תמוה דהא פי' זה כבר דחי הגמ' לעיל ועולא הא מתרץ דתרי תנאי אליבא דר"י וצ"ע.

The Gemara defends the answer:

הַהוּא לְהַפְסָקָה אִיתְּמַר – **That** latter statement of R' Yochanan **was said in regard to** the **discontinuation** of these insertions at the end of the season; i.e. when one stops requesting rain (on the day before Pesach) one also stops mentioning it. However, the *initiation* of these two insertions need not necessarily take place on the same day.[20]

The Gemara finally rejects the answer:

וְהָאָמַר ר׳ יוֹחָנָן – **But R' Yochanan has** also **said:** הִתְחִיל לְהַזְכִּיר מַתְחִיל לִשְׁאוֹל – When **one begins to mention** rain, **one begins to request** it, פָּסַק מִלִּשְׁאוֹל פּוֹסֵק מִלְּהַזְכִּיר – and when **one ceases to request** rain, **one ceases to mention** it. R' Yochanan explicitly teaches that even in regard to their commencement the request and mention of rain must coincide. – ? –

The previous approach having been rejected, the Gemara proposes a different resolution:

אֶלָּא לֹא קַשְׁיָא – **Rather, no difficulty** is posed by the disparity between the rulings הָא לָן – because **one** [R' Elazar's ruling that requesting begins on the seventh of Marcheshvan] applies **to us,** who live in Babylonia, הָא לְהוּ – and **the other** [R' Yochanan's ruling that mentioning begins on Shemini Atzeres] applies **to them** – the residents of Eretz Yisrael. In Babylonia, produce remains out in the fields throughout the month of Tishrei; therefore, the prayers for rain[21] are postponed until the seventh of Marcheshvan. In Eretz Yisrael, however, where the harvest is gathered in from the fields in Tishrei, we begin mentioning rain on Shemini Atzeres.[22]

The Gemara challenges this approach:

מַאי שְׁנָא לְדִידַן – **Why is [the law] different with respect to us?** I.e. what is your basis for claiming that we, the residents of Babylonia, postpone the prayers for rain until the seventh of Marcheshvan? דְּאִית לָן פֵּירֵי בְּדַבְרָא – **It is because we have produce out in the fields**[23] in Tishrei. לְדִידְהוּ נַמִּי – Then **with respect to them** [the residents of Eretz Yisrael] **too,** the prayers of rain should be postponed, אִית לְהוּ עוֹלֵי רְגָלִים – for **they have pilgrims** in their region whose return from Jerusalem after the Succos festival would be hampered by rain.

The Gemara answers:

כִּי קָאָמַר רַבִּי יוֹחָנָן – **When R' Yochanan said** that (in Eretz Yisrael) one begins mentioning rain on Shemini Atzeres, בִּזְמַן שֶׁאֵין בֵּית הַמִּקְדָּשׁ קַיָּים – he was referring **to the** current **era when the Temple is not in existence** and pilgrims no longer travel to Jerusalem for the festivals.

Based on this last point, the Gemara offers another resolution:

הַשְׁתָּא דְּאָתֵית לְהָכִי – **Now that you have arrived at this** conclusion, הָא וְהָא לְדִידְהוּ – we may say that **both** rulings apply **to them** [the inhabitants of Eretz Yisrael], וְלֹא קַשְׁיָא – **and** yet **no difficulty** is posed by the disparity between them, כָּאן בִּזְמַן שֶׁבֵּית הַמִּקְדָּשׁ קַיָּים – because **here** [in R' Elazar's ruling that requesting (and mentioning) begins on the seventh of Marcheshvan] **the reference is to the era in which the Temple was in existence** and thus the prayers for rain were delayed in consideration of the pilgrims, כָּאן בִּזְמַן שֶׁאֵין בֵּית הַמִּקְדָּשׁ קַיָּים – whereas **here** [in R' Yochanan's ruling that mentioning begins on Shemini Atzeres] **the reference is to the era in which the Temple is not in existence,** and there are no longer any pilgrims.

The Gemara inquires:

וַאֲנַן דְּאִית לָן תְּרֵי יוֹמֵי – **And we** in the Diaspora, **who observe two days** of Shemini Atzeres,[24] הֵיכִי עָבְדִינַן – **how do we conduct ourselves?** On which of these two days do we begin mentioning rain?[25]

The Gemara responds:

אָמַר רַב – **Rav said:** מַתְחִיל בְּמוּסָפִין – **One begins** mentioning rain **in the Mussaf service** of the eighth day,[26] וּפוֹסֵק בְּמִנְחָה עַרְבִית וְשַׁחֲרִית – **refrains** from mentioning it in the **Minchah** prayer of that day, and in the **Maariv and Shacharis** prayers of the ninth day,[27] וְחוֹזֵר בְּמוּסָפִין – **and resumes** mentioning **in** it the **Mussaf** service of the ninth day.

The Gemara objects to this ruling:

אָמַר לְהוּ שְׁמוּאֵל – **Shmuel said to them** [those who had reported Rav's decision]: פּוּקוּ וְאִמְרוּ לֵיהּ לְאַבָּא – **Go and say to Abba**

NOTES

20. [Therefore, we may answer as above, that although according to R' Yochanan mentioning begins on Shemini Atzeres, he agrees with R' Elazar's view that requesting begins on the seventh of Marcheshvan.]

As Abaye notes above, once we cease to request rain at the end of the season there is no conceivable reason for continuing its mention. However, at the beginning of the season, it is appropriate to begin the mention of rain before the request, because the mention of rain serves as a propitiation in preparation for the request (*Tosafos*).

21. I.e. both the request and the mention of rain – in accordance with R' Yochanan's teaching: One begins to mention rain when one begins to request it (*Rashi*).

22. And the request for rain, which cannot be recited on Yom Tov, commences immediately after Shemini Atzeres (*Rashi's* opinion as explained by *Keren Orah;* see *R' Akiva Eiger;* cf. *Sfas Emes*).

23. Literally: in the desert (*Rashi*).

24. During most of the Talmudic era the beginning of the month (Rosh Chodesh) was not fixed by a static calendar, but by the actual sighting of the new moon at the beginning of each month. Witnesses who saw the new moon would report their observation to the *beis din*, who would then declare the new month. Thus, the first day of the month could be either thirty or thirty-one days after the start of the previous month and it was impossible to know beforehand on which day it would fall. In Eretz Yisrael this did not cause any problem with the observance of the Festivals on their proper dates since, with the exception of Rosh Hashanah, they occur in the middle of the month, by which time the exact day proclaimed as Rosh Chodesh was already known throughout the country. However, the Diaspora was not informed in time of the exact dates to celebrate the various Festivals. Therefore, the Diaspora observed each Yom Tov for two days to cover all possibilities.

Consequently, in the Diaspora, Shemini Atzeres is observed on the ninth day of the Festival as well as on the eighth, in recognition of the possibility that the assumed eighth day is actually only the seventh, and the ninth day is the real Shemini Atzeres (*Rashi*).

25. The Gemara above, in its conclusion, seems to accept the premise that the beginning date for mentioning and requesting in Babylonia is the seventh of Marcheshvan. However, the halachic authorities disregard this conclusion and rule that mentioning begins on Shemini Atzeres both in Eretz Yisrael and the Diaspora (including Babylonia), and requesting begins on the seventh of Marcheshvan in Eretz Yisrael and sixty days after the autumnal equinox in the Diaspora (*Rif; Rosh; Rambam, Hil. Tefillah* 2:15-16; *Orach Chaim* 114:1 and 117:1; see *Ran, Lechem Mishneh Hil. Tefillah* 2:15, *Keren Orah,* and *Sfas Emes* for the explanation of this ruling). The Gemara's question here, which assumes Shemini Atzeres to be the commencement date for mentioning rain even in the Diaspora, is based on the same principle as the one reflected in the commentators' ruling.

26. Perhaps this day is the real Shemini Atzeres (*Rashi*).

27. Perhaps the assumed eighth day is in reality only the seventh day of Succos, in which case the mention of rain should not begin until the Mussaf prayer of the following day (*Rashi*). [Rav's ruling is based on the premise that because of the doubtful status of Shemini Atzeres, the permanent mention of rain should be deferred to the second day of Shemini Atzeres, but the formal commencement of mentioning should be observed during the Mussaf prayers of both days.]

רבי יהושע היא דאמר משעת הנחתו אמר רבא אפילו תימא רבי אליעזר שאלה לחוד והזכרה לחוד: רבי יהודה אומר העובר לפני התיבה כו': ורמינהו [א] עד מתי שואלין את הגשמים (א) ר' יהודה אומר עד שיעבור הפסח ר' מאיר אומר עד שיעבור ניסן אמר רב חסדא לא קשיא כאן לשאול כאן להזכיר מישאל שאיל ואזיל להזכיר ביו"ט הראשון פסיק אמר עולא הא דרב חסדא קשיא [ב] א) כחומץ לשינים וכעשן לעינים ומה במקום שאינו שואל מזכיר במקום ששואל אינו דין שיהא מזכיר אלא אמר עולא תרי תנאי אליבא דר' יהודה רב יוסף אמר מאי עד שיעבור הפסח עד שיעבור שליח צבור ראשון היורד ביו"ט ראשון של פסח א"ל אביי שאלה ביו"ט מי איכא א"ל אין שואל מתורגמן וכי מתורגמן שואל דבר שאינו צריך לצבור אלא מחוורתא כדעולא רבה אמר מאי עד שיעבור הפסח עד שיעבור זמן שחיטת הפסח וכתחילתו כן סופו מה תחילתו מזכיר אע"פ שאינו שואל אף סופו מזכיר אע"פ שאינו שואל א"ל אביי בשלמא תחילתו מזכיר (ב) הזכרה נמי ריצוי שאלה היא אלא סופו מאי ריצוי שאלה איכא אלא מחוורתא כדעולא [ג] א"ר אסי א"ר יוחנן הלכה כר' יהודה א"ל ר' זירא לר' אסי ומי אמר רבי יוחנן הכי והתנן [ד] בשלשה במרחשון שואלין את הגשמים רבן גמליאל אומר בשבעה בו [ה] וא"ר אלעזר [ו] א הלכה כרבן גמליאל א"ל [ז] גברא אגברא קא רמית איבעית אימא לא קשיא כאן לשאול כאן להזכיר והאמר ר' יוחנן במקום ששואל מזכיר ההוא להפסקה איתמר והאמר ר' יוחנן התחיל להזכיר מתחיל לשאול פסק מלשאול פוסק מלהזכיר אלא לא קשיא [ח] הא לן הא להו מאי שנא לדידן דאית לן פירי בדברא לדידהו נמי אית להו עולי רגלים כי קא"ר יוחנן בזמן שאין בית המקדש קיים השתא דאתית להכי הא והא לדידהו ולא קשיא כאן בזמן שבית המקדש קיים ° כאן בזמן שאין בית המקדש קיים ואנן דאית לן תרי יומי היכי עבדינן אמר רב מתחיל במוספין ופוסק במנחה ערבית ושחרית וחוזר במוספין אמר להו שמואל פוקו ואמרו ליה לאבא אחר שעשיתו קודש תעשהו חול אלא אמר שמואל מתחיל במוספין ובמנחה ופוסק ערבית ושחרית וחוזר ומתחיל במוספין

רבא

רש"י

הכי גרסינן ואיכא דאמרי לימא ר' יהושע היא אפי' תימא רבי אליעזר כו'. ולא גרסינן סברוה שאלה לחוד והזכרה לחוד דהא לא משתמע ממתני': עד אימתי שואלין את הגשמים. בסוף ימות הגשמים: עד שיעבור הפסח. דאמרינן כל חולו של מועד ותן טל ומטר: עד שיצא ניסן. וכדמפיק טעמא במתני': הכי גרסינן אמר רב חסדא כאן לשאול כאן להזכיר מישאיל שאיל ואזיל והזכרה ביום טוב ראשון פוסק. לשאול שואל והולך עד שיעבור הפסח כדקתני עד מתי שואלין כו' להזכיר אינו מזכיר אלא בתפלת יוצר של יו"ט ראשון: במקום שאינו שואל. ביו"ט האחרון של חג שאינו מתפלל תפלתו תפלת חול דאין שאלה אלא בברכת השנים: מזכיר. גבורות גשמים כדאמר רבי יהודה האחרון מזכיר: במקום שהוא שואל. בחולו של מועד של פסח: תרי תנאי. חד אמר עד שיעבור הפסח שואלין כל שכן שמזכירין וחד אמר שאלה עד הפסח והזכרה שיכול להזכיר ביו"ט מזכיר ביו"ט הראשון של פסח בתפלת יוצר ובמוספין פוסק: רב יוסף אמר. הא דקתני עד אימתי שואלין עד שיעבור כו' ה"ק עד שיעבור שליח צבור כו' והיינו כאידך רבי יהודה דמתני' דאמר הראשון מזכיר האחרון אינו מזכיר: שאלה ביו"ט מי איכא. וכי מתפלל הוא תפלת חול שאתה אומר עד שיעבור הפסח דהיינו (ג) זמן שליח צבור של תפלת יו"ט הראשון של פסח: אמר ליה אין שאלה דמתורגמן. בדרשה שהוא דורש אומר ברכת שאלה לבדה: דבר שאינו צריך לצבור. דכיון דזמן הפסקה הוא לאו אורח ארעא למישאל בצבור דבר שאינו צריך: עד שיעבור זמן שחיטת פסח. (ד) חלות יום דארבעה עשר עד שיעבור חלות דהיינו כל תפלת יוצר ואשמעינן ר' יהודה דבמנחה דערבי פסחים אע"ג דמצלינן תפלת חול מפסיקינן ולא יאמר ותן טל ומטר ואע"ג דמדכרינן עד למחר במוספין פוסק השאלה בתפלת מנחה של ערב יו"ט הראשון והזכרה שיכול להזכיר ביום טוב מזכיר עד תפלת מוסף של יום טוב הראשון: כתחילתו. שהוא מזכיר תחלה ביום טוב אחרון של חג ואינו שואל עד לאחר החג (ה) כך בסופו אינו שואל במנחה ערב יו"ט הראשון ומזכיר עד מוסף של יו"ט ראשון והכא ליכא למיפרך שאלה ביו"ט מי איכא: דהזכרה נמי צורך שאלה היא. שמרצה תפילה לפי שא"א לו לשאול ביו"ט וכיון דאיכא שאלה אבתריה מזכיר הוא לרצויי בעלמא: אבל סופו. למה הוא מזכיר הואיל ואינו צריך לשאול מכאן ואילך הא כיון דאפסקת מאתמול גלית אדעתך דלא ניחא לך בהו ואמאי מזכיר: הלכה כרבי יהודה. דאמר העובר לפני התיבה וכו': מי אמר רבי יוחנן הכי. דהלכה כרבי יהודה דמזכיר ביו"ט האחרון: בשלשה במרחשון. הכי קים להו דהוה זמן גשמים כו': הלכה כרבן גמליאל. דאינו שואל עד שבעה במרחשון וקא ס"ד דבמקום שהוא שואל מזכיר עד דמשני לקמן: כאן לשאול. בשבעה במרחשון: כאן להזכיר. מיו"ט האחרון ור' יוחנן אית ליה דרבי אלעזר: והא א"ר יוחנן במקום ששואל מזכיר. (ו) במקום שאינו שואל אינו מזכיר והיכי א"ר יוחנן דהלכה כר' יהודה שמזכיר ביו"ט האחרון הא ליכא שאלה דאין אומר ברכת השנים ביו"ט: להפסקה איתמר. דכשהוא מפסיק לשאלה בערב הפסח פוסק נמי להזכרה דהכי משמע במקום ששואל מזכיר: והא תרוייהו איתמר. התחלה והפסקה: יתחיל לשאול. דהיינו בחול שיכול לשאול: פסק מלשאול. בערב הפסח פוסק מלהזכיר אלמא לא סבירא ליה כרבי יהודה והיכי אמר הלכה כמותו: הא לן והא להו. לבני בבל שיש לנו תבואה ופירות בשדה כל תשרי אין מזכירין עד שבעה במרחשון ושם שואלים כדאמר רבי יוחנן מתחיל להזכיר מתחיל לשאול: והא להו. לבני ארץ ישראל דקוצרין בניסן ואוספין בתשרי מזכירין בי"ט האחרון כרבי יהודה דאמר רב אסי הלכה כמותו: בדברא. מדבר כלומר בשדות: אית להו עולי רגלים. ואם ירדו להן גשמים קשה להן בחזירתן: אלא כי א"ר יוחנן. הלכה כר' יהודה דמזכיר מיו"ט האחרון כו' בזמן שאין בהמ"ק קיים וליכא עולי רגלים מזכיר: כאן בזמן שבית המקדש קיים. דאיכא עולי רגלים אינו מזכיר עד ז' במרחשון: אנן דאית לן תרי יומי. שני ימים טובים אחרונים שמיני ספק שביעי ותשיעי ספק שמיני לרבי יהודה דאמר מיו"ט האחרון באיזה מהן מזכיר: מתחיל במוסף. של שמיני ספק שביעי דשמא יו"ט האחרון הוא: ופוסק במנחה. שמא שביעי חול הוא ואין זמן הזכרה עד מוסף של מחר: ופוסק נמי בערבית ושחרית. של תשיעי ספק שמיני: לאבא. חברי: לאחר שעשיתו קודש. לשמיני ספק שביעי שהזכרת בו גבורות גשמים כרבי יהודה מיו"ט האחרון: תעשהו חול. בתמיה שמפסיק במנחה של אותו היום: ופוסק ערבית ושחרית. דלאו היינו תפלה של אותו היום:

רבא

תוספות

ואמר ר' אלעזר הלכה כר"ג דאמר דאין שואלין עד שבעה וכו'. פירוש ואת אמרת הלכה כר' יהודה בהא דקאמר במתני' רבי יהודה אומר העובר לפני התיבה בי"ט האחרון של חג האחרון מזכיר והראשון אינו מזכיר ומדמינן לעיל שאלה להזכרה דפריך ורמינהו עד מתי שואלין את הגשמים עד שיעבור וכו' ומשני גברא אגברא וכו': **והא** אמר רבי יוחנן במקום ששואלין הגשמים מזכיר. ומשני ההוא להפסקה פי' דבמקום שמפסיק מלשאול מפסיק מלהזכיר אבל מתחיל קודם להזכיר וטעמא הוי דהזכרה הוה ריצוי שאלה ומש"ה ליכא חששא אם מזכיר קודם: **הא** לן. פירוש לבני בבל (ז) [א] עד לאחר שבעה במרחשון דאית להו פירי בדברא ובארץ ליכא חששא דהא יכולים פירותיהן להיות יבשים בלא הולכה למדבר: **והא** להו. כי המתחיל להזכיר יתחיל לשאול:

רבא

עין משפט נר מצוה

יא א מיי' פ"ב מהל' תפלה הל' טז סמג עשין יט טוש"ע א"ח סי' קיד סעיף א:

ליקוטי רש"י

לשאול. ותן טל ומטר לשון בקשה. להזכיר. משיב הרוח שאינו לשון בקשה אלא לשון הזכרה ושבח [ברכות לג.]. מתורגמן. ראש ישיבה הדורש לרבים והמתורגמן עומד עליו באמורא להשמיע בקול רם לרבים [ברכות נו.]. מפרש [פסחים קיז.]. מתורגמן העומד לפני חכם הדרשן והחכם לוחש לו לשון עברית והוא מתרגם לרבים לשון שהן שומעין [יומא כ:]. מחוורתא. דבר ברור הוא כמו במחוורת עליו מזיר (דף סג.) [מעילה טו.]. אבא. שמואל היה קורא לרב אבא לכבודו [ברכות מז.]. משום דקשיש מיניה קרי ליה אבא כמו לשון נשיאי ורבי [יבמות נז:]. כך שמו של רב אלא בכבוד קורין אותו רב בבבל הכי כמו שקורין לרבי יהודה הנשיא בארץ ישראל רבינו וכן מוכיח בשחיטת חולין (דף קלז:) דאמרי' מאן ריש סידרא בבבל אבא אריכא ובבבל מיירי שהיה רב ארוך בדורו כדאמרינן במסכת נדה (דף כד:) [רשב"ם פסחים קיט:].

רבינו חננאל

פיסקא ר' יהודה אומר העובר לפני התיבה ורמינן עלה עד מתי שואלין את הגשמים ר' יהודה אומר עד שיעבור הפסח ומשני רב חסדא פוסק מלהזכיר מיום הראשון של פסח ושואל עד שיעבור הפסח. וזהו כחומץ לשינים (וכעשן) שמקהה לשינים וכעשן לעינים. ומשני עולא תרי תנאי ואליבא דר' יהודה [רב יוסף אמר כו'] ואקשינן ושאלה ביו"ט מי איכא ופריק אין לשאול מתורגמן ומדלא דחי לה ואמר מי איכא תורגמן בצלותא שמעינן מינה דבי דינא הוו מוקמי מתורגמן לישאל מלתא דהוה צריכא להו לפיכך אמר אפשר לההוא לשאל בערבית ושחרית של יו"ט יהי רצון מלפניך ה' אלהינו שתתן טל ומטר על פני האדמה: **רבה אמר** מאי עד שיעבור הפסח עד שיעבור זמן שחיטת הפסח. פי' שואלין את הגשמים עד ערב הפסח זמן שחיטת הפסח ופוסק ומזכיר עד מנחה ואע"פ שפוסק מלישאל עדיין מזכיר ליל ט"ו ושחרית ביו"ט ופוסק נמצא מזכיר מאחרי שפסק מלשאל כתחלתו מה תחלתו מזכיר אע"פ שאינו [שואל] כן בסוף ודחה לה אביי בשלמא תחלתו מזכיר כי הוא ריצוי לשאלה. כלומר להבא עוד צריך לשאל. אלא סיפא הזכרה בלא שאלה למה כו' אלא מחוורתא כדעולא. דאמר תרי תנאי אליבא דר' יהודה: **א"ר אסי א"ר יוחנן** הלכה כר' יהודה דקתני העובר לפני התיבה ביו"ט האחרון של חג האחרון מזכיר. פירוש ש"ץ המתפלל מוסף הוא מזכיר מוריד הגשם ומזכיר והולך עד יו"ט הראשון של פסח בתפלת שחרית ואח"כ פוסק. ואקשינן איני דהלכתא כר' יהודה והאמר ר' אלעזר הלכתא כר"ג דתני בשבעה במרחשון שואלין את הגשמים ושנינן רבי אלעזר קא רמית אר' יוחנן. איבעית אימא הלכה כר' יהודה להזכיר כלומר מזכירין מיו"ט (הראשון) [האחרון] של (פסח) [חג] והלכתא כר"ג לשאל שאין שואלין את הגשמים ואין אומרים ותן טל ומטר אלא בז' במרחשון ונדחת זו דהא בהדיא לית ליה לר' יוחנן הפסקה בין הזכרה לשאלה דאמר ר' יוחנן התחיל להזכיר ישאל פסק מלשאול יפסוק מלהזכיר. אלא לא קשיא הא דר' יוחנן לבני ארץ ישראל והא דאמר רבי אלעזר עד ז' במרחשון לבני בבל דאית להו פירא בדברא והמטר מפסידם ואקשינן בני ארץ ישראל נמי יש להם עולי רגלים. ואם ישאלו מיום טוב [האחרון] של חג וירד המטר נמצא המטר מעכבן בחזירתן ואוקימנא בזמן הזה דליכא בית המקדש ושקלי

מסורת הש"ס

א) לקמן ה., ב) [קידושין מה:], ג) גי' הרא"ש א"ר יוסי בר חנינא הלכה כו', ד) [לקמן י. וש"נ], ה) [שם], ו) [עי' תוספות יומא יג. ד"ה הלכה], ז) [ב"ק מג: סנהדרין כה. ל: חולין נב:], ח) ברכות ה: מד. שבת ט: סוכה לו. מח. יומא כא: ביצה ה. יד: קדושין כט: [ב"מ קז. ב"ב קמז.].

הגהות הב"ח

(א) גמרא ורמינהו עד מתי שואלין את הגשמים ר"מ אומר עד שילא ניסן רבי יהודה אומר כו': (ב) שם בשלמא תחלתו מזכיר דהזכרה נמי ריצוי: (ג) רש"י ד"ה שאלה כו' שיעבור הפסח דהיינו עד שיעבור זמן תפלת שליח צבור: (ד) ד"ה עד שיעבור זמן שחיטת פסח עד שיעבור חלות יום די"ד דהיינו כל זמן תפלת יוצר כו' עד למחר במוספין ל"א פוסק השאלה בתפלת ערבית של ערב יו"ט: (ה) ד"ה כתחילתו כו' לאחר החג הס"ד ואח"כ מה"ד כך בסופו אינו שואל בלילי יו"ט: (ו) ד"ה והא אמר כו' מזכיר הא במקום: (ז) תוס' ד"ה הא לן פי' לבני בבל אין מזכירין עד שבעה במרחשון דאית להו פירי בדברא כי המתחיל להזכיר יתחיל לשאול והא להו פי' לבני א"י ליכא חששא דהא יכולים כו' כצ"ל וד"ה והא להו נמחק:

גליון הש"ס

גמ' כאן בזמן שאין בית המקדש קיים. עי' יומא דף יג ע"א תוס' ד"ה הלכה:

הגהות הגר"א

[א] תוס' ד"ה הא לן פי' לבני בבל אין שואלין עד שבעה. כצ"ל (ועמ"ש רבינו בא"ח ריש סימן קי"ד):

תורה אור השלם

א) כַּחֹמֶץ לַשִּׁנַּיִם וְכֶעָשָׁן לָעֵינָיִם כֵּן הֶעָצֵל לְשֹׁלְחָיו: [משלי י, כו]

רבינו גרשום

אלא שאלה לחוד והזכרה לחוד דמזכירין ביום ראשון ושואלין בחולו של מועד. אמר רבא [אפילו תימא] ר' אליעזר היא דאמר הזכרה ביו"ט הראשון ולא מצי למישאל ביה שהרי אין מתפלל אתה חונן. דראשון מזכיר וה"ה שואל. ר"י אמר עד שיעבור הפסח והיכי אמר במתני' שאינו שואל אלא עד יום ראשון של פסח. כאן לשאול כאן להזכיר. הא דאמר ר' יהודה במתניתין הראשון מזכיר ביו"ט ראשון של פסח היינו להזכיר אבל לשאול יכול לשאול עד שיעבור הפסח: במקום שאינו שואל מזכיר. שהרי מתחיל להזכיר בחג ואינו שואל עד ששים בתקופה: מקום שהוא שואל דקאמרת דשואל עד שיעבור הפסח: על אחת כמה וכמה שיזכיר (ומתרץ) [והיכי תריץ] רב חסדא דרבי יהודה קאמר שאינו מזכיר אלא עד יום ראשון של פסח וה"ה לשאלה א) דפרכת האמר ר' יהודה ששואל עד שיעבור הפסח תרי תנאי ואליבא דר"י: עד שיעבור ש"ץ ראשון של יו"ט ראשון היינו נמי כדאמר ר' יהודה במתניתין הראשון [מזכיר האחרון] אינו מזכיר וה"ה לשאלה: שאלה ביו"ט מי איכא דקאמר ר' יהודה ביו"ט ראשון שואל והא אינו מתפלל אתה חונן והיאך אמר שאלה ביו"ט: במתורגמן המתורגמן המתרגם דרשה ביו"ט של פסח אומר שאלה בדרשה: דבר שאינו צריך לצבור שאין הצבור שואלין בתפלתן היאך ישאל המתורגמן אלא כדעולא דלא תריץ ליה עד לאחר הפסח ממש: עד שיעבור זמן שחיטת פסח דהיינו י"ד אבל ביו"ט ראשון אינו שואל יהודה במתניתין עד יו"ט הראשון היינו להזכרה ולא לשאלה מה תחלתו מזכיר אע"פ שאינו שואל שמזכיר בחג ואינו שואל עד ששים בתקופה: אף סופו מזכיר. עד יום ראשון ואינו שואל אלא עד י"ד: דהזכרה נמי ריצוי שאלה היא כלומר להכי מזכיר בחג הואיל ועתיד לשאול בששים בתקופה שלפניו. מאי ריצוי שאלה איכא והא ב) עדיין הוא עתיד לשאול אלא מכיון שפסק מלשאול שוב אינו מזכיר אלא כדעולא דתריץ עד שיעבור הפסח ממש והא דא"ר יהודה במתני' עד יום ראשון של פסח ג) היינו להזכרה ולא לשאלה. הלכה כר' יהודה דאמר מזכיר ביום אחרון של חג וה"ה לשאלה. כאן לשאול כאן להזכיר הא דאמר ר' יוחנן הלכה

חשק שלמה על רבינו גרשום א) נראה דצ"ל אלא אמר עולא הא דפרכת וכו'. ב) נראה דצ"ל והא תו אינו עתיד לשאול וכו'. ג) הדבר תמוה דהא תי' זה כבר דחי הגמ' לעיל ועולא הא מתרץ דתרי תנאי אליבא דר"י וצ"ע.

[Rav]:[28] אַחַר שֶׁעֲשִׂיתוֹ קוֹדֶשׁ – **After you treat [the eighth day] as holy,** תַּעֲשֵׂהוּ חוֹל – **you treat it as** an **ordinary** day! The mention of rain in the Mussaf prayer of the eighth day is based on the consideration of this day as Yom Tov (Shemini Atzeres). How then can one stop mentioning rain in the following prayer of the same day, implying that it is merely the seventh day of Succos, which is not a Yom Tov?

Shmuel gives a different ruling:

אֶלָּא אָמַר שְׁמוּאֵל – **Rather, Shmuel said:** מַתְחִיל בְּמוּסָפִין וּבְמִנְחָה – **One begins** mentioning rain **in** the **Mussaf** service of the eighth day, **and** continues **in** the **Minchah** service of that day (thus maintaining its status as a Yom Tov), וּפוֹסֵק עַרְבִית וְשַׁחֲרִית – **and refrains** from mentioning rain in the **Maariv and Shacharis services** of the ninth day,[29] וְחוֹזֵר וּמַתְחִיל בְּמוּסָפִין – **and** then **one goes back and begins** mentioning rain again **in** the **Mussaf** service of the ninth day.

NOTES

28. Rav's given name was Abba. Because of his prominence in Babylon he was called Rav, just as R' Yehudah "the prince" was called Rebbe in Eretz Yisrael (*Rashbam, Pesachim* 119b and *Bava Basra* 52a ד״ה אבא; *Aruch* ד״ה אבא; *Tosafos Chullin* ד״ה אצטריך). Elsewhere (*Berachos* 47a, *Yevamos* 57b), *Rashi* explains that Abba, literally: *father,* is a title of respect. *Rashi* here probably follows this view.

29. This does not mitigate the previous day's status as a Yom Tov, because it is a separate day (see *Rashi*).

A third opinion:
רָבָא אָמַר – **Rava said:** כֵּיוָן שֶׁהִתְחִיל שׁוּב אֵינוֹ פּוֹסֵק – **Once one begins** to mention rain in the Mussaf prayer of the eighth day, **one does not stop.** וְכֵן אָמַר רַב שֵׁשֶׁת – **And so said Rav Sheishess:** כֵּיוָן שֶׁהִתְחִיל שׁוּב אֵינוֹ פּוֹסֵק – **Once one begins** to mention rain in the Mussaf prayer of the eighth day, **one does not stop.**

The Gemara notes:
וְאַף רַב הֲדַר בֵּיהּ – **And even Rav retracted** his ruling that the mention of rain commences in the Mussaf prayer of the eighth day and is then temporarily discontinued. דְּאָמַר רַב חֲנַנְאֵל אָמַר רַב – **For Rav Chananel said in the name of Rav:** מוֹנֶה עֶשְׂרִים וְאֶחָד יוֹם – **One counts twenty-one days** from Rosh Hashanah, כְּדֶרֶךְ שֶׁמּוֹנֶה עֲשָׂרָה יָמִים מֵרֹאשׁ הַשָּׁנָה עַד יוֹם הַכִּפּוּרִים – **in the** same **way** as **one counts ten days from Rosh Hashanah until Yom Kippur;** i.e. one counts the days from the first day of Rosh Hashanah, not the second,[1] וּמַתְחִיל – **and** then **one begins** to mention rain on the following day [the twenty-second], which is the presumed eighth day of the Festival, וְכֵיוָן שֶׁהִתְחִיל שׁוּב אֵינוֹ פּוֹסֵק – **and once one begins one does not stop.**

The Gemara concludes:
וְהִלְכְתָא כֵּיוָן שֶׁהִתְחִיל שׁוּב אֵינוֹ פּוֹסֵק – **And the halachah is that once one begins** the mention of rain in the Mussaf prayer of the presumed eighth day of the Festival, **one does not stop.**

Mishnah

The first Mishnah of this chapter discussed the dates for mentioning rain (*morid hageshem*) in the Shemoneh Esrei. The next two Mishnayos give the dates for the recital of the request for rain (*v'sen tal u'matar livrachah* – and give dew and rain for a blessing):
עַד מָתַי שׁוֹאֲלִין אֶת הַגְּשָׁמִים – **Until when do we request rain?** ר׳ יְהוּדָה אוֹמֵר עַד שֶׁיַּעֲבוֹר הַפֶּסַח – **R' Yehudah says: Until Pesach is over.**[2] ר׳ מֵאִיר אוֹמֵר עַד שֶׁיֵּצֵא נִיסָן – **R' Meir says: Until** the month of **Nissan has ended,** שֶׁנֶּאֱמַר: ,,וַיּוֹרֶד לָכֶם גֶּשֶׁם מוֹרֶה וּמַלְקוֹשׁ בָּרִאשׁוֹן'' – **as it is said:**[3] ***He made rain fall for you – yoreh and malkosh***[4] ***– in the first** month* [Nissan].[5]

Gemara

The Gemara notes a difficulty with the verse cited in the Mishnah:
אָמַר לֵיהּ רַב נַחְמָן לְר׳ יִצְחָק – **Rav Nachman said to R' Yitzchak:** יוֹרֶה בְּנִיסָן – Does the ***yoreh*** rain fall **in Nissan,** as indicated by the verse? יוֹרֶה בְּמַרְחֶשְׁוָן הוּא – The ***yoreh*** rain falls **in Marcheshvan,** (דתנן) [דְּתַנְיָא] יוֹרֶה בְּמַרְחֶשְׁוָן וּמַלְקוֹשׁ בְּנִיסָן – **as it was taught in a Baraisa:** The ***YOREH*** rain falls **IN MARCHESHVAN AND** the ***MALKOSH*** rain **IN NISSAN.** – ? –

The Gemara explains the verse:
אָמַר לֵיהּ – **[R' Yitzchak] answered [Rav Nachman]:** הָכִי אָמַר רַבִּי יוֹחָנָן – **Thus said R' Yochanan:** בִּימֵי יוֹאֵל בֶּן פְּתוּאֵל נִתְקַיֵּים מִקְרָא זֶה – **This verse was fulfilled in the days of** the prophet **Yoel ben Pesuel,**[6] דִּכְתִיב בֵּיהּ – **concerning which it is written:**[7] ,,יֶתֶר הַגָּזָם אָכַל הָאַרְבֶּה וגו׳ '' – ***That which the gazam locust has left, the arbeh locust has eaten* etc.** After seven years of famine, including a four-year locust plague, God miraculously provided *yoreh* rain in Nissan to replenish the fields. In general, however, the *yoreh* rain falls in Marcheshvan.

The Gemara elaborates on the miracle that occurred in the days of Yoel:
אוֹתָהּ שָׁנָה יָצָא אֲדָר וְלֹא יָרְדוּ גְּשָׁמִים – **That year,** the month of **Adar ended, and** still **no rain had fallen.** יָרְדָה לָהֶם רְבִיעָה רִאשׁוֹנָה בְּאֶחָד בְּנִיסָן – **The first rainfall**[8] **came down for them on the first of Nissan.** אָמַר לָהֶם נָבִיא לְיִשְׂרָאֵל – **The prophet** Yoel **told** the people of **Israel:** צְאוּ וְזִרְעוּ – **Go and sow** the fields. אָמְרוּ לוֹ – **They said to him:** מִי שֶׁיֵּשׁ לוֹ קַב חִטִּים אוֹ קַבַּיִם שְׂעוֹרִין – **If someone has a *kav* of wheat or** two ***kavs* of barley,** יֹאכְלֶנּוּ וְיִחְיֶה – **should he eat it and live,** אוֹ יִזְרָעֶנּוּ וְיָמוּת – **or sow it and die** of hunger? If he sows what seed he has, he will have nothing to eat until the new crop grows! אָמַר לָהֶם – **[Yoel] said to them:** אַף עַל פִּי כֵן צְאוּ וְזִרְעוּ – **Nevertheless, go and sow.** נַעֲשָׂה לָהֶם נֵס – **A miracle was performed for them.** וְנִתְגַּלָּה לָהֶם מַה שֶּׁבַּכְּתָלִין וּמַה שֶּׁבְּחוֹרֵי נְמָלִים – **They discovered [grain] in walls**[9] **and in ant holes.** יָצְאוּ וְזָרְעוּ שֵׁנִי וּשְׁלִישִׁי וּרְבִיעִי – **They went and sowed** the fields **on the second, third, and fourth** of Nissan with whatever grain they had from before, and in the meantime subsisted on the grain they had newly discovered. וְיָרְדָה לָהֶם רְבִיעָה שְׁנִיָּה בַּחֲמִשָּׁה בְּנִיסָן – **Then the second rainfall came down for them on the fifth of Nissan.** הִקְרִיבוּ עוֹמֶר בְּשִׁשָּׁה עָשָׂר בְּנִיסָן – **They brought the *omer*** offering[10] from the new crop **on the sixteenth of Nissan.** נִמְצֵאת תְּבוּאָה הַגְּדֵילָה בְּשִׁשָּׁה חֳדָשִׁים – Thus **it transpired that grain, which** normally takes **six months to grow** [from Tishrei to Nissan], גְּדֵילָה בְּאַחַד עָשָׂר יוֹם – **grew in eleven days** [from the fifth of Nissan to the sixteenth]. נִמְצָא עוֹמֶר הַקָּרֵב מִתְּבוּאָה שֶׁל שִׁשָּׁה חֳדָשִׁים – **It transpired that the *omer*** offering, **which is** usually **brought from grain** that grew over a period **of six months,** קָרֵב מִתְּבוּאָה

NOTES

1. [Even in the Diaspora, Yom Kippur is observed for only one day, the tenth of Tishrei. This date is reckoned by counting ten days from the *first* of the two days of Rosh Hashanah.]

The first day of Rosh Hashanah, as opposed to the second, is considered to be the first of Tishrei, because in actuality the date of the beginning of the month was known. [In the overwhelming majority of cases, Elul – the month preceding Rosh Hashanah – was only 29 days long. Thus, it could be assumed that the first day of Rosh Hashanah (the 30th day after the beginning of Elul) was the first of Tishrei.] In fact, Rosh Hashanah is observed for a second day merely because it had become an established custom to do so (see *Rashi, Ritva*).

2. One recites the request for rain during the intermediate days of Pesach, not on the last day of Pesach which is a Yom Tov (see 4b, notes 3 and 7).

3. *Joel* 2:23.

4. As the Gemara discusses below (6a), *yoreh* is a series of rainfalls that descends at the beginning of the season, and *malkosh* is the rain that descends at the end of the season (see *Maharsha* who explains why the verse uses the term מוֹרֶה, *moreh,* as opposed to the term יוֹרֶה, *yoreh,* used in *Deuteronomy* 11:14).

5. In this verse the prophet foretells the kindness that God will perform for the people. Since the verse does not specify the day in Nissan on which the rains will fall, R' Meir determines that rain is beneficial throughout the entire month of Nissan (see *Meleches Shlomo*).

6. The author of the Biblical Book of *Joel.*

7. *Joel* 1:4. The prophet Yoel foretells an impending locust plague. This prophecy found fulfillment during the reign of King Yehoram, son of Ahab (*Rashi* ד״ה כי; cf. *Halachos Gedolos* cited by *Rashi* to *Joel* 1:1), when the land was devastated by locust plagues for four years and a drought for the following three years (see *Radak* to *Joel* 1:1,4).

8. A rainfall is called a רְבִיעָה (from the root רבע, *copulate*) for it penetrates and fructifies the earth (Gem. 6b, cited by *Rashi*).

9. That had been hidden there by mice (*Rashi*).

10. The *omer* offering: A measure of barley flour from the new crop which is offered on the sixteenth of Nissan. Some of it is burnt on the altar and the rest is eaten by the Kohanim. The new crop may not be eaten until the *omer* is offered.

רבא אמר כיון שהתחיל שוב אינו פוסק וכן אמר רב ששת כיון שהתחיל שוב אינו פוסק ואף רב הדר ביה דאמר רב חננאל אמר רב מונה עשרים ואחד יום כדרך שמונה עשרה ימים מר"ה עד יוה"כ א) ומתחיל וכיון שהתחיל שוב אינו פוסק ב) והלכתא כיון שהתחיל שוב אינו פוסק: **מתני'** א) עד מתי שואלין את הגשמים ר' יהודה אומר עד שיעבור הפסח ר' ג) מאיר אומר עד שיצא ניסן שנאמר א) ויורד לכם גשם מורה ומלקוש בראשון: **גמ'** א"ל רב נחמן לר' יצחק יורה בניסן (א) יורה במרחשון הוא (ג) דתנן) ד) יורה במרחשון ומלקוש בניסן א"ל הכי אמר רבי יוחנן בימי יואל בן פתואל נתקיים מקרא זה דכתיב ביה ב) יתר הגזם אכל הארבה וגו' אותה שנה יצא אדר ולא ירדו גשמים ירדה להם רביעה ראשונה באחד בניסן אמר להם נביא לישראל צאו וזרעו אמרו לו מי שיש לו קב חטים או קבים שעורין יאכלנו ויחיה או יזרענו וימות אמר להם אעפ"כ צאו וזרעו נעשה להם נס ונתגלה להם מה שבכתלין ומה שבחורי נמלים יצאו וזרעו שני ושלישי ורביעי וירדה להם רביעה שניה בחמשה בניסן הקריבו עומר בששה עשר בניסן נמצאת תבואה הגדילה בששה חדשים גדילה באחד עשר יום נמצא עומר הקרב מתבואה של ששה חדשים קרב מתבואה של אחד עשר יום ועל אותו הדור הוא אומר ג) הזורעים בדמעה ברנה יקצרו הלך ילך ובכה נושא משך הזרע וגו' מאי הלך ילך ובכה נושא משך וגו' א"ר יהודה שור כשהוא חורש הולך ובוכה ובחזירתו אוכל חזיז מן התלם וזהו בא יבא ברנה מאי נושא אלומותיו א"ר חסדא ואמרי לה במתניתא תנא קנה זרת שיבולת זרתים א"ר רב נחמן לר' יצחק מאי דכתיב ד) כי קרא ה' לרעב וגם בא אל הארץ שבע שנים בהנך שבע שנים מאי אכול א"ל הכי אמר רבי יוחנן שנה ראשונה אכלו מה שבבתים שניה אכלו מה שבשדות שלישית בשר בהמה טהורה רביעית בשר בהמה טמאה חמישית בשר שקצים ורמשים ששית בשר בניהם ובנותיהם שביעית בשר זרועותיהם לקיים מה שנאמר ה) איש בשר זרועו יאכלו וא"ל רב נחמן לר' יצחק מאי דכתיב ו) בקרבך קדוש ולא אבוא בעיר משום דבקרבך קדוש לא אבוא בעיר א"ל הכי א"ר יוחנן אמר הקב"ה לא אבוא בירושלים של מעלה עד שאבוא לירושלים של מטה ומי איכא ירושלים למעלה אין דכתיב ז) ירושלים הבנויה כעיר שחוברה לה יחדיו וא"ל רב נחמן לר' יצחק מאי דכתיב ח) ובאחת יבערו ויכסלו מוסר הבלים עץ הוא א"ל הכי א"ר יוחנן אחת היא שמבערת רשעים בגיהנם מאי היא ע"ז כתיב הכא מוסר הבלים עץ הוא וכתיב התם ט) הבל המה מעשה תעתועים וא"ל רב נחמן לר' יצחק מ"ד י) כי שתים רעות עשה עמי תרתין הוא דהוו עשרין ט) וארבע שביקא להו א"ל הכי א"ר יוחנן אחת שהיא שקולה

רש"י

רבא אמר כיון שהתחיל. בשמיני ספק שביעי שוב אינו פוסק: **הדר ביה.** ממאי דאמר פוסק: **מונה כ"א יום.** מראש השנה עד שמיני ספק שביעי של חג כדרך שמונה מר"ה עד יוה"כ י' ימים שמתחיל למנות מיום ראשון של ר"ה ומזכיר מכאן ואילך וזהו שמזכיר בשמיני ספק שביעי שהוא כ"ב שוב אינו פוסק והא דמתחילין אנו למנות מיום א' דהא דאנו עושין ב' ימים לאו משום ספק דשמא עיברו לאלול דהא אנן בקיאין בקביעא דירחא אלא משום דמנהג אבותינו בידינו ל"א מונה כ"א יום כדרך שמונה כו' כלומר אם עיברו אלול לא יחשוב מיום ראשון של ר"ה כ"א יום שאם כן לא ימצאו בידו אלא כ' וכלים (ב) ביום טוב שביעי יום נטילת ערבה אלא מיום שמתחילין למנות עשרה ימים לעשות בעשירי יוה"כ יתחיל למנות באלו שבכך לא יטעה שיום הכפורים יום אחד לבד וידע מהיכן התחילו למנות לו וביום שכלין כ"א (ג) דהיינו ביום טוב אחרון מתחיל להזכיר וכיון שהתחיל שוב אינו פוסק: **א"ל רב נחמן לרב יצחק יורה בניסן הוא.** דכתיב ויורד לכם גשם מורה ומלקוש בראשון בתמיה: **והא במרחשון הוא.** כדתניא לקמן ובספרי הוא: **יורה ומלקוש.** מפרש לקמן: **אמר ליה.** ודאי במרחשון הוא ומקרא זה בימי יואל בן פתואל נתקיים שיורה ומלקוש היה בראשון ע"י נס שהיה רעב שבע שנים דכתיב כי קרא ה' לרעב וגם בא אל הארץ שבע שנים וכתיב יתר הגזם אכל הארבה וגו': **הכי גרסינן יצא אדר ולא ירדו גשמים.** ולא זרעו רוב אדר לא גרסינן: **רביעה ראשונה.** התחלת גשמים ולקמן (דף ו:) מפרש רביעה שמרביע את הארץ: **או יזרענו וימות.** ברעב קודם שתגדל התבואה החדשה שלא יהיה לו מה יאכל: **נעשה להם נס כו'.** והיינו דכתיב ושלמתי לכם את השנים אשר אכל הארבה וגו': **נתגלה להם תבואה שבחורי נמלים ומה שבכתלים.** שאגרו העכברים: **יצאו וזרעו.** (ד) וזרעו מה שבידם: **שני.** בניסן ושלישי ורביעי ומה שמצאו אכלו ולאחר שזרעו ירדו להם גשמים בה' בניסן והקריבו עומר בט"ז בניסן מאותה תבואה חדשה: **הגדילה בששה חדשים.** מתשרי ועד ניסן: **בי"א יום.** מחמשה בניסן עד ט"ז בו: **הזורעים בדמעה ברנה יקצורו.** שלא היה להן מה לאכול: **מאי הלך ילך ובכה.** אם לבני אדם כבר נאמר הזורעים בדמעה ברנה יקצורו אלא על השור הכתוב אומר: **בהליכתו.** לחרוש התלם: **ובחזירתו אוכל חזיז.** שחת מן התלם שזרעו בהליכתן שכשהוא זורע מיד מתחלת ליגדל: **מאי בא יבוא ברנה נושא אלומותיו.** אם מפני התבואה שיש להם לאכול הרי כבר אמור ברנה יקצורו: **שבולת זרתים.** וזהו נס גדול מה שאין כן דרך כל תבואה שהקנה פי שלשה וארבעה בשבולת: **כי קרא ה' לרעב.** בימי יהורם בן אחאב נאמר: **מה שבשדות.** ספיחים ומה שנשתייר בשדות: **אכלו בשר בניהם.** מקלסם: **משום דבקרבך קדוש.** ו) שאתה מטיב מעשיך לא יבא הקב"ה בעיר: **לא אבא בירושלים כו'.** והכי קאמר עד שיהא בקרבך קדוש למטה דהיינו ירושלים לא אבוא בעיר שלמעלה: **ירושלים הבנויה כעיר שחוברה לה יחדיו.** ירושלים שלמטה תהא בנויה כעיר שחוברה לה שהיא כיוצא בה חבירתה ודוגמתה מכלל דאיכא ירושלים אחריתי והיכן אם לא למעלה: **ובאחת יבערו ויכסלו מוסר הבלים עץ הוא.** אי לאו גזרה שוה היה משמע אטומים כעץ לקבל מוסר ולשוא היו לוקין: **באחת.** עבירה שהן עושין יתבערו הכסילים רשעים: **עשרים** ז) **וארבעה שביקא להו.** בתמיה בפרשת התשפוט (יחזקאל כב) כ"ד עבירות שעברו ל"א שעברו על כ"ד ספרים:
שסקולה

תוספות

רבא אמר כיון שהתחיל שוב אינו פוסק. כלומר כיון שהתחיל ביום ראשון של (ה) אחרונים שוב אינו פוסק וכן הפסק:

יורה במרחשון הוא. פי' אקרא דכתיב ויורד לכם גשם מורה ומלקוש בראשון פריך דמתני' אפשר לתרץ דאמלקוש קסמיך אבל ביורה מודה דבמרחשון:

ובחזירתו אוכל חזיז מן התלם וכו'. וקשיא הא דקאמר לעיל נמצא הגדילה בששה חדשים גדילה באחד עשר יום הוה ליה למימר גדילה בתליסר ח) ובי"ד יומי שהרי מיד מתחלת ליגדל ושמא י"ל דלכל המאוחרת שמרעה בשלישית קאמר נמצא גדילה בי"א יום וצ"ע:

לא אבוא בעיר. פירוש בעיר ר"ל בעיר ממש וי"מ פשטיה דקרא בעיר בשנאה כלומר לא אבוא בשנאה ועיר הוי ל' שנאה כמו ומלאו פני תבל ערים (ישעיה יד):
ומי

מסורת הש"ס

א) לעיל ד:, ב) [גי' רי"ף ורא"ש יוסי], ג) [צ"ל דתניא], ד) [לקמן ו.], ה) ס"א ותרתי [וכן גירסת הערוך עשרין ותרתי וכו' בערך עשר ע"ש שהאריך בפירוש הזה למחשב כולהון], ו) בתמיה משום דבקרבך קדוש דהיינו שאתה כו' גירסת רש"א, ז) [ס"א ושתים], ח) גי' רש"א ובי"ב.

ליקוטי רש"י

עד מתי שואלין את הגשמים. בסוף ימות הגשמים. **עד שיעבור הפסח.** דאמרינן כל מולו של מועד ותן טל ומטר [לעיל ד:]. **מורה ומלקוש.** כמו יורה ומלקוש (דברים יא יד) **בראשון.** בניסן ואע"פ שיורה היא רביעה ראשונה היורדת על הזרע והוא במרחשון אותה שנה בניסן זרעו כמו שמפורש במסכת תענית שגדלה התבואה באחד עשר יום [יואל ב, כג]. **ומלקוש.** מטר היורד בניסן על המלילות ועל הקשין [ירמיה ג, ג]. **יואל בן פתואל.** בן שמואל הנביא שפיתה לאל בתפילתו [יואל א, א]. **יתר הגזם וגו'.** גזם ארבה ילק חסיל מיני גובאי הם ונתנבא עליהם שיבאו ובאו באותן הימים ואכלו כל פרי העץ וירק השדה [שם א, ד]. **הזורעים בדמעה.** בארץ ליה. **בדמעה.** דואגים שסבורים שמא לא תצמח. **ברנה יקצרו.** ברנה קוצרין על ידי אפיקי המים כשהם משולחין בה [תהילים קכו, ד]. **חזיז.** שחת של תבואה כשהוא ירק וגוזזין ואוכלין אותו [עירובין כח.]. עשבים של זרע תבואה [כתובות ט:]. שחת של תבואה חטין ושעורין בעודן ירק [ב"ק קיט:]. **כי קרא ה' לרעב.** הוא הרעב אשר היה בימי יואל בן פתואל [מלכים ב ח, א]. **איש בשר זרועו.** ת"י גבר נכסיה קריביה יבזון [ישעיה ט, יט]. **ירושלים הבנויה כעיר שחוברה לה.** ורבותינו אמרו יש ירושלים הבנויה בשמים ועתידה ירושלים של מטה להיות כמותה [תהלים קכב, ג]. **שביקא להו.** מחול להם [ע"פ סנהדרין קז.].

רבינו גרשום

כר' יהודה היינו להזכרה שמתחיל להזכיר בחג והא דאמר ר' אלעזר הלכה כר"ג היינו לשאלה. **והאמר ר' יוחנן במקום שהוא שואל מזכיר** אלמא הא דאמר ר' יוחנן הלכה כר' יהודה היינו בין לשאול בין להזכיר דכי הדדי נינהו וקשיא הלכתא אהלכתא: **ההוא להפסקה.** כלומר הא דאמר מקום שהוא שואל הוא מזכיר היינו להפסקה כלומר שפוסק מלשאול ומלהזכיר ביום ראשון של פסח אבל להתחלה מתחיל בחג ושואל בשבעה במרחשון: **הא לן והא להו** הא דאמר הלכה כר"ג דאינו שואל עד שבעה במרחשון היינו להו לבני בבל דאית להו פירי בדברא ואין צריכין לגשמים עד ז' במרחשון והא דאמר הלכה כר' יהודה דבחג מזכיר ושואל לן בא"י דלית לן פירי בדברא: **אית להו עולי רגלים** ואם יורדין גשמים בג' א) אינן יכולין לחזור מפני הגשמים: **כי קאמר ר' יוחנן** הלכה כר' יהודה דשואל ומזכיר בחג **בזמן שאין בית המקדש קיים** דליכא עולי רגלים והא דאמר הלכה כר"ג בזמן שביהמ"ק קיים ובז' במרחשון כבר חזרו. **ואנו דאית לן תרי יומי** [שמיני] ואחרון של חג: **היכי עבדינן** הא אחד מהן חול הוא ובאיזה יום יתחיל לשאול. **מתחיל במוספין** של יום ראשון מימים האחרונים **ופוסק במנחה** דשמא חול הוא **וערבית ושחרית** מיום האחרון לגמרי. **לאחר שעשיתו קדש** ששאלת במוסף אלמא דקדש הוא **תעשהו חול** שאין אתה מזכיר במנחה: **ופוסק ערבית** שהרי היא הכנסה דיום אחרון **ושחרית** ושואל במוסף כמו שעשה אתמול דקדש הוא ואמר דאחרון שואל: **כיון שהתחיל** לשאול במוסף דיום ראשון **שוב אינו פוסק** אלא שואל במנחה בשחרית ובערבית ומוסף וכו' **ואף רב הדר ביה** ואמר כיון שהתחיל שוב אינו פוסק. מונה כ"א בתשרי דהיינו ראשון של אחרון ויתחיל לשאול ושוב אינו פוסק: **כדרך שמונה מר"ה ועד יוה"כ.** יורה ומלקוש בראשון האי ראשון היינו ניסן. **בימי יואל נתקיים מקרא הזה** יורה בראשון ולעולם יורה במרחשון הוא: **שני ושלישי ורביעי בניסן נמצא תבואה שרגילה להתגדל בו' חדשים גדילה בי"א יום** מרביעי דניסן עד יום י"ו בו שמקריבין בו העומר: **כשהשור** הולך לזרוע בוכה שרעב. **מהו אלומותיו** דמשמע תרי **דקנה זרת ושיבולת שתי זרתות: אמר הקב"ה לא אכנס בירושלים של מעלה** דהכי משמע עד שבקרבך קדוש שיבנה ירושלים למטה לא אכנס לירושלים של מעלה: **יחדיו** משמע תרי ירושלים. **ומנלן** דהאי אחת משמע ע"ז **כתיב הכא מוסר הבלים עץ הוא. עשרים וארבעה שביקא להו** כלומר והלא עברו על עשרים וארבעה ספרים
ע"א

חשק שלמה על רבינו גרשום א) אולי צ"ל בג' במרחשון או דצ"ל בחג אינן יכולין לחזור וכו'.

עין משפט נר מצוה

יב א ב מיי' פ"ב מהל' תפלה הל' טו טוש"ע א"ח סימן קיד סעיף א:

הגהות הב"ח

(א) גמ' יורה בניסן היא יורה במרחשון הוא: (ב) רש"י ד"ה מונה כו' אלא כ' וכלים ביום שביעי יום כו' כצ"ל ותיבת טוב נמחק: (ג) בא"ד דהיינו ביו"ט אחרון. נ"ב כלומר עד ליל יו"ט ולא ליל יו"ט בכלל: (ד) ד"ה יצאו וזרעו מה שבידם שני כצ"ל והד"א ותיבת וזרעו נמחק: (ה) תוס' ד"ה רבא כו' ביום ראשון של שני ימים אחרונים שוב:

רבינו חננאל

ואסקוה [מונה] כ"א יום מר"ה ועד יו"ט האחרון של חג ומתחיל להזכיר ביו"ט האחרון כדרך שמונה י' ימים מר"ה ועד יוה"כ והעשירי הוא יוה"כ. ומתחיל להזכיר וכיון שמתחיל שוב אינו פוסק וכן הלכה: **מתני'** עד מתי שואלין את הגשמים כו' א) הא אסיק' לשמעתא כי ש"ץ היורד לפני התיבה ביו"ט הראשון של פסח מזכיר מוריד הגשם ופוסק מלהזכיר והיורד במוסף אינו מזכיר ב) כיון שא"ר מאיר עד שיצא ניסן שנא' ויורד לכם גשם מורה ומלקוש בראשון ואקשינן והא מורה במרחשון הוא ומלקוש בניסן ושנינן בימי יואל בן פתואל ג) (ש"מ) [נאמר] מורה בניסן שיצא אדר ולא ירדו גשמים. ירד רביעה ראשונה באחד בניסן אמר להם הנביא צאו וזרעו נעשה להם נס ונתגלה להם החטים שאוגרין הנמלין בחורין ובכתלים ולקחו אותן וזרעו ירדה להן רביעה שנייה בחמשה בניסן וצמחו זרעים והקריבו העומר בי"ו בניסן. נמצאת תבואה הגדילה בו' חדשים גידלה בי"א יום על אותו דור נאמר הזורעים בדמעה ברנה יקצורו השור שהיה בהליכתו הולך כמו בוכה. בחזירתו היה אוכל חזיז. בא יבא ברנה [נושא] אלומותיו קנה זרת שבולת שתים. **א"ל** רב נחמן לר' יצחק הא דכתיב כי קרא ה' לרעב וגו' אותן ז' שנים מאי אכול א"ל הכי א"ר יוחנן שנה ראשונה אכלו מה שבבתים שניה אכלו מה שבשדות כו'. ותוב בעא מיניה בקרבך קדוש ולא אבוא בעיר א"ל הקדוש ברוך הוא לישראל שאינו בא בירושלים של מעלה עד שיבנה להם ירושלים של מטה וישרה שכינתו הקדושה בקרבם. ותוב בעא מיניה מ"ד ובאחת יבערו ויכסלו וגו'. א"ל אחת היא שמבערת הרשעים לגיהנם ומאי ניהי ע"ז. **ותוב** בעא מיניה מ"ד כי שתים רעות עשה עמי וגו' תרתי בלחוד הוא דעבוד. כ"ב שביקא להו יש מי שמפרש וכי יש עבירה הכתובה בכ"ד ספרים כלומר במקרא שלא עשו אותה ואמאי כתיב כי שתים רעות (וכ"ב דמתמה. כלומר וכי הניחו כ"ד ספרים עבירה הכתובה בהם שלא עשו אותה) ואנו קבלנו מרבותינו כי אלו הן כ"ד חטאות בכאן הם המפורשים בתלמוד א"י בפרק אלו שאין להם חלק ד) יש מן החכמים המפרשים שהיו אומרים כ"ד רעות אלו הן הנדברות בהאי קרא אותי עזבו מקור מים חיים. לחצוב להם. עזבך את ה' אלהיך. רעתך ומשובותיך ולא פחדתי אליך לא אעבור צועה זונה נהפכת נכתם עונך לא נטמאתי דרכך בגיא אהבתי זרים ואחריהם אלך הובישו המה מלכיהם שריהם כהניהם ונביאיהם אומרים לעץ אבי אתה ולאבן את ילדתנו כי פנו אלי עורף מספר עריך היו אלהיך אלו כ"ד רעות א"ר יוחנן לא גלו ישראל עד שנעשו כ"ד כתות של מינים שנאמר בן אדם שולח אני אותך וגו' אל גוי המורד לא נאמר אלא גוי המורדים ומצאנו במדרש חזית א"ר יוחנן כ"ד חטאות הוכיח יחזקאל הנביא את ישראל בפרשת התשפוט את עיר הדמים אלו הן עיר שופכת דם ועשתה גלולים טמאת השם רבת המהומה איש לזרועו היו בך למען שפוך דם ה) אב ואם הקלו בך לגר עשו בעושק בתוכך יתום ואלמנה הונו בך קדשי בזית ואת שבתותי חללת אנשי רכיל היו בך ואל ההרים אכלו בך זמה עשו בתוכך ערות אב גלה בך טמאת הנדה ענו בך ואיש את אשת רעהו עשה תועבה ואיש את כלתו טמא בזמה ואיש את אחותו בת אביו ענה בך שוחד לקחו בך נשך ותרבית לקחת ותבצעי רעיך בעשק ואותי שכחת נאם ה' ועל כולם לא חתם אלא על הגזל והנה הכיתי כפי אל בצעך אשר עשית ועל דמך אשר היו בתוכך. היעמוד לבך אם תחזקנה ידיך לימים אשר אני עושה אותך

חשק שלמה על רבינו חננאל א) נראה דר"ל דאסיקנא לעיל דאין הלכה כר"י דהך מתני' רק כאידך דר"י דש"ץ היורד וכו'. ב) נראה דצ"ל ר"מ אומר עד שילא וכו'. ג) אולי צ"ל בימי יואל בן פתואל ירד מורה בניסן. ד) כאן צ"ל מ"ש למטה אר"י לא גלו ישראל וכו'. ה) אב ואם נחשבים לב' וכן יתום ואלמנה כ"ה בערוך.

תורה אור השלם א) וּבְנֵי צִיּוֹן גִּילוּ וְשִׂמְחוּ בַּייָ אֱלֹהֵיכֶם כִּי נָתַן לָכֶם אֶת הַמּוֹרֶה לִצְדָקָה וַיּוֹרֶד לָכֶם גֶּשֶׁם מוֹרֶה וּמַלְקוֹשׁ בָּרִאשׁוֹן: [יואל ב, כג] ב) יֶתֶר הַגָּזָם אָכַל הָאַרְבֶּה וְיֶתֶר הָאַרְבֶּה אָכַל הַיָּלֶק וְיֶתֶר הַיֶּלֶק אָכַל הֶחָסִיל: [יואל א, ד] ג) הַזֹּרְעִים בְּדִמְעָה בְּרִנָּה יִקְצֹרוּ: הָלוֹךְ יֵלֵךְ וּבָכֹה נֹשֵׂא מֶשֶׁךְ הַזָּרַע בֹּא יָבוֹא בְרִנָּה נֹשֵׂא אֲלֻמֹּתָיו: [תהלים קכו, ה-ו] ד) וֶאֱלִישָׁע דִּבֶּר אֶל הָאִשָּׁה אֲשֶׁר הֶחֱיָה אֶת בְּנָהּ לֵאמֹר קוּמִי וּלְכִי אַתְּ וּבֵיתֵךְ וְגוּרִי בַּאֲשֶׁר תָּגוּרִי כִּי קָרָא יְיָ לָרָעָב וְגַם בָּא אֶל הָאָרֶץ שֶׁבַע שָׁנִים: [מלכים ב' ח, א] ה) וַיִּגְזֹר עַל יָמִין וְרָעֵב וַיֹּאכַל עַל שְׂמֹאול וְלֹא שָׂבֵעוּ אִישׁ בְּשַׂר זְרֹעוֹ יֹאכֵלוּ: [ישעיה ט, יט] ו) לֹא אֶעֱשֶׂה חֲרוֹן אַפִּי לֹא אָשׁוּב לְשַׁחֵת אֶפְרָיִם כִּי אֵל אָנֹכִי וְלֹא אִישׁ בְּקִרְבְּךָ קָדוֹשׁ וְלֹא אָבוֹא בְּעִיר: [הושע יא, ט] ז) יְרוּשָׁלַיִם הַבְּנוּיָה כְּעִיר שֶׁחֻבְּרָה לָּהּ יַחְדָּו: [תהלים קכב, ג] ח) וּבְאַחַת יִבְעֲרוּ וְיִכְסָלוּ מוּסַר הֲבָלִים עֵץ הוּא: [ירמיה י, ח] ט) הֶבֶל הֵמָּה מַעֲשֵׂה תַּעְתֻּעִים בְּעֵת פְּקֻדָּתָם יֹאבֵדוּ: [ירמיה י, טו] י) כִּי שְׁתַּיִם רָעוֹת עָשָׂה עַמִּי אֹתִי עָזְבוּ מְקוֹר מַיִם חַיִּים לַחְצֹב לָהֶם בֹּארוֹת בֹּארֹת נִשְׁבָּרִים אֲשֶׁר לֹא יָכִלוּ הַמָּיִם: [ירמיה ב, יג]

שֶׁל אַחַד עָשָׂר יוֹם – was brought from grain that grew over a period **of eleven days. וְעַל אוֹתוֹ הַדּוֹר הוּא אוֹמֵר – And in reference to that generation it says:**[11] ,,הַזֹּרְעִים בְּדִמְעָה בְּרִנָּה יִקְצֹרוּ'' – ***Those who sow with tears will reap with joy.*** They cried when they sowed for they had nothing to eat,[12] but they rejoiced when they reaped the harvest.

The Gemara interprets the following verse in *Psalms* as referring to the same miracle:

,,הָלוֹךְ יֵלֵךְ וּבָכֹה נֹשֵׂא מֶשֶׁךְ־הַזָּרַע וגו' '' – ***He who walks along weeping, bearing the container of seed etc.*** מַאי ,,הָלוֹךְ יֵלֵךְ וּבָכֹה נֹשֵׂא מֶשֶׁךְ וגו' '' – **What** is meant by: ***He who walks along weeping, bearing the container*** etc?[13] **אָמַר רַבִּי יְהוּדָה – R' Yehudah said: שׁוֹר כְּשֶׁהוּא חוֹרֵשׁ הוֹלֵךְ וּבוֹכֶה – As the ox drew the plow**[14] **it walked along crying.** However, the grain immediately began to grow **וּבַחֲזִירָתוֹ אוֹכֵל חָזִיז מִן הַתֶּלֶם – and on its return it ate the newly sprouted green from the furrow. וְזֶהוּ – And this is** referred to by the next words of the verse: ,,בֹּא־יָבֹא בְרִנָּה'' – ***he will return with joy.***

The Gemara expounds on the continuation of the verse:

מַאי: ,,נֹשֵׂא אֲלֻמֹּתָיו'' – **What** is meant by the words: ***bearing his sheaves?***[15] **אָמַר רַב חִסְדָּא וְאָמְרֵי לָהּ בְּמַתְנִיתָא תָּנָא – Rav Chisda said, and others say it was taught in a Baraisa: קָנֶה זֶרֶת שִׁיבּוֹלֶת זֶרְתַּיִם – The stalk** of the grain measured **one hand-span** and **the ear** measured **two hand-spans.**[16]

The Gemara discusses the seven years of famine that preceded this miraculous harvest:

אָמַר לֵיהּ רַב נַחְמָן לְר' יִצְחָק – Rav Nachman said to R' Yitzchak: מַאי דִּכְתִיב: ,,כִּי־קָרָא ה' לָרָעָב וְגַם־בָּא אֶל־הָאָרֶץ שֶׁבַע שָׁנִים'' – **What is** the meaning of **that which is written:**[17] ***For Hashem has proclaimed a famine and it shall also come upon the land for seven years?*** **בְּהַנָּךְ שֶׁבַע שָׁנִים מַאי אָכוּל – During those seven years, what did they eat? אָמַר לֵיהּ – [R' Yitzchak] answered him: הָכִי אָמַר רַבִּי יוֹחָנָן – Thus said R' Yochanan: שָׁנָה רִאשׁוֹנָה אָכְלוּ מַה שֶּׁבַּבָּתִּים** – In **the first year they ate what** they had stored **in the houses; שְׁנִיָּה אָכְלוּ מַה שֶּׁבַּשָּׂדוֹת** – in **the second** year **they ate what was in the fields;**[18] **שְׁלִישִׁית בְּשַׂר בְּהֵמָה טְהוֹרָה** – in **the third** year they ate **the flesh of kosher animals; רְבִיעִית בְּשַׂר בְּהֵמָה טְמֵאָה** – in **the fourth** year they ate **the flesh of non-kosher animals; חֲמִישִׁית בְּשַׂר שְׁקָצִים וּרְמָשִׂים** – in **the fifth** year they ate **the flesh of abominable creatures and creeping creatures. שִׁשִּׁית בְּשַׂר בְּנֵיהֶם וּבְנוֹתֵיהֶם** – in **the sixth** year they ate **the flesh of their sons and daughters;**[19] **שְׁבִיעִית בְּשַׂר זְרוֹעוֹתֵיהֶם** – in **the seventh** year, they ate **the flesh of their** own **arms, לְקַיֵּים מַה שֶּׁנֶּאֱמַר: ,,אִישׁ בְּשַׂר־זְרֹעוֹ יֹאכֵלוּ'' – fulfilling what the verse states:**[20] ***[each] man will eat the flesh of his arm.***

Rav Nachman poses another question that R' Yitzchak answers with a teaching from R' Yochanan:

וְאָמַר לֵיהּ רַב נַחְמָן לְר' יִצְחָק – And Rav Nachman said to R' Yitzchak: מַאי דִּכְתִיב: ,,בְּקִרְבְּךָ קָדוֹשׁ וְלֹא אָבוֹא בְּעִיר'' – **What is** the meaning of **that which is written:**[21] ***There is something holy in your midst, and I*** [God] ***will not enter the city.*** How does one clause follow from the other? מִשּׁוּם דְּ ,,בְּקִרְבְּךָ קָדוֹשׁ'' – **Because *there is something holy in your midst*** [i.e. you perform good deeds], ,,לֹא אָבוֹא בְּעִיר'' – ***I*** [God] ***will not enter the city!?*** **אָמַר לֵיהּ – [R' Yitzchak] said to [Rav Nachman]: הָכִי אָמַר רַבִּי יוֹחָנָן – R' Yochanan taught** that the verse conveys **the following** message: **אָמַר הַקָּדוֹשׁ בָּרוּךְ הוּא – The Holy One, Blessed is He, said: לֹא אָבוֹא בִּירוּשָׁלַיִם שֶׁל מַעְלָה – I will not enter the celestial Jerusalem עַד שֶׁאָבוֹא לִירוּשָׁלַיִם שֶׁל מַטָּה – until I enter the earthly Jerusalem.** The verse is understood as follows: *Until the Holy One is in your midst* [in the earthly Jerusalem], *I will not enter the city* [of Jerusalem that is in heaven].[22]

The Gemara asks:

וּמִי אִיכָּא יְרוּשָׁלַיִם לְמַעְלָה – Is there a celestial Jerusalem? אִין דִּכְתִיב: ,,יְרוּשָׁלַםִ הַבְּנוּיָה כְּעִיר שֶׁחֻבְּרָה־לָּהּ יַחְדָּו'' – **Yes** there is; **as it is written:**[23] ***The built-up Jerusalem will be like the city which is joined together with it.*** This verse implies the existence of another city which is a counterpart of the earthly Jerusalem.[24]

Another question from Rav Nachman which R' Yitzchak answers with a teaching from R' Yochanan:

וְאָמַר לֵיהּ רַב נַחְמָן לְר' יִצְחָק – And Rav Nachman said to R' Yitzchak: מַאי דִּכְתִיב: ,,וּבְאַחַת יִבְעֲרוּ וְיִכְסָלוּ מוּסַר הֲבָלִים עֵץ הוּא'' – **What is** the meaning of **that which is written:**[25] ***They are altogether senseless and stupid; a rebuke of vanities, each one is wooden?***[26] **אָמַר לֵיהּ – [R' Yitzchak] answered him: הָכִי אָמַר רַבִּי יוֹחָנָן – Thus said R' Yochanan: אַחַת הִיא שֶׁמְּבַעֶרֶת רְשָׁעִים בְּגֵיהִנֹּם** – The verse teaches that **it is** but **one** transgression **that causes the wicked to be burned in *Gehinnom*. מַאי הִיא – Which** transgression **is that? עֲבוֹדָה זָרָה – Idolatry.**[27] That the

NOTES

11. *Psalms* 126:5. This verse and the following verse (interpreted below in the Gemara) read: הַזֹּרְעִים בְּדִמְעָה בְּרִנָּה יִקְצֹרוּ, *Those who sow with tears will reap with joy.* הָלוֹךְ יֵלֵךְ וּבָכֹה נֹשֵׂא מֶשֶׁךְ־הַזָּרַע בֹּא־יָבֹא בְרִנָּה נֹשֵׂא אֲלֻמֹּתָיו, *He who walks along weeping, bearing the container of seed, will return with joy bearing his sheaves.*

12. *Rashi*. [At the actual time of sowing they had nothing to eat, for it was only after they displayed their trust in God by sowing all their grain that God performed the miracle of revealing the grain stored in the walls and ant holes (*Rif* on *Ein Yaakov*).]

13. This clause cannot refer to people for it would then be a mere repetition of the preceding clause (*Rashi*).

14. The seed was sown at the same time (*Rashash;* see *Rashi*).

15. Their exultation over having produce to eat was already recorded in the previous verse: בְּרִנָּה יִקְצֹרוּ, *they will reap with joy.* What is signified by this additional expression? (*Rashi*).

16. This was a great miracle. Normally the stalk is three or four times the size of the ear (*Rashi*).

17. *II Kings* 8:1. This prophecy was expressed by Elisha. Its fulfillment coincided with the locust plague predicted by Yoel (*Rashi* to *Joel* 1:1 and *Maharsha*; see above, note 7).

18. The remnants of the previous year's harvest and the grain that had sprouted from dropped seeds (*Rashi*).

19. Only some of the people did so (*Rashi*). [From the Gemara above, "someone has a *kav* of wheat etc.," it is evident that even at the conclusion of the seven years, some people still had a measure of grain (*Maharsha* in explanation of *Rashi*).]

20. *Isaiah* 9:19.

21. *Hosea* 11:9. Our translation follows *Rashi* here. See commentaries and *Targum* there who translate: *the Holy One is in your midst...*

22. God promises the Jewish people that He will not find a heavenly home for His presence until we are redeemed from exile and His presence rests once again in the earthly Jerusalem (*Iyun Yaakov*).

This is a homiletic interpretation. The plain meaning of the verse is: *When there is holiness in your midst I will not come with hostility* (*Tosafos;* cf. *Rashi* ad loc.).

23. *Psalms* 122:3.

24. And where is this other Jerusalem if not in the Heavens? (*Rashi*).

25. *Jeremiah* 10:8.

26. The plain meaning is: All rebuke is in vain for they are as obtuse as wood (*Rashi*).

27. According to this homiletic interpretation the word וּבְאַחַת is understood in its literal sense: *and with one.* יִבְעֲרוּ is translated as, *they are burned* (from the root בער, *to burn*). וְיִכְסָלוּ (from כְּסִיל, *fool*) is treated as a reference to the wicked. Thus, the verse teaches: and because of one [transgression] the wicked are burned (see *Rashi*).

The latter part of the verse may also be translated as referring to idol

מסורת הש"ס

א) לעיל ד:, ב) [גי' רי"ף ורא"ש יוסי], ג) [צ"ל דתניא], ד) [לקמן ו.], ה) ס"א ותרתי [וכן גירסת הערוך עשרין ותרתי וכו' בערך עשר ע"ש שהאריך בפירוש הזה למחשב כולהו], ו) בתמיה משום דבקרבך קדוש דהיינו שאתה כו' גירסת רש"א, ז) [ס"א ושתים], ח) גי' רש"א וב"ב.

עין משפט נר מצוה

יב א ב מיי' פ"ב מהל' תפלה הל' טו טוש"ע א"ח סימן קיד סעיף א:

רבא אמר כיון שהתחיל שוב אינו פוסק וכן אמר רב ששת כיון שהתחיל שוב אינו פוסק ואף רב הדר ביה דאמר רב חננאל אמר רב מונה עשרים ואחד יום כדרך שמונה עשרה ימים מר"ה עד יוה"כ [א] ומתחיל וכיון שהתחיל שוב אינו פוסק [ב] והלכתא כיון שהתחיל שוב אינו פוסק: **מתני'** א) עד מתי שואלין את הגשמים ר' יהודה אומר עד שיעבור הפסח ר' ב) מאיר אומר עד שיצא ניסן שנאמר א) ויורד לכם גשם מורה ומלקוש בראשון: **גמ'** א"ל רב נחמן לר' יצחק יורה בניסן (א) יורה במרחשון הוא (ג) דתנן) ד) יורה במרחשון ומלקוש בניסן א"ל הכי אמר רבי יוחנן בימי יואל בן פתואל נתקיים מקרא זה דכתיב ביה ב) יתר הגזם אכל הארבה וגו' אותה שנה יצא אדר ולא ירדו גשמים ירדה להם רביעה ראשונה באחד בניסן אמר להם נביא לישראל צאו וזרעו אמרו לו מי שיש לו קב חטים או קבים שעורין יאכלנו ויחיה או יזרענו וימות אמר להם אעפ"כ צאו וזרעו נעשה להם נס ונתגלה להם מה שבכתלין ומה שבחורי נמלים יצאו וזרעו שני ושלישי ורביעי וירדה להם רביעה שניה בחמשה בניסן הקריבו עומר בששה עשר בניסן נמצאת תבואה הגדילה בששה חדשים גדילה באחד עשר יום נמצא עומר הקרב מתבואה של ששה חדשים קרב מתבואה של אחד עשר יום ועל אותו הדור הוא אומר ג) הזורעים בדמעה ברנה יקצרו הלך ילך ובכה נושא משך הזרע וגו' מאי הלך ילך ובכה נושא משך וגו' א"ר יהודה שור כשהוא חורש הולך ובוכה ובחזירתו אוכל חזיז מן התלם וזהו בא יבא ברנה מאי נושא אלומותיו א"ר חסדא ואמרי לה במתניתא תנא קנה זרת שיבולת זרתים א"ר רב נחמן לר' יצחק מאי דכתיב ד) כי קרא ה' לרעב וגם בא אל הארץ שבע שנים בהנך שבע שנים מאי אכול א"ל הכי אמר רבי יוחנן שנה ראשונה אכלו מה שבבתים שניה אכלו מה שבשדות שלישית בשר בהמה טהורה רביעית בשר בהמה טמאה חמישית בשר שקצים ורמשים ששית בשר בניהם ובנותיהם שביעית בשר זרועותיהם לקיים מה שנאמר ה) איש בשר זרועו יאכלו וא"ל רב נחמן לר' יצחק מאי דכתיב ו) בקרבך קדוש ולא אבוא בעיר משום דבקרבך קדוש לא אבוא בעיר א"ל הכי א"ר יוחנן אמר הקב"ה לא אבוא בירושלים של מעלה עד שאבוא לירושלים של מטה ומי איכא ירושלים למעלה אין דכתיב ז) ירושלים הבנויה כעיר שחוברה לה יחדיו וא"ל רב נחמן לר' יצחק מאי דכתיב ח) ובאחת יבערו ויכסלו מוסר הבלים עץ הוא א"ל הכי א"ר יוחנן אחת היא שמבערת רשעים בגיהנם מאי היא ע"ז כתיב הכא מוסר הבלים עץ הוא וכתיב התם ט) הבל המה מעשה תעתועים וא"ל רב נחמן לר' יצחק מ"ד י) כי שתים רעות עשה עמי תרתין הוא דהוו עשרין ה) וארבע שביקא להו א"ל הכי א"ר יוחנן אחת שהיא

שקולה

רש"י

רבא אמר כיון שהתחיל. בשמיני ספק שביעי שוב אינו פוסק: הדר ביה. ממאי דאמר פוסק: מונה כ"א יום. מראש השנה עד שמיני ספק שביעי של חג כדרך שמונה מר"ה עד יוה"כ י' ימים שמתחיל למנות מיום ראשון של ר"ה ומזכיר מכאן ואילך וזהו שמזכיר בשמיני ספק שביעי שהוא כ"ב שוב אינו פוסק והא דמתחילין אנו למנות מיום א' דהא דאנו עושין ב' ימים לאו משום ספק דשמא עיברו לאלול דהא אנן בקיאין בקביעא דירחא אלא משום דמנהג אבותינו בידינו ל"א מונה כ"א יום כדרך שמונה כו' כלומר אם עיברו אלול לא יחשוב מיום ראשון של ר"ה כ"א יום שאם כן לא ימלאו בידו אלא כ' וכלים (ב) ביום טוב שביעי יום נטילת ערבה אלא מיום שמתחילין למנות עשרה ימים לעשות בעשירי יוה"כ יתחיל למנות באלו שבכך לא יטעה שיום הכפורים יום אחד לבד וידע מהיכן התחילו למנות לו וביום שכלין כ"א (ג) דהיינו ביום טוב אחרון מתחיל להזכיר וכיון שהתחיל שוב אינו פוסק: א"ל רב נחמן לרב יצחק יורה בניסן הוא. דכתיב ויורד לכם גשם מורה ומלקוש בראשון בתמיה: והא במרחשון הוא. כדתניא לקמן ובספרי הוא: יורה ומלקוש. מפרש לקמן: אמר ליה. ודאי במרחשון הוא ומקרא זה בימי יואל בן פתואל נתקיים שיורה ומלקוש היה בראשון ע"י נס שהיה רעב שבע שנים דכתיב כי קרא ה' לרעב וגם בא אל הארץ שבע שנים וכתיב יתר הגזם אכל הארבה וגו': הכי גרסינן יצא אדר ולא ירדו גשמים. ולא זרעו רוב אדר לא גרסינן: רביעה ראשונה. התחלת גשמים ולקמן (דף ו:) מפרש רביעה שמרביע את הארץ: או יזרענו וימות. ברעב קודם שתגדל התבואה החדשה שלא יהיה לו מה יאכל: נעשה להם נס כו'. והיינו דכתיב ושלמתי לכם את השנים אשר אכל הארבה וגו': נתגלה להם תבואה שבחורי נמלים ומה שבכתלים. שאגרו העכברים: יצאו וזרעו. (ד) וזרעו מה שבידם: שני. בניסן ושלישי ורביעי ומה שמצאו אכלו ולאחר שזרעו ירדו להם גשמים בה' בניסן והקריבו עומר בט"ז בניסן מאותה תבואה חדשה: הגדילה בששה חדשים. מתשרי ועד ניסן: בי"א יום. מחמשה בניסן עד ט"ז בו: הזורעים בדמעה ברנה יקצורו. שלא היה להן מה לאכול: מאי הלך ילך ובכה. אם לבני אדם כבר נאמר הזורעים בדמעה ברנה יקצורו אלא על השור הכתוב אומר: בהליכתו. לחרוש התלם: ובחזירתו אוכל חזיז. שחת מן התלם שזרעו בהליכתן שכשהוא זורע מיד מתחלת ליגדל: מאי בא יבוא ברנה נושא אלומותיו. אם מפני התבואה שיש להם לאכול הרי כבר אמור ברנה יקצורו: שבולת זרתים. זהו נס גדול מה שאין כן דרך כל תבואה שהקנה פי שלשה וארבעה בשבולת: כי קרא ה' לרעב. בימי יהורם בן אחאב נאמר: מה שבשדות. ספיחים ומה שנשתייר בשדות: אכלו בשר בניהם. מקלאם: משום דבקרבך קדוש. ו) שאתה מטיב מעשיך לא יבא הקב"ה בעיר: לא אבא בירושלים כו'. והכי קאמר עד שיהא בקרבך קדוש למטה דהיינו ירושלים לא אבוא בעיר שלמעלה: ירושלים הבנויה כעיר שחוברה לה יחדיו. ירושלים שלמטה תהא בנויה כעיר שחוברה לה שהיא כיולא בה חבירתה ודוגמתה מכלל דאיכא ירושלים אחריתי והיכן אם לא למעלה: ובאחת יבערו ויכסלו מוסר הבלים עץ הוא. אי לאו גזרה שוה היה משמע אטומים כעץ לקבל מוסר ולשוא היו לוקין: באחת. עבירה שהן עושין יתבערו הכסילים רשעים: עשרים ז) וארבעה שביקא להו. בתמיה בפרשת התשפוט (יחזקאל כב) כ"ד עבירות שעברו ל"א שעברו על כ"ד ספרים:

ששקולה

תוספות

רבא אמר כיון שהתחיל שוב אינו פוסק. כלומר כיון שהתחיל ביום ראשון של (ה) אחרונים שוב אינו פוסק וכן הפסק: **יורה** במרחשון הוא. פי' אקרא דכתיב ויורד לכם גשם מורה ומלקוש בראשון פריך דמתני' אפשר לתרץ דאמלקוש קסמיך אבל ביורה מודה דבמרחשון:

ובחזירתו אוכל חזיז מן התלם וכו'. וקשיא הא דקאמר לעיל נמצא הגדילה בששה חדשים גדילה באחד עשר יום הוה ליה למימר גדילה בתליסר ח) ובי"ד יומי שהרי מיד מתחלת ליגדל ושמא י"ל דלכל המאוחרת שנזרעה בשלישית קאמר נמצא גדילה בי"א יום וצ"ע:

לא אבוא בעיר. פירוש בעיר ר"ל בעיר ממש וי"מ פשטיה דקרא בעיר בשנאה כלומר לא אבוא בשנאה ועיר הוי ל' שנאה כמו ומלאו פני תבל ערים (ישעיה יד):

ומי

הגהות הב"ח

(א) גמ' יורה בניסן היא יורה במרחשון הוא: (ב) רש"י ד"ה מונה כו' אלא כ' וכלים ביום שביעי יום כו' כצ"ל ותיבת טוב נמחק: (ג) באד"ה דהיינו ביו"ט אחרון. נ"ב כלומר עד ליל יו"ט ולא ליל יו"ט בכלל: (ד) ד"ה יצאו וזרעו מה שבידם שני כצ"ל והד"א ותיבת וזרעו נמחק: (ה) תוס' ד"ה רבא כו' ביום ראשון של שני ימים אחרונים שוב:

רבינו חננאל

ואסקוה [מונה] כ"א יום מר"ה ועד יו"ט האחרון של חג ומתחיל להזכיר ביו"ט האחרון כדרך שמונה י' ימים מר"ה ועד יוה"כ והעשירי הוא יוה"כ. ומתחיל להזכיר וכיון שמתחיל שוב אינו פוסק וכן הלכה: **מתני'** עד מתי שואלין את הגשמים כו' א) הא אסיק' לשמעתא כי ש"ץ היורד לפני התיבה ביו"ט הראשון של פסח מזכיר מוריד הגשם ופוסק מלהזכיר והיורד במוסף אינו מזכיר ב) כיון שא"ר מאיר עד שיצא ניסן שנא' ויורד לכם גשם מורה ומלקוש בראשון ואקשינן והא מורה במרחשון הוא ומלקוש בניסן ושנינן בימי יואל בן פתואל ג) (ש"מ) [נאמר] מורה בניסן שיצא אדר ולא ירדו גשמים. ירד רביעה ראשונה באחד בניסן אמר להם הנביא צאו וזרעו נעשה להם נס ונתגלה להם החטים שאוגרין הנמלין בחורין ובכתלים ולקחו אותן וזרעו ירדה להן רביעה שנייה בחמשה בניסן וצמחו זרעים והקריבו העומר בי"ו בניסן. נמצאת תבואה הגדילה בו' חדשים גידלה בי"א יום על אותו דור נאמר הזורעים בדמעה ברנה יקצורו השור שהיה בהליכתו הולך כמו בוכה. בחזירתו היה אוכל חזיז. בא יבא ברנה [נושא] אלומותיו קנה זרת שבולת שתים. **א"ל** רב נחמן לר' יצחק הא דכתיב כי קרא ה' לרעב וגו' אותן ז' שנים מאי אכול א"ל הכי א"ר יוחנן שנה ראשונה אכלו מה שבבתים שניה אכלו מה שבשדות כו'. ותוב בעא מיניה בקרבך קדוש ולא אבוא בעיר א"ל הקדוש ברוך הוא לישראל שאינו בא בירושלים של מעלה עד שיבנה להם ירושלים של מטה וישרה שכינתו הקדושה בקרבם. ותוב בעא מיניה מ"ד ובאחת יבערו ויכסלו וגו'. א"ל אחת היא שמבערת הרשעים לגיהנם ומאי ניהי ע"ז. **ותוב** בעא מיניה מ"ד כי שתים רעות עשה עמי וגו' תרתי בלחוד הוא דעבוד. כ"ב שביקא להו יש מי שמפרש וכי יש עבירה הכתובה בכ"ד ספרים כלומר במקרא שלא עשו אותה ואמאי כתיב כי שתים רעות (וכ"ב דמתמה. כלומר וכי הניחו כ"ד ספרים עבירה הכתובה בהם שלא עשו אותה) ואנו קבלנו מרבותינו כי אלו הן כ"ד חטאות בכאן הם המפורשים בתלמוד א"י בפרק אלו שאין להם חלק ד) יש מן החכמים המפרשים שהיו אומרים כ"ד רעות אלו הן הנדברות בהאי קרא אותי עזבו מקור מים חיים. לחצוב להם. עזבך את ה' אלהיך. רעתך ומשובותיך ולא פחדתי אליך לא אעבור צועה זונה נהפכת נכתם עונך לא נטמאתי דרכך בגיא אהבתי זרים ואחריהם אלך הובישו המה מלכיהם שריהם כהניהם ונביאיהם אומרים לעץ אבי אתה ולאבן את ילדתנו כי פנו אלי עורף מספר עריך היו אלהיך אלו כ"ד רעות א"ר יוחנן לא גלו ישראל עד שנעשו כ"ד כתות של מינים שנאמר בן אדם שולח אני אותך וגו' אל גוי המורד לא נאמר אלא גוי המורדים ומצאנו במדרש חזית א"ר יוחנן כ"ד חטאות הוכיח יחזקאל הנביא את ישראל בפרשת התשפוט את עיר הדמים אלו הן עיר שופכת דם ועשתה גלולים טמאת השם רבת המהומה איש לזרועו היו בך למען שפוך דם ה) אב ואם הקלו בך לגר עשו בעושק בתוכך יתום ואלמנה הונו בך קדשי בזית ואת שבתותי חללת אנשי רכיל היו בך ואל ההרים אכלו בך זמה עשו בתוכך ערות אב גלה בך טמאת הנדה ענו בך ואיש את אשת רעהו עשה תועבה ואיש את כלתו טמא בזמה ואיש את אחותו בת אביו ענה בך שוחד לקחו בך נשך ותרבית לקחת ותבצעי רעיך בעשק ואותי שכחת נאם ה' ועל כולם לא חתם אלא על הגזל והנה הכיתי כפי אל בצעך אשר עשית ועל דמך אשר היו בתוכך. היעמוד לבך אם תחזקנה ידיך לימים אשר אני עושה אותך

חשק שלמה על רבינו חננאל א) נראה דר"ל דאסיקנא לעיל דאין הלכה כר"י דהך מתני' רק כאידך דר"י דש"ץ היורד וכו'. ב) נראה דצ"ל ר"מ אומר עד שילא וכו'. ג) אולי צ"ל בימי יואל בן פתואל ירד מורה בניסן. ד) כאן צ"ל מ"ש למטה אר"י לא גלו ישראל וכו'. ה) אב ואם נחשבים לב' וכן יתום ואלמנה כ"ה בערוך.

ליקוטי רש"י

עד מתי שואלין את הגשמים. בסוף ימות הגשמים. **עד שיעבור הפסח.** דאמרינן כל חולו של מועד ותן טל ומטר [לעיל ד:]. **מורה ומלקוש.** כמו יורה ומלקוש (דברים יא יד) **בראשון.** בניסן ואע"פ שהיורה היא רביעה ראשונה היורדת על הזרע והוא במרחשון אותה שנה בניסן זרעו כמו שמפורש במסכת תענית שגדלה התבואה באחד עשר יום [יואל ב, כג]. **ומלקוש.** מטר היורד בניסן על המלילות ועל הקשין [ירמיה ג, ג]. **יואל בן פתואל.** בן שמואל הנביא שפיתה לאל בתפילתו [יואל א, א]. **יתר הגזם וגו'.** גזם ארבה ילק חסיל מיני גובאי הם ונתנבא עליהם שיבאו ובאו באותן הימים ואכלו כל פרי העץ וירק השדה [שם א, ד]. **הזורעים בדמעה.** באבן ליה. **בדמעה.** דואגים שסבורים שמא לא תצמח. **ברנה יקצרו.** ברנה קולרין על ידי אפיקי המים כשהם משולחין בה [תהלים קכו, ד]. **חזיז.** שחת של תבואה כשהוא ירק וגוזזין ואוכלין אותו [עירובין כח.]. עשבים של זרע תבואה [כתובות ט:]. שחת של תבואה חטין ושעורין בעודן ירק [ב"ק קיט:]. **כי קרא ה' לרעב.** הוא הרעב אשר היה בימי יואל בן פתואל [מלכים ב ח, א]. **איש בשר זרועו.** ת"י גבר נכסיה קריביה יבזון [ישעיה ט, יט]. **ירושלים הבנויה כעיר שחוברה לה.** ורבותינו אמרו יש ירושלים הבנויה בשמים ועתידה ירושלים של מטה להיות כמותה [תהלים קכב, ג]. **שביקא להו.** מחול להם [ע"פ סנהדרין קז.].

רבינו גרשום

כר' יהודה היינו להזכרה שמתחיל להזכיר בחג והא דאמר ר' אלעזר הלכה כר"ג היינו לשאלה. **והאמר ר' יוחנן במקום שהוא שואל מזכיר** אלמא הא דאמר ר' יוחנן הלכה כר' יהודה היינו בין לשאול בין להזכיר דכי הדדי נינהו וקשיא הלכתא אהלכתא: **ההוא להפסקה.** כלומר הא דאמר מקום שהוא שואל הוא מזכיר היינו להפסקה כלומר שפוסק מלשאול ומלהזכיר ביום ראשון של פסח אבל להתחלה מתחיל בחג ושואל בשבעה במרחשון: **הא לן והא להו** הא דאמר הלכה כר"ג דאינו שואל עד שבעה במרחשון היינו להו לבני בבל דאית להו פירי בדברא ואין צריכין לגשמים עד ז' במרחשון והא דאמר הלכה כר' יהודה דבחג מזכיר ושואל לן בא"י דלית לן פירי בדברא: **אית להו עולי רגלים** ואם יורדין גשמים בג' א) אינן יכולין לחזור מפני הגשמים: **כי קאמר ר' יוחנן** הלכה כר' יהודה דשואל ומזכיר בחג **בזמן שאין בית המקדש קיים** דליכא עולי רגלים והא דאמר הלכה כר"ג בזמן שביהמ"ק קיים ובז' במרחשון כבר חזרו. **ואנו דאית לן תרי יומי** [שמיני] ואחרון של חג: **היכי עבדינן** הא אחד מהן חול הוא ובאיזה יום יתחיל לשאול. **מתחיל במוספין** של יום ראשון מימים האחרונים **ופוסק במנחה** דשמא חול הוא **וערבית ושחרית** מיום האחרון לגמרי. **לאחר שעשיתו קדש** ששאלת במוסף אלמא דקדש הוא **תעשהו חול** שאין אתה מזכיר במנחה: **ופוסק ערבית** שהרי היא הכנסה דיום אחרון **ושחרית** ושואל במוסף כמו שעשה אתמול דקדש הוא ואמר דאחרון שואל: **כיון שהתחיל** לשאול במוסף דיום ראשון **שוב אינו פוסק** אלא שואל במנחה בשחרית ובערבית ומוסף וכו' **ואף רב הדר ביה** ואמר כיון שהתחיל שוב אינו פוסק. מונה כ"א בתשרי דהיינו ראשון של אחרון ויתחיל לשאול ושוב אינו פוסק: **כדרך שמונה מר"ה ועד יוה"כ.** יורה ומלקוש בראשון האי ראשון היינו ניסן. **בימי יואל נתקיים מקרא הזה** יורה בראשון ולעולם יורה במרחשון הוא: **שני ושלישי ורביעי בניסן נמצא תבואה שרגילה להתגדל בו' חדשים גדילה בי"א יום** מרביעי דניסן עד יום י"ו בו שמקריבין בו העומר: **כשהשור** הולך לזרוע בוכה שרעב. **מהו אלומותיו** דמשמע תרי **דקנה זרת ושיבולת שתי זרתות**: **אמר הקב"ה לא אכנס בירושלים של מעלה** דהכי משמע עד שבקרבך קדוש שיבנה ירושלים למטה לא אכנס לירושלים של מעלה: **יחדיו** משמע תרי ירושלים. **ומנלן** דהאי אחת משמע ע"ז **כתיב הכא מוסר הבלים עץ הוא. עשרים וארבעה שביקא להו** כלומר והלא עברו על עשרים וארבעה ספרים

ע"א

חשק שלמה על רבינו גרשום א) אולי צ"ל בג' במרחשון או דצ"ל בחג אינן יכולין לחזור וכו'.

תורה אור השלם א) וּבְנֵי צִיּוֹן גִּילוּ וְשִׂמְחוּ בַּייָ אֱלֹהֵיכֶם כִּי נָתַן לָכֶם אֶת הַמּוֹרֶה לִצְדָקָה וַיּוֹרֶד לָכֶם גֶּשֶׁם מוֹרֶה וּמַלְקוֹשׁ בָּרִאשׁוֹן: [יואל ב, כג] ב) יֶתֶר הַגָּזָם אָכַל הָאַרְבֶּה וְיֶתֶר הָאַרְבֶּה אָכַל הַיָּלֶק וְיֶתֶר הַיֶּלֶק אָכַל הֶחָסִיל: [יואל א, ד] ג) הַזֹּרְעִים בְּדִמְעָה בְּרִנָּה יִקְצֹרוּ: הָלוֹךְ יֵלֵךְ וּבָכֹה נֹשֵׂא מֶשֶׁךְ הַזָּרַע בֹּא יָבוֹא בְרִנָּה נֹשֵׂא אֲלֻמֹּתָיו: [תהלים קכו, ה-ו] ד) וֶאֱלִישָׁע דִּבֶּר אֶל הָאִשָּׁה אֲשֶׁר הֶחֱיָה אֶת בְּנָהּ לֵאמֹר קוּמִי וּלְכִי אַתְּ וּבֵיתֵךְ וְגוּרִי בַּאֲשֶׁר תָּגוּרִי כִּי קָרָא יְיָ לָרָעָב וְגַם בָּא אֶל הָאָרֶץ שֶׁבַע שָׁנִים: [מלכים ב ח, א] ה) וַיִּגְזֹר עַל יָמִין וְרָעֵב וַיֹּאכַל עַל שְׂמֹאול וְלֹא שָׂבֵעוּ אִישׁ בְּשַׂר זְרֹעוֹ יֹאכֵלוּ: [ישעיה ט, יט] ו) לֹא אֶעֱשֶׂה חֲרוֹן אַפִּי לֹא אָשׁוּב לְשַׁחֵת אֶפְרָיִם כִּי אֵל אָנֹכִי וְלֹא אִישׁ בְּקִרְבְּךָ קָדוֹשׁ וְלֹא אָבוֹא בְּעִיר: [הושע יא, ט] ז) יְרוּשָׁלַיִם הַבְּנוּיָה כְּעִיר שֶׁחֻבְּרָה לָּהּ יַחְדָּו: [תהלים קכב, ג] ח) וּבְאַחַת יִבְעֲרוּ וְיִכְסָלוּ מוּסַר הֲבָלִים עֵץ הוּא: [ירמיה י, ח] ט) הֶבֶל הֵמָּה מַעֲשֵׂה תַּעְתֻּעִים בְּעֵת פְּקֻדָּתָם יֹאבֵדוּ: [ירמיה י, טו] י) כִּי שְׁתַּיִם רָעוֹת עָשָׂה עַמִּי אֹתִי עָזְבוּ מְקוֹר מַיִם חַיִּים לַחְצֹב לָהֶם בֹּארוֹת בֹּארֹת נִשְׁבָּרִים אֲשֶׁר לֹא יָכִלוּ הַמָּיִם: [ירמיה ב, יג]

verse refers to idolatry is derived as follows: כְּתִיב הָכָא: ,,מוּסַר הֲבָלִים עֵץ הוּא״ – **Here it is written:** ***a rebuke of vanities, each one is wooden.*** וּכְתִיב הָתָם: ,,הֶבֶל הֵמָּה מַעֲשֵׂה תַּעְתֻּעִים״ – **and elsewhere it is written,** in reference to idolatry:[28] ***They are a vanity, a work of delusion.*** Thus, we see that the word הֶבֶל, *vanity*, refers to idols.

Rav Nachman poses another question that R' Yitzchok answers with a teaching from R' Yochanan:

וְאָמַר לֵיהּ רַב נַחְמָן לְר׳ יִצְחָק – **And Rav Nachman said to R' Yitzchak:** מַאי דִּכְתִיב: ,,כִּי־שְׁתַּיִם רָעוֹת עָשָׂה עַמִּי״ – **What** is the meaning of **that which is written:**[29] ***For My nation has committed two evils***? תַּרְתֵּין הוּא דַּהֲווֹ – **Were** their evils only **two?** עֶשְׂרִין וְאַרְבַּע שְׁבִיקָא לְהוּ – **The [prophet] has ignored** the **twenty-four** transgressions committed by the people of that generation![30] אָמַר לֵיהּ – **R' Yitzchak answered him:** הָכִי אָמַר רַבִּי יוֹחָנָן – **Thus said R' Yochanan:** אַחַת שֶׁהִיא – The prophet refers to **one** transgression **which is**

NOTES

worship: מוּסַר הֲבָלִים עֵץ הוּא, *the rebuke* [given by the priests of idols] *is vanities, it* [the idol] *is of wood* (see *Radak* and *Metzudos* ad loc.).

28. Ibid. v. 15.

29. Ibid. 2:13.

30. In *Ezekiel* 22, twenty-four sins are enumerated. Alternatively, this refers to the twenty-four Books of Scripture that the people violated (*Rashi*). [In some editions of the Gemara, the number twenty-two is given (see gloss); for twenty-two sins remain besides the two mentioned by the prophet.]

גמרא

רבא אמר כיון שהתחיל שוב אינו פוסק וכן אמר רב ששת כיון שהתחיל שוב אינו פוסק ואף רב הדר ביה דאמר רב חננאל אמר רב מונה עשרים ואחד יום כדרך שמונה עשרה ימים מר"ה עד יוה"כ [א] ומתחיל וכיון שהתחיל שוב אינו פוסק [ב] והלכתא כיון שהתחיל שוב אינו פוסק: **מתני'** [א] עד מתי שואלין את הגשמים ר' יהודה אומר עד שיעבור הפסח ר' [ג] מאיר אומר עד שיצא ניסן שנאמר [א] ויורד לכם גשם מורה ומלקוש בראשון: **גמ'** א"ל רב נחמן לר' יצחק יורה בניסן (א) יורה במרחשון הוא ([ג] דתנן) [ד] יורה במרחשון ומלקוש בניסן א"ל הכי אמר רבי יוחנן בימי יואל בן פתואל נתקיים מקרא זה דכתיב ביה [ב] יתר הגזם אכל הארבה וגו' אותה שנה יצא אדר ולא ירדו גשמים ירדה להם רביעה ראשונה באחד בניסן אמר להם נביא לישראל צאו וזרעו אמרו לו מי שיש לו קב חטים או קבים שעורין יאכלנו ויחיה או יזרענו וימות אמר להם אעפ"כ צאו וזרעו נעשה להם נס ונתגלה להם מה שבכתלין ומה שבחורי נמלים יצאו וזרעו שני ושלישי ורביעי וירדה להם רביעה שניה בחמשה בניסן הקריבו עומר בששה עשר בניסן נמצאת תבואה הגדילה בששה חדשים גדילה באחד עשר יום נמצא עומר הקרב מתבואה של ששה חדשים קרב מתבואה של אחד עשר יום ועל אותו הדור הוא אומר [ג] הזורעים בדמעה ברנה יקצרו הלך ילך ובכה נושא משך הזרע וגו' מאי הלך ילך ובכה נושא משך וגו' א"ר יהודה שור כשהוא חורש הולך ובוכה ובחזירתו אוכל חזיז מן התלם וזהו בא יבא ברנה מאי נושא אלומותיו א"ר חסדא ואמרי לה במתניתא תנא קנה זרת שיבולת זרתים א"ר רב נחמן לר' יצחק מאי דכתיב [ד] כי קרא ה' לרעב וגם בא אל הארץ שבע שנים בהנך שבע שנים מאי אכול א"ל הכי אמר רבי יוחנן שנה ראשונה אכלו מה שבבתים שניה אכלו מה שבשדות שלישית בשר בהמה טהורה רביעית בשר בהמה טמאה חמישית בשר שקצים ורמשים ששית בשר בניהם ובנותיהם שביעית בשר זרועותיהם לקיים מה שנאמר [ה] איש בשר זרועו יאכלו וא"ל רב נחמן לר' יצחק מאי דכתיב [ו] בקרבך קדוש ולא אבוא בעיר משום דבקרבך קדוש לא אבוא בעיר א"ל הכי א"ר יוחנן אמר הקב"ה לא אבוא בירושלים של מעלה עד שאבוא לירושלים של מטה ומי איכא ירושלים למעלה אין דכתיב [ז] ירושלים הבנויה כעיר שחוברה לה יחדיו וא"ל רב נחמן לר' יצחק מאי דכתיב [ח] ובאחת יבערו ויכסלו מוסר הבלים עץ הוא א"ל הכי א"ר יוחנן אחת היא שמבערת רשעים בגיהנם מאי היא ע"ז כתיב הכא מוסר הבלים עץ הוא וכתיב התם [ט] הבל המה מעשה תעתועים וא"ל רב נחמן לר' יצחק מ"ד [י] כי שתים רעות עשה עמי תרתין הוא דהוו עשרין [כ] וארבע שביקא להו א"ל הכי א"ר יוחנן אחת שהיא שקולה

רש"י

רבא אמר כיון שהתחיל. בשמיני ספק שביעי שוב אינו פוסק: הדר ביה. ממאי דאמר פוסק: מונה כ"א יום. מראש השנה עד שמיני ספק שביעי של חג כדרך שמונה מר"ה עד יוה"כ י' ימים שמתחיל למנות מיום ראשון של ר"ה ומזכיר מכאן ואילך וזהו שמזכיר בשמיני ספק שביעי שהוא כ"ב שוב אינו פוסק והא דמתחילין אנו למנות מיום א' דהא דאנו עושין ב' ימים לאו משום ספק דשמא עיברו לאלול דהא אנן בקיאין בקביעא דירחא אלא משום דמנהג אבותינו בידינו ל"א מונה כ"א יום כדרך שמונה כו' כלומר אם עיברו אלול לא יחשוב מיום ראשון של ר"ה כ"א יום שאם כן לא ימלאו בידו אלא כ' וכליס (ב) ביום טוב שביעי יום נטילת ערבה אלא מיום שמתחילין למנות עשרה ימים לעשות בעשירי יוה"כ יתחיל למנות באלו שבכך לא יטעה שיום הכפורים יום אחד לבד וידע מהיכן התחילו למנות לו וביום שכלין כ"א (ג) דהיינו ביום טוב אחרון מתחיל להזכיר וכיון שהתחיל שוב אינו פוסק: א"ל רב נחמן לרב יצחק יורה בניסן הוא. דכתיב ויורד לכם גשם מורה ומלקוש בראשון בתמיה: והא במרחשון הוא. כדתניא לקמן ובספרי הוא: יורה ומלקוש. מפרש לקמן: אמר ליה. ודאי במרחשון הוא ומקרא זה בימי יואל בן פתואל נתקיים שיורה ומלקוש היה בראשון ע"י נס שהיה רעב שבע שנים דכתיב כי קרא ה' לרעב וגם בא אל הארץ שבע שנים וכתיב יתר הגזם אכל הארבה וגו': הכי גרסינן יצא אדר ולא ירדו גשמים. ולא זרעו רוב אדר לא גרסינן: רביעה ראשונה. התחלת גשמים ולקמן (דף ו:) מפרש רביעה שמרביע את הארץ: או יזרענו וימות. ברעב קודם שתגדל התבואה החדשה שלא יהיה לו מה יאכל: נעשה להם נס כו'. והיינו דכתיב ושלמתי לכם את השנים אשר אכל הארבה וגו': נתגלה להם תבואה שבחורי נמלים ומה שבכתלים. שאגרו העכברים: יצאו וזרעו. (ד) וזרעו מה שבידם: שני. בניסן ושלישי ורביעי ומה שמצאו אכלו ולאחר שזרעו ירדו להם גשמים בה' בניסן והקריבו עומר בט"ז בניסן מאותה תבואה חדשה: הגדילה בששה חדשים. מתשרי ועד ניסן: בי"א יום. מחמשה בניסן עד ט"ז בו: הזורעים בדמעה ברנה יקצורו. שלא היה להן מה לאכול: מאי הלך ילך ובכה. אם לבני אדם כבר נאמר הזורעים בדמעה ברנה יקצורו אלא על השור הכתוב אומר: בהליכתו. לחרוש התלם: ובחזירתו אוכל חזיז. שחת מן התלם שזרעו בהליכתן שכשהוא זורע מיד מתחלת ליגדל: מאי בא יבוא ברנה נושא אלומותיו. אם מפני התבואה שיש להם לאכול הרי כבר אמור ברנה יקצורו: שבולת זרתים. זהו נס גדול מה שאין כן דרך כל תבואה שהקנה פי שלשה וארבעה בשבולת: כי קרא ה' לרעב. בימי יהורם בן אחאב נאמר: מה שבשדות. ספיחים ומה שנשתייר בשדות: אכלו בשר בניהם. מקראם: משום דבקרבך קדוש. [י] שאתה מטיב מעשיך לא יבא הקב"ה בעיר: לא אבא בירושלים כו'. והכי קאמר עד שיהא בקרבך קדוש למטה דהיינו ירושלים לא אבוא בעיר שלמעלה: ירושלים הבנויה כעיר שחוברה לה יחדיו. ירושלים שלמטה תהא בנויה כעיר שחוברה לה שהיא כיולא בה חבירתה ודוגמתה מכלל דאיכא ירושלים אחריתי והיכן אם לא למעלה: ובאחת יבערו ויכסלו מוסר הבלים עץ הוא. אי לאו גזרה שוה היה משמע אטומים כעץ לקבל מוסר ולשוא היו לוקין: באחת. עבירה שהן עושין יתבערו הכסילים רשעים: עשרים [י] וארבעה שביקא להו. בתמיה בפרשת התשפוט (יחזקאל כב) כ"ד עבירות שעברו ל"א שעברו על כ"ד ספרים: ששקולה

תוספות

רבא אמר כיון שהתחיל שוב אינו פוסק. כלומר כיון שהתחיל ביום ראשון של (ה) אחרונים שוב אינו פוסק וכן הפסק:

יורה במרחשון הוא. פי' אקרא דכתיב ויורד לכם גשם מורה ומלקוש בראשון פריך דמתני' אפשר לתרץ דאמלקוש קסמיך אבל ביורה מודה דבמרחשון:

ובחזירתו אוכל חזיז מן התלם וכו'. וקשיא הא דקאמר לעיל נמצא הגדילה בששה חדשים גדילה באחד עשר יום הוה ליה למימר גדילה בתליסר [ט] ובי"ד יומי שהרי מיד מתחלת ליגדל ושמא י"ל דלכל המאוחרת שנזרעה בשלישית קאמר נמצא גדילה בי"א יום ול"ע:

לא אבוא בעיר. פירוש בעיר ר"ל בעיר ממש וי"מ פשטיה דקרא בעיר בשנאה כלומר לא אבוא בשנאה ועיר הוי ל' שנאה כמו ומלאו פני תבל ערים (ישעיה יד): ומי

מסורת הש"ס

א) לעיל ד:, ב) [גי' רי"ף ורא"ש יוסי], ג) [נ"ל דתניא], ד) [לקמן ו.], ה) ס"א ותרתי [וכן גירסת הערוך עשרין ותרתי וכו' בערך עשר ע"ש שהאריך בפירוש הזה למחשב כולהו], ו) בתמיה משום דבקרבך קדוש דהיינו שאתה כו' גירסת רש"א, ז) [ס"א ושמים], ח) גי' רש"א וב"ח.

ליקוטי רש"י

עד מתי שואלין את הגשמים. בסוף ימות הגשמים. עד שיעבור הפסח. דאמרינן כל חולו של מועד ותן טל ומטר [לעיל ד:]. מורה ומלקוש. כמו יורה ומלקוש (דברים יא יד) בראשון. בניסן ואע"פ שהיורה היא רביעה ראשונה היורדת על הזרע והוא במרחשון אותה שנה בניסן זרעו כמו שמפורש במסכת תענית שגדלה התבואה באחד עשר יום [יואל ב, כג]. ומלקוש. מטר היורד בניסן על המלילות ועל הקשין [ירמיה ג, ג]. יואל בן פתואל. בן שמואל הנביא שפיתה לאל בתפילתו [יואל א, א]. יתר הגזם וגו'. גזם ארבה ילק חסיל מיני גובאי הם ונתנבא עליהם שיבאו ובאו באותן הימים ואכלו כל פרי העץ וירק השדה [שם א, ד]. הזורעים בדמעה. בארץ ציה. בדמעה. דואגים שסבורים שמא לא תצמח. ברנה יקצרו. ברנה קוצרין על ידי אפיקי המים כשהם משולחין בה [תהילים קכו, ד]. חזיז. שחת של תבואה כשהוא ירק וגוזזין ואוכלין אותו [עירובין כח.]. עשבים של זרע תבואה [כתובות ט:]. שחת של תבואה חטין ושעורין בעודן ירק [ב"ק קיט:]. כי קרא ה' לרעב. הוא הרעב אשר היה בימי יואל בן פתואל [מלכים ב ח, א]. איש בשר זרועו. ת"י גבר נכסיה קריביה יבזון [ישעיה ט, יט]. ירושלים הבנויה כעיר שחוברה לה. ורבותינו אמרו יש ירושלים הבנויה בשמים ועתידה ירושלים של מטה להיות כמותה [תהילים קכב, ג]. שביקא להו. מחול להם [ע"פ סנהדרין קז.].

רבינו גרשום

כר' יהודה היינו להזכרה שמתחיל להזכיר בחג והא דאמר ר' אלעזר הלכה כר"ג היינו לשאלה. **והאמר ר' יוחנן במקום שהוא שואל מזכיר** אלמא הא דאמר ר' יוחנן הלכה כר' יהודה היינו בין לשאול בין להזכיר דכי הדדי נינהו וקשיא הלכתא אהלכתא: **ההוא להפסקה.** כלומר הא דאמר מקום שהוא שואל הוא מזכיר היינו להפסקה כלומר שפוסק מלשאול ומלהזכיר ביום ראשון של פסח אבל להתחלה מתחיל בחג ושואל בשבעה במרחשון: **הא לן והא להו** הא דאמר הלכה כר"ג דאינו שואל עד שבעה במרחשון היינו להו לבני בבל דאית להו פירי בדברא ואין צריכין לגשמים עד ז' במרחשון והא דאמר הלכה כר' יהודה דבחג מזכיר ושואל לן בא"י דלית לן פירי בדברא: **אית להו עולי רגלים** ואם יורדין גשמים בג' א) אינן יכולין לחזור מפני הגשמים: **כי קאמר ר' יוחנן** הלכה כר' יהודה דשואל ומזכיר בחג **בזמן שאין בית המקדש קיים** דליכא עולי רגלים והא דאמר הלכה כר"ג בזמן שביהמ"ק קיים ובז' במרחשון כבר חזרו. **ואנו דאית לן תרי יומי** [שמיני] ואחרון של חג: **היכי עבדינן** הא אחד מהן חול הוא ובאיזה יום יתחיל לשאול. **מתחיל במוספין** של יום ראשון מימים האחרונים **ופוסק במנחה** דשמא חול הוא **וערבית ושחרית** מיום האחרון לגמרי. **לאחר שעשיתו קדש** ששאלת במוסף אלמא דקדש הוא **תעשהו חול** שאין אתה מזכיר במנחה: **ופוסק ערבית** שהרי היא הכנסה דיום אחרון **ושחרית** ושואל במוסף כמו שעשה אתמול דקדש הוא ואמר דאחרון שואל: **כיון שהתחיל** לשאול במוסף דיום ראשון **שוב אינו פוסק** אלא שואל במנחה בשחרית ובערבית ומוסף וכו' **ואף רב הדר ביה** ואמר כיון שהתחיל שוב אינו פוסק. מונה כ"א בתשרי דהיינו ראשון של אחרון ויתחיל לשאול ושוב אינו פוסק: **כדרך שמונה מר"ה ועד יוה"כ.** יורה ומלקוש בראשון האי ראשון היינו ניסן. **בימי יואל נתקיים מקרא הזה** יורה בראשון ולעולם יורה במרחשון הוא: **שני ושלישי ורביעי בניסן נמצא תבואה שרגילה להתגדל בו' חדשים גדילה בי"א יום** מרביעי דניסן עד יום י"ו בו שמקריבין בו העומר: **כשהשור** הולך לזרוע בוכה שרעב. **מהו אלומותיו** דמשמע תרי **דקנה זרת ושיבולת שתי זרתות: אמר הקב"ה לא אכנס בירושלים של מעלה** דהכי משמע עד שבקרבך קדוש שיבנה ירושלים למטה לא אכנס לירושלים של מעלה: **יחדיו** משמע תרי ירושלים. **ומנלן** דהאי אחת משמע ע"ז **כתיב הכא מוסר הבלים עץ הוא.** **עשרים וארבעה שביקא להו** כלומר והלא עברו על עשרים וארבעה ספרים
ע"א

עין משפט נר מצוה

יב א ב מיי' פ"ב מהל' תפלה הל' טו טוש"ע א"ח סימן קיד סעיף א:

הגהות הב"ח

(א) גמ' יורה בניסן היא יורה במרחשון הוא: (ב) רש"י ד"ה מונה כו' אלא כ' וכליס ביוס שביעי יוס כו' כל"ל ותיבת טוב נמחק: (ג) בא"ד דהיינו ביו"ט אחרון. נ"ב כלומר עד ליל יו"ט ולא ליל יו"ט בכלל: (ד) ד"ה יצאו וזרעו מה שבידם שני כל"ל והד"א ותיבת וזרעו נמחק: (ה) תוס' ד"ה רבא כו' ביום ראשון של שני ימים אחרונים שוב:

רבינו חננאל

ואסקוה [מונה] כ"א יום מר"ה ועד יו"ט האחרון של חג ומתחיל להזכיר ביו"ט האחרון כדרך שמונה י' ימים מר"ה ועד יוה"כ והעשירי הוא יוה"כ. ומתחיל להזכיר וכיון שמתחיל שוב אינו פוסק וכן הלכה: **מתני'** עד מתי שואלין את הגשמים כו' א) הא אסיק' לשמעתא כי ש"ץ היורד לפני התיבה ביו"ט הראשון של פסח מזכיר מוריד הגשם ופוסק מלהזכיר והיורד במוסף אינו מזכיר ב) כיון שא"ר מאיר עד שיצא ניסן שנא' ויורד לכם גשם מורה ומלקוש בראשון ואקשינן והא מורה במרחשון הוא ומלקוש בניסן ושנינן בימי יואל בן פתואל ג) (ש"מ) [נאמר] מורה בניסן שיצא אדר ולא ירדו גשמים. ירד רביעה ראשונה באחד בניסן אמר להם הנביא צאו וזרעו נעשה להם נס ונתגלה להם החטים שאוגרין הנמלין בחורין ובכתלים ולקחו אותן וזרעו ירדה להן רביעה שנייה בחמשה בניסן וצמחו זרעים והקריבו העומר בי"ו בניסן. נמצאת תבואה הגדילה בו' חדשים גידלה בי"א יום על אותו דור נאמר הזורעים בדמעה ברנה יקצורו השור שהיה בהליכתו הולך כמו בוכה. בחזירתו היה אוכל חזיז. בא יבא ברנה [נושא] אלומותיו קנה זרת שבולת שתים. **א"ל רב נחמן לר' יצחק** הא דכתיב כי קרא ה' לרעב וגו' אותן ז' שנים מאי אכול א"ל הכי א"ר יוחנן שנה ראשונה אכלו מה שבבתים שניה אכלו מה שבשדות כו'. ותוב בעא מיניה בקרבך קדוש ולא אבוא בעיר א"ל הקדוש ברוך הוא לישראל שאינו בא בירושלים של מעלה עד שיבנה להם ירושלים של מטה וישרה שכינתו הקדושה בקרבם. ותוב בעא מיניה מ"ד ובאחת יבערו ויכסלו וגו'. א"ל אחת היא שמבערת הרשעים לגיהנם ומאי ניהי ע"ז. **ותוב** בעא מיניה מ"ד כי שתים רעות עשה עמי וגו' תרתי בלחוד הוא דעבוד. כ"ב שביקא להו יש מי שמפרש וכי יש עבירה הכתובה בכ"ד ספרים כלומר במקרא שלא עשו אותה ואמאי כתיב כי שתים רעות (וכ"ב דמתמה. כלומר וכי הניחו כ"ד ספרים עבירה הכתובה בהם שלא עשו אותה) ואנו קבלנו מרבותינו כי אלו הן כ"ד חטאות בכאן הם המפורשים בתלמוד א"י בפרק אלו שאין להם חלק ד) יש מן החכמים המפרשים שהיו אומרים כ"ד רעות אלו הן הנדברות בהאי קרא אותי עזבו מקור מים חיים. לחצוב להם. עזבך את ה' אלהיך. רעתך ומשובותיך ולא פחדתי אליך לא אעבור צועה זונה נהפכת נכתם עונך לא נטמאתי דרכך בגיא אהבתי זרים ואחריהם אלך הובישו המה מלכיהם שריהם כהניהם ונביאיהם אומרים לעץ אבי אתה ולאבן את ילדתנו כי פנו אלי עורף מספר עריך היו אלהיך אלו כ"ד רעות א"ר יוחנן לא גלו ישראל עד שנעשו כ"ד כתות של מינים שנאמר בן אדם שולח אני אותך וגו' אל גוי המורד לא נאמר אלא גוי המורדים ומצאנו במדרש חזית א"ר יוחנן כ"ד חטאות הוכיח יחזקאל הנביא את ישראל בפרשת התשפוט את עיר הדמים אלו הן עיר שופכת דם ועשתה גלולים טמאת השם רבת המהומה איש לזרועו היו בך למען שפוך דם ה) אב ואם הקלו בך לגר עשו בעושק בתוכך יתום ואלמנה הונו בך קדשי בזית ואת שבתותי חללת אנשי רכיל היו בך ואל ההרים אכלו בך זמה עשו בתוכך ערות אב גלה בך טמאת הנדה ענו בך ואיש את אשת רעהו עשה תועבה ואיש את כלתו טמא בזמה ואיש את אחותו בת אביו ענה בך שוחד לקחו בך נשך ותרבית לקחת ותבצעי רעיך בעשק ואותי שכחת נאם ה' ועל כולם לא חתם אלא על הגזל והנה הכיתי כפי אל בצעך אשר עשית ועל דמך אשר היו בתוכך. היעמוד לבך אם תחזקנה ידיך לימים אשר אני עושה אותך

חשק שלמה על רבינו חננאל א) נראה דר"ל דאסיקנא לעיל דאין הלכה כר"י דהך מתני' רק כאידך דר"י דש"ץ היורד וכו'. ב) נראה דל"ל ר"מ אומר עד שיצא וכו'. ג) אולי ל"ל בימי יואל בן פתואל ירד מורה בניסן. ד) כאן נ"ל מ"ש למטה א"ר לא גלו ישראל וכו'. ה) אב ואם נחשבים לב' וכן יתום ואלמנה כ"ה בערוך.

חשק שלמה על רבינו גרשום א) אולי צ"ל בג' במרחשון או דל"ל בחג אינן יכולין לחזור וכו'.

תורה אור השלם

א) וּבְנֵי צִיּוֹן גִּילוּ וְשִׂמְחוּ בַּייָ אֱלֹהֵיכֶם כִּי נָתַן לָכֶם אֶת הַמּוֹרֶה לִצְדָקָה וַיּוֹרֶד לָכֶם גֶּשֶׁם מוֹרֶה וּמַלְקוֹשׁ בָּרִאשׁוֹן: [יואל ב, כג]
ב) יֶתֶר הַגָּזָם אָכַל הָאַרְבֶּה וְיֶתֶר הָאַרְבֶּה אָכַל הַיָּלֶק וְיֶתֶר הַיֶּלֶק אָכַל הֶחָסִיל: [יואל א, ד]
ג) הַזֹּרְעִים בְּדִמְעָה בְּרִנָּה יִקְצֹרוּ: הָלוֹךְ יֵלֵךְ וּבָכֹה נֹשֵׂא מֶשֶׁךְ הַזָּרַע בֹּא יָבוֹא בְרִנָּה נֹשֵׂא אֲלֻמֹּתָיו: [תהלים קכו, ה-ו]
ד) וֶאֱלִישָׁע דִּבֶּר אֶל הָאִשָּׁה אֲשֶׁר הֶחֱיָה אֶת בְּנָהּ לֵאמֹר קוּמִי וּלְכִי אַתְּ וּבֵיתֵךְ וְגוּרִי בַּאֲשֶׁר תָּגוּרִי כִּי קָרָא יְיָ לָרָעָב וְגַם בָּא אֶל הָאָרֶץ שֶׁבַע שָׁנִים: [מלכים ב' ח, א]
ה) וַיִּגְזֹר עַל יָמִין וְרָעֵב וַיֹּאכַל עַל שְׂמֹאול וְלֹא שָׂבֵעוּ אִישׁ בְּשַׂר זְרֹעוֹ יֹאכֵלוּ: [ישעיה ט, יט]
ו) לֹא אֶעֱשֶׂה חֲרוֹן אַפִּי לֹא אָשׁוּב לְשַׁחֵת אֶפְרָיִם כִּי אֵל אָנֹכִי וְלֹא אִישׁ בְּקִרְבְּךָ קָדוֹשׁ וְלֹא אָבוֹא בְּעִיר: [הושע יא, ט]
ז) יְרוּשָׁלִַם הַבְּנוּיָה כְּעִיר שֶׁחֻבְּרָה לָּהּ יַחְדָּו: [תהלים קכב, ג]
ח) וּבְאַחַת יִבְעֲרוּ וְיִכְסָלוּ מוּסַר הֲבָלִים עֵץ הוּא: [ירמיה י, ח]
ט) הֶבֶל הֵמָּה מַעֲשֵׂה תַּעְתֻּעִים בְּעֵת פְּקֻדָּתָם יֹאבֵדוּ: [ירמיה י, טו]
י) כִּי שְׁתַּיִם רָעוֹת עָשָׂה עַמִּי אֹתִי עָזְבוּ מְקוֹר מַיִם חַיִּים לַחְצֹב לָהֶם בֹּארוֹת בֹּארֹת נִשְׁבָּרִים אֲשֶׁר לֹא יָכִלוּ הַמָּיִם: [ירמיה ב, יג]

שקולה כשתים ומאי ניהו ע"ז דכתיב [א] כי שתים רעות עשה עמי אותי עזבו מקור מים חיים לחצוב להם בארות בארות נשברים וכתיב בהו [ב] כי עברו איי כתיים וראו וקדר שלחו והתבוננו מאד וגו' ההימיר גוי אלהים והמה לא אלהים ועמי המיר כבודו בלא יועיל תנא כותיים עובדים לאש וקדריים עובדין למים ואע"פ שיודעים שהמים מכבין את האש לא המירו אלהיהם ועמי המיר [א] כבודי בלא יועיל וא"ל רב נחמן לר' יצחק מ"ד [ג] ויהי כאשר זקן שמואל ומי סיב שמואל כולי האי והא בר נ"ב הוה דאמר מר [ב] מת בנ"ב שנה זהו מיתתו של שמואל הרמתי א"ל הכי א"ר יוחנן [ג] זקנה קפצה עליו דכתיב [ד] נחמתי כי המלכתי את שאול אמר לפניו רבש"ע שקלתני כמשה ואהרן [ד] דכתיב [ה] משה ואהרן בכהניו ושמואל בקוראי שמו מה משה ואהרן לא בטלו מעשה ידיהם בחייהם אף אני לא יתבטל מעשה ידי בחיי אמר הקב"ה היכי אעביד לימות שאול לא קא שביק שמואל לימות שמואל אדזוטר מרנני אבתריה לא לימות שאול ולא לימות שמואל כבר הגיעה מלכות דוד [ה] ואין מלכות נוגעת בחברתה אפילו כמלא נימא אמר הקב"ה אקפיץ עליו זקנה היינו דכתיב [ו] ושאול יושב בגבעה תחת האשל ברמה [ו] וכי מה ענין גבעה אצל רמה אלא לומר לך מי גרם לשאול שישב בגבעה שתי שנים ומחצה תפלתו של שמואל הרמתי ומי מידחי גברא מקמי גברא אין דא"ר שמואל בר נחמני א"ר ([ז] יוחנן) מ"ד [ז] על כן חצבתי בנביאים הרגתים באמרי פי במעשיהם לא נאמר אלא באמרי פי אלמא מידחי גברא מקמי גברא רב נחמן ור' יצחק הוו יתבי בסעודתא א"ל רב נחמן לר' יצחק לימא מר מילתא א"ל הכי א"ר יוחנן אין מסיחין בסעודה שמא יקדים קנה לושט ויבא לידי סכנה בתר דסעוד א"ל הכי א"ר יוחנן יעקב אבינו לא מת א"ל וכי בכדי ספדו ספדנייא וחנטו חנטייא וקברו קברייא א"ל מקרא אני דורש שנאמר [ח] ואתה אל תירא עבדי יעקב נאם ה' ואל תחת ישראל כי הנני מושיעך מרחוק ואת זרעך מארץ שבים מקיש הוא לזרעו מה זרעו בחיים אף הוא בחיים א"ר יצחק [ח] כל האומר רחב רחב מיד נקרי א"ל רב נחמן אנא אמינא ולא איכפת לי א"ל כי קאמינא ביודעה ובמכירה [ט] (ובמזכיר את שמה) כי הוו מיפטרי מהדדי א"ל ליברכן מר אמר ליה אמשול לך משל למה"ד לאדם שהיה הולך במדבר והיה רעב ועיף וצמא ומצא אילן שפירותיו מתוקין וצילו נאה ואמת המים עוברת תחתיו אכל מפירותיו ושתה ממימיו וישב בצילו וכשביקש לילך אמר אילן אילן במה אברכך אם אומר לך שיהו פירותיך מתוקין הרי פירותיך מתוקין שיהא צילך נאה הרי צילך נאה שתהא אמת המים עוברת תחתיך הרי אמת המים עוברת תחתיך אלא יהי רצון שכל נטיעות שנוטעין ממך

יהיו

רש"י

ששקולה כשתים. דכותיים וקדריים כדמפרש שהרעו משניהן לא הבינו מהן דכותיים וקדרים (א) אע"פ שיראתם פחותה לא רצו להמיר ועמי המירו באחר ולא עוד אלא בלא יועיל: והאמר מר. במועד קטן (דף כח.) זו מיתתו של שמואל הרמתי (ב) ולא [י] כרת היא במסכת שמחות (פ"ג) מפרש מת בכך שנים זו היא מיתת כרת בכך וכך זו היא מיתת אסכרה: ימיו של שמואל נ"ב שנה. דכתיב עד יגמל הנער וגו' דשיביר"ר בלע"ז וכ"ד חדשים נקרא תינוק וכתיב (שמואל א א) וישב שם עד עולם עולמו של לוי חמשים שנה שנאמר (במדבר ח) ומבן חמשים שנה ישוב מצבא העבודה ([ל]בבכורות) ירושלמי ובסדר עולם תמצא כשני דפין תוספת על זה: קפצה. הלבין שערו: נחמתי. ורצה הקב"ה להורגו מיד: שקלתני כמשה ואהרן דכתיב משה ואהרן בכהניו ושמואל בקוראי שמו וגו'. שוין הן: מעשה ידיהן. יהושע אף הוא היה תלמידו של אהרן כדאמרי' בעירובין (דף נד:) יצא משה ושנה להן אהרן פירקו: כי זוטר. בחור: מרנני כולי עלמא אבתריה. דאמרי מדמית זוטר שמא ח"ו עבירה היתה בו: וכי מה ענין גבעת בנימין אצל רמה. בהר אפרים: שישב ב' שנים ומחצה. כדמפרש בסדר עולם שמלך מתחילת שנת עשתי עשרה ושנים עשרה ושלשה עשר ושמואל מת בתוך שנת שלש עשרה לסוף שמונה חדשים: מי מידחי גברא כו'. דאידחי שמואל מקמי דוד: במעשיהם לא נאמר. דמשמע בעבור חטא: אלא באמרי פי. מפני דבר שגזרתי כגון האי מעשה דשמואל: שמא יקדים קנה. כשיוציא הקול נפתח אותו כובע שעל פי הקנה ונכנס בו המאכל ומסתכן ולפיכך לא אומר לך כלום מאכל ומשתה הולך דרך הושט: הכי גרסינן לימא לן מר מידי. ולא גרסינן חד לחבריה: לא מת. אלא חי הוא לעולם: בכדי. וכי בחנם ספדו ספדיא וחנטו חנטיא דכתיב ביה (בראשית נ) ויחנטו (אותו) ויספדו (לו): מקרא אני דורש. והאי דחנטו חנטיא סבורים היו שמת: מה זרעו בחיים. כשהוא מקבץ את ישראל מארץ שבים החיים הוא מקבץ שהן בשבי שהמתים אינן בשבי: אף הוא בחיים. שיביאנו בגולה כדי לגאול את בניו לעיניו כמו שמצינו במצרים וירא ישראל וגו' ודרשינן ישראל סבא ודחנטו חנטיא נדמה להם שמת אבל חי היה: כל האומר רחב רחב מיד נקרי. נעשה בעל קרי: לא איכפת לי. איני חושש: ביודעה. היינו נמי מכירה: כי הוה מיפטר. רב נחמן מרב יצחק: והיה צילו נאה. שזה צריך לאדם עייף לנוח תחתיו: ופירותיו מתוקין. לרעב: ואמת המים. לצמא:

יהיו

תוספות

ומי סיב שמואל והא בר נ"ב שנין הוה וכו'. ועתה ([ל]אפי') חיי שמואל נ"ב שנה שהרי בשנה ראשונה שהיה עלי ממונה לכ"ג נולד שמואל כדכתיב (שמואל א א) ועלי יושב כלומר אותו יום נתיישב ונתמנה ועלי היה נביא ושופט ארבעים שנה כדמפרש בקרא ושמואל היה נביא ושופט י' שנים קודם מלכות שאול כדאיתא בסדר עולם נמצא שהיה שמואל בן מ"ט שנה כשפסק מלהיות שופט וחצי שנה שבשנה ראשונה שהיה עלי נביא נולד ותרתין שנין ופלגא דשאול המלך הרי נ"ב שנין ולהכי קא פריך ומי סיב ומורי ש"י חשיב הני ארבעים שנה דעלי קודם שנשבה הארון ובאותו יום שנשבה מת כדכתיב ויהי כהזכירו ארון האלהים ויפול אחורנית ותשבר מפרקתו וגו' והארון היה בבית אבינדב בגבעה עשרים שנה כדכתיב (שמואל א ז) וירבו הימים ויהיו עשרים שנה וינהו כל בית ישראל אחרי ה' ומיד כשמלך דוד בירושלים דהיינו לאחר כשמלך בחברון שבע שנים ומחצה הביאו לשם לא וחשוב ארבעים שהיה עלי עם עשרים שנה שהיה הארון בבית אבינדב היינו ששים נמצא שהיה ששים שנה משנולד שמואל עד שבא הארון בירושלים אע"ג דנולד בשנה הראשונה א"כ נכי לפחות חצי שנה [מ] דהריון אותן שבעה חדשים (ג) היה הארון בשדה פלשתים דלא קא חשיב ומלי' להנהו דשעת הריון נמצא שהיה שמונה שנים ממיתת שמואל עד שבא הארון לירושלים שהרי היה ששה חדשים ממיתת שמואל קודם שמשחו דוד למלך בחברון ומלך שם שבע שנים ומחצה ומיד מלך בירושלים והביא הארון ועתה הסר שמונה שנים מן ששים שנים שהיה משנולד שמואל עד הבאת הארון וישאר נ"ב שנים: יעקב אבינו לא מת. וכן משמע (ד) דכתיב ויגוע ולא כתיב וימת כדמפרש בסוטה (דף יג.) גבי מעשה דחושים: ביודעה ומכירה קאמינא. פי' ביודעה שבא עליה ומכירה שראה אותה:

מלקוש

רבינו חננאל

אני ה' דברתי ועשיתי. והפיצותי אותך בגוים וזריתיך בארצות והתימותי טומאתך ממך ונחלת בך לעיני גוים וידעת כי אני ה'. א"ל הכי אמר ר' יוחנן עבירה אחת שיש בה שתי רעות ומאי ניהו ע"ז שנאמר כי שתים רעות עשה עמי אותי עזבו והלכו אל הגלולים כי עברו איי כתיים גו' עד ועמי המיר כבודו בלא יועיל. ותוב בעא מיניה כתיב ויהי כי זקן שמואל מי קא סיב כולי האי והאמר מר במסכת מועד במשקין מת בן חמשים שנה זו היא מיתתו של שמואל הרמתי א"ל הכי אמר ר' יוחנן זקנה הקפיץ הקב"ה עליו שנאמר (ויהי כי זקן שמואל) נחמתי כי המלכתי את שאול למלך. ויחר לשמואל ויזעק אל ה' כל הלילה אמר לפניו רבש"ע שקלתני כמשה ואהרן כו'. עד מי גרם לשאול לישב שתי שנים ומחצה בגבעה תפלתו של שמואל הרמתי. וכי מידחי גברא מקמי גברא אין שנאמר חצבתי בנביאים הרגתים באמרי פי במעשיהם לא נאמר אלא באמרי פי אלמא מדחי גברא מקמי גברא. אין אומרים דבר הלכה בסעודה שמא יקדים קנה לושט ויבא לידי סכנה (ותתקל הסעודה) בתר דסעיד א"ל הכי אמר ר' יוחנן יעקב אבינו לא מת שנאמר כי הנני מושיעך מרחוק ואת זרעך מארץ שבים וגו' מקיש יעקב לזרעו מה זרעו בחיים אף הוא בחיים.

הגהות הב"ח

(א) רש"י ד"ה ששקולה כו'. נ"ב מלשון רש"י משמע שהיה גורס כותיים עובדים למים וקדריים עובדין לאש וכ"ה בילקוט ע"ש: (ב) ד"ה והאמר מר כו' של שמואל הרמתי כרת היא במס' שמחות מפרש מת בכך וכך שנים כו' כצ"ל ותיבת ולא נמחק: (ג) תוס' ד"ה ומי כו' אותן שבעה חדשים שהיה הארון כו' דשעת הריון ונמצא שהיו שמונה: (ד) ד"ה יעקב כו' וכן משמע מדכתיב ויגוע:

רבינו גרשום

ע"א עשרים ושש עבירות כתיבי באותה פרשה התשפט התשפט: ומאי ניהו ע"ז דכתיב פן תשחיתון ועשיתם פסל ואמר כל מקום שנאמר השחתה אינו אלא דבר ערוה וע"ז. ע"א. מאי ניהו ע"ז כלומר כשהוא עובד הני תרי ע"ז דקדריים וכותיים ומנלן דהאי קרא כי שתים רעות משמע ע"ז כתיב הכא כו': לא בטלו מעשה ידיהן בחייהן. משכן: מרנני כל עם אבתריה. דאמרי לפי שחטא מת בחור. קפצה עליו זקנה דלא רנני עליה דסבר זקן הוא. אלא באמרי פי כגון שמואל: ביודעה ומכירה: ביודעה ומכירה: שמורה הבריות לפי שהוא מטר הראשון: שיורד בנחת כמו עושה הוראה לבניו בנחת: ששוטף את הגרנות. דמשמע יורה כחץ: שמפיל אילנות. דמשמע א) מחתך מלקושה: סקאין. צלצל: שמל קשיותן. שכשאינו יורה מתענין ומתפללין: או אינו יורה אלא בכסליו: בעתו. היינו י"ז במרחשון: בכירה גרסינן. עד שיגיע ר"ח כסליו כדאמר דאין מתענין אלא עד השלישית

חשק שלמה על רבינו חננאל א) אולי צ"ל דכן משמע לשון מלקוש.

מסורת הש"ס

א) [צ"ל כבודו], ב) מו"ק כח., ג) [שבת קנב.], ד) [עמ"ש תוס' גיטין סח. ד"ה וכתיב], ה) [ברכות מח: וש"נ], ו) [תוספתא דסוטה פי"א], ז) [צ"ל יונתן], ח) מגילה טו., ט) [ליתא שם], י) [צ"ל מיתת כרת], כ) [צ"ל בכורים פ"ב ע"ש], ל) [צ"ל אפרש], מ) [עי' בפ"ק דר"ה דף יא. מהרש"א].

ליקוטי רש"י

איי כתיים. לאיי כתיים. איי. אישל"ש בלע"ז. וקדר שלחו. ולקדר שלחו לראות מנהגם. והתבוננו מאד. ושימו לב להסתכל בדבר יפה. ההימיר גוי וגו'. ורבותינו אמרו כתיים עובדים למים וקדריים עובדים לאש ואע"פ שיודעים שהמים מכבין את האש לא הניחו את אלהיהם [ירמיה ב, י]. בלא יועיל. בעכו"ם שאין בה תועלת [שם יא]. נחמתי. מחשבה עלתה בלבי על מלכות שאול שהמלכתי [שמואל א טו, יא]. ואין מלכות נוגעת בחברתה. משהגיע זמן המלכות ליפול ותעמוד אחרת לא יאחר זמן כמלא נימא אלא מי שזמנה ליפול בלילה נופלת בלילה שנאמר (דניאל ה) ביה בליליא איתקטל בלשצר ושזמנה ביום נופלת ביום שנאמר (יחזקאל ל) ובתחפנחס חשך היום [יומא לח:]. תחת האשל ברמה. אמת שהיתה בגבול בנימן ורבותינו אמרו היא היתה רמה של שמואל ושני מקומות הן וכן מדרשו ושאול יושב בגבעה בזכות האשל הגדול אשר ברמה שהיה מתפלל עליו [שמואל א כב, ו]. מי גרם לשאול וכו' תפלתו של שמואל. ברמה דבחצי שנה ראשונה סרח ונגזרה עליו מיתה אלא שעמדה לו תפלת שמואל [זבחים קיח:]. יעקב אבינו לא מת. ויגוע ויאסף, ומיתה לא נאמרה בו ואמרו רבותינו ז"ל יעקב אבינו לא מת [בראשית מט, לג]. ואתה אל תירא. מכל הרעות אשר תראה באה על בבל אשר אתה בתוכה [ירמיה ל, י]. נקרי. רואה קרי [מגילה טו.].

תורה אור השלם

א) כִּי שְׁתַּיִם רָעוֹת עָשָׂה עַמִּי אֹתִי עָזְבוּ מְקוֹר מַיִם חַיִּים לַחְצֹב לָהֶם בֹּארוֹת בֹּארֹת נִשְׁבָּרִים אֲשֶׁר לֹא יָכִלוּ הַמָּיִם: [ירמיה ב, יג]

ב) כִּי עִבְרוּ אִיֵּי כִתִּיִּים וּרְאוּ וְקֵדָר שִׁלְחוּ וְהִתְבּוֹנְנוּ מְאֹד וּרְאוּ הֵן הָיְתָה כָּזֹאת: הַהֵימִיר גּוֹי אֱלֹהִים וְהֵמָּה לֹא אֱלֹהִים וְעַמִּי הֵמִיר כְּבוֹדוֹ בְּלוֹא יוֹעִיל: [ירמיה ב, י-יא]

ג) וַיְהִי כַּאֲשֶׁר זָקֵן שְׁמוּאֵל וַיָּשֶׂם אֶת בָּנָיו שֹׁפְטִים לְיִשְׂרָאֵל: [שמואל א' ח, א]

ד) נִחַמְתִּי כִּי הִמְלַכְתִּי אֶת שָׁאוּל לְמֶלֶךְ כִּי שָׁב מֵאַחֲרַי וְאֶת דְּבָרַי לֹא הֵקִים וַיִּחַר לִשְׁמוּאֵל וַיִּזְעַק אֶל יְיָ כָּל הַלָּיְלָה: [שמואל א' טו, יא]

ה) מֹשֶׁה וְאַהֲרֹן בְּכֹהֲנָיו וּשְׁמוּאֵל בְּקֹרְאֵי שְׁמוֹ קֹרְאִים אֶל יְיָ וְהוּא יַעֲנֵם: [תהלים צט, ו]

ו) וַיִּשְׁמַע שָׁאוּל כִּי נוֹדַע דָּוִד וַאֲנָשִׁים אֲשֶׁר אִתּוֹ וְשָׁאוּל יוֹשֵׁב בַּגִּבְעָה תַּחַת הָאֶשֶׁל בָּרָמָה וַחֲנִיתוֹ בְיָדוֹ וְכָל עֲבָדָיו נִצָּבִים עָלָיו: [שמואל א' כב, ו]

ז) עַל כֵּן חָצַבְתִּי בַּנְּבִיאִים הֲרַגְתִּים בְּאִמְרֵי פִי וּמִשְׁפָּטֶיךָ אוֹר יֵצֵא: [הושע ו, ה]

ח) וְאַתָּה אַל תִּירָא עַבְדִּי יַעֲקֹב נְאֻם יְיָ וְאַל תֵּחַת יִשְׂרָאֵל כִּי הִנְנִי מוֹשִׁיעֲךָ מֵרָחוֹק וְאֶת זַרְעֲךָ מֵאֶרֶץ שִׁבְיָם וְשָׁב יַעֲקֹב וְשָׁקַט וְשַׁאֲנַן וְאֵין מַחֲרִיד: [ירמיה ל, י]

שְׁקוּלָה כִּשְׁתַּיִם – **equal to two.**[1] וּמַאי נִיהוּ – **And which** transgression **is that?** עֲבוֹדָה זָרָה – **Idolatry.** דִּכְתִיב: ,,כִּי־שְׁתַּיִם רָעוֹת עָשָׂה עַמִּי – **As it is written** in that verse: ***For My people have committed two evils:*** אֹתִי עָזְבוּ מְקוֹר מַיִם חַיִּים – ***They have abandoned Me, the source of living waters,*** לַחְצֹב לָהֶם בֹּארוֹת בֹּארֹת נִשְׁבָּרִים'' – ***to hew out for themselves cisterns, broken cisterns.*** The people sinned by abandoning the worship of God for the worship of idols, which the prophet likens to broken cisterns. This is considered as if they had committed two transgressions וּכְתִיב בְּהוּ – for **it is written of [the people]** in the previous verses:[2] ,,כִּי עִבְרוּ אִיֵּי כִתִּיִּים וּרְאוּ – ***For go to the isles of the Kittites and see,*** וְקֵדָר שִׁלְחוּ וְהִתְבּוֹנְנוּ מְאֹד וגו' – ***send to Keidar and consider diligently*** **etc.** הַהֵימִיר גּוֹי אֱלֹהִים וְהֵמָּה לֹא אֱלֹהִים – ***Has a nation changed [their] gods even though they are not gods?*** וְעַמִּי הֵמִיר כְּבוֹדוֹ בְּלוֹא יוֹעִיל'' – ***Yet My people has changed its glory for that which is of no benefit.*** תָּנָא – **And a Tanna taught** in explanation of these verses: כּוּתִיִּים עוֹבְדִים לָאֵשׁ וְקֵדָרִיִּים עוֹבְדִין לַמַּיִם – THE CUTHITES[3] WORSHIP FIRE, AND THE KEIDARITES WORSHIP WATER. וְאַף עַל פִּי שֶׁיּוֹדְעִים שֶׁהַמַּיִם מְכַבִּין אֶת הָאֵשׁ – AND ALTHOUGH [THE CUTHITES][3] KNOW THAT WATER EXTINGUISHES FIRE, לֹא הֵמִירוּ אֱלֹהֵיהֶם – THEY HAVE NOT CHANGED THEIR GOD. ,,וְעַמִּי הֵמִיר כְּבוֹדוֹ בְּלוֹא יוֹעִיל'' – *YET MY PEOPLE HAS CHANGED ITS GLORY FOR THAT WHICH IS OF NO BENEFIT.* The idol worship committed by Israel is doubly offensive: Not only have they changed their object of worship (which is not the way even of nations that worship inferior idols) but they have changed the living God for idols that are of no benefit.

Rav Nachman poses another question which R' Yitzchak answers with a teaching from R' Yochanan:

וְאָמַר לֵיהּ רַב נַחְמָן לְר' יִצְחָק – **And Rav Nachman said to R' Yitzchak:** מַאי דִּכְתִיב: ,,וַיְהִי כַּאֲשֶׁר זָקֵן שְׁמוּאֵל'' – **What is** the meaning of **that which is written:**[4] ***And it came to pass when Samuel was old?*** וּמִי סִיב שְׁמוּאֵל כּוּלֵּי הַאי – **Did Samuel** ever **become so old?** וְהָא בַּר חֲמִשִּׁים וּשְׁתַּיִם הֲוָה – **But he was** only **fifty-two years old** when he died! דְּאָמַר מַר – **As the master taught** in a Baraisa: מֵת בַּחֲמִשִּׁים וּשְׁתַּיִם שָׁנָה – If ONE DIED AT the age of FIFTY-TWO YEARS, זֶהוּ מִיתָתוֹ שֶׁל שְׁמוּאֵל הָרָמָתִי – THAT IS THE DEATH OF SAMUEL THE RAMAHITE.[5] אָמַר לֵיהּ – **[R' Yitzchak] answered him:** הָכִי אָמַר רַבִּי יוֹחָנָן – **Thus said R' Yochanan:** זִקְנָה קָפְצָה עָלָיו – **Old age came upon [Samuel] suddenly;** i.e. his hair turned white prematurely.

R' Yochanan gives the reason for Samuel's premature aging: דִּכְתִיב – **As it is written** that God said to Samuel:[6] ,,נִחַמְתִּי כִּי־הִמְלַכְתִּי אֶת־שָׁאוּל'' – ***I regret having made Saul king.*** God sought to kill Saul for disobeying His commands. אָמַר לְפָנָיו – **Samuel said before [God]:** רִבּוֹנוֹ שֶׁל עוֹלָם – **Master of the Universe,** שְׁקַלְתַּנִי כְּמֹשֶׁה וְאַהֲרֹן – **You have equated me with Moses and Aaron,** דִּכְתִיב: ,,מֹשֶׁה וְאַהֲרֹן בְּכֹהֲנָיו וּשְׁמוּאֵל בְּקֹרְאֵי שְׁמוֹ'' – **as it is written:**[7] ***Moses and Aaron were among His priests, and Samuel among those who invoke His Name.*** מָה מֹשֶׁה וְאַהֲרֹן לֹא בָּטְלוּ מַעֲשֵׂה יְדֵיהֶם בְּחַיֵּיהֶם – Therefore, **just as the handiwork of Moses and Aaron did not come to naught in their lifetimes** (inasmuch as their disciple, Joshua,[8] survived them), אַף אֲנִי לֹא יִתְבַּטֵּל מַעֲשֵׂה יָדַי בְּחַיַּי – **the same should apply to me; my handiwork should not come to naught in my lifetime.** Let not Saul, whom I appointed as king, die in my lifetime. אָמַר הַקָּדוֹשׁ בָּרוּךְ הוּא – **The Holy One, Blessed is He, said:** הֵיכִי אַעֲבִיד – **What shall I do?** לֵימוּת שָׁאוּל – **Let Saul die** immediately? לֹא קָא שָׁבִיק שְׁמוּאֵל – **Samuel would not allow** it. לֵימוּת שְׁמוּאֵל אַדְּזוּטָר – **Let Samuel die young,** thus enabling Me to kill Saul afterwards? מְרַנְּנֵי אַבַּתְרֵיהּ – **The [people] would** then **malign [Samuel]** claiming that he died at a relatively young age on account of some wrongdoing he committed. לֹא לֵימוּת שָׁאוּל וְלֹא לֵימוּת שְׁמוּאֵל – **Let neither Saul nor Samuel die?** That too is unacceptable כְּבָר הִגִּיעָה מַלְכוּת דָּוִד – for the designated time of **the reign of David has already arrived,** וְאֵין מַלְכוּת נוֹגַעַת בַּחֲבֶרְתָּהּ אֲפִילּוּ כִּמְלֹא נִימָא – **and one reign may not encroach upon another even by a hairbreadth.** אָמַר הַקָּדוֹשׁ בָּרוּךְ הוּא – **The Holy One, Blessed is He, said** in conclusion: אַקְפִּיץ עָלָיו זִקְנָה – **I will make Samuel age prematurely;** in that way Samuel will predecease Saul, without any implication that Samuel had sinned.

הַיְינוּ דִּכְתִיב – **In reference to this it is written:**[9] ,,וְשָׁאוּל יוֹשֵׁב בַּגִּבְעָה תַּחַת־הָאֶשֶׁל בָּרָמָה'' – ***And Saul was sitting in Givah under the tree in Ramah.*** וְכִי מָה עִנְיַן גִּבְעָה אֵצֶל רָמָה – **Now what is the relevance of Givah,** which is in Benjamin's territory, **to Ramah,** which is in the mountains of Ephraim? אֶלָּא לוֹמַר לְךָ – **It must be** that the verse serves **to teach you** the following: מִי גָּרַם לְשָׁאוּל שֶׁיֵּשֵׁב בַּגִּבְעָה שְׁתֵּי שָׁנִים וּמֶחֱצָה – **Who brought it about that Saul** [a Benjaminite] **dwelled in Givah for two and one-half years?**[10] תְּפִלָּתוֹ שֶׁל שְׁמוּאֵל הָרָמָתִי – It was brought about by **the prayer of Samuel the Ramahite.**[11]

NOTES

1. The Gemara explains below that the idolatry performed by Israel was twice as offensive as that of other nations (see *Rashi*). [According to this explanation of the verse, the Prophet mentions that Israel committed two offenses, not to enumerate all their sins, but to highlight a specific sin that was doubly offensive.]

2. *Jeremiah* 2:10, 11.

3. *Rashash* emends כִּתִּיִּים, *Kittites,* to conform with the verse.

4. *I Samuel* 8:1.

5. Tractate *Semachos* [a collection of Baraisos on the subject of death and mourning] (3:8) teaches that one who dies at the age of fifty must have been subject to כָּרֵת, *kares* (a Divinely imposed premature death); but one who dies at the age of fifty-two was not subject to *kares,* for Samuel the prophet died at that age.

That Samuel died at the age of fifty-two can be proven as follows: Samuel's mother – Chanah – said that as soon as Samuel was weaned she would take him to the Temple to spend a lifetime of service there (*I Samuel* 1:22): יִגָּמֵל הַנַּעַר וַהֲבִאֹתִיו ... וְיָשַׁב שָׁם עַד־עוֹלָם, *the lad will be weaned and then I will bring him* [to the Temple] . . . *and he shall stay there "forever."* The term עַד עוֹלָם is not to be understood here in its literal sense (*forever*). Rather it is treated as a reference to the lifetime that a Levi lives until he retires from the Temple service at the age of fifty (see *Numbers* 8:25). This is a Scriptural allusion [based on Chanah's unwitting prophetic usage of the term *forever*] which teaches that Samuel served for fifty years in the Temple. Since a child is normally weaned at the age of two (see *Kesubos* 60a), we deduce that Samuel lived for a total of fifty-two years (*Rashi*).

6. *I Samuel* 15:11.

7. *Psalms* 99:6.

8. Not only was Joshua a disciple of Moses, he was also a disciple of Aaron. The Gemara (*Eruvin* 54b) relates that when Moses taught the people the Oral Law that he had received at Sinai, Aaron repeated each of Moses' lessons to the assembled group. [Thus, Aaron taught the entire Oral Law to Joshua] (*Rashi*).

9. *I Samuel* 22:6.

10. Saul ascended the throne halfway through Samuel's eleventh year as judge, and he remained in power throughout the twelfth and thirteenth years. Samuel died after the eighth month of his thirteenth year as judge (*Seder Olam* cited by *Rashi;* cf. *Rashi* to *Zevachim* 118b ד"ה הכי גרסינן).

11. As mentioned above, God sought to kill Saul shortly after he became king. As a result of Samuel's prayer, Saul's reign was extended for two and a half years until the time arrived for David's reign to begin. The verse is understood as follows: That Saul dwelled in Givah as king was due to the merit of the great "tree" [Samuel] who lived in Ramah (*Maharsha*).

שקולה כשתים ומאי ניהו ע"ז דכתיב (א) כי שתים רעות עשה עמי אותי עזבו מקור מים חיים לחצוב להם בארות בארות נשברים וכתיב בהו (ב) כי עברו איי כתיים וראו וקדר שלחו והתבוננו מאד וגו' ההימיר גוי אלהים והמה לא אלהים ועמי המיר כבודו בלא יועיל תנא כותיים עובדים לאש וקדריים עובדין למים ואע"פ שיודעים שהמים מכבין את האש לא המירו אלהיהם ועמי המיר [א] כבודי בלא יועיל וא"ל רב נחמן לר' יצחק מ"ד (ג) ויהי כאשר זקן שמואל ומי סיב שמואל כולי האי והא בר נ"ב הוה דאמר מר [ב] מת בנ"ב שנה זהו מיתתו של שמואל הרמתי א"ל הכי א"ר יוחנן [ג] זקנה קפצה עליו דכתיב (ד) נחמתי כי המלכתי את שאול אמר לפניו רבש"ע שקלתני כמשה ואהרן [ד] דכתיב (ה) משה ואהרן בכהניו ושמואל בקוראי שמו מה משה ואהרן לא בטלו מעשה ידיהם בחייהם אף אני לא יתבטל מעשה ידי בחיי אמר הקב"ה היכי אעביד לימות שאול לא קא שביק שמואל לימות שמואל אדזוטר מרנני אבתריה לא לימות שאול ולא לימות שמואל כבר הגיעה מלכות דוד [ה] ואין מלכות נוגעת בחברתה אפילו כמלא נימא אמר הקב"ה אקפיץ עליו זקנה היינו דכתיב (ו) ושאול יושב בגבעה תחת האשל ברמה [ו] וכי מה ענין גבעה אצל רמה אלא לומר לך מי גרם לשאול שישב בגבעה שתי שנים ומחצה תפלתו של שמואל הרמתי ומי מידחי גברא מקמי גברא אין דא"ר שמואל בר נחמני א"ר ([ז] יוחנן) מ"ד (ז) על כן חצבתי בנביאים הרגתים באמרי פי במעשיהם לא נאמר אלא באמרי פי אלמא מידחי גברא מקמי גברא רב נחמן ור' יצחק הוו יתבי בסעודתא א"ל רב נחמן לר' יצחק לימא מר מילתא א"ל הכי א"ר יוחנן אין מסיחין בסעודה שמא יקדים קנה לושט ויבא לידי סכנה בתר דסעוד א"ל הכי א"ר יוחנן יעקב אבינו לא מת א"ל וכי בכדי ספדו ספדנייא וחנטו חנטייא וקברו קברייא א"ל מקרא אני דורש שנאמר (ח) ואתה אל תירא עבדי יעקב נאם ה' ואל תחת ישראל כי הנני מושיעך מרחוק ואת זרעך מארץ שבים מקיש הוא לזרעו מה זרעו בחיים אף הוא בחיים א"ר יצחק [ח] כל האומר רחב רחב מיד נקרי א"ל רב נחמן אנא אמינא ולא איכפת לי א"ל כי קאמינא ביודעה ובמכירה [ט] (ובמזכיר את שמה) כי הוו מיפטרי מהדדי א"ל ליברכן מר אמר ליה אמשול לך משל למה"ד לאדם שהיה הולך במדבר והיה רעב ועיף וצמא ומצא אילן שפירותיו מתוקין וצילו נאה ואמת המים עוברת תחתיו אכל מפירותיו ושתה ממימיו וישב בצילו וכשביקש לילך אמר אילן אילן במה אברכך אם אומר לך שיהו פירותיך מתוקין הרי פירותיך מתוקין שיהא צילך נאה הרי צילך נאה שתהא אמת המים עוברת תחתיך הרי אמת המים עוברת תחתיך אלא יהי רצון שכל נטיעות שנוטעין ממך

יהיו

רש"י

ששקולה כשתים. דכותיים וקדריים כדמפרש שהרעו משניהן לא הביטו מהן דכותיים וקדריים (א) אע"פ שיראתם פחותה לא רצו להמיר ועמי המירו באחר ולא עוד אלא בלא יועיל: והאמר מר. במועד קטן (דף כח.) זו מיתתו של שמואל הרמתי (ב) ולא [י] כרת היא במסכת שמחות (פ"ג) מפרש מת בכך שנים זו היא מיתת כרת בכך וכך זו היא מיתת אסכרה: ימיו של שמואל נ"ב שנה. דכתיב עד יגמל הנער וגו' דשיעורי"ר בלע"ז וכ"ד חדשים נקרא תינוק וכתיב (שמואל א א) וישב שם עד עולם עולמו של לוי חמשים שנה שנאמר (במדבר ח) ומבן חמשים שנה ישוב מצבא העבודה ([כ] בבכורות) ירושלמי ובסדר עולם תמצא כשני דפין תוספת על זה: קפצה. הלבין שערו: נחמתי. ורצה הקב"ה להורגו מיד: שקלתני כמשה ואהרן דכתיב משה ואהרן בכהניו ושמואל בקוראי שמו וגו'. שוין הן: מעשה ידיהן. יהושע אף הוא היה תלמידו של אהרן כדאמרי' בעירובין (דף נד:) יצא משה ושנה להן אהרן פירקו: כי זוטר. בחור: מרנני כולי עלמא אבתריה. דאמרי מדמית זוטר שמא ח"ו עבירה היתה בו: וכי מה ענין גבעת בנימין אצל רמה. בהר אפרים: שישב ב' שנים ומחצה. כדמפרש בסדר עולם שמלך מתחילת שנת עשתי עשרה ושנים עשרה ושלשה עשר ושמואל מת בתוך שנת שלש עשרה לסוף שמונה חדשים: מי מידחי גברא כו'. דאידחי שמואל מקמי דוד: במעשיהם לא נאמר. דמשמע בעבור חטא: אלא באמרי פי. מפני דבר שגזרתי כגון האי מעשה דשמואל: שמא יקדים קנה. כשיוצא הקול נפתח אותו כובע שעל פי הקנה ונכנס בו המאכל ומסתכן ולפיכך לא אומר לך כלום מאכל ומשתה הולך דרך הושט: הכי גרסינן לימא לן מר מידי. ולא גרסינן חד לחבריה: לא מת. אלא חי הוא לעולם: בכדי. וכי בחנם ספדו ספדיא וחנטו חנטיא דכתיב ביה (בראשית נ) ויחנטו (אותו) ויספדו (לו): מקרא אני דורש. והאי דחנטו חנטיא סבורים היו שמת: מה זרעו בחיים. כשהוא מקבץ את ישראל מארץ שבים החיים הוא מקבץ שהן בשבי שהמתים אינן בשבי: אף הוא בחיים. שיביאנו בגולה כדי לגאול את בניו לעיניו כמו שמצינו במצרים וירא ישראל וגו' ודרשינן ישראל סבא ודחנטו חנטיא נדמה להם שמת אבל חי היה: כל האומר רחב רחב מיד נקרי. נעשה בעל קרי: לא איכפת לי. איני חושש: ביודעה. היינו נמי מכירה: כי הוה מיפטר. רב נחמן מרב יצחק: והיה צילו נאה. שזה צריך לאדם עייף לנוח תחתיו: ופירותיו מתוקין. לרעב: ואמת המים. לצמא:

יהיו

תוספות

ומי סיב שמואל והא בר נ"ב שנין הוה וכו'. ועתה (א[פי']) חיי שמואל נ"ב שנה שהרי בשנה ראשונה שהיה עלי ממונה לכ"ג נולד שמואל כדכתיב (שמואל א א) ועלי יושב כלומר אותו יום נתיישב ונתמנה ועלי היה נביא ושופט ארבעים שנה כדמפרש בקרא ושמואל היה נביא ושופט י' שנים קודם מלכות שאול כדאיתא בסדר עולם נמצא שהיה שמואל בן מ"ט שנה כשפסק מלהיות שופט וחצי שנה שבשנה ראשונה שהיה עלי נביא נולד ותרתין שנין ופלגא דשאול המלך הרי נ"ב שנין ולהכי קא פריך ומי סיב ומורי ש"י חשיב הני ארבעים שנה דעלי קודם שנשבה הארון ובאותו יום שנשבה מת כדכתיב ויהי כהזכירו ארון האלהים ויפול אחורנית ותשבר מפרקתו וגו' והארון היה בבית אבינדב בגבעה עשרים שנה כדכתיב (שמואל א ז) וירבו הימים ויהיו עשרים שנה וינהו כל בית ישראל אחרי ה' ומיד כשמלך דוד בירושלים דהיינו לאחר כשמלך בחברון שבע שנים ומחצה הביאו לשם לא ותשוב ארבעים שהיה עלי עם עשרים שנה שהיה הארון בבית אבינדב היינו ששים נמצא שהיה ששים שנה משנולד שמואל עד שבא הארון בירושלים אע"ג דנולד בשנה הראשונה א"כ נכי לפחות חצי שנה [מ] דהריון אותן שבעה חדשים (ג) היה הארון בשדה פלשתים דלא קא חשיב ומלי' להנהו דשעת הריון נמצא שהיה שמונה שנים ממיתת שמואל עד שבא הארון לירושלים שהרי היה ששה חדשים ממיתת שמואל קודם שמשחו דוד למלך בחברון ומלך שם שבע שנים ומחצה ומיד מלך בירושלים והביא הארון ועתה הסר שמונה שנים מן ששים שנים שהיה משנולד שמואל עד הבאת הארון וישאר נ"ב שנים: יעקב אבינו לא מת. וכן משמע (ד) דכתיב ויגוע ולא כתיב וימת כדמפרש בסוטה (דף יג.) גבי מעשה דחושים: ביודעה ומכירה קאמינא. פי' ביודעה שבא עליה ומכירה שראה אותה:

מלקוש

רבינו חננאל

אני ה' דברתי ועשיתי. והפיצותי אותך בגוים וזריתיך בארצות והתימותי טומאתך ממך ונחלת בך לעיני גוים וידעת כי אני ה'. א"ל הכי אמר ר' יוחנן עבירה אחת שיש בה שתי רעות ומאי ניהו ע"ז שנאמר כי שתים רעות עשה עמי אותי עזבו והלכו אל הגלולים כי עברו איי כתיים גו' עד ועמי המיר כבודו בלא יועיל. ותוב בעא מיניה כתיב ויהי כי זקן שמואל מי קא סיב כולי האי והאמר מר במסכת מועד במשקין מת בן חמשים שנה זו היא מיתתו של שמואל הרמתי א"ל הכי אמר ר' יוחנן זקנה הקפיץ הקב"ה עליו שנאמר (ויהי כי זקן שמואל) נחמתי כי המלכתי את שאול למלך. ויחר לשמואל ויזעק אל ה' כל הלילה אמר לפניו רבש"ע שקלתני כמשה ואהרן כו'. עד מי גרם לשאול לישב שתי שנים ומחצה בגבעה תפלתו של שמואל הרמתי. וכי מידחי גברא מקמי גברא אין שנאמר חצבתי בנביאים הרגתים באמרי פי במעשיהם לא נאמר אלא באמרי פי אלמא מדחי גברא מקמי גברא. אין אומרים דבר הלכה בסעודה שמא יקדים קנה לושט ויבא לידי סכנה (ותתקל הסעודה) בתר דסעיד א"ל הכי אמר ר' יוחנן יעקב אבינו לא מת שנאמר כי הנני מושיעך מרחוק ואת זרעך מארץ שבים וגו' מקיש יעקב לזרעו מה זרעו בחיים אף הוא בחיים.

חשק שלמה על רבינו חננאל א) אולי צ"ל דכן משמע לשון מלקוש.

הגהות הב"ח

(א) רש"י ד"ה ששקולה כו'. נ"ב מלשון רש"י משמע שהיה גורס כותיים עובדים למים וקדריים עובדין לאש וכ"ה בילקוט ע"ש: (ב) ד"ה והאמר מר כו' של שמואל הרמתי כרת היא במס' שמחות מפרש מת בכך וכך שנים כו' כצ"ל ותיבת ולא נמחק: (ג) תוס' ד"ה ומי כו' אותן שבעה חדשים שהיה הארון כו' דשעת הריון ונמצא שהיו שמונה: (ד) ד"ה יעקב כו' וכן משמע מדכתיב ויגוע:

רבינו גרשום

ע"א עשרים ושש עבירות כתיבי באותה פרשה התשפט התשפט: ומאי ניהו ע"ז דכתיב פן תשחיתון ועשיתם פסל ואמר כל מקום שנאמר השחתה אינו אלא דבר ערוה וע"ז. ע"א. מאי נינהו ע"ז כלומר כשהוא עובד הני תרי ע"ז דקדריים וכותיים ומנלן דהאי קרא כי שתים רעות משמע ע"ז כתיב הכא כו': לא בטלו מעשה ידיהן בחייהן. משכן: מרנני כל עם אבתריה. דאמרי לפי שחטא מת בחור. קפצה עליו זקנה דלא רנני עליה דסבר זקן הוא. אלא באמרי פי כגון שמואל: ביודעה ומכירה: שמורה הבריות לפי שהוא מטר הראשון: שיורד בנחת כמו עושה הוראה לבניו בנחת: ששוטף את הגרנות. דמשמע יורה כחץ: שמפיל אילנות. דמשמע א) מחתך מלקושה: סקאין. צלצל: שמל קשיותן. שכשאינו יורה מתענין ומתפללין: או אינו יורה אלא בכסליו: בעתו. היינו י"ז במרחשון: בכירה גרסינן. עד שיגיע ר"ח כסליו כדאמר דאין מתענין אלא עד השלישית

מסורת הש"ם

א) [צ"ל כבודו], ב) מו"ק כח., ג) [שבת קנב.], ד) [עמ"ש תוס' גיטין סח. ד"ה וכתיב], ה) [ברכות מח: וש"נ], ו) [תוספתא דסוטה פי"א], ז) [צ"ל יונתן], ח) מגילה טו., ט) [ליתא שם], י) [צ"ל מיתת כרת], כ) [צ"ל בכורים פ"ב ע"ש], ל) [צ"ל אפרש], מ) [עי' בפ"ק דר"ה דף יא. מהרש"א].

ליקוטי רש"י

איי כתיים. לאיי כתים. איי. אישל"ש בלע"ז. וקדר שלחו. ולקדר שלחו לראות מנהגם. והתבוננו מאד. ושימו לב להסתכל בדבר יפה. ההימיר גוי וגו'. ורבותינו אמרו כתיים עובדים למים וקדריים עובדים לאש ואע"פ שיודעים שהמים מכבין את האש לא הניחו את אלהיהם [ירמיה ב, י]. בלא יועיל. בעכו"ם שאין בה תועלת [שם יא]. נחמתי. מחשבה עלתה בלבי על מלכות שאול שהמלכתי [שמואל א טו, יא]. ואין מלכות נוגעת בחברתה. משהגיע זמן המלכות ליפול ותעמוד אחרת לא יאחר זמן כמלא נימא אלא מי שזמנה ליפול בלילה נופלת בלילה שנאמר (דניאל ה) ביה בליליא איתקטל בלשצר ושזמנה ביום נופלת ביום שנאמר (יחזקאל ל) ובתחפנחס חשך היום [יומא לח:]. תחת האשל ברמה. אחת שהיתה בגבול בנימן ורבותינו אמרו היא היתה רמה של שמואל ושני מקומות הן וכן מדרשו ושאול יושב בגבעה בזכות האשל הגדול אשר ברמה שהיה מתפלל עליו [שמואל א כב, ו]. מי גרם לשאול וכו' תפלתו של שמואל. ברמה דבחצי שנה ראשונה מרד ונגזרה עליו מיתה אלא שעמדה לו תפלת שמואל [זבחים קיח:]. יעקב אבינו לא מת. ויגוע ויאסף, ומיתה לא נאמרה בו ואמרו רבותינו ז"ל יעקב אבינו לא מת [בראשית מט, לג]. ואתה אל תירא. מכל הרעות אשר תראה באה על בבל אשר אתה בתוכה [ירמיה ל, י]. נקרי. רואה קרי [מגילה טו.].

תורה אור השלם

א) כִּי שְׁתַּיִם רָעוֹת עָשָׂה עַמִּי אֹתִי עָזְבוּ מְקוֹר מַיִם חַיִּים לַחְצֹב לָהֶם בֹּארוֹת בֹּארֹת נִשְׁבָּרִים אֲשֶׁר לֹא יָכִלוּ הַמָּיִם: [ירמיה ב, יג]

ב) כִּי עִבְרוּ אִיֵּי כִתִּיִּים וּרְאוּ וְקֵדָר שִׁלְחוּ וְהִתְבּוֹנְנוּ מְאֹד וּרְאוּ הֵן הָיְתָה כָּזֹאת: הַהֵימִיר גּוֹי אֱלֹהִים וְהֵמָּה לֹא אֱלֹהִים וְעַמִּי הֵמִיר כְּבוֹדוֹ בְּלוֹא יוֹעִיל: [ירמיה ב, י-יא]

ג) וַיְהִי כַּאֲשֶׁר זָקֵן שְׁמוּאֵל וַיָּשֶׂם אֶת בָּנָיו שֹׁפְטִים לְיִשְׂרָאֵל: [שמואל א' ח, א]

ד) נִחַמְתִּי כִּי הִמְלַכְתִּי אֶת שָׁאוּל לְמֶלֶךְ כִּי שָׁב מֵאַחֲרַי וְאֶת דְּבָרַי לֹא הֵקִים וַיִּחַר לִשְׁמוּאֵל וַיִּזְעַק אֶל יְיָ כָּל הַלָּיְלָה: [שמואל א' טו, יא]

ה) מֹשֶׁה וְאַהֲרֹן בְּכֹהֲנָיו וּשְׁמוּאֵל בְּקֹרְאֵי שְׁמוֹ קֹרְאִים אֶל יְיָ וְהוּא יַעֲנֵם: [תהלים צט, ו]

ו) וַיִּשְׁמַע שָׁאוּל כִּי נוֹדַע דָּוִד וַאֲנָשִׁים אֲשֶׁר אִתּוֹ וְשָׁאוּל יוֹשֵׁב בַּגִּבְעָה תַּחַת הָאֶשֶׁל בָּרָמָה וַחֲנִיתוֹ בְיָדוֹ וְכָל עֲבָדָיו נִצָּבִים עָלָיו: [שמואל א' כב, ו]

ז) עַל כֵּן חָצַבְתִּי בַּנְּבִיאִים הֲרַגְתִּים בְּאִמְרֵי פִי וּמִשְׁפָּטֶיךָ אוֹר יֵצֵא: [הושע ו, ה]

ח) וְאַתָּה אַל תִּירָא עַבְדִּי יַעֲקֹב נְאֻם יְיָ וְאַל תֵּחַת יִשְׂרָאֵל כִּי הִנְנִי מוֹשִׁיעֲךָ מֵרָחוֹק וְאֶת זַרְעֲךָ מֵאֶרֶץ שִׁבְיָם וְשָׁב יַעֲקֹב וְשָׁקַט וְשַׁאֲנַן וְאֵין מַחֲרִיד: [ירמיה ל, י]

The Gemara asks:

ומי מידחי גַּבְרָא מִקַּמֵּי גַּבְרָא – Does one man get pushed aside for the sake of another? Would God have brought about Samuel's death purely for the sake of allowing David to rule?

The Gemara answers:

אִין – Yes, such a phenomenon can occur. **דְּאָמַר רַבִּי שְׁמוּאֵל בַּר נַחְמָנִי אָמַר רַבִּי (יוחנן) [יוֹנָתָן] – As R' Shmuel bar Nachmani said in the name of R' (Yochanan) [Yonasan]: מַאי דִּכְתִיב: ,,עַל־כֵּן חָצַבְתִּי בַּנְּבִיאִים הֲרַגְתִּים בְּאִמְרֵי־פִי" – What is** the meaning of **that which is written:**[12] ***Therefore I have hewn out*** [My word] ***by the prophets; I have killed them with the words of My mouth?*** **בְּמַעֲשֵׂיהֶם לֹא נֶאֱמַר – It does not say** that they were killed as a result of **their deeds,** i.e. on account of some wrongdoing, **אֶלָּא ,,בְּאִמְרֵי־פִי" – Rather,** it says ***with the words of My mouth,*** i.e. due to a Divine decree. **אַלְמָא מִידְחֵי גַּבְרָא מִקַּמֵּי גַּבְרָא – Thus we see** that **one man can be pushed aside** to make way **for another,** where this is necessitated by Divine decree such as in the case of Samuel and David.

Another teaching from R' Yochanan which R' Yitzchak reports to Rav Nachman:

רַב נַחְמָן וְר' יִצְחָק הֲווּ יָתְבֵי בִּסְעוּדָתָא – Rav Nachman and R' Yitzchak were sitting at a meal. אָמַר לֵיהּ רַב נַחְמָן לְר' יִצְחָק – Rav Nachman said to R' Yitzchak: לֵימָא מַר מִילְּתָא – Let the master say some Torah **matter. אָמַר לֵיהּ – [R' Yitzchak] answered him: הָכִי אָמַר רַבִּי יוֹחָנָן – R' Yochanan said the following: אֵין מְסִיחִין בִּסְעוּדָה – One should not talk during a meal, שֶׁמָּא יַקְדִּים קָנֶה לַוֶּשֶׁט – lest** one's **windpipe precede the esophagus** in receiving the food,[13] **וְיָבֹא לִידֵי סַכָּנָה – and he** thereby **come to danger.** Therefore, R' Yitzchak concluded, I will not talk during the meal.

בָּתַר דִּסְעוּד – After they finished eating, אָמַר לֵיהּ – [R' Yitzchak] said to [Rav Nachman]: הָכִי אָמַר רַבִּי יוֹחָנָן – Thus said R' Yochanan: יַעֲקֹב אָבִינוּ לֹא מֵת – Jacob our forefather never died. אָמַר לֵיהּ – [Rav Nachman] said to [R' Yitzchak]: וְכִי בְּכְדִי סָפְדוּ סַפְדָנַיָּיא וְחָנְטוּ חֲנַטַּיָּיא וְקָבְרוּ קַבְּרַיָּיא – Was it for naught that **the eulogizers eulogized** Jacob **and the embalmers embalmed** him **and the buriers buried** him!?[14] **אָמַר לֵיהּ – [R' Yitzchak] replied to [Rav Nachman]: מִקְרָא אֲנִי דּוֹרֵשׁ – I am expounding a verse: שֶׁנֶּאֱמַר: ,,וְאַתָּה אַל־תִּירָא עַבְדִּי יַעֲקֹב נְאֻם־ה' – As it is stated:**[15] ***And you fear not, My servant Jacob, says HASHEM,*** **וְאַל־תֵּחַת יִשְׂרָאֵל** – ***and do not become broken, Israel,*** **כִּי הִנְנִי מוֹשִׁיעֲךָ מֵרָחוֹק** – ***for behold I will deliver you from afar,*** **וְאֶת־זַרְעֲךָ מֵאֶרֶץ שִׁבְיָם"** – ***and your seed from the land of their captivity.*** This indicates that not only Israel will be delivered from exile but so will their forefather, Jacob.[16] **מַקִּישׁ הוּא לְזַרְעוֹ – Indeed, [the verse] draws a parallel between [Jacob] and his seed,** Israel, which teaches that **מָה זַרְעוֹ בַּחַיִּים – just as the seed [of Jacob]** referred to in the verse **are living,**[17] **אַף הוּא בַּחַיִּים –** so **too** will **[Jacob]** himself be **living** at that time.[18]

Another dialogue between R' Yitzchak and Rav Nachman:

אָמַר ר' יִצְחָק – R' Yitzchak said: כָּל הָאוֹמֵר רָחָב רָחָב מִיָּד נִקְרֵי – Whoever says, "Rachav, Rachav," will immediately emit a seminal discharge.[19] **אָמַר לֵיהּ רַב נַחְמָן – Rav Nachman said to [R' Yitzchak]: אֲנָא אֲמִינָא וְלֹא אִיכְפַּת לִי – I say it and I am not concerned** that anything might happen. **אָמַר לֵיהּ – [R' Yitzchak] said to him: כִּי קָאֲמִינָא בְּיוֹדְעָהּ וּבְמַכִּירָהּ – I speak only of one who knows her and is familiar with her.**[20] **(ובמוזכיר את שמה – and mentions her name.)**[21]

Another dialogue between Rav Nachman and R' Yitzchak:

כִּי הֲווּ מִיפְּטְרֵי מֵהֲדָדֵי – When [R' Yitzchak and Rav Nachman] were about to take their leave from one another,[22] **אָמַר לֵיהּ – [Rav Nachman] asked of [R' Yitzchak]: לִיבָרְכָן מַר – May the master bless me. אָמַר לֵיהּ – [R' Yitzchak] said to him: אֶמְשׁוֹל לְךָ מָשָׁל – I will tell you a parable: לְמָה הַדָּבָר דּוֹמֶה – To what may this be compared? לְאָדָם שֶׁהָיָה הוֹלֵךְ בַּמִּדְבָּר – To a man who was traveling in the desert, וְהָיָה רָעֵב וְעָיֵף וְצָמֵא – and he was hungry, tired and thirsty. וּמָצָא אִילָן שֶׁפֵּירוֹתָיו מְתוּקִין וְצִילּוֹ נָאֶה – Then he came upon a tree whose fruits were sweet and its shade pleasant, וְאַמַּת הַמַּיִם עוֹבֶרֶת תַּחְתָּיו – and a stream of water was flowing beneath it. אָכַל מִפֵּירוֹתָיו וְשָׁתָה מִמֵּימָיו וְיָשַׁב בְּצִילּוֹ – He ate of its fruits, drank of its water, and sat in its shade. וּכְשֶׁבִּיקֵּשׁ לֵילֵךְ אָמַר – When he sought to leave, he said: אִילָן אִילָן בַּמֶּה אֲבָרֶכְךָ – Tree, O tree, how shall I bless you? אִם אוֹמַר לְךָ שֶׁיִּהוּ פֵּירוֹתֶיךָ מְתוּקִין – Shall I say to you that your fruits will be sweet? הֲרֵי פֵּירוֹתֶיךָ מְתוּקִין – Why, your fruits are** already **sweet. שֶׁיְּהֵא צִילְּךָ נָאֶה –** Shall I say **that your shade will be pleasant? הֲרֵי צִילְּךָ נָאֶה – Why, your shade is** already **pleasant. שֶׁתְּהֵא אַמַּת הַמַּיִם עוֹבֶרֶת תַּחְתֶּיךָ –** Shall I say **that a stream of water will flow beneath you? הֲרֵי אַמַּת הַמַּיִם עוֹבֶרֶת תַּחְתֶּיךָ – Why, a stream of water** already **flows beneath you. אֶלָּא – Therefore,** this is my blessing: **יְהִי רָצוֹן שֶׁכָּל נְטִיעוֹת שֶׁנּוֹטְעִין מִמְּךָ – May it be the will** of God **that all the shoots planted from you**

NOTES

12. *Hosea* 6:5.

13. When one talks, the covering of the windpipe opens; thus food could enter the windpipe rather than the esophagus (*Rashi*) and this could cause choking.

14. In *Genesis* 50:2,10,13 Scripture states that Jacob was eulogized, embalmed and buried. This clearly proves that Jacob died.

15. *Jeremiah* 30:10.

16. God will send Jacob into exile so that when Israel is eventually redeemed, Jacob will be redeemed together with them and thereby witness the salvation first hand. Similarly, Jacob was present at the splitting of the Red Sea to witness Israel's complete deliverance from the Egyptians (*Rashi*).

17. The verse must refer to the living, for the dead cannot be described as captives (*Rashi*).

18. Since this verse proves that Jacob is still alive, we must conclude that Jacob only appeared to be dead to those who embalmed him (*Rashi*).

Other commentators explain Jacob's immortality not as a prolongation of physical life but as a form of continued spiritual existence (see *Maharsha*). *R' Yeshayah Acharon* (cited in *Shiltei Giborim* to *Avodah Zarah* 20a) explains R' Yitzchak's response as follows: I [R' Yitzchak] too know that he died, but I seek to expound the verse in every way that is fit to expound it. And if the exposition cannot be taken literally, then it contains an allusion — for it can be said that he did not die, in the sense of the [Sages'] dictum: "The righteous are alive even in death," for their name, memory, and deeds remain forever . . . (see also *Rashba* in *Ein Yaakov*).

19. The spies sent by Joshua to spy out Eretz Yisrael lodged at the house of a woman named Rachav (*Joshua* 2:1). A Baraisa (*Megillah* 15a) teaches that Rachav was one of the four most beautiful women who ever lived.

20. יוֹדְעָהּ and מַכִּירָהּ are the same in meaning (*Rashi; cf. Tosafos*).

21. The words in parentheses are seemingly redundant. They are not included in *Megillah* 15a where this dialogue between Rav Nachman and R' Yitzchak is also recorded (*Mesoras HaShas*).

22. According to *Rashi*, Rav Nachman took leave of R' Yitzchak.

יְהִיו כְּמוֹתְךָ – **will be like you.**

R' Yitzchak concludes his remarks to Rav Nachman: **אַף אַתָּה בַּמָּה אֲבָרְכְךָ – You too,** Rav Nachman, **with what shall I bless you? אִם בְּתוֹרָה – Shall I** bless you **with** knowledge of **Torah? הֲרֵי תּוֹרָה – Why,** you already have knowledge of **Torah. אִם בְּעוֹשֶׁר הֲרֵי עוֹשֶׁר – With wealth? Why,** you already have **wealth. אִם בְּבָנִים הֲרֵי בָּנִים – With children? Why,** you already have **children. אֶלָּא – Therefore,** this is my blessing: **יְהִי רָצוֹן שֶׁיִּהְיוּ צֶאֱצָאֵי מֵעֶיךָ כְּמוֹתְךָ – May it be** the **will** of God **that your offspring will be like you.**[1]

Scripture states (*Deut.* 11:14): וְנָתַתִּי מְטַר אַרְצְכֶם בְּעִתּוֹ יוֹרֶה וּמַלְקוֹשׁ, *And I will provide rain for your land in its proper time – yoreh and malkosh. Yoreh* is the rain that falls at the beginning of the season, and *malkosh* is the rain that falls at the end of the season. The following Baraisa gives the etymology of the word יוֹרֶה, *yoreh:*

תָּנוּ רַבָּנָן – The Rabbis taught in a Baraisa: יוֹרֶה – The first rain of the season is referred to in the verse as ***YOREH*** **שֶׁמּוֹרֶה אֶת הַבְּרִיּוֹת – BECAUSE IT INSTRUCTS** (*moreh*)[2] **THE PEOPLE לְהָטִיחַ גַּגּוֹתֵיהֶן – TO PLASTER THEIR ROOFS** to prevent rain from entering their homes, **וּלְהַכְנִיס אֶת פֵּירוֹתֵיהֶן – AND TO BRING IN THEIR FRUIT** that had been left out in the fields to dry, **וְלַעֲשׂוֹת כָּל צָרְכֵיהֶן – AND TO ATTEND TO ALL THEIR** other **NEEDS** in preparation for the winter. **דָּבָר אַחֵר – ANOTHER EXPLANATION: שֶׁמַּרְוֶה אֶת הָאָרֶץ** – It is called *yoreh* **BECAUSE IT SATURATES** (*meraveh*)[3] **THE EARTH וּמַשְׁקָה עַד תְּהוֹם – AND WATERS IT TO THE DEPTHS, שֶׁנֶּאֱמַר – AS IT IS SAID:**[4] **,,תְּלָמֶיהָ רַוֵּה נַחֵת גְּדוּדֶהָ בִּרְבִיבִים תְּמֹגְגֶנָּה צִמְחָהּ תְּבָרֵךְ'' – *BY SATURATING*** (*raveh*) ***ITS FURROWS YOU BRING PLEASURE TO ITS BANDS*** *[of people]*; ***WITH SHOWERS YOU SOFTEN IT*** [the earth], ***ITS GROWTH YOU BLESS.*** **דָּבָר אַחֵר – ANOTHER EXPLANATION: יוֹרֶה** – It is called ***YOREH*** **שֶׁיּוֹרֵד בְּנַחַת – BECAUSE IT FALLS GENTLY;**[5] **וְאֵינוֹ יוֹרֵד בְּזַעַף – IT DOES NOT FALL VIOLENTLY.**

Thus far, it has been assumed that the series of rains referred to in the verse as *yoreh* is beneficial; the Baraisa now explores the possibility of it being detrimental:

אוֹ אֵינוֹ יוֹרֶה אֶלָּא שֶׁמַּשִּׁיר אֶת הַפֵּירוֹת – But **PERHAPS** the verse calls it ***YOREH*** **ONLY BECAUSE IT CAUSES THE FRUIT** that remains on the trees[6] **TO FALL**[7] **וּמַשְׁטִיף אֶת הַזְּרָעִים – AND IT WASHES AWAY THE SEEDS, וּמַשְׁטִיף אֶת הָאִילָנוֹת – AND IT WASHES AWAY THE TREES.**

This proposal is rejected:

תַּלְמוּד לוֹמַר: ,,מַלְקוֹשׁ'' – THE TORAH therefore **STATES: *MALKOSH*** [the final rain of the season] in association with *yoreh*, to teach that **מָה מַלְקוֹשׁ לִבְרָכָה – JUST AS *MALKOSH* IS FOR BLESSING,**[8] **אַף יוֹרֶה לִבְרָכָה – SO TOO *YOREH* IS FOR BLESSING.**

But even *malkosh* might be detrimental:

אוֹ אֵינוֹ מַלְקוֹשׁ אֶלָּא שֶׁמַּפִּיל אֶת הַבָּתִּים – But **PERHAPS IT IS** called ***MALKOSH*** **ONLY BECAUSE IT KNOCKS DOWN HOUSES, וּמְשַׁבֵּר אֶת הָאִילָנוֹת – BREAKS TREES, וּמַעֲלֶה אֶת הַסָּקָאִין – AND RAISES LOCUSTS.**[9]

This possibility is rejected:

תַּלְמוּד לוֹמַר: ,,יוֹרֶה'' – THE TORAH therefore **STATES: *YOREH*** in association with *malkosh* to teach that **מָה יוֹרֶה לִבְרָכָה – JUST AS *YOREH* IS FOR BLESSING, אַף מַלְקוֹשׁ לִבְרָכָה – SO TOO *MALKOSH* IS FOR BLESSING. וְיוֹרֶה גּוּפֵיהּ מְנָלָן – AND *YOREH* ITSELF: FROM WHERE DO WE** know that it is beneficial? **דִּכְתִיב – FOR IT IS WRITTEN:**[10] **,,וּבְנֵי צִיּוֹן גִּילוּ וְשִׂמְחוּ בַּה' אֱלֹהֵיכֶם – *CHILDREN OF ZION, BE GLAD AND REJOICE IN HASHEM YOUR GOD* כִּי נָתַן לָכֶם אֶת הַמּוֹרֶה לִצְדָקָה'' – *FOR HE HAS GIVEN YOU YOREH AS CHARITY,*[11] וַיּוֹרֶד לָכֶם גֶּשֶׁם מוֹרֶה וּמַלְקוֹשׁ בָּרִאשׁוֹן'' – *AND HE HAS BROUGHT DOWN RAIN FOR YOU – YOREH AND MALKOSH – IN THE FIRST*** *month.*

A Baraisa discusses the times of the rains mentioned in the verse cited above (*Deut.* 11:14):

תָּנוּ רַבָּנָן – The Rabbis taught in a Baraisa: יוֹרֶה בְּמַרְחֶשְׁוָן – The Torah promises that ***YOREH*** will fall **IN MARCHESHVAN וּמַלְקוֹשׁ בְּנִיסָן – AND *MALKOSH* IN NISSAN. אַתָּה אוֹמֵר יוֹרֶה בְּמַרְחֶשְׁוָן וּמַלְקוֹשׁ בְּנִיסָן** – Now **YOU SAY** that ***YOREH*** will fall **IN MARCHESHVAN AND *MALKOSH* IN NISSAN. אוֹ אֵינוֹ** – But **PER-**

NOTES

1. In Torah scholarship, wealth and prestige (*Rashi*). [*Maharsha* suggests that the correct reading of *Rashi* is בָּנִים, *children* (in place of כָּבוֹד, *prestige*), thus conforming with the three blessings enumerated above in the Gemara.]

2. According to this explanation, יוֹרֶה, *yoreh,* is from the root ירה, *instruct.* The first rain of the season is considered instructional because it provides advance warning of the heavier rains that follow.

3. According to this explanation, יוֹרֶה, *yoreh,* is from רוה, *saturate.*

4. *Psalms* 65:11.

5. According to this explanation as well, יוֹרֶה, *yoreh,* is derived from ירה, *instruct.* Like instruction, which is supposed to be imparted in a calm manner – as the verse states (*Eccl.* 9:17): דִּבְרֵי חֲכָמִים בְּנַחַת נִשְׁמָעִים, *The words of Sages are heard with calm* – so too the *yoreh* rains descend calmly.

Another possible basis for this explanation is that יוֹרֶה, *yoreh,* is derived from ירה, *throw* or *shoot* (as in *shoot an arrow*). The *yoreh* rains are analogous to the flight of an arrow inasmuch as they fall straight, and do not swerve to the side [for they are not accompanied by heavy winds] (*Rashi*).

6. Citrus fruit, pomegranates, and late-ripening figs are still on the tree at this time of year (*Rashi*).

7. According to this assumption, the term יוֹרֶה, *yoreh,* means to throw down as in יָרֹה יִיָּרֶה, *he will be utterly cast down* (*Exodus* 19:13). Alternatively, it is related to יוֹרֶה חֵץ, *the* [destructive] *shooting of an arrow.*

Actually, from the Scriptural context it is evident that *yoreh* is beneficial. The preceding verse states: *And it shall come to pass, if you carefully obey My commandments* etc. (*Deut.* 11:13). Thus, the next verse – *And I will provide rain for your land in its proper time, yoreh and malkosh* – is evidently a depiction of the reward for fulfillment of God's commandments. The Baraisa, however, now entertains an alternative explanation of this passage: The first verse is a directive to adhere to the mitzvos, without any delineation of reward, and the following verse describes punishment for non-observance. Although this explanation is rather forced, it is the manner of a Baraisa to explore all possibilities [in order to substantiate the correct explanation] (*Rashi;* cf. *Maharsha*).

8. *Malkosh* cannot be a detrimental rain that causes damage by smashing the granaries and knocking the fruit off the trees, because it falls in the early spring when the granaries are not yet full and the trees are not yet laden with fruit. Rather, *Malkosh* must be a beneficial rain that descends on the stalks and fills them with grain (*Rashi*).

9. סָקָאִין, *sakain,* are a species of locust. In *Deuteromony* (28:42), the *Targum* renders הַצְּלָצַל, *the locust*, as סַקָאָה, *saka'ah.*

According to this assumption that *malkosh* is detrimental, its name is derived from the fact that it מַל (*mal*), *cuts* down, the trees and houses, and is קָשֶׁה (*kasheh*), *harmful*, to the grain in that it raises the locusts.

A further explanation is that the word מַלְקוֹשׁ is a combination of מַל, *cut,* and קָשֶׁה, *hard.* It "cuts" the "hardness" of Israel: by inflicting damage, it breaks the stubbornness of the Jews and brings them to repentance. Alternatively, it "cuts" down "hard" things such as trees and houses.

Another possibility is that מַלְקוֹשׁ, *malkosh*, is from לֶקֶשׁ, *locust* [this term appears in *Amos* 7:1] (*Rashi*).

10. *Joel* 2:23. The verse refers to a miraculous occurrence in which no rain fell until the first of Nissan and then an entire season's produce grew in just a few days. This incident was discussed in the Gemara above (5a).

11. From this clause [which describes *yoreh* as a charitable gift from God] it is apparent that *yoreh* is beneficial (*Rashi*; cf. *Maharsha*). [מוֹרֶה is another form of יוֹרֶה (*Radak Shorashim* ד״ה ירה).]

יהיו כמותך אף אתה במה אברכך אם בתורה הרי (א) תורה אם בעושר הרי עושר אם בבנים הרי בנים אלא יהי רצון [א] שיהו צאצאי מעיך כמותך: ת"ר יורה שמורה את הבריות להטיח גגותיהן ולהכניס את פירותיהן ולעשות כל צרכיהן (ב) דבר אחר שמרוה את הארץ ומשקה עד תהום שנאמר [א] תלמיה רוה נחת גדודיה ברביבים תמוגגנה צמחה תברך דבר אחר יורה שיורד בנחת ואינו יורד בזעף או אינו יורה אלא שמשיר את הפירות ומשטיף את הזרעים ומשטיף את האילנות ת"ל מלקוש מה מלקוש לברכה אף יורה לברכה או אינו מלקוש אלא שמפיל את הבתים ומשבר את האילנות ומעלה את הסקאין ת"ל יורה מה יורה לברכה אף מלקוש לברכה ויורה גופיה מנלן דכתיב [ב] ובני ציון גילו ושמחו בה' אלהיכם כי נתן לכם את המורה לצדקה ויורד לכם גשם מורה ומלקוש בראשון: ת"ר [ג] יורה במרחשון ומלקוש בניסן אתה אומר יורה במרחשון ומלקוש בניסן או אינו אלא יורה בתשרי ומלקוש באייר ת"ל בעתו מלקוש אמר רב נהילאי בר אידי אמר שמואל דבר שמל קשיותיהן של ישראל דבי ר' ישמעאל תנא דבר שממלא תבואה בקשיה במתניתא תנא דבר שיורד על המלילות ועל הקשין ת"ר יורה במרחשון ומלקוש בניסן אתה אומר יורה במרחשון או אינו אלא בחדש כסליו ת"ל [ג] בעתו יורה ומלקוש מה מלקוש בעתו אף יורה בעתו ([ג] כיון שיצא ניסן וירדו גשמים אינו סימן ברכה) תניא אידך יורה במרחשון ומלקוש בניסן דברי ר"מ וחכמים אומרים יורה בכסליו [ד] מאן חכמים אמר רב חסדא ר' יוסי היא דתניא [ה] איזו היא רביעה ראשונה הבכירה בשלשה במרחשון בינונית בשבעה בו אפילה בשבעה עשר בו דברי ר"מ ר' יהודה אומר בשבעה ובי"ז ובעשרים ושלשה [א] ר' יוסי אומר בי"ז ובעשרים ושלשה ובראש חדש כסליו וכן היה ר' יוסי אומר אין היחידים מתענין עד שיגיע ראש חדש כסליו אמר רב חסדא הלכה כר' יוסי אמימר מתני להא דרב חסדא בהא לישנא [ו] בשלשה במרחשון שואלין את הגשמים רבן גמליאל אומר בשבעה בו אמר רב חסדא [ב] הלכה כרבן גמליאל כמאן [ז] אזלא הא דתניא ר"ש בן גמליאל אומר גשמים שירדו שבעה ימים זה אחר זה אתה מונה בהן רביעה ראשונה ושניה ושלישית כמאן כר' יוסי אמר רב חסדא הלכה כר' יוסי בשלמא רביעה ראשונה לשאול שלישית להתענות שניה למאי אמר ר' זירא [ח] לנדרים דתנן הנודר

רש"י

יהיו כמותך. בתורה ולעושר וכבוד: יורה. ונתתי מטר ארצכם בעתו יורה ומלקוש (דברים יא): יורה. רביעה ראשונה היורדת במרחשון כדלקמן למה נקרא יורה שמורה להן להטיח גגותיהן בטיח של טיט שלא יטפו גשמים בבית: ולהכניס פירותיהן. שהניחו בשדות לייבשן עד עכשיו: כל צרכיהן. שאר דברים הצריכים לימות הגשמים: שיורד בנחת. והכי משמע יורה כאדם שמורה לתלמידיו בנחת דכתיב (קהלת ט) דברי חכמים בנחת נשמעים אי נמי לשון חץ יורה ההולך ביושר ואינו נוטה לכאן ולכאן לשון אחר שמתכוין לארץ ואינו יורד בזעף בספרי: תלמיה רוה. כשאתה מרוה תלמי חרישה של ארץ ישראל: נחת הוא לגדודיה. בני אדם היינו פשט המקרא ולקמיה [ח] דריש שאפי' גייסות פוסקות בו: ה"ג או אינו אלא ששוטף את הזרעים. כלומר דעד השתא אמרינן יורה לברכה או אינו אלא יורה לשון קללה כמו ירה יירה (שמות יט) שסובר הכל או לשון חץ היורה והכי משמע קרא והיה אם שמוע תשמעו אל מצותי וגו' ואם לאו ונתתי מטר ארצכם יורה לרעה מלתא בעלמא הוא ואורחא דברייתא למתני כי האי גוונא: משיר פירותיהן. שעודן באילן כגון אתרוגים או רמונים או סופי תאנים ולא גרסינן שוטף את הגרנות דגרנות (ג) במרחשון ליכא: מה מלקוש לברכה. שא"א לדורשו לשבר גרנות ולהשיר פירות שאינם מצויים באותו הפרק ואי אתה יכול לדורשו אלא לטובה שיורד על המלילות ועל הקשין וממלא את התבואה בקשיה: הדר אמר דלמא מלקוש קללה הוא והכי משמע שמל וקשה כלומר מל את הבתים והאילנות שמפילן ומשברן וקשה לתבואה: שמעלה סקאים. וברכה דקרא למילוי מים בורות שיחין ומערות גימגום: שמפיל את הבתים. ומשמעו כדלקמן שמל קשיותן של ישראל אי נמי שמל דבר הקשה חותך ומשבר את הבתים כלומר אין בו תקלת גרנות והשרת פירות לפי שא"א לו: סקאי. מין ארבה כדמתרגם הצלצל (דברים כח) סקאה ומלקוש לשון ארבה כמו והנה לקש אחר גזי המלך (עמוס ז): את המורה לצדקה. אלמא יורה לטובה: ה"ג או אינו אלא יורה בתשרי ומלקוש באייר. שיש עדין מלילות וקשין: ת"ל בעתו. יורה במרחשון ומלקוש בניסן שכך היא העת והזמן ויפה הוא כדלקמן דזמן רביעה ראשונה במרחשון הוא אית ספרים דכתוב בהו או אינו אלא בכסליו דזמן יורה בכסליו הוא וכרבנן דפליגי עליה דר"מ לקמן ת"ל בעתו יורה ומלקוש מה מלקוש בעתו אף יורה בעתו דמלקוש זהו שיורד על המלילות ועל הקשין וזהו ניסן שיש בו קשין ומלילות: דבר שמל קשיותן של ישראל. שכשאינו יורד חוזרין ישראל בתשובה ומתענין ועושין צדקות: מלילות. ראשי שיבולות שאדם מולל בידו כדכתיב (דברים כג) וקטפת מלילות בידך: וקשין. קנה: שממלא תבואה בקשיה. ומשלימה: (ד) הי רביעה. איזה זמן רביעה: בכירה. ראשונה ולקמן מפרש למאי הלכתא ניניהו יורה יש בו ג' זמני גשמים: אפילה. אחרונה כמו כי אפילות הנה (שמות ט): ר' יהודה אומר. בכירה בז' במרחשון ובינונית בי"ז ואפילה בכ"ג וכולהו הני תלתא יורה קרי להו: אין היחידים מתענין כו'. דאמרי' בסמוך שלישית להתענות והואיל וזמן שלישית בראש חדש הוא אין ליחידים להתענות (ה): יחידים. חסידים והכי אמרי' במתני' לקמן (דף י.) הגיע י"ז במרחשון ולא ירדו גשמים התחילו היחידים להתענות שמכאן ואילך זמן רביעה אפילה לר"מ דסתם מתני' ר"מ וה"נ אמר ר' יוסי דאין מתענין עד ר"ח כסליו דהיינו רביעה אפילה והיינו כחכמים דאמרי יורה בכסליו: אמר רב חסדא הלכה כר' יוסי. ואמימר תני להא דאמר רב חסדא הלכה כרבן גמליאל דאינו שואל עד ז' במרחשון: ז' ימים בזה אחר זה. שירדו גשמים (ו) עכשיו [א] ופסקו עד יום שביעי וירדו ז' ימים זה אחר זה אתה מונה בהן ראשונה ושניה ושלישית: כר' יוסי. דאליבא דר' יוסי הכי הוו בין רביעה ראשונה ושניה או שניה ושלישית דראשונה בי"ז ושניה בכ"ג דהיינו ז' ימים עם שני ימי רביעה ומכ"ג עד ל' ז' ימים בלא יום רביעה אחרונה דלכולהו תנאי לא הוי הכי דלר"מ דאמר ראשונה בג' ושניה בז' ליכא בין זו לזו אלא ארבעה ימים בין שניה לשלישית יש י' ימים ולר' יהודה בין ראשונה לשניה י' ימים אבל בין שניה לשלישית יש [ב] [ט] יותר: נראה לרבי דהכי גרסינן אמר רב חסדא הלכה כר' יהודה דאמר בכירה בז' במרחשון ואז מתחילין לשאול כדלקמן (דף י.): ראשונה לשאול. מכאן ואילך ותן טל ומטר: שלישית להתענות. שאם לא ירדו גשמים עד זמן רביעה שלישית אפי' פעם אחת מתענין היחידים שני וחמישי ושני: הנודר

תוספות

מלקוש לברכה או אינו אלא שמפיל הבתים ומשבר האילנות וכו'. נ"ע אמאי לא קאמר ומשבר הגרנות ומשיר את הפירות כדלעיל: **גשמים** שירדו ז' ימים זה אחר זה ולא פסקו אתה מונה בהן רביעה ראשונה ושניה. כיון דלא פסקו ז' ימים דאין בין י"ז לכ"ג אלא ז' ימים י"ז י"ח י"ט כ' כ"א כ"ב כ"ג אבל לא גרסינן ושלישית שהרי אם יתחיל בכ"ג וירדו ז' ימים רצופים (ז) אכתי לא תמלא רביעה שלישית דאיכא ח' ימים מכ"ג עד ר"ח כסליו ואנשי נרבונ"א גורסין גשמים שירדו ז' ימים זה אחר זה אתה מונה בהם רביעה שניה ושלישית כיצד הגשמים התחילו באמצע היום וירדו ז' ימים רצופים א"כ ירדו עד חצי יום של ר"ח מעט לעת:

דאזלי

מסורת הש"ס

א) [ב"מ קז.], ב) [לעיל ה.], ג) רש"א מ"ז ועי' בילקוט ולעיל גבי או אינו אלא מלקוש באייר ת"ל בעתו שייך למיתני בתר הכי כיון שיצא ניסן כו', ד) [ערוכין סג. וש"נ], ה) נדרים סג. [ע"ש תוספת' פ"א], ו) לקמן י. [וש"נ], ז) [נדרים סג. ע"ש תוספתא פ"א], ח) דף ח:, ט) ס"א ז' ימים.

הגהות הב"ח

(א) גמ' אם בתורה הרי יש לך תורה ואם לגדולה הרי יש לך גדולה ואם לכבוד הרי יש לך כבוד ואם בעושר הרי יש לך עושר אם בבנים הרי יש לך בנים אלא יהי רצון שיהו כל צאצאי מעיך: (ב) שם ולעשות כל צרכיהן ד"א יורה שיורד בנחת ואינו יורד בזעף ד"א שמרוה את הארץ כו' צמחה תברך או אינו יורה כו' את הזרעים ומשבר את הגרנות ת"ל יורה ומלקוש מה מלקוש לברכה: (ג) רש"י ד"ה משיר כו' דגרנות במרחשון ליכא וברכה דקרא למילוי מים בורות שיחין ומערות גימגו"ם הס"ד ואח"כ מה"ד יורה ומלקוש אם מלקוש לטובה יורה נמי לטובה לישנא אחרינא מה מלקוש לברכה שא"א כו' התבואה בקשיה ומה"ד הדר אמר וכו' וקשה לתבואה שמעלה סקאים הס"ד ואח"כ מה"ד שמפיל את כו' ומשבר את הבתים ואילנות ואין בו תקלת כו' כצ"ל ותיבת כלומר נמחק: (ד) ד"ה הי רביעה נ"ל איזוהי רביעה: (ה) ד"ה אין היחידים כו' אין ליחידים להתענות אלא משלישית ואילך והכי אמרינן במתני' לקמן וכו' דאמרי יורה בכסליו הס"ד ואח"כ מה"ד ואמימר תני להא דאמר כו' כצ"ל ותיבות אמר רב חסדא הלכה כר' יוסי נמחק: (ו) ד"ה ז' ימים כו' שירדו הגשמים עכשיו ולא פסקו עד: (ז) תוס' ד"ה גשמים כו' ז' ימים רצופים א"כ ירדו עד חצי יום אכתי לא תמלא:

גליון הש"ס

גמ' לנדרים דתנן. תמוה לי אמאי לא נקט נמי לשכירות בתים דקתני ברישא דמתני' שם המשכיר בית לחבירו עד הגשמים עד שתרד רביעה שניה:

הגהות מהר"ב רנשבורג

א] רש"י ד"ה שבעה ימים וכו' שירדו גשמים עכשיו ופסקו. נ"ב ולא פסקו: ב] ד"ה כר' יוסי וכו' אבל בין שניה לשלישית יש יותר. נ"ל אין יותר:

עין משפט נר מצוה

יג א מיי' פ"י מהלכות נדרים הל' יא ופ"א מהלכות מתנות עניים הלכה יא סמג לאוין רמב טוש"ע י"ד סי' רכ סעיף יח:
יד ב מיי' פ"ב מהלכות תפלה הלכה טז סמג עשין יט טוש"ע א"ח סי' קיז סעיף א:

תורה אור השלם

א) תְּלָמֶיהָ רַוֵּה נַחֵת גְּדוּדֶיהָ בִּרְבִיבִים תְּמֹגְגֶנָּה צִמְחָהּ תְּבָרֵךְ: [תהלים סה, יא]

ב) וּבְנֵי צִיּוֹן גִּילוּ וְשִׂמְחוּ בַּיְיָ אֱלֹהֵיכֶם כִּי נָתַן לָכֶם אֶת הַמּוֹרֶה לִצְדָקָה וַיּוֹרֶד לָכֶם גֶּשֶׁם מוֹרֶה וּמַלְקוֹשׁ בָּרִאשׁוֹן: [יואל ב, כג]

ג) וְנָתַתִּי מְטַר אַרְצְכֶם בְּעִתּוֹ יוֹרֶה וּמַלְקוֹשׁ וְאָסַפְתָּ דְגָנֶךָ וְתִירֹשְׁךָ וְיִצְהָרֶךָ: [דברים יא, יד]

ליקוטי רש"י

תלמיה רוה נחת. תלמיה הן שורות המחרישה. רוה. כמו לרוה. נחת גדודיה. כמו לנחת גדודיה להניח לגדודיה לעשות נחת לבריות [תהילים סה, יא]. יורה. היא רביעה הנופלת לאחר הזריעה שמרוה את הארץ ואת הזרעים. ומלקוש. רביעה היורדת סמוך לקציר למלאות התבואה בקשיה ולשון מלקוש דבר המאוחר כדמתרגמינן (בראשית ל מב) והיה העטופים ללבן לקישיא דבר אחר לכך נקראת מלקוש שיורדת על המלילות ועל הקשין [דברים יא, יד]. כמאן כר' יוסי. דמיום י"ז עד יום כ"ג הוי שבעה ימים דאי ר' מאיר לא הוו אלא ה' ימים. לשאול. להתפלל על הגשמים. להתענות. לגזור תענית אם לא ירדו. אמר ר' זירא לנדרים. הא דאמר שניה לנודר היינו דאמר עד הגשמים וגשמים תרתי משמע אבל אמר עד הגשם לעולם אימא לך עד זמן גשמים שהיא רביעה ראשונה קאמר ולא שניה [נדרים סג.].

רבינו גרשום

שאינה יורדת: כמאן כר' יוסי דאמר ראשונה בי"ז ושניה בכ"ג הרי ראשונה ושניה בז' ימים: עד שתרד רביעה ראשונה אינה חשובה כלום:

רבינו חננאל

מורה ומלקוש. מורה שמורה את הבריות להטיח גגותיהן ולהכניס פירותיהן מלקוש שמל קשיותיהן של ישראל. תנא דבר שיורד על המלילות ועל הקשין וממלא התבואה בקשיה: ת"ר מורה במרחשון ומלקוש בניסן דברי ר' מאיר וחכמים אומרים מורה בחדש כסלו. מאן חכמים אמר רב חסדא ר' יוסי היא. דתניא מאימתי זמן רביעה. ר' מאיר אומר בכירה בשלשה בינונית בשבעה אפילה בי"ז. ר' יהודה אומר בשבעה ובשבעה עשר ובעשרים ושלשה. ר' יוסי אומר בי"ז ובכ"ג ובר"ח כסלו וכן היה ר' יוסי אומר אין היחידים מתענין עד שיגיע ר"ח כסלו. כמאן אזלא הא דתניא ר"ש בן גמליאל אומר גשמים שירדו ז' ימים זה אחר זה אתה מונה רביעה ראשונה ושניה ושלישית כמאן כר' יוסי פי' כגון שהתחילו הגשמים לירד ביום הראשון מחצי יום וכשתחשוב ז' ימים מעת לעת אתה מוצא מקצת מיום השמיני להשלמת ז' ימים ולא תמצא מאלו התנאים בז' ימים למנות בהן רביעה ראשונה ושניה או שניה ושלישית אלא לר' יוסי בלבד דאי ר"מ ראשונה ושניה משכחת לה שניה ושלישית לא משכחת לה דהא בין שניה ושלישית י' ימים ואי לר' יהודה שניה ושלישית הוא משכחת לה ראשונה ושניה לא משכחת לה דהא לדבריו י' ימים בין הראשונה לשניה אבל לר' יוסי דאמר ראשונה בי"ז שניה בכ"ג הנה ד' ימים ביניהם. אתה מונה בהן ראשונה ושניה ואם התחילו הגשמים בחצי היום בכ"ג יום למרחשון נמצאו עד ר"ח כסליו ד' ימים ומקצת היום של יום ראשון אתה משלימן מיום ראשון של חדש כסלו נמצאת מונה להן שניה ושלישית והוא שהיה (ר' א') [ר"ח] מרחשון חסר כי בשלשה איתא בפיר' בתוספתא שהיה ר' יוסי אומר בכירה בי"ז בינונית בכ"ג. אפילה בל'. אמר רב חסדא הלכה כר' יוסי ואמרינן בשלמא רביעה ראשונה לשאול ותן טל ומטר כר' מאיר דאמר בכירה בג' במרחשון דתנן בג' במרחשון שואלין את הגשמים שלישית להתענות כדתנן הגיע י"ז במרחשון ולא ירדו גשמים התחילו היחידים מתענין אלא רביעה שניה למאי פירוש כיון דמרביעה ראשונה מתחילין לשאול עד רביעה שלישית ובשלישית מתחילין להתענות שניה למה לי הלא מתחלת רביעה ראשונה עד שלישית כולן ימי שאלה הן למה נקראת שניה והביאו טעם ר' זירא ורב זביד

HAPS IT IS NOT SO, אֶלָּא יוֹרֶה בְּתִשְׁרֵי וּמַלְקוֹשׁ בְּאִיָּיר – RATHER, *YOREH* will fall IN TISHREI AND *MALKOSH* IN IYAR?[12] תַּלְמוּד לוֹמַר: ,,בְּעִתּוֹ'' – THE TORAH therefore STATES: *IN ITS* proper *TIME,* to teach that the rains referred to in the verse will fall at the times they are most beneficial: *yoreh* in Marcheshvan and *malkosh* in Nissan.

The Gemara discusses the word מַלְקוֹשׁ, *malkosh,* which signifies the rain that falls at the end of the season:

מַלְקוֹשׁ – What is the root meaning of ***malkosh?*** אָמַר רַב נְהִילָאי בַּר אִידִי אָמַר שְׁמוּאֵל – **Rav Nehilai bar Idi said in the name of Shmuel:** דָּבָר שֶׁמָּל קַשְׁיוּתֵיהֶן שֶׁל יִשְׂרָאֵל – **Something that excises** (*mal*) **the hardness** (*koshi*) **of Israel.**[13] דְּבֵי ר׳ יִשְׁמָעֵאל תָּנָא – **In the academy of R' Yishmael a Baraisa was taught:** דָּבָר שֶׁמְּמַלֵּא תְּבוּאָה בְּקַשֶּׁיהָ – SOMETHING THAT FILLS (*malei*) THE STALKS (*kash*) WITH GRAIN. בְּמַתְנִיתָא תָּנָא – **In a Baraisa it was taught:** דָּבָר שֶׁיּוֹרֵד עַל הַמְּלִילוֹת וְעַל הַקַּשִּׁין – SOMETHING THAT DESCENDS ON THE EARS (*melilah*) AND STALKS (*kash*).

Another Baraisa that discusses the times of the rains referred to in the verse discussed above (*Deut.* 11:14):

תָּנוּ רַבָּנָן – **The Rabbis taught in a Baraisa:** יוֹרֶה בְּמַרְחֶשְׁוָן וּמַלְקוֹשׁ בְּנִיסָן – The Torah promises that *YOREH* will fall IN MARCHESHVAN AND *MALKOSH* IN NISSAN. אַתָּה אוֹמֵר יוֹרֶה בְּמַרְחֶשְׁוָן – Now YOU SAY that *YOREH* will fall IN MARCHESHVAN. אוֹ אֵינוֹ – But PERHAPS IT IS NOT SO, אֶלָּא בְּחֹדֶשׁ כִּסְלֵיו – RATHER *yoreh* will fall IN THE MONTH OF KISLEV?[14] תַּלְמוּד לוֹמַר – THE TORAH therefore STATES: ,,בְּעִתּוֹ יוֹרֶה וּמַלְקוֹשׁ'' – *IN ITS PROPER TIME – YOREH AND MALKOSH.* מַה מַּלְקוֹשׁ בְּעִתּוֹ – JUST AS *MALKOSH* will fall IN ITS PROPER TIME, [Nissan],[15] אַף יוֹרֶה בְּעִתּוֹ – SO TOO *YOREH* will fall IN ITS PROPER TIME [Marcheshvan]. (כֵּיוָן שֶׁיָּצָא נִיסָן וְיָרְדוּ גְּשָׁמִים אֵינוֹ סִימַן בְּרָכָה) – (IF RAIN FALLS AFTER NISSAN HAS ENDED IT IS NOT A SIGN OF BLESSING.)[16]

Another Baraisa which discusses this point:

תַּנְיָא אִידָךְ – **It was taught in another Baraisa:** יוֹרֶה בְּמַרְחֶשְׁוָן וּמַלְקוֹשׁ בְּנִיסָן – The Torah promises that *YOREH* will fall IN MARCHESHVAN AND *MALKOSH* IN NISSAN; דִּבְרֵי רַבִּי מֵאִיר – these are THE WORDS OF R' MEIR. וַחֲכָמִים אוֹמְרִים – BUT THE SAGES SAY: יוֹרֶה בְּכִסְלֵיו – *YOREH* will fall IN KISLEV.

The Gemara identifies the second opinion of this Baraisa:

מַאן חֲכָמִים – **Who are the Sages?** אָמַר רַב חִסְדָּא – **Rav Chisda said:** ר׳ יוֹסֵי הִיא – **It is R' Yose.** דְּתַנְיָא – **For it was taught in a Baraisa:** אֵיזוּ הִיא רְבִיעָה רִאשׁוֹנָה – WHAT IS the time of THE FIRST RAINFALL[17] of the season? הַבַּכִּירָה בִּשְׁלֹשָׁה בְּמַרְחֶשְׁוָן – THE FIRST [RAINFALL] descends ON THE THIRD OF MARCHESHVAN, בֵּינוֹנִית בְּשִׁבְעָה בּוֹ – THE INTERMEDIATE ONE ON THE SEVENTH OF [MARCHESHVAN], אֲפִילָה בְּשִׁבְעָה עָשָׂר בּוֹ – and THE LAST[18] ONE ON THE SEVENTEENTH OF [MARCHESHVAN]; דִּבְרֵי רַבִּי מֵאִיר – these are THE WORDS OF R' MEIR. ר׳ יְהוּדָה אוֹמֵר – R' YEHUDAH SAYS: בְּשִׁבְעָה וּבְי״ז וּבְעֶשְׂרִים וּשְׁלֹשָׁה – The first rainfall falls ON THE SEVENTH of Marcheshvan, the intermediate one ON THE SEVENTEENTH, and the last one ON THE TWENTY-THIRD. ר׳ יוֹסֵי אוֹמֵר – R' YOSE SAYS: בְּי״ז וּבְעֶשְׂרִים וּשְׁלֹשָׁה וּבְרֹאשׁ חֹדֶשׁ כִּסְלֵיו – The first one falls ON THE SEVENTEENTH of Marcheshvan, the intermediate one ON THE TWENTY-THIRD, AND the last one ON ROSH CHODESH KISLEV. וְכֵן הָיָה ר׳ יוֹסֵי אוֹמֵר – IN CONFORMITY WITH THIS view, R' YOSE USED TO SAY: אֵין הַיְחִידִים מִתְעַנִּין – When no rain falls, THE devout INDIVIDUALS DO NOT BEGIN FASTING עַד שֶׁיַּגִּיעַ רֹאשׁ חֹדֶשׁ כִּסְלֵיו – UNTIL ROSH CHODESH KISLEV ARRIVES – the expected time of the third *yoreh* rainfall.[19]

The view of R' Yose that the last of the *yoreh* rainfalls is expected on Rosh Chodesh Kislev accords with the opinion of the Sages recorded in the previous Baraisa.

A legal decision:

אָמַר רַב חִסְדָּא – **Rav Chisda said:** הֲלָכָה כְּר׳ יוֹסֵי – **The halachah is in accordance with** the opinion of **R' Yose.** אַמֵימָר מַתְנֵי לְהָא דְּרַב חִסְדָּא בְּהָא לִישָּׁנָא – **Ameimar taught Rav Chisda's [statement] in the following version,** in reference to the following Mishnah:[20] בִּשְׁלֹשָׁה בְּמַרְחֶשְׁוָן שׁוֹאֲלִין אֶת הַגְּשָׁמִים – Beginning ON THE THIRD OF MARCHESHVAN WE REQUEST RAIN.[21] רַבָּן גַּמְלִיאֵל אוֹמֵר – RABBAN GAMLIEL SAYS: בְּשִׁבְעָה בּוֹ – We begin ON THE SEVENTH OF [MARCHESHVAN]. אָמַר רַב חִסְדָּא – And in reference to that dispute **Rav Chisda said:** הֲלָכָה כְּרַבָּן גַּמְלִיאֵל – **The halachah is in accordance with** the opinion of **Rabban Gamliel.**[22]

A Baraisa was quoted above which recorded variant opinions on the times of the three *yoreh* rainfalls. In relation to that dispute, the Gemara asks:

כְּמַאן אָזְלָא הָא דְּתַנְיָא – **Whose opinion is reflected in the following Baraisa?** רַבָּן שִׁמְעוֹן בֶּן גַּמְלִיאֵל אוֹמֵר – RABBAN

NOTES

12. In Iyar, the ears and stalks of grain are still out in the field (*Rashi*) for the crop is not yet reaped. Consequently, even a rain which falls that late in the year may be called *malkosh*, which by definition means a rain that falls on ears (*melilah*) and stalks (*kash*) (see Baraisa quoted below).

13. In the event that the final rain does not fall, the people repent, fast, and perform charitable deeds (*Rashi*).

14. This is in fact the view of a Tannaic source quoted below (*Rashi*).

15. Evidently, *malkosh* falls in Nissan for that is when the ears and stalks are out in the field and by definition *malkosh* is a rain that falls on the ears (*melilah*) and stalks (*kash*) (*Rashi;* see end of following note).

16. [This Baraisa assumes that rain in Iyar is not beneficial at all, and no Biblical allusion is necessary to clarify that the Torah's blessing of rain does not refer to Iyar. Possibly, this is the import of the Baraisa's concluding statement, "if rain falls after Nissan has ended it is not a sign of blessing" (cf. *Maharsha*). (It is in this very point that this Baraisa differs with the one cited above, which did raise the possibility of *malkosh* falling in Iyar.) By contrast, *yoreh* rain in Kislev, although slightly late, is surely beneficial and therefore a Biblical allusion is required to clarify that the Torah's blessing assures timely rain – in Marcheshvan.]

[From *Rashi* ד״ה ת״ל it seems that the second Baraisa was not included in his version of the Gemara's text. *Rashi's* comment cited in note 15 is offered by him in explanation of an "alternative" version. Consequently, no difficulty is posed by the discrepancy between notes 15 and 12.]

17. *Yoreh* consists of three rainfalls, each one of which is called a רְבִיעָה, *reviah.* The Gemara discusses this term below (6b).

18. אֲפִילָה means last. In *Exodus* 9:32 the term אֲפִילֹת is used to describe late-ripening grain (*Rashi*).

19. If no rain has fallen by the date when the third of the *yoreh* rainfalls usually descends, devout individuals engage in a series of fasts. These fasts are held on the following Monday and Thursday, and the Monday after that. The Mishnah below (10a), which rules that the fasts begin after the seventeenth of Marcheshvan, follows the view of R' Meir (as do most anonymous Mishnayos), in whose opinion the third rain is expected on the seventeenth of Marcheshvan. In this Baraisa, R' Yose rules that the fasts begin after the first of Kislev, for that is the date of the third rain in *his* opinion (*Rashi*).

20. Below, 10a.

21. This is the date when the first rain of the season is expected to fall (according to R' Meir). From this day and on, throughout the winter, the phrase וְתֵן טַל וּמָטָר לִבְרָכָה, *and grant dew and rain for blessing,* is recited in the ninth blessing of the Shemoneh Esrei.

22. As opposed to the first version (according to which Rav Chisda rules in accordance with R' Yose), this version maintains that Rav Chisda is in agreement with Rabban Gamliel whose view accords with that of R' Yehudah cited in the previous Baraisa.

גמרא

יהיו כמותך אף אתה במה אברכך אם בתורה הרי (א) תורה אם בעושר הרי עושר אם בבנים הרי בנים אלא יהי רצון [א] שיהו צאצאי מעיך כמותך: ת"ר יורה שמורה את הבריות להטיח גגותיהן ולהכנים את פירותיהן ולעשות כל צרכיהן (ב) דבר אחר שמרוה את הארץ ומשקה עד תהום שנאמר א) תלמיה רוה נחת גדודיה ברביבים תמוגגנה צמחה תברך דבר אחר יורה שיורד בנחת ואינו יורד בזעף או אינו יורה אלא שמשיר את הפירות ומשטיף את הזרעים ומשטיף את האילנות ת"ל מלקוש מה מלקוש לברכה אף יורה לברכה או אינו מלקוש אלא שמפיל את הבתים ומשבר את האילנות ומעלה את הסקאין ת"ל יורה מה יורה לברכה אף מלקוש לברכה ויורה גופיה מנלן דכתיב ב) ובני ציון גילו ושמחו בה' אלהיכם כי נתן לכם את המורה לצדקה ויורד לכם גשם מורה ומלקוש בראשון: ת"ר [ב] יורה במרחשון ומלקוש בניסן אתה אומר יורה במרחשון ומלקוש בניסן או אינו אלא יורה בתשרי ומלקוש באייר ת"ל בעתו מלקוש אמר רב נהילאי בר אידי אמר שמואל דבר שמל קשיותיהן של ישראל דבי ר' ישמעאל תנא דבר שממלא תבואה בקשיה במתניתא תנא דבר שיורד על המלילות ועל הקשין ת"ר יורה במרחשון ומלקוש בניסן אתה אומר יורה במרחשון או אינו אלא בחדש כסליו ת"ל ג) בעתו יורה ומלקוש מה מלקוש בעתו אף יורה בעתו ([ג] כיון שיצא ניסן וירדו גשמים אינו סימן ברכה) תניא אידך יורה במרחשון ומלקוש בניסן דברי ר"מ וחכמים אומרים יורה בכסליו [ד] מאן חכמים אמר רב חסדא ר' יוסי היא דתניא [ה] איזו היא רביעה ראשונה הבכירה בשלשה במרחשון בינונית בשבעה בו אפילה בשבעה עשר בו דברי ר"מ ר' יהודה אומר בשבעה ובי"ז ובעשרים ושלשה א ר' יוסי אומר בי"ז ובעשרים ושלשה ובראש חדש כסליו וכן היה ר' יוסי אומר אין היחידים מתענין עד שיגיע ראש חדש כסליו אמר רב חסדא הלכה כר' יוסי אמימר מתני להא דרב חסדא בהא לישנא [ו] בשלשה במרחשון שואלין את הגשמים רבן גמליאל אומר בשבעה בו אמר רב חסדא ב הלכה כרבן גמליאל כמאן [ז] אזלא הא דתניא ר"ש בן גמליאל אומר גשמים שירדו שבעה ימים זה אחר זה אתה מונה בהן רביעה ראשונה ושניה ושלישית כמאן כר' יוסי אמר רב חסדא הלכה כר' יוסי בשלמא רביעה ראשונה לשאול שלישית להתענות שניה למאי אמר ר' זירא [ח] לנדרים דתנן הנודר

תוספות

מלקוש לברכה או אינו אלא שמפיל הבתים ומשבר האילנות וכו'. נ"ע אמאי לא קאמר ומשבר הגרנות ומשיר את הפירות כדלעיל: **גשמים** שירדו ז' ימים זה אחר זה ולא פסקו אתה מונה בהן רביעה ראשונה ושניה. כיון דלא פסקו ז' ימים דאין בין י"ז לכ"ג אלא ז' ימים י"ז י"ח י"ט כ' כ"א כ"ב כ"ג אבל לא גרסינן ושלישית שהרי אם יתחיל בכ"ג וירדו ז' ימים רצופים (ז) אכתי לא תמלא רביעה שלישית דאיכא ח' ימים מכ"ג עד ר"ח כסליו ואנשי נרבונ"א גורסין גשמים שירדו ז' ימים זה אחר זה אתה מונה בהם רביעה שניה ושלישית כילד הגשמים התחילו באמצע היום וירדו ז' ימים רצופים א"כ ירדו עד חצי יום של ר"ח מעת לעת:

דאזלי

רש"י

יהיו כמותך. בתורה ולעושר וכבוד: יורה. ונתתי מטר ארצכם בעתו יורה ומלקוש (דברים יא): יורה. רביעה ראשונה היורדת במרחשון כדלקמן למה נקרא יורה שמורה להן להטיח גגותיהן בטיח של טיט שלא יטפו גשמים בבית: ולהכנים פירותיהן. שהניחו בשדות לייבשן עד עכשיו: כל צרכיהן. שאר דברים הצריכים לימות הגשמים: שיורד בנחת. והכי משמע יורה כאדם שמורה לתלמידיו בנחת דכתיב (קהלת ט) דברי חכמים בנחת נשמעים אי נמי לשון חץ יורה ההולך ביושר ואינו נוטה לכאן ולכאן לשון אחר שמתכוין לארץ ואינו יורד בזעף בספרי: תלמיה רוה. כשאתה מרוה תלמי חרישה של ארץ ישראל: נחת הוא לגדודיה. בני אדם היינו פשט המקרא ולקמיה [ח] דריש שאפי' גייסות פוסקות בו: ה"ג או אינו אלא ששוטף את הזרעים. כלומר דעד השתא אמרינן יורה לברכה או אינו אלא יורה לשון קללה כמו ירה יירה (שמות יט) שסובר הכל או לשון חץ היורה והכי משמע קרא והיה אם שמוע תשמעו אל מצותי וגו' ואם לאו ונתתי מטר ארצכם יורה לרעה מלתא בעלמא הוא ואורחא דברייתא למתני כי האי גוונא: משיר פירותיהן. שעודן באילן כגון אתרוגים או רמונים או סופי תאנים ולא גרסינן שוטף את הגרנות דגרנות (ג) במרחשון ליכא: מה מלקוש לברכה. שא"א לדורשו לשבר גרנות ולהשיר פירות שאינם מצויים באותו הפרק ואי אתה יכול לדורשו אלא לטובה שיורד על המלילות ועל הקשין וממלא את התבואה בקשיה: הדר אמר דלמא מלקוש קללה הוא והכי משמע שמל וקשה כלומר מל את הבתים והאילנות שמפילן ומשברן וקשה לתבואה: שמעלה סקאים. וברכה דקרא למילוי מים בורות שיחין ומערות גימגום: שמפיל את הבתים. ומשמעו כדלקמן שמל קשיותן של ישראל אי נמי שמל דבר הקשה חותך ומשבר את הבתים כלומר אין בו תקלת גרנות והשרת פירות לפי שא"א לו: סקאי. מין ארבה כדמתרגם הצלצל (דברים כח) סקאה ומלקוש לשון ארבה כמו והנה לקש אחר גזי המלך (עמוס ז): את המורה לצדקה. אלמא יורה לטובה: ה"ג או אינו אלא יורה בתשרי ומלקוש באייר. שיש עדין מלילות וקשין: ת"ל בעתו. יורה במרחשון ומלקוש בניסן שכך היא העת והזמן ויפה הוא כדלקמן דזמן רביעה ראשונה במרחשון הוא אית ספרים דכתוב בהו או אינו אלא בכסליו דזמן יורה בכסליו הוא וכרבנן דפליגי עליה דר"מ לקמן ת"ל בעתו יורה ומלקוש מה מלקוש בעתו אף יורה בעתו דמלקוש זהו שיורד על המלילות ועל הקשין וזהו ניסן שיש בו קשין ומלילות: דבר שמל קשיותן של ישראל. שכשאינו יורד חוזרין ישראל בתשובה ומתענין ועושין לדקות: מלילות. ראשי שיבולות שאדם מולל בידו כדכתיב (דברים כג) וקטפת מלילות בידך: וקשין. קנה: שממלא תבואה בקשיה. ומשלימה: (ד) הי רביעה. איזה זמן רביעה: בכירה. ראשונה ולקמן מפרש למאי הלכתא ניהו יורה יש בו ג' זמני גשמים: אפילה. אחרונה כמו כי אפילות הנה (שמות ט): ר' יהודה אומר. בכירה בז' במרחשון ובינונית בי"ז ואפילה בכ"ג וכולהו הני תלתא יורה קרי להו: אין היחידים מתענין כו'. דאמרי' בסמוך שלישית להתענות והואיל וזמן שלישית בר"ח חדש הוא אין ליחידים להתענות (ה): יחידים. חסידים והכי אמרי' במתני' לקמן (דף י.) הגיע י"ז במרחשון ולא ירדו גשמים התחילו היחידים להתענות שמכאן ואילך זמן רביעה אפילה לר"מ דסתם מתני' ר"מ וה"נ אמר ר' יוסי דאין מתענין עד ר"ח כסליו דהיינו רביעה אפילה והיינו כחכמים דאמרי יורה בכסליו: אמר רב חסדא הלכה כר' יוסי. ואמימר תני להא דאמר רב חסדא הלכה כרבן גמליאל דאינו שואל עד ז' במרחשון: ז' ימים בזה אחר זה. שירדו גשמים (ו) עכשיו אן ופסקו עד יום שביעי וירדו ז' ימים זה אחר זה אתה מונה בהן ראשונה ושניה ושלישית: כר' יוסי. דאליבא דר' יוסי הכי הוו בין רביעה ראשונה ושניה או שניה ושלישית דראשונה בי"ז ושניה בכ"ג דהיינו ז' ימים עם שניהם ימי רביעה ומכ"ג עד ל' ז' ימים בלא יום רביעה אחרונה דלכולהו תנאי לא הוי הכי דלר"מ דאמר ראשונה בג' ושניה בז' ליכא בין זו לזו אלא ארבעה ימים בין שניה לשלישית יש י' ימים ולר' יהודה בין ראשונה לשניה י' ימים אבל בין שניה לשלישית יש בן [ט] יותר: נראה לרבי דהכי גרסינן אמר רב חסדא הלכה כר' יהודה דאמר בכירה בז' במרחשון ואז מתחילין לשאול כדלקמן (דף י.): ראשונה לשאול. מכאן ואילך ותן טל ומטר: שלישית להתענות. שאם לא ירדו גשמים עד זמן רביעה שלישית אפי' פעם אחת מתענין היחידים שני וחמישי ושני:

הנודר

מסורת הש"ס

א) [ב"מ קז.], ב) [לעיל ה.], ג) רש"א מ"ז וער' ילקוט ולעיל גבי או אינו אלא מלקוש באייר ת"ל בעתו שייך למימני בתר הכי כיון שיצא ניסן כו', ד) [עירובין פג. וש"נ], ה) נדרים סג. [ע"ש תוספתא פ"א], ו) לקמן י. [וש"נ], ז) [נדרים סג. ע"ש תוספתא פ"א], ח) דף ח:, ט) ס"א ז' ימים.

הגהות הב"ח

(א) גמ' אם בתורה הרי יש לך תורה ואם לגדולה הרי יש לך גדולה ואם לכבוד הרי יש לך כבוד ואם בעושר הרי יש לך עושר אם בבנים הרי יש לך בנים אלא יהי רצון שיהו כל צאצאי מעיך: (ב) שם ולעשות כל צרכיהן ד"א יורה שיורד בנחת ואינו יורד בזעף ד"א שמרוה את הארץ כו' צמחה תברך או אינו יורה כו' את הזרעים ומשבר את הגרנות ת"ל יורה ומלקוש מה מלקוש לברכה: (ג) רש"י ד"ה משיר כו' דגרנות במרחשון ליכא וברכה דקרא למילוי מים בורות שיחין ומערות גימגו"ם הס"ד ואח"כ מה"ד יורה ומלקוש אם מלקוש לטובה יורה נמי לטובה לישנא אחרינא מה מלקוש לברכה שא"א כו' התבואה בקשיה ומה"ד הדר אמר וכו' וקשה לתבואה שמעלה סקאים הס"ד ואח"כ מה"ד שמפיל את כו' ומשבר את הבתים ואילנות ואין בו תקלת כו' כצ"ל ותיבת כלומר נמחק: (ד) ד"ה הי רביעה נ"ל איזהו רביעה: (ה) ד"ה אין היחידים כו' אין ליחידים להתענות אלא משלישית ואילך והכי אמרינן במתני' לקמן וכו' דאמרי יורה בכסליו הס"ד ואח"כ מה"ד ואמימר תני להא דאמר כו' כצ"ל ותיבות אמר רב חסדא הלכה כר' יוסי נמחק: (ו) ד"ה ז' ימים כו' שירדו הגשמים עכשיו ולא פסקו עד: (ז) תוס' ד"ה גשמים כו' ז' ימים רצופים א"כ ירדו עד חצי יום אכתי לא תמלא:

גליון הש"ס

גמ' לנדרים דתנן. תמוה לי אמאי לא נקט נמי לשכירות בתים דקתני ברישא דמתני' שם המשכיר בית לחבירו עד הגשמים עד שתרד רביעה שניה:

הגהות מהר"ב רנשבורג

אן רש"י ד"ה שבעה ימים וכו' שירדו גשמים עכשיו ופסקו. נ"ב ולא פסקו: בן ד"ה כר' יוסי וכו' אבל בין שניה לשלישית יש יותר. נ"ל אין יותר:

עין משפט נר מצוה

יג א מיי' פ"י מהלכות נדרים הל' יא ופ"א מהלכות מתנות עניים הלכה יא סמג לאוין רמב טוש"ע י"ד סי' רכ סעיף יח:

יד ב מיי' פ"ב מהלכות תפלה הלכה טז סמג עשין יט טוש"ע א"ח סי' קיז סעיף א:

תורה אור השלם

א) תְּלָמֶיהָ רַוֵּה נַחֵת גְּדוּדֶיהָ בִּרְבִיבִים תְּמֹגְגֶנָּה צִמְחָהּ תְּבָרֵךְ: [תהלים סה, יא]

ב) וּבְנֵי צִיּוֹן גִּילוּ וְשִׂמְחוּ בַּיְיָ אֱלֹהֵיכֶם כִּי נָתַן לָכֶם אֶת הַמּוֹרֶה לִצְדָקָה וַיּוֹרֶד לָכֶם גֶּשֶׁם מוֹרֶה וּמַלְקוֹשׁ בָּרִאשׁוֹן: [יואל ב, כג]

ג) וְנָתַתִּי מְטַר אַרְצְכֶם בְּעִתּוֹ יוֹרֶה וּמַלְקוֹשׁ וְאָסַפְתָּ דְגָנֶךָ וְתִירֹשְׁךָ וְיִצְהָרֶךָ: [דברים יא, יד]

ליקוטי רש"י

תלמיה רוה נחת. תלמיה הן שורות המחרישה. רוה. כמו לרוה. נחת גדודיה. כמו לנחת גדודיה להניח לגדודיה לעשות נחת לבריות [תהלים סה, יא]. יורה. היא רביעה הנופלת לאחר הזריעה שמרוה את הארץ ואת הזרעים. ומלקוש. רביעה היורדת סמוך לקציר למלאות התבואה בקשיה ולשון מלקוש דבר המאוחר כדמתרגמינן (בראשית ל מב) והיה העטופים ללבן לקישיא דבר אחר לכך נקראת מלקוש שיורדת על המלילות ועל הקשין [דברים יא, יד]. כמאן כר' יוסי. דמיום י"ז עד יום כ"ג הוי שבעה ימים דאי ר' מאיר לא הוו אלא ה' ימים. לשאול. להתפלל על הגשמים. להתענות. לגזור תענית אם לא ירדו. אמר ר' זירא לנדרים. האי דאמר שניה לנודר היינו דאמר עד הגשמים וגשמים תרתי משמע אבל אמר עד הגשם לעולם אימא לך עד זמן גשמים שהיא רביעה ראשונה קאמר ולא שניה [נדרים סג.].

רבינו גרשום

שאינה יורדת: כמאן כר' יוסי דאמר ראשונה בי"ז ושניה בכ"ג הרי ראשונה ושניה בז' ימים: עד שתרד רביעה ראשונה אינה חשובה כלום.

רבינו חננאל

מורה ומלקוש. מורה שמורה את הבריות להטיח גגותיהן ולהכניס פירותיהן מלקוש שמל קשיותיהן של ישראל. תנא דבר שיורד על המלילות ועל הקשין וממלא התבואה בקשיה: ת"ר מורה במרחשון ומלקוש בניסן דברי ר' מאיר וחכמים אומרים מורה בחדש כסלו. מאן חכמים אמר רב חסדא ר' יוסי היא. דתניא מאימתי זמן רביעה. ר' מאיר אומר בכירה בשלשה בינונית בשבעה אפילה בי"ז. ר' יהודה אומר בשבעה ובשבעה עשר ובעשרים ושלשה. ר' יוסי אומר בי"ז ובכ"ג ובר"ח כסלו וכן היה ר' יוסי אומר אין היחידים מתענין עד שיגיע ר"ח כסלו. **כמאן** אזלא הא דתניא ר"ש בן גמליאל אומר גשמים שירדו ז' ימים זה אחר זה אתה מונה רביעה ראשונה ושניה ושלישית כמאן כר' יוסי פי' כגון שהתחילו הגשמים לירד ביום הראשון מחצי יום וכשתחשוב ז' ימים מעת לעת אתה מוצא מקצת מיום השמיני להשלמת ז' ימים ולא תמצא מאלו התנאים בד' ימים למנות בהן רביעה ראשונה ושניה או שניה ושלישית אלא לר' יוסי בלבד דאי ר"מ ראשונה ושניה משכחת לה שניה ושלישית לא משכחת לה דהא בין שניה ושלישית י' ימים ואי לר' יהודה שניה ושלישית הוא משכחת לה ראשונה ושניה לא משכחת לה דהא לדבריו י' ימים בין הראשונה לשניה אבל ר' יוסי דאמר ראשונה בי"ז שניה בכ"ג הנה ד' ימים ביניהם. אתה מונה בהן ראשונה ושניה ואם התחילו הגשמים בחצי היום בכ"ג יום למרחשון נמצאו עד ר"ח כסליו ז' ימים ומקצת היום של יום ראשון אתה משלימן מיום ראשון של חדש כסלו נמצאת מונה להן שניה ושלישית והוא שהיה (ר' א') [ר"ח] מרחשון חסר כי בשלשה איתא בפיר' בתוספתא שהיה ר' יוסי אומר בכירה בי"ז בינונית בכ"ג. אפילה בל'. **אמר רב חסדא** הלכה כר' יוסי ואמרינן בשלמא רביעה ראשונה לשאול ותן טל ומטר כר' מאיר דאמר בכירה בג' במרחשון דתנן בג' במרחשון שואלין את הגשמים שלישית להתענות כדתנן הגיע י"ז במרחשון ולא ירדו גשמים התחילו היחידים מתענין אלא רביעה שניה למאי פירוש כיון דמרביעה ראשונה מתחילין לשאול עד רביעה שלישית ובשלישית מתחילין להתענות שניה למה לי הלא מתחלת רביעה ראשונה עד שלישית כולן ימי שאלה הן למה נקראת שניה והביאו טעם ר' זירא ורב זביד

SHIMON BEN GAMLIEL SAYS: גְּשָׁמִים שֶׁיָּרְדוּ שִׁבְעָה יָמִים זֶה אַחַר זֶה – IF A RAINFALL LASTED FOR SEVEN CONSECUTIVE DAYS, אַתָּה מוֹנֶה בָּהֶן רְבִיעָה רִאשׁוֹנָה וּשְׁנִיָּה וּשְׁלִישִׁית – YOU MAY CONSIDER IT as a combination of THE FIRST AND SECOND RAINFALLS, or the second AND THIRD rainfalls, depending on when it fell. כְּמַאן – **Whose opinion is this?** כְּר׳ יוֹסֵי – **It accords with** the opinion of **R' Yose,** because only according to R' Yose are the dates for these rainfalls seven days apart from each other.[23]

The Gemara reiterates the decision of Rav Chisda reported above:

אָמַר רַב חִסְדָּא – **Rav Chisda said:** הֲלָכָה כְּר׳ יוֹסֵי – **The halachah is in accordance with** the opinion of **R' Yose,** that the three *yoreh* rainfalls are expected on the seventeenth of Marcheshvan, the twenty-third of Marcheshvan and Rosh Chodesh Kislev.[24]

The Gemara seeks the halachic significance of the times of these three rainfalls:

בִּשְׁלָמָא רְבִיעָה רִאשׁוֹנָה – **It is understandable** why we must know the time of **the first rainfall.** לִשְׁאוֹל – It is to know when **to request** rain.[25] שְׁלִישִׁית לְהִתְעַנּוֹת – The time of **the third** rainfall is required in order to know when **to fast.**[26] שְׁנִיָּה לְמַאי – But **for what** purpose must we know the time of the **second** rainfall?

The Gemara gives several answers:

אָמַר ר׳ זֵירָא – **R' Zeira said:** לִנְדָרִים – It is relevant **to vows,** דִּתְנַן – **as we learned in a Mishnah:**[27]

NOTES

23. According to R' Yose the first rain descends on the seventeenth, the second on the twenty-third and the last on Rosh Chodesh Kislev. Thus, if rain were to fall uninterruptedly for seven days from the beginning of the seventeenth of Marcheshvan to the end of the twenty-third it includes the first and second rains. Similarly, if rain fell from the twenty-third of Marcheshvan to Rosh Chodesh Kislev, it includes the second and third rains. [Actually, if the rainfall were to start on the beginning of the twenty-third of Marcheshvan, it would have to last *eight* days to reach the end of Rosh Chodesh Kislev, for the month of Marcheshvan is never less than twenty-nine days long. We must assume, therefore, that the rain did not necessarily fall for seven full calendar days, rather it fell for seven consecutive periods of twenty-four hours each, starting at some point on the twenty-third of Marcheshvan and lasting until the corresponding point on Rosh Chodesh Kislev (see *R' Chananel*).] This is in contrast to R' Meir who holds that a four-day interval exists between the first and second rains (3rd-7th) and a ten-day interval between the second and third rains (7th-17th). It is also at variance with R' Yehudah according to whom the first and second rains are ten days apart (7th-17th) (*Rashi;* cf. *Tosafos*).

24. *Rashi* reports that his mentor emended this statement to read that Rav Chisda rules, not in accordance with R' Yose, but in accordance with R' Yehudah (that the three rains fall on the 7th, 17th and 23rd), to make this statement consistent with Rav Chisda's ruling above that the halachah follows the opinion of Rabban Gamliel that we begin to request rain on the seventh of Marcheshvan.

The authorities dispute whose opinion we follow. *Rambam* adopts the view of R' Yose, but *Rosh* rules in accordance with R' Yehudah (see *Shach Y.D.* 220:31).

25. See note 21.

26. See note 19.

27. *Nedarim* 62b.

יהיו כמותך אף אתה במה אברכך אם בתורה הרי (א) תורה אם בעושר הרי עושר אם בבנים הרי בנים אלא יהי רצון [א] שיהו צאצאי מעיך כמותך: ת"ר יורה שמורה את הבריות להטיח גגותיהן ולהכנים את פירותיהן ולעשות כל צרכיהן (ב) דבר אחר שמרוה את הארץ ומשקה עד תהום שנאמר [א] תלמיה רוה נחת גדודיה ברביבים תמוגגנה צמחה תברך דבר אחר יורה שיורד בנחת ואינו יורד בזעף או אינו יורה אלא שמשיר את הפירות ומשטיף את הזרעים ומשטיף את האילנות ת"ל מלקוש מה מלקוש לברכה אף יורה לברכה או אינו מלקוש אלא שמפיל את הבתים ומשבר את האילנות ומעלה את הסקאין ת"ל יורה מה יורה לברכה אף מלקוש לברכה ויורה גופיה מנלן דכתיב [ב] ובני ציון גילו ושמחו בה' אלהיכם כי נתן לכם את המורה לצדקה ויורד לכם גשם מורה ומלקוש בראשון: ת"ר [ג] יורה במרחשון ומלקוש בניסן אתה אומר יורה במרחשון ומלקוש בניסן או אינו אלא יורה בתשרי ומלקוש באייר ת"ל בעתו מלקוש אמר רב נהילאי בר אידי אמר שמואל דבר שמל קשיותיהן של ישראל דבי ר' ישמעאל תנא דבר שממלא תבואה בקשיה במתניתא תנא דבר שיורד על המלילות ועל הקשין ת"ר יורה במרחשון ומלקוש בניסן אתה אומר יורה במרחשון או אינו אלא בחדש כסליו ת"ל [ג] בעתו יורה ומלקוש מה מלקוש בעתו אף יורה בעתו ([ג] כיון שיצא ניסן וירדו גשמים אינו סימן ברכה) תניא אידך יורה במרחשון ומלקוש בניסן דברי ר"מ וחכמים אומרים יורה בכסליו [ד] מאן חכמים אמר רב חסדא ר' יוסי היא דתניא [ה] איזו היא רביעה ראשונה הבכירה בשלשה במרחשון בינונית בשבעה בו אפילה בשבעה עשר בו דברי ר"מ ר' יהודה אומר בשבעה ובי"ז ובעשרים ושלשה [א] ר' יוסי אומר בי"ז ובעשרים ושלשה ובראש חדש כסליו וכן היה ר' יוסי אומר אין היחידים מתענין עד שיגיע ראש חדש כסליו אמר רב חסדא הלכה כר' יוסי אמימר מתני להא דרב חסדא בהא לישנא [ו] בשלשה במרחשון שואלין את הגשמים רבן גמליאל אומר בשבעה בו אמר רב חסדא [ב] הלכה כרבן גמליאל כמאן [ז] אזלא הא דתניא ר"ש בן גמליאל אומר גשמים שירדו שבעה ימים זה אחר זה אתה מונה בהן רביעה ראשונה ושניה ושלישית כמאן כר' יוסי אמר רב חסדא הלכה כר' יוסי בשלמא רביעה ראשונה לשאול שלישית להתענות שניה למאי אמר ר' זירא [ח] לנדרים דתנן הנודר

רש"י

יהיו כמותך. בתורה ולעושר וכבוד: יורה. ונתתי מטר ארצכם בעתו יורה ומלקוש (דברים יא): יורה. רביעה ראשונה היורדת במרחשון כדלקמן למה נקרא יורה שמורה להן להטיח גגותיהן בטיח של טיט שלא יטפו גשמים בבית: ולהכנים פירותיהן. שהניחו בשדות לייבשן עד עכשיו: כל צרכיהן. שאר דברים הצריכים לימות הגשמים: שיורד בנחת. והכי משמע יורה כאדם שמורה לתלמידיו בנחת דכתיב (קהלת ט) דברי חכמים בנחת נשמעים אי נמי לשון חץ יורה ההולך ביושר ואינו נוטה לכאן ולכאן לשון אחר שמתכוין לארץ ואינו יורד בזעף בספרי: תלמיה רוה. כשאתה מרוה תלמי חרישה של ארץ ישראל: נחת הוא לגדודיה. בני אדם היינו פשט המקרא ולקמיה [ח] דריש שאפי' גייסות פוסקות בו: ה"ג או אינו אלא ששוטף את הזרעים. כלומר דעד השתא אמרינן יורה לברכה או אינו אלא יורה לשון קללה כמו ירה יירה (שמות יט) שסוקר הכל או לשון חץ היורה והכי משמע קרא והיה אם שמוע תשמעו אל מצותי וגו' ואם לאו ונתתי מטר ארצכם יורה לרעה מלתא בעלמא הוא ואורחא דברייתא למתני כי האי גוונא: משיר פירותיהן. שעודן באילן כגון אתרוגים או רמונים או סופי תאנים ולא גרסינן שוטף את הגרנות דגרנות (ג) במרחשון ליכא: מה מלקוש לברכה. שא"א לדורשו לשבר גרנות ולהשיר פירות שאינם מצויים באותו הפרק ואי אתה יכול לדורשו אלא לטובה שיורד על המלילות ועל הקשין וממלא את התבואה בקשיה: הדר אמר דלמא מלקוש קללה הוא והכי משמע שמל וקשה כלומר מל את הבתים והאילנות שמפילן ומשברן וקשה לתבואה: שמעלה סקאים. וברכה דקרא למילוי מים בורות שיחין ומערות גימגוס: שמפיל את הבתים. ומשמעו כדלקמן שמל קשיותן של ישראל אי נמי שמל דבר הקשה חותך ומשבר את הבתים כלומר אין בו תקלת גרנות והשרת פירות לפי שא"א לו: סקאי. מין ארבה כדמתרגם הצלצל (דברים כח) סקאה ומלקוש לשון ארבה כמו והנה לקש אחר גזי המלך (עמוס ז): את המורה לצדקה. אלמא יורה לטובה: ה"ג או אינו אלא יורה בתשרי ומלקוש באייר. שיש עדין מלילות וקשין: ת"ל בעתו. יורה במרחשון ומלקוש בניסן שכך היא העת והזמן ויפה הוא כדלקמן דזמן רביעה ראשונה במרחשון הוא אית ספרים דכתוב בהו או אינו אלא בכסליו דזמן יורה בכסליו הוא וכרבנן דפליגי עליה דר"מ לקמן ת"ל בעתו יורה ומלקוש מה מלקוש בעתו אף יורה בעתו דמלקוש זהו שיורד על המלילות ועל הקשין וזהו ניסן שיש בו קשין ומלילות: דבר שמל קשיותן של ישראל. שכשאינו יורד חוזרין ישראל בתשובה ומתענין ועושין לדקות: מלילות. ראשי שיבולות שאדם מולל בידו כדכתיב (דברים כג) וקטפת מלילות בידך: וקשין. קנה: שממלא תבואה בקשיה. ומשלימה: (ד) הי רביעה. איזה זמן רביעה: בכירה. ראשונה ולקמן מפרש למאי הלכתא ניניהו יורה יש בו ג' זמני גשמים: אפילה. אחרונה כמו כי אפילות הנה (שמות ט): ר' יהודה אומר. בכירה בז' במרחשון ובינונית בי"ז ואפילה בכ"ג וכולהו הני תלתא יורה קרי להו: אין היחידים מתענין כו'. דאמרי' בסמוך שלישית להתענות והואיל וזמן שלישית בראש חדש הוא אין ליחידים להתענות (ה): יחידים. חסידים והכי אמרי' במתני' לקמן (דף י.) הגיע י"ז במרחשון ולא ירדו גשמים התחילו היחידים להתענות שמכאן ואילך זמן רביעה אפילה לר"מ דסתם מתני' ר"מ וה"נ אמר ר' יוסי דאין מתענין עד ר"ח כסליו דהיינו רביעה אפילה והיינו כחכמים דאמרי יורה בכסליו: אמר רב חסדא הלכה כר' יוסי. ואמימר תני להא דאמר רב חסדא הלכה כרבן גמליאל דאינו שואל עד ז' במרחשון: ז' ימים בזה אחר זה. שירדו גשמים (ו) עכשיו [א] ופסקו עד יום שביעי וירדו ז' ימים זה אחר זה אתה מונה בהן ראשונה ושניה ושלישית: כר' יוסי. דאליבא דר' יוסי הכי הוו בין רביעה ראשונה ושניה או שניה ושלישית דראשונה בי"ז ושניה בכ"ג דהיינו ז' ימים עם שנים ימי רביעה ומכ"ג עד ל' ז' ימים בלא יום רביעה אחרונה דלכולהו תנאי לא הוי הכי דלר"מ דאמר ראשונה בג' ושניה בז' ליכא בין זו לזו אלא ארבעה ימים בין שניה לשלישית יש י' ימים ולר' יהודה בין ראשונה לשניה י' ימים אבל בין שניה לשלישית יש [ב] [ט] יותר: נראה לרבי דהכי גרסינן אמר רב חסדא הלכה כר' יהודה דאמר בכירה בז' במרחשון ואז מתחילין לשאול כדלקמן (דף י.): ראשונה לשאול. מכאן ואילך ותן טל ומטר: שלישית להתענות. שאם לא ירדו גשמים עד זמן רביעה שלישית אפי' פעם אחת מתענין היחידים שני וחמישי ושני:

תוספות

מלקוש לברכה או אינו אלא שמפיל הבתים ומשבר האילנות וכו'. נ"ע אמאי לא קאמר ומשבר הגרנות ומשיר את הפירות כדלעיל: גשמים שירדו ז' ימים זה אחר זה ולא פסקו אתה מונה בהן רביעה ראשונה ושניה. כיון דלא פסקו ז' ימים דאין בין י"ז לכ"ג אלא ז' ימים י"ז י"ח י"ט כ' כ"א כ"ב כ"ג אבל לא גרסינן ושלישית שהרי אם יתחיל בכ"ג וירדו ז' ימים רצופים (ז) אכתי לא תמלא רביעה שלישית דאיכא ח' ימים מכ"ג עד ר"ח כסליו ואנשי נרבונ"א גורסין גשמים שירדו ז' ימים זה אחר זה אתה מונה בהם רביעה שניה ושלישית כילד הגשמים התחילו באמצע היום וירדו ז' ימים רצופים א"כ ירדו עד חצי יום של ר"ח מעת לעת:

דאזלי

עין משפט נר מצוה

יג א מיי' פ"י מהלכות נדרים הל' יא ופ"א מהלכות מתנות עניים הלכה יא סמג לאוין רמב טוש"ע י"ד סי' רכ סעיף יח:

יד ב מיי' פ"ב מהלכות תפלה הלכה טז סמג עשין יט טוש"ע א"ח סי' קיז סעיף א:

תורה אור השלם

א) תְּלָמֶיהָ רַוֵּה נַחֵת גְּדוּדֶיהָ בִּרְבִיבִים תְּמֹגְגֶנָּה צִמְחָהּ תְּבָרֵךְ: [תהלים סה, יא]

ב) וּבְנֵי צִיּוֹן גִּילוּ וְשִׂמְחוּ בַּייָ אֱלֹהֵיכֶם כִּי נָתַן לָכֶם אֶת הַמּוֹרֶה לִצְדָקָה וַיּוֹרֶד לָכֶם גֶּשֶׁם מוֹרֶה וּמַלְקוֹשׁ בָּרִאשׁוֹן: [יואל ב, כג]

ג) וְנָתַתִּי מְטַר אַרְצְכֶם בְּעִתּוֹ יוֹרֶה וּמַלְקוֹשׁ וְאָסַפְתָּ דְגָנֶךָ וְתִירֹשְׁךָ וְיִצְהָרֶךָ: [דברים יא, יד]

ליקוטי רש"י

תלמיה רוה נחת. תלמיה הן שורות המחרישה. רוה. כמו לרוה. נחת גדודיה. כמו לנחת גדודיה להניח לגדודיה לעשות נחת לבריות [תהלים סה, יא]. יורה. היא רביעה הנופלת לאחר הזריעה שמרוה את הארץ ואת הזרעים. ומלקוש. רביעה היורדת סמוך לקציר למלאות התבואה בקשיה ולשון מלקוש דבר המאוחר כדמתרגמינן (בראשית ל מב) והיה העטופים ללבן לקישיא. דבר אחר לכך נקראת מלקוש שיורדת על המלילות ועל הקשין [דברים יא, יד]. כמאן כר' יוסי. דמיום י"ז עד יום כ"ג הוי שבעה ימים דלר' מאיר לא הוו אלא ה' ימים. לשאול. להתפלל על הגשמים. להתענות. לגזור תענית אם לא ירדו. אמר ר' זירא לנדרים. הא דאמר שניה לנדרי היינו דאמר עד הגשמים וגשמים תרתי משמע אבל אמר עד הגשם לעולם אימא לך עד זמן גשמים שהיא רביעה ראשונה קאמר ולא שניה [נדרים סג.].

רבינו גרשום

שאינה יורדת: כמאן כר' יוסי דאמר ראשונה בי"ז ושניה בכ"ג הרי ראשונה ושניה בז' ימים: עד שתרד רביעה ראשונה אינה חשובה כלום:

רבינו חננאל

מורה ומלקוש. מורה שמורה את הבריות להטיח גגותיהן ולהכניס פירותיהן מלקוש שמל קשיותיהן של ישראל. תנא דבר שיורד על המלילות ועל הקשין וממלא התבואה בקשיה: ת"ר מורה במרחשון ומלקוש בניסן דברי ר' מאיר וחכמים אומרים מורה בחדש כסלו. מאן חכמים אמר רב חסדא ר' יוסי היא. דתניא מאימתי זמן רביעה. ר' מאיר אומר בכירה בשלשה בינונית בשבעה אפילה בי"ז. ר' יהודה אומר בשבעה ובשבעה עשר ובעשרים ושלשה. ר' יוסי אומר בי"ז ובכ"ג ובר"ח כסלו וכן היה ר' יוסי אומר אין היחידים מתענין עד שיגיע ר"ח כסלו. **כמאן** אזלא הא דתניא ר"ש בן גמליאל אומר גשמים שירדו ז' ימים זה אחר זה אתה מונה רביעה ראשונה ושניה ושלישית כמאן כר' יוסי פי' כגון שהתחילו הגשמים לירד ביום הראשון מחצי יום וכשתחשוב ז' ימים מעת לעת אתה מוצא מקצת מיום השמיני להשלמת ז' ימים ולא תמצא מאלו התנאים בז' ימים למנות בהן רביעה ראשונה ושניה או שניה ושלישית אלא לר' יוסי בלבד דאי ר"מ ראשונה ושניה משכחת לה שניה ושלישית לא משכחת לה דהא בין שניה ושלישית י' ימים ואי לר' יהודה שניה ושלישית הוא משכחת לה ראשונה ושניה לא משכחת לה דהא לדבריו י' ימים בין הראשונה לשניה אבל ר' יוסי דאמר ראשונה בי"ז שניה בכ"ג הנה ד' ימים ביניהם. אתה מונה בהן ראשונה ושניה ואם התחילו הגשמים בחצי היום בכ"ג יום למרחשון נמצאו עד ר"ח כסליו ז' ימים ומקצת היום של יום ראשון אתה משלימן מיום ראשון של חדש כסלו נמצאת מונה להן שניה ושלישית והוא שהיה (ר' א') [ר"ח] מרחשון חסר כי בשלשה איתא בפיר' בתוספתא שהיה ר' יוסי אומר בכירה בי"ז בינונית בכ"ג. אפילה בל'. **אמר רב חסדא** הלכה כר' יוסי ואמרינן בשלמא רביעה ראשונה לשאול ותן טל ומטר כר' מאיר דאמר בכירה בג' במרחשון דתנן בג' במרחשון שואלין את הגשמים שלישית להתענות כדתנן הגיע י"ז במרחשון ולא ירדו גשמים התחילו היחידים מתענין אלא רביעה שניה למאי פירוש כיון דמרביעה ראשונה מתחילין לשאול ועד רביעה שלישית מתחילין להתענות שניה למה לי הלא מתחלת רביעה ראשונה עד שלישית כולן ימי שאלה הן למה נקראת שניה והביאו טעם ר' זירא ורב זביד

מסורת הש"ס

א) [ב"מ קז.], ב) [לעיל ה.], ג) רש"א מ"ז ועי' בילקוט ולעיל גבי או אינו אלא מלקוש באייר ת"ל בעתו שייך למיתני בתר הכי כיון שילא ניסן כו', ד) [עירובין סג. וש"נ], ה) נדרים סג. [ע"ש תוספת' פ"א], ו) לקמן י. [וש"נ], ז) [נדרים סג. ע"ש תוספתא פ"א], ח) דף ח:, ט) ס"א ז' ימים.

הגהות הב"ח

(א) גמ' אם בתורה הרי יש לך תורה ואם לגדולה הרי יש לך גדולה ואם לכבוד הרי יש לך כבוד ואם בעושר הרי יש לך עושר אם בבנים הרי יש לך בנים אלא יהי רצון שיהו כל נאצאי מעיך: (ב) שם ולעשות כל צרכיהן ד"א יורה שיורד בנחת ואינו יורד בזעף ד"א שמרוה את הארץ כו' למאה תברך או אינו יורה כו' את הזרעים ומשבר את הגרנות ת"ל יורה ומלקוש מה מלקוש לברכה: (ג) רש"י ד"ה משיר כו' דגרנות במרחשון ליכא וברכה דקרא למילוי מים בורות שיחין ומערות גימגו"ם הס"ד ואח"כ מה"ד יורה ומלקוש אם מלקוש לטובה יורה נמי לטובה לישנא אחרינא מה מלקוש לברכה שא"א כו' התבואה בקשיה ומה"ד הדר אמר וכו' וקשה לתבואה שמעלה סקאים הס"ד ואח"כ מה"ד שמפיל את כו' ומשבר את הבתים והאילנות ואין בו תקלת כו' כצ"ל ותיבת כלומר נמחק: (ד) ד"ה הי רביעה כו' נ"ב לא אחזוי רביעה: (ה) ד"ה אין היחידים כו' אין ליחידים להתענות אלא משלישית ואילך והכי אמרינן במתני' לקמן וכו' לדאמרי מורה יורה בכסליו הס"ד ואח"כ מה"ד ואמימר תני להא דאמר כר' כצ"ל ותיבת אמר רב חסדא הלכה כר' יוסי נמחק: (ו) ד"ה ז' ימים כו' שירדו הגשמים עכשיו ולא פסקו עד: (ז) תוס' ד"ה גשמים כו' ז' ימים רצופים אח"כ ירדו עד חצי יום כו' אבל לא תמלא:

גליון הש"ס

גמ' לנדרים דתנן. תמוה לי לאמאי לא נקט נמי לשכירות בתים דקתני בריש המשכיר בית לחבירו עד הגשמים עד שתרד רביעה שניה:

הגהות מהר"ב רנשבורג

א] רש"י ד"ה שבעה ימים וכו' שירדו גשמים עכשיו ופסקו. נ"ב ולא פסקו: ב] ד"ה כר' יוסי וכו' אבל בין שניה לשלישית יש יותר. נ"ל אין יותר:

עין משפט
נר מצוה

טו א מיי' פ"י מהלכות נדרים הלכה יא סמג לאוין רמב טוש"ע י"ד סימן רכ סעיף יח:
טז ב מיי' פ"א מהלכות מתנות עניים הלכה יא:
יז ג מיי' פ"ה מהלכות נזקי ממון הלכה ד טור ח"מ סי' רעד:
יח ד מיי' פ"ז מהלכות שמטה ויובל הל' א סמג עשין קמח:
יט ה מיי' פ"י מהלכות ברכות הלכה ו סמג עשין כז טוש"ע א"ח סי' רכא סעיף א:
כ ו ז מיי' שם הלכה ה טוש"ע שם סעיף ב:

(א) א הנודר עד הגשמים (א) (ב) משירדו גשמים עד שתרד רביעה שניה רב זביד אמר לזיתים דתנן (ג) ב מאימתי כל אדם מותרין בלקט בשכחה ובפאה משילכו הנמושות בפרט ובעוללות משילכו עניים בכרם ויבואו בזיתים משתרד רביעה שניה מאי נמושות אמר ר' יוחנן סבי דאזלי (ד) אתיגרא ר"ל אמר לקוטי בתר לקוטי רב פפא אמר כדי להלך בשבילי הרשות דאמר מר (ה) ג מהלכין כל אדם בשבילי הרשות עד שתרד רביעה שניה רב נחמן בר יצחק אמר לבער פירות שביעית (ו) דתנן (ז) עד מתי נהנין ושורפין בתבן ובקש של שביעית עד שתרד רביעה שניה מאי טעמא דכתיב (א) ולבהמתך ולחיה אשר בארצך ד כל זמן שחיה אוכלת בשדה האכל לבהמתך בבית כלה (ח) לחיה מן השדה כלה לבהמתך מן הבית אמר רבי אבהו מאי לשון רביעה דבר שרובע את הקרקע כדרב יהודה דאמר רב יהודה מיטרא בעלה דארעא הוא שנאמר (ב) כי כאשר ירד הגשם והשלג מן השמים ושמה לא ישוב כי אם הרוה את הארץ והולידה והצמיחה ואמר רבי אבהו רביעה ראשונה כדי שתרד בקרקע טפח שניה כדי לגוף בה פי חבית אמר רב חסדא גשמים שירדו כדי לגוף בהן פי חבית אין בהן משום ועצר ואמר רב חסדא גשמים שירדו קודם ועצר אין בהן משום ועצר אמר אביי לא אמרן אלא קודם ועצר דאורתא אבל קודם ועצר דצפרא יש בהן משום ועצר דאמר רב יהודה בר יצחק (ט) הני ענני דצפרא לית בהו משש דכתיב (ג) מה אעשה לך אפרים מה אעשה לך יהודה וחסדכם כענן בקר וגו' א"ל רב פפא לאביי והא אמרי אינשי במפתח בבי מיטרא בר חמרא מוך שקך וגני לא קשיא הא דקטיר בעיבא הא דקטיר בענני אמר רב יהודה טבא לשתא דטבת ארמלתא איכא דאמרי דלא ביירי תרביצי ואיכא דאמרי דלא שקיל שודפנא איני והאמר רב חסדא טבא לשתא דטבת מנוולתא לא קשיא הא דאתא מיטרא מעיקרא הא דלא אתא מיטרא מעיקרא ואמר רב חסדא גשמים שירדו על מקצת מדינה ועל מקצת מדינה לא ירדו אין בהן משום ועצר איני והכתיב (ד) וגם אנכי מנעתי מכם את הגשם בעוד שלשה חדשים לקציר והמטרתי על עיר אחת ועל עיר אחת לא אמטיר חלקה אחת תמטר וגו' (י) ואמר רב יהודה אמר רב שתיהן לקללה לא קשיא הא דאתא טובא הא דאתא כדמבעי ליה אמר רב אשי דיקא נמי דכתיב תמטר תהא מקום מטר ש"מ א"ר אבהו (כ) ה מאימתי מברכין על הגשמים משיצא חתן לקראת כלה ו מאי מברך אמר רב יהודה אמר רב (ל) מודים אנחנו לך ה' אלהינו על כל טפה וטפה שהורדת לנו ור' יוחנן מסיים בה הכי אילו פינו מלא שירה כים ולשוננו רנה כהמון גליו כו' עד [א] אל יעזבונו רחמיך ה' אלהינו ולא עזבונו ברוך רוב ההודאות ולא כל ההודאות אמר רבא אימא אל ההודאות אמר רב פפא ז הלכך נימרינהו

רש"י

הנודר עד הגשמים. דאמר קונם אם אהנה מדבר זה עד הגשמים: עד שתרד רביעה שניה. בנדרים הולכין אחר לשון בני אדם ואין קורין גשמים לראשונה עד שתרד שניה שמכאן ואילך מקולקלות הדרכים ומאוסות מפני הגשמים ל"א עד הגשמים משמע תרי דהיינו רביעה שניה: כל אדם. אפילו העשירים: (מ) פרט. לא תפאר אחריך (דברים כד) לא תטול תפארתו ממנו: משילכו הנמושות. בשדה דמכאן ואילך נתייאשו שאר העניים לפי שיודעין אם נשאר לקט שכחה ופאה נמושות נטלום: נמושות. לשון ממשש: משילכו עניים בכרם ויבאו. כלומר שלקטו וחזרו ובאו פעם שניה והשתא מסחי דעתייהו עניים: משתרד רביעה שניה. דעד ההיא שעתא לקטו הכל: דאזלי אתיגרא. הולכין בנחת ומעייני טפי מחזיק בפלך (שמואל ב ג) מתרגמא אתיגרא: לקוטי בתר לקוטי. עני מוליך בנו אחריו שמכאן ואילך פוסקין שאר עניים מללקוט: ה"ג רב פפא אמר לשבילי הרשות. כלומר שיש רשות מב"ד לעוברי דרכים לקצר שבילן לילך בשדות: עד שתרד רביעה שניה. שמכאן ואילך גדלה התבואה וקשה לה דישת הרגל דאמר מר בפרק מרובה (נ) בתנאים שהתנה יהושע מהלכין בשבילי הרשות וכו': בתבן וקש של שביעית. ספיחים שגדלו בשביעית דיש בהן איסור שביעית או תבואה שגדלה בשביעית לאחר שנכנסה: כלה לחיה מן השדה. לשון זכר כמו (בראשית יח) עשו כלה כלומר כלה האוכל: כלה לבהמתך. כמו כלה בחימה כלה ואינימו (תהלים נט) ומשירדה רביעה שניה מכאן ואילך אין תבן וקש בשדות שהגשמים עושין אותן זבל: והולידה. כאדם שמוליד: גשמים ברביעה ראשונה. אם באין כל כך שנימוח הקרקע (ב) יפין הן ואין צריך להתענות: לגוף בה פי חבית. ששותת מן המים עד שנעשה טיחות כל כך שיכול לעשות מגופת חבית בלא תוספת מים: אין בהם משום ועצר. אין זו קללה של ועצר את השמים: קודם ועצר. קודם זמן ק"ש דכתיב ביה ועצר את השמים אע"פ שלא יהיה רוב גשמים: אבל ירדו קודם ועצר דצפרא יש בהן משום ועצר. הואיל ולא ירדו ביום ואין יפין לעולם: לית בהו משש. ואין שנתן מתברכת: וחסדכם כענן בקר. שאין בו ממש: מיטרא במיפתח בבי. אם יורדין בבקר כשפותחין הפתחים יקפל התמר שמוכר תבואה את שקו ליכנס לישן מפני שהשנה מתברכת ויהיה שובע בעולם ולא (ס) ישתכר במכירת תבואתו אלמא יפין הן: דקטיר בעיבא. אם נתקשרו שמים בעננים עבים ולא קלושים אין בהם משום ועצר: דקטיר בעננא. שהיא קלושה מעב אין בו ממש: טבא לשתא. אשריה כלומר טובה יש לשנה דטבת ארמלתא שאין גשמים יורדין בה להרביע את הארץ: איכא דאמרי דלא ביירי תרביצי. אותן מקומות שמרבילין בהן תורה אין בורות מפני שהדרכים יפין הן והולכין התלמידים ממקום למקום ללמוד תורה ל"א לא ביירי תרבילי גנות שאינן גדלין על רוב מים כגון כרשינין: לא שקיל שודפנא. אין השדפון נאחז ומתדבק בתבואה: מנוולתא. שהדרכים מנוולים בטיט מפני הגשמים: הא דאתא מיטרא מעיקרא. שירדו הגשמים בזמנן במרחשון וירדו אף בטבת רעים הן שכבר די לעולם בגשמים של מרחשון: דלא אתא מיטרא מעיקרא. טבא לשתא דטבת מנוולתא לשון אחר הא דאתא מיטרא מעיקרא טבא דמנוולתא: אין בהם משום ועצר. לאותן של קצת מדינה שירדו להן גשמים מוכרין לאחרים: ואמר רב יהודה אמר רב שתיהן לקללה. אותן שירדו ואותן שלא ירדו מפני שרוב גשמים קלקלו את תבואתם: הא דאיכא מיטרא טובא. יותר מדאי שתיהן לקללה: כדמבעי ליה. אין בהן משום ועצר שקצת מדינה תספק לקצת מדינה: תמטר תהא מקום מטר. כלומר יותר מדאי: מאימתי מברכין על הגשמים. בפרק הרואה (ברכות דף נד.) אמרינן על הגשמים אומר הטוב והמטיב והתם (דף נט.) פרכינן הך ברכה דתקון לה רבנן ° ומשנינן לה הא דחזא מיחזא והא דשמע משמע: חתן לקראת כלה. שירדו כל כך שכשהטפה נופלת יוצאה אחרת ובולטת כנגדה מפני מורי ל"א שהשווקין מקלחין מים שוק מקלח וזה מקלח כנגדו: רוב ההודאות. כלומר רוב ההודאות אתה קורא להקב"ה ולא כל ההודאות והכי משמע ברוך אתה ברוב ההודאות ולא בכל אלא כך חותם בא"י אמ"ה אל ההודאות דמשמע כל ההודאות: למימרינהו

תוספות

דאזלי אתיגרא. פי' שהולכים במקלות ונשענים עליהם ואמר דתרגומא מחזיק בפלך דכתיב (ש) גבי יואב היי באתיגרא:
בשבילי הרשות. פי' בדרך שעשוי דרך השדות והכרמים:
עד שתרד רביעה שניה. מכאן ואילך מזקי להו:
עד מתי נהנין ושורפין בתבן ובקש של שביעית. פירוש בשנה שמינית וכו' וס"ל כמ"ד ספיחי זרעים מותרים ולר' עקיבא דאמר ספיחי זרעים אסורים מקרא דהן לא נזרע ולא נאסוף כדמפרש במסכת פסחים פרק מקום שנהגו (דף נא:) צ"ל דמוקי לה ולבהמתך ולחיה וגו' בספיחי אילנות ולאו דוקא תבואה קאמר אלא כגון תבואת הכרם דהיינו אילנות אבל ספיחי זרעים אסורים:
לא אמרן אלא קודם ועצר דאורתא. כלומר שירדו גשמים קודם ק"ש של ערבית אבל קודם של שחרית יש בהם משום ועצר כדאמר רב שמואל בר רב יצחק:
איכא דאמרי לא ביירי תרביצי. שאין הגנות ריקים מזרעים:
וכל

רבינו גרשום

מאימתי כל אדם מותרין בלקט בשכחה ובפאה של בעה"ב המוציא לקט שכחה ופאה יכול ליקח. משילכו הנמושות שכבר הסיחו עניים מדעתן. אתיגדא בטורח שכבר לא השאירו כלום: שבילי הרשות דרכים שהם ברשות היחיד בשדות א) ברביעה שניה כבר כלה לחיה: שניה אין צריך אלא כדי שיכול ללוש מהן עפר לגוף פי החבית. אין בהן משום ועצר. כלומר דיש בהן משום ברכה. קודם ועצר דק"ש. מוך קפל ודמוך כלומר שכל היום יורד מטר: עיבא עבים עבות הן של ברכה ובהכי אמרו מוך שקך וגני: ענני קטנים. ארמלתא שאין יורד גשמים. לא ביירי תרביצי אין חריבין בתי מדרשות שיכולין תלמידים לבוא שאין מעכבין להן גשמים ובטבת יש להם פנאי יותר מכל ימות השנה ע"א שאין מפסידין הגנות: דאתא מיטרא מעיקרא. קודם טבת ובטבת (נמי אתי טוביה אי ומוקפין) הוי ארמלתא: הא כתיב והמטרתי ב) לפורענות: הא דאתא טובא אין בהן משום ועצר דברכה הוי. דאתא כדבעי כלומר זעיר הוי קללה דיקא נמי דקרא בזעיר מיטרא כתיב: תמטר תהא מקום מטר כל דהו: משיצא חתן לקראת כלה. משיצאו

חשק שלמה
על רבינו גרשום

א) נראה דצ"ל עד מתי נהנין וכו' עד שתרד רביעה שניה שאז כבר כלה לחיה. ב) צ"ל וא"ר אמר רב שתיהן לפורענות.

רבינו חננאל

למאי הלכתא. (למאי הלכתא) נקראת שניה. ובפרק ג' פירש כי רביעה א' וב' לשאול ג' להתענות וכן הלכתא. וא"ר זירא שניה לנודר דתניא הנודר עד הגשמים עד שתרד רביעה שניה רב זביד אמר לזיתים. דתניא מאימתי כל אדם מותרין בלקט שכחה ופאה משילכו הנמושות בפרט ובעוללות משילכו עניים בכרם ויבאו. בזיתים עד שתרד רביעה שניה. סבי דאזלו אתגרא. זקנים המהלכים במשענת בנתיבי בני רה"ר. מאי לשון רביעה שרובע לקרקע כדרב יהודה דאמר מטרא בעלה דארעא היא שנאמר והולידה והצמיחה. רביעה [ראשונה] כדי שתרד בקרקע טפח. שניה כדי לגוף בה פי חבית: אמר רב חסדא גשמים שירדו כדי לגוף בה פי חבית אין בהם משום ועצר. וכן גשמים שירדו קודם ועצר. פי' קודם ק"ש שכתוב בה ועצר את השמים. אמר אביי לא אמרן אלא קודם קרית של ערב אבל קודם שמע דצפרא יש בהן משום ועצר כלומר המטר היורד בשחר אינו כלום ועובר הוא כדכתיב חסדכם כענן בקר והני מילי במטר דקטיר בעננא. והוא שעמד והולך. אבל אם נתקשרו שמים בעבים בבקר אינו פוסק אותו היום מטר וזהו האמור בר חמרא מוך שקיך וגני. הצע השק שלך ושכב שאין לך היום הליכה. וטוביא דשתא דטבת ארמלתא דלא ביירא תרביצי. כגון הא דגרסי' (ב"ב ז.) חד מטיא תרביצא וחד מטיא אספלידא. וי"א דלא ביירי תרביצי ביירי מלשון בורה כדכתיב והאדמה לא תשם ומתרגמינן וארעא לא תבור כלומר שהשקה ונשאר בה לחלוחית עדיין (משתיב) חורשין אותה וזורעין אותה היינו דלא ביירי תרביצי. פי' טבת ארמלתא שלא ירדו גשמים בטבת שהגשמים הם בעל לארץ שנאמר והולידה והצמיחה (הן) [אין] מניחין א) האכסדרא בורא (שדה) בור שוכנין בה מפני שלא באו גשמים ליכנס בבית אלא יושבין באכסדראות כמו אלמנה שאין לה ישיבת בית איכא דאמרי דלא שקיל שיבתנא כלומר לא נסתלק החום אלא ישינים בפתחים פתוחים מפני חוזק החום איני כי טוב הוא כאשר לא יבא המטר בטבת והאמר רב חסדא טבא דטבת מטולתא כלומר בעת שיהו בני אדם מטונפים את רגליהם ובבגדיהם בטיט בזה טובת השנה ושנינן אם היו גשמים במרחשון וכסלו הטוב שלא יהיו בטבת גשמים ואם לא היו גשמים במרחשון וכסלו (הוו ביה תשתא) [טוביא דשתא] דטבת מטולתא. ועוד א' גשמים שירדו על מקצת מדינה אין בהם משום ועצר איני והכתיב חלקה אחת תמטר וחלקה אשר לא תמטיר עליה תיבש ואמר רב שתיהן לקללה ושנינן אי אתא טובא ומתכנשין תמן מיא לקללה. כדכתיב [תמטר] שם יהיה המטר כנוס כלומר נקוים שם המים כגון

מסורת הש"ס

א) נדרים סב: שביעית פ"ט מ"ז, ב) [צ"ל עד שיהו כך איתא במשנה נדרים סב: ועי' במשנה ז פ"ט דשביעית], ג) פאה פ"ח מ"א ב"מ כא:, ד) [הערוך בערך גד ובערך נמש גרס אתיגדא ע"ש שמביא ראיה מתרגום], ה) ב"ק פא., ו) [שביעית פ"ט מ"ז], ז) [במשנה דשביעית איתא מאימתי כו' משתרד רביעה כו' עי' ר"ש שם וברא"ש כתב דשניהם אמת], ח) [פסחים נב: נדה נא:], ט) ברכות נט. ע"ש, י) [לקמן כ.], כ) ברכות נט: וע"ש, ל) [גי' רי"ף אר"י מודים וגי' רא"ש א"ר הונא], מ) [צ"ל פאה ר"ל בזית עי' חולין קלא:], נ) [ב"ק דף פא.], ס) [שם בברכות פרש"י בע"א ע"ש], ע) [שמואל ב ג].

הגהות הב"ח

(א) גמ' הנודר עד הגשמים עד שיהו גשמים עד שתרד: (ב) רש"י ד"ה גשמים שנימס הקרקע בעומק טפח יפין הן:

גליון הש"ס

רש"י ד"ה מאימתי מברכים כו' ומשנינן לה הא דחזי מחזי. ק"ל הא דמינן שם הך מירוצא ומסקינן אידי ואידי דמחזי כאן דאתא טובא וכו' וצ"ע:

הגהות הגר"א

[א] גמ' כהמון גליו כו' עד. נ"ב וימליכו את שמך מלכנו כ"ה גירסת הרי"ף וש"פ:

תורה אור השלם

א) וְלִבְהֶמְתְּךָ וְלַחַיָּה אֲשֶׁר בְּאַרְצֶךָ תִּהְיֶה כָל תְּבוּאָתָהּ לֶאֱכֹל: [ויקרא כה, ז]

ב) כִּי כַּאֲשֶׁר יֵרֵד הַגֶּשֶׁם וְהַשֶּׁלֶג מִן הַשָּׁמַיִם וְשָׁמָּה לֹא יָשׁוּב כִּי אִם הִרְוָה אֶת הָאָרֶץ וְהוֹלִידָהּ וְהִצְמִיחָהּ וְנָתַן זֶרַע לַזֹּרֵעַ וְלֶחֶם לָאֹכֵל: [ישעיה נה, י]

ג) מָה אֶעֱשֶׂה לְּךָ אֶפְרַיִם מָה אֶעֱשֶׂה לְּךָ יְהוּדָה וְחַסְדְּכֶם כַּעֲנַן בֹּקֶר וְכַטַּל מַשְׁכִּים הֹלֵךְ: [הושע ו, ד]

ד) וְגַם אָנֹכִי מָנַעְתִּי מִכֶּם אֶת הַגֶּשֶׁם בְּעוֹד שְׁלֹשָׁה חֳדָשִׁים לַקָּצִיר וְהִמְטַרְתִּי עַל עִיר אֶחָת וְעַל עִיר אַחַת לֹא אַמְטִיר חֶלְקָה אַחַת תִּמָּטֵר וְחֶלְקָה אֲשֶׁר לֹא תַמְטִיר עָלֶיהָ תִּיבָשׁ: [עמוס ד, ז]

ליקוטי רש"י

הנודר עד הגשמים וכו'. אמר קונם שאיני טועם עד הגשמים או שאמר שאיני טועם עד שיהו גשמים אסור עד שתרד רביעה שניה דגשמים משמע שנים [נדרים סב:]. סבי דאזלי אתיגרא. זקנים עניים הולכים על משענתם בנחת ורואין כל שבולת ושבולת ולשון נמושות כמו לא ימושו (ישעיהו נט) שממשמשין והולכים. לקוטי בתר לקוטי. לשון נמושות כמו לא ימיש (שמות יג) שנוטלין ומשין הכל מלפניהם [ב"מ כא:]. מהלכין כל אדם בשבילי הרשות. שמש בני אדם משהכניסו תבואתם עד שעת הזריעה מפקירים שדותיהם ליכנס בהן כל אדם לקצר את הדרך שלא יקיף והן נקראין שבילי הרשות לפי שברשות עושין והתנה יהושע שלא יקפידו על כך. עד שתרד רביעה שניה. וזמנה בי"ז במרחשון כדאמרינן בתענית (דף ט.) ומאז והלאה הזרעים צומחות וקשה לה דריסת הרגל [ב"ק פא.]. ולבהמתך ולחיה. אם חיה אוכלת בהמה לא כל שכן שמזונותיה עליך מה תלמוד לומר ולבהמתך מקיש בהמה לחיה כל זמן שחיה אוכלת מן השדה האכל לבהמתך מן הבית כלה לחיה מן השדה כלה לבהמתך מן הבית [ויקרא כה, ז]. ענן בוקר. לא קבוע [ברכות נט.]. במפתח בבי מיטרא בר חמרא מוך שקך וגני. אם כשתפתח דלתיך בבקר ירד לך מטר לך אני אומר חמר ההולך ממקום למקום להביא תבואה מוך שקיך וגני כפול שקך תחתיך ותישן עליו ולא תלך אנה ואנה להביא תבואה לפי שיהיו החטים בזול בשביל הגשם. דקטיר בעיבא. נתקשרו השמים בעב עבה או טוב כי ירד גשם רב. הא דקטיר בענני. ענן קלוש הוא ענן בקר שאין בו ממש [ברכות שם]. ארמלתא. אלמנה [כתובות יז:]. בעוד שלשה חדשים לקציר. עד הקציר כלומר ג' חדשים לפני הקציר. חלקה. בקעת שדה קמפניא בלע"ז. תמטר. תהא מקום מטר (תענית כ) אמר מר שתיהן לקללה זו תרקב וזו תיבש [עמוס ד, ז]. [תהא] מקום מטר שמקלקל תבואה [לקמן יט.]. שתיהן לקללה. אקרא קאי האי דכתיב על עיר אחת אמטיר ועל עיר אחת לא אמטיר שניהם לקללה אותה שימטיר עליה רוב גשמים שמקלקלין את התבואה ואת שלא ימטיר אין גשמים ואין תבואה גדילה אשר לא תמטיר עליה מוסב הדבר על העב שהעב בלשון נקיבה דכתיב (מלכים א' יח) הנה עב קטנה ככף איש עולה מים [לקמן כ.]. משיצא חתן לקראת כלה. שהמים קווין על הארץ וכשהטפה נופלת עליהן טפה תחתונה בולטת לקראתה [ברכות נט:].

חשק שלמה על רבינו חננאל א) זהו פי' ב' ומ"ש למעלה כגון הא דגרסי' כו' עד אספלידא שייך לכאן.

הַנּוֹדֵר עַד הַגְּשָׁמִים – ONE WHO VOWS that he will not derive benefit from an item "UNTIL THE RAINS," מִשֶּׁיֵּרְדוּ גְּשָׁמִים – or "FROM WHEN THE RAINS FALL,"[1] עַד שֶׁתֵּרֵד רְבִיעָה שְׁנִיָּה – is prohibited its use UNTIL THE SECOND RAINFALL.[2]

Another law to which the date of the second rainfall is relevant: רַב זְבִיד אָמַר – **Rav Zevid said:** לְזֵיתִים – It is relevant **in connection with olives,** דִּתְנַן – **as we learned in a Mishnah:**[3] מֵאֵימָתַי כָּל אָדָם מוּתָּרִין בְּלֶקֶט בְּשִׁכְחָה וּבְפֵאָה – WHEN IS EVERYONE [even the wealthy] ALLOWED to collect *LEKET, SHICH'CHAH* AND *PE'AH?* מִשֶּׁיֵּלְכוּ הַנָּמוֹשׁוֹת – AFTER THE RUMMAGERS HAVE GONE through the field.[4] בְּפֶרֶט וּבְעוֹלְלוֹת – When are the wealthy allowed to take THE *PERET* AND *OLEILOS?* מִשֶּׁיֵּלְכוּ עֲנִיִּים בַּכֶּרֶם וְיָבוֹאוּ – AFTER THE POOR HAVE GONE THROUGH THE VINEYARD, returned AND GONE through it again.[5] בְּזֵיתִים – When are the wealthy allowed to collect the *shich'chah* and *pe'ah* OF OLIVES?[6] מִשֶּׁתֵּרֵד רְבִיעָה שְׁנִיָּה – AFTER THE SECOND RAINFALL.[7]

The Gemara asks:

מַאי נָמוֹשׁוֹת – **What is** meant by **"the rummagers;"** to whom does this term refer?

The Gemara presents two definitions:

אָמַר ר׳ יוֹחָנָן – **R' Yochanan said:** סָבֵי דְּאָזְלֵי אַתִּיגְרָא – **Elderly people who walk with a cane.**[8] רֵישׁ לָקִישׁ אָמַר – **Reish Lakish said:** לְקוּטֵי בָּתַר לְקוּטֵי – **Those who glean after the gleaners.**[9]

Another law to which the date of the second rainfall is relevant: רַב פָּפָּא אָמַר – **Rav Pappa said:** כְּדֵי לְהַלֵּךְ בִּשְׁבִילֵי הָרְשׁוּת – It is relevant to walking **on the permitted paths.**[10] דְּאָמַר מַר – **As the master said:** מְהַלְּכִין כָּל אָדָם בִּשְׁבִילֵי הָרְשׁוּת – ANYONE MAY WALK ON THE PERMITTED PATHS עַד שֶׁתֵּרֵד רְבִיעָה שְׁנִיָּה – UNTIL THE SECOND RAINFALL. Thereafter, the use of these paths is prohibited for it would damage the newly growing grain.

Another law to which the date of the second rainfall is relevant: רַב נַחְמָן בַּר יִצְחָק אָמַר – **Rav Nachman bar Yitzchak said:** לְבַעֵר פֵּירוֹת שְׁבִיעִית – It is relevant **to disposing seventh-year produce,** specifically stubble and straw, that is in one's house. דִּתְנַן – **For we have learned in a Mishnah:**[11] עַד מָתַי נֶהֱנִין וְשׂוֹרְפִין בְּתֶבֶן וּבְקַשׁ שֶׁל שְׁבִיעִית – UNTIL WHEN MAY ONE DERIVE BENEFIT FROM AND BURN STUBBLE AND STRAW [THAT GREW IN] THE SEVENTH YEAR?[12] עַד שֶׁתֵּרֵד רְבִיעָה שְׁנִיָּה – UNTIL THE SECOND RAINFALL at the beginning of the eighth year.

The Gemara explains the reason for the Mishnah's ruling:

מַאי טַעְמָא – **Why** does seventh-year stubble and straw become forbidden after the second rainfall of the following year? דִּכְתִיב – **For it is written** concerning produce that grew in the seventh year: "וְלִבְהֶמְתְּךָ וְלַחַיָּה אֲשֶׁר בְּאַרְצֶךָ" – ***And [it shall be] for your animals, and for the beasts that are in your land.***[13] Scripture compares one's [domesticated] animals to the beasts out in the field to teach: כָּל זְמַן שֶׁחַיָּה אוֹכֶלֶת בַּשָּׂדֶה – **As long as** there is seventh-year produce available for **the beasts** to **eat in the field,** הַאֲכֵל לִבְהֶמְתְּךָ בַּבַּיִת – **you may feed your** domesticated **animals in the house;** i.e. one is allowed to use seventh-year produce to feed one's animals or for other purposes. כָּלָה לַחַיָּה מִן הַשָּׂדֶה – However, once **[food] for the beasts has gone from the field,** כַּלֵּה לִבְהֶמְתְּךָ מִן הַבַּיִת – **you must remove**[14] **from** your **house** the

NOTES

1. *Bach* replaces this clause with עַד שֶׁיְּהוּ גְשָׁמִים, *until the rains will be,* to conform with the text of the Mishnah recorded in tractate *Nedarim.* See *Gevuras Ari* who explains our version.

2. In *Numbers* 30:3 the Torah teaches that if a person took a vow not to benefit from an object (or to forbid an object owned by him to someone else), the vow is legally binding. The terms of the vow are determined by the words used in its expression. However, it is not the strict definitions of the words that matter in this regard, but their meanings when used by people in such a context.

This Mishnah speaks of one who vowed not to benefit from an item "until the rains." Since in popular usage the term גְּשָׁמִים, *rains,* does not apply to the first rainfall of the season, but to the second rainfall [and those which follow], the vow remains in effect until the second rainfall (cf. *Rambam Hil. Nedarim* 10:11).

The first rainfall is not signified by גְּשָׁמִים, *rains,* for it is not until the second rainfall descends that the roads become ruined. Alternatively, the second rainfall is indicated by the use of the plural form גְּשָׁמִים, *rains* (*Rashi*).

3. *Pe'ah* 8:1. The Torah commands the owner of a field to allow the poor to take certain portions of his crop. Collectively, these portions are known as מַתְּנוֹת עֲנִיִּים, *gifts to the poor.* They include:

1) לֶקֶט, *leket:* one or two stalks that fell during the harvest (*Leviticus* 19:9).

2) שִׁכְחָה, *shich'chah:* sheaves or stalks that were forgotten in the field (*Deuteronomy* 24:19).

3) פֵּאָה, *pe'ah:* the crop in one corner of the field must be left unreaped (*Leviticus* 23:22).

4) פֶּרֶט, *peret:* grapes that fell during the harvest (*Leviticus* 19:10).

5) עוֹלְלוֹת, *oleilos:* deformed clusters of grapes (*Deuteronomy* 24:21).

At first, only poor people are allowed to take these portions. But once the poor despair of finding any more, everyone else is allowed to take whatever remains. This Mishnah defines when the poor reach this point of giving up hope.

4. נָמוֹשׁוֹת, *rummagers,* is from the root משש, *feel.* [This term refers to a certain group of poor people, defined in the Gemara below, who search through the field in a particularly thorough fashion.] Once they have worked through the field the other poor people give up hope of finding anything (*Rashi*).

5. Henceforth, the poor despair of finding anything more (*Rashi*).

6. [*Shich'chah* and *pe'ah* are the only two gifts allotted to the poor from the produce of trees (see *Chullin* 131a).]

7. After that time, it is presumed that everything has already been collected (*Rashi*).

8. They walk slowly and examine the ground more carefully than others do (*Rashi*).

9. For example, a father and son who work together as a team. The father goes first, and his son follows to pick up whatever the father leaves behind. Once they have passed through the field, no one else bothers to glean (*Rashi*).

10. Joshua enacted ten laws that in various ways provided for the use of privately owned land in Eretz Yisrael by the broader public. They are listed in a Baraisa quoted in *Bava Kamma* 81a. Among his enactments was one which allowed the public to take shortcuts through privately owned fields in the summer months after the produce has been gathered (*Rashi* ibid.; cf. *Rambam, Nizkei Mamon* 5:4, who attributes this enactment to King Solomon).

These paths are termed שְׁבִילֵי הָרְשׁוּת, literally: *the paths of permission,* since their use is sanctioned by the court (*Rashi*).

11. *Sheviis* 9:7. See end of following note.

12. The Torah ordains that every seventh year [שְׁמִיטָּה, *shemittah*] the fields of Eretz Yisrael must lie fallow (see *Leviticus* 25:1-7). This Mishnah discusses produce that grew in the seventh year; e.g. it grew by itself from seeds that were left over from the previous year's harvest, or it was planted the previous year but grew on the seventh year. This seventh-year produce is considered ownerless and anyone is permitted to take it. However, for the reason given below in the Gemara, all such produce becomes forbidden for use at a certain point known as זְמַן הַבִּיעוּר, *time of removal,* which for stubble and straw is the second rainfall of the eighth year.

[This version of the Mishnah differs substantially from the text in tractate *Sheviis.* The commentators raise a number of difficulties with the version recorded here. Foremost among them is that seventh-year produce is permitted only for uses that resemble eating; burning is not permitted at all (see *Rash* to the Mishnah).]

13. *Lev.* 25:7.

14. Literally: consume or destroy.

The Rishonim dispute what this obligation entails. According to

עין משפט
נר מצוה

טו א מיי׳ פ״י מהלכות נדרים הלכה יא סמג לאוין רמב טוש״ע י״ד סימן רכ סעיף יח:
טז ב מיי׳ פ״א מהלכות מתנות עניים הלכה יא:
יז ג מיי׳ פ״ה מהלכות נזקי ממון הלכה ד טור ח״מ סי׳ רעד:
יח ד מיי׳ פ״ז מהלכות שמטה ויובל הל׳ א סמג עשין קמח:
יט ה מיי׳ פ״י מהלכות ברכות הלכה ו סמג עשין כז טוש״ע א״ח סי׳ רכא סעיף א:
כ ו ז מיי׳ שם הלכה ה טוש״ע שם סעיף ב:

רבינו גרשום

מאימתי כל אדם מותרין בלקט בשכחה ובפאה של בעה״ב המוציא לקט שכחה ופאה יכול ליקח. משילכו הנמושות שכבר הסיחו עניים מדעתן. אתיגדא בטורח שכבר לא השאירו כלום: שבילי הרשות דרכים שהם ברשות היחיד בשדות א) ברביעה שניה כבר כלה לחיה: שניה אין צריך אלא כדי שיכול ללוש מהן עפר לגוף פי החבית. אין בהן משום ועצר. כלומר דיש בהן משום ברכה. קודם ועצר דק״ש. מוך קפל ודמוך כלומר שכל היום יורד מטר: עיבא עבים עבות הן של ברכה ובהכי אמרו מוך שקך וגני: ענני קטנים. ארמלתא שאין יורד גשמים. לא ביירי תרביצי אין חריבין בתי מדרשות שיכולין תלמידים לבוא שאין מעכבין להן גשמים ובטבת יש להם פנאי יותר מכל ימות השנה ע״א שאין מפסידין הגנות: דאתא מיטרא מעיקרא. קודם טבת ובטבת (נמי אתי טוביה אי ומוקפין) הוי ארמלתא: הא כתיב והמטרתי ב) לפורענות: הא דאתא טובא אין בהן משום ועצר דברכה הוי. דאתא כדבעי כלומר זעיר הוי קללה דיקא נמי דקרא בזעיר מיטרא כתיב: תמטר תהא מקום מטר כל דהו: משיצא חתן לקראת כלה. משיצאו

חשק שלמה
על רבינו גרשום

א) נראה דצ״ל עד מתי נהנין וכו׳ עד שתרד רביעה שניה שאז כבר כלה לחיה. ב) צ״ל וא״ר אמר רב שתיהן לפורענות.

רבינו חננאל

למאי הלכתא. (למאי הלכתא) נקראת שניה. ובפרק ג׳ פירש כי רביעה א׳ וב׳ לשאול ג׳ להתענות וכן הלכתא. וא״ר זירא שניה לנודר דתניא הנודר עד הגשמים עד שתרד רביעה שניה רב זביד אמר לזיתים. דתניא מאימתי כל אדם מותרין בלקט שכחה ופאה משילכו הנמושות בפרט ובעוללות משילכו עניים בכרם ויבאו. בזיתים עד שתרד רביעה שניה. סבי דאזלו אתגרא. זקנים המהלכים במשענת בנתיבי בני רה״ר. מאי לשון רביעה שרובע לקרקע כדרב יהודה דאמר מטרא בעלה דארעא היא שנאמר והולידה והצמיחה. רביעה [ראשונה] כדי שתרד בקרקע טפח. שניה כדי לגוף בה פי חבית: אמר רב חסדא גשמים שירדו כדי לגוף בה פי חבית אין בהם משום ועצר. וכן גשמים שירדו קודם ועצר. פי׳ קודם ק״ש שכתוב בה ועצר את השמים. אמר אביי לא אמרן אלא קודם קרית של ערב אבל קודם שמע דצפרא יש בהן משום ועצר כלומר המטר היורד בשחר אינו כלום ועובר הוא כדכתיב חסדכם כענן בקר והני מילי במטר דקטיר בעננא. והוא שעמד והולך. אבל אם נתקשרו שמים בעבים בבקר אינו פוסק אותו היום מטר וזהו האמור בר חמרא מוך שקיך וגני. הצע השק שלך ושכב שאין לך היום הליכה. וטוביא דשתא דטבת ארמלתא דלא ביירא תרביצי. כגון הא דגרסי׳ (ב״ב ז.) חד מטיא תרביצא וחד מטיא אספלידא. וי״א דלא ביירי תרביצי ביירי מלשון בורה כדכתיב והאדמה לא תשם ומתרגמינן וארעא לא תבור כלומר שהשקה ונשאר בה לחלוחית עדיין (משתיב) חורשין אותה וזורעין אותה היינו דלא ביירי תרביצי. פי׳ טבת ארמלתא שלא ירדו גשמים בטבת שהגשמים הם בעל לארץ שנאמר והולידה והצמיחה (הן) [אין] מניחין א) האכסדרא בורא (שדה) בור שוכנין בה מפני שלא באו גשמים ליכנס בבית אלא יושבין באכסדראות כמו אלמנה שאין לה ישיבת בית איכא דאמרי דלא שקיל שיבתנא כלומר לא נסתלק החום אלא ישינים בפתחים פתוחים מפני חוזק החום איני כי טוב הוא כאשר לא יבא המטר בטבת והאמר רב חסדא טבא דטבת מטולתא כלומר בעת שיהו בני אדם מטנפים את רגליהם ובבגדיהם בטיט בזה טובת השנה ושנינן אם היו גשמים במרחשון וכסלו הטוב שלא יהיו בטבת גשמים ואם לא היו גשמים במרחשון וכסלו (הוו ביה תשתא) [טוביא דשתא] דטבת מטולתא. ועוד א׳ גשמים שירדו על מקצת מדינה אין בהם משום ועצר איני והכתיב חלקה אחת תמטר וחלקה אשר לא תמטיר עליה תיבש ואמר רב שתיהן לקללה ושנינן אי אתא טובא ומתכנשין תמן מיא לקללה. כדכתיב [תמטר] שם יהיה המטר כנוס כלומר נקוים שם המים כגון

חשק שלמה על רבינו חננאל א) זהו פי׳ ב׳ ומ״ש למעלה כגון הא דגרסי׳ כו׳ עד אספלידא שייך לכאן.

דאזלי אתיגרא. פי׳ שהולכים במקלות ונשענים עליהם ואמר דתרגומא מחזיק בפלך דכתיב ע) גבי יואב היי באתיגרא:
בשבילי הרשות. פי׳ בדרך שעשוי דרך השדות והכרמים:
עד שתרד רביעה שניה. מכאן ואילך מזקי להו:
עד מתי נהנין ושורפין בתבן ובקש של שביעית. פירוש בשנה שמינית וכו׳ וס״ל כמ״ד ספיחי זרעים מותרים ולר׳ עקיבא דאמר ספיחי זרעים אסורים מקרא דהן לא נזרע ולא נאסוף כדמפרש במסכת פסחים פרק מקום שנהגו (דף נא:) צ״ל דמוקי לה ולבהמתך ולחיה וגו׳ בספיחי אילנות ולאו דוקא תבואה קאמר אלא כגון תבואת הכרם דהיינו אילנות אבל ספיחי זרעים אסורים:
לא אמרן אלא קודם ועצר דאורתא. כלומר שירדו גשמים קודם ק״ש של ערבית אבל קודם של שחרית יש בהם משום ועצר כדאמר רב שמואל בר רב יצחק:
איכא דאמרי לא ביירי תרביצי. שאין הגנות ריקים מזרעים:
וכל

א) [א] הנודר עד הגשמים (א) ב) משירדו גשמים עד שתרד רביעה שניה רב זביד אמר לזיתים דתנן ג) ג מאימתי כל אדם מותרין בלקט בשכחה ובפאה משילכו הנמושות בפרט ובעוללות משילכו עניים בכרם ויבואו בזיתים משתרד רביעה שניה מאי נמושות אמר ר׳ יוחנן סבי דאזלי ד) אתיגרא ר״ל אמר לקוטי בתר לקוטי רב פפא אמר כדי להלך בשבילי הרשות דאמר מר ה) ג מהלכין כל אדם בשבילי הרשות עד שתרד רביעה שניה רב נחמן בר יצחק אמר לבער פירות שביעית ו) דתנן ז) עד מתי נהנין ושורפין בתבן ובקש של שביעית עד שתרד רביעה שניה מאי טעמא דכתיב א) ולבהמתך ולחיה אשר בארצך ד כל זמן שחיה אוכלת בשדה האכל לבהמתך בבית כלה ח) לחיה מן השדה כלה לבהמתך מן הבית אמר רבי אבהו מאי לשון רביעה דבר שרובע את הקרקע כדרב יהודה דאמר רב יהודה מיטרא בעלה דארעא הוא שנאמר ב) כי כאשר ירד הגשם והשלג מן השמים ושמה לא ישוב כי אם הרוה את הארץ והולידה והצמיחה ואמר רבי אבהו רביעה ראשונה כדי שתרד בקרקע טפח שניה כדי לגוף בה פי חבית אמר רב חסדא גשמים שירדו כדי לגוף בהן פי חבית אין בהן משום ועצר ואמר רב חסדא גשמים שירדו קודם ועצר אין בהן משום ועצר אמר אביי לא אמרן אלא קודם ועצר דאורתא אבל קודם ועצר דצפרא יש בהן משום ועצר דאמר רב יהודה בר יצחק ט) הני ענני דצפרא לית בהו מששא דכתיב ג) מה אעשה לך אפרים מה אעשה לך יהודה וחסדכם כענן בקר וגו׳ א״ל רב פפא לאביי והא אמרי אינשי במפתח בבי מיטרא בר חמרא מוך שקך וגני לא קשיא הא דקטיר בעיבא הא דקטיר בענני אמר רב יהודה טבא לשתא דטבת ארמלתא איכא דאמרי דלא ביירי תרביצי ואיכא דאמרי דלא שקיל שודפנא איני והאמר רב חסדא טבא לשתא דטבת מנוולתא לא קשיא הא דאתא מיטרא מעיקרא הא דלא אתא מיטרא מעיקרא ואמר רב חסדא גשמים שירדו על מקצת מדינה ועל מקצת מדינה לא ירדו אין בהן משום ועצר איני והכתיב ד) וגם אנכי מנעתי מכם את הגשם בעוד שלשה חדשים לקציר והמטרתי על עיר אחת ועל עיר אחת לא אמטיר חלקה אחת תמטר וגו׳ י) ואמר רב יהודה אמר רב שתיהן לקללה לא קשיא הא דאתא טובא הא דאתא כדמבעי ליה אמר רב אשי דיקא נמי דכתיב תמטר תהא מקום מטר ש״מ א״ר אבהו כ) ה מאימתי מברכין על הגשמים משיצא חתן לקראת כלה ו מאי מברך אמר רב יהודה אמר רב ל) מודים אנחנו לך ה׳ אלהינו על כל טפה וטפה שהורדת לנו ור׳ יוחנן מסיים בה הכי אילו פינו מלא שירה כים ולשוננו רנה כהמון גליו כו׳ עד [א] אל יעזובונו רחמיך ה׳ אלהינו ולא עזבונו ברוך רוב ההודאות ולא כל ההודאות אמר רבא אימא אל ההודאות אמר רב פפא ז הלכך נימרינהו

הנודר עד הגשמים. דאמר קונס אם אהנה מדבר זה עד הגשמים: עד שתרד רביעה שניה. בנדרים הולכין אחר לשון בני אדם ואין קורין גשמים לראשונה עד שתרד שניה שמכאן ואילך מקולקלות הדרכים ומאוסות מפני הגשמים ל״א עד הגשמים משמע תרי דהיינו רביעה שניה: כל אדם. אפילו העשירים: מ) פרט. לא תפאר אחריך (דברים כד) לא תטול תפארתו ממנו: משילכו הנמושות. בשדה דמכאן ואילך נתייאשו שאר העניים לפי שיודעין אם נשאר לקט שכחה ופאה נמושות נטלום: נמושות. לשון ממשש: משילכו עניים בכרם ויבאו. כלומר שלקטו וחזרו ובאו פעם שניה והשתא מסחי דעתייהו עניים: משתרד רביעה שניה. דעד ההיא שעתא לקטו הכל: דאזלי אתיגרא. הולכין בנחת ומעייני טפי מחזיק בפלך (שמואל ב ג) מתרגמא אתיגרא: לקוטי בתר לקוטי. עני מוליך בנו אחריו שמכאן ואילך פוסקין שאר עניים מללקוט: ה״ג רב פפא אמר לשבילי הרשות. כלומר שיש רשות מב״ד לעוברי דרכים לקצר שבילן לילך בשדות: עד שתרד רביעה שניה. שמכאן ואילך גדלה התבואה וקשה לה דישת הרגל דאמר מר בפרק מרובה י) בתנאים שהתנה יהושע מהלכין בשבילי הרשות וכו׳: בתבן וקש של שביעית. ספיחים שגדלו בשביעית דיש בהן איסור שביעית או תבואה שגדלה בשביעית לאחר שנכנסה: כלה לחיה מן השדה. לשון זכר כמו (בראשית יח) עשו כלה כלומר כלה האוכל: כלה לבהמתך. כמו כלה בחימה כלה ואינימו (תהלים נט) ומשירדה רביעה שניה מכאן ואילך אין תבן וקש בשדות שהגשמים עושין אותן זבל: והולידה. כאדם שמוליד: גשמים ברביעה ראשונה. אם באין כל כך שנימס הקרקע (ב) יפין הן ואין צריך להתענות: לגוף בה פי חבית. ששותת מן המים עד שנעשה טיחוח כל כך שיכול לעשות מגופת חבית בלא תוספת מים: אין בהם משום ועצר. אין זו קללה של ועצר את השמים: קודם ועצר. קודם זמן ק״ש דכתיב ביה ועצר את השמים אע״פ שלא יהיה רוב גשמים: אבל ירדו קודם ועצר דצפרא יש בהן משום ועצר. הואיל ולא ירדו ביום ואין יפין לעולם: לית בהו מששא. ואין שנתן מתברכת: וחסדכם כענן בקר. שאין בו ממש: מיטרא במיפתח בבי. אם יורדין בבקר כשפותחין הפתחים יקפל החמר שמוכר תבואה את שקו ליכנס לישן מפני שהשנה מתברכת ויהיה שובע בעולם ולא ס) ישתכר במכירת תבואתו אלמא יפין הן: דקטיר בעיבא. אם נתקשרו שמים בעננים עבים ולא קלושים אין בהם משום ועצר: דקטיר בעננא. שהיא קלושה מעב אין בו ממש: טבא לשתא. אשריה כלומר טובה יש לשנה דטבת ארמלתא שאין גשמים יורדין בה להרביע את הארץ: איכא דאמרי דלא ביירי תרביצי. אותן מקומות שמרבילין בהן תורה אינן בורות מפני שהדרכים יפין הן והולכין התלמידים ממקום למקום ללמוד תורה ל״א לא ביירי תרבילי גנות שאינן גדילין על רוב מים כגון כרשינין: לא שקיל שודפנא. אין השדפון נאחז ומתדבק בתבואה: מנוולתא. שהדרכים מנוולים בטיט מפני הגשמים: הא דאתא מיטרא מעיקרא. שירדו הגשמים בזמנן במרחשון וירדו אף בטבת רעים הן שכבר די לעולם בגשמים של מרחשון: דלא אתא מיטרא מעיקרא. טבא לשתא דטבת מנוולתא לשון אחר הא דאתא מיטרא מעיקרא טבא דמנוולתא: אין בהם משום ועצר. דאותן של קצת מדינה שירדו להן גשמים מוכרין לאחרים: ואמר רב יהודה אמר רב שתיהן לקללה. אותן שירדו ואותן שלא ירדו מפני שרוב גשמים קלקלו את תבואתם: הא דאיכא מיטרא טובא. יותר מדאי שתיהן לקללה: כדמבעי ליה. אין בהן משום ועצר שקצת מדינה תספק לקצת מדינה: תמטר תהא מקום מטר. כלומר יותר מדאי: מאימתי מברכין על הגשמים. בפרק הרואה (ברכות דף נד.) אמרינן על הגשמים אומר הטוב והמטיב והתם (דף נט.) פרכינן הך ברכה דתקון לה רבנן ° ומשנינן לה הא דחזא מיחזא והא דשמע משמע: חתן לקראת כלה. שירדו כל כך שכשהטפה נופלת יוצאה אחרת ובולטת כנגדה מפני מורי ל״א שהשווקין מקלחין מים שוק מקלח וזה מקלח כנגדו: רוב ההודאות. כלומר רוב ההודאות אתה קורא להקב״ה ולא כל ההודאות והכי משמע ברוך אתה ברוב ההודאות ולא בכל אלא כך חותם בא״י אמ״ה אל ההודאות דמשמע כל ההודאות: למימרינהו

מסורת הש״ס

א) נדרים סב: שביעית פ״ט מ״ז, ב) [צ״ל עד שיהו כך איתא במשנה נדרים סב: ועי׳ במשנה ז פ״ט דשביעית], ג) פאה פ״ח מ״א ב״מ כא:, ד) [הערוך בערך גד ובערך נמש גרס אתיגדא ע״ש שמביא ראיה מתרגום], ה) ב״ק פא., ו) [שביעית פ״ט מ״ז], ז) [במשנה דשביעית איתא מאימתי כו׳ משתרד רביעה כו׳ עי׳ ר״ש שם וברא״ש כתב דשניהם אמת], ח) [פסחים נב: נדה נא:], ט) ברכות נט. ע״ש, י) [לקמן כ.], כ) ברכות נט: וע״ש, ל) [גי׳ רי״ף אר״י מודים וגי׳ רא״ש א״ר הונא], מ) [צ״ל פאה ר״ל בזית עי׳ חולין קלא:], נ) [ב״ק דף פא.], ס) [שם בברכות פרש״י בע״א ע״ש], ע) [שמואל ב ג].

הגהות הב״ח

(א) גמ׳ הנודר עד הגשמים עד שיהו גשמים עד שתרד: (ב) רש״י ד״ה גשמים שנימס הקרקע בעומק טפח יפין הן:

גליון הש״ס

רש״י ד״ה מאימתי מברכים כו׳ ומשנינן לה הא דחזי מחזי. ק״ל הא דאינן שם הך מירואה ומסקינן אידי ואידי דמחזי כאן דאתא טובא וכו׳ וצ״ע:

הגהות הגר״א

[א] גמ׳ כהמון גליו כו׳ עד. נ״ב וימליכו את שמך מלכנו כ״ה גירסת הרי״ף וש״פ:

תורה אור השלם

א) וְלִבְהֶמְתְּךָ וְלַחַיָּה אֲשֶׁר בְּאַרְצֶךָ תִּהְיֶה כָל תְּבוּאָתָהּ לֶאֱכֹל: [ויקרא כה, ז]
ב) כִּי כַּאֲשֶׁר יֵרֵד הַגֶּשֶׁם וְהַשֶּׁלֶג מִן הַשָּׁמַיִם וְשָׁמָּה לֹא יָשׁוּב כִּי אִם הִרְוָה אֶת הָאָרֶץ וְהוֹלִידָהּ וְהִצְמִיחָהּ וְנָתַן זֶרַע לַזֹּרֵעַ וְלֶחֶם לָאֹכֵל: [ישעיה נה, י]
ג) מָה אֶעֱשֶׂה לְּךָ אֶפְרַיִם מָה אֶעֱשֶׂה לְּךָ יְהוּדָה וְחַסְדְּכֶם כַּעֲנַן בֹּקֶר וְכַטַּל מַשְׁכִּים הֹלֵךְ: [הושע ו, ד]
ד) וְגַם אָנֹכִי מָנַעְתִּי מִכֶּם אֶת הַגֶּשֶׁם בְּעוֹד שְׁלֹשָׁה חֳדָשִׁים לַקָּצִיר וְהִמְטַרְתִּי עַל עִיר אֶחָת וְעַל עִיר אַחַת לֹא אַמְטִיר חֶלְקָה אַחַת תִּמָּטֵר וְחֶלְקָה אֲשֶׁר לֹא תַמְטִיר עָלֶיהָ תִּיבָשׁ: [עמוס ד, ז]

ליקוטי רש״י

הנודר עד הגשמים וכו׳. אמר קונס שאיני טועם עד הגשמים או שאמר שאיני טועם עד שיהו גשמים אסור עד שתרד רביעה שניה דגשמים משמע שנים [נדרים סב:]. סבי דאזלי אתיגרא. זקנים עניים הולכים על משענתם בנחת ורואין כל שבולת ושבולת ולשון נמושות כמו לא ימושו (ישעיהו נט) שממשמשין והולכים. לקוטי בתר לקוטי. לשון נמושות כמו לא ימיש (שמות יג) שנוטלין ומשין הכל מלפניהם [ב״מ כא:]. מהלכין כל אדם בשבילי הרשות. סתם בני אדם משהכניסו תבואתם עד שעת הזריעה מפקירים שדותיהם ליכנס בהן כל אדם לקצר את הדרך שלא יקיף והן נקראין שבילי הרשות לפי שברשות עושין והתנה יהושע שלא יקפידו על כך. עד שתרד רביעה שניה. זמנה בי״ז במרחשון כדאמרינן בתענית (דף ו.) ומאז והלאה הזרעים צומחות וקשה לה דריסת הרגל [ב״ק פא.]. ולבהמתך ולחיה. אם חיה אוכלת בהמה לא כל שכן שמזונותיה עליך מה תלמוד לומר ולבהמתך מקיש בהמה לחיה כל זמן שחיה אוכלת מן השדה האכל לבהמתך מן הבית כלה לחיה מן השדה כלה לבהמתך מן הבית [ויקרא כה, ז]. ענן בוקר. לא קבוע [ברכות נט.]. במפתח בבי מיטרא בר חמרא מוך שקך וגני. אם כשתפתח דלתיך בבקר ירד לך מטר לך אני אומר חמר ההולך ממקום למקום להביא תבואה מוך שקיך וגני כפול שקך תחתיך ותישן עליו ולא תלך אנה ואנה להביא תבואה לפי שיהיו החטים בזול בשביל הגשם. דקטיר בעיבא. נתקשרו השמים בעב עבה או טוב כי ירד גשם רב. הא דקטיר בענני. ענן קלוש הוא ענן בקר שאין בו ממש [ברכות שם]. ארמלתא. אלמנה [כתובות יז:]. בעוד שלשה חדשים לקציר. עד הקציר כלומר ג׳ חדשים לפני הקציר. חלקה. בקעת שדה קמפניא בלע״ז. תמטר. תהא מקום מטר (תענית כ) אמר מר שתיהן לקללה זו מרקב וזו תיבש [עמוס ד, ז]. [תהא] מקום מטר שמקלקל תבואה [לקמן יט.]. שתיהן לקללה. אקרא קאי האי דכתיב על עיר אחת אמטיר ועל עיר אחת לא אמטיר שניהם לקללה אותה שימטיר עליה רוב גשמים שמקלקלין את התבואה ואת שלא ימטיר אין גשמים ואין תבואה גדילה אשר לא תמטיר עליה מוסב הדבר על העב שהעב בלשון נקיבה דכתיב (מלכים א׳ יח) הנה עב קטנה ככף איש עולה מים [לקמן כ.]. משיצא חתן לקראת כלה. שהמים קובלין על הארץ וכשהטפה נופלת עליהן טפה תחתונה בולטת לקראתה [ברכות נט:].

food that was **for your** domesticated **animals** (or other purposes).

When the second rain falls, the stubble and straw that is still in the field becomes inedible to the beasts, for the rain converts it to manure. Therefore, one becomes forbidden at that point to use whatever seventh-year stubble and straw one has in one's house.

In the Baraisos quoted above (6a), the word רְבִיעָה, *reviah,* was used to signify a rainfall. The Gemara explains this expression further:

אָמַר רַבִּי אַבָּהוּ – R' Abahu said: מַאי לְשׁוֹן רְבִיעָה – What is the root meaning of **the expression *reviah?* דָּבָר שֶׁרוֹבֵעַ אֶת הַקַּרְקַע – Something that penetrates** (*rovei'a*) **the ground.**[15] **כִּדְרַב יְהוּדָה** – This is **in accordance with Rav Yehudah's** teaching. **דְּאָמַר רַב יְהוּדָה – For Rav Yehudah said: מִיטְרָא בַּעְלָהּ דְּאַרְעָא הוּא – Rain is the husband of the soil, שֶׁנֶּאֱמַר – as it is said:**[16] **,,כִּי כַּאֲשֶׁר יֵרֵד הַגֶּשֶׁם וְהַשֶּׁלֶג מִן־הַשָּׁמַיִם** – ***For as the rain comes down, and the snow from the sky,*** **וְשָׁמָּה לֹא יָשׁוּב** – ***and does not return there,*** **כִּי אִם־הִרְוָה אֶת־הָאָרֶץ וְהוֹלִידָהּ וְהִצְמִיחָהּ״ – *but saturates the earth, and makes it bear* *vegetation* *and bud.*** By using the word וְהוֹלִידָהּ (lit. and makes her give birth), the verse intimates a comparison between rain and a husband who causes his wife to bear children.

Another statement from R' Abahu about rain:

וְאָמַר רַבִּי אַבָּהוּ – And R' Abahu said: רְבִיעָה רִאשׁוֹנָה – The **first rain** is considered to have fallen **כְּדֵי שֶׁתֵּרֵד בַּקַּרְקַע טֶפַח** – only if rain fell **to the extent that it penetrates the soil** to the depth of **a *tefach.***[17] **שְׁנִיָּה** – The **second** rain is considered to have fallen **כְּדֵי לָגוּף בָּהּ פִּי חָבִית** – only if rain fell **to the extent** that it is possible **to cover the opening of a barrel by** means of **it;** i.e. the rain moistens the soil to the extent that it is soft enough to be formed into a cover for a barrel. **אָמַר רַב חִסְדָּא – Rav Chisda stated** a similar teaching: **גְּשָׁמִים שֶׁיָּרְדוּ כְּדֵי לָגוּף בָּהֶן פִּי חָבִית – If rain fell to the extent that one could cover the opening of a barrel by** means of **it, אֵין בָּהֶן מִשּׁוּם ,,וְעָצַר״ – it is not a manifestation of** the curse: ***He will restrain*** *the heavens.*[18]

Another teaching from Rav Chisda on this theme:

וְאָמַר רַב חִסְדָּא – And Rav Chisda said: גְּשָׁמִים שֶׁיָּרְדוּ קוֹדֶם ,,וְעָצַר״ – If a minimal **rain fell before** the recitation of the words ***He will restrain*** in the *Krias Shema;* i.e. it fell before the time of the recitation of *Krias Shema,*[19] **אֵין בָּהֶן מִשּׁוּם ,,וְעָצַר״ – it is not a manifestation of** the curse: ***He will restrain.***

The Gemara explains Rav Chisda's teaching:

אָמַר אַבַּיֵי – Abaye said: לֹא אֲמָרָן אֶלָּא קוֹדֶם ,,וְעָצַר״ דְּאוּרְתָּא – This teaching applies only in the case of rain that fell **before** the recitation of the words ***He will restrain* in the evening** *Krias Shema;* i.e. it fell during the preceding day. **אֲבָל קוֹדֶם ,,וְעָצַר״ דְּצַפְרָא – However,** a minimal rain that fell **before** the recitation of the words ***He will restrain*** **in the morning** *Krias Shema;* i.e. it fell at night, **יֵשׁ בָּהֶן מִשּׁוּם ,,וְעָצַר״ – is a manifestation of** the curse: ***He will restrain.***[20] **דְּאָמַר רַב יְהוּדָה בַּר יִצְחָק – As Rav Yehudah bar Yitzchak said: הָנֵי עֲנָנֵי דְּצַפְרָא – Those clouds** that appear **in** the early **morning,** i.e. before dawn, **לֵית בְּהוּ מְשָׁשָׁא – are of no substance;** they bring no blessing to the season. **דִּכְתִיב – As it is written:**[21] **,,מָה אֶעֱשֶׂה־לְּךָ אֶפְרַיִם – *What can I do for you, Efraim,* מָה אֶעֱשֶׂה־לְּךָ יְהוּדָה – *What can I do for you, Judah?* וְחַסְדְּכֶם כַּעֲנַן־בֹּקֶר וגו׳ ״ – *But your goodness is like a morning cloud* etc.** God complains that the goodness of the people is no more substantial than a pre-dawn cloud.

The Gemara asks:

אָמַר לֵיהּ רַב פָּפָּא לְאַבַּיֵי – Rav Pappa said to Abaye: וְהָא אָמְרֵי אִינְשֵׁי – But people say: בְּמִפְתַּח בָּבֵי מִיטְרָא – "If **rain** falls **when the gates are opened** in the early morning, **בַּר חַמָּרָא מוֹךְ שַׂקָּךְ וּגְנֵי – donkey-driver, fold up your sack and go to sleep!"** Morning rains bring forth such abundant produce that the donkey-drivers gain no profit from selling their grain. This contradicts the previous assertion that pre-dawn rains do not bring blessing. – ? –

The Gemara resolves the contradiction:

לֹא קַשְׁיָא – This poses **no difficulty. הָא דְּקָטִיר בְּעִיבָא – This** statement [that morning rains are beneficial] refers to a sky **that was overcast with thick clouds; הָא דְּקָטִיר בַּעֲנָנֵי** – whereas **that** other statement [morning rains are insubstantial] refers to a sky **that was overcast with thin clouds.**

Another teaching from Rav Yehudah about rain:

אָמַר רַב יְהוּדָה – Rav Yehudah said: טָבָא לְשַׁתָּא דְּטֵבֵת אַרְמַלְתָּא – Happy is the year in which Teves is a widow. I.e. it is advantageous for no rain to fall in the month of Teves.[22] **אִיכָּא דְּאָמְרֵי – There are those who explain** that this is so **דְּלֹא בַּיְירֵי תַּרְבִּיצֵי – because then the places of Torah dissemination are not empty.** If no rain falls in Teves the roads remain in good condition and students are able to travel to the academies of Torah study.[23] **וְאִיכָּא דְּאָמְרֵי** – Alternatively, **there are those who explain** that this is so **דְּלֹא שָׁקִיל שׁוּדְפָּנָא – because** then the crop **will not be affected by blight.**[24]

The Gemara asks:

אִינִי – Is this so? וְהָאָמַר רַב חִסְדָּא – But Rav Chisda has said: טָבָא לְשַׁתָּא דְּטֵבֵת מְנַוְּולְתָּא – Happy is the year in which Teves is unseemly; i.e. the roads are muddy from the abundant rains. – ? –

The Gemara answers:

לֹא קַשְׁיָא – This poses **no difficulty. הָא דְּאָתָא מִיטְרָא מֵעִיקָּרָא – This** statement [that it is advantageous for Teves to be a dry month] refers to a case **where** sufficient **rain had previously fallen** in its regular time, Marcheshvan. **הָא דְּלֹא אָתָא מִיטְרָא**

NOTES

Rambam (*Hilchos Shemittah V'Yovlos* 7:3), the owner may give food that is the equivalent of three meals to any person and the rest must be destroyed. *Ravad, Ramban, Smag* and *Tosafos* (*Pesachim* 52b, ד״ה מתרע) rule that all the produce one has in one's house must be promptly removed and declared ownerless [הֶפְקֵר]. Thereafter, one is permitted to reclaim all the produce and use it as before.

15. רְבִיעָה is from the root רבע, which is used for animal copulation.

16. *Isaiah* 55:10.

17. If rain falls to such an extent, it is considered beneficial and there is no need to fast (*Rashi*).

18. *Deut*. 11:17. The Torah warns that if the people turn away from God and worship idols they will be punished: וְחָרָה אַף־ה׳ בָּכֶם וְעָצַר אֶת־הַשָּׁמַיִם וְלֹא־יִהְיֶה מָטָר וְהָאֲדָמָה לֹא תִתֵּן אֶת־יְבוּלָהּ, *Then the wrath of* HASHEM *will blaze against you; He will restrain the heaven so there will be no rain and the ground will not yield its produce.*

19. *Krias Shema* is comprised of the following three sections of the Torah: *Deut.* 6:4-9 and 11:13-20, *Num.* 15:37-41. It is recited every morning and evening. The Gemara proceeds to explain whether Rav Chisda refers to the morning or evening recitation of *Krias Shema.*

20. A minimal rainfall is beneficial only if it fell during the day (from *Rashi*).

21. *Hosea* 6:4.

22. This accords with Rav Yehudah's statement above that rain is the husband of the soil. Thus, when rain does not fall, the soil is "widowed" (see *Rashi, Maharsha*).

23. *Rashi's* first explanation. *Rashi* offers an alternative explanation: לֹא בַּיְירֵי תַּרְבִּיצֵי, *gardens will not be empty.* Certain gardens (e.g. those of the vetch plant) do not fare well in an abundance of rain.

24. [Crops are not damaged by the fierce winter winds unless they are wet (see *Rashi*).]

א) א הנודר עד הגשמים (א) ב) משירדו גשמים עד שתרד רביעה שניה רב זביד אמר לזיתים דתנן ג) ב מאימתי כל אדם מותרין בלקט בשכחה ובפאה משילכו הנמושות בפרט ובעוללות משילכו עניים בכרם ויבואו בזיתים משתרד רביעה שניה מאי נמושות אמר ר' יוחנן סבי דאזלי ד) אתיגרא ר"ל אמר לקוטי בתר לקוטי רב פפא אמר כדי להלך בשבילי הרשות דאמר מר ה) ג מהלכין כל אדם בשבילי הרשות עד שתרד רביעה שניה רב נחמן בר יצחק אמר לבער פירות שביעית ו) דתנן ז) עד מתי נהנין ושורפין בתבן ובקש של שביעית עד שתרד רביעה שניה מאי טעמא דכתיב א) ולבהמתך ולחיה אשר בארצך ד כל זמן שחיה אוכלת בשדה האכל לבהמתך בבית כלה ח) לחיה מן השדה כלה לבהמתך מן הבית אמר רבי אבהו מאי לשון רביעה דבר שרובע את הקרקע כדרב יהודה דאמר רב יהודה מיטרא בעלה דארעא הוא שנאמר ב) כי כאשר ירד הגשם והשלג מן השמים ושמה לא ישוב כי אם הרוה את הארץ והולידה והצמיחה ואמר רבי אבהו רביעה ראשונה כדי שתרד בקרקע טפח שניה כדי לגוף בה פי חבית אמר רב חסדא גשמים שירדו כדי לגוף בהן פי חבית אין בהן משום ועצר ואמר רב חסדא גשמים שירדו קודם ועצר אין בהן משום ועצר אמר אביי לא אמרן אלא קודם ועצר דאורתא אבל קודם ועצר דצפרא יש בהן משום ועצר דאמר רב יהודה בר יצחק ט) הני ענני דצפרא לית בהו מששא דכתיב ג) מה אעשה לך אפרים מה אעשה לך יהודה וחסדכם כענן בקר וגו' א"ל רב פפא לאביי והא אמרי אינשי במפתח בבי מיטרא בר חמרא מוך שקך וגני לא קשיא הא דקטיר בעיבא הא דקטיר בעננא אמר רב יהודה טבא לשתא דטבת ארמלתא איכא דאמרי דלא ביירי תרביצי ואיכא דאמרי דלא שקיל שודפנא איני והאמר רב חסדא טבא לשתא דטבת מנוולתא לא קשיא הא דאתא מיטרא מעיקרא הא דלא אתא מיטרא מעיקרא ואמר רב חסדא גשמים שירדו על מקצת מדינה ועל מקצת מדינה לא ירדו אין בהן משום ועצר איני והכתיב ד) וגם אנכי מנעתי מכם את הגשם בעוד שלשה חדשים לקציר והמטרתי על עיר אחת ועל עיר אחת לא אמטיר חלקה אחת תמטר וגו' י) ואמר רב יהודה אמר רב שתיהן לקללה לא קשיא הא דאתא טובא הא דאתא כדמבעי ליה אמר רב אשי דיקא נמי דכתיב תמטר תהא מקום מטר ש"מ א"ר אבהו כ) ה מאימתי מברכין על הגשמים משיצא חתן לקראת כלה ו מאי מברך אמר רב יהודה אמר רב ל) מודים אנחנו לך ה' אלהינו על כל טפה וטפה שהורדת לנו ור' יוחנן מסיים בה הכי אילו פינו מלא שירה כים ולשוננו רנה כהמון גליו כו' עד [א] אל יעזובונו רחמיך ה' אלהינו ולא עזבונו ברוך רוב ההודאות ולא כל ההודאות אמר רבא אימא אל ההודאות אמר רב פפא ז הלכך נימרינהו

רש"י

הנודר עד הגשמים. דאמר קונם אם אהנה מדבר זה עד הגשמים: **עד שתרד רביעה שניה.** בנדרים הולכין אחר לשון בני אדם ואין קורין גשמים לראשונה עד שתרד שניה שמכאן ואילך מקולקלות הדרכים ומאוסות מפני הגשמים ל"א עד הגשמים משמע תרי דהיינו רביעה שניה: **כל אדם.** אפילו העשירים: מ) **פרט.** לא תפאר אחריך (דברים כד) לא תטול תפארתו ממנו: **משילכו הנמושות.** בשדה דמכאן ואילך נתייאשו שאר העניים לפי שיודעין אם נשאר לקט שכחה ופאה נמושות נטלום: **נמושות.** לשון ממשש: **משילכו עניים בכרם ויבאו.** כלומר שלקטו וחזרו ובאו פעם שניה והשתא מסחי דעתייהו עניים: **משתרד רביעה שניה.** דעד ההיא שעתא לקטו הכל: **דאזלי אתיגרא.** הולכין בנחת ומעייני טפי מחזיק בפלך (שמואל ב ג) מתרגמא אתיגרא: **לקוטי בתר לקוטי.** עני מוליך בנו אחריו שמכאן ואילך פוסקין שאר עניים מללקוט: ה"ג **רב פפא אמר לשבילי הרשות.** כלומר שיש רשות מב"ד לעוברי דרכים לקצר שבילן לילך בשדות: **עד שתרד רביעה שניה.** שמכאן ואילך גדלה התבואה וקשה לה דישת הרגל דאמר מר בפרק מרובה נ) בתנאים שהתנה יהושע מהלכין בשבילי הרשות וכו': **בתבן וקש של שביעית.** ספיחים שגדלו בשביעית דיש בהן איסור שביעית או תבואה שגדלה בשביעית לאחר שנכנסה: **כלה לחיה מן השדה.** לשון זכר כמו (בראשית יח) עשו כלה כלומר כלה האוכל: **כלה לבהמתך.** כמו כלה בחימה כלה ואינימו (תהלים נט) ומשירדה רביעה שניה מכאן ואילך אין תבן וקש בשדות שהגשמים עושין אותן זבל: **והולידה.** כאדם שמוליד: **גשמים ברביעה ראשונה.** אם באין כל כך שנימס הקרקע (ב) יפין הן ואין צריך להתענות: **לגוף בה פי חבית.** שסותם מן המים עד שנעשה טיט כל כך שיכול לעשות מגופת חבית בלא תוספת מים: **אין בהם משום ועצר.** אין זו קללה של ועצר את השמים: **קודם ועצר.** קודם זמן ק"ש דכתיב ביה ועצר את השמים אע"פ שלא יהיה רוב גשמים: **אבל ירדו קודם ועצר דצפרא יש בהן משום ועצר.** הואיל ולא ירדו ביום ואין יפין לעולם: **לית בהו משמשא.** ואין שנתן מתברכת: **וחסדכם כענן בקר.** שאין בו ממש: **מיטרא במיפתח בבי.** אם יורדין בבקר כשפותחין הפתחים יקפל החמר שמוכר תבואה את שקו ליכנס לישן מפני שהשנה מתברכת ויהיה שובע בעולם ולא ס) ישתכר במכירת תבואתו אלמא יפין הן: **דקטיר בעיבא.** אם נתקשרו שמים בעננים עבים ולא קלושים אין בהם משום ועצר: **דקטיר בעננא.** שהיא קלושה מעב אין בו ממש: **טבא לשתא.** אשריה כלומר טובה יש לשנה דטבת ארמלתא שאין גשמים יורדין בה להרביע את הארץ: **איכא דאמרי דלא ביירי תרביצי.** אותן מקומות שמרבילין בהן תורה אינן בורות מפני שהדרכים יפין הן והולכין התלמידים ממקום למקום ללמוד תורה ל"א לא ביירי תרביצי גנות שאינן גדילין על רוב מים כגון כרשינין: **לא שקיל שודפנא.** אין השדפון נאחז ומתדבק בתבואה: **מנוולתא.** שהדרכים מנוולים בטיט מפני הגשמים: **הא דאתא מיטרא מעיקרא.** שירדו הגשמים בזמנן במרחשון וירדו אף בטבת רעים הן שכבר די לעולם בגשמים של מרחשון: **דלא אתא מיטרא מעיקרא.** טבא לשתא דטבת מנוולתא לשון אחר הא דאתא מיטרא מעיקרא טבא למנוולתא: **אין בהם משום ועצר.** דאותן של קצת מדינה שירדו להן גשמים מוכרין לאחרים: **ואמר רב יהודה אמר רב שתיהן לקללה.** אותן שירדו ואותן שלא ירדו מפני שרוב גשמים קלקלו את תבואתם: **הא דאיכא מיטרא טובא.** יותר מדאי שתיהן לקללה: **כדמבעי ליה.** אין בהן משום ועצר שקצת מדינה תספק לקצת מדינה: **תמטר תהא מקום מטר.** כלומר יותר מדאי: **מאימתי מברכין על הגשמים.** בפרק הרואה (ברכות דף נד.) אמרינן על הגשמים אומר הטוב והמטיב והתם (דף נט.) פרכינן הך ברכה דתקון לה רבנן ° ומשנינן לה הא דחזא מיחזא והא דשמע משמע: **חתן לקראת כלה.** שירדו כל כך שכשהטפה נופלת יוצאה אחרת ובולטת כנגדה מפי מורי ל"א שהשווקין מקלחין מים שוק מקלח וזה מקלח כנגדו: **רוב ההודאות.** כלומר רוב ההודאות אתה קורא להקב"ה ולא כל ההודאות והכי משמע ברוך אתה ברוב ההודאות ולא בכל אלא כך חותם בא"י אמ"ה אל ההודאות דמשמע כל ההודאות: למימרינהו

תוספות

דאזלי אתיגרא. פי' שהולכים במקלות ונשענים עליהם ואמר דתרגומא מחזיק בפלך דכתיב ע) גבי יואב הוי באתיגרא: **בשבילי הרשות.** פי' בדרך שעשוי דרך השדות והכרמים: **עד שתרד רביעה שניה.** מכאן ואילך מזקי להו: **עד מתי נהנין ושורפין בתבן ובקש של שביעית.** פירוש בשנה שמינית וכו' וס"ל כמ"ד ספיחי זרעים מותרים ולר' עקיבא דאמר ספיחי זרעים אסורים מקרא דהן לא נזרע ולא נאסוף כדמפרש במסכת פסחים פרק מקום שנהגו (דף נא:) צ"ל דמוקי לה ולבהמתך ולחיה וגו' בספיחי אילנות ולאו דוקא תבואה קאמר אלא כגון תבואת הכרם דהיינו אילנות אבל ספיחי זרעים אסורים: **לא אמרן אלא קודם ועצר דאורתא.** כלומר שירדו גשמים קודם ק"ש של ערבית אבל קודם של שחרית יש בהם משום ועצר כדאמר רב שמואל בר רב יצחק: **איכא דאמרי לא ביירי תרביצי.** שאין הגנות ריקים מזרעים: וכל

עין משפט נר מצוה

טו א מיי' פ"י מהלכות נדרים הלכה יא סמג לאוין רמב טוש"ע י"ד סימן רכ סעיף יח:
טז ב מיי' פ"א מהלכות מתנות עניים הלכה יא:
יז ג מיי' פ"ה מהלכות נזקי ממון הלכה ד טור ח"מ סי' רעד:
יח ד מיי' פ"ז מהלכות שמטה ויובל הל' א סמג עשין קמח:
יט ה מיי' פ"י מהלכות ברכות הלכה ו סמג עשין כז טוש"ע א"ח סי' רכא סעיף א:
כ ו ז מיי' שם הלכה ה טוש"ע שם סעיף ב:

מסורת הש"ס

א) נדרים סב: שביעית פ"ט מ"ז, ב) [ע"ל עד שיהו כך איתא במשנה נדרים ועי' במשנה ז פ"ט דשביעית], ג) פאה פ"ח מ"א ב"מ כא:, ד) [הערוך בערך גד ובערך נמש גרס אתיגרא ע"ש שמביא ראיה מתרגום], ה) ב"ק פא., ו) [שביעית פ"ט מ"ז], ז) [איתא מאימתי כו' משתרד רביעה כו' עי' ר"ש שם ובר"ש שם], ח) [פסחים נב: נדה נא.], ט) ברכות נט. ע"ש, י) [לקמן כ.], כ) ברכות נט: וע"ש, ל) [ע"ג רי"ף אי"ר מודים ורבנן א"ר הונא], מ) [צ"ל פאה], נ) [ב"ק פא.], ס) [שם בברכות פריך בע"א ע"ש], ע) [שמואל ב ג].

רבינו גרשום

מאימתי כל אדם מותרין בלקט בשכחה ובפאה של בעה"ב המוציא לקט שכחה ופאה יכול ליקח. **משילכו הנמושות** שכבר הסיחו עניים מדעתן. **אתיגדא** בטורח שכבר לא השאירו כלום: **שבילי הרשות** דרכים שהם ברשות היחיד בשדות א) **ברביעה שניה** כבר כלה לחיה: **שניה** אין צריך אלא כדי שיכול ללוש מהן עפר לגוף פי החבית. **אין בהן משום ועצר.** כלומר דיש בהן משום ברכה. **קודם ועצר** דק"ש. **מוך קפל ודמוך** כלומר שכל היום יורד מטר: **עיבא** עבים עבות הן של ברכה ובהכי אמרו מוך שקך וגני: **ענני** קטנים. **ארמלתא** שאין יורד גשמים. **לא ביירי תרביצי** אין חריבין בתי מדרשות שיכולין תלמידים לבוא שאין מעכבין להן גשמים ובטבת יש להם פנאי יותר מכל ימות השנה ע"א שאין מפסידין הגנות: **דאתא מיטרא מעיקרא.** קודם טבת ובטבת (נמי אתי טוביה אי ומוקפין) הוי ארמלתא: **הא כתיב והמטרתי** ב) לפורענות: **הא דאתא טובא** אין בהן משום ועצר דברכה הוי. **דאתא כדבעי** כלומר זעיר הוי קללה דיקא נמי דקרא בזעיר מיטרא כתיב: **תמטר תהא מקום מטר** כל דהו: **משיצא חתן לקראת כלה.** משיצאו

חשק שלמה על רבינו גרשום

א) נראה דל"ל עד מתי נהנין וכו' עד שתרד רביעה שניה שאז כבר כלה לחיה. ב) ל"ל ואר"י אמר רב שתיהן לפורענות.

רבינו חננאל

למאי הלכתא. (למאי הלכתא) נקראת שניה. ובפרק ג' פירש כי רביעה א' וב' לשאול ג' להתענות וכן הלכתא. וא"ר זירא שניה לנודר דתניא הנודר עד הגשמים עד שתרד רביעה שניה רב זביד אמר לזיתים. דתניא מאימתי כל אדם מותרין בלקט שכחה ופאה משילכו הנמושות בפרט ובעוללות משילכו עניים בכרם ויבאו. בזיתים עד שתרד רביעה שניה. סבי דאזלו אתגרא. זקנים המהלכים במשענת בנתיבי בני רה"ר. מאי לשון רביעה שרובע לקרקע כדרב יהודה דאמר מטרא בעלה דארעא היא שנאמר והולידה והצמיחה. רביעה [ראשונה] כדי שתרד בקרקע טפח. שניה כדי לגוף בה פי חבית: **אמר רב חסדא** גשמים שירדו כדי לגוף בה פי חבית אין בהם משום ועצר. וכן גשמים שירדו קודם ועצר. פי' קודם ק"ש שכתוב בה ועצר את השמים. אמר אביי לא אמרן אלא קודם קרית של ערב אבל קודם שמע דצפרא יש בהן משום ועצר כלומר המטר היורד בשחר אינו כלום ועובר הוא כדכתיב חסדכם כענן בקר והני מילי במטר דקטיר בעננא. והוא שעמד והולך. אבל אם נתקשרו שמים בעבים בבקר אינו פוסק אותו היום מטר וזהו האמור בר חמרא מוך שקיך וגני. הצע השק שלך ושכב שאין לך היום הליכה. וטוביא דשתא דטבת ארמלתא דלא ביירא תרביצי. כגון הא דגרסי' (ב"ב ז.) חד מטיא תרביצא וחד מטיא אספלידא. וי"א דלא ביירי תרביצי ביירי מלשון בורה כדכתיב והאדמה לא תשם ומתרגמינן וארעא לא תבור כלומר שהשקה ונשאר בה לחלוחית עדיין (משתיב) חורשין אותה וזורעין אותה היינו דלא ביירי תרביצי. פי' טבת ארמלתא שלא ירדו גשמים בטבת שהגשמים הם בעל לארץ שנאמר והולידה והצמיחה (הן) [אין] מניחין א) האכסדרא בורא (שדה) בור שוכנין בה מפני שלא באו גשמים ליכנס בבית אלא יושבין באכסדראות כמו אלמנה שאין לה ישיבת בית איכא דאמרי דלא שקיל שיבתנא כלומר לא נסתלק החום אלא ישינים בפתחים פתוחים מפני חוזק החום איני כי טוב הוא כאשר לא יבא המטר בטבת והאמר רב חסדא טבא דטבת מטולתא כלומר בעת שיהו בני אדם מטונפים את רגליהם ובבגדיהם בטיט בזה טובת השנה ושנינן אם היו גשמים במרחשון וכסלו הטוב שלא יהיו בטבת גשמים ואם לא היו גשמים במרחשון וכסלו (הוו ביה תשתא) [טוביא דשתא] דטבת מטולתא. **ועוד א'** גשמים שירדו על מקצת מדינה אין בהם משום ועצר איני והכתיב חלקה אחת תמטר וחלקה אשר לא תמטיר עליה תיבש ואמר רב שתיהן לקללה ושנינן אי אתא טובא ומתכנשין תמן מיא לקללה. כדכתיב [תמטר] שם יהיה המטר כנוס כלומר נקוים שם המים כגון

חשק שלמה על רבינו חננאל א) זהו פי' ב' ומ"ש למעלה כגון הא דגרסי' כו' עד אספלידא שייך לכאן.

הגהות הב"ח

(א) גמ' הנודר עד הגשמים עד שיהו גשמים עד שתרד: (ב) רש"י ד"ה גשמים שנימס הקרקע בעומק טפח יפין הן:

גליון הש"ס

רש"י ד"ה מאימתי מברכים פי' ומשנינן לה הא דחזי מחזי. ק"ל הא לחינן שם הך מילתא ומקיימו אידי ואידי דמתני מכון הטפה טובה וכו' ול"ע:

הגהות הגר"א

[א] גמ' כהמון גליו כו' עד. נ"ב וימלכו את שמך מלכנו כ"ה גירסת הרי"ף וש"פ:

תורה אור השלם

א) וְלִבְהֶמְתְּךָ וְלַחַיָּה אֲשֶׁר בְּאַרְצֶךָ תִּהְיֶה כָל תְּבוּאָתָהּ לֶאֱכֹל: [ויקרא כה, ז]

ב) כִּי כַּאֲשֶׁר יֵרֵד הַגֶּשֶׁם וְהַשֶּׁלֶג מִן הַשָּׁמַיִם וְשָׁמָּה לֹא יָשׁוּב כִּי אִם הִרְוָה אֶת הָאָרֶץ וְהוֹלִידָהּ וְהִצְמִיחָהּ וְנָתַן זֶרַע לַזֹּרֵעַ וְלֶחֶם לָאֹכֵל: [ישעיה נה, י]

ג) מָה אֶעֱשֶׂה לְּךָ אֶפְרַיִם מָה אֶעֱשֶׂה לְּךָ יְהוּדָה וְחַסְדְּכֶם כַּעֲנַן בֹּקֶר וְכַטַּל מַשְׁכִּים הֹלֵךְ: [הושע ו, ד]

ד) וְגַם אָנֹכִי מָנַעְתִּי מִכֶּם אֶת הַגֶּשֶׁם בְּעוֹד שְׁלֹשָׁה חֳדָשִׁים לַקָּצִיר וְהִמְטַרְתִּי עַל עִיר אֶחָת וְעַל עִיר אַחַת לֹא אַמְטִיר חֶלְקָה אַחַת תִּמָּטֵר וְחֶלְקָה אֲשֶׁר לֹא תַמְטִיר עָלֶיהָ תִּיבָשׁ: [עמוס ד, ז]

ליקוטי רש"י

הנודר עד הגשמים וכו'. אמר קונם שאיני טועם או אמר שאיני טועם עד שיהו גשמים אסור עד שתרד רביעה שניה דגשמים משמע שנים [נדרים סב:]. **סבי דאזלי אתיגרא.** זקנים עניים על משענתם בנחת ורואין כל שבולת ושבולת ולשון נמושות כמו לא ימושו (ישעיהו נט) שממשמשין והולכים. **לקוטי בתר לקוטי.** לשון נמושות כמו לא ימיש (שמות יג) שנוטלין ומשין הכל מלפניהם [ב"מ כא:]. **מהלכין כל אדם בשבילי הרשות.** [illegible] בני אדם משהכניסו תבואתם עד שעת הזריעה מפקירים שדותיהם ליכנס בהן כל אדם לקצר את הדרך [illegible] שבילי הרשות לפי שברשות עושין והתנה יהושע שלא יקפידו על כך. **עד שתרד רביעה שניה.** זמנה [illegible] בתענית (דף ו.) ומאז והלאה הזרעים צומחות וקשה לה דריסת הרגל [ב"ק פא.]. **ולבהמתך ולחיה.** [illegible] לא כל שכן שמזונותיה עליך מה תלמוד לומר ולבהמתך מקיש בהמה לחיה כל זמן שחיה אוכלת מן השדה [illegible] כלה לחיה מן השדה כלה לבהמתך מן הבית (ויקרא כה, ז). **ענן בוקר.** לא קבוע [ברכות נט.]. **במפתח בבי מיטרא בר** חמרא מוך שקך וגני. אם כשתפתח דלתיך בבקר ירד לך מטר לך אני אומר חמר ההולך ממקום [illegible] שקיך וגני כפול שקך תחתיך ותישן עליו ולא תלך אנה ואנה להביא תבואה לפי שיהיו המטים בזול [illegible] **בעיבא.** נתקשרו השמים בעב עבה או טוב כי ירד גשם רב. **הא דקטיר בענני.** ענן קלוש הוא ענן בק[illegible] שם]. **ארמלתא.** אלמנה [כתובות יז:]. **בעוד שלשה חדשים לקציר.** עד הקציר כלומר ג' חדשים [illegible] בקעת שדה קמפניא בלע"ז. **תמטר.** תהא מקום מטר (תענית כ) אמר מר שתיהן לקללה זו תרקב וזו ת[illegible] מקום מטר שמקלקל תבואה [לקמן יט.]. **שתיהן לקללה.** אקרא קאי האי דכתיב על עיר אחת אמטיר ו[illegible] שניהם לקללה אותה שימטיר עליה רוב גשמים שמקלקלין את התבואה ואת שלא ימטיר אין גשמים ואין [illegible] תמטיר עליה מוסב הדבר על העב שהעב בלשון נקיבה דכתיב (מלכים א' יח) הנה עב קטנה ככף איש [illegible] **משיצא חתן לקראת כלה.** שהמים קבולין על הארץ וכשהטפה נופלת עליהן טפה תחתונה בולטת [illegible] [ברכות נט:].

מְעִיקָּרָא – Whereas **the other** statement [that it is an advantage for Teves to be wet] refers to a case **where rain had not previously fallen** in sufficient quantity.

Another statement from Rav Chisda about rain:

וְאָמַר רַב חִסְדָּא – **And Rav Chisda said:** גְּשָׁמִים שֶׁיָּרְדוּ עַל מִקְצָת מְדִינָה – If **rain fell on** one **part of a province,** וְעַל מִקְצָת מְדִינָה לֹא יָרְדוּ – **and did not fall on** the other **part of the province,** אֵין בָּהֶן מִשּׁוּם ,,וְעָצַר'' – **it is not a manifestation of** the curse: *He will restrain,*[25] because the produce grown in the watered area will suffice for all the inhabitants of the province.

The Gemara asks:

אִינִי – **Is this so?** וְהָכְתִיב – **But it is written:**[26] ,,וְגַם אָנֹכִי מָנַעְתִּי מִכֶּם אֶת־הַגֶּשֶׁם – *And I will also withhold rain from you* בְּעוֹד שְׁלֹשָׁה חֳדָשִׁים לַקָּצִיר – *when there are yet three months to the reaping;* וְהִמְטַרְתִּי עַל־עִיר אֶחָת – *and I will bring rain on one city,* וְעַל־עִיר אַחַת לֹא אַמְטִיר – *and on one city I will not bring rain;* חֶלְקָה אַחַת תִּמָּטֵר וגו' " – *one portion will be rained upon* etc. וְאָמַר רַב יְהוּדָה אָמַר רַב – **And Rav Yehudah said in the name of Rav:** שְׁתֵּיהֶן לִקְלָלָה – **Both of them** [the rain and the drought mentioned in this verse] **are a curse.** Even the rain is a curse for it will damage the crops. This contradicts Rav Chisda's statement that partial drought is not a curse. – ? –

The Gemara answers:

לֹא קַשְׁיָא – This is **not a difficulty.** הָא דְּאָתָא טוּבָא – **This** latter statement, which considers partial drought a curse, refers to a case **where an excessive amount** of rain **falls** and damages the crops; הָא דְּאָתָא כִּדְמִבָּעֵי לֵיהּ – whereas **that** statement [of Rav Chisda], which does not consider partial drought a curse, refers to a case **where [rain] falls as required,** and the produce that grows in the watered area suffices for the entire province. אָמַר רַב אַשִׁי – **Rav Ashi said:** דַּיְקָא נַמִּי – **This is also** borne out by a **precise** reading of the verse, דִּכְתִיב: ,,תִּמָּטֵר'' – **for it is written:** *[one portion] will be rained upon,* תְּהֵא מְקוֹם מָטָר – that is, **it will be a place of rain.**[27] שְׁמַע מִינָּהּ – **Learn from this** that the verse speaks of excessive rain.

When one sees rain fall one is obligated to recite a blessing.[28] The Gemara defines at what point this obligation takes effect:

אָמַר רַבִּי אַבָּהוּ – **R' Abahu said:** מֵאֵימָתַי מְבָרְכִין עַל הַגְּשָׁמִים – **When does one recite the blessing over rain?** מִשֶּׁיֵּצֵא חָתָן לִקְרַאת כַּלָּה – **After the groom has gone out to meet the bride;** i.e. drops on the ground extend towards the drops of rain that continue to fall.[29]

מַאי מְבָרֵךְ – **What is** the text of **the blessing?**[30] אָמַר רַב יְהוּדָה אָמַר רַב – **Rav Yehudah said in the name of Rav:** מוֹדִים אֲנַחְנוּ לָךְ ה' אֱלֹהֵינוּ – *We thank You, HASHEM, our God,* עַל כָּל טִפָּה וְטִפָּה שֶׁהוֹרַדְתָּ לָּנוּ – *for every single drop that You have brought down for us.* וְר' יוֹחָנָן מְסַיֵּים בָּהּ הָכִי – **And R' Yochanan concludes [the blessing] as follows:** אִילּוּ פִינוּ מָלֵא שִׁירָה כַּיָּם – *Were our mouths as full of song as the sea,* וּלְשׁוֹנֵנוּ רִנָּה כַּהֲמוֹן גַּלָּיו וְכוּ' – *and our tongue as full of joyous song as its multitude of waves* etc. עַד אַל יַעַזְבוּנוּ רַחֲמֶיךָ ה' אֱלֹהֵינוּ – until, *Let not Your mercy forsake us HASHEM, our God,* וְלֹא עֲזָבוּנוּ – *as it has not forsaken us.* בָּרוּךְ רוֹב הַהוֹדָאוֹת – *Blessed* are You with *most thanksgivings*.[31]

The Gemara objects to the concluding phrase:

רוֹב הַהוֹדָאוֹת וְלֹא כָּל הַהוֹדָאוֹת – Only **most thanksgivings and not all thanksgivings!**

The Gemara replies:

אָמַר רָבָא – **Rava said:** אֵימָא אֵל הַהוֹדָאוֹת – Rather, one should **say:** ***The God of thanksgivings.***[32]

אָמַר רַב פָּפָּא – **Rav Papa said:** הִלְכָּךְ – Since there is a dispute as how to conclude the blessing, **therefore,**

NOTES

25. See note 18.

26. *Amos* 4:7.

27. It will rain to such excess that the area can be termed "a place of rain" (*Rashi*). *R' Chananel* writes that [large] pools of rain water will form on the ground. [Presumably, the Gemara's inference is based on the usage of the passive (נפעל) form תִּמָּטֵר instead of אַמְטִיר, as in the beginning of the verse.]

28. The Mishnah in Berachos (54a) teaches that over rain one recites the blessing: בָּרוּךְ אַתָּה ה' אֱלֹהֵינוּ מֶלֶךְ הָעוֹלָם הַטּוֹב וְהַמֵּטִיב, *Blessed are You, HASHEM, our God, King of the Universe, Who is good and does good.* The Gemara there (59b) notes that this contradicts another source which states that the appropriate blessing is מוֹדִים אֲנַחְנוּ לָךְ ה' אֱלֹהֵינוּ עַל כָּל טִפָּה וְטִפָּה שֶׁהוֹרַדְתָּ לָּנוּ, *We thank You, HASHEM, our God, for every single drop that You have brought down for us.* The Gemara resolves the contradiction by suggesting that the former blessing is recited upon *hearing* that rain had fallen, whereas the latter blessing is recited when one *sees* rain descend (*Rashi;* see *Berachos* loc. cit. where this proposal is ultimately rejected and other resolutions are put forth – see *Gilyon HaShas* here and *Orach Chaim* 221:1,2).

Orach Chaim (221:1) rules that these blessings are recited only over a rainfall that brought an end to a period of public distress over the lack of rain. *Mishnah Berurah* (ibid.) suggests that in Eretz Yisrael and other such countries where rain is sparse, the first regular rainfall of the season engenders sufficient joy to warrant the recitation of these blessings (see *Beur Halachah*).

29. When a drop of rain falls into a puddle that has already formed on the ground, some droplets are displaced upwards (see *Rashi* here and to *Berachos* 59b).

Alternatively, *Rashi* explains that streams of rain water run in the streets, and one stream meets another coming from another direction.

30. Literally: what does one bless.

31. R' Yochanan's addition to the blessing is an abbreviated form of the *Nishmas* prayer, which is recited during the morning prayer services on Sabbath and festivals, and the Pesach Seder. The Mishnah (*Pesachim* 117b) refers to this prayer as בִּרְכַּת הַשִּׁיר, *the Blessing of the Song.* [The version recorded here differs slightly from our version.]

Rif and *Orach Chaim* (221:2) rule that one continues the *Nishmas* prayer until הֵן הֵם יוֹדוּ וִיבָרְכוּ . . . אֶת שִׁמְךָ מַלְכֵּנוּ, *All of them shall thank and praise . . . Your name, our King,* before concluding with בָּרוּךְ, *Blessed*, etc.

According to most authorities the concluding phrase must include God's name: בָּרוּךְ אַתָּה ה' וכו', *Blessed are You, HASHEM, etc.* (*Rambam, Tur, Orach Chaim;* see *Perishah* 221:3; see following note).

32. That is, the blessing concludes: בָּרוּךְ אַתָּה ה' אֱלֹהֵינוּ מֶלֶךְ הָעוֹלָם אֵל הַהוֹדָאוֹת, *Blessed are You, HASHEM, our God, King of the Universe, the God of thanksgivings.* This phraseology implies that all praise is due God (*Rashi*).

אֵל הַהוֹדָאוֹת נֵימְרִינְהוּ לְתַרְוַיְיהוּ – **we should say both [endings]** וְרוֹב הַהוֹדָאוֹת – **"God of thanksgivings" and "many thanksgivings."**[1]

Another teaching from R' Abahu about rain:

אָמַר ר׳ אַבָּהוּ – **R' Abahu said:** גָּדוֹל יוֹם הַגְּשָׁמִים מִתְּחִיַּית הַמֵּתִים – **A day of rain is greater than** the day of **the Resurrection of the Dead,** דְּאִילּוּ תְּחִיַּית הַמֵּתִים לַצַּדִּיקִים – **for the Resurrection of the Dead is only for the righteous,**[2] וְאִילּוּ גְּשָׁמִים בֵּין לַצַּדִּיקִים בֵּין לָרְשָׁעִים – **whereas rain** benefits **both the righteous and the wicked.**

The Gemara notes:

וּפְלִיגָא דְּרַב יוֹסֵף – **[R' Abahu] is at variance with Rav Yosef,** דְּאָמַר רַב יוֹסֵף – **for Rav Yosef said:** מִתּוֹךְ שֶׁהִיא שְׁקוּלָה כִּתְחִיַּית הַמֵּתִים – **Since [rain] is equivalent to the Resurrection of the Dead,**[3] קְבָעוּהָ בִּתְחִיַּית הַמֵּתִים – **[the Sages] placed [the mention of rain] in** the blessing of **the Resurrection of the Dead.**[4] Unlike R' Abahu who maintains that rain is *greater* than the Resurrection of the Dead, Rav Yosef holds that they are of *equal* significance.

The Gemara continues with another statement which attests to the greatness of rain:

אָמַר רַב יְהוּדָה – **Rav Yehudah said:** גָּדוֹל יוֹם הַגְּשָׁמִים כְּיוֹם שֶׁנִּיתְּנָה בּוֹ תּוֹרָה – **A day of rain is as momentous as the day on which the Torah was given;** שֶׁנֶּאֱמַר – **as it is said:** "יַעֲרֹף כַּמָּטָר לִקְחִי" – ***My teaching*** (*lekach*) ***shall drip down like the rain,***[5] וְאֵין לֶקַח אֶלָּא תּוֹרָה – **and** here the word ***lekach*** **means nothing other than Torah,** שֶׁנֶּאֱמַר – **as it is stated** elsewhere that *lekach* means Torah:[6] "כִּי לֶקַח טוֹב נָתַתִּי לָכֶם תּוֹרָתִי אַל־תַּעֲזֹבוּ" – ***For I*** [God] ***have given you a good teaching*** (*lekach*); ***do not abandon My Torah.***

A dissenting view:

רָבָא אָמַר – **Rava said:** יוֹתֵר מִיּוֹם שֶׁנִּיתְּנָה בּוֹ תּוֹרָה – A day of rain is even **more** momentous **than the day on which the Torah was given;** שֶׁנֶּאֱמַר – **as it is said:** "יַעֲרֹף כַּמָּטָר לִקְחִי" – ***My teaching shall drip down like the rain.*** In this verse, rain is a metaphor for Torah; and in the formulation of a metaphor, מִי נִתְלֶה בְּמִי – **what is compared to what?**[7] הֱוֵי אוֹמֵר – **You must say** קָטָן נִתְלֶה בַּגָּדוֹל – that **a lesser thing is compared to a greater thing.** Thus rain, which serves as a metaphor for Torah, must be greater than the Torah.[8]

Rava analyzes this verse further:

רָבָא רָמֵי – **Rava contrasted** the two halves of this verse: כְּתִיב: "יַעֲרֹף כַּמָּטָר לִקְחִי" – In the first half of the verse **it is written:** ***My teaching shall drip down like the rain,*** וּכְתִיב: "תִּזַּל כַּטַּל אִמְרָתִי" – **but** in the second half **it is written:** ***my speech shall flow like the dew.*** On the one hand, Torah is compared to rain (which pours down with force); and on the other, to dew (which precipitates gently). These variant metaphors may be reconciled as follows: אִם תַּלְמִיד חָכָם הָגוּן הוּא – **If a Torah scholar is of good character,** כַּטַּל – the Torah's effect upon him is **compared to dew;** i.e. it is always beneficial and life giving. וְאִם לָאו – **But if** he does **not** behave in the manner befitting a Torah scholar, עוֹרְפֵהוּ כַּמָּטָר – **it** [the Torah] **breaks his neck** with as much forcefulness **as a** violent **rainstorm.**[9]

On the same theme:

תַּנְיָא – **It was taught in a Baraisa:** הָיָה ר׳ בְּנָאָה אוֹמֵר – **R' BANA'AH USED TO SAY:** כָּל הָעוֹסֵק בַּתּוֹרָה לִשְׁמָהּ – **WHOEVER STUDIES TORAH FOR ITS OWN SAKE,**[10] תּוֹרָתוֹ נַעֲשֵׂית לוֹ סַם חַיִּים – **HIS TORAH** scholarship **BECOMES AN ELIXIR OF LIFE TO HIM;** שֶׁנֶּאֱמַר – **AS IT IS SAID:** "עֵץ־חַיִּים הִיא לַמַּחֲזִיקִים בָּהּ" – ***IT*** [the Torah] ***IS A TREE OF LIFE FOR THOSE WHO CLING TO IT;***[11] וְאוֹמֵר – **AND** similarly **IT SAYS** elsewhere: "רִפְאוּת תְּהִי לְשָׁרֶּךָ" – ***IT*** [the Torah] ***WILL BE A CURE*** that enters **THROUGH *YOUR NAVEL;***[12] וְאוֹמֵר – **AND** similarly **IT SAYS** elsewhere: "כִּי מֹצְאִי מָצָא חַיִּים" – ***FOR ONE WHO HAS FOUND ME HAS FOUND LIFE.***[13] וְכָל הָעוֹסֵק בַּתּוֹרָה שֶׁלֹּא לִשְׁמָהּ – **BUT WHOEVER STUDIES TORAH NOT FOR ITS OWN SAKE,** נַעֲשֵׂית לוֹ סַם הַמָּוֶת – **[HIS TORAH SCHOLARSHIP] BECOMES A DEADLY POISON TO HIM;**[14] שֶׁנֶּאֱמַר – **AS IT IS**

NOTES

1. One says: בָּרוּךְ אַתָּה ... בְּרוֹב הַהוֹדָאוֹת אֵל הַהוֹדָאוֹת, *Blessed are You . . . with a multiplicity of thanksgivings, God of* [*all*] *thanksgivings.* A similar formulation appears in the conclusion of the יִשְׁתַּבַּח, *Yishtabach,* blessing: אֵל מֶלֶךְ גָּדוֹל בַּתִּשְׁבָּחוֹת, אֵל הַהוֹדָאוֹת, *God, King exalted with praises, God of thanksgivings.* When mentioned in juxtaposition with אֵל הַהוֹדָאוֹת, *God of thanksgivings,* the term רוֹב הַהוֹדָאוֹת implies "multiplicity of thanksgivings," and not "most thanksgivings" as we had originally assumed (*Rashi*).

According to many authorities the correct ending is: בָּרוּךְ אַתָּה ה׳ אֵל רוֹב הַהוֹדָאוֹת, *Blessed are You,* HASHEM, *God of a multiplicity of thanksgivings*. The word הַהוֹדָאוֹת is not repeated (*Orach Chaim* 221:2; see *Rambam Hil. Berachos* 10:5; see *Perishah* 221:3).

2. The wicked will never be revived, as the verse states (*Isaiah* 66:24): וְיָצְאוּ וְרָאוּ בְּפִגְרֵי הָאֲנָשִׁים הַפֹּשְׁעִים בִּי כִּי תוֹלַעְתָּם לֹא תָמוּת וְאִשָּׁם לֹא תִכְבֶּה, *And they will go out and see the carcasses of the men who sin against Me; for their worm will not die, neither will their fire be extinguished* (*Rashi*; see *Hagahos HaBach,* and *Rosh Hashanah* 17a).

3. For it sustains human life by causing produce to grow (*Rashi*).

Most natural phenomena occur with regularity and thus the hand of God is not *openly* evident in them. Rain, however, is unpredictable and as such is a clearer indication of God's control of the world. In this respect, rain is comparable to the Resurrection of the Dead (*Gra* cited by *Etz Yosef*; see also 2a, note 21).

4. The second blessing of the Shemoneh Esrei.

5. *Deuteronomy* 32:2. Moses compares the Torah to rain. Like rain, Torah [brings] life to the world (*Rashi* ad. loc.). *Maharsha* explains: Just as rain is beneficial for the body, Torah is beneficial for the soul.

The word לִקְחִי (translated as *my teaching*) literally means *my acquisition.* The Gemara will now demonstrate how it comes to mean *teaching* (in this context – God's teaching; i.e. the Torah).

6. *Proverbs* 4:2.

7. Literally: who is dependent on whom?

8. This may be explained on the lines of R' Abahu's teaching above (in connection with the Resurrection of the Dead) that rain is of benefit to both the righteous and the wicked, whereas Torah benefits only the righteous (*Maharsha*).

9. [Based on *Rashi.*] As the Gemara expounds below, the word יַעֲרֹף, which in the verse means "drip down," has a secondary meaning of "kill" (specifically in the form of breaking the neck – from the root ערף, which means the back of the head).

Alternatively, *Maharsha* explains that עוֹרְפֵהוּ is translated, "show the back of your head to him" (i.e. turn away from him). Thus, the Gemara is understood: If the Torah scholar is a worthy person, relate to him as if he were "dew"; i.e. always seek him, like dew is sought at all times. But if he is unworthy, turn away from him as if he were "rain," which is detrimental at times (see above 2b-4a).

10. I.e. he studies Torah to fulfill God's commandment, not to be called a scholar [or for some other ulterior motive] (*Rashi*).

11. *Proverbs* 3:18.

12. Ibid. 3:8. The Torah, which cures one from harmful views and character traits, is compared to the nourishment an embryo receives from its mother through its navel (*Ralbag* ad loc.).

13. Ibid. 8:35. [The verse refers to one who studies Torah from early in the morning to late at night (see *Rashi* there v. 34).]

14. The Torah's effect on the soul is comparable to a drug's effect on the body. A drug must be properly prepared to cure a person from sickness, otherwise it can cause his condition to worsen. Similarly, the Torah requires the appropriate preparation for its beneficial properties to be effective (*Maharsha*).

Tosafos raise the difficulty that this teaching contradicts the principle

[א] נימרינהו לתרוייהו אל ההודאות ורוב ההודאות אמר ר' אבהו גדול יום הגשמים מתחיית המתים דאילו תחיית המתים לצדיקים ואילו גשמים בין לצדיקים בין לרשעים ופליגא דרב יוסף דאמר רב יוסף [ב] מתוך שהיא שקולה כתחיית המתים קבעוה בתחיית המתים אמר רב יהודה גדול יום הגשמים כיום שניתנה בו תורה שנא' [א] יערף כמטר לקחי ואין לקח אלא תורה שנא' [ב] כי לקח טוב נתתי לכם תורתי אל תעזובו רבא אמר יותר מיום שניתנה בו תורה שנאמר יערף כמטר לקחי [ג] מי נתלה במי הוי אומר קטן נתלה בגדול רבא רמי כתיב יערף כמטר לקחי וכתיב תזל כטל אמרתי אם תלמיד חכם הגון הוא כטל ואם לאו עורפהו כמטר תניא היה ר' בנאה אומר כל העוסק בתורה לשמה תורתו נעשית לו סם חיים שנאמר [ג] עץ חיים היא למחזיקים בה ואומר [ד] רפאות תהי לשרך ואומר [ה] כי מוצאי מצא חיים וכל העוסק בתורה שלא לשמה נעשית לו סם המות שנאמר יערף כמטר לקחי ואין עריפה אלא הריגה שנאמר [ו] וערפו שם את העגלה בנחל א"ל ר' ירמיה לר' זירא ליתי מר ליתני א"ל חלש לבאי ולא יכילנא לימא מר מילתא דאגדתא א"ל הכי אמר ר' יוחנן מאי דכתיב [ז] כי האדם עץ השדה וכי אדם עץ שדה הוא אלא משום דכתיב [ז] כי ממנו תאכל ואותו לא תכרת וכתיב אותו תשחית וכרת הא כיצד אם ת"ח הגון הוא ממנו תאכל ואותו לא תכרת ואם לאו אותו תשחית וכרת אמר רבי חמא ([ד] אמר רבי) חנינא מאי דכתיב [ח] ברזל בברזל יחד לומר לך מה ברזל זה אחד מחדד את חבירו אף שני תלמידי חכמים מחדדין זה את זה בהלכה אמר רבה בר בר חנה למה נמשלו דברי תורה כאש שנאמר [ט] הלא כה דברי כאש נאם ה' לומר לך מה אש אינו דולק יחידי אף דברי תורה אין מתקיימין ביחידי והיינו דאמר רבי יוסי בר חנינא [ה] מאי דכתיב [י] חרב אל הבדים ונואלו חרב על שונאיהן של תלמידי חכמים שעוסקין בד בבד בתורה ולא עוד אלא שמטפשין שנאמר ונואלו ולא עוד אלא שחוטאין כתיב הכא ונואלו וכתיב התם [כ] אשר נואלנו ואשר חטאנו ואיבעית אימא מהכא [ל] נואלו שרי צוען [וגו'] והתעו את מצרים אמר רב נחמן בר יצחק למה נמשלו דברי תורה כעץ שנאמר [ג] עץ חיים היא למחזיקים בה לומר לך מה עץ קטן מדליק את הגדול אף תלמידי חכמים קטנים מחדדים את הגדולים והיינו דאמר ר' חנינא [ו] הרבה למדתי מרבותי ומחבירי יותר מרבותי ומתלמידי יותר מכולן רבי חנינא בר פפא רמי כתיב [מ] לקראת צמא התיו מים וכתיב [נ] הוי כל צמא לכו למים אם תלמיד הגון הוא לקראת צמא התיו מים ואי לא הוי כל צמא לכו למים רבי חנינא בר חמא רמי כתיב [ס] יפוצו מעינותיך חוצה וכתיב [ע] יהיו לך לבדך [א] אם תלמיד הגון הוא יפוצו מעינותיך חוצה ואם לאו יהיו לך לבדך ([ז] ואמר) רבי חנינא בר אידי [ב] למה נמשלו דברי תורה למים דכתיב הוי כל צמא לכו למים לומר לך מה מים מניחין מקום גבוה והולכין למקום נמוך אף דברי תורה אין מתקיימין אלא במי שדעתו שפלה [ח] ואמר רבי אושעיא למה נמשלו דברי תורה לשלשה משקין הללו במים וביין ובחלב דכתיב הוי כל צמא לכו למים וכתיב [נ] לכו שברו ואכלו ולכו שברו בלא כסף ובלא מחיר יין וחלב לומר לך מה שלשה משקין הללו אין מתקיימין אלא בפחות שבכלים אף דברי תורה אין מתקיימין אלא במי שדעתו שפלה (א) כדאמרה ליה [ט] ברתיה דקיסר לר' יהושע בן חנניה אי [י] חכמה מפוארה בכלי מכוער אמר לה אביך רמי חמרא במני דפחרא אמרה ליה אלא במאי נירמי אמר לה אתון דחשביתו רמו במאני דהבא וכספא אזלה ואמרה ליה לאבוה רמייא לחמרא במני דהבא וכספא ותקיף אתו ואמרו ליה אמר לה לברתיה מאן אמר לך הכי אמרה ליה רבי יהושע בן חנניה קריוהו אמר ליה אמאי אמרת לה הכי אמר ליה כי היכי דאמרה לי אמרי לה והא איכא שפירי דגמירי

אי

רש"י

למימרינהו לתרוייהו. ברוך אתה ברוב ההודאות במרבית ההודאות האל של כל ההודאות משמע ומתחלה היה משמע רוב ממש ולא מרובות וכמו כן בישתבח אל מלך גדול בתשבחות אל ההודאות. מפי רבי: (ב) רשעי עובדי כוכבים אינן חיין כי תולעתם לא תמות ואשם לא תכבה (ישעיה סו): ופליגא דרב יוסף. דאיהו אמר כתחיית המתים ולא יותר שבה חיים בני אדם שהתבואה גדילה בו: כמטר לקחי. השוה לקח למטר: יערף. כמו אף שמיו יערפו טל (דברים לג) ושחקים ירעפו טל (משלי ג) שהיא מרבה הפירות: כתיב תזל כטל. דמשמע נחת: ערפיהו כמטר. הרגהו: לשמה. משום כאשר צוני ה' אלהי ולא כדי להקרות רבי: לא יכילנא. למיגמר: וכי אדם עץ השדה. אלא מקיש אדם לעץ השדה מה עץ השדה אם עץ מאכל הוא ממנו תאכל ואותו לא תכרות כך תלמידי חכמים אם הגון הוא ממנו תאכל למוד הימנו ואם לאו אותו תשחית סור מעליו: ברזל בברזל יחד. ואיש יחד פני רעהו מה ברזל זה אחד מחדד את חבירו כגון סכין על גבי חבירתה: אינה דולקת יחידי. עץ אחד אינה דולקת אלא ב' או ג' ביחד: יחידי. בלא חבר שיחדדנו: שמוסיפין טפשות דכתיב (ג) נואלנו. אשר נואלנו מתרגם דאיטפשנא: שחוטאין. דכתיב נואלו גבי חטאנו: ואיבעית אימא מהכא נואלו שרי צוען וגו' והתעו את מצרים. ותועה היינו חוטא: תורה בעץ. דכתיב עץ חיים היא למחזיקים בה כשמדליק את האור מצית את העצים דקין תחלה: קטנים מחדדין. ששואלין כל שעה: התיו. משמע להוליך לו מים: וכתיב לכו למים. ילך הוא עצמו: אם תלמיד (חכם) הגון. שרוצה ללמוד ממך מלוה לרב לילך אצלו במקומו: ואם לאו. ילך הוא אצל הרב: יפוצו מעינותיך חוצה. אם הגון הוא אמור לו (ד) סתרי תורה: ואם לאו יהיו לך לבדך. ואין לזרים אתך: שלשה משקים הללו. מים יין וחלב (ה) זו התורה שאינו נותן בה כלום ויודעה ולומדה: בפחות שבכלים. במאני דפחרא (ו): במאני דפחרא. בדרך שחוק אמר ומרמז מה את אומרת לי והלא אביך נותן יין בכלים מכוערין של חרס: ואלא במאי נירמיה. אם לא בשל חרס הא כולי עבדי הכי: ותקיף. החמיץ: כי היכי דאמרה לי. אי חכמה מפוארה בכלי מכוער הכי אמרי לה (ז) דיין משתמר בכלי מכוער אף התורה מתקיימת בי יותר משאילו הייתי נאה:

אי

תוספות

וכל העוסק בתורה שלא לשמה תורתו נעשית לו סם המות. וקשה והלא אמרינן (פסחים דף נ:) לעולם יעסוק אדם בתורה אע"ג שאינה לשמה שמתוך שלא לשמה בא לשמה ויש לומר דתרי שלא לשמה הוי דמה שאמרינן לעולם יעסוק בתורה אפילו שלא לשמה היינו כלומר כדי שיקרא רבי או כדי שיכבדוהו ומה שאמרינן הכא כל העוסק בתורה שלא לשמה נעשה לו סם המות היינו מי שלומד לקנטר [ט]: אם תלמיד חכם הגון ממנו תאכל. פירוש למוד לפניו ואותו לא תכרות כלומר לא תפרד ממנו לילך לפני רב אחר ואם לאו לא תלמוד לפניו והא דאמרינן ללומדים מת"ח אע"פ שאינו הגון כר"מ שהיה לומד לפני אחר במסכת חגיגה (דף טו.) היינו דוקא תלמיד חכם (אחר) יכול ללמוד לפניו לפי שלא ילמוד ממעשיו אבל אם אינו תלמיד חכם אינו רשאי ללמוד לפניו:

אף דברי תורה וכו'. וכן נמי אמרינן בעירובין פ' כיצד מעברין (דף נה.) לא בשמים היא ולא מעבר לים היא כלומר לא תמצא התורה במי שמגביה עצמו כשמים שדעתו גבוה ולא בסוחרים ההולכים במדינת הים בעבר הים [ל] דאי ספרא לא סייפא ואי סייפא לא ספרא * והכי נמי איתא התם לא בסחרנין ולא בתגרין ולא [מ] באיסטרולוגין כלומר באותן שרואין בכוכבים אמרו ליה לשמואל והא מר איסטרולוגוס הוא אמר להו תיתי לי דלא מעיינא בהו אלא בעידן דנפקא [נ] למיא פירוש להטיל מים ולא אני מבטל לעצמי:

[ס] אי הוו סנו הוו חכימי טפי. (ח) פי' אם היו שונאים היופי הוו תלמידי חכמים ביותר:

בראתים

עין משפט נר מצוה

כא א מיי' פ"ד מהל' ת"ת הל' א טוש"ע י"ד סימן רמו סעיף ז:
כב ב מיי' שם פ"ג הלכה ט:

רבינו חננאל

שנתון במקום האשבורן. אבל אם באו כדבעו לה לברכה: משיצא חתן לקראת כלה. כשתרד הטיפה על הקרקע שכבר ירד בו מטר מעלת כמין אבעבועין היו מברכין ברכת גשמים: א"ר אבהו גדול יום הגשמים כיום שנתנה בו תורה כו'. כל העוסק בתורה לשמה נעשית לו סם חיים שנאמר עץ חיים היא למחזיקים בה והמתעסק שלא לשמה נעשית לו סם המות שנאמר יערוף כמטר לקחי ואין עריפה אלא הריגה א"ר יוחנן כתיב כי האדם עץ השדה אם ת"ח הוא הגון ממנו תאכל ואותו לא תכרות. ואם אינו הגון אותו תשחית וכרת. דברי תורה אין מתקיימין ביחידי שנאמר חרב על הבדים ונואלו. והקטנים מחדדים את הגדולים כו'. ומתלמידי יותר מכולם. (למה)

רבינו גרשום

מים התחתונים לקראת מים העליונים כדרך שיבא חתן לקראת כלה: ששקולה כתחיית המתים ששניהם חיים לעולם. אלא להכי כתיב כי האדם [עץ השדה] שת"ח נמשל בו וממנו תאכל. כלומר שיכול להבין בתורה: אותו תשחית וכרת שהתורה משחתת בו. נואלו שרי צוען. והרי הן היו חוטאין: בפחות שבכלים.

ליקוטי רש"י

יערף כמטר לקחי. זו היא העדות שתעידו שאני אומר בפניכם תורה נתתי לישראל שהיא חיים לעולם כמטר זה שהוא חיים לעולם כאשר יערפו השמים טל ומטר. יערף, לשון נטיפה וכן (לקמן לג, כח) יערפו טל (תהלים סה, יב) ירעפון דשן [דברים לב, ב]. תזל כטל. שהכל שמחים בו לפי שהמטר יש שהן עצבים כגון הולכי דרכים ומי שהיה בורו מלא יין [דברים שם]. למחזיקים בה. לאוחזים בה כמו וישלח ידו ויחזק בו (שמות ד) [משלי ג, יח]. רפאות תהי לשרך. החכמה שרך כמו (שיר השירים ז) שררך והוא טיבורך [משלי ג, ח]. וערפו. קוצץ ערפה בקופיץ [דברים כא, ד]. המחדדין. שואלין ומשיבין ולא לקפח אלא להתחדד [שבת סג.]. נואלנו. כתרגומו לשון אויל [במדבר יב, יא]. נואלו וכו'. לשון אוילים. נתעו, כמו הנחש השיאני (בראשית ג) [ישעיה יט, יג]. נשאו שרי נוף, אלמא הנואל נשא לחטוא. ומתלמידי יותר מכולן. לפי שעל ידיהם ירבה הפלפול ונותן לב לתרץ קושיותיהם [מכות י.]. לקראת צמא התיו מים. דרך להביא מים [ישעיה כא, יד]. הוי כל צמא. הוי זה לשון קריאה וזימון וקיבוץ הוא ויש הרבה במקרא (זכריה ב) הוי הוי ונוסו מארץ צפון. לכו למים. לתורה [שם נה, א]. יפוצו מעינותיך חוצה. סוף שתקנה תלמידים ותורה הוראות ברבים ויאלו לך שם [משלי ה, טו]. יהיו לך לבדך. אתה לבדך תתכבד בהם ולא יחלוק אחר עמך לפי שאמר למעלה פן ישבעו זרים כחך אמר כאן יהיו לך לבדך [שם שם, יז]. שדעתו שפלה. ונפש שפלה, שמשפיל עצמו בין אנשים ומעורב ביניהם ואינו גס רוח [אבות פ"ה מי"ט]. שברו. לשון לשבור בר (בראשית מב) קנו [ישעיה נה, א]. חכמה מפוארה בכלי מכוער. דרכן של תלמידי חכמים שמלטטרין על לימוד תורה ואינם מכבסים בגדיהם [ע"ז טז:]. שפירי. נאים [ע"פ דניאל ד, ט].

מסורת הש"ס

א) [ברכות נט: ס:] מגילה כא:, ב) [ברכות לג.], ג) [ב"ב יב.], ד) [צ"ל ברבי], ה) ברכות סג: מכות י. ע"ש, ו) [מכות י. ע"ש], ז) [צ"ל אמר], ח) צ"ל אמר, ט) נדרים נ: ע"ש, י) [עי' פרש"י בע"ז טז: ד"ה פתיא אוכמא], כ) [וע"ע תוס' ברכות יז. ד"ה העושה], ל) [ע"ז יז:], מ) [אין זה בעירובין אלא במדרש פ' נצבים איתא קצת מזה], נ) [במדרש הנ"ל איתא לבית המים], ס) שייך לע"ב.

הגהות הב"ח

(א) גמ' אלא במי שדעתו שפלה עליו כדאמרה ליה כו' בכלי מכוער אמר לה אי בת מלכא אבוך במאי רמי חמרא אמרה ליה במאני דפחרא אמר לה כ"ע במאני דפחרא ואבוך במאני דפחרא אמרה ליה אלא במאי נירמי אמר לה כגון אתון דחשביתון רמו: (ב) רש"י ד"ה (רשעי עובדי כוכבים) תא"מ ונ"ב ס"א רשעים: (ג) ד"ה שמוסיפין טפשות דכתיב אשר נואלנו מתרגם כו' כצ"ל: (ד) ד"ה יפוצו כו' אמור לו (סתרי תורה) תא"מ ונ"ב ס"א דברי תורה: (ה) ד"ה שלשה כו' מים יין וחלב בלא כסף זו התורה מי שאינו נותן: (ו) ד"ה בפחות כו' דפחרא הס"ד ואח"כ מה"ד א"ל אי בת מלכא את כו' בשחוק אמר: (ז) ד"ה כי היכי כו' הכי אמרי לה כו' הכי דיין משתמר: (ח) תוס' ד"ה אי הוו כו' פי' אם היו שונאים. נ"ב ולהאי פירושא ניחא משפירים דיעקב ודרבי אלכו אבל לפרש"י קשיא:

גליון הש"ס

תוס' ד"ה אף ד"ת וכו'. וכ"ה איתא הכא במדרש דברים רבה פ"ח:

תורה אור השלם

א) יַעֲרֹף כַּמָּטָר לִקְחִי תִּזַּל כַּטַּל אִמְרָתִי כִּשְׂעִירִם עֲלֵי דֶשֶׁא וְכִרְבִיבִים עֲלֵי עֵשֶׂב: [דברים לב, ב]

ב) כִּי לֶקַח טוֹב נָתַתִּי לָכֶם תּוֹרָתִי אַל תַּעֲזֹבוּ: [משלי ד, ב]

ג) עֵץ חַיִּים הִיא לַמַּחֲזִיקִים בָּהּ וְתֹמְכֶיהָ מְאֻשָּׁר: [משלי ג, יח]

ד) רִפְאוּת תְּהִי לְשָׁרֶּךָ וְשִׁקּוּי לְעַצְמוֹתֶיךָ: [משלי ג, ח]

ה) כִּי מֹצְאִי מָצָא חַיִּים וַיָּפֶק רָצוֹן מֵיְיָ: [משלי ח, לה]

ו) וְהוֹרִדוּ זִקְנֵי הָעִיר הַהִוא אֶת הָעֶגְלָה אֶל נַחַל אֵיתָן אֲשֶׁר לֹא יֵעָבֵד בּוֹ וְלֹא יִזָּרֵעַ וְעָרְפוּ שָׁם אֶת הָעֶגְלָה בַּנָּחַל: [דברים כא, ד]

ז) כִּי תָצוּר אֶל עִיר יָמִים רַבִּים לְהִלָּחֵם עָלֶיהָ לְתָפְשָׂהּ לֹא תַשְׁחִית אֶת עֵצָהּ לִנְדֹּחַ עָלָיו גַּרְזֶן כִּי מִמֶּנּוּ תֹאכֵל וְאֹתוֹ לֹא תִכְרֹת כִּי הָאָדָם עֵץ הַשָּׂדֶה לָבֹא מִפָּנֶיךָ בַּמָּצוֹר: [דברים כ, יט]

ח) בַּרְזֶל בְּבַרְזֶל יָחַד וְאִישׁ יַחַד פְּנֵי רֵעֵהוּ: [משלי כז, יז]

ט) הֲלוֹא כֹה דְבָרִי כָּאֵשׁ נְאֻם יְיָ וּכְפַטִּישׁ יְפֹצֵץ סָלַע: [ירמיה כג, כט]

י) חֶרֶב אֶל הַבַּדִּים וְנֹאָלוּ חֶרֶב אֶל גִּבּוֹרֶיהָ וָחָתּוּ: [ירמיה נ, לו]

כ) וַיֹּאמֶר אַהֲרֹן אֶל מֹשֶׁה בִּי אֲדֹנִי אַל נָא תָשֵׁת עָלֵינוּ חַטָּאת אֲשֶׁר נוֹאַלְנוּ וַאֲשֶׁר חָטָאנוּ: [במדבר יב, יא]

ל) נוֹאֲלוּ שָׂרֵי צֹעַן נִשְּׁאוּ שָׂרֵי נֹף הִתְעוּ אֶת מִצְרַיִם פִּנַּת שְׁבָטֶיהָ: [ישעיה יט, יג]

מ) לִקְרַאת צָמֵא הֵתָיוּ מָיִם יֹשְׁבֵי אֶרֶץ תֵּימָא בְּלַחְמוֹ קִדְּמוּ נֹדֵד: [ישעיה כא, יד]

נ) הוֹי כָּל צָמֵא לְכוּ לַמַּיִם וַאֲשֶׁר אֵין לוֹ כָּסֶף לְכוּ שִׁבְרוּ וֶאֱכֹלוּ וּלְכוּ שִׁבְרוּ בְּלוֹא כֶסֶף וּבְלוֹא מְחִיר יַיִן וְחָלָב: [ישעיה נה, א]

ס) יָפוּצוּ מַעְיְנֹתֶיךָ חוּצָה בָּרְחֹבוֹת פַּלְגֵי מָיִם: [משלי ה, טז]

ע) יִהְיוּ לְךָ לְבַדֶּךָ וְאֵין לְזָרִים אִתָּךְ: [משלי ה, יז]

SAID:[15] ,,יַעֲרֹף כַּמָּטָר לִקְחִי" – *MY TEACHING SHALL DRIP DOWN LIKE THE RAIN,* וְאֵין עֲרִיפָה אֶלָּא הֲרִיגָה – AND the word *ARIFAH* (whose form *yaarof* is used in this verse to mean "drip down") IS interpreted here as NOTHING OTHER THAN "KILLING." שֶׁנֶּאֱמַר – AS IT IS SAID elsewhere that *arifah* means killing:[16] ,,וְעָרְפוּ־שָׁם אֶת־הָעֶגְלָה בַּנָּחַל" – *AND THEY SHALL BREAK THE NECK* (*arfu*) *OF THE CALF THERE IN THE RIVERBED.* Thus the verse – *my teaching shall drip down* etc. – conveys that the Torah has the potential for being fatally dangerous (i.e. when it is used improperly).

On the same theme:

אָמַר לֵיהּ ר׳ יִרְמְיָה לר׳ זֵירָא – R' Yirmiyah asked R' Zeira: לֵיתֵי מַר לִיתְנֵי – **Could the master come and teach** a halachic discourse? אָמַר לֵיהּ – **[R' Zeira] answered him:** חֲלַשׁ לִבָּאִי וְלָא יָכִילְנָא – **I feel faint**[17] **and I am unable** to teach. לֵימָא מַר מִילְּתָא דְאַגַּדְתָּא – R' Yirmiyah then asked: **Could the master relate an Aggadic thought?** אָמַר לֵיהּ – **[R' Zeira] answered him:** הָכִי אָמַר ר׳ יוֹחָנָן – **R' Yochanan taught the following:** מַאי דִּכְתִיב – **What is** the meaning of **that which is written:**[18] ,,כִּי הָאָדָם עֵץ הַשָּׂדֶה" – ***For a man is a tree of the field?*** וְכִי אָדָם עֵץ שָׂדֶה הוּא – **Now is a man a tree of the field?!** אֶלָּא מִשּׁוּם דִּכְתִיב – **Rather,** this verse compares a man to a tree **with regard to what is written** concerning a fruit-bearing tree:[19] ,,כִּי מִמֶּנּוּ תֹאכֵל וְאֹתוֹ לֹא תִכְרֹת" – ***For you eat from it and you may not cut it down,*** וּכְתִיב – **and** also with regard to what **is written** concerning a non-fruit-bearing tree:[20] ,,אֹתוֹ תַשְׁחִית וְכָרָתָּ" – ***You shall destroy it and cut it down.*** הָא כֵּיצַד – **How so?** אִם תַּלְמִיד חָכָם הָגוּן הוּא – **In the case of a Torah scholar who is of proper character:** ,,מִמֶּנּוּ תֹאכֵל וְאֹתוֹ לֹא תִכְרֹת" – ***you shall eat*** [i.e. study] ***from him, and not cut him down.*** וְאִם לָאו – **But in the case of** a Torah scholar who is **not** of proper character: ,,אֹתוֹ תַשְׁחִית וְכָרָתָּ" – ***you shall destroy him and cut him down*** [i.e. shun him].

The Gemara presents a series of teachings on the advantages of studying Torah together with others:

אָמַר רַבִּי חָמָא (אָמַר רַבִּי) חֲנִינָא – R' Chama said (in the name of R')[21] **Chanina:** מַאי דִּכְתִיב – **What is** the meaning of **that which is written:**[22] ,,בַּרְזֶל בְּבַרְזֶל יָחַד" – ***Iron sharpens iron,*** *so one man sharpens another?* לוֹמַר לְךָ מַה בַּרְזֶל זֶה אֶחָד מְחַדֵּד אֶת חֲבֵירוֹ – This is **to** teach **you** that **just as** in the case of **this iron** blade – that **one** blade **sharpens another,** אַף שְׁנֵי תַלְמִידֵי חֲכָמִים מְחַדְּדִין זֶה אֶת זֶה בַּהֲלָכָה – so **also, two Torah scholars sharpen** the minds of **each other with** their debates in **halachah.**[23]

On the same theme:

אָמַר רַבָּה בַּר בַּר חָנָה – Rabbah bar bar Chanah said: לָמָּה נִמְשְׁלוּ דִּבְרֵי תוֹרָה כָּאֵשׁ – **Why are the words of Torah compared to fire,** שֶׁנֶּאֱמַר – **as it is said:**[24] ,,הֲלוֹא כֹה דְבָרִי כָּאֵשׁ נְאֻם־ה׳" – ***Is My word not like fire, says HASHEM?*** לוֹמַר לְךָ – This is **to teach you** that מָה אֵשׁ אֵינוֹ דּוֹלֵק יְחִידִי – **just as fire does not ignite** from a **single** piece of wood,[25] אַף דִּבְרֵי תוֹרָה אֵין מִתְקַיְּימִין בְּיְחִידִי – so **too the words of Torah are not retained** by someone who studies **on his own** without a partner to sharpen his mind. וְהַיְינוּ דְּאָמַר רַבִּי יוֹסֵי בַּר חֲנִינָא – **And this is** in essence **what R' Yose bar Chanina said:** מַאי דִּכְתִיב – **What is** the meaning of **that which is written:**[26] ,,חֶרֶב אֶל־הַבַּדִּים וְנֹאָלוּ" – ***A sword upon those who are alone and they shall become fools?*** חֶרֶב עַל שׂוֹנְאֵיהֶן שֶׁל תַּלְמִידֵי חֲכָמִים שֶׁעוֹסְקִין בַּד בְּבַד בַּתּוֹרָה – It is interpreted: **A sword upon the enemies of** such **Torah scholars,**[27] **– who engage in Torah** study **on their own,** without study partners. וְלֹא עוֹד אֶלָּא שֶׁמִּטַּפְּשִׁין – **And not only that, but they become foolish** as well,[28] שֶׁנֶּאֱמַר: ,,וְנֹאָלוּ" – **as it is said** in that verse: ***and they shall become fools.*** וְלֹא עוֹד אֶלָּא שֶׁחוֹטְאִין – **And not only that, but they sin** as well,[29] כְּתִיב הָכָא: ,,וְנֹאָלוּ" – for **here it is written** concerning those who study alone: ***and they shall become fools*** (*no'alu*), וּכְתִיב הָתָם – **and elsewhere it is written:**[30] ,,אֲשֶׁר נוֹאַלְנוּ וַאֲשֶׁר חָטָאנוּ" – ***That which we have acted foolishly*** (*no'alnu*) ***and that which we have sinned.*** We see that the verb *no'alnu* is used synonymously with sin. Thus, sin is associated with those who study alone.[31] וְאִיבָּעֵית אֵימָא מֵהָכָא – **And if you prefer, say** that the association

NOTES

taught in *Pesachim* (50b): A person should always study Torah, even if he has ulterior motives, because through his study of Torah for ulterior motives, he will eventually reach the level of studying Torah for its own sake.

Tosafos resolve the contradiction by explaining that in *Pesachim* the Gemara refers to one who (though he does not study Torah for idealistic reasons) does not study for malicious reasons; for example, he studies Torah in order to become famous. Here the Gemara discusses one who studies Torah for the sake of being contentious and using his knowledge as a weapon against others.

15. *Deuteronomy* 32:2.

16. Ibid. 21:4. The Torah commands that if the corpse of a murdered person is found outside a city in Eretz Yisrael and it is not known who killed him, the elders of the nearest city must bring a calf to an untilled valley and kill it there by breaking its neck. The elders then make a statement declaiming responsibility for the murder (see *Rashi* ibid. vs. 4, 7).

17. Literally: my heart is weak.

18. *Deuteronomy* 20:19. This clause follows a warning not to destroy fruit-bearing trees in the course of laying siege to a city. The Torah asks rhetorically: כִּי הָאָדָם עֵץ הַשָּׂדֶה, *For is a tree of the field a man* [that you afflict it in the same way as you afflict the inhabitants of the city]? (*Rashi* ad loc.). Here the Gemara gives a homiletic interpretation of the clause based on its literal (non-rhetorical) meaning: *for a man is a tree of the field.*

19. Ibid.

20. Ibid. v. 20.

21. Other versions read רַבִּי חָמָא בְּרַבִּי חֲנִינָא, *R' Chama the son of R' Chanina.*

22. *Proverbs* 27:17.

23. The relevance of this teaching to the ones that precede it is unclear. Perhaps the connection is based on the statement above: *whoever studies Torah not for its own sake,* [his Torah scholarship] *becomes a deadly poison to him,* which *Tosafos* explained as referring to one who learns Torah for the sake of being contentious (see note 14). Lest one think that therefore it is considered detrimental for one scholar to challenge and dispute the opinions of another, the Gemara here teaches that such debate is in fact an essential part of the learning process inasmuch as it serves to sharpen the scholars' minds (*Maharsha*).

24. *Jeremiah* 23:29.

25. Two or three pieces of wood are required to start a fire (*Rashi*).

26. *Jeremiah* 50:36. According to its plain meaning, the verse predicts the downfall of Babylonia as punishment for her crimes against the Jewish people. In this context בַּדִּים is translated as liars, in reference to the Babylonian soothsayers (*Rashi* ad loc.). However, the Gemara gives a homiletic interpretation of this verse based on the translation of בַּדִּים as those who are alone (from the root בדד, *to be alone*).

27. This euphemism refers to the scholars themselves. As is common in the writings of the Sages, they do not refer directly to Israel, Torah scholars and the like with a statement that implies punishment, but refer to "the enemies of . . ."

28. One who studies alone is likely to make mistakes for he lacks a partner to correct his errors (*Maharsha* to *Makkos* 10a).

29. For the reason given in the previous note he will reach incorrect halachic decisions (ibid.).

30. *Numbers* 12:11.

31. [For the same verb נֹאֲלוּ, *no'alu,* is used in conjunction with those who study alone.]

למימרינהו לתרווייהו. ברוך אתה ברוב ההודאות במרבית ההודאות האל של כל ההודאות משמע ומתחלה היה משמע רוב ממש ולא מרובות וכמו כן בישתבח אל מלך גדול בתשבחות אל ההודאות. מפי רבי: (ג) רשעי עובדי כוכבים אינן חיין כי תולעתם לא תמות ואשם לא תכבה (ישעיה סו): ופליגא דרב יוסף. דאיהו אמר כתחיית המתים ולא יותר שבה חיים בני אדם שהתבואה גדילה בו: כמטר לקחי. השוה לקח למטר: יערף. כמו אף שמיו יערפו טל (דברים לג) ושחקים ירעפו טל (משלי ג) שהיא מרבה הפירות: כתיב תזל כטל. למשמע נחת: ערפיהו כמטר. הרגהו: לשמה. משום כאשר צוני ה' אלהי ולא כדי להקרות רבי: לא יכילנא. למיגמר: וכי אדם עץ השדה. אלא מקיש אדם לעץ השדה מה עץ השדה אם עץ מאכל הוא ממנו תאכל ואותו לא תכרות כך תלמידי חכמים אם הגון הוא ממנו תאכל ללמוד הימנו ואם לאו אותו תשחית סור מעליו: ברזל בברזל יחד. ואיש יחד פני רעהו מה ברזל זה אחד מחדד את חבירו כגון סכין על גבי חבירתה: אינה דולקת יחידי. עץ אחד אינה דולקת אלא ב' או ג' ביחד: יחידי. בלא חבר שיחדדנו: שמוסיפין טפשות דכתיב (ג) נואלנו. אשר נואלנו מתרגם דאיטפשנא: שחוטאין. דכתיב נואלו גבי חטאנו: ואיבעית אימא מהכא נואלו שרי צוען וגו' והתעו את מצרים. ותועה היינו חוטא: תורה כעץ. דכתיב עץ חיים היא למחזיקים בה כשמדליק את האור מצית את העצים דקין תחלה: קטנים מחדדין. שואלין כל שעה: התיו. משמע להוליך לו מים: וכתיב לכו למים. ילך הוא עצמו: אם תלמיד (חכם) הגון. שרוצה ללמוד ממך מלוה לרב לילך אצלו במקומו: ואם לאו. ילך הוא אל הרב: יפוצו מעינותיך חוצה. אם הגון הוא תאמר לו (ד) סתרי תורה: ואם לאו יהיו לך לבדך. ואין לזרים אתך: שלשה משקים הללו. מים יין וחלב (ה) זו התורה שאינו נותן בה כלום ויודעה ולומדה: בפחות שבכלים. במאני דפחרא (ו) במאני דפחרא. בדרך שחוק אמר ומרמז מה את אומרת לי והלא אביך נותן יין בכלים מכוערין של חרס: ואלא במאי נירמיה. אם לא בשל חרס הא כולי עלמא עבדי הכי: ותקיף. החמיץ: כי היכי דאמרה לי. אי חכמה מפוארה בכלי מכוער הכי אמרי לה (ז) דיין משתמר בכלי מכוער אף התורה מתקיימת בי יותר משאילו הייתי נאה: אי

א) נימרינהו לתרוייהו אל ההודאות ורוב ההודאות אמר ר' אבהו גדול יום הגשמים מתחיית המתים דאילו תחיית המתים לצדיקים ואילו גשמים בין לצדיקים בין לרשעים ופליגא דרב יוסף דאמר רב יוסף ב) מתוך שהיא שקולה כתחיית המתים קבעוה בתחיית המתים אמר רב יהודה גדול יום הגשמים כיום שניתנה בו תורה שנא' א) יערף כמטר לקחי ואין לקח אלא תורה שנא' ב) כי לקח טוב נתתי לכם תורתי אל תעזובו רבא אמר יותר מיום שניתנה בו תורה שנאמר יערף כמטר לקחי ג) מי נתלה במי הוי אומר קטן נתלה בגדול רבא רמי כתיב יערף כמטר לקחי וכתיב תזל כטל אמרתי אם תלמיד חכם הגון הוא כטל ואם לאו עורפהו כמטר תניא היה ר' בנאה אומר כל העוסק בתורה לשמה תורתו נעשית לו סם חיים שנאמר ג) עץ חיים היא למחזיקים בה ואומר ד) רפאות תהי לשרך ואומר ה) כי מוצאי מצא חיים וכל העוסק בתורה שלא לשמה נעשית לו סם המות שנאמר יערף כמטר לקחי ואין עריפה אלא הריגה שנאמר ו) וערפו שם את העגלה בנחל א"ל ר' ירמיה לר' זירא ליתי מר ליתני א"ל חלש לבאי ולא יכילנא לימא מר מילתא דאגדתא א"ל הכי אמר ר' יוחנן מאי דכתיב ז) כי האדם עץ השדה וכי אדם עץ שדה הוא אלא משום דכתיב ז) כי ממנו תאכל ואותו לא תכרת וכתיב אותו תשחית וכרת הא כיצד אם ת"ח הגון הוא ממנו תאכל ואותו לא תכרת ואם לאו אותו תשחית וכרת אמר רבי חמא (ד) אמר רבי) חנינא מאי דכתיב ח) ברזל בברזל יחד לומר לך מה ברזל זה אחד מחדד את חבירו אף שני תלמידי חכמים מחדדין זה את זה בהלכה אמר רבה בר בר חנה למה נמשלו דברי תורה כאש שנאמר ט) הלא כה דברי כאש נאם ה' לומר לך מה אש אינו דולק יחידי אף דברי תורה אין מתקיימין ביחידי והיינו דאמר רבי יוסי בר חנינא ו) מאי דכתיב י) חרב אל הבדים ונואלו חרב על שונאיהן של תלמידי חכמים שעוסקין בד בבד בתורה ולא עוד אלא שמטפשין שנאמר ונואלו ולא עוד אלא שחוטאין כתיב הכא ונואלו וכתיב התם כ) אשר נואלנו ואשר חטאנו ואיבעית אימא מהכא ל) נואלו שרי צוען [וגו'] והתעו את מצרים אמר רב נחמן בר יצחק למה נמשלו דברי תורה כעץ שנאמר ג) עץ חיים היא למחזיקים בה לומר לך מה עץ קטן מדליק את הגדול אף תלמידי חכמים קטנים מחדדים את הגדולים והיינו דאמר ר' חנינא ז) הרבה למדתי מרבותי ומחבירי יותר מרבותי ומתלמידי יותר מכולן רבי חנינא בר פפא רמי כתיב מ) לקראת צמא התיו מים וכתיב נ) הוי כל צמא לכו למים אם תלמיד הגון הוא לקראת צמא התיו מים ואי לא הוי כל צמא לכו רבי חנינא בר חמא רמי כתיב ס) יפוצו מעינותיך חוצה וכתיב ע) יהיו לך לבדך א אם תלמיד הגון הוא יפוצו מעינותיך חוצה ואם לאו יהיו לך לבדך (ז) ואמר) רבי חנינא בר אידי ב למה נמשלו דברי תורה למים דכתיב הוי כל צמא לכו למים לומר לך מה מים מניחין מקום גבוה והולכין למקום נמוך אף דברי תורה אין מתקיימין אלא במי שדעתו שפלה ח) ואמר רבי אושעיא למה נמשלו דברי תורה לשלשה משקין הללו במים וביין ובחלב דכתיב הוי כל צמא לכו למים וכתיב נ) לכו שברו ואכלו ולכו שברו בלא כסף ובלא מחיר יין וחלב לומר לך מה שלשה משקין הללו אין מתקיימין אלא בפחות שבכלים אף דברי תורה אין מתקיימין אלא במי שדעתו שפלה (א) כדאמרה ליה ט) ברתיה דקיסר לר' יהושע בן חנניה אי י) חכמה מפוארה בכלי מכוער אמר לה אביך רמי חמרא במני דפחרא אמרה ליה אלא במאי נירמי אמר לה אתון דחשביתו רמו במאני דהבא וכספא אזלה ואמרה ליה לאבוה רמייא לחמרא במני דהבא וכספא ותקיף אתו ואמרו ליה אמר לה לברתיה מאן אמר לך הכי אמרה ליה רבי יהושע בן חנניה קריוהו אמר ליה אמאי אמרת לה הכי אמר ליה כי היכי דאמרה לי אמרי לה והא איכא שפירי דגמירי אי

וכל העוסק בתורה שלא לשמה נעשית לו סם המות. וקשה והלא אמרינן (פסחים דף נ:) לעולם יעסוק אדם בתורה אע"ג שאינה לשמה שמתוך שלא לשמה בא לשמה ויש לומר דהכי שלא לשמה הוי דמה שאמרינן לעולם יעסוק בתורה אפילו שלא לשמה היינו כלומר כדי שיקרא רבי או כדי שיכבדוהו ומה שאמרינן הכא כל העוסק בתורה שלא לשמה נעשה לו סם המות היינו מי שלומד לקנטר י): **אם** תלמיד חכם הגון ממנו תאכל. פירוש למוד לפניו ואותו לא תכרות כלומר לא תפרד ממנו לילך לפני רב אחר ואם לאו לא תלמוד לפניו והא דאמרינן דלומדים מת"ח אע"פ שאינו הגון כר"מ שהיה לומד לפני אחר במסכת חגיגה (דף טו.) היינו דוקא תלמיד חכם (אחר) יכול ללמוד ממנו אבל אם אינו תלמיד חכם ממעשיו לפי שלא ילמוד אינו רשאי ללמוד לפניו: **אף** דברי תורה וכו'. וכן נמי אמרינן בעירובין פ' כילד מעברין (דף נה.) לא בשמים היא ולא מעבר לים היא כלומר לא תמצא התורה במי שמגביה עצמו כשמים שדעתו גבוה ולא בסוחרים ההולכים במדינת הים בעבר הים ל) דלי ספרא לא קייפא ולי קייפא לא ספרא * והכי נמי איתא התם לא בסחרנין ולא בתגרין ולא מ) באיסטרולוגין כלומר באותן שרואין בכוכבים אמרו ליה לשמואל והא מר איסטרולוגוס הוא אמר להו מיתי לי דלא מעיינא בהו אלא בעידן דנפקנא נ) למיא פירוש להטיל מים ולא אני מבטל לעלמי: **אי** הוו סנו הוו חכימי טפי. (ח) פי' אם היו שונאים היופי הוו תלמידי חכמים ביותר: כדאיתא

מסורת הש"ס

א) [ברכות נט: ס:] מגילה כא:, ב) [ברכות לג.], ג) [ב"ב יב.], ד) [צ"ל ברבי], ה) ברכות סג: מכות י. ע"ש, ו) [מכות י. ע"ש], ז) [צ"ל אמר], ח) צ"ל אמר, ט) נדרים נ: ע"ש, י) [עי' פרש"י בע"ז טז: סד"ה פתיא אוכמא], כ) [וע"ע תוס' ברכות יז. ד"ה העושה], ל) [ע"ז יז:], מ) [אין זה בעירובין אלא במדרש פ' נצבים איתא קצת מזה], נ) [במדרש הנ"ל איתא לבית המים], ס) שייך לע"ב.

עין משפט נר מצוה

כא א מיי' פ"ד מהל' ת"ת הל' א טוש"ע י"ד סימן רמו סעיף ז:
כב ב מיי' שם פ"ג הלכה ט:

הגהות הב"ח

(א) גמ' אלא במי שדעתו שפלה עליו כדאמרה ליה כו' בכלי מכוער אמר לה אי בת מלכא אבוך במאי רמי חמרא אמרה ליה במאני דפחרא אמר לה כ"ע במאני דפחרא ואבוך במאני דפחרא אמרה ליה אלא במאי נירמי אמר לה כגון אתון דחשביתון רמו: (ב) רש"י ד"ה (רשעי עובדי כוכבים) תא"מ ונ"ב ס"א רשעים: (ג) ד"ה שמוסיפין טפשות דכתיב אשר נואלנו מתרגם כו' כצ"ל: (ד) ד"ה יפוצו כו' אמור לו (סתרי תורה) תא"מ ונ"ב ס"א דברי תורה: (ה) ד"ה שלשה כו' מים יין וחלב בלא כסף זו התורה מי שאינו נותן: (ו) ד"ה בפחות כו' דפחרא הס"ד ואח"כ מה"ד א"ל אי בת מלכא את כו' בשחוק אמר: (ז) ד"ה כי היכי כו' הכי אמרי לה כי היכי דיין משתמר: (ח) תוס' ד"ה אי הוו כו' פי' אם היו שונאים. נ"ב ולהאי פירושא ניחא משופריה דיעקב ודרבי אבהו אבל לפרש"י קשיא:

גליון הש"ס

תוס' ד"ה אף ד"ת וכו'. וה"נ איתא התם במדרש דברים רבה פ"ח:

רבינו חננאל

שנתתן במקום האשבורן. אבל אם באו כדבעו לה לברכה: משיגא חתן לקראת כלה. כשתרד הטיפה על הקרקע שכבר ירד בו מטר מעלת כמין אבעבועין היו מברכין ברכת גשמים: א"ר אבהו גדול יום הגשמים כיום שנתנה בו תורה כו'. כל העוסק בתורה לשמה נעשית לו סם חיים שנאמר עץ חיים היא למחזיקים בה והמתעסק שלא לשמה נעשית לו סם המות שנאמר יערוף כמטר לקחי ואין עריפה אלא הריגה א"ר יוחנן כתיב כי האדם עץ השדה אם ת"ח הוא הגון ממנו תאכל ואותו לא תכרות. ואם אינו הגון אותו תשחית וכרת. דברי תורה אין מתקיימין ביחידי שנאמר חרב על הבדים ונואלו. והקטנים מחדדים את הגדולים כו'. ומתלמידי יותר מכולם. (למה)

רבינו גרשום

מים התחתונים לקראת מים העליונים כדרך שיצא חתן לקראת כלה: ששקולה כתחיית המתים שעושים חיים לעולם. אלא לאכול כתיב כי האדם [עץ השדה] שת"ח נמשל בו וממנו תאכל. כלומר שיכול להבין בתורה: אותו תשחית וכרת שהתורה משחתת בו. נואלו שרי צוען. והרי הן היו חוטאין: בפחות שבכלים.

ליקוטי רש"י

יערף כמטר לקחי. זו היא העדות שתעידו שאני אומר בפניכם תורה נתתי לישראל שהיא חיים לעולם כמטר זה שהוא חיים לעולם כאשר יערפו השמים טל ומטר. יערף. לשון נטיפה וכן (לקמן לג, כח) יערפו טל (תהלים סה, יב) ירעפון דשן [דברים לב, ב]. תזל כטל. שהכל שמחים בו לפי שהמטר יש שהן עצבים כגון הולכי דרכים ומי שהיה בורו מלא יין [דברים שם]. למחזיקים בה. לאוחזים בה כמו וישלח ידו ויחזק בו (שמות ד) [משלי ג, יח]. רפאות תהי לשרך. החכמה הזאת כמו (שיר השירים ז) שררך וזהו טיבורך [משלי ג, ח]. וערפו. קוצץ ערפה בקופיץ [דברים כא, ד]. המחדדין. שואלין ומשיבין ולא נקפא אלא להתחדד [שבת סג.]. נואלנו. כתרגומו לשון אויל [במדבר יב, יא]. נואלו וכו'. לשון אוילים. נתעו, כמו הנחש השיאני (בראשית ג) [ישעיה יט, יג]. נשאו שרי נוף, אלמא הנואל נשא לחטוא. ומתלמידי יותר מכולן. לפי שעל ידיהם ירבה הפלפול ונותן לב לתרץ קושיותיהם [מכות י.]. לקראת צמא התיו מים. דרך להביא מים [ישעיה כא, יד]. הוי כל צמא. הוי זה לשון קריאה וזימון וקיבוץ הוא ויש הרבה במקרא (זכריה ב) הוי הוי ונוסו מארץ צפון. לכו למים. לתורה [שם נה, א]. יפוצו מעינותיך חוצה. סוף שתקנה תלמידים ותורה הוראות ברבים וילא לך שם [משלי ה, טז]. יהיו לך לבדך. אתה לבדך תתכבד בהם ולא יחלוק אחר עמך לפי שאמר למעלה פן ישבעו זרים כחך אמר כאן יהיו לך לבדך [שם שם, יז]. שדעתו שפלה. ונפש שפלה, שמשפיל עצמו בין אנשים ומעורב ביניהם ואינו גס רוח [אבות פ"ה מי"ט]. שברו. לשון לשבור בר (בראשית מב) קנו [ישעיה נה, א]. חכמה מפוארה בכלי מכוער. דרכן של תלמידי חכמים שמצטערין על לימוד תורה ואינם מכבסים בגדיהם [ע"ז טז:]. שפירי. נאים [ע"פ דניאל ד, ט].

תורה אור השלם

א) יערף כמטר לקחי תזל כטל אמרתי כשעירם עלי דשא וכרביבים עלי עשב: [דברים לב, ב]
ב) כי לקח טוב נתתי לכם תורתי אל תעזבו: [משלי ד, ב]
ג) עץ חיים היא למחזיקים בה ותמכיה מאשר: [משלי ג, יח]
ד) רפאות תהי לשרך ושקוי לעצמותיך: [משלי ג, ח]
ה) כי מצאי מצא חיים ויפק רצון מיי: [משלי ח, לה]
ו) והורדו זקני העיר ההוא את העגלה אל נחל איתן אשר לא יעבד בו ולא יזרע וערפו שם את העגלה בנחל: [דברים כא, ד]
ז) כי תצור אל עיר ימים רבים להלחם עליה לתפשה לא תשחית את עצה לנדח עליו גרזן כי ממנו תאכל ואתו לא תכרת כי האדם עץ השדה לבא מפניך במצור: [דברים כ, יט]
ח) ברזל בברזל יחד ואיש יחד פני רעהו: [משלי כז, יז]
ט) הלוא כה דברי כאש נאם יי וכפטיש יפצץ סלע: [ירמיה כג, כט]
י) חרב אל הבדים ונאלו חרב אל גבוריה וחתו: [ירמיה נ, לו]
כ) ויאמר אהרן אל משה בי אדני אל נא תשת עלינו חטאת אשר נואלנו ואשר חטאנו: [במדבר יב, יא]
ל) נואלו שרי צען נשאו שרי נף התעו את מצרים פנת שבטיה: [ישעיה יט, יג]
מ) לקראת צמא התיו מים ישבי ארץ תימא בלחמו קדמו נדד: [ישעיה כא, יד]
נ) הוי כל צמא לכו למים ואשר אין לו כסף לכו שברו ואכלו ולכו שברו בלוא כסף ובלוא מחיר יין וחלב: [ישעיה נה, א]
ס) יפוצו מעינתיך חוצה ברחבות פלגי מים: [משלי ה, טז]
ע) יהיו לך לבדך ואין לזרים אתך: [משלי ה, יז]

between the verb *no'alu* and sin may be derived from **the following** verse:[32] ,,נוֹאֲלוּ שָׂרֵי צֹעַן [וגו'] – ***The officers of Tzoan have become fools*** (*no'alu*) **[etc.]** הִתְעוּ אֶת־מִצְרַיִם'' – *and* ***they have led Egypt astray.*** Since going "astray" is synonymous with sinning, this verse too associates *no'alu* with sin.

On the same theme:

אָמַר רַב נַחְמָן בַּר יִצְחָק – **Rav Nachman bar Yitzchak said:** לָמָּה נִמְשְׁלוּ דִּבְרֵי תוֹרָה כָּעֵץ – **Why are the words of Torah compared to a tree,** שֶׁנֶּאֱמַר – **as it is said:**[33] ,,עֵץ־חַיִּים הִיא לַמַּחֲזִיקִים בָּהּ'' – ***It*** [the Torah] ***is a tree of life for those who cling to it?*** לוֹמַר לָךְ – This is **to teach you** that מָה עֵץ קָטָן מַדְלִיק אֶת הַגָּדוֹל – **just as a small** piece of **wood ignites a large one**[34] אַף תַּלְמִידֵי חֲכָמִים – **so** it is with **Torah scholars;** קְטַנִּים מְחַדְּדִים אֶת הַגְּדוֹלִים – **the younger ones sharpen** the minds of **the older ones** with their constant questioning.

וְהַיְינוּ דְּאָמַר ר' חֲנִינָא – **And this is** in essence **what R' Chanina said:** הַרְבֵּה לָמַדְתִּי מֵרַבּוֹתַי – **I have learned much from my teachers,** וּמֵחֲבֵירַי יוֹתֵר מֵרַבּוֹתַי – **and from my colleagues more than from my teachers,** וּמִתַּלְמִידַי יוֹתֵר מִכּוּלָּן – **but from my students more than from them all.**[35]

Having touched upon the subject of students, the Gemara continues with this theme:

רַבִּי חֲנִינָא בַּר פָּפָּא רָמֵי – **R' Chanina bar Pappa contrasted** two verses: כְּתִיב – In one verse **it is written:** ,,לִקְרַאת צָמֵא הֵתָיוּ מָיִם'' – ***Bring water to the thirsty;*** i.e. a teacher should go to the student to teach him Torah.[36] וּכְתִיב – **But** in another verse **it is written:** ,,הוֹי כָּל־צָמֵא לְכוּ לַמַּיִם'' – ***Ho! Everyone that is thirsty, go to the water;*** i.e. the student must go to the teacher.[37] This contradiction is resolved as follows: אִם תַּלְמִיד הָגוּן הוּא – **If the student is of proper character:** ,,לִקְרַאת צָמֵא הֵתָיוּ מָיִם'' – ***Bring water to the thirsty*** – the teacher goes to the student. וְאִי לֹא – **But if not;** i.e. the student lacks proper character: ,,הוֹי כָּל־צָמֵא לְכוּ לַמַּיִם'' – ***Ho! Everyone that is thirsty, go to the water*** – the student must go to the teacher.[38]

On a similar theme:

רַבִּי חֲנִינָא בַּר חָמָא רָמֵי – **R' Chanina bar Chama contrasted** two verses: כְּתִיב – **It is written:**[39] ,,יָפוּצוּ מַעְיְנֹתֶיךָ חוּצָה'' – ***Your wellsprings shall spread outwards;*** i.e. you shall teach Torah to others,[40] וּכְתִיב – **but** in the very next verse **it is written:** ,,יִהְיוּ לְךָ לְבַדֶּךָ'' – ***They shall be for you alone*** *and strangers will not* [*share*] *with you;* i.e. you should not teach to others. This contradiction is resolved as follows: אִם תַּלְמִיד הָגוּן הוּא – **If the student is of proper character:** ,,יָפוּצוּ מַעְיְנֹתֶיךָ חוּצָה'' – ***your wellsprings*** [of Torah] ***shall spread outwards*** towards him. וְאִם לַאו – **But if not,** i.e. he lacks proper character: ,,יִהְיוּ־לְךָ לְבַדֶּךָ'' – ***They shall be for you alone,*** and not for him.[41]

The Gemara continues with another teaching based on the verse cited above: *Ho! Everyone that is thirsty, go to the water:*

(וְאָמַר) רַבִּי חֲנִינָא בַּר אִידִי – **(And) R' Chanina bar Idi said:** לָמָּה נִמְשְׁלוּ דִּבְרֵי תוֹרָה לַמַּיִם – **Why are the words of Torah compared to water,** דִּכְתִיב – **as it is written:** ,,הוֹי כָּל־צָמֵא לְכוּ לַמַּיִם'' – ***Ho! Everyone that is thirsty, go to the water?***[42] לוֹמַר לָךְ – This is **to teach you** that מָה מַּיִם מַנִּיחִין מָקוֹם גָּבוֹהַּ – **just as water leaves a higher level** וְהוֹלְכִין לְמָקוֹם נָמוּךְ – **and goes to a lower level,** אַף דִּבְרֵי תוֹרָה – so **too, the words of Torah** אֵין מִתְקַיְּימִין אֶלָּא בְּמִי שֶׁדַּעְתּוֹ שְׁפָלָה – **are retained only by one who is humble.**[43]

On the same theme:

וְאָמַר רַבִּי אוֹשַׁעְיָא – **And R' Oshaya said:** לָמָּה נִמְשְׁלוּ דִּבְרֵי תוֹרָה לִשְׁלֹשָׁה מַשְׁקִין הַלָּלוּ – **Why are the words of Torah compared to these three liquids:** בַּמַּיִם וּבַיַּיִן וּבֶחָלָב – **water, wine, and milk;** דִּכְתִיב – **as it is written:** ,,הוֹי כָּל־צָמֵא לְכוּ לַמַּיִם'' – ***Ho! Everyone that is thirsty, go to the water;*** וּכְתִיב – **and it is written** further in that verse: ,,לְכוּ שִׁבְרוּ וֶאֱכֹלוּ וּלְכוּ שִׁבְרוּ בְּלוֹא־כֶסֶף וּבְלוֹא מְחִיר יַיִן וְחָלָב'' – ***go buy and eat; go buy wine and milk without money and at no cost?***[44] לוֹמַר לָךְ – This is **to teach you** that מָה שְׁלֹשָׁה מַשְׁקִין הַלָּלוּ – **just as these three liquids** אֵין מִתְקַיְּימִין אֶלָּא בִּפְחוּת שֶׁבַּכֵּלִים – **are preserved only in the most inferior of vessels,** i.e. earthenware vessels, אַף דִּבְרֵי תוֹרָה – so **too the words of Torah** אֵין מִתְקַיְּימִין אֶלָּא בְּמִי שֶׁדַּעְתּוֹ שְׁפָלָה – **are retained only by someone who is humble.**

כִּדְאָמְרָה לֵיהּ בְּרַתֵּיהּ דְּקֵיסָר לְר' יְהוֹשֻׁעַ בֶּן חֲנַנְיָה – **As the Caesar's daughter** said **to R' Yehoshua ben Chananyah:** אִי חָכְמָה מְפוֹאָרָה בִּכְלִי מְכוֹעָר – **"Woe, glorious wisdom** [Torah] **in an ugly vessel!"**[45] אָמַר לָהּ – **He responded to her** facetiously: אָבִיךְ רָמֵי חַמְרָא בְּמָנֵי דְפַחְרָא – **"Does your father put** his **wine in earthenware vessels** (which are ugly)?" אָמְרָה לֵיהּ – **She said to him:** אֶלָּא בְּמַאי נִירְמֵי – **"But what else should we put the wine in?"** Everyone uses earthenware vessels! אָמַר לָהּ – **He said to her:** אַתּוּן דַּחֲשִׁיבִיתוּ רְמוּ בְּמָאנֵי דַהֲבָא וְכַסְפָּא – **"You who are nobility should put your wine in vessels of gold and silver."**

NOTES

32. *Isaiah* 19:13.

33. *Proverbs* 3:18.

34. When lighting a fire, one ignites small chips of wood [which in turn ignite the larger pieces] (*Rashi*).

35. This is because students ask more questions than colleagues (who in turn ask more questions than teachers), and questions prompt further discussion and study (*Maharsha*).

36. *Isaiah* 21:14. Although the verse refers literally to a thirst for water, R' Chanina bar Pappa expounds it as referring to Torah, for on a homiletical level the word "water" connotes Torah (see Gemara below).

37. *Isaiah* 55:1. Here, the plain meaning of the verse refers to a "thirst" for Torah, similar to the verse in *Amos* (8:11): וְלֹא־צָמָא לַמַּיִם כִּי אִם־לִשְׁמֹעַ אֵת דִּבְרֵי ה', *nor a thirst for water, but for hearing the words of* HASHEM (*Maharsha*; see following note).

38. The first verse teaches that a teacher must not turn away any student who is of good character. However, as the Gemara teaches below, he must reject students who do not behave in the appropriate manner. In the second verse (*Ho! Everyone that is thirsty, go to the water*), the prophet exhorts those students who have been shunned by their teachers to make efforts to return to them and be accepted (*Maharsha*).

39. *Proverbs* 5:16.

40. *Rashi* ad loc.

41. *Rambam* (*Hil. Talmud Torah* 4:1) and *Shulchan Aruch* (*Y.D.* 246:7) rule: One may not teach Torah to a student who behaves improperly. Instead, one should guide him to the proper manner of conduct, and then examine him to see whether his behavior is sufficiently modified. Once he has improved his ways one should accept him as a student.

42. See above, note 37.

43. Literally: whose [self-] opinion is low.

As was explained above, this verse (*Ho! Everyone that is thirsty, go to the water*) is an exhortation to students to travel to a teacher to learn Torah (see note 36). Lest a student feel that it is beneath his dignity to make the effort of traveling to someone else, the verse uses an analogy of water to teach that it is necessary to humble oneself and travel to a teacher for the sake of learning Torah (*Maharsha*).

44. *Isaiah* 55:1. The conclusion of the verse, *buy without money and at no cost,* is a reference to Torah, which can be acquired without giving anything of monetary value to acquire it (*Rashi*; see note 37).

45. [R' Yehoshua ben Chananya looked ugly.]

נימרינהו לתרוייהו אל ההודאות ורוב ההודאות אמר ר' אבהו גדול יום הגשמים מתחיית המתים דאילו תחיית המתים לצדיקים ואילו גשמים בין לצדיקים בין לרשעים ופליגא דרב יוסף דאמר רב יוסף מתוך שהיא שקולה כתחיית המתים קבעוה בתחיית המתים אמר רב יהודה גדול יום הגשמים כיום שניתנה בו תורה שנא' יערף כמטר לקחי ואין לקח אלא תורה שנא' כי לקח טוב נתתי לכם תורתי אל תעזובו רבא אמר יותר מיום שניתנה בו תורה שנאמר יערף כמטר לקחי מי נתלה במי הוי אומר קטן נתלה בגדול רבא רמי כתיב יערף כמטר לקחי וכתיב תזל כטל אמרתי אם תלמיד חכם הגון הוא כטל ואם לאו עורפהו כמטר תניא היה ר' בנאה אומר כל העוסק בתורה לשמה תורתו נעשית לו סם חיים שנאמר עץ חיים היא למחזיקים בה ואומר רפאות תהי לשרך ואומר כי מוצאי מצא חיים וכל העוסק בתורה שלא לשמה נעשית לו סם המות שנאמר יערף כמטר לקחי ואין עריפה אלא הריגה שנאמר וערפו שם את העגלה בנחל א"ל ר' ירמיה לר' זירא ליתי מר ליתני א"ל חלש לבאי ולא יכילנא לימא מר מילתא דאגדתא א"ל הכי אמר ר' יוחנן מאי דכתיב כי האדם עץ השדה וכי אדם עץ שדה הוא אלא משום דכתיב כי ממנו תאכל ואותו לא תכרת וכתיב אותו תשחית וכרת הא כיצד אם ת"ח הגון הוא ממנו תאכל ואותו לא תכרת ואם לאו אותו תשחית וכרת אמר רבי חמא (אמר רבי) חנינא מאי דכתיב ברזל בברזל יחד לומר לך מה ברזל זה אחד מחדד את חבירו אף שני תלמידי חכמים מחדדין זה את זה בהלכה אמר רבה בר בר חנה למה נמשלו דברי תורה כאש שנאמר הלא כה דברי כאש נאם ה' לומר לך מה אש אינו דולק יחידי אף דברי תורה אין מתקיימין ביחידי והיינו דאמר רבי יוסי בר חנינא מאי דכתיב חרב אל הבדים ונואלו חרב על שונאיהן של תלמידי חכמים שעוסקין בד בבד בתורה ולא עוד אלא שמטפשין שנאמר ונואלו ולא עוד אלא שחוטאין כתיב הכא ונואלו וכתיב התם אשר נואלנו ואשר חטאנו ואיבעית אימא מהכא נואלו שרי צוען [וגו'] והתעו את מצרים אמר רב נחמן בר יצחק למה נמשלו דברי תורה כעץ שנאמר עץ חיים היא למחזיקים בה לומר לך מה עץ קטן מדליק את הגדול אף תלמידי חכמים קטנים מחדדים את הגדולים והיינו דאמר ר' חנינא הרבה למדתי מרבותי ומחבירי יותר מרבותי ומתלמידי יותר מכולן רבי חנינא בר פפא רמי כתיב לקראת צמא התיו מים וכתיב הוי כל צמא לכו למים אם תלמיד הגון הוא לקראת צמא התיו מים ואי לא הוי כל צמא לכו למים רבי חנינא בר חמא רמי כתיב יפוצו מעינותיך חוצה וכתיב יהיו לך לבדך אם תלמיד הגון הוא יפוצו מעינותיך חוצה ואם לאו יהיו לך לבדך (ואמר) רבי חנינא בר אידי למה נמשלו דברי תורה למים דכתיב הוי כל צמא לכו למים לומר לך מה מים מניחין מקום גבוה והולכין למקום נמוך אף דברי תורה אין מתקיימין אלא במי שדעתו שפלה ואמר רבי אושעיא למה נמשלו דברי תורה לשלשה משקין הללו במים וביין ובחלב דכתיב הוי כל צמא לכו למים וכתיב לכו שברו ואכלו ולכו שברו בלא כסף ובלא מחיר יין וחלב לומר לך מה שלשה משקין הללו אין מתקיימין אלא בפחות שבכלים אף דברי תורה אין מתקיימין אלא במי שדעתו שפלה (א) כדאמרה ליה ברתיה דקיסר לר' יהושע בן חנניה אי חכמה מפוארה בכלי מכוער אמר לה אביך רמי חמרא במני דפחרא אמרה ליה אלא במאי נירמי אמר לה אתון דחשביתו רמו במאני דהבא וכספא אזלה ואמרה ליה לאבוה רמייא לחמרא במני דהבא וכספא ותקיף אתו ואמרו ליה אמר לה לברתיה מאן אמר לך הכי אמרה ליה רבי יהושע בן חנניה קריוהו אמר ליה הכי אמר לה אמאי אמרת לה הכי דאמרה לי אמרי לה והא איכא שפירי דגמירי

אי

רש"י

למימרינהו לתרוייהו. ברוך אתה רב ההודאות במרבית ההודאות האל של כל ההודאות משמע ומתחלה היה משמע רוב ממש ולא מרובות וכמו כן בישתבח אל מלך גדול בתשבחות אל ההודאות. מפי רבי: (ב) רשעי עובדי כוכבים אינן חיין כי תולעתם לא תמות ואשם לא תכבה (ישעיה סו): ופליגא דרב יוסף. דאיהו אמר כתחיית המתים ולא יותר שבה חיים בני אדם שהתבואה גדילה בו: כמטר לקחי. השוה לקח למטר: יערף. כמו אף שמיו יערפו טל (דברים לג) ושחקים ירעפו טל (משלי ג) שהיא מרבה הפירות: כתיב תזל כטל. דמשמע נחת: ערפיהו כמטר. הרגהו: לשמה. משום כאשר צוני ה' אלהי ולא כדי להקרות רבי: לא יכילנא. למיגמר: וכי אדם עץ השדה. אלא מקיש אדם לעץ השדה מה עץ השדה אם עץ מאכל הוא ממנו תאכל ואותו לא תכרות כך תלמידי חכמים אם הגון הוא ממנו תאכל למוד הימנו ואם לאו אותו תשחית סור מעליו: ברזל בברזל יחד. ואיש יחד פני רעהו מה ברזל זה אחד מחדד את חבירו כגון סכין על גבי חבירתה: אינה דולקת יחידי. עץ אחד אינה דולקת אלא ב' או ג' ביחד: יחידי. בלא חבר שיחדדנו: שמוסיפין טפשות דכתיב (ג) נואלנו. אשר נואלנו מתרגם דאיטפשנא: שחוטאין. דכתיב נואלו גבי חטאנו: ואיבעית אימא מהכא נואלו שרי צוען וגו' והתעו את מצרים. ותועה היינו חוטא: תורה כעץ. דכתיב עץ חיים היא למחזיקים בה כשמדליק את האור מלית את העצים דקין תחלה: קטנים מחדדין. ששואלין כל שעה: התיו. משמע להוליך לו מים: וכתיב לכו למים. ילך הוא עצמו: אם תלמיד (חכם) הגון. שרוצה ללמוד ממך מצוה לרב לילך אצלו במקומו: ואם לאו. ילך הוא אצל הרב: יפוצו מעינותיך חוצה. אם הגון הוא אמור לו (ד) סתרי תורה: ואם לאו יהיו לך לבדך. ואין לזרים אתך: שלשה משקים הללו. מים יין וחלב (ה) זו התורה שאינו נותן בה כלום ויודעה ולומדה: בפחות שבכלים. במאני דפחרא (ו): במאני דפחרא. בדרך שחוק אמר ומרמז מה את אומרת לי והלא אביך נותן יין בכלים מכוערין של חרס: ואלא במאי נירמיה. אם לא בשל חרס הא כולי עלמא עבדי הכי: ותקיף. החמיץ: כי היכי דאמרה לי. אי חכמה מפוארה בכלי מכוער הכי אמרי לה (ז) דיין משתמר בכלי מכוער אף התורה מתקיימת בי יותר משאילו הייתי נאה:

תוספות

וכל העוסק בתורה שלא לשמה תורתו נעשית לו סם המות. וקשה והלא אמרינן (פסחים דף נ:) לעולם יעסוק אדם בתורה אע"ג שאינה לשמה שמתוך שלא לשמה בא לשמה ויש לומר דתרי שלא לשמה הוי דמה שאמרינן לעולם יעסוק בתורה אפילו שלא לשמה היינו כלומר כדי שיקרא רבי או כדי שיכבדוהו ומה שאמרינן הכא כל העוסק בתורה שלא לשמה נעשה לו סם המות היינו מי שלומד לקנטר [י]:

אם תלמיד חכם הגון ממנו תאכל. פירוש למוד לפניו ואותו לא תכרות כלומר לא תפרד ממנו לילך לפני רב אחר ואם לאו לא תלמוד לפניו והא דאמרינן דלומדים מת"ח אע"פ שאינו הגון כר"מ שהיה לומד לפני אחר במסכת חגיגה (דף טו.) היינו דוקא תלמיד חכם (אחר) יכול ללמוד לפניו לפי שלא ילמוד ממעשיו אבל אם אינו תלמיד חכם אינו רשאי ללמוד לפניו:

אף דברי תורה וכו'. וכן נמי אמרינן בעירובין פ' כילד מעברין (דף נה.) לא בשמים היא ולא מעבר לים היא כלומר לא תמצא התורה במי שמגביה עצמו כשמים שדעתו גבוה ולא בסוחרים ההולכים במדינת הים בעבר הים [ל] דאי ספרא לא סייפא ואי סייפא לא ספרא [*] והכי נמי איתא התם לא בסחרנין ולא בתגרין ולא [מ] באיסטרולוגין כלומר באותן שרואין בכוכבים אמרו ליה לשמואל והא מר איסטרולוגוס הוא אמר להו תיתי לי דלא מעיינא בהו אלא בעידן דנפקא [נ] למיא פירוש להטיל מים ולא אני מבטל לעצמי:

[ס] אי הוו סנו הוו חכימי טפי. (ח) פי' אם היו שונאים היופי הוו תלמידי חכמים ביותר:

בראתים

עין משפט נר מצוה

כא א מיי' פ"ד מהל' ת"ת הל' א טוש"ע י"ד סימן רמו סעיף ז:

כב ב מיי' שם פ"ג הלכה ט:

רבינו חננאל

שנתון במקום האשבורן. אבל אם באו כדבעו לה לברכה: משיצא חתן לקראת כלה. כשתרד הטיפה על הקרקע שכבר ירד בו מטר מעלת כמין אבעבועין היו מברכין ברכת גשמים: א"ר אבהו גדול יום הגשמים כיום שנתנה בו תורה כו'. כל העוסק בתורה לשמה נעשית לו סם חיים שנאמר עץ חיים היא למחזיקים בה והמתעסק שלא לשמה נעשית לו סם המות שנאמר יערוף כמטר לקחי ואין עריפה אלא הריגה א"ר יוחנן כתיב כי האדם עץ השדה אם ת"ח הוא הגון ממנו תאכל ואותו לא תכרות. ואם אינו הגון אותו תשחית וכרת. דברי תורה אין מתקיימין ביחידי שנאמר חרב על הבדים ונואלו. והקטנים מחדדים את הגדולים כו'. ומתלמידי יותר מכולם. (למה)

רבינו גרשום

מים התחתונים לקראת מים העליונים כדרך שיבא חתן לקראת כלה: ששקולה כתחיית המתים ששניהם חיים לעולם. אלא להכי כתיב כי האדם [עץ השדה] שת"ח נמשל בו וממנו תאכל. כלומר שיכול להבין בתורה: אותו תשחית וכרת שהתורה משחתת בו. נואלו שרי צוען. והרי הן היו חוטאין: בפחות שבכלים.

ליקוטי רש"י

יערף כמטר לקחי. זו היא העדות שתעידו שאני אומר בפניכם תורה נתתי לישראל שהיא חיים לעולם כמטר זה שהוא חיים לעולם כאשר יערפו השמים טל ומטר. יערף, לשון נטיפה וכן (לקמן לג, כח) יערפו טל (תהלים סה, יג) ירעפון דשן [דברים לב, ב]. תזל כטל. שהכל שמחים בו לפי שהמטר יש שהן עצבים כגון הולכי דרכים ומי שהיה בורו מלא יין [דברים שם]. למחזיקים בה. לאוחזים בה כמו ושלח ידו ויחזק בו (שמות ד) [משלי ג, יח]. רפאות תהי לשרך. החכמה שרך כמו (שיר השירים ז) שררך והוא טיבורך [משלי ג, ח]. וערפו. קוצץ ערפה בקופיץ [דברים כא, ד]. המחדדין. שואלין ומשיבין ולא לקפח אלא להתחדד [שבת סג.]. נואלנו. כתרגומו לשון אויל [במדבר יב, יא]. נואלו וכו'. לשון אוילים. נתעו, כמו הנחש השיאני (בראשית ג) [ישעיה יט, יג]. נשאו שרי נוף, אלמא הנואל נשא לחטוא. ומתלמידי יותר מכולן. לפי שעל ידיהם ירבה הפלפול ונותן לב לתרץ קושיותיהם [מכות י.]. לקראת צמא התיו מים. דרך להביא מים [ישעיה כא, יד]. הוי כל צמא. הוי זה לשון קריאה וזימון וקיבוץ הוא ויש הרבה במקרא (זכריה ב) הוי הוי ונוסו מארץ צפון. לכו למים. לתורה [שם נה, א]. יפוצו מעינותיך חוצה. סוף שתקנה תלמידים ותורה הוראות ברבים ויצא לך שם [משלי ה, טז]. יהיו לך לבדך. אתה לבדך תתכבד בהם ולא יחלוק אחר עמך לפי שאמר למעלה פן ישבעו זרים כחך אמר כאן יהיו לך לבדך [שם שם, יז]. שדעתו שפלה. ונפש שפלה, שמשפיל עצמו בין אנשים ומעורב ביניהם ואינו גס רוח [אבות פ"ה מי"ט]. שברו. לשון לשבור בר (בראשית מב) קנו [ישעיה נה, א]. חכמה מפוארה בכלי מכוער. דרכן של תלמידי חכמים שמלטערין על לימוד תורה ואינם מכבסים בגדיהם [ע"ז טז:]. שפירי. נאים [ע"פ דניאל ד, ט].

מסורת הש"ס

א) [ברכות נט: ס:] מגילה כא., ב) [ברכות לג.], ג) [ב"ב יב.], ד) [נ"ל ברבי], ה) ברכות סג: מכות י. ע"ש, ו) [מכות י. ע"ש], ז) [נ"ל אמר], ח) נ"ל אמר, ט) נדרים נ: ע"ש, י) [עי' פרש"י בע"ז טז: סד"ה פתיא אוכמא], כ) [וע"ע תוס' ברכות יז. ד"ה העושה], ל) [ע"ז יז:], מ) [אין זה בעירובין אלא במדרש פ' נצבים איתא קצת מזה], נ) [במדרש הנ"ל איתא לבית המים], ס) שייך לע"ב.

הגהות הב"ח

(א) גמ' אלא במי שדעתו שפלה עליו כדאמרה ליה כו' בכלי מכוער אמר לה אי בת מלכא אבוך במאי רמי חמרא אמרה ליה במאני דפחרא אמר לה כ"ע במאני דפחרא ואבוך במאני דפחרא אמרה ליה אלא במאי נירמי אמר לה כגון אתון דחשיבתון רמו: (ב) רש"י ד"ה (רשעי עובדי כוכבים) תא"מ ונ"ב ס"א רשעים: (ג) ד"ה שמוסיפין טפשות דכתיב אשר נואלנו מתרגם כו' כצ"ל: (ד) ד"ה יפוצו כו' אמור לו (סתרי תורה) תא"מ ונ"ב ס"א דברי תורה: (ה) ד"ה שלשה כו' מים יין וחלב בלא כסף זו התורה מי שאינו נותן: (ו) ד"ה בפחות כו' דפחרא הס"ד ואח"כ מה"ד א"ל אי בת מלכא את כו' בשחוק אמר: (ז) ד"ה כי היכי כו' הכי אמרי לה כי היכי דיין משתמר: (ח) תוס' ד"ה אי הוו כו' פי' אם היו שונאים. נ"ב ולהאי פירושא ניחא משופריה דיעקב ודרבי אבהו אבל לפרש"י קשיא:

גליון הש"ס

תוס' ד"ה אף ד"ת וכו'. וה"נ איתא התם במדרש דברים רבה פ"ח:

תורה אור השלם

א) יַעֲרֹף כַּמָּטָר לִקְחִי תִּזַּל כַּטַּל אִמְרָתִי כִּשְׂעִירִם עֲלֵי דֶשֶׁא וְכִרְבִיבִים עֲלֵי עֵשֶׂב: [דברים לב, ב]

ב) כִּי לֶקַח טוֹב נָתַתִּי לָכֶם תּוֹרָתִי אַל תַּעֲזֹבוּ: [משלי ד, ב]

ג) עֵץ חַיִּים הִיא לַמַּחֲזִיקִים בָּהּ וְתֹמְכֶיהָ מְאֻשָּׁר: [משלי ג, יח]

ד) רִפְאוּת תְּהִי לְשָׁרֶּךָ וְשִׁקּוּי לְעַצְמוֹתֶיךָ: [משלי ג, ח]

ה) כִּי מֹצְאִי מָצָא חַיִּים וַיָּפֶק רָצוֹן מֵיְיָ: [משלי ח, לה]

ו) וְהוֹרִדוּ זִקְנֵי הָעִיר הַהִוא אֶת הָעֶגְלָה אֶל נַחַל אֵיתָן אֲשֶׁר לֹא יֵעָבֵד בּוֹ וְלֹא יִזָּרֵעַ וְעָרְפוּ שָׁם אֶת הָעֶגְלָה בַּנָּחַל: [דברים כא, ד]

ז) כִּי תָצוּר אֶל עִיר יָמִים רַבִּים לְהִלָּחֵם עָלֶיהָ לְתָפְשָׂהּ לֹא תַשְׁחִית אֶת עֵצָהּ לִנְדֹּחַ עָלָיו גַּרְזֶן כִּי מִמֶּנּוּ תֹאכֵל וְאֹתוֹ לֹא תִכְרֹת כִּי הָאָדָם עֵץ הַשָּׂדֶה לָבֹא מִפָּנֶיךָ בַּמָּצוֹר: [דברים כ, יט]

ח) בַּרְזֶל בְּבַרְזֶל יָחַד וְאִישׁ יַחַד פְּנֵי רֵעֵהוּ: [משלי כז, יז]

ט) הֲלוֹא כֹה דְבָרִי כָּאֵשׁ נְאֻם יְיָ וּכְפַטִּישׁ יְפֹצֵץ סָלַע: [ירמיה כג, כט]

י) חֶרֶב אֶל הַבַּדִּים וְנֹאָלוּ חֶרֶב אֶל גִּבּוֹרֶיהָ וָחָתּוּ: [ירמיה נ, לו]

כ) וַיֹּאמֶר אַהֲרֹן אֶל מֹשֶׁה בִּי אֲדֹנִי אַל נָא תָשֵׁת עָלֵינוּ חַטָּאת אֲשֶׁר נוֹאַלְנוּ וַאֲשֶׁר חָטָאנוּ: [במדבר יב, יא]

ל) נוֹאֲלוּ שָׂרֵי צֹעַן נִשְּׁאוּ שָׂרֵי נֹף הִתְעוּ אֶת מִצְרַיִם פִּנַּת שְׁבָטֶיהָ: [ישעיה יט, יג]

מ) לִקְרַאת צָמֵא הֵתָיוּ מָיִם יֹשְׁבֵי אֶרֶץ תֵּימָא בְּלַחְמוֹ קִדְּמוּ נֹדֵד: [ישעיה כא, יד]

נ) הוֹי כָּל צָמֵא לְכוּ לַמַּיִם וַאֲשֶׁר אֵין לוֹ כָּסֶף לְכוּ שִׁבְרוּ וֶאֱכֹלוּ וּלְכוּ שִׁבְרוּ בְּלוֹא כֶסֶף וּבְלוֹא מְחִיר יַיִן וְחָלָב: [ישעיה נה, א]

ס) יָפוּצוּ מַעְיְנֹתֶיךָ חוּצָה בָּרְחֹבוֹת פַּלְגֵי מָיִם: [משלי ה, טז]

ע) יִהְיוּ לְךָ לְבַדֶּךָ וְאֵין לְזָרִים אִתָּךְ: [משלי ה, יז]

אָזְלָה וְאָמְרָה לֵיהּ לַאֲבוּהָ – She went and reported this suggestion **to her father. רַמְיָיא לְחַמְרָא בְּמָנֵי דַהֲבָא וְכַסְפָּא וְתַקִּיף – He put the wine in vessels of gold and silver, and it became sour. אָתוּ וְאָמְרוּ לֵיהּ** – When **[his servants] came and told him** that the wine had spoiled, **אָמַר לָהּ לִבְרַתֵּיהּ – he asked his daughter: מַאן אָמַר לָךְ הָכִי – "Who told you** to do **this?" אָמְרָה לֵיהּ – She answered him: רַבִּי יְהוֹשֻׁעַ בֶּן חֲנַנְיָה – "R' Yehoshua ben Chananyah!" קַרְיוּהוּ אָמַר לֵיהּ – [His servants] called** for **[R' Yehoshua ben Chananyah], and [Caesar] asked him: אַמַּאי אָמְרַת לָהּ הָכִי – "Why did you tell [my daughter]** to do **this?" אָמַר לֵיהּ – [R' Yehoshua] answered him: כִּי הֵיכִי דְּאָמְרָה לִי אָמְרִי לָהּ – "As she spoke to me, so I replied to her."** She found it surprising that wisdom could be contained in an ugly person, so I gave her a reply which demonstrated that just as wine is preserved in ugly [earthenware] vessels, so too the Torah is better preserved in me inasmuch as I am ugly.

Caesar's daughter continued to ask:[46]

וְהָא אִיכָּא שַׁפִּירֵי דִּגְמִירֵי – "But there are beautiful people who are learned." Thus we see that beauty does not preclude scholarship. – **?** –

NOTES

46. See *Nedarim* 50b.

עין משפט נר מצוה

כא א מיי' פ"ד מהל' ת"ת הל' א טוש"ע י"ד סימן רמו סעיף ז:
כב ב מיי' שם פ"ג הלכה ט:

רבינו חננאל

שנתון במקום האשבורן. אבל אם באו כדבעו לה לברכה: משיצא חתן לקראת כלה. כשתרד הטיפה על הקרקע שכבר ירד בו מטר מעלת כמין אבעבועין היו מברכין ברכת גשמים: **א"ר אבהו** גדול יום הגשמים כיום שנתנה בו תורה כו'. כל העוסק בתורה לשמה נעשית לו סם חיים שנאמר עץ חיים היא למחזיקים בה והמתעסק שלא לשמה נעשית לו סם המות שנאמר יערוף כמטר לקחי ואין עריפה אלא הריגה א"ר יוחנן כתיב כי האדם עץ השדה אם ת"ח הוא הגון ממנו תאכל ואותו לא תכרות. ואם אינו הגון אותו תשחית וכרת. דברי תורה אין מתקיימין ביחידי שנאמר חרב על הבדים ונואלו. והקטנים מחדדים את הגדולים כו'. ומתלמידי יותר מכולם. (למה)

רבינו גרשום

מים התחתונים לקראת מים העליונים כדרך שיבא חתן לקראת כלה: **ששקולה כתחיית המתים** ששניהם חיים לעולם. אלא להכי כתיב כי האדם [עץ השדה] שת"ח נמשל בו וממנו תאכל. כלומר שיכול להבין בתורה: **אותו תשחית וכרת** שהתורה משחתת בו. **נואלו** שרי צוען. והרי הן היו חוטאין **בפחות** שבכלים.

ליקוטי רש"י

יערף כמטר לקחי. זו היא העדות שתעידו שאני אומר בפניכם תורה נתתי לישראל שהיא חיים לעולם כמטר זה שהוא חיים לעולם כאשר יערפו השמים טל ומטר. יערף. לשון נוטף וכן (דברים לג, כח) יערפו טל (תהלים סה, יב) ירעפון דשן [דברים לב, ב]. תזל כטל. לפי שהמטר יש שהן עלבים כגון הולכי דרכים ומי שבורו מלא יין [דברים שם]. למחזיקים בה. כמו ויחזקו בה כמו ישלח ידו ויחזק (שמות ד) [משלי ג, יח]. רפאות תהי לשרך. הסכמה סרך כמו (שיר השירים ז) שרך וזהו טיבורך [משלי ג, יח]. וערפו. קוצץ ערפה בקופיץ [דברים כא, ד]. המחדדין. שואלין ומשיבין ולא נקפא אלא להתחדד [שבת סג.]. נואלנו. כתרגומו לשון אויל [במדבר יב, יא]. נואלו וכו'. לשון אולים. נתעו, כמו הנחש השיאני (בראשית ג) [ישעיה יט, יג]. נשאו שוטים. הנואל נשא למטות. ומתלמידי יותר מכולן. שיש לי ידיעה ירבה הפלפול ונותן לב לתרץ קושיותיהם [מכות י.]. לקראת צמא התיו

כל העוסק בתורה שלא לשמה תורתו נעשית לו סם המות. וקשה והלא אמרינן (פסחים דף נ:) לעולם יעסוק אדם בתורה אע"ג שאינה לשמה שמתוך שלא לשמה בא לשמה ויש לומר דתרי שלא לשמה הוי דמה שאמרינן לעולם יעסוק בתורה אפילו שלא לשמה היינו כלומר כדי שיקרא רבי או כדי שיכבדוהו ומה שאמרינן הכא כל העוסק בתורה שלא לשמה נעשה לו סם המות היינו מי שלומד לקנטר: אם תלמיד חכם הגון ממנו תאכל. פירוש למוד לפניו ואותו לא תכרות כלומר לא תפרד ממנו לילך לפני רב אחר ואם לאו לא תלמוד לפניו והא דאמרינן דלומדים מת"ח אע"פ שאינו הגון כר"מ שהיה לומד לפני אחר במסכת חגיגה (דף טו.) היינו דוקא תלמיד חכם (אחר) יכול ללמוד לפניו לפי שלא ילמוד ממעשיו אבל אם אינו תלמיד חכם אינו רשאי ללמוד לפניו:

אף דברי תורה וכו'. וכן נמי אמרינן בעירובין פ' כילד מעברין (דף נה.) לא בשמים היא ולא מעבר לים היא כלומר לא תמצא התורה במי שמגביה עצמו כשמים שדעתו גבוה ולא בסוחרים ההולכים במדינת הים בעבר הים דאי ספרא לא סייפא ואי סייפא לא ספרא והכי נמי איתא התם לא בסחרנין ולא בתגרין ולא באיסטרולגין כלומר באותן שרואין בכוכבים אמרו ליה לשמואל והא מר איסטרולגוס הוא אמר להו תיתי לי דלא מעיינא בהו אלא בעידן דנפקא למיא פירוש להטיל מים ולא אני מבטל לעצמי:

אי הוו סנו הוו חכימי טפי. (ח) פי' אם היו שונאים היופי הוו תלמידי חכמים ביותר:

ברלאים

למימרינהו לתרוייהו. ברוך אתה ברוב ההודאות במרבית ההודאות האל של כל ההודאות משמע ומתחלה היה משמע רוב ממש ולא מרובות וכמו כן בישתבח אל מלך גדול בתשבחות אל ההודאות. מפי רבי: (ב) רשעי עובדי כוכבים אינן חיין כי תולעתם לא תמות ואשם לא תכבה (ישעיה סו): ופליגא דרב יוסף. דאיהו אמר כתחיית המתים ולא יותר שבה חיים בני אדם שהתבואה גדילה בו: כמטר לקחי. השוה לקח למטר: יערף. כמו אף שמיו יערפו טל (דברים לג) ושחקים ירעפו טל (משלי ג) שהיא מרבה הפירות: כתיב תזל כטל. דמשמע נחת: ערפיהו כמטר. הרגהו: לשמה. משום כאשר צוני ה' אלהי ולא כדי להקרות רבי: לא יכילנא. למיגמר: וכי אדם עץ השדה. אלא מקיש אדם לעץ השדה מה עץ השדה אם עץ מאכל הוא ממנו תאכל ואותו לא תכרות כך תלמידי חכמים אם הגון הוא ממנו תאכל למוד הימנו ואם לאו אותו תשחית סור מעליו: ברזל בברזל יחד. ואיש יחד פני רעהו מה ברזל זה אחד מחדד את חבירו כגון סכין על גבי חבירתה: אינה דולקת יחידי. עץ אחד אינה דולקת אלא ב' או ג' ביחד: יחידי. בלא חבר שיחדדנו: שמוסיפין טפשות דכתיב (ג) נואלנו. אשר נואלנו מתרגם דאיטפשנא: שחוטאין. דכתיב נואלנו גבי חטאנו: ואיבעית אימא מהכא נואלו שרי צוען וגו' והתעו את מצרים. ותועה היינו חוטא: תורה בעץ. דכתיב עץ חיים היא למחזיקים בה כשמדליק את האור מלית את העצים דקין תחלה: קטנים מחדדין. שואלין כל שעה: התיו. משמע להוליך לו מים: וכתיב לכו למים. ילך הוא עצמו: אם תלמיד (חכם) הגון. שרוצה ללמוד ממך מלוה לרב לילך אצלו במקומו: ואם לאו. ילך הוא אצל הרב: יפוצו מעינותיך חוצה. אם הגון הוא אמור לו (ד) סתרי תורה: ואם לאו יהיו לך לבדך. ואין לזרים אתך: שלשה משקים הללו. מים יין וחלב (ה) זו התורה שאינו נותן בה כלום ויודעה ולומדה: בפחות שבכלים. במאני דפחרא (ו): במאני דפחרא. בדרך שחוק אמר ומרמז מה את אומרת לי והלא אביך נותן יין בכלים מכוערין של חרס: ואלא במאי נירמיה. אם לא בשל חרס הא כולי עבדי הכי: ותקיף. החמיץ: כי היכי דאמרה לי. אי חכמה מפוארה בכלי מכוער הכי אמרי לה (ז) דיין משתמר בכלי מכוער אף התורה מתקיימת בי יותר מאילו הייתי נאה:

א) נימרינהו לתרוייהו אל ההודאות ורוב ההודאות אמר ר' אבהו גדול יום הגשמים מתחיית המתים דאילו תחיית המתים לצדיקים ואילו גשמים בין לצדיקים בין לרשעים ופליגא דרב יוסף דאמר רב יוסף ב) מתוך שהיא שקולה כתחיית המתים קבעוה בתחיית המתים אמר רב יהודה גדול יום הגשמים כיום שניתנה בו תורה שנא' א) יערף כמטר לקחי ואין לקח אלא תורה שנא' ב) כי לקח טוב נתתי לכם תורתי אל תעזובו רבא אמר יותר מיום שניתנה בו תורה שנאמר יערף כמטר לקחי ג) מי נתלה במי הוי אומר קטן נתלה בגדול רבא רמי כתיב יערף כמטר לקחי וכתיב תזל כטל אמרתי אם תלמיד חכם הגון הוא כטל ואם לאו עורפהו כמטר תניא היה ר' בנאה אומר כל העוסק בתורה לשמה תורתו נעשית לו סם חיים שנאמר ג) עץ חיים היא למחזיקים בה ואומר ד) רפאות תהי לשרך ואומר ה) כי מוצאי מצא חיים וכל העוסק בתורה שלא לשמה נעשית לו סם המות שנאמר יערף כמטר לקחי ואין עריפה אלא הריגה שנאמר ו) וערפו שם את העגלה בנחל א"ל ר' ירמיה לר' זירא ליתי מר ליתני א"ל חלש לבאי ולא יכילנא לימא מר מילתא דאגדתא א"ל הכי אמר ר' יוחנן מאי דכתיב ז) כי האדם עץ השדה וכי אדם עץ שדה הוא אלא משום דכתיב ז) כי ממנו תאכל ואותו לא תכרת וכתיב אותו תשחית וכרת הא כיצד אם ת"ח הגון הוא ממנו תאכל ואותו לא תכרת ואם לאו אותו תשחית וכרת אמר רבי חמא (ד) אמר רבי) חנינא מאי דכתיב ח) ברזל בברזל יחד לומר לך מה ברזל זה אחד מחדד את חבירו אף שני תלמידי חכמים מחדדין זה את זה בהלכה אמר רבה בר בר חנה למה נמשלו דברי תורה כאש שנאמר ט) הלא כה דברי כאש נאם ה' לומר לך מה אש אינו דולק יחידי אף דברי תורה אין מתקיימין ביחידי והיינו דאמר רבי יוסי בר חנינא ה) מאי דכתיב י) חרב אל הבדים ונואלו חרב על שונאיהן של תלמידי חכמים שעוסקין בד בבד בתורה ולא עוד אלא שמטפשין שנאמר ונואלו ולא עוד אלא שחוטאין כתיב הכא ונואלו וכתיב התם כ) אשר נואלנו ואשר חטאנו ואיבעית אימא מהכא ל) נואלו שרי צוען [וגו'] והתעו את מצרים אמר רב נחמן בר יצחק למה נמשלו דברי תורה כעץ שנאמר ג) עץ חיים היא למחזיקים בה לומר לך מה עץ קטן מדליק את הגדול אף תלמידי חכמים קטנים מחדדים את הגדולים והיינו דאמר ר' חנינא ט) הרבה למדתי מרבותי ומחבירי יותר מרבותי ומתלמידי יותר מכולן רבי חנינא בר פפא רמי כתיב מ) לקראת צמא התיו מים וכתיב נ) הוי כל צמא לכו למים אם תלמיד הגון הוא לקראת צמא התיו מים ואי לא הוי כל צמא לכו למים רבי חנינא בר חמא רמי כתיב ס) יפוצו מעינותיך חוצה וכתיב ע) יהיו לך לבדך א) אם תלמיד הגון הוא יפוצו מעינותיך חוצה ואם לאו יהיו לך לבדך (י) ואמר) רבי חנינא בר אידי כ) למה נמשלו דברי תורה למים דכתיב הוי כל צמא לכו למים לומר לך מה מים מניחין מקום גבוה והולכין למקום נמוך אף דברי תורה אין מתקיימין אלא במי שדעתו שפלה ס) ואמר רבי אושעיא למה נמשלו דברי תורה לשלשה משקין הללו במים וביין ובחלב דכתיב הוי כל צמא לכו למים וכתיב נ) לכו שברו ואכלו ולכו שברו בלא כסף ובלא מחיר יין וחלב לומר לך מה שלשה משקין הללו אין מתקיימין אלא בפחות שבכלים אף דברי תורה אין מתקיימין אלא במי שדעתו שפלה (א) כדאמרה ליה ט) ברתיה דקיסר לר' יהושע בן חנניה אי י) חכמה מפוארה בכלי מכוער אמר לה אביך רמי חמרא במני דפחרא אמרה ליה אלא במאי נירמי אמר לה אתון דחשיביתו רמו במאני דהבא וכספא אזלה ואמרה ליה לאבוה רמייא לחמרא במני דהבא וכספא ותקיף אתו ואמרו ליה אמר לה לברתיה מאן אמר לך הכי אמרה ליה רבי יהושע בן חנניה קריוהו אמר ליה אמאי אמרת לה הכי אמר ליה כי היכי דאמרה לי אמרי לה והא איכא שפירי דגמירי

אי

מסורת הש"ס

א) [ברכות נט: ס:] מגילה כא:, ב) [ברכות לג.], ג) [ב"ב יב.], ד) [נ"ל ברבי], ה) ברכות סג: מכות י. ע"ש, ו) [מכות י. ע"ש], ז) [נ"ל אמר], ח) נ"ל אמר, ט) נדרים נ: ע"ש, י) [עי' פרש"י בע"ז טז: סד"ה פתיא אוכמא], כ) [וע"ע תוס' ברכות יז. ד"ה העושה], ל) [ע"ז יז:], מ) [אין זה בעירובין אלא במדרש פ' נצבים איתא קצת מזה], נ) [במדרש הנ"ל איתא לבית המים], ס) שייך לע"ב.

הגהות הב"ח

(א) גמ' אלא במי שדעתו שפלה עליו כדאמרה ליה כו' בכלי מכוער אמר לה אי בת מלכא אבוך במאי רמי חמרא אמרה ליה במאני דפחרא אמר לה כ"ע במאני דפחרא ואבוך במאני דפחרא אמרה ליה אלא במאי נירמי אמר לה כגון אתון דחשיביתון רמו: (ב) רש"י ד"ה (רשעי עובדי כוכבים) תא"מ ונ"ב ס"א רשעים: (ג) ד"ה שמוסיפין טפשות דכתיב אשר נואלנו מתרגם כו' כצ"ל: (ד) ד"ה יפוצו כו' אמור לו (סתרי תורה) תא"מ ונ"ב ס"א דברי תורה: (ה) ד"ה שלשה כו' מים יין וחלב בלא כסף זו התורה מי שאינו נותן: (ו) ד"ה בפחות כו' דפחרא הס"ד ואח"כ מה"ד א"ל אי בת מלכא את כו' בשחוק אמר: (ז) ד"ה כי היכי כו' הכי אמרי לה כי היכי דיין משתמר: (ח) תוס' ד"ה אי הוו כו' אם היו שונאים. נ"ב ולהאי פירושא יתיא מפורשיה דיעקב ודרבי אבהו לפרש"י קשיא.

גליון הש"ס

תוס' ד"ה אף ד"ת וכו'. וכ"כ איתא התם במדרש דברים רבה פ"ח.

תורה אור השלם

א) יַעֲרֹף כַּמָּטָר לִקְחִי תִּזַּל כַּטַּל אִמְרָתִי כִּשְׂעִירִם עֲלֵי דֶשֶׁא וְכִרְבִיבִים עֲלֵי עֵשֶׂב: [דברים לב, ב]

ב) כִּי לֶקַח טוֹב נָתַתִּי לָכֶם תּוֹרָתִי אַל תַּעֲזֹבוּ: [משלי ד, ב]

ג) עֵץ חַיִּים הִיא לַמַּחֲזִיקִים בָּהּ וְתֹמְכֶיהָ מְאֻשָּׁר: [משלי ג, יח]

ד) רִפְאוּת תְּהִי לְשָׁרֶּךָ וְשִׁקּוּי לְעַצְמוֹתֶיךָ: [משלי ג, ח]

ה) כִּי מֹצְאִי מָצָא חַיִּים וַיָּפֶק רָצוֹן מֵיְיָ: [משלי ח, לה]

ו) וְהוֹרִדוּ זִקְנֵי הָעִיר הַהִוא אֶת הָעֶגְלָה אֶל נַחַל אֵיתָן אֲשֶׁר לֹא יֵעָבֵד בּוֹ וְלֹא יִזָּרֵעַ וְעָרְפוּ שָׁם אֶת הָעֶגְלָה בַּנָּחַל: [דברים כא, ד]

ז) כִּי תָצוּר אֶל עִיר יָמִים רַבִּים לְהִלָּחֵם עָלֶיהָ לְתָפְשָׂהּ לֹא תַשְׁחִית אֶת עֵצָהּ לִנְדֹּחַ עָלָיו גַּרְזֶן כִּי מִמֶּנּוּ תֹאכֵל וְאֹתוֹ לֹא תִכְרֹת כִּי הָאָדָם עֵץ הַשָּׂדֶה לָבֹא מִפָּנֶיךָ בַּמָּצוֹר: [דברים כ, יט]

ח) בַּרְזֶל בְּבַרְזֶל יָחַד וְאִישׁ יַחַד פְּנֵי רֵעֵהוּ: [משלי כז, יז]

ט) הֲלוֹא כֹה דְבָרִי כָּאֵשׁ נְאֻם יְיָ וּכְפַטִּישׁ יְפֹצֵץ סָלַע: [ירמיה כג, כט]

י) חֶרֶב אֶל הַבַּדִּים וְנֹאָלוּ חֶרֶב אֶל גִּבּוֹרֶיהָ וָחָתּוּ: [ירמיה נ, לו]

כ) וַיֹּאמֶר אַהֲרֹן אֶל מֹשֶׁה בִּי אֲדֹנִי אַל נָא תָשֵׁת עָלֵינוּ חַטָּאת אֲשֶׁר נוֹאַלְנוּ וַאֲשֶׁר חָטָאנוּ: [במדבר יב, יא]

ל) נוֹאֲלוּ שָׂרֵי צֹעַן נִשְּׁאוּ שָׂרֵי נֹף הִתְעוּ אֶת מִצְרַיִם פִּנַּת שְׁבָטֶיהָ: [ישעיה יט, יג]

מ) לִקְרַאת צָמֵא הֵתָיוּ מָיִם יֹשְׁבֵי אֶרֶץ תֵּימָא בְּלַחְמוֹ קִדְּמוּ נֹדֵד: [ישעיה כא, יד]

נ) הוֹי כָּל צָמֵא לְכוּ לַמַּיִם וַאֲשֶׁר אֵין לוֹ כָּסֶף לְכוּ שִׁבְרוּ וֶאֱכֹלוּ וּלְכוּ שִׁבְרוּ בְּלוֹא כֶסֶף וּבְלוֹא מְחִיר יַיִן וְחָלָב: [ישעיה נה, א]

ס) יָפוּצוּ מַעְיְנֹתֶיךָ חוּצָה בָּרְחֹבוֹת פַּלְגֵי מָיִם: [משלי ה, טז]

ע) יִהְיוּ לְךָ לְבַדֶּךָ וְאֵין לְזָרִים אִתָּךְ: [משלי ה, יז]

מים. דרך להביא מים [ישעיה כא, יד]. הוי כל צמא. הוי זה לשון קריאה וזימון וקיבוץ הוא ויש הרבה במקרא הוי ונוסו מארץ צפון. לכו למים. לתורה [שם נה, א]. יפוצו מעינותיך חוצה. סוף שתקנה תלמידים ותורה הוראות ברבים ויצא לך שם [משלי ה, טז]. יהיו לך לבדך. אתה לבדך תתכבד בהם ולא יחלוק אחר עמך לפי שאמר למעלה אמר כאן יהיו לך לבדך [שם שם, יז]. שדעתו שפלה. ונפש שפלה, שמשפיל עצמו בין אנשים ומעורב בין [אבות פ"ה מי"ט]. שברו. לשון לשבור בר (בראשית מב) קנו [ישעיה נה, א]. חכמה מפוארה בכלי מכוער. חכמים שמצטערין על לימוד תורה ואינם מכבסים בגדיהם [ע"ז טז:]. שפירי. נאים [ע"פ דניאל א, ט].

אי הוו סנו טפי הוו גמירי דבר אחר מה שלשה משקין הללו אין נפסלין אלא בהיסח הדעת אף דברי תורה אין משתכחין אלא בהיסח הדעת אמר רבי חמא בר' חנינא גדול יום הגשמים (א) כיום שנבראו שמים וארץ שנאמר א) הרעיפו שמים ממעל ושחקים יזלו צדק תפתח ארץ ויפרו ישע וצדקה תצמיח יחד אני ה' בראתיו בראתים לא נאמר אלא בראתיו אמר רב אושעיא גדול יום הגשמים שאפי' ישועה פרה ורבה בו שנאמר תפתח ארץ ויפרו ישע אמר רבי תנחום בר חנילאי אין הגשמים יורדים אלא א"כ נמחלו עונותיהן של ישראל שנאמר ב) רצית ה' ארצך שבת שבות יעקב נשאת עון עמך כסית כל חטאתם סלה א"ל זעירי מדיהבת לרבינא אתון מהכא מתניתו לה אנן מהכא מתנינן לה ג) ואתה תשמע השמים וסלחת לחטאת וגו' אמר ר' תנחום בריה דרבי חייא איש כפר עכו אין הגשמים נעצרין אא"כ נתחייבו שונאיהן של ישראל כליה שנאמר ד) ציה גם חום יגזלו מימי שלג שאול חטאו א"ל זעירי מדיהבת לרבינא אתון מהכא מתניתו לה אנן מהכא מתנינן לה ה) ועצר את (ב) השמים ואבדתם מהרה אמר רב חסדא אין הגשמים נעצרין אלא בשביל ביטול תרומות ומעשרות שנאמר ציה גם חום יגזלו מימי שלג מאי משמע א) תנא דבי רבי ישמעאל בשביל דברים שצויתי אתכם בימות החמה ולא עשיתם יגזלו מכם מימי שלג בימות הגשמים אמר רבי שמעון בן פזי אין הגשמים נעצרין אלא בשביל מספרי לשון הרע שנאמר ו) רוח צפון תחולל גשם ופנים נזעמים לשון סתר אמר רב סלא אמר רב המנונא אין הגשמים נעצרין אלא בשביל עזי פנים שנאמר ז) וימנעו רביבים ומלקוש לא היה ומצח אשה זונה היה לך וגו' ואמר רב סלא אמר רב המנונא כל אדם שיש לו עזות פנים סוף נכשל בעבירה שנאמר ומצח אשה זונה היה לך רב נחמן אמר בידוע שנכשל בעבירה שנאמר היה לך ולא נאמר יהיה לך אמר רבה בר רב הונא כל אדם שיש לו עזות פנים מותר לקרותו רשע שנאמר ח) העז איש רשע בפניו רב נחמן בר יצחק אמר מותר לשנאותו שנאמר ט) ועז פניו ישונא אל תקרי ישונא אלא ישנא אמר רב קטינא אין הגשמים נעצרין אלא בשביל ביטול תורה שנאמר י) בעצלתים ימך המקרה ב) בשביל עצלות שהיה בישראל שלא עסקו בתורה נעשה שונאו של הקב"ה מך ואין מך אלא עני שנאמר כ) ואם מך הוא מערכך ואין מקרה אלא הקב"ה שנאמר ל) המקרה במים עליותיו רב יוסף אמר מהכא מ) ועתה לא ראו אור בהיר הוא בשחקים ורוח עברה ותטהרם ואין אור אלא תורה שנאמר נ) כי נר מצוה ותורה אור בהיר הוא בשחקים תנא דבי ר' ישמעאל אפילו בשעה שרקיע נעשה בהורין בהורין להוריד טל ומטר רוח עברה ותטהרם אמר ר' אמי אין הגשמים נעצרין אלא בעון גזל שנאמר ס) על כפים כסה אור בעון כפים כסה אור ואין כפים אלא חמס שנאמר ע) ומן החמס אשר בכפיהם ואין אור אלא מטר שנאמר פ) יפיץ ענן אורו מאי תקנתיה ירבה בתפלה שנאמר ויצו עליה במפגיע ואין פגיעה אלא תפלה שנאמר צ) ואתה אל תתפלל בעד העם הזה [וגו'] ואל תפגע בי וא"ר אמי מאי דכתיב ק) אם קהה הברזל והוא לא פנים קלקל אם ראית רקיע שקיהה כברזל מלהוריד טל ומטר בשביל מעשה הדור שהן מקולקלין שנא' והוא לא פנים קלקל מה תקנתן יתגברו ברחמים שנא' ק) וחילים יגבר ויתרון הכשיר חכמה כל שכן אם הוכשרו מעשיהן מעיקרא ריש לקיש אמר אם ראית תלמיד שלמודו

תוספות

בראתים לא נאמר אלא בראתיו. פי' דמשמע למהדר אגשם ואם כן משום דגדול יום הגשמים כיום שנברא בו שמים וארץ משתבח ביה הקב"ה אי הוה כתיב בראתים הוה משמע להדר אשמים וארץ: **פנים נזעמים לשון סתר.** פירוש בשביל לשון שקר שאומר לשון הרע הרוח לפון תבטל הגשם והיינו פנים נזעמים: **מותר לקרותו רשע.** אף על גב דאמרי' בקדושין (דף כח.) הקורא לחבירו רשע יורד עמו לחייו לזה מותר דודאי נכשל בעבירה ועומד במזלו להכרת פניו ענתה בו: **בהורין.** לשון בהרות טרוק"ש בלע"ז: אם

רש"י

אי הוו סנו. אותם נאים שהם חכמים: **טפי הוו גמירי.** שאי אפשר לנאה להשפיל דעתו ובא לידי שכחה: **בהיסח הדעת.** שאם לא ישמרם יפה יהו נשפכין או נופל לתוכן דבר מאוס ונפסלים מלשתות בדבר קל יותר משמן ודבש שמתוך שהן עבים לפה הפסולת למעלה ואפשר לאדם נוטל העליון וזורקו לחוץ והתחתון בר ונקי מה שאין כן במשקה צלול שאינו עב קלי"ר בלע"ז: **בהיסח הדעת.** אם אינו מחזירם תמיד: **שנאמר הרעיפו שמים ממעל ושחקים יזלו צדק תפתח ארץ ויפרו ישע וצדקה תצמיח יחד אני ה' בראתיו בראתים לא נאמר.** למשמע אשחקים יזלו קאי אלא אני ה' בראתיו לטל ומטר שמע מינה משתבח ומתפאר (ג) הקב"ה במטר השמים: **ישועה פרה ורבה בו.** מלילי זכות נכנסין לפניו ביום הגשמים שזוכר לישועה מתוך שעת רצון הוא לישנא דקרא ויפרו ישע ולימתי בזמן שהשחקים יזלו לדק: **רצית ה' ארצך.** במים: **נשאת עון עמך.** מיד: **ה"ג א"ל מר זעירי מדיהבת לרבינא כו'.** זעירי שהם היה מן הראשונים ורבינא סוף הוראה לא ראו זה את זה: **ואתה תשמע השמים וגו'.** ואומר ונתת מטר על ארצך בתפלה דשלמה: **ציה גם חום יגזלו מימי שלג.** כשליה גם חום גוזלין מימות השלג שאין יורדין מטר כמשפטם בידוע ששאול חטאו: **ולא יהיה מטר.** וסמיך ליה ואבדתם: **ציה.** דריש לשון צווי דברים שלויתי אתכם בימות החמה תרומות ומעשרות גזלו מימי שלג את המטר: **רוח צפון תחולל גשם ופנים נזעמים לשון ז) שקר.** תחולל תבטל כמו לא יחל דברו (במדבר ל) כדאמרי' ביבמות (דף עב.) דרוח לפון ברור הוא ומביא אורה לעולם מה שגשמים נעצרין ופנים נזעמין שמראה הקב"ה שאינו מביא מטר לעולם מפני לשון שקר רכילות ופשט המקרא כשם שרוח לפון תחולל גשם כך פנים נזעמים מפני לשון שקר: **וימנעו רביבים.** משום דמאנת הכלם שהיה בך עזות היה. משמע כבר נכשל: **העז איש.** שיש בו עזות פנים אמור לו רשע בפניו ואין בו משום מלקות כדאמרי' במסכת קדושין (דף כח.) ומשום דבר זה בלבד מותר לקרותו רשע: **מותר לשנאותו.** אע"ג דכתיב ואהבת לרעך כמוך: **ועז פניו ישונא.** ועז כתיב חסר ו' מי שהוא עז פנים ישנא בשו"א ח): **ימך.** כמי שאין בו כח להוריד טל ומטר: **ועתה לא ראו אור.** מפני שלא ראו אור של תורה: **אפילו כשהשמים בהורין.** בהרת מנומר בעבים ורוצה להוריד גשמים רוח עברה ותטהרם מפוזרת העבים: (ד) המלאך אף ברי שמו יפיץ ענן אורו גשם שלו: **ויצו.** הקדוש ברוך הוא: **עליה.** על הגשם שתרד: **במפגיע.** כשיתפלל עליה כמו ואל תפגע בי: **קהה הברזל.** כמו הקהה את שיניו ושיני בנים תקהינה (ירמיה לא). **והוא לא פנים קלקל.** שקלקלו הדור: **וכ"ש אם הוכשרו מעשיהן.** קודם לכן והכי משמע ויתרון הכשיר לחכמה אם הכשירו מעשיהן מתחילה שיבואו הגשמים יותר מבחיילים יגבר שהן מגבירין חיילים ועומדין בתפלה בזמן שקלקלו: **שלמודו**

רבינו חננאל

אין הגשמים יורדין בעולם אא"כ נמחלו עונותיהם של ישראל שנאמר רצית ה' ארצך וגו' נשאת עון עמך וגו' ואתה תשמע השמים וסלחת לחטאת עבדיך ועמך ישראל כי תורם את הדרך הטובה אשר ילכו בה ונתת מטר על ארצך אשר נתת לעמך לנחלה. אין הגשמים נעצרים אא"כ נתחייבו שונאי ישראל כליה כו' או בשביל תרומות ומעשרות. ובשביל מספרי לשה"ר. ובשביל עזי פנים. וכל מי שיש לו עזות פנים ודאי נכשל בעבירה. ומותר לקרותו רשע שנאמר העז איש רשע בפניו ומותר לשנאותו שנאמר ועז פניו ישנא א"ת ישונא אלא ישנא. אין הגשמים נעצרים אלא בעון גזל שנאמר על כפים כסה אור ואין כפים אלא גזל שנאמר ומן החמס אשר בכפיהם. וכן נמי נעצרים בשביל ישראל שמעשיהם מקולקלין. והוא לא פנים קלקל

רבינו גרשום

כלי חרס: **נפסלין בהיסח הדעת.** כלומר מפסידין כשאין משתמרין. **אלא בראתיו.** דהיינו ברית עולם: **שצויתי אתכם בימות החמה** היינו תרומות ומעשרות: **שנאמר ומצח אשה זונה היה לך.** מיד שהוא עז פנים מיד אשה זונה היה לך. **ועז פניו ישנא:** שמעיז פניו ישנא: **ימוך** שאינו נותן מטר: **בהרים** בהרים גדודים:

ליקוטי רש"י

בראתיו. ברלתי את הדבר הזה [ישעיה מה, ח]. **רצית ה' ארצך וגו'.** אם שבת שבות יעקב ונשאת את עונם וכסית חטאתם ולמפת עברתך מהם והשיבות עלמך מחרון אפך ועולמך מתרלה וכל זמן שלא תעשה זאת לא תרלך ועולמך מתרלה [תהלים פה, ב]. **ציה.** ליה כמו לוי [שבת לב:]. **רוח צפון תחולל גשם.** מוליד ומבריא את הגשם. **ופנים נזעמים.** תחולל לשון סתר לשון הרע כך גורם שיהיו פני הקב"ה נזעמים וכן דמיון פתרון המקרא רוח לפון עשוים לחולל גשם ולשון סתר עשוים לפנים נזעמים [משלי כה, כג]. **ומלקוש.** כמטר היורד בניסן על המלילות ועל הקשין ומלקוש עדי"ו"א בלע"ז [ירמיה ג, ג]. רביבים היורדת סמוך לקליר ומחזקת התבואה בקשיה ולשון מלקוש דבר המאוחר כדמתרגמינן (בראשית ל מב) והיה העטופים ללבן לקישיא דבר אחר לכך נקראת מלקוש שיורדת על המלילות ועל הקשין [דברים שם, יד]. **נעשה שונאו של הקב"ה מך.** שלא היה יכול להושיע [מגילה יא.]. **ואם מך הוא מערכך.** שאין ידו משגת ליתן הערך הזה [ויקרא כז, ח]. **בהיר הוא בשחקים.** דומה לבהירים הנראים בשחקים לעיני הגשם. **ורוח עברה ותטהרם.** ורוח לה ומטהרם ומעבירם ואין המטר יורד [איוב לז, כא]. **על כפים.** על חמס ועון כפים. **כסה אור.** מטרו [שם לו, לב]. **ויצו עליה במפגיע.** לבוא ע"י מפגיע בתפלה [שם לו, לב].

מסורת הש"ס

א) שבת לב:, ב) [לקמן ט. ברכות כו: סוטה יז. סנהדרין לה:], ד) [ג"ל שקר], ה) [ג"ל בסיין שמאלית ול' ע"ו מהרש"א בח"א], ו) [בהגדה של פסח].

הגהות הב"ח

(א) גמרא גדול יום הגשמים כיום שנבראו בו ש"מ מיום: (ב) שם ועצר את השמים ולא יהיה מטר והאדמה: (ג) רש"י ד"ה שנאמר כו' ומתפאר בו הקב"ה (ומגיה שמים) ...: (ד) ד"ה אפי' כו' המלאך אף ברי. ג"ל לשון רש"י כדאיתא אף ברי שם מלאך הממונה על העננים והוא יפיץ ענן מטרו של המקום:

תורה אור השלם

א) הרעיפו שמים ממעל ושחקים יזלו צדק תפתח ארץ ויפרו ישע וצדקה תצמיח יחד אני יי בראתיו: [ישעיה מה, ח]

ב) רצית יי ארצך שבת שבית יעקב: [תהלים פה, ב]

ג) ואתה תשמע השמים וסלחת לחטאת עבדיך ועמך ישראל כי תורם את הדרך הטובה אשר ילכו בה ונתתה מטר על ארצך אשר נתתה לעמך לנחלה: [מלכים א' ח, לו]

ד) ציה גם חם יגזלו מימי שלג שאול חטאו: [איוב כד, יט]

ה) וחרה אף יי בכם ועצר את השמים ולא יהיה מטר והאדמה לא תתן את יבולה ואבדתם מהרה מעל הארץ הטבה אשר יי נתן לכם: [דברים יא, יז]

ו) רוח צפון תחולל גשם ופנים נזעמים לשון סתר: [משלי כה, כג]

ז) וימנעו רבבים ומלקוש לוא היה ומצח אשה זונה היה לך מאנת הכלם: [ירמיה ג, ג]

ח) העז איש רשע בפניו וישר הוא יכין דרכו: [משלי כא, כט]

ט) מי כהחכם ומי יודע פשר דבר חכמת אדם תאיר פניו ועז פניו ישנא: [קהלת ח, א]

י) בעצלתים ימך המקרה ובשפלות ידים ידלף הבית: [קהלת י, יח]

כ) ואם מך הוא מערכך והעמידו לפני הכהן והעריך אתו הכהן על פי אשר תשיג יד הנדר יעריכנו הכהן: [ויקרא כז, ח]

ל) המקרה במים עליותיו השם עבים רכובו המהלך על כנפי רוח: [תהלים קד, ג]

מ) ועתה לא ראו אור בהיר הוא בשחקים ורוח עברה ותטהרם: [איוב לז, כא]

נ) כי נר מצוה ותורה אור ודרך חיים תוכחות מוסר: [משלי ו, כג]

ס) על כפים כסה אור ויצו עליה במפגיע: [איוב לו, לב]

ע) ויתכסו שקים האדם והבהמה ויקראו אל אלהים בחזקה וישבו איש מדרכו הרעה ומן החמס אשר בכפיהם: [יונה ג, ח]

פ) אף ברי יטריח עב יפיץ ענן אורו: [איוב לז, יא]

צ) ואתה אל תתפלל בעד העם הזה ואל תשא בעדם רנה ותפלה ואל תפגע בי כי אינני שמע אתך: [ירמיה ז, טז]

ק) אם קהה הברזל והוא לא פנים קלקל וחילים יגבר ויתרון הכשר חכמה: [קהלת י, י]

R' Yehoshua answered:
אִי הֲווּ סָנוּ – **"If [these handsome scholars] would be detestable** in appearance טְפֵי הֲווּ גְּמִירֵי – **they would be even more learned."**[1]

Another explanation for the analogy of Torah to water, wine, and milk:
דָּבָר אַחֵר – **Another explanation:** מָה שְׁלֹשָׁה מַשְׁקִין הַלָּלוּ – **Just as these three liquids** אֵין נִפְסָלִין אֶלָּא בְּהֶיסֵּחַ הַדַּעַת – **become spoiled only through inattention,**[2] אַף דִּבְרֵי תוֹרָה – **so too, the words of Torah** אֵין מִשְׁתַּכְּחִין אֶלָּא בְּהֶיסֵּחַ הַדַּעַת – **are forgotten only through inattention,** i.e. by the neglect of constant review.

The Gemara resumes its discussion of the greatness of rain:[3]
אָמַר רַבִּי חָמָא בְּרַ׳ חֲנִינָא – **R' Chama the son of R' Chanina said:** גָּדוֹל יוֹם הַגְּשָׁמִים – **A day of rain is** as **great** כְּיוֹם שֶׁנִּבְרְאוּ שָׁמַיִם וָאָרֶץ – **as the day on which heaven and earth were created;** שֶׁנֶּאֱמַר – **as it is said:**[4] "הַרְעִיפוּ שָׁמַיִם מִמַּעַל וּשְׁחָקִים יִזְּלוּ־צֶדֶק – ***The skies will shower from above and the heavens will rain down righteousness;*** תִּפְתַּח־אֶרֶץ – ***the earth will open up,*** וְיִפְרוּ־יֶשַׁע וּצְדָקָה – ***and salvation and charity will proliferate,*** תַצְמִיחַ יַחַד – ***it*** [the earth] ***will cause*** salvation and charity ***to spring up together;*** אֲנִי ה׳ בְּרָאתִיו" – ***I, Hashem, have created it.*** בְּרָאתִים לֹא נֶאֱמַר – Now at the end of this verse **it does not say, "I have created them** (plural) [i.e. the heavens]." אֶלָּא "בְּרָאתִיו" – **Rather,** it says, ***I have created it*** (singular) [i.e. rain]. God uses rain as an indication of His greatness.[5]

A related teaching based on the same verse:
אָמַר רַב אוֹשַׁעְיָא – **Rav Oshaya said:** גָּדוֹל יוֹם הַגְּשָׁמִים – **A day of rain is great,** שֶׁאֲפִילּוּ יְשׁוּעָה פָּרָה וְרָבָה בּוֹ – **for on it even salvation proliferates and grows;** שֶׁנֶּאֱמַר – **as it is said** in the verse cited above that when it rains down from the heavens, "תִּפְתַּח־אֶרֶץ וְיִפְרוּ־יֶשַׁע" – ***the earth will open up and salvation will proliferate.***[6]

The Gemara records a series of teachings that demonstrate how the provision of rain is associated with the spiritual status of the people:[7]
אָמַר רַבִּי תַּנְחוּם בַּר חֲנִילַאי – **R' Tanchum bar Chanilai said:** אֵין הַגְּשָׁמִים יוֹרְדִים – **Rain does not fall** אֶלָּא אִם כֵּן נִמְחֲלוּ עֲוֹנוֹתֵיהֶן שֶׁל יִשְׂרָאֵל – **unless the sins of Israel have been forgiven;**[8] שֶׁנֶּאֱמַר – **as it is said:**[9] "רָצִיתָ ה׳ אַרְצֶךָ – ***Hashem, You have favored Your land*** with rain; שַׁבְתָּ שְׁבִית יַעֲקֹב – ***You have returned the captivity of Jacob.*** נָשָׂאתָ עֲוֹן עַמֶּךָ – ***You have forgiven the iniquity of Your nation;*** כִּסִּיתָ כָל־חַטָּאתָם סֶלָה" – ***You have covered up their entire sin, Selah.***

An alternative source for this teaching:
אָמַר לֵיהּ זְעִירִי מִדִּיהֲבַת לְרָבִינָא – **Zeiri of Dihavath**[10] **said to Ravina:** אַתּוּן מֵהָכָא מַתְנִיתוּ לָהּ – **You derive [this teaching] from that** verse, אֲנַן מֵהָכָא מַתְנִינַן לָהּ – but **we derive it from the following** verse:[11] "וְאַתָּה תִּשְׁמַע הַשָּׁמַיִם וְסָלַחְתָּ לְחַטַּאת וגו׳" – ***And You, hearken from the heavens, and forgive the sin of*** **etc.** [*Your servants . . . and give rain on Your land*].[12]

More on this theme:
אָמַר ר׳ תַּנְחוּם בְּרֵיהּ דְּרַבִּי חִיָּיא אִישׁ כְּפַר עַכּוֹ – **R' Tanchum the son of R' Chiya, a resident of Kfar Acco, said:** אֵין הַגְּשָׁמִים נֶעֱצָרִין – **Rain is not withheld** אֶלָּא אִם כֵּן נִתְחַיְּיבוּ שׂוֹנְאֵיהֶן שֶׁל יִשְׂרָאֵל כְּלָיָה – **unless the enemies of Israel**[13] **are condemned to destruction;** שֶׁנֶּאֱמַר – **as it is said:**[14] "צִיָּה גַם־חֹם יִגְזְלוּ מֵימֵי־שֶׁלֶג – ***The dry and the warm season steal the waters of the snowy season;*** שְׁאוֹל חָטָאוּ" – ***they have sinned to the depth.*** I.e. when the dry season is prolonged and the customary winter rains do not fall, it is evident that the people have been condemned to destruction in the depths of Gehinnom for their sins.

NOTES

1. A handsome man cannot humble himself [to review his studies a sufficient number of times,] and thus he eventually forgets his learning (*Rashi*).

Tosafos (7a) translate סָנוּ as they hate. Thus, the Gemara means: If these handsome scholars would be *contemptuous* of beauty they would be even more learned. *Maharsha* (*Nedarim* 50b) explains that the degree of a person's scholarship is not related to his beauty per se but to his attitude towards beauty. A beautiful person who has a contemptuous attitude towards beauty will not be swayed by his good looks to become proud and arrogant.

2. These three liquids are very fluid and therefore supervision is required to prevent them from spilling and also to protect them from becoming contaminated through the entry of debris. Other liquids, which are more viscous, such as oil or honey, do not become spoiled when debris falls into them because the foreign matter remains on the surface and can be removed, leaving the remainder of the liquid pure and clear (*Rashi*).

Since these liquids were chosen as an analogy for Torah because they easily become spoiled, the Gemara's wording – אֵין נִפְסָלִין אֶלָּא בְּהֶיסֵּחַ הַדַּעַת, literally: they do not become spoiled except through inattention – is difficult. The preferred text is the one recorded in *Ein Yaakov* which reads simply: נִפְסָלִין בְּהֶיסֵּחַ הַדַּעַת, *they become spoiled through inattention* (*Maharsha*).

3. See top of 7a.

4. *Isaiah* 45:8. The prophet predicts that the Persian king, Cyrus, will permit the Jewish people to return from exile and rebuild the Temple. The salvation and charity that will befall Israel at that time will be so great that it will be as if the heavens have poured down rain and the earth has opened up to make the "fruit" of salvation grow (*Metzudas David* ad loc.).

5. *Rashi.* In this verse the verb ברא, *create,* is used in reference to rain. This implies an equivalence between rain and the creation of heaven and earth, concerning which the same verb is used (*Genesis* 1:1): בְּרֵאשִׁית בָּרָא אֱלֹהִים אֵת הַשָּׁמַיִם וְאֵת הָאָרֶץ, *In the beginning of God's creating the heavens and the earth* (*Maharsha*).

6. A day of rain is a time of Divine favor, and the people's merits are recalled by God to grant deliverance in other areas (*Rashi*).

For this reason the mention of rain (*mashiv haruach* etc.) in the second blessing of the Shemoneh Esrei immediately follows the words רַב לְהוֹשִׁיעַ, *abundantly* [*able*] *to save* (*Iyun Yaakov*).

7. It is a principle of faith that misfortunes occur as punishment for sin. If rain is withheld, the people should note that this is because of their wrongdoing. They will then repent and pray to God, and He will forgive them and grant them rain, as the Gemara here teaches: "Rain does not fall unless the sins of Israel have been forgiven." The Gemara enumerates below several transgressions which, in particular, can cause the withholding of rain (*Meiri*; see passage from *Rambam* quoted in the General Introduction).

8. R' Tanchum's statement is related to the Gemara's previous point. Salvation takes root on a day of rain because the people have been pardoned (*Iyun Yaakov*).

9. *Psalms* 85:2, 3.

10. The Gemara adds the identification "of Dihavath" to differentiate this Zeiri from the Zeiri (Zeira) mentioned throughout the Gemara who was one of the earlier Amoraim and thus was not a contemporary of Ravina who redacted the Gemara at the end of the Amoraic period (*Rashi*).

11. *I Kings* 8:36. Upon completion of the construction of the Temple, Solomon entreated God to accept the various prayers that will be offered in the Temple. This verse describes the desired response from God in times of drought when the people repent and pray for rain.

12. This verse differs somewhat from the previous one. The first verse implies that rainfall precedes forgiveness, whereas this verse indicates that rain does not descend until the sins have been forgiven (*Riaf* to *Ein Yaakov*).

13. A euphemism for the Jewish people (see 7a note 27).

14. *Job* 24:19.

אי הוו סנו טפי הוו גמירי דבר אחר מה שלשה משקין הללו אין נפסלין אלא בהיסח הדעת אף דברי תורה אין משתכחין אלא בהיסח הדעת אמר רבי חמא בר' חנינא גדול יום הגשמים כיום שנבראו שמים וארץ שנאמר הרעיפו שמים ממעל ושחקים יזלו צדק תפתח ארץ ויפרו ישע וצדקה תצמיח יחד אני ה' בראתיו בראתים לא נאמר אלא בראתיו אמר רב אושעיא גדול יום הגשמים שאפי' ישועה פרה ורבה בו שנאמר תפתח ארץ ויפרו ישע אמר רבי תנחום בר חנילאי אין הגשמים יורדים אלא א"כ נמחלו עונותיהן של ישראל שנאמר רצית ה' ארצך שבת שבות יעקב נשאת עון עמך כסית כל חטאתם סלה א"ל זעירי מדיהבת לרבינא אתון מהכא מתניתו לה אנן מהכא מתנינן לה ואתה תשמע השמים וסלחת לחטאת וגו' אמר ר' תנחום בריה דרבי חייא איש כפר עכו אין הגשמים נעצרין אא"כ נתחייבו שונאיהן של ישראל כליה שנאמר ציה גם חום יגזלו מימי שלג שאול חטאו א"ל זעירי מדיהבת לרבינא אתון מהכא מתניתו לה אנן מהכא מתנינן לה ועצר את השמים ואבדתם מהרה אמר רב חסדא אין הגשמים נעצרין אלא בשביל ביטול תרומות ומעשרות שנאמר ציה גם חום יגזלו מימי שלג מאי משמע תנא דבי רבי ישמעאל בשביל דברים שצויתי אתכם בימות החמה ולא עשיתם יגזלו מכם מימי שלג בימות הגשמים אמר רבי שמעון בן פזי אין הגשמים נעצרין אלא בשביל מספרי לשון הרע שנאמר רוח צפון תחולל גשם ופנים נזעמים לשון סתר אמר רב סלא אמר רב המנונא אין הגשמים נעצרין אלא בשביל עזי פנים שנאמר וימנעו רביבים ומלקוש לא היה ומצח אשה זונה היה לך וגו' ואמר רב סלא אמר רב המנונא כל אדם שיש לו עזות פנים סוף נכשל בעבירה שנאמר ומצח אשה זונה היה לך רב נחמן אמר בידוע שנכשל בעבירה שנאמר היה לך ולא נאמר יהיה לך אמר רבה בר רב הונא כל אדם שיש לו עזות פנים מותר לקרותו רשע שנאמר העז איש רשע בפניו רב נחמן בר יצחק אמר מותר לשנאותו שנאמר ועז פניו ישונא אל תקרי ישונא אלא ישנא אמר רב קטינא אין הגשמים נעצרין אלא בשביל ביטול תורה שנאמר בעצלתים ימך המקרה בשביל עצלות שהיה בישראל שלא עסקו בתורה נעשה שונאו של הקב"ה מך ואין מך אלא עני שנאמר ואם מך הוא מערכך ואין מקרה אלא הקב"ה שנאמר המקרה במים עליותיו רב יוסף אמר מהכא ועתה לא ראו אור בהיר הוא בשחקים ורוח עברה ותטהרם ואין אור אלא תורה שנאמר כי נר מצוה ותורה אור בהיר הוא בשחקים תנא דבי ר' ישמעאל אפילו בשעה שרקיע נעשה בהורין בהורין להוריד טל ומטר רוח עברה ותטהרם אמר ר' אמי אין הגשמים נעצרין אלא בעון גזל שנאמר על כפים כסה אור בעון כפים כסה אור ואין כפים אלא חמס שנאמר ומן החמס אשר בכפיהם ואין אור אלא מטר שנאמר יפיץ ענן אורו מאי תקנתיה ירבה בתפלה שנאמר ויצו עליה במפגיע ואין פגיעה אלא תפלה שנאמר ואתה אל תתפלל בעד העם הזה [וגו'] ואל תפגע בי וא"ר אמי מאי דכתיב אם קהה הברזל והוא לא פנים קלקל אם ראית רקיע שקיהה כברזל מלהוריד טל ומטר בשביל מעשה הדור שהן מקולקלין שנא' והוא לא פנים קלקל מה תקנתן יתגברו ברחמים שנא' וחילים יגבר ויתרון הכשיר חכמה כל שכן אם הוכשרו מעשיהן מעיקרא ריש לקיש אמר אם ראית תלמיד שלמודו

תוספות

בראתים לא נאמר אלא בראתיו. פי' דמשמע דמהדר אגשם ואם כן משום דגדול יום הגשמים כיום שנברא בו שמים וארץ משתבח ביה הקב"ה אי הוה כתיב בראתים הוה משמע דאהדר אשמים וארץ: **פנים** נזעמים לשון סתר. פירוש בשביל לשון שקר שאומר לשון הרע הרוח צפון תבטל הגשם והיינו פנים נזעמים: **מותר** לקרותו רשע. אף על גב דאמרי' בקדושין (דף כח.) הקורא לחבירו רשע יורד עמו לחייו לזה מותר דודאי נכשל בעבירה ועומד במורדו להכרת פניו ענתה בו: **בהורין.** לשון בהרות טרוק"ש בלע"ז:

רש"י

אי הוו סנו. אותם נאים שהם חכמים: טפי הוו גמירי. שאי אפשר לנאה להשפיל דעתו ובא לידי שכחה: בהיסח הדעת. שאם לא ישמרם יפה יהו נשפכין או נופל לתוכן דבר מאוס ונפסלים מלשתות בדבר קל יותר משמן ודבש שמתוך שהן עבים לפה הפסולת למעלה ואפשר אדם נוטל העליון וזורקו לחוץ והתחתון בר ונקי מה שאין כן במשקה צלול שאינו עב קליי"ר בלע"ז: בהיסח הדעת. אם אינו מחזירם תמיד: שנאמר הרעיפו שמים ממעל ושחקים יזלו צדק תפתח ארץ ויפרו ישע וצדקה תצמיח יחד אני ה' בראתיו בראתים לא נאמר. דמשמע אשחקים יזלו קאי אלא אני ה' בראתיו לטל ומטר שמע מינה שמשתבח ומתפאר (ג) הקב"ה במטר השמים: ישועה פרה ורבה בו. מליצי זכות נכנסין לפניו ביום הגשמים שנזכר לישועה מתוך שעת רצון הוא לישנא דקרא ויפרו ישע ואימתי בזמן שהשחקים יזלו צדק: רצית ה' ארצך. במים: נשאת עון עמך. מיד: ה"ג א"ל מר זעירי מדיהבת לרבינא כו'. זעירי סתם היה מן הראשונים ורבינא סוף הוראה לא ראו זה את זה: ואתה תשמע השמים וגו'. ואומר ונתת מטר על ארצם בתפלה דשלמה: ציה גם חום יגזלו מימי שלג. כשציה גם חום גוזלין מימות השלג שאינן יורדין מטר כמשפטם בידוע שאול חטאו: ולא יהיה מטר. וסמיך ליה ואבדתם: ציה. דריש לשון צווי דברים שצויתי אתכם בימות החמה תרומות ומעשרות גזלו מימי שלג את המטר: רוח צפון תחולל גשם ופנים נזעמים לשון[ד] שקר. תחולל תבטל כמו לא יחל דברו (במדבר ל) כדאמרי' ביבמות (דף עב.) דרוח צפון ברור הוא ומביא אורה לעולם מה שגשמים נעצרין ופנים נזעמין שמראה הקב"ה שאינו מביא מטר לעולם מפני לשון שקר רכילות ופשט המקרא כשם שרוח צפון תחולל גשם כך פנים נזעמים מפני לשון שקר: וימנעו רביבים. משום דמאנת הכלם שהיה בך עזות: היה. משמע כבר נכשל: העז איש. שיש בו עזות פנים אמור לו רשע בפניו ואין בו משום מלקות כדאמרי' במסכת קדושין (דף כח.) ומשום דבר זה בלבד מותר לקרותו רשע: מותר לשנאותו. אע"ג דכתיב ואהבת לרעך כמוך: ועז פניו ישונא. ועז כתיב חסר ו' מי שהוא עז פנים ישנא בשו"א[ה]: ימך. כמי שאין בו כח להוריד טל ומטר: ועתה לא ראו אור. מפני שלא ראו אור של תורה: אפילו כשהשמים בהורין. כמו בהרת מנומר בעבים ורוצה להוריד גשמים רוח עברה ותטהרם מפזרת העבים: (ד) המלאך אף ברי שמו יפיץ ענן אורו גשם שלו: ויצו. הקדוש ברוך הוא: עליה. על הגשם שתרד: במפגיע. כשיתפלל עליה כמו ואל תפגע בי: קהה הברזל. כמו הקהה את שיניו[ו] ושיני בנים תקהינה (ירמיה לא): והוא לא פנים קלקל. שקלקלו הדור: וכ"ש אם הוכשרו מעשיהן. קודם לכן והכי משמע ויתרון הכשיר ויתרון שהכשיר לחכמה אם הכשירו מעשיהן מתחילה שיבואו הגשמים יותר מבחיילים יגבר שהן מגבירין חיילים ועומדין בתפלה בזמן שקלקלו: שלמודו

רבינו חננאל

אין הגשמים יורדין בעולם אא"כ נמחלו עונותיהם של ישראל שנאמר רצית ה' ארצך וגו' נשאת עון עמך וגו' ואתה תשמע השמים וסלחת לחטאת עבדיך ועמך ישראל כי תורם את הדרך הטובה אשר ילכו בה ונתת מטר על ארצך אשר נתת לעמך לנחלה. אין הגשמים נעצרים אא"כ נתחייבו שונאי ישראל כלייה כו' או בשביל תרומות ומעשרות. ובשביל מספרי לשה"ר. ובשביל עזי פנים. וכל מי שיש לו עזות פנים ודאי נכשל בעבירה. ומותר לקרותו רשע שנאמר העז איש רשע בפניו ומותר לשנאותו [שנאמר] ועז פניו ישונא א"ת ישונה אלא ישנא. אין הגשמים נעצרים אלא בעון גזל שנאמר על כפים כסה אור ואין כפים אלא גזל שנאמר ומן החמס אשר בכפיהם. וכן נמי נעצרים בשביל ישראל שמעשיהם מקולקלין. והוא לא פנים קלקל

רבינו גרשום

כלי חרס: **נפסלין בהיסח הדעת.** כלומר מפסידין כשאין משתמרין. **אלא בראתיו.** דהיינו בריית עולם: **שצויתי אתכם בימות החמה** היינו תרומות ומעשרות: **שנאמר ומצח** שהוא עז פנים מיד אשה זונה היה לך. **ועז פניו** שמעיז פניו **ישונא**: **ימוך** שאינו נותן מטר: **בהרים** בהרים גדודים:

ליקוטי רש"י

בראתיו. בראתי את הדבר הזה [ישעיה מה, ח]. **רצית ה' ארצך וגו'.** אם שבת שבות יעקב ונשאת את עונם וכסית חטאתם ואספת עברתך מהם והשיבות עלמך מחרון אפך אז רצית ארצך ועולמך מתרלה וכל זמן שלא תעשה זאת אין ארצך ועולמך מתרלה [תהלים פה, ב]. **ציה.** ליה כמו לווי [שבת לב:]. **רוח צפון תחולל גשם.** תוליד ותברא את הגשם. **ופנים נזעמים.** תחולל לשון סתר לשון הרע גורם שיהיו פני הקב"ה מזעמים וכן דמיון פתרון המקרא רוח לפון עשויה לחולל גשם ולשון סתר עשויה לפנים נזעמים [משלי כה, כג]. **ומלקוש.** כמטר היורד בניסן על המלילות ועל הקשין ומלקוש טרדיי"א בלעז [ירמיה ג, ג]. רביעה היורדת סמוך לקליר למלאות התבואה בקשיה ולשון מלקוש דבר המאוחר כדמתרגמינן (בראשית ל מב) והיה העטופים ללבן לקישיא דבר אחר לכך נקראת מלקוש שיורדת על המלילות ועל הקשין [דברים שם, יד]. **נעשה שונאו של הקב"ה מך.** כמי שלא היה יכול להושיע [מגילה יא.]. **ואם מך הוא מערכך.** שאין ידו משגת ליתן הערך הזה [ויקרא כז, ח]. **בהיר הוא בשחקים.** דומה לבהירים בהירים הנראים בשחקים להוריד גשם. **ורוח עברה ותטהרם.** ורוח בא ומטהרתן ומעבירתן ואין המטר יורד [איוב לז, כא]. **על כפים.** על חמס ועון כפים. **כסה אור.** המטר נעלר [שם לו, לב]. **ענן אורו.** ענן מטרו [שם לז,יא]. **ויצו עליה במפגיע.** לבוא ע"י מפגיע בתפלה [שם לו, לב].

מסורת הש"ס

א) שבת לב:, ב) [מגילה יא.], ג) [לקמן ח. ברכות כו: סוטה יד. סנהדרין לה:], ד) [צ"ל סתר], ה) [צ"ל בשי"ן שמאלית ואי' עי' מהרש"א בח"א], ו) [בהגדה של פסח].

הגהות הב"ח

(א) גמרא גדול יום הגשמים כיום שנבראו ס"א מיום: (ב) שם ועצר את השמים ולא יהיה מטר ואבדתם: (ג) רש"י ד"ה שנאמר כו' ומתפאר בו הקב"ה (ומניח שמים) תא"מ ונ"ב ס"א אין זה ולספרים דגרסי גדול יום הגשמים מיום שנבראו הי' ניחא ומכרים ממה שמניח שמים אלמא דגדול מיום: (ד) ד"ה אפי' כו' המלאך אף ברי. נ"ב לשון רש"י באיוב אף ברי שם מלאך הממונה על העננים והוא יפיץ ענן מטרו של המקום:

תורה אור השלם

א) הַרְעִיפוּ שָׁמַיִם מִמַּעַל וּשְׁחָקִים יִזְּלוּ צֶדֶק תִּפְתַּח אֶרֶץ וְיִפְרוּ יֶשַׁע וּצְדָקָה תַצְמִיחַ יַחַד אֲנִי יְיָ בְּרָאתִיו: [ישעיה מה, ח]

ב) רָצִיתָ יְיָ אַרְצֶךָ שַׁבְתָּ שְׁבִית יַעֲקֹב: [תהלים פה, ב]

ג) וְאַתָּה תִּשְׁמַע הַשָּׁמַיִם וְסָלַחְתָּ לְחַטַּאת עֲבָדֶיךָ וְעַמְּךָ יִשְׂרָאֵל כִּי תוֹרֵם אֶת הַדֶּרֶךְ הַטּוֹבָה אֲשֶׁר יֵלְכוּ בָהּ וְנָתַתָּה מָטָר עַל אַרְצְךָ אֲשֶׁר נָתַתָּה לְעַמְּךָ לְנַחֲלָה: [מלכים א' ח, לו]

ד) צִיָּה גַם חֹם יִגְזְלוּ מֵימֵי שֶׁלֶג שְׁאוֹל חָטָאוּ: [איוב כד, יט]

ה) וְחָרָה אַף יְיָ בָּכֶם וְעָצַר אֶת הַשָּׁמַיִם וְלֹא יִהְיֶה מָטָר וְהָאֲדָמָה לֹא תִתֵּן אֶת יְבוּלָהּ וַאֲבַדְתֶּם מְהֵרָה מֵעַל הָאָרֶץ הַטֹּבָה אֲשֶׁר יְיָ נֹתֵן לָכֶם: [דברים יא, יז]

ו) רוּחַ צָפוֹן תְּחוֹלֵל גָּשֶׁם וּפָנִים נִזְעָמִים לְשׁוֹן סָתֶר: [משלי כה, כג]

ז) וַיִּמָּנְעוּ רְבִבִים וּמַלְקוֹשׁ לוֹא הָיָה וּמֵצַח אִשָּׁה זוֹנָה הָיָה לָךְ מֵאַנְתְּ הִכָּלֵם: [ירמיה ג, ג]

ח) הֵעֵז אִישׁ רָשָׁע בְּפָנָיו וְיָשָׁר הוּא יָבִין דַּרְכּוֹ: [משלי כא, כט]

ט) מִי כְּהֶחָכָם וּמִי יוֹדֵעַ פֵּשֶׁר דָּבָר חָכְמַת אָדָם תָּאִיר פָּנָיו וְעֹז פָּנָיו יְשֻׁנֶּא: [קהלת ח, א]

י) בַּעֲצַלְתַּיִם יִמַּךְ הַמְּקָרֶה וּבְשִׁפְלוּת יָדַיִם יִדְלֹף הַבָּיִת: [קהלת י, יח]

כ) וְאִם מָךְ הוּא מֵעֶרְכֶּךָ וְהֶעֱמִידוֹ לִפְנֵי הַכֹּהֵן וְהֶעֱרִיךְ אֹתוֹ הַכֹּהֵן עַל פִּי אֲשֶׁר תַּשִּׂיג יַד הַנֹּדֵר יַעֲרִיכֶנּוּ הַכֹּהֵן: [ויקרא כז, ח]

ל) הַמְקָרֶה בַמַּיִם עֲלִיּוֹתָיו הַשָּׂם עָבִים רְכוּבוֹ הַמְהַלֵּךְ עַל כַּנְפֵי רוּחַ: [תהלים קד, ג]

מ) וְעַתָּה לֹא רָאוּ אוֹר בָּהִיר הוּא בַּשְּׁחָקִים וְרוּחַ עָבְרָה וַתְּטַהֲרֵם: [איוב לז, כא]

נ) כִּי נֵר מִצְוָה וְתוֹרָה אוֹר וְדֶרֶךְ חַיִּים תּוֹכְחוֹת מוּסָר: [משלי ו, כג]

ס) עַל כַּפַּיִם כִּסָּה אוֹר וַיְצַו עָלֶיהָ בְמַפְגִּיעַ: [איוב לו, לב]

ע) וְיִתְכַּסּוּ שַׂקִּים הָאָדָם וְהַבְּהֵמָה וְיִקְרְאוּ אֶל אֱלֹהִים בְּחָזְקָה וְיָשֻׁבוּ אִישׁ מִדַּרְכּוֹ הָרָעָה וּמִן הֶחָמָס אֲשֶׁר בְּכַפֵּיהֶם: [יונה ג, ח]

פ) אַף בְּרִי יַטְרִיחַ עָב יָפִיץ עֲנַן אוֹרוֹ: [איוב לז, יא]

צ) וְאַתָּה אַל תִּתְפַּלֵּל בְּעַד הָעָם הַזֶּה וְאַל תִּשָּׂא בַעֲדָם רִנָּה וּתְפִלָּה וְאַל תִּפְגַּע בִּי כִּי אֵינֶנִּי שֹׁמֵעַ אֹתָךְ: [ירמיה ז, טז]

ק) אִם קֵהָה הַבַּרְזֶל וְהוּא לֹא פָנִים קִלְקַל וַחֲיָלִים יְגַבֵּר וְיִתְרוֹן הַכְשֵׁר חָכְמָה: [קהלת י, י]

An alternative source for this teaching: אָמַר לֵיהּ זְעֵירִי מִדִּיהֲבַת לְרָבִינָא – **Zeiri of Dihavath said to Ravina:** אַתּוּן מֵהָכָא מַתְנִיתוּ לַהּ – **You derive [this teaching] from that** verse, אֲנַן מֵהָכָא מַתְנִינַן לַהּ – **but we derive it from the following** verse:[15] ,,וְעָצַר אֶת־הַשָּׁמַיִם . . . וַאֲבַדְתֶּם מְהֵרָה'' – ***And He will restrain the heavens*** *so there will be no rain . . .* ***and you will swiftly perish.***[15]

The Gemara lists several sins for which rain is withheld: אָמַר רַב חִסְדָּא – **Rav Chisda said:** אֵין הַגְּשָׁמִים נֶעֱצָרִין אֶלָּא בִּשְׁבִיל בִּיטּוּל תְּרוּמוֹת וּמַעַשְׂרוֹת – **Rain is withheld only because of the** sin of **neglecting** to separate ***terumos*** **and tithes,**[16] שֶׁנֶּאֱמַר – **as it is said:** ,,צִיָּה גַם־חֹם יִגְזְלוּ מֵימֵי־שֶׁלֶג'' – ***The dry and the warm season steal the waters of the snowy season.*** מַאי מַשְׁמַע – **How is this** teaching **indicated** by the verse? תָּנָא דְּבֵי רַבִּי יִשְׁמָעֵאל – **A Baraisa was taught in the yeshivah of R' Yishmael** which interprets the verse as follows: בִּשְׁבִיל דְּבָרִים שֶׁצִּוִּיתִי אֶתְכֶם בִּימוֹת הַחַמָּה – BECAUSE OF THE THINGS THAT I [God] COMMANDED YOU that are performed in THE SUMMER [i.e. the separation of *terumos* and tithes][17] וְלֹא עֲשִׂיתֶם – AND WHICH YOU DID NOT CARRY OUT, יִגָּזְלוּ מִכֶּם מֵימֵי שֶׁלֶג בִּימוֹת הַגְּשָׁמִים – THE WATERS OF SNOW [i.e. rain] WILL BE STOLEN FROM YOU IN THE WINTER SEASON.

אָמַר רַבִּי שִׁמְעוֹן בֶּן פָּזִי – **R' Shimon ben Pazi said:** אֵין הַגְּשָׁמִים נֶעֱצָרִין אֶלָּא בִּשְׁבִיל מְסַפְּרֵי לָשׁוֹן הָרָע – **Rain is withheld only because of those who speak *lashon hara,***[18] שֶׁנֶּאֱמַר – **as it is said:**[19] ,,רוּחַ צָפוֹן תְּחוֹלֵל גָּשֶׁם וּפָנִים נִזְעָמִים לְשׁוֹן סָתֶר'' – ***The north wind prevents the rain and*** God shows ***an angry face*** when there is ***secretive talk.***

אָמַר רַב סָלָא אָמַר רַב הַמְנוּנָא – **Rav Sala said in the name of Rav Hamnuna:** אֵין הַגְּשָׁמִים נֶעֱצָרִין אֶלָּא בִּשְׁבִיל עַזֵּי פָנִים – **Rain is withheld only because of the brazen,** שֶׁנֶּאֱמַר: ,,וַיִּמָּנְעוּ רְבִבִים וּמַלְקוֹשׁ לוֹא הָיָה – **as it is said:**[20] ***The showers have been withheld, and there has been no late rain*** וּמֵצַח אִשָּׁה זוֹנָה הָיָה לָךְ וגו' '' – because ***you had the forehead of a harlot*** **etc.** *[you refused to be ashamed].*[21]

The Gemara continues with another teaching from Rav Sala in the name of Rav Hamnuna on the subject of brazenness:

וְאָמַר רַב סָלָא אָמַר רַב הַמְנוּנָא – **And Rav Sala said in the name of Rav Hamnuna:** כָּל אָדָם שֶׁיֵּשׁ לוֹ עַזּוּת פָּנִים – **Everyone who has** the attribute of **brazenness,** סוֹף נִכְשָׁל בַּעֲבֵירָה – **will ultimately stumble in sin,** שֶׁנֶּאֱמַר – **as it is said** in the verse cited above: ,,וּמֵצַח אִשָּׁה זוֹנָה הָיָה לָךְ'' – ***and you had the forehead of a harlot*** because *you refused to be ashamed.* רַב נַחְמָן אָמַר – **Rav Nachman said:** בְּיָדוּעַ שֶׁנִּכְשַׁל בַּעֲבֵירָה – **It is evident that he has** already **stumbled in sin,** שֶׁנֶּאֱמַר: ,,הָיָה לָךְ'' – **for it says:** ***you had*** [in the past]; וְלֹא נֶאֱמַר יִהְיֶה לָךְ – **it does not say:** ***you will have*** [in the future].

More about the trait of brazenness: אָמַר רַבָּה בַּר רַב הוּנָא – **Rabbah bar Rav Huna said:** כָּל אָדָם שֶׁיֵּשׁ לוֹ עַזּוּת פָּנִים – **Anyone who has** the attribute of **brazenness** מוּתָּר לְקָרוֹתוֹ רָשָׁע – **may be called: "wicked person",**[22] שֶׁנֶּאֱמַר – **as it is said:**[23] ,,הֵעֵז אִישׁ רָשָׁע בְּפָנָיו'' – ***A man who is brazen,*** call him ***wicked to his face.*** רַב נַחְמָן בַּר יִצְחָק אָמַר – **Rav Nachman bar Yitzchak said:** מוּתָּר לִשְׂנְאוֹתוֹ – **It is permitted to hate him,**[24] שֶׁנֶּאֱמַר – **as it is said:**[25] ,,וְעֹז פָּנָיו יְשֻׁנֶּא'' – ***The boldness of his face will be transformed.*** אַל תִּקְרֵי – **Do not read** this as it is written ,,יְשֻׁנֶּא'' – ***will be transformed;*** אֶלָּא – ***rather,*** read it as if it were written, יִשָּׂנֵא – ***may be hated.*** Thus, the verse teaches: One may hate a brazen person.[26]

The Gemara resumes its discussion of sins which cause drought: אָמַר רַב קְטִינָא – **Rav Ketina said:** אֵין הַגְּשָׁמִים נֶעֱצָרִין אֶלָּא בִּשְׁבִיל בִּיטּוּל תּוֹרָה – **Rain is withheld only because of** the sin of **neglecting Torah study,** שֶׁנֶּאֱמַר – **as it is said:**[27] ,,בַּעֲצַלְתַּיִם יִמַּךְ הַמְּקָרֶה'' – ***through laziness, the roof collapses.*** Interpreted homiletically, this verse teaches: בִּשְׁבִיל עַצְלוּת שֶׁהָיָה בְּיִשְׂרָאֵל – **Because of the laziness of the Jews,** שֶׁלֹּא עָסְקוּ בַּתּוֹרָה – **when they do not occupy themselves in** the study of **Torah,** נַעֲשָׂה שׂוֹנְאוֹ שֶׁל הַקָּדוֹשׁ בָּרוּךְ הוּא מָךְ – **the enemy of the Holy One, Blessed is He,**[28] **becomes "impoverished,"** in that it is as if He is powerless to provide rain.

The basis for this interpretation of the verse: וְאֵין מָךְ אֶלָּא עָנִי – The word ***mach*** (translated in the verse as collapse) **is** interpreted here as **nothing other than "poor,"** שֶׁנֶּאֱמַר – **as it is said** elsewhere that *mach* means poor:[29] ,,וְאִם־מָךְ הוּא מֵעֶרְכֶּךָ'' – ***And if he is too poor*** (*mach*) ***for the***

NOTES

15. *Deuteronomy* 11:17. The verse describes the punishment that will befall the people if they turn away from God and worship idols.

16. The Torah commands that two tithes (*maasros*) and a portion known as *terumah* must be separated from produce grown in Eretz Yisrael. The *terumah* is given to the Kohanim. One tithe is given to the Leviim; and the other tithe, in some years is taken to Jerusalem and consumed there, and in other years is given to the poor.

17. This homiletic interpretation relates צִיָּה (*dry season*) to צִוִּיתִי, *I commanded,* whose root is צוה.

חֹם (*warm season*) refers to the summer, when the produce is harvested and processed, and the obligation of separating *terumos* and tithes takes effect. (Compare *Maharsha*.)

18. *Lashon hara* (evil speech) is the term used for disparaging statements made about another person. This type of speech is prohibited by Biblical law.

19. *Proverbs* 25:23. The plain meaning of the verse is: Just as the north wind brings about the prevention of rain, so false talk begets an angry countenance (*Rashi*).

20. *Jeremiah* 3:3. According to the plain meaning of the verse, the prophet rebukes the people for being brazen in the face of Divine chastisement and not humbling themselves even when punished by a drought. They are likened to an immoral woman who defiantly raises her forehead, and is not ashamed of her actions (*Radak* ad loc.). [We have translated the verse in conformity with the Gemara's interpretation.]

21. The Gemara's statement is based on the conclusion of the verse: מֵאַנְתְּ הִכָּלֵם, *you refused to be ashamed,* i.e. you were brazen (*Rashi;* cf. *Maharsha*).

22. To call someone a "wicked person" is normally an offense [though not one punishable by lashes; see *Kiddushin* 28a] (*Rashi*). However, in the case of a brazen person this is permitted, because his brazenness is a sure indication that he has stumbled in sin and persists in his defiance (*Tosafos*).

23. *Proverbs* 21:29. *Rashi* (ad loc.) relates בְּפָנָיו to אַף, *anger,* and explains the verse as follows: a wicked man displays his brazenness when he is angry.

24. This case is not included in the Torah's command (*Lev.* 19:18): וְאָהַבְתָּ לְרֵעֲךָ כָּמוֹךָ, *Love your fellow man like yourself* (*Rashi*).

25. *Ecclesiastes* 8:1. The plain meaning of the verse teaches that wisdom transforms one's countenance (*Rashi* and *Metzudas David* ad loc.).

26. Since וְעֹז (*and the boldness*) is written in the verse without a *vav* between the *ayin* and the *zayin,* [it may be read together with the following word as עַז פָּנָיו which is similar to] עַז פָּנִים, *a brazen person* (*Rashi*).

27. *Ecclesiastes* 10:18. If a person is too lazy to repair the small cracks in the roof of his house, the entire roof will eventually fall in (*Rashi* ad loc.).

28. A euphemism for God Himself. It is improper to associate any form of decline with God, even as a figure of speech. Hence the euphemism, *the enemy of the Holy One . . .*

29. *Leviticus* 27:8.

אי הוו סנו טפי הוו גמירי דבר אחר מה שלשה משקין הללו אין נפסלין אלא בהיסח הדעת אף דברי תורה אין משתכחין אלא בהיסח הדעת אמר רבי חמא בר' חנינא גדול יום הגשמים (א) כיום שנבראו שמים וארץ שנאמר [א] הרעיפו שמים ממעל ושחקים יזלו צדק תפתח ארץ ויפרו ישע וצדקה תצמיח יחד אני ה' בראתיו בראתים לא נאמר אלא בראתיו אמר רב אושעיא גדול יום הגשמים שאפי' ישועה פרה ורבה בו שנאמר תפתח ארץ ויפרו ישע אמר רבי תנחום בר חנילאי אין הגשמים יורדים אלא א"כ נמחלו עונותיהן של ישראל שנאמר [ב] רצית ה' ארצך שבת שבות יעקב נשאת עון עמך כסית כל חטאתם סלה א"ל זעירי מדיהבת לרבינא אתון מהכא מתניתו לה אנן מהכא מתנינן לה [ג] ואתה תשמע השמים וסלחת לחטאת וגו' אמר ר' תנחום בריה דרבי חייא איש כפר עכו אין הגשמים נעצרין אא"כ נתחייבו שונאיהן של ישראל כליה שנאמר [ד] ציה גם חום יגזלו מימי שלג שאול חטאו א"ל זעירי מדיהבת לרבינא אתון מהכא מתניתו לה אנן מהכא מתנינן לה [ה] ועצר את (ב) השמים ואבדתם מהרה אמר רב חסדא אין הגשמים נעצרין אלא בשביל ביטול תרומות ומעשרות שנאמר ציה גם חום יגזלו מימי שלג מאי משמע [א] תנא דבי רבי ישמעאל בשביל דברים שצויתי אתכם בימות החמה ולא עשיתם יגזלו מכם מימי שלג בימות הגשמים אמר רבי שמעון בן פזי אין הגשמים נעצרין אלא בשביל מספרי לשון הרע שנאמר [ו] רוח צפון תחולל גשם ופנים נזעמים לשון סתר אמר רב סלא אמר רב המנונא אין הגשמים נעצרין אלא בשביל עזי פנים שנאמר [ז] וימנעו רביבים ומלקוש לא היה ומצח אשה זונה היה לך וגו' ואמר רב סלא אמר רב המנונא כל אדם שיש לו עזות פנים סוף נכשל בעבירה שנאמר ומצח אשה זונה היה לך רב נחמן אמר בידוע שנכשל בעבירה שנאמר היה לך ולא נאמר יהיה לך אמר רבה בר רב הונא כל אדם שיש לו עזות פנים מותר לקרותו רשע שנאמר [ח] העז איש רשע בפניו רב נחמן בר יצחק אמר מותר לשנאותו שנאמר [ט] ועז פניו ישנא אל תקרי ישונא אלא ישנא אמר רב קטינא אין הגשמים נעצרין אלא בשביל ביטול תורה שנאמר [י] בעצלתים ימך המקרה [ב] בשביל עצלות שהיה בישראל שלא עסקו בתורה נעשה שונאו של הקב"ה מך ואין מך אלא עני שנאמר [כ] ואם מך הוא מערכך ואין מקרה אלא הקב"ה שנאמר [ל] המקרה במים עליותיו רב יוסף אמר מהכא [מ] ועתה לא ראו אור בהיר הוא בשחקים ורוח עברה ותטהרם ואין אור אלא תורה שנאמר [נ] כי נר מצוה ותורה אור בהיר הוא בשחקים תנא דבי ר' ישמעאל אפילו בשעה שרקיע נעשה בהורין בהורין להוריד טל ומטר רוח עברה ותטהרם אמר ר' אמי אין הגשמים נעצרין אלא בעון גזל שנאמר [ס] על כפים כסה אור בעון כפים כסה אור ואין כפים אלא חמס שנאמר [ע] ומן החמס אשר בכפיהם ואין אור אלא מטר שנאמר [פ] יפיץ ענן אורו מאי תקנתיה ירבה בתפלה שנאמר [ס] ויצו עליה במפגיע [ג] ואין פגיעה אלא תפלה שנאמר [צ] ואתה אל תתפלל בעד העם הזה [וגו'] ואל תפגע בי וא"ר אמי מאי דכתיב [ק] אם קהה הברזל והוא לא פנים קלקל אם ראית רקיע שקיהה כברזל מלהוריד טל ומטר בשביל מעשה הדור שהן מקולקלין שנא' והוא לא פנים קלקל מה תקנתן יתגברו ברחמים שנא' [ק] וחילים יגבר ויתרון הכשיר חכמה כל שכן אם הוכשרו מעשיהן מעיקרא ריש לקיש אמר אם ראית תלמיד
שלמודו

רש"י

אי הוו סנו. אותם נאים שהם חכמים: טפי הוו גמירי. שאי אפשר לנאה להשפיל דעתו ובא לידי שכחה: בהיסח הדעת. שאם לא ישמרם יפה יהו נשפכין או נופל לתוכן דבר מאוס ונפסלים מלשתות בדבר קל יותר משמן ודבש שמתוך שהן עבים לפה הפסולת למעלה ואפשר אדם נוטל העליון וזורקו לחוץ והתחתון בר ונקי מה שאין כן במשקה צלול שאינו עב קליי"ר בלע"ז: בהיסח הדעת. אם אינו מחזירם תמיד: שנאמר הרעיפו שמים ממעל ושחקים יזלו צדק תפתח ארץ ויפרו ישע וצדקה תצמיח יחד אני ה' בראתיו בראתים לא נאמר. דמשמע אשחקים יזלו קאי אלא אני ה' בראתיו לטל ומטר שמע מינה שמשתבח ומתפאר (ג) הקב"ה במטר השמים: ישועה פרה ורבה בו. מליצי זכות נכנסין לפניו ביום הגשמים שנזכר לישועה מתוך שעת רצון הוא לישנא דקרא ויפרו ישע ואימתי בזמן שהשחקים יזלו צדק: רצית ה' ארצך. במים: נשאת עון עמך. מיד: ה"ג א"ל מר זעירי מדיהבת לרבינא כו'. זעירי סתם היה מן הראשונים ורבינא סוף הוראה לא ראו זה את זה: ואתה תשמע השמים וגו'. ואומר ונתת מטר על ארצם בתפלה דשלמה: ציה גם חום יגזלו מימי שלג. כשציה גם חום גוזלין מימות השלג שאינן יורדין מטר כמשפטם בידוע שאול חטאו: ולא יהיה מטר. וסמיך ליה ואבדתם: ציה. דריש לשון צווי דברים שצויתי אתכם בימות החמה תרומות ומעשרות גזלו מימי שלג את המטר: רוח צפון תחולל גשם ופנים נזעמים לשון[ז] שקר. תחולל תבטל כמו לא יחל דברו (במדבר ל) כדאמרי' ביבמות (דף עב.) דרוח צפון ברור הוא ומביא אורה לעולם מה שגשמים נעצרין ופנים נזעמין שמראה הקב"ה שאינו מביא מטר לעולם מפני לשון שקר רכילות ופשט המקרא כשם שרוח צפון תחולל גשם כך פנים נזעמים מפני לשון שקר: וימנעו רביבים. משום דמאנת הכלם שהיה בך עזות: היה. משמע כבר נכשל: העז איש. שיש בו עזות פנים אמור לו רשע בפניו ואין בו משום מלקות כדאמרי' במסכת קדושין (דף כח.) ומשום דבר זה בלבד מותר לקרותו רשע: מותר לשנאותו. אע"ג דכתיב ואהבת לרעך כמוך: ועז פניו ישונא. ועז כתיב חסר ו' מי שהוא עז פנים ישנא בשו"א[ה]: ימך. כמי שאין בו כח להוריד טל ומטר: ועתה לא ראו אור. מפני שלא ראו אור של תורה: אפילו כשהשמים בהורין. כמו בהרת מנומר בעבים ורוצה להוריד גשמים רוח עברה ותטהרם מפוזרת העבים: (ד) המלאך אף ברי שמו יפיץ ענן אורו גשם שלו: ויצו. הקדוש ברוך הוא: עליה. על הגשם שתרד: במפגיע. כשיתפלל עליה כמו ואל תפגע בי: קהה הברזל. כמו הקהה את שיניו[ו] ושיני בנים תקהינה (ירמיה לא): והוא לא פנים קלקל. שקלקלו הדור: וכ"ש אם הוכשרו מעשיהן. קודם לכן והכי משמע ויתרון הכשיר ויתרון שהכשיר לחכמה אם הכשירו מעשיהן מתחלה שיבואו הגשמים יותר מבחיילים יגבר שהן מגבירין חיילים ועומדין בתפלה בזמן שקלקלו:
שלמודו

תוספות

בראתים לא נאמר אלא בראתיו. פי' דמשמע דמהדר אגשם ואם כן משום דגדול יום הגשמים כיום שנברא בו שמים וארץ משתבח ביה הקב"ה אי הוה כתיב בראתים הוה משמע דאהדר אשמים וארץ: פנים נזעמים לשון סתר. פירוש בשביל לשון שקר שאומר לשון הרע הרוח צפון תבטל הגשם והיינו פנים נזעמים: מותר לקרותו רשע. אף על גב דאמרי' בקדושין (דף כח.) הקורא לחבירו רשע יורד עמו לחייו לזה מותר דודאי נכשל בעבירה ועומד במורדו דהכרת פניו ענתה בו: בהורין. לשון בהרות טרוק"ש בלע"ז:

אם

רבינו חננאל

אין הגשמים יורדין בעולם אא"כ נמחלו עונותיהם של ישראל שנאמר רצית ה' ארצך וגו' נשאת עון עמך וגו' ואתה תשמע השמים וסלחת לחטאת עבדיך ועמך ישראל כי תורם את הדרך הטובה אשר ילכו בה ונתת מטר על ארצך אשר נתת לעמך לנחלה. אין הגשמים נעצרים אא"כ נתחייבו שונאי ישראל כלייה כו' או בשביל תרומות ומעשרות. ובשביל מספרי לשה"ר. ובשביל עזי פנים. וכל מי שיש לו עזות פנים ודאי נכשל בעבירה. ומותר לקרותו רשע שנאמר העז איש רשע בפניו ומותר לשנאותו [שנאמר] ועוז פניו ישונא א"ת ישונה אלא ישנא. אין הגשמים נעצרים אלא בעון גזל שנאמר על כפים כסה אור ואין כפים אלא גזל שנאמר ומן החמס אשר בכפיהם. וכן נמי נעצרים בשביל ישראל שמעשיהם מקולקלין. והוא לא פנים קלקל

רבינו גרשום

כלי חרס: נפסלין בהיסח הדעת. כלומר מפסידין כשאין משתמרין. אלא בראתיו. דהיינו בריית עולם: שצויתי אתכם בימות החמה היינו תרומות ומעשרות: שנאמר ומצח שהוא עז פנים מיד אשה זונה היה לך. ועוז פניו שמעיז פניו ישונא: ימוך שאינו נותן מטר: בהרים בהרים גדודים:

ליקוטי רש"י

בראתיו. בראתי את הדבר הזה [ישעיה מה, ח]. רצית ה' ארצך וגו'. אם שבת שבות יעקב ונשאת את עונם וכסית חטאתם ואספת עברתך מהם והשיבות עלמך מחרון אפך אז רצית ארצך ועולמך מתרצה וכל זמן שלא תעשה זאת אין ארצך ועולמך מתרצה [תהילים פה, ב]. ציה. ליה כמו לוי [שבת לב:]. רוח צפון תחולל גשם. תוליד ותברא את הגשם. ופנים נזעמים. תחולל לשון סתר לשון הרע גורם שיהיו פני הקב"ה נזעמים וכן דמיון פתרון המקרא רוח צפון עשויה לחולל גשם ולשון סתר עשויה לפנים נזעמים [משלי כה, כג]. ומלקוש. כמטר היורד בניסן על המלילות ועל הקשין ומלקוש טרדיי"א בלעז [ירמיה ג, ג]. רביעה היורדת סמוך לקציר למלאות התבואה בקשיה ולשון מלקוש דבר המאוחר כדמתרגמינן (בראשית ל מב) והיה העטופים ללבן לקישיא דבר אחר לכך נקראת מלקוש שיורדת על המלילות ועל הקשין [דברים שם, יד]. נעשה שונאו של הקב"ה מך. כמי שלא היה יכול להושיע [מגילה יא.]. ואם מך הוא מערכך. שאין ידו משגת ליתן הערך הזה [ויקרא כז, ח]. בהיר הוא בשחקים. דומה לבהירים בהירים הנראים בשחקים להוריד גשם. ורוח עברה ותטהרם. ורוח באה ומטהרתן ומעבירתן ואין המטר יורד [איוב לז, כא]. על כפים. חמס ועון כפים. כסה אור. המטר נעצר [שם לו, לב]. ענן אורו. ענן מטרו [שם לז, יא]. ויצו עליה במפגיע. לבוא ע"י מפגיע בתפלה [שם לו, לב].

מסורת הש"ס

א) שבת לב:, ב) [מגילה יא.], ג) [לקמן ח. ברכות כו: סוטה יד. סנהדרין לה:], ד) [צ"ל סתר], ה) [צ"ל בשי"ן שמאלית וא' עי' מהרש"א בח"א], ו) [בהגדה של פסח].

הגהות הב"ח

(א) גמרא גדול יום הגשמים כיום שנבראו ס"א מיום: (ב) שם ועצר את השמים ולא יהיה מטר ואבדתם: (ג) רש"י ד"ה שנאמר כו' ומתפאר בו הקב"ה (ומניח שמים תא"מ ונ"ב ס"א אין זה ולספרים דגרסי גדול יום הגשמים מיום שנבראו הי' ניחא ומכרים ממה שמניח שמים אלמא דגדול מיום: (ד) ד"ה אפי' כו' המלאך אף ברי. נ"ב לשון רש"י באיוב אף ברי שם מלאך הממונה על העננים והוא יפיץ ענן מטרו של המקום:

תורה אור השלם

א) הַרְעִיפוּ שָׁמַיִם מִמַּעַל וּשְׁחָקִים יִזְּלוּ צֶדֶק תִּפְתַּח אֶרֶץ וְיִפְרוּ יֶשַׁע וּצְדָקָה תַצְמִיחַ יַחַד אֲנִי יְיָ בְּרָאתִיו: [ישעיה מה, ח]

ב) רָצִיתָ יְיָ אַרְצֶךָ שַׁבְתָּ שְׁבִית יַעֲקֹב: [תהלים פה, ב]

ג) וְאַתָּה תִּשְׁמַע הַשָּׁמַיִם וְסָלַחְתָּ לְחַטַּאת עֲבָדֶיךָ וְעַמְּךָ יִשְׂרָאֵל כִּי תוֹרֵם אֶת הַדֶּרֶךְ הַטּוֹבָה אֲשֶׁר יֵלְכוּ בָהּ וְנָתַתָּה מָטָר עַל אַרְצְךָ אֲשֶׁר נָתַתָּה לְעַמְּךָ לְנַחֲלָה: [מלכים א' ח, לו]

ד) צִיָּה גַם חֹם יִגְזְלוּ מֵימֵי שֶׁלֶג שְׁאוֹל חָטָאוּ: [איוב כד, יט]

ה) וְחָרָה אַף יְיָ בָּכֶם וְעָצַר אֶת הַשָּׁמַיִם וְלֹא יִהְיֶה מָטָר וְהָאֲדָמָה לֹא תִתֵּן אֶת יְבוּלָהּ וַאֲבַדְתֶּם מְהֵרָה מֵעַל הָאָרֶץ הַטֹּבָה אֲשֶׁר יְיָ נֹתֵן לָכֶם: [דברים יא, יז]

ו) רוּחַ צָפוֹן תְּחוֹלֵל גָּשֶׁם וּפָנִים נִזְעָמִים לְשׁוֹן סָתֶר: [משלי כה, כג]

ז) וַיִּמָּנְעוּ רְבִבִים וּמַלְקוֹשׁ לוֹא הָיָה וּמֵצַח אִשָּׁה זוֹנָה הָיָה לָךְ מֵאַנְתְּ הִכָּלֵם: [ירמיה ג, ג]

ח) הֵעֵז אִישׁ רָשָׁע בְּפָנָיו וְיָשָׁר הוּא יָבִין דַּרְכּוֹ: [משלי כא, כט]

ט) מִי כְּהֶחָכָם וּמִי יוֹדֵעַ פֵּשֶׁר דָּבָר חָכְמַת אָדָם תָּאִיר פָּנָיו וְעֹז פָּנָיו יְשֻׁנֶּא: [קהלת ח, א]

י) בַּעֲצַלְתַּיִם יִמַּךְ הַמְּקָרֶה וּבְשִׁפְלוּת יָדַיִם יִדְלֹף הַבָּיִת: [קהלת י, יח]

כ) וְאִם מָךְ הוּא מֵעֶרְכֶּךָ וְהֶעֱמִידוֹ לִפְנֵי הַכֹּהֵן וְהֶעֱרִיךְ אֹתוֹ הַכֹּהֵן עַל פִּי אֲשֶׁר תַּשִּׂיג יַד הַנֹּדֵר יַעֲרִיכֶנּוּ הַכֹּהֵן: [ויקרא כז, ח]

ל) הַמְקָרֶה בַמַּיִם עֲלִיּוֹתָיו הַשָּׂם עָבִים רְכוּבוֹ הַמְהַלֵּךְ עַל כַּנְפֵי רוּחַ: [תהלים קד, ג]

מ) וְעַתָּה לֹא רָאוּ אוֹר בָּהִיר הוּא בַּשְּׁחָקִים וְרוּחַ עָבְרָה וַתְּטַהֲרֵם: [איוב לז, כא]

נ) כִּי נֵר מִצְוָה וְתוֹרָה אוֹר וְדֶרֶךְ חַיִּים תּוֹכְחוֹת מוּסָר: [משלי ו, כג]

ס) עַל כַּפַּיִם כִּסָּה אוֹר וַיְצַו עָלֶיהָ בְמַפְגִּיעַ: [איוב לו, לב]

ע) וְיִתְכַּסּוּ שַׂקִּים הָאָדָם וְהַבְּהֵמָה וְיִקְרְאוּ אֶל אֱלֹהִים בְּחָזְקָה וְיָשֻׁבוּ אִישׁ מִדַּרְכּוֹ הָרָעָה וּמִן הֶחָמָס אֲשֶׁר בְּכַפֵּיהֶם: [יונה ג, ח]

פ) אַף בְּרִי יַטְרִיחַ עָב יָפִיץ עֲנַן אוֹרוֹ: [איוב לז, יא]

צ) וְאַתָּה אַל תִּתְפַּלֵּל בְּעַד הָעָם הַזֶּה וְאַל תִּשָּׂא בַעֲדָם רִנָּה וּתְפִלָּה וְאַל תִּפְגַּע בִּי כִּי אֵינֶנִּי שֹׁמֵעַ אֹתָךְ: [ירמיה ז, טז]

ק) אִם קֵהָה הַבַּרְזֶל וְהוּא לֹא פָנִים קִלְקַל וַחֲיָלִים יְגַבֵּר וְיִתְרוֹן הַכְשֵׁיר חָכְמָה: [קהלת י, י]

assessment. **וְאֵין מְקָרֶה אֶלָּא הַקָּדוֹשׁ בָּרוּךְ הוּא** – **And** the word ***mekareh*** (used in the verse to mean roof) **is interpreted here as nothing other than "the Holy One, Blessed is He",** **שֶׁנֶּאֱמַר** – **as it is said** in reference to God:[30] **"הַמְקָרֶה בַמַּיִם עֲלִיּוֹתָיו"** – ***Who roofs*** (*mekareh*) ***His upper chambers with water.***

An alternative source for this teaching:

רַב יוֹסֵף אָמַר מֵהָכָא – **Rav Yosef said** that this teaching may be derived **from the following** verse,[31] **"וְעַתָּה לֹא רָאוּ אוֹר** – ***And when they do not see light;*** **בָּהִיר הוּא בַּשְּׁחָקִים** – ***the skies are patchy,*** **וְרוּחַ עָבְרָה וַתְּטַהֲרֵם"** – ***but a wind blows and clears them.***

The derivation is explained:

וְאֵין אוֹר אֶלָּא תּוֹרָה – **"Light" is** interpreted here as **nothing other than "Torah,"** **שֶׁנֶּאֱמַר** – **as it is said** elsewhere:[32] **"כִּי נֵר מִצְוָה וְתוֹרָה אוֹר"** – ***For a mitzvah is a candle, and Torah is light.*** Thus, the first part of the verse is interpreted: *And when they do not see Torah;* i.e. they do not study Torah. **"בָּהִיר הוּא בַּשְּׁחָקִים"** – And the latter part of the verse, ***the skies are patchy*** *but a wind blows and clears them,* is explained as follows: **תָּנָא דְּבֵי ר' יִשְׁמָעֵאל** – **A Baraisa was taught in the yeshivah of R' Yishmael:** **אֲפִילּוּ בְּשָׁעָה שֶׁרָקִיעַ נַעֲשֶׂה בְּהוֹרִין בְּהוֹרִין** – **EVEN WHEN THE SKY IS COMPOSED OF PATCHES** of cloud **לְהוֹרִיד טַל וּמָטָר** – that are about **TO BRING DOWN DEW AND RAIN,** **"רוּחַ עָבְרָה וַתְּטַהֲרֵם"** – ***A WIND BLOWS AND CLEARS [THE SKY]*** from these clouds. Thus the entire verse teaches: When people neglect the study of Torah the sky is cleared of rain-clouds.

Another sin which causes drought:

אָמַר ר' אַמִּי – **R' Ami said:** **אֵין הַגְּשָׁמִים נֶעֱצָרִין אֶלָּא בַּעֲוֹן גָּזֵל** – **Rain is withheld only because of the sin of theft;** **שֶׁנֶּאֱמַר** – **as it is said:**[33] **"עַל־כַּפַּיִם כִּסָּה־אוֹר"** – ***With clouds, He conceals rain.*** This is interpreted homiletically: **בַּעֲוֹן כַּפַּיִם כִּסָּה אוֹר** – **Because of the sin of *kapayim*, [God] conceals *ohr*.** These terms signify the following: **וְאֵין כַּפַּיִם אֶלָּא חָמָס** – The word ***kapayim*** **is interpreted here as nothing other than "theft,"** **שֶׁנֶּאֱמַר** – **as it is said** elsewhere that *kapayim* is associated with theft:[34] **"וּמִן־הֶחָמָס אֲשֶׁר בְּכַפֵּיהֶם"** – ***and from the theft which is in their hands*** (*kapayim*). **וְאֵין אוֹר אֶלָּא מָטָר** – **And** the word ***ohr*** **is** interpreted here as **nothing other than "rain,"** **שֶׁנֶּאֱמַר** – **as it is said** elsewhere that *ohr* means rain:[35] **"יָפִיץ עֲנַן אוֹרוֹ"** – ***He***[36] ***scatters his rain*** (*ohr*) ***cloud.*** Thus, our verse is interpreted: Because of the sin of theft, God conceals [i.e. withholds] the rain.

The Gemara interprets the conclusion of the verse:

מַאי תַּקַּנְתֵּיהּ – **What is his remedy;** what can one do if rain is withheld? **יַרְבֶּה בִּתְפִלָּה** – **One should pray profusely;** **שֶׁנֶּאֱמַר** – **as it is said** in the conclusion of the verse:[37] **"וַיְצַו עָלֶיהָ בְמַפְגִּיעַ"** – ***But [God] commands [the rain]*** to fall ***because of a petitioner.*** **וְאֵין פְּגִיעָה אֶלָּא תְּפִלָּה** – **And** the word ***pegiah*** (whose form *mafgia* is used in this verse to mean a petitioner) **means nothing other than prayer,** **שֶׁנֶּאֱמַר** – **as it is said** elsewhere:[38] **"וְאַתָּה אַל־תִּתְפַּלֵּל בְּעַד־הָעָם הַזֶּה [וגו'] וְאַל־תִּפְגַּע־בִּי"** – ***And you, do not pray on behalf of this nation*** [etc.] ***and do not entreat*** (*tifga*) ***Me.*** Thus the verse teaches that God commands the rain to fall in response to prayer.

Another related teaching from R' Ami:

וְאָמַר רַבִּי אַמִּי – **And R' Ami said:** **מַאי דִּכְתִיב** – **What is** the meaning of **that which is written:**[39] **"אִם־קֵהָה הַבַּרְזֶל וְהוּא לֹא־פָנִים קִלְקַל"** – ***If the iron is dull and one does not whet*** its ***edge?*** **אִם רָאִיתָ רָקִיעַ שֶׁקֵּיהָה כְּבַרְזֶל** – Interpreted homiletically, this teaches: **If you see** that **the sky is as "dull as iron"** **מִלְּהוֹרִיד טַל וּמָטָר** – **from** its failure **to precipitate dew and rain,**[40] **בִּשְׁבִיל מַעֲשֵׂה הַדּוֹר** – it is **because of the deeds of the generation** **שֶׁהֵן מְקוּלְקָלִין** – **which are degenerate;** **שֶׁנֶּאֱמַר** – **as it is said** in that verse: **"וְהוּא לֹא־פָנִים קִלְקַל"** – ***and it*** [the generation] did ***not*** beseech ***the face*** of God,[41] ***it is degenerate.*** **מַה תַּקַּנְתָּן** – **What is their remedy?** **יִתְגַּבְּרוּ בְּרַחֲמִים** – **They should persist in prayer;**[42] **שֶׁנֶּאֱמַר** – **as it is said** in the continuation of the verse: **"וַחֲיָלִים יְגַבֵּר"** – ***nevertheless legions will persist.***[43] However, as the verse concludes: **"וְיִתְרוֹן הַכְשֵׁיר חָכְמָה"** – ***But the advantage of wisdom is greater,*** **כָּל שֶׁכֵּן אִם הוּכְשְׁרוּ מַעֲשֵׂיהֶן מֵעִיקָּרָא** – i.e. **all the more so** would rain have fallen **if their deeds had been perfected from before.**

Another teaching based on the same verse:

רֵישׁ לָקִישׁ אָמַר – **Reish Lakish said:** **אִם רָאִיתָ תַּלְמִיד** – **If you see a student**

NOTES

30. *Psalms* 104:3. The verse refers to the מַיִם הָעֶלְיוֹנִים, *the upper waters*, which God separated during the Creation and retained in Heaven (see *Genesis* 1:6,7 and *Rashi* there).

31. *Job* 37:21.

32. *Proverbs* 6:23.

33. *Job* 36:32. The verse in its entirety reads: עַל־כַּפַּיִם כִּסָּה־אוֹר וַיְצַו עָלֶיהָ בְמַפְגִּיעַ, *With clouds [God] conceals the rain, but He commands* [*the rain*] to fall *because of a petitioner* who prays for his generation (*Rashi* ad loc.).

34. *Jonah* 3:8.

35. *Job* 37:11.

36. The angel *Af Bri* (*Rashi;* see the beginning of the verse).

37. See note 33.

38. *Jeremiah* 7:16. [Because the expression ...פגע ב literally means to encounter, the Gemara demonstrates that it is used idiomatically in Scripture to signify prayer.]

39. *Ecclesiastes* 10:10. The verse in its entirety reads: אִם־קֵהָה הַבַּרְזֶל וְהוּא לֹא־פָנִים קִלְקַל וַחֲיָלִים יְגַבֵּר וְיִתְרוֹן הַכְשֵׁיר חָכְמָה, *If the iron* [i.e. a sword] *is dull and one does not whet* its *edge, nevertheless it makes soldiers victorious* in battle; *but the advantage of wisdom is* even *greater* than that of iron. This translation is based on *Rashi's* commentary to the verse. However, the Gemara proceeds to present several homiletical interpretations of this verse, and where appropriate, the verse is translated in conformity with the Gemara's expositions.

40. A fulfillment of the curse (*Lev.* 26:19): וְנָתַתִּי אֶת־שְׁמֵיכֶם כַּבַּרְזֶל, *and I will make your skies like iron* (*Maharsha;* see *Rashi* ad loc.).

41. *Maharsha* based on *Targum* (see note 39).

42. Literally: in mercy. Since prayer is essentially an entreaty for Divine mercy, it is sometimes referred to as רַחֲמִים, *mercy.*

43. [See note 39.] This a reference to תְּפִלַּת רַבִּים, *communal prayer,* which is more readily accepted than individual prayer (*Maharsha;* see *Berachos* 8a).

שֶׁלִּמּוּדוֹ קָשֶׁה עָלָיו כַּבַּרְזֶל – **whose studies are as hard to him as iron,** בִּשְׁבִיל מִשְׁנָתוֹ שֶׁאֵינָהּ סְדוּרָה עָלָיו – **it is because his** knowledge of the **mishnaic text is not arranged** in an organized fashion,[1] שֶׁנֶּאֱמַר – **as it is said:**[2] ,,וְהוּא לֹא־פָנִים קִלְקַל'' – ***And one does not*** understand his studies because ***he has distorted what comes first*** [i.e. *mishnah,* which comes before *gemara*].[3] מַאי תַּקַּנְתֵּיהּ – **What is his remedy?** יַרְבֶּה בִּישִׁיבָה – **He should spend more time** studying **in a yeshivah,** where the other students review the mishnaic text, שֶׁנֶּאֱמַר – **as it is said** in the continuation of that verse: ,,וַחֲיָלִים יְגַבֵּר'' – ***He should be fortified by the legions*** of students. However, as the verse concludes: ,,וְיִתְרוֹן הַכְשֵׁיר חָכְמָה'' – ***but the advantage of wisdom is greater,*** כָּל שֶׁכֵּן אִם מִשְׁנָתוֹ סְדוּרָה לוֹ מֵעִיקָּרָא – i.e. **all the more so** would his studies have progressed **if his** knowledge of the **mishnaic text had been arranged** properly **in the first place.** כִּי הָא דְּרֵישׁ לָקִישׁ – As exemplified by **the case of Reish Lakish,** הֲוָה מְסַדֵּר מַתְנִיתֵיהּ אַרְבָּעִין זִמְנִין – **who would review his mishnaic text forty times,** כְּנֶגֶד מ׳ יוֹם שֶׁנִּיתְּנָה תּוֹרָה – **corresponding to** the **forty days during which the Torah was transmitted** to Moses at Sinai, וְעָיֵיל לְקַמֵּיהּ דְּר׳ יוֹחָנָן – **and** only then **appear before R' Yochanan** to study *gemara.* רַב אַדָּא בַּר אַהֲבָה מְסַדֵּר מַתְנִיתֵיהּ עֶשְׂרִין וְאַרְבַּע זִמְנִין – **Rav Adda bar Ahavah would review his mishnaic text twenty-four times,** כְּנֶגֶד תּוֹרָה נְבִיאִים וּכְתוּבִים – **corresponding to** the twenty-four books of **the Torah, Prophets, and Writings,**[4] וְעָיֵיל לְקַמֵּיהּ דְּרָבָא – **and then appear before Rava** to study *gemara.*

A parallel interpretation:

רָבָא אָמַר – **Rava said:** אִם רָאִיתָ תַּלְמִיד – **If you see a student** שֶׁלִּמּוּדוֹ קָשֶׁה עָלָיו כַּבַּרְזֶל – **whose studies are as hard to him as iron,** בִּשְׁבִיל רַבּוֹ שֶׁאֵינוֹ מַסְבִּיר לוֹ פָּנִים – it is **because his teacher does not show him a cheerful countenance,** שֶׁנֶּאֱמַר – **as it is said:**[2] ,,וְהוּא לֹא־פָנִים קִלְקַל'' – ***And he*** does ***not*** understand his studies because ***[his teacher] distorted*** his ***face.*** מַאי תַּקַּנְתֵּיהּ – **What is his remedy?** יַרְבֶּה עָלָיו רֵעִים – **He should send numerous friends to [his teacher]** to intercede on his behalf, שֶׁנֶּאֱמַר – **as it is said** in the continuation of that verse: ,,וַחֲיָלִים יְגַבֵּר – ***he should overwhelm*** his teacher ***with legions*** of friends. However, as the verse concludes: ,,וְיִתְרוֹן הַכְשֵׁיר חָכְמָה'' – ***but the advantage of wisdom is greater,*** כָּל שֶׁכֵּן אִם הוּכְשְׁרוּ מַעֲשָׂיו בִּפְנֵי רַבּוֹ מֵעִיקָּרָא – i.e. **all the more so** would his studies have progressed **if his behavior had been pleasing to his teacher in the first place.**

A teaching based on the next verse:

וְאָמַר ר׳ אַמִּי – **And R' Ami said:** מַאי דִּכְתִיב – **What is** the meaning of **that which is written:**[5] ,,אִם־יִשֹּׁךְ הַנָּחָשׁ בְּלוֹא־לָחַשׁ – ***If the snake bites because it was not charmed,*** וְאֵין יִתְרוֹן לְבַעַל הַלָּשׁוֹן'' – ***then the master of speech has no advantage?***[6] אִם רָאִיתָ דּוֹר – Interpreted homiletically, this means: **If you see a generation** שֶׁהַשָּׁמַיִם מִשְׁתַּכִּין כִּנְחֹשֶׁת – **in which the sky is rust colored like copper**[7] מִלְּהוֹרִיד טַל וּמָטָר – **from** its failure **to precipitate dew and rain,** בִּשְׁבִיל לוֹחֲשֵׁי לְחִישׁוֹת שֶׁאֵין בַּדּוֹר – it **is because the generation is lacking in people who speak soft utterances,** i.e. they do not pray.[8] מַאי תַּקַּנְתָּן – **What is their remedy?** יֵלְכוּ אֵצֶל מִי שֶׁיּוֹדֵעַ לִלְחוֹשׁ – **They should go to one who knows how to speak softly** [pray], דִּכְתִיב – **as it is written** elsewhere:[9] ,,יַגִּיד עָלָיו רֵעוֹ'' – ***His colleague should speak*** [pray] ***on his behalf.***

The Gemara returns to the conclusion of the previous verse to continue this lesson:

,,וְאֵין יִתְרוֹן לְבַעַל הַלָּשׁוֹן'' – ***Then the master of speech has no advantage.*** וּמִי שֶׁאֶפְשָׁר לוֹ לִלְחוֹשׁ – This teaches **that someone who is able to speak softly** [pray] וְאֵינוֹ לוֹחֵשׁ – **but does not speak softly** [pray], מָה הֲנָאָה יֵשׁ לוֹ – **what benefit does he derive** from remaining silent?

וְאִם לָחַשׁ וְלֹא נַעֲנָה – **And if he** [the "master of speech"] **spoke softly** [prayed] **but was not answered,** מַאי תַּקַּנְתֵּיהּ – **what is one's remedy?** I.e. what should be done to bring rain? יֵלֵךְ אֵצֶל חָסִיד שֶׁבַּדּוֹר – **One should go to the** most **pious man of the generation,** וְיַרְבֶּה עָלָיו בִּתְפִלָּה – **and he should pray profusely on one's behalf** שֶׁנֶּאֱמַר – **as it is said:**[10] ,,וַיְצַו עָלֶיהָ בְמַפְגִּיעַ'' – ***But He commands [the rain]*** *to fall* ***because of a petitioner*** (*mafgia*). וְאֵין פְּגִיעָה אֶלָּא תְּפִלָּה – **And** the word ***pegiah*** (whose form *mafgia* is used in this verse to mean a petitioner) **means nothing other than prayer,** שֶׁנֶּאֱמַר – **as it is said** elsewhere:[11] ,,וְאַתָּה אַל־תִּתְפַּלֵּל בְּעַד־הָעָם הַזֶּה – ***And you, do not pray on behalf of this nation,*** וְאַל־תִּשָּׂא בַעֲדָם רִנָּה וּתְפִלָּה – ***and do not raise on their behalf clamor and prayer,*** וְאַל־תִּפְגַּע־בִּי'' – ***and do not entreat*** (*tifga*) ***Me.***

וְאִם לָחַשׁ וְעָלְתָה בְּיָדוֹ – **And if he** [the "master of speech"] **spoke softly** [prayed] **and was successful,** i.e. his prayer was answered,

NOTES

1. [In the Talmudic learning process, first one learns the basic laws (generally referred to as *mishnah*) and then one contrasts and analyzes them (*gemara*).] If a student's knowledge of the mishnaic text is not arranged in an organized fashion he will be unable to remember it; consequently, when he comes across difficulties in his studies he will be unable to resolve them. Alternatively, here we refer to a student who has committed to memory an inaccurate version of the mishnaic text and as a result he encounters an undue number of inconsistencies and contradictions (*Rashi*).

2. *Ecclesiastes* 10:10; see 7b note 39.

3. פָּנִים, literally: face or front, is taken as a reference to *mishnah* which should be acquired perfectly first, before one pursues *gemara* (see *Rashi*).

4. See *Bava Basra* 14b for a listing of the nineteen books of the Prophets and Writings, which together with the five books of Moses comprise the twenty-four books of Scripture.

5. *Ecclesiastes* 10:11.

6. *Rashi* (ad loc.) explains the verse as follows: A snake charmer ("the master of speech"), who is capable of preventing a snake from biting people, gains nothing from failing to exercise his powers. Similarly, a religious leader derives no benefit from maintaining his silence and failing to offer guidance to his people when they stumble in sin.

7. A fulfillment of the curse (*Deut.* 28:23): ,,וְהָיוּ שָׁמֶיךָ אֲשֶׁר עַל־רֹאשְׁךָ נְחֹשֶׁת, *And your heavens that are over your head shall be copper* (*Maharsha*). [The description of the sky as "rust colored" is possibly an allegorical description of the degree to which the sky resembles copper, in that it does not produce precipitation.]

Alternatively: The sky is compared to something that has become rusty, in that it has fallen into disuse (*Tosafos*).

8. *Rashi*. Prayer is recited softly (*Berachos* 31a).

This exposition is based on the similarity between נָחָשׁ (*snake*) and נְחֹשֶׁת (*copper*); יִשֹּׁךְ (*bite*) and יִשְׁתַּךְ (*become rusty* or *rust colored*). Thus, the verse is interpreted: אִם־יִשֹּׁךְ הַנָּחָשׁ, *if it becomes rusty* [like] *copper;* בְּלוֹא לָחַשׁ, [the generation is] *without quiet utterance* [i.e. prayer].

9. *Job* 36:33. This verse, with the previous one, read: עַל־כַּפַּיִם כִּסָּה־אוֹר וַיְצַו עָלֶיהָ בְמַפְגִּיעַ, *With clouds [God] conceals the rain, but He commands [the rain]* to fall *because of a petitioner* who is one of the leaders of the generation and prays to God for his generation. יַגִּיד עָלָיו רֵעוֹ מִקְנֶה אַף עַל־עוֹלֶה, *The friend of [the generation] tells [the generation]* to repent; this repentance is the means of *acquisition* for rain, *it* [the repentance] *goes even up and above* (based on *Rashi's* commentary ad loc.).

10. Ibid. v. 32 (see note 9). *Rashi* (ad. loc.) writes that the term מַפְגִּיעַ, *petitioner,* refers to a particular individual who is "the friend of the generation" — its outstanding sage. He relates to God the troubles and needs of his generation. (See *Maharsha* who notes that the Gemara does not follow the order of the verses in *Job.*)

11. *Jeremiah* 7:16. See 7b, note 38.

שלמודו קשה עליו כברזל בשביל משנתו שאינה סדורה עליו שנאמר (א) והוא לא פנים קלקל מאי תקנתיה ירבה בישיבה שנאמר (א) וחילים יגבר ויתרון הכשיר חכמה כ"ש אם משנתו סדורה לו מעיקרא כי הא דריש לקיש הוה מסדר מתני' ארבעין זמנין כנגד מ' יום שניתנה תורה ועייל לקמיה דר' יוחנן רב אדא בר אהבה מסדר מתני' עשרין וארבע זמנין כנגד תורה נביאים וכתובים ועייל לקמיה דרבא רבא אמר אם ראית תלמיד שלמודו קשה עליו כברזל בשביל רבו שאינו מסביר לו פנים שנאמר והוא לא פנים קלקל מאי תקנתיה ירבה עליו רעים שנאמר וחילים יגבר ויתרון הכשיר חכמה כ"ש אם הוכשרו מעשיו בפני רבו מעיקרא ואמר ר' אמי מאי דכתיב (ב) אם ישוך הנחש בלא לחש ואין יתרון לבעל הלשון אם ראית דור שהשמים משתכין (א) כנחשת מלהוריד טל ומטר בשביל לוחשי לחישות שאין בדור מאי תקנתן ילכו אצל מי שיודע ללחוש דכתיב (ג) יגיד עליו רעו ואין יתרון לבעל הלשון ומי שאפשר לו ללחוש ואינו לוחש מה הנאה יש לו ואם לחש ולא נענה מאי תקנתיה ילך אצל חסיד שבדור וירבה עליו בתפלה שנאמר (ד) ויצו עליה במפגיע (ה) ואין פגיעה אלא תפלה שנאמר (ה) ואתה אל תתפלל בעד העם הזה ואל תשא בעדם רנה ותפלה ואל תפגע בי ואם לחש ועלתה בידו ומגים דעתו עליו מביא אף לעולם שנאמר (ג) מקנה אף על עולה רבא אמר שני ת"ח שיושבין בעיר אחת ואין נוחין זה לזה בהלכה מתקנאין באף ומעלין אותו שנאמר מקנה אף על עולה (ג) אמר ר"ל מאי דכתיב אם ישוך הנחש בלא לחש ואין יתרון לבעל הלשון לעתיד לבא מתקבצות ובאות כל החיות אצל הנחש ואומרים לו ארי דורס ואוכל זאב טורף ואוכל אתה מה הנאה יש לך אמר להם ואין יתרון לבעל הלשון אמר רבי אמי אין תפלתו של אדם נשמעת אלא אם כן משים נפשו בכפו שנאמר (ו) נשא לבבנו אל כפים [(ג) איני והא] אוקים שמואל אמורא עליה ודרש (ז) ויפתוהו בפיהם ובלשונם יכזבו לו ולבם לא נכון עמו ולא נאמנו בבריתו ואף על פי כן (ח) והוא רחום יכפר עון וגו' (ד) לא קשיא כאן ביחיד כאן בציבור אמר ר' אמי אין גשמים יורדין אלא בשביל בעלי אמנה שנאמר (ט) אמת מארץ תצמח וצדק משמים נשקף וא"ר אמי בא וראה כמה גדולים בעלי אמנה מניין מחולדה ובור ומה המאמין בחולדה ובור כך המאמין בהקב"ה עאכ"ו אמר רבי יוחנן כל המצדיק את עצמו מלמטה מצדיקין עליו הדין מלמעלה שנאמר אמת מארץ תצמח וצדק משמים נשקף רבי חייא בר אבין אמר רב הונא מהכא (י) וכיראתך עברתך ריש לקיש אמר מהכא (כ) פגעת את שש ועושה צדק בדרכיך יזכרוך הן אתה קצפת ונחטא בהם עולם ונושע אמר ריב"ל כל השמח ביסורין שבאין עליו מביא ישועה לעולם שנאמר בהם עולם ונושע אמר ריש לקיש מאי דכתיב (ל) ועצר את השמים בשעה שהשמים נעצרין מלהוריד (ה) טל ומטר) דומה לאשה שמחבלת ואינה יולדת והיינו דאמר ריש לקיש משום בר קפרא נאמרה עצירה בגשמים ונאמרה עצירה באשה נאמרה

רש"י

שלמודו קשה עליו כברזל. שקשה הוא לו מרוב קושיות בשביל משנתו שאינה סדורה לו ואינו זוכר מה כתיב בה ולפיכך אינו יודע לפרק אי נמי שגורסה בטעות פוטר על החיוב ומחייב על הפטור ומקשי עלה מדוכתא אחריתי והכי משמע קרא והוא לא (ב) שאינו יודע שמועתו מפני שפנים קלקל שקלקל במשנה שהיא קודם לגמרא: ירבה בישיבה. שיסדירו בני הישיבה משנתם שנאמר וחיילים בין תלמידים שהן חיילות חיילות: ויתרון הכשיר. כשסידר משנתו מתחילה: כנגד מ' יום שניתנה התורה. שתתקיים בידו והדר עייל קמיה דר' יוחנן למיגמר גמרא: כנגד תנ"ך. שהן כ"ד ספרים: שפנים קלקל. שהראה לו פנים רעות: ירבה עליו רעים. לפייס הימנו שיסבור לו פנים: משתכין עליו כנחושת. מאדימין פנים כעין רודיל"א כדאמרי' בבבא מציעא (דף כו.) דשתיך טפי שהעלה חלודה שנעצרין (י)מלהוליד) טל ומטר: לוחשי לחישות. בשביל שאין מתפללים תפלה בלחש: יגיד עליו רעו. יתפלל עליו חבירו וגבי גשמים כתיב באיוב: ואין יתרון לבעל הלשון. כלומר מה הנאה יש לבעל הלשון שיודע ללחוש ואינו לוחש: מקנה אף על עולה. מקנה אף מי שמגים דעתו ועולה: ואין נוחין זה לזה כו'. והכי משמע בשביל שצריך להגיד זה לזה ולהיות נוחין בהלכה ואינן עושין מקנה מתקנאים מתגרים באף ומעלים אותו ומביאים אותו עליהן. ויש גורסין ונוחין זה לזה בהלכה מתקנאים באף וכו' משיגיד עליו רעו שנוחין זה לזה מתקנאים באף ומעלים אותו מעליהם: ארי דורס ואוכל. מיד ואינו מתירא: טורף ואוכל. שמוליך לחוריו ואוכל שם שמפחד מן הבריות ולכולן יש להם הנאה: ולך מה הנאה יש לך. שאתה נושך בני אדם והורגן והוא אומר מה יתרון לבעל הלשון שמספר לשון הרע אע"פ שאין לו הנאה ולפיכך מביאו (ג) הקב"ה בדין אצל נחש כדי שיתביישו מפני שהשיא אדם הראשון ומתביישין עמו מספרי לשון הרע: ולבם לא נכון עמו. עם הקב"ה: ואעפ"כ. כתוב בסמוך והוא רחום יכפר עון ושומע תפלתם והיכי אמרת שאין תפלתם נשמעת אא"כ משים נפשו בכפו כלומר שנפשו מכוונת בכפו (ד): בצבור. תפלתם נשמעת ואע"פ שאין לב כולם שלם כדכתיב ויפתוהו בפיהם בדברים לי רבים: ביחיד. אינו אלא א"כ לבו מכוון: בזמן שאמת מארץ תצמח. שיש אמונה במשא ומתן אז צדק משמים נשקף דהיינו גשמים שהן צדקה: מחולדה ובור. שהמיתו שני בני אדם מלוי הוא באגדה (ה) מעשה בבחור אחד שנתן אמונתו לריבה אחת שישאנה אמרה מי מעיד והיה שם בור אחד וחולדה אמר הבחור בור וחולדה עדים בדבר לימים עבר על אמונתו ונשא אחרת והוליד שני בנים אחד נפל לבור ומת וא' נשכתו חולדה ומת אמרה לו אשתו מה מעשה הוא זה שבנינו מתים במיתה משונה ואמר לה כך וכך היה המעשה: המאמין בהקדוש ברוך הוא. שמשימו עד בינו לבין חבירו על אחת כמה וכמה: המצדיק עצמו. שמכשיר ומקשט מעשיו: מצדיקין עליו. מדקדקין עמו אפילו כחוט השערה יותר משאילו מקלקל מעשיו כדי למרק עונותיו: שנאמר אמת מארץ תצמח. אז צדק משמים נשקף לדקה אין כתיב כאן אלא צדק דמשמע דין: וכיראתך עברתך. על מי שהוא ירא אותך אתה מחזיק עברתך כדי למרק עונותיו ופשט המקרא מי יודע עוז אפך מי יודע עוז וכח למצוא אותו לנוס מפניך ביום אפך וכיראתך עברתך כשם שאתה יראוי ומפוחד כך יש להתיירא ולהתפחד מעברתך: פגעת את שש ועושה צדק. במי ששמח ועושה צדק שהן העושים כך בדרכיך יזכירוך אתה פוגע בו אם חוטא כלום כמו ויפגע בו וימת. קרא הכי הוא פגעת את שש ועושה צדק והן העושין כך בדרכיך יזכירוך באותם דרכים שאתה מייסרן ביסורין יזכירוך לטובה ואומרים הן אתה קצפת בשביל שחטאנו בהם עולם ונושע בשבילם נושע לעולם הבא: שחובלת. כמו חבלי יולדה אף השמים עושין כן וקשה לעולם ועל חטא הוא: נאמרה

תוספות

אם ראית דור שהשמים משתכין עליו כנחושת מלהוריד גשם עליו וכו'. מכאן מוכיח ר"ת דהא דאמרי' בבבא בתרא (דף יט. ושם) אין טומנין בסלעים מ"ט משום דמשתכי ליה לקדירה ר"ל משתכי מקלקלים המאכל שבקדירה ובלע"ז אורמשי"ר והא דאמר לקדירה לאו דוקא לקדירה אלא למאכל שבקדירה דהכי נמי קאמר (שבת דף יח:) האי קדרה חייתא שרי ואין לפרש כפרש"י שפי' התם משתכי משברים הקדירה דא"כ מאי קאמר הכא שהשמים משתכין (ו) ר"ל שהשמים משתברין אלא ודאי משתכים ר"ל מעלין חלודה כמו דבר שבטל ממלאכתו ימים רבים ומחליד ובלע"ז רא"ולי"ר: **ואי** לוחש ועלתה בידו ומגים דעתו מביא אף לעולם שנאמר יגיד עליו ריעו וגו'. כלומר אם יגיד עליו ריעו שעל ידו באו הגשמים והוא מגים דעתו מקנה אף עולה כלומר הוא קונה אף ועולה כלומר אם עולה שמגים דעתו עליו הוא מקנה האף:

בחולדה ובור כך בהקב"ה על אחת כמה וכמה. פי' מאמין בחולדה ובור מעשה היה בנערה אחת היתה רוצה לילך לבית אביה והיה בור בדרך ונפלה ובא בחור אחד ואמר אם אני אעליך תנשאי לי אמרה לו הן ונשבעו ביניהן שהוא לא ישא אשה אחרת והיא לא תנשא לאיש אחר ואמרו מי מעיד בינינו והיתה חולדה אחת הולכת לפני הבור ואמרו אלו שנים בור וחולדה יהיו עדים בינינו והלכו לדרכם והיא עמדה בשבועתה והוא נשא אשה אחרת וילדה בן באת חולדה ונשכתו ומת וילדה לו בן שני ונפל לבור ומת אמרה לו אשתו מה זה המעשה שהגיע לנו שלא כשאר בני אדם נזכר השבועה וסיפר לאשתו כל המעשה אמרה לו א"כ חזור וקחנה וכתב לה גט והלך ונשא את הבתולה והיינו דאמרי המאמין בבור וחולדה שהעמידו עדותן:
ונלומה

מסורת הש"ס

א) [לעיל ז: וש"נ], ב) ערכין טו:, ג) ג' רש"א, ד) [בשאלתות פ"ם קסג איתא קשיין אהדדי לא קשיא כאן ביחיד וכו' וכ"א בע"י ומעתה אין צורך להגהת רש"א לעיל בסמוך איני והא], ה) [בילקוט איתא מטר], ו) [נ"ל מלהוריד].

הגהות הב"ח

(א) גמ' דור שהשמים משתכין עליו כנחשת מלהוריד כו' לחישות שאין באותו הדור מאי: (ב) רש"י ד"ה שלמודו כו' משמע קרא והוא לא פנים קלקל שאינו יודע: (ג) ד"ה ולך כו' מביאו הקב"ה בדין (אצל נחש) תא"מ ונ"ב ס"א אינו ולגירסא שלפנינו צ"ל מביאן: (ד) ד"ה ואעפ"כ כו' מכוונת בכפו מבחון הס"ד נ"ב כלומר עם כפו: (ה) ד"ה מחולדה כו' מעשה בבחור אחד. נ"ב עי' בערוך ערך חלד מבאר המעשה באריכות: (ו) תום' ד"ה אם כו' קאמר הכא שהשמים משתכין שאין ר"ל שהשמים:

תורה אור השלם

א) אִם קֵהָה הַבַּרְזֶל וְהוּא לֹא פָנִים קִלְקַל וַחֲיָלִים יְגַבֵּר וְיִתְרוֹן הַכְשֵׁר חָכְמָה: [קהלת י, י]
ב) אִם יִשֹּׁךְ הַנָּחָשׁ בְּלוֹא לָחַשׁ וְאֵין יִתְרוֹן לְבַעַל הַלָּשׁוֹן: [קהלת י, יא]
ג) יַגִּיד עָלָיו רֵעוֹ מִקְנֶה אַף עַל עוֹלֶה: [איוב לו, לג]
ד) עַל כַּפַּיִם כִּסָּה אוֹר וַיְצַו עָלֶיהָ בְמַפְגִּיעַ: [איוב לו, לב]
ה) וְאַתָּה אַל תִּתְפַּלֵּל בְּעַד הָעָם הַזֶּה וְאַל תִּשָּׂא בַעֲדָם רִנָּה וּתְפִלָּה וְאַל תִּפְגַּע בִּי כִּי אֵינֶנִּי שֹׁמֵעַ אֹתָךְ: [ירמיה ז, טז]
ו) נִשָּׂא לְבָבֵנוּ אֶל כַּפָּיִם אֶל אֵל בַּשָּׁמָיִם: [איכה ג, מא]
ז) וַיְפַתּוּהוּ בְּפִיהֶם וּבִלְשׁוֹנָם יְכַזְּבוּ לוֹ: וְלִבָּם לֹא נָכוֹן עִמּוֹ וְלֹא נֶאֶמְנוּ בִּבְרִיתוֹ: [תהלים עח, לו-לז]
ח) וְהוּא רַחוּם יְכַפֵּר עָוֹן וְלֹא יַשְׁחִית וְהִרְבָּה לְהָשִׁיב אַפּוֹ וְלֹא יָעִיר כָּל חֲמָתוֹ: [תהלים עח, לח]
ט) אֱמֶת מֵאֶרֶץ תִּצְמָח וְצֶדֶק מִשָּׁמַיִם נִשְׁקָף: [תהלים פה, יב]
י) מִי יוֹדֵעַ עֹז אַפֶּךָ וּכְיִרְאָתְךָ עֶבְרָתֶךָ: [תהלים צ, יא]
כ) פָּגַעְתָּ אֶת שָׂשׂ וְעֹשֵׂה צֶדֶק בִּדְרָכֶיךָ יִזְכְּרוּךָ הֵן אַתָּה קָצַפְתָּ וַנֶּחֱטָא בָּהֶם עוֹלָם וְנִוָּשֵׁעַ: [ישעיה סד, ד]
ל) וְחָרָה אַף יְיָ בָּכֶם וְעָצַר אֶת הַשָּׁמַיִם וְלֹא יִהְיֶה מָטָר וְהָאֲדָמָה לֹא תִתֵּן אֶת יְבוּלָהּ וַאֲבַדְתֶּם מְהֵרָה מֵעַל הָאָרֶץ הַטֹּבָה אֲשֶׁר יְיָ נֹתֵן לָכֶם: [דברים יא, יז]

רבינו חננאל

תלמיד שתלמודו קשה עליו מפני שאין רבו מסביר לו פנים בהלכה: אם ראית הגשמים נעצרים ומתכסין שאין בדור לוחש לחישות כראוי כו'. ואין הגשמים יורדין אלא בשביל בעלי אמונה שנאמר אמת מארץ תצמח **א"ר יוחנן** כל המצדיק עצמו מלמטה ומחזיק דרך החסידות אפילו מעט אם יטה מדקדקין עליו מלמעלה ולוקחין הדין ממנו שנאמר אמת מארץ תצמח וצדק משמים נשקף. ועוד מהכא וכיראתך עברתך. לפי דקדוקן ביראתך כן מדקדקין עליהם בעברתך. ועוד מהכא בדרכיך יזכירוך. כפי דרכך מזכירין אותך מלמעלה. **אריב"ל** כל ששמח ביסורין הבאין עליו מביא ישועה לעולם שנאמר הן אתה קצפת ונחטא בהם עולם ונושע. הן קצפת והכית אותנו בשביל חטאתינו שחטאנו שמחנו בהן כלומר הודינו כי הכאה זו בשביל עונותינו היא עולם ונושע ראויה זו להיות ישועה לעולם. **א"ר שמעון בן לקיש** נאמרה עצירה

רבינו גרשום

וכ"ש היכא דהוכשרו מעשיהם מעיקרא דהיינו יתרון הכשר. **והוא לא פנים קלקל** שלא הראה פנים במשנה קלקל בתלמוד: **והוא לא פנים.** שאין רבו מסביר לו פנים **ירבה עליו רעים.** לרצות את רבו שיסביר לו פנים: **משתכין.** מחליד: **לוחשי לחישות.** שיודעין להתפלל ואין מתפללין: **מקנה** שמגים דעתו **אף על עולה** מעלה כעס על העולם: **ומעלי** אותו שמסלקין אותו מן העולם: **מה הנאה יש לך.** שאתה נושך ואינך אוכל. **כאן ביחיד.** נשא לבבנו: **כאן בצבור.** ויפתוהו בפיהם: **מצדיקים עליו מלמעלה** כדכתיב וסביביו נשערה מאד:

ליקוטי רש"י

אם ישך הנחש. את איש. **בלא לחש.** מחמת שלא לחשו החבר שלא ישוך. **ואין יתרון.** לחבר הרשע שהיה רגיל ללחשו בלא לחש כך אם בני עירך נכשלים באיסורין מחמת שאין חכם דורש להם ומלמדם את חוקי התורה אין יתרון לו בשתיקותו ולא ישתכר [קהלת י, יא]. **משתכין.** מעלה חלודה [ב"ב יט.]. שוכתא, ליתלומית היוצא מן הכספת ובלעז רוי"ל ויפה למכה שוכתא, כמו דשתך טפי דאלו מליאות (ב"מ דף כו.) ומשתכין כנחשת דתענית (דף ח.) [שבת סה.]. **יגיד עליו רעו.** ידרוש להם לבדוק להם במעשיהם ולשוב אליו [איוב לו, לג]. **ויצו עליה במפגיע.** לבוא ע"י מפגיע בתפלה [שם, לב]. **פגיעה.** הפצרה [עפ"י רות א, טז]. **מקנה אף על עולה.** קניין אף וחמה על המגים דעתו [איוב לו, לג]. **נשא לבבנו אל כפים.** כשאנו נושאים את כפינו אל השמים נשא אף לבבינו עמהם לשוב להטיב לבבנו לפני המקום ברוך הוא [איכה ג, מא]. **ויפתוהו בפיהם.** לא באמת אלא בפיתוי בפה וכזבו בלשונם. **ולבם לא נכון עמו.** לא כפיהם נכון. **ואף על פי כן והוא רחום.** להם ומכפר עונם תמיד ולא השחיתם [תהלים עח, לו-לח]. **וכיראתך עברתך.** כשם שאתה יראוי כן עברתך קשה ונפרע מן הסוטאים [תהלים צ, יא].

וּמֵגִיס דַּעְתּוֹ עָלָיו – and as a result **he becomes haughty,** מֵבִיא **אַף לָעוֹלָם** – **he brings** Divine **anger to the world,** שֶׁנֶּאֱמַר – **as it is said:**[12] "מִקְנֶה אַף עַל-עוֹלֶה" – ***An acquisition of anger on account of*** his ***rising up.***

Another exposition of this last verse:

רָבָא אָמַר – **Rava said:** שְׁנֵי תַלְמִידֵי חֲכָמִים שֶׁיּוֹשְׁבִין בְּעִיר אַחַת – If **two Torah scholars reside in one city** וְאֵין נוֹחִין זֶה לָזֶה **בַּהֲלָכָה** – **and are not agreeable to one another in** matters of **halachah** – מִתְקַנְאִין בָּאַף וּמַעֲלִין אוֹתוֹ – **they provoke** Divine **anger and bring it** upon themselves, שֶׁנֶּאֱמַר – **as it is said:** "מִקְנֶה אַף עַל-עוֹלֶה" – ***He "provokes" anger, which goes up and rises.***[13]

Another exposition of a verse interpreted above:

אָמַר רֵישׁ לָקִישׁ – **Reish Lakish said:** מַאי דִּכְתִיב – **What is** the meaning of **that which is written:** "אִם-יִשֹּׁךְ הַנָּחָשׁ בְּלוֹא-לָחַשׁ וְאֵין יִתְרוֹן לְבַעַל הַלָּשׁוֹן" – ***If a snake bites because it was not charmed,*** ***then the master of speech has no advantage?*** לֶעָתִיד **לָבֹא** – **In the future,** מִתְקַבְּצוֹת וּבָאוֹת כָּל הַחַיּוֹת אֵצֶל הַנָּחָשׁ – **all the animals will assemble and come to the snake,** וְאוֹמְרִים לוֹ – **and say to it:** אֲרִי דּוֹרֵס וְאוֹכֵל – **A lion claws** its prey **and eats** it. זְאֵב טוֹרֵף וְאוֹכֵל – **A wolf tears** its prey **and eats** it.[14] These, and all other animals, derive benefit from their acts of aggression. אַתָּה מָה הֲנָאָה יֵשׁ לְךָ – But **you** [the snake], **what benefit do you derive** from biting people and killing them? **אָמַר לָהֶם** – **[The snake] will answer them:** "וְאֵין יִתְרוֹן לְבַעַל הַלָּשׁוֹן" – ***And the master of speech has no advantage*** – neither does "the master of speech" [one who maligns others verbally] derive any benefit from his harmful talk.[15]

Another teaching of R' Ami:

אָמַר רַבִּי אַמִּי – **R' Ami said:** אֵין תְּפִלָּתוֹ שֶׁל אָדָם נִשְׁמַעַת – **A person's prayer is not accepted** אֶלָּא אִם כֵּן מֵשִׂים נַפְשׁוֹ בְּכַפּוֹ – **unless he puts his heart in his hands;** i.e. his prayer is sincere, **שֶׁנֶּאֱמַר** – **as it is said:** "נִשָּׂא לְבָבֵנוּ אֶל-כַּפָּיִם" – ***Let us lift up our hearts with our hands*** to God in heaven.[16]

The Gemara asks:

[אֵינִי וְהָא] אוֹקִים שְׁמוּאֵל אָמוֹרָא עֲלֵיהּ וְדָרֵשׁ – **[Is that so? But] Shmuel appointed a speaker for himself,**[17] **and expounded** the following verses:[18] "וַיְפַתּוּהוּ בְּפִיהֶם – ***But they beguiled Him with their mouths,*** וּבִלְשׁוֹנָם יְכַזְּבוּ-לוֹ – ***and they lied to Him with their tongues.*** וְלִבָּם לֹא-נָכוֹן עִמּוֹ – ***Their heart was not constant with Him,*** וְלֹא נֶאֶמְנוּ בִּבְרִיתוֹ" – ***and they were not steadfast in His convenant.*** וְאַף עַל פִּי כֵן – **Nevertheless,** the following verse states: "וְהוּא רַחוּם יְכַפֵּר עָוֹן וגו׳" – ***And He is merciful, He forgives iniquity,*** **etc.** Evidently God accepts even insincere prayer. This contradicts R' Ami's assertion to the contrary. – ? –

The Gemara answers:

לָא קַשְׁיָא – This presents **no difficulty.** כָּאן בְּיָחִיד – **Here,** i.e. R' Ami's teaching [that prayer is not accepted unless it is sincere], refers to **private** prayer, כָּאן בְּצִבּוּר – whereas **here,** i.e. Shmuel's teaching [that even insincere prayer is accepted], refers to **communal** prayer.[19]

Another teaching of R' Ami:

אָמַר ר׳ אַמִּי – **R' Ami said:** אֵין גְּשָׁמִים יוֹרְדִין אֶלָּא בִּשְׁבִיל בַּעֲלֵי **אֲמָנָה** – **Rain falls only for the sake of people who are trustworthy** in their business dealings, שֶׁנֶּאֱמַר – **as it is said:**[20] "אֱמֶת מֵאֶרֶץ תִּצְמָח – ***Truth will sprout from the earth,*** וְצֶדֶק מִשָּׁמַיִם נִשְׁקָף" – ***and charity will peer from heaven.*** When there is truth on earth (in business dealings), charity – in the form of rain – is provided from heaven.

Another teaching from R' Ami on this theme:

וְאָמַר ר׳ אַמִּי – **And R' Ami said:** בֹּא וּרְאֵה – **Come and see** כַּמָּה גְּדוֹלִים בַּעֲלֵי אֲמָנָה – **how great are the people who have faith** in God. מְנַיִין – **From where** is this derived? מֵחוּלְדָּה **וּבוֹר** – **From** the incident of **the weasel and the pit.**[21] וּמָה הַמַּאֲמִין בְּחוּלְדָּה וּבוֹר כָּךְ – **Now, if one who trusts in a weasel and a pit** has his trust honored to **such** an extent, הַמַּאֲמִין בְּהַקָּדוֹשׁ **בָּרוּךְ הוּא** – **one who trusts in the Holy One, Blessed is He,** עַל **אַחַת כַּמָּה וְכַמָּה** – **all the more so** is his trust honored.[22]

Another exposition of the last-mentioned verse:

אָמַר רַבִּי יוֹחָנָן – **R' Yochanan said:** כָּל הַמַּצְדִּיק אֶת עַצְמוֹ מִלְּמַטָּה – **Whoever betters himself** on the earth **below,** מַצְדִּיקִין עָלָיו **הַדִּין מִלְמַעְלָה** – **is judged more strictly** in heaven **above;**[23] **שֶׁנֶּאֱמַר** – **as it is said:** "אֱמֶת מֵאֶרֶץ תִּצְמָח" – ***Truth will sprout***

NOTES

12. *Job* 36:33. [The following is a homiletic interpretation; see note 9 for *Rashi's* basic explanation of the verse.]

13. According to this exposition, the entire verse is understood to mean: יַגִּיד עָלָיו רֵעוֹ מִקְנֶה אַף עַל-עוֹלֶה, *One colleague should talk to the other;* if he does not do so, then *he "provokes" anger* which *goes up* and *rises* (see *Rashi*). "He provokes" is not a literal translation of מִקְנֶה. This rendition is based on the similarity of מִקְנֶה, *acquisition*, to מְקַנֵּא, *provokes* (see note 9).

14. A lion devours its prey out in the field immediately upon attacking it, without fear. Whereas a wolf, since it is afraid of other creatures, drags its prey to its lair and consumes it there (*Rashi*).

דּוֹרֵס וְאוֹכֵל, *claws and eats,* implies that the prey is devoured while it is still alive. טוֹרֵף וְאוֹכֵל, *tears and eats,* implies that the animal is killed first and then eaten (*Etz Yosef*).

15. On the day of judgment God will bring the speakers of *lashon hara* (defamatory speech) to the snake to shame the snake [for its sin of enticing Eve – and through her also Adam – to eat of the forbidden fruit]. The speakers of *lashon hara* will be humiliated together with the snake (*Rashi* with emendation of *Bach*).

16. *Lamentations* 3:41. This verse teaches that just as we pray with our hands raised, so should we elevate our hearts in our prayer, i.e. our inner feelings should match our external actions (see *Rashi* ad loc.).

17. The function of the אָמוֹרָא, *speaker*, was to announce a teacher's ruling to the assembled public (see *Chullin* 15a, and *Rashi* there ד״ה לאמורא).

18. *Psalms* 78:36-38.

19. Communal prayer is accepted even though not all of the participants are sincere (*Rashi*).

20. *Psalms* 85:12.

21. A reference to the following incident: A girl, while on her way home, fell into a pit. A boy came by and promised to rescue her on condition that she marry him. The girl consented, and they made the pit and a passing weasel witnesses to their agreement. They went their separate ways. The girl kept her word, but the boy married another woman. He had two sons from her: the first was killed by a weasel, the second fell into a pit and died. When his wife inquired of her husband why such unusual misfortune had befallen them, he remembered his earlier promise and related the incident to his wife. She told him that he ought to marry the girl as he had promised. He divorced his wife and married the girl (cited by *Rashi* and *Tosafos*; see *Aruch* ד״ה חלד for a more detailed version).

22. One who makes God witness in his dealings with other people can certainly be assured that God will avenge any breach of promise (see *Rashi*).

23. True justice is precise punishment and reward for every deed. However, most people would not survive such precise judgment in this world. Therefore, God does not punish them immediately but mercifully waits to give them an opportunity to repent and have their sins nullified. However, someone who is truly righteous and whose sins are minimal is punished in this world so that he can be cleansed of his sins and receive his unmitigated reward in the next world. Those of a lesser stature, if they do not repent, will receive their precise judgment in the next world (see *Rashi* here, *Bava Kamma* 50a, *Mesilas Yesharim* ch. 4).

Maharsha cites an alternative text (from *Yalkut*): כָּל הַמַּצְדִּיק אֶת הַדִּין

שלמודו קשה עליו כברזל בשביל משנתו שאינה סדורה עליו שנאמר א) והוא לא פנים קלקל מאי תקנתיה ירבה בישיבה שנאמר א) וחילים יגבר ויתרון הכשיר חכמה כ"ש אם משנתו סדורה לו מעיקרא כי הא דריש לקיש הוה מסדר מתני' ארבעין זמנין כנגד מ' יום שניתנה תורה ועייל לקמיה דר' יוחנן רב אדא בר אהבה מסדר מתני' עשרין וארבע זמנין כנגד תורה נביאים וכתובים ועייל לקמיה דרבא רבא אמר אם ראית תלמיד שלמודו קשה עליו כברזל בשביל רבו שאינו מסביר לו פנים שנאמר והוא לא פנים קלקל מאי תקנתיה ירבה עליו רעים שנאמר וחילים יגבר ויתרון הכשיר חכמה כ"ש אם הוכשרו מעשיו בפני רבו מעיקרא ואמר ר' אמי מאי דכתיב ב) אם ישוך הנחש בלא לחש ואין יתרון לבעל הלשון אם ראית דור שהשמים משתכין (א) כנחשת מלהוריד טל ומטר בשביל לוחשי לחישות שאין בדור מאי תקנתן ילכו אצל מי שיודע ללחוש דכתיב ג) יגיד עליו רעו ואין יתרון לבעל הלשון ומי שאפשר לו ללחוש ואינו לוחש מה הנאה יש לו ואם לחש ולא נענה מאי תקנתיה ילך אצל חסיד שבדור וירבה עליו בתפלה שנאמר ד) ויצו עליה במפגיע א) ואין פגיעה אלא תפלה שנאמר ה) ואתה אל תתפלל בעד העם הזה ואל תשא בעדם רנה ותפלה ואל תפגע בי ואם לחש ועלתה בידו ומגים דעתו עליו מביא אף לעולם שנאמר ג) מקנה אף על עולה רבא אמר שני ת"ח שיושבין בעיר אחת ואין נוחין זה לזה בהלכה מתקנאין באף ומעלין אותו שנאמר מקנה אף על עולה ב) אמר ר"ל מאי דכתיב אם ישוך הנחש בלא לחש ואין יתרון לבעל הלשון לעתיד לבא מתקבצות ובאות כל החיות אצל הנחש ואומרים לו ארי דורס ואוכל זאב טורף ואוכל אתה מה הנאה יש לך אמר להם ואין יתרון לבעל הלשון אמר רבי אמי אין תפלתו של אדם נשמעת אלא אם כן משים נפשו בכפו שנאמר ו) נשא לבבנו אל כפים [ג) איני והא] אוקים שמואל אמורא עליה ודרש ז) ויפתוהו בפיהם ובלשונם יכזבו לו ולבם לא נכון עמו ולא נאמנו בבריתו ואף על פי כן ח) והוא רחום יכפר עון וגו' ד) לא קשיא כאן ביחיד כאן בציבור אמר ר' אמי אין גשמים יורדין אלא בשביל בעלי אמנה שנאמר ט) אמת מארץ תצמח וצדק משמים נשקף וא"ר אמי בא וראה כמה גדולים בעלי אמנה מניין מחולדה ובור ומה המאמין בחולדה ובור כך המאמין בהקב"ה עאכ"ו אמר רבי יוחנן כל המצדיק את עצמו מלמטה מצדיקין עליו הדין מלמעלה שנאמר אמת מארץ תצמח וצדק משמים נשקף רבי חייא בר אבין אמר רב הונא מהכא י) וכיראתך עברתך ריש לקיש אמר מהכא כ) פגעת את שש ועושה צדק בדרכיך יזכרוך הן אתה קצפת ונחטא בהם עולם ונושע אמר ריב"ל כל השמח ביסורין שבאין עליו מביא ישועה לעולם שנאמר בהם עולם ונושע אמר ריש לקיש מאי דכתיב ל) ועצר את השמים בשעה שהשמים נעצרין מלהוריד (ה) טל ומטר) דומה לאשה שמחבלת ואינה יולדת והיינו דאמר ריש לקיש משום בר קפרא נאמרה עצירה בגשמים ונאמרה עצירה באשה נאמרה

רש"י

שלמודו קשה עליו כברזל. שקשה הוא לו מרוב קושיות בשביל משנתו שאינה סדורה לו ואינו זוכר מה כתיב בה ולפיכך אינו יודע לפרק אי נמי שגורסה בטעות פוטר על החיוב ומחייב על הפטור ומקשי עלה מדוכתא אחריתי והכי משמע קרא והוא לא (ב) שאינו יודע שמועתו מפני שפנים קלקל שקלקל במשנה שהיא קודם לגמרא: ירבה בישיבה. שיסדירו בני הישיבה משנתם שנאמר וחיילים בין תלמידים שהן חיילות חיילות: ויתרון הכשיר. כשסידר משנתו מתחילה: כנגד מ' יום שניתנה התורה. שתתקיים בידו והדר עייל קמיה דר' יוחנן למיגמר גמרא: כנגד תנ"ך. שהן כ"ד ספרים: שפנים קלקל. שהראה לו פנים רעות: ירבה עליו רעים. לפייס הימנו שיסבור לו פנים: משתכין עליו כנחושת. מאדימין פנים כעין רודיליי"א כדאמרי' בבבא מציעא (דף כו.) דשתיך טפי שהעלה חלודה שנעכרין (ו) מלהוליד) טל ומטר: לוחשי לחישות. בשביל שאין מתפללים תפלה בלחש: יגיד עליו רעו. יתפלל עליו חבירו וגבי גשמים כתיב באיוב: ואין יתרון לבעל הלשון. כלומר מה הנאה יש לבעל הלשון שיודע ללחוש ואינו לוחש: מקנה אף על עולה. מקנה אף מי שמגים דעתו ועולה: ואין נוחין זה לזה כו'. והכי משמע בשביל שצריך להגיד זה לזה ולהיות נוחין בהלכה ואין עושין מקנה מתקנאים מתגרים באף ומעלים אותו ומביאים אותו עליהן. ויש גורסין ונוחין זה לזה בהלכה מתקנאים באף וכו' משיגיד עליו רעו שנוחין זה לזה מתקנאים באף ומעלים אותו מעליהם: ארי דורס ואוכל. מיד ואינו מתירא: טורף ואוכל. שמוליך לחוריו ואוכל שם שמפחד מן הבריות ולכולן יש להם הנאה: ולך מה הנאה יש לך. שאתה נושך בני אדם והורגן והוא אומר מה יתרון לבעל הלשון שמספר לשון הרע אע"פ שאין לו הנאה ולפיכך מביאו (ג) הקב"ה בדין אלל נחש כדי שיתבייש מפני שהשיא אדם הראשון ומתביישין עמו מספרי לשון הרע: ולבם לא נכון עמו. עם הקב"ה: ואעפ"כ. כתוב בסמוך והוא רחום יכפר עון ושומע תפלתם והיכי אמרת שאין תפלתם נשמעת אא"כ משים נפשו בכפו כלומר שנפשו מכוונת בכפו (ד): בצבור. תפלתם נשמעת ואע"פ שאין לב כולם שלם כדכתיב ויפתוהו בפיהם בדברים לי רבים: ביחיד. אינו אלא א"כ לבו מכוון: בזמן שאמת מארץ תצמח. שיש אמונה במשא ומתן אז לדק משמים נשקף דהיינו גשמים שהן לדקה: מחולדה ובור. שהמיתו שני בני אדם מלוי הוא באגדה (ה) מעשה בבחור אחד שנתן אמונתו לריבה אחת שישאנה אמרה מי מעיד והיה שם בור אחד וחולדה אמר הבחור בור וחולדה עדים בדבר לימים עבר על אמונתו ונשא אחרת והוליד שני בנים אחד נפל לבור ומת וא' נשכתו חולדה ומת אמרה לו אשתו מה מעשה הוא זה שבנינו מתים במיתה משונה ואמר לה כך וכך היה המעשה: המאמין בהקדוש ברוך הוא. שמשימו עד בינו לבין חבירו על אחת כמה וכמה: המצדיק עצמו. שמכשיר ומקשט מעשיו: מצדיקין עליו. מדקדקין עמו אפילו כחוט השערה יותר משאילו מקלקל מעשיו כדי למרק עונותיו: שנאמר אמת מארץ תצמח. אז לדק משמים נשקף לדקה אין כתיב כאן אלא לדק דמשמע דין: וכיראתך עברתך. על מי שהוא ירא אותך אתה מחזיק עברתך כדי למרק עונותיו ופשט המקרא מי יודע עוז אפך מי יודע עוז וכח למלוא אותו לנוס מפניך ביום אפך וכיראתך עברתך כשם שאתה יראוי ומפוחד כך יש להתיירא ולהתפחד מעברתך: פגעת את שש ועושה צדק. במי ששמח ועושה לדק שהן העושים כך בדרכיך יזכירוך אתה פוגע בו אם חוטא כלום כמו ויפגע בו וימת. קרא הכי הוא פוגעת את שש ועושה לדק והן העושין כך בדרכיך יזכירוך באותם דרכים שאתה מייסרן ביסורין יזכירוך לטובה ואומרים הן אתה קצפת בשביל שחטאנו בהם עולם ונושע בשבילם נושע לעולם הבא: שחובלת. כמו חבלי יולדה אף השמים עושין כך וקשה לעולם ועל חטא הוא:

תוספות

אם ראית דור שהשמים משתכין עליו כנחושת מלהוריד גשם עליו וכו'. מכאן מוכיח ר"ת דהא דאמרי' בבבא בתרא (דף יט. ושם) אין טומנין בסלעים מ"ט משום דמשתכי ליה לקדירה ר"ל משתכי מקלקלים המאכל שבקדירה ובלע"ז אורמשי"ר והא דאמר לקדירה לאו דוקא לקדירה אלא למאכל שבקדירה דהכי נמי קאמר (שבת דף יח:) האי קדרה חייתא שרי ואין לפרש כפרש"י שפי' התם משתכי משברים הקדירה דא"כ מאי קאמר הכא שהשמים משתכין (ו) ר"ל שהשמים משתברין אלא ודאי משתכים ר"ל מעלין חלודה כמו דבר שבטל ממלאכתו ימים רבים ומחליד ובלע"ז ראולי"ר: ואי לוחש ועלתה בידו ומגים דעתו מביא אף לעולם שנאמר יגיד עליו ריעו וגו'. כלומר אם יגיד עליו ריעו שעל ידו באו הגשמים והוא מגים דעתו מקנה אף עולה כלומר הוא קונה אף ועולה כלומר אם עולה שמגים דעתו עליו הוא מקנה האף:

בחולדה ובור כך בהקב"ה על אחת כמה וכמה. פי' מאמין בחולדה ובור מעשה היה בנערה אחת היתה רוצה לילך לבית אביה והיה בור בדרך ונפלה ובא בחור אחד ואמר אם אני אעליך תנשאי לי אמרה לו הן ונשבעו ביניהן שהוא לא ישא אשה אחרת והיא לא תנשא לאיש אחר ואמרו מי מעיד בינינו והיתה חולדה אחת הולכת לפני הבור ואמרו אלו שנים בור וחולדה יהיו עדים בינינו והלכו לדרכם והיא עמדה בשבועתה והוא נשא אשה אחרת וילדה בן באת חולדה ונשכתו ומת וילדה לו בן שני ונפל לבור ומת אמרה לו אשתו מה זה המעשה שהגיע לנו שלא כשאר בני אדם נזכר השבועה וסיפר לאשתו כל המעשה אמרה לו א"כ חזור וקחנה וכתב לה גט והלך ונשא את הבתולה והיינו דאמרי המאמין בבור וחולדה שהעמידו עדותן: ונלומה

רבינו חננאל

תלמיד שתלמודו קשה עליו מפני שאין רבו מסביר לו פנים בהלכה: אם ראית הגשמים נעצרים ומתכסין שאין בדור לוחש לחישות כראוי כו'. ואין הגשמים יורדין אלא בשביל בעלי אמונה שנאמר אמת מארץ תצמח א"ר יוחנן כל המצדיק עצמו מלמטה ומחזיק דרך החסידות אפילו מעט אם יטה מדקדקין עליו מלמעלה ולוקחין הדין ממנו שנאמר אמת מארץ תצמח וצדק משמים נשקף. ועוד מהכא וכיראתך עברתך. לפי דקדוקן ביראתך כן מדקדקין עליהם בעברתך. ועוד מהכא בדרכיך יזכירוך. כפי דרכך מזכירין אותך מלמעלה. אריב"ל כל ששמח ביסורין הבאין עליו מביא ישועה לעולם שנאמר הן אתה קצפת ונחטא בהם עולם ונושע. הן קצפת והכית אותנו בשביל חטאתינו שחטאנו שמחנו בהן כלומר הודינו כי הכאה זו בשביל עונותינו היא עולם ונושע ראויה זו להיות ישועה לעולם. א"ר שמעון בן לקיש נאמרה עצירה

רבינו גרשום

וכ"ש היכא דהוכשרו מעשיהם מעיקרא דהיינו יתרון הכשר. והוא לא פנים קלקל שלא הראה פנים במשנה קלקל בתלמוד: והוא לא פנים. שאין רבו מסביר לו פנים ירבה עליו רעים. לרצות את רבו שיסביר לו פנים: משתכין. מחליד: לוחשי לחישות. שיודעין להתפלל ואין מתפללין: מקנה שמגים דעתו אף על עולה מעלה כעס על העולם: ומעלי אותו שמסלקין אותו מן העולם: מה הנאה יש לך. שאתה נושך ואינך אוכל. כאן ביחיד. נשא לבבנו: כאן בצבור. ויפתוהו בפיהם: מצדיקים עליו מלמעלה כדכתיב וסביביו נשערה מאד:

ליקוטי רש"י

אם ישך הנחש. את איש. בלא לחש. מחמת שלא לחשו החבר שלא ישוך. ואין יתרון. לחבר הרשע שהיה רגיל ללחשו בלא לחש כך אם בני עירך נכשלים באיסורין מחמת שאין חכם דורש להם ומלמדם את חוקי התורה אין יתרון לו בשתיקותו ולא ישתכר [קהלת י, יא]. משתכין. מעלה חלודה [ב"ב יט.]. שוכתא, ליתלוחית היוצא מן הכספת ובלעז רוי"ל ויפה למכה שוכתא, כמו דשתך טפי דאלו מציאות (ב"מ דף כו.) ומשתכין כנחשת דתענית (דף ח.) [שבת סה.]. יגיד עליו רעו. ידרוש להם לבדוק להם במעשיהם ולשוב אליו [איוב לו, לג]. ויצו עליה במפגיע. לבוא ע"י מפגיע בתפלה [שם, לב]. פגיעה. הפלרה [עפ"י רות א, טז]. מקנה אף על עולה. קניין אף וחמה על המגים דעתו [איוב לו, לג]. נשא לבבנו אל כפים. כשאנו נושאים את כפינו אל השמים נשא אף לבבינו עמהם לשוב להשיב לבבנו לפני המקום ברוך הוא [איכה ג, מא]. ויפתוהו בפיהם. לא באמת אלא בפיתוי כפה וכזבו בלשונם. ולבם לא נכון עמו. לא כפיהם נכון. ואף על פי כן והוא רחום. להם ומכפר עונם תמיד ולא השחיתם [תהלים עח, לו-לח]. וכיראתך עברתך. כשם שאתה יראוי כן עברתך קשה ונפרע מן החוטאים [תהלים צ, יא].

מסורת הש"ס

א) [לעיל ז:] וש"נ, ב) ערכין טו:, ג) ג"י רש"א, ד) [בשלמות ס"ש קשה איתא קשיין אהדדי לא קשיא כאן ביחיד וכו' וכ"א בע"י ומעתה אין צורך להגהת רש"א לעיל בסמוך איני והא], ה) [ילקוט איתא מטר], ו) [צ"ל מלהוריד].

הגהות הב"ח

(א) גמ' דור שהשמים משתכין עליו כנחשת מלהוריד כו' לחישות שאין בשותו הדור מאי: (ב) רש"י ד"ה שלמודו כו' משמע קרא והוא לא פנים קלקל שאינו יודע: (ג) ד"ה ולך כו' מביאו הקב"ה בדין (אלל נחש) תא"מ ונ"ב ס"א אינו ולגירסא שלפנינו צ"ל מביאן: (ד) ד"ה ואעפ"כ כו' מכוונת בכפו מכוון הס"ד נ"ב כלומר עם כפו: (ה) ד"ה מחולדה כו' מעשה בבחור אחד. נ"ב עי' בערוך ערך חלד מבאר המעשה באריכות: (ו) תוס' ד"ה אם כו' קאמר הכא שהשמים משתכין שאין ר"ל שהשמים:

תורה אור השלם

א) אִם קֵהָה הַבַּרְזֶל וְהוּא לֹא פָנִים קִלְקַל וַחֲיָלִים יְגַבֵּר וְיִתְרוֹן הַכְשֵׁיר חָכְמָה: [קהלת י, י]

ב) אִם יִשֹּׁךְ הַנָּחָשׁ בְּלוֹא לָחַשׁ וְאֵין יִתְרוֹן לְבַעַל הַלָּשׁוֹן: [קהלת י, יא]

ג) יַגִּיד עָלָיו רֵעוֹ מִקְנֶה אַף עַל עוֹלֶה: [איוב לו, לג]

ד) עַל כַּפַּיִם כִּסָּה אוֹר וַיְצַו עָלֶיהָ בְמַפְגִּיעַ: [איוב לו, לב]

ה) וְאַתָּה אַל תִּתְפַּלֵּל בְּעַד הָעָם הַזֶּה וְאַל תִּשָּׂא בַעֲדָם רִנָּה וּתְפִלָּה וְאַל תִּפְגַּע בִּי כִּי אֵינֶנִּי שֹׁמֵעַ אֹתָךְ: [ירמיה ז, טז]

ו) נִשָּׂא לְבָבֵנוּ אֶל כַּפָּיִם אֶל אֵל בַּשָּׁמָיִם: [איכה ג, מא]

ז) וַיְפַתּוּהוּ בְּפִיהֶם וּבִלְשׁוֹנָם יְכַזְּבוּ לוֹ: וְלִבָּם לֹא נָכוֹן עִמּוֹ וְלֹא נֶאֶמְנוּ בִּבְרִיתוֹ: [תהלים עח, לו-לז]

ח) וְהוּא רַחוּם יְכַפֵּר עָוֹן וְלֹא יַשְׁחִית וְהִרְבָּה לְהָשִׁיב אַפּוֹ וְלֹא יָעִיר כָּל חֲמָתוֹ: [תהלים עח, לח]

ט) אֱמֶת מֵאֶרֶץ תִּצְמָח וְצֶדֶק מִשָּׁמַיִם נִשְׁקָף: [תהלים פה, יב]

י) מִי יוֹדֵעַ עֹז אַפֶּךָ וּכְיִרְאָתְךָ עֶבְרָתֶךָ: [תהלים צ, יא]

כ) פָּגַעְתָּ אֶת שָׂשׂ וְעֹשֵׂה צֶדֶק בִּדְרָכֶיךָ יִזְכְּרוּךָ הֵן אַתָּה קָצַפְתָּ וַנֶּחֱטָא בָּהֶם עוֹלָם וְנִוָּשֵׁעַ: [ישעיה סד, ד]

ל) וְחָרָה אַף יְיָ בָּכֶם וְעָצַר אֶת הַשָּׁמַיִם וְלֹא יִהְיֶה מָטָר וְהָאֲדָמָה לֹא תִתֵּן אֶת יְבוּלָהּ וַאֲבַדְתֶּם מְהֵרָה מֵעַל הָאָרֶץ הַטֹּבָה אֲשֶׁר יְיָ נֹתֵן לָכֶם: [דברים יא, יז]

from the earth, "וְצֶדֶק מִשָּׁמַיִם נִשְׁקָף" – *and justice*[24] *will peer from heaven.*

Alternative sources for this teaching:

רַבִּי חִיָּיא בַּר אָבִין אָמַר רַב הוּנָא – R' Chiya bar Avin said in the name of Rav Huna: **מֵהָכָא** – This teaching is derived **from the following** verse:[25] "וּכְיִרְאָתְךָ עֶבְרָתֶךָ" – ***And corresponding to the fear of You is Your anger.***

רֵישׁ לָקִישׁ אָמַר – Reish Lakish said: **מֵהָכָא** – It is derived **from this** verse:[26] "פָּגַעְתָּ אֶת־שָׂשׂ וְעֹשֵׂה צֶדֶק" – ***You have smitten*** *each* ***one who rejoices and performs righteousness.*** **בִּדְרָכֶיךָ יִזְכְּרוּךָ** – However, ***in*** these ***ways of Yours*** of paining them, ***they will recall You*** for good, and say: **הֵן אַתָּה קָצַפְתָּ וַנֶּחֱטָא** – ***"Behold, You have become angry [because] we have sinned,*** **בָּהֶם עוֹלָם וְנִוָּשֵׁעַ"** – ***through them*** [the sufferings] ***we will be saved [in the] World [to Come]."***

Another exposition of the last-mentioned verse:

אָמַר רַבִּי יְהוֹשֻׁעַ בֶּן לֵוִי – R' Yehoshua ben Levi said: **כָּל הַשָּׂמֵחַ בְּיִסּוּרִין שֶׁבָּאִין עָלָיו** – **Whoever joyfully bears the suffering that befalls him** **מֵבִיא יְשׁוּעָה לָעוֹלָם** – **brings deliverance to the world,** **שֶׁנֶּאֱמַר** – **as it is said:** "בָּהֶם עוֹלָם וְנִוָּשֵׁעַ" – ***Through them the world is saved.***

The Gemara resumes its discussion of drought:

אָמַר רֵישׁ לָקִישׁ – Reish Lakish said: **מַאי דִּכְתִיב** – **What is** the meaning of **that which is written:**[27] "וְעָצַר אֶת־הַשָּׁמַיִם" – ***And He will restrain the heavens*** *so that there will be no rain?* **בְּשָׁעָה שֶׁהַשָּׁמַיִם נֶעֱצָרִין מִלְּהוֹרִיד (טַל וּמָטָר)** – The use of the word "restrain" indicates: **When the sky is "restrained" from precipitating (dew and rain),**[28] **דּוֹמָה לְאִשָּׁה שֶׁמְּחַבֶּלֶת וְאֵינָהּ יוֹלֶדֶת** – **it is comparable to a woman who is in labor but does not give birth.**[29] **וְהַיְינוּ דְּאָמַר רֵישׁ לָקִישׁ מִשּׁוּם בַּר קַפָּרָא** – **And this is** corroborated by **that which Reish Lakish said in the name of Bar Kapara:** **נֶאֶמְרָה עֲצִירָה בִּגְשָׁמִים** – **"Restraining" is mentioned in connection with rain,** **וְנֶאֶמְרָה עֲצִירָה בְּאִשָּׁה** – **and "restraining" is mentioned in connection with a woman** in labor who cannot give birth.

NOTES

מִלְמַטָּה מַצְדִּיקִין עָלָיו הַדִּין מִלְמַעְלָה, *Whoever justifies a [strict] judgment on the earth below is judged strictly in the heaven above.* Although a person must justify any punishment he suffered in the past, he must not say that he is deserving of punishment in the future, lest it be brought upon him. This is based on the principle (recorded in *Berachos* 19a): אַל יִפְתַּח אָדָם פִּיו לְשָׂטָן, *A person must not open his mouth to provoke Satan* [against himself].

24. This interpretation is justified in that the verse says צֶדֶק, *justice,* rather than צְדָקָה, *charity* (*Rashi*).

25. *Psalms* 90:11. The plain meaning of the verse is: מִי־יוֹדֵעַ עֹז אַפֶּךָ וּכְיִרְאָתְךָ עֶבְרָתֶךָ, *Who knows the power of Your anger; just as You are awesome* [so should one be afraid of] *Your wrath* (*Rashi*).

26. *Isaiah* 64:4. According to *Rashi* (ad loc.) the verse is translated: *You have smitten those who rejoice and perform righteousness and recount Your* merciful *ways. Behold,* even if *You were angered* with us when *we sinned, we were always delivered through them* [i.e. though their prayers].

27. *Deuteronomy* 11:17.

28. Dew is never withheld; therefore, this must refer to the "dew of blessing," which is withheld at times as explained in the Gemara above (top of 3b). The version in *Yalkut* mentions only rain, and omits dew altogether (*Maharsha*).

29. This refers to a situation where the sky is full of rain clouds but they do not precipitate (*Yalkut*). This is a harmful situation for the world; it comes as a result of sin (*Rashi*).

שלמודו קשה עליו כברזל בשביל משנתו שאינה סדורה עליו שנאמר א) והוא לא פנים קלקל מאי תקנתיה ירבה בישיבה שנאמר א) וחילים יגבר ויתרון הכשיר חכמה כ"ש אם משנתו סדורה לו מעיקרא כי הא דריש לקיש הוה מסדר מתני' ארבעין זמנין כנגד מ' יום שניתנה תורה ועייל לקמיה דר' יוחנן רב אדא בר אהבה מסדר מתני' עשרין וארבע זמנין כנגד תורה נביאים וכתובים ועייל לקמיה דרבא רבא אמר אם ראית תלמיד שלמודו קשה עליו כברזל בשביל רבו שאינו מסביר לו פנים שנאמר והוא לא פנים קלקל מאי תקנתיה ירבה עליו רעים שנאמר וחילים יגבר ויתרון הכשיר חכמה כ"ש אם הוכשרו מעשיו בפני רבו מעיקרא ואמר ר' אמי מאי דכתיב ב) אם ישוך הנחש בלא לחש ואין יתרון לבעל הלשון אם ראית דור שהשמים משתכין (א) כנחשת מלהוריד טל ומטר בשביל לוחשי לחישות שאין בדור מאי תקנתן ילכו אצל מי שיודע ללחוש דכתיב ג) יגיד עליו רעו ואין יתרון לבעל הלשון ומי שאפשר לו ללחוש ואינו לוחש מה הנאה יש לו ואם לחש ולא נענה מאי תקנתיה ילך אצל חסיד שבדור וירבה עליו בתפלה שנאמר ד) ויצו עליה במפגיע (א) ואין פגיעה אלא תפלה שנאמר ה) ואתה אל תתפלל בעד העם הזה ואל תשא בעדם רנה ותפלה ואל תפגע בי ואם לחש ועלתה בידו ומגים דעתו עליו מביא אף לעולם שנאמר ג) מקנה אף על עולה רבא אמר שני ת"ח שיושבין בעיר אחת ואין נוחין זה לזה בהלכה מתקנאין באף ומעלין אותו שנאמר מקנה אף על עולה ג) אמר ר"ל מאי דכתיב אם ישוך הנחש בלא לחש ואין יתרון לבעל הלשון לעתיד לבא מתקבצות ובאות כל החיות אצל הנחש ואומרים לו ארי דורס ואוכל זאב טורף ואוכל אתה מה הנאה יש לך אמר להם ואין יתרון לבעל הלשון אמר רבי אמי אין תפלתו של אדם נשמעת אלא אם כן משים נפשו בכפו שנאמר ו) נשא לבבנו אל כפים [ג) איני והא] אוקים שמואל אמורא עליה ודרש ז) ויפתוהו בפיהם ובלשונם יכזבו לו ולבם לא נכון עמו ולא נאמנו בבריתו ואף על פי כן ח) והוא רחום יכפר עון וגו' ד) לא קשיא כאן ביחיד כאן בציבור אמר ר' אמי אין גשמים יורדין אלא בשביל בעלי אמנה שנאמר ט) אמת מארץ תצמח וצדק משמים נשקף וא"ר אמי בא וראה כמה גדולים בעלי אמנה מניין מחולדה ובור ומה המאמין בחולדה ובור כך המאמין בהקב"ה עאכ"ו אמר רבי יוחנן כל המצדיק את עצמו מלמטה מצדיקין עליו הדין מלמעלה שנאמר אמת מארץ תצמח וצדק משמים נשקף רבי חייא בר אבין אמר רב הונא מהכא י) וכיראתך עברתך ריש לקיש אמר מהכא כ) פגעת את שש ועושה צדק בדרכיך יזכרוך הן אתה קצפת ונחטא בהם עולם ונושע אמר ריב"ל כל השמח ביסורין שבאין עליו מביא ישועה לעולם שנאמר בהם עולם ונושע אמר ריש לקיש מאי דכתיב ל) ועצר את השמים בשעה שהשמים נעצרין מלהוריד (ו) טל ומטר) דומה לאשה שמחבלת ואינה יולדת והיינו דאמר ריש לקיש משום בר קפרא נאמרה עצירה בגשמים ונאמרה עצירה באשה נאמרה

רש"י

שלמודו קשה עליו כברזל. שקשה הוא לו מרוב קושיות בשביל משנתו שאינה סדורה לו ואינו זוכר מה כתיב בה ולפיכך אינו יודע לפרק אי נמי שגורסה בטעות פוטר על החיוב ומחייב על הפטור ומקשי עלה מדוכתא אחריתי והכי משמע קרא והוא לא (ב) שאינו יודע שמועתו מפני שפנים קלקל שקלקל במשנה שהיא קודם לגמרא: ירבה בישיבה. שיסדירו בני הישיבה משנתם שנאמר וחיילים בין תלמידים שהן חיילות חיילות: ויתרון הכשיר. כשסידר משנתו מתחילה: כנגד מ' יום שניתנה התורה. שתתקיים בידו והדר עייל קמיה דר' יוחנן למיגמר גמרא: כנגד תנ"ך. שהן כ"ד ספרים: שפנים קלקל. שהראה לו פנים רעות: ירבה עליו רעים. לפייס הימנו שיסבור לו פנים: משתכין עליו כנחושת. מאדימין פנים כעין רודיליי"א כדאמרי' בבבא מציעא (דף כו.) דשתיך טפי שהעלה חלודה שנעצרין (ו) מלהוליד) טל ומטר: לוחשי לחישות. בשביל שאין מתפללים תפלה בלחש: יגיד עליו רעו. יתפלל עליו חבירו וגבי גשמים כתיב באיוב: ואין יתרון לבעל הלשון. כלומר מה הנאה יש לבעל הלשון שיודע ללחוש ואינו לוחש: מקנה אף על עולה. מקנה אף מי שמגים דעתו ועולה: ואין נוחין זה לזה כו'. והכי משמע בשביל שצריך להגיד זה לזה ולהיות נוחין בהלכה ואינן עושין מקנה מתקנאים מתגרים באף ומעלים אותו ומביאים אותו עליהן. ויש גורסין ונוחין זה לזה בהלכה מתקנאים באף וכו' משיגיד עליו רעו שנוחין זה לזה מתקנאים באף ומעלים אותו מעליהם: ארי דורס ואוכל. מיד ואינו מתירא: טורף ואוכל. שמוליך לחוריו ואוכל שם שמפחד מן הבריות ולכולן יש להם הנאה: ולך מה הנאה יש לך. שאתה נושך בני אדם והורגן והוא אומר מה יתרון לבעל הלשון שמספר לשון הרע אע"פ שאין לו הנאה ולפיכך מביאו (ג) הקב"ה בדין אלא נחש כדי שיתביישו מפני שהשיא אדם הראשון ומתביישין עמו מספרי לשון הרע: ולבם לא נכון עמו. עם הקב"ה: ואעפ"כ. כתוב בסמוך והוא רחום יכפר עון ושומע תפלתם והיכי אמרת שאין תפלתם נשמעת אא"כ משים נפשו בכפו כלומר שנפשו מכוונת בכפו (ד): בצבור. תפלתם נשמעת ואע"פ שאין לב כולם שלם כדכתיב ויפתוהו בפיהם בדברים לי רבים: ביחיד. אינו אלא א"כ לבו מכוון: בזמן שאמת מארץ תצמח. שיש אמונה במשא ומתן אז צדק משמים נשקף דהיינו גשמים שהן צדקה: מחולדה ובור. שהמיתו שני בני אדם מלוי הוא באגדה (ה) מעשה בבחור אחד שנתן אמונתו לריבה אחת שישאנה אמרה מי מעיד והיה שם בור אחד וחולדה אמר הבחור בור וחולדה עדים בדבר לימים עבר על אמונתו ונשא אחרת והוליד שני בנים אחד נפל לבור ומת וא' נשכתו חולדה ומת אמרה לו אשתו מה מעשה הוא זה שבנינו מתים במיתה משונה ואמר לה כך וכך היה המעשה: המאמין בהקדוש ברוך הוא. שמשימו עד בינו לבין חבירו על אחת כמה וכמה: המצדיק עצמו. שמכשיר ומקשט מעשיו: מצדיקין עליו. מדקדקין עמו אפילו כחוט השערה יותר משאילו מקלקל מעשיו כדי למרק עונותיו: שנאמר אמת מארץ תצמח. אז צדק משמים נשקף לדקה אין כתיב כאן אלא צדק דמשמע דין: וכיראתך עברתך. על מי שהוא ירא אותך אתה מחזיק עברתך כדי למרק עונותיו ופשט המקרא מי יודע עוז אפך מי יודע עוז וכח למצוא אותו לנוס מפניך ביום אפך וכיראתך עברתך כשם שאתה יראוי ומפוחד כך יש להתיירא ולהתפחד מעברתך: פגעת את שש ועושה צדק. במי ששמח ועושה צדק שהן העושים כך בדרכיך יזכירוך אתה פוגע בו אם חוטא כלום כמו ויפגע בו וימת. קרא הכי הוא פגעת את שש ועושה צדק והן העושין כך בדרכיך יזכירוך באותם דרכים שאתה מייסרן ביסורין יזכירוך לטובה ואומרים הן אתה קצפת בשביל שחטאנו בהם עולם ונושע בשבילם נושע לעולם הבא: שחובלת. כמו חבלי יולדה אף השמים עושין כן וקשה לעולם ועל חטא הוא: נאמרה

תוספות

אם ראית דור שהשמים משתכין עליו כנחושת מלהוריד גשם עליו וכו'. מכאן מוכיח ר"ת דהא דאמרי' בבבא בתרא (דף יט. ושם) אין טומנין בסלעים מ"ט משום דמשתכי ליה לקדירה ר"ל משתכי מקלקלים המאכל שבקדירה ובלע"ז אורמשי"ר והא דאמר לקדירה לאו דוקא לקדירה אלא למאכל שבקדירה דהכי נמי קאמר (שבת דף יח:) האי קדרה חייתא שרי ואין לפרש כפרש"י שפי' התם משתכי משברים הקדירה דא"כ מאי קאמר הכא שהשמים משתכין (ו) ר"ל שהשמים משתברין אלא ודאי משתכים ר"ל מעלין חלודה כמו דבר שבטל ממלאכתו ימים רבים ומחליד ובלע"ז ראולי"ר: **ואי** לוחש ועלתה בידו ומגים דעתו מביא אף לעולם שנאמר יגיד עליו ריעו וגו'. כלומר אם יגיד עליו ריעו שעל ידו באו הגשמים והוא מגים דעתו מקנה אף עולה כלומר הוא קונה אף ועולה כלומר אם עולה שמגים דעתו עליו הוא מקנה האף:

בחולדה ובור כך בהקב"ה על אחת כמה וכמה. פי' מאמין בחולדה ובור מעשה היה בנערה אחת היתה רוצה לילך לבית אביה והיה בור בדרך ונפלה ובא בחור אחד ואמר אם אני אעליך תנשאי לי אמרה לו הן ונשבעו ביניהן שהוא לא ישא אשה אחרת והיא לא תנשא לאיש אחר ואמרו מי מעיד בינינו והיתה חולדה אחת הולכת לפני הבור ואמרו אלו שניהם בור וחולדה יהיו עדים בינינו והלכו לדרכם והיא עמדה בשבועתה והוא נשא אשה אחרת וילדה בן בא חולדה ונשכתו ומת וילדה לו בן שני ונפל לבור ומת אמרה לו אשתו מה זה המעשה שהגיע לנו שלא כשאר בני אדם נזכר השבועה וסיפר לאשתו כל המעשה אמרה לו א"כ חזור וקחנה וכתב לה גט והלך ונשא את הבתולה והיינו דאמרי המאמין בבור וחולדה שהעמידו עדותן:

ונלומה

רבינו חננאל

תלמיד שתלמודו קשה עליו מפני שאין רבו מסביר לו פנים בהלכה: אם ראית הגשמים נעצרים ומתכסין שאין בדור לוחש לחישות כראוי כו'. ואין הגשמים יורדין אלא בשביל בעלי אמונה שנאמר אמת מארץ תצמח א"ר יוחנן כל המצדיק עצמו מלמטה ומחזיק דרך החסידות אפילו מעט אם יטה מדקדקין עליו מלמעלה ולוקחין הדין ממנו שנאמר אמת מארץ תצמח וצדק משמים נשקף. ועוד מהכא וכיראתך עברתך. לפי דקדוקו ביראתך כן מדקדקין עליהם בעברתך. ועוד מהכא בדרכיך יזכרוך. כפי דרכך מזכירין אותך מלמעלה. אריב"ל כל ששמח ביסורין הבאין עליו מביא ישועה לעולם שנאמר הן אתה קצפת ונחטא בהם עולם ונושע. הן קצפת והכית אותנו בשביל חטאתינו שחטאנו שמחנו בהן כלומר הדינו כי הכאה זו בשביל עונותינו היא עולם ונושע ראויה זו להיות ישועה לעולם. א"ר שמעון בן לקיש נאמרה עצירה

רבינו גרשום

וכ"ש היכא דהוכשרו מעשיהם מעיקרא דהיינו יתרון הכשר. **והוא לא פנים קלקל** שלא הראה פנים במשנה קלקל בתלמוד: **והוא לא פנים.** שאין רבו מסביר לו פנים **ירבה עליו רעים.** לרצות את רבו שיסביר לו פנים: משתכין. מחליד: לוחשי לחישות. שיודעין להתפלל ואין מתפללין: **מקנה** שמגים דעתו **אף על עולה** מעלה כעס על העולם: **ומעלי** אותו שמסלקין אותו מן העולם: **מה הנאה יש לך.** שאתה נושך ואינך אוכל. **כאן ביחיד.** נשא לבבנו: **כאן בצבור.** ויפתוהו בפיהם: **מצדיקים עליו** מלמעלה כדכתיב וסביביו נשערה מאד:

ליקוטי רש"י

אם ישך הנחש. את איש. **בלא לחש.** מממת שלא לחשו החבר שלא ישוך. **ואין יתרון.** לחבר הרשע שהיה רגיל ללחוש בלא לחש לך אם כני עירך נכשלים באיסורין מממת שאין חכם דורש להם ומלמדם את חוקי התורה אין יתרון לו בשתיקותו ולא ישתכר [קהלת י, יא]. **משתכין.** מעלה חלודה [ב"ב יט.]. שוכתא, ליתלותים היוצא מן הכספת ובלע"ז רוי"ל ויפה למכה שוכתא, כמו דשתך טפי דאלו מליאות (ב"מ דף כו.) ומשתכין כנחשת לתענית (דף ח.) [שבת סה.]. **יגיד עליו רעו.** ידרוש להם לבדוק להם במעשיהם ולשוב אליו [איוב לו, לג]. **ויצו עליה במפגיע.** לבוא ע"י מפגיע בתפלה [שם, לב]. **פגיעה.** תפלה [עפ"י רות א, טז]. **מקנה אף על עולה.** קנין אף ומחה על המגים דעתו [איוב לו, לג]. **נשא לבבנו אל כפים.** כשאנו נושאים את כפינו אל השמים נשא אף לבבינו עמהם לשוב להשיב לבבנו לפני המקום כרוך הוא [איכה ג, מא]. **ויפתוהו בפיהם.** לא באמת אלא בפיתוי כפה וכזבו בלשונם. **ולבם לא נכון עמו.** לא כפיהם נכון. **ואף על פי כן והוא רחום.** להם ומכפר עונם תמיד ולא השחיתם [תהלים עח, לו-לח]. **וכיראתך עברתך.** כשם שאתה יראוי כן עברתך קשה ונפרע מן המוטולים [תהלים צ, יא].

מסורת הש"ס

א) [לעיל ז: וש"נ], ב) ערכין טו:, ג) גי' רש"א, ד) [בשאלתות ס"ם קסג איתא קשיין אהדדי לא קשיא כאן ביחיד וכו' וכ"א בע"י ומעתה אין צורך להגהת רש"א לעיל בסמוך איני והא], ה) [בילקוט איתא מטר], ו) [צ"ל מלהוריד].

הגהות הב"ח

(א) גמ' דור שהשמים משתכין עליו כנחשת מלהוריד כו' לחישות שאין כאותו הדור מאי: (ב) רש"י ד"ה שלמודו כו' משמע קרא והוא לא פנים קלקל שאינו יודע: (ג) ד"ה ולך כו' מביאו הקב"ה בדין (אלא נחש) תא"מ ונ"ב ס"א אינו ולגירסא שלפנינו צ"ל מביאן: (ד) ד"ה ואעפ"כ כו' מכוונת בכפו מכוון הס"ד נ"ב כלומר עם כפו: (ה) ד"ה מחולדה כו' מעשה בבחור אחד. נ"ב עי' בערוך ערך חלד מבאר המעשה באריכות: (ו) תוס' ד"ה אם כו' קאמר הכא שהשמים משתכין שאין ר"ל שהשמים:

תורה אור השלם

א) אם קהה הברזל והוא לא פנים קלקל וחילים יגבר ויתרון הכשיר חכמה: [קהלת י, י]

ב) אם ישך הנחש בלוא לחש ואין יתרון לבעל הלשון: [קהלת י, יא]

ג) יגיד עליו רעו מקנה אף על עולה: [איוב לו, לג]

ד) על כפים כסה אור ויצו עליה במפגיע: [איוב לו, לב]

ה) ואתה אל תתפלל בעד העם הזה ואל תשא בעדם רנה ותפלה ואל תפגע בי כי אינני שמע אתך: [ירמיה ז, טז]

ו) נשא לבבנו אל כפים אל אל בשמים: [איכה ג, מא]

ז) ויפתוהו בפיהם ובלשונם יכזבו לו: ולבם לא נכון עמו ולא נאמנו בבריתו: [תהלים עח, לו-לז]

ח) והוא רחום יכפר עון ולא ישחית והרבה להשיב אפו ולא יעיר כל חמתו: [תהלים עח, לח]

ט) אמת מארץ תצמח וצדק משמים נשקף: [תהלים פה, יב]

י) מי יודע עז אפך וכיראתך עברתך: [תהלים צ, יא]

כ) פגעת את שש ועשה צדק בדרכיך יזכרוך הן אתה קצפת ונחטא בהם עולם ונושע: [ישעיה סד, ד]

ל) וחרה אף יי בכם ועצר את השמים ולא יהיה מטר והאדמה לא תתן את יבולה ואבדתם מהרה מעל הארץ הטבה אשר יי נתן לכם: [דברים יא, יז]

נאמרה עצירה באשה שנאמר (א) כי עצר עצר ה' בעד כל רחם ונאמרה עצירה בגשמים דכתיב (ב) ועצר את השמים נאמר לידה באשה ונאמר לידה בגשמים נאמר לידה באשה דכתיב (ג) ותהר ותלד בן ונאמר לידה בגשמים דכתיב (ד) והולידה והצמיחה נאמר פקידה באשה ונאמר פקידה בגשמים נאמר פקידה באשה דכתיב (ה) וה' פקד את שרה ונאמר פקידה בגשמים דכתיב (ו) פקדת הארץ ותשקקה רבת תעשרנה פלג אלהים מלא מים מאי פלג אלהים מלא מים תנא כמין קובה יש ברקיע שממנה גשמים יוצאין אמר רבי שמואל בר נחמני מאי דכתיב (ז) אם לשבט אם לארצו אם לחסד ימציאהו אם לשבט בהרים ובגבעות אם לחסד ימציאהו לארצו בשדות ובכרמים אם לשבט לאילנות אם לארצו לזרעים אם לחסד ימציאהו בורות שיחין ומערות בימי רבי שמואל בר נחמני הוה כפנא ומותנא אמרי היכי נעביד [א]ניבעי רחמי אתרתי לא אפשר אלא ליבעי רחמי אמותנא וכפנא ניסבול אמר להו ר' שמואל בר נחמני [ב]ניבעי רחמי אכפנא דכי יהיב רחמנא שובעא לחיי הוא דיהיב דכתיב (ח) פותח את ידך ומשביע לכל חי רצון ומנלן דלא מצלינן אתרתי דכתיב (ט) ונצומה ונבקשה מאלהינו על זאת מכלל דאיכא אחריתי במערבא אמרי משמיה דר' חגי מהכא (י) ורחמין למבעא מן קדם אלה שמיא על רזא דנא מכלל דאיכא אחריתי בימי ר' זירא גזור גזרה וגזור דלא למיתב בתעניתא אמר להו ר' זירא [ג]נקבליה עילוון ולכי בטיל הגזירה ליתביה אמרי ליה מנא לך הא אמר להו דכתיב (כ) ויאמר אלי אל תירא דניאל כי מן היום הראשון אשר נתת את לבך להבין ולהתענות לפני אלהיך נשמעו דבריך אמר רבי יצחק אפילו שנים כשני אליהו וירדו גשמים בערבי שבתות אינן אלא סימן קללה היינו [א]דאמר רבה בר שילא [ב]קשה יומא דמיטרא כיומא דדינא אמר אמימר אי לא דצריך לברייתא בעינן רחמי ומבטלינן ליה ואמר רבי יצחק שמש בשבת צדקה לעניים שנאמר (ל) וזרחה לכם יראי שמי שמש צדקה ומרפא ואמר רבי יצחק גדול יום הגשמים שאפילו פרוטה שבכים מתברכת בו שנאמר (מ) לתת מטר ארצך בעתו ולברך את כל מעשה ידיך ואמר רבי יצחק [ג]אין הברכה מצויה אלא בדבר הסמוי מן העין שנאמר (נ) יצו ה' אתך את הברכה באסמיך תנא דבי ר' ישמעאל אין הברכה מצויה אלא בדבר שאין העין שולטת בו שנאמר יצו ה' אתך את הברכה באסמיך ת"ר [ד]הנכנס למוד את גרנו אומר יר"מ ה' אלהינו שתשלח ברכה במעשה ידינו התחיל למוד אומר ברוך השולח ברכה בכרי הזה מדד ואח"כ בירך הרי זו תפלת שוא לפי שאין הברכה מצויה לא בדבר השקול ולא בדבר המדוד ולא בדבר המנוי אלא בדבר הסמוי מן העין: קיבוץ גייסות צדקה ([ד]מעשה) פרנס סימן: אמר רבי יוחנן גדול יום הגשמים כיום קבוץ גליות שנאמר (ס) שובה ה' את שביתנו כאפיקים בנגב ואין אפיקים אלא מטר שנאמר (ע) ויראו אפיקי ים ואמר רבי יוחנן גדול יום הגשמים שאפילו גייסות פוסקות בו שנאמר (פ) תלמיה רוה נחת גדודיה ואמר רבי יוחנן אין הגשמים נעצרין אלא בשביל פוסקי צדקה ברבים ואין נותנין שנאמר (צ) נשיאים ורוח וגשם אין איש מתהלל במתת שקר וא"ר יוחנן מאי דכתיב

עשר

רש"י

נאמרה עצירה באשה כו'. כלומר על כולן מבקשים רחמים: פלג. בריכה: כמין קובה. אהל מלא מים: אם לשבט. אם גזר הקב"ה רוב גשמים לרעה אז יורדים בכח כשבט שמכה בכח וחזרו בתשובה הקב"ה מורידן על הרים וגבעות מקום שאין שם איש: אבל אם לחסד. שיורדין בנחת ימציאהו לארצו לארץ ישראל: אתרתי. לא בעינן רחמי אהדדי כדלקמן: נבעי רחמי אכפנא. דליתיב שובעא ומותנא ליבטל ממילא: דכי יהיב רחמנא שובעא לחיי הוא דיהיב. לחיים ולא למתים דאינו מביא שובעא כדי להמית בני אדם אלא כדי שיחיו: משביע לכל חי רצון. שובע נותן לבני אדם חיים: על זאת. על חדא משמע בעזרא כתיב: על רזא דנא. בדניאל כתיב: דלא ליתבו בתעניתא. דלא בעו דליתי ברכה לעולם בשבילן: ניקבל עילוון. יומי תעניתא דמשום קבלה מהני לן כתעניתא וכי בטיל גזרה עבדין להו: ומנלן דעבדינן הכי. כלומר דמהני אי עבדינן הכי: אשר נתת לבך להתענות לפני אלהיך נשמעו דבריך. אלמא משקיבל עליו נשמעו דבריו: כשני אליהו. בימי אחאב שהיה העולם צריך לגשמים דכתיב (מלכים א יז) אם יהיה השנים האלה טל ומטר כי אם לפי דברי: סימן קללה. שבני אדם צריכים לחזור בשוק לקנות סעודת שבת (א): קשי יומי דמיטרא. שאין בני אדם יכולין לעשות צרכיהן: כיומא דדינא. שני וחמישי שמתקבלין בני אדם לדון עם חבריהן כתקנת עזרא שיש הומות וקולות ואוושות ביום הגשמים כיום הדין ובערב שבת כל שכן דקשי מיטרא: והיינו דאמר ר' שילא: ומבטלינהו לירידת גשמים שטורחין בני אדם ואינן יכולין לצאת ולבא: צדקה לעניים. שמתעדנין בה ונוח להן יום ברור ומתחממין בה ביום הלינה: יראי שמי. שומרי שבת: פרוטה שבכים. אפי' מעשה ידים שאינן צריכים לגשמים מתברכין: ברוך השולח ברכה. ([ה] שיפוע) ומזכיר בה מלכות ואזכרה ככל הברכות כולן: הרי זו תפלת שוא. (ב) ושוב אין ברכה נכנסת בה: בדבר הסמוי מן העין. שאינו יודע הסכום: כאפיקים. כאפיקי נחלים: בנגב. (ג) יבשה והנה חרבו מתרגמינן נגיבו: אפיקי ים. מולאי (ד) ים אלמא אפיק לשון מים ואפיקים בנגב נמי לשון גשמים: גייסות. חיילות כשאתה מרווה תלמי הארץ בגשם מיד גדודים נוחין כדלקמן: פוסקי צדקה ברבים. לשם ולפנים ואורחא דמילתא נקט שאין אדם עשוי לפסוק צדקה בינו לבין עצמו ואינו נותן: נשיאים ורוח. באין לעולם כאילו גשמים יורדין ואינן יורדין בשביל האיש המתהלל במתת שקר דכשם שהוא עושה לפנים ומחניף את העניים אף שמים מחניפין את הארץ שמראין נשיאים ורוח וגשם אין אי נמי אין קאי אשלשתם דמכל אלו נעצרין:

לינוקא

תוספות

ונצומה ונבקשה מאלהינו. ויעתר לנו פירוש מדקאמר על [זאת] משמע דאיכא מילתא אחריתא וכן פירש בסמוך על דנא: **אלא** בדבר הסמוי מן העין שנאמר יצו ה' וגו'. תימה דאמרינן פרק כל הבשר (חולין דף קה:) גבי הני שקולאי דדרו חביתא דחמרא בעו לאתפוחי אותבוהו תותי מרזיבא פקע חביתא ומפרש שם בשביל השד שהיה שם עד דאכפייה מר בר רב אשי לשד לשלם אמר ליה שידא למר בר רב אשי ליקבע לי מר זימנא דאיזיל ואשלם קבע ליה זימנא כי מטא זימניה איעכב ואמר ליה אמאי לא אתית בזמנך אמר ליה כל מידי דצייר וחתים וכייל ומני לית לן רשות למישקל מיניה אלמא בדבר המדוד והמנוי לית ליה רשות למשקל מיניה ובדבר הסמוי אית ליה רשות אלמא אין ברכה בדבר הסמוי וי"ל דלא קשה מידי דהא דקאמר התם (ה) היינו טעמא דלית להו אלא בדבר הפקר ולא דבר דכייל ומנוי או צייר וחתים היינו בשביל דאין ברכה מצויה בהני ולית בהו דבר הפקר והאי דבעלים נינהו אלא בדבר הסמוי והיינו מטעם דהברכה מצויה בדבר הסמוי ומה שמתברכה בשביל הברכה אית להו רשות למישקל בסמוי דהיינו כמו הפקר שאין לשום אדם זכות בו אי נמי הכא מיירי בדבר המנוי והמדוד בלא צייר וחתים ובהא אית להו רשותא והתם מיירי במדוד ומנוי וכייל וצייר וחתים ובהא לית להו רשותא: **גדול** יום גשמים כיום קיבוץ גליות שנאמר שובה ה' את שביתנו כאפיקים בנגב וגו'. ואם תאמר אמאי לא קאמר גדול יום הגשמים יותר מקיבוץ גליות דהא כאפיקים בנגב כתיב ומי נתלה במי קטן נתלה בגדול שאפיקים גדולים מיום קיבוץ גליות דהכי נמי אמר (לעיל דף ז.) יערוף כמטר לקחי מי נתלה במי קטן נתלה בגדול וי"ל דה"פ אנו מתפללים הכי שובה ה' את שביתנו כאפיקים היורדין בנגב שגדול יום קיבוץ כאפיקים בנגב א"כ עשה עמנו לטובה אות בקבוץ גליות בהיות כי זה כמו זה ואפיקים בנגב תחדש בכל יום כיום קיבוץ גליות אבל יותר לא:

עשר

עין משפט נר מצוה

כג א ב טוש"ע א"ח סי' תקעו סעיף טו:
כד ג שם סימן תקעא סעיף ג:
כה ד מיי' פ"י מהל' ברכות הלכה כב סמג עשין כז טוש"ע א"ח סימן רל סעיף ב:

רבינו חננאל

ולידה ופקידה באשה וכנגדן ברקיע ובארץ. פקידה שנאמר פקדת ארץ ותשוקקה. לידה שנאמר והולידה והצמיחה עצירה שנא' ועצר את השמים תנא כמין קובה יש ברקיע ומשם גשמים יורדים שנאמר פלג אלהים מלא מים: **הוה** כפנא ומותנא אמרי לא אפשר למבעי רחמי אתרתי דכתיב ונצומה ונבקשה מאלהינו על זאת. במערבא אמרי ורחמין למיבעי מן קדם אלהא על רזא דנא. מכלל דאיכא (אחד) אחריתי: אלא מיבעי רחמי אכפנא (ומותנא נסבול) דכי יהב רחמנא שובעא לחיי הוא דיהיב שנאמר פותח את ידך ומשביע לכל חי רצון. **בימי** רבי זירא גזור שמדא ומנעום מלקבוע תענית א"ר זירא ניקבליה עלוון מהשתא ולכי בטיל שמדא ניתוב בתעניתא שנאמר ויאמר אלי אל תירא דניאל כי מן היום אשר נתת לבך להבין ולהתענות וגו'. **גשמים** (בלילי) [בערבי] שבתות אפילו שנים כשני אליהו סימן קללה הן. **אין** הברכה מצויה לא בדבר המדוד ולא בדבר המנוי ולא בדבר השקול אלא בדבר הסמוי מן העין שנאמר יצו ה' אתך את הברכה באסמיך וגו'. **א"ר יוחנן** אין הגשמים נעצרין אלא בשביל פוסקי צדקה ברבים ואינם נותנים שנאמר נשיאים ורוח וגשם אין וגו'.

רבינו גרשום

אם לשבט דאתי ברזיא: **להרים** שילך על ההרים: **אם לחסד** שיורד בנחת ימציאהו ליישוב: **צדקה לעניים.** שמתחממין שהן ערומים: **בערבי שבתות סימן קללה הוא** שאין יכולין לטרוח לכבוד שבת. א) **כדעבד לאבוך.** שנעשה גל של עצמות:

חשק שלמה על רבינו חננאל

א) שייך לדף ט.

ליקוטי רש"י

בעד כל רחם. כנגד כל פתח. [בראשית כ, יח]. **פקד את שרה.** בהריון [שם כא, א]. **פקדת הארץ ותשקקה.** כשאתה חפץ להטיב אתה פוקד את הארץ ומשקה אותה. **רבת תעשרנה.** הרבה אתה מעשרה מפלג שלך שהוא מלא מים [תהלים סה, י]. **כפנא.** רעב [לקמן יט:]. **ומשביע לכל חי רצון.** כדי פרנסתו הוא משביע את טובו ואת רצונו ואת ברכתו. **רצון.** אפיימנ"ט בלעז [תהלים קמה, טז]. **במערבא.** בארץ ישראל [שבת סה:]. **אין הברכה מצויה.** שמתברך ורבה מאליו פויישו"ן בלע"ז. **באסמיך.** דריש ליה לשון דבר הסמוי מן העין. **שאין העין שולטת בו.** שנאמר באסמיך לשון גנזים [ב"מ מב.]. **כאפיקים בנגב.** כאפיקי מים בארץ יבשה שמלחלחין אותה [תהלים קכו, ד]. **תלמיה.** הן שורות המחרישה. **רוה.** כמו לרוה. **נשיאים ורוח וגשם אין.** כאשר יהיה תוחלת שוא כשהשמים מתקשרים בעבים והרוח מנשבת ואדם מצפה שיבא גשם ולא בא והם מצטערים וכלות עיניהם [משלי כה,יד].

מסורת הש"ס

א) ב"מ פה., ב) עיין ברי"ף בע"י פירושו, ג) ב"מ מב., ד) [צ"ל מעשר], ה) [צ"ל ושפע].

הגהות הב"ח

(א) רש"י ד"ה סימן כו' סעודת שבת הס"ד ואחר כך מה"ד והיינו דאמר ר' שילא קשי יומי דמיטרא שאין כו' עד כ"ש דקשי מיטרא מה"ד ומבטלינהו לירידת גשמים כו': (ב) ד"ה הרי זו תפלת שוא. דשוב אין ברכה: (ג) ד"ה בנגב. לשון יובש והנה חרבו: (ד) ד"ה אפיקי ים. מולאי מים אלמא כו' כצ"ל: (ה) תוס' ד"ה אלא כו' דהא דקאמר התם הכי היינו טעמא:

תורה אור השלם

א) כִּי עָצֹר עָצַר יְיָ בְּעַד כָּל רֶחֶם לְבֵית אֲבִימֶלֶךְ עַל דְּבַר שָׂרָה אֵשֶׁת אַבְרָהָם: [בראשית כ, יח]

ב) וְחָרָה אַף יְיָ בָּכֶם וְעָצַר אֶת הַשָּׁמַיִם וְלֹא יִהְיֶה מָטָר וְהָאֲדָמָה לֹא תִתֵּן אֶת יְבוּלָהּ וַאֲבַדְתֶּם מְהֵרָה מֵעַל הָאָרֶץ הַטֹּבָה אֲשֶׁר יְיָ נֹתֵן לָכֶם: [דברים יא, יז]

ג) וַתַּהַר וַתֵּלֶד בֵּן וַתֹּאמֶר אָסַף אֱלֹהִים אֶת חֶרְפָּתִי: [בראשית ל, כג]

ד) כִּי כַּאֲשֶׁר יֵרֵד הַגֶּשֶׁם וְהַשֶּׁלֶג מִן הַשָּׁמַיִם וְשָׁמָּה לֹא יָשׁוּב כִּי אִם הִרְוָה אֶת הָאָרֶץ וְהוֹלִידָהּ וְהִצְמִיחָהּ וְנָתַן זֶרַע לַזֹּרֵעַ וְלֶחֶם לָאֹכֵל: [ישעיה נה, י]

ה) וַיְיָ פָּקַד אֶת שָׂרָה כַּאֲשֶׁר אָמָר וַיַּעַשׂ יְיָ לְשָׂרָה כַּאֲשֶׁר דִּבֵּר: [בראשית כא, א]

ו) פָּקַדְתָּ הָאָרֶץ וַתְּשֹׁקְקֶהָ רַבַּת תַּעְשְׁרֶנָּה פֶּלֶג אֱלֹהִים מָלֵא מָיִם תָּכִין דְּגָנָם כִּי כֵן תְּכִינֶהָ: [תהלים סה, י]

ז) אִם לְשֵׁבֶט אִם לְאַרְצוֹ אִם לְחֶסֶד יַמְצִאֵהוּ: [איוב לז, יג]

ח) פּוֹתֵחַ אֶת יָדֶךָ וּמַשְׂבִּיעַ לְכָל חַי רָצוֹן: [תהלים קמה, טז]

ט) וַנָּצוּמָה וַנְּבַקְשָׁה מֵאֱלֹהֵינוּ עַל זֹאת וַיֵּעָתֵר לָנוּ: [עזרא ח, כג]

י) וְרַחֲמִין לְמִבְעֵא מִן קֳדָם אֱלָהּ שְׁמַיָּא עַל רָזָה דְנָה דִּי לָא יְהֹבְדוּן דָּנִיֵּאל וְחַבְרוֹהִי עִם שְׁאָר חַכִּימֵי בָבֶל: [דניאל ב, יח]

כ) וַיֹּאמֶר אֵלַי אַל תִּירָא דָנִיֵּאל כִּי מִן הַיּוֹם הָרִאשׁוֹן אֲשֶׁר נָתַתָּ אֶת לִבְּךָ לְהָבִין וּלְהִתְעַנּוֹת לִפְנֵי אֱלֹהֶיךָ נִשְׁמְעוּ דְבָרֶיךָ וַאֲנִי בָאתִי בִּדְבָרֶיךָ: [דניאל י, יב]

ל) וְזָרְחָה לָכֶם יִרְאֵי שְׁמִי שֶׁמֶשׁ צְדָקָה וּמַרְפֵּא בִּכְנָפֶיהָ וִיצָאתֶם וּפִשְׁתֶּם כְּעֶגְלֵי מַרְבֵּק: [מלאכי ג, כ]

מ) יִפְתַּח יְיָ לְךָ אֶת אוֹצָרוֹ הַטּוֹב אֶת הַשָּׁמַיִם לָתֵת מְטַר אַרְצְךָ בְּעִתּוֹ וּלְבָרֵךְ אֵת כָּל מַעֲשֵׂה יָדֶךָ וְהִלְוִיתָ גּוֹיִם רַבִּים וְאַתָּה לֹא תִלְוֶה: [דברים כח, יב]

נ) יְצַו יְיָ אִתְּךָ אֶת הַבְּרָכָה בַּאֲסָמֶיךָ וּבְכֹל מִשְׁלַח יָדֶךָ וּבֵרַכְךָ בָּאָרֶץ אֲשֶׁר יְיָ אֱלֹהֶיךָ נֹתֵן לָךְ: [דברים כח, ח]

ס) שׁוּבָה יְיָ אֶת שְׁבִיתֵנוּ כַּאֲפִיקִים בַּנֶּגֶב: [תהלים קכו, ד]

ע) וַיֵּרָאוּ אֲפִקֵי יָם יִגָּלוּ מֹסְדוֹת תֵּבֵל בְּגַעֲרַת יְיָ מִנִּשְׁמַת רוּחַ אַפּוֹ: [שמואל ב' כב, טז]

פ) תְּלָמֶיהָ רַוֵּה נַחֵת גְּדוּדֶיהָ בִּרְבִיבִים תְּמֹגְגֶנָּה צִמְחָהּ תְּבָרֵךְ: [תהלים סה, יא]

צ) נְשִׂיאִים וְרוּחַ וְגֶשֶׁם אָיִן אִישׁ מִתְהַלֵּל בְּמַתַּת שָׁקֶר: [משלי כה, יד]

נֶאֶמְרָה עֲצִירָה בְּאִשָּׁה – "Restraining" is mentioned in connection with a woman in labor, **שֶׁנֶּאֱמַר – as it is said:**[1] **"כִּי־עָצֹר עָצַר ה' בְּעַד כָּל־רֶחֶם" – *For HASHEM had completely restrained every womb.*** **וְנֶאֶמְרָה עֲצִירָה בִּגְשָׁמִים – And "restraining" is mentioned in connection with rain, דִּכְתִיב – as it is written:**[2] **"וְעָצַר אֶת־הַשָּׁמַיִם" – *And He will restrain the heaven*** *so there will be no rain*.

נֶאֱמַר לֵידָה בְּאִשָּׁה – Furthermore, **"bearing" is mentioned in connection with a woman, וְנֶאֱמַר לֵידָה בִּגְשָׁמִים – and "bearing" is mentioned in connection with rain. נֶאֱמַר לֵידָה בְּאִשָּׁה – "Bearing" is mentioned in connection with a woman, דִּכְתִיב – as it is written:**[3] **"וַתַּהַר וַתֵּלֶד בֵּן" – *She conceived and bore a son.*** **וְנֶאֱמַר לֵידָה בִּגְשָׁמִים – And "bearing" is mentioned in connection with rain, דִּכְתִיב – as it is written:**[4] **"וְהוֹלִידָהּ וְהִצְמִיחָהּ" – *And [the rain] makes [the earth] bear*** *vegetation* ***and bud.***

נֶאֱמַר פְּקִידָה בְּאִשָּׁה – Furthermore, **"remembering" is mentioned in connection with a woman, וְנֶאֱמַר פְּקִידָה בִּגְשָׁמִים – and "remembering" is mentioned in connection with rain. נֶאֱמַר פְּקִידָה בְּאִשָּׁה – "Remembering" is mentioned in connection with a woman, דִּכְתִיב – as it is written:**[5] **"וַה' פָּקַד אֶת־שָׂרָה" – *And HASHEM remembered Sarah*** *... And Sarah conceived and bore.* **וְנֶאֱמַר פְּקִידָה בִּגְשָׁמִים – And "remembering" is mentioned in connection with rain, דִּכְתִיב – as it is written:**[6] **"פָּקַדְתָּ הָאָרֶץ וַתְּשֹׁקְקֶהָ" – *You remembered the earth and watered it,*** **"רַבַּת תַּעְשְׁרֶנָּה פֶּלֶג אֱלֹהִים מָלֵא מָיִם" – *You enriched it abundantly [from] God's pool filled with water.***

The Gemara explains the last phrase of the verse:

מַאי "פֶּלֶג אֱלֹהִים מָלֵא מָיִם" – What is the meaning of: ***God's pool filled with water?*** **תָּנָא – A Tanna taught: כְּמִין קוּבָּה יֵשׁ בָּרָקִיעַ – THERE IS** something **IN THE MANNER OF A CHAMBER IN THE SKY** filled with water, **שֶׁמִּמֶּנָּה גְּשָׁמִים יוֹצְאִין – FROM WHICH THE RAIN EMERGES.**

The Gemara continues its discussion of rain:

אָמַר רַבִּי שְׁמוּאֵל בַּר נַחְמָנִי – R' Shmuel bar Nachmani said: מַאי דִּכְתִיב – What is the meaning of **that which is written:**[7] **"אִם־לְשֵׁבֶט אִם־לְאַרְצוֹ אִם־לְחֶסֶד יַמְצִאֵהוּ" – *He makes [the rain] come whether it is for a rod*** *of chastisement,* ***or for His land, or for kindliness?*** **"אִם־לְשֵׁבֶט" – *If*** God decreed that abundant rains will pour down violently ***as a rod*** of chastisement and then the people repented, **בֶּהָרִים וּבִגְבָעוֹת** – the violent rains are diverted **to the** uninhabited **mountains and hills,** where they can do no harm.[8] **"אִם־לְחֶסֶד" – And *if*** the decree was ***for kindliness,*** i.e. that rains will fall gently, **"יַמְצִאֵהוּ" "לְאַרְצוֹ" בְּשָׂדוֹת וּבִכְרָמִים – *[God] will make [the rain] come for His land*** [the Land of Israel], **upon** its **fields and vineyards.**[9]

"אִם־לְשֵׁבֶט" לְאִילָנוֹת – *If* God has decreed that the rains should pour down violently ***as a rod*** of chastisement and then the people repented, they will descend **on the trees. "אִם־לְאַרְצוֹ" לִזְרָעִים – *If*** He has decreed them ***for His land,*** they will fall on **the plants. "אִם־לְחֶסֶד יַמְצִאֵהוּ" בּוֹרוֹת שִׁיחִין וּמְעָרוֹת – *If He makes [the rain] come for kindliness,*** they will even fill the **cisterns, trenches, and caves.**[10]

בִּימֵי רַבִּי שְׁמוּאֵל בַּר נַחְמָנִי הֲוָה כַּפְנָא וּמוֹתָנָא – In the days of R' Shmuel bar Nachmani there was a famine and a deathly plague. אָמְרֵי – They asked, הֵיכִי נַעֲבִיד – What shall we do? נִיבָּעֵי רַחֲמֵי אַתַּרְתֵּי – Shall we pray for the elimination of **both** calamities? **לֹא אֶפְשָׁר** – That is **not possible.**[11] **אֶלָּא לִיבָּעֵי רַחֲמֵי אַמּוֹתָנָא – Then, let us pray for** the elimination of **the deathly plague, וְכַפְנָא נִיסְבּוֹל – and we will endure the famine.**[12] **אָמַר לְהוּ ר' שְׁמוּאֵל בַּר נַחְמָנִי – R' Shmuel bar Nachmani said to them: נִיבָּעֵי רַחֲמֵי אַכַּפְנָא – Let us pray for the** elimination of the **famine, דְּכִי יָהִיב רַחֲמָנָא שׁוֹבְעָא – because when the Merciful one provides plenty, לְחַיֵּי הוּא דְּיָהִיב – He provides it for the living,** not for the dead,[13] **דִּכְתִיב – as it is written:**[14] **"פּוֹתֵחַ אֶת־יָדֶךָ וּמַשְׂבִּיעַ לְכָל־חַי רָצוֹן" – *You open Your hand and satisfy the desire of every living thing.*** Therefore, if God grants our request to bring an end to the famine and provide plenty, the plague will cease as well.

The Gemara inquires:

וּמְנָלַן דְּלָא מְצַלֵּינַן אַתַּרְתֵּי – And from where do we know that we do not pray for two things at the same time? **דִּכְתִיב – For it is written:**[15] **"וַנָּצוּמָה וַנְּבַקְשָׁה מֵאֱלֹהֵינוּ עַל־זֹאת" – *And we fasted and requested from our God concerning this.*** **מִכְּלָל דְּאִיכָּא אַחֲרִיתֵי** – The word *this* **implies that there was another** need for which they did *not* pray at that time.[16] **בְּמַעֲרָבָא אָמְרֵי מִשְּׁמֵיהּ דְּר' חַגַּי מֵהָכָא – In the West** (i.e. in Eretz Yisrael) **they said in the name of R' Chagai** that this lesson is derived **from the following** verse:[17] **"וְרַחֲמִין לְמִבְעֵא מִן־קֳדָם אֱלָהּ שְׁמַיָּא עַל־רָזָא דְנָה" – *And to request mercy from the God of Heaven concerning this secret.*** **מִכְּלָל דְּאִיכָּא אַחֲרִיתֵי** – The word *this* **implies that there was**

NOTES

1. *Genesis* 20:18. Avimelech and his household were punished for the taking of Abraham's wife, Sarah. All their secretionary channels [saliva, urine, etc.] were blocked. Women at the final stage of pregnancy were unable to give birth (*Ramban* ad loc.; see *Rashi* ad loc. with *Mizrachi*).

Reish Lakish demonstrates that Scripture uses the same terminology in connection with rain as it does in connection with childbirth, to teach that rain, like childbirth, requires prayers for Divine mercy (*Rashi, Maharsha*).

2. *Deuteronomy* 11:17.

3. *Genesis* 30:23.

4. *Isaiah* 55:10. See above, 6b.

5. *Genesis* 21:1.

6. *Psalms* 65:10.

7. *Job* 37:13.

8. [In context (see v. 12 and *Rashi's* commentary ibid.), the verse describes how God controls rainfall and when required makes changes in a rainfall whose manner of descent has been pre-decreed.]

9. According to *Maharsha*, the word לְאַרְצוֹ, *for His land,* should be deleted here; it does not appear in *Yalkut's* quotation of the Gemara (cf. *Rashi*). *Maharsha* explains that the word לְאַרְצוֹ, *for His land,* is not explained here because it represents a third, neutral category, where no change in the original decree occurs. This is in accordance with *Rashi's* commentary to the verse, which explains the three categories as follows: אִם־לְשֵׁבֶט, *whether as a rod (of chastisement):* If the people's behavior deteriorates after the original decree was made at the beginning of the year, the decreed rainfall is diverted to the hills and mountains where nothing is planted. אִם־לְאַרְצוֹ, *or for His land:* If the people's behavior remains unchanged, the rain falls as it was decreed originally. אִם־לְחֶסֶד, *or for kindliness:* If the people's behavior improves, the decreed rainfall is directed to descend at the most appropriate time and on the places where it is most required so that not a drop is wasted.

10. The Gemara below (19b) states that hard rains are beneficial to trees, light rains to plants and sustained rains [of both kinds] are needed to fill the reservoirs – the cisterns, trenches, and caves.

11. We do not pray for two things together, as the Gemara explains below (*Rashi*). [I.e. one does not institute a special prayer for two things.]

12. People were dying at a greater rate from the plague than from the famine (*Maharsha*).

13. The purpose of providing plenty is so that people will live (*Rashi*).

14. *Psalms* 145:16.

15. *Ezra* 8:23. The returnees from Babylonia, led by Ezra, prayed for a safe journey to Jerusalem.

16. זאת, *this*, is in the singular, so it is evident that they prayed for only one thing (*Rashi*).

17. *Daniel* 2:18. Daniel asks his companions, Chananyah, Mishael, and Azaryah, to pray that the explanation of Nevuchadnezzar's dream be revealed to them.

נאמרה עצירה באשה שנאמר (א) כי עצר עצר ה' בעד כל רחם ונאמרה עצירה בגשמים דכתיב (ב) ועצר את השמים נאמר לידה באשה ונאמר לידה בגשמים נאמר לידה באשה דכתיב (ג) ותהר ותלד בן ונאמר לידה בגשמים דכתיב (ד) והולידה והצמיחה נאמר פקידה באשה ונאמר פקידה בגשמים נאמר פקידה באשה דכתיב (ה) וה' פקד את שרה ונאמר פקידה בגשמים דכתיב (ו) פקדת הארץ ותשקקה רבת תעשרנה פלג אלהים מלא מים מאי פלג אלהים מלא מים תנא כמין קובה יש ברקיע שממנה גשמים יוצאין אמר רבי שמואל בר נחמני מאי דכתיב (ז) אם לשבט אם לארצו אם לחסד ימציאהו אם לשבט בהרים ובגבעות אם לחסד ימציאהו לארצו בשדות ובכרמים אם לשבט לאילנות אם לארצו לזרעים אם לחסד ימציאהו בורות שיחין ומערות בימי רבי שמואל בר נחמני הוה כפנא ומותנא אמרי היכי נעביד ניבעי רחמי אתרתי לא אפשר אלא ליבעי רחמי אמותנא וכפנא ניסבול אמר להו ר' שמואל בר נחמני ניבעי רחמי אכפנא דכי יהיב רחמנא שובעא לחיי הוא דיהיב דכתיב (ח) פותח את ידך ומשביע לכל חי רצון ומנלן דלא מצלינן אתרתי דכתיב (ט) ונצומה ונבקשה מאלהינו על זאת מכלל דאיכא אחריתי במערבא אמרי משמיה דר' חגי מהכא (י) ורחמין למבעא מן קדם אלה שמיא על רזא דנא מכלל דאיכא אחריתי בימי ר' זירא גזור גזרה וגזור דלא למיתב בתעניתא אמר להו ר' זירא נקבליה עילוון ולכי בטיל הגזירה ליתביה אמרי ליה מנא לך הא אמר להו דכתיב (כ) ויאמר אלי אל תירא דניאל כי מן היום הראשון אשר נתת את לבך להבין ולהתענות לפני אלהיך נשמעו דבריך אמר רבי יצחק אפילו שנים כשני אליהו וירדו גשמים בערבי שבתות אינן אלא סימן קללה היינו דאמר רבה בר שילא קשה יומא דמיטרא כיומא דדינא אמר אמימר אי לא דצריך לברייתא בעינן רחמי ומבטלינן ליה ואמר רבי יצחק שמש בשבת צדקה לעניים שנאמר (ל) וזרחה לכם יראי שמי שמש צדקה ומרפא ואמר רבי יצחק גדול יום הגשמים שאפילו פרוטה שבכים מתברכת בו שנאמר (מ) לתת מטר ארצך בעתו ולברך את כל מעשה ידיך ואמר רבי יצחק אין הברכה מצויה אלא בדבר הסמוי מן העין שנאמר (נ) יצו ה' אתך את הברכה באסמיך תנא דבי ר' ישמעאל אין הברכה מצויה אלא בדבר שאין העין שולטת בו שנאמר יצו ה' אתך את הברכה באסמיך ת"ר הנכנס למוד את גרנו אומר יר"מ ה' אלהינו שתשלח ברכה במעשה ידינו התחיל למוד אומר ברוך השולח ברכה בכרי הזה מדד ואח"כ בירך הרי זו תפלת שוא לפי שאין הברכה מצויה לא בדבר השקול ולא בדבר המדוד ולא בדבר המנוי אלא בדבר הסמוי מן העין: קיבוץ גייסות צדקה (מעשה) פרנס סימן: אמר רבי יוחנן גדול יום הגשמים כיום קבוץ גליות שנאמר (ס) שובה ה' את שביתנו כאפיקים בנגב ואין אפיקים אלא מטר שנאמר (ע) ויראו אפיקי ים ואמר רבי יוחנן גדול יום הגשמים שאפילו גייסות פוסקות בו שנאמר (פ) תלמיה רוה נחת גדודיה ואמר רבי יוחנן אין הגשמים נעצרין אלא בשביל פוסקי צדקה ברבים ואין נותנין שנאמר (צ) נשיאים ורוח וגשם אין איש מתהלל במתת שקר וא"ר יוחנן מאי דכתיב

עשר

רש"י

נאמרה עצירה באשה כו'. כלומר על כולן מבקשים רחמים: פלג. בריכה: כמין קובה. אהל מלא מים: אם לשבט. אם גזר הקב"ה רוב גשמים לרעה אז יורדים בכח כשבט שמכה בכח וחזרו בתשובה הקב"ה מורידן על הרים וגבעות מקום שאין שם איש: אבל אם לחסד. שיורדין בנחת ימציאהו לארצו לארץ ישראל: אתרתי. לא בעינן רחמי אהדדי כדלקמן: נבעי רחמי אכפנא. דליתיב שובעא ומותנא ליבטל ממילא: דכי יהיב רחמנא שובעא לחיי הוא דיהיב. לחיים ולא למתים דאינו מביא שובעא כדי להמית בני אדם אלא כדי שיחיו: משביע לכל חי רצון. שובע נותן לבני אדם חיים: על זאת. על הדא משמע בעזרא כתיב: על רזא דנא. בדניאל כתיב: דלא ליתבו בתעניתא. דלא בעו דליתי ברכה לעולם בשבילן: ניקבל עילוון. יומי תעניתא דמשום קבלה מהני לן כתעניתא וכי בטיל גזרה עבדין להו: ומנלן דעבדינן הכי. כלומר דמהני אי עבדינן הכי: אשר נתת לבך להתענות לפני אלהיך נשמעו דבריך. אלמא משקיבל עליו נשמעו דבריו: כשני אליהו. בימי אחאב שהיה העולם צריך לגשמים דכתיב (מלכים א יז) אם יהיה השנים האלה טל ומטר כי אם לפי דברי: סימן קללה. שבני אדם צריכים לחזר בשוק לקנות סעודת שבת (א): קשי יומי דמיטרא. שאין בני אדם יכולין לעשות צרכיהן: כיומא דדינא. שני וחמישי שמתקבצין בני אדם לדון עם חבריהן כתקנת עזרא שיש הומות וקולות ואוושות ביום הגשמים כיום הדין ובערב שבת כל שכן דקשי מיטרא: והיינו דאמר ר' שילא: ומבטלינהו לירידת גשמים שטורחין בני אדם ואינן יכולין לצאת ולבא: צדקה לעניים. שמתעדנין בה ונוח להן יום ברור ומתחממין בה ביום הצינה: יראי שמי. שומרי שבת: פרוטה שבכים. אפי' מעשה ידים שאינן צריכים לגשמים מתברכין: ברוך השולח ברכה. (ה שיפוע) ומזכיר בה מלכות ואזכרה ככל הברכות כולן: הרי זו תפלת שוא. (ב) ושוב אין ברכה נכנסת בה: בדבר הסמוי מן העין. שאינו יודע הסכום: כאפיקים. כאפיקי נחלים: בנגב. (ג) יבשה והנה חרבו מתרגמינן נגיבו: אפיקי ים. מוצאי (ד) ים אלמא אפיק לשון מים ואפיקים בנגב נמי לשון גשמים: גייסות. חיילות כשאתה מרווה תלמי הארץ בגשם מיד גדודים נוחין כדלקמן: פוסקי צדקה ברבים. לשם ולפנים ואורחא דמילתא נקט שאין אדם עשוי לפסוק צדקה בינו לבין עצמו ואינו נותן: נשיאים ורוח. כאין לעולם כאילו גשמים יורדין ואין יורדין בשביל האיש המתהלל במתת שקר דכשם שהוא עושה לפנים ומחניף את העניים אף שמים מחניפין את הארץ שמראין נשיאים ורוח וגשם אין אי נמי אין קאי אשלשתם דמכל אלו נעצרין:

לינוקא

תוספות

ונצומה ונבקשה מאלהינו. ויעתר לנו פירוש מדקאמר על [זאת] משמע דאיכא מילתא אחריתא וכן פירש בסמוך על דנא: אלא בדבר הסמוי מן העין שנאמר יצו ה' וגו'. תימה דאמרינן פרק כל הבשר (חולין דף קה:) גבי הני שקולאי דדרו חביתא דחמרא בעו לאתפוחי אותבוהו תותי מרזיבא פקע חביתא ומפרש שם בשביל השד שהיה שם עד דאכפייה מר בר רב אשי לשד לשלם אמר ליה שידא למר בר רב אשי ליקבע לי מר זימנא דאיזיל ואשלם קבע ליה זימנא כי מטא זימניה איעכב ואמר ליה אמאי לא אתית בזמנך אמר ליה כל מידי דצייר וחתים וכייל ומני לית לן רשות למישקל מיניה אלמא בדבר המדוד והמנוי לית ליה רשות למשקל מיניה ובדבר הסמוי אית ליה רשות אלמא אין ברכה בדבר הסמוי וי"ל דלא קשה מידי דהא דקאמר התם (ה) היינו טעמא דלית להו אלא בדבר הפקר ולא דבר דכייל ומנוי או צייר וחתים היינו בשביל דאין ברכה מצויה בהני ולית בהו דבר הפקר והאי דבעלים נינהו אלא בדבר הסמוי והיינו מטעם דהברכה מצויה בדבר הסמוי ומה שמתברך בשביל הברכה אית להו רשות למישקל בסמוי דהיינו כמו הפקר שאין לשום אדם זכות בו אי נמי הכא מיירי בדבר המנוי והמדוד בלא צייר וחתים ובהא אית להו רשותא והתם מיירי במדוד ומנוי וכייל וצייר וחתים ובהא לית להו רשותא: גדול יום גשמים כיום קיבוץ גליות שנאמר שובה ה' את שביתנו כאפיקים בנגב וגו'. ואם תאמר אמאי לא קאמר גדול יום הגשמים יותר מקיבוץ גליות דהא כאפיקים בנגב כתיב ומי נתלה במי קטן נתלה בגדול שאפיקים גדולים מיום קיבוץ גליות דהכי נמי אמר (לעיל דף ז.) יערוף כמטר לקחי מי נתלה במי קטן נתלה בגדול וי"ל דה"פ אנו מתפללים הכי שובה ה' את שביתנו כאפיקים היורדין בנגב שגדול יום קיבוץ כאפיקים בנגב א"כ עשה עמנו לטובה אות בקבוץ גליות בהיות כי זה כמו זה ואפיקים בנגב תמיד בכל יום כיום קיבוץ גליות אבל יותר לא:

עשר

עין משפט נר מצוה

כג א ב טוש"ע א"ח סי' תקעו סעיף טו:
כד ג שם סימן תקעא סעיף ג:
כה ד מיי' פ"י מהל' ברכות הלכה כב סמג עשין כז טוש"ע א"ח סימן רל סעיף ב:

רבינו חננאל

ולידה ופקידה באשה וכנגדן ברקיע ובארץ. פקידה שנאמר פקדת ארץ ותשוקקה. לידה שנאמר והולידה והצמיחה עצירה שנא' ועצר את השמים תנא כמין קובה יש ברקיע ומשם גשמים יורדים שנאמר פלג אלהים מלא מים: הוה כפנא ומותנא אמרי לא אפשר למבעי רחמי אתרתי דכתיב ונצומה ונבקשה מאלהינו על זאת. במערבא אמרי ורחמין למיבעי מן קדם אלהא על רזא דנא. מכלל דאיכא (אחד) אחריתי: אלא מיבעי רחמי אכפנא (ומותנא נסבול) דכי יהב רחמנא שובעא לחיי הוא דיהיב שנאמר פותח את ידך ומשביע לכל חי רצון. בימי רבי זירא גזור שמדא ומנעום מלקבוע תענית א"ר זירא ניקבליה עלוון מהשתא ולכי בטיל שמדא ניתוב בתעניתא שנאמר ויאמר אלי אל תירא דניאל כי מן היום אשר נתת לבך להבין ולהתענות וגו'. גשמים (בלילי) [בערבי] שבתות אפילו שנים כשני אליהו סימן קללה הן. אין הברכה מצויה לא בדבר המדוד ולא בדבר המנוי ולא בדבר השקול אלא בדבר הסמוי מן העין שנאמר יצו ה' אתך את הברכה באסמיך וגו'. א"ר יוחנן אין הגשמים נעצרין אלא בשביל פוסקי צדקה ברבים ואינם נותנים שנאמר נשיאים ורוח וגשם אין וגו'.

רבינו גרשום

אם לשבט דאתי ברזיא: להרים שילך על ההרים: אם לחסד שיורד בנחת ימציאהו ליישוב: צדקה לעניים. שמתחממין שהן ערומים: בערבי שבתות סימן קללה הוא שאין יכולין לטרוח לכבוד שבת. א) כדעבד לאבוך. שנעשה גל של עצמות:

חשק שלמה על רבינו חננאל

א) שייך לדף ט.

ליקוטי רש"י

בעד כל רחם. כנגד כל פתח. [בראשית כ, יח]. פקד את שרה. בהריון [שם כא, א]. פקדת הארץ ותשקקה. כשאתה חפץ להטיב אתה פוקד את הארץ ומשקה אותה. רבת תעשרנה. הרבה אתה מעשרה מפלג שלך שהוא מלא מים [תהילים סה, י]. כפנא. רעב [לקמן יט:]. ומשביע לכל חי רצון. כדי פרנסתו הוא משביע את טובו ואת רצונו ואת ברכתו. רצון. אפיימנ"ט בלעז [תהילים קמה, טז]. במערבא. בארץ ישראל [שבת סה:]. אין הברכה מצויה. שמתברך ורבה מאליו פויישו"ן בלע"ז. באסמיך. דריש ליה לשון דבר הסמוי מן העין. שאין העין שולטת בו. שנאמר באסמיך לשון גנזים [ב"מ מב.]. כאפיקים בנגב. כאפיקי מים בארץ יבשה שמלחלחין אותה [תהלים קכו, ד]. תלמיה. הן שורות המחרישה. רוה. כמו לרוה. נשיאים ורוח וגשם אין. כאשר יהיה תוחלת שוא כשהשמים מתקשרים בעבים והרוח מנשבת ואדם מצפה שיבא גשם ולא בא והם מצטערים וכלות עיניהם [משלי כה, יד].

מסורת הש"ס

א) ב"מ פח., ב) עיין ברי"ף בע"י פירושו, ג) ב"מ מב., ד) [צ"ל מעשר], ה) [צ"ל ושפע].

הגהות הב"ח

(א) רש"י ד"ה סימן כו' סעודת שבת הס"ד ואחר כך מה"ד והיינו דאמר ר' שילא קשי יומי דמיטרא שאין כו' עד כ"ש דקשי מיטרא מה"ד ומבטלינהו לירידת גשמים כו': (ב) ד"ה הרי זו תפלת שוא. דשוב אין ברכה: (ג) ד"ה בנגב. לשון יובש והנה חרבו: (ד) ד"ה אפיקי ים. מוצאי מים אלמא כו' כצ"ל: (ה) תוס' ד"ה אלא כו' דהא דקאמר התם הכי היינו טעמא:

תורה אור השלם

א) כִּי עָצֹר עָצַר יְיָ בְּעַד כָּל רֶחֶם לְבֵית אֲבִימֶלֶךְ עַל דְּבַר שָׂרָה אֵשֶׁת אַבְרָהָם: [בראשית כ, יח]

ב) וְחָרָה אַף יְיָ בָּכֶם וְעָצַר אֶת הַשָּׁמַיִם וְלֹא יִהְיֶה מָטָר וְהָאֲדָמָה לֹא תִתֵּן אֶת יְבוּלָהּ וַאֲבַדְתֶּם מְהֵרָה מֵעַל הָאָרֶץ הַטֹּבָה אֲשֶׁר יְיָ נֹתֵן לָכֶם: [דברים יא, יז]

ג) וַתַּהַר וַתֵּלֶד בֵּן וַתֹּאמֶר אָסַף אֱלֹהִים אֶת חֶרְפָּתִי: [בראשית ל, כג]

ד) כִּי כַּאֲשֶׁר יֵרֵד הַגֶּשֶׁם וְהַשֶּׁלֶג מִן הַשָּׁמַיִם וְשָׁמָּה לֹא יָשׁוּב כִּי אִם הִרְוָה אֶת הָאָרֶץ וְהוֹלִידָהּ וְהִצְמִיחָהּ וְנָתַן זֶרַע לַזֹּרֵעַ וְלֶחֶם לָאֹכֵל: [ישעיה נה, י]

ה) וַיְיָ פָּקַד אֶת שָׂרָה כַּאֲשֶׁר אָמָר וַיַּעַשׂ יְיָ לְשָׂרָה כַּאֲשֶׁר דִּבֵּר: [בראשית כא, א]

ו) פָּקַדְתָּ הָאָרֶץ וַתְּשֹׁקְקֶהָ רַבַּת תַּעְשְׁרֶנָּה פֶּלֶג אֱלֹהִים מָלֵא מָיִם תָּכִין דְּגָנָם כִּי כֵן תְּכִינֶהָ: [תהלים סה, י]

ז) אִם לְשֵׁבֶט אִם לְאַרְצוֹ אִם לְחֶסֶד יַמְצִאֵהוּ: [איוב לז, יג]

ח) פּוֹתֵחַ אֶת יָדֶךָ וּמַשְׂבִּיעַ לְכָל חַי רָצוֹן: [תהלים קמה, טז]

ט) וַנָּצוּמָה וַנְּבַקְשָׁה מֵאֱלֹהֵינוּ עַל זֹאת וַיֵּעָתֵר לָנוּ: [עזרא ח, כג]

י) וְרַחֲמִין לְמִבְעֵא מִן קֳדָם אֱלָהּ שְׁמַיָּא עַל רָזָה דְּנָה דִּי לָא יְהֹבְדוּן דָּנִיֵּאל וְחַבְרוֹהִי עִם שְׁאָר חַכִּימֵי בָבֶל: [דניאל ב, יח]

כ) וַיֹּאמֶר אֵלַי אַל תִּירָא דָנִיֵּאל כִּי מִן הַיּוֹם הָרִאשׁוֹן אֲשֶׁר נָתַתָּ אֶת לִבְּךָ לְהָבִין וּלְהִתְעַנּוֹת לִפְנֵי אֱלֹהֶיךָ נִשְׁמְעוּ דְבָרֶיךָ וַאֲנִי בָאתִי בִּדְבָרֶיךָ: [דניאל י, יב]

ל) וְזָרְחָה לָכֶם יִרְאֵי שְׁמִי שֶׁמֶשׁ צְדָקָה וּמַרְפֵּא בִּכְנָפֶיהָ וִיצָאתֶם וּפִשְׁתֶּם כְּעֶגְלֵי מַרְבֵּק: [מלאכי ג, כ]

מ) יִפְתַּח יְיָ לְךָ אֶת אוֹצָרוֹ הַטּוֹב אֶת הַשָּׁמַיִם לָתֵת מְטַר אַרְצְךָ בְּעִתּוֹ וּלְבָרֵךְ אֵת כָּל מַעֲשֵׂה יָדֶךָ וְהִלְוִיתָ גּוֹיִם רַבִּים וְאַתָּה לֹא תִלְוֶה: [דברים כח, יב]

נ) יְצַו יְיָ אִתְּךָ אֶת הַבְּרָכָה בַּאֲסָמֶיךָ וּבְכֹל מִשְׁלַח יָדֶךָ וּבֵרַכְךָ בָּאָרֶץ אֲשֶׁר יְיָ אֱלֹהֶיךָ נֹתֵן לָךְ: [דברים כח, ח]

ס) שׁוּבָה יְיָ אֶת שְׁבִיתֵנוּ כַּאֲפִיקִים בַּנֶּגֶב: [תהלים קכו, ד]

ע) וַיֵּרָאוּ אֲפִקֵי יָם יִגָּלוּ מֹסְדוֹת תֵּבֵל בְּגַעֲרַת יְיָ מִנִּשְׁמַת רוּחַ אַפּוֹ: [שמואל ב' כב, טז]

פ) תְּלָמֶיהָ רַוֵּה נַחֵת גְּדוּדֶיהָ בִּרְבִיבִים תְּמֹגְגֶנָּה צִמְחָהּ תְּבָרֵךְ: [תהלים סה, יא]

צ) נְשִׂיאִים וְרוּחַ וְגֶשֶׁם אָיִן אִישׁ מִתְהַלֵּל בְּמַתַּת שָׁקֶר: [משלי כה, יד]

another need for which they did *not* pray at that time.[18]

בִּימֵי ר׳ זֵירָא גְּזוּר גְּזֵרָה – In the days of R' Zeira [the government] passed a decree[19] against religious observance. **וְגָזוּר דְּלָא לְמֵיתַב בְּתַעֲנִיתָא – In addition they decreed that [the Jews] may not observe** public **fasts.**[20] **אָמַר לְהוּ ר׳ זֵירָא – R' Zeira said to [the people]: נְקַבְּלֵיהּ עִילָּוָון – Let us accept [a fast] upon ourselves** now **וּלְכִי בָּטִיל הַגְּזֵירָה לִיתְבֵיהּ – and when the decree is rescinded we will observe [the fast].** In the meantime, however, the very acceptance of the fast is treated as equivalent to the actual act of fasting. **אָמְרֵי לֵיהּ – They asked [R' Zeira]: מְנָא לָךְ הָא – From where do you know** that **this** is so? **אָמַר לְהוּ – He answered them: דִּכְתִיב – For it is written:**[21] **"וַיֹּאמֶר אֵלַי אַל־תִּירָא דָנִיֵּאל – *And he* [the angel] *said to me: Do not be afraid, Daniel,* כִּי מִן־הַיּוֹם הָרִאשׁוֹן אֲשֶׁר נָתַתָּ אֶת־לִבְּךָ – *for from the first day that you set your heart* לְהָבִין וּלְהִתְעַנּוֹת לִפְנֵי אֱלֹהֶיךָ – *to understand and fast before your God,* נִשְׁמְעוּ דְבָרֶיךָ" – *your petitions were accepted.***

The Gemara continues its discussion about rain:

אָמַר רַבִּי יִצְחָק – R' Yitzchak said: אֲפִילּוּ שָׁנִים כִּשְׁנֵי אֵלִיָּהוּ – Even during **years** of drought that are **like the years** of drought in the time **of Elijah,**[22] **וְיָרְדוּ גְּשָׁמִים בְּעַרְבֵי שַׁבָּתוֹת –** if **rain were to descend on a Friday, אֵינָן אֶלָּא סִימַן קְלָלָה – it would be nothing but a sign of curse** for it inconveniences the people who have to go to the marketplace on Fridays to purchase provisions for the Sabbath. **הַיְינוּ דְּאָמַר רַבָּה בַּר שֵׁילָא – This is** in essence **what Rabbah bar Shila said: קָשֶׁה יוֹמָא דְּמִיטְרָא כְּיוֹמָא דְּדִינָא – A rainy day is as troublesome as a court day.**[23] **אָמַר אַמֵּימָר – Ameimar said: אִי לָא דְּצָרִיךְ לִבְרִיָּיתָא – Were it not that rain is needed by people, בְּעֵינַן רַחֲמֵי וּמְבַטְּלִינַן לֵיהּ – we would pray and have it eliminated** because it inconveniences people and prevents them from going to and fro.

The Gemara cites further teachings from R' Yitzchak:

וְאָמַר רַבִּי יִצְחָק – And R' Yitzchak said: שֶׁמֶשׁ בַּשַּׁבָּת צְדָקָה לַעֲנִיִּים – Sunshine on the Sabbath is a charitable gift for the poor, for they enjoy the sunshine and it provides them with warmth;[24] **שֶׁנֶּאֱמַר – as it is said:**[25] **"וְזָרְחָה לָכֶם יִרְאֵי שְׁמִי שֶׁמֶשׁ צְדָקָה וּמַרְפֵּא" – *A charitable sun will shine for you who fear My Name*[26] *with healing* in its wings.**

Another teaching from R' Yitzchak:

וְאָמַר רַבִּי יִצְחָק – And R' Yitzchak said: גָּדוֹל יוֹם הַגְּשָׁמִים – A day of rain is great, שֶׁאֲפִילּוּ פְּרוּטָה שֶׁבַּכִּיס מִתְבָּרֶכֶת בּוֹ – because even the *perutah*[27] in one's purse is blessed through it, i.e. even industries which do not require rain are blessed on a day of rain;[28] **שֶׁנֶּאֱמַר – as it is said:**[29] **"לָתֵת מְטַר־אַרְצְךָ בְּעִתּוֹ וּלְבָרֵךְ אֵת כָּל־מַעֲשֵׂה יָדֶךָ" –** *HASHEM will open up . . . the heavens* ***to provide rain for your land in its time, and to bless all the work of your hand.***

Another teaching from R' Yitzchak:

וְאָמַר רַבִּי יִצְחָק – And R' Yitzchak said: אֵין הַבְּרָכָה מְצוּיָה – Blessing[30] **is not found אֶלָּא בְּדָבָר הַסָּמוּי מִן הָעַיִן – except in something that is hidden from the eye, שֶׁנֶּאֱמַר – as it is said:**[31] **"יְצַו ה׳ אִתְּךָ אֶת־הַבְּרָכָה בַּאֲסָמֶיךָ" – *HASHEM shall command the blessing upon you in your silos.***[32]

A similar teaching:

תָּנָא דְּבֵי ר׳ יִשְׁמָעֵאל – A Baraisa was taught in the yeshivah of R' Yishmael: אֵין הַבְּרָכָה מְצוּיָה – BLESSING IS NOT FOUND **אֶלָּא בְּדָבָר שֶׁאֵין הָעַיִן שׁוֹלֶטֶת בּוֹ –** EXCEPT IN SOMETHING AT WHICH THE EYE CANNOT GAZE, **שֶׁנֶּאֱמַר –** AS IT IS SAID: **"יְצַו ה׳ אִתְּךָ אֶת־הַבְּרָכָה בַּאֲסָמֶיךָ" –** ***HASHEM SHALL COMMAND THE BLESSING UPON YOU IN YOUR HIDDEN STORAGE PLACES.***[33]

The Gemara cites a related Baraisa:

תָּנוּ רַבָּנַן – The Rabbis taught in a Baraisa: הַנִּכְנָס לָמוֹד אֶת גָּרְנוֹ – ON ENTERING TO MEASURE the grain in ONE'S SILO, **אוֹמֵר יְהִי רָצוֹן מִלְּפָנֶיךָ ה׳ אֱלֹהֵינוּ –** ONE RECITES the following prayer: ***MAY IT BE YOUR WILL, HASHEM OUR GOD,*** **שֶׁתִּשְׁלַח בְּרָכָה בְּמַעֲשֵׂה יָדֵינוּ –** ***THAT YOU SEND BLESSING IN THE WORK OF OUR HANDS.*** **הִתְחִיל לָמוֹד –** When ONE BEGINS TO MEASURE the grain, **אוֹמֵר בָּרוּךְ הַשּׁוֹלֵחַ בְּרָכָה בַּכְּרִי הַזֶּה –** ONE SAYS: ***BLESSED IS THE ONE WHO BESTOWS BLESSING ON THIS PILE*** of grain.[34] **מָדַד וְאַחַר כָּךְ בֵּירַךְ**

NOTES

18. See note 15.

19. In *Ein Yaakov* the text is recorded as: גְּזוּר שְׁמָדָא, *they passed an anti-religious decree.* R' Chananel's text seems to have been: גְּזוּר שְׁמָדָא דְּלָא לְמֵיתַב בְּתַעֲנִיתָא, *they passed an anti-religious decree that* Jews *not observe fasts* (see following note).

20. They forbade the Jews to fast for rain, for they did not wish blessing to come to the world as a result of the Jews' fasting (*Rashi* with *Maharsha*).

Alternatively: This ban against fasting was enacted in order to prevent the Jews from nullifying the basic anti-religious decree through their fasting (*Maharsha*).

21. *Daniel* 10:12. Daniel accepted twenty-one years of fasting upon himself after King Cyrus halted the reconstruction of the Temple (see *Rashi* ibid. v. 2). An angel appeared to Daniel and informed him that his prayers were accepted from the time that he made this vow.

22. See above, end of 3a.

23. Literally: day of judgment. Ezra ordained that courts should sit in session in every city on Mondays and Thursdays (see *Bava Kamma* 82a, and *Tosafos* there ד״ה ודנין). On these days people would gather in the cities to have their cases adjudicated by the courts [and much public commotion would ensue].

When it rains there is as much tumult, noise and commotion as on a court day and people are prevented from performing their errands. Certainly then, when rain falls on a Friday [and people have to go out and buy their Sabbath provisions] it is an inconvenience (*Rashi;* cf. *Maharsha*).

24. On the Sabbath the poor eat delicacies to which they are unaccustomed during the week, and this causes internal disorders (see *Sanhedrin* 101a with *Rashi* ד״ה שנוי). Thus, the healing properties of the sun are of special benefit to the poor on this day (*Iyun Yaakov*).

25. *Malachi* 3:20.

26. A reference to those who observe the Sabbath (*Rashi*).

27. A *perutah* is a small copper coin. In most cases, its value is the minimum which is legally significant (see *Bava Metzia* 55a).

28. *Rashi.* Alternatively, *Maharsha* explains that the Gemara refers *specifically* to the "money in one's purse." When adequate rains fall, produce is cheaper, and thus one's spending power is increased.

Another possibility is that the Gemara uses this expression to signify that even those business pursuits which require no work at all (e.g. investments) are blessed on a day of rain (*Maharsha*).

29. *Deuteronomy* 28:12.

30. I.e. the commodity is enhanced and its amount increases (*Rashi* to *Bava Metzia* 42a).

31. *Deuteronomy* 28:8.

32. This exposition relates אֲסָמֶיךָ (*your silos*) to the similar word סָמוּי, *hidden* (*Rashi* to *Bava Metzia* 42a).

33. According to this exposition, אֲסָמֶיךָ is not translated as silos, but is understood in a more general sense: *your hidden storage places* (*Rashi* ibid.).

34. Like all other blessings, this one must include God's Name and a mention of His kingdom; that is, one says: בָּרוּךְ אַתָּה ה׳ אֱלֹהֵינוּ מֶלֶךְ הָעוֹלָם הַשּׁוֹלֵחַ בְּרָכָה בַּכְּרִי הַזֶּה, *Blessed are You, HASHEM, our God, King of the Universe, Who bestows blessing on this pile* of grain (*Rashi*).

In the Diaspora, since one is not obligated to separate tithes, one is not guaranteed Divine blessing; therefore, this blessing is recited without the mention of God's Name and His kingdom (see *Eliyah Rabbah* 230:7, *Mishnah Berurah* 230:4).

נאמרה עצירה באשה שנאמר א) כי עצר עצר ה' בעד כל רחם ונאמרה עצירה בגשמים דכתיב ב) ועצר את השמים נאמר לידה באשה ונאמר לידה בגשמים נאמר לידה באשה דכתיב ג) ותהר ותלד בן ונאמר לידה בגשמים דכתיב ד) והולידה והצמיחה נאמר פקידה באשה ונאמר פקידה בגשמים נאמר פקידה באשה דכתיב ה) וה' פקד את שרה ונאמר פקידה בגשמים דכתיב ו) פקדת הארץ ותשקקה רבת תעשרנה פלג אלהים מלא מים מאי פלג אלהים מלא מים תנא כמין קובה יש ברקיע שממנה גשמים יוצאין אמר רבי שמואל בר נחמני מאי דכתיב ז) אם לשבט אם לארצו אם לחסד ימציאהו אם לשבט בהרים ובגבעות אם לחסד ימציאהו לארצו בשדות ובכרמים אם לשבט לאילנות אם לארצו לזרעים אם לחסד ימציאהו בורות שיחין ומערות בימי רבי שמואל בר נחמני הוה כפנא ומותנא אמרי היכי נעביד א ניבעי רחמי אתרתי לא אפשר אלא ליבעי רחמי אמותנא וכפנא ניסבול אמר להו ר' שמואל בר נחמני ב ניבעי רחמי אכפנא דכי יהיב רחמנא שובעא לחיי הוא דיהיב דכתיב ח) פותח את ידך ומשביע לכל חי רצון ומנלן דלא מצלינן אתרתי דכתיב ט) ונצומה ונבקשה מאלהינו על זאת מכלל דאיכא אחריתי במערבא אמרי משמיה דר' חגי מהכא י) ורחמין למבעא מן קדם אלה שמיא על רזא דנא מכלל דאיכא אחריתי בימי ר' זירא גזור גזרה וגזור דלא למיתב בתעניתא אמר להו ר' זירא ג נקבליה עילוון ולכי בטיל הגזירה ליתביה אמרי ליה מנא לך הא אמר להו דכתיב כ) ויאמר אלי אל תירא דניאל כי מן היום הראשון אשר נתת את לבך להבין ולהתענות לפני אלהיך נשמעו דבריך אמר רבי יצחק אפילו שנים כשני אליהו וירדו גשמים בערבי שבתות אינן אלא סימן קללה היינו א) דאמר רבה בר שילא ב) קשה יומא דמיטרא כיומא דדינא אמר אמימר אי לא דצריך לברייתא בעינן רחמי ומבטלינן ליה ואמר רבי יצחק שמש בשבת צדקה לעניים שנאמר ל) וזרחה לכם יראי שמי שמש צדקה ומרפא ואמר רבי יצחק גדול יום הגשמים שאפילו פרוטה שבכיס מתברכת בו שנאמר מ) לתת מטר ארצך בעתו ולברך את כל מעשה ידיך ואמר רבי יצחק ג) אין הברכה מצויה אלא בדבר הסמוי מן העין שנאמר נ) יצו ה' אתך את הברכה באסמיך תנא דבי ר' ישמעאל אין הברכה מצויה אלא בדבר שאין העין שולטת בו שנאמר יצו ה' אתך את הברכה באסמיך ת"ר ד הנכנס למוד את גרנו אומר יר"מ ה' אלהינו שתשלח ברכה במעשה ידינו התחיל למוד אומר ברוך השולח ברכה בכרי הזה מדד ואח"כ בירך הרי זו תפלת שוא לפי שאין הברכה מצויה לא בדבר השקול ולא בדבר המדוד ולא בדבר המנוי אלא בדבר הסמוי מן העין: קיבוץ גייסות צדקה (ד) מעשה) פרנס סימן: אמר רבי יוחנן גדול יום הגשמים כיום קבוץ גליות שנאמר ס) שובה ה' את שביתנו כאפיקים בנגב ואין אפיקים אלא מטר שנאמר ע) ויראו אפיקי ים ואמר רבי יוחנן גדול יום הגשמים שאפילו גייסות פוסקות בו שנאמר פ) תלמיה רוה נחת גדודיה ואמר רבי יוחנן אין הגשמים נעצרין אלא בשביל פוסקי צדקה ברבים ואין נותנין שנאמר צ) נשיאים ורוח וגשם אין איש מתהלל במתת שקר וא"ר יוחנן מאי דכתיב

עשר

נאמרה עצירה באשה כו'. כלומר על כולן מבקשים רחמים: **פלג.** בריכה: כמין קובה. אהל מלא מים: **אם לשבט.** אם גזר הקב"ה רוב גשמים לרעה אז יורדים בכח כשבט שמכה בכח וחזרו בתשובה הקב"ה מורידן על הרים וגבעות מקום שאין שם איש: **אבל אם לחסד.** שיורדין בנחת ימציאהו לארצו לארץ ישראל: **אתרתי.** לא בעינן רחמי אהדדי כדלקמן: **נבעי רחמי אכפנא.** דליתיב שובעא ומותנא ליבטל ממילא: **דכי יהיב רחמנא שובעא לחיי הוא דיהיב.** לחיים ולא למתים דאינו מביא שובעא כדי להמית בני אדם אלא כדי שיחיו: **משביע לכל חי רצון.** שובע נותן לבני אדם חיים: **על זאת.** על חדא משמע בעזרא כתיב: **על רזא דנא.** בדניאל כתיב: **דלא ליתבו בתעניתא.** דלא בעו דליתי ברכה לעולם בשבילן: **ניקבל עילוון.** יומי תעניתא דמשום קבלה מהני לן כתעניתא וכי בטיל גזרה עבדין להו: **ומנלן דעבדינן הכי.** כלומר דמהני אי עבדינן הכי: **אשר נתת לבך להתענות לפני אלהיך נשמעו דבריך.** אלמא משקיבל עליו נשמעו דבריו: **כשני אליהו.** בימי אחאב שהיה העולם צריך לגשמים דכתיב (מלכים א יז) אם יהיה השנים האלה טל ומטר כי אם לפי דברי: **סימן קללה.** שבני אדם צריכים לחזר בשוק לקנות סעודת שבת (א): **קשי יומי דמיטרא.** שאין בני אדם יכולין לעשות צרכיהן: **כיומא דדינא.** שני וחמישי שמתקבצין בני אדם לדון עם חבריהן כתקנת עזרא שיש הומות וקולות ואוושות ביום הגשמים כיום הדין ובערב שבת כל שכן דקשי מיטרא: **והיינו דאמר ר' שילא:** ומבטלינהו לירידת גשמים שטורחין בני אדם ואין יכולין לצאת ולבא: **צדקה לעניים.** שמתעדנין בה וחום להן יום ברור ומתחממין בה ביום הצינה: **יראי שמי.** שומרי שבת: **פרוטה שבכיס.** אפי' מעשה ידים שאינן צריכים לגשמים מתברכין: **ברוך השולח ברכה.** (ה שיפוע) ומזכיר בה מלכות ואזכרה ככל הברכות כולן: **הרי זו תפלת שוא.** (ב) ושוב אין ברכה נכנסת בה: **בדבר הסמוי מן העין.** שאינו יודע הסכום: **כאפיקים.** כאפיקי נחלים: **בנגב.** (ג) יבשה והנה חרבו מתרגמינן נגיבו: **אפיקי ים.** מוצאי (ד) ים אלמא אפיק לשון מים ואפיקים בנגב נמי לשון גשמים: **גייסות.** חיילות כשאתה מרווה תלמי הארץ בגשם מיד גדודים נוחין כדלקמן: **פוסקי צדקה ברבים.** לשם ולפנים ואורחא דמילתא נקט שאין אדם עשוי לפסוק צדקה בינו לבין עצמו ואינו נותן: **נשיאים ורוח.** באין לעולם כאילו גשמים יורדין ואין יורדין בשביל האיש המתהלל במתת שקר דכסם שהוא עושה לפנים ומחניף את העניים אף שמים מחניפין את הארץ שמראין נשיאים ורוח וגשם אין אי נמי אין קאי אשלשתם דמכל אלו נעצרין:

לינוקא

ונצומה ונבקשה מאלהינו. ויעתר לנו פירוש מדקאמר על [זאת] משמע דאיכא מילתא אחריתא וכן פירש בסמוך על דנא: **אלא** בדבר הסמוי מן העין שנאמר יצו ה' וגו'. תימה דאמרינן פרק כל הבשר (חולין דף קה:) גבי הני שקולאי דדרו חביתא דחמרא בעו לאתפוחי אותבוהו תותי מרזיבא פקע חביתא ומפרש שם בשביל השד שהיה שם עד דאכפייה מר בר רב אשי לשד לשלם אמר ליה שידא למר בר רב אשי ליקבע לי מר זימנא דאיזיל ואשלם קבע ליה זימנא כי מטא זימניה איעכב ואמר ליה אמאי לא אתית בזמנך אמר ליה כל מידי דצייר וחתים וכייל ומני לית לן רשות למישקל מיניה אלמא בדבר המדוד והמנוי לית ליה רשות למשקל מיניה ובדבר הסמוי אית ליה רשות אלמא אין ברכה בדבר הסמוי וי"ל דלא קשה מידי דהא דקאמר התם (ה) היינו טעמא דלית להו אלא בדבר הפקר ולא דבר דכייל ומנוי או צייר וחתים היינו בשביל דאין ברכה מצויה בהני ולית בהו דבר הפקר והאי דבעלים נינהו אלא בדבר הסמוי והיינו מטעם דהברכה מצויה בדבר הסמוי ומה שמתרבה בשביל הברכה אית להו רשות למישקל בסמוי דהיינו כמו הפקר שאין לשום אדם זכות בו אי נמי הכא מיירי בדבר המנוי והמדוד בלא צייר וחתים ובהא אית להו רשותא והתם מיירי במדוד ומנוי וכייל וצייר וחתים ובהא לית להו רשותא: **גדול** יום גשמים כיום קיבוץ גליות שנאמר שובה ה' את שביתנו כאפיקים בנגב וגו'. ואם תאמר אמאי לא קאמר גדול יום הגשמים יותר מקיבוץ גליות דהא כאפיקים בנגב כתיב ומי נתלה במי קטן נתלה בגדול שאפיקים גדולים מיום קיבוץ גליות דהכי נמי אמר (לעיל דף ז.) יערוף כמטר לקחי מי נתלה במי קטן נתלה בגדול וי"ל דה"פ אנו מתפללים הכי שובה ה' את שביתנו כאפיקים היורדין בנגב שגדול יום קיבוץ כאפיקים בנגב א"כ עשה עמנו לטובה אות בקבוץ גליות בהיות כי זה כמו זה ואפיקים בנגב תחדש בכל יום כיום קיבוץ גליות אבל יותר לא:

עשר

עין משפט נר מצוה

כג א ב טוש"ע א"ח סי' תקעו סעיף טו:
כד ג שם סימן תקעא סעיף ג:
כה ד מיי' פ"י מהל' ברכות הלכה כב סמג עשין כז טוש"ע א"ח סימן רל סעיף ב:

רבינו חננאל

ולידה ופקידה באשה וכנגדן ברקיע ובארץ. פקידה שנאמר פקדת ארץ ותשוקקה. לידה שנאמר והולידה והצמיחה עצירה שנא' ועצר את השמים תנא כמין קובה יש ברקיע ומשם גשמים יורדים שנאמר פלג אלהים מלא מים: **הוה** כפנא ומותנא אמרי לא אפשר למבעי רחמי אתרתי דכתיב ונצומה ונבקשה מאלהינו על זאת. במערבא אמרי ורחמין למיבעי מן קדם אלהא על רזא דנא. מכלל דאיכא (אחד) אחריתי: אלא מיבעי רחמי אכפנא (ומותנא נסבול) דכי יהב רחמנא שובעא לחיי הוא דיהיב שנאמר פותח את ידך ומשביע לכל חי רצון. **בימי** רבי זירא גזור שמדא ומנעום מלקבוע תענית א"ר זירא ניקבליה עלון מהשתא ולכי בטיל שמדא ניתוב בתעניתא שנאמר ויאמר אלי אל תירא דניאל כי מן היום אשר נתת לבך להבין ולהתענות וגו'. **גשמים** (בלילי) [בערבי] שבתות אפילו שנים כשני אליהו סימן קללה הן. **אין** הברכה מצויה לא בדבר המדוד ולא בדבר המנוי ולא בדבר השקול אלא בדבר הסמוי מן העין שנאמר יצו ה' אתך את הברכה באסמיך וגו'. **א"ר יוחנן** אין הגשמים נעצרין אלא בשביל פוסקי צדקה ברבים ואינם נותנים שנאמר נשיאים ורוח וגשם אין וגו'.

רבינו גרשום

אם לשבט דאתי ברזיא: **להרים** שילך על ההרים: **אם לחסד** שיורד בנחת ימציאהו ליישוב: **צדקה לעניים.** שמתחממין שהן ערומים: **בערבי שבתות סימן קללה הוא** שאין יכולין לטרוח לכבוד שבת. א) **כדעבד לאבוך.** שנעשה גל של עצמות:

חשק שלמה על רבינו חננאל

א) שייך לדף ט.

ליקוטי רש"י

בעד כל רחם. כנגד כל פתח. [בראשית כ, יח]. **פקד את שרה.** בהריון [שם כא, א]. **פקדת הארץ ותשקקה.** כשאתה חפץ להטיב אתה פוקד את הארץ ומשקה אותה. **רבת תעשרנה.** הרבה אתה מעשרה מפלג שלך שהוא מלא מים [תהלים סה, י]. **כפנא.** רעב [לקמן יט:]. **ומשביע לכל חי רצון.** כדי פרנסתו הוא משביע את טובו ואת רצונו ואת ברכתו. **רצון.** אפיימנ"ט בלעז [תהלים קמה, טז]. **במערבא.** בארץ ישראל [שבת סה:]. **אין הברכה מצויה.** שמתברך ורבה מאליו פויישו"ן בלע"ז. **באסמיך.** דריש ליה לשון דבר הסמוי מן העין. **שאין העין שולטת בו.** שנאמר באסמיך לשון גנזים [ב"מ מב.]. **כאפיקים בנגב.** כאפיקי מים בארץ יבשה שמלחלחין אותה [תהלים קכו, ד]. **תלמיה.** הן שורות המחרישה. **רוה.** כמו לרוה. **נשיאים ורוח וגשם אין.** כאשר יהיה תוחלת שוא כשהשמים מתקשרים בעבים והרוח מנשבת ואדם מצפה שיבא גשם ולא בא והם מצטערים וכלות עיניהם [משלי כה,יד].

מסורת הש"ס

א) ב"מ פה., ב) עיין ברי"ף בעי' פירושו, ג) ב"מ מב., ד) [נ"ל מעשר], ה) [נ"ל ושפע].

הגהות הב"ח

(א) רש"י ד"ה סימן כו' סעודת שבת הס"ד ואחר כך מה"ד והיינו דאמר ר' שילא קשי יומי דמיטרא שאין כו' עד כ"ש דקשי מיטרא מה"ד ומבטלינהו לירידת גשמים כו': (ב) ד"ה הרי זו תפלת שוא. דשוב אין ברכה: (ג) ד"ה בנגב. לשון יובש והנה חרבו: (ד) ד"ה אפיקי ים. מוצאי מים אלמא כו' כצ"ל: (ה) תוס' ד"ה אלא כו' דהא דקאמר התם הכי היינו טעמא:

תורה אור השלם

א) כִּי עָצֹר עָצַר יְיָ בְּעַד כָּל רֶחֶם לְבֵית אֲבִימֶלֶךְ עַל דְּבַר שָׂרָה אֵשֶׁת אַבְרָהָם: [בראשית כ, יח]
ב) וְחָרָה אַף יְיָ בָּכֶם וְעָצַר אֶת הַשָּׁמַיִם וְלֹא יִהְיֶה מָטָר וְהָאֲדָמָה לֹא תִתֵּן אֶת יְבוּלָהּ וַאֲבַדְתֶּם מְהֵרָה מֵעַל הָאָרֶץ הַטֹּבָה אֲשֶׁר יְיָ נֹתֵן לָכֶם: [דברים יא, יז]
ג) וַתַּהַר וַתֵּלֶד בֵּן וַתֹּאמֶר אָסַף אֱלֹהִים אֶת חֶרְפָּתִי: [בראשית ל, כג]
ד) כִּי כַּאֲשֶׁר יֵרֵד הַגֶּשֶׁם וְהַשֶּׁלֶג מִן הַשָּׁמַיִם וְשָׁמָּה לֹא יָשׁוּב כִּי אִם הִרְוָה אֶת הָאָרֶץ וְהוֹלִידָהּ וְהִצְמִיחָהּ וְנָתַן זֶרַע לַזֹּרֵעַ וְלֶחֶם לָאֹכֵל: [ישעיה נה, י]
ה) וַיְיָ פָּקַד אֶת שָׂרָה כַּאֲשֶׁר אָמָר וַיַּעַשׂ יְיָ לְשָׂרָה כַּאֲשֶׁר דִּבֵּר: [בראשית כא, א]
ו) פָּקַדְתָּ הָאָרֶץ וַתְּשֹׁקְקֶהָ רַבַּת תַּעְשְׁרֶנָּה פֶּלֶג אֱלֹהִים מָלֵא מָיִם תָּכִין דְּגָנָם כִּי כֵן תְּכִינֶהָ: [תהלים סה, י]
ז) אִם לְשֵׁבֶט אִם לְאַרְצוֹ אִם לְחֶסֶד יַמְצִאֵהוּ: [איוב לז, יג]
ח) פּוֹתֵחַ אֶת יָדֶךָ וּמַשְׂבִּיעַ לְכָל חַי רָצוֹן: [תהלים קמה, טז]
ט) וַנָּצוּמָה וַנְּבַקְשָׁה מֵאֱלֹהֵינוּ עַל זֹאת וַיֵּעָתֵר לָנוּ: [עזרא ח, כג]
י) וְרַחֲמִין לְמִבְעֵא מִן קֳדָם אֱלָהּ שְׁמַיָּא עַל רָזָה דְּנָה דִּי לָא יְהֹבְדוּן דָּנִיֵּאל וְחַבְרוֹהִי עִם שְׁאָר חַכִּימֵי בָבֶל: [דניאל ב, יח]
כ) וַיֹּאמֶר אֵלַי אַל תִּירָא דָנִיֵּאל כִּי מִן הַיּוֹם הָרִאשׁוֹן אֲשֶׁר נָתַתָּ אֶת לִבְּךָ לְהָבִין וּלְהִתְעַנּוֹת לִפְנֵי אֱלֹהֶיךָ נִשְׁמְעוּ דְבָרֶיךָ וַאֲנִי בָאתִי בִּדְבָרֶיךָ: [דניאל י, יב]
ל) וְזָרְחָה לָכֶם יִרְאֵי שְׁמִי שֶׁמֶשׁ צְדָקָה וּמַרְפֵּא בִּכְנָפֶיהָ וִיצָאתֶם וּפִשְׁתֶּם כְּעֶגְלֵי מַרְבֵּק: [מלאכי ג, כ]
מ) יִפְתַּח יְיָ לְךָ אֶת אוֹצָרוֹ הַטּוֹב אֶת הַשָּׁמַיִם לָתֵת מְטַר אַרְצְךָ בְּעִתּוֹ וּלְבָרֵךְ אֵת כָּל מַעֲשֵׂה יָדֶךָ וְהִלְוִיתָ גּוֹיִם רַבִּים וְאַתָּה לֹא תִלְוֶה: [דברים כח, יב]
נ) יְצַו יְיָ אִתְּךָ אֶת הַבְּרָכָה בַּאֲסָמֶיךָ וּבְכֹל מִשְׁלַח יָדֶךָ וּבֵרַכְךָ בָּאָרֶץ אֲשֶׁר יְיָ אֱלֹהֶיךָ נֹתֵן לָךְ: [דברים כח, ח]
ס) שׁוּבָה יְיָ אֶת שְׁבִיתֵנוּ כַּאֲפִיקִים בַּנֶּגֶב: [תהלים קכו, ד]
ע) וַיֵּרָאוּ אֲפִקֵי יָם יִגָּלוּ מֹסְדוֹת תֵּבֵל בְּגַעֲרַת יְיָ מִנִּשְׁמַת רוּחַ אַפּוֹ: [שמואל ב' כב, טז]
פ) תְּלָמֶיהָ רַוֵּה נַחֵת גְּדוּדֶיהָ בִּרְבִיבִים תְּמֹגְגֶנָּה צִמְחָהּ תְּבָרֵךְ: [תהלים סה, יא]
צ) נְשִׂיאִים וְרוּחַ וְגֶשֶׁם אָיִן אִישׁ מִתְהַלֵּל בְּמַתַּת שָׁקֶר: [משלי כה, יד]

– If HE first MEASURED AND THEN RECITED THE BLESSING, הֲרֵי זוֹ תְּפִלַּת שָׁוְא – his PRAYER IS IN VAIN because it is too late for the blessing to take effect, לְפִי שֶׁאֵין הַבְּרָכָה מְצוּיָה – FOR BLESSING IS NOT FOUND לֹא בַּדָּבָר הַשָּׁקוּל – IN SOMETHING THAT HAS BEEN WEIGHED, וְלֹא בַּדָּבָר הַמָּדוּד – NOR IN SOMETHING THAT HAS BEEN MEASURED, וְלֹא בַּדָּבָר הַמָּנוּי – NOR IN SOMETHING THAT HAS BEEN COUNTED; אֶלָּא בַּדָּבָר הַסָּמוּי מִן הָעַיִן – it is found ONLY IN SOMETHING THAT IS HIDDEN FROM THE EYE; i.e. its quantity is unknown.

The Gemara records a series of five teachings from R' Yochanan. They are introduced with a mnemonic:

קִבּוּץ גְּיָיסוֹת צְדָקָה (מַעֲשֶׂה) פַּרְנָס סִימָן – Mnemonic: Ingathering, legions, charity, (deed,)[35] sustains.

אָמַר רַבִּי יוֹחָנָן – R' Yochanan said: גָּדוֹל יוֹם הַגְּשָׁמִים – A day of rains is as momentous כְּיוֹם קִבּוּץ גָּלֻיּוֹת – as the day of the ingathering of the exiles, שֶׁנֶּאֱמַר – for it is said:[36] ,,שׁוּבָה ה׳ אֶת שְׁבִיתֵנוּ כַּאֲפִיקִים בַּנֶּגֶב״ – ***HASHEM, return our exile like "afikim" in the desert;*** **וְאֵין אֲפִיקִים אֶלָּא מָטָר – and *afikim*** in this verse **means nothing other than** streams formed by **rain, שֶׁנֶּאֱמַר – as** can be proven from that which **is said:**[37] ,,וַיֵּרָאוּ אֲפִקֵי יָם״ – ***And the channels (afikim) of the sea appeared.*** From the second verse it is evident that the term *afikim* is used in reference to water; thus, when mentioned in connection with a desert it must refer to the streams formed by a heavy downpouring of rain.

Another teaching from R' Yochanan:

וְאָמַר רַבִּי יוֹחָנָן – And R' Yochanan said: גָּדוֹל יוֹם הַגְּשָׁמִים – A day of rains is great שֶׁאֲפִילוּ גְּיָיסוֹת פּוֹסְקוֹת בּוֹ – because even legions of soldiers **cease** their movement **on it, שֶׁנֶּאֱמַר – as it is said:**[38] ,,תְּלָמֶיהָ רַוֵּה נַחֵת גְּדוּדֶהָ״ – ***Saturate her furrows, rest her legions.*** The verse implies that as soon as the furrows of the land become saturated with rain, soldiers rest.[39]

Another teaching from R' Yochanan:

וְאָמַר רַבִּי יוֹחָנָן – And R' Yochanan said: אֵין הַגְּשָׁמִים נֶעֱצָרִין אֶלָּא בִּשְׁבִיל פּוֹסְקֵי צְדָקָה בָּרַבִּים – Rain is withheld only because of those who pledge charity in public וְאֵין נוֹתְנִין – and do not pay,[40] **שֶׁנֶּאֱמַר – as it is said:** ,,נְשִׂיאִים וְרוּחַ וְגֶשֶׁם אָיִן – ***Clouds and wind, but no rain,*** אִישׁ מִתְהַלֵּל בְּמַתַּת־שָׁקֶר״ – *when* ***a man is praised for a false gift.***[41]

Another teaching from R' Yochanan:

וְאָמַר רַבִּי יוֹחָנָן – And R' Yochanan said: מַאי דִּכְתִיב – What is the meaning **of that which is written:**

NOTES

35. *Mesoras HaShas* emends the text to read מַעֲשֵׂר, *tithes.*

36. *Psalms* 126:4. As the Gemara proceeds to demonstrate, the word *afikim* means streams formed by flash floods in the desert. These desert streams serve as a metaphor for the future ingathering of the exiles from Babylonia: Just as streams of water turn a barren desert into a flourishing garden, so will we be transformed and gladdened when God delivers us from exile (*Rashi* ad loc.).

37. *II Samuel* 22:16. This verse is from a laudatory song that David offered to God upon salvation from his enemies. In this part of the song David praises God for the earlier miracle of the splitting of the Red Sea.

38. *Psalms* 65:11. The translation given here is a homiletic interpretation. The plain meaning of the verse is given above, 6a (see there *Rashi* ד״ה נחת).

39. We learned above that rain is troublesome inasmuch as it makes roads impassable and people are prevented from going on their way. However, the obstruction of the roads is beneficial in this respect in that it prevents warring armies from proceeding (*Maharsha*).

40. Actually the same applies to pledges made in private. The Gemara specifies "in public" merely because that is the usual circumstance of a false pledge. Private pledges, on the other hand, are generally honored (*Rashi*).

Maharsha suggests that the Gemara refers *only* to public pledges. A false pledge made in public is worse inasmuch as it falsely raises the hopes of the poor (see following note).

41. *Proverbs* 25:14. A man who fails to honor his commitment to charity falsely raises the expectations of the poor. Correspondingly, heaven will falsely raise the expectations of [the inhabitants of] the earth by showing clouds and wind but not providing any actual rain.

Alternatively, one may explain the word אָיִן, *no,* as referring to the "clouds and wind" as well. According to this explanation, the verse teaches that for the sin of unpaid pledges, all three elements – the clouds, wind and rain – will be withheld (*Rashi*).

„עַשֵּׂר תְּעַשֵּׂר" – ***Tithe, you shall tithe.***[1] What is the point of the double expression? עַשֵּׂר בִּשְׁבִיל שֶׁתִּתְעַשֵּׁר – It teaches: **Tithe so that you will become wealthy.**[2]

אַשְׁכְּחֵיהּ ר׳ יוֹחָנָן לִינוּקָא דְּרֵישׁ לָקִישׁ – **R' Yochanan met the young son of Reish Lakish.**[3] אֲמַר לֵיהּ – **[R' Yochanan] said to him:** אֵימָא לִי פְּסוּקֵיךְ – **"Tell me your verse,"** i.e. the verse you are currently studying. אֲמַר לֵיהּ – **[The boy] answered him:** „עַשֵּׂר תְּעַשֵּׂר" – ***"Tithe, you shall tithe."*** אֲמַר לֵיהּ – **[The boy]** then **asked [R' Yochanan]:** וּמַאי „עַשֵּׂר תְּעַשֵּׂר" – **"What is** signified by the double expression: ***tithe, you shall tithe?"*** אֲמַר לֵיהּ – **[R' Yochanan] answered him:** עַשֵּׂר בִּשְׁבִיל שֶׁתִּתְעַשֵּׁר – **"Tithe so that you will become wealthy."** אֲמַר לֵיהּ – **[The boy] asked [R' Yochanan]:** מְנָא לָךְ – **"From where do you know** this" אֲמַר לֵיהּ – **[R' Yochanan] answered him:** זִיל נַסִּי – **"Go and test** it;" take tithes and see whether you become wealthy or not. אֲמַר לֵיהּ – **[The boy] asked [R' Yochanan]:** וּמִי שָׁרֵי לְנַסּוּיֵיהּ לְהַקָּדוֹשׁ בָּרוּךְ הוּא – **"Is it permitted to test the Holy One, Blessed is He?** וְהָכְתִיב – **But it is written:** „לֹא תְנַסּוּ אֶת־ה׳" – ***Do not test Hashem."***[4] אֲמַר לֵיהּ – **[R' Yochanan] answered him:** הָכִי אָמַר רַבִּי הוֹשַׁעְיָא – **"Thus said R' Hoshaya:** חוּץ מִזּוּ – **This** case of separating tithes **is an exception** to the general prohibition against testing God; שֶׁנֶּאֱמַר – **for it is** explicitly **stated:**[5] „הָבִיאוּ אֶת־כָּל־הַמַּעֲשֵׂר אֶל־בֵּית הָאוֹצָר – ***Bring all the tithes to the storehouse,*** וִיהִי טֶרֶף בְּבֵיתִי – ***so that there may be food in My house*** [i.e. for those who serve in the Temple], וּבְחָנוּנִי נָא בָּזֹאת – ***and test Me now through this,*** אָמַר ה׳ צְבָאוֹת – ***says Hashem, Master of Legions,*** אִם־לֹא אֶפְתַּח לָכֶם אֵת אֲרֻבּוֹת הַשָּׁמַיִם – ***if I will not open for you the windows of the sky*** וַהֲרִיקֹתִי לָכֶם בְּרָכָה עַד־בְּלִי־דָי" – ***and pour out blessing to you without limit."***

The Gemara interrupts the dialogue between R' Yochanan and the son of Resh Lakish with an exposition on the last phrase of this verse:

מַאי „עַד־בְּלִי־דָי" – **What is** meant by **without limit?** אָמַר רָמִי בַּר חָמָא אָמַר רַב – **Rami bar Chama said in the name of Rav:** עַד שֶׁיִּבְלוּ שִׂפְתוֹתֵיכֶם מִלּוֹמַר דַּי – Interpreted homiletically, this means: **Until your lips wear out from saying, "Enough!"** You will receive such an abundance of blessing that you will become weary from saying that the blessing is sufficient.[6]

The Gemara returns to the dialogue between R' Yochanan and his nephew:

אֲמַר לֵיהּ – **[The boy]** then **said to [R' Yochanan]:** אִי הֲוַת מָטֵי הָתָם לְהַאי פְּסוּקָא – **"If I would have reached that verse** (*Bring all the tithes . . . and test Me* etc.) I would have understood this lesson myself. לֹא הֲוֵית צְרִיכְנָא לָךְ – **I would not have needed you,** וּלְהוֹשַׁעְיָא רַבָּךְ – **nor Hoshaya your teacher,** in whose name you reported this teaching."

וְתוּ אַשְׁכְּחֵיהּ ר׳ יוֹחָנָן לִינוּקֵיהּ דְּרֵישׁ לָקִישׁ – On **another** occasion **R' Yochanan encountered the young son of Reish Lakish** דְּיָתֵיב וְאָמַר – **as he was sitting and reciting** the verse:[7] „אִוֶּלֶת אָדָם תְּסַלֵּף דַּרְכּוֹ – ***The foolishness*** [wrongdoing] ***of a man perverts his way*** [brings him punishment], וְעַל־ה׳ יִזְעַף לִבּוֹ" – ***but his heart frets against Hashem.*** I.e. a person blames God for the misfortune brought about by his own wrongdoing. יָתֵיב רַבִּי יוֹחָנָן וְקָא מַתְמַהּ – **R' Yochanan sat and pondered:** אָמַר – **He asked:** מִי אִיכָּא מִידִי דִּכְתִיבֵי בִּכְתוּבֵי – **"Is there anything written in Writings** דְּלָא רְמִיזִי בְּאוֹרַיְיתָא – **that is not alluded to in the Pentateuch?"**[8] אֲמַר לֵיהּ – **[The boy] said to [R' Yochanan]:** אַטוּ הָא מִי לָא רְמִיזִי – **"Is this** verse **not alluded to** in the Pentateuch? וְהָכְתִיב – **But** in the Pentateuch **it is written:**[9] „וַיֶּחֶרְדוּ אִישׁ אֶל־אָחִיו לֵאמֹר – ***And their hearts sank,*** וַיֵּצֵא לִבָּם – ***and they were afraid, saying to one another,*** מַה־זֹּאת עָשָׂה אֱלֹהִים לָנוּ" – ***What is this that God has done to us?"*** The brothers of Joseph blamed God for their misfortune, instead of attributing it to their own wrongdoing of selling Joseph. דַּל עֵינֵיהּ – **[R' Yochanan] lifted his eyelid** וְחָזָא בֵּיהּ – **and looked at him.**[10] אַתְיָא אִימֵּיהּ אַפִּיקְתֵּיהּ – **[The boy's] mother came and took [her son] away.** אָמְרָה לֵיהּ – **She said to him:** תָּא מִקַּמֵּיהּ – **"Come away from [R' Yochanan],** דְּלָא לִיעֲבַד לָךְ – **lest he do to you** כִּדְעָבַד לַאֲבוּךְ – **as he did to your father!"**[11]

The Gemara concludes the series of R' Yochanan's teachings: [וְ]אָמַר רַבִּי יוֹחָנָן – **[And] R' Yochanan said:** מָטָר בִּשְׁבִיל יָחִיד –

NOTES

1. *Deuteronomy* 14:22.

2. This homiletic interpretation relates the word תְּעַשֵּׂר to עוֹשֶׁר, *wealth.* Alternatively: תְּעַשֵּׂר retains its original sense (*you shall tithe*) and the verse is understood as follows: עַשֵּׂר תְּעַשֵּׂר, *tithe* [and] *you shall tithe* [again, from the extra produce that will be awarded you] (*Maharsha*).

The converse is also true: one who does not give tithes becomes impoverished. In a Midrash cited by *Tosafos* (see also *Rashi* to *Numbers* 5:10) the story is told of an individual who failed to take tithes one year, and the following year his land produced no more than the amount the owner used to give in tithes. Since he failed in his responsibility as a "tithe-giver" he was relegated to the level of a "tithe-receiver."

Sifri derives from the double expression, *tithe, you shall tithe,* that one must take tithes not only from agricultural produce but even from non-agricultural income (*Tosafos*). See *Yoreh Deah* 331:146 with *Pischei Teshuvah* for a definition of this law.

3. This boy was the son of R' Yochanan's sister. [Reish Lakish married R' Yochanan's sister – *Bava Metzia* 84a.] The incident recorded here occurred after the death of Reish Lakish as is evident from the story itself (*Rashi,* see note 12).

4. *Deut.* 6:16. One is forbidden to perform a mitzvah with the intention of seeing whether or not one will be rewarded for it. Since the primary location for receiving reward is the World to Come, one cannot anticipate reward in this world (*Chinuch*, *Mitzvah* 424).

5. *Malachi* 3:10. Since this verse clearly sets forth a challenge to test God to see whether a reward will be forthcoming for separating tithes, evidently an exception is made here to the injunction against testing God. One is promised financial reward for the fulfillment of this mitzvah, regardless of any sins or transgressions one might have committed (*Chinuch* ibid.).

According to *Mishnas Chachamim* only prosperity – the reward specified in the verse – may be expected as a reward for tithing. One may not expect other rewards, such as health. Furthermore, the authorities dispute whether or not one is permitted to expect a reward for tithing non-agricultural income (see *Yoreh Deah* 247:4, *Pischei Teshuvah* ibid. 1, 2).

6. The phrase עַד־בְּלִי־דָי literally means, "until there is not enough." This exposition, however, relates בְּלִי to the phonetically similar root בלה, which means to wear out. Thus, the homiletic translation reads "until [you] wear out [from saying] enough."

7. *Proverbs* 19:3.

8. The Pentateuch is the basis of the Prophets and the Writings. All of their teachings are alluded to in the Pentateuch (*Rashi*).

9. *Genesis* 42:28. This verse describes the reaction of Joseph's brothers to the alarming discovery that the money used by one of them to buy grain from Joseph had been put back in his bag.

10. The Gemara (*Bava Kamma* 117a) relates that R' Yochanan had long eyebrows which covered his entire eye. When he wished to look at something he would lift his eyebrows with silver tweezers. In this instance, he wished to look at the boy who had demonstrated such sharpness (*Rashi*).

11. A reference to the incident recorded in *Bava Metzia* (84a). R' Yochanan was personally responsible for drawing Reish Lakish away from banditry and into a life of Torah. Later, when Reish Lakish made a remark which seemed to indicate that he was not appreciative of this change, R' Yochanan became upset and gave Reish Lakish a withering look. As a result, Reish Lakish fell ill and eventually died (quoted in abbreviated form by *Rashi*).

א) עשר תעשר א) עשר בשביל שתתעשר אשכחיה ר' יוחנן לינוקא דריש לקיש אמר ליה אימא לי פסוקיך א"ל עשר תעשר א"ל ומאי עשר תעשר א"ל עשר בשביל שתתעשר אמר ליה מנא לך א"ל זיל נסי אמר ליה ומי שרי לנסוייה להקב"ה והכתיב ב) לא תנסו את ה' א"ל הכי אמר רבי הושעיא חוץ מזו שנאמר ג) הביאו את כל המעשר אל בית האוצר ויהי טרף בביתי ובחנוני נא בזאת אמר ה' צבאות אם לא אפתח לכם את ארובות השמים והריקותי לכם ברכה עד בלי די ב) מאי עד בלי די אמר רמי בר חמא אמר רב עד שיבלו שפתותיכם מלומר די א"ל אי הות מטי התם להאי פסוקא לא הוית צריכנא לך ולהושעיא רבך ותו אשכחיה ר' יוחנן לינוקיה דריש לקיש דיתיב ואמר ד) אולת אדם תסלף דרכו ועל ה' יזעף לבו יתיב רבי יוחנן וקא מתמה אמר מי איכא מידי דכתיבי בכתובי דלא רמיזי באורייתא א"ל אטו הא מי לא רמיזי והכתיב ה) ויצא לבם ויחרדו איש אל אחיו לאמר מה זאת עשה אלהים לנו דל עיניה וחזא ביה אתיא אימיה אפיקתיה אמרה ליה תא מקמיה דלא ליעבד לך כדעבד לאבוך (ג) א"ר) יוחנן מטר בשביל יחיד פרנסה בשביל רבים מטר בשביל יחיד דכתיב ו) יפתח ה' לך את אוצרו הטוב לתת מטר ארצך פרנסה בשביל רבים דכתיב ז) הנני ממטיר לכם לחם מיתיבי ר' יוסי בר' יהודה אומר שלשה פרנסים טובים עמדו לישראל אלו הן משה ואהרן ומרים וג' מתנות טובות ניתנו על ידם ואלו הן באר וענן ומן באר בזכות מרים עמוד ענן בזכות אהרן מן בזכות משה מתה מרים נסתלק הבאר שנאמר ח) ותמת שם מרים וכתיב בתריה ולא היה מים לעדה וחזרה בזכות שניהן מת אהרן נסתלקו ענני כבוד שנאמר ט) וישמע הכנעני מלך ערד ד) מה שמועה שמע שמע שמת אהרן ונסתלקו ענני כבוד וכסבור ניתנה לו רשות להלחם בישראל והיינו דכתיב י) ויראו כל העדה כי גוע אהרן אמר ר' אבהו אל תקרי ויראו אלא וייראו כדדריש ר"ל ה) דאר"ל כי משמש בארבע לשונות אי דלמא אלא ו) דהא חזרו שניהם בזכות משה מת משה נסתלקו כולן שנאמר כ) ואכחיד את שלשת הרועים בירח אחד וכי בירח אחד מתו והלא מרים מתה בניסן ואהרן באב ומשה באדר אלא מלמד שנתבטלו ג' מתנות טובות שנתנו על ידן ונסתלקו כולן בירח אחד אלמא אשכחן פרנסה בשביל יחיד שאני משה ז) כיון דלרבים הוא בעי כרבים דמי רב הונא בר מנוח ורב שמואל בר אידי ורב חייא מווסתניא הוו שכיחי קמיה דרבא כי נח נפשיה דרבא אתו לקמיה דרב פפא כל אימת דהוה אמר להו שמעתא ולא הוה מסתברא להו הוו מרמזי אהדדי חלש דעתיה

אקרויה

רש"י

לינוקא דריש לקיש. בן אחותו של ר' יוחנן ולאחר מיתתו של ריש לקיש כדמוכח לקמן: אמר. ינוקא לר' יוחנן מאי עשר תעשר: א"ל. ינוקא והכתיב לא תנסו: שיבלו. כלומר שייגעו דולורא"ש בלע"ז: אי הוה מטינא להתם. להאי קרא דהביאו את כל המעשר הוה ידעית ליה ממילא: לר' הושעיא רבך. דאמרית לי משמיה: אולת אדם תסלף דרכו ועל ה' יזעף לבו. כשאדם חוטא מסלף דרכו שבאין עליו פגעים ועל השם יזעף לבו שכועס ואומר מפני מה אירע לי פגע זה: ולא רמזה. משה באורייתא שהחומש הוא יסוד נביאים וכתובים וכולן יש סמך למצוא מן התורה: דלי עיניה. רבי יוחנן שהיו עפעפיו מכסין את עיניו ומגביהן במזלגי דכספא בבבא קמא בפ' אחרון (דף קיז.) שהיה רוצה לראותו מפני שהוא חריף: דלא ליעביד לך כדעבד לאבוך. שלא יתן עיניו בך כמו שנתן באביך והמיתו בבבא מציעא (דף פד.): מטר בשביל יחיד. שאם א"צ מטר אלא לאדם אחד כגון שזרע אחר זמן זריעת בני אדם או שדר בעיר שכולה נכרים וצריך למטר בא בזכותו (א) ופרנסה שפע טובה ומחיה לכל העולם אינו בא לעולם בזכות אחד אלא בשביל רבים שאם רבים צריכין שובע שתשלח ברכה בתבואה הקב"ה עושה אם זכו אבל יחיד הצריך שיתברכו תבואותיו אין הקב"ה משנה בעבורו דין השנה אלא כפי ברכותיה ואף על פי שמוריד מ) בשביל יחיד מטר זה להשביח תבואותיו שלא יהו גרועות משל אחרים אבל לעשות שדהו כשדה שובע לא: מטר ארצך. של אחד משמע: ממטיר לכם. לשון רבים: בארה של מרים. סלע וזבין ממנו מים והיה מתגלגל והולך עם ישראל והוא הסלע שבו הכה משה שלא היה רוצה להזיל מימיו בשבילו לפי שמתה מרים: ונסתלקו ענני כבוד. ענני רקיע וענני עשן ושאר עננים אינן של כבוד: חזרה בזכות שניהן. שכן כתיב ודברתם שניכם אל הסלע ונתן מימיו: כי משמש ארבע לשונות אי דלמא אלא דהא. כל מקום שצריך לדרוש כי בין לענין דרשה בין למשמעות המקרא תוכל לשנותו באחד מהני ארבע לשונות דלשון כי משמע בכולם וכן וכד וברם ואדי בכלל הני ד' הן והאי דכי גוע אהרן משתמש בלשון דהא ושמעינן מינה טעמא דקרא דמה טעם נתראו דהא מית שהרי מת אהרן וריש לקיש לא אתי למימר דלא מתרגמין שום כי בעולם אלא (ב) מהני לשונות אלא אפי' מתרגם או דלמא אדי דרשינן משמעותיה כמשמעות דהא ומאן דמתרגם וחזיאו כל כנישתא דהא מית טועה הוא דאם כן ואתחזיאו מיבעי ליה ויראו כל העדה במשקל ויראו ראשי הבדים וירפו המים ויעלו מעל משכן קרח: חזרו שניהם בזכות משה. מדכתיב ואכחיד את שלשת הרועים פשיטא לן דבדידהו משתעי שלא מצינו פרנסים לישראל שלשה כאחד אלא הם: מתה בניסן. שנאמר (במדבר כ) ויבואו בני ישראל כל העדה מדבר צין בחדש הראשון וישב העם בקדש ותמת שם מרים ותקבר שם (ט) בפרה) אדומה: אהרן מת. באחד לחדש י): מווסתניא. מאותו מקום: אחוו להדדי. מראין ומביטין זה לזה דלא סלקא להו שמעתא כרבא:

אקרויה

תוספות

עשר תעשר. הכי איתא בסיפרי עשר תעשר את כל תבואת זרעך היוצא השדה שנה שנה אין לי אלא תבואת זרעך שחייב במעשר רבית ופרקמטיא וכל שאר רווחים מנין ת"ל את כל דהוה מצי למימר את תבואתך מאי כל לרבות רבית ופרקמטיא וכל דבר שמרויח בו והכי נמי איכא בהגדה כ) היוצא השדה שנה [שנה] כלומר אם לא תעשר שדך כהוגן לא יהיה לך אלא היוצא מן השדה כלומר לא יעשה שדך אלא כפי מעשרות שהיו קודם לכן דהיינו היוצא מן השדה כלומר מה שהיית רגיל להוציא למעשר מן השדה ומעשה באדם אחד שהיה עשיר והיה לו שדה שעשתה אלף כור והיה אותו עשיר נוטל ק' כורין למעשר ומפריש כל שנה ושנה וכן עשה כל ימיו כשחלה למות קרא לבנו ואמר לו בני דע שהשדה זו שאני מוריש לך עושה בכל שנה ושנה אלף כורין הזהר שתפריש ק' כורין כאשר עשיתי ומת אותו האיש ועמד הבן במקומו ועשה השדה אלף כורין כאשר היה עושה בחיי האב והפריש ממנה ק' כורין בשנה שניה נסתכל וראה הבן שמעשר היה דבר גדול ואמר שלא יפריש לשנה אחרת נתמעט השדה ולא עשה כי אם מאה כורין נצטער עליו ושמעו קרוביו שכך מיעט ולא הפריש מעשר באו כולם אצלו מלובשים לבנים ושמחים אמר להם כמדומה לי שאתם שמחים בקלקלתי אמרו לו נצטער עליך כי גרמת לך כל הרעה הזאת ומפני מה לא הפרשת מעשר כראוי היטב בא וראה כי מתחלה כשבא השדה לידך היית בעל הבית והקב"ה כהן שהיה המעשר חלקו ליתן לעניים ועכשיו שלא הפרשת חלקו לו היה הקב"ה בעל הבית ואתה כהן שאין שדך עושה (ג) מה שהיה עושה מתחלה אלף כורין והפריש לך מאה כורין והיינו דכתיב (במדבר ה) ואיש את קדשיו לו יהיו כלומר ל) כשאינו מפריש כהוגן לא יהיה לו אלא הקדשים כלומר המעשר ועל זה אמרו חכמים המעכב מעשרותיו לסוף בא שלא יהיה לו אלא אחד מעשר כדכתיב (ישעיה ה) וזרע חומר יעשה איפה דהיינו המעשר דאיפה ג' סאין ובחומר יש (לו) ל' סאין וכן כתיב מ) כי עשרת צמדי כרם יעשו בת אחת וה"ר נתן האופניא"ל פי' נ) היוצא מן השדה כלומר ואם לאו שאין אתה מפריש העישור יהיה לאותו היוצא לשדה דהיינו עשו הרשע כלומר שיקחוהו העובדי כוכבים:

רבינו חננאל

עשר תעשר כלומר עשר כדי שירבה קניינך ותעשר עוד פעמים אחרים. ואמרינן מי שרי למימר הכי והכתיב לא תנסו את ה' אלהיכם ושנינן חוץ מזו שנאמר הביאו וגו' ובחנוני נא בזאת וגו' כתיב אולת אדם תסלף דרכו ועל ה' יזעף לבו. כיוצא בו בתורה דכתיב ויחרדו איש אל אחיו לאמר מה זאת עשה אלהים לנו: א"ר יוחנן מטר בזכות יחיד שנאמר לתת מטר ארצך בעתו ר"ל אמר מהכא שאלו מה' מטר וגו' ותניא ומטר גשם יתן להם לאיש יכול לכל השדות שלו ת"ל בשדה. יכול לכל השדה ת"ל עשב השדה וכדר' דניאל בר רב קטינא דהוה סייר גינתיה ואמר האי משרא בעי מיא והאי משרא לא בעי מיא ואתי מטרא להאי משרא דאמר בעי מיא. פרנסה בשביל רבים שנאמר הנני ממטיר לכם לחם מן השמים וגו'. ואקשינן והא משה רבינו יחידי הוה (וקמא) [וקאמר] כי המן ירד בזכותו. והענן בזכות אהרן והבאר בזכות מרים. וכולן כיון שמתו נסתלקו כל אחד ואחד הדבר שהיה בזכותו. וחזרו בשביל מרע"ה. וכיון שמת נסתלקו הכל שנאמר ואכחיד שלשת הרועים בירח אחד. ושנינן שאני משה רבינו כיון דאלים זכותיה כרבים דמי. ג' פרנסים טובים עמדו לישראל. ואלו הן משה ואהרן ומרים וג' מתנות נתן להם הקב"ה על ידם ואלו הן מן ובאר ועמוד הענן כו': תלמידי דרבא כד נח נפשיה אתו לקמיה דרב פפא לא הוו מסתברי להו שמעתתיה הוה מרמזי להדדי חזנהו

ליקוטי רש"י

ויהי טרף. יהי מזון מצוי לשמשי [מלאכי ג, י]. אולת אדם תסלף דרכו. בעונו בא לו הרע כי באולתו תסלף דרכו ועבר עבירות ונפרעין ממנו ובבוא לו הצרה זועף לבו על הקב"ה וממהר אחר מדת הדין כגון אחי יוסף שאמרו מה זאת עשה אלהים לנו (בראשית מב) [משלי יט, ג]. מה זאת עשה אלהים לנו. להביאנו לידי עלילה זו [בראשית מב, כח]. תא. בוא [מו"ק טז:]. מקמיה. מלפניו [ע"פ ברכות מו:]. ולא היה מים לעדה. מכאן שכל ארבעים שנה היה להם הבאר בזכות מרים [במדבר כ, ב]. וישמע הכנעני. שמע שמת אהרן ונסתלקו ענני כבוד וכו' כדאיתא בר"ה (דף ג.) ועמלק מעולם רצועת מרדות לישראל מזומן בכל עת לפורענות [שם כא, א]. כי גוע. אומר אני שהמתרגם דהא מית טועה הוא אלא אם כן מתרגם ויראו ואתחזיאו שלא אמרו רבותינו ז"ל כי זה משמש בלשון דהא אלא על מדרש שנסתלקו ענני כבוד וכדאמר ר' אבהו (ראש השנה דף ג.) דא"ר אבהו אל תקרי ויראו אלא וייראו ועל

מסורת הש"ס

א) [שבת קיט.], ב) [לקמן כב:] שבת לב: מכות כג:, ג) [נ"ל ואמר רבי], ד) ר"ה ג., ה) גיטין צ. שבועות מט:, ו) [פסחים לג:], ז) ס"א כיון דאלים זכותו כרבים דמי, ח) בשביל זה מטר להשביח רש"א, ט) [נ"ל בפרשת פרה], י) [נ"ל באחד לחדש בחדש החמישי בפ' אלה מסעי], כ) [עי' ילקוט רמז תתלב וכן איתא בתנחומא פ' ראה], ל) [עי' ברכות סג.], מ) [שם רישא דקרא], נ) [גם זה איתא בילקוט רמז תתלג וכן בתנחומא].

הגהות הב"ח

(א) רש"י ד"ה מטר כו' בא בזכותו הס"ד ומה"ד ופרנסה כו' ואף על פי שמוריד בשביל זה מטר להשביח: (ב) ד"ה כי משמש כו' שום כי בעולם אלא באחד מהני לשונות: (ג) תוס' ד"ה עשר כו' ואתה כהן שאין שדך עושה עתה מה שהיה עושה:

הגהות מהר"ב רנשבורג

א] רש"י ד"ה כי משמש וכו' אלא אפי' מתורגם ארי. כצ"ל:

תורה אור השלם

א) עַשֵּׂר תְּעַשֵּׂר אֵת כָּל תְּבוּאַת זַרְעֶךָ הַיֹּצֵא הַשָּׂדֶה שָׁנָה שָׁנָה: [דברים יד, כב]

ב) לֹא תְנַסּוּ אֶת יְיָ אֱלֹהֵיכֶם כַּאֲשֶׁר נִסִּיתֶם בַּמַּסָּה: [דברים ו, טז]

ג) הָבִיאוּ אֶת כָּל הַמַּעֲשֵׂר אֶל בֵּית הָאוֹצָר וִיהִי טֶרֶף בְּבֵיתִי וּבְחָנוּנִי נָא בָּזֹאת אָמַר יְיָ צְבָאוֹת אִם לֹא אֶפְתַּח לָכֶם אֵת אֲרֻבּוֹת הַשָּׁמַיִם וַהֲרִיקֹתִי לָכֶם בְּרָכָה עַד בְּלִי דָי: [מלאכי ג, י]

ד) אִוֶּלֶת אָדָם תְּסַלֵּף דַּרְכּוֹ וְעַל יְיָ יִזְעַף לִבּוֹ: [משלי יט, ג]

ה) וַיֹּאמֶר אֶל אֶחָיו הוּשַׁב כַּסְפִּי וְגַם הִנֵּה בְאַמְתַּחְתִּי וַיֵּצֵא לִבָּם וַיֶּחֶרְדוּ אִישׁ אֶל אָחִיו לֵאמֹר מַה זֹּאת עָשָׂה אֱלֹהִים לָנוּ: [בראשית מב, כח]

ו) יִפְתַּח יְיָ לְךָ אֶת אוֹצָרוֹ הַטּוֹב אֶת הַשָּׁמַיִם לָתֵת מְטַר אַרְצְךָ בְּעִתּוֹ וּלְבָרֵךְ אֵת כָּל מַעֲשֵׂה יָדֶךָ וְהִלְוִיתָ גּוֹיִם רַבִּים וְאַתָּה לֹא תִלְוֶה: [דברים כח, יב]

ז) וַיֹּאמֶר יְיָ אֶל מֹשֶׁה הִנְנִי מַמְטִיר לָכֶם לֶחֶם מִן הַשָּׁמָיִם וְיָצָא הָעָם וְלָקְטוּ דְּבַר יוֹם בְּיוֹמוֹ לְמַעַן אֲנַסֶּנּוּ הֲיֵלֵךְ בְּתוֹרָתִי אִם לֹא: [שמות טז, ד]

ח) וַיָּבֹאוּ בְנֵי יִשְׂרָאֵל כָּל הָעֵדָה מִדְבַּר צִן בַּחֹדֶשׁ הָרִאשׁוֹן וַיֵּשֶׁב הָעָם בְּקָדֵשׁ וַתָּמָת שָׁם מִרְיָם וַתִּקָּבֵר שָׁם: וְלֹא הָיָה מַיִם לָעֵדָה וַיִּקָּהֲלוּ עַל מֹשֶׁה וְעַל אַהֲרֹן: [במדבר כ, א-ב]

ט) וַיִּשְׁמַע הַכְּנַעֲנִי מֶלֶךְ עֲרָד יֹשֵׁב הַנֶּגֶב כִּי בָּא יִשְׂרָאֵל דֶּרֶךְ הָאֲתָרִים וַיִּלָּחֶם בְּיִשְׂרָאֵל וַיִּשְׁבְּ מִמֶּנּוּ שֶׁבִי: [במדבר כא, א]

י) וַיִּרְאוּ כָּל הָעֵדָה כִּי גָוַע אַהֲרֹן וַיִּבְכּוּ אֶת אַהֲרֹן שְׁלֹשִׁים יוֹם כֹּל בֵּית יִשְׂרָאֵל: [במדבר כ, כט]

כ) וָאַכְחִד אֶת שְׁלֹשֶׁת הָרֹעִים בְּיֶרַח אֶחָד וַתִּקְצַר נַפְשִׁי בָּהֶם וְגַם נַפְשָׁם בָּחֲלָה בִי: [זכריה יא, ח]

לשון זה טופל לשון דהא לפי שהוא נתינת טעם למה שלמעלה הימנו למה ויראו לפי שהרי מת אהרן אבל על תרגום וחזו כל [illegible]

Rain is provided **for** only **one person,** פַּרְנָסָה בִּשְׁבִיל רַבִּים – but **prosperity** is not provided unless it is required **for many** people.[12]

The Scriptural sources:

מָטָר בִּשְׁבִיל יָחִיד – **Rain** is provided **for one person,** דִּכְתִיב – **as it is written:**[13] ,,יִפְתַּח ה׳ לְךָ אֶת־אוֹצָרוֹ הַטּוֹב ... לָתֵת מְטַר־אַרְצְךָ" – *HASHEM will open for you His good storehouse ... to provide your* (sing.) *land's rain.* Since this verse describes the beneficiary of rain in the singular, it indicates that rain is provided even for the sake of only one person. פַּרְנָסָה בִּשְׁבִיל רַבִּים – **Prosperity** is provided **for many people,** דִּכְתִיב – **as it is written:**[14] ,,הִנְנִי מַמְטִיר לָכֶם לֶחֶם" – *I will rain down bread* [manna] *for you* (pl.). The verse describes the recipients of the *manna* in the plural; thus, it indicates that prosperity is provided only when it is for the sake of many people.

The Gemara challenges R' Yochanan's statement that prosperity is not provided for an individual:

מֵיתִיבֵי – **They raised an objection** from the following Baraisa: ר׳ יוֹסֵי בְּרַ׳ יְהוּדָה אוֹמֵר – R' YOSE THE SON OF R' YEHUDAH SAYS: שְׁלֹשָׁה פַּרְנָסִים טוֹבִים עָמְדוּ לְיִשְׂרָאֵל – THREE EXCELLENT LEADERS AROSE FOR ISRAEL; אֵלּוּ הֵן מֹשֶׁה וְאַהֲרֹן וּמִרְיָם – THEY ARE: MOSES, AARON AND MIRIAM. וְג׳ מַתָּנוֹת טוֹבוֹת נִיתְּנוּ עַל יָדָם – AND BECAUSE OF THEM THREE EXCELLENT GIFTS WERE BESTOWED upon Israel; וְאֵלּוּ הֵן בְּאֵר וְעָנָן וּמָן – THEY ARE: THE WELL,[15] THE Pillar of CLOUD,[16] AND THE MANNA. בְּאֵר בִּזְכוּת מִרְיָם – THE WELL was provided IN THE MERIT OF MIRIAM, עַמּוּד עָנָן בִּזְכוּת אַהֲרֹן – THE PILLAR OF CLOUD IN THE MERIT OF AARON, מָן בִּזְכוּת מֹשֶׁה – AND THE MANNA IN THE MERIT OF MOSES. מֵתָה מִרְיָם נִסְתַּלֵּק הַבְּאֵר – When MIRIAM DIED THE WELL DISAPPEARED, שֶׁנֶּאֱמַר – AS IT IS SAID:[17] ,,וַתָּמָת שָׁם מִרְיָם" – *AND MIRIAM DIED THERE,* וּכְתִיב בַּתְרֵיהּ – AND immediately AFTER [THAT VERSE] IT IS WRITTEN: ,,וְלֹא־הָיָה מַיִם לָעֵדָה" – *AND THERE WAS NO WATER FOR THE COMMUNITY to drink* [because the Well had disappeared.] וְחָזְרָה בִּזְכוּת שְׁנֵיהֶן – [THE WELL] RETURNED IN THE MERIT OF THE other TWO [Moses and Aaron].[18] מֵת אַהֲרֹן נִסְתַּלְּקוּ עַנְנֵי כָבוֹד – When AARON DIED THE CLOUDS OF GLORY DISAPPEARED, שֶׁנֶּאֱמַר – AS IT IS SAID:[19] ,,וַיִּשְׁמַע הַכְּנַעֲנִי מֶלֶךְ־עֲרָד" – *AND THE CANAANITE, THE KING OF ARAD, HEARD ... and he fought against Israel.* מַה שְּׁמוּעָה שָׁמַע – WHAT REPORT DID HE HEAR that prompted him to attack Israel? שָׁמַע שֶׁמֵּת אַהֲרֹן – HE HEARD THAT AARON HAD DIED, וְנִסְתַּלְּקוּ עַנְנֵי כָבוֹד – AND THAT THE CLOUDS OF GLORY HAD DISAPPEARED, וּכְסָבוּר נִיתְּנָה לוֹ רְשׁוּת לְהִלָּחֵם בְּיִשְׂרָאֵל – AND HE THOUGHT HE WAS FREE TO WAGE WAR AGAINST ISRAEL. וְהַיְינוּ דִּכְתִיב – AND THIS IS also borne out by WHAT IS WRITTEN:[20] ,,וַיִּרְאוּ כָּל הָעֵדָה כִּי גָוַע אַהֲרֹן" – *AND ALL THE COMMUNITY SAW THAT AARON HAD PASSED AWAY.*

The Gemara interjects to explain the relevance of the last-mentioned verse:

אָמַר ר׳ אַבָּהוּ – **R' Abahu said:** אַל תִּקְרֵי – **Do not read** this as it is written: ,,וַיִּרְאוּ" – *and they saw;* אֶלָּא – **rather,** read it as if it were written: וַיֵּירָאוּ – *and they appeared.* Thus the verse is understood: *And all the community appeared* [i.e. they were no longer enveloped by the Clouds of Glory] *because Aaron had passed away*. כִּדְדָרִישׁ רֵישׁ לָקִישׁ – This interpretation is based on the principle **expounded by Reish Lakish.** דְּאָמַר רֵישׁ לָקִישׁ – **For Reish Lakish said:** ,,כִּי" מְשַׁמֵּשׁ בְּאַרְבַּע לְשׁוֹנוֹת – The word כִּי **may be used in four senses:** אִי דִּלְמָא אֶלָּא דְּהָא – *if, perhaps, but, because.*[21] In this exposition, it means *because.*

The Baraisa continues:

חָזְרוּ שְׁנֵיהֶם בִּזְכוּת מֹשֶׁה – BOTH OF THEM [the Well and the Clouds of Glory] RETURNED IN THE MERIT OF MOSES. מֵת מֹשֶׁה נִסְתַּלְּקוּ כּוּלָּן – When MOSES DIED, THEY ALL [the Well, the Clouds of Glory, and the manna] DISAPPEARED; שֶׁנֶּאֱמַר – AS IT IS SAID:[22] ,,וָאַכְחִד אֶת־שְׁלֹשֶׁת הָרֹעִים בְּיֶרַח אֶחָד" – *AND I* [God] *REMOVED THE THREE SHEPHERDS* [Moses, Aaron and Miriam] *IN ONE MONTH.*

The Baraisa explains how this is indicated by the verse:

וְכִי בְּיֶרַח אֶחָד מֵתוּ – NOW DID THEY [Moses, Aaron and Miriam] DIE IN THE SAME MONTH? וַהֲלֹא מִרְיָם מֵתָה בְּנִיסָן – BUT DID NOT MIRIAM DIE IN NISSAN,[23] וְאַהֲרֹן בְּאָב – AARON IN AV,[24] וּמֹשֶׁה בַּאֲדָר – AND MOSES IN ADAR?[25] אֶלָּא מְלַמֵּד – RATHER, the verse TEACHES שֶׁנִּתְבַּטְּלוּ ג׳ מַתָּנוֹת טוֹבוֹת שֶׁנִּתְּנוּ עַל יָדָן – THAT THE THREE GIFTS THAT WERE BESTOWED on Israel BECAUSE OF THEM [Moses, Aaron and Miriam] WERE NULLIFIED, וְנִסְתַּלְּקוּ כּוּלָּן בְּיֶרַח אֶחָד – AND THEY DISAPPEARED ALL IN THE SAME MONTH; i.e. the month in which Moses died.

The Gemara now shows how this Baraisa contradicts R' Yochanan's statement:

אַלְמָא אַשְׁכְּחַן פַּרְנָסָה בִּשְׁבִיל יָחִיד – **Thus we find** that **prosperity** is granted **for** the sake of **an individual,** for the manna was provided in the merit of Moses alone. This contradicts R' Yochanan's statement that prosperity is not provided for only one person. – ? –

The Gemara answers:

שָׁאנֵי מֹשֶׁה – The case of **Moses is different**: כֵּיוָן דִּלְרַבִּים הוּא בָּעֵי – **Since he prayed on behalf of the many,** כְּרַבִּים דָּמֵי – **he is regarded as many people.**

NOTES

12. God will make rain fall even if only one worthy person requires it (e.g. he sowed his land later than others, or he is the only worthy person in his locale). But the blessings that God bestows on the world's produce are fixed for each year and cannot be changed unless many worthy people require it. An individual may merit a special rainfall so that his land will not produce *less* than those of others, but not to make his field one of plenty (*Rashi;* cf. *Maharsha*).

13. *Deuteronomy* 28:12.

14. *Exodus* 16:4.

15. A rock, from which water miraculously flowed, accompanied the Jewish people during their sojourn in the desert. This is the very rock that was struck by Moses when its waters ceased to flow [upon the death of Miriam in whose merit it was provided] (*Rashi*).

16. During their wanderings in the desert, the Jewish people were enveloped by six clouds: one on each of their four sides, one above them and one below. In addition, a seventh cloud traveled ahead of the people that prepared a path for them by flattening and sweeping the ground and destroying harmful reptiles (*Tanchuma Beshalach* 3). This seventh cloud is the Pillar of Cloud referred to in *Exodus* 13:21 that guided the people in the daytime.

17. *Numbers* 20:1.

18. Scripture states that God commanded Moses: קַח אֶת־הַמַּטֶּה וְהַקְהֵל אֶת־הָעֵדָה אַתָּה וְאַהֲרֹן אָחִיךָ וְדִבַּרְתֶּם אֶל־הַסֶּלַע לְעֵינֵיהֶם וְנָתַן מֵימָיו, *Take the staff, and assemble the community, you and Aaron your brother, and speak* (plural) *to the rock before their eyes and it shall give forth its water* (*Numbers* 20:8). Since the command "speak" [וְדִבַּרְתֶּם] is in the plural, it implies that the Well's waters would return in the combined merit of Moses and Aaron (*Rashi*).

19. *Numbers* 21:1. This verse immediately follows the one that records the death of Aaron.

20. Ibid. 20:29.

21. The word כִּי has these four different meanings. The appropriate meaning must be ascertained from the context.

22. *Zechariah* 11:8. [The Gemara interprets this homiletically to refer to Moses, Aaron and Miriam.] Since these were the only three people who led the nation simultaneously, the verse must refer to them (*Rashi*).

23. *Numbers* 20:1.

24. *Numbers* 33:38.

25. The Gemara (*Kiddushin* 38a) derives from Scripture that Moses died on the seventh of Adar.

עשר תעשר [א] עשר בשביל שתתעשר אשכחיה ר' יוחנן לינוקא דריש לקיש אמר ליה אימא לי פסוקיך א"ל עשר תעשר א"ל ומאי עשר תעשר א"ל עשר בשביל שתתעשר אמר ליה מנא לך א"ל זיל נסי אמר ליה ומי שרי לנסוייה להקב"ה והכתיב [ב] לא תנסו את ה' א"ל הכי אמר רבי הושעיא חוץ מזו שנאמר [ג] הביאו את כל המעשר אל בית האוצר ויהי טרף בביתי ובחנוני נא בזאת אמר ה' צבאות אם לא אפתח לכם את ארובות השמים והריקותי לכם ברכה עד בלי די [ג] מאי עד בלי די אמר רמי בר חמא אמר רב עד שיבלו שפתותיכם מלומר די א"ל אי הות מטי התם להאי פסוקא לא הוית צריכנא לך ולהושעיא רבך ותו אשכחיה ר' יוחנן לינוקיה דריש לקיש דיתיב ואמר [ד] אולת אדם תסלף דרכו ועל ה' יזעף לבו יתיב רבי יוחנן וקא מתמה אמר מי איכא מידי דכתיבי בכתובי דלא רמיזי באורייתא א"ל אטו הא מי לא רמיזי והכתיב [ה] ויצא לבם ויחרדו איש אל אחיו לאמר מה זאת עשה אלהים לנו דל עיניה וחזא ביה אתיא אימיה אפיקתיה אמרה ליה תא מקמיה דלא ליעבד לך כדעבד לאבוך ([ג] א"ר) יוחנן מטר בשביל יחיד פרנסה בשביל רבים מטר בשביל יחיד דכתיב [ו] יפתח ה' לך את אוצרו הטוב לתת מטר ארצך פרנסה בשביל רבים דכתיב [ז] הנני ממטיר לכם לחם מיתיבי ר' יוסי בר' יהודה אומר שלשה פרנסים טובים עמדו לישראל אלו הן משה ואהרן ומרים וג' מתנות טובות ניתנו על ידם ואלו הן באר וענן ומן באר בזכות מרים עמוד ענן בזכות אהרן מן בזכות משה מתה מרים נסתלק הבאר שנאמר [ח] ותמת שם מרים וכתיב בתריה ולא היה מים לעדה וחזרה בזכות שניהן מת אהרן נסתלקו ענני כבוד שנאמר [ט] וישמע הכנעני מלך ערד [ד] מה שמועה שמע שמת אהרן ונסתלקו ענני כבוד וכסבור ניתנה לו רשות להלחם בישראל והיינו דכתיב [י] ויראו כל העדה כי גוע אהרן אמר ר' אבהו אל תקרי ויראו אלא וייראו כדדריש ר"ל [ה] דאר"ל כי משמש בארבע לשונות אי דלמא אלא [ו] דהא חזרו שניהם בזכות משה מת משה נסתלקו כולן שנאמר [כ] ואכחיד את שלשת הרועים בירח אחד וכי בירח אחד מתו והלא מרים מתה בניסן ואהרן באב ומשה באדר אלא מלמד שנתבטלו ג' מתנות טובות שנתנו על ידן ונסתלקו כולן בירח אחד אלמא אשכחן פרנסה בשביל יחיד שאני משה [ז] כיון דלרבים הוא בעי כרבים דמי רב הונא בר מנוח ורב שמואל בר אידי ורב חייא מווסתניא הוו שכיחי קמיה דרבא כי נח נפשיה דרבא אתו לקמיה דרב פפא כל אימת דהוה אמר להו שמעתא ולא הוה מסתברא להו הוו מרמזי אהדדי חלש דעתיה

אקרויה

רש"י

לינוקא דריש לקיש. בן אחותו של ר' יוחנן ולאחר מיתתו של ריש לקיש כדמוכח לקמן: אמר. ינוקא לר' יוחנן מאי עשר תעשר: א"ל. ינוקא והכתיב לא תנסו: שיבלו. כלומר שייגעו דולורא"נט בלע"ז: אי הוה מטינא להתם. להאי קרא דהביאו את כל המעשר הוה ידעית ליה ממילא: לר' הושעיא רבך. דאמרית לי משמיה: אולת אדם תסלף דרכו ועל ה' יזעף לבו. כשאדם חוטא מסלף דרכו שבאין עליו פגעים ועל השם יזעף לבו שכועס ואומר מפני מה אירע לי פגע זה: ולא רמיזי. משה באורייתא שהחומש הוא יסוד נביאים וכתובים וכולן יש סמך למצוא מן התורה: דלי עיניה. רבי יוחנן שהיו עפעפיו מכסין את עיניו ומגביהן במזלגי דכספא בבבא קמא בפ' אחרון (דף קיז.) שהיה רוצה לראותו מפני שהוא חריף: דלא ליעביד לך כדעבד לאבוך. שלא יתן עיניו בך כמו שנתן באביך והמיתו בבבא מציעא (דף פד.): מטר בשביל יחיד. שאם א"צ מטר אלא לאדם אחד כגון שזרע אחר זמן זריעת בני אדם או שדר בעיר שכולה נכרים וצריך למטר בא בזכותו (א) ופרנסה שפע טובה ומחיה לכל העולם אינו בא לעולם בזכות אחד אלא בשביל רבים שאם רבים צריכין שובע שתשלח ברכה בתבואה הקב"ה עושה אם זכו אבל יחיד הצריך שיתברכו תבואותיו אין הקב"ה משנה בעבורו דין השנה אלא כפי ברכותיה ואף על פי שמוריד [ח] בשביל יחיד מטר זה להשביח תבואותיו שלא יהו גרועות משל אחרים אבל לעשות שדהו כשדה שובע לא: מטר ארצך. של אחד משמע: ממטיר לכם. לשון רבים: בארה של מרים. סלע וזבין ממנו מים והיה מתגלגל והולך עם ישראל והוא הסלע שבו הכה משה שלא היה רוצה להזיל מימיו בשבילו לפי שמתה מרים: ונסתלקו ענני כבוד. ענני רקיע וענני עשן ושאר עננים אינן של כבוד: חזרה בזכות שניהן. שכן כתיב ודברתם שניכס אל הסלע ונתן מימיו: כי משמש ארבע לשונות אי דלמא אלא דהא. כל מקום שצריך לדרוש כי בין לענין דרשה בין למשמעות המקרא תוכל לשנותו באחד מהני ארבע לשונות דלשון כי משמע בכולם וכן וכד וברם והרי בכלל הני ד' הן והאי דכי גוע אהרן משתמש בלשון דהא ושמעינן מינה טעמא דקרא דמה טעם נתראו דהא מית שהרי מת אהרן ור"ל לקיש לא אתי למימר דלא מתרגמין שום כי בעולם אלא (ב) מהני לשונות אלא אפי' מתרגם או דלמא ארי דרשינן משמעותיה כמשמעות דהא ומאן דמתרגם וחזיאו כל כנישתא דהא מית טועה הוא דאם כן ואתחזיאו מיבעי ליה ויראו כל העדה במשקל ויראו ראשי הבדים וירפו המים ויעלו מעל משכן קרח: חזרו שניהם בזכות משה. מדכתיב ואכחיד את שלשת הרועים פשיטא לן דבדידהו משתעי שלא מצינו פרנסים לישראל שלשה כאחד אלא הם: מתה בניסן. שנאמר (במדבר כ) ויבואו בני ישראל כל העדה מדבר צין בחדש הראשון וישב העם בקדש ותמת שם מרים ותקבר שם (ט[בפרה]) אדומה: אהרן מת. באחד לחדש [י]: מווסתניא. מאותו מקום: אחוו להדדי. מרמזין ומביטין זה לזה דלא סלקא להו שמעתא כרבא:

אקרויה

תוספות

עשר תעשר. הכי איתא בסיפרי עשר תעשר את כל תבואת זרעך היוצא השדה שנה שנה אין לי אלא תבואת זרעך שחייב במעשר רבית ופרקמטיא וכל שאר רווחים מנין ת"ל את כל דהוה מצי למימר את תבואתך מאי כל לרבות רבית ופרקמטיא וכל דבר שמרויח בו והכי נמי איכא בהגדה [ס] היוצא השדה שנה [שנה] כלומר אם לא תעשר שדך כהוגן לא יהיה לך אלא היוצא מן השדה כלומר לא יעשה שדך אלא כפי מעשרות שהיו קודם לכן דהיינו היוצא מן השדה כלומר מה שהיית רגיל להוציא למעשר מן השדה ומעשה באדם אחד שהיה עשיר והיה לו שדה שעשתה אלף כור והיה אותו עשיר נוטל ק' כורין למעשר ומפריש כל שנה ושנה וכן עשה כל ימיו כשחלה למות קרא לבנו ואמר לו בני דע שדה זו שאני מוריש לך עושה בכל שנה ושנה אלף כורין הזהר שתפריש ק' כורין כאשר עשיתי ומת אותו האיש ועמד הבן במקומו ועשה השדה אלף כורין כאשר היה עושה בחיי האב והפריש ממנה ק' כורין בשנה שניה נסתכל וראה הבן שמעשר היה דבר גדול ואמר שלא יפריש לשנה אחרת נתמעט השדה ולא עשה כי אם מאה כורין נצטער עליו ושמעו קרוביו שכך מיעט ולא הפריש מעשר באו כולם אלו מלובשים לבנים ושמחים אמר להם כמדומה לי שאתם שמחים בקלקלתי אמרו לו נצטער עליך כי גרמת לך כל הרעה הזאת ומפני מה לא הפרשת מעשר כראוי היטב בא וראה כי מתחלה כשבא השדה לידך היית בעל הבית והקב"ה כהן שהיה המעשר חלקו ליתן לעניים ועכשיו שלא הפרשת חלקו לו היה הקב"ה בעל הבית ואתה כהן שאין שדך עושה (ג) מה שהיה עושה מתחלה אלף כורין והפריש לך מאה כורין והיינו דכתיב (במדבר ה) ואיש את קדשיו לו יהיו כלומר [ל] כשאינו מפריש כהוגן לא יהיה לו אלא הקדשים כלומר המעשר ועל זה אמרו חכמים המעכב מעשרותיו לסוף בא שלא יהיה לו אלא אחד מעשר כדכתיב (ישעיה ה) וזרע חומר יעשה איפה דהיינו המעשר דאיפה ג' סאין ובחומר יש (לו) ל' סאין וכן כתיב [מ] כי עשרת צמדי כרם יעשו בת אחת וה"ר נתן האופניא"ל פי' [נ] היוצא מן השדה כלומר ואם לאו שאין אתה מפריש העישור יהיה לאותו היוצא לשדה דהיינו עשו הרשע כלומר שיקחוהו העובדי כוכבים:

תלמוד

רבינו חננאל

עשר תעשר כלומר עשר כדי שירבה קניינך ותעשר עוד פעמים אחרים. ואמרינן מי שרי למימר הכי והכתיב לא תנסו את ה' אלהיכם ושנינן חוץ מזו שנאמר הביאו וגו' ובחנוני נא בזאת וגו' כתיב אולת אדם תסלף דרכו ועל ה' יזעף לבו. כיוצא בו בתורה דכתיב ויחרדו איש אל אחיו לאמר מה זאת עשה אלהים לנו: א"ר יוחנן מטר בזכות יחיד שנאמר לתת מטר ארצך בעתו ר"ל אמר מהכא שאלו מה' מטר וגו' ותניא ומטר גשם יתן להם לאיש יכול לכל השדות שלו ת"ל בשדה. יכול לכל השדה ת"ל עשב השדה וכדר' דניאל בר רב קטינא דהוה סייר גינתיה ואמר האי משרא בעי מיא והאי משרא לא בעי מיא ואתי מטרא להאי משרא דאמר בעי מיא. פרנסה בשביל רבים שנאמר הנני ממטיר לכם לחם מן השמים וגו'. ואקשינן והא משה רבינו יחידי הוה (וקמא) [וקאמר] כי המן ירד בזכותו. והענן בזכות אהרן והבאר בזכות מרים. וכולן כיון שמתו נסתלקו כל אחד ואחד הדבר שהיה בזכותו. וחזרו בשביל מרע"ה. וכיון שמת נסתלקו הכל שנאמר ואכחיד שלשת הרועים בירח אחד. ושנינן שאני משה רבינו כיון דאלים זכותיה כרבים דמי. ג' פרנסים טובים עמדו לישראל. ואלו הן משה ואהרן ומרים וג' מתנות נתן להם הקב"ה על ידם ואלו הן מן ובאר ועמוד הענן כו': תלמידי דרבא כד נח נפשיה אתו לקמיה דרב פפא לא הוו מסתברי להו שמעתתיה הוה מרמזי להדדי חזנהו

ליקוטי רש"י

ויהי טרף. יהי מזון מצוי לשמשי [מלאכי ג, י]. אולת אדם תסלף דרכו. בעונו בא לו הרע כי באולתו תסלף דרכו ועבר עבירות ונפרעין ממנו ובבוא לו הצרה זועף לבו על הקב"ה וממהר אחר מדת הדין כגון אחי יוסף שאמרו מה זאת עשה אלהים לנו (בראשית מב) [משלי יט, ג]. מה זאת עשה אלהים לנו. להביאנו לידי עלילה זו [בראשית מב, כח]. תא. בוא [מו"ק טז:]. מקמיה. מלפניו [ע"פ ברכות מו:]. ולא היה מים לעדה. מכאן שכל ארבעים שנה היה להם הבאר בזכות מרים [במדבר כ, ב]. וישמע הכנעני. שמע שמת אהרן ונסתלקו ענני כבוד וכו' כדאיתא בר"ה (דף ג.) ועמלק מעולם רצועת מרדות לישראל מזומן בכל עת לפורענות [שם כא, א]. כי גוע. אומר אני שהמתרגם דהא מית טועה הוא אלא אם כן מתרגם ויראו ואתחזיאו שלא אמרו רבותינו ז"ל כי זה משמש בלשון דהא אלא על מדרש שנסתלקו ענני כבוד וכדאמר ר' אבהו (ראש השנה דף ג.) דא"ר אבהו אל תקרי ויראו אלא וייראו ועל לשון זה נופל לשון דהא לפי שהוא נתינת טעם למה שלמעלה הימנו למה וייראו לפי שהרי מת אהרן אבל על תרגום וחזו כל כנישתא אין לשון דהא נופל אלא לשון אשר שהוא מגזרת שמוש אי שמלינו אם משמש בלשון אשר כמו (איוב כא ד) ואם מדוע לא תקצר רוחי והרבה מפורשים כזה הלשון (שם יד ה) אם חרוצים ימיו [שם כ, כט]. אלא וייראו. נתגלו. כי משמש בארבעה לשונות. כי גוע נתינת טעם הוא לדבר שלפניו נתגלו העדה לפי שגוע אהרן שלשון כי בארבע לשונות משמש במקרא פעמים בא במקום אם פעמים בא במקום דילמא שמא פעמים בא במקום דהא שנותן טעם לדבר פעמים בא במקום אלא וסותר את דבור שלפניו וכו' [ר"ה ג. עיי"ש באריכות]. במקום ארבע לשונות הללו נכתב כי בתורה במקום אם במקום פן במקום אלא במקום אשר וכו' ועוד משמש בלשון דהא דהיינו אשר או מפני כלומר ליתן טעם ליישב דבר שלמעלה הימנו כמו לא נמקתי כי יראה כמו אשר יראה כלומר מפני שיראה וכן מדוע אתה יושב לבדך כי יבא עלי העם מפני שבא אלי העם שהעם בא אלי וכן כי זה משה האיש כי אמרתי פן תגזל את בנותיך כי אמרתי רק אין יראת אלהים כולן נדרשין כמו אשר כלומר מפני וכן כי גוע אהרן לפי הדרשה שדרשוהו חכמים שמפני גויעתו נסתלק הענן וכולהו מתרגמינן להו ארי שלשון ארי בארמי משמש כל לשונות כי בעברי ואם באת לשנות כולן לפי ענינו וכו' [גיטין צ. עיי"ש באריכות]. נח נפשיה. מת [ב"מ פו.].

מסורת הש"ס

א) [שבת קיט.], ב) [לקמן כב:] שבת לב: מכות כג:, ג) [נ"ל ואמר רבי], ד) ר"ה ג., ה) גיטין צ. שבועות מט., ו) [פסחים לג:], ז) ס"א כיון דאלים זכותו כרבים דמי, ח) בשביל זה מטר להשביח רש"א, ט) [נ"ל בפרשת פרה], י) [נ"ל באחד לחדש בחדש החמישי בפ' אלה מסעי], כ) [עי' ילקוט רמז תתלב וכן איתא בתנחומא פ' ראה], ל) [עי' ברכות סג.], מ) [שם רישא דקרא], נ) [גם זה איתא בילקוט רמז תתלג וכן בתנחומא].

הגהות הב"ח

(א) רש"י ד"ה מטר כו' בא בזכותו הס"ד ומה"ד ופרנסה כו' ואף על פי שמוריד בשביל זה מטר להשביח: (ב) ד"ה כי משמש כו' שום כי בעולם אלא באחד מהני לשונות: (ג) תוס' ד"ה עשר כו' ואתה כהן שאין שדך עושה עתה מה שהיה עושה:

הגהות מהר"ב רנשבורג

א] רש"י ד"ה כי משמש וכו' אלא אפי' מתורגם ארי. כצ"ל:

תורה אור השלם

א) עַשֵּׂר תְּעַשֵּׂר אֵת כָּל תְּבוּאַת זַרְעֶךָ הַיֹּצֵא הַשָּׂדֶה שָׁנָה שָׁנָה: [דברים יד, כב]

ב) לֹא תְנַסּוּ אֶת יְיָ אֱלֹהֵיכֶם כַּאֲשֶׁר נִסִּיתֶם בַּמַּסָּה: [דברים ו, טז]

ג) הָבִיאוּ אֶת כָּל הַמַּעֲשֵׂר אֶל בֵּית הָאוֹצָר וִיהִי טֶרֶף בְּבֵיתִי וּבְחָנוּנִי נָא בָּזֹאת אָמַר יְיָ צְבָאוֹת אִם לֹא אֶפְתַּח לָכֶם אֵת אֲרֻבּוֹת הַשָּׁמַיִם וַהֲרִיקֹתִי לָכֶם בְּרָכָה עַד בְּלִי דָי: [מלאכי ג, י]

ד) אִוֶּלֶת אָדָם תְּסַלֵּף דַּרְכּוֹ וְעַל יְיָ יִזְעַף לִבּוֹ: [משלי יט, ג]

ה) וַיֹּאמֶר אֶל אֶחָיו הוּשַׁב כַּסְפִּי וְגַם הִנֵּה בְאַמְתַּחְתִּי וַיֵּצֵא לִבָּם וַיֶּחֶרְדוּ אִישׁ אֶל אָחִיו לֵאמֹר מַה זֹּאת עָשָׂה אֱלֹהִים לָנוּ: [בראשית מב, כח]

ו) יִפְתַּח יְיָ לְךָ אֶת אוֹצָרוֹ הַטּוֹב אֶת הַשָּׁמַיִם לָתֵת מְטַר אַרְצְךָ בְּעִתּוֹ וּלְבָרֵךְ אֵת כָּל מַעֲשֵׂה יָדֶךָ וְהִלְוִיתָ גּוֹיִם רַבִּים וְאַתָּה לֹא תִלְוֶה: [דברים כח, יב]

ז) וַיֹּאמֶר יְיָ אֶל מֹשֶׁה הִנְנִי מַמְטִיר לָכֶם לֶחֶם מִן הַשָּׁמָיִם וְיָצָא הָעָם וְלָקְטוּ דְּבַר יוֹם בְּיוֹמוֹ לְמַעַן אֲנַסֶּנּוּ הֲיֵלֵךְ בְּתוֹרָתִי אִם לֹא: [שמות טז, ד]

ח) וַיָּבֹאוּ בְנֵי יִשְׂרָאֵל כָּל הָעֵדָה מִדְבַּר צִן בַּחֹדֶשׁ הָרִאשׁוֹן וַיֵּשֶׁב הָעָם בְּקָדֵשׁ וַתָּמָת שָׁם מִרְיָם וַתִּקָּבֵר שָׁם: וְלֹא הָיָה מַיִם לָעֵדָה וַיִּקָּהֲלוּ עַל מֹשֶׁה וְעַל אַהֲרֹן: [במדבר כ, א-ב]

ט) וַיִּשְׁמַע הַכְּנַעֲנִי מֶלֶךְ עֲרָד יֹשֵׁב הַנֶּגֶב כִּי בָּא יִשְׂרָאֵל דֶּרֶךְ הָאֲתָרִים וַיִּלָּחֶם בְּיִשְׂרָאֵל וַיִּשְׁבְּ מִמֶּנּוּ שֶׁבִי: [במדבר כא, א]

י) וַיִּרְאוּ כָּל הָעֵדָה כִּי גָוַע אַהֲרֹן וַיִּבְכּוּ אֶת אַהֲרֹן שְׁלֹשִׁים יוֹם כֹּל בֵּית יִשְׂרָאֵל: [במדבר כ, כט]

כ) וָאַכְחִד אֶת שְׁלֹשֶׁת הָרֹעִים בְּיֶרַח אֶחָד וַתִּקְצַר נַפְשִׁי בָּהֶם וְגַם נַפְשָׁם בָּחֲלָה בִי: [זכריה יא, ח]

In connection with the verse mentioned above (*And I removed the three shepherds*), the Gemara relates the following incident: רַב הוּנָא בַּר מָנוֹחַ – **Rav Huna bar Manoach,** וְרַב שְׁמוּאֵל בַּר אִידִי – **Rav Shmuel bar Idi,** וְרַב חִיָּיא מִוּוֹסְתָּנְיָא – **and Rav Chiya from Vastanya** הֲווּ שְׁכִיחֵי קַמֵּיהּ דְּרָבָא – **would regularly attend** the sessions held **before Rava.** כִּי נָח נַפְשֵׁיהּ דְּרָבָא – **When Rava passed away,** אָתוּ לְקַמֵּיהּ דְּרַב פָּפָּא – **they came** to the sessions held **before Rav Pappa.** כָּל אֵימַת דַּהֲוָה אָמַר לְהוּ שְׁמַעְתָּא – **Whenever [Rav Pappa] imparted a teaching** וְלֹא הֲוָה מִסְתַּבְּרָא לְהוּ – **that did not seem logical to them,** הֲווּ מְרַמְּזֵי אַהֲדָדֵי – **they would signal** their disapproval **to one another.**[26] חֲלַשׁ דַּעְתֵּיהּ – **[Rav Pappa] became distressed** over this.

NOTES

26. The discourses of Rav Pappa did not seem as clear to them as those of Rava (*Rashi*).

עשר תעשר ^(א)^ עשר בשביל שתתעשר אשכחיה ר' יוחנן לינוקא דריש לקיש אמר ליה אימא לי פסוקיך א"ל עשר תעשר א"ל ומאי עשר תעשר א"ל עשר בשביל שתתעשר אמר ליה מנא לך א"ל זיל נסי אמר ליה ומי שרי לנסוייה להקב"ה והכתיב ב) לא תנסו את ה' א"ל הכי אמר רבי הושעיא חוץ מזו שנאמר ג) הביאו את כל המעשר אל בית האוצר ויהי טרף בביתי ובחנוני נא בזאת אמר ה' צבאות אם לא אפתח לכם את ארובות השמים והריקותי לכם ברכה עד בלי די ^(ב)^ מאי עד בלי די אמר רמי בר חמא אמר רב עד שיבלו שפתותיכם מלומר די א"ל אי הות מטי התם להאי פסוקא לא הוית צריכנא לך ולהושעיא רבך ותו אשכחיה ר' יוחנן לינוקיה דריש לקיש דיתיב ואמר ד) אולת אדם תסלף דרכו ועל ה' יזעף לבו יתיב רבי יוחנן וקא מתמה אמר מי איכא מידי דכתיבי בכתובי דלא רמיזי באורייתא א"ל אטו הא מי לא רמיזי והכתיב ה) ויצא לבם ויחרדו איש אל אחיו לאמר מה זאת עשה אלהים לנו דל עיניה וחזא ביה אתיא אימיה אפיקתיה אמרה ליה תא מקמיה דלא ליעבד לך כדעבד לאבוך (^(ג)^ א"ר) יוחנן מטר בשביל יחיד פרנסה בשביל רבים מטר בשביל יחיד דכתיב ו) יפתח ה' לך את אוצרו הטוב לתת מטר ארצך פרנסה בשביל רבים דכתיב ז) הנני ממטיר לכם לחם מיתיבי ר' יוסי בר' יהודה אומר שלשה פרנסים טובים עמדו לישראל אלו הן משה ואהרן ומרים וג' מתנות טובות ניתנו על ידם ואלו הן באר וענן ומן באר בזכות מרים עמוד ענן בזכות אהרן מן בזכות משה מתה מרים נסתלק הבאר שנאמר ח) ותמת שם מרים וכתיב בתריה ולא היה מים לעדה וחזרה בזכות שניהן מת אהרן נסתלקו ענני כבוד שנאמר ט) וישמע הכנעני מלך ערד ^(ד)^ מה שמועה שמע שמת אהרן ונסתלקו ענני כבוד וכסבור ניתנה לו רשות להלחם בישראל והיינו דכתיב י) ויראו כל העדה כי גוע אהרן אמר ר' אבהו אל תקרי ויראו אלא וייראו כדדריש ר"ל ^(ה)^ דאר"ל כי משמש בארבע לשונות אי דלמא אלא דהא ^(ו)^ חזרו שניהם בזכות משה מת משה נסתלקו כולן שנאמר כ) ואכחיד את שלשת הרועים בירח אחד וכי בירח אחד מתו והלא מרים מתה בניסן ואהרן באב ומשה באדר אלא מלמד שנתבטלו ג' מתנות טובות שנתנו על ידן ונסתלקו כולן בירח אחד אלמא אשכחן פרנסה בשביל יחיד שאני משה ^(ז)^ כיון דלרבים הוא בעי כרבים דמי רב הונא בר מנוח ורב שמואל בר אידי ורב חייא מווסתניא הוו שכיחי קמיה דרבא כי נח נפשיה דרבא אתו לקמיה דרב פפא כל אימת דהוה אמר להו שמעתא ולא הוה מסתברא להו הוו מרמזי אהדדי חלש דעתיה

אקרויה

רש"י

לינוקא דריש לקיש. בן אחותו של ר' יוחנן ולאחר מיתתו של ריש לקיש כדמוכח לקמן: אמר. ינוקא לר' יוחנן מאי עשר תעשר: א"ל. ינוקא והכתיב לא תנסו: שיבלו. כלומר שייגעו דולורא"ט בלע"ז: אי הוה מטינא להתם. להאי קרא דהביאו את כל המעשר הוה ידעית ליה ממילא: לר' הושעיא רבך. דאמרית לי משמיה: אולת אדם תסלף דרכו ועל ה' יזעף לבו. כשאדם חוטא מסלף דרכו שבאין עליו פגעים ועל השם יזעף לבו שכועס ואומר מפני מה אירע לי פגע זה: ולא רמיזי. משה באורייתא שהחומש הוא יסוד נביאים וכתובים וכולן יש סמך למצוא מן התורה: דלי עיניה. רבי יוחנן שהיו עפעפיו מכסין את עיניו ומגביהן במזלגי דכספא בבבא קמא בפ' אחרון (דף קיז.) שהיה רוצה לראותו מפני שהוא חריף: דלא ליעביד לך כדעבד לאבוך. שלא יתן עיניו בך כמו שנתן באביך והמיתו בבבא מציעא (דף פד.): מטר בשביל יחיד. שאם א"צ מטר אלא לאדם אחד כגון שזרע אחר זמן זריעת בני אדם או שדר בעיר שכולה נכרים וצריך למטר בא בזכותו (א) ופרנסה שפע טובה ומחיה לכל העולם אינו בא לעולם בזכות אחד אלא בשביל רבים שאם רבים צריכין שובע שתשלח ברכה בתבואה הקב"ה עושה אם זכו אבל יחיד הצריך שיתברכו תבואותיו אין הקב"ה משנה בעבורו דין השנה אלא כפי ברכותיה ואף על פי שמוריד ^(פ)^ בשביל יחיד מטר זה להשביח תבואותיו שלא יהו גרועות משל אחרים אבל לעשות שדהו כשדה שובע לא: מטר ארצך. של אחד משמע: ממטיר לכם. לשון רבים: בארה של מרים. סלע וזבין ממנו מים והיה מתגלגל והולך עם ישראל והוא הסלע שבו הכה משה שלא היה רוצה להזיל מימיו בשבילו לפי שמתה מרים: ונסתלקו ענני כבוד. ענני רקיע וענני עשן ושאר עננים אינן של כבוד: חזרה בזכות שניהן. שכן כתיב ודברתם שניכם אל הסלע ונתן מימיו: כי משמש ארבע לשונות אי דלמא אלא דהא. כל מקום שצריך לדרוש כי בין לענין דרשה בין למשמעות המקרא תוכל לשנותו באחד מהני ארבע לשונות דלשון כי משמע בכולם וכן וכד וברם והרי בכלל הני ד' הן והאי דכי גוע אהרן משתמש בלשון דהא ושמעינן מינה טעמא דקרא דמה טעם נתראו דהא מית שהרי מת אהרן וריש לקיש לא אתי למימר דלא מתרגמין שום כי בעולם אלא (ג) מהני לשונות אלא אפי' מתרגם או דלמא הרי דרשינן משמעותיה כמשמעות דהא ומאן דמתרגם וחזיאו כל כנישתא דהא מית טועה הוא דאם כן ואתחזיאו מיבעי ליה ויראו כל העדה במשקל וילאו לאשי הבדים וירפו המים ויעלו מעל משכן קרח: חזרו שניהם בזכות משה. מדכתיב ואכחיד את שלשת הרועים פשיטא לן דבדידהו משתעי שלא מצינו פרנסים לישראל שלשה כאחד אלא הם: מתה בניסן. שנאמר (במדבר כ) ויבואו בני ישראל כל העדה מדבר צין בחדש הראשון וישב העם בקדש ותמת שם מרים ותקבר שם (^(ט)^בפרה) אדומה: אהרן מת. באחד לחדש ^(ל)^: מווסתניא. מאותו מקום: אחוו להדדי. מראין ומביטין זה לזה דלא סלקא להו שמעתא כרבא:

אקרויה

תוספות

עשר תעשר. הכי איתא בסיפרי עשר תעשר את כל תבואת זרעך היוצא השדה שנה שנה אין לי אלא תבואת זרעך שחייב במעשר רבית ופרקמטיא וכל שאר רווחים מנין ת"ל את כל דהוה מצי למימר את תבואתך מאי כל לרבות רבית ופרקמטיא וכל דבר שמרויח בו והכי נמי איתא בהגדה ^(ס)^ היוצא השדה שנה [שנה] כלומר אם לא תעשר שדך כהוגן לא יהיה לך אלא היוצא מן השדה כלומר לא יעשה שדך אלא כפי מעשרות שהיו קודם לכן דהיינו היוצא מן השדה כלומר מה שהיית רגיל להוציא למעשר מן השדה ומעשה באדם אחד שהיה עשיר והיה לו שדה שעשתה אלף כור והיה אותו עשיר נוטל ק' כורין למעשר ומפריש כל שנה ושנה וכן עשה כל ימיו כשחלה למות קרא לבנו ואמר לו בני דע שהדה זו שאני מוריש לך עושה בכל שנה ושנה אלף כורין הזהר שתפריש ק' כורין כאשר עשיתי ומת אותו האיש ועמד הבן במקומו ועשה השדה אלף כורין כאשר היה עושה בחיי האב והפריש ממנה ק' כורין בשנה שניה נסתכל וראה הבן שמעשר היה דבר גדול ואמר שלא יפריש לשנה אחרת נתמעט השדה ולא עשה כי אם מאה כורין נצטער עליו ושמעו קרוביו שכך מיעט ולא הפריש מעשר באו כולם אצלו מלובשים לבנים ושמחים אמר להם כמדומה לי שאתם שמחים בקלקלתי אמרו לו נצטער עליך כי גרמת לך כל הרעה הזאת ומפני מה לא הפרשת מעשר כראוי היטב בא וראה כי מתחלה כשבא השדה לידך היית בעל הבית והקב"ה כהן שהיה המעשר חלקו ליתן לעניים ועכשיו שלא הפרשת חלקו לו היה הקב"ה בעל הבית ואתה כהן שאין שדך עושה (ג) מה שהיה עושה מתחלה אלף כורין והפריש לך מאה כורין והיינו דכתיב (במדבר ה) ואיש את קדשיו לו יהיו כלומר ^(ל)^ כשאינו מפריש כהוגן לא יהיה לו אלא הקדשים כלומר המעשר ועל זה אמרו חכמים המעכב מעשרותיו לסוף בא שלא יהיה לו אלא אחד מעשר כדכתיב (ישעיה ה) וזרע חומר יעשה איפה דהיינו המעשר דאיפה ג' סאין ובחומר יש (לו) ל' סאין וכן כתיב ^(מ)^ כי עשרת צמדי כרם יעשו בת אחת וה"ר נתן האופניא"ל פי' ^(נ)^ היוצא מן השדה כלומר ואם לאו שאין אתה מפריש העישור יהיה לאותו היוצא לשדה דהיינו עשו הרשע כלומר שיקחוהו העובדי כוכבים:

תלמוד

רבינו חננאל

עשר תעשר כלומר עשר כדי שירבה קניינך ותעשר עוד פעמים אחרים. ואמרינן מי שרי למימר הכי והכתיב לא תנסו את ה' אלהיכם ושנינן חוץ מזו שנאמר הביאו וגו' ובחנוני נא בזאת וגו' כתיב אולת אדם תסלף דרכו ועל ה' יזעף לבו. כיוצא בו בתורה דכתיב ויחרדו איש אל אחיו לאמר מה זאת עשה אלהים לנו: א"ר יוחנן מטר בזכות יחיד שנאמר לתת מטר ארצך בעתו ר"ל אמר מהכא שאלו מה' מטר וגו' ותניא ומטר גשם יתן להם לאיש יכול לכל השדות שלו ת"ל בשדה. יכול לכל השדה ת"ל עשב השדה וכדר' דניאל בר רב קטינא דהוה סייר גינתיה ואמר האי משרא בעי מיא והאי משרא לא בעי מיא ואתי מטרא להאי משרא דאמר בעי מיא. פרנסה בשביל רבים שנאמר הנני ממטיר לכם לחם מן השמים וגו'. ואקשינן והא משה רבינו יחידי הוה (וקמא) [וקאמר] כי המן ירד בזכותו. והענן בזכות אהרן והבאר בזכות מרים. וכולן כיון שמתו נסתלקו כל אחד ואחד הדבר שהיה בזכותו. וחזרו בשביל מרע"ה. וכיון שמת נסתלקו הכל שנאמר ואכחיד שלשת הרועים בירח אחד. ושנינן שאני משה רבינו כיון דאלים זכותיה כרבים דמי. ג' פרנסים טובים עמדו לישראל. ואלו הן משה ואהרן ומרים וג' מתנות נתן להם הקב"ה על ידם ואלו הן מן ובאר ועמוד הענן כו': תלמידי דרבא כד נח נפשיה אתו לקמיה דרב פפא לא הוו מסתברי להו שמעתתיה הוה מרמזי להדדי חזנהו

ליקוטי רש"י

ויהי טרף. יהי מזון מצוי לשמשי [מלאכי ג, י]. אולת אדם תסלף דרכו. בעונו בא לו הרע כי באולתו הסלף דרכו ועבר עבירות ונפרעין ממנו ובבוא לו הצרה זועף לבו על הקב"ה וממהר אחר מדת הדין כגון אחי יוסף שאמרו מה זאת עשה אלהים לנו (בראשית מב) [משלי יט, ג]. מה זאת עשה אלהים לנו. להביאנו לידי עלילה זו [בראשית מב, כח]. תא. בוא [מו"ק טז:]. מקמיה. מלפניו [ע"פ ברכות מו:]. ולא היה מים לעדה. מכאן שכל ארבעים שנה היה להם הבאר בזכות מרים [במדבר כ, ב]. וישמע הכנעני. שמע שמת אהרן ונסתלקו ענני כבוד וכו' כדאיתא בר"ה (דף ג.) ועמלק מעולם רצועת מרדות לישראל מזומן בכל עת לפורענות [שם כא, א]. כי גוע. אומר אני שהמתרגם דהא מית טועה הוא אלא אם כן מתרגם וירא ואתחזיאו שלא אמרו רבותינו ז"ל כי זה משמש בלשון דהא אלא על מדרש שנסתלקו ענני כבוד וכדאמר ר' אבהו (ראש השנה דף ג.) דא"ר אבהו אל תקרי ויראו אלא וייראו ועל

[illegible] מת אהרן אבל על תרגום וחזו כל [illegible] אשר כמו (איוב כא ד) ואם מדוע לא [illegible] נתגלו. כי משמש בארבעה [illegible] ארבע לשונות משמש במקרא פעמים [illegible]

מסורת הש"ס

א) [שבת קיט.], ב) [לקמן כב:] שבת לב: מכות כג:, ג) [נ"ל ואמר רבי], ד) ר"ה ג., ה) גיטין ל. שבועות מט:, ו) [פסחים לג:], ז) ס"א כיון דאלים זכותו כרבים דמי, ח) בשביל זה מטר להשביח רש"א, ט) [נ"ל בפרשת פרה], י) [נ"ל באחד לחדש בחדש החמישי כפ' אלה מסעי], כ) [עי' ילקוט רמז תתלב וכן איתא בתנחומא פ' ראה], ל) [עי' ברכות סג.], מ) [שם רישא דקרא], נ) [גם זה איתא בילקוט רמז תתלג וכן בתנחומא].

הגהות הב"ח

(א) רש"י ד"ה מטר כו' בא בזכותו הס"ד ומה"ד ופרנסה כו' ואף על פי שמוריד בשביל זה מטר להשביח: (ב) ד"ה כי משמש כו' שום כי בעולם אלא באחד מהני לשונות: (ג) תוס' ד"ה עשר כו' ואתה כהן שאין שדך עושה עתה מה שהיה עושה:

הגהות מהר"ב רנשבורג

או רש"י ד"ה כי משמש וכו' אלא אפי' מתורגם ארי. כצ"ל:

תורה אור השלם

א) עַשֵּׂר תְּעַשֵּׂר אֵת כָּל תְּבוּאַת זַרְעֶךָ הַיֹּצֵא הַשָּׂדֶה שָׁנָה שָׁנָה: [דברים יד, כב]

ב) לֹא תְנַסּוּ אֶת יְיָ אֱלֹהֵיכֶם כַּאֲשֶׁר נִסִּיתֶם בַּמַּסָּה: [דברים ו, טז]

ג) הָבִיאוּ אֶת כָּל הַמַּעֲשֵׂר אֶל בֵּית הָאוֹצָר וִיהִי טֶרֶף בְּבֵיתִי וּבְחָנוּנִי נָא בָּזֹאת אָמַר יְיָ צְבָאוֹת אִם לֹא אֶפְתַּח לָכֶם אֵת אֲרֻבּוֹת הַשָּׁמַיִם וַהֲרִיקֹתִי לָכֶם בְּרָכָה עַד בְּלִי דָי: [מלאכי ג, י]

ד) אִוֶּלֶת אָדָם תְּסַלֵּף דַּרְכּוֹ וְעַל יְיָ יִזְעַף לִבּוֹ: [משלי יט, ג]

ה) וַיֹּאמֶר אֶל אֶחָיו הוּשַׁב כַּסְפִּי וְגַם הִנֵּה בְאַמְתַּחְתִּי וַיֵּצֵא לִבָּם וַיֶּחֶרְדוּ אִישׁ אֶל אָחִיו לֵאמֹר מַה זֹּאת עָשָׂה אֱלֹהִים לָנוּ: [בראשית מב, כח]

ו) יִפְתַּח יְיָ לְךָ אֶת אוֹצָרוֹ הַטּוֹב אֶת הַשָּׁמַיִם לָתֵת מְטַר אַרְצְךָ בְּעִתּוֹ וּלְבָרֵךְ אֵת כָּל מַעֲשֵׂה יָדֶךָ וְהִלְוִיתָ גּוֹיִם רַבִּים וְאַתָּה לֹא תִלְוֶה: [דברים כח, יב]

ז) וַיֹּאמֶר יְיָ אֶל מֹשֶׁה הִנְנִי מַמְטִיר לָכֶם לֶחֶם מִן הַשָּׁמָיִם וְיָצָא הָעָם וְלָקְטוּ דְּבַר יוֹם בְּיוֹמוֹ לְמַעַן אֲנַסֶּנּוּ הֲיֵלֵךְ בְּתוֹרָתִי אִם לֹא: [שמות טז, ד]

ח) וַיָּבֹאוּ בְנֵי יִשְׂרָאֵל כָּל הָעֵדָה מִדְבַּר צִן בַּחֹדֶשׁ הָרִאשׁוֹן וַיֵּשֶׁב הָעָם בְּקָדֵשׁ וַתָּמָת שָׁם מִרְיָם וַתִּקָּבֵר שָׁם: וְלֹא הָיָה מַיִם לָעֵדָה וַיִּקָּהֲלוּ עַל מֹשֶׁה וְעַל אַהֲרֹן: [במדבר כ, א-ב]

ט) וַיִּשְׁמַע הַכְּנַעֲנִי מֶלֶךְ עֲרָד יֹשֵׁב הַנֶּגֶב כִּי בָּא יִשְׂרָאֵל דֶּרֶךְ הָאֲתָרִים וַיִּלָּחֶם בְּיִשְׂרָאֵל וַיִּשְׁבְּ מִמֶּנּוּ שֶׁבִי: [במדבר כא, א]

י) וַיִּרְאוּ כָּל הָעֵדָה כִּי גָוַע אַהֲרֹן וַיִּבְכּוּ אֶת אַהֲרֹן שְׁלֹשִׁים יוֹם כֹּל בֵּית יִשְׂרָאֵל: [במדבר כ, כט]

כ) וָאַכְחִד אֶת שְׁלֹשֶׁת הָרֹעִים בְּיֶרַח אֶחָד וַתִּקְצַר נַפְשִׁי בָּהֶם וְגַם נַפְשָׁם בָּחֲלָה בִי: [זכריה יא, ח]

גמרא

אקרויה בחלמיה א) ואכחיד את שלשת הרועים למחר כי הוו מיפטרי מיניה אמר להו ליזלו רבנן א) בשלמא: רב שימי בר אשי הוה שכיח קמיה דרב פפא הוה מקשי ליה טובא יומא חד חזייה דנפל על אפיה שמעיה דאמר רחמנא ליצלן מכיסופא דשימי קביל עליה שתיקותא ותו לא אקשי ליה ואף ר"ל סבר מטר בשביל יחיד דאמר ר"ל מנין למטר בשביל יחיד דכתיב ב) שאלו מה' מטר בעת מלקוש ה' עושה חזיזים ומטר גשם יתן להם לאיש עשב בשדה יכול לכל תלמוד לומר לאיש ותניא אי לאיש יכול לכל שדותיו ת"ל שדה אי שדה יכול לכל השדה ת"ל עשב כי הא דרב דניאל בר קטינא הוה ליה ההיא גינתא כל יומא הוה אזיל וסייר לה אמר הא מישרא בעיא מיא והא מישרא לא בעיא מיא ואתא מיטרא וקמשקי כל היכא דמיבעי ליה מיא מאי ה' עושה חזיזים א"ר יוסי (ב) בר) חנינא מלמד שכל צדיק וצדיק הקב"ה עושה לו חזיז בפני עצמו מאי חזיזים אמר רב יהודה פורחות אמר רבי יוחנן סימן למטר פורחות מאי פורחות אמר רב פפא עיבא קלישא תותי עיבא סמיכתא אמר רב יהודה נהילא מקמי מיטרא אתי מיטרא בתר מיטרא פסיק מיטרא מקמי מיטרא אתי מיטרא וסימניך מהולתא דבתר מיטרא פסיק מיטרא וסימניך חריא דעיזי: עולא איקלע לבבל חזא פורחות אמר להו פנו מאני דהשתא אתי מיטרא לסוף לא אתי מיטרא אמר כי היכי דמשקרי בבלאי הכי משקרי מיטרייהו ג) עולא איקלע לבבל חזי מלא צנא דתמרי בזוזא אמר מלא צנא דדובשא בזוזא ובבלאי לא עסקי באורייתא בליליא צערוהו אמר מלא צנא דסכינא בזוזא ובבלאי עסקי באורייתא תניא ד) ר' אליעזר אומר כל העולם כולו ממימי אוקיינוס הוא שותה שנאמר ג) ואד יעלה מן הארץ והשקה את כל פני האדמה אמר לו רבי יהושע והלא מימי אוקיינוס מלוחין הן אמר לו ה) ממתקין בעבים ר' יהושע אומר כל העולם כולו ממים העליונים הוא שותה שנאמר ד) למטר השמים תשתה מים אלא מה אני מקיים ואד יעלה מן הארץ מלמד שהעננים מתגברים ועולים לרקיע ופותחין פיהן כנוד ומקבלין מי מטר שנאמר ה) יזקו מטר לאדו ומנוקבות הן ככברה ובאות ומחשרות מים על גבי קרקע שנאמר ו) חשרת מים עבי שחקים ואין בין טיפה לטיפה אלא כמלא נימא ללמדך שגדול יום הגשמים כיום שנבראו בו שמים וארץ ו) שנאמר ז) עושה גדולות עד אין חקר וכתיב ח) הנותן מטר על פני ארץ וכתיב להלן ט) הלא ידעת אם לא שמעת אלהי עולם ה' אין חקר לתבונתו [א] ח) (וכתיב י) מכין הרים בכחו וגו') כמאן אזלא הא דכתיב כ) משקה הרים מעליותיו וא"ר יוחנן מעליותיו של הקב"ה כמאן כרבי יהושע ור' אליעזר כיון דסלקי להתם משקה מעליותיו קרי להו דאי לא תימא הכי ל) אבק ועפר מן השמים היכי משכחת לה אלא כיון דמדלי להתם מן השמים קרי ליה הכא נמי כיון דסלקי להתם מעליותיו קרי ליה כמאן אזלא [הא] דא"ר חנינא מ) כונס כנד מי הים נותן באוצרות תהומות מי גרם לאוצרות שיתמלאו בר תהומות (א) כרבי אליעזר ור' יהושע ההוא בברייתו

רש"י

אקרויה. היו מקרין אותו מקרא זה בחלום ואכחיד את שלשת הרועים בירח אחד שרוצין לעונשן בשמים משום דמכספי ליה: קבל עליו. רב שימי שתיקותא מלהקשות עוד: יכול לכל. כלומר יכול אין נותן מטר אא"כ הכל צריכין לו: ת"ל לאיש. אפילו בשביל אחד: אי לאיש יכול לכל שדותיו. כלומר אינו יורד עד שהוא צריך לכל שדותיו: ת"ל שדה. אפי' אינו צריך אלא בשדה אחד: אי בשדה יכול עד שיצטרך לכל השדה ת"ל עשב. אפילו אינו צריך אלא לעשב אחד (עשב) בשביל ירק אחד יורד עליו מטר: וסייר. מעיין: מישרא. ערוגה: עושה לו חזיז. לכל צדיק הבא בעולם הזה להריק לו גשמים על שדותיו ברישא בעי מאי חזיזים לשון רבים והדר בעי ומאי ניהו חזיזים מאי ניהו דקרי חזיזי: הכי גרסינן עיבא קלישתא דתותי עיבא סמיכתא. דתותי עיבא כלפי הארץ: נהילא. (ב) כמו קיטמא נהילא (חולין דף נא:) שהיא דקה גשמים דקים כקמחא נהילא שהיא דקה הבאין תחילה למטר ואח"כ בא מטר: אתי מיטרא. גשמים יורדין לרוב ואין פוסקין מהר אבל בא מטר תחילה ומתחילין דקין לבא פוסקין מיד: מהולתא. שמתחילה יוצא קמח דק ולבסוף סובין גסין: חריא דעיזי. ריעי של עזים בתחילה יוצאה גסה ולבסוף דקה ופוסק: דתמרי. דבש עושין מהן: ובבלאי לא עסקי. כלומר יכולין הן לעסוק תמיד שיש להן מזונות בזול ובלא טורח: (ג) מצערים. בשלשול דאמרו (גיטין דף ע.) תמרי משחנן ומשלשלן: מלא צנא דסכיני בזוזא. שמתוך שלוקחין אותו בזול אוכלין מהן הרבה ומצערים אותן: ממימי אוקיינוס. כלומר ממים של מטה ולא ממים של מעלה שנאמר ואד יעלה מן הארץ ששתה בארץ ועלה: מלוחין הן. ° ואין תבואה גדילה מהן: יזקו מטר לאדו. רקיעין מוליאין מים לעבים: יזקו. כמו יצוקו לך לעם ויאכלו (מלכים ב ד): חשרת מים עבי שחקים. העבים מחשרין כלומר משירין המים לארץ: ללמדך. אקרא דלקמן קאי ואומר מכין הרים לא גרסינן הכא: ט) כרבי יהושע. דאמר ממים העליונים: ואמר רבי יוחנן מעליותיו של מעלה. כלומר ממים העליונים ורבי יוחנן מים העליונים אתא לאשמועינן דאי לאו רבי יוחנן הוי אמינא דהכי קאמר מעליות שהקדוש ברוך הוא עומד בהם הוא משקה אותן למטה ולעולם המים מאוקיינוס: ור' אליעזר. אמר לעולם מעליותיו של הקב"ה כרבי יוחנן וכו': תהומות. מים של מטה כדכתיב תהומות יכסיומו (שמות טו):

בברייתו

תוספות

תלמוד לומר עשב. פי' שאם לא יהיו צריכים אלא לעשב אחד ירד על אותו עשב ועל שאר כל השדה לא ירדו:

נהילא מקמי מיטרא. פי' גשם דק וסימנך מהולתא פירוש שמתחילה יוצא הפסולת ואח"כ הסולת פירוש שלא היו עושין כמו דעבדינן האידנא (ג) היו כותשין החטין במכתשת עד שנקלף כל הסובין מעל החטים וכי הוו מרקדין על גבי נפה היה הפסולת הסובין שעליו יוצא לכתחילה ואחר כך היה יוצא הסולת:

חריא דעיזי. פי' ריעי של עזים שבתחילה ריעי גדול וכשהיא פוסקת מתרזת זבל דק:

ואמר רבי יוחנן מעליותיו של הקב"ה כמאן כר' יהושע. פי' כרבי יהושע דאמר כל העולם כולו ממים העליונים הם שותים דאי כרבי אליעזר הא אמר מימי אוקיינוס הוא שותה:

קרי

רבינו חננאל

חלש דעתיה אקריוה בחלמא ואכחיד את שלשת הרועים וגו'. כי הוה מפטרי מיניה אמר להו ניזולו רבנן בשלום: רב שימי בר אשי הוה מקשי לרב פפא טובא יומא חד חזייה דנפל על אפיה ובעי רחמי ואמר רחמנא שזבן מכיסופא דשימי קביל עליה שתיקותא ותו לא אקשיה ליה. עבים הדקים נקראים חזיזים אמר רב פפא עיבא קלישתא דתותי עיבא סמיכתא ונקראות פורחות: אמר רב יהודה נהילא פי' מטר היורד דק כמו קמח. אם הם תחלת ירידת המטר ירד מטר וסימנא נפה שכיון שמתחלת לפלוט הדק פולטת סולת וצריד וכיוצא. אבל אם זו נהילא באחרית מטר דע דפסק מטרא וזהו תמצית המטר וסימניך חריא דעיזא כיון שאינו בא בקילוח אלא כעין שותת טפה לא נשאר בו כלום: תניא רבי אליעזר אומר כל העולם כולו מימי אוקינוס שותה שנאמר ואד יעלה מן הארץ והשקה וגו' ואע"פ שמלוחין מתמתקים הם בעבים. ר' יהושע אומר כל העולם כולו ממים העליונים הוא שותה שנאמר למטר השמים תשתה מים והאי דכתיב ואד יעלה מן הארץ מלמד שענני כבוד מתגברות ועולות לרקיע ופותחות פיהם כנוד ומקבלות מטר שנאמר יזוקו מטר לאדו ומנוקבות ככברה ומחשרות על הארץ. שנאמר חשרת מים עבי שחקים ובין טפה לטפה כמלא נימא כו'.

רבינו גרשום

מטר אתי בשביל תפלת יחיד ולברך את מעשה ידיך שבשביל יחיד אתי מטר: יכול לכל כלומר שאינו יורד גשם אלא בשביל כולם ת"ל לאיש שמוריד לו מטר בשביל תפלתו: נהילא. מטר דקה סימן דאתי מיטרא: מהולתא. שבתחלה מוציא קמח דקה ולבסוף מוציא עבה: חריא דעיזי. ריעי של עזים שמוציא ריעי לבסוף דק:

ליקוטי רש"י

מכיסופא דשימי. משום דמריף הוה ודחיק ליה [נדה כד.]. שאלו מה' מטר. אם תצטרכו. חזיזים. עננים מביאים מטר. לאיש עשה בשדה. בשביל איש אחד ובשביל עשב אחד הצריך למטר [זכריה י. א]. חזי מלא צנא דתמרי. תמרים יש בבבל הרבה [לקמן כט:]. צנא. סל [מגילה כח:]. אוקיינוס. שהוא בסוף העולם למערב [גיטין ח.]. ואד יעלה. לענין בריאתו של אדם העלה את התהום והשקה העננים לשרות העפר ונברא אדם כגבל זה שנותן מים ואחר כך לש את העיסה אף כאן והשקה ואחר כך וייצר [בראשית ב, ו]. יזקו. הרקיעים את המטר. לאידו. לעננו [איוב לו. כז]. חשרת. לשון כברה הוא שהוא נופל על הארץ דק דק וכן הוא אומר באגדות הרבה חושרין אותו בכברה [שמואל ב כב, יב]. על פני ארץ. ארץ ישראל [איוב ה, ט]. אין חקר לתבונתו. ומי שיש לו כח כזה וחכמה כזו הוא יודע את המחשבות למה הוא מאחר טובתכם אלא כדי לכלות את הפשע ולהתם את החטאת ע"י היסורין [ישעיה מ, כח]. כנד. לשון גובה וכן תרגום אונקלוס נצבו כמו נד (שמות ט"ו) קמו כשור וכן פירש מנחם ואין נד ונאד שוין. נותן באוצרות תהומות. תחת הארץ [תהילים לג, ז].

מסורת הש"ס

א) [בע"י הגי' לשלמא ועי' ברכות סד. ומ"ק כט.], ב) [צ"ל בר], ג) פסחים פח. ע"ש, ד) עירובין מה:, ה) [צ"ל מתמתקין], ו) [לעיל ז:], ז) [צ"ל עושה גדולות ואין חקר (איוב ה פסוק ט)], ח) [לא גרסינן הכא עי' רש"י ד"ה ללמדך אלא לעיל ב. גרם לזה שפיר], ט) [דיבור זה שייך בסמוך לאחר דיבור המתחיל ואמר ר' יוחנן].

הגהות הב"ח

(א) גמ' לאוצרות שיתמלאו בר תהומות כמאן כר"א: (ב) רש"י ד"ה נהילא כמו קיטמא נהילא. נ"ב בפ"ק דברכות איתא האי לישנא אבל כאן צריך לפרש דמדמה ליה לקמח שיש בו דק וגם כמו גשמים וכמ"ש וסימניך מהולתא: (ג) ד"ה מצערים. נ"ל מערוים: (ד) תוס' ד"ה נהילא כו' כמו דעבדינן האידנא אלא היו כותשין:

גליון הש"ס

רש"י ד"ה מלוחים ואין תבואה גדילה מהן. לא ידעתי למאי צריך לזה ולא כפשוטו שאנו רואים שאינם מלוחים:

הגהות הגר"א

[א] גמ' (וכתיב מכין הרים בכחו וגו'). תא"מ:

תורה אור השלם

א) וָאַכְחִד אֶת שְׁלֹשֶׁת הָרֹעִים בְּיֶרַח אֶחָד וַתִּקְצַר נַפְשִׁי בָּהֶם וְגַם נַפְשָׁם בָּחֲלָה בִי: [זכריה יא, ח]

ב) שַׁאֲלוּ מֵיְיָ מָטָר בְּעֵת מַלְקוֹשׁ יְיָ עֹשֶׂה חֲזִיזִים וּמְטַר גֶּשֶׁם יִתֵּן לָהֶם לְאִישׁ עֵשֶׂב בַּשָּׂדֶה: [זכריה י, א]

ג) וְאֵד יַעֲלֶה מִן הָאָרֶץ וְהִשְׁקָה אֶת כָּל פְּנֵי הָאֲדָמָה: [בראשית ב, ו]

ד) וְהָאָרֶץ אֲשֶׁר אַתֶּם עֹבְרִים שָׁמָּה לְרִשְׁתָּהּ אֶרֶץ הָרִים וּבְקָעֹת לִמְטַר הַשָּׁמַיִם תִּשְׁתֶּה מָּיִם: [דברים יא, יא]

ה) כִּי יְגָרַע נִטְפֵי מָיִם יָזֹקּוּ מָטָר לְאֵדוֹ: [איוב לו, כז]

ו) וַיָּשֶׁת חֹשֶׁךְ סְבִיבֹתָיו סֻכּוֹת חַשְׁרַת מַיִם עָבֵי שְׁחָקִים: [שמואל ב' כב, יב] ז) עֹשֶׂה גְדֹלוֹת וְאֵין חֵקֶר נִפְלָאוֹת עַד אֵין מִסְפָּר: [איוב ה, ט] ח) הַנֹּתֵן מָטָר עַל פְּנֵי אָרֶץ וְשֹׁלֵחַ מַיִם עַל פְּנֵי חוּצוֹת: [איוב ה, י] ט) הֲלוֹא יָדַעְתָּ אִם לֹא שָׁמַעְתָּ אֱלֹהֵי עוֹלָם יְיָ בּוֹרֵא קְצוֹת הָאָרֶץ לֹא יִיעַף וְלֹא יִיגָע אֵין חֵקֶר לִתְבוּנָתוֹ: [ישעיה מ, כח] י) מֵכִין הָרִים בְּכֹחוֹ נֶאְזָר בִּגְבוּרָה: [תהלים סה, ז] כ) מַשְׁקֶה הָרִים מֵעֲלִיּוֹתָיו מִפְּרִי מַעֲשֶׂיךָ תִּשְׂבַּע הָאָרֶץ: [תהלים קד, יג] ל) יִתֵּן יְיָ אֶת מְטַר אַרְצְךָ אָבָק וְעָפָר מִן הַשָּׁמַיִם יֵרֵד עָלֶיךָ עַד הִשָּׁמְדָךְ: [דברים כח, כד] מ) כֹּנֵס כַּנֵּד מֵי הַיָּם נֹתֵן בְּאֹצָרוֹת תְּהוֹמוֹת: [תהלים לג, ז]

אַקְרוּיֵהּ בְּחֶלְמֵיהּ – **They read [Rav Pappa]** the following verse **in his dream:**[1] "וָאַכְחִד אֶת־שְׁלֹשֶׁת הָרֹעִים", – ***And I* [God] *have removed the three shepherds*** *in one month*, implying that the three rabbis were about to be removed from the world for humiliating Rav Pappa. לְמָחָר כִּי הֲווּ מִיפַּטְרֵי מִינֵּיהּ – **The next day, when they took leave of him,** אָמַר לְהוּ – **[Rav Pappa] told them:** לֵיזְלוּ רַבָּנָן בִּשְׁלָמָא – **Go, rabbis, in peace.**[2]

Another such episode involving Rav Pappa:

רַב שִׁימִי בַּר אַשִׁי הֲוָה שְׁכִיחַ קַמֵּיהּ דְּרַב פָּפָּא – **Rav Shimi bar Ashi would regularly attend** the sessions **of Rav Pappa.** הֲוָה מַקְשֵׁי לֵיהּ טוּבָא – **[Rav Shimi] would challenge him repeatedly,** pointing out difficulties with his lectures. יוֹמָא חַד – **One day,** חַזְיֵיהּ דְּנָפַל עַל אַפֵּיהּ – **[Rav Shimi] saw [Rav Pappa] falling on his face** to say *Tachanun*,[3] שַׁמְעֵיהּ דְּאָמַר – **and he heard him saying:** רַחֲמָנָא לִיצְלַן מִכִּיסוּפָא דְּשִׁימִי – **"May the Merciful One save us from the humiliation of Shimi,"** whose challenges Rav Pappa often found difficult to fend off. Rav Shimi realized that his repeated challenges were a concern to Rav Pappa. Therefore, קַבֵּיל עֲלֵיהּ שְׁתִיקוּתָא – **[Rav Shimi] accepted upon himself** to remain **silent,** וְתוּ לֹא אַקְשֵׁי לֵיהּ – **and no longer challenged him.**[4]

The Gemara cites a statement of Reish Lakish concurring with R' Yochanan's statement above (9a), that rain comes even for the needs of an individual:

וְאַף רֵישׁ לָקִישׁ סָבַר מָטָר בִּשְׁבִיל יָחִיד – **And Reish Lakish, too, holds** that **rain** is provided **for an individual,** even if he alone needs the rain. דְּאָמַר רֵישׁ לָקִישׁ – **For Reish Lakish said:** מִנַּיִן לְמָטָר בִּשְׁבִיל יָחִיד – **From where** is it derived **that rain** falls **for an individual?** דִּכְתִיב – **For it is written:** "שַׁאֲלוּ מֵה׳ מָטָר בְּעֵת מַלְקוֹשׁ ה׳ עֹשֶׂה חֲזִיזִים – ***Request from* HASHEM *rain at the time of the late rains,*** and ***HASHEM will form clouds***; וּמְטַר־גֶּשֶׁם יִתֵּן לָהֶם לְאִישׁ עֵשֶׂב בַּשָּׂדֶה" – ***and He will give them downpours of rain, for each man, grass in the field.***[5]

Reish Lakish elaborates:

יָכוֹל לַכֹּל – **It might be** thought **to everyone,** i.e. that God will send the rain only if it is required by everyone. תַּלְמוּד לוֹמַר: "לְאִישׁ", – **It [therefore] states:** ***for each man,*** i.e. God provides rain even if it is necessary only for an individual. וְתַנְיָא – **And** furthermore, **it was taught in a Baraisa:** אִי "לְאִישׁ", יָכוֹל לְכָל שְׂדוֹתָיו – **IF** the verse had said no more than ***FOR EACH MAN,* IT MIGHT BE** thought that rain is provided only if it is necessary **FOR ALL HIS FIELDS.** תַּלְמוּד לוֹמַר: "שָׂדֶה", – **IT [THEREFORE] STATES:** *Grass in the* ***FIELD;*** by its use of the singular *field,* the verse teaches that God will provide rain even if it is necessary for only one field. אִי "שָׂדֶה", יָכוֹל לְכָל הַשָּׂדֶה – **IF** the verse said no more than ***FIELD,* IT MIGHT** still **BE** thought that rain is provided only if it is required **FOR THE ENTIRE FIELD.** תַּלְמוּד לוֹמַר: "עֵשֶׂב", – **IT [THEREFORE] STATES:** ***THE GRASS*** *of the field,* i.e. even if it is necessary for only one plant.[6]

The Gemara cites an example of such precisely calibrated Divine Providence:

כִּי הָא דְּרַב דָּנִיאֵל בַּר קְטִינָא – **This is like** the story **of Rav Daniel bar Ketina.** הֲוָה לֵיהּ הַהִיא גִּינְתָא – **He had this garden.** כָּל יוֹמָא הֲוָה אָזִיל וְסָיֵיר לָהּ – **Each day he would go and examine it** אָמַר – and **comment,** הָא מֵישְׁרָא בָּעֲיָא מַיָּא – **"This row needs water,** וְהָא מֵישְׁרָא לֹא בָּעֲיָא מַיָּא – **and this row does not need water,"** וְאָתָא מִיטְרָא וְקָמַשְׁקֵי כָּל הֵיכָא דְּמִיבָּעֵי לֵיהּ מַיָּא – **and rain would come and water every place that needed water.**

The Gemara continues to elaborate the verse cited above:

מַאי: "ה׳ עֹשֶׂה חֲזִיזִים", – **What is** the meaning of ***Hashem will form clouds,*** i.e. why is *clouds* in plural form? אָמַר רַבִּי יוֹסֵי (בר) [בְּרִ׳] חֲנִינָא – **R' Yose the son of R' Chanina said:** מְלַמֵּד – **This teaches** שֶׁכָּל צַדִּיק וְצַדִּיק – **that** for **each and every righteous person,** הַקָּדוֹשׁ בָּרוּךְ הוּא עוֹשֶׂה לוֹ חָזִיז בִּפְנֵי עַצְמוֹ – **the Holy One, Blessed is He, forms a cloud for him alone,** to water his fields. מַאי "חֲזִיזִים", – And **what is** the meaning of the word ***chazizim,***[7] i.e. what type of cloud is it? אָמַר רַב יְהוּדָה – **Rav Yehudah said:** פּוֹרְחוֹת – **The "flying ones,"** which the Gemara will soon explain. אָמַר רַבִּי יוֹחָנָן: סִימָן לְמָטָר פּוֹרְחוֹת – **R' Yochanan said:** – **A sign of** impending **rain** is the appearance of **flying [clouds].** מַאי פּוֹרְחוֹת – **Which are the "flying [clouds]"?** אָמַר רַב פָּפָּא – **Rav Pappa said:** עֵיבָא קְלִישָׁא תּוּתֵי עֵיבָא סְמִיכְתָּא – **The thin clouds that are beneath the thick clouds.**[8]

The Gemara continues to discuss signs associated with rain:

אָמַר רַב יְהוּדָה – **Rav Yehudah said:** נְהִילָא מִקַּמֵּי מִיטְרָא אָתֵי מִיטְרָא – **If a fine rain**[9] **precedes** heavier **rain,** it is a sign that a sustained **rain is coming;** בָּתַר מִיטְרָא פָּסִיק מִיטְרָא – if it **follows** heavier **rain,** it is a sign that the **rain** is about **to stop.**

The Gemara gives models for this rule:

מִקַּמֵּי מִיטְרָא אָתֵי מִיטְרָא – If **it precedes** heavier **rain,** a sustained **rain is coming;** וְסִימָנֵיךְ – **and your model** for this is מְהוֹלְתָּא – **a sieve.** When flour is sifted, the fine flour passes through the sieve first and is followed by the coarser flour.[10] דְּבָתַר מִיטְרָא פָּסִיק מִיטְרָא – **If it follows** heavier **rain,** the **rain is**

NOTES

1. *Zechariah* 11:8. See above (9a, note 22) for the simple interpretation of this verse.

2. Rav Pappa blessed the three rabbis to protect them from the harsh sentence implied by his dream. His blessing was, in effect, a plea that the decree be fulfilled by their mere departure from his presence (rather than from the world).

In our reading of the Gemara, Rav Pappa told them to go בִּשְׁלָמָא, *in peace*. Other versions substitute לִשְׁלָמָא, *to peace.* The Gemara in *Berachos* (64a) explains that a person should always part from his friend with a blessing that he should go לְשָׁלוֹם, *to peace.* Only when taking leave of the dead does one say לֵךְ בְּשָׁלוֹם, *go in peace* (*Mesoras HaShas*).

3. The *Tachanun* prayer is called נְפִילַת אַפַּיִם, *falling on the face*, because it was customary to lower one's face to the ground while reciting this prayer. It is clear from a number of incidents in the Gemara that personal supplications were also added at this time (see *Bava Metzia* 59b; *Rambam, Tefillah* 5:13).

4. [Rav Pappa's prayer was, in effect, that the laws he would discuss in his lectures should be so clear to him that he would be able to answer all of Rav Shimi's sharp questions successfully. When Rav Shimi realized that Rav Pappa was afraid of suffering the indignity of not having a ready response to his questions (despite the correctness of the rulings), he decided to refrain from further displays of his sharpness.]

5. *Zechariah* 10:1. The prophet tells the people that the time will come when they will be so close to God that they will be able to request rain even at the very end of the season, if need be, and God will respond with downpours of rain, to meet the needs of each person (*Radak* ad loc.).

6. In this case, the rain will fall just on the one plant that requires it (*Tosafos*). [The extraordinary level of Divine Providence referred to in this verse is not commonplace; it is a blessing bestowed upon the unusual times foretold by the prophet. Nevertheless, we may derive from it the concept of God sending rain even for the needs of an individual. This supports Reish Lakish's statement.]

7. The word חֲזִיזִים (*chazizim*) means clouds. However, it is not the common word for clouds. Thus, it must refer to a specific type of cloud, which the Gemara now seeks to identify.

8. That is, they are closer to the ground than the layer of thick, heavy rain clouds (*Rashi*). [For this reason, they are known as the "flying clouds," since they seem to fly by faster than the heavier clouds that are higher in the sky.]

9. That is, small drops. נְהִילָא means *fine.* In this context, it refers to a very fine precipitation (*Rashi*).

10. This is a model for fine rain being the harbinger of heavier rain.

אקרויה בחלמיה (א) ואכחיד את שלשת הרועים למחר כי הוו מיפטרי מיניה אמר להו ליזלו רבנן בשלמא: רב שימי בר אשי הוה שכיח קמיה דרב פפא הוה מקשי ליה טובא יומא חד חזייה דנפל על אפיה שמעיה דאמר רחמנא ליצלן מכיסופא דשימי קביל עליה שתיקותא ותו לא אקשי ליה ואף ר"ל סבר מטר בשביל יחיד דאמר ר"ל מנין למטר בשביל יחיד דכתיב (ב) שאלו מה' מטר בעת מלקוש ה' עושה חזיזים ומטר גשם יתן להם לאיש עשב בשדה יכול לכל תלמוד לומר לאיש ותניא אי לאיש יכול לכל שדותיו ת"ל שדה אי שדה יכול לכל השדה ת"ל עשב כי הא דרב דניאל בר קטינא הוה ליה ההיא גינתא כל יומא הוה אזיל וסייר לה אמר הא מישרא בעיא מיא והא מישרא לא בעיא מיא ואתא מיטרא וקמשקי כל היכא דמיבעי ליה מיא מאי ה' עושה חזיזים א"ר יוסי (בר) חנינא מלמד שכל צדיק וצדיק הקב"ה עושה לו חזיז בפני עצמו מאי חזיזים אמר רב יהודה פורחות אמר רבי יוחנן סימן למטר פורחות מאי פורחות אמר רב פפא עיבא קלישא תותי עיבא סמיכתא אמר רב יהודה נהילא מקמי מיטרא אתי מיטרא בתר מיטרא פסיק מיטרא מקמי מיטרא אתי מיטרא וסימניך מהולתא דבתר מיטרא פסיק מיטרא וסימניך חריא דעיזי: עולא איקלע לבבל חזא פורחות אמר להו פנו מאני דהשתא אתי מיטרא לסוף לא אתי מיטרא אמר כי היכי דמשקרי בבלאי הכי משקרי מיטרייהו עולא איקלע לבבל חזי מלא צנא דתמרי בזוזא אמר מלא צנא דדובשא בזוזא ובבלאי לא עסקי באורייתא בליליא צערוהו אמר מלא צנא דסכינא בזוזא ובבלאי עסקי באורייתא תניא ר' אליעזר אומר כל העולם כולו ממימי אוקיינוס הוא שותה שנאמר (ג) ואד יעלה מן הארץ והשקה את כל פני האדמה אמר לו רבי יהושע והלא מימי אוקיינוס מלוחין הן אמר לו ממתקין בעבים ר' יהושע אומר כל העולם כולו ממים העליונים הוא שותה שנאמר (ד) למטר השמים תשתה מים אלא מה אני מקיים ואד יעלה מן הארץ מלמד שהעננים מתגברים ועולים לרקיע ופותחין פיהן כנוד ומקבלין מי מטר שנאמר (ה) יזקו מטר לאדו ומנוקבות הן ככברה ובאות ומחשרות מים על גבי קרקע שנאמר (ו) חשרת מים עבי שחקים ואין בין טיפה לטיפה אלא כמלא נימא ללמדך שגדול יום הגשמים כיום שנבראו בו שמים וארץ שנאמר (ז) עושה גדולות עד אין חקר וכתיב (ח) הנותן מטר על פני ארץ וכתיב להלן (ט) הלא ידעת אם לא שמעת אלהי עולם ה' אין חקר לתבונתו [א] (וכתיב (י) מכין הרים בכחו וגו') כמאן אזלא הא דכתיב (כ) משקה הרים מעליותיו וא"ר יוחנן מעליותיו של הקב"ה כמאן כרבי יהושע ור' אליעזר כיון דסלקי להתם משקה מעליותיו קרי להו דאי לא תימא הכי (ל) אבק ועפר מן השמים היכי משכחת לה אלא כיון דמדלי להתם מן השמים קרי ליה הכא נמי כיון דסלקי להתם מעליותיו קרי ליה כמאן אזלא [הא] דא"ר חנינא (מ) כונס כנד מי הים נותן באוצרות תהומות מי גרם לאוצרות שיתמלאו בר תהומות (א) כרבי אליעזר ור' יהושע ההוא בברייתו

רש"י

אקרויה. היו מקרין אותו מקרא זה בחלום ואכחיד את שלשת הרועים בירח אחד שרוצין לעונשן בשמים משום דמכספי ליה: קבל עליו. רב שימי שתיקותא מלהקשות עוד: יכול לכל. כלומר יכול אין נותן מטר אא"כ הכל צריכין לו: ת"ל לאיש. אפילו בשביל אחד: אי לאיש יכול לכל שדותיו. כלומר אינו יורד עד שהוא צריך לכל שדותיו: ת"ל שדה. אפי' אינו צריך אלא בשדה אחד: אי בשדה יכול עד שיצטרך לכל השדה ת"ל עשב. אפילו אינו צריך אלא לעשב אחד (עשב) בשביל ירק אחד יורד עליו מטר: וסייר. מעיין: מישרא. ערוגה: עושה לו חזיז. לכל צדיק הבא בעולם הזה להריק לו גשמים על שדותיו ברישא בעי מאי חזיזים לשון רבים והדר בעי ומאי ניהו חזיזים מאי ניהו דקרי חזיזי: הכי גרסינן עיבא קלישתא דתותי עיבא סמיכתא. דתותי עיבא כלפי הארץ: נהילא. (ג) כמו קיטמא נהילא (חולין דף נא:) שהיא דקה גשמים דקים כקמחא נהילא שהיא דקה הבאין תחילה למטר ואח"כ בא מטר: אתי מיטרא. גשמים יורדין לרוב ואין פוסקין מהר אבל בא מטר תחילה ומתחילין דקין לבא פוסקין מיד: מהולתא. שמתחילה יוצא קמח דק ולבסוף סובין גסין: חריא דעיזי. ריעי של עזים בתחילה יוצאה גסה ולבסוף דקה ופוסק: דתמרי. דבש עושין מהן: ובבלאי לא עסקי. כלומר יכולין הן לעסוק תמיד שיש להן מזונות בזול ובלא טורח: (ג) מצערים. בשלשול דאמרו (גיטין דף ע.) תמרי משחנן ומשלשלן: מלא צנא דסכיני בזוזא. שמתוך שלוקחין אותו בזול אוכלין מהן הרבה ומצערים אותן: ממימי אוקיינוס. כלומר ממים של מטה ולא ממים של מעלה שנאמר ואד יעלה מן הארץ ששתה בארץ ועלה: מלוחין הן. ° ואין תבואה גדילה מהן: יזקו מטר לאדו. רקיעין מוליאין מים לעבים: יזקו. כמו יצוקו לך לעם ויאכלו (מלכים ב ד): חשרת מים עבי שחקים. העבים מחשרין כלומר משירין המים לארץ: ללמדך. אקרא דלקמן קאי ואומר מכין הרים לא גרסינן הכא: ט) כרבי יהושע. דאמר ממים העליונים: ואמר רבי יוחנן מעליותיו של מעלה. כלומר ממים העליונים ורבי יוחנן מים העליונים אתא לאשמועינן דאי לאו רבי יוחנן הוי אמינא דהכי קאמר מעליות שהקדוש ברוך הוא עומד בהם הוא משקה אותן למטה ולעולם המים מאוקיינוס: ור' אליעזר. אמר לעולם מעליותיו של הקב"ה כרבי יוחנן וכו': תהומות. מים של מטה כדכתיב תהומות יכסיומו (שמות טו):

תוספות

תלמוד לומר עשב. פי' שאם לא יהיו צריכים אלא לעשב אחד ירד על אותו עשב ועל שאר כל השדה לא ירדו:

נהילא מקמי מיטרא. פי' גשם דק וסימנך מהולתא פירוש שמתחילה יוצא הפסולת ואח"כ הסולת פירוש שלא היו עושין כמו דעבדינן האידנא (ג) היו כותשין החטין במכתשת עד שנקלף כל הסובין מעל החטים וכי הוו מרקדין על גבי נפה היה הפסולת הסובין שעליו יוצא לכתחילה ואחר כך היה יוצא הסולת:

חריא דעיזי. פי' ריעי של עזים שבתחילה ריעי גדול וכשהיא פוסקת מתרזת זבל דק:

ואמר רבי יוחנן מעליותיו של הקב"ה כמאן כר' יהושע. פי' כרבי יהושע דאמר כל העולם כולו ממים העליונים הם שותים דאי כרבי אליעזר הא אמר מימי אוקיינוס הוא שותה:

קרי

רבינו חננאל

חלש דעתיה אקרויה בחלמא ואכחיד את שלשת הרועים וגו'. כי הוה מפטרי מיניה אמר להו ניזולו רבנן בשלום: **רב שימי** בר אשי הוה מקשי לרב פפא טובא יומא חד חזייה דנפל על אפיה ובעי רחמי ואמר רחמנא שזבן מכיסופא דשימי קביל עליה שתיקותא ותו לא אקשיה ליה. עבים הדקים נקראים חזיזים אמר רב פפא עיבא קלישתא דתותי עיבא סמיכתא ונקראות פורחות: **אמר** רב יהודה נהילא פי' מטר היורד דק כמו קמח. אם הם תחלת ירידת המטר ירד מטר וסימנא נפה שכיון שמתחלת לפלוט הדק פולטת סולת וצריד וכיוצא. אבל אם זו נהילא באחרית מטר דע דפסק מטרא וזהו תמצית המטר וסימניך חריא דעיזא כיון שאינו בא בקילוח אלא כעין שותת טפה לא נשאר בו כלום: **תניא** רבי אליעזר אומר כל העולם כולו מימי אוקינוס שותה שנאמר ואד יעלה מן הארץ והשקה וגו' ואע"פ שמלוחין מתמתקים הם בעבים. ר' יהושע אומר כל העולם כולו ממים העליונים הוא שותה שנאמר למטר השמים תשתה מים והאי דכתיב ואד יעלה מן הארץ מלמד שענני כבוד מתגברות ועולות לרקיע ופותחות פיהם כנוד ומקבלות מטר שנאמר יזוקו מטר לאדו ומנוקבות ככברה ומחשרות על הארץ. שנאמר חשרת מים עבי שחקים ובין טפה לטפה כמלא נימא כו'.

רבינו גרשום

מטר אתי בשביל תפלת יחיד ולברך את מעשה ידיך שבשביל יחיד אתי מטר: **יכול לכל** כלומר שאינו יורד גשם אלא בשביל כולם **ת"ל לאיש** שמוריד לו מטר בשביל תפלתו: **נהילא.** מטר דקה סימן דאתי מיטרא: **מהולתא.** שבתחלה מוציא קמח דקה ולבסוף מוציא עבה: **חריא דעיזי.** ריעי של עזים שמוציא ריעי לבסוף דק:

ליקוטי רש"י

מכיסופא דשימי. משום דמריף הוה ודחיק ליה [נדה כד.]. **שאלו מה' מטר.** אם תצטרכו. **חזיזים.** עננים מביאים מטר. **לאיש עשב בשדה.** בשביל איש אחד ובשביל עשב אחד הצריך למטר [זכריה י. א]. **חזי מלא צנא דתמרי.** תמרים יש בבבל הרבה [לקמן כט:]. **צנא.** סל [מגילה כח:]. **אוקיינוס.** שהוא בסוף העולם למערב [גיטין ח.]. **ואד יעלה.** לענין בריאתו של אדם העלה את התהום והשקה העננים לשרות העפר ונברא אדם כגבל זה שנותן מים ואחר כך לש את העיסה אף כאן והשקה ואחר כך וייצר [בראשית ב, ו]. **יזקו.** הרקיעים את המטר. **לאידו.** לעננו [איוב לו. כז]. **חשרת.** לשון כברה הוא שהוא נופל על הארץ דק דק וכן הוא אומר באגדות הרבה חושרין אותו בכברה [שמואל ב כב, יב]. **על פני ארץ.** ארץ ישראל [איוב ה, ט]. **אין חקר לתבונתו.** ומי שיש לו כח כזה וחכמה כזו הוא יודע את המחשבות למה הוא מאחר טובתכם אלא כדי לכלות את הפשע ולהתם את החטאת ע"י היסורין [ישעיה מ, כח]. **כנד.** לשון גובה וכן תרגום אונקלוס נצבו כמו נד (שמות ט"ו) קמו כשור וכן פירש מנחם ואין נד ונאד שוין. **נותן באוצרות תהומות.** תחת הארץ [תהילים לג, ז].

מסורת הש"ס

א) [בע"י הגיר' לשלמא ועי' ברכות סד. ומ"ק כט.], ב) [נ"ל בר'], ג) פסחים פח. ע"ש, ד) עירובין מה:, ה) [נ"ל מתמתקין], ו) [לעיל ז:], ז) [נ"ל עושה גדולות ואין חקר (איוב ה פסוק ט)], ח) [לא גרסינן הכא עי' רש"י ד"ה ללמדך אלא לעיל ג. גרם לזה שפיר], ט) [דיבור זה שייך בסמוך לאחר דיבור המתחיל ואמר ר' יוחנן].

הגהות הב"ח

(א) גמ' לאוצרות שיתמלאו בר תהומות כמאן כר"א: (ג) רש"י ד"ה נהילא כמו קיטמא נהילא. נ"ב בפ"ק דברכות איתא האי לישנא אבל כאן צריך לפרש דמדמה ליה לקמח שיש בו דק וגם כמו גשמים וכמ"ש וסימניך מהולתא: (ג) ד"ה מלערים. נ"ל לערוה: (ד) תוס' ד"ה נהילא כו' כמו דעבדינן האידנא אלא היו כותשין:

גליון הש"ס

רש"י ד"ה מלוחים ואין תבואה גדילה מהן. לא ידעתי למאי צריך לזה ולא כפשוטו שאנו רואים שאינם מלוחים:

הגהות הגר"א

[א] גמ' (וכתיב מכין הרים בכחו וגו'). תא"מ:

תורה אור השלם

א) וְאַכְחִד אֶת שְׁלֹשֶׁת הָרֹעִים בְּיֶרַח אֶחָד וַתִּקְצַר נַפְשִׁי בָּהֶם וְגַם נַפְשָׁם בָּחֲלָה בִי: [זכריה יא, ח]

ב) שַׁאֲלוּ מֵיְיָ מָטָר בְּעֵת מַלְקוֹשׁ יְיָ עֹשֶׂה חֲזִיזִים וּמְטַר גֶּשֶׁם יִתֵּן לָהֶם לְאִישׁ עֵשֶׂב בַּשָּׂדֶה: [זכריה י, א]

ג) וְאֵד יַעֲלֶה מִן הָאָרֶץ וְהִשְׁקָה אֶת כָּל פְּנֵי הָאֲדָמָה: [בראשית ב, ו]

ד) וְהָאָרֶץ אֲשֶׁר אַתֶּם עֹבְרִים שָׁמָּה לְרִשְׁתָּהּ אֶרֶץ הָרִים וּבְקָעֹת לִמְטַר הַשָּׁמַיִם תִּשְׁתֶּה מָּיִם: [דברים יא, יא]

ה) כִּי יְגָרַע נִטְפֵי מָיִם יָזֹקּוּ מָטָר לְאֵדוֹ: [איוב לו, כז]

ו) וַיָּשֶׁת חֹשֶׁךְ סְבִיבֹתָיו סֻכּוֹת חַשְׁרַת מַיִם עָבֵי שְׁחָקִים: [שמואל ב׳ כב, יב]

ז) עֹשֶׂה גְדֹלוֹת וְאֵין חֵקֶר נִפְלָאוֹת עַד אֵין מִסְפָּר: [איוב ה, ט]

ח) הַנֹּתֵן מָטָר עַל פְּנֵי אָרֶץ וְשֹׁלֵחַ מַיִם עַל פְּנֵי חוּצוֹת: [איוב ה, י]

ט) הֲלוֹא יָדַעְתָּ אִם לֹא שָׁמַעְתָּ אֱלֹהֵי עוֹלָם יְיָ בּוֹרֵא קְצוֹת הָאָרֶץ לֹא יִיעַף וְלֹא יִיגָע אֵין חֵקֶר לִתְבוּנָתוֹ: [ישעיה מ, כח]

י) מֵכִין הָרִים בְּכֹחוֹ נֶאְזָר בִּגְבוּרָה: [תהלים סה, ז]

כ) מַשְׁקֶה הָרִים מֵעֲלִיּוֹתָיו מִפְּרִי מַעֲשֶׂיךָ תִּשְׂבַּע הָאָרֶץ: [תהלים קד, יג]

ל) יִתֵּן יְיָ אֶת מְטַר אַרְצְךָ אָבָק וְעָפָר מִן הַשָּׁמַיִם יֵרֵד עָלֶיךָ עַד הִשָּׁמְדָךְ: [דברים כח, כד]

מ) כֹּנֵס כַּנֵּד מֵי הַיָּם נֹתֵן בְּאוֹצָרוֹת תְּהוֹמוֹת: [תהלים לג, ז]

about **to stop;** וְסִימָנֵיךְ – **and your model** for this is חַרְיָא דְעִיזֵי – **goat dung.**[11]

The Gemara cites an incident in regard to "flying clouds" being a sign of impending rain:

עוּלָּא אִיקְלַע לְבָבֶל – **Ulla came to Babylonia.** חֲזָא פּוּרְחוֹת – One day **he observed flying** [**clouds**]. אָמַר לְהוּ פַּנּוּ מָאנֵי – **He said to them** [the people with him], **"Clear away my articles** into the house, דְּהַשְׁתָּא אָתֵי מִיטְרָא – **because the rain is about to come."** לְסוֹף לֹא אָתֵי מִיטְרָא – **In the end, the rain did not come.** אָמַר – [**Ulla**] **said:** כִּי הֵיכִי דִּמְשַׁקְּרֵי בַּבְלָאֵי – **"Just as the Babylonians lie,** הָכִי מְשַׁקְּרֵי מִיטְרַיְיהוּ – **so** too **their rains lie,"** i.e. give false signs.[12]

The Gemara relates another incident from Ulla's trip to Babylonia:

עוּלָּא אִיקְלַע לְבָבֶל – **Ulla came to Babylonia.** חֲזִי מְלֹא צַנָּא דְּתַמְרֵי בְּזוּזָא – While there, **he observed a basketful of dates** selling **for a** ***zuz.*** אָמַר – [**Ulla**] **said** in wonder: מְלֹא צַנָּא דְּדוּבְשָׁא בְּזוּזָא – **A basketful of honey**[13] sells **for** only **a** ***zuz,*** וּבַבְלָאֵי לֹא עָסְקֵי בְּאוֹרַיְיתָא – **and the Babylonians** still do **not occupy themselves with** studying **Torah** all the time![14] Ulla obtained some of these dates and ate them. בְּלֵילְיָא צַעֲרוּהוּ – **In the evening, they afflicted him** with diarrhea.[15] אָמַר – [**Ulla**] reversed himself and **said:** מְלֹא צַנָּא דְּסַכִּינָא בְּזוּזָא – **A basketful of knives** sells **for a** ***zuz,*** וּבַבְלָאֵי עָסְקֵי בְּאוֹרַיְיתָא – **and the Babylonians** still find it possible to **occupy themselves with** studying **Torah** at all![16]

The Gemara resumes its discussion of rain:

תַּנְיָא – **It was taught in a Baraisa:** ר׳ אֱלִיעֶזֶר אוֹמֵר – R' ELIEZER SAYS: כָּל הָעוֹלָם כּוּלּוֹ מִמֵּימֵי אוֹקְיָינוֹס הוּא שׁוֹתֶה – THE ENTIRE WORLD DRINKS FROM THE WATERS OF THE OCEAN,[17] i.e. from water which evaporates from the ocean and then returns to earth in the form of precipitation. שֶׁנֶּאֱמַר – AS IT IS STATED: "וְאֵד יַעֲלֶה מִן־הָאָרֶץ וְהִשְׁקָה אֶת־כָּל־פְּנֵי הָאֲדָמָה" – *AND VAPOR WOULD ASCEND FROM THE EARTH, AND WATER THE WHOLE SURFACE OF THE SOIL.*[18] אָמַר לוֹ רַבִּי יְהוֹשֻׁעַ – R' YEHOSHUA SAID TO [R' ELIEZER]: וַהֲלֹא מֵימֵי אוֹקְיָינוֹס מְלוּחִין הֵן – BUT THE WATERS OF THE OCEAN ARE SALTY, whereas rain water is not salty![19] אָמַר לוֹ – [R' ELIEZER] ANSWERED HIM: מִמַּתְּקִין בֶּעָבִים – THEY BECOME SWEETENED IN THE CLOUDS.[20]

ר׳ יְהוֹשֻׁעַ אוֹמֵר – R' YEHOSHUA SAYS: כָּל הָעוֹלָם כּוּלּוֹ מִמַּיִם הָעֶלְיוֹנִים הוּא שׁוֹתֶה – THE ENTIRE WORLD DRINKS FROM THE UPPER WATERS which are stored in the heavens. שֶׁנֶּאֱמַר – AS IT IS STATED: "לִמְטַר הַשָּׁמַיִם תִּשְׁתֶּה־מָּיִם" – *BY THE RAIN OF THE HEAVENS YOU SHALL DRINK WATER.*[21] This verse indicates that rain originates in the heavens. אֶלָּא מָה אֲנִי מְקַיֵּים – HOW THEN DO I EXPLAIN the verse: "וְאֵד יַעֲלֶה מִן־הָאָרֶץ" – *AND VAPOR WOULD ASCEND FROM THE EARTH*, which indicates that rain water originates on the earth? מְלַמֵּד שֶׁהֶעָנָנִים מִתְגַּבְּרִים וְעוֹלִים לָרָקִיעַ – IT TEACHES THAT THE CLOUDS BUILD AND ASCEND TO THE SKY,[22] וּפוֹתְחִין פִּיהֶן כְּנוֹד – AND OPEN THEIR MOUTHS LIKE A WATERSKIN, וּמְקַבְּלִין מֵי מָטָר – AND RECEIVE RAIN WATER from the reservoir in the heavens. שֶׁנֶּאֱמַר – AS IT IS STATED:[23] "יָזֹקּוּ מָטָר לְאֵדוֹ" – *THEY* [the heavens] *WILL POUR RAIN TO HIS CLOUD.* Thus, the clouds ascend from the earth, but the water that fills them descends from the heavens. וּמְנוּקָּבוֹת הֵן כִּכְבָרָה – AND [THE CLOUDS] ARE PERFORATED LIKE A SIEVE, וּבָאוֹת וּמְחַשְּׁרוֹת מַיִם עַל גַּבֵּי קַרְקַע – AND THEY COME AND SPRINKLE WATER ONTO THE GROUND; שֶׁנֶּאֱמַר – AS IT IS STATED: "חַשְׁרַת־מַיִם עָבֵי שְׁחָקִים" – *A SIEVE OF WATER [ARE] THE CLOUDS OF THE HEAVENS.*[24] וְאֵין בֵּין טִיפָּה לְטִיפָּה אֶלָּא כִּמְלֹא נִימָא – AND BETWEEN EACH AND EVERY DROPLET THERE IS NO MORE THAN A HAIRSBREADTH.[25]

לְלַמֶּדְךָ – TO TEACH YOU[26] שֶׁגָּדוֹל יוֹם הַגְּשָׁמִים – THAT A RAINY DAY IS AS MOMENTOUS כְּיוֹם שֶׁנִּבְרְאוּ בּוֹ שָׁמַיִם וָאָרֶץ – AS THE DAY ON WHICH THE HEAVENS AND EARTH WERE CREATED; שֶׁנֶּאֱמַר – AS IT IS STATED: "עֹשֶׂה גְדֹלוֹת (עד אין) [וְאֵין] חֵקֶר" – *WHO PERFORMS GREAT DEEDS, BEYOND COMPREHENSION;* וּכְתִיב – AND IT IS WRITTEN in the following verse: "הַנֹּתֵן מָטָר עַל־פְּנֵי אָרֶץ" – *WHO GIVES RAIN UPON THE FACE OF THE LAND.*[27] The sequence of these two verses indicates that rain is one of the great deeds of God that is "beyond comprehension." וּכְתִיב לְהַלָּן – AND IT IS WRITTEN ELSEWHERE: "הֲלוֹא יָדַעְתָּ אִם־לֹא שָׁמַעְתָּ" – *DO YOU NOT KNOW? HAVE YOU NOT HEARD?* . . . אֱלֹהֵי עוֹלָם ה׳ – *THE GOD OF THE WORLD, HASHEM, the Creator of the ends of the earth,* . . . "אֵין חֵקֶר לִתְבוּנָתוֹ" – *HIS WISDOM IS BEYOND COMPRE-*

NOTES

11. A goat's feces changes from heavy to light before ceasing.

12. Ulla discerned a correlation between the heaven's failure to deliver on its promise of rain and the conduct of the Babylonian community. The Gemara above (8b) taught that rain is withheld because of those who pledge charity and do not meet their obligations. Ulla knew the Babylonians to be guilty of this type of behavior [and thus pointed out the poetic justice of the meteorological phenomenon] (*Maharsha*).

13. Ulla referred to the dates as honey, since that was one of their major uses (*Rashi*). [In Biblical and Talmudic usage, דְּבַשׁ, *honey,* usually refers to the sweet extract of the date.]

14. Although the Babylonians were steeped in Torah, as the Gemara will state below, they would also devote time to making money. Ulla felt that this was unwarranted in light of the abundance of inexpensive food (*Etz Yosef*).

15. The Gemara (*Gittin* 70a) comments that dates have a laxative effect (*Rashi*).

16. Since dates were so inexpensive, Ulla presumed that people ate many of them and suffered their adverse effects. Thus, Ulla marveled at their ability to study at all (*Rashi*).

17. אוקיינוס, *the Ocean,* refers to the contiguous body of water which comprises all the oceans and seas of the world. R' Eliezer explains that the source of all rain water is the water contained on earth, and not the water which was separated from it and stored in the heavens at the time of Creation (*Rashi; see Genesis* 1:6-7).

18. *Genesis* 2:6. The verse describes the original moistening of the earth and states that the water which irrigated the soil originated on the earth (rather than in the heavens).

19. Salty water is unsuitable for agricultural purposes, yet crops grow on rain water (*Rashi;* see *Gilyon HaShas*). Thus, the oceans cannot be the source of rain water.

20. [The process of evaporation and subsequent cloud formation separates the salt from the water.]

21. *Deut.* 11:11. The verse explains that irrigation is not required in the Land of Israel; rather, the water supply comes from *the rains of the heavens.* [Quite clearly, rain falls from heaven. There is no reason for the Torah to identify the rain as coming from heaven unless it is to indicate that its source is from there, and thus superior to irrigation water, whose source is on the earth.]

22. The *vapor [that] would ascend from the earth* refers to the clouds ascending to the sky to be filled with water from the heavens.

23. *Job* 36:27. The verse discusses the greatness of God that is evident from rain.

24. *II Samuel* 22:12. In this verse, which is part of the song composed by David upon the occasion of his complete salvation from his enemies, David describes the heavenly spheres. שְׁחָקִים is the name of one of the seven heavens (*Chagigah* 12b).

25. Although the rain droplets emerge from the sieve-like cloud very close together, they remain distinct as they fall to earth, and do not merge into large waves of water (*Etz Yosef*).

26. The lesson is derived from the verse which follows [not the previous verse] (*Rashi*).

27. *Job* 5:9,10. See 2a, note 15.

אקרויה בחלמיה א) ואכחיד את שלשת הרועים למחר כי הוו מיפטרי מיניה אמר להו ליזלו רבנן [א] בשלמא: רב שימי בר אשי הוה שכיח קמיה דרב פפא הוה מקשי ליה טובא יומא חד חזייה דנפל על אפיה שמעיה דאמר רחמנא ליצלן מכיסופא דשימי קביל עליה שתיקותא ותו לא אקשי ליה ואף ר"ל סבר מטר בשביל יחיד דאמר ר"ל מנין למטר בשביל יחיד דכתיב ב) שאלו מה' מטר בעת מלקוש ה' עושה חזיזים ומטר גשם יתן להם לאיש עשב בשדה יכול לכל תלמוד לומר לאיש ותניא אי לאיש יכול לכל שדותיו ת"ל שדה אי שדה יכול לכל השדה ת"ל עשב כי הא דרב דניאל בר קטינא הוה ליה ההיא גינתא כל יומא הוה אזיל וסייר לה אמר הא מישרא בעיא מיא והא מישרא לא בעיא מיא ואתא מיטרא וקמשקי כל היכא דמיבעי ליה מיא מאי ה' עושה חזיזים א"ר יוסי ([ב] בר) חנינא מלמד שכל צדיק וצדיק הקב"ה עושה לו חזיז בפני עצמו מאי חזיזים אמר רב יהודה פורחות אמר רבי יוחנן סימן למטר פורחות מאי פורחות אמר רב פפא עיבא קלישא תותי עיבא סמיכתא אמר רב יהודה נהילא מקמי מיטרא אתי מיטרא בתר מיטרא פסיק מקמי מיטרא אתי מיטרא וסימניך מהולתא דבתר מיטרא פסיק מיטרא וסימנך חריא דעיזי: עולא איקלע לבבל חזא פורחות אמר להו פנו מאני דהשתא אתי מיטרא לסוף לא אתי מיטרא אמר כי היכי דמשקרי בבלאי הכי משקרי מיטרייהו [ג] עולא איקלע לבבל חזי מלא צנא דתמרי בזוזא אמר מלא צנא דדובשא בזוזא ובבלאי לא עסקי באורייתא בליליא צערוהו אמר מלא צנא דסכינא בזוזא ובבלאי עסקי באורייתא תניא[ד] ר' אליעזר אומר כל העולם כולו ממימי אוקיינוס הוא שותה שנאמר ג) ואד יעלה מן הארץ והשקה את כל פני האדמה אמר לו רבי יהושע והלא מימי אוקיינוס מלוחין הן אמר לו [ה] ממתקין בעבים ר' יהושע אומר כל העולם כולו ממים העליונים הוא שותה שנאמר ד) למטר השמים תשתה מים אלא מה אני מקיים ואד יעלה מן הארץ מלמד שהעננים מתגברים ועולים לרקיע ופותחין פיהן כנוד ומקבלין מי מטר שנאמר ה) יזקו מטר לאדו ומנוקבות הן ככברה ובאות ומחשרות מים על גבי קרקע שנאמר ו) חשרת מים עבי שחקים ואין בין טיפה לטיפה אלא כמלא נימא ללמדך שגדול יום הגשמים כיום שנבראו בו שמים וארץ [ו] שנאמר [ז] ז) עושה גדולות עד אין חקר וכתיב ח) הנותן מטר על פני ארץ וכתיב להלן ט) הלא ידעת אם לא שמעת אלהי עולם ה' אין חקר לתבונתו [א] [ח] (וכתיב י) מכין הרים בכחו וגו') כמאן אזלא הא דכתיב כ) משקה הרים מעליותיו וא"ר יוחנן מעליותיו של הקב"ה כמאן כרבי יהושע ור' אליעזר כיון דסלקי להתם משקה מעליותיו קרי להו דאי לא תימא הכי ל) אבק ועפר מן השמים היכי משכחת לה אלא כיון דמדלי להתם מן השמים קרי ליה הכא נמי כיון דסלקי להתם מעליותיו קרי ליה כמאן אזלא [הא] דא"ר חנינא מ) כונס כנד מי הים נותן באוצרות תהומות מי גרם לאוצרות שיתמלאו בר תהומות (א) כרבי אליעזר ור' יהושע ההוא בברייתו

רש"י

אקרויה. היו מקרין אותו מקרא זה בחלום ואכחיד את שלשת הרועים בירח אחד שרוצין לעונשן בשמים משום דמכספי ליה: קבל עליו. רב שימי שתיקותא מלהקשות עוד: יכול לכל. כלומר יכול אין נותן מטר אא"כ הכל צריכין לו: ת"ל לאיש. אפילו בשביל אחד: אי לאיש יכול לכל שדותיו. כלומר אינו יורד עד שהוא צריך לכל שדותיו: ת"ל שדה. אפי' אינו צריך אלא בשדה אחד: אי בשדה יכול עד שיצטרך לכל השדה ת"ל עשב. אפילו אינו צריך אלא לעשב אחד (עשב) בשביל ירק אחד יורד עליו מטר: וסייר. מעיין: מישרא. ערוגה: עושה לו חזיז. לכל צדיק הבא בעולם הזה להריך לו גשמים על שדותיו ברישא בעי מאי חזיזים לשון רבים והדר בעי ומאי נינהו חזיזים מאי נינהו דקרי חזיזי: הכי גרסינן עיבא קלישתא דתותי עיבא סמיכתא. דתותי עיבא כלפי הארץ: נהילא. (ב) כמו קיטמא נהילא (חולין דף נא:) שהיא דקה גשמים דקים כקמחא נהילא שהיא דקה הבאין תחילה למטר ואח"כ בא מטר: אתי מיטרא. גשמים יורדין לרוב ואין פוסקין מהר אבל בא מטר תחילה ומתחילין דקין לבא פוסקין מיד: מהולתא. שמתחילה יוצא קמח דק ולבסוף סובין גסין: חריא דעיזי. ריעי של עזים בתחילה יוצאה גסה ולבסוף דקה ופוסק: דתמרי. דבש עושין מהן: ובבלאי לא עסקי. כלומר יכולין הן לעסוק תמיד שיש להן מזונות בזול ובלא טורח: (ג) מצערים. בשלשול דאמרו (גיטין דף ע.) תמרי משחנן ומשלשלן: מלא צנא דסכיני בזוזא. שמתוך שלוקחין אותו בזול אוכלין מהן הרבה ומצערים אותן: ממימי אוקיינוס. כלומר ממים של מטה ולא ממים של מעלה שנאמר ואד יעלה מן הארץ שפתה בארץ ועלה: מלוחין הן. ° ואין תבואה גדילה מהן: יזקו מטר לאדו. רקיעין מוליאין מים לעבים: יזקו. כמו ילוקו לך לעם ויאכלו (מלכים ג ז): חשרת מים עבי שחקים. העבים מחשרין כלומר משירין המים לארץ: ללמדך. אקרא דלקמן קאי ואומר מכין הרים לא גרסינן הכא: [ט] כרבי יהושע. דאמר ממים העליונים: ואמר רבי יוחנן מעליותיו של מעלה. כלומר ממים העליונים ורבי יוחנן מים העליונים אתא לאשמועינן דאי לאו רבי יוחנן הוי אמינא דהכי קאמר מעליות שהקדוש ברוך הוא עומד בהם הוא משקה אותן למטה ולעולם המים מאוקיינוס: ור' אליעזר. אמר לעולם מעליותיו של הקב"ה כרבי יוחנן וכו': תהומות. מים של מטה כדכתיב תהומות יכסיומו (שמות טו):

תוספות

תלמוד לומר עשב. פי' שאם לא יהיו צריכים אלא לעשב אחד ירד על אותו עשב ועל שאר כל השדה לא ירדו:

נהילא מקמי מיטרא. פי' גשם דק וסימנך מהולתא פירוש שמתחילה יוצא הפסולת ואח"כ הסולת פירוש שלא היו עושין כמו דעבדינן האידנא (ד) היו כותשין החטין במכתשת עד שנקלף כל הסובין מעל החטים וכי הוו מרקדין על גבי נפה היה הפסולת הסובין שעליו יוצא לכתחילה ואחר כך היה יוצא הסולת:

חריא דעיזי. פי' ריעי של עזים שבתחילה ריעי גדול וכשהיא פוסקת מתרזת וזבל דק:

ואמר רבי יוחנן מעליותיו של הקב"ה כמאן כר' יהושע. פי' כרבי יהושע דאמר כל העולם כולו ממים העליונים הם שותים דאי כרבי אליעזר הא אמר מימי אוקיינוס הוא שותה:

קרי

מלא צנא דתמרי. תמרים יש בבבל הרבה [לקמן כט:]. צנא. סל [מגילה כח:]. אוקיינוס. שהוא בסוף העולם למערב [גיטין ח.]. ואד יעלה. לענין בריאתו של אדם העלה את התהום והשקה העננים לשרות העפר ונברא אדם כגבל זה שנותן מים ואחר כך לש את העיסה אף כאן והשקה ואחר כך ויצר [בראשית ב, ו]. יזקו. הרקיעים את המטר. לאידו. לעננו [איוב לו. כז]. חשרת. לשון כברה הוא שהוא נופל על הארץ דק דק וכן הוא אומר באגדות הרבה מושרין אותו בכברה [שמואל ב כב, יב]. על פני ארץ. ארץ ישראל [איוב ה, ט]. אין חקר לתבונתו. ומי שיש לו כח כזה וחכמה כזו הוא יודע את המחשבות למה הוא מאחר טובתכם אלא כדי לכלות את הפשע ולהתם את החטאת ע"י היסורין [ישעיה מ, כח]. כנד. לשון גובה וכן תרגום אונקלוס נצבו כמו נד (שמות ט"ו) קמו כשור וכן פירש מנחם ואין נד ונאד שוין. נותן באוצרות תהומות. מתח הארץ [תהילים לג, ז].

רבינו חננאל

חלש דעתיה אקריוה בחלמא ואכחיד את שלשת הרועים וגו'. כי הוה מפטרי מיניה אמר להו ניזולו רבנן בשלום: רב שימי בר אשי הוה מקשי לרב פפא טובא יומא חד חזייה דנפל על אפיה ובעי רחמי ואמר רחמנא שזבן מכיסופא דשימי קביל עליה שתיקותא ותו לא אקשיה ליה. עבים הדקים נקראים חזיזים אמר רב פפא עיבא קלישתא דתותי עיבא סמיכתא ונקראות פורחות: אמר רב יהודה נהילא פי' מטר היורד דק כמו קמח. אם הם תחלת ירידת המטר ירד מטר וסימנא נפה שכיון שמתחלת לפלוט הדק פולטת סולת וצריד וכיוצא. אבל אם זו נהילא באחרית מטר דע דפסק מטרא וזהו תמצית המטר וסימניך חריא דעיזא כיון שאינו בא בקילוח אלא כעין שותת טפה לא נשאר בו כלום: תניא רבי אליעזר אומר כל העולם כולו מימי אוקינוס שותה שנאמר ואד יעלה מן הארץ והשקה וגו' ואע"פ שמלוחין מתמתקים הם בעבים. ר' יהושע אומר כל העולם כולו ממים העליונים הוא שותה שנאמר למטר השמים תשתה מים והאי דכתיב ואד יעלה מן הארץ מלמד שענני כבוד מתגברות ועולות לרקיע ופותחות פיהם כנוד ומקבלות מטר שנאמר יזוקו מטר לאדו ומנוקבות ככברה ומחשרות על הארץ. שנאמר חשרת מים עבי שחקים ובין טפה לטפה כמלא נימא כו'.

רבינו גרשום

מטר אתי בשביל תפלת יחיד ולברך את מעשה ידיך שבשביל יחיד אתי מטר: יכול לכל כלומר שאינו יורד גשם אלא בשביל כולם ת"ל לאיש שמוריד לו מטר בשביל תפלתו: נהילא. מטר דקה סימן דאתי מיטרא: מהולתא. שבתחלה מוציא קמח דקה ולבסוף מוציא עבה: חריא דעיזי. ריעי של עזים שמוציא ריעי לבסוף דק:

ליקוטי רש"י

מכיסופא דשימי. משום דמריך הוה ומסיק ליה [נדה כד.]. שאלו מה' מטר. אם תצטרכו. חזיזים. עננים מביאים מטר. לאיש עשב בשדה. בשביל איש אחד ובשביל עשב אחד הצריך למטר [זכריה י. א]. חזי

מסורת הש"ס

א) [בע"י הגיר' לשלמא ועי' ברכות סד. ומ"ק כט.], ב) [נ"ל בר'], ג) פסחים פח. ע"ש, ד) עירובין מה:, ה) [נ"ל מתמתקין], ו) [לעיל ז:], ז) [נ"ל עושה גדולות ואין חקר (איוב ה פסוק ט)], ח) [לא גרסינן הכא עי' רש"י ד"ה ללמדך אלא לעיל ב. גרם לזה שפיר], ט) [דיבור זה שייך בסמוך לאחר דיבור המתחיל ואמר ר' יוחנן].

הגהות הב"ח

(א) גמ' לאוצרות שיתמלאו בר תהומות כמאן כר"א: (ב) רש"י ד"ה נהילא כמו קיטמא נהילא. נ"ב בפ"ק דברכות איתא האי לישנא אבל כאן צריך לפרש דמדמה ליה לקמח שיש בו דק וגם כמו גשמים וכמ"ש וסימניך מהולתא: (ג) ד"ה מצערים. נ"ל צערוה: (ד) תוס' ד"ה נהילא כו' כמו דעבדינן האידנא אלא היו כותשין:

גליון הש"ס

רש"י ד"ה מלוחים ואין תבואה גדילה מהן. לא ידעתי למאי צריך לזה ולא כפשוטו שאנו רואים שאינם מלוחים:

הגהות הגר"א

[א] גמ' (וכתיב מכין הרים בכחו וגו'). תא"מ:

תורה אור השלם

א) וָאַכְחִד אֶת שְׁלֹשֶׁת הָרֹעִים בְּיֶרַח אֶחָד וַתִּקְצַר נַפְשִׁי בָּהֶם וְגַם נַפְשָׁם בָּחֲלָה בִי: [זכריה יא, ח]

ב) שַׁאֲלוּ מֵיְיָ מָטָר בְּעֵת מַלְקוֹשׁ יְיָ עֹשֶׂה חֲזִיזִים וּמְטַר גֶּשֶׁם יִתֵּן לָהֶם לְאִישׁ עֵשֶׂב בַּשָּׂדֶה: [זכריה י, א]

ג) וְאֵד יַעֲלֶה מִן הָאָרֶץ וְהִשְׁקָה אֶת כָּל פְּנֵי הָאֲדָמָה: [בראשית ב, ו]

ד) וְהָאָרֶץ אֲשֶׁר אַתֶּם עֹבְרִים שָׁמָּה לְרִשְׁתָּהּ אֶרֶץ הָרִים וּבְקָעֹת לִמְטַר הַשָּׁמַיִם תִּשְׁתֶּה מָּיִם: [דברים יא, יא]

ה) כִּי יְגָרַע נִטְפֵי מָיִם יָזֹקּוּ מָטָר לְאֵדוֹ: [איוב לו, כז]

ו) וַיָּשֶׁת חֹשֶׁךְ סְבִיבֹתָיו סֻכּוֹת חַשְׁרַת מַיִם עָבֵי שְׁחָקִים: [שמואל ב' כב, יב] ז) עֹשֶׂה גְדֹלוֹת וְאֵין חֵקֶר נִפְלָאוֹת עַד אֵין מִסְפָּר: [איוב ה, ט] ח) הַנֹּתֵן מָטָר עַל פְּנֵי אָרֶץ וְשֹׁלֵחַ מַיִם עַל פְּנֵי חוּצוֹת: [איוב ה, י] ט) הֲלוֹא יָדַעְתָּ אִם לֹא שָׁמַעְתָּ אֱלֹהֵי עוֹלָם יְיָ בּוֹרֵא קְצוֹת הָאָרֶץ לֹא יִיעַף וְלֹא יִיגָע אֵין חֵקֶר לִתְבוּנָתוֹ: [ישעיה מ, כח] י) מֵכִין הָרִים בְּכֹחוֹ נֶאְזָר בִּגְבוּרָה: [תהלים סה, ז] כ) מַשְׁקֶה הָרִים מֵעֲלִיּוֹתָיו מִפְּרִי מַעֲשֶׂיךָ תִּשְׂבַּע הָאָרֶץ: [תהלים קד, יג] ל) יִתֵּן יְיָ אֶת מְטַר אַרְצְךָ אָבָק וְעָפָר מִן הַשָּׁמַיִם יֵרֵד עָלֶיךָ עַד הִשָּׁמְדָךְ: [דברים כח, כד] מ) כֹּנֵס כַּנֵּד מֵי הַיָּם נֹתֵן בְּאֹצָרוֹת תְּהוֹמוֹת: [תהלים לג, ז]

HENSION.[28] This verse describes the miracles of Creation as "beyond comprehension," while the previous verse used the very same words to depict the miracle of rain, implying a degree of equivalence between the two. (וּכְתִיב: ,,מֵכִין הָרִים בְּכֹחוֹ וגו׳״) – **(AND IT IS WRITTEN: *WHO SETS MOUNTAINS WITH HIS STRENGTH* ETC.)**[29]

The Gemara analyzes various Amoraic teachings in light of the Baraisa:

כְּמַאן אָזְלָא הָא דִּכְתִיב – Whose view is reflected in the explanation put forward for **that which is written:** ,,מַשְׁקֶה הָרִים מֵעֲלִיּוֹתָיו״ – ***He waters the mountains from His upper chambers,***[30] **וְאָמַר רַבִּי יוֹחָנָן – to which R' Yochanan said** in explanation: **מֵעֲלִיּוֹתָיו שֶׁל הַקָּדוֹשׁ בָּרוּךְ הוּא – from the upper chambers of the Holy One, Blessed is He,** i.e. the water comes from chambers in the heavens?[31] **כְּמַאן – Whose view** is reflected by R' Yochanan's explanation? **כְּרַבִּי יְהוֹשֻׁעַ – R' Yehoshua's,** who stated that rain water originates from above.

The Gemara now explains this verse according to R' Eliezer's view, that rain water originates in the ocean:[32]

וְר׳ אֱלִיעֶזֶר – However, R' Eliezer would explain that **כֵּיוָן דְּסָלְקֵי לְהָתָם – since [the waters] go up there** to the heavens as clouds before falling as rain, ,,מַשְׁקֶה . . . מֵעֲלִיּוֹתָיו״ קָרֵי לְהוּ – **[the verse] refers to it as, *He waters . . . from his upper chambers,*** even though their original source is the ocean. **דְּאִי לֹא תֵּימָא הָכִי – Because if you do not say this,** i.e. if you do not accept that a verse will sometimes identify an object by its proximate source rather then its original source, ,,אָבָק וְעָפָר מִן־הַשָּׁמַיִם״ הֵיכִי מַשְׁכַּחַת לָהּ – **how is there to be found** an instance of ***dust and dirt from the heavens?***[33] **אֶלָּא כֵּיוָן דְּמִדְלֵי לְהָתָם – Rather, since they** [the dust and dirt particles] **are carried up there** by the winds before falling to earth, ,,מִן־הַשָּׁמַיִם״ קָרֵי לֵיהּ – **[the verse] refers to them as *from the heavens.*** **הָכָא נַמִּי –** Therefore, **here too,** in regard to rain, **כֵּיוָן דְּסָלְקֵי לְהָתָם – since [the waters] go up there** before falling to earth as rain, ,,מֵעֲלִיּוֹתָיו״ קָרֵי לֵיהּ – **[the verse] refers to [the rain] as, *from His upper chambers.***

The Gemara now identifies an Amoraic explanation of another verse to be consistent with R' Eliezer's view that rain water originates in the oceans:

כְּמַאן אָזְלָא [הָא] דְּאָמַר רַבִּי חֲנִינָא – Whose view is reflected in that which R' Chanina said in explanation of the verse:[34] ,,כֹּנֵס כַּנֵּד מֵי הַיָּם נֹתֵן בְּאוֹצָרוֹת תְּהוֹמוֹת״ – ***He assembles like a mound the waters of the sea; He places the deep waters in storehouses.*** R' Chanina explained: **מִי גָּרַם לָאוֹצָרוֹת שֶׁיִּתְמַלְּאוּ בָּר – What caused the storehouses to be filled with grain? תְּהוֹמוֹת – The waters of the deep,** i.e. the rain, which originates in the deep oceans.[35] **כְּרַבִּי אֱלִיעֶזֶר –** R' Chanina's statement is **according to R' Eliezer.**

The Gemara now explains the verse according to R' Yehoshua who says that rain water originates in the heavens:

וְר׳ יְהוֹשֻׁעַ – However, R' Yehoshua would explain **הַהוּא – that** verse

NOTES

28. *Isaiah* 40:28. The Gemara quotes only fragments of the verse, omitting the words בּוֹרֵא קְצוֹת הָאָרֶץ, *the Creator of the ends of the earth.* The Gemara above (2a) understood the verse's final words, *His wisdom is beyond comprehension,* to refer to the wisdom evident in God's creation of the world. Thus, we find the same term – *beyond comprehension* – being used to describe God's creation of the world and His sending rain upon the earth. See 2a, note 21.

29. This phrase is deleted by the commentators (*Rashi* et al.), as it does not fit in our Gemara. This verse (*Psalms* 65:7) as part of an almost-identical passage cited on 2a.

30. *Psalms* 104:13.

31. Without R' Yochanan's explanation, the verse could have been explained to mean that God *oversees* the watering of the mountains from His upper chambers. However, R' Yochanan explains the verse to be identifying the upper chambers as the actual source of the water (*Rashi*).

32. Although R' Yochanan's explanation of the verse seems to be based on R' Yehoshua's view, the Gemara explains R' Eliezer's understanding of it to be consistent even with R' Yochanan's explanation (*Rashi*).

33. *Deuteronomy* 28:24.

34. *Psalms* 33:7.

35. Thus, R' Chanina interprets the words, *He places the deep waters in storehouses,* to mean that God fills the granaries of the world by means of the waters of the deep.

בִּבְרִיָּיתוֹ שֶׁל עוֹלָם – is speaking **of the Creation of the world.** The verse refers to God's confining the waters that had previously covered the world to the "storehouses" of the oceans.[1]

The Gemara digresses to discuss the special Providence enjoyed by the Land of Israel:

תָּנוּ רַבָּנָן – The Rabbis taught in a Baraisa: אֶרֶץ יִשְׂרָאֵל נִבְרֵאת תְּחִילָּה – **THE LAND OF ISRAEL WAS CREATED FIRST,** וְכָל הָעוֹלָם כּוּלּוֹ נִבְרָא לְבַסּוֹף – **AND ALL** the rest of **THE WORLD WAS CREATED AFTERWARD,** שֶׁנֶּאֱמַר – **AS IT IS STATED:**[2] "עַד־לֹא עָשָׂה אֶרֶץ וְחוּצוֹת" – ***BEFORE HE MADE THE LAND AND THE OUTSKIRTS.*** The verse indicates that one land was created before the others,[3] and the Baraisa presumes that it was the Land of Israel.[4]

The Baraisa continues:

אֶרֶץ יִשְׂרָאֵל מַשְׁקֶה אוֹתָהּ הַקָּדוֹשׁ בָּרוּךְ הוּא בְּעַצְמוֹ – **THE HOLY ONE, BLESSED IS HE, PERSONALLY WATERS THE LAND OF ISRAEL,** וְכָל הָעוֹלָם כּוּלּוֹ עַל יְדֵי שָׁלִיחַ – **BUT ALL** the rest of **THE WORLD** is watered **BY AN AGENT** of God.[5] שֶׁנֶּאֱמַר – **AS IT IS STATED:**[6] "הַנֹּתֵן מָטָר עַל־פְּנֵי אָרֶץ – ***WHO GIVES RAIN UPON THE FACE OF THE LAND,*** a reference to the Land of Israel,[7] וְשֹׁלֵחַ מַיִם עַל־פְּנֵי חוּצוֹת" – ***AND SENDS WATER UPON THE FACE OF THE OUTSKIRTS,*** a reference to all the other lands, which are watered by God's agents.

The Baraisa continues:

אֶרֶץ יִשְׂרָאֵל שׁוֹתָה מֵי גְשָׁמִים – **THE LAND OF ISRAEL DRINKS RAIN WATER,** which is especially blessed, וְכָל הָעוֹלָם כּוּלּוֹ מִתַּמְצִית – **BUT ALL** the rest of **THE WORLD** drinks **FROM THE REMNANT** water of the clouds, which is not as blessed.[8] שֶׁנֶּאֱמַר – **AS IT IS STATED:** "הַנֹּתֵן מָטָר עַל־פְּנֵי אֶרֶץ וגו׳" – ***WHO GIVES RAIN UPON THE FACE OF THE LAND,*** which mentions that מָטָר, blessed "rain," descends on the Land of Israel, **ETC.** [*and sends water upon the face of the outskirts*], which mentions that only מַיִם, ordinary "water," falls onto the other lands.

The Baraisa continues:

אֶרֶץ יִשְׂרָאֵל שׁוֹתָה תְּחִילָּה – **THE LAND OF ISRAEL DRINKS FIRST,** וְכָל הָעוֹלָם כּוּלּוֹ לְבַסּוֹף – **AND ALL** the rest of **THE WORLD** drinks **AFTERWARD,**[9] שֶׁנֶּאֱמַר – **AS IT IS STATED:** "הַנֹּתֵן מָטָר עַל־פְּנֵי אֶרֶץ וגו׳" – ***WHO GIVES RAIN UPON THE FACE OF THE LAND*** **ETC.** [*and* only afterward *sends water upon the face of the outskirts*].

מָשָׁל – This teaching is conveyed in **A PARABLE** לְאָדָם שֶׁמְּגַבֵּל אֶת הַגְּבִינָה – **OF A PERSON WHO KNEADS TOGETHER CHEESE** solids from the whey. נוֹטֵל אֶת הָאוֹכֶל – **HE TAKES THE FOOD,** i.e. the cheese solids, וּמַנִּיחַ אֶת הַפְּסוֹלֶת – **BUT HE LEAVES THE REFUSE,** i.e. the whey. Although the whey also has some value, the one who is selected to gather the cheese takes the best product for himself. He is analogous to the Land of Israel, which retains the best of the rain for itself.[10]

The Gemara now returns to a Baraisa cited by the Gemara above:[11]

אָמַר מַר – The master [R' Eliezer] **said** in the Baraisa: מִמַּתְּקִין הֵן בְּעָבִים – **[THE SALTY WATERS OF THE OCEAN] BECOME SWEETENED IN THE CLOUDS.** **מְנָלֵיהּ – From where is this** known **to him?** **דְּאָמַר רַבִּי יִצְחָק בַּר יוֹסֵף אָמַר רַבִּי יוֹחָנָן – As R' Yitzchak bar Yosef said in the name of R' Yochanan:** **כְּתִיב – It is written** in one verse:[12] "חֶשְׁכַת־מַיִם עָבֵי שְׁחָקִים" – ***The darkness of the water are the thick*** clouds ***of the heavens.*** **וּכְתִיב – And it is written** in another verse:[13] "חַשְׁרַת־מַיִם עָבֵי שְׁחָקִים" – ***A sieve of water, the thick*** clouds ***of the heavens.*** R' Yochanan associates these two almost identical verses with one another: שְׁקוֹל כַּף – **Take** the letter ***chaf*** from the word חֶשְׁכַת, *darkness*, in the one verse, וּשְׁדֵי אַרֵישׁ – **and place it with**[14] **the** letter ***reish***, thereby combining it with the word חַשְׁרַת, *sieve*, in the other verse, וּקְרֵי בֵּיהּ חַכְשְׁרַת – **and** then **read [the transformed word]** as "***the preparation.***"[15] I.e. the sweetening of the saline ocean water to make it suitable for irrigation is performed by the clouds.

וְר׳ יְהוֹשֻׁעַ – And R' Yehoshua, who stated in the Baraisa that rain emanates from the sweet waters of the heavens, בְּהָנֵי קְרָאֵי מַאי דָּרִישׁ בְּהוּ – **what does he derive from these** two **verses?**[16] **סָבַר לָהּ כִּי הָא – He held like [the statement]** דְּכִי אֲתָא רַב דִּימִי אָמַר – **which when Rav Dimi came,**[17] **[Rav Dimi] said:** **אָמְרֵי בְּמַעֲרָבָא – They say in the West:**[18] נָהוֹר עֲנָנֵי – If **the clouds are light,** זְעִירִין מוֹהִי – **their waters are minute.** חֲשׁוּךְ עֲנָנֵי – However, if **the clouds are dark,** סַגְיָין מוֹהִי – **their waters are abundant.**[19]

The Gemara analyzes a Baraisa in light of the dispute between R' Yehoshua and R' Eliezer cited above:[11]

NOTES

1. The ocean depths are figuratively referred to as the storehouse of the world's water, whose "walls" are the sandy shores of the continents (*Rashi*). According to R' Yehoshua's interpretation of this verse, the depths are not identified as the source of the rain.

2. *Proverbs* 8:26.

3. If all the lands were created simultaneously, Scripture need not have divided the earth into two categories.

4. In this verse, as well as in the other verses cited by the Baraisa, Eretz Yisrael is called – unspecifically – "the Land," denoting its favored status in the eyes of God. Hence, it is the principal land, and all others are subordinate to it (see *Maharsha*).

5. Each land's rainfall is controlled by its constellation or by the celestial being appointed over it. However, Eretz Yisrael's rainfall is personally administered by God (*Maharsha*). Thus, Eretz Yisrael is the focus of God's special Providence (*Rashba* in *Ein Yaakov*).

6. *Job* 5:10.

7. *Rashi;* see above note 4.

8. Since the rain in Eretz Yisrael is provided directly from God, it produces a bountiful harvest (see *Kesubos* 111b-112a). The Baraisa states allegorically that the other lands do not receive this blessed rainwater (*Rashba* in *Ein Yaakov*).

9. *Rashi* explains – based on a tradition he heard – that the rain falls first in the Land of Israel [and afterward in the rest of the world]. However, *Rashba* (cited by *Ein Yaakov*) understands that the Baraisa refers to the quality of the rain.

10. According to the version of our Gemara in *Ein Yaakov,* this parable is introduced only for the Baraisa's statement that blessed rainwater descends only in Eretz Yisrael. However, *Maharsha* asserts that the parable illustrates the other teachings of the Baraisa as well. The one who gathers the cheese is analogous to Eretz Yisrael, which takes its rain first. Further, leaving the whey for others to take represents the delivering of rain to other lands through an intermediary.

11. 9b.

12. *Psalms* 18:12. This verse, as well as the next verse cited by the Gemara, is part of a song composed by David upon his salvation from his enemies. This very song is recorded in two different books of Scripture, albeit with slight variations. The words חֶשְׁכַת/חַשְׁרַת count among these variations. Therefore, R' Yochanan maintained that the two versions could legitimately be combined (see Gemara below).

13. *II Samuel* 22:12.

14. Literally: throw it on. The two verses are identical, except for the appearance of a ר, *reish*, in one verse and a כ, *chaf*, in the other.

15. The resulting word, חכשרת, has no meaning. However, *Rashi* understands that the ח may be interchanged with a ה, thereby rendering הַכְשָׁרַת, which means *preparation of* (*Maharsha*).

16. I.e. what does he derive from the verse of חֶשְׁכַת, *darkness* (*Rashi* below ד״ה נהור; see note 19 below and cf. *Maharsha*).

17. Rav Dimi traveled to Babylonia from Eretz Yisrael, and reported the teachings of the academies in the Holy Land.

18. Since Rav Dimi was now in Babylon, which is east of Eretz Yisrael, he referred to Eretz Yisrael as "the West."

19. Both of Rav Dimi's observations are derived from the verse of *the darkness.* That dark clouds are water laden is the direct implication; that light clouds contain little water is the corollary. Rav Dimi does not,

בברייתו של עולם ת"ר א"י נבראת תחילה וכל העולם כולו נברא לבסוף שנאמר [א] עד לא עשה ארץ וחוצות א"י (א) משקה אותה הקב"ה בעצמו וכל העולם כולו ע"י שליח שנאמר [ב] הנותן מטר על פני ארץ ושולח מים על פני חוצות א"י שותה מי גשמים וכל העולם כולו מתמצית שנאמר הנותן מטר על פני ארץ וגו' א"י שותה תחילה וכל העולם כולו לבסוף שנאמר הנותן מטר על פני ארץ וגו' משל לאדם שמגבל את הגבינה נוטל את האוכל ומניח את הפסולת אמר מר ממתקין הן בעבים מנליה דא"ר יצחק בר יוסף א"ר יוחנן כתיב [ג] חשכת מים עבי שחקים וכתיב [ד] חשרת מים עבי שחקים שקול כף ושדי אריש וקרי ביה [א] חכשרת ור' יהושע בהני קראי מאי דריש בהו סבר לה כי הא דכי אתא רב דימי אמר אמרי במערבא נהור ענני זעירין מוהי חשוך ענני סגיין מוהי כמאן אזלא הא דתניא מים העליונים במאמר הם תלוים ופירותיהן מי גשמים שנאמר [ה] מפרי מעשיך תשבע הארץ כמאן כר' יהושע ור' אליעזר ההוא במעשה ידיו של הקב"ה הוא דכתיב אריב"ל כל העולם כולו מתמצית גן עדן הוא שותה שנאמר [ו] ונהר יוצא מעדן וגו' תנא מתמצית בית כור שותה תרקב: ת"ר ארץ מצרים הויא ד' מאות פרסה על ד' מאות פרסה והוא אחד מששים בכוש וכוש אחד מששים בעולם ועולם א' מששים בגן וגן אחד מששים לעדן ועדן אחד מס' לגיהנם נמצא כל העולם כולו ככיסוי קדרה לגיהנם וי"א גיהנם אין לה שיעור וי"א עדן אין לה שיעור א"ר אושעיא מאי דכתיב [ז] שוכנת על מים רבים רבת אוצרות מי גרם לבבל שיהו אוצרותיה מליאות בר הוי אומר מפני ששוכנת על מים רבים אמר רב עתירה בבל דחצדא בלא מיטרא אמר אביי נקיטינן טובעני ולא יובשני:

מתני' בג' במרחשון שואלין את הגשמים רבן גמליאל אומר בשבעה בו ט"ו יום אחר החג כדי שיגיע אחרון שבישראל לנהר פרת: גמ' א"ר אלעזר הלכה כרבן גמליאל תניא חנניה אומר ובגולה עד ששים בתקופה אמר רב הונא בר חייא אמר שמואל הלכה כחנניה איני והא בעו מיניה משמואל מאימת מדכרינן ותן טל ומטר אמר להו מכי מעיילי ציבי לבי טבות רישבא דילמא אידי ואידי חד שיעורא הוא איבעיא להו יום ששים כלפני ששים או כלאחר ששים ת"ש רב אמר יום ששים כלאחר ששים ושמואל אמר יום ששים כלפני ששים א"ר נחמן בר יצחק וסימנך עילאי בעו מיא תתאי לא בעו מיא אמר רב פפא הלכתא יום ששים כלאחר ששים:

מתני' הגיע י"ז במרחשון ולא ירדו גשמים התחילו היחידים מתענין ג' תעניות אוכלין ושותין משחשיכה ומותרין במלאכה וברחיצה ובסיכה ובנעילת הסנדל ובתשמיש המטה הגיע ר"ח כסליו ולא ירדו גשמים ב"ד גוזרין שלש תעניות על הצבור אוכלין ושותין משחשיכה ומותרין במלאכה וברחיצה ובסיכה ובנעילת הסנדל ובתשמיש המטה: גמ' מאן יחידים אמר רב הונא רבנן ואמר רב הונא יחידים מתענין שלשה תעניות שני וחמישי ושני מאי קמשמע לן תנינא אין גוזרין תענית על הצבור בתחילה בחמישי שלא להפקיע את השערים אלא שלש תעניות הראשונות שני וחמישי ושני מהו דתימא הני מילי צבור אבל יחיד לא קמשמע לן תניא נמי הכי כשהתחילו היחידים להתענות מתענין שני וחמישי ושני ומפסיקין בראשי חדשים ובימים

רש"י

בברייתו של עולם. כתיב שהיה כל העולם שטוף במים והקב"ה כונסן במקום אחד כמכניס מים בנאד (ב) שנתנס באוצרות דכתיב נותן באוצרות תהומות שם חול גבולו ואוצר ליה: משיורי תמצית. מה שנשאר בעבים אחר שתיית': על פני ארץ. א"י: בתחילה שותה. שם יורדין הגשמים תחילה כך שמעתי: חשרת מים וחשכת מים. שני מקראות הן חד בתהלים וחד בשמואל בוידבר דוד: ה"ג שקול כף ושדי אריש. כלומר קח כף שבמלת חשכת וצרפו עם מלה חשרת וקרי ביה (ג) חכשרת שממתקין ומכשירין בעבים: חשוך ענני סגיאין מימוהי. והיינו דכתיב חשכת מים: נהור ענני. כשהענן קלים זעירן מימוהי ומכלל חשוך סגיאין אתה למד אבל נהור זעירין וחשרת לשון הסרה כמו אין שורין דיו (שבת דף יז:) כו' כדדריש ליה רבי יהושע לעיל אבל חשכת מיבעי ליה להכי ולהכי: במאמר הן תלוין. אינן נחות על שום דבר אלא מכונסות ועומדות כמין בריכה ותלויות במאמרו של הקב"ה: ופירותיהן מי גשמים. משום לישנא דקרא נקט הכי משום דכתיב מפרי מעשיך תשבע הארץ ופירותיהם כלומר מזיעת המים שאין נחסרין כלום כדכתיב (תהלים סה) פלג אלהים מלא מים כל שעה והקרן קיימת ופירותיהן מי גשמים וכן מפורש בבראשית רבה: ונהר יוצא מעדן. (ד) סימן לדבר שגן עדן שותה מן הגשמים תחילה דכתיב ונהר יוצא מעדן להשקות את הגן וגו': תנא מתמצית בית כור. כלי שמשקין במימיו בית כור יכולין להשקות בתמציתו שיעור זריעת תרקב שהוא אחד מששים בבית כור והכי נמי עולם אחד מששים בגן עדן ודי לו בתמצית העננים המשקין את הגן (ה) גן לפני כל העולם כולו כעדן לגן: נמצא כל העולם ככיסוי קדרה. הקטן כנגד הקדרה: שוכנת על מים רבים. רבת אוצרות בא קצך אמת בצעך: שרבו אוצרותיה. שקנו עושר: מים רבים. שמשקין שדותיהן דבבל עמוקים מכל הארצות וגשמים מטפטפין ויורדין שם: עתירה בבל. עשירה היא בבל שקוצרין בה תבואה בלא מטר שאינן צריכים לגשמים: נקיטינן. דהכי (ו) הלכה בבל בלא מיטרא: דטובעני. היא מקום מצולה ורקק: ולא יובשני. שאינה יבשה:

מתני' בשלשה במרחשון שואלין את הגשמים וכו' רבן גמליאל אומר בשבעה בו בט"ו יום אחר החג. כלומר בשבעה במרחשון הוא ט"ו אחר החג: כדי שיגיע האחרון. כלומר קודם ביאת מים לנהר פרת שהוא רחוק יותר: גמ' ובגולה ששים. ובגולה אין שואלין עד ששים בתקופה לפי שהוא מקום נמוך ואין צריכים מטר כל כך: מכי מעיילי ציבי לבי טבות רישבא. משעה שמכניסין עליס לאוצר לצורך ימות הגשמים שכן היו נוהגין לפי שהיו יודעין שזמן גשמים הוא משם ואילך ולא היו יכולין לחטוב עליס ביער: רישבא. צייד עופות כמו אין פורשין [ט] רשתים ליונים (ב"ק דף עט:) טבות שם אדם: כלפני ס'. ולא מדכרינן: כלאחר ס'. ומדכרינן: עילאי בעו מים. העומדים בהרים צריכין יותר מים מפני שהגשמים מתגלגלים ויורדין למטה: תתאי לא בעו מים. שמתכנסין כל מימי ההרים לבקעה ה"נ רב שהיה מארץ ישראל כדאמרינן בעלמא (גיטין דף ו.) מכי אתא רב לבבל וארץ ישראל גבוהה מכל הארצות משום הכי אמר כלאחר ששים ובבל בגולה מתוך שאינן צריכין לגשמים אין שואלין עד ס' לתקופת תשרי וכן אנו נוהגים שכל מנהגינו אחר בני בבל: מתני' הגיע שבעה עשר וכו'. אוכלין ושותין משחשיכה שאין אוכלין מבעוד יום כיום הכפורים ותשעה באב: גמ' מאי קמ"ל. האי דקאמר שני וחמישי ושני: תנינא. בפירקין לקמן (דף טו:) אין גוזרין תענית כו' שלא להפקיע את השערים שאם היו מתחילין להתענות בחמישי היו קונין למוצאי התענית שתי סעודות גדולות אחד לתענית ואחד לשבת וכסבור המוכר שרעב בא לעולם ואתי לאפקועי שערים: אפקועי. מבטל שיעור מדה הראשונה וממעטה: אבל יחידים לא. שלש תעניות שהיחידין עושין קודם לצבור אינן זקוקין להתחיל בשני דליכא אפקיעת שערים משום יחידים לחודייהו והללו ג' תעניות דיחידים אינן בכלל י"ג תעניות דלצבור תדע דקא חשיב במתני' שלש ושלש ושבע: ומפסיקין בראשי חדשים. שאם חל ר"ח בשני ובחמישי לאחר שהתחילו להתענות פוסקין תעניתם: וכן

תוספות

קרי ביה חכשרת. פי' הטל הכ"ף מן חשכת ושדי עם חשרת ויהיה חכשרת כלומר שהמים בעננים מתכשרים שהעננים שותים לבסוף הם ממתקים בעבים: טובעני ולא יובשני. פי' מוטב להיות בארץ שהיא לחה מכשהיא יבשה:

הלכתא יום ס' כלאחר ס'. וכן עמא דבר ויום תקופה מתחיל:

אין גוזרין תענית על הצבור בתחילה בחמישי שלא להפקיע השערים. פי' שע"י שעשו הצבור תענית יקנו מזון של חמישי ושל שבת וכסבורים העם יוקר היא ויפקיעו השערים: איזהו

עין משפט נר מצוה

כו א ב ג מיי' פ"ב מהלכות תפלה הלכה טז סמג עשין יט טור ש"ע א"ח סי' קיז סעיף א:
כז ד ה מיי' פ"ג מהל' תענית הלכה א והלכה ב טוש"ע א"ח סי' תקעה סעיף א ב:
כח ו מיי' שם פ"א הלכה ה טוש"ע א"ח סי' תקעב סעיף א:
כט ז מיי' שם הלכה ט ופ"ג הלכה י וטוש"ע שם סי' תקעה סעיף ז:

רבינו חננאל

ארץ ישראל נבראת תחלה שנאמר עד לא עשה ארץ וחוצות א"י הקב"ה משקה אותה [בעצמו] וכל העולם כולו ע"י שליח. שנאמר הנותן מטר על פני ארץ ושולח מים על פני חוצות. א"י שותה מי גשמים וכל העולם שותה תמצית שנאמר הנותן מטר וגו' משל לאדם מגבל גבינה. נוטל מאכל ומניח הפסולת: ת"ר מצרים ד' מאות פרסה על ד' מאות פרסה. ואחד מס' בכוש. וכוש אחד מס' בעולם. והעולם אחד מס' בגן. וגן אחד מס' בעדן. ועדן אחד מס' בגיהנם. נמצא כל העולם כולו ככיסוי קדירה לגיהנם. אריב"ל כל העולם מתמצית הגן הוא שותה שנאמר ונהר יוצא מעדן להשקות את הגן. תנא מתמצית בית כור שותה. תרקב. פי' התרקב הוא חצי סאה. והכור יש בו ל' סאין. נמצא א' מס' בכור. וכיון ששנה בחיצונה והעולם א' מס' בגן. נמצא העולם כולו חלק א' מס' חלקים בגן ומתמציתו שותה כל העולם. דקדק התנא שמתמצית בית כור שותה תרקב שהרי זה התרקב א' מס' בכור כמו שהוא העולם א' מס' בגן ושותה תמציתו: מתני' בג' מרחשון שואלין הגשמים ר"ג אומר (בשמונה) [בשבעה] בו. א"ר אלעזר הלכה כר"ג. תנא חנניה אומר ובגולה עד ס' יום בתקופה. אמר שמואל הלכתא כחנניה. וזמן הכנסת עצים דבי טיבות רישבא מן השדה הוה ס' בתקופה. ואיבעיא לן יום ס' כלפני ס' ואינו שואל או כלאחר ס' ושואל. רב אמר כלפני ס' ושמואל אמר כלאחר ס' וסימניך עילאי בעי מיא תתאי לא בעו מיא. פי' נהרדעא אתריה דשמואל והיא גבוהה והן מבקשים מים. וסורא אתריה דרב והיא לגבי נהרדעא תתאה. והן אינן מבקשין מים כלומר כיון שהן תחתיין נקוין המים בהן ומתקיימין אצלם. אמר רב פפא הלכתא יום ס' כלאחר ס': מתני' הגיע י"ז במרחשון ולא ירדו גשמים התחילו היחידים מתענים. ואוקים רב הונא להני יחידים רבנן ומתענין ב' וה' וב'. ומפסיקין בר"ח וביו"ט

רבינו גרשום

כמאן כר' יהושע דאמר ממים העליונים הם. כמאן כר' אליעזר דאמר מן הארץ עולה מטר. מתמצית כור שותה תרקב. מתמצית גן עדן שותה כל העולם דכל העולם לגבי גן עדן כתרקב לפני כור תרקב תרי וקב דהיינו ג' קבין. כור ל' סאין ותרקב חצי סאה נמצא תרקב אחד משישים בכור וכל העולם אחד משישים בגן עדן: דחצדא בלא מטרא כלומר שקוצרת בלא מטר כלומר שאינה צריכה מטר שיושבת בין ביצעי המים. ע"א אצדא: טובעני ולא יובשני כלומר מיתרמי שטובעין הזרעים אבל לעולם אין מתייבשין: ר"ג אומר בשבעה בו בחמשה עשר יום אחר החג כלומר דז' במרחשון הוא ט"ו אחר החג כדי שיגיע האחרון כו' קודם הגשמים: ובגולה אין שואלין את הגשמים עד ששים בתקופה. לפי שהן במקום נמוך ואין צריכין למטר כל כך: ציבי דטבות רישבא. דהוה עשיר והיו עצים שלו מונחים ליבש בשדה עד שיכנסם במרחשון: כלפני ששים. ואין שואלין בו: או כלאחר ששים. ושואלין בו: עילאי בעו מיא רב דהוה מא"י בעי מים בששים. תתאי לא בעי מיא שמואל דהוה מבבל עד לבסוף לא בעי מיא עד ששים ואחד: אוכלין ושותין משחשכה. שאין אוכלין מבעוד יום כיוה"כ וכתשעה באב: שלא להפקיע את השערים. דבני כפרים הבאים ליום הכניסה מספקים מים ומזון לאחיהן שבכרכין

מסורת הש"ס

א) [כלומר נכשרין וממתקין. ערוך], ב) [פי' תרי וקב והיינו חצי סאה. ערוך], ג) פסחים לד., ד) [כלומר מוטב שיהיה מטר הרבה מהיות חורב בלי מטר. ערוך], ה) [לעיל ד:], ו) לעיל ו. ב"מ כח., ז) [פי' הגאון כאשר כתיב נשיא בית אב תרגומו רב בית אבא זה ראש בית אב. ערוך ערך רשבא א], ח) לקמן טו:, ט) ובנוסחאות דידן כתוב ישבין ועיין בערוך ערך רשבא ב.

הגהות הב"ח

(א) גמ' שנאמר עד לא עשה ארץ וחוצות א"י שותה תחילה כו' על פני ארץ וגו' א"י משקה אותה הקב"ה בעצמו וכו' מתמצית וכו' על פני ארץ וגו' משל לאדם שמגבן את הגבינה: (ב) רש"י ד"ה בברייתו כו' כמכניס מים בנאד ונתנס באוצרות כו' ואוצר ליה מה"ד שותה תחלה שם יורדין הגשמים תחלה כך שמעתי ומה"ד מתמצית משיורי מים שנשאר בעבים כו' א"י מה"ד חשרת כו': (ג) ד"ה ה"ג שקול כו' חכשרת. נ"ב ולהכי נקט רי"ש ולא נקט שי"ן דשי"ן הכא והכא כתיב: (ד) ד"ה ונהר יוצא מעדן כלומר סימן לדבר כו' דכתיב קרא ונהר יוצא מעדן תחילה להשקות הגן: (ה) ד"ה תנא כו' להשקות את הגן הס"ד ואח"כ מה"ד גן לפני כל עולם כולו כגן עדן לעולם: (ו) ד"ה נקיטינן דהכי הוא דאגדא בבל בלא מיטרא דטובעני כו' הד"א:

תורה אור השלם

א) עַד לֹא עָשָׂה אֶרֶץ וְחוּצוֹת וְרֹאשׁ עַפְרוֹת תֵּבֵל: [משלי ח, כו]
ב) הַנֹּתֵן מָטָר עַל פְּנֵי אָרֶץ וְשֹׁלֵחַ מַיִם עַל פְּנֵי חוּצוֹת: [איוב ה, י]
ג) יָשֶׁת חֹשֶׁךְ סִתְרוֹ סְבִיבוֹתָיו סֻכָּתוֹ חֶשְׁכַת מַיִם עָבֵי שְׁחָקִים: [תהלים יח, יב]
ד) וַיָּשֶׁת חֹשֶׁךְ סְבִיבֹתָיו סֻכּוֹת חַשְׁרַת מַיִם עָבֵי שְׁחָקִים: [שמואל ב' כב, יב]
ה) מַשְׁקֶה הָרִים מֵעֲלִיּוֹתָיו מִפְּרִי מַעֲשֶׂיךָ תִּשְׂבַּע הָאָרֶץ: [תהלים קד, יג]
ו) וְנָהָר יֹצֵא מֵעֵדֶן לְהַשְׁקוֹת אֶת הַגָּן וּמִשָּׁם יִפָּרֵד וְהָיָה לְאַרְבָּעָה רָאשִׁים: [בראשית ב, י]
ז) שֹׁכַנְתְּ עַל מַיִם רַבִּים רַבַּת אוֹצָרֹת בָּא קִצֵּךְ אַמַּת בִּצְעֵךְ: [ירמיה נא, יג]

ליקוטי רש"י

ארץ וחוצות. ארץ ישראל ושאר ארצות [משלי ח, כו]. הנותן מטר על פני ארץ. ארץ ישראל. ושולח מים על פני חוצות. ע"י שליח לשאר הארצות [איוב ה, י]. במערבא. בארץ ישראל [שבת סה:]. בית כור. שלשים סאין [ישעיה ה, י]. תרקב. חצי סאה פירוש תרי וקב [שבת נט.]. פרסה. ארבעת מילין [יחזקאל מח, א]. כביסוי קדירה. דבר מועט [פסחים צד.]. בג' במרחשון. הכי קים להו דהוה זמן גשמים. הלכה כרבן גמליאל. דאינו שואל עד שבעה במרחשון [לעיל ד:]. רישבא. פורש נשבין לצוד חיה ועוף [שבת יז:]. יחידים. חסידים [לעיל ו.]. שלא להפקיע את השערים. כשרואין בעלי חנויות שקונין למוצאי יום חמישי שתי סעודות גדולות אחת לליל חמישי ואחת לשבת סבורים שבא רעב לעולם ומייקרים ומפקיעים השער אבל משהתחילו להתענות יודעין שאינו אלא מפני התענית [לקמן טו:].

כְּמַאן אָזְלָא הָא דְּתַנְיָא — **Whose opinion is reflected in** the following **Baraisa:** מַיִם הָעֶלְיוֹנִים בְּמַאֲמָר הֵם תְּלוּיִם — THE UPPER WATERS[20] ARE SUSPENDED BY THE WORD of God,[21] וּפֵירוֹתֵיהֶן מֵי גְשָׁמִים — AND THEIR FRUIT IS THE RAINWATER,[22] שֶׁנֶּאֱמַר — AS IT IS STATED:[23] "מִפְּרִי מַעֲשֶׂיךָ תִּשְׂבַּע הָאָרֶץ" — *FROM THE FRUIT OF YOUR DEEDS* [i.e. from the fruit of the upper waters that You have made — the rain] *THE EARTH IS SATED?* כְּמַאן — **According to whom** is this teaching? כְּר׳ יְהוֹשֻׁעַ — **According to R' Yehoshua,** who stated that rain originates in the upper waters. וְר׳ אֱלִיעֶזֶר — **And R' Eliezer,** who stated that rain originates with the ocean water, how does he explain the verse? הַהוּא בְּמַעֲשֵׂה יָדָיו שֶׁל הַקָּדוֹשׁ בָּרוּךְ הוּא הוּא דִּכְתִיב — **That** verse **is written in reference to the deeds of the Holy One, Blessed is He.**[24]

The Gemara continues with a related thought regarding the rain:

אָמַר רַבִּי יְהוֹשֻׁעַ בֶּן לֵוִי — **R' Yehoshua ben Levi said:** כָּל הָעוֹלָם כּוּלוֹ — **The entire world** מִתַּמְצִית גַּן עֵדֶן הוּא שׁוֹתֶה — **drinks from the remnant** waters **of the Garden of Eden,**[25] שֶׁנֶּאֱמַר — **as it is stated:**[26] "וְנָהָר יֹצֵא מֵעֵדֶן וגו׳" — ***And a river exits from Eden* etc.** *[to water the Garden].* The verse implies that the Garden of Eden is watered before the rest of the world.

A Baraisa corroborates the statement of R' Yehoshua ben Levi: תָּנָא — **It was taught:** מִתַּמְצִית בֵּית כּוֹר שׁוֹתֶה תַּרְקַב — FROM THE DRAINAGE OF rainwater of a *BEIS KOR,*[27] an area of THREE KAVS[28] DRINKS; hence, the remaining water suffices for an area one-sixtieth the size of the *beis kor.* Similarly, the entire world is one-sixtieth the size of the Garden of Eden, and the remaining water in the clouds after the Garden has been watered is sufficient for the rest of the world.[29]

The Gemara compares the sizes of various places:

תָּנוּ רַבָּנָן — **The Rabbis taught in a Baraisa:** אֶרֶץ מִצְרַיִם הַוְיָא ד׳ מֵאוֹת פַּרְסָה עַל ד׳ מֵאוֹת פַּרְסָה — THE LAND OF EGYPT IS FOUR HUNDRED PARSAHS[30] BY FOUR HUNDRED PARSAHS in area, וְהוּא אֶחָד מִשִּׁשִּׁים בְּכוּשׁ — AND IT IS ONE-SIXTIETH the size OF CUSH. וְכוּשׁ אֶחָד מִשִּׁשִּׁים בָּעוֹלָם — AND CUSH IS ONE-SIXTIETH the size OF THE WORLD, וְעוֹלָם א׳ מִשִּׁשִּׁים בַּגַּן — AND THE WORLD IS ONE-SIXTIETH the size OF THE GARDEN [of Eden], וְגַן אֶחָד מִשִּׁשִּׁים לְעֵדֶן — AND THE GARDEN IS ONE-SIXTIETH the size OF EDEN, וְעֵדֶן אֶחָד מִס׳ לְגֵיהִנֹּם — AND EDEN IS ONE-SIXTIETH the size OF GEHINNOM. נִמְצָא — Hence, WE FIND that כָּל הָעוֹלָם כּוּלּוֹ — THE ENTIRE WORLD כְּכִיסּוּי קְדֵרָה לְגֵיהִנֹּם — IS LIKE A POT COVER FOR GEHINNOM, i.e. that the entire world is infinitesimally smaller than Gehinnom. וְיֵשׁ אוֹמְרִים — AND THERE ARE THOSE WHO SAY: גֵּיהִנֹּם אֵין לָהּ שִׁיעוּר — GEHINNOM HAS NO MEASURE. וְיֵשׁ אוֹמְרִים — AND THERE ARE THOSE WHO SAY: עֵדֶן אֵין לָהּ שִׁיעוּר — EDEN HAS NO MEASURE.

אָמַר רַבִּי אוֹשַׁעְיָא — **R' Oshaya said:** מַאי דִּכְתִיב — **What is the** meaning of that **which is written:**[31] "שֹׁכַנְתְּ עַל־מַיִם רַבִּים — ***You*** **[Babylon],** ***who dwell by great waters,*** רַבַּת אוֹצָרֹת" — ***abundant in storehouses?*** מִי גָּרַם לְבָבֶל שֶׁיְּהוּ אוֹצְרוֹתֶיהָ מְלֵיאוֹת בָּר — **What caused that Babylon should have her storehouses full of grain?** הֱוֵי אוֹמֵר — **You should say:** מִפְּנֵי שֶׁשּׁוֹכֶנֶת עַל מַיִם רַבִּים — **Because she dwells by great waters.**[32] אָמַר רַב — **Rav said:** עֲתִירָה בָּבֶל — **Babylon is wealthy,** דְּחָצְדָא בְּלָא מִיטְרָא — **for there is reaping without rain.** Since it does not need direct rainfall, its agriculture always prospers. אָמַר אַבָּיֵי — **Abaye said:** נְקִיטִינַן — **We have a tradition** that Babylon does not require rain, טוּבְעָנֵי וְלָא יוּבְשָׁנֵי — because **it is swampy and never dries out.**[33]

Mishnah The previous Mishnah addressed the issue of when to terminate the recital of *v'sen tal u'matar livrachah* ("And give dew and rain for a blessing"), the prayer for rain. This Mishnah discusses when the recitation of the prayer should commence:

בג׳ בְּמַרְחֶשְׁוָן שׁוֹאֲלִין אֶת הַגְּשָׁמִים — **On the third** day **of Marcheshvan we request the rains.**[34] רַבָּן גַּמְלִיאֵל אוֹמֵר — **Rabban Gamliel says:** בְּשִׁבְעָה בּוֹ — We commence **on its seventh** day, ט״ו יוֹם אַחַר הֶחָג — **fifteen days after the** [Succos-Shemini Atzeres] **festival,** כְּדֵי שֶׁיַּגִּיעַ אַחֲרוֹן שֶׁבְּיִשְׂרָאֵל לִנְהַר פְּרָת — **so that the last** returning pilgrim **of Israel may reach the Euphrates River** before the rains fall.[35]

NOTES

however, interpret the verse of *the sieve*; indeed, R' Yehoshua would explain it as he did in the Baraisa above (9b). Thus, that verse teaches that the waters are dispersed as if they had passed through a sieve *(Maharsha).*

20. This refers to the water which was separated and stored in the heavens at the time of Creation (see *Genesis* 1:6-7).

21. I.e. they are collected in a pool, but do not rest on anything (*Rashi*).

22. The upper waters produce rain without themselves becoming diminished, as it says: פֶּלֶג אֱלֹהִים מָלֵא מָיִם, *The canal of God is full of water* (*Psalms* 65:10). The principal amount of the water is preserved, and the rain is produced from indiscernible evaporation and condensation of this water (*Rashi*).

Rashi further notes that the Gemara refers to rain as "fruit," in line with the Scriptural metaphor — *From the* ***fruit*** *of Your deeds* — cited immediately below.

23. *Psalms* 104:13. Here the Psalmist praises God for providing rain.

24. Hence, *the fruit of Your deeds* refers to the creation of water during the six days of Genesis, and it is from this water that *the earth is sated (Maharsha).* Scripture here does *not* discuss specifically the source of the rains.

25. I.e. from whatever water remains after the Garden has been watered by rain.

26. *Genesis* 2:10. The full verse reads: *A river issues from Eden to water the garden, and from there it divides and becomes four headwaters.* Just as the river waters the garden of Eden before the rest of the world, so does the rain fall first in Eden *(Rashi* with *Bach's* emendation; see *Rashi* in *Ein Yaakov*).

27. A *beis kor* is the area of land needed for planting a *kor* of barley seeds. One *kor* equals thirty *se'ah.*

28. I.e. the area of land needed for planting three *kavs* of barley seed. Three *kavs* equals a half-*se'ah*, and 30 *se'ahs* equal a *kor.* Hence, three *kavs* is 1/60 of a *kor* (see *Rashi*).

29. *Rashi.*

30. A *parsah* is a measure of distance equal to four *mil*, approximately 2.3-2.9 miles.

31. *Jeremiah* 51:13. The prophet informs Babylon of her impending destruction, as the verse concludes: בָּא קִצֵּךְ אַמַּת בִּצְעֵךְ, *Your end has arrived, the measure of your violence.*

32. Since Babylon is lower than all the surrounding lands, the rainwater from the entire region naturally collects there, and waters all the fields (*Rashi*).

33. *Tosafos* understand that Abaye is recommending that one dwell in a moist area, as opposed to a dry area.

34. Each of these Tanaaim had a tradition that the rainy season began on the day indicated by him (above 4b, *Rashi* ד״ה בשלשה).

35. In ancient times a journey from Jerusalem to the Euphrates River took fifteen days (see *Ritva, Tos. Yom Tov*). *Tos. Yom Tov* explains that although there is no obligation to remain in Jerusalem for the entire Festival, some did remain until its conclusion. Therefore, enough time was allotted for even them to return home after Shemini Atzeres. However, others explain that everyone was required to remain for the entire Festival (see *Tiferes Yisrael, Rashash*).

If they requested rain immediately after Shemini Atzeres it was feared that the rain might hinder the returning pilgrims, especially by making

בברייתו של עולם. כתיב שהיה כל העולם שטוף במים והקב"ה כונסן במקום אחד כמכניס מים בנאד (ב) שנתנס באוצרות דכתיב נותן באוצרות תהומות שם חול גבולו ואוצר ליה: משיורי תמצית. מה שנשאר בעבים אחר שתיית': על פני ארץ. א"י: בתחילה שותה. שם יורדין הגשמים תחילה כך שמעתי: חשרת מים וחשכת מים. שני מקראות הן חד בתהלים וחד בשמואל בוידבר דוד: ה"ג שקול כף ושדי אריש. כלומר קח כף שבמלת חשכת ונרפו עם מלה חשרת וקרי ביה (ג) חכשרת שממתקין ומכשירין בעבים: חשוך עגני סגיאין מימוהי. והיינו דכתיב חשכת מים: נהור עגני. כשהענן קלים זעירן מימוהי ומכלל חשוך סגיאין אתה למד אבל נהור זעירין וחשרת לשון השרה כמו אין שורין דיו (שבת דף יז:) כו' כדדריש ליה רבי יהושע לעיל אבל חשכת מיבעי ליה להכי ולהכי: במאמר הן תלוין. אינן נחות על שום דבר אלא מכונסות ועומדות כמין בריכה ותלויות במאמרו של הקב"ה: ופירותיהן מי גשמים. משום ליסנא דקרא נקט הכי משום דכתיב מפרי מעשיך תשבע הארץ ופירותיהם כלומר מזיעת המים שאין נחסרין כלום כדכתיב (תהלים סה) פלג אלהים מלא מים כל שעה והקרן קיימת ופירותיהן מי גשמים וכן מפורש בבראשית רבה: ונהר יוצא מעדן. (ד) סימן לדבר שגן עדן שותה מן הגשמים תחילה דכתיב ונהר יוצא מעדן להשקות את הגן וגו': תנא מתמצית בית כור. כלי שמשקין במימיו בית כור יכולין להשקות בתמציתו שיעור זריעת תרקב שהוא אחד מששים בבית כור והכי נמי עולם אחד מששים בגן עדן ודי לו בתמצית העננים המשקין את הגן (ה) גן לפני כל העולם כולו כעדן לגן: נמצא כל העולם כבסוי קדרה. הקטן כנגד הקדרה: שוכנת על מים רבים. רבת אוצרות בא קצך אמת בצעך: שרבו אוצרותיה. שקנו עושר: מים רבים. שמשקין שדותיהן דבבל עמוקים מכל הארצות וגשמים מטפטפין ויורדין שם: עתירה בבל. עשירה היא בבל שקוצרין בה תבואה בלא מטר שאינן צריכים לגשמים: נקיטינן. דהכי (ו) חצדא בבל בלא מיטרא: דטובעני. היא מקום מצולה ורקק: ולא יובשני. שאינה יבשה: מתני' בשלשה במרחשון שואלין את הגשמים וכו' רבן גמליאל אומר בשבעה בו בט"ו יום אחר החג. כלומר בשבעה במרחשון הוא ט"ו אחר החג: כדי שיגיע האחרון. כלומר קודם ביאת מים לנהר פרת שהוא רחוק יותר: גמ' ובגולה ששים. ובגולה אין שואלין עד ששים בתקופה לפי שהוא מקום נמוך ואין צריכים מטר כל כך: מכי מעיילי ציבי לבי טבות רישבא. משעה שמכניסין עצים לאוצר לצורך ימות הגשמים שכן היו נוהגין לפי שהיו יודעין שזמן גשמים הוא משם ואילך ולא היו יכולין לחטוב עצים ביער: רישבא. לייד עופות כמו אין פורשין [ט] רשבים ליונים (ב"ק דף עט:) טבות שם אדם: כלפני ס'. ולא מדכרינן: כלאחר ס'. ומדכרינן: עילאי בעו מים. העומדים בהרים צריכין יותר מים מפני שהגשמים מתגלגלים ויורדין למטה: תתאי לא בעו מים. שמתכנסין כל מימי ההרים לבקעה ה"נ רב שהיה מארץ ישראל כדאמרינן בעלמא (גיטין דף ו.) מכי אתא רב לבבל וארץ ישראל גבוהה מכל הארצות משום הכי אמר כלאחר ששים ובבבל בגולה מתוך שאינן צריכין לגשמים אין שואלין עד ס' לתקופת תשרי וכן אנו נוהגים שכל מנהגינו אחר בני בבל: מתני' הגיע שבעה עשר וכו'. אוכלין ושותין משחשיכה שאין אוכלין מבעוד יום כיום הכפורים ותשעה באב: גמ' מאי קמ"ל. הא דקאמר שני וחמישי ושני: תנינא. בפירקין לקמן (דף טו:) אין גוזרין תענית כו' שלא להפקיע את השערים שאם היו מתחילין להתענות בחמישי היו קונין למוצאי התענית שתי סעודות גדולות אחד לתענית ואחד לשבת וכסבור המוכר שרעב בא לעולם ואתי לאפקועי שערים: אפקועי. מבטל שיעור מדה הראשונה וממעטה: אבל יחידים לא. שלש תעניות שהיחידין עושין קודם לצבור אין זקוקין להתחיל בשני דליכא אפקעת שערים משום יחידים לחודייהו והללו ג' תעניות דיחידים אינן בכלל י"ג תעניות לצבור תדע דקא חשיב במתני' שלש ושלש ושבע: ומפסיקין בראשי חדשים. שאם חל ר"ח בשני ובחמישי לאחר שהתחילו להתענות פוסקין תעניתם:

קרי ביה חכשרת. פי' הטל הכ"ף מן חשכת ושדי עם חשרת ויהיה חכשרת כלומר שהמים בעננים מתכשרים שהעננים שותים לבסוף הם ממתקים בעבים: טובעני ולא יובשני. פי' מוטב להיות בארץ שיהא לחה מכשהיה יבשה:

הלכתא יום ס' כלאחר ס'. וכן עמא דבר ויום תקופה מתחיל: אין גוזרין תענית על הצבור בתחילה בחמישי שלא להפקיע השערים. פי' שע"י שעשו הצבור תענית יקנו מזון של חמישי ושל שבת וכסבורים העם יוקר היא ויפקיעו השערים:

איזהו

בברייתו של עולם ת"ר א"י נבראת תחילה וכל העולם כולו נברא לבסוף שנאמר [א] עד לא עשה ארץ וחוצות א"י (א) משקה אותה הקב"ה בעצמו וכל העולם כולו ע"י שליח שנאמר [ב] הנותן מטר על פני ארץ ושולח מים על פני חוצות א"י שותה מי גשמים וכל העולם כולו מתמצית שנאמר הנותן מטר על פני ארץ וגו' א"י שותה תחילה וכל העולם כולו לבסוף שנאמר הנותן מטר על פני ארץ וגו' משל לאדם שמגבל את הגבינה נוטל את האוכל ומניח את הפסולת אמר מר ממתקין הן בעבים מנליה דא"ר יצחק בר יוסף א"ר יוחנן כתיב [ג] חשכת מים עבי שחקים וכתיב [ד] חשרת מים עבי שחקים שקול כף ושדי אריש וקרי ביה [א] חכשרת ור' יהושע בהני קראי מאי דריש בהו סבר לה כי הא דכי אתא רב דימי אמר אמרי במערבא נהור ענני זעירין מוהי חשוך ענני סגיין מוהי כמאן אזלא הא דתניא מים העליונים במאמר הם תלוים ופירותיהן מי גשמים שנאמר [ה] מפרי מעשיך תשבע הארץ כמאן כר' יהושע ור' אליעזר ההוא במעשה ידיו של הקב"ה הוא דכתיב אריב"ל כל העולם כולו מתמצית גן עדן הוא שותה שנאמר [ו] ונהר יוצא מעדן וגו' תנא מתמצית בית כור [ב] שותה [ג] תרקב: ת"ר [ג] ארץ מצרים הויא ד' מאות פרסה על ד' מאות פרסה והוא אחד מששים בכוש וכוש אחד מששים בעולם ועולם א' מששים בגן וגן אחד מששים לעדן ועדן אחד מס' לגיהנם נמצא כל העולם כולו ככיסוי קדרה לגיהנם וי"א גיהנם אין לה שיעור וי"א עדן אין לה שיעור א"ר אושעיא מאי דכתיב [ז] שוכנת על מים רבים רבת אוצרות מי גרם לבבל שיהו אוצרותיה מליאות בר הוי אומר מפני ששוכנת על מים רבים אמר רב עתירה בבל דחצדא בלא מיטרא אמר אביי נקיטינן [ד] טובעני ולא יובשני:

מתני' [ה] בג' במרחשון שואלין את הגשמים רבן גמליאל אומר [א] בשבעה בו ט"ו יום אחר החג כדי שיגיע אחרון שבישראל לנהר פרת: גמ' [ו] א"ר אלעזר הלכה כרבן גמליאל תניא חנניה אומר [ב] ובגולה עד ששים בתקופה אמר רב הונא בר חייא אמר שמואל הלכה כחנניה איני והא בעו מיניה משמואל מאימת מדכרינן ותן טל ומטר אמר להו מכי מעיילי ציבי לבי טבות [ז] רישבא דילמא אידי ואידי חד שיעורא הוא איבעיא להו יום ששים כלפני ששים או כלאחר ששים ת"ש רב אמר יום ששים כלאחר ששים ושמואל אמר יום ששים כלפני ששים א"ר נחמן בר יצחק וסימנך עילאי בעו מיא תתאי לא בעו מיא אמר רב פפא [ג] הלכתא יום ששים כלאחר ששים: מתני' [ד] הגיע י"ז במרחשון ולא ירדו גשמים התחילו היחידים מתענין ג' תעניות אוכלין ושותין משחשיכה ומותרין במלאכה וברחיצה ובסיכה ובנעילת הסנדל ובתשמיש המטה [ה] הגיע ר"ח כסליו ולא ירדו גשמים ב"ד גוזרין שלש תעניות על הצבור אוכלין ושותין משחשיכה ומותרין במלאכה וברחיצה ובסיכה ובנעילת הסנדל ובתשמיש המטה: גמ' מאן יחידים אמר רב הונא רבנן ואמר רב הונא יחידים מתענין שלשה תעניות שני וחמישי ושני מאי קמשמע לן תנינא [ח] [ו] אין גוזרין תענית על הצבור בתחילה בחמישי שלא להפקיע את השערים אלא שלש תעניות הראשונות שני וחמישי ושני מהו דתימא הני מילי צבור אבל יחיד לא קמשמע לן תניא נמי הכי כשהתחילו היחידים להתענות מתענין שני וחמישי ושני [ז] ומפסיקין בראשי חדשים ובימים

וכן

עין משפט נר מצוה

כו א ב ג מיי' פ"ב מהלכות תפלה הלכה טז סמג עשין יט טור ש"ע א"ח סי' קיז סעיף א:

כז ד ה מיי' פ"ג מהל' תעניות הלכה א והלכה ב טוש"ע א"ח סי' תקעה סעיף א ג:

כח ו מיי' שם הלכה ה טוש"ע א"ח סי' תקעב סעיף א:

כט ז מיי' שם הלכה ט ופ"ג הלכה י וטוש"ע שם סי' תקעה סעיף ז:

רבינו חננאל

ארץ ישראל נבראת תחלה שנאמר עד לא עשה ארץ וחוצות א"י הקב"ה משקה אותה [בעצמו] וכל העולם כולו ע"י שליח. שנאמר הנותן מטר על פני ארץ ושולח מים על פני חוצות. א"י שותה מי גשמים וכל העולם שותה תמצית שנאמר הנותן מטר וגו' משל לאדם מגבל גבינה. נוטל מאכל ומניח הפסולת: ת"ר מצרים ד' מאות פרסה על ד' מאות פרסה. ואחד מס' בכוש. וכוש אחד מס' בעולם. והעולם אחד מס' בגן. וגן אחד מס' בעדן. ועדן אחד מס' בגיהנם. נמצא כל העולם כולו ככיסוי קדירה לגיהנם. אריב"ל כל העולם מתמצית הגן הוא שותה שנאמר ונהר יוצא מעדן להשקות את הגן. תנא מתמצית בית כור שותה. תרקב. פי' התרקב הוא חצי סאה. והכור יש בו ל' סאין. נמצא א' מס' בכור. וכיון ששנה בחיצונה והעולם א' מס' בגן. נמצא העולם כולו חלק א' מס' חלקים בגן ומתמציתו שותה כל העולם. דקדק התנא שמתמצית בית כור שותה תרקב שהרי זה התרקב א' מס' בכור כמו שהוא העולם א' מס' בגן ושותה תמציתו: מתני' בג' מרחשון שואלין הגשמים ר"ג אומר (בשמונה) [בשבעה] בו. א"ר אלעזר הלכה כר"ג. תנא חנניה אומר ובגולה עד ס' יום בתקופה. אמר שמואל הלכתא כחנניה. וזמן הכנסת עצים דבי טיבות רישבא מן השדה הוה ס' בתקופה. ואיבעיא לן יום ס' כלפני ס' ואינו שואל או כלאחר ס' ושואל. רב אמר כלפני ס' ושמואל אמר כלאחר ס' וסימניך עילאי בעי מיא תתאי לא בעו מיא. פי' נהרדעא אתריה דשמואל והיא גבוהה והן מבקשים מים. וסורא אתריה דרב והיא לגבי נהרדעא תתאה. והן אינן מבקשין מים כלומר כיון שהן תחתיין נקוין המים בהן ומתקיימין אצלם. אמר רב פפא הלכתא יום ס' כלאחר ס': מתני' הגיע י"ז במרחשון ולא ירדו גשמים התחילו היחידים מתענים. ואוקים רב הונא להני יחידים רבנן ומתענין ב' וה' וב'. ומפסיקין בר"ח וביו"ט

רבינו גרשום

כמאן כר' יהושע דאמר ממים העליונים הם. כמאן כר' אליעזר דאמר מן הארץ עולה מטר.

מסורת הש"ס

א) [כלומר נכשרין וממתקין. ערוך], ב) [פי' תרי וקב ועיין תוס' שבת לה.], ג) [פסחים צד.], ד) [כלומר מוטב שיהיה מטר הרבה מהיות מורב בלי מטר. ערוך], ה) [לעיל ד:], ו) לעיל ו. ב"מ כח., ז) [פי' הגאון כאשר כתיב נשיא בית אבה זו ראש בית אב. ערוך ערך רשבא א], ח) לקמן טו:, ט) ובשמלות דיקן כתוב רשבין ועיין בערוך ערך רשבא ב.

הגהות הב"ח

(א) גמ' שנאמר עד לא עשה ארץ וחוצות א"י שותה תחילה וכו' על פני ארץ וגו' א"י משקה אותה הקב"ה בעצמו וכו' מתמצית וכו' על פני ארץ וגו' משל לאדם שמגבל את הגבינה: (ב) רש"י ד"ה בברייתו כו' כמכניס מים בנאד ונתנס באוצרות כו' ואוצר ליה מה"ד שותה מתחלה כך שמעתי ומה"ד מתמצית משיורי מים שנשאר בעבים כו' א"י מה"ד חשרת כו': (ג) ד"ה ה"ג שקול כו' חכשרת. נ"ב ולהכי נקט רי"ש ולא קוף שרי"ן דשי"ן הכא והכא כתיב: (ד) ד"ה ונהר יוצא מעדן כלומר סימן לדבר כו' דכתיב קרא ונהר יוצא מעדן תחילה להשקות הגן: (ה) ד"ה תנא כו' להשקות את הגן אח"כ מה"ד גן לפני כל עולם כולו כגן עדן לעולם: (ו) ד"ה נקיטין דהכי הוא דמלאה בבל בלא מיטרא דטובעני כו' הס"ד:

תורה אור השלם

א) עַד לֹא עָשָׂה אֶרֶץ וְחוּצוֹת וְרֹאשׁ עַפְרוֹת תֵּבֵל: [משלי ח, כו]

ב) הַנֹּתֵן מָטָר עַל פְּנֵי אָרֶץ וְשֹׁלֵחַ מַיִם עַל פְּנֵי חוּצוֹת: [איוב ה, י]

ג) וַיָּשֶׁת חֹשֶׁךְ סִתְרוֹ סְבִיבוֹתָיו סֻכָּתוֹ חֶשְׁכַת מַיִם עָבֵי שְׁחָקִים: [תהלים יח, יב]

ד) וַיָּשֶׁת חֹשֶׁךְ סְבִיבֹתָיו סֻכּוֹת חַשְׁרַת מַיִם עָבֵי שְׁחָקִים: [שמואל ב' כב, יב]

ה) מַשְׁקֶה הָרִים מֵעֲלִיּוֹתָיו מִפְּרִי מַעֲשֶׂיךָ תִּשְׂבַּע הָאָרֶץ: [תהלים קד, יג]

ו) וְנָהָר יֹצֵא מֵעֵדֶן לְהַשְׁקוֹת אֶת הַגָּן וּמִשָּׁם יִפָּרֵד וְהָיָה לְאַרְבָּעָה רָאשִׁים: [בראשית ב, י]

ז) שֹׁכַנְתְּ עַל מַיִם רַבִּים רַבַּת אוֹצָרֹת בָּא קִצֵּךְ אַמַּת בִּצְעֵךְ: [ירמיה נא, יג]

ליקוטי רש"י

ארץ וחוצות. ארץ ישראל ושאר ארצות [משלי ח, כו]. הנותן מטר על פני ארץ. ארץ ישראל. ושולח מים על פני חוצות. ע"י שליח לשאר הארצות [איוב ה, י]. במערבא. בארץ ישראל [שבת סה:]. בית כור. שלשים סאין [ישעיה ה, י]. תרקב. חצי סאה פירוש תרי וקב [שבת נט.]. פרסה. ארבעת מילין [יחזקאל מח, א]. ככיסוי קדירה. דבר מועט [פסחים צד.]. בג' במרחשון. הכי קיים להו דהוה זמן גשמים. הלכה כרבן גמליאל. דאינו שואל עד שבעה במרחשון [לעיל ד:]. רישבא. פורש נשבין לצוד חיה ועוף [שבת יז:]. יחידים. חסידים [לעיל ו.]. שלא להפקיע את השערים. כשרואין בעלי חניות שקונין למוצאי יום חמישי שתי סעודות גדולות אחת לליל חמישי ואחת לשבת סבורים שבא רעב לעולם ומייקרים ומפקיעים השער אבל משהתחילו להתענות יודעין שאינו אלא מפני התענית [לקמן טו:].

מתמצית כור שותה תרקב. מתמצית גן עדן שותה כל העולם דכל העולם לגבי גן עדן כתרקב לפני כור תרקב תרי וקב דהיינו ג' קבין. כור ל' סאין ותרקב חצי סאה נמצא תרקב אחד משישים בכור וכל העולם אחד משישים בגן עדן: דחצדא בלא מטרא כלומר שקוצרת בלא מטר כלומר שאינה צריכה מטר שיושבת בין ביצעי המים. ע"א אצדא: טובעני ולא יובשני כלומר מיתרמי שטובעין הזרעים אבל לעולם אין מתייבשין: ר"ג אומר בשבעה בו בחמשה עשר יום אחר החג כלומר דז' במרחשון הוא ט"ו אחר החג כדי שיגיע האחרון כו' קודם הגשמים: ובגולה אין שואלין את הגשמים עד ששים בתקופה. לפי שהן במקום נמוך ואין צריכין למטר כל כך: ציבי דטבות רישבא. דהוה עשיר והיו עצים שלו מונחים ליבש בשדה עד שיכנסם במרחשון: כלפני ששים. ואין שואלין בו: או כלאחר ששים. ושואלין בו: עילאי בעו מיא רב דהוה מא"י בעי מים בששים. תתאי לא בעי מיא שמואל דהוה מבבל עד לבסוף לא בעי מיא עד ששים ואחד: אוכלין ושותין משחשכה. שאין אוכלין מבעוד יום כיוה"כ וכתשעה באב: שלא להפקיע את השערים. דבני כפרים הבאים ליום הכניסה מספקים מים ומזון לאחיהן שבכרכין

Gemara אָמַר רַבִּי אֶלְעָזָר — **R' Elazar said:** הֲלָכָה כְּרַבָּן גַּמְלִיאֵל — **Halachah accords with** the opinion of **Rabban Gamliel.**[36]

תַּנְיָא — **It was taught in a Baraisa:** חֲנַנְיָה אוֹמֵר — CHANANYAH SAYS: וּבַגּוֹלָה עַד שִׁשִּׁים בַּתְּקוּפָה — AND IN THE DIASPORA rain is not requested UNTIL SIXTY days IN THE fall SEASON, i.e. sixty days after the autumnal equinox.[37] אָמַר רַב הוּנָא בַּר חִיָּיא אָמַר שְׁמוּאֵל — **Rav Huna bar Chiya said in the name of Shmuel:** הֲלָכָה כַּחֲנַנְיָה — **Halachah accords with** the opinion of **Chananyah.**

The Gemara challenges this statement of Shmuel's opinion: אִינִי — **Is it so?** וְהָא בָּעוּ מִינֵּיהּ מִשְּׁמוּאֵל — **But they inquired of Shmuel,** who lived in the Diaspora:[38] מֵאֵימַת מַדְכְּרִינַן וְתֵן טַל וּמָטָר — **From when do we recite** ***v'sen tal u'matar?*** אָמַר לְהוּ — **[Shmuel] told them:** מִכִּי מְעַיְילֵי צִיבֵי לְבֵי טָבוּת רִישְׁבָּא — **From the time that they bring wood into the shed of Tavos, the bird hunter,** for the rainy season.[39] Presumably, this does not occur sixty days after the equinox — ? —

The Gemara answers otherwise:

דִּילְמָא אִידִי וְאִידִי חַד שִׁיעוּרָא הוּא — **Perhaps both are one measure** of time — i.e. perhaps the ingathering of wood does take place sixty days after the autumnal equinox.

The Gemara questions the status of the sixtieth day itself:

אִיבַּעְיָא לְהוּ — **They inquired:** יוֹם שִׁשִּׁים — **The sixtieth day** of the season — כִּלְפְנֵי שִׁשִּׁים — **is it** regarded **as** falling **before sixty** days, and so rain is not requested? אוֹ כִּלְאַחַר שִׁשִּׁים — **Or is it** regarded **as** falling **after sixty** days, and thus rain is requested? תָּא שְׁמַע — **Come and hear** the answer: רַב אָמַר יוֹם שִׁשִּׁים כִּלְאַחַר שִׁשִּׁים — **Rav said: The sixtieth day is** regarded **as** falling **after sixty** days, and rain is requested. וּשְׁמוּאֵל אָמַר יוֹם שִׁשִּׁים כִּלְפְנֵי שִׁשִּׁים — **And Shmuel said: The sixtieth day** is regarded **as** falling **before sixty** days, and rain is not requested.

The Gemara suggests a mnemonic for recalling this dispute:

אָמַר רַב נַחְמָן בַּר יִצְחָק — **Rav Nachman bar Yitzchok said:** וְסִימָנָךְ — **And your** mnemonic **symbol** is: עִילָּאֵי בָּעוּ מַיָּא — **Highlanders require water;**[40] תַּתָּאֵי לֹא בָּעוּ מַיָּא — **lowlanders do not require water.**[41]

The Gemara decides the issue:

אָמַר רַב פָּפָּא — **Rav Pappa said:** הִלְכְתָא — **The halachah** is that יוֹם שִׁשִּׁים כִּלְאַחַר שִׁשִּׁים — **the sixtieth day is** regarded **as** falling **after sixty** days, and so we pray for rain on that day.[42]

Mishnah This Mishnah begins to discuss the procedures for the fast days that are undertaken if rain does not fall in its expected time:

הִגִּיעַ י״ז בְּמַרְחֶשְׁוָן — **If the seventeenth** day **of Marcheshvan arrived** וְלֹא יָרְדוּ גְּשָׁמִים — **and the rains had not** yet **fallen,** הִתְחִילוּ הַיְחִידִים מִתְעַנִּין ג׳ תַּעֲנִיּוֹת — **the** distinguished **individuals began to fast** a series of **three fasts.**[43] אוֹכְלִין וְשׁוֹתִין מִשֶּׁחֲשֵׁיכָה — **They may eat and drink after nightfall** on the eve of the fast, וּמוּתָּרִין בִּמְלָאכָה — **and** on the fast day **they are permitted** to engage **in work,** וּבִרְחִיצָה — **in washing** themselves, וּבְסִיכָה — **in anointing** themselves, וּבִנְעִילַת הַסַּנְדָּל — **in the wearing of** leather **shoes,** וּבְתַשְׁמִישׁ הַמִּטָּה — **and in marital relations.**[44]

NOTES

the rivers impassable. The most distant river to be crossed that would become swollen by the rain in Eretz Yisrael was the Euphrates (*Rashi* and *Meiri* here; see also *Nedarim* 40a with *Rashi* ד״ה סהדרא רבה פרת).

36. Simply understood, R' Elazar's ruling is relevant only in the time of the *Beis HaMikdash,* when pilgrims came to Jerusalem for the Festival. However, following the destruction of the Temple, it would be appropriate to pray for rain immediately after Succos. Although the Gemara above (4b) indicates as much, *Rambam* (*Hilchos Tefillah* 2:16) rules that even in the post-destruction era the people in Eretz Yisrael should not petition for rain until the seventh day of Marcheshvan. Although all Rishonim do not agree with this ruling (see Ritva), it is accepted as halachah (*Orach Chaim* 117:1). *Ran* explains that even after the Temple's destruction Jews commonly gathered in Jerusalem for the Festival (see also *Korban Nesanel* to *Rosh*).

37. [The term *Diaspora,* as used in the Gemara, refers to Babylonia (see *Rosh Hashanah* 22b, 23b).] Since Babylonia was low lying, its need for rain was less than that of Eretz Yisrael. Hence, their request for rain was delayed (*Rashi*).

38. Shmuel resided in Babylonia, in the city of Nehardea (*Kesubos* 6a).

39. They used to store wood for the winter at the onset of the rainy season, since they would no longer be able to chop wood in the forest (*Rashi*).

40. Those who dwell in mountainous regions require more precipitation, since rainwater naturally runs off the slopes (*Rashi*).

41. I.e. they do not require as much precipitation, since the runoff from the mountains collects in the valleys.

Simply understood, Rav Nachman bar Yitzchak is not explaining the dispute between Rav and Shmuel, but is only providing a mnemonic device for recalling the author of each opinion. That is, Rav can be remembered as the one who issued the more stringent opinion, calling for the recital of *v'sen tal u'matar* on the sixtieth day, since he spent a substantial part of his life in Eretz Yisrael, which is elevated above the surrounding regions and thus requires more rain. Shmuel, on the other hand, can be remembered as the author of the lenient opinion, which exempts the sixtieth day from the recital of the prayer for rain, since he is from Babylonia, a low-lying area that needs less rain. However, *Rashi* indicates that Rav's decision was actually influenced by his previous residence in Eretz Yisrael. [It is difficult to understand why that factor is relevant for deciding the question of when to pray for water in the Diaspora.]

42. *Rambam* (*Hil. Tefillah* 2:16) rules that in the lands close to Eretz Yisrael, such as Syria, Babylonia, and Egypt, and in countries whose climate is similar to these, *v'sen tal u'matar* should be recited as of the sixtieth day following the equinox. However, in countries where the climates differ from these, *v'sen tal u'matar* is recited whenever the need for rain begins. *Rashi* (ד״ה תתאי) states that our custom follows that of Babylonia to begin saying *v'sen tal u'matar* on the sixtieth day after the equinox. This custom is cited by *Rosh* (here and in *Responsa* 4:10), as well as by *Ritva,* who quotes it in the name of the *Geonim.* Many Rishonim are troubled with this ruling, arguing that one cannot compare the custom of Babylonia, which was a low-lying area and thus required relatively little precipitation, to that of other areas of present-day Jewish settlement which require rain much earlier. For this reason *Rosh* (*Responsa* 4:10, cited partially in *Tur, Orach Chaim* 117) advocated (in theory) that European Jewry begin reciting *v'sen tal u'matar* on the seventh of Marcheshvan. Halachah nonetheless follows *Rambam* (see *Orach Chaim* 117:1). If, however, one living in a land that requires more rain said *v'sen tal u'matar* before the sixtieth day, *Shemoneh Esrei* need not necessarily be repeated (ibid. 117:2).

Tosafos here comment that the day of the equinox is counted as the first day.

[It should be noted, however, that according to halachah September 21st is not reckoned as the day of the equinox. Rather, the equinox occurs (in this century) on October 7th or 8th, and the recitation of *tal umatar* commences on December 5th or 6th (or, to be more precise, during the Maariv prayer of the day preceding these dates).]

43. The Gemara above (6a) ruled that if the expected time of the third rainfall uneventfully passes, the pious individuals must begin to fast. Therefore, our Mishnah, which states that the fasts commence after the seventeenth of Marcheshvan, accords with the opinion of R' Meir, who (above, 6a) gives that date as the expected time of the third rain.

44. Literally: the use of the bed. Although the activities enumerated in the Mishnah are prohibited on the fasts of Yom Kippur and Tishah B'Av, they are permitted on these less stringent fast days (*Rashi*).

בברייתו של עולם ת"ר א"י נבראת תחילה וכל העולם כולו נברא לבסוף שנאמר עד לא עשה ארץ וחוצות א"י (א) משקה אותה הקב"ה בעצמו וכל העולם כולו ע"י שליח שנאמר הנותן מטר על פני ארץ ושולח מים על פני חוצות א"י שותה מי גשמים וכל העולם כולו מתמצית שנאמר הנותן מטר על פני ארץ וגו' א"י שותה תחילה וכל העולם כולו לבסוף שנאמר הנותן מטר על פני ארץ וגו' משל לאדם שמגבל את הגבינה נוטל את האוכל ומניח את הפסולת אמר מר ממתקין הן בעבים מנליה דא"ר יצחק בר יוסף א"ר יוחנן כתיב חשכת מים עבי שחקים וכתיב חשרת מים עבי שחקים שקול כף ושדי אריש וקרי ביה חכשרת ור' יהושע בהני קראי מאי דריש בהו סבר לה כי הא דכי אתא רב דימי אמר אמרי במערבא נהור ענני זעירין מוהי חשוך ענני סגיין מוהי כמאן אזלא הא דתניא מים העליונים במאמר הם תלוים ופירותיהן מי גשמים שנאמר מפרי מעשיך תשבע הארץ כמאן כר' יהושע ור' אליעזר ההוא במעשה ידיו של הקב"ה הוא דכתיב אריב"ל כל העולם כולו מתמצית גן עדן הוא שותה שנאמר ונהר יוצא מעדן וגו' תנא מתמצית בית כור שותה תרקב: ת"ר ארץ מצרים הויא ד' מאות פרסה על ד' מאות פרסה והוא אחד משישים בכוש וכוש אחד משישים בעולם ועולם א' משישים בגן וגן אחד משישים לעדן ועדן אחד מס' לגיהנם נמצא כל העולם כולו ככיסוי קדרה לגיהנם וי"א גיהנם אין לה שיעור וי"א עדן אין לה שיעור א"ר אושעיא מאי דכתיב שוכנת על מים רבים רבת אוצרות מי גרם לבבל שיהו אוצרותיה מליאות בר הוי אומר מפני ששוכנת על מים רבים אמר רב עתירה בבל דחצדא בלא מיטרא אמר אביי נקיטינן טובעני ולא יובשני:

מתני' בג' במרחשון שואלין את הגשמים רבן גמליאל אומר בשבעה בו ט"ו יום אחר החג כדי שיגיע אחרון שבישראל לנהר פרת: **גמ'** א"ר אלעזר הלכה כרבן גמליאל תניא חנניה אומר ובגולה עד ששים בתקופה אמר רב הונא בר חייא אמר שמואל הלכה כחנניה איני והא בעו מיניה משמואל מאימת מדכרינן ותן טל ומטר אמר להו מכי מעיילי ציבי לבי טבות רישבא דילמא אידי ואידי חד שיעורא הוא איבעיא להו יום ששים כלפני ששים או כלאחר ששים ת"ש רב אמר יום ששים כלאחר ששים ושמואל אמר יום ששים כלפני ששים א"ר נחמן בר יצחק וסימנך עילאי בעו מיא תתאי לא בעו מיא אמר רב פפא הלכתא יום ששים כלאחר ששים:

מתני' הגיע י"ז במרחשון ולא ירדו גשמים התחילו היחידים מתענין ג' תעניות אוכלין ושותין משחשיכה ומותרין במלאכה וברחיצה ובסיכה ובנעילת הסנדל ובתשמיש המטה הגיע ר"ח כסליו ולא ירדו גשמים ב"ד גוזרין שלש תעניות על הצבור אוכלין ושותין משחשיכה ומותרין במלאכה וברחיצה ובסיכה ובנעילת הסנדל ובתשמיש המטה: **גמ'** מאן יחידים אמר רב הונא רבנן ואמר רב הונא יחידים מתענין שלשה תעניות שני וחמישי ושני מאי קמשמע לן תנינא אין גוזרין תענית על הצבור בתחילה בחמישי שלא להפקיע את השערים אלא שלש תעניות הראשונות שני וחמישי ושני מהו דתימא הני מילי צבור אבל יחיד לא קמשמע לן תניא נמי הכי כשהתחילו היחידים להתענות מתענין שני וחמישי ושני ומפסיקין בראשי חדשים

ובימים

רש"י

בברייתו של עולם. כתיב שהיה כל העולם שטוף במים והקב"ה כונסן במקום אחד כמכנים מים בנאד (ב) שנתנם באוצרות דכתיב נותן באוצרות תהומות שם חול גבולו ואוצר ליס: משיורי תמצית. מה שנשאר בעבים אחר שתיית': על פני ארץ. א"י: בתחילה שותה. שם יורדין הגשמים תחילה כך שמעתי: חשרת מים וחשכת מים. שני מקראות הן חד בתהלים וחד בשמואל בוידבר דוד: ה"ג שקול כף ושדי אריש. כלומר קח כף שבמלת חשכת וצרפו עם מלה חשרת וקרי ביה (ג) חכשרת שממתקין ומכשירין בעבים: חשוך ענני סגיאין מימוהי. והיינו דכתיב חשכת מים: נהור ענני. כשהענן קליש זעירן מימוהי ומכלל חשוך סגיאין אתה למד אבל נהור זעירין וחשרת לשון השרה כמו אין שורין דיו (שבת דף יז:) כו' כדדריש ליה רבי יהושע לעיל אבל חשכת מיבעי ליה להכי ולהכי: במאמר הן תלוין. אינן נחות על שום דבר אלא מכונסות ועומדות כמין בריכה ותלויות במאמרו של הקב"ה: ופירותיהן מי גשמים. משום לישנא דקרא נקט הכי משום דכתיב מפרי מעשיך תשבע הארץ ופירותיהם כלומר מזיעת המים שאין נחסרין כלום כדכתיב (תהלים סה) פלג אלהים מלא מים כל שעה והקרן קיימת ופירותיהן מי גשמים וכן מפורש בבראשית רבה: ונהר יוצא מעדן. (ד) סימן לדבר שגן עדן שותה מן הגשמים תחילה דכתיב ונהר יוצא מעדן להשקות את הגן וגו': תנא מתמצית בית כור. כלי שמשקין במימיו בית כור יכולין להשקות בתמציתו שיעור זריעת תרקב שהוא אחד מששים בבית כור והכי נמי עולם אחד מששים בגן עדן ודי לו בתמצית העננים המשקין את הגן (ה) גן לפני כל העולם כולו כעדן לגן: נמצא כל העולם ככיסוי קדרה. הקטן כנגד הקדרה: שוכנת על מים רבים. רבת אוצרות בא קצך אמת בצעך: שרבו אוצרותיה. שקנו עושר: מים רבים. שמשקין שדותיהן דבבל עמוקים מכל הארצות וגשמים מטפטפין ויורדין שם: עתירה בבל. עשירה היא בבל שקוצרין בה תבואה בלא מטר שאינן צריכים לגשמים: נקיטינן. דהכי (ו) הלכה בבל בלא מיטרא: דטובעני. היא מקום מצולה ורקק: ולא יובשני. שאינה יבשה: מתני' בשלשה במרחשון שואלין את הגשמים וכו' רבן גמליאל אומר בשבעה בו בט"ו יום אחר החג. כלומר בשבעה במרחשון הוא ט"ו אחר החג: כדי שיגיע האחרון. כלומר קודם ביאת מים לנהר פרת שהוא רחוק יותר: גמ' ובגולה ששים. ובגולה אין שואלין עד ששים בתקופה לפי שהוא מקום נמוך ואין צריכים מטר כל כך: מכי מעיילי ציבי לבי טבות רישבא. משעה שמכניסין עלים לאוצר לצורך ימות הגשמים שכן היו נוהגין לפי שהיו יודעין שזמן גשמים הוא משם ואילך ולא היו יכולין לחטוב עלים ביער: רישבא. צייד עופות כמו אין פורשין רשבים ליונים (ב"ק דף עט:) טבות שם אדם: כלפני ס'. ולא מדכרינן: כלאחר ס'. ומדכרינן: עילאי בעו מים. העומדים בהרים צריכין יותר מים מפני שהגשמים מתגלגלים ויורדין למטה: תתאי לא בעו מים. שמתכנסין כל מימי ההרים לבקעה ה"נ רב שהיה מארץ ישראל כדאמרינן בעלמא (גיטין דף ו.) מכי אתא רב לבבל וארץ ישראל גבוהה מכל הארצות משום הכי אמר כלאחר ששים ובבבל בגולה מתוך שאינן צריכין לגשמים אין שואלין עד ס' לתקופת תשרי וכן אנו נוהגים שכל מנהגינו אחר בני בבל: מתני' הגיע שבעה עשר וכו'. אוכלין ושותין משחשיכה שאין אוכלין מבעוד יום כיום הכפורים ותשעה באב: גמ' מאי קמ"ל. האי דקאמר שני וחמישי ושני: תנינא. בפירקין לקמן (דף טו:) אין גוזרין תענית כו' שלא להפקיע את השערים שאם היו מתחילין להתענות בחמישי היו קונין למוצאי התענית שתי סעודות גדולות אחד לתענית ואחד לשבת וכסבור המוכר שרעב בא לעולם ואתי לאפקועי שערים: אפקועי. מבטל שיעור מדה הראשונה וממעטה: אבל יחידים לא. שלש תעניות שהיחידין עושין קודם לצבור אינן זקוקין להתחיל בשני דליכא אפקעת שערים משום יחידים דיחידים אינן בכלל י"ג תעניות דלצבור תדע דקא חשיב במתני' שלש ושלש ושבע: ומפסיקין בראשי חדשים. שאם חל ר"ח בשני ובחמישי לאחר שהתחילו להתענות פוסקין תעניתם:

וכן

תוספות

קרי ביה חכשרת. פי' הטל הכ"ף מן חשכת ושדי עם חשרת ויהיה חכשרת כלומר שהמים בעננים מתכשרים שהעננים שותים לבסוף הם ממתקים בעבים: **טובעני** ולא יובשני. פי' מוטב להיות בארץ שהיא לחה מכשהיא יבשה: **הלכתא** יום ס' כלאחר ס'. וכן עמא דבר ויום תקופה מתחיל: **אין** גוזרין תענית על הצבור בתחילה בחמישי שלא להפקיע השערים. פי' שע"י שעשו הצבור תענית יקנו מזון של חמישי ושל שבת וכסבורים העם יוקר היא ויפקיעו השערים:

איזהו

עין משפט נר מצוה

כו א ב ג מיי' פ"ב מהלכות תפלה הלכה טז סמג עשין יט טור ש"ע א"ח סי' קיז סעיף א:
כז ד ה מיי' פ"ג מהל' תענית הלכה א והלכה ב טוש"ע א"ח סי' תקעה סעיף א ב:
כח ו מיי' שם פ"א הלכה ה טוש"ע א"ח סי' תקעב סעיף א:
כט ז מיי' שם הלכה ט ופ"ג הלכה י וטוש"ע שם סי' תקעה סעיף ז:

רבינו חננאל

ארץ ישראל נבראת תחלה שנאמר עד לא עשה ארץ וחוצות א"י הקב"ה משקה אותה [בעצמו] וכל העולם כולו ע"י שליח. שנאמר הנותן מטר על פני ארץ ושולח מים על פני חוצות. א"י שותה מי גשמים וכל העולם שותה תמצית שנאמר הנותן מטר וגו' משל לאדם מגבל גבינה. נוטל מאכל ומניח הפסולת: ת"ר מצרים ד' מאות פרסה על ד' מאות פרסה. ואחד מס' בכוש. וכוש אחד מס' בעולם. והעולם אחד מס' בגן. וגן אחד מס' בעדן. ועדן אחד מס' בגיהנם. נמצא כל העולם כולו ככיסוי קדירה לגיהנם. אריב"ל כל העולם מתמצית הגן הוא שותה שנאמר ונהר יוצא מעדן להשקות את הגן. תנא מתמצית בית כור שותה. תרקב. פי' התרקב הוא חצי סאה. והכור יש בו ל' סאין. נמצא א' מס' בכור. וכיון ששנה בחיצונה והעולם א' מס' בגן. נמצא העולם כולו חלק א' מס' חלקים בגן ומתמציתו שותה כל העולם. דקדק התנא שמתמצית בית כור שותה תרקב שהרי זה התרקב א' מס' בכור כמו שהוא העולם א' מס' בגן ושותה תמציתו: **מתני'** בג' מרחשון שואלין הגשמים ר"ג אומר (בשמונה) [בשבעה] בו. א"ר אלעזר הלכה כר"ג. תנא חנניה אומר ובגולה עד ס' יום בתקופה. אמר שמואל הלכתא כחנניה. וזמן הכנסת עצים דבי טיבות רישבא מן השדה הוה ס' בתקופה. ואיבעיא לן יום ס' כלפני ס' ואינו שואל או כלאחר ס' ושואל. רב אמר כלפני ס' ושמואל אמר כלאחר ס' וסימניך עילאי בעי מיא תתאי לא בעו מיא. פי' נהרדעא אתריה דשמואל והיא גבוהה והן מבקשים מים. וסורא אתריה דרב והיא לגבי נהרדעא תתאה. והן אינן מבקשין מים כלומר כיון שהן תחתיין נקוין המים בהן ומתקיימין אצלם. אמר רב פפא הלכתא יום ס' כלאחר ס': **מתני'** הגיע י"ז במרחשון ולא ירדו גשמים התחילו היחידים מתענים. ואוקים רב הונא להני יחידים רבנן ומתענין ב' וה' וב'. ומפסיקין בר"ח וביו"ט

רבינו גרשום

כמאן כר' יהושע דאמר ממים העליונים הם. כמאן כר' אליעזר דאמר מן הארץ עולה מטר. מתמצית כור שותה תרקב. מתמצית גן עדן שותה כל העולם דכל העולם לגבי גן עדן כתרקב לפני כור תרקב תרי וקב דהיינו ג' קבין. כור ל' סאין ותרקב חצי סאה נמצא תרקב אחד משישים בכור וכל העולם אחד משישים בגן עדן: דחצדא בלא מטרא כלומר שקוצרת בלא מטר כלומר שאינה צריכה מטר שיושבת בין ביצעי המים. ע"א אצדא: טובעני ולא יובשני כלומר מיתרמי שטובעין הזרעים אבל לעולם אין מתייבשין: ר"ג אומר בשבעה בו בחמשה עשר יום אחר החג כלומר דז' במרחשון הוא ט"ו אחר החג כדי שיגיע האחרון כו' קודם הגשמים: ובגולה אין שואלין את הגשמים עד ששים בתקופה. לפי שהן במקום נמוך ואין צריכין למטר כל כך: ציבי דטבות רישבא. דהוה עשיר והיו עצים שלו מונחים ליבש בשדה עד שיכנסם במרחשון: כלפני ששים. ואין שואלין בו: או כלאחר ששים. ושואלין בו: עילאי בעו מיא רב דהוה מא"י בעי מים בששים. תתאי לא בעי מיא שמואל דהוה מבבל עד לבסוף לא בעי מיא עד ששים ואחד: אוכלין ושותין משחשכה. שאין אוכלין מבעוד יום כיוה"כ וכתשעה באב: שלא להפקיע את השערים. דבני כפרים הבאים ליום הכניסה מספקים מים ומזון לאחיהן שבכרכין

מסורת הש"ס

א) [כלומר נכשרין וממתקקין. ערוך], ב) [פי' תרי וקב והיינו חצי סאה. ערוך], ג) פסחים לד., ד) [כלומר מוטב שיהיה מטר הרבה מהיות חורב בלי מטר. ערוך], ה) [לעיל ד:], ו) לעיל ו. ב"מ כח., ז) [פי' הגאון כאשר כתיב נשיא בית אב תרגומו רב בית אבא זה ראש בית אב. ערוך ערך רשבא א], ח) לקמן טו:, ט) ובנוסחאות דידן כתוב נשבין ועיין בערוך ערך רשבא ב.

הגהות הב"ח

(א) גמ' שנאמר עד לא עשה ארץ וחוצות א"י שותה תחלה כו' על פני ארץ וגו' א"י משקה אותה הקב"ה בעצמו וכו' מתמצית וכו' על פני ארץ וגו' משל לאדם שמגבן את הגבינה: (ב) רש"י ד"ה בברייתו כו' כמכנים מים בנאד ונתנם באוצרות כו' ואוצר ליס מה"ד שותה תחלה שם יורדין הגשמים תחלה כך שמעתי ומה"ד מתמצית משיורי מים שנשאר בעבים כו' א"י מה"ד חשרת כו': (ג) ד"ה ה"ג שקול כו' חכשרת. נ"ב ולהכי נקט רי"ש ולא נקט שי"ן דשי"ן הכא והכא כתיב: (ד) ד"ה ונהר יוצא מעדן כלומר סימן לדבר כו' דכתיב קרא ונהר יוצא מעדן תחלה להשקות הגן: (ה) ד"ה תנא כו' להשקות את הגן הס"ד ואח"כ מה"ד גן לפני כל עולם כולו כגן עדן לעולם: (ו) ד"ה נקיטינן דהכי הוא דאלדא בבל בלא מיטרא דטובעני כו' הד"א:

תורה אור השלם

א) עַד לֹא עָשָׂה אֶרֶץ וְחוּצוֹת וְרֹאשׁ עַפְרוֹת תֵּבֵל: [משלי ח, כו]
ב) הַנֹּתֵן מָטָר עַל פְּנֵי אָרֶץ וְשֹׁלֵחַ מַיִם עַל פְּנֵי חוּצוֹת: [איוב ה, י]
ג) יָשֶׁת חֹשֶׁךְ סִתְרוֹ סְבִיבוֹתָיו סֻכָּתוֹ חֶשְׁכַת מַיִם עָבֵי שְׁחָקִים: [תהלים יח, יב]
ד) וַיָּשֶׁת חֹשֶׁךְ סְבִיבֹתָיו סֻכּוֹת חַשְׁרַת מַיִם עָבֵי שְׁחָקִים: [שמואל ב' כב, יב]
ה) מַשְׁקֶה הָרִים מֵעֲלִיּוֹתָיו מִפְּרִי מַעֲשֶׂיךָ תִּשְׂבַּע הָאָרֶץ: [תהלים קד, יג]
ו) וְנָהָר יֹצֵא מֵעֵדֶן לְהַשְׁקוֹת אֶת הַגָּן וּמִשָּׁם יִפָּרֵד וְהָיָה לְאַרְבָּעָה רָאשִׁים: [בראשית ב, י]
ז) שֹׁכַנְתְּ עַל מַיִם רַבִּים רַבַּת אוֹצָרֹת בָּא קִצֵּךְ אַמַּת בִּצְעֵךְ: [ירמיה נא, יג]

ליקוטי רש"י

ארץ וחוצות. ארץ ישראל ושאר ארצות [משלי ח, כו]. הנותן מטר על פני ארץ. ארץ ישראל. ושולח מים על פני חוצות. ע"י שליח לשאר הארצות [איוב ה, י]. במערבא. בארץ ישראל [שבת סה:]. בית כור. שלשים סאין [ישעיה ה, י]. תרקב. חצי סאה פירוש תרי וקב [שבת נט.]. פרסה. ארבעת מילין [יחזקאל מח, א]. כביסוי קדירה. דבר מועט [פסחים צד.]. בג' במרחשון. הכי קים להו דהוה זמן גשמים. הלכה כרבן גמליאל. דאינו שואל עד שבעה במרחשון [לעיל ד:]. רישבא. פורש נשבין לצוד חיה ועוף [שבת יז:]. יחידים. חסידים [לעיל י.]. שלא להפקיע את השערים. כשרואין בעלי חניות שקונין למוצאי יום חמישי שתי סעודות גדולות אחת לליל חמישי ואחת לשבת סבורים שבא רעב לעולם ומייקרים ומפקיעים השער אבל משהתחילו להתענות יודעין שאינו אלא מפני התענית [לקמן טו:].

הִגִּיעַ רֹאשׁ חֹדֶשׁ כִּסְלֵיו וְלֹא יָרְדוּ גְשָׁמִים – If **the first day of the month of Kislev arrived and rain** still **had not fallen,** בֵּית דִּין גּוֹזְרִין שָׁלֹשׁ תַּעֲנִיּוֹת עַל הַצִּבּוּר – ***beis din* decrees** a series of **three fasts on the community.** אוֹכְלִין וְשׁוֹתִין מִשֶּׁחֲשֵׁיכָה – **They may eat and drink after nightfall** on the eve of the fasts, וּמוּתָּרִין בִּמְלָאכָה – **and** on the fast days **they are permitted** to engage **in work,** וּבִרְחִיצָה – **in bathing,** וּבְסִיכָה – **in anointing** themselves, וּבִנְעִילַת הַסַּנְדָּל – **in the wearing of** leather **shoes,** וּבְתַשְׁמִישׁ הַמִּטָּה – **and in marital relations.**

Gemara The Gemara clarifies an ambiguous term in the Mishnah:

מַאן יְחִידִים – **Who are** the **"individuals"** who are required to fast after the seventeenth day of Marcheshvan? אָמַר רַב הוּנָא – **Rav Huna said:** רַבָּנָן – **The Rabbis.**[45]

The Gemara presents another statement by Rav Huna:

וְאָמַר רַב הוּנָא – **And Rav Huna** also **said:** יְחִידִים מִתְעַנִּין שָׁלֹשׁ תַּעֲנִיּוֹת – These distinguished **individuals fast** a series of **three fasts,** שֵׁנִי וַחֲמִישִׁי וְשֵׁנִי – on **Monday, Thursday and** on the following **Monday.**[46]

The Gemara asks:

מַאי קָמַשְׁמַע לָן – **What is [Rav Huna] teaching us?** תְּנֵינָא – **We learned in a Mishnah**[47] that the fasts are conducted on Monday, Thursday and on the following Monday, as it says: אֵין גּוֹזְרִין תַּעֲנִית עַל הַצִּבּוּר בַּתְּחִלָּה בַּחֲמִישִׁי – WE MAY NOT DECREE UPON THE COMMUNITY a series of FAST days THAT COMMENCES ON THURSDAY, שֶׁלֹּא לְהַפְקִיעַ אֶת הַשְּׁעָרִים – IN ORDER NOT TO CAUSE A RISE IN PRICES.[48] אֶלָּא שָׁלֹשׁ תַּעֲנִיּוֹת הָרִאשׁוֹנוֹת – RATHER, THE FIRST THREE communal FASTS shall be conducted on שֵׁנִי וַחֲמִישִׁי וְשֵׁנִי – MONDAY, THURSDAY AND the following MONDAY. What, then, did Rav Huna add to the Mishnah's teaching?

The Gemara explains the necessity of Rav Huna's ruling:

מַהוּ דְּתֵימָא – If not for Rav Huna's ruling, **what would you say?** הָנֵי מִילֵּי צִבּוּר – **These words** of the Mishnah apply to **a** series of **communal** fasts, אֲבָל יָחִיד לֹא – **but not** to that of **an individual.**[49] קָמַשְׁמַע לָן – **[Rav Huna]** therefore **informs us** that even individuals may not begin a series of fasts on Thursday, although their relatively small numbers will not cause an inflation of prices.[50]

The Gemara cites a Baraisa in support of Rav Huna's ruling:

תַּנְיָא נַמִּי הָכִי – **It was also taught thusly in a Baraisa:** כְּשֶׁהִתְחִילוּ הַיְחִידִים לְהִתְעַנּוֹת – WHEN THE INDIVIDUALS BEGIN TO FAST, מִתְעַנִּין שֵׁנִי וַחֲמִישִׁי וְשֵׁנִי – THEY FAST on MONDAY, THURSDAY AND on the following MONDAY.

The Baraisa also teaches:

וּמַפְסִיקִין – AND THEY INTERRUPT the series of fasts בְּרָאשֵׁי חֳדָשִׁים – ON ROSH CHODESH days

NOTES

45. The Gemara below (10b) establishes the criteria for inclusion in this category.

46. Moshe ascended Mount Sinai on a Thursday to receive the second Tablets, and descended on a Monday. Therefore, Mondays and Thursdays are recognized as days of Divine mercy. Hence, it is customary to schedule a fast on these days (*Bava Kamma* 82a, *Tosafos* ד"ה כדי).

47. Below, 15b.

48. A Thursday fast will cause the populace to do an inordinate amount of shopping, since they must purchase enough food for two large meals – one to be eaten to break the fast on Thursday night, and the other to be eaten as the main Sabbath-day meal. However, merchants will mistakenly conclude that the people were hoarding food in advance of an impending famine, and will therefore raise prices. If, however, the series of fasts were commenced on Monday, it would be well publicized by Thursday, and prices would remain stable (*Rashi* here and on 15b).

Rashi explains לְהַפְקִיעַ אֶת הַשְּׁעָרִים to mean that the merchants would reduce the unit of measure (i.e. *kav*, *maneh*) by which each particular food item was sold, while retaining the original unit-price. Whatever the method, the result was an increase in cost to the consumer.

49. Since the fasting of a relatively small group of individuals will not appreciably affect market prices, we might think that the Mishnah's ruling does not apply to individuals, and that they may commence fasting on a Thursday (*Rashi*).

50. Thus, since this Mishnah does not rule on the fasts of individuals, it was necessary for Rav Huna to state their laws (*Rashi*). As to why no distinction is made between the two types of fasts, see *Maggid Mishneh*, *Hil. Taaniyos* 1:5.

עין משפט נר מצוה

כו א ב ג מיי׳ פ"ג מהלכות תפלה הלכה טז סמג עשין יט טור ש"ע א"ח סי׳ קיז סעיף א:
כז ד ה מיי׳ פ"ג מהל׳ תענית הלכה א והלכה ב טוש"ע א"ח סי׳ תקעה סעיף א ב:
כח ו מיי׳ שם פ"א הלכה ה טוש"ע א"ח סי׳ תקעב סעיף א:
כט ז מיי׳ שם הלכה ט ופ"ג הלכה י וטוש"ע שם סי׳ תקעה סעיף ז:

גמרא

בברייתו של עולם ת"ר א"י נבראת תחילה וכל העולם כולו נברא לבסוף שנאמר א) עד לא עשה ארץ וחוצות א"י (א) משקה אותה הקב"ה בעצמו וכל העולם כולו ע"י שליח שנאמר ב) הנותן מטר על פני ארץ ושולח מים על פני חוצות א"י שותה מי גשמים וכל העולם כולו מתמצית שנאמר הנותן מטר על פני ארץ וגו׳ א"י שותה תחילה וכל העולם כולו לבסוף שנאמר הנותן מטר על פני ארץ וגו׳ משל לאדם שמגבל את הגבינה נוטל את האוכל ומניח את הפסולת אמר מר ממתקין הן בעבים מנליה דא"ר יצחק בר יוסף א"ר יוחנן כתיב ג) חשכת מים עבי שחקים וכתיב ד) חשרת מים עבי שחקים שקול כף ושדי אריש וקרי ביה א) חכשרת ור׳ יהושע בהני קראי מאי דריש בהו סבר לה כי הא דכי אתא רב דימי אמר אמרי במערבא נהור עננא זעירין מוהי חשוך עננא סגיין מוהי כמאן אזלא הא דתניא מים העליונים במאמר הם תלוים ופירותיהן מי גשמים שנאמר ה) מפרי מעשיך תשבע הארץ כמאן כר׳ יהושע ור׳ אליעזר ההוא במעשה ידיו של הקב"ה הוא דכתיב אריב"ל כל העולם כולו מתמצית גן עדן הוא שותה שנאמר ו) ונהר יוצא מעדן וגו׳ תנא מתמצית בית כור שותה ב) תרקב: ת"ר ג) ארץ מצרים הויא ד׳ מאות פרסה על ד׳ מאות פרסה והוא אחד מששים בכוש וכוש אחד מששים בעולם ועולם א׳ מששים בגן וגן אחד מששים לעדן ועדן אחד מס׳ לגיהנם נמצא כל העולם כולו ככיסוי קדרה לגיהנם וי"א גיהנם אין לה שיעור וי"א עדן אין לה שיעור א"ר אושעיא מאי דכתיב ז) שוכנת על מים רבים רבת אוצרות מי גרם לבבל שיהו אוצרותיה מליאות בר הוי אומר מפני ששוכנת על מים רבים אמר רב עתירה בבל דחצדא בלא מיטרא אמר אביי נקיטינן ד) טובעני ולא יובשני: **מתני׳** ה) בג׳ במרחשון שואלין את הגשמים רבן גמליאל אומר א בשבעה בו ט"ו יום אחר החג כדי שיגיע אחרון שבישראל לנהר פרת: **גמ׳** ו) א"ר אלעזר הלכה כרבן גמליאל תניא חנניה אומר ב ובגולה עד ששים בתקופה אמר רב הונא בר חייא אמר שמואל הלכה כחנניה איני והא בעו מיניה משמואל מאימת מדכרינן ותן טל ומטר אמר להו מכי מעיילי ציבי לבי טבות ז) רישבא דילמא אידי ואידי חד שיעורא הוא איבעיא להו יום ששים כלפני ששים או כלאחר ששים ת"ש רב אמר יום ששים כלאחר ששים ושמואל אמר יום ששים כלפני ששים א"ר נחמן בר יצחק וסימנך עילאי בעו מיא תתאי לא בעו מיא אמר רב פפא ג הלכתא יום ששים כלאחר ששים: **מתני׳** ד הגיע י"ז במרחשון ולא ירדו גשמים התחילו היחידים מתענין ג׳ תעניות אוכלין ושותין משחשיכה ומותרין במלאכה וברחיצה ובסיכה ובנעילת הסנדל ובתשמיש המטה ה הגיע ר"ח כסליו ולא ירדו גשמים ב"ד גוזרין שלש תעניות על הצבור אוכלין ושותין משחשיכה ומותרין במלאכה וברחיצה ובסיכה ובנעילת הסנדל ובתשמיש המטה: **גמ׳** מאן יחידים אמר רב הונא רבנן ואמר רב הונא יחידים מתענין שלשה תעניות שני וחמישי ושני מאי קמשמע לן תנינא ח) ו אין גוזרין תענית על הצבור בתחילה בחמישי שלא להפקיע את השערים אלא שלש תעניות הראשונות שני וחמישי ושני מהו דתימא הני מילי צבור אבל יחיד לא קמשמע לן תניא נמי הכי כשהתחילו היחידים להתענות מתענין שני וחמישי ושני ז ומפסיקין בראשי חדשים

ובימים

רש"י

בברייתו של עולם. כתיב שהיה כל העולם שטוף במים והקב"ה כונסן במקום אחד כמכניס מים בנאד (ב) שנתנם באוצרות דכתיב נותן באוצרות תהומות שם חול גבולו ואוצר ליס: משיורי תמצית. מה שנשאר בעבים אחר שתיית׳: על פני ארץ. א"י: בתחילה שותה. שם יורדין הגשמים תחילה כך שמעתי: חשרת מים וחשכת מים. שני מקראות הן חד בתהלים וחד בשמואל בוידבר דוד: ה"ג שקול כף ושדי אריש. כלומר קח כף שבמלת חשכת ורפו עם מלה חשרת וקרי ביה (ג) חכשרת שממתקין ומכשירין בעבים: חשוך עננא סגיאין מימוהי. והיינו דכתיב חשכת מים: נהור עננא. כשהענן קליש זעירן מימוהי ומכלל חשוך סגיאין אתה למד אבל נהור זעירין וחשרת לשון השרה כמו אין שורין דיו (שבת דף יח:) כו׳ כדדריש ליה רבי יהושע לעיל אבל חשכת מיבעי ליה להכי ולהכי: במאמר הן תלוין. אינן נחות על שום דבר אלא מכונסות ועומדות כמין בריכה ותלויות במאמרו של הקב"ה: ופירותיהן מי גשמים. משום לישנא דקרא נקט הכי משום דכתיב מפרי מעשיך תשבע הארץ ופירותיהם כלומר מזיעת המים שאין נחסרין כלום כדכתיב (תהלים סה) פלג אלהים מלא מים כל שעה והקרן קיימת ופירותיהן מי גשמים וכן מפורש בבראשית רבה: ונהר יוצא מעדן. (ד) סימן לדבר שגן עדן שותה מן הגשמים תחילה דכתיב ונהר יוצא מעדן להשקות את הגן וגו׳: תנא מתמצית בית כור. כלי שמשקין במימיו בית כור יכולין להשקות בתמציתו שיעור זריעת תרקב שהוא אחד מששים בבית כור והכי נמי עולם אחד מששים בגן עדן ודי לו בתמצית העננים המשקין את הגן (ה) גן לפני כל העולם כולו כעדן לגן: נמצא כל העולם ככיסוי קדרה. הקטן כנגד הקדרה: שוכנת על מים רבים. רבת אוצרות בא קצך אמת בצעך: שרבו אוצרותיה. שקנו עושר: מים רבים. שמשקין שדותיהן דבבל עמוקים מכל הארצות וגשמים מטפטפין ויורדין שם: עתירה בבל. עשירה היא בבל שקוצרין בה תבואה בלא מטר שאינן צריכים לגשמים: נקיטינן. דהכי (ו) תלדא בבל בלא מיטרא: דטובעני. היא מקום מצולה ורקק: ולא יובשני. שאינה יבשה: מתני׳ בשלשה במרחשון שואלין את הגשמים וכו׳ רבן גמליאל אומר בשבעה בו בט"ו יום אחר החג.

כלומר בשבעה במרחשון הוא ט"ו אחר החג: כדי שיגיע האחרון. כלומר קודם ביאת מים לנהר פרת שהוא רחוק יותר: **גמ׳** ובגולה ששים. ובגולה אין שואלין עד ששים בתקופה לפי שהוא מקום נמוך ואין צריכים מטר כל כך: מכי מעיילי ציבי לבי טבות רישבא. משעה שמכניסין עצים לאוצר לצורך ימות הגשמים שכן היו נוהגין לפי שהיו יודעין שזמן גשמים הוא משם ואילך ולא היו יכולין לחטוב עצים ביער: רישבא. לייד עופות כמו אין פורשין ט) רשתים ליונים (ב"ק דף עט:) טבות שם אדם: כלפני ס׳. ולא מדכרינן: כלאחר ס׳. ומדכרינן: עילאי בעו מים. העומדים בהרים צריכין יותר מים מפני שהגשמים מתגלגלים ויורדין למטה: תתאי לא בעו מים. שמתכנסין כל מימי ההרים לבקעה ה"נ רב שהיה מארץ ישראל כדאמרינן בעלמא (גיטין דף ו.) מכי אתא רב לבבל וארץ ישראל גבוהה מכל הארצות משום הכי אמר כלאחר ששים ובבבל בגולה מתוך שאינן צריכין לגשמים אין שואלין עד ס׳ לתקופת תשרי וכן אנו נוהגים שכל מנהגינו אחר בני בבל: **מתני׳** הגיע שבעה עשר וכו׳. אוכלין ושותין משחשיכה שאין אוכלין מבעוד יום כיום הכפורים ותשעה באב: **גמ׳** מאי קמ"ל. האי דקאמר שני וחמישי ושני: תנינא. בפירקין דלקמן (דף טו:) אין גוזרין תענית כו׳ שלא להפקיע את השערים שאם היו מתחילין להתענות בחמישי היו קונין למוצאי התענית שתי סעודות גדולות אחד לתענית ואחד לשבת וכסבור המוכר שרעב בא לעולם ואתי לאפקועי שערים: אפקועי. מבטל שיעור מדה הראשונה וממעטה: אבל יחידים לא. שלש תעניות שהיחידין עושין קודם לצבור אינן זקוקין להתחיל בשני דליכא אפקיעת שערים משום יחידים לחודייהו והללו ג׳ תעניות דיחידים אינן בכלל י"ג תעניות דלצבור תדע דקא חשיב במתני׳ שלש ושלש ושבע: ומפסיקין בראשי חדשים. שאם חל ר"ח בשני ובחמישי לאחר שהתחילו להתענות פוסקין תעניתם:

וכן

תוספות

קרי ביה חכשרת. פי׳ הטל הכ"ף מן חשכת ושדי עם חשרת ויהיה חכשרת כלומר שהמים בעננים מתכשרים שהעננים שותים לבסוף הם ממתקים בעבים: טובעני ולא יובשני. פי׳ מוטב להיות בארץ שהיא לחה מכשהיא יבשה:

הלכתא יום ס׳ כלאחר ס׳. וכן עמא דבר ויום תקופה מתחיל: אין גוזרין תענית על הצבור בתחילה בחמישי שלא להפקיע השערים. פי׳ שע"י שעשו הצבור תענית יקנו מזון של חמישי ושל שבת וכסבורים העם יוקר היא ויפקיעו השערים:

איזהו

רבינו חננאל

ארץ ישראל נבראת תחלה שנאמר עד לא עשה ארץ וחוצות א"י הקב"ה משקה אותה [בעצמו] וכל העולם כולו ע"י שליח. שנאמר הנותן מטר על פני ארץ ושולח מים על פני חוצות. א"י שותה מי גשמים וכל העולם שותה תמצית שנאמר הנותן מטר וגו׳ משל לאדם מגבל גבינה. נוטל מאכל ומניח הפסולת: ת"ר מצרים ד׳ מאות פרסה על ד׳ מאות פרסה. ואחד מס׳ בכוש. וכוש אחד מס׳ בעולם. והעולם אחד מס׳ בגן. וגן אחד מס׳ בעדן. ועדן אחד מס׳ בגיהנם. נמצא כל העולם כולו ככיסוי קדירה לגיהנם. אריב"ל כל העולם מתמצית הגן הוא שותה שנאמר ונהר יוצא מעדן להשקות את הגן. תנא מתמצית בית כור שותה. תרקב. פי׳ התרקב הוא חצי סאה. והכור יש בו ל׳ סאין. נמצא א׳ מס׳ בכור. וכיון ששנה בחיצונה והעולם א׳ מס׳ בגן. נמצא העולם כולו חלק א׳ מס׳ חלקים בגן ומתמציתו שותה כל העולם. דקדק התנא שמתמצית בית כור שותה תרקב שהרי זה התרקב א׳ מס׳ בכור כמו שהוא העולם א׳ מס׳ בגן ושותה תמציתו: **מתני׳** בג׳ מרחשון שואלין הגשמים ר"ג אומר (בשמנה) [בשבעה] בו. א"ר אלעזר הלכה כר"ג. תנא חנניה אומר ובגולה עד ס׳ יום בתקופה. אמר שמואל הלכתא כחנניה. וזמן הכנסת עצים דבי טיבות רישבא מן השדה הוה ס׳ בתקופה. ואיבעיא לן יום ס׳ כלפני ס׳ ואינו שואל או כלאחר ס׳ ושואל. רב אמר כלפני ס׳ ושמואל אמר כלאחר ס׳ וסימניך עילאי בעי מיא תתאי לא בעו מיא. פי׳ נהרדעא אתריה דשמואל והיא גבוהה והן מבקשים מים. וסורא אתריה דרב והיא לגבי נהרדעא תתאה. והן אינן מבקשין מים כלומר כיון שהן תחתיין נקוין המים בהן ומתקיימין אצלם. אמר רב פפא הלכתא יום ס׳ כלאחר ס׳: **מתני׳** הגיע י"ז במרחשון ולא ירדו גשמים התחילו היחידים מתענים. ואוקים רב הונא להני יחידים רבנן ומתענין ב׳ וה׳ וב׳. ומפסיקין בר"ח וביו"ט

רבינו גרשום

כמאן כר׳ יהושע דאמר ממים העליונים הם. כמאן כר׳ אליעזר דאמר מן הארץ עולה מטר.

מתמצית כור שותה תרקב. מתמצית גן עדן שותה כל העולם דכל העולם לגבי גן עדן כתרקב לפני כור תרקב תרי וקב דהיינו ג׳ קבין. כור ל׳ סאין ותרקב חצי סאה נמצא תרקב אחד מששים בכור וכל העולם אחד מששים בגן עדן: דחצדא בלא מטרא כלומר שקוצרת בלא מטר כלומר שאינה צריכה מטר שיושבת בין ביצעי המים. ע"א אצדא: טובעני ולא יובשני כלומר מיתרמי שטובעין הזרעים אבל לעולם אין מתייבשין: ר"ג אומר בשבעה בו בחמשה עשר יום אחר החג כלומר דז׳ במרחשון הוא ט"ו אחר החג כדי שיגיע האחרון כו׳ קודם הגשמים: ובגולה אין שואלין את הגשמים עד ששים בתקופה. לפי שהן במקום נמוך ואין צריכין למטר כל כך: ציבי דטבות רישבא. דהוה עשיר והיו עצים שלו מונחים ליבש בשדה עד שיכנסם במרחשון: כלפני ששים. ואין שואלין בו: או כלאחר ששים. ושואלין בו: עילאי בעו מיא רב דהוה מא"י בעי מים בששים. תתאי לא בעי מיא שמואל דהוה מבבל עד לבסוף לא בעי מיא עד ששים ואחד: אוכלין ושותין משחשכה. שאין אוכלין מבעוד יום כיוה"כ וכתשעה באב: שלא להפקיע את השערים. דבני כפרים הבאים ליום הכניסה מספקים מים ומזון לאחיהן שבכרכין

מסורת הש"ס

א) [כלומר נכשרין וממתקין. ערוך], ב) [פי׳ תרי וקב והיינו חצי סאה. ערוך], ג) פסחים צד., ד) [כלומר מוטב שיהיה מטר הרבה מהיות מורב בלי מטר. ערוך], ה) [לעיל ד:], ו) לעיל ו. ב"מ כח., ז) [פי׳ הגאון כאשר כתיב נשיא בית אב תרגומו רב בית אבא זה ראש בית אב. ערוך ערך רשבא א], ח) לקמן טו:, ט) ובנוסחאות דידן כתוב רשתים ועיין בערוך ערך רשבא ב.

הגהות הב"ח

(א) גמ׳ שנאמר עד לא עשה ארץ וחוצות א"י שותה תחילה כו׳ על פני ארץ וגו׳ א"י משקה אותה הקב"ה בעצמו וכו׳ מתמצית וכו׳ על פני ארץ וגו׳ משל לאדם שמגבן את הגבינה: (ב) רש"י ד"ה בברייתו כו׳ כמכנים מים בנאד ונתנם באוצרות כו׳ ואוצר ליס מה"ד שותה תחלה שם יורדין הגשמים תחלה כך שמעתי ומה"ד מתמצית משיורי מים שנשאר בעבים כו׳ א"י מה"ד חשרת כו׳: (ג) ד"ה ה"ג שקול כו׳ חכשרת. נ"ב ולהכי נקט רי"ש ולא נקט שי"ן דשי"ן הכא והכא כתיב: (ד) ד"ה ונהר יוצא מעדן כלומר סימן לדבר כו׳ דכתיב קרא ונהר יוצא מעדן תחלה להשקות הגן: (ה) ד"ה תנא כו׳ להשקות את הגן הס"ד ואח"כ מה"ד גן לפני כל עולם כולו כגן עדן לעולם: (ו) ד"ה נקיטינן דהכי הוא חלדא בבל בלא מיטרא דטובעני כו׳ הס"א:

תורה אור השלם

א) עַד לֹא עָשָׂה אֶרֶץ וְחוּצוֹת וְרֹאשׁ עַפְרוֹת תֵּבֵל: [משלי ח, כו]
ב) הַנֹּתֵן מָטָר עַל פְּנֵי אָרֶץ וְשֹׁלֵחַ מַיִם עַל פְּנֵי חוּצוֹת: [איוב ה, י]
ג) יָשֶׁת חֹשֶׁךְ סִתְרוֹ סְבִיבוֹתָיו סֻכָּתוֹ חֶשְׁכַת מַיִם עָבֵי שְׁחָקִים: [תהלים יח, יב]
ד) וַיָּשֶׁת חֹשֶׁךְ סְבִיבֹתָיו סֻכּוֹת חַשְׁרַת מַיִם עָבֵי שְׁחָקִים: [שמואל ב׳ כב, יב]
ה) מַשְׁקֶה הָרִים מֵעֲלִיּוֹתָיו מִפְּרִי מַעֲשֶׂיךָ תִּשְׂבַּע הָאָרֶץ: [תהלים קד, יג]
ו) וְנָהָר יֹצֵא מֵעֵדֶן לְהַשְׁקוֹת אֶת הַגָּן וּמִשָּׁם יִפָּרֵד וְהָיָה לְאַרְבָּעָה רָאשִׁים: [בראשית ב, י]
ז) שֹׁכַנְתְּ עַל מַיִם רַבִּים רַבַּת אוֹצָרֹת בָּא קִצֵּךְ אַמַּת בִּצְעֵךְ: [ירמיה נא, יג]

ליקוטי רש"י

ארץ וחוצות. ארץ ישראל ושאר ארצות [משלי ח, כו]. הנותן מטר על פני ארץ. ארץ ישראל. ושולח מים על פני חוצות. ע"י שליח לשאר הארצות [איוב ה, י]. במערבא. בארץ ישראל [שבת סה:]. בית כור. שלשים סאין [ישעיה ה, י]. תרקב. חצי סאה פירוש תרי וקב [שבת נט.]. פרסה. ארבעת מילין [יחזקאל מח, א]. ככיסוי קדירה. דבר מועט [פסחים צד.]. בג׳ במרחשון. הכי קים להו דהוה זמן גשמים. הלכה כרבן גמליאל. דאינו שואל עד שבעה במרחשון [לעיל ד:]. רישבא. פורש רשתו לצוד חיה ועוף [שבת יז:]. יחידים. חסידים [לעיל ו.]. שלא להפקיע את השערים. כשרואין בעלי חנויות שקונין למוצאי יום חמישי שתי סעודות גדולות אחת לליל חמישי ואחת לשבת סבורים שבא רעב לעולם ומייקרים ומפקיעים השער אבל משהתחילו להתענות יודעין שאינו אלא מפני התענית [לקמן טו:].

ובימים טובים הכתובין במגילת תענית תנו רבנן אל יאמר אדם תלמיד אני איני ראוי להיות יחיד אלא [א]כל תלמידי חכמים יחידים אי זהו יחיד ואיזהו תלמיד יחיד כל שראוי למנותו פרנס על הצבור תלמיד [א]כל ששואלין אותו דבר הלכה בלמודו ואומר ואפילו במסכת דכלה תנו רבנן לא כל הרוצה לעשות עצמו יחיד עושה תלמיד עושה דברי ר' מאיר רבי [ב]יוסי אומר [ב]עושה וזכור לטוב לפי שאין שבח הוא לו אלא צער הוא לו תניא אידך לא [ג]כל הרוצה לעשות עצמו יחיד עושה תלמיד עושה דברי רבי שמעון בן אלעזר רבן שמעון בן גמליאל אומר במה דברים אמורים בדבר של שבח אבל בדבר של צער עושה וזכור לטוב שאין שבח הוא לו אלא צער הוא לו [ג]ת"ר [ד]מי שהיה מתענה על הצרה ועברה על החולה ונתרפא הרי זה מתענה ומשלים [ד]ההולך ממקום שאין מתענין למקום שמתענין הרי זה מתענה עמהן [ה]ממקום שמתענין למקום שאין מתענין הרי זה מתענה ומשלים [ו]שכח ואכל ושתה אל יתראה בפני הצבור ואל ינהיג עידונין בעצמו שנאמר [א]ויאמר יעקב לבניו למה תתראו אמר להם יעקב לבניו אל תראו עצמכם כשאתם שבעין לא בפני עשו ולא בפני ישמעאל כדי שלא יתקנאו בכם [ב]אל תרגזו בדרך אמר רבי אלעזר אמר להם יוסף לאחיו אל תתעסקו בדבר הלכה שמא תרגזו עליכם הדרך איני והאמר ר' אלעאי בר ברכיה [ז]שני תלמידי חכמים שמהלכים בדרך ואין ביניהן דברי תורה ראויין לישרף שנאמר [ג]ויהי המה הולכים ([י]הולך) ודבר והנה רכב אש וסוסי אש ויפרידו בין שניהם טעמא דאיכא דיבור הא ליכא דיבור ראויין לישרף לא קשיא הא למיגרס הא לעיוני במתניתא תנא אל תפסיעו פסיעה גסה והכניסו חמה לעיר אל תפסיעו פסיעה גסה דאמר מר [ז]פסיעה גסה נוטלת [ח]אחד מחמש מאות ממאור עיניו של אדם והכניסו חמה לעיר כדרב יהודה אמר רב [ט]דאמר רב יהודה אמר רב לעולם יצא אדם בכי טוב ויכנס בכי טוב שנאמר [ד]הבקר אור והאנשים שלחו אמר רב יהודה אמר רבי חייא ° המהלך בדרך אל יאכל יותר משני רעבון מאי טעמא הכא תרגימו משום מעיינא במערבא אמרי משום מזוני מאי בינייהו איכא בינייהו דיתיב

וכן בימים טובים הכתובים במגילת תענית: **תלמיד אני.** ואיני חשוב כל כך כיחידים כלומר איני ראוי להתחיל תענית עם היחידים: **לא כל הרוצה לעשות עצמו יחיד.** לענין תענית: **עושה.** דנראה מגסי הרוח ותנן (אבות פ"ג משנה י) כל שרוח הבריות נוחה הימנו כו': **הכי גרסינן התלמידים עושין עצמן.** כדאמרינן לעיל שכל התלמידים ראויין לכך ואין בהם משום גסות הרוח: **רבי יוסי אומר כל אדם.** ואפילו שאינו תלמיד עושה עצמו יחיד להתענות וזכור לטוב דלצער הוא לו ולא גסות לישנא אחרינא גרסינן לא כל הרוצה לעשות עצמו יחיד עושה תלמיד עושה כלומר ולא כל הרוצה נמי לעשות עצמו תלמיד להתנהג עצמו במדת [י]תלמיד בחלוקו ובמטתו ולהתנאות בסודר של תלמידי חכמים ושאר דברים עושה דכל הרוצה ליטול לו את השם לא יטול ורבי יוסי ארישא ומסתבר כי האי לישנא מדקא מהדר רבן שמעון בן גמליאל דבר של שבח אינו עושה מכלל דאיירי בשבח: **על החולה ונתרפא.** הוא הדין אם מת החולה בעי לקיומי נדרו: **על הצרה ועברה.** מתענה ומשלים ואם לאו נראה כמתנה עם קונו אם תעבור ([כ]אתענה) ואם לאו (לא) אתענה: **למקום שאין מתענין הרי זה מתענה ומשלים.** כל התעניות שקבלו עליהן בני עירו דנותנין עליו חומרי המקום שיצא משם: **אכל ושתה.** דיעבד: **אל יתראה בפניהן.** שנראה כחתן בין אבלים ויתקנאו בו: **ואל ינהיג עדונים בעצמו.** שלא יאמר הואיל ואכלתי כל שהוא אוכל הרבה: **אל תראו עצמכם.** שיש לכם חטים הרבה ולא הלכו אלא בשביל דבר זה שלא להתראות בפני בני עשו שהיו לעורים ורעבים: **תרגזו עליכם הדרך.** תתעו: **לישרף באש.** דכתיב והנה סוסי אש וכתיב בההוא עניינא הלוך ודבר והכי כתביה לאשמועינן דאי לאו שהיו הולכין (א) בעומקה של הלכה לא [היו ניצולין]: **הא למגרס.** מבעי ליה באורחא אבל במלתא דמבעי ליה לעיוני לא: **במתניתא תנא.** מאי אל תרגזו בדרך אל תזיקו עצמכם בפסיעה גסה: **והכניסו חמה לעיר.** כשאתם לנין ושוכבין בדרך בעיירות הכניסו לעיר בעוד שהחמה זורחת: **יצא אדם בכי טוב.** שימתין עד שיאור כמו וירא אלהים את האור כי טוב (בראשית א): **ויכנס בכי טוב.** בערב בעוד שהחמה זורחת שאין ליסטין מצויין אי נמי שלא יפול בבורות ובקעים שבעיר שלא יעלילו עליו עלילות מרגל אתה או גנב: **הבוקר אור והאנשים שולחו המה וחמוריהם.** מיכן שיצאו בכי טוב והוא הדין ליכנס בכי טוב יש ספרים דלא כתיב בהו האי קרא אלא מילתא דרב יהודה סברא הוא ולא בעי' קרא: **לא יאכל יותר ממה שאוכל בשני רעבון.** דאמר לקמן (דף יא.) שצריך להרעיב עצמו בשני רעבון: (**הכא** (ב). זה בבלי הוא וכי משתעי בבבל קאמר הכא וכל הא לן והא להו בבבל קאמר): **משום מעיינא.** שלא יתחלחלו מעיו של אדם ברוב אכילתו מפני טורח הדרך יש אומרים יהיו מעיו של אדם שופכין זה לזה כעין מעיין: **משום מזוני.** שמא (ג) אין לו לאח"כ: דיתיב

איזהו יחיד כו' שראוי למנותו פרנס על הצבור (ד) להיות פרנס ואיזהו תלמיד כל ששואלין דבר הלכה בכל מקום וכו'. וקשה דהכא משמע דקרי תלמיד אותו שיודע להשיב כששואלין לו דבר הלכה בכל מקום ואומרה והתם אמרינן במס' שבת פרק ואלו קשרים (דף קיד.) איזהו תלמיד הראוי למנותו פרנס על הצבור כשיודע להשיב כל ששואלין (ה) דבר הלכה ואפילו במסכת כלה אלמא הראוי למנותו פרנס על הצבור הוי כשיודע להשיב והכא משמע דאותו הראוי למנותו פרנס הוי מילתא אחריתי ועוד דהכא משמע דיחיד עדיף מדקאמר בסמוך לא כל הרוצה לעשות עצמו יחיד עושה אבל הרוצה לעשות עצמו תלמיד עושה ויש לומר דיש חילוק בתלמיד דדוקא כשהרב בא אל מקום אחד וכל התלמידים אצלו זה שואל אל הרב ממה שהוא לומד וזה שואל ממקום אחר ואותו הרב יודע להשיב לכל התלמידים לכל אחד ואחד כפי שאלתו ואפילו במס' כלה זהו יחיד דעדיף מתלמיד דהכא ונקרא תלמיד התם בפרק אלו קשרים אותו ודאי ראוי למנותו פרנס על הצבור אבל אם אינו יודע להשיב אלא במסכת שלו נקרא גם כן תלמיד ומזה מיירי הכא:

ההולך ממקום שמתענין למקום שאין מתענין הרי מתענה ומשלים. ל"ש דעתו לחזור ל"ש אין דעתו לחזור הואיל וקבל עליו התענית: **למה** תתראו. כמו שמפרש אל תראו עצמכם בפני בני עשו וכו' ויש במדרש למה תתראו פירוש למה תהיו כחושין:

אל תרגזו בדרך. ויש מדרש אל תפסיקו מדבר הלכה:

ואין ביניהם דברי תורה ראוים לישרף דכתיב ויהי המה הולכים הלוך ודבר וגו' טעמא דאיכא דבור וכו'. ויש מדרש שהם היו מדברים דברים בטלים ומש"ה ראוין לישרף: **פסיעה** גסה נוטלת אחת מחמש מאות ממאור עיניו של אדם. ואין להקשות אם כן בחמש מאות פסיעות גסות יהיה ניטל כל מאור עיניו של אדם והא קא חזינן דלאו הכי הוה ונראה לפרש דהפסיעה ראשונה נוטל אחת מחמש מאות והפסיעה שניה נוטל פחות מן הראשונה ששניה אינה נוטלת אלא אחד מחמש מאות הנשארים כמו בעישורייתא דבי רבי (כתובות דף סח.) ר"ל העישור ממה שנשאר אבל עדיין קשה דמ"מ פסיעה ראשונה דנוטלת יותר מן השניה אלא יש לומר דלא נוטלת אלא פסיעה ראשונה דוקא ומכאן ואילך כיון דדש דש אי נמי פסיעה ראשונה נוטלת טפי משום [ל]דכל התחלות קשות: **לעולם** יצא אדם בכי טוב. פי' בפרק קמא דפסחים (דף ב.) [וע"ע תוס' ב"ק ס:]:

משום מעיינא. פירוש משום שהבני מעיין הוי קשה להו: אסור

ליקוטי רש"י (המשך)

ספרת לשון הרע עליו וגרמת לנו לשנאתו [שם מה, כד]. **ויהי המה הולכים הלוך ודבר.** בדברי תורה כאליהו וכאלישע כתיב. **ראוין לישרף.** שעל מנת כן בא הרכב אש עליהם [סוטה מט.]. **פסיעה גסה.** יותר מאמה פסיעה בינונית אמה [שבת קיג:]. **לעולם יצא אדם בכי טוב ויכנס בכי טוב.** היוצא לדרך יכנס ערבית לבית מלון בעוד החמה זורחת ולמחר ימתין עד הנץ החמה ויצא ואז טוב לו שהאור טוב לו שנאמר באור כי טוב ומה היא טובתו מפני החיות ומפני הלסטים [פסחים ב.]. בעוד חמה זורחת ילין במלון ולא ימתין עד שתחשך ולבקר לא ישכים לצאת עד שיאיר כי טוב לישנא מעליא האור כי טוב לצאת בו וליכנס בו מפני המזיקין והליסטין [ב"ק ס:]. **הבוקר אור והאנשים שלחו.** הבקר האיר

עין משפט נר מצוה

ל **א ב** מיי' פ"ג מהלכות תעניות הלכה א טוש"ע א"ח סי' תקעה סעיף א:
לא **ג** מיי' פ"ק מהלכות תעניות הלכה טו טוש"ע א"ח סי' תקסט סעיף א:
לב **ד** מיי' שם טוש"ע א"ח סי' תקעד סעיף ב:
לג **ה** מיי' שם וטוש"ע שם סעיף א:
לד **ו** מיי' שם וטוש"ע שם סעיף ג:

רבינו חננאל

וביו"ט הכתובים במגלת תענית: **ת"ר** לא יאמר זה איני ראוי לכך. אלא כל התלמידים ראוין לכך. איזהו יחיד כל שראוי למנותו פרנס על הצבור. ואיזה תלמיד כל ששואלין אותו הלכה בכל מקום ואומרה. פי' בכלום מקום כלומר מקום מן התלמוד. ואפי' במס' דכלה. שמתעסקין בה כל תלמיד חכם שרוצים לשנותה בכלה של אדר תניא לא כל הרוצה לעשות עצמו יחיד עושה שנראה כיהירות התלמידים עושין דברי ר' שמעון בן אלעזר. רשב"ג א' דבר של שבח אינו עושה. דבר של צער עושה עצמו יחיד וכן ר' יוסי אומר עושה וזכור לטוב. שאינו שבח לו התענית אלא צער הוא לו: **ת"ר** הרי שהיה מתענה על החולה ונתרפא על צער צרה ועברה מתענה ומשלים ההולך ממקום שמתענין למקום שאין מתענין וכו'. **זה** שאמר יוסף לאחיו אל תרגזו בדרך. אל תתעסקו בדבר הלכה שלא תתגר עליהם הדרך ואוקימנא לעיוני אבל במגרס לא. דא"מ ב' ת"ח המהלכים בדרך ואין ביניהם דברי תורה ראוין לישרף שנאמר ויהי המה הולכים הלוך ודבר והנה רכב אש וסוסי אש ויפרידו בין שניהם. במתניתא תנא אל תפסיעו פסיעה גסה שנוטלת אחד מחמש מאות ממאור עיניו של אדם. והכניסו חמה לעיר. כדרב יהודה אמר רב לעולם יכנס אדם בכי טוב ויצא בכי טוב כלומר באור היום כדכתיב וירא אלהים את האור כי טוב. וכתיב הבקר אור והאנשים שלחו. משום מעיינא פי' אם יאכל הרבה יקחהו שלשול ויבא להתאחר מן השיירא.

רבינו גרשום

שבכרכין וכשהן באין בחמישי לא ידעו שקבלו עליהם תענית ואין מביאין מזון אלא לצורך השבת ולוקחין הכל לצורך ליל חמישי לפי שהתענו בו ומתייקר המזון לצורך השבת אבל כשגוזרין בשני כשבאין בשני לעיר שומעין כשגוזרין תענית וכשבאין בחמישי מביאין מזון כדי למכור ללילי חמישי ולשבת: **מפסיקין בראשי חדשים** אם אירעו בחמישי ושני הכתוב במגילת תענית דלא להתענאה בהון: **אל יאמר תלמיד [אני]** איני ראוי לכך להתענות. **ר' יוסי אומר** כל אדם נמי עושה וזכור לטוב: **אפילו במס' כלה** שאין רגילין להתעסק בו שאין שבח הוא לו שמתענה: **דבר של שבח** אינו עושה כגון חתן קורא ק"ש בלילה הראשון. של צער מתענה. **ות"ח** עושה. בין של שבח בין של צער: **הרי זה מתענה ומשלים** שנותנין עליו חומרי מקום שהלך לשם וחומרי מקום שיצא משם: **אל יתראה בפניהם.** כשהוא שבע. **אל ינהיג בעצמו עידונין.** שלא יאמר הואיל שאכלת[י] כל שהוא אוכל הרבה: **מפני הרעב: שמא ירגז עליכם הדרך.** שהרואה אתכם שאתם חולקין בדבר הלכה סבור נלחמים אתם ומתרגזים

מסורת הש"ס

א) שבת קיד. קדושין מט:, ב) [גי' רי"ף יהודה], ג) [תוספתא פ"א], ד) [תוספ' פ"ב], ה) סוטה מט., ו) [נ"ל הלוך], ז) ברכות מג: שבת קיג:, ח) [פסחים מב.], ט) פסחים ב. ב"ק ס: ע"ש, י) [ב"ב מ:], כ) [נ"ל לא אתענה], ל) [מכילתא הביאו רש"י פ' יתרו יט ה"ה].

הגהות הב"ח

(א) רש"י ד"ה לישרף באש כו' שהיו הולכין בדבר של הלכה: (ב) ד"ה הכא תרגימו. בבבל תלמוד זה כו': (ג) ד"ה משום מזוני שמא לא יהי' לו לאח"כ: (ד) תוס' ד"ה איזהו כו' פרנס על הצבור ואיזהו תלמיד כו' כצ"ל ותיבות להיות פרנס נמחק: (ה) בא"ד כל ששואלין אותו דבר הלכה ואפילו:

גליון הש"ס

גמ' המהלך בדרך אל יאכל כו'. עי' מג"א סי' קי ס"ק י:

תורה אור השלם

א) וַיַּרְא יַעֲקֹב כִּי יֶשׁ שֶׁבֶר בְּמִצְרָיִם וַיֹּאמֶר יַעֲקֹב לְבָנָיו לָמָּה תִּתְרָאוּ: [בראשית מב, א]

ב) וַיְשַׁלַּח אֶת אֶחָיו וַיֵּלֵכוּ וַיֹּאמֶר אֲלֵהֶם אַל תִּרְגְּזוּ בַּדָּרֶךְ: [בראשית מה, כד]

ג) וַיְהִי הֵמָּה הֹלְכִים הָלוֹךְ וְדַבֵּר וְהִנֵּה רֶכֶב אֵשׁ וְסוּסֵי אֵשׁ וַיַּפְרִדוּ בֵּין שְׁנֵיהֶם וַיַּעַל אֵלִיָּהוּ בַּסְּעָרָה הַשָּׁמָיִם: [מלכים ב' ב, יא]

ד) הַבֹּקֶר אוֹר וְהָאֲנָשִׁים שֻׁלְּחוּ הֵמָּה וַחֲמֹרֵיהֶם: [בראשית מד, ג]

ליקוטי רש"י

כל ששואלין אותו. בכל התלמוד [שבת קיד.]. מאחד מן המקומות [קידושין מט:]. **ואפילו במסכת דכלה.** דלא רגילי בה אינשי וזה נתן לבו וגרסה מסכת כלה ברייתא היא כלה בלא ברכה אסורה לבעלה כנדה [שבת שם ועי' תוס' כאן ושם]. שאין עומק בה וברייתא היא וכך היא שנויה כלה בלא ברכה אסורה לבעלה כנדה [קידושין שם ועי' תוס' שבת שם]. **אל תראו עצמכם כשאתם שבעין.** כי באותה שעה עדיין היה להם תבואה [בראשית מב, א]. **אל תרגזו בדרך.** אל תתעסקו בדבר הלכה שלא תרגז עליכם הדרך דבר אחר אל תפסיעו פסיעה גסה והכניסו חמה לעיר ולפי פשוטו של מקרא יש לומר לפי שהיו נכלמים היה דואג שמא יריבו בדרך על דבר מכירתו להתווכח זה עם זה ולומר על ידך נמכר אתה

וּבְיָמִים טוֹבִים הַכְּתוּבִין בִּמְגִילַּת תַּעֲנִית – AND ON THE HOLIDAYS RECORDED IN *MEGILLAS TAANIS*,[1] when it is prohibited to fast.[2]

The Gemara refines its definition of "distinguished individuals":

תָּנוּ רַבָּנָן – **The Rabbis taught in a Baraisa:** אַל יֹאמַר אָדָם תַּלְמִיד אֲנִי – A PERSON SHOULD NOT SAY: I AM only A STUDENT, אֵינִי רָאוּי לִהְיוֹת יָחִיד – and I AM NOT WORTHY OF BEING considered A distinguished INDIVIDUAL who fasts for rain in advance of the community. אֶלָּא כָּל תַּלְמִידֵי חֲכָמִים יְחִידִים – RATHER, ALL STUDENTS OF THE SAGES ARE considered distinguished INDIVIDUALS and must fast.[3] אֵי זֶהוּ יָחִיד וְאֵיזֶהוּ תַּלְמִיד – WHO IS AN "INDIVIDUAL" AND WHO IS A "STUDENT" who must fast? יָחִיד כָּל שֶׁרָאוּי לְמַנּוֹתוֹ פַּרְנָס עַל הַצִּבּוּר – AN "INDIVIDUAL" is ANYONE WHO IS FIT TO BE APPOINTED A LEADER OF THE COMMUNITY; i.e. he is able to respond to halachic inquiries on any topic.[4] תַּלְמִיד כָּל שֶׁשּׁוֹאֲלִין אוֹתוֹ דְּבַר הֲלָכָה בְּלִמּוּדוֹ וְאוֹמֵר – "A STUDENT" is ANYONE WHO WHEN ASKED ON A HALACHIC MATTER IN HIS current area of STUDY is able to RESPOND, וַאֲפִילּוּ בְּמַסֶּכֶת דְּכַלָּה – AND EVEN if his current area of expertise is only IN THE TRACTATE OF *KALLAH*.[5] However, a student of lesser scholarship is not obligated to fast.

The Gemara cites another Baraisa on this topic:

תָּנוּ רַבָּנָן – **The Rabbis taught in a Baraisa:** לֹא כָּל הָרוֹצֶה לַעֲשׂוֹת עַצְמוֹ – NOT EVERYONE WHO DESIRES TO COMPORT[6] HIMSELF יָחִיד עוֹשֶׂה – as AN INDIVIDUAL, who must fast, MAY DO SO,[7] תַּלְמִיד עוֹשֶׂה – or who wishes to comport himself as A STUDENT, who is particular about his dress and conduct,[8] MAY DO SO – דִּבְרֵי ר׳ מֵאִיר – these are THE WORDS OF R' MEIR. רַבִּי יוֹסֵי אוֹמֵר – R' YOSE SAYS: עוֹשֶׂה וְזָכוּר לַטּוֹב – HE MAY DO SO, i.e. he may fast, AND HE IS REMEMBERED FAVORABLY for it, לְפִי שֶׁאֵין שֶׁבַח הוּא לוֹ – BECAUSE [FASTING] IS NOT a source of PRAISE FOR HIM, אֶלָּא צַעַר הוּא לוֹ – BUT IS DISTRESSING FOR HIM. Since fasting is physically taxing, no one will accuse him of arrogant behavior.[9]

The Gemara cites a related Baraisa:

תַּנְיָא אִידָךְ – **It was taught in another Baraisa:** לֹא כָּל הָרוֹצֶה לַעֲשׂוֹת עַצְמוֹ – NOT EVERYONE WHO DESIRES TO COMPORT HIMSELF יָחִיד עוֹשֶׂה – as AN INDIVIDUAL and thus fast MAY DO SO, תַּלְמִיד עוֹשֶׂה – or to comport himself as A STUDENT in his manner of dress MAY DO SO. דִּבְרֵי רַבִּי שִׁמְעוֹן בֶּן אֶלְעָזָר – These are THE WORDS OF R' SHIMON BEN ELAZAR. רַבָּן שִׁמְעוֹן בֶּן גַּמְלִיאֵל אוֹמֵר – RABBAN SHIMON BEN GAMLIEL SAYS: בַּמֶּה דְּבָרִים אֲמוּרִים – REGARDING WHAT ARE THESE WORDS SAID? בְּדָבָר שֶׁל שֶׁבַח – IN A MATTER that elicits PRAISE, such as donning the attire of a student. אֲבָל בְּדָבָר שֶׁל צַעַר – BUT IN A MATTER that causes DISTRESS, such as fasting, עוֹשֶׂה וְזָכוּר לַטּוֹב – HE MAY DO SO, AND HE IS REMEMBERED FAVORABLY for it, שֶׁאֵין שֶׁבַח הוּא לוֹ – SINCE [FASTING] IS NOT A source of PRAISE FOR HIM, i.e. no one will realize that he has undertaken the fast of a student, אֶלָּא צַעַר הוּא לוֹ – BUT IS DISTRESSING FOR HIM. Therefore, one may fast like a student, although he may not dress like a student.

תָּנוּ רַבָּנָן – **The Rabbis taught in a Baraisa:** מִי שֶׁהָיָה מִתְעַנֶּה עַל הַצָּרָה וְעָבְרָה – If ONE WAS FASTING BECAUSE OF A TROUBLING CIRCUMSTANCE, AND IT PASSED before he completed the fast, עַל הַחוֹלֶה וְנִתְרַפֵּא – or he was fasting ON ACCOUNT OF A SICK PERSON AND [THE LATTER] RECOVERED[10] before he completed the fast, הֲרֵי זֶה מִתְעַנֶּה וּמַשְׁלִים – HE SHOULD continue to FAST AND COMPLETE the fast that he has pledged.[11]

The Baraisa continues:

הַהוֹלֵךְ מִמָּקוֹם שֶׁאֵין מִתְעַנִּין – Regarding ONE WHO TRAVELS FROM A PLACE WHERE THEY ARE NOT FASTING לְמָקוֹם שֶׁמִּתְעַנִּין – TO A PLACE WHERE THEY ARE FASTING, הֲרֵי זֶה מִתְעַנֶּה עִמָּהֶן – HE SHOULD FAST WITH THEM.[12] מִמָּקוֹם שֶׁמִּתְעַנִּין – If he travels FROM A PLACE WHERE THEY ARE FASTING לְמָקוֹם שֶׁאֵין מִתְעַנִּין – TO A PLACE WHERE THEY ARE NOT FASTING, הֲרֵי זֶה מִתְעַנֶּה וּמַשְׁלִים – HE SHOULD FAST AND COMPLETE all the fasts undertaken by his

NOTES

1. If either of these days falls on a Monday or Thursday subsequent to the commencement of the series of fasts, the series is interrupted (*Rashi* 10a).

Megillas Taanis is a document recorded by Chananyah ben Chizkiyah during the period of the Second Temple. It contains a list of minor holidays on which fasting and often eulogizing are prohibited, since miracles occurred on those days (*Shabbos* 13b, *Rashi* ד״ה מחבבין). With the exception of Chanukah and Purim, these holidays were abolished after the destruction of the Second Temple (see *Rosh Hashanah* 18b, 19b).

2. Fasting on Rosh Chodesh is prohibited, inasmuch as Scripture calls it a מוֹעֵד, *an appointed time* (below 15b, *Rashi* ד״ה בראשי).

The Baraisa's ruling regarding the interruption of fasts was issued when the holidays listed in *Megillas Taanis* were still observed. However, since nowadays most authorities permit fasting on these minor holidays, they certainly would not regard the occurrence of any of these holidays on a Monday or Thursday as valid cause for interrupting the fasts (see *Ritva*).

3. See *Magen Avraham* 575:1, that the student mentioned here is obligated to fast. However, see *Ritva*, who asserts that according to R' Yose (in the Baraisa cited below) even a student is only permitted, but not obligated, to fast (see also *Beis Yosef* to *Orach Chaim* 575; *Lechem Mishneh Hil. Taaniyos* 3:1; *Keren Orah*).

4. Although such an individual may presently be only a student, he is fit for a position of leadership in the community (*Tosafos* ד״ה איזהו, from Gemara *Shabbos* 114a).

5. Our elucidation is based on *Tosafos* ד״ה איזהו. Accordingly, the Gemara specifies tractate *Kallah* to underscore that even if the student's area of expertise lies only in a relatively simple tractate, such as *Kallah*, he is nonetheless considered a student (see *Rashi* to *Rif* and to *Kiddushin* 49b ד״ה ואפילו, and *Ritva*; cf. *Rashi* to *Shabbos* 114a, *Toasfos* loc. cit., and *Tosafos* here).

Alternatively, the *Kallah* was a great assembly of Torah scholars which convened before the Pesach and Succos holidays (see *Berachos* 6b with *Rashi* ד״ה אגרא דכלה, and *Rabbeinu Chananel* here). The students were always well versed in the tractate under study (*Rabbeinu Chananel*, *Tosafos Shabbos* 114a, *Ritva*).

6. Literally: To make of himself.

7. If one is not worthy of fasting, he may not do so — even if his intentions are sincere — lest he appear as conceited and arrogant, and one should not cause others to regard himself unfavorably (*Rashi,* citing *Avos* 3:10).

8. The Gemara in *Bava Basra* (57b) records a number of the special customs adopted by students of the Talmud. One who is not a student and who conducts himself in this manner acts presumptuously.

Our rendition of the Baraisa is the version preferred by *Rashi*. However, *Rashi* cites another version, in which R' Meir states that all students fast like the individuals, and it is not considered boastful. *Rashi* comments that this version accords with the previous Baraisa, which considered students to be worthy of fasting.

9. R' Yose disagrees only with R' Meir's first statement regarding fasting. However, he agrees that a non-student may neither dress nor otherwise act like a student, because it will be perceived by others as conceited behavior.

10. Similarly, if the sick person died before the completion of the fast (*Rashi*).

11. He must fulfill his pledge so that he will not appear to have made a commitment to fast conditional on the trouble not passing (*Rashi*). Most Rishonim rule that he must not only complete that fast day, but all fast days that he pledged (see *Ritva*). *Meiri*, however, rules that only that day's fast must be completed.

12. One is obligated to observe the stringencies of the place of his sojourn, even though he is not a resident thereof (*Meiri*, from *Pesachim* 50a).

ובימים טובים הכתובין במגילת תענית תנו רבנן אל יאמר אדם תלמיד אני איני ראוי להיות יחיד אלא [א] כל תלמידי חכמים יחידים אי זהו יחיד ואיזהו תלמיד יחיד כל שראוי למנותו פרנס על הצבור תלמיד [א] כל ששואלין אותו דבר הלכה בלמודו ואומר ואפילו במסכת דכלה תנו רבנן לא כל הרוצה לעשות עצמו יחיד עושה תלמיד עושה דברי ר' מאיר רבי [ג] יוסי אומר [ב] עושה וזכור לטוב לפי שאין שבח הוא לו אלא צער הוא לו תניא אידך לא [ג] כל הרוצה לעשות עצמו יחיד עושה תלמיד עושה דברי רבי שמעון בן אלעזר רבן שמעון בן גמליאל אומר במה דברים אמורים בדבר של שבח אבל בדבר של צער עושה וזכור לטוב שאין שבח הוא לו אלא צער הוא לו [ג] ת"ר [ד] מי שהיה מתענה על הצרה ועברה על החולה ונתרפא הרי זה מתענה ומשלים [ד] ההולך ממקום שאין מתענין למקום שמתענין הרי זה מתענה עמהן [ה] ממקום שמתענין למקום שאין מתענין הרי זה מתענה ומשלים [ו] שכח ואכל ושתה אל יתראה בפני הצבור ואל ינהיג עידונין בעצמו שנאמר [א] ויאמר יעקב לבניו למה תתראו אמר להם יעקב לבניו אל תראו עצמכם כשאתם שבעין לא בפני עשו ולא בפני ישמעאל כדי שלא יתקנאו בכם [ב] אל תרגזו בדרך אמר רבי אלעזר אמר להם יוסף לאחיו אל תתעסקו בדבר הלכה שמא תרגזו עליכם הדרך איני והאמר ר' אלעאי בר ברכיה [ה] שני תלמידי חכמים שמהלכים בדרך ואין ביניהן דברי תורה ראויין לישרף שנאמר [ג] ויהי המה הולכים ([י] הולך) ודבר והנה רכב אש וסוסי אש ויפרידו בין שניהם טעמא דאיכא דיבור הא ליכא דיבור ראויין לישרף לא קשיא הא למיגרס הא לעיוני במתניתא תנא אל תפסיעו פסיעה גסה והכניסו חמה לעיר אל תפסיעו פסיעה גסה דאמר מר [ז] פסיעה גסה נוטלת [ח] אחד מחמש מאות ממאור עיניו של אדם והכניסו חמה לעיר כדרב יהודה אמר רב [ט] דאמר רב יהודה אמר רב לעולם יצא אדם בכי טוב ויכנס בכי טוב שנאמר [ד] הבקר אור והאנשים שלחו אמר רב יהודה אמר רבי חייא [ה] המהלך בדרך אל יאכל יותר משני רעבון מאי טעמא הכא תרגימו משום מעיינא במערבא אמרי משום מזוני מאי בינייהו איכא בינייהו דיתיב

רש"י

וכן בימים טובים הכתובים במגילת תענית: **תלמיד אני.** ואיני חשוב כל כך כיחידים כלומר איני ראוי להתחיל תענית עם היחידים: **לא כל הרוצה לעשות עצמו יחיד.** לענין תענית: **עושה.** דנראה מגסי הרוח ותנן (אבות פ"ג משנה י) כל שרוח הבריות נוחה הימנו כו': הכי גרסינן התלמידים עושין עצמן. כדאמרינן לעיל שכל התלמידים ראויין לכך ואין בהם משום גסות הרוח: **רבי יוסי אומר כל אדם.** ואפילו שאינו תלמיד עושה עצמו יחיד להתענות וזכור לטוב דלצער הוא לו ולא גסות לישנא אחרינא גרסינן לא כל הרוצה לעשות עצמו יחיד עושה תלמיד עושה כלומר ולא כל הרוצה נמי לעשות עצמו תלמיד להתנהג עצמו במדת [י] תלמיד בחלוקו ובמטתו ולהתנאות בסודר של תלמידי חכמים ושאר דברים עושה דכל הרוצה ליטול לו את השם לא יטול ורבי יוסי ארישא ומסתבר כי האי לישנא מדקא מהדר רבן שמעון בן גמליאל דבר של שבח אינו עושה מכלל דאיירי בשבח: **על החולה ונתרפא.** הוא הדין אם מת החולה בעי לקיומי נדרו: **על הצרה ועברה.** מתענה ומשלים ואם לאו נראה כמתנה עם קונו אם תעבור ([כ] אתענה) ואם לאו (לא) אתענה: **למקום שאין מתענין הרי זה מתענה ומשלים.** כל התעניות שקבלו עליהן בני עירו דנותנין עליו חומרי המקום שילא משם: **אכל ושתה.** דיעבד: **אל יתראה בפניהן.** שנראה כחתן בין אבלים ויתקנאו בו: **ואל ינהיג עדונים בעצמו.** שלא יאמר הואיל ואכלתי כל שהוא אוכל הרבה: **אל תראו עצמכם.** שיש לכם חטים הרבה ולא הלכו אלא בשביל דבר זה שלא להתראות בפני בני עשו שהיו נעורים ורעבים: **תרגזו עליכם הדרך.** תתעו: **לישרף באש.** דכתיב והנה סוסי אש וכתיב בההוא ענינא הלוך ודבר ואהכי כתביה לאשמועינן דאי לאו שהיו הולכין (א) בעומקה של הלכה לא [היו ניצולין]: **הא למגרס.** מבעי ליה באורחא אבל במלתא דמבעי ליה לעיוני לא: **במתניתא תנא.** מאי אל תרגזו בדרך אל תזיקו עצמכם בפסיעה גסה: **והכניסו חמה לעיר.** כשאתם לנין ושוכבין בדרך בעיירות הכניסו לעיר בעוד שהחמה זורחת: **יצא אדם בכי טוב.** שימתין עד שיאור כמו וירא אלהים את האור כי טוב (בראשית א): **ויכנס בכי טוב.** בערב בעוד שהחמה זורחת שאין ליסטין מצויין אי נמי שלא יפול בבורות ובקעים שבעיר שלא יעלילו עליו עלילות מרגל אתה או גנב: **הבוקר אור והאנשים שולחו** המה וחמוריהם. מיכן שיצאו בכי טוב והוא הדין ליכנס בכי טוב יש ספרים דלא כתיב בהו האי קרא אלא מילתא דרב יהודה סברא הוא ולא בעי' קרא: **לא יאכל יותר ממה** שאוכל בשני רעבון. דאמר לקמן (דף יא.) שצריך להרעיב עצמו בשני רעבון: (**הכא** (ב). זה בבלי הוא וכי משתעי בבבל קאמר הכא וכל הא לן והא להו בבבל קאמר): **משום מעיינא.** שלא יתחלחלו מעיו של אדם ברוב אכילתו מפני טורח הדרך יש אומרים יהיו מעיו של אדם שופכין זה לזה כעין מעיין: **משום מזוני.** שמא (ג) אין לו לאח"כ: **דיתיב**

תוספות

איזהו יחיד כו' שראוי למנותו פרנס על הצבור (ד) להיות פרנס ואיזהו תלמיד כל ששואלין דבר הלכה בכל מקום וכו'. וקשה דהכא משמע דקרי תלמיד אותו שיודע להשיב כששואלין לו דבר הלכה בכל מקום ואומרה והתם אמרינן במס' שבת פרק ואלו קשרים (דף קיד.) איזהו תלמיד הראוי למנותו פרנס על הצבור כשיודע להשיב כל ששואלין (ה) דבר הלכה ואפילו במסכת כלה אלמא הראוי למנותו פרנס על הצבור הוי כשיודע להשיב והכא משמע דאותו הראוי למנותו פרנס הוי מילתא אחריתי ועוד דהכא משמע דיחיד עדיף מדקאמר בסמוך לא כל הרוצה לעשות עצמו יחיד עושה אבל הרוצה לעשות עצמו תלמיד עושה ויש לומר דיש חילוק בתלמיד דדוקא כשהרב בא אל מקום אחד וכל התלמידים אצלו זה שואל אל הרב ממה שהוא לומד וזה שואל ממקום אחר ואותו הרב יודע להשיב לכל התלמידים לכל אחד ואחד כפי שאילתו ואפילו במס' כלה זהו יחיד דעדיף מתלמיד דהכא ונקרא תלמיד התם בפרק אלו קשרים אותו ודאי ראוי למנותו פרנס על הצבור אבל אם אינו יודע להשיב אלא במסכת שלו נקרא גם כן תלמיד ומזה מיירי הכא:

ההולך ממקום שמתענין למקום שאין מתענין הרי מתענה ומשלים. ל"ש דעתו לחזור ל"ש אין דעתו לחזור הואיל וקבל עליו התענית: **למה** תתראו. כמו שמפרש אל תראו עצמכם בפני בני עשו וכו' ויש במדרש למה תתראו פירוש למה תהיו כחושין:

אל תרגזו בדרך. ויש מדרש אל תפסיקו מדבר הלכה:

ואין ביניהם דברי תורה ראוים לישרף דכתיב ויהי המה הולכים הלוך ודבר וגו' טעמא דאיכא דבור וכו'. ויש מדרש שהם היו מדברים דברים בטלים ומש"ה ראוין לישרף: **פסיעה** גסה נוטלת אחת מחמש מאות ממאור עיניו של אדם. ואין להקשות אם כן בחמש מאות פסיעות גסות יהיה ניטל כל מאור עיניו של אדם והא קא חזינן דלאו הכי הוה ונראה לפרש דהפסיעה ראשונה נוטל אחת מחמש מאות והפסיעה שניה נוטל פחות מן הראשונה שניה אינה נוטלת אלא אחד מחמש מאות הנשארים כמו בעישורייתא דבי רבי (כתובות דף סח.) ר"ל העישור ממה שנשאר אבל עדיין קשה דמ"ש פסיעה ראשונה דנוטלת יותר מן השניה אלא יש לומר דלא נוטלת אלא פסיעה ראשונה דוקא ומכאן ואילך כיון דדש דש אי נמי פסיעה ראשונה נוטלת טפי משום [ג] דכל התחלות קשות: **לעולם** יצא אדם בכי טוב. פי' בפרק קמא דפסחים (דף ג.) [וע"ע תוס' ב"ק ס:]:

משום מעיינא. פירוש משום שהבני מעיין הוי קשה להו: אסור

ר' יוסי אומר כל אדם נמי עושה עצמו וזכור לטוב: אפילו במס' כלה שאין רגילין להתעסק בו מתענה: דבר של שבח אינו עושה כגון חתן קורא ק"ש בלילה הראשון. של צער מתענה. ות"ח בין של צער: הרי זה מתענה ומשלים שנותנין עליו חומרי מקום שהלך לשם וחומרי מקום שיצא פניהם. כשהוא שבע. אל ינהיג בעצמו עידונין. שלא יאמר הואיל שאכלת[ן] כל שהוא אוכל פני הרעב: שמא ירגז עליכם הדרך. שהרואה אתכם שאתם חולקין בדבר הלכה סבור נלחמים אתם ומתרגזים

ספרת לשון הרע עליו וגרמת לנו לשנאתו [שם מה, כד]. ויהי המה הולכים הלוך ודבר. בדברי תורה ראוין לישרף. שעל מנת כן בא הרכב אש עליהם [סוטה מט.]. פסיעה גסה. יותר מאמה פסיעה לעולם יצא אדם בכי טוב ויכנס בכי טוב. היוצא לדרך יכנס ערבית לבית מלון בעוד החמה זורחת החמה וילא ואז טוב לו שהאור טוב לו שנאמר באור כי טוב ומה היא טובתו מפני החיות ומפני הלסטים זורחת ילין במלון ולא ימתין עד שתחשך ולבקר לא ישכים לצאת עד שיאיר כי טוב לישנא מעליא האור לצאת בו וליכנס בו מפני המזיקין והליסטין [ב"ק ס:]. הבוקר אור והאנשים שלחו. הבקר האיר דאמר לפרא נהר ולפי דרכו לימדך הכתוב דרך ארץ מאחי יוסף שהמתינו עד שהאיר המזרח כדרכי יהודה [פסחים ב.].

עין משפט נר מצוה

לז א ב מיי' פ"ג מהלכות תעניות הלכה ב טוש"ע א"ח סי' תקעה סעיף ב:
לח ג מיי' פ"ק מהלכות תעניות הלכה טו טוש"ע א"ח סי' תקעה סעיף א:
לט ד מיי' שם טוש"ע א"ח סי' תקסח סעיף ג:
מ ה מיי' שם טוש"ע שם סעיף א:
מא ו מיי' שם טוש"ע שם סעיף ג:

רבינו חננאל

וביו"ט הכתובים במגלת תענית: ת"ר לא יאמר זה איני ראוי לכך. אלא כל התלמידים ראוין לכך. איזהו יחיד כל שראוי למנותו פרנס על הצבור. ואיזה תלמיד כל ששואלין אותו הלכה בכל מקום ואומרה. פי' בכלום מקום כלומר מקום מן התלמוד. ואפי' במס' דכלה. שמתעסקין בה כל תלמיד חכם שרוצים לשנותה בכלה של אדר תניא לא כל הרוצה לעשות עצמו יחיד עושה שנראה כיהירות התלמידים עושין דברי ר' שמעון בן אלעזר. רשב"א דבר של שבח אינו עושה. דבר של צער עושה עצמו יחיד וכן ר' יוסי אומר עושה וזכור לטוב. שאינו שבח לו לתעניות אלא צער הוא לו: ת"ר הרי שהיה מתענה על החולה ונתרפא על צער צרה ועברה מתענה ומשלים ההולך ממקום שמתענין למקום שאין מתענין וכו'. זה שאמר יוסף לאחיו אל תרגזו בדרך. אל תתעסקו בדבר הלכה שלא תתגר עליהם הדרך ואוקימנא לעיוני אבל במגרס לא. דא"מ ב' ת"ח המהלכים בדרך ואין ביניהם דברי תורה ראוין לישרף שנאמר ויהי המה הולכים הלוך ודבר והנה רכב אש וסוסי אש ויפרידו בין שניהם. במתניתא תנא אל תפסיעו פסיעה גסה שנוטלת אחד מחמש מאות ממאור עיניו של אדם. והכניסו חמה לעיר. כדרב יהודה אמר רב לעולם יכנס אדם בכי טוב ויצא בכי טוב כלומר באור היום כדכתיב וירא אלהים את האור כי טוב. וכתיב הבקר אור והאנשים שלחו. משום הרבה דרכים שלשול ויבא להתאחר מן השיירא.

רבינו גרשום

שבכרכין וכשהן באין בחמישי לא ידעו שקבלו עליהם תענית ואין מביאין מזון אלא לצורך השבת ולוקחין הכל לצורך ליל חמישי לפי שסבורין בו ומתייקר המזון לצורך השבת אבל כשגוזרין בשני בשבאין בשני לעיר שומעין כשגוזרין תענית וכשבאין בחמישי מביאין מזון כדי למכור לליל חמישי ולשבת: **מפסיקין בראשי חדשים** אם אירעו בחמישי ושני להתענות במגילת תענית דלא להתענאה בהון: **אל יאמר תלמיד [אני]** איני ראוי לכך להתענות.

מסורת הש"ס

א) שבת קיד. קדושין מט., ב) [גי' ר"ח יהודה], ג) [תוספתא פ"א], ד) [תוספ' פ"ב], ה) סוטה מט., ו) [נ"א הלוך], ז) ברכות מג: שבת קיג:, ח) [פסחים מב.], ט) פסחים ג. ב"ק ס: ע"ש, י) [ב"ב נז:], כ) [נ"א לא אתענה], ל) [מכילתא הביאו רש"י פ' יתרו יט פ"ח].

הגהות הב"ח

(א) רש"י ד"ה לישרף באש כו' שהיו הולכין בדבר של הלכה: (ב) ד"ה הכא תרגימו. בבבל תלמוד זה כו': (ג) ד"ה משום מזוני שמא אין לו יותר לאח"כ: (ד) תוס' ד"ה איזהו כו' פרנס על הצבור ואיזהו תלמיד כו' כל"ל ותיבות להיות פרנס נמחק: (ה) בא"ד כל ששואלין אותו דבר הלכה ואפילו:

גליון הש"ס

גמ' המהלך בדרך אל יאכל כו'. עי' מג"א סי' קי ס"ק י:

תורה אור השלם

א) וַיַּרְא יַעֲקֹב כִּי יֶשׁ שֶׁבֶר בְּמִצְרָיִם וַיֹּאמֶר יַעֲקֹב לְבָנָיו לָמָּה תִּתְרָאוּ: [בראשית מב, א]
ב) וַיְשַׁלַּח אֶת אֶחָיו וַיֵּלֵכוּ וַיֹּאמֶר אֲלֵהֶם אַל תִּרְגְּזוּ בַּדָּרֶךְ: [בראשית מה, כד]
ג) וַיְהִי הֵמָּה הֹלְכִים הָלוֹךְ וְדַבֵּר וְהִנֵּה רֶכֶב אֵשׁ וְסוּסֵי אֵשׁ וַיַּפְרִדוּ בֵּין שְׁנֵיהֶם וַיַּעַל אֵלִיָּהוּ בַּסְעָרָה הַשָּׁמָיִם: [מלכים ב, ב, יא]
ד) הַבֹּקֶר אוֹר וְהָאֲנָשִׁים שֻׁלְּחוּ הֵמָּה וַחֲמֹרֵיהֶם: [בראשית מד, ג]

ליקוטי רש"י

כל ששואלין אותו. בכל התלמוד [שבת קיד.]. מאחד מן המקומות [קידושין מט:]. ואפילו במסכת דכלה. דלא רגילי בה אינשי ותו נתן לנו וגרסה מפני שהיא ברייתא היא כלה בלא ברכה אסורה לבעלה כנדה [שבת שם תוס' כאן ושם]. שאין עומק בה וברייתא היא ולך היא שנויה כלה בלא ברכה אסורה לבעלה כנדה [קידושין שם תוס' שבת שם]. אל תראו עצמכם כשאתם שבעין. כי באותה שעה עדיין היה להם תבואה [בראשית מב, א]. אל תרגזו בדרך. אל תתעסקו בדבר הלכה שלא תרגזו עליכם הדרך דבר אחר אל תפסיעו פסיעה גסה והכניסו חמה לעיר ולפי פשוטו של מקרא יש לומר לפי שהיו נכלמים היה דואג שמא יריבו בדרך על דבר מכירתו להתווכח זה עם זה ולומר על ידך נמכר אתה

fellow townsmen.[13] שָׁכַח וְאָכַל וְשָׁתָה – In the first case, when he traveled from a place where they were not fasting to a place where they were fasting, and HE FORGOT to join their fast AND HE ATE AND DRANK, אַל יִתְרָאֶה בִּפְנֵי הַצִּבּוּר – HE SHOULD NOT APPEAR BEFORE THE PUBLIC as if he has eaten,[14] וְאַל יַנְהִיג עִידּוּנִין בְּעַצְמוֹ – AND HE SHOULD NOT INDULGE HIMSELF, claiming that once he ate a little he may eat a substantial amount.[15] שֶׁנֶּאֱמַר – FOR IT IS STATED[16] that one should never appear well fed before hungry people: "וַיֹּאמֶר יַעֲקֹב לְבָנָיו, – *AND JACOB SAID TO HIS SONS:* לָמָּה תִּתְרָאוּ" – *"WHY DO YOU MAKE YOURSELVES CONSPICUOUS?"* אָמַר לָהֶם יַעֲקֹב לְבָנָיו – In effect, JACOB WAS TELLING HIS SONS: אַל תַּרְאוּ עַצְמְכֶם כְּשֶׁאַתֶּם שְׂבֵעִין – DO NOT SHOW YOURSELVES WHEN YOU ARE SATIATED,[17] לֹא בִּפְנֵי עֵשָׂו – NOT BEFORE the children of ESAU וְלֹא בִּפְנֵי יִשְׁמָעֵאל – AND NOT BEFORE the children of ISHMAEL, who are all suffering from famine, כְּדֵי שֶׁלֹּא יִתְקַנְּאוּ בָּכֶם – SO THAT THEY DO NOT BECOME JEALOUS OF YOU. Although Jacob's family possessed much wheat, Jacob ordered his sons to descend to Egypt and purchase grain, so that their distressed neighbors should not envy them.

The Gemara interprets another admonition received by the sons of Jacob:

"אַל־תִּרְגְּזוּ בַּדָּרֶךְ", – *DO NOT BECOME AGITATED ON THE WAY.*[18] אָמַר רַבִּי אֶלְעָזָר – R' ELAZAR SAID: אָמַר לָהֶם יוֹסֵף לְאֶחָיו – YOSEF WAS in fact TELLING HIS BROTHERS: אַל תִּתְעַסְּקוּ בִּדְבַר הֲלָכָה – DO NOT ENGAGE IN discussing A HALACHIC MATTER during the journey, שֶׁמָּא תִרְגְּזוּ עֲלֵיכֶם הַדֶּרֶךְ – LEST YOU EXCITE THE WAY UPON YOURSELVES.[19]

The Gemara questions this interpretation:

אֵינִי – **Is it so?** וְהָאָמַר ר׳ אִלְעָאי בַּר בֶּרֶכְיָה – **But R' Ilai son of Berechyah said:** שְׁנֵי תַלְמִידֵי חֲכָמִים שֶׁמְּהַלְּכִים בַּדֶּרֶךְ – **Two Torah scholars who are traveling on the road,** וְאֵין בֵּינֵיהֶן דִּבְרֵי תוֹרָה – **and words of Torah are not** spoken **between them,** רְאוּיִין לִישָּׂרֵף – **deserve to be burned.** שֶׁנֶּאֱמַר – **For it is stated** regarding Elijah and Elisha:[20] "וַיְהִי הֵמָּה הֹלְכִים הָלוֹךְ, וְדַבֵּר – ***And they were walking, speaking as they walked,*** וְהִנֵּה רֶכֶב־אֵשׁ וְסוּסֵי אֵשׁ – ***and behold a fiery chariot and fiery horses*** [appeared] וַיַּפְרִדוּ בֵּין שְׁנֵיהֶם" – ***and separated between the two of them.*** R' Ilai derived from Scripture's otherwise superfluous mention of their conversing: טַעֲמָא דְּאִיכָּא דִּיבּוּר – **The reason** they were not burned by the fiery chariot was **because there was** Torah **discourse** between them; הָא לֵיכָּא דִּיבּוּר – **however, had there not been** such **discourse,** רְאוּיִין לִישָּׂרֵף – **they** would have **deserved to be burned.** R' Ilai's exegesis seemingly refutes R' Elazar's interpretation of Joseph's admonition, which implied that engaging in Torah study during a journey is ill advised. – ? –

The Gemara answers:

לֹא קַשְׁיָא – **It is not a difficulty.** הָא לְמִיגְרַס – **That** ruling by R' Ilai regarded **reciting** and reviewing one's learning. Since this activity does not require great concentration, one must perform it while traveling. הָא לְעִיּוּנֵי – However, **that** interpretation of R' Elazar concerned **analyzing** teachings of the Torah. Since such contemplation requires great concentration, one should abstain from it while traveling, lest he become distracted and lose his way.

The Gemara cites a Baraisa that offers an alternative explanation of Joseph's instruction to his brothers:

בְּמַתְנִיתָא תָּנָא – **It was taught in a Baraisa:** אַל תַּפְסִיעוּ פְּסִיעָה גַּסָּה – Joseph said thus to his brothers: DO NOT TAKE LARGE STRIDES on the way, lest you injure yourselves, וְהַכְנִיסוּ חַמָּה לָעִיר – AND GATHER THE SUN INTO THE CITY. I.e. while on the road, gather into the city for the evening's lodging while the sun is still shining.[21]

The Gemara explains the benefits of the Baraisa's teachings:

אַל תַּפְסִיעוּ פְּסִיעָה גַּסָּה – **Do not take large strides,** דְּאָמַר מַר – **for master said:** פְּסִיעָה גַּסָּה נוֹטֶלֶת אֶחָד מֵחֲמֵשׁ מֵאוֹת מִמְּאוֹר עֵינָיו שֶׁל אָדָם – **A large stride takes away one five-hundredth of the light of a person's eyes.**[22] וְהַכְנִיסוּ חַמָּה לָעִיר – **And gather the sun into the city,** כִּדְרַב יְהוּדָה אָמַר רַב – **according to that** which **Rav Yehudah** taught **in the name of Rav,** דְּאָמַר רַב יְהוּדָה אָמַר רַב – **for Rav Yehudah said in the name of Rav:** לְעוֹלָם יֵצֵא אָדָם בְּ,,כִּי־טוֹב" – **A person should always depart** on the road **with *that it is good,***[23] וְיִכָּנֵס בְּ,,כִּי־טוֹב" – **and should enter** the city at the end of the day **with *that it is good,***[24] שֶׁנֶּאֱמַר – **for it is said:**[25] "הַבֹּקֶר אוֹר וְהָאֲנָשִׁים שֻׁלְּחוּ" – ***The morning dawned, and the men were sent off.***

NOTES

13. *Rashi* explains that he must abide by all the stringencies of the city that he left. This ruling is derived from a Mishnah in *Pesachim* (50a), and applies if he intends to return home. However, if he has no intention of returning, he may adopt all the lenient customs of his new residence. Thus, if he does not intend to return, he need not complete the fast. Halachah follows this opinion (*Orach Chaim* 574:1).

Tosafos (ד״ה ההולך), however, explain that he must complete the fast even if he has no intention of returning, because he has in fact accepted the fast upon himself. Although this view is not accepted as halachah, if he expressly accepted upon himself to fulfill the decree of the fasts, he must honor his pledge – even though he does not intend to return (see *Mishnah Berurah* 574:1).

14. *Rashi* likens just such an appearance to that of a groom amidst mourners (see *Shabbos* 114a), with the inevitable outcome being jealousy.

15. Rather, he must stop eating as soon as he realizes that it is a fast day, even if he is in the middle of his meal (*Mishnah Berurah* 574:6; *Mordechai* here 621, citing *Tosafos; Beis Yosef* to *Orach Chaim* 574).

16. *Genesis* 42:1.

17. I.e. do not publicize the fact that you have ample provisions (*Rashi*).

18. *Genesis* 45:24. Joseph issues final instructions to his brothers, before dispatching them to their father in Eretz Canaan.

19. I.e. lest you become distracted and lose your way (*Rashi*).

Tosafos, however, cites a Midrash which teaches that, on the contrary, Joseph admonished his brothers not to cease their discussion of halachic matters. The Midrash contradicts our Gemara's interpretation (see *Maharsha*).

20. *II Kings* 2:11. Elijah and Elisha were walking together and discussing matters of Torah just moments before Elijah ascended to Heaven.

21. The gait of one who hastens by taking large strides or of one who travels after sunset necessarily involves a degree of agitation. Hence, the Baraisa's explanation of אַל־תִּרְגְּזוּ בַּדָּרֶךְ, *Do not become agitated on the way,* is apt (*Maharsha*).

22. *Tosafos* explain that only the first large stride causes this amount of damage. Subsequent ones each take away 1/500 of the *remaining* eyesight, causing progressively smaller amounts of damage, or, alternatively, do not affect the eyesight at all.

For an average-sized person, a regular stride measures one *amah*, which is approximately 1½-2 feet. Anything more is considered a "large stride" and should be avoided (*Mishnah Berurah* 301:1,3).

It is a tradition that gazing at the Sabbath candles during the introduction to *Kiddush* will help restore eyesight lost due to taking large strides (*Mishnah Berurah* 271:48).

23. I.e. with the morning light, and not before. The Gemara here speaks allusively, recalling God's recognition of light's inherent goodness: *God saw the light that it was good (Genesis* 1:4).

24. I.e. while there is still daylight. *Rashi* explains that traveling during the day is safer because bandits are scarce; because one can avoid pitfalls in the road; and because the local residents will not accuse him of being a thief or a spy if he arrives and departs during daylight hours.

25. *Genesis* 44:3.

ובימים טובים הכתובין במגילת תענית תנו רבנן אל יאמר אדם תלמיד אני איני ראוי להיות יחיד אלא [א]כל תלמידי חכמים יחידים אי זהו יחיד ואיזהו תלמיד יחיד כל שראוי למנותו פרנס על הצבור תלמיד [ה]כל ששואלין אותו דבר הלכה בלמודו ואומר ואפילו במסכת דכלה תנו רבנן לא כל הרוצה לעשות עצמו יחיד עושה תלמיד עושה דברי ר' מאיר רבי [ג]יוסי אומר [ב]עושה וזכור לטוב לפי שאין שבח הוא לו אלא צער הוא לו תניא אידך לא [ג]כל הרוצה לעשות עצמו יחיד עושה תלמיד עושה דברי רבי שמעון בן אלעזר רבן שמעון בן גמליאל אומר במה דברים אמורים בדבר של שבח אבל בדבר של צער עושה וזכור לטוב שאין שבח הוא לו אלא צער הוא לו [ג]ת"ר [ד]מי שהיה מתענה על הצרה ועברה על החולה ונתרפא הרי זה מתענה ומשלים [ד]ההולך ממקום שאין מתענין למקום שמתענין הרי זה מתענה עמהן [ה]ממקום שמתענין למקום שאין מתענין הרי זה מתענה ומשלים [ו]שכח ואכל ושתה אל יתראה בפני הצבור ואל ינהיג עידונין בעצמו שנאמר [א]ויאמר יעקב לבניו למה תתראו אמר להם יעקב לבניו אל תראו עצמכם כשאתם שבעין לא בפני עשו ולא בפני ישמעאל כדי שלא יתקנאו בכם [ב]אל תרגזו בדרך אמר רבי אלעזר אמר להם יוסף לאחיו אל תתעסקו בדבר הלכה שמא תרגזו עליכם הדרך איני והאמר ר' אלעאי בר ברכיה [ה]שני תלמידי חכמים שמהלכים בדרך ואין ביניהן דברי תורה ראויין לישרף שנאמר [ג]ויהי המה הולכים ([ו]הולך) ודבר והנה רכב אש וסוסי אש ויפרידו בין שניהם טעמא דאיכא דיבור הא ליכא דיבור ראויין לישרף לא קשיא הא למיגרס הא לעיוני במתניתא תנא אל תפסיעו פסיעה גסה והכניסו חמה לעיר אל תפסיעו פסיעה גסה דאמר מר [ז]פסיעה גסה נוטלת [ח]אחד מחמש מאות ממאור עיניו של אדם והכניסו חמה לעיר כדרב יהודה אמר רב [ט]דאמר רב יהודה אמר רב לעולם יצא אדם בכי טוב ויכנס בכי טוב שנאמר [ד]הבקר אור והאנשים שלחו אמר רב יהודה אמר רבי חייא [י]המהלך בדרך אל יאכל יותר משני רעבון מאי טעמא הכא תרגימו משום מעיינא במערבא אמרי משום מזוני מאי איכא בינייהו

דיתיב

רש"י

וכן בימים טובים הכתובים במגילת תענית: **תלמיד אני.** ואיני חשוב כל כך כיחידים כלומר איני ראוי להתחיל תענית עם היחידים: **לא כל הרוצה לעשות עצמו יחיד.** לענין תענית: **עושה.** דנראה מגסי הרוח ותנן (אבות פ"ג משנה י) כל שרוח הבריות נוחה הימנו כו': הכי גרסינן **התלמידים עושין עצמן.** כדאמרינן לעיל שכל התלמידים ראויין לכך ואין בהם משום גסות הרוח: **רבי יוסי אומר כל אדם.** ואפילו שאינו תלמיד עושה עצמו יחיד להתענות וזכור לטוב דצער הוא לו ולא גסות לישנא אחרינא גרסינן לא כל הרוצה לעשות עצמו יחיד עושה תלמיד עושה כלומר ולא כל הרוצה נמי לעשות עצמו תלמיד להתנהג עצמו במדת (י) תלמיד בחלוקו ובמטתו ולהתנאות בסודר של תלמידי חכמים ושאר דברים עושה דכל הרוצה ליטול לו את השם לא יטול ורבי יוסי ארישא ומסתבר כי האי לישנא מדקא מהדר רבן שמעון בן גמליאל דבר של שבח אינו עושה מכלל דאיירי בשבח: **על החולה ונתרפא.** הוא הדין אם מת החולה בעי לקיומי נדרו: **על הצרה ועברה.** מתענה ומשלים ואם לאו נראה כמתנה עם קונו אם תעבור (כ) אתענה) ואם לאו (לא) אתענה: **למקום שאין מתענין הרי זה מתענה ומשלים.** כל התעניות שקבלו עליהן בני עירו דנותנין עליו חומרי המקום שיצא משם: **אכל ושתה.** דיעבד: **אל יתראה בפניהן.** שנראה כחתן בין אבלים ויתקנאו בו: **ואל ינהיג עדונים בעצמו.** שלא יאמר הואיל ואכלתי כל שהוא אוכל הרבה: **אל תראו עצמכם.** שיש לכם חטים הרבה ולא הלכו אלא בשביל דבר זה שלא להתראות בפני בני עשו שהיו לעורים ורעבים: **תרגזו עליכם הדרך.** תתעו: **לישרף באש.** דכתיב והנה סוסי אש וכתיב בההוא ענינא הלוך ודבר והכי כתביה לאשמועינן דאי לאו שהיו הולכין (א) בעומקה של הלכה לא [היו ניצולין]: **הא למגרס.** מבעי ליה באורחא אבל במלתא דמבעי ליה לעיוני לא: **במתניתא תנא.** מאי אל תרגזו בדרך אל תזיקו עצמכם בפסיעה גסה: **והכניסו חמה לעיר.** כשאתם לנין ושוכבין בדרך בעיירות הכניסו לעיר בעוד שהחמה זורחת: **יצא אדם בכי טוב.** שימתין עד שיאור כמו וירא אלהים את האור כי טוב (בראשית א): **ויכנס בכי טוב.** בערב בעוד שהחמה זורחת שאין ליסטין מצויין אי נמי שלא יפול בבורות ובקעים שבעיר שלא יעלילו עליו עלילות מרגל אתה או גנב: **הבוקר אור והאנשים שולחו** המה וחמוריהם. מיכן שיצאו בכי טוב והוא הדין ליכנס בכי טוב יש ספרים דלא כתיב בהו האי קרא אלא מילתא דרב יהודה סברא הוא ולא בעי' קרא: **לא יאכל יותר ממה** שאוכל בשני רעבון. דאמר לקמן (דף יא.) שצריך להרעיב עצמו בשני רעבון: (**הכא** (ג). זה בבלי הוא וכי משתעי בבבל קאמר הכא וכל הא לן והא להו בבבל קאמר): **משום מעיינא.** שלא יתחלחלו מעיו של אדם ברוב אכילתו מפני טורח הדרך יש אומרים יהיו מעיו של אדם שופכין זה לזה כעין מעיין: **משום מזוני.** שמא (ג) אין לו לאח"כ:

תוספות

איזהו יחיד כו' שראוי למנותו פרנס על הצבור (ד) להיות פרנס ואיזהו תלמיד כל ששואלין דבר הלכה בכל מקום וכו'. וקשה דהכא משמע דקרי תלמיד אותו שיודע להשיב כששואלין לו דבר הלכה בכל מקום ואומרה והתם אמרינן במס' שבת פרק ואלו קשרים (דף קיד.) איזהו תלמיד הראוי למנותו פרנס על הצבור כשיודע להשיב כל ששואלין (ה) דבר הלכה ואפילו במסכת כלה אלמא הראוי למנותו פרנס על הצבור הוי כשיודע להשיב והכא משמע דאותו הראוי למנותו פרנס הוי מילתא אחריתי ועוד דהכא משמע דיחיד עדיף מדקאמר בסמוך לא כל הרוצה לעשות עצמו יחיד עושה אבל הרוצה לעשות עצמו תלמיד עושה ויש לומר דיש חילוק בתלמיד דדוקא כשהרב בא אל מקום אחד וכל התלמידים אצלו זה שואל אל הרב ממה שהוא לומד וזה שואל ממקום אחר ואותו הרב יודע להשיב לכל התלמידים לכל אחד ואחד כפי שאילתו ואפילו במס' כלה זהו יחיד דעדיף מתלמיד דהכא ונקרא תלמיד התם בפרק אלו קשרים אותו ודאי ראוי למנותו פרנס על הצבור אבל אם אינו יודע להשיב אלא במסכת שלו נקרא גם כן תלמיד ומזה איירי הכא:

ההולך ממקום שמתענין למקום שאין מתענין הרי מתענה ומשלים. ל"ש דעתו לחזור ל"ש אין דעתו לחזור הואיל וקבל עליו התענית: **למה** תתראו. כמו שמפרש אל תראו עצמכם בפני בני עשו וכו' ויש במדרש למה תתראו פירוש למה תהיו כחושין:

אל תרגזו בדרך. ויש מדרש אל תפסיקו מדבר הלכה:

ואין ביניהם דברי תורה ראוים לישרף דכתיב ויהי המה הולכים הלוך ודבר וגו' טעמא דאיכא דבור וכו'. ויש מדרש שהם היו מדברים דברים בטלים ומש"ה ראוין לישרף: **פסיעה** גסה נוטלת אחת מחמש מאות ממאור עיניו של אדם. ואין להקשות אם כן בחמש מאות פסיעות גסות יהיה ניטל כל מאור עיניו של אדם והא קא חזינן דלאו הכי הוה ונראה לפרש דהפסיעה ראשונה נוטל אחת מחמש מאות והפסיעה שניה נוטל פחות מן הראשונה ששניה אינה נוטלת אלא אחד מחמש מאות הנשארים כמו בעישורייתא דבי רבי (כתובות דף סח.) ר"ל העישור ממה שנשאר אבל עדיין קשה דמ"מ פסיעה ראשונה דנוטלת יותר מן השניה אלא יש לומר דלא נוטלת אלא פסיעה ראשונה דוקא ומכאן ואילך כיון דדש דש אי נמי פסיעה ראשונה נוטלת טפי משום (ז) דכל התחלות קשות: **לעולם** יצא אדם בכי טוב. פי' בפרק קמא דפסחים (דף ב.) [וע"ע תוס' ב"ק ס:]:

משום מעיינא. פירוש משום שהבני מעיין הוי קשה להו:

אסור

עין משפט נר מצוה

ל א ב מיי' פ"ג מהלכות תעניות הלכה א טוש"ע א"ח סי' תקעה סעיף א:
לא ג מיי' פ"ה מהלכות תעניות הלכה טו טוש"ע א"ח סי' תקסט סעיף א:
לב ד מיי' שם טוש"ע א"ח סי' תקעד סעיף ב:
לג ה מיי' שם וטוש"ע שם סעיף א:
לד ו מיי' שם וטוש"ע שם סעיף ג:

רבינו חננאל

וביו"ט הכתובים במגלת תענית: ת"ר לא יאמר זה איני ראוי לכך. אלא כל התלמידים ראוין לכך. איזהו יחיד כל שראוי למנותו פרנס על הצבור. ואיזה תלמיד כל ששואלין אותו הלכה בכל מקום ואומרה. פי' בכלום מקום כלומר מקום מן התלמוד. ואפי' במס' דכלה. שמתעסקין בה כל תלמיד חכם שרוצים לשנותה בכלה של אדר תניא לא כל הרוצה לעשות עצמו יחיד עושה שנראה כיהירות התלמידים עושין דברי ר' שמעון בן אלעזר. רשבג"א דבר של שבח אינו עושה. דבר של צער עושה עצמו יחיד וכן ר' יוסי אומר עושה וזכור לטוב. שאינו שבח לו התענית אלא צער הוא לו: ת"ר הרי שהיה מתענה על החולה ונתרפא על צער צרה ועברה מתענה ומשלים ההולך ממקום שמתענין למקום שאין מתענין וכו'. זה שאמר יוסף לאחיו אל תרגזו בדרך. אל תתעסקו בדבר הלכה שלא תתגר עליהם הדרך ואוקימנא לעיוני אבל במגרס לא. דא"מ ב' ת"ח המהלכים בדרך ואין ביניהם דברי תורה ראוין לישרף שנאמר ויהי המה הולכים הלוך ודבר והנה רכב אש וסוסי אש ויפרידו בין שניהם. במתניתא תנא אל תפסיעו פסיעה גסה שנוטלת אחד מחמש מאות ממאור עיניו של אדם. והכניסו חמה לעיר. כדרב יהודה אמר רב לעולם יכנס אדם בכי טוב ויצא בכי טוב כלומר באור היום כדכתיב וירא אלהים את האור כי טוב. וכתיב הבקר אור והאנשים שלחו. משום מעיינא פי' אם יאכל הרבה יקחהו שלשול ויבא להתאחר מן השיירא.

רבינו גרשום

שבכרכין וכשהן באין בחמישי לא ידעו שקבלו עליהם תענית ואין מביאין מזון אלא לצורך השבת ולוקחין הכל לצורך ליל חמישי לפי שהתענו בו ומתייקר המזון לצורך השבת אבל כשגוזרין בשני כשבאין בשני לעיר שומעין כשגוזרין תענית וכשבאין בחמישי מביאין מזון כדי למכור ללילי חמישי ולשבת: **מפסיקין בראשי חדשים** אם אירעו בחמישי ושני הכתוב במגילת תענית דלא להתענאה בהון: **אל יאמר תלמיד [אני]** איני ראוי לכך להתענות. **ר' יוסי אומר** כל אדם נמי עושה עצמו **וזכור לטוב**: **אפילו במס' כלה** שאין רגילין להתעסק בו שאין שבח הוא לו שמתענה: **דבר של שבח** אינו עושה כגון חתן קורא ק"ש בלילה הראשון. של צער מתענה. **ות"ח עושה.** בין של שבח בין של צער: **הרי זה מתענה ומשלים** שנותנין עליו חומרי מקום שהלך לשם וחומרי מקום שיצא משם: **אל יתראה בפניהם.** כשהוא שבע. **אל ינהיג בעצמו עידונין.** שלא יאמר הואיל שאכלת[ין] כל שהוא אוכל הרבה: **והן רעיבין** מפני הרעב: **שמא ירגז עליכם הדרך.** שהרואה אתכם שאתם חולקין בדבר הלכה סבור נלחמים אתם ומתרגזים

מסורת הש"ס

א) שבת קיד. קדושין מט., ב) [גי' רי"ף יהודה], ג) [תוספתא פ"א], ד) [תוספ' פ"ב], ה) סוטה מט., ו) [צ"ל הלוך], ז) ברכות מג: שבת קיג:, ח) [פסחים מב.], ט) פסחים ב. ב"ק ס: ע"ש, י) [ב"ב מז:], כ) [צ"ל לא אתענה], ל) [מכילתא הביאו רש"י פ' יתרו יט פ"ה].

הגהות הב"ח

(א) רש"י ד"ה לישרף באש כו' שהיו הולכין בדבר של הלכה: (ב) ד"ה הכא תרגימו. בבבל תלמוד זה כו': (ג) ד"ה משום מזוני שמא לא יהי' לו לאח"כ: (ד) תוס' ד"ה איזהו כו' פרנס על הצבור ואיזהו תלמיד כו' כצ"ל ותיבות להיות פרנס נמחק: (ה) בא"ד כל ששואלין אותו דבר הלכה ואפילו:

גליון הש"ס

גמ' המהלך בדרך אל יאכל כו'. עי' מג"א סי' קי ס"ק י:

תורה אור השלם

א) וַיַּרְא יַעֲקֹב כִּי יֶשׁ שֶׁבֶר בְּמִצְרָיִם וַיֹּאמֶר יַעֲקֹב לְבָנָיו לָמָּה תִּתְרָאוּ: [בראשית מב, א]
ב) וַיְשַׁלַּח אֶת אֶחָיו וַיֵּלֵכוּ וַיֹּאמֶר אֲלֵהֶם אַל תִּרְגְּזוּ בַּדָּרֶךְ: [בראשית מה, כד]
ג) וַיְהִי הֵמָּה הֹלְכִים הָלוֹךְ וְדַבֵּר וְהִנֵּה רֶכֶב אֵשׁ וְסוּסֵי אֵשׁ וַיַּפְרִדוּ בֵּין שְׁנֵיהֶם וַיַּעַל אֵלִיָּהוּ בַּסְּעָרָה הַשָּׁמָיִם: [מלכים ב' ב, יא]
ד) הַבֹּקֶר אוֹר וְהָאֲנָשִׁים שֻׁלְּחוּ הֵמָּה וַחֲמֹרֵיהֶם: [בראשית מד, ג]

ליקוטי רש"י

כל ששואלין אותו. בכל התלמוד [שבת קיד.]. מאחד מן המקומות [קידושין מט.]. **ואפילו במסכת דכלה.** דלא רגילי בה אינשי חזה נתן לבו וגרסה מסכת כלה כן בריית׳א היא כלה בלא ברכה אסורה לבעלה כנדה [שבת שטעו׳ תוס׳ כאן ושם]. שאין עומק בה ובריית׳א היא וכך היא שנויה כלה בלא ברכה אסורה לבעלה כנדה [קידושין שם ועי׳ תוס׳ שבת שם]. **אל תראו עצמכם כשאתם שבעין.** כי באותה שעה עדיין היה להם תבואה [בראשית מב, א]. **אל תרגזו בדרך.** אל תתעסקו בדבר הלכה שלא תרגז עליכם הדרך דבר אחר אל תפסיעו פסיעה גסה והכניסו חמה לעיר ולפי פשוטו של מקרא יש לומר לפי שהיו נכלמים היה דואג שמא ירינו בדרך על דבר מכירתו להתווכח זה עם זה ולומר על ידך נמכר אתה ספרת לשון הרע עליו וגרמת לנו לשנאתו [שם מה, כד]. **ויהי המה הולכים הלוך ודבר.** בדברי תורה באליהו ובאלישע כתיב. ראוין לישרף. שעל מנת כן בא הרכב אש עליהם [סוטה מט.]. **פסיעה גסה.** יותר מאמה פסיעה בינונית אמה [שבת קיג:]. **לעולם יצא אדם בכי טוב ויכנס בכי טוב.** היוצא לדרך יכנס ערבית לבית מלון בעוד החמה זורחת ולמחר ימתין עד הנץ החמה ויצא ואז טוב לו שהאור טוב לו שנאמר באור כי טוב ומה היא טובתו מפני החיות ומפני הלסטים [פסחים ב.]. בעוד חמה זורחת ילין במלון ולא ימתין עד שתחשך ולבקר לא ישכים לצאת עד שיאיר כי טוב לישנא מעליא האור כי טוב כלומר טוב הוא לצאת בו וליכנס בו מפני המזיקין והליסטין [ב"ק ס:]. **הבוקר אור והאנשים שלחו.** הבקר האיר והאנשים שולחו כמאן דאמר לפרא נהר ולפי דרכו לימדך הכתוב דרך ארץ מאחי יוסף שהמתינו עד שהאיר המזרח כדרכי יהודה [פסחים ב.].

Scripture thus indicates that Joseph delayed the brothers' departure until the morning light.[26]

The Gemara proffers more advice about travel:

אָמַר רַב יְהוּדָה אָמַר רַבִּי חִיָּיא – **Rav Yehudah said in the name of R' Chiya:** הַמְהַלֵּךְ בַּדֶּרֶךְ – **One who is traveling on the road** אַל יֹאכַל יוֹתֵר מִשְּׁנֵי רְעָבוֹן – **should not eat more than** he would **in years of famine,** when one must eat very minimally.[27] מַאי טַעֲמָא – **What is the reason?** הָכָא תַּרְגִּימוּ מִשּׁוּם מַעֲיָינָא – **Here**[28] **they explain because of** possible disorder of the **intestines.**[29] בְּמַעֲרָבָא אָמְרֵי – **In the West** [i.e. the Land of Israel] **they say:** מִשּׁוּם מְזוֹנֵי – **Because of food.**[30]

The Gemara asks:

מַאי בֵּינַיְיהוּ – **What is** the practical difference **between [these two reasons]?** אִיכָּא בֵּינַיְיהוּ – **There is between them**

NOTES

26. From this verse we may infer that one should not depart before the morning light. One can therefore also conclude that he should repair to his lodging before the cessation of light (*Rashi*, who notes that other versions of the Gemara omit this verse, since Rav Yehudah's teaching is logical and does not require a Scriptural proof).

27. See below, 11a.

28. Since the Talmud was redacted in Babylonia, any mention it makes of "here" or "us" refers to its Babylonian authors (*Rashi*).

29. Eating copiously during a journey adversely affects the intestines, due to the rigors of travel (*Rashi, Tosafos*).

30. He should eat small portions to ensure that his provisions will last for the duration of the journey (*Rashi*).

דְיָתִיב בְּאַרְבָּא – the case of **one who sits** [i.e. travels] **on a ship.** He must be concerned that his food might not suffice for the journey, but since he is not traveling by foot, he need not be concerned that eating his regular portions will cause him harm.[1] **אִי נַמִּי** – **Alternatively,** a difference between the two explanations is **דְקָאָזִיל מֵאַוְונָא לְאַוְונָא** – the case of **one who travels from a merchants' inn** in one village **to a merchants' inn** in another village. Since food will be available at each stop, he need be concerned only about the harmful effects of his regular portions.[2]

The Gemara cites a related incident:

רַב פָּפָּא כָּל פַּרְסָה וּפַרְסָה אָכִיל חֲדָא רִיפְתָּא – **Rav Pappa ate one loaf of bread every** ***parsah*** [3] that he traveled. Since Rav Pappa did not limit his intake of food, the Gemara concludes that **קָסָבַר מִשּׁוּם מַעְיָינָא** – **he held** that the reason for this stricture **is because of** harm to the **intestines.** Since Rav Pappa was a heavy man, he could withstand the rigors of travel without limiting his food.[4]

Rav Yehudah intimated above that a person must limit his intake of food during a famine. The Gemara elaborates:

אָמַר רַב יְהוּדָה אָמַר רַב – **Rav Yehudah said in the name of Rav:** **כָּל הַמַּרְעִיב עַצְמוֹ בִּשְׁנֵי רְעָבוֹן** – **Whoever starves himself** [i.e. minimizes his eating] **in years of famine** **נִיצָּל מִמִּיתָה מְשׁוּנָּה** – **is saved from unusual death,**[5] **שֶׁנֶּאֱמַר** – **as it is stated:**[6] **"בְּרָעָב פָּדְךָ מִמָּוֶת"** – ***In famine,* [*God*] *has redeemed you from death.*** **מֵרָעָב מִיבָּעֵי לֵיהּ** – **[Scripture] should have** stated ***from famine***, instead of *from death*, if it means to say that God will save him from suffering during the famine.[7] **אֶלָּא הָכִי קָאָמַר** – **Rather, [Scripture] is saying as follows:** **בִּשְׂכַר שֶׁמַּרְעִיב עַצְמוֹ בִּשְׁנֵי רְעָבוֹן** – **As reward for starving himself in years of famine,** when other Jews are suffering, **נִיצּוֹל מִמִּיתָה מְשׁוּנָּה** – **he is saved from unusual death.**

The Gemara continues to discuss proper conduct during a famine:

אָמַר רֵישׁ לָקִישׁ – **Reish Lakish said:** **אָסוּר לְאָדָם לְשַׁמֵּשׁ מִטָּתוֹ בִּשְׁנֵי רְעָבוֹן** – **A person is prohibited to engage in marital relations**[8] **in years of famine,** **שֶׁנֶּאֱמַר** – **for it is said:**[9] **"וּלְיוֹסֵף יֻלַּד שְׁנֵי בָנִים בְּטֶרֶם תָּבוֹא שְׁנַת הָרָעָב"** – ***And to Joseph were born two sons before the year***[10] ***of famine had yet arrived.***[11]

The Gemara qualifies Reish Lakish's ruling:

תָּנָא – **It was taught:** **חֲסוּכֵי בָנִים** – **Those lacking children,** who have not fulfilled their obligation to procreate,[12] **מְשַׁמְּשִׁין מִטּוֹתֵיהֶן בִּשְׁנֵי רְעָבוֹן** – **may have marital relations in years of famine.**

A Baraisa relates the punishment of one who disassociates himself from the travail of his community:

תָּנוּ רַבָּנַן – **The Rabbis taught in a Baraisa:** **בִּזְמַן שֶׁיִּשְׂרָאֵל שְׁרוּיִין בְּצַעַר** – AT A TIME WHEN the people of ISRAEL ARE STEEPED IN DISTRESS **וּפֵירַשׁ אֶחָד מֵהֶן** – AND ONE OF THEM SEPARATED himself from the community, and does not share in their pain, **בָּאִין שְׁנֵי מַלְאֲכֵי הַשָּׁרֵת שֶׁמְּלַוִּין לוֹ לְאָדָם** – THE TWO MINISTERING ANGELS THAT ACCOMPANY A PERSON[13] COME **וּמַנִּיחִין לוֹ יְדֵיהֶן עַל רֹאשׁוֹ** – AND PLACE THEIR HANDS ON HIS HEAD, **וְאוֹמְרִים** – AND THEY SAY: **פְּלוֹנִי זֶה שֶׁפֵּירַשׁ מִן הַצִּבּוּר** – THIS PLONI,[14] WHO HAS SEPARATED himself FROM THE COMMUNITY, **אַל יִרְאֶה בְּנֶחָמַת צִבּוּר** – SHALL NOT WITNESS THE CONSOLATION OF THE COMMUNITY when they are delivered from their affliction.

The Gemara cites a similar Baraisa:

תַּנְיָא אִידַךְ – **It was taught in another Baraisa:** **בִּזְמַן שֶׁהַצִּבּוּר שָׁרוּי בְּצַעַר** – AT A TIME WHEN THE COMMUNITY IS STEEPED IN DISTRESS **אַל יֹאמַר אָדָם** – A well-off PERSON SHOULD NOT SAY: **אֵלֵךְ לְבֵיתִי וְאוֹכַל וְאֶשְׁתֶּה** – I WILL GO TO MY HOUSE AND EAT AND DRINK, **וְשָׁלוֹם עָלַיִךְ נַפְשִׁי** – AND PEACE BE UPON YOU, MY SOUL. **וְאִם עוֹשֶׂה כֵּן** – AND IF HE DOES THIS, and ignores the troubles of the community, **עָלָיו הַכָּתוּב אוֹמֵר** – REGARDING HIM SCRIPTURE SAYS:[15] **"וְהִנֵּה שָׂשׂוֹן וְשִׂמְחָה** – ***AND BEHOLD REJOICING AND HAPPINESS.*** **הָרֹג בָּקָר וְשָׁחֹט צֹאן** – The people said to each other: ***"SLAY CATTLE AND SLAUGHTER SHEEP,*** **אָכֹל בָּשָׂר וְשָׁתוֹת יָיִן** – ***EAT MEAT AND DRINK WINE.*** **אָכוֹל וְשָׁתוֹ** – EAT AND DRINK, **כִּי מָחָר נָמוּת"** –

NOTES

1. Therefore, according to the Babylonian explanation of this law, one need not limit his food intake in this case. According to the other explanation, however, one must ration his food to guarantee that it will suffice for the journey.

2. In this case, according to the Babylonian explanation, one must limit his food to avoid causing an intestinal disorder. According to the other explanation he may eat freely, because he can always purchase food in the villages.

3. See above, 10a note 30.

4. Alternatively, his stomach was large, and he could eat large amounts of food without being harmed (*Rashi*).

5. I.e. death by sword or starvation, and not one of the common types of death, such as by illness or old age (see *Rashi*).

6. *Job* 5:20. In the preceding verse Elifaz told Job that Job's personal suffering will earn him salvation from many global calamities. In this verse Elifaz proceeds to delineate those calamities.

7. Since in the previous verse Job was assured that he would be saved from famine, here in verse 20 it should have stated: *In famine, [God] has redeemed you from famine* — i.e. even from the ravages and suffering of the famine itself. Since Scripture, in fact, writes *from death* (which is superfluous, given the assurance of v. 19), it must intend to convey the homiletic message that the Gemara presently discloses (*Maharsha,* first explanation).

8. Literally: to use his bed. A person must afflict himself during this time (*Rashi*).

9. *Genesis* 41:50.

10. This refers to the first of the seven years of famine which Joseph had presaged (see *Genesis* 41:30).

11. Since the Torah underscores that Joseph's two sons were born prior to the advent of the famine, we may surmise that he abstained from marital relations once it commenced. However, *Tosafos* challenge Reish Lakish's use of this verse as the basis for his ruling, for we find that Yocheved was born to Levi two years after the famine began. Thus, the sons of Jacob did engage in marital relations during those troubling times. *Tosafos* therefore conclude that Reish Lakish's ruling is not a universal prohibition, but only required behavior for those who wish to conduct themselves in an especially pious manner (מִדַּת חֲסִידוּת). Joseph chose such a course for himself, whereas Levi did not.

Ritva, however, rejects *Tosafos'* conclusion, arguing that an actual prohibition exists, but does not apply when a famine strikes an idolatrous community. Hence, Joseph abstained from marital relations because he thought that his family in Canaan was starving. In fact, they had sufficient food (see above 10b), and so Levi and the others were at liberty to cohabit with their wives.

[See, additionally, *Maharsha, Gevuras Ari,* and *Ohr HaChaim* to *Gen.* 41:50.]

12. *Rashi* explains that the Gemara refers to the mitzvah of *piryah v'rivyah,* which is fulfilled when one has fathered a boy and a girl (see *Yevamos* 61b). Until this mitzvah is completed, marital relations are permitted even in time of famine. However, *Taz* (574:2) rules that this leniency applies only to those who have no offspring at all. His opinion is not accepted as halachah (*Mishnah Berurah* 240:47).

13. As Scripture states: כִּי מַלְאָכָיו יְצַוֶּה־לָּךְ, *He will charge His angels for you (Psalms* 91:11). The plural indicates that two angels escort each Jew, one on his right side and the other on his left (*Rashi*; see *Maharsha*).

14. פְּלוֹנִי is a pseudonym for any unidentified person (see *Ruth* 4:1, and *Rashi* there).

15. *Isaiah* 22:13. This verse records the people's response to the previous verse: *And on that day did* HASHEM, *God, Master of Legions, call for weeping and for lamentation, and for tearing out hair, and for girding with sackcloth.* God's reaction to their callousness, v. 14, quoted by the Gemara below, applies to anyone who divorces himself from the community's affliction.

דיתיב בארבא אי נמי דקאזיל מאוונא לאוונא רב פפא כל פרסה ופרסה אכיל חדא ריפתא קסבר משום מעיינא אמר רב יהודה אמר רב א כל המרעיב עצמו בשני רעבון ניצל ממיתה משונה שנאמר א) ברעב פדך ממות מרעב מיבעי ליה אלא הכי קאמר בשכר שמרעיב עצמו בשני רעבון ניצול ממיתה משונה אמר ריש לקיש ב אסור לאדם לשמש מטתו בשני רעבון שנאמר ב) וליוסף ילד שני בנים בטרם תבוא שנת הרעב תנא א) חסוכי בנים משמשין מטותיהן בשני רעבון תנו רבנן ג בזמן שישראל שרויין בצער ופירש אחד מהן באין שני מלאכי השרת שמלוין לו לאדם ומניחין לו ידיהן על ראשו ואומרים פלוני זה שפירש מן הצבור אל יראה בנחמת צבור תניא אידך בזמן שהצבור שרוי בצער אל יאמר אדם אלך לביתי ואוכל ואשתה ושלום עליך נפשי ואם עושה כן עליו הכתוב אומר ג) והנה ששון ושמחה הרוג בקר ושחוט צאן אכול בשר ושתות יין אכול ושתו כי מחר נמות מה כתיב בתריה ונגלה באזני ה' צבאות אם יכופר העון הזה לכם עד תמותון עד כאן מדת בינונים אבל במדת רשעים מה כתיב ד) אתיו אקחה יין ונסבאה שכר והיה כזה יום מחר מה כתיב בתריה ה) הצדיק אבד ואין איש שם על לב כי מפני הרעה נאסף הצדיק ב) אלא יצער אדם עם הצבור שכן מצינו במשה רבינו שציער עצמו עם הצבור שנאמר ה) וידי משה כבדים ויקחו אבן וישימו תחתיו וישב עליה וכי לא היה לו למשה כר אחת או כסת אחת לישב עליה אלא כך אמר משה הואיל וישראל שרויין בצער אף אני אהיה עמהם בצער וכל המצער עצמו עם הצבור זוכה ורואה בנחמת צבור ג) ושמא יאמר אדם מי מעיד בי אבני ביתו של אדם וקורות ביתו של אדם מעידים בו שנאמר ו) כי אבן מקיר תזעק וכפים מעץ יעננה דבי רבי שילא אמרי שני מלאכי השרת המלוין לו לאדם הן מעידין עליו שנאמר ז) כי מלאכיו יצוה לך רבי חידקא אומר ד) נשמתו של אדם היא מעידה עליו שנאמר ח) משוכבת חיקך שמור פתחי פיך ויש אומרים אבריו של אדם מעידים בו שנאמר ט) אתם עדי נאם ה' י) אל אמונה ואין עול אל אמונה כשם שנפרעין מן הרשעים לעולם הבא אפילו על עבירה קלה שעושין כך נפרעין מן הצדיקים בעולם הזה על עבירה קלה שעושין ואין עול כשם שמשלמין שכר לצדיקים לעולם הבא אפילו על מצוה קלה שעושין כך משלמין שכר לרשעים בעולם הזה אפילו על מצוה קלה שעושין י) צדיק וישר הוא ה) (אמרו בשעת) פטירתו של אדם לבית עולמו כל מעשיו (ו) נפטרין) לפניו ואומרים לו כך וכך עשית במקום פלוני ביום פלוני והוא אומר (ז) הין) ואומרים לו חתום וחותם שנאמר כ) ביד כל אדם יחתום ולא עוד אלא שמצדיק עליו את הדין ואומר להם יפה דנתוני לקיים מה שנאמר ל) למען תצדק בדברך אמר שמואל כל היושב בתענית נקרא חוטא (א) סבר כי האי תנא דתניא ח) ר' אלעזר הקפר ברבי אומר מה תלמוד לומר מ) וכפר עליו מאשר חטא על הנפש וכי באיזה נפש חטא זה אלא שציער עצמו מן היין והלא דברים קל וחומר ומה זה שלא ציער עצמו אלא מן היין נקרא חוטא המצער עצמו מכל דבר ודבר על אחת כמה וכמה ר' אלעזר אומר נקרא קדוש שנאמר נ) קדוש יהיה גדל פרע שער ראשו ומה זה שלא ציער עצמו אלא מדבר אחד נקרא קדוש המצער עצמו מכל דבר על אחת כמה וכמה ולשמואל הא איקרי קדוש ההוא אגידול פרע קאי ולר' אלעזר הא נקרא חוטא ההוא דסאיב נפשיה ומי אמר רבי אלעזר הכי והאמר ר' אלעזר לעולם ימוד אדם עצמו כאילו

רש"י

דיתיב בארבא. שהולך בספינה משום מזוני ליכא משום מעיינא ליכא: מאוונא לאוונא. מקום מלון התגרים מכפר לכפר דמשתכחי מזוני וליכא למיחש למזוני ולמעיינא ליכא למיחש: כל פרסה ופרסה אכל ריפתא. קסבר רב פפא הא דאמור רבנן לא ליכול טפי משום מעיינא ואיהו לא מיסתפי ממעיינא דבעל ט) בטן הוה ענין אחר כריסו רחבה כדאיתא בבבא מציעא (דף פד.) דקא חשיב אבריה דרב פפא וכאיש גבורתו ולפיכך יכול לאכול הרבה ואינו מזיק לו: מיתה משונה. מת בחרב וברעב וכל מיתה שאינה בידי מלאך המות כדרך כל אדם על מטתו: בשכר שמצער עצמו. כשישראל בצער: אסור לשמש מטתו בשני רעבון. דצריך אדם לנהוג צער בעצמו: חסוכי בנים. חסירי בנים (ב) דגרסינן במנחות (דף כט.) לגבי מנורה ומי חסיכי כולי האי י) שלא קיימו פריה ורביה: שני מלאכי שרת (ג) מלוין לו לאדם. אחד מימינו ואחד משמאלו דכתי' (תהלים צא) כי מלאכיו יצוה לך: הנה ששון ושמחה הרוג בקר ושחוט צאן אכול בשר ושתות יין כי מחר נמות ונגלה באזני ה' צבאות אם יכופר העון הזה לכם עד תמותון: זו מדת בינונים. שיראין מן המיתה כדכתיב בהו כי מחר נמות: אתיו אקחה יין ונסבאה שכר והיה כזה יום מחר. גדול יותר מאד: הצדיק אבד ואין איש שם על לב. מפני מה הוא מת מפני הרעה נאסף הצדיק מפני שלא יצטער הוא ברעה ואחר שהיא גזרה מלפניו כי מפני הרעה נאסף הצדיק ל"א מפני רעות של אלו הוא נאסף שאין הקב"ה רוצה שיבקש עליהם רחמים: כפים. חצי לבינה ורגילין לתתה בין שתי נדבכי העצים: הכי גרסינן אבריו של אדם הן מעידין בו שנאמר ואתם עדי. לשון רבים נאם ה': מאי דכתיב אל אמונה ואין עול כשם שמשלם כו'. כך משלם לרשעים בעולם הזה כדי לטורדן מן העולם הבא וכדכתיב (דברים ז) ומשלם לשונאיו אל פניו להאבידו: ואין עול. שאין עושה (ד) דין בלא דין אמת וצדק: צדיק וישר. מצדיק הדין על הצדיקים לפרוע מהם ועושה טובה וישרות עם הרשעים לפרוע כל זכותם בעולם הזה כדי לטורדן: ביד כל אדם יחתום. כותב מעשה כל אדם ומחתים (ה) יד על כל מעשיו: למען תצדק בדברך. שהוא מצדיק עליו בדבריך שאתה מראה לו (ו): לשמואל קדוש יהיה אגדל פרע קאי. שמערו אסור בהנאה אבל הוא עצמו לא נקרא קדוש ולר' אלעזר חוטא דסאיב כתרגומו מאשר חטא על הנפש פשט המקרא על שנטמא במת: וכי באיזה נפש חטא זה. מי הרג שנקרא חוטא שאין מצוה לצער עצמו כדאמרינן לדיקי (כ) מי) אכליה איעלמא (והאיך) מי סני להו במס' הוריות (פ"ג דף י:): נקרא קדוש. רישיה דקרא קא דריש בשביל שמתוך כך מתמרקין עונותיו שמתענה:

תוספות

אסור לאדם לשמש מטתו בשני רעבון. ואם תאמר הרי יוכבד ל) נולדה בין החומות ואותו העת עת רעב היה וע"כ שימשו מטותיהן בשני רעבון ויש לומר דלכ"ע לא הוי אסור אלא למי שרוצה לנהוג עצמו בחסידות ויוסף לא שימש אבל שאר בני אדם שימשו:

אמר שמואל כל היושב בתענית נקרא חוטא. וקשיא דאמרינן בפ' החובל (ב"ק דף צא: ושם) החובל בעצמו רשאי אבל אחרים שחבלו בו חייבים ומפרש התם הא דקאמר החובל בעצמו רשאי אמר שמואל ביושב בתענית אלמא משמע דשמואל קאמר דיושב בתענית לא נקרא חוטא ויש לומר דודאי הוי חוטא כדאמרינן הכא מקל וחומר מנזיר ומה נזיר שלא ציער עצמו אלא מיין וכו' אבל מכל מקום המצוה שהוא עושה התענית גדול יותר מן העבירה ממה שהוא מצער נפשו דמצוה לנדור כדאמרינן (סוטה דף ב.) הרואה סוטה בקלקולה יזיר עצמו מן היין ומכל מקום יש קצת חטא מידי דהוה מ) אמתענה תענית חלום בשבת דקורעין גזר דינו ונפרעין ממנו תענית של שבת ומאי תקנתיה ליתב תעניתא לתעניתיה נ):

מסורת הש"ס

א) [לשון חיסור כמו לא חשכת. ערוך], ב) [ואף לדיק גמור לריך לצער עצמו עם הצבור שכן מצינו במשה רבינו שציער עצמו וכו' כך אי' בשאלתות פ' האזינו סימן קסג], ג) חגיגה טז. [ע"ש כמה שינויים], ד) ג"ז שם, ה) [נ"ל מלמד שבשעת כך אי' בשאלתות], ו) [נ"ל נפרטין וכ"א בשאלתו'], ז) [נ"ל הן], ח) [שבועות ח. סוטה טו. כריתות כו.] ב"ק צא: נזיר יט. כב. נדרים י., ט) גי' רש"א בשר, י) עי' בהגהת מהרי"ף שם, כ) נ"ל אי, ל) [כדאי' סוטה יב.], מ) [ברכות לא: ולקמן יב:], נ) [וע"ע תוס' ב"ק צא: ד"ה אלא ותוס' נזיר ג: ד"ה ואמאי].

עין משפט נר מצוה

לה א ב מיי' פ"ג מהל' תענית הלכה ח טוש"ע א"ח סי' תקעד סעיף ד:
לו ג שם סעיף ה:

רבינו חננאל

והמרעיב עצמו בשני רעבון ניצל ממיתה משונה שנאמר ברעב פדך ממות. אסור לאדם לשמש מטתו בשני רעבון. תנא חשוכי בנים משמשין מטותיהן בשני רעבון. **חייב** אדם לצער עצמו עם הצבור שבזמן שפורש עצמו מן הצבור ב' מלאכי השרת המלוין אותו מניחין ידיו על ראשו ואומרים פלוני שפירש מן הצבור אל יראה בנחמת ישראל. אלא מיבעי ליה לצעורי עם הצבור שכן מצינו במרע"ה שציער עצמו עם הצבור שנאמר וידי משה כבדים וגו'. וכי לא היה לו כר או כסת לישב בה אלא רצה להצטער בצער צבור. ושמא תאמר מי מעיד בו. אבני ביתו. שנאמר כי אבן מקיר תזעק. ומלאכים השומרים אותו שנאמר כי מלאכיו יצוה לך וגו'. **כתיב** אל אמונה ואין עול. כשם שנפרעים מן הרשעים לעוה"ב אפילו בעבירה קלה כך נפרעין מן הצדיקים בעוה"ז וכשם שמשלמין שכר טוב בעוה"ב לצדיקים [אפי' על מצוה קלה] כך משלמין שכר טוב לרשעים אפילו על מצוה קלה בעוה"ז. בשעת פטירתו של אדם. כל מעשיו נפרטין לפניו. אומרים לו עשית במקום פלוני והוא אומר הן. אומרים לו חתום. וחותם שנאמר ביד כל אדם יחתום. ולא עוד אלא שמצדיק עליו את הדין ואומר יפה דנתוני שנא' למען תצדק בדברך וגו': **אמר** שמואל היושב בתענית נקרא חוטא. סבר לה כר' אלעזר הקפר בר' [דאמר] בשביל שציער עצמו מן היין קראו הכתוב חוטא שנאמר וכפר עליו מאשר חטא על הנפש המצער עצמו מכל מאכל ומשתה לא כ"ש. ומפני מה כתיב בו קדוש יהיה משום (דמרבי) [דמדכי] נפשיה מטומאה א). ור' אלעזר פליג עליה דאמר המצטער עצמו לשם שמים כגון הנזיר וכיוצא

חשק שלמה על רבינו חננאל

א) נראה מזה דרבינו היה לו גי' אחרת בכאן ההוא דמדכי נפשי' וכ"ה גי' רבינו גרשום כאן.

רבינו גרשום

ומתרגזים עליכם. **בעיוני.** לא עייני באורחא: **משום מעיינא.** שאם אוכל הרבה מתכבד במיעיו ואין יכול לילך. **משום מזוני** דלא שכיחי באורחא: **דיתיב בארבא.** ליכא משום מעיינא ואיתא משום מזוני. **דאזיל מאונא לאונא.** דשכיחי מזוני. משום מזוני ליכא משום מעיינא איכא: **רב פפא** הוי אכיל סגי: **חסוכי בנים** ולא כולי עלמא: **זו מדה בינונית** שהרי מזכירין יום המיתה כדכתיב כי מחר נמות: **ההוא דמדכי בנפשיה.** כלומר שנזיר שמצער עצמו מן הטומאה קרוי קדוש ולא ליושב בתענית. **ההוא אשר חטא על הנפש** דמסאב נפשיה על המת: **כאילו קדוש שרוי בתוך מיעיו** ולא יתענה ר"ל

הגהות הב"ח

(א) גמ' כל היושב בתענית נקרא חוטא (סבר כי האי תנא) תא"מ ונ"ב ס"א שנאמר וכפר עליו מאשר חטא על הנפש וכי באיזה נפש חטא זה אלא שציער נפשו מן היין דתניא וכו' ולשמואל הא איקרי קדוש. נ"ב פירוש מדפליג אדשמואל אלמא לשמואל לא נקרא קדוש אבל לר' אלעזר הקפר לא קשיא דלמא מודה דנקרא קדוש אלא דנקרא ג"כ חוטא אבל לשמואל קשיא דמשמע לדידיה לא נקרא קדוש ואע"פ דמודה שמואל דעושה מצוה בנזירתו מ"מ לא נקרא קדוש ובתר הכי פריך אר' אלעזר הא נקרא חוטא דמדפליג אשמואל אלמא דס"ל דלא נקרא חוטא: (ב) רש"י ד"ה חסוכי בנים חסירי בנים כמו דגרסינן במנחות: (ג) ד"ה שני וכו' שמלוין: (ד) ד"ה ואין עול שאין עושה דבר בלא דין: (ה) ד"ה ביד כל כו' ומחתים יד כל אדם על כל: (ו) ד"ה למען כו' שאתה מראה לו מה"ד וכי באיזה נפש חטא זה מי הרג שנקרא חוטא הס"ד ואח"כ מה"ד אלא שציער עצמו וכו' שאין מצוה לצער עצמו כדאמרינן אטו לדיקי אי אכלי תרי עלמא וכו' עד עונותיו שמתענה מה"ד לשמואל קדוש יהיה וכו' לא נקרא קדוש הס"ד ואח"כ מה"ד ולר' אלעזר וכו' שנטמא במת הס"ד:

ליקוטי רש"י

והנה ששון ושמחה. הקב"ה כביכול אבל לפניו ואתם אוכלים ושמחים. כי מחר נמות. בעולם הבא הנביאים אומרים לנו מאת הקב"ה שלא יהיה לנו חלק לעוה"ב נעשה לנו הנאה בחיינו. עד תמותון. ת"י מותא תניינא לעולם הבא [ישעיה כב, יג יד]. **אתיו אקחה יין.** כך היו אומרים זה לזה. **והיה כזה יום מחר.** במאכל ובמשתה [שם נו, יב]. **ואין איש שם על לב.** למה נסתלק. **כי מפני הרעה.** העתידה לבא אל הדור נאסף לדיק [שם נז, א]. **ויקחו אבן וישימו תחתיו.** ולא ישב לו על כר וכסת אמר ישראל שרוין בצער אף אני אהיה עמהם בצער [שמות יז, יב]. **כי וגו'.** כי האבנים אשר גזלת תזעקנה מן הקיר. **וכפים מעץ יעננה.** אל האבן בקול לנגדה שניהם זועקים. וכפים מעץ יעננה, ת"י ושיפא מגו מרישא שיפא לשון קיסם שפאין בלשון חכמים לדור"ש בלע"ז מריש הוא הקורה [חבקוק ב, יא]. **וכפים.** חתיכת עץ כמו כפיסין בבבא בתרא [חגיגה טז.]. **משוכבת חיקך.** נשמתך היא תעיד בך. **פתחי פיך.** דברי פיך פתיחות פיך [מיכה ז, ה]. **אתם עידי.** הוא מעיד בעצמו בכל עונות שאוכיח בפניו [חגיגה שם]. **ואין עול.** אף לרשעים משלם שכר לדקתם בעולם הזה. **צדיק וישר הוא.** הכל מצדיקים עליהם את דינו וכן ראוי וישר להם לצדיק מפי הבריות וישר הוא וראוי להצדיקו [דברים לב, ד]. **ביד כל אדם יחתום.** כשאדם חוטא לפניו האדם עצמו חותם כתב ידו ביום מותו על עבירות שעבר הכתובות [איוב לז, ז]. **וכפר עליו.** בנזיר כתיב. **על הנפש.** משמע שחטא בנפש אדם. **מכל דבר.** המסגף עצמו בתענית [ב"ק צא:]. **אגידול פרע קאי.** קדוש יהיה השער שלו לגדל הפרע של שער ראשו. [במדבר ו, ה].

תורה אור השלם

א) בְּרָעָב פָּדְךָ מִמָּוֶת וּבְמִלְחָמָה מִידֵי חָרֶב: [איוב ה, כ] ב) וּלְיוֹסֵף יֻלַּד שְׁנֵי בָנִים בְּטֶרֶם תָּבוֹא שְׁנַת הָרָעָב אֲשֶׁר יָלְדָה לּוֹ אָסְנַת בַּת פּוֹטִי פֶרַע כֹּהֵן אוֹן: [בראשית מא, נ]
ג) וְהִנֵּה שָׂשׂוֹן וְשִׂמְחָה הָרֹג בָּקָר וְשָׁחֹט צֹאן אָכֹל בָּשָׂר וְשָׁתוֹת יָיִן אָכוֹל וְשָׁתוֹ כִּי מָחָר נָמוּת: וְנִגְלָה בְאָזְנָי יְיָ צְבָאוֹת אִם יְכֻפַּר הֶעָוֺן הַזֶּה לָכֶם עַד תְּמֻתוּן אָמַר אֲדֹנָי יְיָ צְבָאוֹת: [ישעיה כב, יג-יד] ד) אֵתָיוּ אֶקְחָה יַיִן וְנִסְבְּאָה שֵׁכָר וְהָיָה כָזֶה יוֹם מָחָר גָּדוֹל יֶתֶר מְאֹד: הַצַּדִּיק אָבָד וְאֵין אִישׁ שָׂם עַל לֵב וְאַנְשֵׁי חֶסֶד נֶאֱסָפִים בְּאֵין מֵבִין כִּי מִפְּנֵי הָרָעָה נֶאֱסַף הַצַּדִּיק: [ישעיה נו, יב-נז, א] ה) וִידֵי מֹשֶׁה כְּבֵדִים וַיִּקְחוּ אֶבֶן וַיָּשִׂימוּ תַחְתָּיו וַיֵּשֶׁב עָלֶיהָ וְאַהֲרֹן וְחוּר תָּמְכוּ בְיָדָיו מִזֶּה אֶחָד וּמִזֶּה אֶחָד וַיְהִי יָדָיו אֱמוּנָה עַד בֹּא הַשָּׁמֶשׁ: [שמות יז, יב]
ו) כִּי אֶבֶן מִקִּיר תִּזְעָק וְכָפִיס מֵעֵץ יַעֲנֶנָּה: [חבקוק ב, יא] ז) כִּי מַלְאָכָיו יְצַוֶּה לָּךְ לִשְׁמָרְךָ בְּכָל דְּרָכֶיךָ: [תהלים צא, יא]
ח) אַל תַּאֲמִינוּ בְרֵעַ אַל תִּבְטְחוּ בְּאַלּוּף מִשֹּׁכֶבֶת חֵיקֶךָ שְׁמֹר פִּתְחֵי פִיךָ: [מיכה ז, ה] ט) אָנֹכִי הִגַּדְתִּי וְהוֹשַׁעְתִּי וְהִשְׁמַעְתִּי וְאֵין בָּכֶם זָר וְאַתֶּם עֵדַי נְאֻם יְיָ וַאֲנִי אֵל: [ישעיה מג, יב] י) הַצּוּר תָּמִים פָּעֳלוֹ כִּי כָל דְּרָכָיו מִשְׁפָּט אֵל אֱמוּנָה וְאֵין עָוֶל צַדִּיק וְיָשָׁר הוּא: [דברים לב, ד] כ) בְּיַד כָּל אָדָם יַחְתּוֹם לָדַעַת כָּל אַנְשֵׁי מַעֲשֵׂהוּ: [איוב לז, ז] ל) לְךָ לְבַדְּךָ חָטָאתִי וְהָרַע בְּעֵינֶיךָ עָשִׂיתִי לְמַעַן תִּצְדַּק בְּדָבְרֶךָ תִּזְכֶּה בְשָׁפְטֶךָ: [תהלים נא, ו] מ) וְעָשָׂה הַכֹּהֵן אֶחָד לְחַטָּאת וְאֶחָד לְעֹלָה וְכִפֶּר עָלָיו מֵאֲשֶׁר חָטָא עַל הַנָּפֶשׁ וְקִדַּשׁ אֶת רֹאשׁוֹ בַּיּוֹם הַהוּא: [במדבר ו, יא] נ) כָּל יְמֵי נֶדֶר נִזְרוֹ תַּעַר לֹא יַעֲבֹר עַל רֹאשׁוֹ עַד מְלֹאת הַיָּמִם אֲשֶׁר יַזִּיר לַייָ קָדֹשׁ יִהְיֶה גַּדֵּל פֶּרַע שְׂעַר רֹאשׁוֹ: [במדבר ו, ה]

FOR TOMORROW WE WILL DIE." They disregarded the troubles of the community. מַה כְּתִיב בַּתְרֵיהּ – WHAT IS WRITTEN AFTERWARD? "וְנִגְלָה בְאָזְנָי ה׳ צְבָאוֹת – *AND* your words *ARE REVEALED TO MY EARS; I, HASHEM, MASTER OF LEGIONS,* אִם־יְכֻפַּר הֶעָוֹן הַזֶּה לָכֶם עַד־תְּמֻתוּן" – I have sworn: *SURELY THIS INIQUITY WILL NOT BE ATONED FOR YOU UNTIL YOU DIE.*[16]

The Baraisa continues:

עַד כָּאן מִדַּת בֵּינוֹנִים – THUS FAR IS THE MEASURE OF THE AVERAGE sinners' iniquity.[17] אֲבָל בְּמִדַּת רְשָׁעִים – HOWEVER, REGARDING THE MEASURE of iniquity OF THE truly WICKED, מַה כְּתִיב – WHAT IS WRITTEN? "אֵתָיוּ אֶקְחָה־יַיִן – They said to each other: *"COME AND I WILL GET WINE,* וְנִסְבְּאָה שֵׁכָר – *AND WE WILL BECOME DRUNK WITH OLD WINE,* וְהָיָה כָזֶה יוֹם מָחָר" – *AND TOMORROW SHALL BE LIKE THIS* [*day*], *an even larger celebration."*[18] מַה כְּתִיב בַּתְרֵיהּ – WHAT IS WRITTEN AFTERWARD? "הַצַּדִּיק אָבָד – *THE RIGHTEOUS MAN HAS PERISHED,* וְאֵין אִישׁ שָׂם עַל־לֵב – *AND NO MAN TAKES TO HEART* כִּי־מִפְּנֵי הָרָעָה נֶאֱסַף הַצַּדִּיק" – *THAT BECAUSE OF THE EVIL*[19] *THE RIGHTEOUS MAN IS GATHERED* to his grave.

The Baraisa continues:

אֶלָּא יְצַעֵר אָדָם עִם הַצִּבּוּר – RATHER, A PERSON SHOULD SUFFER ALONG WITH THE COMMUNITY,[20] שֶׁכֵּן מָצִינוּ בְּמֹשֶׁה רַבֵּינוּ – FOR WE HAVE INDEED FOUND REGARDING MOSHE, OUR TEACHER, שֶׁצִּיעֵר עַצְמוֹ עִם הַצִּבּוּר – THAT HE SUFFERED ALONG WITH THE COMMUNITY. שֶׁנֶּאֱמַר – AS IT IS STATED in the narrative of the battle against Amalek:[21] "וִידֵי מֹשֶׁה כְּבֵדִים – *AND THE HANDS OF MOSHE WERE HEAVY,* וַיִּקְחוּ־אֶבֶן וַיָּשִׂימוּ תַחְתָּיו וַיֵּשֶׁב עָלֶיהָ" – *AND THEY TOOK A STONE AND PLACED IT UNDERNEATH HIM AND HE SAT ON IT.*

The Baraisa asks:

וְכִי לֹא הָיָה לוֹ לְמֹשֶׁה כַּר אַחַת אוֹ כֶּסֶת אַחַת לֵישֵׁב עָלֶיהָ – AND DID MOSHE NOT HAVE ONE MATTRESS OR ONE PILLOW UPON WHICH TO SIT? אֶלָּא כָּךְ אָמַר מֹשֶׁה – RATHER, THUS SAID MOSHE: הוֹאִיל וְיִשְׂרָאֵל שְׁרוּיִין בְּצַעַר – SINCE the Children of ISRAEL ARE STEEPED IN DISTRESS, אַף אֲנִי אֶהְיֶה עִמָּהֶם בְּצַעַר – I ALSO SHALL BE WITH THEM IN DISTRESS. He therefore elected to sit upon a rock.

The Baraisa continues:

וְכָל הַמְצַעֵר עַצְמוֹ עִם הַצִּבּוּר – AND WHOEVER SUFFERS ALONG WITH THE COMMUNITY, זוֹכֶה וְרוֹאֶה בְּנֶחָמַת צִבּוּר – WILL MERIT AND WITNESS THE CONSOLATION OF THE COMMUNITY. וְשֶׁמָּא יֹאמַר אָדָם מִי מֵעִיד בִּי – AND PERHAPS A PERSON WILL ASK: WHO WILL TESTIFY AGAINST ME if I do not share in the community's suffering? אַבְנֵי בֵיתוֹ שֶׁל אָדָם – THE STONES OF A PERSON'S HOUSE וְקוֹרוֹת בֵּיתוֹ שֶׁל אָדָם – AND THE BEAMS OF A PERSON'S HOUSE מְעִידִים בּוֹ – WILL TESTIFY AGAINST HIM, שֶׁנֶּאֱמַר – AS IT SAYS:[22] "כִּי־אֶבֶן מִקִּיר תִּזְעָק – *FOR A STONE WILL SHOUT FROM THE WALL,* וְכָפִיס מֵעֵץ יַעֲנֶנָּה" – *AND A HALF-BRICK WILL ANSWER FROM THE WOOD* that surrounds it in the wall.[23] They will attest to the deeds committed by that individual in the privacy of his own home.

The Baraisa presents other opinions:

דְּבֵי רַבִּי שִׁילָא אָמְרֵי – THEY SAY in THE YESHIVAH OF R' SHILA: שְׁנֵי מַלְאֲכֵי הַשָּׁרֵת הַמְלַוִּין לוֹ לְאָדָם – THE TWO MINISTERING ANGELS WHO ESCORT A PERSON – הֵן מְעִידִין עָלָיו – THEY are the ones who TESTIFY AGAINST HIM, שֶׁנֶּאֱמַר – AS IT SAYS:[24] "כִּי מַלְאָכָיו יְצַוֶּה־לָּךְ" – *HE WILL CHARGE HIS ANGELS FOR YOU,* to testify against you. רַבִּי חִידְקָא אוֹמֵר – R' CHIDKA SAYS: נִשְׁמָתוֹ שֶׁל אָדָם – A PERSON'S SOUL הִיא מְעִידָה עָלָיו – IS what WILL TESTIFY AGAINST HIM, שֶׁנֶּאֱמַר – AS IT SAYS:[25] "מִשֹּׁכֶבֶת חֵיקֶךָ – *FROM THAT WHICH LIES WITHIN YOUR BOSOM* [i.e. your soul], שְׁמֹר פִּתְחֵי־פִיךָ" – *GUARD THE PORTALS OF YOUR MOUTH.* This verse admonishes one to be particular about his speech, lest his soul report him. וְיֵשׁ אוֹמְרִים – THERE ARE those WHO SAY: אֵבָרָיו שֶׁל אָדָם – THE LIMBS OF A PERSON מְעִידִים בּוֹ – TESTIFY AGAINST HIM, שֶׁנֶּאֱמַר – AS IT SAYS:[26] "אַתֶּם עֵדַי נְאֻם־ה׳" – *YOU ARE MY WITNESSES, SAID HASHEM.* The Baraisa understands *witnesses,* written in the plural, as alluding to the numerous limbs of the body.[27]

The Baraisa continues, quoting Scripture:[28] "אֵל אֱמוּנָה וְאֵין עָוֶל" – *A GOD OF FAITHFULNESS, WITHOUT PERVERSION.*

The Baraisa explains:

"אֵל אֱמוּנָה" – *A GOD OF FAITHFULNESS* is an appropriate description, because כְּשֵׁם שֶׁנִּפְרָעִין מִן הָרְשָׁעִים לָעוֹלָם הַבָּא – JUST AS THE WICKED ARE PUNISHED IN THE NEXT WORLD אֲפִילּוּ עַל עֲבֵירָה קַלָּה שֶׁעוֹשִׂין – EVEN FOR A MINOR TRANSGRESSION THAT THEY COMMIT, כָּךְ נִפְרָעִין מִן הַצַּדִּיקִים בָּעוֹלָם הַזֶּה – SO THE RIGHTEOUS ARE PUNISHED IN THIS WORLD עַל עֲבֵירָה קַלָּה שֶׁעוֹשִׂין – even FOR A MINOR TRANSGRESSION THAT THEY COMMIT.[29]

NOTES

16. *Targum Yonasan* explains that Scripture intends an additional death, in the Next World.

17. The sinners mentioned in the previous passage at least acknowledged that the prophecy would be fulfilled and feared that they would die, for they stated: כִּי מָחָר נָמוּת, *for tomorrow we shall die.* Therefore, they were not *exceedingly* wicked (*Rashi*).

18. *Isaiah* 56:12, which concludes: גָּדוֹל יֶתֶר מְאֹד. Scripture relates the leaders' response to the prophet's call to repentance (see *Rashi* to verse 10). It is apparent that they did not even recognize the validity of the prophecy, as they planned future celebrations of even greater magnitude. Hence, their iniquity was greater (see *Maharsha*).

19. Ibid. 57:1. This "evil" is the impending disaster that will befall the community. The righteous man is spared the suffering, and passes away beforehand. Alternatively, "evil" refers to the wickedness of the people. Because of their heinous deeds, the righteous man is taken away to preclude his praying for God to show mercy and repeal the decree (*Rashi*).

20. In the version of this Baraisa recorded in *She'iltos (Ha'azinu* 163), the example of Moshe is cited as support for the ruling that even a totally righteous individual must share in the travail of the community (cited by R' Yeshayah Pik in the margin of the Gemara).

21. *Exodus* 17:12, at which time Moshe, Aharon and Chur ascended to the top of the mountain to pray for a successful outcome.

22. *Habakkuk* 2:11, which states that the materials plundered by the nations from the Jews will scream out from the structures into which they were built and demand retribution (see *Rashi* there). The Baraisa derives from this verse that inanimate objects bear witness to a person's private deeds.

23. *Rashi* explains that it was customary to insert a half-brick between two rows of wooden beams.

24. *Psalms* 91:11. Although the verse expressly states that these two angels are sent to protect him, the Baraisa understands that they will nevertheless bear witness against him.

25. *Micah* 7:5, wherein the prophet cautions against disclosing one's private matters to even his close friend or wife, since at the time of his prophesying a confidence was not kept (see *Radak* and *Metzudas David* there). The Baraisa extends this idea to the soul – i.e. even one's own soul will betray his most intimate secrets.

26. *Isaiah* 43:10, wherein God avers that the Jewish people and their prophets can bear witness that God fulfills His promises, for they witnessed the prophesized downfall of Sancheriv, King of Assyria (see *Radak* and *Metzudas David* there).

27. *Rashi*. See *Rashi, Chagigah* 16a ד״ה אתם עדי.

28. *Deut.* 32:4.

29. *Maharsha* explains that the Baraisa seeks to resolve one of the most profound theological mysteries – the apparently inequitable dispensation of Divine justice. That is, we often witness righteous people suffering in this world, and wicked people who prosper. The first part of the Baraisa assures us that the suffering of the righteous in this world is not gratuitous. Rather, God adheres *faithfully* to His principles of justice and punishes the righteous even for their minor sins, just as He

דיתיב בארבא אי נמי דקאזיל מאוונא לאוונא רב פפא כל פרסה ופרסה אכיל חדא ריפתא קסבר משום מעיינא אמר רב יהודה אמר רב א כל המרעיב עצמו בשני רעבון ניצל ממיתה משונה שנאמר א) ברעב פדך ממות מרעב מיבעי ליה אלא הכי קאמר בשכר שמרעיב עצמו בשני רעבון ניצול ממיתה משונה אמר ריש לקיש ב אסור לאדם לשמש מטתו בשני רעבון שנאמר ב) וליוסף ילד שני בנים בטרם תבוא שנת הרעב תנא א) חסוכי בנים משמשין מטותיהן בשני רעבון תנו רבנן ג בזמן שישראל שרויין בצער ופירש אחד מהן באין שני מלאכי השרת שמלוין לו לאדם ומניחין לו ידיהן על ראשו ואומרים פלוני זה שפירש מן הצבור אל יראה בנחמת צבור תניא אידך בזמן שהצבור שרוי בצער אל יאמר אדם אלך לביתי ואוכל ואשתה ושלום עליך נפשי ואם עושה כן עליו הכתוב אומר ג) והנה ששון ושמחה הרוג בקר ושחוט צאן אכול בשר ושתות יין אכול ושתו כי מחר נמות מה כתיב בתריה ונגלה באזני ה' צבאות אם יכופר העון הזה לכם עד תמותון עד כאן מדת בינונים אבל במדת רשעים מה כתיב ד) אתיו אקחה יין ונסבאה שכר והיה כזה יום מחר מה כתיב בתריה ה) הצדיק אבד ואין איש שם על לב כי מפני הרעה נאסף הצדיק ג) אלא יצער אדם עם הצבור שכן מצינו במשה רבינו שציער עצמו עם הצבור שנאמר ה) וידי משה כבדים ויקחו אבן וישימו תחתיו וישב עליה וכי לא היה לו למשה כר אחת או כסת אחת לישב עליה אלא כך אמר משה הואיל וישראל שרויין בצער אף אני אהיה עמהם בצער וכל המצער עצמו עם הצבור זוכה ורואה בנחמת צבור ג) ושמא יאמר אדם מי מעיד בי אבני ביתו של אדם וקורות ביתו של אדם מעידים בו שנאמר ו) כי אבן מקיר תזעק וכפים מעץ יעננה דבי רבי שילא אמרי שני מלאכי השרת המלוין לו לאדם הן מעידין עליו שנאמר ז) כי מלאכיו יצוה לך רבי חידקא אומר ד) נשמתו של אדם היא מעידה עליו שנאמר ח) משוכבת חיקך שמור פתחי פיך ויש אומרים אבריו של אדם מעידים בו שנאמר ט) אתם עדי נאם ה' י) אל אמונה ואין עול אל אמונה כשם שנפרעין מן הרשעים לעולם הבא אפילו על עבירה קלה שעושין כך נפרעין מן הצדיקים בעולם הזה על עבירה קלה שעושין ואין עול כשם שמשלמין שכר לצדיקים לעולם הבא אפילו על מצוה קלה שעושין כך משלמין שכר לרשעים בעולם הזה אפילו על מצוה קלה שעושין י) צדיק וישר הוא ה) (אמרו בשעת) פטירתו של אדם לבית עולמו כל מעשיו (ו) נפטרין) לפניו ואומרים לו כך וכך עשית במקום פלוני ביום פלוני והוא אומר (ז) הין) ואומרים לו חתום וחותם שנאמר כ) ביד כל אדם יחתום ולא עוד אלא שמצדיק עליו את הדין ואומר להם יפה דנתוני לקיים מה שנאמר ל) למען תצדק בדברך אמר שמואל כל היושב בתענית נקרא חוטא (א) סבר כי האי תנא דתניא ח) ר' אלעזר הקפר ברבי אומר מה תלמוד לומר מ) וכפר עליו מאשר חטא על הנפש וכי באיזה נפש חטא זה אלא שציער עצמו מן היין והלא דברים קל וחומר ומה זה שלא ציער עצמו אלא מן היין נקרא חוטא המצער עצמו מכל דבר ודבר על אחת כמה וכמה ר' אלעזר אומר נקרא קדוש שנאמר נ) קדוש יהיה גדל פרע שער ראשו ומה זה שלא ציער עצמו אלא מדבר אחד נקרא קדוש המצער עצמו מכל דבר על אחת כמה וכמה ולשמואל הא איקרי קדוש ההוא אגידול פרע קאי ולר' אלעזר הא נקרא חוטא ההוא דסאיב נפשיה ומי אמר רבי אלעזר הכי והאמר ר' אלעזר לעולם ימוד אדם עצמו כאילו

רש"י

דיתיב בארבא. שהולך בספינה משום מזוני איכא משום מעיינא ליכא: מאוונא לאוונא. מקום מלון התגרים מכפר לכפר דמשתכחי מזוני וליכא למיחש למזוני ולמעיינא איכא למיחש: כל פרסה ופרסה אכל ריפתא. קסבר רב פפא הא דאמור רבנן לא ליכול טפי משום מעיינא ואיהו לא מיסתפי ממעיינא דבעל (ט) בטן הוה ענין אחר כריסו רחבה כדאיתא בבבא מציעא (דף פד.) דקא חשיב אבריה דרב פפא וכאיש גבורתו ולפיכך יכול לאכול הרבה ואינו מזיק לו: מיתה משונה. מת בחרב וברעב וכל מיתה שאינה בידי מלאך המות כדרך כל אדם על מטתו: בשכר שמצער עצמו. כשישראל בצער: אסור לשמש מטתו בשני רעבון. דצריך אדם לנהוג צער בעצמו: חסוכי בנים. חסירי בנים (ב) דגרסינן במנחות (דף כט.) לגבי מנורה ומי חסיכי כולי האי (י) שלא קיימו פריה ורביה: שני מלאכי שרת (ג) מלוין לו לאדם. אחד מימינו ואחד משמאלו דכתי' (תהלים צא) כי מלאכיו יצוה לך: הנה ששון ושמחה הרוג בקר ושחוט צאן אכול בשר ושתות יין כי מחר נמות ונגלה באזני ה' צבאות אם יכופר העון הזה לכם עד תמותון: זו מדת בינונים. שיראין מן המיתה כדכתיב בהו כי מחר נמות: אתיו אקחה יין ונסבאה שכר והיה כזה יום מחר. גדול יותר מאד: הצדיק אבד ואין איש שם על לב. מפני מה הוא מת מפני הרעה נאסף הצדיק מפני שלא יצטער הוא ברעה ואחר שהיא גזרה מלפניו כי מפני הרעה נאסף הצדיק ל"א מפני רעות של אלו הוא נאסף שאין הקב"ה רוצה שיבקש עליהם רחמים: כפים. חצי לבינה ורגילין לתתה בין שתי נדבכי העצים: הכי גרסינן אבריו של אדם הן מעידין בו שנאמר ואתם עדי. לשון רבים נאם ה': מאי דכתיב אל אמונה ואין עול כשם שמשלם כו'. כך משלם לרשעים בעולם הזה כדי לטורדן מן העולם הבא וכדכתיב (דברים ז) ומשלם לשונאיו אל פניו להאבידו: ואין עול. שאין עושה (ד) דין בלא דין אמת וצדק: צדיק וישר. מצדיק הדין על הצדיקים לפרוע מהם ועושה טובה וישרות עם הרשעים לפרוע כל זכותם בעולם הזה כדי לטורדן: ביד כל אדם יחתום. כותב מעשה כל אדם ומחתים (ה) יד על כל מעשיו: למען תצדק בדברך. שהוא מצדיק עליו בדבריך שאתה מרצה לו (ו): לשמואל קדוש יהיה אגדל פרע קאי. ששערו אסור בהנאה אבל הוא עצמו לא נקרא קדוש ולר' אלעזר חוטא דסאיב כתרגומו מאשר חטא על הנפש פשט המקרא על שנטמא במת: וכי באיזה נפש חטא זה. מי הרג שנקרא חוטא שאין מצוה לצער עצמו כדאמרינן צדיקי (כ) מי) אכליהאי עלמא (והאיך) מי סני להו במס' הוריות (פ"ג דף י:): נקרא קדוש. רישיה דקרא קא דריש בשביל שמתוך כך מתמרקין עונותיו שמתענה:

תוספות

אסור לאדם לשמש מטתו בשני רעבון. ואם תאמר הרי יוכבד (ל) נולדה בין החומות ואותו העת עת רעב היה וע"כ שימשו מטותיהן בשני רעבון ויש לומר דלכ"ע לא הוי אסור אלא למי שרוצה לנהוג עצמו בחסידות ויוסף לא שימש אבל שאר בני אדם שימשו:

אמר שמואל כל היושב בתענית נקרא חוטא. וקשיא דאמרינן בפ' החובל (ב"ק דף צא: ושם) החובל בעצמו רשאי אבל אחרים שחבלו בו חייבים ומפרש התם הא דקאמר החובל בעצמו רשאי אמר שמואל ביושב בתענית אלמא משמע דשמואל קאמר דיושב בתענית לא נקרא חוטא ויש לומר דודאי הוי חוטא כדאמרינן הכא מקל וחומר מנזיר ומה נזיר שלא ציער עצמו אלא מיין וכו' אבל מכל מקום המצוה שהוא עושה התענית גדול יותר מן העבירה ממה שהוא מצער נפשו דמצוה לנדור כדאמרינן (סוטה דף ב.) הרואה סוטה בקלקולה יזיר עצמו מן היין ומכל מקום יש קצת חטא מידי דהוה (מ) אמתענה תענית חלום בשבת דקורעין גזר דינו ונפרעין ממנו תענית של שבת ומאי תקנתיה ליתב תעניתא לתעניתיה (נ): כאילו

מסורת הש"ס

א) [לשון חיסור כמו לא חשכת. ערוך], ב) [ואף צדיק גמור צריך לצער עצמו עם הצבור שכן מצינו במשה רבינו שציער עצמו וכו' כך אי' בשאלתות פ' האזינו סימן קסג], ג) חגיגה טז. [ע"ש כמה שינויים], ד) ג"ז שם, ה) [צ"ל מלמד שבשעת כך אי' בשאלתות], ו) [צ"ל נפרטין וכ"א בשאלתו'], ז) [צ"ל הן], ח) [שבועות ח. סוטה טו. כריתות כו.] ב"ק צא: נזיר יט. כב. נדרים י., ט) גי' רש"א בשר, י) עי' בהגהת מהרי"ף שם, כ) צ"ל אי, ל) [כדאי' סוטה יב.], מ) [ברכות לא: ולקמן יב:], נ) [וע"ע תוס' ב"ק צא: ד"ה אלא ותוס' נזיר ג: ד"ה ואמאי].

הגהות הב"ח

(א) גמ' כל היושב בתענית נקרא חוטא (סבר כי האי תנא) תא"מ ונ"ב ס"א שנאמר וכפר עליו מאשר חטא על הנפש וכי באיזה נפש חטא זה אלא שציער נפשו מן היין דתניא וכו' ולשמואל הא איקרי קדוש. נ"ב פירוש מדפליג אדשמואל אלמא דלשמואל לא נקרא קדוש אבל לר' אלעזר הקפר לא קשיא דלמא מודה דנקרא קדוש אלא דנקרא ג"כ חוטא אבל לשמואל קשיא דמשמע לדידיה לא נקרא קדוש ואע"פ דמודה שמואל דעושה מצוה בנזירתו מ"מ לא נקרא קדוש ובתר הכי פריך אר' אלעזר הא נקרא חוטא אלמא דמדפליג אשמואל אלמא דס"ל דלא נקרא חוטא: (ב) רש"י ד"ה חסוכי בנים חסירי בנים כמו דגרסינן במנחות: (ג) ד"ה שני וכו' שמלוין: (ד) ד"ה ואין עול שאין עושה דבר בלא דין: (ה) ד"ה ביד וכו' ומחתים יד על כל אדם כל: (ו) ד"ה למען כו' שאתה מרצה לו מה"ד וכו' הרג שנקרא חוטא שאין מצוה לצער עצמו כדאמרינן צדיקי אי אכלי תרי עלמא וכו' מה"ד לשמואל קדוש יהיה וכו' לא נקרא קדוש מה"ד ולר' אלעזר וכו' נטמא בנפש מה"ד:

ליקוטי רש"י

והנה ששון ושמחה. הקב"ה כביכול אבל לפניו ואתם אוכלים ושותים. כי מחר נמות. הנביאים אומרים לנו מאת הקב"ה שלא יהיה לנו חלק לעוה"ב נעשה לנו הנאה בחיינו. עד תמותון. מ"י מותא תניינא לעולם הבא [ישעיה כב, יג יד]. אתיו אקחה יין. כך היו אומרים זה לזה. והיה כזה יום מחר. במאכל ובמשתה [שם נו, יב]. ואין איש שם על לב. למה נסתלק. כי מפני הרעה. העתידה לבא אל הדור נאסף צדיק [שם נז, א]. ויקחו אבן וישימו תחתיו. ולא ישב לו על כר וכסת אמר ישראל שרויין בצער אף אני אהיה עמהם בצער [שמות יז, יב]. כי וגו'. כי האבנים אשר בחומה תזעקנה מן הקיר. וכפים מעץ יעננה. אל האבן בקול לנגדה שניהם זועקים. וכפים מעץ יעננה, פ"י ושיפא מגו מרישא שיפא לשון קיסם שפאין בלשון חכמים לדור"ש בלע"ז מריש הוא הקורה [חבקוק ב, יא]. וכפים. חתיכת עץ כמו כפיסין בבבא בתרא [חגיגה טז.]. משוכבת חיקך. נשמתך היא תעיד בך. פתחי פיך. דברי פיך פתיחות פיך [מיכה ז, ה]. אתם עידי. הוא מעיד בעצמו בכל עונות שאוכיח בפניו [חגיגה שם]. ואין עול. אף לרשעים משלם שכר לצדקתם בעולם הזה. צדיק וישר הוא. הכל מצדיקים עליהם את דינו וכך ראוי וישר להם לצדיק מפי הבריות וישר הוא וראוי להצדיקו [דברים לב, ד]. ביד כל אדם יחתום. כשאדם חוטא לפניו האדם עצמו חותם כתב ידו ביום מותו על עבירות שעבר הכתובות [איוב לז, ז]. וכפר עליו. בנזיר כתיב. על הנפש. משמע שחטא בנפש אדם. מכל דבר. המסגף עצמו בתענית [ב"ק צא:]. אגידול פרע קאי. קדוש יהיה השער שלו לגדל הפרע של שער ראשו. [במדבר ו, ה].

עין משפט נר מצוה

לה א ב מיי' פ"ג מהל' תעניות הלכה ח טוש"ע א"ח סי' תקעד סעיף ד:
לו ג שם סעיף ה:

רבינו חננאל

והמרעיב עצמו בשני רעבון ניצל ממיתה משונה שנאמר ברעב פדך ממות. אסור לאדם לשמש מטתו בשני רעבון. תנא חשוכי בנים משמשין מטותיהן בשני רעבון. חייב אדם לצער עצמו עם הצבור שבזמן שפורש עצמו מן הצבור ב' מלאכי השרת המלוין אותו מניחין ידיו על ראשו ואומרים פלוני שפירש מן הצבור אל יראה בנחמת ישראל. אלא מיבעי ליה לצעורי עם הצבור שכן מצינו במרע"ה שציער עצמו עם הצבור שנאמר וידי משה כבדים וגו'. וכי לא היה לו כר או כסת לישב בה אלא רצה להצטער בצער צבור. ושמא תאמר מי מעיד בו. אבני ביתו. שנאמר כי אבן מקיר תזעק. ומלאכים השומרים אותו שנאמר כי מלאכיו יצוה לך וגו'. כתיב אל אמונה ואין עול. כשם שנפרעים מן הרשעים לעוה"ב אפילו בעבירה קלה כך נפרעין מן הצדיקים בעוה"ז וכשם שמשלמין שכר טוב בעוה"ב לצדיקים [אפי' על מצוה קלה] כך משלמין שכר טוב לרשעים אפילו על מצוה קלה בעוה"ז. בשעת פטירתו של אדם. כל מעשיו נפרטין לפניו. אומרים לו עשית במקום פלוני והוא אומר הן. אומרים לו חתום. וחותם שנאמר ביד כל אדם יחתום. ולא עוד אלא שמצדיק עליו את הדין ואומר יפה דנתוני שנא' למען תצדק בדברך וגו': אמר שמואל היושב בתענית נקרא חוטא. סבר לה כר' אלעזר הקפר בר' [דאמר] בשביל שציער עצמו מן היין קראו הכתוב חוטא שנאמר וכפר עליו מאשר חטא על הנפש המצער עצמו מכל מאכל ומשתה לא כ"ש. ומפני מה כתיב בו קדוש יהיה משום (דמרבי) [דמדכי] נפשיה מטומאה א). ור' אלעזר פליג עליה דאמר המצטער עצמו לשם שמים כגון הנזיר וכיוצא

חשק שלמה על רבינו חננאל

א) נראה מזה דרבינו היה לו גי' אחרת בכאן ההוא דמדכי נפשי' וכ"ה גי' רבינו גרשום כאן.

רבינו גרשום

ומתרגזים עליכם. בעיוני. לא עייני באורחא: משום מעיינא. שאם אוכל הרבה מתכבד במיעיו ואין יכול לילך. משום מזוני דלא שכיחי באורחא: דיתיב בארבא. ליכא משום מעיינא ואיתא משום מזוני. דאזיל מאונא לאונא. דשכיחי מזוני. משום מזוני ליכא משום מעיינא איכא: רב פפא הוי אכיל סגי: חסוכי בנים ולא כולי עלמא: זו מדה בינונית שהרי מזכירין יום המיתה כדכתיב כי מחר נמות: ההוא דמדכי בנפשיה. כלומר שנזיר שמצער עצמו מן הטומאה קרוי קדוש ולא ליושב בתענית. ההוא אשר חטא על הנפש דמסאב נפשיה על המת: כאילו קדוש שרוי בתוך מיעיו ולא יתענה ר"ל

תורה אור השלם

א) בְּרָעָב פָּדְךָ מִמָּוֶת וּבְמִלְחָמָה מִידֵי חָרֶב: [איוב ה, כ]
ב) וּלְיוֹסֵף יֻלַּד שְׁנֵי בָנִים בְּטֶרֶם תָּבוֹא שְׁנַת הָרָעָב אֲשֶׁר יָלְדָה לּוֹ אָסְנַת בַּת פּוֹטִי פֶרַע כֹּהֵן אוֹן: [בראשית מא, נ]
ג) וְהִנֵּה שָׂשׂוֹן וְשִׂמְחָה הָרֹג בָּקָר וְשָׁחֹט צֹאן אָכֹל בָּשָׂר וְשָׁתוֹת יָיִן אָכוֹל וְשָׁתוֹ כִּי מָחָר נָמוּת: וְנִגְלָה בְאָזְנָי יְיָ צְבָאוֹת אִם יְכֻפַּר הֶעָוֹן הַזֶּה לָכֶם עַד תְּמֻתוּן אָמַר אֲדֹנָי יְיָ צְבָאוֹת: [ישעיה כב, יג-יד]
ד) אֵתָיוּ אֶקְחָה יַיִן וְנִסְבְּאָה שֵׁכָר וְהָיָה כָזֶה יוֹם מָחָר גָּדוֹל יֶתֶר מְאֹד: הַצַּדִּיק אָבָד וְאֵין אִישׁ שָׂם עַל לֵב וְאַנְשֵׁי חֶסֶד נֶאֱסָפִים בְּאֵין מֵבִין כִּי מִפְּנֵי הָרָעָה נֶאֱסַף הַצַּדִּיק: [ישעיה נו, יב-נז, א]
ה) וִידֵי מֹשֶׁה כְּבֵדִים וַיִּקְחוּ אֶבֶן וַיָּשִׂימוּ תַחְתָּיו וַיֵּשֶׁב עָלֶיהָ וְאַהֲרֹן וְחוּר תָּמְכוּ בְיָדָיו מִזֶּה אֶחָד וּמִזֶּה אֶחָד וַיְהִי יָדָיו אֱמוּנָה עַד בֹּא הַשָּׁמֶשׁ: [שמות יז, יב]
ו) כִּי אֶבֶן מִקִּיר תִּזְעָק וְכָפִיס מֵעֵץ יַעֲנֶנָּה: [חבקוק ב, יא]
ז) כִּי מַלְאָכָיו יְצַוֶּה לָּךְ לִשְׁמָרְךָ בְּכָל דְּרָכֶיךָ: [תהלים צא, יא]
ח) אַל תַּאֲמִינוּ בְרֵעַ אַל תִּבְטְחוּ בְּאַלּוּף מִשֹּׁכֶבֶת חֵיקֶךָ שְׁמֹר פִּתְחֵי פִיךָ: [מיכה ז, ה]
ט) אָנֹכִי הִגַּדְתִּי וְהוֹשַׁעְתִּי וְהִשְׁמַעְתִּי וְאֵין בָּכֶם זָר וְאַתֶּם עֵדַי נְאֻם יְיָ וַאֲנִי אֵל: [ישעיה מג, יב]
י) הַצּוּר תָּמִים פָּעֳלוֹ כִּי כָל דְּרָכָיו מִשְׁפָּט אֵל אֱמוּנָה וְאֵין עָוֶל צַדִּיק וְיָשָׁר הוּא: [דברים לב, ד]
כ) בְּיַד כָּל אָדָם יַחְתּוֹם לָדַעַת כָּל אַנְשֵׁי מַעֲשֵׂהוּ: [איוב לז, ז]
ל) לְךָ לְבַדְּךָ חָטָאתִי וְהָרַע בְּעֵינֶיךָ עָשִׂיתִי לְמַעַן תִּצְדַּק בְּדָבְרֶךָ תִּזְכֶּה בְשָׁפְטֶךָ: [תהלים נא, ו]
מ) וְעָשָׂה הַכֹּהֵן אֶחָד לְחַטָּאת וְאֶחָד לְעֹלָה וְכִפֶּר עָלָיו מֵאֲשֶׁר חָטָא עַל הַנָּפֶשׁ וְקִדַּשׁ אֶת רֹאשׁוֹ בַּיּוֹם הַהוּא: [במדבר ו, יא]
נ) כָּל יְמֵי נֶדֶר נִזְרוֹ תַּעַר לֹא יַעֲבֹר עַל רֹאשׁוֹ עַד מְלֹאת הַיָּמִם אֲשֶׁר יַזִּיר לַייָ קָדֹשׁ יִהְיֶה גַּדֵּל פֶּרַע שְׂעַר רֹאשׁוֹ: [במדבר ו, ה]

The Baraisa continues:

"וְאֵין עָוֶל,, – *WITHOUT PERVERSION* is an appropriate description, because כְּשֵׁם שֶׁמְּשַׁלְּמִין שָׂכָר לַצַּדִּיקִים לָעוֹלָם הַבָּא – JUST AS THE RIGHTEOUS ARE PAID their REWARD IN THE NEXT WORLD אֲפִילּוּ עַל מִצְוָה קַלָּה שֶׁעוֹשִׂין – FOR EVEN A MINOR MITZVAH THAT THEY PERFORM, כָּךְ מְשַׁלְּמִין שָׂכָר לָרְשָׁעִים בָּעוֹלָם הַזֶּה – SO THE WICKED ARE PAID IN THIS WORLD אֲפִילּוּ עַל מִצְוָה קַלָּה שֶׁעוֹשִׂין – FOR EVEN A MINOR MITZVAH THAT THEY PERFORM.[30]

The Baraisa cites the conclusion of the verse:

"צַדִּיק וְיָשָׁר הוּא,, – *HE* [God] *IS JUST AND UPRIGHT*.[28] In this world God metes out exacting justice to the righteous for their misdeeds, while being upright and goodly by rewarding the wicked for their merits, so as to deprive them of eternal life in the next world.[31]

(אָמְרוּ בְּשָׁעַת) פְּטִירָתוֹ שֶׁל אָדָם לְבֵית עוֹלָמוֹ – ([THE SAGES] SAID: AT THE TIME)[32] OF A PERSON'S DEPARTURE TO HIS ETERNAL HOME, כָּל מַעֲשָׂיו (נִפְטָרִין) לְפָנָיו – ALL HIS worldly DEEDS (TAKE LEAVE)[33] OF HIM, וְאוֹמְרִים לוֹ – AND THEY SAY TO HIM: כַּךְ וְכַךְ עָשִׂיתָ בְּמָקוֹם פְּלוֹנִי בְּיוֹם פְּלוֹנִי – DID YOU DO THUS AND THUS AT SUCH-AND-SUCH PLACE ON SUCH-AND-SUCH DAY?[34] וְהוּא אוֹמֵר (הֵין) – AND HE RESPONDS: YES. וְאוֹמְרִים לוֹ חֲתוֹם – AND THEY TELL HIM: "SIGN!" וְחוֹתֵם – AND HE SIGNS to attest to the accuracy of the record of his deeds, שֶׁנֶּאֱמַר – AS IT IS STATED:[35] "בְּיַד־כָּל־אָדָם יַחְתּוֹם,, – *HE HAS* [IT] *SIGNED BY THE HAND OF EVERY MAN*. God will record everyone's deeds, and will then have each person affix his signature to his own ledger. וְלֹא עוֹד אֶלָּא – AND NOT ONLY THAT, BUT שֶׁמַּצְדִּיק עָלָיו אֶת הַדִּין – the person CERTIFIES THE JUDGMENT he will receive, וְאוֹמֵר לָהֶם יָפֶה דְּנְתּוּנִי – TELLING THEM: YOU HAVE JUDGED ME CORRECTLY, לְקַיֵּים מַה שֶּׁנֶּאֱמַר – thereby FULFILLING THAT WHICH IS STATED:[36] "לְמַעַן תִּצְדַּק בְּדָבְרֶךָ,, – *SO THAT YOU* [God] *SHALL BE CONFIRMED IN YOUR WORDS*, i.e. the record of a person's deeds that You have compiled, and which the person confirms as true.

The Gemara above (10b) discussed the private fasts of distinguished individuals. The Gemara now questions whether fasting, in general, is a meritorious practice:

אָמַר שְׁמוּאֵל – **Shmuel said:** כָּל הַיּוֹשֵׁב בְּתַעֲנִית נִקְרָא חוֹטֵא – **Whoever fasts is called a sinner.**

The Gemara comments:

סָבַר כִּי הַאי תַּנָּא – Shmuel **held like this** particular **Tanna,** דְּתַנְיָא – **for it was taught in a Baraisa:** ר׳ אֶלְעָזָר הַקַּפָּר בְּרַבִּי אוֹמֵר – R' ELAZAR HAKAPPAR 'THE EMINENT' SAYS:[37] מַה תַּלְמוּד לוֹמַר – WHY DOES THE TORAH STATE concerning a *nazir* who has become *tamei* through contact with a corpse:[38] "וְכִפֶּר עָלָיו,, – [And the Kohen] *WILL MAKE ATONEMENT FOR HIM*, "מֵאֲשֶׁר חָטָא עַל־הַנָּפֶשׁ,, – *FOR THAT HE SINNED CONCERNING THE SOUL?* וְכִי בְּאֵיזֶה נֶפֶשׁ חָטָא זֶה – AND CONCERNING WHICH SOUL HAS THIS *nazir* SINNED? Whom has he murdered, that he is called a sinner? אֶלָּא שֶׁצִּיעֵר עַצְמוֹ מִן הַיַּיִן – RATHER, he is called a sinner because HE HAS DISTRESSED HIMSELF by abstaining FROM WINE.[39]

R' Elazar 'the eminent' continues his argument:

וַהֲלֹא דְּבָרִים קַל וָחוֹמֶר – NOW, DO these MATTERS NOT lend themselves to A *KAL VACHOMER* formulation? To wit: וּמַה זֶּה – IF THIS *nazir*, שֶׁלֹּא צִיעֵר עַצְמוֹ אֶלָּא מִן הַיַּיִן – WHO DISTRESSED HIMSELF by abstaining FROM ONLY WINE, נִקְרָא חוֹטֵא – IS CALLED A SINNER, הַמְצַעֵר עַצְמוֹ מִכָּל דָּבָר וְדָבָר – then ONE WHO DISTRESSES HIMSELF by abstaining FROM EACH AND EVERY THING, i.e. one who fasts, עַל אַחַת כַּמָּה וְכַמָּה – HOW MUCH MORE SO should he be considered a sinner! That being the case, we may conclude that Shmuel follows R' Elazar's opinion.

The Gemara introduces a dissenting opinion:

ר׳ אֶלְעָזָר אוֹמֵר – R' ELAZAR SAYS: נִקְרָא קָדוֹשׁ – One who fasts IS CALLED A HOLY MAN, because his fasting atones for his sins, שֶׁנֶּאֱמַר – AS IS STATED concerning a *nazir*:[40] "קָדֹשׁ יִהְיֶה,, – [The *nazir*] *SHALL BE HOLY;* "גַּדֵּל פֶּרַע שְׂעַר רֹאשׁוֹ,, – *HE SHALL LET THE LOCKS OF THE HAIR OF HIS HEAD GROW LONG.*[41]

R' Elazar, too, establishes his position with the logic of a *kal vachomer:*

וּמַה זֶּה – IF THIS *nazir*, שֶׁלֹּא צִיעֵר עַצְמוֹ אֶלָּא מִדָּבָר אֶחָד – WHO DISTRESSED HIMSELF by abstaining FROM ONLY ONE THING [i.e. wine], נִקְרָא קָדוֹשׁ – IS CALLED A HOLY MAN, הַמְצַעֵר עַצְמוֹ מִכָּל דָּבָר – ONE WHO DISTRESSES HIMSELF by abstaining FROM EVERY THING, i.e. one who fasts to achieve atonement for his sins, עַל אַחַת כַּמָּה וְכַמָּה – HOW MUCH MORE SO is he considered a holy man!

The Gemara explains the problematic verses according to each opinion:

NOTES

will punish the wicked for theirs, for indeed even the righteous occasionally stray, as it says: *For there is no man so righteous on earth who does good and never sins (Ecc.* 7:20).

30. This part of the Baraisa assures us that the prosperity of the wicked in this world is likewise not unjust. Rather, just as God rewards the righteous in the next world for even their minor mitzvah observances, so He is faithful to reward the wicked in this world for theirs. Hence, His dispensation of justice is entirely *without perversion (Maharsha)*.

Rashi, however, seems to interpret this part of the Gemara differently. He writes that *without perversion* indicates that God does nothing to an individual unless the recompense is based on a true and righteous judgment of that individual. Hence, the wicked *deserve* to be rewarded in this world, so that they may be deprived of any eternal reward in the next world, as the Torah itself states: (God) *repays His enemies to his* [the enemy's] *face, to destroy him (Deut.* 7:10).

31. *Rashi* (see above note 30).

32. In *She'iltos* the text reads: (This) teaches that at the time. . .

33. *Mesoras HaShas* (based on *Sheitlos)* emends the text to read: נִפְרָטִין – *are delineated.*

34. Regarding the materiality of knowing the sites and dates of one's transgressions, see *Ben Yehoyada*.

35. *Job* 37:7.

36. *Psalms* 51:6.

37. See *Avodah Zarah* 43a with *Rashi* ד״ה בריבי; cf. *Chullin* 56b with *Rashi* ד״ה בריבי.

38. *Numbers* 6:11. The Torah states that a *nazir* who has become *tamei* may recommence his *nezirus* only after sacrificing certain offerings on the Altar.

39. Rava in *Horayos* (10b) states that it is not detrimental if a righteous person enjoys this world in addition to the next world. Thus, since there is no obligation to abstain from the pleasures of this world, one who does so is considered a sinner (*Rashi). Tosafos* note that Shmuel himself holds that under certain circumstances the merit of a voluntary fast outweighs the sin of abstinence. *Mesilas Yesharim* (ch. 13) explains that abstinence from essentials is sinful, whereas abstinence from non-essentials is meritorious.

Although the Scriptural proof cited by R' Elazar HaKappar concerns only a *nazir* who is *tamei*, according to his reasoning it follows that even a *nazir* who has avoided contamination is sinful. The Gemara in *Nedarim* (10a) and *Nazir* (19a) explains that although indeed a *nazir* who remains *tahor* is sinful, the verse specifically notes the sin of a contaminated *nazir* because he has additionally transgressed the prohibition against having contact with a corpse (see also *Maharsha*).

40. *Numbers* 6:5.

41. R' Elazar derives his proof from the first part of the verse – *he shall be holy.* The conclusion of the verse is a separate instruction to the *nazir* (see *Rashi*).

דיתיב בארבא אי נמי דקאזיל מאוונא לאוונא רב פפא כל פרסה ופרסה אכיל חדא ריפתא קסבר משום מעיינא אמר רב יהודה אמר רב [א] כל המרעיב עצמו בשני רעבון ניצל ממיתה משונה שנאמר א) ברעב פדך ממות מרעב מיבעי ליה אלא הכי קאמר בשכר שמרעיב עצמו בשני רעבון ניצול ממיתה משונה אמר ריש לקיש [ב] אסור לאדם לשמש מטתו בשני רעבון שנאמר ב) וליוסף ילד שני בנים בטרם תבוא שנת הרעב תנא [א] חסוכי בנים משמשין מטותיהן בשני רעבון תנו רבנן [ג] בזמן שישראל שרויין בצער ופירש אחד מהן באין שני מלאכי השרת שמלוין לו לאדם ומניחין לו ידיהן על ראשו ואומרים פלוני זה שפירש מן הצבור אל יראה בנחמת צבור תניא אידך בזמן שהצבור שרוי בצער אל יאמר אדם אלך לביתי ואוכל ואשתה ושלום עליך נפשי ואם עושה כן עליו הכתוב אומר ג) והנה ששון ושמחה הרוג בקר ושחוט צאן אכול בשר ושתות יין אכול ושתו כי מחר נמות מה כתיב בתריה ונגלה באזני ה' צבאות אם יכופר העון הזה לכם עד תמותון עד כאן מדת בינונים אבל במדת רשעים מה כתיב ד) אתיו אקחה יין ונסבאה שכר והיה כזה יום מחר מה כתיב בתריה ד) הצדיק אבד ואין איש שם על לב כי מפני הרעה נאסף הצדיק [ב] אלא יצער אדם עם הצבור שכן מצינו במשה רבינו שציער עצמו עם הצבור שנאמר ה) וידי משה כבדים ויקחו אבן וישימו תחתיו וישב עליה וכי לא היה לו למשה כר אחת או כסת אחת לישב עליה אלא כך אמר משה הואיל וישראל שרויין בצער אף אני אהיה עמהם בצער וכל המצער עצמו עם הצבור זוכה ורואה בנחמת צבור [ג] ושמא יאמר אדם מי מעיד בי אבני ביתו של אדם וקורות ביתו של אדם מעידים בו שנאמר ו) כי אבן מקיר תזעק וכפים מעץ יעננה דבי רבי שילא אמרי שני מלאכי השרת המלוין לו לאדם הן מעידין עליו שנאמר ז) כי מלאכיו יצוה לך רבי חידקא אומר [ד] נשמתו של אדם היא מעידה עליו שנאמר ח) משוכבת חיקך שמור פתחי פיך ויש אומרים אבריו של אדם מעידים בו שנאמר ט) אתם עדי נאם ה' י) אל אמונה ואין עול אל אמונה כשם שנפרעין מן הרשעים לעולם הבא אפילו על עבירה קלה שעושין כך נפרעין מן הצדיקים בעולם הזה על עבירה קלה שעושין ואין עול כשם שמשלמין שכר לצדיקים לעולם הבא אפילו על מצוה קלה שעושין כך משלמין שכר לרשעים בעולם הזה אפילו על מצוה קלה שעושין י) צדיק וישר הוא [ה] (אמרו בשעת) פטירתו של אדם לבית עולמו כל מעשיו ([ו] נפטרין) לפניו ואומרים לו כך וכך עשית במקום פלוני ביום פלוני והוא אומר ([ז] הין) ואומרים לו חתום וחותם שנאמר כ) ביד כל אדם יחתום ולא עוד אלא שמצדיק עליו את הדין ואומר להם יפה דנתוני לקיים מה שנאמר ל) למען תצדק בדברך אמר שמואל כל היושב בתענית נקרא חוטא (א) סבר כי האי תנא דתניא [ח] ר' אלעזר הקפר ברבי אומר מה תלמוד לומר מ) וכפר עליו מאשר חטא על הנפש וכי באיזה נפש חטא זה אלא שציער עצמו מן היין והלא דברים קל וחומר ומה זה שלא ציער עצמו אלא מן היין נקרא חוטא המצער עצמו מכל דבר ודבר על אחת כמה וכמה ר' אלעזר אומר נקרא קדוש שנאמר נ) קדוש יהיה גדל פרע שער ראשו ומה זה שלא ציער עצמו אלא מדבר אחד נקרא קדוש המצער עצמו מכל דבר על אחת כמה וכמה ולשמואל הא איקרי קדוש ההוא אגידול פרע קאי ולר' אלעזר הא נקרא חוטא ההוא דסאיב נפשיה ומי אמר רבי אלעזר הכי והאמר ר' אלעזר לעולם ימוד אדם עצמו

כאילו

רש"י

דיתיב בארבא. שהולך בספינה משום מזוני ליכא משום מעיינא איכא: מאוונא לאוונא. מקום מלון התגרים מכפר לכפר דמשתכחי מזוני וליכא למיחש למזוני ולמעיינא איכא למיחש: כל פרסה ופרסה אכל ריפתא. קסבר רב פפא הא דאמור רבנן לא ליכול טפי משום מעיינא ואיהו לא מיסתפי ממעיינא דבעל [ט] בטן הוה ענין אחר כריסו רחבה כדאיתא בבבא מציעא (דף פד.) דקא חשיב אבריה דרב פפא וכאיש גבורתו ולפיכך יכול לאכול הרבה ואינו מזיק לו: מיתה משונה. מת בחרב וברעב וכל מיתה שאינה בידי מלאך המות כדרך כל אדם על מטתו: בשכר שמצער עצמו. כשישראל בצער: אסור לשמש מטתו בשני רעבון. דצריך אדם לנהוג צער בעצמו: חסוכי בנים. חסירי בנים (ב) דגרסינן במנחות (דף כט.) לגבי מנורה ומי חסיכי כולי האי [י] שלא קיימו פריה ורביה: שני מלאכי שרת (ג) מלוין לו לאדם. אחד מימינו ואחד משמאלו דכתי' (תהלים צא) כי מלאכיו יצוה לך: הנה ששון ושמחה הרוג בקר ושחוט צאן אכול בשר ושתות יין כי מחר נמות ונגלה באזני ה' צבאות אם יכופר העון הזה לכם עד תמותון: זו מדת בינונים. שיראין מן המיתה כדכתיב בהו כי מחר נמות: אתיו אקחה יין ונסבאה שכר והיה כזה יום מחר. גדול יותר מאד: הצדיק אבד ואין איש שם על לב. מפני מה הוא מת מפני הרעה נאסף הצדיק מפני שלא יצטער הוא ברעה ואחר שהיא גזרה מלפניו כי מפני הרעה נאסף הצדיק ל"א מפני רעות של אלו הוא נאסף שאין הקב"ה רוצה שיבקש עליהם רחמים: כפים. חצי לבינה ורגילין לתתה בין שתי נדבכי העצים: הכי גרסינן אבריו של אדם הן מעידין בו שנאמר ואתם עדי. לשון רבים נאם ה': מאי דכתיב אל אמונה ואין עול כשם שמשלם כו'. כך משלם לרשעים בעולם הזה כדי לטורדן מן העולם הבא וכדכתיב (דברים ז) ומשלם לשונאיו אל פניו להאבידו: ואין עול. שאין עושה (ד) דין בלא דין אמת וצדק: צדיק וישר. מצדיק הדין על הצדיקים לפרוע מהם ועושה טובה ויושרות עם הרשעים לפרוע כל זכותם בעולם הזה כדי לטורדן: ביד כל אדם יחתום. כותב מעשה כל אדם ומחתים (ה) יד על כל מעשיו: למען תצדק בדברך. שהוא מצדיק עליו בדבריך שאתה מראה לו (ו): לשמואל קדוש יהיה אגדל פרע קאי. ששערו אסור בהנאה אבל הוא עצמו לא נקרא קדוש ולר' אלעזר חוטא דסאיב כתרגומו מאשר חטא על הנפש פשט המקרא על שנטמא במת: וכי באיזה נפש חטא זה. מי הרג שנקרא חוטא שאין מצוה לצער עצמו כדאמרינן לדיקי ([כ] מי) אכליה איעלמא (והאיך) מי סני להו במס' הוריות (פ"ג דף י:): נקרא קדוש. רישיה דקרא קא דריש בשביל שמתוך כך מתמרקין עונותיו שמתענה:

תוספות

אסור לאדם לשמש מטתו בשני רעבון. ואם תאמר הרי יוכבד [ל] נולדה בין החומות ואותו העת עת רעב היה וע"כ שימשו מטותיהן בשני רעבון ויש לומר דלכ"ע לא הוי אסור אלא למי שרוצה לנהוג עצמו בחסידות ויוסף לא שימש אבל שאר בני אדם שימשו:

אמר שמואל כל היושב בתענית נקרא חוטא. וקשיא דאמרינן בפ' החובל (ב"ק דף צא: ושם) החובל בעצמו רשאי אבל אחרים שחבלו בו חייבים ומפרש התם הא דקאמר החובל בעצמו רשאי אמר שמואל ביושב בתענית אלמא משמע דשמואל קאמר דיושב בתענית לא נקרא חוטא ויש לומר דודאי הוי חוטא כדאמרינן הכא מקל וחומר מנזיר ומה נזיר שלא ציער עצמו אלא מיין וכו' אבל מכל מקום המצוה שהוא עושה התענית גדול יותר מן העבירה ממה שהוא מצער נפשו דמצוה לנדור כדאמרינן (סוטה דף ב.) הרואה סוטה בקלקולה יזיר עצמו מן היין ומכל מקום יש קצת חטא מידי דהוה [מ] אמתענה תענית חלום בשבת דקורעין גזר דינו ונפרעין ממנו תענית של שבת ומאי תקנתיה ליתב תעניתא לתעניתיה [נ]:

עין משפט נר מצוה

לה א ב מיי' פ"ג מהל' תענית הלכה ח טוש"ע א"ח סי' תקעד סעיף ד:
לו ג שם סעיף ה:

רבינו חננאל

והמרעיב עצמו בשני רעבון ניצל ממיתה משונה שנאמר ברעב פדך ממות. אסור לאדם לשמש מטתו בשני רעבון. תנא חשוכי בנים משמשין מטותיהן בשני רעבון. **חייב** אדם לצער עצמו עם הצבור שבזמן שפורש עצמו מן הצבור ב' מלאכי השרת המלוין אותו מניחין ידיו על ראשו ואומרים פלוני שפירש מן הצבור אל יראה בנחמת ישראל. אלא מיבעי ליה לצעורי עם הצבור שכן מצינו במרע"ה שציער עצמו עם הצבור שנאמר וידי משה כבדים וגו'. וכי לא היה לו כר או כסת לישב בה אלא רצה להצטער בצער צבור. ושמא תאמר מי מעיד בו. אבני ביתו. שנאמר כי אבן מקיר תזעק. ומלאכים השומרים אותו שנאמר כי מלאכיו יצוה לך וגו'. **כתיב** אל אמונה ואין עול. כשם שנפרעים מן הרשעים לעוה"ב אפילו בעבירה קלה כך נפרעין מן הצדיקים בעוה"ז וכשם שמשלמין שכר טוב בעוה"ב לצדיקים [אפי' על מצוה קלה] כך משלמין שכר טוב לרשעים אפילו על מצוה קלה בעוה"ז. בשעת פטירתו של אדם. כל מעשיו נפרטין לפניו. אומרים לו עשית במקום פלוני והוא אומר הן. אומרים לו חתום. וחותם שנאמר ביד כל אדם יחתום. ולא עוד אלא שמצדיק עליו את הדין ואומר יפה דנתוני שנא' למען תצדק בדברך וגו': **אמר** שמואל היושב בתענית נקרא חוטא. סבר לה כר' אלעזר הקפר בר' [דאמר] בשביל שציער עצמו מן היין קראו הכתוב חוטא שנאמר וכפר עליו מאשר חטא על הנפש המצער עצמו מכל מאכל ומשתה לא כ"ש. ומפני מה כתיב בו קדוש יהיה משום (דמרבי) [דמדכי] נפשיה מטומאה א). ור' אלעזר פליג עליה דאמר המצטער עצמו לשם שמים כגון הנזיר וכיוצא

חשק שלמה על רבינו חננאל

א) נראה מזה דרבינו היה לו גי' אחרת בכאן ההוא דמדכי נפשי' וכ"ה גי' רבינו גרשום כאן.

רבינו גרשום

ומתרגזים עליכם. בעיוני. לא עייני באורחא: משום מעיינא. שאם אוכל הרבה מתכבד במיעיו ואין יכול לילך. משום מזוני דלא שכיחי באורחא: דיתיב בארבא. ליכא משום מעיינא ואיתא משום מזוני. דאזיל מאונא לאונא. דשכיחי מזוני. משום מזוני ליכא משום מעיינא איכא: רב פפא הוי אכיל סגי: חסוכי בנים ולא כולי עלמא: זו מדה בינונית שהרי מזכירין יום המיתה כדכתיב כי מחר נמות: ההוא דמדכי בנפשיה. כלומר שנזיר שמצער עצמו מן הטומאה קרוי קדוש ולא ליושב בתענית. ההוא אשר חטא על הנפש דמסאב נפשיה על המת: כאילו קדוש שרוי בתוך מיעיו ולא יתענה

ר"ל

מסורת הש"ס

א) [לשון חיסור כמו לא חשכת. ערוך], ב) [ואף לדיק גמור לריך לצער עצמו עם הצבור שכן מצינו במשה רבינו שציער עצמו וכו' כך אי' בשאלתות פ' האזינו סימן קסג], ג) חגיגה טז. [ע"ש כמה שינויים], ד) ג"ז שם, ה) [נ"ל מלמד שבשעת כך אי' בשאלתות], ו) [נ"ל נפרטין וכ"א בשאלתו'], ז) [נ"ל הן], ח) [שבועות ח. סוטה טו. כריתות כו.] ב"ק צא: נזיר יט. כב. נדרים י., ט) גי' רש"א בשר, י) עי' בהגהת מהרי"ף שם, כ) נ"ל אי, ל) [כדאי' סוטה יב.], מ) [ברכות לא: ולקמן יב:], נ) [וע"ע תוס' ב"ק צא: ד"ה אלא ותוס' נזיר ג: ד"ה ואמאי].

הגהות הב"ח

(א) גמ' כל היושב בתענית נקרא חוטא (סבר כי האי תנא) תא"מ ונ"ב ס"א שנאמר וכפר עליו מאשר חטא על הנפש וכי באיזה נפש חטא זה אלא שציער נפשו מן היין דתניא וכו' ולשמואל הא איקרי קדוש. נ"ב פירוש מדפליג אדשמואל אלמא לשמואל לא נקרא קדוש אבל לר' אלעזר הקפר לא קשיא דלמא מודה דנקרא קדוש אלא דנקרא ג"כ חוטא אבל לשמואל קשיא דמשמע לדידיה לא נקרא קדוש ואע"פ דמודה שמואל דעושה מצוה בנזירתו מ"מ לא נקרא קדוש ובתר הכי פריך אר' אלעזר הא נקרא חוטא דמדפליג אשמואל אלמא דס"ל דלא נקרא חוטא: (ב) רש"י ד"ה חסוכי בנים חסירי בנים כמו דגרסינן במנחות: (ג) ד"ה שני וכו' שמלוין: (ד) ד"ה ואין עול שאין עושה דבר בלא דין: (ה) ד"ה ביד כל כו' ומחתים יד כל אדם על כל: (ו) ד"ה למען כו' שאתה מראה לו מה"ד וכי באיזה נפש חטא זה מי הרג שנקרא חוטא הס"ד ואח"כ מה"ד אלא שציער עצמו וכו' שאין מצוה לצער עצמו כדאמרינן אטו לדיקי אי אכלי תרי עלמא וכו' עד עונותיו שמתענה מה"ד לשמואל קדוש יהיה וכו' לא נקרא קדוש הס"ד ואח"כ מה"ד ולר' אלעזר וכו' שנטמא במת הס"ד:

ליקוטי רש"י

והנה ששון ושמחה. הקב"ה כביכול אבל לפניו ואתם אוכלים ושמחים. כי מחר נמות. בעולם הבא הנביאים אומרים לנו מאת הקב"ה שלא יהיה לנו חלק לעוה"ב נעשה לנו הנאה בחיינו. עד תמותון. ת"י מותא תניינא לעולם הבא [ישעיה כב, יג יד]. אתיו אקחה יין. כך היו אומרים זה לזה. והיה כזה יום מחר. במאכל ובמשתה [שם נו, יב]. ואין איש שם על לב. למה נסתלק. כי מפני הרעה. העתידה לבא אל הדור נאסף לדיק [שם נז, א]. ויקחו אבן וישימו תחתיו. ולא ישב לו על כר וכסת אמר ישראל שרויין בצער אף אני אהיה עמהם בצער [שמות יז, יד]. כי וגו'. כי האבנים אשר גולת מזעקה מן הקיר. וכפים מעץ יעננה. אל האבן בקול לנגדה שיהיה לועקים. וכפים מעץ יעננה, ת"י ושיפא מגו מרישא שיפא לשון קיסם שפאין בלשון חכמים לדור"ש בלע"ז מריש הוא הקורה [חבקוק ב, יא]. וכפים. חתיכת עץ כמו כפיסין בבבא בתרא [חגיגה טז.]. משוכבת חיקך. נשמתך היא תעיד בך. פתחי פיך. דברי פיך פתיחות פיך [מיכה ז, ה]. אתם עידי. הוא מעיד בעצמו בכל עונות שאוכיח בפניו [חגיגה שם]. ואין עול. אף לרשעים משלם שכר לדקתם בעולם הזה. צדיק וישר הוא. הכל מצדיקים עליהם את דינו וכן ראוי ויושר להם לדיק מפי הבריות וישר הוא וראוי להצדיקו [דברים לב, ד]. ביד כל אדם יחתום. כשאדם מוטל לפני האדם עצמו חותם כתב ידו ביום מותו על עבירות שעבר הכתובות [איוב לז, ז]. וכפר עליו. כמיר כתיב. על הנפש. משמע שחטא בנפש אדם. מכל דבר. המסגף עצמו בתענית [ב"ק צא:]. אגידול פרע קאי. קדוש יהיה השער שלו לגדל הפרע של שער ראשו. [במדבר ו, ה].

תורה אור השלם

א) בְּרָעָב פָּדְךָ מִמָּוֶת וּבְמִלְחָמָה מִידֵי חָרֶב: [איוב ה, כ] ב) וּלְיוֹסֵף יֻלַּד שְׁנֵי בָנִים בְּטֶרֶם תָּבוֹא שְׁנַת הָרָעָב אֲשֶׁר יָלְדָה לּוֹ אָסְנַת בַּת פּוֹטִי פֶרַע כֹּהֵן אוֹן: [בראשית מא, נ] ג) וְהִנֵּה שָׂשׂוֹן וְשִׂמְחָה הָרֹג בָּקָר וְשָׁחֹט צֹאן אָכֹל בָּשָׂר וְשָׁתוֹת יָיִן אָכוֹל וְשָׁתוֹ כִּי מָחָר נָמוּת: וְנִגְלָה בְאָזְנָי יְיָ צְבָאוֹת אִם יְכֻפַּר הֶעָוֹן הַזֶּה לָכֶם עַד תְּמֻתוּן אָמַר אֲדֹנָי יֱיָ צְבָאוֹת: [ישעיה כב, יג-יד] ד) אֵתָיוּ אֶקְחָה יַיִן וְנִסְבְּאָה שֵׁכָר וְהָיָה כָזֶה יוֹם מָחָר גָּדוֹל יֶתֶר מְאֹד: הַצַּדִּיק אָבָד וְאֵין אִישׁ שָׂם עַל לֵב וְאַנְשֵׁי חֶסֶד נֶאֱסָפִים בְּאֵין מֵבִין כִּי מִפְּנֵי הָרָעָה נֶאֱסַף הַצַּדִּיק: [ישעיה נו, יב-נז, א] ה) וִידֵי מֹשֶׁה כְּבֵדִים וַיִּקְחוּ אֶבֶן וַיָּשִׂימוּ תַחְתָּיו וַיֵּשֶׁב עָלֶיהָ וְאַהֲרֹן וְחוּר תָּמְכוּ בְיָדָיו מִזֶּה אֶחָד וּמִזֶּה אֶחָד וַיְהִי יָדָיו אֱמוּנָה עַד בֹּא הַשָּׁמֶשׁ: [שמות יז, יב]

ו) כִּי אֶבֶן מִקִּיר תִּזְעָק וְכָפִיס מֵעֵץ יַעֲנֶנָּה: [חבקוק ב, יא] ז) כִּי מַלְאָכָיו יְצַוֶּה לָּךְ לִשְׁמָרְךָ בְּכָל דְּרָכֶיךָ: [תהלים צא, יא] ח) אַל תַּאֲמִינוּ בְרֵעַ אַל תִּבְטְחוּ בְּאַלּוּף מִשֹּׁכֶבֶת חֵיקֶךָ שְׁמֹר פִּתְחֵי פִיךָ: [מיכה ז, ה] ט) אָנֹכִי הִגַּדְתִּי וְהוֹשַׁעְתִּי וְהִשְׁמַעְתִּי וְאֵין בָּכֶם זָר וְאַתֶּם עֵדַי נְאֻם יְיָ וַאֲנִי אֵל: [ישעיה מג, יב] י) הַצּוּר תָּמִים פָּעֳלוֹ כִּי כָל דְּרָכָיו מִשְׁפָּט אֵל אֱמוּנָה וְאֵין עָוֶל צַדִּיק וְיָשָׁר הוּא: [דברים לב, ד] כ) בְּיַד כָּל אָדָם יַחְתּוֹם לָדַעַת כָּל אַנְשֵׁי מַעֲשֵׂהוּ: [איוב לז, ז] ל) לְךָ לְבַדְּךָ חָטָאתִי וְהָרַע בְּעֵינֶיךָ עָשִׂיתִי לְמַעַן תִּצְדַּק בְּדָבְרֶךָ תִּזְכֶּה בְשָׁפְטֶךָ: [תהלים נא, ו] מ) וְעָשָׂה הַכֹּהֵן אֶחָד לְחַטָּאת וְאֶחָד לְעֹלָה וְכִפֶּר עָלָיו מֵאֲשֶׁר חָטָא עַל הַנָּפֶשׁ וְקִדַּשׁ אֶת רֹאשׁוֹ בַּיּוֹם הַהוּא: [במדבר ו, יא] נ) כָּל יְמֵי נֶדֶר נִזְרוֹ תַּעַר לֹא יַעֲבֹר עַל רֹאשׁוֹ עַד מְלֹאת הַיָּמִם אֲשֶׁר יַזִּיר לַייָ קָדֹשׁ יִהְיֶה גַּדֵּל פֶּרַע שְׂעַר רֹאשׁוֹ: [במדבר ו, ה]

וְלִשְׁמוּאֵל – **According to Shmuel,** who said that one who fasts is a sinner, it is difficult, because הָא אִיקְרֵי קָדוֹשׁ – **he is called a holy man** by the Torah!

The Gemara answers:

הַהוּא אַגִּידוּל פֶּרַע קָאֵי – **That** verse **refers to the growth of** his **locks**. The hair is holy,[42] but the *nazir* himself is not.

The Gemara now challenges R' Elazar's view:

ולר׳ אֶלְעָזָר – **And according to R' Elazar,** who said that one who fasts is a holy man, it is difficult, because הָא נִקְרָא חוֹטֵא – **he is called a sinner** by the Torah!

The Gemara answers:

הַהוּא דְסָאֵיב נַפְשֵׁיהּ – **That** designation applies **because he contaminated himself** by having contact with a corpse.[43]

The Gemara questions whether R' Elazar actually considered voluntary fasting meritorious:

וּמִי אָמַר רַבִּי אֶלְעָזָר הָכִי – **And did R' Elazar say this?** וְהָאָמַר ר׳ אֶלְעָזָר – **But R' Elazar said:** לְעוֹלָם יָמוּד אָדָם עַצְמוֹ – **A person should always regard himself**

NOTES

42. I.e. one may not derive benefit from a *nazir's* hair (*Rashi*).

43. That is, חָטָא as used in this verse refers to the fact that the *nazir* referred to here has *contaminated* himself, sinfully, with a corpse, as stated by the *Targum* to the verse (*Rashi*). Thus, according to R' Elazar the undertaking of *nezirus* itself is not considered a sin.

דיתיב בארבא אי נמי דקאזיל מאוונא לאוונא רב פפא כל פרסה ופרסה אכיל חדא ריפתא קסבר משום מעיינא אמר רב יהודה אמר רב א כל המרעיב עצמו בשני רעבון ניצל ממיתה משונה שנאמר א) ברעב פדך ממות מרעב מיבעי ליה אלא הכי קאמר בשכר שמרעיב עצמו בשני רעבון ניצול ממיתה משונה אמר ריש לקיש ב אסור לאדם לשמש מטתו בשני רעבון שנאמר ב) וליוסף ילד שני בנים בטרם תבוא שנת הרעב תנא (א) חסוכי בנים משמשין מטותיהן בשני רעבון תנו רבנן ג בזמן שישראל שרויין בצער ופירש אחד מהן באין שני מלאכי השרת שמלוין לו לאדם ומניחין לו ידיהן על ראשו ואומרים פלוני זה שפירש מן הצבור אל יראה בנחמת צבור תניא אידך בזמן שהצבור שרוי בצער אל יאמר אדם אלך לביתי ואוכל ואשתה ושלום עליך נפשי ואם עושה כן עליו הכתוב אומר ג) והנה ששון ושמחה הרוג בקר ושחוט צאן אכול בשר ושתות יין אכול ושתו כי מחר נמות מה כתיב בתריה ונגלה באזני ה' צבאות אם יכופר העון הזה לכם עד תמותון עד כאן מדת בינונים אבל במדת רשעים מה כתיב ד) אתיו אקחה יין ונסבאה שכר והיה כזה יום מחר מה כתיב בתריה ה) הצדיק אבד ואין איש שם על לב כי מפני הרעה נאסף הצדיק (ב) אלא יצער אדם עם הצבור שכן מצינו במשה רבינו שציער עצמו עם הצבור שנאמר ה) וידי משה כבדים ויקחו אבן וישימו תחתיו וישב עליה וכי לא היה לו למשה כר אחת או כסת אחת לישב עליה אלא כך אמר משה הואיל וישראל שרויין בצער אף אני אהיה עמהם בצער וכל המצער עצמו עם הצבור זוכה ורואה בנחמת צבור (ג) ושמא יאמר אדם מי מעיד בי אבני ביתו של אדם וקורות ביתו של אדם מעידים בו שנאמר ו) כי אבן מקיר תזעק וכפים מעץ יעננה דבי רבי שילא אמרי שני מלאכי השרת המלוין לו לאדם הן מעידין עליו שנאמר ז) כי מלאכיו יצוה לך רבי חידקא אומר (ד) נשמתו של אדם היא מעידה עליו שנאמר ח) משוכבת חיקך שמור פתחי פיך ויש אומרים אבריו של אדם מעידים בו שנאמר ט) אתם עדי נאם ה' י) אל אמונה ואין עול אל אמונה כשם שנפרעין מן הרשעים לעולם הבא אפילו על עבירה קלה שעושין כך נפרעין מן הצדיקים בעולם הזה על עבירה קלה שעושין ואין עול כשם שמשלמין שכר לצדיקים לעולם הבא אפילו על מצוה קלה שעושין כך משלמין שכר לרשעים בעולם הזה אפילו על מצוה קלה שעושין י) צדיק וישר הוא (ה) (אמרו בשעת) פטירתו של אדם לבית עולמו כל מעשיו (ו נפטרין) לפניו ואומרים לו כך וכך עשית במקום פלוני ביום פלוני והוא אומר (ז הין) ואומרים לו חתום וחותם שנאמר כ) ביד כל אדם יחתום ולא עוד אלא שמצדיק עליו את הדין ואומר להם יפה דנתוני לקיים מה שנאמר ל) למען תצדק בדברך אמר שמואל כל היושב בתענית נקרא חוטא (א) סבר כי האי תנא דתניא ח ר' אלעזר הקפר ברבי אומר מה תלמוד לומר מ) וכפר עליו מאשר חטא על הנפש וכי באיזה נפש חטא זה אלא שציער עצמו מן היין והלא דברים קל וחומר ומה זה שלא ציער עצמו אלא מן היין נקרא חוטא המצער עצמו מכל דבר ודבר על אחת כמה וכמה ר' אלעזר אומר נקרא קדוש שנאמר נ) קדוש יהיה גדל פרע שער ראשו ומה זה שלא ציער עצמו אלא מדבר אחד נקרא קדוש המצער עצמו מכל דבר על אחת כמה וכמה ולשמואל הא איקרי קדוש ההוא אגידול פרע קאי ולר' אלעזר הא נקרא חוטא ההוא דסאיב נפשיה ומי אמר רבי אלעזר הכי והאמר ר' אלעזר לעולם ימוד אדם עצמו כאילו

רש"י

דיתיב בארבא. שהולך בספינה משום מזוני ליכא משום מעיינא ליכא: מאוונא לאוונא. מקום מלון התגרים מכפר לכפר דמשתכחי מזוני וליכא למיחש למזוני ולמעיינא ליכא למיחש: כל פרסה ופרסה אכל ריפתא. קסבר רב פפא הא דאמור רבנן לא ליכול טפי משום מעיינא ואיהו לא מיסתפי ממעיינא דבעל (ט) בטן הוה ענין אחר כריסו רחבה כדאיתא בבבא מציעא (דף פד.) דקא חשיב אבריה דרב פפא וכאיש גבורתו ולפיכך יכול לאכול הרבה ואינו מזיק לו: מיתה משונה. מת בחרב וברעב וכל מיתה שאינה בידי מלאך המות כדרך כל אדם על מטתו: בשכר שמצער עצמו. כשישראל בצער: אסור לשמש מטתו בשני רעבון. דצריך אדם לנהוג צער בעצמו: חסוכי בנים. חסירי בנים (ב) דגרסינן במנחות (דף כט.) לגבי מנורה ומי חסיכי כולי האי (י) שלא קיימו פריה ורביה: שני מלאכי שרת (ג) מלוין לו לאדם. אחד מימינו ואחד משמאלו דכתי' (תהלים צא) כי מלאכיו יצוה לך: הנה ששון ושמחה הרוג בקר ושחוט צאן אכול בשר ושתות יין כי מחר נמות ונגלה באזני ה' צבאות אם יכופר העון הזה לכם עד תמותון: זו מדת בינונים. שיראין מן המיתה כדכתיב בהו כי מחר נמות: אתיו אקחה יין ונסבאה שכר והיה כזה יום מחר. גדול יותר מאד: הצדיק אבד ואין איש שם על לב. מפני מה הוא מת מפני הרעה נאסף הצדיק מפני שלא יצטער הוא ברעה ואחר שהיא גזרה מלפניו כי מפני הרעה נאסף הצדיק ל"א מפני רעות של אלו הוא נאסף שאין הקב"ה רוצה שיבקש עליהם רחמים: כפים. חצי לבינה ורגילין לתתה בין שתי נדבכי העצים: הכי גרסינן אבריו של אדם הן מעידין בו שנאמר ואתם עדי. לשון רבים נאם ה': מאי דכתיב אל אמונה ואין עול כשם שמשלם כו'. כך משלם לרשעים בעולם הזה כדי לטורדן מן העולם הבא וכדכתיב (דברים ז) ומשלם לשונאיו אל פניו להאבידו: ואין עול. שאין עושה (ד) דין בלא אמת וצדק: צדיק וישר. מצדיק הדין על הצדיקים לפרוע מהם ועושה טובה וישרות עם הרשעים לפרוע כל זכותם בעולם הזה כדי לטורדן: ביד כל אדם יחתום. כותב מעשה כל אדם ומחתים (ה) יד על כל מעשיו: למען תצדק בדברך. שהוא מצדיק עליו בדבריך שאתה מראה לו (ו): לשמואל קדוש יהיה אגדל פרע קאי. ששערו אסור בהנאה אבל הוא עצמו לא נקרא קדוש ולר' אלעזר חוטא דסאיב כתרגומו מאשר חטא על הנפש פשט המקרא על שנטמא במת: וכי באיזה נפש חטא זה. מי הרג שנקרא חוטא שאין מצוה לצער עצמו כדאמרינן צדיקי (כ מי) אכליה איעלמא (והאיך) מי סני להו במס' הוריות (פ"ג דף י:): נקרא קדוש. רישיה דקרא קא דריש בשביל שמתוך כך מתמרקין עונותיו שמתענה:

תוספות

אסור לאדם לשמש מטתו בשני רעבון. ואם תאמר הרי יוכבד (ל) נולדה בין החומות ואותו העת עת רעב היה וע"כ שימשו מטותיהן בשני רעבון ויש לומר דלכ"ע לא הוי אסור אלא למי שרוצה לנהוג עצמו בחסידות ויוסף לא שימש אבל שאר בני אדם שימשו:

אמר שמואל כל היושב בתענית נקרא חוטא. וקשיא דאמרינן בפ' החובל (ב"ק דף צא: ושם) החובל בעצמו רשאי אבל אחרים שחבלו בו חייבים ומפרש התם הא דקאמר החובל בעצמו רשאי אמר שמואל ביושב בתענית אלמא משמע דשמואל קאמר דיושב בתענית לא נקרא חוטא ויש לומר דודאי הוי חוטא כדאמרינן הכא מקל וחומר מנזיר ומה נזיר שלא ציער עצמו אלא מיין וכו' אבל מכל מקום המצוה שהוא עושה התענית גדול יותר מן העבירה ממה שהוא מצער נפשו דמצוה לנדור כדאמרינן (סוטה דף ב.) הרואה סוטה בקלקולה יזיר עצמו מן היין ומכל מקום יש קצת חטא מידי דהוה (מ) אמתענה תענית חלום בשבת דקורעין גזר דינו ונפרעין ממנו תענית של שבת ומאי תקנתיה ליתב תעניתא לתעניתיה (נ):

כאילו

עין משפט נר מצוה

לה א ב מיי' פ"ג מהל' תענית הלכה ח טוש"ע א"ח סי' תקעד סעיף ד:
לו ג שם סעיף ה:

רבינו חננאל

והמרעיב עצמו בשני רעבון ניצל ממיתה משונה שנאמר ברעב פדך ממות. אסור לאדם לשמש מטתו בשני רעבון. תנא חשוכי בנים משמשין מטותיהן בשני רעבון. חייב אדם לצער עצמו עם הצבור שבזמן שפורש עצמו מן הצבור ב' מלאכי השרת המלוין אותו מניחין ידיו על ראשו ואומרים פלוני שפירש מן הצבור אל יראה בנחמת ישראל. אלא מיבעי ליה לצעורי עם הצבור שכן מצינו במרע"ה שציער עצמו עם הצבור שנאמר וידי משה כבדים וגו'. וכי לא היה לו כר או כסת לישב בה אלא רצה להצטער בצער צבור. ושמא תאמר מי מעיד בו. אבני ביתו. שנאמר כי אבן מקיר תזעק. ומלאכים השומרים אותו שנאמר כי מלאכיו יצוה לך וגו'. כתיב אל אמונה ואין עול. כשם שנפרעים מן הרשעים לעוה"ב אפילו בעבירה קלה כך נפרעין מן הצדיקים בעוה"ז וכשם שמשלמין שכר טוב בעוה"ב לצדיקים [אפי' על מצוה קלה] כך משלמין שכר טוב לרשעים אפילו על מצוה קלה בעוה"ז. בשעת פטירתו של אדם. כל מעשיו נפרטין לפניו. אומרים לו עשית במקום פלוני והוא אומר הן. אומרים לו חתום. וחותם שנאמר ביד כל אדם יחתום. ולא עוד אלא שמצדיק עליו את הדין ואומר יפה דנתוני שנא' למען תצדק בדברך וגו': אמר שמואל היושב בתענית נקרא חוטא. סבר לה כר' אלעזר הקפר בר' [דאמר] בשביל שציער עצמו מן היין קראו הכתוב חוטא שנאמר וכפר עליו מאשר חטא על הנפש המצער עצמו מכל מאכל ומשתה לא כ"ש. ומפני מה כתיב בו קדוש יהיה משום (דמרבי) [דמדכי] נפשיה מטומאה א). ור' אלעזר פליג עליה דאמר המצטער עצמו לשם שמים כגון הנזיר וכיוצא

חשק שלמה על רבינו חננאל

א) נראה מזה דרבינו היה לו גי' אחרת בכאן ההוא דמדכי נפשי' וכ"ה גי' רבינו גרשום כאן.

רבינו גרשום

ומתרגזים עליכם. בעיוני. לא עייני באורחא: משום מעיינא. שאם אוכל הרבה מתכבד במיעיו ואין יכול לילך. משום מזוני דלא שכיחי באורחא: דיתיב בארבא. ליכא משום מעיינא ואיתא משום מזוני. דאזיל מאונא לאונא. דשכיחי מזוני. משום מזוני ליכא משום מעיינא איכא: רב פפא הוי אכיל סגי: חסוכי בנים ולא כולי עלמא: זו מדה בינונית שהרי מזכירין יום המיתה כדכתיב כי מחר נמות: ההוא דמדכי בנפשיה. כלומר שנזיר שמצער עצמו מן הטומאה קרוי קדוש ולא ליושב בתענית. ההוא אשר חטא על הנפש דמסאב נפשיה על המת: כאילו קדוש שרוי בתוך מיעיו ולא יתענה ר"ל

מסורת הש"ס

א) [לשון חיסור כמו לא חשכת. ערוך], ב) [ואף צדיק גמור צריך לצער עצמו עם הצבור שכן מצינו במשה רבינו שציער עצמו וכו' כך אי' בשאלתות פ' האזינו סימן קסג], ג) חגיגה טז. [ע"ש כמה שינויים], ד) ג"ז שם, ה) [צ"ל מלמד שבשעת כך אי' בשאלתות], ו) [צ"ל נפרטין וכ"א בשאלתו'], ז) [צ"ל הן], ח) [שבועות ח. סוטה טו. כריתות כו.] ב"ק צא: נזיר יט. כב. נדרים י., ט) גי' רש"א בשר, י) עי' בהגהת מהרי"ף שם, כ) צ"ל אי, ל) [כדאי' סוטה יב.], מ) [ברכות לא: ולקמן יב:], נ) [וע"ע תוס' ב"ק צא: ד"ה אלא ותוס' נזיר ג: ד"ה ומאי].

הגהות הב"ח

(א) גמ' כל היושב בתענית נקרא חוטא (סבר כי האי תנא) תא"מ ונ"ב ס"א שנאמר וכפר עליו מאשר חטא על הנפש וכי באיזה נפש חטא זה אלא שציער נפשו מן היין דתניא וכו' ולשמואל הא איקרי קדוש. נ"ב פירוש מדפליג אדשמואל אלמא דלשמואל לא נקרא קדוש אבל לר' אלעזר הקפר לא קשיא דלמא מודה דנקרא קדוש אלא דנקרא ג"כ חוטא אבל לשמואל קשיא דמשמע לדידיה לא נקרא קדוש ואע"פ דמודה שמואל דעושה מצוה בנזירתו מ"מ לא נקרא קדוש ובתר הכי פריך אר' אלעזר הא נקרא חוטא דמדפליג אשמואל אלמא דס"ל דלא נקרא חוטא: (ב) רש"י ד"ה חסוכי בנים חסירי בנים כמו דגרסינן במנחות: (ג) ד"ה שני וכו' שמלוין: (ד) ד"ה ואין עול שאין עושה דבר בלא דין: (ה) ד"ה ביד כל כו' ומחתים יד כל אדם על כל: (ו) ד"ה למען כו' שאתה מראה לו מה"ד וכי באיזה נפש חטא זה מי הרג שנקרא חוטא הס"ד ואח"כ מה"ד אלא שציער עצמו וכו' שאין מצוה לצער עצמו כדאמרינן אטו צדיקי אי אכלי תרי עלמא וכו' עד עונותיו שמתענה מה"ד לשמואל קדוש יהיה וכו' לא נקרא קדוש הס"ד ואח"כ מה"ד ולר' אלעזר וכו' שנטמא במת הס"ד:

ליקוטי רש"י

והנה ששון ושמחה. הקב"ה כביכול אבל לפניו ואתם אוכלים ושמחים. כי מחר נמות. בעולם הבא הנביאים אומרים לנו מאת הקב"ה שלא יהיה לנו חלק לעוה"ב נעשה לנו הנאה בחיינו. עד תמותון. ת"י מותא תניינא לעולם הבא [ישעיה כב, יג יד]. אתיו אקחה יין. כך היו אומרים זה לזה. והיה כזה יום מחר. במאכל ובמשתה [שם נו, יב]. ואין איש שם על לב. למה נסתלק. כי מפני הרעה. העמידה לבא אל הדור נאסף צדיק [שם נז, א]. ויקחו אבן וישימו תחתיו. ולא ישב לו על כר וכסת אמר ישראל שרויין בצער אף אני אהיה עמהם בצער [שמות יז, יב]. כי וגו'. כי האבנים אשר גזלת מזעקה מן הקיר. וכפים מעץ יעננה. אל האבן בקול לנגדה שניהם צועקים. וכפים מעץ יעננה, ת"י ושיפא מגו מרישא שיפא לשון קיסם שפאין בלשון חכמים דלדור"ש בלע"ז מריש הוא הקורה [חבקוק ב, יא]. וכפים. חתיכת עץ כמו כפיסין בבבא בתרא [חגיגה טז.]. משוכבת חיקך. נשמתך היא תעיד בך. פתחי פיך. דברי פיך פתיחות פיך [מיכה ז, ה]. אתם עידי. הוא מעיד בעצמו בכל עונות שאוכיח בפניו [חגיגה שם]. ואין עול. אף לרשעים משלם שכר צדקתם בעולם הזה. צדיק וישר הוא. הכל מצדיקים עליהם את דינו וכך ראוי וישר להם צדיק מפי הבריות וישר הוא וראוי להצדיקו [דברים לב, ד]. ביד כל אדם יחתום. כשאדם חוטא לפניו האדם עצמו חותם כתב ידו ביום מותו על עבירות שעבר הכתובות [איוב לז, ז]. וכפר עליו. בנזיר כתיב. על הנפש. משמע שחטא בנפש אדם. מכל דבר. המסגף עצמו בתענית [ב"ק צא:]. אגידול פרע קאי. קדוש יהיה השער שלו לגדל הפרע של שער ראשו. [במדבר ו, ה].

תורה אור השלם

א) בְּרָעָב פָּדְךָ מִמָּוֶת וּבְמִלְחָמָה מִידֵי חָרֶב: [איוב ה, כ]
ב) וּלְיוֹסֵף יֻלַּד שְׁנֵי בָנִים בְּטֶרֶם תָּבוֹא שְׁנַת הָרָעָב אֲשֶׁר יָלְדָה לּוֹ אָסְנַת בַּת פּוֹטִי פֶרַע כֹּהֵן אוֹן: [בראשית מא, נ]
ג) וְהִנֵּה שָׂשׂוֹן וְשִׂמְחָה הָרֹג בָּקָר וְשָׁחֹט צֹאן אָכֹל בָּשָׂר וְשָׁתוֹת יָיִן אָכוֹל וְשָׁתוֹ כִּי מָחָר נָמוּת: וְנִגְלָה בְאָזְנָי יְיָ צְבָאוֹת אִם יְכֻפַּר הֶעָוֹן הַזֶּה לָכֶם עַד תְּמֻתוּן אָמַר אֲדֹנָי יְיָ צְבָאוֹת: [ישעיה כב, יג-יד]
ד) אֵתָיוּ אֶקְחָה יַיִן וְנִסְבְּאָה שֵׁכָר וְהָיָה כָזֶה יוֹם מָחָר גָּדוֹל יֶתֶר מְאֹד: הַצַּדִּיק אָבָד וְאֵין אִישׁ שָׂם עַל לֵב וְאַנְשֵׁי חֶסֶד נֶאֱסָפִים בְּאֵין מֵבִין כִּי מִפְּנֵי הָרָעָה נֶאֱסַף הַצַּדִּיק: [ישעיה נו, יב–נז, א]
ה) וִידֵי מֹשֶׁה כְּבֵדִים וַיִּקְחוּ אֶבֶן וַיָּשִׂימוּ תַחְתָּיו וַיֵּשֶׁב עָלֶיהָ וְאַהֲרֹן וְחוּר תָּמְכוּ בְיָדָיו מִזֶּה אֶחָד וּמִזֶּה אֶחָד וַיְהִי יָדָיו אֱמוּנָה עַד בֹּא הַשָּׁמֶשׁ: [שמות יז, יב]
ו) כִּי אֶבֶן מִקִּיר תִּזְעָק וְכָפִיס מֵעֵץ יַעֲנֶנָּה: [חבקוק ב, יא]
ז) כִּי מַלְאָכָיו יְצַוֶּה לָּךְ לִשְׁמָרְךָ בְּכָל דְּרָכֶיךָ: [תהלים צא, יא]
ח) אַל תַּאֲמִינוּ בְרֵעַ אַל תִּבְטְחוּ בְּאַלּוּף מִשֹּׁכֶבֶת חֵיקֶךָ שְׁמֹר פִּתְחֵי פִיךָ: [מיכה ז, ה]
ט) אָנֹכִי הִגַּדְתִּי וְהוֹשַׁעְתִּי וְהִשְׁמַעְתִּי וְאֵין בָּכֶם זָר וְאַתֶּם עֵדַי נְאֻם יְיָ וַאֲנִי אֵל: [ישעיה מג, יב]
י) הַצּוּר תָּמִים פָּעֳלוֹ כִּי כָל דְּרָכָיו מִשְׁפָּט אֵל אֱמוּנָה וְאֵין עָוֶל צַדִּיק וְיָשָׁר הוּא: [דברים לב, ד]
כ) בְּיַד כָּל אָדָם יַחְתּוֹם לָדַעַת כָּל אַנְשֵׁי מַעֲשֵׂהוּ: [איוב לז, ז]
ל) לְךָ לְבַדְּךָ חָטָאתִי וְהָרַע בְּעֵינֶיךָ עָשִׂיתִי לְמַעַן תִּצְדַּק בְּדָבְרֶךָ תִּזְכֶּה בְשָׁפְטֶךָ: [תהלים נא, ו]
מ) וְעָשָׂה הַכֹּהֵן אֶחָד לְחַטָּאת וְאֶחָד לְעֹלָה וְכִפֶּר עָלָיו מֵאֲשֶׁר חָטָא עַל הַנָּפֶשׁ וְקִדַּשׁ אֶת רֹאשׁוֹ בַּיּוֹם הַהוּא: [במדבר ו, יא]
נ) כָּל יְמֵי נֶדֶר נִזְרוֹ תַּעַר לֹא יַעֲבֹר עַל רֹאשׁוֹ עַד מְלֹאת הַיָּמִם אֲשֶׁר יַזִּיר לַייָ קָדֹשׁ יִהְיֶה גַּדֵּל פֶּרַע שְׂעַר רֹאשׁוֹ: [במדבר ו, ה]

כאילו קדוש שרוי בתוך מעיו שנאמר א) בקרבך קדוש ולא אבוא בעיר לא קשיא ° א הא דמצי לצעורי נפשיה הא דלא מצי לצעורי נפשיה ר"ל אמר נקרא חסיד שנאמר ב) גומל נפשו איש (א) (א) חסיד) ועוכר שארו וגו' אמר רב ששת האי בר בי רב דיתיב בתעניתא ליכול כלבא לשירותיה אמר רבי ירמיה בר אבא ב) ב אין תענית צבור בבבל אלא תשעה באב בלבד (ג) אמר) ר' ירמיה בר אבא אמר ריש לקיש ג אין תלמיד חכם רשאי לישב בתענית מפני שממעט במלאכת שמים: אוכלין ושותין משחשיכה כו': אמר רבי זעירא אמר רב הונא ד יחיד שקיבל עליו תענית אפילו אכל ושתה כל הלילה ° למחר הוא מתפלל תפלת תענית ה לן בתעניתו (ב) אינו מתפלל של תענית אמר רב יוסף מאי קסבר רב הונא סבירא ליה אין מתענין לשעות או דלמא מתענין לשעות והמתענה לשעות אינו מתפלל תפלת תענית אמר ליה אביי לעולם קסבר רב הונא מתענין לשעות והמתענה לשעות מתפלל תפלת תענית ושאני הכא דאיכא שעות דליליא דלא קביל עליה מעיקרא ד) מר עוקבא איקלע לגינזק בעו מיניה מתענין לשעות או אין מתענין לשעות לא הוה בידיה קנקנין של נכרים אסורין או מותרין לא הוה בידיה ה) במה שימש משה כל שבעת ימי המלואים לא הוה בידיה אזל ושאיל בי מדרשא אמרו ליה ו הלכתא מתענין לשעות ומתפללין תפלת תענית ז והלכתא קנקנין של נכרים לאחר שנים עשר חדש מותרין במה שימש משה כל ז' ימי המלואים בחלוק לבן רב כהנא מתני בחלוק לבן שאין לו אימרא אמר רב חסדא
הא

רש"י

כאילו קדוש שרוי בתוך מעיו. כאילו כל מעיו קדוש ואסור להכחישן דהכי משמע בקרבך קדוש כלומר דאסור להתענות. (ג) בקרבך קדוש רישיה דקרא קדריש בשביל שקדוש שרוי בלער לא אבוא בעיר של מעלה עד שאבנה ירושלים של מטה ורמיזא בעלמא הוא: הא דמצי מצער נפשיה. שיכול לסבול התענית משבחו הקב"ה אבל מי שאינו יכול להתענות נקרא חוטא: נקרא חסיד. המתענה דכתיב גומל נפשו איש חסד מפריש עצמו ממאכל ומשתה כמו ביום הגמל את יצחק (בראשית כא) שברי"ר בלע"ז מפי מורי אי נמי גומל לשון תגמול שמשלים נפשו לקונו (ד): ועוכר שארו. המתענה ומכחיש בשרו נקרא אכזר: שממעט במלאכת שמים. חלש הוא ואינו יכול ללמוד: שירותיה. סעודתו כלבא ליכול סעודתו ולכך המתענה אינו מועיל לו אלא כמי שמתענה מפני שאין לו מה יאכל: אין תענית צבור בבבל. לענין איסורי חומרי תענית אמר ר' ירמיה למילתיה שהיו נוהגין בו כעין אבילות שהיו אוכלין מבעוד יום ואסורין בנעילת הסנדל אלא תשעה באב בלבד: יחיד שקיבל עליו תענית. מאתמול (ה) הרי אני יושב בתענית למחר אפילו אכל ושתה כל הלילה עד עמוד השחר למחר מתפלל תפלת תענית עננו: לן בתעניתו. באותו תענית שקיבל עליו שלא אכל במוצאי תעניתו ולן כל אותו הלילה לשם תענית עד הבקר: למחר אין מתפלל תפלת תענית. אינו יכול להתפלל (ו) עננו קודם שיאכל כדי לצאת ידי חובת תענית של לילה אע"פ שהוא יום אחד דכתיב (בראשית א) ויהי ערב ויהי בקר יום אחד ולקמן מפרש ואזיל מאי קסבר רב הונא מאי טעמא אין מתפלל למחר עננו: והכי גרסינן מאי קסבר רב הונא מיסבר קסבר אין מתענין לשעות או דלמא קסבר מתענין לשעות והמתענה לשעות אינו מתפלל תפלת תענית אמר אביי לעולם קסבר מתענין לשעות (י) ומתפלל) תפלת תענית כו'. פירוש מאי קסבר רב הונא אין מתענין לשעות כלומר האי דקאמר למחר אין מתפלל תפלת תענית לכך אינו מתפלל דקבלת תענית זה אינו קבלה ואינו תענית כלל ואם רוצה לאכול ולסעוד בתוך התענית הרשות בידו דאין מקבלין תענית לשעות כגון זה שלא קיבל תענית של לילה זה מאתמול (ז) כדקתני לן בתעניתו דמשמע מאליו כשהחשיך ובא לסעוד עמד ולא אכל כלומר שהיה בדעתו לאכול עד שעבר מקצת הלילה שעה אחת או שתי שעות ואחר כך נמלך ולן בתעניתו או דלמא האי דקאמר רב הונא למחר אין מתפלל תפלת תענית לאו משום דאין מתענין לשעות דשם תענית עליו ואם רוצה לחזור בו ולטעום אחר שהתחיל בתענית אינו יכול אלא להכי אינו מתפלל תפלת תענית דסבר אין תענית של שעות חשוב וחמור כל כך שיהא צריך להתפלל עליו עננו: לעולם קסבר. בעלמא דמתענין לשעות והמתענה לשעות מתפלל תפלת תענית והכא מאי טעמא אין מתפלל תפלת תענית דשאני הכא היכא דהתענה אתמול ובלילה לן בתעניתו דלא קיבלה עילויה (ח) שלא קיבל עליו תענית זה בפני עצמו מאתמול כדרך שאר מתענין לשעות ואינו חשוב להתפלל עליו עננו: מר עוקבא איקלע לגינזק. גרסינן דאילו ר' עקיבא לא היה מסתפק לו הנך בעיי ועוד דבלשון ברייתא הוה משתעי ביה מעשה ברבי עקיבא כו' ולא בגמרא ז): קנקנים של חרס. שמכניסין בהן יין לקיום אסור להשתמש בהן: במה שימש משה. דאילו באהרן כתיב בגדי כהונה דכתיב (שמות כט) והלבשת שבשעה שהיה משה עובד אהרן היה לבוש בגדי כהונה ועבודה דמשה גזירת הכתוב הוא ובגדי כהונה לא מצינו בו ומסתמא אין הדבר כשר שהיה עובד בבגדיו של חול שיוצא בהן לשוק: לאחר שנים עשר חדש. הולך טעם יין נסך ומותרים בלא עירוי מים אבל תוך י"ב חדש צריך עירוי שלשה ימים מעת לעת: בחלוק לבן. של פשתן עשוי לשם כך: רב כהנא מתני. כי האי לישנא: בחלוק לבן שאין בו אימרא. שפה מתרגמינן אימרא (שם כח) (ט) כלומר ח) תחוב היה מחוט אחד כל החלוק ולא כבגדים שלנו שבתי הידים מדובקין בבגד הגוף בתפירה כדי שלא יחשדוהו שמא באותה שפה הוציא מעות הקודש משום שנאמר (במדבר לב) והייתם נקיים מה' ומישראל:
הא

תוספות

כאילו קדוש. הקב"ה (י) פירוש והא אמר לעיל שנקרא קדוש כלומר שהיושב בתענית נקרא קדוש ומשני לא קשיא: גומל נפשו. פירוש שגומל חסד לנפשו שאינו מתענה נקרא חסיד: אין תענית צבור בבבל אלא תשעה באב בלבד. פירוש שהיה להם הרבה גשמים: יחיד שקיבל עליו תענית אע"פ שאכל ושתה כל הלילה מתפלל תפלת תענית. תימה אמאי נקט יחיד דלצבור נמי דאמרינן במתני' (לעיל דף י.) דעושין שלשה תעניות ואוכלים משחשיכה וצ"ע: לן בתעניתו. פירוש שהתענה היום ובלילה לא אכל ולן בתענית אע"ג שהלילה היה מכח תענית שקיבל עליו אינו מתפלל תפלת תענית ובה"ג יש אוכל ומתפלל תפלת תענית ומפרש כמו הכא דבשחרית אומר תפלת תענית אע"פ שאכל כל הלילה ויש מתענה שאינו מתפלל כמו בערבית אע"פ שלא אכל ומפרש בהלכות גדולות דאין אומרין עננו בתפלת שחרית שמא נמצא שקרן בתפלתו דשמא לא יסיים התענית ולי נראה דלא נקרא שקרן כיון שהיה בדעתו להתענות אפילו אקרי אונס אחר כך ולא מצי לצער נפשיה לא גרע ממתענין לשעות וכן משמע מהא דתנן (לקמן דף יט.) ירדו להם גשמים קודם חצות אין משלימין ומסתמא משמע שאמרו תפלת תענית מכל מקום אין זה ראיה גמורה דשמא לא אמרוה ומהא דלקמן (דף יב:) גבי רב הונא בריה דרב יהושע בריה דרב אידי ט) דיתיב בתעניתא מדאמרו ליה ליזוף מר וליפרע ואמר להו תענית חלום הוא אמאי לא אמר מפני שאמר תפלת תענית אין זה ראיה (כ) לדברי ה"ג דלא היה דעתו להתענות מבעוד יום ולא קבל עליו וכתב הר"מ מי שלא קבל עליו מבעוד יום דאין אומר עננו אי לאו דתענית חלום הוא ונוהגים שליח צבור אומרו בשחרית כדי להודיע לעולם ולהזכיר התענית אבל יחיד אינו אומר עד המנחה [ובטור אורח חיים (סי' תקסה) אומר שליח צבור אומר בכל פעם שאי אפשר שלא יתענו קצת מקהל עכ"ל]:
כל

עין משפט נר מצוה

לז א טוש"ע א"ח סי' תקעא סעיף א:
לח ב מיי' פ"ג מהלכות תענית הלכה יא טוש"ע א"ח סי' תקסח סעיף ו:
לט ג טוש"ע א"ח סי' תקעא סעיף ב:
מ ד מיי' פ"א מהלכות תענית הלכה י סמג עשין יג טוש"ע א"ח סי' תקסב סעיף ז:
מא ה מיי' שם הלכה יא סמג שם טור ש"ע א"ח שם סעיף ט:
מב ו מיי' שם הלכה יג טוש"ע שם סעיף י:
מג ז מיי' פי"א מהלכו' מאכלות אסורות הלכה טו סמג לאוין קמח טוש"ע י"ד סי' קלה סעיף טז:

תורה אור השלם

א) לֹא אֶעֱשֶׂה חֲרוֹן אַפִּי לֹא אָשׁוּב לְשַׁחֵת אֶפְרָיִם כִּי אֵל אָנֹכִי וְלֹא אִישׁ בְּקִרְבְּךָ קָדוֹשׁ וְלֹא אָבוֹא בְּעִיר: [הושע יא, ט]
ב) גֹּמֵל נַפְשׁוֹ אִישׁ חָסֶד וְעֹכֵר שְׁאֵרוֹ אַכְזָרִי: [משלי יא, יז]

רבינו חננאל

וכיוצא בו [נקרא] קדוש כדכתי' קדוש יהיה. א"כ מה ת"ל מאשר חטא על הנפש בנזיר שנטמא הכתוב מדבר ומפני שנטמא נקרא חוטא. ור"ל אמר המונע עצמו מן התענית הוא חסיד שנאמר גומל נפשו איש חסד. הגומל טוב לנפשו איש חסד: א"ר ירמיה אין ת"ח רשאי לסגף עצמו בתענית מפני שממעט (עצמו) במלאכת שמים. אמר רב הונא יחיד שקבל עליו תענית ב' ימים זה אחר זה אפילו אוכל ושותה כל הלילה כו'. הדין במי שקבל עליו יום אחד או ב' ימים תענית דינם אחד מיהו נוח להתלמד להבין פירושו בשני ימים מיום אחד. וכן פירושו. אדם שקבל עליו להתענות שני ושלישי והתענה יום ב' ובערב אכל ושתה למחר א) עוד ביום ג' מתענה ומתפלל תפלת תענית ב) אע"פ שמתענה רוב יום ג' מפני שלא קבל עליו מיום ב' להתענות יום ג' ונמצא תעניתו ביום ג' תענית שעות דהא לא קיבל תענית מאתמול. ועל זה מדקדק רב יוסף מ"ט דרב הונא. מי אמרינן קסבר רב הונא מתענה לשעות. והמתענה לשעות אינו מתפלל תפלת תענית. לפיכך אמר למחר אינו מתפלל תפלת תענית. או דלמא קסבר רב הונא אין מתענין לשעות ואינם תענית כלל. לפיכך אינו מתפלל תפלת תענית. ואמר אביי לעולם קסבר רב הונא מתענין לשעות והמתענה לשעות מתפלל תפלת תענית. ושאני הכא דלא קביל עליה מעיקרא. ועוד לא היה בדעתו להשלים תעניתו עד הערב. וקיי"ל כל תענית שלא שקעה עליו חמה לאו שמיה תענית לפיכך ג) תמצא תענית שעות. ומסתברא דמי שנזדמן לו ולא אכל עד שעבר רוב היום וכיון שראה כך הסכים לצום ולהשלימו אותו יום בתענית זהו תענית שעות ומתפלל באותה שעה שהסכים להשלימו תענית שעות תפלת תענית עננו בשומע תפלה. ודווקא אחר שקבל עליו לעצמו ד) שמתפלל תפלת תענית אבל מקודם לא: ר"ע אקלע לגינזק בעו מיניה מתענין לשעות כו' ואסיקנא הלכתא המתענה לשעות מתפלל תפלת תענית וקנקנים (שלמים) [ישנים] ששימשו בהן עובדי כוכבים ביין שלהן לאחר שישפכו היין מהן אם ישארו ריקים י"ב חודש מותר לישראל להטיל בהן יין להשתמש בהן.

חשק שלמה על רבינו חננאל א) דברי רבינו כמו שהם לפנינו אין לו שום ביאור כלל ועי' ברא"ש כאן ותמצא גי' רבינו ז"ל ופירושו באר היטב. ב) חסר כאן ואולי כצ"ל לן בתעניתו כלו' אם לא קבל עליו תענית אלא יום ב' בלבד והתענה אותו היום ובלילה נמלך ולן בתעניתו למחר אין מתפלל תפלת תענית אע"פ שמתענה יום ב' ויום ג' כו' ועי' ברי"ף ובמלחמות בשם רבינו. ג) אולי צ"ל לא נקרא תענית שעות. ד) אולי צ"ל לעצמו להשלים התענית מתפלל תפלת תענית.

מסורת הש"ס

א) [צ"ל חסד], ב) [לקמן יב: יעו"ש] פסחים נד: ע"ש, ג) [צ"ל ואמר], ד) ע"ז לד. [ע"ש בתוס' ד"ה ר' עקיבא], ה) [עי' תוס' חגיגה ו: ד"ה מאי כ"מ ותוס' סנהדרין טו: ד"ה שור סיני], ו) [צ"ל מתענין לשעות והמתענה לשעות מתפלל], ז) [ועמ"ש תוס' בע"ז לד. ד"ה ר"ע וכו' על דברי רש"י דהכא], ח) [צ"ל ארוג. יעב"ץ], ט) [לפנינו איתא שזה היה רב יהושע ברי' דרב אידי].

גליון הש"ס

גמ' הא דמצי לצעורי. עי' לקמן דף כב ע"ב תוד"ה ר' יוסי: שם למחר הוא מתפלל תפלת תענית. מדברי רש"י שבת כד ע"א ד"ה ערבית נראה שלא היה לרש"י שם הגי' כאן תיבת למחר:

רבינו גרשום

ר"ל אמר יושב בתענית נקרא חסיד שנא' גומל נפשו איש חסד שפירש עצמו מליכל כמו ויגמל: ממעט במלאכת שמים. שאינו יכול לעסוק בתורה: יחיד שקיבל עליו תענית. כראוי מבעוד יום. לן בתענית. ה"ק אם לא קבל מבעוד יום אלא בצפרא קבל עליה להתענות חצי היום ובחצי היום קביל עליה עד לאורתא ולן בלילה בתעניתו ולא קבל עליה כלום והתענה אף למחר אין מתפלל תפלת תענית שכבר יצא בתפלת תענית דאתמול. ושאני הכא דלא קביל עליה מאורתא כלומר באותו יום שמתענה לשעות מתפלל תפלת תענית אבל הכא דלן בתעניתו עבדיה להאי תענית שני כתענית אריכא שהוא מאתמול שעדיין לא אכל וכיון שהתפלל אתמול תפלת תענית אין צריך להתפלל היום: מתענין לשעות שמקבלין תענית ביום אע"ג דלא קביל עליה מאורתא: קנקנים של עובדי כוכבים שנשתמש בהן יין. לאחר שנים עשר חודש. לאחר שנשתמשו בו עובדי כוכבים: חלוק לבן שאין לו אימרא. שאין לו שפה כדי שלא יחשדוהו שמא באותה שפה הכניס מעות הקדש שגנב משום שנאמר והייתם נקיים

הגהות הב"ח

(א) גמ' שנאמר גומל נפשו איש חסד אמר ר' ירמיה בר אבא אמר ריש לקיש אין ת"ח וכו' שממעט במלאכת שמים אמר רב ששת האי בר בי רב וכו' אלא תשעה באב בלבד אוכלין כו': (ב) שם לן בתעניתו למחר אינו מתפלל: (ג) רש"י ד"ה כאילו כו' לאסור להתענות הס"ד ומה"ד בקרבך קדוש כו': (ד) ד"ה נקרא כו' שמשלים נפשו לקונו חסיד ועוכר שארו כו' כצ"ל והד"א: (ה) ד"ה יחיד כו' מאתמול שאמר הרי אני יושב: (ו) ד"ה למחר כו' אינו יכול להתפלל. נ"ב פי' אינו יכול אע"פ שרוצה להתפלל בלא חיוב ונראה דלא פירש כן אלא למאי דקס"ד דאין מתענין לשעות ס"ל לרב הונא דלאו תענית הוא אבל למסקנא דמתענין לשעות שם תענית עליו אפי' לן בתעניתו דאינו חשוב וחמור להתפלל עננו בתורת חיוב מ"מ הרשות בידו להתפלל עננו שהרי שם תענית עליו שאסור לו לאכול: (ז) ד"ה וה"ג מאי כו' תענית של לילה זה מאתמול. נ"ב פירוש מאתמול מזמן המנחה: (ח) ד"ה לעולם כו' דלא קיבלה עילויה. נ"ב ר"ל דלא קיבלו כלל מאתמול דאף בלילה לא קיבלו: (ט) ד"ה רב כהנא כו' (כלומר מחוב) תא"מ ונ"ב ס"א כלי חשוב: (י) תוס' ד"ה כאילו קדוש הקב"ה שרוי בתוך מעיו ואסור להכחישן פי' והא אמרינן לעיל: (כ) ד"ה לן כו' אין זה ראיה לדברי ה"ג איכא למימר דלא היה דעתו:

ליקוטי רש"י

בקרבך קדוש ולא אבוא בעיר. אחרת כבר הבטחתי להשרות שכינתי בקרבך בירושלים ולא אשרה אותה עוד על עיר אחרת ויש מפרש בעיר לשון שנאה כמו (שמואל א כח) ויהי ערך [הושע יא, ט]. ליכול כלבא לשירותיה. בלהריים. זה מתורגם בשירותא הוא לשון סעודה ראשונה בלשון ארמית ובלע"ז דישני"ר ויש הרבה בתלמוד (תענית דף יא:) שדא לכלבא שירותיה (ברכות דף לט:) בלע אכולא שירותא [בראשית מג, טז]. אין תענית ציבור בבבל. הואיל ואין צריכין לגשמים אם גוזרין על דבר אחר אין אומר תענית ציבור נוהג בו לאכול מבעוד יום וליאסר במלאכה ושאר חומרי האמורים שם [פסחים נד:]. יחיד שקיבל עליו תענית וכו' עי' רש"י שבת כד. ד"ה ערבית ובגליון הש"ס כאן. מתענין לשעות. כגון שקיבל עליו תענית משש שעות ולמעלה ומיהו לא טעם כלום מתחלה כל היום אבל לא לשם תענית נתכוין בראשונה. משה. לא נשתמש בבגדי כהונה דכתיב ועשית בגדי קדש לאהרן אחיך והוא היה זר אללן ועל פי הדבור שימש ולא הוזכרו בגדים. לאחר שנים עשר חדש מותרין. מיד בלי תיקון ואם רצה להשתמש קודם לכן ממלאן במים כדאמרן. אימרא. שפה יש אומר שלא יחשדוהו שגנב בה מתרומת המשכן ולאו מילתא שהרי כבר נגמרה המלאכה ובשעת עבודה מהיכן שקיל [ע"ז לד.]. שאין לו אימרא. תחלת הבגד [שבת קה.].

כְּאִילוּ קָדוֹשׁ שָׁרוּי בְּתוֹךְ מֵעָיו – **as if holiness**[1] **rests within his intestines.** Since he must regard his intestines as holy, he must provide them with proper nourishment and may not weaken them by fasting. שֶׁנֶּאֱמַר – **For it is stated:**[2] "בְּקִרְבְּךָ קָדוֹשׁ – ***In your midst is holy,*** וְלֹא אָבוֹא בְּעִיר" – ***and I will not enter the city.*** The beginning of the verse alludes slightly to the holiness of the intestines.[3] Hence, R' Elazar's statement here contradicts his view, expressed in the Baraisa, that fasting is meritorious. – ? –

The Gemara answers:

לֹא קַשְׁיָא – **This is not a difficulty.** הָא דְּמָצֵי לְצַעוּרֵי נַפְשֵׁיה – **This** statement of R' Elazar, that one who fasts is praiseworthy, concerns one **who is able to afflict himself** and endure the suffering. הָא דְּלָא מָצֵי לְצַעוּרֵי נַפְשֵׁיה – **That** statement of R' Elazar, that one should not fast, concerns one **who cannot afflict himself** and endure the suffering.[4]

The Gemara continues its discussion of voluntary fasting:

רֵישׁ לָקִישׁ אָמַר – **Reish Lakish said:** נִקְרָא חָסִיד – One who fasts **is called a pious man,** שֶׁנֶּאֱמַר – **as it says:**[5] "גֹּמֵל נַפְשׁוֹ אִישׁ (חָסִיד) [חָסֶד] – ***One who weans his soul*** [from food and drink][6] ***is a pious man,*** וְעֹכֵר שְׁאֵרוֹ וגו׳" – ***and one who destroys his flesh etc.*** [*is cruel*].[7]

The Gemara presents a related teaching:

אָמַר רַב שֵׁשֶׁת – **Rav Sheishess said:** הַאי בַּר בֵּי רַב דְּיָתִיב בְּתַעֲנִיתָא – Regarding **a yeshivah student who fasts,** לֵיכוּל כַּלְבָּא לְשֵׁירוּתֵיהּ – **a dog should eat his meal;** i.e. his fast is not meritorious, and is comparable to one undertaken for lack of food, as if a dog had eaten his meal.[8]

The Gemara presents an unrelated teaching:

אָמַר רַבִּי יִרְמְיָה בַּר אַבָּא – **R' Yirmiyah bar Abba said:** אֵין תַּעֲנִית צִבּוּר בְּבָבֶל – **There is no public fast** day **in Babylon** אֶלָּא תִּשְׁעָה בְּאָב בִּלְבָד – **except for Tishah B'Av alone.**[9]

The Gemara returns to its discussion of voluntary fasting:

(אָמַר) ר׳ יִרְמְיָה בַּר אַבָּא אָמַר רֵישׁ לָקִישׁ – **And**[10] **R' Yirmiyah bar Abba said in the name of Reish Lakish:** אֵין תַּלְמִיד חָכָם רַשַּׁאי לֵישֵׁב בְּתַעֲנִית – **A Torah scholar is not permitted to fast,** מִפְּנֵי שֶׁמְּמַעֵט בִּמְלֶאכֶת שָׁמַיִם – **because he diminishes the work of Heaven** thereby.[11]

The Mishnah said regarding the three fasts:

אוֹכְלִין וְשׁוֹתִין מִשֶּׁחֲשֵׁיכָה כו׳ – THEY MAY EAT AND DRINK on the eve of the fast even AFTER NIGHTFALL ETC.

אָמַר רַבִּי זְעִירָא אָמַר רַב הוּנָא – **R' Zeira said in the name of Rav Huna:** יָחִיד שֶׁקִּיבֵּל עָלָיו תַּעֲנִית – Regarding **an individual who accepted a fast upon himself,**[12] אֲפִילוּ אָכַל וְשָׁתָה כָּל הַלַּיְלָה – **even if he ate and drank the entire night** preceding the fast, until daybreak, לְמָחָר הוּא מִתְפַּלֵּל תְּפִלַּת תַּעֲנִית – **on the morrow**[13]

NOTES

1. Literally: holy. *Tosafos* understand the word *holy* as a reference to the Holy One, Blessed is He. The Gemara's inference is: Since God is within oneself, he must provide proper nourishment (see *Bach,* gloss no. 10).

2. *Hosea* 11:9. In this verse God promises not to enter the heavenly city of Jerusalem, since He is troubled by the destruction of the earthly Jerusalem (*Rashi;* see Gemara above, 5a; cf. *Rashi* there, ד״ה לא אבא).

3. [בְּקִרְבְּךָ can also be construed as *within your intestines.*] On the level of plain meaning (*pshat*), however, this verse has no direct bearing on our topic of discussion (*Rashi*).

4. Such a person who fasts is called a sinner (*Rashi*).

5. *Proverbs* 11:17, which reads in its entirety: גֹּמֵל נַפְשׁוֹ אִישׁ חָסֶד וְעֹכֵר שְׁאֵרוֹ אַכְזָרִי.

6. Our elucidation follows *Rashi*, who interprets גֹּמֵל as *wean* (from *Genesis* 21:8), since fasting requires one to wean himself from food and drink. Alternatively, *Rashi* understands גֹּמֵל as meaning *give,* so that the verse is rendered: One who "gives" his soul to God by abstaining from food and drink is considered pious. *Tosafos* also define גֹּמֵל as *give,* but understand the object of the gift to be נַפְשׁוֹ, *his soul.* Thus: One who "gives" to his soul by feeding his body is considered pious. Thus, *Tosafos* understand the teaching of Scripture (and of Reish Lakish) in a manner diametrically opposed to the interpretation of *Rashi* – namely, that one who bestows kindness upon his soul by *not* fasting is called pious, but that one who fasts is cruel.

[For a discussion of *Tosafos'* interpretation, see *Gevuras Ari.*]

7. According to *Rashi*, Reish Lakish follows the opinion of R' Elazar above. Hence, the first half of the verse speaks of one who is able to endure the rigors of fasting; he is called "pious." The second part of the verse speaks of one who is unable to suffer such afflictions. If he nonetheless attempts to do so, he acts cruelly toward himself.

Although Reish Lakish aligns himself with R' Elazar's position, he does differ in one respect. Whereas R' Elazar considers one who is competent to fast and does so a קָדוֹשׁ, a *holy* individual, Reish Lakish bestows upon him a greater accolade – that of חָסִיד, *pious,* as the Gemara in *Avodah Zarah* (20b) states: "Piety (חֲסִידוּת) is greater than them all" – i.e. greater than even holiness, which is also listed there (*Gevuras Ari*).

8. *Rashi*. Rav Sheishess is referring to one who cannot endure fasting (*Maharsha*). However, see *Gevuras Ari,* who argues that the Rav Sheishess' passage is out of place, actually belonging after Reish Lakish's ruling (below) that Torah scholars are forbidden to fast. To that prohibition Rav Sheishess adds a curse – that dogs should eat the food of those scholars who do fast. R' Sheishess' statement should then be followed by that of R' Yirmiyah bar Abba concerning public fasts in Babylonia.

9. That is, the only public fast day conducted in Babylonia with all the stringent prohibitions, such as the strictures against eating on the night of the fast and against wearing shoes as a sign of mourning, was Tishah B'Av, the ninth day of Av (*Rashi*).

In *Pesachim* (54b) *Rashi* explains that since these stringencies accompany only the most stringent series of fasts (see Mishnah 12b), which are decreed because of drought (see *Rambam Hil. Taaniyos* 3:11, *Ramban* ד״ה עכשיו, *Ritva* 12b, *Keren Orah* 14a ד״ה בשני), and since Babylonia enjoyed an ample annual rainfall, there was no occasion for observing these stringencies except Tishah B'Av and, of course, Yom Kippur. [*Tosafos* here concur with *Rashi.*]

Ramban, however, questions *Rashi's* explanation. He argues that since the reasons advanced by *Rashi* would not apply to other lands of the Diaspora less blessed with rain, public fasts with the full complement of stringencies should be conducted in those places, whereas, in fact, they are not.

Meiri explains that since Babylonia was the principal land of the Diaspora at that time, the Rabbis decreed that all other lands of Jewish habitation were to abide by the ruling that was appropriate for Babylonia.

Ramban himself rejects *Rashi's* interpretation, explaining that since only a fully authorized rabbinical court can declare a public fast with all the stringent prohibitions, and since such courts were lacking in all the lands of the Diaspora (including Babylonia), therefore the only fasts that could be observed in the Diaspora with all the stringencies were the established fasts of Tishah B'Av and Yom Kippur.

10. *Mesoras HaShas* emends the text to read וְאָמַר, *and. . .said.*

11. Fasting will weaken him, rendering him unable to learn (*Rashi*). *Magen Avraham* (571:1) cites an opinion that a scholar who has committed transgressions should fast as an atonement, but concludes with the opinion of *Shelah* that increased learning and personal introspection are substitutes for fasting (see also *Beur Halachah* 571:1).

12. Before sunset he declared his intention to fast the following day (*Rashi;* see below 12a).

13. *Rosh* notes that the Gemara does not mean to imply that *Aneinu* is not said in the *Maariv* prayer on a fast day. Indeed, the Gemara in *Shabbos* (24a) indicates that *Aneinu* is recited in all three daily prayers (i.e. it is said in the Maariv prayer even if one has not yet begun to fast [see *Rashi* ad loc.]). See *Rosh* with *Korban Nesanel* §4 as to why the Gemara says *on the morrow.*

However, the Gaonim introduced a custom whereby *Aneinu* is recited by an individual only in the *Minchah* prayer, to preclude any false

כאילו קדוש שרוי בתוך מעיו שנאמר א) בקרבך קדוש ולא אבוא בעיר לא קשיא ° א הא דמצי לצעורי נפשיה הא דלא מצי לצעורי נפשיה ר"ל אמר נקרא חסיד שנאמר ב) גומל נפשו איש (א) (א) חסיד) ועוכר שארו וגו' אמר רב ששת האי בר בי רב דיתיב בתעניתא ליכול כלבא לשירותיה אמר רבי ירמיה בר אבא ב) ב אין תענית צבור בבבל אלא תשעה באב בלבד (ג) אמר) ר' ירמיה בר אבא אמר ריש לקיש ג אין תלמיד חכם רשאי לישב בתענית מפני שממעט במלאכת שמים: אוכלין ושותין משחשיכה כו': אמר רבי זעירא אמר רב הונא ד יחיד שקיבל עליו תענית אפילו אכל ושתה כל הלילה ° למחר הוא מתפלל תפלת תענית ה לן בתעניתו (ג) אינו מתפלל של תענית אמר רב יוסף מאי קסבר רב הונא סבירא ליה אין מתענין לשעות או דלמא מתענין לשעות והמתענה לשעות אינו מתפלל תפלת תענית אמר ליה אביי לעולם קסבר רב הונא מתענין לשעות והמתענה לשעות מתפלל תפלת תענית ושאני הכא דאיכא שעות דליליא דלא קביל עליה מעיקרא ד) מר עוקבא איקלע לגינזק בעו מיניה מתענין לשעות או אין מתענין לשעות לא הוה בידיה קנקנין של נכרים אסורין או מותרין לא הוה בידיה ה) במה שימש משה כל שבעת ימי המלואים לא הוה בידיה אזל ושאיל בי מדרשא אמרו ליה ו הלכתא מתענין לשעות ומתפללין תפלת תענית ז והלכתא קנקנין של נכרים לאחר שנים עשר חדש מותרין במה שימש משה כל ז' ימי המלואים בחלוק לבן רב כהנא מתני בחלוק לבן שאין לו אימרא אמר רב חסדא
הא

רש"י

כאילו קדוש שרוי בתוך מעיו. כאילו כל מעיו קדוש ואסור להכחישן דהכי משמע בקרבך קדוש כלומר דאסור להתענות. (ג) בקרבך קדוש רישיה דקרא קדריש בשביל שקדוש שרוי בלער לא אבוא בעיר של מעלה עד שאבנה ירושלים של מטה ורמיזא בעלמא הוא: הא דמצי מצער נפשיה. שיכול לסבול התענית משבחו הקב"ה אבל מי שאינו יכול להתענות נקרא חוטא: נקרא חסיד. המתענה דכתיב גומל נפשו איש חסד מפריש עצמו ממאכל ומשתה כמו ביום הגמל את יצחק (בראשית כא) שברי"ר בלע"ז מפי מורי אי נמי גומל לשון תגמול שמשלים נפשו לקונו (ד): ועוכר שארו. המתענה ומכחיש בשרו נקרא אכזר: שממעט במלאכת שמים. חלש הוא ואינו יכול ללמוד: שירותיה. סעודתו כלבא ליכול סעודתו ולכך המתענה אינו מועיל לו אלא כמי שמתענה מפני שאין לו מה יאכל: אין תענית צבור בבבל. לענין איסורי חומרי תענית אמר ר' ירמיה למילתיה שהיו נוהגין בו כעין אבילות שהיו אוכלין מבעוד יום ואסורין בנעילת הסנדל אלא תשעה באב בלבד: יחיד שקיבל עליו תענית. מאתמול (ה) הרי אני יושב בתענית למחר אפילו אכל ושתה כל הלילה עד עמוד השחר למחר מתפלל תפלת תענית עננו: לן בתעניתו. באותו תענית שקיבל עליו שלא אכל במוצאי תעניתו ולן כל אותו הלילה לשם תענית עד הבקר: למחר אין מתפלל תפלת תענית. אינו יכול להתפלל (ו) עננו קודם שיאכל כדי לצאת ידי חובת תענית של לילה אע"פ שהוא יום אחד כדכתיב (בראשית א) ויהי ערב ויהי בקר יום אחד ולקמן מפרש ואזיל מאי קסבר רב הונא מאי טעמא אין מתפלל למחר עננו: והכי גרסינן מאי קסבר רב הונא מיסבר קסבר אין מתענין לשעות או דלמא קסבר מתענין לשעות והמתענה לשעות אינו מתפלל תפלת תענית אמר אביי לעולם קסבר מתענין לשעות (י) ומתפלל) תפלת תענית כו'. פירוש מאי קסבר רב הונא אין מתענין לשעות כלומר האי דקאמר למחר אין מתפלל תפלת תענית לכך אינו מתפלל דקבלת תענית זה אינו קבלה ואינו תענית כלל ואם רוצה לאכול ולסעוד בתוך התענית הרשות בידו דאין מקבלין תענית לשעות כגון זה שלא קיבל תענית של לילה זה מאתמול (ז) כדקתני לן בתעניתו דמשמע מאליו כשהחשיך ובא לסעוד עמד ולא אכל כלומר שהיה בדעתו לאכול עד שעבר מקצת הלילה שעה אחת או שתי שעות ואחר כך נמלך ולן בתעניתו או דלמא האי דקאמר רב הונא למחר אין מתפלל תפלת תענית לאו משום דאין מתענין לשעות דשם תענית עליו ואם רוצה לחזור בו ולטעום אחר שהתחיל בתענית אינו יכול אלא להכי אינו מתפלל תפלת תענית דסבר אין תענית של שעות חשוב וחמור כל כך שיהא צריך להתפלל עליו עננו: לעולם קסבר. בעלמא דמתענין לשעות והמתענה לשעות מתפלל תפלת תענית והכא מאי טעמא אין מתפלל תפלת תענית דשאני הכא היכא דהתענה אתמול ובלילה לן בתעניתו דלא קיבלה עילויה (ח) שלא קיבל עליו תענית זה בפני עצמו מאתמול כדרך שאר מתענין לשעות ואינו חשוב להתפלל עליו עננו: מר עוקבא איקלע לגינזק. גרסינן דאילו ר' עקיבא לא היה מסתפק לו הנך בעיי ועוד דבלשון ברייתא הוה משתעי ביה מעשה ברבי עקיבא כו' ולא בגמרא י): קנקנים של חרס. שמכניסין בהן יין לקיום אסור להשתמש בהן: במה שימש משה. דאילו באהרן כתיב בגדי כהונה דכתיב (שמות כט) והלבשתם שבשעה שהיה משה עובד אהרן היה לבוש בגדי כהונה ועבודה דמשה גזירת הכתוב הוא ובגדי כהונה לא מלינו בו ומסתמא אין הדבר כשר שהיה עובד בבגדיו של חול שיוצא בהן לשוק: לאחר שנים עשר חדש. הולך טעם יין נסך ומותרים בלא עירוי מים אבל תוך י"ב חדש צריך עירוי שלשה ימים מעת לעת: בחלוק לבן. של פשתן עשוי לשם כך: רב כהנא מתני. כי האי לישנא: בחלוק לבן שאין בו אימרא. שפה מתרגמינן אימרא (שם כח) (ט) כלומר ט) תחוב היה מחוט אחד כל החלוק ולא כבגדים שלנו שבתי הידים מדובקין בבגד הגוף בתפירה כדי שלא יחשדוהו שמא באותה שפה הוליא מעות הקודש משום שנאמר (במדבר לב) והייתם נקיים מה' ומישראל:
הא

תוספות

כאילו קדוש. הקב"ה (י) פירוש והא אמר לעיל שנקרא קדוש כלומר שהיושב בתענית נקרא קדוש ומשני לא קשיא: גומל נפשו. פירוש שגומל חסד לנפשו שאינו מתענה נקרא חסיד: אין תענית צבור בבבל אלא תשעה באב בלבד. פירוש שהיה להם הרבה גשמים: יחיד שקיבל עליו תענית אע"פ שאכל ושתה כל הלילה מתפלל תפלת תענית. תימה אמאי נקט יחיד דלצבור נמי דאמרינן במתני' (לעיל דף י.) דעושין שלשה תעניות ואוכלים משחשיכה וי"ל: לן בתעניתו. פירוש שהתענה היום ובלילה לא אכל ולן בתענית אע"ג שהלינה היה מכח תענית שקיבל עליו אינו מתפלל תפלת תענית ובה"ג יש אוכל ומתפלל תפלת תענית ומפרש כמו הכא דבשחרית אומר תפלת תענית אע"פ שאכל כל הלילה ויש מתענה שאינו מתפלל כמו בערבית אע"פ שלא אכל ומפרש בהלכות גדולות דאין אומרין עננו בתפלת שחרית שמא נמלא שקרן בתפלתו דשמא לא יסיים התענית ולי נראה דלא נקרא שקרן כיון שהיה בדעתו להתענות אפילו אקרי אונס אחר כך ולא מלי לצער נפשיה לא גרע ממתענין לשעות וכן משמע מהא דתנן (לקמן דף יט.) ירדו להם גשמים קודם חלות אין משלימין ומסתמא משמע שאמרו תפלת תענית מכל מקום אין זה ראיה גמורה דשמא לא אמרוה ומהא דלקמן (דף יב:) גבי רב הונא בריה דרב יהושע בריה דרב אידי ט) דיתיב בתעניתא מדאמרו ליה ליזוף מר וליפרע ואמר להו תענית חלום הוא אמאי לא אמר מפני שאמר תפלת תענית אין זה ראיה (כ) לדברי ה"ג דלא היה דעתו להתענות מבעוד יום ולא קבל עליו וכתב הר"מ מי שלא קבל עליו מבעוד יום דאין אומר עננו אי לאו דתענית חלום הוא ונוהגים שליח צבור אומרו בשחרית כדי להודיע לעולם ולהזכיר התענית אבל יחיד אינו אומר עד המנחה [ובטור אורח חיים (סי' תקסה) אומר שליח צבור אומר בכל פעם שאי אפשר שלא יתענו קצת מקהל עכ"ל]:
כל

עין משפט נר מצוה

לז א טוש"ע א"ח סי' תקעא סעיף א:
לח ב מיי' פ"ג מהלכות תענית הלכה יא טוש"ע א"ח סי' תקסח סעיף ו:
לט ג טוש"ע א"ח סי' תקעא סעיף ב:
מ ד מיי' פ"א מהלכות תענית הלכה י סמג עשין יג טוש"ע א"ח סי' תקסב סעיף ז:
מא ה מיי' שם הלכה יא סמג שם טור ש"ע א"ח שם סעיף ט:
מב ו מיי' שם הלכה יג טוש"ע שם סעיף י:
מג ז מיי' פי"א מהלכו' מאכלות אסורות הלכה טו סמג לאוין קמח טוש"ע י"ד סי' קלה סעיף טז:

תורה אור השלם

א) לֹא אֶעֱשֶׂה חֲרוֹן אַפִּי לֹא אָשׁוּב לְשַׁחֵת אֶפְרָיִם כִּי אֵל אָנֹכִי וְלֹא אִישׁ בְּקִרְבְּךָ קָדוֹשׁ וְלֹא אָבוֹא בְּעִיר: [הושע יא, ט]
ב) גֹּמֵל נַפְשׁוֹ אִישׁ חָסֶד וְעֹכֵר שְׁאֵרוֹ אַכְזָרִי: [משלי יא, יז]

רבינו חננאל

וכיוצא בו [נקרא] קדוש כדכתי' קדוש יהיה. א"כ מה ת"ל מאשר חטא על הנפש בנזיר שנטמא הכתוב מדבר ומפני שנטמא נקרא חוטא. ור"ל אמר המונע עצמו מן התענית הוא חסיד שנאמר גומל נפשו איש חסד. הגומל טוב לנפשו איש חסד: א"ר ירמיה אין ת"ח רשאי לסגף עצמו בתענית מפני שממעט (עצמו) במלאכת שמים. אמר רב הונא יחיד שקבל עליו תענית ב' ימים זה אחר זה אפילו אוכל ושותה כל הלילה כו'. הדין במי שקבל עליו יום אחד או ב' ימים תענית דינם אחד מיהו נוח להתלמד להבין פירושו בשני ימים מיום אחד. וכן פירושו. אדם שקבל עליו להתענות שני ושלישי והתענה יום ב' ובערב אכל ושתה למחר א) עוד ביום ג' מתענה ומתפלל תפלת תענית ב) אע"פ שמתענה רוב יום ג' מפני שלא קבל עליו מיום ב' להתענות יום ג' ונמצא תעניתו ביום ג' תענית שעות דהא לא קיבל תענית מאתמול. ועל זה מדקדק רב יוסף מ"ט דרב הונא. מי אמרינן קסבר רב הונא מתענה לשעות. והמתענה לשעות אינו מתפלל תפלת תענית. לפיכך אמר למחר אינו מתפלל תפלת תענית. או דלמא קסבר רב הונא אין מתענין לשעות ואינם תענית כלל. לפיכך אינו מתפלל תפלת תענית. ואמר אביי לעולם קסבר רב הונא מתענין לשעות והמתענה לשעות מתפלל תפלת תענית. ושאני הכא דלא קביל עליה מעיקרא. ועוד לא היה בדעתו להשלים תעניתו עד הערב. וקיי"ל כל תענית שלא שקעה עליו חמה לאו שמיה תענית לפיכך ג) תמצא תענית שעות. ומסתברא דמי שנזדמן לו ולא אכל עד שעבר רוב היום וכיון שראה כך הסכים לצום ולהשלימו אותו יום בתענית זהו תענית שעות ומתפלל באותה שעה שהסכים להשלימו תענית שעות תפלת תענית עננו בשומע תפלה. ודווקא אחר שקבל עליו לעצמו ד) שמתפלל תפלת תענית אבל מקודם לא: ר"ע אקלע לגינזק בעו מיניה מתענין לשעות כו' ואסיקנא הלכתא המתענה לשעות מתפלל תפלת תענית וקנקנים (שלמים) [ישנים] ששימשו בהן עובדי כוכבים ביין שלהן לאחר שישפכו היין מהן אם ישארו ריקים י"ב חודש מותר לישראל להטיל בהן יין להשתמש בהן.

מסורת הש"ס

א) [נ"ל חסד], ב) [לקמן יב: יעו"ש] פסחים נד: ע"ש, ג) [נ"ל ואמר], ד) ע"ז לד. [ע"ש בתוס' ד"ה ר' עקיבא], ה) [עי' תוס' חגיגה ו: ד"ה מאי כ"מ ותוס' סנהדרין טו: ד"ה שור סיני], ו) [נ"ל מתענין לשעות והמתענה לשעות מתפלל], ז) [ועמ"ש תוס' בע"ז לד. ד"ה ר"ע וכו' על דברי רש"י דהכא], ח) [נ"ל ארוג. יעב"ץ], ט) [לפנינו איתא שזה היה רב יהושע ברי' דרב אידי].

גליון הש"ס

גמ' הא דמצי לצעורי. עי' לקמן דף כב ע"ב תוד"ה ר' יוסי: שם למחר הוא מתפלל תפלת תענית. מדברי רש"י שבת כד ע"א ד"ה ערבית נראה שלא היה לרש"י שם הגי' כאן תיבת למחר:

רבינו גרשום

ר"ל אמר יושב בתענית נקרא חסיד שנא' גומל נפשו איש חסד שפירש עצמו מליכל כמו ויגמל: ממעט במלאכת שמים. שאינו יכול לעסוק בתורה: יחיד שקיבל עליו תענית. כראוי מבעוד יום. לן בתענית. ה"ק אם לא קבל מבעוד יום אלא בצפרא קבל עליה להתענות חצי היום ובחצי היום קביל עליה עד לאורתא ולן בלילה בתעניתו ולא קבל עליה כלום והתענה אף למחר אין מתפלל תפלת תענית שכבר יצא בתפלת תענית דאתמול. ושאני הכא דלא קביל עליה מאורתא כלומר באותו יום שמתענה לשעות מתפלל תפלת תענית אבל הכא דלן בתעניתו עבדיה להאי תענית שני כתענית אריכא שהוא מאתמול שעדיין לא אכל וכיון שהתפלל אתמול תפלת תענית אין צריך להתפלל היום: מתענין לשעות שמקבלין תענית ביום אע"ג דלא קביל עליה מאורתא: קנקנים של עובדי כוכבים שנשתמש בהן יין. לאחר שנים עשר חודש. לאחר שנשתמשו בו עובדי כוכבים: חלוק לבן שאין לו אימרא. שאין לו שפה כדי שלא יחשדוהו שמא באותה שפה הכניס מעות הקדש שגנב משום שנאמר והייתם נקיים

הגהות הב"ח

(א) גמ' שנאמר גומל נפשו איש חסד אמר ר' ירמיה בר אבא אמר ריש לקיש אין ת"ח וכו' שממעט במלאכת שמים הא

חשק שלמה על רבינו חננאל א) דברי רבינו כמו שהם לפנינו אין לו שום ביאור כלל ועי' ברא"ש כאן ותמצא גי' רבינו ז"ל ופירושו באר היטב. ב) חסר כאן ואולי כצ"ל לן בתעניתו כלו' אם לא קבל עליו תענית אלא יום ב' בלבד והתענה אותו היום ובלילה נמלך ולן בתעניתו למחר אין מתפלל תפלת תענית אע"פ שמתענה יום ב' ויום ג' כו' ועי' ברי"ף ובמלחמות בשם רבינו. ג) אולי צ"ל לא נקרא תענית שעות. ד) אולי צ"ל לעצמו להשלים התענית מתפלל תפלת תענית.

אמר רב ששת האי בר בי רב וכו' אלא תשעה באב בלבד אוכלין כו': (ג) שם לן בתעניתו למחר אינו מתפלל. (ג) רש"י ד"ה כאילו כו' דאסור להתענות הס"ד ומה"ד בקרבך קדוש כו': (ד) ד"ה נקרא כו' שמשלים נפשו לקונו הס"ד ואח"כ מה"ד ועוכר שארו כו' כצ"ל והד"א: (ה) ד"ה יחיד כו' מאתמול שאמר הרי אני יושב: (ו) ד"ה למחר כו' אינו יכול כו' אינו יכול אע"פ שרוצה להתפלל בלא חיוב ונראה דלא פירש כן אלא למאי דקס"ד דאין מתענין לשעות דלאו תענית הוא אבל למסקנא דמתענין לשעות שם תענית עליו אפי' לן בתעניתו דאינו חשוב בתורת חיוב מ"מ הרשות בידו להתפלל עננו שהרי שם תענית עליו שאסור לו לאכול: (ז) ד"ה והכי גרסינן כו' שלא קיבל תענית של לילה זה מאתמול. נ"ב פירוש מאתמול מזמן המנחה: (ח) ד"ה לעולם כו' דלא קיבלה עילויה. נ"ב מאתמול דאף בלילה לא קיבלו: (ט) ד"ה רב כהנא כו' (כלומר תחוב) תא"מ ונ"ב ס"א כלי חשוב: (י) תוס' ד"ה כאילו קדוש הקב"ה שרוי בתוך מעיו ואסור להכחישן פי' והא אמרינן לעיל: (כ) ד"ה לן כו' אין זה ראיה למימר דלא היה דעתו:

ליקוטי רש"י בקרבך קדוש ולא אבוא בעיר. אחרת כבר הבטחתי להשרות שכינתי בקרבך בירושלים ולא אשרה אותה עוד על עיר אחרת ויש מפרש בעיר לשון שנאה כמו (שמואל א כח) ויהי ערך [הושע יא, ט]. ליכול כלבא לשירותיה. בכהריס. זה מתורגם בשירותא הוא לשון סעודה ראשונה בלשון ארמית ובלע"ז דישני"ר ויש הרבה בתלמוד (תענית דף יא:) שלא לכלבא שירותיה (ברכות דף לט:) בלע אכולא שירותא [בראשית מג, טז]. אין תענית ציבור בבבל. הואיל ואין צריכין לגשמים אם גוזרין על דבר אחר אין חומר תענית ציבור נוהג בו לאכול מבעוד יום וליאסר במלאכה ושאר חומרי האמורים שם [פסחים נד:]. יחיד שקיבל עליו תענית וכו' עי' רש"י שבת כד. ד"ה ערבית ובגליון הש"ס כאן. מתענין לשעות. כגון שקיבל עליו תענית משש לא טעם כלום מתחלה כל היום אבל לא לשם תענית נתכוון בראשונה. משה. לא נשתמש בבגדי כהונה קדש לאהרן אחיך והוא היה זר אצלן ועל פי הדבור שימש ולא הוזכרו בגדים. לאחר שנים עשר בלי תיקון ואם רצה להשתמש קודם לכן ממלאן במים כדאמרן. אימרא. שפה יש אומר שלא יחשדוהו המשכן ולאו מילתא שהרי כבר נגמרה המלאכה ובשעת עבודה מהיכן שקיל [ע"ז לד.]. שאין לו [שבת קה.].

he prays the *Aneinu* **prayer of a fast.**[14] Eating and drinking at night will not abrogate the next day's fast. **לָן בְּתַעֲנִיתוֹ – If he retired in his fast,**[15] **אֵינוֹ מִתְפַּלֵּל שֶׁל תַּעֲנִית – he does not pray** the prayer **of a fast** the following day before he eats.[16]

The Gemara analyzes Rav Huna's last ruling:

אָמַר רַב יוֹסֵף – Rav Yosef said: מַאי קָסָבַר רַב הוּנָא – What does Rav Huna hold; i.e. why is *Aneinu* not recited in the morning? **סְבִירָא לֵיהּ אֵין מִתְעַנִּין לְשָׁעוֹת – Does he maintain** that **we do not fast for hours,**[17] and therefore *Aneinu* is not recited because the vow to fast is not binding? **אוֹ דִּלְמָא – Or, perhaps,** he holds that **מִתְעַנִּין לְשָׁעוֹת – we do fast for hours; וְהַמִּתְעַנֶּה לְשָׁעוֹת אֵינוֹ מִתְפַּלֵּל תְּפִלַּת תַּעֲנִית** – nevertheless, **one who fasts for hours does not pray the prayer of a fast,** because a partial fast is not as significant as a regular fast.[18]

Abaye proposes a third explanation of Rav Huna's ruling:

אָמַר לֵיהּ אַבַּיֵי – Abaye said to [Rav Yosef]: לְעוֹלָם קָסָבַר רַב הוּנָא מִתְעַנִּין לְשָׁעוֹת – In truth, Rav Huna holds that **we do fast for hours, וְהַמִּתְעַנֶּה לְשָׁעוֹת מִתְפַּלֵּל תְּפִלַּת תַּעֲנִית – and** that **one who fasts for hours prays the prayer of a fast.**[19] **וְשָׁאנֵי הָכָא** – Nevertheless, **here,** in Rav Huna's case of the belatedly extended fast, the situation **is different,** and so *Aneinu* is not recited, **דְּאִיכָּא שָׁעוֹת דְּלֵילְיָא דְּלֹא קַבֵּיל עֲלֵיהּ מֵעִיקָּרָא – because there are the hours of the night which he did not initially accept upon himself** as a fast. Since he did not accept them as a new fast on the preceding day,[20] the fast is not of sufficient significance to require the recital of *Aneinu*, even though the fast is binding.[21]

The Gemara relates an incident that provides support for Abaye's conclusion:

מַר עוּקְבָא אִיקְלַע לְגִינְזַק – Mar Ukva[22] **came to Ginzak. בְּעוֹ מִינֵּיהּ – They inquired of him: מִתְעַנִּין לְשָׁעוֹת אוֹ אֵין מִתְעַנִּין לְשָׁעוֹת – Do we fast for hours or do we not fast for hours? לֹא הֲוָה בְּיָדֵיהּ – He did not have** an answer **at hand.** They also asked him: **קַנְקַנִּין שֶׁל נָכְרִים** – Regarding earthen **jugs of gentiles** that are used for storing wine, **אֲסוּרִין אוֹ מוּתָּרִין – are they prohibited or permitted** for use by Jews?[23] **לֹא הֲוָה בְּיָדֵיהּ – He did not have** an answer **at hand.** They also asked him: **בַּמֶּה שִׁימֵּשׁ מֹשֶׁה – In what** garment **did Moses serve** [i.e. what did he wear during the sacrificial service] **כָּל שִׁבְעַת יְמֵי הַמִּלּוּאִים** – for **the entire seven days of** the Tabernacle's **consecration?**[24] **לֹא הֲוָה בְּיָדֵיהּ – He did not have** an answer **at hand. אֲזַל וְשָׁאֵיל בֵּי מִדְרְשָׁא – [Mar Ukva]** then **went and asked** these questions **in the house of study. אָמְרוּ לֵיהּ – They told him: הִלְכְתָא – The halachah is** that **מִתְעַנִּין לְשָׁעוֹת – we fast for hours, וּמִתְפַּלְּלִין תְּפִלַּת תַּעֲנִית – and we pray** on a partial fast **the prayer of a fast; וְהִלְכְתָא – and the halachah is** that **קַנְקַנִּין שֶׁל נָכְרִים – the jugs of Gentiles לְאַחַר שְׁנֵים עָשָׂר חֹדֶשׁ מוּתָּרִין – are permitted after twelve months.**[25] **בַּמֶּה**

NOTES

declaration of fasting by one who afterward prematurely ends his fast. Nevertheless, the prayer leader recites *Aneinu* even in the Shacharis prayer, because certainly some members of the congregation will complete their fasts. Since the prayer leader does not repeat Shemoneh Esrei during the Maariv service, *Aneinu* is never recited at that time (see *Tosafos* ד״ה לן; *Rashi* to *Shabbos* (24a); *Orach Chaim* 565:3).

The Gemara below (13b) discusses the rules for reciting *Aneinu* during a private fast.

14. On fast days a special prayer beginning with the word עֲנֵנוּ, *Answer us,* is interpolated into the Shemoneh Esrei. An individual inserts this prayer into the blessing of *Who hears prayer.* For the public repetition of Shemoneh Esrei, *Aneinu* becomes a separate blessing, recited after the blessing of *Redeemer.*

15. I.e. if after nightfall, after completing a fast that he had expressly accepted upon himself the previous day, he decided to continue fasting until the next morning (*Rashi*).

16. Even though the morrow is a continuation of the calendar day which began the previous night, he may not recite *Aneinu* in the morning before he breaks his nocturnal fast. The Gemara below will explain Rav Huna's reasoning (*Rashi*).

17. In Rav Huna's case, this person originally planned to eat after his previous day's fast, so that his original acceptance of the fast did not include the night following the fast. When he changed his mind later that night and decided to extend his fast, he embarked on a new, separate fast, one which was accepted only for *hours,* i.e. for only part of the evening. [*Rashi* seems to indicate that a fast undertaken for the entire evening would be valid, even though the daytime hours will not be observed as a fast (see *Keren Orah*).] Rav Yosef ponders why Rav Huna ruled that *Aneinu* is not recited. One possibility is because the acceptance is not binding, since it did not stipulate a full day (or evening) of fasting. Hence, he may eat at any time, and certainly does not say *Aneinu* on the morrow (*Rashi*).

Ritva (citing *Ramban*) explains that although usually any restrictive vow (*neder*) is valid and thus binding, nevertheless, a vow is valid only if it restricts an object (איסור חֶפְצָא). Thus, a "vow" to perform or abstain from a particular activity does not qualify as a *neder.* However, a vow to perform a mitzvah action (such as fasting) is valid, since it qualifies under the special category of נִדְרֵי מִצְוָה, *mitzvah vows.* Therefore, a vow to fast is binding only if his abstinence qualifies as a fast. Accordingly, if he accepts only a partial fast (i.e. for the remainder of the day), which according to the principle asserted here by the Gemara is not a valid fast, the vow does not take effect.

18. Rav Yosef now suggests an alternative explanation of Rav Huna's ruling: Although a partial fast is considered a perfectly valid fast, and so one who undertakes to fast for hours may not change his mind and eat before the expiration of the fast, nevertheless, such a fast is not as significant and stringent as a regular, full-day fast. Hence, it does not warrant the recital of the *Aneinu* prayer (*Rashi*).

19. That is, in general a partial fast is deemed sufficiently significant so as to require the recital of *Aneinu.*

20. I.e. he never made a formal acceptance of the nocturnal fast, so that it does not qualify even as a "fast for hours" (*Rashi,* and see *Bach* §8).

21. *Rashi. Rosh* (§12) concludes from this Gemara that *Aneinu* is recited for a partial fast only when the fast was accepted from Minchah on the previous day. However, *Ramban* (cited by *Rosh*) concludes that an acceptance need not occur on the previous day. Rather, an acceptance on the day of a partial fast is binding so long as it precedes the hours he intends to fast. This conclusion is echoed by *Rambam (Hilchos Taaniyos* 1:13). See *Lechem Mishneh* (ibid. 1:11), who explains that their position derives from a different understanding of the extent of the acceptance in Rav Huna's case.

The opinions of both *Ramban* and *Rosh* are cited in *Orach Chaim* 562:10. (See *Be'er Hagolah* §90, who indicates that *Rashi* concurs with *Ramban*.)

22. Another version of this Gemara substitutes R' Akiva for Mar Ukva. *Rashi* maintains that our version is correct, because R' Akiva would not have been undecided in these matters. In addition, *Rashi* notes that an incident involving R' Akiva would have been reported as a Baraisa. *Tosafos* in *Avodah Zarah* (34a, ד״ה ר״ע) reject *Rashi's* second argument.

23. I.e. is it necessary to purge the jugs of the taste of the unkosher wine?

24. Even though Moses performed the service of the Tabernacle during those seven days (see *Exodus* ch. 29), Scripture indicates that only Aaron and his sons wore the priestly vestments at that time (see ibid. v. 5-9). Although God decreed that Moses perform the service without them, nevertheless, it stands to reason that Moses would not serve in his ordinary weekday clothing, such as those he wore when appearing in public (*Rashi*).

25. After twelve months the taste of the forbidden wine disappears. However, if one wants to use the jugs within twelve months of their last use, three twenty-four-hour soakings are required to remove any residual taste (*Rashi*).

כאילו קדוש שרוי בתוך מעיו שנאמר (א) בקרבך קדוש ולא אבוא בעיר לא קשיא הא דמצי לצעורי נפשיה הא דלא מצי לצעורי נפשיה ר"ל אמר נקרא חסיד שנאמר (ב) גומל נפשו איש (א) (חסיד) ועוכר שארו וגו' אמר רב ששת האי בר בי רב דיתיב בתעניתא ליכול כלבא לשירותיה אמר רבי ירמיה בר אבא (ג) אין תענית צבור בבבל אלא תשעה באב בלבד (אמר) ר' ירמיה בר אבא אמר ריש לקיש אין תלמיד חכם רשאי לישב בתענית מפני שממעט במלאכת שמים: אוכלין ושותין משחשיכה כו': אמר רבי זעירא אמר רב הונא יחיד שקיבל עליו תענית אפילו אכל ושתה כל הלילה למחר הוא מתפלל תפלת תענית לן בתעניתו (ב) אינו מתפלל של תענית אמר רב יוסף מאי קסבר רב הונא סבירא ליה אין מתענין לשעות או דלמא מתענין לשעות והמתענה לשעות אינו מתפלל תפלת תענית אמר ליה אביי לעולם קסבר רב הונא מתענין לשעות והמתענה לשעות מתפלל תפלת תענית ושאני הכא דאיכא שעות דליליא דלא קביל עליה מעיקרא מר עוקבא איקלע לגינזק בעו מיניה מתענין לשעות או אין מתענין לשעות לא הוה בידיה קנקנין של נכרים אסורין או מותרין לא הוה בידיה במה שימש משה כל שבעת ימי המלואים לא הוה בידיה אזל ושאיל בי מדרשא אמרו ליה הלכתא מתענין לשעות ומתפללין תפלת תענית והלכתא קנקנין של נכרים לאחר שנים עשר חדש מותרין במה שימש משה כל ז' ימי המלואים בחלוק לבן רב כהנא מתני בחלוק לבן שאין לו אימרא אמר רב חסדא

הא

כאילו קדוש. הקב"ה (י) פירוש והא אמר לעיל שנקרא קדוש כלומר שהיושב בתענית נקרא קדוש ומשני לא קשיא:
גומל נפשו. פירוש שגומל חסד לנפשו שאינו מתענה נקרא חסיד:
אין תענית צבור בבבל אלא תשעה באב בלבד. פירוש שהיה להם הרבה גשמים:
יחיד שקיבל עליו תענית אע"פ שאכל ושתה כל הלילה מתפלל תפלת תענית. תימה אמאי נקט יחיד דלצבור נמי דאמרינן במתני' (לעיל דף י.) דעושין שלשה תעניות ואוכלים משחשיכה וצ"ע:
לן בתעניתו. פירוש שהתענה היום ובלילה לא אכל ולן בתענית אע"ג שהלינה היא מכח תענית שקיבל עליו אינו מתפלל תפלת תענית ובה"ג יש אוכל ומתפלל תפלת תענית ומפרש כמו הכא דבשחרית אומר תפלת תענית אע"פ שאכל כל הלילה ויש מתענה שאינו מתפלל כמו בערבית אע"פ שלא אכל ומפרש בהלכות גדולות דאין אומרין עננו בתפלת שחרית שמא נמצא שקרן בתפלתו דשמא לא יקיים התענית ולי נראה דלא נקרא שקרן כיון שהיה בדעתו להתענות אפילו אקרי אונס אחר כך ולא מצי לצער נפשיה לא גרע ממתענין לשעות וכן משמע מהא דתנן (לקמן דף יט.) ירדו להם גשמים קודם חצות אינן משלימין ומסתמא משמע שאמרו תפלת תענית מכל מקום אין זה ראיה גמורה דשמא לא אמרוה ומהא דלקמן (דף יב:) גבי רב הונא בריה דרב יהושע בריה דרב אידי (ט) דיתיב בתעניתא מדאמרו ליה ליזוף מר וליפרע ואמר להו תענית חלום הוא אמאי לא אמר מפני שאמר תפלת תענית אין זה ראיה (כ) לדברי ה"ג דלא היה דעתו להתענות מבעוד יום ולא קבל עליו וכתב הר"מ מי שלא קבל עליו מבעוד יום דאין אומר עננו אי לאו דתענית חלום הוא ונוהגים ששליח צבור אומרו בשחרית כדי להודיע לעולם ולהזכיר התענית אבל יחיד אינו אומר עד המנחה [ובטור אורח חיים (סי' תקסה) אומר שליח צבור אומר בכל פעם שאי אפשר שלא יתענו קצת מקהל עכ"ל]:

כל

כאילו קדוש שרוי בתוך מעיו. כאילו כל מעיו קדוש ואסור להכחישן דהכי משמע בקרבך קדוש כלומר דאסור להתענות. (ג) בקרבך קדוש רישיה דקרא קדרים בשביל שקדוש שרוי בלער לא אבוא בעיר של מעלה עד שאבנה ירושלים של מטה ורמיזא בעלמא הוא: הא דמצי מצער נפשיה. שיכול לסבול התענית משבחו הקב"ה אבל מי שאינו יכול להתענות נקרא חוטא: נקרא חסיד. המתענה דכתיב גומל נפשו איש חסד מפריש עלמו ממאכל ומשתה כמו ביום הגמל את יצחק (בראשית כא) שברי"ר בלע"ז מפי מורי אי נמי גומל לשון תגמול שמשלים נפשו לקונו (ד): ועוכר שארו. המתענה ומכחיש בשרו נקרא אכזר: שממעט במלאכת שמים. חלש הוא ואינו יכול ללמוד: שירותיה. סעודתו כלבא ליכול סעודתו ולכך המתענה אינו מועיל לו אלא כמי שמתענה מפני שאין לו מה יאכל: אין תענית צבור בבבל. לענין איסורי חומרי תענית אמר ר' ירמיה למילתיה שהיו נוהגין בו כעין אבילות שהיו אוכלין מבעוד יום ואסורין בנעילת הסנדל אלא תשעה באב בלבד: יחיד שקיבל עליו תענית. מאתמול (ה) הרי אני יושב בתענית למחר אפילו אכל ושתה כל הלילה עד עמוד השחר למחר מתפלל תפלת תענית עננו: לן בתעניתו. באותו תענית שקיבל עליו שלא אכל במוצאי תעניתו ולן כל אותו הלילה לשם תענית עד הבקר: למחר אין מתפלל תפלת תענית. אינו יכול להתפלל (ו) עננו קודם שיאכל כדי לצאת ידי חובת תענית של לילה אע"פ שהוא יום אחד כדכתיב (בראשית א) ויהי ערב ויהי בקר יום אחד ולקמן מפרש ואזיל מאי קסבר רב הונא מאי טעמא אין מתפלל למחר עננו: והכי גרסינן מאי קסבר רב הונא מיסבר קסבר אין מתענין לשעות או דלמא קסבר מתענין לשעות והמתענה לשעות אינו מתפלל תפלת תענית אמר אביי לעולם קסבר מתענין לשעות (י) (ומתפלל) תפלת תענית כו'. פירוש מאי קסבר רב הונא אין מתענין לשעות כלומר האי דקאמר למחר אין מתפלל תפלת תענית לכך אינו מתפלל דקבלת תענית זה אינו קבלה ואינו תענית כלל ואם רוצה לאכול ולסעוד בתוך התענית הרשות בידו דאין מקבלין תענית לשעות כגון זה שלא קיבל תענית של לילה זה מאתמול (ז) כדקתני לן בתעניתו דמשמע מאליו כשהחשיך ובא לסעוד עמד ולא אכל כלומר שהיה בדעתו לאכול עד שעבר מקצת הלילה שעה אחת או שתי שעות ואחר כך נמלך ולן בתעניתו או דלמא האי דקאמר רב הונא למחר אין מתפלל תפלת תענית לאו משום דאין מתענין לשעות דאם תענית עליו ואם רוצה לחזור בו ולטעום אחר שהתחיל בתענית אינו יכול אלא להכי אינו מתפלל תפלת תענית דסבר אין תענית של שעות חשוב וחמור כל כך שיהא צריך להתפלל עליו עננו: לעולם קסבר. בעלמא דמתענין לשעות והמתענה לשעות מתפלל תפלת תענית והכא מאי טעמא אין מתפלל תפלת תענית דשאני הכא היכא דהתענה אתמול ובלילה לן בתעניתו דלא קיבלה עילויה (ח) שלא קיבל עליו תענית זה בפני עצמו מאתמול כדרך שאר מתענין לשעות ואינו חשוב להתפלל עליו עננו: מר עוקבא איקלע לגינזק. גרסינן דאילו ר' עקיבא לא היה מסתפק לו הנך בעיי ועוד דבלשון ברייתא הוה משתעי ביה מעשה ברבי עקיבא כו' ולא בגמרא (י): קנקנים של חרס. שמכניסין בהן יין לקיום אסור להשתמש בהן: במה שימש משה. דאילו באהרן כתיב בגדי כהונה דכתיב (שמות כט) והלבשתם שבשעה שהיה משה עובד אהרן היה לבוש בגדי כהונה ועבודה דמשה גזירת הכתוב הוא ובגדי כהונה לא מלינו בו ומסתמא אין הדבר כשר שהיה עובד בבגדיו של חול שיוצא בהן לשוק: לאחר שנים עשר חדש. הולך טעם יין נסך ומותרים בלא עירוי מים אבל תוך י"ב חדש צריך עירוי שלשה ימים מעת לעת: בחלוק לבן. של פשתן עשוי לשם כך: רב כהנא מתני. כי האי לישנא: בחלוק לבן שאין בו אימרא. שפה מתרגמינן אימרא (שם כח) (ט) כלומר (ח) תחוב היה מחוט אחד כל החלוק ולא כבגדים שלנו שבתי הידים מדובקין בבגד הגוף בתפירה כדי שלא יחשדוהו שמא באותה שפה הוציא מעות הקודש משום שנאמר (במדבר לב) והייתם נקיים מה' ומישראל:

הא

עין משפט נר מצוה

לז א טוש"ע א"ח סי' תקעא סעיף א:
לח ב מיי' פ"ג מהלכות תענית הלכה יא טוש"ע א"ח סי' תקסח סעיף ו:
לט ג טוש"ע א"ח סי' תקעא סעיף ב:
מ ד מיי' פ"א מהלכות תענית הלכה י סמג עשין יג טוש"ע א"ח סי' תקסב סעיף ז:
מא ה מיי' שם הלכה יא סמג שם טור ש"ע א"ח שם סעיף ט:
מב ו מיי' שם הלכה יג טוש"ע שם סעיף י:
מג ז מיי' פי"א מהלכו' מאכלות אסורות הלכה טו סמג לאוין קמח טוש"ע י"ד סי' קלה סעיף טז:

תורה אור השלם

א) לֹא אֶעֱשֶׂה חֲרוֹן אַפִּי לֹא אָשׁוּב לְשַׁחֵת אֶפְרָיִם כִּי אֵל אָנֹכִי וְלֹא אִישׁ בְּקִרְבְּךָ קָדוֹשׁ וְלֹא אָבוֹא בְּעִיר: [הושע יא, ט]
ב) גֹּמֵל נַפְשׁוֹ אִישׁ חָסֶד וְעֹכֵר שְׁאֵרוֹ אַכְזָרִי: [משלי יא, יז]

רבינו חננאל

וכיוצא בו [נקרא] קדוש כדכתי' קדוש יהיה. א"כ מה ת"ל מאשר חטא על הנפש בנזיר שנטמא הכתוב מדבר ומפני שנטמא נקרא חוטא. ור"ל אמר המונע עצמו מן התענית הוא חסיד שנאמר גומל נפשו איש חסד. הגומל טוב לנפשו איש חסד: א"ר ירמיה אין ת"ח רשאי לסגף עצמו בתענית מפני שממעט (עצמו) במלאכת שמים. אמר רב הונא יחיד שקבל עליו תענית ב' ימים זה אחר זה אפילו אוכל ושותה כל הלילה כו'. הדין במי שקבל עליו יום אחד או ב' ימים תענית דינם אחד מיהו נוח להתלמד להבין פירושו בשני ימים מיום אחד. וכן פירושו. אדם שקבל עליו להתענות שני ושלישי והתענה יום ב' ובערב אכל ושתה למחר א) עוד ביום ג' מתענה ומתפלל תפלת תענית ב) אע"פ שמתענה רוב יום ג' מפני שלא קבל עליו מיום ב' להתענות יום ג' ונמצא תעניתו ביום ג' תענית שעות דהא לא קיבל תענית מאתמול. ועל זה מדקדק רב יוסף מ"ט דרב הונא. מי אמרינן קסבר רב הונא מתענה לשעות. והמתענה לשעות אינו מתפלל תפלת תענית. לפיכך אמר למחר אינו מתפלל תפלת תענית. או דלמא קסבר רב הונא אין מתענין לשעות ואינם תענית כלל. לפיכך אינו מתפלל תפלת תענית. ואמר אביי לעולם קסבר רב הונא מתענין לשעות והמתענה לשעות מתפלל תפלת תענית. ושאני הכא דלא קביל עליה מעיקרא. ועוד לא היה בדעתו להשלים תעניתו עד הערב. וקיי"ל כל תענית שלא שקעה עליו חמה לאו שמיה תענית לפיכך ג) תמצא תענית שעות. ומסתברא דמי שנזדמן לו ולא אכל עד שעבר רוב היום וכיון שראה כך הסכים לצום ולהשלימו אותו יום בתענית זהו תענית שעות ומתפלל באותה שעה שהסכים להשלימו תענית שעות תפלת תענית עננו בשומע תפלה. ודווקא אחר שקבל עליו לעצמו ד) שמתפלל תפלת תענית אבל מקודם לא: ר"ע אקלע לגינזק בעו מיניה מתענין לשעות כו' ואסיקנא הלכתא המתענה לשעות מתפלל תפלת תענית וקנקנים (שלמים) [ישנים] ששימשו בהן עובדי כוכבים ביין שלהן לאחר שישפכו היין מהן אם ישארו ריקים י"ב חודש מותר לישראל להטיל בהן יין להשתמש בהן.

חשק שלמה על רבינו חננאל א) דברי רבינו כמו שהם לפנינו אין לו שום ביאור כלל ועי' ברא"ש כאן ותמצא גי' רבינו ז"ל ופירושו באר היטב. ב) חסר כאן ואולי כצ"ל לן בתעניתו כלו' אם לא קבל עליו תענית אלא יום ב' בלבד והתענה אותו היום ובלילה נמלך ולן בתעניתו למחר אין מתפלל תפלת תענית אע"פ שמתענה יום ב' ויום ג' כו' ועי' ברי"ף ובמלחמות בשם רבינו. ג) אולי צ"ל לא נקרא תענית שעות. ד) אולי צ"ל לעצמו להשלים התענית מתפלל תפלת תענית.

מסורת הש"ס

א) [צ"ל חסד], ב) [לקמן יב: יעו"ש] פסחים נד: ע"ש, ג) [צ"ל ואמר], ד) ע"ז לד. [ע"ש בתוס' ד"ה ר' עקיבא], ה) [עי' תוס' חגיגה ו: ד"ה מאי נ"מ ותוס' סנהדרין טו: ד"ה שור סיני], ו) [צ"ל מתענין לשעות והמתענה לשעות מתפלל], ז) [ועמ"ש תוס' בע"ז לד. ד"ה ר"ע וכו' על דברי רש"י דהכא], ח) [צ"ל ארוג. יעב"ץ], ט) [לפנינו איתא שזה היה רב יהושע בריה דרב אידי].

גליון הש"ס

גמ' הא דמצי לצעורי. עי' לקמן דף כב ע"ב תוד"ה ר' יוסי: שם למחר הוא מתפלל תפלת תענית. מדברי רש"י שבת כד ע"א ד"ה ערבית נראה שלא היה לרש"י שם הגי' כאן תיבת למחר:

רבינו גרשום

ר"ל אמר יושב בתענית נקרא חסיד שנא' גומל נפשו איש חסד שפירש עצמו מליכל כמו ויגמל: ממעט במלאכת שמים. שאינו יכול לעסוק בתורה: יחיד שקיבל עליו תענית. כראוי מבעוד יום. לן בתענית. ה"ק אם לא קבל מבעוד יום אלא בצפרא קבל עליה להתענות חצי היום ובחצי היום קביל עליה עד לאורתא ולן בלילה בתעניתו ולא קבל עליה כלום והתענה אף למחר אין מתפלל תפלת תענית שכבר יצא בתפלת תענית דאתמול. ושאני הכא דלא קביל עליה מאורתא כלומר באותו יום שמתענה לשעות מתפלל תפלת תענית אבל הכא דלן בתעניתו עבידה להאי תענית שני כתענית אריכא שהוא מאתמול שעדיין לא אכל וכיון שהתפלל אתמול תפלת תענית אין צריך להתפלל היום: מתענין לשעות שמקבלין תענית ביום אע"ג דלא קביל עליה מאורתא: קנקנים של עובדי כוכבים שנשתמש בהן יין. לאחר שנים עשר חודש. לאחר שנשתמשו בהן עובדי כוכבים: חלוק לבן שאין לו אימרא. שאין לו שפה כדי שלא יחשדוהו שמא באותה שפה הכניס מעות הקדש שנגנב משום שנאמר והייתם נקיים

הגהות הב"ח

(א) גמ' שנאמר גומל נפשו איש חסד אמר ר' ירמיה בר אבא אמר ריש לקיש אין ת"ח וכו' שממעט במלאכת שמים

אמר רב ששת האי בר בי רב וכו' אלא תשעה באב בלבד אוכלין כו': (ב) שם לן בתעניתו למחר אינו מתפלל: (ג) רש"י ד"ה כאילו כו' לאסור להתענות הס"ד ומה"ד בקרבך קדוש כו': (ד) ד"ה נקרא כו' שמשלים נפשו לקונו הס"ד ועוכר שארו כו' כצ"ל והד"א: (ה) ד"ה יחיד כו' מאתמול שאמר הרי אני יושב: (ו) ד"ה למחר כו' אינו יכול אע"פ שרוצה להתפלל בלא חיוב ונראה דלא פירש כן אלא למאי דקס"ד דאין מתענין לשעות דלאו תענית הוא אבל למסקנא דמתענין לשעות שם תענית עליו אפי' לן בתעניתו דאינו חשוב בתורת חיוב מ"מ הרשות בידו להתפלל עננו שהרי שם תענית עליו שאסור לו לאכול: (ז) ד"ה וה"ג לילה זה מאתמול. נ"ב פירוש מאתמול מזמן המנחה: (ח) ד"ה לעולם כו' דלא קיבלה עילויה. נ"ב מאתמול דאף בלילה לא קיבלו: (ט) ד"ה רב כהנא כו' (כלומר תחוב) תא"מ ונ"ב ס"א כלי חשוב: (י) תוס' ד"ה כאילו קדוש הקב"ה שרוי בתוך מעיו ואסור להכחישן פי' והא אמרינן לעיל: (כ) ד"ה לן כו' אין זה ראיה לדברי ה"ג למימר דלא היה דעתו:

ליקוטי רש"י

בקרבך קדוש ולא אבוא בעיר. אמרת כבר הבטחתי להשרות שכינתי בקרבך בירושלים ולא אשרה אותה עוד על עיר אחרת ויש מפרש בעיר לשון שנאה כמו (שמואל א כח) ויהי ערך [הושע יא, ט]. ליכול כלבא לשירותיה. כלהריים. זה מתורגם בשירותא הוא לשון סעודה ראשונה בלשון ארמית ובלע"ז דישנ"ר וכן [תענית דף יא:] סלא לכלבא שירותיה (ברכות דף לט:) בלע אכולא שירותא [בראשית מג, טז]. אין תענית ציבור בבבל. הואיל ואין צריכין לגשמים אם גוזרין על דבר אחר אין אומר תענית ציבור נוהג בו לאכול מבעוד יום ולאסור במלאכה ושאר חומרי האמורים שם [פסחים נד:]. יחיד שקיבל עליו תענית וכו' עי' רש"י שבת כד. ד"ה ערבית וגליון הש"ס כאן. מתענין לשעות. כגון שקיבל עליו תענית משש שעות ולמעלה ומיהו לא טעם כלום מתחלה כל היום אבל לא לשם תענית נתכוין בראשונה. משה. לא נשתמש בבגדי כהונה דכתיב ועשית בגדי קדש לאהרן אחיך והוא היה זר אצלן ועל פי הדבור שימש ולא הוזכרו בגדים. לאחר שנים עשר חדש. מותרין מיד בלי תיקון ואם רצה להשתמש קודם לכן ממלאן במים כדאמרן. אימרא. שפה יש אומר שלא יחשדוהו המשכן ולאו מילתא שהרי כבר נגמרה המלאכה ובשעת עבודה מסיכן שקיל [ע"ז לד.]. שאין לו אימרא. [שבת קה.].

שִׁימֵּשׁ מֹשֶׁה כָּל ז׳ יְמֵי הַמִּלּוּאִים – And regarding the third question: **In what** garment **did Moses serve** for **the entire seven days of** the Tabernacle's **consecration? בְּחָלוּק לָבָן** – He served **in a white** linen **frock** made specifically for that purpose. **רַב כַּהֲנָא מַתְנֵי** – **Rav Kahana taught** as follows: **בְּחָלוּק לָבָן** – Moses served **in a white frock שֶׁאֵין לוֹ אִימְרָא** – **that did not have a hem**[26] or seam.[27]

The Gemara conditions the validity of a fast for hours:

אָמַר רַב חִסְדָּא – **Rav Chisda said:**

NOTES

26. *Rashi*. [*Rashi* cites *Targum* to *Ex.* 28:32 for support, which does not correspond with our version of the *Targum*.]

27. The sleeves and body of the frock were all woven from one thread, and were not made separately and then sewn together. Thus, since the frock contained no stitching in which to hide coins, no one could suspect Moses of pilfering from the Tabernacle treasury. In this way Moses fulfilled the verse: וִהְיִיתֶם נְקִיִּם מֵה׳ וּמִיִּשְׂרָאֵל, *You should be clean from Hashem and from Israel (Numbers* 32:22), which implies that in the conduct of one's affairs one should always be above suspicion (*Rashi*; see *Shekalim* 3:2).

הָא דְּאָמְרַת מִתְעַנִּין לְשָׁעוֹת – That which you said that we fast for hours וְהוּא שֶׁלֹּא טָעַם כְּלוּם עַד הָעֶרֶב – is true only **if he did not taste anything until the evening.**[1] However, if he ate in the morning before the fast or in the afternoon after the fast, the partial fast is not valid.[2]

Abaye challenges Rav Chisda's ruling:

אָמַר לֵיהּ אַבַּיֵי – Abaye told [Rav Chisda]: הָא תַּעֲנִית מַעַלְיְיתָא הִיא – **That is a fast of the highest order,** since it is observed for the entire day.[3]

The Gemara answers:

לֹא צְרִיכָא – No! According to Rav Chisda, **[the teaching]** concerning a fast for hours **is necessary** דְּאִימְּלַךְ אִימְּלוּכֵי – **when he changed his mind** and first decided to fast at midday.[4] Rav Chisda teaches that although the first part of the day was not observed as a fast, the remainder of the day, which he accepted upon himself as a fast, is considered a valid partial fast.

The Gemara presents a similar ruling of Rav Chisda:

וְאָמַר רַב חִסְדָּא – And Rav Chisda said: כָּל תַּעֲנִית – **Any fast** שֶׁלֹּא שָׁקְעָה עָלָיו חַמָּה – **upon which the sun did not set,** i.e. if one ate before nightfall,[5] לָאו שְׁמֵיהּ תַּעֲנִית – **is not called a fast.** The earlier part of the day during which he actually fasted is discounted.[6]

Rav Chisda's ruling is questioned:

מֵיתִיבֵי – The Gemara challenges Rav Chisda's ruling by citing a Mishnah:[7] אַנְשֵׁי מִשְׁמָר – THE MEN OF THE *MISHMAR*[8] מִתְעַנִּין וְלֹא מַשְׁלִימִין – FAST BUT DO NOT COMPLETE the fast.[9] Although they terminate the fast prematurely, the Mishnah still refers to them as "fasting." The Mishnah thus refutes Rav Chisda's teaching – that for a partial fast to be valid, one must abstain from food the entire day. – ? –

The Gemara explains:

הָתָם – There, in the case of the Mishnah, לְצַעוּרֵי נַפְשֵׁיהּ בְּעָלְמָא הוּא – **[the fast]** is undertaken **only to afflict oneself.**[10] However, it was never intended to be a genuine partial fast.

The Gemara cites another challenge to Rav Chisda's ruling:

תָּא שְׁמַע – Come and learn that R' Chisda erred, דְּאָמַר רַבִּי אֱלִיעֶזֶר (בֶּן) צָדוֹק – **for R' Eliezer (ben) Tzadok said:** אֲנִי מִבְּנֵי בָנָיו שֶׁל סְנָאָב בֶּן בִּנְיָמִין – **I am** one **of the descendants of Sna'av**[11] **the son of** [i.e. from the tribe of] **Binyamin.** וּפַעַם אַחַת חָל ט׳ בְּאָב לִהְיוֹת בְּשַׁבָּת – **Once, Tishah B'Av** [the ninth of Av] **fell on the Sabbath,** וְדְחִינוּהוּ לְאַחַר הַשַּׁבָּת – **and we postponed [the fast] until after the Sabbath,** to the tenth day of Av, וְהִתְעַנֵּינוּ בּוֹ וְלֹא הִשְׁלַמְנוּהוּ – **and we fasted on [that day] but did not complete [the fast],** מִפְּנֵי שֶׁיּוֹם טוֹב שֶׁלָּנוּ הוּא – **because [the tenth of Av] is our holiday.**[12] Although they terminated their fast prematurely, R' Eliezer ben Tzadok still refers to their partial fast as a "fast". This refutes Rav Chisda's teaching – that for a partial fast to be valid, one must abstain from eating the entire day. – ? –

The Gemara deflects the challenge:

הָתָם נַמִּי – There also, in R' Eliezer ben Tzadok's case, לְצַעוּרֵי נַפְשֵׁיהּ בְּעָלְמָא הוּא – **[the fast]** is undertaken **only to afflict oneself** and thereby participate to some degree in the deferred public fast of Tishah B'Av. However, the Sna'ah family never intended to undertake a genuine partial fast.

The Gemara again questions Rav Chisda's ruling:

תָּא שְׁמַע – Come and learn that R' Chisda erred, דְּאָמַר רַבִּי יוֹחָנָן – **for R' Yochanan** occasionally **said:** אֱהֵא בְּתַעֲנִית עַד שֶׁאָבוֹא לְבֵיתִי – **I shall fast until I reach my house.** Although R' Yochanan would eat even if he returned home very early in the

NOTES

1. Rav Chisda maintains that fasting only until midday does not engender real affliction. Further, eating before midday and then completing the remainder of the day as a fast does not constitute a fast at all (*Rashi*).

2. Even though he accepted upon himself only to fast for half of the day, he must abstain from eating for the rest of the day in order to fulfill his obligation (*Rashi*; according to *Keren Orah;* cf. *Rashash*). [It is difficult to understand why one is obligated to observe the fast for an entire day if his original acceptance was for only part of the day.]

Rosh (as explained by *Keren Orah*) indicates that even according to Rav Chisda one is obligated to fast only for the part of the day which he specified. However, the *Aneinu* prayer may not be recited unless he voluntarily extends his fast to the entire day (see *R' Chananel*).

3. It is obvious that if he accepted upon himself to fast until midday, and then abstains from eating for the rest of the day, his fast is valid, and he must even recite *Aneinu.* Therefore, according to Rav Chisda, what did the Gemara's ruling (on 11b) – that partial fasts are valid – mean to teach us? [Abaye himself understood the Gemara's ruling as actually sanctioning a half-day fast (i.e. a fast until midday), which is a novel and necessary teaching (see *Rashi*).]

4. Although he did not intend to fast when the day began, he was too preoccupied to eat. At midday he therefore decided: Since I have already fasted half the day, I shall fast the entire day (*Rashi*).

5. *Tosafos* (*Avodah Zarah* 34a ד״ה מתענין) explain that our custom is to fast until צֵאת הַכּוֹכָבִים, the appearance of three average-sized stars, which occurs long after sunset. They explain that שְׁקִיעָה here may actually mean the final setting of the sun (see *Tosafos, Shabbos* 35a ד״ה תרי), which takes place long after the sun descends below the horizon (see *Shaar HaTziyun* 562:1,2).

6. Although most commentators conclude from here that eating before nightfall always invalidates a fast to the extent that one may not even recite the *Aneinu* prayer, some disagree. They explain that Rav Chisda refers to one who accepted upon himself a full-day fast and then decided to break it before nightfall. However, one who initially accepted only a half-day fast may recite *Aneinu* at the conclusion of his fast, before he eats. (See *Rama* 562:1, *Mishnah Berurah* 562:7).

7. Below, 15b.

8. The Temple service was divided into twenty-four *mishmaros,* or watches. Each *mishmar*, consisting of a group of Kohanim and Leviim, served for one week at a time (see 15b[1]). The Mishnah refers to the *mishmar* on duty at the time of the fast.

9. Since they were engaged in the Temple service, and could not complete the fast (*Rashi*).

10. The members of the *mishmar* merely intended to share the distress of the people; they did not actually undertake to fast. Thus, their abstinence has no halachic status: They do not recite *Aneinu*, and they may eat at any time they wish (*Rashi*).

11. *Tosafos (Eruvin* 41a ד״ה מבני) emend the text to read סְנָאָה, Sna'ah, and so it appears in the Mishnah below (26a), which identifies this individual and his family as one of the contributors of wood for the Altar.

12. When the Jews returned from the Babylonian exile and constructed the Second Temple, there was a shortage of wood for the Altar. Nine individuals contributed wood from their stores until the public stockpile had been established. Thereafter, the families of these individuals were each assigned one day of the year on which they were privileged to contribute wood to the Altar (Gemara below 28a). The family of Sna'ah was assigned the tenth day of Av. Inasmuch as the day an individual offers a sacrifice on the Altar is celebrated as a personal holiday (see *Yerushalmi Pesachim* 4:1, cited by *Tosafos* to *Pesachim* 50a), the tenth of Av was always celebrated by the Sna'ah family as a family holiday (see *Mishneh LaMelech, Hil. Klei HaMikdash* 6:9). The Gemara in *Shekalim* (10a) comments that this holiday was observed even after the destruction of the Temple (see *Korban Ha'eidah* ad loc.).

Tur (*Orach Chaim* 559) infers from this incident that an individual who celebrates the *bris milah* of his son on a deferred fast of Tishah B'Av need not complete his fast (see *Orach Chaim* 559:9).

Unlike the wood offerings of other individuals, which were burned only as needed, these offerings were kindled immediately, even if an ample supply of wood was available.

The Gemara in *Menachos* (106b) notes that a wood offering resembles a grain offering, in that it requires *kemitzah* (taking of a fistful) and *hagashah* (presentation to the Altar). The Gemara there establishes the minimum donation as two large blocks of wood (*Rashi*).

א הא דאמרת מתענין לשעות והוא שלא טעם כלום עד הערב א"ל אביי הא תענית מעלייתא היא ב לא צריכא דאימלך אימלוכי ואמר רב חסדא א) ג כל תענית שלא שקעה עליו חמה לאו שמיה תענית מיתיבי ג) אנשי משמר מתענין ולא משלימין התם לצעורי נפשיה בעלמא הוא תא שמע ג) דא"ר אליעזר (ד) בן) צדוק אני מבני בניו של ה) סנאב בן בנימין ופעם אחת חל ט' באב להיות בשבת ודחינוהו לאחר השבת והתענינו בו ולא השלמנוהו ד מפני שיו"ט שלנו הוא התם נמי לצעורי נפשיה בעלמא הוא תא שמע ו) דאמר רבי יוחנן אהא בתענית עד שאבוא לביתי התם לשמוטיה נפשיה מבי נשיאה הוא דעבד אמר שמואל ה כל תענית שלא קיבל עליו מבעוד יום לאו שמיה תענית ואי יתיב מאי אמר רבה בר שילא דמי למפוחא דמליא זיקא אימת מקביל ליה רב אמר במנחה ושמואל אמר ו בתפלת המנחה אמר רב יוסף כוותיה דשמואל מסתברא דכתיב במגילת תענית להן כל איניש דייתי עלוהי מקדמת דנא ייסר מאי לאו ייסר עצמו בצלו לא יאסר עצמו פליגי בהא רבי חייא ורבי שמעון ברבי חד אמר ייסר וחד אמר יאסר (א) מ"ד ייסר כדאמרינן למאן דאמר יאסר מאי היא דתניא במגילת תענית כל איניש דייתי עלוהי מקדמת דנא יאסר כיצד יחיד שקיבל עליו שני וחמישי (ושני) של כל השנה כולה ואירעו בם ימים טובים הכתובין במגילת תענית אם נדרו קודם לגזרתנו יבטיל נדרו את גזרתנו ואם גזרתנו קודמת לנדרו תבטל גזרתנו את נדרו תנו רבנן ז) עד מתי אוכל ושותה ז עד שיעלה עמוד השחר דברי רבי ח) רבי אליעזר בר שמעון אומר עד קרות הגבר אמר ט) אביי לא שנו אלא שלא גמר סעודתו אבל גמר סעודתו אינו אוכל איתיביה י) רבא גמר ועמד הרי זה אוכל התם כשלא סילק איכא דאמרי אמר רבא ח לא שנו אלא כשלא ישן אבל ישן אינו אוכל איתיביה אביי (ב) ישן ועמד הרי זה אוכל התם במתנמנם כ) היכי דמי מתנמנם אמר רב אשי

נים

הא דאמרת מתענין לשעות והוא שלא טעם כלום כל אותו היום. כלומר לא אמרו במתענה שאכל בו ביום כגון שהתחיל להתענות עד חצי היום ואחר כך אכל דאין זה עינוי ואם אכל קודם חצות אין בכך כלום דאינו תענית של כלום אלא כשהשלים כל היום אע"פ שלא קיבלו עליו מאתמול ופריך אי דקבל עליו להתענות עד חצי יום והדר מתענה כל היום האי תעניתא מעלי' הוא ופשיטא דתענית גמור הוא ואפילו תפלת תענית נמי מתפלל עליו ולא איצטריך לאוקומי הלכה בהכי דזהו תענית גמור והאי מקשה סבר דהאי הלכה מתענין לשעות כמשמעו דיכול להתענות עד חצי היום מתענה קרינא ביה: **לא צריכנא דממליך אימלוכי.** כלומר לא היה בדעתו כלל להתענות אלא אתא ליה טרדא ולא אכל עד חצי היום וכי מטא חצי יום ממליך אמר הואיל והתעניתי עד חצי היום אתענה כל היום: **שלא שקעה עליו חמה.** שלא התענה עד אותה שעה: **אנשי משמר.** כהנים ולוים העובדין מתענין כדלקמן בפרק סדר תעניות: **ולא משלימין.** לפי שהן עסוקין בעבודה ואין יכולים להשלים אלמא אע"ג דאינו משלים מתענה קרי ליה: **לצעורי נפשייהו.** עם הצבור אבל אינו תענית לא להתפלל תפלת עננו ולא לקובעו עליו חובה כלל וכל שעה שהוא רוצה לאכול אוכל: **מבני** ל) (סנאב) בן בנימין. משבט בנימין: **שיו"ט שלנו היה.** כדלקמן בשלשה פרקים (דף כו.) זמן עצי כהנים והעם כו' עד בחמשה באב בני פרעוש בן יהודה בעשרה בו בני (ל) סנאב) בן בנימין שעל ידי מעשה קבעו להן חכמים להתנדב עצים ולהביא למערכה וכשמגיע זמנו מביאין אותן ומדליקין אותן על גבי המזבח אע"פ שהיו שם שאר עצים הרבה משא"כ בשאר מתנדבי עצים דאין מבערין אותן בזמן שיש עצים אחרים במסכת מנחות (דף קו:) אמרינן המתנדב עצים לא יפחות משני גזירין ועצים טעונין קמילה טעונים הגשה כו': **דאמר רבי יוחנן.** פעמים שהיה אומר אהא בתענית עד שאבוא לביתי ואי מטי לביתיה בשתים או בג' שעות ביום הוה אכיל וקרי ליה מתענה: **לשמוטיה נפשיה מבי נשיאה.** דלא ליטרחוהו למיכל בהדייהו שהיה מבקש הימנו שיאכל עמו היה אומר כן שלא יטריחנו לאכול עמו ומיהו לא הוי תענית שאם היה רוצה היה אוכל מיד ואין בנדרו כלום: **ואי יתיב מאי.** מי סליק לתענית אי לא: **למפוחא.** הוא המפוח שנופחין בו הנפחין את האור המתמלא ברוח אף זה נתמלא רוח שלא אכל בחנם: **במנחה.** בזמן המנחה ואפילו בשוק אומר הריני מחר בתענית: **בתפלת המנחה.** בסופה (ג) תוספת רילוי ותחנונים עד שאומר הריני מחר בתענית ודוקא נקט מנחה משום דסמוך לתחלת יום תעניתו לאפוקי תפלת יוצר ודיקא נמי מדפסיק שמואל ופליג אדרב דאמר בזמן המנחה שיעורא יתירא: **כדכתיב במגילת תענית.** לסוף ימים טובים הכתובים במגילת תענית כתיב בה מקדמת דנא ייסר לעיל מינה תני אילין יומיא די לא להתענאה בהון להן לכל איניש דייתי עלוהי תענית מן קדמת דנא לפני אלו ימים טובים כגון שקיבל עליו עשרה תעניות או עשרים ונכנסו אלו הימים בהם: **ייסר בצלו.** בתפלה ואי לא קבליה עליה בתפלת המנחה לא דחי להנך ימים טובים אלמא דעיקר תענית בעי לקבולי בתפלת המנחה עילויה ואי לא קבליה עילויה בתפלת המנחה לא עשה כלום: **ייסר.** לשון ואסרה אסר (במדבר ל): **בצלו.** בלותא איכא דאמרי לשון נדר שקבל עליו להתענות כמו הרימותי ידי אל ה' (בראשית יד) דמתרגמינן ארימית ידי בצלו ואין רבי מודה. האי דקתני דכתיב משום דמגילת תענית היתה נכתבת לבד לזכרון נסים: **וחד אמר יאסר.** דלא הוי תני ייסר (ד) בצלו דמשמע דוקא כדאמרינן אי מקבל בתפלת המנחה אין ואי לא לא אלא יאסר דמשמע יהא אסור לאכול אי אתי עליה תענית מן קדמת דנא בין בתפלה בין שלא בתפלה: **מאי היא.** מאי קסבר ומשני כדתניא יחיד שקבל עליו תענית שני וחמישי של כל השנה כולה כלומר כדמפרש בהדיא אם נדרו קודם לגזרתנו כו' ולא שנא בין בתפלה בין שלא בתפלה: **קודם גזרתנו.** קודם שגזרו חכמים ימים טובים הללו אבל משגזרו אע"פ שהתחיל תעניותיו קודם הזמנים הללו לא דחו: **עד מתי אוכל ושותה.** בלילה כשמתענה למחר בכל תעניות שהוא אוכל משתחשך ואפילו בתענית יחיד קא מיירי: **עד קרות הגבר.** אפילו פעם ראשונה קאמר מדקאמר גבי יולא יחידי בלילה בסדר יומא (דף כא.) עד שישלש: **שלא גמר סעודתו.** אבל גמר דברי הכל אינו אוכל: **אכל ועמד.** אע"פ שבירך ועמד משולחנו חוזר ואוכל ואין בכך כלום: **שלא סילק.** את הטבלא דלאו עקירה היא ולא אסח דעתיה מאכילה וכסעודה אריכתא דמיא: **איכא דאמרי אמר רבא כו'.** והלכה כאיכא דאמרי אוכל ושותה עד שיישן קבע ועד שיעלה עמוד השחר כרבי: **אבל ישן.** הפסקה היא ושוב אינו אוכל: **התם.** לאו ישן ממש אלא מתנמנם שומליי"ר בלע"ז:

תיר

כל תענית שלא שקעה עליו חמה לא שמיה תענית. פי' במסכת ע"ז פרק אין מעמידין (דף לד.) וכן בחלוק שאין לו אימרא פירש התם וכל הפסק דמתענין לשעות דכל תענית צריך לקבלו מבערב בתפלת המנחה בשומע תפלה ואם הוא שבת באלהי נצור וצריך שיאמר למחר אהיה בתענית יחיד כי היכי דליכא למטעי בתענית צבור: **התם** לצעורי נפשיה בעלמא. ואע"ג דאמרינן (ר"ה דף יח:) משחרב בית המקדש בטלה מגילת תענית והאי עובדא דרבי אליעזר בר צדוק היה לאחר חורבן דאי קודם החורבן אמרינן (שם) (ה) כיון שיש שלום אין שם גזירות המלכות האי תנא סבר דלא בטלה: **יאסר.** פי' יאסר באל"ף הוי לשון אסור שאסר עצמו וייסר הוי לשון הסרה כלומר יסור מן הנדר (ו) יהיה מותר לאכול למחר שיהיה יום טוב ואין להתענות: **ואם** גזרתנו קודם לנדרו ידחה נדרו מפני גזרתנו. אומר רש"י ידחה נדרו מכל וכל ולא ישלים אותו תענית והר"י מסופק בדבר ויש להחמיר דדוקא אותו יום לא יתענה אבל ישלים אותו ליום (ז) מחר וכן יש ליזהר שלא להתענות בראש חדש ובחנוכה ובפורים דמאלו ודאי לא בטלה מגילת תענית:

ניס

מסורת הש"ס

א) לקמן טו:, ב) [עי' תוס' ע"ז לד. ד"ה מתענין ותוס' מנחות כ: ד"ה נפסל], ג) עירובין מא., ד) [צ"ל ברבי], ה) [צ"ל סנאה עי' תוס' עירובין מא. ד"ה מבני], ו) [מכות כד.], ז) [תוספ' פ"א] פסחים ב: ע"ש [עי' תוס' שבת קיח: ד"ה לפי שאין], ח) [גי' רא"ש ר' אלעזר אומר], ט) ס"י רבא וכן הוא ברא"ש, י) ס"י אביי, כ) [פסחים קכ: מגילה יח: יבמות נד. נדה סג.], ל) [צ"ל סנאה].

הגהות הב"ח

(א) גמ' וחד אמר יאסר בשלמא מ"ד ייסר כדאמרינן אלא למאן דאמר יאסר מאי היא כדתני' במגילת תענית: (ב) שם איתיביה אביי אכל ועמד הרי זה אוכל: (ג) רש"י ד"ה בתפלת המנחה בסופה אומר תוספת רילוי: (ד) ד"ה וחד אמר יאסר דלא הוה תני ייסר דמשמע בצלו דוקא: (ה) תוס' ד"ה התם כו' קודם החורבן אמרינן בזמן שיש שלום אין שם צום האי תנא סבר: (ו) ד"ה יאסר כו' ויהיה מותר: (ז) ד"ה ואם כו' אבל ישלים אותו ליום אחר וכן יש ליזהר:

ליקוטי רש"י

אנשי משמר. של אותה שבת. **ולא משלימין.** שעדיין אינן חמורין כל כך וגמרא (לקמן דף יז.) מפרש שמא תכבד העבודה על אנשי בית אב שהיו עובדין אותו היום ובאים הן לסייעם ואם היו מתענים [ומשלימים] לא היה להם כח לעמוד בעבודה [לקמן טו:]. **מבני בניו של סנאב בן בנימין.** משפחה היא משבט בנימין שנפל להן גורל לקרבן עצים בעשרה באב בימי עזרא ויום טוב היה להם לעולם כדתנן בפרק בתרא דתענית. **ודחינוהו לאחר השבת.** שהוא עשרה באב והוי יום טוב שלנו [עירובין מא.]. **קרות הגבר.** תרנגול [תמיד כו.].

רבינו גרשום

נקיים מה' ומישראל. **דקא מימלך מימלוכי.** שקיבל עליו תענית בשחרית עד הצהרים ובצהרים קבל עליו להתענות עד לאורתא. **שלא שקעה עליו חמה** כלומר שלא התענה כל היום עד לאורתא: **לצעורי נפשיהו** מיכוונו אבל תענית לא מיקרו אלא א"כ משלים כל היום: **מפני שיו"ט שלהם היה.** שמביאין בו עצים למערכה: **התם לצעורי נפשיהו בעלמא** מיכוונו ולא לתענית שהרי יו"ט שלהן היה: **עד שאבא לביתי** אלמא דאין משלימין: **התם לשמוטיה נפשיה מבי נשיאה** שהיה מבקש ממנו שיאכל עמו היה אומר כן כדי שלא יטריחו לאכול עמו: **במנחה.** בט' שעות ומחצה: **כל איניש דאתי עליהון** שקיבל עליו תענית. **מקדמת דנא** קודם שהגיעו אותן ימים שאמרו חכמים במגילת תענית שלא להתענות בהן ואירע התענית באותן ימים: **מאי לאו ייסר עצמו בצלו.** כלומר שייסר עצמו בתענית ממה שקבל עליו בתפלת המנחה. **מאן דאמר ייסר כדאמרן** דאפי' קיבל עליו התענית לאחר שנתקנו אותן ימים טובים שלא להתענות בהן אלא שקיבל עליו קודם שהגיעו שייך נפשיה בתענית ממה שקיבל עליו בתפלת המנחה: **אם נדרו קודמת לגזירתנו** אם קיבל עליו תענית קודם שתיקנו חכמים אותן ימים טובים: **תדחה גזירתנו מפני נדרו** דאסור באכילה הואיל שקיבל עליו בתפלת המנחה: **אם גזירתנו קודמת לנדרו** שתיקנו אותן ימים טובים קודם שקיבל זה עליו אלו תעניות **תדחה נדרו מפני גזירתנו** שאינו מתענה מפני אילו ימים טובים. ועוד הורה ששמע משום אב ב"ד שבירוני' אם נדרו קודמת לגזירתנו קודם שקבעו ב"ד את החדש שבו אלו ימים טובים היינו גזירתנו קיבועה חדש תדחה גזירתנו מפני נדרו דהואיל כשקיבל עליו תענית לא ידע באיזה יום יארע ימים טובים אלו אבל קדם גזירתנו לנדרו שקבעו ב"ד את החדש קודם זה שקיבל עליו תענית וכשקיבל כבר ידע באיזה יום יארע ימים טובים אלו ואעפ"כ קבל לפיכך ידחה נדרו דאינו מתענה באילו ימים טובים.

עד

עין משפט נר מצוה

מד א ב מיי' פ"א מהל' תענית הלכה יג סמג עשין ג טוש"ע א"ח סי' תקסב סעיף י:
מה ג שם סעיף א:
מו ד מיי' פ"ו מהלכות כלי מקדש הלכה ט:
מז ה מיי' פ"א מהלכות תענית הלכה י טור שו"ע שם סעיף ה:
מח ו מיי' שם וטוש"ע שם סעיף ו:
מט ז ח מיי' שם הלכה ח סמג עשין ג טוש"ע שם סי' תקסד סעיף א:

רבינו חננאל

אמר רב חסדא הא דאמרת מתענין לשעות ומתפלל תפלת תענית והוא שלא טעם כלום עד הערב ואע"ג דאמליך אמלוכי. **רב חסדא** לטעמיה דאמר כל תענית שלא שקעה עליו חמה לא שמיה תענית. ואותבינן עליה הא דתנן אנשי משמר מתענין ולא משלימין. והא דאמר ר' אלעזר בר צדוק והתענו בו ולא השלמנוהו הנה תעניותם תענית אף על פי שלא שקעה עליו חמה. ומשני התם אינה תענית אלא רצו להצטער גם הם בצער צבור. ולא משום דתורת דין תענית עליהם ור' יוחנן לא הוה מסכים תענית בלבו ולא היה אומר אלא להשתמט מבי נשיאה שלא היה רוצה לסעוד אצלם: **אמר שמואל** כל תענית שלא קבלה מבע"י אינה תענית איומת מקבל לה רב אמר במנחה ושמואל אמר א) שיסכן לתפלת המנחה. ואפי' מתעסק במלאכתו אומר מחר אהיה בתענית. יהי רצון שתהא תפלתי ביום תעניתי מקובלת. ושמואל אמר בתפלת המנחה כלומר צריך להיות כולל אלו הדברים בשומע תפלה וגו'. אמר רב יוסף כשמואל מסתברא דכתיב במגלת תענית להן כל איניש דייתי עליהו מן קדמת דנא יאסר. מאי יאסר עצמו בצלו מקודם שיקבל עליו תענית מקבל עליו בתפלתו תענית שנמצא אוסר באכילה ובשתיה בקבלתו תענית בתפלתו: **פליגו** בה ר' חייא ור' שמעון בר' חד תני ייסר וחד תני יאסר. מאן דתני ייסר כלומר ייסר עצמו בצלו בתפלת המנחה ואיסור אוסר על עצמו בתפלתו. ומאן דתני יאסר כדתניא להן כל איניש דייתי עליהי [מקדמת דנא] יאסר. **כיצד** יחיד שקיבל עליו תענית ב' וה' [וב'] של כל השנה ואירעו בהן י"ט הכתובים במגלת תענית כגון שמונת ימים שמראש חדש ניסן ובו ויוצא בהן דלא להתענאה בהן. אם נדרו קודם לגזרתנו ידחה נדרו את גזרתנו כו'. פי' כל איניש דייתי עליהו נדר תענית מקדמת גזרה דנא להיות היום י"ט ושיהיה אסור בתענית יאסר באכילה ובשתייה ומקיים נדרו. **הגיע** ר"ח כסלו ולא ירדו גשמים

חשק שלמה על רבינו חננאל א) שיתכון כצ"ל וכ"ה בערוך.

day, he nevertheless referred to such limited abstention as a fast. This refutes Rav Chisda's teaching – that for a partial fast to be valid, one must abstain from eating the entire day. – ? –

The Gemara again parries the challenge:

הָתָם – There, in R' Yochanan's case, **לְשַׁמּוּטֵיהּ נַפְשֵׁיהּ מִבֵּי נְשִׂיאָה הוּא דְּעָבַד – he did** this in order **to release himself from** social obligations to **the house of the *Nasi*.**[13]

The Gemara discusses the requirement of prior acceptance:

אָמַר שְׁמוּאֵל – Shmuel said: כָּל תַּעֲנִית שֶׁלֹּא קִיבֵּל עָלָיו מִבְּעוֹד יוֹם – Any fast that one does not accept upon himself while it is still the previous **day לָאו שְׁמֵיהּ תַּעֲנִית – is not called a fast.**

The Gemara inquires:

וְאִי יָתִיב – And if he fasts[14] without accepting it on the previous day, **מַאי – what** is the law? Does such a fast satisfy any outstanding obligation ex post facto? **אָמַר רַבָּה בַּר שֵׁילָא – Rabbah bar Shila said: דָּמֵי לְמַפּוּחָא דְּמַלְיָא זִיקָא – He is comparable to a bellows that is filled with air.** He has abstained from eating, thereby filling himself with air, but for no purpose.[15]

The Gemara debates the laws of acceptance:

אֵימַת מְקַבֵּיל לֵיהּ – When should one accept [a fast] upon himself? **רַב אָמַר בְּמִנְחָה – Rav said: At** the time of **Minchah.**[16] **וּשְׁמוּאֵל אָמַר בִּתְפִלַּת הַמִּנְחָה – And Shmuel said: During the Minchah prayer.**[17] **אָמַר רַב יוֹסֵף – Rav Yosef said: כְּוָותֵיהּ דִּשְׁמוּאֵל מִסְתַּבְּרָא – It is more likely** that the halachah **accords with** the opinion of **Shmuel, דִּכְתִיב בִּמְגִילַּת תַּעֲנִית – for it is written in *Megillas Taanis***[18] after the enumeration of minor holidays on which one may not fast: **לָהֵן כָּל אִינִישׁ – HOWEVER, ANY MAN דְּיֵיתֵי עֲלוֹהִי מִקַּדְמַת דְּנָא – UPON WHOM CAME** a fast **BEFORE THIS** holiday[19] **יֵיסַר – SHALL PROHIBIT.** Since the series of fasts commenced before the holidays, the fasts are not interrupted.

Rav Yosef concludes his proof:

מַאי לָאו – Is it not understood from the Baraisa **יֵיסַר עַצְמוֹ בִּצְלוֹ** – that **he prohibits himself** only **in prayer?**[20]

The Gemara rejects Rav Yosef's interpretation:

לֹא – No! The statement in *Megillas Taanis* is understood that **יֶאֱסַר עַצְמוֹ – he will be prohibited** whether or not he accepted the fasts during prayer.

The Gemara notes that Amoraim dispute the meaning of the statement in *Megillas Taanis*:

פְּלִיגֵי בָּהּ רַבִּי חִיָּיא וְרַבִּי שִׁמְעוֹן בְּרַבִּי – R' Chiya and R' Shimon the son of Rebbi argue in [this matter]. חַד אָמַר יֵיסַר – One said that ייסר means **"he will prohibit." וְחַד אָמַר יֵאָסֵר – And one said** that it means **"he is prohibited."**

The Gemara explains:

מַאן דְּאָמַר יֵיסַר – The intent of **the one who said** that it means **"he will prohibit" כִּדְאָמְרִינַן – is as we have said** above, that he must prohibit himself from eating by reaccepting the fast in the Minchah prayer. **לְמַאן דְּאָמַר יֵאָסֵר** – However, **according to the one who said** that it means **"he is prohibited," מַאי הִיא – what is [the explanation]** of his statement?

The Gemara answers that his opinion corresponds to the ruling of a Baraisa:

דְּתַנְיָא בִּמְגִילַּת תַּעֲנִית – For it was taught in a Baraisa in *Megillas Taanis:* **כָּל אִינִישׁ – ANY PERSON דְּיֵיתֵי עֲלוֹהִי מִקַּדְמַת דְּנָא – UPON WHOM CAME** a series of fasts **BEFORE THIS** set of holidays **יֵאָסֵר – IS PROHIBITED** from eating on these days. **כֵּיצַד – HOW** is this case understood? **יָחִיד שֶׁקִּיבֵּל עָלָיו – Regarding AN INDIVIDUAL WHO ACCEPTED UPON HIMSELF** to fast **שֵׁנִי וַחֲמִישִׁי (ושני) שֶׁל כָּל הַשָּׁנָה כּוּלָּהּ** – every **MONDAY AND THURSDAY OF THE ENTIRE YEAR, וְאֵירְעוּ בָּם יָמִים טוֹבִים הַכְּתוּבִין בִּמְגִילַּת תַּעֲנִית – AND HOLIDAYS RECORDED IN *MEGILLAS TAANIS,*** on which one may not fast, **OCCURRED ON [THOSE FAST DAYS], אִם נִדְרוֹ קוֹדֶם לִגְזֵרָתֵנוּ – IF HIS VOW** to fast every Monday and Thursday was pronounced **BEFORE OUR DECREE** established these holidays, **יְבַטֵּיל נִדְרוֹ אֶת גְּזֵרָתֵנוּ – HIS VOW WILL NULLIFY OUR DECREE** in his case, and he must fast on those days – even if he failed to reaccept the fast in the Minchah prayer of the preceding day.[21] **וְאִם גְּזֵרָתֵנוּ קוֹדֶמֶת לְנִדְרוֹ** – However, **IF OUR DECREE** was promulgated **BEFORE HIS VOW, תְּבַטֵּל גְּזֵרָתֵנוּ אֶת נִדְרוֹ – OUR DECREE WILL NULLIFY HIS VOW** and he may not fast on these holidays, even if the series of fasts commenced beforehand.[22] The Baraisa thus indicates that in circumstances that oblige him to fast (i.e. when his vow preceded the decree), he need not reaccept the fast in the Minchah prayer of the previous day. This supports the opinion of Rav, who held that one need not accept a fast in the Minchah prayer on the preceding day.

The Gemara discusses those nights preceding a fast when

NOTES

13. By appearing to declare partial fasts upon himself, R' Yochanan was able to evade invitations to dine at the *Nasi's* table. However, his vow was an empty gesture; he could eat whenever he desired (*Rashi*).

14. Literally: and if he sits (in a fast).

15. Some commentators maintain that Shmuel does not seek to dispute the validity of a partial fast that was not accepted until the day of the fast. Rather, his point is that in order to be considered a full-day fast, the fast must be accepted on the preceding day. A partial fast is valid so long as it was accepted before the commencement of the fast. The hours he fasted before making a formal acceptance of the fast are comparable to a bellows filled with air. Nevertheless, the hours one fasts after the acceptance are considered a partial fast (*Ritva* to 11b; cf. *Ran*; see also *Rosh,* citing *Ramban,* and *Magen Avraham* 562:15). Others, however, argue that even a partial fast is valid only if it was accepted on the afternoon of the day preceding the fast *(Rosh).*

16. I.e. at the time of *Minchah ketanah,* after nine and a half hours of the day (*R' Gershom*). If during this time he declared his intention to fast on the morrow [even if he did so while standing in the marketplace], his acceptance is valid (*Rashi*).

See, however, *Ritva* and *Ran*, who understand Rav as sanctioning an acceptance made even days in advance of the fast. Rav specifies "the time of Minchah" only as a counterpoint to Shmuel, who requires that the acceptance be made in the Minchah prayer immediately preceding the fast day.

17. The fast should be accepted after additional supplications are recited at the end of the Minchah Shemoneh Esrei on the eve of the fast. Shmuel means to rule out acceptance in the earlier Shacharis prayer, since he requires that the acceptance occur in closest proximity to the onset of the fast day itself. For that reason he takes issue with Rav, who allows for acceptance as soon as Minchah may be prayed (*Rashi*).

18. See 10b, note 1. Unlike the Mishnah and Baraisos which originally were transmitted orally, *Megillas Taanis* was recorded (i.e. in the Mishnaic era) so as to preserve the memory of the miracles that occurred on those days (*Rashi*; see *Rashi* to *Eruvin* 62b ד"ה כגון).

19. The Baraisa speaks of one who accepted upon himself a series of ten or twenty fasts, of which one or more subsequently coincided with a minor holiday (*Rashi*).

20. Since he already accepted upon himself the series of fasts, why does the Baraisa state, "He shall prohibit"? The Baraisa thereby indicates that the fast supersedes the holiday only if it was accepted again in the Minchah prayer of the preceding day, proximate to the day of the fast, in accordance with Shmuel's opinion (see *Ritva*).

Rashi alternatively translates בִּצְלוֹ as *with a vow,* as found in the *Targum* to *Genesis* 14:22.

21. See *Rashi* and *Ritva.*

22. *Tosafos* (ד"ה ואם) cite a dispute whether in this case his obligation to fast on the day that coincides with the holiday is entirely abrogated, or whether he must make up the fast on another day.

הא דאמרת מתענין לשעות והוא שלא טעם כלום עד הערב א"ל אביי הא תענית מעלייתא היא לא צריכא דאימלך אימלוכי ואמר רב חסדא כל תענית שלא שקעה עליו חמה לאו שמיה תענית מיתיבי אנשי משמר מתענין ולא משלימין התם לצעורי נפשיה בעלמא הוא תא שמע דא"ר אליעזר (בן) צדוק אני מבני בניו של סנאב בן בנימין ופעם אחת חל ט' באב להיות בשבת ודחינוהו לאחר השבת והתענינו בו ולא השלמנוהו מפני שיו"ט שלנו הוא התם נמי לצעורי נפשיה בעלמא הוא תא שמע דאמר רבי יוחנן אהא בתענית עד שאבוא לביתי התם לשמוטיה נפשיה מבי נשיאה הוא דעבד אמר שמואל כל תענית שלא קיבל עליו מבעוד יום לאו שמיה תענית ואי יתיב מאי אמר רבה בר שילא דמי למפוחא דמליא זיקא אימת מקביל ליה רב אמר במנחה ושמואל אמר בתפלת המנחה אמר רב יוסף כוותיה דשמואל מסתברא דכתיב במגילת תענית להן כל איניש דייתי עלוהי מקדמת דנא ייסר מאי לאו ייסר עצמו בצלו לא יאסר עצמו פליגי בהא רבי חייא ורבי שמעון ברבי חד אמר ייסר וחד אמר יאסר (א) מ"ד ייסר כדאמרינן למאן דאמר יאסר מאי היא דתניא במגילת תענית כל איניש דייתי עלוהי מקדמת דנא יאסר כיצד יחיד שקיבל עליו שני וחמישי (ושני) של כל השנה כולה ואירעו בם ימים טובים הכתובין במגילת תענית אם נדרו קודם לגזרתנו יבטיל נדרו את גזרתנו ואם גזרתנו קודמת לנדרו תבטל גזרתנו את נדרו תנו רבנן עד מתי אוכל ושותה עד שיעלה עמוד השחר דברי רבי רבי אליעזר בר שמעון אומר עד קרות הגבר אמר אביי לא שנו אלא שלא גמר סעודתו אבל גמר סעודתו אינו אוכל איתיביה רבא גמר ועמד הרי זה אוכל התם כשלא סילק איכא דאמרי אמר רבא לא שנו אלא כשלא ישן אבל ישן אינו אוכל איתיביה אביי (ב) ישן ועמד הרי זה אוכל התם במתנמנם היכי דמי מתנמנם אמר רב אשי
נים

רש"י

הא דאמרת מתענין לשעות והוא שלא טעם כלום כל אותו היום. כלומר לא אמרו במתענה שאכל בו ביום כגון שהתחיל להתענות עד חצי היום ואחר כך אכל דאין זה עינוי ואם אכל קודם חצות אין בכך כלום דאינו תענית של כלום אלא כשהשלים כל היום אע"פ שלא קיבלו עליו מאתמול ופריך אי דקבל עליו להתענות עד חצי יום והדר מתענה כל היום האי תעניתא מעלי' הוא ופשיטא דתענית גמור הוא ואפילו תפלת תענית נמי מתפלל עליו ולא איצטריך לאוקומי הלכה בהכי דזהו תענית גמור והאי מקשה סבר דהאי הלכה מתענין לשעות כמשמעו דיכול להתענות עד חצי היום מתענה קרינא ביה: לא צריכנא דממליך אימלוכי. כלומר לא היה בדעתו כלל להתענות אלא אתא ליה טרדא ולא אכל עד חצי היום וכי מטא חצי יום ממליך אמר הואיל והתעניתי עד חצי היום אתענה כל היום: שלא שקעה עליו חמה. שלא התענה עד אותה שעה: אנשי משמר. כהנים ולוים העובדין מתענין כדלקמן בפרק סדר תעניות: ולא משלימין. לפי שהן עסוקין בעבודה ואין יכולים להשלים אלמא אע"ג דאינו משלים מתענה קרי ליה: לצעורי נפשייהו. עם הצבור אבל אינו תענית לא להתפלל תפלת עננו ולא לקובעו עליו חובה כלל וכל שעה שהוא רוצה לאכול אוכל: מבני (סנאב) בן בנימין. משבט בנימין: שיו"ט שלנו היה. כדלקמן בשלשה פרקים (דף כו.) זמן עצי כהנים והעם כו' עד בחמשה באב בני פרעוש בן יהודה בעשרה בו בני (סנאב) בן בנימין שעל ידי מעשה קבעו להן חכמים להתנדב עצים ולהביא למערכה וכשמגיע זמנו מביאין אותן ומדליקין אותן על גבי המזבח אע"פ שהיו שם שאר עצים הרבה משא"כ בשאר מתנדבי עצים דאין מבערין אותן בזמן שיש עצים אחרים במסכת מנחות (דף קו:) אמרינן המתנדב עצים לא יפחות משני גזירין ועצים טוענין קמיצה טעונים הגשה כו': דאמר רבי יוחנן. פעמים שהיה אומר אהא בתענית עד שאבוא לביתי ואי מטי לביתיה בשתים או בג' שעות ביום הוה אכיל וקרי ליה מתענה: לשמוטיה נפשיה מבי נשיאה. דלא ליטרחוהו למיכל בהדייהו שהיה מבקש הימנו שיאכל עמו היה אומר כן שלא יטריחנו לאכול עמו ומיהו לא הוי תענית שאם היה רוצה היה אוכל מיד ואין בנדרו כלום: ואי יתיב מאי. מי סליק לתענית אי לא: למפוחא. הוא המפוח שנופחין בו הנפחין את האור המתמלא ברוח אף זה נתמלא רוח שלא אכל בחנם: במנחה. בזמן המנחה ואפילו בשוק אומר הריני מחר בתענית: בתפלת המנחה. בסופה (ג) תוספת ריצוי ותחנונים עד שאומר הריני מחר בתענית ודוקא נקט מנחה משום דסמוך לתחלת יום תעניתו לאפוקי תפלת יוצר ודיקא נמי מדפסיק שמואל ופליג אדרב דאמר בזמן המנחה שיעורא יתירא: כדכתיב במגילת תענית. לסוף ימים טובים הכתובים במגילת תענית כתיב בה מקדמת דנא ייסר לעיל מינה תני אילין יומיא די לא להתענאה בהון להן כל איניש דייתי עלוהי תענית מן קדמת דנא לפני אלו ימים טובים כגון שקיבל עליו עשרה תעניות או עשרים ונכנסו אלו הימים בהם: ייסר בצלו. בתפלה ואי לא קבליה עליה בתפלת המנחה לא דחי להנך ימים טובים אלמא דעיקר תענית בעי לקבולי בתפלת המנחה ואי לא קבליה עילויה בתפלת המנחה לא עשה כלום: ייסר. לשון ואסרה אסר (במדבר ל): בצלו. בלותא איכא דאמרי לשון נדר שקבל עליו להתענות כמו הרימותי ידי אל ה' (בראשית יד) דמתרגמינן ארימית ידי בצלו ואין רבי מודה. האי דקתני דכתיב משום דמגילת תענית היתה נכתבת לבד לזכרון נסים: וחד אמר יאסר. דלא הוי תני ייסר (ד) בצלו דמשמע דוקא כדאמרינן אי מקבל בתפלת המנחה אין ואי לא לא אלא יאסר דמשמע יהא אסור לאכול אי אתי עליה תענית מן קדמת דנא בין בתפלה בין שלא בתפלה: מאי היא. מאי קסבר ומשני כדתניא יחיד שקבל עליו תענית שני וחמישי של כל השנה כולה כלומר כדמפרש בהדיא אם נדרו קודם לגזרתנו כו' ולא שנא בין שלא בתפלה: קודם גזרתנו. קודם שגזרו חכמים ימים טובים הללו אבל משגזרו אע"פ שהתחיל תעניותיו קודם הזמנים הללו לא דחו: עד מתי אוכל ושותה. בלילה כשמתענה למחר בכל תעניות שהוא אוכל משחשך ואפילו בתענית יחיד קא מיירי: עד קרות הגבר. אפילו פעם ראשונה קאמר מדקאמר גבי יוצא יחידי בלילה בסדר יומא (דף כא.) עד שישלש: שלא גמר סעודתו. אבל גמר דברי הכל אינו אוכל: אכל ועמד. אע"פ שבירך ועמד משולחנו חוזר ואוכל ואין בכך כלום: שלא סילק. את הטבלא דלאו עקירה היא ולא אסח דעתיה מאכילה וכסעודה אריכתא דמיא: איכא דאמרי אמר רבא כו'. והלכה כאיכא דאמרי אוכל ושותה עד שיישן קבע ועד שיעלה עמוד השחר כרבי: אבל ישן. הפסקה היא ושוב אינו אוכל: התם. לאו ישן ממש אלא מתנמנם שומליי"ר בלע"ז:
תיר

תוספות

כל תענית שלא שקעה עליו חמה לא שמיה תענית. פי' במסכת ע"ז פרק אין מעמידין (דף לד.) וכן בחלוק שאין לו אימרא פירש התם וכל הפסק דמתענין לשעות דכל תענית צריך לקבלו מבערב בתפלת המנחה בשומע תפלה ואם הוא שבת באלהי נצור וצריך שיאמר למחר אהיה בתענית יחיד כי היכי דליכא למטעי בתענית צבור: התם לצעורי נפשיה בעלמא. ואע"ג דאמרינן (ר"ה דף יח:) משחרב בית המקדש בטלה מגילת תענית והאי עובדא דרבי אליעזר בר צדוק היה לאחר חורבן דאי קודם החורבן אמרינן (שם) (ה) כיון שיש שלום אין שם גזירות המלכות האי תנא סבר דלא בטלה: יאסר. פי' יאסר באל"ף הוי לשון אסור שאסר עצמו וייסר הוי לשון הסרה כלומר יסור מן הנדר (ו) יהיה מותר לאכול למחר שיהיה יום טוב ואין להתענות: ואם גזרתנו קודם לנדרו ידחה נדרו מפני גזרתנו. אומר רש"י ידחה נדרו מכל וכל ולא ישלים אותו תענית והר"י מסופק בדבר ויש להחמיר דדוקא אותו יום לא יתענה אבל ישלים אותו ליום (ז) אחר וכן יש ליזהר שלא להתענות בראש חדש ובחנוכה ובפורים דמאלו ודאי לא בטלה מגילת תענית:
ניס

עין משפט נר מצוה

מד א ב מיי' פ"א מהל' תענית הלכה יג סמג עשין ג טוש"ע א"ח סי' תקסב סעיף י:
מה ג שם סעיף א:
מו ד מיי' פ"ו מהלכות כלי מקדש הלכה ט:
מז ה מיי' פ"א מהלכות תענית הלכה י טור שו"ע שם סעיף ה:
מח ו מיי' שם וטוש"ע שם סעיף ו:
מט ז ח מיי' שם הלכה ח סמג עשין ג טוש"ע שם סי' תקסד סעיף א:

רבינו חננאל

אמר רב חסדא הא דאמרת מתענין לשעות ומתפלל תפלת תענית והוא שלא טעם כלום עד הערב ואע"ג דאמליך אמלוכי. רב חסדא לטעמיה דאמר כל תענית שלא שקעה עליו חמה לא שמיה תענית. ואותבינן עליה הא דתנן אנשי משמר מתענין ולא משלימין. והא דאמר ר' אלעזר בר צדוק והתענו בו ולא השלמנוהו הנה תעניותם תענית אף על פי שלא שקעה עליו חמה. ומשני התם אינה תענית אלא רצו להצטער גם הם בצער צבור. ולא משום דתורת דין תענית עליהם ור' יוחנן לא הוה מסכים תענית בלבו ולא היה אומר אלא להשתמט מבי נשיאה שלא היה רוצה לסעוד אצלם: אמר שמואל כל תענית שלא קבלה מבע"י אינה תענית אימת מקבל לה רב אמר במנחה משעה א) שיסכן לתפלת המנחה. ואפי' מתעסק במלאכתו אומר מחר אהיה בתענית. יהי רצון שתהא תפלתי ביום תעניתי מקובלת. ושמואל אמר בתפלת המנחה כלומר צריך להיות כולל אלו הדברים בשומע תפלה וגו'. אמר רב יוסף כשמואל מסתברא דכתיב במגלת תענית להן כל איניש דייתי עלייהו מן קדמת דנא יאסר. מאי יאסר עצמו בצלו מקודם שיקבל עליו תענית מקבל עליו בתפלתו תענית שנמצא אוסר עצמו באכילה ובשתיה בקבלתו תענית בתפלתו: פליגו בה ר' חייא ור' שמעון בר' חד תני ייסר וחד תני יאסר. מאן דתני ייסר כלומר ייסר עצמו בצלו בתפלת המנחה ואיסור אוסר על עצמו בתפלתו. ומאן דתני יאסר כדתניא להן כל איניש דייתי עלוהי [מקדמת דנא] יאסר. כיצד יחיד שקיבל עליו תענית ב' וה' (וב') של כל השנה ואירעו בהן י"ט הכתובים במגלת תענית כגון שמונת ימים שמראש חדש ניסן וכיוצא בהן דלא להתענאה בהן. אם נדרו קודם לגזרתנו ידחה נדרו את גזרתנו כו'. פי' כל איניש דייתי עלייהו נדר תענית מקדמת גזרה דנא להיות היום י"ט ושיהיה אסור בתענית יאסר באכילה ובשתייה ומקיים נדרו. הגיע ר"ח כסלו ולא ירדו גשמים
ב"ד גוזרין ג' תעניות על הצבור אוכלין ושותין משחשכה ומותרין במלאכה כו': ת"ר עד מתי אוכלין ושותין עד שיעלה עמוד השחר דברי רבי ר"ש בן אלעזר אומר עד קרות הגבר. אמר רבה לא שנו עד שיעלה עמוד השחר אלא אם לא ישן

חשק שלמה על רבינו חננאל א) שיתכוין כל"ל וכ"ה בערוך.

מסורת הש"ס

א) לקמן טו:, ב) [עי' תוס' ע"ז לד. ד"ה מתענין ותוס' מנחות כ: ד"ה נפסלו], ג) עירובין מא., ד) [צ"ל ברבי], ה) [צ"ל סנאה עי' תוס' עירובין מא. ד"ה מבני], ו) [מכות כד.], ז) [תוספ' פ"א] פסחים ב: ע"ש [עי' תוס' שבת קיח: ד"ה לפי שאין], ח) [גי' רא"ש ר' אלעזר אומר], ט) ס"י רבא וכן הוא ברא"ש, י) ס"י אביי, כ) [פסחים קכ: מגילה יח: יבמות נד. נדה סג.], ל) [צ"ל סנאה].

הגהות הב"ח

(א) גמ' וחד אמר יאסר בשלמא מ"ד ייסר כדאמרינן אלא למאן דאמר יאסר מאי היא כדתני' במגילת תענית: (ב) שם איתיביה אביי אכל ועמד הרי זה אוכל: (ג) רש"י ד"ה בתפלת המנחה בסופה אומר תוספת ריצוי: (ד) ד"ה וחד אמר יאסר דלא הוה תני ייסר דמשמע בצלו דוקא: (ה) תוס' ד"ה התם כו' קודם החורבן אמרינן בזמן שיש שלום אין שם צום האי תנא סבר: (ו) ד"ה יאסר כו' ויהיה מותר: (ז) ד"ה ואם כו' אבל ישלים אותו ליום אחר וכן יש ליזהר:

ליקוטי רש"י

אנשי משמר. של אותה שבת. ולא משלימין. שעדיין אין ממורין כל כך וכגמרא (לקמן דף יז.) מפרש שמא תכבד העבודה על אנשי בית אב שהיו עובדין אותו היום ובאים הן לסייעם ואם היו מתענים [ומשלימים] לא היה להם כח לעמוד בעבודה [לקמן טו:]. מבני בניו של סנאב בן בנימין. משפחה היא משבט בנימין שנפל להן גורל לקרבן עצים בעשרה באב בימי עזרא ויום טוב היה להם לעולם כדתנן בפרק בתרא דתענית. ודחינוהו לאחר השבת. שהוא עשרה באב והוי יום טוב שלנו [עירובין מא.]. קרות הגבר. תרנגול [תמיד כו.].

רבינו גרשום

נקיים מה' ומישראל. דקא מימלך מימלוכי. שקיבל עליו תענית בשחרית עד הצהרים ובצהרים קבל עליו להתענות עד לאורתא. שלא שקעה עליו חמה כלומר שלא התענה כל היום עד לאורתא: לצעורי נפשייהו מיכוונו אבל תענית לא מיקרו אלא א"כ משלים כל היום: מפני שיו"ט שלהם היה. שמביאין בו עצים למערכה: התם לצעורי נפשייהו בעלמא מיכוונו ולא לתענית שהרי יו"ט שלהן היה: עד שאבא לביתי אלמא דאין משלימין: התם לשמוטיה נפשיה מבי נשיאה שהיה מבקש ממנו שיאכל עמו היה אומר כן כדי שלא יטריחו לאכול עמו: במנחה. בט' שעות ומחצה: כל איניש דאתי עליהון שקיבל עליו תענית. מקדמת דנא קודם שהגיעו אותן ימים שאמרו חכמים במגילת תענית שלא להתענות בהן ואירע התענית באותן ימים: מאי לאו ייסר עצמו בצלו. כלומר שייסר עצמו בתענית ממה שקבל עליו בתפלת המנחה. מאן דאמר ייסר כדאמרן דאפי' קיבל עליו התענית לאחר שנתקנו אותן ימים טובים שלא להתענות בהן אלא שקיבל עליו קודם שהגיעו שייך נפשיה בתענית ממה שקיבל עליו תענית בתפלת המנחה: אם נדרו קודמת לגזירתנו אם קיבל עליו תענית קודם שתיקנו חכמים אותן ימים טובים: תדחה גזירתנו מפני נדרו דאסור באכילה הואיל שקיבל עליו בתפלת המנחה: אם גזירתנו קודמת לנדרו שתיקנו אותן ימים טובים קודם שקיבל זה עליו אלו תעניות תדחה נדרו מפני גזירתנו שאינו מתענה מפני אילו ימים טובים. ועוד הורה ששמע משום אב ב"ד שבירוני' אם נדרו קודמת לגזירתנו קודם שקבעו ב"ד את החדש שבו אלו ימים טובים היינו גזירתנו קיבועה חדש תדחה גזירתנו מפני נדרו דהואיל כשקיבל עליו תענית לא ידע באיזה יום יארע ימים טובים אלו אבל קדם גזירתנו לנדרו שקבעו ב"ד את החדש קודם זה שקיבל עליו תענית וכשקיבל כבר ידע באיזה יום יארע ימים טובים אלו ואעפ"כ קבל לפיכך ידחה נדרו דאינו מתענה באילו ימים טובים.
עד

eating is permitted:[23]

תָּנוּ רַבָּנָן – The Rabbis taught in a Baraisa: עַד מָתַי אוֹכֵל וְשׁוֹתֶה – UNTIL WHEN MAY ONE EAT AND DRINK? עַד שֶׁיַּעֲלֶה עַמּוּד הַשַּׁחַר – UNTIL THE FIRST LIGHT OF DAWN. דִּבְרֵי רַבִּי – These are THE WORDS OF REBBI. רַבִּי אֱלִיעֶזֶר בַּר שִׁמְעוֹן אוֹמֵר – R' ELIEZER BAR SHIMON SAYS: עַד קְרוֹת הַגֶּבֶר – UNTIL THE ROOSTER CROWS.[24]

The Gemara elaborates:

אָמַר אַבַּיֵּי – Abaye said: לֹא שָׁנוּ אֶלָּא – They taught in the Baraisa that one may eat until the morning **only שֶׁלֹּא גָּמַר סְעוּדָּתוֹ – if he did not complete his meal. אֲבָל גָּמַר סְעוּדָּתוֹ – However, if he completed his meal אֵינוֹ אוֹכֵל – he may not eat** afterward.

The Gemara questions Abaye's ruling:

אֵיתֵיבֵיהּ רָבָא – Rava challenged Abaye's statement by citing a Baraisa: גָּמַר וְעָמַד – IF HE COMPLETED his meal AND ROSE from the table, הֲרֵי זֶה אוֹכֵל – HE MAY still EAT, even though he has recited the blessing after eating and has left the table. This Baraisa refutes Abaye's ruling. **– ? –**

The Gemara explains:

הָתָם – There, the Baraisa refers to a case **בְּשֶׁלֹּא סִלֵּיק – when he did not remove** the table.[25] Thus, since he left the food before him, he did not resolve to cease eating, and so any additional eating is considered a continuation of his previous meal.

The Gemara cites a different version of the dialogue between Abaye and Rava:

אִיכָּא דְּאָמְרֵי – There are those who say that **אָמַר רָבָא – Rava said: לֹא שָׁנוּ אֶלָּא – They taught** in the Baraisa that one may eat until dawn **only בְּשֶׁלֹּא יָשֵׁן – when he did not sleep,** in which case he may eat one meal after another. **אֲבָל יָשֵׁן – However, if he slept אֵינוֹ אוֹכֵל – he may not eat** again, even if he awakens before dawn.[26]

The Gemara questions Rava's ruling:

אֵיתֵיבֵיהּ אַבַּיֵּי – Abaye challenged Rava's statement by citing a Baraisa: יָשֵׁן וְעָמַד – IF HE SLEPT AND ROSE later, הֲרֵי זֶה אוֹכֵל – HE MAY still EAT. This Baraisa refutes Rava's ruling. **– ? –**

The Gemara explains:

הָתָם – There, the Baraisa speaks **בְּמִתְנַמְנֵם – of one** who **is** only **dozing.** Since dozing is not actually sleep, Rava will agree that eating is still permitted.

The Gemara elaborates:

הֵיכִי דָּמֵי מִתְנַמְנֵם – What is dozing like? How can we determine whether a person is dozing or actually sleeping for the purpose of this law? **אָמַר רַב אַשִׁי – Rav Ashi said:**

NOTES

23. The rules formulated in the following Gemara pertain to the public fasts mentioned in our Mishnah (10a), as well as to an individual's voluntary fast (*Rashi*).

24. The Gemara in *Yoma* (21a), while discussing a different issue, specifies the second and third crowing of the rooster. Since the Baraisa here does not specify which crowing is meant, it may be presumed that the fast begins even at the first crowing (see *Rashi*).

25. In those times dining tables were not permanently placed. Rather, the table, resembling a tray with legs, was brought at mealtime and removed immediately afterward (see *Pesachim* 115b, *Rashbam* ד״ה ואין עוקר).

26. The halachah follows Rava's opinion and Rebbi's opinion in the Baraisa; hence, if one has not slept soundly he may eat and drink until dawn (*Rashi*; see *Orach Chaim* 564:1). However, the authorities rule that if one stipulated to eat again after rising before dawn, he may do so (*Orach Chaim* 564:1). The commentators dispute how Rava would rule in the case of one who fell asleep in the middle of his meal. *Ran* and *Ritva* maintain that he may resume eating if he awakens before dawn; *Ravad* prohibits any further eating (see *Rosh* §14). Although halachah follows the more lenient opinion, nevertheless, it is meritorious to act stringently in this matter (*Mishnah Berurah* 564:3).

[א] הא דאמרת מתענין לשעות והוא שלא טעם כלום עד הערב א"ל אביי הא תענית מעלייתא היא [ב] לא צריכא דאימלך אימלוכי ואמר רב חסדא [א] [ג] כל תענית שלא שקעה עליו חמה לאו שמיה תענית מיתיבי [ב] אנשי משמר מתענין ולא משלימין התם לצעורי נפשיה בעלמא הוא תא שמע [ג] דא"ר אליעזר ([ד] בן) צדוק אני מבני בניו של [ה] סנאב בן בנימין ופעם אחת חל ט' באב להיות בשבת ודחינוהו לאחר השבת והתענינו בו ולא השלמנוהו [ד] מפני שיו"ט שלנו הוא התם נמי לצעורי נפשיה בעלמא הוא תא שמע [ו] דאמר רבי יוחנן אהא בתענית עד שאבוא לביתי התם לשמוטיה נפשיה מבי נשיאה הוא דעבד אמר שמואל [ה] כל תענית שלא קיבל עליו מבעוד יום לאו שמיה תענית ואי יתיב מאי אמר רבה בר שילא דמי למפוחא דמליא זיקא אימת מקביל ליה רב אמר במנחה ושמואל אמר [ו] בתפלת המנחה אמר רב יוסף כוותיה דשמואל מסתברא דכתיב במגילת תענית להן כל איניש דייתי עלוהי מקדמת דנא ייסר מאי לאו ייסר עצמו בצלו לא יאסר עצמו פליגי בהא רבי חייא ורבי שמעון ברבי חד אמר ייסר וחד אמר יאסר (א) מ"ד ייסר כדאמרינן למאן דאמר יאסר מאי היא דתניא במגילת תענית כל איניש דייתי עלוהי מקדמת דנא יאסר כיצד יחיד שקיבל עליו שני וחמישי (ושני) של כל השנה כולה ואירעו בם ימים טובים הכתובין במגילת תענית אם נדרו קודם לגזרתנו יבטיל נדרו את גזרתנו ואם גזרתנו קודמת לנדרו תבטל גזרתנו את נדרו תנו רבנן [ז] עד מתי אוכל ושותה [ז] עד שיעלה עמוד השחר דברי רבי [ח] רבי אליעזר בר שמעון אומר עד קרות הגבר אמר [ט] אביי לא שנו אלא שלא גמר סעודתו אבל גמר סעודתו אינו אוכל איתיביה [י] רבא גמר ועמד הרי זה אוכל התם כשלא סילק איכא דאמרי אמר רבא [ח] לא שנו אלא כשלא ישן אבל ישן אינו אוכל איתיביה אביי (ב) ישן ועמד הרי זה אוכל התם במתנמנם [כ] היכי דמי מתנמנם אמר רב אשי נים

רש"י

הא דאמרת מתענין לשעות והוא שלא טעם כלום כל אותו היום. כלומר לא אמרו במתענה שאכל בו ביום כגון שהתחיל להתענות עד חצי היום ואחר כך אכל דאין זה עינוי ואם אכל קודם חצות אין בכך כלום דאינו תענית של כלום אלא כשהשלים כל היום אע"פ שלא קיבלו עליו מאתמול ופריך אי דקבל עליו להתענות עד חצי יום והדר מתענה כל היום האי תעניתא מעלי' הוא ופשיטא דתענית גמור הוא ואפילו תפלת תענית נמי מתפלל עליו ולא איצטריך לאוקומי הלכה בהכי דזהו תענית גמור והאי מקשה סבר דהאי הלכה מתענין לשעות כמשמעו דיכול להתענות עד חצי היום מתענה קרינא ביה: לא צריכנא דממליך אימלוכי. כלומר לא היה בדעתו כלל להתענות אלא אתא ליה טרדא ולא אכל עד חצי היום וכי מטא חצי יום ממליך אמר הואיל והתעניתי עד חצי היום אתענה כל היום: שלא שקעה עליו חמה. שלא התענה עד אותה שעה: אנשי משמר. כהנים ולוים העובדין מתענין כדלקמן בפרק סדר תעניות: ולא משלימין. לפי שהן עסוקין בעבודה ואין יכולים להשלים אלמא אע"ג דאינו משלים מתענה קרי ליה: לצעורי נפשייהו. עם הצבור אבל אינו תענית לא להתפלל תפלת עננו ולא לקובעו עליו חובה כלל וכל שעה שהוא רוצה לאכול אוכל: מבני ([ל] סנאב) בן בנימין. משבט בנימין: שיו"ט שלנו היה. כדלקמן בשלשה פרקים (דף כו.) זמן עצי כהנים והעם כו' עד בחמשה באב בני פרעוש בן יהודה בעשרה בו בני ([ל] סנאב) בן בנימין שעל ידי מעשה קבעו להן חכמים להתנדב עצים ולהביא למערכה וכשמגיע זמנו מביאין אותן ומדליקין אותן על גבי המזבח אע"פ שהיו שם שאר עצים הרבה משא"כ בשאר מתנדבי עצים דאין מבערין אותן בזמן שיש עצים אחרים במסכת מנחות (דף קו:) אמרינן המתנדב עצים לא יפחות משני גזירין ועלים טעונין קמילה טעונים הגשה כו': דאמר רבי יוחנן. פעמים שהיה אומר אהא בתענית עד שאבוא לביתי ואי מטי לביתיה בשתים או בג' שעות ביום הוה אכיל וקרי ליה מתענה: לשמוטיה נפשיה מבי נשיאה. דלא ליטרחוהו למיכל בהדייהו שהיה מבקש הימנו שיאכל עמו היה אומר כן שלא יטריחנו לאכול עמו ומיהו לא הוי תענית שאם היה רוצה היה אוכל מיד ואין בנדרו כלום: ואי יתיב מאי. מי סליק לתענית אי לא: למפוחא. הוא המפוח שנופחין בו הנפחין את האור המתמלא ברוח אף זה נתמלא רוח שלא אכל בחנם: במנחה. בזמן המנחה ואפילו בשוק אומר הריני מחר בתענית: בתפלת המנחה. בסופה (ג) תוספת רילוי ותחנונים עד שאומר הריני מחר בתענית ודוקא נקט מנחה משום דסמוך לתחלת יום תעניתו לאפוקי תפלת יוצר ודיקא נמי מדפסיק שמואל ופליג אדרב דאמר בזמן המנחה שיעורא יתירא: כדכתיב במגילת תענית. לסוף ימים טובים הכתובים במגילת תענית כתיב בה מקדמת דנא ייסר לעיל מינה תני אילין יומיא די לא להתענאה בהון להן כל איניש דייתי עלוהי תענית מן קדמת דנא לפני אלו ימים טובים כגון שקיבל עליו עשרה תעניות או עשרים ונכנסו אלו הימים בהם: ייסר בצלו. בתפלה ואי לא קבליה עליה בתפלת המנחה לא דחי להנך ימים טובים אלמא דעיקר תענית בעי לקבולי בתפלת המנחה עילויה ואי לא קבליה עילויה בתפלת המנחה לא עשה כלום: ייסר. לשון ואסרה אסר (במדבר ל): בצלו. צלותא איכא דאמרי לשון נדר שקבל עליו להתענות כמו הרימותי ידי אל ה' (בראשית יד) דמתרגמינן ארימית ידי בצלו ואין רבי מודה. האי דקתני דכתיב משום דמגילת תענית היתה נכתבת לבד לזכרון נסים: וחד אמר יאסר. דלא הוי תני ייסר (ד) בצלו דמשמע דוקא כדאמרינן אי מקבל בתפלת המנחה אין ואי לא לא אלא יאסר דמשמע יהא אסור לאכול אי אתי עליה תענית מן קדמת דנא בין בתפלה בין שלא בתפלה: מאי היא. מאי קסבר ומשני כדתניא יחיד שקבל עליו תענית שני וחמישי של כל השנה כולה כלומר כדמפרש בהדיא אם נדרו קודם לגזרתנו כו' ולא שנא בין בתפלה בין שלא בתפלה: קודם גזרתנו. קודם שגזרו חכמים ימים טובים הללו אבל משגזרו אע"פ שהתחיל תעניותיו קודם הזמנים הללו לא דחו: עד מתי אוכל ושותה. בלילה כשמתענה למחר בכל תעניות שהוא אוכל משתחשך ואפילו בתענית יחיד קא מיירי: עד קרות הגבר. אפילו פעם ראשונה קאמר מדקאמר גבי יוצא יחידי בלילה בסדר יומא (דף כא.) עד שישלש: שלא גמר סעודתו. אבל גמר דברי הכל אינו אוכל: אכל ועמד. אע"פ שבירך ועמד משולחנו חוזר ואוכל ואין בכך כלום: שלא סילק. את הטבלא דלאו עקירה היא ולא אסח דעתיה מאכילה וכסעודה אריכתא דמיא: איכא דאמרי אמר רבא כו'. והלכה כאיכא דאמרי אוכל ושותה עד שיישן קבע ועד שיעלה עמוד השחר כרבי: אבל ישן. הפסקה היא ושוב אינו אוכל: התם. לאו ישן ממש אלא מתנמנם שומליי"ר בלע"ז:

תוספות

כל תענית שלא שקעה עליו חמה לא שמיה תענית. פי' במסכת ע"ז פרק אין מעמידין (דף לד.) וכן בחלוק שאין לו אימרא פירש התם וכל הפסק דמתענין לשעות דכל תענית צריך לקבלו מבערב בתפלת המנחה בשומע תפלה ואם הוא שבת באלהי נצור וצריך שיאמר למחר אהיה בתענית יחיד כי היכי דליכא למטעי בתענית צבור: התם לצעורי נפשיה בעלמא. ואע"ג דאמרינן (ר"ה דף יח:) משחרב בית המקדש בטלה מגילת תענית והאי עובדא דרבי אליעזר בר צדוק היה לאחר חורבן דאי קודם החורבן אמרינן (שם) (ה) כיון שיש שלום אין שם גזירות המלכות האי תנא סבר דלא בטלה: יאסר. פי' יאסר באל"ף הוי לשון אסור שאסר עצמו וייסר הוי לשון הסרה כלומר יסור מן הנדר (ו) יהיה מותר לאכול למחר שיהיה יום טוב ואין להתענות: ואם גזרתנו קודם לנדרו ידחה נדרו מפני גזרתנו. אומר רש"י ידחה נדרו מכל וכל ולא ישלים אותו תענית והר"י מסופק בדבר ויש להחמיר דדוקא אותו יום לא יתענה אבל ישלים אותו ליום (ז) מחר וכן יש ליזהר שלא להתענות בראש חדש ובחנוכה ובפורים דמאלו ודאי לא בטלה מגילת תענית: נים

עין משפט נר מצוה

מד א ב מיי' פ"א מהל' תעניות הלכה יב סמג עשין ג טוש"ע א"ח סי' תקסב סעיף ו:
מה ג שם סעיף א:
מו ד מיי' פ"א מהלכות כלי מקדש הלכה ט:
מז ה מיי' פ"א מהלכות תעניות הלכה י טור שו"ע שם סעיף ה:
מח ו מיי' שם וטוש"ע שם סעיף ו:
מט ז ח מיי' שם הלכה ח סמג עשין ג טוש"ע שם סי' תקסד סעיף א:

מסורת הש"ס

א) לקמן טו:, ב) [ע' תוס' ע"ז לד. ד"ה מתענין ותוס' מנחות כ: ד"ה נפסל], ג) עירובין מא., ד) [צ"ל ברבי], ה) [צ"ל סנאה ע' תוס' עירובין מא. ד"ה סנאה], ו) [מגילה כד.], ז) [תוספ' פ"א] פסחים ב: ע"ש [ע' תוס' שבת קיח. ד"ה לפי שאין], ח) [גי' רלמ"ש ר' אלעזר אומר], ט) ס"א רבא וכן הוא ברא"ש, י) ס"א אביי, כ) [פסחים קב: יבמות נד: נדה סג.], ל) [צ"ל סנאה].

הגהות הב"ח

(א) גמ' וחד אמר יאסר כדאמרינן מ"ד יאסר כדאמרינן למאן דאמר יאסר מאי היא כדתני' במגילת תענית: (ב) שם איתיביה אביי אכל ועמד הרי זה אוכל: (ג) רש"י ד"ה בתפלת המנחה בסופה אומר תוספת רילוי: (ד) ד"ה וחד אמר יאסר דלא הוה תני ייסר דמשמע בצלו דוקא: (ה) תוס' ד"ה התם כו' קודם החורבן אמרינן זמן שיש שלום אין שם גזרות וכו' האי תנא סבר: (ו) ד"ה יאסר כו' ויהיה מותר: (ז) ד"ה ואם כו' אבל ישלים אותו ליום אחר וכן יש ליזהר:

ליקוטי רש"י

אנשי משמר. של אותה שבת. ולא משלימין. [illegible]

רבינו חננאל

אמר רב חסדא הא דאמרת מתענין לשעות ומתפלל תפלת תענית והוא שלא טעם כלום עד הערב ואע"ג דאמליך אמלוכי. רב חסדא לטעמיה דאמר כל תענית שלא שקעה עליו חמה לא שמיה תענית. ואותבינן עליה הא דתנן אנשי משמר מתענין ולא משלימין. והא דאמר ר' אלעזר בר צדוק והתענו בו ולא השלמנוהו הנה תעניותם תענית אף על פי שלא שקעה עליו חמה. ומשני התם אינה תענית אלא רצו להצטער גם הם בצער צבור. ולא משום דתורת דין תענית עליהם ור' יוחנן לא הוה מסכים תענית בלבו ולא היה אומר אלא להשתמט מבי נשיאה שלא היה רוצה לסעוד אצלם: אמר שמואל כל תענית שלא קבלה מבע"י אינה תענית אימת מקבל לה רב אמר במנחה משעה א) שיסכן לתפלת המנחה. ואפי' מתעסק במלאכתו אומר מחר אהיה בתענית. יהי רצון שתהא תפלתי ביום תעניתי מקובלת. ושמואל אמר בתפלת המנחה כלומר צריך להיות כולל אלו הדברים בשומע תפלה וגו'. אמר רב יוסף כשמואל מסתברא דכתיב במגלת תענית להן כל איניש דייתי עליהו מן קדמת דנא יאסר. מאי יאסר בצלו קודם שיקבל עליו תענית מקבל עליו בתפלתו תענית שנמצא אוסר עצמו באכילה ובשתיה בקבלתו תענית בתפלתו: פליגי בה ר' חייא ור' שמעון בר' חד תני ייסר וחד תני יאסר. מאן דתני ייסר כלומר ייסר עצמו בצלו בתפלת המנחה ואיסור אוסר על עצמו בתפלתו. ומאן דתני יאסר כדתניא להן כל איניש דייתי עלוהי [מקדמת דנא] יאסר. כיצד יחיד שקיבל עליו תענית ב' וה' (וב') של כל השנה ואירעו בהן י"ט הכתובים במגלת תענית כגון שמונת ימים שמראש חדש ניסן וכיוצא בהן דלא להתענאה בהן. אם נדרו קודם לגזרתנו ידחה נדרו את גזרתנו כו'. פי' כל איניש דייתי עלייהו נדר תענית מקדמת גזרה דנא להיות היום י"ט ושיהיה אסור בתענית יאסר באכילה ובשתייה ומקיים נדרו. הגיע ר"ח כסלו ולא הורידו גשמים ב"ד גוזרין ג' תעניות על הצבור אוכלין ושותין משחשכה ומותרין במלאכה כו': ת"ר עד מתי אוכלין ושותין עד שיעלה עמוד השחר דברי רבי ר"ש בן אלעזר אומר עד קרות הגבר. אמר רבה לא שנו עד שיעלה עמוד השחר אלא אם לא ישן

חשק שלמה על רבינו חננאל א) שיסכן צ"ל וכ"ה בערוך.

רבינו גרשום

נקיים מה' ומישראל. דקא מימלך אימלוכי. שקיבל עליו תענית בשחרית עד הצהרים ובצהרים קבל עליו להתענות עד לאורתא. שלא שקעה עליו חמה כלומר שלא התענה כל היום עד לאורתא: לצעורי נפשיהו מיכוון אבל תענית לא מיקרו אע"כ משלים כל היום: מפני שיו"ט שלהם היה. שמביאין בו עצים למערכה: התם לצעורי נפשיה בעלמא מיכוון ולא לתענית שהרי יו"ט שלהם היה: עד שאבא לביתי אלמא דאין משלימין: התם לשמוטיה נפשיה מבי נשיאה שהיה מבקש ממנו שיאכל עמו והיה אומר כן כדי שלא יטריחו לאכול עמו: במנחה. בט' שעות ומחצה: כל איניש דאתי עליהון שקיבל עליו תענית. מקדמת דנא ייסר [illegible] לאו ייסר עצמו בצלו. [illegible]

תיר

נים ולא נים תיר ולא תיר דקרו ליה ועני ולא ידע אהדורי סברא וכי מדכרי ליה מדכר אמר רב כהנא אמר רב יחיד שקיבל עליו תענית אסור בנעילת הסנדל חיישינן שמא תענית צבור קיבל עליו היכי ליעבד אמר רבה בר רב שילא לימא הכי א למחר אהא לפניך בתענית יחיד אמרו ליה רבנן לרב ששת הא קא חזינן רבנן דמסיימי מסנייהו ואתו לבי תעניתא איקפד ואמר להו דלמא מיכל נמי אכול אביי ורבא מעיילי כי מסיימי אפנתא מרימר ומר זוטרא מחלפי דימינא לשמאלא ודשמאלא לימינא רבנן דבי רב אשי נפקי כי אורחייהו סברי כי הא דאמר שמואל ג אין תענית צבור בבבל אלא תשעה באב ג בלבד אמר רב יהודה אמר רב ב לוה אדם תעניתו ופורע כי אמריתה קמיה דשמואל אמר לי וכי נדר קבל עליה א] דלא סגי דלא משלם לצעורי נפשיה קביל עליה אי מצי מצער נפשיה אי לא מצי לא מצער נפשיה איכא דאמרי אמר רב יהודה אמר רב לוה אדם תעניתו ופורע כי אמריתה קמיה דשמואל אמר לי פשיטא לא יהא אלא נדר מי לא מצי בעי לשלומי ומיזל למחר וליומא אחרינא ד רב יהושע בריה דרב אידי איקלע לבי רב אסי עבדו ליה עגלא תילתא אמרו ליה ליטעום מר מידי א"ל בתעניתא יתיבנא אמרו ליה ולוזיף מר וליפרע לא סבר מר להא דאמר רב יהודה אמר רב לוה אדם תעניתו ופורע אמר להו תענית חלום הוא ואמר רבה בר מחסיא אמר רב חמא בר גוריא אמר רב ג יפה תענית לחלום כאש לנעורת (ה אמר) רב חסדא ד ובו ביום ואמר רב יוסף ה ואפילו בשבת ו מאי תקנתיה ו ליתיב תעניתא לתעניתא: **מתני'** ז עברו אלו ולא נענו בית דין גוזרין ג' תעניות אחרות על הצבור ז אוכלין ושותין מבעוד יום ואסורין במלאכה וברחיצה ובסיכה ובנעילת הסנדל ובתשמיש המטה ונועלין את המרחצאות ח עברו אלו ולא נענו ב"ד גוזרין עליהן עוד שבע שהן י"ג תעניות על הצבור ח הרי אלו יתרות על הראשונות שבאלו מתריעין ונועלין את החנויות ט בשני מטין עם חשיכה ובחמישי מותרין מפני כבוד השבת י ט עברו אלו ולא נענו ממעטין במשא ומתן בבנין ובנטיעה באירוסין ובנישואין כ ובשאילת שלום בין אדם לחבירו כבני אדם הנזופין למקום היחידים חוזרין ומתענין עד שיצא ניסן ל יצא ניסן וירדו גשמים סימן קללה שנא' א הלא קציר חטים היום וגו': **גמ'** בשלמא כולהו אית בהו תענוג רחיצה וסיכה ותשמיש המטה אבל מלאכה צער הוא אמר רב חסדא אמר רב ירמיה בר אבא אמר קרא ב קדשו צום קראו עצרה אספו זקנים כעצרת מה עצרת אסור בעשיית מלאכה אף תענית אסור בעשיית מלאכה אי מה עצרת מאורתא אף תענית נמי מאורתא אמר רבי זירא לדידי מיפרשא לי מיניה דר' ירמיה בר אבא אמר קרא אספו זקנים דומיא דאסיפת זקנים מה אסיפת זקנים ביום אף צום נמי ביום ואימא מ מטיהרא אמר רב שישא בריה דרב אידי מסייע ליה לרב הונא דאמר נ מצפרא כינופיא י היכי עבדי אמר אביי מצפרא עד פלגא דיומא מעיינן במילי דמתא מכאן ואילך ריבעא דיומא קרינן בספרא ואפטרתא מכאן ואילך בעינן רחמי שנא' ג ויקומו על עמדם ויקראו בספר תורת ה' אלהיהם רביעית היום ורביעית מתודים ומשתחוים לה' אלהיהם

איפוך

רש"י

תיר. ער כדמתרגמינן (בראשית מא) ויקץ ואיתער: **אהדורי סברא.** אם צריך ממנו דבר שצריך הרהור אינו יודע לומר בעוד שמתנמנם: **וכי מדכרו ליה מדכר.** כזה שמעת מדבר: **יחיד שקבל עליו תענית.** סתם ואינו יודע איזה תענית קבל עליו אם של (א) יחיד אם של צבור: **ואסור בנעילת כו'.** שמא תענית צבור כג' ס ראשונות או כז' אחרונות קיבל עליו: **קאתו רבנן לתעניתא כו'.** בתענית צבור וסברי לה כשמואל דאמר אין תענית צבור בבבל בפרק מקום שנהגו (פסחים דף נד:) (ב) לאסור בנעילת הסנדל ובכל הני: **איקפד רב ששת דלמא מיכל נמי אכלי.** ופורשים מדרכי צבור ולית ליה דשמואל ואנן האידנא נהגינן כשמואל: **אפנתא.** אישקריפי"ט: **מחלפי.** ביומא דתעניתא: **לצעורי בעלמא.** אי מצי מצער נפשיה ואי לא (ג) לא יהא אלא (ע ליומא) אחרינא: **ואפילו בשבת.** יכול להתענות כדי שיתבטל צער גופו: **קדשו צום קראו עצרה אספו זקנים.** כל יושבי הארץ בית ה' אלהיכם וזעקו אל ה': **מה עצרת.** שבועות ושמיני עצרת: **אי מה עצרת.** איסור מלאכתו מאורתא: **דומיא דאסיפת זקנים ביום.** דבלילה כל אחד בביתו ואין נאספין: **מסייע ליה לרב הונא.** הא דפשיטא לך דאסיפת זקנים ביום: **דאמר מצפרא כינופיא.** ביום תענית צבור מתקבלין ובאין לבית הכנסת מן הבקר: **מעיינן במילי דמתא.** דרישה וחקירה לבדוק במעשיהם בעסקי בני העיר אם גזל וחמס ביניהן ומפייסין אותן: (ד) **היכי עבדי.** מאי עבדי בכינופיא דמצפרא ובכוליה יומא דתעניתא: **ריבעא דיומא.** מחלות ואילך עושין ב' חלקים: **בפלגא.** דהיינו ריבעא דיומא קרו ויחל משה ומפטירין דרשו את ה' בהמצאו:

איפוך

תוספות

נים ולא נים תיר ולא תיר. ° אומר רבי פ נים ולא נים בתוך השינה כשיעור משנתו תיר ולא תיר בתחילת השינה ° אך לא נראה (ה) בערבי פסחים (דף קכ:) דקאמר נתנמנמו יאכלו נרדמו לא יאכלו ואמר רב אשי ה"ד נתנמנמו נים ולא נים וכו' והתם מיירי בתחילת השינה בין נים ולא נים בין תיר ולא תיר צ לכנ"ל כפירוש רש"י דאי הוה אמר נים ולא נים הוה אמינא דתיר הוי טפי מנים ואי הוה אמר תיר ולא תיר ה"א דנים הוי טפי מתיר הלכך איצטריך תרווייהו וכולהו בתחילת השינה כדמפרש התם (ו) ובירושלמי מפורש גבי הך ברייתא עד כמה אוכל ושותה עד קרות הגבר וה"ה עד שיעלה עמוד השחר ובד"א שהתנה אבל לא התנה וישן אינו יכול לאכול:

אביי ורבא סיימי אפנתא. פירוש במנעל שאין (ו) שוליים שול"א בלע"ז: **דאי** מצי מצער נפשיה עביד אי לא מצי מצער נפשיה לא עביד. ומשום הכי קאמר שמואל דלוה תעניתו ופורע דוקא היכי דלא מצי מצער נפשיה אבל היכי דמצי מצער נפשיה לא מצי ללוות תעניתו והכי מסקנא אם אמר הריני בתענית למחר צריך לצעוריה נפשיה ואינו יכול ללוות ופורע בחנם ואפילו אכל בשוגג ישלים אותו והר"י מסופק בדבר אם יכול ללוותו ולפרוע היכי דקביל עליה כבר להתענות והתענה עד חצי היום או רביע יום ואפילו לא מצי לצעורי נפשיה אבל לא התענה ודאי דיכול ללוות אחר בשבילו או אם טעה ואכל בשוגג יאכל וישלים יום אחר ואם התענה בשבת כגון תענית חלום דצריך לפרוע כדאמר ובלבד דיתיב תעניתא לתעניתא אם אירע שיהיה ר"ח אותו יום אז ידחה לתעניתו עד יום אחר בשבוע וכן נראה למ"ר שי':

מה אסיפת זקנים ביום אף צום ביום. אבל בלילה לא תימה אמאי אוכלים ושותים מבעוד יום כל הלילה נמי היו יכולין לאכול ולשתות מה אסיפת זקנים ביום אף צום ביום אבל בלילה לא ויש לומר דלא יליף צום מאסיפה אלא לענין עשיית מלאכה דדוקא מלאכה גמרינן מאסיפה דהא לא כתיב בקרא אלא אספו זקנים וקדשו צום אבל אכילה לא כתיב בקרא:

איפוך

עין משפט נר מצוה

נ א מיי' פ"א מהלכות תענית הלכה י טוש"ע א"ח סי' תקסח סעיף ו:
נא ב מיי' פ"ד מהלכות נדרים הלכה טו סמג עשין רמב טוש"ע שם סעיף ב:
נב ג מיי' פ"א מהלכות תענית הלכה יב סמג עשין מד"ם ג טור וש"ע שם סי' רכ סעיף ב:
נג ד מיי' שם טוש"ע שם סי' תקסח סעיף ב:
נד ה ו מיי' וסמג שם טוש"ע שם סי' רפח סעיף ד:
נה ז מיי' פ"ג מהלכות תענית הלכה ג והלכה ד טוש"ע שם סי' תקעה סעיף ג:
נו ח מיי' שם הלכה ה טוש"ע שם סעיף ד:
נז ט מיי' שם הלכה ח וטוש"ע שם סעיף ז:
נח י מיי' פ"א שם הלכה יז טוש"ע א"ח סי' תקעו סעיף טו:

רבינו גרשום

עד מתי אוכל והולך. מי שיש לו להתענות למחר: **שלא סילק השלחן:** **היכי עביד** כשקיבל עליו שיהא למחר מותר בנעילת הסנדל דאמר **למחר הריני בתענית יחיד:** **דילמא מיכל נמי אכיל** כלומר כי היכי דסיימי סנדל ה"נ יכולין לאכול: **סיימי אפנתא** שנועלין עליונו של סנדל העור שעל הרגל אבל העץ שתחת הרגל לא היו מניחין. **סברי לה כשמואל דאמר אין תענית צבור בבבל** לפיכך אין אסורין בנעילת הסנדל שהן י"ג

תורה אור השלם

א) הֲלוֹא קְצִיר חִטִּים הַיּוֹם אֶקְרָא אֶל יְיָ וְיִתֵּן קֹלוֹת וּמָטָר וּדְעוּ וּרְאוּ כִּי רָעַתְכֶם רַבָּה אֲשֶׁר עֲשִׂיתֶם בְּעֵינֵי יְיָ לִשְׁאוֹל לָכֶם מֶלֶךְ: [שמואל א' יב, יז]

ב) קַדְּשׁוּ צוֹם קִרְאוּ עֲצָרָה אִסְפוּ זְקֵנִים כֹּל יֹשְׁבֵי הָאָרֶץ בֵּית יְיָ אֱלֹהֵיכֶם וְזַעֲקוּ אֶל יְיָ: [יואל א, יד]

ג) וַיָּקוּמוּ עַל עָמְדָם וַיִּקְרְאוּ בְּסֵפֶר תּוֹרַת יְיָ אֱלֹהֵיהֶם רְבִעִית הַיּוֹם וּרְבִעִית מִתְוַדִּים וּמִשְׁתַּחֲוִים לַייָ אֱלֹהֵיהֶם: [נחמיה ט, ג]

רבינו חננאל

שנת תרדמה אלא נים ולא נים כגון זה אע"פ שמתנמנם אוכל. (אלא) [אבל] אם ישן שנת קבע ונרדם (לא היא אלא ישן) לגמרי אינו אוכל: **ירושלמי** ישן ועמד אסור לא שנו אלא שלא התנה אבל התנה מותר. קי"ל דלגבי תענית דאכיל בלילה ומפסיק. אם גמר וסלק לא יאכל. אבל אם לא סילק ודעתו עוד ליכל אע"פ שישן עומד ואוכל. אבל בתעני' שפוסק בו מבע"י אע"פ שפוסק חוזר ואוכל עד שיבא השמש כי הא דאיתא באגדת איכה. ר' יהודה בן בתירה אזל לנציבין בערובת צומא רבה אתא ריש כנשתא לזמוניה. א"ל כבר אכלי ופסקי לי. א"ל אשגח עלי דלא לימא ההוא ר' לא אשגח עליו אזל עמיה ובסיפא אמרין אכל מן כל עיגול חד פתית ואכל מן כל תבשיל חד פת ושתה מן כל (כוס וכוס) [חבית וחבית] חד כוס. ש"מ דאע"ג דפסק אכיל. ולענין מישתו מיא היכא דאית ליה למיכל. אית ליה למשתי כו'. וכן כתב ופירש רבינו הגאון זצ"ל א). **אמר רב** יחיד שקבל עליו תענית אמר רבה בר רב שילא לימא הכי מחר אהא בתענית יחיד דאי לא חיישינן שמא תענית צבור קביל עליה ואסור בנעילת הסנדל כו'. ואסיקנא רבנן דבי רב אשי באלו התעניות השנויות במשנתנו הוו מסיימי מסאנייהו כי אורחייהו ואתו לבי תענית. סברי לה כשמואל דאמר אין תענית צבור בבבל אלא ט' באב בלבד. וכן הלכה: **אמר רב יהודה אמר רב** לווה אדם תעניתו ופורע. פי' היכא דאיכא צערא או אונס וכיוצא בו. לווה תעניתו ופורע דאמרי לא יהא אלא נדר מי לא פרע למחר וליום אחרא כ"ש תענית. ושמעינן הא סברא מדברי שמואל דאמר צערא קבל עליה אי מצי מצער נפשיה כו'. מכלל דרב במצטער הוא דאמר: יפה תענית לחלום כאש בנעורת ובו ביום אפילו בשבת. וכן הלכתא. ויתיב תעניתא לתעניתא ומפורש בשבת בפ' א': **[מתני']** עברו אלו ולא נענו ב"ד גוזרין ג' תעניות כו'. ואקשינן בשלמא רחיצה וסיכה ונעילת הסנדל וכיוצא בהן משום תענוג אלא מלאכה אמאי צערא הוא ומשנינן אמר קרא קדשו צום קראו עצרה. פי' קראו עצרה לקידוש (היום) [הצום]. מה עצרת אסור במלאכה אף צום אסור במלאכה. ומאימתי איסורו משעת אסיפת זקנים ואימתי אסיפת זקנים ביום. שנאמר תקעו שופר בציון הריעו בהר קדשי ירגזו כל יושבי ארץ כי בא יום ה'. אמר רב כהנא כינופיא מצפרא. היכי עבדינן. אמר אביי מצפרא עד פלגיה יומא מעיינן ולפניא ריבעא דיומא. קרינן בספרא ובאפטרתא. ורבעא בתרא

חשק שלמה על רבינו חננאל א) עי' ברא"ש כאן שהביא כל דברי רבינו בכאן וכתב ראיה לדבריו ע"ש.

מסורת הש"ס

א) פסחים קכ: מגילה יח: יבמות נד. נדה סג., ב) לעיל יא: פסחים נד: ע"ש, ג) [גיר' הרא"ש בסי' יט אלא ט"ב ויוה"כ], ד) שבת יא. ע"ש, ה) [נ"ל ואמר], ו) [ברכות לא:], ז) פסחים נד:, ח) [לקמן יד. ושם איתא מה אלו וכן הוא גיר' ירושלמי], ט) [פרש"י על זה לקמן דף יד:], י) מגילה ה: [וע' תוס' שם], כ) [מועד קטן טו.], ל) [לעיל ב:], מ) [תרגום של ממשש בצהרים בטיהרא דברים כח כט], נ) מגילה ל:, ס) [נ"ל אמצעיות], ע) [נ"ל כיומא אם לא דמלת אלא היא בטעות], פ) [עמ"ש הט"ז א"ח סי' תרל ס"ק ח הגיה הכא קצת בארוכות], צ) [ועי' תוס' נדה סג: ד"ה נים].

הגהות הב"ח

(א) רש"י ד"ה יחיד כו' אם של צבור אסור כו' הס"ד ואח"כ מה"ד שמא ת"צ בשלש אחרונות או בשבע כו': (ב) ד"ה קאתו כו' בפ' מקום שנהגו דליאסר בנעילת הסנדל: (ג) ד"ה לצעורי כו' ואי לא מצי לא מצער נפשיה הס"ד ואח"כ מה"ד לא יהא אלא נדר וכי אינו משלם את נדרו ליומא אחרינא: (ד) ד"ה היכי עבדי נ"ל קודם ד"ה מעיינן: (ה) תוס' ד"ה נים כו'. אך לא נראה הכי בערבי פסחים: (ו) בא"ד ובירושלמי מפורש גבי הך ברייתא. נ"ב פי' דתני בה ישן ועמד ה"ז אוכל: (ז) ד"ה אביי כו' שאין לו שולים שול"א:

גליון הש"ס

תוס' ד"ה נים וכו' אומר רבי נים ולא נים בתוך השינה. תיר ולא תיר בסוף השינה. כצ"ל: באה"ד אך לא נראה בע"פ. כאן ובע"פ. כל"ל ע"ש א"ח סי' תרל ס"ק ח:

הגהות מהר"ב רנשבורג

א] גמ' דלא סגי דלא משלם. עי' ר"ן וריטב"א ושמעתא דלא הוי זה כבירכתיה ובכן בפשיטות אמי שפיר פרש"י ותוס' וא"ל למ"ש בעל אהבת עולם ושער המלך:

ליקוטי רש"י

אהדורי סברא. דבר הבא מבינת הלב [מגילה יח:]. במילתא דצריכא סברא כגון ששואלין אותו היכן הנחת כלי זה וכי מדכרו ליה הנחתו במקום פלוני מידכר ואומר הן או לאו [רשב"ם פסחים קכ:]. **מסנייהו.** מנעליהם [ע"פ שבת קכד:]. **אין תענית ציבור בבבל.** לענין איסורי חומרי תענית אמר רבי ירמיה למילתיה שהיו נוהגין בו כעין אבילות שהיו אוכלין מבעוד יום ואסורין בנעילת הסנדל אלא תשעה באב בלבד [לעיל יא:]. הואיל ואין צריכין לגשמים אם גוזרין על דבר אחר אין חומר תענית ציבור נוהג בו לאכול מבעוד יום וליאסר במלאכה ושאר חומרי האמורים שם [פסחים נד:]. **עבדו ליה עגלא תילתא.** שלישי לבטן שהוא משובחת מפני שהבהמה בקטנותה אינה עדיין בכחה והולד ראשון ושני אינו בריא [שבת יא.]. גדל שליש ואז הוא עומד בעיקר טעם בשרו כדתנן (ב"מ דף סח.) ומגדלין אותן עד שיהו משולשין ואמרינן נמי (שם דף סט.) מותר שליש בשכרך אלמא אורחיה עד שליש ליטנא אחרינא שלישי לבטן וקשה לי הא דאמר בעלמא (סנהדרין דף סה:) רב חנינא ורב אושעיא הוו עסקי בספר יצירה וכל מעלי שבתא איברי להו עגלא תילתא דהתם מאי שלישי לבטן איכא הא לא היה בבטן מעולם [עירובין סג.]. **לנעורת.** שמנערין מן הפשתן שהוא קל ונוח לישרף [ישעיה א, לא]. דק דק שנוערין מן הפשתן וקורין אריסט"ש [שבת מט.]. שברי גבעולין הנגערין מן הפשתים כשמנפצין אותו [חולין נא:]. **ליתיב תעניתא לתעניתא.** יתענה למחר [ברכות לא:]. **מתריעין.** בצבור ובתחנה ובשופרות ובחצוצרות [ב"ק פ:]. **בשני מטין.** ולא נועלין ולא פותחין הואיל ולאו לכבוד שבת הוה ובחמישי מותרין לפתוח לגמרי. **מטין.** שלא יראו בני אדם ויצטערו אלא לעת ערב פותחין מקלתן כדי שיהא להם מה לאכול בלילה [לקמן יד:]. **עברו אלו.** שלש עשרה תעניות שבית דין מתענין על הגשמים. **ולא נענו.** מן השמים [מגילה ה:]. **הלא קציר חטים היום.** והגשמים סימן קללה וקשה בעיני הקב"ה להביא פורענות חנם אע"פ כן יש בי כח ואקרא אל ה' ויתן קולות ומטר [שמואל א יב, יז]. **קדשו צום.** הזמינו צום. **עצרה.** אסיפה [יואל א, יד]. **מאורתא.** מתחלת הלילה [ברכות ג:]. **טיהרא.** צהרים [בראשית מג, טז]. **מצפרא כינופיא.** מאספין בני אדם ובודקין ומזהירין אם יש בידם עבירה ויחדלו כדי שיתקבל התענית. **במילי דמתא.** בודקים אם היה עבירה בידם [שם ל:]. **קרינן בספרא ואפטרתא.** ברכות וקללות, דאם בחקותי להודיע שעל עסקי החטא באה פורענות לעולם ויחזרו בתשובה ויגלגלו מצרה שהן מתענין עליה [שם לא.].

נִים וְלֹא נִים – If he is **asleep but not** completely **asleep,** **תִּיר וְלֹא תִּיר** – and **awake but not** completely **awake,**[1] **דְּקָרוּ לֵיהּ וְעָנֵי** – such **that they call him and he responds,** **וְלֹא יָדַע אַהֲדוּרֵי סְבָרָא** – **but he does not know how to reply** in a matter requiring **original thought,** **וְכִי מַדְכְּרֵי לֵיהּ מִדְּכַר** – **but when they remind him** that he knows certain information **he remembers.**

The Gemara discusses another aspect of a personal fast day:

אָמַר רַב כַּהֲנָא אָמַר רַב – **Rav Kahana said in the name of Rav:** **יָחִיד שֶׁקִּיבֵּל עָלָיו תַּעֲנִית** – **An individual who accepted a fast upon himself** **אָסוּר בִּנְעִילַת הַסַּנְדָּל** – **is prohibited to wear shoes** on the fast day, **חָיְישִׁינַן שֶׁמָּא תַּעֲנִית צִבּוּר קִיבֵּל עָלָיו** – because **we are concerned** that **perhaps he accepted upon himself** the stringencies of **a public fast.**[2] **הֵיכִי לִיעֲבֵד** – Therefore, **what should he do** to avoid these stringencies when accepting a private fast? **אָמַר רַבָּה בַּר רַב שִׁילָא** – **Rabbah bar Rav Shila said:** **לֵימָא הָכִי** – **He should pronounce** an explicit declaration **thusly:** **לְמָחָר אֱהֵא לְפָנֶיךָ בְּתַעֲנִית יָחִיד** – **"Tomorrow**[3] **I shall be before You,** God, **in a private fast."**

The Gemara discusses the nature of public fasts undertaken in the Diaspora:

אָמְרוּ לֵיהּ רַבָּנָן לְרַב שֵׁשֶׁת – A certain group of **Rabbis told Rav Sheishess:** **הָא קָא חָזֵינַן רַבָּנָן דְּמְסַיְּימֵי מְסָנַיְיהוּ** – **We have seen** other **Rabbis wearing their shoes** **וְאָתוּ לְבֵי תַעֲנִיתָא** – **and coming to the house of the fast** to pray, although it was a public fast day.[4] **אִיקְפַּד** – **[Rav Sheishes] became angry** **וְאָמַר לְהוּ** – **and said to them:** **דִּלְמָא מֵיכַל נַמִּי אָכוּל** – **Perhaps** those Rabbis **also eat** on the fast day and completely separate themselves from the community![5]

The Gemara mentions various other practices adopted on public fast days in the Diaspora:

אַבָּיֵי וְרָבָא מְעַיְּילֵי – **Abaye and Rava would enter** the house of prayer on a public fast day **כִּי מְסַיְּימֵי אַפַּנְתָּא** – **wearing the upper** leather **part** of the shoe.[6] **מְרֵימָר וּמָר זוּטְרָא** – **Mereimar and Mar Zutra** **מְחַלְּפֵי דִּימִינָא לִשְׂמָאלָא** – **would switch the right** shoe **to the left** foot **וְדִשְׂמָאלָא לִימִינָא** – **and the left** shoe **to the right** foot on a public fast day.[7] **רַבָּנָן דְּבֵי רַב אַשִׁי** – **The Rabbis of Rav Ashi's academy** **נָפְקֵי כִּי אוֹרְחַיְיהוּ** – **would go out** on a public fast day **as usual.**[8] **סָבְרֵי כִּי הָא דְּאָמַר שְׁמוּאֵל** – **They hold like that** ruling **which Shmuel pronounced:** **אֵין תַּעֲנִית צִבּוּר בְּבָבֶל** – **No public fast** is observed **in Babylon** with all the stringent prohibitions **אֶלָּא תִּשְׁעָה בְּאָב בִּלְבַד** – **except Tishah B'Av alone.**[9] Hence, on these other fast days wearing shoes was perfectly permissible.

The Gemara discusses the law of postponing a fast day:

אָמַר רַב יְהוּדָה אָמַר רַב – **Rav Yehudah said in the name of Rav:** **לֹוֶה אָדָם תַּעֲנִיתוֹ** – **A person** who has accepted to fast **may "borrow" his fast,** i.e. he may eat on the specified day if it is difficult for him to fast,[10] **וּפוֹרֵעַ** – **and repay** his obligation by fasting on a different day.[11] Rav Yehudah said: **כִּי אַמְרִיתָהּ קַמֵּיהּ דִּשְׁמוּאֵל** – **When I mentioned [Rav's ruling] before Shmuel,** **אָמַר לִי** – **[Shmuel] told me:** **וְכִי נֶדֶר קִבֵּל עָלֵיהּ** – **Did he accept a vow upon himself,** **דְּלֹא סַגֵּי דְּלֹא מְשַׁלֵּם** – **that he must fulfill** it in any event? **לְצַעוּרֵי נַפְשֵׁיהּ קַבִּיל עָלֵיהּ** – Rather, **he accepted** only **self-affliction upon himself.** **אִי מָצֵי מְצַעֵר נַפְשֵׁיהּ** – Thus, he intends that **if he is able, he will afflict himself** by fasting on the specified day. **אִי לֹא מָצֵי** – **If he is not able** to fast on that day, **לֹא מְצַעֵר נַפְשֵׁיהּ** – **he need not afflict himself** at all, even on an alternative day.[12]

NOTES

1. *Tosafos* explain that this refers to the beginning stage of sleep.

2. Rav refers to one who did not specify and does not know which type of fast he accepted (*Rashi*).

The second series of three and the final series of seven public fasts, which are observed in times of drought, involve a number of prohibitions besides eating and drinking. Among them is the stricture against wearing shoes (see Mishnah below).

3. As the Gemara stated above (12a), a fast must be accepted from Minchah on the day preceding the fast.

4. This incident (as well as the others mentioned below) concerns a public fast day of the second or third series, on which the prohibition against wearing shoes pertains (*Ran*). The Rabbis who wore shoes followed Shmuel's opinion, cited above (11b) and presently below, that in Babylonia and the rest of the Diaspora none of the additional stringent prohibitions (such as the stricture against wearing shoes) was observed on a public fast day, as they were observed in Eretz Yisrael (*Rashi*).

5. I.e. since those Rabbis violated the fast by wearing shoes, they could just as well have eaten (*R' Gershom*).

Rav Sheishess held that public fast days in the Diaspora are observed with all the stringencies of the public fast days discussed in the Mishnah below, in disagreement with Shmuel's opinion [see previous note] (*Rashi*).

6. See *R' Gershom*.

7. [Although these Sages (Abaye, Rava, Mereimar and Mar Zutra) concur with the Rabbis of Rav Ashi's academy, who held like Shmuel that the stringencies of a public fast do not apply in the Diaspora (as stated below),] nevertheless, they accepted upon themselves, as a symbolic gesture, token stringencies similar to those of a public fast.] Hence, they wore their shoes in an unusual manner (*Ran*).

8. That is, while wearing shoes.

9. Shmuel's ruling applies to the rest of the Diaspora as well (*Mishnah Berurah* 568:39). See above, 11b note 9.

10. *Rosh* citing *Rabbeinu Chananel. Rabbeinu Chananel* writes that permission to defer a fast is granted only to someone who is in distress from fasting or who has some other important need, such as to partake in a mitzvah celebration (e,g, the meal following a *bris milah*), or to honor an important person [by eating with him] (*Korban Nesanel*). *Rambam* (*Hil. Nedarim* 4:6) mentions only these last two reasons. However, *Beis Yosef* understands from *Rif* that one may postpone a fast for any reason.

11. According to *Rambam* (*Hilchos Nedarim* 4:16), this case concerns one who vowed to observe a number of fast days, without initially specifying which days. Only later, on the eve of each individual fast, does he express his intention to fast the next day. Since his original vow was not specific, he is not bound by the later designation. However, if he initially specified the day of the fast in his vow, a different day may not be substituted. *Orach Chaim* (568:2) rules according to *Rambam's* opinion.

According to *Rashba* and *Raavad* (cited by *Ran* and *Beis Yosef* 568), Rav's ruling applies even if he specified the fast day in his original vow. They rule that substitution is disallowed only when the day is observed as a fast for a specific reason, such as on a *yahrzheit* (the anniversary of someone's passing). *Ran* explains that according to this view, accepting a fast upon oneself is not equivalent to making a regular vow of abstention, wherein one declares that food is forbidden to him on a particular day. If it were, then postponing the fast would be prohibited, just as postponing the fulfillment of any vow is disallowed. Rather, a vow to fast is treated like a vow to give *tzedakah*, where specification of a particular object (coin) is not as binding as it would be in the case of an ordinary vow (see *Arachin* 6a).

Rosh (§16) and *Tur* (568) rule that substitution may take place even without הַתָּרָה, *nullification*, which is necessary for annulling all ordinary vows. *Rosh* explains that *nullification* is not required here because fasting on the substituted day constitutes a fulfillment of his original vow. However, *Rosh* adds that one must nonetheless observe part of the designated day as a fast (see *Magen Avraham* 568:5; cf. *Tosafos* ד״ה דאי).

12. In this version Shmuel indicates that one need not substitute another day for the specified day. According to *Rosh*, this ruling applies only when he specified a day in his original vow. However, if he originally vowed to observe a number of fast days, clearly he cannot absolve himself of this obligation without actually fasting the specified number of days. [*Rosh* follows the view of *Rashba* and *Raavad* cited in the previous note, that Rav's ruling refers to a case where his vow specified the day to be fasted. According to *Rambam*, Shmuel must be speaking of a case where he originally vowed to observe a number of days and only later specified this particular day, since that is the case of which Rav speaks. It is for

ניס ולא ניס תיר ולא תיר דקרו ליה ועני ולא ידע אהדורי סברא וכי מדכרי ליה מדכר אמר רב כהנא אמר רב יחיד שקיבל עליו תענית אסור בנעילת הסנדל חיישינן שמא תענית צבור קיבל עליו היכי ליעבד אמר רבה בר רב שילא לימא הכי [א] למחר אהא לפניך בתענית יחיד אמרו ליה רבנן לרב ששת הא קא חזינן רבנן דמסיימי מסנייהו ואתו לבי תעניתא איקפד ואמר להו דלמא מיכל נמי אכול אביי ורבא מעיילי כי מסיימי אפנתא מרימר ומר זוטרא מחלפי דימינא לשמאלא ודשמאלא לימינא רבנן דבי רב אשי נפקי כי אורחייהו סברי כי הא דאמר שמואל [ב] אין תענית צבור בבבל אלא תשעה באב [ג] בלבד אמר רב יהודה אמר רב [ד] לוה אדם תעניתו ופורע כי אמריתה קמיה דשמואל אמר לי וכי נדר קבל עליה [אן] דלא סגי דלא משלם לצעורי נפשיה קביל עליה אי מצי מצער נפשיה אי לא מצי לא מצער נפשיה איכא דאמרי אמר רב יהודה אמר רב לוה אדם תעניתו ופורע כי אמריתה קמיה דשמואל אמר לי פשיטא לא יהא אלא נדר נדר מי לא מצי בעי לשלומי ומיזל למחר וליומא אחרינא [ד] רב יהושע בריה דרב אידי איקלע לבי רב אסי עבדו ליה עגלא תילתא אמרו ליה ליטעום מר מידי א"ל בתעניתא יתיבנא אמרו ליה ולוזיף מר וליפרע לא סבר מר להא דאמר רב יהודה אמר רב לוה אדם תעניתו ופורע אמר להו תענית חלום הוא ואמר רבה בר מחסיא אמר רב חמא בר גוריא אמר רב [ג] יפה תענית לחלום כאש לנעורת (ה אמר) רב חסדא [ד] ובו ביום ואמר רב יוסף [ה] ואפילו בשבת [ו] מאי תקנתיה [י] ליתיב תעניתא לתעניתא: **מתני'** [ז] עברו אלו ולא נענו בית דין גוזרין ג' תעניות אחרות על הצבור [ז] אוכלין ושותין מבעוד יום ואסורין במלאכה וברחיצה ובסיכה ובנעילת הסנדל ובתשמיש המטה ונועלין את המרחצאות [ח] עברו אלו ולא נענו ב"ד גוזרין עליהן עוד שבע שהן י"ג תעניות על הצבור [ח] הרי אלו יתרות על הראשונות שבאלו מתריעין ונועלין את החנויות [ט] בשני מטין עם חשיכה ובחמישי מותרין מפני כבוד השבת [י] [ט] עברו אלו ולא נענו ממעטין במשא ומתן בבנין ובנטיעה באירוסין ובנישואין [כ] ובשאילת שלום בין אדם לחבירו כבני אדם הנזופין למקום היחידים חוזרין ומתענין עד שיצא ניסן [ל] יצא ניסן וירדו גשמים סימן קללה שנא' [א] הלא קציר חטים היום וגו': **גמ'** בשלמא כולהו אית בהו תענוג רחיצה וסיכה ותשמיש המטה אבל מלאכה צער הוא אמר רב חסדא אמר רב ירמיה בר אבא אמר קרא [ב] קדשו צום קראו עצרה אספו זקנים כעצרת מה עצרת אסור בעשיית מלאכה אף תענית אסור בעשיית מלאכה אי מה עצרת מאורתא אף תענית נמי מאורתא אמר רבי זירא לדידי מיפרשא לי מיניה דר' ירמיה בר אבא אמר קרא אספו זקנים דומיא דאסיפת זקנים מה אסיפת זקנים ביום אף צום נמי ביום ואימא [מ] מטיהרא אמר רב שישא בריה דרב אידי מסייע ליה לרב הונא דאמר [נ] מצפרא כינופיא [ד] היכי עבדי אמר אביי מצפרא עד פלגא דיומא מעיינינן במילי דמתא מכאן ואילך ריבעא דיומא קרינן בספרא ואפטרתא מכאן ואילך בעינן רחמי שנא' [ג] ויקומו על עמדם ויקראו בספר תורת ה' אלהיהם רביעית היום ורביעית מתודים ומשתחוים לה' אלהיהם

איפוך

רש"י

תיר. ער כדמתרגמינן (בראשית מא) ויקץ ואיתער: **אהדורי סברא.** אם לריך ממנו דבר שלריך הרהור אינו יודע לומר בעוד שמתנמנם: וכי מדכרו ליה מדכר. כזה שמעת מדבר: **יחיד שקבל עליו תענית.** סתם ואינו יודע איזה תענית קבל עליו אם של (א) יחיד אם של לבור: **ואסור בנעילת כו'.** שמא תענית לבור כג' [פ] ראשונות או כז' אחרונות קיבל עליו: **קאתו רבנן לתעניתא כו'.** בתענית לבור וסברי לה כשמואל דאמר אין תענית לבור בבבל בפרק מקום שנהגו (פסחים דף נד:) (ב) לאסור בנעילת הסנדל וככל הני: **איקפד רב ששת דלמא מיכל נמי אכלי.** ופורשים מדרכי לבור ולית ליה דשמואל ואנן האידנא נהגינן כשמואל: **אפנתא.** אישקריפי"ט: **מחלפי.** ביומא דתעניתא: **לצעורי בעלמא.** אי מלי מלער נפשיה ואי לא (ג) לא יהא אלא (ע ליומא) אחרינא: **ואפילו בשבת.** יכול להתענות כדי שיתבטל לער גופו: **קדשו צום קראו עצרה אספו זקנים.** כל יושבי הארץ בית ה' אלהיכם וזעקו אל ה': **מה עצרת.** שבועות ושמיני עלרת: **אי מה עצרת.** איסור מלאכתו מאורתא: **דומיא דאסיפת זקנים ביום.** דבלילה כל אחד בביתו ואין נאספין: **מסייע ליה לרב הונא.** הא דפשיטא לך דאסיפת זקנים ביום: **דאמר מצפרא כינופיא.** ביום תענית לבור מתקבלין ובאין לבית הכנסת מן הבקר: **מעיינין במילי דמתא.** דרישה וחקירה לבדוק במעשיהם בעסקי בני העיר אם גזל וחמס ביניהן ומפייסין אותן: (ד) **היכי עבדי.** מאי עבדי בכינופיא דמלפרא וכוליה יומא דתעניתא: **ריבעא דיומא.** מחלות ואילך עושין ג' חלקים: **בפלגא.** דהיינו ריבעא דיומא קרו ויחל משה ומפטירין דרשו את ה' בהמצאו:

איפוך

תוספות

נים ולא נים תיר ולא תיר. [ס] אומר רבי [פ] נים ולא נים בתוך השינה כשיעור משנתו תיר ולא תיר בתחילת השינה [ס] אך לא נראה (ה) בערבי פסחים (דף קכ:) דקאמר נתנמנמו יאכלו נרדמו לא יאכלו ואמר רב אשי ה"ד נתנמנמו נים ולא נים וכו' והתם מיירי בתחילת השינה בין נים ולא נים בין תיר ולא תיר [ל] לכנ"ל כפירוש רש"י דאי הוה אמר נים ולא נים הוה אמינא דתיר הוי טפי מניס ואי הוה אמר תיר ולא תיר ה"א דניס הוי טפי מתיר הלכך איצטריך תרווייהו וכולהו בתחילת השינה כדמפרש התם (ו) ובירושלמי מפורש גבי הך ברייתא עד כמה אוכל ושותה עד קרות הגבר וה"ה עד שיעלה עמוד השחר ובד"א שהתנה אבל לא התנה וישן אינו יכול לאכול:

אביי ורבא סיימי אפנתא. פירוש במנעל שאין (ז) סוליים סול"א בלע"ז: **דאי** מצי מצער נפשיה עביד אי לא מצי מצער נפשיה לא עביד. ומשום הכי קאמר שמואל דלוה תעניתו ופורע דוקא היכי דלא מצי מצער נפשיה אבל היכי דמצי מצער נפשיה לא מצי ללוות תעניתו והכי מסקנא אם אמר הריני בתענית למחר צריך לצעוריה נפשיה ואינו יכול ללוות ופורע בחנם ואפילו אבל בשוגג ישלים אותו והר"י מסופק בדבר אם יכול ללוותו ולפרוע היכי דקביל עליה כבר להתענות והתענה עד חצי היום או רביע יום ואפילו לא מצי לצעורי נפשיה אבל לא התענה ודאי דיכול ללוות אחר בשבילו או אם טעה ואכל בשוגג יאכל וישלים יום אחר ואם התענה בשבת כגון תענית חלום דצריך לפרוע כדאמר ובלבד דיתיב תעניתא לתעניתא אם אירע שיהיה ר"ח אותו יום אז ידחה לתעניתו עד יום אחר בשבוע וכן נראה למ"ר שי':

מה אסיפת זקנים ביום אף צום ביום. אבל בלילה לא תימה אמאי אוכלים ושותים מבעוד יום כל הלילה נמי היו יכולין לאכול ולשתות מה אסיפת זקנים ביום אף צום ביום אבל בלילה לא ויש לומר דלא יליף צום מאסיפה אלא לענין עשיית מלאכה דדוקא מלאכה גמרינן מאסיפה דהא לא כתיב בקרא אלא אספו זקנים וקדשו צום אבל אכילה לא כתיב בקרא:

איפוך

עין משפט נר מצוה

נ א מיי' פ"א מהלכות תענית הלכה י טוש"ע א"ח סי' תקסח סעיף ו:
נא ב מיי' פ"ד מהלכות נדרים הלכה טו סמג עשין רמב טוש"ע שם סעיף ב:
נב ג מיי' פ"א מהלכות תענית הלכה יב סמג עשין מד"ס ג טור וש"ע שם סי' רכ סעיף ב:
נג ד מיי' שם טוש"ע שם סי' תקסח סעיף ב:
נד ה ו מיי' וסמג שם טוש"ע שם סי' רפח סעיף ד:
נה ז מיי' פ"ג מהלכות תענית הלכה ג והלכה ד טוש"ע שם סי' תקעה סעיף ג:
נו ח מיי' שם הלכה ה טוש"ע שם סעיף ד:
נז ט מיי' שם הלכה ח וטוש"ע שם סעיף ז:
נח י מיי' פ"א שם הלכה יז טוש"ע א"ח סי' תקעו סעיף טו:

רבינו גרשום

עד מתי אוכל והולך. מי שיש לו להתענות למחר: **שלא סילק** השלחן: **היכי עביד** כשקיבל עליו שיהא למחר מותר בנעילת הסנדל דאמר **למחר הריני בתענית יחיד: דילמא מיכל נמי אכיל** כלומר כי היכי דסיימי סנדל ה"נ יכולין לאכול: **סיימי אפנתא** שנועלין עליונו של סנדל העור שעל הרגל אבל העץ שתחת הרגל לא היו מניחין. **סברי לה כשמואל דאמר אין תענית צבור בבבל** לפיכך אין אסורין בנעילת הסנדל שהן י"ג

תורה אור השלם

א) הֲלוֹא קְצִיר חִטִּים הַיּוֹם אֶקְרָא אֶל יְיָ וְיִתֵּן קֹלוֹת וּמָטָר וּדְעוּ וּרְאוּ כִּי רָעַתְכֶם רַבָּה אֲשֶׁר עֲשִׂיתֶם בְּעֵינֵי יְיָ לִשְׁאוֹל לָכֶם מֶלֶךְ: [שמואל א' יב, יז]
ב) קַדְּשׁוּ צוֹם קִרְאוּ עֲצָרָה אִסְפוּ זְקֵנִים כֹּל יֹשְׁבֵי הָאָרֶץ בֵּית יְיָ אֱלֹהֵיכֶם וְזַעֲקוּ אֶל יְיָ: [יואל א, יד]
ג) וַיָּקוּמוּ עַל עָמְדָם וַיִּקְרְאוּ בְּסֵפֶר תּוֹרַת יְיָ אֱלֹהֵיהֶם רְבִעִית הַיּוֹם וּרְבִעִית מִתְוַדִּים וּמִשְׁתַּחֲוִים לַייָ אֱלֹהֵיהֶם: [נחמיה ט, ג]

רבינו חננאל

שנת תרדמה אלא נים ולא נים כגון זה אע"פ שמתנמנם אוכל. (אלא) [אבל] אם ישן שנת קבע ונרדם (לא היא אלא ישן) לגמרי אינו אוכל: **ירושלמי** ישן ועמד אסור לא שנו אלא שלא התנה אבל התנה מותר. קי"ל דלגבי תענית דאכיל בלילה ומפסיק. אם גמר וסלק לא יאכל. אבל אם לא סילק ודעתו עוד ליכל אע"פ שישן עומד ואוכל. אבל בתעני' שפוסק בו מבע"י אע"פ שפוסק חוזר ואוכל עד שיבא השמש כי הא דאיתא באגדת איכה. ר' יהודה בן בתירה אזל לנציבין בערובת צומא רבה אתא ריש כנשתא לזמוניה. א"ל כבר אכלי ופסקי לי. א"ל אשגח עלי דלא לימא ההוא ר' לא אשגח עליו אזל עמיה ובסיפא אמרין אכל מן כל עיגול חד פתית ואכל מן כל תבשיל חד פת ושתה מן כל (כוס וכוס) [חבית וחבית] חד כוס. ש"מ דאע"ג דפסק אכיל. ולענין מישתו מיא היכא דאית ליה למיכל. אית ליה למשתי כו'. וכן כתב ופירש רבינו הגאון זצ"ל א). **אמר רב** יחיד שקבל עליו תענית אמר רבה בר רב שילא לימא הכי מחר אהא בתענית יחיד דאי לא חיישינן שמא תענית צבור קביל עליה ואסור בנעילת הסנדל כו'. ואסיקנא רבנן דבי רב אשי באלו התעניות השנויות במשנתנו הוו מסיימי מסאנייהו כי אורחייהו ואתו לבי תענית. סברי לה כשמואל דאמר אין תענית צבור בבבל אלא ט' באב בלבד. וכן הלכה: **אמר רב יהודה אמר רב** לווה אדם תעניתו ופורע. פי' היכא דאיכא צערא או אונס וכיוצא בו. לווה תעניתו ופורע דאמרי לא יהא אלא נדר מי לא פרע למחר וליום אחרא כ"ש תענית. ושמעינן הא סברא מדברי שמואל דאמר צערא קבל עליה אי מצי מצער נפשיה כו'. מכלל דרב במצטער הוא דאמר: יפה תענית לחלום כאש בנעורת ובו ביום אפילו בשבת. וכן הלכתא. ויתיב תעניתא לתעניתא ומפורש בשבת בפ' א': **[מתני']** עברו אלו ולא נענו ב"ד גוזרין ג' תעניות כו'. ואקשינן בשלמא רחיצה וסיכה ונעילת הסנדל וכיוצא בהן משום תענוג אלא מלאכה אמאי צערא הוא ומשנינן אמר קרא קדשו צום קראו עצרה. פי' קראו עצרה לקידוש (היום) [הצום]. מה עצרת אסור במלאכה אף צום אסור במלאכה. ומאימתי איסורו משעת אסיפת זקנים ואימתי אסיפת זקנים ביום. שנאמר תקעו שופר בציון הריעו בהר קדשי ירגזו כל יושבי ארץ כי בא יום ה'. אמר רב כהנא כינופיא מצפרא. היכי עבדינן. אמר אביי מצפרא עד פלגיה יומא מעיינינן ולפניא ריבעא דיומא. קרינן בספרא ובאפטרתא. ורבעא

בתרא

חשק שלמה על רבינו חננאל א) עי' ברא"ש כאן שהביא כל דברי רבינו בכאן וכתב ראיה לדבריו ע"ש.

מסורת הש"ס

א) פסחים קכ: מגילה יח: יבמות נד. נדה סג., ב) לעיל יא: פסחים נד: ע"ש, ג) [גיר' הרא"ש בסי' יט אלא ט"ב ויוה"כ], ד) שבת יא. ע"ש, ה) [צ"ל ואמר], ו) [ברכות לא:], ז) פסחים נד:, ח) [לקמן יד. ושם איתא מה אלו וכן הוא גיר' ירושלמי], ט) [פרש"י על זה לקמן דף יד:], י) מגילה ה: [וע' תוס' שם], כ) [מועד קטן טו.], ל) [לעיל ב:], מ) [תרגום של ממשש בצהרים בטיהרא דבריס כח כט], נ) מגילה ל:, ס) [צ"ל אמצעיות], ע) [צ"ל כיומא אם לא דמלת אלא היא בטעות], פ) [עמ"ש הט"ז א"ח סי' תרל ס"ק ח הגיה הכא קצת באריכות], צ) [ועי' תוס' נדה סג: ד"ה נים].

הגהות הב"ח

(א) רש"י ד"ה יחיד כו' אם של לבור אסור כו' הס"ד ואח"כ מה"ד שמא ת"ל בשלש אחרונות או בשבע כו': (ב) ד"ה קאתו כו' בפ' מקום שנהגו לאיסר בנעילת הסנדל: (ג) ד"ה לצעורי כו' ואי לא מצי לא מצער נפשיה הס"ד ואח"כ מה"ד לא יהא אלא נדר וכי אינו משלם את נדרו ליומא אחרינא: (ד) ד"ה היכי עבדי צ"ל קודם ד"ה מעיינין: (ה) תוס' ד"ה נים כו'. אך לא נראה הכי בערבי פסחים: (ו) בא"ד ובירושלמי מפורש גבי הך ברייתא. נ"ב פי' דתני בה ישן ועמד ה"ז אוכל: (ז) ד"ה אביי כו' שאין לו סוליס סול"א:

גליון הש"ס

תוס' ד"ה נים וכו' אומר רבי נים ולא נים בתוך השינה. בתחלת השינה. תיר ולא תיר בסוף השינה. כצ"ל: **בא"ד** אך לא נראה בע"פ. כאן ובע"פ. כצ"ל ע"ז א"ח סי' תרל ס"ק ח:

הגהות מהר"ב רנשבורג

א] גמ' דלא סגי דלא משלם. עי' ר"ן וריטב"א ומשמע דלא הוי זה בגירסתם וכן בפסיטות אתי שפיר פרש"י ותוס' וא"צ למ"ש בעל אהבת עולם ושער המלך:

ליקוטי רש"י

אהדורי סברא. דבר הבא מבינת הלב [מגילה יח:]. במילתא דצריכא סברא כגון ששואלין אותו היכן הנחת כלי זה וכי מדכרו ליה הנחתו במקום פלוני מידכר ואומר הן או לאו [רשב"ם פסחים קכ:]. **מסנייהו.** מנעליהם [ע"פ שבת קכד:]. **אין תענית ציבור בבבל.** לענין איסורי חומרי תענית אמר רבי ירמיה למילתיה שהיו נוהגין בו כעין אבילות שהיו אוכלין מבעוד יום ואסורין בנעילת הסנדל אלא תשעה באב בלבד [לעיל יא:]. הואיל ואין צריכין לגשמים אם גוזרין על דבר אחר אין חומר תענית ציבור נוהג בו לאכול מבעוד יום וליאסר במלאכה ושאר חומרי האמורים שם [פסחים נד:]. **עבדו ליה עגלא תילתא.** שלישי לבטן שהוא משובחת מפני שהבהמה בקטנותה אינה עדיין בכחה והולד ראשון ושני אינו בריא [שבת יא.]. גדל שליש ואז הוא עומד בעיקר טעם בשרו כדתנן (ב"מ דף סח.) ומגדלין אותן עד שיהו משולשין ואמרינן נמי (שם דף סט.) מותר שליש בשכרך אלמא אורחיה עד שליש ליסנא אחרינא שלישי לבטן וקשה לי הא דאמר בעלמא (סנהדרין דף סה:) רב חנינא ורב אושעיא הוו עסקי בספר יצירה וכל מעלי שבתא איברי להו עגלא תילתא דהתם מאי שלישי לבטן איכא הא לא היה בבטן מעולם [עירובין סג.]. **לנעורת.** שמנערין מן הפשתן שהוא קל ונוח לישרף [ישעיה א, לא]. דק דק שנוערין מן הפשתן וקורין אריסט"ש [שבת מט.]. שברי גבעולין הננערין מן הפשתים כשמנפצין אותו [חולין נא:]. **ליתיב תעניתא לתעניתא.** יתענה למחר [ברכות לא:]. **מתריעין.** בצבור ובתחנה ובשופרות ובחצוצרות [ב"ק פ:]. **בשני מטין.** ולא נועלין ולא פותחין הואיל ולאו לכבוד שבת הוה ובחמישי מותרין לפתוח לגמרי. **מטין.** שלא יראו בני אדם ויצטערו אלא לעת ערב פותחין מקצתן כדי שיהא להם מה לאכול בלילה [לקמן יד:]. **עברו אלו.** שלוש עשרה תעניות שבית דין מתענין על הגשמים. **ולא נענו.** מן השמים [מגילה ה:]. **הלא קציר חטים היום.** והגשמים סימן קללה וקשה בעיני הקב"ה להביא פורענות הגם אע"פ כן יש בי כח ואקרא אל ה' ויתן קולות ומטר [שמואל א יב, יז]. **קדשו צום.** הזמינו צום. **עצרה.** אסיפה [יואל א, יד]. **מאורתא.** מתחלת הלילה [ברכות ג:]. **טיהרא.** לצהרים [בראשית מג, טז]. **מצפרא כינופיא.** מאספין בני אדם ובודקין ומזהירין אם יש בידם עבירה ויבדלו כדי שיתקבל התענית. **במילי דמתא.** בודקים אם היה עבירה בידם [שם ל:]. **קרינן בספרא ואפטרתא.** ברכות וקללות, דאם במקומי להודיע שעל עסקי החטא באה פורענות לעולם ויחזרו בתשובה ויגללו מצרה שהן מתענין עליה [שם לא.].

The Gemara presents another version of the dialogue between Rav Yehudah and Shmuel:

אִיכָּא דְאָמְרֵי – There are those who say that **אָמַר רַב יְהוּדָה אָמַר רַב – Rav Yehudah said in the name of Rav: לֹוֶה אָדָם תַּעֲנִיתוֹ – A person may "borrow" his fast, וּפוֹרֵעַ – and repay** his obligation by fasting on a different day. **כִּי אַמְרִיתָהּ קַמֵּיהּ דִּשְׁמוּאֵל – When I mentioned [Rav's ruling] before Shmuel, אָמַר לִי – he told me:** That is **obvious! פְּשִׁיטָא – לֹא יְהֵא אֶלָּא נֶדֶר – [His acceptance] is merely a vow. נֶדֶר מִי לֹא מָצֵי בָּעֵי לְשַׁלּוּמֵי וּמֵיזַל – Can he not repay the vow**[13] **לְמָחָר וּלְיוֹמָא אַחֲרִינָא – on the morrow or on another day?**[14] Similarly, a fast need not be fulfilled on the designated day.

The Gemara records a related incident:

רַב יְהוֹשֻׁעַ בְּרֵיהּ דְּרַב אִידִי – Rav Yehoshua the son of Rav Idi אִיקְלַע לְבֵי רַב אַסִּי – visited the house of Rav Assi. עָבְדוּ לֵיהּ עֶגְלָא תִּילְתָּא – They prepared for him a calf one-third grown.[15] **אָמְרוּ לֵיהּ – They said to [Rav Yehoshua]: לִיטְעוֹם מַר מִידֵי – Let Master taste something. אָמַר לֵיהּ – He told them: בְּתַעֲנִיתָא יָתִיבְנָא – I am observing a fast,** and I may not eat. **אָמְרוּ לֵיהּ – They said to him: וְלוֹזִיף מַר וְלִיפְרַע – Master should borrow** and eat now, **and** then **repay** the fast on a different day! **לָא סָבַר מַר – Does Master not hold לְהָא דְּאָמַר רַב יְהוּדָה אָמַר רַב – of that which Rav Yehudah said in the name of Rav: לֹוֶה אָדָם תַּעֲנִיתוֹ וּפוֹרֵעַ – A person may borrow his fast and repay** his obligation by fasting on a different day? **אָמַר לְהוּ – [Rav Yehoshua] said to them: תַּעֲנִית חֲלוֹם הוּא – [Mine] is a fast** occasioned by a frightening **dream. וְאָמַר רַבָּה בַּר מְחַסְיָא אָמַר רַב חָמָא בַּר גּוּרְיָא אָמַר רַב – And Rabbah bar Mechasya said in the name of Rav Chama bar Guria who said in the name of Rav: יָפָה תַּעֲנִית לַחֲלוֹם – A fast is effective** in nullifying the harmful portents of **a dream, כְּאֵשׁ לִנְעוֹרֶת – as fire is effective in** consuming **the leavings** of flax.[16] **(אָמַר) רַב חִסְדָּא – And Rav Chisda said: וּבוֹ בַּיּוֹם – And** the fast is most effective **on that very day,** the day of his dream.[17] Thus, although Rav generally permits one to postpone a fast, Rav Yehoshua insisted that one undertaken to neutralize a frightening dream must be observed in a timely fashion.[18] **וְאָמַר רַב יוֹסֵף – And Rav Yosef said: וַאֲפִילּוּ בְּשַׁבָּת – And** the fast may be observed **even on the Sabbath,** if he experienced a frightening dream Friday night.[19] **מַאי תַּקַּנְתֵּיהּ – What is his rectification?** How can he make amends for fasting on the Sabbath, something that is usually prohibited? **לֵיתִיב תַּעֲנִיתָא לְתַעֲנִיתָא – He should observe an** additional **fast** on a weekday to atone **for his fast** on the Sabbath.[20]

Mishnah

This Mishnah continues to discuss the procedure for conducting public fasts in the event of a drought:

עָבְרוּ אֵלּוּ וְלֹא נַעֲנוּ – If these first three public fasts **passed and they were not answered** with rain, **בֵּית דִּין גּוֹזְרִין – *beis din* decrees ג׳ תַּעֲנִיּוֹת אֲחֵרוֹת עַל הַצִּבּוּר** – a series of **three other fasts upon the community.** These fasts are more stringent than the first three and are governed by the following rules: **אוֹכְלִין וְשׁוֹתִין מִבְּעוֹד יוֹם – They may eat and drink** on the eve of the fast only **while it is still day;** they may not eat after sunset.[21] **וַאֲסוּרִין בִּמְלָאכָה – And they are prohibited** from engaging **in work, וּבִרְחִיצָה – in washing** oneself, **וּבְסִיכָה – in anointing** oneself, **וּבִנְעִילַת הַסַּנְדָּל – in wearing shoes, וּבְתַשְׁמִישׁ הַמִּטָּה – and in marital relations. וְנוֹעֲלִין אֶת הַמֶּרְחֲצָאוֹת – And they lock the bathhouses.**[22]

עָבְרוּ אֵלּוּ וְלֹא נַעֲנוּ – If these fasts **passed and they were not answered, בֵּית דִּין גּוֹזְרִין עֲלֵיהֶן עוֹד שֶׁבַע – *beis din* decrees upon them seven more** fasts, **שֶׁהֵן י״ג תַּעֲנִיּוֹת עַל הַצִּבּוּר** – so **that they are** a total of **thirteen fasts** incumbent **upon the community. הֲרֵי אֵלּוּ יְתֵרוֹת עַל הָרִאשׁוֹנוֹת – These** last seven fasts **are more stringent than the first** six ones, **שֶׁבְּאֵלּוּ מַתְרִיעִין – for on these** seven fasts **they cry out**[23] **וְנוֹעֲלִין אֶת הַחֲנֻיּוֹת – and lock the stores. בַּשֵּׁנִי מַטִּין עִם חֲשֵׁיכָה – On Monday they partially open** the doors of the food stores **toward evening,**[24] **וּבַחֲמִישִׁי מוּתָּרִין מִפְּנֵי כְבוֹד הַשַּׁבָּת – and on Thursday they are permitted** to open the stores the entire day **because of the honor of the Sabbath.**[25]

NOTES

this reason that *Rosh* rejects *Rambam's* explanation. See *Keren Orah* who addresses *Rosh's* question.]

13. *R' Yaakov Emden (Hagahos Yaavetz)* asserts that the word בָּעֵי is a typographical error. We have translated according to his emendation. See *Rif* and *Rosh,* whose version differs slightly from ours, and *Hagahos Yaavetz,* who suggests yet another emendation of the Gemara.

14. *Ran* explains that Shmuel does not mean to equate this acceptance to fast with a regular vow of abstention, which must be fulfilled on the designated day (see above note 10, and 11b note 17). Rather, he likens it to a vow to contribute money to charity. Although such a vow must be fulfilled, one may "borrow" the money actually set aside as the donation and (later replace it with other funds). Similarly, one may "borrow" the day set aside for his fast.

15. The commentators dispute the definition of עֶגְלָא תִּילְתָּא. According to all explanations, it refers to very choice meat. Our translation follows the explanation adopted by *Rashi* in *Eruvin* (63a ד״ה עגלא). Other interpretations: the third calf born to a mother (cited by *Rashi*, ibid.), and a very healthy calf (*Tosafos* to *Gittin* 56a ד״ה עגלא).

16. See *Maharsha* to *Shabbos* 11a.

17. *Magen Avraham* (220:3) cites *Rashba,* who rules that there is no obligation to fast in response to a bad dream. For a complete discussion of the laws of this fast, see *Orach Chaim* 220.

18. The commentators note that this incident provides some guidelines for determining the type of extenuating circumstances that allow a fast to be postponed. It is clear from Rav Yehoshua's response that had he been observing an ordinary fast, he would have deferred it in order to dine with Rav Assi. *Rambam* (*Hilchos Nedarim* 4:16) therefore concludes that a fast may be postponed to honor a dignitary. *Hagahos Asheiri* concludes that a fast may be postponed if it is necessary to avoid giving offense.

19. *Rashi* explains that although fasting is usually prohibited on the Sabbath, here he may fast in order to assuage the distress and anxiety caused by his dream.

20. *Tosafos* (*Nazir* 2b ד״ה ואמאי) explain that although fasting after a disturbing dream is always a meritorious practice, it is nonetheless a slight sin when performed on the Sabbath, due to the affliction it engenders. Therefore, an additional fast is required as an atonement.

21. *Magen Avraham* (575:2), from *Pesachim* 54b. Cf. *Ritva* (12b), who advances the possibility that while on Tishah B'Av one may not eat during the twilight period (בֵּין הַשְּׁמָשׁוֹת), as stated clearly in *Pesachim* 54b, a public fast is not treated as stringently and eating is prohibited only at nightfall. *Ramban* in *Toras HaAdam* concurs with this lenient view.

22. Since bathing is prohibited (see *Orach Chaim* 575:3).

23. The Gemara below (14a) will discuss whether "crying out" refers to sounding the shofar or to reciting the *Aneinu* supplication found in the *Selichos.*

24. Since people do not purchase their Sabbath supplies on Monday, the stores were not kept open for the entire day, lest the sight of food distress the fasting populace. However, toward evening the doors were opened partially, to allow the purchase of food for after the fast (*Rashi* below, 14b ד״ה בשני מטין; cf. *Rambam's* Comm. to Mishnah). *Beis Yosef* infers from *Rashi's* remarks that only stores selling foodstuffs may be opened.

25. Since some Sabbath supplies are usually purchased on Thursday, the stores were allowed to be open for the entire day. The Gemara below

ניים ולא ניים תיר ולא תיר דקרו ליה ועני ולא ידע אהדורי סברא וכי מדכרו ליה מדכר אמר רב כהנא אמר רב יחיד שקיבל עליו תענית אסור בנעילת הסנדל חיישינן שמא תענית צבור קיבל עליו היכי ליעבד אמר רבה בר רב שילא לימא הכי למחר אהא לפניך בתענית יחיד אמרו ליה רבנן לרב ששת הא קא חזינן רבנן דמסיימי מסנייהו ואתו לבי תעניתא איקפד ואמר להו דלמא מיכל נמי אכול אביי ורבא מעיילי כי מסיימי אפנתא מרימר ומר זוטרא מחלפי דימינא לשמאלא ודשמאלא לימינא רבנן דבי רב אשי נפקי כי אורחייהו סברי כי הא דאמר שמואל אין תענית צבור בבבל אלא תשעה באב בלבד אמר רב יהודה אמר רב לוה אדם תעניתו ופורע כי אמריתה קמיה דשמואל אמר לי וכי נדר קבל עליה דלא סגי דלא משלם לצעורי נפשיה קביל עליה אי מצי מצער נפשיה אי לא מצי לא מצער נפשיה איכא דאמרי אמר רב יהודה אמר רב לוה אדם תעניתו ופורע כי אמריתה קמיה דשמואל אמר לי פשיטא לא יהא אלא נדר נדר מי לא מצי בעי לשלומי למחר וליומא אחרינא רב יהושע בריה דרב אידי איקלע לבי רב אסי עבדו ליה עגלא תילתא אמרו ליה ליטעום מר מידי א"ל בתעניתא יתיבנא אמרו ליה ולוזיף מר וליפרע לא סבר מר להא דאמר רב יהודה אמר רב לוה אדם תעניתו ופורע אמר להו תענית חלום הוא ואמר רבה בר מחסיא אמר רב חמא בר גוריא אמר רב יפה תענית לחלום כאש לנעורת (אמר) רב חסדא ובו ביום ואמר רב יוסף ואפילו בשבת מאי תקנתיה ליתיב תעניתא לתעניתא: **מתני'** עברו אלו ולא נענו בית דין גוזרין ג' תעניות אחרות על הצבור אוכלין ושותין מבעוד יום ואסורין במלאכה וברחיצה ובסיכה ובנעילת הסנדל ובתשמיש המטה ונועלין את המרחצאות עברו אלו ולא נענו ב"ד גוזרין עליהן עוד שבע שהן י"ג תעניות על הצבור הרי אלו יתרות על הראשונות שבאלו מתריעין ונועלין את החנויות בשני מטין עם חשיכה ובחמישי מותרין מפני כבוד השבת עברו אלו ולא נענו ממעטין במשא ומתן בבנין ובנטיעה באירוסין ובנישואין ובשאילת שלום בין אדם לחבירו כבני אדם הנזופין למקום היחידים חוזרין ומתענין עד שיצא ניסן יצא ניסן וירדו גשמים סימן קללה שנא' הלא קציר חטים היום וגו': **גמ'** בשלמא כולהו אית בהו תענוג רחיצה וסיכה ותשמיש המטה אבל מלאכה צער הוא אמר רב חסדא אמר רב ירמיה בר אבא אמר קרא קדשו צום קראו עצרה אספו זקנים כעצרת מה עצרת אסור בעשיית מלאכה אף תענית אסור בעשיית מלאכה אי מה עצרת מאורתא אף תענית נמי מאורתא אמר רבי זירא לדידי מיפרשא לי מיניה דר' ירמיה בר אבא אמר קרא אספו זקנים דומיא דאסיפת זקנים מה אסיפת זקנים ביום אף צום נמי ביום ואימא מטיהרא אמר רב שישא בריה דרב אידי מסייע ליה לרב הונא דאמר מצפרא כינופיא היכי עבדינן אמר אביי מצפרא עד פלגא דיומא מעיינינן במילי דמתא מכאן ואילך ריבעא דיומא קרינן בספרא ואפטרתא מכאן ואילך ריבעא בעינן רחמי שנא' ויקומו על עמדם ויקראו בספר תורת ה' אלהיהם רביעית היום ורביעית מתודים ומשתחוים לה' אלהיהם

איפוך

רש"י

תיר. ער כדמתרגמינן (בראשית מא) ויקץ ואיתער: **אהדורי סברא.** אם צריך ממנו דבר שצריך הרהור אינו יודע לומר בעוד שמתנמנם: **וכי מדכרו ליה מדכר.** כזה שמעת מדכר: **יחיד שקבל עליו תענית.** סתם ואינו יודע איזה תענית קבל עליו אם של (א) יחיד אם של צבור: **ואסור בנעילת כו'.** שמא תענית צבור כג' ראשונות או כז' אחרונות קיבל עליו: **קאתו רבנן לתעניתא כו'.** בתענית צבור וסברי לה כשמואל דאמר אין תענית צבור בבבל בפרק מקום שנהגו (פסחים דף נד:) (ב) לאסור בנעילת הסנדל וככל הני: **איקפד רב ששת דלמא מיכל נמי אכלי.** ופורשים מדרכי צבור ולית ליה דשמואל ואנן האידנא נהגינן כשמואל: **אפנתא.** אישקריפי"ט: **מחלפי.** ביומא דתעניתא: **לצעורי בעלמא.** אי מצי מצער נפשיה ואי לא (ג) לא יהא אלא (ליומא) אחרינא: **ואפילו בשבת.** יכול להתענות כדי שיתבטל צער גופו: **קדשו צום קראו עצרה אספו זקנים.** כל יושבי הארץ בית ה' אלהיכם וזעקו אל ה': **מה עצרת.** שבועות ושמיני עצרת: **אי מה עצרת.** איסור מלאכתו מאורתא: **דומיא דאסיפת זקנים ביום.** דבלילה כל אחד בביתו ואינן נאספין: **מסייע ליה לרב הונא.** הא דפשיטא לך דאסיפת זקנים ביום: **דאמר מצפרא כינופיא.** ביום תענית צבור מתקבצין ובאין לבית הכנסת מן הבקר: **מעיינין במילי דמתא.** דרישה וחקירה לבדוק במעשיהם בעסקי בני העיר אם גזל וחמס ביניהן ומפייסין אותן: (ד) **היכי עבדי.** מאי עבדי בכינופיא דמצפרא ובכוליה יומא דתעניתא: **ריבעא דיומא.** מחצות ואילך עושין ג' חלקים: **בפלגא.** דהיינו ריבעא דיומא קרו ויחל משה ומפטירין דרשו את ה' בהמצאו:

איפוך

תוספות

נים ולא נים תיר ולא תיר. אומר רבי נים ולא נים בתוך השינה כשניעור משנתו תיר ולא תיר בתחילת השינה אך לא נראה (ה) בערבי פסחים (דף קכ:) דקאמר נתנמנמו יאכלו נרדמו לא יאכלו ואמר רב אשי ה"ד נתנמנמו נים ולא נים וכו' והתם מיירי בתחילת השינה בין נים ולא נים בין תיר ולא תיר לכנ"ל כפירוש רש"י דאי הוה אמר נים ולא נים הוה אמינא דתיר הוי טפי מנים ואי הוה אמר תיר ולא תיר ה"א דנים הוי טפי מתיר הלכך איצטריך תרוייהו וכולהו בתחילת השינה כדמפרש התם (ו) ובירושלמי מפורש גבי הך ברייתא עד כמה אוכל ושותה עד קרות הגבר וה"ה עד שיעלה עמוד השחר ובד"א שהתנה אבל לא התנה וישן אינו יכול לאכול:

אביי ורבא סיימי אפנתא. פירוש במנעל שאין (ז) שוליים שול"א בלע"ז: **דאי** מצי מצער נפשיה עביד אי לא מצי מצער נפשיה לא עביד. ומשום הכי קאמר שמואל דלוה תעניתו ופורע דוקא היכי דלא מצי מצער נפשיה אבל היכי דמצי מצער נפשיה לא מצי ללוות תעניתו והכי מסקנא אם אמר הריני בתענית למחר צריך לצעוריה נפשיה ואינו יכול ללוות ופורע בחנם ואפילו אכל בשוגג ישלים אותו והר"י מסופק בדבר אם יכול ללוותו ולפרוע היכי דקביל עליה כבר להתענות והתענה עד חצי היום או רביע יום ואפילו לא מצי לצעורי נפשיה אבל לא התענה ודאי דיכול ללוות אחר בשבילו או אם טעה ואכל בשוגג יאכל וישלים יום אחר ואם התענה בשבת כגון תענית חלום דצריך לפרוע כדאמר ובלבד דיתיב תעניתא לתעניתא אם אירע שיהיה ר"ח אותו יום אז ידחה לתעניתו עד יום אחר בשבוע וכן נראה למ"ר שי':

מה אסיפת זקנים ביום אף צום ביום. אבל בלילה לא תימה אמאי אוכלים ושותים מבעוד יום כל הלילה נמי היו יכולין לאכול ולשתות מה אסיפת זקנים ביום אף צום ביום אבל בלילה לא ויש לומר דלא יליף צום מאסיפה אלא לענין עשיית מלאכה דדוקא מלאכה גמרינן מאסיפה דהא לא כתיב בקרא אלא אספו זקנים וקדשו צום אבל אכילה לא כתיב בקרא:

איפוך

עין משפט נר מצוה

נ א מיי' פ"א מהלכות תענית הלכה י טוש"ע א"ח סי' תקסח סעיף ו:
נא ב מיי' פ"ד מהלכות נדרים הלכה טז סמג עשין רמב טוש"ע שם סעיף ב:
נב ג מיי' פ"א מהלכות תענית הלכה יב סמג עשין מד"ס ג טור וש"ע שם סי' רכ סעיף ב:
נג ד מיי' שם טוש"ע שם סי' תקסח סעיף ב:
נד ה ו מיי' וסמג שם טוש"ע שם סי' רפח סעיף ד:
נה ז מיי' פ"ג מהלכות תענית הלכה ג והלכה ד טוש"ע שם סי' תקעה סעיף ג:
נו ח מיי' שם הלכה ה טוש"ע שם סעיף ד:
נז ט מיי' שם הלכה ח וטוש"ע שם סעיף ז:
נח י מיי' פ"א שם הלכה יז טוש"ע א"ח סי' תקעו סעיף טז:

רבינו גרשום

עד מתי אוכל והולך. מי שיש לו להתענות למחר: **שלא סילק** השלחן: **היכי עביד** כשקיבל עליו שיהא למחר מותר בנעילת הסנדל דאמר **למחר הריני** בתענית יחיד: **דילמא** מיכל נמי אכיל כלומר כי היכי דסיימי סנדל ה"נ יכולין לאכול: **סיימי אפנתא** שנועלין עליונו של סנדל העור שעל הרגל אבל העץ שתחת הרגל לא היו מניחין. **סברי לה** כשמואל דאמר אין תענית צבור בבבל לפיכך אין אסורין בנעילת הסנדל שהן י"ג

תורה אור השלם

א) הֲלוֹא קְצִיר חִטִּים הַיּוֹם אֶקְרָא אֶל יְיָ וְיִתֵּן קֹלוֹת וּמָטָר וּדְעוּ וּרְאוּ כִּי רָעַתְכֶם רַבָּה אֲשֶׁר עֲשִׂיתֶם בְּעֵינֵי יְיָ לִשְׁאוֹל לָכֶם מֶלֶךְ: [שמואל א' יב, יז]
ב) קַדְּשׁוּ צוֹם קִרְאוּ עֲצָרָה אִסְפוּ זְקֵנִים כֹּל יֹשְׁבֵי הָאָרֶץ בֵּית יְיָ אֱלֹהֵיכֶם וְזַעֲקוּ אֶל יְיָ: [יואל א, יד]
ג) וַיָּקוּמוּ עַל עָמְדָם וַיִּקְרְאוּ בְּסֵפֶר תּוֹרַת יְיָ אֱלֹהֵיהֶם רְבִעִית הַיּוֹם וּרְבִעִית מִתְוַדִּים וּמִשְׁתַּחֲוִים לַייָ אֱלֹהֵיהֶם: [נחמיה ט, ג]

רבינו חננאל

שנת תרדמה אלא נים ולא נים כגון זה אע"פ שמתנמנם אוכל. (אלא) [אבל] אם ישן שנת קבע ונרדם (לא היא אלא ישן) לגמרי אינו אוכל: **ירושלמי** ישן ועמד אסור לא שנו אלא שלא התנה אבל התנה מותר. קי"ל דלגבי תענית דאכיל בלילה ומפסיק. אם גמר וסלק לא יאכל. אבל אם לא סילק ודעתו עוד ליכל אע"פ שישן עומד ואוכל. אבל בתעני' שפוסק בו מבע"י אע"פ שפוסק חוזר ואוכל עד שיבא השמש כי הא דאיתא באגדת איכה. ר' יהודה בן בתירה אזל לנציבין בערובת צומא רבה אתא ריש כנשתא לזמוניה. א"ל כבר אכלי ופסקי לי. א"ל אשגח עלי דלא לימא ההוא ר' לא אשגח עליו אזל עמיה ובסיפא אמרין אכל מן כל עיגול חד פתית ואכל מן כל תבשיל חד פת ושתה מן כל (כוס וכוס) [חבית וחבית] חד כוס. ש"מ דאע"ג דפסק אכיל. ולענין מישתו מיא היכא דאית ליה למיכל. אית ליה למשתי כו'. וכן כתב ופירש רבינו הגאון זצ"ל א). **אמר רב** יחיד שקבל עליו תענית אמר רבה בר רב שילא לימא הכי מחר אהא בתענית יחיד דאי לא חיישינן שמא תענית צבור קביל עליה ואסור בנעילת הסנדל כו'. ואסיקנא רבנן דבי רב אשי באלו התעניות השנויות במשנתנו הוו מסיימי מסאנייהו כי אורחייהו ואתו לבי תענית. סברי לה כשמואל דאמר אין תענית צבור בבבל אלא ט' באב בלבד. וכן הלכה: **אמר רב יהודה אמר רב** לווה אדם תעניתו ופורע. פי' היכא דאיכא צערא או אונס וכיוצא בו. לווה תעניתו ופורע דאמרי לא יהא אלא נדר מי לא פרע למחר וליום אחרא כ"ש תענית. ושמעינן הא סברא מדברי שמואל דאמר צערא קבל עליה אי מצי מצער נפשיה כו'. מכלל דרב במצטער הוא דאמר: יפה תענית לחלום כאש בנעורת ובו ביום אפילו בשבת. וכן הלכתא. ויתיב תעניתא לתעניתא ומפורש בשבת בפ' א': **[מתני']** עברו אלו ולא נענו ב"ד גוזרין ג' תעניות כו'. ואקשינן בשלמא רחיצה וסיכה ונעילת הסנדל וכיוצא בהן משום תענוג אלא מלאכה אמאי צערא הוא ומשנינן אמר קרא קדשו צום קראו עצרה. פי' קראו עצרה לקידוש (היום) [הצום]. מה עצרת אסור במלאכה אף צום אסור במלאכה. ומאימתי איסורו משעת אסיפת זקנים ואימתי אסיפת זקנים ביום. שנאמר תקעו שופר בציון הריעו בהר קדשי ירגזו כל יושבי ארץ כי בא יום ה'. אמר רב כהנא כינופיא מצפרא. היכי עבדינן. אמר אביי מצפרא עד פלגיה יומא מעיינינן ולפניא ריבעא דיומא. קרינן בספרא ובאפטרתא. ורבעא בתרא

חשק שלמה על רבינו חננאל א) עי' ברא"ש כאן שהביא כל דברי רבינו כאן וכתב ראיה לדבריו ע"ש.

מסורת הש"ס

א) פסחים קכ: מגילה יח: יבמות נד. נדה סג., ב) לעיל יא: פסחים נד: ע"ש, ג) [גיר' הרא"ש בסי' יט אלא ט"ב ויוה"כ], ד) שבת יא. ע"ש, ה) [צ"ל ואמר], ו) [ברכות לא:], ז) פסחים נד:, ח) [לקמן יד. ושם איתא מה אלו וכן הוא גיר' ירושלמי], ט) [פרש"י על זה לקמן דף יד:], י) מגילה ה: [וע' תוס' שם], כ) [מועד קטן טו.], ל) [לעיל ב:], מ) [תרגום של ממשש בצהרים בטיהרא דברים כח כט], נ) מגילה ל:, ס) [צ"ל אמצעיות], ע) [צ"ל כיומא אם לא דמלת אלא היא בטעות], פ) [עמ"ש הט"ז א"ח סי' תרל ס"ק ח הגיה הכא קצת באריכות], צ) [ועי' תוס' נדה סג: ד"ה נים].

הגהות הב"ח

(א) רש"י ד"ה יחיד כו' אם של צבור אסור כו' הס"ד ואח"כ מה"ד שמא צ"ל בשלש אחרונות או בשבע כו': (ב) ד"ה קאתו כו' בפ' מקום שנהגו דליאסר בנעילת הסנדל: (ג) ד"ה לצעורי כו' ואי לא מצי לא מצער נפשיה הס"ד ואח"כ מה"ד לא יהא אלא נדר וכי אינו משלם את נדרו ליומא אחרינא: (ד) ד"ה היכי עבדי צ"ל קודם ד"ה מעיינין: (ה) תוס' ד"ה נים כו'. אך לא נראה הכי בערבי פסחים: (ו) **בא"ד** ובירושלמי מפורש גבי הך ברייתא. נ"ב פי' דתני בה ישן ועמד ה"ז אוכל: (ז) ד"ה אביי כו' שאין לו שולים שול"א:

גליון הש"ס

תוס' ד"ה נים וכו' אומר רבי נים ולא נים בתוך השינה. בתחלת השינה. תיר ולא תיר בסוף השינה. כצ"ל: בא"ד אך לא נראה בע"פ. כאן ובע"פ. כצ"ל ט"ז א"ח סי' תרל ס"ק ח:

הגהות מהר"ב רנשבורג

א] גמ' דלא סגי דלא משלם. עי' ר"ן וריטב"א ומשמע דלא הוי זה בגירסתם וכן בפשיטות אתי שפיר פרש"י ותוס' וא"צ למ"ש בעל אהבת עולם ושער המלך:

ליקוטי רש"י

אהדורי סברא. דבר הבא מבינת הלב [מגילה יח:]. במילתא דצריכא סברא כגון ששואלין אותו היכן הנחת כלי זה וכי מדכרו ליה הנחתו במקום פלוני מידכר ואומר הן או לאו [רשב"ם פסחים קכ:]. **מסנייהו.** מנעליהם [ע"פ שבת קכד:]. **אין תענית ציבור בבבל.** לענין איסורי חומרי תענית אמר רבי ירמיה למילתיה שהיו נוהגין בו כעין אבילות שהיו אוכלין מבעוד יום ואסורין בנעילת הסנדל אלא תשעה באב בלבד [לעיל יא:]. הואיל ואין צריכין לגשמים אם גוזרין על דבר אחר אין חומר תענית ציבור נוהג בו לאכול מבעוד יום וליאסר במלאכה ושאר חומרי האמורים שם [פסחים נד:]. **עבדו ליה עגלא תילתא.** שלישי לבטן שהוא משובחת מפני שהבהמה בקטנותה אינה עדיין בכחה והולד ראשון ושני אינו בריא [שבת יא.]. גדל שליש ואז הוא עומד בעיקר טעם בשרו כדתנן (ב"מ דף סח.) ומגדלין אותן עד שיהו משולשין ואמרינן נמי (שם דף סט.) מותר שליש בשכרך אלמא אורחיה עד שליש לישנא אחרינא שלישי לבטן וקשה לי הא דאמר בעלמא (סנהדרין דף סה:) רב חנינא ורב אושעיא הוו עסקי בספר יצירה וכל מעלי שבתא איברי להו עגלא תילתא דהתם מאי שלישי לבטן איכא הא לא היה בבטן מעולם [עירובין סג.]. **לנעורת.** שמנערין מן הפשתן שהוא קל ונוח לישרף [ישעיה א, לא]. דק דק שנוערין מן הפשתן וקורין אריסט"ש [שבת מט.]. שברי גבעולין הננערין מן הפשתים כשמנפצין אותו [חולין נא:]. **ליתיב תעניתא לתעניתא.** יתענה למחר [ברכות לא:]. **מתריעין.** בצבור ובתחנה ובשופרות ובחצוצרות [ב"ק פ:]. **בשני מטין.** ולא נועלין ולא פותחין הואיל ולאו לכבוד שבת הוה ובחמישי מותרין לפתוח לגמרי. מטין. שלא יראו בני אדם ויצטערו אלא לעת ערב פותחין מקצתן כדי שיהא להם מה לאכול בלילה [לקמן יד:]. **עברו אלו.** שלש עשרה תעניות שבית דין מתענין על הגשמים. **ולא נענו.** מן השמים [מגילה ה:]. **הלא קציר חטים היום.** והגשמים סימן קללה וקשה בעיני הקב"ה להביא פורענות חנם אע"פ כן יש בי כח ואקרא אל ה' ויתן קולות ומטר [שמואל א יב, יז]. **קדשו צום.** הזמינו צום. **עצרה.** אסיפה [יואל א, יד]. **מאורתא.** מתחלת הלילה [ברכות ג:]. **טיהרא.** צהרים [בראשית מג, טז]. **מצפרא כינופיא.** מאספין בני אדם ובודקין ומזהירין אם יש בידם עבירה ויבדלו כדי שיתקבל התענית. **במילי דמתא.** בודקים אם היה עבירה בידם [שם ל:]. **קרינן בספרא ואפטרתא.** ברכות וקללות, דאם בחקותי להודיע שעל עסקי הסטה באה פורענות לעולם ויחזרו בתשובה ויגללו מצרה שהן מתענין עליה [שם לא.].

עָבְרוּ אֵלּוּ וְלֹא נַעֲנוּ – **If these** latter seven fasts **passed and they were not answered,** מְמַעֲטִין בְּמַשָּׂא וּמַתָּן – **they should decrease** their involvement **in commerce,**[26] בְּבִנְיָן וּבִנְטִיעָה – **in construction and in planting,**[27] בְּאֵירוּסִין וּבְנִישׂוּאִין – **in betrothing and in marrying,** וּבִשְׁאִילַת שָׁלוֹם בֵּין אָדָם לַחֲבֵירוֹ – **and in greeting one another.** Rather, they should act כִּבְנֵי אָדָם הַנְּזוּפִין לַמָּקוֹם – **as people who are censured by the Omnipresent.** הַיְחִידִים – **The** distinguished **individuals** חוֹזְרִין וּמִתְעַנִּין – **resume fasting** עַד שֶׁיֵּצֵא נִיסָן – **until Nissan departs.**[28] יָצָא נִיסָן וְיָרְדוּ גְּשָׁמִים – **If rain fell** after the month of **Nissan had ended,** סִימַן קְלָלָה – the rain is **a sign of curse,** שֶׁנֶּאֱמַר – **as it says:**[29] "הֲלוֹא קְצִיר־חִטִּים הַיּוֹם וגו׳" – ***Is today not the wheat harvest* etc.?** *[I will call to Hashem and he will send thunder and rain, that you may know and see that your wickedness is great.]*

Gemara The Gemara questions the reason for a work prohibition in the second series of fasts:

בִּשְׁלָמָא – **It is appropriate** that these other activities are prohibited, because כּוּלְּהוּ – **all of them** אִית בְּהוּ תַּעֲנוּג – **are pleasurable.** רְחִיצָה וְסִיכָה וְתַשְׁמִישׁ הַמִּיטָּה – Hence, **washing** oneself, **anointing and marital relations** are all proscribed during the fast. אֲבָל מְלָאכָה צַעַר הוּא – **However, work is distressful.** Why, then, is it prohibited?

The Gemara answers:

אָמַר רַב חִסְדָּא אָמַר רַב יִרְמְיָה בַּר אַבָּא – **Rav Chisda said in the name of Rav Yirmiyah bar Abba:** אָמַר קְרָא – Regarding a community fast, **the verse said:**[30] "קַדְּשׁוּ־צוֹם – ***Prepare a fast,*** קִרְאוּ עֲצָרָה – ***call a gathering,*** אִסְפוּ זְקֵנִים" – ***assemble the elders.*** Because of their association in the verse, in a certain legal sense a fast is כַּעֲצֶרֶת – **comparable to "a gathering."**[31] מָה עֲצֶרֶת אָסוּר בַּעֲשִׂיַּית מְלָאכָה – **Just as** on the holiday called **"gathering" performing work is prohibited,** אַף תַּעֲנִית אָסוּר בַּעֲשִׂיַּית מְלָאכָה – **so** on a community **fast performing work is prohibited.**[32]

The Gemara challenges the comparison of a fast day to a Yom Tov:

אִי – **If** the fast day is likened to a festival, we should further reason: מָה עֲצֶרֶת מֵאוּרְתָּא – **Just as** the prohibition against work on **"a gathering"** applies **from the** previous **evening,** אַף תַּעֲנִית נַמִּי מֵאוּרְתָּא – **so** the prohibition against work on **a** community **fast** should **also** apply **from the evening.**[33]

The Gemara clarifies Rav Yirmiyah bar Abba's teaching:

אָמַר רַבִּי זֵירָא – **R' Zeira said:** לְדִידִי מִיפַּרְשָׁא לִי – **It was explained to me** מִינֵּיהּ דְּר׳ יִרְמְיָה בַּר אַבָּא – **by Rav Yirmiyah bar Abba himself,** as follows: אָמַר קְרָא – **The verse stated** in regard to a public fast: "אִסְפוּ זְקֵנִים" – ***Assemble the elders.*** Therefore, we conclude that the prohibition against working is דּוּמְיָא דַּאֲסִיפַת זְקֵנִים – **comparable to the assembly of elders** that occurs on a public fast day. מָה אֲסִיפַת זְקֵנִים בַּיּוֹם – **Just as the assembly of elders** occurs **in the daytime,**[34] אַף צוֹם נַמִּי בַּיּוֹם – **so** the prohibition against working on **a fast also** applies only **in the daytime.**[35]

The Gemara asks:

וְאֵימָא מִטִּיהֲרָא – **But say** then that the prohibition against working is only **from the afternoon,** just as assembly is generally in the afternoon? אָמַר רַב שֵׁישָׁא בְּרֵיהּ דְּרַב אִידִי – **Rav Sheisha the son of Rav Idi said:** מְסַיֵּיע לֵיהּ לְרַב הוּנָא – **This** confident statement of R' Zeira, that the assembly of elders occurs in the daytime, **supports** the opinion of **Rav Huna,** דְּאָמַר מִצַּפְרָא כִּינּוּפְיָא – **who said: On the morning** of a fast day the **gathering** of people to the synagogue commences.

The Gemara details the schedule of a community fast day:

הֵיכִי עָבְדֵי – **What is done** in this morning gathering and throughout the remainder of the fast? אָמַר אַבָּיֵי – **Abaye said:** מִצַּפְרָא עַד פַּלְגָא דְיוֹמָא – **From morning until midday** מְעַיְּינִינַן בְּמִילֵּי דְמָתָא – **we scrutinize the affairs of the town.**[36] מִכָּאן וְאֵילָךְ – **Thereafter,** רִיבְעָא דְיוֹמָא – during the third **quarter of the day,** קָרֵינַן בְּסִפְרָא וְאַפְטַרְתָּא – **we read from the** Torah **scroll and the haftarah.**[37] מִכָּאן וְאֵילָךְ – **Thereafter,** during the final quarter of the day, בָּעֵינַן רַחֲמֵי – **we beseech** God's **mercy,** שֶׁנֶּאֱמַר – **as it says:**[38] "וַיָּקוּמוּ עַל־עָמְדָם וַיִּקְרְאוּ בְּסֵפֶר תּוֹרַת ה׳ אֱלֹהֵיהֶם רְבִעִית הַיּוֹם – ***And they stood in their place, and they read from the book of the Torah of HASHEM their God, one-quarter of the day.*** וּרְבִעִית מִתְוַדִּים וּמִשְׁתַּחֲוִים לַה׳ אֱלֹהֵיהֶם" – ***And one-quarter*** [of the day] ***they confessed and prostrated themselves to HASHEM their God.***

NOTES

(14b) queries whether the doors were opened fully or not.

26. The Gemara does not clarify this ruling. However, *Magen Avraham* (*Orach Chaim* 575:6) perceives a connection between this ruling and the one that follows it in the Mishnah. Thus, since the Gemara (below 14b) limits the restriction on construction to those projects of a joyful nature, normal business activity would be permitted (see *Beis Yosef* 551 and *Mishnah Berurah* 551:11).

27. The Gemara below (14b) limits this restriction to construction and planting of a joyful nature (see previous note).

28. The Mishnah does not refer to the calendar month of Nissan, but to the first month of spring, which concludes approximately thirty days after the vernal equinox (see *Rambam Hilchos Taaniyos* 3:9, *Tiferes Yisrael* no. 38).

29. See above, 2b note 15.

30. *Joel* 1:14, wherein the prophet instructs the people to gather in the Temple and pray for God to replenish the Land, which was ravaged by locusts (see *Rashi*).

31. I.e. the holidays of Shavuos and Shemini Atzeres (*Rashi*), which are both called עֲצֶרֶת, *a gathering* – Shavuos in the Talmud (Mishnah *Rosh Hashanah* 16a; Gem. *Chagigah* 17a, *Menachos* 65a et al.) and Shemini Atzeres in *Lev.* 23:36 (see *Sforno* there ד״ה עצרת).

32. The Rabbis found Scriptural support for imposing a prohibition against work on a public fast. However, the prohibition is indeed compelled by the logic of allowing the people time to contemplate their sins and repent (*Ritva*; see 13a, note 19).

33. The Mishnah expressly states that during the second and third series of community fasts, eating and drinking are prohibited after sunset on the eve of the fast. This law is not debated by our Gemara. Rather, the Gemara discusses only the prohibition against working (see note 35).

34. For the elders remain at home in the evening, and do not gather together until the morning of the fast (*Rashi*).

35. However, the prohibition against eating and drinking begins after sunset on the eve of the fast, since the verse makes no explicit reference to abstaining from food (*Tosafos*). [By comparing a fast to the holiday called *Atzeres,* the verse alludes to the prohibition against work. The phrase קַדְּשׁוּ־צוֹם (*Prepare a fast*) also does not necessarily refer to abstaining from food. *Radak* to *I Kings* 21:9 cites his father's assertion that the word צוֹם occasionally refers to an *assembly.* Thus, there is no unambiguous reference to a prohibition against eating in this verse (see *Rashash*).]

36. The financial dealings of the townspeople are examined for evidence of unscrupulous conduct, and the victims receive either restitution or at least placation (*Rashi*).

37. According to the prevalent Ashkenazic custom, the Torah selection begins at: וַיְחַל מֹשֶׁה, *And Moshe entreated* (*Ex.* 32:11), and the *haftarah* selection commences with: דִּרְשׁוּ ה׳ בְּהִמָּצְאוֹ, *Inquire of HASHEM when He is available* (*Isaiah* 55:6). See Mishnah *Megillah* 30b-31a and commentaries there; see also ArtScroll *Megillah* 31a note 1.

38. *Nehemiah* 9:3, concerning a fast instituted by Ezra and Nehemiah.

The Gemara challenges the sequence of events described by Abaye:

אֵיפוֹךְ אֲנָא — But let me reverse the order of activities on the fast and say that the Torah and praying take place in the first half of the day.[1] **— ? —**

The Gemara answers:

לֹא סַלְקָא דַּעְתָּךְ — Let this not enter your mind, דִּכְתִיב — for it is written in regard to the fast of Ezra:[2] ,,וְאֵלַי יֵאָסְפוּ כֹּל חָרֵד בְּדִבְרֵי אֱלֹהֵי־יִשְׂרָאֵל עַל מַעַל הַגּוֹלָה וגו׳" — ***And to me gathered all who hastened at the words of the God of Israel regarding the transgression of the Exile etc.***[3] **וּכְתִיב — And it is written** in the following verse: ,,וּבְמִנְחַת הָעֶרֶב קַמְתִּי מִתַּעֲנִיתִי" — ***And at the time of the evening offering I arose from my fast,***[4] ,,וָאֶפְרְשָׂה כַּפַּי אֶל־ה׳" — ***and I extended my palms to Hashem*** in prayer. This episode demonstrates that the latter part of a fast day is reserved for prayer. We may therefore conclude as well that the town's affairs are scrutinized during the first half of the day.

The Gemara now discusses the prohibition against washing oneself on a public fast day:

אָמַר רַפְרַם בַּר פָּפָּא אָמַר רַב חִסְדָּא — Rafram bar Pappa said in the name of Rav Chisda: כָּל שֶׁהוּא מִשּׁוּם אֵבֶל — On any fast when washing oneself is forbidden **because of mourning, כְּגוֹן תִּשְׁעָה בְּאָב — such as Tishah B'Av,** which is a public day of mourning for the destruction of the Temple, **וְאָבֵל — and** certainly in the case of **an** actual **mourner,** who is greatly pained by the loss of a close relative,[5] **אָסוּר בֵּין בְּחַמִּין בֵּין בְּצוֹנֵן** — one **is forbidden** to wash **with either hot or cold** water. However, **כָּל שֶׁהוּא מִשּׁוּם תַּעֲנוּג —** on **any** fast when washing oneself is forbidden **because of pleasure,**[6] **כְּגוֹן תַּעֲנִית צִבּוּר — such as a public fast, בְּחַמִּין אָסוּר** — washing oneself **with hot** water **is prohibited,**[7] **בְּצוֹנֵן מוּתָּר — but** washing oneself **with cold** water **is permitted.**

The Gemara offers support for Rav Chisda's second ruling, that washing oneself with cold water is permitted on a public fast:

אָמַר רַב אִידִי בַּר אָבִין — Rav Idi bar Avin said: אַף אֲנַן נַמִּי תְּנֵינָא — We have also learned in the Mishnah regarding a public fast: **וְנוֹעֲלִין אֶת הַמֶּרְחֲצָאוֹת — AND THEY LOCK THE BATHHOUSES.**[8]

Abaye rejects the inference:

אָמַר לֵיהּ אַבַּיֵּי — Abaye replied to [Rav Idi]: וְאִי בְּצוֹנֵן אָסוּר — And if the Tanna of our Mishnah held that bathing **in cold** water **is prohibited, סוֹכְרִין אֶת הַנְּהָרוֹת מִבְּעֵי לֵיהּ לְמִיתְנֵי — should he have taught** that **they must stop up the rivers** in order to prevent people from bathing therein? Such an undertaking is obviously impossible! Therefore, you may not infer from the Mishnah that only washing oneself with hot water is prohibited.

The Gemara explains Rav Idi's proof:

אָמַר רַב שֵׁישָׁא בְּרֵיהּ דְּרַב אִידִי — Rav Sheisha the son of Rav Idi said: אַבָּא הָכִי קַשְׁיָא לֵיהּ — My father, Rav Idi, **experienced this difficulty** with the Mishnah:[9] **מִכְּדִי — Let us consider: תְּנַן אָסוּר בִּרְחִיצָה — We have learned in the Mishnah: IT IS PROHIBITED** on a public fast to engage **IN WASHING ONESELF.**[10] **נוֹעֲלִין אֶת הַמֶּרְחֲצָאוֹת** — Hence, the Mishnah's other ruling — **THEY LOCK THE BATHHOUSES — לָמָּה לִי — why** is it taught **to me? אֶלָּא לָאו שְׁמַע מִינָּהּ — Rather, do we not learn from this** additional statement **בְּחַמִּין אָסוּר בְּצוֹנֵן מוּתָּר** — that on an ordinary public fast washing oneself **with hot water is prohibited,** but that washing oneself **with cold water is permitted?**[11]

The Gemara now adduces support for Rav Chisda's first ruling, which prohibited even cold-water washing during a period of mourning:

לֵימָא מְסַיֵּיעַ לֵיהּ — Say that the following Baraisa **corroborates [Rav Chisda]: כָּל חַיָּיבֵי טְבִילוֹת — ALL THOSE OBLIGATED** to perform **IMMERSIONS** in a *mikveh* **טוֹבְלִין כְּדַרְכָּן — MAY IMMERSE** themselves **IN THE USUAL MANNER**[12] **בֵּין בְּט׳ בְּאָב בֵּין בְּיוֹם הַכִּפּוּרִים — WHETHER ON TISHAH B'AV OR ON YOM KIPPUR.**[13]

NOTES

1. *Rashi.* For the verse does not specify which half of the day was devoted to prayer and reading the Torah.

2. *Ezra* 9:4, which relates Ezra's consternation upon learning of the extent of intermarriage between the returnees to Eretz Yisrael and the gentiles. Scripture further describes how he rent his garments, tore at his hair, sat stunned and fasted.

Rashi apparently understood that the verse refers to Nehemiah ben Chachaliah, and not to Ezra. However, this is difficult in the context of the verse.

3. The verse continues: וַאֲנִי יֹשֵׁב מְשׁוֹמֵם עַד לְמִנְחַת הָעָרֶב, *while I sat stunned until the evening offering* — from the shock of their confessions. It is not clear why the Gemara cites this verse. Perhaps it does so only to introduce the following verse, with which it proves its point. Or, perhaps, the people who gathered around Ezra on the morning of his fast wanted to discuss the transgression with him and to devise means of combating it. Thus, their gathering amounts to a *scrutinizing of the affairs of the town,* which is performed in the morning, as stated above.

The prophet refers to the afternoon *tamid* sacrifice as the "evening offering" because it is sacrificed after midday, when the shadows of evening are first cast (*Rashi* from *Yoma* 28b).

4. The phrase *I arose from my fast* does not mean that Ezra broke his fast in the afternoon. Rather, the verse stresses that Ezra rose from his fast and immediately began to pray — while still fasting. That is, weakened by fasting and still dressed in rent garments, Ezra rose and fell on his knees (see *Metzudos* there and *Rashi* here).

5. In Talmudic law a mourner is restricted from washing himself only during the week of *shivah* (see *Moed Kattan* 19b). However, Jews of Ashkenazic descent refrain from washing themselves for thirty days (see *Yoreh Deah* 381:1).

6. I.e. when in order to afflict themselves in times of distress they abstain from certain pleasurable activities (*Rashi*).

7. This refers even to lukewarm water (see *Pischei Teshuvah, Yoreh Deah* 381:1).

Today, since the stringencies of a public fast are not observed in the Diaspora (with the sole exception of Tishah B'Av — see above, 11b), one is permitted — even on the fasts of the Tenth of Teves, the Seventeenth of Tammuz, and Tzom Gedaliah — to bathe in hot water (*Tosafos* ד״ה וכל, in the name of *Ravyah*). However, *R' Yoel*, also cited by *Tosafos* (ibid.), disputes this ruling (see *Orach Chaim* 550:2, *Mishnah Berurah* §6, *Shaar HaTziyun* §8).

8. Since hot water is used only in a bathhouse, and since the Mishnah mandates a precaution only for this type of bathing, we may infer that washing oneself in cold water is permitted (*Rashi*).

9. Literally: this was difficult for him. Rav Idi must have found some difficulty in the text of the Mishnah, from which he derived that only hot-water washing was prohibited.

10. This statement of the Mishnah implicates no distinction between hot-water and cold-water washing, thus ostensibly suggesting that either type is prohibited (*Rashi*).

11. Rav Idi did not entertain the possibility that the Mishnah would merely issue precautions. Hence, he understood that the Mishnah's statement about locking the bathhouses was meant primarily to counter the misleading implication of the previous statement (that both types of washing were prohibited). By stressing that the *bathhouses* should be locked, the Mishnah intimates that the prohibition encompasses only hot-water washing, inasmuch as that sort is the unique attraction of a bathhouse (see *Rashi*).

12. I.e. they do not postpone the immersion. The Baraisa speaks [for example,] of women who achieve purification from the *tumah* associated with menstruation or with childbirth by immersing in a proper *mikveh* (*Rashi*).

13. As mentioned by Rav Chisda above, washing oneself on Tishah B'Av is prohibited because we mourn the destruction of the Temple. Washing oneself on Yom Kippur is prohibited since one must abstain from pleasure and afflict himself on that day. [The commentators dispute whether this obligation is of Biblical or Rabbinic origin (see *Shaar HaTziyun* 611:1-2).]

איפוך אנא. דפלגא דיומא קמא הוו קרו ומפטרי ובעו רחמי ובאידך פלגא מעייני: **על מעל הגולה.** ואני יושב משומם עד מנחת הערב ובמנחת הערב קמתי מתעניתי ובקרעי בגדי ומעילי ואכרעה על ברכי ואפרשה כפי אל ה' אלהי: **ובמנחת הערב קמתי.** אלמא באידך פלגא בעו רחמי עד פניה מכלל דפלגא קמא מעייני במילי דמתא: בנחמיה בן חכליה כתיב בעזרא ואלי יאספו. לי היו מתאספין ובאין טובים שבהן להגיד לפני על מעל ומעל הגולה להפריסם: **משומם.** אישתומימ"ן בלע"ז על מעלם שמתוודין עד מנחת הערב מתוך מחלות ואילך שהלל נוטה כדאמרינן במס' יומא (דף כח:) לנוטה דאפרסם מכי משחרי כותלי: **קמתי מתעניתי.** לא שמתענה עד המנחה ואח"כ אוכל אלא כלומר מלצער נפשיה ובקרעי ואם שאני קורע בגדי ומעילי הייתי מתפלל כדי שאתרצה: **כל שהוא משום אבל.** כל תענית שאסרו חכמים רחיצה משום אבל כגון ט' באב שהוא משום אבילות מוריבן וכל שכן אבל ממש שמתו לפניו דאית ליה לערא טובא אסור בין בחמין וכו': **משום תענוג.** שמלטערין ומוסרין עלמן בתענית: **ה"ג אמר רב אידי בר אבין אף אנן נמי תנינא ונועלין את המרחצאות וא"ל אביי ואי בצונן אסור סוכרין את הנהרות מיבעי ליה למיתני.** במתניה אף אנן נמי תנינא במתני' דקתני גבי תענית צבור ונועלין את המרחצאות דהיינו חמין אבל צונן מותר א"ל אביי כלומר ואי הוה סבירא ליה לתנא דידן דבצונן אסור היכי הוה בעי למיתני סוכרין את הנהרות היכי הוה מצי למיסכרינהו: **אבא.** רב אידי הכי קא קשיא ליה במתניתין דקאמר שמע מינה דלא אסר אלא חמין מכדי קתני מתני' אסורין ברחיצה וסתם רחיצה בין חמין בין צונן למה לי תו למיהדר ומיתנא ונועלין אלא למימרא דדוקא חמין וכו': **לימא מסייע ליה.** לרב חסדא דאמר כל שהוא משום אבל אסור אפילו בצונן: **כל חייבי טבילות.** נדה ויולדת טובלים כדרכן: **טבילה בחמין מי איכא.** חמי האור הא שאובין נינהו: **אלא לאו בצונן.** וחייבי טבילות אין משום דטבילה בזמנה מצוה וממהר לטהר עלמו: ה"ג כולי עלמא לא (ג) בחמין ולא בצונן: **לא נצרכה אלא לחמי טבריא.** והלכך חייבי טבילות אין כולי עלמא לא

איפוך אנא. פי' דנימא פלגא קמייתא דיומא מגלו ועטו רחמי ולידך פלגא מעייני במילי דמתא ומשני לא ס"ד:

אמר רב חסדא כל שהוא משום אבל כגון תשעה באב (ו) **אסור** אפילו בצונן ובאבל אסור בין בחמין בין בצונן וכו'. ירושלמי יוסף בריה דרבי יהושע בן לוי משתעה באב ובט"כ מרחיץ ידיו ומקנח במפה ומעבירה על גבי עיניו רבי יונה הוי סמרטוטי ויהיב תותי כרעיה פי' היה מניח סמרטוט תחת הכר כדי לנגבו ומעבירו על גבי עיניו: **וכל** שהוא משום תענוג וכו'. ועכשיו שאין תענית לבור בבבל אלא תשעה באב מותרין אפילו בחמין ואנו גדולים כך פסק ראבי"ה ור' יואל אביו אסר לרחוץ בחמין: **ונועלין** המרחצאות. פי' שהן חמין: **אטו** סוכרין נהרות כו'. כלומר אי הוה אסור בצונן מי איכא למיתני סוכרים נהרות פשיטא דלא מצי למסכר כלומר כמו כן לא תידוק מהא דקתני ונועלין המרחצאות: **טבילה** בחמין מי איכא. הא שאובים נינהו מדלא קאמר משכחת לה טבילה (בחמין) כשירה בחמין כגון שהוחמו והומשכו לבריכה אלא שאמר בחמי טבריא יש להוכיח דכולו שאוב אפילו ע"י המשכה לא מהניא טבילה והא דאמר' ז) דהמשכה כולה כשירה כ"ל לענין שאינה פוסלת את המקוה בשאר מים שאובים אבל טבילה ודאי אינו עולה בהם: **וכן** אתה מוצא במנודה ובאבל מאי לאו אכולהו. פי' (ז) והא דקאמרינן ובצונן מותר דאבל נמי מותר בצונן וקשיא לרב חסדא דאמר אבל אסור בין בחמין בין בצונן ומשני אשארא כלומר אשאר דינין (ח) אנעילה וסיכה אבל לא קאי אהא דבצונן: **הכביד** שערו מיקל בתער. פי' דרך תתיכה אבל לא כדרכו דרך גילוח מדקאמר מיקל ולא קאמר מגלח:

איפוך אנא לא סלקא דעתך דכתיב א) ואלי יאספו כל חרד בדברי אלהי ישראל על מעל הגולה וגו' וכתיב ב) ובמנחת הערב קמתי מתעניתי ואפרשה כפי אל ה' אמר רפרם בר פפא אמר רב חסדא כל שהוא משום אבל (א) כגון א תשעה באב ב ואבל אסור בין בחמין בין בצונן ג כל שהוא משום תענוג כגון תענית צבור בחמין אסור בצונן מותר אמר רב אידי בר אבין אף אנן נמי תנינא ונועלין את המרחצאות א"ל אביי ואי בצונן אסור סוכרין את הנהרות מבעי ליה למיתני אמר רב שישא בריה דרב אידי אבא הכי קשיא ליה מכדי תנן אסור ברחיצה נועלין את המרחצאות למה לי אלא לאו ש"מ בחמין אסור בצונן מותר לימא מסייע ליה ד כל חייבי טבילות טובלין כדרכן בין בט' באב בין ביוה"כ במאי אילימא בחמין ה טבילה בחמין מי איכא [א] שאובין נינהו אלא לאו בצונן וחייבי טבילות אין איניש אחרינא לא אמר רב חנא בר קטינא לא נצרכה אלא לחמי טבריא אי הכי אימא סיפא א"ר חנינא סגן הכהנים כדי הוא בית אלהינו לאבד עליו טבילה פעם אחת בשנה ואי אמרת בצונן מותר ירחיץ בצונן אמר רב פפא באתרא דלא שכיח צונן תא שמע ו כשאמרו אסור במלאכה לא אמרו אלא ביום אבל בלילה מותר ז וכשאמרו אסור בנעילת הסנדל לא אמרו אלא בעיר אבל בדרך מותר הא כיצד יוצא לדרך נועל נכנס לעיר חולץ ח וכשאמרו אסור ברחיצה לא אמרו אלא כל גופו אבל פניו ידיו ורגליו מותר וכן אתה מוצא במנודה ובאבל מאי לאו אכולהו ובמאי (ג) עסקינן אילימא בחמין פניו ידיו ורגליו מי שרו והאמר רב ששת ח אבל אסור להושיט אצבעו בחמין אלא לאו בצונן לא לעולם בחמין ודקא קשיא לך וכן אתה מוצא במנודה ובאבל אשארא קאי תא שמע דאמר ר' אבא הכהן משום ר' יוסי הכהן מעשה ומתו בניו של ר' יוסי בן רבי חנינא ורחץ בצונן כל שבעה התם כשתכפוהו אבליו הוה דתניא י ט תכפוהו אבליו זה אחר זה הכביד שערו מיקל בתער ומכבס כסותו במים אמר רב חסדא כ בתער אבל לא במספרים ל במים ולא בנתר ולא בחול אמר רבא אבל מותר לרחוץ בצונן כל שבעה מידי דהוה אבשרא וחמרא מיתיבי

לא אבל בצונן שרו. **כדי.** ראוי הוא בית אלהינו כו': **ואם איתא.** כדמוקמת לה דבצונן שרי מאי קא מהדר ליה רבי חנינא לתנא קמא מאיבוד טבילה נהי דלא טבלי בחמין משום כבוד בית אלהינו הא מצו טבלי בצונן אלא לאו בצונן נמי אסירי והיינו דאמר לאבד: **אמר רב פפא.** לעולם בחמי טבריא והיינו דקאמר' חייבי טבילות אין כולי עלמא לא ובצונן כ"ע שרי ומאי לאבד דקאמר ר' חנינא כגון באתרא דלא שכיח צונן: **כשאמרו אסור (ד) [במלאכה].** גבי תענית צבור לא אמרו אלא ביום אבל בלילה מותר מהכא ז) משמע דבלילי תשעה באב מותר במלאכה ואין ביטול אלא ביום אבל אין מפרסמין הדבר: **יצא לדרך.** חוץ לעיר: **וכן אתה מוצא במנודה ואבל.** הכי גרסינן במאי אילימא בחמין מי שרי והאמר רב ששת אבל אסור להושיט אצבעו בחמין אלא לאו בצונן מאי לאו אכולהו כו' הא דקתני וכן אתה מוצא במנודה ובאבל אכל הני קאי ואפילו ארחיצה ושמע מינה דבתענית צבור לרחוץ כל גופו ואפילו בצונן ותיובתא דרב חסדא: **לא אשארא קאי.** אנעילה (ה) וסיכה ולעולם הך רחיצה בחמין היא אבל בצונן שרי לרחוץ כל גופו והשתא דאמרת במנודה ובאבל לאו ארחיצה קיימי ליכא לאקשויי כדפרכת לעיל אילימא בחמין מי שרי: **ורחץ בצונן בתוך שבעה.** גרסינן אלמא בצונן שרי: **שתכפוהו אבליו.** בזה אחר זה כדקתני שמתו בניו שניים ולפיכך התירו לו כדלאסכמן גבי שיער: **מיקל בתער.** דשקיל פורתא מינייהו: **ובתער.** דרך שינוי: **נתר.** קרקע הוא או אבן כעין שקורין קרי"א בלע"ז: **בנתר וחול.** דרך לכבס שיולבן: **מידי דהוה אבשרא וחמרא.** דמענוג הן כלונן: אין

מסורת הש"ס

א) שבת קיא. ביצה יח: יומא פח. ב) [ברכות כב.], ג) מו"ק טו:, ד) [תוספ' פ"א], ה) [מו"ק שם פסחים נד:], ו) מו"ק יז:, ז) [עי' רש"י פסחים נד: ד"ה בין השמשות וכו' והמג"א סי' תקנד ס"ק כב הניחו בצ"ע], ח) [ס"ק לתמורה דף יב: וע"ש בתוס' ד"ה ואין].

הגהות הב"ח

(א) גמ' כל שהוא משום אבל כגון תשעה באב. נ"ב פי' דברבן לית לפלוני בין שהוא משום אבל ובין שהוא משום תענוג אבל ביוה"כ שהוא לפורייתא אע"פ שהוא משום תענוג אסור בין בחמין בין בצונן: (ב) שם מאי לאו אכולהו ובמאי אילימא בחמין כצ"ל ותיבת עסקינן נמחק: (ג) רש"י ד"ה כ"ע לא בחמין: (ד) ד"ה כשאמרו אסור ברחיצה גבי תענית: (ה) ד"ה לא אשארא קאי אנעילה ולמלאכה ולעולם הך: (ו) תוס' ד"ה אמר כ"ש כו' כגון תשעה באב ואבל אסור בין כו' כצ"ל ותיבות אסור אפילו בצונן נמחק: (ז) ד"ה וכן כו' פירוש דקאי אהא דקאמר בצונן מותר: (ח) בא"ד כלומר אשאר דינין קאי אנעילה ולמלאכה אבל לא:

גליון הש"ס

תוס' ד"ה וכן. מותר בצונן וקשי' לר"ח. ק' לי הא דלרבא בין דמייר' אבל ואפ"ה תני כל גופו אסור א"ו דקושיא בסיפון למוכח דבתענית ג"כ אסור בצונן כל גופו וקשיא לר"ח וכמ"ש רש"י:

הגהות הגר"א

[א] גמ' (שאובין נינהו). תא"מ (ועמ"ש רבינו ביו"ד סי' רא ס"ק קכה וצ"ע):

תורה אור השלם

א) וְאֵלַי יֵאָסְפוּ כֹּל חָרֵד בְּדִבְרֵי אֱלֹהֵי יִשְׂרָאֵל עַל מַעַל הַגּוֹלָה וַאֲנִי יֹשֵׁב מְשׁוֹמֵם עַד לְמִנְחַת הָעָרֶב: [עזרא ט, ד]

ב) וּבְמִנְחַת הָעֶרֶב קַמְתִּי מִתַּעֲנִיתִי וּבְקָרְעִי בִגְדִי וּמְעִילִי וָאֶכְרְעָה עַל בִּרְכַּי וָאֶפְרְשָׂה כַפַּי אֶל יְיָ אֱלֹהָי: [עזרא ט, ה]

רבינו גרשום

י"ג ר' ראשונים ד' אחרונים. בשלמא רחיצה וסיכה ונעילת הסנדל ותשמיש המטה.

עין משפט נר מצוה

נט א מיי' פ"ה מהלכות תעניות הלכה י סמג עשין מד"ס ג טוש"ע א"ח סי' תקנד סעיף ז:
ס ב מיי' פ"ה מהלכות אבל הלכה ג סמג שם טוש"ע י"ד סי' שפא סעיף א:
סא ג מיי' פ"ג מהלכות תעניות הלכה ד טוש"ע א"ח סי' תקעה סעיף ג:
סב ד מיי' פ"ג מהלכות שביתת עשור הלכה ג טוש"ע שם סי' תקנד סעיף ח:
סג ה ו ז מיי' פ"ג מהלכות תעניות הלכה ד טור ש"ע שם סימן תקעה סעיף ג:
סד ח מיי' פ"ה מהלכות אבל הלכה ד סמג עשין ב טוש"ע י"ד סי' שפא סעיף א:
סה ט מיי' שם פ"ו הלכה יג טוש"ע י"ד סי' שצ סעיף א:
סו י מיי' שם טוש"ע שם סי' שפט סעיף א:
סז כ מיי' שם טוש"ע שם סי' של סעיף ג:
סח ל מיי' שם טוש"ע שם סי' שפט סעיף א:

ליקוטי רש"י

מתענית. שלא אכלתי אותו יום [עזרא ט, ה]. כל חייבי טבילות. הנדה ויולדת טובלות כדרכן בלילי יוה"כ [יומא פח.]. נדה ויולדת, טובלות כדרכן בלילי יום הכיפורים אף על פי שביעי שלהם שבערב יום הכיפורים שאינה יכולה לטבול ביום שביעי דכתיב בה תהיה בנדתה בהוייתה תהא כל ז' (פסחים דף ל:) [שבת קכא.]. ויולדת ליתקש לנדה, דכתיב (ויקרא יב) כימי נדת דותה תטמא [פסחים נד:]. בין תשעה באב ביום הכפורים. ואף על פי שאסורין ברחיצה [ביצה יח:]. לחמי טבריא. מעיינות רותחין [פסחים מא.]. כשאמרו אסור במלאכה. גבי עברו אלו ולא נענו. וכשאמרו אסור בנעילת הסנדל וכו' ברחיצה. בתענית ליבור. מאי לאו אכולהו. קאמר למנודה ואבל [מו"ק טו:].

רבינו חננאל

בתרא מצלינן ומתודינן [אבל] תפלת התענית בשחרית לא יכלינן למימר דכתיב ואלי יאספו כל חרד בדברי אלהי ישראל על מעל הגולה ואני יושב משומם עד מנחת הערב ובמנחת הערב קמתי מתעניתי ובקרעי בגדי ומעילי ואכרעה [על] ברכי ואפרשה כפי אל ה' אלהי. ש"מ דתפלת התענית באחרית היום הוא ברביעית האחרון. אמר רב חסדא כל שהוא משום אבל כגון ט' באב ואבל אסור ברחיצה בין בחמין בין בצונן. אבל כל שהוא משום תענוג כגון תענית צבור בחמין אסור ובצונן מותר. ודייק רב אידי ממתני' מאחר דקתני

The Gemara analyzes the Baraisa:

בְּמַאי – In what may they immerse themselves? **אִילֵימָא בְּחַמִּין – If you say in hot** water – **טְבִילָה בְּחַמִּין מִי אִיכָּא – is there** validity to an **immersion** performed **in hot** water? **שְׁאוּבִין נִינְהוּ – [The hot water]** has been **drawn** in a vessel over a fire, and therefore disqualifies the *mikveh!*[14] **אֶלָּא – Rather, לָאו בְּצוֹנֵן – does** the Baraisa **not** refer to immersion **in cold** water, **וְחַיָּיבֵי טְבִילוֹת אֵין – and** thereby teach that **those** who are **obligated** to perform **immersions may** do so in cold water, since he fulfills a mitzvah in its proper time,[15] **אִינִישׁ אַחֲרִינָא לֹא** – but that **another person may not** bathe for pleasure even in cold water? The Baraisa, then, substantiates Rav Chisda's ruling.

The Gemara rejects this proof:

לֹא נִצְרְכָה אָמַר רַב חָנָא בַּר קְטִינָא – Rav Chana bar Ketina said: אֶלָּא – The Baraisa **is needed only** to teach that on Tishah B'Av and Yom Kippur obligatory immersions are permitted **לְחַמֵּי טְבֶרְיָא – in the hot springs of Tiberias,** which are considered a valid *mikveh.*[16] Since the water is hot, only obligatory immersions are permitted. However, anyone may wash himself with cold water on days of mourning.

The Gemara attempts to revise the proof:

אִי הָכִי – If it is so, that the Baraisa speaks only of the hot-water bathing in the springs of Tiberias, **אֵימָא סֵיפָא – consider the conclusion** of the Baraisa, which states: **אָמַר רַבִּי חֲנִינָא סְגַן הַכֹּהֲנִים – R' CHANINA, THE DEPUTY OF THE KOHEN GADOL,**[17] **SAID: כְּדַי הוּא בֵּית אֱלֹהֵינוּ – THE HOUSE OF OUR GOD IS** sufficiently **WORTHWHILE** for us **לְאַבֵּד עָלָיו טְבִילָה – TO LOSE BECAUSE OF IT** A timely **IMMERSION פַּעַם אַחַת בַּשָּׁנָה – ONCE A YEAR.** R' Chanina thus prohibits immersion on Tishah B'Av, when the destruction of the Temple is mourned. **וְאִי אָמְרַת בְּצוֹנֵן מוּתָּר – And if you say** that washing oneself **with cold** water **is permitted** even during a period of mourning, **יִרְחַץ בְּצוֹנֵן – let him wash** [i.e. immerse] himself **with cold** water![18]

The Gemara again rejects the proof:

אָמַר רַב פָּפָּא – Rav Pappa said: The Baraisa speaks **בְּאַתְרָא דְּלָא שְׁכִיחַ צוֹנֵן – of a place where cold** water **is not available.** Thus, the Tanna Kamma permits a timely immersion in hot springs for the fulfillment of a mitzvah, whereas R' Chanina prohibits it out of concern for the Temple's honor. However, both agree that washing oneself with cold water is permitted during a period of mourning. R' Chanina speaks of abstaining entirely from immersing on Tishah B'Av simply because, in the case of the Baraisa, pools of cold water were not available, even though hot springs were.

The Gemara challenges Rav Chisda's position concerning a public fast day by citing a Baraisa:

תָּא שְׁמַע – Come and learn a refutation of Rav Chisda: **כְּשֶׁאָמְרוּ אָסוּר בִּמְלָאכָה – WHEN [THE SAGES] SAID** that on a public fast **WORKING IS PROHIBITED, לֹא אָמְרוּ אֶלָּא בַּיּוֹם – THEY SAID IT ONLY REGARDING THE DAYTIME, אֲבָל בַּלַּיְלָה מוּתָּר – BUT AT NIGHT** on the eve of the fast **[WORKING] IS PERMITTED.**[19] **וּכְשֶׁאָמְרוּ אָסוּר בִּנְעִילַת הַסַּנְדָּל – AND WHEN THEY SAID** that **WEARING SHOES IS PROHIBITED** on a public fast, **לֹא אָמְרוּ אֶלָּא בָּעִיר – THEY SAID IT ONLY** when one is **IN THE CITY, אֲבָל בַּדֶּרֶךְ מוּתָּר – BUT** while traveling **ON THE ROAD** wearing shoes **IS PERMITTED. הָא כֵּיצַד – HOW IS THIS** accomplished? **יוֹצֵא לַדֶּרֶךְ נוֹעֵל – When ONE DEPARTS ON THE ROAD, HE PUTS ON SHOES. נִכְנַס לָעִיר חוֹלֵץ –** When **HE ENTERS THE CITY, HE REMOVES** his shoes.

The Baraisa continues:

וּכְשֶׁאָמְרוּ אָסוּר בִּרְחִיצָה – AND WHEN THEY SAID that **WASHING ONESELF IS PROHIBITED, לֹא אָמְרוּ אֶלָּא כָּל גּוּפוֹ – THEY SAID IT ONLY** regarding **HIS ENTIRE BODY. אֲבָל פָּנָיו יָדָיו וְרַגְלָיו מוּתָּר – HOWEVER,** he is **PERMITTED** to wash **HIS FACE, HANDS AND FEET. וְכֵן אַתָּה מוֹצֵא – AND SO YOU FIND** that these laws apply **בִּמְנוּדֶּה וּבְאָבֵל – TO ONE WHO HAS BEEN EXCOMMUNICATED AND TO A MOURNER.**

The Gemara analyzes the Baraisa:

מַאי – To what does the ruling regarding a mourner relate? **לָאו אַכּוּלְּהוּ – Does it not** relate **to all** the laws of the Baraisa, even those concerning washing oneself? According to this assumption, a mourner is permitted to bathe his face, hands and feet. **וּבְמַאי עָסְקִינַן – And with what** type of limited washing **are we concerned? אִילֵימָא בְּחַמִּין – If you say** that the Baraisa sanctions limited washing **with hot** water, **פָּנָיו יָדָיו וְרַגְלָיו מִי שָׁרוּ – is washing [a mourner's] face, hands and feet** in hot water **permitted? וְהָאָמַר רַב שֵׁשֶׁת – But Rav Sheishess said: אֲבָל אָסוּר לְהוֹשִׁיט אֶצְבָּעוֹ בְּחַמִּין – A mourner is forbidden to put** even **his finger into hot** water! **אֶלָּא – Rather, לָאו בְּצוֹנֵן – does** the Baraisa **not** therefore refer to washing oneself **with cold**

NOTES

14. The waters of a *mikveh*, a pool for ritual immersion, must collect naturally – without direct human intervention. Therefore, water may not be drawn with a vessel and poured directly into the *mikveh* (see *Bava Basra* 66a, *Tosafos* ד״ה מכלל). *Tosafos* here (ד״ה טבילה) add that while water which is allowed to flow over the ground (הַמְשָׁכָה) into a *mikveh* does not invalidate the *mikveh* even if the water had previously been drawn in a vessel (שְׁאוּבִין), still one does not discharge his obligation by immersing in a pool comprised entirely of such water. Hence, the Gemara could not suggest as a valid hot-water *mikveh* the case of heated water that flowed into a cavity.

Mordechai (*Hil. Mikvaos* §750) derives from the Gemara that heated water may not be added even to a preexisting valid *mikveh*. He reasons that if this practice were permitted, one might mistakenly regard as valid an immersion in a heated pool comprised exclusively of drawn water. See *Yoreh Deah* 201:75 with *Beur HaGra.*

15. *Rashi* (based on *Yoma* 88a) explains that the Tanna Kamma's dispensation to perform immersion derives from his view that it is a mitzvah to become *tahor* on the day it becomes halachically feasible to do so. *Tosafos* (*Beitzah* 18b ד״ה כל) state that nowadays we do not purify ourselves from *tumah* [and even a menstruant (*niddah*) does not immerse herself on the first halachically feasible day under Torah law]. Therefore, a woman whose immersion date falls on Tishah B'Av or on Yom Kippur must postpone the immersion (see *Tosafos* ibid., *Orach Chaim* 554:8).

16. A natural spring is valid for immersion. Additionally, since the water is naturally heated, the springs are distinguishable from bathhouses, and so no one will mistakenly infer that drawn water is valid for immersion (see *Rama* 201:75, and above note 14).

17. Literally: the deputy of the Kohanim. He was appointed to replace the Kohen Gadol in the event of the latter's disqualification (see *Yoma* 39a).

18. Granted, that for the honor of the Temple immersion in hot water should be suspended on Tishah B'Av. Nevertheless, if cold-water washing were permitted to all on Tishah B'Av, R' Chanina would have no reason to say that immersion is lost on this day! The conclusion of the Baraisa therefore supports Rav Chisda's ruling (*Rashi*).

19. *Rashi* derives from the Baraisa that on the night of Tishah B'Av (wherever the custom to abstain from work on Tishah B'Av is observed; see Mishnah *Pesachim* 54b) one is permitted to work; the prohibition applies only in the daytime. *Rashi* adds that this ruling may not be publicized. However, in *Pesachim* (54b ד״ה בין השמשות) *Rashi* rules that work is prohibited on Tishah B'Av from sunset of the previous day.

Magen Avraham (554:23) comments that since the purpose of prohibiting work on Tishah B'Av is to enable the people to concentrate on mourning the destruction of the Temple, the prohibition applies in the evening as well. However, on an ordinary public fast work is prohibited so that everyone will be free to assemble in the synagogue. Since the assembly occurs only during the day, as the Gemara established above (12b), there is no reason to prohibit work in the evening.

איפוך אנא לא סלקא דעתך דכתיב א) ואלי יאספו כל חרד בדברי אלהי ישראל על מעל הגולה וגו' וכתיב ב) ובמנחת הערב קמתי מתעניתי ואפרשה כפי אל ה' אמר רפרם בר פפא אמר רב חסדא כל שהוא משום אבל (א) כגון א תשעה באב ב ואבל אסור בין בחמין בין בצונן ג כל שהוא משום תענוג כגון תענית צבור בחמין אסור בצונן מותר אמר רב אידי בר אבין אף אנן נמי תנינא ונועלין את המרחצאות א"ל אביי ואי בצונן אסור סוכרין את הנהרות מבעי ליה למיתני אמר רב שישא בריה דרב אידי אבא הכי קשיא ליה מכדי תנן אסור ברחיצה נועלין את המרחצאות למה לי אלא לאו ש"מ בחמין אסור בצונן מותר לימא מסייע ליה ה) ד כל חייבי טבילות טובלין כדרכן בין בט' באב בין ביוה"כ במאי אילימא בחמין ג) טבילה בחמין מי איכא [א] שאובין נינהו אלא לאו בצונן וחייבי טבילות אין איניש אחרינא לא אמר רב חנא בר קטינא לא נצרכה אלא לחמי טבריא אי הכי אימא סיפא א"ר חנינא סגן הכהנים כדי הוא בית אלהינו לאבד עליו טבילה פעם אחת בשנה ואי אמרת בצונן מותר ירחץ בצונן אמר רב פפא באתרא דלא שכיח צונן תא שמע ו כשאמרו אסור במלאכה לא אמרו אלא ביום אבל בלילה מותר ז וכשאמרו אסור בנעילת הסנדל לא אמרו אלא בעיר אבל בדרך מותר הא כיצד יוצא לדרך נועל נכנס לעיר חולץ ח) י וכשאמרו אסור ברחיצה לא אמרו אלא כל גופו אבל פניו ידיו ורגליו מותר וכן אתה מוצא במנודה ובאבל מאי לאו אכולהו ובמאי (ב) עסקינן אילימא בחמין פניו ידיו ורגליו מי שרו והאמר רב ששת ח אבל אסור להושיט אצבעו בחמין אלא לאו בצונן לא לעולם בחמין ודקא קשיא לך וכן אתה מוצא במנודה ובאבל אשארא קאי תא שמע דאמר ר' אבא הכהן משום ר' יוסי הכהן מעשה ומתו בניו של ר' יוסי בן רבי חנינא ורחץ בצונן כל שבעה התם כשתכפוהו אבליו הוה דתניא י) ט תכפוהו אבליו זה אחר זה הכביד שערו מיקל בתער י ומכבס כסותו במים אמר רב חסדא כ בתער אבל לא במספרים ל במים ולא בנתר ולא בחול אמר רבא אבל מותר לרחוץ בצונן כל שבעה מידי דהוה אבשרא וחמרא מיתיבי

רש"י

איפוך אנא. דפלגא דיומא קמא הוו קרו ומפטרי ובעו רחמי ובלידך פלגא מעייני: על מעל הגולה. ואני יושב משומם עד מנחת הערב ובמנחת הערב קמתי מתעניתי ובקרעי בגדי ומעילי ואכרעה על ברכי ואפרשה כפי אל ה' אלהי: ובמנחת הערב קמתי. אלמא בלידך פלגא בעו רחמי עד פניא מכלל דפלגא קמא מעייני במילי דמתא: בנחמיה בן חכליה כתיב בעזרא ואלי יאספו. לי היו מתאספין ובאין טובים שבהן להגיד לפני על מעל וחטא הגולה להפרישם: משומם. אישתורדי"ן בלע"ז על מעלם שמתוודין עד מנחת הערב מחצות ואילך שהכל נוטה כדאמרינן במס' יומא (דף כח:) לצלותיה דאברהם מכי משחרי כותלי: קמתי מתעניתי. לא שמתענה עד המנחה ואח"כ אוכל אלא כלומר מצער נפשיה ובקרעי ואם שאני קורע בגדי ומעילי הייתי מתפלל כדי שאתרצה: כל שהוא משום אבל. כל תענית שאסרו חכמים רחיצה משום אבל כגון ט' באב שהוא משום אבילות חורבן וכל שכן אבל ממש שמתו לפניו דאית ליה צערא טובא אסור בין בחמין וכו': משום תענוג. שמצטערין ואוסרין עצמן בתענוג: ה"ג אמר רב אידי בר אבין אף אנן נמי תנינא ונועלין את המרחצאות וא"ל אביי ואי בצונן אסור סוכרין את הנהרות מיבעי ליה למיתני. בתמיה אף אנן נמי תנינא במתנית' דקתני גבי תענית צבור ונועלין את המרחצאות דהיינו חמין אבל צונן מותר א"ל אביי כלומר ואי הוה סבירא ליה לתנא דידן דבצונן אסור היכי הוה בעי למיתני סוכרין את הנהרות היכי מצי למיסכרינהו: אבא. רב אידי הכי קא קשיא ליה במתניתין דקאמר שמע מינה דלא אסר אלא חמין מכדי קתני מתני' אסורין ברחיצה וסתם רחיצה בין חמין בין צונן למה לי תו למיהדר ומיתנא ונועלין אלא למימרא דדוקא חמין וכו': לימא מסייע ליה. לרב חסדא דאמר כל שהוא משום אבל אסור אפילו בצונן: כל חייבי טבילות. נדה ויולדת טובלים כדרכן: טבילה בחמין מי איכא. חמי האור הא שאובין נינהו: אלא לאו בצונן. וחייבי טבילות אין משום דטבילה בזמנה מצוה שממהר לטהר עצמו: ה"ג כולי עלמא לא (ג) בחמין ולא בצונן: לא נצרכה אלא לחמי טבריא. והלכך חייבי טבילות אין כולי עלמא לא אבל בצונן שרו: כדי. ראוי הוא בית אלהינו כו': ואם איתא. כדמוקמת לה דבצונן שרי מאי קא מהדר ליה רבי חנינא לתנא קמא מאיבוד טבילה נהי דלא טבלי בחמין משום כבוד בית אלהינו הא מצו טבלי בצונן אלא לאו בצונן נמי אסירי והיינו דאמר לאבד: אמר רב פפא. לעולם בחמי טבריא והיינו דקאמרי' חייבי טבילות אין כולי עלמא לא ובצונן כ"ע שרי ומאי לאבד דקאמר ר' חנינא כגון באתרא דלא שכיח צונן: כשאמרו אסור (ד) [במלאכה]. גבי תענית צבור לא אמרו אלא ביום אבל בלילה מותר מהכא י) משמע דבלילי תשעה באב מותר במלאכה ואין ביטול אלא ביום אבל אין מפרסמין הדבר: יצא לדרך. חוץ לעיר: וכן אתה מוצא במנודה ואבל. הכי גרסינן במאי אילימא בחמין מי שרי והאמר רב ששת אבל אסור להושיט אצבעו בחמין אלא לאו בצונן מאי לאו אכולהו כו' הא דקתני וכן אתה מוצא במנודה ואבל אכל הני קאי ואפילו ארחיצה ושמע מינה דבתענית צבור אסור לרחוץ כל גופו ואפילו בצונן ותיובתא לרפרם בר פפא: לא אשארא קאי. אנעילה (ה) וסיכה ולעולם הך רחיצה בחמין היא אבל בצונן שרי לרחוץ כל גופו והשתא דאמרת במנודה ואבל לאו ארחיצה קיימי ליכא לאקשויי כדפרכת לעיל אילימא בחמין מי שרי: ורחץ בצונן בתוך שבעה. גרסינן אלמא בצונן שרי: שתכפוהו אבליו. בזה אחר זה כדקתני שמתו בניו שניהם ולפיכך התירו לו כדאשכחן גבי שיער: מיקל בתער. דשקיל פורתא מינייהו: ובתער. דרך שינוי: נתר. קרקע הוא או אבן כעין שקורין קרי"א בלע"ז: בנתר וחול. דרך לכבס שיתלבן: מידי דהוה אבשרא וחמרא. דתענוג הן כצונן:

תוספות

איפוך אנא. פי' דנימא פלגא קמייתא דיומא מצלו ובעו רחמי ולידך פלגא מעייני במילי דמתא ומשני לא ס"ד: אמר רב חסדא כל שהוא משום אבל כגון תשעה באב (ו) אסור אפילו בצונן ואבל אסור בין החמין בין בצונן וכו'. ירושלמי יוסף בריה דרבי יהושע בן לוי בתשעה באב וביוה"כ מרחיץ ידיו ומקנח במפה ומעבירה על גבי עיניו רבי יונה הוה מקבל תרי סמרטוטי ויהיב תותי כרעיה פי' היה מניח סמרטוט תחת הכר כדי ללחלחו ומעבירו על גבי עיניו: וכל שהוא משום תענוג וכו'. ועכשיו שאין תענית צבור בבבל אלא תשעה באב מותרין אפילו בחמין אפילו י"ז בתמוז וצום גדליה כך פסק ראבי"ה ור' יואל אביו אסר לרחוץ בחמין: ונועלין המרחצאות. פי' שהן חמין: אטו סוכרין נהרות כו'. כלומר אי הוה אסור בצונן מי איכא למיתני סוכרים נהרות פשיטא דלא מצי למסכר כלומר כמו כן לא תידוק מהא דקתני ונועלין המרחצאות: טבילה בחמין מי איכא. הא שאובים נינהו מדלא קאמר משכחת לה טבילה (בחמין) דכשירה בחמין כגון שהוחמו והומשכו לבריכה אלא שאמר בחמי טבריא יש להוכיח דכולו שאוב אפילו ע"י המשכה לא מהניא טבילה והא דאמר[ה] דהמשכה כולה כשירה ר"ל לענין שאינה פוסלת את המקוה כשאר מים שאובים אבל טבילה ודאי אינו עולה בהם: וכן אתה מוצא במנודה ואבל מאי לאו אכולהו. פי' (ז) אהא דקאמרינן ובצונן מותר דאבל נמי [ט] מותר בצונן וקשיא לרב חסדא דאמר אבל אסור בין בחמין בין בצונן ומשני אשארא כלומר אשאר דינין (ח) אנעילה וסיכה אבל לא קאי אהא דבצונן: הכביד שערו מיקל בתער. פי' דרך חתיכה אבל לא כדרכו דרך גילוח מדקאמר מיקל ולא קאמר מגלח:

עין משפט נר מצוה

נט א מיי' פ"ה מהלכות תעניות הלכה י סמג עשין מד"ס ג טוש"ע א"ח סי' תקנד סעיף ז:
ס ב מיי' פ"ה מהלכות אבל הלכה ד סמג שם טוש"ע י"ד סי' שפא סעיף א:
סא ג מיי' פ"ג מהלכות תענית הלכה ד טוש"ע א"ח סי' תקעה סעיף ג:
סב ד מיי' פ"ג מהלכות שביתת עשור הלכה ג טוש"ע שם סי' תקנד סעיף ח:
סג ה ו ז מיי' פ"ג מהלכות תענית הלכה ד טור ש"ע שם סימן תקעה סעיף ג:
סד ח מיי' פ"ה מהלכות אבל הלכה ד סמג עשין ב טוש"ע י"ד סי' שפא סעיף א:
סה ט מיי' שם פ"ו הלכה יג טוש"ע י"ד סי' שצ סעיף ג:
סו י מיי' שם טוש"ע שם סי' שפט סעיף א:
סז כ מיי' שם טוש"ע שם סי' שצ סעיף ג:
סח ל מיי' שם טוש"ע שם סי' שפט סעיף א:

ליקוטי רש"י

מתעניתי. שלא אכלתי אותו יום [עזרא ט, ה]. כל חייבי טבילות. הנדה ויולדת טובלות כדרכן בלילי יוה"כ [יומא פח.]. נדה ויולדת, טובלות כדרכן בלילי יום הכיפורים אם חל שביעי שלהם בערב יום הכיפורים שאינה יכולה לטבול ביום שביעי דכתיב בה תהיה בנדתה בהוייתה תהא כל ז' (פסחים דף ל:) [שבת קכא.]. ויולדת איתקש לנדה, דכתיב (ויקרא יב) כימי נדת דותה תטמא [פסחים צ:]. בין בתשעה באב בין ביום הכפורים. ואף על פי שאסורין ברחיצה [ביצה יח:]. לחמי טבריא. מעינות רותחין [פסחים מא.]. כשאמרו אסור במלאכה. גבי עברו אלו ולא נענו. וכשאמרו אסור בנעילת הסנדל וכו' ברחיצה. בתענית ציבור. מאי לאו אכולהו. קאמרת למנודה אסור [מו"ק טו:].

רבינו חננאל

בתרא מצלינן ומתודינן [אבל] תפלת התענית בשחרית לא יכלינן למימר דכתיב ואלי יאספו כל חרד בדברי אלהי ישראל על מעל הגולה ואני יושב משומם עד למנחת הערב ובמנחת הערב קמתי מתעניתי ובקרעי בגדי ומעילי [ואכרעה על] ברכי ואפרשה כפי אל ה' אלהי. ש"מ דתפלת התענית באחרית היום הוא ברביעית האחרון. אמר רב חסדא כל שהוא משום אבל כגון ט' באב ואבל אסור ברחיצה בין בחמין בין בצונן. אבל כל שהוא משום תענוג כגון תענית צבור בחמין אסור ובצונן מותר. ודייק רב אידי ממתני' מאחר דקתני

מסורת הש"ס

א) שבת קיא. ביצה יח: יומא פח., ב) [ברכות כב.], ג) מו"ק טו:, ד) [תוספ' פ"א], ה) [מו"ק שם פסחים נד:], ו) מו"ק יז:, ז) [עי' רש"י פסחים נד: ד"ה בין השמשות וכו' והמג"א סי' תקנד ס"ק כג הניחו בצ"ע], ח) [פ"ק דתמורה דף יב: וע"ש בתוס' ד"ה ואין].

הגהות הב"ח

(א) גמ' כל שהוא משום אבל כגון תשעה באב. נ"ב פי' בדרבנן אית לפלוגי בין שהוא משום אבל ובין שהוא משום תענוג אבל ביוה"כ שהוא דאורייתא אע"פ שהוא משום תענוג אסור בין בחמין בין בצונן: (ב) שם מאי לאו אכולהו ובמאי אילימא בחמין כו' כצ"ל ותיבת עסקינן נמחק: (ג) רש"י ד"ה ה"ג כ"ע לא לא בחמין: (ד) ד"ה כשאמרו אסור ברחיצה גבי תענית: (ה) ד"ה לא אשארא קאי אנעילה ומלאכה ולעולם הך: (ו) תוס' ד"ה אמר ר"ח כו' כגון תשעה באב ואבל אסור בין כו' כצ"ל ותיבות אסור אפילו בצונן נמחק: (ז) ד"ה וכן כו' פירוש דקאי אהא דקאמרינן דבצונן מותר: (ח) בא"ד כלומר אשאר דינין קאי אנעילה ומלאכה אבל לא:

גליון הש"ס

תוס' ד"ה וכן. מותר בצונן וקשי' לר"ח. ק' לי הא אדרבה כיון דמיירי בצונן ואפ"ה תני כל גופו אסור א"ו דהקושיא בסיפון דמוכח דבתענית צ"כ אסור בצונן כל גופו וקשיא לר"ח וכמ"ש רש"י:

הגהות הגר"א

[א] גמ' (שאובין נינהו). תא"מ (ועמ"ש רבינו ביו"ד סי' רא ס"ק קכה וצ"ע):

תורה אור השלם

א) וְאֵלַי יֵאָסְפוּ כֹּל חָרֵד בְּדִבְרֵי אֱלֹהֵי יִשְׂרָאֵל עַל מַעַל הַגּוֹלָה וַאֲנִי יֹשֵׁב מְשׁוֹמֵם עַד לְמִנְחַת הָעָרֶב: [עזרא ט, ד]

ב) וּבְמִנְחַת הָעֶרֶב קַמְתִּי מִתַּעֲנִיתִי וּבְקָרְעִי בִגְדִי וּמְעִילִי וָאֶכְרְעָה עַל בִּרְכַּי וָאֶפְרְשָׂה כַפַּי אֶל יְיָ אֱלֹהָי: [עזרא ט, ה]

רבינו גרשום

י"ג ו' ראשונים ד' אחרונים. בשלמא רחיצה וסיכה ונעילת הסנדל ותשמיש המטה.

מה אסיפת זקנים ביום. כנופיא מצפרא ולא מאורתא. איפוך אנא דמצפרא מצלי ולאורתא קרו ומפטרו. במנחת הערב ואכרעה על ברכי אלמא דרביעית בתרא הוו מצלי: אף אנן נמי תנינא דבתענית צבור אינו אסור אלא בחמין דקתני נועלין את המרחצאות א) אבל היכי איבעי ליה למיתני מי מצי למיתני סוכרין את הנהרות א"ר שישא בר אבא רב אידי בר אבין הכי קשיא ליה מכדי קתני אסורין ברחיצה דרחיצה משמע בחמין למה לי למתני נועלין את המרחצאות דמשמע נמי חמין לאו למימר דבחמין אסור ובצונן מותר והיינו דקאמר אף אנן נמי תנינא כרב חסדא דבתענית צבור בצונן מותר. נימא מסייע ליה לאביי דשמעינן ליה דאמר תענית צבור אסור בין בחמין בין בצונן: לכולי עלמא לא הרי לך תשעה באב ב) שהוא תענית צבור ודייקינן דאפי' בצונן אסור אמר רב חנא מהכא לא תסייעי' לאביי דלא נצרכא הא דקתני טובלין כדרכן אלא לחמי טבריא דמצי למיטבל בהו והכי קאמר טובלין כדרכן בחמין אבל כ"ע לא אבל בצונן אפי' לכ"ע שרי: כדיי הוא בית אלהינו לאבד עליו טבילה אחת שלא יהיה טובל עליו בת"ב כלל. א"א בשלמא דת"ק אמר כל חייבי טבילות טובלין כדרכן בצונן בת"ב אבל כ"ע לא היינו דקא פליג רב חנינא עליה דת"ק דחייבי טבילות אין טובלין בצונן דכדיי הוא בית אלהינו לאבד עליו טבילה אסורים ברחיצה למה לי למתנא (כתב) ונועלין את המרחצאות אלא [ה"ק] רחיצה דאסרנא רחיצה במרחץ בחמין הוא דאסור אבל בצונן שרי ואתינן לסיועיה לר' חסדא מהא דתניא כל חייבי טבילות טובלין כדרכן בין בט' באב בין ביוה"כ ואמרי' [בחמין] ליכא לאוקומה דשאובין נינהו אלא בצונן ואי אמרינן לכ"ע רחיצה בט' באב בצונן שרי אצטריך לאשמעינן טבילה בצונן שהיא מצוה בזמנה דשרי אלא ש"מ רחיצה אפי' בצונן אסור ובטבילה דמצוה שרי ולכ"ע אסור ואדחי' לעולם בצונן לכ"ע שרי והא ברייתא בחמין היא. וא"ת מים שאובין הן כגון חמי טבריא דמים חמין הן. ואקשינן אי הכי סיפא דקתני ר' חנניא סגן הכהנים אומר כדי הוא בית אלהינו לאבד עליו טבילה אחת בשנה. לטבול בצונן דשרי וליכא עבירה. ודחי באתרא דליכא צונן. ורחיצה בחמין אסור משום כבוד בית אלהינו שחרב כדי הוא בית אלהינו לאבד מצות טבילה אחת בזמנה פעם אחת: ת"ש כשאמרו בתענית אסור ברחיצה לא אמרו אלא כל גופו אבל פניו ידיו ורגליו מותר. וכשאמרו אסור במלאכה לא אמרו אלא ביום אבל בלילה מותר. וכשאמרו אסור בנעילת הסנדל לא אמרו אלא בעיר אבל בדרך מותר הא כיצד יצא לדרך נועל. הגיע לעיר חולץ הסנדל מרגלו ומהלך יחף. וכן אתה אומר במנודה ובאבל.

אחת אלא אי אמרת בצונן שרי לת"ק והכי קתני חייבי טבילות טובלין כדרכן בחמין אבל כ"ע לא אבל בצונן מותר לכ"ע וקפליג רב חנינא עליה דת"ק דלא מצי למיטבל בחמין א"כ ליכא איבוד טבילה דהא טביל בצונן אע"פ שאינו טובל בחמין דהא שרי בצונן לכ"ע אלא לאו לעולם אמר ת"ק בצונן טובלין אבל כ"ע לא ומסייעא לאביי א"ר פפא לעולם אמר ת"ק טובלין כדרכן בחמין אבל לכ"ע אסור וצונן שרי לכ"ע ודאמר א"כ טבילה בצונן איכא וליכא איבוד טבילה ר' חנינא הוה קאי בדוכתא דלא שכיחא צונן ולעולם מהכא לא תסייעיה לאביי. (כל) אמרו אסור ברחיצה כו' באלו תעניות. מאי לאו הא דקתני וכן אתה מוצא באבל אכולהו אהאי נמי דקתני בסיפא דמילתא בהאי מסכתא באידך פירקא כשאמרו אסור ברחיצה וכו' ורחיצה לא משמע אלא בחמין וקשיא למאן דאמר כל שהוא משום אבל אסור בין בחמין ובין בצונן. לא אשארא לבד מרחיצה קאמר וכן אתה מוצא באבל אבל

חשק שלמה על רבינו גרשום א) אולי צ"ל א"ל אביי אלא היכי וכו'. ב) לכאורה תמוה דהא גם לר"ח בת"ב אסור בצונן ומאי מייתי מינה ראיה לאביי ואולי דרבינו לא היה גורס בדברי ר"ח כגון ת"ב ועדיין צ"ע.

water, and thus permits *in all its cases* only limited cold-water washing? This refutes Rav Chisda, who held that on a public fast day one may wash his entire body in cold water.[20] – ? –

The Gemara rejects this refutation:

לֹא – **No,** your analysis is incorrect, לְעוֹלָם בְּחַמִּין – for **in fact** the Baraisa can refer to washing oneself **with hot** water. וּדְקָא קַשְׁיָא לָךְ – **And** regarding **that** part of the Baraisa **which was difficult for you** to reconcile with Rav Sheishess' statement regarding a mourner, viz. וְכֵן אַתָּה מוֹצֵא – AND SO YOU FIND that these laws apply בִּמְנוּדֶּה וּבְאָבֵל – TO ONE WHO HAS BEEN EXCOMMUNICATED AND TO A MOURNER – אַשְׁאָרָא קָאֵי – that statement **relates back to the other** prohibitions mentioned in the Baraisa,[21] but not to washing oneself. The prohibition against washing oneself as delineated by the Baraisa applies only to a public fast day, on which hot-water washing is permitted for the face, hands and feet, and cold-water washing is permitted for the entire body. Thus, the Baraisa fully supports Rav Chisda's ruling for a public fast day.[22]

The Gemara now challenges Rav Chisda's position on mourning:

תָּא שְׁמַע – **Come and learn** from the following incident: דְּאָמַר ר׳ אַבָּא הַכֹּהֵן מִשּׁוּם ר׳ יוֹסֵי הַכֹּהֵן – **For R' Abba the Kohen said in the name of R' Yose the Kohen:** מַעֲשֶׂה – There was **an episode** וּמֵתוּ בָּנָיו שֶׁל ר׳ יוֹסֵי בֶּן רַבִּי חֲנִינָא – in which **the sons of R' Yose the son of R' Chanina died,** וְרָחַץ בְּצוֹנֵן כָּל שִׁבְעָה – **and [R' Yose] washed himself with cold** water **during**[23] **the seven** formal days of mourning. R' Yose's conduct would therefore indicate that a mourner may wash his entire body in cold water, contrary to Rav Chisda's ruling.

The Gemara rejects the proof:

הָתָם – **There,** כְּשֶׁתְּכָפּוּהוּ אֲבָלָיו הֲוָה – **when his periods of mourning followed** one another **in immediate succession,**[24] a special leniency obtained due to the extended duration of his mourning. דְּתַנְיָא – **For it was taught in a Baraisa:** תְּכָפוּהוּ אֲבָלָיו זֶה אַחַר זֶה – WHEN HIS PERIODS OF MOURNING IMMEDIATELY FOLLOW ONE AFTER THE OTHER, הִכְבִּיד שְׂעָרוֹ מֵיקֵל בְּתַעַר – IF HIS HAIR BECOMES HEAVY because of excessive growth, HE MAY LIGHTEN IT[25] WITH A RAZOR, וּמְכַבֵּס כְּסוּתוֹ בְּמַיִם – AND HE MAY LAUNDER HIS GARMENT WITH WATER.[26] Just as the Baraisa grants a special leniency for haircutting and laundering in the case of extended mourning, so R' Yose was allowed to wash himself. However, under normal circumstances a mourner would not be permitted to wash himself – even with cold water. Hence, this incident does not refute Rav Chisda's position.

The Gemara elaborates on this leniency:

אָמַר רַב חִסְדָּא – **Rav Chisda said:** בְּתַעַר – The Baraisa permits haircutting WITH A RAZOR, אֲבָל לֹא בְּמִסְפָּרַיִם – **but not with scissors.**[27] בְּמַיִם – The Baraisa permits laundering WITH WATER, וְלֹא בְּנֶתֶר וְלֹא בְּחוֹל – **but not with natron**[28] **or sand,** as is customary.[29]

Rava offers his opinion on the question of bathing:

אָמַר רָבָא – **Rava said:** אֲבֵל מוּתָּר לִרְחוֹץ בְּצוֹנֵן כָּל שִׁבְעָה – **A mourner may wash** even his entire body **with cold** water during **the entire seven** days of formal mourning,[30] מִידֵי דַּהֲוָה – **such as it is** in the case אַבִּשְׂרָא וְחַמְרָא – **of meat and wine.** Although these two items do provide enjoyment, they are still permitted to a mourner.[31]

מֵיתִיבֵי – **They objected** to Rava's ruling from the evidence of a Baraisa:

NOTES

20. According to this explanation of the Gemara's challenge, which follows *Rashi's* commentary, the Baraisa upholds Rav Chisda's other ruling – that a mourner may not wash his entire body even with cold water – for the Baraisa allows a mourner to wash only his face, hands and feet with cold water.

However, *Tosafos* explain that the Gemara is indeed challenging this other ruling of Rav Chisda. That is, the Gemara cites the Baraisa to demonstrate that a mourner is permitted to wash himself in cold water – albeit with limitations. Apparently, *Tosafos* understood that Rav Chisda enjoined the mourner from washing even his face, hands and feet with cold water (*Rashash;* see *Hagahos R' Akiva Eiger, Ritva*).

21. Concerning working and wearing shoes (*Rashi* as emended by *Bach* §5).

22. Since the Baraisa does not apply its laws of washing to the case of a mourner, it is consistent with Rav Sheishess' ruling that a mourner may not wash himself with hot water at all (*Rashi*).

23. *Rashi* emends the text to read בְּתוֹךְ, *during*, instead of כָּל, *all*. Our elucidation follows Rashi's emendation.

24. His two sons died one after the other (*Rashi*).

25. I.e. remove some of it (*Rashi*).

26. Both haircutting and laundering are ordinarily prohibited to a mourner. The prohibition against haircutting is derived from a Baraisa in *Moed Kattan* (21a). The prohibition against laundering is derived by the Gemara below (13b see note 11 there).

27. Since this is a special leniency, a slight deviation from the normal procedure is required (see *Rashi*).

28. A type of [mineral extracted from] soil; alternatively, chalk (*Rashi;* see *Targum HaLaaz*).

29. The addition of these agents to the water help whiten the clothes (*Rashi*). As with haircutting, a slight deviation from the normal procedure is required (see note 26).

30. *Ritva.*

31. Since Rava equates washing oneself to eating and drinking regarding the laws of a mourner, he must then maintain that on Tishah B'Av, since one may not consume food or drink, one must also refrain from washing himself. Thus, Rava's conceptual approach to the matter differs from that of Rav Chisda. Whereas Rav Chisda equates the laws of Tishah B'Av and mourning, Rava equates the laws of washing oneself and eating (*Ritva*).

איפוך אנא לא סלקא דעתך דכתיב א) ואלי יאספו כל חרד בדברי אלהי ישראל על מעל הגולה וגו' וכתיב ב) ובמנחת הערב קמתי מתעניתי ואפרשה כפי אל ה' אמר רפרם בר פפא אמר רב חסדא כל שהוא משום אבל (א) כגון [א] תשעה באב [ב] ואבל אסור בין בחמין בין בצונן [ג] כל שהוא משום תענוג כגון תענית צבור בחמין אסור בצונן מותר אמר רב אידי בר אבין אף אנן נמי תנינא ונועלין את המרחצאות א"ל אביי ואי בצונן אסור סוכרין את הנהרות מבעי ליה למיתני אמר רב שישא בריה דרב אידי אבא הכי קשיא ליה מכדי תנן אסור ברחיצה נועלין את המרחצאות למה לי אלא לאו ש"מ בחמין אסור בצונן מותר לימא מסייע ליה [ד] כל חייבי טבילות טובלין כדרכן בין בט' באב בין ביוה"כ במאי אילימא בחמין [ו] טבילה בחמין מי איכא [א] שאובין נינהו אלא לאו בצונן וחייבי טבילות אין איניש אחרינא לא אמר רב חנא בר קטינא לא נצרכה אלא לחמי טבריא אי הכי אימא סיפא א"ר חנינא סגן הכהנים כדי הוא בית אלהינו לאבד עליו טבילה פעם אחת בשנה ואי אמרת בצונן מותר ירחוץ בצונן אמר רב פפא באתרא דלא שכיח צונן תא שמע [ה] כשאמרו אסור במלאכה לא אמרו אלא ביום אבל בלילה מותר [ו] וכשאמרו אסור בנעילת הסנדל לא אמרו אלא בעיר אבל בדרך מותר הא כיצד יוצא לדרך נועל נכנס לעיר חולץ [ז] וכשאמרו אסור ברחיצה לא אמרו אלא כל גופו אבל פניו ידיו ורגליו מותר וכן אתה מוצא במנודה ובאבל מאי לאו אכולהו ובמאי (ב) עסקינן אילימא בחמין פניו ידיו ורגליו מי שרו והאמר רב ששת [ח] אבל אסור להושיט אצבעו בחמין אלא לאו בצונן לא לעולם בחמין ודקא קשיא לך וכן אתה מוצא במנודה ובאבל אשארא קאי תא שמע דאמר ר' אבא הכהן משום ר' יוסי הכהן מעשה ומתו בניו של ר' יוסי בן רבי חנינא ורחץ בצונן כל שבעה התם כשתכפוהו אבליו הוה דתניא [ט] תכפוהו אבליו זה אחר זה הכביד שערו מיקל בתער [י] ומכבס כסותו במים אמר רב חסדא [כ] בתער אבל לא במספרים [ל] במים ולא בנתר ולא בחול אמר רבא אבל מותר לרחוץ בצונן כל שבעה מידי דהוה אבשרא וחמרא מיתיבי

רש"י

איפוך אנא. דפלגא דיומא קמא הוו קרו ומפטרי ובעו רחמי ובאידך פלגא מעייני: על מעל הגולה. ואני יושב משומם עד מנחת הערב ובמנחת הערב קמתי מתעניתי ובקרעי בגדי ומעילי ואכרעה על ברכי ואפרשה כפי אל ה' אלהי: ובמנחת הערב קמתי. אלמא באידך פלגא בעו רחמי עד פניא מכלל דפלגא קמא מעייני במילי דמתא: בנחמיה בן חכליה כתיב בעזרא ואלי יאספו. לי היו מתאספין ובאין טובים שבהן להגיד לפני על מעל וחטא הגולה להפריסם: משומם. אישתורדי"ן בלע"ז על מעלם שמתוודין עד מנחת הערב מחצות ואילך שהצל נוטה כדאמרינן במס' יומא (דף כח:) צלותיה דאברהם מכי משחרי כותלי: קמתי מתעניתי. לא שמתענה עד המנחה ואח"כ אוכל אלא כלומר מצער נפשיה ובקרעי ואם שאני קורע בגדי ומעילי הייתי מתפלל כדי שאתרצה: כל שהוא משום אבל. כל תענית שאסרו חכמים רחיצה משום אבל כגון ט' באב שהוא משום אבילות חורבן וכל שכן אבל ממש שמתו לפניו דאית ליה צערא טובא אסור בין בחמין וכו': משום תענוג. שמצטערין ואוסרין עצמן בתענוג: ה"ג אמר רב אידי בר אבין אף אנן נמי תנינא ונועלין את המרחצאות וא"ל אביי ואי בצונן אסור סוכרין את הנהרות מיבעי ליה למיתני. בתמיה אף אנן נמי תנינא במתני' דקתני גבי תענית צבור ונועלין את המרחצאות דהיינו חמין אבל צונן מותר א"ל אביי כלומר ואי הוה סבירא ליה לתנא דידן דצונן אסור היכי הוה בעי למיתני סוכרין את הנהרות היכי מצי למיסכרינהו: אבא. רב אידי הכי קא קשיא ליה במתניתין דקאמר שמע מינה דלא אסר אלא חמין מכדי קתני מתני' אסורין ברחיצה וסתם רחיצה בין חמין בין צונן למה לי תו למיהדר ומיתנא ונועלין אלא למימרא דדוקא חמין וכו': לימא מסייע ליה. לרב חסדא דאמר כל שהוא משום אבל אסור אפילו בצונן: כל חייבי טבילות. נדה ויולדת טובלים כדרכן: טבילה בחמין מי איכא. חמי האור הא שאובין נינהו: אלא לאו בצונן. וחייבי טבילות אין משום דטבילה בזמנה מצוה שממהר לטהר עצמו: ה"ג כולי עלמא לא (ג) בחמין ולא בצונן: לא נצרכה אלא לחמי טבריא. והלכך חייבי טבילות אין כולי עלמא לא אבל בצונן שרו: כדי. ראוי הוא בית אלהינו כו': ואם איתא. כדמוקמת לה דבצונן שרי מאי קא מהדר ליה רבי חנינא לתנא קמא מאיבוד טבילה נהי דלא טבלי בחמין משום כבוד בית אלהינו הא מצו טבלי בצונן אלא לאו בצונן נמי אסירי והיינו דאמר לאבד: אמר רב פפא. לעולם בחמי טבריא והיינו דקאמרי' חייבי טבילות אין כולי עלמא לא ובצונן כ"ע שרי ומאי לאבד דקאמר ר' חנינא כגון באתרא דלא שכיח צונן: כשאמרו אסור (ד) [במלאכה]. גבי תענית צבור לא אמרו אלא ביום אבל בלילה מותר מהכא משמע דבלילי תשעה באב מותר במלאכה ואין ביטול אלא ביום אבל אין מפרסמין הדבר: יצא לדרך. חוץ לעיר: וכן אתה מוצא במנודה ואבל. הכי גרסינן במאי אילימא בחמין מי שרי והאמר רב ששת אבל אסור להושיט אצבעו בחמין אלא לאו בצונן מאי לאו אכולהו כו' הא דקתני וכן אתה מוצא במנודה ואבל אכל הני קאי ואפילו ארחיצה ושמע מינה דבתענית צבור אסור לרחוץ כל גופו ואפילו בצונן ותיובתא לרפרם בר פפא: לא אשארא קאי. אנעילה (ה) וסיכה ולעולם הך רחיצה בחמין היא אבל בצונן שרי לרחוץ כל גופו והשתא דאמרת במנודה ואבל לאו ארחיצה קיימי ליכא לאקשויי כדפרכת לעיל אילימא בחמין מי שרי: ורחץ בצונן בתוך שבעה. גרסינן אלמא בצונן שרי: שתכפוהו אבליו. בזה אחר זה כדקתני שמתו בניו שניהם ולפיכך התירו לו כדאשכחן גבי שיער: מיקל בתער. דשקיל פורתא מינייהו: ובתער. דרך שינוי: נתר. קרקע הוא או אבן כעין שקורין קרי"א בלע"ז: בנתר וחול. דרך לכבס שיתלבן: מידי דהוה אבשרא וחמרא. דתענוג הן כצונן:

אין

תוספות

איפוך אנא. פי' דנימא פלגא קמייתא דיומא מללו ובעו רחמי ואידך פלגא מעייני במילי דמתא ומשני לא ס"ד:

אמר רב חסדא כל שהוא משום אבל כגון תשעה באב (ו) אסור אפילו בצונן ואבל אסור בין החמין בין בצונן וכו'. ירושלמי יוסף בריה דרבי יהושע בן לוי בתשעה באב וביוה"כ מרחיץ ידיו ומקנח במפה ומעבירה על גבי עיניו רבי יונה תרי סמרטוטי ויהיב תותי כרעיה פי' היה מניח סמרטוט תחת הכר כדי ללחלחו ומעבירו על גבי עיניו:

וכל שהוא משום תענוג וכו'. ועכשיו שאין תענית צבור בבבל אלא תשעה באב מותרין אפילו בחמין אפילו י"ז בתמוז וצום גדליה כך פסק ראבי"ה ור' יואל אביו אסר לרחוץ בחמין:

ונועלין המרחצאות. פי' שהן חמין: אטו סוכרין נהרות כו'. כלומר אי הוה אסור בצונן מי איכא למיתני סוכרים נהרות פשיטא דלא מצי למסכר כלומר כמו כן לא תידוק מהא דקתני ונועלין המרחצאות:

טבילה בחמין מי איכא. הא שאובים נינהו מדלא קאמר משכחת לה טבילה (בחמין) דכשירה בחמין כגון שהוחמו והומשכו לבריכה אלא שאמר בחמי טבריא יש להוכיח דכולו שאוב אפילו ע"י המשכה לא מהניא טבילה והא דאמר דהמשכה כולה כשירה ר"ל לענין שאינה פוסלת את המקוה כשאר מים שאובים אבל טבילה ודאי אינו עולה בהם:

וכן אתה מוצא במנודה ואבל מאי לאו אכולהו. פי' (ז) אהא דקאמרינן ובצונן מותר דאבל נמי מותר בצונן וקשיא לרב חסדא דאמר אבל אסור בין בחמין בין בצונן ומשני אשארא כלומר אשאר דינין (ח) אנעילה וסיכה אבל לא קאי אהא דבצונן:

הכביד שערו מיקל בתער. פי' דרך חתיכה אבל לא כדרכו דרך גילוח מדקאמר מיקל ולא קאמר מגלח:

רבינו גרשום

י"ג ר' ראשונים ד' אחרונים. בשלמא רחיצה וסיכה ונעילת הסנדל ותשמיש המטה. מה אסיפת זקנים ביום. כנופיא מצפרא ולא מאורתא. איפוך אנא דמצפרא מצלי ולאורתא קרו ומפטרו. במנחת ברכי אלמא דרביעית בתרא הוו מצלי: אף אנן נמי תנינא דבתענית צבור אינו אסור אלא בחמין מרחצאות א) אבל היכי איבעי ליה למיתני מי מצי למיתני סוכרין את הנהרות א"ר שישא בר בין הכי קשיא ליה מכדי קתני אסורין ברחיצה דרחיצה משמע בחמין למה לי למתני נועלין שמע נמי חמין לאו למימר דבחמין אסור ובצונן מותר והיינו דקאמר אף אנן נמי תנינא כרב בצונן מותר. נימא מסייע ליה לאביי דשמעינן ליה דאמר תענית צבור אסור בין בחמין בין לא הרי לך תשעה באב ב) שהוא תענית צבור ודייקינן דאפי' בצונן אסור אמר רב חנא מהכא לא נצרכא הא דקתני טובלין כדרכן אלא לחמי טבריא דמצי למיטבל בהו והכי קאמר טובלין ע לא אבל בצונן אפי' לכ"ע שרי: כדיי הוא בית אלהינו לאבד עליו טבילה אחת שלא ב כלל. א"א בשלמא דת"ק אמר כל חייבי טבילות טובלין כדרכן בצונן בת"ב אבל כ"ע לא חנינא עליה דת"ק דחייבי טבילות אין טובלין בצונן דכדיי הוא בית אלהינו לאבד עליו טבילה ת בצונן שרי לת"ק והכי קתני חייבי טבילות טובלין כדרכן בחמין אבל כ"ע לא אבל בצונן מותר לכ"ע וקפליג רב חנינא עליה דת"ק דלא מצי למיטבל בחמין א"כ ליכא איבוד טבילה דהא טביל בצונן אע"פ דהא שרי בצונן לכ"ע אלא לאו לעולם אמר ת"ק בצונן טובלין אבל כ"ע לא ומסייעא לאביי א"ר פפא לעולם אמר ת"ק טובלין כדרכן בחמין אבל לכ"ע אסור וצונן שרי לכ"ע ודאמר א"כ טבילה בצונן איכא ר' חנינא הוה קאי בדוכתא דלא שכיחא צונן ולעולם מהכא לא תסייעיה לאביי. (כל) אמרו אסור ברחיצה כו' באלו תעניות. מאי לאו הא דקתני וכן אתה מוצא באבל אכולהו אהאי נמי דקתני בסיפא א באידך פירקא כשאמרו אסור ברחיצה וכו' ורחיצה לא משמע אלא בחמין וקשיא למאן דאמר כל שהוא משום אבל אסור בין בחמין ובין בצונן. לא אשארא לבד מרחיצה קאמר וכן אתה מוצא באבל אבל

חשק שלמה על רבינו גרשום א) אולי צ"ל א"ל אביי אלא היכי וכו'. ב) לכאורה תמוה דהא גם לר"ח בת"ב אסור בצונן ומאי מייתי מינה ראיה לאביי ואולי דרבינו לא היה גורס בדברי ר"ח כגון ת"ב ועדיין צ"ע.

רבינו חננאל

בתרא מצלינן ומתודינן [אבל] תפלת התענית בשחרית לא יכלינן למימר דכתיב ואלי יאספו כל חרד בדברי אלהי ישראל על מעל הגולה ואני יושב משומם עד למנחת הערב ובמנחת הערב קמתי מתעניתי ובקרעי בגדי ומעילי [ואכרעה על] ברכי ואפרשה כפי אל ה' אלהי. ש"מ דתפלת התענית באחרית היום הוא ברביעית האחרון. אמר רב חסדא כל שהוא משום אבל כגון ט' באב ואבל אסור ברחיצה בין בחמין בין בצונן. אבל כל שהוא משום תענוג כגון תענית צבור בחמין אסור ובצונן מותר. ודייק רב אידי ממתני' מאחר דקתני אסורים ברחיצה למה לי למתנא (כתב) ונועלין את המרחצאות אלא [ה"ק] רחיצה דאסרנא רחיצה במרחץ בחמין הוא דאסור אבל בצונן שרי ואתינן לסיועיה לר' חסדא מהא דתניא כל חייבי טבילות טובלין כדרכן בין בט' באב בין ביוה"כ ואמרי' [בחמין] ליכא לאוקומה דשאובין נינהו אלא בצונן ואי אמרינן לכ"ע רחיצה בט' באב בצונן שרי אצטריך לאשמעינן טבילה בצונן שהיא מצוה בזמנה דשרי אלא ש"מ רחיצה אפי' בצונן אסור ובטבילה דמצוה שרי ולכ"ע אסור ואדחי' לעולם בצונן לכ"ע שרי והא ברייתא בחמין היא. וא"ת מים שאובין הן כגון חמי טבריא דמים חמין הן. ואקשינן אי הכי סיפא דקתני ר' חנניא סגן הכהנים אומר כדי הוא בית אלהינו לאבד עליו טבילה אחת בשנה. לטבול בצונן דשרי וליכא עבירה. ודחי באתרא דליכא צונן. ורחיצה בחמין אסור משום כבוד בית אלהינו שחרב כדי הוא בית אלהינו לאבד מצות טבילה אחת בזמנה פעם אחת: ת"ש כשאמרו בתענית אסור ברחיצה לא אמרו אלא כל גופו אבל פניו ידיו ורגליו מותר. וכשאמרו אסור במלאכה לא אמרו אלא ביום אבל בלילה מותר. וכשאמרו אסור בנעילת הסנדל לא אמרו אלא בעיר אבל בדרך מותר הא כיצד יוצא לדרך נועל. הגיע לעיר חולץ הסנדל מרגלו ומהלך יחף. וכן אתה אומר במנודה ובאבל.

עין משפט נר מצוה

נט א מיי' פ"ה מהלכות תעניות הלכה י סמג עשין מד"ס ג טוש"ע א"ח סי' תקנד סעיף ז:
ס ב מיי' פ"ה מהלכות אבל הלכה ד סמג שם טוש"ע י"ד סי' שפא סעיף א:
סא ג מיי' פ"ג מהלכות תענית הלכה ב טוש"ע א"ח סי' תקעה סעיף ג:
סב ד מיי' פ"ג מהלכות שביתת עשור הלכה ג טוש"ע שם סי' תריג סעיף ח:
סג ה ו ז מיי' פ"ג מהלכות תענית הלכה ד טור ש"ע שם סימן תקעה סעיף ג:
סד ח מיי' פ"ה מהלכות אבל הלכה ג סמג עשין ב טוש"ע י"ד סי' שפא סעיף א:
סה ט מיי' שם הלכה יג טוש"ע י"ד סי' של סעיף ג:
סו י מיי' שם טוש"ע שם סי' שפ סעיף א:
סז כ מיי' שם טוש"ע שם סי' של סעיף ג:
סח ל מיי' שם טוש"ע שם סי' שפט סעיף א:

ליקוטי רש"י

מתעניתי. שלא הלכתי אותו יום [עזרא ט, ה]. כל חייבי טבילות. הנדה ויולדת טובלות כדרכן בלילי יוה"כ [יומא פח.]. נדה ויולדת, טובלות כדרכן בלילי שלשה שבעה ערב יום הכיפורים שאינה יכולה לטבול ביום שביעי דכתיב בה תהיה בנדתה בהוייתה תהא עד שתבוא במים [שבת קכא.]. יולדת לזכר כנדה, דכתיב (ויקרא יב) כימי נדת דותה תטמא [פסחים נד:]. בין בתשעה באב בין ביום הכפורים. ואף על פי שאסורין ברחיצה [ביצה יח:]. לחמי טבריא. מעיינות ורותחין [פסחים מא.]. כשאמרו אסור במלאכה. גבי עברו אלו ולא נענו. אסור וכו'. וכשאמרו אסור בנעילת הסנדל וכו' ברחיצה. בתענית ליבור. מאי לאו אכולהו. קאמרת למנודה אסור [מו"ק טו:].

מסורת הש"ס

א) שבת קיח. ביצה יח: יומא פח. ב) [ברכות כב.], ג) מו"ק טו:, ד) [תוספ' פ"א], ה) [מו"ק שם פסחים נד:], ו) מו"ק יז:, ז) [עי' רש"י פסחים נד: ד"ה בין השמשות וכו' והמג"א סי' תקנד ס"ק כב הניחו בצ"ע], ח) [פ"ק דמגילה דף יג: וע"ש בתוס' ד"ה ואין].

הגהות הב"ח

(א) גמ' כל שהוא משום אבל כגון תשעה באב. נ"ב פי' דברכן אית לפלוגי בין שהוא משום אבל ובין שהוא משום תענוג אבל ביוה"כ שהוא דאורייתא א"ע שהוא משום תענוג אסור בין בחמין בין בצונן: (ב) שם מאי לאו אכולהו ובמאי אילימא בחמין כו' כצ"ל ותיבת עסקינן נמחק: (ג) רש"י ד"ה ה"ג כ"ע לא בחמין: (ד) ד"ה כשאמרו אסור ברחיצה גבי תענית: (ה) ד"ה לא אשארא קאי אנעילה ומלאכה ולעולם הך: (ו) תוס' ד"ה אמר ר"ח כו' כגון תשעה באב ואבל אסור בין בחמין בין בצונן כצ"ל ותיבות אסור אפילו בצונן נמחק: (ז) ד"ה וכן כו' פירוש דקאי אהא דקאמרינן דבצונן מותר: (ח) בא"ד דינין קאי אנעילה ומלאכה אבל לא:

גליון הש"ס

תוס' ד"ה וכן. מותר בצונן וקשיא לר"ח. ק' לי הא לא אצרכה כיון דמיירי בצונן ואפ"ה סי' להו על גופו אסור א"ו דקושיא בהיפוך דמוכח בתענית ג"כ אסור בצונן על גופו וקשיא לר"ח וכמ"ש רש"י:

הגהות הגר"א

[א] גמ' (שאובין נינהו). תא"מ (ועמ"ש רבינו ביו"ד סי' רא ס"ק קסה וע"ע):

תורה אור השלם

א) וְאֵלַי יֵאָסְפוּ כֹּל חָרֵד בְּדִבְרֵי אֱלֹהֵי יִשְׂרָאֵל עַל מַעַל הַגּוֹלָה וַאֲנִי יֹשֵׁב מְשׁוֹמֵם עַד לְמִנְחַת הָעָרֶב: [עזרא ט, ד]

ב) וּבְמִנְחַת הָעֶרֶב קַמְתִּי מִתַּעֲנִיתִי וּבְקָרְעִי בִגְדִי וּמְעִילִי וָאֶכְרְעָה עַל בִּרְכַּי וָאֶפְרְשָׂה כַפַּי אֶל יְיָ אֱלֹהָי: [עזרא ט, ה]

אין הבוגרת רשאה לנוול את עצמה בימי אבל אביה הא נערה רשאה מאי לאו ברחיצה ובמאי אילימא בחמין אין הבוגרת רשאה והאמר רב חסדא אבל אסור להושיט אצבעו בחמין אלא לאו בצונן לא אכיחול ופירכוס לימא מסייע ליה דא"ר אבא הכהן משום רבי יוסי הכהן מעשה ומתו בניו של ר' יוסי בר חנינא ורחץ בצונן כל שבעה אמרי התם בשתכפוהו אבליו זה אחר זה דתניא תכפוהו אבליו זה אחר זה הכביד שערו מיקל בתער ומכבס כסותו במים אמר רב חסדא בתער אבל לא במספרים במים ולא בנתר ולא בחול ולא באהל איכא דאמרי אמר רבא אבל אסור בצונן כל שבעה מאי שנא מבשר ויין התם [א] לפכוחי פחדיה הוא דעביד לימא מסייע ליה אין הבוגרת רשאה לנוול עצמה הא נערה רשאה במאי אילימא בחמין אין הבוגרת רשאה והאמר רב חסדא אבל אסור להושיט אצבעו בחמין אלא לאו בצונן לא אכיחול ופירכוס אמר רב חסדא זאת אומרת [א] אבל אסור בתכבוסת כל שבעה [ב] והלכתא אבל אסור לרחוץ כל גופו בין בחמין בין בצונן כל שבעה אבל פניו ידיו ורגליו בחמין אסור בצונן מותר [ג] אבל לסוך אפילו כל שהוא אסור ואם לעבר את הזוהמא מותר צלותא דתעניתא היכי מדכרינן אדבריה רב יהודה לרב יצחק בריה ודרש יחיד שקיבל עליו תענית מתפלל של תענית והיכן אומרה בין גואל לרופא מתקיף לה רב [ג] יצחק וכי יחיד קובע ברכה לעצמו אלא אמר רב יצחק [ד] בשומע תפלה וכן אמר רב ששת בשומע תפלה מיתיבי אין בין יחיד לצבור אלא שזה מתפלל שמונה עשרה וזה מתפלל תשע עשרה מאי יחיד ומאי צבור אילימא יחיד ממש וצבור ש"צ הני תשע עשרה עשרין וארבע הוו אלא לאו ה"ק אין בין יחיד דקבל עליו תענית יחיד ליחיד שקבל עליו תענית צבור אלא שזה מתפלל שמונה עשרה וזה מתפלל תשע עשרה ש"מ יחיד קובע ברכה לעצמו לא לעולם אימא לך שליח צבור ודקא קשיא לך שליח צבור עשרין וארבע מצלי (א) בג' תעניות ראשונות [ה] דליכא עשרים וארבע ולא והא אין בין קתני אין בין ג' ראשונות לג' אמצעיות אלא שבאלו מותרין בעשיית מלאכה ובאלו אסורין בעשיית מלאכה הא לכ"ד זה וזה שוין [ג] תנא ושייר מאי שייר דהאי שייר (ב) ותו והא אין בין קתני אלא תנא באיסורי קא מיירי בתפלות לא מיירי ואי בעית אימא [ו] באמצעייתא נמי לא מצלי כ"ד ולא והתניא [ד] אין בין ג' שניות לשבע אחרונות אלא שבאלו מתריעין ונועלין את החנויות הא לכל דבריהן זה וזה שוין וכי תימא הכא נמי תנא ושייר והא אין בין קתני ותסברא אין בין דוקא
והא

אין הבוגרת. שהביאה שתי שערות רשאה לנוול את עצמה אלא מתקשטת כדי שיקפצו עליה (ג) הא נערה שאינה ראויה להינשא עדיין עד שתבגר רשאה דבת חיוב אבילות היא וקטנה אינה חייבת ולא כלום: **בימי אבל אביה.** אפילו אירע אבילות לאביה שמת בנו אי נמי שמת אביה ממש אע"פ שהיא בת חיוב אבילות אינה רשאה לנוול: **אלא לאו בצונן.** ואפ"ה נערה אינה רוחצת בצונן אלמא דאבל אף בצונן אסור: **אכיחול ואפירכוס.** ולא קא מיירי ברחיצה כלל פירכוס בשיער כבוס בבגדים רחיצה בגוף: **זאת אומרת.** ° מדמוקמינן לה בכיחול ופירכוס הוא הדין לתכבוסת: **תפלת תענית.** עננו: **בין גואל לרופא.** ברכה בפני עצמה: **וכי יחיד.** חשוב כל כך שיהו מתקנין לו ברכה בפ"ע להוסיף בתפלתו: **בשומע תפלה.** שכוללה בתוך הברכה וחותם בשומע תפלה דאותה ברכה וחתימתה משמע בין אתענית בין אכל מילי: **אין בין יחיד לצבור.** גבי תענית: **שזה.** יחיד מתפלל ביום תעניתו שמונה עשרה וכולל תפלת תענית בשומע תפלה: **תשע עשרה.** דקבע ליה בין גואל לרופא סתם תפלה קרי שמונה עשרה דברכת ולמלשינים ביבנה תקנוה כדאמרינן בברכות (דף כח:): **כ"ד הויין.** (ד) בפירקין דלקמן (דף טו.) דכ"ד ברכות הוו ביומא דתעניתא והכא קתני י"ט ותו לא: **וצבור.** יחיד שקיבל עליו תענית צבור אלמא יחיד קובע ברכה לעצמו כשקיבל תענית צבור: **בקמייתא.** בג' תעניות ראשונות (ה) דליכא כ"ד כדאמרינן בפרק סדר תעניות כילד בגמ' (שם): **דאלו מותרין בעשיית מלאכה וכו'.** ראשונות דלא חמירי כולי האי (ו) הא לכ"ד ברכות זה וזה שוין וקס"ד דאיתנהו לכ"ד באמצעיות מדקמתריך קמייתא דליכא כ"ד מכלל דבאמצעיתא איתנהו ולא היא דליתנהו אלא באחרונות כדקתני התם ומשום דהא מילתא קמייתא מש"ה פריך ליה מכ"ד דליתנהו באמצעיות: **תנא ושייר.** תנא מילי דאיתנהו בין אמצעיות לראשונות ושייר אין בין לאו דוקא הוא כדמוכח לקמן גבי אידך: ה"ג **מאי שייר דהאי שייר אלא באיסורי קא מיירי בתפלות לא קא מיירי.** ומאן דגרים שייר תיבה מוליאין את התיבה כו' שיבוש הוא דאינה אלא באחרונות כדבסמוך ומיפשט פשיטא ליה דאינה אלא באחרונות: **מאי שייר דהאי שייר.** דלא אורחא דתנא למתני כל מילי ולשיורי חדא אלא לעולם כ"ד בקמייתא ליתנהו ולהכי לא חשיב להו באין בין דבתפלה לא קמיירי: **באמצעיות נמי ליכא כ"ד.** אלא באחרונות כדאמרינן התם: **שבאלו.** האחרונות מתריעים ונועלין כדתנן נמי במתניתין [ה] הא לכ"ד זה וזה שוין דבתרוייהו איתנהו:
והא

אין הבוגרת רשאה לנוול עצמה. אומר ר"י דהא רשאה לאו דוקא [י] אלא ה"ק אין הבוגרת חייבת הא נערה חייבת:
אלא (ז) בצונן. וקאמר נערה רשאה כלומר דאסורה ואת אמרת דבצונן מותר וקשה לרבא דאמר דבצונן מותר ומשני כי קתני אכיחול ואפירכוס: **אלא** אמר רב יצחק בשומע תפלה. והכי פסק בשמעתא דתפלת תענית בשומע תפלה ואין יחיד קובע ברכה לעצמו לכך צריך כשאומר עננו בש"ת (דצריך) לאומרו קודם שאומר הברכה כשמגיע לעננו קודם שיתחיל לומר כי אתה ש"ת עמך ישראל ברחמים יאמר עננו ולא יחתום אלא יאמר כי אתה ה' עונה בעת צרה ומושיע ואח"כ כי אתה ש"ת עמך ישראל ברחמים בא"י שומע תפלה אבל שליח צבור אומר גואל ישראל וקובע ברכה וחותם:
תנא ושייר. פי' תנא עשיית מלאכה ושייר כ"ד ברכות פי' כ"ד ברכות שבתעניתא היו מוסיפין ו' ברכות כדמפרש לקמן ברפ"ב (דף טו.): **מאי** שייר דהאי שייר כו'. פי' דמשום חדא מילתא לא הוי (ח) לתנא לשייר וא"ת הכא קאמר דלא תנא ושייר דהא אין בין קאמר דמשמע דאין בין זה לזה אלא אלו בלבד וקשה דהא במגילה (דף ח.) קתני אין בין נדרים לנדבות אלא שהנדרים חייב באחריותן ונדבות אינו חייב באחריותן ואנו יודעין דיש (ט) חילוק אחר דנדרים אינן באים אלא מן החולין דכל דבר שבחובה אינו בא אלא מן החולין ונדבות באות מן המעשר כדאמר (דברים כו) וזבחת שלמים ואכלת דכתיב גבי מעשר וי"ל דהתם נמי דזה וזה שוה והני מילי גבי שלמים יש חילוק והא דקתני אין בין מיירי בעולות דאין בין עולות דנדרים לעולות דנדבה אלא שהנדרים חייב באחריותן מה שאין כן בנדבה דהא אין בין עולות דנדרים לעולות דנדבות אלא חילוק זה דהא כל עולות אינן באין אלא מן החולין[י]:
ותסברא והא שייר תיבה. פי' (י) מפרש לקמן (דף טו:) שמוליאין התיבה ברחוב העיר ([ח] באמצעיות) באחרונות ותסברא דהא שייר תיבה פי' וליכא למימר דבאיסורא קמיירי דהא דמתריעין ונועלין מאי איסור איכא:
לאו

עין משפט
נר מצוה

סט א מיי' פ"ה מהלכות אבל הלכה א סמג עשין מד"ס ג טוש"ע י"ד סי' ש"פ סעיף א וסי' שפט סעיף א:
ע ב מיי' שם הלכה ד טוש"ע שם סי' שפא סעיף א:
עא ג מיי' שם טוש"ע שם סעיף ב:
עב ד מיי' פ"ב מהלכות תפלה הלכה יד סמג עשין יט טוש"ע א"ח סי' תקסה סעיף א:
עג ה מיי' פ"ג מהלכות תענית הלכה ב טוש"ע א"ח סי' תקעה סעיף ב:
עד ו מיי' שם הלכה ג טוש"ע שם סעיף ג:

גליון הש"ס

רש"י ד"ה זאת אומרת. מדמוקמינן לה בכיחול כו'. תמיהני הא מרא דשמעתא הוא ר"ח דס"ל לעיל דמשום אבל אסור בצונן ול"צ כלל לאוקמא בפירכוס וכיחול. גם למאי צריך להוכחה מאוקימתא זו הא נשמע מברייתא דלעיל דתכפוהו אביליו מכבס כסותו במים ומוכח מזה דאבל אסור בכיבוס ולע"ג:

ליקוטי רש"י

ופירכוס. קליעת שער [כתובות יז.]. **בנתר.** מין אדמה שחפין ושפין בה את הבגדים [ירמיה ב, כב]. מין אדמה לבנה [שבת טז.]. **אהל.** שמכבסים בו בגדים והוא עשב [ב"מ פא.]. **לפכוחי פחדיה.** להפיג דאגתו וכו' דכתיב (תהלים קד) ויין ישמח [ב"מ סו:]. **זאת אומרת אבל אסור בתכבוסת כל שבעה.** מדתני תכפוהו אבליו מכבס כסותו מכלל דשאר אבל אסור בתכבוסת [מו"ק יז: ועי' בגליון הש"ס וברש"ש כאן]. **אדבריה.** הנהיגו ומטייל עמו במבואות העיר [ביצה כט.]. **עשרים וארבע.** דתנן במסכת תענית (דף טו.) שמוסיפין בתענית ציבור שש ברכות על שמונה עשרה [פסחים נד:]. **תנא ושייר.** לא שנה כל החילוקים שביניהם [כתובות מא.]. לא חשבינהו לכולהו [סוטה טז.].

רבינו חננאל

ודחינן לא כי קא קתני וכן באבל אנעילת סנדל ואמלאכה קאי אבל (רחיצה לא) [לא ארחיצה] ולעולם בחמין. **אמר רבא** אבל אסור כל ז' אפי' בצונן ומ"ש מבשר ויין דשרי ליה. ודחי בשר ויין שרינן ליה כדי לפכוחי פחדיה אבל רחיצה דמשום תענוג היא לא התירו. לימא מסייעא ליה אין הבוגרת רשאה לנוול עצמה בימי אבל בית אביה. אבל הנערה שרי לנוול עצמה ושלא לרחוץ אפילו בצונן. וש"מ אבל אפי' בצונן אסור. ודחי לא הבוגרת התירו לכחול ולפרכס. תניא תכפוהו אבליו זה אחר זה שערו מיקל בתער ומכבס כסותו במים. אמר רב חסדא בתער ולא במספרים. במים ולא בנתר. ולא בחול. אמר רב חסדא זאת אומרת אבל אסור בתכבוסת. והלכתא אסור לרחוץ כל גופו כל ז' בין בחמין בין בצונן אבל פניו ידיו ורגליו בחמין אסור ובצונן מותר. ולסוך אפי' כל שהוא אסור. ואם לעבר הזוהמא מות' לסוך שמן טוב. **דרש** רב יצחק יחיד שקבל עליו תענית מתפלל עננו בין גואל לרופא ואקשינן עליה וכי יחיד קובע ברכה לעצמו אלא מתפלל עננו בשומע תפלה בכלל הברכה ואינו מתפלל אותה ברכה בפ"ע. ומותבינן עליה מהא דתניא מה בין יחיד לצבור אלא שזה מתפלל שמ"ע ואלו מתפללין י"ט היכי דמי אילימא יחיד המתפלל בינו לבין עצמו עם הצבור וצבור דקתני ש"ץ היורד לפני התיבה האי י"ט ברכות מתפלל בתענית כ"ד מתפלל כדתנן עמדו בתפלה מורידין לפני התיבה זקן ורגיל כו' ואומר לפניהם כ"ד ברכות. ושנינן הכי קתני אין בין יחיד דקאי בצבור כדאמרן ליחיד המתפלל חוץ לביהכ"נ אלא שזה היחיד העומד בחוץ מתפלל י"ח ויחיד המתפלל בכנסת מתפלל י"ט ברכות. אלמא יחיד קובע ברכה לעצמו. ושנינן לעולם יחיד. יחיד דקאי בצבור וצבור ש"ץ ממש. וזה ש"ץ המתפלל י"ט ברכות בתעניות ראשונות הוא שאין בה כ"ד ברכות לפיכך זה מתפלל י"ח וזה מתפלל י"ט. ואקשינן והא תעניות אמצעיות דקתני בהו ואסור במלאכה וברחיצה כו'. ולא קתני כ"ד. ושנינן האי תנא באיסורא קמיירי. כלומר אסור במלאכה וברחיצה כו' הוא דמיירי בתפלות לא קמיירי. אי בעי תימא כ"ד ברכות באמצעייתא נמי ליכא. ואקשינן והא תניא אין בין ג' אמצעיות לד' אחרונות. אלא שבאלו מתריעין ונועלין את החנויות הא לכ"ד זה וזה שוין. לעולם אימא לך באמצעיות נמי אין כ"ד ברכות בהן. ותנא מקצת מה שיש בשבע האחרונות ואינם בג' אמצעיות ושייר

מסורת הש"ס

א) [ז"ל רש"י ב"מ סו: ד"ה לפכוחי פחדיה להפיג דאגתו וכו'], ב) [גיר' רא"ש יוסף], ג) [סוכה נד. וש"נ], ד) [תוספתא מגילה פ"א], ה) [לעיל יב:], ו) [ועי' תוס' קידושין לג. ותוס' חולין נד: ד"ה אין ותוס' ערכין כח: ד"ה אומדין], ז) [וע"ע תוספות מגילה ח. ד"ה אין ותוס' ב"ק סב: ד"ה מי קתני ותוס' חגיגה ח. ד"ה אמאי ותוספות שבת סג. ד"ה אין], ח) רש"א מ"ז.

הגהות הב"ח

(א) גמ' ודקא קשיא לך ש"צ כ"ד מצלי בקמייתא דליכא כ"ד כצ"ל: (ב) שם מאי שייר דהאי שייר (ותו והא אין בין קתני) תא"מ ונ"ב מפרש"י משמע דלא גרסינן ליה הכא וה"ע מדקאמר המקשה ולא והא אין בין קתני ומשני דתני ושייר כלומר ואין בין לאו דוקא א"כ מאי פריך ליה תו והא אין בין קתני אבל להך שינויא בתרא דבאמצעיתא נמי לא מצלי כ"ד א"כ הא דקתני אין בין ג' ראשונות כו' דוקא אין בין קתני ולהכי פריך בסמוך וכ"ת הכא נמי תנא ושייר והא אין בין קתני דקס"ד דהאי אין בין נמי דוקא קתני כההוא דרישא ומשני ותסברא כו' כלומר ע"כ ברישא קתני אין בין דוקא ובסיפא לאו דוקא הוא דהא שייר תיבה כו': (ג) רש"י ד"ה אין הבוגרת וכו' שיקפצו עליה הס"ד ואח"כ מה"ד בימי אבל ואח"כ מה"ד הא נערה: (ד) ד"ה כ"ד הווין כדתנן בפירקין דלקמן: (ה) ד"ה בקמייתא בג' תעניות ראשונות הס"ד ומה"ד דליכא כו': (ו) ד"ה דאלו כו' כולי האי הס"ד ומה"ד הא כו' מדקמתריך בקמייתא וכו' ומשום דהא מילתא קמייתא: (ז) תום' ד"ה אלא לאו בצונן כו' כלומר דאסורה ואין אומרים דבצונן מותר: (ח) ד"ה מאי כו' לא הוי ליה לתנא לשייר כו' אלא אלו בלבד והא במגילה דתני כצ"ל ותיבת וקשה נמחק: (ט) בא"ד ואנו יודעין דיש ביניהן חילוק אחר כו' באות מן המעשר דכתיב וזבחת שלמים ואכלת גבי מעשר וי"ל דהתם נמי לכל דבריהם זה וזה שוה והני מילי דיש ביניהם חילוק גבי שלמים והא דקתני אין בין כצ"ל: (י) ד"ה ותסברא כו' פי' כדמפרש לקמן כו' ברחוב העיר באחרונות אבל לא באמצעות הס"ד ואח"כ מה"ד ותסברא והא שייר:

רבינו גרשום

ברחיצה מוחלקין דאילו בתענית קתני ברחיצה דמשמע בחמין אבל לא בצונן ואילו באבל אסור בין בחמין בין בצונן. **אין הבוגרת רשאי לנוול עצמה** לפי שעומדת על פרקה וראויה לינשא. **אילימא בחמין אין הבוגרת רשאי** לנוול עצמה כלומר דיכולה לרחוץ בחמין: **אלא לאו בצונן** קאמר אין הבוגרת רשאה לנוול עצמה אלא רוחצין בצונן הא נערה רשאה לנוול עצמה דאפי' בצונן אינה רוחצת וקשיא לרבא דאמר אבל בצונן מותר. **לא** כי קתני אין הבוגרת רשאי לנוול הא נערה רשאה **אכיחול** אבל בצונן מותר אפי' בנערה. **התם** בבשרא וחמרא ליכא אלא **לפכוחי פחדא** אבל ליכא תענוג לפיכך שרי. הכא בצונן איכא תענוג לפיכך אסור. **אלא לאו בצונן** קאמר דנערה רשאה לנוול עצמה [ש"מ] דאבל אסור בין בחמין בין בצונן והוי סיועא **לא** כי קתני נערה רשאה לנוול **בכיחול ופירכוס** אבל בצונן מותר ולא הוי סיועא: **וכי יחיד קובע ברכה לעצמו.** א) יש מברך העונה בעת צרה: **בשומע תפלה.** שכולל בשומע תפלה ואינו מברך ברכה לעצמו. **הני דש"ץ כ"ד** הוויין כדמפרש לקמן **וקתני שזה מתפלל תשע עשרה.** אלמא דקובע ברכה לעצמו שמברך העונה בעת צרה: **[ודקא קשיא לך דהא]** הוויין כ"ד ברכות **בדקמייתא** בשלש תעניות ראשונות קא מיירי דליכא בהו כ"ד ולא הוי אלא י"ט ולעולם אין היחיד קובע ברכה לעצמו: **אלא שבאלו** אמצעיות אסורין במלאכה וראשונות מותרין במלאכה **הא לעשרים וארבעה זה וזה שוין** כי היכי דבאמצעיות איכא עשרים וארבעה הכא נמי איכא בראשונות כ"ד ולא מצית לתרוצי דצבור מתפלל י"ט בש"ץ דהא איכא כ"ד אלא ביחיד שקיבל תענית צבור ותיפשוט דיחיד קובע ברכה לעצמו. **ה"ג תנא באיסור קא מיירי** כלומר לעולם בראשונות ליכא כ"ד והא דלא קתני שבאלו יש כ"ד ובאלו אין כ"ד משום דבאיסורי קא מיירי דהוי אסור בעשיית מלאכה **ובתפלה לא מיירי** בברכות ולעולם הא דקתני דצבור מתפלל י"ט מוקמינן בש"ץ אבל לא ביחיד דאין יחיד קובע ברכה לעצמו. **ואיב"א לעולם בראשונות ליכא כ"ד** ולהכי לא קתני שבאלו יש כ"ד ובאלו אין כ"ד דבאמצעיות נמי אין כ"ד: ב) **ה"ג תנא ושייר** ולא נמי כלומר שייר כ"ד דבשבע איכא ובאמצעיות ליכא: **והא אין בין קתני** דמשמע דהוי דוקא כי היכי דאמרינן דאין בין קמא דוקא אלמא דליכא בינייהו אלא מתריעין ונועלין אבל לכ"ד שוין אלמא דבאמצעיות איכא כ"ד

חשק שלמה על רבינו גרשום א) אולי צ"ל וכי יכול לברך וכו'. ב) נראה דצ"ל ה"ג וכ"ת תנא ושייר ולא גרסינן נמי כלומר וכו'.

אֵין הַבּוֹגֶרֶת רַשָּׁאָה לְנַוֵּול אֶת עַצְמָהּ – A *BOGERES*[1] IS NOT PERMITTED TO MAKE HERSELF UNPRESENTABLE בִּימֵי אֵבֶל אָבִיהָ – DURING THE DAYS OF HER FATHER'S MOURNING,[2] so that she will remain attractive to potential suitors. The Gemara infers: **הָא נַעֲרָה – However, a *na'arah*,**[3] since she is not of marriageable age,[4] **רַשָּׁאָה – is permitted** to make herself unpresentable during a period of mourning.[5]

The Gemara elaborates:

מַאי – What observance of mourning is relaxed for the *bogeres?* **לָאו בִּרְחִיצָה – Is it not washing oneself? וּבְמַאי – And with what** type of water? **אִילֵימָא בְּחַמִּין – If you say with hot** water, **אֵין הַבּוֹגֶרֶת רַשָּׁאָה** – so that the Baraisa, which said: **A *BOGERES* IS NOT PERMITTED** to make herself unattractive, thus sanctions her washing herself with hot water – that cannot be! **וְהָאָמַר רַב חִסְדָּא – But Rav Chisda said: אָבֵל אָסוּר לְהוֹשִׁיט אֶצְבָּעוֹ בְּחַמִּין – A mourner is prohibited to put** even **his finger into hot** water? Since the prohibition against washing oneself with hot water is so severe, obviously the Baraisa would not allow a *bogeres* to wash herself in hot water.[6] **אֶלָּא – Rather, לָאו בְּצוֹנֵן –** is washing oneself **with cold** water **not** the prohibition that is relaxed in the case of *bogeres,* but which applies in full force to all other mourners? The Baraisa thus refutes Rava, who ruled above that a mourner is permitted to wash himself with cold water.[7] – ? –

The Gemara answers:

לֹא – No! The Baraisa does not at all refer to washing oneself. **אֲכִיחוּל וּפִירְכּוּס** – Rather, it speaks **of painting** the eyelids **and braiding** the hair,[8] activities which are prohibited to other mourners but which are permitted for a girl of marriageable age. Thus, the Baraisa does not repudiate Rava's position that all mourners are permitted to wash themselves with cold water.[9]

The Gemara now offers support for Rava's ruling:

לֵימָא מְסַיֵּיע לֵיהּ – Say that the following incident **corroborates [Rava's ruling]: דְּאָמַר רַבִּי אַבָּא הַכֹּהֵן מִשּׁוּם רַבִּי יוֹסֵי הַכֹּהֵן – For R' Abba the Kohen said in the name of R' Yose the Kohen: מַעֲשֶׂה** – There was **an episode וּמֵתוּ בָּנָיו שֶׁל ר׳ יוֹסֵי בַּר חֲנִינָא** – in which **the sons of R' Yose bar Chanina died, וְרָחַץ בְּצוֹנֵן כָּל שִׁבְעָה – and [R' Yose] bathed in cold** water **during the entire seven** days of mourning. Rav Yose's conduct would therefore indicate that a mourner may bathe in cold water, just as Rava ruled.

The Gemara rejects the proof:

אָמְרֵי – They said: הָתָם – There, in R' Yose's case, **בְּשֶׁתְּכָפוּהוּ אֲבָלָיו זֶה אַחַר זֶה – his periods of mourning followed one another in immediate succession.** Therefore, R' Yose enjoyed a special leniency, **דְּתַנְיָא – for it is taught in a Baraisa: תְּכָפוּהוּ אֲבָלָיו זֶה אַחַר זֶה – WHEN HIS PERIODS OF MOURNING FOLLOW ONE IMMEDIATELY AFTER THE OTHER, הִכְבִּיד שְׂעָרוֹ מֵיקֵל בְּתַעַר – IF HIS HAIR BECOMES HEAVY, HE MAY LIGHTEN IT WITH A RAZOR, וּמְכַבֵּס כְּסוּתוֹ בְּמַיִם – AND HE MAY LAUNDER HIS GARMENT WITH WATER.** Just as the Baraisa grants a special leniency for haircutting and laundering in the case of extended mourning, so R' Yose was allowed to bathe. However, under normal circumstances a mourner would not be permitted to bathe – even in cold water. Hence, this incident provides no support for Rava's position.

The Gemara elaborates on the Baraisa's leniency:

אָמַר רַב חִסְדָּא – Rav Chisda said: בְּתַעַר – The Baraisa permits haircutting **WITH A RAZOR, אֲבָל לֹא בְּמִסְפָּרַיִם – but not with scissors. בְּמַיִם** – The Baraisa permits laundering **WITH WATER, וְלֹא בְּנֶתֶר וְלֹא בְּחוֹל וְלֹא בְּאָהָל – but not with dirt, and not with sand, and not with *ohol*.**[10]

The Gemara cites a different version of Rava's ruling and of the challenge to it:

אִיכָּא דְּאָמְרֵי – There are those who say אָמַר רָבָא – that **Rava said: אָבֵל אָסוּר בְּצוֹנֵן כָּל שִׁבְעָה – A mourner is prohibited** to bathe even **in cold** water during **the entire seven** days of mourning.[11]

The Gemara asks:

מַאי שְׁנָא מִבָּשָׂר וְיַיִן – How is bathing in cold water, which Rava prohibits, **different from** partaking of **meat and wine,** which a mourner is allowed to do?

The Gemara replies:

הָתָם – There, when a mourner consumes meat and wine, **לְפַכּוּחֵי פַּחְדֵּיהּ הוּא דַּעֲבִיד – he does it to ease his anxiety,** occasioned by the death of his relative. Washing oneself, however, is not done to ease anxiety.

The Gemara seeks to buttress Rava's opinion:

לֵימָא מְסַיֵּיע לֵיהּ – Say that the following Baraisa **corroborates**

NOTES

1. A *bogeres* is a girl who has reached the age of $12^{1}/_{2}$ years.

2. *Rashi* explains the Baraisa to mean the mourning of her father for his son (see *Gevuras Ari*). Alternatively, *Rashi* explains that "her father's mourning" refers to a girl who is mourning the death of her father. Even though she is obligated to observe the rituals of mourning, the Baraisa nonetheless admonishes her to maintain her appearance.

Tosafos understand that the language of the Baraisa is somewhat imprecise. The Baraisa does not actually *prohibit* the *bogeres* from becoming unsightly. Rather, אֵין ... רַשָּׁאָה means only that she is *not obligated* to observe those rituals of mourning that will detract from her appearance. *Ritva,* however, understands that an actual prohibition is intended.

3. A *na'arah* is a girl who has reached the age of twelve years, and has sprouted at least two pubic hairs (see *Rashi, Rashash*). Halachah presumes the latter development when the age requirement is met.

4. *Rashi*. [Of course, it was customary for even a *na'arah* to marry, since in the Talmudic era a *bogeres* was considered as having passed the optimum time for marriage (see *Pesachim* 113a). Nevertheless, there was no urgency for a *na'arah* to find a husband during the week of mourning.]

5. *Tosafos* and *Ritva* explain that she is obligated to observe all the laws of mourning, including those which will detract from her appearance. *Rashi* adds that a minor is fully exempt from observing the laws of mourning. A girl under the age of twelve is a minor.

6. *Ritva* explains that allowing the *bogeres* to bathe in hot water is an unnecessary leniency, since she can maintain her attractiveness by bathing in cold water. Cf. *Meiri.*

7. The commentators debate whether this Baraisa as currently understood supports the opinion of Rav Chisda, who prohibits (above 13a) a mourner to wash himself with cold water. The question depends on whether or not Rav Chisda nonetheless permits washing the face, hands and feet (see *Maharsha*, *Rashash*, and 13a note 20).

8. *Rashi* in *Kesubos* 17a ד״ה פירכוס. *Rashi* here notes that רְחִיצָה refers to washing the body, כִּיבּוּס to laundering clothing, and פִּירְכּוּס to the hair. It is doubtful that *Rashi* defines פִּירְכּוּס as *washing* the hair. However, since פִּירְכּוּס is juxtaposed with כִּיחוּל and the authorities fail to define the term (see *Yoreh Deah* 381:6), it would appear that the Poskim assumed פִּירְכּוּס to be like כִּיחוּל, a type of cosmetic application. Indeed, some of the contemporary halachah works on the laws of mourning identify פִּירְכּוּס as the application of cosmetic powders.

9. *Ritva* understands that, in conclusion, the Gemara absolutely prohibits the *bogeres* from washing with hot water, since she can maintain her appearance with cold water. See *Yoreh Deah* (381:6) with *Hagahos R' Akiva Eiger* and *Pischei Teshuvah* (and see below, note 12).

10. A substance used in laundering (see *Niddah* 62a). It is a type of plant substance (*Aruch* ד״ה אהל).

11. Rava prohibits only washing the entire body. However, a mourner may wash his face, hands and feet in either hot or cold water (*Ritva*).

אין הבוגרת רשאה לנוול את עצמה בימי אבל אביה הא נערה רשאה מאי לאו ברחיצה ובמאי אילימא בחמין אין הבוגרת רשאה והאמר רב חסדא אבל אסור להושיט אצבעו בחמין אלא לאו בצונן לא אכיחול ופירכוס לימא מסייע ליה דא"ר אבא הכהן משום רבי יוסי הכהן מעשה ומתו בניו של ר' יוסי בר חנינא ורחץ בצונן כל שבעה אמרי התם בשתכפוהו אבליו זה אחר זה דתניא תכפוהו אבליו זה אחר זה הכביד שערו מיקל בתער ומכבס כסותו במים אמר רב חסדא בתער אבל לא במספרים במים ולא בנתר ולא בחול ולא באהל איכא דאמרי אמר רבא אבל אסור בצונן כל שבעה מאי שנא מבשר ויין התם [א]לפכוחי פחדיה הוא דעביד לימא מסייע ליה אין הבוגרת רשאה לנוול עצמה הא נערה רשאה במאי אילימא בחמין אין הבוגרת רשאה והאמר רב חסדא אבל אסור להושיט אצבעו בחמין אלא לאו בצונן לא אכיחול ופירכוס אמר רב חסדא זאת אומרת [א] אבל אסור בתכבוסת כל שבעה [ב] והלכתא אבל אסור לרחוץ כל גופו בין בחמין בין בצונן כל שבעה אבל פניו ידיו ורגליו בחמין אסור בצונן מותר [ג] אבל לסוך אפילו כל שהוא אסור ואם לעבר את הזוהמא מותר צלותא דתעניתא היכי מדכרינן אדבריה רב יהודה לרב יצחק בריה ודרש יחיד שקיבל עליו תענית מתפלל של תענית והיכן אומרה בין גואל לרופא מתקיף לה רב [ג]יצחק וכי יחיד קובע ברכה לעצמו אלא אמר רב יצחק [ד]בשומע תפלה וכן אמר רב ששת בשומע תפלה מיתיבי אין בין יחיד לצבור אלא שזה מתפלל שמונה עשרה וזה מתפלל תשע עשרה מאי יחיד ומאי צבור אילימא יחיד ממש וצבור ש"צ הני תשע עשרה עשרין וארבעה הוו אלא לאו ה"ק אין בין יחיד דקבל עליו תענית יחיד ליחיד שקבל עליו תענית צבור אלא שזה מתפלל שמונה עשרה וזה מתפלל תשע עשרה ש"מ יחיד קובע ברכה לעצמו לא לעולם אימא לך שליח צבור ודקא קשיא לך שליח צבור עשרין וארבע מצלי (א) בג' תעניות ראשונות [ה]דליכא עשרים וארבע ולא והא אין בין קתני אין בין ג' ראשונות לג' אמצעיות אלא שבאלו מותרין בעשיית מלאכה ובאלו אסורין בעשיית מלאכה הא לכ"ד זה וזה שוין [ג]תנא ושייר מאי שייר דהאי שייר (ב) ותו והא אין בין קתני אלא תנא באיסורי קא מיירי בתפלות לא מיירי ואי בעית אימא [ו]באמצעייתא נמי לא מצלי כ"ד ולא והתניא [ד]אין בין ג' שניות לשבע אחרונות אלא שבאלו מתריעין ונועלין את החנויות הא לכל דבריהן זה וזה שוין וכי תימא הכא נמי תנא ושייר והא אין בין קתני ותסברא אין בין דוקא והא

רש"י

אין הבוגרת. שהביאה שתי שערות רשאה לנוול את עצמה אלא מתקשטת כדי שיקפלו עליה (ג) הא נערה שאינה ראויה להינשא עדיין עד שתבגר רשאה דבת חיוב אבילות היא וקטנה אינה חייבת ולא כלום: בימי אבל אביה. אפילו אירע אבילות לאביה שמת בנו אי נמי שמת אביה ממש אע"פ שהיא בת חיוב אבילות אינה רשאה לנוול: אלא לאו בצונן. ואפ"ה נערה אינה רוחצת בצונן אלמא דאבל אף בצונן אסור: אכיחול ואפירכוס. ולא קא מיירי ברחילה כלל פירכוס בשיער כבוס בבגדים רחילה בגוף: זאת אומרת. מדמוקמינן לה בכיחול ופירכוס הוא הדין לתכבוסת: תפלת תענית. עננו: בין גואל לרופא. ברכה בפני עצמה: וכי יחיד. חשוב כל כך שיהו מתקנין לו ברכה בפ"ע להוסיף בתפלתו: בשומע תפלה. שכוללה בתוך הברכה וחותם בשומע תפלה דאותה ברכה וחתימתה משמע בין אתענית בין אכל מילי: אין בין יחיד לצבור. גבי תענית: שזה. יחיד מתפלל ביום תעניתו שמונה עשרה וכולל תפלת תענית בשומע תפלה: תשע עשרה. דקבע ליה בין גואל לרופא סתם תפלה קרי שמונה עשרה דברכת ולמלשינים בינה תקנוה כדאמרינן בברכות (דף כח:): כ"ד הויין. (ד) בפירקין דלקמן (דף טו.) דכ"ד ברכות הוו ביומא דתעניתא והכא קתני י"ט ותו לא: וצבור. יחיד שקיבל עליו תענית צבור אלמא יחיד קובע ברכה לעצמו כשקיבל תענית צבור: בקמייתא. בג' תעניות ראשונות (ה) דליכא כ"ד כדאמרינן בפרק סדר תעניות כילד בגמ' (שם): דאלו מותרין בעשיית מלאכה וכו'. ראשונות דלא חמירי כולי האי (ו) הא לכ"ד ברכות זה וזה שוין וקס"ד דאיתנהו לכ"ד באמצעיות מדקמתריך קמייתא דליכא כ"ד מכלל דבאמצעיתא איתנהו ולא היא דליתנהו אלא באחרונות כדקתני התם ומשום דהא מילתא קמייתא מש"ה פריך ליה מכ"ד דליתנהו באמצעיות: תנא ושייר. תנא מילי דאיתנהו בין אמצעיות לראשונות ושייר אין בין לאו דוקא הוא כדמוכח לקמן גבי אידך: ה"ג מאי שייר דהאי שייר אלא באיסורי קא מיירי בתפלות לא קא מיירי. ומאן דגרים שייר תיבה מוליאין את התיבה כו' שיבוש הוא דאינה אלא באחרונות כדבסמוך ומיפשט פשיטא ליה דאינה אלא באחרונות: מאי שייר דהאי שייר. דלא אורחא דתנא למתני כל מילי ולשיורי חדא אלא לעולם כ"ד בקמייתא ליתנהו ולהכי לא חשיב להו באין בין דבתפלה לא קמיירי: באמצעיות נמי ליכא כ"ד. אלא באחרונות כדאמרינן התם: שבאלו. האחרונות מתריעים ונועלין כדתנן נמי במתניתין [ה] הא לכ"ד זה וזה שוין דבתרוייהו איתנהו:

והא

תוספות

אין הבוגרת רשאה לנוול עצמה. אומר ר"י דהא רשאה לאו דוקא [ו] אלא ה"ק אין הבוגרת חייבת הא נערה חייבת:

אלא (ז) בצונן. וקאמר נערה רשאה כלומר דאסורה ואת אמרת דבצונן מותר וקשה לרבא דאמר דבצונן מותר ומשני כי קתני אכיחול ואפירכוס:

אלא אמר רב יצחק בשומע תפלה. והכי פסק בשמעתא דתפלת תענית בשומע תפלה ואין יחיד קובע ברכה לעצמו לכך צריך כשאומר עננו בש"ת (דצריך) לאומרו קודם שאומר הברכה כשמגיע לעננו קודם שיתחיל לומר כי אתה ש"ת עמך ישראל ברחמים יאמר עננו ולא יחתום אלא יאמר כי אתה ה' עונה בעת צרה ומושיע ואח"כ כי אתה ש"ת עמך ישראל ברחמים בא"י שומע תפלה אבל שליח צבור אומר גואל ישראל וקובע ברכה וחותם:

תנא ושייר. פי' תנא עשיית מלאכה ושייר כ"ד ברכות פי' כ"ד ברכות שבתעניתא היו מוסיפין ו' ברכות כדמפרש לקמן ברפ"ב (דף טו.): מאי שייר דהאי שייר כו'. פי' דמשום חדא מילתא לא הוי (ח) לתנא לשייר ואי"ת הכא קאמר דלא תנא ושייר דהא אין בין קאמר דמשמע דאין בין זה לזה אלא אלו בלבד וקשה דהא במגילה (דף ח.) קתני אין בין נדרים לנדבות אלא שהנדרים חייב באחריותן ונדבות אינו חייב באחריותן ואנו יודעין דיש (ט) חילוק אחר דנדרים אינן באים אלא מן החולין דכל דבר שבחובה אינו בא אלא מן החולין ונדבות באות מן המעשר כדאמר (דברים כז) וזבחת שלמים ואכלת דכתיב גבי מעשר וי"ל דהתם נמי דזה וזה שוה והני מילי גבי שלמים יש חילוק והא דקתני אין בין מיירי בעולות דאין בין עולות דנדרים לעולות דנדבה אלא שהנדרים חייב באחריותן מה שאין כן בנדבה דהא אין בין עולות דנדרים לעולות דנדבות אלא חילוק זה דהא כל עולות אינן באין אלא מן החולין[י]:

ותסברא והא שייר תיבה. פי' (י) מפרש לקמן (דף טו:) שמוליאין התיבה ברחוב העיר ([ח] באמצעיות) באחרונות ותסברא דהא שייר תיבה פי' וליכא למימר דבאיסורא קמיירי דהא דמתריעין ונועלין מאי איסור איכא:

לאו

רבינו חננאל

ודחינן לא כי קא קתני וכן באבל אנעילת סנדל ואמלאכה ואכיחול ופירכוס אבל [רחיצה לא] ולעולם בחמין. אמר רבא אבל אסור כל ז' אפי' בצונן ומ"ש מבשר ויין דשרי ליה. ודחי בשר ויין שרינן ליה כדי לפכוחי פחדיה אבל רחיצה דמשום תענוג היא לא התירו. לימא מסייעא ליה אין הבוגרת רשאה לנוול עצמה בימי אבל בית אביה. אבל הנערה שרי לנוול עצמה ושלא לרחוץ

אפילו בצונן. וש"מ אבל אפי' בצונן אסור. ודחי לא הבוגרת התירו לכחול ולפרכס. תניא תכפוהו אבליו זה אחר זה שערו מיקל בתער ומכבס כסותו במים. אמר רב חסדא בתער ולא במספרים. במים ולא בנתר. ולא בחול. אמר רב חסדא זאת אומרת אבל אסור בתכבוסת. והלכתא אסור לרחוץ כל גופו כל ז' בין בחמין בין בצונן אבל פניו ידיו ורגליו בחמין אסור ובצונן מותר. ולסוף אפי' כל שהוא אסור. ואם לעבר הזוהמא מות' לסוך שמן טוב. דרש רב יצחק יחיד שקבל עליו תענית מתפלל עננו בין גואל לרופא ואקשינן עליה וכי יחיד קובע ברכה לעצמו אלא מתפלל עננו בשומע תפלה בכלל הברכה ואינו מתפלל אותה ברכה בפ"ע. ומותבינן עליה מהא דתניא מה בין יחיד לצבור אלא שזה מתפלל שמ"ע ואלו מתפללין י"ט היכי דמי אילימא יחיד המתפלל בינו לבין עצמו עם הצבור וצבור דקתני ש"ץ היורד לפני התיבה האי י"ט ברכות מתפלל בתענית כ"ד מתפלל כדתנן עמדו בתפלה מורידין לפני התיבה זקן ורגיל כו' ואומר לפניהם כ"ד ברכות. ושנינן הכי קתני אין בין יחיד דקאי בצבור כדאמרן ליחיד המתפלל חוץ לביהכ"נ אלא שזה היחיד העומד בחוץ מתפלל י"ח ויחיד המתפלל בכנסת מתפלל י"ט ברכות. אלמא יחיד קובע ברכה לעצמו. ושנינן לעולם יחיד. יחיד דקאי בצבור וצבור ש"ץ ממש. וזה ש"ץ המתפלל י"ט ברכות בתעניות ראשונות הוא שאין בה כ"ד ברכות לפיכך זה מתפלל י"ח וזה מתפלל י"ט. ואקשינן והא תעניות אמצעיות דקתני בהו ואסור במלאכה וברחיצה כו'. ולא קתני כ"ד. ושנינן האי תנא באיסורא קמיירי. כלומר אסור במלאכה וברחיצה כו' הוא דמיירי בתפלות לא קמיירי. אי בעי תימא כ"ד ברכות באמצעייתא נמי ליכא. ואקשינן והא תניא אין בין ג' אמצעיות לז' אחרונות. אלא שבאלו מתריעין ונועלין את החנויות הא לכ"ד זה וזה שוין. לעולם אימא לך באמצעיות נמי אין כ"ד ברכות בהן. ותנא מקצת מה שיש בשבע האחרונות ואינם בג' אמצעיות ושייר

רבינו גרשום

ברחיצה מוחלקין ואילו

בתענית קתני ברחיצה דמשמע בחמין אבל לא בצונן ואילו באבל אסור בין בחמין בין בצונן. אין הבוגרת רשאי לנוול עצמה לפי שעומדת על פרקה וראויה לינשא. אילימא בחמין אין הבוגרת רשאי לנוול עצמה כלומר דיכולה לרחוץ בחמין: אלא לאו בצונן קאמר אין הבוגרת רשאה לנוול עצמה אלא רוחצין בצונן הא נערה רשאה לנוול עצמה דאפי' בצונן אינה רוחצת וקשיא לרבא דאמר אבל בצונן מותר. לא כי קתני אין הבוגרת רשאי לנוול הא נערה רשאה אבל בצונן מותר אפי' בנערה. התם בבשרא וחמרא ליכא אלא לפכוחי פחדא אבל ליכא תענוג לפיכך שרי איכא תענוג לפיכך אסור. אלא לאו בצונן קאמר דנערה רשאה לנוול עצמה [ש"מ] דאבל אסור בין בחמין בין בצונן והוי סיועא לא כי קתני נערה רשאה לנוול בכיחול ופירכוס אבל בצונן מותר ולא הוי סיועא: וכי יחיד קובע ברכה לעצמו א) יש מברך העונה בעת צרה: בשומע תפלה. שכולל בשומע תפלה ואינו מברך ברכה לעצמו. הני [illegible] כדמפרש לקמן וקתני שזה מתפלל תשע עשרה. אלמא דקובע ברכה לעצמו שמברך העונה בעת צרה: [ודקא קשיא לך דהא] הוויין כ"ד ברכות בדקמייתא בשלש תעניות ראשונות קא מיירי דליכא בהו כ"ד ולא הוי אלא י"ט [illegible] קובע ברכה לעצמו: אלא שבאלו אמצעיות אסורין במלאכה וראשונות מותרין במלאכה הא לעשרים וארבעה זה וזה שוין כי היכי דבאמצעיות איכא עשרים וארבעה הכא נמי איכא בראשונות כ"ד ולא מצית לתרוצי דצבור דהא איכא כ"ד אלא ביחיד שקיבל תענית צבור ותיפשוט דיחיד קובע ברכה לעצמו. ה"ג תנא באיסורא קא מיירי לעולם בראשונות ליכא כ"ד והא דלא קתני שבאלו יש כ"ד ובאלו אין כ"ד משום דבאיסורי קא מיירי [illegible] מלאכה ובתפלה לא מיירי בברכות ולעולם הא דקתני דצבור מתפלל י"ט מוקמינן בש"ץ אבל לא ביחיד [illegible] ברכה לעצמו. ואיב"א לעולם בראשונות ליכא כ"ד ולהכי לא קתני שבאלו יש כ"ד ובאלו אין כ"ד: ג) ה"ג תנא ושייר ולא נמי כלומר שייר כ"ד דבשבע איכא ובאמצעיות ליכא: והא אין בין קתני דמשמע דהוי דוקא כי היכי דאמרינן דאין בין קמא דוקא אלמא דליכא בינייהו אלא מתריעין ונועלין אבל לכ"ד שוין אלמא דבאמצעיות איכא כ"ד:

חשק שלמה על רבינו גרשום א) אולי צ"ל וכי יכול לבך וכו'. ב) נלאה דל"ל ה"ג וכ"מ ושייר ולא גרסינן נמי כלומר וכו'.

עין משפט נר מצוה

סט א מיי' פ"ה מהלכות אבל הלכה ו סמג עשין מד"ג טוש"ע י"ד סי' שפא סעיף ה וסי' שפט סעיף א:

ע ב מיי' שם הלכה ד טוש"ע שם סי' שפא סעיף א:

עא ג מיי' שם טוש"ע שם סעיף ב:

עב ד מיי' פ"ב מהלכות תפלה הלכה יד סמג עשין יט טוש"ע א"ח סי' תקסה סעיף א:

עג ה מיי' פ"ג מהלכות תעניות הלכה ג טוש"ע א"ח סי' תקעה סעיף ב:

עד ו מיי' שם הלכה ג טוש"ע שם סעיף ג:

גליון הש"ס

רש"י ד"ה זאת אומרת. מדמוקמינן לה בכיחול ופירכוס. תמיהני הא מרא דשמעתא הוא ר"ח דס"ל לעיל דמשום אבל אסור בצונן וא"כ לא לאוקמא בפירכוס וכיחול. גם למאי דמקשה צריך לחלק הכי [illegible] מלכות [illegible] הא דנשמע מכביסה לעיל דתכפוהו אבליו מכבס כסותו במים ומוכח מזה דאבל אסור בכיבוס ועע"ג:

ליקוטי רש"י

ופירכוס. קליעת שער [כתובות יז.]. בנתר. מין אדמה שחופין בה את הכתמים [ירמיה ב, כב]. מין אדמה לגהו [שבת טז.]. אהל. ומתכבסים בו בגדים והוא עשב [ב"מ פא.]. לפכוחי פחדיה. להפיג דאגתו ולכך נתנו [תהלים קד] ויין ישמח [ב"מ סו:]. זאת אומרת אבל בתכבוסת כל שבעה. מדתני מכבס כסותו אבליו מכבס כסותו מכלל דשאר אבל אסור בתכבוסת [מו"ק יז: ועי' בגליון הש"ס וברש"ש כאן]. אדבריה. הנהיגו ומטייל עמו [ביצה כה.]. עשרים וארבע. דתנן במסכת תענית (דף טו.) שמוסיפין בתעניות ציבור שש ברכות על שמונה עשרה [פסחים נד:]. תנא ושייר. לא שנה כל החילוקים. לא חשביניהו לכולהו [כתובות מא.]. [סוטה טז.].

מסורת הש"ס

א) [ז"ל רש"י ב"מ סו: ד"ה לפכוחי פחדיה להפיג דאגתו וכו'], ב) [גיר' רא"ש יוסף], ג) [סוכה נד. וש"נ], ד) [תוספתא מגילה פ"א], ה) [לעיל יב:], ו) [וער' תוס' קידושין לג. ותוס' חולין נד: ד"ה אין ותוס' ערכין כח: ד"ה אומרים], ז) [וע"ע תוספות מגילה ח. ד"ה אין ותוס' ב"ק סב: ד"ה מאי קתני ותוס' חגיגה ח. ד"ה אמאי ותוספות שבת סב. ד"ה אין], ח) רש"א מ"ז.

הגהות הב"ח

(א) גמ' ודקא קשיא לך ש"ץ מצלי כ"ד כל"ל: (ב) שם מאי שייר דהאי שייר ותו והא אין בין קתני מא"מ וכ"ה מפרש"י משמע דלא גרסינן ליה הכא וכ"ע מדקאמר המקשה והא אין בין קתני ומשני דתני דוקא א"כ מאי פריך ליה תו והא אין בין קתני אבל להך [illegible] בתרא דמשמע דלא גרסינן ליה אבל בסמוך [illegible] כ"ד ואין בין קתני והא [illegible] ושייר והא אין בין נמי [illegible] דוקא קתני כהסוגיא דלישנא בתרא [illegible]: (ג) רש"י ד"ה אין הבוגרת וכו' שיקפלו עליה ס"ד ואח"כ מה"ד הא נערה: (ד) ד"ה כ"ד הוויין כדתנן בפירקין לקמן: (ה) ד"ה בקמייתא תעניות כו' דליכא כ"ד ומה"ד דאלו: (ו) ד"ה ראשונות כו' כולי האי כו' הא לכ"ד ומה"ד מדקמתריץ כו' קמייתא: (ז) תוס' ד"ה אלא לאו בצונן כו' כלומר דאסורה ואת אמרת דבצונן מותר: (ח) ד"ה מאי כו' לא הוי ליה לתנא לשייר כו' אלא אלו בלבד והא במגילה דתני וקשה נמחק: (ט) בא"ד ואנו יודעין דיש בינייהו חילוק אחר כו' באות מן המעשר כדכתיב וזבחת שלמים ואכלת גבי מעשר וי"ל דהתם נמי כו' זה וזה שוה והני מילי גבי שלמים [illegible] כל"ל: (י) ד"ה ותסברא כו' כדמפרש לקמן [illegible] ברחוב העיר אבל לא באמצעיות ואח"כ מה"ד ותסברא דהא שייר:

[Rava's position]: אֵין הַבּוֹגֶרֶת רְשָׁאָה לְנַוּוֹל עַצְמָהּ – A *BOGERES* IS NOT PERMITTED TO MAKE HERSELF UNPRESENTABLE during her period of mourning; הָא נַעֲרָה רְשָׁאָה – **however, a *na'arah* is permitted** to do so.

The Gemara assumes, as it did in the first version, that the Baraisa alludes to the prohibition against bathing. The Gemara elaborates:

בְּמַאי – **With what** type of water is washing oneself forbidden? אִילֵימָא בְּחַמִּין – **If you say with hot** water, אֵין הַבּוֹגֶרֶת רְשָׁאָה – so that the Baraisa which stated: A *BOGERES* IS NOT PERMITTED to make herself unattractive, thus sanctions her washing herself with hot water – that cannot be! וְהָאָמַר רַב חִסְדָּא – **Did Rav Chisda not say:** אֲבָל אָסוּר לְהוֹשִׁיט אֶצְבָּעוֹ בְּחַמִּין – **A mourner is prohibited to put** even **his finger into hot** water? Since the prohibition against washing oneself with hot water is so severe, obviously the Baraisa would not allow a *bogeres* to wash herself with hot water. אֶלָּא – **Rather,** לָאו בְּצוֹנֵן – is washing oneself **with cold** water **not** the prohibition that is relaxed in the case of *bogeres,* but which applies in full force to all other mourners? The Baraisa thus supports Rava, who ruled that a mourner is not permitted to wash himself with cold water.

The Gemara rejects the proof:

לֹא – **No!** The Baraisa does not refer at all to washing oneself. אֲכִיחוּל וּפִירְכּוּס – Rather, it speaks **of painting** the eyelids **and braiding** the hair, activities which are prohibited to other mourners, but which are permitted for a girl of marriageable age. Thus, the Baraisa does not corroborate Rava's ruling, which concerned only washing oneself.

The Gemara comments on the above discussion:

אָמַר רַב חִסְדָּא – **Rav Chisda said:** זֹאת אוֹמֶרֶת – **This** conclusion, that the Baraisa prohibits the application of cosmetics, **tells** us אָבֵל אָסוּר בְּתִכְבּוֹסֶת כָּל שִׁבְעָה – that **a mourner is enjoined** also **from laundering** during **the entire seven** days of mourning. Rav Chisda concludes that any activity that enhances the mourner's appearance, including laundering his clothing, is prohibited.[12]

The Gemara concludes its discussion of washing oneself during the mourning period:

וְהִלְכְתָא – **And the halachah is:** אָבֵל אָסוּר לִרְחוֹץ כָּל גּוּפוֹ – **A mourner may not wash his entire body** בֵּין בְּחַמִּין בֵּין בְּצוֹנֵן – **either with hot or cold** water כָּל שִׁבְעָה – during **the entire seven** days of mourning. אֲבָל פָּנָיו יָדָיו וְרַגְלָיו – **However,** regarding washing **his face, his hands and his feet,** בְּחַמִּין אָסוּר – **with hot** water **it is forbidden,** בְּצוֹנֵן מוּתָּר – but **with cold** water **it is permitted.**[13] אֲבָל לָסוּךְ – **However, to anoint** oneself אֲפִילּוּ כָּל שֶׁהוּא אָסוּר – **even minimally is prohibited,** וְאִם לְעַבֵּר אֶת הַזּוּהֲמָא – **but if** he does so **to remove filth,** and not for pleasure, מוּתָּר – **it is permitted.**[14]

The Gemara has concluded its discussion of the prohibitions of the second and third series of fasts. The Gemara now discusses the placement of the *Aneinu* prayer:

צְלוֹתָא דְתַעֲנִיתָא הֵיכִי מַדְכְּרִינַן – **Where** in the Shemoneh Esrei **do we recite the** *Aneinu* **prayer of a fast** day? אַדְבְּרֵיהּ רַב יְהוּדָה לְרַב יִצְחָק בְּרֵיהּ – **Rav Yehudah took Rav Yitzchak, his son,** on a stroll וְדָרַשׁ – **and he expounded** to him: יָחִיד שֶׁקִּיבֵּל עָלָיו תַּעֲנִית – **An individual who accepted a fast upon himself** מִתְפַּלֵּל שֶׁל תַּעֲנִית – **prays** the *Aneinu* prayer **of a fast.** וְהֵיכָן אוֹמְרָהּ – **And where** in Shemoneh Esrei **does he say it?** בֵּין גּוֹאֵל לְרוֹפֵא – **Between** the blessings of ***Redeemer* and *Healer,***[15] as its own separate blessing.

Rav Yitzchak disputes his father's teaching:

מַתְקִיף לָהּ רַב יִצְחָק – **Rav Yitzchak challenged [this ruling]:** וְכִי יָחִיד קוֹבֵעַ בְּרָכָה לְעַצְמוֹ – **May an individual establish a** separate **blessing** in the Shemoneh Esrei **for himself?**[16] אֶלָּא – **Rather,** אָמַר רַב יִצְחָק – **Rav Yitzchak said** that *Aneinu* is recited בְּשׁוֹמֵעַ תְּפִלָּה – **in** the blessing of ***Who hears prayer.*** וְכֵן אָמַר רַב שֵׁשֶׁת – **And Rav Sheishess likewise said** that *Aneinu* is recited בְּשׁוֹמֵעַ תְּפִלָּה – **in** the blessing of ***Who hears prayer.***[17]

The Gemara challenges Rav Yitzchak (and Rav Sheishess):

מֵיתִיבֵי – The rabbis **object** to Rav Yitzchak's ruling from the evidence of a Baraisa: אֵין בֵּין יָחִיד לְצִבּוּר – THERE IS NO distinction BETWEEN AN INDIVIDUAL AND THE PUBLIC regarding prayer on a fast, אֶלָּא שֶׁזֶּה מִתְפַּלֵּל שְׁמוֹנֶה עֶשְׂרֵה – EXCEPT THAT THIS individual PRAYS EIGHTEEN blessings in his recitation of Shemoneh Esrei, inserting *Aneinu* in the blessing of *Who hears prayer,* וְזֶה מִתְפַּלֵּל תְּשַׁע עֶשְׂרֵה – AND THIS "public" PRAYS NINETEEN blessings, since *Aneinu* is recited separately between the blessings of *Redeemer* and *Healer.*[18]

The Gemara attempts to define two key terms in the Baraisa:

מַאי יָחִיד – **What** does **"individual"** mean, וּמַאי צִבּוּר – **and what** does **"public"** mean? אִילֵימָא יָחִיד מַמָּשׁ – **If you say** that

NOTES

12. See *Rashi. R' Akiva Eiger* questions *Rashi's* interpretation: Since Rav Chisda himself holds that a mourner may not wash himself even with cold water (see above 13a), he would not establish that the Baraisa speaks of applying cosmetics and braiding the hair. Rather, he would interpret the Baraisa as referring to washing with cold water, as the Gemara wished to do when it cited the Baraisa in support of Rava. Hence, he should not be drawing the inference that he does.

R' Akiva Eiger asks further why Rav Chisda derived the prohibition against laundering from an inference, when a Baraisa (cited on 13a) expressly states that only one observing an extended period of mourning may launder his clothing.

R' Akiva Eiger leaves the questions unresolved. [He holds that Rav Chisda permits limited cold-water washing; see above 13a note 20.]

13. The Gemara here decides the laws of washing oneself only as they pertain to a mourner. *Ritva* rules that on a public fast day one may wash his entire body with cold water, and his face, hands and feet in hot water. Regarding the law for washing oneself on Tishah B'Av, one may not place even his finger in cold water.

Ritva infers from the Gemara's conclusion – that a mourner may wash his face, hands and feet with cold water – that a girl of marriageable age (*bogeres*) may wash her entire body with cold water during the *shivah* (cf. above, note 7).

14. Certainly, then, a mourner may anoint himself for medicinal purposes (*Ritva*).

15. I.e. between the seventh blessing, which concludes with the words *Redeemer of Israel,* and the eighth blessing, which ends with *Healer of the sick of His people Israel.*

16. Rav Yitzchak holds that an individual is not important enough to justify the inclusion of an additional blessing in his private prayer (*Rashi*).

17. The text and conclusion of this blessing, the sixteenth in Shemoneh Esrei, are sufficiently general so as to allow inclusion of *Aneinu,* as well as other prayers and requests (*Rashi*).

18. *Rashi* notes that although the regular weekday prayer is known as Shemoneh Esrei, which literally means Eighteen [Blessings], the prayer now in fact contains nineteen blessings (and with the insertion of *Aneinu* there is a total of twenty blessings). The nineteenth blessing, which begins וְלַמַּלְשִׁינִים, *And for slanderers,* is a prayer for the eradication of wickedness and the downfall of heretics. It was instituted in Yavneh after the destruction of the Second Temple (see *Berachos* 28b). The Gemara refers to the prayer by the original number of blessings it contained.

עין משפט נר מצוה

סט א מיי' פ"ה מהלכות אבל הלכה א סמג עשין מד"ס ג טוש"ע י"ד סי' ש"פ סעיף א וסי' שפט סעיף א:
ע ב מיי' שם הלכה ד טוש"ע שם סי' שפא סעיף א:
עא ג מיי' שם טוש"ע שם סעיף ב:
עב ד מיי' פ"ב מהלכות תפלה הלכה יד סמג עשין יט טוש"ע א"ח סי' תקסה סעיף א:
עג ה מיי' פ"ג מהלכות תענית הלכה ב טוש"ע א"ח סי' תקעה סעיף ב:
עד ו מיי' שם הלכה ג טוש"ע שם סעיף ג:

גליון הש"ס

רש"י ד"ה זאת אומרת. מדמוקמינן לה בכיחול כו'. תמיהני הא מרא דשמעתא הוא ר"ח דס"ל לעיל דמשום אבל אסור בצונן ול"צ כלל לאוקמא בפירכוס וכיחול. גם למאי צריך להוכחה מאוקימתא זו הא נשמע מברייתא דלעיל דתכפוהו אבליו מכבס כסותו במים ומוכח מזה דאבל אסור בכיבוס ולע"ג:

ליקוטי רש"י

ופירכוס. קליעת שער [כתובות יז.]. בנתר. מין אדמה שחפין ושפין בה את הבגדים [ירמיה ב, כב]. מין אדמה לבנה [שבת טז.]. אהל. שמכבסים בו בגדים והוא עשב [ב"מ פא.]. לפכוחי פחדיה. להפיג דאגתו וכו' דכתיב (תהלים קד) ויין ישמח [ב"מ סו:]. זאת אומרת אבל אסור בתכבוסת כל שעה. מדתני תכפוהו אבליו מכבס כסותו מכלל דשאר אבל אסור בתכבוסת [מו"ק יז: ועי' בגליון הש"ס וברש"ש כאן]. אדבריה. הנהיגו ומטייל עמו במבואות העיר [ביצה כט.]. עשרים וארבע. דתנן במסכת תענית (דף טו.) שמוסיפין בתענית ציבור שש ברכות על שמונה עשרה [פסחים נד:]. תנא ושייר. לא שנה כל הסילוקים שביניהם [כתובות מא.]. לא חשבינהו לכולהו [סוטה טז.].

רבינו חננאל

ודחינן לא כי קא קתני וכן באבל אנעילת סנדל ואמלאכה קאי אבל (רחיצה לא) [לא ארחיצה] ולעולם בחמין. אמר רבא אבל אסור כל ז' אפי' בצונן ומ"ש מבשר ויין דשרי ליה. ודחי בשר ויין שרינן ליה כדי לפכוחי פחדיה אבל רחיצה דמשום תענוג היא לא התירו. לימא מסייעא ליה אין הבוגרת רשאה לנוול עצמה בימי אבל בית אביה. אבל הנערה שרי לנוול עצמה ושלא לרחוץ
אפילו בצונן. וש"מ אבל אפי' בצונן אסור. ודחי לא הבוגרת התירו לכחול ולפרכס. תניא תכפוהו אבליו זה אחר זה שערו
מיקל בתער ומכבס כסותו במים. אמר רב חסדא בתער ולא במספרים. במים ולא בנתר. ולא בחול. אמר רב חסדא זאת
אומרת אבל אסור בתכבוסת. והלכתא אסור לרחוץ כל גופו כל ז' בין בחמין בין בצונן אבל פניו ידיו ורגליו בחמין אסור
ובצונן מותר. ולסוף אפי' כל שהוא אסור. ואם לעבר הזוהמא מות' לסוך שמן טוב. דרש רב יצחק יחיד שקבל עליו תענית
מתפלל עננו בין גואל לרופא ואקשינן עליה וכי יחיד קובע ברכה לעצמו אלא מתפלל עננו בשומע תפלה בכלל הברכה
ואינו מתפלל אותה ברכה בפ"ע. ומותבינן עליה מהא דתניא מה בין יחיד לצבור אלא שזה מתפלל שמ"ע ואלו מתפללין
י"ט היכי דמי אילימא יחיד המתפלל בינו לבין עצמו עם הצבור וצבור דקתני ש"ץ היורד לפני התיבה האי י"ט ברכות
מתפלל בתענית כ"ד מתפלל כדתנן עמדו בתפלה מורידין לפני התיבה זקן ורגיל כו' ואומר לפניהם כ"ד ברכות. ושנינן הכי
קאמר אין בין יחיד דקאי בצבור כדאמרן ליחיד המתפלל חוץ לביהכ"נ אלא שזה היחיד העומד בחוץ מתפלל י"ח ויחיד
המתפלל בכנסת מתפלל י"ט ברכות. אלמא יחיד קובע ברכה לעצמו. ושנינן לעולם יחיד. יחיד דקאי בצבור וצבור ש"ץ
ממש. וזה ש"ץ המתפלל י"ט ברכות בתעניות ראשונות הוא שאין בה כ"ד ברכות לפיכך זה מתפלל י"ח וזה מתפלל י"ט.
ואקשינן והא תעניות אמצעיות דקתני בהו ואסור במלאכה וברחיצה כו'. ולא קתני כ"ד. ושנינן האי תנא באיסורא קמיירי.
כלומר אסור במלאכה וברחיצה כו' הוא דמיירי בתפלות לא קמיירי. אי בעי תימא כ"ד ברכות באמצעייתא נמי ליכא.
ואקשינן והתניא אין בין ג' אמצעיות לד' אחרונות. אלא שבאלו מתריעין ונועלין את החנויות הא לכ"ד זה וזה שוין.
לעולם אימא לך באמצעיות נמי אין כ"ד ברכות בהן. ותנא מקצת מה שיש בשבע האחרונות ואינם בג' אמצעיות ושייר

תוספות

אין הבוגרת רשאה לנוול עצמה. אומר ר"י דהא רשאה לאו דוקא י) אלא ה"ק אין הבוגרת חייבת הא נערה חייבת: **אלא** (ז) בצונן. וקאמר נערה רשאה כלומר דאסורה ואת אמרת דבצונן מותר וקשה לרבא דאמר דבצונן מותר ומשני כי קתני אכיחול ואפירכוס: **אלא** אמר רב יצחק בשומע תפלה. והכי פסק בשמעתא דתפלת תענית בשומע תפלה ואין יחיד קובע ברכה לעצמו לכך צריך כשאומר עננו בש"ת (דצריך) לאומרו קודם שאומר הברכה כשמגיע לעננו קודם שיתחיל לומר כי אתה ש"ת עמך ישראל ברחמים יאמר עננו ולא יחתום אלא יאמר כי אתה ה' עונה בעת צרה ומושיע ואח"כ כי אתה ש"ת עמך ישראל ברחמים בא"י שומע תפלה אבל שליח צבור אומר גואל ישראל וקובע ברכה וחותם:

תנא ושייר. פי' תנא עשיית מלאכה ושייר כ"ד ברכות פי' כ"ד ברכות שבתעניתא היו מוסיפין ו' ברכות כדמפרש לקמן בריש פ"ב (דף טו.): **מאי** שייר דהאי שייר כו'. פי' דמשום חדא מילתא לא הוי (ח) לתנא לשייר וא"ת הכא קאמר דלא תנא ושייר דהא אין בין קאמר דמשמע דאין בין זה לזה אלא אלו בלבד וקשה דהא במגילה (דף ח.) קתני אין בין נדרים לנדבות אלא שהנדרים חייב באחריותן ונדבות אינו חייב באחריותן ואנו יודעין דיש (ט) חילוק אחר דנדרים אינן באים אלא מן החולין דכל דבר שבחובה אינו בא אלא מן החולין ונדבות באות מן המעשר כדאמר (דברים כו) וזבחת שלמים ואכלת דכתיב גבי מעשר וי"ל דהתם נמי דזה וזה שוה והני מילי גבי שלמים יש חילוק והא דקתני אין בין מיירי בעולות דאין בין עולות דנדרים לעולות דנדבה אלא שהנדרים חייב באחריותן מה שאין כן בנדבה דהא אין בין עולות דנדרים לעולות דנדבות אלא חילוק זה דהא כל עולות אינן באין אלא מן החולין"): **ותסברא** והא שייר תיבה. פי' (י) מפרש לקמן (דף טו:) שמוליאין התיבה ברחוב העיר (ח) באמלעיות) באחרונות ותסברא דהא שייר תיבה פי' וליכא למימר דבאיסורא קמיירי דהא דמתריעין ונועלין מאי איסור איכא:

לאו

רש"י

אין הבוגרת. שהביאה שתי שערות רשאה לנוול את עצמה אלא מתקשטת כדי שיקפצו עליה (ג) הא נערה שאינה ראויה להינשא עדיין עד שתתבגר רשאה דבת חיוב אבילות היא וקטנה אינה חייבת ולא כלום: **בימי אבל אביה.** אפילו אירע אבילות לאביה שמת בנו אי נמי שמת אביה ממש אע"פ שהיא בת חיוב אבילות אינה רשאה לנוול: **אלא לאו בצונן.** ואפ"ה נערה אינה רוחצת בצונן אלמא דאבל אף בצונן אסור: **אכיחול ואפירכוס.** ולא קא מיירי ברחילה כלל פירכוס בשיער כגון בבגדים רחילה בגוף: **זאת אומרת.** ° מדמוקמינן לה בכיחול ופירכוס הוא הדין לתכבוסת: **תפלת תענית.** עננו: **בין גואל לרופא.** ברכה בפני עצמה: **וכי יחיד.** חשוב כל כך שיהו מתקנין לו ברכה בפ"ע להוסיף בתפלתו: **בשומע תפלה.** שכוללה בתוך הברכה וחותם בשומע תפלה דאותה ברכה וחתימתה משמע בין אתענית בין אכל מילי: **אין בין יחיד לצבור.** גבי תענית: **שזה.** יחיד מתפלל ביום תעניתו שמונה עשרה וכולל תפלת תענית בשומע תפלה: **תשע עשרה.** דקבע ליה בין גואל לרופא סתם תפלה קרי שמונה עשרה דברכת ולמלשינים ביבנה תקנוה כדאמרינן בברכות (דף כח:): **כ"ד הויין.** (ד) בפירקין דלקמן (דף טו.) דכ"ד ברכות הוו ביומא דתעניתא והכא קתני י"ט ותו לא: **וצבור.** יחיד שקיבל עליו תענית צבור אלמא יחיד קובע ברכה לעצמו כשקיבל תענית צבור: **בקמייתא.** בג' תעניות ראשונות (ה) דליכא כ"ד כדאמרינן בפרק סדר תעניות כילד בגמ' (שם): **דאלו מותרין בעשיית מלאכה וכו'.** ראשונות דלא חמירי כולי האי (ו) הא לכ"ד ברכות זה וזה שוין וקס"ד דאיתנהו לכ"ד באמלעיות מדקמתריך קמייתא דליכא כ"ד מכלל דבאמלעיתא איתנהו ולא היא דליתנהו אלא באחרונות כדקתני התם ומשום דהא מילתא קמייתא מש"ה פריך ליה מכ"ד דליתנהו באמלעיות: **תנא ושייר.** תנא מילי דאיתנהו בין אמלעיות לראשונות ושייר אין בין לאו דוקא הוא כדמוכח לקמן גבי אידך: **ה"ג מאי שייר דהאי שייר אלא באיסורי קא מיירי בתפלות לא קא מיירי.** ומאן דגרים שייר תיבה מוליאין את התיבה כו' שיבוש הוא דאינה אלא באחרונות כדבסמוך ומיפשט פשיטא ליה דאינה אלא באחרונות: **מאי שייר דהאי שייר.** דלא אורחא דתנא למתני כל מילי ולשיורי חדא אלא לעולם כ"ד בקמייתא ליתנהו ולהכי לא חשיב להו באין בין דבתפלה לא קמיירי: **באמצעיות נמי ליכא כ"ד.** אלא באחרונות כדאמרינן התם: **שבאלו.** האחרונות מתריעים ונועלין כדתנן נמי במתניתין ° הא לכ"ד זה וזה שוין דבתרוייהו איתנהו:

והא

גמרא

אין הבוגרת רשאה לנוול את עצמה בימי אבל אביה הא נערה רשאה מאי לאו ברחיצה ובמאי אילימא בחמין אין הבוגרת רשאה והאמר רב חסדא אבל אסור להושיט אצבעו בחמין אלא לאו בצונן לא אכיחול ופירכוס לימא מסייע ליה דא"ר אבא הכהן משום רבי יוסי הכהן מעשה ומתו בניו של ר' יוסי בר חנינא ורחץ בצונן כל שבעה אמרי התם בשתכפוהו אבליו זה אחר זה דתניא תכפוהו אבליו זה אחר זה הכביד שערו מיקל בתער ומכבס כסותו במים אמר רב חסדא בתער אבל לא במספרים במים ולא בנתר ולא בחול ולא באהל איכא דאמרי אמר רבא אבל אסור בצונן כל שבעה מאי שנא מבשר ויין התם א) לפכוחי פחדיה הוא דעביד לימא מסייע ליה אין הבוגרת רשאה לנוול עצמה הא נערה רשאה במאי אילימא בחמין אין הבוגרת רשאה והאמר רב חסדא אבל אסור להושיט אצבעו בחמין אלא לאו בצונן לא אכיחול ופירכוס אמר רב חסדא זאת אומרת א אבל אסור בתכבוסת כל שבעה ב והלכתא אבל אסור לרחוץ כל גופו בין בחמין בין בצונן כל שבעה אבל פניו ידיו ורגליו בחמין אסור בצונן מותר ג אבל לסוך אפילו כל שהוא אסור ואם לעבר את הזוהמא מותר צלותא דתעניתא היכי מדכרינן אדבריה רב יהודה לרב יצחק בריה ודרש יחיד שקיבל עליו תענית מתפלל של תענית והיכן אומרה בין גואל לרופא מתקיף לה רב ב) יצחק וכי יחיד קובע ברכה לעצמו אלא אמר רב יצחק ד בשומע תפלה וכן אמר רב ששת בשומע תפלה מיתיבי אין בין יחיד לצבור אלא שזה מתפלל שמונה עשרה וזה מתפלל תשע עשרה מאי יחיד ומאי צבור אילימא יחיד ממש וצבור ש"צ הני תשע עשרה עשרין וארבע הוו אלא לאו ה"ק אין בין יחיד דקבל עליו תענית יחיד ליחיד שקבל עליו תענית צבור אלא שזה מתפלל שמונה עשרה וזה מתפלל תשע עשרה ש"מ יחיד קובע ברכה לעצמו לא לעולם אימא לך שליח צבור ודקא קשיא לך שליח צבור עשרין וארבע מצלי (א) בג' תעניות ראשונות ה דליכא עשרים וארבע ולא והא אין בין קתני אין בין ג' ראשונות לג' אמצעיות אלא שבאלו מותרין בעשיית מלאכה ובאלו אסורין בעשיית מלאכה הא לכ"ד זה וזה שוין ג) תנא ושייר מאי שייר דהאי שייר (ב) ותו והא אין בין קתני אלא תנא באיסורי קא מיירי בתפלות לא מיירי ואי בעית אימא ו באמצעייתא נמי לא מצלי כ"ד ולא והתניא ד) אין בין ג' שניות לשבע אחרונות אלא שבאלו מתריעין ונועלין את החנויות הא לכל דבריהן זה וזה שוין וכי תימא הכא נמי תנא ושייר והא אין בין קתני ותסברא אין בין דוקא

והא

מסורת הש"ס

א) [ז"ל רש"י ב"מ סו: ד"ה לפכוחי פחדיה להפיג דאגתו וכו'], ב) [גירסת רא"ש יוסף], ג) [סוכה נד. וש"נ], ד) [תוספתא מגילה פ"א], ה) [לעיל יב:], ו) [ועי' תוס' קידושין לג. ותוס' חולין נד: ד"ה אין ותוס' ערכין כח: ד"ה אומדין], ז) [וע"ע תוספות מגילה ב: ד"ה אין ותוס' ב"ק סב: ד"ה מי קתני ותוס' חגיגה ח. ד"ה אמאי ותוספות שבת קג. ד"ה אין], ח) רש"א מ"ז.

הגהות הב"ח

(א) גמ' ודקא קשיא לך ש"צ כ"ד מצלי כצ"ל: (ב) שם מאי שייר דהאי שייר ותו והא אין בין קתני [illegible]

רבינו גרשום

ברחיצה מוחלקין דאילו
בתענית קתני ברחיצה דמשמע בחמין אבל לא בצונן ואילו באבל אסור בין בחמין בין בצונן. **אין הבוגרת** רשאה לנוול
עצמה לפי שעומדת על פרקה וראויה לינשא. **אילימא בחמין אין הבוגרת רשאי** לנוול עצמה כלומר דיכולה לרחוץ
בחמין: **אלא לאו בצונן** קאמר אין הבוגרת רשאה לנוול עצמה אלא רוחצין בצונן הא נערה רשאה דאפי'
בצונן אינה רוחצת וקשיא לרבא דאמר אבל בצונן מותר. **לא** כי קתני אין הבוגרת רשאי לנוול הא נערה אכיחול
אבל בצונן מותר אפי' בנערה. **התם** בבשרא וחמרא ליכא אלא **לפכוחי פחדא** אבל ליכא תענוג לפיכך שרי
איכא תענוג לפיכך אסור. **אלא לאו בצונן** קאמר דנערה רשאה לנוול עצמה [ש"מ] דאבל אסור בין בחמין בין בצונן
סיועא **לא** כי קתני נערה רשאה לנוול **בכיחול ופירכוס** אבל בצונן מותר ולא הוי סיועא: **וכי יחיד** קובע
א) יש מברך העונה בעת צרה: **בשומע תפלה.** שכולל בשומע תפלה ואינו מברך ברכה לעצמו. **הני**
כדמפרש לקמן **וקתני שזה מתפלל תשע עשרה.** אלמא דקובע ברכה לעצמו שמברך העונה בעת צרה **[ודקא קשיא לך**
דהא] הויין כ"ד ברכות **בדקמייתא** בשלש תעניות ראשונות קא מיירי דליכא בהו כ"ד ולא הוי אלא י"ט ויחיד
קובע ברכה לעצמו: **אלא שבאלו** אמצעיות אסורין במלאכה וראשונות מותרין במלאכה **הא לעשרים וארבעה זה וזה**
שוין כי היכי דבאמצעיות איכא עשרים וארבעה הכא נמי איכא בראשונות כ"ד ולא מצית לתרוצי דצבור ש"ץ
דהא איכא כ"ד אלא ביחיד שקיבל תענית צבור ותיפשוט דיחיד קובע ברכה לעצמו. **ה"ג תנא באיסורי** קמיירי
לעולם בראשונות ליכא כ"ד והא דלא קתני שבאלו יש כ"ד ובאלו אין כ"ד משום דבאיסורי קא מיירי דהוי אסור בעשיית
מלאכה **ובתפלה לא מיירי** בברכות ולעולם הא דקתני דצבור מתפלל י"ט מוקמינן בש"ץ אבל לא ביחיד דאינו קובע
ברכה לעצמו. **ואיב"א לעולם בראשונות ליכא כ"ד** ולהכי לא קתני שבאלו יש כ"ד ובאלו אין כ"ד
כ"ד: ג) ה"ג **תנא ושייר** ולא נמי כלומר שייר כ"ד דבשבע איכא ובאמצעיות ליכא: **והא אין בין קתני** דמשמע דהוי דוקא כי היכי דאמרינן דאין בין קמא דוקא אלמא דליכא בינייהו אלא מתריעין ונועלין אבל לכ"ד שוין אלמא דבאמצעיות איכא כ"ד

חשק שלמה על רבינו גרשום א) אולי צ"ל וכי יכול לברך וכו'. ב) נראה דצ"ל ה"ג וכ"ת תנא ושייר ולא גרסינן נמי כלומר וכו'.

"individual" refers to an **actual individual** who is reciting the Shemoneh Esrei on a fast for himself, וְצִבּוּר שְׁלִיחַ צִבּוּר – **and** that **"public"** refers to **the representative of the public,** who leads the services on a fast day, הֲנֵי תְּשַׁע עֶשְׂרֵה – **are these** blessings in the representative's prayer only **nineteen** in number? עֶשְׂרִין וְאַרְבַּע הֲווּ – No! **There are twenty-four** blessings altogether![19] Therefore, the term "public" mentioned in the Baraisa cannot connote the communal prayer leader.

The Gemara concludes that the terms refer to two types of fasts: אֶלָּא – **Rather,** לָאו הָכִי קָאָמַר – **is this not what** the Baraisa **is saying:** אֵין בֵּין יָחִיד דְּקִבֵּל עָלָיו תַּעֲנִית יָחִיד – **There is no** distinction **between an individual who accepted upon himself a personal fast** לְיָחִיד שֶׁקִּבֵּל עָלָיו תַּעֲנִית צִבּוּר – **and an individual who accepted upon himself a public fast,** i.e. an individual fast subject to the stringencies of a public fast, אֶלָּא שֶׁזֶּה מִתְפַּלֵּל שְׁמוֹנֶה עֶשְׂרֵה – **except that this** individual who undertakes a personal fast **prays eighteen** blessings in his Shemoneh Esrei prayer, וְזֶה מִתְפַּלֵּל תְּשַׁע עֶשְׂרֵה – **and this** individual who has accepted upon himself a public fast **prays nineteen** blessings in his Shemoneh Esrei prayer, adding *Aneinu* as a separate blessing?

The Gemara now articulates its challenge to Rav Yitzchak: שְׁמַע מִינָּהּ – **Learn from this** יָחִיד קוֹבֵעַ בְּרָכָה לְעַצְמוֹ – that **an individual can establish a** separate **blessing for himself** in his Shemoneh Esrei, at least where he has accepted upon himself a public fast! The Baraisa thus refutes Rav Yitzchak, who ruled categorically that an individual must insert *Aneinu* in the blessing of *Who hears prayer.*[20] – ? –

The Gemara resists this proof:

לֹא – **No!** The term "public" does not refer to an individual who has accepted upon himself a public fast, as you felt compelled to say. לְעוֹלָם אֵימָא לָךְ – **Actually, I will tell you** שְׁלִיחַ צִבּוּר – that it refers to **the congregational representative.** וּדְקָא קַשְׁיָא לָךְ – **And that which was difficult for you** to understand about this explanation – שְׁלִיחַ צִבּוּר עֶשְׂרִין וְאַרְבַּע מְצַלֵּי – that **the congregational representative prays twenty-four** blessings and not nineteen as stated in the Baraisa – is readily explained, בְּג׳ תַּעֲנִיּוֹת רִאשׁוֹנוֹת – for the Baraisa speaks **of the first three** public **fasts** occasioned by drought, דְּלֵיכָּא עֶשְׂרִים וְאַרְבַּע – on **which twenty-four** blessings **are not** recited.[21] The Baraisa thus informs us that on this first series of fasts the congregational representative recites only nineteen blessings. Hence, the Baraisa offers no proof that an individual recites *Aneinu* as a separate blessing; rather, it accords with Rav Yitzchak's position.

The Gemara objects to this interpretation:

וְלֹא – **And** are twenty-four blessings **not** recited during the first series of fasts? וְהָא אֵין בֵּין קָתָנֵי – **But the Baraisa taught** expressly, **"There is no** distinction **between,"** as follows:[22] אֵין בֵּין ג׳ רִאשׁוֹנוֹת לְג׳ אֶמְצָעִיּוֹת – THERE IS NO distinction BETWEEN THE FIRST THREE AND THE MIDDLE THREE fasts, אֶלָּא שֶׁבְּאֵלּוּ מוּתָּרִין בַּעֲשִׂיַּית מְלָאכָה – EXCEPT THAT ON THESE first three fasts THEY ARE PERMITTED TO PERFORM WORK,[23] וּבְאֵלּוּ אֲסוּרִין בַּעֲשִׂיַּית מְלָאכָה – AND ON THESE middle three THEY ARE PROHIBITED FROM PERFORMING WORK.

The Gemara therefore concludes:

הָא לְכ״ד – **But regarding the twenty-four** blessings recited by the congregational representative, זֶה וָזֶה שָׁוִין – **this** first series **and that** middle series of fasts **are equal.** Just as all twenty-four blessings are recited on the second series of fasts,[24] so they are recited on the first series. Thus, it is incorrect to say that the term "public" refers to the congregational representative, and that the Baraisa teaches that he recites only nineteen blessings during the first series of fasts. – ? –

The Gemara answers:

תָּנָא – **The Baraisa taught** a distinction between the first and second series of fasts, וְשַׁיֵּיר – **but left over** other distinctions.[25] Indeed, one of the distinctions it failed to mention is that twenty-four blessings are not recited during the first series of fasts.

The Gemara inquires:

מַאי שַׁיֵּיר – **What** else **was left over** from the list of distinctions between the first and second series of fasts דְּהַאי שַׁיֵּיר – **that this** distinction concerning the twenty-four blessings **was left over?** Ordinarily, the Baraisa would not omit only one relevant item! וְתוּ – **And furthermore,** וְהָא אֵין בֵּין קָתָנֵי – **the Baraisa taught: "There is no** distinction **between"** – an express exclusion of any other distinctions! Hence, we must conclude that the congregational representative recites twenty-four blessings even during the first series of fasts, and that the first Baraisa in fact teaches us that an individual who has accepted upon himself a public fast does recite *Aneinu* as a separate blessing, contrary to Rav Yitzchak's position. – ? –

The Gemara rejects this conclusion:

אֶלָּא – **Rather,** תַּנָּא בְּאִיסּוּרֵי קָא מַיְירֵי – **the Tanna** of the last Baraisa **discusses** only **the prohibitions** of the fast days; בִּתְפִלּוֹת לֹא מַיְירֵי – **he does not discuss the prayers** of the fast days. Therefore, the mention of a distinction regarding the twenty-four blessings was indeed omitted, since that distinction concerns the prayers of the day.

וְאִי בָּעֵית אֵימָא – **And if you desire, I shall say** another explanation: בְּאֶמְצָעִיְיתָא נַמִּי לֹא מְצַלֵּי כ״ד – **During the middle** series of fasts **as well he does not pray twenty-four** blessings.[26] Thus, in truth, no distinction exists between the first two series of fasts on this point; in both cases the twenty-four blessings are not recited. Hence, the Baraisa does not refute Rav Yitzchak.

NOTES

19. The Mishnah below (15a) states that six additional blessings were added to the public repetition of Shemoneh Esrei recited by the prayer-leader on a public fast day (*Rashi*).

20. The Gemara seemingly overlooks an obvious interpretation of the Baraisa which would resolve the difficulty. The Baraisa can be interpreted as follows: The term "public" refers to a public fast (and not only to the congregational representative, as suggested), and the term "individual" refers to an individual fast. *Ravyah* concludes, from the Gemara's failure to provide a resolution along these lines, that no distinction exists between an individual observing a private fast and an individual observing a public fast. Those who ascribe to the rule that "a separate blessing is not established for an individual" apply the rule to the individual's prayer on a public fast as well (*Rosh*).

21. The Gemara below (15b), based on a Baraisa, states that the six additional blessings are not instituted until the third series of seven fasts. (However, the Gemara presently debates whether these additional blessings are recited during the second series of fasts.)

22. I.e. the Baraisa taught expressly that the first and second series of fasts were identical in all but one halachic aspect.

23. As the previous Mishnah stated (10a), the first three fasts are less stringent, and so work is permitted (see *Rashi*).

24. In truth, all twenty-four blessings are not recited during the second series of fasts either (see above, note 21). However, the Gemara asks based on the statement of the previous answer that in the first three fasts the twenty-four blessings are not recited – implying that they are recited in the second set of fasts (see *Rashi*).

25. According to this answer, the Baraisa's assertion, אֵין בֵּין, *there is no* distinction *between,* which ostensibly rules out the existence of distinctions other than those listed, is not meant literally (*Rashi*).

26. The twenty-four blessings are recited only during the final set of seven fasts. This revised position accords with the Gemara below

אין הבוגרת רשאה לנוול את עצמה בימי אבל אביה הא נערה רשאה מאי לאו ברחיצה ובמאי אילימא בחמין אין הבוגרת רשאה והאמר רב חסדא אבל אסור להושיט אצבעו בחמין אלא לאו בצונן לא אכיחול ופירכוס לימא מסייע ליה דא"ר אבא הכהן משום רבי יוסי הכהן מעשה ומתו בניו של ר' יוסי בר חנינא ורחץ בצונן כל שבעה אמרי התם בשתכפוהו אבליו זה אחר זה דתניא תכפוהו אבליו זה אחר זה הכביד שערו מיקל בתער ומכבס כסותו במים אמר רב חסדא בתער אבל לא במספרים במים ולא בנתר ולא בחול ולא באהל איכא דאמרי אמר רבא אבל אסור בצונן כל שבעה מאי שנא מבשר ויין התם [א] לפכוחי פחדיה הוא דעביד לימא מסייע ליה אין הבוגרת רשאה לנוול עצמה הא נערה רשאה במאי אילימא בחמין אין הבוגרת רשאה והאמר רב חסדא אבל אסור להושיט אצבעו בחמין אלא לאו בצונן לא אכיחול ופירכוס אמר רב חסדא זאת אומרת [א]אבל אסור בתכבוסת כל שבעה [ב]והלכתא אבל אסור לרחוץ כל גופו בין בחמין בין בצונן כל שבעה אבל פניו ידיו ורגליו בחמין אסור בצונן מותר [ג]אבל לסוך אפילו כל שהוא אסור ואם לעבר את הזוהמא מותר צלותא דתעניתא היכי מדכרינן אדבריה רב יהודה לרב יצחק בריה ודרש יחיד שקיבל עליו תענית מתפלל של תענית והיכן אומרה בין גואל לרופא מתקיף לה רב [ב] יצחק וכי יחיד קובע ברכה לעצמו אלא אמר רב יצחק [ד]בשומע תפלה וכן אמר רב ששת בשומע תפלה מיתיבי אין בין יחיד לצבור אלא שזה מתפלל שמונה עשרה וזה מתפלל תשע עשרה מאי יחיד ומאי צבור אילימא יחיד ממש וצבור ש"צ הני תשע עשרה עשרין וארבע הוו אלא לאו ה"ק אין בין יחיד דקבל עליו תענית יחיד ליחיד שקבל עליו תענית צבור אלא שזה מתפלל שמונה עשרה וזה מתפלל תשע עשרה ש"מ יחיד קובע ברכה לעצמו לא לעולם אימא לך שליח צבור ודקא קשיא לך שליח צבור עשרין וארבע מצלי (א) בג' תעניות ראשונות [ה]דליכא עשרים וארבע ולא והא אין בין קתני אין בין ג' ראשונות לג' אמצעיות אלא שבאלו מותרין בעשיית מלאכה ובאלו אסורין בעשיית מלאכה הא לכ"ד זה וזה שוין [ג] תנא ושייר מאי שייר דהאי שייר (ב) ותו והא אין בין קתני אלא תנא באיסורי קא מיירי בתפלות לא מיירי ואי בעית אימא [ו]באמצעייתא נמי לא מצלי כ"ד ולא והתניא [ד] אין בין ג' שניות לשבע אחרונות אלא שבאלו מתריעין ונועלין את החנויות הא לכל דבריהן זה וזה שוין וכי תימא הכא נמי תנא ושייר והא אין בין קתני ותסברא אין בין דוקא

והא

אין הבוגרת. שהביאה שתי שערות רשאה לנוול את עצמה אלא מתקשטת כדי שיקפצו עליה (ג) הא נערה שאינה ראויה להינשא עדיין עד שתבגר רשאה דבת חיוב אבילות היא וקטנה אינה חייבת ולא כלום: בימי אבל אביה. אפילו אירע אבילות לאביה שמת בנו אי נמי שמת אביה ממש אע"פ שהיא בת חיוב אבילות אינה רשאה לנוול: אלא לאו בצונן. ואפ"ה נערה אינה רוחצת בצונן אלמא דאבל אף בצונן אסור: אכיחול ואפירכוס. ולא קא איירי ברחילה כלל פירכוס בשיער כגון בבגדים רחילה בגוף: זאת אומרת. ° מדמוקמינן לה בכיחול ופירכוס הוא הדין לתכבוסת: תפלת תענית. עננו: בין גואל לרופא. ברכה בפני עצמה: וכי יחיד. חשוב כל כך שיהו מתקנין לו ברכה בפ"ע להוסיף בתפלתו: בשומע תפלה. שכוללה בתוך הברכה וחותם בשומע תפלה דאותה ברכה וחתימתה משמע בין אתענית בין אכל מילי: אין בין יחיד לצבור. גבי תענית: שזה. יחיד מתפלל ביום תעניתו שמונה עשרה וכולל תפלת תענית בשומע תפלה: תשע עשרה. דקבע ליה בין גואל לרופא סתם תפלה קרי שמונה עשרה דברכת ולמלשינים ביבנה תקנוה כדאמרינן בברכות (דף כח:): כ"ד הויין. (ד) בפירקין דלקמן (דף טו.) דכ"ד ברכות הוו ביומא דתעניתא והכא קתני י"ט ותו לא: וצבור. יחיד שקיבל עליו תענית צבור אלמא יחיד קובע ברכה לעצמו כשקיבל תענית צבור: בקמייתא. בג' תעניות ראשונות (ה) דליכא כ"ד כדאמרינן בפרק סדר תעניות כילד בגמ' (שם): דאלו מותרין בעשיית מלאכה וכו'. ראשונות דלא חמירי כולי האי (ו) הא לכ"ד ברכות זה וזה שוין וקס"ד דאיתנהו לכ"ד באמצעיות מדקמתרין קמייתא דליכא כ"ד מכלל דבאמצעיתא איתנהו ולא היא דליתנהו אלא באחרונות כדקתני התם ומשום דהא מילתא קמייתא מש"ה פריך ליה מכ"ד דליתנהו באמצעיות: תנא ושייר. תנא מילי דאיתנהו בין אמצעיות לראשונות ושייר אין בין לאו דוקא הוא כדמוכח לקמן גבי אידך: ה"ג מאי שייר דהאי שייר אלא באיסורי קא מיירי בתפלות לא קא מיירי. ומאן דגרים שייר תיבה מוליאין את התיבה כו' שיבוש הוא דאינה אלא באחרונות כדבסמוך ומיפשט פשיטא ליה דאינה אלא באחרונות: מאי שייר דהאי שייר. דלא אורחא דתנא למתני כל מילי ולשיורי חדא אלא לעולם כ"ד בקמייתא ליתנהו ולהכי לא חשיב להו באין בין דבתפלה לא קמיירי: באמצעיות נמי ליכא כ"ד. אלא באחרונות כדאמרינן התם: שבאלו. האחרונות מתריעים ונועלין כדתנן נמי במתניתין [ה] הא לכ"ד זה וזה שוין דבתרוייהו איתנהו:

והא

אין הבוגרת רשאה לנוול עצמה. אומר ר"י דהא רשאה לאו דוקא [י] אלא ה"ק אין הבוגרת חייבת הא נערה חייבת: אלא (ז) בצונן. וקאמר נערה רשאה כלומר דאסורה ואת אמרת דבצונן מותר וקשה לרבא דאמר דבצונן מותר ומשני כי קתני אכיחול ואפירכוס: אלא אמר רב יצחק בשומע תפלה. והכי פסק בשמעתא דתפלת תענית בשומע תפלה ואין יחיד קובע ברכה לעצמו לכך צריך כשאומר עננו בש"ת (דצריך) לאומרו קודם שאומר הברכה כשמגיע לעננו קודם שיתחיל לומר כי אתה ש"ת עמך ישראל ברחמים יאמר עננו ולא יחתום אלא יאמר כי אתה ה' עונה בעת צרה ומושיע ואח"כ כי אתה ש"ת עמך ישראל ברחמים בא"י שומע תפלה אבל שליח צבור אומר גואל ישראל וקובע ברכה וחותם: תנא ושייר. פי' תנא עשיית מלאכה ושייר כ"ד ברכות פי' כ"ד ברכות שבתעניתא היו מוסיפין ו' ברכות כדמפרש לקמן ברפ"ב (דף טו.): מאי שייר דהאי שייר כו'. פי' דמשום חדא מילתא לא הוי (ח) לתנא לשייר וא"ת הכא קאמר דלא תנא ושייר דהא אין בין קאמר דמשמע דאין בין זה לזה אלא אלו בלבד וקשה דהא במגילה (דף ח.) קתני אין בין נדרים לנדבות אלא שהנדרים חייב באחריותן ונדבות אינו חייב באחריותן ואנו יודעין דיש (ט) חילוק אחר דנדרים אינן באים אלא מן החולין דכל דבר שבחובה אינו בא אלא מן החולין ונדבות באות מן המעשר כדאמר (דברים כז) וזבחת שלמים ואכלת דכתיב גבי מעשר וי"ל דהתם נמי דזה וזה שוה והני מילי גבי שלמים יש חילוק והא דקתני אין בין מיירי בעולות דאין בין עולות דנדרים לעולות דנדבה אלא שהנדרים חייב באחריותן מה שאין כן בנדבה דהא אין בין עולות דנדרים לעולות דנדבות אלא חילוק זה דהא כל עולות אינן באין אלא מן החולין[י]: ותסברא והא שייר תיבה. פי' (י) מפרש לקמן (דף טו:) שמוליאין התיבה ברחוב העיר (ח) באמצעיות) באחרונות ותסברא דהא שייר תיבה פי' וליכא למימר דבאיסורא קמיירי דהא דמתריעין ונועלין מאי איסור איכא:

לאו

עין משפט נר מצוה

סט א מיי' פ"ה מהלכות אבל הלכה א סמג עשין מד"ס ג טוש"ע י"ד סי' ש"פ סעיף א וסי' שפט סעיף א:

ע ב מיי' שם הלכה ד טוש"ע שם סי' שפא סעיף א:

עא ג מיי' שם טוש"ע שם סעיף ב:

עב ד מיי' פ"ב מהלכות תפלה הלכה יד סמג עשין יט טוש"ע א"ח סי' תקסה סעיף א:

עג ה מיי' פ"ג מהלכות תענית הלכה ב טוש"ע א"ח סי' תקעה סעיף ב:

עד ו מיי' שם הלכה ג טוש"ע שם סעיף ג:

גליון הש"ס

רש"י ד"ה זאת אומרת. מדמוקמינן לה בכיחול כו'. תמיהני הא מרא דשמעתא הוא ר"ח דס"ל לעיל דמשום אבל אסור בצונן ול"ל כלל לאוקמא בפירכוס וכיחול. גם למאי צריך להוכחה מאוקימתא זו הא נשמע מברייתא דלעיל דתכפוהו אביליו מכבס כסותו במים ומוכח מזה דלאבל אסור בכיבוס ולע"ג:

ליקוטי רש"י

ופירכוס. קליעת שער [כתובות יז.]. בנתר. מין אדמה שחפין ושפין בה את הבגדים [ירמיה ב, כב]. מין אדמה לבנה [שבת טז.]. אהל. שמכבסים בו בגדים והוא עשב [ב"מ פא.]. לפכוחי פחדיה. להפיג דאגתו וכו' דכתיב (תהלים קד) ויין ישמח [ב"מ סו:]. זאת אומרת אבל אסור בתכבוסת כל שעה. מדתני תכפוהו אביליו מכבס כסותו מכלל דשאר אבל אסור בתכבוסת [מו"ק יז: ועי' בגליון הש"ס וברש"ש כאן]. אדבריה. הנהיגו ומטייל עמו במבואות העיר [ביצה כט.]. עשרים וארבע. דתנן במסכת תענית (דף טו.) שמוסיפין בתענית ציבור שש ברכות על שמונה עשרה [פסחים נד:]. תנא ושייר. לא שנה כל החילוקים שביניהם [כתובות מא.]. לא חשבינהו לכולהו [סוטה טז.].

רבינו חננאל

ודחינן לא כי קא קתני וכן באבל אנעילת סנדל ואמלאכה קאי אבל (רחיצה לא) [לא ארחיצה] ולעולם בחמין. אמר רבא אבל אסור כל ז' אפי' בצונן ומ"ש מבשר ויין דשרי ליה. ודחי בשר ויין שרינן ליה כדי לפכוחי פחדיה אבל רחיצה דמשום תענוג היא לא התירו. לימא מסייעא ליה אין הבוגרת רשאה לנוול עצמה בימי אבל בית אביה. אבל הנערה שרי לנוול עצמה ושלא לרחוץ אפילו בצונן. וש"מ אבל אפי' בצונן אסור. ודחי לא הבוגרת התירו לכחול ולפרכס. תניא תכפוהו אבליו זה אחר זה שערו מיקל בתער ומכבס כסותו במים. אמר רב חסדא בתער ולא במספרים. במים ולא בנתר. ולא בחול. אמר רב חסדא זאת אומרת אבל אסור בתכבוסת. והלכתא אסור לרחוץ כל גופו כל ז' בין בחמין בין בצונן אבל פניו ידיו ורגליו בחמין אסור ובצונן מותר. ולסוך אפי' כל שהוא אסור. ואם לעבר הזוהמא מות' לסוך שמן טוב. דרש רב יצחק יחיד שקבל עליו תענית מתפלל עננו בין גואל לרופא ואקשינן עליה וכי יחיד קובע ברכה לעצמו אלא מתפלל עננו בשומע תפלה בכלל הברכה ואינו מתפלל אותה ברכה בפ"ע. ומותבינן עליה מהא דתניא מה בין יחיד לצבור אלא שזה מתפלל שמ"ע ואלו מתפללין י"ט היכי דמי אילימא יחיד המתפלל בינו לבין עצמו עם הצבור וצבור דקתני ש"ץ היורד לפני התיבה האי י"ט ברכות מתפלל בתענית כ"ד מתפלל כדתנן עמדו בתפלה מורידין לפני התיבה זקן ורגיל כו' ואומר לפניהם כ"ד ברכות. ושנינן הכי קתני אין בין יחיד דקאי בצבור כדאמרן ליחיד המתפלל חוץ לביהכ"נ אלא שזה היחיד העומד בחוץ מתפלל י"ח ויחיד המתפלל בכנסת מתפלל י"ט ברכות. אלמא יחיד קובע ברכה לעצמו. ושנינן לעולם יחיד. יחיד דקאי בצבור וצבור ש"ץ ממש. וזה ש"ץ המתפלל י"ט ברכות בתעניות ראשונות הוא שאין בה כ"ד ברכות לפיכך זה מתפלל י"ח וזה מתפלל י"ט. ואקשינן והא תעניות אמצעיות דקתני בהו ואסור במלאכה וברחיצה כו'. ולא קתני כ"ד. ושנינן האי תנא באיסורא קמיירי. כלומר אסור במלאכה וברחיצה כו' הוא דמיירי בתפלות לא קמיירי. אי בעי תימא כ"ד ברכות באמצעייתא נמי ליכא. ואקשינן והא תניא אין בין ג' אמצעיות לז' אחרונות. אלא שבאלו מתריעין ונועלין את החנויות הא לכ"ד זה וזה שוין. לעולם אימא לך באמצעיות נמי אין כ"ד ברכות בהן. ותנא מקצת מה שיש בשבע האחרונות ואינם בג' אמצעיות ושייר

מסורת הש"ס

א) [ז"ל רש"י ב"מ סו: ד"ה לפכוחי פחדיה להפיג לדאגתו וכו'], ב) [גיר' רא"ש יוסף], ג) [סוכה נד. וש"נ], ד) [תוספתא מגילה פ"א], ה) [לעיל יב:], ו) [ועי' תוס' קידושין לג. ותוס' חולין נד: ד"ה אין ותוס' ערכין כח: ד"ה אומדין], ז) [וע"ע תוספות מגילה ח. ד"ה אין ותוס' ב"ק סב: ד"ה אין קתני ותוס' חגיגה ח. ד"ה אמאי ותוספות שבת סג. ד"ה אין], ח) רש"א מ"ז.

הגהות הב"ח

[illegible]

רבינו גרשום

ברחיצה מוחלקין דאילו בתענית קתני ברחיצה דמשמע בחמין אבל לא בצונן ואילו באבל אסור בין בחמין בין בצונן. **אין הבוגרת רשאי לנוול עצמה** לפי שעומדת על פרקה וראויה לינשא. **אילימא בחמין אין הבוגרת רשאי** לנוול עצמה כלומר דיכולה לרחוץ בחמין: **אלא לאו בצונן** קאמר אין הבוגרת רשאה לנוול עצמה אלא רוחצין בצונן הא נערה רשאה לנוול עצמה דאפי' בצונן אינה רוחצת וקשיא לרבא דאמר אבל בצונן מותר. **לא** כי קתני אין הבוגרת רשאי לנוול הא נערה רשאה **אכיחול** אבל בצונן מותר אפי' בנערה. **התם** בבשרא וחמרא ליכא אלא **לפכוחי פחדא** אבל ליכא תענוג לפיכך שרי. הכא בצונן איכא תענוג לפיכך אסור. **אלא לאו בצונן** קאמר דנערה רשאה לנוול עצמה [ש"מ] דאבל אסור בין בחמין בין בצונן והוי סיועא **לא** כי קתני נערה רשאה לנוול **בכיחול ופירכוס** אבל בצונן מותר ולא הוי סיועא: **וכי יחיד קובע ברכה לעצמו.** א) יש מברך העונה בעת צרה: **בשומע תפלה.** שכולל בשומע תפלה ואינו מברך ברכה לעצמו. **הני דש"ץ כ"ד** הויין כדמפרש לקמן **וקתני שזה מתפלל תשע עשרה.** אלמא דקובע ברכה לעצמו שמברך העונה בעת צרה: [**ודקא קשיא לך** דהא] הויין כ"ד ברכות **בדקמייתא** בשלש תעניות ראשונות קא מיירי דליכא בהו כ"ד ולא הוי אלא י"ט ולעולם אין היחיד קובע ברכה לעצמו: **אלא שבאלו** אמצעיות אסורין במלאכה וראשונות מותרין במלאכה **הא לעשרים וארבעה זה וזה שוין** כי היכי דבאמצעיות איכא עשרים וארבעה הכא נמי איכא בראשונות כ"ד ולא מצית לתרוצי דצבור מתפלל י"ט בש"ץ דהא איכא כ"ד אלא ביחיד שקיבל תענית צבור ותיפשוט דיחיד קובע ברכה לעצמו. **ה"ג תנא באיסור קא מיירי** כלומר לעולם בראשונות ליכא כ"ד והא דלא קתני שבאלו יש כ"ד ובאלו אין כ"ד משום דבאיסורי קא מיירי דהוי אסור בעשיית מלאכה **ובתפלה לא מיירי** בברכות ולעולם הא דקתני דצבור מתפלל י"ט מוקמינן בש"ץ אבל לא ביחיד דאין יחיד קובע ברכה לעצמו. **ואיב"א לעולם בראשונות ליכא כ"ד** ולהכי לא קתני שבאלו יש כ"ד ובאלו אין כ"ד דבאמצעיות נמי אין כ"ד: ב) ה"ג **תנא ושייר** ולא נמי כלומר שייר כ"ד דבשבע איכא ובאמצעיות ליכא: **והא אין בין קתני** דמשמע דהוי דוקא כי היכי דאמרינן דאין בין קמא דוקא אלמא דליכא בינייהו אלא מתריעין ונועלין אבל לכ"ד שוין אלמא דבאמצעיות איכא כ"ד

The Gemara questions this new assertion:

וְלֹא – And do they **not** pray twenty-four blessings during the second series of fasts? **וְהָתַנְיָא – But it was taught in a Baraisa:** אֵין בֵּין ג׳ שְׁנִיּוֹת לְשֶׁבַע אַחֲרוֹנוֹת – THERE IS NO distinction BETWEEN THE SECOND THREE AND LAST SEVEN fasts, אֶלָּא שֶׁבְּאֵלּוּ מַתְרִיעִין וְנוֹעֲלִין אֶת הַחֲנוּיוֹת – EXCEPT THAT ON THOSE last seven THEY CRY OUT AND LOCK THE STORES.[27] The Gemara concludes: **הָא לְכָל דִּבְרֵיהֶן – But concerning all their** other **laws,** **זֶה וְזֶה שָׁוִין – this** second series **and that** final series **are equal.** Hence, just as the twenty-four blessings are recited during the final series of fasts, so they are recited on the second series. **– ? –**

The Gemara anticipates an argument against its conclusion, and deflects it:

וְכִי תֵּימָא – And if you say that **הָכָא נַמִּי – here, too,** **תָּנָא – the Baraisa taught** some distinctions between the second and third series of fasts **וְשַׁיֵּיר – but left over** others, such as the one concerning the recital of twenty-four blessings – **וְהָא אֵין בֵּין קָתָנֵי – but** this is not so, since **the Baraisa taught: "There is no** distinction **between"** – an express exclusion of any other distinctions!

The Gemara objects to this proof:

וְתִסְבְּרָא – And do you think **אֵין בֵּין דַּוְקָא** – that **"there is no** distinction **between" is** meant **literally,** as ruling out the existence of any other distinctions?

NOTES

(15b; see above, note 21).

27. As mentioned in the Mishnah above (12b).

וְהָא שַׁיֵּיר תֵּיבָה – **But** the Baraisa **left over** the matter of **the Ark,** which was removed to the town square for the final seven fasts, but not for the middle three.[1] Hence, the Baraisa's omission of other distinctions between the middle and final series is not indicative.

The Gemara comments:

אִי מִשּׁוּם תֵּיבָה – **If, because** removal of **the Ark** was omitted, you contend that the Baraisa's listing of distinctions is incomplete, לָאו שִׁיוּרָא הוּא – I will tell you that possibly **it is not** considered **an omission,** because מִילֵּי דִּצְנִיעָא קָתָנֵי – **the Baraisa taught** only about **private matters,** i.e. those rituals that take place indoors.[2] מִילֵּי דְּבְפַרְהֶסְיָא לֹא קָתָנֵי – However, **the Baraisa did not teach** about **public matters.** Thus, perhaps the Tanna intentionally declined to mention the ritual of removing the Ark outdoors to the town square. It may therefore be asserted that the Baraisa's list of distinctions between the middle and final series of fasts is complete, and that the twenty-four blessings, which are a private matter, are recited during the middle series of fasts as well.

The Gemara adduces support for the view that all twenty-four blessings are recited even during the middle series of fasts:

אָמַר רַב אַשִׁי – **Rav Ashi said:** מַתְנִיתִין נַמִּי דַּיְקָא – **Our Mishnah also implies** this, דְּקָתָנֵי – **for we learned in the Mishnah:** מָה אֵלּוּ יְתֵירוֹת עַל הָרִאשׁוֹנוֹת – In WHAT[3] aspect ARE THESE final seven fasts MORE stringent THAN THE PREVIOUS[4] three fasts? אֶלָּא שֶׁבְּאֵלּוּ מַתְרִיעִין וְנוֹעֲלִין אֶת הַחֲנוּיוֹת – EXCEPT THAT ON THESE final seven fasts THEY CRY OUT AND LOCK THE STORES.

The Gemara thus infers from the Mishnah:

אֲבָל בְּכָל דִּבְרֵיהֶן – **However, concerning all their** other **laws,**[5] זֶה וְזֶה שָׁוִין – **this** second series of three fasts **and that** final series of seven fasts **are equal.**

The Gemara anticipates a challenge to its proof, and deflects it:

וְכִי תֵּימָא – **And if you will say** that הָכָא נַמִּי – **here, too,** תָּנָא – **the Mishnah taught** some distinctions between the second and final series of fasts, וְשַׁיֵּיר – **but left over** other distinctions, such as the obligation to recite twenty-four blessings, which does not apply to the middle three fasts – that is not so! וְהָא מָה אֵלּוּ קָתָנֵי – **For the Mishnah taught: "In what are these,"** implying that no other distinctions exist between the middle and final series of fasts except those listed in the Mishnah.

The Gemara questions this interpretation of the Mishnah:

וְתִסְבְּרָא – **And do you think** מָה אֵלּוּ דַּוְוקָא הוּא – that **"in what are these" is a literal** statement? וְהָא שַׁיֵּיר לָהּ תֵּיבָה – **But** the Mishnah **left over** removal of **the Ark,** which is performed only during the last seven fasts. Hence, the Mishnah did not actually rule out the existence of other distinctions – such as one involving the blessings –between the middle and final series of fasts.

The Gemara rejects this argument:

אִי מִשּׁוּם תֵּיבָה – **If, because** removal of **the Ark** was omitted, you contend that the Mishnah's listing of distinctions is incomplete, לָאו שִׁיוּרָא הוּא – I will tell you that **it is not** considered **an omission,** מִשּׁוּם דְּקָא חָשֵׁיב לָהּ בְּאִידָךְ פִּרְקָא – **because [the Mishnah] reckons it in the other** [i.e. the second] **chapter**[1] of our tractate.[6]

The Gemara adopts a new argument:

הַשְׁתָּא דְּאָתֵית לְהָכִי – **Now that you have come to this** line of reasoning,[7] עֶשְׂרִים וְאַרְבָּעָה נַמִּי לָאו שִׁיוּרָא הוּא – the distinction concerning **the twenty-four** blessings **is also not an omission,** דְּקָתָנֵי לָהּ בְּאִידָךְ פִּירְקָא – **because it was taught in the other chapter** that all twenty-four blessings are recited during the last seven fasts, thus implying that on the second three they are not.

The Gemara returns to the question of where to insert *Aneinu* when an individual accepts a fast upon himself:

מַאי הָוֵי עֲלָהּ – **What was** concluded **concerning** [**this question**]? אָמַר רַב שְׁמוּאֵל בַּר סַסַרְטָאי – **Rav Shmuel bar Sasretai said,** וְכֵן אָמַר רַב חִיָּיא בַּר אַשִׁי אָמַר רַב – **and likewise Rav Chiya bar Ashi said in the name of Rav:** בֵּין גּוֹאֵל לְרוֹפֵא – An individual recites *Aneinu* **between** the blessings of ***Redeemer* and *Healer*,** as a separate blessing. וְרַב אַשִׁי אָמַר מִשְּׁמֵיהּ דְּרַבִּי יַנַּאי בְּרֵיהּ דְּרַבִּי יִשְׁמָעֵאל – **And Rav Ashi said in the name of R' Yanai the son of R' Yishmael:** בְּשׁוֹמֵעַ תְּפִלָּה – *Aneinu* is inserted **in** the blessing of ***Who hears prayer*,** and so is not treated as a separate blessing. וְהִלְכְתָא – **And the halachah** is בְּשׁוֹמֵעַ תְּפִלָּה – that *Aneinu* is inserted **in** the blessing of ***Who hears prayer*.**[8]

The Gemara discusses the obligations of pregnant and nursing women on public fast days:

תָּנֵי חֲדָא – **One Baraisa taught:** עוּבָּרוֹת וּמֵינִיקוֹת – PREGNANT AND NURSING WOMEN מִתְעַנּוֹת בָּרִאשׁוֹנוֹת – FAST ON THE FIRST fast days, וְאֵין מִתְעַנּוֹת בָּאַחֲרוֹנוֹת – BUT DO NOT FAST ON THE LAST fast days. וְתַנְיָא אִידָךְ – **And another Baraisa taught:** מִתְעַנּוֹת בָּאַחֲרוֹנוֹת – THEY FAST ON THE LAST fast days, וְאֵין מִתְעַנּוֹת בָּרִאשׁוֹנוֹת – BUT DO NOT FAST ON THE FIRST fast days. וְתַנְיָא אִידָךְ – **And** yet **another Baraisa taught:** אֵין מִתְעַנּוֹת – THEY DO NOT FAST – לֹא בָּרִאשׁוֹנוֹת וְלֹא בָּאַחֲרוֹנוֹת – NOT ON THE FIRST fast days AND NOT ON THE LAST fast days.

The Gemara reconciles the conflicting Baraisos:

אָמַר רַב אַשִׁי – **Rav Ashi said:** נְקוֹט אֶמְצָעִיָּיתָא בִּידָךְ – **Take the middle** series of fasts **in your hand,** as the only fasts which pregnant and nursing women are obligated to observe, דְּמִיתָּרְצוּן כּוּלְהוּ – **because all** the Baraisos **are reconciled** with this explanation.[9]

NOTES

1. The Mishnah below (15a) prescribes this procedure for a public fast day. The Gemara (15b) explains that it was instituted only on the final seven fasts (*Rashi*).

2. The "crying out," mentioned by the Baraisa, is performed inside the synagogue (*Rashi*). That is, if the shofar were sounded in the middle fasts, it would be sounded in the synagogue. The same is true for the twenty-four blessings. Of course, during the final seven fasts the shofar blasts and additional prayers are offered in the town square (*Rashash*).

3. The Gemara's quote of our Mishnah differs slightly from the text recorded above (12b). Although the same inference can be drawn from that text, the Gemara's amplification of the question (below) is based on the variant text recorded here. See *Rif, Rosh, Meiri* et al., whose text of the Mishnah accords with the version quoted by the Gemara here.

4. Literally: the first ones.

5. Including the requirement to say twenty-four blessings (*Rashi*).

6. The Tanna, who composed both Mishnahs, relied on his statement of the law in the second chapter, which states that the Ark was removed during the final series of fasts, implying thereby that this was not done during the second series of fasts, and therefore did not repeat the distinction in his listing here (*Rashi*).

7. I.e. that the Tanna of our Mishnah does not mention any distinction between the second and final series of fasts that could be inferred from the Mishnah in the next chapter.

8. *Orach Chaim* (565:1) states that the Gemara's ruling encompasses even an individual's private prayer on a public fast day (see above, 13b note 20).

9. To wit: The first Baraisa, which obligates these women to fast on the "first" fast days, refers to the second series of fasts. These days are "first" in relation to the final series of fasts, on which the Baraisa exempts them from fasting. The second Baraisa, which obligates them to fast on the "last" fast days, also refers to the second series of fasts. They are "last" in relation to the first series, on which that Baraisa also exempts them from fasting. The third Baraisa exempts them from fasting on both the first and third series of fasts, but tacitly acknowledges

והא שייר תיבה אי משום תיבה לאו שיורא הוא מילי דצינעא קתני מילי דבפרהסיא לא קתני אמר רב אשי מתני' נמי דיקא דקתני [א] מה אלו יתירות על הראשונות אלא שבאלו מתריעין ונועלין את החנויות אבל בכל דבריהן זה וזה שוין וכ"ת הכא נמי [ב] תנא ושייר והא מה אלו קתני ותסברא מה אלו דווקא הוא והא שייר לה תיבה אי משום תיבה לאו שיורא הוא משום דקא חשיב לה באידך פרקא השתא דאתית להכי עשרים וארבעה נמי לאו שיורא הוא דקתני לה באידך פירקא מאי הוי עלה אמר רב שמואל בר ססרטאי וכן אמר רב חייא בר אשי אמר רב בין גואל לרופא ורב אשי אמר משמיה דרבי ינאי בריה דרבי ישמעאל בשומע תפלה והלכתא בשומע תפלה: תני חדא עוברות ומיניקות מתענות בראשונות ואין מתענות באחרונות ותניא אידך מתענות באחרונות ואין מתענות בראשונות ותניא אידך אין מתענות לא בראשונות ולא באחרונות ° אמר רב אשי [א] נקוט אמצעייתא בידך דמיתרצון כולהו: מה אלו יתירות על הראשונות אלא שבאלו מתריעין ונועלין את החנויות: במאי מתריעין רב יהודה אמר [ב] בשופרות ורב יהודה בריה דרב שמואל בר שילת משמיה דרב אמר בעננו קס"ד מאן דאמר בעננו לא אמר בשופרות ומאן דאמר בשופרות לא אמר בעננו והתניא אין פוחתין משבע [א] תעניות על הצבור שבהן י"ח התרעות וסימן לדבר יריחו ויריחו שופרות הוה ותיובתא למאן דאמר בעננו אלא בשופרות דכולי עלמא לא פליגי דקרי לה התרעה כי פליגי בעננו מר סבר קרי לה התרעה ומר סבר לא קרי לה התרעה למ"ד בעננו כל שכן בשופרות ולמ"ד בשופרות אבל בעננו לא והתניא [ג] ושאר כל מיני פורעניות המתרגשות כגון [ג] חיכוך [ד] חגב [ה] זבוב וצירעה ויתושין ושילוח נחשים ועקרבים לא היו מתריעין אלא צועקין (א) מדצעקה בפה התרעה בשופרות תנאי היא [ד] דתניא [ה] [ו] על אלו מתריעין בשבת על עיר שהקיפוה גיים או נהר ועל ספינה המטורפת בים ר' יוסי אמר לעזרה אבל לא לצעקה במאי אילימא בשופרות שופרות בשבת מי שרי אלא לאו בעננו וקרי לה התרעה ש"מ: בשני דר' יהודה נשיאה הוה צערא

גזר

רש"י

והא שייר תיבה. דבאחרונות איתא והכא ליתא כדקתני לקמן (דף טו.) סדר תעניות כיצד מוליאין את התיבה כו' ומותבינן בגמרא בהדיא מתיבה דליתא אלא באחרונות ומשני כי קתני נמי מתניתין [ו] בקמייתא: מילי דצינעא. מתריעין בבית הכנסת וכ"ד נמי בבית הכנסת: בפרהסיא. תיבה ברחובה של עיר: דיקא נמי. דלכ"ד זה וזה שוין דקתני מתניתין מה אלו יתירות על הראשונות כו' ואלו כ"ד לא קא חשיב גבי אחרונות: והא מה אלו קתני. דמשמע דווקא: דהא קתני לה באידך פירקין. דמי ששנה מתניתין דהכא תנא נמי דהתם והאי דלא תנא בהאי סמיך אהתם דקתני באחרונות מוליאין התיבה מה שאין כן באמלעיות: השתא דאתית להכי. דמשום דקתני לה באידך פירקין דאמרת דלא הוי שיור כ"ד נמי דאמרת דשוין נינהו איכא למימר דלא הוי שוין דהא אפי' שיורא נמי לא הוי דבהדיא קתני לה באידך פירקין דבאחרונות איתנהו באמלעיות לא ואיכא לתרולי כתירולא קמא בקמייתא דליכא כ"ד: מאי הוי עלה. היכן אומרה יחיד: נקוט מציעתא בידך. כלומר תריך דבשלש אמלעיות היו מתענין ומתרלא לכולהו הנך מתנייתא הא דקתני בראשונות ולא באחרונות הנך ראשונות לאו ראשונות ממש נינהו אלא אמלעיות דאינהו הוו ראשונות לאחרונות אבל בשבע אחרונות לא מיתענו דכיון דשבע נינהו לא מלו עוברות ומיניקות למיקם בהו והא דקתני באחרונות ולא בראשונות הנך אחרונות אמלעיות נינהו והראשונות ראשונות ממש ואין מתענין בהן דלא תקיף רוגזא כולי האי ואחות לשון הוא לתנא למיקרי לאמלעיות ראשונות לאחרונו' ואחרונו' לראשונות: בשופרות. היו עושין ההתרעות ולשון התרעה כמו תרועה ושתם תרועה פשוטה לפניה ולאחריה במסכת ראש השנה (דף לד.) ואהכי מתריעין בשופרות כדכתיב (במדבר י) ותקעתם בחלולרות וגו' תוקעין בשופרות כדי שיכניעו לבם לקול השופר ויהיו נרתעים מחטאתם ואשש ברכות שהיו מוסיפין ביום התענית היו תוקעין על כל ברכה יבלא אחת שהן י"ח התרעות: רב יהודה אמר. מתריעין עננו בקול רם היו לועקים עננו אבינו עננו עננו אלהי אברהם עננו עננו אלהי ילחק עננו עננו אלהי יעקב עננו הכל כפי שאומרים בסוף הסליחות אבל עננו דתפלת תענית אומר אפי' בראשונות ואפי' יחיד אוקימנא דאומרה בשומע תפלה ותפלה קרי ליה התרעה דאי בשופרות מריעין מיבעי ליה ומאן דמפרש עננו של תפלת תענית משתבש דהא קתני בסמוך שהן י"ח התרעות וקא פריך מן וסימן לדבר יריחו ואם איתא ליפריך בהדיא י"ח תפלות של שמונה עשרה ברכות מי איכא בשבע תעניות: אין פוחתין מז' תעניות. באחרונות: שמונה עשרה התרעות. שהן מוסיפין ו' ברכות מי"ח עד כ"ד ולכל אחת שלש תרועות: וסימן לדבר. שלא תטעה אם התרעה הזו תרועה או תפלה: יריחו. דכתיב בה שופרות לישנא אחרינא סימן לדבר כלומר לכך מתריעין כדי שיענו כדרך שנענו ביריחו על ידי שופרות דכתיב (יהושע ו) ויתקעו בשופרות וגו' וכתיב (שם) ותפול החומה תחתיה: אלא בשופרות כולי עלמא וכו'. דהא מתריעין דקתני הכא במתניתין דעבדינן בתעניות בשופרות: כי פליגי במתריעין דאמרינן בעלמא על שאר פורעניות מ"ס עננו נמי התרעה והאי דקתני בעלמא מתריעין בעננו ומאן דאמר בשופרות אבל בעננו לא: חגב. ארבה כתרגומו: צירעה. עוקלת את האדם: יתושין. נכנסין בעיניו ובחוטמו: חיכוך. כמו נתחכך בכותל: הא צעקה בפה היא. אלמא דלעקת פה לא קרי ליה התרעה: תנאי היא. האי תנא דשאר מיני פורעניות סבר לעקת פה לאו שמה התרעה ואידך סבר כו': גיים. ולרין עליה: נהר. המתפשט ויולא לחוץ לשטוף את השדה ואת הבתים: המטורפת. כמו בילים טרופות (חולין דף סד.) שהולכת ונדה ועתידה להיטבע במים: לעזרה. לועקין לבני אדם שיבואו לעזרם: ולא לצעקה. תפלה שאין אנו בטוחין כל כך שתועיל תפלתנו ללעוק עליהן בשבת אלמא לעקת פה קרי התרעה מפי מורי ל"א לעזרה דקאמר תנא קמא מתריעין למשמע בקול רם ואמר ליה רבי יוסי לעזרה שיהו מתפללין כל אחד בביתו לעזרה בעלמא:

גזר

תוספות

לאו שיורא הוא דהא קתני לה באידך פירקא. והוא הדין דהוה מלי לתרולי כדלעיל מילי דבפרהסיא לא קתני:

תני חדא מתענות בראשונות ולא באחרונות ותנא אידך מתענין באחרונות ולא בראשונות ותני אידך לא מתענין לא בראשונות ולא באחרונות (ג) נקוט מציעתא בידך. פירש הקונטרס השלש תעניות אמלעיות בידך דבאותן תעניות עוברות ומיניקות מתענות וה"ק מתענות בראשונות פי' בראשונו' ר"ל אמלעיות דהם ראשונות לאחרונו' שהיו חמורות אבל לא באחרונות דנפישי ולא מלו עבדי להו והא דקתני באחרונות ולא בראשונות האי אחרונו' היינו אמלעיות וקרי להו אחרונות שהם אחרונות מן הראשונות בתחלה גוזרין שלש תעניות וכן בשניה שלש אבל אין מתענות בראשונות שהם קלות והא דקתני לא בראשונות ולא באחרונות כלומר לא בשלש הראשונות ממש ולא בשבע האחרונות ממש אלא דווקא באמלעיות:

ורב יהודה בריה דרב שמואל בר שילת משמיה דרב אמר עננו. אומר הר"י (ג) והאי עננו לא ר"ל עננו שבתפלת תענית אלא עניינו שאומרים בסליחות וביום הכפורים עננו אבינו עננו אבל עננו דתפלה לא קאמר דהא בשלש ראשונות נמי אמר לה:

ובהן י"ח תרועות וסימן לדבר יריחו. פירוש שביריחו עשו כן שהקיפוה ז' ימים והיו תוקעין בכל יום כמו כן תקנו בתעניות ובכל תענית מוסיפין שש ברכות ועל כל ברכה תוקעין מריעין ותוקעין א"כ היינו י"ח תרועות:

מתריעין לעזרה. פי' שיבואו לעזור העיר וכו' ומתריעין בפה פירוש והאי תרועה ר"ל מתריעין בפה דאין להתיר תרועה בשופר בשבת:

רבי

מסורת הש"ס

א) [לעיל יב: ע"ש], ב) [סוכה נד. וש"נ], ג) ב"ק פ:, ד) [נ"ל דתנן], ה) לקמן יט., ו) נ"ל שנ"ל באחרונות.

הגהות הב"ח

(א) גמ' לא היו מתריעין אלא לועקין הא לעקה בפה הוא ומדלעקה בפה התרעה: (ב) תוס' ד"ה תני כו' לא בראשונות ולא באחרונות אמר רב אשי נקוט מליעתא בידך פירש הקונטר' נקוט השלשה תעניות: (ג) ד"ה ורב יהודה כו' אומר הר"י דהאי עננו:

גליון הש"ס

גמרא אמר רב אשי נקוט אמצעייתא. כעין זה נדה דף כ ע"א:

הגהות הגר"א

[א] גמ' אין פוחתין משבע שבהן כ"א התרעות. כצ"ל (ועי' לחם משנה פ"ד מהלכות תענית הלכה יז):

ליקוטי רש"י

פרהסיא. דבר שבקול [זבחים פח:]. תנא ושייר. לא שנה כל החילוקים שביניהם [כתובות מא.]. לא חשבינהו לכולהו מקומות [סוטה טז.]. בין גואל לרופא. ברכה בפני עצמה. בשומע תפלה. שכוללה בתוך הברכה וחותם בשומע תפלה דאותה ברכה ותחימתה משמע בין לתענית בין לכל מילי [לעיל יג:]. חיכוך. שחין שמתחכך האדם עליה פרוטי"ר בלע"ז [ב"ק פ:]. המטורפת. מלשון טרף אכלה (ברכות דף כח.) ומלשון בילה טרופה (עדיות פרק ג משנה ד) כדמפרש בפרק שלמעלה (דף יז.) [לקמן יט.].

רבינו גרשום

הא שייר תיבה דבאחרונות איכא ובאמצעיות ליכא אי משום תיבה לאו שיורא הוא דמילי בצינעא קתני כגון מתריעין ונועלין מילי דפרהסיא כגון תיבה שמוציאין לרחוב לא קתני ולעולם איכא תיבה באחרונות ולא באמצעיות אבל כ"ד דהוי בצנעא אם איתא דליכא באמצעיות הוה קתני שבאילו מתפללין כ"ד ובאילו אין מתפללין כ"ד אלא ש"מ דבאמצעיות איכא כ"ד ולא מצית לתרוצי אבא כ"ד באמצעיות ליכא כ"ד ולעולם אמרינן הא דקתני אין בין ג' ראשונות לג' אמצעיות כו' הא לכ"ד שוין דהיכי דבאמצעיות איכא כ"ד ה"נ איכא בראשונות ולא מצית לתרוצי הא דתני שצבור מתפלל י"ט דהא איכא כ"ד אלא מוקמינן ליה ביחיד שקיבל עליו תענית צבור ותפשוט דיחיד קובע ברכה לעצמו. מתניתין נמי דיקא דבאמצעיות איכא כ"ד מה אילו אחרונות יתירות על הראשונות דהיינו אמצעיות שבאלו אחרונות מתריעין ונועלין אבל לכל דבריהם זה וזה שוין אלמא דכי היכי דאיכא כ"ד באחרונות איכא נמי באמצעיות וכי תימא ה"נ תנא ושייר כלומר דה"נ איבעי ליה למיתני שבאילו יש כ"ד ובאילו אין כ"ד אלא ששירו הא מה אילו קתני דמשמע דהני דוקא דליכא בינייהו אלא להני דתני בהדיא אבל לכ"ד זה וזה שוין דכי היכי דאיכא כ"ד באחרונות איכא נמי באמצעיות. אי משום תיבה לאו שיורא הוא אלא כיון דשייר כ"ד אלמא ש"מ דכי היכא דבאחרונות איכא כ"ד ה"נ איכא כ"ד באמצעיות השתא דאתית להכי דתרצית דקתני באידך פרקין דכ"ד לא הוי שיורא כלומר לעולם באחרונות איכא כ"ד ובאמצעיות לא והא דלא קתני שבאילו יש כ"ד ובאילו אין כ"ד משום דקתני לה באידך פירקא דבאחרונות איכא כ"ד ולא באמצעיות והא דקתני אין בין שלש ראשונות לשלש אמצעיות וכו' אמר הא לכל דבריהם זה וזה שוין דכי היכי דבאמצעות ליכא כ"ד ה"נ בראשונות ומצינו לאוקמי הא דקתני שצבור מתפללין י"ט בש"צ בקמייתא דליכא כ"ד ולא ביחיד דאין יחיד קובע ברכה לעצמו: נקוט אמצעייתא בידך כלומר כולהי אמרו דבאמצעיתא מתענות ולא בראשונות ולא באחרונות בראשונות לא דאכתי לא תקיף רוגזא ובאחרונות דקשי עלה להתענות שבעת ימים ומתרצו כולהי הא דקתני מתענות

רבינו חננאל

אחרונות כגון הני כ"ד וכיוצא בהן אמר רב אשי הא דדייקת מתנייתא דייק ממתני' דקתני מה אלו יתירות על הראשונות אלא שבאלו מתריעין ונועלין החנויות הא לכל דבריהן זה וזה שוין. תנא מקצת ושייר מקצת מאי שייר דהאי שייר [שייר] תיבה דלא קתני ומוציאין התיבה אלא אמרינן תנא ושייר כשם ששייר התיבה שייר כ"ד ברכות ולעולם [אין] מתפללין באמצעיות כ"ד ברכות ודחינן תיבה לאו שיור הוא דקתני באידך פרקין: סדר תעניות כיצד מוציאין התיבה הנה מפרש אכולהו תעניות מוציאין את התיבה. ואמרינן השתא דאתית להכי גם זה השינוי תשני בהא נמי ואימא מדקתני סדר תעניות כיצד וקא מפרש כ"ד ברכות ש"מ אכולהו תעניות קמיירי וזו שנויה היא ולא סמכינן עליה דהא באידך פרקין א) דאין מוציאין התיבה אלא בז' אחרונות: מאי הוה עלה ואסיקנא הלכתא יחיד מתפלל עננו ל"ש יחיד קאי בצבור ול"ש יחיד דקאי בעלמא וקיי"ל דכל יחיד מזכיר עננו בשומע תפלה. תני חדא עוברות ומיניקות מתענות בראשונות ואין מתענות באחרונות ותניא אידך מתענות באחרונות ואין מתענות בראשונות. ותניא אידך אין מתענות לא באחרונות ולא בראשונות. אמר רב ששת נקוט אמצעייתא בידך כי מתענין בהן דמתרצין כולהו פי' הא דקתני בראשונה מתענות בראשונות בשלש אמצעיות [מיירי] ולגבי שבע אחרונות (הני אחרונות) הני שלש אמצעיות ראשונות להני ד' נינהו ואמצעיות דקתני מתענין באחרונות הן ג' אמצעיות דלגבי שלש הראשונות האמצעיות אחרונות מקרו. ובריית' דקתני אין מתענות לא בראשונות [בראשונות] ממש שהן שלש ראשונות ולא באחרונות [באחרונות ממש] שהן ז' האחרונות מכלל דג' הראשונות מתענות לדברי שלשתן ויש לומר דכלהו מודו באמצעיות דמתענות: ירושלמי עוברות ומיניקות מתענות בט' באב ובג' שניות ולא בז' אחרונות: מתני' אין גוזרין תענית בתחלה בחמישי כו' עד ר' יוסי אומר כשם שאין הראשונות בחמישי כך לא השניות ולא האחרונות:

מתני' עברו אלו ולא נענו ב"ד גוזרין עוד כו'. מתריעין דתני במתני' כיצד הוא רב יהודה אמר התרעה בשופר משמיה דרב אמרו התרעה בעננו ומותבינן [עלה] דרב אין פוחתין מז' תעניות על הצבור ובהן ז' התרעות וסימן לדבר יריחו והתרעות דירחו בשופר הוו. ושנינן בשופר דברי הכל התרעה היא כי פליגי בעננו רב יהודה סבר עננו לאו התרעה היא ורב סבר עננו נמי התרעה היא. ותוב מותבינן עליה ושאר כל מיני פורעניות המתרגשות על העולם כגון חיכוך חגב זבוב צרעה ויתושין ושילוח נחשים ועקרבים לא היו מתריעין אלא צועקין. והנה עננו צעקה היא ואם תאמר שגם עננו התרעה היא נמצא עננו התרעה והיא הצעקה היכי קתני צועקין ולא מתריעין ושנינן תנאי היא יש תנא שקורא עננו התרעה דתנן בפירקין [דחסידא] (קרא) על אלו מתריעין בשבת על עיר שהקיפוה גייס או
חשק שלמה על רבינו חננאל א) אולי צ"ל דהא באידך פרקין אמרינן דאין מוליאין וכו'.

עין משפט נר מצוה

עה א מיי' פ"ג מהל' תעניות הלכה ה טוש"ע א"ח סימן תקעה סעיף ה:
עו ב מיי' שם הלכה ז טוש"ע שם סעיף ד:
עז ג מיי' שם פ"ב הל' יג טוש"ע שם סימן תקעו סעיף ה:
עח ד מיי' שם הלכה י טוש"ע שם סעיף ט:
עט ה מיי' שם הלכה ט טוש"ע שם סעיף ז:
פ ו מיי' פ"א שם הל' ו טוש"ע שם סימן תקעו סעיף יג:

The Mishnah said:

מָה אֵלּוּ יְתֵירוֹת עַל הָרִאשׁוֹנוֹת – In WHAT[10] aspect ARE THESE final seven fasts MORE stringent THAN THE PREVIOUS three fasts, **אֶלָּא שֶׁבְּאֵלּוּ מַתְרִיעִין וְנוֹעֲלִין אֶת הַחֲנוּיוֹת** – EXCEPT THAT ON THESE final seven fasts THEY CRY OUT AND LOCK THE STORES.

The Gemara inquires as to what the Mishnah means by "crying out":

בְּמַאי מַתְרִיעִין – **With what do they cry out?** **רַב יְהוּדָה אָמַר** – **Rav Yehudah said:** **בְּשׁוֹפָרוֹת** – **With shofars.**[11] **וְרַב יְהוּדָה בְּרֵיהּ דְּרַב שְׁמוּאֵל בַּר שֵׁילַת מִשְּׁמֵיהּ דְּרַב אָמַר** – **And Rav Yehudah, the son of Rav Shmuel bar Sheilas, said in the name of Rav:** **בַּעֲנֵנוּ** – **With *Aneinu*.** They utter the *Aneinu* prayer[12] in a loud voice.

The Gemara assumes:

קָא סַלְקָא דַעְתָּן – **It was** originally **thought** that **מַאן דְּאָמַר בַּעֲנֵנוּ** – **the one** [Rav] **who said** they cry out **with *Aneinu*** **לֹא אָמַר בְּשׁוֹפָרוֹת** – **did not say** they cry out **with shofars;** i.e. he maintains that the shofar is not sounded. **וּמַאן דְּאָמַר בְּשׁוֹפָרוֹת** – **And the one** [Rav Yehudah] **who said** they cry out **with shofars** **לֹא אָמַר בַּעֲנֵנוּ** – **did not say** they cry out **with *Aneinu*;** he holds that they did not recite this prayer.

The Gemara challenges this assumption:

וְהָתַנְיָא – **But it was taught in a Baraisa:** **אֵין פּוֹחֲתִין מִשֶּׁבַע תַּעֲנִיּוֹת עַל הַצִּבּוּר** – THEY SHOULD NOT DETRACT FROM THE SEVEN FASTS decreed UPON THE COMMUNITY in the final series, **שֶׁבָּהֶן י״ח הַתְרָעוֹת** – ON WHICH EIGHTEEN CRYINGS are made,[13] **וְסִימָן לַדָּבָר** – AND A mnemonic SYMBOL OF THIS LAW[14] is **יְרִיחוֹ** – "JERICHO."

The Gemara explains:

וִירִיחוֹ שׁוֹפָרוֹת הֲוָה – **And** in **Jericho shofars were** sounded. Similarly, the shofar is sounded on these fasts.[15] **וּתְיוּבְתָּא לְמַאן דְּאָמַר בַּעֲנֵנוּ** – Therefore, this Baraisa is **a refutation of the one who said** they cry out **with *Aneinu*,** and never with shofars.

The Gemara retracts its original assumption:

אֶלָּא – **Rather,** **בְּשׁוֹפָרוֹת** – **regarding shofar,** **דְּכוּלֵּי עָלְמָא לֹא פְּלִיגֵי** – **everyone agrees** **דְּקָרֵי לָהּ הַתְרָעָה** – **that [the Tanna] calls [the shofar blast] a "crying out."** Thus, as regards our Mishnah, even Rav agrees that the shofar is sounded on these fast days occasioned by drought.[16] **כִּי פְּלִיגֵי** – **In regard to what do they disagree?** **בַּעֲנֵנוּ** – **In regard to** whether the recital of ***Aneinu*** is called "crying out" by the Tanna. This is relevant to fasts for misfortunes other than drought.[17] **מַר סָבַר** – One **master** [Rav] **holds** that **קָרֵי לָהּ הַתְרָעָה** – **[the Tanna] calls** the recitation of **[*Aneinu*] "crying out."** Thus, the Mishnah that speaks of "crying out" on fasts for other misfortunes means that *Aneinu* is loudly pronounced, but the shofar is not blown;[18] **וּמַר סָבַר** – the other **master** [Rav Yehudah] **held** that **לֹא קָרֵי לָהּ הַתְרָעָה** – **[the Tanna] never calls [*Aneinu*] a "crying out,"** and therefore when a "crying out" is required, it is performed only with a shofar.[19]

The Gemara elaborates:

לְמַאן דְּאָמַר בַּעֲנֵנוּ – **According to the one** [Rav] **who said** that a "crying out" is made **with *Aneinu*,** **כָּל שֶׁכֵּן בְּשׁוֹפָרוֹת** – **certainly** it may be done with **shofars.**[20] **וּלְמַאן דְּאָמַר בְּשׁוֹפָרוֹת** – **And according to the one** [Rav Yehudah] **who said** that they "cry out" **with the shofar,** **אֲבָל בַּעֲנֵנוּ לֹא** – they do **not, however,** cry out **with *Aneinu*.**

The Gemara questions whether prayer is ever called a "crying out":

וְהָתַנְיָא – **But it was taught in a Baraisa:** **וּשְׁאָר כָּל מִינֵי פּוּרְעָנִיּוֹת הַמִּתְרַגְּשׁוֹת** – For ALL OTHER TYPES OF PUNISHMENTS[21] THAT

NOTES

their obligation to participate in the middle series (*Rashi, Tosafos*; cf. *Ritva*).

Rashi explains that at the time of the the first series of fasts, before the drought becomes protracted, God's anger has not yet waxed greatly. Therefore, these women are excused from fasting on account of their weakened condition. They are further exempted from the final, expanded series of fasts, because of the difficulty involved in fasting on all of them.

Rambam (*Hilchos Taaniyos* 3:5) rules that although these women are exempt, they must nonetheless eat no more than what is absolutely necessary for maintaining their well-being.

10. See above, note 3.

11. According to Rav Yehudah, the "crying out" prescribed by the Mishnah refers to the *teruah* blast of the shofar, which is comprised of a series of short, staccato sounds. Each *teruah* was preceded and followed by a *tekiah* blast, which is a long, unbroken sound (see *Rosh Hashanah* 34a). One set of three blasts accompanied each of the six blessings that were added to the public fast-day prayer (see below 15b), thus yielding a total of eighteen blasts. The shofar was sounded for the purpose of humbling the people and causing them to abandon their sinful ways. This practice is based on the verse (*Numbers* 10:9) that instructs them to sound trumpets at times of national crisis (*Rashi*). [Actually, the shofar was also sounded at the conclusion of the blessing — *Redeemer* — which precedes the six additional blessings, so that the shofar was sounded seven times, for a total of twenty-one blasts. See *Gevuras Ari*, who attempts to remove this difficulty. Some commentators (*R' Chananel, Ritva, Ramban*, et al.) have a variant version here. See also *Hagahos HaGra* here.]

[There is some question whether the Gemara uses "shofar" here in the strict sense of a ram's horn, or in the wider sense of a silver trumpet — see below, note 32.]

12. Rav does not refer to the *Aneinu* prayer of a fast, which is recited even during the first series of three fasts and even by each individual in the blessing *Who hears prayer* (see above, note 8). Rather, the Gemara refers to a special *Aneinu* prayer, one that is recited only during the final seven fasts. The text of this prayer is found at the conclusion of the *Selichos*, which we recite on fast days and during the Ten Days of Penitence. It begins: *Answer us, our Father, answer us. Answer us, the God of Abraham, answer us. Answer us, God of Isaac, answer us. Answer us, God of Jacob, answer us* (*Rashi*).

Rashi notes that, according to Rav, הַתְרָעָה more accurately connotes prayer than it does shofar blowing. If the latter were meant, the Mishnah should have written מְרִיעִין instead of מַתְרִיעִין.

13. Three shofar blasts for each of the six additional blessings (*Rashi;* see above, note 11).

14. To dispel any confusion surrounding the meaning of הַתְרָעָה (*Rashi*).

15. *Rashi,* who cites a second explanation: The function of the mnemonic "Jericho" is to suggest the purpose of the shofar blasts, which is to gain acceptance for their prayers, for Jericho's walls collapsed after the sounding of shofars (*Joshua* 6:20). Cf. *Tosafos* ד״ה ובהן.

16. According to the commentators, *Rashi* maintains that Rav Yehudah and Rav both agree that the shofar is sounded but the special *Aneinu* is not recited on these seven fast days (see *Keren Orah, Rashash;* cf. *Gevuras Ari*). *Ritva's* (see also *Ran*) understanding of the Gemara's answer differs from *Rashi's*, as follows: All agree that the term "crying out" in our Mishnah includes sounding the shofar. They argue only whether the term also refers to reciting *Aneinu*. See *Rashash*, who explains why *Rashi* did not interpret the Gemara in this manner.

17. I.e. their dispute centers around the Mishnah (18b-19a) that prescribes a "crying out" on fasts for other types of communal misfortune (*Rashi*).

18. *Rashi,* according to *Rashash.*

19. *Rashi.* Thus, when the Mishnah below speaks of "crying out" for other misfortunes, it means sounding the shofar.

20. Therefore, the "crying out" prescribed by our Mishnah is with a shofar, and the "crying out" required by other Mishnayos is the special *Aneinu* prayer. Cf. *Keren Orah*, who writes that this entire paragraph did not appear in the text of the Gemara before *Rashi*. The paragraph is, however, perfectly compatible with *Ritva's* interpretation (see above, note 16).

21. I.e. for punishments other than those listed by the Mishnah (18b-19a), regarding which the Mishnah rules that one "sounds immediately."

והא שייר תיבה אי משום תיבה לאו שיורא הוא מילי דצינעא קתני מילי דבפרהסיא לא קתני אמר רב אשי מתני' נמי דיקא דקתני א) מה אלו יתירות על הראשונות אלא שבאלו מתריעין ונועלין את החנויות אבל בכל דבריהן זה וזה שוין וכ"ת הכא נמי ב) תנא ושייר והא מה אלו קתני ותסברא מה אלו דווקא הוא והא שייר לה תיבה אי משום תיבה לאו שיורא הוא משום דקא חשיב לה באידך פרקא השתא דאתית להכי עשרים וארבעה נמי לאו שיורא הוא דקתני לה באידך פירקא מאי הוי עלה אמר רב שמואל בר סרטאי וכן אמר רב חייא בר אשי אמר רב בין גואל לרופא ורב אשי אמר משמיה דרבי ינאי בריה דרבי ישמעאל בשומע תפלה והלכתא בשומע תפלה: תני חדא עוברות ומיניקות מתענות בראשונות ואין מתענות באחרונות ותניא אידך מתענות באחרונות ואין מתענות בראשונות ותניא אידך אין מתענות לא בראשונות ולא באחרונות ב אמר רב אשי א נקוט אמצעייתא בידך דמיתרצן כולהו: מה אלו יתירות על הראשונות אלא שבאלו מתריעין ונועלין את החנויות: במאי מתריעין רב יהודה בריה דרב שמואל בר שילת משמיה דרב אמר ב בשופרות ורב יהודה בריה דרב שמואל בר שילת משמיה דרב אמר בעננו קס"ד מאן דאמר בעננו לא אמר בשופרות ומאן דאמר בשופרות לא אמר בעננו והתניא אין פוחתין משבע [א] תעניות על הצבור שבהן י"ח התרעות וסימן לדבר יריחו ויריחו שופרות הוה ותיובתא למאן דאמר בעננו אלא בשופרות דכולי עלמא לא פליגי דקרי לה התרעה כי פליגי בעננו מר סבר קרי לה התרעה ומר סבר לא קרי לה התרעה למ"ד בעננו כל שכן בשופרות ולמ"ד בשופרות אבל בעננו לא והתניא ו ושאר כל מיני פורעניות המתרגשות כגון ג חיכוך ד חגב ה זבוב וצירעה ויתושין ושילוח נחשים ועקרבים לא היו מתריעין אלא צועקין (א) מדצעקה בפה התרעה בשופרות תנאי היא ד דתניא ה ו על אלו מתריעין בשבת על עיר שהקיפוה גיים או נהר ועל ספינה המטורפת בים ר' יוסי אמר לעזרה אבל לא לצעקה במאי אילימא בשופרות שופרות בשבת מי שרי אלא לאו בעננו וקרי לה התרעה ש"מ: בשני דר' יהודה נשיאה הוה צערא

גזר

רש"י

והא שייר תיבה. דבאחרונות איתא והכא ליתא כדקתני לקמן (דף טו.) סדר תעניות כיצד מוציאין את התיבה כו' ומותבינן בגמרא בהדיא מתיבה דליתא אלא באחרונות ומשני כי קתני נמי מתניתין ו) בקמייתא: מילי דצינעא. מתריעין בבית הכנסת: בפרהסיא. תיבה ברחובה של עיר: דיקא נמי. דלכ"ד זה וזה שוין דקתני מתניתין מה אלו יתירות על הראשונות כו' ואלו כ"ד לא קא חשיב גבי אחרונות: והא מה אלו קתני. דמשמע דווקא: דהא קתני לה באידך פירקין. דמי ששנה מתניתין דהכא תנא נמי דהתם והאי דלא תנא בהאי סמיך אהתם דקתני באחרונות מוציאין התיבה מה שאין כן באמצעיות: השתא דאתית להכי. דמשום דקתני לה באידך פירקין דאמרת דלא הוי שיור כ"ד נמי דאמרת דשוין נינהו איכא למימר דלא הוי שוין דהא אפי' שיורא נמי לא הוי דבהדיא קתני לה באידך פירקין דבאחרונות איתנהו באמצעיות לא ואיכא לתרוצי כתירוצא קמא בקמייתא דליכא כ"ד: מאי הוי עלה. היכן אומרה יחיד: נקוט מציעיתא בידך. כלומר תריץ דבשלש אמצעיות היו מתענין ומתרצא לכולהו הנך מתנייתא הא דקתני בראשונות ולא באחרונות הנך ראשונות לאו ראשונות ממש נינהו אלא אמצעיות דאינהו הוו ראשונות לאחרונות אבל בשבע אחרונות לא מיתענו דכיון דשבע נינהו לא מצו עוברות ומיניקות למיקם בהו והא דקתני באחרונות ולא בראשונות הנך אחרונות אמצעיות נינהו והראשונות ראשונות ממש ואין מתענין בהן דלא תקיף רוגזא כולי האי ולאו לשון הוא לתנא למיקרי לאמצעיות ראשונות לאחרונו' ואחרונו' לראשונות: בשופרות. היו עושין ההתרעות ולשון התרעה כמו תרועה וסתם תרועה פשוטה לפניה ולאחריה במסכת ראש השנה (דף לד.) והכי מתריעין בשופרות כדכתיב (במדבר י) ותקעתם בחצוצרות וגו' תוקעין בשופרות כדי שיכניעו לבם לקול השופר ויהיו נרתעים מחטאתם ואשש ברכות שהיו מוסיפין ביום התענית היו תוקעין על כל ברכה יבלא אחת שהן י"ח התרעות: רב יהודה אמר. מתריעין עננו בקול רם היו צועקים עננו אבינו עננו עננו אלהי אברהם עננו עננו אלהי יצחק עננו עננו אלהי יעקב עננו הכל כפי שאומרים בסוף הסליחות אבל עננו דתפלת תענית אומר אפי' בראשונות ואפי' יחיד אוקימנא דאומרה בשומע תפלה ותפלה קרי ליה התרעה דאי בשופרות מריעין מיבעי ליה ומאן דמפרש עננו של תפלת תענית משתבש דהא קתני בסמוך שהן י"ח התרעות וקא פריך מן וסימן לדבר יריחו ואם איתא ליפריך בהדיא י"ח תפלות של שמונה עשרה ברכות מי איכא בשבע תעניות: אין פוחתין מז' תעניות. באחרונות: שמונה עשרה התרעות. שהן מוסיפין ו' ברכות מי"ח עד כ"ד ולכל אחת שלש תרועות: וסימן לדבר. שלא תטעה אם התרעה הזו תרועה או תפלה: יריחו. דכתיב בה שופרות לישנא אחרינא סימן לדבר כלומר לכך מתריעין כדי שיענו כדרך שנענו ביריחו על ידי שופרות דכתיב (יהושע ו) ויתקעו בשופרות וגו' וכתיב (שם) ותפול החומה תחתיה: אלא בשופרות כולי עלמא וכו'. דהא מתריעין דקתני הכא במתניתין דעבדינן בתעניות בשופרות: כי פליגי בעננו. כי פליגי במתריעין דאמרינן בעלמא על שאר פורעניות מ"ס עננו נמי התרעה והאי דקתני בעלמא מתריעין בעננו ומאן דאמר בשופרות אבל בעננו לא: חגב. ארבה כתרגומו: צירעה. עוקצת את האדם: יתושין. נכנסין בעיניו ובחוטמו: חיכוך. כמו נתחכך בכותל: הא צעקה בפה היא. אלמא לצעקת פה לא קרי ליה התרעה: תנאי היא. האי תנא דשאר מיני פורעניות סבר צעקת פה לאו שמה התרעה ואידך סבר כו': גיים. וצרין עליה: נהר. המתפשט ויוצא לחוץ לשטוף את השדה ואת הבתים: המטורפת. כמו בילים טרופות (חולין דף סד.) שהולכת ונדה ועתידה להיטבע במים: לעזרה. צועקין לבני אדם שיבואו לעזרם: ולא לצעקה. תפלה שאין אנו בטוחין כל כך שתועיל תפלתנו לצעוק עליהן בשבת אלמא צעקת פה קרי התרעה מפי מורי ל"א לעזרה דקאמר תנא קמא מתריעין דמשמע בקול רם ואמר ליה רבי יוסי לעזרה שיהו מתפללין כל אחד בביתו לעזרה בעלמא:

תוספות

לאו שיורא הוא דהא קתני לה באידך פירקא. והוא הדין דהוה מצי לתרוצי כדלעיל מילי דבפרהסיא לא קתני:

תני חדא מתענות בראשונות ולא באחרונות ותנא אידך מתענין באחרונות ולא בראשונות ותני אידך לא מתענין לא בראשונות ולא באחרונות (ב) נקוט מציעתא בידך. פירש הקונטרס השלש תעניות אמצעיות בידך דאותן תעניות עוברות ומיניקות מתענות וה"ק מתענות בראשונות פי' בראשונו' ר"ל אמצעיות דהם ראשונות לאחרונו' שהיו חמורות אבל לא באחרונות דנפישי ולא מצו עבדי להו והא דקתני באחרונות ולא בראשונות האי אחרונו' היינו אמצעיות וקרי להו אחרונות שהם אחרונות מן הראשונות בתחלה גוזרין שלש תעניות וכן בשניה שלש אבל אין מתענות בראשונות שהם קלות והא דקתני לא בראשונות ולא באחרונות כלומר לא בשלש הראשונות הראשונות ממש ולא בשבע האחרונות האחרונות ממש אלא דווקא באמצעיות:

ורב יהודה בריה דרב שמואל בר שילת משמיה דרב אמר עננו. אומר הר"י (ג) והאי עננו לא ר"ל עננו שבתפלת תענית אלא ענינו שאומרים בסליחות וביום הכפורים עננו אבינו עננו אבל עננו דתפלה לא קאמר דהא בשלש ראשונות נמי אמר לה:

ובהן י"ח תרועות וסימן לדבר יריחו. פירוש שביריחו עשו כן שהקיפוה ז' ימים והיו תוקעין בכל יום כמו כן תקנו בתעניות ובכל תענית מוסיפין שש ברכות ועל כל ברכה תוקעין מריעין ותוקעין א"כ היינו י"ח תרועות:

מתריעין לעזרה. פי' שיבואו לעזור העיר וכו' ומתריעין בפה פירוש והאי תרועה ר"ל מתריעין בפה דאין להתיר תרועה בשופר בשבת:

רבי

עין משפט נר מצוה

עה א מיי' פ"ג מהל' תעניות הלכה ה טוש"ע א"ח סימן תקעה סעיף ה:

עו ב מיי' שם הלכה ז טוש"ע שם סעיף ד:

עז ג מיי' שם פ"ב הל' יג טוש"ע שם סימן תקעו סעיף ה:

עח ד מיי' שם הלכה י טוש"ע שם סעיף ט:

עט ה מיי' שם הלכה ט טוש"ע שם סעיף ז:

פ ו מיי' פ"א שם הל' ו טוש"ע שם סימן תקעו סעיף יג:

רבינו חננאל

אחרונות כגון הני כ"ד וכיוצא בהן אמר רב אשי הא דדייקת מתנייתא דייק ממתני' דקתני מה אלו יתירות על הראשונות אלא שבאלו מתריעין ונועלין החנויות הא לכל דבריהן זה וזה שוין. תנא מקצת ושייר מקצת מאי שייר דהאי שייר [שייר] תיבה דלא קתני ומוציאין התיבה אלא אמרינן תנא ושייר כשם ששייר התיבה שייר כ"ד ברכות ולעולם [אין] מתפללין באמצעיות כ"ד ברכות ודחינן תיבה לאו שיור הוא דקתני באידך פרקין: סדר תעניות כיצד מוציאין התיבה הנה מפרש אכולהו תעניות מוציאין את התיבה. ואמרינן השתא דאתית להכי גם זה השינוי תשני בהא נמי ואימא מדקתני סדר תעניות כיצד וקא מפרש כ"ד ברכות ש"מ אכולהו תעניות קמיירי וזו שנויה היא ולא סמכינן עליה דהא באידך פרקין א) דאין מוציאין התיבה אלא בז' אחרונות: מאי הוה עלה ואסיקנא הלכתא יחיד מתפלל עננו ל"ש יחיד קאי בצבור ול"ש יחיד דקאי בעלמא וקיי"ל דכל יחיד מזכיר עננו בשומע תפלה. תני חדא עוברות ומיניקות מתענות בראשונות ואין מתענות באחרונות ותניא אידך מתענות באחרונות ואין מתענות בראשונות. ותניא אידך אין מתענות לא באחרונות ולא בראשונות. אמר רב ששת נקוט אמצעייתא בידך כי מתענין בהן דמתרצין כולהו פי' הא דקתני בראשונה מתענות בראשונות בשלש אמצעיות [מיירי] ולגבי שבע אחרונות (הני אחרונות) הני שלש אמצעיות ראשונות להני ז' נינהו ואמצעיות דקתני מתענין באחרונות הן ג' אמצעיות דלגבי שלש הראשונות האמצעיות אחרונות מקרו. ובריתא דקתני אין מתענות לא בראשונות [בראשונות] ממש שהן שלש ראשונות ולא באחרונות [באחרונות ממש] שהן ז' האחרונות מכלל דג' הראשונות מתענות לדברי שלשתן ויש לומר דכלהו מודו באמצעיות דמתענות: ירושלמי עוברות ומיניקות מתענות בט' באב ובג' שניות ולא בז' אחרונות: מתני' אין גוזרין תענית בתחלה בחמישי כו' עד ר' יוסי אומר כשם שאין הראשונות בחמישי כך לא השניות ולא האחרונות:

מתני' עברו אלו ולא נענו ב"ד גוזרין עוד כו'. מתריעין דתני במתני' כיצד הוא רב יהודה אמר התרעה בשופר משמיה דרב אמרו התרעה בעננו ומותבינן [עלה] דרב אין פוחתין מז' תעניות על הצבור ובהן ז' התרעות וסימן לדבר יריחו והתרעות דיריחו בשופר הוו. ושנינן בשופר דברי הכל התרעה היא כי פליגי בעננו רב יהודה סבר עננו לאו התרעה היא ורב סבר עננו נמי התרעה היא. ותוב מותבינן עליה ושאר כל מיני פורעניות המתרגשות על העולם כגון חיכוך חגב זבוב צרעה ויתושין ושילוח נחשים ועקרבים לא היו מתריעין אלא צועקין. והנה עננו צעקה היא ואם תאמר שגם עננו התרעה היא נמצא עננו התרעה והיא הצעקה היכי קתני צועקין ולא מתריעין ושנינן תנאי היא יש תנא שקורא עננו התרעה דתנן בפירקין [דחסידא] (קרא) על אלו מתריעין בשבת על עיר שהקיפוה גייס או

חשק שלמה על רבינו חננאל א) אולי צ"ל דהא באידך פרקין אמרינן דאין מוציאין וכו'.

מסורת הש"ס

א) [לעיל יג: ע"ש], ב) [סוכה נד. וש"נ], ג) ב"ק פ:, ד) [צ"ל דתנן], ה) לקמן יט., ו) נ"ל שצ"ל באחרונות.

הגהות הב"ח

(א) גמ' לא היו מתריעין אלא צועקין הא צעקה בפה הוא ומדצעקה בפה התרעה: (ב) תוס' ד"ה תני כו' לא בראשונות ולא באחרונות אמר רב אשי נקוט מציעתא בידך פירש הקונטר' נקוט השלשה תעניות: (ג) ד"ה ורב יהודה כו' אומר הר"י דהאי עננו:

גליון הש"ס

גמרא אמר רב אשי נקוט אמצעייתא. כעין זה נדה דף כ ע"א:

הגהות הגר"א

[א] גמ' אין פוחתין משבע שבהן כ"א התרעות. כצ"ל (ועי' לחם משנה פ"ד מהלכות תענית הלכה יז):

ליקוטי רש"י

פרהסיא. דבר שבקול [זבחים פח:]. תנא ושייר. לא שנה כל החילוקים שביניהם [כתובות מא.]. לא חשבינהו לכולהו מקומות [סוטה טז.]. בין גואל לרופא. ברכה בפני עצמה. בשומע תפלה. שכוללה בתוך הברכה וחותם בשומע תפלה דאותה ברכה וחתימתה משמע בין אתענית בין אכל מילי [לעיל יג:]. חיכוך. שחין שמתחכך האדם עליה פרוטי"ר בלע"ז [ב"ק פ:]. המטורפת. מלשון טרף אבנא (ברכות דף כח.) ומלשון בילה טרופה (עדיות פרק ג משנה ד) כדמפרש בפרק שלמעלה (דף יד.) [לקמן יט.].

רבינו גרשום

הא שייר תיבה דבאחרונות איכא ובאמצעיות ליכא אי משום תיבה לאו שיורא הוא דמילי בצינעא קתני כגון מתריעין ונועלין מילי דפרהסיא כגון תיבה שמוציאין לרחוב לא קתני ולעולם איכא תיבה באחרונות ולא באמצעיות אבל כ"ד דהוי בצנעא אם איתא דליכא באמצעיות הוה קתני שבאילו מתפללין כ"ד ובאילו אין מתפללין כ"ד אלא ש"מ דבאמצעיות איכא כ"ד ולא מצית לתרוצי אב"א באמצעיות ליכא כ"ד ולעולם אמרינן הא דקתני אין בין ג' ראשונות לג' אמצעיות כו' הא לכ"ד שוין דהיכי דבאמצעיות איכא כ"ד ה"נ איכא בראשונות ולא מצית לתרוצי הא דתני שצבור מתפלל י"ט דהא איכא כ"ד אלא מוקמינן ליה ביחיד שקיבל עליו תענית צבור ותפשוט דיחיד קובע ברכה לעצמו. מתניתין נמי דיקא דבאמצעיות איכא כ"ד מה אילו אחרונות יתירות על הראשונות דהיינו אמצעיות שבאלו אחרונות מתריעין ונועלין אבל לכל דבריהם זה וזה שוין אלמא דכי היכי דאיכא כ"ד באחרונות איכא נמי באמצעיות וכי תימא ה"נ תנא ושייר כלומר דה"נ איבעי ליה למיתני שבאילו יש כ"ד ובאילו אין כ"ד אלא ששיירו הא מה אילו קתני דמשמע דהני דוקא דליכא בינייהו אלא להני דתני בהדיא אבל לכ"ד זה וזה שוין דכי היכי דאיכא כ"ד באחרונות איכא נמי באמצעיות. אי משום תיבה לאו שיורא הוא אלא כיון דשייר כ"ד אלמא ש"מ דכי היכא דבאחרונות איכא כ"ד ה"נ איכא כ"ד באמצעיות השתא דאתית להכי דתרצית דקתני באידך פרקין דכ"ד לא הוי שיורא כלומר לעולם באחרונות איכא כ"ד ובאמצעיות לא והא דלא קתני שבאילו יש כ"ד ובאילו אין כ"ד משום דקתני לה באידך פירקא דבאחרונות איכא כ"ד ולא באמצעיות והא דקתני אין בין שלש ראשונות לשלש אמצעיות וכו' אמר הא לכל דבריהם זה וזה שוין דכי היכי דבאמצעות ליכא כ"ד ה"נ בראשונות ומצינו לאוקמי הא דקתני שצבור מתפללין י"ט בש"צ בקמייתא דליכא כ"ד ולא ביחיד דאין יחיד קובע ברכה לעצמו: נקוט אמצעייתא בידך כלומר כולהי אמרו דבאמצעיתא מתענות ולא בראשונות ולא באחרונות בראשונות לא דאכתי לא תקיף רוגזא ובאחרונות דקשי עלה להתענות שבעת ימים ומתרצו כולהי הא דקתני מתענות

חָגָב – LOCUSTS,[22] כְּגוֹן חִיכּוּךְ – SUCH AS SCRATCHING,[23] GATHER,[22] זְבוּב וְצִירְעָה וְיַתּוּשִׁין – FLIES, WASPS AND MOSQUITOES,[25] וְשִׁילּוּחַ נְחָשִׁים וְעַקְרַבִּים – AND THE DISPATCHING by God[26] OF SNAKES AND SCORPIONS which injure but do not kill,[27] לֹא הָיוּ מַתְרִיעִין – THEY DID NOT CRY OUT with any instrument, אֶלָּא צוֹעֲקִין – BUT THEY CALL OUT for Divine mercy.

The Gemara infers from the Baraisa:

מִדִּצְעָקָה בַּפֶּה – Inasmuch[28] as "calling out," the procedure prescribed by the Baraisa for responding to all disasters other than drought, is accomplished **with the mouth,** we may infer that הַתְרָעָה בְּשׁוֹפָרוֹת – **"crying out,"** a procedure which the Baraisa expressly disqualifies for use on such occasions, is accomplished **with shofars,** and not with the mouth. The Baraisa thus repudiates Rav, who maintained that the "crying out" prescribed by the Mishnah for some other calamities consists of crying out the *Aneinu* prayer. — **?** —

The Gemara answers:

תַּנָּאֵי הִיא – **It is a Tannaic dispute.** Although the Tanna of the previously cited Baraisa maintains that the recitation of *Aneinu* is not called "crying out," the Tanna of the following Mishnah **disagrees,** דְּתַנְיָא – **for we learned in a Mishnah:**[29] עַל אֵלּוּ מַתְרִיעִין בַּשַּׁבָּת – FOR THESE troubles THEY CRY OUT even ON THE SABBATH: עַל עִיר שֶׁהִקִּיפוּהָ גַּיִיס – FOR A CITY THAT HAS BEEN BELEAGUERED BY TROOPS, אוֹ נָהָר – OR A RIVER that has overflowed its banks and threatens to flood fields and houses, וְעַל סְפִינָה הַמִּטּוֹרֶפֶת בַּיָּם – AND FOR A SHIP THAT IS FLOUNDERING AT SEA and is in danger of sinking. ר׳ יוֹסֵי אָמַר – R' YOSE SAID: לְעֶזְרָה – They may shout to others to come TO their AID, אֲבָל לֹא לִצְעָקָה – BUT MAY NOT resort TO CALLING OUT to God in prayer. Since it is uncertain whether their prayer will be answered, they may not mar the sanctity of the Sabbath day in vain.[30]

The Gemara analyzes the Mishnah:

בְּמַאי – According to the first opinion, **with what** do they cry? אִילֵימָא בְּשׁוֹפָרוֹת – **If you say with shofars** – שׁוֹפָרוֹת בַּשַּׁבָּת מִי שָׁרֵי – **is it permitted** to blow **a shofar on the Sabbath?**[31] אֶלָּא – **Rather,** לָאו בַּעֲנֵנוּ – **does** the Mishnah **not** speak of crying out **with** a loud recital of ***Aneinu?*** וְקָרֵי לָהּ הַתְרָעָה – **And** the Mishnah **calls it "crying out"!** שְׁמַע מִינָּהּ – **Learn from this** that a loudly recited prayer is also called "crying out;" hence, the Mishnah supports Rav's opinion.[32]

The Gemara discusses the permissibility of extending the number of public fasts beyond the thirteen prescribed by the Mishnah:

בִּשְׁנֵי דְּרַבִּי יְהוּדָה נְשִׂיאָה – **In the years of R' Yehudah the Prince**[33] הֲוָה צַעֲרָא – **there was** once **distress** from an affliction other than drought,

NOTES

22. *Aruch.* See also *Psalms* 64:3 with *Metzudos.*

23. I.e. dry boils, which cause one to scratch himself for relief. However, for moist boils, which are extremely painful, the shofar was also sounded (see *Bava Kamma* 80b, *Rashi* ד״ה חיכוך and ד״ה יבש; *Orach Chaim* 576:5).

24. The Baraisa refers to a specific type of locust, one that did not heavily damage the crops. However, for those types that posed a more severe threat the shofar was also sounded (see below 22a; *Orach Chaim* 576:9).

25. The wasps afflicted by stinging, and the mosquitoes entered people's eyes and nostrils (see *Rashi*).

26. An animal inflicts pain and injury either because of natural tendencies, or by Divine decree. The Gemara below (22a) discusses how to recognize when an animal is acting as Heaven's agent.

27. See *Orach Chaim* 576:7.

28. In the version of the Gemara before *Rashi* (see also *Bach* §1), before making the inference to follow, the Gemara draws the prerequisite conclusion from the Baraisa: *Thus, "calling out" [is performed] with the mouth.*

29. Below, 19a. Our text, which states דְּתַנְיָא, is incorrect. It is emended (*Mesoras HaShas*) to read דְּתְנַן, the expression that properly introduces a quote from a Mishnah.

30. *Rashi.* Alternatively, *Rashi* explains that R' Yose permits informal prayer at home, but not a vociferous public prayer service.

31. Sounding the shofar on the Sabbath is prohibited by Rabbinical decree (see *Rosh Hashanah* 29b, *Orach Chaim* 596:1).

32. Throughout this discussion the Gemara has referred to sounding "the shofar." However, the Mishnah (*Rosh Hashanah* 26b) insists regarding fast days, that in the Temple (where the shofar and trumpet would be sounded simultaneously) the trumpet blasts would be longer than those of the shofar, because "the mitzvah of the day is with the trumpet." The Gemara there (27a) comments that outside the Temple the shofar and trumpet are not sounded simultaneously; rather, whenever the occasion calls for the trumpet to be sounded, the shofar does not accompany it, implying that on fast days only the trumpet is sounded. Moreover, the Torah (*Numbers* 10:9) commands that we blow "trumpets" in times of war.

Tosafos (cited by *Ritva* 12b) asserts that in fact it is the trumpet that is sounded. When the Gemara says here that a "shofar" is used, it does not use the term in its usual sense — a ram's horn — but actually means a trumpet. Indeed, the Gemara (*Shabbos* 36a) reports that it was customary in the Talmudic era to call a trumpet a shofar. Alternatively, *Ramban* suggests that the trumpet is used only in assemblies in which the whole nation participates — such as in time of war. For lesser assemblies only the shofar is used (*Ritva, Ran*; see also *Maggid Mishneh, Taaniyos* 1:4).

Nowadays it is not customary in Ashkenazic communities to sound the shofar on fast days. The reason for the custom is not clear (*Magen Avraham* beginning of ch. 576; see also *Ritva* for a justification of the custom). In Sephardic communities it is customary to sound the shofar. This is based on the custom practiced in the Yeshivos of the Geonim, but contrary to *Rambam's* ruling in *Hilchos Taaniyos.*

33. The grandson of Rebbi, redactor of the Mishnah, who is often called by a similar name.

והא שייר תיבה אי משום תיבה לאו שיורא הוא מילי דצינעא קתני מילי דפרהסיא לא קתני אמר רב אשי מתני' נמי דיקא דקתני א) מה אלו יתירות על הראשונות אלא שבאלו מתריעין ונועלין את החנויות אבל בכל דבריהן זה וזה שוין וכ"ת הכא נמי ב) תנא ושייר והא מה אלו קתני ותסברא מה אלו דווקא הוא והא שייר לה תיבה אי משום תיבה לאו שיורא הוא משום דקא חשיב לה באידך פרקא השתא דאתית להכי עשרים וארבעה נמי לאו שיורא הוא דקתני לה באידך פירקא מאי הוי עלה אמר רב שמואל בר סרטאי וכן אמר רב חייא בר אשי אמר רב בין גואל לרופא ורב אשי אמר משמיה דרבי ינאי בריה דרבי ישמעאל בשומע תפלה והלכתא בשומע תפלה: תני חדא עוברות ומיניקות מתענות בראשונות ואין מתענות באחרונות ותניא אידך מתענות באחרונות ואין מתענות בראשונות ותניא אידך אין מתענות לא בראשונות ולא באחרונות • אמר רב אשי נקוט אמצעייתא בידך דמיתרצון כולהו: מה אלו יתירות על הראשונות אלא שבאלו מתריעין ונועלין את החנויות: במאי מתריעין רב יהודה בריה דרב שמואל בר שילת משמיה דרב אמר ג) בשופרות ורב יהודה בריה דרב שמואל בר שילת משמיה דרב אמר בעננו קס"ד מאן דאמר בעננו לא אמר בשופרות ומאן דאמר בשופרות לא אמר בעננו והתניא אין פותחין משבע [א] תעניות על הצבור שבהן י"ח התרעות וסימן לדבר יריחו ויריחו שופרות הוה ותיובתא למאן דאמר בעננו אלא בשופרות דכולי עלמא לא פליגי דקרי לה התרעה כי פליגי בעננו מר סבר קרי לה התרעה ומר סבר לא קרי לה התרעה למ"ד בעננו כל שכן בשופרות ולמ"ד בשופרות אבל בעננו לא והתניא ג) ושאר כל מיני פורעניות המתרגשות כגון ג) חיכוך ד) חגב ה) זבוב וצירעה ויתושין ושילוח נחשים ועקרבים לא היו מתריעין אלא צועקין (א) מדצעקה בפה התרעה בשופרות תנאי היא ד) דתניא ה) על אלו מתריעין בשבת על עיר שהקיפוה גיים או נהר ועל ספינה המטורפת בים ר' יוסי אמר לעזרה אבל לא לצעקה במאי אילימא בשופרות שופרות בשבת מי שרי אלא לאו בעננו וקרי לה התרעה ש"מ: בשני דר' יהודה נשיאה הוה צערא גזר

רש"י

והא שייר תיבה. דבאחרונות איתא והכא ליתא כדקתני לקמן (דף טו.) סדר תעניות כיצד מוציאין את התיבה כו' ומותבינן בגמרא בהדיא מתיבה דליתא אלא באחרונות ומשני כי קתני נמי ו) בקמייתא: **מילי דצינעא.** מתריעין בבית הכנסת: **בפרהסיא.** תיבה ברחובה של עיר: **דיקא נמי.** דלכ"ד זה וזה שוין דקתני מתניתין מה אלו יתירות על הראשונות כו' ואלו כ"ד לא קא חשיב גבי אחרונות: **והא מה אלו קתני.** דמשמע דווקא: **דהא קתני לה באידך פירקין.** דמי ששנה מתניתין דהכא תנא נמי דהתם והאי דלא תנא בהאי סמיך אהתם דקתני באחרונות מוציאין התיבה מה שאין כן באמצעיות: **השתא דאתית להכי.** דמשום דקתני לה באידך פירקין דאמרת דלא הוי שיור כ"ד נמי דאמרת דשוין נינהו איכא למימר דלא הוי שוין דהא אפי' שיורא נמי לא הוי דבהדיא קתני לה באידך פירקין דבאחרונות איתנהו באמצעיות לא ואיכא לתרוצי כתירוצא קמא בקמייתא דליכא כ"ד: **מאי הוי עלה.** היכן אומרה יחיד: **נקוט מציעיתא בידך.** כלומר תריץ דבשלש אמצעיות היו מתענין ומתרצת לכולהו הנך מתנייתא הא דקתני בראשונות ולא באחרונות הנך ראשונות לאו ראשונות ממש נינהו אלא אמצעיות דאינהו הוו ראשונות לאחרונות אבל בשבע אחרונות לא מיתענו דכיון דשבע נינהו לא מצו עוברות ומיניקות למיקם בהו והא דקתני באחרונות ולא בראשונות הנך אחרונות אמצעיות נינהו והראשונות ראשונות ממש ואין מתענין בהן דלא תקיף רוגזא כולי האי ולאות לשון הוא לתנא למיקרי לאמצעיות ראשונות לאחרונו' ואחרונו' לראשונות: **בשופרות.** היו עושין ההתרעות ולשון התרעה כמו תרועה ושם תרועה פשוטה לפניה ולאחריה במסכת ראש השנה (דף לד.) והכי מתריעין בשופרות כדכתיב (במדבר י) ותקעתם בחצוצרות וגו' תוקעין בשופרות כדי שיכניעו לבם לקול השופר ויהיו נרתעים מחטאתם ואשש ברכות שהיו מוסיפין ביום התענית היו תוקעין על כל ברכה יבבא אחת שהן י"ח התרעות: **רב יהודה אמר.** מתריעין עננו בקול רם היו צועקים עננו אבינו עננו עננו אלהי אברהם עננו עננו אלהי יצחק עננו עננו אלהי יעקב עננו הכל כפי שאומרים בסוף הסליחות אבל עננו דתפלת תענית אומר אפי' בראשונות ואפי' יחיד אוקימנא דאומרה בשומע תפלה ותפלה קרי ליה התרעה דאי בשופרות מריעין מיבעי ליה ומאן דמפרש עננו של תפלת תענית משתבש דהא קתני בסמוך שהן י"ח התרעות וקא פריך מן וסימן לדבר יריחו ואם איתא ליפריך בהדיא י"ח תפלות של שמונה עשרה ברכות מי איכא בשבע תעניות: **אין פותחין מז' תעניות.** באחרונות: **שמונה עשרה התרעות.** שהן מוסיפין ו' ברכות מי"ח עד כ"ד ולכל אחת שלש תרועות: **וסימן לדבר.** שלא תטעה אם התרעה הזו תרועה או תפלה: **יריחו.** דכתיב בה שופרות לישנא אחרינא סימן לדבר כלומר לכך מתריעין כדי שיענו כדרך שנענו ביריחו על ידי שופרות דכתיב (יהושע ו) ויתקעו בשופרות וגו' וכתיב (שם) ותפול החומה תחתיה: **אלא בשופרות כולי עלמא וכו'.** דהא מתריעין דקתני הכא במתניתין דעבדינן בתעניות בשופרות: **כי פליגי בעננו.** כי פליגי במתריעין דאמרינן בעלמא על שאר פורעניות מ"ס עננו נמי התרעה והאי דקתני בעלמא מתריעין בעננו ומאן דאמר בשופרות אבל בעננו לא: **חגב.** ארבה כתרגומו: **צירעה.** עוקצת את האדם: **יתושין.** נכנסין בעיניו ובחוטמו: **חיכוך.** כמו נתחכך בכותל: **הא צעקה בפה היא.** אלמא דצעקת פה לא קרי ליה התרעה: **תנאי היא.** האי תנא דשאר מיני פורעניות סבר צעקת פה לאו שמה התרעה ואידך סבר כו': **גיים.** וצרין עליה: **נהר.** המתפשט ויוצא לחוץ לשטוף את השדה ואת הבתים: **המטורפת.** כמו ביצים טרופות (חולין דף סד.) שהולכת ונדה ועתידה להיטבע במים: **לעזרה.** צועקין לבני אדם שיבואו לעזרם: **ולא לצעקה.** תפלה שאין אנו בטוחין כל כך שתועיל תפלתנו לצעוק עליהן בשבת אלמא צעקת פה קרי התרעה מפי מורי ל"א לעזרה דקאמר תנא קמא מתריעין דמשמע בקול רם ואמר ליה רבי יוסי לעזרה שיהו מתפללין כל אחד בביתו לעזרה בעלמא:

תוספות

לאו שיורא הוא דהא קתני לה באידך פירקא. והוא הדין דהוה מצי לתרוצי כדלעיל מילי דפרהסיא לא קתני:

תני חדא מתענות בראשונות ולא באחרונות ותנא אידך מתענין באחרונות ולא בראשונות ותני אידך לא מתענין לא בראשונות ולא באחרונות (ב) נקוט מציעתא בידך. פירש הקונטרס השלש תעניות אמצעיות בידך דבאותן תעניות עוברות ומיניקות מתענות וה"ק מתענות בראשונות פי' בראשונו' ר"ל אמצעיות דהם ראשונות לאחרונו' שהיו חמורות אבל לא באחרונות דנפישי ולא מצו עבדי להו והא דקתני באחרונות ולא בראשונות האי אחרונו' היינו אמצעיות וקרי להו אחרונות שהם אחרונות מן הראשונות בתחלה גוזרין שלש תעניות וכן בשניה שלש אבל אין מתענות בראשונות שהם קלות והא דקתני לא בראשונות ולא באחרונות כלומר לא בשלש הראשונות ממש ולא בשבע האחרונות ממש אלא דווקא באמצעיות:

ורב יהודה בריה דרב שמואל בר שילת משמיה דרב אמר עננו. אומר הר"י (ג) והאי עננו לא ר"ל עננו שבתפלת תענית אלא עננו שאומרים בסליחות וביום הכפורים עננו אבינו עננו אבל עננו דתפלה לא קאמר דהא בשלש ראשונות נמי אמר לה:

ובהן י"ח תרועות וסימן לדבר יריחו. פירוש שביריחו עשו כן שהקיפוה ז' ימים והיו תוקעין בכל יום כמו כן תקנו בתעניות ובכל תענית מוסיפין שש ברכות ועל כל ברכה תוקעין מריעין ותוקעין א"כ היינו י"ח תרועות:

מתריעין לעזרה. פי' שיבואו לעזור העיר וכו' ומתריעין בפה פירוש והאי תרועה ר"ל מתריעין בפה דאין להתיר תרועה בשופר בשבת:

רבי

מסורת הש"ס

א) [לעיל יג: ע"ש], ב) [סוכה נד. וש"נ], ג) ב"ק פ:, ד) [נ"ל דתנן], ה) לקמן יט., ו) נ"ל של"ל באחרונות.

הגהות הב"ח

(א) גמ' לא היו מתריעין אלא צועקין הא לצעקה בפה הוא ומלצעקה בפה התרעה: (ב) תוס' ד"ה תני כו' לא בראשונות ולא באחרונות אמר רב אשי נקוט מציעתא בידך פירש הקונטרס הנך שלשה תעניות: (ג) ד"ה ורב יהודה כו' אומר הר"י דהאי עננו:

גליון הש"ס

גמרא אמר רב אשי נקוט אמצעייתא. כעין זה נדה דף כ ע"א:

הגהות הגר"א

[א] גמ' אין פותחין משבע שבהן כל התרעות. כצ"ל (ועי' לחם משנה פ"ד מהלכות תענית הלכה יז):

ליקוטי רש"י

פרהסיא. דבר שבגלוי [זבחים פח:]. תנא ושייר. לא שנה כל החילוקים שביניהם [כתובות מא.]. לא סמכינהו לכולהו מקומות [סוטה טז.]. בין גואל לרופא. ברכה כלפי עצמה. בשומע תפלה. שכולה כתוך הברכה וחותם בשומע תפלה לאותה ברכה ותחתיה משמע בין תענית בין אבל מילי [לעיל יג:]. חיכוך. שחין המתחכך האדם כמו פרוריט"ו בלע"ז [ב"ק פ:]. המטורפת. מלשון טרף (שמות כב) ומלשון בילה טרופה (עדיות פרק ג משנה ד) כלומר בפרק שלמעלה (דף יד.) [לקמן יט.].

רבינו גרשום

הא שייר תיבה דבאחרונות איכא ובאמצעיות ליכא אי משום תיבה לאו שיורא הוא דמילי בצינעא קתני כגון מתריעין ונועלין מילי דפרהסיא כגון תיבה שמוציאין לרחוב לא קתני ולעולם איכא תיבה באחרונות ולא באמצעיות אבל כ"ד דהוי בצנעא אם איתא דליכא באמצעיות הוה קתני שבאילו אין מתפללין כ"ד ובאילו מתפללין כ"ד אלא ש"מ דבאמצעיות איכא כ"ד וכי תימא לתרוצי אבב"א באמצעיות ליכא כ"ד ולעולם אמרינן הא ראשונות לג' אמצעיות כו' הא לכ"ד שוין דהיכי דבאחרונות איכא כ"ד ה"נ איכא כ"ד באמצעיות ולא מצית לתרוצי הא דתני שבור מתפלל כ"ד דהא איכא כ"ד אלא מוקמינן ליה ביחיד שקיבל עליו תענית צבור ותפשוט לעצמו. מתניתין נמי דיקא דבאמצעיות איכא כ"ד מה אילו אחרונות יתירות על הראשונות שבאלו אחרונות מתריעין ונועלין אבל לכל דבריהם זה וזה שוין אלמא דכי היכי דאיכא כ"ד באחרונות איכא נמי באמצעיות וכי תימא ה"נ תנא ושייר כלומר דה"נ איבעי ליה למיתני שבאילו יש כ"ד ובאילו אין כ"ד שיירו הא מה אילו קתני דמשמע דהני דוקא דליכא בינייהו אלא להני דתני בהדיא אבל לכ"ד זה וזה שוין דכי היכי דאיכא כ"ד באחרונות איכא נמי באמצעיות. אי משום תיבה לאו שיורא הוא אלא כיון דשייר דכי היכא דבאחרונות איכא כ"ד ה"נ איכא כ"ד באמצעיות השתא דאתית להכי דתרצית דקתני כ"ד לא הוי שיורא כלומר לעולם באחרונות איכא כ"ד ובאמצעיות לא והא דלא קתני שבאילו יש כ"ד משום דקתני לה באידך פירקא דבאחרונות איכא כ"ד ולא באמצעיות והא דקתני אין בין שלש ראשונות ולא באמצעיות וכו' אמר הא לכל דבריהם זה וזה שוין דכי היכי דבראשונות ליכא כ"ד ה"נ באמצעיות ליכא כ"ד ... ברכה לעצמו: נקוט אמצעייתא בידך כלומר כולהו אמרו דבאמצעיות מתענות לא באחרונות ולא בראשונות ... ומתרצו כולהו הא דקתני מתענות

רבינו חננאל

אחרונות כגון הני כ"ד וכיוצא בהן אמר רב אשי הא דדייקת מתניתא דייק ממתני' דקתני מה אלו יתירות על הראשונות אלא שבאלו מתריעין ונועלין החנויות הא לכל דבריהן זה וזה שוין. תנא מקצת ושייר מקצת מאי שייר דהאי שייר [שייר] תיבה דלא קתני ומוציאין התיבה אלא אמרינן תנא ושייר כשם ששייר התיבה שייר כ"ד ברכות ולעולם [אין] מתפללין באמצעיות כ"ד ברכות ודחינן תיבה לאו שיור הוא דקתני באידך פרקין: סדר תעניות כיצד מוציאין התיבה הנה מפרש אכולהו תעניות מוציאין את התיבה. ואמרינן השתא דאתית להכי גם זה השינוי תשני בהא נמי ואימא מדקתני סדר תעניות כיצד וקא מפרש כ"ד ברכות ש"מ אכולהו תעניות קמיירי וזו שנויה היא ולא סמכינן עליה דהא באידך פרקין א) דאין מוציאין התיבה אלא בז' אחרונות: מאי הוה עלה ואסיקנא הלכתא יחיד מתפלל עננו ל"ש יחיד קאי בצבור ול"ש יחיד דקאי בעלמא וקיי"ל דכל יחיד מזכיר עננו בשומע תפלה. תני חדא עוברות ומיניקות מתענות בראשונות ואין מתענות באחרונות ותניא אידך מתענות באחרונות ואין מתענות בראשונות. ותניא אידך אין מתענות לא באחרונות ולא בראשונות. אמר רב ששת נקוט אמצעייתא בידך כי מתענין בהן דמתרצין כולהו פי' הא דקתני בראשונה מתענות בראשונות בשלש אמצעיות [מיירי] ולגבי שבע אחרונות (הני אחרונות) הני שלש אמצעיות ראשונות להני ז' נינהו ואמצעיות דקתני מתענין באחרונות הן ג' אמצעיות דלגבי שלש הראשונות האמצעיות אחרונות מקרו. ובריתא דקתני אין מתענות לא בראשונות [בראשונות ממש שהן שלש ראשונות ולא באחרונות [באחרונות ממש] שהן ז' האחרונות מכלל דג' הראשונות מתענות לדברי שלשתן ויש לומר דכלהו מודו באמצעיות דמתענות: ירושלמי עוברות ומיניקות מתענות בט' באב ובג' שניות ולא בז' אחרונות: מתני' אין גוזרין תענית בתחלה בחמישי כו' עד ר' יוסי אומר כשם שאין הראשונות בחמישי כך לא השניות ולא האחרונות:

מתני' עברו אלו ולא נענו ב"ד גוזרין עוד כו'. מתריעין דתני במתני' כיצד הוא רב יהודה אמר התרעה בשופר משמיה דרב אמרו התרעה בעננו ומותבינן [עלה] דרב אין פותחין מז' תעניות על הצבור ובהן ז' התרעות וסימן לדבר יריחו והתרעות דיריחו בשופר הוו. ושנינן בשופר דברי הכל התרעה היא כי פליגי בעננו רב יהודה סבר עננו לאו התרעה היא ורב סבר עננו נמי התרעה היא. ותוב מותבינן עליה ושאר כל מיני פורעניות המתרגשות על העולם כגון חיכוך חגב זבוב צרעה ויתושין ושילוח נחשים ועקרבים לא היו מתריעין אלא צועקין. והנה עננו צעקה היא ואם תאמר שגם עננו התרעה היא נמצא עננו התרעה והיא הצעקה היכי קתני צועקין ולא מתריעין ושנינן תנאי היא יש תנא שקורא עננו התרעה דתנן בפירקין [דחסידא] (קרא) על אלו מתריעין בשבת על עיר שהקיפוה גייס או

חשק שלמה על רבינו חננאל א) אולי צ"ל דהא באידך פרקין אמרינן דאין מוציאין וכו'.

עין משפט נר מצוה

עה א מיי' פ"ג מהל' תעניות הלכה ה טוש"ע א"ח סימן תקעה סעיף ה:
עו ב מיי' שם הלכה ז טוש"ע שם סעיף ד:
עז ג מיי' שם פ"ב הל' יג טוש"ע שם סימן תקעו סעיף ה:
עח ד מיי' שם הלכה י טוש"ע שם סעיף ט:
עט ה מיי' שם הלכה ט טוש"ע שם סעיף ז:
פ ו מיי' פ"א שם הל' ו טוש"ע שם סימן תקעו סעיף יג:

רבי יהודה נשיאה גזר תליסר תעניות ולא איעני סבר למיגזר טפי אמר ליה ר' אמי הרי אמרו אין מטריחין את הצבור יותר מדאי אמר ר' אבא בריה דרבי חייא בר אבא רבי אמי [א] דעבד לגרמיה הוא דעבד אלא הכי אמר ר' חייא בר אבא אמר ר' יוחנן לא שנו אלא לגשמים אבל לשאר מיני פורעניות מתענין והולכין עד שיענו מן השמים תניא נמי הכי כשאמרו שלש וכשאמרו שבע לא אמרו אלא לגשמים [א] אבל לשאר מיני פורעניות מתענין והולכין עד שיענו לימא תיהוי תיובתיה דר' אמי אמר לך רבי אמי תנאי היא דתניא אין גוזרין יותר משלש עשרה תעניות על הצבור לפי שאין מטריחין את הצבור יותר מדאי דברי רבי רשב"ג אומר לא מן השם הוא זה אלא מפני שיצא זמנה של רביעה שלחו ליה בני נינוה לרבי כגון אנן דאפילו בתקופת תמוז בעינן מיטרא היכי נעביד כיחידים דמינן או כרבים דמינן כיחידים דמינן ובשומע תפלה או כרבים דמינן ובברכת השנים [ב] שלח להו כיחידים דמיתו ובשומע תפלה מיתיבי אמר רבי יהודה [ג] [ג] אימתי בזמן שהשנים כתיקנן וישראל שרוין על אדמתן אבל בזמן הזה הכל לפי השנים הכל לפי המקומות הכל לפי הזמן אמר ליה מתניתא רמית עליה דרבי רבי תנא הוא ופליג מאי הוי עלה רב נחמן אמר בברכת השנים רב ששת אמר בשומע תפלה והלכתא בשומע תפלה: בשני מטין עם חשיכה ובחמישי כל היום מפני כבוד השבת: איבעיא להו היכי קתני בב' מטין עם חשיכה ובה' כל היום מפני כבוד השבת או דילמא בשני מטין ובחמישי פותחין כל היום כולו תא שמע דתניא [ד] בשני מטין עד הערב ובחמישי פותחין כל היום כולו מפני כבוד השבת היו לו שני פתחים פותח אחד ונועל אחד היה לו אצטבא כנגד פתחו פותח כדרכו ואינו חושש: עברו אלו ולא נענו ממעטין במשא ומתן ובבנין ובנטיעה: תנא [ו] [ה] בבנין בנין של שמחה נטיעה נטיעה של שמחה אי זהו בנין של שמחה זה הבונה בית חתנות לבנו אי זו היא נטיעה של שמחה זה הנוטע [ז] אבוורנקי של מלכים: ובשאילת שלום: תנו רבנן [ו] חברים אין שאילת שלום ביניהן עמי הארץ ששואלין מחזירין להם בשפה רפה ובכובד ראש [ח] והן מתעטפין ויושבין כאבלים וכמנודין כבני אדם הנזופין למקום עד שירחמו עליהם מן השמים [ט] אמר ר' אלעזר [ז] אין אדם חשוב רשאי ליפול על פניו אלא אם כן נענה כיהושע בן נון שנאמר [א] ויאמר ה' אל יהושע קום לך למה זה אתה נופל על פניך ואמר ר' אלעזר אין אדם חשוב רשאי לחגור שק אלא אם כן נענה כיהורם בן אחאב שנאמר [ב] ויהי כשמוע המלך את דברי האשה ויקרע את בגדיו והוא עובר על החומה וירא העם והנה השק על בשרו וגו' ואמר ר' אלעזר לא הכל בקריעה ולא הכל בנפילה משה ואהרן בנפילה יהושע וכלב בקריעה משה ואהרן בנפילה דכתיב [ג] ויפל משה ואהרן על פניהם יהושע וכלב בקריעה דכתיב [ד] ויהושע בן נון וכלב בן יפנה קרעו בגדיהם מתקיף לה ר' זירא ואיתימא ר' שמואל בר נחמני אי הוה כתיב יהושע כדקאמרת השתא דכתיב ויהושע הא והא עביד ואמר ר' אלעזר לא הכל בקימה ולא הכל בהשתחויה מלכים בקימה ושרים בהשתחויה מלכים בקימה דכתיב [ה] כה אמר ה' גואל ישראל קדושו לבזה

רש"י

גזר תליסר תעניתא. כדאמרינן במתניתין (דף טו:) שלש ראשונות ושלש אמצעיות ושבע אחרונות ולשאר פורעניות עביד להו ולא לגשמים: לגרמיה. לעצמו דרש שלא אמר אלא לפי שהוא לא היה רוצה להתענות: לא שנו. דאין גוזרים יותר משלש עשרה: כשאמרו. להתענות שלש ראשונות ושלש אמצעיות ושבע אחרונות: לא מן השם הוא זה. שאין זה (א) טעם שאין מניחין בשביל טורח אלא שכבר יצא זמנה של רביעה של יורה שהרי מרחשון עבר על כולן לסוף התעניות שמקצתן היו בכסליו כדקתני מתניתין ואיכא למשמע מדרבי שמעון דבשאר מיני פורעניות דכל שעתא הוי זימנייהו למיבטלי אפילו טפי גזרינן ורבי דאמר אין מטריחין סתמא אכולהו קאמר ואנא דאמרי כרבי: ובשומע תפלה. אמרינן לשאילת מטר כיחיד השואל צרכיו בשומע תפלה דהא דאמרינן שאלה בברכת השנים אפי' ביחיד משום דזמן צבור הוא אבל במילתא אחריתי דהוי ליחיד ולא לצבור כהכא דבתקופת תמוז לאו זמן שאילת צבור הוא בשומע תפלה הוא דמדכר ליה ולא בברכת השנים כדאמרינן במסכת ע"ז (דף ח.) ובברכות (דף לא.) אם היה לו חולה בתוך ביתו מזכיר עליו בברכת החולים ולבסוף מוקמינן והלכתא בשומע תפלה כך שמעתי: אימתי. הוא סדר תעניות: בזמן שהשנים כתיקנן. שהיא קליר בניסן וזריעה במרחשון ואין סדר השנים משתנה: וישראל שרוין על אדמתן. שמנהג ארץ ישראל בכך: הכל לפי השנים. אם צריכה אותה שנה למטר כגון שנה שחונה שצריכה לגשמים הרבה: לפי המקומות. כגון נינוה דאפי' בתקופת תמוז בעו מטרא. לא גרסינן לפי הזמן שלא ירדו עדיין גשמים: [ז] בשני מטין עם חשיכה. ולא נועלין ולא פותחין הואיל ולאו [ח] לכבוד שבת הוה ובחמישי מותרין לפתוח לגמרי: מטין. שלא יראו בני אדם ויצטערו אלא לעת ערב פותחין מקצתן כדי שיהא להם מה לאכול בלילה: או דילמא. פותחין כל היום והכי משמע מתניתין בשני מטין ובה' היה פתוח כדרכו כל היום לגמרי מפני כבוד השבת: איצטבא. כשא דהשתא אין החנות פתוחה לרשות הרבים ואם הוא פתוח אינו נראה כל כך: פותח כדרכו. אפי' בשני (ב): ה"ג תנא בנין בנין של שמחה נטיעה של שמחה. בנין דקתני מתניתין לא בנין הצריך לו אלא בנין הצריך לשמחה דבדבר שמחה ממעטינן: בית חתנות. לעשות חופתו: אבוורנקי של מלכים. שכך היו נוהגין כשנולד בן למלך היו נוטעין אילן לשמו ויום שממליכין אותו עושין לו כסא ממנו לישנא אחרינא אילן גדול המיסך על הארץ לטייל המלך תחתיו ודומה לו בעירובין (דף כה:) ההוא אבוורנקא דהוה ליה לריש גלותא בבוסתניה: של מלכים. דרך מלכים נוטעין אותו לצל הוא נוטעו כמו כן לצל היא והיא נטיעה של שמחה: ששאל בשלום. תלמיד חכם מחזיר לו משום איבה ובשפה רפה: אבל ומנודה חייבין בעטיפה. ° דכתיב ועל שפם יעטה במועד קטן (דף טו.): רשאי ליפול על פניו. לבזות עצמו בפני הצבור שאם לא יענה יתרפהו כך שמעתי אלא אם כן יודעין בו שהוא חשוב כיהושע שאמר לו הקב"ה קום לך למה זה אתה נופל על פניך: אלא אם כן נענה. שיודעין הן שנענה כיהורם יהורם רשע היה אלא שהתענה על רעב שהיה בימיו ונענה דכתיב (מלכים ב ז) ויהי סאה סולת בשקל וסאתים שעורים בשקל: לא הכל. נענין (° בתפלה) ולא הכל נענין בקריעה דיהושע וכלב שלא היו חשובין כמשה ואהרן לא זכו ליענות אלא בקריעה ומקרא בעלמא קא דריש: ויהושע בן נון. כתיב בתריה דההוא דויפל וי"ו מוסיף על ענין ראשון: לבזה

תוספות

רבי יהודה נשיאה גזר תליסר תעניות. על שאר פורעניות (ג) ומיהו קאמר ליה רבי אמי דאין מטריחין דהכי נמי משמע דהוה אשאר מיני פורעניות מדמייתי עלה הא דקאמר רבי יוחנן ל"ש אלא לגשמים אבל לשאר מינים וכו':

שיצאה זמנה של רביעה. דזמן רביעה דיורה הוי במרחשון ויצא מרחשון:

שלח להו כיחידים דמיתו. פירוש ובשומע תפלה תאמרו תפלת (ד) תענית והא דיחיד אומר ותן טל ומטר בברכת השנים אע"ג שמתפלל בעצמו הואיל וזמן צבור הוא אבל בני נינוה הוו יחידים אפי' בתקופת תמוז צריכין למטרא:

הכל לפי השנים. אם צריכים אותה שנה גשמים שהיא שחונה ואם צריכים גשמים כבני נינוה שואלין ותן טל ומטר בברכת השנים:

אור

עין משפט נר מצוה

פא א מיי' פ"ג מהל' תענית הלכה ג טור ש"ע א"ח סימן תקעו סעיף א:

פב ב מיי' פ"ב מהלכות תפלה הלכה יז טוש"ע א"ח סימן קיז סעיף ב:

פג ג מיי' פ"ג מהל' תענית הלכה י טור ש"ע א"ח סימן תקעה סעיף ט:

פד ד מיי' שם הלכה ז טוש"ע שם סעיף ד:

פה ה ו מיי' שם הל' ח טוש"ע שם סעיף ז:

פו ז מיי' פ"ה מהלכות תפלה הלכה יג טוש"ע א"ח סימן קלא סעיף ח:

ליקוטי רש"י

דעבד לגרמיה. אין אדם מודה לו [ברכות מח. ע' כאן רש"ש]. רביעה. לקמן מפרש רביעה שמרביע את הארץ [לעיל ה.]. בנין של שמחה. בנין האמור כאן שאסורין בבנין של שמחה שנוהגין עצמן כנזופין וכאבלים. נטיעה. האמורה כאן נטיעה של שמחה. בית חתנות לבנו. כשמשיא אשה לבנו הראשון היה בונה לו בית ועושה לו חופה בתוכו [מגילה ה:]. אבוורנקי. אילן שאילו מרובה ונוטעין אותו השרים ועושין אצטבאות תחתיו סביבותיו להתלונן תחתיו בימות החמה ולשמח שם [עירובין כה:]. אילן שאילו נאה כגון אילן שכופפין אותו על גבי כלונסות ויתידות והמלכים אוכלין תחתיו בימות החמה ומתעדנין בה במיני שמחות [מגילה ה:]. אלא אם כן נענה. כלומר אלא אם כן בטוח במעשיו שהוא נענה בתפלתו [מגילה כב:]. וירא העם. דרך הקרע את השק תחת בגדיו [מלכים ב ו, ל].

רבינו חננאל

נהר ועל הספינה המטרפת בים ר' יוסי אומר לעזרה אבל לא לצעקה והא הכא התרעה בשופר ליכא למימר דהא שבת היא ושופר בשבת אסור אלא לאו בעננו וקתני מתריעין בשבת ש"מ דקרי לעננו התרעה ש"מ הא דא"ר אמי אין מטריחין על הצבור יותר מדאי ואמרינן לגרמיה הוא דעביד כלומר לא היה יכול להתענות ובשביל עצמו אמר אין מטריחין דתניא כשאמרו י"ג תעניות לפי שאין מטריחין על הצבור לא אמרו אלא לגשמים בלבד אבל לשאר מיני פורעניות מתענין והולכין עד שיענו. ומשני ר' אמי תנאי היא דתניא אין גוזרין על הצבור יותר מי"ג תעניות לפי שאין מטריחין על הצבור יותר מדאי דברי רבי רשב"ג אומר לא מן השם הוא זה אלא מפני שיצא זמנה של רביעה. בני נינוה בעו מר' אנן דאפילו בתקופת תמוז בעי' מטרא אנה נזכיר ותן טל ומטר בברכת השנים או בשומע תפלה כיחיד ששואל צרכיו בשומע תפלה אמר להו בשומע תפלה כיחידים ואותבינן עליה א"ר יהודה אימתי שואלין הגשמים בפרקים הללו בזמן שהשנים כתיקונן וישראל שרוין על אדמתם אבל בזמן הזה הכל לפי השנים הכל לפי המקומות הכל לפי הזמן קשיא לרבי ודחי רבי תנא הוא וחולק על התנאים. מאי הוה עלה ואסיקנא רב ששת אמר בשומע תפלה וקיי"ל כוותיה. ותוב לגבי איסורא הלכתא כרב ששת וזו איסורא היא: פיסקא בשני מטין עם חשכה ומיבעיא לן ופשטנא ממתני' דתניא בשני מטין לעת ערב ובחמישי פותחין כל היום מפני כבוד השבת היו לו ב' פתחים פותח אחד ונועל א' היתה לו איצטבא כנגד פתחו פותח ונועל כדרכו ואינו חושש עברו אלו [י"ג תעניות] ולא נענו ממעטין במשא ומתן כו' בנין זה בנין של שמחה: ירושלמי אריב"ל ל"ש אלא בנין של שמחה ממעטין אבל אם היה גוהה סותרו ובונה: ת"ר חבירין אין שאילת שלום ביניהן עמי הארץ ששאלו מחזירין להן בשפה רפה ובכובד ראש. והן מתעטפין ויושבין כמנודין וכאבלים כבני ניזופין עד שירחמו

מסורת הש"ס

א) [ברכות מח. וש"נ], ב) מגילה דף ב. ע"ש, ג) מגילה ה:, ד) [ג' הערוך אבוורנקי], ה) מו"ק טו., ו) מגילה כב:, ז) [דיבור זה שייך לעיל במשנה יב:], ח) ולאו לכבוד שבת הוא לא מטין כל היום שיראו בני אדם ויצטערו אלא לעת ערב כצ"ל וכל זה עד לאכול בלילה הוא דיבור אחד, ט) [צ"ל בנפילה].

הגהות הב"ח

(א) רש"י ד"ה לא מן השם וכו' שאין זה הטעם: (ב) ד"ה פותח כדרכו אפילו בשני מה"ד הלא קליר חטים וגו' ודעו וראו כי רעתכם רבה אלמא סימן קללה הוי הס"ד ונ"ב זהו פי' לסוף המשנה דלעיל בדף יב ע"ב: (ג) תוס' ד"ה ר' יהודה כו' שאר פורענות והאי קאמר ליה כו' והכי נמי משמע: (ד) ד"ה שלח כו' תאמרו תפלת מטר והא דיחיד אומר כו' הוו יחידים דאפילו בתקופת תמוז:

גליון הש"ס

רש"י ד"ה אבל ומנודה דכתיב ועל שפם יעטה. תמוה לי הא הך קרא במצורע כתיב ואבל נפקא לן במו"ק מדאזהר ליחזקאל לא תעטה ע"ש הא אתר לריך עיטוף. ובמנודה לא מייתי קרא כלל והוא איבעיא דלא אפשיטא שם ועע"ג:

תורה אור השלם

א) וַיֹּאמֶר יְיָ אֶל יְהוֹשֻׁעַ קֻם לָךְ לָמָּה זֶּה אַתָּה נֹפֵל עַל פָּנֶיךָ: [יהושע ז, י]

ב) וַיְהִי כִשְׁמֹעַ הַמֶּלֶךְ אֶת דִּבְרֵי הָאִשָּׁה וַיִּקְרַע אֶת בְּגָדָיו וְהוּא עֹבֵר עַל הַחֹמָה וַיַּרְא הָעָם וְהִנֵּה הַשַּׂק עַל בְּשָׂרוֹ מִבָּיִת: [מלכים ב' ו, ל]

ג) וַיִּפֹּל מֹשֶׁה וְאַהֲרֹן עַל פְּנֵיהֶם לִפְנֵי כָּל קְהַל עֲדַת בְּנֵי יִשְׂרָאֵל: [במדבר יד, ה]

ד) וִיהוֹשֻׁעַ בִּן נוּן וְכָלֵב בֶּן יְפֻנֶּה מִן הַתָּרִים אֶת הָאָרֶץ קָרְעוּ בִּגְדֵיהֶם: [במדבר יד, ו]

ה) כֹּה אָמַר יְיָ גֹּאֵל יִשְׂרָאֵל קְדוֹשׁוֹ לִבְזֹה נֶפֶשׁ לִמְתָעֵב גּוֹי לְעֶבֶד מֹשְׁלִים מְלָכִים יִרְאוּ וָקָמוּ שָׂרִים וְיִשְׁתַּחֲווּ לְמַעַן יְיָ אֲשֶׁר נֶאֱמָן קְדֹשׁ יִשְׂרָאֵל וַיִּבְחָרֶךָּ: [ישעיה מט, ז]

רבינו גרשום

מתענות בראשונות ולא באחרונות היינו אמצעיתא שהן ראשונות לאחרונות ולא באחרונות ממש והאי דקתני מתענות באחרונות היינו אמצעות שהן אחרונות לראשונות ולא בראשונות ממש והאי דקתני אין מתענות לא בראשונות ולא באחרונות היינו ראשונות ממש היינו אחרונות ממש שהן שלש עשרה דהאי שלש עשרה שהיחידים מתענין לא חשיב כלום: בעננו והיינו התרעה דהוו בכינופיא ובהן י"ג תרועות כדאמרן בפירקין דלקמן דבברכה ראשונה אמר להם קודם הברכה תקעו ולאחר הברכה תקעו ותוקעין ומריעין ותוקעין וקודם ברכה שניה אומר להם הריעו ומריעין ולאחר ברכות אומר להם הריעו ומריעין ותוקעין ומריעין נמצא בברכה ראשונה מריע אחת ובשניה ג' וכן בכל אלו ד' ברכות בראשונה תרועה אחת ובשניה ג' תרועות נמצא לז' ברכות י"ג תקיעות וסימן לדבר דעבדינן תרועה ירידו הא ירידו בשופרות הוות ומדנקט סימן ירידו ש"מ דתרועה בשופר: החיכוך שחין היה צעקה בפה ומדקתני לא היו מתריעין אלא צועקין אלמא דצעקה בפה ותרועה בשופר: לעזרה ולא לצעקה כל אחד מתפלל בפני עצמו אבל אין עושין כנופיא. ר' יהודה גזר תליסר תעניתא הני דקתני במתניתין רב אמי דאמר אין מתענין יותר מי"ג לגרמיה עבד לא הורה כהלכה: לא שנו שאין מטריחין יותר מדאי אלא לגשמים אבל לשאר פורעניות מתענין והולכין עד שיענו והאי דר' יהודה נשיאה שאר מיני פורעניות הוה: שאין מטריחין את הצבור יותר מדאי דברי רבי אפילו בשאר מיני פורעניות ור' אמי דאמר כר' לא מן השם הוא זה כלומר לאו להכי הוא דבשאר מיני פורעניות אין מטריחין יותר מי"ג אלא לגשמים אין מתענין יותר מי"ג כבר יצאה זמנה של רביעה דבר"ח כסלו הוה ביום ראשון וגזרו תענית בשני ובחמישי ושני דהיינו ט"ו יום בכסליו ומתחיל השניות בשני וחמישי ושני הרי כבר יצא כל כסליו ועכשיו בר"ח טבת מתחילין הז' תעניות חמישי ושני בכל שבוע הרי יצאו בו' תעניות ג' שבועות וגוזרין בשביעי ביום שני בשבוע רביעי הרי יצא כל טבת וי"ג תעניות ואם היו גוזרין עוד תעניות לא היו יכולין לגזור בטבת דאין גוזרין בתחלה אלא ביום שני ושני דטבת כבר עבר אלא היה להם לגזור ביום שני שבשבט וכבר עבר מקצת שבט ובר"ח כבר יצא זמן רביעה וכבר יצאו רוב גשמי שנה דלהכי הוי א) אמר בשבט ר"ה לאילן דכבר יצאו רוב גשמי שנה: כיחידים דמין ובשומע תפלה ושואלים מטר כיחיד ששואל צרכיו בשומע תפלה א"ר יהודה אימתי סדר כל אילו התעניות הכל לפי השנים דשנה שחונה צריכה לרוב גשמים ושאינה שחונה אינה צריכה גשמים מרובים הכל לפי המקומות כגון נינוה שואלין הגשמים [בתקופת תמוז] ומדכולל הכי ש"מ דשואלין בצבור: מטין עם חשכה לא נועלין ולא פותחין לא נועלין משום בני כפרים שבאין להספיק מים ומזון לאחיהם שבכרכין ולא פותחין הואיל דלאו לכבוד שבת הוא: ובחמישי מותרין לפתוח לגמרי: יש לו שני פתחים בשני פותח אחד לגמרי הואיל ונועל אחד ואם אין לו אלא פתח אחד ולפניו אצטבה פותח [ונועל] כדרכו לגמרי אפילו בשני הואיל ויש לפניו איצטבא דיש היכר. ה"ג תנא

חשק שלמה על רבינו גרשום א) אולי צ"ל אחד בשבט אבל צ"ע דא"כ שנה משנתו כב"ש ואפשר דצ"ל ט"ו בשבט וצ"ע.

גָּזַר תְּלָת עֶשְׂרֵה תַּעֲנִיּוֹת – and **[R' Yehudah] decreed thirteen fasts,**[1] וְלֹא אִיעֲנִי – **but** their supplication **was not answered;** i.e. the distress was not alleviated. סָבַר לְמִיגְזַר טְפֵי – **[R' Yehudah] thought to decree additional** fast days, אָמַר לֵיהּ ר׳ אַמִּי – but **R' Ami told him:** הֲרֵי אָמְרוּ – **[The Sages] have said:** אֵין מַטְרִיחִין אֶת הַצִּבּוּר יוֹתֵר מִדַּאי – **We must not excessively inconvenience the public;** therefore, more fasts should not be decreed. אָמַר ר׳ אַבָּא בְּרֵיהּ דְּרַבִּי חִיָּיא בַּר אַבָּא – **R' Abba the son of R' Chiya bar Abba said:** רַבִּי אַמִּי דְּעָבַד – **R' Ami, who did this,** i.e. who cited the Sages to prevent R' Yehudah from ordaining additional fast days, לְגַרְמֵיהּ הוּא דְּעָבַד – **did so for himself.** Since he himself did not want to continue fasting, he convinced R' Yehudah that the latter's intended action would violate Rabbinic dictum.[2]

R' Abba explains how R' Ami misconstrued the halachah:

אֶלָּא – **Rather,** הָכִי אָמַר ר׳ חִיָּיא בַּר אַבָּא אָמַר ר׳ יוֹחָנָן – **thus said R' Chiya bar Abba in the name of R' Yochanan:** לֹא שָׁנוּ אֶלָּא – **They taught** that the number of public fasts may not exceed thirteen **only** לִגְשָׁמִים – **for** lack of **rain,** i.e. in the event of drought. אֲבָל לִשְׁאָר מִינֵי פּוּרְעָנִיּוֹת – **However, for other types of punishments** מִתְעַנִּין וְהוֹלְכִין – the people **continue fasting** עַד שֶׁיַּעֲנוּ מִן הַשָּׁמַיִם – **until they are answered from Heaven.**

The Gemara supports this view:

תַּנְיָא נַמִּי הָכִי – **It was also taught thusly in a Baraisa:** כְּשֶׁאָמְרוּ שָׁלֹשׁ – WHEN [THE SAGES] SAID that the public should undertake a set of THREE fasts, וּכְשֶׁאָמְרוּ שֶׁבַע – AND WHEN THEY SAID that the public should undertake one additional set of SEVEN fasts, לֹא אָמְרוּ אֶלָּא לִגְשָׁמִים – THEY SAID IT ONLY FOR lack of RAIN, i.e. in the event of drought; אֲבָל לִשְׁאָר מִינֵי פּוּרְעָנִיּוֹת – HOWEVER, FOR OTHER TYPES OF PUNISHMENTS מִתְעַנִּין וְהוֹלְכִין עַד שֶׁיַּעֲנוּ – the people CONTINUE FASTING UNTIL THEY ARE ANSWERED.

The Gemara asks:

לֵימָא תֶּיהֱוֵי תְּיוּבְתֵּיהּ דְּר׳ אַמִּי – **Say that [this Baraisa] is a refutation of R' Ami,** who ruled that in the event of *any* distress the number of public fasts may not exceed thirteen.

The Gemara responds in defense of R' Ami:

אָמַר לָךְ רַבִּי אַמִּי – **R' Ami would tell you:** תַּנָּאֵי הִיא – **It is a Tannaic dispute.** Although the previously cited Baraisa refutes R' Ami's position, there is another Tanna who corroborates it. דְּתַנְיָא – **For it was taught in a Baraisa:** אֵין גּוֹזְרִין יוֹתֵר מִשְּׁלֹשׁ עֶשְׂרֵה תַּעֲנִיּוֹת עַל הַצִּבּוּר – THEY MAY NOT DECREE MORE THAN THIRTEEN FASTS ON THE PUBLIC, לְפִי שֶׁאֵין מַטְרִיחִין אֶת הַצִּבּוּר יוֹתֵר מִדַּאי – BECAUSE THEY MUST NOT EXCESSIVELY INCONVENIENCE THE PUBLIC. דִּבְרֵי רַבִּי – These are THE WORDS OF REBBI. רַבָּן שִׁמְעוֹן בֶּן גַּמְלִיאֵל אוֹמֵר – RABBAN SHIMON BEN GAMLIEL SAYS: לֹא מִן הַשֵּׁם הוּא זֶה – NOT FOR THAT REASON is THIS restriction on ordaining fasts imposed. אֶלָּא – RATHER, the number of fasts is limited מִפְּנֵי שֶׁיָּצָא זְמַנָּהּ שֶׁל רְבִיעָה – BECAUSE THE TIME OF THE early RAINS HAS completely PASSED.[3] After this time, any rains that fall are not sufficiently beneficial to warrant further public fasting.[4] Rabban Shimon ben Gamliel's statement implies that concerning all community troubles other than drought, where there is no deadline for seeking their cancellation, an extension of public fasting is warranted. However, Rebbi's reasoning applies to these situations as well: More than thirteen fasts is simply too onerous a burden for the public to bear. R' Ami follows Rebbi's view.[5]

The Gemara turns its attention to a question of where in the Shemoneh Esrei to insert the customary request for rain:

שָׁלְחוּ לֵיהּ בְּנֵי נִינְוֵה לְרַבִּי – **The residents of Nineveh sent** the following question **to Rebbi:** כְּגוֹן אֲנַן – People **such as us,** דַּאֲפִילּוּ בִּתְקוּפַת תַּמּוּז בָּעִינַן מִטְרָא – **who require rain even in the Tammuz season** [i.e. in the summer], הֵיכִי נַעֲבִיד – **how should we conduct ourselves?** כִּיחִידִים דָּמֵינַן – **Are we comparable to individuals** who need rain, אוֹ כְּרַבִּים דָּמֵינַן – **or are we comparable to a public** in need of rain?

They explain their question:

כִּיחִידִים דָּמֵינַן – **Are we comparable to individuals,** וּבְשׁוֹמֵעַ תְּפִלָּה – **and** should therefore pray for rain **in** the blessing of ***Who hears prayer,*** as in the case of any other personal supplication;[6] אוֹ כְּרַבִּים דָּמֵינַן – **or are we comparable to a public,** because the entire city requires rain, וּבְבִרְכַּת הַשָּׁנִים – **and** should therefore pray for rain **in the blessing of the years,**[7] as is customary in the wintertime when everyone requires rain?

Rebbi decides the question:

שְׁלַח לְהוּ – **[Rebbi] sent them** his response: כִּיחִידִים דָּמִיתוּ – **You are comparable to individuals,** וּבְשׁוֹמֵעַ תְּפִלָּה – **and** should therefore pray for rain **in** the blessing of ***Who hears prayer.***

The Gemara questions Rebbi's ruling:

מֵיתִיבֵי – **They challenged** this ruling from the evidence of a Baraisa: אָמַר רַבִּי יְהוּדָה – R' YEHUDAH SAID: אֵימָתַי – WHEN is it true that the public fasts begin in Kislev, as stipulated by the Mishnah?[8] בִּזְמַן שֶׁהַשָּׁנִים כְּתִיקְנָן – IN TIMES WHEN THE YEARS pass ALONG THEIR NATURAL COURSE, so that reaping occurs in

NOTES

1. The number of fasts corresponds to the thirteen public fast days prescribed by the Mishnah for a drought. *Rashi* implies that the fasts were divided into three sets of increasing stringency, similar to the procedure for a drought (*Ran;* see *Keren Orah, Sfas Emes*).

2. *Rashi, R' Chananel.* Cf. *Ritva*, who interprets לְגַרְמֵיהּ: *according to his own opinion,* i.e. R' Ami's rendition of the halachah did not represent the understanding of his teacher, R' Yochanan. (See *R' Gershom, Rashi* to *Berachos* 48a et al.) *Aruch* (ד״ה גרם §2) cites both interpretations (see *Rashash*).

3. I.e. because the time for the *yoreh* rains – the early rains that generate the initial growth of plants (see above, 6b) – has already passed. For the fast commences on Rosh Chodesh Kislev (see 10a) [thus, the thirteen fasts are not completed until late Teves] (*Rashi;* see *R' Gershom*), when it is too late for any significant growth.

4. *Ritva* rules that the number of fasts decreed for a drought depends on the climate of the affected area. A region whose rainy season is shorter than that of Eretz Yisrael will undertake fewer than thirteen fasts, and a region with a longer rainy season will undertake more.

5. The halachah follows Rabban Shimon ben Gamliel's opinion (see *Orach Chaim* 576:1).

6. *Rashi* explains that the Gemara concludes elsewhere (*Avodah Zarah* 8a, *Berachos* 31a) that even if a personal request is appropriate for inclusion in a specific blessing of Shemoneh Esrei, it may be inserted only into the general blessing of *Who hears prayer.* Thus, for example, one who prays for the recovery of a sick individual must not insert the prayer into the blessing of *Healer.* [*Rashi's* position is difficult, because our version of the passage in *Avodah Zarah* concludes that personal prayers may be included in other blessings, when appropriate.]

Ran explains that although one may ordinarily insert personal requests in the most appropriate blessing, during the summer months he may not include a prayer for rain in the blessing of the years (see Gemara to follow), since an untimely rainfall could be injurious to others (see above, 12b).

7. The ninth blessing of the Shemoneh Esrei, which begins: *Bless on our behalf . . . this year.*

8. Our elucidation follows *Rashi*. However, *Tosafos* (ד״ה הכל) and others state that the Baraisa refers to the insertion of the prayer for rain in the blessing of the years, at the time specified in the Mishnah above (5a,10a). See below, note 12.

רבי יהודה נשיאה גזר תליסר תעניות. על שאר פורעניות (ג) ומיהו קאמר ליה רבי אמי דאין מטריחין דהכי נמי משמע דהוה אשאר מיני פורעניות מדמייתי עלה הא דקאמר רבי יוחנן ל״ש אלא לגשמים אבל לשאר מינים וכו׳:

שיצאה זמנה של רביעה. דזמן רביעה דיורה הוי במרחשון ויצא מרחשון:

שלח להו כיחידים דמיתו. פירוש ובשומע תפלה תאמרו תפלת (ד) תענית והא דיחיד אומר ותן טל ומטר בברכת השנים אע״ג שמתפלל בעצמו הואיל וזמן לבור הוא אבל בני נינוה הוו יחידים אפי׳ בתקופת תמוז לריכין למטרא:

הכל לפי השנים. אם לריכים אותה שנה גשמים שהיא שחונה ואם לריכים גשמים כבני נינוה שואלין ותן טל ומטר בברכת השנים:

גזר תלת עשרה תעניות ולא איעני סבר למיגזר טפי אמר ליה ר׳ אמי הרי אמרו אין מטריחין את הצבור יותר מדאי אמר ר׳ אבא בריה דרבי חייא בר אבא רבי אמי [א] דעבד לגרמיה הוא דעבד אלא הכי אמר ר׳ חייא בר אבא אמר ר׳ יוחנן לא שנו אלא לגשמים אבל לשאר מיני פורעניות מתענין והולכין עד שיענו מן השמים תניא נמי הכי כשאמרו שלש וכשאמרו שבע לא אמרו אלא לגשמים [א] אבל לשאר מיני פורעניות מתענין והולכין עד שיענו לימא תיהוי תיובתיה דר׳ אמי אמר לך רבי אמי תנאי היא דתניא אין גוזרין יותר משלש עשרה תעניות על הצבור לפי שאין מטריחין את הצבור יותר מדאי דברי רבי רשב״ג אומר לא מן השם הוא זה אלא מפני שיצא זמנה של רביעה שלחו ליה בני נינוה לרבי כגון אנן דאפילו בתקופת תמוז בעינן מיטרא היכי נעביד כיחידים דמינן או כרבים דמינן כיחידים דמינן ובשומע תפלה או כרבים דמינן ובברכת השנים [ב] שלח להו כיחידים דמיתו ובשומע תפלה מיתיבי אמר רבי יהודה [ג] אימתי בזמן שהשנים כתיקנן וישראל שרוין על אדמתן אבל בזמן הזה הכל לפי השנים הכל לפי המקומות הכל לפי הזמן אמר ליה מתניתא רמית עליה דרבי רבי תנא הוא ופליג מאי הוי עלה רב נחמן אמר בברכת השנים רב ששת אמר בשומע תפלה והלכתא בשומע תפלה: בשני מטין עם חשיכה ובחמישי כל היום מפני כבוד השבת: איבעיא להו היכי קתני בב׳ מטין עם חשיכה ובה׳ כל היום מפני כבוד השבת או דילמא בשני מטין ובחמישי פותחין כל היום כולו תא שמע דתניא [ד] בשני מטין עד הערב ובחמישי פותחין כל היום כולו מפני כבוד השבת היו לו שני פתחים פותח אחד ונועל אחד היה לו אצטבא כנגד פתחו פותח כדרכו ואינו חושש: עברו אלו ולא נענו ממעטין במשא ומתן ובבנין ובנטיעה: תנא [ה] בבנין בנין של שמחה נטיעה נטיעה של שמחה אי זהו בנין של שמחה זה הבונה בית חתנות לבנו אי זו היא נטיעה של שמחה זה הנוטע [ו] אבוורנקי של מלכים: ובשאילת שלום: תנו רבנן [ז] חברים אין שאילת שלום ביניהן עמי הארץ ששואלין מחזירין להם בשפה רפה ובכובד ראש [ח] והן מתעטפין ויושבין כאבלים וכמנודין כבני אדם הנזופין למקום עד שירחמו עליהם מן השמים [ט] אמר ר׳ אלעזר [י] אין אדם חשוב רשאי ליפול על פניו אלא אם כן נענה כיהושע בן נון שנאמר [א] ויאמר ה׳ אל יהושע קום לך למה זה אתה נופל על פניך ואמר ר׳ אלעזר אין אדם חשוב רשאי לחגור שק אלא אם כן נענה כיהורם בן אחאב שנאמר [ב] ויהי כשמוע המלך את דברי האשה ויקרע את בגדיו והוא עובר על החומה וירא העם והנה השק על בשרו וגו׳ ואמר ר׳ אלעזר לא הכל בקריעה ולא הכל בנפילה משה ואהרן בנפילה יהושע וכלב בקריעה משה ואהרן בנפילה דכתיב [ג] ויפל משה ואהרן על פניהם יהושע וכלב בקריעה דכתיב [ד] ויהושע בן נון וכלב בן יפנה קרעו בגדיהם מתקיף לה ר׳ זירא ואיתימא ר׳ שמואל בר נחמני אי הוה כתיב יהושע כדקאמרת השתא דכתיב ויהושע הא והא עביד ואמר ר׳ אלעזר לא הכל בקימה ולא הכל בהשתחויה מלכים בקימה ושרים בהשתחויה מלכים בקימה דכתיב [ה] כה אמר ה׳ גואל ישראל קדושו לבזה

גזר תליסר תעניתא. כדאמרינן במתניתין (דף טו:) שלש ראשונות ושלש אמצעיות ושבע אחרונות ולשאר פורעניות עביד להו ולא לגשמים: לגרמיה. לעצמו דרש שלא אמר אלא לפי שהוא לא היה רוצה להתענות: לא שנו. דאין גוזרים יותר משלש עשרה: **כשאמרו.** להתענות שלש ראשונות ושלש אמצעיות ושבע אחרונות: **לא מן השם הוא זה.** שאין זה (א) טעם שאין מניחין בשביל טורח אלא שכבר יצא זמנה של רביעה של יורה שהרי מרחשון עבר על כולן לסוף התעניות שמקצתן היו בכסליו כדקתני מתניתין ואיכא למשמע מדרבי שמעון דבשאר מיני פורעניות דכל שעתא הוי זימנייהו למיבטלי אפילו טפי גוזרין ורבי דאמר אין מטריחין סתמא אכולהו קאמר ואנא דאמרי כרבי: **ובשומע תפלה.** אמרינן לשאילת מטר כיחיד השואל צרכיו בשומע תפלה דהא דאמרינן שאלה בברכת השנים אפי׳ ביחיד משום דזמן צבור הוא אבל במילתא אחריתי דהוי ליחיד ולא לצבור כהכא דבתקופת תמוז לאו זמן שאילת צבור הוא בשומע תפלה הוא דמדכר ליה ולא בברכת השנים כדאמרינן במסכת ע״ז (דף ח.) ובברכות (דף לא.) אם היה לו חולה בתוך ביתו מזכיר עליו בברכת החולים ולבסוף מוקמינן והלכתא בשומע תפלה כך שמעתי: **אימתי.** הוא סדר תעניות: **בזמן שהשנים כתיקנן.** שהיא קציר בניסן וזריעה במרחשון ואין סדר השנים משתנה: **וישראל שרוין על אדמתן.** שמנהג ארץ ישראל בכך: **הכל לפי השנים.** אם צריכה אותה שנה למטר כגון שנה שחונה שצריכה לגשמים הרבה: **לפי המקומות.** כגון נינוה דאפי׳ בתקופת תמוז בעו מטרא. לא גרסינן לפי הזמן שלא ירדו עדיין גשמים: [ז] **בשני מטין עם חשיכה.** ולא נועלין ולא פותחין הואיל ולאו [ח] לכבוד שבת הוה ובחמישי מותרין לפתוח לגמרי: **מטין.** שלא יראו בני אדם ויצטערו אלא לעת ערב פותחין מקצתן כדי שיהא להם מה לאכול בלילה: **או דילמא.** פותחין כל היום והכי משמע מתניתין בשני מטין ובה׳ היה פתוח כדרכו כל היום לגמרי מפני כבוד השבת: **איצטבא.** כסא דהשתא אין החנות פתוחה לרשות הרבים ואם הוא פתוח אינו נראה כל כך: **פותח כדרכו.** אפי׳ בשני (ב): ה״ג **תנא** בנין בנין של שמחה נטיעה נטיעה של שמחה. בנין דקתני מתניתין לא בנין הצריך לו אלא בנין הצריך לשמחה דבדבר שמחה ממעטין: **בית חתנות.** לעשות חופתו: **אבוורנקי** של מלכים. שכך היו נוהגין כשנולד בן למלך היו נוטעין אילן לשמו ויום שממליכין אותו עושין לו כסא ממנו לישנא אחרינא אילן גדול המיסך על הארץ לטייל המלך תחתיו ודומה לו בעירובין (דף כה:) ההוא אבוורנקא דהוה ליה לריש גלותא בבוסתניה: **של מלכים.** דרך מלכים נוטעין אותו לצל הוא נוטעו כמו כן לצל היא והיא נטיעה של שמחה: **ששאל בשלום.** תלמיד חכם מחזיר לו משום איבה ובשפה רפה: **אבל ומנודה חייבין בעטיפה.** [ט] דכתיב ועל שפם יעטה במועד קטן (דף טו.): **רשאי ליפול על פניו.** לבזות עצמו בפני הצבור שאם לא יענה יחרפוהו כך שמעתי אלא אם כן יודעין בו שהוא חשוב כיהושע שאמר לו הקב״ה קום לך למה זה אתה נופל על פניך: **אלא אם כן נענה.** שיודעין הן שנענה כיהורם רשע היה אלא שהתענה על רעב שהיה בימיו ונענה דכתיב (מלכים ב ז) ויהי סאה סולת בשקל וסאתים שעורים בשקל: **לא הכל.** נענין ([ט] בתפלה) ולא הכל נענין בקריעה דיהושע וכלב שלא היו חשובין כמשה ואהרן לא זכו ליענות אלא בקריעה ומקרא בעלמא קא דריש: **ויהושע בן נון.** כתיב בתריה דההוא דויפל וי״ו מוסיף על ענין ראשון:

פא א מיי׳ פ״ג מהל׳ תענית הלכה ב טור ש״ע א״ח סימן תקעה סעיף ט:
פב ב מיי׳ פ״ב מהלכות תפלה הלכה ח טוש״ע א״ח סימן קיז סעיף ב:
פג ג מיי׳ פ״ג מהל׳ תענית הלכה י טור ש״ע א״ח סימן תקעה סעיף ט:
פד ד מיי׳ שם הלכה ז טוש״ע שם סעיף ד:
פה ה ו מיי׳ שם הל׳ ח טוש״ע שם סעיף ז:
פו ז מיי׳ פ״ה מהלכות תפלה הלכה י טוש״ע א״ח סימן קלא סעיף ח:

ליקוטי רש״י

דעבד לגרמיה. אין אדם מודה לו [ברכות מח. עי׳ כאן רש״י]. רביעה. לקמן מפרש רביעה שמרביעה את הארץ [לעיל ה.]. בנין של שמחה. בנין המאור לבן שמשמחין בבנין של שמחה. נטיעה. המטוכה לבן נטיעה של שמחה. בית חתנות לבנו. כשמשיא אשה לבנו הראשון היה בונה לו בית ועושה לו חופה בתוכו [מגילה ה:]. אבורנקי. אילן שאילו מרובה ונוטעין אותו השרים ועושין לאטבאות מתחיו קבועים להתלונן תחתיו בימות החמה ולשמח שם [עירובין כה:]. אילן שאילו נאה כגון אילן שכופפין אותו על גבי כלונסות ויתידות והמלכים אוכלין תחתיו בימות החמה ומתעדנין בו כמיני שמחות [מגילה ה:]. אלא אם כן נענה. כלומר אלא אם כן בטוח במעשיו שהוא נענה בתפלתו [מגילה כב:]. וירא העם. דרך הקרע את השק תחת בגדיו [מלכים ב ו, ל].

רבינו חננאל

נהר ועל הספינה המטרפת בים ר׳ יוסי אומר לעזרה אבל לא לצעקה והא הכא התרעה בשופר ליכא למימר דהא שבת היא ושופר בשבת אסור אלא לאו בעננו וקתני מתריעין בשבת ש״מ דקרי לעננו התרעה ש״מ הא דא״ר אמי אין מטריחין על הצבור יותר מדאי ואמרינן לגרמיה הוא דעביד כלומר לא היה יכול להתענות ובשביל עצמו אמר אין מטריחין דתניא כשאמרו י״ג תעניות לפי שאין מטריחין על הצבור לא אמרו אלא לגשמים בלבד אבל לשאר מיני פורעניות מתענין והולכין עד שיענו. ומשני ר׳ אמי תנאי היא דתניא אין גוזרין על הצבור יותר מי״ג תעניות לפי שאין מטריחין על הצבור יותר מדאי דברי רבי רשב״ג אומר לא מן השם הוא זה אלא מפני שיצא זמנה של רביעה. **בני נינוה** בעו מר׳ אנן דאפילו בתקופת תמוז בעי׳ מטרא אנה נזכיר ותן טל ומטר בברכת השנים או בשומע תפלה כיחיד ששואל צרכיו בשומע תפלה אמר להו בשומע תפלה כיחידים ואותבינן עליה א״ר יהודה אימתי שואלין הגשמים בפרקים הללו בזמן שהשנים כתיקונן וישראל שרוין על אדמתם אבל בזמן הזה הכל לפי השנים הכל לפי המקומות הכל לפי הזמן קשיא לרבי ודחי רבי תנא הוא וחולק על התנאים. מאי הוה עלה ואסיקנא רב ששת אמר בשומע תפלה וקיי״ל כוותיה. ותוב לגבי איסורא הלכתא כרב ששת וזו איסורא היא: **פיסקא** בשני מטין עם חשכה ומיבעיא לן ופשטנא ממתני׳ דתניא בשני מטין לעת ערב ובחמישי פותחין כל היום מפני כבוד השבת היו לו ב׳ פתחים פותח אחד ונועל א׳ היתה לו איצטבא כנגד פתחו פותח ונועל כדרכו ואינו חושש עברו אלו [י״ג תעניות] ולא נענו ממעטין במשא ומתן כו׳ בנין זה בנין של שמחה: **ירושלמי** אריב״ל ל״ש אלא בנין של שמחה ממעטין אבל אם היה גוהה סותרו ובונה: **ת״ר** חבירין אין שאילת שלום ביניהן עמי הארץ ששאלו מחזירין להן בשפה רפה ובכובד ראש. והן מתעטפין ויושבין כמנודין וכאבלים כבני ניזופין עד שירחמו

מסורת הש״ס

א) [ברכות מח. וש״נ], ב) מגילה דף ג. ע״ש, ג) מגילה ה:, ד) [גי׳ הערוך אבורנקי], ה) מו״ק טו., ו) מגילה כב:, ז) [דיבור זה שייך לעיל במשנה יב:], ח) ולאו לכבוד שבת הוא לא מטין כל היום שיראו בני אדם ויצטערו אלא לעת ערב כצ״ל וכל זה עד לאכול בלילה הוא דיבור אחד, ט) [צ״ל בנפילה].

הגהות הב״ח

(א) רש״י ד״ה לא מן השם וכו׳ שאין זה הטעם: (ב) ד״ה פותח כדרכו אפילו בשני מה״ד הלא קציר חטים וגו׳ ודעו וראו כי רעתכם רבה אלמא סימן קללה הוי הס״ד ונ״ב וזהו פי׳ לסוף המשנה דלעיל בדף יב ע״ב: (ג) תוס׳ ד״ה ר׳ יהודה כו׳ שאר פורענות והא קאמר ליה כו׳ והכי נמי משמע: (ד) ד״ה שלח כו׳ תאמרו תפלת מטר והא דיחיד אומר כו׳ הוו יחידים דאפילו בתקופת תמוז:

גליון הש״ס

רש״י ד״ה אבל ומנודה דכתיב ועל שפם יעטה. תמוה לי הא הך קרא במצורע כתיב ואבל נפקא לן במו״ק מדאזהר ליחזקאל לא תעטה ע״ש הא אחר צריך עיטוף. ובמנודה לא מייתי קרא כלל והוא איבעיא דלא אפשיטא שם ולע״ג:

תורה אור השלם

א) וַיֹּאמֶר יְיָ אֶל יְהוֹשֻׁעַ קֻם לָךְ לָמָּה זֶּה אַתָּה נֹפֵל עַל פָּנֶיךָ: [יהושע ז, י]
ב) וַיְהִי כִשְׁמֹעַ הַמֶּלֶךְ אֶת דִּבְרֵי הָאִשָּׁה וַיִּקְרַע אֶת בְּגָדָיו וְהוּא עֹבֵר עַל הַחֹמָה וַיַּרְא הָעָם וְהִנֵּה הַשַּׂק עַל בְּשָׂרוֹ מִבָּיִת: [מלכים ב׳ ו, ל]
ג) וַיִּפֹּל מֹשֶׁה וְאַהֲרֹן עַל פְּנֵיהֶם לִפְנֵי כָּל קְהַל עֲדַת בְּנֵי יִשְׂרָאֵל: [במדבר יד, ה]
ד) וִיהוֹשֻׁעַ בִּן נוּן וְכָלֵב בֶּן יְפֻנֶּה מִן הַתָּרִים אֶת הָאָרֶץ קָרְעוּ בִּגְדֵיהֶם: [במדבר יד, ו]
ה) כֹּה אָמַר יְיָ גֹּאֵל יִשְׂרָאֵל קְדוֹשׁוֹ לִבְזֹה נֶפֶשׁ לִמְתָעֵב גּוֹי לְעֶבֶד מֹשְׁלִים מְלָכִים יִרְאוּ וָקָמוּ שָׂרִים וְיִשְׁתַּחֲווּ לְמַעַן יְיָ אֲשֶׁר נֶאֱמָן קְדֹשׁ יִשְׂרָאֵל וַיִּבְחָרֶךָּ: [ישעיה מט, ז]

רבינו גרשום

מתענות בראשונות ולא באחרונות היינו אמצעיתא שהן ראשונות לאחרונות ולא באחרונות ממש והאי דקתני מתענות באחרונות היינו אמצעות שהן אחרונות לראשונות ולא בראשונות ממש והאי דקתני אין מתענות לא בראשונות ולא באחרונות היינו ראשונות היינו אחרונות ממש שהן שלש עשרה דהאי שלש שהיחידים מתענין לא חשיב כלום: **בעננו** והיינו התרעה דהוו בכינופיא ובהן י״ג תרועות כדאמרן בפירקין דלקמן דבברכה ראשונה אמר להם קודם הברכה תקעו ולאחר הברכה תקעו ותוקעין ומריעין ותוקעין וקודם ברכה שניה אומר להם הריעו ומריעין ולאחר ברכות אומר להם הריעו ומריעין ותוקעין ומריעין נמצא בברכה ראשונה מריע אחת ובשניה ג׳ וכן בכל אלו ד׳ ברכות בראשונה תרועה אחת ובשניה ג׳ תרועות נמצא לד׳ ברכות י״ג תקיעות **וסימן לדבר** דעבדינן תרועה **יריחו הא יריחו בשופרות הוות** ומדנקט סימן יריחו ש״מ דתרועה בשופר: **החיכוך** שחין היה **צעקה בפה** ומדקתני **לא היו מתריעין אלא צועקין** אלמא דצעקה בפה ותרועה בשופר: **לעזרה ולא לצעקה** כל אחד מתפלל בפני עצמו אבל אין עושין כנופיא. **ר׳ יהודה גזר תליסר תעניתא** הני דקתני במתניתין רב אמי דאמר אין מתענין יותר מי״ג **לגרמיה עבד** לא הורה כהלכה: **לא שנו** שאין מטריחין יותר מדאי **אלא לגשמים אבל לשאר פורעניות מתענין והולכין עד שיענו** והאי דר׳ יהודה נשיאה שאר מיני פורעניות הוה: **שאין מטריחין את הצבור יותר מדאי דברי רבי** אפילו בשאר מיני פורעניות ור׳ אמי דאמר כר׳ **לא מן השם הוא זה** כלומר לאו להכי הוא דבשאר מיני פורעניות אין מטריחין יותר מי״ג אלא לגשמים אין מתענין יותר מי״ג **כבר יצאה זמנה של רביעה** דבר״ח כסלו הוה ביום ראשון וגזרו תענית בשני ובחמישי ושני דהיינו ט״ו יום בכסליו ומתחיל השניות בשני וחמישי ושני הרי כבר יצא כל כסליו ועכשיו בר״ח טבת מתחילין הז׳ תעניות חמישי ושני בכל שבוע הרי יצאו בר׳ תעניות ג׳ שבועות וגוזרין בשביעי ביום שני בשבוע רביעי הרי יצא כל טבת וי״ג תעניות ואם היו גוזרין עוד תעניות לא היו יכולין לגזור בטבת דאין גוזרין בתחלה אלא ביום שני ושני דטבת כבר עבר אלא היה להם לגזור ביום שני שבשבט וכבר עבר מקצת שבט ובר״ח כבר יצא זמן רביעה וכבר יצאו רוב גשמי שנה דלהכי הוי א) אמר בשבט ר״ה לאילן דכבר יצאו רוב גשמי שנה: **כיחידים דמין ובשומע תפלה** ושואלים מטר כיחיד ששואל צרכיו בשומע תפלה **א״ר יהודה אימתי** סדר כל אילו התעניות **הכל לפי השנים** דשנה שחונה צריכה לרוב גשמים ושאינה שחונה אינה צריכה גשמים מרובים הכל לפי **המקומות** כגון נינוה שואלין הגשמים [בתקופת תמוז] ומדכולל הכי ש״מ דשואלין בצבור: **מטין עם חשכה** לא נועלין ולא פותחין משום בני כפרים שבאין להספיק מים ומזון לאחיהם שבכרכין ולא פותחין הואיל דלאו לכבוד שבת הוא: **ובחמישי** מותרין לפתוח לגמרי: **יש לו שני פתחים** בשני פותח אחד לגמרי הואיל ונועל אחד ואם אין לו אלא פתח אחד ולפניו אצטבה פותח [ונועל] כדרכו לגמרי אפילו בשני הואיל ויש לפניו איצטבא דיש היכר. **ה״ג** תנא

חשק שלמה על רבינו גרשום א) אולי צ״ל אמר בשבט אבל צ״ע דא״כ שנה משנתו כב״ש ואפשר דצ״ל ט״ו בשבט וצ״ע.

Nissan and sowing in Cheshvan, וְיִשְׂרָאֵל שְׁרוּיִן עַל אַדְמָתָן – AND THE JEWS DWELL ON THEIR LAND. The order of fasts applied only when the customary conditions prevailed in the Land of Israel. אֲבָל בִּזְמַן הַזֶּה – HOWEVER, NOWADAYS when agricultural and meteorological conditions vary, הַכֹּל לְפִי הַשָּׁנִים – EVERYTHING IS determined ACCORDING TO THE YEARS,[9] הַכֹּל לְפִי הַמְּקוֹמוֹת – and EVERYTHING IS determined ACCORDING TO THE REGION,[10] הַכֹּל לְפִי הַזְּמַן – and EVERYTHING IS determined ACCORDING TO THE TIME of year.[11] Thus, just as public fast days are proclaimed according to the needs of each individual region, the incidence of need likewise requires that the prayer for rain be inserted in the "blessing of the years." The Baraisa thus refutes Rebbi, who ruled that the people of Nineveh must pray for rain in the blessing of *Who hears prayer.*[12]

The Gemara answers:

אֲמַר לֵיהּ – **He responded to him:**[13] מַתְנִיתָא רָמִית עֲלֵיהּ דְּרַבִּי – **Do you challenge Rebbi with a Baraisa?** רַבִּי תַּנָּא הוּא – **Rebbi is a Tanna,** וּפָלִיג – **and he may dispute** a Baraisa.[14]

The Gemara decides the question posed by the residents of Nineveh:

מַאי הֲוֵי עֲלָהּ – **What was decided regarding [this issue]?** רַב נַחְמָן אָמַר – **Rav Nachman said:** בְּבִרְכַּת הַשָּׁנִים – They should pray for rain in the summertime **in the blessing of the years.** רַב שֵׁשֶׁת אָמַר – **Rav Sheishess said:** בְּשׁוֹמֵעַ תְּפִלָּה – They should insert the prayer **in** the blessing ***Who hears prayer.*** וְהִלְכְתָא – **And the halachah is** that they should request rain בְּשׁוֹמֵעַ תְּפִלָּה – **in** the blessing ***Who hears prayer.***[15]

The Mishnah said in reference to the final series of seven fasts: בַּשֵּׁנִי מַטִּין עִם חֲשֵׁיכָה – ON MONDAY THEY PARTIALLY OPEN the doors of the food stores TOWARD EVENING, וּבַחֲמִישִׁי כָּל הַיּוֹם – AND ON THURSDAY they are permitted to open the stores THE ENTIRE DAY[16] מִפְּנֵי כְבוֹד הַשַּׁבָּת – BECAUSE OF THE HONOR OF THE SABBATH.[17]

The Gemara analyzes this ruling:

אִיבַּעְיָא לְהוּ – **They inquired:** הֵיכִי קָתָנֵי – **How was** this ruling **taught?** Did the Mishnah mean to say that בַּב׳ מַטִּין עִם חֲשֵׁיכָה – **on Monday they partially open** the doors **toward evening** only, וּבה׳ כָּל הַיּוֹם – **but on Thursday** they partially open the doors **the entire day** מִפְּנֵי כְבוֹד הַשַּׁבָּת – **because of the honor of the Sabbath?** אוֹ דִילְמָא – **Or, perhaps,** did the Mishnah mean that בַּשֵּׁנִי מַטִּין – **on Monday they** only **partially open** the doors, וּבַחֲמִישִׁי פּוֹתְחִין כָּל הַיּוֹם כּוּלּוֹ – **but on Thursday they** completely **open** the doors **the entire day** in honor of the Sabbath? I.e. are the stores permitted to function normally on Thursday?

The Gemara decides the issue:

תָּא שְׁמַע – **Come and learn** a proof. דְּתַנְיָא – **For it was taught in a Baraisa:** בַּשֵּׁנִי מַטִּין עַד הָעֶרֶב – ON MONDAY THEY OPEN PARTIALLY TOWARD EVENING, וּבַחֲמִישִׁי פּוֹתְחִין כָּל הַיּוֹם כּוּלּוֹ – AND ON THURSDAY THEY OPEN completely THE ENTIRE DAY מִפְּנֵי כְבוֹד הַשַּׁבָּת – BECAUSE OF THE HONOR OF THE SABBATH. The Baraisa explicitly states that the stores may operate as usual on a Thursday fast day.

The Baraisa concludes:

הָיוּ לוֹ שְׁנֵי פְתָחִים – IF HE HAD TWO DOORS to his store, פּוֹתֵחַ אֶחָד וְנוֹעֵל אֶחָד – HE SHOULD OPEN ONE AND LOCK the other ONE. הָיָה לוֹ אִצְטַבָּא כְּנֶגֶד פִּתְחוֹ – IF HE HAD A BENCH placed IN FRONT OF HIS DOOR, פּוֹתֵחַ כְּדַרְכּוֹ וְאֵינוֹ חוֹשֵׁשׁ – HE MAY OPEN the door AS USUAL[18] AND NEED NOT BE CONCERNED that he is distressing passersby.[19]

The Mishnah said:

עָבְרוּ אֵלּוּ וְלֹא נַעֲנוּ – IF THESE latter seven fasts PASSED AND THEY WERE NOT ANSWERED, מְמַעֲטִין בְּמַשָּׂא וּמַתָּן – THEY SHOULD DECREASE their involvement IN COMMERCE, וּבְבִנְיָן וּבִנְטִיעָה – IN CONSTRUCTION AND IN PLANTING trees.

The Gemara elaborates:

תָּנָא – **It was taught in a Baraisa:** בְּבִנְיָן – The CONSTRUCTION proscribed by the Mishnah involves בִּנְיָן שֶׁל שִׂמְחָה – CONSTRUCTION OF A JOYOUS nature. However, one need not curtail construction of essential projects. נְטִיעָה – The PLANTING proscribed by the Mishnah involves נְטִיעָה שֶׁל שִׂמְחָה – PLANTING OF A JOYOUS nature. However, ordinary planting is permitted.

NOTES

9. A warmer year requires abundant rain (*Rashi*).

10. Some regions, such as Nineveh, require rain even in the summer (*Rashi*).

11. This last statement implies that the amount of rainfall to date is taken into consideration. Therefore, *Rashi* deletes this statement from the Baraisa, because public fasts referred to here are instituted only when *no* rain has fallen that year (see below, 18b).

12. Our elucidation follows *Rashi* (see above, note 8; *Keren Orah*). However, according to *Tosafos* the Baraisa expressly discusses the prayer for rain, and refutes Rebbi directly.

13. The student who related Rebbi's ruling in the study hall responded to the questioner.

14. A Tanna may dispute another Tanna's opinion. However, an Amora may do so only if he is supported by another Tanna (see *Kesubos* 8a, *Tosafos* ד״ה רב).

15. *Rosh,* in his responsa (4:10; see also *Tur Orach Chaim* 117), distinguishes between a locality, such as the city of Nineveh, and a country or an area comprised of many countries, such as western Europe. He therefore asserts that, theoretically, if an entire region needs rain, they should pray for rain in the blessing of the years. Although the accepted custom does not accord with *Rosh* (and *Rosh* himself did not adhere to his assertion), his ruling is still relevant to certain aspects of the law (see *Orach Chaim* 117:2).

Concerning the institution of public fast days at a time of drought in a specific region, it can be argued (see *R' Yoel* and *Ravyah* cited by *Rosh*) that just as they may not request rain in the blessing of the years, they may also not declare a public fast day. I.e. if a fast is declared, it is treated as an individual's fast; hence, *Aneinu* is not recited as a separate blessing in the public repetition of the Shemoneh Esrei, nor is the Torah portion designated for fast days – *Vayechal* – read. *Rosh* (§20), however, asserts that the Gemara's ruling concerns only requesting rain in the Shemoneh Esrei. Citing the *Yerushalmi* (*Berachos* 5:2) in support of his position, *Rosh* states that because the Shemoneh Esrei prayer was formulated by the prophets, it should not be emended lightly. Hence, a region such as Nineveh is regarded as "individuals," and so the inhabitants may not insert their request for rain in the place designated for a public's request (see 11b, note 9). However, any community is empowered *to declare* a fast day, and the day enjoys the status of a public fast (see 11b, note 9). See also *Rambam, Hil. Taaniyos* 3:10 with *Lechem Mishneh; Keren Orah* here; *Orach Chaim* 566:2.

16. This quote differs slightly with the version of the Mishnah recorded above (12b). There the Mishnah did not explicitly state that the stores may be opened the entire day.

17. See above, 12b notes 24-25.

18. Since the store does not open directly into the street, for the bench intervenes, a fully opened door will not be readily noticed (*Rashi*; cf. *Rashi* to *Rif*).

Rashi explains that the Baraisa here speaks of a Monday fast day, since the Baraisa previously granted permission for the stores to operate as usual on Thursday. However, *Rambam* (*Hil. Taaniyos* 3:7) explains that the Baraisa refers to a Thursday fast day, and modifies the preceding halachah concerning a store with two doors. He explains that although the Baraisa ruled that one of the doors must be closed (even on Thursday), here it states that positioning a bench in front will eliminate that requirement (see *Lechem Mishneh* ibid.).

19. See above, 12b note 24.

גזר תלת עשרה תעניות ולא איעני סבר למיגזר טפי אמר ליה ר' אמי הרי אמרו אין מטריחין את הצבור יותר מדאי אמר ר' אבא בריה דרבי חייא בר אבא רבי אמי (א) דעבד לגרמיה הוא דעבד אלא הכי אמר ר' חייא בר אבא אמר ר' יוחנן לא שנו אלא לגשמים [א] אבל לשאר מיני פורעניות מתענין והולכין עד שיענו לימא תיהוי תיובתיה דר' אמי אמר לך רבי אמי תנאי היא דתניא אין גוזרין יותר משלש עשרה תעניות על הצבור לפי שאין מטריחין את הצבור יותר מדאי דברי רבי רשב"ג אומר לא מן השם הוא זה אלא מפני שיצא זמנה של רביעה שלחו ליה בני נינוה לרבי כגון אנן דאפילו בתקופת תמוז בעינן מיטרא היכי נעביד כיחידים דמינן או כרבים דמינן כיחידים דמינן ובשומע תפלה או כרבים דמינן ובברכת השנים [ב] שלח להו כיחידים דמיתו ובשומע תפלה מיתיבי אמר רבי יהודה (ג) [ג] אימתי בזמן שהשנים כתיקנן וישראל שרוין על אדמתן אבל בזמן הזה הכל לפי השנים הכל לפי המקומות הכל לפי הזמן אמר ליה מתניתא רמית עליה דרבי רבי תנא הוא ופליג מאי הוי עלה רב נחמן אמר בברכת השנים רב ששת אמר בשומע תפלה והלכתא בשומע תפלה: בשני מטין עם חשיכה ובחמישי כל היום מפני כבוד השבת: איבעיא להו היכי קתני בב' מטין עם חשיכה ובה' כל היום מפני כבוד השבת או דילמא בשני מטין ובחמישי פותחין כל היום כולו תא שמע דתניא [ד] בשני מטין עד הערב ובחמישי פותחין כל היום כולו מפני כבוד השבת היו לו שני פתחים פותח אחד ונועל אחד היה לו אצטבא כנגד פתחו פותח כדרכו ואינו חושש: עברו אלו ולא נענו ממעטין במשא ומתן ובבנין ובנטיעה: תנא (ג) [ה] בבנין בנין של שמחה נטיעה נטיעה של שמחה אי זהו בנין של שמחה זה הבונה בית חתנות לבנו אי זו היא נטיעה של שמחה זה הנוטע (ד) אבוורנקי של מלכים: ובשאילת שלום: תנו רבנן [ו] חברים אין שאילת שלום בינהן עמי הארץ ששואלין מחזירין להם בשפה רפה ובכובד ראש (ה) והן מתעטפין ויושבין כאבלים וכמנודין כבני אדם הנזופין למקום עד שירחמו עליהם מן השמים (ו) אמר ר' אלעזר [ז] אין אדם חשוב רשאי ליפול על פניו אלא אם כן נענה כיהושע בן נון שנאמר (א) ויאמר ה' אל יהושע קום לך למה זה אתה נופל על פניך ואמר ר' אלעזר אין אדם חשוב רשאי לחגור שק אלא אם כן נענה כיהורם בן אחאב שנאמר (ב) ויהי כשמוע המלך את דברי האשה ויקרע את בגדיו והוא עובר על החומה וירא העם והנה השק על בשרו וגו' ואמר ר' אלעזר לא הכל בקריעה ולא הכל בנפילה משה ואהרן בנפילה יהושע וכלב בקריעה משה ואהרן בנפילה דכתיב (ג) ויפל משה ואהרן על פניהם יהושע וכלב בקריעה דכתיב (ד) ויהושע בן נון וכלב בן יפנה קרעו בגדיהם מתקיף לה ר' זירא ואיתימא ר' שמואל בר נחמני אי הוה כתיב יהושע כדקאמרת השתא דכתיב ויהושע והא עביד ואמר ר' אלעזר לא הכל בקימה ולא הכל בהשתחויה מלכים בקימה ושרים בהשתחויה מלכים בקימה דכתיב (ה) כה אמר ה' גואל ישראל קדושו לבזה

גזר תליסר תעניתא. כדאמרינן במתניתין (דף טו:) שלש ראשונות ושלש אמצעיות ושבע אחרונות ולשאר פורעניות עביד להו ולא לגשמים: לגרמיה. לעצמו דרש שלא אמר אלא לפי שהוא לא היה רוצה להתענות: לא שנו. דאין גוזרים יותר משלש עשרה: כשאמרו. להתענות שלש ראשונות ושלש אמצעיות ושבע אחרונות: לא מן השם הוא זה. שאין זה (א) טעם שאין מניחין בשביל טורח אלא שכבר יצא זמנה של רביעה של יורה שהרי מרחשון עבר על כולן לסוף התעניות שמקצתן היו בכסליו כדקתני מתניתין ואיכא למשמע מדרבי שמעון דבשאר מיני פורעניות דכל שעתא הוי זימנייהו למיבטלי אפילו טפי גזרינן ורבי דאמר אין מטריחין סתמא אכולהו קאמר ואנא דאמרי כרבי: ובשומע תפלה. אמרינן לשאילת מטר כיחיד השואל צרכיו בשומע תפלה דהא דאמרינן שאלה בברכת השנים אפי' ביחיד משום דזמן צבור הוא אבל במילתא אחריתי דהוי ליחיד ולא לצבור כהכא דבתקופת תמוז לאו זמן שאילת צבור הוא בשומע תפלה הוא דמדכר ליה ולא בברכת השנים כדאמרינן במסכת ע"ז (דף ח.) ובברכות (דף לא.) אם היה לו חולה בתוך ביתו מזכיר עליו בברכת החולים ולבסוף מוקמינן והלכתא בשומע תפלה כך שמעתי: אימתי. הוא סדר תעניות: בזמן שהשנים כתיקנן. שהיא קציר בניסן וזריעה במרחשון ואין סדר השנים משתנה: וישראל שרוין על אדמתן. שמנהג ארץ ישראל בכך: הכל לפי השנים. אם צריכה אותה שנה למטר כגון שנה שחונה שצריכה לגשמים הרבה: לפי המקומות. כגון נינוה דאפי' בתקופת תמוז בעו מטרא. לא גרסינן לפי הזמן שלא ירדו עדיין גשמים: (ז) בשני מטין עם חשיכה. ולא נועלין ולא פותחין הואיל ולאו (ח) לכבוד שבת הוה ובחמישי מותרין לפתוח לגמרי: מטין. שלא יראו בני אדם ויצטערו אלא לעת ערב פותחין מקצתן כדי שיהא להם מה לאכול בלילה: או דילמא. פותחין כל היום והכי משמע מתניתין בשני מטין ובה' היה פתוח כדרכו כל היום לגמרי מפני כבוד השבת: איצטבא. כסא דהשתא אין החנות פתוחה לרשות הרבים ואם הוא פתוח אינו נראה כל כך: פותח כדרכו. אפי' בשני (ב): ה"ג תנא בנין בנין של שמחה נטיעה נטיעה של שמחה. בנין דקתני מתניתין לא בנין הצריך לו אלא בנין הצריך לשמחה דבדבר שמחה ממעטין: בית חתנות. לעשות חופתו: אבוורנקי של מלכים. שכך היו נוהגין כשנולד בן למלך היו נוטעין אילן לשמו ויום שממליכין אותו עושין לו כסא ממנו לישנא אחרינא אילן גדול המיסך על הארץ לטייל המלך תחתיו ודומה לו בעירובין (דף כה:) ההוא אבוורנקא דהוה ליה לריש גלותא בבוסתניה: של מלכים. דרך מלכים נוטעין אותו לצל הוא נוטעו כמו כן לצל היא והיא נטיעה של שמחה: ששאל בשלום. תלמיד חכם מחזיר לו משום איבה ובשפה רפה: אבל ומנודה חייבין בעטיפה. (ט) דכתיב ועל שפם יעטה במועד קטן (דף טו.): רשאי ליפול על פניו. לבזות עצמו בפני הצבור שאם לא יענה יחרפוהו כך שמעתי אלא אם כן יודעין בו שהוא חשוב כיהושע שאמר לו הקב"ה קום לך למה זה אתה נופל על פניך: אלא אם כן נענה. שיודעין הן שנענה כיהורם יהורם רשע היה אלא שהתענה על רעב שהיה בימיו ונענה דכתיב (מלכים ב ז) ויהי סאה סולת בשקל וסאתים שעורים בשקל: לא הכל. נענין (ט בתפלה) ולא הכל נענין בקריעה דיהושע וכלב שלא היו חשובין כמשה ואהרן לא זכו ליענות אלא בקריעה ומקרא בעלמא קא דריש: ויהושע בן נון. כתיב בתריה דההוא דויפל וי"ו מוסיף על ענין ראשון:

רבי יהודה נשיאה גזר תליסר תעניות. על שאר פורעניות (ג) ומיהו קאמר ליה רבי אמי דאין מטריחין דהכי נמי משמע דהוה אשאר מיני פורעניות מדמייתי עלה הא דקאמר רבי יוחנן ל"ש אלא לגשמים אבל לשאר מינים וכו':

שיצאה זמנה של רביעה. דזמן רביעה דיורה הוי במרחשון ויצא מרחשון:

שלח להו כיחידים דמיתו. פירוש ובשומע תפלה תאמרו תפלת (ד) תענית והא דיחיד אומר ותן טל ומטר בברכת השנים אע"ג שמתפלל בעצמו הואיל וזמן צבור הוא אבל בני נינוה הוו יחידים אפי' בתקופת תמוז צריכין למטרא:

הכל לפי השנים. אם צריכים אותה שנה גשמים שהיא שחונה ואם צריכים גשמים כבני נינוה שואלין ותן טל ומטר בברכת השנים:

עין משפט נר מצוה

פא א מיי' פ"ב מהל' תענית הלכה ג טור ש"ע א"ח סימן תקעו סעיף א:
פב ב מיי' פ"ב מהלכות תפלה הלכה יז טוש"ע א"ח סימן קיז סעיף ב:
פג ג מיי' פ"ג מהל' תענית הלכה י טור ש"ע א"ח סימן תקעה סעיף ט:
פד ד מיי' שם הלכה ז טוש"ע שם סעיף ד:
פה ה ו מיי' שם הל' ח טוש"ע שם סעיף ז:
פו ז מיי' פ"ה מהלכות תפלה הלכה יג טוש"ע א"ח סימן קלא סעיף ח:

ליקוטי רש"י

דעבד לגרמיה. אין אדם מודה לו [ברכות מח. עי' כאן רש"ש]. רביעה. לקמן מפרש רביעה שמרביע את הארץ [לעיל ה.]. בנין של שמחה. בנין האמור כאן שאסורין בבנין של שמחה שנוהגין עצמן כנזופין וכאבלים. נטיעה. האמורה כאן נטיעה של שמחה. בית חתנות לבנו. כשמשיא אשה לבנו הראשון היה בונה לו בית ועושה לו חופה בתוכו [מגילה ה:]. אבוורנקי. אילן שצילו מרובה ונוטעין אותו השרים ועושין אצטבאות תחתיו סביבותיו להתלונן תחתיו בימות החמה ולשמח שם [עירובין כה:]. אילן שצילו נאה כגון אילן שכופפין אותו על גבי כלונסות ויתידות והמלכים אוכלין תחתיו בימות החמה ומתעדנין בה במיני שמחות [מגילה ה:]. אלא אם כן נענה. כלומר אלא אם כן בטוח במעשיו שהוא נענה בתפלתו [מגילה כב:]. וירא העם. דלך הקרע את השק תחת בגדיו [מלכים ב ו, ל].

רבינו חננאל

נהר ועל הספינה המטרפת בים ר' יוסי אומר לעזרה אבל לא לצעקה והא הכא התרעה בשופר ליכא למימר דהא שבת היא ושופר בשבת אסור אלא לאו בעננו וקתני מתריעין בשבת ש"מ דקרי לעננו התרעה ש"מ הא דא"ר אמי אין מטריחין על הצבור יותר מדאי ואמרינן לגרמיה הוא דעביד כלומר לא היה יכול להתענות ובשביל עצמו אמר אין מטריחין דתניא כשאמרו י"ג תעניות לפי שאין מטריחין על הצבור לא אמרו אלא לגשמים בלבד אבל לשאר מיני פורעניות מתענין והולכין עד שיענו. ומשני ר' אמי תנאי היא דתניא אין גוזרין על הצבור יותר מי"ג תעניות לפי שאין מטריחין על הצבור יותר מדאי דברי רבי רשב"ג אומר לא מן השם הוא זה אלא מפני שיצא זמנה של רביעה. בני נינוה בעו מר' אנן דאפילו בתקופת תמוז בעי' מטרא אנה נזכיר ותן טל ומטר בברכת השנים או בשומע תפלה כיחיד ששואל צרכיו בשומע תפלה אמר להו בשומע תפלה כיחידים ואותבינן עליה א"ר יהודה אימתי שואלין הגשמים בפרקים הללו בזמן שהשנים כתיקונן וישראל שרוין על אדמתם אבל בזמן הזה הכל לפי השנים הכל לפי המקומות הכל לפי הזמן קשיא לרבי ודחי רבי תנא הוא וחולק על התנאים. מאי הוה עלה ואסיקנא רב ששת אמר בשומע תפלה וקיי"ל כוותיה. ותוב לגבי איסורא הלכתא כרב ששת וזו איסורא היא: פיסקא בשני מטין עם חשכה ומיבעיא לן ופשטנא ממתני' דתניא בשני מטין לעת ערב ובחמישי פותחין כל היום מפני כבוד השבת היו לו ב' פתחים פותח אחד ונועל א' היתה לו איצטבא כנגד פתחו פותח ונועל כדרכו ואינו חושש עברו אלו [י"ג תעניות] ולא נענו ממעטין במשא ומתן כו' בנין זה בנין של שמחה: ירושלמי אריב"ל ל"ש אלא בנין של שמחה ממעטין אבל אם היה גוהה סותרו ובונה: ת"ר חבירין אין שאילת שלום ביניהן עמי הארץ ששאלו מחזירין להן בשפה רפה ובכובד ראש. והן מתעטפין ויושבין כמנודין וכאבלים כבני ניזופין עד שירחמו

מסורת הש"ס

א) [ברכות מח. וש"נ], ב) מגילה דף ג. ע"ש, ג) מגילה ה:, ד) [גי' הערוך אבורנקי], ה) מו"ק טו., ו) מגילה כב:, ז) [דיבור זה שייך לעיל במשנה יב:], ח) ולאו לכבוד שבת הוא לא מטין כל היום שיראו בני אדם ויצטערו אלא לעת ערב כצ"ל וכל זה עד לאכול בלילה הוא דיבור אחד, ט) [צ"ל בנפילה].

הגהות הב"ח

(א) רש"י ד"ה לא מן השם וכו' שאין זה הטעם: (ב) ד"ה פותח כדרכו אפילו בשני מה"ד הלא קציר חטים וגו' ודעו וראו כי רעתכם רבה אלמא סימן קללה הוי הס"ד ונ"ב זהו פי' לסוף המשנה דלעיל בדף יב ע"ב: (ג) תוס' ד"ה ר' יהודה כו' שאר פורענות והא קאמר ליה כו' והכי נמי משמע: (ד) ד"ה שלח כו' תאמרו תפלת מטר והא דיחיד אומר כו' הוו יחידים דאפילו בתקופת תמוז:

גליון הש"ס

רש"י ד"ה אבל ומנודה דכתיב ועל שפם יעטה. תמוה לי הא הך קרא במצורע כתיב ואבל נפקא לן במו"ק מדאזהר ליחזקאל לא תעטה ע"ש הא אחר צריך עיטוף. ובמנודה לא מייתי קרא כלל והוא איבעיא דלא אפשיטא שם ולע"ג:

תורה אור השלם

א) וַיֹּאמֶר יְיָ אֶל יְהוֹשֻׁעַ קֻם לָךְ לָמָּה זֶּה אַתָּה נֹפֵל עַל פָּנֶיךָ: [יהושע ז, י]

ב) וַיְהִי כִשְׁמֹעַ הַמֶּלֶךְ אֶת דִּבְרֵי הָאִשָּׁה וַיִּקְרַע אֶת בְּגָדָיו וְהוּא עֹבֵר עַל הַחֹמָה וַיַּרְא הָעָם וְהִנֵּה הַשַּׂק עַל בְּשָׂרוֹ מִבָּיִת: [מלכים ב' ו, ל]

ג) וַיִּפֹּל מֹשֶׁה וְאַהֲרֹן עַל פְּנֵיהֶם לִפְנֵי כָּל קְהַל עֲדַת בְּנֵי יִשְׂרָאֵל: [במדבר יד, ה]

ד) וִיהוֹשֻׁעַ בִּן נוּן וְכָלֵב בֶּן יְפֻנֶּה מִן הַתָּרִים אֶת הָאָרֶץ קָרְעוּ בִּגְדֵיהֶם: [במדבר יד, ו]

ה) כֹּה אָמַר יְיָ גֹּאֵל יִשְׂרָאֵל קְדוֹשׁוֹ לִבְזֹה נֶפֶשׁ לִמְתָעֵב גּוֹי לְעֶבֶד מֹשְׁלִים מְלָכִים יִרְאוּ וָקָמוּ שָׂרִים וְיִשְׁתַּחֲווּ לְמַעַן יְיָ אֲשֶׁר נֶאֱמָן קְדֹשׁ יִשְׂרָאֵל וַיִּבְחָרֶךָּ: [ישעיה מט, ז]

רבינו גרשום

מתענות בראשונות ולא באחרונות היינו אמצעיתא שהן ראשונות לאחרונות ולא באחרונות ממש והאי דקתני מתענות באחרונות היינו אמצעות שהן אחרונות לראשונות ולא בראשונות ממש והאי דקתני אין מתענות לא בראשונות ולא באחרונות היינו ראשונות ממש היינו אחרונות ממש שהן שלש עשרה דהאי שלש שהיחידים מתענין לא חשיב כלום: בעננו והיינו התרעה דהוו בכינופיא ובהן י"ג תרועות כדאמרן בפירקין דלקמן דבברכה ראשונה אמר להם קודם הברכה תקעו ולאחר הברכה תקעו ותוקעין ומריעין ותוקעין וקודם ברכה שניה אומר להם הריעו ומריעין ולאחר ברכות אומר להם הריעו ומריעין ותוקעין ומריעין נמצא בברכה ראשונה מריע אחת ובשניה ג' וכן בכל אלו ז' ברכות בראשונה תרועה אחת ובשניה ג' תרועות נמצא לז' ברכות י"ג תקיעות וסימן לדבר דעבדינן תרועה יריחו הא יריחו בשופרות הוות ומדנקט סימן יריחו ש"מ דתרועה בשופר: החיכוך שחין היה צעקה בפה ומדקתני לא היו מתריעין אלא צועקין אלמא דצעקה בפה ותרועה בשופר: לעזרה ולא לצעקה כל אחד מתפלל בפני עצמו אבל אין עושין כנופיא. ר' יהודה גזר תליסר תעניתא הני דקתני במתניתין רב אמי דאמר אין מתענין יותר מי"ג לגרמיה עבד לא הורה כהלכה: לא שנו שאין מטריחין יותר מדאי אלא לגשמים אבל לשאר פורעניות מתענין והולכין עד שיענו והאי דר' יהודה נשיאה שאר מיני פורעניות הוה: שאין מטריחין את הצבור יותר מדאי דברי רבי אפילו בשאר מיני פורעניות ור' אמי דאמר כר' לא מן השם הוא זה כלומר לאו להכי הוא דבשאר מיני פורעניות אין מטריחין יותר מי"ג אלא לגשמים אין מתענין יותר מי"ג כבר יצאה זמנה של רביעה דבר"ח כסלו הוה ביום ראשון וגזרו תענית בשני ובחמישי ושני דהיינו ט"ו יום בכסליו ומתחיל השניות בשני וחמישי ושני הרי כבר יצא כל כסליו ועכשיו בר"ח טבת מתחילין הז' תעניות חמישי ושני בכל שבוע הרי יצאו בד' תעניות ג' שבועות וגוזרין בשביעי ביום שני בשבוע רביעי הרי יצא כל טבת וי"ג תעניות ואם היו גוזרין עוד תעניות לא היו יכולין לגזור בטבת דאין גוזרין בתחלה אלא ביום שני ושני דטבת כבר עבר אלא היה להם לגזור ביום שני שבשבט וכבר עבר מקצת שבט ובר"ח כבר יצא זמן רביעה וכבר יצאו רוב גשמי שנה דלהכי הרי א) אמר בשבט ר"ה לאילן דכבר יצאו רוב גשמי שנה: כיחידים דמין ובשומע תפלה ושואלים מטר כיחיד ששואל צרכיו בשומע תפלה א"ר יהודה אימתי סדר כל אילו התעניות הכל לפי השנים דשנה שחונה צריכה לרוב גשמים ושאינה שחונה אינה צריכה גשמים מרובים הכל לפי המקומות כגון נינוה שואלין הגשמים [בתקופת תמוז] ומדכולל הכי ש"מ דשואלין בצבור: מטין עם חשכה לא נועלין ולא פותחין משום בני כפרים שבאין להספיק מים ומזון לאחיהם שבכרכין ולא פותחין הואיל דלאו לכבוד שבת הוא: ובחמישי מותרין לפתוח לגמרי: יש לו שני פתחים בשני פותח אחד ונועל אחד לגמרי הואיל ואם אין לו אלא פתח אחד ולפניו אצטבה פותח [ונועל] כדרכו לגמרי אפילו בשני הואיל ויש לפניו איצטבא דיש היכר. ה"ג תנא

חשק שלמה על רבינו גרשום א) אולי צ"ל אחד בשבט אבל צ"ע דא"כ שנה משנתו כב"ש ואפשר דצ"ל ט"ו בשבט וצ"ע.

The Baraisa explains its terms:
אֵי זֶהוּ בִּנְיַן שֶׁל שִׂמְחָה – WHAT IS CONSIDERED CONSTRUCTION OF A JOYOUS nature? **זֶה הַבּוֹנֶה בֵּית חֲתָנוּת לִבְנוֹ** – THIS IS ONE WHO BUILDS A WEDDING CHAMBER FOR HIS SON.[20] **אֵי זוּ הִיא נְטִיעָה שֶׁל שִׂמְחָה** – WHAT IS CONSIDERED PLANTING OF A JOYOUS nature? **זֶה הַנּוֹטֵעַ אַבְוורנְקִי שֶׁל מְלָכִים** – ONE WHO PLANTS A TREE OF THE KINGS.[21]

The Mishnah further stipulated for the period following the thirteen unrequited fasts:
וּבִשְׁאֵילַת שָׁלוֹם – They should not engage IN GREETING one another.

The Gemara elaborates:
תָּנוּ רַבָּנָן – **The Rabbis taught in a Baraisa:** **חֲבֵרִים** – TORAH SCHOLARS[22] **אֵין שְׁאֵילַת שָׁלוֹם בֵּינֵיהֶן** – offer NO GREETING AMONGST THEMSELVES, since they adhere rigidly to the law. However, regarding **עַמֵּי הָאָרֶץ שֶׁשּׁוֹאֲלִין** – COMMON FOLK[23] WHO GREET Torah scholars, **מַחֲזִירִין לָהֶם** – [THE SCHOLARS] SHOULD RESPOND TO THEM **בְּשָׂפָה רָפָה וּבְכוֹבֶד רֹאשׁ** – IN LOW TONES AND IN A SOLEMN MANNER.[24] **וְהֵן מִתְעַטְּפִין וְיוֹשְׁבִין כַּאֲבֵלִים וְכִמְנוּדִּין** – AND THEY [the scholars] WRAP THEMSELVES LIKE MOURNERS AND EXCOMMUNICATED persons,[25] **כִּבְנֵי אָדָם הַנְּזוּפִין לַמָּקוֹם** – AS PEOPLE WHO ARE CHASTISED BY THE OMNIPRESENT, **עַד שֶׁיְּרַחֲמוּ עֲלֵיהֶם מִן הַשָּׁמַיִם** – UNTIL MERCY IS SHOWN TO THEM FROM HEAVEN.

The Gemara issues guidelines for undertaking certain practices in times of communal distress:
אָמַר ר׳ אֶלְעָזָר – **R' Elazar said:** **אֵין אָדָם חָשׁוּב רַשַּׁאי לִיפּוֹל עַל פָּנָיו** – **A prominent person is not permitted to prostrate himself** in public while praying for the welfare of the community,[26] **אֶלָּא אִם כֵּן נַעֲנֶה כִּיהוֹשֻׁעַ בִּן נוּן** – **unless** it is recognized that **he** is worthy to be **answered like Joshua son of Nun,** **שֶׁנֶּאֱמַר** – **as it says:**[27] **״וַיֹּאמֶר ה׳ אֶל־יְהוֹשֻׁעַ** – ***And HASHEM told Joshua:*** **קֻם לָךְ** – ***Arise*** (because your prayers are answered). **לָמָּה זֶּה אַתָּה נֹפֵל עַל־פָּנֶיךָ״** – ***Why is it that you*** still ***prostrate yourself?***[28]

R' Elazar discusses another practice:
וְאָמַר ר׳ אֶלְעָזָר – **And R' Elazar said:** **אֵין אָדָם חָשׁוּב רַשַּׁאי לַחֲגוֹר שַׂק** – **A prominent person is not permitted to gird** himself **in sackcloth,** **אֶלָּא אִם כֵּן נַעֲנֶה כִּיהוֹרָם בֶּן אַחְאָב** – **unless** it is known that **he will be answered like Yehoram ben Achav,** **שֶׁנֶּאֱמַר** – **as it says** concerning a severe famine that struck in his days:[29] **״וַיְהִי כִשְׁמֹעַ הַמֶּלֶךְ אֶת־דִּבְרֵי הָאִשָּׁה** – ***And it was when the king*** [Yehoram] ***heard the woman's words***[30] **וַיִּקְרַע אֶת־בְּגָדָיו וְהוּא עֹבֵר עַל־הַחֹמָה וַיַּרְא הָעָם וְהִנֵּה הַשַּׂק עַל־בְּשָׂרוֹ וגו׳״** – ***that he rent his garments while he was passing on the wall, and the people saw, and behold there was sackcloth on his flesh etc.***[31]

R' Elazar cites a third practice:
וְאָמַר ר׳ אֶלְעָזָר – **And R' Elazar said:** **לֹא הַכֹּל בִּקְרִיעָה** – **Not everyone** is answered **through rending** his garments, **וְלֹא הַכֹּל בִּנְפִילָה** – **and not everyone** is answered **through prostrating** himself. **מֹשֶׁה וְאַהֲרֹן בִּנְפִילָה** – **Moses and Aaron** were answered **through prostrating** themselves, **יְהוֹשֻׁעַ וְכָלֵב בִּקְרִיעָה** – but **Joshua and Caleb** were answered only **through rending** their garments. **מֹשֶׁה וְאַהֲרֹן בִּנְפִילָה** – **Moses and Aaron** were answered **through prostrating** themselves, **דִּכְתִיב** – **as it is written:**[32] **״וַיִּפֹּל מֹשֶׁה וְאַהֲרֹן עַל־פְּנֵיהֶם״** – ***And Moses and Aaron prostrated themselves*** (in prayer). **יְהוֹשֻׁעַ וְכָלֵב בִּקְרִיעָה** – **Joshua and Caleb** were answered **through rending** their garments, **דִּכְתִיב** – **as it is** subsequently **written:**[33] **״וִיהוֹשֻׁעַ בִּן־נוּן וְכָלֵב בֶּן יְפֻנֶּה . . . קָרְעוּ בִּגְדֵיהֶם״** – ***And Joshua son of Nun and Caleb son of Yefuneh . . . rent their garments.***[34]

The Gemara asks:
מַתְקִיף לָהּ ר׳ זֵירָא וְאִיתֵימָא ר׳ שְׁמוּאֵל בַּר נַחְמָנִי – **R' Zeira, or some say R' Shmuel bar Nachmani, challenged [this teaching]:** **אִי הֲוָה כְּתִיב: ״יְהוֹשֻׁעַ״** – **If** ***Joshua*** **had been written,** **כִּדְקָאָמְרַתְּ** – **it would be as you** [R' Elazar] **have said,** that Joshua enhanced his prayer only by rending his garments. **הַשְׁתָּא דִּכְתִיב: ״וִיהוֹשֻׁעַ״** – However, **now that it is written** ***And***[35] ***Joshua*** subsequent to the prostrations of Moses and Aaron, **הָא**

NOTES

20. However, if he has no other place to hold the wedding, this is considered essential construction and is permitted (*Mishnah Berurah* 551:14).

21. *Rashi* explains that it was customary to plant a tree when a son was born to the king. On the day of the son's coronation, they would construct a throne for him from this tree. [Presumably, some commoners adopted this practice, planting trees upon the occasion of a child's birth.] Alternatively, *Rashi* explains that kings customarily planted large shade trees for strolling underneath (see *Eruvin* 25b). If a common person emulated this practice, he has performed a "planting of joyous nature."

22. Literally: colleagues. Although חָבֵר, *chaver,* is a technical term that applies to one who observes the laws of ritual purity (see *Demai* 2:3) in everyday life, it commonly connotes a Torah scholar who is particular about the observance of mitzvos.

23. Literally: the peoples of the land. This refers to unlearned people who are not particular about observing some of the *mitzvos* (see *Sotah* 22a, *Tosafos* ד״ה כל).

24. A muted response was permitted in order to prevent enmity from arising (*Rashi*).

25. *Rashi* comments that the obligation for mourners and those excommunicated to coil their heads (see *Moed Kattan* 15a) is derived from the leper's obligation to cover his face up to his lips (*Lev.* 13:45; but see *Moed Katan* 15a and *Gilyon HaShas* here).

26. If his supplications assume the nature of a public spectacle and are not answered, he will become the object of public ridicule (*Rashi*). Further, he will cause a desecration of God's Holy Name, since his failure to win God's sympathy will reveal to all the discrepancy between his public image and his real inner worth (*Maharsha,* citing *Yerushalmi*).

27. *Joshua* 7:10.

28. Our elucidation follows *Rashi* here and *Meiri.* However, *Rashi* to *Megillah* 22b interprets the passage differently (see *Rashash*).

29. *II Kings* 6:30.

30. A woman complained to Yehoram that her friend had reneged on an agreement to cook the friend's son for the day's meal, after the two had consumed the woman's son on the previous day. Yehoram was overwhelmed when he realized the extent of the famine, and he rent his garments and donned sackcloth (*II Kings* 6:28,29).

31. Scripture subsequently relates that although Yehoram was a wicked king, his prayers were answered and the famine abated within a day, so that one *se'ah* (a large measure) of fine wheat flour and two *se'ah* of barley could be purchased for a *shekel,* a silver coin of modest value (*II Kings* 7:18) [*Rashi*].

32. *Numbers* 14:5.

33. Ibid. v. 6.

34. Joshua and Caleb, who were of lesser stature than Moses and Aaron, merited having their prayers answered only by taking the more drastic measure of rending their garments; merely prostrating themselves would not suffice. Moses and Aaron, however, needed only to prostrate themselves in order to elicit God's mercy (*Rashi*). However, *Maharsha* understands that R' Elazar actually enjoins great individuals such as Moses and Aaron from subjecting themselves to the indignity of rending their garments, and, conversely, prohibits individuals of lesser stature from presumptuously acting to win God's favor through prostration alone.

35. The *vav* (וִיהוֹשֻׁעַ, ***And Joshua***) at the beginning of the verse connects verse 6 with the subject matter of the previous verse (*Rashi*).

עין משפט
נר מצוה

פא א מיי' פ"ג מהל' תענית הלכה ג טור ש"ע א"ח סימן תקעו סעיף א:
פב ב מיי' פ"ב מהלכות תפלה הלכה יז טוש"ע א"ח סימן קיז סעיף ב:
פג ג מיי' פ"ג מהל' תענית הלכה י טור ש"ע א"ח סימן תקעה סעיף ט:
פד ד מיי' שם הלכה ז טוש"ע שם סעיף ד:
פה ה ו מיי' שם הל' ח טוש"ע שם סעיף ז:
פו ז מיי' פ"ה מהלכות תפלה הלכה יד טוש"ע א"ח סימן קלא סעיף ח:

רבי יהודה נשיאה גזר תליסר תעניות. על שאר פורעניות (ג) ומיהו קאמר ליה רבי אמי דאין מטריחין דהכי נמי משמע דהוה אשאר מיני פורעניות מדמייתי עלה הא דקאמר רבי יוחנן ל"ש אלא לגשמים אבל לשאר מינים וכו':

שיצאה זמנה של רביעה. דזמן רביעה דיורה הוי במרחשון ויצא מרחשון:

שלח להו כיחידים דמיתו. פירוש ובשומע תפלה תאמרו תפלת (ד) תענית והא דיחיד אומר ותן טל ומטר בברכת השנים אע"ג שמתפלל בעצמו הואיל וזמן צבור הוא אבל בני נינוה הוו יחידים אפי' בתקופת תמוז צריכין למטרא:

הכל לפי השנים. אם צריכים אותה שנה גשמים שהיא שחונה ואם צריכים גשמים כבני נינוה שואלין ותן טל ומטר בברכת השנים: אור

גזר תלת עשרה תעניות ולא איעני סבר למיגזר טפי אמר ליה ר' אמי הרי אמרו אין מטריחין את הצבור יותר מדאי אמר ר' אבא בריה דרבי חייא בר אבא רבי אמי א) דעבד לגרמיה הוא דעבד אלא הכי אמר ר' חייא בר אבא אמר ר' יוחנן לא שנו אלא לגשמים אבל לשאר מיני פורעניות מתענין והולכין עד שיענו מן השמים תניא נמי הכי כשאמרו שלש וכשאמרו שבע לא אמרו אלא לגשמים א אבל לשאר מיני פורעניות מתענין והולכין עד שיענו לימא תיהוי תיובתיה דר' אמי אמר לך רבי אמי תנאי היא דתניא אין גוזרין יותר משלש עשרה תעניות על הצבור לפי שאין מטריחין את הצבור יותר מדאי דברי רבי רשב"ג אומר לא מן השם הוא זה אלא מפני שיצא זמנה של רביעה שלחו ליה בני נינוה לרבי כגון אנן דאפילו בתקופת תמוז בעינן מיטרא היכי נעביד כיחידים דמינן או כרבים דמינן כיחידים דמינן ובשומע תפלה או כרבים דמינן ובברכת השנים ב שלח להו כיחידים דמיתו ובשומע תפלה מיתיבי אמר רבי יהודה ג) ג אימתי בזמן שהשנים כתיקנן וישראל שרוין על אדמתן אבל בזמן הזה הכל לפי השנים הכל לפי המקומות הכל לפי הזמן אמר ליה מתניתא רמית עליה דרבי רבי תנא הוא ופליג מאי הוי עלה רב נחמן אמר בברכת השנים רב ששת אמר בשומע תפלה והלכתא בשומע תפלה: בשני מטין עם חשיכה ובחמישי כל היום מפני כבוד השבת: איבעיא להו היכי קתני בב' מטין עם חשיכה ובה' כל היום מפני כבוד השבת או דילמא בשני מטין ובחמישי פותחין כל היום כולו תא שמע דתניא ד בשני מטין עד הערב ובחמישי פותחין כל היום כולו מפני כבוד השבת היו לו שני פתחים פותח אחד ונועל אחד היה לו אצטבא כנגד פתחו פותח כדרכו ואינו חושש: עברו אלו ולא נענו ממעטין במשא ומתן ובבנין ובנטיעה: תנא ה) ה בבנין בנין של שמחה נטיעה נטיעה של שמחה אי זהו בנין של שמחה זה הבונה בית חתנות לבנו אי זו היא נטיעה של שמחה זה הנוטע ו) אבוורנקי של מלכים: ובשאילת שלום: תנו רבנן ו חברים אין שאילת שלום ביניהן עמי הארץ ששואלין מחזירין להם בשפה רפה ובכובד ראש ח) והן מתעטפין ויושבין כאבלים וכמנודין כבני אדם הנזופין למקום עד שירחמו עליהם מן השמים ט) אמר ר' אלעזר ז אין אדם חשוב רשאי ליפול על פניו אלא אם כן נענה כיהושע בן נון שנאמר א) ויאמר ה' אל יהושע קום לך למה זה אתה נופל על פניך ואמר ר' אלעזר אין אדם חשוב רשאי לחגור שק אלא אם כן נענה כיהורם בן אחאב שנאמר ב) ויהי כשמוע המלך את דברי האשה ויקרע את בגדיו והוא עובר על החומה וירא העם והנה השק על בשרו וגו' ואמר ר' אלעזר לא הכל בקריעה ולא הכל בנפילה משה ואהרן בנפילה יהושע וכלב בקריעה משה ואהרן בנפילה דכתיב ג) ויפל משה ואהרן על פניהם יהושע וכלב בקריעה דכתיב ד) ויהושע בן נון וכלב בן יפנה קרעו בגדיהם מתקיף לה ר' זירא ואיתימא ר' שמואל בר נחמני אי הוה כתיב יהושע כדקאמרת השתא דכתיב ויהושע הא והא עביד ואמר ר' אלעזר לא הכל בקימה ולא הכל בהשתחויה מלכים בקימה ושרים בהשתחויה מלכים בקימה דכתיב ה) כה אמר ה' גואל ישראל קדושו לבזה

גזר תליסר תעניתא. כדאמרינן במתניתין (דף טו:) שלש ראשונות ושלש אמצעיות ושבע אחרונות ולשאר פורעניות עביד להו ולא לגשמים: לגרמיה. לעצמו דרש שלא אמר אלא לפי שהוא לא היה רוצה להתענות: **לא שנו.** דאין גוזרים יותר משלש עשרה: **כשאמרו.** להתענות שלש ראשונות ושלש אמצעיות ושבע אחרונות: **לא מן השם הוא זה.** שאין זה (א) טעם שאין מניחין בשביל טורח אלא שכבר יצא זמנה של רביעה של יורה שהרי מרחשון עבר על כולן לסוף התעניות שמקצתן היו בכסליו כדקתני מתניתין ואיכא למשמע מדרבי שמעון דבשאר מיני פורעניות דכל שעתא הוי זימנייהו למיבטלי אפילו טפי גזרינן ורבי דאמר אין מטריחין סתמא אכולהו קאמר ואנא דאמרי כרבי: **ובשומע תפלה.** אמרינן לשאילת מטר כיחיד השואל צרכיו בשומע תפלה דהא דאמרינן שאלה בברכת השנים אפי' ביחיד משום דזמן צבור הוא אבל במילתא אחריתי דהוי ליחיד ולא לצבור כהכא דבתקופת תמוז לאו זמן שאילת צבור הוא בשומע תפלה הוא דמדכר ליה ולא בברכת השנים כדאמרינן במסכת ע"ז (דף ח.) ובברכות (דף לא.) אם היה לו חולה בתוך ביתו מזכיר עליו בברכת החולים ולבסוף מוקמינן והלכתא בשומע תפלה כך שמעתי: **אימתי.** הוא סדר תעניות: **בזמן שהשנים כתיקנן.** שהיא קציר בניסן וזריעה במרחשון ואין סדר השנים משתנה: **וישראל שרוין על אדמתן.** שמנהג ארץ ישראל בכך: **הכל לפי השנים.** אם צריכה אותה שנה למטר כגון שנה שחונה שצריכה לגשמים הרבה: **לפי המקומות.** כגון נינוה דאפי' בתקופת תמוז בעו מטרא. לא גרסינן לפי הזמן שלא ירדו עדיין גשמים: ז) **בשני מטין עם חשיכה.** ולא נועלין ולא פותחין הואיל ולאו ח) לכבוד שבת הוה ובחמישי מותרין לפתוח לגמרי: **מטין.** שלא יראו בני אדם ויצטערו אלא לעת ערב פותחין מקצתן כדי שיהא להם מה לאכול בלילה: **או דילמא.** פותחין כל היום והכי משמע מתניתין בשני מטין ובה' היה פתוח כדרכו כל היום לגמרי מפני כבוד השבת: **איצטבא.** כסא דהשתא אין החנות פתוחה לרשות הרבים ואם הוא פתוח אינו נראה כל כך: **פותח כדרכו.** אפי' בשני (ג): **ה"ג תנא** בנין בנין של שמחה נטיעה נטיעה של שמחה. בנין דקתני מתניתין לא בנין הצריך לו אלא בנין הצריך לשמחה דבדבר שמחה ממעטין: **בית חתנות.** לעשות חופתו: **אבוורנקי** של מלכים. שכך היו נוהגין כשנולד בן למלך היו נוטעין אילן לשמו ויום שממליכין אותו עושין לו כסא ממנו לישנא אחרינא אילן גדול המיסך על הארץ לטייל המלך תחתיו ודומה לו בעירובין (דף כה:) ההוא אבוורנקא דהוה ליה לריש גלותא בבוסתניה: **של מלכים.** דרך מלכים נוטעין אותו לצל היא והיא נטיעה של שמחה: **ששאל בשלום.** תלמיד חכם מחזיר לו משום איבה ובשפה רפה: **אבל ומנודה חייבין בעטיפה.** ט) דכתיב ועל שפם יעטה במועד קטן (דף טו.): **רשאי ליפול על פניו.** לבזות עצמו בפני הצבור שאם לא יענה יחרפוהו כך שמעתי אלא אם כן יודעין בו שהוא חשוב כיהושע שאמר לו הקב"ה קום לך למה זה אתה נופל על פניך: **אלא אם כן נענה.** שיודעין הן שנענה כיהורם יהורם רשע היה אלא שהתענה על רעב שהיה בימיו ונענה דכתיב (מלכים ב ז) ויהי סאה סולת בשקל וסאתים שעורים בשקל: **לא הכל.** נענין (ט) בתפלה ולא הכל נענין בקריעה דיהושע וכלב שלא היו חשובין כמשה ואהרן לא זכו ליענות אלא בקריעה ומקרא בעלמא קא דריש: **ויהושע בן נון.** כתיב בתריה דההוא דויפל וי"ו מוסיף על ענין ראשון:

ליקוטי רש"י

דעבד לגרמיה. אין אדם מודה לו [ברכות מח. עי' כאן רש"ש]. **רביעה.** לקמן מפרש רביעה שמרביע את הארץ [לעיל ה.]. **בנין של שמחה.** בנין האמור כאן שאסורין בבנין של שמחה שנוהגין עצמן כמופין וכאבלים. **נטיעה.** האמורה כאן נטיעה של שמחה. **בית חתנות לבנו.** כשמשיא אשה לבנו הראשון היה בונה לו בית ועושה לו חופה בתוכו [מגילה ה:]. **אבוורנקי.** אילן שצילו מרובה ונוטעין אותו השרים ועושין אצטבאות תחתיו סביבותיו להסתופף תחתיו בימות החמה ולשמח שם [עירובין כה:]. אילן שצילו נאה כגון אילן שכופפין אותו על גבי כלונסות ויתידות והמלכים אוכלין תחתיו בימות החמה ומתעדנין בה במיני שמחות [מגילה ה:]. **אלא אם כן נענה.** כלומר אלא אם כן בטוח במעשיו שהוא נענה בתפלתו [מגילה כב:]. **וירא העם.** דרך הקרע את השק תחת בגדיו [מלכים ב ו, ל].

רבינו חננאל

נהר ועל הספינה המטרפת בים ר' יוסי אומר לעזרה אבל לא לצעקה והא הכא התרעה בשופר ליכא למימר דהא שבת היא ושופר בשבת אסור אלא לאו בעננו וקתני מתריעין בשבת ש"מ דקרי לעננו התרעה ש"מ הא דא"ר אמי אין מטריחין על הצבור יותר מדאי ואמרינן לגרמיה הוא דעביד כלומר לא היה יכול להתענות ובשביל עצמו אמר אין מטריחין דתניא כשאמרו י"ג תעניות לפי שאין מטריחין על הצבור לא אמרו אלא לגשמים בלבד אבל לשאר מיני פורעניות מתענין והולכין עד שיענו. ומשני ר' אמי תנאי היא דתניא אין גוזרין על הצבור יותר מי"ג תעניות לפי שאין מטריחין על הצבור יותר מדאי דברי רבי רשב"ג אומר לא מן השם הוא זה אלא מפני שיצא זמנה של רביעה. **בני נינוה** בעו מר' אנן דאפילו בתקופת תמוז בעי' מטרא אנה נזכיר ותן טל ומטר בברכת השנים או בשומע תפלה כיחיד ששואל צרכיו בשומע תפלה אמר להו בשומע תפלה כיחידים ואותבינן עליה א"ר יהודה אימתי שואלין הגשמים בפרקים הללו בזמן שהשנים כתיקונן וישראל שרוין על אדמתם אבל בזמן הזה הכל לפי השנים הכל לפי המקומות הכל לפי הזמן קשיא לרבי ודחי רבי תנא הוא וחולק על התנאים. מאי הוה עלה ואסיקנא רב ששת אמר בשומע תפלה וקיי"ל כוותיה. ותוב לגבי איסורא הלכתא כרב ששת וזו איסורא היא: **פיסקא** בשני מטין עם חשכה ומיבעיא לן ופשטנא ממתני' דתניא בשני מטין לעת ערב ובחמישי פותחין כל היום מפני כבוד השבת היו לו ב' פתחים פותח אחד ונועל א' היתה לו איצטבא כנגד פתחו פותח ונועל כדרכו ואינו חושש עברו אלו [י"ג תעניות] ולא נענו ממעטין במשא ומתן כו' בנין זה בנין של שמחה: **ירושלמי** אריב"ל ל"ש אלא בנין של שמחה ממעטין אבל אם היה גוהה סותרו ובונה: **ת"ר** חבירין אין שאילת שלום ביניהן עמי הארץ ששאלו מחזירין להן בשפה רפה ובכובד ראש. והן מתעטפין ויושבין כמנודין וכאבלים כבני ניזופין עד שירחמו

מסורת הש"ס

א) [ברכות מח. וש"נ], ב) מגילה דף ב. ע"ש, ג) מגילה ה:, ד) [גי' הערוך אבורנקי], ה) מו"ק טו., ו) מגילה כב:, ז) [דיבור זה שייך לעיל במשנה יב:], ח) ולאו לכבוד שבת הוא לא מטין כל היום שיראו בני אדם ויצטערו אלא לעת ערב כצ"ל וכל זה עד לאכול בלילה הוא דיבור אחד, ט) [צ"ל בנפילה].

הגהות הב"ח

(א) רש"י ד"ה לא מן השם וכו' שאין זה הטעם: (ב) ד"ה פותח כדרכו אפילו בשני מה"ד הלא קציר חטים וגו' ודעו וראו כי רעתכם רבה אלמא סימן קללה הוי הס"ד ונ"ב זהו פי' לסוף המשנה דלעיל בדף יב ע"ב: (ג) תוס' ד"ה ר' יהודה כו' שאר פורענות והאי קאמר ליה כו' והכי נמי משמע: (ד) ד"ה שלח כו' תאמרו תפלת מטר והא דיחיד אומר כו' הוו יחידים דאפילו בתקופת תמוז:

גליון הש"ס

רש"י ד"ה אבל ומנודה דכתיב ועל שפם יעטה. תמוה לי הא הך קרא במצורע כתיב ואבל נפקא לן במו"ק מדלוהר ליחזקאל לא תעטה ע"ש הא אתר צריך עיטוף. ובמנודה לא מייתי קרא כלל והוא איבעיא דלא אפשיטא שם ולע"ג:

תורה אור השלם

א) וַיֹּאמֶר יְיָ אֶל יְהוֹשֻׁעַ קֻם לָךְ לָמָּה זֶּה אַתָּה נֹפֵל עַל פָּנֶיךָ: [יהושע ז, י]
ב) וַיְהִי כִשְׁמֹעַ הַמֶּלֶךְ אֶת דִּבְרֵי הָאִשָּׁה וַיִּקְרַע אֶת בְּגָדָיו וְהוּא עֹבֵר עַל הַחֹמָה וַיַּרְא הָעָם וְהִנֵּה הַשַּׂק עַל בְּשָׂרוֹ מִבָּיִת: [מלכים ב' ו, ל]
ג) וַיִּפֹּל מֹשֶׁה וְאַהֲרֹן עַל פְּנֵיהֶם לִפְנֵי כָּל קְהַל עֲדַת בְּנֵי יִשְׂרָאֵל: [במדבר יד, ה]
ד) וִיהוֹשֻׁעַ בִּן נוּן וְכָלֵב בֶּן יְפֻנֶּה מִן הַתָּרִים אֶת הָאָרֶץ קָרְעוּ בִּגְדֵיהֶם: [במדבר יד, ו]
ה) כֹּה אָמַר יְיָ גֹּאֵל יִשְׂרָאֵל קְדוֹשׁוֹ לִבְזֹה נֶפֶשׁ לִמְתָעֵב גּוֹי לְעֶבֶד מֹשְׁלִים מְלָכִים יִרְאוּ וָקָמוּ שָׂרִים וְיִשְׁתַּחֲווּ לְמַעַן יְיָ אֲשֶׁר נֶאֱמָן קְדֹשׁ יִשְׂרָאֵל וַיִּבְחָרֶךָּ: [ישעיה מט, ז]

רבינו גרשום

מתענות בראשונות ולא באחרונות היינו אמצעיתא שהן ראשונות לאחרונות ולא באחרונות ממש והאי דקתני מתענות באחרונות היינו אמצעות שהן אחרונות לראשונות ולא בראשונות ממש והאי דקתני אין מתענות לא בראשונות ולא באחרונות היינו ראשונות ממש היינו אחרונות ממש שהן שלש עשרה דהאי שלש שהיחידים מתענין לא חשיב כלום: **בעננו** והיינו התרעה דהוו בכינופיא ובהן י"ג תרועות כדאמרן בפירקין דלקמן דבברכה ראשונה אמר להם קודם הברכה תקעו ולאחר הברכה תקעו ותוקעין ומריעין ותוקעין וקודם ברכה שניה אומר להם הריעו ומריעין ולאחר ברכות אומר להם הריעו ומריעין ותוקעין ומריעין נמצא בברכה ראשונה מריע אחת ובשניה ג' וכן בכל אלו ז' ברכות בראשונה תרועה אחת ובשניה ג' תרועות נמצא לז' ברכות י"ג תקיעות **וסימן לדבר** דעבדינן תרועה **יריחו הא יריחו בשופרות הוות** ומדנקט סימן יריחו ש"מ דתרועה בשופר: **החיכוך** שחין היה **צעקה בפה** ומדקתני **לא היו מתריעין אלא צועקין** אלמא דצעקה בפה ותרועה בשופר: **לעזרה ולא לצעקה** כל אחד מתפלל בפני עצמו אבל אין עושין כנופיא. **ר' יהודה גזר תליסר תעניתא** הני דקתני במתניתין **רב אמי** דאמר אין מתענין יותר מי"ג **לגרמיה עבד** לא הורה כהלכה: **לא שנו** שאין מטריחין יותר מדאי **אלא לגשמים אבל לשאר פורעניות מתענין והולכין עד שיענו** והאי דר' יהודה נשיאה שאר מיני פורעניות הוה: **שאין מטריחין את הצבור יותר מדאי דברי רבי** אפילו בשאר מיני פורעניות ור' אמי דאמר כר' **לא מן השם הוא זה** כלומר לאו להכי הוא דבשאר מיני פורעניות אין מטריחין יותר מי"ג אלא לגשמים אין מתענין יותר מי"ג **כבר יצאה זמנה של רביעה** דבר"ח כסלו הוה ביום ראשון וגזרו תענית בשני וחמישי ושני דהיינו ט"ו יום בכסליו ומתחיל השניות בשני וחמישי ושני הרי כבר יצא כל כסליו ועכשיו בר"ח טבת מתחילין הז' תענית חמישי ושני בכל שבוע הרי יצאו בו' תעניות ג' שבועות וגוזרין בשביעי ביום שני בשבוע רביעי הרי יצא כל טבת וי"ג תעניות ואם היו גוזרין עוד תעניות לא היו יכולין לגזור בטבת דאין גוזרין בתחלה אלא ביום שני ושני דטבת כבר עבר אלא היה להם לגזור ביום שני שבשבט וכבר עבר מקצת שבט ובר"ח כבר יצא זמן רביעה וכבר יצאו רוב גשמי שנה דלהכי הוי א) אמר בשבט ר"ה לאילן דכבר יצאו רוב גשמי שנה: כיחידים דמין ובשומע תפלה ושואלים מטר כיחיד ששואל צרכיו בשומע תפלה **א"ר יהודה אימתי** סדר כל אילו התעניות **הכל לפי השנים** דשנה שחונה ושאינה שחונה אינה צריכה לרוב גשמים מרובים **הכל לפי המקומות** כגון נינוה שואלין הגשמים [בתקופת תמוז] ומדכולל הכי ש"מ דשואלין בצבור: **מטין עם חשכה** לא נועלין ולא פותחין הואיל דלאו לכבוד שבת הוא: **ובחמישי** מותרין לפתוח לגמרי: **יש לו שני פתחים** בשני פותח אחד ונועל אחד ואם אין לו אלא פתח אחד ולפניו אצטבה פותח [ונועל] כדרכו לגמרי אפילו בשני הואיל ויש לפניו איצטבא דיש היכר. **ה"ג** תנא

חשק שלמה על רבינו גרשום א) אולי צ"ל אמר בשבט אבל צ"ע דא"כ שנה משנתו כב"ש ואפשר דצ"ל ט"ו בשבט וצ"ע.

וְהָא עֲבִיד – we must conclude that **[Joshua] did this and this.** In addition to rending his garments, he prostrated himself as Moses and Aaron had done.[36]

The Gemara presents a similar teaching of R' Elazar:
וְאָמַר ר׳ אֶלְעָזָר – **And R' Elazar said:** לֹא הַכֹּל בְּקִימָה – **Not everyone** will greet Israel at the time of the Redemption **while standing,** וְלֹא הַכֹּל בְּהִשְׁתַּחֲוָיָה – **and not everyone** will greet them **while prostrated.** מְלָכִים בְּקִימָה – **Kings** will greet them **while standing,** וְשָׂרִים בְּהִשְׁתַּחֲוָיָה – **but nobles** will greet them **while prostrated.** מְלָכִים בְּקִימָה – **Kings** will greet them **while standing,** דִּכְתִיב – **as it is written:**[37] ,,כֹּה אָמַר־ה׳ – ***Thus said Hashem,*** גֹּאֵל יִשְׂרָאֵל קְדוֹשׁוֹ – ***the Redeemer of Israel*** and ***its Holy One,***

NOTES

36. *Maharsha* notes that although we find elsewhere that Joshua's prayers were answered following only an act of prostration (as related by the Gemara above), at that time he was the leader of the Jewish people and therefore prostration alone sufficed. However, in this instance Moses and Aaron were still alive, and since Joshua was not their equal, he was required to rend his garments as well.

37. *Isaiah* 49:7.

לִבְזֹה־נֶפֶשׁ לִמְתָעֵב גּוֹי לְעֶבֶד מֹשְׁלִים מְלָכִים יִרְאוּ וָקָמוּ" – *to the degraded soul, to the abhorred of nations, to those ruled by servants.*[1] *Kings shall witness* (your redemption) *and stand.* וְשָׂרִים בְּהִשְׁתַּחֲוָיָה – **And nobles** will greet them **while prostrated,** דִּכְתִיב – **as it is** further **written:**[2] "שָׂרִים וְיִשְׁתַּחֲווּ", – *Nobles, and prostrate themselves.*

The Gemara counters:

מַתְקִיף לָהּ רַבִּי זֵירָא וְאִיתֵימָא רַבִּי שְׁמוּאֵל בַּר נַחְמָנִי – **R' Zeira, and some say R' Shmuel bar Nachmani, challenged [this teaching]:** אִי הֲוָה כְּתִיב: "וְשָׂרִים יִשְׁתַּחֲווּ", – **If** *And nobles will prostrate* **had been written,** כִּדְקָאָמְרַת – **it would be as you** [R' Eliezer] **have said,** that the nobles will prostrate themselves but not stand.[3] הַשְׁתָּא דִּכְתִיב: "שָׂרִים וְיִשְׁתַּחֲווּ", – However, **now that it is written:** *Nobles, and prostrate themselves,* the implication is that הָא וְהָא עָבוּד – **they will do this and this.** They will both stand and prostrate themselves.[4]

The Gemara presents a related teaching:

אָמַר רַב נַחְמָן בַּר יִצְחָק – **Rav Nachman bar Yitzchak said:** אַף אֲנִי אוֹמֵר – **I also say,** in a similar vein: לֹא הַכֹּל לְאוֹרָה – **Not everyone** will merit **light** in the Next World, וְלֹא הַכֹּל לְשִׂמְחָה – **and not everyone** will merit **gladness.** צַדִּיקִים לְאוֹרָה – **The righteous** will merit **light,** וִישָׁרִים לְשִׂמְחָה – **and the upright** will merit **gladness.**[5] צַדִּיקִים לְאוֹרָה – **The righteous** will merit **light,** דִּכְתִיב – **as it is written:**[6] "אוֹר זָרֻעַ לַצַּדִּיק", – *Light is sown for the righteous.* וְלִישָׁרִים שִׂמְחָה – **And to the upright** will come **gladness,** דִּכְתִיב – **as it is written** in the conclusion of the verse: "וּלְיִשְׁרֵי־לֵב שִׂמְחָה", – *And for the upright of heart, gladness.*[7]

הדרן עלך מאימתי

WE SHALL RETURN TO YOU, ME'EMASAI

NOTES

1. Each of these descriptions refers to Israel, whom God is addressing.

Our translation of לְעֶבֶד מֹשְׁלִים, follows *Rashi. Targum* and other commentators, however, translate: *to the servant of rulers.*

2. *Isaiah* 49:7.

3. *Keren Orah* emends the Gemara to read שָׂרִים יִשְׁתַּחֲווּ, *nobles will prostrate themselves,* deleting the prefatory *and.* He explains that the addition of *and* would connect this part of the verse with that immediately preceding (*Kings . . . will rise*), thereby ascribing the action of standing as well to the princes. For so the Gemara above (14b) interpreted the narrative of Joshua and Caleb (*Num.* 14:6), gleaning from the *vav, and*, at the beginning of the verse that the action (of prostrating) attributed to Moses and Aaron in the previous verse was performed by Joshua and Caleb as well.

4. *And* indicates the addition of a different action.

5. *Rashi* notes that the upright of heart transcend the level of the righteous, and therefore their reward is greater. *Rashba,* however, draws the opposite conclusion (see *Ein Yaakov*).

Following the lead of *Rashba, Maharsha* explains that *gladness* refers to physical pleasure, while *light* is pleasure of a spiritual nature.

6. *Psalms* 97:11.

7. See *Tosafos*, who explain why the prefatory *and* before the conclusion of the verse does not indicate that the upright of heart will merit light as well as gladness. See also *Ben Yehoyada.*

לבזה נפש למתעב גוי לעבד מושלים מלכים יראו וקמו ושרים בהשתחויה דכתיב שרים וישתחוו מתקיף לה רבי זירא ואיתימא רבי שמואל בר נחמני אי הוה כתיב ושרים ישתחוו כדקאמרת השתא דכתיב שרים וישתחוו הא והא עבוד אמר רב נחמן בר יצחק אף אני אומר לא הכל לאורה ולא הכל לשמחה צדיקים לאורה דכתיב א) אור זרוע לצדיק ולישרים שמחה דכתיב ולישרי לב שמחה:

הדרן עלך מאימתי

סדר א) תעניות כיצד מוציאין את התיבה לרחובה של עיר א) ונותנין אפר מקלה על גבי התיבה ובראש הנשיא ובראש אב בית דין וכל אחד ואחד נותן בראשו הזקן שבהן אומר לפניהן דברי כבושין אחינו לא נאמר באנשי נינוה וירא אלהים את שקם ואת תעניתם אלא ב) וירא אלהים את מעשיהם כי שבו מדרכם הרעה ובקבלה הוא אומר ג) וקרעו לבבכם ואל בגדיכם עמדו בתפלה מורידין לפני התיבה זקן ורגיל ויש לו בנים וביתו ריקם כדי שיהא לבו שלם בתפלה ב) ואומר לפניהן עשרים וארבעה ברכות י"ח שבכל יום ומוסיף עליהן עוד שש ואלו הן זכרונות ושופרות ד) אל ה' בצרתה לי קראתי ויענני ה) אשא עיני אל ההרים וגו' ו) ממעמקים קראתיך ה' ז) תפלה לעני כי יעטף ר' יהודה אומר לא היה צריך לומר זכרונות ושופרות אלא אומר תחתיהן ח) רעב כי יהיה בארץ דבר כי יהיה ט) אשר היה דבר ה' אל ירמיהו על דברי הבצרות ואומר חותמיהן על הראשונה הוא אומר מי שענה את אברהם בהר המוריה הוא יענה אתכם וישמע בקול צעקתכם היום הזה ברוך אתה ה' גואל ישראל על השניה הוא אומר מי שענה את אבותינו על ים סוף הוא יענה אתכם וישמע קול צעקתכם היום הזה ברוך אתה ה' זוכר הנשכחות על השלישית הוא אומר מי שענה את יהושע בגלגל הוא יענה אתכם וישמע בקול צעקתכם היום הזה ברוך אתה ה' שומע תרועה על הרביעית הוא אומר מי שענה את שמואל במצפה הוא יענה אתכם וישמע בקול צעקתכם היום הזה ברוך אתה ה' שומע צעקה על החמישית הוא אומר מי שענה את אליהו בהר הכרמל הוא יענה אתכם וישמע בקול צעקתכם היום הזה ברוך אתה ה' שומע תפלה על הששית הוא אומר מי שענה את יונה ממעי הדגה הוא יענה אתכם וישמע בקול צעקתכם היום הזה ברוך אתה ה' העונה בעת צרה על השביעית הוא אומר מי שענה את דוד ואת שלמה בנו בירושלים הוא יענה אתכם וישמע בקול צעקתכם היום הזה ברוך אתה ה' המרחם על הארץ: מעשה בימי

לבזה נפש למתעב גוי לעבד מושלים. לישראל הבזוים ומתועבים ועבדים מושלין בהן: ולא הכל בקימה. לקראת ישראל לעתיד לבא מלכים יראו וקמו שרים וישתחוו: ה"ג לא הכל לאורה ולא הכל לשמחה דכתיב אור זרוע לצדיק ולישרי לב שמחה. ישרים לשמחה דישרים עדיפי מצדיקים:

הדרן עלך מאימתי

סדר תעניות כיצד כו': אפר מקלה. אפר ממש ולא עפר אפר סתם הוא עפר דכשם שאפר קרוי עפר דכתיב (במדבר יט) מעפר שרפת החטאת כך עפר קרוי אפר סתם והיינו דקתני אפר מקלה אפר שריפה אי הוה תני אפר סתם הוה משמע עפר ואפר מקלה גנאי יותר מעפר סתם ובגמרא מפרש מאי טעמא נותנין אותו: כבושין. לשון עצירה כמו מכבש בלע"ז פריס"א (א) שכובשין את הלבבות להחזירם למוטב ואלו הן דברי כבושין אחינו כו': ובקבלה. שהנביא מצוה לישראל (עמדו בתפלה) והקשה תוספות מאן דהו מאי שנא בהאי קרא דכתיב ביונה וירא האלהים את מעשיהם וגו' ° ולא קרי ליה דברי קבלה ובהאי קרא דוקרעו לבבכם קרי ליה קבלה ופריק איהו כל מקום שהנביא מצוה ומודיע ומזהיר את ישראל קרי ליה קבלה ובכל דוכתא דלא איתפקד נביא כי האי וירא האלהים שהוא כמספר והולך דיליף מיניה אגב אורחיה מילתא לא קרינן ליה קבלה: (ב) ברחובה של עיר. בגלוי וכי הך דאמרינן במסכת מגילה (דף כה:) בני העיר שמכרו רחובה של עיר והתם מפרש בהדיא ג) אמר ר' זירא הואיל והעם מתפללים בו בתעניות ובמעמדות: ורגיל. רגיל להתפלל ותפלתו שגורה בפיו ולא יטעה שכל (ג) חזן שטועה סימן רע לשולחיו ג): וביתו ריקם. משמע דהוא עני ואין לו מחיה בביתו ובגמרא מפרש טעמא אחרינא וגופו נקי מעבירות שלא חטא ולא יצא עליו שום שם רע בשום עבירה כו': זכרונות ושופרות. כל הפסוקים שאומרים בראש השנה: אל ה' בצרתה לי כו'. כולן הן מזמורים: ואומר חותמיהן. על כל פרשה ופרשה אחר זכרונות חתימת זכרונות ואחר שופרות חתימת שופרות וכן אחר כולם מעין הפרשה כדמפרש ואזיל: על הראשונה. בפעם ראשונה הוא אומר מי שענה לאברהם כו' בגואל ישראל היה מתחיל להאריך והולך ואומר לכולן שש ברכות: על השניה. זו היא ברכה ראשונה של שש ברכות כדאמרינן בגמ' והיאך דגואל ישראל זו היא ברכה עצמה של שמונה עשרה ואינה מאותן שש אלא שבה היה מתחיל להוסיף ולהאריך על הזכרונות הוא אומר זוכר הנשכחות ועל השופרות שומע תרועה והיא שניה למנינה ועל אל ה' בצרתה לי והיא שלישית למנין שש שומע צעקה (ד) שלישית וכן כולן: ומי שענה את אבותינו על ים סוף. לפיכך אומרה בזכרונות לפי שהיו ישראל נשכחים במצרים כמה שנים ונתייאשו מן הגאולה וזכרם המקום וגאלם דכתיב (שמות ו) ואזכור את בריתי: ובשופרות היה אומר מי שענה את יהושע בגלגל. לפי שנענה בשופרות ביריחו וזהו בעוד שהיו ישראל בגלגל: ואליהו בהר הכרמל. כנגד אשא עיני אל ההרים וכן כולן לפי ענין המזמורים אליהו נענה בהר הכרמל מעין אשא עיני אל ההרים ושמואל במצפה דכתיבי קראי ומעין אל ה' בצרתה לי: ממעי הדגה. מעין ממעמקים קראתיך ה' ועונה בעת צרה שכן כתיב ביונה קראתי מצרה לי (יונה ב) ובשמואל כתיב ויזעק אל ה' (שמואל א ז) ובאליהו כתיב (מלכים א יח) ענני זו תפלה: ועל השביעית. מפרש בגמרא מאי שביעית מי שענה דוד ויהי רעב בימי דוד שלש שנים שנה אחר שנה (שמואל ב כא): ושלמה. כשהכניס הארון לבית קדש הקדשים אי נמי רעב כי יהיה בארץ וגו' (מלכים א ח) ולפיכך חותם מרחם על הארץ שהן התפללו על ארץ ישראל ותפלה לעני כי יעטוף על דוחק גשמים נופל וכתיב ביה (שם) בהעצר שמים: ז) בימי רבי חלפתא בצפורי. אביו של רבי יוסי דאמרינן בסנהדרין (דף לב:) אחר רבי יוסי בצפורי [אחר ר' חנינא בן תרדיון] בסיכני:

אור זרוע לצדיק ולישרי לב שמחה. פירוש ואין לומר כדלעיל ולישרים האי והאי שמחה ואורה (ה) א"כ דאמרינן דלישרי לב קאי אהא דלעיל כמו כן אמרינן דלצדיק קאי אהא דאבתריה כיון דסמוך לצדיק לישרי לב ובודאי יש הפרש בין זה לזה דאם לא כן לערבינהו ולכתוב לצדיקים ולישרי לב אורה ושמחה אבל ההיא דלעיל לא הוו מלכים ושרים כי הדדי אלא יראו וקמו בינייהו וכמו יראו וקמו דהוי קודם שרים קאי על מלכים דלעיל קאי נמי אשרים דכתיב אבתריה אבל הכא אין לפרש אלא אור זרוע לצדיקים ולישרי לב שמחה ה):

הדרן עלך מאימתי

מסורת הש"ס

א) [עי' תוספות לקמן ע"ב ד"ה ונותנין], ב) [לפנינו שם סתמא דגמרא הוא ולא ר' זירא אמרה], ג) [ברכות לד.], ד) שייך לע"ב, ה) [ועי' תוספו' מנחות יט. ד"ה במקרא].

הגהות הב"ח

(א) רש"י ד"ה כבושין כו' (שכובשין את הלבבות להחזירם למוטב) תא"מ ונ"ב ס"א שכובשין ודוחקין את הלב לעשות תשובה. תו' ענין אחר שמגלה להם סתרי מעשיהם כמו בהדי כבשי דרחמנא כו' פר"ח ז"ל: (ב) ד"ה ובקבלה כו' לישראל והקשה כצ"ל ותיבות עמדו בתפלה נמחק לא קרינן ליה קבלה מה"ד עמדו בתפלה ברחובה של עיר: (ג) ד"ה ורגיל כו' שכל ש"צ שטועה: (ד) ד"ה על השניה כו' שומע צעקה וכן כולם כצ"ל ותיבת שלישית נמחק והד"א עם ד"ה מי שענה וד"ה ובשופרות וד"ה ואליהו וכו' ושמואל במצפה כדכתיבי קראי וכו' והד"א עד בימי רבי חלפתא: (ה) תוספות ד"ה אור כו' שמחה ואורה דאם כן אמרינן דלישרי לב כו' כמו כן אמרינן דלצדיק קאי אהא דאבתריה כו' ולכתוב לצדיק ולישרי לב אורה ושמחה אבל בההיא דלעיל לא הוו מלכים ושרים כתובים אהדדי אלא כו' אור זרוע לצדיק ולישרי לב שמחה:

גליון הש"ס

רש"י ד"ה ובקבלה וכו' ולא קרי ליה דברי קבלה. עיין חולין דף קלז ע"א רש"י ד"ה תורת משה:

ליקוטי רש"י

לבזה נפש. נפש בזויה. למתעב גוי. למי שהגוי מתעבו. מלכים יראו. אותו וקמו [ישעיה מט, ז]. אור זרוע לצדיק. זריעה ממש מוכנת לצמוח להם [תהילים צז, יא]. ובקבלה. נביאים וכתובים [ב"ק ב:]. תורת משה קרויה תורה לפי שנתנה תורה לדורות ושל נביאים לא קרי אלא קבלה שקבלו מרוח הקודש כל נבואה ונבואה לפי צורך השעה והדור והמעשה [חולין קלז.]. וקרעו לבבכם ואל בגדיכם. כי איני חש לקריעת בגדיכם ד"א קרעו לבבכם ואל תצטרכו לקרוע בגדיכם מחמת אבל [יואל ב, יג]. תפלה לעני. ישראל שהם עם עני. כי יעטוף. בהתעטף נפשם בצרה [תהילים קב, א]. דברי הבצרות. שיבאו עליהם רעב ומנחם חברו לשון מבצר כמו ומבצר משגב חומותיך (ישעיה כה) [ירמיה יד, א].

עין משפט נר מצוה

א א מיי' פ"ד מהלכות תענית הלכה א ב ג טוש"ע א"ח סימן תקעט סעיף א:

ב ב מיי' שם ה"ז טור א"ח סימן תקעט:

רבינו חננאל

שירחמו עליהם מן השמים. **א"ר אלעזר** אין אדם חשוב רשאי ליפול על פניו א) [יחיד בצבור וכן מפורש בתלמוד ירושלמי] [בפ"ב ה"ו] אא"כ נענה כיהושע בן נון שנאמר ויאמר ה' אל יהושע קום לך למה זה אתה נופל על פניך וכן אין אדם חשוב רשאי לחגור שק על בשרו אא"כ נענה כיהורם שנאמר ויהי כשמוע המלך את דברי האשה ויקרע את בגדיו וירא העם והנה השק על בשרו. וא"ר אלעזר משה ואהרן בנפילה. יהושע וכלב בקריעה. ומסקנא יהושע הא והא קא עבד ועוד אמר מלכים בקימה שרים בהשתחויה ואני ב) אומר צדיקים וישרים בשמחה שנא' אור זרוע לצדיק ולישרי לב שמחה:

הדרן עלך מאימתי מזכירין

סדר תעניות כיצד מוציאין את

חשק שלמה על רבינו חננאל

א) נראה דצ"ל פי' יחיד בציבור וכו'. ב) נראה דחסר כאן וצ"ל אמר רנב"י אף אני אומר צדיקים לאורה וישרים לשמחה שנאמר וכו'.

רבינו גרשום

תנא בנין בנין של שמחה כלומר הא דקתני ממעטין בבנין היינו בבנין של שמחה א) **אכוורנקי של מלכים** שכשנולד בן נוטעין אילן אחד לשמו וכשמעמידין אותו למלך עושין ממנו כסא מלכות. **ומנא לן** דיהושע נענה **דכתיב ויאמר ה' אל יהושע וגו'** ויהושע ר' מוסיף על ענין ראשון **דהא והא עבד** בנפילה כמשה ובקריעה. **לא הכל בקימה** כלומר לעתיד לבוא שעומדין כנגד ישראל **והא והא עביד** קימה והשתחויה. **ה"ג הכל לאורה ולא הכל לשמחה צדיקים לאורה ולזו לשמחה ישרים** אף לשמחה דישרים עדיפי מצדיקים:

הדרן עלך מאימתי

סדר תעניות כו' ואפי' בקמייתא כלומר

חשק שלמה על רבינו גרשום

א) אולי צ"ל ובנוטעין היינו נטיעה של מלכים כמו אבורנקי וכו'.

תורה אור השלם

א) אוֹר זָרֻעַ לַצַּדִּיק וּלְיִשְׁרֵי לֵב שִׂמְחָה: [תהלים צז, יא] ב) וַיַּרְא הָאֱלֹהִים אֶת מַעֲשֵׂיהֶם כִּי שָׁבוּ מִדַּרְכָּם הָרָעָה וַיִּנָּחֶם הָאֱלֹהִים עַל הָרָעָה אֲשֶׁר דִּבֶּר לַעֲשׂוֹת לָהֶם וְלֹא עָשָׂה: [יונה ג, י] ג) וְקִרְעוּ לְבַבְכֶם וְאַל בִּגְדֵיכֶם וְשׁוּבוּ אֶל יְיָ אֱלֹהֵיכֶם כִּי חַנּוּן וְרַחוּם הוּא אֶרֶךְ אַפַּיִם וְרַב חֶסֶד וְנִחָם עַל הָרָעָה: [יואל ב, יג] ד) שִׁיר הַמַּעֲלוֹת אֶל יְיָ בַּצָּרָתָה לִּי קָרָאתִי וַיַּעֲנֵנִי: [תהלים קכ, א] ה) שִׁיר לַמַּעֲלוֹת אֶשָּׂא עֵינַי אֶל הֶהָרִים מֵאַיִן יָבֹא עֶזְרִי: [תהלים קכא, א] ו) שִׁיר הַמַּעֲלוֹת מִמַּעֲמַקִּים קְרָאתִיךָ יְיָ: [תהלים קל, א] ז) תְּפִלָּה לְעָנִי כִי יַעֲטֹף וְלִפְנֵי יְיָ יִשְׁפֹּךְ שִׂיחוֹ: [תהלים קב, א] ח) רָעָב כִּי יִהְיֶה בָאָרֶץ דֶּבֶר כִּי יִהְיֶה שִׁדָּפוֹן יֵרָקוֹן אַרְבֶּה חָסִיל כִּי יִהְיֶה כִּי יָצַר לוֹ אֹיְבוֹ בְּאֶרֶץ שְׁעָרָיו כָּל נֶגַע כָּל מַחֲלָה: [מלכים א' ח, לז] ט) אֲשֶׁר הָיָה דְבַר יְיָ אֶל יִרְמְיָהוּ עַל דִּבְרֵי הַבַּצָּרוֹת: [ירמיה יד, א]

Chapter Two

Mishnah The following Mishnah delineates the special procedures and prayer service observed on the public fast days decreed for the lack of rain:[1]

סֵדֶר תַּעֲנִיּוֹת כֵּיצַד – What is the procedure for the prayer service on **fast days? מוֹצִיאִין אֶת הַתֵּיבָה לִרְחוֹבָהּ שֶׁל עִיר – We bring the Ark** from the synagogue[2] **out into the town square, וְנוֹתְנִין אֵפֶר מִקְלֶה עַל גַּבֵּי הַתֵּיבָה – and we place ashes**[3] **upon the Ark, וּבְרֹאשׁ הַנָּשִׂיא וּבְרֹאשׁ אַב בֵּית דִּין – and upon the head of the** ***Nasi*****,**[4] **and upon the head of the Chief of the Court.**[5] **וְכָל אֶחָד וְאֶחָד נוֹתֵן בְּרֹאשׁוֹ – Then everyone** else **places** ashes **upon his** own **head. הַזָּקֵן שֶׁבָּהֶן אוֹמֵר לִפְנֵיהֶן דִּבְרֵי כִבּוּשִׁין – The elder among them** addresses **them with words that subdue:**[6] **אַחֵינוּ לֹא נֶאֱמַר בְּאַנְשֵׁי נִינְוֵה – Our brethren, it is not stated regarding the people of Nineveh: "וַיַּרְא אֱלֹהִים אֶת־שַׂקָּם וְאֶת־תַּעֲנִיתָם" – "And God saw their sackcloth and their fast," אֶלָּא: "וַיַּרְא הָאֱלֹהִים אֶת־מַעֲשֵׂיהֶם כִּי־שָׁבוּ מִדַּרְכָּם הָרָעָה" – but rather:** ***And God saw their deeds, that they repented their evil way.***[7] **וּבַקַּבָּלָה הוּא אוֹמֵר – And in the Prophets it states: "וְקִרְעוּ לְבַבְכֶם וְאַל־בִּגְדֵיכֶם" –** ***And rend your hearts and not your clothes;***[8] i.e. the most important aspect of a fast is not the physical deprivation, but true repentance.[9]

עָמְדוּ בִּתְפִלָּה – When **they stand to pray**[10] in the town square, **מוֹרִידִין לִפְנֵי הַתֵּיבָה – they send down before the Ark**[11] to lead the prayers, **זָקֵן וְרָגִיל – an elder, well versed** in prayer,[12] **וְיֵשׁ לוֹ בָּנִים – who has children, וּבֵיתוֹ רֵיקָם – and whose house is empty, כְּדֵי שֶׁיְּהֵא לִבּוֹ שָׁלֵם בִּתְפִלָּה – so that his heart should be completely** devoted **in prayer.**[13] **וְאוֹמֵר לִפְנֵיהֶן עֶשְׂרִים וְאַרְבָּעָה בְּרָכוֹת – He recites** aloud **before them twenty-four blessings:**[14] **י״ח שֶׁבְּכָל יוֹם – The eighteen** blessings of the Shemoneh Esrei **of each day, וּמוֹסִיף עֲלֵיהֶן עוֹד שֵׁשׁ – to which he adds another six** blessings.[15] **וְאֵלּוּ הֵן – And they are** as follows: **זִכְרוֹנוֹת וְשׁוֹפָרוֹת –** ***Zichronos*****,** ***Shofaros*****,**[16]

NOTES

1. The Gemara (15b) will explain that the prayer service described here is only for the last seven fast days (*Orach Chaim* 579:1).

[*Ran* to this Mishnah (ד״ה ויש שלמדו) states that the procedures and special prayers described in this Mishnah apply to public fasts declared to avert any calamity, not merely for the absence of rain. However, *Rambam's* view (followed by *Shulchan Aruch Orach Chaim* 579:1) seems to be that it applies only to the last drought-related fasts (*Lechem Mishnah, Hil. Taaniyos* 4:1).]

2. With the Sefer Torah still inside it (*Rashi* to *Rif*; *Rav* to Mishnah).

3. Literally: *ashes from burning.* While the word אֵפֶר usually denotes *ashes,* strictly speaking it refers to any powdered substance, and it is therefore sometimes used to refer to עָפָר, *earth,* as well. The Mishnah thus adds the adjective מִקְלֶה, *burning,* to make it clear that we are referring to the residue of a fire, i.e. *ashes.* [The English term ashes conveys this without a qualifying adjective.]

The reason that ashes were used instead of earth is that placing ashes on one's head is more demeaning than placing earth on it (*Rashi*). Neither the Mishnah nor the Gemara specifies what type of ash is used. *Tosafos* (15b ד״ה ונותנין, 16a ד״ה אפר מקלה) suggest that it included the ash of a human bone. This is strongly questioned by *Hagahos Yavetz*. See also *Keren Orah* here.

4. *Nasi* — the prince. He served as the head of the Sanhedrin (the position of *Av Beis Din*, Chief of the Court, being below his), and, de facto, as the spiritual leader of the people. The position of *Nasi* came into being during the Second Temple era, and with the death of the famous *Nasi,* Hillel (the Elder), it became a hereditary position. After the demise of the Hasmonean and Herodian monarchies just before the destruction of the Second Temple, the *Nasi* came to be recognized by the Roman authorities as the de facto political leader of the Jewish community of Eretz Yisrael.

5. The Gemara will explain why ashes are first placed on the Ark, and then on the heads of the *Nasi* and the Chief of the Court.

6. Literally: *words that press* the heart and inspire it to repent (*Rashi*).

7. *Jonah* 3:10. Although the Ninevehites wore sackcloth and fasted, God hearkened to their cries only because they truly repented.

8. *Joel* 2:13. The verse continues: *And return to* HASHEM *your God. . .* God does not take notice of the rending of clothing when it is not accompanied by a sincere rending of the heart (*Rashi* ad loc.).

The term קַבָּלָה is used throughout the Talmud to refer to the books of the Prophets (see, for example, *Chullin* 137a). [The word derives from the Aramaic root קבל, *to complain* or *cry out* (*Tos. R' Peretz* to *Bava Kamma* 2b).] It thus refers primarily to the admonitory passages of these books. The quotation from *Jonah*, however, is not referred to as קַבָּלָה because it is a narrative (an unspecified *Tosafos*, printed in our *Rashi*; cf. *Rashi* to *Chullin* 137a ד״ה תורת משה, and *Chavos Ya'ir* responsum 9).

9. This is not meant to be the whole of the exhortation, merely its introduction. The elder continues to exhort, according to his ability, until the congregation is humbled and inspired to repent (*Rambam, Hil. Taaniyos* 4:2).

10. In Talmudic usage, the word תְּפִלָּה almost invariably refers to Shemoneh Esrei. On weekdays, the only days on which public fasts are proclaimed, there are normally three prayers: Maariv (the evening prayer), Shacharis (the morning prayer), and Minchah (the afternoon prayer). On fast days decreed for calamities that befall the community, the Rabbis added a Ne'ilah (lit. closing) service as well, just as they did for Yom Kippur. The order of the prayer service described here is followed at Shacharis and Minchah (*Orach Chaim* 575:4; see *Beur HaGra* there, and *Tur* with *Beis Yosef* there). *Ramban* asserts that the additional prayers are inserted in the Nei'lah service as well (see also *Tur Orach Chaim* 579). He cites, however, the view of *R' Chananel* that the prayer service described in the Mishnah was performed only at the Ne'ilah service.

11. In the synagogues of ancient times, the *chazzan* stood in a well of the floor of the synagogue, to evoke the verse: מִמַּעֲמַקִּים קְרָאתִיךָ ה׳, *from the depths I called You, Hashem.* Thus, the person going to lead the prayers was said to be "going down before the Ark" (*Rashi* to *Rosh Hashanah* 32a ד״ה ירד ר׳ יוחנן; *Magen Avraham* 90:3; cf. *Beis Yosef, Orach Chaim* 150 סוף ד״ה וכיצד).

12. A *shliach tzibbur* (leader, *chazzan*) who was not well versed might err, which is a bad sign for the congregation (*Rashi* from *Berachos* 34b).

[The Gemara refers to the person leading the service as the *shliach tzibbur*, literally, the emissary of the congregation. The term *chazzan* in Talmudic usage refers to the synagogue attendant (see 16b). Its use to denote a cantor or person leading the service is of later origin. Our commentary will adhere to the Gemara's terminology.]

13. He has a family dependent on him for support, but his cupboard is bare (*Rashi*). Since he lacks the means to support his family, he is personally very distressed and will pray with great fervor (*Ran*).

However, the Gemara will explain that although this is indeed a qualification for the *shliach tzibbur*, this particular phrase is a reference to one who is free of sin and whose reputation is impeccable (*Rashi* from Gemara 16b). [His piety will guarantee the sincerity of his prayers.]

14. After the congregation completes the silent Shemoneh Esrei, the *shliach tzibbur* repeats the Shemoneh Esrei, adding six more blessings to the standard eighteen, for a total of twenty-four (*Tur, Orach Chaim* 579).

15. These six additional blessings are inserted between the blessing that concludes: גּוֹאֵל יִשְׂרָאֵל, *the Redeemer of Israel,* and the blessing that concludes: רוֹפֵא חוֹלֵי עַמּוֹ יִשְׂרָאֵל, *Who heals the sick of His people Israel* (see *Rambam, Hil. Taaniyos* 4:5-7; *Tur Orach Chaim* 579).

16. *Zichronos* (literally: remembrances) and *Shofaros* are two of the three lengthy sections added to the Mussaf of Rosh Hashanah. These two blessings begin, respectively, with the words אַתָּה זוֹכֵר, *You remember*,

לבזה נפש למתעב גוי לעבד מושלים מלכים יראו וקמו ושרים בהשתחויה דכתיב שרים וישתחוו מתקיף לה רבי זירא ואיתימא רבי שמואל בר נחמני אי הוה כתיב ושרים ישתחוו כדקאמרת השתא דכתיב שרים וישתחוו הא והא עבוד אמר רב נחמן בר יצחק אף אני אומר לא הכל לאורה ולא הכל לשמחה צדיקים לאורה וישרים לשמחה צדיקים לאורה דכתיב א) אור זרוע לצדיק ולישרים שמחה דכתיב ולישרי לב שמחה:

הדרן עלך מאימתי

סדר א תעניות כיצד מוציאין את התיבה לרחובה של עיר א) ונותנין אפר מקלה על גבי התיבה ובראש הנשיא ובראש אב בית דין וכל אחד ואחד נותן בראשו הזקן שבהן אומר לפניהן דברי כבושין אחינו לא נאמר באנשי נינוה וירא אלהים את שקם ואת תעניתם אלא ב) וירא אלהים את מעשיהם כי שבו מדרכם הרעה ובקבלה הוא אומר ג) וקרעו לבבכם ואל בגדיכם עמדו בתפלה מורידין לפני התיבה זקן ורגיל ויש לו בנים וביתו ריקם כדי שיהא לבו שלם בתפלה ב ואומר לפניהן עשרים וארבעה ברכות י"ח שבכל יום ומוסיף עליהן עוד שש ואלו הן זכרונות ושופרות ד) אל ה' בצרתה לי קראתי ויענני ה) אשא עיני אל ההרים וגו' ו) ממעמקים קראתיך ה' ז) תפלה לעני כי יעטוף ר' יהודה אומר לא היה צריך לומר זכרונות ושופרות אלא אומר תחתיהן ח) רעב כי יהיה בארץ דבר כי יהיה ט) אשר היה דבר ה' אל ירמיהו על דברי הבצרות ואומר חותמיהן על הראשונה הוא אומר מי שענה את אברהם בהר המוריה הוא יענה אתכם וישמע בקול צעקתכם היום הזה ברוך אתה ה' גואל ישראל על השניה הוא אומר מי שענה את אבותינו על ים סוף הוא יענה אתכם וישמע קול צעקתכם היום הזה ברוך אתה ה' זוכר הנשכחות על השלישית הוא אומר מי שענה את יהושע בגלגל הוא יענה אתכם וישמע בקול צעקתכם היום הזה ברוך אתה ה' שומע תרועה על הרביעית הוא אומר מי שענה את שמואל במצפה הוא יענה אתכם וישמע בקול צעקתכם היום הזה ברוך אתה ה' שומע צעקה על החמישית הוא אומר מי שענה את אליהו בהר הכרמל הוא יענה אתכם וישמע בקול צעקתכם היום הזה ברוך אתה ה' שומע תפלה על הששית הוא אומר מי שענה את יונה ממעי הדגה הוא יענה אתכם וישמע בקול צעקתכם היום הזה ברוך אתה ה' העונה בעת צרה על השביעית הוא אומר מי שענה את דוד ואת שלמה בנו בירושלים הוא יענה אתכם וישמע בקול צעקתכם היום הזה ברוך אתה ה' המרחם על הארץ: מעשה בימי

רש"י

לבזה נפש למתעב גוי לעבד מושלים. לישראל הבזוים והמתועבים ועבדים מושלין בהן: ולא הכל בקימה. לקראת ישראל לעתיד לבא מלכים יראו וקמו שרים וישתחוו: ה"ג לא הכל לאורה ולא הכל לשמחה דכתיב אור זרוע לצדיק ולישרי לב שמחה. ישרים לשמחה דישרים עדיפי מצדיקים:

הדרן עלך מאימתי

סדר תעניות כיצד כו': אפר מקלה. אפר ממש ולא עפר אפר סתם הוא עפר דכשם שאפר קרוי עפר דכתיב (במדבר יט) מעפר שרפת החטאת כך עפר קרוי אפר סתם והיינו דקתני אפר מקלה אפר שריפה אי הוה תני אפר סתם הוה משמע עפר ואפר מקלה גנאי יותר מעפר סתם ובגמרא מפרש מאי טעמא נותנין אותו: כבושין. לשון עצירה כמו מכבש בלע"ז פריש"א (א) שכובשין את הלבבות להחזירם למוטב ואלו הן דברי כבושין אחינו כו': ובקבלה. שהנביא מלוה לישראל (עמדו בתפלה) והקשה תוספות מאן דהו מאי שנא בהאי קרא דכתיב ביונה וירא האלהים את מעשיהם וגו' ° ולא קרי ליה דברי קבלה ובהאי קרא דוקרעו לבבכם קרי ליה קבלה ופריק איהו כל מקום שהנביא מלוה ומודיע ומזהיר את ישראל קרי ליה קבלה ובכל דוכתא דלא איתפקד נביא כי האי וירא האלהים שהוא כמספר והולך דיליף מיניה אגב אורחיה מילתא לא קרינן ליה קבלה: (ב) ברחובה של עיר. בגלוי וכי הך דאמרינן במסכת מגילה (דף כה:) בני העיר שמכרו רחובה של עיר והתם מפרש בהדיא ג) אמר ר' זירא הואיל והעם מתפללים בו בתעניות ובמעמדות: ורגיל. רגיל להתפלל ותפלתו שגורה בפיו ולא יטעה שכל (ג) חזן שטועה סימן רע לשולחיו ג): וביתו ריקם. משמע דהוא עני ואין לו מחיה בביתו ובגמרא מפרש טעמא אחרינא וגופו נקי מעבירות שלא חטא ולא יצא עליו שום שם רע בשום עבירה כו': זכרונות ושופרות. כל הפסוקים שאומרים בראש השנה: אל ה' בצרתה לי כו'. כולן הן מזמורים: ואומר חותמיהן. על כל פרשה ופרשה אחר זכרונות חתימת זכרונות ואחר שופרות חתימת שופרות וכן אחר כולם מעין הפרשה כדמפרש ואזיל: על הראשונה. בפעם ראשונה הוא אומר מי שענה לאברהם כו' בגואל ישראל היה מתחיל להאריך והולך ואומר לכולן שש ברכות: על השניה. זו היא ברכה ראשונה של שש ברכות כדאמרינן בגמ' והיאך דגואל ישראל זו היא ברכה עצמה של שמונה עשרה ואינה מאותן שש אלא שבה היה מתחיל להוסיף ולהאריך על הזכרונות הוא אומר זוכר הנשכחות ועל השופרות שומע תרועה והיא שניה למנינה ועל אל ה' בצרתה לי והיא שלישית למנין שש שומע צעקה (ד) שלישית וכן כולן: ומי שענה את אבותינו על ים סוף. לפיכך אומרה בזכרונות לפי שהיו ישראל נשכחים במצרים כמה שנים ונתייאשו מן הגאולה וזכרם המקום וגאלם דכתיב (שמות ו) ואזכור את בריתי: ובשופרות היה אומר מי שענה את יהושע בגלגל. לפי שנענה בשופרות ביריחו וזהו בעוד שהיו ישראל בגלגל: ואליהו בהר הכרמל. כנגד אשא עיני אל ההרים וכן כולן לפי ענין המזמורים אליהו נענה בהר הכרמל מעין אשא עיני אל ההרים ושמואל במצפה דכתיבי קראי ומעין אל ה' בצרתה לי: ממעי הדגה. מעין ממעמקים קראתיך ה' ועונה בעת צרה שכן כתיב ביונה קראתי מצרה לי (יונה ב) ובשמואל כתיב ויזעק אל ה' (שמואל א ז) ובאליהו כתיב (מלכים א יח) ענני זו תפלה: ועל השביעית. מפרש בגמרא מאי שביעית מי שענה דוד ויהי רעב בימי דוד שלש שנים שנה אחר שנה (שמואל ב כא): ושלמה. כשהכניס הארון לבית קדש הקדשים אי נמי רעב כי יהיה בארץ וגו' (מלכים א ח) ולפיכך חותם מרחם על הארץ שהן התפללו על ארץ ישראל ותפלה לעני כי יעטוף על דוחק גשמים נופל וכתיב ביה (שם) בהעצר שמים: ז) בימי רבי חלפתא בצפורי. אביו של רבי יוסי דאמרינן בסנהדרין (דף לב:) אחר רבי יוסי לצפורי [אחר ר' חנינא בן תרדיון] בסיכני:

תוספות

אור זרוע לצדיק ולישרי לב שמחה. פירוש ואין לומר כדלעיל ולישרים האי והאי שמחה ואורה (ה) א"כ דאמרינן דלישרי לב קאי אהא דלעיל כמו כן אמרינן דלצדיקים קאי אהא דאבתריה כיון דסמוך לצדיק לישרי לב ובודאי יש הפרש בין זה לזה דאם לא כן לערבינהו ולכתוב לצדיקים ולישרי לב אורה ושמחה אבל ההיא דלעיל לא הוו מלכים ושרים כי הדדי אלא יראו וקמו בינייהו וכמו יראו וקמו דהוי קודם שרים קאי על מלכים דלעיל קאי נמי אשרים דכתיב אבתריה אבל הכא אין לפרש אלא אור זרוע לצדיקים ולישרי לב שמחה ה):

הדרן עלך מאימתי

עין משפט נר מצוה

א א מיי' פ"ד מהלכות תענית הלכה א ב ג טוש"ע א"ח סימן תקעט סעיף א:
ב ב מיי' שם ה"ז טור א"ח סימן תקעט:

רבינו חננאל

שירחמו עליהם מן השמים. א"ר אלעזר אין אדם חשוב רשאי ליפול על פניו א) [יחיד בצבור וכן מפורש בתלמוד ירושלמי] [בפ"ב ה"ו] אא"כ נענה כיהושע בן נון שנאמר ויאמר ה' אל יהושע קום לך למה זה אתה נופל על פניך וכן אין אדם חשוב רשאי לחגור שק על בשרו אא"כ נענה כיהורם שנאמר ויהי כשמוע המלך את דברי האשה ויקרע את בגדיו וירא העם והנה השק על בשרו. וא"ר אלעזר משה ואהרן בנפילה. יהושע וכלב בקריעה. ומסקנא יהושע הא והא קא עבד ועוד אמר מלכים בקימה שרים בהשתחויה ואני ב) אומר צדיקים וישרים בשמחה שנא' אור זרוע לצדיק ולישרי לב שמחה:

הדרן עלך מאימתי מזכירין

סדר תעניות כיצד מוציאין את

חשק שלמה על רבינו חננאל

א) נראה דל"ל פי' יחיד בציבור וכו'. ב) נראה דחסר כאן וצ"ל אמר רנב"י אף אני אומר צדיקים לאורה וישרים לשמחה שנאמר וכו'.

רבינו גרשום

תנא בנין בנין של שמחה כלומר הא דקתני ממעטין בבנין היינו בבנין של שמחה א) אכוורנקי של מלכים שכשנולד בן נוטעין אילן אחד לשמו וכשמעמידין אותו למלך עושין ממנו כסא מלכות. ומנא לן דיהושע נענה דכתיב ויאמר ה' אל יהושע וגו' ויהושע ר' מוסיף על ענין ראשון דהא והא עבד בנפילה כמשה ובקריעה. לא הכל בקימה כלומר לעתיד לבוא שעומדין כנגד ישראל והא והא עביד קימה והשתחויה. ה"ג הכל לאורה ולא הכל לשמחה צדיקים לאורה ולזו לשמחה ישרים אף לשמחה דישרים עדיפי מצדיקים:

הדרן עלך מאימתי

סדר תעניות כו' ואפי' בקמייתא כלומר

חשק שלמה על רבינו גרשום

א) אולי צ"ל ובנטיעה היינו נטיעה של שמחה כגון אכורנקי וכו'.

מסורת הש"ס

א) [עי' תוספות לקמן ע"ב ד"ה ונותנין], ב) [לפנינו שם סתמא דגמרא הוא ולא ר' זירא אמרה], ג) [ברכות לד.], ד) שייך לע"ב, ה) [ועי' תוספו' מנחות יט. ד"ה במקרא].

הגהות הב"ח

(א) רש"י ד"ה כבושין כו' (שכובשין את הלבבות להחזירם למוטב) תא"מ ונ"ב ס"א שכובשין ודוחקין את הלב לעשות תשובה. תו' ענין אחר שמגלה להם סתרי מעשיהם כמו בהדי כבשי דרחמנא כו' פר"ח ז"ל: (ב) ד"ה ובקבלה כו' לישראל והקשה כצ"ל ותיבות עמדו בתפלה נמחק לא קרינן ליה קבלה מה"ד עמדו בתפלה ברחובה של עיר: (ג) ד"ה ורגיל כו' שכל ש"צ שטועה: (ד) ד"ה על השניה כו' שומע צעקה וכן כולם כצ"ל ותיבת שלישית נמחק והד"א עם ד"ה מי שענה וד"ה ובשופרות וד"ה ואליהו וכו' ושמואל במצפה כדכתיבי קראי וכו' והד"א עד בימי רבי חלפתא: (ה) תוספות ד"ה אור כו' שמחה ואורה דאם כן אמרינן דלישרי לב כו' כמו כן אמרינן דלצדיק קאי אהא דאבתריה כו' ולכתוב לצדיק ולישרי לב אורה ושמחה אבל בההיא דלעיל לא הוו מלכים ושרים כתובים אהדדי אלא כו' אור זרוע לצדיק ולישרי לב שמחה:

גליון הש"ס

רש"י ד"ה ובקבלה וכו' ולא קרי ליה דברי קבלה. עיין חולין דף קלז ע"א רש"י ד"ה תורת משה:

ליקוטי רש"י

לבזה נפש. נפש בזויה. למתעב גוי. למי שהגוי מתעבו. מלכים יראו. אותו וקמו [ישעיה מט, ז]. אור זרוע לצדיק. זריעה ממש מוכנת לצמוח להם [תהלים צז, יא]. ובקבלה. נביאים וכתובים [ב"ק ב:]. תורת משה קרויה תורה לפי שנתנה תורה לדורות ושל נביאים לא קרי אלא קבלה שקבלו מרוח הקודש כל נבואה ונבואה לפי צורך השעה והדור והמעשה [חולין קלז.]. וקרעו לבבכם ואל בגדיכם. כי אינו חס לקריעת בגדיכם ד"א קרעו לבבכם ולא תצטרכו לקרוע בגדיכם מחמת אבל [יואל ב, יג]. תפלה לעני. ישראל שהם עם עני. כי יעטוף. בהתעטף נפשם בצרה [תהלים קב, א]. דברי הבצרות. שיצא עליהם לעצר ומנסם מכרו לשון מבצר כמו ומבצר משגב חומותיך (ישעיה כה) [ירמיה יד, א].

תורה אור השלם

א) אור זרע לצדיק ולישרי לב שמחה: [תהלים צז, יא] ב) וירא האלהים את מעשיהם כי שבו מדרכם הרעה וינחם האלהים על הרעה אשר דבר לעשות להם ולא עשה: [יונה ג, י] ג) וקרעו לבבכם ואל בגדיכם ושובו אל יי אלהיכם כי חנון ורחום הוא ארך אפים ורב חסד ונחם על הרעה: [יואל ב, יג] ד) שיר המעלות אל יי בצרתה לי קראתי ויענני: [תהלים קכ, א] ה) שיר למעלות אשא עיני אל ההרים מאין יבא עזרי: [תהלים קכא, א] ו) שיר המעלות ממעמקים קראתיך יי: [תהלים קל, א] ז) תפלה לעני כי יעטף ולפני יי ישפך שיחו: [תהלים קב, א] ח) רעב כי יהיה בארץ דבר כי יהיה שדפון ירקון ארבה חסיל כי יהיה כי יצר לו איבו בארץ שעריו כל נגע כל מחלה: [מלכים א' ח, לז] ט) אשר היה דבר יי אל ירמיהו על דברי הבצרות: [ירמיה יד, א]

„אֶל־ה׳ בַּצָּרָתָה לִּי קָרָאתִי וַיַּעֲנֵנִי" – The psalm beginning: ***To Hashem in my distress I called and He answered me.***[17] „אֶשָּׂא עֵינַי אֶל־הֶהָרִים וגו׳" – The psalm beginning: ***I raise my eyes upon the mountains* etc.**[18] „מִמַּעֲמַקִּים קְרָאתִיךָ ה׳" – The psalm beginning: ***From the depths I called You, Hashem.***[19] „תְּפִלָּה לְעָנִי כִי־יַעֲטֹף" – The psalm beginning: ***A prayer of the afflicted man when he swoons.***[20] To each of these psalms was added a concluding blessing, which the Mishnah will detail below, making for a total of six extra blessings. ר׳ יְהוּדָה אוֹמֵר לֹא הָיָה צָרִיךְ לוֹמַר זִכְרוֹנוֹת וְשׁוֹפָרוֹת – **R' Yehudah says: It is not necessary** for him **to say** ***Zichronos*** **and** ***Shofaros.*** אֶלָּא אוֹמֵר תַּחְתֵּיהֶן: „רָעָב כִּי־יִהְיֶה בָאָרֶץ דֶּבֶר כִּי־יִהְיֶה" – **Rather, in their place, he says** the passage beginning: ***If there be a famine in the land; if there be a plague,***[21] „אֲשֶׁר הָיָה דְבַר־ה׳ אֶל־יִרְמְיָהוּ עַל־דִּבְרֵי הַבַּצָּרוֹת" – and the passage beginning: ***The word of Hashem which came to Jeremiah regarding the droughts.***[22]

The Mishnah proceeds to list the endings for each of the six additional blessings:[23]

וְאוֹמֵר חוֹתְמֵיהֶן – **He then says the** proper **endings** for each of these additional blessings. עַל הָרִאשׁוֹנָה הוּא אוֹמֵר – **For the first** special blessing of the service[24] **he says** in conclusion: מִי שֶׁעָנָה אֶת אַבְרָהָם בְּהַר הַמּוֹרִיָּה – ***He Who answered Abraham on Mount Moriah,*** הוּא יַעֲנֶה אֶתְכֶם וְיִשְׁמַע בְּקוֹל צַעֲקַתְכֶם הַיּוֹם הַזֶּה – ***He shall answer you and hearken to the sound of your call this day.***[25] בָּרוּךְ אַתָּה ה׳ גּוֹאֵל יִשְׂרָאֵל – ***Blessed are You, Hashem, the Redeemer of Israel.***[26]

עַל הַשְּׁנִיָּה הוּא אוֹמֵר – **For the second** blessing, the blessing of *Zichronos,*[27] **he says** in conclusion: מִי שֶׁעָנָה אֶת אֲבוֹתֵינוּ עַל יַם סוּף הוּא יַעֲנֶה אֶתְכֶם וְיִשְׁמַע קוֹל צַעֲקַתְכֶם הַיּוֹם הַזֶּה בָּרוּךְ אַתָּה ה׳ זוֹכֵר הַנִּשְׁכָּחוֹת – ***He Who answered our forefathers at the Sea of Reeds, He shall answer you and hearken to the sound of your call this day. Blessed are You, Hashem, Who remembers the forgotten.***[28]

עַל הַשְּׁלִישִׁית הוּא אוֹמֵר – **For the third** blessing,[29] *Shofaros,* **he says** in conclusion: מִי שֶׁעָנָה אֶת יְהוֹשֻׁעַ בַּגִּלְגָּל הוּא יַעֲנֶה אֶתְכֶם וְיִשְׁמַע בְּקוֹל צַעֲקַתְכֶם הַיּוֹם הַזֶּה בָּרוּךְ אַתָּה ה׳ שׁוֹמֵעַ תְּרוּעָה – ***He Who answered Joshua at Gilgal,***[30] ***He shall answer you and hearken to the sound of your call this day. Blessed are You, Hashem, Who hearkens to the outcry*** *of the shofar.*

עַל הָרְבִיעִית הוּא אוֹמֵר – **For the fourth** blessing, which begins with psalm 120, **he says** in conclusion: מִי שֶׁעָנָה אֶת שְׁמוּאֵל בַּמִּצְפָּה הוּא יַעֲנֶה אֶתְכֶם וְיִשְׁמַע בְּקוֹל צַעֲקַתְכֶם הַיּוֹם הַזֶּה בָּרוּךְ אַתָּה ה׳ שׁוֹמֵעַ צְעָקָה – ***He Who answered Samuel at Mitzpah, He shall answer you and hearken to the sound of your call this day. Blessed are You, Hashem, Who hearkens to crying.***[31]

עַל הַחֲמִישִׁית הוּא אוֹמֵר – **For the fifth** blessing, which begins with psalm 121, **he says** in conclusion: מִי שֶׁעָנָה אֶת אֵלִיָּהוּ בְּהַר הַכַּרְמֶל הוּא יַעֲנֶה אֶתְכֶם וְיִשְׁמַע בְּקוֹל צַעֲקַתְכֶם הַיּוֹם הַזֶּה בָּרוּךְ אַתָּה ה׳ שׁוֹמֵעַ תְּפִלָּה – ***He Who answered Elijah***

NOTES

and אַתָּה נִגְלֵיתָ, *You were revealed*. They are recited in their entirety by the *shliach tzibbur* on these fast days (*Rashi*). The third special section of the Rosh Hashanah service – מַלְכֻיּוֹת, *Kingship* – is not said on fast days, because it is applicable only to Rosh Hashanah, when God judges the world (*Maharsha* סד״ה ועל השניה).

17. *Psalms* 120.

18. *Psalms* 121.

19. *Psalms* 130.

20. *Psalms* 102.

21. *I Kings* 8:37-41 (*Tif. Yis.*). This prayer was recited by King Solomon at the dedication of the Temple. In it he beseeched God to respond with mercy to prayers said in times of natural disasters. According to R' Yehudah, these verses are recited in place of *Zichronos,* with only the concluding blessing of *Zichronos* being added to them (*Gevuras Ari*).

22. *Jeremiah* 14:1-10 (*Tif. Yis.*). These verses describe the ravages of drought and conclude with pleas for Divine help even when Israel is unworthy. According to R' Yehudah, these verses are recited in place of *Shofaros.* The section concludes with the closing blessing of *Shofaros* (*Gevuras Ari*).

Although R' Yehudah's wording might indicate that the *shliach tzibbur* retains the option of reciting *Zichronos* and *Shofaros*, this is not so. R' Yehudah requires these other verses to be substituted (*Ritva, Ran*). The Gemara (16b) will explain R' Yehudah's reasoning.

23. After digressing to present R' Yehudah's view, the Mishnah returns to conclude the opinion of the Tanna Kamma (*Rashi*).

24. Although only six blessings are added on these fast days, the Mishnah will list seven endings. The Gemara (16b) explains that the first is the ending for the blessing that begins רְאֵה נָא בְעָנְיֵנוּ and concludes גּוֹאֵל יִשְׂרָאֵל. This blessing, which is recited during the regular Shemoneh Esrei, is augmented on these fast days with extra prayers (see 16b note 7) and this special ending. The last six endings correspond to the six extra fast-day blessings (*Rashi*). Thus, a total of seven blessings out of the twenty-four deal with the special needs of the fast day.

The lead-in to each of these concluding blessings is: . . . מִי שֶׁעָנָה, *He Who answered* . . . one of the righteous figures in Jewish history . . . הוּא יַעֲנֶה אֶתְכֶם, *He shall answer you* . . . on this fast day. We mention the names of the righteous so that God should answer us favorably in their merit (*Maharsha*).

25. When Isaac was spared from slaughter at Mount Moriah, Abraham was considered to have been answered by God (see *Yerushalmi* 2:4, cited in next note). [Although Abraham did not ask for Isaac to be spared, God addressed Abraham's situation favorably without his asking.]

Alternatively, on the way to the *Akeidah* Abraham had declared with assurance that (*Genesis* 22:8): אֱלֹהִים יִרְאֶה־לּוֹ הַשֶּׂה לְעֹלָה, *God will seek out for Himself the lamb for the offering*. Abraham was answered, as the verse says (v. 13): וַיִּשָּׂא אַבְרָהָם אֶת־עֵינָיו וַיַּרְא וְהִנֵּה־אַיִל, *And Abraham looked up and saw, and behold a ram!* (see *Maharsha*).

26. Although it was Isaac who was saved, since he was the progenitor of Israel, it was as though all Israel had been redeemed on Mount Moriah (*Yerushalmi* ibid., cited by *Ran*).

27. This is the first full blessing added. See note 24.

28. This is an appropriate ending for the blessing of *Zichronos* because God remembered and redeemed our forefathers who were "forgotten" in Egypt for so many years that they despaired of ever being redeemed. Thus, it states (*Exodus* 6:5): וָאֶזְכֹּר אֶת־בְּרִיתִי, *And I remembered my covenant* (*Rashi*). [See *Tosafos* (16b ד״ה מאי שביעית), who in fact record the conclusion of this blessing to be זוֹכֵר הַבְּרִית, *Who remembers the covenant*.]

29. That is, the second additional blessing. See notes 24 and 27.

30. This refers to the miraculous collapse of the walls of Jericho brought about by the blowing of the shofar, an appropriate ending to the blessing of *Shofaros.* Joshua is described as being in Gilgal because Israel was encamped at Gilgal when the battle of Jericho took place (*Rashi*).

31. Samuel prayed to God to save Israel from the attacking Philistines, and God listened to his prayer, as it says (*I Samuel* 7:9): *Samuel cried out. . . and Hashem answered him.* (See *Rashi* 17a ד״ה צעקה who cites a different verse: and note 5 to 17a.) Reference to this is appropriate to psalm 120 which begins: *To Hashem in my distress I called, and He answered me.*

The text of the conclusion of the blessing שׁוֹמֵעַ צְעָקָה alludes to the verse וַיִּזְעַק . . . אֶל־ה׳, *And he [Samuel] called out to Hashem* (צעקה = זעקה; see *Radak* to *Psalms* 107:13, *Maharsha* 17a ד״ה ותפלה, and *Rashi* to *Lev.* 19:16).

לבזה נפש למתעב גוי לעבד מושלים מלכים יראו וקמו ושרים בהשתחויה דכתיב שרים וישתחוו מתקיף לה רבי זירא ואיתימא רבי שמואל בר נחמני אי הוה כתיב ושרים ישתחוו כדקאמרת השתא דכתיב שרים וישתחוו הא והא עבוד אמר רב נחמן בר יצחק אף אני אומר לא הכל לאורה ולא הכל לשמחה צדיקים לאורה וישרים לשמחה צדיקים לאורה דכתיב א) אור זרוע לצדיק ולישרים שמחה דכתיב ולישרי לב שמחה:

הדרן עלך מאימתי

סדר א תעניות כיצד מוציאין את התיבה לרחובה של עיר א) ונותנין אפר מקלה על גבי התיבה ובראש הנשיא ובראש אב בית דין וכל אחד ואחד נותן בראשו הזקן שבהן אומר לפניהן דברי כבושין אחינו לא נאמר באנשי נינוה וירא אלהים את שקם ואת תעניתם אלא ב) וירא אלהים את מעשיהם כי שבו מדרכם הרעה ובקבלה הוא אומר ג) וקרעו לבבכם ואל בגדיכם עמדו בתפלה מורידין לפני התיבה זקן ורגיל ויש לו בנים וביתו ריקם כדי שיהא לבו שלם בתפלה ב ואומר לפניהן עשרים וארבעה ברכות י"ח שבכל יום ומוסיף עליהן עוד שש ואלו הן זכרונות ושופרות ד) אל ה' בצרתה לי קראתי ויענני ה) אשא עיני אל ההרים וגו' ו) ממעמקים קראתיך ה' ז) תפלה לעני כי יעטוף ר' יהודה אומר לא היה צריך לומר זכרונות ושופרות אלא אומר תחתיהן ח) רעב כי יהיה בארץ דבר כי יהיה ט) אשר היה דבר ה' אל ירמיהו על דברי הבצרות ואומר חותמיהן על הראשונה הוא אומר מי שענה את אברהם בהר המוריה הוא יענה אתכם וישמע בקול צעקתכם היום הזה ברוך אתה ה' גואל ישראל על השניה הוא אומר מי שענה את אבותינו על ים סוף הוא יענה אתכם וישמע קול צעקתכם היום הזה ברוך אתה ה' זוכר הנשכחות על השלישית הוא אומר מי שענה את יהושע בגלגל הוא יענה אתכם וישמע בקול צעקתכם היום הזה ברוך אתה ה' שומע תרועה על הרביעית הוא אומר מי שענה את שמואל במצפה הוא יענה אתכם וישמע בקול צעקתכם היום הזה ברוך אתה ה' שומע צעקה על החמישית הוא אומר מי שענה את אליהו בהר הכרמל הוא יענה אתכם וישמע בקול צעקתכם היום הזה ברוך אתה ה' שומע תפלה על הששית הוא אומר מי שענה את יונה ממעי הדגה הוא יענה אתכם וישמע בקול צעקתכם היום הזה ברוך אתה ה' העונה בעת צרה על השביעית הוא אומר מי שענה את דוד ואת שלמה בנו בירושלים הוא יענה אתכם וישמע בקול צעקתכם היום הזה ברוך אתה ה' המרחם על הארץ: מעשה בימי

רש"י

לבזה נפש למתעב גוי לעבד מושלים. לישראל הבזוים ומתועבים ועבדים מושלין בהן: ולא הכל בקימה. לקראת ישראל לעתיד לבא מלכים יראו וקמו שרים וישתחוו: ה"ג לא הכל לאורה ולא הכל לשמחה דכתיב אור זרוע לצדיק ולישרי לב שמחה. ישרים לשמחה דישרים עדיפי מצדיקים:

הדרן עלך מאימתי

סדר תעניות כיצד כו': אפר מקלה. אפר ממש ולא עפר אפר סתם הוא עפר דכשם שאפר קרוי עפר דכתיב (במדבר יט) מעפר שרפת החטאת כך עפר קרוי אפר סתם והיינו דקתני אפר מקלה אפר שריפה אי הוה תני אפר סתם הוה משמע עפר ואפר מקלה גנאי יותר מעפר סתם ובגמרא מפרש מאי טעמא נותנין אותו: כבושין. לשון עלירה כמו מכבש בלע"ז פריש"א (א) שכובשין את הלבבות להחזירם למוטב ואלו הן דברי כבושין אחינו כו': ובקבלה. שהנביא מלוה לישראל (עמדו בתפלה) והקשה תוספות מאן דהו מאי שנא בהאי קרא דכתיב ביונה וירא האלהים את מעשיהם וגו' ° ולא קרי ליה דברי קבלה ובהאי קרא דוקרעו לבבכם קרי ליה קבלה ופריק איהו כל מקום שהנביא מלוה ומודיע ומזהיר את ישראל קרי ליה קבלה ובכל דוכתא דלא איתפקד נביא כי האי וירא האלהים שהוא כמספר והולך דיליף מיניה אגב אורחיה מילתא לא קרינן ליה קבלה: (ב) ברחובה של עיר. בגלוי וכי הך דאמרינן במסכת מגילה (דף כה:) בני העיר שמכרו רחובה של עיר והתם מפרש בהדיא ג) אמר ר' זירא הואיל והעם מתפללים בו בתעניות ובמעמדות: ורגיל. רגיל להתפלל ותפלתו שגורה בפיו ולא יטעה שכל (ג) חזן שטועה סימן רע לשולחיו ג): וביתו ריקם. משמע דהוא עני ואין לו מחיה בביתו ובגמרא מפרש טעמא אחרינא וגופו נקי מעבירות שלא חטא ולא יצא עליו שום שם רע בשום עבירה כו': זכרונות ושופרות. כל הפסוקים שאומרים בראש השנה: אל ה' בצרתה לי כו'. כולן הן מזמורים: ואומר חותמיהן. על כל פרשה ופרשה אחר זכרונות חתימת זכרונות ואחר שופרות חתימת שופרות וכן אחר כולם מעין הפרשה כדמפרש ואזיל: על הראשונה. בפעם ראשונה הוא אומר מי שענה לאברהם כו' בגואל ישראל היה מתחיל להאריך והולך ואומר לכולן שש ברכות: על השניה. זו היא ברכה ראשונה של שש ברכות כדאמרינן בגמ' והיאך דגואל ישראל זו היא ברכה עצמה של שמונה עשרה ואינה מאותן שש אלא שבה היה מתחיל להוסיף ולהאריך על הזכרונות הוא אומר זוכר הנשכחות ועל השופרות שומע תרועה והיא שניה למנינה ועל אל ה' בצרתה לי והיא שלישית (ד) שלישית וכן כולן: ומי שענה את אבותינו על ים סוף. לפיכך אומרה בזכרונות לפי שהיו ישראל נשכחים במצרים כמה שנים ונתייאשו מן הגאולה וחכרם המקום וגאלם דכתיב (שמות ו) ואזכור את בריתי: ובשופרות היה אומר מי שענה את יהושע בגלגל. לפי שנענה בשופרות ביריחו וזהו בעוד שהיו ישראל בגלגל: ואליהו בהר הכרמל. כנגד אשא עיני אל ההרים וכן כולן לפי ענין המזמורים אליהו נענה בהר הכרמל מעין אשא עיני אל ההרים ושמואל במצפה דכתיבי קראי ומעין אל ה' בצרתה לי: ממעי הדגה. מעין ממעמקים קראתיך ה' ועונה בעת צרה שכן כתיב ביונה קראתי מצרה לי (יונה ב) ובשמואל כתיב ויזעק אל ה' (שמואל א ז) ובאליהו כתיב (מלכים א יח) ענני זו תפלה: ועל השביעית. מפרש בגמרא מאי שביעית מי שענה דוד ויהי רעב בימי דוד שלש שנים שנה אחר שנה (שמואל ב כא): ושלמה. כשהכניס הארון לבית קדש הקדשים אי נמי רעב כי יהיה בארץ וגו' (מלכים א ח) ולפיכך חותם מרחם על הארץ שהן התפללו על ארץ ישראל ותפלה לעני כי יעטוף על דוחק גשמים נופל וכתיב ביה (שם) בהעצר שמים: ד) בימי רבי חלפתא בצפורי. אביו של רבי יוסי דאמרינן בסנהדרין (דף לב:) אחר רבי יוסי לצפורי [אחר ר' חנינא בן תרדיון] בסיכני:

תוספות

אור זרוע לצדיק ולישרי לב שמחה. פירוש ואין לומר כדלעיל ולישרים האי והאי שמחה ואורה (ה) א"כ דאמרינן דלישרי לב קאי אהא דלעיל כמו כן אמרינן דלצדיקים קאי אהא דלבתריה כיון דסמוך לדיק לישרי לב ובודאי יש הפרש בין זה לזה דאם לא כן לערבינהו ולכתוב לצדיקים ולישרי לב אורה ושמחה אבל ההיא דלעיל לא הוו מלכים ושרים כי הדדי אלא יראו וקמו בינייהו וכמו יראו וקמו דהוי קודם שרים קאי על מלכים דלעיל קאי נמי אשרים דכתיב אבתריה אבל הכא אין לפרש אלא אור זרוע לצדיקים ולישרי לב שמחה ה):

הדרן עלך מאימתי

עין משפט נר מצוה

א א מיי' פ"ד מהלכות תענית הלכה א ב ג טוש"ע א"ח סימן תקעט סעיף א:

ב ב מיי' שם ה"ז טור א"ח סימן תקעט:

רבינו חננאל

שירחמו עליהם מן השמים. א"ר אלעזר אין אדם חשוב רשאי ליפול על פניו א) [יחיד בצבור וכן מפורש בתלמוד ירושלמי] [בפ"ב ה"ו] אא"כ נענה כיהושע בן נון שנאמר ויאמר ה' אל יהושע קום לך למה זה אתה נופל על פניך וכן אין אדם חשוב רשאי לחגור שק על בשרו אא"כ נענה כיהורם שנאמר ויהי כשמוע המלך את דברי האשה ויקרע את בגדיו וירא העם והנה השק על בשרו. וא"ר אלעזר משה ואהרן בנפילה. יהושע וכלב בקריעה. ומסקנא יהושע הא והא קא עבד ועוד אמר מלכים בקימה שרים בהשתחויה ואני ב) אומר צדיקים וישרים בשמחה שנא' אור זרוע לצדיק ולישרי לב שמחה:

הדרן עלך מאימתי מזכירין

סדר תעניות כיצד מוציאין את

חשק שלמה על רבינו חננאל

א) נראה דל"ל פי' יחיד בציבור וכו'. ב) נראה דחסר כאן ול"ל אמר רנב"י אף אני אומר צדיקים לאורה וישרים לשמחה שנאמר וכו'.

רבינו גרשום

תנא בנין בנין של שמחה כלומר הא דקתני ממעטין בבנין היינו בבנין של שמחה א) אכוורנקי של מלכים שכשנולד בן נוטעין אילן אחד לשמו וכשמעמידין אותו למלך עושין ממנו כסא מלכות. ומנא לן דיהושע נענה דכתיב ויאמר ה' אל יהושע וגו' ויהושע ר' מוסיף על ענין ראשון דהא והא עבד בנפילה כמשה ובקריעה. לא הכל בקימה כלומר לעתיד לבוא שעומדין כנגד ישראל והא והא עביד קימה והשתחויה. ה"ג הכל לאורה ולא הכל לשמחה צדיקים לאורה ולזו לשמחה ישרים אף לשמחה דישרים עדיפי מצדיקים:

הדרן עלך מאימתי

סדר תעניות כו' ואפי' בקמייתא כלומר

חשק שלמה על רבינו גרשום

א) אולי צ"ל ובנטיעה היינו נטיעה של שמחה כגון אבורנקי וכו'.

תורה אור השלם

א) אוֹר זָרֻעַ לַצַּדִּיק וּלְיִשְׁרֵי לֵב שִׂמְחָה: [תהלים צז, יא] ב) וַיַּרְא הָאֱלֹהִים אֶת מַעֲשֵׂיהֶם כִּי שָׁבוּ מִדַּרְכָּם הָרָעָה וַיִּנָּחֶם הָאֱלֹהִים עַל הָרָעָה אֲשֶׁר דִּבֶּר לַעֲשׂוֹת לָהֶם וְלֹא עָשָׂה: [יונה ג, י] ג) וְקִרְעוּ לְבַבְכֶם וְאַל בִּגְדֵיכֶם וְשׁוּבוּ אֶל יְיָ אֱלֹהֵיכֶם כִּי חַנּוּן וְרַחוּם הוּא אֶרֶךְ אַפַּיִם וְרַב חֶסֶד וְנִחָם עַל הָרָעָה: [יואל ב, יג] ד) שִׁיר הַמַּעֲלוֹת אֶל יְיָ בַּצָּרָתָה לִּי קָרָאתִי וַיַּעֲנֵנִי: [תהלים קכ, א] ה) שִׁיר לַמַּעֲלוֹת אֶשָּׂא עֵינַי אֶל הֶהָרִים מֵאַיִן יָבֹא עֶזְרִי: [תהלים קכא, א] ו) שִׁיר הַמַּעֲלוֹת מִמַּעֲמַקִּים קְרָאתִיךָ יְיָ: [תהלים קל, א] ז) תְּפִלָּה לְעָנִי כִי יַעֲטֹף וְלִפְנֵי יְיָ יִשְׁפֹּךְ שִׂיחוֹ: [תהלים קב, א] ח) רָעָב כִּי יִהְיֶה בָאָרֶץ דֶּבֶר כִּי יִהְיֶה שִׁדָּפוֹן יֵרָקוֹן אַרְבֶּה חָסִיל כִּי יִהְיֶה כִּי יָצַר לוֹ אֹיְבוֹ בְּאֶרֶץ שְׁעָרָיו כָּל נֶגַע כָּל מַחֲלָה: [מלכים א' ח, לז] ט) אֲשֶׁר הָיָה דְבַר יְיָ אֶל יִרְמְיָהוּ עַל דִּבְרֵי הַבַּצָּרוֹת: [ירמיה יד, א]

מסורת הש"ס

א) [עי' תוספות לקמן ע"ב ד"ה ונותנין], ב) [לפנינו שם סתמא דגמרא הוא ולא ר' זירא אמרה], ג) [ברכות לד.], ד) שייך לע"ב, ה) [ועי' תוספו' מנחות יט. ד"ה במקרא].

הגהות הב"ח

(א) רש"י ד"ה כבושין כו' (שכובשין את הלבבות להחזירם למוטב) תא"מ ונ"ב פ"א שכובשין ודוחקין את הלב לעשות תשובה. תו' ענין אחר שמגלה להם סתרי מעשיהם כמו בהדי כבשי דרחמנא כו' פר"ח ז"ל: (ב) ד"ה ובקבלה כו' לישראל והקשה כל"ל ותיבות עמדו בתפלה נמחק לא קרינן ליה קבלה מה"ד עמדו בתפלה ברחובה של עיר: (ג) ד"ה ורגיל כו' שכל ש"ל שטועה: (ד) ד"ה על השניה כו' שומע לעקה וכן כולם כל"ל ותיבת שלישית נמחק והד"א עם ד"ה מי שענה וד"ה ובשופרות וד"ה ואליהו וכו' ושמואל במלפה דכתיבי קראי וכו' והד"א עד בימי רבי חלפתא: (ה) תוספות ד"ה אור כו' שמחה ואורה דאם כן אמרינן דלישרי לב כו' כמו כן אמרינן דלצדיק קאי אהא דאבתריה כו' ולכתוב לצדיק ולישרי לב אורה ושמחה אבל בההיא דלעיל לא הוו מלכים ושרים כתובים אהדדי אלא כו' אור זרוע לצדיק ולישרי לב שמחה:

גליון הש"ס

רש"י ד"ה ובקבלה וכו' ולא קרי ליה דברי קבלה. עיין חולין דף קלז ע"א רש"י ד"ה תורת משה:

ליקוטי רש"י

לבזה נפש. נפש בזויה. למתעב גוי. למי שהגוי מתעבו. מלכים יראו. אותו וקמו [ישעיה מט, ז]. אור זרוע לצדיק. זריעה ממש מוכנת לצמוח להם [תהלים צז, יא]. ובקבלה. נביאים וכתובים [ב"ק ב:]. תורת משה קרויה תורה לפי שנתנה תורה לדורות ושל נביאים לא קרי אלא קבלה שקבלו מרוח הקודש כל נבואה ונבואה לפי צורך השעה והדור והמעשה [חולין קלז.]. וקרעו לבבכם ואל בגדיכם. כי אינו חפץ לקריעת בגדיכם ד"א קרעו לבבכם ואל תצטרכו לקרוע בגדיכם מחמת אבל [יואל ב, יג]. תפלה לעני. ישראל שהם עם עני. כי יעטוף. בהתעטף נפשם בצרה [תהלים קב, א]. דברי הבצרות. שיצא עליהם רעב ומנחם חברו לשון מבצר כמו ומבצר משגב מומיך (ישעיה כה) [ירמיה יד, א].

on Mount Carmel, He shall answer you and hearken to the sound of your call this day. Blessed are You, HASHEM, Who hearkens to prayer.[32]

עַל הַשִּׁשִּׁית הוּא אוֹמֵר – For **the sixth** blessing, which begins with psalm 130, **he says** in conclusion: **מִי שֶׁעָנָה אֶת יוֹנָה מִמְּעֵי הַדָּגָה הוּא יַעֲנֶה אֶתְכֶם וְיִשְׁמַע בְּקוֹל צַעֲקַתְכֶם הַיּוֹם הַזֶּה בָּרוּךְ אַתָּה ה׳ הָעוֹנֶה בְּעֵת צָרָה** – ***He Who answered Jonah from the fish's belly, He shall answer you and hearken to the sound of your call this day. Blessed are You, HASHEM, Who answers in time of distress.***[33]

עַל הַשְּׁבִיעִית הוּא אוֹמֵר – For **the seventh** blessing, which begins with psalm 102, **he says** in conclusion: **מִי שֶׁעָנָה אֶת דָּוִד וְאֶת שְׁלֹמֹה בְּנוֹ בִּירוּשָׁלַיִם הוּא יַעֲנֶה אֶתְכֶם וְיִשְׁמַע בְּקוֹל צַעֲקַתְכֶם הַיּוֹם הַזֶּה בָּרוּךְ אַתָּה ה׳ הַמְרַחֵם עַל הָאָרֶץ** – ***He Who answered David and his son, Solomon, in Jerusalem, He shall answer you and hearken to the voice of your call this day. Blessed are You, HASHEM, Who has mercy on the Land.***[34]

The Mishnah relates an incident:[35]

מַעֲשֶׂה – There was an incident

NOTES

32. When Elijah confronted the prophets of Baal on Mount Carmel, he demonstrated that Hashem was the true God by placing a sacrifice on an altar without fire to burn it. He then prayed for fire to come down from heaven to consume the offering. God answered his prayer (see *I Kings* 18:19-40). Reference to this is appropriate to psalm 121, which begins: אֶשָּׂא עֵינַי אֶל־הֶהָרִים, *I raise my eyes to the mountains; whence will come my help.*

The text of the conclusion of the blessing שׁוֹמֵעַ תְּפִלָּה alludes to Elijah's prayer (v. 37): . . . עֲנֵנִי – *Answer me* . . . , which is a term implying prayer and beseeching (*Rashi* ד״ה ממעי הדגה; *Rashi* to 17a ד״ה גבי אליהו).

33. When Jonah attempted to flee God's command to prophesy to the people of Nineveh, he was swallowed by a huge fish. He then prayed to God from the belly of the fish, and was answered. Reference to this is appropriate to psalms 130, which begins: מִמַּעֲמַקִּים קְרָאתִיךָ ה׳, *From the depths have I called to You, HASHEM.*

The conclusion of the blessing alludes to Jonah's prayer (*Jonah* 2:3): קָרָאתִי מִצָּרָה לִי אֶל־ה׳ וַיַּעֲנֵנִי, *I called in my distress to HASHEM and He answered me* (*Rashi*).

34. This refers to God's answer to David when he sought relief from a famine (see *II Samuel* 21), and to His answer to all of Solomon's prayers when he inaugurated the Temple (*I Kings* 8). Specifically, Solomon prayed that should there be a drought and hunger in the land, God should answer the prayers of his people for sustenance (v. 35-37). Reference to this is appropriate to psalm 102, which begins: תְּפִלָּה לְעָנִי כִּי־יַעֲטֹף, *A prayer of the afflicted when he swoons* (the effect of drought).

The conclusion of the blessing also refers to David and Solomon, who prayed on behalf of the Land of Israel (*Rashi;* see also *Rashi* to 17a ד״ה דבעי למחתם).

35. A more detailed account of this incident appears in the Gemara 16b.

לבזה נפש למתעב גוי לעבד מושלים מלכים יראו וקמו ושרים בהשתחויה דכתיב שרים וישתחוו מתקיף לה רבי זירא ואיתימא רבי שמואל בר נחמני אי הוה כתיב ושרים ישתחוו כדקאמרת השתא דכתיב שרים וישתחוו הא והא עבוד אמר רב נחמן בר יצחק אף אני אומר לא הכל לאורה ולא הכל לשמחה צדיקים לאורה וישרים לשמחה צדיקים לאורה דכתיב [א] אור זרוע לצדיק ולישרים שמחה דכתיב ולישרי לב שמחה:

הדרן עלך מאימתי

סדר [א] תעניות כיצד מוציאין את התיבה לרחובה של עיר [א] ונותנין אפר מקלה על גבי התיבה ובראש הנשיא ובראש אב בית דין וכל אחד ואחד נותן בראשו הזקן שבהן אומר לפניהן דברי כבושין אחינו לא נאמר באנשי נינוה וירא אלהים את שקם ואת תעניתם אלא [ב] וירא אלהים את מעשיהם כי שבו מדרכם הרעה ובקבלה הוא אומר [ג] וקרעו לבבכם ואל בגדיכם עמדו בתפלה מורידין לפני התיבה זקן ורגיל ויש לו בנים וביתו ריקם כדי שיהא לבו שלם בתפלה [ב] ואומר לפניהן עשרים וארבעה ברכות י"ח שבכל יום ומוסיף עליהן עוד שש ואלו הן זכרונות ושופרות [ד] אל ה' בצרתה לי קראתי ויענני [ה] אשא עיני אל ההרים וגו' [ו] ממעמקים קראתיך ה' [ז] תפלה לעני כי יעטוף ר' יהודה אומר לא היה צריך לומר זכרונות ושופרות אלא אומר תחתיהן [ח] רעב כי יהיה בארץ דבר כי יהיה [ט] אשר היה דבר ה' אל ירמיהו על דברי הבצרות ואומר חותמיהן על הראשונה הוא אומר מי שענה את אברהם בהר המוריה הוא יענה אתכם וישמע בקול צעקתכם היום הזה ברוך אתה ה' גואל ישראל על השניה הוא אומר מי שענה את אבותינו על ים סוף הוא יענה אתכם וישמע קול צעקתכם היום הזה ברוך אתה ה' זוכר הנשכחות על השלישית הוא אומר מי שענה את יהושע בגלגל הוא יענה אתכם וישמע בקול צעקתכם היום הזה ברוך אתה ה' שומע תרועה על הרביעית הוא אומר מי שענה את שמואל במצפה הוא יענה אתכם וישמע בקול צעקתכם היום הזה ברוך אתה ה' שומע צעקה על החמישית הוא אומר מי שענה את אליהו בהר הכרמל הוא יענה אתכם וישמע בקול צעקתכם היום הזה ברוך אתה ה' שומע תפלה על הששית הוא אומר מי שענה את יונה ממעי הדגה הוא יענה אתכם וישמע בקול צעקתכם היום הזה ברוך אתה ה' העונה בעת צרה על השביעית הוא אומר מי שענה את דוד ואת שלמה בנו בירושלים הוא יענה אתכם וישמע בקול צעקתכם היום הזה ברוך אתה ה' המרחם על הארץ: מעשה בימי

רש"י

לבזה נפש למתעב גוי לעבד מושלים. לישראל הבזוים והמתועבים ועבדים מושלין בהן: ולא הכל בקימה. לקראת ישראל לעתיד לבא מלכים יראו וקמו שרים וישתחוו: ה"ג לא הכל לאורה ולא הכל לשמחה דכתיב אור זרוע לצדיק ולישרי לב שמחה. ישרים לשמחה דישרים עדיפי מצדיקים:

הדרן עלך מאימתי

סדר תעניות כיצד כו': אפר מקלה. אפר ממש ולא עפר אפר סתם הוא עפר דכשם שאפר קרוי עפר דכתיב (במדבר יט) מעפר שרפת החטאת כך עפר קרוי אפר סתם והיינו דקתני אפר מקלה אפר שריפה אי הוה תני אפר סתם הוה משמע עפר ואפר מקלה גנאי יותר מעפר סתם ובגמרא מפרש מאי טעמא נותנין אותו: כבושין. לשון עצירה כמו מכבש בלע"ז פריש"א (א) שכובשין את הלבבות להחזירם למוטב ואלו הן דברי כבושין אחינו כו': ובקבלה. שהנביא מצוה לישראל (עמדו בתפלה) והקשה תוספות מאן דהו מאי שנא בהאי קרא דכתיב ביונה וירא האלהים את מעשיהם וגו' [ט] ולא קרי ליה דברי קבלה ובהאי קרא דוקרעו לבבכם קרי ליה קבלה ופריק איהו כל מקום שהנביא מצוה ומודיע ומזהיר את ישראל קרי ליה קבלה ובכל דוכתא דלא איתפקד נביא כי האי וירא האלהים שהוא כמספר והולך דיליף מיניה אגב אורחיה מילתא לא קרינן ליה קבלה: (ב) ברחובה של עיר. בגלוי וכי הך דאמרינן במסכת מגילה (דף כה:) בני העיר שמכרו רחובה של עיר והתם מפרש בהדיא [ג] אמר ר' זירא הואיל והעם מתפללים בו בתעניות ובמעמדות: ורגיל. רגיל להתפלל ותפלתו שגורה בפיו ולא יטעה שכל (ג) חזן שטועה סימן רע לשולחיו [ג]: וביתו ריקם. משמע דהוא עני ואין לו מחיה בביתו ובגמרא מפרש טעמא אחרינא וגופו נקי מעבירות שלא חטא ולא יצא עליו שום שם רע בשום עבירה כו': זכרונות ושופרות. כל הפסוקים שאומרים בראש השנה: אל ה' בצרתה לי כו'. כולן הן מזמורים: ואומר חותמיהן. על כל פרשה ופרשה אחר זכרונות חתימת זכרונות ואחר שופרות חתימת שופרות וכן אחר כולם מעין הפרשה כדמפרש ואזיל: על הראשונה. בפעם ראשונה הוא אומר מי שענה לאברהם כו' בגואל ישראל היה מתחיל להאריך והולך ואומר לכולן שש ברכות: על השניה. זו היא ברכה ראשונה של שש ברכות כדאמרינן בגמ' והיאך דגואל ישראל זו היא ברכה עצמה של שמונה עשרה ואינה מאותן שש אלא שבה היה מתחיל להוסיף ולהאריך על הזכרונות הוא אומר זוכר הנשכחות ועל השופרות שומע תרועה והיא שניה למנינה ועל אל ה' בצרתה לי והיא שלישית למנין שם שומע צעקה (ד) שלישית וכן כולן: ומי שענה את אבותינו על ים סוף. לפיכך אומרה בזכרונות לפי שהיו ישראל נשכחים במצרים כמה שנים ונתייאשו מן הגאולה וזכרם המקום וגאלם דכתיב (שמות ו) ואזכור את בריתי: ובשופרות היה אומר מי שענה את יהושע בגלגל. לפי שנענה בשופרות ביריחו וזהו בעוד שהיו ישראל בגלגל: ואליהו בהר הכרמל. כנגד אשא עיני אל ההרים וכן כולן לפי ענין המזמורים אליהו נענה בהר הכרמל מעין אשא עיני אל ההרים ושמואל במצפה דכתיבי קראי ומעין אל ה' בצרתה לי: ממעי הדגה. מעין ממעמקים קראתיך ה' ועונה בעת צרה שכן כתיב ביונה קראתי מצרה לי (יונה ב) ובשמואל כתיב ויזעק אל ה' (שמואל א ז) ובאליהו כתיב (מלכים א יח) ענני זו תפלה: ועל השביעית. מפרש בגמרא מאי שביעית מי שענה דוד ויהי רעב בימי דוד שלש שנים שנה אחר שנה (שמואל ב כא): ושלמה. כשהכניס הארון לבית קדש הקדשים אי נמי רעב כי יהיה בארץ וגו' (מלכים א ח) ולפיכך חותם מרחם על הארץ שהן התפללו על ארץ ישראל ותפלה לעני כי יעטוף על דוחק גשמים נופל וכתיב ביה (שם) בהעצר שמים: [ד] בימי רבי חלפתא בצפורי. אביו של רבי יוסי דאמרינן בסנהדרין (דף לג:) אמר רבי יוסי בצפורי [אמר ר' חנינא בן תרדיון] בסיכני:

תוספות

אור זרוע לצדיק ולישרי לב שמחה. פירוש ואין לומר כדלעיל ולישרים האי והאי שמחה ואורה (ה) א"כ דאמרינן דלישרי לב קאי אהא דלעיל כמו כן אמרינן דלצדיקים קאי אהא דלבתריה כיון דסמוך לצדיק לישרי לב ובודאי יש הפרש בין זה לזה דאם לא כן לערבינהו ולכתוב לצדיקים ולישרי לב אורה ושמחה אבל ההיא דלעיל לא הוו מלכים ושרים כי הדדי אלא יראו וקמו בינייהו וכמו יראו וקמו דהוי קודם שרים קאי על מלכים דלעיל קאי נמי אשרים דכתיב אבתריה אבל הכא אין לפרש אלא אור זרוע לצדיקים ולישרי לב שמחה [ה]:

הדרן עלך מאימתי

עין משפט נר מצוה

א א מיי' פ"ד מהלכות תענית הלכה א ב ג טוש"ע א"ח סימן תקעט סעיף א:

ב ב מיי' שם ה"ז טור א"ח סימן תקעט:

רבינו חננאל

שירחמו עליהם מן השמים. א"ר אלעזר אין אדם חשוב רשאי ליפול על פניו א) [יחיד בצבור וכן מפורש בתלמוד ירושלמי] [בפ"ב ה"ו] אא"כ נענה כיהושע בן נון שנאמר ויאמר ה' אל יהושע קום לך למה זה אתה נופל על פניך וכן אין אדם חשוב רשאי לחגור שק על בשרו אא"כ נענה כיהורם שנאמר ויהי כשמוע המלך את דברי האשה ויקרע את בגדיו וירא העם והנה השק על בשרו. וא"ר אלעזר משה ואהרן בנפילה. יהושע וכלב בקריעה. ומסקנא יהושע הא והא קא עבד ועוד אמר מלכים בקימה שרים בהשתחויה ואני ב) אומר צדיקים וישרים בשמחה שנא' אור זרוע לצדיק ולישרי לב שמחה:

הדרן עלך מאימתי מזכירין

סדר תעניות כיצד מוציאין את

חשק שלמה על רבינו חננאל

א) נראה דצ"ל פי' יחיד בציבור וכו'. ב) נראה דחסר כאן וצ"ל אמר רנב"י אף אני אומר צדיקים לאורה וישרים לשמחה שנאמר וכו'.

רבינו גרשום

תנא בנין בנין של שמחה כלומר הא דקתני ממעטין בבנין היינו בבנין של שמחה א) אכוורנקי של מלכים שכשנולד בן נוטעין אילן אחד לשמו וכשמעמידין אותו למלך עושין ממנו כסא מלכות. ומנא לן דיהושע נענה דכתיב ויאמר ה' אל יהושע וגו' ויהושע ר' מוסיף על ענין ראשון דהא והא עבד בנפילה כמשה ובקריעה. לא הכל בקימה כלומר לעתיד לבוא שעומדין כנגד ישראל והא והא עביד קימה והשתחויה. ה"ג הכל לאורה ולא הכל לשמחה צדיקים לאורה ולזו לשמחה ישרים אף לשמחה דישרים עדיפי מצדיקים:

הדרן עלך מאימתי

סדר תעניות כו' ואפי' בקמייתא כלומר

חשק שלמה על רבינו גרשום

א) אולי צ"ל ובנטיעה היינו נטיעה של שמחה כגון אכורנקי וכו'.

מסורת הש"ס

א) [עי' תוספות לקמן ע"ב ד"ה ונותנין], ב) [לפנינו שם סתמא דגמרא הוא ולא ר' זירא אמרה], ג) [ברכות לד.], ד) שייך לע"ב, ה) [ועי' תוספ' מנחות יט. ד"ה במקרא].

הגהות הב"ח

(א) רש"י ד"ה כבושין כו' (שכובשין את הלבבות להחזירם למוטב) תא"מ ונ"ב ס"א שכובשין ודוחקין את הלב לעשות תשובה. מו' ענין אחר שמגלה להם סתרי מעשיהם כמו בהדי כבשי דרחמנא כו' פר"ח ז"ל: (ב) ד"ה ובקבלה כו' לישראל והקשה כצ"ל ותיבות עמדו בתפלה נמחק לא קרינן ליה קבלה מה"ד עמדו בתפלה ברחובה של עיר: (ג) ד"ה ורגיל כו' שכל ש"צ שטועה: (ד) ד"ה על השניה כו' שומע לעקה וכן כולם כצ"ל ותיבת שלישית נמחק והד"א עם ד"ה מי שענה וד"ה ובשופרות וד"ה ואליהו וכו' ושמואל במצפה כדכתיבי קראי וכו' והד"א עד בימי רבי חלפתא: (ה) תוספות ד"ה אור כו' שמחה ואורה דאם כן אמרינן דלישרי לב כו' כמו כן אמרינן דלדיק קאי אהא דלאבתריה כו' ולכתוב לצדיק ולישרי לב אורה ושמחה אבל בהסיא דלעיל לא הוו מלכים ושרים כתובים אהדדי אלא כו' אור זרוע לצדיק ולישרי לב שמחה:

גליון הש"ס

רש"י ד"ה ובקבלה וכו' ולא קרי ליה דברי קבלה. עיין חולין דף קלז ע"א רש"י ד"ה תורת משה:

ליקוטי רש"י

לבזה נפש. נפש בזויה. למתעב גוי. למי שהגוי מתעבו. מלכים יראו. אותו וקמו [ישעיה מט, ז]. אור זרוע לצדיק. זריעה ממש מוכנת לצמוח להם [תהלים צז, יא]. ובקבלה. נביאים וכתובים [ב"ק ב:]. תורת משה קרויה תורה לפי שנתנה תורה לדורות ושל נביאים לא קרי אלא קבלה שקבלו מרוח הקודש כל נבואה ונבואה לפי צורך השעה והדור והמעשה [חולין קלז.]. וקרעו לבבכם ואל בגדיכם. כי איני חש לקריעת בגדיכם ד"א קרעו לבבכם ואל תצטרכו לקרוע בגדיכם מחמת אבל [יואל ב, יג]. תפלה לעני. ישראל שהם עם עני. כי יעטוף. בהתעטף נפשם בצרה [תהלים קב, א]. דברי הבצרות. שיבא עליהם רעב ומנחם חברו לשון מבצר כמו ומבצר משגב חומותיך (ישעיה כה) [ירמיה יד, א].

תורה אור השלם

א) אור זָרֻעַ לַצַּדִּיק וּלְיִשְׁרֵי לֵב שִׂמְחָה: [תהלים צז, יא] ב) וַיַּרְא הָאֱלֹהִים אֶת מַעֲשֵׂיהֶם כִּי שָׁבוּ מִדַּרְכָּם הָרָעָה וַיִּנָּחֶם הָאֱלֹהִים עַל הָרָעָה אֲשֶׁר דִּבֶּר לַעֲשׂוֹת לָהֶם וְלֹא עָשָׂה: [יונה ג, י] ג) וְקִרְעוּ לְבַבְכֶם וְאַל בִּגְדֵיכֶם וְשׁוּבוּ אֶל יְיָ אֱלֹהֵיכֶם כִּי חַנּוּן וְרַחוּם הוּא אֶרֶךְ אַפַּיִם וְרַב חֶסֶד וְנִחָם עַל הָרָעָה: [יואל ב, יג] ד) שִׁיר הַמַּעֲלוֹת אֶל יְיָ בַּצָּרָתָה לִּי קָרָאתִי וַיַּעֲנֵנִי: [תהלים קכ, א] ה) שִׁיר לַמַּעֲלוֹת אֶשָּׂא עֵינַי אֶל הֶהָרִים מֵאַיִן יָבֹא עֶזְרִי: [תהלים קכא, א] ו) שִׁיר הַמַּעֲלוֹת מִמַּעֲמַקִּים קְרָאתִיךָ יְיָ: [תהלים קל, א] ז) תְּפִלָּה לְעָנִי כִי יַעֲטֹף וְלִפְנֵי יְיָ יִשְׁפֹּךְ שִׂיחוֹ: [תהלים קב, א] ח) רָעָב כִּי יִהְיֶה בָאָרֶץ דֶּבֶר כִּי יִהְיֶה שִׁדָּפוֹן יֵרָקוֹן אַרְבֶּה חָסִיל כִּי יִהְיֶה כִּי יָצַר לוֹ אֹיְבוֹ בְּאֶרֶץ שְׁעָרָיו כָּל נֶגַע כָּל מַחֲלָה: [מלכים א' ח, לז] ט) אֲשֶׁר הָיָה דְבַר יְיָ אֶל יִרְמְיָהוּ עַל דִּבְרֵי הַבַּצָּרוֹת: [ירמיה יד, א]

וגומר

בימי רבי חלפתא ור' חנניא בן תרדיון שעבר אחד לפני התיבה וגמר את הברכה כולה ולא ענו אחריו אמן תקעו הכהנים [א] ותקעו מי שענה את אברהם אבינו בהר המוריה הוא יענה אתכם וישמע בקול צעקתכם היום הזה הריעו בני אהרן הריעו מי שענה את אבותינו על ים סוף הוא יענה אתכם וישמע בקול צעקתכם היום הזה (א) א וכשבא דבר אצל חכמים אמרו לא היינו נוהגין כן אלא בשער מזרח ובהר הבית שלש תעניות הראשונות א) אנשי משמר מתענין ולא משלימין ואנשי בית אב לא היו מתענין כלל שלש שניות אנשי משמר מתענין ומשלימין ואנשי בית אב מתענין ולא משלימין שבע אחרונות אלו ואלו מתענין ומשלימין דברי רבי יהושע וחכמים אומרים ב שלש תעניות הראשונות אלו ואלו לא היו מתענין כלל ג שלש שניות אנשי משמר מתענין ולא משלימין ואנשי בית אב לא היו מתענין כלל ד שבע אחרונות אנשי משמר מתענין ומשלימין ואנשי בית אב מתענין ולא משלימין ה אנשי משמר מותרין לשתות יין בלילות אבל לא בימים ו ואנשי בית אב לא ביום ולא בלילה ג) ז אנשי משמר ח ואנשי מעמד אסורין מלספר ומלכבס ובחמישי מותרין מפני כבוד השבת כל הכתוב במגילת תענית דלא למספד לפניו אסור לאחריו מותר רבי יוסי אומר לפניו ולאחריו אסור דלא להתענאה לפניו ולאחריו מותר ר' יוסי אומר לפניו אסור לאחריו מותר ד) ט אין גוזרין תענית על הצבור בתחילה בחמישי שלא להפקיע השערים אלא שלש תעניות הראשונות שני וחמישי ושני ושלש שניות חמישי שני וחמישי ר' יוסי אומר כשם שאין הראשונות בחמישי כך לא שניות ולא אחרונות ה) כ אין גוזרין תענית על הצבור בראשי חדשים בחנוכה ובפורים ואם התחילו אין מפסיקין דברי רבן גמליאל אמר רבי מאיר אף על פי שאמר רבן גמליאל אין מפסיקין מודה היה שאין משלימין וכן תשעה באב שחל להיות בערב שבת: **גמ'** סדר תעניות כיצד מוציאין את התיבה כו' ואפילו בקמייתא ורמינהו שלש תעניות ראשונות ושניות נכנסים לבית הכנסת ומתפללין כדרך שמתפללין כל השנה כולה ובשבע אחרונות מוציאין את התיבה לרחובה של עיר ונותנין אפר על גבי התיבה ובראש הנשיא ובראש אב בית דין וכל אחד ואחד [ב] נוטל ונותן בראשו רבי נתן אומר אפר מקלה הן מביאין אמר רב פפא ל) כי תנן נמי מתניתין אשבע אחרונות תנן: ובראש הנשיא: והדר תני כל אחד ואחד [ג] (י נוטל ונותן) בראשו איני (י והתנן) מ) רבי אומר בגדולה מתחילין מן הגדול נ) ובקללה מתחילין מן הקטן בגדולה מתחילין מן הגדול שנאמר א) ויאמר משה אל אהרן ולאלעזר ולאיתמר ובקללה מתחילין מן הקטן (י דאמר מר) ס) בתחלה נתקלל נחש ואחר כך נתקללה חוה ואח"כ נתקלל אדם הא חשיבותא לדידהו דאמרי להו אתון חשיביתו למיבעי עלן רחמי אכ"ע: (ל כל אחד ואחד [ד] (י נוטל ונותן) בראשו: אמר רב אדא) וכל אחד ואחד (י נוטל ונותן) בראשו נשיא ואב בית דין נמי נשקלו אינהו וניגחו בראשייהו מאי שנא דשקיל איניש אחרינא ומנח להו אמר רבי מ) אבא דמן קסרי ע) אינו דומה מתבייש מעצמו

רש"י

וגומר כל הברכה. כל אותה ברכה עצמה: ה"ג ולא ענו אחריו אמן תקעו בני אהרן תקעו. חזן הכנסת אומר להן על כל ברכה וברכה והוא השמש ולא שליח צבור: לא היינו נוהגין. שלא לענות אמן: אלא בשער מזרח ובהר הבית. כלומר בזמן שבית המקדש קיים כשמתפללין בהר הבית נכנסין בדרך שער המזרח לפי שלא היו עונין אמן במקדש כדאמרינן בגמרא (דף טז:) ואין לומר לא היו נוהגין כן לתקוע אלא במקדש דודאי תוקעין בגבולים כדמוכח בכולה הך מסכת ומסכת ראש השנה (דף כו: כז.): אנשי משמר. של אותה שבת: ולא משלימין. שעדיין אינן חמורין כל כך ובגמרא (דף יז.) מפרש שמא תכבד העבודה על אנשי בית אב שהיו עובדין אותו היום ובאים הן לסייעם ואם היו מתענים (ב) לא היה להם כח לעמוד בעבודה: אנשי בית אב. המשמרה מתחלקת לשבעה בתי אבות כנגד שבעת ימי השבוע בית אב ליום: אנשי [מעמד]. אחד כהנים ולוים וישראלים הקבועים ועומדין ומתפללין על קרבן אחיהם שיקבל לרצון ועומדים לשם בשעת עבודה דהיאך קרבנו של אדם קרב והוא אינו עומד על גביו וכולהו מפרש בפרק אחרון (דף כו.): מותרין לשתות יין. לאו גבי תענית איתמר אלא אגב דמיירי בבני משמר מייתי לה: בלילות. אין לחוש שמא תכבד העבודה שהרי לאו מבערב שפסקו הקרבנות ולא כבדה העבודה פ) שיביאו רוב קרבנות ולא יספיקו בני בית אב של אותו היום וצריכין אלו לסייען והרי אינן ראויין לעבודה משום שכרות: אנשי בית אב אסורין בין ביום בין בלילה. לפי שהיו מעלין כל הלילה אברים ופדרים שפקעו מעל המזבח א"נ לא גמרו ביום גומרים בלילה אבל אנשי משמר אינן צריכין לסייע בלילה להפך במזלג דבית אב יכול להספיק לבד היפוך המערכה: אסורים לספר ולכבס. משנכנסו למשמרתם כל אותה שבת אלא מספרין קודם לכן וטעמא מפרש בגמרא: ובחמישי. של משמרתן מותרים דרך רוב בני אדם להסתפר בחמישי ולא בערב שבת מפני הטורח: כל הכתוב במגילת תענית דלא למיספד. דאית יומיא דלא להתענאה ומקצתהון דחמירי טפי דלא למיספד ואותן שהן חמורים ואסורים בהספד לפניו אסור בהספד דילמא אתי למיעבד ביו"ט גופיה: ולאחריו מותר. דכיון שעבר יום לא חיישינן ואותן שאינן חמורין ליאסר בהספד אלא דלא להתענאה בין לפניו כו': שלא להפקיע את השערים. כשרואין בעלי חניות שקונין למוצאי יום חמישי שתי סעודות גדולות אחת (ג) לליל חמישי ואחת לשבת סבורים שבא רעב לעולם ומייקרים ומפקיעים השער אבל משהתחילו להתענות יודעין שאינו אלא מפני התענית: בראשי חדשים. דאיקרי מועד: ואם התחילו. שקיבלו תענית מקודם לכן ונכנס בהן ראש חדש אין מפסיקין דאף על גב דאיקרי מועד לא כתיב ביה יום משתה ושמחה ע): שאין משלימין. להתענות כל היום אלא אוכלין סמוך לערב: ° מגילת תענית נכתבה בימי חכמים אע"פ שלא היו כותבין הלכות והיינו דקתני כל הכתוב במגילת תענית כאילו היה מקרא: **גמ'** אפילו בקמייתא. מוציאין את התיבה בתמיה: כי קתני נמי מתני'. סדר תעניות כיצד בסדר תעניות אחרונות קא מיירי: ה"ג בגמרא ונותנין אפר על גבי התיבה ולא גרסינן אפר מקלה פ) אפר שריפה עדיף משום אפרו של יצחק כדלקמן: בגדולה. מצוה בעלמא שלא לפורענות וידבר משה אל אהרן ואל אלעזר וגו': הא נמי דיהבינן בראשייהו דנשיא ואב ב"ד ברישא חשיבותא הוא דאמרי להו אתון חשיביתו טפי כו': דשקיל איניש אחרינא כו'. דקתני ונותנין ע"ג התיבה כו' ועל ראש הנשיא כו' דמשמע על ידי אחר וגבי שאר כל אדם לא תני נותנין אלא כל אחד ואחד (צ נוטל) כו':

למתבייש

תוספות

ואפילו בקמייתא. כלומר ואפי' בג' תעניות הראשונות ובג' שניות קאמר במתני' דמוציאין את התיבה לרחובה של עיר ואומר כ"ד ברכות כו' ורמינהו והתניא ראשונות ושניות נכנסין כו' פי' ומתפללין בה כדרך כל השנה כולה כלומר שיאמר י"ח ברכות כדרך שמתפללין כל השנה וקשה דהא לעיל (ד) בפ"ק (דף יג:) קאמרינן אין בין ג' תעניות שניות לשלש ראשונות אלא שבאלו (ה) מתפללין ומותרין בעשיית מלאכה ובאלו אסורין בעשיית מלאכה הא לענין עשרים וארבעה זה וזה שוין דבין בראשונות בין באמצעיות היו אומרים כ"ד ועוד קשה דאמרינן לעיל ואיבעית אימא באמצעיות נמי לא מצלו כ"ד ואמאי לא מייתי לה סיועא מהא דהכא וי"ל דהא דקאמר הכא ומתפללין כדרך כל השנה לאו בעשרים וארבע ברכות קאמר אלא קאמר שמתפללין כדרך כל השנה שלא היו מוציאין את התיבה לרחובה של עיר:

ק) ונותנין אפר על גבי כו'. ואותו אפר הוי מעלם אדם שהרי (ו) הוא האפר הוי לזכרון העקידה ובעקידה היה עצמות:

במקום

עין משפט נר מצוה

ג א מיי' פ"ד מהלכות תענית הלכה יז טור א"ח סימן תקעט:
ד ב מיי' שם פ"ג ה"ב:
ה ג מיי' שם הלכה ג:
ו ד מיי' שם הלכה ו:
ז ה ו מיי' פ"א מהלכות ביאת מקדש הלכה ו:
ח ז מיי' שם הלכה יב:
ט ח מיי' פ"ו מהלכות כלי המקדש הל' יא:
י ט מיי' פ"א מהלכות תענית הלכה ה טוש"ע א"ח סי' תקעב סעי' א:
יא י מיי' שם פ"א הל' ג והל' ה טוש"ע שם סי' תקעה סעיף ג ד:
יב כ מיי' שם פ"א הל' ז טוש"ע שם סימן תקעב סעיף ב:
יג ל מיי' פ"ד שם הלכה א טוש"ע שם סימן תקעט סעיף א:

רבינו חננאל

התיבה כו'. ואקשינן סדר תעניות מכלל דבכולהו מוציאין את התיבה והתניא שלשה תעניות הראשונות נכנסין לבתי כנסיות ומדרשות ומתפללין כדרך שמתפללין כל השנה שבע אחרונות מוציאין את התיבה לרחובה של עיר כו'. ושני רב פפא כי תנן מוציאין את התיבה בז' אחרונות תנן. ואקשינן אמאי אין מתחילין מן הקטן דתניא ר' אומר בגדולה מתחילין מן הגדול שנאמר ויאמר משה אל אהרן א) ואל אלעזר ואל איתמר בניו ובקללה מתחילין מן הקטן דאמר מר בתחלה נתקלל הנחש ואחריו חוה ואחריה אדם ושנינן נתינת אפר על ראש הנשיא חשיבות היא לו דאמרינן ליה חשיבת קמיה דקב"ה למבעי

חשק שלמה על רבינו חננאל

א) צ"ל ולאלעזר ולאיתמר או צ"ל וידבר משה וכו'.

רבינו גרשום

דתני בסתם מוציאין את התיבה דמשמע אפילו בראשונות. פאר זו תפילין דכתיב פארך חבוש עליך

תורה אור השלם

א) וַיֹּאמֶר מֹשֶׁה אֶל אַהֲרֹן וּלְאֶלְעָזָר וּלְאִיתָמָר בָּנָיו רָאשֵׁיכֶם אַל תִּפְרָעוּ וּבִגְדֵיכֶם לֹא תִפְרֹמוּ וְלֹא תָמֻתוּ וְעַל כָּל הָעֵדָה יִקְצֹף וַאֲחֵיכֶם כָּל בֵּית יִשְׂרָאֵל יִבְכּוּ אֶת הַשְּׂרֵפָה אֲשֶׁר שָׂרַף יְיָ: [ויקרא י, ו]

מסורת הש"ס

א) [לעיל יג.], ב) [מו"ק יד.], ג) [לקמן כט:], ד) לעיל י., ה) עירובין מא., ו) [צ"ל נותן], ז) [צ"ל והתניא], ח) ברכות סא., ט) [בספ' ובקלקלה וכן בסמוך], י) [ליתא בברכות והם משוללי הגהה], כ) [שם. עירובין יח.], ל) רש"א מוחק זה והפסיקא מתחיל מן אידך וכל אחד ואחד וכו', מ) [גי' רי"ף אדא וגי' רא"ש זירא], נ) [סנהדרין מב.], ס) [בימים. שיביאו רוב כצ"ל והוא דיבור בפ"ע], ע) [עי' תוי"ט], פ) הס"ד ואח"כ מד"ה אפר מקלה אפר כו'. כצ"ל, צ) [צ"ל נותן], ק) [שייך לע"א במשנה].

הגהות הב"ח

(א) גמ' את אבותינו על ים סוף כו' היום הזה וכן בכל ברכה וברכה ובשבא הדבר אצל חכמים: (ב) רש"י ד"ה ולא משלימין כו' ואם היו מתענים ומשלימין לא היה להם: (ג) ד"ה שלא להפקיע כו' סעודות גדולות אחת ליום התענית לליל חמישי: (ד) תוספות ד"ה ואפילו כו' וקשה דהא לעיל. נ"ב פירוש המקשה קאמר הכי לעיל ואם כן סתרי דברי המקשה אהדדי דהכא קס"ד דאין מתפללין אלא י"ח: (ה) בא"ד אלא שבאלו מותרין בעשיית מלאכה כו' כצ"ל ותיבת מתפללין נמחק: (ו) ד"ה ונותנין כו' שהרי האפר הוי כו' כצ"ל ותיבת הוא נמחק:

גליון הש"ס

רש"י ד"ה מגילת תענית נכתבה. עיין לעיל דף יב ע"א רש"י ד"ה בגלוי:

הגהות הגר"א

[א] במשנה ותקעו. צ"ל תקעו (וכ"ה במשניות): [ב] גמ' וכל אחד ואחד נותן. כצ"ל ושבנתיים מוקף: [ג] שם כל או"א נותן. כצ"ל: [ד] שם כל או"א נותן בראשו אמר כו'. כצ"ל ושבנתיים מוקף:

ליקוטי רש"י

אלא בשער מזרח ובהר הבית. חדא מילתא היא בשערי מזרח בהר הבית ויש אומרים בשערי מזרח בעזרת נשים [ר"ה כז.]. אנשי משמר. כהנים ולוים העובדין מתענין כדלקמן בפרק סדר תעניות. ולא משלימין. לפי שהן עסוקין בעבודה ואין יכולים להשלים [לעיל יב.]. אנשי משמר. ארבעה ועשרים משמרות של כהנים היו ושמואל ודוד תיקנום [לקמן כו.]. אנשי מעמד. על כל משמר היה מעמד בירושלים שקובעין ועומדין בעיר ועומדין על קרבן אחיהם ולבד אלו הדרים בירושלים היו מעמדות בכל עיר שישראל נחלקו לכ"ד מעמדות כנגד כ"ד משמרות כדתניא בברייתא של ארבעים ותשע מדות והיינו דתנן היה מעמד בירושלים כהנים לוים וישראלים [לקמן כו.]. ישראל העומדים בשליחות הצבור על הקרבן שנאמר (במדבר כח) תשמרו להקריב לי מצוה שיהיו משמרים ועומדים על קרבנם הכי דריש ליה בספרי ובמסכת תענית (דף כו.) [יומא לז:]. שלא להפקיע השערים. שאם היו מתחילין להתענות בחמישי היו קונין למוצאי התענית שתי סעודות גדולות אחד לתענית ואחד לשבת וסבור המוכר שרעב בא לעולם ואתי לאפקועי שערים. אפקועי, מבטל שיעור מדה הראשונה וממעטה [לעיל י.]. בראשי חדשים. מועד דאורייתא [ר"ה יט.]. ואם התחילו. שהתחילו להתענות עשרים או שלשים ונכנס בהן ימי חנוכה או ראש חדש. שאין משלימין. תענית בחנוכה וראש חדש להתענות כל היום. וכן תשעה באב שחל להיות בע"ש. נמי אין משלימין [עירובין מא.]. אינו דומה מתבייש מעצמו וכו'. טוב הוא לו שיהא הוא מבייש עצמו [סנהדרין מב.].

שֶׁעָבַר אֶחָד — **בִּימֵי רַבִּי חֲלַפְתָּא — in the days of R' Chalafta** **וְר' חֲנַנְיָא בֶּן תְּרַדְיוֹן — and R' Chananya ben Tradyon,**[1] **לִפְנֵי הַתֵּיבָה — that** someone **went before the Ark** to lead the services on a fast day, **וְגָמַר אֶת הַבְּרָכָה כּוּלָּהּ — and he completed the entire blessing,** **וְלֹא עָנוּ אַחֲרָיו אָמֵן — and they** [the congregation] **did not respond after him** by saying, ***"Amen."*** Rather, they responded with *Baruch Shem kevod malchuso l'olam vaed.*[2] **תִּקְעוּ הַכֹּהֲנִים (ו)תִּקְעוּ**[3] **— The** synagogue attendant then announced: **"Sound the *tekiah*, Kohanim, sound the *tekiah*."**[4] **מִי שֶׁעָנָה אֶת אַבְרָהָם אָבִינוּ בְּהַר הַמּוֹרִיָּה הוּא יַעֲנֶה אֶתְכֶם וְיִשְׁמַע בְּקוֹל צַעֲקַתְכֶם הַיּוֹם הַזֶּה** — And he continued:[5] ***He Who answered our father Abraham on Mount Moriah, He shall answer you and hearken to the sound of your call this day.***[6] After the next fast-day blessing, the synagogue attendant announced: **הָרִיעוּ בְּנֵי אַהֲרֹן הָרִיעוּ — "Sound the *teruah*, sons of Aaron, sound the *teruah*."**[7] **מִי שֶׁעָנָה אֶת אֲבוֹתֵינוּ עַל יַם סוּף הוּא יַעֲנֶה אֶתְכֶם וְיִשְׁמַע בְּקוֹל צַעֲקַתְכֶם הַיּוֹם הַזֶּה** — He then said:[5] ***He Who answered our forefathers at the Sea of Reeds, He shall answer you and hearken to the sound of your call this day.*** A similar procedure was followed for the remaining five special fast-day blessings.[8] **וּכְשֶׁבָּא דָּבָר אֵצֶל חֲכָמִים אָמְרוּ — When the matter came before the Sages, they said:** **לֹא הָיִינוּ נוֹהֲגִין כֵּן אֶלָּא בְּשַׁעַר מִזְרָח וּבְהַר הַבַּיִת — Such was not our custom,** to respond with *Baruch Shem etc.* instead of *Amen*, **except at the Eastern Gate and on the Temple Mount.**[9]

The Kohanim were divided into twenty-four groups known as *mishmaros* (lit. watches). Each *mishmar* was, in turn, subdivided into seven *batei avos* (singular, *beis av*; literally *father's house*). The *mishmaros* served in the Temple for a week at a time on a rotating basis. Each *beis av* served one day of the week.[10] The Mishnah now discusses the observance of the public fast days by the Kohanim of the *mishmar* serving in the Temple:

שָׁלֹשׁ תַּעֲנִיּוֹת הָרִאשׁוֹנוֹת — On the first three communal **fasts,** **אַנְשֵׁי מִשְׁמָר מִתְעַנִּין וְלֹא מַשְׁלִימִין — the members of the *mishmar*,** who are not on duty that day, **fast, but do not complete** their fast,[11] **וְאַנְשֵׁי בֵית אָב לֹא הָיוּ מִתְעַנִּין כְּלָל — while the members of the *beis av*,** who perform the service that day, **would not fast at all.** **שָׁלֹשׁ שְׁנִיּוֹת — In the second** series of **three** fasts observed by the community, **אַנְשֵׁי מִשְׁמָר מִתְעַנִּין וּמַשְׁלִימִין — the members of the *mishmar* fast and complete** their fasts, **וְאַנְשֵׁי בֵית אָב מִתְעַנִּין וְלֹא מַשְׁלִימִין — and the members of the *beis av* fast but do not complete** their fasts.[12] **שֶׁבַע אַחֲרוֹנוֹת— On the last seven** fasts, which are the most stringent of all, **אֵלּוּ וָאֵלּוּ מִתְעַנִּין וּמַשְׁלִימִין דִּבְרֵי רַבִּי יְהוֹשֻׁעַ — both these** [the members of the *mishmar*] **and those** [the members of the *beis av*] **fast and complete** their fasts; these are **the words of R' Yehoshua.** **וַחֲכָמִים אוֹמְרִים — But the Sages say:** **שָׁלֹשׁ תַּעֲנִיּוֹת הָרִאשׁוֹנוֹת אֵלּוּ וָאֵלּוּ לֹא הָיוּ מִתְעַנִּין כְּלָל — On the first three** communal **fasts neither of these [groups] would fast at all.** **שָׁלֹשׁ שְׁנִיּוֹת — In the second** series of **three** fasts, **אַנְשֵׁי מִשְׁמָר**

NOTES

1. Although the term מַעֲשֶׂה generally refers to a specific incident, it is used here to refer to a custom instituted by R' Chalafta and R' Chananya ben Tradyon in their respective communities (see 16b). R' Chalafta was R' Yose's father (*Rashi* 15a; see *Sanhedrin* 32b).

2. When the *shliach tzibbur* completed the first of the fast-day blessings — the expanded blessing of גּוֹאֵל יִשְׂרָאֵל, *Redeemer of Israel* — the congregation did not respond with the customary *"Amen,"* but said instead, בָּרוּךְ שֵׁם כְּבוֹד מַלְכוּתוֹ לְעוֹלָם וָעֶד, *Blessed is the Name of the glory of His kingdom forever and ever,* which is the response generally used in the Temple in place of *Amen.*

3. The *Gra* deletes the prefix *vav* from וְתִקְעוּ, making it conform with the text found in Mishnayos and in the Baraisos cited on 16b (see also *Ritva's* quotation of this segment of the Mishnah). Our translation follows this emendation.

4. According to some, only a single *tekiah* was sounded (*Ritva*). According to others, two *tekios* were sounded with a *teruah* in between (*Rambam*, *Hil. Taaniyos* 4:17). *Rashi* (16b ד"ה כשמריעין) seems to interpret the Mishnah like *Rambam.* Although the sounding of the shofar on fast days was not restricted to Kohanim, R' Chalafta and R' Chananya ben Tradyon instituted this custom to further liken the fast-day service to that of the Temple, where a Kohen was required to sound the shofar (*Tif. Yis.* to Mishnah).

5. *Rashi* (16b ד"ה חזן הכנסת) states that this too was said by the synagogue attendant. Others understand this to have been said by the *shliach tzibbur,* the person leading the prayer service (*Ritva; Ran*).

6. This is a repetition of the prayer segment inserted on these fast days just before the conclusion of the first fast-related blessing (*Rashi* 16b ד"ה חזן הכנסת; *Ritva;* see *Ran*). The reason for repetition will be explained on 16b (see note 16).

Although the Mishnah's order implies that the shofar was sounded before this was said, in fact, the shofar was sounded after this recitation. The earlier announcement to the Kohanim was so that they would be ready to sound the shofar as soon as this recitation was completed (*Tosefta* 1:10 cited by *Ritva*; cf. *Meiri*).

7. According to *Rambam (Hil. Taaniyos* 4:17) this means that they sound *teruah, tekiah, teruah.* According to *Ritva*, they sounded just a single *teruah*. See note 4.

8. *Bach* adds this statement into the text of the Mishnah: וְכֵן בְּכָל בְּרָכָה וּבְרָכָה, *and so too for each and every blessing*. The synagogue attendant would alternate between saying, "Sound the *tekiah*" and "Sound the *teruah*" (Gem. 16b). See *Gevuras Ari*, who discusses whether the usage of the appellation "Kohanim" with regard to *tekiah* and "Sons of Aaron" with regard to *teruah* is specific, or whether the two may be used interchangeably or even together.

9. I.e. when we would pray on the Temple Mount and enter it through the Eastern Gate (*Rashi*). *Rashi* to *Rosh Hashanah* 27a (ד"ה בשערי) explains this to mean: on the Temple Mount, at the Eastern Gate. *Rambam* (*Hil. Taaniyos* 4:15) explains: "When they would pray [these prayers] in Jerusalem, they would gather on the Temple Mount opposite the Eastern Gate ..."

10. *Rashi; Ritva; Rabbeinu Chananel* to 17a; *Rambam, Temidim U'Mussafin* 4:9. However, *Rashi* to *Menachos* 107b (ד"ה כנגד ששה) and *Pesachim* 57a (ד"ה ולערב) writes that each *mishmar* was divided into only six *batei avos,* with each *beis av* serving one weekday, and all the groups serving together on the Sabbath. (See also *Maharatz Chayes* to end of *Taanis*.)

While the privilege of performing the service on a given day belonged to the *beis av* assigned to that day, all members of the *mishmar* were required to make themselves available in the event there was an unusually heavy workload that would require extra Kohanim to assist the *beis av* of the day (see note 14).

11. The commentators do not clarify exactly when they broke their fast. *Rashi* below (ד"ה שאין משלימין) says that they fasted till "close to night" (see *Sfas Emes*). However, the terminology "fast but do not complete" occurs elsewhere in this tractate (12a) in regard to a fast of Tishah B'Av that was postponed from the Sabbath to Sunday. *Magen Avraham* (559:13) considers whether it means that one fasts only until *minchah gedolah* (a half-hour past noon), or until *plag haminchah* (an hour and a quarter before night), but favors the second interpretation. *Mishnah Berurah,* however, points out that later authorities dispute *Magen Avraham's* conclusion and accept the earlier ending for the fast.

12. In general, the Rabbis did not impose the fast days on the *beis av* for fear that it would interfere with their ability to serve. Similarly, they were lenient with the rest of the *mishmar* on the chance that they would be needed to assist the *beis av.* However, as the drought situation worsened and additional series of fasts were decreed, each subject to greater stringencies, the Rabbis began imposing progressively greater stringencies on the *beis av* and the *mishmar* as well.

בימי רבי חלפתא ור' חנניא בן תרדיון שעבר אחד לפני התיבה וגמר את הברכה כולה ולא ענו אחריו אמן תקעו הכהנים [א] ותקעו מי שענה את אברהם אבינו בהר המוריה הוא יענה אתכם וישמע בקול צעקתכם היום הזה הריעו בני אהרן הריעו מי שענה את אבותינו על ים סוף הוא יענה אתכם וישמע בקול צעקתכם היום הזה (א) [א]וכשבא דבר אצל חכמים אמרו לא היינו נוהגין כן אלא בשער מזרח ובהר הבית שלש תעניות הראשונות [ו] אנשי משמר מתענין ולא משלימין ואנשי בית אב לא היו מתענין כלל שלש שניות אנשי משמר מתענין ומשלימין ואנשי בית אב מתענין ולא משלימין שבע אחרונות אלו ואלו מתענין ומשלימין דברי רבי יהושע וחכמים אומרים [ב]שלש תעניות הראשונות אלו ואלו לא היו מתענין כלל [ג]שלש שניות אנשי משמר מתענין ולא משלימין ואנשי בית אב לא היו מתענין כלל [ד]שבע אחרונות אנשי משמר מתענין ומשלימין ואנשי בית אב מתענין ולא משלימין [ה]אנשי משמר מותרין לשתות יין בלילות אבל לא בימים [ו]ואנשי בית אב לא ביום ולא בלילה (ב) [ז]אנשי משמר [ח]ואנשי מעמד אסורין מלספר ומלכבס (ג) ובחמישי מותרין מפני כבוד השבת כל הכתוב במגילת תענית דלא למספד לפניו אסור לאחריו מותר רבי יוסי אומר לפניו ולאחריו אסור דלא להתענאה לפניו ולאחריו מותר ר' יוסי אומר לפניו אסור לאחריו מותר (ד) [ט]אין גוזרין תענית על הצבור בתחילה בחמישי שלא להפקיע השערים אלא שלש תעניות הראשונות שני וחמישי ושני ושלש שניות חמישי שני וחמישי ר' יוסי אומר [י]כשם שאין הראשונות בחמישי כך לא שניות ולא אחרונות (ה) [כ]אין גוזרין תענית על הצבור בראשי חדשים בחנוכה ובפורים ואם התחילו אין מפסיקין דברי רבן גמליאל אמר רבי מאיר אף על פי שאמר רבן גמליאל אין מפסיקין מודה היה שאין משלימין וכן תשעה באב שחל להיות בערב שבת: **גמ'** סדר תעניות כיצד מוציאין את התיבה כו' ואפילו בקמייתא ורמינהו שלש תעניות ראשונות ושניות נכנסים לבית הכנסת ומתפללין כדרך שמתפללין כל השנה כולה ובשבע אחרונות מוציאין את התיבה לרחובה של עיר ונותנין אפר על גבי התיבה ובראש הנשיא ובראש אב בית דין וכל אחד ואחד [ב] נוטל ונותן בראשו רבי נתן אומר אפר מקלה הן מביאין אמר רב פפא [ל]כי תנן נמי מתניתין אשבע אחרונות תנן: ובראש הנשיא: והדר תני כל אחד ואחד [ג] (ו נוטל ונותן) בראשו איני (ו והתנן) (מ) רבי אומר בגדולה מתחילין מן הגדול (ט) ובקללה מתחילין מן הקטן בגדולה מתחילין מן הגדול שנאמר (א) ויאמר משה אל אהרן ולאלעזר ולאיתמר ובקללה מתחילין מן הקטן (ו דאמר מר) (כ) בתחלה נתקלל נחש ואחר כך נתקללה חוה ואח"כ נתקלל אדם הא חשיבותא לדידהו דאמרי להו אתון חשיביתו למיבעי עלן רחמי אכ"ע: (ז כל אחד ואחד [ד] (ו נוטל ונותן) בראשו: אמר רב אדא) וכל אחד ואחד (ו נוטל ונותן) בראשו נשיא ואב בית דין נמי נשקלו אינהו ונינחו בראשייהו מאי שנא דשקיל איניש אחרינא ומנח להו אמר רבי (מ) אבא דמן קסרי (נ) אינו דומה מתבייש מעצמו

וגומר כל הברכה. כל אותה ברכה עלמה: ה"ג ולא ענו אחריו אמן תקעו בני אהרן תקעו. חזן הכנסת אומר להן על כל ברכה וברכה והוא השמש ולא שליח לבור: לא היינו נוהגין. שלא לענות אמן: אלא בשער מזרח ובהר הבית. כלומר בזמן שבית המקדש קיים כשמתפללין בהר הבית נכנסין בדרך שער המזרח לפי שלא היו עונין אמן במקדש כדאמרינן בגמרא (דף טז:) ואין לומר לא היו נוהגין כן לתקוע אלא במקדש דודאי תוקעין בגבולים כדמוכח בכולה הך מסכת ומסכת ראש השנה (דף כו: כז.): אנשי משמר. של אותה שבת: ולא משלימין. שעדיין אינן חמורין כל כך ובגמרא (דף יז.) מפרש שמא תכבד העבודה על אנשי בית אב שהיו עובדין אותו היום ובאים הן לסייעם ואם היו מתענים (ג) לא היה להם כח לעמוד בעבודה: אנשי בית אב. המשמרה מתחלקת לשבעה בתי אבות כנגד שבעת ימי השבוע בית אב ליום: אנשי [מעמד]. אחד כהנים ולוים וישראלים הקבועים ועומדין ומתפללין על קרבן אחיהם שיקבל לרצון ועומדים לשם בשעת עבודה דהיאך קרבנו של אדם קרב והוא אינו עומד על גביו וכולהו מפרש בפרק אחרון (דף כו.): מותרין לשתות יין. לאו גבי תענית איתמר אלא אגב דמיירי בבני משמר מייתי לה: בלילות. אין לחוש שמא תכבד העבודה שהרי לאו מבערב שפסקו הקרבנות ולא כבדה העבודה (ס) שיבאו רוב קרבנות ולא יספיקו בני בית אב של אותו היום וצריכין אלו לסייען והרי אינן ראויין לעבודה משום שכרות: אנשי בית אב אסורין בין ביום בין בלילה. לפי שהיו מעלין כל הלילה אברים ופדרים שפקעו מעל המזבח א"נ לא גמרו ביום גומרים בלילה אבל אנשי משמר אינן צריכין לסייע בלילה להפך במזלג דבית אב יכול להספיק לבד היפוך המערכה: אסורים לספר ולכבס. משנכנסו למשמרתם כל אותה שבת אלא מסתפרין קודם לכן וטעמא מפרש בגמרא: ובחמישי. של משמרתן מותרים דרך רוב בני אדם להסתפר בחמישי ולא בערב שבת מפני הטורח: כל הכתוב במגילת תענית דלא למיספד. דאית יומיא דלא להתענאה ומקצתהון דחמירי טפי דלא למיספד ואותן שהן חמורים ואסורים בהספד לפניו אסור בהספד דילמא אתי למיעבד ביו"ט גופיה: ולאחריו מותר. דכיון שעבר יום לא חיישינן ואותן שאינן חמורין ליאסר בהספד אלא דלא להתענאה בין לפניו כו': שלא להפקיע את השערים. כשרואין בעלי חניות שקונין למוצאי יום חמישי שתי סעודות גדולות אחת (ג) לליל חמישי ואחת לשבת סבורים שבא רעב לעולם ומייקרים ומפקיעים השער אבל משהתחילו להתענות יודעין שאינו אלא מפני התענית: בראשי חדשים. דאיקרי מועד: ואם התחילו. שקיבלו תענית מקודם לכן ונכנס בהן ראש חדש אין מפסיקין דאף על גב דאיקרי מועד לא כתיב ביה יום משתה ושמחה (ע): שאין משלימין. להתענות כל היום אלא אוכלין סמוך לערב: (פ) מגילת תענית נכתבה בימי חכמים אע"פ שלא היו כותבין הלכות והיינו דקתני כל הכתוב במגילת תענית כאילו היה מקרא: **גמ'** אפילו בקמייתא. מוליאין את התיבה בתמיה: כי קתני נמי מתני'. סדר תעניות כילד בסדר תעניות אחרונות קא מיירי: ה"ג בגמרא ונותנין אפר על גבי התיבה ולא גרסינן אפר מקלה (פ) אפר שריפה עדיף משום אפרו של יצחק כדלקמן: בגדולה. מלוה בעלמא שלא לפורענות וידבר משה אל אהרן ואל אלעזר וגו': הא נמי דיהבינן בראשייהו דנשיא ואב ב"ד ברישא חשיבותא הוא דאמרי להו אתון חשיביתו טפי כו': דשקיל איניש אחרינא כו'. דקתני ונותנין ע"ג התיבה כו' ועל ראש הנשיא כו' דמשמע על ידי אחר וגבי שאר כל אדם לא תני נותנין אלא כל אחד ואחד (ז) (נוטל) כו':

למתבייש

ואפילו בקמייתא. כלומר ואפי' בג' תעניות הראשונות ובג' שניות קאמר במתני' דמוליאין את התיבה לרחובה של עיר ואומר כ"ד ברכות כו' ורמינהו והתניא ראשונות ושניות נכנסין כו' פי' ומתפללין בה כדרך כל השנה כולה כלומר שיאמר י"ח ברכות כדרך שמתפללין כל השנה וקשה דהא לעיל (ד) בפ"ק (דף יג:) קאמרינן אין בין ג' תעניות שניות לשלש ראשונות אלא שבאלו (ה) מתפללין ומותרין בעשיית מלאכה ובאלו אסורין בעשיית מלאכה הא לענין עשרים וארבעה זה וזה שוין דבין בראשונות בין באמלעיות היו אומרים כ"ד ועוד קשה דאמרינן לעיל ואיבעית אימא באמלעיות נמי לא מללו כ"ד ואמאי לא מייתי לה סיועא מהא דהכא וי"ל דהא דקאמר הכא ומתפללין כדרך כל השנה לאו בעשרים וארבע ברכות קאמר אלא קאמר שמתפללין כדרך כל השנה שלא היו מוליאין את התיבה לרחובה של עיר:

(ק) **ונותנין** אפר על גבי כו'. ואותו אפר הוי מעלם אדם שהרי (ו) הוא האפר הוי לזכרון העקידה ובעקידה היה עלמות:

במקום

כ"ד משמרות כדתניא בברייתא של ארבעים ותשע מדות והיינו דתנן היה מעמד בירושלים כהנים לוים וישראלים [לקמן כו.]. ישראל העומדים בשליחות הצבור על הקרבן שנאמר (במדבר כח) תשמרו להקריב לי מלוה שיהיו משמרים ועומדים על קרבנם הכי דריש ליה בספרי ובמסכת תענית (דף כו.) [יומא לז:]. שלא להפקיע השערים. שאם היו מתחילין להתענות בחמישי היו קונין למוצאי התענית שתי סעודות גדולות אחד לתענית ואחד לשבת וכסבור המוכר שרעב בא לעולם ואתי לאפקועי שערים. אפקועי, מבטל שיעור מדה הראשונה וממעטה [לעיל י.]. בראשי חדשים. מועד דאוריית' [ר"ה יט.]. ואם התחילו. שהתחילו להתענות עשרים או שלשים יום ונכנסו בהן ימי חנוכה או ראש חדש. שאין משלימין. תענית בחנוכה וראש חדש להתענות כל היום. וכן תשעה באב שחל להיות בע"ש. נמי אין משלימין [עירובין מא.]. אינו דומה מתבייש מעצמו וכו'. טוב הוא לו שיהא הוא מבייש עלמו [סנהדרין מב.].

עין משפט
נר מצוה

ג א מיי' פ"ד מהלכות תענית הלכה יז טור א"ח סימן תקעט:
ד ב מיי' שם פ"ג ה"ב:
ה ג מיי' שם הלכה ג:
ו ד מיי' שם הלכה ו:
ז ה ו מיי' פ"א מהלכות ביאת מקדש הלכה ו:
ח ז מיי' שם הלכה יב:
ט ח מיי' פ"ו מהלכות כלי המקדש הל' יא:
י ט מיי' פ"א מהלכות תענית הלכה ה טוש"ע א"ח סי' תקעב סעי' א:
יא י מיי' שם פ"ג הל' ג והל' ה טוש"ע שם סי' תקעה סעיף ג ד:
יב כ מיי' שם פ"א הל' ז טוש"ע שם סימן תקעב סעיף ב:
יג ל מיי' פ"ד שם הלכה א טוש"ע שם סימן תקעט סעיף א:

רבינו חננאל

התיבה כו'. ואקשינן סדר תעניות מכלל דבכולהו מוציאין את התיבה והתניא שלשה תעניות הראשונות נכנסין לבתי כנסיות ומדרשות ומתפללין כדרך שמתפללין כל השנה שבע אחרונות מוציאין את התיבה לרחובה של עיר כו'. ושני רב פפא כי תנן מוציאין את התיבה בז' אחרונות תנן. **ואקשינן** אמאי אין מתחילין מן הקטן דתניא ר' אומר בגדולה מתחילין מן הגדול שנאמר ויאמר משה אל אהרן א) ואל אלעזר ואל איתמר בניו ובקללה מתחילין מן הקטן דאמר מר בתחלה נתקלל הנחש ואחריו חוה ואחריה אדם ושנינן נתינת אפר על ראש הנשיא חשיבות היא לו דאמרינן ליה חשיבת קמיה דקב"ה למבעי

חשק שלמה
על רבינו חננאל

א) נ"ל ולאלעזר ולאיתמר או נ"ל וידבר משה וכו'.

רבינו גרשום

דתני בסתם מוציאין את התיבה דמשמע אפילו בראשונות. **פאר** זו **תפילין** דכתיב פארך חבוש עליך

תורה אור השלם

א) וַיֹּאמֶר מֹשֶׁה אֶל אַהֲרֹן וּלְאֶלְעָזָר וּלְאִיתָמָר בָּנָיו רָאשֵׁיכֶם אַל תִּפְרָעוּ וּבִגְדֵיכֶם לֹא תִפְרֹמוּ וְלֹא תָמֻתוּ וְעַל כָּל הָעֵדָה יִקְצֹף וַאֲחֵיכֶם כָּל בֵּית יִשְׂרָאֵל יִבְכּוּ אֶת הַשְּׂרֵפָה אֲשֶׁר שָׂרַף יְיָ: [ויקרא י, ו]

מסורת הש"ס

א) [לעיל יב.], ב) [מו"ק יד.], ג) [לקמן כט:], ד) לעיל י., ה) עירובין מא., ו) [נ"ל נותן], ז) [נ"ל והתניא], ח) ברכות סא., ט) [בספ' ובקלקלה וכן בסמוך], י) [ליתא בברכות והם משוללי הבנה], כ) [שם. עירובין יח.], ל) רש"א מוחק זה והפיסקא מתחיל מן אידך **וכל אחד ואחד** וכו', מ) [גי' רי"ף **אדא** וגי' רא"ש **זירא**], נ) [סנהדרין מב.], ס) [בימים. שיבאו רוב כצ"ל והוא דיבור בפ"ע], ע) [עי' תוי"ט], פ) הס"ד ואח"כ מד"ה אפר מקלה אפר כו'. כצ"ל, צ) [נ"ל נותן], ק) [שייך לע"א במשנה].

הגהות הב"ח

(א) גמ' את אבותינו על ים סוף כו' היום הזה וכן בכל ברכה וברכה וכשבא הדבר אצל חכמים: (ב) רש"י ד"ה ולא משלימין כו' ואם היו מתענים ומשלימין לא היה להם: (ג) ד"ה שלא להפקיע כו' סעודות גדולות אחת ליום התענית לליל חמישי: (ד) **תוספות** ד"ה ואפילו כו' וקשה דהא לעיל. נ"ב פירוש המקשה קאמר הכי לעיל ואם כן סתרי דברי המקשה אהדדי דהכא קס"ד דאין מתפללין אלא י"ח: (ה) **בא"ד** אלא שבאלו מותרין בעשיית מלאכה כו' כצ"ל ותיבת מתפללין נמחק: (ו) ד"ה ונותנין כו' שהרי האפר הוי כו' כצ"ל ותיבת הוא נמחק:

גליון הש"ס

רש"י ד"ה מגילת תענית נכתבה. עיין לעיל דף יב ע"א רש"י ד"ה בללו:

הגהות הגר"א

[א] במשנה ותקעו. נ"ל תקעו (וכ"ה במשניות): **[ב]** גמ' וכל אחד ואחד נותן. כצ"ל ושבנתיים מוקף: **[ג]** שם כל או"א נותן. כצ"ל: **[ד]** שם כל או"א נותן בראשו אמר כו'. כצ"ל ושבנתיים מוקף:

ליקוטי רש"י

אלא בשער מזרח ובהר הבית. חדא מילתא היא בשערי מזרח בהר הבית ויש אומרים בשערי מזרח בעזרת נשים [ר"ה כז.]. **אנשי משמר.** כהנים ולוים העובדין מתענין כדלקמן בפרק סדר תעניות. **ולא משלימין.** לפי שהן עסוקין בעבודה ואין יכולים להשלים [לעיל יב.]. **אנשי משמר.** ארבעה ועשרים משמרות של כהנים היו ושמואל ודוד תיקנום [לקמן כו.]. **אנשי מעמד.** על כל משמר היה מעמד בירושלים שקבועין ועומדין בעיר ועומדין על קרבן אחיהם ולבד אלו הדרים בירושלים היו מעמדות בכל עיר שישראל נחלקו לכ"ד מעמדות כנגד

וְאַנְשֵׁי בֵית אָב לֹא הָיוּ מִתְעַנִּין וְלֹא מַשְׁלִימִין – **the members of the** ***mishmar*** **fast but do not complete** their fasts, מִתְעַנִּין כְּלָל – **while the members of the** ***beis av*** **would not fast at all.** שֶׁבַע אַחֲרוֹנוֹת – On **the last seven** fasts אַנְשֵׁי מִשְׁמָר מִתְעַנִּין וּמַשְׁלִימִין – **the members of the** ***mishmar*** **fast and complete their fasts,** וְאַנְשֵׁי בֵית אָב מִתְעַנִּין וְלֹא מַשְׁלִימִין – **and the members of the** ***beis av*** **fast but do not complete their fasts.**

Having discussed the differences between the Kohanim of the *mishmar* and the Kohanim of the *beis av* in respect to fasting, the Mishnah discusses other differences between them. The first of these relates to the prohibition against performing the Temple service after drinking wine:[13]

אַנְשֵׁי מִשְׁמָר מוּתָּרִין לִשְׁתּוֹת יַיִן בַּלֵּילוֹת – **The members of the** ***mishmar***, who are not serving that day, **are permitted to drink wine at night,** אֲבָל לֹא בַּיָּמִים – **but not by day,** in case they are called upon to assist with the service. וְאַנְשֵׁי בֵית אָב לֹא בַּיּוֹם וְלֹא בַּלַּיְלָה – **But the members of the** ***beis av***, who serve that day, may drink wine **neither by day nor at night,** since they serve at night as well.[14]

The Mishnah delineates another prohibition affecting the members of the *mishmar:*

אַנְשֵׁי מִשְׁמָר – **The members of the** ***mishmar*** וְאַנְשֵׁי מַעֲמָד – **and the men of the** ***maamad***[15] אֲסוּרִין מִלְּסַפֵּר וּמִלְּכַבֵּס – **are prohibited from cutting** their **hair and laundering** their clothes during the week of their service;[16] וּבַחֲמִישִׁי – **but on Thursday** of their week, מוּתָּרִין מִפְּנֵי כְבוֹד הַשַּׁבָּת – **they are permitted** to cut their hair and launder their clothes **in honor of the Sabbath.**[17]

The Mishnah now takes note of a group of minor festivals observed during the Second Temple era in memory of various incidents of national salvation and Divine Providence. To commemorate these, the Rabbis decreed a ban on fasting on the anniversaries of these events. For certain especially notable occasions the Rabbis extended the ban and prohibited even eulogizing the dead on those days. These minor festivals were recorded in a document known as *Megillas Taanis:*[18]

כָּל הַכָּתוּב בִּמְגִילַּת תַּעֲנִית דְּלָא לְמִסְפַּד – **Whatever** minor festival **is recorded in** ***Megillas Taanis*** under the restriction **"not to eulogize"** on it, לְפָנָיו אָסוּר – **it is forbidden** the day **before it** as well, לְאַחֲרָיו מוּתָּר – but **is permitted** the day **after it.**[19] רַבִּי יוֹסֵי אוֹמֵר לְפָנָיו וּלְאַחֲרָיו אָסוּר – **R' Yose says: It is forbidden** both the day **before it and** the day **after it.**[20] דְּלָא לְהִתְעַנָּאָה – Whatever festival is recorded under the restriction **"not to fast"** on it, לְפָנָיו וּלְאַחֲרָיו מוּתָּר – **it is permitted** on the days both **before and after it.**[21] ר׳ יוֹסֵי אוֹמֵר לְפָנָיו אָסוּר לְאַחֲרָיו מוּתָּר – **R' Yose says: it is forbidden before [the festival,]** but **is permitted** the day **after it.**

The Mishnah resumes its discussion of the sequence of fast days decreed for the lack of rain:

אֵין גּוֹזְרִין תַּעֲנִית עַל הַצִּבּוּר בַּתְּחִילָּה בַּחֲמִישִׁי – **We may not decree upon the community** a series of **fasts beginning on a Thursday,** שֶׁלֹּא לְהַפְקִיעַ הַשְּׁעָרִים – **so as not to disrupt the price levels** by the larger than usual food purchases that would result from a Thursday fast.[22] אֶלָּא שָׁלֹשׁ תַּעֲנִיּוֹת הָרִאשׁוֹנוֹת שֵׁנִי וַחֲמִישִׁי וְשֵׁנִי – **Rather, the first three fasts** are decreed for **Monday, Thursday, and Monday.** Since the community has already fasted on Monday, the storekeepers will realize that the larger than usual food purchases on Thursday are because of the

NOTES

13. Kohanim who drink wine or other alcoholic beverages are prohibited to perform Temple services (see *Lev.* 10:8-11; *Sifra* to *Shemini* 1:2) until the effect of the wine has completely dissipated (*Rambam, Bias HaMikdash* 1:5). Any services they perform are invalid (see Gemara 17b). Furthermore, such action may be punishable by death at the hands of Heaven (see *Sifra* ibid. and Gem. below). Consequently, Kohanim who expect to serve in the Temple are prohibited to drink alcoholic beverages.

14. The members of the day's *beis av* cannot drink wine because they are responsible for the service that day. The day's service extends into the night, when the burning of the sacrificial parts of the day's offerings is completed. Thus, they may not drink wine on the night following their day. When many sacrifices are offered in one day, so that the *beis av* cannot handle them all alone, the other members of the *mishmar* are required to assist the *beis av* in the services. Therefore, the other members of the *mishmar* must also refrain from drinking wine during the daytime hours of that week. However, since no new offerings may be brought once the sun has set, it is clear by nightfall whether the work of burning the day's offerings will require the assistance of additional Kohanim. If not, the Kohanim of the *mishmar* who are not on duty that night may drink wine (*Rashi*).

15. The Torah requires the owner of an offering to be present in the Temple during its offering. Theoretically, therefore, every Jew should be present for the offering of the תְּמִידִים, *daily offerings*, since these are offered on behalf of the entire nation. In order to fulfill this requirement, the Sages ordained that representatives of the entire nation be appointed and divided into twenty-four groups, corresponding to the twenty-four *mishmaros* of Kohanim. Each group, known as a מַעֲמָד, *maamad*, [literally: *station*], serves one week in rotation; part of the group goes to the Temple as representatives of the nation and prays that the offerings be accepted favorably by God, while the remaining members fast and conduct special prayers in their towns (see 26a).

16. The Gemara (17a) will explain the reason for this prohibition.

17. This is the day when everyone cuts his hair and launders his clothes in honor of the Sabbath. People do not normally do these things on Friday, because they are then busy with preparations for the Sabbath (*Rashi*).

18. Literally: the Scroll of Fasts; see above, 10b note 1. After the destruction of the Temple, the prohibitions contained in the *megillah* were abrogated, except for the prohibition against fasting and eulogizing on Chanukah and Purim.

Rashi notes that the Mishnah and Gemara use the word "written" (in *Megillas Taanis*) instead of "mentioned"' or "said," the customary expressions for quotes in the Talmud, because at that time, *Megillas Taanis* was the only body of Oral Law recorded in writing.

19. Eulogizing and fasting were forbidden the day before the festival so that people not forget the upcoming festival. There is, however, no reason to enforce this regulation on the day following the festival (*Rashi*).

20. *Rashi* explains that both fasting and eulogizing are forbidden on the days before and after. The matter, however, is a subject of dispute in the Gemara (18a); see *Ran* here at length.

21. Days on which only fasting was prohibited are lesser festivals than days on which both eulogizing and fasting were prohibited. Thus, they are treated less strictly in regard to the period prior to them as well (*Rashi*).

22. A Thursday fast would cause people to buy an unusual amount of food that day, since, in addition to buying larger amounts of food for the Sabbath, they would buy extra food for the meal following the fast. Seeing this, the merchants might assume that people were hoarding food for an impending shortage [resulting from the lack of rain or other misfortune besetting the congregation] and therefore raise the prices (*Rashi*). This law applies even if the storekeepers are Jewish and thus aware of the fast. They might still fail to associate the purchase of unusually large quantities of food with the meal following the fast (*Tos. Yom Tov*).

בימי רבי חלפתא ור' חנניא בן תרדיון שעבר אחד לפני התיבה וגמר את הברכה כולה ולא ענו אחריו אמן תקעו הכהנים [א] ותקעו מי שענה את אברהם אבינו בהר המוריה הוא יענה אתכם וישמע בקול צעקתכם היום הזה הריעו בני אהרן הריעו מי שענה את אבותינו על ים סוף הוא יענה אתכם וישמע בקול צעקתכם היום הזה (א) [א] וכשבא דבר אצל חכמים אמרו לא היינו נוהגין כן אלא בשער מזרח ובהר הבית שלש תעניות הראשונות [א] אנשי משמר מתענין ולא משלימין ואנשי בית אב לא היו מתענין כלל שלש שניות אנשי משמר מתענין ומשלימין ואנשי בית אב מתענין ולא משלימין שבע אחרונות אלו ואלו מתענין ומשלימין דברי רבי יהושע וחכמים אומרים [ב] שלש תעניות הראשונות אלו ואלו לא היו מתענין כלל [ג] שלש שניות אנשי משמר מתענין ולא משלימין ואנשי בית אב לא היו מתענין כלל [ד] שבע אחרונות אנשי משמר מתענין ומשלימין ואנשי בית אב מתענין ולא משלימין [ה] אנשי משמר מותרין לשתות יין בלילות אבל לא בימים [ו] ואנשי בית אב לא ביום ולא בלילה (ב) [ז] אנשי משמר [ח] ואנשי מעמד אסורין מלספר ומלכבס (ג) ובחמישי מותרין מפני כבוד השבת כל הכתוב במגילת תענית דלא למספד לפניו אסור לאחריו מותר רבי יוסי אומר לפניו ולאחריו אסור דלא להתענאה לפניו ולאחריו מותר ר' יוסי אומר לפניו אסור לאחריו מותר (ד) [ט] אין גוזרין תענית על הצבור בתחילה בחמישי שלא להפקיע השערים אלא שלש תעניות הראשונות שני וחמישי ושני ושלש שניות חמישי שני וחמישי ר' יוסי אומר [י] כשם שאין הראשונות בחמישי כך לא שניות ולא אחרונות (ה) [כ] אין גוזרין תענית על הצבור בראשי חדשים בחנוכה ובפורים ואם התחילו אין מפסיקין דברי רבן גמליאל אמר רבי מאיר אף על פי שאמר רבן גמליאל אין מפסיקין מודה היה שאין משלימין וכן תשעה באב שחל להיות בערב שבת: **גמ'** סדר תעניות כיצד מוציאין את התיבה כו' ואפילו בקמייתא ורמינהו שלש תעניות ראשונות ושניות נכנסים לבית הכנסת ומתפללין כדרך שמתפללין כל השנה כולה ובשבע אחרונות מוציאין את התיבה לרחובה של עיר ונותנין אפר על גבי התיבה ובראש הנשיא ובראש אב בית דין וכל אחד ואחד [ב] נוטל ונותן בראשו רבי נתן אומר אפר מקלה הן מביאין אמר רב פפא [ל] כי תנן נמי מתניתין אשבע אחרונות תנן: ובראש הנשיא: והדר תני כל אחד ואחד [ג] ([ו] נוטל ונותן) בראשו איני ([ז] והתנן) (פ) רבי אומר בגדולה מתחילין מן הגדול (ט) ובקללה מתחילין מן הקטן בגדולה מתחילין מן הגדול שנאמר (א) ויאמר משה אל אהרן ולאלעזר ולאיתמר ובקללה מתחילין מן הקטן ([י] דאמר מר) (כ) בתחלה נתקלל נחש ואחר כך נתקללה חוה ואח"כ נתקלל אדם הא חשיבותא לדידהו דאמרי להו אתון חשיביתו למיבעי עלן רחמי אכ"ע: ([ל] כל אחד ואחד [ד] ([י] נוטל ונותן) בראשו: אמר רב אדא) וכל אחד ואחד ([י] נוטל ונותן) בראשו נשיא ואב בית דין נמי נשקלו אינהו ונינחו בראשייהו מאי שנא דשקיל איניש אחרינא ומנח להו אמר רבי (מ) אבא דמן קסרי (נ) אינו דומה מתבייש מעצמו

וגומר כל הברכה. כל אותה ברכה עצמה: ה"ג **ולא ענו אחריו אמן** תקעו בני אהרן תקעו. חזן הכנסת אומר להן על כל ברכה וברכה והוא השמש ולא שליח צבור: **לא היינו נוהגין.** שלא לענות אמן: **אלא בשער מזרח ובהר הבית.** כלומר בזמן שבית המקדש קיים כשמתפללין בהר הבית נכנסין בדרך שער המזרח לפי שלא היו עונין אמן במקדש כדאמרינן בגמרא (דף טז:) ואין לומר לא היו נוהגין כן לתקוע אלא במקדש דודאי תוקעין בגבולים כדמוכח בכולה הך מסכת ומסכת ראש השנה (דף כו: כז.): **אנשי משמר.** של אותה שבת: **ולא משלימין.** שעדיין אינן חמורין כל כך ובגמרא (דף יז.) מפרש שמא תכבד העבודה על אנשי בית אב שהיו עובדין אותו היום ובאים הן לסייעם ואם היו מתענים (ב) לא היה להם כח לעמוד בעבודה: **אנשי בית אב.** המשמרה מתחלקת לשבעה בתי אבות כנגד שבעת ימי השבוע בית אב ליום: **אנשי [מעמד].** אחד כהנים ולוים וישראלים הקבועים ועומדין ומתפללין על קרבן אחיהם שיקבל לרצון ועומדים לשם בשעת עבודה דהיאך קרבנו של אדם קרב והוא אינו עומד על גביו וכולהו מפרש בפרק אחרון (דף כו.): **מותרין לשתות יין.** לאו גבי תענית איתמר אלא אגב דמיירי בבני משמר מייתי לה: **בלילות.** אין לחוש שמא תכבד העבודה שהרי ראו מבערב שפסקו הקרבנות ולא כבדה העבודה (ס) שיביאו רוב קרבנות ולא יספיקו בני בית אב של אותו היום וצריכין אלו לסייען והרי אינן ראויין לעבודה משום שכרות: **אנשי בית אב אסורין בין ביום בין בלילה.** לפי שהיו מעלין כל הלילה אברים ופדרים שפקעו מעל המזבח א"נ לא גמרו ביום גומרים בלילה אבל אנשי משמר אינן צריכין לסייע בלילה להפך במזלג דבית אב יכול להספיק לבד היפוך המערכה: **אסורים לספר ולכבס.** משנכנסו למשמרתם כל אותה שבת אלא מספרין קודם לכן וטעמא מפרש בגמרא: **ובחמישי.** של משמרתן מותרים דרך רוב בני אדם להסתפר בחמישי ולא בערב שבת מפני הטורח: **כל הכתוב במגילת תענית דלא למיספד.** דאית יומיא דלא להתענאה ומקצתהון דחמירי טפי דלא למיספד ואותן שהן חמורים ואסורים בהספד לפניו אסור בהספד דילמא אתי למיעבד ביו"ט גופיה: **ולאחריו מותר.** דכיון שעבר יום לא חיישינן ואותן שאינן חמורין ליאסר בהספד אלא דלא להתענאה בין לפניו כו': **שלא להפקיע את השערים.** כשרואין בעלי חניות שקונין למוצאי יום חמישי שתי סעודות גדולות אחת (ג) לליל חמישי ואחת לשבת סבורים שבא רעב לעולם ומייקרים ומפקיעים השער אבל משהתחילו להתענות יודעין שאינו אלא מפני התענית: **בראשי חדשים.** דאיקרי מועד: **ואם התחילו.** שקיבלו תענית מקודם לכן ונכנס בהן ראש חדש אין מפסיקין דאף על גב דאקרי מועד לא כתיב ביה יום משתה ושמחה (ע): **שאין משלימין.** להתענות כל היום אלא אוכלין סמוך לערב: ° מגילת תענית נכתבה בימי חכמים אע"פ שלא היו כותבין הלכות והיינו דקתני כל הכתוב במגילת תענית כאילו היה מקרא: **גמ' אפילו בקמייתא.** מוציאין את התיבה בתמיה: **כי קתני נמי** מתני'. סדר תעניות כיצד בסדר תעניות אחרונות קא מיירי: ה"ג בגמרא ונותנין אפר על גבי התיבה ולא גרסינן אפר מקלה (פ) אפר שריפה עדיף משום אפרו של יצחק כדלקמן: **בגדולה.** מצוה בעלמא שלא לפורענות וידבר משה אל אהרן ואל אלעזר וגו': הא נמי דיהבינן בראשייהו דנשיא ואב ב"ד ברישא חשיבותא הוא דאמרי להו אתון חשיביתו טפי כו': **דשקיל איניש אחרינא כו'.** דקתני ונותנין ע"ג התיבה כו' ועל ראש הנשיא כו' דמשמע על ידי אחר וגבי שאר כל אדם לא תני נותנין אלא כל אחד ואחד (ל) נוטל) כו':

למתבייש

ואפילו בקמייתא. כלומר ואפי' בג' תעניות הראשונות ובג' שניות קאמר במתני' דמוציאין את התיבה לרחובה של עיר ואומר כ"ד ברכות כו' ורמינהו והתניא ראשונות ושניות נכנסין כו' פי' ומתפללין בה כדרך כל השנה כולה כלומר שיאמר י"ח ברכות כדרך שמתפללין כל השנה וקשה דהא לעיל (ד) בפ"ק (דף יג:) קאמרינן אין בין ג' תעניות שניות לשלש ראשונות אלא שבאלו (ה) מתפללין ומותרין בעשיית מלאכה ובאלו אסורין בעשיית מלאכה הא לענין עשרים וארבעה זה וזה שוין דבין בראשונות בין באמצעיות היו אומרים כ"ד ועוד קשה דאמרינן לעיל ואיבעית אימא באמצעיות נמי לא מצלו כ"ד ואמאי לא מייתי לה סיועא מהא דהכא וי"ל דהא דקאמר הכא ומתפללין כדרך כל השנה לאו בעשרים וארבע ברכות קאמר אלא קאמר שמתפללין כדרך כל השנה שלא היו מוציאין את התיבה לרחובה של עיר:

ק) **ונותנין** אפר על גבי כו'. ואותו אפר הוי מעצם אדם שהרי (ו) הוא האפר הוי לזכרון העקידה ובעקידה היה עצמות:

במקום

מסורת הש"ס

א) [לעיל יג.], ב) [מו"ק יד.], ג) [לקמן כט:], ד) לעיל י., ה) עירובין מא., ו) [נ"ל נותן], ז) [נ"ל והתניא], ח) ברכות סא., ט) [בס' ובקלקלה וכן בסמוך], י) [ליתא בברכות והם משוללי הבנה], כ) [שם. עירובין יח.], ל) רש"א מוחק זה והפיסקא מתחיל מן אידך וכל אחד ואחד וכו', מ) [גי' רי"ף אדא וגי' רא"ש זירא], נ) [סנהדרין מב.], ס) [בימים. שיביאו רוב כצ"ל והוא דיבור בפ"ע], ע) [עי' תוי"ט], פ) הס"ד ואח"כ מד"ה אפר מקלה אפר כו'. כצ"ל, צ) [נ"ל נותן], ק) [שייך לע"א במשנה].

הגהות הב"ח

(א) גמ' את אבותינו על ים סוף כו' היום הזה וכן בכל ברכה וברכה וכשבא הדבר אצל חכמים: (ב) רש"י ד"ה ולא משלימין כו' ואם היו מתענים ומשלימין לא היה להם: (ג) ד"ה שלא להפקיע כו' סעודות גדולות אחת ליום התענית לליל חמישי: (ד) תוספות ד"ה ואפילו כו' וקשה דהא לעיל. נ"ב פירוש המקשה קאמר הכי לעיל ואם כן סתרי דברי המקשה אהדדי דהכא קס"ד דאין מתפללין אלא י"ח: (ה) בא"ד אלא שבאלו מותרין בעשיית מלאכה כו' כצ"ל ותיבת מתפללין נמחק: (ו) ד"ה ונותנין כו' שהרי האפר הוי כו' כצ"ל ותיבת הוא נמחק:

גליון הש"ס

רש"י ד"ה מגילת תענית נכתבה. עיין לעיל דף יב ע"א רש"י ד"ה בגלו:

הגהות הגר"א

[א] במשנה ותקעו. נ"ל תקעו (וכ"ה במשניות): [ב] גמ' וכל אחד ואחד נותן. כצ"ל ושבנתיים מוקף: [ג] שם כל א"א נותן. כצ"ל: [ד] שם כל א"א נותן בראשו אמר כו'. כצ"ל ושבנתיים מוקף:

ליקוטי רש"י

אלא בשער מזרח ובהר הבית. הדא מילתא היא בשערי מזרח בהר הבית ויש אומרים בשערי מזרח בעזרת נשים [ר"ה כז.]. **אנשי משמר.** כהנים ולוים העובדין מתענין כדלקמן בפרק סדר תעניות. **ולא משלימין.** לפי שהן עסוקין בעבודה ואין יכולים להשלים [לעיל יב.]. **אנשי משמר.** ארבעה ועשרים משמרות של כהנים היו ושמואל ודוד תיקנום [לקמן כו.]. **אנשי מעמד.** על כל משמר היה מעמד בירושלים שקבועין ועומדין בעיר ועומדין על קרבן אחיהם ולבד אלו הדרים בירושלים היו מעמדות בכל עיר שישראל נחלקו לכ"ד מעמדות כנגד כ"ד משמרות כדתניא בברייתא של ארבעים ותשע מדות והיינו דתנן היה מעמד בירושלים כהנים לוים וישראלים [לקמן כו.]. ישראל העומדים בשליחות הצבור על הקרבן שנאמר (במדבר כח) תשמרו להקריב לי מלוה שיהיו משמרים ועומדים על קרבנם הכי דריש ליה בספרי ובמסכת תענית (דף כו.) [יומא לז:]. **שלא להפקיע השערים.** שאם היו מתחילין להתענות בחמישי היו קונין למוצאי התענית שתי סעודות גדולות אחד לתענית ואחד לשבת וכסבור המוכר שרעב בא לעולם ואתי לאפקועי שערים. אפקועי, מבטל שיעור מדה הראשונה וממעטה [לעיל י.]. **בראשי חדשים.** מועד דאורייתא [ר"ה יט.]. **ואם התחילו.** שהתחילו להתענות עשרים או שלשים יום ונכנסו בהן ימי חנוכה או ראש חדש. **שאין משלימין.** תענית בחנוכה ור"ח להתענות כל היום. וכן **תשעה באב שחל להיות בע"ש.** נמי אין משלימין [עירובין מא.]. **אינו דומה מתבייש מעצמו וכו'.** טוב הוא לו שיהא הוא מבייש עצמו [סנהדרין מב.].

עין משפט נר מצוה

ג א מיי' פ"ד מהלכות תענית הלכה יז טור א"ח סימן תקעט:
ד ב מיי' שם פ"ג ה"ב:
ה ג מיי' שם הלכה ג:
ו ד מיי' שם הלכה ו:
ז ה ו מיי' פ"א מהלכות ביאת מקדש הלכה ו:
ח ז מיי' שם הלכה יב:
ט ח מיי' פ"ו מהלכות כלי המקדש הל' יא:
י ט מיי' פ"א מהלכות תענית הלכה ה טוש"ע א"ח סי' תקעב סעי' א:
יא י מיי' שם פ"ג הל' ג והל' ה טוש"ע שם סי' תקעה סעיף ג ד:
יב כ מיי' שם פ"א הל' ז טוש"ע שם סימן תקעב סעיף ב:
יג ל מיי' פ"ד שם הלכה א טוש"ע שם סימן תקעט סעיף א:

רבינו חננאל

התיבה כו'. ואקשינן סדר תעניות מכלל דבכולהו מוציאין את התיבה והתניא שלשה תעניות הראשונות נכנסין לבתי כנסיות ומדרשות ומתפללין כדרך שמתפללין כל השנה שבע אחרונות מוציאין את התיבה לרחובה של עיר כו'. ושני רב פפא כי תנן מוציאין את התיבה בד' אחרונות תנן. **ואקשינן** אמאי אין מתחילין מן הקטן דתניא ר' אומר בגדולה מתחילין מן הגדול שנאמר ויאמר משה אל אהרן א) ואל אלעזר ואל איתמר בניו ובקללה מתחילין מן הקטן דאמר מר בתחלה נתקלל הנחש ואחריו חוה ואחריה אדם ושנינן נתינת אפר על ראש הנשיא חשיבות היא לו דאמרינן ליה חשיבת קמיה דקב"ה למבעי

חשק שלמה על רבינו חננאל

א) נ"ל ולאלעזר ולאיתמר או נ"ל וידבר משה וכו'.

רבינו גרשום

דתני בסתם מוציאין את התיבה דמשמע אפילו בראשונות. **פאר** זו **תפילין** דכתיב פארך חבוש עליך

תורה אור השלם

א) וַיֹּאמֶר מֹשֶׁה אֶל אַהֲרֹן וּלְאֶלְעָזָר וּלְאִיתָמָר בָּנָיו רָאשֵׁיכֶם אַל תִּפְרָעוּ וּבִגְדֵיכֶם לֹא תִפְרֹמוּ וְלֹא תָמֻתוּ וְעַל כָּל הָעֵדָה יִקְצֹף וַאֲחֵיכֶם כָּל בֵּית יִשְׂרָאֵל יִבְכּוּ אֶת הַשְּׂרֵפָה אֲשֶׁר שָׂרַף יְיָ: [ויקרא י, ו]

post-fast meal. וְשָׁלֹשׁ שְׁנִיּוֹת חֲמִישִׁי שֵׁנִי וַחֲמִישִׁי – **And the second three** fasts may be decreed for **Thursday, Monday, and Thursday.** ר׳ יוֹסֵי אוֹמֵר – **R' Yose says:** כְּשֵׁם שֶׁאֵין הָרִאשׁוֹנוֹת בַּחֲמִישִׁי – **Just as the first** three fasts may **not** commence **on Thursday,** כָּךְ לֹא שְׁנִיּוֹת וְלֹא אַחֲרוֹנוֹת – **so, too, neither the second** three fasts **nor the final** seven fasts may commence on a Thursday.[23]

בְּרָאשֵׁי חֳדָשִׁים בַּחֲנוּכָּה וּבְפוּרִים – אֵין גּוֹזְרִין תַּעֲנִית עַל הַצִּבּוּר – **We may not decree a fast on the community for Rosh Chodesh, Chanukah or Purim.**[24] וְאִם הִתְחִילוּ אֵין מַפְסִיקִין – **However, once they have commenced** a series of fasts, **they do not interrupt** it when one of the days falls on Rosh Chodesh, Chanukah, or Purim.[25] דִּבְרֵי רַבָּן גַּמְלִיאֵל – These are **the words of Rabban Gamliel.** אָמַר רַבִּי מֵאִיר – **R' Meir said:** אַף עַל פִּי שֶׁאָמַר רַבָּן גַּמְלִיאֵל אֵין מַפְסִיקִין – **Although Rabban Gamliel said they do not interrupt** an ongoing series of fasts for Rosh Chodesh, Chanukah, and Purim, מוֹדֶה הָיָה שֶׁאֵין מַשְׁלִימִין – **he conceded that they do not complete** any fasts that fall on these days. Rather, they break their fasts shortly before sunset. וְכֵן תִּשְׁעָה בְּאָב שֶׁחָל לִהְיוֹת בְּעֶרֶב שַׁבָּת – **The same is true of Tishah B'Av that falls on the eve of the Sabbath.** Should the fast of Tishah B'Av fall on Friday, we are required to fast, but we break the fast shortly before sunset, so as not to enter the Sabbath while fasting.[26]

Gemara The Gemara analyzes the opening statement of our Mishnah, which said:

סֵדֶר תַּעֲנִיּוֹת כֵּיצַד מוֹצִיאִין אֶת הַתֵּיבָה כו׳ – WHAT IS THE PROCEDURE FOR the prayer service on FAST DAYS? THEY BRING THE ARK out ETC.

The Gemara asks:

וַאֲפִילּוּ בְּקַמַּיְיתָא – Is this the procedure **even during the first** two sets of fasts?[27] וּרְמִינְהוּ – **They pointed out a contradiction** to this from a Baraisa: שָׁלֹשׁ תַּעֲנִיּוֹת רִאשׁוֹנוֹת וּשְׁנִיּוֹת – For THE FIRST AND SECOND sets of THREE FASTS, נִכְנָסִים לְבֵית הַכְּנֶסֶת – THEY ENTER THE SYNAGOGUE וּמִתְפַּלְּלִין כְּדֶרֶךְ שֶׁמִּתְפַּלְּלִין כָּל הַשָּׁנָה כּוּלָּהּ – AND PRAY IN THE MANNER THAT THEY PRAY ALL YEAR ROUND. וּבְשֶׁבַע אַחֲרוֹנוֹת – BUT FOR THE LAST set of SEVEN fasts, מוֹצִיאִין אֶת הַתֵּיבָה לִרְחוֹבָהּ שֶׁל עִיר – THEY BRING THE ARK OUT TO THE TOWN SQUARE, וְנוֹתְנִין אֵפֶר עַל גַּבֵּי הַתֵּיבָה – AND PLACE DUST UPON THE ARK, וּבְרֹאשׁ הַנָּשִׂיא וּבְרֹאשׁ אַב בֵּית דִּין – AND UPON THE HEAD OF THE *NASI,* AND UPON THE HEAD OF THE CHIEF OF THE COURT. וְכָל אֶחָד וְאֶחָד נוֹטֵל וְנוֹתֵן בְּרֹאשׁוֹ – AND EVERYONE then TAKES AND PLACES dust UPON HIS own HEAD. רַבִּי נָתָן אוֹמֵר – R' NASSAN SAYS: אֵפֶר מִקְלֶה הֵן מְבִיאִין – THEY BRING ASHES.[28] We see from this Baraisa that the Ark is brought out to the town square only for the third set of fasts, not for the first two. – ? –

The Gemara answers:

אָמַר רַב פָּפָּא – **Rav Pappa said:** כִּי תְּנַן נַמִּי מַתְנִיתִין – **Our Mishnah, too, when it teaches** the procedure for the fasts, אַשֶּׁבַע אַחֲרוֹנוֹת תְּנַן – **teaches it** only **with regard to the last seven** fasts.[29]

The Gemara discusses the next part of the Mishnah, which states that ashes are placed:

וּבְרֹאשׁ הַנָּשִׂיא – UPON THE HEAD OF THE *NASI*.

The Gemara states:

וְהָדַר תָּנֵי – **Now, the Mishnah teaches afterwards:** כָּל אֶחָד וְאֶחָד (נוֹטֵל וְנוֹתֵן) בְּרֹאשׁוֹ – EVERYONE else (TAKES AND PLACES ashes) UPON HIS own HEAD, making it clear that the ashes are placed on the dignitaries *first.*

The Gemara questions this:

אִינִי – **Is this indeed so?** (והתנן) [וְהָתַנְיָא] – **But it has been taught in a Baraisa:** רַבִּי אוֹמֵר – REBBI SAYS: בִּגְדוּלָּה מַתְחִילִין מִן הַגָּדוֹל – IN matters of PROMINENCE, WE BEGIN WITH THE MOST PROMINENT person; וּבְקַלָּלָה מַתְחִילִין מִן הַקָּטָן – AND IN matters of MISFORTUNE, WE BEGIN WITH THE LEAST PROMINENT person.

The Baraisa supports this:

בִּגְדוּלָּה מַתְחִילִין מִן הַגָּדוֹל – IN matters of PROMINENCE, WE BEGIN WITH THE MOST PROMINENT, שֶׁנֶּאֱמַר – AS IT SAYS: ״וַיֹּאמֶר מֹשֶׁה אֶל־אַהֲרֹן וּלְאֶלְעָזָר וּלְאִיתָמָר״ – *AND MOSES SAID TO AARON, AND ELAZAR AND ITHAMAR,* giving precedence to Aaron over his sons.[30] וּבְקַלָּלָה מַתְחִילִין מִן הַקָּטָן – AND IN matters of MISFORTUNE WE BEGIN WITH THE LEAST PROMINENT person; (דאמר מר)

NOTES

23. Since there is an interval between the different series of fasts, should a subsequent series begin on a Thursday, the storekeepers might again not realize that people are buying the extra food for the post-fast meal. Thus, there would still be a possibility that they would attribute the surge in sales to hoarding for fear of famine and raise their prices (*Beis Yosef, Orach Chaim* 572).

Although the Mishnah does not explicitly state that there was a waiting period between each set of fasts, it is logical to assume that they waited a reasonable amount of time in order to ascertain whether or not their prayers were accepted, before decreeing a new series of fasts. Moreover, it was customary to announce each series of fasts in the synagogue on the preceding Sabbath (*Abudraham*). If this custom existed in the time of the Mishnah, even more time had to elapse before a new series of fasts could begin.

24. This is because Rosh Chodesh is called a *Moed*, festival [literally: appointed season] (*Rashi;* see *Arachin* 10b). Purim and Chanukah were ordained as festivals by the Rabbis. Thus, fasting is prohibited on them as well.

25. Such subsequent fasts must be observed even on Rosh Chodesh because, even though it is a *Moed* festival, it is not a day of feasting and gladness (*Rashi*). For an explanation of why these fasts must be observed on Chanukah and Purim, see *Tos. Yom Tov* and *Rashash*.

Ritva discusses whether the Rabbis are permitted to decree a series of fasts if they know that one of them will fall on Rosh Chodesh, Chanukah, or Purim.

26. Tishah B'Av [the ninth of Av] is the fast commemorating the destruction of the two Temples. According to the fixed calendar in use today, Tishah B'Av cannot fall on a Friday. However, in the days when the Sanhedrin sanctified the New Moon based on the testimony of witnesses, this was possible. When Hillel the Second established the fixed calendar in the year 4118 (358 C.E.), he formulated it in such a way as to avoid the incidence of festivals or fasts on days that would cause halachic difficulties or serious hardship.

27. The Gemara initially assumes that the procedure described in our Mishnah are for all the fast days decreed for lack of rain.

28. See 15a note 3. The Tanna Kamma requires אֵפֶר, which usually means ashes, but which may be used for earth (dirt) as well. R' Nassan, however, specifies the use of ashes [אֵפֶר מִקְלֶה], for they evoke the memory of the ashes of Isaac's offering (see 16a). Our Mishnah, which required ashes specifically, follows the view of R' Nassan (*Keren Orah* 15a, *Gevuras Ari* 16b).

29. *Rashi* explains the Gemara's discussion to concern the Mishnah's ruling about the removal of the Ark from the synagogue to the town square. In fact, however, the Gemara's conclusion that the procedure described by our Mishnah is only for the final seven fasts, applies to the entire order of the service, including the six extra blessings (see Gem. 13b-14a; *Orach Chaim* 575:4).

30. *Lev.* 10:6. When Nadav and Avihu – the older sons of Aaron – died, Moses commanded Aaron and his remaining sons, Elazar and Ithamar, not to conduct themselves as mourners. In delivering this command-

בימי רבי חלפתא ור' חנניא בן תרדיון שעבר אחד לפני התיבה וגמר את הברכה כולה ולא ענו אחריו אמן תקעו הכהנים [א] ותקעו מי שענה את אברהם אבינו בהר המוריה הוא יענה אתכם וישמע בקול צעקתכם היום הזה הריעו בני אהרן הריעו מי שענה את אבותינו על ים סוף הוא יענה אתכם וישמע בקול צעקתכם היום הזה (א) [א]וכשבא דבר אצל חכמים אמרו לא היינו נוהגין כן אלא בשער מזרח ובהר הבית שלש תעניות הראשונות [א]אנשי משמר מתענין ולא משלימין ואנשי בית אב לא היו מתענין כלל שלש שניות אנשי משמר מתענין ומשלימין ואנשי בית אב מתענין ולא משלימין שבע אחרונות אלו ואלו מתענין ומשלימין דברי רבי יהושע וחכמים אומרים [ב]שלש תעניות הראשונות אלו ואלו לא היו מתענין כלל [ג]שלש שניות אנשי משמר מתענין ולא משלימין ואנשי בית אב לא היו מתענין כלל [ד]שבע אחרונות אנשי משמר מתענין ומשלימין ואנשי בית אב מתענין ולא משלימין [ה]אנשי משמר מותרין לשתות יין בלילות אבל לא בימים [ו]ואנשי בית אב לא ביום ולא בלילה [ס]ואנשי משמר [ח]ואנשי מעמד אסורין מלספר ומלכבם [ג]ובחמישי מותרין מפני כבוד השבת כל הכתוב במגילת תענית דלא למספד לפניו אסור לאחריו מותר רבי יוסי אומר לפניו ולאחריו אסור דלא להתענאה לפניו ולאחריו מותר ר' יוסי אומר לפניו אסור לאחריו מותר [ד] [ט]אין גוזרין תענית על הצבור בתחילה בחמישי שלא להפקיע השערים אלא שלש תעניות הראשונות שני וחמישי ושני ושלש שניות חמישי שני וחמישי ר' יוסי אומר [י]כשם שאין הראשונות בחמישי כך לא שניות ולא אחרונות [ס] [כ]אין גוזרין תענית על הצבור בראשי חדשים בחנוכה ובפורים ואם התחילו אין מפסיקין דברי רבן גמליאל אמר רבי מאיר אף על פי שאמר רבן גמליאל אין מפסיקין מודה היה שאין משלימין וכן תשעה באב שחל להיות בערב שבת: **גמ'** סדר תעניות כיצד מוציאין את התיבה כו' ואפילו בקמייתא ורמינהו שלש תעניות ראשונות ושניות נכנסים לבית הכנסת ומתפללין כדרך שמתפללין כל השנה כולה ובשבע אחרונות מוציאין את התיבה לרחובה של עיר ונותנין אפר על גבי התיבה ובראש הנשיא ובראש אב בית דין וכל אחד ואחד [ב] נוטל ונותן בראשו רבי נתן אומר אפר מקלה הן מביאין אמר רב פפא [ל]כי תנן נמי מתניתין אשבע אחרונות תנן: ובראש הנשיא: והדר תני כל אחד ואחד [ג] ([י]נוטל ונותן) בראשו איני ([ז]והתנן) [מ]רבי אומר בגדולה מתחילין מן הגדול [ט]ובקללה מתחילין מן הקטן בגדולה מתחילין מן הגדול שנאמר [א]ויאמר משה אל אהרן ולאלעזר ולאיתמר ובקללה מתחילין מן הקטן ([י]דאמר מר) [כ]בתחלה נתקלל נחש ואחר כך נתקללה חוה ואח"כ נתקלל אדם הא חשיבותא לדידהו דאמרי להו אתון חשיביתו למיבעי עלן רחמי אכ"ע: ([ל]כל אחד ואחד [ד] ([י]נוטל ונותן) בראשו: אמר רב אדא) וכל אחד ואחד ([י]נוטל ונותן) בראשו נשיא ואב בית דין נמי נשקלו אינהו ונינחו בראשייהו מאי שנא דשקיל איניש אחרינא ומנח להו אמר רבי [מ]אבא דמן קסרי [י]אינו דומה מתבייש מעצמו למתבייש

ואפילו בקמייתא. כלומר ואפי' בג' תעניות הראשונות ובג' שניות קאמר במתני' דמוליאין את התיבה לרחובה של עיר ואומר כ"ד ברכות כו' ורמינהו והתניא ראשונות ושניות נכנסין כו' פי' ומתפללין בה כדרך כל השנה כולה כלומר שיאמר י"ח ברכות כדרך שמתפללין כל השנה וקשה דהא לעיל (ד) בפ"ק (דף יג:) קאמרינן אין בין ג' תעניות שניות לשלש ראשונות אלא שבאלו (ה) מתפללין ומותרין בעשיית מלאכה ובאלו אסורין בעשיית מלאכה הא לענין עשרים וארבעה זה וזה שוין דבין בראשונות בין באמצעיות היו אומרים כ"ד ועוד קשה דאמרינן לעיל ואיבעית אימא באמצעיות נמי לא מצלו כ"ד ואמאי לא מייתי לה סיועא מהא דהכא וי"ל דהא דקאמר הכא ומתפללין כדרך כל השנה לאו בעשרים וארבע ברכות קאמר אלא קאמר שמתפללין כדרך כל השנה שלא היו מוליאין את התיבה לרחובה של עיר:

[ק] **ונותנין** אפר על גבי כו'. ואותו אפר הוי מעלם אדם שהרי (ו) הוא האפר הוי לזכרון העקידה ובעקידה היה עלמות: במקום

וגומר כל הברכה. כל אותה ברכה עלמה: ה"ג ולא ענו אחריו אמן תקעו בני אהרן תקעו. חזן הכנסת אומר להן על כל ברכה וברכה והוא השמש ולא שליח לבור: לא היינו נוהגין. שלא לענות אמן: אלא בשער מזרח ובהר הבית. כלומר בזמן שבית המקדש קיים כשמתפללין בהר הבית נכנסין בדרך שער המזרח לפי שלא היו עונין אמן במקדש כדאמרינן בגמרא (דף טז:) ואין לומר לא היו נוהגין כן לתקוע אלא במקדש דודאי תוקעין בגבולים כדמוכח בכולה הך מסכת ומסכת ראש השנה (דף כו: כז.): אנשי משמר. של אותה שבת: ולא משלימין. שעדיין אינן חמורין כל כך ובגמרא (דף יז.) מפרש שמא תכבד העבודה על אנשי בית אב שהיו עובדין אותו היום ובאים הן לסייעם ואם היו מתענים (ב) לא היה להם כח לעמוד בעבודה: אנשי בית אב. המשמרה מתחלקת לשבעה בתי אבות כנגד שבעת ימי השבוע בית אב ליום: אנשי [מעמד]. אחד כהנים ולוים וישראלים הקבועים ועומדין ומתפללין על קרבן אחיהם שיקבל לרצון ועומדים לשם בשעת עבודה דהיאך קרבנו של אדם קרב והוא אינו עומד על גביו וכולהו מפרש בפרק אחרון (דף כו.): מותרין לשתות יין. לאו גבי תענית איתמר אלא אגב דמיירי בבני משמר מייתי לה: בלילות. אין לחוש שמא תכבד העבודה שהרי לאו מבערב שפסקו הקרבנות ולא כבדה העבודה [ס] שיאלו רוב קרבנות ולא יספיקו בני בית אב של אותו היום וצריכין אלו לסייען והרי אינן ראויין לעבודה משום שכרות: אנשי בית אב אסורין בין ביום בין בלילה. לפי שהיו מעלין כל הלילה אברים ופדרים שפקעו מעל המזבח א"נ לא גמרו ביום גומרים בלילה אבל אנשי משמר אינן צריכין לסייע בלילה להפך במזלג דבית אב יכול להספיק לבד היפוך המערכה: אסורים לספר ולכבס. משנכנסו למשמרתם כל אותה שבת אלא מסתפרין קודם לכן וטעמא מפרש בגמרא: ובחמישי. של משמרתן מותרים דרך רוב בני אדם להסתפר בחמישי ולא בערב שבת מפני הטורח: כל הכתוב במגילת תענית דלא למיספד. דאית יומיא דלא להתענאה ומקלתהון דחמירי טפי דלא למיספד ואותן שהן חמורים ואסורים בהספד לפניו אסור בהספד דילמא אתי למיעבד ביו"ט גופיה: ולאחריו מותר. דכיון שעבר יום לא חיישינן ואותן שאינן חמורין ליאסר בהספד אלא דלא להתענאה בין לפניו כו': שלא להפקיע את השערים. כשרואין בעלי חניות שקונין למולאי יום חמישי שתי סעודות גדולות אחת (ג) לליל חמישי ואחת לשבת סבורים שבא רעב לעולם ומייקרים ומפקיעים השער אבל משהתחילו להתענות יודעין שאינו אלא מפני התענית: בראשי חדשים. דאיקרי מועד: ואם התחילו. שקיבלו תענית מקודם לכן ונכנס בהן ראש חדש אין מפסיקין דאף על גב דאקרי מועד לא כתיב ביה יום משתה ושמחה [ע]: שאין משלימין. להתענות כל היום אלא אוכלין סמוך לערב: [פ] מגילת תענית נכתבה בימי חכמים אע"פ שלא היו כותבין הלכות והיינו דקתני כל הכתוב במגילת תענית כאילו היה מקרא: **גמ'** אפילו בקמייתא. מוליאין את התיבה בתמיה: כי קתני נמי מתני'. סדר תעניות כילד בסדר תעניות אחרונות קא מיירי: ה"ג בגמרא ונותנין אפר על גבי התיבה ולא גרסינן אפר מקלה [פ] אפר שריפה עדיף משום אפרו של יצחק כדלקמן: בגדולה. מגוה בעלמא שלא לפורענות וידבר משה אל אהרן ואל אלעזר וגו': הא נמי דיהבינן בראשייהו דנשיא ואב ב"ד ברישא חשיבותא הוא דאמרי להו אתון חשיביתו טפי כו': דשקיל איניש אחרינא כו'. דקתני ונותנין ע"ג התיבה כו' ועל ראש הנשיא כו' דמשמע על ידי אחר וגבי שאר כל אדם לא תני נותנין אלא כל אחד ואחד ([ל]נוטל) כו':

עין משפט נר מצוה

ג א מיי' פ"ד מהלכות תענית הלכה יז טור א"ח סימן תקעט:
ד ב מיי' שם פ"ג ה"ב:
ה ג מיי' שם הלכה ג:
ו ד מיי' שם הלכה ו:
ז ה ו מיי' פ"א מהלכות ביאת מקדש הלכה ו:
ח ז מיי' שם הלכה יב:
ט ח מיי' פ"ו מהלכות כלי המקדש הל' יא:
י ט מיי' פ"א מהלכות תענית הלכה ה טוש"ע א"ח סי' תקעב סעי' א:
יא י מיי' שם פ"ג הל' ג והל' ה טוש"ע שם סי' תקעה סעיף ג ד:
יב כ מיי' שם פ"א הל' ז טוש"ע שם סימן תקעב סעיף ב:
יג ל מיי' פ"ד שם הלכה א טוש"ע שם סימן תקעט סעיף א:

רבינו חננאל

התיבה כו'. ואקשינן סדר תעניות מכלל דבכולהו מוציאין את התיבה והתניא שלשה תעניות הראשונות נכנסין לבתי כנסיות ומדרשות ומתפללין כדרך שמתפללין כל השנה שבע אחרונות מוציאין את התיבה לרחובה של עיר כו'. ושני רב פפא כי תנן מוציאין את התיבה בד' אחרונות תנן. **ואקשינן** אמאי אין מתחילין מן הקטן דתניא ר' אומר בגדולה מתחילין מן הגדול שנאמר ויאמר משה אל אהרן (א) ואל אלעזר ואל איתמר בניו ובקללה מתחילין מן הקטן דאמר מר בתחלה נתקלל הנחש ואחריו חוה ואחריה אדם ושנינן נתינת אפר על ראש הנשיא חשיבות היא לו דאמרינן ליה חשיבת קמיה דקב"ה למבעי

חשק שלמה על רבינו חננאל

א) נ"ל ולאלעזר ולאיתמר או נ"ל וידבר משה וכו'.

רבינו גרשום

דתני בסתם מוציאין את התיבה דמשמע אפילו בראשונות. **פאר** זו **תפילין** דכתיב פארך חבוש עליך

תורה אור השלם

א) וַיֹּאמֶר מֹשֶׁה אֶל אַהֲרֹן וּלְאֶלְעָזָר וּלְאִיתָמָר בָּנָיו רָאשֵׁיכֶם אַל תִּפְרָעוּ וּבִגְדֵיכֶם לֹא תִפְרֹמוּ וְלֹא תָמֻתוּ וְעַל כָּל הָעֵדָה יִקְצֹף וַאֲחֵיכֶם כָּל בֵּית יִשְׂרָאֵל יִבְכּוּ אֶת הַשְּׂרֵפָה אֲשֶׁר שָׂרַף יְיָ: [ויקרא י, ו]

מסורת הש"ס

א) [לעיל יג.], ב) [מו"ק יד.], ג) [לקמן כט:], ד) לעיל י., ה) עירובין מא., ו) [נ"ל נותן], ז) [נ"ל והתניא], ח) ברכות סא., ט) [בספ' ובקלקלה וכן בסמוך], י) [ליתא בברכות והם משוללי הבנה], כ) [שם. עירובין יח.], ל) רש"א מוחק זה והפיסקא מתחיל מן איך וכל אחד ואחד וכו', מ) [גי' רי"ף אדא וגי' רא"ש זירא], נ) [סנהדרין מג.], ס) [בימים. שיאלו רוב כל"ל והוא דיבור בפ"ע], ע) [עי' תוי"ט], פ) הס"ד ואח"כ מד"א אפר מקלה אפר כו'. כל"ל, צ) [נ"ל נותן], ק) [שייך לע"א במשנה].

הגהות הב"ח

(א) גמ' את אבותינו על ים סוף כו' היום הזה וכן בכל ברכה וברכה וכשבא הדבר אצל חכמים: (ב) רש"י ד"ה ולא משלימין כו' ואם היו מתענים ומשלימין לא היה להם: (ג) ד"ה שלא להפקיע כו' סעודות גדולות אחת ליום התענית לליל חמישי: (ד) תוספות ד"ה ואפילו כו' וקשה דהא לעיל. נ"ב פירוש המקשה קאמר הכי לעיל ואם כן סתרי דברי המקשה אהדדי דהכא קס"ד דאין מתפללין אלא י"ח: (ה) בא"ד אלא שבאלו מותרין בעשיית מלאכה כו' כל"ל ותיבת מתפללין נמחק: (ו) ד"ה ונותנין כו' שהרי האפר הוי כו' כל"ל ותיבת הוא נמחק:

גליון הש"ס

רש"י ד"ה מגילת תענית נכתבה. עיין לעיל דף יב ע"א רש"י ד"ה בגלו:

הגהות הגר"א

[א] במשנה ותקעו. נ"ל תקעו (וכ"ה במשניות): [ב] גמ' וכל אחד ואחד נותן. כנ"ל ושבנתיים מוקף: [ג] שם כל או"א נותן. כנ"ל: [ד] שם כל או"א נותן בראשו אמר כו'. כנ"ל ושבנתיים מוקף:

ליקוטי רש"י

אלא בשער מזרח ובהר הבית. חדא מילתא היא בשערי מזרח בהר הבית ויש אומרים בשערי מזרח בעזרת נשים [ר"ה כז.]. **אנשי משמר.** כהנים ולוים העובדין מתענין כדלקמן בפרק סדר תעניות. **ולא משלימין.** לפי שהן עסוקין בעבודה ואין יכולים להשלים [לעיל יב.]. **אנשי משמר.** ארבעה ועשרים משמרות של כהנים היו ושמואל ודוד תיקנום [לקמן כו.]. **אנשי מעמד.** על כל משמר היה מעמד בירושלים שקבועין ועומדין בעיר ועומדין על קרבן אחיהם ולבד אלו הדרים בירושלים היו מעמדות בכל עיר שישראל נחלקו לכ"ד מעמדות כנגד כ"ד משמרות כדתניא בברייתא של ארבעים ותשע מדות והיינו דתנן היה מעמד בירושלים כהנים לוים וישראלים [לקמן כו.]. ישראל העומדים בשליחות הצבור על הקרבן שנאמר (במדבר כח) תשמרו להקריב לי מלוה שיהיו משמרים ועומדים על קרבנם הכי דריש ליה בספרי ובמסכת תענית (דף כו.) [יומא לז:]. **שלא להפקיע השערים.** שאם היו מתחילין להתענות בחמישי היו קונין למולאי התענית שתי סעודות גדולות אחד לתענית ואחד לשבת וכסבור המוכר שרעב בא לעולם ואתי לאפקועי שערים. אפקועי, מבטל שיעור מדה הראשונה וממעטה [לעיל י.]. **בראשי חדשים.** מועד דאורייתא [ר"ה יט.]. **ואם התחילו.** שהתחילו להתענות עשרים או שלשים יום ונכנסו בהן ימי חנוכה או ראש חדש. **שאין משלימין.** תענית בחנוכה וראש חדש להתענות כל היום. **וכן תשעה באב שחל להיות בע"ש.** נמי אין משלימין [עירובין מא.]. **אינו דומה מתבייש מעצמו וכו'.** טוב הוא לו שיהא הוא מבייש עצמו [סנהדרין מב.].

בַּתְּחִלָּה נִתְקַלֵּל נָחָשׁ – as we find that FIRST THE SNAKE WAS CURSED, וְאַחַר כַּךְ נִתְקַלְּלָה חַוָּה – THEN EVE WAS CURSED, וְאַחַר כַּךְ נִתְקַלֵּל אָדָם – AND THEN ADAM WAS CURSED.[31] Accordingly, why does the protocol for fasts call for placing ashes on the heads of the *Nasi* and the Chief of the Court before the general populace place ashes on their heads?[32]

The Gemara answers:

הָא חֲשִׁיבוּתָא לְדִידְהוּ – **This** placement of ashes on the heads of the *Nasi* and the Chief of the Court **is a distinction for them,** דְּאָמְרֵי לְהוּ – **because they** [the members of the congregation] **are** in effect **telling them:** אַתּוּן חֲשִׁיבִיתוּ לְמִיבְעֵי עֲלַן רַחֲמֵי אַכּוּלֵּי עָלְמָא – **you are distinguished** enough **to ask for mercy for all of us.** Thus, this too is a matter of prominence, for which we begin with the most prominent.

The Mishnah said:

(כל אחד ואחד נוטל ונותן בראשו: אמר רב אדא) וְכָל אֶחָד וְאֶחָד (נוֹטֵל וְנוֹתֵן) בְּרֹאשׁוֹ – Then EVERYONE else (TAKES AND PLACES) ashes UPON HIS own HEAD:[33]

Noting that among the general populace each person places ashes on his own head, the Gemara asks:

נָשִׂיא וְאַב בֵּית דִּין נַמִּי נִשְׁקְלוּ אִינְהוּ – **Let the *Nasi* and Chief of the Court also take** ash **themselves** וְנִינְחוּ בְּרֵאשַׁיְיהוּ – **and place it on their** own **heads.** מַאי שְׁנָא דְּשָׁקִיל אִינִישׁ אַחֲרִינָא וּמַנַּח לְהוּ – **Why is it that someone else takes** the ash **and places it** on their heads?[34]

The Gemara answers:

אָמַר רַבִּי אַבָּא דְּמִן קֵסָרִי – **R' Abba of Caesarea said:** אֵינוֹ דוֹמֶה מִתְבַּיֵּישׁ מֵעַצְמוֹ – **Being humiliated by one's own** hand **does not compare**

NOTES

ment, he addressed the most prominent among them – Aaron – first, and only then addressed Elazar and Ithamar. We see from this that in addressing a group for a purpose that is not a misfortune, the Torah's protocol is to place the most prominent person first (*Rashi*).

31. The snake convinced Eve to eat the forbidden fruit of the Tree of Knowledge, from which she then convinced Adam to eat. When God punished them, He first decreed punishment upon the snake, then upon Eve, and then upon Adam (see *Genesis* 3:1-19). We see from this that in situations of misfortune, the listing is in reverse to the degree of their prominence.

32. Fasts are declared because of the misfortune (a drought) that has befallen the congregation.

33. The vowelized text here, and the translation, follow *Maharsha's* emendation of the Gemara.

34. The Mishnah says, "They bring out the Ark . . . and place ashes upon the Ark and upon the head of the *Nasi* and upon the head of the Chief of the Court. Then everyone else places ashes on his (own) head . . ." This implies that the ashes were placed on the *Nasi* and the Chief of the Court by someone else (*Rashi*).

לְמִתְבַּיֵּישׁ מֵאֲחֵרִים – **to being humiliated by** the hands of **others.**[1]

The Gemara inquires:

וְהֵיכָא מַנַּח לְהוּ – **And where** on the head **does one place [the ashes]?**

The Gemara answers:

אָמַר רַבִּי יִצְחָק – **R' Yitzchak said:** בִּמְקוֹם תְּפִילִּין – **In the place where the tefillin** are worn on the head; שֶׁנֶּאֱמַר – **as it is stated:** "לָשׂוּם לַאֲבֵלֵי צִיּוֹן לָתֵת לָהֶם פְּאֵר תַּחַת אֵפֶר" – ***To establish for the mourners of Zion, to give them beauty in place of ashes.***[2]

The Gemara provides a mnemonic for the discussions that follow:

רְחוֹב תֵּיבָה וְשַׂקִּים אֵפֶר אֵפֶר קְבוּרָה וּמוֹרִיָּה סִימָן

The Gemara explains the reason for the various procedures described in our Mishnah:

לָמָּה יוֹצְאִין לָרְחוֹב – **Why do we go out to the town square?** ר׳ חִיָּיא בַּר אַבָּא אָמַר – **R' Chiya bar Abba says:** לוֹמַר – **To express** the idea that זָעַקְנוּ בְּצִנְעָא – **we cried out** in prayer **in** the **privacy** of our synagogue וְלֹא נַעֲנֵינוּ – **but we were not answered;** נְבַזֶּה עַצְמֵנוּ בְּפַרְהֶסְיָא – **let us humiliate ourselves in public.**[3] רֵישׁ לָקִישׁ אָמַר – **Reish Lakish says:** גָּלִינוּ – To express the idea that **we have been exiled** from our synagogue; גָּלוּתֵינוּ מְכַפֶּרֶת עָלֵינוּ – **may our exile atone for us.**[4]

The Gemara inquires:

מַאי בֵּינַיְיהוּ – **What is the** practical **difference between these** two explanations? אִיכָּא בֵּינַיְיהוּ – **The difference between them is** דְּגָלֵי מִבֵּי כְנִישְׁתָּא לְבֵי כְנִישְׁתָּא – **where they move from one synagogue to another synagogue,** instead of moving out to the town square.[5]

The Gemara continues:

וְלָמָּה מוֹצִיאִין אֶת הַתֵּיבָה לִרְחוֹבָהּ שֶׁל עִיר – **And why do we take the Ark out into the town square?**[6]

אָמַר ר׳ יְהוֹשֻׁעַ בֶּן לֵוִי – **R' Yehoshua ben Levi said:** לוֹמַר – **To express** the idea that כְּלִי צָנוּעַ הָיָה לָנוּ – **we had a private vessel** [the Ark], וְנִתְבַּזָּה בַּעֲוֹנֵינוּ – **and it has been degraded** by being publicly exposed **as a result of our transgressions.**[7]

It was customary on fast days to wear sackcloth, to visit the cemetery, and to sound shofars.[8] The Gemara discusses the reasons for these customs:

וְלָמָּה מִתְכַּסִּין בְּשַׂקִּים – **And why do we dress ourselves in sackcloth?**

אָמַר ר׳ חִיָּיא בַּר אַבָּא – **R' Chiya bar Abba said:** לוֹמַר – **To express** the idea that הֲרֵי אָנוּ חֲשׁוּבִין כִּבְהֵמָה – **we are considered as animals.**[9]

וְלָמָּה נוֹתְנִין אֵפֶר מִקְלֶה עַל גַּבֵּי תֵיבָה – **And why do we place ashes upon the Ark?**

אָמַר רַבִּי יְהוּדָה בֶּן פַּזִּי – **R' Yehudah ben Pazi said:** כְּלוֹמַר – **As if to say,** "עִמּוֹ־אָנֹכִי בְצָרָה" – ***"I*** [God] ***am with him in distress."***[10] רֵישׁ לָקִישׁ אָמַר – **Reish Lakish says:** "בְּכָל־צָרָתָם לוֹ צָר" – As if to say: ***In their every distress, He is in distress.***[11]

אָמַר ר׳ זֵירָא – **R' Zeira said:** מֵרֵישׁ כִּי הֲוָה חָזֵינָא לְהוּ לְרַבָּנָן – **At first, when I saw the Rabbis** דְּיָהֲבֵי אֵפֶר מִקְלֶה עַל גַּבֵּי תֵיבָה – **placing ashes on the Ark,** מִזְדַּעְזַע לִי כּוּלֵּיהּ גּוּפַאי – **my entire body trembled.**[12]

וְלָמָּה נוֹתְנִין אֵפֶר בְּרֹאשׁ כָּל אֶחָד וְאֶחָד – **And why does each person place ashes on his own head?**

פְּלִיגֵי בָּהּ ר׳ לֵוִי בַּר חָמָא וְר׳ חֲנִינָא – **R' Levi bar Chama and R' Chanina argue regarding this,** but it is not known who holds which opinion: חַד אָמַר – **One** of them **says:** הֲרֵי אָנוּ חֲשׁוּבִין לְפָנֶיךָ כְּאֵפֶר – As if to say: **We are considered before You** [God] **as ashes.**[13] וְחַד אָמַר – **And** the other **one says:** כְּדֵי שֶׁיִּזְכּוֹר לָנוּ אֶפְרוֹ שֶׁל יִצְחָק – **So that [God] should remember the ashes of**

NOTES

1. A person feels humiliation at the hands of others more strongly than self-inflicted humiliation. Consequently, we have others place the ashes on the heads of the *Nasi* and Chief of the Court. This causes them to feel more humbled and makes their prayers more efficacious. [Several incidents to this effect are recounted by the Gemara on 24a,b.] Humility is essential for the acceptance of prayer, as stated in Scripture (*Psalms* 51:19): *A heart broken and humbled, O God, You will not despise* (see *Orach Chaim* 98:1).

Although this reasoning would apply to ordinary people as well, the Sages required this procedure only for the leaders of the community who, because of their greatness, are considered worthy of praying on behalf of the entire people (as the Gemara explained above). [Thus, humbling them further by having someone else place the ashes on their heads will enhance the quality of their prayers.] For others, it is enough for them to humble themselves by placing the ashes on their own heads (*Rashi*, as explained by *Karnei Re'em; cf. Keren Orah*).

2. *Isaiah* 61:3. The word פְּאֵר, *beauty,* can refer to tefillin. This is evident from the *Targum* to *Ezekiel* 24:17, which translates the words פְּאֵרְךָ חֲבוֹשׁ עָלֶיךָ, *Your beauty bind upon you,* as טוֹטְפָתָךְ יְהוֹיָן עֲלָךְ, *Your tefillin shall be upon you*. (See also *Berachos* 11a.)

Isaiah prophesied that in the Messianic period, tefillin will be worn on the head where ashes were once placed as a sign of mourning for Zion. It is thus evident that a sign of mourning is placing ashes where the head tefillin are usually worn.

Tefillin are positioned on the head at the point where the top of an infant's head is soft – i.e. at the fontanel [the membrane-covered gap in an infant's skull] (*Rashi;* see also *Rashi* to *Eruvin* 95b).

3. The intent was to subdue the people's hearts, and bring about true repentance (*Meiri*). See also *Rambam, Hil. Taaniyos* 4:1.

4. Going into exile helps gain atonement for sin (*Rashi* to *Rif; Rabbeinu Chananel;* see *Sanhedrin* 37b).

5. Moving from one synagogue to another fulfills the function of exile but not of public humiliation.

6. Although it has already been explained why the congregation prays in the town square and it is customary for the *shliach tzibbur* to stand before the Ark when praying on behalf of the congregation, the Rabbis would not have required them to go through the trouble of moving the Ark from its regular location in the synagogue to the town square for this reason alone (*Maharsha*).

7. Thus, this act implies a confession of sins (*Rashi*). The intent was to cause the people to tremble when they realized that their sins had caused this degradation (*Meiri*).

8. The Mishnah does not mention that it is customary to wear sackcloth on a fast day. Nevertheless, the Gemara inquires as to the reason for this well-known custom (*Ritva*). [In *Yerushalmi,* the Gemara inquires also about another custom practiced on fast days, namely, blowing horns (see *Rashi* and *Keren Orah; cf. Maharatz Chayes*).]

9. Wearing sackcloth gives one the semblance of an animal, because sackcloth is made from goats' hair (*Rashi*) or the tails of horses or cows (*Rashi* to *Rif;* cf. *Maharsha*). *Ben Yehoyada* explains that the intent is to appeal to God that He should consider us as animals: Just as animals have no merits, yet God has mercy on them, so should God have mercy on us (cf. *Meiri*).

10. *Psalms* 91:15. The Ark containing the Torah scroll represents the Ark that stood in the Holy of Holies in the Temple, the dwelling place of the *Shechinah* [Divine Presence]. Accordingly, this symbolic act conveys the idea that when the Jewish people are in distress, the *Shechinah,* so to speak, joins us in our distress (*Maharsha*).

11. *Isaiah* 63:9. When the Jewish people are in pain, God, so to speak, is also pained.

See *Ben Yehoyada* who addresses the difference in connotation between the verse cited by R' Yehudah ben Pazi and that cited by Reish Lakish. See also *Keren Orah.*

12. But this reaction subsequently ceased (see *Yerushalmi* here; see also *Benayahu*).

13. Comparing oneself to useless ashes is a symbolic expression for the unworthiness of mankind. We are asking God for a merciful reply, one not based on our worthiness.

למתבייש מאחרים והיכא מנח להו אמר רבי יצחק [א]במקום תפילין שנאמר (א) לשום לאבילי ציון לתת להם פאר תחת אפר: רחוב תיבה ושקים אפר אפר קבורה ומוריה סימן: למה יוצאין לרחוב (א) ר' חייא בר אבא אמר לומר זעקנו בצנעא ולא נענינו נבזה עצמנו בפרהסיא ריש לקיש אמר גלינו גלותינו מכפרת עלינו מאי בינייהו איכא בינייהו דגלי מבי כנישתא לבי כנישתא ולמה מוציאין את התיבה לרחובה של עיר אמר ר' יהושע בן לוי לומר כלי צנוע היה לנו ונתבזה בעוונינו ולמה מתכסין בשקים אמר ר' חייא בר אבא לומר הרי אנו חשובין כבהמה ולמה נותנין אפר מקלה על גבי תיבה אמר רבי יהודה בן פזי כלומר (ב) עמו אנכי בצרה ריש לקיש אמר (ג) בכל צרתם לו צר אמר ר' זירא מריש כי הוה חזינא להו לרבנן דיהבי אפר מקלה על גבי תיבה מזדעזע לי כוליה גופאי ולמה נותנין אפר בראש כל אחד ואחד פליגי בה ר' לוי [ב]בר חמא ור' חנינא חד אמר הרי אנו חשובין לפניך כאפר וחד אמר כדי שיזכור לנו אפרו של יצחק מאי בינייהו איכא בינייהו עפר סתם למה יוצאין לבית הקברות פליגי בה ר' לוי בר חמא ור' חנינא חד אמר [ג]הרי אנו חשובין לפניך כמתים וחד אמר [ב] כדי שיבקשו עלינו מתים רחמים מאי בינייהו איכא בינייהו קברי עכו"ם מאי (ד) הר [ג] המוריה פליגי בה ר' לוי בר חמא ור' חנינא חד אמר הר שיצא ממנו הוראה לישראל וחד אמר הר שיצא ממנו מורא לעובדי כוכבים: הזקן שבהן אומר לפניהן דברי כבושין: ת"ר אם יש זקן אומר זקן ואם לאו אומר חכם ואם לאו אומר אדם של צורה אטו זקן דקאמרי אף על גב דלאו חכם הוא אמר אביי הכי קאמר [ד]אם יש זקן והוא חכם אומר זקן והוא חכם ואם לאו אומר חכם ואם לאו אומר אדם של צורה אחינו לא שק ותענית גורמים אלא תשובה ומעשים טובים גורמים שכן מצינו באנשי נינוה שלא נאמר בהם וירא האלהים את שקם ואת תעניתם אלא (ה) וירא האלהים את מעשיהם כי שבו מדרכם הרעה (ו) ויתכסו שקים האדם והבהמה מאי הוו עבדי אסרא הבהמות לחוד ואת הוולדות לחוד אמרו לפניו רבונו של עולם אם אין אתה מרחם עלינו אין אנו מרחמים על אלו (ו) ויקראו אל אלהים בחזקה מאי אמור אמרו לפניו [ז]רבונו של עולם עלוב ושאינו עלוב (א) צדיק ורשע מי נדחה מפני מי (ו) וישובו איש מדרכו הרעה ומן החמס אשר בכפיהם מאי ומן החמס אשר בכפיהם אמר שמואל אפילו גזל מריש ובנאו בבירה מקעקע כל הבירה כולה ומחזיר מריש לבעליו אמר רב אדא בר אהבה [ה]אדם שיש בידו עבירה ומתודה ואינו חוזר בה למה הוא דומה לאדם (ז) שתופס שרץ בידו שאפי' טובל בכל מימות שבעולם לא עלתה לו טבילה זרקו מידו כיון שטבל בארבעים סאה מיד עלתה לו טבילה שנאמר (ז) ומודה ועוזב ירוחם ואומר (ח) נשא לבבנו אל כפים אל אל בשמים: עמדו בתפלה מורידין לפני התיבה זקן כו': תנו רבנן [ה]עמדו בתפלה אע"פ שיש שם זקן וחכם אין מורידין לפני התיבה אלא אדם הרגיל (ו איזהו רגיל) ר' יהודה אומר מטופל ואין לו ויש לו יגיעה בשדה וביתו ריקם ופרקו נאה ושפל ברך ומרוצה לעם ויש לו נעימה וקולו ערב ובקי לקרות בתורה ובנביאים ובכתובים ולשנות במדרש בהלכות ובאגדות ובקי בכל הברכות כולן ויהבו ביה רבנן עינייהו בר' יצחק בר אמי

היינו

רש"י

למתבייש מאחרים. דאיכא עגמת נפש טפי ומשום חשיבותא הם מתביישים מאחרים אבל שאר בני אדם דלא חשיבי לא מתביישי בנתינת אחרים וסגי להו בנתינת עצמן: פאר תחת אפר. ש"מ במקום תפילין דכתיב בהו (יחזקאל כד) פארך חבוש עליך ואמרינן (ברכות דף יא.) אלו תפילין ומתרגמינן נמי טוטפתך הוין עלך והיכא מניחין תפילין במקום שמוחו של תינוק רופף: בצינעא. בבית הכנסת: גלינו. שיצאנו מכניסתנו: (ב) גלותינו. תהא מכפרת עלינו: דגלו מבי כנישתא לבי כנישתא אחריתא. גלות איכא פרהסיא ליכא: נתבזה בעוונינו. וידוי: [ולמה מתכסין]. סוגרות שקין תנינן בירושלמי שהיו סוגרות שקין ויוצאין לבית הקברות ותוקעין בקרנות ובעי ליה מיבעיא שקין למה ובית הקברות למה ותקיעת שופר למה: כבהמה. דמשער בהמה ניהו מנוצה של עזים: עפר סתם. שאינו אפר מקלה זכירת אפרו של יצחק ליכא סתם לא גרסינן אלא איכא בינייהו עפר: קברי עכו"ם. במקום שאין קברי ישראל לבקש רחמים אפי' על עצמן ליכא כל שכן עלינו: מאי הר המוריה וכו'. איידי דאיירי בפלוגתא דרבי לוי ור"ח תנא נמי הא פלוגתא מאי הר מוריה דאברהם קרא למקום העקידה הר יראה וכתיב (בראשית כב) (ז) אל ארץ המוריה: חד אמר הר שיצא (ג) הוראה. תורה לישראל כי מציון תצא תורה (ישעיה ב) יורו משפטיך ליעקב (דברים לג) ולשכת הגזית שבה עמדו הנביאים המוכיחים לישראל: מורא לעובדי כוכבים. ששומעין גדולות ישראל וירושלים ומתפחדים עליהם שמעתי לישנא אחרינא הר המוריה הר סיני מורא לעובדי כוכבים במתן תורה דכתיב (תהלים עו) ארץ יראה ושקטה: אע"ג דלאו חכם. אלא עם הארץ בתמיהה הא ודאי חכם עדיף: אם יש זקן והוא חכם. אומר זקן והוא חכם: אדם של צורה. בעל קומה שישמעו ויקבלו דבריו להמריך את הלב: מאי אמור. אנשי נינוה דכתיב בחזקה דמשמע בכח וגילוח דין: מי נדחה מפני מי. הוי אומר צדיק מפני רשע: אם אין אתה מרחם כו'. כלומר כשם שאתה אומר לרחם על אלו דכתיב (תהלים קמה) ורחמיו על כל מעשיו כן תרחם עלינו: מריש. קורה: בירה. מגדל: שיש בידו עבירה. גזל: ואינו חוזר בו. לשלם את הגזל למה הוא דומה וכו': נשא לבבנו אל כפים. עם הכפים צריך לישא הלב לשמים כלומר שיחזור מקלקולו: מטופל ואין לו. יש לו טפלים ואין לו במה להתפרנס שלבו דואג עליו [והוא צריך לקרות מקירות לבו עליהן]: ויש לו יגיעה. שמתכוין יותר בתפלת הגשמים: ופרקו נאה. מפרש לקמן: ושפל ברך. עניו: ומרוצה לעם. נוח לבריות ומסכימין לתפלתו: נעימה. בסומי קלא שמושך הלב: ורגיל לקרות כו'. שיהו הפסוקים של תפלה סדורין בפיו:

היינו

תוספות

במקום תפילין. פירוש לתת האפר במקום הפאר דאילו התפילין נקראו פאר כדכתיב לשום לאבילי ציון לתת להם פאר וגו': איכא בינייהו דגלו מבי כנישתא לבי כנישתא. פירוש למ"ד משום גלות איכא ולמ"ד משום פרהסיא ליכא דהא בי כנישתא הוי כמו בצנעא:

אפר מקלה. פירוש אותו אפר הוה מדבר הנשרף מעצמות אדם כדי לזכור עקידת יצחק דאלמלא שלא היה בא אלא כדי לומר שהרי אנו לפניך כאפר כמו כן מהני עפר סתם והיינו פירוש איכא בינייהו עפר סתם:

יוצאין לבית הקברות. מכאן נוהגין בכל מקום לילך לבית הקברות בט' באב שהרי ט"ב הוי תענית צבור כמו שהיו עושין מפני הגשמים:

הר שיצאה ממנו הוראה לישראל. י"מ (ד) דזה ירושלים שנקרא על שם אברהם שקראוהו הר ה' יראה (בראשית כב) (ד) והעיר היה נקרא כבר שלם כדכתיב (שם יד) ומלכי צדק מלך שלם ונקרא ירושלם על שם יראה ועל שם שלם לכך אין אנו נותנין יו"ד בירושלם בין למ"ד למ"ם על שם שלם והמר נקרא מוריה על שם תורה כדכתיב (ישעיה ב) כי מציון תצא תורה וכתיב (דברים לג) יורו משפטיך ליעקב והוא לשכת הגזית. המוריה זה סיני ונקרא מוריה על שם שממנו יצא מורא לעובדי כוכבים במתן תורה כדכתיב (תהלים עו) ארץ יראה ושקטה אי נמי רצה לומר דירושלם נקרא מוריה על שם שיש מורא לעובדי כוכבים על גדולתה ומתפחדים:

אדם שיש לו צורה. פירוש בעל קומה כדי שישמעו דבריו ויקבלו ממנו להמריך הלב ופרקו נאה פירוש כשעמד על פרקו אפילו כשהיה בחור היה בלא שם רע:

מאי

מסורת הש"ס

א) [גי' רא"ש אמר רבי לומר כו'], ב) [גי' רי"ף ורא"ש ר' לוי בר לחמא ור' חמא בר חנינא], ג) [בילקוט שה"ש ד' אלך לי אל הר המור כו' הר המור פליגי בה כו'], ד) [מגילה דף כט.], ה) [תוספתא' פרק א], ו) [ליתא ברב אלפסי וגם בהרא"ש ע"ש], ז) [עי' מדושי אגדות], ח) [כל זה נתבאר במדרש רבה בראשית פ' נ"ו והביא הערוך ערך ירושלם].

הגהות הב"ח

(א) גמ' עלוב ושאינו עלוב יכול ושאינו יכול צדיק ורשע כו' ומחזיר מריש לבעליו נ"ב ממקן יהיב דמי ולא רצו ליפטר במעות: (ב) רש"י ד"ה גלינו כו' וד"ה גלותינו כו' הס"א: (ג) ד"ה חד אמר הר שיצא ממנו הוראה לישראל תורה שנאמר כי מציון: (ד) תוס' ד"ה הר כו' הר ה' יראה וה"פ מתחלה היה נקרא כך שלם כדכתיב ומלכי צדק מלך שלם ואח"כ נקרא ירושלים:

תורה אור השלם

א) לָשׂוּם לַאֲבֵלֵי צִיּוֹן לָתֵת לָהֶם פְּאֵר תַּחַת אֵפֶר שֶׁמֶן שָׂשׂוֹן תַּחַת אֵבֶל מַעֲטֵה תְהִלָּה תַּחַת רוּחַ כֵּהָה וְקֹרָא לָהֶם אֵילֵי הַצֶּדֶק מַטַּע יְיָ לְהִתְפָּאֵר: [ישעיה סא, ג]

ב) יִקְרָאֵנִי וְאֶעֱנֵהוּ עִמּוֹ אָנֹכִי בְצָרָה אֲחַלְּצֵהוּ וַאֲכַבְּדֵהוּ: [תהלים צא, טו]

ג) בְּכָל צָרָתָם לוֹ צָר וּמַלְאַךְ פָּנָיו הוֹשִׁיעָם בְּאַהֲבָתוֹ וּבְחֶמְלָתוֹ הוּא גְאָלָם וַיְנַטְּלֵם וַיְנַשְּׂאֵם כָּל יְמֵי עוֹלָם: [ישעיה סג, ט]

ד) וַיָּחֶל שְׁלֹמֹה לִבְנוֹת אֶת בֵּית יְיָ בִּירוּשָׁלַיִם בְּהַר הַמּוֹרִיָּה אֲשֶׁר נִרְאָה לְדָוִיד אָבִיהוּ אֲשֶׁר הֵכִין בִּמְקוֹם דָּוִיד בְּגֹרֶן אָרְנָן הַיְבוּסִי: [דברי הימים ב' ג, א]

ה) וַיַּרְא הָאֱלֹהִים אֶת מַעֲשֵׂיהֶם כִּי שָׁבוּ מִדַּרְכָּם הָרָעָה וַיִּנָּחֶם הָאֱלֹהִים עַל הָרָעָה אֲשֶׁר דִּבֶּר לַעֲשׂוֹת לָהֶם וְלֹא עָשָׂה: [יונה ג, י]

ו) וְיִתְכַּסּוּ שַׂקִּים הָאָדָם וְהַבְּהֵמָה וְיִקְרְאוּ אֶל אֱלֹהִים בְּחָזְקָה וְיָשֻׁבוּ אִישׁ מִדַּרְכּוֹ הָרָעָה וּמִן הֶחָמָס אֲשֶׁר בְּכַפֵּיהֶם: [יונה ג, ח]

ז) מְכַסֶּה פְשָׁעָיו לֹא יַצְלִיחַ וּמוֹדֶה וְעֹזֵב יְרֻחָם: [משלי כח, יג]

ח) נִשָּׂא לְבָבֵנוּ אֶל כַּפָּיִם אֶל אֵל בַּשָּׁמָיִם: [איכה ג, מא]

ליקוטי רש"י

ומודה ועוזב. מודה פשעיו ועוזבם משוב בס עוד [משלי כח, יג]. אסרא. אסרו [יונה ג, ח]. ומודה ועוזב. מודה פשעיו ועוזבם משוב בס עוד [משלי כח, יג]. נשא לבבינו אל כפים. כשאנו נושאים את כפינו אל השמים נשא אף לבבינו עמהם לשוב להשיב לבבינו לפני המקום ב"ה. ד"א אל כפים, אל העננים אל שמים כמה דאת אמר (מלכים א יח) והנה עב קטנה ככף איש עולה וכן (איוב לו) על כפים כסה אור ומדרש רבותינו נשא לבבינו באמת להקב"ה כאדם הרוחץ בנקיון כפיו שמשליך מידיו כל טינוף כי מודה ועוזב ירוחם והמודה ואינו עוזב כטובל ושרץ בידו [איכה ג, מא].

עין משפט נר מצוה

יד א מיי' פ"ד מהלכות תענית הלכה א טוש"ע א"ח סימן תקעט סעיף א:
טו ב מיי' שם הלכה יז טוש"ע שם ס"ג:
טז ג מיי' שם הלכה ד טוש"ע שם ס"א:
יז ד מיי' פ"ב מהל' תשובה הלכה ג:
יח ה מיי' פ"ד מהל' תענית הלכה ג טוש"ע א"ח סימן תקעט סעיף א [וסימן נג סעיף ד]:

גליון הש"ס

גמרא כדי שיבקשו עלינו רחמים. עיין סוטה דף לד ע"ב תוס' ד"ה אבותי:

רבינו גרשום

דגלו מבי כנישתא [לבי כנישתא] למ"ד גלות הא איכא למ"ד פרהסיא ליכא: הרי אנו חשובין לפניו כבהמה שהרי לובשין שק שהן של שיער בהמה: א"ב עפר סתם למ"ד הרי אנו חשובין לפניו כעפר בעפר סתם סגי למ"ד כדי שיזכור אפרו של יצחק מיבעי ליה אפר מקלה: קברי כותים למ"ד הרי אנו חשובין כמתים ה"נ מצי למיפק לך לקברי אבות של גוים ומ"ד כדי שיבקשו עלינו רחמים איבעי להו למיפק לקברי ישראל: מאי הר המוריה למה נקרא שמה הר המוריה א) דאברהם קראו יראה ומלכי צדק קראו שלם ועשה הקב"ה פשרה ביניהם וקראו ירושלם: הר המוריה שיצאה ממנו הוראה לישראל שכן יושבין סנהדרין בלשכת הגזית ומורין הוראות. דברי כיבושין דברים שאדם מכבש ללבו: מי נדחה מפני מי כלומר דחה גזירתם מלפנינו: מריש. קורה: ועוזב שחוזר בו: ורגיל להתפלל שצ"ל זכרונות ושופרות לפי שאין זכרונות ושופרות אלא בר"ה:

חשק שלמה על רבינו גרשום

א) נראה דחסר כאן איזה תיבות ואולי צ"ל דירושלים נקראת על שם שאברהם וכו' ועי' בתוס' כאן ד"ה הר.

רבינו חננאל

רחמי אכולי עלמא. ולמה אינו נותן הנשיא ואב ב"ד הן בעצמן על ראשיהם שהמתבייש מן אחרים גדול הוא מהמתבייש עצמו. כלומר בושה גדולה היא כדי שיכוין כל לבו והיכן מחית ליה לאפר זה בראשו במקום תפילין שנאמר לתת להם פאר תחת אפר: יוצאין לרחובה כדי לשבר הצבור לבם. כלומר צעקנו בצנעא ולא ענינו נבזה עצמנו בפרהסיא ור"ל אמר שתחשב לנו גלות כי הגלות מכפרת עון. ולמה מוציאין את התיבה לרחובה אריב"ל כלי צנוע היה לנו ונתבזה. נתינת אפר על גבי התיבה משום שנאמר בכל צרתם לו צר ולמה מתכסים בשקים לומר כי נחשבנו כבהמה וכל אחד נותן אפר בראשו לומר הנה אנו כאפר (אולי יזכור) [וי"א להזכר] זכות אפרו של יצחק (ופעמים) [וטעם] שיוצאין לבית הקברות כלומר הרי אנו כמתים וי"א שיבקשו מתים עלינו רחמים מאי הר המוריה הר שיצא ממנו הוראה לישראל. וי"א שיצא ממנו מורא לאומות: ירושלמי ונותנין אפר בראש נשיא. ר' אבהו ורבנן חד אמר חטא הנשיא הגדולה במקומה (כל ישראל נשאים) חטא הצבור נדחית הגדולה וחד אמר לפי שחטא הלמד והמלמד לפיכך יצאו ויתפרסמו על שם והוציא את הפר מחוץ למחנה שידעו הכל חטאתו של כ"ג: נשא לבבנו אל כפים אל אל בשמים נשוה לבבנו לכף ידינו כשם שכף ידינו נקיה כך ניקה לבנו ואח"כ אל אל בשמים. ג' דברים מבטלין רוע גזרה תפלה תשובה צדקה. ושלשתן בפסוק אחד נאמרו [דה"ב ז'] ויכנעו עמי אשר נקרא שמי עליהם ויתפללו ויבקשו פני. ויתפללו זו תפלה. ויבקשו פני זו צדקה שנא' אני בצדק אחזה פניך. וישובו מדרכיהם הרעים זו תשובה. מה כתוב תמן ואני אשמע (מן) השמים ולמה יוצאין בין הקברות אם נתחייבנו רעב הרי אנו רעבים ומתענים. ואם נתחייבנו גלות הרי גלינו ממקום למקום. ואם נתחייבנו מיתה הרי אנו בבית הקברות כמתים וקרעו לבבכם ואל בגדיכם אם קרעתם לבבכם בתשובה אינכם קורעין בגדיכם על בניכם כי חנון ורחום הוא מאריך א) חמיה: ת"ר אם יש שם זקן חכם אומר זקן חכם ואם לאו אומר אדם של צורה אחינו לא שק ותענית גורמין אלא תשובה ומע"ט גורמין שלא נאמר באנשי נינוה וירא אלהים את שקם ואת תעניתם אלא וירא אלהים את מעשיהם כי שבו מדרכם הרעה אפילו מי שגזל מריש ובנאו בבירה היה מקעקע הבירה כולה ומחזיר המריש לבעליו: ת"ר אדם שיש בו עבירה ומתודה ואינו חוזר בו דומה למי שיש בידו שרץ שאפילו הוא טובל בכל מימות שבעולם אין טהרה שנאמר מכסה פשעיו לא יצליח זרקו כיון שטובל במ' סאה כו' שנאמר ומודה ועוזב ירוחם: מתני' עמדו בתפלה מורידין לפני התיבה זקן ורגיל: ת"ר אע"פ שאמרו אם יש שם זקן חכם אין מורידין לפני התיבה אלא רגיל רבי יהודה אומר דל שיש לו טף ויש לו יגיעה בשדה

חשק שלמה על רבינו חננאל

א) ט"ס כאן עיין בירושלמי.

Isaac for our sake.[14]

The Gemara inquires:

מַאי בֵּינַיְיהוּ — **What is the** practical **difference between these** two explanations? אִיכָּא בֵּינַיְיהוּ עָפָר סְתָם — **The difference between them is** whether we may use **plain earth.**[15]

לָמָּה יוֹצְאִין לְבֵית הַקְּבָרוֹת — **Why do we go out to the cemetery** on a fast day?[16]

פְּלִיגֵי בָּהּ ר׳ לֵוִי בַּר חָמָא וְר׳ חֲנִינָא — **R' Levi bar Chama and R' Chanina argue regarding this,** but it is not known who holds which opinion: חַד אָמַר — **One** of them **says:** הֲרֵי אָנוּ חֲשׁוּבִין לְפָנֶיךָ כְּמֵתִים — As if to say: **We are considered before You** [God] **as corpses.**[17] וְחַד אָמַר — **And** the other **one says:** כְּדֵי שֶׁיְּבַקְשׁוּ עָלֵינוּ מֵתִים רַחֲמִים — **So that the deceased** who are buried in the cemetery **should beg for mercy on our behalf.**

The Gemara inquires:

מַאי בֵּינַיְיהוּ — **What is the** practical **difference between these** two explanations? אִיכָּא בֵּינַיְיהוּ קִבְרֵי עכו״ם — **The difference between them is** whether this custom is fulfilled by visiting **the graves of idolaters,** when there are no Jewish graves nearby.[18]

The Gemara inquires:

מַאי הַר הַמּוֹרִיָּה — **What is** the meaning of **"Mount Moriah"?**[19] [20]

פְּלִיגֵי בָּהּ ר׳ לֵוִי בַּר חָמָא וְר׳ חֲנִינָא — **R' Levi bar Chama and R' Chanina argue regarding this,** but it is not known who holds which opinion: חַד אָמַר — **One** of them **says:** הַר שֶׁיָּצָא מִמֶּנּוּ הוֹרָאָה לְיִשְׂרָאֵל — It is called Mount Moriah because it is **the mountain from which** Torah **instruction went out to Israel.**[21] וְחַד אָמַר — **And** the other **one says:** הַר שֶׁיָּצָא מִמֶּנּוּ מוֹרָא לְעוֹבְדֵי כוֹכָבִים — It is called Mount Moriah because it is **the mountain from which fear went out to the idolatrous** nations.[22]

Our Mishnah stated:

הַזָּקֵן שֶׁבָּהֶן אוֹמֵר לִפְנֵיהֶן דִּבְרֵי כִּבּוּשִׁין — THE ELDER AMONG THEM ADDRESSES THEM WITH WORDS THAT SUBDUE.

The Gemara cites a Baraisa that elaborates:

תָּנוּ רַבָּנַן — **The Rabbis taught in a Baraisa:** אִם יֵשׁ זָקֵן — IF THERE IS AN ELDER present, אוֹמֵר זָקֵן — THE ELDER ADDRESSES them. וְאִם לָאו — AND IF NO elder is present, אוֹמֵר חָכָם — then A SCHOLAR ADDRESSES them. וְאִם לָאו — AND IF NO scholar is present, אוֹמֵר אָדָם שֶׁל צוּרָה — then A MAN OF STATURE ADDRESSES[23] them, since his words are listened to and will soften the hearts of the audience.

The Baraisa stated that if there is no elder present, a scholar addresses them. This implies that the elder, whom the Baraisa listed as the first choice, was not a scholar. The Gemara therefore interrupts the citation of the Baraisa and asks:

אָטוּ זָקֵן דְּקָאָמְרֵי אַף עַל גַּב דְּלָאו חָכָם הוּא — **Is it possible** that **the elder to whom [the Baraisa] refers** is the first choice **although he is not a scholar?** Surely we prefer a young scholar to an unlearned elder to inspire the people to repent! — ? —

The Gemara answers:

אָמַר אַבַּיֵי — **Abaye said:** הָכִי קָאָמַר — **This is what [the Baraisa] means:** אִם יֵשׁ זָקֵן וְהוּא חָכָם אוֹמֵר זָקֵן וְהוּא חָכָם — **If there is an elder** present **who is** also **a scholar, the elderly scholar addresses** the people; וְאִם לָאו אוֹמֵר חָכָם — **and if not,** then **a** young **scholar addresses** them; וְאִם לָאו אוֹמֵר אָדָם שֶׁל

NOTES

14. We beseech God to have mercy on us in the merit of Abraham, who was ready to sacrifice his son Isaac and burn him to ashes in the service of God; and in the merit of Isaac, who willingly agreed.

15. [*Rashi* deletes the word סְתָם, *plain,* from the text (see also *Rashi* to 15a ד״ה אפר מקלה).] Earth signifies the unworthiness of mankind, but it does not symbolize the ashes of Isaac.

Though the Mishnah itself specifies "burnt ashes," the Amora who allows ordinary earth will explain that the Mishnah means only that burnt ashes are *preferred,* since they degrade the person more than ordinary earth (see *Rashi* to 15a ד״ה אפר מקלה). However, where burnt ashes are unavailable, the objective of demonstrating our unworthiness is fulfilled even by using ordinary earth (*Keren Orah* to 15a).

16. It was customary on these fasts for the people to visit the cemetery after the prayers (*Rambam, Hil. Taaniyos* 4:18; *Ran; Orach Chaim* 579:3).

17. This served to generate feelings of humbleness in the people — that we are considered as dead (*Meiri*).

Alternatively, this was done to motivate people to repent. The implication is that if we do not repent we will be dead, like the corpses in this cemetery (*Rambam, Hil. Taaniyos* 4:18; see also *Lechem Mishneh* ad loc.).

Alternatively, it is as if to say: if we are deserving of death, behold we are in a cemetery like corpses [and God should deem it as if we have already suffered the punishment of death] (*Yerushalmi*).

18. If the reason for visiting the cemetery is to express the idea that "we are considered before You as corpses," then a cemetery containing the graves of idolaters suffices. If the reason is so that the deceased pray on our behalf, then there is no point in going to the graves of idolaters (see *Rashi*).

19. The reference is to the mountain where Abraham bound Isaac for sacrifice, and where the Temple was later built (see, however, note 22). Although the Torah does not explicitly call that place "Mount Moriah," it does record that God instructed Abraham to take Isaac "to the Land of Moriah [and offer him up there as a sacrifice on one of the mountains]" (*Genesis* 22:2). The Torah also records that Abraham called the place ה׳ יִרְאֶה, *Hashem will see* [fit to choose this place as the site of His Temple], and that succeeding generations will say בְּהַר ה׳ יֵרָאֶה, *on* [*this*] *mountain will Hashem be manifest* [to his nation] (ibid. v. 14, and *Rashi* ad loc.) — both appellations bearing a similarity to the word "Moriah." *Maharsha* adds that Scripture does indeed call the Temple Mount "Mount Moriah" in *II Chronicles* 3:1.

20. Though not relevant to fast days, the Gemara discusses the meaning of "Mount Moriah" here because it, too, is the subject of dispute between R' Levi bar Chama and R' Chanina (*Rashi*). *Hagahos Yavetz,* however, explains that since Mount Moriah is mentioned in our Mishnah, the Gemara inquires how it got its name.

21. As it says: *For from Zion* [i.e. Jerusalem] *shall come forth Torah* (*Isaiah* 2:3). The Great Sanhedrin, which was the supreme body for deciding questions of Torah law, convened in the Chamber of Hewn Stone [לִשְׁכַּת הַגָּזִית] on the Temple Mount in Jerusalem (see *Sanhedrin* 86b; *Middos* 5:4). In addition, the prophets stood there when rebuking the Jewish people for their shortcomings (*Rashi;* see also *R' Gershom*).

According to this interpretation, the root of מוֹרִיָּה is ירה, which can mean *to teach.*

22. When the idolaters heard of the grandeur of the Jewish nation and their holy mountain where the *Shechinah* dwelt, they were overcome with fear of the Jewish people. According to this interpretation, the root of מוֹרִיָּה is ירא, *to fear.*

Alternatively, Mount Moriah is a reference to Mount Sinai, on which the Torah was given to the Jews. One Amora attributes the name to הוֹרָאָה [Torah instruction], and the other Amora attributes it to the fear that came upon the idolaters when the Torah was given to the Jews, as it says (*Psalms* 76:9): מִשָּׁמַיִם הִשְׁמַעְתָּ דִּין אֶרֶץ יָרְאָה וְשָׁקָטָה, *From Heaven You made judgment heard, the earth feared and was still* (*Rashi* ד״ה מורא, *Tosafos*; cf. *Maharsha;* see *Keren Orah*).

23. Various explanations are advanced for the term אָדָם שֶׁל צוּרָה, *a man of stature*: 1) a tall man (*Rashi, Tos.*); 2) a man of striking and imposing appearance (*Rashi* to *Rif*); 3) a man who is learned in Torah but has not reached the level of scholar (*Rosh*); 4) a community leader who selflessly gives of himself to the needs of the community and has proven himself to be a faithful civil servant (*Rosh*); 5) a man who is a scholar in worldly matters (*Maharsha;* see also *Ben Yehoyada*); 6) a person renowned for his piety (*Meiri*).

24. *Rambam, Hil. Taaniyos* 4:2.

גמרא

למתבייש מאחרים והיכא מנח להו אמר רבי יצחק א במקום תפילין שנאמר א לשום לאבילי ציון לתת להם פאר תחת אפר: רחוב תיבה ושקים אפר אפר קבורה ומוריה סימן: למה יוצאין לרחוב ב ר' חייא בר אבא אמר לומר זעקנו בצנעא ולא נענינו נבזה עצמנו בפרהסיא ריש לקיש אמר גלינו גלותינו מכפרת עלינו מאי בינייהו איכא בינייהו דגלי מבי כנישתא לבי כנישתא ולמה מוציאין את התיבה לרחובה של עיר אמר ר' יהושע בן לוי לומר כלי צנוע היה לנו ונתבזה בעווננו ולמה מתכסין בשקים אמר ר' חייא בר אבא לומר הרי אנו חשובין כבהמה ולמה נותנין אפר מקלה על גבי תיבה אמר רבי יהודה בן פזי כלומר ב עמו אנכי בצרה ריש לקיש אמר ג בכל צרתם לו צר אמר ר' זירא מריש כי הוה חזינא להו לרבנן דיהבי אפר מקלה על גבי תיבה מזדעזע לי כוליה גופאי ולמה נותנין אפר בראש כל אחד ואחד פליגי בה ר' לוי ג בר חמא ור' חנינא חד אמר הרי אנו חשובין לפניך כאפר וחד אמר כדי שיזכור לנו אפרו של יצחק מאי בינייהו איכא בינייהו עפר סתם למה יוצאין לבית הקברות פליגי בה ר' לוי בר חמא ור' חנינא חד אמר ד הרי אנו חשובין לפניך כמתים וחד אמר ה כדי שיבקשו עלינו מתים רחמים מאי בינייהו איכא בינייהו קברי עכו"ם מאי ו הר ד המוריה פליגי בה ר' לוי בר חמא ור' חנינא חד אמר הר שיצא ממנו הוראה לישראל וחד אמר הר שיצא ממנו מורא לעובדי כוכבים: הזקן שבהן אומר לפניהן דברי כבושין: ת"ר אם יש זקן אומר זקן ואם לאו אומר חכם ואם לאו אומר אדם של צורה אטו זקן דקאמרי אף על גב דלאו חכם הוא אמר אביי הכי קאמר ג אם יש זקן והוא חכם אומר זקן והוא חכם ואם לאו אומר חכם ואם לאו אומר אדם של צורה אחינו לא שק ותענית גורמים אלא תשובה ומעשים טובים גורמים שכן מצינו באנשי נינוה שלא נאמר בהם וירא האלהים את שקם ואת תעניתם אלא ה וירא האלהים את מעשיהם כי שבו מדרכם הרעה ו ויתכסו שקים האדם והבהמה מאי הוו עבדי אסרא הבהמות לחוד ואת הוולדות לחוד אמרו לפניו רבונו של עולם אם אין אתה מרחם עלינו אין אנו מרחמים על אלו ו ויקראו אל אלהים בחזקה מאי אמור אמרו לפניו ז רבונו של עולם עלוב ושאינו עלוב (א) צדיק ורשע מי נדחה מפני מי ו וישובו איש מדרכו הרעה ומן החמס אשר בכפיהם מאי ומן החמס אשר בכפיהם אמר שמואל אפילו גזל מריש ובנאו בבירה מקעקע כל הבירה כולה ומחזיר מריש לבעליו אמר רב אדא בר אהבה ד אדם שיש בידו עבירה ומתודה ואינו חוזר בה למה הוא דומה לאדם ח שתופס שרץ בידו שאפי' טובל בכל מימות שבעולם לא עלתה לו טבילה זרקו מידו כיון שטבל בארבעים סאה מיד עלתה לו טבילה שנאמר ז ומודה ועוזב ירוחם ואומר ח נשא לבבנו אל כפים אל אל בשמים: עמדו בתפלה מורידין לפני התיבה זקן כו': תנו רבנן ה עמדו בתפלה אע"פ שיש שם זקן וחכם אין מורידין לפני התיבה אלא אדם הרגיל (ו איזהו רגיל) ר' יהודה אומר מטופל ואין לו ויש לו יגיעה בשדה וביתו ריקם ופרקו נאה ושפל ברך ומרוצה לעם ויש לו נעימה וקולו ערב ובקי לקרות בתורה ובנביאים ובכתובים ולשנות במדרש בהלכות ובאגדות ובקי בכל הברכות כולן ויהבו ביה רבנן עינייהו בר' יצחק בר אמי היינו

רש"י

למתבייש מאחרים. דהיכא עגמת נפש טפי ומשום חשיבותא הם מתביישים מאחרים אבל שאר בני אדם דלא חשיבי לא מתביישי בנתינת אחרים וסגי להו בנתינת עצמן: פאר תחת אפר. ש"מ במקום תפילין דכתיב בהו (יחזקאל כד) פארך חבוש עליך ואמרינן (ברכות דף יא.) אלו תפילין ומתרגמינן נמי טוטפתך הוין עלך והיכא מניחין תפילין במקום שמוחו של תינוק רופף: בצינעא. בבית הכנסת: גלינו. שילאנו מכניסתנו: (ב) גלותינו. תהא מכפרת עלינו: דגלו מבי כנישתא לבי כנישתא אחריתא. גלות איכא פרהסיא ליכא: נתבזה בעוונינו. וידוי: [ולמה מתכסין] סוגרות שקין תנינן בירושלמי שהיו סוגרות שקין ויוצאין לבית הקברות ותוקעין בקרנות ובעי ליה מיבעיא שקין למה ובית הקברות למה ותקיעת שופר למה: כבהמה. דמשער בהמה ניכה מגולה של עזים: עפר סתם. שאינו אפר מקלה זכירת אפרו של יצחק ליכא סתם לא גרסינן אלא איכא בינייהו עפר: קברי עכו"ם. במקום שאין קברי ישראל לבקש רחמים אפי' על עצמן ליכא כל שכן עלינו: מאי הר המוריה וכו'. אלידי דאיירי בפלוגתא דרבי לוי ור"ח תנא נמי הא פלוגתא מאי הר מוריה לאברהם קרא למקום העקידה הר יראה וכתיב (בראשית כב) אל ארץ המוריה: חד אמר הר שיצא (ג) הוראה. תורה לישראל כי מציון תצא תורה (ישעיה ב) יורו משפטיך ליעקב (דברים לג) ולשכת הגזית שבה עמדו הנביאים המוכיחים לישראל: מורא לעובדי כוכבים. כששומעין גדולות ישראל וירושלים ומתפחדים עליהם שמעתי לישנא אחרינא הר המוריה הר סיני מורא לעובדי כוכבים במתן תורה דכתיב (תהלים עו) ארץ יראה ושקטה: אע"ג דלאו חכם. אלא עם הארץ בתמיהה הא ודאי חכם עדיף: אם יש זקן והוא חכם. אומר זקן והוא חכם: אדם של צורה. בעל קומה שישמעו ויקבלו דבריו להמריך את הלב: מאי אמור. אנשי נינוה דכתיב בחזקה למשמע בכח ובילולת דין: מי נדחה מפני מי. הוי אומר לדיק מפני רשע: אם אין אתה מרחם כו'. כלומר כשם שאתה אומר לרחם על אלו דכתיב (תהלים קמה) ורחמיו על כל מעשיו כן תרחם עלינו: מריש. קורה: בירה. מגדל: שיש בידו עבירה. גזל: ואינו חוזר בו. לגזול את הגזל למה הוא דומה וכו': נשא לבבנו אל כפים. עם הכפים לריך לישא הלב כלומר שיחזיר מקלקולו: מטופל ואין לו. יש לו טפלים ואין לו במה להתפרנס שלבו דואג עליו [והוא לריך לקרות מקירות לבו עליהן] ויש לו יגיעה. שמתכוון יותר בתפלת הגשמים: ופרקו נאה. מפרש לקמן: ושפל ברך. ענוי: ומרוצה לעם. נוח לבריות ומסכימין לתפלתו: נעימה. בסומי קלא שמושך הלב: ורגיל לקרות כו'. שיהו הפסוקים של תפלה סדורין בפיו: היינו

תוספות

במקום תפילין. פירוש לתת האפר במקום הפאר דאלו התפילין נקראו פאר כדכתיב לשום לאבילי ציון לתת להם פאר וגו': איכא בינייהו דגלו מבי כנישתא לבי כנישתא. פירוש למ"ד משום גלות איכא ולמ"ד משום פרהסיא ליכא דהא בי כנישתא הוי כמו בצנעא:

אפר מקלה. פירוש אותו אפר הוה מדבר הנשרף מעצמות אדם כדי לזכור עקידת יצחק דאלמלא שלא היה בא אלא כדי לומר שהרי אנו לפניך כאפר כמו כן מהני עפר סתם והיינו פירוש איכא בינייהו עפר סתם:

יוצאין לבית הקברות. מכאן נוהגין בכל מקום לילך לבית הקברות בט' באב שהרי ט"ב הוי תענית לבור כמו שהיו עושין מפני הגשמים:

הר שיצאה ממנו הוראה לישראל. י"מ (א) דזה ירושלים שנקרא על שם אברהם שקראו הר ה' יראה (בראשית כב) (ד) והעיר היה נקרא כבר שלם דכתיב (שם יד) ומלכי לדק מלך שלם ונקרא ירושלים על שם יראה ועל שם שלם לכך אין אנו נותנין יו"ד בירושלים בין למ"ד למ"ם על שם שלם והר נקרא מוריה על שם תורה כדכתיב (ישעיה ב) כי מציון תלא תורה וכתיב (דברים לג) יורו משפטיך ליעקב והוא לשכת הגזית. המוריה זה סיני ונקרא מוריה על שם שממנו ילא מורא לעובדי כוכבים במתן תורה כדכתיב (תהלים עו) ארץ יראה ושקטה אי נמי רלה לומר דירושלים נקרא מוריה על שם שיש מורא לעובדי כוכבים על גדולתה ומתפחדים:

אדם שיש לו צורה. פירוש בעל קומה כדי שישמעו דבריו ויקבלו ממנו להמריך הלב ופרקו נאה פירוש כשעמד בחור היה בלא שם רע: מאי

מסורת הש"ס

א) [גי' רא"ש אמר רבי לומר כו'], ב) [גי' רי"ף ורא"ש ר' לוי בר לחמא ור' חמא בר חנינא], ג) [בילקוט שה"ש ד' אלך לי אל הר המור כו' הר המור פליגי בה כו'], ד) [מגילה דף כט.], ה) [תוספת' פרק א], ו) [ליתא ברב אלפסי וגם בהרא"ש ע"ש], ז) [עי' סדושי אגדות], ח) [כל זה נמצא במדרש רבה בראשית פ' נ"ו והביא הערוך ערך ירושלם].

עין משפט נר מצוה

יד א מיי' פ"ד מהלכות תעניות הלכה ב טוש"ע א"ח סימן תקעט סעיף א: טו ב מיי' שם הלכה יז טוש"ע שם סע"ג: טז ג מיי' שם הלכה ד טוש"ע שם סע"א: יז ד מיי' פ"ב מהל' תשובה הלכה ג: יח ה מיי' פ"ד מהל' תעניות הלכה ג טוש"ע א"ח סימן תקפא סעיף א [וסימן נג סעיף ד]:

גליון הש"ס

גמרא כדי שיבקשו עלינו רחמים. עיין סוטה דף לד ע"ב תוס' ד"ה אבותי:

רבינו גרשום

דגלו מבי כנישתא [לבי כנישתא] למ"ד גלות הא איכא למ"ד פרהסיא ליכא: הרי אנו חשובין לפניו כבהמה שהרי לובשין שק שהן של שיער בהמה: א"ב עפר סתם למ"ד הרי אנו חשובין לפניו כעפר בעפר סתם סגי למ"ד כדי שיזכור אפרו של יצחק מיבעי ליה אפר מקלה: קברי כותים למ"ד הרי אנו חשובין כמתים ה"נ מצי למיפק לך לקברי אבות של גוים ומ"ד כדי שיבקשו עלינו רחמים איבעי להו למיפק לקברי ישראל: מאי הר המוריה למה נקרא שמה הר המוריה א) דאברהם קראו יראה ומלכי צדק קראו שלם ועשה הקב"ה פשרה ביניהם וקראו ירושלם: הר המוריה שיצאה ממנו הוראה לישראל שכן יושבין סנהדרין בלשכת הגזית ומורין הוראות. דברי כיבושין דברים שאדם מכבש ללבו: מי נדחה מפני מי כלומר דחה גזירתם מלפנינו: מריש. קורה: ועוזב שחוזר בו: ורגיל להתפלל שצ"ל זכרונות ושופרות לפי שאין זכרונות ושופרות אלא בר"ה:

חשק שלמה על רבינו גרשום

א) נראה דחסר כאן איזה תיבות ואולי צ"ל דירושלים נקראת על שם שאברהם וכו' ועי' בתוס' כאן ד"ה הר.

רבינו חננאל

רחמי אכולי עלמא. ולמה אינו נותן הנשיא ואב ב"ד הן בעצמן על ראשיהם שהמתבייש מן אחרים גדול הוא מהמתבייש עצמו. כלומר בושה גדולה היא כדי שיכוין כל לבו והיכן מחית ליה לאפר זה בראשו במקום תפילין שנאמר לתת להם פאר תחת אפר: יוצאין לרחובה כדי לשבר הצבור לבם. כלומר צעקנו בצנעא ולא ענינו נבזה עצמנו בפרהסיא ור"ל אמר שתחשב לנו גלות כי הגלות מכפרת עון. ולמה מוציאין את התיבה לרחובה אריב"ל כלי צנוע היה לנו ונתבזה. נתינת אפר על גבי התיבה משום שנאמר בכל צרתם לו צר ולמה מתכסים בשקים לומר כי נחשבנו כבהמה וכל אחד נותן אפר בראשו לומר הנה אנו כאפר (אולי יזכור) [וי"א להזכר] זכות אפרו של יצחק (ופעמים) [וטעם] שיוצאין לבית הקברות כלומר הרי אנו כמתים וי"א שיבקשו מתים עלינו רחמים מאי הר המוריה הר שיצא ממנו הוראה לישראל. וי"א שיצא ממנו מורא לאומות: ירושלמי ונותנין אפר בראש נשיא. ר' אבהו ורבנן חד אמר חטא הנשיא הגדולה במקומה (כל ישראל נשאים) חטא הצבור נדחית הגדולה וחד אמר לפי שחטא הלמד והמלמד לפיכך יצאו ויתפרסמו על שם והוציא את הפר מחוץ למחנה שידעו הכל חטאתו של כ"ג: נשא לבבנו אל כפים אל אל בשמים נשוה לבבנו לכף ידינו כשם שכף ידינו נקיה כך ניקה לבנו ואח"כ אל אל בשמים. ג' דברים מבטלין רוע גזרה תפלה תשובה צדקה. ושלשתן בפסוק אחד נאמרו [דה"ב ז'] ויכנעו עמי אשר נקרא שמי עליהם ויתפללו ויבקשו פני. ויתפללו זו תפלה. ויבקשו פני זו צדקה שנא' אני בצדק אחזה פניך. וישובו מדרכיהם הרעים זו תשובה. מה כתוב תמן ואני אשמע (מן) השמים ולמה יוצאין בין הקברות אם נתחייבנו רעב הרי אנו רעבים ומתענים. ואם נתחייבנו גלות הרי גלינו ממקום למקום. ואם נתחייבנו מיתה הרי אנו בבית הקברות כמתים וקרעו לבבכם ואל בגדיכם אם קרעתם לבבכם בתשובה אינכם קורעין בגדיכם על בניכם כי חנון ורחום הוא מאריך א) חמיה: ת"ר אם יש שם זקן חכם אומר זקן חכם ואם לאו אומר אדם של צורה אחינו לא שק ותענית גורמין אלא תשובה ומע"ט גורמין שלא נאמר באנשי נינוה וירא אלהים את שקם ואת תעניתם אלא וירא אלהים את מעשיהם כי שבו מדרכם הרעה אפילו מי שגזל מריש ובנאו בבירה היה מקעקע הבירה כולה ומחזיר המריש לבעליו: ת"ר אדם שיש בו עבירה ומתודה ואינו חוזר בו דומה למי שיש בידו שרץ שאפילו הוא טובל בכל מימות שבעולם אין טהרה שנאמר מכסה פשעיו לא יצליח זרקו כיון שטובל במ' סאה כו' שנאמר ומודה ועוזב ירוחם: מתני' עמדו בתפלה מורידין לפני התיבה זקן ורגיל: ת"ר אע"פ שאמרו אם יש שם זקן חכם אין מורידין לפני התיבה אלא רגיל רבי יהודה אומר דל שיש לו טף ויש לו יגיעה בשדה

חשק שלמה על רבינו חננאל

א) ע"ס כאן עיין בירושלמי.

הגהות הב"ח

(א) גמ' עלוב ושאינו עלוב יכול ושאינו יכול לדיק ורשע כו' ומחזיר מריש לבעליו נ"ב חמסן יהיב דמי ולא רלו ליפטר במעות: (ב) רש"י ד"ה גלינו כו' וד"ה גלותינו כו' הכ"א: (ג) ד"ה חד אמר הר שילא ממנו הוראה לישראל תורה שנאמר כי מליון: (ד) תוס' ד"ה הר כו' הר ה' יראה וה"פ מתחלה היה נקרא כך שלם כדכתיב ומלכי לדק מלך שלם ואח"כ נקרא ירושלים:

תורה אור השלם

א) לָשׂוּם לַאֲבֵלֵי צִיּוֹן לָתֵת לָהֶם פְּאֵר תַּחַת אֵפֶר שֶׁמֶן שָׂשׂוֹן תַּחַת אֵבֶל מַעֲטֵה תְהִלָּה תַּחַת רוּחַ כֵּהָה וְקֹרָא לָהֶם אֵילֵי הַצֶּדֶק מַטַּע יְיָ לְהִתְפָּאֵר: [ישעיה סא, ג]

ב) יִקְרָאֵנִי וְאֶעֱנֵהוּ עִמּוֹ אָנֹכִי בְצָרָה אֲחַלְּצֵהוּ וַאֲכַבְּדֵהוּ: [תהלים צא, טו]

ג) בְּכָל צָרָתָם לוֹ צָר וּמַלְאַךְ פָּנָיו הוֹשִׁיעָם בְּאַהֲבָתוֹ וּבְחֶמְלָתוֹ הוּא גְאָלָם וַיְנַטְּלֵם וַיְנַשְּׂאֵם כָּל יְמֵי עוֹלָם: [ישעיה סג, ט]

ד) וַיָּחֶל שְׁלֹמֹה לִבְנוֹת אֶת בֵּית יְיָ בִּירוּשָׁלַיִם בְּהַר הַמּוֹרִיָּה אֲשֶׁר נִרְאָה לְדָוִיד אָבִיהוּ אֲשֶׁר הֵכִין בִּמְקוֹם דָּוִיד בְּגֹרֶן אָרְנָן הַיְבוּסִי: [דברי הימים ב' ג, א]

ה) וַיַּרְא הָאֱלֹהִים אֶת מַעֲשֵׂיהֶם כִּי שָׁבוּ מִדַּרְכָּם הָרָעָה וַיִּנָּחֶם הָאֱלֹהִים עַל הָרָעָה אֲשֶׁר דִּבֶּר לַעֲשׂוֹת לָהֶם וְלֹא עָשָׂה: [יונה ג, י]

ו) וְיִתְכַּסּוּ שַׂקִּים הָאָדָם וְהַבְּהֵמָה וְיִקְרְאוּ אֶל אֱלֹהִים בְּחָזְקָה וְיָשֻׁבוּ אִישׁ מִדַּרְכּוֹ הָרָעָה וּמִן הֶחָמָס אֲשֶׁר בְּכַפֵּיהֶם: [יונה ג, ח]

ז) מְכַסֶּה פְשָׁעָיו לֹא יַצְלִיחַ וּמוֹדֶה וְעֹזֵב יְרֻחָם: [משלי כח, יג]

ח) נִשָּׂא לְבָבֵנוּ אֶל כַּפָּיִם אֶל אֵל בַּשָּׁמָיִם: [איכה ג, מא]

ליקוטי רש"י

ומודה ועוזב. מודה פשעיו ועוזבם משוב נס עוד [משלי כח, יג]. אסרא. אסרו [יונה ג, ח]. ומודה ועוזב. מודה פשעיו ועוזבם משוב נס עוד [משלי כח, יג]. נשא לבבינו אל כפים. כשאנו נושאים את כפינו אל השמים נשא אף לבבינו עמהם לשוב להשיב לבבינו לפני המקום ב"ה. ד"א אל כפים, אל העננים אל שמים כמה דאת אמר (מלכים א יח) והנה עב קטנה ככף איש עולה וכן (איוב לו) על כפים כסה אור ומדרש רבותינו נשא לבבינו באמת להקב"ה כאדם הרוחץ בנקיון כפיו שמשליך מידיו כל טינוף כי מודה ועוזב ירוחם והמודה ואינו עוזב כטובל ושרץ בידו [איכה ג, מא].

צוּרָה – **and if** there is **not** even a young scholar present, then **a man of stature addresses** them.

The Gemara continues its citation of the Baraisa, which relates the theme expounded by the speaker:[24] אַחֵינוּ – OUR BRETHREN! לֹא שַׂק וְתַעֲנִית גּוֹרְמִים – IT IS NOT SACKCLOTH OR FASTING per se THAT CAUSE one's prayers to be answered; אֶלָּא תְּשׁוּבָה וּמַעֲשִׂים טוֹבִים גּוֹרְמִים – RATHER, REPENTANCE AND GOOD DEEDS CAUSE one's prayers to be answered. שֶׁכֵּן מָצִינוּ בְּאַנְשֵׁי נִינְוֵה – FOR SO WE FIND REGARDING THE PEOPLE OF NINEVEH, who fasted and prayed to God for forgiveness and were answered, שֶׁלֹּא נֶאֱמַר בָּהֶם – THAT IT IS NOT STATED CONCERNING THEM: "וַיַּרְא הָאֱלֹהִים אֶת שַׂקָּם וְאֶת תַּעֲנִיתָם" – "AND GOD SAW THEIR SACKCLOTH AND THEIR FAST" אֶלָּא – BUT RATHER: "וַיַּרְא הָאֱלֹהִים אֶת־מַעֲשֵׂיהֶם כִּי־שָׁבוּ מִדַּרְכָּם הָרָעָה" – *AND GOD SAW THEIR DEEDS THAT THEY REPENTED THEIR EVIL WAYS.*[25]

The Gemara now expounds a verse from *Jonah*, which relates what the king of Nineveh instructed his people to do as part of their repentance:

"וְיִתְכַּסּוּ שַׂקִּים הָאָדָם וְהַבְּהֵמָה" – ***Let the people and the animals be covered with sackcloth.***[26]

The Gemara expounds:

מַאי הֲווּ עָבְדֵי – **What did they do?**[27] אַסְרָא הַבְּהֵמוֹת לְחוּד וְאֶת הַוְּלָדוֹת לְחוּד – **They tied the** mother **animals separately and** their **offspring separately.**[28] אָמְרוּ לְפָנָיו – **And they said before Him:** רִבּוֹנוֹ שֶׁל עוֹלָם – **"Master of the Universe,** אִם אֵין אַתָּה מְרַחֵם עָלֵינוּ – **if You do not have mercy on us,** אֵין אָנוּ מְרַחֲמִים עַל אֵלּוּ – then **we will not have mercy on these** animals."[29]

The Gemara expounds the next part of the verse:

"וְיִקְרְאוּ אֶל־אֱלֹהִים בְּחָזְקָה" – ***And let them call to God with strength.*** מַאי אָמוּר – **What did they say?**[30] אָמְרוּ לְפָנָיו רִבּוֹנוֹ שֶׁל עוֹלָם – **They said before Him: "Master of the Universe,** עָלוּב וְשֶׁאֵינוֹ עָלוּב – if **one is long suffering and** the other **one is quick tempered,** צַדִּיק וְרָשָׁע – if one is **righteous and** one is **wicked,** מִי נִדְחֶה מִפְּנֵי מִי – **who yields before whom?"**[31]

The verse continues:

"וְיָשֻׁבוּ אִישׁ מִדַּרְכּוֹ הָרָעָה וּמִן־הֶחָמָס אֲשֶׁר בְּכַפֵּיהֶם" – ***And let each man repent from his evil way and from the robbery that is in their hands.***

The Gemara inquires:

מַאי "וּמִן הֶחָמָס אֲשֶׁר בְּכַפֵּיהֶם" – **What is** the meaning of ***and from the robbery that is in their hands?***

The Gemara replies:

אָמַר שְׁמוּאֵל – **Shmuel said:** אֲפִילוּ גָּזַל מָרִישׁ – The king of Nineveh commanded: **Even if a person stole a beam** וּבְנָאוֹ בְּבִירָה – **and built it into a palace,** מְקַעְקֵעַ כָּל הַבִּירָה כּוּלָּהּ וּמַחֲזִיר מָרִישׁ לִבְעָלָיו – **he** must **raze the entire palace and return the beam to its owner.**[32]

The Gemara states:

אָמַר רַב אַדָּא בַּר אַהֲבָה – **Rav Adda bar Ahavah said:** אָדָם שֶׁיֵּשׁ בְּיָדוֹ עֲבֵירָה – **A person who is guilty of a sin** וּמִתְוַדֶּה – **and confesses** his sin וְאֵינוֹ חוֹזֵר בָּהּ – **but does not retract,**[33] לְמָה הוּא דוֹמֶה – **to what might he be compared?** לְאָדָם שֶׁתּוֹפֵס שֶׁרֶץ בְּיָדוֹ – **To a person who holds a** dead ***sheretz***[34] **in his hand** – שֶׁאֲפִילוּ טוֹבֵל בְּכָל מֵימוֹת שֶׁבָּעוֹלָם – **even if he immerses himself in all the waters of the world,** לֹא עָלְתָה לוֹ טְבִילָה – **his immersion is not effective** and he remains *tamei.*[35] זְרָקוֹ מִיָּדוֹ – But if **he throws it out of his hand,** כֵּיוָן שֶׁטָּבַל בְּאַרְבָּעִים סְאָה – **once he immersed himself in** a *mikveh* containing **forty** ***se'ah*** of water,[36] מִיַּד עָלְתָה לוֹ טְבִילָה – **his immersion is immediately effective** in making him *tahor* from the *tumah* of the *sheretz;* שֶׁנֶּאֱמַר – **as it is stated:** "וּמוֹדֶה וְעֹזֵב יְרֻחָם" – ***One who confesses and forsakes*** [his sins] ***will be treated mercifully.***[37] וְאוֹמֵר – **And it** also **states:**[38] "נִשָּׂא לְבָבֵנוּ אֶל־כַּפָּיִם אֶל־אֵל בַּשָּׁמָיִם" – ***Let us lift our hearts together with our hands to God in Heaven.*** When we raise our hands in prayer to God, we must raise our hearts as well, i.e. we must abandon our corrupt ways.[39]

Our Mishnah stated:

עָמְדוּ בִּתְפִלָּה מוֹרִידִין לִפְנֵי הַתֵּיבָה זָקֵן כו׳ – When THEY STAND TO PRAY, THEY SEND BEFORE THE ARK to lead the prayers AN ELDER **etc.** [well versed in prayer].

NOTES

24. *Rambam, Hil. Taaniyos* 4:2.

25. *Jonah* 3:10. Wearing sackcloth and fasting merely serve to humble the heart, that one be pained by the sins that he committed so that he can then truly repent (*Maharsha*).

26. *Jonah* 3:8.

27. [The juxtaposition of animals and people indicates that something novel was done with the animals, just as the humans donned novel clothing. But what was this novel thing? Surely not the donning of sackcloth, since this is usual for animals (cf. *Maharsha* above, ד״ה מתכסין).]

28. I.e. they swaddled the mother animals and offspring so that the offspring could not suckle (*Rif* in *Ein Yaakov;* cf. *Maharsha*).

29. This was a form of praying to God: Just as You desire for us to have mercy on these animals, as it says, וְרַחֲמָיו עַל־כָּל־מַעֲשָׂיו, *And His mercy is on all His creations* (*Psalms* 145:9), so too should You have mercy on us (*Rashi* ד״ה אם אין; see also *Rashi* in *Ein Yaakov;* cf. *Ben Yehoyada*). [See *Maharsha* and *Rif* in *Ein Yaakov.*]

30. The word בְּחָזְקָה, *with strength,* implies that their prayer was powerful and compelling. Therefore, the Gemara asks what they said that was so effective.

31. The righteous [usually] yields before the wicked (*Rashi*). [The implication is that God is long suffering and righteous, whereas we are wicked and quick tempered. Although we cannot force God to answer our prayers, God, in his infinite mercy, should yield to us and do so. (See also *Megillah* 29a; cf. *Rabbeinu Gershom; Chiddushim* in *Ein Yaakov.*)

32. I.e. if one had to take apart his palace in order to extract the stolen beam, he would have to do so.

If the thieves of Nineveh had only returned the monetary value of the stolen beams, they would be free of גָּזֵל, *robbery*, but they would still be in possession of חָמָס, *items taken forcefully* from their owner, even if paid for (see *Bava Kamma* 62a). Therefore, they went so far as to even break down a palace to return a stolen beam to its rightful owner, so that they would not have חָמָס in their possession (*Meiri, Ben Yehoyada*).

See also Mishnah *Gittin* 55a; *Meiri; Sfas Emes.*

33. *Rashi* explains that the sin referred to here by the Gemara is robbery, and "he does not retract" means that he did not return the stolen object. Hence, our Gemara logically follows the previous Gemara, which stated that the men of Nineveh returned beams to their rightful owners in order to complete their repentance. (See, however, *Meiri.* See also *Rif, Rabbeinu Chananel,* and *Rambam, Hil. Teshuvah* 2:3.)

34. One of the eight small creatures listed in *Lev.* 11:29-30, whose carcasses convey *tumah* by contact.

35. A *tamei* person requires immersion in either a *mikveh* or other valid body of water in order to become *tahor.* Here, although the immersion technically should have been valid, the *sheretz* continues to convey *tumah* to the person as long as he holds onto it. Accordingly, the *tumah* was never removed.

36. Forty *se'ah* is the minimum amount of water needed in a valid *mikveh.*

37. *Proverbs* 28:13. It is not sufficient to merely confess; one must also abandon the sin.

38. *Lamentations* 3:41.

39. *Rashi. Rashi* to *Rif* explains that this means that he repents from the theft that is in his hands (see note 28a). See also *Rashi* to *Lamentations* ad loc. (cited by *Maharsha*).

למתבייש מאחרים והיכא מנח להו אמר רבי יצחק [א] במקום תפילין שנאמר א) לשום לאבילי ציון לתת להם פאר תחת אפר: רחוב תיבה ושקים אפר אפר קבורה ומוריה סימן: למה יוצאין לרחוב א) ר' חייא בר אבא אמר לומר זעקנו בצנעא ולא נענינו נבזה עצמנו בפרהסיא ריש לקיש אמר גלינו גלותינו מכפרת עלינו מאי בינייהו איכא בינייהו דגלי מבי כנישתא לבי כנישתא ולמה מוציאין את התיבה לרחובה של עיר אמר ר' יהושע בן לוי לומר כלי צנוע היה לנו ונתבזה בעוונינו ולמה מתכסין בשקים אמר ר' חייא בר אבא לומר הרי אנו חשובין כבהמה ולמה נותנין אפר מקלה על גבי תיבה אמר רבי יהודה בן פזי כלומר ב) עמו אנכי בצרה ריש לקיש אמר ג) בכל צרתם לו צר אמר ר' זירא מריש כי הוה חזינא להו לרבנן דיהבי אפר מקלה על גבי תיבה מזדעזע לי כוליה גופאי ולמה נותנין אפר בראש כל אחד ואחד פליגי בה ר' לוי ב) בר חמא ור' חנינא חד אמר הרי אנו חשובין לפניך כאפר וחד אמר כדי שיזכור לנו אפרו של יצחק מאי בינייהו איכא בינייהו עפר סתם למה יוצאין לבית הקברות פליגי בה ר' לוי בר חמא ור' חנינא חד אמר [ב] הרי אנו חשובין לפניך כמתים וחד אמר ° כדי שיבקשו עלינו מתים רחמים מאי בינייהו איכא בינייהו קברי עכו"ם מאי ד) הר ג) המוריה פליגי בה ר' לוי בר חמא ור' חנינא חד אמר הר שיצא ממנו הוראה לישראל וחד אמר הר שיצא ממנו מורא לעובדי כוכבים: הזקן שבהן אומר לפניהן דברי כבושין: ת"ר אם יש זקן אומר זקן ואם לאו אומר חכם ואם לאו אומר אדם של צורה אטו זקן דקאמרי אף על גב דלאו חכם הוא אמר אביי הכי קאמר [ג] אם יש זקן והוא חכם אומר זקן והוא חכם ואם לאו אומר חכם ואם לאו אומר אדם של צורה אחינו לא שק ותענית גורמים אלא תשובה ומעשים טובים גורמים שכן מצינו באנשי נינוה שלא נאמר בהם וירא האלהים את שקם ואת תעניתם אלא ה) וירא האלהים את מעשיהם כי שבו מדרכם הרעה ו) ויתכסו שקים האדם והבהמה מאי הוו עבדי אסרא הבהמות לחוד ואת הוולדות לחוד אמרו לפניו רבונו של עולם אם אין אתה מרחם עלינו אין אנו מרחמים על אלו ו) ויקראו אל אלהים בחזקה מאי אמור אמרו לפניו [ד] רבונו של עולם עלוב ושאינו עלוב (א) צדיק ורשע מי נדחה מפני מי ו) וישובו איש מדרכו הרעה ומן החמס אשר בכפיהם מאי ומן החמס אשר בכפיהם אמר שמואל אפילו גזל מריש ובנאו בבירה מקעקע כל הבירה כולה ומחזיר מריש לבעליו אמר רב אדא בר אהבה [ד] אדם שיש בידו עבירה ומתודה ואינו חוזר בו למה הוא דומה לאדם ט) שתופס שרץ בידו שאפי' טובל בכל מימות שבעולם לא עלתה לו טבילה זרקו מידו כיון שטבל בארבעים סאה מיד עלתה לו טבילה שנאמר ז) ומודה ועוזב ירוחם ואומר ח) נשא לבבינו אל כפים אל אל בשמים: עמדו בתפלה מורידין לפני התיבה זקן כו': תנו רבנן [ה] עמדו בתפלה אע"פ שיש שם זקן וחכם אין מורידין לפני התיבה אלא אדם הרגיל (י) איזהו רגיל) ר' יהודה אומר מטופל ואין לו ויש לו יגיעה בשדה וביתו ריקם ופרקו נאה ושפל ברך ומרוצה לעם ויש לו נעימה וקולו ערב ובקי לקרות בתורה ובנביאים ובכתובים ולשנות במדרש בהלכות ובאגדות ובקי בכל הברכות כולן ויהבו ביה רבנן עינייהו בר' יצחק בר אמי

היינו

רש"י

למתבייש מאחרים. דאיכא עגמת נפש טפי ומשום חשיבותם הם מתביישים מאחרים אבל שאר בני אדם דלא חשיבי לא מתביישי בנתינת אחרים וסגי להו בנתינת עצמן: פאר תחת אפר. ש"מ במקום תפילין דכתיב בהו (יחזקאל כד) פארך חבוש עליך ואמרינן (ברכות דף יא.) אלו תפילין ומתרגמינן נמי טוטפתך הויין עלך והיכא מניחין תפילין במקום שמוחו של תינוק רופף: בצינעא. בבית הכנסת: גלינו. שיצאנו מכניסתנו: (ב) גלותינו. תהא מכפרת עלינו: דגלו מבי כנישתא לבי כנישתא אחריתא. גלות איכא פרהסיא ליכא: נתבזה בעווננו. וידוי: [ולמה מתכסין]. סוגרות שקין תנינן בירושלמי שהיו סוגרות שקין ויוצאין לבית הקברות ותוקעין בקרנות ובעי ליה מיבעיא שקין למה ובית הקברות למה ותקיעת שופר למה: כבהמה. דמשער בהמה ניהו מנוצה של עזים: עפר סתם. שאינו אפר מקלה זכירת אפרו של יצחק ליכא סתם לא גרסינן אלא איכא בינייהו עפר: קברי עכו"ם. במקום שאין קברי ישראל לבקש רחמים אפי' על עצמן ליכא כל שכן עלינו: מאי הר המוריה וכו'. איידי דאיירי בפלוגתא דרבי לוי ור"ח תנא נמי הא פלוגתא מאי הר מוריה דאברהם קרא למקום העקידה הר יראה וכתיב (בראשית כב) ז) אל ארץ המוריה: חד אמר הר שיצא (ג) הוראה. תורה לישראל כי מציון תצא תורה (ישעיה ב) יורו משפטיך ליעקב (דברים לג) ולשכת הגזית שבה עמדו הנביאים המוכיחים לישראל: מורא לעובדי כוכבים. ששומעין גדולות ישראל וירושלים ומתפחדים עליהם שמעתי לישנא אחרינא הר המוריה הר סיני מורא לעובדי כוכבים במתן תורה דכתיב (תהלים עו) ארץ יראה ושקטה: אע"ג דלאו חכם. אלא עם הארץ בתמיהה הא ודאי חכם עדיף: אם יש זקן והוא חכם. אומר זקן והוא חכם: אדם של צורה. בעל קומה שישמעו ויקבלו דבריו להמריך את הלב: מאי אמור. אנשי נינוה דכתיב בחזקה למשמע בכח ונילוא דין: מי נדחה מפני מי. הוי אומר צדיק מפני רשע: אם אין אתה מרחם כו'. כלומר כשם שאתה אומר לרחם על אלו דכתיב (תהלים קמה) ורחמיו על כל מעשיו כן תרחם עלינו: מריש. קורה: בירה. מגדל: שיש בידו עבירה. גזל: ואינו חוזר בו. לשלם את הגזל למה הוא דומה וכו': נשא לבבנו אל כפים. עם הכפים צריך לישא הלב לשמים כלומר שיחזור מקלקולו: מטופל ואין לו. יש לו טפלים ואין לו במה להתפרנס שלבו דואג עליו [והוא צריך לקרות מקירות לבו עליהן]: ויש לו יגיעה. שמתכוין יותר בתפלת הגשמים: ופרקו נאה. מפרש לקמן: ושפל ברך. עניו: ומרוצה לעם. נוח לבריות ומסכימין לתפלתו: נעימה. בסומי קלא שמושך הלב: ורגיל לקרות כו'. שיהו הפסוקים של תפלה סדורין בפיו:

היינו

תוספות

במקום תפילין. פירוש לתת האפר במקום הפאר דאילו התפילין נקראו פאר כדכתיב לשום לאבילי ציון לתת להם פאר וגו': איכא בינייהו דגלו מבי כנישתא לבי כנישתא. פירוש למ"ד משום גלות איכא ולמ"ד משום פרהסיא ליכא דהא בי כנישתא הוי כמו בצנעא:

אפר מקלה. פירוש אותו אפר הוה מדבר הנשרף מעצמות אדם כדי לזכור עקידת יצחק דאלמלא שלא היה בא אלא כדי לומר שהרי אנו לפניך כאפר כמו כן מהני עפר סתם והיינו פירוש איכא בינייהו עפר סתם:

יוצאין לבית הקברות. מכאן נוהגין בכל מקום לילך לבית הקברות בט' באב שהרי ט"ב הוי תענית צבור כמו שהיו עושין מפני הגשמים:

הר שיצאה ממנו הוראה לישראל. י"מ ח) דזה ירושלם שנקרא על שם אברהם שקראוהו הר ה' יראה (בראשית כב) (ד) והעיר היה נקרא כבר שלם כדכתיב (שם יד) ומלכי צדק מלך שלם ונקרא ירושלם על שם יראה ועל שם שלם לכך אין אנו נותנין יו"ד בירושלם בין למ"ד למ"ם על שם שלם וההר נקרא מוריה על שם תורה כדכתיב (ישעיה ב) כי מציון תצא תורה וכתיב (דברים לג) יורו משפטיך ליעקב והוא לשכת הגזית. המוריה זה סיני ונקרא מוריה על שם שממנו יצא מורא לעובדי כוכבים במתן תורה כדכתיב (תהלים עו) ארץ יראה ושקטה אי נמי רצה לומר דירושלם נקרא מוריה על שם שיש מורא לעובדי כוכבים על גדולתה ומתפחדים:

אדם שיש לו צורה. פירוש בעל קומה כדי שישמעו דבריו ויקבלו ממנו להמריך הלב ופרקו נאה פירוש כשעמד על פרקו אפילו כשהיה בחור היה בלא שם רע:

מאי

עין משפט נר מצוה

יד א מיי' פ"ד מהלכות תענית הלכה א טוש"ע א"ח סימן תקעט סעיף א:
טו ב מיי' שם הלכה יז טוש"ע שם ס"ג:
טז ג מיי' שם הלכה ד טוש"ע שם ס"א:
יז ד מיי' פ"ב מהל' תשובה הלכה ג:
יח ה מיי' פ"ד מהל' תענית הלכה ג טוש"ע א"ח סימן תקעט סעיף א [וסימן נג סעיף ד]:

גליון הש"ס

גמרא כדי שיבקשו עלינו רחמים. עיין סוטה דף לד ע"ב תוס' ד"ה אבותי:

רבינו גרשום

דגלו מבי כנישתא [לבי כנישתא] למ"ד גלות הא איכא למ"ד פרהסיא ליכא: הרי אנו חשובין לפניו כבהמה שהרי לובשין שק שהן של שיער בהמה: א"ב עפר סתם למ"ד הרי אנו חשובין לפניו כעפר בעפר סתם סגי למ"ד כדי שיזכור אפרו של יצחק מיבעי ליה אפר מקלה: קברי כותים למ"ד הרי אנו חשובין כמתים ה"נ מצי למיפק לך לקברי אבות של גוים ומ"ד כדי שיבקשו עלינו רחמים איבעי להו למיפק לקברי ישראל: מאי הר המוריה למה נקרא שמה הר המוריה א) דאברהם קראו יראה ומלכי צדק קראו שלם ועשה הקב"ה פשרה ביניהם וקראו ירושלם: הר המוריה שיצאה ממנו הוראה לישראל שכן יושבין סנהדרין בלשכת הגזית ומורין הוראות. דברי כיבושין דברים שאדם מכבש ללבו: מי נדחה מפני מי כלומר דחה גזירתם מלפנינו: מריש. קורה: ועוזב שחוזר בו: ורגיל להתפלל שצ"ל זכרונות ושופרות לפי שאין זכרונות ושופרות אלא בר"ה:

חשק שלמה על רבינו גרשום

א) נראה דחסר כאן איזה תיבות ואולי צ"ל דירושלים נקראת על שם שאברהם וכו' ועי' בתוס' כאן ד"ה הר.

רבינו חננאל

רחמי אכולי עלמא. ולמה אינו נותן הנשיא ואב ב"ד הן בעצמן על ראשיהם שהמתבייש מן אחרים גדול הוא מהמתבייש עצמו. כלומר בושה גדולה היא כדי שיכוין כל לבו והיכן מחית ליה לאפר זה בראשו במקום תפילין שנאמר לתת להם פאר תחת אפר: יוצאין לרחובה כדי לשבר הצבור לבם. כלומר צעקנו בצנעא ולא ענינו נבזה עצמנו בפרהסיא ור"ל אמר שתחשב לנו גלות כי הגלות מכפרת עון. ולמה מוציאין את התיבה לרחובה אריב"ל כלי צנוע היה לנו ונתבזה. נתינת אפר על גבי התיבה משום שנאמר בכל צרתם לו צר ולמה מתכסים בשקים לומר כי נחשבנו כבהמה וכל אחד נותן אפר בראשו לומר הנה אנו כאפר (אולי יזכור) [וי"א להזכר] זכות אפרו של יצחק (ופעמים) [וטעם] שיוצאין לבית הקברות כלומר הרי אנו כמתים וי"א שיבקשו מתים עלינו רחמים מאי הר המוריה הר שיצא ממנו הוראה לישראל. וי"א שיצא ממנו מורא לאומות: ירושלמי ונותנין אפר בראש נשיא. ר' אבהו ורבנן חד אמר חטא הנשיא הגדולה במקומה (כל ישראל נשאים) חטא הצבור נדחית הגדולה וחד אמר לפי שחטא הלמד והמלמד לפיכך יצאו ויתפרסמו על שם והוציא את הפר מחוץ למחנה שידעו הכל חטאתו של כ"ג: נשא לבבנו אל כפים אל אל בשמים נשוה לבבנו לכף ידינו כשם שכף ידינו נקיה כך ניקה לבנו ואח"כ אל אל בשמים. ג' דברים מבטלין רוע גזרה תפלה תשובה צדקה. ושלשתן בפסוק אחד נאמרו [דה"ב ז'] ויכנעו עמי אשר נקרא שמי עליהם ויתפללו ויבקשו פני. ויתפללו זו תפלה. ויבקשו פני זו צדקה שנא' אני בצדק אחזה פניך. וישובו מדרכיהם הרעים זו תשובה. מה כתוב תמן ואני אשמע (מן) השמים ולמה יוצאין בין הקברות אם נתחייבנו רעב הרי אנו רעבים ומתענים. ואם נתחייבנו גלות הרי גלינו ממקום למקום. ואם נתחייבנו מיתה הרי אנו בבית הקברות כמתים וקרעו לבבכם ואל בגדיכם אם קרעתם לבבכם בתשובה אינכם קורעין בגדיכם על בניכם כי חנון ורחום הוא מאריך א) חמיה: ת"ר אם יש שם זקן חכם אומר זקן חכם ואם לאו אומר אדם של צורה אחינו לא שק ותענית גורמין אלא תשובה ומע"ט גורמין שלא נאמר באנשי נינוה וירא אלהים את שקם ואת תעניתם אלא וירא אלהים את מעשיהם כי שבו מדרכם הרעה אפילו מי שגזל מריש ובנאו בבירה היה מקעקע הבירה כולה ומחזיר המריש לבעליו: ת"ר אדם שיש בו עבירה ומתודה ואינו חוזר בו דומה למי שיש בידו שרץ שאפילו הוא טובל בכל מימות שבעולם אין טהרה שנאמר מכסה פשעיו לא יצליח זרקו כיון שטובל במ' סאה כו' שנאמר ומודה ועוזב ירוחם: מתני' עמדו בתפלה מורידין לפני התיבה זקן ורגיל: ת"ר אע"פ שאמרו אם יש שם זקן חכם אין מורידין לפני התיבה אלא רגיל רבי יהודה אומר דל שיש לו טף ויש לו יגיעה בשדה

חשק שלמה על רבינו חננאל

א) ט"ס כאן עיין בירושלמי.

מסורת הש"ס

א) [גי' רא"ש אמר רבי לומר כו'], ב) [גי' רי"ף ורא"ש ר' לוי בר לחמא ור' חמא בר חנינא], ג) [בילקוט שה"ש ד' אלך לי אל הר המור כו' הר המור פליגי בה כו'], ד) [מגילה דף כט.], ה) [תוספת' פרק א], ו) [ליתא ברב אלפסי וגם בהרא"ש ע"ש], ז) [עי' חדושי אגדות], ח) [כל זה נתבאר במדרש רבה בראשית פ' נ"ו והביא הערוך ערך ירושלם].

הגהות הב"ח

(א) גמ' עלוב ושאינו עלוב יכול ושאינו יכול צדיק ורשע כו' ומחזיר מריש לבעליו נ"ב חמתן יהיב דמי ולא רצו ליפטר במעות: (ב) רש"י ד"ה גלינו כו' וד"ה גלותינו כו' הד"א: (ג) ד"ה חד אמר הר שיצא ממנו הוראה לישראל תורה שנאמר כי מציון: (ד) תוס' ד"ה הר כו' הר ה' יראה וה"פ מתחלה היה נקרא כך שלם כדכתיב ומלכי צדק מלך שלם ואח"כ נקרא ירושלים:

תורה אור השלם

א) לָשׂוּם לַאֲבֵלֵי צִיּוֹן לָתֵת לָהֶם פְּאֵר תַּחַת אֵפֶר שֶׁמֶן שָׂשׂוֹן תַּחַת אֵבֶל מַעֲטֵה תְהִלָּה תַּחַת רוּחַ כֵּהָה וְקֹרָא לָהֶם אֵילֵי הַצֶּדֶק מַטַּע יְיָ לְהִתְפָּאֵר: [ישעיה סא, ג]

ב) יִקְרָאֵנִי וְאֶעֱנֵהוּ עִמּוֹ אָנֹכִי בְצָרָה אֲחַלְּצֵהוּ וַאֲכַבְּדֵהוּ: [תהלים צא, טו]

ג) בְּכָל צָרָתָם לוֹ צָר וּמַלְאַךְ פָּנָיו הוֹשִׁיעָם בְּאַהֲבָתוֹ וּבְחֶמְלָתוֹ הוּא גְאָלָם וַיְנַטְּלֵם וַיְנַשְּׂאֵם כָּל יְמֵי עוֹלָם: [ישעיה סג, ט]

ד) וַיָּחֶל שְׁלֹמֹה לִבְנוֹת אֶת בֵּית יְיָ בִּירוּשָׁלַיִם בְּהַר הַמּוֹרִיָּה אֲשֶׁר נִרְאָה לְדָוִיד אָבִיהוּ אֲשֶׁר הֵכִין בִּמְקוֹם דָּוִיד בְּגֹרֶן אָרְנָן הַיְבוּסִי: [דברי הימים ב' ג, א]

ה) וַיַּרְא הָאֱלֹהִים אֶת מַעֲשֵׂיהֶם כִּי שָׁבוּ מִדַּרְכָּם הָרָעָה וַיִּנָּחֶם הָאֱלֹהִים עַל הָרָעָה אֲשֶׁר דִּבֶּר לַעֲשׂוֹת לָהֶם וְלֹא עָשָׂה: [יונה ג, י]

ו) וְיִתְכַּסּוּ שַׂקִּים הָאָדָם וְהַבְּהֵמָה וְיִקְרְאוּ אֶל אֱלֹהִים בְּחָזְקָה וְיָשֻׁבוּ אִישׁ מִדַּרְכּוֹ הָרָעָה וּמִן הֶחָמָס אֲשֶׁר בְּכַפֵּיהֶם: [יונה ג, ח]

ז) מְכַסֶּה פְשָׁעָיו לֹא יַצְלִיחַ וּמוֹדֶה וְעֹזֵב יְרֻחָם: [משלי כח, יג]

ח) נִשָּׂא לְבָבֵנוּ אֶל כַּפָּיִם אֶל אֵל בַּשָּׁמָיִם: [איכה ג, מא]

ליקוטי רש"י

ומודה ועוזב. מודה פשעיו ועוזבם משוב בם עוד [משלי כח, יג]. אסרא. אסרו [יונה ג, ח]. ומודה ועוזב. מודה פשעיו ועוזבם משוב בם עוד [משלי כח, יג]. נשא לבבינו אל כפים. כשאנו נושאים את כפינו אל השמים נשא אף לבבינו עמהם לשוב להשיב לבבינו לפני המקום ב"ה. ד"א אל כפים, אל העננים אל שמים כמה דאת אמר (מלכים א יח) והנה עב קטנה ככף איש עולה וכן (איוב לו) על כפים כסה אור ומדרש רבותינו נשא לבבינו באמת להקב"ה כאדם הרוחץ בנקיון כפיו שמשליך מידיו כל טינוף כי מודה ועוזב ירוחם והמודה ואינו עוזב כטובל ושרץ בידו [איכה ג, מא].

The Gemara cites a Baraisa that elaborates:

תָּנוּ רַבָּנָן – The Rabbis taught in a Baraisa: עָמְדוּ בִּתְפִלָּה – When THEY STAND TO PRAY, אַף עַל פִּי שֶׁיֵּשׁ שָׁם זָקֵן וְחָכָם – ALTHOUGH THERE IS PRESENT AN ELDER WHO IS A SCHOLAR, אֵין מוֹרִידִין לִפְנֵי הַתֵּיבָה – WE DO NOT SEND BEFORE THE ARK אֶלָּא אָדָם הָרָגִיל – anyone OTHER THAN A PERSON EXPERIENCED in the fast-day prayers.[40]

The Baraisa lists additional attributes befitting a *shliach tzibbur:*

(איזהו רגיל) ר׳ יְהוּדָה אוֹמֵר – R' YEHUDAH SAYS: מְטוּפָּל וְאֵין לוֹ – HE HAS SMALL CHILDREN BUT NO MEANS to support them, so he will pray fervently; וְיֵשׁ לוֹ יְגִיעָה בַּשָּׂדֶה וּבֵיתוֹ רֵיקָם – AND HE HAS WORK IN THE FIELD, i.e. he earns his livelihood by farming and needs rain for his own sustenance, BUT HIS HOUSE IS EMPTY;[41] וּפִרְקוֹ נָאֶה – AND HIS YOUTH WAS PROPER;[41] וּשְׁפַל בֶּרֶךְ – AND HE IS A HUMBLE PERSON;[42] וּמְרוּצֶה לָעָם – AND ACCEPTABLE TO THE PEOPLE to be their emissary to pray on their behalf; וְיֵשׁ לוֹ נְעִימָה וְקוֹלוֹ עָרֵב – AND HE HAS the ability to produce SWEET MELODY AND HIS VOICE IS PLEASANT; וּבָקִי לִקְרוֹת בַּתּוֹרָה וּבַנְּבִיאִים וּבַכְּתוּבִים – AND HE IS EXPERT IN READING THE PENTATEUCH, PROPHETS, AND WRITINGS, so that he will be fluent in the verses that are part of the prayer service;[43] וְלִשְׁנוֹת בַּמִּדְרָשׁ בַּהֲלָכוֹת וּבָאַגָּדוֹת – AND IN RECITING SCRIPTURAL DERIVATIONS, TORAH LAWS, AND AGGADAH;[44] וּבָקִי בְּכָל הַבְּרָכוֹת כּוּלָּן – AND HE IS EXPERT IN ALL THE BLESSINGS.

The Gemara relates:

וְיָהֲבוּ בֵּיהּ רַבָּנָן עֵינַיְיהוּ בְּר׳ יִצְחָק בַּר אַמִּי – Upon hearing this Baraisa, **the Rabbis turned their eyes to R' Yitzchak bar Ami,** who possessed all of these attributes and was thus eminently suited to pray on behalf of the congregation.

NOTES

40. For it is more important that the *shliach tzibbur* be fluent in the prayers than that he be a scholar (see 15a note 12). Nevertheless, it is preferable that the *shliach tzibbur* be elderly, because elderly people generally pray with broken hearts and are not as impetuous as young adults. Accordingly, the Mishnah states that they called an elder well versed in the prayers to lead them (*Meiri*). See also *Gevuras Ari*.

Though it is important that a worthy *shliach tzibbur* lead the services all year round, this is especially important on fast days (*Meiri*). Cf. *Orach Chaim* 53:4 and *Beur HaGra* there.

41. The Gemara (16b) will explain this.

42. Literally: low of knee.

43. It was necessary for the *shliach tzibbur* to be well versed in Scripture from which a major part of the prayers was taken, for in ancient times it was forbidden to record the text of prayers in writing. Accordingly, the *shliach tzibbur* was required to recite them from memory (see *Rashi* to *Shabbos* 115b ד״ה הברכות; see also *Mishnah Berurah* 334:31).

44. It is not apparent why the *shliach tzibbur* must be expert in Scriptural derivations, Torah laws, and Aggadah. [A possible explanation, however, may emerge from *Mishnah Berurah* 53:18.] Indeed, this phrase is absent from *Rosh*. See also *Beur HaGra, Orach Chaim* 53:4 ד״ה שיהא and *Korban Nesanel*.

למתבייש מאחרים והיכא מנח להו אמר רבי יצחק א במקום תפילין שנאמר א) לשום לאבילי ציון לתת להם פאר תחת אפר: רחוב תיבה ושקים אפר אפר קבורה ומוריה סימן: למה יוצאין לרחוב (א) ר' חייא בר אבא אמר לומר זעקנו בצנעא ולא נענינו נבזה עצמנו בפרהסיא ריש לקיש אמר גלינו גלותינו מכפרת עלינו מאי בינייהו איכא בינייהו דגלי מבי כנישתא לבי כנישתא ולמה מוציאין את התיבה לרחובה של עיר אמר ר' יהושע בן לוי לומר כלי צנוע היה לנו ונתבזה בעוונינו ולמה מתכסין בשקים אמר ר' חייא בר אבא לומר הרי אנו חשובין כבהמה ולמה נותנין אפר מקלה על גבי תיבה אמר רבי יהודה בן פזי כלומר ב) עמו אנכי בצרה ריש לקיש אמר ג) בכל צרתם לו צר אמר ר' זירא מריש כי הוה חזינא להו לרבנן דיהבי אפר מקלה על גבי תיבה מזדעזע לי כוליה גופאי ולמה נותנין אפר בראש כל אחד ואחד פליגי בה ר' לוי ב בר חמא ור' חנינא חד אמר הרי אנו חשובין לפניך כאפר וחד אמר כדי שיזכור לנו אפרו של יצחק מאי בינייהו איכא בינייהו עפר סתם למה יוצאין לבית הקברות פליגי בה ר' לוי בר חמא ור' חנינא חד אמר ג הרי אנו חשובין לפניך כמתים וחד אמר ד כדי שיבקשו עלינו מתים רחמים מאי בינייהו איכא בינייהו קברי עכו"ם מאי ד) הר ג המוריה פליגי בה ר' לוי בר חמא ור' חנינא חד אמר הר שיצא ממנו הוראה לישראל וחד אמר הר שיצא ממנו מורא לעובדי כוכבים: הזקן שבהן אומר לפניהן דברי כבושין: ת"ר אם יש זקן אומר זקן ואם לאו אומר חכם ואם לאו אומר אדם של צורה אטו זקן דקאמרי אף על גב דלאו חכם הוא אמר אביי הכי קאמר ה אם יש זקן והוא חכם אומר זקן והוא חכם ואם לאו אומר חכם ואם לאו אומר אדם של צורה אחינו לא שק ותענית גורמים אלא תשובה ומעשים טובים גורמים שכן מצינו באנשי נינוה שלא נאמר בהם וירא האלהים את שקם ואת תעניתם אלא ה) וירא האלהים את מעשיהם כי שבו מדרכם הרעה ו) ויתכסו שקים האדם והבהמה מאי הוו עבדי אסרא הבהמות לחוד ואת הוולדות לחוד אמרו לפניו רבונו של עולם אם אין אתה מרחם עלינו אין אנו מרחמים על אלו ו) ויקראו אל אלהים בחזקה מאי אמור אמרו לפניו ז רבונו של עולם עלוב ושאינו עלוב (א) צדיק ורשע מי נדחה מפני מי ו) וישובו איש מדרכו הרעה ומן החמס אשר בכפיהם מאי ומן החמס אשר בכפיהם אמר שמואל אפילו גזל מריש ובנאו בבירה מקעקע כל הבירה כולה ומחזיר מריש לבעליו אמר רב אדא בר אהבה ו אדם שיש בידו עבירה ומתודה ואינו חוזר בה למה הוא דומה לאדם ח שתופס שרץ בידו שאפי' טובל בכל מימות שבעולם לא עלתה לו טבילה זרקו מידו כיון שטבל בארבעים סאה מיד עלתה לו טבילה שנאמר ז) ומודה ועוזב ירוחם ואומר ח) נשא לבבנו אל כפים אל אל בשמים: עמדו בתפלה מורידין לפני התיבה זקן כו': תנו רבנן ה עמדו בתפלה אע"פ שיש שם זקן וחכם אין מורידין לפני התיבה אלא אדם הרגיל (ו איזהו רגיל) ר' יהודה אומר מטופל ואין לו ויש לו יגיעה בשדה וביתו ריקם ופרקו נאה ושפל ברך ומרוצה לעם ויש לו נעימה וקולו ערב ובקי לקרות בתורה ובנביאים ובכתובים ולשנות במדרש בהלכות ובאגדות ובקי בכל הברכות כולן ויהבו ביה רבנן עינייהו בר' יצחק בר אמי

היינו

רש"י

למתבייש מאחרים. דאיכא עגמת נפש טפי ומשום חשיבותא הם מתביישים מאחרים אבל שאר בני אדם דלא חשיבי לא מתביישי בנתינת אחרים וסגי להו בנתינת עצמן: פאר תחת אפר. ש"מ במקום תפילין דכתיב בהו (יחזקאל כד) פארך חבוש עליך ואמרינן (ברכות דף יא.) אלו תפילין ומתרגמינן נמי טוטפתך הוין עלך והיכא מניחין תפילין במקום שמוחו של תינוק רופף: בצינעא. בבית הכנסת: גלינו. שיצאנו מכניסתנו: (ב) גלותינו. תהא מכפרת עלינו: דגלו מבי כנישתא לבי כנישתא אחריתא. גלות איכא פרהסיא ליכא: נתבזה בעוונינו. וידוי: [ולמה מתכסין]. סוגרות שקין תנינן בירושלמי שהיו סוגרות שקין ויוצאין לבית הקברות ותוקעין בקרנות ובעי ליה מיבעיא שקין למה ובית הקברות למה ותקיעת שופר למה: כבהמה. דמשער בהמה ניהו מנוצה של עזים: עפר סתם. שאינו אפר מקלה זכירת אפרו של יצחק ליכא סתם לא גרסינן אלא איכא בינייהו עפר: קברי עכו"ם. במקום שאין קברי ישראל לבקש רחמים אפי' על עצמן ליכא כל שכן עלינו: מאי הר המוריה וכו'. איידי דאיירי בפלוגתא דרבי לוי ור"ח תנא נמי הא פלוגתא מאי הר מוריה דאברהם קרא למקום העקידה הר יראה וכתיב (בראשית כב) ז) אל ארץ המוריה: חד אמר הר שיצא (ג) הוראה. תורה לישראל כי מציון תצא תורה (ישעיה ב) יורו משפטיך ליעקב (דברים לג) ולשכת הגזית שבה עמדו הנביאים המוכיחים לישראל: מורא לעובדי כוכבים. ששומעין גדולות ישראל וירושלים ומתפחדים עליהם שמעתי לישנא אחרינא הר המוריה הר סיני מורא לעובדי כוכבים במתן תורה דכתיב (תהלים עו) ארץ יראה ושקטה: אע"ג דלאו חכם. אלא עם הארץ בתמיהה הא ודאי חכם עדיף: אם יש זקן והוא חכם. אומר זקן והוא חכם: אדם של צורה. בעל קומה שישמעו ויקבלו דבריו להמריך את הלב: מאי אמור. אנשי נינוה דכתיב בחזקה דמשמע בכח ונילוח דין: מי נדחה מפני מי. הוי אומר צדיק מפני רשע: אם אין אתה מרחם כו'. כלומר כשם שאתה אומר לרחם על אלו דכתיב (תהלים קמה) ורחמיו על כל מעשיו כן תרחם עלינו: מריש. קורה: בירה. מגדל: שיש בידו עבירה. גזל: ואינו חוזר בו. לשלם את הגזל למה הוא דומה וכו': נשא לבבנו אל כפים. עם הכפים צריך לישא הלב לשמים כלומר שיחזור מקלקולו: מטופל ואין לו. יש לו טפלים ואין לו במה להתפרנס שלבו דואג עליו [והוא צריך לקרות מקירות לבו עליהן]: ויש לו יגיעה. שמתכוין יותר בתפלת הגשמים: ופרקו נאה. מפרש לקמן: ושפל ברך. עניו: ומרוצה לעם. נוח לבריות ומסכימין לתפלתו: נעימה. בסומי קלא שמושך הלב: ורגיל לקרות כו'. שיהו הפסוקים של תפלה סדורין בפיו:

תוספות

במקום תפילין. פירוש לתת האפר במקום הפאר דאילו התפילין נקראו פאר כדכתיב לשום לאבילי ציון לתת להם פאר וגו': איכא בינייהו דגלו מבי כנישתא לבי כנישתא. פירוש למ"ד משום גלות איכא ולמ"ד משום פרהסיא ליכא דהא בי כנישתא הוי כמו בצנעא:

אפר מקלה. פירוש אותו אפר הוה מדבר הנשרף מעצמות אדם כדי לזכור עקידת יצחק דאלמלא שלא היה בא אלא כדי לומר שהרי אנו לפניך כאפר כמו כן מהני עפר סתם והיינו פירוש איכא בינייהו עפר סתם:

יוצאין לבית הקברות. מכאן נוהגין בכל מקום לילך לבית הקברות בט' באב שהרי ט"ב הוי תענית צבור כמו שהיו עושין מפני הגשמים:

הר שיצאה ממנו הוראה לישראל. י"מ (ה) דזה ירושלם שנקרא על שם אברהם שקראוהו הר ה' יראה (בראשית כב) (ד) והעיר היה נקרא כבר שלם כדכתיב (שם יד) ומלכי צדק מלך שלם ונקרא ירושלם על שם יראה ועל שם שלם לכך אין אנו נותנין יו"ד בירושלם בין למ"ד למ"ם על שם שלם וההר נקרא מוריה על שם תורה כדכתיב (ישעיה ב) כי מציון תצא תורה וכתיב (דברים לג) יורו משפטיך ליעקב והוא לשכת הגזית. המוריה זה סיני ונקרא מוריה על שם שממנו יצא מורא לעובדי כוכבים במתן תורה כדכתיב (תהלים עו) ארץ יראה ושקטה אי נמי רצה לומר דירושלם נקרא מוריה על שם שיש מורא לעובדי כוכבים על גדולתה ומתפחדים:

אדם שיש לו צורה. פירוש בעל קומה כדי שישמעו דבריו ויקבלו ממנו להמריך הלב ופרקו נאה פירוש כשעמד על פרקו אפילו כשהיה בחור היה בלא שם רע:

מאי

מסורת הש"ס

א) [גי' רא"ש אמר רבי לומר כו'], ב) [גי' רי"ף ורא"ש ר' לוי בר לחמא ור' חמא בר חנינא], ג) [בילקוט שה"ש ד' אלך לי אל הר המור כו' הר המור פליגי בה כו'], ד) [מגילה דף כט.], ה) [תוספת' פרק א], ו) [ליתא ברב אלפסי וגם בהרא"ש ע"ש], ז) [עי' חדושי אגדות], ח) [כל זה נתבאר במדרש רבה בראשית פ' נ"ו והביא הערוך ערך ירושלם].

הגהות הב"ח

(א) גמ' עלוב ושאינו עלוב יכול ושאינו יכול צדיק ורשע כו' ומחזיר מריש לבעליו נ"ב חמסן יהיב דמי ולא רצו ליפטר במעות: (ב) רש"י ד"ה גלינו כו' וד"ה גלותינו כו' הס"א: (ג) ד"ה חד אמר הר שיצא ממנו הוראה לישראל תורה שנאמר כי מציון: (ד) תוס' ד"ה הר כו' הר ה' יראה וה"פ מתחלה היה נקרא כך שלם כדכתיב ומלכי צדק מלך שלם ואח"כ נקרא ירושלים:

תורה אור השלם

א) לָשׂוּם לַאֲבֵלֵי צִיּוֹן לָתֵת לָהֶם פְּאֵר תַּחַת אֵפֶר שֶׁמֶן שָׂשׂוֹן תַּחַת אֵבֶל מַעֲטֵה תְהִלָּה תַּחַת רוּחַ כֵּהָה וְקֹרָא לָהֶם אֵילֵי הַצֶּדֶק מַטַּע יְיָ לְהִתְפָּאֵר: [ישעיה סא, ג]

ב) יִקְרָאֵנִי וְאֶעֱנֵהוּ עִמּוֹ אָנֹכִי בְצָרָה אֲחַלְּצֵהוּ וַאֲכַבְּדֵהוּ: [תהלים צא, טו]

ג) בְּכָל צָרָתָם לוֹ צָר וּמַלְאַךְ פָּנָיו הוֹשִׁיעָם בְּאַהֲבָתוֹ וּבְחֶמְלָתוֹ הוּא גְאָלָם וַיְנַטְּלֵם וַיְנַשְּׂאֵם כָּל יְמֵי עוֹלָם: [ישעיה סג, ט]

ד) וַיָּחֶל שְׁלֹמֹה לִבְנוֹת אֶת בֵּית יְיָ בִּירוּשָׁלַיִם בְּהַר הַמּוֹרִיָּה אֲשֶׁר נִרְאָה לְדָוִיד אָבִיהוּ אֲשֶׁר הֵכִין בִּמְקוֹם דָּוִיד בְּגֹרֶן אָרְנָן הַיְבוּסִי: [דברי הימים ב' ג, א]

ה) וַיַּרְא הָאֱלֹהִים אֶת מַעֲשֵׂיהֶם כִּי שָׁבוּ מִדַּרְכָּם הָרָעָה וַיִּנָּחֶם הָאֱלֹהִים עַל הָרָעָה אֲשֶׁר דִּבֶּר לַעֲשׂוֹת לָהֶם וְלֹא עָשָׂה: [יונה ג, י]

ו) וְיִתְכַּסּוּ שַׂקִּים הָאָדָם וְהַבְּהֵמָה וְיִקְרְאוּ אֶל אֱלֹהִים בְּחָזְקָה וְיָשֻׁבוּ אִישׁ מִדַּרְכּוֹ הָרָעָה וּמִן הֶחָמָס אֲשֶׁר בְּכַפֵּיהֶם: [יונה ג, ח]

ז) מְכַסֶּה פְשָׁעָיו לֹא יַצְלִיחַ וּמוֹדֶה וְעֹזֵב יְרֻחָם: [משלי כח, יג]

ח) נִשָּׂא לְבָבֵנוּ אֶל כַּפָּיִם אֶל אֵל בַּשָּׁמָיִם: [איכה ג, מא]

ליקוטי רש"י

ומודה ועוזב. מודה פשעיו ועוזבם משוב בם עוד [משלי כח, יג]. אסרא. אסרו [יונה ג, ח]. ומודה ועוזב. מודה פשעיו ועוזבם משוב בם עוד [משלי כח, יג]. נשא לבבינו אל כפים. כשאנו נושאים את כפינו אל השמים נשא אף לבבינו עמהם לשוב להשיב לבבינו לפני המקום ב"ה. ד"א אל כפים, אל העננים אל שמים כמה דאת אמר (מלכים א יח) והנה עב קטנה ככף איש עולה וכן (איוב לו) על כפים כסה אור ומדרש רבותינו נשא לבבינו באמת להקב"ה כאדם הרוחץ בנקיון כפיו שמשליך מידיו כל טינוף כי מודה ועוזב ירוחם והמודה ואינו עוזב כטובל ושרץ בידו [איכה ג, מא].

עין משפט נר מצוה

יד א מיי' פ"ד מהלכות תענית הלכה א טוש"ע א"ח סימן תקעט סעיף א:
טו ב מיי' שם הלכה יז טוש"ע שם ס"ג:
טז ג מיי' שם הלכה ד טוש"ע שם ס"א:
יז ד מיי' פ"ב מהל' תשובה הלכה ג:
יח ה מיי' פ"ד מהל' תענית הלכה ג טוש"ע א"ח סימן תקעט סעיף א [וסימן נג סעיף ד]:

גליון הש"ס

גמרא כדי שיבקשו עלינו רחמים. עיין סוטה דף לד ע"ב תוס' ד"ה אבותי:

רבינו גרשום

דגלו מבי כנישתא [לבי כנישתא] למ"ד גלות הא איכא למ"ד פרהסיא ליכא: הרי אנו חשובין לפניו כבהמה שהרי לובשין שק שהן של שיער בהמה: א"ב עפר סתם למ"ד הרי אנו חשובין לפניו כעפר בעפר סתם סגי למ"ד כדי שיזכור אפרו של יצחק מיבעי ליה אפר מקלה: קברי כותים למ"ד הרי אנו חשובין כמתים ה"נ מצי למיפק לך לקברי אבות של גוים ומ"ד כדי שיבקשו עלינו רחמים איבעי להו למיפק לקברי ישראל: מאי הר המוריה למה נקרא שמה הר המוריה א) דאברהם קראו יראה ומלכי צדק קראו שלם ועשה הקב"ה פשרה ביניהם וקראו ירושלם: הר המוריה שיצאה ממנו הוראה לישראל שכן יושבין סנהדרין בלשכת הגזית ומורין הוראות. דברי כיבושין דברים שאדם מכבש ללבו: מי נדחה מפני מי כלומר דחה גזירתם מלפנינו: מריש. קורה: ועוזב שחוזר בו: ורגיל להתפלל שצ"ל זכרונות ושופרות לפי שאין זכרונות ושופרות אלא בר"ה:

חשק שלמה על רבינו גרשום

א) נראה דחסר כאן איזה תיבות ואולי צ"ל דירושלים נקראת על שם שאברהם וכו' ועי' בתוס' כאן ד"ה הר.

רבינו חננאל

רחמי אכולי עלמא. ולמה אינו נותן הנשיא ואב ב"ד הן בעצמן על ראשיהם שהמתבייש מן אחרים גדול הוא מהמתבייש עצמו. כלומר בושה גדולה היא כדי שיכוין כל לבו והיכן מחית ליה לאפר זה בראשו במקום תפילין שנאמר לתת להם פאר תחת אפר: יוצאין לרחובה כדי לשבר הצבור לבם. כלומר צעקנו בצנעא ולא ענינו נבזה עצמנו בפרהסיא ור"ל אמר שתחשב לנו גלות כי הגלות מכפרת עון. ולמה מוציאין את התיבה לרחובה אריב"ל כלי צנוע היה לנו ונתבזה. נתינת אפר על גבי התיבה משום שנאמר בכל צרתם לו צר ולמה מתכסים בשקים לומר כי נחשבנו כבהמה וכל אחד נותן אפר בראשו לומר הנה אנו כאפר (אולי יזכור) [וי"א להזכר] זכות אפרו של יצחק (ופעמים) [וטעם] שיוצאין לבית הקברות כלומר הרי אנו כמתים וי"א שיבקשו מתים עלינו רחמים מאי הר המוריה הר שיצא ממנו הוראה לישראל. וי"א שיצא ממנו מורא לאומות: ירושלמי ונותנין אפר בראש נשיא. ר' אבהו ורבנן חד אמר חטא הנשיא הגדולה במקומה (כל ישראל נשאים) חטא הצבור נדחית הגדולה וחד אמר לפי שחטא הלמד והמלמד לפיכך יצאו ויתפרסמו על שם והוציא את הפר מחוץ למחנה שידעו הכל חטאתו של כ"ג: נשא לבבנו אל כפים אל אל בשמים נשוה לבבנו לכף ידינו כשם שכף ידינו נקיה כך ניקה לבנו ואח"כ אל אל בשמים. ג' דברים מבטלין רוע גזרה תפלה תשובה צדקה. ושלשתן בפסוק אחד נאמרו [דה"ב ז'] ויכנעו עמי אשר נקרא שמי עליהם ויתפללו ויבקשו פני. ויתפללו זו תפלה. ויבקשו פני זו צדקה שנא' אני בצדק אחזה פניך. וישובו מדרכיהם הרעים זו תשובה. מה כתוב תמן ואני אשמע (מן) השמים ולמה יוצאין בין הקברות אם נתחייבנו רעב הרי אנו רעבים ומתענים. ואם נתחייבנו גלות הרי גלינו ממקום למקום. ואם נתחייבנו מיתה הרי אנו בבית הקברות כמתים וקרעו לבבכם ואל בגדיכם אם קרעתם לבבכם בתשובה אינכם קורעין בגדיכם על בניכם כי חנון ורחום הוא מאריך א) חמיה: ת"ר אם יש שם זקן חכם אומר זקן חכם ואם לאו אומר אדם של צורה אחינו לא שק ותענית גורמין אלא תשובה ומע"ט גורמין שלא נאמר באנשי נינוה וירא אלהים את שקם ואת תעניתם אלא וירא אלהים את מעשיהם כי שבו מדרכם הרעה אפילו מי שגזל מריש ובנאו בבירה היה מקעקע הבירה כולה ומחזיר המריש לבעליו: ת"ר אדם שיש בו עבירה ומתודה ואינו חוזר בו דומה למי שיש בידו שרץ שאפילו הוא טובל בכל מימות שבעולם אין טהרה שנאמר מכסה פשעיו לא יצליח זרקו כיון שטובל במ' סאה כו' שנאמר ומודה ועוזב ירוחם: מתני' עמדו בתפלה מורידין לפני התיבה זקן ורגיל: ת"ר אע"פ שאמרו אם יש שם זקן חכם אין מורידין לפני התיבה אלא רגיל רבי יהודה אומר דל שיש לו טף ויש לו יגיעה בשדה

חשק שלמה על רבינו חננאל א) ט"ס כאן עיין בירושלמי.

היינו מטופל ואין לו היינו ביתו ריקם אמר רב חסדא [א]זהו שביתו ריקם מן העבירה: ופרקו נאה: אמר אביי [ב]זה שלא יצא (ה לו) שם רע בילדותו א) היתה לי נחלתי כאריה ביער נתנה עלי בקולה על כן שנאתיה מאי נתנה עלי בקולה אמר מר זוטרא בר טוביה אמר רב ואמרי לה אמר רבי חמא אמר רבי אלעזר זה שליח צבור (ג היורד לפני התיבה שאינו הגון): ואומר לפניהם עשרים וארבע ברכות שמונה עשרה שבכל יום ומוסיף עליהן עוד שש: הני שש שבע הוויין כדתנן על השביעית הוא אומר ברוך מרחם על הארץ אמר רב נחמן בר יצחק מאי שביעית שביעית לארוכה כדתניא [ג]בגואל ישראל מאריך ובחותמה הוא אומר מי שענה את אברהם בהר המוריה הוא יענה אתכם וישמע בקול צעקתכם היום הזה ברוך גואל ישראל והן עונין אחריו אמן וחזן הכנסת אומר להם תקעו בני אהרן תקעו [א] וחוזר ואומר מי שענה את אבותינו על ים סוף הוא יענה אתכם וישמע בקול צעקתכם היום הזה ברוך זוכר הנשכחות והן עונין אחריו אמן וחזן הכנסת אומר להם הריעו בני אהרן הריעו וכן בכל ברכה וברכה באחת אומר תקעו ובאחת אומר הריעו: במה דברים אמורים בגבולין אבל במקדש אינו כן [ד]לפי (ג שאין עונין אמן במקדש ומנין שאין עונין אמן במקדש שנאמר ב) קומו ברכו את ה' אלהיכם מן העולם עד העולם ויברכו שם כבודך ומרומם על כל ברכה ותהלה יכול על כל ברכות כולן לא תהא אלא תהלה אחת ת"ל ומרומם על כל ברכה ותהלה על כל ברכה תן לו תהלה ואלא במקדש מהו אומר ברוך ה' [ב] אלהים אלהי ישראל מן העולם ועד העולם ברוך גואל ישראל והן עונין אחריו ברוך שם כבוד מלכותו לעולם ועד וחזן הכנסת אומר להם תקעו הכהנים בני אהרון תקעו וחוזר ואומר מי שענה את אברהם בהר המוריה הוא יענה אתכם וישמע בקול צעקתכם היום הזה ברוך ה' אלהי ישראל [ג] זוכר הנשכחות והם עונים אחריו בשכמל"ו וחזן הכנסת אומר להם הריעו הכהנים בני אהרן הריעו וכו' וכן בכל ברכה וברכה באחת אומר תקעו ובאחת אומר הריעו עד שגומר את כולן וכך הנהיג ר' חלפתא בצפורי ור' חנניה בן תרדיון בסיכני וכשבא דבר לפני חכמים אמרו לא היו נוהגין כן אלא בשערי מזרח ובהר הבית ואית דאמרי כדתניא אומר לפניהן עשרים וארבע ברכות שמונה עשרה שבכל יום ומוסיף עליהן עוד שש ואותן שש היכן אומרן בין גואל לרופא חולי ומאריך בגאולה והן עונין אחריו אמן על כל ברכה וברכה וכך היו נוהגין בגבולין אבל במקדש היו אומרים ברוך ה' אלהי ישראל מן העולם ועד העולם ברוך גואל ישראל ולא היו עונין אחריו אמן וכל כך למה לפי שאין עונין אמן במקדש ומנין שאין עונין אמן במקדש שנאמר ב) קומו ברכו את ה' אלהיכם מן העולם ועד העולם ויברכו (את) שם כבודך ומרומם על כל ברכה ותהלה על כל ברכה וברכה תן לו תהלה: תנו רבנן [ה]על הראשונות הוא אומר ברוך ה' אלהי ישראל מן העולם ועד העולם ברוך גואל ישראל והן עונין אחריו ברוך שם כבוד מלכותו לעולם ועד וחזן הכנסת אומר תקעו כהנים תקעו וחוזר ואומר מי שענה את אברהם בהר המוריה הוא יענה אתכם וישמע בקול צעקתכם היום הזה (ד והן תוקעין ומריעין ותוקעין) ועל השניה הוא אומר ברוך ה' אלהי ישראל מן העולם ועד העולם ברוך זוכר הנשכחות והן עונין אחריו ברוך שם כבוד מלכותו לעולם ועד וחזן הכנסת אומר הריעו בני אהרן הריעו ואומר מי שענה את אבותינו על ים סוף הוא יענה אתכם וישמע בקול צעקתכם היום הזה והם מריעין ותוקעין ומריעין וכן בכל ברכה וברכה באחת אומר תקעו ובאחת אומר הריעו עד שיגמור את הברכות כולן וכך הנהיג ר' חלפתא בצפורי ור' חנניה בן תרדיון בסיכני וכשבא דבר אצל חכמים אמרו לא היו נוהגין כן אלא בשערי מזרח ובהר הבית: ר' יהודה אומר לא היה צריך לומר זכרונות כו': א"ר אדא דמן יפו מאי טעמא דר' יהודה לפי שאין אומרים זכרונות ושופרות אלא

רש"י

היינו מטופל ואין לו היינו ביתו ריקן. היינו כמו (ה איזהו): ביתו ריקם מן העבירה. שאין חמס וגזל בביתו: ופרקו נאה. אפילו כשעמד על בחרותו היה נאה בלי שם רע: זה המעמיד חזן שאינו הגון לפני התיבה. רשע שהקב"ה שונא אותו יותר מכולן והוא נותן בקולו לפניו: שביעית לארוכה. שביעית לאותה ברכה שהתחיל להאריך בה ואותה אינה מן התוספת אלא מי"ח ברכות היא כדתניא בגואל ישראל הוא מאריך: הוא אומר לפניהן. אותו הזקן הרגיל ומאריך בגאולה כדקתני מתני': בד"א. דהן עונין אחריו אמן בגבולין: אבל במקדש. אומר אותו הזקן לאחר הפרשיות מי שענה את אברהם הוא יענה אתכם וישמע קול צעקתכם ביום הזה בא"י אלהי ישראל מן העולם ועד העולם ברוך גואל ישראל והן עונים אחריו בשכמל"ו וכן בכל ברכות שבמקדש: לפי שאין עונין אמן במקדש. כדיליף לקמן מקרא: מניין שאין עונין אמן במקדש. דכתיב בתפלת עזרא בבית שני קומו [ו]וברכו את ה' אלהיכם והיינו ברוך ה' אלהי ישראל כו': ויברכו שם כבודך. היינו שעונין אחריו בשכמל"ו כך הוא הפסוק ויברכו שם כבודך ומרומם על כל ברכה ותהלה: ה"ג יכול על כל הברכות כולן תהלה אחת ת"ל על כל ברכה על כל ברכה תן לו תהלה: חזן הכנסת. לא אותו זקן ניהו וחוזר חזן הכנסת ואומר להן מי שענה כו' אע"פ שאמרו אותו זקן: כשמריעין. תחלה הוא אומר להן הריעו בני אהרן וכשתוקעין תחלה הוא אומר להן תקעו בני אהרן כו': וכך הנהיג. כל מנהג זה רבי חלפתא בצפורי: לא היו נוהגין כן. שיהו עונין אחריו ברוך שם כבוד מלכותו לעולם ועד אלא עונין אמן בגבולין: ואית דאמרי כדתני' כו'. כלומר ואיכא דמתני הכי: וכן הנהיג. מנהג זה אמקדש קאי: אלא

תוספות

מאי שביעית שביעית לארוכה. פירוש שמתחילין להאריך ולומר בקשות ותחינות בתוך ברכה של גואל ישראל אבל מ"מ אינה בכלל הנוספות בימי תענית דלא היו מוספין רק ששה ועל כל הברכות יש טעם על מה הם חותמות בכך הראשונה של גואל אינה מן המנין ובה אומרים מי שענה לאברהם לפי שהיה ראשון לגאולין שניצול מנמרוד ובשניה שהיא ראשונה מן הששה הנוספות אמר מי שענה לאבותנו על ים סוף וחותם ברוך זוכר הברית ולפיכך אומרה בזכרונות לפי שהיו במצרים ונתייאשו מן הגאולה ועליו נאמר (שמות ו) ואזכור את בריתי וכן בשלישית שהיא שניה מן המנין שומע תרועה ביהושע שנענה ביריחו דהיינו בעוד ישראל בגלגל בשופרות היה אומר מי שענה ליהושע בגלגל לפי שנענה בשופרות על הרביעית והיא שלישית מן המנין מי שענה לשמואל וכו' ובשמואל כתיב צעקה ותפלה וגבי אליהו כתיב תפלה ענני ה' ענני ואמרינן בגמרא דצעקה גבי שמואל ותפלה גבי אליהו וי"א תפלה גבי שמואל וצעקה גבי אליהו דהא דכתיב ענני גבי אליהו הוא צעקה שמואל במצפה מעין אל ה' בצרתה לי לאליהו בהר הכרמל כנגד אשא עיני אל ההרים וכן כולם:

ברוך מרחם על הארץ. דגבי דוד ושלמה שייך לומר על הארץ דדוד ושלמה התפללו על הארץ דוד גבי מלאך המות בגורן ארונה ושלמה בתפלה דקאמר רעב כי יהיה בארץ ועוד יש לומר משום דלאתקין בהמ"ק בארץ ולא קשיא הא דחשיב יונה מקמי דוד אע"ג שהיה קודם משום דבעי למיחתם על הארץ כדמפרש בגמרא: ויודע

עין משפט נר מצוה

יט א ב מיי' פ"ד מהל' תענית הלכה ג טוש"ע א"ח סימן תקעט סעיף א [וסימן נג סעיף ד]:
כ ג מיי' שם הלכה ו טור א"ח סי' תקעט:
כא ד ה מיי' שם הלכה טו:

תורה אור השלם

א) הָיְתָה לִּי נַחֲלָתִי כְּאַרְיֵה בַיָּעַר נָתְנָה עָלַי בְּקוֹלָהּ עַל כֵּן שְׂנֵאתִיהָ: [ירמיה יב, ח]

ב) וַיֹּאמְרוּ הַלְוִיִּם יֵשׁוּעַ וְקַדְמִיאֵל בָּנִי חֲשַׁבְנְיָה שֵׁרֵבְיָה הוֹדִיָּה שְׁבַנְיָה פְתַחְיָה קוּמוּ בָּרְכוּ אֶת יְיָ אֱלֹהֵיכֶם מִן הָעוֹלָם עַד הָעוֹלָם וִיבָרְכוּ שֵׁם כְּבֹדֶךָ וּמְרוֹמַם עַל כָּל בְּרָכָה וּתְהִלָּה: [נחמיה ט, ה]

רבינו חננאל

בשדה וביתו ריקם מעבירה ופרקו נאה שלא יצא עליו שם רע בילדותו שפל ברך ומרוצה לעם ויש לו נעימה וקולו ערב ובקי לקרות בתורה ובנביאים ובכתובים ולשנות במדרש בתלמוד בהלכות ובאגדות ובקי בכל הברכות כולן. יהבו ביה רבנן עינייהו בר' יצחק בר אמי: **היתה** לי נחלתי כאריה ביער א"ר אלעזר זה ש"ץ היורד לפני התיבה שאינו הגון: **ירושלמי** ר' אחא בשם רב אמר אין תענית עכשיו א"ר יוסי הדא אמרה אלין תעניתא דאנן עבדין לית קריין תעניתא. א"ל כן אמור רבנן כל תענית שאינה נעשית (כמצותה) [כתיקונה] עליו הכתוב אומר נתנה עלי בקולה על כן שנאתיה: **אומר** לפניהם כ"ד ברכות י"ח שבכל יום מוסיף עוד שש. ואלו הן זכרונות ושופרות כו'. ואקשינן והתנן על השביעית הוא אומר כו'. הנה ז' ברכות מוסיף ואמאי תנינן ומוסיף עוד שש ושנינן שביעית לארוכות כלומר מוסיף ומאריך בגואל ישראל. נמצאת ברכת גואל ישראל ארוכה שהיא מכלל י"ח ברכות ושש מוסיפין היינו ז' ארוכות ועלה תנן על השביעית הוא אומר וכדתניא בגואל ישראל הוא מאריך ובחותמה אומר מי שענה את אברהם אבינו בהר המוריה ה' י' ע' א' ו' ק' צ' ב' ה' ב' (ר"ת הוא יענה אתכם וישמע קול צעקתכם ביום הזה ברוך) גואל ישראל. והן עונין אחריו אמן. וחזן הכנסת אומר תקעו בני אהרן תקעו ותוקעין ומריעין ותוקעין וכן בכל ברכה וברכה באחת אומר תקעו בני אהרן תקעו ובא' אומר הריעו בני אהרן הריעו במה דברים אמורים בגבולים אבל במקדש אינו אומר אלא ברוך ה' אלהי ישראל מן העולם ועד העולם ברוך גואל ישראל והן עונין אחריו בשכמל"ו לפי שאין עונין אמן במקדש שנא' קומו ברכו את ה' אלהיכם ואומר ויברכו שם כבודך ומרומם וגו' על כל ברכה תן לו תהלה וכן הנהיג רבי חלפתא בצפורי וכשבא דבר אצל חכמים אמרו לא היו עושין כן אלא בשערי מזרח ובהר הבית בלבד. **תניא** אומרים לפניהם כ"ד ברכות י"ח שבכל יום ומוסיף עליהן עוד שש והיכן אמרו הני שש ברכות בין גואל לרופא ועונין אמן אחר כל ברכה ותוקעין על כל אחת ואחת כו' על הראשונה הוא אומר מי שענה את אברהם אבינו בהר המוריה כו'. בשניה מי שענה את משה ואבותינו על ים סוף כו' בשלישית מי שענה את יהושע בגלגל ברביעית מי שענה את שמואל במצפה. בחמישית מי שענה את אליהו בהר הכרמל

מסורת הש"ס

א) [נ"ל עליו קך ג' הערוך ערך פרק], ב) [נ"ל שאינו הגון היורד לפני התיבה וכ"א ברש"י ד"ה זה], ג) ברכות סג. סוטה מ:, ד) רש"א מוחק זה, ה) [נ"ל זהו וכ"א ברש"י שבע"י וכ"א ברי"ף וברא"ש], ו) נ"ל ברכו.

הגהות הגר"א

[א] גמרא (וחוזר ואומר). תא"מ: [ב] שם (אלהים). מז"מ: [ג] שם ברוך ה' אלהי ישראל. נ"ב מן העולם ועד העולם:

רבינו גרשום

ואומר חותמיהן שחותם בברכה לכל פסוק: **מיטפל (ובנין) [ואין] לו** כלומר שיש לו טיפול בנים ואין לו עושר: **ויש לו יגיעה בשדה** ששדותיו זרועות שצריכין לגשמים: **וביתו ריקם** שאין לו עושר: **שפל ברך** עניו: **ויש לו נעימה** שיודע לבסם קולו: **שבע לארוכות** כלומר ודאי אין מוסיפין על שש אלא הא דקתני שבע דארוכות הן שבע דגואל ישראל שבתפלה הוא מאריך ומכאן ואילך אמר אילו שש שהן כמו ארוכות: **בד"א** שעונין אמן א) **קומו וברכו את** ה' מן העולם ועד העולם כלומר במקום אמן יש לענות אחר (ברכו) [הברכה] (אמרו) [ולומר] ברוך ה' מן העולם ועד העולם **יכול על כל הברכות** אין עונה אמן אלא פעם אחת **[ת"ל וכו']: וכן הנהיג ר' חלפתא בצפורי.** לומר שלאחר ברכה זו מי שענה כו': **לא היו נוהגין כן אלא בשערי מזרח.** במקדש אבל בגבולין אומר העניות קודם ברכות כדאמרן לעיל: **משום דבעי למיחתם במרחם על הארץ** ועיקר א"י בימי דוד ושלמה: **ואמר כל הברכות כולן על הסדר** וענו אחריו אמן אחר כל ברכה וברכה: **וכשבא דבר לפני חכמים** שאמרו הענייה אחר הברכה **אמרו לא היו נוהגין כן אלא בשערי מזרח** במקדש אבל

חשק שלמה על רבינו גרשום

א) נראה דחסר כאן וצ"ל בד"א שעונין אמן בגבולין אבל במקדש אינו כן שנאמר קומו כו'.

ליקוטי רש"י

קומו ברכו את ה' אלהיכם. במסכת תענית (דף טז:) ולקמן (דף סג.) מפרש קומו ברכו בתחלת ברכה [ברכות נג:]. כל חותמי ברכות שבמקדש היו אומרים עד העולם וכו' המברך אומר בסוף כל ברכה ברוך אתה ה' אלהי ישראל מן העולם ועד העולם ברוך חונן הדעת וכן בכולם [ברכות נד.]. בספר עזרא כתיב שכל ברכה שהיו מברכין במקדש כך היו מברכין ברוך ה' אלהי ישראל מן העולם ועד העולם למגן אברהם וכן למחיה המתים [סוטה מ:]. המברך אומר ברוך ה' אלהי ישראל מן העולם ועד העולם מפרש בתוספתא שתקנו מן העולם ועד העולם להודיע שאין העולם הזה לפני העולם הבא כלום אלא כפרוזדור לפני הטרקלין כלומר הנהיגו ברכותיו בעולם הזה כדי להיות רגילים לעולם הבא שכולו ארוך [ברכות סג.]. **ויברכו שם כבודך.** והעונין אומרים ברוך שם כבוד מלכותו לעולם ועד וילפינן לה מקרא דתפלת עזרא וסיעתו [ברכות נד.]. במקום עניית אמן שבמקדש אומר ברוך שם כבוד מלכותו לעולם ועד [ברכות נג:]. ושאר העם יענו בשכמל"ו שהעם עונין להלל ולהודות [סוטה מ:].

In the Baraisa cited above (16a), R' Yehudah listed a number of qualifications for the fast-day *shliach tzibbur*. The Gemara now observes that one of them seems to be redundant:

הַיְינוּ מְטוּפָּל וְאֵין לוֹ הַיְינוּ בֵּיתוֹ רֵיקָם – The qualification of **HE HAS SMALL CHILDREN WITH NO MEANS** to support them **amounts to the same thing as HIS HOUSE IS EMPTY,** namely, that he is impoverished. Why does R' Yehudah list them as two distinct qualifications?

The Gemara answers:

אָמַר רַב חִסְדָּא – **Rav Chisda said:** זֶהוּ שֶׁבֵּיתוֹ רֵיקָם מִן הָעֲבֵירָה – **This** latter qualification **refers to one whose house is empty of sin.**[1]

The Gemara explains the next qualification listed in this Baraisa:

וּפִרְקוֹ נָאֶה – **HIS YOUTH WAS PLEASANT.** אָמַר אַבַּיֵי – **Abaye said:** זֶה שֶׁלֹּא יָצָא (לוֹ) [עָלָיו] שֵׁם רַע בְּיַלְדוּתוֹ – **This refers to one who did not have a bad reputation in his youth.**[2]

The Gemara homiletically interprets a verse in *Jeremiah* (12:8), to teach the evil of a *shliach tzibbur* who is unfit:

"הָיְתָה־לִּי נַחֲלָתִי כְּאַרְיֵה בַיָּעַר – God says: ***My inheritance*** [the Jewish people] ***was to Me like a lion in the forest;*** נָתְנָה עָלַי בְּקוֹלָהּ עַל־כֵּן שְׂנֵאתִיהָ" – ***she gave her voice against Me; therefore have I hated her.***

The Gemara inquires:

מַאי: "נָתְנָה עָלַי בְּקוֹלָהּ" – **What is** the meaning of: ***she gave her voice against Me?***

The Gemara answers:

אָמַר מַר זוּטְרָא בַּר טוֹבִיָּה אָמַר רַב – **Mar Zutra bar Toviyah said in the name of Rav,** וְאָמְרֵי לָהּ – **and some say** that אָמַר רַבִּי חָמָא אָמַר רַבִּי אֶלְעָזָר – **R' Chama said** it **in the name of R' Elazar:** זֶה שְׁלִיחַ צִבּוּר הַיּוֹרֵד לִפְנֵי הַתֵּיבָה שֶׁאֵינוֹ הָגוּן – **This** part of the verse **refers to a *shliach tzibbur* who is unfit, who** nevertheless **goes down before the Ark** to lead the prayers.[3]

The Gemara now discusses the next part of the Mishnah, which deals with the blessings that are added to the Shemoneh Esrei on the last seven fast days. The Mishnah said:

וְאוֹמֵר לִפְנֵיהֶם עֶשְׂרִים וְאַרְבַּע בְּרָכוֹת שְׁמוֹנֶה עֶשְׂרֵה שֶׁבְּכָל יוֹם וּמוֹסִיף עֲלֵיהֶן עוֹד שֵׁשׁ – **HE** [the *shliach tzibbur*] **RECITES** aloud **BEFORE THEM** a total of **TWENTY-FOUR BLESSINGS: THE EIGHTEEN** blessings of the Shemoneh Esrei **OF EVERY DAY, TO WHICH HE ADDS ANOTHER SIX** blessings.

The Gemara considers a seeming contradiction in the Mishnah: הָנֵי שֵׁשׁ – **Are these six** additional blessings? שֶׁבַע הָוְיָין – **They are seven!** כְּדִתְנַן – **As we have learned in our Mishnah** in regard to the conclusions of the special blessings: עַל הַשְּׁבִיעִית הוּא אוֹמֵר בָּרוּךְ מְרַחֵם עַל הָאָרֶץ – **FOR THE SEVENTH** fast-day blessing **HE CONCLUDES:** . . . ***BLESSED** are You, Hashem,* ***WHO HAS MERCY ON THE LAND.***[4] – ? –

The Gemara answers:

אָמַר רַב נַחְמָן בַּר יִצְחָק – **Rav Nachman bar Yitzchak said:** מַאי שְׁבִיעִית – **What** does the Mishnah mean when it says, "For **the seventh** blessing"? שְׁבִיעִית לַאֲרוּכָּה – It means **the seventh** blessing counting **from the expanded** blessing; but that expanded blessing [*Redeemer of Israel*] is not counted as an *additional* blessing, since it is one of the eighteen of the regular Shemoneh Esrei.[5] Accordingly, there are only six *additional* blessings. כְּדְתַנְיָא – **As was taught in a Baraisa:**[6] בְּגוֹאֵל יִשְׂרָאֵל מַאֲרִיךְ – **HE** [the *shliach tzibbur*] **EXPANDS** the blessing of ***THE REDEEMER OF ISRAEL*** to include supplications dealing with the special needs of the day,[7] וּבְחוֹתְמָהּ הוּא אוֹמֵר – **AND IN ITS CONCLUSION HE SAYS:** מִי שֶׁעָנָה אֶת אַבְרָהָם בְּהַר הַמּוֹרִיָּה הוּא יַעֲנֶה אֶתְכֶם וְיִשְׁמַע בְּקוֹל צַעֲקַתְכֶם הַיּוֹם הַזֶּה בָּרוּךְ גּוֹאֵל יִשְׂרָאֵל – ***HE WHO ANSWERED ABRAHAM ON MOUNT MORIAH, HE SHALL ANSWER YOU AND HEARKEN TO THE SOUND OF YOUR CALL THIS DAY. BLESSED** are You Hashem,* ***THE REDEEMER OF ISRAEL.*** וְהֵן עוֹנִין אַחֲרָיו אָמֵן – **AND THEY** [the congregants] **RESPOND AFTER HIM, *"AMEN."***[8]

The Baraisa continues:[9]

וְחַזַּן הַכְּנֶסֶת אוֹמֵר לָהֶם – **THE SYNAGOGUE ATTENDANT THEN SAYS TO THEM:** תִּקְעוּ בְּנֵי אַהֲרֹן תִּקְעוּ – **"SOUND A *TEKIAH,* SONS OF AARON, SOUND A *TEKIAH.*"** וְחוֹזֵר וְאוֹמֵר – **HE** [the *shliach tzibbur*] **THEN CONTINUES** with the next blessing **AND SAYS** at its conclusion: מִי שֶׁעָנָה אֶת אֲבוֹתֵינוּ עַל יַם סוּף הוּא יַעֲנֶה אֶתְכֶם וְיִשְׁמַע בְּקוֹל צַעֲקַתְכֶם הַיּוֹם הַזֶּה בָּרוּךְ זוֹכֵר הַנִּשְׁכָּחוֹת – ***HE WHO ANSWERED OUR FOREFATHERS AT THE SEA OF REEDS, HE SHALL ANSWER YOU AND HEARKEN TO THE SOUND OF YOUR CALL THIS DAY. BLESSED** are You, Hashem,* ***WHO REMEMBERS THE FORGOTTEN.*** וְהֵן עוֹנִין אַחֲרָיו אָמֵן – **AND THEY RESPOND AFTER HIM, *"AMEN."*** וְחַזַּן הַכְּנֶסֶת אוֹמֵר לָהֶם – **THE SYNAGOGUE ATTENDANT THEN SAYS TO THEM:** הָרִיעוּ בְּנֵי אַהֲרֹן הָרִיעוּ – **"SOUND A *TERUAH,* SONS OF AARON, SOUND A *TERUAH.*"** וְכֵן בְּכָל בְּרָכָה וּבְרָכָה – **AND SO, TOO, FOR EACH AND EVERY** fast-related **BLESSING:** בְּאַחַת אוֹמֵר תִּקְעוּ וּבְאַחַת אוֹמֵר הָרִיעוּ – **FOR ONE** blessing **HE SAYS, "SOUND A *TEKIAH,*" AND FOR** the next **ONE HE SAYS, "SOUND A *TERUAH.*"**[10]

NOTES

1. That is, it contains nothing that was not honestly earned or purchased (*Rashi*). *Rambam* (*Hil. Taaniyos* 4:4) explains this to mean that no members of his household are known to be sinners.

2. Literally: a bad name did not go out on him in his youth. The word פֶּרֶק refers to the period of puberty (*Maharsha* from *Yevamos* 62b). Thus, it means that even in the [turbulent] period of his adolescence, he did nothing for which he need be ashamed (*Rashi*).

3. God criticizes the congregation of Israel for giving *only* its voice to Him, and nothing else, by sending a wicked person to lead them in their prayers (*Rashi*), i.e. a person who has none of the qualities required of a *shliach tzibbur* other than a beautiful voice (*Maharsha*). [Sending a wicked person, whom God hates, to represent the congregation in their prayers is a travesty – therefore, God replies, He came to despise Israel as well.]

4. At this point, the Gemara is unaware that the blessing of גּוֹאֵל יִשְׂרָאֵל, *Redeemer of Israel*, which is part of the regular weekday Shemoneh Esrei, is expanded on fast days to include a special prayer for the occasion.

5. As the Baraisa below will explain, the six additional blessings are inserted between the blessing ending in גּוֹאֵל יִשְׂרָאֵל, *Redeemer of Israel,* and the one beginning רְפָאֵנוּ, *Heal us*. However, even prior to adding these six blessings, the *shliach tzibbur* begins the special liturgy of the fast by expanding the blessing of גּוֹאֵל יִשְׂרָאֵל itself and gives it a special fast-related ending. Thus, although there are only six full blessings added on the fast to the usual eighteen, there are *seven* special endings.

6. Our explanation of the upcoming three Baraisos follows *Rashi's* explanation here and in our Mishnah. See *Ran* for other explanations. (A number of points mentioned in the Baraisa are a repetition of things said in the Mishnah; see our notes to the Mishnah, 15a,b.)

7. The Baraisa does not assign a formal text for the expansion of this blessing. Rather, this was left to the discretion of the *shliach tzibbur* and the custom of the community. In the Babylonian yeshivos the custom was to recite verses from the *Akeidah* (*Ritva, Ran*). Some say that the addition to this blessing was the prayer ordinarily inserted in this blessing on other fast days – the prayer of עֲנֵנוּ, *Answer us* (*Ramban*). This is rejected by *Ritva* and *Ran*.

8. We see from the Baraisa that the text given by the Mishnah for the first of the seven concluding blessings is actually that of the expanded version of the גּוֹאֵל יִשְׂרָאֵל, *Redeemer of Israel,* blessing. Thus, while there are seven fast-related endings, there are only six additional blessings.

9. Though the Gemara has already proven its point from the earlier part of the Baraisa, it concludes its quotation of the Baraisa.

10. We alternate sounding a *tekiah* after a blessing with sounding a *teruah* afterwards. This is continued through all seven of the fast-related

היינו מטופל ואין לו היינו ביתו ריקם אמר רב חסדא [א]זהו שביתו ריקם מן העבירה: ופרקו נאה: אמר אביי [ב]זה שלא יצא (ה) לו) שם רע בילדותו (א) היתה לי נחלתי כאריה ביער נתנה עלי בקולה על כן שנאתיה מאי נתנה עלי בקולה אמר מר זוטרא בר טוביה אמר רב ואמרי לה אמר רבי חמא אמר רבי אלעזר זה שליח צבור (ב) היורד לפני התיבה שאינו הגון): ואומר לפניהם עשרים וארבע ברכות שמונה עשרה שבכל יום ומוסיף עליהן עוד שש: הני שש שבע הוויין כדתנן על השביעית הוא אומר ברוך מרחם על הארץ אמר רב נחמן בר יצחק מאי שביעית שביעית לארוכה כדתניא [ג]בגואל ישראל מאריך ובחותמה הוא אומר מי שענה את אברהם בהר המוריה הוא יענה אתכם וישמע בקול צעקתכם היום הזה ברוך גואל ישראל והן עונין אחריו אמן וחזן הכנסת אומר להם תקעו בני אהרן תקעו [א] וחוזר ואומר מי שענה את אבותינו על ים סוף הוא יענה אתכם וישמע בקול צעקתכם היום הזה ברוך זוכר הנשכחות והן עונין אחריו אמן וחזן הכנסת אומר להם הריעו בני אהרן הריעו וכן בכל ברכה וברכה באחת אומר תקעו ובאחת אומר הריעו: במה דברים אמורים בגבולין אבל במקדש אינו כן [ד]לפי (ג) שאין עונין אמן במקדש ומנין שאין עונין אמן במקדש שנאמר (ב) קומו ברכו את ה' אלהיכם מן העולם עד העולם ויברכו שם כבודך ומרומם על כל ברכה ותהלה יכול על כל ברכות כולן לא תהא אלא תהלה אחת ת"ל ומרומם על כל ברכה ותהלה על כל ברכה וברכה תן לו תהלה ואלא במקדש מהו אומר ברוך ה' [ב] אלהים אלהי ישראל מן העולם ועד העולם ברוך גואל ישראל והן עונין אחריו ברוך שם כבוד מלכותו לעולם ועד וחזן הכנסת אומר להם תקעו הכהנים בני אהרון תקעו וחוזר ואומר מי שענה את אברהם בהר המוריה הוא יענה אתכם וישמע בקול צעקתכם היום הזה ברוך ה' אלהי ישראל [ג] זוכר הנשכחות והם עונים אחריו בשכמל"ו וחזן הכנסת אומר להם הריעו הכהנים בני אהרן הריעו וכו' וכן בכל ברכה וברכה באחת אומר תקעו ובאחת אומר הריעו עד שגומר את כולן וכך הנהיג ר' חלפתא בצפורי ור' חנניה בן תרדיון בסיכני וכשבא דבר לפני חכמים אמרו לא היו נוהגין כן אלא בשערי מזרח ובהר הבית ואית דאמרי כדתניא אומר לפניהן עשרים וארבע ברכות שמונה עשרה שבכל יום ומוסיף עליהן עוד שש ואותן שש היכן אומרן בין גואל לרופא חולי ומאריך בגאולה והן עונין אחריו אמן על כל ברכה וברכה וכך היו נוהגין בגבולין אבל במקדש היו אומרים ברוך ה' אלהי ישראל מן העולם ועד העולם ברוך גואל ישראל ולא היו עונין אחריו אמן וכל כך למה לפי שאין עונין אמן במקדש ומנין שאין עונין אמן במקדש שנאמר (ב) קומו ברכו את ה' אלהיכם מן העולם ועד העולם ויברכו (את) שם כבודך ומרומם על כל ברכה ותהלה על כל ברכה וברכה תן לו תהלה: תנו רבנן [ה]על הראשונות הוא אומר ברוך ה' אלהי ישראל מן העולם ועד העולם ברוך גואל ישראל והן עונין אחריו ברוך שם כבוד מלכותו לעולם ועד וחזן הכנסת אומר תקעו כהנים תקעו וחוזר ואומר מי שענה את אברהם בהר המוריה הוא יענה אתכם וישמע בקול צעקתכם היום הזה (ד) והן תוקעין ומריעין ותוקעין) ועל השניה הוא אומר ברוך ה' אלהי ישראל מן העולם ועד העולם ברוך זוכר הנשכחות והן עונין אחריו ברוך שם כבוד מלכותו לעולם ועד וחזן הכנסת אומר הריעו בני אהרן הריעו ואומר מי שענה את אבותינו על ים סוף הוא יענה אתכם וישמע בקול צעקתכם היום הזה והם מריעין ותוקעין ומריעין וכן בכל ברכה וברכה באחת אומר תקעו ובאחת אומר הריעו עד שיגמור את הברכות כולן וכך הנהיג ר' חלפתא בצפורי ור' חנניה בן תרדיון בסיכני וכשבא דבר אצל חכמים אמרו לא היו נוהגין כן אלא בשערי מזרח ובהר הבית: ר' יהודה אומר לא היה צריך לומר זכרונות כו': א"ר אדא דמן יפו מאי טעמא דר' יהודה לפי שאין אומרים זכרונות ושופרות

אלא

מאי שביעית שביעית לארוכה. פירוש שמתחילין להאריך ולומר בקשות ותחינות בתוך ברכה של גואל ישראל אבל מ"מ אינה בכלל הנוספות בימי תענית דלא היו מוסיפין רק ששה ועל כל הברכות יש טעם על מה הם חותמות בכך הראשונה של גואל אינה מן המנין ובה אומרים מי שענה לאברהם לפי שהיה ראשון לנגולין שניצול מנמרוד ובשניה שהיא ראשונה מן הששה הנוספות אמר מי שענה לאבותנו על ים סוף וחותם ברוך זוכר הברית ולפיכך אומרה בזכרונות לפי שהיו במצרים ונתייאשו מן הגאולה ועליו נאמר (שמות ו) ואזכור את בריתי וכן בשלישית שהיא שניה מן המנין שומע תרועה ביהושע שנענה ביריחו דהיינו בעוד ישראל בגלגל בשופרות היה אומר מי שענה ליהושע בגלגל לפי שנענה בשופרות על הרביעית והיא שלישית מן המנין מי שענה לשמואל וכו' ובשמואל כתיב צעקה ותפלה וגבי אליהו כתיב תפלה ענני ה' ענני ואמרינן בגמרא דצעקה גבי שמואל ותפלה גבי אליהו וי"א תפלה גבי שמואל וצעקה גבי אליהו דהא דכתיב ענני גבי אליהו הוא צעקה שמואל במצפה מעין אל ה' בצרתה לי לאליהו בהר הכרמל כנגד אשא עיני אל ההרים וכן כולם:

ברוך מרחם על הארץ. דגבי דוד ושלמה שייך לומר על הארץ דדוד ושלמה התפללו על הארץ דוד גבי מלאך המות בגורן ארונה ושלמה בתפלה דקאמר רעב כי יהיה בארץ ועוד יש לומר משום דאתקין בהמ"ק בארץ ולא קשיא הא דחשיב יונה מקמי דוד אע"ג שהיה קודם משום דבעי למיחתם על הארץ כדמפרש בגמרא:

ויודע

היינו מטופל ואין לו היינו ביתו ריקן. היינו כמו (ה) איזהו): ביתו ריקם מן העבירה. שאין חמס וגזל בביתו: ופרקו נאה. אפילו כשעמד על בחרותו היה נאה בלי שם רע: זה המעמיד חזן שאינו הגון לפני התיבה. רשע שהקב"ה שונא אותו יותר מכולן והוא נותן בקולו לפניו: שביעית לארוכה. שביעית לאותה ברכה שהתחיל להאריך בה ואותה אינה מן התוספת אלא מי"ח ברכות היא כדתניא בגואל ישראל הוא מאריך: הוא אומר לפניהן. אותו הזקן הרגיל ומאריך בגאולה כדקתני מתני': בד"א. דהן עונין אחריו אמן בגבולין: אבל במקדש. אומר אותו הזקן לאחר הפרשיות מי שענה את אברהם הוא יענה אתכם וישמע קול צעקתכם ביום הזה בא"י אלהי ישראל מן העולם ועד העולם ברוך גואל ישראל והן עונים אחריו בשכמל"ו וכן בכל ברכות שבמקדש: לפי שאין עונין אמן במקדש. כדיליף לקמן מקרא: מניין שאין עונין אמן במקדש. דכתיב בתפלת עזרא בבית שני קומו (ו) וברכו את ה' אלהיכם והיינו ברוך ה' אלהי ישראל כו': ויברכו שם כבודך. היינו שעונין אחריו בשכמל"ו כך הוא הפסוק ויברכו שם כבודך ומרומם על כל ברכה ותהלה: ה"ג יכול על כל הברכות כולן תהלה אחת ת"ל על כל ברכה על כל ברכה תן לו תהלה: חזן הכנסת. לא אותו זקן ניהו וחוזר חזן הכנסת ואומר להן מי שענה כו' אע"פ שאמרו אותו זקן: כשמריעין. תחלה הוא אומר להן הריעו בני אהרן וכשתוקעין תחלה הוא אומר להן תקעו בני אהרן כו': וכך הנהיג. כל מנהג זה רבי חלפתא בצפורי: לא היו נוהגין כן. שיהו עונין אחריו ברוך שם כבוד מלכותו לעולם ועד אלא עונין אמן בגבולין: ואית דאמרי כדתני' כו'. כלומר ואיכא דמתני הכי: וכן הנהיג. מנהג זה אמקדש קאי:

אלא

עין משפט נר מצוה

יט א ב מיי' פ"ד מהל' תענית הלכה ג טוש"ע א"ח סימן תקעט סעיף א [וסימן נג סעיף ד]:

כ ג מיי' שם הלכה ו טור א"ח סי' תקעט:

כא ד ה מיי' שם הלכה טו:

תורה אור השלם

א) הָיְתָה לִּי נַחֲלָתִי כְּאַרְיֵה בַיָּעַר נָתְנָה עָלַי בְּקוֹלָהּ עַל כֵּן שְׂנֵאתִיהָ: [ירמיה יב, ח]

ב) וַיֹּאמְרוּ הַלְוִיִּם יֵשׁוּעַ וְקַדְמִיאֵל בָּנִי חֲשַׁבְנְיָה שֵׁרֵבְיָה הוֹדִיָּה שְׁבַנְיָה פְתַחְיָה קוּמוּ בָּרְכוּ אֶת יְיָ אֱלֹהֵיכֶם מִן הָעוֹלָם עַד הָעוֹלָם וִיבָרְכוּ שֵׁם כְּבֹדֶךָ וּמְרוֹמַם עַל כָּל בְּרָכָה וּתְהִלָּה: [נחמיה ט, ה]

רבינו חננאל

בשדה וביתו ריקם מעבירה ופרקו נאה שלא יצא עליו שם רע בילדותו שפל ברך ומרוצה לעם ויש לו נעימה וקולו ערב ובקי לקרות בתורה ובנביאים ובכתובים ולשנות במדרש בתלמוד בהלכות ובאגדות ובקי בכל הברכות כולן. יהבו ביה רבנן עינייהו בר' יצחק בר אמי: **היתה** לי נחלתי כאריה ביער א"ר אלעזר זה ש"ץ היורד לפני התיבה שאינו הגון: **ירושלמי** ר' אחא בשם רב אמר אין תענית עכשיו א"ר יוסי הדא אמרה אלין תעניתא דאנן עבדין לית קריין תעניתא. א"ל כן אמור רבנן כל תענית שאינה נעשית (כמצותה) [כתיקונה] עליו הכתוב אומר נתנה עלי בקולה על כן שנאתיה: **אומר** לפניהם כ"ד ברכות י"ח שבכל יום מוסיף עוד שש. ואלו הן זכרונות ושופרות כו'. ואקשינן והתנן על השביעית הוא אומר כו'. הנה ד' ברכות מוסיף ואמאי תנינן ומוסיף עוד שש ושנינן שביעית לארוכות כלומר מוסיף ומאריך בגואל ישראל. נמצאת ברכת גואל ישראל ארוכה שהיא מכלל י"ח ברכות ושש מוסיפין היינו ז' ארוכות ועלה תנן על השביעית הוא אומר וכדתניא בגואל ישראל הוא מאריך ובחותמה אומר מי שענה את אברהם אבינו בהר המוריה ה' י' ע' א' ו' ק' צ' ב' ה' ב' (ר"ת הוא יענה אתכם וישמע קול צעקתכם ביום הזה ברוך) גואל ישראל. והן עונין אחריו אמן. וחזן הכנסת אומר תקעו בני אהרן תקעו ותוקעין ומריעין ותוקעין וכן בכל ברכה וברכה באחת אומר תקעו בני אהרן תקעו ובא' אומר הריעו בני אהרן הריעו במה דברים אמורים בגבולים אבל במקדש אינו אומר אלא ברוך ה' אלהי ישראל מן העולם ועד העולם ברוך גואל ישראל והן עונין אחריו בשכמל"ו לפי שאין עונין אמן במקדש שנא' קומו ברכו את ה' אלהיכם ואומר ויברכו שם כבודך ומרומם וגו' על כל ברכה תן לו תהלה וכן הנהיג רבי חלפתא בצפורי וכשבא דבר אצל חכמים אמרו לא היו עושין כן אלא בשערי מזרח ובהר הבית בלבד. תניא אומרים לפניהם כ"ד ברכות י"ח שבכל יום ומוסיף עליהן עוד שש והיכן אמרו הני שש ברכות בין גואל לרופא ועונין אמן אחר כל ברכה ותוקעין על כל אחת ואחת כו' על הראשונה הוא אומר מי שענה את אברהם אבינו בהר המוריה כו'. בשניה מי שענה את משה ואבותינו על ים סוף כו' בשלישית מי שענה את יהושע בגלגל ברביעית מי שענה את שמואל במצפה. בחמישית מי שענה את אליהו בהר הכרמל

מסורת הש"ס

א) [צ"ל עליו קך גי' הערוך ערך פרק], ב) [צ"ל שאינו חגון היורד לפני התיבה וכ"א ברש"י ד"ה זה], ג) ברכות סג. סוטה מ:, ד) רש"א מוחק זה, ה) [צ"ל זהו וכ"א ברש"י שבע"י וכ"א ברי"ף וברא"ש], ו) צ"ל ברכו.

הגהות הגר"א

[א] גמרא (וחוזר ואומר). תא"מ: **[ב] שם** (אלהים). תז"מ: **[ג] שם ברוך ה' אלהי ישראל.** נ"ב מן העולם ועד העולם:

רבינו גרשום

ואומר חותמיהן שחותם בברכה לכל פסוק: **מיטפל (ובנין) [ואין] לו** כלומר שיש לו טיפול בנים ואין לו עושר: **ויש לו יגיעה בשדה** ששדותיו זרועות שצריכין לגשמים: **וביתו ריקם** שאין לו עושר: **שפל ברך** עניו: **ויש לו נעימה** שיודע לבסם קולו: **שבע לארוכות** כלומר ודאי אין מוסיפין על שש אלא הא דקתני שבע דארוכות הן שבע דגואל ישראל שבתפלה הוא מאריך ומכאן ואילך אמר אילו שש שהן כמו ארוכות: **בד"א** שעונין אמן א) **קומו וברכו את ה' מן העולם ועד העולם** כלומר במקום אמן יש לענות אחר (ברכו) [הברכה] (אמרו) [ולומר] ברוך ה' מן העולם ועד העולם **יכול על כל הברכות** אין עונה אמן אלא פעם אחת **[ת"ל וכו']**: **וכן הנהיג ר' חלפתא בצפורי.** לומר שלאחר ברכה זו מי שענה כו': **לא היו נוהגין כן אלא בשערי מזרח.** במקדש אבל בגבולין אומר העניות קודם ברכות כדאמרן לעיל: **משום דבעי למיחתם במרחם על הארץ** ועיקר א"י בימי דוד ושלמה: **ואמר כל הברכות כולן על הסדר** וענו אחריו אמן אחר כל ברכה וברכה: **וכשבא דבר לפני חכמים** שאמרו הענייה אחר הברכה **אמרו לא היו נוהגין כן אלא בשערי מזרח** במקדש אבל

חשק שלמה על רבינו גרשום

א) נראה דחסר כאן וצ"ל בד"א שעונין אמן בגבולין אבל במקדש אינו כן שנאמר קומו כו'.

ליקוטי רש"י

קומו ברכו את ה' אלהיכם. במסכת תענית (דף טז:) ולקמן (דף סג.) מפרש קומו ברכו בתחלת ברכה [ברכות נג:]. כל חותמי ברכות שבמקדש היו אומרים עד העולם וכו' המברך אומר בסוף כל ברכה ברוך אתה ה' אלהי ישראל מן העולם ועד העולם ברוך חונן הדעת וכן בכולם [ברכות נד.]. בספר עזרא כתיב שכל ברכה שהיו מברכין במקדש כך היו מברכין ברוך ה' אלהי ישראל מן העולם ועד העולם למגן אברהם וכן למחיה המתים [סוטה מ:]. המברך אומר ברוך ה' אלהי ישראל מן העולם ועד העולם מפרש בתוספתא שתקנו מן העולם ועד העולם להודיע שאין העולם הזה לפני העולם הבא כלום אלא כפרוזדור לפני הטרקלין כלומר הנהיגו ברכותיו בעולם הזה כדי להיות רגילים לעולם הבא שכולו ארוך [ברכות סג.]. **ויברכו שם כבודך.** והעונין אומרים ברוך שם כבוד מלכותו לעולם ועד וילפינן לה מקרא דתפלת עזרא וסיעתו [ברכות נד.]. במקום עניית אמן שבמקדש אומר ברוך שם כבוד מלכותו לעולם ועד [ברכות נג:]. ושאר העם יענו בשכמל"ו שהעם עונין להלל ולהודות [סוטה מ:].

The Baraisa continues:

בַּמֶּה דְּבָרִים אֲמוּרִים – IN REGARD TO WHAT prayer service WAS IT SAID that the congregation responds with, *"Amen"*? **בִּגְבוּלִין** – IN regard to the services held in THE PROVINCES, i.e. anywhere other than the Temple. **אֲבָל בַּמִּקְדָּשׁ אֵינוֹ כֵן** – HOWEVER, IN THE TEMPLE, IT IS NOT done SO, **לְפִי שֶׁאֵין עוֹנִין אָמֵן בַּמִּקְדָּשׁ** – BECAUSE WE DO NOT RESPOND, *"AMEN,"* at the conclusion of blessings recited IN THE TEMPLE. **וּמִנַּיִן שֶׁאֵין עוֹנִין אָמֵן בַּמִּקְדָּשׁ** – AND FROM WHERE do we derive THAT WE DO NOT RESPOND, *"AMEN,"* IN THE TEMPLE? **שֶׁנֶּאֱמַר** – FOR IT SAYS: **"קוּמוּ בָּרְכוּ אֶת־ה׳ אֱלֹהֵיכֶם מִן־הָעוֹלָם עַד־הָעוֹלָם** – *RISE UP AND BLESS HASHEM, YOUR GOD, FROM THE WORLD UNTIL THE WORLD;*[11] **וִיבָרְכוּ שֵׁם כְּבֹדֶךָ וּמְרוֹמַם עַל־כָּל־בְּרָכָה וּתְהִלָּה"** – *AND LET THEM BLESS THE NAME OF YOUR GLORY, EXALTED ABOVE EVERY BLESSING AND PRAISE.*[12] **יָכוֹל עַל כָּל בְּרָכוֹת כּוּלָּן לֹא תְּהֵא אֶלָּא תְּהִלָּה אַחַת** – Now IT MIGHT BE thought THAT FOR ALL THE BLESSINGS TOGETHER THERE SHOULD BE ONLY ONE PRAISE; i.e. when reciting the multiple blessings of the Shemoneh Esrei, the congregants should respond, only at the conclusion of the last blessing. **תַּלְמוּד לוֹמַר** – [THE VERSE] therefore TEACHES: **"וּמְרוֹמַם עַל־כָּל־בְּרָכָה וּתְהִלָּה"** – *[HE IS] EXALTED ABOVE EVERY BLESSING AND PRAISE* – **עַל כָּל בְּרָכָה תֵּן לוֹ תְּהִלָּה** – that is to say: FOR *EVERY* BLESSING GIVE HIM PRAISE.[13]

The Baraisa now describes the procedure followed in the Temple.

וְאֶלָּא בַּמִּקְדָּשׁ מַהוּ אוֹמֵר – RATHER, WHAT DOES HE [the *shliach tzibbur*] SAY IN THE TEMPLE? **בָּרוּךְ ה׳ (אלהים)[14] אֱלֹהֵי יִשְׂרָאֵל מִן הָעוֹלָם וְעַד הָעוֹלָם בָּרוּךְ גּוֹאֵל יִשְׂרָאֵל** – He concludes the first fast-related blessing: *BLESSED IS HASHEM, GOD OF ISRAEL, FROM THE WORLD UNTIL THE WORLD; BLESSED IS THE REDEEMER OF ISRAEL.*[15] **וְהֵן עוֹנִין אַחֲרָיו בָּרוּךְ שֵׁם כְּבוֹד מַלְכוּתוֹ לְעוֹלָם וָעֶד** – AND [THOSE PRESENT] RESPOND AFTER HIM: *BLESSED IS THE NAME OF THE GLORY OF HIS KINGDOM FOREVER AND EVER.* **וְחַזַּן הַכְּנֶסֶת אוֹמֵר לָהֶם** – THE SYNAGOGUE ATTENDANT THEN SAYS TO THEM: **תִּקְעוּ הַכֹּהֲנִים בְּנֵי אַהֲרֹן תִּקְעוּ** – "SOUND A *TEKIAH*, KOHANIM, SONS OF AARON, SOUND A *TEKIAH*." **וְחוֹזֵר וְאוֹמֵר מִי שֶׁעָנָה אֶת אַבְרָהָם בְּהַר הַמּוֹרִיָּה הוּא יַעֲנֶה אֶתְכֶם וְיִשְׁמַע בְּקוֹל צַעֲקַתְכֶם הַיּוֹם הַזֶּה** – HE THEN REPEATS the prayer already said by the *shliach tzibbur* AND SAYS: *HE WHO ANSWERED ABRAHAM ON MOUNT MORIAH, HE SHALL ANSWER YOU AND HEARKEN TO THE SOUND OF YOUR CALL THIS DAY.*[16] The same format is followed at the conclusion of the next blessing.[17] The *shliach tzibbur* concludes: **בָּרוּךְ ה׳ אֱלֹהֵי יִשְׂרָאֵל . . . זוֹכֵר הַנִּשְׁכָּחוֹת** – *BLESSED are You, HASHEM, GOD OF ISRAEL, from the world until the world;*[18] *Blessed is He WHO REMEMBERS THE FORGOTTEN.* **וְהֵם עוֹנִים אַחֲרָיו בָּרוּךְ שֵׁם כְּבוֹד מַלְכוּתוֹ לְעוֹלָם וָעֶד** – AND [THOSE PRESENT] RESPOND AFTER HIM: *BLESSED IS THE NAME OF THE GLORY OF HIS KINGDOM FOREVER AND EVER.* **וְחַזַּן הַכְּנֶסֶת אוֹמֵר לָהֶם** – THE SYNAGOGUE ATTENDANT THEN SAYS TO THEM: **הָרִיעוּ הַכֹּהֲנִים בְּנֵי אַהֲרֹן הָרִיעוּ וכו׳** – "SOUND A *TERUAH*, KOHANIM, SONS OF AARON, SOUND A *TERUAH*, ETC." **וְכֵן בְּכָל בְּרָכָה וּבְרָכָה** – AND SO FOR EACH AND EVERY fast-day BLESSING; **בְּאַחַת אוֹמֵר תִּקְעוּ** – the synagogue attendant alternates: FOR the next ONE HE SAYS, "SOUND A *TEKIAH*," **וּבְאַחַת אוֹמֵר הָרִיעוּ** – and FOR ONE HE SAYS, "SOUND A *TERUAH*." He continues to alternate in this fashion **עַד שֶׁגּוֹמֵר אֶת כּוּלָּן** – UNTIL HE COMPLETES ALL seven OF THEM. **וְכָךְ הִנְהִיג ר׳ חֲלַפְתָּא בְּצִפּוֹרִי וְר׳ חֲנַנְיָה בֶּן תְּרַדְיוֹן בְּסִיכְנִי** – AND R' CHALAFTA INSTITUTED THIS CUSTOM IN TZIPPORI, AND R' CHANANYAH BEN TRADYON did the same IN SICHNI. **וּכְשֶׁבָּא דָּבָר לִפְנֵי חֲכָמִים** – BUT WHEN THE MATTER CAME BEFORE THE SAGES,

NOTES

blessings. At the end of one blessing the synagogue attendant proclaims, "Sound a *tekiah*," and the Kohanim sound a *tekiah, teruah, tekiah;* at the end of the next he proclaims, "Sound a *teruah*," and they sound a *teruah, tekiah,* and *teruah* (*Rashi,* end of 16b, ד״ה כשמריעין; see also *Rambam* 4:17; cf. *Ravad; Ritva*).

11. That is, from this world until the World to Come (see Mishnah, *Berachos* 54a with *Rashi*).

12. *Nehemiah* 9:5. The Leviim addressed the people in the Temple, and called them to rise and bless Hashem their God from this world to the next world. Then, turning to address God, they added: *Let them bless the Name of Your glory* . . . Thus, the Leviim called twice for the people to bless God – once in addressing the people and once in addressing God.

For this reason, two blessings were added to the formal text of all blessings recited in the Temple. Henceforth, anyone declaring a blessing in the Temple [such as the *shliach tzibbur* leading the prayer service] would preface his conclusion of the blessing by saying: בָּרוּךְ ה׳ אֱלֹהֵי יִשְׂרָאֵל מִן הָעוֹלָם וְעַד הָעוֹלָם – *Blessed is Hashem, God of Israel, from the world until the world* [corresponding to the first blessing called for in the verse]. He would then end with the concluding portion of that particular blessing (as the Baraisa below will elaborate). To this the people would respond: בָּרוּךְ שֵׁם כְּבוֹד מַלְכוּתוֹ לְעוֹלָם וָעֶד – *Blessed is the Name of the glory of His kingdom forever and ever* [corresponding to the second blessing called for by the verse] (*Rashi*).

This formula for the conclusion of a blessing and the communal response to it was instituted (according to one opinion) by Ezra and formalized on the day the Leviim made the declaration quoted in the verse (*Yoma* 69b with *Rashi;* cf. *Rashi* to *Berachos* 54a ד״ה כל חותמי ברכות).

13. Respond: . . . בָּרוּךְ שֵׁם – *Blessed is the Name* . . . after each and every blessing.

14. The *Gra* deletes the word אלהים from the text (in accord with *I Chronicles* 16:36; see *Rashash*). *Rashi* (ד״ה אבל במקדש) also seems to have had the *Gra's* version of the text. Compare *Rambam, Hil. Taaniyos* 4:15,16.

15. That is, after reciting the text of the גּוֹאֵל יִשְׂרָאֵל (*Redeemer of Israel*) blessing, the *shliach tzibbur* inserts before its conclusion the prayer: מִי שֶׁעָנָה אֶת אַבְרָהָם בְּהַר הַמּוֹרִיָּה . . . – *He Who answered Abraham on Mount Moriah, He shall answer you and hearken to the sound of your cry this day.* He then ends not merely with the customary: בָּרוּךְ אַתָּה ה׳ גּוֹאֵל יִשְׂרָאֵל – *Blessed are You, Hashem, Redeemer of Israel,* but with the expanded conclusion given here: בָּרוּךְ ה׳ אֱלֹהֵי יִשְׂרָאֵל . . . בָּרוּךְ גּוֹאֵל יִשְׂרָאֵל – *Blessed is Hashem, God of Israel . . . Blessed is the Redeemer of Israel.*

Although the Baraisa refers to the first part of this blessing's conclusion simply as: בָּרוּךְ ה׳ אֱלֹהֵי יִשְׂרָאֵל and its conclusion as: בָּרוּךְ גּוֹאֵל יִשְׂרָאֵל, this may be a form of shorthand. *Rambam* (*Hil. Taaniyos* 4:15) asserts that it actually ran: בָּרוּךְ אַתָּה ה׳ אֱלֹהֵי יִשְׂרָאֵל . . . בָּרוּךְ אַתָּה ה׳ גּוֹאֵל יִשְׂרָאֵל, *Blessed are You, Hashem, the God of Israel . . . Blessed are You, Hashem, Redeemer of Israel.* [Cf. *Tosefta* 1:9, 10. See also *Rashash*, *Berachos* 54a ד״ה כל.]

16. In the Temple, the prayer *He Who answered Abraham* etc. is said first by the *shliach tzibbur* prior to ending the blessing גּוֹאֵל יִשְׂרָאֵל (see note 15), and it is then repeated by the synagogue attendant after the blessing is concluded (*Rashi* ד״ה חזן הכנסת), before sounding the shofar.

The sound of the shofar is meant to be the vehicle for transporting our fast-day prayer before God. Thus, its sounding must clearly refer to the special fast-day blessing. Ordinarily, the shofar is sounded immediately after the conclusion of a fast-day blessing. However, in the Temple, the conclusion of the blessing is followed by the response בָּרוּךְ שֵׁם כְּבוֹד מַלְכוּתוֹ לְעוֹלָם וָעֶד – *Blessed is the Name of the glory of His kingdom forever and ever* (rather than by *Amen*). This response is itself in the form of a blessing. Thus, to sound the shofar following this response would create the impression that the focus of the shofar is the blessing: בָּרוּךְ שֵׁם – *Blessed is the Name,* and not the prayer: מִי שֶׁעָנָה אֶת אַבְרָהָם – *He Who answered Abraham* . . . For this reason, the synagogue attendant repeats the prayer *He Who answered Abraham* . . . after the people respond *Blessed is the Name* . . ., and the shofar is then sounded (*Ritva* in the name of one of his teachers; *Ran*).

17. This is the first of the six *additional* fast-day blessings. [As mentioned above, the גּוֹאֵל יִשְׂרָאֵל blessing is not an additional blessing but an expanded version of a regular weekday blessing.] The *shliach tzibbur* recites the text of *Zichronos,* then says: מִי שֶׁעָנָה אֶת אֲבוֹתֵינוּ עַל יַם סוּף . . . – *He Who answered our forefathers at the Sea of Reeds, He shall answer you and hearken to the sound of your call this day.*

18. *Gra* adds the words: מִן הָעוֹלָם וְעַד הָעוֹלָם – *from the world to the world,* into the text of the Gemara.

היינו מטופל ואין לו היינו ביתו ריקם אמר רב חסדא [א]זהו שביתו ריקם מן העבירה: ופרקו נאה: אמר אביי [ב]זה שלא יצא ([א] לו) שם רע בילדותו (א) היתה לי נחלתי כאריה ביער נתנה עלי בקולה על כן שנאתיה מאי נתנה עלי בקולה אמר מר זוטרא בר טוביה אמר רב ואמרי לה אמר רבי חמא אמר רבי אלעזר זה שליח צבור ([ג] היורד לפני התיבה שאינו הגון): ואומר לפניהם עשרים וארבע ברכות שמונה עשרה שבכל יום ומוסיף עליהן עוד שש: הני שש שבע הוויין כדתנן על השביעית הוא אומר ברוך מרחם על הארץ אמר רב נחמן בר יצחק מאי שביעית שביעית לארוכה כדתניא [ג]בגואל ישראל מאריך ובחותמה הוא אומר מי שענה את אברהם בהר המוריה הוא יענה אתכם וישמע בקול צעקתכם היום הזה ברוך גואל ישראל והן עונין אחריו אמן וחזן הכנסת אומר להם תקעו בני אהרן תקעו [א] וחוזר ואומר מי שענה את אבותינו על ים סוף הוא יענה אתכם וישמע בקול צעקתכם היום הזה ברוך זוכר הנשכחות והן עונין אחריו אמן וחזן הכנסת אומר להם הריעו בני אהרן הריעו וכן בכל ברכה וברכה באחת אומר תקעו ובאחת אומר הריעו: במה דברים אמורים בגבולין אבל במקדש אינו כן [ד]לפי [ב]שאין עונין אמן במקדש ומנין שאין עונין אמן במקדש שנאמר (ב) קומו ברכו את ה' אלהיכם מן העולם עד העולם ויברכו שם כבודך ומרומם על כל ברכה ותהלה יכול על כל ברכות כולן לא תהא אלא תהלה אחת ת"ל ומרומם על כל ברכה ותהלה על כל ברכה תן לו תהלה ואלא במקדש מהו אומר ברוך ה' [ב] אלהים אלהי ישראל מן העולם ועד העולם ברוך גואל ישראל והן עונין אחריו ברוך שם כבוד מלכותו לעולם ועד וחזן הכנסת אומר להם תקעו הכהנים בני אהרן תקעו וחוזר ואומר מי שענה את אברהם בהר המוריה הוא יענה אתכם וישמע בקול צעקתכם היום הזה ברוך ה' אלהי ישראל [ג] זוכר הנשכחות והם עונים אחריו בשכמל"ו וחזן הכנסת אומר להם הריעו הכהנים בני אהרן הריעו וכו' וכן בכל ברכה וברכה באחת אומר תקעו ובאחת אומר הריעו עד שגומר את כולן וכך הנהיג ר' חלפתא בצפורי ור' חנניה בן תרדיון בסיכני וכשבא דבר לפני חכמים אמרו לא היו נוהגין כן אלא בשערי מזרח ובהר הבית ואית דאמרי כדתניא אומר לפניהן עשרים וארבע ברכות שמונה עשרה שבכל יום ומוסיף עליהן עוד שש ואותן שש היכן אומרן בין גואל לרופא חולי ומאריך בגאולה והן עונין אחריו אמן על כל ברכה וברכה וכך היו נוהגין בגבולין אבל במקדש היו אומרים ברוך ה' אלהי ישראל מן העולם ועד העולם ברוך גואל ישראל ולא היו עונין אחריו אמן וכל כך למה לפי שאין עונין אמן במקדש ומנין שאין עונין אמן במקדש שנאמר (ב) קומו ברכו את ה' אלהיכם מן העולם ועד העולם ויברכו (את) שם כבודך ומרומם על כל ברכה ותהלה על כל ברכה וברכה תן לו תהלה: תנו רבנן [ה]על הראשונות הוא אומר ברוך ה' אלהי ישראל מן העולם ועד העולם ברוך גואל ישראל והן עונין אחריו ברוך שם כבוד מלכותו לעולם ועד וחזן הכנסת אומר תקעו כהנים תקעו וחוזר ואומר מי שענה את אברהם בהר המוריה הוא יענה אתכם וישמע בקול צעקתכם היום הזה ([ז] והן תוקעין ומריעין ותוקעין) ועל השניה הוא אומר ברוך ה' אלהי ישראל מן העולם ועד העולם ברוך זוכר הנשכחות והן עונין אחריו ברוך שם כבוד מלכותו לעולם ועד וחזן הכנסת אומר הריעו בני אהרן הריעו ואומר מי שענה את אבותינו על ים סוף הוא יענה אתכם וישמע בקול צעקתכם היום הזה והם מריעין ותוקעין ומריעין וכן בכל ברכה וברכה באחת אומר תקעו ובאחת אומר הריעו עד שיגמור את הברכות כולן וכך הנהיג ר' חלפתא בצפורי ור' חנניה בן תרדיון בסיכני וכשבא דבר אצל חכמים אמרו לא היו נוהגין כן אלא בשערי מזרח ובהר הבית: ר' יהודה אומר לא היה צריך לומר זכרונות כו': א"ר אדא דמן יפו מאי טעמא דר' יהודה לפי שאין אומרים זכרונות ושופרות

אלא

מאי שביעית שביעית לארוכה. פירוש שמתחילין להאריך ולומר בקשות ותחינות בתוך ברכה של גואל ישראל אבל מ"מ אינה בכלל הנוספות בימי תענית דלא היו מוסיפין רק ששה ועל כל הברכות יש טעם על מה הם חותמות בכך הראשונה של גואל אינה מן המנין ובה אומרים מי שענה לאברהם לפי שהיה ראשון לנגאלין שניצול מנמרוד ובשניה שהיא ראשונה מן הששה הנוספות אמר מי שענה לאבותנו על ים סוף וחותם ברוך זוכר הברית ולפיכך אומרה בזכרונות לפי שהיו במצרים ונתייאשו מן הגאולה ועליו נאמר (שמות ו) ואזכור את בריתי וכן בשלישית שהיא שניה מן המנין שומע תרועה דיהושע שנענה ביריחו דהיינו בעוד ישראל בגלגל בשופרות היה אומר מי שענה ליהושע בגלגל לפי שנענה בשופרות על הרביעית והיא שלישית מן המנין מי שענה לשמואל וכו' ובשמואל כתיב צעקה ותפלה וגבי אליהו כתיב תפלה ענני ה' ענני ואמרינן בגמרא דצעקה גבי שמואל ותפלה גבי אליהו וי"א תפלה גבי שמואל וצעקה גבי אליהו דהא דכתיב ענני גבי אליהו הוא צעקה שמואל במצפה מעין אל ה' בצרתה לי לאליהו בהר הכרמל כנגד אשא עיני אל ההרים וכן כולם:

ברוך מרחם על הארץ. דגבי דוד ושלמה שייך לומר על הארץ לדוד ושלמה התפללו על הארץ דוד גבי מלאך המות בגורן ארונה ושלמה בתפלה דקאמר רעב כי יהיה בארץ ועוד יש לומר משום דאתקין בהמ"ק בארץ ולא קשיא הא דחשיב יונה מקמי דוד אע"ג שהיה קודם משום דבעי למיחתם על הארץ כדמפרש בגמרא:

ויודע

היינו מטופל ואין לו היינו ביתו ריקן. היינו כמו ([ה] איזהו): **ביתו ריקם** מן העבירה. שאין חמס וגזל בביתו: **ופרקו נאה.** אפילו כשעמד על בחרותו היה נאה בלי שם רע: **זה המעמיד חזן שאינו הגון לפני התיבה.** רשע שהקב"ה שונא אותו יותר מכולן והוא נותן בקולו לפניו: **שביעית לארוכה.** שביעית לאותה ברכה שהתחיל להאריך בה ואותה אינה מן התוספת אלא מי"ח ברכות היא כדתניא בגואל ישראל הוא מאריך: **הוא אומר לפניהן.** אותו הזקן הרגיל ומאריך בגאולה כדקתני מתני': **בד"א.** דהן עונין אחריו אמן בגבולין: **אבל במקדש.** אומר אותו הזקן לאחר הפרשיות מי שענה את אברהם הוא יענה אתכם וישמע קול צעקתכם ביום הזה בא"י אלהי ישראל מן העולם ועד העולם ברוך גואל ישראל והן עונים אחריו בשכמל"ו וכן בכל ברכות שבמקדש: **לפי שאין עונין אמן במקדש.** כדיליף לקמן מקרא: **מניין שאין עונין אמן במקדש.** דכתיב בתפלת עזרא בבית שני קומו [ו] וברכו את ה' אלהיכם והיינו ברוך ה' אלהי ישראל כו': **ויברכו שם כבודך.** היינו שעונין אחריו בשכמל"ו כך הוא הפסוק ויברכו שם כבודך ומרומם על כל ברכה ותהלה: **ה"ג** יכול על כל הברכות כולן תהלה אחת ת"ל על כל ברכה על כל ברכה תן לו תהלה: **חזן הכנסת.** לא אותו זקן ניהו וחוזר חזן הכנסת ואומר להן מי שענה כו' אע"פ שאמרו אותו זקן: **כשמריעין.** תחלה הוא אומר להן הריעו בני אהרן וכשתוקעין תחלה הוא אומר להן תקעו בני אהרן כו': **וכך הנהיג.** כל מנהג זה רבי חלפתא בצפורי: **לא היו נוהגין כן.** שיהו עונין אחריו ברוך שם כבוד מלכותו לעולם ועד אלא עונין אמן בגבולין: **ואית דאמרי כדתני' כו'.** כלומר ואיכא דמתני הכי: **וכן הנהיג.** מנהג זה אמקדש קאי:

אלא

עין משפט
נר מצוה

יט א ב מיי' פ"ד מהל' תענית הלכה ג טוש"ע א"ח סימן תקעט סעיף א [וסימן נג סעיף ד]:
כ ג מיי' שם הלכה ו טור א"ח סי' תקעט:
כא ד ה מיי' שם הלכה טו:

תורה אור השלם

א) הָיְתָה לִּי נַחֲלָתִי כְּאַרְיֵה בַיָּעַר נָתְנָה עָלַי בְּקוֹלָהּ עַל כֵּן שְׂנֵאתִיהָ: [ירמיה יב, ח]

ב) וַיֹּאמְרוּ הַלְוִיִּם יֵשׁוּעַ וְקַדְמִיאֵל בָּנִי חֲשַׁבְנְיָה שֵׁרֵבְיָה הוֹדִיָּה שְׁבַנְיָה פְתַחְיָה קוּמוּ בָּרְכוּ אֶת יְיָ אֱלֹהֵיכֶם מִן הָעוֹלָם עַד הָעוֹלָם וִיבָרְכוּ שֵׁם כְּבוֹדֶךָ וּמְרוֹמַם עַל כָּל בְּרָכָה וּתְהִלָּה: [נחמיה ט, ה]

רבינו חננאל

בשדה וביתו ריקם מעבירה ופרקו נאה שלא יצא עליו שם רע בילדותו שפל ברך ומרוצה לעם ויש לו נעימה וקולו ערב ובקי לקרות בתורה ובנביאים ובכתובים ולשנות במדרש בתלמוד בהלכות ובאגדות ובקי בכל הברכות כולן. יהבו ביה רבנן עינייהו בר' יצחק בר אמי: **היתה** לי נחלתי כאריה ביער א"ר אלעזר זה ש"ץ היורד לפני התיבה שאינו הגון: **ירושלמי** ר' אחא בשם רב אמר אין תענית עכשיו א"ר יוסי הדא אמרה אלין תעניתא דאנן עבדין לית קריין תעניתא. א"ל כן אמור רבנן כל תענית שאינה נעשית (כמצותה) [כתיקונה] עליו הכתוב אומר נתנה עלי בקולה על כן שנאתיה: **אומר** לפניהם כ"ד ברכות י"ח שבכל יום מוסיף עוד שש. ואלו הן זכרונות ושופרות כו'. ואקשינן והתנן על השביעית הוא אומר כו'. הנה ז' ברכות מוסיף ואמאי תנינן ומוסיף עוד שש ושנינן שביעית לארוכות כלומר מוסיף ומאריך בגואל ישראל. נמצאת ברכת גואל ישראל ארוכה שהיא מכלל י"ח ברכות ושש מוסיפין היינו ז' ארוכות ועלה תנן על השביעית הוא אומר וכדתניא בגואל ישראל הוא מאריך ובחותמה אומר מי שענה את אברהם אבינו בהר המוריה ה' י' ע' א' ו' ק' צ' ב' ה' ב' (ר"ת הוא יענה אתכם וישמע קול צעקתכם ביום הזה ברוך) גואל ישראל. והן עונין אחריו אמן. וחזן הכנסת אומר תקעו בני אהרן תקעו ותוקעין ומריעין ותוקעין וכן בכל ברכה וברכה באחת אומר תקעו בני אהרן תקעו ובא' אומר הריעו בני אהרן הריעו במה דברים אמורים בגבולים אבל במקדש אינו אומר אלא ברוך ה' אלהי ישראל מן העולם ועד העולם ברוך גואל ישראל והן עונין אחריו בשכמל"ו לפי שאין עונין אמן במקדש שנא' קומו ברכו את ה' אלהיכם ואומר ויברכו שם כבודך ומרומם וגו' על כל ברכה תן לו תהלה וכן הנהיג רבי חלפתא בצפורי וכשבא דבר אצל חכמים אמרו לא היו עושין כן אלא בשערי מזרח ובהר הבית בלבד. **תניא** אומרים לפניהם כ"ד ברכות י"ח שבכל יום ומוסיף עליהן עוד שש והיכן אמרו הני שש ברכות בין גואל לרופא ועונין אמן אחר כל ברכה ותוקעין על כל אחת ואחת כו' על הראשונה הוא אומר מי שענה את אברהם אבינו בהר המוריה כו'. בשניה מי שענה את משה ואבותינו על ים סוף כו' בשלישית מי שענה את יהושע בגלגל ברביעית מי שענה את שמואל במצפה. בחמישית מי שענה את אליהו בהר הכרמל

מסורת הש"ס

א) [נ"ל עליו כך גי' הערוך ערך פרק], ב) [נ"ל שאינו חנון היורד לפני התיבה וכ"א ברש"י ד"ה זה], ג) ברכות סג. סוטה מ:, ד) רש"א מוחק זה, ה) [נ"ל זהו וכ"א ברש"י שבע"י וכ"א ברי"ף וברא"ש], ו) נ"ל ברכו.

הגהות הגר"א

[א] גמרא (וחוזר ואומר). תא"מ: **[ב] שם** (אלהים). תז"מ: **[ג] שם ברוך ה' אלהי ישראל.** נ"ב מן העולם ועד העולם:

רבינו גרשום

ואומר חותמיהן שחותם בברכה לכל פסוק: **מיטפל (ובנין) [ואין] לו** כלומר שיש לו טיפול בנים ואין לו עושר: **ויש לו יגיעה בשדה** ששדותיו זרועות שצריכין לגשמים: **וביתו ריקם** שאין לו עושר: **שפל ברך** עניו: **ויש לו נעימה** שיודע לבסם קולו: **שבע לארוכות** כלומר ודאי אין מוסיפין על שש אלא הא דקתני שבע דארוכות הן שבע דגואל ישראל שבתפלה הוא מאריך ומכאן ואילך אמר אילו שש שהן כמו ארוכות: **בד"א** שעונין אמן א) **קומו וברכו את ה' מן העולם ועד העולם** כלומר במקום אמן יש לענות אחר (ברכו) [הברכה] (אמרו) [ולומר] ברוך ה' מן העולם ועד העולם **יכול על כל הברכות** אין עונה אמן אלא פעם אחת [ת"ל וכו']: **וכן הנהיג ר' חלפתא בצפורי.** לומר שלאחר ברכה זו מי שענה כו': **לא היו נוהגין כן אלא בשערי מזרח.** במקדש אבל בגבולין אומר העניות קודם ברכות כדאמרן לעיל: **משום דבעי למיחתם במרחם על הארץ** ועיקר א"י בימי דוד ושלמה: **ואמר כל הברכות כולן על הסדר** וענו אחריו אמן אחר כל ברכה וברכה: **וכשבא דבר לפני חכמים** שאמרו הענייה אחר הברכה **אמרו לא היו נוהגין כן אלא בשערי מזרח** במקדש אבל

חשק שלמה
על רבינו גרשום

א) נראה דחסר כאן וצ"ל בד"א שעונין אמן בגבולין אבל במקדש אינו כן שנאמר קומו כו'.

ליקוטי רש"י

קומו ברכו את ה' אלהיכם. במסכת תענית (דף טז:) ולקמן (דף סג.) מפרש קומו ברכו בתחלת ברכה [ברכות נג:]. כל חותמי ברכות שבמקדש היו אומרים עד העולם וכו' המברך אומר בסוף כל ברכה ברוך אתה ה' אלהי ישראל מן העולם ועד העולם ברוך חונן הדעת וכן בכולם [ברכות נד.]. בספר עזרא כתיב שכל ברכה שהיו מברכין במקדש כך היו מברכין ברוך ה' אלהי ישראל מן העולם ועד העולם למגן אברהם וכן למחיה המתים [סוטה מ:]. המברך אומר ברוך ה' אלהי ישראל מן העולם ועד העולם מפרש בתוספתא שתקנו מן העולם ועד העולם להודיע שאין העולם הזה לפני העולם הבא כלום אלא כפרוזדור לפני הטרקלין כלומר הנהיגו ברכותיו בעולם הזה כדי להיות רגילים לעולם הבא שכולו ארוך [ברכות סג.]. **ויברכו שם כבודך.** והעונין אומרים ברוך שם כבוד מלכותו לעולם ועד וילפינן לה מקרא דתפלת עזרא וסיעתו [ברכות נד.]. במקום עניית אמן שבמקדש אומר ברוך שם כבוד מלכותו לעולם ועד [ברכות נג:]. ושאר העם יענו בשכמל"ו שהעם עונין להלל ולהודות [סוטה מ:].

לֹא הָיוּ נוֹהֲגִין כֵּן אֶלָּא בְּשַׁעֲרֵי מִזְרָח וּבְהַר הַבַּיִת :אָמְרוּ – THEY SAID – SUCH WAS NOT THE CUSTOM EXCEPT AT THE EASTERN GATES AND ON THE TEMPLE MOUNT.[19]

The Gemara now cites another version of the previous Baraisa:

וְאִית דְּאָמְרֵי כִּדְתַנְיָא – **And some say** that **the** above-mentioned **Baraisa** was actually **taught** as follows: אוֹמֵר לִפְנֵיהֶן עֶשְׂרִים וְאַרְבַּע בְּרָכוֹת – HE RECITES BEFORE THEM TWENTY-FOUR BLESSINGS: שְׁמוֹנֶה עֶשְׂרֵה שֶׁבְּכָל יוֹם – THE EIGHTEEN BLESSINGS of the Shemoneh Esrei OF EVERY DAY, וּמוֹסִיף עֲלֵיהֶן עוֹד שֵׁשׁ – TO WHICH HE ADDS ANOTHER SIX blessings. וְאוֹתָן שֵׁשׁ הֵיכָן אוֹמְרָן – NOW WHERE in the Shemoneh Esrei DOES HE RECITE THOSE additional SIX blessings? בֵּין גּוֹאֵל לְרוֹפֵא חוֹלֵי – They are inserted BETWEEN the blessing ending with *THE REDEEMER of Israel* AND the blessing ending with *WHO HEALS THE SICK of His people Israel.*[20] וּמַאֲרִיךְ בִּגְאוּלָּה – AND HE EXPANDS the blessing of REDEMPTION (*Redeemer of Israel*) with supplications that deal with the special needs of the day. וְהֵן עוֹנִין אַחֲרָיו אָמֵן עַל כָּל בְּרָכָה וּבְרָכָה – AND [THE CONGREGANTS] RESPOND AFTER HIM, *"AMEN,"* FOR EACH AND EVERY BLESSING. וְכָךְ הָיוּ נוֹהֲגִין בִּגְבוּלִין – SUCH WAS THEIR CUSTOM IN THE PROVINCES, i.e. outside the Temple; אֲבָל בַּמִּקְדָּשׁ הָיוּ אוֹמְרִים – BUT IN THE TEMPLE THEY WOULD CONCLUDE the expanded *Redeemer of Israel* blessing: בָּרוּךְ ה׳ אֱלֹהֵי יִשְׂרָאֵל מִן הָעוֹלָם וְעַד הָעוֹלָם בָּרוּךְ גּוֹאֵל יִשְׂרָאֵל – *BLESSED IS HASHEM, GOD OF ISRAEL, FROM THE WORLD UNTIL THE WORLD; BLESSED IS THE REDEEMER OF ISRAEL.* וְלֹא הָיוּ עוֹנִין אַחֲרָיו אָמֵן – AND [THOSE PRESENT] WOULD NOT RESPOND AFTER HIM, *"AMEN."* וְכָל כָּךְ לָמָּה – AND WHY SO?[21] לְפִי שֶׁאֵין עוֹנִין אָמֵן בַּמִּקְדָּשׁ – BECAUSE WE DO NOT RESPOND, *"AMEN,"* IN THE TEMPLE. וּמִנַּיִן שֶׁאֵין עוֹנִין אָמֵן בַּמִּקְדָּשׁ – AND FROM WHERE do we derive THAT WE DO NOT RESPOND, *"AMEN,"* IN THE TEMPLE? שֶׁנֶּאֱמַר – FOR IT SAYS: ,,קוּמוּ בָּרְכוּ אֶת־ה׳ אֱלֹהֵיכֶם מִן־הָעוֹלָם עַד־הָעוֹלָם – *RISE UP AND BLESS HASHEM, YOUR GOD, FROM THE WORLD UNTIL THE WORLD;* וִיבָרְכוּ (את) שֵׁם כְּבֹדֶךָ וּמְרוֹמַם עַל־כָּל־בְּרָכָה וּתְהִלָּה" – *AND LET THEM BLESS THE NAME OF YOUR GLORY, EXALTED ABOVE EVERY BLESSING AND PRAISE.*[22] עַל כָּל בְּרָכָה וּבְרָכָה תֵּן לוֹ תְּהִלָּה – This teaches that FOR EACH AND EVERY BLESSING GIVE HIM PRAISE by responding, *"Baruch Shem . . ."*

The Gemara cites another Baraisa that discusses the order of fast-day blessings recited in the Temple and the incident involving R' Chalafta and R' Chananyah ben Tradyon:

תָּנוּ רַבָּנַן – **The Rabbis taught in a Baraisa:** עַל הָרִאשׁוֹנוֹת הוּא אוֹמֵר – FOR THE FIRST blessing HE CONCLUDES: בָּרוּךְ ה׳ אֱלֹהֵי יִשְׂרָאֵל מִן הָעוֹלָם וְעַד הָעוֹלָם בָּרוּךְ גּוֹאֵל יִשְׂרָאֵל – *BLESSED IS HASHEM, GOD OF ISRAEL, FROM THE WORLD UNTIL THE WORLD; BLESSED IS THE REDEEMER OF ISRAEL.* וְהֵן עוֹנִין אַחֲרָיו בָּרוּךְ שֵׁם כְּבוֹד מַלְכוּתוֹ לְעוֹלָם וָעֶד – AND THEY ANSWER AFTER HIM: *BLESSED IS THE NAME OF THE GLORY OF HIS KINGDOM FOREVER AND EVER.* וְחַזַּן הַכְּנֶסֶת אוֹמֵר – THE SYNAGOGUE ATTENDANT THEN SAYS TO THEM: תִּקְעוּ כֹּהֲנִים תִּקְעוּ – "SOUND A *TEKIAH*, KOHANIM, SOUND A *TEKIAH*." וְחוֹזֵר וְאוֹמֵר מִי שֶׁעָנָה אֶת אַבְרָהָם בְּהַר הַמּוֹרִיָּה הוּא יַעֲנֶה אֶתְכֶם וְיִשְׁמַע בְּקוֹל צַעֲקַתְכֶם הַיּוֹם הַזֶּה – [THE SYNAGOGUE ATTENDANT] THEN REPEATS after the *shliach tzibbur* AND SAYS: *HE WHO ANSWERED ABRAHAM ON MOUNT MORIAH, HE SHALL ANSWER YOU AND HEARKEN TO THE SOUND OF YOUR CALL THIS DAY.* (וְהֵן תּוֹקְעִין וּמְרִיעִין וְתוֹקְעִין) – THEY THEN SOUND A *TEKIAH, TERUAH,* AND *TEKIAH*.)[23] וְעַל הַשְּׁנִיָּה הוּא אוֹמֵר – FOR THE SECOND blessing HE SAYS in conclusion: בָּרוּךְ ה׳ אֱלֹהֵי יִשְׂרָאֵל מִן הָעוֹלָם וְעַד הָעוֹלָם בָּרוּךְ זוֹכֵר הַנִּשְׁכָּחוֹת – *BLESSED IS HASHEM, GOD OF ISRAEL, FROM THE WORLD UNTIL THE WORLD; BLESSED IS HE WHO REMEMBERS THE FORGOTTEN.* וְהֵן עוֹנִין אַחֲרָיו בָּרוּךְ שֵׁם כְּבוֹד מַלְכוּתוֹ לְעוֹלָם וָעֶד – AND THEY RESPOND AFTER HIM: *BLESSED IS THE NAME OF THE GLORY OF HIS KINGDOM FOREVER AND EVER.* וְחַזַּן הַכְּנֶסֶת אוֹמֵר – THE SYNAGOGUE ATTENDANT THEN SAYS: הָרִיעוּ בְּנֵי אַהֲרֹן הָרִיעוּ – "SOUND A *TERUAH*, SONS OF AARON, SOUND A *TERUAH*." וְאוֹמֵר מִי שֶׁעָנָה אֶת אֲבוֹתֵינוּ עַל יַם סוּף הוּא יַעֲנֶה אֶתְכֶם וְיִשְׁמַע בְּקוֹל צַעֲקַתְכֶם הַיּוֹם הַזֶּה – AND HE THEN SAYS: *HE WHO ANSWERED OUR FOREFATHERS AT THE SEA OF REEDS, HE SHALL ANSWER YOU AND HEARKEN TO THE SOUND OF YOUR CALL THIS DAY.* וְהֵם מְרִיעִין וְתוֹקְעִין וּמְרִיעִין – THEY THEN SOUND A *TERUAH, TEKIAH,* AND *TERUAH*.[24] וְכֵן בְּכָל בְּרָכָה וּבְרָכָה – AND SO TOO, FOR EACH AND EVERY fast-day BLESSING: בְּאַחַת אוֹמֵר תִּקְעוּ וּבְאַחַת אוֹמֵר הָרִיעוּ – FOR ONE HE SAYS, "SOUND A *TEKIAH*," AND FOR ONE HE SAYS, "SOUND A *TERUAH*." He continues to alternate in this fashion עַד שֶׁיִּגְמוֹר אֶת הַבְּרָכוֹת כּוּלָּן – UNTIL HE COMPLETES ALL seven OF THE BLESSINGS. וְכָךְ הִנְהִיג ר׳ חֲלַפְתָּא בְּצִפּוֹרִי וְר׳ חֲנַנְיָה בֶּן תְּרַדְיוֹן בְּסִיכְנִי – AND R' CHALAFTA INSTITUTED THIS CUSTOM IN TZIPPORI AND R' CHANANYAH BEN TRADYON did the same IN SICHNI. וּכְשֶׁבָּא דָּבָר אֵצֶל חֲכָמִים אָמְרוּ – BUT WHEN THE MATTER CAME BEFORE THE SAGES, THEY SAID: לֹא הָיוּ נוֹהֲגִין כֵּן אֶלָּא בְּשַׁעֲרֵי מִזְרָח וּבְהַר הַבַּיִת – SUCH WAS NOT THE CUSTOM EXCEPT AT THE EASTERN GATES AND ON THE TEMPLE MOUNT, i.e. only in the Temple.

The Gemara now discusses the next segment of the Mishnah, which stated:

ר׳ יְהוּדָה אוֹמֵר לֹא הָיָה צָרִיךְ לוֹמַר זִכְרוֹנוֹת כו׳ – R' YEHUDAH SAYS: IT IS NOT NECESSARY for him TO SAY *ZICHRONOS* AND *SHOFAROS* ETC. as part of the six additional fast-day blessings.[25]

The Gemara explains the reasoning of R' Yehudah:

מַאי טַעֲמָא דְּר׳ יְהוּדָה – אָמַר רַב אַדָּא דְּמִן יָפוֹ – **Rav Adda from Yaffo said:** – **What is R' Yehudah's reason** for ruling that the verses of *Zichronos* and *Shofaros* are not recited on fast days? לְפִי שֶׁאֵין אוֹמְרִים זִכְרוֹנוֹת וְשׁוֹפָרוֹת – **Because we do not recite** the verses of ***Zichronos* and *Shofaros***

NOTES

19. The custom of having the *shliach tzibbur* conclude the fast-day blessings with מִן הָעוֹלָם וְעַד הָעוֹלָם – *from the world until the world,* and having the congregants respond . . . בָּרוּךְ שֵׁם – *Blessed is the Name . . .*, was practiced only in the Temple at the services held near the Eastern Gate, not outside the Temple.

20. That is, between the seventh and eighth blessings of the regular Shemoneh Esrei.

21. Literally: and why so much?

22. See note 12 above.

23. At the conclusion of this first blessing they sounded a *tekiah, teruah, tekiah*.

Some delete these words. As noted above (15b, note 4), some Rishonim are of the opinion that only a single *tekiah* is sounded.

24. This interpretation of the phrase: וְהֵם מְרִיעִין וְתוֹקְעִין וּמְרִיעִין follows *Rashi* (ד״ה כשמריעין); see also *Meiri;* cf. *Ran.* [See also note 10.]

25. The Mishnah (15a) stated that the first two of the six additional blessings were *Zichronos* and *Shofaros* [familiar to us from the Mussaf of Rosh Hashanah (see note 16 to 15a)]. R' Yehudah dissented and substituted two Psalms in place of *Zichronos* and *Shofaros*.

אֶלָּא בְּרֹאשׁ הַשָּׁנָה וּבְיוֹבְלוֹת וּבִשְׁעַת מִלְחָמָה – except on Rosh Hashanah,[1] the *Yovel* years,[2] and in time of war.[3]

The Gemara resumes its discussion of the additions that were made to the Shemoneh Esrei on the seven fast days. The Mishnah stated:

עַל הָרִאשׁוֹנָה הוּא אוֹמֵר מִי שֶׁעָנָה אֶת אַבְרָהָם כו׳ – ON THE FIRST ONE HE SAYS: HE WHO ANSWERED ABRAHAM etc: This section of the Mishnah gives the concluding formula for each of the special fast-day blessings. Each of these makes reference to a great person whose prayer was answered, and to a form of prayer associated with that person.

A Baraisa is now cited, which reverses the associations of the fourth and fifth blessings:[4]

תָּנָא – A Baraisa has taught: יֵשׁ מַחֲלִיפִין צְעָקָה לְאֵלִיָּהוּ וּתְפִלָּה לִשְׁמוּאֵל – SOME SWITCH "CALLING OUT" TO ELIJAH AND "PRAYER" TO SAMUEL.[5]

The Gemara questions the variant stated in the Baraisa:

בִּשְׁלָמָא גַּבֵּי שְׁמוּאֵל – Now, the conclusion of the blessing dealing **with Samuel is understandable**, both according to the version of the Mishnah and that of the Baraisa. **כְּתִיב בֵּיהּ "תְּפִלָּה" וּכְתִיב בֵּיהּ "צְעָקָה"** – For **Scripture states "prayer" in connection with him, and Scripture states "calling out" in connection with him.**[6] Thus, the Baraisa's association is as Scripturally defensible as that of the Mishnah: **אֶלָּא גַּבֵּי אֵלִיָּהוּ – But in connection with Elijah, תְּפִלָּה כְּתִיב צְעָקָה לֹא כְּתִיב – Scripture states only "prayer,"**[7] but **Scripture does not state "calling out."**[8] **– ? –**

The Gemara answers:

"עֲנֵנִי ה׳ עֲנֵנִי" לְשׁוֹן צְעָקָה הִיא – Elijah's plea, ***"Answer me, Hashem, answer me,"***[9] which Elijah used when he prayed on Mount Carmel **can connote "calling out."**

The Gemara now concludes its discussion of the seven blessings that augment the Shemoneh Esrei on these seven fast days:

עַל הַשִּׁשִּׁית הוּא אוֹמֵר מִי שֶׁעָנָה אֶת יוֹנָה כו׳ עַל הַשְּׁבִיעִית הוּא אוֹמֵר מִי שֶׁעָנָה אֶת דָּוִד כו׳ – FOR THE SIXTH blessing **HE SAYS: *HE WHO ANSWERED JONAH* etc. FOR THE SEVENTH** blessing **HE SAYS: *HE WHO ANSWERED DAVID* etc.**

The Gemara asks:

מִכְּדִי – Now, let us see: **יוֹנָה בָּתַר דָּוִד וּשְׁלֹמֹה הֲוָה – Jonah lived after David and Solomon.**[10] **מַאי טַעְמָא מַקְדִּים לֵיהּ בְּרֵישָׁא – Why does he** [the one reciting the blessings] **place him before** them?[11]

The Gemara answers:

מִשּׁוּם דְּבָעֵי לְמִיחְתַּם מְרַחֵם עַל הָאָרֶץ – Because he must conclude the entire series of additional blessings with the blessing, ***"Who has mercy on the Land,"*** since this makes reference to the particular calamity of drought that prompted the fast. Therefore, mention of David and Solomon are reserved for this last blessing, since it is aptly associated with them.[12]

The Gemara cites another view regarding the composition of the final special blessing:

תָּנָא – A Tanna taught: מִשּׁוּם סוּמְכוֹס אָמְרוּ – THEY SAID IN THE NAME OF SUMCHOS: בָּרוּךְ מַשְׁפִּיל הָרָמִים – The last blessing is ***BLESSED ... WHO HUMBLES THE HAUGHTY.*** God humbles the haughty who think they are self sufficient and need no help from Him, by denying them rain and compelling them to repent.

Our Mishnah said:

שָׁלֹשׁ תַּעֲנִיּוֹת הָרִאשׁוֹנוֹת אַנְשֵׁי מִשְׁמָר מִתְעַנִּין וְלֹא מַשְׁלִימִין כו׳ – On THE FIRST THREE FASTS, THE MEMBERS OF THE *MISHMAR*[13] FAST BUT DO NOT COMPLETE their fast **etc.** After delineating the fast-day laws for the various members of the *mishmar* serving the Temple, the Mishnah proceeded to define which members of a *mishmar* may drink wine during the week of their service.

The Gemara now cites a Baraisa amplifying this second rule:

תָּנוּ רַבָּנַן – The Rabbis taught in a Baraisa: מִפְּנֵי מָה אָמְרוּ – WHY DID THEY [the Rabbis] **SAY: אַנְשֵׁי מִשְׁמָר מוּתָּרִין לִשְׁתּוֹת יַיִן**

NOTES

1. See *Rosh Hashanah* 16a.

2. *Yovel* — The Jubilee year; the fiftieth year, which follows a set of seven *shemittah* cycles. The Mishnah in *Rosh Hashanah* (26b) states: The *Yovel* year is similar to Rosh Hashanah regarding the blowing [of the shofar] and the blessings [of the Mussaf prayer]. This refers to Yom Kippur of the *Yovel* year (*Rashi* ad loc.).

3. As the verse (*Numbers* 10:9) states: וְכִי־תָבֹאוּ מִלְחָמָה בְּאַרְצְכֶם עַל־הַצַּר הַצֹּרֵר אֶתְכֶם וַהֲרֵעֹתֶם בַּחֲצֹצְרֹת וְנִזְכַּרְתֶּם לִפְנֵי ה׳ אֱלֹהֵיכֶם וְנוֹשַׁעְתֶּם מֵאֹיְבֵיכֶם, *When you come to battle in your land against the oppressor who oppresses you, you shall sound the trumpets; and you will be remembered before HASHEM your God, and you will be saved from your enemies.* The trumpets are sounded to stir the hearts of the people and to bring them to repentance (*Rambam, Hil. Taaniyos* 1:2).

It is not clear, however, how R' Yehudah derives that one must recite the nine blessings of the Mussaf service of Rosh Hashanah, containing the verses of *Malchiyos, Zichronos,* and *Shofaros*, at a time of war (*Rashi*; see *Ritva, Ran, Keren Orah*). [*Rashi's* inclusion of *Malchiyos* among the verses recited according to R' Yehudah at a time of war also seems difficult, since the Mishnah to this point had discussed adding only *Zichronos* and *Shofaros* (*Rashash;* see *Sfas Emes*).]

4. The Mishnah (15a) associated צְעָקָה, *calling out,* with the prophet Samuel (fourth blessing: Blessed. . .Who hearkens to calling out) and תְּפִלָּה, *prayer,* which connotes a less desperate plea, with Elijah (fifth blessing: Blessed. . .Who hearkens to prayer).

5. According to the Baraisa, the blessing of Samuel should read: "Blessed . . . Who hearkens to prayer," and the blessing of Elijah should read: "Blessed . . . Who hearkens to calling out," which is the reverse of the way the Mishnah has it.

6. In *I Samuel* 7:5, Samuel tells the people to gather at Mitzpah: וְאֶתְפַּלֵּל בַּעַדְכֶם, *and I will "pray" for you.* In *I Samuel* 15:11 the verse states: וַיִּזְעַק אֶל־ה׳ כָּל־הַלָּיְלָה, *and he [Samuel] called out to HASHEM all night* (*Rashi*).

The text of the blessing reads: *He Who answered Samuel in Mitzpah etc.,* making it clear that the prayer of Samuel to which the blessing refers took place in Mitzpah. The first prayer of Samuel (7:5) is clearly described as taking place in Mitzpah, but there is no indication that the latter prayer of Samuel (15:11) took place there. Nevertheless, it is possible that such was indeed the case (see *Rashi, Maharsha*). [*Maharsha* notes that a different verse (*I Samuel* 7:9, not cited by *Rashi*) does indeed speak of a "calling out" of Samuel that took place in Mitzpah.]

7. The Gemara now assumes that Elijah's plea, "Answer me, Hashem, answer me," (*I Kings* 18:37) can be construed as prayer but not as calling out (*Rashi*).

8. Why then does the Baraisa associate "calling out" with Elijah and maintain that the blessing of Elijah should be: "Who hearkens to calling out?"

9. *I Kings* 18:37.

10. Jonah lived at the time of King Amatzyah, a late descendant of David and Solomon (*Rashi* from *Seder Olam*).

11. The same question could have been asked in regard to Elijah, who also flourished long after David and Solomon. Indeed, *Yerushalmi* (2:9) asks this question as well. The answer given by the Gemara below resolves both questions (cf. *Maharsha, Keren Orah*).

12. David and Solomon both prayed that God should have mercy on [a drought-stricken] Eretz Yisrael (*II Samuel* 21:1, *I Kings* 8:37). It is therefore fitting that the special prayers for rain should conclude with a reference to their prayers for mercy on [a drought-stricken] Eretz Yisrael (*Rashi*).

Alternatively, David and Solomon were instrumental in the building of the Temple, which is the focal point of all Eretz Yisrael. Therefore, the concluding blessing "*Who has mercy on the land*" is associated with them (ibid.).

13. I.e. the Kohanim of that *mishmar*. See 15b for the introductory paragraph that precedes this segment of the Mishnah.

אלא בראש השנה וביובלות ובשעת מלחמה: על הראשונה הוא אומר מי שענה את אברהם כו': תנא יש מחליפין צעקה לאליהו ותפלה לשמואל בשלמא גבי שמואל כתיב ביה תפלה וכתיב ביה צעקה אלא גבי אליהו תפלה כתיב צעקה לא כתיב [א] ענני ה' לשון צעקה היא: על הששית הוא אומר מי שענה את יונה כו' על השביעית הוא אומר מי שענה את דוד כו': מכדי יונה בתר דוד ושלמה הוה מאי טעמא מקדים ליה ברישא משום דבעי למיחתם מרחם על הארץ תנא משום סומכוס אמרו ברוך משפיל הרמים: שלש תעניות הראשונות אנשי משמר מתענין ולא משלימין כו': תנו רבנן [א]מפני מה אמרו אנשי משמר מותרין לשתות יין בלילות אבל לא בימים שמא תכבד העבודה על אנשי בית אב ויבואו ויסייעו להם מפני מה אמרו אנשי בית אב לא ביום ולא בלילה מפני שהן עסוקין תמיד בעבודה [ב]מכאן אמרו כל כהן שמכיר משמרתו ומשמרת בית אב שלו ויודע שבתי אבותיו קבועין שם אסור לשתות יין כל אותו היום [ג]במכיר משמרתו ואין מכיר משמרת בית אב שלו ויודע שבתי אבותיו קבועין שם אסור לשתות יין כל אותה שבת אינו מכיר משמרתו ומשמרת בית אב שלו ויודע שבתי אבותיו קבועין שם אסור לשתות יין כל השנה [א] רבי אומר אומר אני אסור לשתות יין לעולם [ד]אבל מה אעשה שתקנתו קלקלתו אמר אביי כמאן שתו האידנא כהני חמרא כרבי: אנשי משמר ואנשי מעמד אסורים לספר ולכבס ובחמישי מותרין מפני כבוד השבת: מאי טעמא [ג] אמר רבה בר בר חנה אמר ר' יוחנן [ה]כדי שלא יכנסו למשמרתם כשהן מנוולין ת"ר [ג] [ו]מלך מסתפר בכל יום [ז]כהן גדול מערב שבת לערב שבת [ח]כהן הדיוט אחת לשלשים יום מלך מסתפר בכל יום מ"ט אמר רבי אבא בר זבדא אמר קרא [ב] מלך ביפיו תחזינה עיניך כהן גדול מע"ש לערב שבת מ"ט אמר רב שמואל בר יצחק הואיל ומשמרות מתחדשות כהן הדיוט אחת לשלשים יום מנלן אתיא פרע פרע מנזיר כתיב הכא [ג] וראשם לא יגלחו ופרע לא ישלחו וכתיב התם [ד] קדוש יהיה גדל פרע שער ראשו מה להלן שלשים אף כאן שלשים ונזיר גופיה מנלן אמר רב מתנה [ד] [ט]סתם נזירות שלשים יום מנלן אמר קרא יהיה בגימטריא תלתין הוי א"ל רב פפא לאביי ודילמא ה"ק רחמנא לא לירבו כלל אמר ליה אי הוה כתב לא ישלחו פרע כדקאמרת השתא דכתיב ופרע לא ישלחו פרע ליהוי שלוחי הוא דלא לישלחו אי הכי אפילו האידנא נמי [י]דומיא דשתויי יין מה שתויי יין בזמן ביאה הוא דאסור שלא בזמן ביאה שרי אף הכא נמי והתניא [ה] רבי אומר אומר אני כהנים אסורין לשתות יין לעולם אבל מה אעשה שתקנתו קלקלתו ואמר אביי כמאן שתו האידנא כהני חמרא כרבי

רש"י

אלא בראש השנה. כדאמרינן בר"ה (דף טז.) אמרו לפני מלכיות וזכרונות וכו': **וביובל.** ביום הכפורים של יובל כדתנן התם (דף כו:) שוה היובל לר"ה לתקיעה ולברכות כו': **ובשעת מלחמה.** דכתיב (במדבר י) וכי תבאו מלחמה בארצכם על הצר הצורר אתכם וגו' ולא ידעינן מנא איתפריש דאומר ברכות ופסוקי מלכיות זכרונות ושופרות בשעת מלחמה: **צעקה לאליהו.** על מי שענה את אליהו חותם שומע צעקה ובשמואל שומע תפלה דכתיב ביה תפלה (שמואל א ז) קבצו את כל ישראל המצפתה ואתפלל בעדכם: **צעקה.** דכתיב (שם טו) ויחר לשמואל ויזעק אל ה' כל הלילה ואיכא למימר במצפה הוה ההיא צעקה דבתר פרשת קבצו כל ישראל המצפתה כתיב בפרשת [ו] נחמתי כי המלכתי את שאול וגו' כך שמעתי: **גבי אליהו.** במעשה דהר הכרמל כתיב תפלה דכתיב ענני ה' ענני דמשמע לשון בקשה ותפלה ולא לשון צעקה ומשני ענני ה' ענני לשון צעקה הוא כך שמעתי: **יונה בתר דוד ושלמה.** דהוה בימי אמציהו בסדר עולם: **דבעי למחתם.** בסוף כל ברכות ברוך מרחם על הארץ ולהכי בעי באותה חתימה דוד ושלמה שהן התפללו על ארץ ישראל (א) כך שמעתי אי נמי משום דאינהו תקון בית המקדש דהוא עיקר הארץ כך שמעתי: **ברוך משפיל הרמים.** היו אומרים במקום ברוך מרחם שהכניעם במטר ששבו בתשובה: **מכאן אמרו.** מדקתני הכא דאפילו אנשי משמר שלא היו עובדין באותו היום כלל אפילו הכי אסורין לשתות יין: **כהן.** בזמן הזה: **המכיר משמרתו.** היודע מאיזו משמרת הוא מיהויריב או מידעיה או אחת מכ"ד משמרות שיודע שמות אבותיו ואבות אבותיו עד יהויריב ויודע איזה יום ואיזה שבת היו עובדים: **קבועין.** שיודע ודאי שבית אב שלו עובד במקדש לפי שהרבה היו מבתי אבות הכהנים שלא הוקבעו שוב אמר לי רבי קבועין שלא נתחלל בית אב שלו להיות מגואל מן הכהונה ויודע שראוי בית אב שלו לעבוד: **אסור לשתות יין כל אותו היום.** [א] ותו לא שמא יבנה בית המקדש ותכבד העבודה ויהיה זה צריך לעבוד: **מכיר משמרתו.** שיודע איזה שבת בשנה עובדין: **ואינו יודע מאיזה בית אב.** דעכשיו אינו מכיר באיזה יום בשבת עובדין ויודע שבתי אבותיו קבועין אסור כל אותה שבת מספיקא בכולהו גרסינן ויודע שבתי אבותיו קבועין הן דאם אינו יודע שבתי אבותיו קבועין לעבוד מותר הוא לשתות יין כל השנה ולא חיישינן שמא יבנה ושמא בית אב שלו יעבדו היום: **רבי אומר אומר אני כהן אסור כו'.** כלומר אי חיישינן לשמא יבנה יהא אסור לעולם אפי' המכיר משמרתו ומשמרת בית אבותיו דחיישינן שמא ישתנה סדר משמרות ושמא יעבדו כולם לחנוכת הבית בבת אחת ונמצא זה צריך לעבוד אבל מה אעשה (ב) שתקנתו קלקלתו דהוי כמה שנים שלא חזרה בירה וקלקלה זו תקנתו לשתות יין בהדיא ולשמא יבנה לא חיישינן: **כשהן מנוולין.** שלא יהו סומכין על יום אחד מימי שבת ואין מסתפרין בשבת שעברה: **מסתפר בכל יום.** מלוה: **מערב שבת לערב שבת.** ולא ישהה מלגלח יותר: **ומשמרות מתחדשות.** בכל שבת ושבת ומשמרה שלא ראתהו עד עכשיו ובאה לראותו הדבר נאה שתראהו ביופיו: **לא לירבו כלל.** [ב] אלא יסתפרו בכל יום דהכי משמע ופרע דהיינו שלשים לא ישלחו אלא יגלחו: **שלוחי לא משלחי.** הכי משמע פרע שגדלו אין ראוי לגדל עוד: **אי הכי.** כיון דמקרא מפקת לה האידנא נמי לא לישלחו ומשני כיין דומיא דיין דכתיב בסמוך להאי ופרע לא ישלחו ויין לא ישתו כל כהן: **מה יין בזמן ביאה הוא דאסור.** דכתיב (יחזקאל מד) בבואם אל החצר וגו' בזמן שבית המקדש קיים שבאין שם לעבוד: **שלא בזמן ביאה.** כגון האידנא שהבית חרב ולא זמן ביאה היא: **והתניא רבי אומר אומר אני כו' ואמר אביי כו'.** מכלל דרבנן אסרי דחיישינן לשמא יבנה ואלי נמי מייתי רישא דברייתא מפני מה אמרו אנשי משמר כו' ואייתי סיפא בלשון קצרה ודייק מינה מכלל דרבנן אסרי: כרבי

תוספות

ויודע שבתי אבותיו קבועין לשם אסור לשתות יין וכו'. פירוש אסור לשתות יין חוץ לסעודתו אבל בסעודתו מותר דיין שבתוך הסעודה אינו משכר:

ובחמישי מותרין מפני כבוד השבת מאי טעמא. פי' מאי טעמא אין הכהנים מותרין להסתפר אלא דווקא בחמישי בשבת כדי שלא יכנסו למשמר כשהן מנוולין פי' ולא ימתינו עד יום אחד מימי השבוע הבא ויסתפרו קודם שיכנסו למשמרת דאם לא יסתפרו קודם יהיו אסורין כל השבוע הבא עד יום החמישי ומתוך זה שאסרו לספר כל השבוע הבא יסתפרו קודם שיכנסו למשמרתם ולא יהיו מנוולים:

כהן גדול מסתפר מע"ש לערב שבת וכהן הדיוט אחד לשלשים יום. פירוש שאינו יכול להשהות יותר והאי דקאמר בסמוך השתא דכתיב פרע לא ישלחו פרע ליהוי פי' פרע ליהוי עד שלשים יום אם ירצה:

לא לירבו כלל. פירוש ואפילו עד ל' יום וקשה דאם כן ג"ש דפרע למה לי (ג) וי"ל דשמא ר"ל לא לירבו עד ל' יום אלא יגלח בכ"ט:

שלוחי לא משלחו. יותר משלשים יום:

מכלל

רבינו גרשום

בגבולין אומר העניה ואח"כ אומר הברכה כדאמר' לעיל: **אנשי משמר מתענין ולא משלימין** מתענין הואיל ואין עצמן עוסקין בקרבנות ולא משלימין דכיון דמשמר שלהן עוסקין בקרבן היום יו"ט הוא להם לפיכך אין משלימין: **אנשי בית אב** שמקריבין קרבן היום לא היו מתענין כלל הואיל ועוסקין בקרבן: **שלש שניות.** שכבר תקפה הגזירה: **אנשי משמר מותרין לשתות יין בלילות** הואיל ואין עוסקין בקרבן היום: **אנשי בית אב** שעובדין היום **לא ביום ולא בלילה** הואיל דבלילות מקריבין נמי אברים ופדרים שלא נתעכלו מבערב: **כל כהן שמכיר משמרתו** ויודע מאיזה משמרה הוא **ומשמרת בית אב שלו** שיודע באיזה בית אב הוא **ויודע שבתי אבותיו קבועין** שיודעין באיזה יום עובדין בית אב שלו: **אסור לשתות יין כל אותו היום** אע"פ שאינו בירושלים אלא הואיל ויודע שהיום עובדין בית אב שלו ואסורין ביין הוא נמי אסור: **מכיר משמרתו** שיודע מאיזה משמרה הוא **ואינו מכיר משמרת בית אב שלו** שאינו יודע מאיזה בית אב הוא: **ויודע שבתי אבותיו קבועין** שיודע שמשמרה שלו קבועין ועובדין בשבת [זו] אבל אינו יודע באיזה יום עובד בית אב שלו **אסור לשתות יין כל השבת** דשמא היום עובד בית אב שלו: **ויודע שבתי אבותיו קבועין** שיודע שבית אב שלו עובדין יום אחד בשנה שהרי כהנים הן א) ובית המקדש קיים **רבי אומר אומר אני** אם היה כהן בזמן ביהמ"ק קיים שאין מכיר משמרתו ומשמרת בית אב שלו היה אסור לשתות יין לעולם אבל **מה אעשה שתקנתו קלקלתו** כלומר חרבן ביהמ"ק שהיא קלקלתם תקנתם לשתות יין כרבי דאמר שתקנתו קלקלתו אבל חכמים אומרים אין מותרין לעולם **כדי שלא יכנסו למשמרתם כשהן מנוולין** שכשיודעין שאין יכולין לספר ולכבס במשמרתן מספרין ומכבסין קודם שיכנסו למשמרתם

חשק שלמה על רבינו גרשום א) והיו עובדין עבודה בזמן שבהמ"ק היה קיים כצ"ל.

מסורת הש"ס

א) סנהדרין כב:, ב) [מו"ק יד.], ג) סנהדרין כב: [כל הסוגיא עד סופו וע"ש כמה וכמה שינוים], ד) נזיר ה. לע. סנהדרין שם ע"ש מו"ק יט:, ה) סנהדרין שם, ו) [נ"ל ויזעק שמואל אל ה' בעד ישראל].

הגהות הב"ח

(א) רש"י ד"ה דבעי למחתם כו' על א"י (כך שמעתי) תא"מ ונ"ב נ"ל דזה טעות: (ב) ד"ה רבי אומר כו' אבל מה אעשה שתקנתן קלקלתן דהוי כמה שנים שלא חזרה עבודה וקלקלה זו תקנתן: (ג) תוס' ד"ה לא כו' וי"ל. נ"ב לפי זה לא גרס מלת כלל:

עין משפט נר מצוה

כב א מיי' פ"א מהל' ביאת מקדש הלכה ב סמג עשין קעו:

כג ב ג ד מיי' שם הלכה ז:

כד ה מיי' שם הלכה יב ופ"ו מהלכות כלי המקדש הלכה יא:

כה ו מיי' פ"ב מהלכות מלכים הלכה ה:

כו ז מיי' פ"ה מהלכות כלי המקדש הל' ו:

כז ח מיי' פ"א מהלכות ביאת מקדש הלכה יא סמג עשין קעב:

כח ט מיי' פ"ג מהל' נזירות הלכה א ופ"א מהלכות ביאת מקדש הלכה יא סמג עשין רכ:

כט י מיי' פ"א מהלכות ביאת מקדש הל' י:

הגהות מהר"ב רנשבורג

א] רש"י ד"ה אסור לשתות יין וכו' ותו לא שמא וכו'. נ"ב פי' תו לא אסור משום שמא יבנה וכו' ותכבד עבודה דכולי האי לא גזרינן כמ"ש רש"י בד"ה ואינו יודע וכו' ולא חיישינן וכו' עכ"ל ולפיכך אסור רק אותו יום לחוד ולק"מ קושית מהרש"א ודו"ק. שוב ראיתי כן בש"י: ב] שם ד"ה לא לירבו כלל אלא יסתפרו בכל יום. נ"ב ל"ע דלפ"ז מה יענה לקושי' התוס' ד"ה לא לירבו וביותר יפלא דסוף לשון רש"י הוא כמעט כמירוץ התוספות ונמצאו דברי רש"י סותרים תוך כדי דיבור:

תורה אור השלם

א) עֲנֵנִי יְיָ עֲנֵנִי וְיֵדְעוּ הָעָם הַזֶּה כִּי אַתָּה יְיָ הָאֱלֹהִים וְאַתָּה הֲסִבֹּתָ אֶת לִבָּם אֲחֹרַנִּית: [מלכים א' יח, לז]

ב) מֶלֶךְ בְּיָפְיוֹ תֶּחֱזֶינָה עֵינֶיךָ תִּרְאֶינָה אֶרֶץ מַרְחַקִּים: [ישעיה לג, יז]

ג) וְרֹאשָׁם לֹא יְגַלֵּחוּ וּפֶרַע לֹא יְשַׁלֵּחוּ כָּסוֹם יִכְסְמוּ אֶת רָאשֵׁיהֶם: [יחזקאל מד, כ]

ד) כָּל יְמֵי נֶדֶר נִזְרוֹ תַּעַר לֹא יַעֲבֹר עַל רֹאשׁוֹ עַד מְלֹאת הַיָּמִם אֲשֶׁר יַזִּיר לַייָ קָדֹשׁ יִהְיֶה גַּדֵּל פֶּרַע שְׂעַר רֹאשׁוֹ: [במדבר ו, ה]

רבינו חננאל

כו'. על הששית מי שענה את יונה במעי הדגה על השביעית מי שענה את דוד ושלמה בנו בירושלים תנא יש שמחליפין צעקה לאליהו וחותמין בברכה החמישית ברוך שומע צעקה ובברכה רביעית שהיא מי שענה את שמואל חותמים ברוך שומע תפלה. ואסיקנא ענני ה' ענני דכתיב ביה באליהו לשון צעקה הוא. ואמאי חתים לדוד ושלמה בנו בסוף והלא אינהו קדימי ליונה משום דבעי למחתם ברוך מרחם על הארץ תנא סומכוס אומר בשביעית הוא אומר ברוך משפיל רמים: מתני' שלש תעניות הראשונות אנשי משמר כו' פי' הכהנים היו חלוקים כ"ד חלקים משמש שבוע ומתחלף יוצא זה ונכנס אחר ואותו החלק המשמש שבוע נקרא משמר וכל המשמר היו חולקין ד' חלקים כל אחד משמש יומו ויצא ונכנס אחר משמש למחר ונקרא חלק שהוא אחד משבעה במשמר בית אב. וכן הוא מפורש בתוספתא (דמכילתין) משמר שיש בו ד' בתי אבות או ז' בתי אבות או ח' או ט' משמר שיש בו ד' בתי אבות ג' מהן מקריבין כל אחד ב' ימים והרביעי מקריב יום אחד ומשמר שיש בו ח' בתי אבות כל אחד משמר יומו והן כל אחד ואחד ועל זה הסדר שנו בחיצונה אנשי משמר מותרין לשתות יין בלילות אבל לא בימים שמא יזדמנו אותו היום זבחים הרבה ותכבד העבודה על אנשי (בתי דין) בית אב ויסייעו אותן אבל אנשי בית אב אסורין לשתות יין בין ביום בין בלילה מפני שהן תדירין בעבודה ויש באלו כ"ד משמרות שהפילו גורלות מי שעלה גורלו ביום ראשון א) נקבע במשמרתו להיות הוא משמש ביום ראשון לעולם ומי שנקבע ביום שני כמוהו כגון שהיא משמרת יהויריב בתחלת ניסן בית אב פלוני באחד בשבת. בית אב פלוני בשני בשבת. וכן כולן לפיכך אמרו [המכיר] משמרתו באיזה חדש ובאיזה שבוע זמנו ובית אב שלו באיזה היום מן השבוע זמנו והוא מן הקבועים לעולם אסורין לשתות יין בו ביום מ"ט אמרינן שמא יבנה הבית ויהיה שתוי ואינו יכול לשמש בו ביום ומי שאינו מכיר בית אב שלו אבל מכיר באיזה שבוע זמן משמרתו אסור לשתות יין כל אותו שבוע ומי שאינו מכיר [לא] זה ולא זה אבל יודע שבתי אבותיו קבועין בעבודה אסור לשתות יין לעולם דבכל יום חיישינן שמא יומו הוא ר' אומר אומר אני כגון זה אסור לשתות יין לעולם ב) אסור דרבנן וכדאמרינן (אצל) [אבל] תקנתו קלקלתו זה השמועה כולה בסנהדרין בסוף פ' כ"ג פי' כיון שנתקלקלה בבית אב שלו הותר שאפילו אם יבנה הבית אינו משמש עד שישב ב"ד של כהונה ויקבעוהו באיזה יום ישמש לפיכך עכשיו מותר וכן כל כהן שאינו בר עבודה ביום ידוע מותר ועל זה אמר אביי כמאן שתי האידנא כהני חמרא כרבי מכלל רבנן סברי

חשק שלמה על רבינו חננאל א) נראה דל"ל ונקבע במשמרתו להיות כן הוא משמש וכו'. ב) נראה דל"ל וכדאמרו רבנן אבל תקנתו כו'.

ליקוטי רש"י

כל אותו היום. אף בזמן הזה. **אסור לשתות יין.** לעולם שמא עכשיו זמנו הוא ויש לחוש שמא יבנה בית המקדש. **רבי אומר אומר אני.** אם באנו לחוש שמא יבנה אסור ביין לעולם ואפילו הוא מכיר שאינו עכשיו זמן משמרתו שמא יבנה וכל הקודם ואשכחה עייל ועביד. **אבל מה אעשה שתקנתו קלקלתו.** חורבן הבית שקלקלן ועירבב סדר משמרותיהן שהיה אוסרן ביין בזמן משמרתן ומתירן שלא בזמן משמרתן הוא תיקנן עכשיו לשתות יין לעולם דלא חיישי' שמא יבנה פתאום. **כמאן שתו האידנא כהני חמרא כרבי.** שהרי רוב כהנים אינן בקיאין בזמן משמרותיהן ואסורין לעולם לרבנן [סנהדרין כב:]. **הואיל ומשמרות מתחדשות.** מתחלפות ומתחדשות בשבת זו יוצאה וזו נכנסת וצריך להסתפר מפני משמרת חדשה זו הנכנסת שיראוהו ביופי [סנהדרין שם]. **וראשם לא יגלחו.** להעביר את כל השער. **ופרע לא ישלחו.** גידול שער לא ירבו [יחזקאל מד, כ]. **קדוש יהיה.** השער שלו לגדל הפרע של שער ראשו. **פרע.** נקוד פתח קטן לפי שהוא דבוק לשער ראשו פרע של שער ופירושו של פרע גדול של שער וכן את ראשו לא יפרע (ויקרא כא י) [במדבר ו, ה]. **בגימטריא.** גימטריאות, דברים הלמדין בלשון גימטריא כגון (ירמיהו כה) ששך בבל בא"ת ב"ש כשדים (שם נא) לב קמי בא"ת ב"ש כשדים מנון (סוכה דף נב:) בא"ט ב"ח וכן לפי מנין האותיות כגון סתם נזירות שלשים יום (נזיר דף ה.) מקדוש יהיה יהי"ה בגימטריא שלשים הוו [סוכה כח.]. **לא לירבו כלל.** ואפילו עד שלשים. **אמר ליה.** פרע מקרי בשלשים יום. **אי הוה כתיב לא ישלחו פרע.** הוה משמע לא יגדלו פרע עד שיעור פרע השתא דכתיב ופרע לא ישלחו והדר לא ישלחו דקאמר פרע משמע פרע לשלשים יום ליהוי אבל שלוחי טפי לא לשלחו [סנהדרין שם]. **האידנא.** עכשיו [סוטה יח.]. **דומיא דשתויי יין.** דסמוך ליה ויין לא ישתו בבואם וגו' מקיש פרועי ראש לשתויי יין וכתיב ביין בבואם [סנהדרין שם].

בַּלֵּילוֹת אֲבָל לֹא בַּיָּמִים – THE MEMBERS OF THE *MISHMAR* ARE PERMITTED TO DRINK WINE AT NIGHT BUT NOT DURING THE DAY?[14] שֶׁמָּא תִּכְבַּד הָעֲבוֹדָה עַל אַנְשֵׁי בֵּית אָב – Because THE WORK load on any given day MIGHT BECOME TOO HEAVY FOR THE MEN OF THE ***BEIS AV*** of that day,[15] וְיָבוֹאוּ וִיסַיְּיעוּ לָהֶם – AND THEY [the other Kohanim of the *mishmar*] WILL have to COME AND ASSIST THEM in performing the Temple service.[16] מִפְּנֵי מָה אָמְרוּ – WHY DID THEY SAY: אַנְשֵׁי בֵּית אָב לֹא בַּיּוֹם וְלֹא בַּלַּיְלָה – THE MEMBERS OF THE ***BEIS AV*** may drink wine NEITHER DURING THE DAY NOR AT NIGHT? מִפְּנֵי שֶׁהֵן עֲסוּקִין תָּמִיד בַּעֲבוֹדָה – BECAUSE THEY ARE CONTINUALLY ENGAGED IN THE Temple SERVICE, i.e. both during the day and the night of their watch. מִכַּאן אָמְרוּ – FROM HERE THEY SAID:[17] כָּל כֹּהֵן – ANY KOHEN, even at the present time when there is no Temple, שֶׁמַּכִּיר מִשְׁמַרְתּוֹ וּמִשְׁמֶרֶת בֵּית אָב שֶׁלּוֹ – WHO IS ABLE TO IDENTIFY HIS *MISHMAR* AND HIS ***BEIS AV***,[18] וְיוֹדֵעַ שֶׁבָּתֵּי אֲבוֹתָיו קְבוּעִין שָׁם – AND WHO KNOWS for certain THAT HIS ***BEIS AV*** WAS ESTABLISHED THERE in the Temple service,[19] אָסוּר לִשְׁתּוֹת יַיִן כָּל אוֹתוֹ הַיּוֹם – IS FORBIDDEN TO DRINK WINE ALL THAT DAY of his *beis av's* turn.[20] בְּמַכִּיר מִשְׁמַרְתּוֹ וְאֵין מַכִּיר מִשְׁמֶרֶת בֵּית אָב שֶׁלּוֹ – IF HE IS ABLE TO IDENTIFY HIS *MISHMAR* BUT HE IS NOT ABLE TO IDENTIFY HIS particular ***BEIS AV***, and he therefore cannot identify which day of the week is his designated day to serve in the Temple, וְיוֹדֵעַ שֶׁבָּתֵּי אֲבוֹתָיו קְבוּעִין שָׁם – AND HE KNOWS for certain THAT HIS ***BEIS AV*** WAS ESTABLISHED THERE in the Temple service, אָסוּר לִשְׁתּוֹת יַיִן כָּל אוֹתָהּ שַׁבָּת – HE IS FORBIDDEN TO DRINK WINE THAT entire WEEK of his *mishmar's* turn, since we are uncertain which is the day of his *beis av*. אֵינוֹ מַכִּיר מִשְׁמַרְתּוֹ וּמִשְׁמֶרֶת בֵּית אָב שֶׁלּוֹ – If HE IS UNABLE TO IDENTIFY HIS *MISHMAR* OR HIS ***BEIS AV***, וְיוֹדֵעַ שֶׁבָּתֵּי אֲבוֹתָיו קְבוּעִין שָׁם – BUT HE KNOWS for certain THAT HIS ***BEIS AV*** WAS ESTABLISHED THERE in the Temple service, אָסוּר לִשְׁתּוֹת יַיִן כָּל הַשָּׁנָה – HE IS FORBIDDEN TO DRINK WINE THE ENTIRE YEAR, since any day of the year could be his day to serve in the Temple.[21] [22] רַבִּי אוֹמֵר – REBBI SAYS: אוֹמֵר אֲנִי אָסוּר לִשְׁתּוֹת יַיִן לְעוֹלָם – I SAY: [A KOHEN,] even one who can identify his *mishmar* and *beis av*, SHOULD BE FORBIDDEN by this token TO DRINK WINE AT ALL TIMES.[23] אֲבָל מָה אֶעֱשֶׂה שֶׁתַּקָּנָתוֹ קַלְקָלָתוֹ – BUT WHAT CAN I DO, INASMUCH AS [THE KOHEN'S] RESTORATION to the right to drink wine RESULTS FROM HIS DISRUPTION, i.e. his inability to serve in the Temple, which has been destroyed this many years.[24]

אָמַר אַבַּיֵי – Abaye commented: **כְּמַאן שָׁתוּ הָאִידְנָא כַּהֲנֵי חַמְרָא – In accordance with whom do Kohanim drink wine nowadays?** **כְּרַבִּי – In accordance with Rebbi.**[25]

NOTES

14. Since it is not their day to serve in the Temple, what problem could result from their drinking wine during the day?

15. There might be an unusual number of personal offerings that day, requiring more Kohanim to perform the service than anticipated (*R' Chananel*).

16. Accordingly, the Kohanim of the *mishmar* may not drink wine during the day, because of the possibility that they will be called upon to serve in the Temple. However, no new offerings may be made at night, and the only service performed then is to complete the burning of the limbs and fats that were left over from the daytime sacrifices. Thus, the volume of work that needs to be done at night can be adequately gauged. Therefore, if the members of the other *beis avs* were not called upon to assist during the day, there is no further need to be concerned that their assistance will be needed, and they may therefore drink wine at night (*Rashi* 15b).

17. Since the Baraisa prohibits all the Kohanim of the *mishmar* from drinking wine during all the days of their *mishmar* because of the chance that they might be called upon to serve even on a day that is not assigned to their *beis av,* we may derive that even the chance that a Kohen might have to serve in the Temple prohibits him from drinking wine (*Rashi*). Therefore the prohibition applies even in the post-Temple era, because of the chance that the Temple might be rebuilt at any time (*Rashi* ד״ה אסור לשתות יין).

18. For example, this Kohen can trace his family tree back to the *mishmar* of יְהוֹיָרִיב, *Yehoyariv* or יְדַעְיָה, *Yedayah*, or to any other one of the twenty-four *mishmaros*, and he knows which week and which day of the week is the turn of his *beis av* to serve in the Temple (*Rashi*). [Apparently, the cycle of *mishmaros* continues running even in the absence of the Temple.]

It is noteworthy that *Tosafos* (ד״ה ויודע, based on *Yerushalmi, Pesachim* 10:6; see *Rashash*) permit a Kohen to drink wine during a meal and then to immediately serve in the Temple, because wine drunk during the meal is not intoxicating (see *Rashbam* to *Pesachim* 117b). Others question this view and argue that a Kohen is disqualified from serving in the Temple whenever he drinks a *reviis* of wine, even if he does not become intoxicated (*Keren Orah*; cf. *Rambam, Hil. Bi'as Mikdash* 5:5).

19. This stipulation excludes Kohanim who were not affiliated with any particular *beis av,* and Kohanim who were disqualified from serving in the Temple (*Rashi;* cf. *Ritva*).

20. Because the Temple might be rebuilt quickly at any time and there will be an immediate need for Kohanim to serve there. The Rabbis, however, did not go so far as to require nowadays the Kohanim of the *mishmar* to abstain from wine their entire week because of the additional apprehension that a Kohen may be needed to assist a *beis av* of his *mishmar* if their work load proves too heavy for them (*Rashi*; see *Hagahos R' Betzalel Ronshburg*).

21. However, if he is not certain that his ancestors actually served in the Temple [see note 19], he is permitted to drink wine all year round, because the Rabbis did not require such a Kohen to be concerned for the possibility that perhaps the Temple will be rebuilt quickly and, in addition, that perhaps he is part of a *beis av* whose day it is to serve in the Temple (*Rashi*).

22. It emerges from this Baraisa that the Temple might be rebuilt at any time of the year. But this presents a problem. There is a dispute between R' Eliezer and R' Yehoshua (*Rosh Hashanah* 11a) as to when the final redemption will take place. R' Eliezer says it will occur in the month of Tishrei and R' Yehoshua says it will occur in the month of Nissan. Accordingly, a Kohen should be forbidden to drink wine only in Tishrei or Nissan, when there is a possibility that the Temple will be rebuilt.

Gevuras Ari answers that the final redemption will come about in one of two ways. Either it will take place at a special time predetermined by God, or – if the Jewish people merit it – God will hasten the time of the redemption (see *Sanhedrin* 98a). R' Eliezer and R' Yehoshua dispute only which month has been designated by God as the appointed time for the redemption; but any day of the year is a possible date for the redemption if the Jewish people are found worthy. Accordingly, a Kohen is not permitted to drink wine the entire year, because *any* day of the year is a possible day for the redemption.

Moreover, *Yerushalmi* (*Maaser Sheni* 5:2) states that the Temple will be rebuilt before the final redemption. Accordingly, the dispute between R' Eliezer and R' Yehoshua has no bearing on our issue, since that dispute concerns only the date of the redemption, not the rebuilding of the Temple.

23. Even if a Kohen can identify his *mishmar* and his *beis av* and therefore knows the days of the year that his *beis av* should serve in the Temple, nevertheless, if the halachah requires us to anticipate the possibility that the Temple may be rebuilt any day, every Kohen should be prohibited to drink wine every day of the year. No one can be certain that the old order of the *mishmaros* will not change at that time. Also, it is possible that all the Kohanim will be called upon to participate in the dedication of the new Temple (*Rashi*).

24. In the opinion of Rebbi, we are not required to restrict the Kohen's consumption of wine because of the possibility that the Temple will be rebuilt, in light of the fact that so many years have passed since its destruction without its having been rebuilt. Thus, a Kohen's permit nowadays to drink wine without restriction results from his disruption from being able to perform the Temple service (*Rashi* here and to *Sanhedrin* 22b; see *Rambam* and *Ravad, Hil. Bi'as Mikdash* 1:7, and *Kesef Mishnah* there).

25. It has become the accepted custom that Kohanim follow the ruling of Rebbi and therefore may drink wine at any time, until the Temple is rebuilt (see *Ritva*).

ויודע שבתי אבותיו קבועין לשם אסור לשתות יין וכו'. פירוש אסור לשתות יין חוץ לסעודתו אבל בסעודתו מותר דיין שבתוך הסעודה אינו משכר:

ובחמישי מותרין מפני כבוד השבת מאי טעמא. פי' מאי טעמא אין הכהנים מותרין להסתפר אלא דווקא בחמישי בשבת כדי שלא יכנסו למשמר כשהן מנוולין פי' ולא ימתינו עד יום אחד מימי השבוע הבא ויסתפרו קודם שיכנסו למשמרת דאם לא יסתפרו קודם יהיו אסורין כל השבוע הבא עד יום החמישי ומתוך זה שאסרו לספר כל השבוע הבא יסתפרו קודם שיכנסו למשמרתם ולא יהיו מנוולים:

כהן גדול מסתפר מע"ש לערב שבת וכהן הדיוט אחד לשלשים יום. פירוש שאינו יכול להשהות יותר והאי דקאמר בסמוך השתא דכתיב פרע לא ישלחו פרע ליהוי פי' פרע ליהוי עד שלשים יום אם ירצה:

לא לירבו כלל. פירוש ואפילו עד ל' יום וקשה דאם כן ג"ש דפרע למה לי (ג) וי"ל דשמא ר"ל לא לירבו עד ל' יום אלא יגלח בכ"ט:

שלוחי לא משלחו. יותר משלשים יום:

מכלל

אלא בראש השנה וביובלות ובשעת מלחמה: על הראשונה הוא אומר מי שענה את אברהם כו': תנא יש מחליפין צעקה לאליהו ותפלה לשמואל בשלמא גבי שמואל כתיב ביה תפלה וכתיב ביה צעקה אלא גבי אליהו תפלה כתיב צעקה לא כתיב א) ענני ה' לשון צעקה היא: על הששית הוא אומר מי שענה את יונה כו' על השביעית הוא אומר מי שענה את דוד כו': מכדי יונה בתר דוד ושלמה הוה מאי טעמא מקדים ליה ברישא משום דבעי למיחתם מרחם על הארץ תנא משום סומכוס אמרו ברוך משפיל הרמים: שלש תעניות הראשונות אנשי משמר מתענין ולא משלימין כו': תנו רבנן א מפני מה אמרו אנשי משמר מותרין לשתות יין בלילות אבל לא בימים שמא תכבד העבודה על אנשי בית אב ויבואו ויסייעו להם מפני מה אמרו אנשי בית אב לא ביום ולא בלילה מפני שהן עסוקין תמיד בעבודה ב מכאן אמרו כל כהן שמכיר משמרתו ומשמרת בית אב שלו ויודע שבתי אבותיו קבועין שם אסור לשתות יין כל אותו היום ג במכיר משמרתו ואין מכיר משמרת בית אב שלו ויודע שבתי אבותיו קבועין שם אסור לשתות יין כל אותה שבת אינו מכיר משמרתו ומשמרת בית אב שלו ויודע שבתי אבותיו קבועין שם אסור לשתות יין כל השנה א) רבי אומר אומר אני אסור לשתות יין לעולם ד אבל מה אעשה שתקנתו קלקלתו אמר אביי כמאן שתו האידנא כהני חמרא כרבי: אנשי משמר ואנשי מעמד אסורים לספר ולכבס ובחמישי מותרין מפני כבוד השבת: מאי טעמא ב) אמר רבה בר בר חנה אמר ר' יוחנן ה כדי שלא יכנסו למשמרתם כשהן מנוולין ת"ר ג) ו מלך מסתפר בכל יום ז כהן גדול מערב שבת לערב שבת ח כהן הדיוט אחת לשלשים יום מלך מסתפר בכל יום מ"ט אמר רבי אבא בר זבדא אמר קרא ב) מלך ביפיו תחזינה עיניך כהן גדול מע"ש לערב שבת מ"ט אמר רב שמואל בר יצחק הואיל ומשמרות מתחדשות כהן הדיוט אחת לשלשים יום מנלן אתיא פרע פרע מנזיר כתיב הכא ג) וראשם לא יגלחו ופרע לא ישלחו וכתיב התם ד) קדוש יהיה גדל פרע שער ראשו מה להלן שלשים אף כאן שלשים ונזיר גופיה מנלן אמר רב מתנה ד) ט סתם נזירות שלשים יום מנלן אמר קרא יהיה בגימטריא תלתין הוי א"ל רב פפא לאביי ודילמא ה"ק רחמנא לא לירבו כלל אמר ליה אי הוה כתב לא ישלחו פרע כדקאמרת השתא דכתיב ופרע לא ישלחו פרע ליהוי שלוחי הוא דלא לישלחו אי הכי אפילו האידנא נמי י דומיא דשתויי יין מה שתויי יין בזמן ביאה הוא דאסור שלא בזמן ביאה שרי אף הכא נמי והתניא ה) רבי אומר אני כהנים אסורין לשתות יין לעולם אבל מה אעשה שתקנתו קלקלתו ואמר אביי כמאן שתו האידנא כהני חמרא כרבי

כרבי

רש"י

אלא בראש השנה. כדאמרינן בר"ה (דף טז.) אמרו לפני מלכיות וזכרונות וכו': וביובל. ביום הכפורים של יובל כדתנן התם (דף כו:) שוה היובל לר"ה לתקיעה ולברכות כו': ובשעת מלחמה. דכתיב (במדבר י) וכי תבאו מלחמה בארצכם על הצר הצורר אתכם וגו' ולא ידעינן מנא איתפריש דאומר ברכות ופסוקי מלכיות זכרונות ושופרות בשעת מלחמה: צעקה לאליהו. על מי שענה את אליהו חותם שומע צעקה ובשמואל שומע תפלה דכתיב ביה תפלה (שמואל א ז) קבצו את כל ישראל המצפתה ואתפלל בעדכם: צעקה. דכתיב (שם טו) ויחר לשמואל ויזעק אל ה' כל הלילה ואיכא למימר במצפה נמי הויא צעקה דבתר פרשת קבצו כל ישראל המצפתה כתיב בפרשת ו) נחמתי כי המלכתי את שאול וגו' כך שמעתי: גבי אליהו. במעשה דהר הכרמל כתיב תפלה דכתיב ענני ה' דמשמע לשון בקשה ותפלה ולא לשון צעקה ומשני ענני ה' לשון צעקה הוא כך שמעתי: יונה בתר דוד ושלמה. דהוה בימי אמציהו בסדר עולם: דבעי למחתם. בסוף כל ברכות ברוך מרחם על הארץ ולהכי בעי באותה חתימה דוד ושלמה שהן התפללו על ארץ ישראל (א) כך שמעתי אי נמי משום דאינהו תקון בית המקדש דהוא עיקר הארץ כך שמעתי: ברוך משפיל הרמים. היו אומרים במקום ברוך מרחם שהכניעם במטר ששבו בתשובה: מכאן אמרו. מדקתני הכא דאפילו אנשי משמר שלא היו עובדין באותו היום כלל אפילו הכי אסורין לשתות יין: כהן. בזמן הזה: המכיר משמרתו. היודע מאיזו משמרת הוא מיהויריב או מידעיה או אחת מכ"ד משמרות שיודע שמות אבותיו ואבות אבותיו עד יהויריב ויודע איזה יום ואיזה שבת היו עובדים: קבועין. שיודע ודאי שבית אב שלו עובד במקדש לפי שהרבה היו מבני אבות הכהנים שלא הוקבעו שוב אמר לי רבי קבועין שלא נתחלל בית אב שלו להיות מגואל מן הכהונה ויודע שראוי בית אב שלו לעבוד: אסור לשתות יין כל אותו היום. א] ותו לא שמא יבנה בית המקדש ותכבד העבודה ויהיה זה צריך לעבוד: מכיר משמרתו. שיודע איזה שבת בשנה עובדין: ואינו יודע מאיזה בית אב. דעכשיו אינו מכיר באיזה יום בשבת עובדין ויודע שבתי אבותיו קבועין אסור כל אותה שבת מספיקא בכולהו גרסינן ויודע שבתי אבותיו קבועין הן דאם אינו יודע שבתי אבותיו קבועין לעבוד מותר הוא לשתות יין כל השנה ולא חיישינן שמא יבנה ושמא בית אב שלו יעבדו היום: רבי אומר אומר אני כהן אסור כו'. כלומר אי חיישינן לשמא יבנה יהא אסור לעולם אפי' המכיר משמרתו ומשמרת בית אבותיו דחיישינן שמא ישתנה סדר משמרות ושמא יעבדו כולם לחנוכת הבית בבת אחת ונמצא זה צריך לעבוד אבל מה אעשה (ב) שתקנתו קלקלתו דהוי כמה שנים שלא חזרה בירה וקלקלה זו תקנתו לשתות יין בהדיא ולשמא יבנה לא חיישינן: כשהן מנוולין. שלא יהו סומכין על יום אחד מימי שבת ואין מסתפרין בשבת שעברה: מסתפר בכל יום. מלוה: מערב שבת לערב שבת. ולא ישהה מלגלח יותר: ומשמרות מתחדשות. בכל שבת ושבת ומשמרה שלא ראתהו עד עכשיו ובאה לראותו הדבר נאה שתראהו ביופיו: לא לירבו כלל. ב] אלא יסתפרו בכל יום דהכי משמע ופרע דהיינו שלשים לא ישלחו אלא יגלחו: שלוחי לא משלחי. הכי משמע פרע שגדלו אין רשאין לגדל עוד: אי הכי. כיון דמקרא מפקת לה האידנא נמי לא לישלחו ומשני כיין דומיא דיין דכתיב בסמוך להאי ופרע לא ישלחו ויין לא ישתו כל כהן: מה יין בזמן ביאה הוא דאסור. דכתיב (יחזקאל מד) בבואם אל החצר וגו' בזמן שבית המקדש קיים שם לעבוד: שלא בזמן ביאה. כגון האידנא שהבית חרב ולא זמן ביאה היא: והתניא רבי אומר אומר אני כו' ואמר אביי כו'. מכלל דרבנן אסרי דחיישינן לשמא יבנה ומאי נמי מייתי רישא דברייתא מפני מה אמרו אנשי משמר כו' ואייתי סיפא בלשון קצרה ודייק מינה מכלל דרבנן אסרי:

כרבי

מסורת הש"ס

א) סנהדרין כב:, ב) [מו"ק יד.], ג) סנהדרין כב: [כל הסוגיא עד סופו וע"ש כמה וכמה שינוים], ד) נזיר ה. לט. סנהדרין שם ע"ש מו"ק יט:, ה) סנהדרין שם, ו) [צ"ל ויזעק שמואל אל ה' בעד ישראל].

הגהות הב"ח

(א) רש"י ד"ה דבעי למחתם כו' על א"י (כך שמעתי) תא"מ ונ"ב נ"ל דזה טעות: (ב) ד"ה רבי אומר כו' אבל מה אעשה שתקנתן קלקלתן דהוי כמה שנים שלא חזרה עבודה וקלקלה זו תקנתן: (ג) תוס' ד"ה לא כו' וי"ל. נ"ב לפי זה לא גרס מלת כלל:

רבינו גרשום

בגבולין אומר העננייה ואח"כ אומר הברכה כדאמר' לעיל: אנשי משמר מתענין ולא משלימין מתענין הואיל ואין עצמן עוסקין בקרבנות ולא משלימין דכיון דמשמר שלהן עוסקין בקרבן היום יו"ט הוא להם לפיכך אין משלימין: אנשי בית אב שמקריבין קרבן היום לא היו מתענין כלל הואיל ועוסקין בקרבן: שלש שניות. שכבר תקפה הגזירה: אנשי משמר מותרין לשתות יין בלילות הואיל ואין עוסקין בקרבן היום: אנשי בית אב שעובדין היום לא ביום ולא בלילה הואיל דבלילות מקריבין נמי אברים ופדרים שלא נתעכלו מבערב: כל כהן שמכיר משמרתו ויודע מאיזה משמרה הוא ומשמרת בית אב שלו שיודע באיזה בית אב הוא ויודע שבתי אבותיו קבועין שיודעין באיזה יום עובדין בית אב שלו: אסור לשתות יין כל אותו היום אע"פ שאינו בירושלים אלא הואיל ויודע שהיום עובדין בית אב שלו ואסורין ביין הוא נמי אסור: מכיר משמרתו שיודע מאיזה משמרה הוא ואינו מכיר משמרת בית אב שלו שאינו יודע מאיזה בית אב הוא: ויודע שבתי אבותיו קבועין שיודע שמשמרה שלו קבועין ועובדין בשבת [זו] אבל אינו יודע באיזה יום עובד בית אב שלו אסור לשתות יין כל השבת דשמא היום עובד בית אב שלו: ויודע שבתי אבותיו קבועין שיודע שבית אב שלו עובדין יום אחד בשנה שהרי כהנים הן א) ובית המקדש קיים רבי אומר אומר אני אם היה כהן בזמן ביהמ"ק קיים שאין מכיר משמרתו ומשמרת בית אב שלו היה אסור לשתות יין לעולם אבל מה אעשה שתקנתו קלקלתו כלומר חרבן ביהמ"ק שהיא קלקלתם תקנתם לשתות יין כרבי דאמר שתקנתו קלקלתו אבל חכמים אומרים אין מותרין לעולם כדי שלא יכנסו למשמרתם כשהן מנוולין שכשיודעין שאין יכולין לספר ולכבס במשמרתן מספרין ומכבסין קודם שיכנסו למשמרתם

חשק שלמה על רבינו גרשום א) והיו עובדין עבודה בזמן שבהמ"ק היה קיים כצ"ל.

עין משפט נר מצוה

כב א מיי' פ"א מהל' ביאת מקדש הלכה ב סמג עשין קעו:
כג ב ג ד מיי' שם הלכה ז:
כד ה מיי' שם הלכה יב ופ"ו מהלכות כלי המקדש הלכה יא:
כה ו מיי' פ"ב מהלכות מלכים הלכה ה:
כו ז מיי' פ"ה מהלכות כלי המקדש הל' ו:
כז ח מיי' פ"א מהלכות ביאת מקדש הלכה יא סמג עשין קעג:
כח ט מיי' פ"ג מהל' נזירות הלכה א ופ"א מהלכות ביאת מקדש הלכה יא סמג עשין רב:
כט י מיי' פ"א מהלכות ביאת מקדש הל' י:

הגהות מהר"ב רנשבורג

א] רש"י ד"ה אסור לשתות יין וכו' ותו לא שמא וכו'. נ"ב פי' תו לא אסור משום שמא יבנה וכו' ותכבד עבודה דכולי האי לא גזרינן כמ"ש רש"י בד"ה ואינו יודע וכו' ולא חיישינן וכו' עכ"ל ולפיכך אסור רק אותו יום לחוד ולק"מ קושית מהרש"א ודו"ק. שוב ראיתי כן בס"י: ב] שם ד"ה לא לירבו כלל אלא יסתפרו בכל יום. נ"ב נ"ע דלפ"ז מה יענה לקושי' התוס' ד"ה לא לירבו וביותר יפלא דסוף לשון רש"י הוא כמעט כתירוץ התוספות ונמצאו דברי רש"י סותרים תוך כדי דיבור:

תורה אור השלם

א) עֲנֵנִי יְיָ עֲנֵנִי וְיֵדְעוּ הָעָם הַזֶּה כִּי אַתָּה יְיָ הָאֱלֹהִים וְאַתָּה הֲסִבֹּתָ אֶת לִבָּם אֲחֹרַנִּית: [מלכים א' יח, לז]

ב) מֶלֶךְ בְּיָפְיוֹ תֶּחֱזֶינָה עֵינֶיךָ תִּרְאֶינָה אֶרֶץ מַרְחַקִּים: [ישעיה לג, יז]

ג) וְרֹאשָׁם לֹא יְגַלֵּחוּ וּפֶרַע לֹא יְשַׁלֵּחוּ כָּסוֹם יִכְסְמוּ אֶת רָאשֵׁיהֶם: [יחזקאל מד, כ]

ד) כָּל יְמֵי נֶדֶר נִזְרוֹ תַּעַר לֹא יַעֲבֹר עַל רֹאשׁוֹ עַד מְלֹאת הַיָּמִם אֲשֶׁר יַזִּיר לַייָ קָדֹשׁ יִהְיֶה גַּדֵּל פֶּרַע שְׂעַר רֹאשׁוֹ: [במדבר ו, ה]

רבינו חננאל

כו'. על הששית מי שענה את יונה במעי הדגה על השביעית מי שענה את דוד ושלמה בנו בירושלים תנא יש שמחליפין צעקה לאליהו וחותמין בברכה החמישית ברוך שומע צעקה ובברכה רביעית שהיא מי שענה את שמואל חותמים ברוך שומע תפלה. ואסיקנא ענני ה' ענני דכתיב ביה באליהו לשון צעקה הוא. ואמאי חתים לדוד ושלמה בנו בסוף והלא אינהו קדימי ליונה משום דבעי למחתם ברוך מרחם על הארץ תנא סומכוס אומר בשביעית הוא אומר ברוך משפיל רמים: מתני' שלש תעניות הראשונות אנשי משמר כו' פי' הכהנים היו חלוקים כ"ד חלקים משמש שבוע ומתחלף יוצא זה נכנס אחר ואותו החלק המשמש שבוע נקרא משמר וכל המשמר היו חולקין ז' חלקים כל אחד משמש יומו ויצא ונכנס אחר משמש למחר ונקרא חלק שהוא אחד משבעה במשמר בית אב. וכן הוא מפורש בתוספתא (דמכילתין) משמר שיש בו ד' בתי אבות או ז' בתי אבות או ח' או ט' משמר שיש בו ד' בתי אבות ג' מהן מקריבין כל אחד ב' ימים והרביעי מקריב יום אחד ומשמר שיש בו ח' בתי אבות כו'. משמר שיש בו ז' בתי אבות כל אחד משמר יומו והן כל אחד ואחד ועל זה הסדר שנו בחיצונה אנשי משמר מותרין לשתות יין בלילות אבל לא בימים שמא יזדמנו אותו היום זבחים הרבה ותכבד העבודה על אנשי (בתי דין) בית אב ויסייעו אותן אבל אנשי בית אב אסורין לשתות יין בין ביום בין בלילה מפני שהן תדירין בעבודה ויש באלו כ"ד משמרות שהפילו גורלות מי שעלה גורלו ביום ראשון א) נקבע במשמרתו להיות הוא משמש ביום ראשון לעולם ומי שנקבע ביום שני כמוהו כגון שהיא משמרת יהויריב בתחלת ניסן בית אב פלוני באחד בשבת. בית אב פלוני בשני בשבת. וכן כולן לפיכך אמרו [המכיר] משמרתו באיזה חדש ובאיזה שבוע זמנו ובית אב שלו באיזה היום מן השבוע זמנו והוא מן הקבועים לעולם אסורין לשתות יין בו ביום מ"ט אמרינן שמא יבנה הבית ויהיה שתוי ואינו יכול לשמש בו ביום ומי שאינו מכיר בית אב שלו אבל מכיר באיזה שבוע זמן משמרתו אסור לשתות יין כל אותו שבוע ומי שאינו מכיר [לא] זה ולא זה אבל יודע שבתי אבותיו קבועין בעבודה אסור לשתות יין לעולם דבכל יום חיישינן שמא יומו הוא ר' אומר אומר אני כגון זה אסור לשתות יין לעולם ב) אסור דרבנן וכדאמרין (אצל) [אבל] תקנתו קלקלתו זה השמועה כולה בסנהדרין בסוף פ' כ"ג פי' כיון שנתקלקלה בבית אב שלו הותר שאפילו אם יבנה הבית אינו משמש עד שישב ב"ד של כהונה ויקבעוהו באיזה יום ישמש לפיכך עכשיו מותר וכן כל כהן שאינו בר עבודה ביום ידוע מותר ועל זה אמר אביי כמאן שתי האידנא כהני חמרא כרבי מכלל רבנן סברי

חשק שלמה על רבינו חננאל א) נראה דצ"ל ונקבע במשמרתו להיות כן הוא משמש וכו'. ב) נראה דצ"ל וכדאמרו רבנן אבל תקנתו כו'.

ליקוטי רש"י

כל אותו היום. אף בזמן הזה. אסור לשתות יין. לעולם שמא עכשיו זמנו הוא ויש לחוש שמא יבנה בית המקדש. רבי אומר אומר אני. אם באנו לחוש שמא יבנה אסור ביין לעולם ואפילו הוא מכיר שאינו עכשיו זמן משמרתו שמא יבנה וכל הקודם ולשתכח עייל ועביד. אבל מה אעשה שתקנתו קלקלתו. חורבן הבית שקלקלן ועירבב סדר משמרותיהן שהיה אוסרן ביין בזמן משמרתן ומתירן שלא בזמן משמרתן הוא תיקנן עכשיו לשתות יין לעולם דלא חייש שמא יבנה פתאום. כמאן שתו האידנא כהני חמרא כרבי. שהרי רוב כהנים אינן בקיאין בזמן משמרותיהן ואסורין לעולם לרבנן [סנהדרין כב:]. הואיל ומשמרות מתחדשות. מתחלפות ומתחדשות בשבת זו יוצאה זו נכנסת והנכנסת מפני משמרת חדשה זו הנכנסת שיראוהו ביופי [סנהדרין שם]. וראשם לא יגלחו. להעביר את כל השער. ופרע לא ישלחו. גידול שער לא ירבו [יחזקאל מד, כ]. קדוש יהיה. השער שלו לגדל הפרע של שער ראשו. פרע. נקוד פתח קטן לפי שהוא דבוק לשער ראשו פרע של שער ופירושו של פרע גדול של שער וכן את ראשו לא יפרע (ויקרא כא י) [במדבר ו, ה]. בגימטריא. גימטריאות, דברים הלמדין בלשון גימטריא כגון (ירמיהו כה) ששך בבל בא"ת ב"ש כשדים (שם נא) לב קמי בא"ת ב"ש כשדים מנון (סוכה דף נב:) בא"ט ב"ח וכן לפי מנין האותיות כגון סתם נזירות שלשים יום (נזיר דף ה.) מקדוש יהיה יהי"ה בגימטריא שלשים הוו [סוכה כח.]. לא לירבו כלל. ואפילו עד שלשים. אמר ליה. פרע מקרי בשלשים יום. אי הוה כתיב לא ישלחו פרע. הוה משמע לא יגדלו פרע עד שיעור פרע השתא דכתיב ופרע לא ישלחו דקאמר פרע והדר לא ישלחו משמע פרע לשלשים יום ליהוי אבל שלוחי טפי לא לשלחו [סנהדרין שם]. האידנא. עכשיו [סוכה יח.]. דומיא דשתויי יין. דסמוך ליה ויין לא ישתו בבואם וגו' מקיש פרועי ראש לשתויי יין וכתיב ביין בבואם [סנהדרין שם].

The Gemara proceeds to explain the next segment of the Mishnah, which states:

אַנְשֵׁי מִשְׁמָר וְאַנְשֵׁי מַעֲמָד אֲסוּרִים לְסַפֵּר וּלְכַבֵּס וּבַחֲמִישִׁי מוּתָּרִין מִפְּנֵי כְּבוֹד הַשַּׁבָּת – THE [KOHANIM] OF THE *MISHMAR* AND THE MEN OF THE *MAAMAD* ARE PROHIBITED FROM CUTTING THEIR HAIR AND LAUNDERING their clothes. But ON THE THURSDAY of their watch, THEY ARE PERMITTED to cut their hair and launder their clothes IN HONOR OF THE SABBATH.

The Gemara inquires:

מַאי טַעֲמָא – **What is the reason** that they are prohibited from cutting their hair and laundering their clothes during the week of their service?

The Gemara answers:

אָמַר רַבָּה בַּר בַּר חָנָה אָמַר ר׳ יוֹחָנָן – **Rabbah bar bar Chanah said in the name of R' Yochanan: כְּדֵי שֶׁלֹּא יִכָּנְסוּ לְמִשְׁמַרְתָּם כְּשֶׁהֵן מְנוּוָּלִין** – **So that they** should **not enter** the week of **their watch unkempt.**[26]

The Gemara cites a Baraisa dealing with the frequency of haircuts required of people in positions of honor:

תָּנוּ רַבָּנַן – **The Rabbis taught in a Baraisa: מֶלֶךְ מִסְתַּפֵּר בְּכָל יוֹם** – A Jewish KING MUST HAVE HIS HAIR CUT EVERY DAY. **כֹּהֵן גָּדוֹל מֵעֶרֶב שַׁבָּת לְעֶרֶב שַׁבָּת** – A KOHEN GADOL must have his hair cut no less frequently than FROM ONE FRIDAY TO THE NEXT; **כֹּהֵן הֶדְיוֹט אַחַת לִשְׁלֹשִׁים יוֹם** – AN ORDINARY KOHEN ONCE IN THIRTY DAYS.

The Gemara analyzes this Baraisa:

מֶלֶךְ מִסְתַּפֵּר בְּכָל יוֹם – A Jewish KING MUST HAVE HIS HAIR CUT EVERY DAY. **מַאי טַעֲמָא** – **What is the reason** for this? **אָמַר רַבִּי אַבָּא בַּר זַבְדָּא** – **R' Abba bar Zavda said: אָמַר קְרָא** – **The verse states:**[27] **"מֶלֶךְ בְּיָפְיוֹ תֶּחֱזֶינָה עֵינֶיךָ"**, – ***Your eyes shall behold the king in his beauty.***

כֹּהֵן גָּדוֹל מֵעֶרֶב שַׁבָּת לְעֶרֶב שַׁבָּת – A KOHEN GADOL FROM ONE FRIDAY TO THE NEXT. **מַאי טַעֲמָא** – **What is the reason** for this? **אָמַר רַב שְׁמוּאֵל בַּר יִצְחָק** – **Rav Shmuel bar Yitzchak said: הוֹאִיל וּמִשְׁמָרוֹת מִתְחַדְּשׁוֹת** – **Because the *mishmaros* change** every Sabbath. It is only fitting that the Kohen Gadol be well groomed when first seen by the incoming *mishmar*. Therefore, he must have his hair cut every Friday.

כֹּהֵן הֶדְיוֹט אַחַת לִשְׁלֹשִׁים יוֹם – AN ORDINARY KOHEN ONCE IN THIRTY DAYS. **מְנָלָן** – **From where do we derive this? אַתְיָא "פֶּרַע" "פֶּרַע" מִנָּזִיר**, – **It is derived from** the laws of ***nazir,***[28] through a *gezeirah shavah* linking the word **"tresses"** to the word **"tresses,"** as follows: **כְּתִיב הָכָא: "וְרֹאשָׁם לֹא יְגַלֵּחוּ וּפֶרַע לֹא יְשַׁלֵּחוּ"** – **It is written here,** regarding Kohanim:[29] ***They shall not shave their heads and tresses they shall not grow.*** **וּכְתִיב הָתָם: "קָדֹשׁ יִהְיֶה גַּדֵּל פֶּרַע שְׂעַר רֹאשׁוֹ"** – **And it is written there,** regarding a *nazir:*[30] ***It*** [his hair] ***shall be holy; he shall grow the tresses of the hair of his head.*** **מָה לְהַלָּן שְׁלֹשִׁים** – **Just as there,** in the case of a *nazir*, "tresses" means a growth of **thirty** days (as the Gemara will soon demonstrate), **אַף כָּאן שְׁלֹשִׁים** – **so too here,** in the case of a Kohen, "tresses" means a growth of **thirty** days. Hence, a Kohen should not let his hair grow more than thirty days. **וְנָזִיר גּוּפֵיהּ מְנָלָן** – **And** regarding a ***nazir* himself, from where do we derive** that "tresses" means a thirty-day growth? **אָמַר רַב מַתְנָה** – **Rav Masnah said: סְתָם נְזִירוּת שְׁלֹשִׁים יוֹם** – **A standard *nezirus*** term **is thirty days. מְנָלָן** – **From where do we derive this? אָמַר קְרָא** – For **the verse says** regarding *nazir*: **"יִהְיֶה"**, – ***It shall be***,[31] **בְּגִימַטְרִיָּא תְּלָתִין הָוֵי** – which **in numerical value is thirty.**[32]

The Gemara asks:

וְדִילְמָא הָכִי אָמַר לֵיהּ רַב פָּפָּא לְאַבַּיֵי – **Rav Pappa asked Abaye: קָאָמַר רַחֲמָנָא** – **Perhaps this is what the Merciful One** means to **say** in the verse in *Ezekiel*, which forbids Kohanim to grow their hair long: **לֹא לִירַבּוּ כְּלָל** – **They should not allow** their hair **to grow long at all.**[33]

The Gemara answers:

אָמַר לֵיהּ – **[Abaye] said to him: אִי הֲוָה כְּתַב לֹא יְשַׁלְּחוּ פֶּרַע כִּדְקָאָמְרַתְּ** – **If [the verse] had written "They shall not grow tresses," then** the law might be **as you stated. הַשְׁתָּא דִּכְתִיב: "וּפֶרַע לֹא יְשַׁלֵּחוּ"**, – **But now that it is written:** ***and tresses they shall not grow,*** this implies that **פֶּרַע לֶיהֱוֵי** – **it may be a tress of hair, שְׁלוּחֵי הוּא דְּלֹא לִישַׁלְּחוּ** – but **they are not allowed to let** it continue **to grow.**[34] Thus an ordinary Kohen may allow his

NOTES

26. The Rabbis wanted to insure that the men of the *mishmar* and *maamad* would enter their duties in the groomed state befitting such positions. Therefore, they prohibited these men from haircutting and laundering during the week of service, so that they would be compelled to groom themselves in advance (*Rashi*).

Actually, Kohanim wear the special priestly garments of the Temple while they serve there, so there should be no concern whether they launder their street clothes before their week of service. Nevertheless, the Rabbis wanted the Kohanim to initially enter the Temple precincts in a dignified state, and therefore required the Kohanim to launder their street clothes (with which they enter the Temple) in advance (*Aruch HaShulchan HeAasid, Hil. Bi'as HaMikdash* 34:10).

27. *Isaiah* 33:17.

28. A *nazir* is one who takes the vow of *nezirus*, which prohibits him from drinking wine (or partaking of any grape product), cutting his hair, and coming into contact with human corpses (*Numbers* 6:1-8).

29. *Ezekiel* 44:20.

30. *Numbers* 6:5.

31. *Numbers* 6:5 (cited above) states: קָדֹשׁ יִהְיֶה, *it* [the *nazir's* hair] *shall be holy.*

32. The Hebrew word יִהְיֶה has the numerical value of thirty, computed as follows: י (10) + ה (5) + י (10) + ה (5) = 30. Thus, his hair must be "holy" for thirty days. [It was a tradition received from Sinai that the standard term of *nezirus* is thirty days. The derivation cited here from the numerical value of the word יִהְיֶה is merely a way of supporting this tradition from Scripture (*Rosh* to *Nazir* 5a).]

33. Rather, they should take a haircut every day (*Rashi; R' Gershom*). [*R' Betzalel Ronshburg* points out several difficulties with these comments of *Rashi*. First, Rav Pappa is apparently ignoring the *gezeirah shavah* just stated in the Gemara, which defines "tresses" as being a growth of thirty days (see *Tos.*). Second, *Rashi's* own concluding comments seem to indicate that Rav Pappa, too, defines "tresses" as a thirty-day growth and means only that a Kohen should be required to take a haircut within thirty days, not *every* day. See *Chidushei HaRan* to *Sanhedrin* 22b and *Keren Orah* here.]

Tos. explain Rav Pappa's question differently – see end of following note.

34. [The verse reads: וְרֹאשָׁם לֹא יְגַלֵּחוּ וּפֶרַע לֹא יְשַׁלֵּחוּ, which translated literally means: *Their heads they shall not shave and tresses they shall not grow.* Now, had the verse inverted the words פֶּרַע and יְשַׁלֵּחוּ, and stated: וְרֹאשָׁם לֹא יְגַלֵּחוּ וְלֹא יְשַׁלְּחוּ פֶּרַע, *Their heads they shall not shave nor shall they grow tresses,* the verb "grow" would refer back to "heads," i.e. the verse forbids Kohanim either to completely shave [the hair of] their heads or to grow it more than a minimal amount (i.e. one day's growth), and we would define "tresses" as a minimal growth of hair. The verse would be interpreted to mean: *They shall not grow tresses* – they shall not grow their hair to the point at which it can be called "tresses." But now that the verse states: *Tresses they shall not grow*, the verb "grow" refers to "tresses." The implication is that they are permitted to have tresses and are forbidden only to allow those tresses to grow overly long, i.e. thirty days, as defined by the *gezeirah shavah* (see *Rashi* and *R' Gershom*).]

Tos. explain the Gemara's question and answer somewhat differently: Rav Pappa asked that Kohanim should not be allowed to grow their hair "at all," i.e. to the point at which it becomes "tresses" – thirty days, as defined by the *gezeirah shavah.* Rather, they should be required to cut their hair on the twenty-ninth day, so that it does not

אלא בראש השנה וביובלות ובשעת מלחמה: על הראשונה הוא אומר מי שענה את אברהם כו': תנא יש מחליפין צעקה לאליהו ותפלה לשמואל בשלמא גבי שמואל כתיב ביה תפלה וכתיב ביה צעקה אלא גבי אליהו תפלה כתיב צעקה לא כתיב [א] ענני ה' ענני לשון צעקה היא: על הששית הוא אומר מי שענה את יונה כו' על השביעית הוא אומר מי שענה את דוד כו': מכדי יונה בתר דוד ושלמה הוה מאי טעמא מקדים ליה ברישא משום דבעי למיחתם מרחם על הארץ תנא משום סומכוס אמרו ברוך משפיל הרמים: שלש תעניות הראשונות אנשי משמר מתענין ולא משלימין כו': תנו רבנן [א] מפני מה אמרו אנשי משמר מותרין לשתות יין בלילות אבל לא בימים שמא תכבד העבודה על אנשי בית אב ויבואו ויסייעו להם מפני מה אמרו אנשי בית אב לא ביום ולא בלילה מפני שהן עסוקין תמיד בעבודה [ב] מכאן אמרו כל כהן שמכיר משמרתו ומשמרת בית אב שלו ויודע שבתי אבותיו קבועין שם אסור לשתות יין כל אותו היום [ג] במכיר משמרתו ואין מכיר משמרת בית אב שלו ויודע שבתי אבותיו קבועין שם אסור לשתות יין כל אותה שבת אינו מכיר משמרתו ומשמרת בית אב שלו ויודע שבתי אבותיו קבועין שם אסור לשתות יין כל השנה [א] רבי אומר אומר אני אסור לשתות יין לעולם [ד] אבל מה אעשה שתקנתו קלקלתו אמר אביי כמאן שתו האידנא כהני חמרא כרבי: אנשי משמר ואנשי מעמד אסורים לספר ולכבס ובחמישי מותרין מפני כבוד השבת: מאי טעמא [ג] אמר רבה בר בר חנה אמר ר' יוחנן [ה] כדי שלא יכנסו למשמרתם כשהן מנוולין ת"ר [ג] [ו] מלך מסתפר בכל יום [ז] כהן גדול מערב שבת לערב שבת [ח] כהן הדיוט אחת לשלשים יום מלך מסתפר בכל יום מ"ט אמר רבי אבא בר זבדא אמר קרא [ב] מלך ביפיו תחזינה עיניך כהן גדול מע"ש לערב שבת מ"ט אמר רב שמואל בר יצחק הואיל ומשמרות מתחדשות כהן הדיוט אחת לשלשים יום מנלן אתיא פרע פרע מנזיר כתיב הכא [ג] וראשם לא יגלחו ופרע לא ישלחו וכתיב התם [ד] קדוש יהיה גדל פרע שער ראשו מה להלן שלשים אף כאן שלשים ונזיר גופיה מנלן אמר רב מתנה [ד] [ט] סתם נזירות שלשים יום מנלן אמר קרא יהיה בגימטריא תלתין הוי א"ל רב פפא לאביי ודילמא ה"ק רחמנא לא לירבו כלל אמר ליה אי הוה כתב לא ישלחו פרע כדקאמרת השתא דכתיב ופרע לא ישלחו פרע ליהוי שלוחי הוא דלא לישלחו אי הכי אפילו האידנא נמי [י] דומיא דשתויי יין מה שתויי יין בזמן ביאה הוא דאסור שלא בזמן ביאה שרי אף הכא נמי והתניא [ה] רבי אומר אומר אני כהנים אסורין לשתות יין לעולם אבל מה אעשה שתקנתו קלקלתו ואמר אביי כמאן שתו האידנא כהני חמרא כרבי

רש"י

אלא בראש השנה. כדאמרינן בר"ה (דף טז.) אמרו לפני מלכיות וזכרונות וכו': וביובל. ביום הכפורים של יובל כדתנן התם (דף כו:) שוה היובל לר"ה לתקיעה ולברכות כו': ובשעת מלחמה. דכתיב (במדבר י) וכי תבאו מלחמה בארצכם על הצר הצורר אתכם וגו' ולא ידעינן מנא איתפריש דאומר ברכות ופסוקי מלכיות זכרונות ושופרות בשעת מלחמה: צעקה לאליהו. על מי שענה את אליהו חותם שומע צעקה ובשמואל שומע תפלה דכתיב ביה תפלה (שמואל א ז) קבצו את כל ישראל המצפתה ואתפלל בעדכם: צעקה. דכתיב (שם טו) ויחר לשמואל ויזעק אל ה' כל הלילה ואיכא למימר במצפה הוה ההיא צעקה דבתר פרשת קבצו כל ישראל המצפתה כתיב בפרשת [ו] נחמתי כי המלכתי את שאול וגו' כך שמעתי: גבי אליהו. במעשה דהר הכרמל כתיב תפלה דכתיב ענני ה' ענני דמשמע לשון בקשה ותפלה ולא לשון צעקה ומשני ענני ה' ענני לשון צעקה הוא כך שמעתי: יונה בתר דוד ושלמה. דהוה בימי אמציהו בסדר עולם: דבעי למחתם. בסוף כל ברכות ברוך מרחם על הארץ ולהכי בעי באותה חתימה דוד ושלמה שהן התפללו על ארץ ישראל (א) כך שמעתי אי נמי משום דאינהו תקון בית המקדש דהוא עיקר הארץ כך שמעתי: ברוך משפיל הרמים. היו אומרים במקום ברוך מרחם שהכניעם במטר ששבו בתשובה: מכאן אמרו. מדקתני הכא דאפילו אנשי משמר שלא היו עובדין באותו היום כלל אפילו הכי אסורין לשתות יין: כהן. בזמן הזה: המכיר משמרתו. היודע מאיזו משמרת הוא מיהויריב או מידעיה או אחת מכ"ד משמרות שיודע שמות אבותיו ואבות אבותיו עד יהויריב ויודע איזה יום ואיזה שבת היו עובדים: קבועין. שיודע ודאי שבית אב שלו עובד במקדש לפי שהרבה היו מבני אבות הכהנים שלא הוקבעו שוב אמר לי רבי קבועין שלא נתחלל בית אב שלו להיות מגואל מן הכהונה ויודע שראוי בית אב שלו לעבוד: אסור לשתות יין כל אותו היום. א] ותו לא שמא יבנה בית המקדש ותכבד העבודה ויהיה זה צריך לעבוד: מכיר משמרתו. שיודע איזה שבת בשנה עובדין: ואינו יודע מאיזה בית אב. דעכשיו אינו מכיר באיזה יום בשבת עובדין ויודע שבתי אבותיו קבועין אסור כל אותה שבת מספיקא בכולהו גרסינן ויודע שבתי אבותיו קבועין הן דאם אינו יודע שבתי אבותיו קבועין לעבוד מותר הוא לשתות יין כל השנה ולא חיישינן שמא יבנה ושמא בית אב שלו יעבדו היום: רבי אומר אומר אני כהן אסור כו'. כלומר אי חיישינן לשמא יבנה יהא אסור לעולם אפי' המכיר משמרתו ומשמרת בית אבותיו דחיישינן שמא ישתנה סדר משמרות ושמא יעבדו כולם לחנוכת הבית בבת אחת ונמצא זה צריך לעבוד אבל מה אעשה (ב) שתקנתו קלקלתו דהוי כמה שנים שלא חזרה בידה וקלקלה זו תקנתו לשתות יין בהדיא ולשמא יבנה לא חיישינן: כשהן מנוולין. שלא יהו סומכין על יום אחד מימי שבת ואין מסתפרין בשבת שעברה: מסתפר בכל יום. מלוה: מערב שבת לערב שבת. ולא ישהה מלגלח יותר: ומשמרות מתחדשות. בכל שבת ושבת ומשמרה שלא ראתהו עד עכשיו ונאה לראותו הדבר נאה שתראהו ביופיו: לא לירבו כלל. ב] אלא יסתפרו בכל יום דהכי משמע ופרע דהיינו שלשים לא ישלחו אלא יגלחו: שלוחי לא משלחי. הכי משמע פרע שגדלו אינן רשאין לגדל עוד: אי הכי. כיון דמקרא מפקת לה האידנא נמי לא לישלחו ומשני כיין דומיא דיין דכתיב בסמוך להאי ופרע לא ישלחו ויין לא ישתו כל כהן: מה יין בזמן ביאה הוא דאסור. דכתיב (יחזקאל מד) בבואם אל החצר וגו' בזמן שבית המקדש קיים שבאין שם לעבוד: שלא בזמן ביאה. כגון האידנא שהבית חרב ולא זמן ביאה היא: והתניא רבי אומר אומר אני כו' ואמר אביי כו'. מכלל דרבנן אסרי דחיישינן לשמא יבנה ומאי נמי מייתי רישא דברייתא מפני מה אמרו אנשי משמר כו' ואייתי סיפא בלשון קצרה ודייק מינה מכלל דרבנן אסרי: כרבי

תוספות

ויודע שבתי אבותיו קבועין לשם אסור לשתות יין וכו'. פירוש אסור לשתות יין חוץ לסעודתו אבל בסעודתו מותר דיין שבתוך הסעודה אינו משכר:

ובחמישי מותרין מפני כבוד השבת מאי טעמא. פי' מאי טעמא אין הכהנים מותרין להסתפר אלא דווקא בחמישי בשבת כדי שלא יכנסו למשמר כשהן מנוולין פי' ולא ימתינו עד יום אחד מימי השבוע הבא ויסתפרו קודם שיכנסו למשמרת דאם לא יסתפרו קודם יהיו אסורין כל השבוע הבא עד יום החמישי ומתוך זה שאסרו לספר כל השבוע הבא יסתפרו קודם שיכנסו למשמרתם ולא יהיו מנוולים:

כהן גדול מסתפר מע"ש לערב שבת וכהן הדיוט אחד לשלשים יום. פירוש שאינו יכול להשהות יותר והאי דקאמר בסמוך השתא דכתיב פרע לא ישלחו פרע ליהוי פי' פרע ליהוי עד שלשים יום אם ירצה:

לא לירבו כלל. פירוש ואפילו עד ל' יום וקשה דאם כן ג"ש דפרע למה לי (ג) וי"ל דשמא ר"ל לא לירבו עד ל' יום אלא יגלח בכ"ט:

שלוחי לא משלחו. יותר משלשים יום:

מכלל

מסורת הש"ס

א) סנהדרין כב:, ב) [מו"ק יז.], ג) סנהדרין כב: [כל הסוגיא עד סופו וע"ש כמה וכמה שינויים], ד) נזיר ה. גט. סנהדרין כב: ע"ש מו"ק יט:, ה) סנהדרין שם, ו) [נ"ל ויזעק שמואל אל ה' כעד הסדרן].

הגהות הב"ח

(א) רש"י ד"ה דבעי למחתם כו' על א"י (כך שמעתי) תא"מ ונ"ב נ"ל דזה טעות: (ב) ד"ה רבי אומר כו' אבל מה אעשה שתקנתן קלקלתן דהוי כמה שנים שלא חזרה עבודה וקלקלה זו תקנתן: (ג) תוס' ד"ה לא כו' וי"ל. נ"ב לפי זה לא גרס מלת כלל:

רבינו גרשום

בגבולין אומר העננייה ואח"כ אומר הברכה כדאמר' לעיל: אנשי משמר מתענין ולא משלימין מתענין הואיל ואין עצמן עוסקין בקרבנות ולא משלימין דכיון דמשמר שלהן עוסקין בקרבן היום יו"ט הוא להם לפיכך אין משלימין: אנשי בית אב שמקריבין קרבן היום לא היו מתענין כלל הואיל ועוסקין בקרבן: שלש שניות. שכבר תקפה הגזירה: אנשי משמר מותרין לשתות יין בלילות הואיל ואין עוסקין בקרבן היום: אנשי בית אב שעובדין היום לא ביום ולא בלילה הואיל דבלילות מקריבין נמי אברים ופדרים שלא נתעכלו מבערב: כל כהן שמכיר משמרתו ויודע מאיזה משמרה הוא ומשמרת בית אב שלו שיודע באיזה בית אב הוא ויודע שבתי אבותיו קבועין שיודעין באיזה יום עובדין בית אב שלו: אסור לשתות יין כל אותו היום אע"פ שאינו בירושלים אלא הואיל ויודע שהיום עובדין בית אב שלו ואסורין ביין הוא נמי אסור: מכיר משמרתו שיודע מאיזה משמרה הוא ואינו מכיר משמרת בית אב שלו שאינו יודע מאיזה בית אב הוא: ויודע שבתי אבותיו קבועין שיודע שמשמרה שלו קבועין ועובדין בשבת [זו] אבל אינו יודע באיזה יום עובד בית אב שלו אסור לשתות יין כל השבת דשמא היום עובד בית אב שלו: ויודע שבתי אבותיו קבועין שיודע שבית אב שלו עובדין יום אחד בשנה שהרי כהנים הן א) ובית המקדש קיים רבי אומר אומר אני אם היה כהן בזמן ביהמ"ק קיים שאין מכיר משמרתו ומשמרת בית אב שלו היה אסור לשתות יין לעולם אבל מה אעשה שתקנתו קלקלתו כלומר חרבן ביהמ"ק שהיא קלקלתם תקנתם לשתות יין כרבי דאמר שתקנתו קלקלתו אבל חכמים אומרים אין מותרין לעולם כדי שלא יכנסו למשמרתם כשהן מנוולין שכשיודעין שאין יכולין לספר ולכבס במשמרתן מספרין ומכבסין קודם שיכנסו למשמרתם

חשק שלמה על רבינו גרשום א) והיו עובדין עבודה בזמן שבהמ"ק היה קיים כצ"ל.

עין משפט נר מצוה

כב א מיי' פ"א מהל' ביאת מקדש הלכה ג סמג עשין קעו:

כג ב ג ד מיי' שם הלכה ז:

כד ה מיי' שם הלכה יב ופ"ו מהלכות כלי המקדש הלכה יא:

כה ו מיי' פ"ב מהלכות מלכים הלכה ה:

כו ז מיי' פ"ה מהלכות כלי המקדש הל' ו:

כז ח מיי' פ"א מהלכות ביאת מקדש הלכה יא סמג עשין קעב:

כח ט מיי' פ"ג מהל' נזירות הלכה א ופ"א מהלכות ביאת מקדש הלכה יא סמג עשין רב:

כט י מיי' פ"א מהלכות ביאת מקדש הל' י:

הגהות מהר"ב רנשבורג

א] רש"י ד"ה אסור לשתות יין וכו' ותו לא שמא וכו'. נ"ב פי' תו לא אסור משום שמא יבנה וכו' ותכבד עבודה דכולי האי לא גורינן כמ"ש רש"י בד"ה ואינו יודע וכו' ולא חיישינן וכו' עכ"ל ולפיכך אסור רק אותו יום לחוד ולק"מ קושית מהרש"א ודו"ק. שוב ראיתי כן בש"י: ב] שם ד"ה לא לירבו כלל אלא יסתפרו בכל יום. נ"ב ל"ע דלפ"ז מה יענה לקושי' התוס' ד"ה לא לירבו וביותר יפלא דסוף לשון רש"י הוא כמעט כתירוץ התוספות ונמצאו דברי רש"י סותרים תוך כדי דיבור:

תורה אור השלם

א) עֲנֵנִי יְיָ עֲנֵנִי וְיֵדְעוּ הָעָם הַזֶּה כִּי אַתָּה יְיָ הָאֱלֹהִים וְאַתָּה הֲסִבֹּתָ אֶת לִבָּם אֲחֹרַנִּית: [מלכים א' יח, לז]

ב) מֶלֶךְ בְּיָפְיוֹ תֶּחֱזֶינָה עֵינֶיךָ תִּרְאֶינָה אֶרֶץ מַרְחַקִּים: [ישעיה לג, יז]

ג) וְרֹאשָׁם לֹא יְגַלֵּחוּ וּפֶרַע לֹא יְשַׁלֵּחוּ כָּסוֹם יִכְסְמוּ אֶת רָאשֵׁיהֶם: [יחזקאל מד, כ]

ד) כָּל יְמֵי נֶדֶר נִזְרוֹ תַּעַר לֹא יַעֲבֹר עַל רֹאשׁוֹ עַד מְלֹאת הַיָּמִם אֲשֶׁר יַזִּיר לַייָ קָדֹשׁ יִהְיֶה גַּדֵּל פֶּרַע שְׂעַר רֹאשׁוֹ: [במדבר ו, ה]

רבינו חננאל

כו'. על הששית מי שענה את יונה במעי הדגה על השביעית מי שענה את דוד ושלמה בנו בירושלים תנא יש שמחליפין צעקה לאליהו וחותמין בברכה החמישית ברוך שומע צעקה ובברכה רביעית שהיא מי שענה את שמואל חותמים ברוך שומע תפלה. ואסיקנא ענני ה' ענני דכתיב ביה באליהו לשון צעקה הוא. ואמאי חתים לדוד ושלמה בנו בסוף והלא אינהו קדימי ליונה משום דבעי למחתם ברוך מרחם על הארץ תנא סומכוס אומר בשביעית הוא אומר ברוך משפיל רמים: מתני' שלש תעניות הראשונות אנשי משמר כו' פי' הכהנים היו חלוקים כ"ד חלקים משמש שבוע ומתחלף יוצא זה נכנס אחר ואותו החלק המשמש שבוע נקרא משמר וכל המשמר היו חולקין ז' חלקים כל אחד משמש יומו ויצא ונכנס אחר משמש למחר ונקרא חלק שהוא אחד משבעה במשמר בית אב. וכן הוא מפורש בתוספתא (דמכילתין) משמר שיש בו ד' בתי אבות או ז' בתי אבות או ח' או ט' משמר שיש בו ד' בתי אבות ג' מהן מקריבין כל אחד ב' ימים והרביעי מקריב יום אחד ומשמר שיש בו ח' בתי אבות כו'. משמר שיש בו ז' בתי אבות כל אחד משמר יומו והן כל אחד ואחד ועל זה הסדר שנו בחיצונה אנשי משמר מותרין לשתות יין בלילות אבל לא בימים שמא יזדמנו אותו היום זבחים הרבה ותכבד העבודה על אנשי (בתי דין) בית אב ויסייעו אותן אבל אנשי בית אב אסורין לשתות יין בין ביום בין בלילה מפני שהן תדירין בעבודה ויש באלו כ"ד משמרות שהפילו גורלות מי שעלה גורלו ביום ראשון א) נקבע במשמרתו להיות הוא משמש ביום ראשון לעולם ומי שנקבע ביום שני כמוהו כגון שהיא משמרת יהויריב בתחלת ניסן בית אב פלוני באחד בשבת. בית אב פלוני בשני בשבת. וכן כולן לפיכך אמרו [המכיר] משמרתו באיזה חדש ובאיזה שבוע זמנו ובית אב שלו באיזה היום מן השבוע זמנו והוא מן הקבועים לעולם אסורין לשתות יין בו ביום מ"ט אמרינן שמא יבנה הבית ויהיה שתוי ואינו יכול לשמש בו ביום ומי שאינו מכיר בית אב שלו אבל מכיר באיזה שבוע זמן משמרתו אסור לשתות יין כל אותו שבוע ומי שאינו מכיר [לא] זה ולא זה אבל יודע שבתי אבותיו קבועין בעבודה אסור לשתות יין לעולם דבכל יום חיישינן שמא יומו הוא ר' אומר אומר אני כגון זה אסור לשתות יין לעולם ב) אסור דרבנן וכדאמרין (אצל) [אבל] תקנתו קלקלתו זה השמועה כולה בסנהדרין בסוף פ' כ"ג פי' כיון שנתקלקלה בבית אב שלו הותר שאפילו אם יבנה הבית אינו משמש עד שישב ב"ד של כהונה ויקבעוהו באיזה יום ישמש לפיכך עכשיו מותר וכן כל כהן שאינו בר עבודה ביום ידוע מותר ועל זה אמר אביי כמאן שתי האידנא כהני חמרא כרבי מכלל רבנן סברי

חשק שלמה על רבינו חננאל א) נראה דצ"ל ונקבע במשמרתו להיות כן הוא משמש וכו'. ב) נראה דצ"ל וכדאמרו רבנן אבל תקנתו כו'.

ליקוטי רש"י

כל אותו היום. אף בזמן הזה. אסור לשתות יין. לעולם שמא עכשיו זמנו הוא ויש לחוש שמא יבנה בית המקדש. רבי אומר אומר אני. אם באנו לחוש שמא יבנה אסור ביין לעולם ואפילו הוא מכיר שאינו עכשיו זמן משמרתו שמא יבנה וכל הקודם ולשמכה עייל ועביד. אבל מה אעשה שתקנתו קלקלתו. חורבן הבית שקלקלו ועירבב סדר משמרותיהן שהיה אוסרן ביין בזמן משמרתן ומתירן שלא בזמן משמרתן הוא תיקן עכשיו לשתות יין לעולם דלא חיים שמא יבנה פתאום. כמאן שתו האידנא כהני חמרא כרבי. שהרי רוב כהנים אינן בקיאין בזמן משמרותיהן ואסורין לעולם לרבנן [סנהדרין כב:]. הואיל ומשמרות מתחדשות. מתחלפות ומתחדשות בשבת זו יוצאה וזו נכנסת והכנסת משמרת חדשה זו הכנסת שיראוהו ביופי [סנהדרין שם]. וראשם לא יגלחו. להעביר את כל השער. ופרע לא ישלחו. גידול שער לא ירבו [יחזקאל מד, כ]. קדוש יהיה. השער שלו לגדל הפרע של שער ראשו. פרע. נקוד פתח קטן לפי שהוא דבוק לשער ראשו פרע של שער ופירושו של פרע גדול של שער וכן את ראשו לא יפרע (ויקרא כא י) [במדבר ו, ה]. בגימטריא. גימטריאות, דברים הלמדין בלשון גימטריא כגון (ירמיהו כה) שש"ך בבל בא"ת ב"ש (שם נא) לב קמי בא"ת ב"ש כשדים מנון (סוכה דף נב:) בא"ט ב"ח וכן לפי מנין האותיות כגון סתם נזירות שלשים יום (נזיר דף ה.) מקדוש יהיה יהי"ה בגימטריא שלשים הוו [סוטה כח.]. לא לירבו כלל. ואפילו עד שלשים. אמר ליה. פרע מקרי בשלשים יום. אי הוה כתיב לא ישלחו פרע. הוה משמע לא יגדלו פרע עד שיעור פרע השתא דכתיב ופרע לא ישלחו דקאמר פרע והדר לא ישלחו משמע פרע דשלשים יום ליהוי אבל שלוחי טפי לא לשלחו [סנהדרין שם]. האידנא. עכשיו [סוכה יח.]. דומיא דשתויי יין. דסמוך ליה ויין לא ישתו בבואם וגו' מקיש פרועי ראש לשתויי יין וכתיב ביין בבואם [סנהדרין שם].

hair to grow thirty days, but not more than thirty days.

The Gemara asks:

אִי הָכִי אֲפִילּוּ הָאִידָּנָא נַמִּי – If so, even nowadays, that the Temple no longer exists, this prohibition should **also** apply.[35]

The Gemara answers:

דּוּמְיָא דִשְׁתוּיֵי יַיִן – The prohibition against a Kohen growing long hair is **similar to** the prohibition against Kohanim **who have drunk wine,** since the two prohibitions are juxtaposed in *Ezekiel*:[36] **מַה שְּׁתוּיֵי יַיִן בִּזְמַן בִּיאָה הוּא דְּאָסוּר שֶׁלֹּא בִּזְמַן בִּיאָה שָׁרֵי – Just as the prohibition against** Kohanim **who have drunk wine applies only at a time of entering** the Temple, **but** when **not at a time of entering** the Temple **it is permitted** for a Kohen to drink wine,[37] **אַף הָכָא נַמִּי – so too here,** in regard to growing long hair, the prohibition applies only at a time of entering the Temple. Thus, nowadays, when the Temple does not exist, a Kohen may grow his hair long.[38]

The Gemara asks:

וְהָתַנְיָא רַבִּי אוֹמֵר אוֹמֵר אֲנִי כֹּהֲנִים אֲסוּרִין לִשְׁתּוֹת יַיִן לְעוֹלָם – But it was taught in a Baraisa, already cited above: **REBBI SAYS: I SAY** that in theory, nowadays **ALL KOHANIM SHOULD BE FORBIDDEN TO DRINK WINE AT ALL TIMES. אֲבָל מָה אֶעֱשֶׂה שֶׁתַּקָּנָתוֹ קַלְקָלָתוֹ – BUT WHAT CAN I DO, INASMUCH AS [THE KOHEN'S] RESTORATION** to the right to drink wine **RESULTS FROM HIS DISRUPTION.**[39] **וְאָמַר אַבַּיֵי – And Abaye said: כְּמַאן שָׁתוּ הָאִידָּנָא כַּהֲנֵי חַמְרָא – In accordance with whom do Kohanim drink wine, nowadays?**

NOTES

enter the category of "tresses" on the thirtieth day. To this Abaye answered: Had the verse stated "they shall not grow tresses," we could indeed interpret this to mean that they shall not grow their hair to the point at which it becomes "tresses," but they must rather cut it *before* the thirtieth day. But now that the verse states "tresses they shall not grow," the implication is that they may indeed have tresses of thirty days' growth, but are prohibited to let these tresses grow any longer.

35. Since we derive a Kohen's prohibition against growing his hair long from *nazir* (through a *gezeirah shavah*), the Kohen's prohibition should apply nowadays just as the prohibitions of a *nazir* apply (*R' Gershom*). [And the verse in *Ezekiel* that states the Kohen's prohibition against growing his hair long does not associate the prohibition with entering the Temple.]

36. *Ezekiel* 44:20 reads: . . . וּפֶרַע לֹא יְשַׁלֵּחוּ, *And tresses they shall not grow* . . . Verse 21 reads: וְיַיִן לֹא־יִשְׁתּוּ כָּל־כֹּהֵן בְּבוֹאָם אֶל־הֶחָצֵר הַפְּנִימִית, *And all Kohanim shall not drink wine when they come to the inner courtyard*. A Kohen who has drunk wine may not enter the Temple until the wine's effects have worn off [see *Rambam, Hil. Bi'as HaMikdash* 1:5, and above, 15b note 13].

37. A Kohen is forbidden to drink wine only when he will enter the Temple under its influence. Thus, the prohibition has bearing only when the Temple stands (see *Rashi*).

38. There is a dispute among the Rishonim regarding this law. *Rambam* (*Hil. Bi'as HaMikdash* 1:10) maintains that even when the Temple stands, the prohibition against a Kohen growing his hair long applies only to a Kohen who *enters* the Temple to serve. *Ravad* (ad loc.), however, maintains that all Kohanim of the *mishmar* that serves that week are forbidden to grow their hair long – even if they do not enter the Temple themselves. All agree, however, that the prohibition against drinking wine applies only to a Kohen who enters the Temple to serve (*Meiri*; see *Kesef Mishneh*, ibid.).

39. See note 24 above.

אלא בראש השנה וביובלות ובשעת מלחמה: על הראשונה הוא אומר מי שענה את אברהם כו': תנא יש מחליפין צעקה לאליהו ותפלה לשמואל בשלמא גבי שמואל כתיב ביה תפלה וכתיב ביה צעקה אלא גבי אליהו תפלה כתיב צעקה לא כתיב (א) ענני ה' ענני לשון צעקה היא: על הששית הוא אומר מי שענה את יונה כו' על השביעית הוא אומר מי שענה את דוד כו': מכדי יונה בתר דוד ושלמה הוה מאי טעמא מקדים ליה ברישא משום דבעי למיחתם מרחם על הארץ תנא משום סומכוס אמרו ברוך משפיל הרמים: שלש תעניות הראשונות אנשי משמר מתענין ולא משלימין כו': תנו רבנן מפני מה אמרו אנשי משמר מותרין לשתות יין בלילות אבל לא בימים שמא תכבד העבודה על אנשי בית אב ויבואו ויסייעו להם מפני מה אמרו אנשי בית אב לא ביום ולא בלילה מפני שהן עסוקין תמיד בעבודה מכאן אמרו כל כהן שמכיר משמרתו ומשמרת בית אב שלו ויודע שבתי אבותיו קבועין שם אסור לשתות יין כל אותו היום במכיר משמרתו ואין מכיר משמרת בית אב שלו ויודע שבתי אבותיו קבועין שם אסור לשתות יין כל אותה שבת אינו מכיר משמרתו ומשמרת בית אב שלו ויודע שבתי אבותיו קבועין שם אסור לשתות יין כל השנה רבי אומר אומר אני אסור לשתות יין לעולם אבל מה אעשה שתקנתו קלקלתו אמר אביי כמאן שתו האידנא כהני חמרא כרבי: אנשי משמר ואנשי מעמד אסורים לספר ולכבס ובחמישי מותרין מפני כבוד השבת: מאי טעמא אמר רבה בר בר חנה אמר ר' יוחנן כדי שלא יכנסו למשמרתם כשהן מנוולין ת"ר מלך מסתפר בכל יום כהן גדול מערב שבת לערב שבת כהן הדיוט אחת לשלשים יום מלך מסתפר בכל יום מ"ט אמר רבי אבא בר זבדא אמר קרא (ב) מלך ביפיו תחזינה עיניך כהן גדול מע"ש לערב שבת מ"ט אמר רב שמואל בר יצחק הואיל ומשמרות מתחדשות כהן הדיוט אחת לשלשים יום מנלן אתיא פרע פרע מנזיר כתיב הכא (ג) וראשם לא יגלחו ופרע לא ישלחו וכתיב התם (ד) קדוש יהיה גדל פרע שער ראשו מה להלן שלשים אף כאן שלשים ונזיר גופיה מנלן אמר רב מתנה סתם נזירות שלשים יום מנלן אמר קרא יהיה בגימטריא תלתין הוי א"ל רב פפא לאביי ודילמא ה"ק רחמנא לא לירבו כלל אמר ליה אי הוה כתב לא ישלחו פרע כדקאמרת השתא דכתיב ופרע לא ישלחו פרע ליהוי שלוחי הוא דלא לישלחו אי הכי אפילו האידנא נמי דומיא דשתויי יין מה שתויי יין בזמן ביאה הוא דאסור שלא בזמן ביאה שרי אף הכא נמי והתניא רבי אומר אומר אני כהנים אסורין לשתות יין לעולם אבל מה אעשה שתקנתו קלקלתו ואמר אביי כמאן שתו האידנא כהני חמרא כרבי

אלא בראש השנה. כדאמרינן בר"ה (דף טז.) אמרו לפני מלכיות וזכרונות וכו': **וביובל.** ביום הכפורים של יובל כדתנן התם (דף כו:) שוה היובל לר"ה לתקיעה ולברכות כו': **ובשעת מלחמה.** דכתיב (במדבר י) וכי תבאו מלחמה בארצכם על הצר הצורר אתכם וגו' ולא ידעינן מנא איתפרש דאומר ברכות ופסוקי מלכיות זכרונות ושופרות בשעת מלחמה: **צעקה לאליהו.** על מי שענה את אליהו חותם שומע צעקה ובשמואל שומע תפלה דכתיב ביה תפלה (שמואל א ז) קבצו את כל ישראל המצפתה ואתפלל בעדכם: **צעקה.** דכתיב (שם טו) ויחר לשמואל ויזעק אל ה' כל הלילה ואיכא למימר במצפה הוה ההיא צעקה דבתר פרשת קבצו כל ישראל המצפתה כתיב בפרשת נחמתי כי המלכתי את שאול וגו' כך שמעתי: **גבי אליהו.** במעשה דהר הכרמל כתיב תפלה דכתיב ענני ה' ענני דמשמע לשון בקשה ותפלה ולא לשון צעקה ומשני ענני ה' ענני לשון צעקה הוא כך שמעתי: **יונה בתר דוד ושלמה.** דהוה בימי אמציהו בסדר עולם: **דבעי למחתם.** בסוף כל ברכות ברוך מרחם על הארץ ולהכי בעי באותה חתימה דוד ושלמה שהן התפללו על ארץ ישראל (א) כך שמעתי אי נמי משום דאינהו תקון בית המקדש דהוא עיקר הארץ כך שמעתי: **ברוך משפיל הרמים.** היו אומרים במקום ברוך מרחם שהכניעם במטר ששבו בתשובה: **מכאן אמרו.** מדקתני הכא דאפילו אנשי משמר שלא היו עובדין באותו היום כלל אפילו הכי אסורין לשתות יין: **כהן.** בזמן הזה: **המכיר משמרתו.** היודע מאיזו משמרת הוא מיהויריב או מידעיה או אחת מכ"ד משמרות שיודע שמות אבותיו ואבות אבותיו עד יהויריב ויודע איזה יום ואיזה שבת היו עובדים: **קבועין.** שיודע ודאי שבית אב שלו עובד במקדש לפי שהרבה היו מבתי אבות הכהנים שלא הוקבעו שוב אמר לי רבי קבועין שלא נתחלל בית אב שלו להיות מגואל מן הכהונה ויודע שראוי בית אב שלו לעבוד: **אסור לשתות יין כל אותו היום.** א] ותו לא שמא יבנה בית המקדש ותכבד העבודה ויהיה זה צריך לעבוד: **מכיר משמרתו.** שיודע איזה שבת בשנה עובדין: **ואינו יודע מאיזה בית אב.** דעכשיו אינו מכיר באיזה יום בשבת עובדין ויודע שבתי אבותיו קבועין אסור כל אותה שבת מספיקא בכולהו גרסינן ויודע שבתי אבותיו קבועין הן דאם אינו יודע שבתי אבותיו קבועין לעבוד מותר הוא לשתות יין כל השנה ולא חיישינן שמא יבנה ושמא בית אב שלו יעבדו היום: **רבי אומר אומר אני כהן אסור כו'.** כלומר אי חיישינן לשמא יבנה יהא אסור לעולם אפי' המכיר משמרתו ומשמרת בית אבותיו דחיישינן שמא ישתנה סדר משמרות ושמא יעבדו כולם לחנוכת הבית בבת אחת ונמצא זה צריך לעבוד אבל מה אעשה (ב) שתקנתו קלקלתו דהוי כמה שנים שלא חזרה בידה וקלקלה זו תקנתו לשתות יין בהדיא ולשמא יבנה לא חיישינן: **כשהן מנוולין.** שלא יהו סומכין על יום אחד מימי שבת ואין מסתפרין בשבת שעברה: **מסתפר בכל יום.** מלוה: **מערב שבת לערב שבת.** ולא ישהה מלגלח יותר: **ומשמרות מתחדשות.** בכל שבת ושבת ומשמרה שלא ראתהו עד עכשיו ובאה לראותו הדבר נאה שתראהו ביופיו: **לא לירבו כלל.** ב] אלא יסתפרו בכל יום דהכי משמע ופרע דהיינו שלשים לא ישלחו אלא יגלחו: **שלוחי לא משלחי.** הכי משמע פרע שגדלו אינן ראשין לגדל עוד: **אי הכי.** כיון דמקרא מפקת לה האידנא נמי לא לישלחו ומשני כיין דומיא דיין דכתיב בסמוך להאי ופרע לא ישלחו ויין לא ישתו כל כהן: **מה יין בזמן ביאה הוא דאסור.** דכתיב (יחזקאל מד) בבואם אל החצר וגו' בזמן שבית המקדש קיים שבאין שם לעבוד: **שלא בזמן ביאה.** כגון האידנא שהבית חרב ולא זמן ביאה היא: **והתניא רבי אומר אומר אני כו' ואמר אביי כו'.** מכלל דרבנן אסרי דחיישינן לשמא יבנה ומאי נמי מייתי רישא דברייתא מפני מה אמרו אנשי משמר כו' ואייתי סיפא בלשון קצרה ודייק מינה מכלל דרבנן אסרי:

ויודע שבתי אבותיו קבועין לשם אסור לשתות יין וכו'. פירוש אסור לשתות יין חוץ לסעודתו אבל בסעודתו מותר דיין שבתוך הסעודה אינו משכר:

ובחמישי מותרין מפני כבוד השבת מאי טעמא. פי' מאי טעמא אין הכהנים מותרין להסתפר אלא דווקא בחמישי בשבת כדי שלא יכנסו למשמר כשהן מנוולין פי' ולא ימתינו עד יום אחד מימי השבוע הבא ויסתפרו קודם שיכנסו למשמרת דאם לא יסתפרו קודם יהיו אסורין כל השבוע הבא עד יום החמישי ומתוך זה שאסרו לספר כל השבוע הבא יסתפרו קודם שיכנסו למשמרתם ולא יהיו מנוולים:

כהן גדול מסתפר מע"ש לערב שבת וכהן הדיוט אחד לשלשים יום. פירוש שאינו יכול להשהות יותר והאי דקאמר בסמוך השתא דכתיב פרע לא ישלחו פרע ליהוי פי' פרע ליהוי עד שלשים יום אם ירצה:

לא לירבו כלל. פירוש ואפילו עד ל' יום וקשה דאם כן ג"ש דפרע למה לי (ג) וי"ל דשמא ר"ל לא לירבו עד ל' יום אלא יגלח בכ"ט:

שלוחי לא משלחו. יותר משלשים יום:

מכלל

מסורת הש"ס

א) סנהדרין כב., ב) [מו"ק יד.], ג) סנהדרין כב: [כל הסוגיא עד סופו וע"ש כמה וכמה שינוים], ד) נזיר ה. לט. סנהדרין שם ע"ש מו"ק יט:, ה) סנהדרין שם, ו) [צ"ל ויזעק שמואל אל ה' בעד ישראל].

הגהות הב"ח

(א) רש"י ד"ה דבעי למחתם כו' על א"י (כך שמעתי) תא"מ ונ"ב נ"ל דזה טעות: (ב) ד"ה רבי אומר כו' אבל מה אעשה שתקנתן קלקלתן דהוי כמה שנים שלא חזרה עבודה וקלקלה זו תקנתן: (ג) תוס' ד"ה לא כו' וי"ל. נ"ב לפי זה לא גרס מלת כלל:

רבינו גרשום

בגבולין אומר העננייה ואח"כ אומר הברכה כדאמר' לעיל: **אנשי משמר מתענין ולא משלימין** מתענין הואיל ואין עצמן עוסקין בקרבנות ולא משלימין דכיון דמשמר שלהן עוסקין בקרבן היום יו"ט הוא להם לפיכך אין משלימין: **אנשי בית אב** שמקריבין קרבן היום לא היו מתענין כלל הואיל ועוסקין בקרבן: **שלש שניות.** שכבר תקפה הגזירה: **אנשי משמר מותרין לשתות יין בלילות** הואיל ואין עוסקין בקרבן היום: **אנשי בית אב** שעובדין היום **לא ביום ולא בלילה** הואיל דבלילות מקריבין נמי אברים ופדרים שלא נתעכלו מבערב: **כל כהן שמכיר משמרתו** ויודע מאיזה משמרה הוא **ומשמרת בית אב שלו** שיודע באיזה בית אב הוא **ויודע שבתי אבותיו קבועין** שיודעין באיזה יום עובדין בית אב שלו: **אסור לשתות יין כל אותו היום** אע"פ שאינו בירושלים אלא הואיל ויודע שהיום עובדין בית אב שלו ואסורין ביין הוא נמי אסור: **מכיר משמרתו** שיודע מאיזה משמרה הוא **ואינו מכיר משמרת בית אב שלו** שאינו יודע מאיזה בית אב הוא: **ויודע שבתי אבותיו קבועין** שיודע שמשמרה שלו קבועין ועובדין בשבת [זו] אבל אינו יודע באיזה יום עובד בית אב שלו **אסור לשתות יין כל השבת** דשמא היום עובד בית אב שלו: **ויודע שבתי אבותיו קבועין** שיודע שבית אב שלו עובדין יום אחד בשנה שהרי כהנים הן א) ובית המקדש קיים **רבי אומר אומר אני** אם היה כהן בזמן ביהמ"ק קיים שאין מכיר משמרתו ומשמרת בית אב שלו **היה אסור לשתות יין לעולם אבל מה אעשה שתקנתו קלקלתו** כלומר חרבן ביהמ"ק שהיא קלקלתם תקנתם לשתות יין כרבי דאמר שתקנתו קלקלתו אבל חכמים אומרים אין מותרין לעולם **כדי שלא יכנסו למשמרתם כשהן מנוולין** שכשיודעין שאין יכולין לספר ולכבס במשמרתן מספרין ומכבסין קודם שיכנסו למשמרתם

חשק שלמה על רבינו גרשום א) והיו עובדין עבודה בזמן שבהמ"ק היה קיים כצ"ל.

עין משפט נר מצוה

כב א מיי' פ"א מהל' ביאת מקדש הלכה ב סמג עשין קעו:
כג ב ג ד מיי' שם הלכה ז:
כד ה מיי' שם הלכה יב ופ"ו מהלכות כלי המקדש הלכה יא:
כה ו מיי' פ"ב מהלכות מלכים הלכה ה:
כו ז מיי' פ"ה מהלכות כלי המקדש הל' ו:
כז ח מיי' פ"א מהלכות ביאת מקדש הלכה יא סמג עשין קעב:
כח ט מיי' פ"ג מהל' נזירות הלכה א ופ"א מהלכות ביאת מקדש הלכה יא סמג עשין רכ:
כט י מיי' פ"א מהלכות ביאת מקדש הל' י:

הגהות מהר"ב רנשבורג

א] רש"י ד"ה אסור לשתות יין וכו' ותו לא שמא וכו'. נ"ב פי' תו לא אסור משום שמא יבנה וכו' ותכבד עבודה דכולי האי לא גזרינן כמ"ש רש"י בד"ה ואינו יודע וכו' ולא חיישינן וכו' עכ"ל ולפיכך אסור רק אותו יום לחוד ולק"מ קושית מהרש"א ודו"ק. שוב ראיתי כן בש"י: ב] שם ד"ה לא לירבו כלל אלא יסתפרו בכל יום. נ"ב צ"ע דלפ"ז מה יענה לקושי' התוס' ד"ה לא לירבו וביותר יפלא דסוף לשון רש"י הוא כמעט כתירוץ התוספות ונמצאו דברי רש"י סותרים תוך כדי דיבור:

תורה אור השלם

א) עֲנֵנִי יְיָ עֲנֵנִי וְיֵדְעוּ הָעָם הַזֶּה כִּי אַתָּה יְיָ הָאֱלֹהִים וְאַתָּה הֲסִבֹּתָ אֶת לִבָּם אֲחֹרַנִּית: [מלכים א' יח, לז]

ב) מֶלֶךְ בְּיָפְיוֹ תֶּחֱזֶינָה עֵינֶיךָ תִּרְאֶינָה אֶרֶץ מַרְחַקִּים: [ישעיה לג, יז]

ג) וְרֹאשָׁם לֹא יְגַלֵּחוּ וּפֶרַע לֹא יְשַׁלֵּחוּ כָּסוֹם יִכְסְמוּ אֶת רָאשֵׁיהֶם: [יחזקאל מד, כ]

ד) כָּל יְמֵי נֶדֶר נִזְרוֹ תַּעַר לֹא יַעֲבֹר עַל רֹאשׁוֹ עַד מְלֹאת הַיָּמִם אֲשֶׁר יַזִּיר לַייָ קָדֹשׁ יִהְיֶה גַּדֵּל פֶּרַע שְׂעַר רֹאשׁוֹ: [במדבר ו, ה]

רבינו חננאל

כו'. על הששית מי שענה את יונה במעי הדגה על השביעית מי שענה את דוד ושלמה בנו בירושלים תנא יש שמחליפין צעקה לאליהו וחותמין בברכה החמישית ברוך שומע צעקה ובברכה רביעית שהיא מי שענה את שמואל חותמים ברוך שומע תפלה. ואסיקנא ענני ה' ענני דכתיב ביה באליהו לשון צעקה הוא. ואמאי חתים לדוד ושלמה בנו בסוף והלא אינהו קדימי ליונה משום דבעי למחתם ברוך מרחם על הארץ תנא סומכוס אומר בשביעית הוא אומר ברוך משפיל רמים: **מתני'** שלש תעניות הראשונות אנשי משמר כו' פי' הכהנים היו חלוקים כ"ד חלקים משמש שבוע ומתחלף יוצא זה נכנס אחר ואותו החלק המשמש שבוע נקרא משמר וכל המשמר היו חולקין ז' חלקים כל אחד משמש יומו ויצא ונכנס אחר משמש למחר ונקרא חלק שהוא אחד משבעה במשמר בית אב. וכן הוא מפורש בתוספתא (דמכילתין) משמר שיש בו ד' בתי אבות או ז' בתי אבות או ח' או ט' משמר שיש בו ד' בתי אבות ג' מהן מקריבין כל אחד ב' ימים והרביעי מקריב יום אחד ומשמר שיש בו ח' בתי אבות כל אחד משמר יומו והן כל אחד ואחד ועל זה הסדר שנו בחיצונה אנשי משמר מותרין לשתות יין בלילות אבל לא בימים שמא יזדמנו אותו היום זבחים הרבה ותכבד העבודה על אנשי (בתי דין) בית אב ויסייעו אותן אבל אנשי בית אב אסורין לשתות יין בין ביום בין בלילה מפני שהן תדירין בעבודה ויש באלו כ"ד משמרות שהפילו גורלות מי שעלה גורלו ביום ראשון א) נקבע במשמרתו להיות הוא משמש ביום ראשון לעולם ומי שנקבע ביום שני כמוהו כגון שהיא משמרת יהויריב בתחלת ניסן בית אב פלוני באחד בשבת. בית אב פלוני בשני בשבת. וכן כולן לפיכך אמרו [המכיר] משמרתו באיזה חדש ובאיזה שבוע זמנו ובית אב שלו באיזה היום מן השבוע זמנו והוא מן הקבועים לעולם אסורין לשתות יין בו ביום מ"ט אמרינן שמא יבנה הבית ויהיה שתוי ואינו יכול לשמש בו ביום ומי שאינו מכיר בית אב שלו אבל מכיר באיזה שבוע זמן משמרתו אסור לשתות יין כל אותו שבוע ומי שאינו מכיר [לא] זה ולא זה אבל יודע שבתי אבותיו קבועין בעבודה אסור לשתות יין לעולם דבכל יום חיישינן שמא יומו הוא ר' אומר אומר אני כגון זה אסור לשתות יין לעולם ב) אסור דרבנן וכדאמרין (אצל) [אבל] תקנתו קלקלתו זה השמועה כולה בסנהדרין בסוף פ' כ"ג פי' כיון שנתקלקלה בבית אב שלו הותר שאפילו אם יבנה הבית אינו משמש עד שישב ב"ד של כהונה ויקבעוהו באיזה יום ישמש לפיכך עכשיו מותר וכן כל כהן שאינו בר עבודה ביום ידוע מותר ועל זה אמר אביי כמאן שתי האידנא כהני חמרא כרבי מכלל רבנן סברי

חשק שלמה על רבינו חננאל א) נראה דצ"ל ונקבע במשמרתו להיות כן הוא משמש וכו'. ב) נראה דצ"ל וכדאמרו רבנן אבל תקנתו כו'.

ליקוטי רש"י

כל אותו היום. אף בזמן הזה. **אסור לשתות יין.** לעולם שמא עכשיו זמנו הוא ויש לחוש שמא יבנה בית המקדש. **רבי אומר אומר אני.** אם באנו לחוש שמא יבנה אסור ביין לעולם ואפילו הוא מכיר שאינו עכשיו זמן משמרתו שמא יבנה וכל הקודש ואישתכח עייל ועביד. **אבל מה אעשה שתקנתו קלקלתו.** חורבן הבית שקלקלן ועירבב סדר משמרותיהן שהיה אוסרן ביין בזמן משמרתן ומתירן שלא בזמן משמרתן הוא תיקנן עכשיו לשתות יין לעולם דלא חייש שמא יבנה פתאום. **כמאן שתו האידנא כהני חמרא כרבי.** שהרי רוב כהנים אינן בקיאין בזמן משמרותיהן ואסורין לעולם לרבנן [סנהדרין כב:]. **הואיל ומשמרות מתחדשות.** מתחלפות ומתחדשות בשבת זו יוצאה וזו נכנסת וצריך להסתפר מפני משמרת חדשה זו הנכנסת שיראוהו ביופי [סנהדרין שם]. **וראשם לא יגלחו.** להעביר את כל השער. **ופרע לא ישלחו.** גידול שער לא ירבו [יחזקאל מד, כ]. **קדוש יהיה.** השער שלו לגדל הפרע של שער ראשו. **פרע.** נקוד פתח קטן לפי שהוא דבוק לשער ראשו פרע של שער ופירושו של פרע גדול של שער וכן את ראשו לא יפרע (ויקרא כא י) [במדבר ו, ה]. **בגימטריא.** גימטריאות, דברים הלמדין בלשון גימטריא כגון (ירמיהו כה) ששך בבל בא"ת ב"ש (שם נא) לב קמי בא"ת ב"ש כשדים מנין (סוכה דף נב:) בא"ט ב"ח וכן לפי מנין האותיות כגון סתם נזירות שלשים יום (נזיר דף ה.) מקדוש יהיה יהי"ה בגימטריא שלשים הוו [סוכה כח.]. **לא לירבו כלל.** ואפילו עד שלשים. **אמר ליה.** פרע מקרי בשלשים יום. **אי הוה כתיב לא ישלחו פרע.** הוה משמע לא יגדלו פרע עד שיעור פרע השתא דכתיב ופרע לא ישלחו דקאמר פרע והדר לא ישלחו משמע פרע דשלשים יום ליהוי אבל שלוחי טפי לא לשלחו [סנהדרין שם]. **האידנא.** עכשיו [סוטה יח.]. **דומיא דשתויי יין.** דסמוך ליה ויין לא ישתו בבואם וגו' מקיש פרועי ראש לשתויי יין וכתיב ביין בבואם [סנהדרין שם].

כרבי מכלל דרבנן אסרי מ"ט מהרה יבנה בית המקדש ובעינן כהן הראוי לעבודה וליכא הכא אפשר דמספר ועייל אי הכי שתוי יין נמי אפשר דגני פורתא ועייל כדרמי בר אבא דאמר רמי בר אבא דרך מיל ושינה כל שהוא מפיגין את היין לאו מי איתמר עלה אמר רב נחמן אמר רבה בר אבוה לא שנו אלא כששתה שיעור רביעית אבל שתה יותר מרביעית כל שכן שדרך מטרידתו ושינה משכרתו רב אשי אמר שתויי יין דמחלי עבודה גזרו בהו רבנן פרועי ראש דלא מחלי עבודה לא גזרו בהו רבנן מיתיבי ואלו שהן במיתה שתויי יין ופרועי ראש בשלמא שתויי יין בהדיא כתיב בהו יין ושכר אל תשת אלא פרועי ראש מנלן דכתיב וראשם לא יגלחו ופרע לא ישלחו וכתיב בתריה ויין לא ישתו כל כהן בבאם אל החצר הפנימית ואיתקוש פרועי ראש לשתויי יין מה שתויי יין במיתה אף פרועי ראש במיתה ומינה אי מה שתויי יין דמחלי עבודה אף פרועי ראש דמחלי עבודה (לא כי איתקוש למיתה הוא דאיתקוש אבל לאחולי עבודה לא איתקוש) א"ל רבינא לרב אשי הא מקמי דאתא יחזקאל מאן אמרה א"ל וליטעמיך הא דאמר רב חסדא דבר זה מתורת משה לא למדנו ומדברי קבלה למדנו כל בן נכר ערל לב וערל בשר לא יבוא אל מקדשי (לשרתני) הא מקמי דאתא יחזקאל מאן אמרה אלא גמרא גמיר לה ואתא יחזקאל ואסמכה אקרא הכא נמי גמרא גמיר לה ואתא יחזקאל ואסמכה אקרא (כי גמירי הלכה למיתה לאחולי עבודה לא גמירי): כל הכתוב במגילת תענית דלא למיספד לפניו אסור לאחריו מותר: תנו רבנן אלין יומיא דלא להתענאה בהון ומקצתהון דלא למיספד בהון מריש ירחא דניסן ועד תמניא ביה איתוקם תמידא דלא למיספד בהון מתמניא ביה עד סוף מועדא איתותב חגא דשבועיא דלא למיספד בהון אמר מר מריש ירחא דניסן עד תמניא ביה איתוקם תמידא דלא למיספד למה לי מריש ירחא לימא מתרי בניסן ור"ח גופיה יו"ט הוא ואסור אמר רב לא נצרכה אלא לאסור יום שלפניו ושלפניו נמי תיפוק ליה דהוה ליה יום שלפני ראש חדש ר"ח דאורייתא הוא ודאוריית' לא בעי חיזוק דתניא הימים האלה הכתובין במגילת תענית לפניהם ולאחריהם אסורין שבתות וימים טובים הן אסורין לפניהן ולאחריהן מותרין ומה הפרש בין זה לזה הללו דברי תורה ודברי תורה אין צריכין חיזוק הללו דברי סופרים ודברי סופרים צריכין חיזוק אמר מר מתמניא ביה עד סוף מועדא איתותב חגא דשבועיא דלא למיספד למה לי עד סוף מועד לימא עד המועד ומועד גופיה יום טוב הוא ואסור אמר רב פפא כדאמר רב לא נצרכה

אלא

כרבי הא רבנן מיסר אסרי. אפילו שלא בזמן ביאה: ומשני מאי טעמא כו' והכא כו'. מאי טעמא תירוצא הוא כלומר דטעמא מאי גזור רבנן ביין שמא יבנה כו' אבל גבי פרועי ראש לא גזרו דאפשר דמסתפר מיד והדר עייל לבית המקדש לעבודה: דרך מיל ושינה כל שהוא כו': ושינה משכרתו. והאי שינוי איכא בהן מיהא: שתוי יין דמחלי עבודה. דכתיב יין ושכר אל תשת וסמיך ליה ולהבדיל בין הקדש ובין החול בין עבודה קדושה למחוללת דאי עביד עבודה שתוי יין חילל: פרועי ראש. דלא כתיב ביה חלל דלא נראה חילול: ואילו שבמיתה. בידי שמים במסכת סנהדרין באלו הן הנשרפין (דף פג.): שתויי יין. במיתה דכתיב יין ושכר אל תשת בבואכם אל אהל מועד ולא תמותו דהיינו מיתה בידי שמים מדלא כתיב יומת ואמר בשלמא כו': ה"ג ומינה מה שתויי יין מחלי עבודה אף פרועי ראש מחלי עבודה. קשיא לא גרס: כי גמירי הלכה למיתה. לאחולי עבודה לא גמירי: מחלי עבודה. חולין היא כל עבודתו שעבד: אף פרועי ראש. עבודתם מחוללת דלכל מילי איתקוש ותיובתא דרב אשי דאמר פרועי ראש לא מחלי עבודה: דרב חסדא. (א) בפרק שני דזבחים וקא בעי התם כהן ערל שמתו אחיו מחמת מילה מהו ואמר רב חסדא כו' ערל לב וערל בשר: הלכתא גמירי לה. מסיני: (ב) מריש ירחא דניסן עד תמניא ביה. דכל שמונה ימים נשאו ונתנו בדבר עד שנצחו את הצדוקין ועשו אותם יום טוב ודבר זה מפורש במנחות בפרק רבי ישמעאל ובמגילת תענית המלויה אצלנו: דלא להתענאה בהון. שכולן אסורין בתענית ומקצתהון שיש בהן קצת חמורין כ"כ שבהספד נמי אסורין: (ג) איתוקם תמידא ואיתותב חגא דשבועיא. בעניינים רבים חלקו בייתוסין עם חכמים ומפורשין במנחות ובמגילת תענית [פ"א] וה"ג התם בפ' ר' ישמעאל [סה.] ת"ר אלין יומיא דלא להתענאה בהון ומקצתהון דלא למיספד בהון מריש ירחא דניסן עד תמניא ביה איתוקם תמידא דלא למיספד ומתמניא ביה עד סוף מועדא איתותב חגא דשבועיא דלא למיספד: מריש ירחא דניסן ועד תמניא ביה איתוקם תמידא דלא למיספד. שהיו הצדוקים אומרים יחיד מתנדב ומביא תמיד מאי דרוש את הכבש אחד תעשה בבקר ואת הכבש השני תעשה בין הערבים מאי אהדרו להו את קרבני לחמי לאשי תשמרו להקריב לשון רבים הוא שיהו כולן באין מתרומת הלשכה: מתמניא ביה כו' עד דלא למיספד. שהיו בייתוסים אומרים עצרת אחר השבת הוא שהעומר מתחיל אחד בשבת שנאמר וספרתם לכם ממחרת השבת ניטפל להן רבן יוחנן בן זכאי וא"ל שוטים מניין לכם ולא היה אדם שהחזירו דבר חוץ מזקן אחד שהיה מפטפט כנגדו ואמר משה רבינו אוהב ישראל היה ויודע שעצרת יום אחד הוא עמד ותיקנה אחר שבת כדי שיהיו מתענגים שני ימים וכו' ודחו אותן והלכו להן בייתוסים מכח הפסוקין על כרחן וחזרו בהן (ע"כ הג') איתוקם תמידא דלא למיספד גרסינן ולא גרסינן להתענאה כדמוכח בסמוך דקתני לא נצרכה אלא לאסור את שלפניו ואי גרסינן להתענאה א"כ היינו רבי יוסי דאמר לפניו אסור והא ליכא למימר דרבי יוסי היא דקא פריך כמאן כרבי יוסי בתמיהה מכלל דכרבנן פסיקא ליה: עד סוף מועדא. פסח: חגא דשבועיא דלא למיספד. במגילת תענית [פ"א] מפרש מאי איתוקם: ור"ח יו"ט הוא. דכתיב קרא עלי מועד והוי ראש חודש אב (ד) בהאי מסכתא לקמן (דף כט.):

לאסור

מכלל דרבנן אסרי. פי' מכלל דרבנן אסרי לשתות יין משום דשמא יבנה ביהמ"ק ובעינן כהן ראוי לעבוד וליכא ומשני אפשר דמספר ועייל:

בעינן כהנים הראויים לעבודה וליכא. וא"ת והלא בלא יין נמי אסורין בעבודה דטמאי מתים נינהו וצריכין הזאה ג' [וז'] ואמאי אסרי להו יין וי"ל דמ"מ מותרין בעבודת צבור דטומאה הותרה בצבור:

פרועי ראש דלא מחלי עבודה. פי' (ה) דלא כתיב בסמוך ולהבדיל וגו': (דבר תורה):

דבר זה מתורת משה לא למדנו. וא"ת נילף מק"ו ומה בעל מום שמותר באכילת קדשים כדדרשינן במסכת קדושין פרק האיש מקדש (דף נג.) וכל מנחת מחבת וכל מרחשת לכהנים יהיה איש כאחיו ואפ"ה בעל מום אסור לעבוד עבודה ערל שאסור באכילת קדשים דדרשינן פרק הערל (יבמות דף ע.) בג"ש תושב ושכיר מפסח דערל אסור בו אינו דין שאסור לעבודה וי"ל דחלל יוכיח שאינו אוכל בקדשים ואפ"ה כשר לעבודה וכדאמר פרק האומר (קדושין דף סו:) מדכתיב ברך ה' חילו ופועל ידיו תרצה דמשמע אפילו [חולין שבו] הוא רוצה בעבודתו אי נמי מבעל מום לא מצי יליף דאיכא למיפרך מה לבעל מום שכן עשו בו קריבין כמקריבים שכל הקריבין פסולים (ו) שהם בעלי מומים כמו המקריב תאמר בערל שלא עשה בו קריבין כמקריבין דמה ערלות שייך בבהמה:

שתויי יין דמחללי עבודה. פי' דכתיב יין ושכר אל תשת וגו' ולהבדיל בין הקודש ובין החול:

מריש ירחא דניסן ועד תמניא (דהא) [ביה] איתוקם תמידא. פי' כדמפרש במגילת תענית [פ"א] שהיו הבייתוסים אומרים שיחיד מתנדב תמיד משום דכתיב תעשה את הכבש אחד תעשה בבקר תעשה משמע יחיד והדרי להו את קרבני לחמי לאשי תשמרו להקריב לשון רבים:

הלכו

עין משפט נר מצוה

ל א ב מיי' פ"א מהל' ביאת מקדש הלכה ה ופ"ד מהלכות תפלה הל' ח סמג עשין ש ולאוין מ טוש"ע א"ח סימן לט סעיף ב:

לא ג מיי' פ"א מהל' ביאת מקדש הלכה א סמג לאוין שם:

לב ד מיי' שם הי"ד:

לג ה מיי' שם הל' א:

לד ו מיי' שם הלכה יד:

רבינו גרשום

למשמרתם כשהן מנוולין הואיל ומשמרות מתחדשות שיראו אותו ביפיותו: ראשם לא יגלחו פרע לא ישלחו ראשם לא יגלחו משמע לא יגלחו כל שעריהם לגמרי ופרע לא ישלחו משמע שלא יגדלו שעריהם: ודילמא הכי אמרה רחמנא ופרע לא ישלחו דלא לירבו כלל אלא מסתפרין בכל יום: פרע להביא שיגדילו שערם כל שהוא דהיינו לל' יום שלוחי לא ישלחו יותר מדאי: אי הכי הואיל וילפת פרע פרע מנזיר אפילו האידנא נמי יהו אסורין בפרוע ראש נמי שהרי נזירות נוהג בזמן הזה: דומיא דיין דהא איתקש פרוע ראש ליין דכתיב ויין לא ישתו כל כהן וגו' בזמן ביאה למקדש אסור דכתיב יין ושכר אל תשת אתה ובניך אתך בבואכם אל אהל מועד: מכלל דרבנן אסרי בזמן הזה ביין ונימא דפרוע ראש בזמן הזה נמי אסור. תריץ מ"ט אסרי רבנן בזמה"ז מהרה יבנה ביהמ"ק וכו' אבל פרוע ראש לא אסרי: כש"כ ששינה משכרתו ולהכי אסרי בשתויי יין דאי אפשר בתקנה אבל פרוע ראש דאפשר בתקנה לא אסרי: רב אשי אמר להכי אסרי רבנן שתויי יין בזמה"ז הואיל דחמור דהרי מחלל עבודה דאמרינן התם במס' זבחים כתיב בשתויי יין חוקה דכתיב יין ושכר אל תשת וגו' וכתיב בבגדי כהונה חוקה דכתיב (וחבשת) [וחגרת אתם] אבנט אהרן ובניו וגו' מה בגדי כהונה שאינו לובשן ועובד מחל עבודה כדאמרינן בגדיהם עליהם כהונתם

רבינו חננאל

כשמעתייהו ואביי דהוא כהן מבני עלי לא הוה שתי חמרא דהא אמר רבא לדביתהו דאביי ידענא ביה בנחמני דלא הוה שתי חמרא (כתובות סה ע"א) ונהגו הכהנים לשתות יין עכשיו כרבי. הכהנים והלוים אנשי משמר וישראל אנשי מעמד בשבוע המשמשין בעבודה אסורין לספר ולכבס כדי שלא יכנסו במשמרתם מנוולים כיון שיודעין שאסורים (אף) [אז] מקדימין ומתקנים את עצמן ובחמישי מותרין לכבס ולספר מפני כבוד השבת: ת"ר מלך מסתפר בכל יום כ"ג מע"ש לע"ש הואיל ומשמרות מתחדשים כהן הדיוט אחד לשלשים יום.

שנאמר וראשם לא יגלחו יכול לא יגלחו לעולם אלא יגדלו שערם ת"ל ופרע לא ישלחו לא יתנו שלוח לשער כלו' לא יאריכו שער להיות משלח לפניהם ולאחריהם כסום יכסמו את ראשיהם אין להם לגדל אלא כשיעור כסוי הראש והוא שלשים יום כנזירות דכתיב ביה יהיה בגימטריא ל' וגמרינן פרע פרע מנזיר ואמאי לא גזרו בפרע כמו שגזרו ביין אמר רב אשי שתויי יין דמחלל עבודה גזרו בהו רבנן פרע ראש דלא מחללי עבודה לא גזרו בהו רבנן מיתיבי אלו שבמיתה שתויי יין ופרועי ראש כו'. ואסיקנא דאתקוש פרועי ראש לשתויי יין במיתה ומינה מה שתויי יין מחלי עבודה אף פרועי ראש מחלי עבודה ושקלו וטרו ואמרינן האי עד דלא אתא יחזקאל וכתב ופרע לא ישלחו וכתיב בתריה ויין לא ישתו כל כהן וגו' דגמרינן מינייהו דאתקוש לשתויי יין [אלא גמרא גמירי להון] ואתא יחזקאל ואסמכא אקראי וכי גמרא גמירי לה דפרועי ראש במיתה אבל לאחולי עבודה לא גמירי גמרא: מתני' כל הכתוב במגלת תענית די לא למספד כו'. ת"ר אלין יומא דלא להתענאה בהון ומקצתהון כו'. אמר מר ריש ירחא דניסן עד תמניא ביה אתוקם תמידא די לא להתענאה א) ואקשינן אמאי לא תני מתרי בניסן דהא ר"ח גופא לא אצטריך ושני רב לאסור באדר ביום שלפניו ותניא ימים הכתובים במגלת תענית לפניהם ולאחריהם אסור. ואי משום ר"ח דאורייתא איסוריה ואין דברי תורה צריכין חיזוק וכן אקשי אסיפא דקתני מתמניא ביה ועד סוף מועדא איתותב חגא דשבועיא דלא למספד

חשק שלמה על רבינו חננאל א) גי' רבינו כמו שהיתה הגי' לפני התוס' במנחות סה ע"ש.

מסורת הש"ס

א) [עירובין סד: סנהדרין כב: ע"ש], ב) עירובין סד: סנהדרין כב:, ג) סנהדרין שם [פג. שבועות לו:], ד) [צ"ל אל תשת אתה ובניך ולא תמותו], ה) [כל זה ליתא בסנהדרין אלא מסיק שם קשיא ע"ש ותוספות שם] [וגם רש"א מוחק כל זה וגרס דמחלי עבודה קשיא], ו) יומא עא: מו"ק ה. סנהדרין כב: פג: זבחים יח: כב:, ז) [כל אלו מוחק הרש"ל בסנהדרין כב:], ח) [מנחות סה. ע"ש גירסת הספרים בתוס' ד"ה מריש], ט) [נתישב על דינו שבאותן ימים נצחו חכמים את הבייתוסים רש"י שם במנחות], י) ר"ה יט., כ) [יבמות פה:], ל) [שם], מ) גי' רש"י במנחות להתענאה, נ) [במסקנא דגמ' זבחים יח. אצטריך ולהבדיל בין קודש לדרשא אחרינא ושתויי יין דמחלי עבודה יליף התם מג"ש דחוקה חוקה ממחוסר בגדים וקל"ע], ס) [וכ"ה בגמרא מנחות סה. להדיא].

הגהות הב"ח

(א) רש"י ד"ה דרב חסדא בזבחים פרק שני דקא בעי התם: (ב) ד"ה מריש ירחא כו' נ"ל אחר ד"ה דלא להתענאה כו': (ג) ד"ה איתוקם תמידא כו' וד"ה מריש ירחא כו' וד"ה מתמניא כו' עד על כרחן וחזרו בהן הס"ד ואח"כ מה"ד ה"ג איתוקם תמידא וכו' אלא לאסור את יום שלפניו: (ד) ד"ה ור"ח הוא כו' והוי ר"ח אב כדאיתא בהאי מסכת: (ה) תוספות ד"ה פרועי כו' פי' דבר תורה דלא כתיב: (ו) ד"ה דבר כו' כשהן בעלי מומין:

גליון הש"ס

גמרא ואתא יחזקאל ואסמכה אקרא. עיין יומא דף לה ע"ב וברש"י שם ד"ה מיתיבי:

תורה אור השלם

א) יַיִן וְשֵׁכָר אַל תֵּשְׁתְּ אַתָּה וּבָנֶיךָ אִתָּךְ בְּבֹאֲכֶם אֶל אֹהֶל מוֹעֵד וְלֹא תָמֻתוּ חֻקַּת עוֹלָם לְדֹרֹתֵיכֶם: [ויקרא י, ט]

ב) וְרֹאשָׁם לֹא יְגַלֵּחוּ וּפֶרַע לֹא יְשַׁלֵּחוּ כָּסוֹם יִכְסְמוּ אֶת רָאשֵׁיהֶם: וְיַיִן לֹא יִשְׁתּוּ כָּל כֹּהֵן בְּבוֹאָם אֶל הֶחָצֵר הַפְּנִימִית: [יחזקאל מד, כ-כא]

ג) כֹּה אָמַר אֲדֹנָי יְיָ כָּל בֶּן נֵכָר עֶרֶל לֵב וְעֶרֶל בָּשָׂר לֹא יָבוֹא אֶל מִקְדָּשִׁי לְכָל בֶּן נֵכָר אֲשֶׁר בְּתוֹךְ בְּנֵי יִשְׂרָאֵל: [יחזקאל מד, ט]

ליקוטי רש"י

דגני. שכן [ע"פ ברכות נט.]. דרך מיל ושינה כל שהוא. או זו או זו [עירובין סד:]. שתויי יין דמחלי עבודה. דכתיב (ויקרא י) יין ושכר וגו' וסמיך ולהבדיל בין הקדש ובין החול משמע בין עבודה קדושה לעבודה מחוללת גזרו בהו רבנן בזמן הזה משום מהרה יבנה [סנהדרין כב:]. שתויי יין. דבמיתה לא שמעינן לה אלא הן מכלל לאו (סנהדרין דף פג:) דכתיב (ויקרא י) יין ושכר אל תשת ולא תמותו הא אם משמו בבואכם אל אהל מועד תמותו [שבועות לו:]. ופרועי ראש. ששימשו פרועי ראש שעברו עליהם יותר משלשים יום שלא גלחו ראשם [סנהדרין פג.]. דכתיב וראשם לא יגלחו וכו'. נפקא לן (סנהדרין דף פג.) מדאיתקש לשתויי יין בספר יחזקאל (מד) [שבועות לו:]. וראשם לא יגלחו. להעביר את כל השער. ופרע לא ישלחו. גידול שער לא ירבו [יחזקאל מד, כ]. הא מקמי דאתא יחזקאל. ואקשינהו [סנהדרין שם]. מאן אמרה. פירוש מהיכא נפקא לן פרועי ראש במיתה [סנהדרין שם]. הא דאמר רב חסדא. בזבחים בפרק שני. דבר זה. דכהן ערל פסול לעבודה. [יומא עא:]. ומדברי קבלה. נביאים וכתובים [ב"ק ב:]. תורת משה קרויה תורה לפי שנתנה תורה לדורות ושל נביאים לא קרי אלא קבלה שקבלו מרוח הקודש כל נבואה ונבואה לפי צורך השעה והדור והמעשה [חולין קלז.]. כל בן נכר ערל לב וערל בשר. כהן משומד שנתנכרו מעשיו לאביו שבשמים וערל לבו או ערל בשר שמתו אחיו מחמת מילה [סנהדרין כב:]. שנתנכרו מעשיו לאביו שבשמים שהוא ערל לב וכן ערל בשר שמתו אחיו מחמת מילה לא יבא אל המקדש [יומא עא:]. וערל בשר שמתו אחיו מחמת מילה ולא רצו למולו שירא סן ימות גם הוא כאחיו לא יבא אל מקדשי לשרתני שאסורין בעבודה [מו"ק ה.]. מאן אמרה. מאין למדו דבר זה [יומא שם]. לא יבא אל מקדשי. והיינו אזהרה מדברי קבלה בעלמא ולא לקי עלה [שם פד.]. ואתא יחזקאל ואסמכה אקרא. משום דלא למזה משה באורייתא והילכתא הוו גמירי לה אתא יחזקאל ואסמכה אקרא [יומא לה:]. דלא להתענאה בהון. אבל למספד שרי. ומקצתהון. איכא דאמירי כולי האי דאפי' למספד אסור. איתוקם תמידא. הוקם התמיד על משפטו כדמפרש לקמיה דלא למספד. איתותב. נתיישב על דינו שבאותן ימים נצחו חכמים את הבייתוסים. דלא להתענאה. [כ"ה גירסת רש"י מנחות שם] אבל למספד שרי דלא הויא שמחה יתירה בשל עצרת כבשל תמיד משום דעצרת לא היה שום ראיה לדברי בייתוסין אבל בתמיד היתה ראיה לדבריהם ותרוייהו מפרש לקמן [מנחות סה.]. ראש חודש. מועד דאורייתא. ודאורייתא לא בעי חיזוק. לאסור לפניו ולאחריו אבל ימי מגילת תענית דרבנן וצריכין חיזוק כי היכי דלא ליתי להתענות ביום טוב עצמו [ר"ה יט.].

כְּרַבִּי – They conduct themselves **in accordance with** the view of **Rebbi,** **מִכְּלַל דְּרַבָּנָן אַסְרֵי** – **which implies that the Rabbis,** who dispute Rebbi in the beginning of the Baraisa, **forbid** Kohanim to drink wine even nowadays, when there is no Temple. By the same token, Kohanim should also be forbidden to grow their hair long.[1] – **?** –

The Gemara answers that one prohibition does not follow from the other:

מַאי טַעְמָא – **What is the reason** that the Rabbis forbid Kohanim to drink wine nowadays? **מְהֵרָה יִבָּנֶה בֵּית הַמִּקְדָּשׁ וּבָעֵינַן כֹּהֵן הָרָאוּי לַעֲבוֹדָה וְלֵיכָּא** – Because **the Temple may be speedily rebuilt** at any time; **therefore, we require that a Kohen be fit to perform the service** in the Temple, **which is not** the case if he drinks wine. **הָכָא אֶפְשָׁר דִּמְסַפֵּר וְעָיֵיל** – But **here,** in the case of long hair, **it is possible for [a Kohen] to** immediately **cut his hair and enter** the Temple to perform the service. Thus, allowing a Kohen to grow his hair long does not compromise his readiness to serve in the Temple should it be suddenly restored.

The Gemara asks:

אִי הָכִי שְׁתוּיֵי יַיִן נַמִּי אֶפְשָׁר דְּנָנֵי פּוּרְתָּא וְעָיֵיל – **If so,** by the same token **it is possible for [a Kohen] who drank wine to sleep** a little **and enter** the Temple to perform the service, **כִּדְרָמִי בַּר אַבָּא** – **in accordance with what Rami bar Abba said.** **דְּאָמַר רָמִי בַּר אַבָּא** – **For Rami bar Abba said:** **דֶּרֶךְ מִיל וְשֵׁינָה כָּל שֶׁהוּא מְפִיגִין אֶת הַיַּיִן** – **A trip of one *mil*** [2] **or any amount of sleep dissipates** the effect of **the wine.** Why, then, do the Rabbis forbid Kohanim to drink wine nowadays?

The Gemara answers that a quick remedy for the effects of wine is not always possible:

לָאו מִי אִיתְּמַר עֲלָהּ – **Was not [the following] said regarding this** remedy of Rami bar Abba: **אָמַר רַב נַחְמָן אָמַר רַבָּה בַּר אֲבוּהָ** – **Rav Nachman said in the name of Rabbah bar Avuha:** **לֹא שָׁנוּ אֶלָּא כְּשֶׁשָּׁתָה שִׁיעוּר רְבִיעִית** – **They taught** that a short trip or nap dissipates the effects of wine **only when one drank** no more than **a *reviis*** [3] of wine. **אֲבָל שָׁתָה יוֹתֵר מֵרְבִיעִית** – **But if he drank more than a *reviis*,** **כָּל שֶׁכֵּן שֶׁדֶּרֶךְ מַטְרִידַתּוּ** – **then certainly traveling disturbs him** **וְשֵׁינָה מְשַׁכַּרְתּוּ** – **and sleep intoxicates him,** intensifying the effects of the wine rather than dissipating them. Thus, there is no quick way to dissipate the effects of drinking more than a *reviis* of wine, and it is for this reason that the Rabbis forbid Kohanim to drink wine even nowadays.[4]

An alternative distinction, which serves to explain why the Rabbis, who forbid Kohanim to drink wine, might nevertheless permit them to grow their hair long:

רַב אַשִׁי אָמַר – **Rav Ashi says:** **שְׁתוּיֵי יַיִן דִּמְחַלֵּי עֲבוֹדָה** – In the case of **[Kohanim] who have drunk wine, who invalidate the service** that they perform while under the wine's influence,[5] **גָּזְרוּ בְּהוּ רַבָּנָן** – **the Rabbis banned them** even nowadays. **פְּרוּעֵי רֹאשׁ דְּלֹא מְחַלֵּי עֲבוֹדָה** – But in the case of **[Kohanim] with long hair, who do not invalidate the service** that they perform in that condition,[6] **לֹא גָּזְרוּ בְּהוּ רַבָּנָן** – **the Rabbis did not ban them.**[7]

The Gemara questions Rav Ashi's basic assumption, that the Temple service performed by a long-haired Kohen remains valid:

מֵיתִיבֵי – **They challenged** Rav Ashi's assertion from the following Baraisa: **וְאֵלּוּ שֶׁהֵן בְּמִיתָה** – THESE ARE the Kohanim WHO ARE LIABLE TO DEATH by the hand of Heaven for performing the Temple service in an unfit state: **שְׁתוּיֵי יַיִן וּפְרוּעֵי רֹאשׁ** – THOSE WHO HAVE DRUNK WINE AND THOSE WITH LONG HAIR. **בִּשְׁלָמָא שְׁתוּיֵי יַיִן** – **Now,** the Baraisa's statement that **[Kohanim] who have drunk wine** yet perform the Temple service are liable to death **is understandable,** **בְּהֶדְיָא כְּתִיב בְּהוּ** – because **it is explicitly written in regard to them:** **"יַיִן וְשֵׁכָר אַל־תֵּשְׁתְּ"** – ***Do not drink wine or intoxicating drink*** – *you* [Aaron] *and your sons with you, when you come to the Tabernacle, that you not die.*[8] **אֶלָּא פְּרוּעֵי רֹאשׁ מְנָלַן** – **But from where do we derive that [Kohanim]** who perform the service **with long hair** are liable to death by the hand of Heaven? How does the Baraisa know this? **דִּכְתִיב: "וְרֹאשָׁם לֹא יְגַלֵּחוּ וּפֶרַע לֹא יְשַׁלֵּחוּ"** – It must be **because it is written:** ***They*** [the Kohanim] ***shall not shave their heads, and tresses they shall not grow;*** **וּכְתִיב בַּתְרֵיהּ** – **and** immediately **afterwards it is written:** **"וְיַיִן לֹא־יִשְׁתּוּ כָּל־כֹּהֵן בְּבוֹאָם אֶל־הֶחָצֵר הַפְּנִימִית"** – ***And no Kohen shall drink wine when they come to the inner courtyard.***[9] **וְאִיתְקוּשׁ פְּרוּעֵי רֹאשׁ לִשְׁתוּיֵי יַיִן** – **Thus, [Kohanim] with long hair are compared** by the verse **to those who have drunk wine.** **מַה שְּׁתוּיֵי יַיִן בְּמִיתָה** – This comparison teaches that **just as those who have drunk wine** and perform the Temple service **are liable to death** by the hand of Heaven, **אַף פְּרוּעֵי רֹאשׁ בְּמִיתָה** – **so, too, those that have long hair** and perform the Temple service are liable **to death** by the hand of Heaven.

Having demonstrated that Scripture compares Kohanim who

NOTES

1. Since Abaye attributes the practice of Kohanim nowadays to drink wine to the opinion of Rebbi, he is in effect stating that the custom is not consistent with the view of the Tanna Kamma of that Baraisa [the Rabbis]. Rather, the Rabbis would forbid Kohanim to drink wine nowadays, because the Temple might be rebuilt at any time and the Kohanim will be needed to perform the service (*Rashi*). By the same token, the Rabbis would forbid Kohanim to grow their hair long nowadays, since long hair as well compromises their readiness to serve in the Temple.

Actually, the Gemara could have demonstrated the stringent view of the Rabbis directly from the first part of the Baraisa, where the view of the Rabbis is explicitly stated. But the Gemara chose instead to demonstrate the view of the Rabbis using the simpler – if indirect – expedient of citing only the briefly stated view of Rebbi and Abaye's comments thereon (*Rashi* to 17a ד״ה והתניא).

2. A *mil* is equal to 2,000 *amos*; in modern equivalents, opinions range between 3,000 and 4,000 feet.

3. *Reviis: a quarter* [of a *log*]; in modern equivalents, opinions range between 3 and 5.5 fluid oz.

4. Since the remedies are not effective for more than a *reviis* of wine, the Rabbis prohibited Kohanim from drinking any amount. But since it is always possible to cut one's hair, the Rabbis did not prohibit Kohanim from growing their hair long.

5. In *Lev.* 10:9, the Torah commands the Kohanim: ... יַיִן וְשֵׁכָר אַל־תֵּשְׁתְּ בְּבֹאֲכֶם אֶל־אֹהֶל מוֹעֵד, *Do not drink wine, new or old, when you come to the Tabernacle...* In the very next verse, the Torah states: וּלְהַבְדִּיל בֵּין הַקֹּדֶשׁ וּבֵין הַחֹל, *And to distinguish between the sacred and the profane,* which – as taught by the Sages – means: "In order to distinguish between a sacred (valid) service and a profane (invalid) service." This indicates that a Kohen invalidates the service that he performs while under the influence of wine (*Rashi* from *Zevachim* 17b).

6. Though the Torah prohibits a Kohen with long hair from performing the Temple service, it in no way indicates that the service he performs in violation of that prohibition is invalid. Therefore, we assume that it is valid (*Rashi*).

7. The Rabbis instituted their ban to prevent the service from being invalidated, not merely to prevent a violation from being committed.

8. *Lev.* 10:9. The entire verse reads: יַיִן וְשֵׁכָר אַל־תֵּשְׁתְּ אַתָּה וּבָנֶיךָ אִתָּךְ בְּבֹאֲכֶם אֶל־אֹהֶל מוֹעֵד וְלֹא תָמֻתוּ חֻקַּת עוֹלָם לְדֹרֹתֵיכֶם, *Do not drink wine or intoxicating drink, you and your sons with you, when you come to the Tabernacle and you will not die; a statute forever for your generations.* The implication is that if the Kohen *does* drink wine and enter the Tabernacle, he is liable to death.

This verse refers to death by the hand of Heaven, as indicated by its expressing the warning in terms of "and you will not die," rather than "and you will not be put to death" (see *Rashi*).

9. *Ezekiel* 44:20-21.

כרבי מכלל דרבנן אסרי מ"ט מהרה יבנה בית המקדש ובעינן כהן הראוי לעבודה וליכא הכא אפשר דמספר ועייל אי הכי שתוי יין נמי אפשר דגני פורתא ועייל (א) כדרמי בר אבא דאמר רמי בר אבא [א] דרך מיל ושינה כל שהוא מפיגין את היין לאו מי איתמר עלה אמר רב נחמן אמר רבה בר אבוה (ב) [ב] לא שנו אלא כששתה שיעור רביעית אבל שתה יותר מרביעית כל שכן שדרך מטרידתו ושינה משכרתו רב אשי אמר [ג] שתויי יין דמחלי עבודה גזרו בהו רבנן [ד] פרועי ראש דלא מחלי עבודה לא גזרו בהו רבנן מיתיבי (ג) ואלו שהן במיתה [ה] שתויי יין [ו] ופרועי ראש בשלמא שתויי יין בהדיא כתיב בהו (א) יין ושכר אל (ד) תשת אלא פרועי ראש מנלן דכתיב (ב) וראשם לא יגלחו ופרע לא ישלחו וכתיב בתריה ויין לא ישתו כל כהן בבאם אל החצר הפנימית ואיתקוש פרועי ראש לשתויי יין מה שתויי יין במיתה אף פרועי ראש במיתה ומינה אי מה שתויי יין דמחלי עבודה אף פרועי ראש דמחלי עבודה (ה) לא כי איתקוש למיתה הוא דאיתקוש אבל לאחולי עבודה לא איתקוש) א"ל רבינא לרב אשי הא מקמי דאתא יחזקאל מאן אמרה א"ל וליטעמיך הא דאמר רב חסדא (ו) דבר זה מתורת משה לא למדנו ומדברי קבלה למדנו (ג) כל בן נכר ערל לב וערל בשר לא יבוא אל מקדשי (לשרתני) הא מקמי דאתא יחזקאל מאן אמרה אלא גמרא גמיר לה (ז) ואתא יחזקאל ואסמכה אקרא הכא נמי גמרא גמיר לה ואתא יחזקאל ואסמכה אקרא (ז) כי גמירי הלכה למיתה לאחולי עבודה לא גמירי): כל הכתוב במגילת תענית דלא למיספד לפניו אסור לאחריו מותר: תנו רבנן (ח) אלין יומיא דלא להתענאה בהון ומקצתהון דלא למיספד בהון מריש ירחא דניסן ועד תמניא ביה איתוקם תמידא דלא למיספד בהון מתמניא ביה עד סוף מועדא איתותב (ט) חגא דשבועיא דלא למיספד בהון אמר מר מריש ירחא דניסן עד תמניא ביה איתוקם תמידא דלא למיספד למה לי מריש ירחא לימא מתרי בניסן ור"ח גופיה יו"ט הוא ואסור אמר רב לא נצרכה אלא לאסור יום שלפניו ושלפניו נמי תיפוק ליה דהוה ליה יום שלפני ראש חדש ר"ח דאורייתא הוא ודאוריית' לא בעי חיזוק דתניא (י) הימים האלה הכתובין במגילת תענית לפניהם ולאחריהם אסורין שבתות וימים טובים הן אסורין לפניהן ולאחריהן מותרין ומה הפרש בין זה לזה הללו דברי תורה (כ) ודברי תורה אין צריכין חיזוק הללו דברי סופרים (ל) ודברי סופרים צריכין חיזוק אמר מר מתמניא ביה עד סוף מועדא איתותב חגא דשבועיא דלא למיספד למה לי עד סוף מועד לימא עד המועד ומועד גופיה יום טוב הוא ואסור אמר רב פפא כדאמר רב לא נצרכא אלא

רש"י

כרבי הא רבנן מיסר אסרי. אפילו שלא בזמן ביאה: ומשני מאי טעמא כו' והכא כו'. מאי טעמא תירוצא הוא כלומר דטעמא מאי גזור רבנן ביין שמא יבנה כו' אבל גבי פרועי ראש לא גזרו דאפשר דמסתפר מיד והדר עייל לבית המקדש לעבודה: דרך מיל ושינה כל שהוא כו': ושינה משכרתו. והאי שינוי איכא בהך מימרא: שתוי יין דמחלי עבודה. דכתיב יין ושכר אל תשת וסמיך ליה ולהבדיל בין הקדש ובין החול בין עבודה קדושה למחוללת דאי עביד עבודה שתוי יין חילל: פרועי ראש. דלא כתיב ביה חלל דלא נראה חילול: ואילו שבמיתה. בידי שמים במסכת סנהדרין באלו הן הנשרפין (דף פג.): שתויי יין. במיתה דכתיב יין ושכר אל תשת בבואכם אל אהל מועד ולא תמותו דהיינו מיתה בידי שמים מדלא כתיב יומת ואמר בשלמא כו': ה"ג ומינה מה שתויי יין מחלי עבודה אף פרועי ראש מחלי עבודה. קשיא לא גרס: כי גמירי הלכה למיתה. לאחולי עבודה לא גמירי: מחלי עבודה. חולין היא כל עבודתו שעבד: אף פרועי ראש. עבודתם מחוללת דלכל מילי איתקוש ותיובתא דרב אשי דאמר פרועי ראש לא מחלי עבודה: דרב חסדא. (א) בפרק שני דזבחים וקא בעי התם כהן ערל שמתו אחיו מחמת מילה מהו ואמר רב חסדא כו' ערל לב וערל בשר: הלכתא גמירי לה. מסיני: (ב) מריש ירחא דניסן עד תמניא ביה. דכל שמונה ימים נשאו ונתנו בדבר עד שנצחו את הצדוקין ועשו אותם יום טוב ודבר זה מפורש במנחות בפרק רבי ישמעאל ובמגילת תענית המלויה אצלנו: דלא להתענאה בהון. שכולן אסורין בתענית ומקצתהון שיש בהן קצת חמורין כ"כ שבהספד נמי אסורין: (ג) איתוקם תמידא ואיתותב חגא דשבועיא. בעניינים רבים חלקו בייתוסין עם חכמים ומפורשין במנחות ובמגילת תענית [פ"א] וה"ג התם בפ' ר' ישמעאל [סה.] ת"ר אלין יומיא דלא להתענאה בהון ומקצתהון דלא למיספד בהון מריש ירחא דניסן עד תמניא ביה איתוקם תמידא דלא למיספד ומתמניא ביה עד סוף מועדא איתותב חגא דשבועיא דלא (מ) למיספד: מריש ירחא דניסן ועד תמניא ביה איתוקם תמידא דלא למיספד. שהיו הצדוקים אומרים יחיד מתנדב ומביא תמיד מאי דרוש את הכבש אחד תעשה בבקר ואת הכבש השני תעשה בין הערבים מאי אהדרו להו את קרבני לחמי לאשי תשמרו להקריב לשון רבים הוא שיהו כולן באין מתרומת הלשכה: מתמניא ביה כו' עד דלא למיספד. שהיו בייתוסים אומרים עצרת אחר השבת הוא שהעומר מתחיל אחד בשבת שנאמר וספרתם לכם ממחרת השבת ניטפל להן רבן יוחנן בן זכאי וא"ל שוטים מניין לכם ולא היה אדם שהחזירו דבר חוץ מזקן אחד שהיה מפטפט כנגדו ואמר משה רבינו אוהב ישראל היה ויודע שעצרת יום אחד הוא עמד ותיקנה אחר שבת כדי שיהיו מתענגים שני ימים וכו' ודחו אותן והלכו להן בייתוסים מכח הפסוקין על כרחן וחזרו בהן (ע"כ הג') איתוקם תמידא דלא למיספד גרסינן ולא גרסינן להתענאה כדמוכח בסמוך דקתני לא נצרכה אלא לאסור את שלפניו ואי גרסינן להתענאה א"כ היינו רבי יוסי דאמר לפניו אסור והא ליכא למימר דרבי יוסי היא דקא פריך כמאן כרבי יוסי בתמיהה מכלל דרבנן פסיקא ליה: עד סוף מועדא. פסח: חגא דשבועיא דלא למיספד. במגילת תענית [פ"א] מפרש מאי איתוקם: ור"ח יו"ט הוא. דכתיב קרא עלי מועד והוי ראש חודש אב (ד) בההיא מסכתא לקמן (דף כט.): לאסור

תוספות

מכלל דרבנן אסרי. פי' מכלל דרבנן אסרי לשתות יין משום דשמא יבנה ביהמ"ק ובעינן כהן ראוי לעבוד וליכא ומשני אפשר דמספר ועייל:

בעינן כהנים הראויים לעבודה וליכא. וא"ת והלא בלא יין נמי אסורין בעבודה דטמאי מתים נינהו וצריכין הזאה ג' [וז'] ואמאי אסרי להו יין וי"ל דמ"מ מותרין בעבודת צבור דטומאה הותרה בצבור:

פרועי ראש דלא מחלי עבודה. פי' (ה) דלא כתיב בסמוך ולהבדיל וגו': (דבר תורה):

דבר זה מתורת משה לא למדנו. וא"ת נילף מק"ו ומה בעל מום שמותר באכילת קדשים כדדרשינן במסכת קדושין פרק האיש מקדש (דף נג.) וכל מנחת מחבת וכל מרחשת לכהנים יהיה איש כאחיו ואפ"ה בעל מום אסור לעבוד עבודה ערל שאסור באכילת קדשים כדדרשינן פרק הערל (יבמות דף ע.) בג"ש תושב ושכיר מפסח דערל אסור בו אינו דין שאסור לעבודה וי"ל דחלל יוכיח שאינו אוכל בקדשים ואפ"ה כשר לעבודה וכדאמר פרק האומר (קדושין דף סו:) מדכתיב ברך ה' חילו ופועל ידיו תרצה דמשמע אפילו [חולין שבו] הוא רוצה בעבודתו אי נמי מבעל מום לא מצי יליף דאיכא למיפרך מה לבעל מום שכן עשו בו קריבין כמקריבים שכל הקריבין פסולים (ו) שהם בעלי מומים כמו המקריב תאמר בערל שלא עשה בו קריבין כמקריבין דמה ערלות שייך בבהמה:

שתויי יין דמחללי עבודה. פי' דכתיב יין ושכר אל תשת וגו' ולהבדיל בין הקודש ובין (ז) החול:

מריש ירחא דניסן ועד תמניא (דהא) [ביה] איתוקם תמידא. פי' כדמפרש במגילת תענית [פ"א] (ח) שהיו הבייתוסים אומרים שיחיד מתנדב תמיד משום דכתיב תעשה את הכבש אחד תעשה בבקר תעשה משמע יחיד והדרי להו את קרבני לחמי לאשי תשמרו להקריב לשון רבים:

עין משפט נר מצוה

ל א ב מיי' פ"א מהל' ביאת מקדש הלכה ה ופ"ד מהלכות תפלה הל' יח סמג עשין ש ולאוין מ טוש"ע א"ח סימן לט סעיף ב:

לא ג מיי' פ"א מהל' ביאת מקדש הלכה א סמג לאוין שם:

לב ד מיי' שם הי"ד:

לג ה מיי' שם הל' א:

לד ו מיי' שם הלכה יד:

רבינו גרשום

למשמרתם כשהן מגוולין הואיל ומשמרות מתחדשות שיראו אותו ביפיותו: ראשם לא יגלחו פרע לא ישלחו ראשם לא יגלחו משמע לא יגלחו כל שעריהם לגמרי ופרע לא ישלחו משמע שלא יגדלו שעריהם: ודילמא הכי אמרה רחמנא ופרע לא ישלחו דלא לירבו כלל אלא מסתפרין בכל יום: פרע להביא שיגדילו שערם כל שהוא דהיינו לל' יום שלוחי לא ישלחו יותר מדאי: אי הכי הואיל וילפת פרע פרע מנזיר אפילו האידנא נמי יהו אסורין בפרוע ראש נמי שהרי נזירות נוהג בזמן הזה: דומיא דיין דהא איתקש פרוע ראש ליין דכתיב ויין לא ישתו כל כהן וגו' בזמן ביאה למקדש אסור דכתיב יין ושכר אל תשת אתה ובניך אתך בבואכם אל אהל מועד: מכלל דרבנן אסרי בזמן הזה ביין ונימא דפרוע ראש בזמן הזה נמי אסור. תריץ מ"ט אסרי רבנן בזמה"ז מהרה יבנה ביהמ"ק וכו' אבל פרוע ראש לא אסרי: כש"כ ששינה משכרתו ולהכי אסרי בשתויי יין דאי אפשר בתקנה אבל פרוע ראש דאפשר בתקנה לא אסרי: רב אשי אמר להכי אסרי רבנן שתויי יין בזמה"ז הואיל דחמור דהרי מחלל עבודה דאמרינן התם במס' זבחים כתיב בשתויי יין חוקה דכתיב יין ושכר אל תשת וגו' וכתיב בבגדי כהונה חוקה דכתיב (וחבשת) [וחגרת אתם] אבנט אהרן ובניו וגו' מה בגדי כהונה שאינו לובשן ועובד מחל עבודה כדאמרינן בגדיהם עליהם כהונתם

רבינו חננאל

כשמעתייהו ואביי דהוא כהן מבני עלי לא הוה שתי חמרא דהא אמר רבא לדביתהו דאביי ידענא ביה בנחמני דלא הוה שתי חמרא (כתובות סה ע"א) ונהגו הכהנים לשתות יין עכשיו כרבי. הכהנים והלוים אנשי משמר וישראל אנשי מעמד בשבוע המשמשין בעבודה אסורין לספר ולכבס כדי שלא יכנסו במשמרתם מנוולים כיון שיודעין שאסורים (אף) [אז] מקדימין ומתקנים את עצמן ובחמישי מותרין לכבס ולספר מפני כבוד השבת: ת"ר מלך מסתפר בכל יום כ"ג מע"ש לע"ש הואיל ומשמרות מתחדשים כהן הדיוט אחד לשלשים יום. שנאמר וראשם לא יגלחו יכול לא יגלחו לעולם אלא יגדלו שערם ת"ל ופרע לא ישלחו לא יתנו שלוח לשער כלו' לא יאריכו שער להיות משלח לפניהם ולאחריהם כסום יכסמו את ראשיהם אין להם לגדל אלא כשיעור כסוי הראש והוא שלשים יום כנזירות דכתיב ביה יהיה בגימטריא ל' וגמרינן פרע פרע מנזיר ואמאי לא גזרו בפרע כמו שגזרו ביין אמר רב אשי שתויי יין דמחלל עבודה גזרו בהו רבנן פרע ראש דלא מחללי עבודה לא גזרו בהו רבנן מיתיבי אלו שבמיתה שתויי יין ופרועי ראש כו'. ואסיקנא דאתקוש פרועי ראש לשתויי יין במיתה ומינה מה שתויי יין מחלי עבודה אף פרועי ראש מחלי עבודה ושקלו וטרו ואמרינן האי עד דלא אתא יחזקאל וכתב ופרע לא ישלחו וכתב בתריה ויין לא ישתו כל כהן וגו' דגמרינן מינייהו דאתקוש לשתויי יין [אלא גמרא גמירי להו] ואתא יחזקאל ואסמכא אקראי וכי גמרא גמירי לה דפרועי ראש במיתה אבל לאחולי עבודה לא גמירי גמרא: מתני' כל הכתוב במגלת תענית די לא למספד כו'. ת"ר אלין יומא דלא להתענאה בהון ומקצתהון כו'. אמר מר ריש ירחא דניסן עד תמניא ביה אתוקם תמידא די לא להתענאה א) ואקשינן אמאי לא תני מתרי בניסן דהא ר"ח גופא לא אצטריך ושני רב לאסור באדר ביום שלפניו ותניא ימים הכתובים במגלת תענית לפניהם ולאחריהם אסור. ואי משום ר"ח דאורייתא איסוריה ואין דברי תורה צריכין חיזוק וכן אקשי אסיפא דקתני מתמניא ביה ועד סוף מועדא איתותב חגא דשבועיא דלא למספד

חשק שלמה על רבינו חננאל א) גי' רבינו כמו שהיתה הגי' לפני התוס' במנחות סה ע"ש.

מסורת הש"ס

א) [עירובין סד: סנהדרין כב: ע"ש], ב) עירובין סד: סנהדרין כב:, ג) סנהדרין שם [פג. שבועות לו:], ד) [נ"ל אל תשת אתה ובניך ולא תמותו], ה) [כל זה ליתא בסנהדרין אלא מסיק שם קשיא ע"ש ותוספות שם] [וגם רש"א מוחק כל זה וגרס דמחלי עבודה קשיא], ו) יומא עא: מו"ק ה. סנהדרין כב: פג: זבחים יח: כב:, ז) [כל אלו מוחק הרש"ל בסנהדרין כב:], ח) [מנחות סה. ע"ש גירסת הספרים בתוס' ד"ה מריש], ט) [נתישב על דינו שבאותן ימים נצחו חכמים את הבייתוסים רש"י שם במנחות], י) ר"ה יט., כ) [יבמות פה:], ל) [שם], מ) גי' רש"י במנחות להתענאה, נ) [במסקנא דגמ' זבחים יח. אצטריך ולהבדיל בין הקודש לדרשא אחרינא ושתויי יין דמחלי עבודה יליף התם מג"ש דחוקה חוקה ממחוסר בגדים וקל"ע], ס) [וכ"ה בגמרא מנחות סה. להדיא].

הגהות הב"ח

(א) רש"י ד"ה דרב חסדא בזבחים פרק שני דקא בעי התם: (ב) ד"ה מריש ירחא כו' נ"ל אחר ד"ה דלא להתענאה כו': (ג) ד"ה איתוקם תמידא כו' וד"ה מריש ירחא כו' וד"ה מתמניא כו' עד על כרחן וחזרו בהן הד"א ואח"כ מה"ד ה"ג איתוקם תמידא וכו' אלא לאסור את יום שלפניו: (ד) ד"ה ור"ח חדש כו' והוי ר"ח אב כדאיתא בהאי מסכת: (ה) תוספות ד"ה פרועי כו' פי' דבר תורה דלא כתיב: (ו) ד"ה דבר כו' כשהן בעלי מומין:

גליון הש"ס

גמרא ואתא יחזקאל ואסמכה אקרא. עיין יומא דף לה ע"ב וברש"י שם ד"ה מיתיבי:

תורה אור השלם

א) יַיִן וְשֵׁכָר אַל תֵּשְׁתְּ אַתָּה וּבָנֶיךָ אִתָּךְ בְּבֹאֲכֶם אֶל אֹהֶל מוֹעֵד וְלֹא תָמֻתוּ חֻקַּת עוֹלָם לְדֹרֹתֵיכֶם: [ויקרא י, ט]

ב) וְרֹאשָׁם לֹא יְגַלֵּחוּ וּפֶרַע לֹא יְשַׁלֵּחוּ כָּסוֹם יִכְסְמוּ אֶת רָאשֵׁיהֶם: וְיַיִן לֹא יִשְׁתּוּ כָּל כֹּהֵן בְּבוֹאָם אֶל הֶחָצֵר הַפְּנִימִית: [יחזקאל מד, כ-כא]

ג) כֹּה אָמַר אֲדֹנָי יֱיָ כָּל בֶּן נֵכָר עֶרֶל לֵב וְעֶרֶל בָּשָׂר לֹא יָבוֹא אֶל מִקְדָּשִׁי לְכָל בֶּן נֵכָר אֲשֶׁר בְּתוֹךְ בְּנֵי יִשְׂרָאֵל: [יחזקאל מד, ט]

ליקוטי רש"י

דגני. שיין [ע"פ ברכות נט.]. דרך מיל ושינה כל שהוא. או זו או זו [עירובין סד:]. שתויי יין דמחלי עבודה. דכתיב (ויקרא י) יין ושכר וגו' וסמיך ולהבדיל בין הקדש ובין החול משמע בין עבודה קדושה לעבודה מחוללת גזרו בהו רבנן בזמן הזה משום מהרה יבנה [סנהדרין כב:]. שתויי יין. דבמיתה לא שמעינן לה אלא הן מכלל לאו (סנהדרין דף פג:) דכתיב (ויקרא י) יין ושכר אל תשת ולא תמותו הא אם תשתו בבואכם אל אהל מועד תמותו [שבועות לו:]. ופרועי ראש. שימשו פרועי ראש שעברו עליהם יותר משלשים יום שלא גלחו ראשם [סנהדרין פג.]. דכתיב וראשם לא יגלחו וכו'. נפקא לן (סנהדרין דף פג.) מדאיתקש לשתויי יין בספר יחזקאל (מד) [שבועות לו:]. וראשם לא יגלחו. להעביר את כל השער. ופרע לא ישלחו. גידול שער לא ירבו [יחזקאל מד, כ]. הא מקמי דאתא יחזקאל. ולקשינהו [סנהדרין שם]. מאן אמרה. פירוש מהיכא נפקא לן פרועי ראש במיתה [סנהדרין שם]. הא דאמר רב חסדא. בזבחים בפרק שני. דבר זה. דכהן ערל פסול לעבודה. [יומא עא:]. ומדברי קבלה. נביאים וכתובים [ב"ק ב:]. תורת משה קרויה תורה לפי שנתנה תורה לדורות ושל נביאים לא קרי אלא קבלה שקבלו מרוח הקודש כל נבואה ונבואה לפי צורך השעה והדור והמעשה [חולין קלז.]. כל בן נכר ערל לב וערל בשר. כהן משומד שנתנכרו מעשיו לאביו שבשמים וערל לבו או ערל בשר שמתו אחיו מחמת מילה [סנהדרין כב:]. שנתנכרו מעשיו לאביו שבשמים שהוא ערל לב וכן ערל בשר שמתו אחיו מחמת מילה לא יבא אל המקדש [יומא עא:]. וערל בשר שמתו אחיו מחמת מילה ולא רצו למולו שיראים פן ימות גם הוא כאחיו לא יבא אל מקדשי לשרתני שאסורין בעבודה [מו"ק ה.]. מאן אמרה. מאין למדו דבר זה [יומא שם]. לא יבא אל מקדשי. והיינו אזהרה מדברי קבלה בעלמא ולא לקי עלה [שם פד.]. ואתא יחזקאל ואסמכה אקרא. משום דלא רמזה משה באורייתא והילכתא הוו גמירי לה אתא יחזקאל ואסמכה אקרא [יומא לה:]. דלא להתענאה בהון. אבל למספד שרי. ומקצתהון. אבל למספד אסור. איתוקם תמידא. הוקם התמיד על משפטו כדמפרש לקמיה דלא למספד. איתותב. נתישב על דינו שבאותן ימים נצחו חכמים את הבייתוסים. דלא להתענאה. [כ"ה גירסת רש"י מנחות שם] אבל למספד שרי דלא הויא שמחה יתירה בשל עצרת כבשל תמיד משום דעצרת לא היה שום ראיה לדברי בייתוסין אבל בתמיד היתה ראיה לדבריהם ותרוייהו מפרש לקמן [מנחות סה.]. ראש חודש. מועד דאורייתא. ודאורייתא לא בעי חיזוק. לאסור לפניו ולאחריו אבל ימי מגילת תענית דרבנן וצריכין חיזוק כי היכי דלא ליתי להתענות ביום טוב עצמו [ר"ה יט.].

have drunk wine to those with long hair, the Gemara concludes its argument:

וּמִינָּה – **And from [this very comparison]** we should **conclude further:** אִי מַה שְׁתוּיֵי יַיִן דִּמְחַלֵּי עֲבוֹדָה – **Just as [Kohanim] who have drunk wine** are disqualified to the extent **that they invalidate the** Temple **service** that they perform, אַף פְּרוּעֵי רֹאשׁ דִּמְחַלֵּי עֲבוֹדָה – **so, too, those with long hair** are disqualified to the extent **that they invalidate the** Temple **service** that they perform. This refutes Rav Ashi's assumption that a Kohen who performs Temple service with long hair does not invalidate the service.

(The Gemara answers in defense of Rav Ashi's view:[10]

לֹא – **No,** the fact that Kohanim who have drunk wine are compared to those with long hair does not necessarily mean that both invalidate the Temple service. כִּי אִיתְקוּשׁ לְמִיתָה הוּא דְּאִיתְקוּשׁ – **In regard to what are they compared? They are compared in regard to** the **death** penalty for performing the Temple service in that state. אֲבָל לְאַחוּלֵי עֲבוֹדָה לֹא אִיתְקוּשׁ – **But in regard to invalidating the** Temple **service, they are not compared.** Thus, it may very well be that only a Kohen who has drunk wine and performs the service invalidates it, but not one who performs the service with long hair.)

The Gemara questions using this comparison as the basis for the law that Kohanim who perform the Temple service with long hair are liable to death:

אָמַר לֵיהּ רָבִינָא לְרַב אַשִׁי – **Ravina said to Rav Ashi:**[11] הָא מִקַּמֵּי דְּאָתָא יְחֶזְקֵאל מַאן אֲמָרָהּ – **Before Ezekiel came** and spoke the verses comparing Kohanim with long hair to those who have drunk wine, **who taught this** law?[12]

אָמַר לֵיהּ – **[Rav Ashi] said to him:** וְלִיטַעְמֵיךְ – **And according to your opinion,** on which you base your question, הָא דְּאָמַר רַב חִסְדָּא – how do you explain **that which Rav Chisda said:** דָּבָר זֶה מִתּוֹרַת מֹשֶׁה לֹא לָמַדְנוּ – **This matter,** that a Kohen uncircumcised for any reason may not perform the Temple service and that his participation in the service invalidates it,[13] **we did not learn from the Torah of Moses,** i.e. the Pentateuch, וּמִדִּבְרֵי קַבָּלָה לָמַדְנוּ – **but we** did **learn** it **from the words of the prophets.** "כָּל־בֶּן־נֵכָר עֶרֶל לֵב וְעֶרֶל בָּשָׂר לֹא יָבוֹא אֶל־מִקְדָּשִׁי (לשרתני)" – For the prophet states:[14] ***No stranger, uncircumcised in heart or uncircumcised in flesh, shall come into My Temple.*** This verse disqualifies any uncircumcised Kohen from serving in the Temple. הָא מִקַּמֵּי דְּאָתָא יְחֶזְקֵאל מַאן אֲמָרָהּ – You should also ask: **Before Ezekiel came** and spoke this verse, **who taught this** law that an uncircumcised Kohen may not serve in the Temple? אֶלָּא גְּמָרָא גְּמִיר לָהּ – **Rather,** you must say that **it was a received tradition** dating back to Moses at Sinai, but not recorded in the Pentateuch, וְאָתָא יְחֶזְקֵאל וְאַסְמְכָהּ אַקְּרָא – **and Ezekiel came and supported it with a verse** in Scripture. הָכָא נַמִּי – **Here, too,** regarding Kohanim with long hair, גְּמָרָא גְּמִיר לָהּ – **it was a received tradition** dating back to Moses at Sinai, but not recorded in the Torah, that Kohanim who have long hair are liable to death if they serve in the Temple, וְאָתָא יְחֶזְקֵאל וְאַסְמְכָהּ אַקְּרָא – **and Ezekiel came and supported it with a verse** in Scripture. (כִּי גְּמִירִי הִלְכְתָא לְמִיתָה – And **regarding what was the tradition received** in regard to Kohanim with long hair? **In regard to** the **death** penalty. לְאַחוּלֵי עֲבוֹדָה לֹא גְּמִירִי – But **in regard to invalidating the service, it was not received** that they do so.[15])

The Gemara now addresses that part of our Mishnah which stated:

כָּל הַכָּתוּב בִּמְגִילַּת תַּעֲנִית דְּלָא לְמִיסְפַּד – WHATEVER minor festival IS RECORDED IN *MEGILLAS TAANIS* under the restriction "NOT TO EULOGIZE," לְפָנָיו אָסוּר – IT IS FORBIDDEN the day BEFORE as well, לְאַחֲרָיו מוּתָּר – but it is PERMITTED the day AFTER.

The Gemara cites the beginning of *Megillas Taanis* referred to in the Mishnah:

תָּנוּ רַבָּנָן – **The Rabbis taught** in *Megillas Taanis:* אִלֵּין יוֹמַיָּא – THESE ARE THE DAYS דְּלָא לְהִתְעַנָּאָה בְּהוֹן – THAT IT IS NOT permitted TO FAST ON THEM; וּמִקְצָתְהוֹן דְּלָא לְמִיסְפַּד בְּהוֹן – AND ON SOME OF THEM it is NOT even permitted TO EULOGIZE: מֵרֵישׁ יַרְחָא דְנִיסָן וְעַד תְּמַנְיָא בֵּיהּ – FROM ROSH CHODESH NISSAN UNTIL THE EIGHTH [OF NISSAN], אִיתּוֹקַם תְּמִידָא – THE *TAMID* OFFERING WAS PROPERLY ESTABLISHED.[16] דְּלָא לְמִיסְפַּד בְּהוֹן – Therefore, it is NOT permitted TO EULOGIZE ON [THESE DAYS], and certainly not to fast. מִתְּמַנְיָא בֵּיהּ עַד סוֹף מוֹעֲדָא אִיתּוֹתַב חַגָּא דִשְׁבוּעַיָּא דְּלָא לְמִיסְפַּד בְּהוֹן – FROM THE EIGHTH DAY [OF NISSAN] UNTIL THE END

NOTES

10. The following answer of the Gemara [which is enclosed in parentheses in our Gemara texts] is not found in the parallel discussion in *Sanhedrin* 22b, and is deleted here as well by *Rashi* (see *Maharsha* and *Rashash*). [See also *Tos.* to *Sanhedrin* ad loc. as to why this answer found in our texts would not be adequate.] Rather, the reading here should be: קַשְׁיָא, *It is [indeed] difficult*; i.e. the Gemara lets stand the challenge to Rav Ashi's view.

It should be noted, however, that *Hagahos HaGra* to *Sanhedrin* ad loc. takes the reading in our text to be the authentic text of the Gemara here. See also *Aruch HaShulchan HeAsid, Hil. Bi'as Mikdash* 34:2-4 and *Sfas Emes* here.

11. [*Dikdukei Sofrim* cites an opposite reading, according to which it was Rav Ashi who addressed this question to Ravina. This was also the reading of *Ritva* – see there at length.]

12. It is a basic principle of Judaism that God revealed all the Biblical laws to Moses, and He would reveal no new law to any subsequent prophet. Accordingly, Ravina challenges the Gemara's assumption that the comparison found in the verses of *Ezekiel* is the basis for the Baraisa's ruling that a Kohen who performs the service with long hair is liable to death: How could that be the source for a law that, if true, must have been in effect in the centuries preceding Ezekiel as well?

13. See *Rashi* to *Sanhedrin* 22b ד״ה הא דאמר, *Yoma* 71b ד״ה מאן, and *Zevachim* 18b ד״ה דבר. The Mishnah (*Zevachim* 15b) lists one who is uncircumcised among those whose participation in the service invalidates it. The Gemara (there 22b) inquires as to the source of this law. Rav Chisda (there) replies that the law regarding such a Kohen is not indicated in the Pentateuch but rather in the Prophets (*Rashi*; see *Rashash*). [*Rashi* adds, parenthetically, that the disqualification refers (also) to one whose lack of circumcision is involuntary, e.g. his brothers died as a result of circumcision and he is therefore enjoined from performing the circumcision because of the fear that it might endanger his life. This accords with *Rashi's* view elsewhere (*Yevamos* 70a; see *Tos.* there and to *Zevachim* 22b).]

[The words of the prophets are referred to as דִּבְרֵי קַבָּלָה in many places of the Talmud. See above, 15a note 8.]

14. *Ezekiel* 44:9.

15. Rather, although Kohanim who have drunk wine invalidate the service that they perform, Kohanim with long hair do not, as Rav Ashi has asserted above.

This defense of Rav Ashi's assertion (placed in parentheses in the printed text) is deleted by *Maharshal*. However, it is found in *Tos.* to *Sanhedrin* 22b.

16. The law is that the daily *tamid* offering must be brought from communal funds, raised by the annual collection of the half-*shekel*. But the Sadducees disputed this law and argued that the *tamid* is to be donated by individuals. They based their dissent on Scripture's use of the singular in the command to offer the *tamid* (*Numbers* 28:4): אֶת־הַכֶּבֶשׂ אֶחָד "תַּעֲשֶׂה" בַבֹּקֶר וְאֵת הַכֶּבֶשׂ הַשֵּׁנִי "תַּעֲשֶׂה" בֵּין הָעַרְבָּיִם, *one lamb "you" (sing.) shall offer in the morning, and the second lamb "you" (sing.) shall offer in the afternoon*. The Sages, however, replied that, on the contrary, verse 2 there indicates that communal funds are required, for it states: אֶת־קָרְבָּנִי לַחְמִי לְאִשַּׁי רֵיחַ נִיחֹחִי "תִּשְׁמְרוּ" לְהַקְרִיב לִי בְּמוֹעֲדוֹ, *My offering, My food for My fires, My satisfying aroma, "you" (plural) shall be scrupulous to offer to Me in its appointed time.* After a protracted debate lasting from the first to the eighth of Nissan, the Sages succeeded

מכלל דרבנן אסרי. פי' מכלל דרבנן אסרי לשתות יין משום דשמא יבנה ביהמ"ק ובעינן כהן ראוי לעבוד וליכא ומשני אפשר דמספר ועייל:

בעינן כהנים הראויים לעבודה וליכא. וא"ת והלא בלא יין נמי אסורין בעבודה דטמאי מתים נינהו ולריכין הזאה ג' [וז'] ואמאי אסרי להו יין וי"ל דמ"מ מותרין בעבודת לבור דטומאה הותרה בלבור:

פרועי ראש דלא מחלי עבודה. פי' (ה) דלא כתיב בסמוך ולהבדיל וגו': (דבר תורה):

דבר זה מתורת משה לא למדנו. וא"ת נילף מק"ו ומה בעל מום שמותר באכילת קדשים כדדרשינן במסכת קדושין פרק האיש מקדש (דף נג.) וכל מנחת מחבת וכל מרחשת לכהנים יהיה איש כאחיו ואפ"ה בעל מום אסור לעבוד עבודה ערל שאסור באכילת קדשים כדדרשינן פרק הערל (יבמות דף ע.) בג"ש תושב ושכיר מפסח דערל אסור בו אינו דין שאסור לעבודה וי"ל דחלל יוכיח שאינו אוכל בקדשים ואפ"ה כשר לעבודה וכדאמר פרק האומר (קדושין דף סו:) מדכתיב ברך ה' חילו ופועל ידיו תרצה דמשמע אפילו [חולין שבו] הוא רוצה בעבודתו אי נמי מבעל מום לא מצי יליף דאיכא למיפרך מה לבעל מום שכן עשו בו קריבין כמקריבים שכל הקריבין פסולים (ו) שהם בעלי מומים כמו המקריב תאמר בערל שלא עשה בו קריבין כמקריבין דמה ערלות שייך בבהמה: **שתויי** יין דמחללי עבודה. פי' דכתיב יין ושכר אל תשת וגו' ולהבדיל בין הקודש ובין י) החול: **מריש** ירחא דניסן ועד תמניא (דהא) [ביה] איתוקם תמידא. פי' כדמפרש במגילת תענית [פ"א] ס) שהיו הביתוסים אומרים שיחיד מתנדב תמיד משום דכתיב תעשה את הכבש אחד תעשה בבקר תעשה משמע יחיד והדרי להו את קרבני לחמי לאשי תשמרו להקריב לשון רבים:

הלכו

כרבי מכלל דרבנן אסרי מ"ט מהרה יבנה בית המקדש ובעינן כהן הראוי לעבודה וליכא הכא אפשר דמספר ועייל אי הכי שתוי יין נמי אפשר דגני פורתא ועייל א) כדרמי בר אבא דאמר רמי בר אבא [א]דרך מיל ושינה כל שהוא מפיגין את היין לאו מי איתמר עלה אמר רב נחמן אמר רבה בר אבוה ב) [ב]לא שנו אלא כששתה שיעור רביעית אבל שתה יותר מרביעית כל שכן שדרך מטרידתו ושינה משכרתו רב אשי אמר [ג]שתויי יין דמחלי עבודה גזרו בהו רבנן [ד]פרועי ראש דלא מחלי עבודה לא גזרו בהו רבנן מיתיבי ג) ואלו שהן במיתה [ה]שתויי יין [ו]ופרועי ראש בשלמא שתויי יין בהדיא כתיב בהו א) יין ושכר אל ד) תשת אלא פרועי ראש מנלן דכתיב ב) וראשם לא יגלחו ופרע לא ישלחו וכתיב בתריה ויין לא ישתו כל כהן בבאם אל החצר הפנימית ואיתקוש פרועי ראש לשתויי יין מה שתויי יין במיתה אף פרועי ראש במיתה ומינה אי מה שתויי יין דמחלי עבודה אף פרועי ראש דמחלי עבודה (ה) לא כי איתקוש למיתה הוא דאיתקוש אבל לאחולי עבודה לא איתקוש) א"ל רבינא לרב אשי הא מקמי דאתא יחזקאל מאן אמרה א"ל וליטעמיך הא דאמר רב חסדא ו) דבר זה מתורת משה לא למדנו ומדברי קבלה למדנו ג) כל בן נכר ערל לב וערל בשר לא יבוא אל מקדשי (לשרתני) הא מקמי דאתא יחזקאל מאן אמרה אלא גמרא גמיר לה ° ואתא יחזקאל ואסמכה אקרא הכא נמי גמרא גמיר לה ואתא יחזקאל ואסמכה אקרא (ז) כי גמירי הלכה למיתה לאחולי עבודה לא גמירי): כל הכתוב במגילת תענית דלא למיספד לפניו אסור לאחריו מותר: תנו רבנן ח) אלין יומיא דלא להתענאה בהון ומקצתהון דלא למיספד בהון מריש ירחא דניסן ועד תמניא ביה איתוקם תמידא דלא למיספד בהון מתמניא ביה עד סוף מועדא איתותב ט) חגא דשבועיא דלא למיספד בהון אמר מר מריש ירחא דניסן עד תמניא ביה איתוקם תמידא דלא למיספד למה לי מריש ירחא לימא מתרי בניסן ור"ח גופיה יו"ט הוא ואסור אמר רב לא נצרכה אלא לאסור יום שלפניו ושלפניו נמי תיפוק ליה דהוה ליה יום שלפני ראש חדש ר"ח דאורייתא הוא ודאורייתא' לא בעי חיזוק דתניא י) הימים האלה הכתובין במגילת תענית לפניהם ולאחריהם אסורין שבתות וימים טובים הן אסורין לפניהן ולאחריהן מותרין ומה הפרש בין זה לזה הללו דברי תורה כ) ודברי תורה אין צריכין חיזוק הללו דברי סופרים ל) ודברי סופרים צריכין חיזוק אמר מר מתמניא ביה עד סוף מועדא איתותב חגא דשבועיא דלא למיספד למה לי עד סוף מועד לימא עד המועד ומועד גופיה יום טוב הוא ואסור אמר רב פפא כדאמר רב לא נצרכא אלא

כרבי הא רבנן מיסר אסרי. אפילו שלא בזמן ביאה: ומשני מאי טעמא כו' והכא כו'. מאי טעמא תירולא הוא כלומר דטעמא מאי גזור רבנן ביין שמא יבנה כו' אבל גבי פרועי ראש לא גזרו דאפשר דמסתפר מיד והדר עייל לבית המקדש לעבודה: דרך מיל ושינה כל שהוא כו': ושינה משכרתו. והאי שינוי איכא בהך מיהא: שתוי יין דמחלי עבודה. דכתיב יין ושכר אל תשת וסמיך ליה ולהבדיל בין הקדש ובין החול בין עבודה קדושה למחוללת דאי עביד עבודה שתוי יין חילל: פרועי ראש. דלא כתיב ביה חלל דלא נראה חילול: ואילו שבמיתה. בידי שמים במסכת סנהדרין באלו הן הנשרפין (דף פג.): שתויי יין. במיתה דכתיב יין ושכר אל תשת בבואכם אל אהל מועד ולא תמותו דהיינו מיתה בידי שמים מדלא כתיב יומת ואמר בשלמא כו': ה"ג ומינה מה שתוי יין מחלי עבודה אף פרועי ראש מחלי עבודה. קשיא לא גרס: כי גמירי הלכה למיתה. לאחולי עבודה לא גמירי: מחלי עבודה. חולין היא כל עבודתו שעבד: אף פרועי ראש. עבודתם מחוללת דלכל מילי איתקוש ותיובתא דרב אשי דאמר פרועי ראש לא מחלי עבודה: דרב חסדא. (א) בפרק שני לזבחים וקא בעי התם כהן ערל שמתו אחיו מחמת מילה מהו ואמר רב חסדא כו' ערל לב וערל בשר: הלכתא גמירי לה. מסיני: (ב) מריש ירחא דניסן עד תמניא ביה. דכל שמונה ימים נשאו ונתנו בדבר עד שנלחו את הלדוקין ועשו אותם יום טוב ודבר זה מפורש במנחות בפרק רבי ישמעאל ובמגילת תענית המלויה אללנו: דלא להתענאה בהון. שכולן אסורין בתענית ומקלתהון שיש בהן קלת חמורין כ"כ שבהספד נמי אסורין: (ג) איתוקם תמידא ואיתותב חגא דשבועיא. בעניים רבים חלקו בייתוסין עם חכמים ומפורשין במנחות ובמגילת תענית [פ"א] וה"ג התם בפ' ר' ישמעאל [סה.] ת"ר אלין יומיא דלא להתענאה בהון ומקלתהון דלא למיספד בהון מריש ירחא דניסן עד תמניא ביה איתוקם תמידא דלא למיספד ומתמניא ביה עד סוף מועדא איתותב חגא דשבועיא דלא מ) למיספד: מריש ירחא דניסן ועד תמניא ביה איתוקם תמידא דלא למיספד. שהיו הלדוקים אומרים יחיד מתנדב ומביא תמיד מאי דרוש את הכבש אחד תעשה בבקר ואת הכבש השני תעשה בין הערבים מאי אהדרו להו את קרבני לחמי לאשי תשמרו להקריב לשון רבים הוא שיהו כולן באין מתרומת הלשכה: מתמניא ביה כו' עד דלא למיספד. שהיו בייתוסים אומרים עלרת אחר השבת הוא שהעומר מתחיל אחד בשבת שנאמר וספרתם לכם ממחרת השבת ניטפל להן רבן יוחנן בן זכאי וא"ל שוטים מניין לכם ולא היה אדם שהחזירו דבר חוץ מזקן אחד שהיה מפטפט כנגדו ואמר משה רבינו אוהב ישראל היה ויודע שעלרת יום אחד הוא עמד ותיקנה אחר שבת כדי שיהיו מתענגים שני ימים וכו' ודחו אותן והלכו להן בייתוסים מכח הפסוקין על כרחן וחזרו בהן (ע"כ הג') איתוקם תמידא דלא למיספד גרסינן ולא גרסינן להתענאה כדמוכח בסמוך דקתני לא נלרכה אלא לאסור את שלפניו ואי גרסינן להתענאה א"כ היינו רבי יוסי דאמר לפניו אסור והא ליכא למימר דרבי יוסי היא דקא פריך כמאן כרבי יוסי בתמיהה מכלל דכרבנן פסיקא ליה: עד סוף מועדא. פסח: חגא דשבועיא דלא למיספד. במגילת תענית [פ"א] מפרש מאי איתוקם: ור"ח יו"ט הוא. דכתיב קרא עלי מועד והוי ראש חודש אב (ד) בהאי מסכתא לקמן (דף כט.): לאסור

ל א ב מיי' פ"א מהל' ביאת מקדש הלכה ה ופ"ד מהלכות תפלה הל' יז סמג עשין ט ולאוין מ טוש"ע א"ח סימן לט סעיף ג:
לא ג מיי' פ"א מהל' ביאת מקדש הלכה א סמג לאוין שם:
לב ד מיי' שם הי"ד:
לג ה מיי' שם הל' א:
לד ו מיי' שם הלכה יד:

רבינו גרשום

למשמרתם כשהן מנוולין הואיל ומשמרות מתחדשות שיראו אותו ביפיותו: **ראשם לא יגלחו פרע לא ישלחו** ראשם לא יגלחו משמע לא יגלחו כל שעריהם לגמרי ופרע לא ישלחו משמע שלא יגדלו שעריהם: **ודילמא הכי אמרה רחמנא** ופרע לא ישלחו דלא לירבו כלל אלא מסתפרין בכל יום: **פרע** להביא שיגדילו שערם כל שהוא דהיינו לל' יום **שלוחי** לא ישלחו יותר מדאי: **אי הכי** הואיל וילפת פרע פרע מנזיר **אפילו האידנא** נמי יהו אסורין בפרוע ראש נמי שהרי נזירות נוהג בזמן הזה: **דומיא דיין** דהא איתקש פרוע ראש ליין דכתיב ויין לא ישתו כל כהן וגו' **בזמן ביאה למקדש אסור** דכתיב יין ושכר אל תשת אתה ובניך אתך בבואכם אל אהל מועד: **מכלל דרבנן אסרי** בזמן הזה ביין ונימא דפרוע ראש בזמן הזה נמי אסור. תריץ מ"ט אסרי רבנן בזמה"ז **מהרה יבנה ביהמ"ק וכו'** אבל פרוע ראש לא אסרי: **כש"כ ששינה משכרתו** ולהכי אסרי בשתויי יין דאי אפשר בתקנה אבל פרוע ראש דאפשר בתקנה לא אסרי: **רב אשי אמר** להכי אסרי רבנן שתויי יין בזמה"ז הואיל דחמור דהרי **מחלל עבודה** דאמרינן התם במס' זבחים כתיב בשתויי יין חוקה דכתיב יין ושכר אל תשת וגו' וכתיב בבגדי כהונה חוקה דכתיב (וחבשת) [וחגרת אתם] אבנט אהרן ובניו וגו' מה בגדי כהונה שאינו לובשן ועובד מחל עבודה כדאמרינן בגדיהם עליהם כהונתם

רבינו חננאל

כשמעתייהו ואביי דהוא כהן מבני עלי לא הוה שתי חמרא דהא אמר רבא לדביתהו דאביי ידענא ביה בנחמני דלא הוה שתי חמרא (כתובות סה ע"א) ונהגו הכהנים לשתות יין עכשיו כרבי. **הכהנים** והלוים אנשי משמר וישראל אנשי מעמד בשבוע המשמשין בעבודה אסורין לספר ולכבס כדי שלא יכנסו במשמרתם מנוולים כיון שיודעין שאסורים (אף) [אז] מקדימין ומתקנים את עצמן ובחמישי מותרין לכבס ולספר מפני כבוד השבת: **ת"ר** מלך מסתפר בכל יום כ"ג מע"ש לע"ש הואיל ומשמרות מתחדשים כהן הדיוט אחד לשלשים יום.
שנאמר וראשם לא יגלחו יכול לא יגלחו לעולם אלא יגדלו שערם ת"ל ופרע לא ישלחו לא יתנו שלוח לשער כלו' לא יאריכו שער להיות משלח לפניהם ולאחריהם כסום יכסמו את ראשיהם אין להם לגדל אלא כשיעור כסוי הראש והוא שלשים יום כנזירות דכתיב ביה יהיה בגימטריא ל' וגמרינן פרע פרע מנזיר ואמאי לא גזרו בפרע כמו שגזרו ביין אמר רב אשי שתויי יין דמחלל עבודה גזרו בהו רבנן פרע ראש דלא מחללי עבודה לא גזרו בהו רבנן מיתיבי אלו שבמיתה שתויי יין ופרועי ראש כו'. **ואסיקנא** דאתקוש פרועי ראש לשתויי יין במיתה ומינה מה שתויי יין מחלי עבודה אף פרועי ראש מחלי עבודה ושקלו וטרו ואמרינן האי עד דלא אתא יחזקאל וכתב ופרע לא ישלחו וכתיב בתריה ויין לא ישתו כל כהן וגו' דגמרינן מינייהו דאתקוש לשתויי יין [אלא גמרא גמירי להון] ואתא יחזקאל ואסמכא אקראי וכי גמרא גמירי לה דפרועי ראש במיתה אבל לאחולי עבודה לא גמירי גמרא: **מתני'** כל הכתוב במגלת תענית די לא למספד כו'. ת"ר אלין יומא דלא להתענאה בהון ומקצתהון כו'. **אמר מר** ריש ירחא דניסן עד תמניא ביה אתוקם תמידא די לא להתענאה א) ואקשינן אמאי לא תני מתרי בניסן דהא ר"ח גופא לא אצטריך ושני רב לאסור באדר ביום שלפניו ותניא ימים הכתובים במגלת תענית לפניהם ולאחריהם אסור. ואי משום ר"ח דאורייתא איסוריה ואין דברי תורה צריכין חיזוק וכן אקשי אסיפא דקתני מתמניא ביה ועד סוף מועדא איתותב חגא דשבועיא דלא למספד

חשק שלמה על רבינו חננאל א) גי' רבינו כמו שהיתה הגי' לפני התוס' במנחות סה ע"ש.

מסורת הש"ס

א) [עירובין סד: סנהדרין כב: ע"ש], ב) עירובין סד: סנהדרין כב:, ג) סנהדרין שם [פג. שבועות לו:], ד) [צ"ל אל תשת אתה ובניך ולא תמותו], ה) [כל זה ליתא בסנהדרין אלא מסיק שם קשיא ע"ש ותוספות שם] [וגם רש"א מוחק כל זה וגרס דמחלי עבודה קשיא], ו) יומא עא: מו"ק ה. סנהדרין כב: פג: זבחים יח: כב:, ז) [כל אלו מוחק הרש"ל בסנהדרין כב:], ח) [מנחות סה. ע"ש גירסת הספרים בתוס' ד"ה מריש], ט) [נתישב על דינו שבאותן ימים נלחו חכמים את הבייתוסים רש"י שם במנחות], י) ר"ה יט., כ) [יבמות פה:], ל) [שם], מ) גי' רש"י במנחות להתענאה, נ) [במסקנא דגמ' זבחים יח. אלטריך ולהבדיל בין הקודש לדרשא אחרינא ושתויי יין דמחלי עבודה יליף התם מג"ש דחוקה חוקה ממחוסר בגדים וקל"ע], ס) [וכ"ה בגמרא מנחות סה. להדיא].

הגהות הב"ח

(א) רש"י ד"ה דרב חסדא בזבחים פרק שני דקא בעי התם: (ב) ד"ה מריש ירחא כו' נ"ל אחר ד"ה דלא להתענאה כו': (ג) ד"ה איתוקם תמידא כו' וד"ה מריש ירחא כו' וד"ה מתמניא כו' עד על כרחן וחזרו בהן הד"א ואח"כ מה"ד ה"ג איתוקם תמידא וכו' אלא לאסור את יום שלפניו: (ד) ד"ה ור"ח חדש כו' והוי ר"ח אב כדאיתא בהאי מסכת: (ה) תוספות ד"ה פרועי כו' פי' דבר תורה דלא כתיב: (ו) ד"ה דבר כו' כשהן בעלי מומין:

גליון הש"ס

גמרא ואתא יחזקאל ואסמכה אקרא. עיין יומא דף לה ע"ב וברש"י שם ד"ה מיתיבי:

תורה אור השלם

א) יַיִן וְשֵׁכָר אַל תֵּשְׁתְּ אַתָּה וּבָנֶיךָ אִתָּךְ בְּבֹאֲכֶם אֶל אֹהֶל מוֹעֵד וְלֹא תָמֻתוּ חֻקַּת עוֹלָם לְדֹרֹתֵיכֶם: [ויקרא י, ט]

ב) וְרֹאשָׁם לֹא יְגַלֵּחוּ וּפֶרַע לֹא יְשַׁלֵּחוּ כָּסוֹם יִכְסְמוּ אֶת רָאשֵׁיהֶם: וְיַיִן לֹא יִשְׁתּוּ כָּל כֹּהֵן בְּבוֹאָם אֶל הֶחָצֵר הַפְּנִימִית: [יחזקאל מד, כ-כא]

ג) כֹּה אָמַר אֲדֹנָי יֱיָ כָּל בֶּן נֵכָר עֶרֶל לֵב וְעֶרֶל בָּשָׂר לֹא יָבוֹא אֶל מִקְדָּשִׁי לְכָל בֶּן נֵכָר אֲשֶׁר בְּתוֹךְ בְּנֵי יִשְׂרָאֵל: [יחזקאל מד, ט]

ליקוטי רש"י

דגני. ישן [ע"פ ברכות נט.]. **דרך מיל ושינה כל שהוא.** או זו או זו [עירובין סד:]. **שתויי יין דמחלי עבודה.** דכתיב (ויקרא י) יין ושכר וגו' וסמיך ולהבדיל בין הקדש ובין החול משמע בין עבודה קדושה לעבודה מחוללת גזרו בהו רבנן בזמן הזה משום מהרה יבנה [סנהדרין כב:]. **שתויי יין.** דבמיתה לא שמעינן לה אלא הן מכלל לאו (סנהדרין דף פג:) דכתיב (ויקרא י) יין ושכר אל תשת ולא תמותו הא אם תשתו בבואכם אל אהל מועד תמותו [שבועות לו:]. **ופרועי ראש.** ששימשו פרועי ראש שעברו עליהם יותר משלשים יום שלא גלחו ראשם [סנהדרין פג.]. **דכתיב וראשם לא יגלחו וכו'.** נפקא לן (סנהדרין דף פג.) מדאיתקש לשתויי יין בספר יחזקאל (מד) [שבועות לו:]. **וראשם לא יגלחו.** להעביר את כל השער. **ופרע לא ישלחו.** גידול שער לא ירבו [יחזקאל מד, כ]. **הא מקמי דאתא יחזקאל.** ואקשינהו [סנהדרין שם]. **מאן אמרה.** פירוש מהיכא נפקא לן פרועי ראש במיתה [סנהדרין שם]. **הא דאמר רב חסדא.** בזבחים בפרק שני. **דבר זה.** דכהן ערל פסול לעבודה. [יומא עא:]. **ומדברי קבלה.** נביאים וכתובים [ב"ק ב:]. תורת משה קרויה תורה לפי שנתנה תורה לדורות ושל נביאים לא קרי אלא קבלה שקבלו מרוח הקודש כל נבואה ונבואה לפי צורך השעה והדור והמעשה [חולין קלז.]. **כל בן נכר ערל לב וערל בשר.** כהן משומד שנתנכרו מעשיו לאביו שבשמים וערל לבו או ערל בשר שמתו אחיו מחמת מילה [סנהדרין כב:]. שנתנכרו מעשיו לאביו שבשמים שהוא ערל לב וכן ערל בשר שמתו אחיו מחמת מילה לא יבא אל המקדש [יומא עא:]. וערל בשר שמתו אחיו מחמת מילה ולא רצו למולו שיראים פן ימות גם הוא כאחיו לא יבא אל מקדשי לשרתני שאסורין בעבודה [מו"ק ה.]. **מאן אמרה.** מאין למדו דבר זה [יומא שם]. **לא יבא אל מקדשי.** והיינו אזהרה מדברי קבלה בעלמא ולא לקי עלה [שם פד.]. **ואתא יחזקאל ואסמכה אקרא.** משום דלא רמזה משה באורייתא והילכתא הוו גמירי לה אתא יחזקאל ואסמכה אקרא [יומא לה:]. **דלא להתענאה בהון.** אבל למספד שרי. **ומקצתהון.** איכא דחמירי כולי האי דאפי' למספד אסור. **איתוקם תמידא.** הוקם התמיד על משפטו כדמפרש לקמיה דלא למספד. **איתותב.** נתיישב על דינו שבאותן ימים נלחו חכמים את הבייתוסים. **דלא להתענאה.** [כ"ה גירסת רש"י מנחות שם] אבל למספד שרי דלא הויא שמחה יתירה בשל עצרת כבשל תמיד משום דעצרת לא היה שום ראיה לדברי בייתוסין אבל בתמיד היתה ראיה לדבריהם ותרוייהו מפרש לקמן [מנחות סה.]. **ראש חודש.** מועד דאורייתא. **ודאורייתא לא בעי חיזוק.** לאסור לפניו ולאחריו אבל ימי מגילת תענית דרבנן וצריכין חיזוק כי היכי דלא ליתי להתענות ביום טוב עצמו [ר"ה יט.].

OF THE FESTIVAL of Pesach, the date of **THE FESTIVAL OF SHAVUOS WAS SETTLED.** Therefore, it is **NOT** permitted **TO EULOGIZE ON [THESE DAYS]**, and certainly not to fast.[17]

The Gemara now analyzes the Baraisa:

אָמַר מַר – The master said: **מֵרֵישׁ יַרְחָא דְנִיסָן עַד תְּמַנְיָא בֵּיהּ – FROM ROSH CHODESH NISSAN UNTIL THE EIGHTH [OF NISSAN],** **אִיתּוֹקַם תְּמִידָא – THE *TAMID* OFFERING WAS PROPERLY ESTABLISHED.** **דְּלָא לְמִיסְפַּד –** Therefore, it is **NOT** permitted **TO EULOGIZE ON [THESE DAYS].**

The Gemara asks:

לָמָּה לִי מֵרֵישׁ יַרְחָא – Why do I need *Megillas Taanis* to prohibit eulogizing beginning **from Rosh Chodesh** Nissan? **לֵימָא מִתְּרֵי בְּנִיסָן – Let it state** that this is prohibited **from the second day of Nissan,** **וְרֹאשׁ חֹדֶשׁ גּוּפֵיהּ יוֹם טוֹב הוּא וְאָסוּר – and** since **Rosh Chodesh itself is a festival,**[18] **it is** anyway **forbidden** to fast or eulogize on it, even without the additional prohibition of *Megillas Taanis*. – ? –

The Gemara answers:

אָמַר רַב – Rav said: **לֹא נִצְרְכָה אֶלָּא לֶאֱסוֹר יוֹם שֶׁלְּפָנָיו – It was necessary** for *Megillas Taanis* to prohibit eulogizing on Rosh Chodesh Nissan **only in order to prohibit the day before it** as well.[19]

The Gemara asks:

וְשֶׁלְּפָנָיו נַמִּי – But even the prohibition against eulogizing on **the day before [Rosh Chodesh Nissan]** **תֵּיפוֹק לֵיהּ דַּהֲוָה לֵיהּ יוֹם שֶׁלִּפְנֵי רֹאשׁ חֹדֶשׁ – should emerge from** the fact **that it is the day before Rosh Chodesh.** Why doesn't Rosh Chodesh's Biblical status as a festival cause eulogizing to be prohibited on the day before as well?[20]

The Gemara answers:

רֹאשׁ חֹדֶשׁ דְּאוֹרַיְיתָא הוּא – Rosh Chodesh is a Biblical festival,[21] **וּדְאוֹרַיְיתָא לֹא בָּעֵי חִיזּוּק – and Biblical** ordinances **do not require** Rabbinic **strengthening,** since people are careful not to violate them. **דְּתַנְיָא – As was taught in a Baraisa:** **הַיָּמִים הָאֵלֶּה הַכְּתוּבִין בִּמְגִילַּת תַּעֲנִית –** Regarding **THESE DAYS THAT ARE RECORDED IN *MEGILLAS TAANIS*** as being minor festivals, **לִפְנֵיהֶם וּלְאַחֲרֵיהֶם אֲסוּרִין – THE PROHIBITIONS** also **APPLY** to the day **BEFORE THEM AND** the day **AFTER THEM.** **שַׁבָּתוֹת וְיָמִים טוֹבִים –** But regarding **SABBATHS AND FESTIVALS,** **הֵן אֲסוּרִין – THE PROHIBITIONS APPLY** to these days **THEMSELVES,** **לִפְנֵיהֶן וּלְאַחֲרֵיהֶן מוּתָּרִין –** but on the day **BEFORE THEM AND** the day **AFTER THEM** it is **PERMITTED.** **וּמַה הֶפְרֵשׁ בֵּין זֶה לָזֶה – AND WHAT IS THE DIFFERENCE BETWEEN THIS** [Sabbaths and Festivals] **AND THE OTHER** [minor festivals]? **הַלָּלוּ דִּבְרֵי תוֹרָה – THESE** [Sabbaths and Festivals] **ARE BIBLICAL ORDINANCES**[22] **וְדִבְרֵי תוֹרָה אֵין צְרִיכִין חִיזּוּק – AND BIBLICAL ORDINANCES DO NOT REQUIRE** Rabbinic **STRENGTHENING.** **הַלָּלוּ דִּבְרֵי סוֹפְרִים –** Whereas **THESE** minor festivals listed in *Megillas Taanis* **ARE RABBINIC ORDINANCES,** **וְדִבְרֵי סוֹפְרִים צְרִיכִין חִיזּוּק – AND RABBINIC ORDINANCES REQUIRE** additional **STRENGTHENING** in order to prevent people from violating them.

The Gemara now analyzes the second segment of *Megillas Taanis* cited above:

אָמַר מַר – The master said: **מִתְּמַנְיָא בֵּיהּ עַד סוֹף מוֹעֲדָא – FROM THE EIGHTH** day **[OF NISSAN] UNTIL THE END OF THE FESTIVAL** of Pesach **אִיתּוֹתַב חַגָּא דִּשְׁבוּעַיָּא דְּלָא לְמִיסְפַּד –** the date of **THE FESTIVAL OF SHAVUOS WAS SETTLED.** Therefore, it is **NOT** permitted **TO EULOGIZE ON [THESE DAYS].**

The Gemara asks:

לָמָּה לִי עַד סוֹף מוֹעֵד – Why do I need *Megillas Taanis* to prohibit eulogizing **until the end of the festival** of Pesach? **לֵימָא עַד הַמּוֹעֵד – Let it state** that this is prohibited **until the** beginning of **the** Pesach **festival,** **וּמוֹעֵד גּוּפֵיהּ יוֹם טוֹב הוּא וְאָסוּר – and** since **the** Pesach **festival itself is a festival, it is** anyway **forbidden** to fast or eulogize on it, even without the additional prohibition of *Megillas Taanis*. – ? –

The Gemara answers:

אָמַר רַב פַּפָּא – Rav Pappa said: **כִּדְאָמַר רַב – As Rav said** (in the Gemara above) in regard to why a special prohibition has to be made for Rosh Chodesh Nissan: **לֹא נִצְרְכָא – It was not necessary** for *Megillas Taanis* to prohibit eulogizing on that day,

NOTES

in convincing the Sadducees that they had been in error [thus insuring that the *tamid* would be properly brought without interference from the Sadducees]. To commemorate this joyous event, the Sages designated these eight days as minor festivals (*Rashi*).

17. The Torah sets the time for Shavuos as the fiftieth day after the *omer* offering is brought, rather than on a specific date in the calendar. The Torah sets the time for the *omer* offering as "the morrow of the Sabbath," i.e. the second day of Pesach, the morrow of the first day, on which the Sabbath restrictions of a festival apply. But the heretical sect of Baitusim sought to interpret the words "morrow of the Sabbath" as referring to Sunday. According to them, then, Shavuos would always fall on a Sunday (see *Menachos* 65a ff. at length). After a protracted debate from the eighth of Nissan until the end of Pesach, the Sages succeeded in convincing the Baitusim of the correctness of the received law, and designated those days as minor festivals, on which fasting and eulogizing are forbidden (*Rashi*).

18. The verse (*Lam.* 1:15) states: קָרָא עָלַי מוֹעֵד, *He called a "set time" upon me,* which the Gemara (29a) explains as referring to Rosh Chodesh Av. Since the verse thus refers to Rosh Chodesh in the same terms as those used to refer to festivals [מוֹעֵד, *set time* – see *Lev.* 23:4], we see that Rosh Chodesh is also considered a festival (*Rashi*).

19. As stated in our Mishnah, when *Megillas Taanis* prohibits even eulogizing on a particular day, the prohibition extends to the day before as well (see 15b note 19). Now, in commemoration of the events of the first eight days of Nissan, the Rabbis wished to forbid eulogizing during that eight-day period and on the preceding day as well. Therefore, they had to list in *Megillas Taanis* Rosh Chodesh Nissan among those eight days, in order that eulogizing on the day preceding Rosh Chodesh Nissan be forbidden as well. But had they omitted mention of Rosh Chodesh Nissan and relied instead on the fact that eulogizing is anyway forbidden on Rosh Chodesh, the prohibition would not have extended to the day before (see Gemara below).

20. It is logical to assume that just as the Rabbis prohibited eulogizing or fasting on the day before the Rabbinically ordained minor festivals in order to prevent people from doing so on the festival itself (see 15b note 19), they enacted the same ruling to protect Rosh Chodesh, which is Biblical.

21. I.e. the basic institution of Rosh Chodesh is Biblical. However, there is a question whether fasting on Rosh Chodesh is prohibited Biblically or only Rabbinically (see *Beis Yosef, Orach Chaim* 418; *Shulchan Aruch* 418:4 and 470:3).

22. I.e. the Festivals and their laws are Biblically mandated. However, there is a question whether fasting on the Festivals is prohibited Biblically or only Rabbinically (see *Beur Halachah* 288:1 ד״ה אסור; see also previous note).

אֶלָּא לֶאֱסוֹר יוֹם שֶׁלְּפָנָיו – **except to prohibit the day before it** as well.[1] הָכָא נַמִּי לֹא נִצְרְכָה אֶלָּא לֶאֱסוֹר יוֹם שֶׁלְּאַחֲרָיו – **Here, too, it was necessary** to list the end of Pesach as a Rabbinic festival **only in order to prohibit the day after [Pesach]**, which would not result from Pesach's status as a Biblical festival.[2]

The Gemara challenges Rav Pappa's answer:

כְּמַאן – **In accordance with whom**, then, is *Megillas Taanis* taught, according to Rav Pappa's answer? כְּרַבִּי יוֹסֵי דְּאָמַר בֵּין לְפָנָיו בֵּין לְאַחֲרָיו אָסוּר – Is it taught **in accordance with** the view of **R' Yose** in our Mishnah, **who rules** (regarding days on which *Megillas Taanis* prohibits eulogizing) that **the prohibition extends both to** the day **before and** the day **after [the festival]**?[3] אִי הָכִי – But **if so,** בְּעֶשְׂרִים וְתִשְׁעָה נַמִּי – then regarding **the twenty-ninth** of Adar **as well,** מַאי אִירְיָא דַּהֲוֵי יוֹמָא דְמִקַּמֵּי יוֹמָא דְּמִיתּוֹקַם תְּמִידָא – **why** does *Megillas Taanis* **specify** that it is prohibited **because it is the day before the day on which the *tamid* offering was properly established?**[4] תֵּיפוֹק לֵיהּ דַּהֲוָה לֵיהּ יוֹמָא דְּבָתַר עֶשְׂרִין וּתְמַנְיָא בֵּיהּ – **Let it** [the prohibition of the twenty-ninth of Adar] **emerge** from the fact **that it is the day after the twenty-eighth** of Adar, which is also a minor festival on which eulogizing is prohibited (as the Gemara now shows): דְּתַנְיָא – **For it was taught** in the Baraisa of *Megillas Taanis*: בְּעֶשְׂרִים וּתְמַנְיָא בֵּיהּ – ON THE TWENTY-EIGHTH [OF ADAR], אֲתַת בְּשׂוֹרְתָא טַבְתָּא לִיהוּדָאֵי – THE GOOD TIDINGS CAME TO THE JEWS דְּלֹא יְעִידוּן מִן אוֹרַיְיתָא – THAT THEY WOULD NOT BE REMOVED by government edict FROM TORAH study and observance. Therefore, the Rabbis prohibited eulogizing on that day.[5] שֶׁפַּעַם אַחַת גָּזְרָה גְּזֵירָה עַל יִשְׂרָאֵל – FOR ONCE AN EDICT WAS ISSUED AGAINST THE JEWS שֶׁלֹּא יַעַסְקוּ בַּתּוֹרָה – THAT THEY SHOULD NOT ENGAGE IN TORAH STUDY וְשֶׁלֹּא יָמוּלוּ אֶת בְּנֵיהֶם – AND THAT THEY SHOULD NOT CIRCUMCISE THEIR SONS וְשֶׁיְּחַלְּלוּ שַׁבָּתוֹת – AND THAT THEY SHOULD DESECRATE THE SABBATH.[6] מֶה עָשָׂה יְהוּדָה בֶּן שַׁמּוּעַ וַחֲבֵירָיו – WHAT DID YEHUDAH BEN SHAMUA AND HIS COLLEAGUES DO? הָלְכוּ וְנָטְלוּ עֵצָה מִמַּטְרוֹנִיתָא אַחַת שֶׁכָּל גְּדוֹלֵי רוֹמִי מְצוּיִין אֶצְלָהּ – THEY WENT AND TOOK COUNSEL FROM A Roman MATRON WHO WAS FREQUENTED BY ALL THE NOTABLES OF ROME. אָמְרָה לָהֶם – SHE SAID TO THEM [Yehudah ben Shamua and his colleagues]: עִמְדוּ וְהַפְגִּינוּ בַּלַּיְלָה – "RISE AND CRY OUT in a public protest IN THE NIGHTTIME."[7] הָלְכוּ וְהִפְגִּינוּ בַּלַּיְלָה – So THEY WENT AND CRIED OUT in a public protest IN THE NIGHTTIME, אָמְרוּ – and THEY SAID: אִי שָׁמַיִם – "O HEAVENS![8] לֹא אַחִים אֲנַחְנוּ – ARE WE NOT BROTHERS? לֹא בְּנֵי אָב אֶחָד אֲנַחְנוּ – ARE WE NOT THE CHILDREN OF ONE FATHER?[9] לֹא בְּנֵי אֵם אַחַת אֲנַחְנוּ – ARE WE NOT THE CHILDREN OF ONE MOTHER?[9] מַה נִּשְׁתַּנֵּינוּ מִכָּל אוּמָּה וְלָשׁוֹן – IN WHAT WAY ARE WE DIFFERENT FROM EVERY other NATION AND TONGUE under your dominion, שֶׁאַתֶּם גּוֹזְרִין עָלֵינוּ גְּזֵירוֹת רָעוֹת – THAT YOU DECREE only UPON US such EVIL DECREES?" וּבִטְּלוּם – AND because of this demonstration, [THE ROMANS] ABOLISHED [THOSE DECREES]. וְאוֹתוֹ הַיּוֹם עֲשָׂאוּהוּ יוֹם טוֹב – THEREFORE, [THE RABBIS] ESTABLISHED THAT DAY, the twenty-eighth of Adar, as A FESTIVAL on which one is prohibited from fasting or eulogizing.

Thus, if *Megillas Taanis* accords with R' Yose's opinion, why did it have to list Rosh Chodesh Nissan as a minor festival in order to prohibit the preceding day of Adar 29? According to R' Yose, Adar 29 is anyway prohibited by virtue of the fact that it is the day following the festival of Adar 28, which is also listed! – ? –

The Gemara answers:

אָמַר אַבָּיֵי – **Abaye answered:** לֹא נִצְרְכָה אֶלָּא לְחֹדֶשׁ מְעוּבָּר – **It was necessary** for *Megillas Taanis* to declare Rosh Chodesh Nissan a minor festival **only** when Adar is **a full month** of thirty days.[10]

An alternative answer:

רַב אַשִׁי אָמַר – **Rav Ashi says:** אֲפִילּוּ תֵּימָא לְחֹדֶשׁ חָסֵר – **You can even say** that *Megillas Taanis* had to list Rosh Chodesh Nissan to prohibit the preceding day **when** Adar is **a deficient month** of only twenty-nine days. כָּל שֶׁלְּאַחֲרָיו בְּתַעֲנִית אָסוּר בְּהֶסְפֵּד מוּתָּר – Because on **any** day restricted only because it is the day **after [a minor festival], fasting is prohibited** but **eulogizing is permitted.**[11] Accordingly, eulogizing would not be prohibited on Adar 29

NOTES

1. For although fasting and eulogizing are anyway forbidden on Rosh Chodesh, which is a Biblical festival, no prohibition would extend to the day before (since Biblical ordinances need no additional strengthening, as explained in the Gemara above). Therefore, *Megillas Taanis* lists Rosh Chodesh Nissan among the Rabbinic festivals on which eulogizing is forbidden, to teach that the prohibition extends to the preceding day as well (*Rashi*; see 15b notes 19 and 20).

2. Since Biblical ordinances need no additional strengthening, the restriction against eulogizing and fasting on Pesach does not extend to the following day. But such restrictions do extend to the day following the Rabbinic festivals in *Megillas Taanis* (according to the view of R' Yose recorded in our Mishnah). Therefore, *Megillas Taanis* lists the end of Pesach among the Rabbinic festivals on which eulogizing is forbidden, to teach that the restriction extends to the following day as well.

3. Our Mishnah recorded the view of R' Yose that whenever *Megillas Taanis* forbids eulogizing on a particular day, the prohibition extends to the following day as well. Rav Pappa apparently ascribes this view to the Tanna of *Megillas Taanis*, since Rav Pappa answered that *Megillas Taanis* lists the end of Pesach among the days on which eulogizing is forbidden in order to extend the prohibition to the following day as well. [According to the Tanna Kamma of our Mishnah, however, the prohibitions of *Megillas Taanis* never extend to the day following the festival.]

4. *Megillas Taanis* does not actually state that anything is prohibited on Adar 29. But it does list Rosh Chodesh Nissan as a day on which eulogizing is forbidden, because the *tamid* was properly established during that time. And the Gemara (17b) explained that *Megillas Taanis* did so in order that the prohibition extend to the preceding day as well – which is Adar 29, since Adar, the month preceding Nissan, always contains only twenty-nine days (*Rashi*).

5. The conclusion of this clause in *Megillas Taanis* דְּלָא לְמִסְפַּד, *not to eulogize,* is inserted into the text by *Bach*.

6. The Romans tried to prevent the Jews from fulfilling specifically these three mitzvos, because these mitzvos distinguish the Jewish people from all other peoples as the Chosen Nation of God (*Maharsha* to *Rosh Hashanah* 19a; cf. *Iyun Yaakov* ad loc. who offers a different explanation).

7. *Rashi* to *Rosh Hashanah* 19a.

8. This exclamation was a supplication to God – that He should have mercy on them (*Rashi, Tosafos*; cf. *Rashi* to *Rosh Hashanah* 19a ד״ה אי שמים). The exclamation that follows was directed towards the Romans, in the hope that the latter would sympathize with the Jews and revoke their evil decree (*Rashi* here, and to *Rosh Hashanah* ad loc.).

9. Jacob, the progenitor of the Jews, and Esau, the progenitor of the Romans, were brothers; they had the same father, Isaac, and the same mother, Rebecca (*Benayahu; Maharsha* to *Rosh Hashanah* 19a).

10. Although Adar usually has twenty-nine days, in times when the New Moon was established through the testimony of witnesses rather than by fixed calculation, *Beis Din* could expand an ordinary Adar to thirty days (if, for example, no witnesses came on the twenty-ninth day to testify that they had seen the new moon). In such a case, the day preceding Rosh Chodesh Nissan is Adar 30, not Adar 29 (*Rashi*). Now, when Adar has thirty days, the prohibition of Adar 28 extends to Adar 29 but not to Adar 30. Adar 30 will be prohibited only by virtue of the fact that it is the day preceding Rosh Chodesh Nissan, and it was for this reason that Rosh Chodesh Nissan was listed in *Megillas Taanis* (*Rashi*).

[*Rashi* presents an alternative interpretation: If a leap year is proclaimed, so that there are two Adars, the first Adar would have twenty-nine days, and the second, thirty (see *Gevuras Ari* and *Meromei Sadeh* who question this interpretation; cf. *Cheishek Shlomo*).

11. Even when eulogizing is prohibited on the minor festival itself, it is only the restriction against fasting that extends to the following day, but not the restriction against eulogizing.

אלא לאסור יום שלפניו ה"נ לא נצרכה אלא לאסור יום שלאחריו כמאן כרבי יוסי דאמר בין לפניו בין לאחריו אסור אי הכי בעשרים ותשעה נמי מאי איריא דהוי יומא דמקמי יומא דמיתוקם תמידא תיפוק ליה דה"ל יומא דבתר עשרין ותמניא ביה דתניא [א] בעשרים ותמני' ביה אתת בשורתא טבתא ליהודאי דלא יעידון מן אורייתא (א) שפעם אחת נגזרה גזירה על ישראל שלא יעסקו בתורה ושלא ימולו את בניהם ושיחללו שבתות מה עשה יהודה בן שמוע וחביריו הלכו ונטלו עצה ממטרוניתא אחת שכל גדולי רומי מצויין אצלה אמרה להם עמדו והפגינו בלילה הלכו והפגינו בלילה אמרו אי שמים לא אחים אנחנו לא בני אב אחד אנחנו לא בני אם אחת אנחנו מה נשתנינו מכל אומה ולשון שאתם גוזרין עלינו גזירות רעות ובטלום ואותו היום עשאוהו יו"ט אמר אביי לא נצרכה אלא לחדש מעובר רב אשי אמר אפילו תימא לחדש חסר [ב] כל שלאחריו בתענית אסור בהספד מותר וזה הואיל ומוטל בין שני ימים טובים עשאוהו כיו"ט עצמו ואפילו בהספד נמי אסור אמר מר מתמניא ביה ועד סוף מועדא איתותב חגא דשבועיא דלא למיספד למה לי למימר מתמניא ביה לימא מתשעה ביה ותמניא גופיה אסור דה"ל יומא דאיתוקם ביה תמידא כיון דאילו מקלע (ליה) מילתא ובטליניה לשבעה תמניא גופיה אסור דה"ל יומא קמא דאיתותב ביה חגא דשבועיא השתא דאתית להכי עשרים ותשעה נמי כיון דאילו מיקלע מילתא ובטליניה לעשרים ותמניא עשרין ותשעה גופיה אסור דה"ל יומא דמקמי יומא דאיתוקם תמידא איתמר ר' חייא בר אסי אמר רב הלכה כר' יוסי ושמואל אמר הלכה כר' מאיר ומי אמר שמואל הכי והתניא רשב"ג אומר ומה תלמוד לומר בהון בהון שתי פעמים לומר לך שהן אסורין לפניהן ולאחריהן מותרין ואמר שמואל הלכה כרבן שמעון בן גמליאל מעיקרא סבר כיון דליכא תנא דמיקל כרבי מאיר אמר הלכה כרבי מאיר כיון דשמעיה לרבן שמעון (ג) דמיקל טפי אמר הלכה כרבן שמעון בן גמליאל וכן אמר באלי אמר רבי חייא בר אבא א"ר יוחנן הלכה כרבי יוסי א"ל רבי חייא לבאלי אסברא לך [ה] כי אמר ר' יוחנן הלכה כרבי יוסי אדלא להתענאה ומי אמר רבי יוחנן הכי והאמר [ג] ר' יוחנן הלכה כסתם משנה ותנן [ד] [א] אע"פ שאמרו מקדימין [א] ולא מאחרין מותרין

הלכה

רש"י

לאסור את שלפניו. להכי נקט מריש ירחא דניסן לאסור את יום שלפני ר"ח בתענית כדתניא בסמוך לפניהן אסורין דאי משום ר"ח לא היה נאסר כדמפרש דדברי תורה אין צריכין חיזוק: כמאן כר' יוסי. דמתני' דאמר אף לאחריו בתמיהה ושבקת רבנן אי הכי דאליבא דר' יוסי מוקמת לה למגילת תענית כ"ט באדר נמי דקתרצת לעיל דלהכי נקט ריש ירחא דניסן דהיינו יום שלשים דאדר הסמוך לניסן לעולם חסר מכ"ט יום הוא משום דקא בעי למיסר יום כ"ט תיפוק ליה דבלאו הכי הוי אסור יום כ"ט דה"ל יום דבתר כ"ח שהוא י"ט כו' ואסור יום שלאחריו כר' יוסי ואמאי נקט ריש ירחא לאסור את שלפניו: דלא יעידון. שלא יהו צריכין ליבטל מתלמוד תורה שנגזר עליהן שלא יעסקו בתורה: הפגינו. צעקו כך מתרגמינן בתהלים כל לשון שועה וצעקה לשון פגינה: אי שמים. גרסינן אהה ה' להקב"ה היו צועקים על אותם שגזרו עליהם גזרות קשות והיו אומרים להם לפני הקב"ה וכי לא אחיכם וכו': לא נצרכה אלא לחדש מעובר. בשנה מעוברת שיש בה שני (ג) אדר והאחד חסר ° דהשתא כי הוה אדר שני מלא הוה יום שלשים לפני ר"ח ניסן א"נ דעברוה לאדר כגון שלא נראה החדש יום ל' דמשום יו"ט דכ"ח לא מיתסר אלא כ"ט: (ד) רבא אמר אפילו תימא חדש חסר. ואהכי נקט מריש ירחא דאי הוה אסר ליה ליום כ"ט משום בתר כ"ח לא הוה אסר ליה אלא בתענית לחודיה: דכל שלאחריו כו'. כלומר כל שאסור משום אחר י"ט בתענית הוא דאסור הא בהספד מותר ואהכי נקט מריש ירחא דלהוי האי כ"ט דנקט מוטל בין שני ימים דאי מיתסר משום דלפני יו"ט אימור לא איתסר בהספד דהאי דנקט כל שלאחריו כו' לאו משום דלפניו נמי אסור בהספד אלא איידי דפריך דליתסר יום כ"ט משום בתר כ"ח הוא דמיהדר ליה כל שלאחריו כו': לימא מתשעה (ה) ותמניא גופיה. י"ט הוא דהא הוה ליה מהנך ימים טובים דאיתוקם בהו תמידא דכתיב ביה מריש ירחא עד תמניא: ה"ג דאי איקלע מילתא ובטליניה לשבעה תמניא גופיה אסור דהוה ליה יומא (ו) דאיתותב חגי דשבועיא. דאי איקלע מילתא שאם נגזר גזירה וצריכין להתענות תוך אלו ימים טובים דתמיד ובטלו אותן להתענות בכולן שאין לבטלה לחצאין: אכתי יומא תמניא אסור משום חגא דשבועיא. ואי קשיא אכתי לימא תשעה ואפילו אם אירע מילתא דבטלי אכתי הוא אסור תמניא גופיה משום דהוא יומא דחג שבועיא דהוה יום שלפניו לאו פירכא הוא דהא יו"ט גופיה בטיל ואנא ליקום וליגזור קמיה יומא דאיתותב חגא דשבועיא וכה"ג מתרץ לקמן ביום טוריינוס: כ"ט נמי. דתרצת לה לעיל לא נצרכה כו' להכי נקט בריש ירחא דאי מיקלע כו': כרבי יוסי. דאמר בין לפניו בין לאחריו אסור: כר"מ. סתם מתניתין דקתני לאחריו מותר: מה ת"ל בהון בהון. דלא להתענאה בהון ומקצתהון דלא למספד בהון וקא דריש לה כדדייק לקמן בהון משמע מיעוט: ואמר שמואל גרס: הלכה כרבן שמעון (ז) דמדרבנן נינהו ולא מחמרינן כולי האי: באלי. שם חכם: ה"ג כי אמר רבי יוחנן הלכה אדלא להתענאה. דימים הכתובים במגילת תענית דלא להתענאה לפניהן אסורים ולאחריו מותרין כר' יוסי ולא כר"מ דאמר אף לפניהם מותר אבל אדלא למספד דאין הלכה כרבי יוסי [דאמר] לפניו ולאחריו אסור אלא כר"מ דאמר לפניו אסור לאחריו מותר: ומי א"ר יוחנן הכי. דלפניו מיהא אסור כרבי יוסי: מקדימין. שקראו קודם זמנה:

מותרין

תוספות

הלכו והפגינו. הפיגו לשון נהי וצעקה. אי שמים גרסינן פירוש שמים להקב"ה היו צועקין למה יאמרו הגוים איה אלהיכם ולהם אמרו וכי לאו אחיכם אנחנו וכו': לא נצרכה אלא לחדש מעובר. פירוש דעברוה לאדר שלא נראה הלבנה עד יום ל' והוי ר"ח ניסן יום ל"א פירוש וא"כ האי כ"ט לא מצינו לאוסרו ° משום יום שלפני ר"ח ניסן דיום ל' מפסיק בינתים משום הכי איצטריך לאוסרו משום יום שלאחר עשרים ותמניא: דאילו אי איקלע וכו'. שום גזרה מריש ירחא וכו' תמניא גופיה אסור דה"ל וכו' והקשה הקונטרס אכתי לימא תשעה ואפילו אי מיקלע שום גזרה ובטלינא לז' ימים וכו' אכתי אסור תמניא גופיה משום דהוי יומא דמקמי יומא דאיתותב חגא דשבועיא ותירץ הקונטרס הא לאו פירכא דהא מיו"ט גופיה דתמיד מבטלינן ליה ואנא ניקום ונגזור משום קמי יומא דאיתותב חגא דשבועיא (ח) וכי האי מתרצינן לקמן ביום טוריינוס: רב אמר הלכה כר' יוסי דאמר לפניו אסור אבל לאחריו מותר. וא"ת כיון דאמר הלכה כר' יוסי היאך אנו מתענין לפני הפורים דאי משום דבטלה מגילת תענית מ"מ אחנוכה ואפורים לא בטלו וי"ל דהא דאמר חנוכה ופורים לא בטלו ר"ל הדינין שלהם לעשותן י"ט ודלא להתענאה בהון אבל בדינים דלפניהם בטלו עוד י"ל (ט) דכיון דיום שלפני הפורים שנתבטל מיו"ט דידהו שהיו רגילין לעשות בהן ונתבטלו יו"ט שלהם ה"נ יש לנו לומר שיבטלו משום טעם לפני הפורים דה"נ אמרינן בסמוך גבי יום שלפני נקנור וכו' וכן גבי יו"ט טוריינוס דכיון דבטלו מיום (י) שלהם לא יאסרו משום יו"ט הבא אחריהם דאסורים משום יום שלפניהם כמו כן ה"נ דכיון דיום שלפני הפורים נתבטל משום עצמו ומותר להתענות לא יאסר משום יום שלפני הפורים:

הלכה

מסורת הש"ס

א) ר"ה יט., ב) עי' תוס' מנחות סה. ד"ה אלין יומא, ג) [שבת מו. וש"נ], ד) מגילה ה.

הגהות הב"ח

(א) גמ' דלא יעידון מן אורייתא דלא למספד שפעם אחת כו' ואמרו אי שמים לא אחיכם אנחנו: (ב) שם כיון דשמעיה לרבן שמעון בן גמליאל דמיקל: (ג) רש"י ד"ה לא נצרכה כו' שני אדרים והראשון חסר והשני מלא דהשתא כי הוה: (ד) ד"ה רבא אמר כו' הד"א עם ד"ה דכל שלאחריו וכו' מוטל בין שני ימים והא דלא קאמר לאסור בהספד משום דהוי יום שלפניו משום דאי מיתסר כו' והאי דנקט כל שלאחריו: (ה) ד"ה לימא מתשעה ביה ותמניא: (ו) ד"ה ה"ג דאי כו' דהוה ליה יומא קמא דאיתותב ביה חגא כצ"ל והד"א עם ד"ה אכתי וכו' אסור תמניא גופיה ולגזור משום קמיה יומא דחג: (ז) ד"ה הלכה כר"ש ב"ג דמדרבנן: (ח) תוס' ד"ה דאילו כו' וכה"ג נמי מתרלינן: (ט) ד"ה רב כו' ועוד י"ל דכיון דימים שלפני הפורים נתבטלו: (י) בא"ד דכיון דבטלו מיום טוב שלהם כו' הבא אחריהם דלהוי אסורים משום:

גליון הש"ס

גמ' כי אמר רבי יוחנן הלכה כר' יוסי אדלא להתענאה. ועיין זה פסחים יג ע"א מנחות לב ע"ב: רש"י ד"ה לא נצרכה וכו' דהשתא כי הוה אדר שני. ע' מג"א סי' תקפ ס"ק ב': תוס' ד"ה לא נצרכה. משום יום שלפני ר"ח ניסן. הלשון מגומגם דהא עיקר מה שאנו דנין דהולכין משום יו"ט כ"ח לאיתו שלאחריו דיום כ"ח:

הגהות הגר"א

[א] גמ' (ולא מאחרין). תא"מ:

עין משפט נר מצוה

לה א מיי' פ"ב מהלכות מגילה הלכה יג:

רבינו חננאל

לימא עד המועד. ומועד גופיה יום טוב הוא ולא צריך. ושנינן לאסור שלאחריו כר' יוסי דאמר ימים הללו בין לפניהם בין לאחריהם אסורין. אי הכי רישא דתני מריש ירחא דניסן. ואוקימנא דלא תנא ר"ח אלא לאסור יום כ"ט באדר. למה לי תיפוק דהוה לי' יום שלאחר כ"ח באדר ועשאוהו יו"ט. משום דבו בטל שמדא ואתא בשרתא טבא ליהודאי דלא יעידון מן אורייתא. ושני אביי לא נצרכה זו וזו אלא אם יזדמן להתעבר יהיה יום כ"ט אסור בו משום שהוא יום אחר כ"ח בו ויום ל' נמי יהיה אסור משום שהוא יום דמקמי יומא דאיתוקם ביה תמידא. ואקשינן נמי למה לי למימר מתמניא בניסן מימים טובים משום דקבעי דאיתותב חגא דשבועיא. תיפוק ליה דהוה ליה מן הימים טובים דאיתוקם בהו תמידא ושנינן לא נצרכא אלא דאי הדרי ביה רבנן ובטלי להני יומי דקבעו משום דאיתוקם תמידא דלא בטלי מנייהו אלא ז' יומי ויום ח' אסור מכלל יומא דאיתותב בהו חגא דשבועיא. השתא דאתית להכי כ"ט נמי דאי מקלעא כו' איתוקם תמידא ואיתותב חגא דשבועיא. מפורש במנחות בפרק רבי ישמעאל אומר עומר היה כו' איתוקם תמידא שהיו הצדוקים אומרים יחיד מתנדב ומביא תמיד דהוו דרשי את הכבש אחד תעשה לשון יחיד והחזרו להו רבנן את קרבני לחמי [תשמרו] שיהיו באין מתרומת הלשכה. ודחו דבריהם. ותקיימו דברי רבותינו שלא יהיה תמיד בא אלא משל צבור. וכן הוו חולקים ואמרין אין עצרת חלה אלא לאחר שבת. והדרו להו רבנן ונצחום והחזירו הדבר ליושנו שיהיו סופרים נ' יום ממחרת יו"ט של פסח. ולפי שנדחו דברי צדוקים ונתקיימו דברי חכמים עשאום אותם הימים טובים כימי גאולה מידי צורריהם. רב אמר הלכה כר' יוסי דאמר כל הכתוב במגלת תענית די' לא למספד בין לפניו בין לאחריו אסור. [לא] להתענאה לפניו אסור לאחריו מותר. ושמואל אמר הלכה כת"ק והוא ר"מ. וסתמא דמתני' דיליה היא דא' בדי לא למספד לפניו אסור' לאחריו מותר ובדלא לאתענאה בין לפניו ובין לאחריו מותר איני והא' שמואל הלכה כרשב"ג דאמר לפניהם ולאחריהם מותרים. ומשנינן שמואל הלכה לקולא גמירי. מעיקרא סבר ליכא תנא דמיקל טפי מת"ק דמתני' דהוא ר' מאיר. ואמר הלכתא כת"ק. כיון דחזא רשב"ג דמיקל טפי אמר הלכתא כרשב"ג. אמר באלי א"ר יוחנן

רבינו גרשום

כהונתם עליהם אין בגדיהם עליהם אין כהונתם עליהם אף פרועי ראש מחלי עבודה וכה"ג ואי כי אסרי לדאסרי רבנן שתויי יין בזמה"ז הכי ליסרו פרועי ראש. ותריצן הא דדייקת מינה לא כלום הוא דא"כ הוא עד דלא אתי יחזקאל מאן אמרה. בן נכר ערל לב זה כהן משומד בן שנתנכרו מעשיו לאביו שבשמים ערל בשר כהן שמתו אחיו מחמת מילה הכא נמי פרועי ראש מחלי עבודה גמרא גמירי לה ואמאי לא אסרי רבנן פרועי ראש כבשתויי יין תריצן כי גמירי מה שתויי יין במיתה וכו' לאחולי עבודה לא גמירי כלומר לא דייקינן האי ומינה אלא לעולם פרועי ראש לא מחלי עבודה להכי לא אסרי רבנן בזמה"ז אע"ג דאסרי בשתויי יין: ה"ג מריש ירחא דניסן עד תמניא ביה איתוקם תמידא דלא למיספד שהיו אומרים מינין מתנדב יחיד תמיד שהיו דורשין את הכבש אחד תעשה שהוא לשון יחיד וחכמים היו אומרים אינו אלא מתרומת הלשכה שהרי כתיב ביה לאשי דמשמע שבא ממקום ששאר קרבנות באין דהיינו מתרומת הלשכה. ומריש ירחא דניסן עד תמניא ביה נשאו ונתנו בדבר והודו מינין לחכמים: איתותב חגא דשבועייא דלא למספד שהיו מינין אומרין אין עצרת בא אלא [באחד] בשבת שהיו דורשין ממחרת השבת תספרו חמשים כלומר לאחר שבת בראשית הוי עצרת וחז"א כתיב חמשים יום שבא חמשים יום דמשמע בכל יום וכתיב שבע שבתות תמימות תהיינה דמשמע תמימות ממש מאחד בשבת לאחד בשבת כאן שחל עצרת באמצע שבת הויין חמשים יום בלא שבע שבתות תמימות מאחד בשבת לאחד בשבת [כאן שחל עצרת באחד בשבת]: לא נצרכא לאסור שלפניו להכי קאמר דריש ירחא הוי יו"ט לאסור כ"ט דאדר בתענית ובהספד דאי משום מועד לא הוי אסור דדברי תורה אין צריכין חיזוק. כמאן כר' יוסי דאמר די לא למספד בין לפניו בין לאחריו אסור בהספד דאי דרבנן הא אמרו לאחריו מותר. אי הכי כיון דמוקמת ליה כר' יוסי עשרין ותשעה באדר נמי מאי איריא דהוה יומא מקמי דאיתוקם תמידא דקאמר להכי אמר מריש ירחא דניסן לאסור כ"ט באדר שלפניו תיפוק ליה דהוה ליה יומא דבתר כ"ח דהוי יו"ט דאסור למספד והוי כ"ט אסור דהא אמר ר' יוסי בין לאחריו אסור ועדיין פריכנא למה לי למימר מריש ירחא דניסן לימא מתרי דניסן: והפגינו בלילה כדי שישמע קולם: אמר אביי להכי קאמר מריש ירחא לאסור שלפניו לחדש מעובר דהוי א) ל"א כ"ח קאסר ל' שלפניו דאילו משום כ"ח לא הוי אסור אלא כ"ט: ה"ג רב אשי אמר אפי' תימא בחדש חסר ודפרכת כיון דמוקים לה כר' יוסי למה לי למימר מריש ירחא דניסן משום כ"ט כדי לאסור [לכ"ט] לאדר שלפניו תיפוק ליה דהוי יומא דבתר כ"ח תריץ כל שלאחריו בתענית אסור בהספד מותר כלומר האי דאמר ר' יוסי בין לפניו בין לאחריו אסור לא אמר לאחריו אסור אלא להתענאה אבל בהספד מותר ולהכי איצטריך מריש ירחא דניסן כדי שיהא כ"ט מוטל בין שני ימים טובים ב) בין כ"ח לכ"ח דליהוי כיו"ט עצמו דאסור אפי' בהספד וכ"ש בתענית. נפרש מתניתין שלא פי' לעיל כך הורה המורה כל הכתוב במגילת תענית דלא למספד כלומר אותם ימים טובים הכתובים במגי"ת שמותרין כל כך דאסור להו למספד וכ"ש להתענאה לפניו אסור ג) בהספד ובתענית הואיל וחמור כך שאסור אפי' בהספד נחמיר נמי שבין לפניו ובין לאחריו אסור בין בהספד בין בתענית ר' יוסי אומר לאחריו מותר בהספד ובתענית הואיל וחמור הרבה שביו"ט עצמו אסור אפי' בהספד מותרין אבל בתענית אסורין אלא בתענית אבל בהספד מותרין ר' יוסי מחמיר מכ"מ אע"פ שקל כ"כ לפניו אסור: ודלא להתענאה כלומר ואותן ימים טובים דמג"ת שאינו חמור כל כך שאינן אסורין אלא בתענית אבל בהספד מותרין בין לפניו בין לאחריו הואיל וקל כ"כ [מותרין] ר' יוסי מחמיר מכ"מ אע"פ שקל כ"כ לפניו אסור: ת"ר אלין יומיא דלא להתענאה כלומר כל ימים טובים הכתובים במגי"ת אסורין בתענית אבל יש בהן שאין אסורין בהספד ומקצתהון די לא למספד בהון יש מהן שחמורין הרבה שאפי' בהספד אסורין. עכשיו נחזור ונפרש ההלכה כסדרה. מתמניא ביה עד סוף מועדיא איתוקם ביה חגא דשבועיא למה לי למימר מתמניא ביה לימא מט' ביה ותמניא גופיה אסור דהא אמרינן לעיל מריש ירחא עד תמניא ביה איתוקם תמידא תריץ להכי אצטריך למימר מתמניא דאי מקלע מילתא להוא יו"ט דתמידא

חשק שלמה על רבינו גרשום א) נראה דל"ל דהוי ל' יום דנאסר ל' שלפניו וכו'. ב) ל"ל בין כ"ח לר"ח ירחא דניסן. ג) הדבר ל"ע דהרי בהדיא אמר הש"ס לעיל דכל שלפניו או לאחריו אינו אסור רק בתענית.

ליקוטי רש"י

בעשרין ותמניא ביה. באדר קאי במגילת תענית. דלא יעידון מן אורייתא. שלא יעברו לנתק עצמן מן התורה [ר"ה יט.]. מטרוניתא. שרית נכרית [ב"מ פד.]. והפגינו. צעקו בשוקים וברחובות כדי שישמעו השרים וירחמו עליהם. אי שמים. כלומר למען הקדוש ברוך הוא [ר"ה שם]. ועד סוף מועדא. פסח. איתותב. נתישב על דינו שבאותן ימים נצחו חכמים את הביתוסים [מנחות סה.]. הלכה כסתם משנה. מאן סתם לן [illegible] מפי יחיד ונראה כאילו נשנו מפי המרובים ויעשו כמותן [ביצה ב:]. אע"פ שאמרו מקדימין. שהכפרים נתנו להן חכמים רשות להקדים קריאתה ליום הכניסה יום שני בשבת או חמישי בשבת שהוא יום כניסה שהכפרים מתכנסין לעיירות למשפט לפי שבתי דינין יושבין בעיירות בשני ובחמישי כתקנת עזרא (ב"ק דף פב.) והכפרים אינן בקיאין לקרות וצריכין שיקראנה להם אחד מבני העיר ולא הטריחום חכמים להתאסף ולבא ביום י"ד ופעמים שיום הכניסה בי"ג ופעמים שהוא [illegible] כ"ח [מגילה ב.]

were it merely the day after the minor festival of Adar 28. וְזֶה הוֹאִיל וּמוּטָּל בֵּין שְׁנֵי יָמִים טוֹבִים – **But since this** day of Adar 29 **is situated between two** minor **festivals** – Rosh Chodesh Nissan and Adar 28, עֲשָׂאוּהוּ כְּיוֹם טוֹב עַצְמוֹ – **[the Rabbis] made it like the** minor **festival itself,** וַאֲפִילּוּ בְּהֶסְפֵּד נַמִּי אָסוּר – **and even eulogizing is prohibited.** Therefore, *Megillas Taanis* had to list Rosh Chodesh Nissan, so that Adar 29 would be bounded by two minor festivals, causing eulogizing to be prohibited on it.[12]

The Gemara continues its analysis of the Baraisa of *Megillas Taanis*:

אָמַר מַר – **The master said** in the Baraisa: מִתְּמַנְיָא בֵּיהּ וְעַד סוֹף מוֹעֲדָא אִיתּוֹתַב חַגָּא דִּשְׁבוּעַיָּא דְּלָא לְמִסְפַּד – FROM THE EIGHTH day [OF NISSAN] UNTIL THE END OF THE FESTIVAL of Pesach, the date of THE FESTIVAL OF SHAVUOS WAS SETTLED. Therefore, the Rabbis declared NOT TO EULOGIZE on these days.

The Gemara asks:

לָמָּה לִי לְמֵימַר מִתְּמַנְיָא בֵּיהּ – **Why do I need** the Tanna **to state "from the eighth [of Nissan]"?** לֵימָא מִתְּשְׁעָה בֵּיהּ – **Let him state, "From the ninth [of Nissan],"** וּתְמַנְיָא גּוּפֵיהּ אָסוּר – **since** eulogizing on **the eighth** of Nissan **itself is** anyway **prohibited** דַּהֲוָה לֵיהּ יוֹמָא דְּאִיתּוֹקַם בֵּיהּ תְּמִידָא – **because it is the day on which the** ***tamid*** **offering was properly established.**[13] – ? –

The Gemara answers:

כֵּיוָן דְּאִילּוּ מִקְלַע (ליה) מִילְּתָא וּבַטְּלִינֵיהּ לְשִׁבְעָה – **Since if something were to happen and [the Sages] would abolish the seven** minor festivals of the first seven days in Nissan,[14] תְּמַנְיָא גּוּפֵיהּ אָסוּר – eulogizing on **the eighth** of Nissan **itself would** still **be prohibited,** דַּהֲוָה לֵיהּ יוֹמָא קַמָּא דְּאִיתּוֹתַב בֵּיהּ חַגָּא דִּשְׁבוּעַיָּא – **since it is the first day** of the days **on which** the date of **the festival of Shavuos was settled.**

The Gemara observes:

הַשְׁתָּא דְּאָתֵית לְהָכִי – **Now that you have come to this** conclusion that *Megillas Taanis* lists certain dates twice in order to provide for the continued celebration of that date even if the restrictions caused by one of the two reasons are abolished, we have a simple answer to the objection raised above against Rav Pappa's view:[15] עֶשְׂרִים וְתִשְׁעָה נַמִּי – For we can say that **the twenty-ninth** of Adar is **also** listed in *Megillas Taanis*[16] כֵּיוָן דְּאִילּוּ מִיקְלַע מִילְּתָא – **so that if something were to happen** וּבַטְּלִינֵיהּ לְעֶשְׂרִים וּתְמַנְיָא – **and [the Sages] would abolish** the minor festival of **the twenty-eighth** of Adar, thereby removing the restriction that extends to the following day – the twenty-ninth, עֶשְׂרִין וְתִשְׁעָה גּוּפֵיהּ אָסוּר – **the twenty-ninth itself** would nevertheless still be **prohibited** דַּהֲוָה לֵיהּ יוֹמָא דְּמִקַּמֵּי יוֹמָא דְּאִיתּוֹקַם תְּמִידָא – **since it is the day before the** first **day on which the** ***tamid*** **offering was properly established**, i.e. Rosh Chodesh Nissan.

Our Mishnah recorded a dispute regarding the days listed in *Megillas Taanis* between the Tanna Kamma [R' Meir][17] and R' Yose, in which R' Yose is consistently one degree stricter than R' Meir. According to R' Meir, when eulogizing was prohibited on a particular day, the restriction also extends to the day before but not to the day after. R' Yose rules that it extends to the day after as well. According to R' Meir, when only fasting was prohibited on a particular day, nothing is forbidden either on the day before or on the day after. R' Yose rules that fasting is forbidden on the day before (but not on the day after). The Gemara now discusses whom the halachah follows:

אִיתְּמַר – **It was taught:** ר' חִיָּיא בַּר אַסִּי אָמַר רַב – **R' Chiya bar Assi said in the name of Rav:** הֲלָכָה כְּר' יוֹסֵי – **The halachah follows R' Yose,** that when eulogizing is prohibited on a particular day, the prohibition extends both to the day before and the day after as well.[18] וּשְׁמוּאֵל אָמַר – **And Shmuel says:** הֲלָכָה כְּר' מֵאִיר – **The halachah follows R' Meir,** that when eulogizing is prohibited on a particular day, the prohibition extends only to the day before but not to the day after.[19]

The Gemara notes an apparent contradiction in Shmuel's rulings:

וּמִי אָמַר שְׁמוּאֵל הָכִי – **Did Shmuel** actually **say this** ruling that the halachah here follows R' Meir? וְהָתַנְיָא – **But it was taught in a Baraisa:** רַבָּן שִׁמְעוֹן בֶּן גַּמְלִיאֵל אוֹמֵר – RABBAN SHIMON BEN GAMLIEL SAYS: וּמַה תַּלְמוּד לוֹמַר בְּהוֹן בְּהוֹן שְׁתֵּי פְּעָמִים – WHAT DOES [*MEGILLAS TAANIS*] mean to TEACH BY STATING the words "ON THEM" "ON THEM" TWICE?[20] לוֹמַר לְךָ – TO TEACH YOU שֶׁהֵן אֲסוּרִין – THAT only THEY ARE PROHIBITED, לִפְנֵיהֶן וּלְאַחֲרֵיהֶן מוּתָּרִין – but the days BEFORE THEM AND AFTER THEM ARE PERMITTED.[21] וְאָמַר שְׁמוּאֵל הֲלָכָה כְּרַבָּן שִׁמְעוֹן בֶּן גַּמְלִיאֵל – **And Shmuel said: The halachah** here **follows Rabban Shimon ben Gamliel.** How then could the Gemara state above that Shmuel rules in accordance with R' Meir in this question?

NOTES

12. Since Rav Ashi attributes the restriction against eulogizing on Adar 29 to the fact that it is situated between two minor festivals, we see that its being the day before a minor festival is also insufficient to prohibit eulogizing on it in his view. Thus, when he stated above that "on any day restricted only because it is the day *after* [a minor festival], fasting is prohibited but eulogizing is permitted," he meant not only the day *after* the festival, but the day *before* as well (*Rashi*; *Tos.* to *Rosh Hashanah* 19a).

13. As cited above (17b) from *Megillas Taanis*: "From Rosh Chodesh Nissan until the eighth [of Nissan], the *tamid* offering was properly established. [Therefore,] the Rabbis declared not to eulogize on [these days]."

14. I.e. if there occurs a calamity for which the Sages deem it necessary to decree a fast day on one of the first seven days of Nissan (the days during which the *tamid* offering was properly established), they abolish the fasting restrictions that generally prevail on that day of the minor festival. And since all eight days on which the *tamid* was properly established were declared a festival as one unit, an abolition of one day results in an abolition of them all (*Rashi*; cf. *R' Chananel*).

15. Rav Pappa said above that *Megillas Taanis* lists the end of Pesach among the minor festivals on which eulogizing is prohibited in order to teach that the day following Pesach is also forbidden. He thereby attributed to *Megillas Taanis* the view of R' Yose that a prohibition against eulogizing on a particular day causes the following day to be forbidden as well. The Gemara then objected that if *Megillas Taanis* indeed reflected R' Yose's view, it would not have had to list Rosh Chodesh Nissan among the minor festivals in order to prohibit the preceding day – Adar 29, since Adar 29 is anyway prohibited, according to R' Yose, as it is the day following the minor festival of Adar 28. The Gemara now observes that we have a simple answer to this objection.

16. See above, note 4.

17. An anonymous view in the Mishnah generally represents the opinion of R' Meir [סְתָם מִשְׁנָה רַבִּי מֵאִיר] (*Rashi*; see *Sanhedrin* 86a).

18. *Rashi*, who makes no mention of the halachah following R' Yose in the second dispute. See, however, *R' Chananel*, *Tos.*, and *Cheishek Shlomo*.

19. *Rashi*. See preceding note.

20. *Megillas Taanis* (cited on 17b) states: אִלֵּין יוֹמַיָּא דְּלָא לְהִתְעַנָּאָה "בְּהוֹן", וּמִקְצָתְהוֹן דְּלָא לְמִיסְפַּד "בְּהוֹן" – *These are the days that [the Rabbis declared] not to fast "on them" – and some of them not [even] to eulogize "on them."* This implies a limitation – *on them* it is forbidden to fast or eulogize, but not on other days. What are these "other days" to which *Megillas Taanis* alludes? (*Rashi*).

21. Thus, R' Shimon ben Gamliel is even more lenient than R' Meir. For whereas R' Meir rules that the restriction also extends to the day before a minor festival on which *Megillas Taanis* prohibits eulogizing, R' Shimon ben Gamliel rules that the restrictions of *Megillas Taanis* never extend to the preceding or following day.

מסורת הש"ס

א) ר"ה יט., ב) עי' תוס' מנחות סה. ד"ה אלין יומא, ג) [שבת מו. וש"נ], ד) מגילה ה.

הגהות הב"ח

(א) גמ' דלא יעידון מן אורייתא דלא למספד שפעם אחת כו' ואמרו אי שמים לא אחיכם אנחנו: (ב) שם כיון דשמעיה לרבן שמעון בן גמליאל דמיקל: (ג) רש"י ד"ה לא נצרכה כו' שני אדרים והראשון חסר והשני מלא דהשתא כי הוה: (ד) ד"ה רבא אמר כו' הד"א עם ד"ה דכל שלאחריו וכו' מוטל בין שני ימים והא דלא קאמר דאסור בהספד משום דהוי יום שלפניו משום דאי מיתסר כו' והאי דנקט כל שלאחריו: (ה) ד"ה לימא מתשעה ביה ותמניא: (ו) ד"ה ה"ג דאי כו' דהוה ליה יומא קמא דאיתותב ביה חגא כצ"ל והד"א עם ד"ה אכתי וכו' אסור תמניא גופיה ולגזור משום קמיה יומא דחג: (ז) ד"ה הלכה כר"ש ב"ג דמדרבנן: (ח) תום' ד"ה דאילו כו' וכה"ג נמי מתרלינן: (ט) ד"ה רב כו' ועוד י"ל דכיון דימים שלפני הפורים נתבטלו: (י) בא"ד דכיון דבטלו מיום טוב שלהם כו' הבא אחריהם דלהוי אסורים משום:

גליון הש"ס

גמ' כי אמר רבי יוחנן הלכה כר' יוסי אדלא להתענאה. וכעין זה פסחים יג ע"א מנחות לג ע"ב: רש"י ד"ה לא נצרכה וכו' דהשתא כי הוה אדר שני. עי' מג"א סי' תקלא ס"ק כ: תוס' ד"ה לא נצרכה. משום יום שלפני ר"ח ניסן. הלשון מגומגם דהא עיקר מה שאנו דנין דהוצרכו משום יום ל' דאינו שלאחריו דיום כ"ח:

הגהות הגר"א

[א] גמ' (ולא מאחרין). תא"מ:

רבינו גרשום

כהונתם עליהם אין בגדיהם עליהם אין כהונתם עליהם אף פרועי ראש מחלי עבודה וכי היכי דאסרי רבנן שתויי יין בזמה"ז הכי ליסרו פרועי ראש. ותריצן הא דדייקת מינה לא כלום הוא דא"כ הוא עד דלא אתי יחזקאל מאן אמרה. בן נכר ערל לב זה כהן משומד בן שנתנכרו מעשיו לאביו שבשמים ערל בשר כהן שמתו אחיו מחמת מילה הכא נמי פרועי ראש מחלי עבודה גמרא גמירי לה ואמאי לא אסרי רבנן פרועי

גמרא

אלא לאסור יום שלפניו ה"נ לא נצרכה אלא לאסור יום שלאחריו כמאן כרבי יוסי דאמר בין לפניו בין לאחריו אסור אי הכי בעשרים ותשעה נמי מאי איריא דהוי יומא דמקמי יומא דמיתוקם תמידא תיפוק ליה דה"ל יומא דבתר עשרין ותמניא ביה דתניא [א] בעשרים ותמני' ביה אתת בשורתא טבתא ליהודאי דלא יעידון מן אורייתא (א) שפעם אחת נגזרה גזירה על ישראל שלא יעסקו בתורה ושלא ימולו את בניהם ושיחללו שבתות מה עשה יהודה בן שמוע וחביריו הלכו ונטלו עצה ממטרוניתא אחת שכל גדולי רומי מצויין אצלה אמרה להם עמדו והפגינו בלילה הלכו והפגינו בלילה אמרו אי שמים לא אחים אנחנו לא בני אב אחד אנחנו לא בני אם אחת אנחנו מה נשתנינו מכל אומה ולשון שאתם גוזרין עלינו גזירות רעות ובטלום ואותו היום עשאוהו יו"ט אמר אביי לא נצרכה אלא לחדש מעובר רב אשי אמר אפילו תימא לחדש חסר [ג] כל שלאחריו בתענית אסור בהספד מותר וזה הואיל ומוטל בין שני ימים טובים עשאוהו כיו"ט עצמו ואפילו בהספד נמי אסור אמר מר מתמניא ביה ועד סוף מועדא איתותב חגא דשבועיא דלא למיספד למה לי למימר מתמניא ביה לימא מתשעה ביה ותמניא גופיה אסור דה"ל יומא דאיתוקם ביה תמידא כיון דאילו מקלע (ליה) מילתא ובטליניה לשבעה תמניא גופיה אסור דה"ל יומא קמא דאיתותב ביה חגא דשבועיא השתא דאתית להכי עשרים ותשעה נמי כיון דאילו מיקלע מילתא ובטליניה לעשרים ותמניא עשרין ותשעה גופיה אסור דה"ל יומא דמקמי יומא דאיתוקם תמידא איתמר ר' חייא בר אסי אמר רב הלכה כר' יוסי ושמואל אמר הלכה כר' מאיר ומי אמר שמואל הכי והתניא רשב"ג אומר ומה תלמוד לומר בהון בהון שתי פעמים לומר לך שהן אסורין לפניהן ולאחריהן מותרין ואמר שמואל הלכה כרבן שמעון בן גמליאל מעיקרא סבר כיון דליכא תנא דמיקל כרבי מאיר אמר הלכה כרבי מאיר כיון דשמעיה לרבן שמעון (ב) דמיקל טפי אמר הלכה כרבן שמעון בן גמליאל וכן אמר באלי אמר רבי חייא בר אבא א"ר יוחנן הלכה כרבי יוסי א"ל רבי חייא לבאלי אסברא לך [ה] כי אמר ר' יוחנן הלכה כרבי יוסי אדלא להתענאה ומי אמר רבי יוחנן הכי והאמר [ו] ר' יוחנן הלכה כסתם משנה ותנן [ד] אע"פ שאמרו מקדימין [א] ולא מאחרין מותרין

רש"י

לאסור את שלפניו. להכי נקט מריש ירחא שלפני ר"ח בתענית כדתניא בסמוך לפניהן אסורין דאי משום ר"ח לא היה נאסר כדמפרש דדברי תורה אין צריכין חיזוק: כמאן כר' יוסי. דמתני' דאמר אף לאחריו בתמיהה ושבקת רבנן אי הכי דאליבא דר' יוסי מוקמת לה למגילת תענית כ"ט באדר נמי דקתרלת לעיל דאדהכי נקט ריש ירחא דניסן דהיינו יום שלשים דאדר הסמוך לניסן לעולם חסר מכ"ט יום הוא משום דקא בעי למיסר יום כ"ט תיפוק ליה דבלאו הכי הוי אסור יום כ"ט דה"ל יום דבתר כ"ח שהוא י"ט כו' ואסור יום שלאחריו כר' יוסי ואמאי נקט ריש ירחא לאסור את שלפניו: דלא יעידון. שלא יהו צריכין ליבטל מתלמוד תורה שנגזר עליהן שלא יעסקו בתורה: הפגינו. צעקו כך מתרגמינן בתהלים כל לשון שועה וצעקה לשון פגינה: אי שמים. גרסינן אהה ה' להקב"ה היו צועקים על אותם שגזרו עליהם גזרות קשות והיו אומרים להם לפני הקב"ה וכי לא אחיכם וכו': לא נצרכה אלא לחדש מעובר. בשנה מעוברת שיש בה שני (ג) אדר והאחד חסר [ה] דהשתא כי הוה אדר שני מלא הוה יום שלשים לפני ר"ח ניסן א"נ דעברוה לאדר כגון שלא נראה החדש יום ל' דמשום יו"ט דכ"ח לא מיתסר אלא כ"ט: (ד) רבא אמר אפילו תימא חדש חסר. ואהכי נקט מריש ירחא דאי הוה אסר ליה ליום כ"ט משום בתר כ"ח לא הוה אסר ליה אלא בתענית לחודיה: דכל שלאחריו כו'. כלומר כל שאסור משום אחר י"ט בתענית הוא דאסור הא בהספד מותר ואהכי נקט מריש ירחא דלהוי האי כ"ט דנקט מוטל בין שני ימים משום דאי מיתסר משום דלפני יו"ט אימור לא איתסר בהספד דהאי דנקט כל שלאחריו כו' לאו משום דלפניו נמי אסור בהספד אלא איידי דפריך דליתסר יום כ"ט משום בתר כ"ח הוא דמיהדר ליה כל שלאחריו כו': לימא מתשעה (ה) ותמניא גופיה. י"ט הוא דהא הוה ליה מהנך ימים טובים דאיתוקם בהו תמידא כדכתיב ביה מריש ירחא עד תמניא: ה"ג דאי איקלע מילתא ובטליניה לשבעה תמניא גופיה אסור דהוה ליה יומא (ו) דאיתותב חגי דשבועיא. דאי איקלע מילתא שאם נגזר גזירה וצריכין להתענות תוך אלו ימים טובים דתמיד ובטלו אותן להתענות בכולן שאין לבטלה לחצאין: אכתי יומא תמניא אסור משום חגא דשבועיא. ואי קשיא אכתי לימא תשעה ואפילו אם אירע מילתא דבטלי אכתי הוא אסור תמניא גופיה משום קמא יומא דחג שבועיא דהוה יום שלפניו לאו פירכא הוא דהא יו"ט גופיה בטיל ואנא ליקום וליגזור קמיה יומא דאיתותב חגא דשבועיא וכה"ג מתרך לקמן ביום טוריינוס: כ"ט נמי. דתרלת לה לעיל לא נצרכה כו' להכי נקט בריש ירחא דאי מיקלע כו': כרבי יוסי. דאמר בין לפניו בין לאחריו אסור: כר"מ. סתם מתניתין דקתני לאחריו מותר: מה ת"ל בהון בהון. דלא להתענאה בהון ומקצתהון דלא למספד בהון וקא דריש לה כדדייק לקמן בהון משמע מיעוט: ואמר שמואל גרס: הלכה כרבן שמעון (ז) דמדרבנן ניהו ולא מחמרינן כולי האי: באלי. שם חכם: ה"ג כי אמר רבי יוחנן הלכה אדלא להתענאה. דימים הכתובים במגילת תענית דלא להתענאה לפניהן אסורים ולאחריו מותרין כר' יוסי ולא כר"מ דאמר אף לפניהם מותר אבל אדלא למספד דאין הלכה כרבי יוסי [דאמר] לפניו ולאחריו אסור אלא כר"מ דאמר לפניו אסור לאחריו מותר: ומי א"ר יוחנן הכי. דלפניו מיהא אסור כרבי יוסי: מקדימין. שקראו קודם זמנה:

תוספות

הלכו והפגינו. הפיגו לשון נהי וצעקה. אי שמים גרסינן פירוש שמים להקב"ה היו צועקין למה יאמרו הגוים איה אלהיכם ולהם אמרו וכי לאו אחיכם אנחנו וכו': **לא** נצרכה אלא לחדש מעובר. פירוש דעברוה לאדר שלא נראה הלבנה עד יום ל' והוי ר"ח ניסן יום ל"א פירוש וא"כ האי כ"ט לא מצינו לאוסרו [ה] משום יום שלפני ר"ח ניסן דיום ל' מפסיק בינתים משום הכי איצטריך לאוסרו משום יום שלאחר עשרים ותמניא:

דאילו אי איקלע וכו'. שום גזרה מריש ירחא וכו' תמניא גופיה אסור דה"ל וכו' והקשה הקונטרס אכתי לימא תשעה ואפילו אי מיקלע שום גזרה ובטלינא לז' ימים וכו' אכתי אסור תמניא גופיה משום דהוי יומא דמקמי יומא דאיתותב חגא דשבועיא ותירץ הקונטרס הא לאו פירכא דהא מיו"ט גופיה דתמיד מבטלינן ליה ואנא ניקום ונגזור משום קמי יומא דאיתותב חגא דשבועיא (ח) וכי האי מתרלינן לקמן ביום טוריינוס:

רב אמר הלכה כר' יוסי דאמר לפניו אסור אבל לאחריו מותר. וא"ת כיון דאמר הלכה כר' יוסי היאך אנו מתענין לפני הפורים דאי משום דבטלה מגילת תענית מ"מ אחנוכה ואפורים לא בטלו וי"ל דהא דאמר חנוכה ופורים לא בטלו ר"ל הדינין שלהם לעשותן י"ט ודלא להתענאה בהון אבל בדינים דלפניהם בטלו עוד י"ל (ט) דכיון דיום שלפני הפורים שנתבטל מיו"ט דידהו שהיו רגילין לעשות בהן ונתבטלו יו"ט שלהם ה"נ יש לנו לומר שיבטלו משום טעם לפני הפורים דה"נ אמרינן בסמוך גבי יום שלפני נקנור וכו' וכן גבי יו"ט טוריינוס דכיון דבטלו מיום (י) שלהם לא יאסרו משום יו"ט הבא אחריהם דאסורים משום יום שלפניהם כמו כן ה"נ דכיון דיום שלפני הפורים נתבטל משום עצמו ומותר להתענות לא יאסר משום יום שלפני הפורים:

הלכה

עין משפט נר מצוה

לה א מיי' פ"ב מהלכות מגילה הלכה יג:

רבינו חננאל

לימא עד המועד. ומועד גופיה יום טוב הוא ולא צריך. ושנינן לאסור שלאחריו כר' יוסי דאמר ימים הללו בין לפניהם בין לאחריהם אסורין. אי הכי רישא דתני מריש ירחא דניסן. ואוקימנא דלא תנא ר"ח אלא לאסור יום כ"ט באדר. למה לי תיפוק דהוה לי' יום שלאחר כ"ח באדר ועשאוהו יו"ט. משום דבו בטל שמדא ואתא בשרתא טבא ליהודאי דלא יעידון מן אורייתא. ושני אביי לא נצרכה זו וזו אלא אם יזדמן להתעבר יהיה יום כ"ט אסור בו משום שהוא יום אחר כ"ח בו ויום ל' נמי יהיה אסור משום שהוא יום דמקמי יומא דאיתוקם ביה תמידא. ואקשינן נמי למה לי למימר מתמניא בניסן מימים טובים משום דקבעי דאיתותב חגא דשבועיא. תיפוק ליה דהוה ליה מן הימים טובים דאיתוקם בהו תמידא ושנינן לא נצרכא אלא דאי הדרי ביה רבנן ובטלי להני יומי דקבעו משום דאיתוקם תמידא דלא בטלי מנייהו אלא ז' יומי ויום ח' אסור מכלל יומא דאיתותב בהו חגא דשבועיא. השתא דאתית להכי כ"ט נמי דאי מקלעא כר' איתוקם תמידא ואיתותב חגא דשבועיא. מפורש במנחות בפרק רבי ישמעאל אומר עומר היה כר' איתוקם תמידא שהיו הצדוקים אומרים יחיד מתנדב ומביא תמיד דהוו דרשי את הכבש תעשה לשון יחיד ואהדרו להו רבנן את קרבני לחמי [תשמרו] שיהיו באין מתרומות הלשכה. ודחו דבריהם. ונתקיימו דברי רבותינו שלא יהיה תמיד בא אלא משל צבור. וכן הוו חולקים ואמרין אין עצרת חלה אלא לאחר שבת. ואהדרו להו רבנן ונדחו החזירו הדבר ליושנו שיהיו סופרים נ' יום ממחרת יו"ט של פסח. ולפי שנדחו דברי צדוקים ונתקיימו דברי חכמים עשאום אותם הימים טובים כימי גאולה מידי צורריהם. **רב** אמר הלכה כר' יוסי דאמר כל הכתוב במגלת תענית די לא למספד בין לפניו בין לאחריו אסור. [די לא להתענאה לפניו אסור] לאחריו מותר. ושמואל אמר הלכה כת"ק והוא ר"מ. וסתמא דמתני' דיליה היא דא' בדי לא למספד לפניו אסר' לאחריו מותר ובדלא לאתענאה בין לפניו ובין לאחריו מותר איני והא' שמואל הלכה כרשב"ג דאמר לפניהם ולאחריהם מותרים. ומשנינן שמואל הלכה לקולא גמירי. מעיקרא סבר ליכא תנא דמיקל טפי מת"ק דמתני'

רבינו גרשום (המשך): ראש כשבשתויי יין תריצנו כי גמירי מה שתויי יין במיתה וכו' לאחולי עבודה לא גמירי [illegible]

[illegible]

ליקוטי רש"י

[illegible]

The Gemara answers that Shmuel indeed retracted his first ruling:
מֵעִיקָּרָא סָבַר – **At first [Shmuel] thought** כֵּיוָן דְּלֵיכָּא תַּנָּא דְּמֵיקֵל כְּרַבִּי מֵאִיר – **that since there is no Tanna more lenient than R' Meir** in this question, אָמַר הֲלָכָה כְּרַבִּי מֵאִיר – **he said that the halachah follows R' Meir.**[22] כֵּיוָן דִּשְׁמָעֵיהּ לְרַבָּן שִׁמְעוֹן דְּמֵיקֵל טְפֵי – But **once he heard that Rabban Shimon was** even **more lenient** than R' Meir, אָמַר הֲלָכָה כְּרַבָּן שִׁמְעוֹן בֶּן גַּמְלִיאֵל – **he said that the halachah follows Rabban Shimon ben Gamliel.**

Another Amora rules on this dispute:
וְכֵן אָמַר בָּאלִי אָמַר רַבִּי חִיָּיא בַּר אַבָּא אָמַר רַבִּי יוֹחָנָן – **And similarly,** like the ruling of Rav, **Bali said in the name of R' Chiya bar Abba in the name of R' Yochanan:** הֲלָכָה כְּרַבִּי יוֹסֵי – **The halachah follows R' Yose.**
אָמַר לֵיהּ רַבִּי חִיָּיא לְבָאלִי – **R' Chiya** bar Abba **said to Bali:** אַסְבְּרָא לָךְ – **I will clarify to you** R' Yochanan's ruling: כִּי אָמַר ר׳ יוֹחָנָן הֲלָכָה כְּרַבִּי יוֹסֵי – **In regard to what did R' Yochanan say that the halachah follows R' Yose?** אַדְּלֹא לְהִתְעַנָּאָה – Only **in regard to** days that *Megillas Taanis* declares **not to fast** on them.[23]

The Gemara notes an apparent contradiction in R' Yochanan's rulings:
וּמִי אָמַר רַבִּי יוֹחָנָן הָכִי – **Did R' Yochanan** actually **say this** ruling, that the halachah follows R' Yose in the case of days on which *Megillas Taanis* prohibits fasting? וְהָאָמַר ר׳ יוֹחָנָן הֲלָכָה כִּסְתָם מִשְׁנָה – **But R' Yochanan said that the halachah** always **follows the anonymous Mishnah,** if no dissenting view is recorded there. וּתְנַן – **And we learned in an** anonymous **Mishnah** regarding the reading of the Megillah:[24] אַף עַל פִּי שֶׁאָמְרוּ – EVEN THOUGH [THE SAGES] SAID מַקְדִּימִין וְלֹא מְאַחֲרִין – THAT WE ADVANCE BUT DO NOT POSTPONE the Megillah reading,

NOTES

22. Since the issue of fasting before or after the minor festivals is one of Rabbinic rather than Scriptural prohibition, Shmuel wished to follow the most lenient view (*Rashi*).

23. R' Yochanan rules in accordance with R' Yose, that fasting is forbidden on the preceding day as well. But in regard to the days on which *Megillas Taanis* prohibits eulogizing, R' Yochanan follows the opinion of R' Meir. Thus, it emerges according to R' Yochanan that whether *Megillas Taanis* prohibits only fasting or even eulogizing as well on a particular day, the halachah is that the prohibition extends to the preceding day but not to the following day.

24. *Megillah* 5a.

אלא לאסור יום שלפניו ה"נ לא נצרכה אלא לאסור יום שלאחריו כמאן כרבי יוסי דאמר בין לפניו בין לאחריו אסור אי הכי בעשרים ותשעה נמי מאי איריא דהוי יומא דמקמי יומא דמיתוקם תמידא תיפוק ליה דה"ל יומא דבתר עשרין ותמניא ביה דתניא [א] בעשרים ותמני' ביה אתת בשורתא טבתא ליהודאי דלא יעידון מן אורייתא (א) שפעם אחת נגזרה גזירה על ישראל שלא יעסקו בתורה ושלא ימולו את בניהם ושיחללו שבתות מה עשה יהודה בן שמוע וחביריו הלכו ונטלו עצה ממטרוניתא אחת שכל גדולי רומי מצויין אצלה אמרה להם עמדו והפגינו בלילה הלכו והפגינו בלילה אמרו אי שמים לא אחים אנחנו לא בני אב אחד אנחנו לא בני אם אחת אנחנו מה נשתנינו מכל אומה ולשון שאתם גוזרין עלינו גזירות רעות ובטלום ואותו היום עשאוהו יו"ט אמר אביי לא נצרכה אלא לחדש מעובר רב אשי אמר אפילו תימא לחדש חסר [ג] כל שלאחריו בתענית אסור בהספד מותר וזה הואיל ומוטל בין שני ימים טובים עשאוהו כיו"ט עצמו ואפילו בהספד נמי אסור אמר מר מתמניא ביה ועד סוף מועדא איתותב חגא דשבועיא דלא למיספד למה לי למימר מתמניא ביה לימא מתשעה ביה ותמניא גופיה אסור דה"ל יומא דאיתוקם ביה תמידא כיון דאילו מקלע (ליה) מילתא ובטליניה לשבעה תמניא גופיה אסור דה"ל יומא קמא דאיתותב ביה חגא דשבועיא השתא דאתית להכי עשרים ותשעה נמי כיון דאילו מיקלע מילתא ובטליניה לעשרים ותמניא עשרין ותשעה גופיה אסור דה"ל יומא דמקמי יומא דאיתוקם תמידא איתמר ר' חייא בר אסי אמר רב הלכה כר' יוסי ושמואל אמר הלכה כר' מאיר ומי אמר שמואל הכי והתניא רשב"ג אומר ומה תלמוד לומר בהון בהון שתי פעמים לומר לך שהן אסורין לפניהן ולאחריהן מותרין ואמר שמואל הלכה כרבן שמעון בן גמליאל מעיקרא סבר כיון דליכא תנא דמיקל כרבי מאיר אמר הלכה כרבי מאיר כיון דשמעיה לרבן שמעון (ב) דמיקל טפי אמר הלכה כרבן שמעון בן גמליאל וכן אמר באלי אמר רבי חייא בר אבא א"ר יוחנן הלכה כרבי יוסי א"ל רבי חייא לבאלי אסברא לך [°] כי אמר ר' יוחנן הלכה כרבי יוסי אדלא להתענאה ומי אמר רבי יוחנן הכי והאמר [ג] ר' יוחנן הלכה כסתם משנה ותנן [ד] [א] אע"פ שאמרו מקדימין [א] ולא מאחרין מותרין

רש"י

לאסור את שלפניו. להכי נקט מריש ירחא דניסן לאסור את יום שלפני ר"ח בתענית כדתניא בסמוך לפניהן אסורין דאי משום ר"ח לא היה נאסר כדמפרש דדברי תורה אין צריכין חיזוק: כמאן כר' יוסי. דמתני' דאמר אף לאחריו בתמיהה ושבקת רבנן אי הכי דאליבא דר' יוסי מוקמת לה למגילת תענית כ"ט באדר נמי דקתרצת לעיל דאדהכי נקט ריש ירחא דניסן דהיינו יום שלשים דאדר הסמוך לניסן לעולם חסר מכ"ט יום הוא משום דקא בעי למיסר יום כ"ט תיפוק ליה דבלאו הכי הוי אסור יום כ"ט דה"ל יום דבתר כ"ח שהוא י"ט כו' ואסור יום שלאחריו כר' יוסי ואמאי נקט ריש ירחא לאסור את שלפניו: דלא יעידון. שלא יהו צריכין ליבטל מתלמוד תורה שנגזר עליהן שלא יעסקו בתורה: הפגינו. לעקו כך מתרגמינן בתהלים כל לשון שועה וצעקה לשון פגינה: אי שמים. גרסינן אהה ה' להקב"ה היו צועקים על אותם שגזרו עליהם גזרות קשות והיו אומרים להם לפני הקב"ה וכי לא אחיכם וכו': לא נצרכה אלא לחדש מעובר. בשנה מעוברת שיש בה שני (ג) אדר והאחד חסר [°] דהשתא כי הוה אדר שני מלא הוה יום שלשים לפני ר"ח ניסן א"נ דעברוה לאדר כגון שלא נראה החדש יום ל' דמשום יו"ט דכ"ח לא מיתסר אלא כ"ט: (ד) רבא אמר אפילו תימא חדש חסר. ואהכי נקט מריש ירחא דאי הוה אסר ליה ליום כ"ט משום בתר כ"ח לא הוה אסר ליה אלא בתענית לחודיה: דכל שלאחריו כו'. כלומר כל שאסור משום אחר י"ט בתענית הוא דאסור הא בהספד מותר ואהכי נקט מריש ירחא דלהוי האי כ"ט דנקט מוטל בין שני ימים משום דאי מיתסר משום דלפני יו"ט אימור לא איתסר בהספד דהאי דנקט כל שלאחריו כו' לאו משום דלפניו נמי אסור בהספד אלא איידי דפריך דליתסר יום כ"ט משום בתר כ"ח הוא דמיהדר ליה כל שלאחריו כו': לימא מתשעה (ה) ותמניא גופיה. י"ט הוא דהא הוה ליה מהנך ימים טובים דאיתוקם בהו תמידא כדכתיב ביה מריש ירחא עד תמניא: ה"ג דאי איקלע מילתא ובטליניה לשבעה תמניא גופיה אסור דהוה ליה יומא (ו) דאיתותב חגי דשבועיא. דאי איקלע מילתא שאם נגזר גזירה וצריכין להתענות תוך אלו ימים טובים דתמיד ובטלו אותן להתענות בכולן שאין לבטלה לחצאין: אכתי יומא תמניא אסור משום חגא דשבועיא. ואי קשיא אכתי לימא תשעה ואפילו אם אירע מילתא דבטלי אכתי הוא אסור תמניא גופיה משום שלפניו לאו פירכא הוא דהא יו"ט גופיה בטיל ואנא ליקום וליגזור קמיה יומא דאיתותב חגא דשבועיא וכה"ג מתרץ לקמן ביום טוריינוס: כ"ט נמי. דתרלת לה לעיל לא נצרכה כו' להכי נקט בריש ירחא דאי מיקלע כו': כרבי יוסי. דאמר בין לפניו בין לאחריו אסור: כר"מ. סתם מתניתין דקתני לאחריו מותר: מה ת"ל בהון בהון. דלא להתענאה בהון ומקצתהון דלא למספד בהון וקא דריש לה כדדייק לקמן בהון משמע מיעוט: ואמר שמואל גרס: הלכה כרבן שמעון (ז) דמדרבנן נינהו ולא מחמרינן כולי האי: באלי. שם חכם: ה"ג כי אמר רבי יוחנן הלכה אדלא להתענאה. דימים הכתובים במגילת תענית דלא להתענאה לפניהן אסורים ולאחריו מותרין כר' יוסי ולא כר"מ דאמר אף לפניהם מותר אבל אדלא למספד דאין הלכה כרבי יוסי [דאמר] לפניו ולאחריו אסור אלא כר"מ דאמר לפניו אסור לאחריו מותר: ומי א"ר יוחנן הכי. דלפניו מיהא אסור כרבי יוסי: מקדימין. שקראו קודם זמנה:

תוספות

הלכו והפגינו. הפיגו לשון נהי וצעקה. אי שמים גרסינן פירוש שמים להקב"ה היו צועקין למה יאמרו הגוים איה אלהיכם ולהם אמרו וכי לאו אחיכם אנחנו וכו': לא נצרכה אלא לחדש מעובר. פירוש דעברוה לאדר שלא נראה הלבנה עד יום ל' והוי ר"ח ניסן יום ל"א פירוש וא"כ האי כ"ט לא מצינו לאוסרו [°] משום יום שלפני ר"ח ניסן דיום ל' מפסיק בינתים משום הכי איצטריך לאוסרו משום יום שלאחר עשרים ותמניא:

דאילו אי איקלע וכו'. שום גזרה מריש ירחא וכו' תמניא גופיה אסור דה"ל וכו' והקשה הקונטרס אכתי לימא תשעה ואפילו אי מיקלע שום גזרה ובטלינא לז' ימים וכו' אכתי אסור תמניא גופיה משום דהוי יומא דמקמי יומא דאיתותב חגא דשבועיא ותירץ הקונטרס הא לאו פירכא דהא מיו"ט גופיה דתמיד מבטלינן ליה ואנא ניקום ונגזור משום קמי יומא דאיתותב חגא דשבועיא (ח) וכי האי מתרלינן לקמן ביום טוריינוס:

רב אמר הלכה כר' יוסי דאמר לפניו אסור אבל לאחריו מותר. וא"ת כיון דאמר הלכה כר' יוסי היאך אנו מתענין לפני הפורים דאי משום דבטלה מגילת תענית מ"מ אחנוכה ואפורים לא בטלו וי"ל דהא דאמר חנוכה ופורים לא בטלו ר"ל הדינין שלהם לעשותן י"ט ודלא להתענאה בהון אבל בדינים דלפניהם בטלו עוד י"ל (ט) דכיון דיום שלפני הפורים שנתבטל מיו"ט דידהו שהיו רגילין לעשות בהן ונתבטלו יו"ט שלהם ה"נ יש לנו לומר שיבטלו משום טעם לפני הפורים דה"נ אמרינן בסמוך גבי יום שלפני נקנור וכו' וכן גבי יו"ט טוריינוס דכיון דבטלו מיום (י) שלהם לא יאסרו משום יו"ט הבא אחריהם דאסורים משום יום שלפניהם כמו כן ה"נ דכיון דיום שלפני הפורים נתבטל משום עצמו ומותר להתענות לא יאסר משום יום שלפני הפורים:

הלכה

עין משפט נר מצוה

לה א מיי' פ"ב מהלכות מגילה הלכה יג:

רבינו חננאל

לימא עד המועד. ומועד גופיה יום טוב הוא ולא צריך. ושנינן לאסור שלאחריו כר' יוסי דאמר ימים הללו בין לפניהם בין לאחריהם אסורין. אי הכי רישא דתני מריש ירחא דניסן. ואוקימנא דלא תנא ר"ח אלא לאסור יום כ"ט באדר. למה לי תיפוק דהוה לי' יום שלאחר כ"ח באדר ועשאוהו יו"ט. משום דבו בטל שמדא ואתא בשרתא טבא ליהודאי דלא יעידון מן אורייתא. ושני אביי לא נצרכה זו רוז אלא אם יזדמן להתעבר יהיה יום כ"ט אסור בו משום שהוא יום אחר כ"ח בו ויום ל' נמי יהיה אסור משום שהוא יום דמקמי יומא דאיתוקם ביה תמידא. **ואקשינן** נמי למה לי למימר מתמניא בניסן מימים טובים משום דקבעי דאיתותב חגא דשבועיא. תיפוק ליה דהוה ליה מן הימים טובים דאיתוקם בהו תמידא ושנינן לא נצרכא אלא דאי הדרי ביה רבנן ובטלי להני יומי דקבעו משום דאיתוקם תמידא דלא בטלי מנייהו אלא ז' יומי ויום ח' אסור מכלל יומא דאיתותב בהו חגא דשבועיא. השתא דאתית להכי כ"ט נמי דאי מקלעא כו' איתוקם תמידא ואיתותב חגא דשבועיא. **מפורש** במנחות בפרק רבי ישמעאל אומר עומר היה כו' איתוקם תמידא שהיו הצדוקים אומרים יחיד מתנדב ומביא תמיד דהוו דרשי את הכבש תעשה לשון יחיד ואהדרו להו רבנן את קרבני לחמי [תשמרו] שיהיו באין מתרומת הלשכה. ודחו דבריהם. ונתקיימו דברי רבותינו שלא יהיה תמיד בא אלא משל צבור. וכן הוו חולקים ואמרין אין עצרת חלה אלא לאחר שבת. ואהדרו להו רבנן ונדחו החזירו הדבר לידושנו שיהיו סופרים נ' יום ממחרת יו"ט של פסח. ולפי שנדחו דברי צדוקים ונתקיימו דברי חכמים עשאום אותם הימים טובים כימי גאולה מידי צורריהם. **רב** אמר הלכה כר' יוסי דאמר כל הכתוב במגלת תענית די לא למספד בין לפניו בין לאחריו אסור. [די לא להתענאה לפניו אסור] לאחריו מותר. ושמואל אמר הלכה כת"ק והוא ר"מ. וסתמא דמתני' דיליה היא דא' בדי לא למספד לפניו אסו' לאחריו מותר ובדלא לאתענאה בין לפניו ובין לאחריו מותר איני והא' שמואל הלכה כרשב"ג דאמר לפניהם ולאחריהם מותרים. ומשנינן שמואל הלכה לקולא גמירי. מעיקרא סבר ליכא תנא דמיקל טפי מת"ק דמתני' דהוא ר' מאיר. ואמר הלכתא כת"ק. כיון דחזא רשב"ג דמיקל טפי אמר הלכתא כרשב"ג. אמר באלי א"ר יוחנן

מסורת הש"ס

א) ר"ה יט., ב) עי' תוס' מנחות סה. ד"ה אלין יומיא, ג) [שבת מו. וש"נ], ד) מגילה ה.

הגהות הב"ח

(א) גמ' דלא יעידון מן אורייתא דלא למספד שפעם אחת כו' ואמרו אי שמים לא אחיכם אנחנו: (ב) שם כיון דשמעיה לרבן שמעון בן גמליאל דמיקל: (ג) רש"י ד"ה לא נצרכה כו' שני אדרים והראשון חסר והשני מלא דהשתא כי הוה: (ד) ד"ה רבא אמר כו' הד"א עם ד"ה דכל שלאחריו וכו' מוטל בין שני ימים והא דלא קאמר דלאסור בהספד משום דהוי יום שלפניו משום דאי מיתסר כו' והאי דנקט כל שלאחריו: (ה) ד"ה לימא מתשעה ביה ותמניא: (ו) ד"ה ה"ג דאי כו' דהוה ליה יומא קמא דאיתותב ביה חגא כצ"ל והד"א עם ד"ה אכתי וכו' אסור תמניא גופיה ולגזור משום קמיה יומא דחג: (ז) ד"ה הלכה כר"ש ב"ג דמדרבנן: (ח) תוס' ד"ה דאילו כו' וכה"ג נמי מתרלינן: (ט) ד"ה רב כו' ועוד י"ל דכיון דימים שלפני הפורים נתבטלו: (י) באה"ד דכיון דבטלו מיום טוב שלהם כו' הבא אחריהם להוי אסורים משום:

גליון הש"ס

גמ' כי אמר רבי יוחנן הלכה כר' יוסי אדלא להתענאה. וכעין זה פסחים יג ע"א מנחות לב ע"ב: רש"י ד"ה לא נצרכה וכו' דהשתא כי הוה אדר שני. עי' מג"א סי' תקלא ס"ק כ: תוס' ד"ה לא נצרכה. משום יום שלפני ר"ח ניסן. הלשון מגומגם דהא עיקר מה שבאו דנין דהוצרכו משום יום ל' דליתו שלאחריו דיום כ"ח:

הגהות הגר"א

[א] גמ' (ולא מאחרין). תא"מ:

רבינו גרשום

כהונתם עליהם אין בגדיהם עליהם אין כהונתם עליהם אף פרועי ראש מחלי עבודה וכי היכי דאסרי רבנן שתויי יין בזמה"ז הכי ליסרו פרועי ראש. ותריצן הא דדייקת מינה לא כלום הוא דא"כ הוא עד דלא אתי יחזקאל מאן אמרה. בן נכר ערל לב זה כהן משומד בן שנתנכרו מעשיו לאביו שבשמים ערל בשר כהן שמתו אחיו מחמת מילה הכא נמי פרועי ראש מחלי עבודה גמרא גמירי לה ואמאי לא אסרי רבנן פרועי ראש כבשתויי יין תריצן כי גמירי מה שתויי יין במיתה וכו' לאחולי עבודה לא גמירי כלומר לא דייקינן האי ומינה אלא לעולם פרועי ראש לא מחלי עבודה להכי לא אסרי רבנן בזמה"ז אע"ג דאסרי בשתויי יין: ה"ג מריש ירחא דניסן עד תמניא ביה איתוקם תמידא דלא למיספד שהיו אומרים מינין מתנדב יחיד תמיד שהיו דורשין את הכבש אחד תעשה שהוא לשון יחיד וחכמים היו אומרים אינו אלא מתרומת הלשכה שהרי כתיב ביה לאשי דמשמע שבא ממקום ששאר קרבנות באין דהיינו מתרומת הלשכה. ומריש ירחא דניסן עד תמניא ביה נשאו ונתנו בדבר והודו מינין לחכמים: איתותב חגא דשבועייא דלא למספד שהיו מינין אומרין אין עצרת בא אלא [באחד] בשבת שהיו דורשין ממחרת השבת תספרו חמשים כלומר לאחר שבת בראשית הוי עצרת וחכ"א כתיב חמשים יום דמשמע בכל יום שבא חמשים יום קובע עצרת וכתיב שבע שבתות תמימות תהיינה דמשמע תמימות ממש מאחד בשבת לאחד בשבת כאן שחל עצרת באמצע שבת הויין חמשים יום בלא שבע שבתות תמימות מאחד בשבת לאחד בשבת [כאן שחל עצרת באחד בשבת]: לא נצרכא לאסור שלפניו להכי קאמר דריש ירחא הוי יו"ט לאסור כ"ט דאדר בתענית ובהספד דאי משום מועד לא הוי אסור דדברי תורה אין צריכין חיזוק. כמאן כר' יוסי דאמר די לא למספד בין לפניו בין לאחריו אסור בהספד דאי דרבנן הא אמרו לאחריו מותר. אי הכי כיון דמוקמת ליה כר' יוסי עשרין ותשעה באדר נמי מאי איריא דהוה יומא מקמי דאיתוקם תמידא דקאמר להכי אמר מריש ירחא דניסן לאסור כ"ט באדר שלפניו תיפוק ליה דלהכי הוה אסור דהוה ליה יומא דבתר כ"ח דהוי יו"ט דאסור למספד והוי כ"ט אסור דהא אמר ר' יוסי בין לאחריו אסור ועדיין פריכנא למה לי למימר מריש ירחא דניסן לימא מתרי דניסן: והפגינו בלילה כדי שישמע קולם: אמר אביי להכי קאמר מריש ירחא לאסור שלפניו לחדש מעובר דהוי א) ל"א כ"ח קאסר ל' שלפניו דאילו משום כ"ח לא הוי אסור אלא כ"ט: ה"ג רב אשי אמר אפי' תימא בחדש חסר ודפרכת כיון דמוקים לה כר' יוסי למה לי למימר מריש ירחא דניסן משום כ"ט כדי לאסור [לכ"ט] לאדר שלפניו תיפוק ליה דהוי יומא דבתר כ"ח תריץ כל שלאחריו בתענית אסור בהספד מותר כלומר האי דאמר ר' יוסי בין לפניו בין לאחריו אסור לא אמר לאחריו אסור אלא להתענאה אבל בהספד מותר ולהכי איצטריך מריש ירחא דניסן כדי שיהא כ"ט מוטל בין שני ימים טובים ב) בין כ"ח לכ"ח דליהוי כיו"ט עצמו דאסור אפי' בהספד וכ"ש בתענית. נפרש מתניתין שלא פי' לעיל כך הורה המורה כל הכתוב במגילת תענית דלא למספד כלומר אותם ימים טובים הכתובים במג"ת שמותרין כל כך דאסור להו למספד וכ"ש להתענאה לפניו אסור ג) בהספד ובתענית הואיל וחמור הרבה שביו"ט עצמו אסור אפי' בהספד ובתענית לאחריו מותר בהספד ובתענית ר' יוסי אומר הואיל וחמור כך שאסור אפי' בהספד נחמיר נמי שבין לפניו ובין לאחריו אסור בין בהספד בין בתענית ודלא להתענאה כלומר ואותן ימים טובים דמג"ת שאינו חמור כל כך שאינן אסורין אלא בתענית אבל בהספד מותרין בין לפניו בין לאחריו הואיל וקל כ"כ [מותרין] ר' יוסי מחמיר מכ"מ אע"פ שקל כ"כ לפניו אסור: ת"ר אלין יומיא דלא להתענאה כלומר כל ימים טובים הכתובים במג"ת אסורין בתענית אבל יש בהן שאין אסורין בהספד ומקצתהון די לא למספד בהון יש מהן שחמורין הרבה שאפי' בהספד אסורין. עכשיו נחזור ונפרש ההלכה כסדרה. מתמניא ביה עד סוף מועדיא איתוקם ביה חגא דשבועיא למה לי למימר מתמניא ביה לימא מט' ביה ותמניא גופיה אסור דהא אמרינן לעיל מריש ירחא עד תמניא ביה איתוקם תמידא תריץ להכי אצטריך למימר מתמניא דאי מקלע מילתא דההוא יו"ט דתמידא

חשק שלמה על רבינו גרשום א) נראה דצ"ל דהוי ל' יום דנאסר ל' שלפניו וכו'. ב) נ"ל בין כ"ח לריש ירחא דניסן. ג) הדבר צ"ע דהרי בהדיא אמר הש"ס לעיל דכל שלפניו או לאחריו אינו אסור רק בתענית.

ליקוטי רש"י

בעשרין ותמניא ביה. באדר קאי במגילת תענית. דלא יעידון מן אורייתא. שלא יצטרכו לנתק עצמן מן התורה [ר"ה יט.]. מטרוניתא. שרית נכרית [ב"מ פד.]. והפגינו. לעקו בשוקים וברחובות כדי שישמעו השרים וירחמו עליהם. אי שמים. כלומר למען הקדוש ברוך הוא [ר"ה שם]. ועד סוף מועדא. פסח. איתותב. נתיישב על דינו שבאותן ימים נלחו חכמים את הביתוסים [מנחות סה.]. הלכה כסתם משנה. מאן סתם לן למתניתין רבי, הוא סדר המשנה וכשראה דברי חכם וישרו בעיניו שנאן סתם ולא הזכיר שם אומרו עליהן כדי שלא יהו שניה מפי יחיד ונראין כאילו נשנו מפי המרובים ויעשו כמותן [ביצה ב:]. אע"פ שאמרו מקדימין. שהכפרים נתנו להן חכמים רשות להקדים קריאתה ליום הכניסה יום שני בשבת שלפני י"ד או חמישי בשבת שהוא יום כניסה שהכפרים מתכנסין לעיירות למשפט לפי שבתי דינין יושבין בעיירות בשני ובחמישי כתקנת עזרא (ב"ק דף פב.) והכפרים אינן בקיאין לקרות וצריכין שיקראנה להם אחד מבני העיר ולא הטריחום חכמים להמתין ולבא ביום י"ד ופעמים שיום הכניסה בי"ג ופעמים שהוא בי"א [מגילה ב.].

הלכה מתענה ומשלים. פי' הא דקפסק הלכה מתענה ומשלים אר"ח קאי דאי אחנוכה ואפורים אינו יכול להתענות דיום משתה ושמחה כתיב:

הדרן עלך סדר תעניות קמא

מתריעין עליהם מיד ומתענין כמו כן. ואפילו בראשונות שחומר האחרונות נוהגין בו ואם תאמר (ז) הא דמתריעין משמע דמתריעין ומתענין אמאי צריך לפרש במתני' בסמוך אותה העיר מתענה ומתרעת כיון דסתם מתריעות משמע תרוייהו ויש לומר משום דבעי לאפלוגי ר' עקיבא בסיפא דקאמר מתריעות ולא מתענות:

לא

מותרין בהספד ותענית איממת אילימא בני חמיסר וקא קרו ליה בארביסר ומי שרי והכתיב במגילת תענית [א] יום ארבעה עשר בו ויום חמשה עשר בו יומי פוריא אינון דלא למיספד בהון ואמר רבא [ב] *לא נצרכא אלא לאסור את של זה בזה ואת של זה בזה ואלא בני ארביסר וקא קרי ליה בתליסר יום ניקנור הוא ואלא בני ארביסר וקא קרי ליה בתריסר יום טוריינוס הוא אלא לאו דקא קרו ליה בחדיסר וקתני מותר בהספד ובתענית לא בני ארבעה עשר וקא קרו ליה בתריסר ודקאמרת יום טריינוס הוא יום טריינוס גופיה בטולי בטלוהו הואיל ונהרגו בו [ג] שמעיה ואחיה אחיו כי הא דרב נחמן גזר תעניתא בתריסר אמרו ליה רבנן יום טוריינוס הוא אמר להו יום טוריינוס [א] גופיה בטולי בטלוהו הואיל ונהרגו בו שמעיה ואחיה אחיו ותיפוק ליה דהוה ליה יום שלפני ניקנור אמר רב אשי השתא איהו גופיה בטלוהו משום יום ניקנור ניקום ונגזר מאי ניקנור ומאי טוריינוס דתניא ניקנור אחד מאפרכי יוונים היה ובכל יום ויום היה מניף ידו על יהודה וירושלים ואומר אימתי תפול בידי וארמסנה וכשגברה מלכות בית חשמונאי ונצחום קצצו בהונות ידיו ורגליו ותלאום בשערי ירושלים ואמרו פה שהיה מדבר בגאוה וידים שהיו מניפות על ירושלים תעשה בהם נקמה מאי [ד] טוריינוס אמרו כשבקש טוריינוס להרוג את לולינוס ופפוס אחיו בלודקיא אמר להם אם מעמו של חנניה מישאל ועזריה אתם יבא אלהיכם ויציל אתכם מידי כדרך שהציל את חנניה מישאל ועזריה מיד נבוכד נצר אמרו לו חנניה מישאל ועזריה צדיקים גמורין היו וראויין היו ליעשות להם נס ונבוכד נצר מלך הגון היה וראוי ליעשות נס על ידו ואותו רשע הדיוט הוא ואינו ראוי ליעשות נס על ידו ואנו נתחייבנו (א) כליה למקום ואם אין אתה הורגנו הרבה הורגים יש לו למקום והרבה דובין ואריות יש לו למקום בעולמו שפוגעין בנו והורגין אותנו אלא לא מסרנו הקדוש ברוך הוא בידך אלא שעתיד ליפרע דמינו מידך אעפ"כ הרגן מיד אמרו לא זזו משם עד שבאו דיופלי מרומי ופצעו את מוחו בגיזרין: אין גוזרין תענית על הצבור בתחלה בחמישי כו' אין גוזרין תענית בראשי חדשים כו': וכמה הויא התחלה [ה] רב אחא אמר שלש רבי אסי אמר [ב] אחת אמר [ו] רב יהודה אמר רב זו דברי רבי מאיר שאמר משום רבן (שמעון בן) גמליאל אבל חכמים אומרים [ג] מתענה ומשלים [ז] דרש מר זוטרא משמיה דרב הונא הלכה מתענה ומשלים:

הדרן עלך סדר תעניות כיצד

סדר [ד] תעניות אלו [ח] האמור ברביעה ראשונה אבל צמחים ששנו מתריעין עליהן מיד וכן שפסקו גשמים בין גשם לגשם ארבעים יום מתריעין עליהן [ט] מפני שהיא מכת בצורת ירדו לצמחין אבל לא ירדו לאילן לאילן ולא לצמחין לזה ולזה אבל לא לבורות לשיחין ולמערות מתריעין עליהן מיד וכן עיר שלא ירדו עליה גשמים דכתיב [א] והמטרתי על עיר אחת ועל עיר אחת לא אמטיר חלקה אחת תמטר וגו'

אותה

מותרין בהספד ובתענית. בני ט"ו (ב) קריאת מגילה דכרכין קודם זמנה כדמפרש התם בי"א בי"ב בי"ג בי"ד בט"ו שהכפרים מקדימין ליום הכניסה מותרין אותן ימים שקראוה קודם זמנה בהספד ותענית: **בני חמיסר.** דהיינו כרכים המוקפין חומה מימות יהושע בן נון וקא קרי בארביסר כגון שהלך לכפר וקרא עמהן דפרוז בן יומו נקרא פרוז כדאמרינן במגילה (דף יט.): **מי שרי.** י"ד אפילו לבני ט"ו בהספד ותענית: **ואמר רבא לא נצרכה.** לכתוב במגילת תענית לגזור הספד ותענית לבני י"ד בי"ד ולבני ט"ו בט"ו דהא קרא כתיב בהדיא להיות עושים את ימי הפורים האלה וגו': **אלא לאסור את של זה בזה.** כגון בני ט"ו (דקרו) בי"ד ובני י"ד בט"ו: **בני ארביסר.** ניהו כפרים ועיירות: **וקא קרי בי"ג.** כגון שחל י"ד בג' בשבת ומקדימין ליום הכניסה: **יום ניקנור הוא.** לקמן מפרש ואסור בהספד ותענית: **אלא בני י"ד וקרו בי"ב.** שחל י"ד ברביעי בשבת והקדימו ליום הכניסה דהיינו י"ב: **טוריינוס.** בסמוך מפרשה: **בחדיסר.** שחל להיות י"ד באחד בשבת וכפרים מקדימין ליום הכניסה דהוו י"א ושמע מינה דאע"ג שהוא יום שלפני טוריינוס שרי בהספד ותענית: **שמעיה ואחיה.** חסידים היו ולא פירש מי הם דאותו שאכלו האריה עידו [י] היה ולא שמעיה: **איפרכי.** דוכוס: **לוליינוס ופפוס אחיו.** צדיקים גמורים היו: **בלודקי'.** היא לוד והיינו דאמרינן בכל דוכתא (ב"ב דף י:[כ]) הרוגי לוד אין כל בריה יכולה לעמוד במחיצתן בגן עדן ויש אומרין שנהרגו על בתו של מלך שנמצאת הרוגה ואמרו היהודים הרגוה וגזרו גזרה על שונאיהן של ישראל ועמדו אלו ופדו את ישראל ואמרו אנו הרגנוה והרג המלך לאלו בלבד: **אם מעמו כו': נתחייבנו** הריגה. על חטא חייבי מיתות בית דין: **דיופלין.** שני שרים וכן מטרופולין של מלכים לשון שרים: **בגזירין.** מקלות כמו גזירי עצים: (ג) **שלש.** תעניות שני וחמישי ושני: **וכמה הויא התחלה.** שאינו מפסיק לאחר מכאן: **רבי אחא ורבי יוסי.** (ד) אמוראי ניהו דלאו אורחא דתנאי לאשתעויי בגמרא כי האי גוונא: **זו דברי ר"מ.** ואדברי ר"מ דמתני' קאי דקתני אין משלימין: **מתענה ומשלים.** עד חשיכה:

הדרן עלך סדר תעניות קמא

סדר תעניות אלו. האמור בפ' ראשון (דף י.) שבתחילה יחידים מתענין (ה) סדר תעניות ואחר כך צבור הולכין ומתענין עד י"ג אם לא נענו: **ברביעה ראשונה.** אם עבר זמן רביעה ראשונה של יורה ולא ירדו גשמים מתענין והולכין כסדר הזה: **אבל צמחים ששנו.** שנשתנו ממנהגן תחת חטה יצא חוח תחת שעורה באשה (ו) שלא היו חטים בשבולים או שינוי אחר מתריעין עליהן מיד אפילו בראשונות שכל חומר האחרונות נוהג בהן: **בין גשם לגשם.** בין רביעה ראשונה לשניה סימן בצורת היא: **ירדו לצמחים אבל לא לאילן.** מפרש בגמ': **לבורות שיחין ומערות.** [ל] בבבא בתרא מפרש מאי בור ומאי שיח ומאי מערה וכולן בית כניסות מי גשמים לשתיה: **שלא ירדו עליה גשמים דכתיב והמטרתי על עיר אחת ועל עיר אחת לא אמטיר וגו'.** כגון שהמטיר בעיר זו ובחבירתה לא המטיר דקללה היא:

ה"ג

עין משפט נר מצוה

לז א מיי' פ"ב מהלכות מגילה הלכה יג טור ש"ע א"ח סי' תרצו סעיף ג:

לח ב ג מיי' פ"א מהל' תענית הלכה ז סמג עשין ג טוש"ע א"ח סי' תקעב סעיף ב:

א ד מיי' פ"ב מהלכות תענית הלכה טו יז יח טוש"ע א"ח סי' תקעה סעיף ח:

תורה אור השלם

א) וְגַם אָנֹכִי מָנַעְתִּי מִכֶּם אֶת הַגֶּשֶׁם בְּעוֹד שְׁלֹשָׁה חֳדָשִׁים לַקָּצִיר וְהִמְטַרְתִּי עַל עִיר אֶחָת וְעַל עִיר אַחַת לֹא אַמְטִיר חֶלְקָה אַחַת תִּמָּטֵר וְחֶלְקָה אֲשֶׁר לֹא תַמְטִיר עָלֶיהָ תִּיבָשׁ: [עמוס ד, ז]

רבינו חננאל

הלכה כר' יוסי אדילא להתענאה דלפניו אסור איני והאמר ר' יוחנן הלכה כסתם משנה. ותנן במס' מגילה אע"פ שאמרו מקדימין כפרים ליום הכניסה ולא מאחרין. מותרין בהספד ובתענית בו ביום שקורין בו. וליכא לאוקומא להא מתני' בי"ד ובט"ו דקי"ל אע"פ שאין קורין בהן אסורין דתניא בהדיא ארביסר וחמיסר פוריא אינון די לא למספד בהון. ואמר רבא לא נצרכא אלא לאסור את זה בזה ואת של זה בזה. ואפילו מי שאינו יומו ואינו קורא בו אסור בתליסר ובתריסר נמי ליכא לאוקומא דהא יום נקנור ויום טוריינוס אינון וימים טובים נינהו. ליכא לאוקומא אלא כגון שהיה יום הכניסה בי"א וקורין בו ביום. ואע"פ שהוא יום לפני טוריינוס מותר בהספד ובתענית קשיא לר' יוחנן דאמר הלכתא כר' יוסי דאוסר לפניהם ושנינן יום טוריינוס בטולי בטלוה כו'. ושאר השמועה פשוטה היא: **מתני'** אין גוזרין תענית על הצבור בתחלה בחמישי כו'. אין גוזרין תענית בראשי חדשים בחנוכה ובפורים ואם התחילו כו'. כמה הוא התחלה. ר' אחא אמר ג' ר' יוסי אומר אחת וקיי"ל כר' יוסי. ואסיקנא אם התחילו כו'. **ט' באב** שחל להיות ע"ש. פי' הא דתנינן בסוף בכל מערבין ומשתתפין ט' באב שחל להיות בע"ש כו'. קבלה בידינו כי פסח של אותה שנה היה ביום ה'. ומלאי תמוז דההיא שתא וחל ר"ח אב בחמישי. וחל ט' באב להיות בע"ש וחסרו אב ואלול חל להיות ע"ש ור"ה בשבת. דבר ברור הוא שיש לסנהדרין לקבוע חסירין זה אחר זה כפי המסורת שבידם. ובפירוש שנו בענין עצרת (ר"ה ו ע"ב) שניהן מלאין ה' חסרין ו' והם ניסן ואייר א) ור' עקיבא שגמע ביצה מגולגלת מסוכן היה משום שהיה חולה ואמרו לו הרופאים כי גמיעת ביצה מיד בלא מלח באחרית היום היא רפואתו. וכיון שראהו ר' יהודה נדמה לו דסבר המתענה בע"ש אינו משלים ב) ט' באב שחל להיות בע"ש. כגון דאקלע פסח דההיא שתא בחמישי בשבת וחל ט' באב בע"ש לפי שהיה תמוז מלא וחיסרו (עוד לחדש) [אב ואלול] וחל ר"ה להיות בשבת: **ירושלמי** אפי' יחיד שקבל על עצמו תענית מתענה ומשלים. ירושלמי (ברכות פ"ד) י"ח ברכות שבכל יום כנגד י"ח מזמורים שמראש תהלים עד יענך ולמה רגשו גוים אינו מן המנין. דברכת המינים ביבנה תקנוה. וכנגד י"ח פעמים שכתוב בתורה אברהם יצחק ויעקב. גם ויקרא בהם שמי ושם אבותי בכלל. וכנגד י"ח צוויים שכתוב בתורה בפרשת המשכן שני מן ואתו אהליאב עד סוף הספר. ז' ברכות של שבת כנגד ז' קולות שכתוב בהבו לה' בני אלים וכנגד ז' אזכרות שכתוב במזמור שיר ליום השבת. ט' ברכות של ר"ה כנגד ט' אזכרות הכתובים בפרש' חנה ובסוף כתיב ה' ידין אפסי ארץ. כ"ד ברכות של תענית צבור כנגד כ"ד רנה תחנה תפלה שכתובים בפרשת שלמה. ר' זירא אמר יחיד בתענית צבור צריך להזכיר עננו ה' עננו כו'. ואסיקנא איכן אמרה כלילי שבת וכיומו. וקיי"ל ש"צ אומר בין גואל לרופא חולי. יחיד בשומע תפלה. ר' אחא אמר יחיד בט' באב צריך להזכיר מעין המאורע והוא רחם ה' עלינו ועל ישראל עמך ועל ירושלים עירך ועל ציון משכן כבודך. ועל העיר האבלה ההרוגה כו' עד ואני אהיה לה נאם ה' חומת אש סביב ולכבוד אהיה בתוכה. והיכן אומרה הכי ר' ירמיה כל דבר שהוא להבא אומרו בעבודה לשעבר אומרו בהודאה כדתנן (פ"ט דברכות) ונותן הודאה לשעבר וצועק לעתיד לבוא. כל הברכות כולן אחר חותמיהן. ואינו אומר בברכה פסוק כלומר אינו מזכיר פסוק לבדו וחותם ברכה. ואלין דאמרי צהלי ורוני יושבת ציון וחותם בברכה אין בו משום ברכת פסוק. ר' זעירא צם תת"ק תענית ולא חשש למגלת תענית. ר' יעקב כד מפקיד לספריא ג) אין אתת בך אנשי שאיל לכון אמרון ליה (הכל) [בכל] מתענין חוץ משבתות וי"ט ור"ח וחוש"מ וחנוכה ופורים. והלכתא אפילו יחיד שקיבל עליו תענית בע"ש מתענה ומשלים (עירובין מא:): **הדרן עלך סדר תעניות כיצד**

מסורת הש"ס

א) מגילה ה:, ב) [שם], ג) [בערוך ערך הרג מפרש דשמעיה ואחיו הן המה הרוגי לוד הנזכרים בפסחים נ. וב"ב י: ע"ש], ד) [שמחות פ"ח], ה) גי' רי"ף רש"י ורא"ש ר' אחא כו' ר' יוסי כו' ועי' מ"מ מהל' תענית פ"א הלכה ז, ו) [עירובין מא.], ז) [שם מא:], ח) גי' הרא"ש האמורים וכ"ה ברש"י שברי"ף וכר"ן, ט) מיד כ"ה במשנה שבמשניות וכרי"ף ורא"ש, י) [סנהדרין דף פט:], כ) [ופסחים נ.], ל) [צ"ל בב"ק נ:].

הגהות הב"ח

(א) גמ' ואנו נתחייבנו הריגה למקום אם אין אתה הורגנו כו' יש לו למקום הרבה דובין ואריות: (ב) רש"י ד"ה מותרין וכו' בני ט"ו דכרכין ובני י"ד דכפרים ועיירות שקראו מגילה קודם זמנם כדמפרש התם מגילה נקראת בי"א בי"ב בי"ג בי"ד בט"ו לא פחות ולא יותר כרכין המוקפין חומה מימות יהושע בן נון קורין בט"ו כפרים ועיירות גדולות קורין בי"ד אלא שהכפרים מקדימין ליום הכניסה: (ג) ד"ה שלש כו' נ"ב אחר ד"ה וכמה כו': (ד) ד"ה רבי אחא ורבי יוסי אמוראי ניהו. נ"ב לפי הגירסא שלפנינו דגרס רבי אסי לא היה צריך לפרש דפשיטא דאמוראי נינהו: (ה) רש"י ד"ה סדר תעניות כו' שבתחלה יחידים מתענין ואחר כך צבור הולכין ומתענין עד י"ג תעניות אם לא נענו כצ"ל ותיבות סדר תעניות נמחק: (ו) ד"ה אבל כו' תחת שעורה באשה או שינוי אחר כו' כצ"ל ותיבות שלא היו חטים בשבולים נמחק: (ז) תוס' ד"ה מתריעין כו' וא"ת כיון דהא דמתריעין משמע:

הגהות הגר"א

[א] גמ' אמר להו יום טוריינוס (גופיה). תז"מ:

רבינו גרשום

דתמידא **דלא ניבטיל אלא שבעה אבל תמניא אסור** משום דאיתותב ביה חגא דשבועיא. **השתא דאתת להכי** דתרצת משום דאי איקלע מילתא ובטיל ליה **עשרין ותשעה** נמי דפרכת למה לי' למימר מריש ירחא דניסן משום לאסור כ"ט באדר תיפוק ליה דהוה יומא דבתר כ"ח לעולם להכי אמר מריש ירחי' דניסן כדי לאסור כ"ט באדר שלפניו **דאי איקלע מילתא ובטליניה לכ"ח** כו': **אמר רב הלכה כר' יוסי** דאמר דאי לא למספד בין לפניו ובין לאחריו אסור: **ושמואל אמר הלכה כר"מ** ת"ק דר' יוסי דסתם מתני' ר"מ וקאמר לפניו אסור לאחריו מותר: **מי אמר שמואל הכי** דאמר לפניו אסור **מעיקרא** דשמעיה לר"מ דמיקל יותר מר' יוסי דר"מ אינו אוסר אלא לפניו ור' יוסי אוסר בין לפניו בין לאחריו. **אדלא להתענאה** דקאמר ר' יוסי לפניו אסור לאחריו מותר ולא אדי לא למספד דקאמר אסור בין מלפניו בין לאחריו: **מותרין בהספד ובתענית** באותן שמקדימין לאסור את של זה בזה וקורין בט"ו אסור בי"ד בהספד ובתענית. **יום ניקנור הוא** ואין מותרין בהספד ובתענית **אלא לאו בחדיסר וקתני מותרין** אע"ג דהוי יומא דמקמי יום טוריינוס **ומי אמר ר' יוחנן הלכה כר' יוסי** דלפניו אסור לעולם בני ארביסר דקרו בתריסר ולהכי מותרין דלא הוי יומא טבא: **תיפוק ליה דתריסר הוי יומא דמקמיה יום ניקנור** ולא ליהוי מותר בהספד ובתענית: **דיופלי.** שלוחים: בגיזירין. קופין: **וכן בת"ב שחל להיות בע"ש אין משלימין: וכמה הויא התחלה** דקאמר אם התחילו אין מפסיקין **רב אחא אמר שלש** שאם היו ג' תעניות קודם ר"ח ורביעי בר"ח אין מפסיקין **זו דברי ר"ג** דאמר אם התחילו אין מפסיקין אבל אין משלימין:

הדרן עלך סדר תעניות כיצד

סדר תעניות האמור כל אילו תעניות דאמרן לעיל דאין גוזרין לאלתר **ברביעה ראשונה** ולא ירדו גשמים **אבל צמחים ששנו** שנשתנה מראה שלהן **מתריעין עליהן מיד** קודם הרביעה שלישית להתענות ומי אמרת לאלתר ברביעה ראשונה מתענין. **אבל יבשו לא** דכיון שיבשו לית להו תקנתא כלל ואי מתריעין

חשק שלמה על רבינו חננאל א) מכאן ועד ואל ר"ה להיות בשבת הובא בתוס' עירובין דף מ"א ד"ה בילה בשם רבינו ע"ש היטב. ב) זה נכלל במ"ש למעלה ואולי ט"ס כאן. ג) בירושל' לפנינו הגי' אין את איתא מישאל נכון אמרון לה וכו' וע"ש במפרש.

ליקוטי רש"י **ואמר רבא לא נצרכה.** במגילת תענית שהרי כבר כתובין במגלת אסתר שאסור בהספד ותענית אלא לאסור כו' [מגילה ה:]. **לולינוס ופפוס אחיו.** שני אחים היו שמסרו עצמן על ישראל שהודו על עצמן הריגת בת מלך שהיו מטילין אותה על כל ישראל [פסחים נ.]. אחים שהרגם (טורנוסרופוס) [טוריינוס] הרשע בלודקיא כדאמרינן במסכת תענית (דף יח:) על ידי גזירה שנגזרה על ישראל להשמיד על שנמצאת בת מלך הרוגה וחשדו את ישראל עליה ועמדו האחים הללו ואמרו מה לכם על ישראל אנו הרגנוה [ב"ב י:]. **דיופלי.** דיופלוסטון, לשון יונית דיו, שנים, פלו, לשון שרים כמו מטרפולין וכמו דיופולין מרומי דתענית (דף יח:) [סוכה נא:]. פולין לשון שרים [מגילה ו.]. **זו דברי רבי מאיר.** דאמר לעיל משום רבן גמליאל מודה היה שאין משלימין וכן תשעה באב שחל להיות ערב שבת אבל חכמים אומרים מתענה ומשלים **מתענה ומשלים.** בערב שבת [עירובין מא:]. **האמור ברביעה ראשונה.** התחלת גשמים ולקמן (דף ו:) מפרש רביעה שמרביע את הארץ [לעיל ה.]. **מתריעין.** בצבור ובתחנה ובשופרות ובהלוגרות במסכת תענית [ב"ק פ:]. **בורות שיחין ומערות.** בור עגול הוא שיח ארוכה וקצרה מערה מרובעת ומכוסה בקרוי אלא שיש לה פה [ב"ק נ:]. **חלקה אחת.** בקעת שדה קמפני"א בלע"ז. **תמטר.** תהא מקום מטר, אמר מר שתיהן לקללה זו תרקב וזו תיבש [עמוס ד, ז].

מוּתָּרִין בְּהֶסְפֵּד וְתַעֲנִית — EULOGIZING AND FASTING ARE PERMITTED on the days to which we advance the Megillah reading.[1]

The Gemara now analyzes this Mishnah:

אֵימַת — **When does this apply?** In what case did the Mishnah mean to permit eulogizing and fasting on the day to which the Megillah reading is advanced? אִילֵימָא בְּנֵי חֲמֵיסַר וְקָא קָרוּ לֵיהּ בְּאַרְבֵּיסַר — **If it means that people of** cities in which the Megillah is generally read on **the fifteenth,** but **who** this year advance and **read it on the fourteenth,** are permitted to eulogize and fast on the fourteenth,[2] וּמִי שָׁרֵי — **is it** indeed **permitted** for these people to eulogize and fast on the fourteenth? וְהָכְתִיב בִּמְגִילַּת תַּעֲנִית — **But it is written in** ***Megillas Taanis*****:** יוֹם אַרְבָּעָה עָשָׂר בּוֹ וְיוֹם חֲמִשָּׁה עָשָׂר בּוֹ — THE FOURTEENTH [OF ADAR] AND THE FIFTEENTH [OF ADAR] יוֹמֵי פוּרַיָּא אִינוּן — ARE THE DAYS OF PURIM, דְּלָא לְמִיסְפַּד בְּהוֹן — ON WHICH ONE IS NOT TO EULOGIZE. וְאָמַר רָבָא — **And Rava explained:** לֹא נִצְרְכָא אֶלָּא לֶאֱסוֹר אֶת שֶׁל זֶה בְּזֶה וְאֶת שֶׁל זֶה בְּזֶה — **It was not necessary** for *Megillas Taanis* to state this **except to prohibit** a resident **of this one** [a city that celebrates Purim on the fifteenth] from eulogizing and fasting **on the other** day [the fourteenth], **and** a resident **of the other one** [a city that celebrates Purim on the fourteenth] from eulogizing and fasting **on this** day [the fifteenth].[3] Thus, since *Megillas Taanis* prohibits anyone from eulogizing and fasting on Adar 14, we cannot explain that the Mishnah meant to permit it for a resident of a walled city who advanced his reading to the fourteenth.

וְאֶלָּא בְּנֵי אַרְבֵּיסַר וְקָא קָרֵי לֵיהּ בִּתְלֵיסַר — **Rather,** perhaps the Mishnah means that **people of** villages who generally read the Megillah on **the fourteenth,** but **who** this year advance and **read it on the thirteenth,** are permitted to eulogize and fast on the thirteenth, even though they actually read the Megillah on that day.[4] This, too, is inadmissible, because יוֹם נִיקָנוֹר הוּא — **it** [the thirteenth of Adar] **is the Day of Nikanor,** another of the minor festivals on which *Megillas Taanis* prohibits eulogizing and fasting.[5] וְאֶלָּא בְּנֵי אַרְבֵּיסַר וְקָא קָרֵי לֵיהּ בִּתְרֵיסַר — **Rather,** perhaps the Mishnah means that **people of** villages, who generally read the Megillah on **the fourteenth**, but **who** this year advance and **read it on the twelfth,**[6] are permitted to eulogize and fast on the twelfth, even though they actually read the Megillah on that day. This, too, is inadmissible, because יוֹם טוּרְיָינוּס הוּא — **it** [the twelfth of Adar] **is the Day of Turyanus,** another of the minor festivals on which *Megillas Taanis* prohibits eulogizing and fasting.[5] אֶלָּא לָאו דְּקָא קָרוּ לֵיהּ בְּחַדֵיסַר — **Rather, must it not be that** the Mishnah refers to a case in which **they read it on the eleventh?**[7] וְקָתָנֵי מוּתָּר בְּהֶסְפֵּד וּבְתַעֲנִית — **Yet the Mishnah states** that it **is permitted** for them to engage **in eulogizing and fasting** on the eleventh, even though it is the day before the Day of Turyanus. Thus, we see that this anonymous Mishnah permits fasting on the day before a minor festival on which fasting is forbidden, which accords with the view of R' Meir. How, then, could R' Yochanan, who follows the anonymous Mishnah, rule above that the halachah follows R' Yose, that fasting is forbidden before any minor festival?

The Gemara answers:

לֹא — **No,** it is not proven that the Mishnah refers to the eleventh. בְּנֵי אַרְבָּעָה עָשָׂר וְקָא קָרוּ לֵיהּ בִּתְרֵיסַר — It may even refer to **people of** villages, who generally read the Megillah on **the fourteenth,** but **who** this year advance and **read it on the twelfth.**[6] וּדְקָאָמְרַתְּ יוֹם טְרַיָּינוּס הוּא — **And as to what you objected** above to this explanation, that **it** [the twelfth of Adar] **is the Day of Turyanus,** the answer is that יוֹם טְרַיָּינוּס גּוּפֵיהּ בַּטּוּלֵי בַטְּלוּהוּ — **[the Sages]** subsequently **abolished** the festival of **the Day of Turyanus itself,** הוֹאִיל וְנֶהֶרְגוּ בּוֹ שְׁמַעְיָה וַאֲחִיָּה אָחִיו — **because Shemayah and Achiyah, his brother, were killed on it.**[8] כִּי הָא דְּרַב נַחְמָן גְּזַר תַּעֲנִיתָא בִּתְרֵיסַר — **As** shown **in the following** incident, **that Rav Nachman** once **decreed a fast day on the twelfth** of Adar, אָמְרוּ לֵיהּ רַבָּנָן — and **the Rabbis said to him:** יוֹם טוּרְיָינוּס הוּא — **It** [the twelfth of Adar] **is the Day of Turyanus!** How can you declare it a fast day? אָמַר לְהוּ — **[Rav Nachman] answered them:** יוֹם טוּרְיָינוּס גּוּפֵיהּ בַּטּוּלֵי בַטְּלוּהוּ — **[The Sages]** subsequently **abolished** the festival of **the Day of Turyanus itself,**[9] הוֹאִיל וְנֶהֶרְגוּ בּוֹ שְׁמַעְיָה וַאֲחִיָּה אָחִיו — **because Shemayah and Achiyah, his brother, were killed on it.**

Thus, we can say that the Mishnah in *Megillah* was formulated after this abolition, and therefore allows fasting on the twelfth of Adar. And the dispute between R' Meir and R' Yose has no bearing on the Mishnah's ruling.[10]

But the Gemara still challenges this resolution of R' Yochanan's rulings:

וְתֵיפּוֹק לֵיהּ — **Nevertheless, let it emerge** that fasting on the twelfth of Adar is forbidden, according to R' Yose, דַּהֲוָה לֵיהּ יוֹם שֶׁלִּפְנֵי נִיקָנוֹר — **because it is the day before** the Day of **Nikanor,** the thirteenth of Adar, which was never abolished.[11] **— ? —**

NOTES

1. Purim is generally celebrated on the fifteenth of Adar by residents of cities walled in the time of Joshua, and on the fourteenth by residents of other cities and villages. However, special provision was made to allow village residents to advance the reading of the Megillah to the preceding Monday or Thursday if Purim falls on some other day. In certain other cases as well, the Megillah reading is advanced. Thus, depending on circumstances, the Megillah might actually be read on the eleventh, twelfth, thirteenth, fourteenth, or fifteenth of Adar (see *Megillah* 2a, 4a, 4b). This Mishnah teaches that while eulogizing and fasting are prohibited on Purim, they are permitted on the days to which the Megillah reading is advanced, even though the Megillah is actually being read on those days.

2. For example, a resident of a walled city that celebrates Purim on the fifteenth traveled to a village, which celebrates it on the fourteenth. The law is that he reads it on the fourteenth, in keeping with his present location in the village (*Rashi,* from *Megillah* 19a).

3. It emerges from Scripture itself that eulogizing and fasting are forbidden on the Purim festival, whether one celebrates it on the fourteenth or on the fifteenth of Adar. [See *Megillah* 5b, where a Baraisa explains that in the verse which proclaims Purim to be *an occasion for gladness, feasting* ... (*Esther* 9:19), the word *gladness* indicates that eulogizing is prohibited, and the word *feasting* precludes fasting. See also vs. 17 and 22.] Thus, the intent of *Megillas Taanis* could not have been to reiterate the Scriptural prohibition. Rather, Rava explains that *Megillas Taanis* means to prohibit eulogizing and fasting on Adar 14 and 15 even to the person who celebrates Purim on the other day (*Rashi*).

4. For example, if the fourteenth of Adar falls on Tuesday, villagers may advance their reading to Monday, the thirteenth (*Rashi,* from *Megillah* 2a, 4b).

5. The Gemara below cites a Baraisa that explains the background of this minor festival.

6. For example, if the fourteenth of Adar falls on Wednesday, villagers may advance their reading to Monday, the twelfth (*Rashi*).

7. For example, if the fourteenth of Adar falls on Sunday, the villagers may advance their reading to Thursday, the eleventh (*Rashi*).

8. Shemayah and Achiyah were pious men, but their story is unknown to us. [Cf. *Aruch*, cited in *Mesoras HaShas*.]

9. The *Gra* deletes the word גּוּפֵיהּ (see also *R' Chananel*). [The word גּוּפֵיהּ does apply in the Gemara's previous context, however, as will emerge from the Gemara below.]

10. Thus, R' Yochanan can follow the ruling of this anonymous Mishnah in *Megillah*, yet still rule in the case of our Mishnah that the halachah follows R' Yose, that fasting is forbidden on the day before a minor festival on which *Megillas Taanis* prohibits fasting.

11. Thus, the anonymous Mishnah in *Megillah*, which permits fasting on the twelfth, apparently does *not* accord with R' Yose. How then could R'

עין משפט
נר מצוה

לו א מיי׳ פ״ב מהלכות מגילה הלכה יג טור ש״ע א״ח סי׳ תרצו סעיף ג:
לז ב ג מיי׳ פ״א מהל׳ תענית הלכה ז סמג עשין ג טוש״ע א״ח סי׳ תקעב סעיף ב:
א ד מיי׳ פ״ב מהלכות תענית הלכה טז יז יח טוש״ע א״ח סי׳ תקעה סעיף ח:

תורה אור השלם
א) וְגַם אָנֹכִי מָנַעְתִּי מִכֶּם אֶת הַגֶּשֶׁם בְּעוֹד שְׁלֹשָׁה חֳדָשִׁים לַקָּצִיר וְהִמְטַרְתִּי עַל עִיר אֶחָת וְעַל עִיר אַחַת לֹא אַמְטִיר חֶלְקָה אַחַת תִּמָּטֵר וְחֶלְקָה אֲשֶׁר לֹא תַמְטִיר עָלֶיהָ תִּיבָשׁ: [עמוס ד, ז]

רבינו חננאל

הלכה כר׳ יוסי אדילא להתענאה דלפניו אסור איני והאמר ר׳ יוחנן הלכה כסתם משנה. ותנן במס׳ מגילה אע״פ שאמרו מקדימין כפרים ליום הכניסה ולא מאחרין. מותרין בהספד ובתענית בו ביום שקורין בו. וליכא לאוקומא להא מתני׳ בי״ד ובט״ו דקי״ל אע״פ שאין קורין בהן אסורין דתניא בהדיא ארביסר וחמיסר פוריא אינון די לא למספד בהון. ואמר רבא לא נצרכא אלא לאסור את זה בזה ואת של זה בזה. ואפילו מי שאינו יומו ואינו קורא בו אסור בתליסר ובתריסר נמי ליכא לאוקומא דהא יום נקנור ויום טוריינוס אינון וימים טובים נינהו. ליכא לאוקומא אלא כגון שהיה יום הכניסה בי״א וקורין בו ביום. ואע״פ שהוא יום לפני טוריינוס מותר בהספד ובתענית קשיא לר׳ יוחנן דאמר הלכתא כר׳ יוסי דאוסר לפניהם ושנינן יום טוריינוס בטולי בטלוה כו׳. ושאר השמועה פשוטה היא: **מתני׳** אין גוזרין תענית על הצבור בתחלה בחמישי כו׳. אין גוזרין תענית בראשי חדשים בחנוכה ובפורים ואם התחילו כו׳. כמה הוא התחלה. ר׳ אחא אמר ג׳ ר׳ יוסי אומר אחת וקיי״ל כר׳ יוסי. ואסיקנא אם התחילו כו׳. **ט׳ באב** שחל להיות ע״ש. פי׳ הא דתנינן בסוף בכל מערבין ומשתתפין ט׳ באב שחל להיות בע״ש כו׳. קבלה בידינו כי פסח של אותה שנה היה ביום ה׳. ומלאי תמוז דההיא שתא וחל ר״ח אב בחמישי. וחל ט׳ באב להיות בע״ש וחסרו אב ואלול חל להיות ע״ש ור״ה בשבת. דבר ברור הוא שיש לסנהדרין לקבוע חסירין זה אחר זה כפי המסורת שבידם. ובפירוש שנו בענין עצרת (ר״ה ו ע״ב) שניהן מלאין ה׳ חסרין ו׳ והם ניסן ואייר א) ור׳ עקיבא שגמע ביצה מגולגלת מסוכן היה משום שהיה חולה ואמרו לו הרופאים כי גמיעת ביצה מיד בלא מלח באחרית היום היא רפואתו. וכיון שראהו ר׳ יהודה נדמה לו דסבר המתענה בע״ש אינו משלים ב) ט׳ באב שחל להיות בע״ש. כגון דאקלע פסח דההיא שתא בחמישי בשבת וחל ט׳ באב בע״ש לפי שהיה תמוז מלא וחיסרו (עוד לחדש) [אב ואלול] וחל ר״ה להיות בשבת: **ירושלמי** אפי׳ יחיד שקבל על עצמו תענית מתענה ומשלים. ירושלמי (ברכות פ״ד) י״ח ברכות שבכל יום כנגד י״ח מזמורים שמראש תהלים עד יענך ולמה רגשו גוים אינו מן המנין. דברכת המינים ביבנה תקנוה. וכנגד י״ח פעמים שכתוב בתורה אברהם יצחק ויעקב. גם ויקרא בהם שמי ושם אבותי בכלל. וכנגד י״ח צוויים שכתוב בתורה בפרשת המשכן שני מן ואתו אהליאב עד סוף הספר. ז׳ ברכות של שבת כנגד ז׳ קולות שכתוב בהבו לה׳ בני אלים וכנגד ז׳ אזכרות שכתוב במזמור שיר ליום השבת. ט׳ ברכות של ר״ה כנגד ט׳ אזכרות הכתובים בפרש׳ חנה ובסוף כתיב ה׳ ידין אפסי ארץ. כ״ד ברכות של תענית צבור כנגד כ״ד רנה תחנה תפלה שכתובים בפרשת שלמה. ר׳ זירא אמר יחיד בתענית צבור צריך להזכיר עננו ה׳ עננו כו׳. ואסיקנא איכן אמרה כלילי שבת וכיומו. וקיי״ל ש״צ אומר בין גואל לרופא חולי. יחיד בשומע תפלה. ר׳ אחא אמר יחיד בט׳ באב צריך להזכיר מעין המאורע והוא רחם ה׳ עלינו ועל ישראל עמך ועל ירושלים עירך ועל ציון משכן כבודך. ועל העיר האבלה ההרוגה כו׳ עד ואני אהיה לה נאם ה׳ חומת אש סביב ולכבוד אהיה בתוכה. והיכן אומרה הכי ר׳ ירמיה כל דבר שהוא להבא אומרו בעבודה לשעבר אמרו בהודאה כדתנן (פ״ט דברכות) ונותן הודאה לשעבר וצועק לעתיד לבוא. כל הברכות כולן אחר חותמיהן. ואינו אומר בברכה פסוק כלומר אינו מזכיר פסוק לבדו וחותם ברכה. ואלין דאמרי צהלי ורוני יושבת ציון וחותם בברכה אין בו משום ברכת פסוק. ר׳ זעירא צם תת״ק תענית ולא חשש למגלת תענית. ר׳ יעקב כד מפקיד לספריא ג) אין אתת בך אנשי שאיל לכון אמרון ליה (הכל) [בכל] מתענין חוץ משבתות וי״ט ור״ח וחוש״מ וחנוכה ופורים. והלכתא אפילו יחיד שקיבל עליו תענית בע״ש מתענה ומשלים (עירובין מא:): **הדרן עלך סדר תעניות כיצד**

הלכה מתענה ומשלים. פי׳ הא דקפסק הלכה מתענה ומשלים אר״מ קאי דאי אחנוכה ואפורים אינו יכול להתענות דיום משתה ושמחה כתיב:

הדרן עלך סדר תעניות קמא

מתריעין עליהם מיד ומתענין כמו כן. ואפילו בראשונות שמומר האחרונות נוהגין בו ואם תאמר (ז) הא דמתריעין משמע דמתריעין ומתענין אמאי צריך לפרש במתני׳ בסמוך אותה העיר מתענה ומתרעת כיון דסתם מתריעות משמע תרוייהו ויש לומר משום דבעי לאפלוגי ר׳ עקיבא בסיפא דקאמר מתריעות ולא מתענות: לא

מותרין בהספד ותענית אימת אילימא בני חמיסר וקא קרו ליה בארביסר ומי שרי והכתיב במגילת תענית [א] יום ארבעה עשר בו ויום חמשה עשר בו יומי פוריא אינון דלא למיספד בהון ואמר רבא [ב] לא נצרכא אלא לאסור את של זה בזה ואת של זה בזה ואלא בני ארביסר וקא קרי ליה בתליסר יום ניקנור הוא ואלא בני ארביסר וקא קרי ליה בתריסר יום טוריינוס הוא אלא לאו דקא קרו ליה בחדיסר וקתני מותר בהספד ובתענית לא בני ארבעה עשר וקא קרו ליה בתריסר ודקאמרת יום טריינוס הוא יום טריינוס גופיה בטולי בטלוהו הואיל ונהרגו בו [ג] שמעיה ואחיה אחיו כי הא דרב נחמן גזר תעניתא בתריסר אמרו ליה רבנן יום טוריינוס הוא אמר להו יום טוריינוס [א] גופיה בטולי בטלוהו הואיל ונהרגו בו שמעיה ואחיה אחיו ותיפוק ליה דהוה ליה יום שלפני ניקנור אמר רב אשי השתא איהו גופיה בטלוהו משום יום ניקנור ניקום ונגזר מאי ניקנור ומאי טוריינוס דתניא ניקנור אחד מאפרכי יוונים היה ובכל יום ויום היה מניף ידו על יהודה וירושלים ואומר אימתי תפול בידי וארמסנה וכשגברה מלכות בית חשמונאי ונצחום קצצו בהונות ידיו ורגליו ותלאום בשערי ירושלים ואמרו פה שהיה מדבר בגאוה וידים שהיו מניפות על ירושלים תעשה בהם נקמה מאי [ד] טוריינוס אמרו כשבקש טוריינוס להרוג את לולינוס ופפוס אחיו בלודקיא אמר להם אם מעמו של חנניה מישאל ועזריה אתם יבא אלהיכם ויציל אתכם מידי כדרך שהציל את חנניה מישאל ועזריה מיד נבוכד נצר אמרו לו חנניה מישאל ועזריה צדיקים גמורין היו וראויין היו ליעשות להם נס ונבוכד נצר מלך הגון היה וראוי ליעשות נס על ידו ואותו רשע הדיוט הוא ואינו ראוי ליעשות נס על ידו ואנו נתחייבנו (א) כליה למקום ואם אין אתה הורגנו הרבה הורגים יש לו למקום והרבה דובין ואריות יש לו למקום בעולמו שפוגעין בנו והורגין אותנו אלא לא מסרנו הקדוש ברוך הוא בידך אלא שעתיד ליפרע דמינו מידך אעפ״כ הרגן מיד אמרו לא זזו משם עד שבאו דיופלי מרומי ופצעו את מוחו בגיזרין: אין גוזרין תענית על הצבור בתחלה בחמישי כו׳ אין גוזרין תענית בראשי חדשים כו׳: וכמה הויא התחלה [ה] רב אחא אמר שלש רבי אסי אמר [ב] אחת אמר [ו] רב יהודה אמר רב זו דברי רבי מאיר שאמר משום רבן (שמעון בן) גמליאל אבל חכמים אומרים [ג] מתענה ומשלים [ז] דרש מר זוטרא משמיה דרב הונא הלכה מתענה ומשלים:

הדרן עלך סדר תעניות כיצד

סדר [ד] תעניות אלו [ח] האמור ברביעה ראשונה אבל צמחים ששנו מתריעין עליהן מיד וכן שפסקו גשמים בין גשם לגשם ארבעים יום מתריעין עליהן [ט] מפני שהיא מכת בצורת ירדו לצמחין אבל לא ירדו לאילן לאילן ולא לצמחין לזה ולזה אבל לא לבורות לשיחין ולמערות מתריעין עליהן מיד וכן עיר שלא ירדו עליה גשמים דכתיב [א] והמטרתי על עיר אחת ועל עיר אחת לא אמטיר חלקה אחת תמטר וגו׳ אותה

מותרין בהספד ובתענית. בני ט״ו (ב) קריאת מגילה דכרכין קודם זמנה כדמפרש התם בי״א בי״ב בי״ג בי״ד בט״ו שהכפרים מקדימין ליום הכניסה מותרין אותן ימים שקראוה קודם זמנה בהספד ותענית: בני חמיסר. דהיינו כרכים המוקפין חומה מימות יהושע בן נון וקא קרי בארביסר כגון שהלך לכפר וקרא עמהן דפרוז בן יומו נקרא פרוז כדאמרינן במגילה (דף יט.): מי שרי. י״ד אפילו לבני ט״ו בהספד ותענית: ואמר רבא לא נצרכה. לכתוב במגילת תענית לגזור ההספד ותענית לבני י״ד בי״ד ולבני ט״ו בט״ו דהא קרא כתיב בהדיא להיות עושים את ימי הפורים האלה וגו׳: אלא לאסור את של זה בזה. כגון בני ט״ו (דקרו) בי״ד ובני י״ד בט״ו: בני ארביסר. נינהו כפרים ועיירות: וקא קרי בי״ג. כגון שחל י״ד בג׳ בשבת ומקדימין ליום הכניסה: יום ניקנור הוא. לקמן מפרש ואסור בהספד ותענית: אלא בני י״ד וקרו בי״ב. שחל י״ד ברביעי בשבת והקדימו ליום הכניסה דהיינו י״ב: טוריינוס. בסמוך מפרשה: בחדיסר. שחל להיות י״ד באחד בשבת וכפרים מקדימין ליום הכניסה דהוו י״א ושמע מינה דאע״ג שהוא יום שלפני טוריינוס שרי בהספד ותענית: שמעיה ואחיה. חסידים היו ולא פירש מי הם דאותו שאכלו האריה עידו [י] היה ולא שמעיה: איפרכי. דוכוס: לוליינוס ופפוס אחיו. צדיקים גמורים היו: בלודקי׳. היא לוד והיינו דאמרינן בכל דוכתא (ב״ב דף י:[כ]) הרוגי לוד אין כל בריה יכולה לעמוד במחיצתן בגן עדן ויש אומרין שנהרגו על בתו של מלך שנמצאת הרוגה ואמרו היהודים הרגוה וגזרו גזרה על שונאיהן של ישראל ועמדו אלו ופדו את ישראל ואמרו אנו הרגנוה והרג המלך לאלו בלבד: אם מעמו כו׳: נתחייבנו הריגה. על חטא חייבי מיתות בית דין: דיופלין. שני שרים וכן מטרופולין של מלכים לשון שרים: בגזירין. מקלות כמו גזירי עצים: (ג) שלש. תעניות שני וחמישי ושני: וכמה הויא התחלה. שאינו מפסיק לאחר מכאן: רבי אחא ורבי יוסי. (ד) אמוראי נינהו דלאו אורחא דתנאי לאשתעויי בגמרא כי האי גוונא: זו דברי ר״מ. ואדברי ר״מ דמתני׳ קאי דקתני אין משלימין: מתענה ומשלים. עד חשיכה:

הדרן עלך סדר תעניות קמא

סדר תעניות אלו. האמור בפ׳ ראשון (דף י.) שבתחילה יחידים מתענין (ה) סדר תעניות ואחר כך לצבור הולכין ומתענין עד י״ג אם לא נענו: ברביעה ראשונה. אם עבר זמן רביעה ראשונה של יורה ולא ירדו גשמים מתענין והולכין כסדר הזה: אבל צמחים ששנו. שנשתנו ממנהגן תחת חטה יצא חוח תחת שעורה באשה (ו) שלא היו חטים בשבולים או שינוי אחר מתריעין עליהן מיד אפילו בראשונות שכל חומר האחרונות נוהג בהן: בין גשם לגשם. בין רביעה ראשונה לשניה סימן בצורת היא: ירדו לצמחים אבל לא לאילן. מפרש בגמ׳: לבורות שיחין ומערות. [ל] בבבא בתרא מפרש מאי בור ומאי שיח ומאי מערה וכולן בית כניסות מי גשמים לשתיה: שלא ירדו עליה גשמים דכתיב והמטרתי על עיר אחת ועל עיר אחת לא אמטיר וגו׳. כגון שהמטיר בעיר זו ובחבירתה לא המטיר דקללה היא:

ה״ג

מסורת הש״ס

א) מגילה ה:, ב) [שם], ג) [בערוך ערך הרג מפרש דשמעיה ואחיו הן המה הרוגי לוד הנזכרים בפסחים נ. וב״ב י: ע״ש], ד) [שמחות פ״ח], ה) גי׳ רי״ף רש״י ורא״ש ר׳ **אחא** כר׳ ר׳ יוסי כו׳ ועי׳ מ״מ מהל׳ תענית פ״א הלכה ז, ו) [עירובין מא.], ז) [שם מא:], ח) גי׳ הרא״ש **האמורים** וכ״ה ברש״י שברי״ף וכר״ן, ט) **מיד** כ״ה במשנה שבמשניות וברי״ף ורא״ש, י) [סנהדרין דף פט:], כ) [ופסחים נ.], ל) [נ״ל בב״ק נ:].

הגהות הב״ח

(א) גמ׳ ואנו נתחייבנו הריגה למקום אם אין אתה הורגנו כו׳ יש לו למקום הרבה דובין ואריות: (ב) רש״י ד״ה מותרין וכו׳ בני ט״ו דכרכין ובני י״ד דכפרים ועיירות שקראו מגילה קודם זמנם כדמפרש התם מגילה נקראת בי״א בי״ב בי״ג בי״ד בט״ו לא פחות ולא יותר כרכין המוקפין חומה מימות יהושע בן נון קורין בט״ו כפרים ועיירות גדולות קורין בי״ד אלא שהכפרים מקדימין ליום הכניסה: (ג) ד״ה שלש כו׳ נ״ל אחר ד״ה וכמה כו׳: (ד) ד״ה רבי אחא ורבי יוסי אמוראי נינהו. נ״ב לפי הגירסא שלפנינו דגרס רבי אסי לא היה צריך לפרש דפשיטא דאמוראי נינהו: (ה) רש״י ד״ה סדר תעניות כו׳ שבתחלה יחידים מתענין ואחר כך לצבור הולכין ומתענין עד י״ג תעניות אם לא נענו כצ״ל ותיבות סדר תעניות נמחק: (ו) ד״ה אבל כו׳ תחת שעורה באשה או שינוי אחר כו׳ כצ״ל ותיבות שלא היו חטים בשבולים נמחק: (ז) תוס׳ ד״ה מתריעין כו׳ וא״ת כיון דהא דמתריעין משמע:

הגהות הגר״א

[א] גמ׳ אמר להו יום טוריינוס (גופיה). תז״מ:

רבינו גרשום

דתמידא דלא ניבטיל אלא שבעה אבל תמניא אסור משום דאיתותב ביה חגא דשבועיא. **השתא דאתת להכי** דתרצת משום דאי איקלע מילתא ובטיל ליה **עשרין ותשעה** נמי דפרכת למה לי׳ למימר מריש ירחא דניסן משום לאסור כ״ט באדר תיפוק ליה דהוה יומא דבתר כ״ח לעולם להכי אמר מריש ירחי׳ דניסן כדי לאסור כ״ט באדר שלפניו **דאי איקלע מילתא ובטליניה לכ״ח** כו׳: **אמר רב הלכה כר׳ יוסי** דאמר דאי לא למספד בין לפניו ובין לאחריו אסור: **ושמואל אמר הלכה כר״מ** ת״ק דר׳ יוסי דסתם מתני׳ ר״מ וקאמר לפניו אסור לאחריו מותר: **מי אמר שמואל הכי** דאמר לפניו אסור **מעיקרא** דשמעיה לר״מ דמיקל יותר מר׳ יוסי דר״מ אינו אוסר אלא לפניו ור׳ יוסי אוסר בין לפניו בין לאחריו. **אדלא להתענאה** דקאמר ר׳ יוסי לפניו אסור לאחריו מותר ולא אדי לא למספד דקאמר אסור בין מלפניו בין לאחריו: **מותרין בהספד ובתענית** באותן שמקדימין לאסור את של זה בזה וקורין בט״ו אסור בי״ד בהספד ובתענית. **יום ניקנור הוא** ואין מותרין בהספד ובתענית **אלא לאו בחדיסר וקתני מותרין** אע״ג דהוי יומא דמקמי יום טוריינוס **ומי אמר ר׳ יוחנן הלכה כר׳ יוסי** דלפניו אסור לעולם בני ארביסר דקרו בתריסר ולהכי מותרין דלא הוי יומא טבא: **תיפוק ליה דתריסר הוי יומא דמקמיה יום ניקנור** ולא ליהוי מותר בהספד ובתענית: **דיופלי**. שלוחים: **בגיזירין**. קופיץ: **וכן בת״ב שחל להיות בע״ש אין משלימין**: **וכמה הויא התחלה** דקאמר אם התחילו אין מפסיקין **רב אחא אמר שלש** שאם היו ג׳ תעניות קודם ר״ח ורביעי בר״ח אין מפסיקין **זו דברי ר״ג** דאמר אם התחילו אין מפסיקין אבל אין משלימין:

הדרן עלך סדר תעניות כיצד

סדר תעניות האמור כל אילו תעניות דאמרן לעיל דאין גוזרין לאלתר **ברביעה ראשונה** ולא ירדו גשמים **אבל צמחים ששנו** שנשתנה מראה שלהן **מתריעין עליהן מיד** קודם הרביעה שלישית להתענות ומי אמרת לאלתר ברביעה ראשונה מתענין. **אבל יבשו לא** דכיון שיבשו לית להו תקנתא כלל ואי מתריעין

חשק שלמה על רבינו חננאל א) מכאן ועד וחל ר״ה להיות בשבת הובא בתוס׳ עירובין דף מ״א ד״ה בילה בשם רבינו ע״ש היטב. ב) זה נכלל במ״ש למעלה ואולי ט״ס כאן. ג) בירושל׳ לפנינו הגי׳ אין אתת איתא מישאל נכון אמרון לה וכו׳ וע״ש במפרש.

ליקוטי רש״י **ואמר רבא לא נצרכה**. במגילת תענית שהרי כבר כתובין במגלת אסתר שאסור בהספד ותענית אלא לאסור כו׳ [מגילה ה:]. **לולינוס ופפוס אחיו**. שני אחים היו שמסרו עצמן על ישראל שהודו על עצמן הריגת בת מלך שהיו מטילין אותה על כל ישראל [פסחים נ.]. אחים שהרגם (טורנוסרופוס) [טוריינוס] הרשע בלודקיא כדאמרינן במסכת תענית (דף יח:) על ידי גזירה שנגזרה על ישראל להשמיד על שנמצאת בת מלך הרוגה וחשדו את ישראל עליה ועמדו האחים הללו ואמרו מה לכם על ישראל אנו הרגנוה [ב״ב י:]. **דיופלי**. דיופלוסטון, לשון יונית דיו, שנים, פלו, לשון שרים כמו מטרפולין וכמו דיופולין מרומי דתענית (דף יח:) [סוכה נא:]. פולין לשון שררה [מגילה ו.]. **זו דברי רבי מאיר**. דאמר לעיל משום רבן גמליאל מודה היה שאין משלימין וכן תשעה באב שחל להיות ערב שבת אבל חכמים אומרים מתענה ומשלים מתענה ומשלים. בערב שבת [עירובין מא:]. **האמור ברביעה ראשונה**. התחלת גשמים ולקמן (דף ו:) מפרש רביעה שמרביע את הארץ [לעיל ה.]. **מתריעין**. בצבור ובתחנה ובשופרות ובחצוצרות במסכת תענית [ב״ק פ:]. **בורות שיחין ומערות**. בור עגול הוא שיח ארוכה וקצרה מערה מרובעת ומכוסה בקרוי אלא שיש לה פה [ב״ק נ:]. **חלקה אחת**. בקעת שדה קמפיי״א בלע״ז. **תמטר**. תהא מקום מטר, אמר מר שתיהן לקללה זו תרקב וזו תיבש [עמוס ד, ז].

The Gemara answers:

אָמַר רַב אַשִׁי – **Rav Ashi said:** הַשְׁתָּא אִיהוּ גוּפֵיהּ בַּטְלוּהוּ – **Now that [the Sages] have abolished** the festival status of **[the Day of Turyanus] itself,** because of the tragic event that later occurred on that date, מִשּׁוּם יוֹם נִיקָנוֹר נֵיקוּם וְנִגְזַר – **shall we** then **decree** a prohibition against fasting merely **because** it is the day before **the Day of Nikanor?** Surely not.[12]

The Gemara now explains the backgrounds of the celebrations of Nikanor and Turyanus:

מַאי נִיקָנוֹר וּמַאי טוּרְיָינוּס – **What is** the Day of **Nikanor and what is** the Day of **Turyanus?** דְּתַנְיָא – **As it was taught in the Baraisa** of *Megillas Taanis*:[13] נִיקָנוֹר אֶחָד מֵאִפַּרְכֵי יְוָונִים הָיָה – NIKANOR WAS A GREEK GOVERNOR, וּבְכָל יוֹם וְיוֹם הָיָה מֵנִיף יָדוֹ עַל יְהוּדָה וִירוּשָׁלַיִם – AND EACH AND EVERY DAY, HE WOULD WAVE HIS HAND AGAINST JUDAH AND JERUSALEM וְאוֹמֵר – AND BOAST: אֵימָתַי תִּפּוֹל בְּיָדִי וְאֶרְמְסֶנָּה – "WHEN WILL IT FALL INTO MY HAND AND I WILL TRAMPLE IT!" וּכְשֶׁגָּבְרָה מַלְכוּת בֵּית חַשְׁמוֹנַאי וְנִצְּחוּם – AND WHEN THE KINGDOM OF THE HOUSE OF THE HASMONEANS PREVAILED AND THEY DEFEATED [THE GREEKS], קָצְצוּ בְּהוֹנוֹת יָדָיו וְרַגְלָיו – THEY [the Hasmoneans] CUT OFF [NIKANOR'S] THUMBS AND BIG TOES וּתְלָאוּם בְּשַׁעֲרֵי יְרוּשָׁלַיִם – AND HUNG THEM AT THE GATES OF JERUSALEM, וְאָמְרוּ – AND DECLARED: פֶּה שֶׁהָיָה מְדַבֵּר בְּגַאֲוָה – THE MOUTH THAT USED TO SPEAK WITH ARROGANCE וְיָדַיִם שֶׁהָיוּ מְנִיפוֹת עַל יְרוּשָׁלַיִם – AND THE HANDS THAT USED TO WAVE AGAINST JERUSALEM תֵּעָשֶׂה בָּהֶם נְקָמָה – SHALL HAVE REVENGE TAKEN AGAINST THEM!"[14] Since this incident occurred on the thirteenth of Adar, the Sages declared that date a minor festival on which one may neither fast nor eulogize.

מַאי טוּרְיָינוּס – And **what** is the Day of **Turyanus?** It was taught:[15] אָמְרוּ – THEY SAID: כְּשֶׁבִּקֵּשׁ טוּרְיָינוּס לַהֲרוֹג אֶת לוּלְיָנוּס וּפַפּוּס אָחִיו בְּלוּדְקְיָא – WHEN TURYANUS SOUGHT TO KILL LULIANUS AND PAPPUS, HIS BROTHER, IN LUDKIA,[16] אָמַר לָהֶם – HE SAID TO THEM: אִם מֵעַמּוֹ שֶׁל חֲנַנְיָה מִישָׁאֵל וַעֲזַרְיָה אַתֶּם – "IF YOU ARE FROM THE NATION OF CHANANYAH, MISHAEL AND AZARYAH, יָבֹא אֱלֹהֵיכֶם וְיַצִּיל אֶתְכֶם מִיָּדִי – LET YOUR GOD COME AND SAVE YOU FROM MY HAND, כְּדֶרֶךְ שֶׁהִצִּיל אֶת חֲנַנְיָה מִישָׁאֵל וַעֲזַרְיָה מִיַּד נְבוּכַדְנֶצַּר – AS HE SAVED CHANANYAH, MISHAEL, AND AZARYAH FROM THE HAND OF NEBUCHADNEZZAR."[17] אָמְרוּ לוֹ – THEY REPLIED TO HIM: חֲנַנְיָה מִישָׁאֵל וַעֲזַרְיָה צַדִּיקִים גְּמוּרִין הָיוּ – "CHANANYAH, MISHAEL, AND AZARYAH WERE PERFECTLY RIGHTEOUS men, וּרְאוּיִין הָיוּ לֵיעָשׂוֹת לָהֶם נֵס – WHO WERE DESERVING THAT A MIRACLE BE WROUGHT ON THEIR BEHALF, וּנְבוּכַדְנֶצַּר מֶלֶךְ הָגוּן הָיָה – AND NEBUCHADNEZZAR WAS A PROPER KING, וְרָאוּי לֵיעָשׂוֹת נֵס עַל יָדוֹ – WHO WAS DESERVING THAT A MIRACLE BE WROUGHT THROUGH HIM.[18] וְאוֹתוֹ רָשָׁע הֶדְיוֹט הוּא – BUT THAT EVIL ONE [i.e. you, Turyanus] IS A COMMONER, וְאֵינוֹ רָאוּי לֵיעָשׂוֹת נֵס עַל יָדוֹ – WHO IS NOT DESERVING THAT A MIRACLE BE WROUGHT THROUGH HIM, וְאָנוּ נִתְחַיַּבְנוּ כְּלָיָה לַמָּקוֹם – AND WE are not righteous BUT ARE LIABLE TO DESTRUCTION for sinning to THE OMNIPRESENT.[19] וְאִם אֵין אַתָּה הוֹרְגֵנוּ – AND IF YOU DO NOT KILL US, הַרְבֵּה הוֹרְגִים יֵשׁ לוֹ לַמָּקוֹם – THE OMNIPRESENT HAS MANY EXECUTIONERS, וְהַרְבֵּה דּוּבִּין וַאֲרָיוֹת יֵשׁ לוֹ לַמָּקוֹם בְּעוֹלָמוֹ – AND THE OMNIPRESENT HAS MANY BEARS AND LIONS IN HIS WORLD שֶׁפּוֹגְעִין בָּנוּ וְהוֹרְגִין אוֹתָנוּ – WHO COULD ATTACK US AND KILL US. אֶלָּא לֹא מְסָרָנוּ הַקָּדוֹשׁ בָּרוּךְ הוּא בְּיָדְךָ – BUT THE HOLY ONE, BLESSED IS HE, DID NOT PLACE US INTO YOUR HAND אֶלָּא שֶׁעָתִיד לִיפָּרַע דָּמֵינוּ מִיָּדְךָ – EXCEPT IN ORDER TO EVENTUALLY AVENGE OUR BLOOD FROM YOUR HAND!" אַף עַל פִּי כֵן הֲרָגָן מִיָּד – NEVERTHELESS, despite the threat of Divine vengeance, [TURYANUS] KILLED THEM IMMEDIATELY. אָמְרוּ – [THE SAGES] REPORTED THAT לֹא זָזוּ מִשָּׁם – NO ONE HAD MOVED FROM THERE [the place where Lulianus and Pappus had been executed], עַד שֶׁבָּאוּ דְּיוּפְלֵי מֵרוֹמִי – BEFORE A PAIR OF OFFICERS CAME FROM ROME bearing an imperial edict against Turyanus וּפָצְעוּ אֶת מוֹחוֹ בְּגִיזְרִין – AND THEY SPLIT OPEN HIS HEAD WITH CLUBS. Since this incident occurred on the twelfth of Adar, the Sages declared the date a minor festival.[20]

The Gemara resumes its discussion of our Mishnah. The Mishnah states:

אֵין גּוֹזְרִין תַּעֲנִית עַל הַצִּבּוּר בַּתְּחִלָּה בַּחֲמִישִׁי כו׳ אֵין גּוֹזְרִין תַּעֲנִית בְּרָאשֵׁי חֳדָשִׁים כו׳ – WE MAY NOT DECREE UPON THE COMMUNITY a series of FASTS BEGINNING ON A THURSDAY **etc.** . . . WE MAY NOT DECREE A FAST on the community ON ROSH CHODESH **etc.** [Chanukah or Purim. However, once they have commenced (a series of fasts), they do not interrupt (it, when one of the subsequent days in the series falls on Rosh Chodesh, Chanukah, or Purim. These are) the words of Rabban Gamliel.]

The Gemara inquires:

וְכַמָּה הַוְיָא הַתְחָלָה – **And what constitutes "a commencement"** of a series of fasts, that we no longer interrupt it, even if a fast coincides with Rosh Chodesh, Chanukah, or Purim?

רַב אַחָא אָמַר – **Rav Acha says:** שָׁלֹשׁ – **Three fasts.**[21] רַבִּי אַסִּי אָמַר – **R' Assi says:** אַחַת – **One fast.**

The Mishnah recorded R' Meir's qualification, that although Rabban Gamliel said that an ongoing series of fasts is not interrupted for Rosh Chodesh, Chanukah and Purim, he agrees that the fast on that day is not completed, but is broken shortly before nightfall. The Gemara comments:

NOTES

Yochanan, who follows the anonymous Mishnah, rule in accordance with R' Yose?

12. Once the celebration of a minor festival is abolished, fasting restrictions that should prevail on that day because of its proximity to another festival are abolished as well.

13. The following citation appears in our editions of *Megillas Taanis* with some variations.

14. They cut off Nikanor's thumbs because he waved his hands against Jerusalem, and his big toes because he threatened to trample Jerusalem. They also cut off his head (see *Megillas Taanis* and *Yerushalmi*), because his mouth spoke with arrogance (*Maharsha*). [This is not the same Nikanor who brought special gates to the Temple in *Yoma* 37a, 38a (*Maharsha*).]

15. The following citation appears in *Megillas Taanis* with some variations. See also *Yerushalmi* (2:13) and *Semachos* ch. 8. [See also *Yefei Einayim*.]

16. I.e. the city of Lod. Lulianus and Pappus were completely righteous men. Some explain that the emperor's daughter was found murdered and the Jews were accused of the crime. The Jews were threatened with mass execution unless they could produce the murderers. To save the Jewish people, Lulianus and Pappus stepped forward and falsely admitted to the crime, and Turyanus executed only them (*Rashi*).

17. See *Daniel* 3:19-27. Nebuchadnezzar had them thrown into a fiery furnace but they emerged unscathed.

18. Although Nebuchadnezzar was a wicked king, the Gemara refers to him as a proper king because he praised God (see *Daniel* 3:28-30) when he saw how God saved Chananyah, Mishael, and Azaryah from the fiery furnace (*Iyun Yaakov;* see also *Ben Yehoyada;* cf. *Maharsha*).

19. I.e. we have committed a sin for which the Jewish courts would impose the death penalty (*Rashi*).

20. They declared it a festival because through the deaths of Lulianus and Pappus the rest of the Jews were saved (*Yefei Einayim*).

However, as the Gemara mentioned previously, the Sages later abolished the festival, since Shemayah and Achiyah were killed on that date.

21. I.e. Monday, Thursday, and Monday (*Rashi*).

עין משפט
נר מצוה

לו א מיי' פ"ב מהלכות מגילה הלכה יג טור ש"ע א"ח סי' תרצו סעיף ג:
לז ב ג מיי' פ"א מהל' תענית הלכה ז סמג עשין ג טוש"ע א"ח סי' תקעב סעיף ב:
א ד מיי' פ"ב מהלכות תענית הלכה טז יז יח טוש"ע א"ח סי' תקעה סעיף ח:

תורה אור השלם

א) וְגַם אָנֹכִי מָנַעְתִּי מִכֶּם אֶת הַגֶּשֶׁם בְּעוֹד שְׁלֹשָׁה חֳדָשִׁים לַקָּצִיר וְהִמְטַרְתִּי עַל עִיר אֶחָת וְעַל עִיר אַחַת לֹא אַמְטִיר חֶלְקָה אַחַת תִּמָּטֵר וְחֶלְקָה אֲשֶׁר לֹא תַמְטִיר עָלֶיהָ תִּיבָשׁ: [עמוס ד, ז]

מותרין בהספד ותענית אימת אילימא בני חמיסר וקא קרו ליה בארביסר ומי שרי והכתיב במגילת תענית [א] יום ארבעה עשר בו ויום חמשה עשר בו יומי פוריא אינון דלא למיספד בהון ואמר רבא [ב] [א] לא נצרכא אלא לאסור את של זה בזה ואת של זה בזה ואלא בני ארביסר וקא קרי ליה בתליסר יום ניקנור הוא ואלא בני ארביסר וקא קרי ליה בתריסר יום טוריינוס הוא אלא לאו דקא קרו ליה בחדיסר וקתני מותר בהספד ובתענית לא בני ארבעה עשר וקא קרו ליה בתריסר ודקאמרת יום טריינוס הוא יום טריינוס גופיה בטולי בטלוהו הואיל ונהרגו בו [ג] שמעיה ואחיה אחיו כי הא דרב נחמן גזר תעניתא בתריסר אמרו ליה רבנן יום טוריינוס הוא אמר להו יום טוריינוס [א] גופיה בטולי בטלוהו הואיל ונהרגו בו שמעיה ואחיה אחיו ותיפוק ליה דהוה ליה יום שלפני ניקנור אמר רב אשי השתא איהו גופיה בטלוהו משום יום ניקנור ניקום ונגזר מאי ניקנור ומאי טוריינוס דתניא ניקנור אחד מאפרכי יוונים היה ובכל יום ויום היה מניף ידו על יהודה וירושלים ואומר אימתי תפול בידי וארמסנה וכשגברה מלכות בית חשמונאי ונצחום קצצו בהונות ידיו ורגליו ותלאום בשערי ירושלים ואמרו פה שהיה מדבר בגאוה וידים שהיו מניפות על ירושלים תעשה בהם נקמה מאי [ד] טוריינוס אמרו כשבקש טוריינוס להרוג את לולינוס ופפוס אחיו בלודקיא אמר להם אם מעמו של חנניה מישאל ועזריה אתם יבא אלהיכם ויציל אתכם מידי כדרך שהציל את חנניה מישאל ועזריה מיד נבוכד נצר אמרו לו חנניה מישאל ועזריה צדיקים גמורין היו וראויין היו ליעשות להם נס ונבוכד נצר מלך הגון היה וראוי ליעשות נס על ידו ואותו רשע הדיוט הוא ואינו ראוי ליעשות נס על ידו ואנו נתחייבנו (א) כליה למקום ואם אין אתה הורגנו הרבה הורגים יש לו למקום והרבה דובין ואריות יש לו למקום בעולמו שפוגעין בנו והורגין אותנו אלא לא מסרנו הקדוש ברוך הוא בידך אלא שעתיד ליפרע דמינו מידך אעפ"כ הרגן מיד אמרו לא זזו משם עד שבאו דיופלי מרומי ופצעו את מוחו בגיזרין: אין גוזרין תענית על הצבור בתחלה בחמישי כו' אין גוזרין תענית בראשי חדשים כו': וכמה הויא התחלה [ה] רב אחא אמר שלש רבי אסי אמר [ב] אחת אמר [ו] רב יהודה אמר רב זו דברי רבי מאיר שאמר משום רבן (שמעון בן) גמליאל אבל חכמים אומרים [ג] מתענה ומשלים [ז] דרש מר זוטרא משמיה דרב הונא הלכה מתענה ומשלים:

הדרן עלך סדר תעניות כיצד

סדר [ד] תעניות אלו [ח] האמור ברביעה ראשונה אבל צמחים ששנו מתריעין עליהן מיד וכן שפסקו גשמים בין גשם לגשם ארבעים יום מתריעין עליהן [ט] מפני שהיא מכת בצורת ירדו לצמחין אבל לא ירדו לאילן לאילן ולא לצמחין לזה ולזה אבל לא לבורות לשיחין ולמערות מתריעין עליהן מיד וכן עיר שלא ירדו עליה גשמים דכתיב [א] והמטרתי על עיר אחת ועל עיר אחת לא אמטיר חלקה אחת תמטר וגו' אותה

הלכה מתענה ומשלים. פי' הא דקפסק הלכה מתענה ומשלים אר"ח קאי דאי אחנוכה ואפורים אינו יכול להתענות דיום משתה ושמחה כתיב:

הדרן עלך סדר תעניות קמא

מתריעין עליהם מיד ומתענין כמו כן. ואפילו בראשונות שאומר האחרונות נוהגין בו ואם תאמר (ז) הא דמתריעין משמע דמתריעין ומתענין אמאי צריך לפרש במתני' בסמוך אותה העיר מתענה ומתרעת כיון דקתם מתריעות משמע תרוייהו ויש לומר משום דבעי לאפלוגי ר' עקיבא בסיפא דקאמר מתריעות ולא מתענות:
לא

מותרין בהספד ובתענית. בני ט"ו (ג) קריאת מגילה דכרכין קודם זמנה כדמפרש התם בי"א בי"ב בי"ג בי"ד בט"ו שהכפרים מקדימין ליום הכניסה מותרין אותן ימים שקראוה קודם זמנה בהספד ותענית: בני חמיסר. דהיינו כרכים המוקפין חומה מימות יהושע בן נון וקא קרי בארביסר כגון שהלך לכפר וקרא עמהן דפרוז בן יומו נקרא פרוז כדאמרינן במגילה (דף יט.): מי שרי. י"ד אפילו לבני ט"ו בהספד ותענית: ואמר רבא לא נצרכה. לכתוב במגילת תענית לגזור הספד ותענית לבני י"ד בי"ד ולבני ט"ו בט"ו דהא קרא כתיב בהדיא להיות עושים את ימי הפורים האלה וגו': אלא לאסור את של זה בזה. כגון בני ט"ו (דקרו) בי"ד ובני י"ד בט"ו: בני ארביסר. נינהו כפרים ועיירות: וקא קרי בי"ג. כגון שחל י"ד בג' בשבת ומקדימין ליום הכניסה: יום ניקנור הוא. לקמן מפרש ואסור בהספד ותענית: אלא בני י"ד וקרו בי"ב. שחל י"ד ברביעי בשבת והקדימו ליום הכניסה דהיינו י"ב: טוריינוס. בסמוך מפרשה: בחדיסר. שחל להיות י"ד באחד בשבת וכפרים מקדימין ליום הכניסה דהוו י"א ושמע מינה דאע"ג שהוא יום שלפני טוריינוס שרי בהספד ותענית: שמעיה ואחיה. חסידים היו ולא פירש מי הם דאותו שאכלו האריה עידו [י] היה ולא שמעיה: איפרכי. דוכוס: לוליינוס ופפוס אחיו. צדיקים גמורים היו: בלודקי'. היא לוד והיינו דאמרינן בכל דוכתא (ב"ב דף י:[כ]) הרוגי לוד אין כל בריה יכולה לעמוד במחיצתן בגן עדן ויש אומרין שנהרגו על בתו של מלך שנמצאת הרוגה ואמרו היהודים הרגוה וגזרו גזרה על שונאיהן של ישראל ועמדו אלו ופדו את ישראל ואמרו אנו הרגנוה והרג המלך לאלו בלבד: אם מעמו כו': נתחייבנו הריגה. על חטא חייבי מיתות בית דין: דיופלין. שני שרים וכן מטרופולין של מלכים לשון שרים: בגזירין. מקלות כמו גזירי עצים: (ג) שלש. תעניות שני וחמישי ושני: וכמה הויא התחלה. שאינו מפסיק לאחר מכאן: רבי אחא ורבי יוסי. (ד) אמוראי נינהו דלאו אורחא דתנאי לאשתעויי בגמרא כי האי גוונא: זו דברי ר"מ. ואדברי ר"מ דמתני' קאי דקתני אין משלימין: מתענה ומשלים. עד חשיכה:

הדרן עלך סדר תעניות קמא

סדר תעניות אלו. האמור בפ' ראשון (דף י.) שבתחילה יחידים מתענין (ה) סדר תעניות ואחר כך צבור הולכין ומתענין עד י"ג אם לא נענו: ברביעה ראשונה. אם עבר זמן רביעה ראשונה של יורה ולא ירדו גשמים מתענין והולכין כסדר הזה: אבל צמחים ששנו. שנשתנו ממנהגן תחת חטה יצא חוח תחת שעורה באשה (ו) שלא היו חטים בשבולים או שינוי אחר מתריעין עליהן מיד אפילו בראשונות שכל שכן האחרונות נוהג בהן: בין גשם לגשם. בין רביעה ראשונה לשניה סימן בצורת היא: ירדו לצמחים אבל לא לאילן. מפרש בגמ': לבורות שיחין ומערות. [ל] בבבא בתרא מפרש מאי בור ומאי שיח ומאי מערה וכולן בית כניסות מי גשמים לשתיה: שלא ירדו עליה גשמים דכתיב והמטרתי על עיר אחת ועל עיר אחת לא אמטיר וגו'. כגון שהמטיר בעיר זו ובחבירתה לא המטיר דקללה היא:
ה"ג

רבינו חננאל

הלכה כר' יוסי אדילא להתענאה דלפניו אסור איני והאמר ר' יוחנן הלכה כסתם משנה. ותנן במס' מגילה אע"פ שאמרו מקדימין כפרים ליום הכניסה ולא מאחרין. מותרין בהספד ובתענית בו ביום שקורין בו. וליכא לאוקומא להא מתני' בי"ד ובט"ו דקי"ל אע"פ שאין קורין בהן אסורין דתניא בהדיא ארביסר וחמיסר פוריא אינון די לא למספד בהון. ואמר רבא לא נצרכא אלא לאסור את זה בזה ואת של זה בזה. ואפילו מי שאינו יומו ואינו קורא בו אסור בתליסר ובתריסר נמי ליכא לאוקומא דהא יום נקנור ויום טוריינוס אינון וימים טובים נינהו. ליכא לאוקומא אלא כגון שהיה יום הכניסה בי"א וקורין בו ביום. ואע"פ שהוא יום לפני טוריינוס מותר בהספד ובתענית קשיא לר' יוחנן דאמר הלכתא כר' יוסי דאוסר לפניהם ושנינן יום טוריינוס בטולי בטלוה כו'. ושאר השמועה פשוטה היא: מתני' אין גוזרין תענית על הצבור בתחלה בחמישי כו'. אין גוזרין תענית בראשי חדשים בחנוכה ובפורים ואם התחילו כו'. כמה הוא התחלה. ר' אחא אמר ג' ר' יוסי אומר אחת וקיי"ל כר' יוסי. ואסיקנא אם התחילו כו'. ט' באב שחל להיות ע"ש. פי' הא דתנינן בסוף בכל מערבין ומשתתפין ט' באב שחל להיות בע"ש כו'. קבלה בידינו כי פסח של אותה שנה היה ביום ה'. ומלאי תמוז דההיא שתא וחל ר"ח אב בחמישי. וחל ט' באב להיות בע"ש וחסרו אב ואלול חל להיות ע"ש ור"ה בשבת. דבר ברור הוא שיש לסנהדרין לקבוע חסירין זה אחר זה כפי המסורת שבידם. ובפירוש שנו בענין עצרת (ר"ה ו ע"ב) שניהן מלאין ה' חסרין ו' והם ניסן ואייר א) ור' עקיבא שגמע ביצה מגולגלת מסוכן היה משום שהיה חולה ואמרו לו הרופאים כי גמיעת ביצה מיד בלא מלח באחרית היום היא רפואתו. וכיון שראהו ר' יהודה נדמה לו דסבר המתענה בע"ש אינו משלים ב) ט' באב שחל להיות בע"ש. כגון דאקלע פסח דההיא שתא בחמישי בשבת וחל ט' באב בע"ש לפי שהיה תמוז מלא וחיסרו (עוד לחדש) [אב ואלול] וחל ר"ה להיות בשבת: ירושלמי אפי' יחיד שקבל על עצמו תענית מתענה ומשלים. ירושלמי (ברכות פ"ד) י"ח ברכות שבכל יום כנגד י"ח מזמורים שמראש תהלים עד יענך ולמה רגשו גוים אינו מן המנין. דברכת המינים ביבנה תקנוה. וכנגד י"ח פעמים שכתוב בתורה אברהם יצחק ויעקב. גם ויקרא בהם שמי ושם אבותי בכלל. וכנגד י"ח צוויים שכתוב בתורה בפרשת המשכן שני מן ואתו אהליאב עד סוף הספר. ד' ברכות של שבת כנגד ד' קולות שכתוב בהבו לה' בני אלים וכנגד ז' אזכרות שכתוב במזמור שיר ליום השבת. ט' ברכות של ר"ה כנגד ט' אזכרות הכתובים בפרש' חנה ובסוף כתיב ה' ידין אפסי ארץ. כ"ד ברכות של תענית צבור כנגד כ"ד רנה תחנה תפלה שכתובים בפרשת שלמה. ר' זירא אמר יחיד בתענית צבור צריך להזכיר עננו ה' עננו כו'. ואסיקנא איכן אמרה כלילי שבת וכיומו. וקיי"ל ש"צ אומר בין גואל לרופא חולי. יחיד בשומע תפלה. ר' אחא אמר יחיד בט' באב צריך להזכיר מעין המאורע והוא רחם ה' עלינו ועל ישראל עמך ועל ירושלים עירך ועל ציון משכן כבודך. ועל העיר האבלה ההרוגה כו' עד ואני אהיה לה נאם ה' חומת אש סביב ולכבוד אהיה בתוכה. והיכן אומרה הכי ר' ירמיה כל דבר שהוא להבא אומרו בעבודה לשעבר אמרו בהודאה כדתנן (פ"ט דברכות) ונותן הודאה לשעבר וצועק לעתיד לבוא. כל הברכות כולן אחר חותמיהן. ואינו אומר בברכה פסוק כלומר אינו מזכיר פסוק לבדו וחותם ברכה. ואלין דאמרי צהלי ורוני יושבת ציון וחותם בברכה אין בו משום ברכת פסוק. ר' זעירא צם תת"ק תענית ולא חשש למגלת תענית. ר' יעקב כד מפקיד לספריא ג) אין אתת בך אנשי שאיל לכון אמרון ליה (הכל) [בכל] מתענין חרץ משבתות וי"ט ור"ח וחוש"מ וחנוכה ופורים. והלכתא אפילו יחיד שקיבל עליו תענית בע"ש מתענה ומשלים (עירובין מא:): הדרן עלך סדר תעניות כיצד

מסורת הש"ס

א) מגילה ה:, ב) [שם], ג) [בערוך ערך הרג מפרש דשמעיה ואחיו הן המה הרוגי לוד הנזכרים בפסחים נ. וב"ב י: ע"ש], ד) [שמחות פ"ח], ה) גי' רי"ף רש"י ורא"ש ר' אחא כו' ר' יוסי כו' ועי' מ"מ מהל' תענית פ"א הלכה ז, ו) [עירובין מא.], ז) [שם מא:], ח) גי' הרא"ש האמורים וכ"ה ברש"י שברי"ף וברא"ן, ט) מיד כ"ה במשנה שבמשניות וברי"ף ורא"ש, י) [סנהדרין דף פט:], כ) [ופסחים נ.], ל) [צ"ל בב"ק נ:].

הגהות הב"ח

(א) גמ' ואנו נתחייבנו הריגה למקום אם אין אתה הורגנו כו' יש לו למקום הרבה דובין ואריות: (ב) רש"י ד"ה מותרין וכו' בני ט"ו דכרכין ובני י"ד דכפרים ועיירות שקראו מגילה קודם זמנם כדמפרש התם מגילה נקראת בי"א בי"ב בי"ג בי"ד בט"ו לא פחות ולא יותר כרכין המוקפין חומה מימות יהושע בן נון קורין בט"ו כפרים ועיירות גדולות קורין בי"ד אלא שהכפרים מקדימין ליום הכניסה: (ג) ד"ה שלש כו' נ"ל אחר ד"ה וכמה כו': (ד) ד"ה רבי אחא ורבי יוסי אמוראי נינהו. נ"ב לפי הגירסא שלפנינו דגרס רבי אסי לא היה צריך לפרש דפשיטא דאמוראי נינהו: (ה) רש"י ד"ה סדר תעניות כו' שבתחלה יחידים מתענין ואחר כך צבור הולכין ומתענין עד י"ג תעניות אם לא נענו כצ"ל ותיבות סדר תעניות נמחק: (ו) ד"ה אבל כו' תחת שעורה באשה או שינוי אחר כו' כצ"ל ותיבות שלא היו חטים בשבולים נמחק: (ז) תוס' ד"ה מתריעין כו' וא"ת כיון דהא דמתריעין משמע:

הגהות הגר"א

[א] גמ' אמר להו יום טוריינוס (גופיה). תז"מ:

רבינו גרשום

דתמידא דלא ניבטיל אלא שבעה אבל תמניא אסור משום דאיתותב ביה חגא דשבועיא. השתא דאתת להכי דתרצת משום דאי איקלע מילתא ובטיל ליה עשרין ותשעה נמי דפרכת למה לי' למימר מריש ירחא דניסן משום לאסור כ"ט באדר תיפוק ליה דהוה יומא דבתר כ"ח לעולם להכי אמר מריש ירחי' דניסן כדי לאסור כ"ט באדר שלפניו דאי איקלע מילתא ובטליניה לכ"ח כו': אמר רב הלכה כר' יוסי דאמר דאי לא למספד בין לפניו ובין לאחריו אסור: ושמואל אמר הלכה כר"מ ת"ק דר' יוסי דסתם מתני' ר"מ וקאמר לפניו אסור לאחריו מותר: מי אמר שמואל הכי דאמר לפניו אסור מעיקרא דשמעיה לר"מ דמיקל יותר מר' יוסי דר"מ אינו אוסר אלא לפניו ור' יוסי אוסר בין לפניו בין לאחריו. אדלא להתענאה דקאמר ר' יוסי לפניו אסור לאחריו מותר ולא אדי לא למספד דקאמר אסור בין מלפניו בין לאחריו: מותרין בהספד ובתענית באותן שמקדימין לאסור את של זה בזה וקורין בט"ו אסור בי"ד בהספד ובתענית. יום ניקנור הוא ואין מותרין בהספד ובתענית אלא לאו בחדיסר וקתני מותרין אע"ג דהוי יומא דמקמי יום טוריינוס ומי אמר ר' יוחנן הלכה כר' יוסי דלפניו אסור לעולם בני ארביסר דקרו בתריסר ולהכי מותרין דלא הוי יומא טבא: תיפוק ליה דתריסר הוי יומא דמקמיה יום ניקנור ולא ליהוי מותר בהספד ובתענית: דיופלי. שלוחים: בגיזירין. קופיץ: וכן בת"ב שחל להיות בע"ש אין משלימין: וכמה הויא התחלה דקאמר אם התחילו אין מפסיקין רב אחא אמר שלש שאם היו ג' תעניות קודם ר"ח ורביעי בר"ח אין מפסיקין זו דברי ר"ג דאמר אם התחילו אין מפסיקין אבל אין משלימין:

הדרן עלך סדר תעניות כיצד

סדר תעניות האמור כל אילו תעניות דאמרן לעיל דאין גוזרין לאלתר ברביעה ראשונה ולא ירדו גשמים אבל צמחים ששנו שנשתנה מראה שלהן מתריעין עליהן מיד קודם הרביעה שלישית להתענות ומי אמרת לאלתר ברביעה ראשונה מתענין. אבל יבשו לא דכיון שיבשו לית להו תקנתא כלל ואי מתריעין

חשק שלמה על רבינו חננאל א) מכאן ועד וחל ר"ה להיות בשבת הובא בתוס' עירובין דף מ"א ד"ה בילה בשם רבינו ע"ש היטב. ב) זה נכלל במ"ש למעלה ואולי ט"ס כאן. ג) בירושל' לפנינו הגי' אין אתת איתא מישאל נכון אמרון לה וכו' וע"ש במפרש.

ליקוטי רש"י ואמר רבא לא נצרכה. במגילת תענית שהרי כבר כתובין במגלת אסתר שאסור בהספד ותענית אלא לאסור כו' [מגילה ה:]. לולינוס ופפוס אחיו. שני אחים היו שמסרו עצמן על ישראל שהודו על עצמן הריגת בת מלך שהיו מטילין אותה על כל ישראל [פסחים נ.]. אחים שהרגם (טורנוסרופוס) [טוריינוס] הרשע בלודקיא כדאמרינן במסכת תענית (דף יח:) על ידי גזירה שנגזרה על ישראל להשמיד על שנמצאת בת מלך הרוגה וחשדו את ישראל עליה ועמדו האחים הללו ואמרו מה לכם על ישראל אנו הרגנוה [ב"ב י:]. דיופלי. דיופלוסטון, לשון יוונית דיו, שנים, פלו, לשון שרים כמו מטרפולין וכמו דיופולין מרומי דתענית (דף יח:) [סוכה נא:]. פולין לשון שררה [מגילה ו.]. זו דברי רבי מאיר. דאמר לעיל משום רבן גמליאל מודה היה שאין משלימין וכן תשעה באב שחל להיות ערב שבת אבל חכמים אומרים מתענה ומשלים מתענה ומשלים. בערב שבת [עירובין מא:]. האמור ברביעה ראשונה. התחלת גשמים ולקמן (דף ו:) מפרש רביעה שמרביע את הארץ [לעיל ה.]. מתריעין. בצבור ובתחנה ובשופרות ובתלולרות במסכת תענית [ב"ק פ:]. בורות שיחין ומערות. בור עגול הוא שיח ארוכה וקצרה מערה מרובעת ומכוסה בקרוי אלא שיש לה פה [ב"ק נ:]. חלקה אחת. בקעת שדה קמפני"א בלע"ז. תמטר. תהא מקום מטר, אמר מר שתיהן לקללה זו תרקב וזו תיבש [עמוס ד, ז].

אָמַר רַב יְהוּדָה אָמַר רַב – Rav Yehudah said in the name of Rav: **זוּ דִּבְרֵי רַבִּי מֵאִיר שֶׁאָמַר מִשּׁוּם רַבָּן (שמעון בן) גַּמְלִיאֵל – These are the words of R' Meir in the name of Rabban (Shimon ben) Gamliel.** **אֲבָל חֲכָמִים אוֹמְרִים – But the Sages say:** **מִתְעַנֶּה וּמַשְׁלִים – He must fast and complete** his fast, even on these festive days.[22] **דָּרַשׁ מַר זוּטְרָא מִשְּׁמֵיהּ דְּרַב הוּנָא – Mar Zutra taught in the name of Rav Huna:** **הֲלָכָה מִתְעַנֶּה וּמַשְׁלִים – The halachah is that he must fast and complete** his fast, like the view of the Sages.

הדרן עלך סדר תעניות כיצד

WE SHALL RETURN TO YOU, SEDER TAANIYOS KEITZAD

NOTES

22. *Tosafos* (ד״ה הלכה) maintain that this applies only to Rosh Chodesh. But on Chanukah and Purim, on which there is an obligation to feast and be happy, he may not complete the fast. *Rambam* (*Hil. Taaniyos* 1:7) and *Shulchan Aruch* (572:2), however, do not make such a distinction. [Regarding *Tosafos'* assertion that there is an obligation to "feast and be happy" on Chanukah and Purim, this is explicitly stated in the *Book of Esther* (9:17ff.) concerning Purim. Regarding Chanukah, however, there is a difference of opinion whether there is an obligation to "feast" – see *Orach Chaim* 670:2 with *Taz,* and *Bach* to *Tur* there.]

מותרין בהספד ותענית אימת אילימא בני חמיסר וקא קרו ליה בארביסר ומי שרי והכתיב במגילת תענית (א) יום ארבעה עשר בו ויום חמשה עשר בו יומי פוריא אינון דלא למיספד בהון ואמר רבא (ב) לא נצרכא אלא לאסור את של זה בזה ואת של זה בזה ואלא בני ארביסר וקא קרי ליה בתליסר יום ניקנור הוא ואלא בני ארביסר וקא קרי ליה בתריסר יום טוריינוס הוא אלא לאו דקא קרו ליה בחדיסר וקתני מותר בהספד ובתענית לא בני ארבעה עשר וקא קרו ליה בתריסר ודקאמרת יום טריינוס הוא יום טריינוס גופיה בטולי בטלוהו הואיל ונהרגו בו (ג) שמעיה ואחיה אחיו כי הא דרב נחמן גזר תעניתא בתריסר אמרו ליה רבנן יום טוריינוס הוא אמר להו יום טוריינוס [א] גופיה בטולי בטלוהו הואיל ונהרגו בו שמעיה ואחיה אחיו ותיפוק ליה דהוה ליה יום שלפני ניקנור אמר רב אשי השתא איהו גופיה בטלוהו משום יום ניקנור ניקום ונגזר מאי ניקנור ומאי טוריינוס דתניא ניקנור אחד מאפרכי יוונים היה ובכל יום ויום היה מניף ידו על יהודה וירושלים ואומר אימתי תפול בידי וארמסנה וכשגברה מלכות בית חשמונאי ונצחום קצצו בהונות ידיו ורגליו ותלאום בשערי ירושלים ואמרו פה שהיה מדבר בגאוה וידים שהיו מניפות על ירושלים תעשה בהם נקמה מאי (ד) טוריינוס אמרו כשבקש טוריינוס להרוג את לולינוס ופפוס אחיו בלודקיא אמר להם אם מעמו של חנניה מישאל ועזריה אתם יבא אלהיכם ויציל אתכם מידי כדרך שהציל את חנניה מישאל ועזריה מיד נבוכד נצר אמרו לו חנניה מישאל ועזריה צדיקים גמורין היו וראויין היו ליעשות להם נס ונבוכד נצר מלך הגון היה וראוי ליעשות נס על ידו ואותו רשע הדיוט הוא ואינו ראוי ליעשות נס על ידו ואנו נתחייבנו (א) כליה למקום ואם אין אתה הורגנו הרבה הורגים יש לו למקום והרבה דובין ואריות יש לו למקום בעולמו שפוגעין בנו והורגין אותנו אלא לא מסרנו הקדוש ברוך הוא בידך אלא שעתיד ליפרע דמינו מידך אעפ"כ הרגן מיד אמרו לא זזו משם עד שבאו דיופלי מרומי ופצעו את מוחו בגיזרין: אין גוזרין תענית על הצבור בתחלה בחמישי כו' אין גוזרין תענית בראשי חדשים כו': וכמה הויא התחלה (ה) רב אחא אמר שלש רבי אסי אמר (ב) אחת אמר (ו) רב יהודה אמר רב זו דברי רבי מאיר שאמר משום רבן (שמעון בן) גמליאל אבל חכמים אומרים (ג) מתענה ומשלים (ז) דרש מר זוטרא משמיה דרב הונא הלכה מתענה ומשלים:

הדרן עלך סדר תעניות כיצד

סדר (ד) תעניות אלו (ח) האמור ברביעה ראשונה אבל צמחים ששנו מתריעין עליהן מיד וכן שפסקו גשמים בין גשם לגשם ארבעים יום מתריעין עליהן (ט) מפני שהיא מכת בצורת ירדו לצמחין אבל לא ירדו לאילן ולא לצמחין לזה ולזה אבל לא לבורות לשיחין ולמערות מתריעין עליהן מיד וכן עיר שלא ירדו עליה גשמים דכתיב (א) והמטרתי על עיר אחת ועל עיר אחת לא אמטיר חלקה אחת תמטר וגו'

אותה

רש"י

מותרין בהספד ובתענית. בני ט"ו (ב) קריאת מגילה דכרכין קודם זמנה כדמפרש התם בי"א בי"ב בי"ג בי"ד בט"ו שהכפרים מקדימין ליום הכניסה מותרין אותן ימים שקראוה קודם זמנה בהספד ותענית: בני חמיסר. דהיינו כרכים המוקפין חומה מימות יהושע בן נון וקא קרי בארביסר כגון שהלך לכפר וקרא עמהן דפרוז בן יומו נקרא פרוז כדאמרינן במגילה (דף יט.): מי שרי. י"ד אפילו לבני ט"ו בהספד ותענית: ואמר רבא לא נצרכה. לכתוב במגילת תענית לגזור הספד ותענית לבני י"ד בי"ד ולבני ט"ו בט"ו דהא קרא כתיב בהדיא להיות עושים את ימי הפורים האלה וגו': אלא לאסור את של זה בזה. כגון בני ט"ו (דקרו) בי"ד ובני י"ד בט"ו: בני ארביסר. נינהו כפרים ועיירות: וקא קרי בי"ג. כגון שחל י"ד בג' בשבת ומקדימין ליום הכניסה: יום ניקנור הוא. לקמן מפרש ואסור בהספד ותענית: אלא בני י"ד וקרו בי"ב. שחל י"ד ברביעי בשבת והקדימו ליום הכניסה דהיינו י"ב: טוריינוס. בסמוך מפרשה: בחדיסר. שחל להיות י"ד באחד בשבת וכפרים מקדימין ליום הכניסה דהוו י"א ושמע מינה דאע"ג שהוא יום שלפני טוריינוס שרי בהספד ותענית: שמעיה ואחיה. חסידים היו ולא פירש מי הם דאותו שאכלו האריה עידו (י) היה ולא שמעיה: איפרכי. דוכוס: לוליינוס ופפוס אחיו. צדיקים גמורים היו: בלודקי'. היא לוד והיינו דאמרינן בכל דוכתא (ב"ב דף י:(כ)) הרוגי לוד אין כל בריה יכולה לעמוד במחיצתן בגן עדן ויש אומרין שנהרגו על בתו של מלך שנמצאת הרוגה ואמרו היהודים הרגוה וגזרו גזרה על שונאיהן של ישראל ועמדו אלו ופדו את ישראל ואמרו אנו הרגנוה והרג המלך לאלו בלבד: אם מעמו כו': נתחייבנו הריגה. על חטא חייבי מיתות בית דין: דיופלין. שני שרים וכן מטרופולין של מלכים לשון שרים: בגזירין. מקלות כמו גזירי עלים: (ג) שלש. תעניות שני וחמישי ושני: וכמה הויא התחלה. שאינו מפסיק לאחר מכאן: רבי אחא ורבי יוסי. (ד) אמוראי נינהו דלאו אורחא דתנאי לאשתעויי בגמרא כי האי גוונא: זו דברי ר"מ. ולדברי ר"מ דמתני' קאי דקתני אין משלימין: מתענה ומשלים. עד חשיכה:

הדרן עלך סדר תעניות קמא

סדר תעניות אלו. האמור בפ' ראשון (דף י.) שבתחילה יחידים מתענין (ה) סדר תעניות ואחר כך צבור הולכין ומתענין עד י"ג אם לא נענו: ברביעה ראשונה. אם עבר זמן רביעה ראשונה של יורה ולא ירדו גשמים מתענין והולכין כסדר הזה: אבל צמחים ששנו. שנשתנו ממנהגן תחת חטה יצא חוח תחת שעורה באשה (ו) שלא היו חטים בשבולים או שינוי אחר מתריעין עליהן מיד אפילו בראשונות שכל חומר האחרונות נוהג בהן: בין גשם לגשם. בין רביעה ראשונה לשניה סימן בצורת היא: ירדו לצמחים אבל לא לאילן. מפרש בגמ': לבורות שיחין ומערות. (ל) בבבא בתרא מפרש מאי בור ומאי שיח ומאי מערה וכולן בית כניסיות מי גשמים לשתיה: שלא ירדו עליה גשמים דכתיב והמטרתי על עיר אחת ועל עיר אחת לא אמטיר וגו'. כגון שהמטיר בעיר זו ובחבירתה לא המטיר דקללה היא:

ה"ג

תוספות

הלכה מתענה ומשלים. פי' הא דקפסק הלכה מתענה ומשלים אר"ח קאי דאי אחנוכה ואפורים אינו יכול להתענות דיום משתה ושמחה כתיב:

הדרן עלך סדר תעניות קמא

מתריעין עליהם מיד ומתענין כמו כן. ואפילו בראשונות שחומר האחרונות נוהגין בו ואם תאמר (ז) הא דמתריעין משמע דמתריעין ומתענין אמאי צריך לפרש במתני' בסמוך אותה העיר מתענה ומתרעת כיון דסתם מתריעות משמע תרוייהו ויש לומר משום דבעי לאפלוגי ר' עקיבא בסיפא דקאמר מתריעות ולא מתענות:

לא

עין משפט נר מצוה

לו א מיי' פ"ב מהלכות מגילה הלכה יג טור ש"ע א"ח סי' תרצו סעיף ג:

לז ב ג מיי' פ"א מהל' תענית הלכה ז סמג עשין ג טוש"ע א"ח סי' תקעב סעיף ב:

א ד מיי' פ"ב מהלכות תענית הלכה טז יז יח טוש"ע א"ח סי' תקעה סעיף ח:

תורה אור השלם

א) וְגַם אָנֹכִי מָנַעְתִּי מִכֶּם אֶת הַגֶּשֶׁם בְּעוֹד שְׁלֹשָׁה חֳדָשִׁים לַקָּצִיר וְהִמְטַרְתִּי עַל עִיר אֶחָת וְעַל עִיר אַחַת לֹא אַמְטִיר חֶלְקָה אַחַת תִּמָּטֵר וְחֶלְקָה אֲשֶׁר לֹא תַמְטִיר עָלֶיהָ תִּיבָשׁ: [עמוס ד, ז]

רבינו חננאל

הלכה כר' יוסי אדילא להתענאה דלפניו אסור איני והאמר ר' יוחנן הלכה כסתם משנה. ותנן במס' מגילה אע"פ שאמרו מקדימין כפרים ליום הכניסה ולא מאחרין. מותרין בהספד ובתענית בו ביום שקורין בו. וליכא לאוקומא להא מתני' בי"ד ובט"ו דקי"ל אע"פ שאין קורין בהן אסורין דתניא בהדיא ארביסר וחמיסר פוריא אינון די לא למספד בהון. ואמר רבא לא נצרכא אלא לאסור את זה בזה ואת של זה בזה. ואפילו מי שאינו יומו ואינו קורא בו אסור בתליסר ובתריסר נמי ליכא לאוקומא דהא יום נקנור ויום טוריינוס אינון וימים טובים נינהו. ליכא לאוקומא אלא כגון שהיה יום הכניסה בי"א וקורין בו ביום. ואע"פ שהוא יום לפני טוריינוס מותר בהספד ובתענית קשיא לר' יוחנן דאמר הלכתא כר' יוסי דאוסר לפניהם ושנינן יום טוריינוס בטולי בטלוה כו'. ושאר השמועה פשוטה היא: **מתני'** אין גוזרין תענית על הצבור בתחלה בחמישי כו'. אין גוזרין תענית בראשי חדשים בחנוכה ובפורים ואם התחילו כו'. כמה הוא התחלה. ר' אחא אמר ג' ר' יוסי אומר אחת וקיי"ל כר' יוסי. ואסיקנא אם התחילו כו'. **ט' באב** שחל להיות ע"ש. פי' הא דתנינן בסוף בכל מערבין ומשתתפין ט' באב שחל להיות בע"ש כו'. קבלה בידינו כי פסח של אותה שנה היה ביום ה'. ומלאי תמוז דההיא שתא וחל ר"ח אב בחמישי. וחל ט' באב להיות בע"ש וחסרו אב ואלול חל להיות ע"ש ור"ה בשבת. דבר ברור הוא שיש לסנהדרין לקבוע חסירין זה אחר זה כפי המסורת שבידם. ובפירוש שנו בענין עצרת (ר"ה ו ע"ב) שניהן מלאין ה' חסרין ו' והם ניסן ואייר (א) ור' עקיבא שגמע ביצה מגולגלת מסוכן היה משום שהיה חולה ואמרו לו הרופאים כי גמיעת ביצה מיד בלא מלח באחרית היום היא רפואתו. וכיון שראהו ר' יהודה נדמה לו דסבר המתענה בע"ש אינו משלים (ב) ט' באב שחל להיות בע"ש. כגון דאקלע פסח דההיא שתא בחמישי בשבת וחל ט' באב בע"ש לפי שהיה תמוז מלא וחיסרו (עוד לחדש) [אב ואלול] וחל ר"ה להיות בשבת: **ירושלמי** אפי' יחיד שקבל על עצמו תענית מתענה ומשלים. ירושלמי (ברכות פ"ד) י"ח ברכות שבכל יום כנגד י"ח מזמורים שמראש תהלים עד יענך ולמה רגשו גוים אינו מן המנין. דברכת המינים ביבנה תקנוה. וכנגד י"ח פעמים שכתוב בתורה אברהם יצחק ויעקב. גם ויקרא בהם שמי ושם אבותי בכלל. וכנגד י"ח צוויים שכתוב בתורה בפרשת המשכן שני מן ואתו אהליאב עד סוף הספר. ז' ברכות של שבת כנגד ז' קולות שכתוב בהבו לה' בני אלים וכנגד ז' אזכרות שכתוב במזמור שיר ליום השבת. ט' ברכות של ר"ה כנגד ט' אזכרות הכתובים בפרש' חנה ובסוף כתיב ה' ידין אפסי ארץ. כ"ד ברכות של תענית צבור כנגד כ"ד רנה תחנה תפלה שכתובים בפרשת שלמה. ר' זירא אמר יחיד בתענית צבור צריך להזכיר עננו ה' עננו כו'. ואסיקנא איכן אמרה כלילי שבת וכיומו. וקיי"ל ש"צ אומר בין גואל לרופא חולי. יחיד בשומע תפלה. ר' אחא אמר יחיד בט' באב צריך להזכיר מעין המאורע והוא רחם ה' עלינו ועל ישראל עמך ועל ירושלים עירך ועל ציון משכן כבודך. ועל העיר האבלה ההרוגה כו' עד ואני אהיה לה נאם ה' חומת אש סביב ולכבוד אהיה בתוכה. והיכן אומרה הכי ר' ירמיה כל דבר שהוא להבא אומרו בעבודה לשעבר אמרו בהודאה כדתנן (פ"ט דברכות) ונותן הודאה לשעבר וצועק לעתיד לבוא. כל הברכות כולן אחר חותמיהן. ואינו אומר בברכה פסוק כלומר אינו מזכיר פסוק לבדו וחותם ברכה. ואלין דאמרי צהלי ורוני יושבת ציון וחותם בברכה אין בו משום ברכת פסוק. ר' זעירא צם תת"ק תענית ולא חשש למגלת תענית. ר' יעקב כד מפקיד לספריא (ג) אין אתת בך אנשי שאיל לכון אמרון ליה (הכל) [בכל] מתענין חוץ משבתות וי"ט ור"ח וחוש"מ וחנוכה ופורים. והלכתא אפילו יחיד שקיבל עליו תענית בע"ש מתענה ומשלים (עירובין מא:): הדרן עלך סדר תעניות כיצד

מסורת הש"ס

א) מגילה ה:, ב) [שם], ג) [בערוך ערך הרג מפרש דשמעיה ואחיו הן המה הרוגי לוד הנזכרים בפסחים נ. וב"ב י: ע"ש], ד) [שמחות פ"ח], ה) גי' רי"ף רש"י ורא"ש ר' אחא כו' ר' יוסי כו' ועי' מ"מ מהל' תענית פ"א הלכה ז, ו) [עירובין מא.], ז) [שם מא:], ח) גי' הרא"ש האמורים וכ"ה ברש"י שברי"ף ובר"ן, ט) מיד כ"ה במשנה שבמשניות וברי"ף ורא"ש, י) [סנהדרין דף פט:], כ) [ופסחים נ.], ל) [צ"ל בב"ק נ:].

הגהות הב"ח

(א) גמ' ואנו נתחייבנו הריגה למקום אם אין אתה הורגנו כו' יש לו למקום הרבה דובין ואריות: (ב) רש"י ד"ה מותרין וכו' בני ט"ו דכרכין ובני י"ד דכפרים ועיירות שקראו מגילה קודם זמנם כדמפרש התם מגילה נקראת בי"א בי"ב בי"ג בי"ד בט"ו לא פחות ולא יותר כרכין המוקפין חומה מימות יהושע בן נון קורין בט"ו כפרים ועיירות גדולות קורין בי"ד אלא שהכפרים מקדימין ליום הכניסה: (ג) ד"ה שלש כו' נ"ל אחר ד"ה וכמה כו': (ד) ד"ה רבי אחא ורבי יוסי אמוראי נינהו. נ"ב לפי הגירסא שלפנינו דגרס רבי אסי לא היה צריך לפרש דפשיטא דאמוראי נינהו: (ה) רש"י ד"ה סדר תעניות כו' שבתחלה יחידים מתענין ואחר כך צבור הולכין ומתענין עד י"ג תעניות אם לא נענו כצ"ל ותיבות סדר תעניות נמחק: (ו) ד"ה אבל כו' תחת שעורה באשה או שינוי אחר כו' כצ"ל ותיבות שלא היו חטים בשבולים נמחק: (ז) תוס' ד"ה מתריעין כו' וא"ת כיון דהא דמתריעין משמע:

הגהות הגר"א

[א] גמ' אמר להו יום טוריינוס (גופיה). תז"מ:

רבינו גרשום

דתמידא **דלא ניבטיל אלא שבעה אבל תמניא אסור** משום דאיתותב ביה חגא דשבועיא. **השתא דאתת להכי** דתרצת משום דאי איקלע מילתא ובטיל ליה **עשרין ותשעה נמי** דפרכת למה לי' למימר מריש ירחא דניסן משום לאסור כ"ט באדר תיפוק ליה דהוה יומא דבתר כ"ח לעולם להכי אמר מריש ירחי' דניסן כדי לאסור כ"ט באדר שלפניו **דאי איקלע מילתא ובטליניה לכ"ח** כו': **אמר רב הלכה כר' יוסי** דאמר דאי לא למספד בין לפניו ובין לאחריו אסור: **ושמואל אמר הלכה כר"מ** ת"ק דר' יוסי דסתם מתני' ר"מ וקאמר לפניו אסור לאחריו מותר: **מי אמר שמואל הכי** דאמר לפניו אסור **מעיקרא** דשמעיה לר"מ דמיקל יותר מר' יוסי דר"מ אינו אוסר אלא לפניו ור' יוסי אוסר בין לפניו בין לאחריו. **אדלא להתענאה** דקאמר ר' יוסי לפניו אסור לאחריו מותר ולא אדי לא למספד דקאמר אסור בין מלפניו בין לאחריו: **מותרין בהספד ובתענית** באותן שמקדימין לאסור את של זה בזה וקורין בט"ו אסור בי"ד בהספד ובתענית. **יום ניקנור הוא** ואין מותרין בהספד ובתענית **אלא לאו בחדיסר וקתני מותרין** אע"ג דהוי יומא דמקמי יום טוריינוס **ומי אמר ר' יוחנן הלכה כר' יוסי** דלפניו אסור לעולם בני ארביסר דקרו בתריסר ולהכי מותרין דלא הוי יומא טבא: **תיפוק ליה דתריסר הוי יומא דמקמיה יום ניקנור** ולא ליהוי מותר בהספד ובתענית: **דיופלי.** שלוחים: **בגיזירין.** קופיץ: **וכן בת"ב שחל להיות בע"ש אין משלימין: וכמה הויא התחלה** דקאמר אם התחילו אין מפסיקין **רב אחא אמר שלש** שאם היו ג' תעניות קודם ר"ח ורביעי בר"ח אין מפסיקין **זו דברי ר"ג** דאמר אם התחילו אין מפסיקין אבל אין משלימין:

הדרן עלך סדר תעניות כיצד

סדר תעניות האמור כל אילו תעניות דאמרן לעיל דאין גוזרין לאלתר **ברביעה ראשונה** ולא ירדו גשמים **אבל צמחים ששנו** שנשתנה מראה שלהן **מתריעין עליהן מיד** קודם הרביעה שלישית להתענות ומי אמרת לאלתר ברביעה ראשונה מתענין. **אבל יבשו לא** דכיון שיבשו לית להו תקנתא כלל ואי מתריעין

חשק שלמה על רבינו חננאל

א) מכאן ועד וחל ר"ה להיות בשבת הובא בתוס' עירובין דף מ"א ד"ה בילה בשם רבינו ע"ש היטב. ב) זה נכלל במ"ש למעלה ואולי ט"ס כאן. ג) בירושלמי לפנינו הגי' אין אתת איתא מישאל נכון אמרון לה וכו' וע"ש במפרש.

ליקוטי רש"י

ואמר רבא לא נצרכה. במגילת תענית שהרי ככר כתובין במגלת אסתר שאסור בהספד ותענית אלא לאסור כו' [מגילה ה:]. **לוליינוס ופפוס אחיו.** שני אחים היו שמסרו עצמן על ישראל שהודו על עצמן הריגת בת מלך שהיו מטילין אותה על כל ישראל [פסחים נ.]. אחים שהרגם (טורנוסרופוס) [טוריינוס] הרשע בלודקיא כדאמרינן במסכת תענית (דף יח:) על ידי גזירה שנגזרה על ישראל להשמיד על שנמצאת בת מלך הרוגה וחשדו את ישראל עליה ועמדו האחים הללו ואמרו מה לכם על ישראל אנו הרגנוה [ב"ב י:]. **דיופלי.** דיופלוסטון, לשון יונית דיו, שנים, פלו, לשון שרים כמו מטרפולין וכמו דיופולין מרומי דתענית (דף יח:) [סוכה נא:]. פולין לשון שררה [מגילה ו.]. **זו דברי רבי מאיר.** דאמר לעיל משום רבן גמליאל מודה היה שאין משלימין וכן תשעה באב שחל להיות ערב שבת אבל חכמים אומרים מתענה ומשלים **מתענה ומשלים.** בערב שבת [עירובין מא:]. **האמור ברביעה ראשונה.** התחלת גשמים ולקמן (דף ו:) מפרש רביעה שמרביע את הארץ [לעיל ה.]. **מתריעין.** בצבור ובתחנה ובשופרות ובאלולרות במסכת תענית [ב"ק פ:]. **בורות שיחין ומערות.** בור עגול הוא שיח ארוכה וקצרה מערה מרובעת ומכוסה בקרוי אלא שיש לה פה [ב"ק נ:]. **חלקה אחת.** בקעת שדה קמפני"א בלע"ז. **תמטר.** תהא מקום מטר, אמר מר שמיכן לקללה זו תרקב חיו מינה [עמוס ד, ז].

Chapter Three

Mishnah In the first chapter, we learned that if the rains did not come by the seventeenth day of Marcheshvan, the distinguished members of the community would fast three days (10a). If the rains still did not come, the Rabbis would decree three fast days on the entire Jewish community (ibid.). If the rains still did not come, they would decree another three fast days on the entire community, subject to even more stringent regulations (12b). If the rains still did not come, they would decree another seven fast days on the entire community. These last seven fasts were the most stringent of the communal fasts (ibid.).

This gradual progression in the severity of the fasts applies only when fasts are declared because the first rains were delayed. However, when faced with other calamities that are deemed to be immediate emergencies,[1] we dispense with the less stringent fasts and immediately declare a series of fasts with the most stringent regulations.[2] Our Mishnah begins by listing a few of these emergencies:[3]

סֵדֶר תַּעֲנִיּוֹת אֵלּוּ הָאָמוּר – The order of these fasts mentioned above[4] **בִּרְבִיעָה רִאשׁוֹנָה – applies** only **when the first rains**[5] were delayed. **אֲבָל צְמָחִים שֶׁשָּׁנוּ – However, if the crops changed,** i.e. grew abnormally,[6] which is an emergency since the crop may be completely ruined, **מַתְרִיעִין עֲלֵיהֶן מִיָּד – we cry out immediately on account of them.**[7] **וְכֵן שֶׁפָּסְקוּ גְשָׁמִים בֵּין גֶּשֶׁם לְגֶשֶׁם אַרְבָּעִים יוֹם – Similarly, if the rains ceased** to fall **between the** first **rains and the** second **rains** for **forty days,** i.e. the first rain came on schedule, but forty days passed and the second rains had not yet come, **מַתְרִיעִין עֲלֵיהֶן – we** immediately **cry out on account of them, מִפְּנֵי שֶׁהִיא מַכַּת בַּצּוֹרֶת – because this is an affliction of food shortage.**[8] **יָרְדוּ לִצְמָחִין – If [rains] fell for crops אֲבָל לֹא יָרְדוּ לְאִילָן – but not for trees, לְאִילָן –** or rain fell **for trees וְלֹא לִצְמָחִין – but not for crops,**[9] **לָזֶה וְלָזֶה –** or rain fell **for [both crops and trees] אֲבָל לֹא לְבוֹרוֹת לְשִׁיחִין וְלִמְעָרוֹת – but not** enough to fill the **water holes, ditches, and caves**, where drinking water is stored, **מַתְרִיעִין עֲלֵיהֶן מִיָּד – we immediately cry out on account of them.**[10] **וְכֵן עִיר שֶׁלֹּא יָרְדוּ עָלֶיהָ גְּשָׁמִים – Similarly, a town in which no rains fell,** but the surrounding towns received sufficient rain, thereby indicating that the town that has not received rain has been singled out for Divine punishment, **דִּכְתִיב – as it is written: "וְהִמְטַרְתִּי עַל־עִיר אֶחָת וְעַל־עִיר אַחַת לֹא אַמְטִיר** – ***And I will cause it to rain on one city, and on one city I will not cause it to rain;*** **חֶלְקָה אַחַת תִּמָּטֵר וגו' "** – ***one field will be rained upon etc:***[11]

NOTES

1. *Ran;* see also *Ritva.*

2. *Rashi* ד״ה אבל צמחים. Cf. *Rambam, Hil. Taaniyos* 2:16 and *Lechem Mishneh* ad loc.

3. In Mishnayos, this chapter is broken into nine separate Mishnayos. In the Gemara, they are printed as one long Mishnah.

4. 10a, 12b.

5. The Gemara will explain this.

6. [As the verse states (*Job* 31:40):] *Let thistles grow in place of wheat, and inferior barley in place of barley* (*Rashi*). [*Rashi* (as found in our versions) apparently understands the word "thistles" in the verse as a metaphor for wheat plants that produced no kernels. Cf. *Bach, Rashi* to *Rif,* and *Ran.*]

7. I.e. we initially decree a fast day with all the stringencies of the last seven communal fasts [described above in the Mishnah on 12b] (*Rashi*). [The Mishnah (12b) states that the last, sevenfold series of fasts is more stringent than the previous fasts in that "we cry out" in these latter fasts. Thus, by saying that in the situations listed here "we cry out immediately," the Mishnah implies that the fast is subject to the utmost stringency that characterizes the sevenfold series of fasts.]

In general, whenever the Mishnah states that "we cry out," it connotes that we fast as well (*Tosafos*; *Rashi* 22a ד״ה שדפון וירקון, in his second explanation; cf. *Rashi's* first explanation there; *Rambam Hil. Taaniyos* 2:16 and *Lechem Mishneh* ad loc.).]

See above (14a), where the Gemara records a dispute whether the term "crying out" connotes prayer as well as sounding the shofar. As interpreted by *Rashi* (there), the view which holds that "crying out" may refer to prayer (and this is the view accepted there in the Gemara as the explanation of our Mishnah), understands the "crying out" of our Mishnah to mean crying out in prayer exclusively (i.e. the recitation of the *Aneinu* prayer familiar to us from the *Selichos*). See above 14a, note 16, however, for other interpretations.

8. Since the first rains caused the crops to begin growing, but the absence of the additional rain required to nurture them as they develop will cause them to die (*Ran*).

The Gemara (19a) will explain what is meant by *an affliction of food shortage.*

9. The Gemara (19b) will explain these cases.

10. These calamities differ from delayed rains in that relief from them does not brook delay. When rain is delayed, the damage can be remedied by later rains. Therefore a series of fasts that escalate in stringency is instituted. For other calamities, which need immediate relief, fasts of the utmost stringency are declared immediately (*Ran; Gevuras Ari*; see also *Ritva*).

11. *Amos* 4:7. The verse concludes: וְחֶלְקָה אֲשֶׁר־לֹא־תַמְטִיר עָלֶיהָ תִּיבָשׁ, *And the field upon which it* [*the cloud*] *will not give rain will wither.*

The Gemara (20a) will explain that two punishments are contained in this verse: Excessive rain where the rain falls and no rain where it does not.

אוֹתָהּ הָעִיר – **that city** which received no rain מִתְעַנָּה וּמַתְרַעַת – **fasts and** immediately **cries out,**[1] וְכָל סְבִיבוֹתֶיהָ – **and all its surrounding** cities מִתְעַנּוֹת וְלֹא מַתְרִיעוֹת – **fast but do not cry out.**[2] רַבִּי עֲקִיבָא אוֹמֵר – **R' Akiva says:** מַתְרִיעוֹת וְלֹא מִתְעַנּוֹת – **They** [the surrounding cities] **cry out but do not fast.**[3] וְכֵן עִיר שֶׁיֵּשׁ בָּהּ דֶּבֶר אוֹ מַפּוֹלֶת – **Similarly, a city in which there is pestilence or collapse** of buildings or the city wall due to strong winds,[4] אוֹתָהּ הָעִיר מִתְעַנָּה וּמַתְרַעַת – **that** afflicted **city fasts and cries out** וְכָל סְבִיבוֹתֶיהָ מִתְעַנּוֹת וְלֹא מַתְרִיעוֹת – **and all its surrounding** cities **fast but do not cry out.** רַבִּי עֲקִיבָא אוֹמֵר מַתְרִיעוֹת וְלֹא מִתְעַנּוֹת – **R' Akiva says: They** [the surrounding cities] **cry out but do not fast.**[5]

The Mishnah clarifies the cases of pestilence for which we must cry out and fast:

אֵיזֶהוּ דֶּבֶר – **What is** considered **pestilence** that requires crying out? עִיר הַמּוֹצִיאָה חֲמֵשׁ מֵאוֹת רַגְלִי – In **a city that can muster five hundred** men **on foot,**[6] וְיָצְאוּ מִמֶּנָּה ג׳ מֵתִים – **and three persons**[7] **died** naturally בְּג׳ יָמִים זֶה אַחַר זֶה – **on three consecutive days,** one man on each day, הֲרֵי זֶה דֶּבֶר – **this is** considered **pestilence.** פָּחוֹת מִכַּאן – **Fewer than this,** אֵין זֶה דֶּבֶר – **it is not** considered **pestilence** that necessitates crying out.[8]

The Mishnah now lists calamities for which people everywhere must fast:

עַל אֵלּוּ מַתְרִיעִין בְּכָל מָקוֹם – **For these** following calamities **we cry out everywhere,** i.e. wherever news of these calamities arrives, since there is reason to fear the calamities may spread to those areas:[9] עַל הַשִּׁדָּפוֹן – **For windblasts** that ruin the grain, וְעַל הַיֵּרָקוֹן – **for yellowing,**[10] וְעַל הָאַרְבֶּה וְעַל הֶחָסִיל – **for *arbeh* locusts, and for *chasil* locusts,**[11] וְעַל הַחַיָּה רָעָה – **for dangerous beasts** that attack humans, וְעַל הַחֶרֶב – **and for the sword,** i.e. armies that pass through the land,[12] מַתְרִיעִין עָלֶיהָ – **we cry out for** any of **[these calamities],** מִפְּנֵי שֶׁהִיא מַכָּה מְהַלֶּכֶת – **because it is a calamity that travels** to other areas. Thus, even if these calamities are currently localized, people everywhere must fast and cry out, lest they too become affected.

The Mishnah relates:

מַעֲשֶׂה שֶׁיָּרְדוּ זְקֵנִים מִירוּשָׁלַיִם לְעָרֵיהֶם וְגָזְרוּ תַּעֲנִית – **It once happened that the elders** of the Sanhedrin **went down from Jerusalem to their cities** throughout Eretz Yisrael **in order to decree a** public **fast,**[13] עַל שֶׁנִּרְאָה כִּמְלֹא פִּי תַּנּוּר שִׁדָּפוֹן בְּאַשְׁקְלוֹן – **because there appeared the size of an oven's mouth of windblast** damage on grain[14] **in Ashkelon,** a city located near the southwest border of Eretz Yisrael, in the area inhabited by the Philistines in Biblical times. וְעוֹד גָּזְרוּ תַּעֲנִית – **They also decreed a fast** עַל שֶׁאָכְלוּ זְאֵבִים שְׁנֵי תִינוֹקוֹת בְּעֵבֶר הַיַּרְדֵּן – **because wolves had devoured two children in Transjordan.** רַבִּי יוֹסֵי אוֹמֵר – **R' Yose says:** לֹא עַל שֶׁאָכְלוּ – The fast was decreed **not because [the wolves] had devoured** anyone, אֶלָּא עַל שֶׁנִּרְאוּ – **but** merely **because they had been seen** in the city.[15]

Normally, on the Sabbath and on holidays we are forbidden to fast or offer prayers of supplication. In dire circumstances, however, we are permitted to cry out and pray for relief.

NOTES

1. This case differs from the usual case of lack of rain, where the gradual procedure outlined in the first chapter is followed. For here, this city was singled out in being deprived of rain, indicating that it had incurred the wrath of God. Therefore, its residents must immediately cry out and declare fasts with the most stringent restrictions (*Ritva; Ran*). It is for this reason that the Mishnah sees fit to cite the verse in *Amos* [since that verse, which begins . . . וְגַם אָנֹכִי מָנַעְתִּי מִכֶּם אֶת־הַגֶּשֶׁם, *And also did I [God] withhold the rain from you . . .,* indicates that selective rainfall is a form of Divine punishment] (*Ritva* to end of 18b; cf. *Ritva* to 20a).

2. They must fast because the residents of the afflicted city will come to their towns to purchase food, thereby causing their towns to suffer food shortages as well (*Rashi*). Alternatively, since the residents of the surrounding cities reside in the same province as the residents of the afflicted city, they are required to sympathize with their neighbors and fast on their behalf (*Ran*). [However, as the surrounding cities are not directly affected by the lack of rain, they do not adopt all the restrictions that are decreed upon the afflicted city.]

3. *Ran*, following the interpretation that "crying out" may refer to both sounding the shofar and reciting the special fast prayer (see 18b[4] note 7), explains as follows: According to R' Akiva, the surrounding cities must consider the day comparable to Rosh Hashanah, on which we sound the shofar but do not fast. According to the Tanna Kamma, they must consider the day comparable to Yom Kippur, on which we fast but do not sound the shofar (*Ran* ד״ה רבי עקיבא, citing *Yerushalmi*). [The shofar blast blown at the end of Ne'ilah, the concluding prayer on Yom Kippur, is only a custom, and is not considered here.]

Everyone agrees, however, that the residents of the afflicted city both fast and cry out.

4. Or an earthquake that collapses buildings and kills people (*Rambam, Hil. Taaniyos* 2:12).

5. See notes 1 and 3.

6. I.e. this city has a population of at least five hundred able-bodied men. Women, children, and the elderly are not included in this count (*Rambam, Hil. Taaniyos* 2:5; see *Maggid Mishneh* ad loc. and *Ran*).

Alternatively, it means that this city can muster five hundred foot soldiers, i.e. men who are eligible for military duty (*Otzar HaGeonim*).

7. I.e. three of these able-bodied men (*Mishnah Berurah* 576:5).

8. I.e. if only one or two people died in three days, or even if three people died, but in a span of only one or two days, this is not considered pestilence that necessitates crying out (Gemara 21b). For in these cases, the deaths of these people are deemed a coincidence and do not indicate a Divine decree directed against the entire city (*Rashi* ad loc.).

For the pestilence to necessitate crying out, the victims must have all been healthy men (*Yerushalmi*). The death of women, however, does not constitute proof of pestilence, inasmuch as women's lives are often endangered by childbirth, and the after-effects of childbirth often leave women more susceptible to an early death (*Beis Yosef, Orach Chaim* 576).

9. *Rashi*. See *Tos. Yom Tov* 3:3 and *Rambam*, *Hil. Taaniyos* 2:2.

10. I.e. drought so intense that it causes the grain to wither and yellow (*Rashi* to *Deut.* 28:22; *Rav*). [*Rashi's* explanation here is ambiguous – see also *Nimukei Yosef* and *Chidushei Anshei Shem* printed alongside *Rif.*]

11. There are many types of locusts. *Arbeh* is the most numerous species. *Chasil* is the locust that completely devours vegetation (see *Radak* to *Joel* 1:4).

12. This applies even to armies that are peacefully passing through an area on their way to attack other countries. This, too, is a calamity because of the strong potential for bloodshed (*Gemara* 22a).

13. *Tiferes Yisrael* 3:26-27.

14. The Gemara (22b) will explain this.

15. There is a question whether the Tanna Kamma and R' Yose agree that the sighting of a wild beast in the city suffices to require fasting and crying out, and argue only in regard to what actually occurred in Ashkelon (see *Beis Yosef* to *Orach Chaim* 576 ד״ה ומש״כ אפי׳ לא הזיקה; *Beur HaGra* 576:6 to *Orach Chaim; Sfas Emes*).

א אותה העיר מתענה ומתרעת וכל סביבותיה מתענות ולא מתריעות רבי עקיבא אומר מתריעות ולא מתענות ב וכן עיר שיש בה דבר או מפולת אותה העיר מתענה ומתרעת וכל סביבותיה מתענות ולא מתריעות רבי עקיבא אומר מתריעות ולא מתענות ג איזהו דבר עיר המוציאה חמש מאות רגלי ויצאו ממנה ג' מתים בג' ימים זה אחר זה (א) הרי זה דבר פחות מכאן אין זה דבר ד על אלו מתריעין בכל מקום על השדפון ועל הירקון ועל הארבה ועל החסיל ה ועל החיה רעה ועל החרב מתריעין עליה מפני שהיא מכה מהלכת מעשה שירדו זקנים מירושלים לעריהם ו וגזרו תענית על שנראה כמלא פי תנור שדפון באשקלון ועוד גזרו תענית על שאכלו זאבים שני תינוקות בעבר הירדן רבי יוסי אומר לא על שאכלו אלא על שנראו: ח) ז על אלו מתריעין בשבת על עיר שהקיפוה נכרים או נהר ועל הספינה המיטרפת בים ר' יוסי אומר (ב) ח לעזרה ולא לצעקה שמעון התימני אומר אף על הדבר ולא הודו לו חכמים: על כל צרה שלא תבא על הצבור מתריעין עליהן ט חוץ מרוב גשמים מעשה שאמרו לו לחוני א) המעגל התפלל שירדו גשמים אמר להם צאו והכניסו תנורי פסחים בשביל שלא ימוקו התפלל ולא ירדו גשמים מה עשה ב) עג עוגה ועמד בתוכה ואמר לפניו רבש"ע בניך שמו פניהם עלי שאני כבן בית לפניך נשבע אני בשמך הגדול שאיני זז מכאן עד שתרחם על בניך התחילו גשמים מנטפין אמר לא כך שאלתי אלא גשמי בורות שיחין ומערות התחילו לירד בזעף אמר לא כך שאלתי אלא גשמי רצון ברכה ונדבה ירדו כתיקנן עד שיצאו ישראל מירושלים להר הבית מפני הגשמים באו ואמרו לו כשם שהתפללת עליהם שירדו כך התפלל שילכו להן אמר להם ד) צאו וראו אם נמחית אבן ה) הטוען ו) שלח לו שמעון בן שטח אלמלא חוני אתה גוזרני עליך (ג) נידוי אבל מה אעשה לך שאתה מתחטא לפני המקום ועושה לך רצונך ז) כבן שהוא מתחטא על אביו ועושה לו רצונו ועליך הכתוב אומר א ישמח אביך ואמך ותגל יולדתך: (ו) מתני' היו מתענין וירדו להם גשמים ח) קודם הנץ החמה לא ישלימו לאחר הנץ החמה לא ישלימו ר"א אומר קודם חצות לא ישלימו לאחר חצות ישלימו מעשה שגזרו תענית בלוד וירדו להם גשמים קודם חצות אמר להם ר' טרפון צאו ואכלו ושתו ועשו יו"ט ויצאו ואכלו ושתו ועשו יום טוב ובאו בין הערבים ט) וקראו הלל הגדול: גמ' סדר תעניות האלו האמור ברביעה ראשונה ורמינהי רביעה ראשונה ושניה לשאול שלישית להתענות אמר רב י) יהודה ה"ק סדר תעניות האמור אימתי בזמן שיצאה רביעה ראשונה ושניה ושלישית ולא ירדו גשמים אבל ירדו גשמים ברביעה ראשונה וזרעו ולא צמחו אי נמי צמחו וחזרו ונשתנו מתריעין עליהן מיד אמר רב נחמן דוקא נשתנו ל אבל יבשו לא פשיטא נשתנו תנן לא צריכא (ד) כ) דאקון מהו דתימא אקנתא מילתא היא קמשמע לן: וכן שפסקו גשמים בין גשם לגשם כו': מאי מכת בצורת אמר רב יהודה אמר רב מכה המביאה לידי בצורת אמר רב נחמן נהרא אנהרא בצורתא

רש"י

ה"ג אותה העיר מתענה ומתרעת וכל סביבותיה מתענות ולא מתריעות. ולפיכך מתענות (ה) שאותה העיר תלך לקנות התבואה באותה העיר ויהיה בה רעב: או מפולת. שחומותיה והבתים נופלין ברוח: מתריעים בכ"מ. אם (ו) יראו באספמיא מתריעין בבבל בבבל מתריעין באספמיא כדקתני טעמא בסיפא מפני שהיא מכה מהלכת אם במקום אחד היא מתריעין עליה כל השומעין כדי שלא תבא עליהן: שדפון. בתבואות: ירקון. חולי: חיה רעה. משכלת בני אדם: חרב. חיילות ההולכין להרוג ולהשחית בכל מקום: מלא תנור. מפרש בגמ': לעריהם. בא"י: באשקלון. בארץ פלשתים: ועל שאכלו זאבים. שהיא חיה רעה ומכה מהלכת היא: שנראו. ובאו בעיר: מתריעין. בענננו: המטורפת. מלשון טרף אבנא (ברכות דף כח.) ומלשון בילה טרופה (עדיות פ"ב מ"ד) כו' כדמפרש בפרק שלמעלה (דף יד.): שמעון התימני. מתמנה היה: שלא תבא. לישנא מעליא נקט: מרוב גשמים. לאו כגון שירדה על עיר אחת ועל עיר אחת לא ירדה שהם ודאי שתיהן לקללה כדאמר רב יהודה (לעיל ו:) תמטר (כ) מקום מטר שמקלקל תבואה אלא כבר ירדו וטורח הם לבני אדם אבל אינן מקלקלין תבואות וטעמא מפרש בגמרא למה אין מתריעין: תנורי פסחים. שהם בחצרות ושל חרס הן ומטלטלין אותן שלא ימוקו בגשמים: גשמי בורות. שיפוע גשמים למלאות בורות: ונדבות. רצון ועין יפה: אבן הטוען. אבן טוען היתה בירושלים וכל מי שאבדה לו אבידה כו' בבבא מציעא (דף כח:): לנדות. (ז) על כבוד הרב: מתחטא. פורפיי"ש בלע"ז ישמח אביך ואמך ותגל יולדתך: גמ' רביעה ראשונה ושניה לשאול. שאף על פי שלא ירדו גשמים לא בראשונה ולא בשניה לא היו מתענין אלא שואלין וקשיין מתני' דקתני סדר תעניות אלו האמור ברביעה ראשונה וברייתא אהדדי: הכי קאמר כו'. (ח) וכגון רביעה ראשונה שניה ושלישית דכולי יורה קרי ליה רביעה [א] כך שמעתי: דוקא נשתנו. דכי נשתנו ודאי הוא דמתריעין מיד דצריך להתפלל עליה (ט) שיחזיר ביופי כתקנן: אבל יבשו. לא צריך דמכאן ואילך לא יועיל והוא תפלת שוא אפילו יבשו כשהן חטין עדיין דקין אפילו הכי לא מתריעין: הכי גרסינן. פשיטא (י) שנו תנן לא צריכא דאקון מהו דתימא כו': דאקון. שעלו בקנה שנתקנו מעט לאחר שנתייבשו: מהו דתימא אקנתא מילתא היא. דהואיל ונתקנו מעט אם יתפלל מועיל להם קא משמע לן רב נחמן דאקנה לאו מילתא ל"א אבל יבשו לא דממילא חוזרין: לא צריכא דאקון. שעלו בקנה מהו דתימא אקנתא מילתא היא דכיון שעלו בקנה ועדיין לא בשלו כל צרכן ודאי אי לא מתריעין תו לא גדלי קמשמע לן דלאו מילתא היא דאף על גב דאקון אכתי גדלי טפי: נהרא אנהרא בצורתא. כשאין תבואה בעיר אחת ויש בעיירות אחרות ואפשר להביא מזה לזה דרך נהר בספינה: בצורתא

תוספות

לא צריכא דאקון. פי' לאחר שעלו בקנה נתייבשו מהו דתימא אקנתא מילתא היא פי' דהואיל ועלו בקנה ולא נתבשלו כל צורכו ליבעי התרעה קמ"ל דלאו מילתא היא: נהרא אנהרא בצורתא. פי' (כ) (נ"א הכי) בשאין תבואה בעיר ויש הרבה בשאר עיירות ויכולין להביא מזו לזו היינו מקרי בצורת ולא מקרי רעב (ל) ומאחר שיכולין להביא ע"י הנהר דליכא אלא טרחא זעירא ומהאי כלומר מדבר מועט כזה אין מתריעין מדינתא אמדינתא פירוש שצריך להוליך ממדינה למדינה אחרת ע"י חמורים וסוסים ואז מתריעין דאי אפשר להביא בשפע כ"כ כמו בספינות ל"א נהרא אנהרא כלומר אם יבש הנהר זה וצריך להסב נהר אחר לכאן אי נמי צריך להמתין עד שיגדל הנהר האחר ויבא בכאן זה בצורת ולא מתריעין מדינתא אמדינתא אם יבשו כל הנהרות שבזו העיר וצריכין להביא מים מעיר אחרת כפנא וקשה דבמתני' משמע דאבצורת (מ) מתענין דקתני מתריעין עליהן מפני שהיא מכת בצורת ויש לומר דמכת בצורת דמתני' הוי כמו דכפנא כאשר פירשתי שתחת חטה יצא חוח ומשום הכי מתריעין אע"ג דעדיין אינו רק בצורת הואיל וסופו רעב מתריעין אע"ג דאכתי לא הוו כפנא אבל לעולם אין מתריעין על מכת בצורת אי לא מצי לבא לידי רעב ולהכי קאמר הכא דנהרא אנהרא דלא הוי אלא כי בצורתא ולא מתריעין: נהירנא

עין משפט נר מצוה

ב א מיי' פ"ב מהלכות תענית ה"ב טוש"ע א"ח סי' תקעו סעיף א וסעיף יב:

ג ב ג מיי' שם הל' ב והל' ה טוש"ע שם סעיף ב:

ד ד מיי' שם הל' י יא טוש"ע שם סעיף ח ט:

ה ה מיי' שם הלכה ז טוש"ע שם סעיף ו:

ו ו מיי' שם הלכה יא טוש"ע שם סעיף ח:

ז ז ח מיי' שם פ"א ה"ו ופ"ב מהלכות שבת הלכה כד סמג עשין ל טוש"ע שם סעיף יג וסי' רפח סעיף ט:

ח ט מיי' שם פ"ב הלכה טו טוש"ע א"ח סי' תקעו סעיף יא:

ט י מיי' שם פ"א הלכה טז טור ש"ע א"ח סימן תקסט סעיף א וסי' תקעה סעיף יא:

י כ מיי' שם טוש"ע א"ח סי' תקעה סעיף יא:

יא ל מיי' שם פ"ב הלכה טז טוש"ע א"ח סי' תקעה סעיף ח:

רבינו חננאל

סדר תעניות האלו האמור ברביעה ראשונה כו'. תרצה רב יהודה הכי סדר תעניות האלו בזמן שיצתה רביעה ראשונה ושניה ולא ירדו גשמים. אבל אם ירדו גשמים וצמחו זרעים וחזרו ושנו. כלומר כמשו מתריעין עליהן מיד ודוקא שנו כעין כמוש אבל יבשו לגמרי אע"ג דהדור אקון אין מתריעין עליהן פי' אקון שחזרו לירוקתן כלומר חזרו לחיותן. ורבותינו הגאונים ז"ל אמרו האי אקון אקנתא לשון חזקה בלשון ארמית ובלשון הזה הוא בגטין (בפרק מי שאחזו קורדייקוס) [כל הגט דף ל ע"א] א) (פי' פרצידא דתותי קלא. זרע תבואה שהיא תחת אבן צומחת. פי' קלא מלשון (פסחים סב: וש"מ) שקל קלא פתק ביה). מכת בצורת. פי' רב יהודה מכה הבאה לידי בצורת. [אר"נ נהרא אנהרא] הוצרכו האנשים המסתפקין מים מזה הנהר לילך לנהר אחר. בצורת

חשק שלמה על רבינו חננאל

א) כל הסגור שייך לעיל בגמרא ריש דף ד'.

רבינו גרשום

עליהן הוי תפלת שוא: דאקון שנראה להן קצת תקנה: נהרא אנהרא בצורתא כשצריכין להביא מים מנהר זה להשקות שדות שעל נהר אחר לפי שאין באותו נהר אחר מים כדי סיפוק להשקות שדותיו זהו סימן בצורת:

מסורת הש"ס

א) לעיל יד., ב) [ז"ל רש"י מנחות לד: ד"ה דעגיל וכו' כדקרינן חוני המעגל על שם עוגה], ג) [עי' פירש"י לקמן כג. ד"ה עוגה], ד) ב"מ כח:, ה) [שם איתא הטוען וע"ש תוס' מ"ש בשם הירושלמי], ו) [ברכות יט.], ז) טעות הדפוס, ח) [רש"י ע"ז לקמן כה:], ט) [גיר' רא"ש הונא], י) [גיטין ל. ע"ש ל"ע על לשון אחרון שכתב רש"י וכן תוס' ד"ה לא צריכא], כ) תמטר תהא מקום, ל) הקונטרס כצ"ל.

גליון הש"ס

גמ' כבן שהוא מתחטא. עי' מנחות דף סו ע"ב תד"ה כנף רננים:

הגהות הגר"א

[א] רש"י ד"ה הכי קאמר כו' ליה רביעה. נ"ב ראשונה:

תורה אור השלם

א) יִשְׂמַח אָבִיךָ וְאִמֶּךָ וְתָגֵל יוֹלַדְתֶּךָ: [משלי כג, כה]

הגהות הב"ח

(א) גמ' ג' מתים בג' ימים זה אחר זה (הרי זה דבר פחות מכאן אין זה דבר) תא"מ ונ"ב ס"א אין זה: (ב) שם ר' יוסי אומר לעזרה ולא לצעקה. נ"ב עי' פירושו בדף יד ע"א: (ג) שם אלמלא חוני אתה גוזרני עליך לנדות אבל מה אעשה: (ד) שם לא צריכא דהדר אקון מהו דתימא: (ה) רש"י ד"ה ה"ג אותה כו' לפיכך מתענות מפני שאותה העיר וכו' התבואה באותה שסביבותיה ויהיו בה רעב: (ו) ד"ה מתריעים בכ"מ אם נראו באספמיא כו' שהיא מכה מהלכת ולפיכך אף אם במקום אחד: (ז) ד"ה לנדות שמנדין על כבוד הרב שהטיח דברים לאמר לא כך שאלתי הס"ד: (ח) ד"ה הכי קאמר כו' כלומר סדר תעניות אלו אמור בשביל רביעה ראשונה כשעברה מכל וכל כגון רביעה ראשונה: (ט) ד"ה דוקא כו' להתפלל עליהן שיחזרו ביופי כתקנן אבל יבשו לא צריך כו' והוא תפלת שוא הד"א ומה"ד אבל יבשו. כשהן חטין עדיין כו': (י) ד"ה ה"ג פשיטא נשתנו תנן לא צריכא דהדר אקון מהו דתימא כו' דאקון שעלו כו' שנתייבשו מהו דתימא כו' דאקנתא לאו מילתא הד"א והס"ד: (כ) תוס' ד"ה נהרא כו' כשאין כצ"ל ותיבת הכי נמחק: (ל) בא"ד ולא מיקרי רעב דמאחר שיכולין כו' זעירא ומהאי מילתא כלומר כו' ע"י חמורים וסוסים כפנא פי' ואז מתריעין: (מ) בא"ד דבמתני' משמע דאבצורת מתריעין דקתני מתריעין כו' כאשר פירש"י שתחת חטה כו' אע"ג דעדיין אינו בא רעב כ"א בצורת הואיל:

ליקוטי רש"י

על עיר שהקיפוה נכרים. וצרין עליה. נהר. המתפשט ויוצא לחוץ לשטוף את השדה ואת הבתים. המיטרפת. כמו בילים טרופות (חולין דף סד.) שהולכת ונדה ועתידה להיטבע במים. לעזרה. צועקין לבני אדם שיבואו לעזרם. ולא לצעקה. תפלה שאין אנו בטוחין כל כך שתועיל תפלתנו לצעוק עליהן בשבת וכו' מפי מורי לשון אחר לעזרה דקאמר תנא קמא מתריעין דמשמע בקול רם ואמר ליה רבי יוסי לעזרה שיהו מתפללין כל אחד בביתו לעזרה בעלמא [לעיל יד.]. שמעון התימני. מתמנת היה כדכתיב (שופטים טו) שמשון חתן התימני מתמנת [ביצה כא.]. המעגל. לירקל"א כדקרין חוני המעגל על שם עוגה (תענית דף יט.) [מנחות צד:]. עג עוגה. שורה עגולה כמו עוגה שהיתה עגולה [לקמן כג.]. עוגיות, עגול סביב כמו עג עוגה ועמד בתוכה (תענית דף יט.) [מו"ק ד:]. צאו וראו אם נימחת אבן הטוען. אם נכסת בגשמים שגבהו הגשמים למעלה הימנו ויש גשמים יותר מדאי ואתפלל עליהם שילכו [ב"מ כח:]. אלמלא חוני אתה. ואדם גדול [לקמן כג.]. שילא שמך בגדולה ובחשיבות [ברכות יט.]. גוזרני עליך נידוי. שמנדין על כבוד הרב שהטיח דברים ואמר לא כך שאלתי [לקמן שם]. לפי שהטריח לפני המקום על עסק גשמים לא כך שאלתי כמה פעמים ובכבוד המקום כבוד הרב הוא [ברכות שם]. מתחטא. לשון חטא כלומר הוי הולך וחוטא [לקמן שם]. לשון חוטא נקל בלבו לחטוא לאביו ולהטריחו על תאותו [ברכות שם ועי' מסוה"ש]. ומתחטא, נטייל כמו (תענית דף יט.) בן מתחטא לפני אביו [מנחות סו.]. נתחטא [illegible] תענית (דף יט.) בן המתחטא לפני אביו [בכורות נז:]. קודם הנץ החמה לא ישלימו. דאכתי לא חל עלייהו תענית כי נחתי גשמים. דחלות זמן אכילה היא מחלות ואילך חל התענית כיון שלא סעדו בשעת סעודה. [illegible] הלל הגדול. הודו לאלהי האלהים כי לעולם חסדו ומפני שנאמר בו נותן לחם לכל בשר כדאמרינן בשלהי פסחים (דף קיח.) [לקמן כה:]. לא צריכא דאקון. בשעה שייבשו עלו בקנה. מהו דתימא אקנתא מילתא היא. [illegible] חוזרים ומתקנים ומלתא דלא שכיחא הוא שיהו מתקלקלין לגמרי [גיטין ל. עי' הגהת הגרי"פ].

The Mishnah lists circumstances that are deemed dire circumstances:

עַל אֵלּוּ מַתְרִיעִין בַּשַּׁבָּת — For these following calamities **we cry out** in prayer even **on the Sabbath:**[16] **עַל עִיר שֶׁהִקִּיפוּהָ נָכְרִים — For a city that was beleaguered by** hostile **Gentiles; אוֹ נָהָר — or** by **a** swollen **river** threatening to flood its fields and houses;[17] **וְעַל הַסְּפִינָה הַמִּיטָּרֶפֶת בַּיָּם — or for a ship that is tossing at sea** and is in danger of sinking. **ר׳ יוֹסֵי אוֹמֵר — R' Yose says: לְעֶזְרָה וְלֹא לִצְעָקָה —** We may cry out **for assistance, but** we may **not call out** in prayer.[18] **שִׁמְעוֹן הַתִּימְנִי אוֹמֵר — Shimon the Timnite**[19] **says: אַף עַל הַדֶּבֶר —** Also **for pestilence** we cry out in prayer on the Sabbath, **וְלֹא הוֹדוּ לוֹ חֲכָמִים — but the Sages did not agree with him.**

The Mishnah summarizes its discussion of the calamities for which we cry out on weekdays and adds an exclusion: **עַל כָּל צָרָה שֶׁלֹּא תָּבֹא עַל הַצִּבּוּר — For every calamity that may not befall the community,** i.e. for every calamity that threatens the community,[20] **מַתְרִיעִין עָלֶיהָ — we cry out for them, חוּץ מֵרוֹב גְּשָׁמִים — except for excessive rain** that does not destroy crops but is merely burdensome to people.[21]

The Mishnah relates an incident that illustrates this ruling:

מַעֲשֶׂה — It once happened שֶׁאָמְרוּ לוֹ לְחוֹנִי הַמְּעַגֵּל — that they said to Choni the Circle-maker,[22] **הִתְפַּלֵּל שֶׁיֵּרְדוּ גְשָׁמִים — "Pray that rains should fall." אָמַר לָהֶם — He said to them, צְאוּ וְהַכְנִיסוּ תַנּוּרֵי פְסָחִים — "Go out and bring in the ovens** that were prepared **for** roasting **the** ***pesach*** **offerings, בִּשְׁבִיל שֶׁלֹּא יִמּוֹקוּ — so that they do not dissolve** in the rain."[23] **הִתְפַּלֵּל וְלֹא יָרְדוּ גְשָׁמִים — He prayed, but no rain fell.**[24] **מֶה עָשָׂה — What did he do? עָג עוּגָה — He drew a circle,**[25] **וְעָמַד בְּתוֹכָהּ — stood within it, וְאָמַר לְפָנָיו — and said before Him: רִבּוֹנוֹ שֶׁל עוֹלָם — "Master of the Universe, בָּנֶיךָ שָׂמוּ פְּנֵיהֶם עָלַי — Your children have turned their faces towards me, שֶׁאֲנִי כְּבֶן בַּיִת לְפָנֶיךָ — because I am like a member of the household before You. נִשְׁבָּע אֲנִי בְּשִׁמְךָ הַגָּדוֹל — I swear by Your Great Name, שֶׁאֵינִי זָז מִכָּאן עַד שֶׁתְּרַחֵם עַל בָּנֶיךָ — that I shall not move from here until You have mercy on Your children." הִתְחִילוּ גְשָׁמִים מְנַטְּפִין —** In response, **rain began to trickle. אָמַר — He** [Choni] **said: לֹא כָּךְ שָׁאַלְתִּי — "Not such** rains **did I request, אֶלָּא גִּשְׁמֵי בּוֹרוֹת שִׁיחִין וּמְעָרוֹת — but** ample **rains** that will fill the **water holes, ditches and caves,"** where drinking water is stored.[26] **הִתְחִילוּ לֵירֵד בְּזַעַף — [The rains] began to fall with fury. אָמַר — He** [Choni] **said: לֹא כָּךְ שָׁאַלְתִּי — "Not such** rains **did I request, אֶלָּא גִּשְׁמֵי רָצוֹן בְּרָכָה וּנְדָבָה — but rains of good will, blessing and benevolence." יָרְדוּ כְּתִיקְנָן — [The rains]** then **fell normally, עַד שֶׁיָּצְאוּ יִשְׂרָאֵל מִירוּשָׁלַיִם לְהַר הַבַּיִת — until the Jews had to leave Jerusalem for the Temple Mount מִפְּנֵי הַגְּשָׁמִים — because of the rains.**[27] **בָּאוּ וְאָמְרוּ לוֹ — [The people] came and said to him, כְּשֵׁם שֶׁהִתְפַּלַּלְתָּ עֲלֵיהֶם שֶׁיֵּרְדוּ — "Just as you prayed for them** [the rains] **to fall, כָּךְ הִתְפַּלֵּל שֶׁיֵּלְכוּ לָהֶן — pray that they cease." אָמַר לָהֶם — He said to them, צְאוּ וּרְאוּ אִם נִמְחֵית אֶבֶן הַטּוֹעִין — "Go out and see if the Stone of Those Who Erred has been effaced** [i.e. covered] by the water." Unless that is the case, I will not pray for the rains to cease.[28] **שָׁלַח לוֹ שִׁמְעוֹן בֶּן שָׁטַח — Shimon ben Shatach sent him** the following message: **אִלְמָלֵא חוֹנִי אַתָּה — "Were you not Choni,**

NOTES

16. By reciting the prayer that begins עֲנֵנוּ אָבִינוּ עֲנֵנוּ, *Answer us, our Father, answer us* (*Rashi;* see 14a and *Rashi* ad loc. ד״ה רב יהודה אמר), the prayer that we recite near the end of *Selichos.* Even in these dire circumstances, fasting is not permitted on the Sabbath (*Ritva, Ran*; cf. *Rambam Comm.* here, *Rav* to 3:7 ד״ה לעזרה; *Tos. Yom Tov* ad loc., *Rambam, Hil. Taaniyos* 1:6 with *Maggid Mishneh*), nor may the shofar be sounded (Gemara above 14a).

17. *Rashi* 14a ד״ה נהר.

18. I.e. we may raise an alarm to summon others to help, but we may not call out in prayer. Since we are not sure that our prayers will be answered, the Rabbis did not suspend the general prohibition against calling out in prayer on the Sabbath. Alternatively, R' Yose means that we may pray privately for Divine assistance, but not call out in public prayer (*Rashi* 14a ד״ה לעזרה ולא לצעקה; cf. *Meiri*).

19. He was from the city of Timnah (*Rashi*). [*R' Yaakov Emden* (in *Lechem Shamayim*) asserts that the customary vowelization of the word is "תֵּימָנִי" and explains that this Tanna came from the land of Teiman, which is mentioned in the Torah (*Gen.* 36:34) as the place of origin of one of the Edomite kings.]

20. This phrase *for every calamity that "may not" befall the community* is a euphemism; the actual intent is: *for every calamity that befalls the community* (*Rashi*). [The Sages were reluctant to use expressions that signified suffering for Israel. Instead, they spoke euphemistically of misfortune *that may not befall* Israel, or misfortune that would befall שונאיהם של ישראל, *the enemies of Israel.*]

21. *Rashi.* Cf. Gemara 22b.

22. Choni was given the title *circle-maker* because of the incident now related by the Mishnah (*Maharsha* 23a, ד״ה כדרך; *Rashi* to *Menachos* 94b ד״ה דעגיל). He was famed for his extreme piety and was noted for his commitment to understanding the Torah; he was greatly pained when something was beyond his comprehension (see 23a). Accordingly, there was confidence that his prayers would be answered and they turned to him to pray for rain (*Iyun Yaakov*).

On 23a, the Gemara cites a Baraisa that elaborates on our Mishnah.

23. As Choni was confident that rain would come in response to his prayers, he advised the people to bring in their ovens (*Ran*). In Mishnaic times, ovens were made of clay, were portable, and stood outdoors exposed to the elements. Since this incident took place on the twentieth day of Adar, the people had just made ovens for roasting the *pesach* sacrifice, which would be offered on the fourteenth of Nissan, twenty-three days later (*Megillas Taanis;* see also Gemara 23a; *Yerushalmi* 3:9 and *Korban HaEidah* ad loc.; cf. *Pnei Moshe* ad loc.). These newly made clay ovens had not yet dried, and had they remained outdoors they would have been ruined by the rain (*Tiferes Yisrael*).

24. Since he showed a lack of humility by intimating that he was confident that rain would come immediately in response to his prayers (*P'nei Moshe*) or, alternatively, by demanding, rather than requesting, rain from God (*Korban HaEidah*), he was punished and the rains did not come immediately (*Yerushalmi* 3:9).

25. *Rashi* 23a ד״ה עוגה, *Aruch* ד״ה עג. [Cf. *Rashi* to *Moed Katan* 4b ד״ה עוגיות, *Rashi* and *Radak* to *Habakkuk* 2:1; see also *Rashi* 23a ד״ה כדרך.]

26. [For as long as there is not enough rain to fill up the drinking water reservoirs, we cry out and fast, as the Mishnah stated previously].

27. I.e. they left the inundated lowland and ascended the Temple Mount to seek shelter under its roof (see *Yerushalmi* 3:9; *Meiri*).

28. The Stone of Those Who Erred served as the "Lost and Found." One who had found an article would announce it there, and those who had lost a similar article would offer identifying signs as proof of ownership (*Yerushalmi*, Baraisa *Bava Metzia* 28b). In *Bava Metzia* the reading is אֶבֶן הַטּוֹעַן, *the Stone of the Claimant* (*Bava Metzia* 28b; see *Chida* in *Pesach Enayim* citing *R' Betzalel Ashkenazi*).

As the stone was situated at a high elevation, it would be submerged in water only if there had been a deluge, in which case Choni would have prayed for the rains to cease (*Rashi* to *Bava Metzia* 28b ד״ה צאו וראו; *Rav*).

Alternatively, Choni meant literally that they should see if the Stone of the Strayers had been worn away. He meant that just as this large stone could not be worn away, neither may one pray for the cessation of rain (*Ran,* based on *Yerushalmi*).

א אותה העיר מתענה ומתרעת וכל סביבותיה מתענות ולא מתריעות רבי עקיבא אומר מתריעות ולא מתענות ב וכן עיר שיש בה דבר או מפולת אותה העיר מתענה ומתרעת וכל סביבותיה מתענות ולא מתריעות רבי עקיבא אומר מתריעות ולא מתענות ג איזהו דבר עיר המוציאה חמש מאות רגלי ויצאו ממנה ג' מתים בג' ימים זה אחר זה (א) הרי זה דבר פחות מכאן אין זה דבר ד על אלו מתריעין בכל מקום על השדפון ועל הירקון ועל הארבה ועל החסיל ה ועל החיה רעה ועל החרב מתריעין עליה מפני שהיא מכה מהלכת מעשה שירדו זקנים מירושלים לעריהם ו וגזרו תענית על שנראה כמלא פי תנור שדפון באשקלון ועוד גזרו תענית על שאכלו זאבים שני תינוקות בעבר הירדן רבי יוסי אומר לא על שאכלו אלא על שנראו: (א) ז על אלו מתריעין בשבת על עיר שהקיפוה נכרים או נהר ועל הספינה המיטרפת בים ר' יוסי אומר (ב) ח לעזרה ולא לצעקה שמעון התימני אומר אף על הדבר ולא הודו לו חכמים: על כל צרה שלא תבא על הצבור מתריעין עליהן ט חוץ מרוב גשמים מעשה שאמרו לו לחוני ג) המעגל התפלל שירדו גשמים אמר להם צאו והכניסו תנורי פסחים בשביל שלא ימוקו התפלל ולא ירדו גשמים מה עשה ג) עג עוגה ועמד בתוכה ואמר לפניו רבש"ע בניך שמו פניהם עלי שאני כבן בית לפניך נשבע אני בשמך הגדול שאיני זז מכאן עד שתרחם על בניך התחילו גשמים מנטפין אמר לא כך שאלתי אלא גשמי בורות שיחין ומערות התחילו לירד בזעף אמר לא כך שאלתי אלא גשמי רצון ברכה ונדבה ירדו כתיקנן עד שיצאו ישראל מירושלים להר הבית מפני הגשמים באו ואמרו לו כשם שהתפללת עליהם שירדו כך התפלל שילכו להן אמר להם ד) צאו וראו אם נמחית אבן ה) הטוען ו) שלח לו שמעון בן שטח אלמלא חוני אתה גוזרני עליך (ג) נידוי אבל מה אעשה לך שאתה מתחטא לפני המקום ועושה לך רצונך • כבן שהוא מתחטא על אביו ועושה לו רצונו ועליך הכתוב אומר א) ישמח אביך ואמך ותגל יולדתך: (ז) מתני') היו מתענין וירדו להם גשמים ח) קודם הנץ החמה לא ישלימו לאחר הנץ החמה ישלימו ר"א אומר י קודם חצות לא ישלימו לאחר חצות ישלימו מעשה שגזרו תענית בלוד וירדו להם גשמים קודם חצות אמר להם ר' טרפון צאו ואכלו ושתו ועשו יו"ט ויצאו ואכלו ושתו ועשו יום טוב ובאו בין הערבים כ וקראו הלל הגדול: **גמ'** סדר תעניות האלו האמור ברביעה ראשונה ורמינהי רביעה ראשונה ושניה לשאול שלישית להתענות אמר רב ט) יהודה ה"ק סדר תעניות האמור אימתי בזמן שיצאה רביעה ראשונה ושניה ושלישית ולא ירדו גשמים אבל ירדו גשמים ברביעה ראשונה וזרעו ולא צמחו אי נמי צמחו וחזרו ונשתנו מתריעין עליהן מיד אמר רב נחמן דוקא נשתנו ל אבל יבשו לא פשיטא נשתנו תנן לא צריכא (ד) י) דאקון מהו דתימא אקנתא מילתא היא קמשמע לן: וכן שפסקו גשמים בין גשם לגשם כו': מאי מכת בצורת אמר רב יהודה אמר רב מכה המביאה לידי בצורת אמר רב נחמן נהרא אנהרא בצורתא

רש"י

ה"ג אותה העיר מתענה ומתרעת וכל סביבותיה מתענות ולא מתריעות. ולפיכך מתענות (ה) שאותה העיר שלא ירדו עליה גשמים תלך לקנות התבואה באותה העיר ויהיה בה רעב: או מפולת. שחומותיה והבתים נופלין ברוח: מתריעים בכ"מ. אם (ו) ירצו באספמיא מתריעין בבבל בבבל מתריעין באספמיא כדקתני טעמא בסיפא מפני שהיא מכה מהלכת אם במקום אחד היא מתריעין עליה כל השומעין כדי שלא תבא עליהן: שדפון. בתבואות: ירקון. חולי: חיה רעה. משכלת בני אדם: חרב. חיילות ההולכין להרוג ולהשחית בכל מקום: מלא תנור. מפרש בגמ': לעריהם. בא"י: באשקלון. בארץ פלשתים: ועל שאכלו זאבים. שהיא חיה רעה ומכה מהלכת היא: שנראו. ובאו בעיר: מתריעין. בענגו: המטורפת. מלשון טרף אבגא (ברכות דף כט.) ומלשון בילה טרופה (עדיות פ"ג מ"ד) כו' כדמפרש בפרק שלמעלה (דף יד.): שמעון התימני. מתמנה היה: שלא תבא. ליסנא מעליא נקט: מרוב גשמים. לאו כגון שירדה על עיר אחת ועל עיר אחת לא ירדה שאם ודאי שתיהן לקללה כדאמר רב יהודה (לעיל ו:) תמטר ט) מקום מטר שמקלקל תבואה אלא כבר ירדו וטורח הם לבני אדם אבל אינן מקלקלין תבואות וטעמא מפרש בגמרא למה אין מתריעין: תנורי פסחים. שהם בחצרות ושל חרס הן ומטלטלין אותן שלא ימוקו בגשמים: גשמי בורות. שיפוע גשמים למלאות בורות: ונדבות. רצון ועין יפה: אבן הטועין. אבן טועין היתה בירושלים וכל מי שאבדה לו אבידה כו' בבבא מציעא (דף כח:): לנדות. (ז) על כבוד הרב: מתחטא. פורפיי"ש בלע"ז ישמח אביך ואמך ותגל יולדתך: גמ' רביעה ראשונה ושניה לשאול. שאף על פי שלא ירדו גשמים לא בראשונה ולא בשניה לא היו מתענין אלא שואלין וקשיין מתני' דקתני סדר תעניות אלו האמור ברביעה ראשונה וברייתא אהדדי: הכי קאמר כו'. (ח) וכגון רביעה ראשונה שניה ושלישית דכולי יורה קרי ליה רביעה [א] כך שמעתי: דוקא נשתנו. דכי נשתנו ודאי הוא דמתריעין מיד דצריך להתפלל עליה (ט) שיחזיר ביופי כתקנן: אבל יבשו. לא צריך דמכאן ואילך לא יועיל והוא תפלת שוא אפילו יבשו כשהן חטין עדיין דקין אפילו הכי לא מתריעין: הכי גרסינן. פשיטא (י) שנו תנן לא צריכא דאקון מהו דתימא כו': דאקון. שעלו בקנה שנתקנו מעט לאחר שנתייבשו: מהו דתימא אקנתא מילתא היא. דהואיל ונתקנו מעט אם יתפלל מועיל להם קא משמע לן רב נחמן דאקנא לאו מילתא ל"א אבל יבשו לא דמילתא חוזרין: לא צריכא דאקון. שעלו בקנה מהו דתימא אקנתא מילתא היא דכיון שעלו בקנה ועדיין לא בשלו כל צרכן ודאי אי לא מתריעין תו לא גדלי קמשמע לן דלאו מילתא היא דאף על גב דאקון אכתי גדלי טפי: נהרא אנהרא בצורתא. בשאין תבואה בעיר אחת ויש בעיירות אחרות ואפשר להביא מזה לזה דרך נהר בספינה: בצורתא

תוספות

לא צריכא דאקון. פי' לאחר שעלו בקנה נתייבשו מהו דתימא אקנתא מילתא היא פי' דהואיל ועלו בקנה ולא נתבשלו כל צורכם ליבעי התרעה קמ"ל דלאו מילתא היא: **נהרא** אנהרא בצורתא. פי' (כ) (ל) הכי) בשאין תבואה בעיר ויש הרבה בשאר עיירות ויכולין להביא מזו לזו היינו מקרי בצורת ולא מקרי רעב (ל) ומאחר שיכולין להביא ע"י הנהר דליכא אלא טרחא זעירא ומהאי כלומר מדבר מועט כזה אין מתריעין מדינתא אמדינתא פירוש שצריך להוליא ממדינה למדינה אחרת ע"י חמורים וסוסים ואז מתריעין דאי אפשר להביא בשפע כ"כ כמו בספינות ל"א נהרא אנהרא כלומר אם יבש הנהר זה וצריך להסב נהר אחר לכאן אי נמי צריך להמתין עד שיגדל הנהר האחר ויבא בכאן זה בצורת ולא מתריעין מדינתא אמדינתא אם יבשו כל הנהרות שבזו העיר וצריכין להביא מים מעיר אחרת כפנא וקשה דבמתני' משמע דאבצורת (מ) מתענין דקתני מתריעין עליהן מפני שהיא מכת בצורת ויש לומר דמכת בצורת דמתני' הוי כמו דכפנא כאשר פירשתי שתחת חטה יצא חוח ומשום הכי מתריעין אע"ג דעדיין אינו רק בצורת הואיל וסופו רעב מתריעין אע"ג דאכתי לא הוו כפנא אבל לעולם אין מתריעין על מכת בצורת אי לא מצי לבא לידי רעב ולהכי קאמר הכא דנהרא אנהרא דלא הוי אלא כי בצורתא ולא מתריעין: נהירנא

עין משפט נר מצוה

ב א מיי' פ"ב מהלכות תענית ה"ב טוש"ע א"ח סי' תקעו סעיף א וסעיף יב:
ג ב ג מיי' שם הל' ג והל' ה טוש"ע שם סעיף ג:
ד ד מיי' שם הל' י יא טוש"ע שם סעיף ח ט:
ה ה מיי' שם הלכה ז טוש"ע שם סעיף ו:
ו ו מיי' שם הלכה יא טוש"ע שם סעיף ח:
ז ז ח מיי' שם פ"א ה"ו ופ"ב מהלכות שבת הלכה כד סמג עשין ג טוש"ע שם סעיף יג וסי' רפח סעיף ט:
ח ט מיי' שם פ"ב הלכה טו טוש"ע א"ח סי' תקעו סעיף יא:
ט י מיי' שם פ"א הלכה טו טור ש"ע א"ח סימן תקסט סעיף א וסי' תקעה סעיף יא:
י כ מיי' שם טוש"ע א"ח סי' תקעה סעיף יא:
יא ל מיי' שם פ"ב הלכה טז טוש"ע א"ח סי' תקעה סעיף ח:

רבינו חננאל

סדר תעניות האלו האמור ברביעה ראשונה כו'. תרצה רב יהודה הכי סדר תעניות האלו בזמן שיצתה רביעה ראשונה ושניה ולא ירדו גשמים. אבל אם ירדו גשמים וצמחו זרעים וחזרו ושנו. כלומר כמשו מתריעין עליהן מיד ודוקא שנו כעין כמוש אבל יבשו לגמרי אע"ג דהדור אקון אין מתריעין עליהן פי' אקון שחזרו לירוקתן כלומר חזרו לחיותן. ורבותינו הגאונים ז"ל אמרו האי אקון אקנתא לשון חזקה בלשון ארמית ובלשון הזה הוא בגטין (בפרק מי שאחזו קורדייקוס) [כל הגט דף ל ע"א] א) (פי' פרצידא דתותי קלא. זרע תבואה שהיא תחת אבן צומחת. פי' קלא מלשון (פסחים סב: וש"מ) שקל קלא פתק ביה). מכת בצורת. פי' רב יהודה מכה הבאה לידי בצורת. [אר"נ נהרא אנהרא] הוצרכו האנשים המסתפקין מים מזה הנהר ליילך לנהר אחר. בצורת

חשק שלמה על רבינו חננאל

א) כל הסגור שייך לעיל בגמרא ריש דף ד'.

רבינו גרשום

עליהן הוי תפלת שוא: דאקון שנראה להן קצת תקנה: **נהרא אנהרא בצורתא** כשצריכין להביא מים מנהר זה להשקות שדות שעל נהר אחר לפי שאין באותו נהר אחר מים כדי סיפוק להשקות שדותיו זהו סימן בצורת:

ליקוטי רש"י

על עיר שהקיפוה נכרים. וצרין עליה. נהר. המתפשט ויוצא לחוץ לשטוף את השדה ואת הבתים. המיטרפת. כמו בילים טרופות (חולין דף סד.) שהולכת ונדה ועתידה להיטבע במים. לעזרה. צועקין לבני אדם שיבואו לעזרם. ולא לצעקה. תפלה שאין אנו בטוחין כל כך שתועיל תפלתנו לצעוק עליהן בשבת וכו' מפי מורי לשון אחר לעזרה דקאמר תנא קמא מתריעין דמשמע בקול רם ואמר ליה רבי יוסי לעזרה שיהו מתפללין כל אחד בביתו לעזרה בעלמא [לעיל יד.]. שמעון התימני. מתמנת היה כדכתיב (שופטים טו) שמשון חתן התימני מתמנת [ביצה כא.]. המעגל. לירקל"א כדקרינן חוני המעגל על שם עוגה (תענית דף יט.) [מנחות צד:]. עג עוגה. שורה עגולה כמו עוגה שהיתה עגולה [לקמן כג.]. עוגיות, עגול סביב כמו עג עוגה ועמד בתוכה (תענית דף יט.) [מו"ק ד:]. צאו וראו אם נימחת אבן הטועין. אם נכסת בגשמים שגבהו הגשמים למעלה הימנו ויש גשמים יותר מדאי ואתפלל עליהם שילכו [ב"מ כח:]. **אלמלא חוני אתה.** ואדם גדול [לקמן כג.]. שילא שמך בגדולה וכחשיבות [ברכות יט.]. גוזרני עליך נידוי. שמנדין על כבוד הרב שהטיח דברים ואמר לא כך שאלתי [לקמן שם]. לפי שהטריח לפני המקום על עסק גשמים לא כך שאלתי כמה פעמים וכבוד המקום כבוד הרב הוא [ברכות שם]. מתחטא. לשון חוטא נקל בלבו לחטוא לאביו ולהטריחו על תאותו [ברכות שם ועי' מסוה"ש]. ונתחטא, נטייל כמו (תענית דף יט.) בן מתחטא לפני אביו [מנחות סו.]. נתחטא לשון ירידה וחבירו במסכת תענית (דף יט.) בן המתחטא לפני אביו [בכורות נז:]. קודם הנץ החמה לא ישלימו. דאכתי לא חל עלייהו תענית כי נחתי גשמים. קודם חצות. דהוא זמן אכילה היא מתאות ואילך חל התענית כיון שלא סעדו בשעת סעודה. ועשו יום טוב. מתוך שמחה. הלל הגדול. הודו לאלהי האלהים כי לעולם חסדו ומפני שנאמר בו נותן לחם לכל בשר כדאמרינן בשילהי פסחים (דף קיח.) [לקמן כה:]. לא צריכא דאקון. בשעה שייבשו עלו בקנה. מהו דתימא אקנתא מילתא היא. דמשעלו בקנה אם מתייבשים חוזרים ומתקנים ואלפא דלא שכיחא הוא שיהו מתקלקלין לגמרי [גיטין ל. עי' הגהת הגרי"פ].

מסורת הש"ס

א) לעיל יד., ב) [ז"ל רש"י מנחות לד: ד"ה דעגיל וכו' כדקרינן חוני המעגל על שם עוגה], ג) [עי' פירש"י לקמן כג. ד"ה עוגה], ד) ב"מ כח:, ה) [שם איתא הטוען וע"ש תוס' מ"ש בשם הירושלמי], ו) [ברכות יט.], ז) טעות הדפוס, ח) [רש"י ע"ז לקמן כה:], ט) [גיר' רא"ש הונא], י) [גיטין ל. ע"ש ל"ע על לשון אחרון שכתב רש"י וכן תוס' ד"ה לא צריכא], כ) תמטר תהא מקום, ל) הקונטרס כצ"ל.

גליון הש"ס

גמ' כבן שהוא מתחטא. עי' מנחות דף סו ע"ב תד"ה כנף רננים:

הגהות הגר"א

[א] רש"י ד"ה הכי קאמר כו' ליה רביעה. נ"ב ראשונה:

תורה אור השלם

א) יִשְׂמַח אָבִיךָ וְאִמֶּךָ וְתָגֵל יוֹלַדְתֶּךָ: [משלי כג, כה]

הגהות הב"ח

(א) גמ' ג' מתים בג' ימים זה אחר זה (הרי זה דבר פחות מכאן אין זה דבר) תא"מ ונ"ב ס"א אין זה: (ב) שם ר' יוסי אומר לעזרה ולא לצעקה. נ"ב עי' פירושו בדף יד ע"א: (ג) שם אלמלא חוני אתה גוזרני עליך לנדות אבל מה אעשה: (ד) שם לא צריכא דהדר אקון מהו דתימא: (ה) רש"י ד"ה ה"ג אותה כו' לפיכך מתענות מפני שאותה העיר וכו' התבואה באותה שבסביבותיה ויהיו בה רעב: (ו) ד"ה מתריעים בכ"מ אם נראה באספמיא כו' שהיא מכה מהלכת ולפיכך אף אם במקום אחד: (ז) ד"ה לנדות שמנדין על כבוד הרב שהטיח דברים לאמר לא כך שאלתי הס"ד: (ח) ד"ה הכי קאמר כו' כלומר סדר תעניות אלו אמור בשביל רביעה ראשונה כשעברה מכל וכל כגון רביעה ראשונה: (ט) ד"ה דוקא כו' להתפלל עליהן שיחזרו ביופי כתקנן אבל יבשו לא צריך כו' והוא תפלת שוא הד"א ומה"ד אבל יבשו. כשהן חטין עדיין כו': (י) ד"ה ה"ג פשיטא נשתנו תנן לא צריכא דהדר אקון מהו דתימא כו' דאקון שעלו כו' שנתייבשו מהו דתימא כו' דאקנתא לאו מילתא הד"א והס"ד: (כ) תוס' ד"ה נהרא כו' כשאין כצ"ל ותיבת הכי נמחק: (ל) בא"ד ולא מיקרי רעב דמאחר שיכולין כו' זעירא ומהאי מילתא כלומר כו' ע"י חמורים וסוסים כפנא פי' ולא מתריעין: (מ) בא"ד דבמתני' משמע דאבצורת מתריעין דקתני מתריעין כו' כאשר פירש"י שתחת חטה כו' אע"ג דעדיין אינו בא רעב כ"א בצורת הואיל:

גּוֹזְרַנִי עָלֶיךָ נִידּוּי — I would pronounce a ban upon you.[29] **אֲבָל מָה אֶעֱשֶׂה לְךָ — But what shall I do to you,** **שֶׁאַתָּה מִתְחַטֵּא לִפְנֵי הַמָּקוֹם — for you misbehave towards**[30] **the Omnipresent** by boldly demanding rain from Him, **וְעוֹשֶׂה לְךָ רְצוֹנְךָ — yet He fulfills your wish;** **כְּבֵן שֶׁהוּא מִתְחַטֵּא עַל אָבִיו — like a son who misbehaves towards his father,** by boldly demanding from him whatever he desires, **וְעוֹשֶׂה לוֹ רְצוֹנוֹ — yet [his father] fulfills his wish.** **וְעָלֶיךָ הַכָּתוּב אוֹמֵר — Concerning** people such as **yourself, Scripture states:** **"יִשְׂמַח־אָבִיךָ וְאִמֶּךָ וְתָגֵל יוֹלַדְתֶּךָ" — *May your father and mother rejoice, and may she who bore you be glad.*"**[31]

The Mishnah discusses whether the fast must be completed if their prayers are answered before mid-fast:

הָיוּ מִתְעַנִּין — If they had been fasting from dawn, **וְיָרְדוּ לָהֶם גְּשָׁמִים קוֹדֶם הָנֵץ הַחַמָּה — and rains began to fall for them before sunrise,** **לֹא יַשְׁלִימוּ — they need not complete** the fast, i.e. they may stop fasting immediately; **לְאַחַר הָנֵץ הַחַמָּה** — if the rains began to fall **after sunrise,** **יַשְׁלִימוּ — they must complete** the fast.[32] **רַבִּי אֱלִיעֶזֶר אוֹמֵר — R' Eliezer says:** **קוֹדֶם חֲצוֹת** — If the rains began to fall **before midday,** **לֹא יַשְׁלִימוּ — they need not complete** the fast; **לְאַחַר חֲצוֹת** — but if the rains began to fall **after midday,** **יַשְׁלִימוּ — they must complete** the fast.[33]

The Mishnah cites an incident that supports R' Eliezer's view:

מַעֲשֶׂה שֶׁגָּזְרוּ תַעֲנִית בְּלוֹד — It once happened that a fast was decreed in Lod, **וְיָרְדוּ לָהֶם גְּשָׁמִים קוֹדֶם חֲצוֹת — and rains fell for them before midday.** **אָמַר לָהֶם ר' טַרְפוֹן — R' Tarfon said to them:** **צְאוּ וְאִכְלוּ וּשְׁתוּ וַעֲשׂוּ יוֹם טוֹב — "Go out, eat, drink, and make it a holiday."**[34] **וְיָצְאוּ וְאָכְלוּ וְשָׁתוּ וְעָשׂוּ יוֹם טוֹב — So they went out, ate, drank, and made it a holiday.** **וּבָאוּ בֵּין הָעַרְבַּיִם וְקָרְאוּ הַלֵּל הַגָּדוֹל — And they came** back to the synagogue **in the afternoon and recited the Great Hallel.**[35]

Gemara

The Gemara cites an apparent contradiction between our Mishnah and a Baraisa. Our Mishnah stated:

סֵדֶר תַּעֲנִיּוֹת הָאֵלּוּ הָאָמוּר — THE ORDER OF THESE FASTS MENTIONED above **בְּרְבִיעָה רִאשׁוֹנָה — APPLIES** only **WHEN THE FIRST RAINS** were delayed. This implies that we begin fasting if even the first rains are delayed. **וּרְמִינְהִי — But challenge this** from the following Baraisa: **רְבִיעָה רִאשׁוֹנָה וּשְׁנִיָּה לִשְׁאוֹל** — If there is a delay of **THE FIRST AND SECOND RAINS,** we are required **TO PRAY;** **שְׁלִישִׁית לְהִתְעַנּוֹת** — if there is a delay of **THE THIRD RAINS,** we are required **TO FAST.** I.e. though the normal times for the first two rains have passed and rain has not yet come, we pray for rain but do not proclaim a fast.[36] But when the normal time for the third rains has passed and still no rain has come, we declare a fast. This contradicts our Mishnah, which states that if the normal time for the first rains has passed and no rain has come, a fast is immediately declared. — ? —

The Gemara resolves this contradiction:

אָמַר רַב יְהוּדָה — Rav Yehudah said: **הָכִי קָאָמַר — This is what [the Mishnah] means:** **סֵדֶר תַּעֲנִיּוֹת הָאָמוּר אֵימָתַי — The order of the fasts mentioned** above applies **when?** **בִּזְמַן שֶׁיָּצְאָה רְבִיעָה רִאשׁוֹנָה וּשְׁנִיָּה וּשְׁלִישִׁית — When** the normal times for **the first, second, and third rains have passed** **וְלֹא יָרְדוּ גְּשָׁמִים — and** still **no rains have fallen.**[37] **אֲבָל יָרְדוּ גְּשָׁמִים בִּרְבִיעָה רִאשׁוֹנָה — But if rains fell in** the times of **the first rains,** **וְזָרְעוּ וְלֹא צָמְחוּ — and [the people] planted** seeds **but they did not grow,** **אִי נַמִּי צָמְחוּ וְחָזְרוּ וְנִשְׁתַּנּוּ — or if they grew but then changed,** i.e. they grew abnormally, **מַתְרִיעִין עֲלֵיהֶן מִיָּד — we immediately cry out on account of them.**

Our Mishnah states that if the plants grew abnormally, we immediately cry out. Rav Nachman clarifies this ruling:

אָמַר רַב נַחְמָן — Rav Nachman said: **דַּוְקָא נִשְׁתַּנּוּ — Only when [the plants] changed** do we immediately cry out and fast, **אֲבָל יָבְשׁוּ לֹא — but if they dried up,** we do **not** cry out or fast.[38]

The Gemara asks:

פְּשִׁיטָא — This is evident, **נִשְׁתַּנּוּ תְּנַן** — since **[the Mishnah]**

NOTES

29. Were you not Choni, a great man (*Rashi* 23a), whose reputation is exceptional (*Rashi* to *Berachos* 19a), I would pronounce a ban on you for being disrespectful to God twice by saying "not such rains did I request" (*Rashi* ibid. and below, to 23a; see also Gemara 23a and *Meiri* ad loc.).

נִדּוּי — *ban* or *excommunication*. A person under ban is prohibited from certain activities, much like a mourner. Also, in many respects, he is to be isolated from other Jews. See *Shulchan Aruch, Yoreh Deah* 334 for the laws of excommunication.

30. *Rashi* to 23a; see also *Rashi* to *Berachos* 19a; cf. *Rav* and *Tos. Yom Tov.*

31. *Proverbs* 23:25. A parent may be justifiably proud of a child such as you.

32. [Although the *prohibitions* of the fast actually begin at dawn (or, in some cases, with nightfall)] and one may not eat from then on, one is not considered to have begun *fasting* until sunrise [the time at which laborers eat their meal (*Meiri*)]. Thus, if the rains fell before sunrise and, thus, the reason for decreeing the fast no longer exists, they need not complete the fast (*Rashi* 25b ד"ה קודם הנץ החמה). However, once the sun rises and they have begun to *fast,* even if rains fall immediately after sunrise, the fast must be completed.

33. R' Eliezer asserts that since midday is the first time in the day at which most people eat a full meal, one must skip this meal in order to be considered to have begun the fast (*Rashi* 25b ד"ה קודם חצות). Alternatively, once half of the day has been spent in holiness [by fasting and praying], the rest of the day must be spent in holiness as well (*Yerushalmi*, cited by *Rif* and *Rosh*).

This law, that a fast need not always be completed, applies only to public fasts. In the case of private fasts, however, although the reason for fasting no longer applies, the individual must complete the fast (*Rosh, Ritva,* and *Ran* to 10b, *Orach Chaim* 569:1; see also *Magen Avraham* there).

34. [Thus, R' Tarfon ruled, like R' Eliezer's ruling, that as long as the rains begin falling before midday the fast need not be completed.]

35. The Great Hallel is a reference to Psalm 136. [What we generally refer to as "Hallel" is more specifically called הַלֵּל הַמִּצְרִי, *the Egyptian Hallel,* and is comprised of Psalms 113-118.]

The Great Hallel is said in celebration of rainfall, because it contains the verse: נוֹתֵן לֶחֶם לְכָל־בָּשָׂר, *He* [God] *gives nourishment to all flesh,* an appropriate praise when God saves us from famine (*Rashi* 25b, ד"ה הלל הגדול).

The Gemara (25b-26a) will explain why they ate and drank before reciting the Great Hallel.

36. Because it is normal for these rains to be delayed, and their delay in coming is not a sign that a Divine decree was directed towards this city (*Ritva* 18b ד"ה וכן כשפסקו).

37. The Mishnah uses the term *the first rains* to refer to all of the three early rains, which the verse (*Deut.* 11:14) refers to collectively as יוֹרֶה, *the early rains* (*Rashi*). The Tanna refers to the three early rains as the first rains, because they are first in relation to מַלְקוֹשׁ, *the late rains* (*Rashash*). [See Gemara above, 6a for the various opinions as to the dates of these rains.]

38. Because once the plants have dried up and withered, they cannot possibly recover, even if it rains later. Accordingly, praying for rain to reverse the damage is a prayer in vain, and the Mishnah (*Berachos* 54a) states that such prayers are not permitted (*Rashi*; see also *Gevuras Ari*).

אותה העיר מתענה ומתרעת וכל סביבותיה מתענות ולא מתריעות רבי עקיבא אומר מתריעות ולא מתענות [ב]וכן עיר שיש בה דבר או מפולת אותה העיר מתענה ומתרעת וכל סביבותיה מתענות ולא מתריעות רבי עקיבא אומר מתריעות ולא מתענות [ג]איזהו דבר עיר המוציאה חמש מאות רגלי ויצאו ממנה ג' מתים בג' ימים זה אחר זה (א) הרי זה דבר פחות מכאן אין זה דבר [ד]על אלו מתריעין בכל מקום על השדפון ועל הירקון ועל הארבה ועל החסיל [ה]ועל החיה רעה ועל החרב מתריעין עליה מפני שהיא מכה מהלכת מעשה שירדו זקנים מירושלים לעריהם [ו]וגזרו תענית על שנראה כמלא פי תנור שדפון באשקלון ועוד גזרו תענית על שאכלו זאבים שני תינוקות בעבר הירדן רבי יוסי אומר לא על שאכלו אלא על שנראו: [א] [ז]על אלו מתריעין בשבת על עיר שהקיפוה נכרים או נהר ועל הספינה המיטרפת בים ר' יוסי אומר (ב) [ח]לעזרה ולא לצעקה שמעון התימני אומר אף על הדבר ולא הודו לו חכמים: על כל צרה שלא תבא על הצבור מתריעין עליהן [ט]חוץ מרוב גשמים מעשה שאמרו לו לחוני [ב]המעגל התפלל שירדו גשמים אמר להם צאו והכניסו תנורי פסחים בשביל שלא ימוקו התפלל ולא ירדו גשמים מה עשה [ג]עג עוגה ועמד בתוכה ואמר לפניו רבש"ע בניך שמו פניהם עלי שאני כבן בית לפניך נשבע אני בשמך הגדול שאיני זז מכאן עד שתרחם על בניך התחילו גשמים מנטפין אמר לא כך שאלתי אלא גשמי בורות שיחין ומערות התחילו לירד בזעף אמר לא כך שאלתי אלא גשמי רצון ברכה ונדבה ירדו כתיקנן עד שיצאו ישראל מירושלים להר הבית מפני הגשמים באו ואמרו לו כשם שהתפללת עליהם שירדו כך התפלל שילכו להן אמר להם [ד]צאו וראו אם נמחית אבן [ה]הטועין [י]שלח לו שמעון בן שטח אלמלא חוני אתה גוזרני עליך (ג) נידוי אבל מה אעשה לך שאתה מתחטא לפני המקום ועושה לך רצונך ° כבן שהוא מתחטא על אביו ועושה לו רצונו ועליך הכתוב אומר [א] ישמח אביך ואמך ותגל יולדתך: ([ו] מתני') היו מתענין וירדו להם גשמים [כ]קודם הנץ החמה לא ישלימו לאחר הנץ החמה ישלימו ר"א אומר [י]קודם חצות לא ישלימו לאחר חצות ישלימו מעשה שגזרו תענית בלוד וירדו להם גשמים קודם חצות אמר להם ר' טרפון צאו ואכלו ושתו ועשו יו"ט ויצאו ואכלו ושתו ועשו יום טוב ובאו בין הערבים [כ]וקראו הלל הגדול: **גמ'** סדר תעניות האלו האמור ברביעה ראשונה ורמינהי רביעה ראשונה ושניה לשאול שלישית להתענות אמר רב [ט]יהודה ה"ק סדר תעניות האמור אימתי בזמן שיצאה רביעה ראשונה ושניה ושלישית ולא ירדו גשמים אבל ירדו גשמים ברביעה ראשונה וזרעו ולא צמחו אי נמי צמחו וחזרו ונשתנו מתריעין עליהן מיד אמר רב נחמן דוקא נשתנו [ל]אבל יבשו לא פשיטא נשתנו תנן לא צריכא (ד) [י]דאקון מהו דתימא אקנתא מילתא היא קמשמע לן: וכן שפסקו גשמים בין גשם לגשם כו': מאי מכת בצורת אמר רב יהודה אמר רב מכה המביאה לידי בצורת אמר רב נחמן נהרא אנהרא

בצורתא

רש"י

ה"ג אותה העיר מתענה ומתרעת וכל סביבותיה מתענות ולא מתריעות. ולפיכך מתענות (ה) שאותה העיר שלא ירדו עליה גשמים תלך לקנות התבואה באותה העיר ויהיה בה רעב: או מפולת. שחומותיה והבתים נופלין ברוח: מתריעים בכ"מ. אם (ו) ירלאו באספמיא מתריעין בבבל מתריעין באספמיא כדקתני טעמא בסיפא מפני שהיא מכה מהלכת אם במקום אחד היא מתריעין עליה כל השומעין כדי שלא תבא עליהן: שדפון. בתבואות: ירקון. חולי: חיה רעה. משכלת בני אדם: חרב. חיילות ההולכין להרוג ולהשחית בכל מקום: מלא תנור. מפרש בגמ': לעריהם. בא"י: באשקלון. בארץ פלשתים: ועל שאכלו זאבים. שהיא חיה רעה ומכה מהלכת היא: שנראו. ובאו בעיר: מתריעין. בענגו: המטורפת. מלשון טרף אבבא (ברכות דף כח.) ומלשון ביצה טרופה (עדיות פ"ג מ"ד) כו' כדמפרש בפרק שלמעלה (דף יד.): שמעון התימני. מתמנה היה: שלא תבא. לישנא מעליא נקט: מרוב גשמים. לאו כגון שירדה על עיר אחת ועל עיר אחת לא ירדה ששם ודאי שתיהן לקללה כדאמר רב יהודה (לעיל ו:) תמטר [כ] מקום מטר שמקלקל תבואה אלא כבר ירדו וטורח הם לבני אדם אבל אינן מקלקלין תבואות וטעמא מפרש בגמרא למה אין מתריעין: תנורי פסחים. שהם בחצרות ושל חרס הן ומטלטלין אותן שלא ימוקו בגשמים: גשמי בורות. שיפוע גשמים למלאות בורות: ונדבות. רצון ועין יפה: אבן הטועין. אבן טועין היתה בירושלים וכל מי שאבדה לו אבידה כו' בבבא מליעא (דף כח:): לנדות. (ז) על כבוד הרב: מתחטא. פורפיי"ש בלע"ז ישמח אביך ואמך ותגל יולדתך: גמ' רביעה ראשונה ושניה לשאול. שאף על פי שלא ירדו גשמים לא בראשונה ולא בשניה לא היו מתענין אלא שואלין וקשיין מתני' דקתני סדר תעניות אלו האמור ברביעה ראשונה ובריית' אהדדי: הכי קאמר כו'. (ח) וכגון רביעה ראשונה שניה ושלישית דכולי יורה קרי ליה רביעה [א] כך שמעתי: דוקא נשתנו. דכי נשתנו ודאי הוא דמתריעין מיד דצריך להתפלל עליה (ט) שיחזיר ביופי כתקנן: אבל יבשו. לא צריך דמכאן ואילך לא יועיל והוא תפלת שוא אפילו יבשו כשהן חטין עדיין דקין אפילו הכי לא מתריעין: הכי גרסינן. פשיטא (י) שנו תנן לא צריכא דאקון מהו דתימא כו': דאקון. שעלו בקנה שנתקנו מעט לאחר שנתייבשו: מהו דתימא אקנתא מילתא היא. דהואיל ונתקנו מעט אם יתפלל מועיל להם קא משמע לן רב נחמן דאקנה לאו מילתא ל"א אבל יבשו לא דממילא חוזרין: לא צריכא דאקון. שעלו בקנה מהו דתימא אקנתא מילתא היא דכיון שעלו בקנה ועדיין לא בשלו כל צרכן ודאי אי לא מתריעין תו לא גדלי קמשמע לן דלאו מילתא היא דאף על גב דאקון אכתי גדלי טפי: נהרא אנהרא בצורתא. בשאין תבואה בעיר אחת ויש בעיירות אחרות ואפשר להביא מזה לזה דרך נהר בספינה:

בצורתא

תוספות

לא צריכא דאקון. פי' לאחר שעלו בקנה נתייבשו מהו דתימא אקנתא מילתא היא פי' דהואיל ועלו בקנה ולא נתבשלו כל צורכם ליבעי התרעה קמ"ל דלאו מילתא היא: **נהרא** אנהרא בצורתא. פי' (כ) ([ל] הכי) בשאין תבואה בעיר ויש הרבה בשאר עיירות ויכולין להביא מזו לזו היינו מקרי בצורת ולא מקרי רעב (ל) ומאחר שיכולין להביא ע"י הנהר דליכא אלא טרחא זעירא ומהאי כלומר מדבר מועט כזה אין מתריעין מדינתא אמדינתא פירוש שצריך להוליא ממדינה למדינה אחרת ע"י חמורים וסוסים ואז מתריעין דאי אפשר להביא בשפע כ"כ כמו בספינות ל"א נהרא אנהרא כלומר אם יבש הנהר זה וצריך להסב נהר אחר לכאן אי נמי צריך להמתין עד שיגדל הנהר האחר ויבא בכאן זה בצורת ולא מתריעין מדינתא אמדינתא אם יבשו כל הנהרות שבזו העיר וצריכין להביא מים מעיר אחרת כפנא וקשה דבמתני' משמע דאבצורת (מ) מתענין דקתני מתריעין עליהן מפני שהיא מכת בצורת ויש לומר דמכת בצורת דמתני' הוי כמו דכפנא כאשר פירשתי שתחת חטה יצא חוח ומשום הכי מתריעין אע"ג דעדיין אינו רק בצורת הואיל וסופו רעב מתריעין אע"ג דהאכי לא הוו כפנא אבל לעולם אין מתריעין על מכת בצורת אי לא מצי לבא לידי רעב ולהכי קאמר הכא דנהרא אנהרא דלא הוי אלא כי בצורתא ולא מתריעין:

נהירנא

מסורת הש"ס

א) לעיל יד., ב) [ז"ל רש"י מנחות לד: ד"ה דעגיל וכו' כדקרינן חוני המעגל על שם עוגה], ג) [עי' פירש"י לקמן כג. ד"ה עוגה], ד) ב"מ כח:, ה) [שם איתא הטוען וע"ש תוס' מ"ש בשם הירושלמי], ו) [ברכות יט.], ז) טעות הדפוס, ח) [רש"י ע"ז לקמן כה:], ט) [גיר' רא"ש הונא], י) [גיטין ל. ע"ש ל"ע על לשון אחרון שכתב רש"י וכן תוס' ד"ה לא צריכא], כ) תמטר תהא מקום, ל) הקונטרס כצ"ל.

גליון הש"ס

גמ' כבן שהוא מתחטא. עי' מנחות דף סו ע"ב תד"ה כנף רננים:

הגהות הגר"א

[א] רש"י ד"ה הכי קאמר כו' ליה רביעה. נ"ב ראשונה:

תורה אור השלם

א) יִשְׂמַח אָבִיךָ וְאִמֶּךָ וְתָגֵל יוֹלַדְתֶּךָ: [משלי כג, כה]

הגהות הב"ח

(א) גמ' ג' מתים בג' ימים זה אחר זה (הרי זה דבר פחות מכאן אין זה דבר) תא"מ ונ"ב ס"א אין זה: (ב) שם ר' יוסי אומר לעזרה ולא לצעקה. נ"ב עי' פירושו בדף יד ע"א: (ג) שם אלמלא חוני אתה גוזרני עליך לנדות אבל מה אעשה: (ד) שם לא צריכא דהדר אקון מהו דתימא: (ה) רש"י ד"ה ה"ג אותה כו' לפיכך מתענות מפני שאותה העיר וכו' התבואה באותה שסביבותיה ויהיו בה רעב: (ו) ד"ה מתריעים בכ"מ אם נראו באספמיא כו' שהיא מכה מהלכת ולפיכך אף אם במקום אחד: (ז) ד"ה לנדות שמנדין על כבוד הרב שהטיח דברים לאמר לא כך שאלתי הס"ד: (ח) ד"ה הכי קאמר כו' כלומר סדר תעניות אלו אמור בשביל רביעה ראשונה כשעברה מכל וכל כגון רביעה ראשונה: (ט) ד"ה דוקא כו' להתפלל עליהן שיחזרו ביופי כתקנן אבל יבשו לא צריך כו' והוא תפלת שוא הד"א ומה"ד אבל יבשו. כשהן חטין עדיין כו': (י) ד"ה ה"ג פשיטא נשתנו תנן לא צריכא דהדר אקון מהו דתימא כו' דאקון שעלו כו' שנתייבשו מהו דתימא כו' דאקנתא לאו מילתא הד"א והס"ד: (כ) תוס' ד"ה נהרא כו' כשאין כצ"ל ותיבת הכי נמחק: (ל) בא"ד ולא מיקרי רעב דמאחר שיכולין כו' זעירא ומהאי מילתא כלומר כו' ע"י חמורים וסוסים כפנא פי' ואז מתריעין: (מ) בא"ד דבמתני' משמע דאבצורת מתריעין דקתני מתריעין כו' כאשר פירש"י שתחת חטה כו' אע"ג דעדיין אינו בא רעב כ"א בצורת הואיל:

עין משפט נר מצוה

ב א מיי' פ"ב מהלכות תענית ה"ב טוש"ע א"ח סי' תקעו סעיף א וסעיף יב:
ג ב ג מיי' שם הל' ב והל' ה טוש"ע שם סעיף ב:
ד ד מיי' שם הל' י יא טוש"ע שם סעיף ח ט:
ה ה מיי' שם הלכה ז טוש"ע שם סעיף ו:
ו ו מיי' שם הלכה יא טוש"ע שם סעיף ח:
ז ז ח מיי' שם פ"א ה"ו ופ"ב מהלכות שבת הלכה כד סמג עשין ל טוש"ע שם סעיף יג וסי' רפח סעיף ט:
ח ט מיי' שם פ"ב הלכה טו טוש"ע א"ח סי' תקעו סעיף יא:
ט י מיי' שם פ"א הלכה טז טור ש"ע א"ח סימן תקסט סעיף א וסי' תקעה סעיף יא:
י כ מיי' שם טוש"ע א"ח סי' תקעה סעיף יא:
יא ל מיי' שם פ"ב הלכה טז טוש"ע א"ח סי' תקעה סעיף ח:

רבינו חננאל

סדר תעניות האלו האמור ברביעה ראשונה כו'. תרצה רב יהודה הכי סדר תעניות האלו בזמן שיצתה רביעה ראשונה ושניה ולא ירדו גשמים. אבל אם ירדו גשמים וצמחו זרעים וחזרו ושנו. כלומר כמשו מתריעין עליהן מיד ודוקא שנו כעין כמוש אבל יבשו לגמרי אע"ג דהדור אקון אין מתריעין עליהן פי' אקון שחזרו לירוקתן כלומר חזרו לחיותן. ורבותינו הגאונים ז"ל אמרו האי אקון אקנתא לשון חזקה בלשון ארמית ובלשון הזה הוא בגטין (בפרק מי שאחזו קורדייקוס) [כל הגט דף ל ע"א] א) (פי' פרצידא דתותי קלא. זרע תבואה שהיא תחת אבן צומחת. פי' קלא מלשון (פסחים סב: וש"מ) שקל קלא פתק ביה). מכת בצורת. פי' רב יהודה מכה הבאה לידי בצורת. [אר"נ נהרא אנהרא] הוצרכו האנשים המסתפקין מים מזה הנהר לילך לנהר אחר. בצורת

חשק שלמה על רבינו חננאל

א) כל הסגור שייך לעיל בגמרא ריש דף ד'.

רבינו גרשום

עליהן הוי תפלת שוא: **דאקון** שנראה להן קצת תקנה: **נהרא אנהרא בצורתא** כשצריכין להביא מים מנהר זה להשקות שדות שעל נהר אחר לפי שאין באותו נהר אחר מים כדי סיפוק להשקות שדותיו זהו סימן בצורת:

ליקוטי רש"י

על עיר שהקיפוה נכרים. וצרין עליה. נהר. המתפשט ויוצא לחוץ לשטוף את השדה ואת הבתים. המיטרפת. כמו בילים טרופות (חולין דף סד.) שהולכת ונדה ועתידה להיטבע במים. לעזרה. צועקין לבני אדם שיבואו לעזרם. ולא לצעקה. תפלה שאין אנו בטוחין כל כך שמועיל תפלתו לצעוק עליהן בשבת וכו' מפי מורי לשון אחר לעזרה דקאמר תנא קמא מתריעין דמשמע בקול רם ואמר ליה רבי יוסי לעזרה שיהו מתפללין כל אחד ביתו לעזרה בעלמא [לעיל יד.]. **שמעון התימני.** מתמנת היה כדכתיב (שופטים טו) שמשון חתן התימני מתמנת [ביצה כא.]. **המעגל.** לירקל"א כדקרינן חוני המעגל על שם עוגה [מנחות לד:]. **עג עוגה.** שורה עגולה כמו עוגה שהיתה עגולה [לקמן כג.]. עוגיות, עגול סביב כמו עג עוגה ועמד בתוכה (תענית דף יט.) [מו"ק ד:]. **צאו וראו אם נימחת אבן הטועין.** אם נכסת בגשמים שגבהו הגשמים למעלה הימנו ויש גשמים יותר מדאי ואתפלל עליהם שילכו [ב"מ כח:]. **אלמלא חוני אתה.** ואדם גדול [לקמן כג.]. שלא שמך בגדולה ובחשיבות [ברכות יט.]. **גוזרני עליך נידוי.** שמנדין על כבוד הרב שהטיח דברים ואמר לא כך שאלתי [לקמן שם]. לפי שהטריח לפני המקום על עסק גשמים לא כך שאלתי כמה פעמים וכבוד המקום כבוד הרב הוא [ברכות שם]. **מתחטא.** לשון חטא כלומר הרי הולך וחוטא [ברכות שם ועי' מסוה"ש]. לשון חוטא נקל בלבו לחטוא לאביו ולהטריחו על תאותו [לקמן שם]. ומתחטא, נטייל כמו (תענית דף יט.) בן מתחטא לפני אביו [מנחות סו.]. נתחטא לשון ירידה וחבירו במסכת תענית (דף יט.) בן המתחטא לפני אביו [בכורות נז:]. **קודם הנץ החמה לא ישלימו.** דהלכי לא חל עלייהו תענית כי נחתי גשמים. **קודם חצות.** דהלות זמן אכילה היא מתלות ואילך חל התענית כיון שלא סעדו בשעת סעודה. **ועשו יום טוב.** מתוך שמחה. **הלל הגדול.** הודו לאלהי האלהים כי לעולם חסדו ומפני שנאמר בו נותן לחם לכל בשר כדלאמרינן בשילהי פסחים (דף קיח.) [לקמן כה:]. **לא צריכא דאקון.** בשעה שייבשו עלו בקנה. **מהו דתימא אקנתא מילתא היא.** דמשעלו בקנה אם מתייבשים חוזרים ומתקנים ומלתא דלא שכיחא הוא שיהו מתקלקלין לגמרי [גיטין ל. עי' הגהת הגרי"פ].

taught explicitly: **THEY CHANGED**, which implies that we do not cry out if they dried. Why was it necessary for Rav Nachman to clarify anything?[39]

The Gemara answers:

לֹא צְרִיכָא – **No, it was necessary** for Rav Nachman to clarify **דְּאַקּוּן** – in a case **where the stalks grew** somewhat after the crops dried up. **מַהוּ דְּתֵימָא** – For **you might have** mistakenly **said** that **אַקַּנְתָּא מִילְּתָא הִיא** – **growth of the stalk is significant,** and that these crops can recover, so we should cry out and declare a public fast. **קָמַשְׁמַע לָן** – **[Rav Nachman]** therefore **informs us** that such growth is insignificant. The crops still cannot possibly recover, and crying out would be in vain.[40]

The Gemara now discusses the next part of our Mishnah, which states:

וְכֵן שֶׁפָּסְקוּ גְשָׁמִים בֵּין גֶּשֶׁם לְגֶשֶׁם כו׳ – **SIMILARLY, IF THE RAINS CEASED** to fall **BETWEEN THE** first **RAINS AND THE** second **RAINS etc.** [for forty days, we cry out because this is an affliction of food shortage].

The Gemara asks:

מַאי מַכַּת בַּצּוֹרֶת – **What** does the Mishnah mean by **an affliction of food shortage?**[41]

The Gemara answers:

אָמַר רַב יְהוּדָה אָמַר רַב – **Rav Yehudah said in the name of Rav:** **מַכָּה הַמְבִיאָה לִידֵי בַּצּוֹרֶת** – The Mishnah means **"an affliction that leads to food shortage."**

The Gemara distinguishes between the less severe food shortage and the more severe famine:

אָמַר רַב נַחְמָן – **Rav Nachman said:** **נַהֲרָא אַנַּהֲרָא** – **River to river**

NOTES

39. [Certainly, the Mishnah's mention of crying out on account of "plants that have changed" does not automatically exclude other calamities. "Plants that have changed" is a prototype, and any calamity that is equivalent to "plants that have changed" is included in the directive to cry out immediately. Rather, the Gemara's question is that "plants that have dried," for which there is no natural cure, thereby differ fundamentally from "plants that have changed," and are thus clearly excluded from the Mishnah's directive to cry out.]

40. *Rashi.* [*Rashi* also cites an alternative explanation of Rav Nachman's qualification: If the plants dried up we do not cry out, because under normal circumstances the crops will recover on their own without any Divine intervention. The Gemara asks that this is evident. The Gemara answers that Rav Nachman refers to where the stalks were already grown but the grain not yet ripe when the plants dried up. You might have thought that since they were already grown when they dried up, the crops will not recover without Divine intervention. Rav Nachman therefore informs us that even in such a case, the crops will recover on their own without any Divine intervention.]

41. [Apparently, the Gemara is questioning the appropriateness of the term "affliction of food shortage" to refer to an interruption of rain, which does not yet cause any actual food shortage.]

אותה העיר מתענה ומתרעת וכל סביבותיה מתענות ולא מתריעות רבי עקיבא אומר מתריעות ולא מתענות וכן עיר שיש בה דבר או מפולת אותה העיר מתענה ומתרעת וכל סביבותיה מתענות ולא מתריעות רבי עקיבא אומר מתריעות ולא מתענות איזהו דבר עיר המוציאה חמש מאות רגלי ויצאו ממנה ג' מתים בג' ימים זה אחר זה (א) הרי זה דבר פחות מכאן אין זה דבר על אלו מתריעין בכל מקום על השדפון ועל הירקון ועל הארבה ועל החסיל ועל החיה רעה ועל החרב מתריעין עליה מפני שהיא מכה מהלכת מעשה שירדו זקנים מירושלים לעריהם וגזרו תענית על שנראה כמלא פי תנור שדפון באשקלון ועוד גזרו תענית על שאכלו זאבים שני תינוקות בעבר הירדן רבי יוסי אומר לא על שאכלו אלא על שנראו: (א) על אלו מתריעין בשבת על עיר שהקיפוה נכרים או נהר ועל הספינה המיטרפת בים ר' יוסי אומר (ב) לעזרה ולא לצעקה שמעון התימני אומר אף על הדבר ולא הודו לו חכמים: על כל צרה שלא תבא על הצבור מתריעין עליהן חוץ מרוב גשמים מעשה שאמרו לו לחוני המעגל התפלל שירדו גשמים אמר להם צאו והכניסו תנורי פסחים בשביל שלא ימוקו התפלל ולא ירדו גשמים מה עשה עג עוגה ועמד בתוכה ואמר לפניו רבש"ע בניך שמו פניהם עלי שאני כבן בית לפניך נשבע אני בשמך הגדול שאיני זז מכאן עד שתרחם על בניך התחילו גשמים מנטפין אמר לא כך שאלתי אלא גשמי בורות שיחין ומערות התחילו לירד בזעף אמר לא כך שאלתי אלא גשמי רצון ברכה ונדבה ירדו כתיקנן עד שיצאו ישראל מירושלים להר הבית מפני הגשמים באו ואמרו לו כשם שהתפללת עליהם שירדו כך התפלל שילכו להן אמר להם צאו וראו אם נמחית אבן הטוען שלח לו שמעון בן שטח אלמלא חוני אתה גוזרני עליך (ג) נידוי אבל מה אעשה לך שאתה מתחטא לפני המקום ועושה לך רצונך כבן שהוא מתחטא על אביו ועושה לו רצונו ועליך הכתוב אומר (א) ישמח אביך ואמך ותגל יולדתך: (מתני') היו מתענין וירדו להם גשמים קודם הנץ החמה לא ישלימו לאחר הנץ החמה ישלימו ר"א אומר קודם חצות לא ישלימו לאחר חצות ישלימו מעשה שגזרו תענית בלוד וירדו להם גשמים קודם חצות אמר להם ר' טרפון צאו ואכלו ושתו ועשו יו"ט ויצאו ואכלו ושתו ועשו יום טוב ובאו בין הערבים וקראו הלל הגדול: **גמ'** סדר תעניות האלו האמור ברביעה ראשונה ורמינהי רביעה ראשונה ושניה לשאול שלישית להתענות אמר רב יהודה ה"ק סדר תעניות האמור אימתי בזמן שיצאה רביעה ראשונה ושניה ושלישית ולא ירדו גשמים אבל ירדו גשמים ברביעה ראשונה וזרעו ולא צמחו אי נמי צמחו וחזרו ונשתנו מתריעין עליהן מיד אמר רב נחמן דוקא נשתנו אבל יבשו לא פשיטא נשתנו תנן לא צריכא (ד) דאקון מהו דתימא אקנתא מילתא היא קמשמע לן: וכן שפסקו גשמים בין גשם לגשם כו': מאי מכת בצורת אמר רב יהודה אמר רב מכה המביאה לידי בצורת אמר רב נחמן נהרא אנהרא בצורתא

רש"י

ה"ג אותה העיר מתענה ומתרעת וכל סביבותיה מתענות ולא מתריעות. ולפיכך מתענות (ה) שאותה העיר שלא ירדו עליה גשמים תלך לקנות התבואה באותה העיר ויהיה בה רעב: או מפולת. שחומותיה והבתים נופלין ברוח: מתריעים בכ"מ. אם (ו) יראו באספמיא מתריעין בבבל בבבל מתריעין באספמיא כדקתני טעמא בסיפא מפני שהיא מכה מהלכת אם במקום אחד היא מתריעין עליה כל השומעין כדי שלא תבא עליהן: שדפון. בתבואות: ירקון. חולי: חיה רעה. משכלת בני אדם: חרב. חיילות ההולכין להרוג ולהשחית בכל מקום: מלא תנור. מפרש בגמ': לעריהם. בא"י: באשקלון. בארץ פלשתים: ועל שאכלו זאבים. שהיא חיה רעה ומכה מהלכת היא: שנראו. ובאו בעיר: מתריעין. בעננו: המטורפת. מלשון טרף אבנא (ברכות דף כח.) ומלשון בילה טרופה (עדיות פ"ב מ"ד) כו' כדמפרש בפרק שלמעלה (דף יד.): שמעון התימני. מתמנה היה: שלא תבא. לישנא מעליא נקט: מרוב גשמים. לאו כגון שירדה על עיר אחת ועל עיר אחת לא ירדה שהם ודאי שתיהן לקללה כדאמר רב יהודה (לעיל ו:) תמטר (כ) מקום מטר שמקלקל תבואה אלא כבר ירדו וטורח הם לבני אדם אבל אינן מקלקלין תבואות וטעמא מפרש בגמרא למה אין מתריעין: תנורי פסחים. שהם באגרות ושל חרס הן ומטלטלין אותן שלא ימוקו בגשמים: גשמי בורות. שיפוע גשמים למלאות בורות: ונדבות. רצון ועין יפה: אבן הטוען. אבן טוען היתה בירושלים וכל מי שאבדה לו אבידה כו' בבבא מציעא (דף כח:): לנדות. (ז) על כבוד הרב: מתחטא. פורפיי"ש בלע"ז ישמח אביך ואמך ותגל יולדתך: גמ' רביעה ראשונה ושניה לשאול. שאף על פי שלא ירדו גשמים לא בראשונה ולא בשניה לא היו מתענין אלא שואלין וקשיין מתני' דקתני סדר תעניות אלו האמור ברביעה ראשונה וברייתא אהדדי: הכי קאמר כו'. (ח) וכגון רביעה ראשונה שניה ושלישית דכולי יורה קרי ליה רביעה [א] כך שמעתי: דוקא נשתנו. דכי נשתנו ודאי הוא דמתריעין מיד דצריך להתפלל עליה (ט) שיחזיר ביופי כתקנן: אבל יבשו. לא צריך דמכאן ואילך לא יועיל והוא תפלת שוא אפילו יבשו כשהן חטין עדיין דקין אפילו הכי לא מתריעין: הכי גרסינן. פשיטא (י) שנו תנן לא צריכא דאקון מהו דתימא כו': דאקון. שעלו בקנה שנתקנו מעט לאחר שנתייבשו: מהו דתימא אקנתא מילתא היא. דהואיל ונתקנו מעט אם יתפלל מועיל להם קא משמע לן רב נחמן דאקנא לאו מילתא ל"א אבל יבשו לא דממילא חוזרין: לא צריכא דאקון. שעלו בקנה מהו דתימא אקנתא מילתא היא דכיון שעלו בקנה ועדיין לא בשלו כל צרכן ודאי אי לא מתריעין תו לא גדלי קמשמע לן דלאו מילתא היא דאף על גב דאקון אכתי גדלי טפי: נהרא אנהרא בצורתא. כשאין תבואה בעיר אחת ויש בעיירות אחרות ואפשר להביא מזו לזו דרך נהר בספינה: בצורתא

תוספות

לא צריכא דאקון. פי' לאחר שעלו בקנה נתייבשו מהו דתימא אקנתא מילתא היא פי' דהואיל ועלו בקנה ולא נתבשלו כל צורכם ליבעי התרעה קמ"ל דלאו מילתא היא: **נהרא** אנהרא בצורתא. פי' (כ) (ל) הכי בשאין תבואה בעיר ויש הרבה בשאר עיירות ויכולין להביא מזו לזו היינו מקרי בצורת ולא מקרי רעב (ל) ומאחר שיכולין להביא ע"י הנהר דליכא אלא טרחא זעירא ומהאי כלומר מדבר מועט כזה אין מתריעין מדינתא אמדינתא פירוש שצריך להוליא ממדינה למדינה אחרת ע"י חמורים וסוסים ואז מתריעין דאי אפשר להביא בשפע כ"כ כמו בספינות ל"א נהרא אנהרא כלומר אם יבש הנהר זה וצריך להסב נהר אחר לכאן אי נמי צריך להמתין עד שיגדל הנהר האחר ויבא בכאן זה בצורת ולא מתריעין מדינתא אמדינתא אם יבשו כל הנהרות שבזו העיר וצריכין להביא מים מעיר אחרת כפנא וקשה דבמתני' משמע דאבצורת (מ) מתענין דקתני מתריעין עליהן מפני שהיא מכת בצורת ויש לומר דמכת בצורת דמתני' הוי כמו דכפנא כאשר פירשתי שתחת חטה יצא חוח ומשום הכי מתריעין אע"ג דעדיין אינו רק בצורת הואיל וסופו רעב מתריעין אע"ג דאכתי לא הוו כפנא אבל לעולם אין מתריעין על מכת בצורת אי לא מלי לבא לידי רעב ולהכי קאמר הכא דנהרא אנהרא דלא הוי אלא כי בצורתא ולא מתריעין: נהירנא

מסורת הש"ס

א) לעיל יד., ב) [ז"ל רש"י מנחות לד: ד"ה דעגיל וכו' כדקרינן חוני המעגל על שם עוגה], ג) [עי' פירש"י לקמן כג. ד"ה עוגה], ד) ב"מ כח., ה) [שם איתא הטוען וע"ש תוס' מ"ש בשם הירושלמי], ו) [ברכות יט.], ז) טעות הדפוס, ח) [רש"י ע"ז לקמן כה:], ט) [גיר' רא"ש הונא], י) [גיטין ל. ע"ש ל"ע על לשון אחרון שכתב רש"י וכן תוס' ד"ה לא צריכא], כ) תמטר תהא מקום, ל) הקונטרס כצ"ל.

גליון הש"ס

גמ' כבן שהוא מתחטא. עי' מנחות דף סו ע"ב תד"ה כנף רננים:

הגהות הגר"א

[א] רש"י ד"ה הכי קאמר כו' ליה רביעה. נ"ב ראשונה:

תורה אור השלם

א) יִשְׂמַח אָבִיךָ וְאִמֶּךָ וְתָגֵל יוֹלַדְתֶּךָ: [משלי כג, כה]

הגהות הב"ח

(א) גמ' ג' מתים בג' ימים זה אחר זה (הרי זה דבר פחות מכאן אין זה דבר) תא"מ ונ"ב ס"א אין זה: (ב) שם ר' יוסי אומר לעזרה ולא לצעקה. נ"ב עי' פירושו בדף יד ע"א: (ג) שם אלמלא חוני אתה גוזרני עליך לנדות אבל מה אעשה: (ד) שם לא צריכא דהדר אקון מהו דתימא: (ה) רש"י ד"ה ה"ג אותה כו' ולפיכך מתענות מפני שאותה העיר וכו' התבואה באותה שבסביבותיה ויהיה בה רעב: (ו) ד"ה מתריעים בכ"מ אם נראה באספמיא כו' שהיא מכה מהלכת ולפיכך אף אם במקום אחד: (ז) ד"ה לנדות שמנדין על כבוד הרב שהטיח דברים לאמר לא כך שאלתי הס"ד: (ח) ד"ה הכי קאמר כו' כלומר סדר תעניות אלו אמור בשביל רביעה ראשונה כשעברה מכל וכל כגון רביעה ראשונה: (ט) ד"ה דוקא כו' להתפלל עליהן שיחזרו ביופי כתקנן אבל יבשו לא צריך כו' והוא תפלת שוא הד"א ומה"ד אבל יבשו. כשהן חטין עדיין כו': (י) ד"ה ה"ג פשיטא נשתנו תנן לא צריכא דהדר אקון מהו דתימא כו' דאקון שעלו כו' שנתייבשו מהו דתימא כו' דאקנתא לאו מילתא הד"א והס"ד: (כ) תוס' ד"ה נהרא כו' כשאין כצ"ל ותיבת הכי נמחק: (ל) בא"ד ולא מיקרי רעב דמאחר שיכולין כו' זעירא ומהאי מילתא כלומר כו' ע"י חמורים וסוסים כפנא פי' ואז מתריעין: (מ) בא"ד דבמתני' משמע דאבצורת מתריעין דקתני מתריעין כו' כאשר פירש"י שתחת חטה כו' אע"ג דעדיין אינו בא רעב כ"א בצורת הואיל:

עין משפט נר מצוה

ב א מיי' פ"ב מהלכות תענית ה"ב טוש"ע א"ח סי' תקעו סעיף א וסעיף יב:
ג ב ג מיי' שם הל' ג והל' ה טוש"ע שם סעיף ב:
ד ד מיי' שם הל' י יא טוש"ע שם סעיף ח ט:
ה ה מיי' שם הלכה ז טוש"ע שם סעיף ו:
ו ו מיי' שם הלכה יא טוש"ע שם סעיף ח:
ז ז ח מיי' שם פ"א ה"ו ופ"ב מהלכות שבת הלכה כד סמג עשין ג טוש"ע שם סעיף יג וסי' רפח סעיף ט:
ח ט מיי' שם פ"ב הלכה טו טוש"ע א"ח סי' תקעו סעיף יא:
ט י מיי' שם פ"א הלכה טז טור ש"ע א"ח סימן תקעה סעיף א וסי' תקעה סעיף יא:
י כ מיי' שם טוש"ע א"ח סי' תקעה סעיף יא:
יא ל מיי' שם פ"ב הלכה טז טוש"ע א"ח סי' תקעה סעיף ח:

רבינו חננאל

סדר תעניות האלו האמור ברביעה ראשונה כו'. תרצה רב יהודה הכי סדר תעניות האלו בזמן שיצתה רביעה ראשונה ושניה ולא ירדו גשמים. אבל אם ירדו גשמים וצמחו זרעים וחזרו ושנו. כלומר כמשו מתריעין עליהן מיד ודוקא שנו כעין כמוש אבל יבשו לגמרי אע"ג דהדור אקון אין מתריעין עליהן פי' אקון שחזרו לירוקתן כלומר חזרו לחיותן. ורבותינו הגאונים ז"ל אמרו האי אקון אקנתא לשון חזקה בלשון ארמית ובלשון הזה הוא בגטין (בפרק מי שאחזו קורדייקוס) [כל הגט דף ל ע"א] א) (פי' פרצידא דתותי קלא. זרע תבואה שהיא תחת אבן צומחת. פי' קלא מלשון (פסחים סב: וש"מ) שקל קלא פתק ביה). מכת בצורת. פי' רב יהודה מכה הבאה לידי בצורת. [אר"נ נהרא אנהרא] הוצרכו האנשים המסתפקין מים מזה הנהר לילך לנהר אחר. בצורת

חשק שלמה על רבינו חננאל

א) כל הסגור שייך לעיל בגמרא ריש דף ד'.

רבינו גרשום

עליהן הוי תפלת שוא: **דאקון** שנראה להן קצת תקנה: **נהרא אנהרא בצורתא** כשצריכין להביא מים מנהר זה להשקות שדות שעל נהר אחר לפי שאין באותו נהר אחר מים כדי סיפוק להשקות שדותיו זהו סימן בצורת:

ליקוטי רש"י

על עיר שהקיפוה נכרים. וצרין עליה. **נהר.** המתפשט ויוצא לחוץ לשטוף את השדה ואת הבתים. **המיטרפת.** כמו בילים טרופות (חולין דף סד.) שהולכת ונדה ועתידה להיטבע במים. **לעזרה.** צועקין לבני אדם שיבואו לעזרם. **ולא לצעקה.** תפלה שאין אנו בטוחין כל כך שתועיל תפלתנו לצעוק עליהן בשבת וכו' מפי מורי לשון אחר לעזרה דקאמר תנא קמא מתריעין דמשמע בקול רם ואמר ליה רבי יוסי לעזרה שיהו מתפללין כל אחד בביתו לעזרה בעלמא [לעיל יד.]. **שמעון התימני.** מתמנת היה כדכתיב (שופטים טו) שמשון חתן התימני מתמנת [ביצה כא.]. **המעגל.** לירקל"א כדקרין חוני המעגל על שם עוגה (תענית דף יט.) [מנחות צד:]. **עג עוגה.** שורה עגולה כמו עוגה שהיתה עגולה [לקמן כג.]. עוגיות, עגול סביב כמו עג עוגה ועמד בתוכה (תענית דף יט.) [מו"ק ד:]. **צאו וראו אם נימחת אבן הטוען.** אם נכסת בגשמים שגבהו הגשמים למעלה הימנו ויש גשמים יותר מדאי ואתפלל עליהם שילכו [ב"מ כח:]. **אלמלא חוני אתה.** ואדם גדול [לקמן כג.]. שילא שמך בגדולה ובחשיבות [ברכות יט.]. **גוזרני עליך נידוי.** שמנדין על כבוד הרב שהטיח דברים ואמר לא כך שאלתי [לקמן שם]. לפי שהטריח לפני המקום על עסק גשמים לא כך שאלתי כמה פעמים וכבוד המקום כבוד הרב הוא [ברכות שם]. **מתחטא.** לשון חטא כלומר הוי הולך וחוטא [לקמן שם]. לשון חוטא נקל בלבו לחטוא לאביו ולהטריחו על תאותו [ברכות שם ועי' מסוה"ש]. ונתחטא, נטייל כמו (תענית דף יט.) בן מתחטא לפני אביו [מנחות סו.]. נתחטא לשון ירידה וחבירו במסכת תענית (דף יט.) בן המתחטא לפני אביו [בכורות נג:]. **קודם הנץ החמה לא ישלימו.** דאכתי לא חל עלייהו תענית כי נחתי גשמים. **קודם חצות.** דתלות זמן אכילה היא מאלות ואילך חל התענית כיון שלא סעדו בשעת סעודה. **ועשו יום טוב.** מתוך שמחה. **הלל הגדול.** הודו לאלהי האלהים כי לעולם חסדו ומפני שנאמר בו נותן לחם לכל בשר כדאמרינן בשילהי פסחים (דף קיח.) [לקמן כה:]. **לא צריכא דאקון.** כשעה שייבשו עלו בקנה. **מהו דתימא אקנתא מילתא היא.** דמשעלו בקנה אם מתייבשים חוזרים ומתקנים ומלתא דלא שכיחא הוא שיהו מתקלקלין לגמרי [גיטין ל. עי' הגהת הגר"פ].

בצורתא מדינתא אמדינתא כפנא וא״ר חנינא סאה בסלע ושכיחא בצורתא ארבעה (א) ולא שכיחא כפנא א״ר יוחנן לא שנו אלא בזמן שהמעות בזול ופירות ביוקר אבל מעות ביוקר ופירות בזול מתריעין עליה מיד דא״ר יוחנן [א] נהירנא כד הוו קיימי ד׳ סאין בסלע והוו נפישי נפיחי כפן בטבריא מדלית איסר: ירדו לצמחין אבל לא לאילן: בשלמא לצמחים ולא לאילן משכחת לה דאתא ניחא ולא אתיא רזיא לאילן ולא לצמחין דאתיא רזיא ולא אתיא ניחא לזה ולזה אבל לא לבורות ולא לשיחין ומערות משכחת לה דאתיא רזיא וניחא [ב] מיהו טובא לא אתיא אלא הא דתניא ירדו לבורות לשיחין ולמערות אבל לא לזה ולזה היכי משכחת לה דאתיא בשפיכותא ת״ר [א] מתריעין על האילנות בפרום הפסח על הבורות ושיחין [א] ומערות (ב) אפילו בפרום החג ועל כולן אם אין להן מים לשתות מתריעין עליהן מיד ואיזהו מיד שלהן שני וחמישי ושני (ג) ועל כולן אין מתריעין עליהן אלא באפרכיא שלהן [ב] ואסכרא בזמן שיש בה מיתה מתריעין עליה בזמן שאין בה מיתה אין מתריעין עליה [ג] ומתריעין על הגובאי בכל שהוא רבי שמעון בן אלעזר אומר אף על החגב ת״ר מתריעין על האילנות בשאר שני שבוע על הבורות ועל השיחין ועל המערות אפילו בשביעית רשב״ג אומר אף על האילנות בשביעית מפני שיש בהן פרנסה לעניים תניא אידך מתריעין על האילנות בשאר שני שבוע על הבורות על השיחין ועל המערות אפילו בשביעית רבן שמעון בן גמליאל אומר אף על האילנות מתריעין על הספיחין בשביעית מפני שיש בהן פרנסה לעניים תניא א״ר אלעזר בן פרטא מיום שחרב בית המקדש נעשו גשמים [ג] צימוקין לעולם יש שנה שגשמיה מרובין ויש שנה שגשמיה מועטין יש שנה שגשמיה יורדין בזמנן ויש שנה שאין גשמיה יורדין בזמנן שנה שגשמיה יורדין בזמנן למה הוא דומה לעבד שנתן לו רבו פרנסתו בא׳ בשבת נמצאת עיסה נאפית כתיקנה ונאכלת כתיקנה שנה שאין גשמיה יורדין בזמנן למה הוא דומה לעבד שנתן לו רבו פרנסתו בע״ש נמצאת עיסה נאפית שלא כתיקנה ונאכלת שלא כתיקנה שנה שגשמיה מרובין למה הוא דומה לעבד שנתן לו רבו פרנסתו בבת אחת נמצאו ריחים טוחנות מן הכור (ד) מה שטוחנות מן הקב ונמצאת עיסה אוכלת מן הכור כמו אוכלת מן הקב שנה שגשמיה מועטין למה הוא דומה לעבד שנתן לו רבו פרנסתו מעט מעט נמצאו ריחיים מה שטוחנות מן הכור טוחנות מן הקב נמצאת עיסה כמה שנאכלת מן הכור אוכלת מן הקב ד״א בזמן שגשמיה מרובין למה הוא דומה לאדם שמגבל את הטיט אם יש לו מים רבים מים אינן כלין והטיט מגובל יפה אם יש לו מים מועטין מים כלים והטיט אינו מתגבל יפה ת״ר פעם אחת עלו כל ישראל לרגל לירושלים ולא היה להם מים לשתות הלך נקדימון בן גוריון אצל אדון אחד אמר לו הלויני שתים עשרה [ד] מעיינות מים לעולי רגלים ואני אתן לך שתים עשרה עינות מים ואם איני נותן לך הריני נותן לך שתים עשרה ככר כסף וקבע לו זמן כיון שהגיע הזמן ולא ירדו גשמים בשחרית שלח לו שגר לי או מים או מעות שיש לי בידך שלח לו עדיין יש לי זמן כל היום כולו שלי הוא בצהרים שלח לו שגר לי או מים או מעות שיש לי בידך שלח לו עדיין יש לי שהות ביום במנחה שלח לו שגר לי או מים או מעות שיש לי בידך שלח לו עדיין יש לי שהות ביום לגלג עליו אותו אדון אמר כל השנה כולה לא ירדו גשמים ועכשיו

רש״י

בצורתא. בלורת היא זו ולא רעב הואיל ויכולין ליסא בספינות: מדינתא אמדינתא. (ה) ולריכין להוליך ממדינה למדינה על ידי חמרים: כפנא. רעב ורעב קשה מבלורת לפי שאי אפשר להביא בשופי מ״ר (ו) לשון אחר נהרא אנהרא אם יבש מעיין זה ולריך להסב מעיין אחר בכאן אי נמי להמתין עד שיגדל נהר אחרת ויבא כאן בלורת הוא זה: מדינתא אמדינתא. אם יבשו כל הנהרות שבתוך העיר ולריכין להביא מים מעיר אחרת כפנא רעב הוא זה תקיפא מבלורתא: סאה בסלע ושכיחא. כי זבני סאה של חיטין בסלע דהיינו יוקר ומלויה לקנות בכל עת בלורתא: מעות ביוקר. אין מעות מלויות להן: נהירנא. אני זוכר: מדלית איסר. מאין מעות: דאתיא ניחא. ואמרינן בפירקא דלעיל (דף ג:) מיטרא ניחא לפירי ולתבואה ומיטרא רזיא לאילני (ז) דאתיא ניחא לפירי ואתיא רזא לאילנות: בשפיכתא. בכח גדול יותר מדאי דאינה טובה לא לזה ולא לזה שוב אמר רבי שפיכותא מטר דק ועבה יותר מדאי לאילני לא מהניא דלאו רזיא היא לצמחים נמי לא שהגשמים מרובין באין ושוטפין אותן: (ח) בפרום הפסח. בימי הפסח [א] על בורות שיחין ומערות אם לא ירדו להן גשמים: [ב] אפילו בפרום החג. להשקות זרעים ואת בהמתם: אם אין להם (ט) לשתות מתריעין וכו׳. אפילו [ג] בפרום החג דימות החמה נינהו אפילו הכי מתריעין משום דכולן לריכות לשתות: וכולן. כל אלו: בהיפרכיא שלהן. באותו מלכות שכלו שם מי בורות שיחין ומערות: ואסכרא. בולמל״ע בלע״ז פעמים שנקבע בתוך פיו של אדם ומת לשון כי יסכר פי דוברי שקר (תהלים סג) והיא סרונכה מיתה משונה: בזמן שיש בה מיתה. שהיא (י) משולחת מהלכת ומתים בה: על הגובאי. שמכלה את התבואה כל שהוא אפילו לא נראה אלא קלת בידוע שעתידין לבוא לרוב אבל חגב כל שהוא מלוי הוא ואינו מכלה כל כך כארבה: בשאר שני שבוע. דשמיטה אבל בשמיטה לא דהפקר נינהו: אפילו בשביעית. כל שעה לריכין לשתיה ואע״פ שהגשמים מועילין לקרקע בשביעית: רבן שמעון בן גמליאל אומר. מתריעין על האילנות ואף על הספיחין של שביעית שאינן חשובין כל כך: צמוקין. שיורדין בקושי מלשון ושדיים לומקים (הושע ט): למה הוא דומה. פרנסתו של כל (כ) השבת כולה: נאפת כתקנה. שיש לו פנאי לאפותה: פרנסתו בבת אחת. פרנסת כל השנה וטוחן אותה ביחד: נמצאת רחיים במה שאוכלת מן הכור כו׳. שכן דרך שמשתייר מן הקמח ברחיים וכן כשהגשמים יורדין מרובים ומרביעין את הארץ ומה שהיו טרשים בולעים מן (ל) הרוב בולעין מן המיעוט ומה שהרוח מנשבת ובולעת מן הרוב בולעת מן המיעוט: נמצאת עיסה. עריבה שלשין בה את הבלק שמשתייר בשוליה מן העיסה (מ) אף גשמים כשיורדין מעט מעט נבלעין בטרשי׳ ואין מרביעין את הארץ: ה״ג מימיו מרובין (נ) אינו כלין וטיט מתגבל יפה מימיו מועטין הטיט אינו מתגבל יפה. מים אינן כלין ויוכלו לגבל טיט הרבה כמה שירצה: נקדימון בן גוריון. עשיר גדול היה: ואני אתן לך י״ב מעיינות מים. כלומר שירדו גשמים ויתמלאו כל המעיינות מים אותן מעיינות לא היו נובעין מים כל כך ואינן מתמלאין מאיליהן כשאר מעיינות: ועכשיו

תוספות

נהירנא. פירוש ([ה] זכור) אני: בהפרכיא שלהן. פי׳ באותו מלכות: רבן שמעון בן גמליאל אומר אף על האילנות בשביעית מפני שיש בהם פרנסה לעניים. פי׳ הם הספיחים היולאין מהן ול״ל דסבר כמ״ד (פסחים דף נא:) ספיחי זרעים אסור דהיינו ר׳ עקיבא מדקאמר על האילנות ולא קאמר על הספיחים: נקדרה

עין משפט נר מצוה

יב א מיי׳ פ״ב מהלכות תענית הלכה טז טוש״ע א״ח סי׳ תקעה סעיף ח:
יג ב מיי׳ שם הלכה יג טוש״ע א״ח סי׳ תקעו סעיף ה:
יד ג מיי׳ שם הלכה י טוש״ע שם סעיף ח:

רבינו חננאל

בצורת כלומר עצירת מטר מדינה להביא ממדינה אחרת רעב. א״ר יוחנן ל״ש אלא שהמעות בזול ופירות ביוקר כלומר המשא ומתן מצוי ומרויחין בני אדם. אבל מעות ביוקר מתריעין מיד. וא״ר יוחנן נהירנא דהוו ד׳ סאין בסלע בטבריא והוו נפישי נפיחי כפן מדלית איסר. גשמי צמחים הבאים בניחותא. גשמי אילן היורדין ברזיא. לא לאילן ולא לזרעים אלא לבורות. כגון דנחתי בשפיכותא שוטפים ויורדין בבורות: ת״ר מתריעין על האילנות בפרוס הפסח ועל מי בורות שיחין ומערות בפרוס החג ועל כולן אינן מתריעין עליהן אלא באיפרכיא שלהן כלומר אנשי מקום בלבד. ואם אין להם מים לשתות מתריעין עליהן מיד ב׳ וה׳ וב׳. ועל האסכרה כל זמן שהיא ממיתה. ומתריעין על הגובאי ועל החגב [ועל האילנות ועל הספיחין] ובאילנות ובספיחי׳ בשביעית מפני שיש בהן פרנסה לעניים. ר׳ אלעזר בן פרטא אומר מיום שחרב ביהמ״ק לא ירדו גשמי ברכה ונעשו צמוקים לעולם. שנה שגשמיה ירדו בזמנן דומה לעבד שנתן לו רבו פרנסתו באחד בשבת כו׳. נמצאו טוחנין מן הכור כו׳. מדה אחת נשארת בפי הריחיים בכור כמה שנשארת מן הקב. וכך נדבקת מן העיסה בסדקי העריבה ובסביבותיה מן המעט כמו מן הרב. וכן בהגבלת הטיט. אם יש לו מים בבת אחת כדי גיבול שופך ומגביל ואם אין לו אלא מעט שופך מה שבידו ועד שיבואו אחרים יבשו הללו וכאלו לא שפך בהן כלום. א) כך סוגיא כו׳: ת״ר פעם אחת עלו ישראל לחג ולא היה [להם] מים לשתות הלך נקדימון כו׳

חשק שלמה על רבינו חננאל

א) אולי צ״ל כולה סוגיא פשוטה.

רבינו גרשום

מדינתא אמדינתא כפנא כשצריכין להביא מים ממדינה למדינה זו הוא סימן רעב: סאה בסלע ושכיחא בצורתא ד׳ סאין בסלע ולא שכיחא אע״ג דלא הוה יוקר הואיל ולא שכיחא הוי כפנא דאתיא הכי והכי ניחא ורזיא מיהו טובא לא אתא דליהוי לבורות לשיחין ולמערות היכי משכחת לה כיון דאתא לבורות היינו רזיא היינו לאילן: דאתיא בשפיכותא דהוי טפי מרזיא דלא ניחא לאילן אלא לבורות. באיפרכיא שלהן באותן שכונות שצריכין להן בשאר שני שבוע אבל לא בשביעית הואיל ואין אוכלין פירות הגדילין בשביעית: מפני שיש בהן צדקה לעניים דעניים אוכלין פירות הגדילין בשביעית. נעשו מי גשמים מצומקין שאין באין בשפע: נמצא ריחים שאוכלות מן הקב אוכלות מן הכור כלומר שאין קולטין הריחים מן הכור קמח יותר מן הקב דהיינו תקנתו: נמצאת עיסה שאין העריבה אוכלת מן העיסה מן הכור יותר מן הקב: וכן עיר שלא ירדו עליה גשמים ועל האחרת ירדה ואותה העיר שלא ירדה עליו מתענה:

מסורת הש״ס

א) ב״ב צא., ב) [רי״ף ורא״ש ל״ג הני ד׳ תיבות], ג) [ע׳ בערוך ערך סקמיון], ד) פ״א מעלות, ה) [צ״ל זוכר].

הגהות הב״ח

(א) גמ׳ ושכיחא בצורתא ארבעה סאין בסלע ולא שכיחא כפנא: (ב) שם מ״ר כו׳ ושיחין ומערות בפרום החג ואם אין להם מים כצ״ל ותיבות אפילו ותיבת על כולן נמחק: (ג) שם שני וחמישי ושני וכולן אין מתריעין עליהן ותיבת ועל נמחק: (ד) שם רחיים טוחנות מן הכור כמה שטוחנות מן כו׳ אוכלת מן הכור כמה שאוכלת מן הקב: (ה) רש״י ד״ה מדינתא אמדינתא דצריכין להוליך: (ו) ד״ה כפנא כו׳ מ״ר הס״ד: (ז) ד״ה דאתיא כו׳ לאילני הס״ד: (ח) ד״ה בפרום הפסח בימי הפסח הס״ד ואח״כ מה״ד על בורות וכו׳ גשמים הס״ד ואח״כ מה״ד בפרום ותיבת אפילו נמחק: (ט) ד״ה אם אין להם מים לשתות מתריעין אפי׳ קודם פרום החג: (י) ד״ה בזמן כו׳ שהיא מכה משולחת דמתים בה: (כ) ד״ה למה הוא דומה פרנסתו של כל השנה כולה: (ל) ד״ה נמצאת כו׳ שהיו טרשים בולעין מן המיעוט בולעין מן הרוב ומה שהרוח מנשבת ובולעת מן המיעוט בולעת מן הרוב: (מ) ד״ה נמצאת עיסה כו׳ מן העיסה הס״ד ומה״ד טוחנות מן הקב אף גשמים כו׳: (נ) ד״ה ה״ג מימיו מרובין מים אינן כלין כו׳ מימיו מועטין מימיו כלין והטיט אינו מתגבל:

הגהות הגר״א

[א] גמ׳ ומערות בפרום החג ואם אין כו׳. כצ״ל (וכ״ה ברי״ף ורא״ש ובתוספתא ומלת אפי׳ ליתא גם בגמ׳ דפוס ישן): [ב] רש״י ד״ה אפילו. רשום קו על מלה זו למחקה: [ג] שם ד״ה אם אין כו׳ אפי׳ קודם לפרום החג. כצ״ל:

הגהות מהר״ב רנשבורג

א] רש״י ד״ה בפרום הפסח. בימי הפסח הוא סה״ד:

ליקוטי רש״י

נהירנא. זכורני. מדלית איסר. לקטת בו לאם [רשב״ם ב״ב צא:]. דאתא ניחא. שיורד בנחת יפה לפירות התבואה. רזיא. בכח [לעיל ג:]. בורות שיחין ומערות. בור עגול הוא שיח ארוכה וקלרה מערה מרובעת ומכוסה בקירוי אלא שיש לה פה [ב״ק נ:]. ואסכרא. אישטראנגולמנ״ט בלע״ז שבתוך הגרון הוא בגרון מלנ״ט [כתובות ל:].

בַּצוֹרְתָּא – is a food shortage. When food is scarce in one city but food can be obtained from another city by river transport, the situation is deemed only a food shortage, and not a full-fledged famine. מְדִינְתָּא אַמְּדִינְתָּא כַּפְנָא – But **region to region is a famine.** When food is scarce in one city and food must be imported from another city by land route on beasts of burden, the situation is deemed a famine.[1]

Another distinction between situations:

וְאָמַר רַבִּי חֲנִינָא – **And R' Chanina said:** סְאָה בְּסֶלַע וּשְׁכִיחָא – If the price of wheat is at an inflated price of **one *se'ah*** of wheat **for one *sela,***[2] **but [wheat] is plentiful** and thus readily available, בַּצוֹרְתָּא – the situation is deemed only **a food shortage.** אַרְבָּעָה וְלֹא שְׁכִיחָא – However, even if the price of wheat is an inexpensive **four** *se'ah* for a *sela,*[3] **but [wheat] is not plentiful,** כַּפְנָא – the situation is deemed **a famine.**[4]

The Gemara qualifies R' Chanina's statement that an ample supply of expensive food is deemed only a condition of food shortage, not famine:

אָמַר רַבִּי יוֹחָנָן – **R' Yochanan said:** לֹא שָׁנוּ אֶלָּא בִּזְמַן שֶׁהַמָּעוֹת בְּזוֹל וּפֵירוֹת בְּיוֹקֶר – **They taught** this **only when money is inexpensive,** i.e. people have money to spend, **but produce is expensive.** אֲבָל מָעוֹת בְּיוֹקֶר וּפֵירוֹת בְּזוֹל – **But when money is expensive,** i.e. the economy is depressed and people are poor, **even if produce is inexpensive,** מַתְרִיעִין עָלֶיהָ מִיָּד – **we cry out immediately on its account.**[5] דְּאָמַר רַבִּי יוֹחָנָן – **For R' Yochanan said:** נְהִירְנָא כַּד הֲווּ קַיְימֵי ד׳ סְאִין בְּסֶלַע – **I remember when four *se'ah* sold for one *sela,*** the normal price, וַהֲווּ נְפִישֵׁי נְפִיחֵי כָּפָן בִּטְבֶרְיָא מִדְּלֵית אִיסָר – **yet there abounded** people with bellies **swollen from hunger in Tiberias since there was no money**[6] with which to purchase the food.

The Gemara now discusses that part of our Mishnah which states:

יָרְדוּ לִצְמָחִין אֲבָל לֹא לְאִילָן – IF [RAINS] FELL FOR CROPS, BUT NOT FOR TREES [or for trees and not for crops, or for both trees and crops but not enough to fill the reservoirs, we cry out immediately on this account]:

בִּשְׁלָמָא לִצְמָחִים וְלֹא לְאִילָן – **Now, it is understandable** how rains could fall **for crops but not for trees;** מִשְׁכַּחַת לָהּ דְּאָתָא נִיחָא וְלָא אַתְיָא רַזְיָא – **a case is found when light rains came but heavy rains did not come.** Light rains benefit crops, but heavy rains are necessary for trees.[7] לְאִילָן וְלֹא לִצְמָחִין – It is also understandable how rains could fall **for trees but not for crops;** דְּאַתְיָא רַזְיָא וְלָא אַתְיָא נִיחָא – a case is found **when heavy rains came but light rains did not come.** לָזֶה וְלָזֶה אֲבָל לֹא לְבוֹרוֹת וְלֹא לְשִׁיחִין וּמְעָרוֹת – It is also understandable how rains could fall **for both [crops and trees] but not for waterholes, ditches, and caves;** מִשְׁכַּחַת לָהּ דְּאַתְיָא רַזְיָא וְנִיחָא – **a case is found when heavy and light rains came,** מִיהוּ טוּבָא לֹא אַתְיָא – **however, a lot did not come.** Thus, the reservoirs did not fill up. אֶלָּא הָא דְּתַנְיָא – **But that which was taught in a Baraisa:** יָרְדוּ לְבוֹרוֹת לְשִׁיחִין וְלִמְעָרוֹת אֲבָל לֹא לָזֶה וְלָזֶה – Similarly, IF [RAINS] FELL FOR WATERHOLES, DITCHES AND CAVES, BUT NOT FOR [TREES OR CROPS], הֵיכִי מִשְׁכַּחַת לָהּ – **how is a case to be found?** If enough water fell to fill up the waterholes, how is it possible that it benefited neither the trees nor the crops?

The Gemara answers:

דְּאַתְיָא בִּשְׁפִיכוּתָא – The Baraisa is dealing in a case where **[the rains] came in a torrential downpour.** Thus, while there was enough rain to fill the reservoirs, it was beneficial for neither the crops nor the trees.

The Gemara cites a Baraisa that details the times at which various water shortages become critical enough to require fasting and crying out:

תָּנוּ רַבָּנָן – **The Rabbis taught in a Baraisa:** מַתְרִיעִין עַל הָאִילָנוֹת בִּפְרוֹס הַפֶּסַח – WE CRY OUT for rain ON ACCOUNT OF THE TREES that have not yet received sufficient water PESACH TIME;[8] [9] עַל הַבּוֹרוֹת וְשִׁיחִין וּמְעָרוֹת (אפילו)[10] בִּפְרוֹס הֶחָג – and ON ACCOUNT OF WATERHOLES, DITCHES, AND CAVES, that have not

NOTES

1. *Rashi.* [*Rashi* cites an alternative explanation: *River to river* – if one source of water dries up, but another source can be diverted to compensate – the situation is deemed only a food shortage. *Region to region* – if water must be imported from another city – the situation is deemed a famine.]

What is the significance of the Gemara's distinction between a food shortage and a famine? *Tos.* (19a ד״ה נהרא) explain that we cry out immediately only on account of an actual famine, but not on account of a food shortage. Although the Mishnah states that we cry out immediately on account of a food shortage, the Mishnah refers to a more serious type of food shortage that will eventually result in famine if not relieved.

Others, however, explain that there is no legal distinction between a food shortage and a famine. Even on account of the less severe food shortage, we cry out immediately, as stated in the Mishnah. And since the Mishnah stated that we cry out immediately on account of a food shortage, the Gemara proceeds to describe various conditions that constitute a food shortage and notes that more severe conditions constitute actual famine (*Ritva, Ran*; see also *Keren Orah*).

2. A *se'ah* is the volume of 144 eggs. A *sela* is a silver coin with a weight of (according to many authorities) 384 barleycorns of silver.

3. This is the normal price of wheat – see *Peah* 8:7.

4. The scarcity of food, even if inexpensive, creates a famine condition, whereas an ample supply of expensive food does not.

5. Because the situation is deemed a famine. However, when money is available, even if produce is very expensive, the situation is deemed only a food shortage, and we do not cry out immediately (see *Tosafos* 19a ד״ה נהרא and note 1 above).

[It is difficult to reconcile this statement of R' Yochanan with the alternative explanation cited in note 1, that we cry out immediately even on account of a mere food shortage. *Ritva*, though, offers the following explanation of the Gemara: The Mishnah mentioned that we cry out immediately on account of a food shortage to teach that we immediately impose the most stringent fasts *even though* the situation is merely one that leads to food shortage and not an actual famine. R' Chanina teaches that plentiful but expensive food is also a situation of food shortage, for which the Mishnah mandates immediate crying out even though it is not an actual famine. R' Yochanan observes that R' Chanina had to teach this only when money is plentiful. But if money is scarce, then even if food is inexpensive, the situation is one of famine, and it is obvious that we cry out immediately.

However, *Ritva* himself calls this explanation forced, and notes that other Gemara texts omit this statement of R' Yochanan altogether. See also *Keren Orah.*]

6. Literally: *issar.* An *issar* is a small coin, equal in value to 1/96 of a *sela.*

7. As stated above in the Gemara, 3b (*Rashi*).

8. The Mishnah stated that we cry out if rain fell in sufficient quantity to benefit crops but not trees. This Baraisa elaborates that the time for crying out for these delayed heavier rains is Pesach. For at that time of year, the trees in Eretz Yisrael normally begin to blossom, and a continued delay of heavy rains beyond the critical time of blossoming will ruin the fruit crop (*Ritva*; see also *Rambam, Hil. Taaniyos* 2:16; cf. alternate explanation in *Ritva*).

9. In *Bechoros* 58a the Gemara defines the identical term פְּרוֹס הַפֶּסַח used by the Mishnah (there 57b) as beginning 15 days before Pesach. This is reflected in the language of *Rambam,* who writes (*Hil. Taaniyos* 2:16): Also, if the time of Passover, *or close to it,* arrived in Eretz Yisrael, when it is the time for the trees to bloom there, and it had not rained, then we cry out and fast etc. See also *Meiri* and *Rashi* to *Rif*. Cf. *Gevuras Ari.*

10. *Bach* and the *Gra* delete the word אפילו, *even,* from the text of the Gemara and from *Rashi*. Our translation follows their emendation.

בצורתא. בלורת היא זו ולא רעב הואיל ויכולין ליטא בספינות: מדינתא אמדינתא. (ה) ולריכין להוליך ממדינה למדינה על ידי חמרים: כפנא. רעב ורעב קשה מבלורת לפי שאי אפשר להביא בשופי מ"ר (ו) לשון אחר נהרא אנהרא אם יבש מעיין זה ולריך להסב מעיין אחר בכאן אי נמי להמתין עד שיגדל נהר אחרת ויבא כאן בלורת הוא זה: מדינתא אמדינתא. אם יבשו כל הנהרות שבתוך העיר ולריכין להביא מים מעיר אחרת כפנא רעב הוא זה תקיפא מבלורתא: סאה בסלע ושכיחא. כי זבני סאה של חיטין בסלע דהיינו יוקר ומלויה לקנות בכל עת בלורתא: מעות ביוקר. אין מעות מלויות להן: נהירנא. אני זוכר: מדלית איסר. מאין מעות: דאתיא ניחא. ואמרינן בפירקא דלעיל (דף ג:) מיטרא ניחא לפירי ולתבואה ומיטרא רזיא לאילני (ז) דאתיא ניחא לפירי ואתיא רזא לאילנות: בשפיכתא. בכח גדול יותר מדאי דאינה טובה לא לזה ולא לזה שוב אמר רבי שפיכותא מטר דק ועבה יותר מדאי לאילני לא מהניא דלאו רזיא היא לצמחים נמי לא שהגשמים מרובין באין ושוטפין אותן: (ח) בפרום הפסח. בימי הפסח [א] על בורות שיחין ומערות אם לא ירדו להן גשמים: [ב] אפילו בפרום החג. להשקות זרעים ואת בהמתם: אם אין להם (ט) לשתות מתריעין וכו'. אפילו [ג] בפרום החג דימות החמה נינהו אפילו הכי מתריעין משום דכולן לריכות לשתות: וכולן. כל אלו: בהיפרכיא שלהן. באותו מלכות שכלו שם מי בורות שיחין ומערות: ואסכרא. בולמל"ע בלע"ז פעמים שנקבע בתוך פיו של אדם ומת לשון כי יסכר פי דוברי שקר (תהלים סג) והיא סרונכה מיתה משונה: בזמן שיש בה מיתה. שהיא (י) משולחת מהלכת ומתים בה: על הגובאי. שמכלה את התבואה כל שהוא אפילו לא נראה אלא קלת בידוע שעתידין לבוא לרוב אבל חגב כל שהוא מלוי הוא ואינו מכלה כל כך כארבה: בשאר שני שבוע. דשמיטה אבל בשמיטה לא דהפקר נינהו: אפילו בשביעית. כל שעה לריכין לשתיה ואע"פ שהגשמים מועילין לקרקע בשביעית: רבן שמעון בן גמליאל אומר. מתריעין על האילנות ואף על הספיחין של שביעית שאינן חשובין כל כך: צמוקין. שיורדין בקושי מלשון ושדיים לומקים (הושע ט): למה הוא דומה. פרנסתו של כל (כ) השנה כולה: נאפת כתקנה. שיש לו פנאי לאפותה: פרנסתו בבת אחת. פרנסת כל השנה וטוחן אותה ביחד: נמצאת רחיים במה שאוכלת מן הכור כו'. שכן דרך שמשתייר מן הקמח ברחיים וכן כשהגשמים יורדין מרוצים ומרביעין את הארץ ומה שהיו טרשים בולעים מן (ל) הרוב בולעין מן המיעוט ומה שהרוח מנשבת ובולעת מן הרוב בולעת מן המיעוט: נמצאת עיסה. עריבה שלשין בה את הבלק שמשתייר בשוליה מן העיסה (מ) אף גשמים כשיורדין מעט מעט נבלעין בטרשי' ואין מרביעין את הארץ: ה"ג מימיו מרובין (נ) אינו כלין וטיט מתגבל יפה מימיו מועטין הטיט אינו מתגבל יפה. מים אינן כלין ויוכלו לגבל טיט הרבה כמה שירלה: נקדימון בן גוריון. עשיר גדול היה: ואני אתן לך י"ב מעיינות מים. כלומר שירדו גשמים ויתמלאו כל המעיינות מים אותן מעיינות לא היו נובעין מים כל כך ואינן מתמלאין מאליהן כשאר מעיינות:

נהירנא. פירוש ([ה] זכור) אני: **בהפרכיא** שלהן. פי' באותו מלכות:

רבן שמעון בן גמליאל אומר אף על האילנות בשביעית מפני שיש בהם פרנסה לעניים. פי' הם הספיחים היולאין מהן ול"ל דסבר כמ"ד (פסחים דף נא:) ספיחי זרעים אסור דהיינו ר' עקיבא מדקאמר על האילנות ולא קאמר על הספיחים:

נקדרה

בצורתא מדינתא אמדינתא כפנא וא"ר חנינא סאה בסלע ושכיחא בצורתא ארבעה (א) ולא שכיחא כפנא א"ר יוחנן לא שנו אלא בזמן שהמעות בזול ופירות ביוקר אבל מעות ביוקר ופירות בזול מתריעין עליה מיד דא"ר יוחנן [א] נהירנא כד הוו קיימי ד' סאין בסלע והוו נפישי נפיחי כפן בטבריא מדלית איסר: ירדו לצמחין אבל לא לאילן: בשלמא לצמחים ולא לאילן משכחת לה דאתא ניחא ולא אתיא רזיא לאילן ולא לצמחין דאתיא רזיא ולא אתיא ניחא לזה ולזה אבל לא לבורות ולא לשיחין ומערות משכחת לה דאתיא רזיא וניחא [ב] מיהו טובא לא אתיא אלא הא דתניא ירדו לבורות לשיחין ולמערות אבל לא לזה ולזה היכי משכחת לה דאתיא בשפיכותא ת"ר [א] מתריעין על האילנות בפרום הפסח על הבורות ושיחין [א] ומערות (ב) אפילו בפרום החג ועל כולן אם אין להן מים לשתות מתריעין עליהן מיד ואיזהו מיד שלהן שני וחמישי ושני (ג) ועל כולן אין מתריעין עליהן אלא באפרכיא שלהן [ב] ואסכרא בזמן שיש בה מיתה מתריעין עליה בזמן שאין בה מיתה אין מתריעין עליה [ג] ומתריעין על הגובאי בכל שהוא רבי שמעון בן אלעזר אומר אף על החגב ת"ר מתריעין על האילנות בשאר שני שבוע על הבורות ועל השיחין ועל המערות אפילו בשביעית רשב"ג אומר אף על האילנות בשביעית מפני שיש בהן פרנסה לעניים תניא אידך מתריעין על האילנות בשאר שני שבוע על הבורות על השיחין ועל המערות אפילו בשביעית רבן שמעון בן גמליאל אומר אף על האילנות מתריעין על הספיחין בשביעית מפני שיש בהן פרנסה לעניים תניא א"ר אלעזר בן פרטא מיום שחרב בית המקדש נעשו גשמים [ג] צימוקין לעולם יש שנה שגשמיה מרובין ויש שנה שגשמיה מועטין יש שנה שגשמיה יורדין בזמנן ויש שנה שאין גשמיה יורדין בזמנן שנה שגשמיה יורדין בזמנן למה הוא דומה לעבד שנתן לו רבו פרנסתו בא' בשבת נמצאת עיסה נאפית כתיקנה ונאכלת כתיקנה שנה שאין גשמיה יורדין בזמנן למה הוא דומה לעבד שנתן לו רבו פרנסתו בע"ש נמצאת עיסה נאפית שלא כתיקנה ונאכלת שלא כתיקנה שנה שגשמיה מרובין למה הוא דומה לעבד שנתן לו רבו פרנסתו בבת אחת נמצאו ריחים טוחנות מן הכור (ד) מה שטוחנות מן הקב ונמצאת עיסה אוכלת מן הכור כמו אוכלת מן הקב שנה שגשמיה מועטין למה הוא דומה לעבד שנתן לו רבו פרנסתו מעט מעט נמצאו ריחיים מה שטוחנות מן הכור טוחנות מן הקב נמצאת עיסה כמה שנאכלת מן הכור אוכלת מן הקב ד"א בזמן שגשמיה מרובין למה הוא דומה לאדם שמגבל את הטיט אם יש לו מים רבים מים אינן כלין והטיט מגובל יפה אם יש לו מים מועטין מים כלים והטיט אינו מתגבל יפה ת"ר פעם אחת עלו כל ישראל לרגל לירושלים ולא היה להם מים לשתות הלך נקדימון בן גוריון אצל אדון אחד אמר לו הלויני שתים עשרה [ד] מעיינות מים לעולי רגלים ואני אתן לך שתים עשרה עינות מים ואם איני נותן לך הריני נותן לך שתים עשרה ככר כסף וקבע לו זמן כיון שהגיע הזמן ולא ירדו גשמים בשחרית שלח לו שגר לי או מים או מעות שיש לי בידך שלח לו עדיין יש לי זמן כל היום כולו שלי הוא בצהרים שלח לו שגר לי או מים או מעות שיש לי בידך שלח לו עדיין יש לי שהות ביום במנחה שלח לו שגר לי או מים או מעות שיש לי בידך שלח לו עדיין יש לי שהות ביום לגלג עליו אותו אדון אמר כל השנה כולה לא ירדו גשמים ועכשיו

ועכשיו

עין משפט נר מצוה

יב א מיי' פ"ג מהלכות תענית הלכה טז טוש"ע א"ח סי' תקעה סעיף ח:
יג ב מיי' שם הלכה יג טוש"ע א"ח סי' תקעו סעיף ה:
יד ג מיי' שם הלכה י טוש"ע שם סעיף ח:

רבינו חננאל

בצורת כלומר עצירת מטר מדינה להביא ממדינה אחרת רעב. א"ר יוחנן ל"ש אלא שהמעות בזול ופירות ביוקר כלומר המשא ומתן מצוי ומרויחין בני אדם. אבל מעות ביוקר מתריעין מיד. וא"ר יוחנן נהירנא דהוו ד' סאין בסלע בטבריא והוו נפישי נפיחי כפן מדלית איסר. גשמי צמחים הבאים בניחותא. גשמי אילן היורדין ברזיא. לא לאילן ולא לזרעים אלא לבורות. כגון דנחתי בשפיכותא שוטפים ויורדין בבורות: ת"ר מתריעין על האילנות בפרוס הפסח ועל מי בורות שיחין ומערות בפרוס החג ועל כולן אינן מתריעין עליהן אלא באיפרכיא שלהן כלומר אנשי מקום בלבד. ואם אין להם מים לשתות מתריעין עליהן מיד ב' וה' וב'. ועל האסכרה כל זמן שהיא ממיתה. ומתריעין על הגובאי ועל החגב [ועל האילנות ועל הספיחין] ובאילנות ובספיחי' בשביעית מפני שיש בהן פרנסה לעניים. ר' אלעזר בן פרטא אומר מיום שחרב ביהמ"ק לא ירדו גשמי ברכה ונעשו צמוקים לעולם. שנה שגשמיה ירדו בזמנן דומה לעבד שנתן לו רבו פרנסתו באחד בשבת כו'. נמצאו טוחנין מן הכור כו'. מדה אחת נשארת בפי הריחיים בכור כמה שנשארת מן הקב. וכך נדבקת מן העיסה בסדקי העריבה ובסביבותיה מן המעט כמו מן הרב. וכן בהגבלת הטיט. אם יש לו מים בבת אחת כדי גיבול שופך ומגביל ואם אין לו אלא מעט שופך מה שבידו ועד שיבואו אחרים יבשו הללו וכאלו לא שפך בהן כלום. א) כך סוגיא כו': ת"ר פעם אחת עלו ישראל לחג ולא היה [להם] מים לשתות הלך נקדימון כו'

חשק שלמה על רבינו חננאל

א) אולי צ"ל כולה סוגיא פשוטה.

רבינו גרשום

מדינתא אמדינתא כפנא כשצריכין להביא מים ממדינה למדינה זו הוא סימן רעב: **סאה בסלע ושכיחא בצורתא ד' סאין בסלע ולא שכיחא** אע"ג דלא הוה יוקר הואיל ולא שכיחא הוי כפנא **דאתיא הכי והכי ניחא ורזיא מיהו טובא לא אתא דליהוי לבורות לשיחין ולמערות היכי משכחת לה** כיון דאתא לבורות היינו רזיא היינו לאילן: **דאתיא בשפיכותא** דהוי טפי מרזיא דלא ניחא לאילן אלא לבורות. **באיפרכיא שלהן** באותן שכונות שצריכין להן בשאר שני שבוע אבל לא בשביעית הואיל ואין אוכלין פירות הגדילין בשביעית: **מפני שיש בהן צדקה לעניים** דעניים אוכלין פירות הגדילין בשביעית. **נעשו מי גשמים מצומקין** שאין באין בשפע: **נמצא ריחים שאוכלות מן הקב אוכלות מן הכור** כלומר שאין קולטין הריחים מן הכור קמח יותר מן הקב דהיינו תקנתו: **נמצאת עיסה** שאין העריבה אוכלת מן העיסה מן הכור יותר מן הקב: **וכן עיר שלא ירדו עליה גשמים** ועל האחרת ירדה ואותה העיר שלא ירדה עליו מתענה:

מסורת הש"ס

א) ב"ב לא., ב) [רי"ף ורא"ש ל"ג הני ד' תיבות], ג) [ע' בערוך ערך סקמיון], ד) ס"א מעלות, ה) [צ"ל זוכר].

הגהות הב"ח

(א) גמ' ושכיחא בלורתא ארבעה סאין בסלע ולא שכיחא כפנא: (ב) שם ת"ר כו' ושיחין ומערות בפרום החג ואם אין להם מים כל"ל ותיבות אפילו ותיבת על כולן נמחק: (ג) שם שני וחמישי ושני וכולן אין מתריעין עליהן ותיבת ועל נמחק: (ד) שם רחיים טוחנות מן הכור כמה שטוחנות מן כו' אוכלת מן הכור כמה שאוכלת מן הקב: (ה) רש"י ד"ה מדינתא אמדינתא דלריכין להוליך: (ו) ד"ה כפנא כו' מ"ר הס"ד: (ז) ד"ה דאתיא כו' לאילני הס"ד: (ח) ד"ה בפרום הפסח בימי הפסח הס"ד ואח"כ מה"ד על בורות וכו' גשמים הס"ד ואח"כ מה"ד בפרום ותיבת אפילו נמחק: (ט) ד"ה אם אין להם מים לשתות מתריעין אפי' קודם פרום החג: (י) ד"ה בזמן כו' שהיא מכה משולחת דמתים בה: (כ) ד"ה למה הוא דומה פרנסתו של כל השנה כולה: (ל) ד"ה נמלאת כו' שהיו טרשים בולעין מן המיעוט בולעין מן הרוב ומה שהרוח מנשבת ובולעת מן המיעוט בולעת מן הרוב: (מ) ד"ה נמלאת עיסה כו' מן העיסה הס"ד ומה"ד טוחנות מן הקב אף גשמים כו': (נ) ד"ה ה"ג מימיו מרובין מים אינן כלין כו' מימיו מועטין מימיו כלין והטיט אינו מתגבל:

הגהות הגר"א

[א] גמ' ומערות בפרום החג ואם אין כו'. כצ"ל (וכ"ה ברי"ף ורא"ש ובתוספתא ומלת אפי' ליתא גם בגמ' דפוס ישן): [ב] רש"י ד"ה אפילו. רשום קו על מלה זו למחקה: [ג] שם ד"ה אם אין כו' אפי' קודם לפרום החג. כצ"ל:

הגהות מהר"ב רנשבורג

א] רש"י ד"ה בפרום הפסח. בימי הפסח הוא סה"ד:

ליקוטי רש"י

נהירנא. זוכרני. מדלית איסר. לקנות בו לחם [רשב"ם ב"ב צא:]. דאתא ניחא. שיורד בנחת יפה לפירות התבואה. רזיא. בכח [לעיל ג:]. בורות שיחין ומערות. בור עגול הוא שיח ארוכה וקצרה מערה מרובעת ומכוסה בקרוי אלא שיש לה פה [ב"ק נ:]. ואסכרא. איסטראנגולמנ"ט בלע"ז שבתוך הגוף [ברכות ח.]. הוא בגרון מלנ"ע [כתובות ל:].

yet been filled SUCCOS TIME.[11] (ועל כולן)[12] אם אין להן מים לשתות – AND IF THEY DO NOT HAVE sufficient WATER TO DRINK, מתריעין עליהן מיד – WE CRY OUT IMMEDIATELY ON THEIR ACCOUNT, even during the summer months (that precede Succos).[13] ואיזהו מיד שלהן – AND WHAT IS the definition of "IMMEDIATELY" REGARDING THEM [these calamities]? שני וחמישי ושני – MONDAY, THURSDAY, AND MONDAY.[14] ועל כולן אין מתריעין עליהן אלא באפרכיא שלהן – AND IN REGARD TO ALL OF THEM, WE CRY OUT ON THEIR ACCOUNT ONLY WITHIN THE AFFECTED COUNTRY.[15] ואסכרא – AND in regard to the contagious disease *ASKARA*,[16] בזמן שיש בה מיתה מתריעין עליה – WHEN IT CAUSES DEATH, WE CRY OUT ON ITS ACCOUNT.[17] בזמן שאין בה מיתה אין מתריעין עליה – WHEN IT DOES NOT CAUSE DEATH, WE DO NOT CRY OUT ON ITS ACCOUNT. ומתריעין על הגובאי בכל שהוא – AND WE CRY OUT ON ACCOUNT OF *GOVAI* LOCUSTS EVEN FOR THE SLIGHTEST AMOUNT, i.e. even if only a few locusts are sighted.[18] רבי שמעון בן אלעזר אומר – R' SHIMON BEN ELAZAR SAYS: אף על החגב – FOR *CHAGAV* LOCUSTS AS WELL, we cry out if even a few are sighted.[19]

Another Baraisa concerning crying out on account of delayed rain:

תנו רבנן – **The Rabbis taught in a Baraisa:** מתריעין על האילנות – WE CRY OUT ON ACCOUNT OF insufficient rain for THE TREES בשאר שני שבוע – DURING THE OTHER YEARS OF THE SEVEN-YEAR CYCLE, but not during the *Shemittah* year, since the fruits of that year are considered ownerless.[20] על הבורות ועל השיחין ועל המערות – But ON ACCOUNT OF insufficient water for THE WATERHOLES, DITCHES, AND CAVES, we cry out אפילו בשביעית – EVEN DURING THE *SHEMITTAH* YEAR, since people need drinking water then as well. רבן שמעון בן גמליאל אומר – RABBAN SHIMON BEN GAMLIEL SAYS: אף על האילנות בשביעית – EVEN DURING THE *SHEMITTAH* YEAR, we cry out ON ACCOUNT OF insufficient rain for THE TREES, מפני שיש בהן פרנסה לעניים – BECAUSE THEY PROVIDE SUSTENANCE FOR THE POOR.[21]

The Gemara cites a similar Baraisa:

תניא אידך – **It was taught in another Baraisa:** מתריעין על האילנות – WE CRY OUT ON ACCOUNT OF insufficient rain for THE TREES בשאר שני שבוע – DURING THE OTHER YEARS OF THE SEVEN-YEAR CYCLE, but not during the *Shemittah* year. על הבורות על השיחין ועל המערות אפילו בשביעית – But ON ACCOUNT OF insufficient water for THE WATERHOLES, DITCHES, AND CAVES, we cry out EVEN DURING THE *SHEMITTAH* YEAR. רבן שמעון בן גמליאל אומר – RABBAN SHIMON BEN GAMLIEL SAYS: אף על האילנות – EVEN ON ACCOUNT OF insufficient water for THE TREES do we cry out in the *Shemittah* year. מתריעין על הספיחין בשביעית – And furthermore, R' Shimon ben Gamliel said: WE CRY OUT ON ACCOUNT OF insufficient water for THE AFTERGROWTH of plants[22] DURING THE *SHEMITTAH* YEAR, מפני שיש בהן פרנסה לעניים – BECAUSE THEY PROVIDE SUSTENANCE FOR THE POOR.[23]

תניא – **It was taught in a Baraisa:** אמר רבי אלעזר בן פרטא – R' ELAZAR BEN PERATA SAID: מיום שחרב בית המקדש – FROM THE DAY THAT THE TEMPLE WAS DESTROYED, נעשו גשמים צימוקין לעולם – THE sources of RAINS HAVE BEEN TIGHTENED FOR THE WORLD, i.e. the rain does not fall freely:[24] יש שנה שגשמיה מרובין – Thus, THERE MAY BE ONE YEAR WHOSE RAINS ARE ABUNDANT, ויש שנה שגשמיה מועטין – but then THERE IS A YEAR WHOSE RAINS ARE SPARSE; יש שנה שגשמיה יורדין בזמנן – THERE MAY BE ONE YEAR WHOSE RAINS FALL IN THEIR PROPER TIME, ויש שנה שאין גשמיה יורדין בזמנן – but then THERE IS A YEAR WHOSE RAINS DO NOT FALL IN THEIR PROPER TIME. שנה שגשמיה יורדין בזמנן למה הוא דומה – THE YEAR WHOSE RAINS FALL IN THEIR PROPER TIME – TO WHAT CAN IT BE COMPARED? לעבד שנתן לו רבו פרנסתו בא׳ בשבת – TO A SERVANT WHOSE MASTER HAS GIVEN HIM HIS weekly ALLOTMENT of grain ON SUNDAY, and who therefore has sufficient time to properly bake the dough, even for the following Sabbath. נמצאת עיסה נאפית כתיקנה ונאכלת כתיקנה – AS A RESULT, THE DOUGH IS BAKED PROPERLY AND MAY BE EATEN PROPERLY. Similarly, when rain falls in the proper time, crops have sufficient time to ripen properly. שנה שאין גשמיה יורדין בזמנן למה הוא דומה –

NOTES

11. [If the very heavy rains needed to fill the reservoirs do not fall, we cry out Succos time for heavy rains even if there is sufficient drinking water for people,] since these reservoirs are needed to water the animals and for irrigation (*Rashi*).

Alternatively, *Ritva* (based on *Yerushalmi*) explains חַג in this context as referring to the Festival of Shavuos.

12. *Bach* and the *Gra* delete the words על כולן, *on all of them,* from the text. Our translation follows their emendation.

13. When it is highly unusual for rain to fall in Eretz Yisrael, and it is almost like praying for a miracle (*Ritva*). This is because drinking water is an absolute necessity for everyone (*Rashi*).

14. I.e. even though the Rabbis have determined that the situation warrants crying out, they do not declare a fast that very day or on consecutive days, but they wait for Monday and institute a series of Monday, Thursday, and Monday (*Ritva*). However, special prayers may be instituted immediately, even on the Sabbath (ibid.).

15. By "all of them," the Mishnah means a lack of rain for trees, low reservoirs, and a lack of drinking water (*Rashi;* see *Gevuras Ari* and *Tos. Yom Tov* 3:3). Others explain that this refers to all calamities, even those that have a tendency to spread. The tendency to spread is considered a threat to the rest of the country but not to a different country (*Ritva* and *Ran*).

16. Whereby the throat is constricted, causing difficulty in breathing. The ruling applies to all contagious diseases (*Meiri; Orach Chaim* 576:5).

17. *Rama* and *Mishnah Berurah* ad loc. discuss how many people must die before we cry out.

18. Because the all-consuming *govai* locusts generally swarm in large numbers and we must assume that many more will come. However, we do not cry out on account of *chagav* locusts, because they often appear in small numbers and do not consume as much vegetation as *govai* locusts (*Rashi*).

19. R' Shimon ben Elazar considers even the sighting of a few *chagav* locusts cause for immediate alarm.

See 22a for further discussion regarding locusts.

20. The Torah declares every seventh year the Sabbatical year [*Shemittah*]. The land of Eretz Yisrael may not be cultivated in any way, and the fruits that grow naturally are considered ownerless (see *Lev.* 25:1-7).

[Since the fruits that do grow are ownerless and may be freely taken by all, people do not rely on these fruits as their primary source of food, but rather on the stored surplus of the previous year (see *Leviticus* 25:20-22). Therefore, the failure of trees to produce fruit in the seventh year is not deemed a calamity that warrants crying out.]

21. Though people, in general, are sustained during the *Shemittah* year primarily by the surplus crops of the previous year, which they have stored or now purchase (see preceding note), the poor people rely heavily on the wild produce of the *Shemittah* year itself (see *Exodus* 23:11).

22. That is, the crops that grow wild in the seventh year from the seeds or plants that remained in the fields after the harvest of the sixth year.

23. Even though the aftergrowth of plants are not as important to the poor as the wild fruit, R' Shimon ben Gamliel still reckons them sufficiently important for the sustenance of the poor to warrant crying out on their behalf (*Rashi*).

24. For when the Temple stood, the Kohen Gadol offered a special prayer for rain on Yom Kippur. We no longer have the benefit of this prayer (*Maharsha*).

Aruch (ד״ה סקימיון) explains that the rains in Israel are a reflection of the spiritual standing of the Jewish people; the amount of rain increases or decreases according to their righteousness.

עין משפט נר מצוה

יב א מיי' פ"ב מהלכות תענית הלכה טז טוש"ע א"ח סי' תקעה סעיף ח:
יג ב מיי' שם הלכה יג טוש"ע א"ח סי' תקעו סעיף ה:
יד ג מיי' שם הלכה י טוש"ע שם סעיף ח:

רבינו חננאל

בצורת כלומר עצירת מטר מדינה להביא ממדינה אחרת רעב. א"ר יוחנן ל"ש אלא שהמעות בזול ופירות ביוקר כלומר המשא ומתן מצוי ומרויחין בני אדם. אבל מעות ביוקר מתריעין מיד. וא"ר יוחנן נהירנא דהוו ד' סאין בסלע בטבריא והוו נפישי נפיחי כפן מדלית איסר. גשמי צמחים הבאים בניחותא. גשמי אילן היורדין ברזיא. לא לאילן ולא לזרעים אלא לבורות. כגון דנחתי בשפיכותא שוטפים ויורדין בבורות: ת"ר מתריעין על האילנות בפרוס הפסח ועל מי בורות שיחין ומערות בפרוס החג ועל כולן אינן מתריעין עליהן אלא באיפרכיא שלהן כלומר אנשי מקום בלבד. ואם אין להם מים לשתות מתריעין עליהן מיד ב' וה' וב'. ועל האסכרה כל זמן שהיא ממיתה. ומתריעין על הגובאי ועל החגב [ועל האילנות ועל הספיחין] ובאילנות ובספיחי' בשביעית מפני שיש בהן פרנסה לעניים. ר' אלעזר בן פרטא אומר מיום שחרב ביהמ"ק לא ירדו גשמי ברכה ונעשו צמוקים לעולם. שנה שגשמיה ירדו בזמנן דומה לעבד שנתן לו רבו פרנסתו באחד בשבת כו'. נמצאו טוחנין מן הכור כו'. מדה אחת נשארת בפי הריחיים בכור כמה שנשארת מן הקב. וכך נדבקת מן העיסה בסדקי העריבה ובסביבותיה מן המעט כמו מן הרב. וכן בהגבלת הטיט. אם יש לו מים בבת אחת כדי גיבול שופך ומגביל ואם אין לו אלא מעט שופך מה שבידו ועד שיבואו אחרים יבשו הללו וכאלו לא שפך בהן כלום. א) כך סוגיא כו': ת"ר פעם אחת עלו ישראל לחג ולא היה [להם] מים לשתות הלך נקדימון כו'

חשק שלמה על רבינו חננאל

א) אולי צ"ל סלה סוגיא פשוטה.

רבינו גרשום

מדינתא אמדינתא כפנא כשצריכין להביא מים ממדינה למדינה זו הוא סימן רעב: **סאה בסלע ושכיחא בצורתא** ד' סאין בסלע ולא שכיחא אע"ג דלא הוה יוקר הואיל ולא שכיחא הוי כפנא **דאתיא הכי והכי** ניחא ורזיא מיהו טובא לא אתא דליהוי לבורות לשיחין ולמערות היכי **משכחת לה** כיון דאתא לבורות היינו רזיא היינו לאילן: **דאתיא בשפיכותא** דהוי טפי מרזיא דלא ניחא לאילן אלא לבורות. **באיפרכיא שלהן** באותן שכונות שצריכין להן בשאר שני שבוע אבל לא בשביעית הואיל ואין אוכלין פירות הגדילין בשביעית: **מפני שיש בהן צדקה לעניים** דעניים אוכלין פירות הגדילין בשביעית. **נעשו מי גשמים מצומקין** שאין באין בשפע: **נמצא ריחים שאוכלות מן הקב אוכלות מן הכור** כלומר שאין קולטין הריחים מן הכור קמח יותר מן הקב דהיינו תקנתו: **נמצאת עיסה** שאין העריבה אוכלת מן העיסה מן הכור יותר מן הקב: **וכן עיר שלא ירדו עליה גשמים** ועל האחרת ירדה ואותה העיר שלא ירדה עליו מתענה:

גמרא

בצורתא מדינתא אמדינתא כפנא וא"ר חנינא סאה בסלע ושכיחא בצורתא ארבעה (א) ולא שכיחא כפנא א"ר יוחנן לא שנו אלא בזמן שהמעות בזול ופירות ביוקר אבל מעות ביוקר ופירות בזול מתריעין עליה מיד דא"ר יוחנן [א] נהירנא כד הוו קיימי ד' סאין בסלע והוו נפישי נפיחי כפן בטבריא מדלית איסר: ירדו לצמחין אבל לא לאילן: בשלמא לצמחים ולא לאילן משכחת לה דאתא ניחא ולא אתיא רזיא לאילן ולא לצמחין דאתיא רזיא ולא אתיא ניחא לזה ולזה אבל לא לבורות ולא לשיחין ומערות משכחת לה דאתיא רזיא וניחא [ב] מיהו טובא לא אתיא אלא הא דתניא ירדו לבורות לשיחין ולמערות אבל לא לזה ולזה היכי משכחת לה דאתיא בשפיכותא ת"ר [א] מתריעין על האילנות בפרוס הפסח על הבורות ושיחין [א] ומערות (ב) אפילו בפרום החג ועל כולן אם אין להן מים לשתות מתריעין עליהן מיד ואיזהו מיד שלהן שני וחמישי ושני (ג) ועל כולן אין מתריעין עליהן אלא באפרכיא שלהן [ב] ואסכרא בזמן שיש בה מיתה מתריעין עליה בזמן שאין בה מיתה אין מתריעין עליה [ג] ומתריעין על הגובאי בכל שהוא רבי שמעון בן אלעזר אומר אף על החגב ת"ר מתריעין על האילנות בשאר שני שבוע על הבורות ועל השיחין ועל המערות אפילו בשביעית רשב"ג אומר אף על האילנות בשביעית מפני שיש בהן פרנסה לעניים תניא אידך מתריעין על האילנות בשאר שני שבוע על הבורות על השיחין ועל המערות אפילו בשביעית רבן שמעון בן גמליאל אומר אף על האילנות מתריעין על הספיחין בשביעית מפני שיש בהן פרנסה לעניים תניא א"ר אלעזר בן פרטא מיום שחרב בית המקדש נעשו גשמים [ד] צימוקין לעולם יש שנה שגשמיה מרובין ויש שנה שגשמיה מועטין יש שנה שגשמיה יורדין בזמנן ויש שנה שאין גשמיה יורדין בזמנן שנה שגשמיה יורדין בזמנן למה הוא דומה לעבד שנתן לו רבו פרנסתו בא' בשבת נמצאת עיסה נאפית כתיקנה ונאכלת כתיקנה שנה שאין גשמיה יורדין בזמנן למה הוא דומה לעבד שנתן לו רבו פרנסתו בע"ש נמצאת עיסה נאפית שלא כתיקנה ונאכלת שלא כתיקנה שנה שגשמיה מרובין למה הוא דומה לעבד שנתן לו רבו פרנסתו בבת אחת נמצאו ריחים טוחנות מן הכור (ד) מה שטוחנות מן הקב ונמצאת עיסה אוכלת מן הכור כמו אוכלת מן הקב שנה שגשמיה מועטין למה הוא דומה לעבד שנתן לו רבו פרנסתו מעט מעט נמצאו ריחיים מה שטוחנות מן הכור טוחנות מן הקב נמצאת עיסה כמה שנאכלת מן הכור אוכלת מן הקב ד"א בזמן שגשמיה מרובין למה הוא דומה לאדם שמגבל את הטיט אם יש לו מים רבים מים אינן כלין והטיט מגובל יפה אם יש לו מים מועטין מים כלים והטיט אינו מתגבל יפה ת"ר פעם אחת עלו כל ישראל לרגל לירושלים ולא היה להם מים לשתות הלך נקדימון בן גוריון אצל אדון אחד אמר לו הלויני שתים עשרה [ה] מעיינות מים לעולי רגלים ואני אתן לך שתים עשרה עינות מים ואם איני נותן לך הריני נותן לך שתים עשרה ככר כסף וקבע לו זמן כיון שהגיע הזמן ולא ירדו גשמים בשחרית שלח לו שגר לי או מים או מעות שיש לי בידך שלח לו עדיין יש לי זמן כל היום כולו שלי הוא בצהרים שלח לו שגר לי או מים או מעות שיש לי בידך שלח לו עדיין יש לי שהות ביום במנחה שלח לו שגר לי או מים או מעות שיש לי בידך שלח לו עדיין יש לי שהות ביום לגלג עליו אותו אדון אמר כל השנה כולה לא ירדו גשמים ועכשיו

תוספות

נהירנא. פירוש ([ו] זכור) אני: **בהפרכיא** שלהן. פי' באותו מלכות:

רבן שמעון בן גמליאל אומר אף על האילנות בשביעית מפני שיש בהם פרנסה לעניים. פי' הם הספיחים היוצאין מהן וצ"ל דסבר כמ"ד (פסחים דף נא:) ספיחי זרעים אסור דהיינו ר' עקיבא מדקאמר על האילנות ולא קאמר על הספיחים:

נקדרה

רש"י

בצורתא. בצורת היא זו ולא רעב הואיל ויכולין ליסא בספינות: **מדינתא אמדינתא.** (ה) וצריכין להוליך ממדינה למדינה על ידי חמרים: **כפנא.** רעב ורעב קשה מבצורת לפי שאי אפשר להביא בשופי מ"ר (ו) לשון אחר נהרא אנהרא אם יבש מעיין זה וצריך להסב מעיין אחר בכאן אי נמי להמתין עד שיגדל נהר אחרת ויבא כאן בצורת הוא זה: **מדינתא אמדינתא.** אם יבשו כל הנהרות שבתוך העיר וצריכין להביא מים מעיר אחרת כפנא רעב הוא זה תקיפא מבצורתא: **סאה בסלע ושכיחא.** כי זבני סאה של חיטין בסלע דהיינו יוקר ומצויה לקנות בכל עת בצורתא: **מעות ביוקר.** אין מעות מצויות להן: **נהירנא.** אני זוכר: **מדלית איסר.** מאין מעות: **דאתיא ניחא.** ואמרינן בפירקא דלעיל (דף ג:) מיטרא ניחא לפירי ולתבואה ומיטרא רזיא לאילני (ז) דאתיא ניחא לפירי ואתיא רזא לאילנות: **בשפיכתא.** בכח גדול יותר מדאי דאינה טובה לא לזה ולא לזה שוב אמר רבי שפיכותא מטר דק ועבה יותר מדאי לאילני לא מהניא דלאו רזיא היא לצמחים נמי לא שהגשמים מרובין באין ושוטפין אותן: (ח) **בפרום הפסח.** בימי הפסח [א] על בורות שיחין ומערות אם לא ירדו להן גשמים: [ב] **אפילו בפרום החג.** להשקות זרעים ואת בהמתם: **אם אין להם** (ט) **לשתות** מתריעין וכו'. אפילו [ג] בפרום החג דימות החמה נינהו אפילו הכי מתריעין משום דכולן צריכות לשתות: וכולן. כל אלו: **בהיפרכיא שלהן.** באותו מלכות שכלו שם מי בורות שיחין ומערות: **ואסכרא.** בולמ"ע בלע"ז פעמים שנקבע בתוך פיו של אדם ומת לשון כי יסכר פי דוברי שקר (תהלים סג) והיא סרונכה מיתה משונה: **בזמן שיש בה מיתה.** שהיא (י) משולחת מהלכת ומתים בה: **על הגובאי.** שמכלה את התבואה כל שהוא אפילו לא נראה אלא קלת בידוע שעתידין לבוא לרוב אבל חגב כל שהוא מצוי הוא ואינו מכלה כל כך כארבה: **בשאר שני שבוע.** דשמיטה אבל בשמיטה לא דהפקר נינהו: **אפילו בשביעית.** כל שעה צריכין לשתיה ואע"פ שהגשמים מועילין לקרקע בשביעית: **רבן שמעון בן גמליאל אומר.** מתריעין על האילנות ואף על הספיחין של שביעית שאין חשובין כל כך: **צמוקין.** שיורדין בקושי מלשון ושדיים צומקים (הושע ט): **למה הוא דומה.** פרנסתו של כל (כ) השבת כולה: **נאפת כתקנה.** שיש לו פנאי לאפותה: **פרנסתו בבת אחת.** פרנסת כל השנה וטוחן אותה ביחד: **נמצאת רחיים במה שאוכלת מן הכור כו'.** שכן דרך שמשתייר מן הקמח ברחיים וכן כשהגשמים יורדין מרובים ומרביעין את הארץ ומה שהיו טרשים בולעים מן (ל) הרוב בולעין מן המיעוט ומה שהרוח מנשבת ובולעת מן הרוב בולעת מן המיעוט: **נמצאת עיסה.** עריבה שלשין בה את הבלק שמשתייר בשוליה מן העיסה (מ) אף גשמים כשיורדין מעט מעט נבלעין בטרשי' ואין מרביעין את הארץ: ה"ג מימיו מרובין (נ) **אינו כלין וטיט מתגבל יפה מימיו מועטין הטיט אינו מתגבל יפה.** מים אינן כלין ויוכלו לגבל טיט הרבה כמה שירצה: **נקדימון בן גוריון.** עשיר גדול היה: **ואני אתן לך י"ב מעיינות מים.** כלומר שירדו גשמים ויתמלאו כל המעיינות מים אותן מעיינות לא היו נובעין מים כל כך ואינן מתמלאין מאיליהן כשאר מעיינות: ועכשיו

מסורת הש"ס

א) ב"ב צא., ב) [רי"ף ורא"ש ל"ג הני ד' תיבות], ג) [ע' בערוך ערך סקמיון], ד) ס"א מעלות, ה) [צ"ל זוכר].

הגהות הב"ח

(א) גמ' ושכיחא בצורתא ארבעה סאין בסלע ולא שכיחא כפנא: (ב) שם מ"ר כו' ושיחין ומערות בפרום החג ואם אין להם מים כצ"ל ותיבות אפילו ותיבת על כולן נמחק: (ג) שם שני וחמישי ושני וכולן אין מתריעין עליהן ותיבת ועל נמחק: (ד) שם רחיים טוחנות מן הכור כמה שטוחנות מן כו' אוכלת מן הכור כמה שאוכלת מן הקב: (ה) רש"י ד"ה מדינתא אמדינתא דצריכין להוליך: (ו) ד"ה כפנא כו' מ"ר הס"ד: (ז) ד"ה דאתיא כו' לאילני הס"ד: (ח) ד"ה בפרום הפסח בימי הפסח הס"ד ואח"כ מה"ד על בורות וכו' גשמים הס"ד ואח"כ מה"ד בפרום ותיבת אפילו נמחק: (ט) ד"ה אם אין להם מים לשתות מתריעין אפי' קודם פרום החג: (י) ד"ה בזמן כו' שהיא מכה משולחת דמתים בה: (כ) ד"ה למה הוא דומה פרנסתו של כל השנה כולה: (ל) ד"ה נמצאת כו' שהיו טרשים בולעין מן המיעוט בולעין מן הרוב ומה שהרוח מנשבת ובולעת מן המיעוט בולעת מן הרוב: (מ) ד"ה נמצאת עיסה כו' מן העיסה הס"ד ומה"ד טוחנות מן הקב אף גשמים כו': (נ) ד"ה ה"ג מימיו מרובין מים אין כלין כו' מימיו מועטין מימיו כלין והטיט אינו מתגבל:

הגהות הגר"א

[א] גמ' ומערות בפרום החג ואם אין כו'. כצ"ל (וכ"ה ברי"ף ורא"ש ובתוספתא ומלת אפי' ליתא גם בגמ' דפוס ישן): [ב] רש"י ד"ה אפילו. רשום קו על מלה זו למחקה: [ג] שם ד"ה אם אין כו' אפי' קודם לפרום החג. כצ"ל:

הגהות מהר"ב רנשבורג

א] רש"י ד"ה בפרום הפסח. בימי הפסח הוא סה"ד:

ליקוטי רש"י

נהירנא. זכורני. **מדלית איסר.** לקנות בו לחם [רשב"ם ב"ב צא:]. **דאתא ניחא.** שיורד בנחת יפה לפירות התבואה. **רזיא.** בכח [לעיל ג:]. **בורות שיחין ומערות.** בור עגול הוא שיח ארוכה וקצרה מערה מרובעת ומכוסה בקרוי אלא שיש לה פה [ב"ק נ:]. **ואסכרא.** אִסטרנגולמנ"ט בלע"ז שבתוך הגוף [ברכות ח.]. הוא בגרון מלנ"ט [כתובות ל:].

On the other hand, **THE YEAR WHOSE RAINS DO NOT FALL IN THEIR PROPER TIME – TO WHAT CAN IT BE COMPARED?** לְעֶבֶד שֶׁנָּתַן לוֹ רַבּוֹ פַּרְנָסָתוֹ בְּעֶרֶב שַׁבָּת – **TO A SERVANT WHOSE MASTER HAS GIVEN HIM HIS** weekly **ALLOTMENT** of grain **ON FRIDAY,** and who therefore does not have sufficient time to bake the dough completely for the Sabbath. נִמְצֵאת עִיסָּה נֶאֱפֵית שֶׁלֹּא כְּתִיקְנָהּ וְנֶאֱכֶלֶת שֶׁלֹּא כְּתִיקְנָהּ – **AS A RESULT THE DOUGH IS NOT BAKED PROPERLY** by the time the Sabbath arrives **AND** therefore **CANNOT BE EATEN PROPERLY.** Similarly, when rain does not fall in the proper time, the crops do not have enough time to ripen properly. שָׁנָה שֶׁגְּשָׁמֶיהָ מְרוּבִּין לְמָה הוּא דוֹמֶה – **THE YEAR WHOSE RAINS ARE ABUNDANT – TO WHAT MAY IT BE COMPARED?** לְעֶבֶד שֶׁנָּתַן לוֹ רַבּוֹ פַּרְנָסָתוֹ בְּבַת אַחַת – **TO A SERVANT WHOSE MASTER HAS GIVEN HIM HIS ALLOTMENT** of grain for the whole year **ALL AT ONCE,** and who thus can grind his wheat supply for the entire year at one time. נִמְצְאוּ רֵיחַיִם טוֹחֲנוֹת מִן הַכּוֹר מַה שֶּׁטּוֹחֲנוֹת מִן הַקַּב – **AS A RESULT, THE MILLSTONES GRIND FROM A *KOR* THE SAME AMOUNT THAT THEY GRIND FROM A *KAV*,** i.e. the loss sustained in the grinding is kept to a minimum, since that loss is the same regardless of the quantity ground.[25] וְנִמְצֵאת עִיסָּה אוֹכֶלֶת מִן הַכּוֹר כְּמוֹ אוֹכֶלֶת מִן הַקַּב – **ALSO AS A RESULT, THE** kneading of the **DOUGH CONSUMES AS MUCH FROM A *KOR* AS IT CONSUMES FROM A *KAV*,** i.e. the loss sustained in the kneading is the same regardless of the quantity kneaded.[26] Similarly, the amount of rain absorbed by rocky soil is the same whether the rainfall is heavy or light.[27] שָׁנָה שֶׁגְּשָׁמֶיהָ מוּעָטִין לְמָה הוּא דוֹמֶה – **THE YEAR WHOSE RAINS ARE SPARSE, TO WHAT CAN IT BE COMPARED?** לְעֶבֶד שֶׁנָּתַן לוֹ רַבּוֹ פַּרְנָסָתוֹ מְעַט מְעַט – **TO A SERVANT WHOSE MASTER GIVES HIM HIS** yearly **ALLOTMENT** of grain **LITTLE BY LITTLE.** נִמְצְאוּ רֵיחַיִם מַה שֶּׁטּוֹחֲנוֹת מִן הַכּוֹר טוֹחֲנוֹת מִן הַקַּב – **AS A RESULT, WHAT THE MILLSTONES WOULD GRIND FROM A *KOR* THEY GRIND FROM A *KAV*,** i.e. the single loss that would have resulted from grinding the entire *kor* at once is multiplied by the number of separate grindings that are performed instead. נִמְצֵאת עִיסָּה כַּמָּה שֶׁנֶּאֱכֶלֶת מִן הַכּוֹר אוֹכֶלֶת מִן הַקַּב – **ALSO AS A RESULT, THE SAME AMOUNT OF DOUGH THAT IS CONSUMED FROM A *KOR*** by the kneading **IT CONSUMES FROM A *KAV*,** i.e. the single loss that would have resulted from kneading the entire *kor* at once is multiplied by the number of separate kneadings that are performed instead.[28] דָּבָר אַחֵר – **ALTERNATIVELY:** בִּזְמַן שֶׁגְּשָׁמֶיהָ מְרוּבִּין לְמָה הוּא דוֹמֶה – **AT A TIME WHEN [THE YEAR'S] RAINS ARE ABUNDANT, TO WHAT CAN IT BE COMPARED?** לְאָדָם שֶׁמְּגַבֵּל אֶת הַטִּיט – **TO A PERSON WHO KNEADS CLAY.** אִם יֵשׁ לוֹ מַיִם רַבִּים – **IF HE HAS A LOT OF WATER,** מַיִם אֵינָן כָּלִין וְהַטִּיט מְגוּבָּל יָפֶה – **THE WATER IS NOT USED UP AND THE CLAY IS KNEADED PROPERLY.** אִם יֵשׁ לוֹ מַיִם מוּעָטִין – But **IF HE HAS** only **A LITTLE WATER,** מַיִם כָּלִים וְהַטִּיט אֵינוֹ מִתְגַּבֵּל יָפֶה – **THE WATER IS USED UP** before he finishes kneading, **AND THE CLAY IS NOT KNEADED PROPERLY.**

תָּנוּ רַבָּנָן – **The Rabbis taught in a Baraisa:** פַּעַם אַחַת עָלוּ כָּל יִשְׂרָאֵל לְרֶגֶל לִירוּשָׁלַיִם – **IT ONCE HAPPENED THAT ALL ISRAEL WENT UP TO JERUSALEM FOR A PILGRIMAGE FESTIVAL,**[29] וְלֹא הָיָה לָהֶם מַיִם לִשְׁתּוֹת – and, due to a drought, **THERE WAS NOT** enough **WATER FOR THEM TO DRINK.** הָלַךְ נַקְדִּימוֹן בֶּן גּוּרְיוֹן אֵצֶל אָדוֹן אֶחָד – **NAKDIMON BEN GURION,** a very wealthy Jew, **WENT TO A** Gentile **PATRICIAN**[30] אָמַר לוֹ הַלְוֵינִי שְׁתֵּים עֶשְׂרֵה מַעְיָינוֹת מַיִם לְעוֹלֵי רְגָלִים – and **SAID TO HIM: "LEND ME TWELVE WELLS OF WATER FOR** the use of **THE PILGRIMS,** וַאֲנִי אֶתֵּן לְךָ שְׁתֵּים עֶשְׂרֵה עֵינוֹת מַיִם – **AND I WILL GIVE YOU** back **TWELVE WELLS OF WATER.**[31] וְאִם אֵינִי נוֹתֵן לְךָ – **AND IF I DO NOT GIVE** the water back **TO YOU,** הֲרֵינִי נוֹתֵן לְךָ שְׁתֵּים עֶשְׂרֵה כִּכַּר כֶּסֶף – **I WILL GIVE YOU TWELVE TALENTS OF SILVER."**[32] וְקָבַע לוֹ זְמַן – **AND HE SET A TIME FOR IT,** i.e. he set a date for the repayment of the water.

כֵּיוָן שֶׁהִגִּיעַ הַזְּמַן וְלֹא יָרְדוּ גְּשָׁמִים – **WHEN THE TIME ARRIVED AND THE RAINS HAD NOT** yet **FALLEN** to replenish the wells, בְּשַׁחֲרִית שָׁלַח לוֹ – **[THE PATRICIAN] SENT HIM** a message **IN THE MORNING** as follows: שַׁגֵּר לִי אוֹ מַיִם אוֹ מָעוֹת שֶׁיֵּשׁ לִי בְּיָדְךָ – **"SEND ME EITHER THE WATER OR THE MONEY THAT YOU OWE ME."**[33] שָׁלַח לוֹ – **[NAKDIMON] SENT** back to **HIM** the following reply: עֲדַיִין יֵשׁ לִי זְמַן – **"I STILL HAVE TIME;** כָּל הַיּוֹם כּוּלּוֹ שֶׁלִּי הוּא – **THE WHOLE DAY IS MINE"** to repay the water.[34] בַּצָּהֳרַיִם שָׁלַח לוֹ – **IN THE AFTERNOON, [THE GENTILE] SENT HIM** another message: שַׁגֵּר לִי אוֹ מַיִם אוֹ מָעוֹת שֶׁיֵּשׁ לִי בְּיָדְךָ – **"SEND ME EITHER THE WATER OR THE MONEY THAT YOU OWE ME."** שָׁלַח לוֹ – **HE SENT** back **TO HIM:** עֲדַיִין יֵשׁ לִי שָׁהוּת בַּיּוֹם – **"I STILL HAVE TIME IN THE DAY"** to repay the water. בַּמִּנְחָה שָׁלַח לוֹ – **IN THE LATE AFTERNOON, HE SENT TO HIM** again: שַׁגֵּר לִי מַיִם אוֹ מָעוֹת שֶׁיֵּשׁ לִי בְּיָדְךָ – **"SEND ME EITHER THE WATER ON THE MONEY THAT YOU OWE ME."** שָׁלַח לוֹ – **HE SENT** back **TO HIM:** עֲדַיִין יֵשׁ לִי שָׁהוּת בַּיּוֹם – **"I STILL HAVE TIME IN THE DAY"** to repay the water. לִגְלֵג עָלָיו אוֹתוֹ אָדוֹן – **THE PATRICIAN MOCKED HIM** אָמַר כָּל הַשָּׁנָה כּוּלָּהּ לֹא יָרְדוּ גְּשָׁמִים – and **HE SAID: "NO RAINS HAVE FALLEN THE ENTIRE YEAR,**

NOTES

25. A certain amount of flour inevitably adheres to the grindstones and is lost. A *kor* is thirty *se'ah* and a *kav* is one sixth of a *se'ah*. Thus, a *kor* is one hundred eighty times greater than a *kav*, yet the amount of grain lost when a *kor* is ground is the same as when only a *kav* is ground. It is therefore more efficient to grind large amounts at one time (*Rashi*).

26. Each time a kneading trough is used, a certain amount of dough adheres to it and is lost. The addition of more dough does not cause more to adhere to the trough. Thus, kneading a large amount at one time is more efficient than kneading several smaller amounts at different times (*Rashi*).

27. Thus, when a large amount of rain falls at one time, more water reaches the productive soil than when the same amount of rain is spread over several smaller rainfalls (*Rashi*).

28. Similarly, by spreading the yearly allotment of rain over several sparse rainfalls, less water reaches the productive soil.

29. There are three pilgrimage festivals [שָׁלֹשׁ רְגָלִים] in the year, so called because on three festivals, every Jewish man is supposed to come to the Temple in Jerusalem. These are: Pesach, Shavuos and Succos.

30. This story took place at the end of the Second Temple era, when non-Jews [primarily Romans] wielded great power in Israel (*Maharsha*).

31. The wells were drying out and required rain water to replenish them. He was hoping that it would rain so that he would be able to repay the water (*Rashi*). He asked for twelve wells to invoke the merit of the twelve tribes of Israel to help him repay the loan (*Maharsha*).

32. A *kikar* (talent) is 6,000 *dinars* (of silver). Thus, he pledged 72,000 silver *dinars* as security for the water, a huge sum of money.

33. Literally: that I have in your hand.

34. That is, the loan is not due until the end of the day.

וְעַכְשָׁיו יֵרְדוּ גְּשָׁמִים — **AND** he **NOW** expects that **RAIN WILL FALL** in the short time left before the end of the day? נִכְנַס לְבֵית הַמֶּרְחָץ בְּשִׂמְחָה — **HE** [the patrician] **ENTERED THE BATHHOUSE IN JOY,** confident that Nakdimon would have to pay him the huge sum of money.[1]

עַד שֶׁהָאָדוֹן נִכְנַס בְּשִׂמְחָתוֹ לְבֵית הַמֶּרְחָץ — **WHILE THE PATRICIAN ENTERED THE BATHHOUSE IN HIS JOY,** נַקְדִּימוֹן נִכְנַס לְבֵית הַמִּקְדָּשׁ כְּשֶׁהוּא עָצֵב — **NAKDIMON ENTERED THE TEMPLE DOWNCAST.** נִתְעַטֵּף וְעָמַד בִּתְפִלָּה — **HE WRAPPED HIMSELF** in his garment **AND STOOD IN PRAYER.**[2] אָמַר לְפָנָיו — **HE SAID BEFORE [GOD]:** רִבּוֹנוֹ שֶׁל עוֹלָם — **"MASTER OF THE UNIVERSE!** גָּלוּי וְיָדוּעַ לְפָנֶיךָ שֶׁלֹּא לִכְבוֹדִי עָשִׂיתִי — **IT IS CLEARLY KNOWN**[3] **BEFORE YOU THAT I DID NOT DO THIS,** i.e. undertake to provide water for the pilgrims, **FOR MY** personal **HONOR,** וְלֹא לִכְבוֹד בֵּית אַבָּא עָשִׂיתִי — **NOR DID I DO** so **FOR THE HONOR OF MY FATHER'S HOUSE;** אֶלָּא לִכְבוֹדְךָ עָשִׂיתִי — **RATHER, I DID** it **FOR YOUR HONOR,** שֶׁיְּהוּ מַיִם מְצוּיִין לְעוֹלֵי רְגָלִים — **SO THAT WATER BE AVAILABLE FOR THE FESTIVAL PILGRIMS."** מִיָּד נִתְקַשְּׁרוּ שָׁמַיִם בְּעָבִים — **IMMEDIATELY, THE SKY BECAME OVERCAST WITH CLOUDS,** וְיָרְדוּ גְּשָׁמִים עַד שֶׁנִּתְמַלְּאוּ שְׁתֵּים עֶשְׂרֵה מַעְיָנוֹת מַיִם וְהוֹתִירוּ — **AND RAIN FELL UNTIL THE TWELVE WELLS** borrowed from the patrician **FILLED WITH WATER** to the level they held when Nakdimon had borrowed them **AND BEYOND.**

עַד שֶׁיָּצָא אָדוֹן מִבֵּית הַמֶּרְחָץ — **AS THE PATRICIAN EMERGED FROM THE BATHHOUSE,** נַקְדִּימוֹן בֶּן גּוּרְיוֹן יָצָא מִבֵּית הַמִּקְדָּשׁ — **NAKDIMON BEN GURION EMERGED FROM THE TEMPLE.** כְּשֶׁפָּגְעוּ זֶה בָּזֶה — **WHEN THEY ENCOUNTERED ONE ANOTHER,** אָמַר לוֹ — **[NAKDIMON] SAID TO HIM:** תֶּן לִי דְּמֵי מַיִם יוֹתֵר שֶׁיֵּשׁ לִי בְּיָדְךָ — **"GIVE ME THE MONEY FOR THE SURPLUS WATER THAT I NOW HAVE IN YOUR POSSESSION!"**[4] אָמַר לוֹ — **[THE PATRICIAN] SAID TO HIM** in reply: יוֹדֵעַ אֲנִי שֶׁלֹּא הִרְעִישׁ הַקָּדוֹשׁ בָּרוּךְ הוּא אֶת עוֹלָמוֹ אֶלָּא בִּשְׁבִילְךָ — **"I KNOW THAT THE HOLY ONE, BLESSED IS HE, DID NOT AGITATE HIS WORLD,** by sending a drought-ending rainstorm so late in the season, **EXCEPT ON YOUR ACCOUNT.**[5] אֶלָּא עֲדַיִין יֵשׁ לִי פִּתְחוֹן פֶּה עָלֶיךָ — **NEVERTHELESS, I STILL HAVE AN ARGUMENT** to use **AGAINST YOU** שֶׁאוֹצִיא מִמְּךָ אֶת מְעוֹתַיי — with which **TO COLLECT MY MONEY FROM YOU;** namely, שֶׁכְּבָר שָׁקְעָה חַמָּה — **THAT THE SUN HAD ALREADY SET** before the rains fell, וּגְשָׁמִים בִּרְשׁוּתִי יָרְדוּ — **SO THAT THE RAINS FELL IN MY POSSESSION,"** i.e. past the deadline.[6]

חָזַר וְנִכְנַס לְבֵית הַמִּקְדָּשׁ — **[NAKDIMON]** then **RE-ENTERED THE TEMPLE.** נִתְעַטֵּף וְעָמַד בִּתְפִלָּה — **HE WRAPPED HIMSELF** in his garment **AND STOOD IN PRAYER,** וְאָמַר לְפָנָיו — **AND SAID BEFORE [GOD]:** רִבּוֹנוֹ שֶׁל עוֹלָם — **"MASTER OF THE UNIVERSE!** הוֹדַע שֶׁיֵּשׁ לְךָ אֲהוּבִים בְּעוֹלָמְךָ — **MAKE IT KNOWN THAT YOU HAVE BELOVED ONES IN YOUR UNIVERSE."** מִיָּד נִתְפַּזְּרוּ הֶעָבִים — **IMMEDIATELY, THE CLOUDS DISPERSED** וְזָרְחָה הַחַמָּה — **AND THE SUN SHONE** through, demonstrating that the day had not yet ended, and that Nakdimon had repaid the water on time.[7] בְּאוֹתָהּ שָׁעָה אָמַר לוֹ הָאָדוֹן — **AT THAT MOMENT, THE PATRICIAN SAID TO HIM:** אִילּוּ לֹא נִקְדְּרָה הַחַמָּה — **HAD THE SUN NOT PIERCED** the clouds, הָיָה לִי פִּתְחוֹן פֶּה עָלֶיךָ — **I WOULD HAVE HAD AN ARGUMENT** to use **AGAINST YOU** שֶׁאוֹצִיא מִמְּךָ מְעוֹתַיי — with which **TO COLLECT MY MONEY FROM YOU.**

תָּנָא — **It was taught in a Baraisa:** לֹא נַקְדִּימוֹן שְׁמוֹ אֶלָּא בּוּנִי שְׁמוֹ — **HIS** true **NAME WAS NOT NAKDIMON BUT BUNI;** וְלָמָּה נִקְרָא שְׁמוֹ נַקְדִּימוֹן — **AND WHY WAS HE CALLED NAKDIMON?** שֶׁנִּקְדְּרָה חַמָּה בַּעֲבוּרוֹ — **BECAUSE THE SUN PIERCED THE CLOUDS ON HIS BEHALF;** i.e. because of the assonance of "Nakdimon" to the word *"nikderah"* (broke through).[8]

A Baraisa is cited:

תָּנוּ רַבָּנָן — **The Rabbis taught in a Baraisa:** שְׁלֹשָׁה נִקְדְּמָה לָהֶם חַמָּה בַּעֲבוּרָן — **THERE WERE THREE** people **ON WHOSE BEHALF THE SUN STAYED EAST,** that is, for whom sunset was miraculously delayed: מֹשֶׁה וִיהוֹשֻׁעַ וְנַקְדִּימוֹן בֶּן גּוּרְיוֹן — **MOSES, JOSHUA, AND NAKDIMON BEN GURION.**

The Gemara gives the sources for this:

בִּשְׁלָמָא נַקְדִּימוֹן בֶּן גּוּרְיוֹן גְּמָרָא — **Now,** the story of **Nakdimon ben Gurion is** known from **tradition.** יְהוֹשֻׁעַ נַמִּי קְרָא — The story of **Joshua also** is known, from **Scripture,** דִּכְתִיב: ,,וַיִּדֹּם הַשֶּׁמֶשׁ וְיָרֵחַ עָמָד וגו׳" — **as it is written:**[9] ***And the sun stayed still, and the moon stood in its place etc.;*** אֶלָּא מֹשֶׁה מְנָלַן — **But from where do we know** that the sun stood still for **Moses?**

A source is cited:

אָמַר רַבִּי אֶלְעָזָר — **R' Elazar said:** אָתְיָא: ,,אָחֵל" ,,אָחֵל" — **It is derived from** a *gezeirah shavah*[10] that compares the phrases ***"I will begin"*** and ***"I will begin"*** that appear in two different passages of Scripture: כְּתִיב הָכָא: ,,אָחֵל תֵּת פַּחְדְּךָ" — **It is written here** in connection with Moses:[11] ***"I will begin" to put the dread of you*** *upon the nations;* וּכְתִיב הָתָם: ,,אָחֵל גַּדֶּלְךָ" — **and it is written there** in regard to Joshua:[12] ***"I will begin" to make you great.*** Thus, just as the promise to Joshua included making the sun stand still for him during his campaign, so too, the promise to Moses and the Jewish people indicated that the sun would stand still for them during their wars.

A different *gezeirah shavah* is offered as the source for the sun having stood still for Moses:

רַבִּי שְׁמוּאֵל בַּר נַחְמָנִי אָמַר — **R' Shmuel bar Nachmani said:** אָתְיָא: ,,תֵּת" ,,תֵּת" — **It is derived** from a *gezeirah shavah* that compares the words ***"put"*** and ***"put"*** that appear in two different passages: כְּתִיב הָכָא: ,,אָחֵל תֵּת פַּחְדְּךָ" — **It is written here** in regard to Moses:[11] ***I will begin to "put" the dread of you,*** וּכְתִיב הָתָם: ,,בְּיוֹם תֵּת ה׳ אֶת־הָאֱמֹרִי" — **and it is written there** in

NOTES

1. By bathing at this time, the Gentile was further mocking Nakdimon. The Jews did not have enough water even to drink, but he had enough even to bathe (*Maharsha*).

2. See *Orach Chaim* 91:6.

3. Literally: revealed and known.

4. Since the wells now contained more water than had been borrowed, Nakdimon demanded payment for the surplus. In fact, this had not been part of the original agreement; Nakdimon was merely replying in kind to the patrician's earlier mockery of him (*Maharsha*).

5. [In Eretz Yisrael, the rains fall only in the winter. Once the rainy season passes, rains are not to be expected until the following year. Since most of the season had passed without any break in the drought, the sudden arrival of a heavy rainstorm was very much out of the ordinary.]

6. The wells were given to Nakdimon for the period of the loan; any water flowing into them during that period legally belonged to Nakdimon. However, once the deadline for repayment had passed, the wells automatically reverted to their owner, so that any rain which fell and filled the wells then belonged to him. Thus, Nakdimon could not repay his debt with those waters.

7. In fact, the normal time for the sun to set had passed. The sun, however, stood still for Nakdimon as it had for Joshua, as the Gemara will state shortly (*Maharsha*).

8. *Rabbeinu Chananel* and the *Bach* have the reading שֶׁנִּקְדְּמָה חַמָּה בַּעֲבוּרוֹ, *that the sun stayed east for his sake*. This reading has the advantage over the standard reading of נִקְדְּרָה, *pierced*, in that the letters and sound of the word נִקְדְּמָה are more closely related to נַקְדִּימוֹן.

9. *Joshua* 10:13.

10. *Gezeirah shavah* is one of the thirteen hermeneutical rules by which the Torah is expounded. Scripture occasionally uses the same key words in different passages to indicate that something explicated in one section is true also of the other (*Rashi*).

11. *Deuteronomy* 2:25. Moses is telling the Jewish people that God will place the dread and fear of their might in the hearts of all the nations.

12. *Joshua* 3:7.

ועכשיו ירדו גשמים (א) נכנס לבית המרחץ בשמחה עד שהאדון נכנס בשמחתו לבית המרחץ נקדימון נכנס לבית המקדש כשהוא עצב נתעטף ועמד בתפלה אמר לפניו רבונו של עולם גלוי וידוע לפניך שלא לכבודי עשיתי ולא לכבוד בית אבא עשיתי אלא לכבודך עשיתי שיהו מים מצויין לעולי רגלים מיד נתקשרו שמים בעבים וירדו גשמים עד שנתמלאו שתים עשרה מעינות מים והותירו עד שיצא אדון מבית המרחץ נקדימון בן גוריון יצא מבית המקדש כשפגעו זה בזה אמר לו תן לי דמי מים יותר שיש לי בידך אמר לו יודע אני שלא הרעיש הקב"ה את עולמו אלא בשבילך אלא עדיין יש לי פתחון פה עליך שאוציא ממך את מעותיי שכבר שקעה חמה וגשמים ברשותי ירדו חזר ונכנס לבית המקדש נתעטף ועמד בתפלה ואמר לפניו רבונו של עולם הודע שיש לך אהובים בעולמך מיד נתפזרו העבים וזרחה החמה באותה שעה אמר לו האדון אילו לא נקדרה החמה היה לי פתחון פה עליך שאוציא ממך מעותיי תנא לא נקדימון שמו אלא בוני שמו ולמה נקרא שמו נקדימון (ב) שנקדרה חמה בעבורו תנו רבנן [א] שלשה נקדמה להם חמה בעבורן משה ויהושע ונקדימון בן גוריון בשלמא נקדימון בן גוריון גמרא יהושע נמי קרא דכתיב [א] וידם השמש וירח עמד וגו' אלא משה מנלן אמר רבי אלעזר אתיא אחל אחל כתיב הכא [ב] אחל תת פחדך וכתיב התם [ג] אחל גדלך רבי שמואל בר נחמני אמר אתיא תת תת כתיב הכא אחל תת פחדך וכתיב התם [ד] ביום תת ה' את האמרי רבי יוחנן אמר אתיא מגופיה דקרא [ב] אשר ישמעון שמעך ורגזו וחלו מפניך אימתי רגזו וחלו מפניך בשעה שנקדמה לו חמה למשה: וכן עיר שלא ירדו עליה גשמים כו': [ג] אמר רב יהודה אמר רב ושתיהן לקללה [ה] היתה ירושלם לנדה ביניהם אמר רב יהודה אמר רב לברכה כנדה מה נדה יש לה היתר אף ירושלים יש לה תקנה [ו] היתה כאלמנה אמר רב יהודה לברכה [ג] כאלמנה ולא אלמנה ממש אלא כאשה שהלך בעלה למדינת הים ודעתו לחזור עליה [ז] וגם אני נתתי אתכם נבזים ושפלים אמר רב יהודה לברכה דלא מוקמי מינן לא רישי נהרי ולא [ד] גזיריפטי [ח] והכה ה' את ישראל כאשר ינוד הקנה במים אמר רב יהודה אמר רב לברכה דאמר רבי שמואל בר נחמני אמר רבי יונתן [ה] מאי דכתיב [ט] נאמנים פצעי אוהב ונעתרות נשיקות שונא טובה קללה שקילל אחיה השילוני את ישראל יותר מברכה שבירכן בלעם הרשע אחיה השילוני קללן בקנה אמר להם לישראל והכה ה' את ישראל כאשר ינוד [י] הקנה מה קנה זה עומד במקום מים וגזעו מחליף ושרשיו מרובין ואפילו כל הרוחות שבעולם באות ונושבות בו (ג) אין מזיזות אותו ממקומו אלא הולך ובא עמהן דממו הרוחות עמד הקנה במקומו אבל בלעם הרשע בירכן בארז שנאמר [י] כארזים [ו] (עלי מים) מה ארז זה אינו עומד במקום מים ואין גזעו מחליף ואין שרשיו מרובין אפילו כל הרוחות שבעולם נושבות בו אין מזיזות אותו ממקומו כיון שנשבה בו רוח דרומית עוקרתו והופכתו על פניו ולא עוד אלא שזכה קנה ליטול הימנו קולמוס לכתוב בו ספר תורה נביאים וכתובים תנו רבנן לעולם יהא אדם רך כקנה ואל יהא קשה כארז [ח] מעשה שבא רבי אלעזר [ט] (בן ר') שמעון ממגדל גדור מבית רבו והיה רכוב על החמור ומטייל על שפת נהר ושמח שמחה גדולה והיתה דעתו גסה עליו מפני שלמד תורה הרבה

נזדמן

ועכשיו ירדו גשמים. בתמיה: בוני שמו: נקדרה. זרחה לשון מקדיר שהיתה חמה קודרת ברקיע וזורחת פירטול"ר בלע"ז: הכי גרסינן נקדימון בן גוריון הא דאמרן: אתיא אחל אחל. כתיב במלחמת יהושע (יהושע ג) אחל גדלך ובמלחמת משה כתיב (דברים ב) אחל תת פחדך מה יהושע (ד) נקדמה לו חמה במלחמתו כדכתיב בהדיא אף משה כן שכן דרך הכתובין למד סתום מן המפורש ברמז בדיבור דומה לחבירו וגזירה שוה אחת מן י"ג מדות שניתנו לו למשה מסיני ובתחילת סיפרא מפורש: שתיהן לקללה. אקרא קאי האי דכתיב על עיר אחת אמטיר ועל עיר אחת לא אמטיר שניהם לקללה אותה שימטיר עליה רוב גשמים שמקלקלין את התבואה ואת שלא ימטיר אין גשמים ואין תבואה גדילה אשר לא תמטיר עליה מוסב הדבר על העב שהעב בלשון נקיבה דכתיב (מלכים א יח) הנה עב קטנה ככף איש עולה מים: ולא אלמנה גמורה. דהא לא כתיב אלמנה אלא היתה כאלמנה כאשה העומדת באלמנות חיות על בעלה שהלך ועתיד לחזור: דלא מוקמי מינן רישי נהרי. מוכסין: גזיריפטי. סרדיוטין מרוב בזיון: ונעתרות נשיקות שונא. נעתרות לשון הפך כדאמרינן במסכת סוכה (דף יד.) ויעתר לו מה עתר זה מהפך את התבואה פורקא בלע"ז אי נמי נעתרות לשון רבוי וייתור אינקריי"ש בלע"ז כמו העתרתם עלי דבריכם (יחזקאל לה): בירכן בארז. כארזים עלי מים (במדבר כד): ארז זה אינו עומד במקום מים כו'. ואע"ג דכתיב בקרא כארזים עלי מים ההוא לאו בלעם קאמר ליה דבלעם אמר כארזים והמלאך השיבו עלי מים וכן כולהו דבלעם אמר כנחלים דזימנין מתייבשין וקאמר ליה המלאך נטיו דאין יבישין לעולם והיינו דכתיב ויהפוך ה' אלהיך לך את הקללה לברכה על ידי מלאך שהושיבו על ידי מלאך: ואפילו כל הרוחות. שאינן קשות: רוח דרומית. היא קשה כדאמרינן (ב"ב ד' כה:) אילמלא בן נץ שמעמידה אין כל בריה יכולה לעמוד מפניה שנאמר המבינתך יאבר נץ יפרש כנפיו לתימן: ומטייל. לשמוח:

נזדמן

נקדרה. כמו מקדר בהרים (עירובין נח.) כלומר שמנקב הרקיע: גזיריפטי. פירוש סרדיוטין ושוטרי העם במקל: ונעתרות נשיקות שונא. פירוש (ה) כלומר נאמנים פצעי אוהב וחילופיהן בשונא ונעתרות לשון [י] הפוך בעתר פורק"א בלע"ז שמהפכין בה את התבואה והכי פשטיה דקרא פצעי אוהב נאמנים שהוא עושה לטובה אפילו כשמכה חבירו מתכוין לטובה ונשיקות שונא הם להיפך שעושה הכל לרעה וי"מ פשטיה דקרא הכי נאמנים פצעי אוהב ונעתרות נשיקות שונא כלומר ונעתרות לשון ריבוי כלומר נשיקות שונא דומים הם למשא כלומר הם מרובות ולמשא לעולם וי"מ הכי כשאוהבים עושים מריבה ושונאים זה את זה השנאה נאמנה והכי פירוש נאמנים פצעי אוהב הפצעים זהו השנאה שבין אוהבים הם נאמנות ונעתרות נשיקות שונא פי' דכששונאים עושים שלום זה לזה השלום והפשרה שביניהן אמנה וקיימת והיינו נעתרות נשיקות שונא כלומר נשיקות שונא נעתרות:

מה ארז זה. פירוש דאע"ג דכתיב ביה בקרא עלי מים ההוא לאו בלעם קאמר ליה אלא מלאך וכן כולהו בלעם אמר כנחלים ומלאך אמר נטיו דאינן מתייבשים וכן עלי נהר:

נזדמן

מסורת הש"ם

א) ע"ז כה., ב) לעיל ו:, ג) סנהדרין קה. ע"ש, ד) [גיר' ערוך ערך גז ו' גאזי דפטאי], ה) סנהדרין דף קה:, ו) [נ"ל הקנה במים], ז) [ילקוט ליתא וכן משמע מדברי תוספות ד"ה מה ארז וכו' וכ"מ מרש"י], ח) [אבות דר"נ פמ"א מס' ד"א פ"ד ובשניהם אי' ר"ש בן אלעזר], ט) [נ"ל ברבי], י) [סוכה יד. יבמות סד.].

הגהות הב"ח

(א) גמ' ועכשיו ירדו גשמים מיד נכנס לבית המרחץ בשמחה ובעוד שהאדון נכנס כו' מעיינות מים והותירו בעוד שילא האדון כו' חזר ונכנס נקדימון בן גוריון לבית המקדש כו' אהובים בעולמך וכשם שעשית נס כן עשה מיד נשבה הרוח ונתפזרו העבים: (ב) שם ולמה נקרא שמו נקדימון שעמדה [אולי צ"ל שנקדמה] לו חמה: (ג) שם באות ונושבות בו (אין מזיזות אותו ממקומו) תא"מ ונ"ב ס"א אינו הולך ובא עמהן: (ד) רש"י ד"ה אתיא כו' מה יהושע נקדרת לו חמה: (ה) תוס' ד"ה ונעתרות כו' פירוש נאמנים כו' כצ"ל ותיבת כלומר נמחק:

תורה אור השלם

א) וַיִּדֹּם הַשֶּׁמֶשׁ וְיָרֵחַ עָמָד עַד יִקֹּם גּוֹי אֹיְבָיו הֲלֹא הִיא כְתוּבָה עַל סֵפֶר הַיָּשָׁר וַיַּעֲמֹד הַשֶּׁמֶשׁ בַּחֲצִי הַשָּׁמַיִם וְלֹא אָץ לָבוֹא כְּיוֹם תָּמִים: [יהושע י, יג]

ב) הַיּוֹם הַזֶּה אָחֵל תֵּת פַּחְדְּךָ וְיִרְאָתְךָ עַל פְּנֵי הָעַמִּים תַּחַת כָּל הַשָּׁמָיִם אֲשֶׁר יִשְׁמְעוּן שִׁמְעֲךָ וְרָגְזוּ וְחָלוּ מִפָּנֶיךָ: [דברים ב, כה]

ג) וַיֹּאמֶר יְיָ אֶל יְהוֹשֻׁעַ הַיּוֹם הַזֶּה אָחֵל גַּדֶּלְךָ בְּעֵינֵי כָּל יִשְׂרָאֵל אֲשֶׁר יֵדְעוּן כִּי כַּאֲשֶׁר הָיִיתִי עִם מֹשֶׁה אֶהְיֶה עִמָּךְ: [יהושע ג, ז]

ד) אָז יְדַבֵּר יְהוֹשֻׁעַ לַיְיָ בְּיוֹם תֵּת יְיָ אֶת הָאֱמֹרִי לִפְנֵי בְּנֵי יִשְׂרָאֵל וַיֹּאמֶר לְעֵינֵי יִשְׂרָאֵל שֶׁמֶשׁ בְּגִבְעוֹן דּוֹם וְיָרֵחַ בְּעֵמֶק אַיָּלוֹן: [יהושע י, יב]

ה) פֵּרְשָׂה צִיּוֹן בְּיָדֶיהָ אֵין מְנַחֵם לָהּ צִוָּה יְיָ לְיַעֲקֹב סְבִיבָיו צָרָיו הָיְתָה יְרוּשָׁלַםִ לְנִדָּה בֵּינֵיהֶם: [איכה א, יז]

ו) אֵיכָה יָשְׁבָה בָדָד הָעִיר רַבָּתִי עָם הָיְתָה כְּאַלְמָנָה רַבָּתִי בַגּוֹיִם שָׂרָתִי בַּמְּדִינוֹת הָיְתָה לָמַס: [איכה א, א]

רבינו חננאל

תנא לא נקדימון שמו אלא בוני שמו. ומפני שנקדמה לו חמה נקרא נקדימון. והמטרתי על עיר אחת ועל עיר אחת לא אמטיר. אמרו שתיהן לקללה. זו שגשמיה מרובין יותר מדאי מטשטשין הארץ ואינה עושה פירות. ומי שגשמיה נעצרים אינה מצמחת. היתה ירושלם לנדה. לברכה שיש לה היתר לבעל כנדה. היתה כאלמנה שגער בה בעלה. לא אלמנה ממש. נבזים ושפלים לברכה שאין מהן שרים למלחמה ולהשתמש אותם לעבודת המלך. קנה במים שרשיו מרובים וגזעו מחליף הולך ובא עם הרוחות כו'. ת"ר מעשה בר' שמעון בן אלעזר

רבינו גרשום

שתיהן לקללה. אותה שלא ירדה עליה ואותה שירדה עליה ושתיהן מתענות. דלא מוקמי מינן גזי ריפטי ולא מיגרו (פי') [בן]: כארזים עלי מים הוא אמר כארזים א) ורוח הקודש משיבה עלי מים שגזעו מחליף:

חשק שלמה על רבינו גרשום

א) עי' תוס' ד"ה מה ארז.

ליקוטי רש"י

שנקדרה. נקדה, נקבה לשון מקדרין בהרים (עירובין דף נח.) נקדה לו חמה זרחה בשבילו במסכת תענית (דף כ.) [גיטין נו.]. משה. במלחמת סיחון [ע"ז כה.]. ושתיהן לקללה. אותן שירדו ואותן שלא ירדו מפני שרוב גשמים קלקלו את תבואתם [לעיל ו:]. לנדה. לריחוק לבוז [איכה א, יז]. נעתרות. לשון גודל כמו העתרת עלי (יחזקאל לה) [משלי כז, ו]. נהפכות כמו עתר שמהפך התבואה כלומר נאמנים פצעי אוהב ונהפכות מנאמנות נשיקות שונא [סנהדרין קה:].

regard to Joshua: ***On the day Hashem "put" the Emorites.***[13]

Yet another source is offered:

רַבִּי יוֹחָנָן אָמַר – R' Yochanan said: אַתְיָא מִגּוּפֵיהּ דִּקְרָא – It can be derived from that verse itself, without recourse to a *gezeirah shavah.* For the verse concerning Moses says:[14] „אֲשֶׁר יִשְׁמְעוּן שִׁמְעֲךָ וְרָגְזוּ וְחָלוּ מִפָּנֶיךָ״ – ***Whoever hears of your reputation will tremble and be fearful of you.*** **אֵימָתַי רָגְזוּ וְחָלוּ מִפָּנֶיךָ – When did they** [the peoples who heard your reputation] **tremble and become fearful of you? בְּשָׁעָה שֶׁנִּקְדְּמָה לוֹ חַמָּה לְמֹשֶׁה – At the time that the sun** miraculously **stayed east for** the sake of **Moses.**[15]

Our Mishnah said:

וְכֵן עִיר שֶׁלֹּא יָרְדוּ עָלֶיהָ גְּשָׁמִים כו׳ – AND SO, TOO, A CITY UPON WHICH NO RAINS FELL ETC. The Mishnah then quoted the following verse:[16] *I will cause rain to fall on one city, and on one city I will cause no rains to fall . . .*

The Gemara analyzes the verse:

אָמַר רַב יְהוּדָה אָמַר רַב – R' Yehudah said in the name of Rav: וּשְׁתֵּיהֶן לִקְלָלָה – Both of them, i.e. the drought and the rain, **imply a curse.** No crops will grow in the city that lacks rain; and the city that receives the rain will be so drenched that its crops will be ruined.

The Gemara now cites four instances in which R' Yehudah discerns a positive aspect to an otherwise negative verse:

Scripture states:

„הָיְתָה יְרוּשָׁלַם לְנִדָּה בֵּינֵיהֶם״ – ***Jerusalem has become like a niddah in their midst.***[17] **אָמַר רַב יְהוּדָה אָמַר רַב – Rav Yehudah said in the name of Rav: לִבְרָכָה – This implies a blessing: כְּנִדָּה** – Jerusalem, in her downfall, **is like a *niddah.* מַה נִּדָּה יֵשׁ לָהּ הֶיתֵּר – Just as a *niddah* is subject to** a renewed **permissibility** to her husband once she is cleansed of her *tumah,* **אַף יְרוּשָׁלַיִם יֵשׁ לָהּ תַּקָּנָה – so, too, Jerusalem is subject to an** eventual **restoration.**

A second verse is quoted and expounded:

„הָיְתָה כְּאַלְמָנָה״ – ***She*** [Jerusalem] ***has become like a widow.***[18] **אָמַר רַב יְהוּדָה לִבְרָכָה – Rav Yehudah said: This implies a blessing: כְּאַלְמָנָה וְלֹא אַלְמָנָה מַמָּשׁ** – Jerusalem has merely become ***like* a widow, but not truly a widow. אֶלָּא כְּאִשָּׁה שֶׁהָלַךְ בַּעְלָהּ לִמְדִינַת הַיָּם – Rather,** she is **like a woman whose husband has gone overseas, וְדַעְתּוֹ לַחֲזוֹר עָלֶיהָ – but his intention is to return to her.** Similarly, Jerusalem is not permanently estranged from God, but will one day be reunited with Him.

A third verse is quoted and expounded:

„וְגַם־אֲנִי נָתַתִּי אֶתְכֶם נִבְזִים וּשְׁפָלִים״ – ***And therefore I, too, have made you despised and low.***[19] **אָמַר רַב יְהוּדָה לִבְרָכָה – Rav Yehudah said: This implies a blessing: דְּלֹא מוֹקְמֵי מִינָּן לֹא רֵישֵׁי נַהֲרֵי וְלֹא גַּזִּירִיפַּטֵי – Because** of this, **they** [the Gentiles] **do not appoint from among us customs officials**[20] **or police officers,** two categories of officials widely reviled.[21]

A fourth verse is quoted and expounded:

„וְהִכָּה ה׳ אֶת־יִשְׂרָאֵל כַּאֲשֶׁר יָנוּד הַקָּנֶה בַּמַּיִם״ – ***And Hashem will smite Israel like the reed that sways in the water.***[22] **אָמַר רַב יְהוּדָה אָמַר רַב לִבְרָכָה – Rav Yehudah said in the name of Rav: This implies a blessing. דְּאָמַר רַבִּי שְׁמוּאֵל בַּר נַחְמָנִי אָמַר רַבִּי יוֹנָתָן – For R' Shmuel bar Nachmani said in the name of R' Yonasan: מַאי דִּכְתִיב – What is** the meaning of **that which is written:**[23] „נֶאֱמָנִים פִּצְעֵי אוֹהֵב וְנַעְתָּרוֹת נְשִׁיקוֹת שׂוֹנֵא״ – ***The wounds [inflicted by] a friend are trustworthy; while the kisses of an enemy are deceitful?*** **טוֹבָה קְלָלָה שֶׁקִּילֵּל אֲחִיָּה הַשִּׁילוֹנִי אֶת יִשְׂרָאֵל – Better is the curse with which Achiyah the Shilonite cursed Israel, יוֹתֵר מִבְּרָכָה שֶׁבֵּירְכָן בִּלְעָם הָרָשָׁע – than the blessing with which the wicked Balaam blessed them. אֲחִיָּה הַשִּׁילוֹנִי קִלְּלָן בְּקָנֶה – Achiyah the Shilonite cursed them with** the metaphor of **a reed. אָמַר לָהֶם לְיִשְׂרָאֵל – He said to Israel:** „וְהִכָּה ה׳ אֶת־יִשְׂרָאֵל כַּאֲשֶׁר יָנוּד הַקָּנֶה [בַּמַּיִם]״ – ***And Hashem will smite Israel like the reed that sways*** [***in the water***].[22] **מַה קָּנֶה זֶה עוֹמֵד בִּמְקוֹם מַיִם – Just as this reed stands in a watery place,**[24] **וְגִזְעוֹ מַחֲלִיף – and its stalk grows back** when it is cut, **וְשָׁרָשָׁיו מְרוּבִּין – while its roots are numerous; וַאֲפִילוּ כָּל הָרוּחוֹת שֶׁבָּעוֹלָם בָּאוֹת וְנוֹשְׁבוֹת בּוֹ – and even if all the winds of the world come and blow upon it, אֵין מְזִיזוֹת אוֹתוֹ מִמְּקוֹמוֹ – they cannot budge it from its place, אֶלָּא הוֹלֵךְ וּבָא עִמָּהֶן – rather, it** merely **sways to and fro with them; דָּמְמוּ הָרוּחוֹת** – and as soon as **the winds subside, עָמַד הַקָּנֶה בִּמְקוֹמוֹ – the reed** again **stands** upright **in its place.** So, too, the Jewish nation will "sway" under the blows of its enemies, but will not be destroyed, and will revive and flourish again as soon as the storm of oppression passes. **אֲבָל בִּלְעָם הָרָשָׁע בֵּירְכָן בְּאֶרֶז – However, the wicked Balaam blessed them with** the metaphor of **a cedar,**

NOTES

13. *Joshua* 10:12. [Thus, just as the sun stood still when the Emorites were "put" into the hands of the Israelites, so too, the sun stood still when the enemies of Israel were "put" into their hands during Moses' wars.] *Rashi* in *Avodah Zarah* (25a) explains that this miracle occurred during the war with Sichon, King of the Emorites. However, in his comm. to *Deut.* (2:25) he asserts that it happened in the war with Og, King of Bashan.

14. *Deuteronomy* 2:25.

15. The verse just cited (*Deut.* 2:25) reads in full: *This day I will begin to put the fear and dread of you upon the nations that are anywhere beneath the heavens. Whoever hears of your reputation will tremble and be fearful of you.* Only a celestial phenomenon, such as the sun standing still, would make itself known everywhere "beneath the heavens" (*Rashi* to *Deut.* 2:25).

16. *Amos* 4:7.

17. *Lamentations* 1:17. A *niddah* is a menstruating woman. With the onset of her period, a woman becomes *tamei* and forbidden to engage in conjugal relations. After the cessation of her menstrual period and waiting the requisite number of days, she may immerse in a *mikveh* and resume marital relations with her husband.

18. Ibid. 1:1.

19. *Malachi* 2:9. The verse describes the low standing the Jewish people in exile have in the eyes of the Gentiles.

20. Literally: *heads of the rivers;* those in charge of collecting the river taxes (*Rashi*). [Rivers were the primary highways of large-scale commercial traffic. Taxes were levied on goods and passengers.]

21. According to *Maharsha,* the rulers themselves did not hold the Jews in such contempt, but they were aware that their subjects did. As a result, it was impossible to appoint a Jew to such a post, as the people would not obey him. This is in reality a blessing, because the tax and police officials of the ancient monarchies were hated and despised by the populace [due to their cruelty and rapacity; thus, Jews holding these positions would focus hatred upon Jewish people].

22. *I Kings* 14:15. In this verse, the prophet Achiyah the Shilonite prophesied against Yarov'am ben Nevat for leading the Jewish people astray into idolatry.

23. *Proverbs* 27:6. The simple meaning of the verse is that when a person suffers a "wound" at the hand of a friend, he may trust that the wound was intended for his benefit [to correct his behavior, or to save him from something worse]. By the same token, when a person receives "kisses" from his enemy, he may assume that he means him no good [but is being nice to him only as a ploy to deceive and harm him]. Alternatively, the kisses of an enemy are considered a burden on the one being kissed, for they come without any true feelings of love (*Rashi, Tosafos*).

24. This provides the plant with constant moisture and nutrients.

ועכשיו ירדו גשמים (א) נכנס לבית המרחץ בשמחה עד שהאדון נכנס בשמחתו לבית המרחץ נקדימון נכנס לבית המקדש כשהוא עצב נתעטף ועמד בתפלה אמר לפניו רבונו של עולם גלוי וידוע לפניך שלא לכבודי עשיתי ולא לכבוד בית אבא עשיתי אלא לכבודך עשיתי שיהו מים מצויין לעולי רגלים מיד נתקשרו שמים בעבים וירדו גשמים עד שנתמלאו שתים עשרה מעינות מים והותירו עד שיצא אדון מבית המרחץ נקדימון בן גוריון יצא מבית המקדש כשפגעו זה בזה אמר לו תן לי דמי מים יותר שיש לי בידך אמר לו יודע אני שלא הרעיש הקב"ה את עולמו אלא בשבילך אלא עדיין יש לי פתחון פה עליך שאוציא ממך את מעותיי שכבר שקעה חמה וגשמים ברשותי ירדו חזר ונכנס לבית המקדש נתעטף ועמד בתפלה ואמר לפניו רבונו של עולם הודע שיש לך אהובים בעולמך מיד נתפזרו העבים וזרחה החמה באותה שעה אמר לו האדון אילו לא נקדרה החמה היה לי פתחון פה עליך שאוציא ממך מעותיי תנא לא נקדימון שמו אלא בוני שמו ולמה נקרא שמו נקדימון (ב) שנקדרה חמה בעבורו תנו רבנן [א] שלשה נקדמה להם חמה בעבורן משה ויהושע ונקדימון בן גוריון בשלמא נקדימון בן גוריון גמרא יהושע נמי קרא דכתיב [א] וידם השמש וירח עמד וגו' אלא משה מנלן אמר רבי אלעזר אתיא אחל אחל כתיב הכא [ב] אחל תת פחדך וכתיב התם [ג] אחל גדלך רבי שמואל בר נחמני אמר אתיא תת תת כתיב הכא אחל תת פחדך וכתיב התם [ד] ביום תת ה' את האמרי רבי יוחנן אמר אתיא מגופיה דקרא [ב] אשר ישמעון שמעך ורגזו וחלו מפניך אימתי רגזו וחלו מפניך בשעה שנקדמה לו חמה למשה: וכן עיר שלא ירדו עליה גשמים כו': [ג] אמר רב יהודה אמר רב ושתיהן לקללה [ה] היתה ירושלם לנדה בינֵיהם אמר רב יהודה אמר רב לברכה כנדה מה נדה יש לה היתר אף ירושלים יש לה תקנה [ו] היתה כאלמנה אמר רב יהודה לברכה [ג] כאלמנה ולא אלמנה ממש אלא כאשה שהלך בעלה למדינת הים ודעתו לחזור עליה [ז] וגם אני נתתי אתכם נבזים ושפלים אמר רב יהודה לברכה דלא מוקמי מינן לא רישי נהרי ולא [ד] גזיריפטי [ח] והכה ה' את ישראל כאשר ינוד הקנה במים אמר רב יהודה אמר רב לברכה דאמר רבי שמואל בר נחמני אמר רבי יונתן [ה] מאי דכתיב [ט] נאמנים פצעי אוהב ונעתרות נשיקות שונא טובה קללה שקילל אחיה השילוני את ישראל יותר מברכה שבירכן בלעם הרשע אחיה השילוני קללן בקנה אמר להם לישראל והכה ה' את ישראל כאשר ינוד [ו] הקנה מה קנה זה עומד במקום מים וגזעו מחליף ושרשיו מרובין ואפילו כל הרוחות שבעולם באות ונושבות בו (ג) אין מזיזות אותו ממקומו אלא הולך ובא עמהן דממו הרוחות עמד הקנה במקומו אבל בלעם הרשע בירכן בארז שנאמר [י] כארזים [ז] (עלי מים) מה ארז זה אינו עומד במקום מים ואין גזעו מחליף ואין שרשיו מרובין אפילו כל הרוחות שבעולם נושבות בו אין מזיזות אותו ממקומו כיון שנשבה בו רוח דרומית עוקרתו והופכתו על פניו ולא עוד אלא שזכה קנה ליטול הימנו קולמוס לכתוב בו ספר תורה נביאים וכתובים תנו רבנן לעולם יהא אדם רך כקנה ואל יהא קשה כארז [ח] מעשה שבא רבי אלעזר [ט] (בן ר') שמעון ממגדל גדור מבית רבו והיה רכוב על החמור ומטייל על שפת נהר ושמח שמחה גדולה והיתה דעתו גסה עליו מפני שלמד תורה הרבה

נזדמן

רש"י

ועכשיו ירדו גשמים. בתמיה: בוני שמו: נקדרה. זרחה לשון מקדיר שהיתה חמה קודרת ברקיע וזורחת פירטול"ר בלע"ז: הכי גרסינן נקדימון בן גוריון הא דאמרן: **אתיא אחל אחל.** כתיב במלחמת יהושע (יהושע ג) אחל גדלך ובמלחמת משה כתיב (דברים ב) אחל תת פחדך מה יהושע (ד) נקדמה לו חמה במלחמתו כדכתיב בהדיא אף משה כן שכן דרך הכתובין למד סתום מן המפורש ברמז בדיבור דומה לחבירו וגזירה שוה אחת מן י"ג מדות שניתנו לו למשה מסיני ובתחילת סיפרא מפורש: **שתיהן לקללה.** אקרא קאי האי דכתיב על עיר אחת אמטיר ועל עיר אחת לא אמטיר שניהם לקללה אותה שימטיר עליה רוב גשמים שמקלקלין את התבואה ואת שלא ימטיר אין גשמים ואין תבואה גדילה אשר לא תמטיר עליה מוסב הדבר על העב שהעב בלשון נקיבה דכתיב (מלכים א יח) הנה עב קטנה ככף איש עולה מים: **ולא אלמנה** גמורה. דהא לא כתיב אלמנה אלא היתה כאלמנה כאשה העומדת באלמנות חיות על בעלה שהלך ועתיד לחזור: **דלא מוקמי מינן רישי נהרי.** מוכסין: **גזיריפטי.** סרדיוטין מרוב בזיון: **ונעתרות נשיקות שונא.** נעתרות לשון הפך כדאמרינן במסכת סוכה (דף יד.) ויעתר לו מה עתר זה מהפך את התבואה פורקא בלע"ז אי נמי נעתרות לשון רבוי וייתור אינקריי"ש בלע"ז כמו העתרתם עלי דבריכם (יחזקאל לה): **בירכן בארז.** כארזים עלי מים (במדבר כד): **ארז זה אינו עומד** במקום מים כו'. ואע"ג דכתיב בקרא כארזים עלי מים ההוא לאו בלעם קאמר ליה דבלעם אמר כארזים והמלאך השיבו עלי מים וכן כולהו דבלעם אמר כנחלים דזימנין מתייבשין וקאמר ליה המלאך נטיו דאין יבישין לעולם והיינו דכתיב ויהפוך ה' אלהיך לך את הקללה לברכה על ידי מלאך שהושיבו על ידי מלאך: **ואפילו כל הרוחות.** שאינן קשות: **רוח דרומית.** היא קשה כדאמרינן (ב"ב ד' כה:) אילמלא בן נץ שמעמידה אין כל בריה יכולה לעמוד מפניה שנאמר המבינתך יאבר נץ יפרש כנפיו לתימן: **ומטייל.** לשמוח:

תוספות

נקדרה. כמו מקדר בהרים (עירובין נח.) כלומר שמנקב הרקיע: **גזיריפטי.** פירוש סרדיוטין ושוטרי העם במקל: **ונעתרות** נשיקות שונא. פירוש (ה) כלומר נאמנים פצעי אוהב וחילופיהן בשונא ונעתרות לשון [י] הפוך בעתר פורק"א בלע"ז שמהפכין בה את התבואה והכי פשטיה דקרא פצעי אוהב נאמנים שהוא עושה לטובה אפילו כשמכה חבירו מתכוין לטובה ונשיקות שונא הם להיפך שעושה הכל לרעה וי"מ פשטיה דקרא הכי נאמנים פצעי אוהב ונעתרות נשיקות שונא כלומר ונעתרות לשון ריבוי כלומר נשיקות שונא דומים הם למשא כלומר הם מרובות ולמשא לעולם וי"מ הכי כשאוהבים עושים מריבה ושונאים זה את זה השנאה נאמנה והכי פירוש נאמנים פצעי אוהב הפצעים זהו השנאה שבין אוהבים הם נאמנות ונעתרות נשיקות שונא פי' דכששונאים עושים שלום זה לזה השלום והפשרה שביניהן אמנה וקיימת והיינו נעתרות נשיקות שונא כלומר נשיקות שונא נעתרות:

מה ארז זה. פירוש דאע"ג דכתיב ביה בקרא עלי מים ההוא לאו בלעם קאמר ליה אלא מלאך וכן כולהו בלעם אמר כנחלים ומלאך אמר נטיו דאינן מתייבשים וכן עלי נהר:

נזדמן

מסורת הש"ס

א) ע"ז כה., ב) לעיל ו:, ג) סנהדרין קה. ע"ש, ד) [גיר' ערוך גז ו' גאזי דפטאי], ה) סנהדרין דף קה:, ו) [צ"ל הקנה במים], ז) [בילקוט ליתא וכן משמע מדברי תוספות ד"ה מה ארז וכו' וכ"מ מרש"י], ח) [אבות דר"נ פמ"א מס' ד"א פ"ד ובשניהם אי' ר"ש בן אלעזר], ט) [צ"ל ברבין], י) [סוכה יד. יבמות סד.].

הגהות הב"ח

(א) גמ' ועכשיו ירדו גשמים מיד נכנס לבית המרחץ בשמחה ובעוד שהאדון נכנס כו' מעיינות מים והותירו בעוד שיצא האדון כו' חזר ונכנס נקדימון בן גוריון לבית המקדש כו' אהובים בעולמך וכשם שעשית נס כן עשה מיד נשבה הרוח ונתפזרו העבים: (ב) שם ולמה נקרא שמו נקדימון שעמדה [אולי צ"ל שנקדמה] לו חמה: (ג) שם באות ונושבות בו (אין מזיזות אותו ממקומו) תא"מ ונ"ב ס"א אינו הולך ובא עמהן: (ד) רש"י ד"ה אתיא כו' מה יהושע נקדרת לו חמה: (ה) תוס' ד"ה ונעתרות כו' פירוש נאמנים כו' כצ"ל ותיבת כלומר נמחק:

תורה אור השלם

א) וַיִּדֹּם הַשֶּׁמֶשׁ וְיָרֵחַ עָמָד עַד יִקֹּם גּוֹי אֹיְבָיו הֲלֹא הִיא כְתוּבָה עַל סֵפֶר הַיָּשָׁר וַיַּעֲמֹד הַשֶּׁמֶשׁ בַּחֲצִי הַשָּׁמַיִם וְלֹא אָץ לָבוֹא כְּיוֹם תָּמִים: [יהושע י, יג]

ב) הַיּוֹם הַזֶּה אָחֵל תֵּת פַּחְדְּךָ וְיִרְאָתְךָ עַל פְּנֵי הָעַמִּים תַּחַת כָּל הַשָּׁמָיִם אֲשֶׁר יִשְׁמְעוּן שִׁמְעֲךָ וְרָגְזוּ וְחָלוּ מִפָּנֶיךָ: [דברים ב, כה]

ג) וַיֹּאמֶר יְיָ אֶל יְהוֹשֻׁעַ הַיּוֹם הַזֶּה אָחֵל גַּדֶּלְךָ בְּעֵינֵי כָּל יִשְׂרָאֵל אֲשֶׁר יֵדְעוּן כִּי כַּאֲשֶׁר הָיִיתִי עִם מֹשֶׁה אֶהְיֶה עִמָּךְ: [יהושע ג, ז]

ד) אָז יְדַבֵּר יְהוֹשֻׁעַ לַייָ בְּיוֹם תֵּת יְיָ אֶת הָאֱמֹרִי לִפְנֵי בְּנֵי יִשְׂרָאֵל וַיֹּאמֶר לְעֵינֵי יִשְׂרָאֵל שֶׁמֶשׁ בְּגִבְעוֹן דּוֹם וְיָרֵחַ בְּעֵמֶק אַיָּלוֹן: [יהושע י, יב]

ה) פֵּרְשָׂה צִיּוֹן בְּיָדֶיהָ אֵין מְנַחֵם לָהּ צִוָּה יְיָ לְיַעֲקֹב סְבִיבָיו צָרָיו הָיְתָה יְרוּשָׁלַיִם לְנִדָּה בֵּינֵיהֶם: [איכה א, יז]

ו) אֵיכָה יָשְׁבָה בָדָד הָעִיר רַבָּתִי עָם הָיְתָה כְּאַלְמָנָה רַבָּתִי בַגּוֹיִם שָׂרָתִי בַּמְּדִינוֹת הָיְתָה לָמַס: [איכה א, א] ז) וְגַם אֲנִי נָתַתִּי אֶתְכֶם נִבְזִים וּשְׁפָלִים לְכָל הָעָם כְּפִי אֲשֶׁר אֵינְכֶם שֹׁמְרִים אֶת דְּרָכַי וְנֹשְׂאִים פָּנִים בַּתּוֹרָה: [מלאכי ב, ט] ח) וְהִכָּה יְיָ אֶת יִשְׂרָאֵל כַּאֲשֶׁר יָנוּד הַקָּנֶה בַּמַּיִם וְנָתַשׁ אֶת יִשְׂרָאֵל מֵעַל הָאֲדָמָה הַטּוֹבָה הַזֹּאת אֲשֶׁר נָתַן לַאֲבוֹתֵיהֶם וְזֵרָם מֵעֵבֶר לַנָּהָר יַעַן אֲשֶׁר עָשׂוּ אֶת אֲשֵׁרֵיהֶם מַכְעִיסִים אֶת יְיָ: [מלכים א' יד, טו] ט) נֶאֱמָנִים פִּצְעֵי אוֹהֵב וְנַעְתָּרוֹת נְשִׁיקוֹת שׂוֹנֵא: [משלי כז, ו] י) כִּנְחָלִים נִטָּיוּ כְּגַנֹּת עֲלֵי נָהָר כַּאֲהָלִים נָטַע יְיָ כַּאֲרָזִים עֲלֵי מָיִם: [במדבר כד, ו]

רבינו חננאל

תנא לא נקדימון שמו אלא בוני שמו. ומפני שנקדמה לו חמה נקרא נקדימון. והמטרתי על עיר אחת ועל עיר אחת לא אמטיר. אמרו שתיהן לקללה. זו שגשמיה מרובין יותר מדאי מטשטשין הארץ ואינה עושה פירות. ומי שגשמיה נעצרים אינה מצמחת. היתה ירושלם לנדה. לברכה שיש לה היתר לבעל כנדה. היתה כאלמנה שגער בה בעלה. לא אלמנה ממש. נבזים ושפלים לברכה שאין מהן שרים למלחמה ולהשתמש אותם לעבודת המלך. קנה במים שרשיו מרובים וגזעו מחליף הולך ובא עם הרוחות כו'. ת"ר מעשה בר' שמעון בן אלעזר

רבינו גרשום

שתיהן לקללה. אותה שלא ירדה עליה ואותה שירדה עליה ושתיהן מתענות. **דלא מוקמי** מינן גזי ריפטי ולא מיגרו (פי') [בן]: **כארזים** עלי מים הוא אמר כארזים א) ורוח הקודש משיבה עלי מים שגזעו מחליף:

חשק שלמה
על רבינו גרשום

א) עי' תוס' ד"ה מה ארז.

ליקוטי רש"י

שנקדרה. נקדה, נקבה לשון מקדרין בהרים (עירובין דף נח.) נקדה לו חמה זרחה בשבילו במסכת תענית (דף כ.) [גיטין נו.]. משה. במלחמת סיחון [ע"ז כה.]. ושתיהן לקללה. אותן שירדו ואותן שלא ירדו מפני שרוב גשמים קלקלו את תבואתם [לעיל ו:]. לנדה. לריחוק לבוז [איכה א, יז]. נעתרות. לשון גודל כמו העתרת עלי (יחזקאל לה) [משלי כז, ו]. נהפכות כמו עתר שמהפך התבואה כלומר נאמנים פצעי אוהב ונהפכות מנאמנות נשיקות שונא [סנהדרין קה:].

מָה (עלי מים) ,,כַּאֲרָזִים'' שֶׁנֶּאֱמַר: – as it says: . . . *like cedars.*[25] אֶרֶז זֶה אֵינוֹ עוֹמֵד בִּמְקוֹם מַיִם – **Just as this cedar tree does not stand in a watery place,** וְאֵין גִּזְעוֹ מַחֲלִיף – **and its trunk does not grow back** once it is cut off, וְאֵין שָׁרָשָׁיו מְרוּבִּין – **and its roots are not numerous;** אֲפִילוּ כָּל הָרוּחוֹת שֶׁבָּעוֹלָם נוֹשְׁבוֹת בּוֹ אֵין מְזִיזוֹת אוֹתוֹ מִמְּקוֹמוֹ – and **even though if all the** ordinary **winds of the world blow upon it, they can not budge it from its place;** כֵּיוָן שֶׁנָּשְׁבָה בּוֹ רוּחַ דְּרוֹמִית – **when the** powerful **south wind**[26] **blows upon it,** עוֹקַרְתּוֹ וְהוֹפַכְתּוֹ עַל פָּנָיו – **it uproots it and overturns it.** So, too, the Jewish nation will, according to Balaam's blessing, not be easily brought down, but should the blow be sufficiently powerful, it will never recover.[27] וְלֹא עוֹד אֶלָּא שֶׁזָּכָה קָנֶה לִיטּוֹל הֵימֶנּוּ קוּלְמוֹס – **Moreover, the reed merited to have pens drawn from its** ranks לִכְתּוֹב בּוֹ סֵפֶר תּוֹרָה נְבִיאִים וּכְתוּבִים – to be used **to write scrolls of the Torah, the Prophets, and the Writings.**[28]

The Gemara elaborates on the theme, "better a reed than a cedar":

תָּנוּ רַבָּנָן – **The Rabbis taught in a Baraisa:** לְעוֹלָם יְהֵא אָדָם רַךְ כְּקָנֶה – A PERSON SHOULD ALWAYS BE SOFT LIKE A REED, i.e. flexible in interpersonal matters, וְאַל יְהֵא קָשֶׁה כְּאֶרֶז – AND NOT HARD LIKE A CEDAR. מַעֲשֶׂה – There was AN INCIDENT שֶׁבָּא רַבִּי אֶלְעָזָר (בֶּן ר׳) שִׁמְעוֹן מִמִּגְדַּל גְּדוֹר – IN WHICH R' ELAZAR (BEN R') SHIMON WAS COMING FROM MIGDAL GEDOR מִבֵּית רַבּוֹ – FROM HIS TEACHER'S HOUSE. וְהָיָה רָכוּב עַל הַחֲמוֹר – HE WAS RIDING ON A DONKEY וּמְטַיֵּיל עַל שְׂפַת נָהָר – AND TRAVELING ALONG A RIVERBANK; וְשָׂמַח שִׂמְחָה גְּדוֹלָה – HE REJOICED GREATLY, וְהָיְתָה דַּעְתּוֹ גַּסָּה עָלָיו – AND WAS FEELING VERY PROUD OF HIMSELF, מִפְּנֵי שֶׁלָּמַד תּוֹרָה הַרְבֵּה – FOR HE HAD LEARNED MUCH TORAH from his teacher.

NOTES

25. *Numbers* 24:6. This is from the blessing that Balaam (unwillingly) blessed the Children of Israel. Although the verse goes on to compare the Jewish people to *cedar trees by the water,* the last phrase, *by the water,* was not from the mouth of Balaam, but a phrase added by an angel (*Rashi;* see *Deuteronomy* 23:6).

26. The south winds are the strongest winds; see *Bava Basra* 25b (*Rashi*).

27. Thus, the "wound" (i.e. curse) inflicted by the prophet Achiyah was less injurious to Israel's long-term prospects than the "kiss" (i.e. blessing) proffered by Balaam.

28. The stems of certain varieties of reeds were fashioned into quill-like pens and used in writing scrolls of Scripture. Thus, the metaphor of a reed carries a connotation of holiness not present in the more majestic metaphor of a cedar.

ועכשיו ירדו גשמים (א) נכנס לבית המרחץ בשמחה עד שהאדון נכנס בשמחתו לבית המרחץ נקדימון נכנס לבית המקדש כשהוא עצב נתעטף ועמד בתפלה אמר לפניו רבונו של עולם גלוי וידוע לפניך שלא לכבודי עשיתי ולא לכבוד בית אבא עשיתי אלא לכבודך עשיתי שיהו מים מצויין לעולי רגלים מיד נתקשרו שמים בעבים וירדו גשמים עד שנתמלאו שתים עשרה מעינות מים והותירו עד שיצא אדון מבית המרחץ נקדימון בן גוריון יצא מבית המקדש כשפגעו זה בזה אמר לו תן לי דמי מים יותר שיש לי בידך אמר לו יודע אני שלא הרעיש הקב"ה את עולמו אלא בשבילך אלא עדיין יש לי פתחון פה עליך שאוציא ממך את מעותיי שכבר שקעה חמה וגשמים ברשותי ירדו חזר ונכנס לבית המקדש נתעטף ועמד בתפלה ואמר לפניו רבונו של עולם הודע שיש לך אהובים בעולמך מיד נתפזרו העבים וזרחה החמה באותה שעה אמר לו האדון אילו לא נקדרה החמה היה לי פתחון פה עליך שאוציא ממך מעותיי תנא לא נקדימון שמו אלא בוני שמו ולמה נקרא שמו נקדימון (ב) שנקדרה חמה בעבורו תנו רבנן [א] שלשה נקדמה להם חמה בעבורן משה ויהושע ונקדימון בן גוריון בשלמא נקדימון בן גוריון גמרא יהושע נמי קרא דכתיב [א] וידם השמש וירח עמד וגו' אלא משה מנלן אמר רבי אלעזר אתיא אחל אחל כתיב הכא [ב] אחל תת פחדך וכתיב התם [ג] אחל גדלך רבי שמואל בר נחמני אמר אתיא תת תת כתיב הכא אחל תת פחדך וכתיב התם [ד] ביום תת ה' את האמרי רבי יוחנן אמר אתיא מגופיה דקרא [ב] אשר ישמעון שמעך ורגזו וחלו מפניך אימתי רגזו וחלו מפניך בשעה שנקדמה לו חמה למשה: וכן עיר שלא ירדו עליה גשמים כו': [ג] אמר רב יהודה אמר רב ושתיהן לקללה [ה] היתה ירושלם לנדה ביניהם אמר רב יהודה אמר רב לברכה כנדה מה נדה יש לה היתר אף ירושלים יש לה תקנה [ו] היתה כאלמנה אמר רב יהודה לברכה [ז] כאלמנה ולא אלמנה ממש אלא כאשה שהלך בעלה למדינת הים ודעתו לחזור עליה [ז] וגם אני נתתי אתכם נבזים ושפלים אמר רב יהודה לברכה דלא מוקמי מינן לא רישי נהרי ולא [ד] גזיריפטי [ח] והכה ה' את ישראל כאשר ינוד הקנה במים אמר רב יהודה אמר רב לברכה דאמר רבי שמואל בר נחמני אמר רבי יונתן [ה] מאי דכתיב [ט] נאמנים פצעי אוהב ונעתרות נשיקות שונא טובה קללה שקילל אחיה השילוני את ישראל יותר מברכה שבירכן בלעם הרשע אחיה השילוני קללן בקנה אמר להם לישראל והכה ה' את ישראל כאשר ינוד [ו] הקנה מה קנה זה עומד במקום מים וגזעו מחליף ושרשיו מרובין ואפילו כל הרוחות שבעולם באות ונושבות בו (ג) אין מזיזות אותו ממקומו אלא הולך ובא עמהן דממו הרוחות עמד הקנה במקומו אבל בלעם הרשע בירכן בארז שנאמר [י] כארזים [ז] (עלי מים) מה ארז זה אינו עומד במקום מים ואין גזעו מחליף ואין שרשיו מרובין אפילו כל הרוחות שבעולם נושבות בו אין מזיזות אותו ממקומו כיון שנשבה בו רוח דרומית עוקרתו והופכתו על פניו ולא עוד אלא שזכה קנה ליטול הימנו קולמוס לכתוב בו ספר תורה נביאים וכתובים תנו רבנן לעולם יהא אדם רך כקנה ואל יהא קשה כארז [ח] מעשה שבא רבי אלעזר [ט] (בן ר') שמעון ממגדל גדור מבית רבו והיה רכוב על החמור ומטייל על שפת נהר ושמח שמחה גדולה והיתה דעתו גסה עליו מפני שלמד תורה הרבה

נזדמן

רש"י

ועכשיו ירדו גשמים. בתמיה: בוני שמו: נקדרה. זרחה לשון מקדיר שהיתה חמה קודרת ברקיע וזורחת פירטול"ר בלע"ז: הכי גרסינן נקדימון בן גוריון הא דאמרן: אתיא אחל אחל. כתיב במלחמת יהושע (יהושע ג) אחל גדלך ובמלחמת משה כתיב (דברים ב) אחל תת פחדך מה יהושע (ד) נקדמה לו חמה במלחמתו כדכתיב בהדיא אף משה כן שכן דרך הכתובין למד סתום מן המפורש ברמז בדיבור דומה לחבירו וגזירה שוה אחת מן י"ג מדות שניתנו לו למשה מסיני ובתחילת סיפרא מפורש: שתיהן לקללה. אקרא קאי האי דכתיב על עיר אחת אמטיר ועל עיר אחת לא אמטיר שניהם לקללה אותה שימטיר עליה רוב גשמים שמקלקלין את התבואה ואת שלא ימטיר אין גשמים ואין תבואה גדילה אשר לא תמטיר עליה מוסב הדבר על העב שהעב בלשון נקיבה דכתיב (מלכים א יח) הנה עב קטנה ככף איש עולה מים: ולא אלמנה גמורה. דהא לא כתיב אלמנה אלא היתה כאלמנה כאשה העומדת באלמנות חיות על בעלה שהלך ועתיד לחזור: דלא מוקמי מינן רישי נהרי. מוכסין: גזיריפטי. סרדיוטין מרוב בזיון: ונעתרות נשיקות שונא. נעתרות לשון הפך כדאמרינן במסכת סוכה (דף יד.) ויעתר לו מה עתר זה מהפך את התבואה פורקא בלע"ז אי נמי נעתרות לשון רבוי וייתור אינקריי"ש בלע"ז כמו העתרתם עלי דבריכם (יחזקאל לה): בירכן בארז. כארזים עלי מים (במדבר כד): ארז זה אינו עומד במקום מים כו'. ואע"ג דכתיב בקרא כארזים עלי מים ההוא לאו בלעם קאמר ליה דבלעם אמר כארזים והמלאך השיבו עלי מים וכן כולהו דבלעם אמר כנחלים דזימנין מתייבשין וקאמר ליה המלאך נטיו דאין יבישין לעולם והיינו דכתיב ויהפוך ה' אלהיך לך את הקללה לברכה על ידי מלאך שהושיבו על ידי מלאך: ואפילו כל הרוחות. שאינן קשות: רוח דרומית. היא קשה כדאמרינן (ב"ב ד' כה:) אילמלא בן נץ שמעמידה אין כל בריה יכולה לעמוד מפניה שנאמר המבינתך יאבר נץ יפרש כנפיו לתימן: ומטייל. לשמוח:

נזדמן

תוספות

נקדרה. כמו מקדר בהרים (עירובין נח.) כלומר שמנקב הרקיע: גזיריפטי. פירוש סרדיוטין ושוטרי העם במקל: ונעתרות נשיקות שונא. פירוש (ה) כלומר נאמנים פצעי אוהב וחילופיהן בשונא ונעתרות לשון [י] הפוך בעתר פורק"א בלע"ז שמהפכין בה את התבואה והכי פשטיה דקרא פצעי אוהב נאמנים שהוא עושה לטובה אפילו כשמכה חבירו מתכוין לטובה ונשיקות שונא הם להיפך שעושה הכל לרעה וי"מ פשטיה דקרא הכי נאמנים פצעי אוהב ונעתרות נשיקות שונא כלומר ונעתרות לשון ריבוי כלומר נשיקות שונא דומים הם למשא כלומר הם מרובות ולמשא לעולם וי"מ הכי כשאוהבים עושים מריבה ושונאים זה את זה השנאה נאמנה והכי פירוש נאמנים פצעי אוהב הפצעים זהו השנאה שבין אוהבים הם נאמנות ונעתרות נשיקות שונא פי' כששונאים עושים שלום זה לזה השלום והפשרה שביניהן אמנה וקיימת והיינו נעתרות נשיקות שונא כלומר נשיקות שונא נעתרות:

מה ארז זה. פירוש דאע"ג דכתיב ביה בקרא עלי מים ההוא לאו בלעם קאמר ליה אלא מלאך וכן כולהו בלעם אמר כנחלים ומלאך אמר נטיו דאינן מתייבשים וכן עלי נהר:

נזדמן

מסורת הש"ס

א) ע"ז כה., ב) לעיל ו:, ג) סנהדרין קד. ע"ש, ד) [גיר' ערוך ערך גז ו' גאזי דפטאי], ה) סנהדרין דף קה:, ו) [נ"ל הקנה במים], ז) [בילקוט ליתא וכן משמע מדברי תוספות ד"ה מה ארז וכו' וכ"מ מרש"י], ח) [אבות דר"נ פמ"א מס' ד"א פ"ד ובשניהם אי' ר"ש בן אלעזר], ט) [נ"ל ברבי], י) [סוכה יד. יבמות סד.].

הגהות הב"ח

(א) גמ' ועכשיו ירדו גשמים מיד נכנס לבית המרחץ בשמחה ובעוד שהאדון נכנס כו' מעיינות מים והותירו בעוד שיצא האדון כו' חזר ונכנס נקדימון בן גוריון לבית המקדש כו' אהובים בעולמך וכשם שעשית נס כן עשה מיד נשבה הרוח ונתפזרו העבים: (ב) שם ולמה נקרא שמו נקדימון שעמדה [אולי צ"ל שנקדמה] לו חמה: (ג) שם באות ונושבות בו (אין מזיזות אותו ממקומו) תא"מ וכ"ב ס"א אינו הולך ובא עמהן: (ד) רש"י ד"ה אתיא כו' מה יהושע נקדרת לו חמה: (ה) תוס' ד"ה ונעתרות כו' פירוש נאמנים כו' כצ"ל ותיבת כלומר נמחק:

תורה אור השלם

א) וידם השמש וירח עמד עד יקם גוי איביו הלא היא כתובה על ספר הישר ויעמד השמש בחצי השמים ולא אץ לבוא כיום תמים: [יהושע י, יג]

ב) היום הזה אחל תת פחדך ויראתך על פני העמים תחת כל השמים אשר ישמעון שמעך ורגזו וחלו מפניך: [דברים ב, כה]

ג) ויאמר יי אל יהושע היום הזה אחל גדלך בעיני כל ישראל אשר ידעון כי כאשר הייתי עם משה אהיה עמך: [יהושע ג, ז]

ד) אז ידבר יהושע ליי ביום תת יי את האמרי לפני בני ישראל ויאמר לעיני ישראל שמש בגבעון דום וירח בעמק אילון: [יהושע י, יב]

ה) פרשה ציון בידיה אין מנחם לה צוה יי ליעקב סביביו צריו היתה ירושלים לנדה ביניהם: [איכה א, יז]

ו) איכה ישבה בדד העיר רבתי עם היתה כאלמנה רבתי בגוים שרתי במדינות היתה למס: [איכה א, א]

ז) וגם אני נתתי אתכם נבזים ושפלים לכל העם כפי אשר אינכם שמרים את דרכי ונשאים פנים בתורה: [מלאכי ב, ט]

ח) והכה יי את ישראל כאשר ינוד הקנה במים ונתש את ישראל מעל האדמה הטובה הזאת אשר נתן לאבותיהם וזרם מעבר לנהר יען אשר עשו את אשריהם מכעיסים את יי: [מלכים א' יד, טו]

ט) נאמנים פצעי אוהב ונעתרות נשיקות שונא: [משלי כז, ו]

י) כנחלים נטיו כגנת עלי נהר כאהלים נטע יי כארזים עלי מים: [במדבר כד, ו]

רבינו חננאל

תנא לא נקדימון שמו אלא בוני שמו. ומפני שנקדמה לו חמה נקרא נקדימון. והמטרתי על עיר אחת ועל עיר אחת לא אמטיר. אמרו שתיהן לקללה. זו שגשמיה מרובין יותר מדאי מטשטשין הארץ ואינה עושה פירות. ומי שגשמיה נעצרים אינה מצמחת. היתה ירושלם לנדה. לברכה שיש לה היתר לבעל כנדה. היתה כאלמנה שגער בה בעלה. לא אלמנה ממש. נבזים ושפלים לברכה שאין מהן שרים למלחמה ולהשתמש אותם לעבודת המלך. קנה במים שרשיו מרובים וגזעו מחליף הולך ובא עם הרוחות כו'. ת"ר מעשה בר' שמעון בן אלעזר

רבינו גרשום

שתיהן לקללה. אותה שלא ירדה עליה ואותה שירדה עליה ושתיהן מתענות. דלא מוקמי מינן גזי ריפטי ולא מיגרו (פי') [בן]: כארזים עלי מים הוא אמר כארזים א) ורוח הקודש משיבה עלי מים שגזעו מחליף:

חשק שלמה על רבינו גרשום

א) עי' תוס' ד"ה מה ארז.

ליקוטי רש"י

שנקדרדה. נקדה, נקבה לשון מקדרין בהרים (עירובין דף נח.) נקדה לו חמה זרחה בשבילו במסכת תענית (דף כ.) [גיטין נו.]. משה. במלחמת סיחון [ע"ז כה.]. ושתיהן לקללה. אותן שירדו ואותן שלא ירדו מפני שרוב גשמים קלקלו את תבואתם [לעיל ו:]. לנדה. לריחוק לבוז [איכה א, יז]. נעתרות. לשון גודל כמו העתרת עלי (יחזקאל לה) [משלי כז, ו]. נהפכות כמו עתר שמהפך התבואה כלומר נאמנים פצעי אוהב ונהפכות מנאמנות נשיקות שונא [סנהדרין קה:].

נזדמן לו אדם אחד שהיה מכוער ביותר אמר לו שלום עליך רבי ולא החזיר לו אמר לו ריקה כמה מכוער אותו האיש שמא כל בני עירך מכוערין כמותך אמר לו איני יודע אלא לך ואמור לאומן שעשאני כמה מכוער כלי זה שעשית כיון שידע בעצמו שחטא ירד מן החמור ונשתטח לפניו ואמר לו [א] נעניתי לך מחול לי אמר לו איני מוחל לך עד שתלך לאומן שעשאני ואמור לו כמה מכוער כלי זה שעשית היה מטייל אחריו עד שהגיע לעירו יצאו בני עירו לקראתו והיו אומרים לו שלום עליך רבי רבי מורי מורי אמר להם למי אתם קורין רבי רבי אמרו לו לזה שמטייל אחריך אמר להם אם זה רבי אל ירבו כמותו בישראל אמרו לו מפני מה אמר להם כך וכך עשה לי אמרו לו אעפ"כ מחול לו שאדם גדול בתורה הוא אמר להם בשבילכם הריני מוחל לו ובלבד שלא יהא רגיל לעשות כן מיד נכנס רבי אלעזר (א) בן רבי שמעון ודרש לעולם יהא אדם רך כקנה ואל יהא קשה כארז ולפיכך זכה קנה ליטול הימנה קולמוס לכתוב בו ספר תורה תפילין ומזוזות: וכן עיר שיש בה דבר או מפולת כו': תנו רבנן מפולת שאמרו בריאות ולא רעועות שאינן ראויות ליפול ולא הראויות ליפול הי ניהו בריאות הי ניהו שאינן ראויות ליפול הי ניהו רעועות הי ניהו ראויות ליפול לא צריכא דנפלו מחמת גובהייהו [א] אי נמי דקיימן אגודא דנהרא כי ההיא אשיתא רעועה דהואי בנהרדעא דלא הוה חליף רב ושמואל תותה אע"ג דקיימא באתרה תליסר שנין (ב) יומא חד איקלע רב אדא בר אהבה להתם אמר ליה שמואל לרב ניתי מר נקיף אמר ליה לא צריכנא האידנא דאיכא רב אדא בר אהבה בהדן דנפיש זכותיה ולא מסתפינא רב הונא הוה ליה ההוא חמרא בההוא ביתא רעיעא ובעי לפנוייה עייליה לרב אדא בר אהבה להתם משכי' בשמעתא עד דפנייה בתר דנפק נפל ביתא ארגיש רב אדא בר אהבה איקפד סבר לה כי הא [ב] דאמר רבי ינאי לעולם אל יעמוד אדם במקום סכנה ויאמר עושין לי נס שמא אין עושין לו נס ואם תימצי לומר עושין לו נס מנכין לו מזכיותיו אמר רב חנן מאי קרא דכתיב [א] קטנתי מכל החסדים ומכל האמת מאי הוה עובדיה דרב אדא בר אהבה כי הא דאתמר [ג] שאלו תלמידיו (ד) את רבי זירא ואמרי לה) לרב אדא בר אהבה במה הארכת ימים אמר להם מימי לא הקפדתי בתוך ביתי ולא צעדתי בפני מי שגדול ממני (ג) ולא הרהרתי במבואות המטונפות ולא הלכתי ד' אמות בלא תורה ובלא תפילין ולא ישנתי בבית המדרש לא שינת קבע ולא שינת עראי ולא ששתי בתקלת חברי ולא קראתי לחבירי [ה] בהכינתו ואמרי לה [ו] בחניכתו אמר ליה רבא לרפרם בר פפא לימא לן מר מהני מילי מעלייתא דהוה עביד רב הונא אמר ליה בינקותיה לא דכירנא בסיבותיה דכירנא דכל יומא דעיבא הוו מפקין ליה בגוהרקא דדהבא וסייר לה לכולה מתא וכל אשיתא דהוות רעיעתא הוה סתר לה [ז] אי אפשר למרה בני לה ואי לא אפשר בני לה איהו מדידיה וכל פניא דמעלי שבתא הוה משדר שלוחא לשוקא וכל ירקא דהוה פייש להו לגינאי זבין ליה ושדי ליה לנהרא וליתביה לעניים זמנין דסמכא דעתייהו ולא אתו למיזבן ולשדייה לבהמה ° קסבר מאכל אדם אין מאכילין לבהמה ולא ליזבניה כלל נמצאת מכשילן לעתיד לבא כי הוה [א] ליה מילתא דאסותא הוי מלי כוזא (ד) דמיא ותלי ליה בסיפא דביתא ואמר כל דבעי ליתי ולישקול ואיכא דאמרי מילתא דשיבתא הוה גמיר והוה מנח כוזא דמיא ודלי ליה ואמר כל דצריך ליתי וליעול דלא לסתכן כי הוה כרך ריפתא הוה פתח לבביה ואמר כל מאן דצריך ליתי וליכול אמר רבא כולהו מצינא מקיימנא לבר מהא דלא מצינא למיעבד משום

רש"י

נזדמן לו אדם. יש ספרים שכתוב בהן אליהו זכור לטוב והוא נתכוון להוכיחו שלא ירגיל בדבר: ה"ג מפולת שאמרו בריאות ולא רעועות שאינן ראויות ליפול ולא שראויות ליפול הי ניהו בריאות והי ניהו שאינן ראויות ליפול הי ניהו רעועות והי ניהו ראויות ליפול לא צריכא דקיימן אגודא דנהרא. מפולת שיש שם רוח חזק שמפיל החומות (ה) מפולת שאמרו מתריעין עליהן בבריאות קאמרינן שיהו החומות בריאות ואף על פי כן נופלות מכח נשיבת הרוח אבל אם היו החומות הנופלות רעועות אין מתריעין עליהן וכשאינן ראויות ליפול מתריעין עליהן ולא בראויות ליפול: לא צריכא. הא דקתני שאינן רעועות וראויות ליפול אלא כגון דקאי אגודא דנהרא על שפת הנהר שאע"פ שהיא בריאה ראויה היא ליפול שהמים מפילין אותה שמקלקלין את הקרקע ושוחקין את היסוד: כי ההיא אשיתא רעועה כו': באתרה. במקומה אף על גב דאינה ראויה ליפול דהא קמה באתרה כולי האי אפילו הכי כיון דרעועה היא לא הוו חלפי תותה אלא היה מקיף סביבותיה: מנכין. ממעטין: ה"ג לא הקפדתי בתוך ביתי (ו) ולא הלכתי בלא תורה. דכל שעתא הוה גריס: בהכינתו. שמכניס לו בני אדם (ז) כגון שם לווי: חניכתו. כמו חניכת אבות בגיטין עד י' דורות (גיטין דף פח.): ביומא דעיבא. יום המעונן דהוי רוח מנשבת ומסתפי דלא תפיל חומות: בגוהרקא. תיבה תלויה בעגלה ושרות יושבות בהן: וסייר. בודק תרגום פוקד (שמות לד) מסער כמו האי טבחא דלא סר סכינא קמיה חכם[ס]: כי הוה ליה מילתא דאסותא רמי ליה אכוזא דמיא כו' לא גרסינן: זבין ליה ושדי ליה בנהרא. להכי זבין להו דאי הוה משתייר מידי לגנני אזלא לאיבוד דמכמשא בשבת ונמלא מכשילן לעתיד לבא דלא מייתי ירקי לסעודת שבת: דסמכא דעתייהו. שנסמכין עניים לאותו ירק ואומרים אין אנו צריכין לקנות ושמא לא ישתייר שם כלום ואין להן מה לאכול בשבת: אין מאכילין אותן לבהמה. משום ביזוי אוכלין (ח) ומחזי כבועט בטובה שהשפיע הקב"ה בעולם אי נמי משום דחסה תורה על ממונן של ישראל וזרק לנהר והולכין למקום אחר ומוצאין אותם בני אדם ואוכלין אותן כך שמעתי: מילתא דשיבתא. מנהג שדים שמזיקין למי שיאכל ואינו נוטל ידיו דשיבתא כהך דגרסינן במסכת יומא (דף עז:) אמר אביי משום שיבתא והוה תלי ליה להוא כוזא דמיא כי היכי דלימשו ידייהו מיניה: בר מהא. חוץ מזו דכל מאן דבעי הוה עייל ואכל: משום

תוספות

נזדמן לו אדם אחד שהוא מכוער ביותר. במסכת דרך ארץ (ט) מפרש דאותו אדם היינו אליהו ולטוב נתכוון כדי שלא ירגיל בדבר: לא צריכא דנפלי מחמת גובהייהו. פי' דהוו בריאות ולא היו ראויות ליפול אלא מחמת גובהן: אמר ליה דאיכא רב אדא בהדן דנפיש זכותיה. וצ"ל דתרי רב אדא הוו דהא רב אדא בר אהבה הוה בימי רבא דמצינו בכמה מקומות אמר רב אדא בר אהבה אמר רבא (ט) והא רב אדא בר אהבה דהכא משמע דהוה חבר לרב ולשמואל מדקאמר ליה שמואל לרב וקאמר ליה הא איכא רב אדא בהדן ואנן ידענא דרב יהודה היה תלמיד דרב ושמואל ורבא [י] הוה נולד ביום שמת רב יהודה ורב אדא היה תלמיד דרבא א"כ ע"כ צ"ל דתרי רב אדא הוו[כ]: בהכינתו. פירוש בכינוי שמכנין אותו (י) בן אדם לגנאי בחניכתו פי' כינוי שם משפחתו שם לווי כמו שם חניכת אבות בגיטין עד עשרה דורות (גיטין דף פח.) כגון רבי אברהם אבן עזרא שכל בני משפחתו היו נקראים כך ודוקא לגנאי אבל לשבח מותר:

עין משפט נר מצוה

טו א מיי' פ"ב מהלכות תענית הלכה יב טוש"ע א"ח סי' תקעו סעיף ד:

רבינו חננאל

שפגע באחד ואמר כמה מכוער כלי זה שמא כל בני עירך מכוערים כמותך. כיון שידע שחטא התחיל לבקש מחילה. נפק ודרש לעולם יהא אדם רך כקנה ואל יהא קשה כארז: מלתא דשיבתא פי' משקה של רפואה:

רבינו גרשום

בריאות נופלות. מתענין: דקמו אגודא דנהרא וה"ק (רעועות) [בריאות] ולא ראויות ליפול לאפוקי דקאי אגודא דנהרא דאע"ג דאין רעועות הואיל וראויות ליפול דאכלה להו מיא אין מתענין עליהן והויא לה א) נמי בריאות ראויות ליפול דקאי באתרא לאחר שהיתה רעועה דהא כיון דקם באתרא הויא כבריאה וכיון דהויא רעועה הויא ראויה ליפול. קטנתי מכל החסדים כלומר נתמעטו הזכיות בשביל נסים כי במקלי וגו'. בהכינתו שכבר קוראין לו ולא ב) בחכינתי שאני קריתי לו שם. ביומא דעיבא ודזיקא ג) זבין להו דאי יתרי ומפסדי לא הוו מייתי בערב שבת אחר: ולא אתו למיזבן וזימנין דלא יתרי להו כלום וסמכו עליה ולא הוה להן מאכל. לשיבתא מילתא דשיבתא הוה גמיר שהיה יודע שרוח רעה שורה (על המים) [על הידים]. ותלי כוזא דמיא (נמי) [כלי] שנוטלין בה את ידיהן ונכנסין. בר מהא דהוה פתח לבבא:

חשק שלמה על רבינו גרשום

א) נראה מזה דרבינו היה גורס אי נמי כההיא אשיתא וכו' והוא נמי פירוש על בריאות וראויות ליפול ולא כפרש"י. ב) ג' רבינו בחניכתי ביו"ד לבסוף וכ"ה בערוך ערך חנך ולפיכך פי' רבינו שאני קריתי וכו' ובערוך כתוב שלא כיניתי לו שם ואולי דגם בדברי רבינו צריך להגיה כן וצ"ע. ג) נראה דחסר כאן וצ"ל ודזיקא הוה סייר לכלהו מתא וכו' וכל ירקא דהוו פיש להו לגינאי זבין להו וכו'.

ליקוטי רש"י

נעניתי לך. דכרתי למולך יותר מן הראוי [ברכות כח.]. דכרתי יותר מדאי [כתובות סז:]. במקום סכנה. כגון קיר נטוי. מנכין לו מזכיותיו. פוחתין. קטנתי מכל החסדים. הוקטנו ונתמעטו זכיותי בשביל החסדים אשר עשית וגו' [שבת לב.]. נתמעטו זכיותי על ידי החסדים והאמת שעשית עמי [בראשית לב, יא]. ולא הרהרתי. דברי תורה. בלא תורה. גרסתי שגורה בפי תמיד. (בהכינתו. אם כינו שם לחבירו לגנאי. ואמרי לה בחניכתו. אפילו אותו כינוי שמסודר ובא לו ממשפחתו שם דופי כמו כתב חניכתו וחניכתה דמסכת גיטין (דף פז:) [מגילה כח.]. בפניא. לפנות ערב [לקמן כג:]. מעלי שבתא. של ערב שבת [מנחות מט:]. מילתא דשיבתא. לפי שרוח רעה שורה על הלחם הנלקח בידים שלא נטלן שחרית ושם השד שיבתא [יומא עז:].

מסורת הש"ס

א) [ברכות כח. וע"ש פרש"י כתובות סז:], ב) שבת לב., ג) מגילה כח., ד) [בע"י ליתא], ה) [גירס' הערוך בחניכתו פי' שלא כיניתי לו שם], ו) [פי' הערוך ערך חנך אפי' שם שכינו לו אחרים לא קראתיו], ז) [פי' אם ובע"י גרס אם], ח) חולין יח., ט) [אפשר דבנוסחאות שהיה לפני תוס' היה כך אבל לפנינו ליתא], י) [קידושין דף עב:], כ) [וע"ע תוספות קידושין עב: ד"ה היום ותוס' ב"ב כב. ד"ה אמר].

הגהות הב"ח

(א) גמ' ברבי שמעון: (ב) שם דקיימא באתרה תליסר שנין ולא נפלה יומא חד כו' ניתי מר ונקיף א"ל: (ג) שם בפני מי שגדול ממני בחכמה ולא הרהרתי: (ד) שם הוי מלי כוזא מיניה ותלי ליה: (ה) רש"י ד"ה ה"ג מפולת כו' דנהרא הס"ד ואח"כ מה"ד מפולת וכו' החומות הס"ד ומה"ד מפולת שאמרו כו' עליהן הס"ד ומה"ד בבריאות כו' עליהן הס"ד ומה"ד וכשאין ראויות כו': (ו) ד"ה ה"ג לא כו' ביתי הס"ד ומה"ד ולא הלכתי כו': (ז) ד"ה בהכינתו כו' בני אדם לגנאי כגון: (ח) ד"ה אין מאכילין כו' ביזוי אוכלין דמיחזי כבועט: (ט) תוס' ד"ה א"ל כו' אמר רבא והאי רב אדא: (י) ד"ה בהכינתו כו' שמכנין אותו בני אדם לגנאי כגון שם לווי בחניכתו פי' כינהו בשם משפחתו דיש משפחה שמכנין בני אדם לכל המשפחה וקוראין בחניכת שם לווי כמו שם חניכת:

גליון הש"ס

גמ' קסבר מאכל אדם אין מאכילים לבהמה. מג"א סימן קעא ס"ק א:

הגהות הגר"א

[א] גמ' כי הוה ליה. רשום קו על מלת ליה:

תורה אור השלם

א) קָטֹנְתִּי מִכֹּל הַחֲסָדִים וּמִכָּל הָאֱמֶת אֲשֶׁר עָשִׂיתָ אֶת עַבְדֶּךָ כִּי בְמַקְלִי עָבַרְתִּי אֶת הַיַּרְדֵּן הַזֶּה וְעַתָּה הָיִיתִי לִשְׁנֵי מַחֲנוֹת: [בראשית לב, יא]

נִזְדַּמֵּן לוֹ אָדָם אֶחָד שֶׁהָיָה מְכוֹעָר בְּיוֹתֵר – **THERE CHANCED HIS WAY A PERSON WHO WAS EXCEEDINGLY UGLY.**[1] אָמַר לוֹ – **HE** [the ugly man] **SAID TO HIM** [R' Elazar the son of R' Shimon]: שָׁלוֹם עָלֶיךָ רַבִּי – **"PEACE BE UPON YOU, MY TEACHER."** וְלֹא הֶחֱזִיר לוֹ – **BUT [R' ELAZAR] DID NOT RETURN** the greeting **TO HIM.** אָמַר לוֹ – Instead, **HE REPLIED:** רֵיקָה – **"EMPTY ONE!** כַּמָּה מְכוֹעָר אוֹתוֹ הָאִישׁ – **HOW UGLY IS THAT MAN!** שֶׁמָּא כָּל בְּנֵי עִירְךָ מְכוֹעָרִין כְּמוֹתְךָ – **ARE ALL THE PEOPLE OF YOUR CITY PERHAPS AS UGLY AS YOU?"** אָמַר לוֹ – **HE** [the ugly man] **REPLIED:** אֵינִי יוֹדֵעַ – **"I DO NOT KNOW.** אֶלָּא לֵךְ וֶאֱמוֹר לָאוּמָן שֶׁעֲשָׂאַנִי כַּמָּה מְכוֹעָר כְּלִי זֶה שֶׁעָשִׂיתָ – **BUT GO AND TELL THE CRAFTSMAN WHO MADE ME, 'HOW UGLY IS THIS VESSEL THAT YOU MADE!'"**[2] כֵּיוָן שֶׁיָּדַע בְּעַצְמוֹ שֶׁחָטָא – **WHEN [R' ELAZAR] REALIZED THAT HE HAD SINNED** by insulting the ugly man, יָרַד מִן הַחֲמוֹר – **HE GOT DOWN FROM THE DONKEY,** וְנִשְׁתַּטֵּחַ לְפָנָיו – **PROSTRATED HIMSELF BEFORE HIM,** וְאָמַר לוֹ – **AND SAID TO HIM:** נַעֲנֵיתִי לְךָ – **"I HAVE SPOKEN OUT OF TURN TO YOU;**[3] מְחוֹל לִי – **FORGIVE ME!"** אָמַר לוֹ אֵינִי מוֹחֵל לְךָ – **HE** [the ugly man] **ANSWERED HIM: "I WILL NOT FORGIVE YOU** עַד שֶׁתֵּלֵךְ לָאוּמָן שֶׁעֲשָׂאַנִי וֶאֱמוֹר לוֹ כַּמָּה מְכוֹעָר כְּלִי זֶה שֶׁעָשִׂיתָ – **UNTIL YOU GO TO THE CRAFTSMAN WHO MADE ME, AND TELL HIM, 'HOW UGLY IS THIS VESSEL THAT YOU MADE!'"**

הָיָה מְטַיֵּיל אַחֲרָיו עַד שֶׁהִגִּיעַ לְעִירוֹ – **[R' ELAZAR] TRAVELED BEHIND HIM** seeking his forgiveness **UNTIL HE REACHED HIS CITY.** יָצְאוּ בְּנֵי עִירוֹ לִקְרָאתוֹ – When they arrived, **THE PEOPLE OF HIS CITY CAME OUT TO GREET [R' ELAZAR,]** וְהָיוּ אוֹמְרִים לוֹ – **SAYING TO HIM:** שָׁלוֹם עָלֶיךָ רַבִּי רַבִּי מוֹרִי מוֹרִי – **"PEACE UPON YOU, TEACHER, TEACHER, MASTER, MASTER!"** אָמַר לָהֶם – **HE** [the ugly man] **SAID TO THEM:** לְמִי אַתֶּם קוֹרִין רַבִּי רַבִּי – **"WHOM ARE YOU CALLING, 'TEACHER, TEACHER?'"** אָמְרוּ לוֹ – **THEY SAID TO HIM:** לָזֶה שֶׁמְּטַיֵּיל אַחֲרֶיךָ – "We are addressing **THIS MAN WHO IS TRAVELING BEHIND YOU."** אָמַר לָהֶם – **HE SAID TO THEM:** אִם זֶה רַבִּי אַל יִרְבּוּ כְּמוֹתוֹ בְּיִשְׂרָאֵל – **"IF THIS** person you are greeting **IS A TEACHER, MAY THERE NOT BE MANY LIKE HIM IN ISRAEL!"** אָמְרוּ לוֹ – **THEY SAID TO HIM:** מִפְּנֵי מָה – **"WHY SO?"** אָמַר לָהֶם – **HE SAID TO THEM:** כָּךְ וְכָךְ עָשָׂה לִי – **"HE DID SUCH-AND-SUCH TO ME,"** i.e. he related the entire incident to them. אָמְרוּ לוֹ – **THEY SAID TO HIM:** אַף עַל פִּי כֵן מְחוֹל לוֹ שֶׁאָדָם גָּדוֹל בַּתּוֹרָה הוּא – **"FORGIVE HIM NEVERTHELESS, BECAUSE HE IS A MAN OF GREAT TORAH** knowledge." אָמַר לָהֶם – **HE SAID TO THEM:** בִּשְׁבִילְכֶם הֲרֵינִי מוֹחֵל לוֹ – **"FOR YOUR SAKES I FORGIVE HIM,** וּבִלְבַד שֶׁלֹּא יְהֵא רָגִיל לַעֲשׂוֹת כֵּן – **PROVIDED HE DOES NOT MAKE A HABIT OF DOING THIS."**[4] מִיָּד נִכְנַס רַבִּי אֶלְעָזָר בֶּן רַבִּי שִׁמְעוֹן וְדָרַשׁ – After gaining forgiveness, **R' ELAZAR BEN R' SHIMON IMMEDIATELY ENTERED** the house of study **AND EXPOUNDED:** לְעוֹלָם יְהֵא אָדָם רַךְ כְּקָנֶה וְאַל יְהֵא קָשֶׁה כְּאֶרֶז – **A PERSON SHOULD ALWAYS BE SOFT LIKE A REED AND NOT HARD LIKE A CEDAR** (as he had been to the ugly man); וּלְפִיכָךְ זָכָה קָנֶה לִיטּוֹל הֵימֶנָּה קוּלְמוֹס לִכְתּוֹב בּוֹ סֵפֶר תּוֹרָה תְּפִילִּין וּמְזוּזוֹת – **AND IT WAS FOR THIS REASON THAT THE REED MERITED TO HAVE PENS DRAWN FROM ITS** ranks to be used **TO WRITE TORAH SCROLLS, TEFILLIN, AND MEZUZOS.**

The Gemara now analyzes the next segment of the Mishnah: וְכֵן עִיר שֶׁיֵּשׁ בָּהּ דֶּבֶר אוֹ מַפּוֹלֶת כו׳ – **SIMILARLY, A CITY IN WHICH THERE IS PESTILENCE OR A COLLAPSE** of buildings, **etc.,** public fasts are declared for these calamities.

תָּנוּ רַבָּנַן – **The Rabbis taught in a Baraisa:** מַפּוֹלֶת שֶׁאָמְרוּ – **THE COLLAPSE** for **WHICH THEY SAID** to declare a public fast בְּרִיאוֹת וְלֹא רְעוּעוֹת – refers to the collapse of **STURDY, NOT DILAPIDATED [BUILDINGS];** שֶׁאֵינָן רְאוּיוֹת לִיפּוֹל וְלֹא הָרְאוּיוֹת לִיפּוֹל – **THOSE NOT PRONE TO COLLAPSE, NOT THOSE THAT ARE PRONE TO COLLAPSE.**[5]

The Gemara questions the apparent redundancy of these categories:

הַי נִיהוּ בְּרִיאוֹת הַי נִיהוּ שֶׁאֵינָן רְאוּיוֹת לִיפּוֹל – **Sturdy [buildings] are the same as [buildings] not prone to collapse;** הַי נִיהוּ רְעוּעוֹת הַי נִיהוּ רְאוּיוֹת לִיפּוֹל – and **dilapidated [buildings] are the same as [buildings] that are prone to collapse!** Why, then, does the Baraisa make two categories of them?

The Gemara answers:

לֹא צְרִיכָא דְּנָפְלוּ מֵחֲמַת גּוֹבְהַיְיהוּ – **No, it** [the second category] **is necessary to** exclude **[buildings] that collapse due to their** excessive **height,** despite the inherent sturdiness of their walls. אִי נַמִּי – **Alternatively,** דְּקַיְימָן אַגּוּדָּא דְּנַהֲרָא – the second category excludes **[buildings] situated along a riverbank,** whose foundations may be undermined by the water of the river. Although these are inherently sturdy structures, they are nevertheless prone to collapse.[6]

The Gemara now gives an example of the reverse – buildings

NOTES

1. *Rashi* cites a version of the Gemara's text which states that the ugly man was the prophet Elijah sent in disguise to teach R' Elazar a lesson in humility. *Tosafos* cite this from tractate *Derech Eretz* (ch. 4); however, our versions do not have it.

2. That is, go and complain to God that you find fault with His creation.

It is inconceivable that R' Elazar's refusal to return the man's greeting and his sharp response were occasioned solely by the man's hideous appearance. Rather, it is logical to assume that the man's looks made him appear uncouth and thug-like. That is why R' Elazar, judging the man by his looks, called him an "empty one" (see *Maharsha*). [Possibly, R' Elazar judged the man's attempt at a greeting as the provocation of a ruffian, which thus prompted his acerbic retort.]

Iyun Yaakov explains in a similar fashion, adding that it was the custom in those places for a person of low standing to refrain from stepping forward to greet an important personage. Thus, R' Elazar, judging this person to be of low class (based on his appearance and demeanor), considered his greeting to be an act of insolence, to which he responded in offended dignity. As he spoke, however, he realized that he had acted in haste, since it was possible that the man's hideous looks were not the result of a vulgar and misspent life, but simply the genetic inheritance of his people. He therefore inquired of him whether his appearance was perhaps typical of his place of origin. [To this, the man replied that even to speak in this fashion was to denigrate God's creations.]

Ben Yehoyada suggests that R' Elazar meant *only* to criticize the man's uncouth behavior, and thought the man was being insolent to him. However, the man, being aware of his physical ugliness and being extremely sensitive about it, assumed that R' Elazar was referring to his appearance and took offense. Realizing the misunderstanding, R' Elazar deeply regretted having caused the person an embarrassment he did not deserve.

3. See *Rashi* to *Kesubos* 67b ד״ה נענתי.

4. The phrase, "provided he does not make a habit of doing this," seems strange. Is it indeed permissible to indulge in such behavior occasionally? *Maharsha* explains that it means that he should train himself to refrain from the feelings of arrogance which accustom a person to act in this way.

5. If structurally sound buildings collapse as a result of strong winds, it is considered an unusual calamity, calling for a fast. If the buildings collapse due to their own structural defects, however, it is a natural and predictable calamity, not a sign of Divine displeasure. This does not call for fasting.

6. Buildings may indeed be constructed with sturdy walls and yet collapse because their walls are too high [in proportion to their thickness], or because their foundations become undermined by the constant flow of water past them. Thus, it is possible for a structure to be classified as "sturdy," and at the same time "prone to collapse." Therefore, had the Baraisa stated only that the Mishnah's rule refers to "sturdy" buildings, it might have been argued that otherwise sturdy buildings that collapse as a result of their walls being too high, or their foundations having been weakened by the nearby river, are *not* excluded from the Mishnah's rule, and that fasts should be declared for their collapse. The Baraisa therefore states explicitly that we declare a fast only for the collapse of buildings that are both sturdy and *not prone to collapse* (*Rashi;* see next note).

נזדמן לו אדם אחד שהיה מכוער ביותר אמר לו שלום עליך רבי ולא החזיר לו אמר לו ריקה כמה מכוער אותו האיש שמא כל בני עירך מכוערין כמותך אמר לו איני יודע אלא לך ואמור לאומן שעשאני כמה מכוער כלי זה שעשית כיון שידע בעצמו שחטא ירד מן החמור ונשתטח לפניו ואמר לו [א] נעניתי לך מחול לי אמר לו איני מוחל לך עד שתלך לאומן שעשאני ואמור לו כמה מכוער כלי זה שעשית היה מטייל אחריו עד שהגיע לעירו יצאו בני עירו לקראתו והיו אומרים לו שלום עליך רבי רבי מורי מורי אמר להם למי אתם קורין רבי רבי אמרו לו לזה שמטייל אחריך אמר להם אם זה רבי אל ירבו כמותו בישראל אמרו לו מפני מה אמר להם כך וכך עשה לי אמרו לו אף על פי כן מחול לו שאדם גדול בתורה הוא אמר להם בשבילכם הריני מוחל לו ובלבד שלא יהא רגיל לעשות כן מיד נכנס רבי אלעזר (א) בן רבי שמעון ודרש לעולם יהא אדם רך כקנה ואל יהא קשה כארז ולפיכך זכה קנה ליטול הימנה קולמוס לכתוב בו ספר תורה תפילין ומזוזות: וכן עיר שיש בה דבר או מפולת כו': תנו רבנן מפולת שאמרו בריאות ולא רעועות שאינן ראויות ליפול ולא הראויות ליפול היכי דמי בריאות והיכי דמי רעועות הי ניהו בריאות הי ניהו רעועות שאינן ראויות ליפול הי ניהו ראויות ליפול הי ניהו רעועות ראויות ליפול לא צריכא דנפלו מחמת גובהייהו [א] אי נמי דקיימן אגודא דנהרא כי ההיא אשיתא רעועה דהואי בנהרדעא דלא הוה חליף רב ושמואל תותה אע"ג דקיימא באתרה תליסר שנין (ב) יומא חד איקלע רב אדא בר אהבה להתם אמר ליה שמואל לרב ניתי מר נקיף אמר ליה לא צריכנא האידנא דאיכא רב אדא בר אהבה בהדן דנפיש זכותיה ולא מסתפינא רב הונא הוה ליה ההוא חמרא בההוא ביתא רעיעא ובעי לפנוייה עייליה לרב אדא בר אהבה להתם משכי' בשמעתא עד דפנייה בתר דנפק נפל ביתא ארגיש רב אדא בר אהבה איקפד סבר לה כי הא [ב] דאמר רבי ינאי לעולם אל יעמוד אדם במקום סכנה ויאמר עושין לי נס שמא אין עושין לו נס ואם תימצי לומר עושין לו נס מנכין לו מזכיותיו אמר רב חנן מאי קרא דכתיב [א] קטנתי מכל החסדים ומכל האמת מאי הוה עובדיה דרב אדא בר אהבה כי הא דאתמר [ג] שאלו תלמידיו (ד) את רבי זירא ואמרי לה) לרב אדא בר אהבה במה הארכת ימים אמר להם מימי לא הקפדתי בתוך ביתי ולא צעדתי בפני מי שגדול ממני (ג) ולא הרהרתי במבואות המטונפות ולא הלכתי ד' אמות בלא תורה ובלא תפילין ולא ישנתי בבית המדרש לא שינת קבע ולא שינת עראי ולא ששתי בתקלת חברי ולא קראתי לחבירי [ד] בהכינתו ואמרי לה [ה] בחניכתו אמר ליה רבא לרפרם בר פפא לימא לן מר מהני מילי מעלייתא דהוה עביד רב הונא אמר ליה בינקותיה לא דכירנא בסיבותיה דכירנא דכל יומא דעיבא הוו מפקין ליה בגוהרקא דדהבא וסייר לה לכולה מתא וכל אשיתא דהוות רעיעתא הוה סתר לה [ו] אי אפשר למרה בני לה ואי לא אפשר בני לה איהו מדידיה וכל פניא דמעלי שבתא הוה משדר שלוחא לשוקא וכל ירקא דהוה פייש להו לגינאי זבין ליה ושדי ליה לנהרא וליתביה לעניים זמנין דסמכא דעתייהו ולא אתו למיזבן ולשדייה לבהמה [ז] קסבר מאכל אדם אין מאכילין לבהמה ולא ליזבניה כלל נמצאת מכשילן לעתיד לבא כי הוה [א] ליה מילתא דאסותא הוי מלי כוזא (ד) דמיא ותלי ליה בסיפא דביתא ואמר כל דבעי ליתי ולישקול ואיכא דאמרי מילתא דשיבתא הוה גמיר והוה מנח כוזא דמיא ודלי ליה ואמר כל דצריך ליתי ולישקול דלא לסתכן כי הוה כרך ריפתא הוה פתח לבביה ואמר כל מאן דצריך ליתי וליכול אמר רבא כולהו מצינא מקיימנא לבר מהא דלא מצינא למיעבד משום

רש"י

נזדמן לו אדם. יש ספרים שכתוב בהן אליהו זכור לטוב והוא נתכוון להוכיחו שלא ירגיל בדבר: ה"ג מפולת שאמרו בריאות ולא רעועות שאינן ראויות ליפול ולא שראויות ליפול הי ניהו בריאות והי ניהו שאינן ראויות ליפול הי ניהו רעועות והי ניהו ראויות ליפול לא צריכא דקיימן אגודא דנהרא. מפולת שיש שם רוח חזק שמפיל החומות (ה) מפולת שאמרו מתריעין עליהן בבריאות קאמרינן שיהו החומות בריאות ואף על פי כן נופלות מכח נשיבת הרוח אבל אם היו החומות הנופלות רעועות אין מתריעין עליהן וכשאינן ראויות ליפול מתריעין עליהן ולא בראויות ליפול: לא צריכא. הא דקתני שאינן רעועות וראויות ליפול אלא כגון דקאי אגודא דנהרא על שפת הנהר שאע"פ שהיא בריאה ראויה היא ליפול שהמים מפילין אותה שמקלקלין את הקרקע ושוחקין את היסוד: כי ההיא אשיתא רעועה כו': באתרה. במקומה אף על גב דאינה ראויה ליפול דהא קמה באתרה כולי האי אפילו הכי כיון דרעועה היא לא הוו חלפי תותה אלא היה מקיף סביבותיה: מנכין. ממעטין: ה"ג לא הקפדתי בתוך ביתי (ו) ולא הלכתי בלא תורה. דכל שעתא הוה גרים: בהכינתו. שמכנים לו בני אדם (ז) כגון שם לווי: חניכתו. כמו חניכת אבות בגיטין עד י' דורות (גיטין דף פח.): ביומא דעיבא. יום המעונן דהוי רוח מנשבת ומסתפי דלא תפיל חומות: בגוהרקא. תיבה תלויה בעגלה ושרות יושבות בהן: וסייר. בודק תרגום פוקד (שמות לד) מסער כמו האי טבחא דלא סר סכינא קמיה חכם[ס]: כי הוה ליה מילתא דאסותא רמי ליה אכוזא דמיא כו' לא גרסינן: זבין ליה ושדי ליה בנהרא. להכי זבין להו דאי הוה משתייר מידי לגננין אזלא לאיבוד דמכמשא בשבת ונמלא מכשילן לעתיד לבא דלא מייתי ירקי לסעודת שבת: דסמכא דעתייהו. שנסמכין עניים לאותו ירק ואומרים אין אנו צריכין לקנות ושמא לא ישתייר שם כלום ואין להן מה לאכול בשבת: אין מאכילין אותן לבהמה. משום ביזוי אוכלין (ח) ומחזי כבועט בטובה שהשפיע הקב"ה בעולם אי נמי משום דחסה תורה על ממונן של ישראל וזרק לנהר והולכין למקום אחר ומוצאין אותם בני אדם ואוכלין אותן כך שמעתי: מילתא דשיבתא. מנהג שדים שמזיקין למי שיאכל ואינו נוטל ידיו דשיבתא כהן דגרסינן במסכת יומא (דף עז:) אמר אביי משום שיבתא והוה תלי ליה להוא כוזא דמיא כי היכי דלימשו ידייהו מינה: בר מהא. חוץ מזו דכל מאן דבעי הוה עייל ואכל:

משום

תוספות

נזדמן לו אדם אחד שהוא מכוער ביותר. במסכת דרך ארץ [ט] מפרש דאותו אדם היינו אליהו ולטוב נתכוון כדי שלא ירגיל בדבר: לא צריכא דנפלי מחמת גובהייהו. פי' דהוו בריאות ולא היו ראויות ליפול אלא מחמת גובהן: אמר ליה דאיכא רב אדא בהדן דנפיש זכותיה. וצ"ל דתרי רב אדא הוו דהא רב אדא בר אהבה הוה בימי רבא דמלינו בכמה מקומות אמר רב אדא בר אהבה אמר רבא (ט) והא רב אדא בר אהבה דהכא משמע דהוה חבר לרב ולשמואל מדקאמר ליה שמואל לרב וקאמר ליה הא איכא רב אדא בהדן ואין ידענא דרב יהודה היה תלמיד דרב ושמואל ורבא [י] הוה נולד ביום שמת רב יהודה ורב אדא היה תלמיד דרבא א"כ ע"כ צ"ל דתרי רב אדא הוו[כ]: בהכינתו. פירוש בכינוי שמכנין אותו (י) בן אדם לגנאי בחניכתו פי' כינוי שם משפחתו שם לווי כמו שם חניכת אבות בגיטין עד עשרה דורות (גיטין דף פח.) כגון רבי אברהם אבן עזרא שכל בני משפחתו היו נקראים כך ודוקא לגנאי אבל לשבח מותר:

אמרו

עין משפט נר מצוה

טו א מיי' פ"ב מהלכות תענית הלכה יב טוש"ע א"ח סי' תקעו סעיף ד:

רבינו חננאל

שפגע באחד ואמר כמה מכוער כלי זה שמא כל בני עירך מכוערים כמותך. כיון שידע שחטא התחיל לבקש מחילה. נפק ודרש לעולם יהא אדם רך כקנה ואל יהא קשה כארז: מלתא דשיבתא פי' משקה של רפואה:

רבינו גרשום

בריאות נופלות. מתענין: **דקמו אגודא דנהרא** וה"ק (רעועות) [בריאות] ולא ראויות ליפול לאפוקי דקאי אגודא דנהרא דאע"ג דאין רעועות הואיל וראויות ליפול דאכלה להו מיא אין מתענין עליהן והויא לה א) נמי בריאות ראויות ליפול דקאי באתרא לאחר שהיתה רעועה דהא כיון דקם באתרא הויא כבריאה וכיון דהויא רעועה הויא ראויה ליפול. **קטנתי מכל החסדים** כלומר נתמעטו הזכיות בשביל נסים כי במקלי וגו'. **בהכינתו** שכבר קוראין לו ולא ב) בחכינתי שאני קריתי לו שם. **ביומא דעיבא ודזיקא** ג) **זבין להו** דאי יתרי ומפסדי לא הוו מייתי בערב שבת אחר: **ולא אתו למיזבן** וזימנין דלא יתרי להו כלום וסמכו עליה ולא הוה להן מאכל. **לשיבתא מילתא דשיבתא הוה גמיר** שהיה יודע שרוח רעה שורה (על המים) [על הידים]. **ותלי כוזא דמיא** (נמי) [כלי] שנוטלין בה את ידיהן ונכנסין. **בר מהא** דהוה פתח לבבא:

חשק שלמה על רבינו גרשום

א) נראה מזה דרבינו היה גורס אי נמי כההיא אשיתא וכו' והוא נמי פירוש על בריאות וראויות ליפול ולא כפרש"י. ב) גי' רבינו בחניכתי ביו"ד לבסוף וכ"ה בערוך ערך חנך ולפיכך פי' רבינו שאני קריתי וכו' ובערוך כתוב שלא כניתי לו שם ואולי דגם בדברי רבינו צריך להגיה כן וצ"ע. ג) נראה דחסר כאן וצ"ל ודזיקא הוה סייר לכלהו מתא וכו' וכל ירקא דהוו פיש להו לגינאי זבין להו וכו'.

ליקוטי רש"י

נעניתי לך. דברתי למולך יותר מן הראוי [ברכות כח.]. דברתי יותר מדאי [כתובות סז:]. **במקום סכנה.** כגון קיר נטוי. **מנכין לו מזכיותיו.** פוחתין. **קטנתי מכל החסדים.** הוקטנו ונתמעטו זכיותי בשביל החסדים אשר עשית וגו' [שבת לב.]. נתמעטו זכיותי על ידי החסדים והאמת שעשית עמי [בראשית לב, יא]. **ולא הרהרתי.** דברי תורה. **בלא תורה.** גרסתי שגורה בפי תמיד. **(בהכינתו.** אם כינו שם לחבירו לגנאי. **ואמרי לה בחניכתו.** אפילו אותו כינוי שמקודר ובא לו ממשפחתו שם דופי כמו כתב חניכתו וחניכתה דמסכת גיטין (דף פז:) [מגילה כח.]. **בפניא.** לפנות ערב [לקמן כג:]. **מעלי שבתא.** של ערב שבת [מנחות מט:]. **מילתא דשיבתא.** לפי שרוח רעה שורה על הלחם הנלקח בידים שלא נטלן שחרית ושם השד שיבתא [יומא עז:].

מסורת הש"ס

א) [ברכות כח. וע"ש פרש"י כתובות סז:], ב) שבת לב., ג) מגילה כח., ד) [בע"י ליתא], ה) [גירס' הערוך בחניכתו פי' שלא כניתי לו שם], ו) [פי' הערוך ערך חנך אפי' שם שכינו לו אחרים לא קראתיו], ז) [פי' אם ובע"י גרס אם], ח) חולין יח., ט) [אפשר דבנוסחאות שהיה לפני תוס' היה כך אבל לפנינו ליתא], י) [קידושין דף עב:], כ) [וע"ע תוספות קידושין עב: ד"ה היום ותוס' ב"ב כב. ד"ה אמר].

הגהות הב"ח

(א) גמ' ברבי שמעון: (ב) שם דקיימא באתרה תליסר שנין ולא נפלה יומא חד כו' ניתי מר ונקיף א"ל: (ג) שם בפני מי שגדול ממני בחכמה ולא הרהרתי: (ד) שם הוי מלי כוזא מיניה ותלי ליה: (ה) רש"י ד"ה ה"ג מפולת כו' דנהרא הס"ד ואח"כ מה"ד מפולת וכו' החומות הס"ד ומה"ד מפולת שאמרו כו' עליהן הס"ד ומה"ד בבריאות כו' עליהן הס"ד ומה"ד וכשאינן ראויות כו': (ו) ד"ה ה"ג לא כו' ביתי הס"ד ומה"ד ולא הלכתי כו': (ז) ד"ה בהכינתו כו' בני אדם לגנאי כגון: (ח) ד"ה אין מאכילין כו' ביזוי אוכלין דמיחזי כבועט: (ט) תוס' ד"ה א"ל כו' אמר רבא והאי רב אדא: (י) ד"ה בהכינתו כו' שמכנין אותו בני אדם לגנאי כגון שם לווי בחניכתו פי' כינוהו בשם משפחתו דיש משפחה שמכנין בני אדם לכל המשפחה וקוראין בחניכת שם לווי כמו שם חניכת:

גליון הש"ס

גמ' קסבר מאכל אדם אין מאכילים לבהמה. מג"א סימן קעא ס"ק א:

הגהות הגר"א

[א] גמ' כי הוה ליה. רשום קו על מלת ליה:

תורה אור השלם

א) קָטֹנְתִּי מִכֹּל הַחֲסָדִים וּמִכָּל הָאֱמֶת אֲשֶׁר עָשִׂיתָ אֶת עַבְדֶּךָ כִּי בְמַקְלִי עָבַרְתִּי אֶת הַיַּרְדֵּן הַזֶּה וְעַתָּה הָיִיתִי לִשְׁנֵי מַחֲנוֹת: [בראשית לב, יא]

which, though considered unlikely to collapse, are nevertheless dilapidated:[7] כִּי הַהִיא אֲשִׁיתָא רְעוּעָה דַּהֲוַאי בִּנְהַרְדְּעָא – Alternatively, as in the case of **that dilapidated wall in Nehardea,** דְּלָא הֲוָה חָלֵיף רַב וּשְׁמוּאֵל תּוּתָהּ – **which Rav and Shmuel would not pass beneath,** i.e. directly alongside of it, אַף עַל גַּב דְּקַיְימָא בְּאַתְרָהּ תְּלֵיסַר שְׁנִין – **even though the wall had stood in its place** in that condition for **thirteen years.**[8] יוֹמָא חַד – **One day,** אִיקְּלַע רַב אַדָּא בַּר אַהֲבָה לְהָתָם – **Rav Adda bar Ahavah came by there.** אָמַר לֵיהּ שְׁמוּאֵל לְרַב – As they were walking, **Shmuel said to Rav:** נֵיתֵי מָר נַקִּיף – **"Let us go, master, and detour around** the wall as we always do," so as not to pass beneath the dangerous wall. אָמַר לֵיהּ – **[Rav] said to [Shmuel]:** לָא צְרִיכְנָא הָאִידָּנָא – **"We need not** do so **today,** דְּאִיכָּא רַב אַדָּא בַּר אַהֲבָה בַּהֲדַן – **because Rav Adda bar Ahavah is with us,** דִּנְפִישׁ זְכוּתֵיהּ – **whose merit is great,** וְלָא מִסְתַּפֵינָא – **and I am** therefore **not afraid** of the wall falling on us while he is with us."

The Gemara relates another incident about Rav Adda bar Ahavah's merit protecting against the collapse of an unsturdy structure:

רַב הוּנָא הֲוָה לֵיהּ הַהוּא חַמְרָא בְּהַהוּא בֵּיתָא רְעִיעָא – **Rav Huna had this wine in a certain dilapidated house,** וּבָעֵי לְפַנּוּיֵיהּ – **and he wanted to remove it** before the house collapsed. עַיְילֵיהּ לְרַב אַדָּא בַּר אַהֲבָה לְהָתָם – **He brought Rav Adda bar Ahavah there** into the house, מַשְׁכֵיהּ בִּשְׁמַעְתָּא עַד דְּפַנְיֵיהּ – **and engaged him in a Torah discussion until he** was able to **remove [the wine].** בָּתַר דִּנְפַק – **After [Rav Adda] went out,** נְפַל בֵּיתָא – **the house collapsed.** אַרְגִּישׁ רַב אַדָּא בַּר אַהֲבָה – **Rav Adda bar Ahavah realized** why Rav Huna had brought him into the house, אִיקְפַּד – **and he took offense** at having his merit used in this fashion. סָבַר לָהּ כִּי הָא דְּאָמַר רַבִּי יַנַּאי – **He held like that which R' Yannai said:** לְעוֹלָם אַל יַעֲמוֹד אָדָם בִּמְקוֹם סַכָּנָה וְיֹאמַר עוֹשִׂין לִי נֵס – **A person should never stand in a dangerous place and say, "A miracle will be performed for me** to save me from the danger," שֶׁמָּא אֵין עוֹשִׂין לוֹ נֵס – **because the miracle may not be performed for him.** וְאִם תִּימְצֵי לוֹמַר עוֹשִׂין לוֹ נֵס – **And** even **if you find** your way **to say that a miracle will be performed for him,**[9] מְנַכִּין לוֹ מִזְּכֻיוֹתָיו – **it will be deducted from his merits.**[10] אָמַר רַב חָנָן – **Rav Chanan said:** מַאי קְרָא – **What is the verse** that teaches this principle? דִּכְתִיב: ,,קָטֹנְתִּי מִכֹּל הַחֲסָדִים וּמִכָּל־הָאֱמֶת" – **As it is written:** ***I have been diminished as a result of all the kindnesses and all the truth*** that You have done for Your servant.[11]

The Gemara describes the praiseworthy deeds of Rav Adda bar Ahavah:

מַאי הֲוָה עוֹבְדֵיהּ דְּרַב אַדָּא בַּר אַהֲבָה – **What were the deeds of Rav Adda bar Ahavah** that made him so great? כִּי הָא דְּאִתְּמַר – They were **like those that have been stated:** שָׁאֲלוּ תַּלְמִידָיו אֶת רַבִּי זֵירָא – **The disciples of R' Zeira asked him,** וְאָמְרֵי לָהּ לְרַב אַדָּא בַּר אַהֲבָה – **and some say** the question was posed **to Rav Adda bar Ahavah:** בַּמֶּה הֶאֱרַכְתָּ יָמִים – **On account of which** meritorious practices **have you attained longevity?** אָמַר לָהֶם – **He said to them:** מִיָּמַי לֹא הִקְפַּדְתִּי בְּתוֹךְ בֵּיתִי – **In all my days, I never showed anger in my house,**[12] וְלֹא צָעַדְתִּי בִּפְנֵי מִי שֶׁגָּדוֹל מִמֶּנִּי –

NOTES

7. This explanation follows *Rashi,* who states that whereas the previous cases were an illustration of buildings that are sturdy yet prone to collapse, the following case is an illustration of a structure that is dilapidated yet not prone to collapse. (Thus, both rules are needed.) [It would appear that *Rashi* had the reading: ... אִי נַמִּי כִּי הַהִיא אֲשִׁיתָא, *Alternatively,* as in the case of that dilapidated wall . . .]

8. Since the weakened wall had remained standing for thirteen years, it could not be classified as prone to collapse. Nevertheless, it was, in fact, a dilapidated wall, which is why Rav and Shmuel detoured around it whenever they had to pass by (*Rashi*).

9. That is, even if one is sure that his merits are sufficient to protect him.

10. Thus, Rav Adda bar Ahavah took exception to being used as a protection against the house's collapse, because he feared that his merits would be reduced to pay for the miracle.

Avoiding Danger: This principle of the Gemara poses a philosophical question. It is a cornerstone of our faith that a person's fate is in the hands of Heaven and not subject to random events of nature. Why, then, should we be enjoined to avoid dangerous situations? If a person's time to die has arrived, or if it has been decreed upon him that he suffer some injury, these troubles will befall him even if he remains in the sanctuary of his home. And if these things have not been decreed to happen to him, why should he fear a place of danger?

This question was posed by the Sages in connection with Jacob's refusal to allow Benjamin to accompany his brothers on their trip to Egypt: כִּי אָמַר פֶּן־יִקְרָאֶנּוּ אָסוֹן, *because he said, lest an accident befall him* (*Genesis* 42:4). To this the Sages commented: "And [is it] not [possible for] an accident to befall him at home? Said R' Eliezer ben Yaakov: From this [we learn] that the Accuser prosecutes at a time of danger" [הַשָּׂטָן מְקַטְרֵג בִּשְׁעַת סַכָּנָה] (*Rashi* ad loc. from *Bereishis Rabbah* 91:12).

A similar idea is expressed by the Gemara (*Shabbos* 32a) in regard to the Mishnah's statement (31b) that "there are three sins for which women die in childbirth." The Gemara asks why they should die for these sins specifically in childbirth. The Gemara answers that the fact that a woman is in a state of danger while giving birth causes her to be called to account for her sins. [The same is true for a man in other circumstances, as the Gemara states there.] As *Rashi* explains (ד״ה אבב חוטרא מילי), this means that in ordinary circumstances, her merits for the good deeds she has done may be sufficient to protect her from being punished for these sins. However, once she enters a state of danger, such as childbirth, she requires a greater measure of Divine Providence to save her from the danger inherent in her situation. This causes the record of her deeds to be re-examined, to determine whether she merits that increased level of protection. When this happens, her sins are recalled and she is prosecuted for them.

Ran, in his *Derashos* (*Derashah* 4, p. 55 in the Feldman ed.), elaborates this as follows: God created situations and conditions that pose a natural threat to a person's health and survival. This threat is significant because it is His will that these conditions have the power to harm a person [even apart from what has otherwise been decreed for him]. Thus, without God's *special* protection, he may indeed come to harm in these circumstances.

The *Chinuch* (Mitzvah 546) expresses a similar idea in explaining the obligation to put up a מַעֲקֶה, *fence,* around one's roof to prevent people from falling off and being killed. The reason, he explains, is that it is God's will that the world operate according to a natural order, and that man be subject to that natural order, including its dangers; thus, the Torah commands him to take proper precautions to avoid such situations. He adds, however, that there are certain people who attain such a level of perfect righteousness and closeness to God that they are no longer subject to natural law. Thus, Abraham was not burned when he was cast into the fiery kiln by Nimrod, nor were Chananiah, Mishael, and Azariah when they were thrown into a fire by Nebuchadnezzar. However, lesser mortals, who are to some extent tainted by sin, are subject to the natural order and are thus obligated to take precautions against natural dangers. See also *Moreh Nevuchim* 3:18 and *Ramban's* comm. to *Job* 36:7 for a broader discussion of this last point. [Compare *Chovos HaLevavos* (*Shaar HaBitachon* ch. 4).] See also *Kesubos* 30a, with *Tosafos* ad loc. ד״ה הכל בידי שמים חוץ מצנים ופחים for other aspects of this issue.

11. *Genesis* 32:11. Jacob said this when he prayed for Divine aid against the threat of Esau. Rav Chanan interprets the word קָטֹנְתִּי to mean *I have become diminished.* Jacob expressed himself to be undeserving of the favor he was now asking because he felt that his merits had been diminished by having received their reward in the many great kindnesses God had already bestowed upon him (*Rashi* to *Shabbos* 32a ד״ה קטנתי; cf. *Ramban* to *Genesis* 32:11). Thus, we see the principle that extraordinary kindness bestowed on a person by God [such as miraculous protection] may consume his merits.

12. Even in his home Rav Adda bar Ahavah never expressed anger, and surely not outside it (*Meiri* to *Megillah* 28a). Although a person may

גמרא

נזדמן לו אדם אחד שהיה מכוער ביותר אמר לו שלום עליך רבי ולא החזיר לו אמר לו ריקה כמה מכוער אותו האיש שמא כל בני עירך מכוערין כמותך אמר לו איני יודע אלא לך ואמור לאומן שעשאני כמה מכוער כלי זה שעשית כיון שידע בעצמו שחטא ירד מן החמור ונשתטח לפניו ואמר לו [א] נעניתי לך מחול לי אמר לו איני מוחל לך עד שתלך לאומן שעשאני ואמור לו כמה מכוער כלי זה שעשית היה מטייל אחריו עד שהגיע לעירו יצאו בני עירו לקראתו והיו אומרים לו שלום עליך רבי רבי מורי מורי אמר להם למי אתם קורין רבי רבי אמרו לו לזה שמטייל אחריך אמר להם אם זה רבי אל ירבו כמותו בישראל אמרו לו מפני מה אמר להם כך וכך עשה לי אמרו לו אעפ"כ מחול לו שאדם גדול בתורה הוא אמר להם בשבילכם הריני מוחל לו ובלבד שלא יהא רגיל לעשות כן מיד נכנס רבי אלעזר (א) בן רבי שמעון ודרש לעולם יהא אדם רך כקנה ואל יהא קשה כארז ולפיכך זכה קנה ליטול הימנה קולמוס לכתוב בו ספר תורה תפילין ומזוזות: וכן עיר שיש בה דבר או מפולת כו': תנו רבנן מפולת שאמרו בריאות ולא רעועות שאינן ראויות ליפול ולא הראויות ליפול הי ניהו בריאות הי ניהו שאינן ראויות ליפול הי ניהו רעועות הי ניהו ראויות ליפול לא צריכא דנפלו מחמת גובהייהו [א] אי נמי דקיימן אגודא דנהרא כי ההיא אשיתא רעועה דהואי בנהרדעא דלא הוה חליף רב ושמואל תותה אע"ג דקיימא באתרה תליסר שנין (ב) יומא חד איקלע רב אדא בר אהבה להתם אמר ליה שמואל לרב ניתי מר נקיף אמר ליה לא צריכנא האידנא דאיכא רב אדא בר אהבה בהדן דנפיש זכותיה ולא מסתפינא רב הונא הוה ליה ההוא חמרא בההוא ביתא רעיעא ובעי לפנוייה עייליה לרב אדא בר אהבה להתם משכי' בשמעתא עד דפנייה בתר דנפק נפל ביתא ארגיש רב אדא בר אהבה איקפד סבר לה כי הא [ב] דאמר רבי ינאי לעולם אל יעמוד אדם במקום סכנה ויאמר עושין לי נס שמא אין עושין לו נס ואם תימצי לומר עושין לו נס מנכין לו מזכיותיו אמר רב חנן מאי קרא דכתיב [א] קטנתי מכל החסדים ומכל האמת מאי הוה עובדיה דרב אדא בר אהבה כי הא דאתמר [ג] שאלו תלמידיו ([ד] את רבי זירא ואמרי לה) לרב אדא בר אהבה במה הארכת ימים אמר להם מימי לא הקפדתי בתוך ביתי ולא צעדתי בפני מי שגדול ממני (ג) ולא הרהרתי במבואות המטונפות ולא הלכתי ד' אמות בלא תורה ובלא תפילין ולא ישנתי בבית המדרש לא שינת קבע ולא שינת עראי ולא ששתי בתקלת חברי ולא קראתי לחבירי [ה] בהכינתו ואמרי לה [ו] בחניכתו אמר ליה רבא לרפרם בר פפא לימא לן מר מהני מילי מעלייתא דהוה עביד רב הונא אמר ליה בינקותיה לא דכירנא בסיבותיה דכירנא דכל יומא דעיבא הוו מפקין ליה בגוהרקא דדהבא וסייר לה לכולה מתא וכל אשיתא דהוות רעיעתא הוה סתר לה [ז] אי אפשר למרה בני לה ואי לא אפשר בני לה איהו מדידיה וכל פניא דמעלי שבתא הוה משדר שלוחא לשוקא וכל ירקא דהוה פייש להו לגינאי זבין ליה ושדי ליה לנהרא וליתביה לעניים זמנין דסמכא דעתייהו ולא אתו למיזבן ולשדייה לבהמה [ח] קסבר מאכל אדם אין מאכילין לבהמה ולא ליזבניה כלל נמצאת מכשילן לעתיד לבא כי הוה [א] ליה מילתא דאסותא הוי מלי כוזא (ד) דמיא ותלי ליה בסיפא דביתא ואמר כל דבעי ליתי ולישקול ואיכא דאמרי מילתא דשיבתא הוה גמיר והוה מנח כוזא דמיא ודלי ליה ואמר כל דצריך ליתי וליעול דלא לסתכן כי הוה כרך ריפתא הוה פתח לבביה ואמר כל מאן דצריך ליתי וליכול אמר רבא כולהו מצינא מקיימנא לבר מהא דלא מצינא למיעבד משום

רש"י

נזדמן לו אדם אחד שהוא מכוער ביותר. במסכת דרך ארץ [ט] מפרש דאותו אדם היינו אליהו ולטוב נתכוין כדי שלא יגיל בדבר: **לא** צריכא דנפלי מחמת גובהייהו. פי' דהוו בריאות ולא היו ראויות ליפול אלא מחמת גובהן: **אמר** ליה דאיכא רב אדא בהדן דנפיש זכותיה. וצ"ל דתרי רב אדא הוו דהא רב אדא בר אהבה הוה בימי רבא דמלינו בכמה מקומות אמר רב אדא בר אהבה אמר רבא (ט) והא רב אדא בר אהבה דהכא משמע דהוה חבר לרב ולשמואל מדקאמר ליה שמואל לרב וקאמר ליה הא איכא רב אדא בהדן ואנן ידענא דרב יהודה היה תלמיד דרב ושמואל ורבא [י] הוה נולד ביום שמת רב יהודה ורב אדא היה תלמיד דרבא א"כ ע"כ צ"ל דתרי רב אדא הוו [כ]: **בהכינתו.** פירוש בכינוי שמכנין אותו (י) בן אדם לגנאי בחניכתו פי' כינוי שם משפחתו שם לוי כמו שם חניכת אבות בגיטין עד עשרה דורות (גיטין דף פח.) כגון רבי אברהם אבן עזרא שכל בני משפחתו היו נקראים כך ודוקא לגנאי אבל לשבח מותר: אמרו

תוספות

נזדמן לו אדם. יש ספרים שכתוב בהן אליהו זכור לטוב והוא נתכוון להוכיחו שלא יגיל בדבר: ה"ג מפולת שאמרו בריאות ולא רעועות שאינן ראויות ליפול ולא שראויות ליפול הי ניהו בריאות והי ניהו שאינן ראויות ליפול הי ניהו רעועות והי ניהו ראויות ליפול לא צריכא דקיימן אגודא דנהרא. מפולת שיש שם רוח חזק שמפיל החומות (ה) מפולת שאמרו מתריעין עליהן בבריאות קאמרינן שיהו החומות בריאות ואף על פי כן נופלות מכח נשיבת הרוח. אבל אם היו החומות הנופלות רעועות אין מתריעין עליהן וכשאינן ראויות ליפול מתריעין עליהן ולא בראויות ליפול: לא צריכא. הא דקתני שאינן רעועות וראויות ליפול אלא כגון דקאי אגודא דנהרא על שפת הנהר שאע"פ שהיא בריאה ראויה היא ליפול שהמים מפילין אותה שמקלקלין את הקרקע ושוחקין את היסוד: כי ההיא אשיתא רעועה כו': באתרה. במקומה אף על גב דאינה ראויה ליפול דהא קמה באתרה כולי האי אפילו הכי כיון דרעועה היא לא הוו חלפי תותה אלא היה מקיף סביבותיה: מנכין. ממעטין: ה"ג לא הקפדתי בתוך ביתי (ו) ולא הלכתי בלא תורה. דכל שעתא הוה גריס: בהכינתו. שמכנים לו בני אדם (ז) כגון שם לווי: חניכתו. כמו חניכת אבות בגיטין עד י' דורות (גיטין דף פח.): ביומא דעיבא. יום המעונן דהוי רוח מנשבת ומסתפי דלא תפיל חומות: בגוהרקא. תיבה תלויה בעגלה ושרות יושבות בהן: וסייר. בודק תרגום פוקד (שמות לד) מסער כמו האי טבחא דלא סר סכינא קמיה חכם[ח]: כי הוה ליה מילתא דאסותא רמי ליה אכוזא דמיא כו' לא גרסינן: זבין ליה ושדי ליה בנהרא. להכי זבין להו דאי הוה משתייר מידי לגננין אזלא לאיבוד דמכמשא בשבת ונמלא מכשילן לעתיד לבא דלא מייתי ירקי לסעודת שבת: דסמכא דעתייהו. שנסמכין ענייס לאותו ירק ואומרים אין אנו צריכין לקנות ושמא לא ישתייר שם כלום ואין להן מה לאכול בשבת: אין מאכילין אותן לבהמה. משום ביזוי אוכלין (ח) ומחזי כבועט בטובה שהשפיע הקב"ה בעולם אי נמי משום דחסה תורה על ממונן של ישראל וזרק לנהר והולכין למקום אחר ומוצאין אותם בני אדם ואוכלין אותן כך שמעתי: מילתא דשיבתא. מנהג שדים שמזיקין למי שיאכל ואינו נוטל ידיו דשיבתא כהן דגרסינן במסכת יומא (דף עז:) אמר אביי משום שיבתא והוה תלי ליה לההוא כוזא דמיא כי היכי דלימשו ידייהו מינה: בר מהא. חוץ מזו דכל מאן דבעי הוה עייל ואכל: משום

ליקוטי רש"י

נעניתי לך. דברתי למולך יותר מן הראוי [ברכות כח.]. דברתי יותר מדאי [כתובות סז:]. במקום סכנה. כגון קיר נטוי. מנכין לו מזכיותיו. פוחתין. קטנתי מכל החסדים. הוקטנו ונתמעטו זכיותי בשביל החסדים אשר עשית וגו' [שבת לב.]. נתמעטו זכיותי על ידי החסדים והאמת שעשית עמי [בראשית לב, יא]. ולא הרהרתי. דברי תורה. בלא תורה. גרסתי שגורה בפי תמיד. (בהכינתו. אם כינו שם לחבירו לגנאי. ואמרי לה בחניכתו. אפילו אותו כינוי שמסודר ובא לו ממשפחתו שם דופי כמו כתב חניכתו וחניכתה דמסכת גיטין (דף פז:) [מגילה כח.]. בפניא. לפנות ערב [לקמן כג:]. מעלי שבתא. של ערב שבת [מנחות מט:]. מילתא דשיבתא. לפי שרוח רעה שורה על הלחם הנלקח בידים שלא נטלן שחרית ושם השד שיבתא [יומא עז:].

עין משפט נר מצוה

טו א מיי' פ"ב מהלכות תענית הלכה יב טוש"ע א"ח סי' תקעו סעיף ד:

רבינו חננאל

שפגע באחד ואמר כמה מכוער כלי זה שמא כל בני עירך מכוערים כמותך. כיון שידע שחטא התחיל לבקש מחילה. נפק ודרש לעולם יהא אדם רך כקנה ואל יהא קשה כארז: מלתא דשיבתא פי' משקה של רפואה:

רבינו גרשום

בריאות נופלות. מתענין: **דקמו אגודא דנהרא** וה"ק (רעועות) [בריאות] ולא ראויות ליפול לאפוקי דקאי אגודא דנהרא דאע"ג דאין רעועות הואיל וראויות ליפול דאכלה להו מיא אין מתענין עליהן והויא לה א) נמי בריאות ראויות ליפול דקאי באתרא לאחר שהיתה רעועה דהא כיון דקם באתרא הויא כבריאה וכיון דהויא רעועה הויא ראויה ליפול. **קטנתי מכל החסדים** כלומר נתמעטו הזכיות בשביל נסים כי במקלי וגו'. **בהכינתו** שכבר קוראין לו ולא ב) בחכינתי שאני קריתי לו שם. **ביומא דעיבא ודזיקא** ג) **זבין להו** דאי יתרי ומפסדי לא הוו מייתי בערב שבת אחר: **ולא אתו למיזבן** וזימנין דלא יתרי להו כלום וסמכו עליה ולא הוה להן מאכל. **לשיבתא מילתא דשיבתא הוה גמיר** שהיה יודע שרוח רעה שורה (על המים) [על הידים]. **ותלי כוזא דמיא** (נמי) [כלין] שנוטלין בה את ידיהן ונכנסין. **בר מהא** דהוה פתח לבבא:

חשק שלמה על רבינו גרשום

א) נראה מזה דרבינו היה גורס אי נמי כההיא אשיתא וכו' והוא נמי פירוש על בריאות וראויות ליפול ולא כפרש"י. ב) גי' רבינו בחניכתי ביו"ד לבסוף וכ"ה בערוך ערך חנך ולפיכך פי' רבינו שאני קריתי וכו' ובערוך כתוב שלא כיניתי לו שם ואולי דגם בדברי רבינו צריך להגיה כן וצ"ע. ג) נראה דחסר כאן וצ"ל ודזיקא הוה סייר לכלהו מתא וכו' וכל ירקא דהוו פייש להו לגינאי זבין להו וכו'.

מסורת הש"ס

א) [ברכות כח. וע"ש פרש"י כתובות סז:], ב) שבת לב., ג) מגילה כח., ד) [בע"י ליתא], ה) [גירס' הערוך בחניכתו פי' שלא כיניתי לו שם], ו) [פי' הערוך ערך חנך אפי' שם שכינו לו אחרים לא קראתיו], ז) [פי' אם ובע"י גרס אם], ח) חולין יח., ט) [אפשר דבנוסחאות שהיה לפני תוס' היה כך אבל לפנינו ליתא], י) [קידושין דף עב:], כ) [וע"ע תוספות קידושין עב: ד"ה היום ותוס' ב"ב כב. ד"ה אמר].

הגהות הב"ח

(א) גמ' ברבי שמעון: (ב) שם דקיימא באתרה תליסר שנין ולא נפלה יומא חד כו' ניתי מר ונקיף א"ל: (ג) שם בפני מי שגדול ממני בחכמה ולא הרהרתי: (ד) שם הוי מלי כוזא מיניה ותלי ליה: (ה) רש"י ד"ה ה"ג מפולת כו' דנהרא הס"ד ואח"כ מה"ד מפולת וכו' החומות הס"ד ומה"ד מפולת שאמרו כו' עליהן הס"ד ומה"ד בבריאות כו' עליהן הס"ד ומה"ד וכשאינן ראויות כו': (ו) ד"ה ה"ג לא כו' ביתי הס"ד ומה"ד ולא הלכתי כו': (ז) ד"ה בהכינתו כו' בני אדם לגנאי כגון: (ח) ד"ה אין מאכילין כו' ביזוי אוכלין דמיחזי כבועט: (ט) תוס' ד"ה א"ל כו' אמר רבא והאי רב אדא: (י) ד"ה בהכינתו כו' שמכנין אותו בני אדם לגנאי כגון שם לווי בחניכתו פי' כינהו בשם משפחתו דיש משפחה שמכנין בני אדם לכל המשפחה וקוראין בחניכת שם לווי כמו שם חניכת:

גליון הש"ס

גמ' קסבר מאכל אדם אין מאכילים לבהמה. מג"א סימן קעא ס"ק א:

הגהות הגר"א

[א] גמ' כי הוה ליה. רשום קו על מלת ליה:

תורה אור השלם

א) קָטֹנְתִּי מִכֹּל הַחֲסָדִים וּמִכָּל הָאֱמֶת אֲשֶׁר עָשִׂיתָ אֶת עַבְדֶּךָ כִּי בְמַקְלִי עָבַרְתִּי אֶת הַיַּרְדֵּן הַזֶּה וְעַתָּה הָיִיתִי לִשְׁנֵי מַחֲנוֹת: [בראשית לב, יא]

nor did I ever walk in front of one greater than I,[13] **וְלֹא הִרְהַרְתִּי בַּמְּבוֹאוֹת הַמְטוּנָּפוֹת – nor did I ever think** about Torah matters **in filthy alleys,**[14] **וְלֹא הָלַכְתִּי ד' אַמּוֹת בְּלֹא תּוֹרָה וּבְלֹא תְּפִילִין – nor did I ever walk four** ***amos*** **without** studying **Torah or without** wearing **tefillin,**[15] **וְלֹא יָשַׁנְתִּי בְּבֵית הַמִּדְרָשׁ – nor did I ever sleep in the house of study, לֹא שֵׁינַת קֶבַע וְלֹא שֵׁינַת עֲרַאי – neither a regular** nightly **sleep nor a nap,**[16] **וְלֹא שַׂשְׂתִּי בְּתַקָּלַת חֲבֵרִי – nor did I ever rejoice in the stumbling of my fellow,**[17] **וְלֹא קָרָאתִי לַחֲבֵירִי בַּהֲכִינָתוֹ – nor did I ever call my fellow by his nickname, וְאָמְרֵי לָהּ בַּחֲנִיכָתוֹ – and some say** that he said: nor did I ever call my fellow **by his surname,** if it had a negative connotation.

In the previous incident we learned that Rav Huna did not consider his own merits sufficient to protect him in a dilapidated house, and that he entered it only with Rav Adda bar Ahavah, whose merits he considered equal to the task. The Gemara, however, now describes the exalted character of Rav Huna himself:[18]

אֲמַר לֵיהּ רָבָא לְרַפְרָם בַּר פָּפָּא – Rava said to Rafram bar Pappa: לֵימָא לָן מַר מֵהָנֵי מִילֵּי מַעַלְיָיתָא דַּהֲוָה עָבֵיד רַב הוּנָא – Would the master please **tell us some of the notable deeds that Rav Huna would perform? אָמַר לֵיהּ – He** [Rafram] **said to him: בְּיַנְקוּתֵיהּ לֹא דְּכִירְנָא – I do not remember** anything **from [Rav Huna's] youth; בְּסִיבוּתֵיהּ דְּכִירְנָא –** but **I do remember** some of the deeds **from his old age. דְּכָל יוֹמָא דְעֵיבָא הֲווּ מַפְקִין לֵיהּ בְּגוּהַרְקָא דְּדַהֲבָא – Every cloudy day, they would carry him out in a golden sedan chair,**[19] **וְסָיֵיר לָהּ לְכוּלָּהּ מָתָא – and he would inspect the entire city; וְכָל אֲשִׁיתָא דַּהֲוַות רְעִיעָתָא הֲוָה סָתַר לָהּ – and any wall** he found to be **dilapidated he** would have **demolished,** so that the approaching storm should not topple the wall on someone. **אִי אֶפְשַׁר לְמָרָהּ בָּנֵי לָהּ – If it was possible for the owner** to bear the expense of rebuilding it, **he would** leave it to him to **rebuild it; וְאִי לֹא אֶפְשַׁר – and if it was not possible** for the owner to bear the expense, **בָּנֵי לָהּ אִיהוּ מִדִּידֵיהּ – [Rav Huna] would rebuild [the wall] from his own** funds.

Rafram continues with another of Rav Huna's extraordinary practices:

וְכָל פַּנְיָא דְּמַעֲלֵי שַׁבַּתָּא – Every Friday afternoon, הֲוָה מְשַׁדֵּר שְׁלוּחָא לְשׁוּקָא – [Rav Huna] would send an agent to the market; וְכָל יַרְקָא דַּהֲוָה פָּיֵישׁ לְהוּ לְגִינָאֵי – and any vegetables that remained in the hands **of the growers** when the market was about to close, **זָבִין לֵיהּ וְשָׁדֵי לֵיהּ לְנַהֲרָא – he would buy them and throw them in the river.** This protected the growers against loss, and made them willing to bring an abundant supply of produce to market on Fridays, as the Gemara will explain below.[20]

The Gemara questions why Rav Huna did not put the excess vegetables to use:

וְלֵיתְבֵיהּ לַעֲנִיִּים – Rather than throw them away, **let him give [the vegetables] to the poor. – ? –**

The Gemara answers:

זִמְנִין דְּסָמְכָא דַּעְתַּיְיהוּ וְלֹא אָתוּ לְמִיזְבַּן – Because **there would be times when they would rely** on Rav Huna's gifts **and not come** to market **to buy** for the Sabbath.[21]

The Gemara asks that he could still have put the vegetables to some use:

וְלִשְׁדְיֵיהּ לִבְהֵמָה – Then let him throw them to animals as feed rather than in the river. **– ? –**

The Gemara answers:

קָסָבַר מַאֲכַל אָדָם אֵין מַאֲכִילִין לִבְהֵמָה – He [Rav Huna] **held that food fit for human consumption should not be fed to animals.**[22]

NOTES

establish himself as an authority figure in his home, instilling a modicum of fear and reverence in the members of his household (see *Gittin* 6b), nevertheless, Rav Adda bar Ahavah was careful never actually to become angry (*Maharsha;* see *Rambam, Hil. Ishus* 15:19).

13. Actually, the prohibition against preceding a great person is well established (see *Yoma* 37a, *Yoreh Deah* 242:16, *Shach* §38; see also *Eruvin* 64b). However, one who accompanies his teacher or a great person is allowed to walk (almost) abreast of him (i.e. only slightly behind him; see loc. cit.). However, even in such situations Rav Adda bar Ahavah was extremely careful never to walk one step ahead (*Maharsha*).

14. It is forbidden to think about Torah matters in the proximity of feces or urine (see *Berachos* 24b, *Yoreh Deah* 246:26). Nevertheless, Rav Adda bar Ahavah considered his observance of this stricture especially worthy of merit, since it is very difficult for most people to be careful always (*Meromei Sadeh* to *Megillah* 28a). *Rashba* (ibid.) asserts that, according to one view, it is forbidden only to utter words of Torah in the proximity of bodily wastes, but one may think about Torah matters there. Rav Adda bar Ahavah accepted this view as halachah, but was nevertheless stringent with himself (cf. *Maharsha*).

15. He was constantly reviewing his studies and memorizing them (*Rashi*). *Meiri* (to *Megillah* 28a) notes a connection between this practice and the one preceding it. Although Rav Adda bar Ahavah was constantly engaged in Torah study, to the extent that he did not walk four *amos* without at least contemplating Torah, he nevertheless exercised great restraint in unclean places and refrained from even pondering Torah matters there.

16. The codifiers assume that it is forbidden to sleep in a study hall (*Yoreh Deah* 246:16, *Orach Chaim* 151:3; see *Maharsha* and *Sanhedrin* 71a). However, casual sleep is permitted. Rav Adda bar Ahavah was more scrupulous than required and was careful not even to doze in the study hall (*Shach, Yoreh Deah* 246:15; cf. *R' Akiva Eiger, Orach Chaim* 151:3).

17. It is actually forbidden to rejoice in another's misfortune, as stated by King Solomon (*Proverbs* 24:17): *When your enemy falls be not glad, and when he stumbles be not joyous.* However, Scripture there speaks of an enemy whose misfortune engenders a joy that is rooted in hatred for the person. Rav Adda bar Ahavah was careful not to rejoice even when the cause was not enmity. Hence, if he bought from someone who was forced to sell cheaply from his fellow, he would not derive joy from his gain since it came at the expense of another person's loss (*Maharsha* to *Megillah* 28a).

18. This is to dispel any suspicion that Rav Huna was not a great man in his own right. It was only due to his humility that he did not consider his own merits sufficient to protect him against the collapse (*Iyun Yaakov*).

19. [Rav Huna was a very wealthy man, as the following stories make clear.] When he went out to inspect the conditions of the town's walls, he would inspect in the Gentile neighborhoods as well. Being transported in a golden chair, as befits a man of great wealth, made an impression on the Gentile inhabitants of the town, and made them willing to follow his instructions (*Ben Yehoyada*).

20. [Although a farmer coming to market always assumes a risk of bringing too much and having some left over, his risk is generally not great because he can sell the remainder the next day.] Should he be left holding extra vegetables on Friday, however, he cannot sell again until Sunday, by which time the vegetables will have begun to wilt and spoil (*Rashi*).

21. The result would be that they would lack food for the Sabbath on such days when there were no leftover vegetables to purchase (*Rashi*).

22. To feed animals provisions that God created for human consumption demonstrates a denigration of God's bounty, Who granted these foods to humans. [This is known as בִּזּוּי אוֹכָלִין, *the denigration of foodstuffs.*] Alternatively, feeding food fit for humans to animals would be considered a waste of money. Such food is too expensive to feed to animals. To do so violated the spirit of the principle that *the Torah is concerned for [the preservation of] Jewish assets.*

According to both these explanations, rather than feed the vegetables to animals, Rav Huna had them thrown into the river. This was considered less problematic because people living downriver would collect them and eat them (*Rashi*). [However, these people would not

עין משפט נר מצוה

טו א מיי' פ"ב מהלכות תענית הלכה יב טוש"ע א"ח סי' תקעו סעיף ד:

רבינו חננאל

שפגע באחד ואמר כמה מכוער כלי זה שמא כל בני עירך מכוערים כמותך. כיון שידע שחטא התחיל לבקש מחילה. נפק ודרש לעולם יהא אדם רך כקנה ואל יהא קשה כארז: מלתא דשיבתא פי' משקה של רפואה:

רבינו גרשום

בריאות נופלות. מתענין: **דקמו אגודא דנהרא** וה"ק (רעועות) [בריאות] ולא ראויות ליפול לאפוקי דקאי אגודא דנהרא דאע"ג דאין רעועות הואיל וראויות ליפול דאכלה להו מיא אין מתענין עליהן והויא לה א) נמי בריאות ראויות ליפול דקאי באתרא לאחר שהיתה רעועה דהא כיון דקם באתרא הויא כבריאה וכיון דהויא רעועה הויא ראויה ליפול. **קטנתי מכל החסדים** כלומר נתמעטו הזכיות בשביל נסים כי במקלי וגו'. **בהכינתו** שכבר קוראין לו ולא ב) בחכינתי שאני קריתי לו שם. **ביומא דעיבא ודזיקא** ג) **זבין להו** דאי יתרי ומפסדי לא הוו מייתי בערב שבת אחר: **ולא אתו למיזבן** וזימנין דלא יתרי להו כלום וסמכו עליה ולא הוה להן מאכל. **לשיבתא מילתא דשיבתא הוה גמיר** שהיה יודע שרוח רעה שורה (על המים) [על הידים]. **ותלי כוזא דמיא** (נמי) [כלי] שנוטלין בה את ידיהן ונכנסין. **בר מהא** דהוה פתח לבבא:

חשק שלמה על רבינו גרשום

א) נראה מזה דרבינו היה גורס אי נמי כההיא אשיתא וכו' והוא נמי פירוש על בריאות וראויות ליפול ולא כפרש"י. ב) גי' רבינו בחניכתי ביו"ד לבסוף וכ"ה בערוך ערך חנך ולפיכך פי' רבינו שאני קרימי וכו' ובערוך כתוב שלא כינוי לו שם ואולי דגם בדברי רבינו צריך להגיה כן וצ"ע. ג) נראה דחסר כאן וצ"ל ודזיקא הוה סייר לכלהו מתא וכו' וכל ירקא דהוו פייש להו לגינאי זבין להו וכו'.

ליקוטי רש"י

נעניתי לך. דברתי למולך יותר מן הראוי [ברכות כח.]. דברתי יותר מדאי [כתובות סז:]. **במקום סכנה.** כגון קיר נטוי. **מנכין לו מזכיותיו.** פוחתין. **קטנתי מכל החסדים.** הוקטנו ונתמעטו זכיותי בשביל החסדים אשר עשית וגו' [שבת לב.]. נתמעטו זכיותי על ידי החסדים והאמת שעשית עמי [בראשית לב, יא]. **ולא הרהרתי.** דברי תורה. **בלא תורה.** גרסתי שגורה בפי תמיד. (**בהכינתו.** אם כינו שם לחבירו לגנאי. **ואמרי לה בחניכתו.** אפילו אותו כינוי שמסודר ובא לו ממשפחתו שם דופי כמו כתב חניכתו וחניכתה דמסכת גיטין (דף פז:) [מגילה כח.]. **בפניא.** לפנות ערב [לקמן כג:]. **מעלי שבתא.** של ערב שבת [מנחות מט:]. **מילתא דשיבתא.** לפי שרוח רעה שורה על הלחם הנלקח בידים שלא נטלן שחרית ושם השד שיבתא [יומא עז:].

תוספות

נזדמן לו אדם אחד שהוא מכוער ביותר. במסכת דרך ארץ [ט] מפרש דאותו אדם היינו אליהו ולטוב נתכוין כדי שלא ירגיל בדבר: **לא** צריכא דנפלי מחמת גובהייהו. פי' דהוו בריאות ולא היו ראויות ליפול אלא מחמת גובהן: **אמר** ליה דאיכא רב אדא בהדן דנפיש זכותיה. וצ"ל דתרי רב אדא הוו דהא רב אדא בר אהבה הוה בימי רבא דמצינו בכמה מקומות אמר רב אדא בר אהבה אמר רבא (ט) והא רב אדא בר אהבה דהכא משמע דהוה חבר לרב ולשמואל מדקאמר ליה שמואל לרב וקאמר ליה הא איכא רב אדא בהדן ואנן ידענא דרב יהודה היה תלמיד דרב ושמואל ורבא [י] הוה נולד ביום שמת רב יהודה ורב אדא היה תלמיד דרבא א"כ ע"כ צ"ל דתרי רב אדא הוו[כ]: **בהכינתו.** פירוש בכינוי שמכנין אותו (י) בן אדם לגנאי בחניכתו פי' כינוי שם משפחתו שם לווי כמו שם חניכת אבות בגיטין עד עשרה דורות (גיטין דף פח.) כגון רבי אברהם אבן עזרא שכל בני משפחתו היו נקראים כך ודוקא לגנאי אבל לשבח מותר:

אמרו

גמרא

נזדמן לו אדם אחד שהיה מכוער ביותר אמר לו שלום עליך רבי ולא החזיר לו אמר לו ריקה כמה מכוער אותו האיש שמא כל בני עירך מכוערין כמותך אמר לו איני יודע אלא לך ואמור לאומן שעשאני כמה מכוער כלי זה שעשית כיון שידע בעצמו שחטא ירד מן החמור ונשתטח לפניו ואמר לו [א] נעניתי לך מחול לי אמר לו איני מוחל לך עד שתלך לאומן שעשאני ואמור לו כמה מכוער כלי זה שעשית היה מטייל אחריו עד שהגיע לעירו יצאו בני עירו לקראתו והיו אומרים לו שלום עליך רבי רבי מורי מורי אמר להם למי אתם קורין רבי רבי אמרו לו לזה שמטייל אחריך אמר להם אם זה רבי אל ירבו כמותו בישראל אמרו לו מפני מה אמר להם כך וכך עשה לי אמרו לו אעפ"כ מחול לו שאדם גדול בתורה הוא אמר להם בשבילכם הריני מוחל לו ובלבד שלא יהא רגיל לעשות כן מיד נכנס רבי אלעזר (א) בן רבי שמעון ודרש לעולם יהא אדם רך כקנה ואל יהא קשה כארז ולפיכך זכה קנה ליטול הימנה קולמוס לכתוב בו ספר תורה תפילין ומזוזות: וכן עיר שיש בה דבר או מפולת כו': תנו רבנן מפולת שאמרו בריאות ולא רעועות שאינן ראויות ליפול ולא הראויות ליפול הי ניהו בריאות הי ניהו שאינן ראויות ליפול הי ניהו רעועות הי ניהו ראויות ליפול לא צריכא דנפלו מחמת גובהייהו [א]אי נמי דקיימן אגודא דנהרא כי ההיא אשיתא רעועה דהואי בנהרדעא דלא הוה חליף רב ושמואל תותה אע"ג דקיימא באתרה תליסר שנין (ב) יומא חד איקלע רב אדא בר אהבה להתם אמר ליה שמואל לרב ניתי מר נקיף אמר ליה לא צריכנא האידנא דאיכא רב אדא בר אהבה בהדן דנפיש זכותיה ולא מסתפינא רב הונא הוה ליה ההוא חמרא בההוא ביתא רעיעא ובעי לפנוייה עייליה לרב אדא בר אהבה להתם משכי' בשמעתא עד דפנייה בתר דנפק נפל ביתא ארגיש רב אדא בר אהבה איקפד סבר לה כי הא [ב] דאמר רבי ינאי לעולם אל יעמוד אדם במקום סכנה ויאמר עושין לי נס שמא אין עושין לו נס ואם תימצי לומר עושין לו נס מנכין לו מזכיותיו אמר רב חנן מאי קרא דכתיב [א] קטנתי מכל החסדים ומכל האמת מאי הוה עובדיה דרב אדא בר אהבה כי הא דאתמר [ג] שאלו תלמידיו (ד את רבי זירא ואמרי לה) לרב אדא בר אהבה במה הארכת ימים אמר להם מימי לא הקפדתי בתוך ביתי ולא צעדתי בפני מי שגדול ממני (ג) ולא הרהרתי במבואות המטונפות ולא הלכתי ד' אמות בלא תורה ובלא תפילין ולא ישנתי בבית המדרש לא שינת קבע ולא שינת עראי ולא ששתי בתקלת חברי ולא קראתי לחבירי [ה] בהכינתו ואמרי לה [ו] בחניכתו אמר ליה רבא לרפרם בר פפא לימא לן מר מהני מילי מעלייתא דהוה עביד רב הונא אמר ליה בינקותיה לא דכירנא בסיבותיה דכירנא דכל יומא דעיבא הוו מפקין ליה בגוהרקא דדהבא וסייר לה לכולה מתא וכל אשיתא דהוות רעיעתא הוה סתר לה [ז] אי אפשר למרה בני לה ואי לא אפשר בני לה איהו מדידיה וכל פניא דמעלי שבתא הוה משדר שלוחא לשוקא וכל ירקא דהוה פייש להו לגינאי זבין ליה ושדי ליה לנהרא וליתביה לעניים זמנין דסמכא דעתייהו ולא אתו למיזבן ולשדייה לבהמה [ט] קסבר מאכל אדם אין מאכילין לבהמה ולא ליזבניה כלל נמצאת מכשילן לעתיד לבא כי הוה [א] ליה מילתא דאסותא הוי מלי כוזא (ד) דמיא ותלי ליה בסיפא דביתא ואמר כל דבעי ליתי ולישקול ואיכא דאמרי מילתא דשיבתא הוה גמיר והוה מנח כוזא דמיא ודלי ליה ואמר כל דצריך ליתי וליעול דלא לסתכן כי הוה כרך ריפתא הוה פתח לבביה ואמר כל מאן דצריך ליתי וליכול אמר רבא כולהו מצינא מקיימנא לבר מהא דלא מצינא למיעבד

משום

רש"י

נזדמן לו אדם. יש ספרים שכתוב בהן אליהו זכור לטוב והוא נתכוון להוכיחו שלא ירגיל בדבר: ה"ג מפולת שאמרו בריאות ולא רעועות שאינן ראויות ליפול ולא שראויות ליפול הי ניהו בריאות והי ניהו שאינן ראויות ליפול הי ניהו רעועות והי ניהו ראויות ליפול לא צריכא דקיימן אגודא דנהרא. מפולת שיש שם רוח חזק שמפיל החומות (ה) מפולת שאמרו מתריעין עליהן בבריאות קאמרינן שיהו החומות בריאות ואף על פי כן נופלות מכח נשיבת הרוח אבל אם היו החומות הנופלות רעועות אין מתריעין עליהן וכשאינן ראויות ליפול מתריעין עליהן ולא בראויות ליפול: לא צריכא. הא דקתני שאינן רעועות וראויות ליפול אלא כגון דקאי אגודא דנהרא על שפת הנהר שאע"פ שהיא בריאה ראויה היא ליפול שהמים מפילין אותה שמקלקלין את הקרקע ושוחקין את היסוד: כי ההיא אשיתא רעועה כו': באתרה. במקומה אף על גב דאינה ראויה ליפול דהא קמה באתרה כולי האי אפילו הכי כיון דרעועה היא לא הוו חלפי תותה אלא היה מקיף סביבותיה: מנכין. ממעטין: ה"ג לא הקפדתי בתוך ביתי (ו) ולא הלכתי בלא תורה. דכל שעתא הוה גריס: בהכינתו. שמכניס לו בני אדם (ז) כגון שם לווי: חניכתו. כמו חניכת אבות בגיטין עד י' דורות (גיטין דף פח.): ביומא דעיבא. יום המעונן דהוי רוח מנשבת ומסתפי דלא תפיל חומות: בגוהרקא. תיבה תלויה בעגלה ושרות יושבות בהן: וסייר. בודק תרגום פוקד (שמות לד) מסער כמו האי טבחא דלא סר סכינא קמיה חכם[ל]: כי הוה ליה מילתא דאסותא רמי ליה אכוזא דמיא כו' לא גרסינן: זבין ליה ושדי ליה בנהרא. להכי זבין להו דאי הוה משתייר מידי לגננין אזלא לאיבוד דמכמשא בשבת ונמצא מכשילן לעתיד לבא דלא מייתי ירקי לסעודת שבת: דסמכא דעתייהו. שנסמכין עניים לאותו ירק ואומרים אין אנו צריכין לקנות ושמא לא ישתייר שם כלום ואין להן מה לאכול בשבת: אין מאכילין אותן לבהמה. משום ביזוי אוכלין (ח) ומחזי כבועט בטובה שהשפיע הקב"ה בעולם אי נמי משום דחסה תורה על ממונן של ישראל וזרק לנהר והולכין למקום אחר ומוצאין אותם בני אדם ואוכלין אותן כך שמעתי: מילתא דשיבתא. מנהג שדים שמזיקין למי שאוכל ואינו נוטל ידיו דשיבתא כהך דגרסינן במסכת יומא (דף עז:) אמר אביי משום שיבתא והוה תלי ליה להאוא כוזא דמיא כי היכי דלימשו ידייהו מינה: בר מהא. חוץ מזו דכל מאן דבעי הוה עייל ואכל:

משום

מסורת הש"ס

א) [ברכות כח. וע"ש פרש"י כתובות סז:], ב) שבת לב., ג) מגילה כח., ד) [בע"י ליתא], ה) [גירס' הערוך בחניכתו פי' שלא כינוי לו שם], ו) [פי' הערוך ערך חנך אפי' שם שכינו לו אחרים לא קראתיו], ז) [פי' אם ובע"י גרס אם], ח) חולין יח., ט) [אפשר דבנוסחאות שהיה לפני תוס' היה כך אבל לפנינו ליתא], י) [קידושין דף עב:], כ) [וע"ע תוספות קידושין עב: ד"ה היום ותוס' ב"ב כב. ד"ה אמר].

הגהות הב"ח

(א) גמ' ברבי שמעון: (ב) שם דקיימא באתרה תליסר שנין ולא נפלה יומא חד כו' ניתי מר ונקיף א"ל: (ג) שם בפני מי שגדול ממני בחכמה ולא הרהרתי: (ד) שם הוי מלי כוזא מייה ותלי ליה: (ה) רש"י ד"ה ה"ג מפולת כו' דנהרא הס"ד ואח"כ מה"ד מפולת וכו' החומות הס"ד ומה"ד מפולת שאמרו כו' עליהן הס"ד ומה"ד בבריאות כו' עליהן הס"ד ומה"ד וכשאינן ראויות כו': (ו) ד"ה ה"ג לא כו' ביתי הס"ד ומה"ד ולא הלכתי כו': (ז) ד"ה בהכינתו כו' בני אדם לגנאי כגון: (ח) ד"ה אין מאכילין כו' ביזוי אוכלין דמיחזי כבועט: (ט) תוס' ד"ה א"ל כו' אמר רבא והאי רב אדא: (י) ד"ה בהכינתו כו' שמכנין אותו בני אדם לגנאי כגון שם לווי בחניכתו פי' כינהו בשם משפחתו דיש משפחה שמכנין בני אדם לכל המשפחה וקוראין בחניכת שם לווי כמו שם חניכת:

גליון הש"ס

גמ' קסבר מאכל אדם אין מאכילים לבהמה. מג"א סימן קעא ס"ק א:

הגהות הגר"א

[א] גמ' כי הוה ליה. רשום קו על מלת ליה:

תורה אור השלם

א) קָטֹנְתִּי מִכֹּל הַחֲסָדִים וּמִכָּל הָאֱמֶת אֲשֶׁר עָשִׂיתָ אֶת עַבְדֶּךָ כִּי בְמַקְלִי עָבַרְתִּי אֶת הַיַּרְדֵּן הַזֶּה וְעַתָּה הָיִיתִי לִשְׁנֵי מַחֲנוֹת: [בראשית לב, יא]

The Gemara asks:

וְלָא לִיזְבְּנֵיה כְּלָל – Then let him not buy them at all, since he was not planning to use them!?

The Gemara answers:

נִמְצֵאת מַכְשִׁילָן לֶעָתִיד לָבֹא – You would cause them [the growers] **to refrain in the future** from bringing an abundance of produce to market on Fridays. Rav Huna therefore bought up the leftovers and disposed of them.

The Gemara gives another example of Rav Huna's notable practices:

כִּי הֲוָה לֵיהּ מִילְתָא דְאָסוּתָא – When he had a medicine that was not available to the public, **הֲוֵי מָלֵי כּוּזָא (דְמַיָּא) [מִינֵּיהּ] – he would fill a (water) jug [with it],**[23] **וְתָלֵי לֵיהּ בְּסִיפָּא דְבֵיתָא – and hang it from the doorframe of** his **house,** **וְאָמַר כָּל דְּבָעֵי לֵיתֵי וְלִישְׁקוֹל – and declare, "Whoever needs, let him come and take!"** **וְאִיכָּא דְאָמְרֵי – And some say,** **מִילְתָא דְשִׁיבְתָא הֲוָה גְּמִיר – he knew the ways of** the demon, **Shivta,** who attacked people who ate with unwashed hands.[24] **וַהֲוָה מַנַּח כּוּזָא דְמַיָּא וְדָלֵי לֵיהּ – He would** therefore **place a jug of water and suspend it,** **וְאָמַר כָּל דִּצְרִיךְ לֵיתֵי וְלֵיעוּל דְּלָא לִסְתַּכֵּן – and declare, "Whoever needs** water to wash his hands before eating **should come** and do so, **and not put his life in danger."**

The Gemara gives yet one more example of Rav Huna's praiseworthy customs:

כִּי הֲוָה כָּרֵךְ רִיפְתָּא – When he would sit down to **eat bread,**[25] **הֲוָה פָּתַח לְבָבֵיהּ – he would open his door,** **וְאָמַר כָּל מַאן דִּצְרִיךְ לֵיתֵי וְלֵיכוּל – and say, "Whoever is in need** of food, **let him come and eat!"**

On hearing all these praiseworthy practices of Rav Huna, Rava commented:

אָמַר רָבָא – Rava said: **כּוּלְּהוּ מָצֵינָא מְקַיֵּימְנָא – All of these I,** too, **could keep,** **לְבַר מֵהָא – except for this** last **one,** **דְּלָא מָצֵינָא לְמֶיעֱבַד – which I could not do,**

NOTES

come to rely on finding vegetables each week, because the river currents would not necessarily carry them ashore at the same place each week. Furthermore, one could never be sure that someone further upstream would not retrieve them first (*Riaf* in *Ein Yaakov*).]

23. *Bach's* reading is הֲוֵי מָלֵי כּוּזָא מִינֵּיהּ, *he would fill a jug with it.* We have followed this version in our translation.

24. *Rashi;* cf. *Yoma* 77b. According to *Rabbeinu Chananel,* Shivta is the name of a liquid medicine which Rav Huna would make available to those in need of it.

25. Literally: when he would wrap bread; i.e. when he sat down to eat a meal. [This idiom is perhaps derived from the fact that the breads of those times were flat and soft. These would be wrapped around other foods and eaten as the meal.]

מִשּׁוּם דִּנְפִישֵׁי בְּנֵי חֵילָא דִּמְחוֹזָא – because the troops of poor people in **Mechuza are** too **numerous,** and they would consume everything I have.[1]

The Gemara now relates a story about two famous Torah scholars who were saved from having a wall collapse on them: **אִילְפָא וְר׳ יוֹחָנָן הֲווּ גָּרְסֵי בְּאוֹרָיְיתָא – Ilfa and R' Yochanan were studying Torah, דְּחִיקָא לְהוּ מִילְּתָא טוּבָא – and they were in dire** financial **straits.**[2] **אָמְרֵי נֵיקוּם וְנֵיזִיל וְנֶיעֱבַד עִיסְקָא – They said** to themselves: **Let us get up and go, and undertake a business venture** to earn some money, **וּנְקַיֵּים בְּנַפְשִׁין: ,,אֶפֶס כִּי לֹא יִהְיֶה־בְּךָ אֶבְיוֹן'' – and fulfill in ourselves** the verse which states: ***But among you there will be no destitute.***[3] **אָזְלוּ אוֹתְבֵי תּוּתֵי גּוּדָא רְעִיעָא – They set out,** and in the course of their journey, they stopped and **sat down alongside a dilapidated wall.**[4] **הֲווּ קָא כָּרְכֵי רִיפְתָּא –** While **they were eating bread,**[5] **אָתוּ תְּרֵי מַלְאֲכֵי הַשָּׁרֵת – two ministering angels came by. שַׁמְעֵיהּ רַבִּי יוֹחָנָן דְּאָמַר חַד לְחַבְרֵיהּ – R' Yochanan overheard one** angel **saying to his fellow** angel: **נִישְׁדֵּי עֲלַיְיהוּ הַאי גּוּדָא וְנִקְטְלִינְהוּ – "Let us topple this wall on them and kill them, שֶׁמַּנִּיחִין חַיֵּי עוֹלָם הַבָּא וְעוֹסְקִין בְּחַיֵּי שָׁעָה – for they forsake** the pursuit of **the life of the World to Come and occupy themselves** instead **with** the concerns of **the transitory life."**[6] **אָמַר לֵיהּ אִידָךְ שַׁבְקִינְהוּ – The other** angel **replied: "Leave them alone דְּאִיכָּא בְּהוּ חַד דְּקַיְימָא לֵיהּ שַׁעְתָּא – because there is one among them whose hour is at hand"** to attain greatness, and it is not yet his time to die. **רַבִּי יוֹחָנָן שָׁמַע אִילְפָא לֹא שָׁמַע – R' Yochanan overheard** the conversation between the angels while **Ilfa did not. אָמַר לֵיהּ ר׳ יוֹחָנָן לְאִילְפָא שָׁמַע מַר מִידֵּי – R' Yochanan said to Ilfa: "Did** you, **master, hear anything?" אָמַר לֵיהּ לֹא – He answered him: "No." אָמַר – [R' Yochanan] said** to himself: **מִדְּשָׁמְעִי אֲנָא וְאִילְפָא לֹא שָׁמַע – Since I overheard and Ilfa did not, שְׁמַע מִינָּהּ לְדִידִי קַיְימָא לִי שַׁעְתָּא – it is evident that it is for me that the hour** of greatness **is at hand.** He therefore decided to return to the yeshivah. **אָמַר לֵיהּ רַבִּי יוֹחָנָן – R' Yochanan said to [Ilfa]: אֵיהֲדַר – "Let me return** to the study of Torah, **וְאוֹקִי בְּנַפְשָׁאִי: ,,כִּי לֹא יֶחְדַּל אֶבְיוֹן מִקֶּרֶב הָאָרֶץ'' – and I will fulfill in myself** the verse which states: ***The poor will never cease from the midst of the land."***[7] **ר׳ יוֹחָנָן הֲדַר אִילְפָא לֹא הֲדַר – R' Yochanan** then **returned** to the yeshivah, while **Ilfa did not return. עַד דְּאָתָא אִילְפָא – By the time Ilfa came** back to the yeshivah from his venture, **מְלִיךְ רַבִּי יוֹחָנָן – R' Yochanan had been crowned** head of the yeshivah.[8] **אָמְרוּ לוֹ –** Upon his return, **they said to [Ilfa]: אִי אֲתִיב מַר וְגָרִיס – If** you, **master, had sat and studied** Torah, **לֹא הֲוָה מְלִיךְ מַר – the** other **master** [R' Yochanan] **would not have been crowned** head of the yeshivah. Rather, you would have received the appointment in his stead.[9]

To refute the criticism of his actions, Ilfa set out to demonstrate that his scholarship remained superior to R' Yochanan's despite his leave of absence from the yeshivah. He issued a challenge: **אֲזַל תָּלָא נַפְשֵׁיהּ בְּאַסְקַרְיָא דִּסְפִינְתָּא – [Ilfa] went and balanced himself on the mast of a ship.**[10] **אָמַר –** He then **said: אִי אִיכָּא דְּשָׁאֵיל לִי בְּמַתְנִיתָא דר׳ חִיָּיא וְרַבִּי אוֹשַׁעְיָא – If there is anyone who can ask me about a Baraisa** from the edition **of R' Chiya and R' Oshaya וְלֹא פָּשְׁטִינָא לֵיהּ מִמַּתְנִיתִין – and I am not able to demonstrate** its basis **from a Mishnah,**[11] **נְפִילְנָא מֵאַסְקַרְיָא דִּסְפִינְתָּא וְטָבַעְנָא – I will** allow myself to **fall from the mast of the ship and drown** in the sea below. **אָתָא הַהוּא סָבָא תָּנָא לֵיהּ – A certain old man came and quoted** the following **Baraisa to him:**[12] **הָאוֹמֵר תְּנוּ שֶׁקֶל לְבָנַיי בְּשַׁבָּת –** If SOMEONE SAID to the trustee of his estate, **"GIVE A SHEKEL TO MY SONS EACH WEEK"** to meet their expenses, **וְהֵן רְאוּיִין לִתֵּת לָהֶם סֶלַע – AND IT WOULD BE APPROPRIATE IN THEIR CASE TO GIVE THEM A *SELA*,** since the family was large and its needs could not be met on just one shekel a week, **נוֹתְנִין לָהֶם סֶלַע – WE GIVE THEM A *SELA*.**[13] **וְאִם אָמַר אַל תִּתְּנוּ לָהֶם אֶלָּא שֶׁקֶל – BUT IF HE SAID** explicitly, **"GIVE THEM**

NOTES

1. *Rashi.* Alternatively, there were numerous soldiers quartered in Mechuza whom the townspeople were expected to support (see *Pesachim* 5b). Had Rava opened his house to the public, he would have had to feed all the military personnel as well (*Maharsha*).

2. Literally: things pressed them greatly.

3. *Deut.* 15:4. Ilfa and R' Yochanan [homiletically] interpreted the word *you* of this verse in the singular (*Rashi*); that is, as an injunction to each individual to take measures to avoid destitution (*Maharsha,* based on *Rashi, Bava Metzia* 30b).

4. Obviously, they were unaware of its precarious condition, since it is forbidden to put one's life in danger (*Gevuras Ari,* see 20b).

5. See 20b note 25.

6. That is, they are forsaking the study of Torah in favor of pursuing a commercial venture to earn money (*Rashi*). [The Torah one acquires in this world remains with him eternally, while the profits of his business ventures last him only fleetingly, in this world.]

7. *Deut.* 15:11. R' Yochanan concluded from the angels' conversation that those who occupy themselves with the study of Torah are exempted from the injunction to avoid poverty (*Maharsha*).

8. R' Yochanan was elevated to the post of *Rosh HaYeshivah* (head of the yeshivah) of the great academy of Eretz Yisrael. This was the center of Torah scholarship and legal authority of the Jewish community in Eretz Yisrael.

The term מְלִיךְ literally means *he became king.* The tenure of the *Rosh HaYeshivah* of the central academy was referred to as a "reign" because it was the custom to bestow money on him upon his appointment, to support him in royal manner (*Rashi*). This was based on the precedent of the family of Kohanim being required to enrich the *Kohen Gadol* upon his elevation to that post (*Rashi* from *Yoma* 18a).

9. Ilfa had been considered greater than R' Yochanan and would therefore have been appointed ahead of him (*Rashi*).

10. Ilfa chose to issue his challenge from a ship to indicate that though the Rabbis taught that Torah scholarship is not to be found among traveling merchants (*Eruvin* 55a), his brief foray into commerce had not diminished his knowledge (*Maharsha*).

11. Baraisos were the statements of Tannaim that had not been included by Rebbi in the Mishnah. R' Chiya and R' Oshaya, the students of Rebbi, researched and reviewed the Baraisos and issued an authoritative edition of them, based on the teachings of Rebbi. It was Ilfa's contention that he could demonstrate support for the ruling of any authoritative Baraisa from a ruling included by Rebbi in the Mishnah (*Rashi* here, and to *Kesubos* 69b).

12. The Baraisa deals with a person who deposited his money with a trustee before he died. The trustee was told to allot one shekel (half a *sela*) per week for the living expenses of the children (*Rashi*).

13. Had the father's intention been to limit the allowance to just one shekel per week [regardless of their needs], he would have stated so explicitly (*Rashi*). Consequently, we interpret his stipulation of a shekel to be meant only as a spur to his children to work and develop their business acumen (*Rashi* from *Kesubos* 70a).

The commentators do not explain the basis of this law. What authority does the trustee have to limit the heirs' access to their own inheritance? The *Shulchan Aruch* (*Choshen Mishpat* 290:26) states that a father has a right to stipulate that his estate not be released to his heirs – even if they are thirteen years old and are thus legally adults – until they become decent and enterprising people. *Beur HaGra* (there) cites our Baraisa as the source for this law. Thus, the ruling of this Baraisa is rooted in a broader concept, which gives the father the right to order his children's access to his estate. [Probably this concept is based on a Rabbinic ordinance (cf. *Aruch HaShulchan* 290:45).]

However, *Nesivos HaMishpat* (there §13) expresses his astonishment at the *Shulchan Aruch's* limitation of the heirs' rights to their own property. He concludes that the Baraisa's rulings – even regarding one who merely said, "Give a shekel to my sons" – are based on the principle of R' Meir that it is obligatory to fulfill the words of the

מסורת הש"ס

א) [שבת י. לג: ביצה טו:], ב) [כתובות סט:], ג) [עי' רש"י גיטין לב: ד"ה דתלי פי' נשען וכן בפסחים סח: פרש"י ד"ה ותלי נשען ובפרש"י חגיגה טו: תלי נשען], ד) ב"ב קכט. כתובות סט: [תוספתא כתובות פ"ו], ה) [נ"ל אם מתו], ו) סנהדרין קח: ע"ש, ז) עי' ברכות ס:, ח) [ברי"ף וברא"ש גרס ברישא עיר המוציאה ת"ק וכו' ובסיפא אלף ות"ק וכו'].

הגהות הב"ח

(א) גמ' אזלו אותיבו תותי גודא וכו' אי יתיב מר וגרים: (ב) שם ת"ר עיר גדולה המוציאה חמש מאות כו' ועיר קטנה המוציאה כו': (ג) רש"י ד"ה אי יתיב מר וגרים: (ד) ד"ה הא מני כו' אלא שקל הס"ד ומה"ד ר"מ היא וכו' שיהא שם מותר הס"ד ומה"ד ורגלי מטתו מונחין כו': (ה) ד"ה ביתו לנו במלון הס"ד ואח"כ מה"ד כגון כפר עמיקו ויצאו ממנה שלשה מתים: (ו) תוס' ד"ה אמרו כו'. פי' בתמיה כלומר וכי לא היית:

משום דנפישי בני חילא דמחוזא אילפא ור' יוחנן הוו גרסי באורייתא דחיקא להו מילתא טובא אמרי ניקום וניזיל וניעבד עיסקא ונקיים בנפשין א) אפס כי לא יהיה בך אביון אזלו (א) אותבי תותי גודא רעיעא הוו קא כרכי ריפתא אתו תרי מלאכי השרת שמעיה רבי יוחנן דאמר חד לחבריה נישדי עלייהו האי גודא ונקטלינהו א) שמניחין חיי עולם הבא ועוסקין בחיי שעה אמר ליה אידך שבקינהו דאיכא בהו חד דקיימא ליה שעתא רבי יוחנן שמע אילפא לא שמע אמר ליה ר' יוחנן לאילפא שמע מר מידי אמר ליה לא אמר מדשמעי אנא ואילפא לא שמע ש"מ לדידי קיימא לי שעתא אמר ליה רבי יוחנן איהדר ואוקי בנפשאי ב) כי לא יחדל אביון מקרב הארץ ר' יוחנן הדר אילפא לא הדר עד דאתא אילפא מליך רבי יוחנן אמרו לו אי אתיב מר וגרים לא הוה מליך מר ג) אזל ג) תלא נפשיה באסקריא דספינתא אמר אי איכא דשאיל לי במתניתא דר' חייא ורבי אושעיא ולא פשטינא ליה ממתני' נפילנא מאסקריא דספינתא וטבענא אתא ההוא סבא תנא ליה ד) האומר תנו שקל לבניי בשבת והן ראוין לתת להם סלע נותנין להם סלע ואם אמר אל תתנו להם אלא שקל אין נותנין להם אלא שקל *אם אמר ה) מתו ירשו אחרים תחתיהם בין שאמר תנו בין שאמר אל תתנו אין נותנין להם אלא שקל א"ל הא מני ר"מ היא דאמר ב) מצוה לקיים דברי המת אמרו עליו על נחום איש גם זו שהיה סומא משתי עיניו גידם משתי ידיו קיטע משתי רגליו וכל גופו מלא שחין והיה מוטל בבית רעוע ורגלי מטתו מונחין בספלין של מים כדי שלא יעלו עליו נמלים פעם אחת [היתה מטתו מונחת בבית רעוע] בקשו תלמידיו לפנות מטתו ואח"כ לפנות את הכלים אמר להם בניי פנו את הכלים ואח"כ פנו את מטתי שמובטח לכם כל זמן שאני בבית אין הבית נופל פינו את הכלים ואחר כך פינו את מטתו ונפל הבית אמרו לו תלמידיו רבי וכי מאחר שצדיק גמור אתה למה עלתה לך כך אמר להם בניי אני גרמתי לעצמי שפעם אחת הייתי מהלך בדרך לבית חמי והיה עמי משוי ג' חמורים אחד של מאכל ואחד של משתה ואחד של מיני מגדים בא עני אחד ועמד לי בדרך ואמר לי רבי פרנסני אמרתי לו המתן עד שאפרוק מן החמור לא הספקתי לפרוק מן החמור עד שיצתה נשמתו הלכתי ונפלתי על פניו ואמרתי עיני שלא חסו על עיניך יסומו ידיי שלא חסו על ידיך יתגדמו רגליי שלא חסו על רגליך יתקטעו ולא נתקררה דעתי עד שאמרתי כל גופי יהא מלא שחין אמרו לו אוי לנו שראינוך בכך אמר להם אוי לי אם לא ראיתוני בכך ו) ואמאי קרו ליה נחום איש גם זו דכל מילתא דהוה סלקא ליה אמר גם זו לטובה ז) זימנא חדא בעו לשדורי ישראל דורון לבי קיסר אמרו מאן ייזיל ייזיל נחום איש גם זו דמלומד בניסין הוא שדרו בידיה מלא סיפטא דאבנים טובות ומרגליות אזל בת בההוא דירה בליליא קמו הנך דיוראי ושקלינהו לסיפטיה ומלונהו עפרא (למחר כי חזנהו אמר גם זו לטובה) כי מטא התם [שרינהו לסיפטא חזנהו דמלו עפרא] בעא מלכא למקטלינהו לכולהו אמר קא מחייכו בי יהודאי [אמר גם זו לטובה] אתא אליהו אדמי ליה כחד מינייהו א"ל דלמא הא עפרא מעפרא דאברהם אבוהון הוא דכי הוה שדי עפרא הוו סייפיה גילי הוו גירי דכתיב ג) יתן כעפר חרבו כקש נדף קשתו הויא חדא מדינתא דלא מצו למיכבשה בדקו מיניה וכבשוה עיילו לבי גנזיה ומלוהו לסיפטיה אבנים טובות ומרגליות ושדרוהו ביקרא רבה כי אתו ביתו בההוא דיורא אמרו ליה מאי איתית בהדך דעבדי לך יקרא כולי האי אמר להו מאי דשקלי מהכא אמטי להתם סתרו לדירייהו ואמטינהו לבי מלכא אמרו ליה האי עפרא דאייתי הכא מדידן הוא בדקוה ולא אשכחוה וקטלינהו להנך דיוראי: אי זו היא דבר עיר המוציאה חמש מאות רגלי כו': ת"ר ג) עיר (ב) המוציאה חמש מאות ואלף רגלי כגון כפר עכו ויצאו הימנה תשעה מתים בשלשה ימים זה אחר זה הרי זה דבר ביום אחד או בד' ימים אין זה דבר ח) ועיר המוציאה חמש מאות רגלי כגון כפר עמיקו ויצאו ממנה שלשה מתים בג' ימים זה אחר זה הרי זה דבר ביום

משום דנפישי בני מחוזא. דאיכא עניי טפי וקא מיכלי קרנא: דחיקא להו. עניות: כי לא יהיה בך אביון. בך בעצמך: חיי העולם הבא. תורה: חיי שעה. עולם הזה זה סחורה: קיימא ליה שעתא. עתיד להתגדל ואין זמנו למות: שמע מינה. מדאנא שמעתיה איהדר איזיל לתורתי: עד דאתא אילפא. ממקום שהלך שם לסחורה: מלך רבי יוחנן. מינוהו ראש ישיבה עליהן מנהג הוא מי שהוא ראש ישיבה היו מגדלין אותו משלהן ומעשירין אותו כדאמרינן לגבי כהן גדול בסיפרא וביומא (דף יח.) והכהן הגדול מאחיו גדלוהו משל אחיו: אמרו לו. אנשי המקום לאילפא: אי (ג) אתיב מר וגרים. אם היית יושב ועוסק בתורה היינו ממליכין אותך כמו שעשינו לרבי יוחנן דאילפא הוי גמיר טפי מר' יוחנן: תלא נפשיה באסקריא. כלונס עץ ארוך תקוע בלב הספינה שמניחין עליה מכסה וילו"ן בלע"ז: דשאיל לי כו'. כלומר אף על גב דעבדי עיסקא גריסנא אנא טפי מיניה: דבי ר' חייא ודבי ר' אושעיא. דהוו מסדרי מתניתא על פי רבינו הקדוש שהיה רבם: ולא פשיטנא ליה ממתני'. דאשכחנא משנה כוותיה דההיא ברייתא: תנא ליה. שנה לפניו כלומר בעא מיניה: האומר תנו שקל לבניי. מי שמת והניח ממונו ביד איש נאמן ואמר תנו שקל חצי סלע לבניי להוצאה בשבוע: וראוין לתת להן סלע. שיש לו בניס הרבה ואין מסתפקין לשבת בפחות מסלע: נותנין להן סלע. דאי הוה בדעתיה דלא למיתן להו אלא שקל היה מצוה אל תתנו להן אלא שקל והאי דקאמר תנו להן שקל ולא אמר תנו סלע משום דבעי לזרוזינהו כדאמרן בכתובות (דף ע.) כדי לזרזן במשא ובמתן כדי שיטרחו וילמדו דרך ארץ וירויחו: אם מתו ירשו אחרים תחתיהן. אע"ג דאמר תנו שקל ולא אמר אל תתנו אלא שקל גלי בדעתיה דלא בעי למיתב להו אלא שקל בשבת כי היכי דאי מתו ירשו אחרים תחתיהן: אמר ליה. אילפא: הא מני. דקתני אע"ג דלא ספקי בבציר מסלע לא יהבינן להו אלא שקל (ד) ר"מ היא דאמר במסכת כתובות במתני' (דף סט:) מצוה לקיים דברי המת דאי לאו מצוה מן הדין נותנין להן כל הראוי להן שהרי כל הממון שלהן הוא ואין בו לאותן אחרים כלום אלא לאחר מיתתן אם יש מותר יש להן ואם לאו לא יטלו ומתוך שרוצין אנו לקיים דבריו שירשו אחרים תחתיהם אנו מקמצין את הממון כדי שיהא שם מותר: והיה מטתו מונחת כו'. רגלי המטה מונחין בספלים מלאים מים שלא יעלו אליו נמלים דרך רגלי המטה מפני שהיה גידם ואם היו עולים אינו יכול ליטלם בידיו ולזורקן: דסלקי ליה. כל המאורע לו אפילו רעה: בת בההיא דיורא. לן לילה אחת באותו המלון: לסיפטיה. ארגז שלו: לכולהו. שנאיהן של ישראל: כחד מינייהו. כאחד משרי קיסר: מעפרא דאברהם הוא. כשנלחם עם המלכים: גילי. קשין: ביתו. לנו במלון: (ה) כפר עמיקו שלשה מתים בשלשה ימים. מת אחד בכל יום: ביום

אמרו ליה לאילפא אי יתיב מר לא הוה מליך מר. פי' (ו) כלומר לא היית מולך לראש ישיבה וי"מ בניחותא דמר קאי אר' יוחנן כלומר אי יתיב מר לא הוה מליך ר' יוחנן:

עין משפט נר מצוה

טז א מיי' פי"ב מהלכות זכיה ומתנה הלכה ו טוש"ע ח"מ סי' רנג סעיף יז:
יז ב מיי' פ"כ מהלכות אישות הלכה יד סמג עשין מח טוש"ע אה"ע סי' נד וטוש"ע ח"מ סי' רנב סעיף ב:
יח ג מיי' פ"ב מהלכות תענית הלכה ה טוש"ע א"ח סי' תקעו סעיף ב:

תורה אור השלם

א) אֶפֶס כִּי לֹא יִהְיֶה בְּךָ אֶבְיוֹן כִּי בָרֵךְ יְבָרֶכְךָ יְיָ בָּאָרֶץ אֲשֶׁר יְיָ אֱלֹהֶיךָ נֹתֵן לְךָ נַחֲלָה לְרִשְׁתָּהּ: [דברים טו, ד]
ב) כִּי לֹא יֶחְדַּל אֶבְיוֹן מִקֶּרֶב הָאָרֶץ עַל כֵּן אָנֹכִי מְצַוְּךָ לֵאמֹר פָּתֹחַ תִּפְתַּח אֶת יָדְךָ לְאָחִיךָ לַעֲנִיֶּךָ וּלְאֶבְיֹנְךָ בְּאַרְצֶךָ: [דברים טו, יא]
ג) מִי הֵעִיר מִמִּזְרָח צֶדֶק יִקְרָאֵהוּ לְרַגְלוֹ יִתֵּן לְפָנָיו גּוֹיִם וּמְלָכִים יַרְדְּ יִתֵּן כֶּעָפָר חַרְבּוֹ כְּקַשׁ נִדָּף קַשְׁתּוֹ: [ישעיה מא, ב]

רבינו חננאל

אילפא ור' יוחנן דחיק להו עלמא אמרי ניקום ונעביד עסקא עד דהדר אילפא מלך ר"י. אתא אלפא תלא נפשיה. אמר אי איכא דשאיל לי מתנייתא מדבי ר' חייא ודבי ר' אושעיא ולא פשטנא ליה ממתני'. כלומר כל מה שיש במשניות החיצונות עיקר שלהן במשנתנו ואין כל חכם יודעו לפיכך אני גדול מר"י. ולמה זכה לישב בראש ולא זכיתי אני ושאליה ההוא סבא הא דתניא האומר תנו לבניי שקל בשבת וצוה ומת וראויין לתת להן סלע. כי השקל הוא חצי סלע. אם אינו מספיק להן נותן להן סלע. אם אמר בלשון הזה אל תתנו להן אלא שקל אע"פ שאינו מספיק להן אינו נותן להן אלא שקל ואם אמר אם מתו יירשו אחרים תחתיהן כו'. שמעינן מינה דאין אדם רשאי לשנות מדברי המת. ופשט אילפא הא מתניתא אליבא דר' מאיר היא ששנינו במשנתנו בכתובות בפרק מציאת האשה המשליש מעות לבתו והיא אומרת נאמן עלי בעלי יעשה שליש מה שהושלש בידו דברי ר' מאיר. ואוקימנא התם טעמא דר' מאיר משום דמצוה לקיים דברי המת ואין לשנות מדבריו: אמרו עליו על נחום איש גם זו. שם מקום הוא ראיה על אמתת הדבר בדברי הימים (ב' כ"ח) הוא שנקרא לשם שם אחת העיירות גמזו והוא האמת א) ירושלמי א"ר יוסי בר אבין בזכות ג' דברים גשמים יורדים. בזכות הארץ. ובזכות החסד ובזכות יסורין וכולן בפסוק אחד נאמרו. אם לשבט אם לארצו אם לחסד. מצאנו שבט אלו יסורין. מפני (ג') ד' דברים גשמים יורדין מלמעלה מפני טללים הרעים ומפני בעלי זרוע ושיהא שותה העליון כתחתון ושיהו עיני הכל נשואות לשמים. בעון (ג') ד' דברים גשמים נעצרים בעון ע"ז שנאמר ועבדתם שם אלהים אחרלדים וכתיב בתריה ועצר את השמים. בעון ג"ע שנאמר ותחניפי ארץ בזנותייכי וכתיב וימנעו רביבים וגו'. בעון ש"ד שנאמר כי הדם הוא יחניף את הארץ. פי' יחן אף על הארץ. (וכתיב וחרה אף ה' בכם ועצר את השמים) ב) בעון פוסקי צדקה ברבים ואינן נותנים דכתיב נשיאים ורוח וגשם אין איש מתהלל במתת שקר. [חמשה] שמות נקרא אד [עב] ענן חזיז ונשיא א"ר חנינא מה יעשו גדולי הדור. ואין הצבור נידון אלא אחר רובו. שכן מצינו שכל ל"ח שנים שהיו ישראל כמנודים לשמים לא היה הדבור עם משה. שנאמר ויהי כאשר תמו כל אנשי המלחמה וגו' וכתיב וידבר ה' אלי לאמר. ר' אליעזר עבד תענית ולא נחית מטרא עבד ר' עקיבא תלמידי' ונחית מטרא. עאל ר"ע ואמר מלה"ד למלך שהיו לו ב' בנות אחת חצופה וכיון שהיתה נכנסת אצלו בבקשה הוא אומר תנו לה בקשתה ותצא ואחרת היתה צנועה. וכשהיתה נכנסת אצלו היה מאריך רוחו עמה כדי שישמע שיחתה שהיה מתאוה לשמוע שיחתה. עשה כן ר"ע בשביל ר' אליעזר רבו כדי שלא יאמרו ונמצא חלול שמים. (בירושלמי פ"ב ה"ה) כתיב ויקבצו המצפתה וישאבו מים וישפכו לפני ה' וכי מים שפכו אלא לבם שפכו כמים. ויאמרו שם חטאנו לה' לבש שמואל חלוקו של ישראל אמר לפניו רבש"ע כלום אתה דן את האדם אלא על אמרך לא חטאתי. ואלו אומרים לפניך חטאנו: מתני' איזו היא דבר. עיר המוציאה ת"ק רגלי עיר גדולה המוציאה אלף ת"ק רגלי יוצאי צבא כגון כפר עכו. ויצאו הימנה ט' מתים בג' ימים (בג' ימים אנשים ממש) [וא"ן] הרי דבר

חשק שלמה על רבינו חננאל א) עי' בערוך השלם ערך גס זו. ב) בירושלמי לפנינו ליתא זה אך רבינו היה גורס כן בירושלמי ומביא לראיה מכח קרא דכן אף דאידך קרא היינו שיהיה עצירת גשמים. ג) אלא על שהוא אומר לפניך לא חטאתי הנני נשפט אותך על אמרך לא חטאתי (ירמיה ב').

רבינו גרשום

באסקריא דספינתא. מַשְׂט: נותנין להם סלע דאזלינן בתר אומדין דעתי' דלהכי אמר שקל אם אפשר להם לצמצם אבל אם אי אפשר להם נותנין להם סלע א) כיון שאמר תנו אין נותנים להם אלא שקל דאזלינן בתר אומדין דעתיה דכיון דבעי דלירשו אחרים ודאי הוה ליה צר עין על בניו א"ל הא מני ר"מ דמתניתין: מונחת על ארבעה ספלים שלא יעלו עליו הרחש: ביום אחד

חשק שלמה על רבינו גרשום

א) נ"ל ואם אמר אם מתו ירשו אחרים תחתיהם בין שאמר תנו ובין שאמר אל תתנו אין נותנין להם וכו'.

ליקוטי רש"י

מחוזא. עירו של רבא [פסחים ה:]. אילפא. שם חכם [כתובות סט:]. אפס כי לא יהיה בך אביון. הזהר בעצמך שלא תבא לידי עניות. כלומר אפס ומדל וכלה עניות ממך אפס לשון מדלה וכליה כמו (בראשית מז) כי אפס כסף [סנהדרין סד:]. אביון. דל מעני ולשון אביון שהוא תאב לכל דבר [דברים טו, ד]. גודא. כותל [ברכות נא.]. תלא. נשען [פסחים סח: גיטין לב:]. תלא נפשיה באסקריא. בכלונסות ארוכים שמוליכים בה את הספינה [כתובות סט:]. באסקריא. דסקיא תורן וקרוי פוש"ט בלע"ז [... נה.]. אי איכא דשאיל לי במתניתא וכו'. כלומר אע"פ שהלכתי בסחורה לא שכחתי תלמודי ויש בידי לתקן כל הברייתות שסידרו רבי חייא ורבי אושעיא [בתוספתא שלהן אמינא להן סמך במשנתנו של הש"ס שסדר רבי ולהכי נקט רבי חייא ורבי אושעיא] לפי שהן עיקר כלומר כל מתניתא דלא מיתניא בי ר' חייא ור' אושעיא לא מותבו מינה בבי מדרשא. תנא ליה. שאלו למצוא לה סמך במשנה שסדר רבי [כתובות שם]. האומר תנו שקל כו'. כגון שכיב מרע אי נמי במדינת הים וצוה ליתן להם כשיעור הזה עד שיכלה הממון כולו. שקל. שבגמרא היינו חצי סלע [רשב"ם ב"ב קכט.]. ואין ראוין. שאינן מוזנין בפחות. נותנים להם סלע. דאי הוה ידע שיתייקרו שער לא הוה אמר [כתובות סט:]. דלא אמר שקל אלא כדי לזונן בצמצום שלא יתנו יותר מכדי צרכן הרי מיהו. הרי מיהא בידם ולא עשאן יורשים אלא בענין זה [כתובות שם]. היינו קפידא אין נותנין להם אלא שקל בשילהי מציאת האשה במס' כתובות מוקמינן לה כר"מ דאמר מצוה לקיים דברי המת ומיהו אמרי' התם אמר רב הלכתא בין שאמר תנו בין שאמר אל תתנו נותנין להן כל צרכן ומקשינן והא קי"ל כר"מ דמצוה לקיים דברי המת ומשנינן הני מילי אחרנייתא אבל בהא מינח ניחא ליה ומאי דאמר לזרוזינהו הוא דעבד [רשב"ם שם]. [אם] מתו. בלא בנים [כתובות שם]. ירשו אחרים. פלוני ופלוני ולא בני בניי גלי אדעתיה דניחא ליה לאשתיור מהנהו נכסי להנהו אחרים ודוקא קאמר שקל [רשב"ם שם:]. אין נותנין להם אלא שקל. שאין לו לספק את הבנים אחריהם והואיל ועשה את האחרים יורשים אחריהם ודאי דווקא שקל קאמר כדי שיהא לאותן אחרים. הא מני. היכא דאמר להו אל תתנו להם אלא שקל אין נותנין להם אלא שקל ואע"ג דנכסי דידהו ניניהו לא יהבינן להו בקוטנן אלא שקל בשבת והמותר יזונו מן הצדקה וליכא לאקשויי לא כל כמיניה שיעשיר את בניו ויפיל עצמו על הצבור דהתם הוא דאמר אל תקברוהו מנכסיו לא צייתינן ליה לקוברו מן הצדקה כדי להעשיר את בניו אבל הכא נכסי לאו דיתמי ניניהו כי אם לפי צוואתו [כתובות שם]. גידם. ידו קטועה [סנהדרין עא.]. דהוה סלקא ליה. כל דבר המאורע ליה [סנהדרין קח:]. מאן ייזיל. ביד מי נשלח. ושקלינהו לסיפטיה. המירו הארגזים והמרצופין ופתחום ונטלו כל מה שבתוכו. קא מחייכו. מלעיגים [שם קט.]. גירי. חצים [ר"ה כד.].

ONLY ONE SHEKEL," אֵין נוֹתְנִין לָהֶם אֶלָּא שֶׁקֶל – WE GIVE THEM ONLY A SHEKEL, even though it is insufficient for their needs. אִם אָמַר מֵתוּ יִרְשׁוּ אֲחֵרִים תַּחְתֵּיהֶם – IF HE SAID, "SHOULD THEY DIE LET OTHERS INHERIT the remnant of the estate IN THEIR STEAD," בֵּין שֶׁאָמַר תְּנוּ בֵּין שֶׁאָמַר אַל תִּתְּנוּ – then WHETHER HE SAID, "GIVE THEM a shekel," OR WHETHER HE SAID, "GIVE THEM *ONLY* a shekel," אֵין נוֹתְנִין לָהֶם אֶלָּא שֶׁקֶל – WE GIVE THEM ONLY A SHEKEL.[14]

Ilfa replied with the Mishnaic source for the ruling of this Baraisa:

אָמַר לֵיהּ – **He said to him:** הָא מַנִּי רַבִּי מֵאִיר הִיא דְּאָמַר – **Who is** [the Tanna] **of this** Baraisa? **It is R' Meir who states** in a Mishnah: מִצְוָה לְקַיֵּים דִּבְרֵי הַמֵּת – **It is obligatory to fulfill the words of the deceased.**[15]

The Gemara relates another story about how a dilapidated house did not collapse as long as a *tzaddik* was in it:

אָמְרוּ עָלָיו עַל נַחוּם אִישׁ גַּם זוּ – **They said of Nachum ish Gam Zu**[16] שֶׁהָיָה סוּמָא מִשְּׁתֵּי עֵינָיו – **that he was blind in both eyes,** גִּידֵּם מִשְּׁתֵּי יָדָיו – **missing both hands,** קִיטֵּעַ מִשְּׁתֵּי רַגְלָיו – **missing both legs,** וְכָל גּוּפוֹ מָלֵא שְׁחִין – **and his entire body was covered with boils.** וְהָיָה מוּטָל בְּבַיִת רָעוּעַ – **He was lying in a dilapidated house,** וְרַגְלֵי מִטָּתוֹ מוּנָּחִין בִּסְפָלִין שֶׁל מַיִם – **and the legs of his bed were placed in pails of water,** כְּדֵי שֶׁלֹּא יַעֲלוּ עָלָיו נְמָלִים – **so that ants should not crawl** up the legs of the bed and **onto him.**[17] פַּעַם אַחַת [הָיְתָה מִטָּתוֹ מוּנַּחַת בְּבַיִת רָעוּעַ] – **Once** [when **his bed was in the dilapidated house**], בִּקְשׁוּ תַּלְמִידָיו לְפַנּוֹת מִטָּתוֹ – **his disciples sought to remove his bed** from the house, וְאַחַר כָּךְ לְפַנּוֹת אֶת הַכֵּלִים – **and then remove the furniture.** אָמַר לָהֶם – **He said to them:** בָּנַיי פַּנּוּ אֶת הַכֵּלִים וְאַחַר כָּךְ פַּנּוּ אֶת מִטָּתִי – "**My children! First remove the furniture and then remove my bed,** שֶׁמּוּבְטָח לָכֶם כָּל זְמַן שֶׁאֲנִי בַּבַּיִת אֵין הַבַּיִת נוֹפֵל – **because you may be assured that as long as I am in the house, the house will not collapse.**"[18] פִּינּוּ אֶת הַכֵּלִים וְאַחַר כָּךְ פִּינּוּ אֶת מִטָּתוֹ – So **they removed the furniture and then removed his bed,** וְנָפַל הַבַּיִת – **and the house** then **collapsed.** אָמְרוּ לוֹ תַּלְמִידָיו – **His disciples said to him:** רַבִּי וְכִי מֵאַחַר שֶׁצַּדִּיק גָּמוּר אַתָּה – "Our **teacher! Since you are** obviously **a completely righteous person,** לָמָּה עָלְתָה לְךָ כָּךְ – **why did** all **this happen to you?**"

אָמַר לָהֶם – **He said to them:** בָּנַיי אֲנִי גָּרַמְתִּי לְעַצְמִי – "**My children! I brought it upon myself.** שֶׁפַּעַם אַחַת הָיִיתִי מְהַלֵּךְ בַּדֶּרֶךְ לְבֵית חָמִי – **For I was once traveling on the road to the house of my father-in-law,** וְהָיָה עִמִּי מַשּׂוֹי ג׳ חֲמוֹרִים – **and I had with me three donkey-loads** of foodstuffs: אֶחָד שֶׁל מַאֲכָל – **one of food,** וְאֶחָד שֶׁל מִשְׁתֶּה – **one of drink,** וְאֶחָד שֶׁל מִינֵי מְגָדִים – **and one of various delicacies.** בָּא עָנִי אֶחָד וְעָמַד לִי בַּדֶּרֶךְ – **A poor man came and stood** before **me on the road,** וְאָמַר לִי רַבִּי פַּרְנְסֵנִי – **and said to me, 'My teacher, sustain me!'** i.e. give me something to eat. אָמַרְתִּי לוֹ – **I said to him:** הַמְתֵּן עַד שֶׁאֶפְרוֹק מִן הַחֲמוֹר – **'Wait until I unload** some food **from the donkey.'** לֹא הִסְפַּקְתִּי לִפְרוֹק מִן הַחֲמוֹר עַד שֶׁיָּצְתָה נִשְׁמָתוֹ – **I did not have a chance to unload the donkey before his soul departed,** the man having died of hunger. הָלַכְתִּי וְנָפַלְתִּי עַל פָּנָיו – **I went and fell on his face,** וְאָמַרְתִּי עֵינַי שֶׁלֹּא חָסוּ עַל עֵינֶיךָ יְסוּמוּ – **and I said, 'Let my eyes, which took no pity on your eyes, become blind;** יָדַיי שֶׁלֹּא חָסוּ עַל יָדֶיךָ יִתְגַּדְּמוּ – **let my hands, which took no pity on your hands, be cut off;** רַגְלַיי שֶׁלֹּא חָסוּ עַל רַגְלֶיךָ יִתְקַטְּעוּ – **let my legs, which took no pity on your legs, be cut off!'** וְלֹא נִתְקָרְרָה דַּעְתִּי – **And my mind did not rest**[19] עַד שֶׁאָמַרְתִּי כָּל גּוּפִי יְהֵא מָלֵא שְׁחִין – **until I said, 'Let my entire body be covered with boils!' "** אָמְרוּ לוֹ – **They** [the disciples] **said to him:** אוֹי לָנוּ שֶׁרְאִינוּךָ בְּכָךְ – **"Woe to us that we have seen you like this!"** אָמַר לָהֶם – **He said to them:** אוֹי לִי אִם לֹא רְאִיתוּנִי בְּכָךְ – **"Woe to me had you not seen me like this!"**[20]

The Gemara now relates the origin of the cognomen Gam Zu:

וְאַמַּאי קָרוּ לֵיהּ נַחוּם אִישׁ גַּם זוּ – **And why did they call him Nachum, ish Gam Zu?** דְּכָל מִילְּתָא דַּהֲוָה סַלְקָא לֵיהּ – **Because whatever would happen to him,** even a seeming misfortune, אָמַר גַּם זוּ לְטוֹבָה – **he would say, "This, too, is for the best"** (*gam zu letovah*).

The Gemara relates an example of this:

זִימְנָא חֲדָא – **One time,** בָּעוּ לְשַׁדּוּרֵי יִשְׂרָאֵל דּוֹרוֹן לְבֵי קֵיסָר – **the Jews wanted to send a gift to the court of Caesar.** אָמְרוּ מַאן יֵיזִיל – **They said: Who should go** to deliver the gift? יֵיזִיל נַחוּם אִישׁ גַּם זוּ – **Let Nachum ish Gam Zu go,** דִּמְלוּמַּד בְּנִיסִין הוּא – **because he is accustomed to** have **miracles** performed on his behalf. שַׁדְּרוּ בִּידֵיהּ מְלֹא סִיפְטָא דַּאֲבָנִים טוֹבוֹת וּמַרְגָּלִיּוֹת – **They sent with him a chest filled with precious stones and pearls.**

NOTES

deceased, and that these rulings are all subject to the limitations inherent in that principle.

[*Rashbam* (*Bava Basra* 129a ד״ה האומר תנו), as well as *Shulchan Aruch* (*Choshen Mishpat* 253:17; see also *Tur* there), state the law of this Baraisa in the context of a deathly sick person's oral will (צַוָּאַת שְׁכִיב מְרַע). Perhaps they seek thereby to establish the legal underpinnings of the laws stated here, since such a will has validity subject to certain rules. Nevertheless, it is not clear how this resolves the basic issue raised above.]

14. Since he willed the remainder of his estate to a third party upon the death of his children, it is evident that he desired to conserve his estate during their lifetime in order that some portion of it should remain for that person in case they should die during the third party's lifetime (*Rashi*).

15. See Mishnah *Kesubos* 69b. It is clear from the law of inheritance that the entire estate belongs to the children upon the death of the father. Thus, during their lifetime they should by right be provided with all their needs from the estate. However, since R' Meir espouses the principle that it is an obligation to fulfill the wishes of the deceased in regard to his estate (if he deposited his money with a trustee), we conserve the estate so that some of it will remain for the third party to inherit.

16. Literally: the man of Gam Zu. Nachum was actually from a place called Gimzo, a town not far from Lod (*Rabbeinu Chananel,* based on *II Chronicles* 28:18). He was popularly called Nachum ish Gam Zu, however, for the reason given by the Gemara below.

17. Lacking arms, he would not have been able to remove the ants (*Rashi*).

18. Although the Gemara taught above (20b, in connection with Rav Huna's removal of his wine from a dilapidated house) that one should not rely on a miracle to preserve him from harm, this does not apply to a perfect *tzaddik*, such as Nachum ish Gam Zu (*Maharsha*). [This is similar to the point made by *Chinuch* in Mitzvah 546, and quoted above on 20b, note 10.]

19. Literally: my mind did not cool down.

20. I.e. had I not received my punishment in this world. Nachum blamed himself for not looking closely enough at the man to discern the gravity of his condition. This failure led him to dismount from his donkey, remove a sack and untie it in orderly fashion. Instead, he should have leaped from the donkey, pulled down a sack and torn open its binding to get a piece of food for the dying man. Because his delay contributed to the man's death, Nachum decreed upon himself that the eyes that failed to observe should be blinded, that the legs that did not spring from the donkey should be severed, and that the hands that did not tear at the sack's bindings should be severed as well (*Ben Yehoyada*).

Nevertheless, this was merely the slightest trace of a sin, since Nachum had no reason to suppose that the man was so near death that the extra minute or two would prove critical. Thus, his students were astonished that he should receive such severe punishment for such a slight infraction. However, it is the desire of perfect *tzaddikim* to bear their punishment for even the slightest infraction in this world, and to arrive in the next world totally free of blemish (*Maharsha*).

משום דנפישי בני חילא דמחוזא אילפא ור׳ יוחנן הוו גרסי באורייתא דחיקא להו מילתא טובא אמרי ניקום וניזיל וניעבד עיסקא ונקיים בנפשין [א] אפס כי לא יהיה בך אביון אזלו (א) אותבי תותי גודא רעיעא הוו קא כרכי ריפתא אתו תרי מלאכי השרת שמעיה רבי יוחנן דאמר חד לחבריה נישדי עלייהו האי גודא ונקטלינהו [א] שמניחין חיי עולם הבא ועוסקין בחיי שעה אמר ליה אידך שבקינהו דאיכא בהו חד דקיימא ליה שעתא רבי יוחנן שמע אילפא לא שמע אמר ליה ר׳ יוחנן לאילפא שמע מר מידי אמר ליה לא אמר מדשמעי אנא ואילפא לא שמע ש״מ לדידי קיימא לי שעתא אמר ליה רבי יוחנן איהדר ואוקי בנפשאי [ב] כי לא יחדל אביון מקרב הארץ ר׳ יוחנן הדר אילפא לא הדר עד דאתא אילפא מליך רבי יוחנן אמרו לו אי אתיב מר וגרים לא הוה מליך מר [ג] אזל [ג] תלא נפשיה באסקריא דספינתא אמר אי איכא דשאיל לי במתניתא דר׳ חייא ורבי אושעיא ולא פשטינא ליה ממתני׳ נפילנא מאסקריא דספינתא וטבענא אתא ההוא סבא תנא ליה [ד] האומר תנו שקל לבניי בשבת והן ראויין לתת להם סלע נותנין להם סלע ואם אמר אל תתנו להם אלא שקל אין נותנין להם אלא שקל [א] אם אמר [ה] מתו ירשו אחרים תחתיהם בין שאמר תנו בין שאמר אל תתנו אין נותנין להם אלא שקל א״ל הא מני ר״מ היא דאמר [ב] מצוה לקיים דברי המת אמרו עליו על נחום איש גם זו שהיה סומא משתי עיניו גידם משתי ידיו קיטע משתי רגליו וכל גופו מלא שחין והיה מוטל בבית רעוע ורגלי מטתו מונחין בספלין של מים כדי שלא יעלו עליו נמלים פעם אחת [היתה מטתו מונחת בבית רעוע] בקשו תלמידיו לפנות מטתו ואח״כ לפנות את הכלים אמר להם בניי פנו את הכלים ואח״כ פנו את מטתי שמובטח לכם כל זמן שאני בבית אין הבית נופל פינו את הכלים ואחר כך פינו את מטתו ונפל הבית אמרו לו תלמידיו רבי וכי מאחר שצדיק גמור אתה למה עלתה לך כך אמר להם בניי אני גרמתי לעצמי שפעם אחת הייתי מהלך בדרך לבית חמי והיה עמי משוי ג׳ חמורים אחד של מאכל ואחד של משתה ואחד של מיני מגדים בא עני אחד ועמד לי בדרך ואמר לי רבי פרנסני אמרתי לו המתן עד שאפרוק מן החמור לא הספקתי לפרוק מן החמור עד שיצתה נשמתו הלכתי ונפלתי על פניו ואמרתי עיני שלא חסו על עיניך יסומו ידיי שלא חסו על ידיך יתגדמו רגליי שלא חסו על רגליך יתקטעו ולא נתקררה דעתי עד שאמרתי כל גופי יהא מלא שחין אמרו לו אוי לנו שראינוך בכך אמר להם אוי לי אם לא ראיתוני בכך [ו] ואמאי קרו ליה נחום איש גם זו דכל מילתא דהוה סלקא ליה אמר גם זו לטובה [ז] זימנא חדא בעו לשדורי ישראל דורון לבי קיסר אמרו מאן ייזיל נחום איש גם זו דמלומד בניסין הוא שדרו בידיה מלא סיפטא דאבנים טובות ומרגליות אזל בת בההוא דירה בליליא קמו הנך דיוראי ושקלינהו לסיפטיה ומלונהו עפרא (למחר כי חזנהו אמר גם זו לטובה) כי מטא התם [שרינהו לסיפטא חזנהו דמלו עפרא] בעא מלכא למקטלינהו לכולהו אמר קא מחייכו בי יהודאי [אמר גם זו לטובה] אתא אליהו אדמי ליה כחד מינייהו א״ל דלמא הא עפרא מעפרא דאברהם אבוהון הוא דכי הוה שדי עפרא הוו סייפיה גילי הוו גירי דכתיב [ג] יתן כעפר חרבו כקש נדף קשתו הויא חדא מדינתא דלא מצו למיכבשה בדקו מיניה וכבשוה עיילו לבי גנזיה ומלוהו לסיפטיה אבנים טובות ומרגליות ושדרוהו ביקרא רבה כי אתו ביתו בההוא דיורא אמרו ליה מאי אייתית בהדך דעבדי לך יקרא כולי האי אמר להו מאי דשקלי מהכא אמטי להתם סתרו לדירייהו ואמטינהו לבי מלכא אמרו ליה האי עפרא דאייתי הכא מדידן הוא בדקוה ולא אשכחוה וקטלינהו להנך דיוראי: אי זו היא דבר עיר המוציאה חמש מאות רגלי כו׳: ת״ר [ג] עיר (ב) המוציאה חמש מאות ואלף רגלי כגון כפר עכו ויצאו הימנה תשעה מתים בשלשה ימים זה אחר זה הרי זה דבר ביום אחד או בד׳ ימים אין זה דבר [ח] ועיר המוציאה חמש מאות רגלי כגון כפר עמיקו ויצאו ממנה שלשה מתים בג׳ ימים זה אחר זה הרי זה דבר

ביום

רש״י

משום דנפישי בני מחוזא. דאיכא עניי טפי וקא מיכלי קרנא: דחיקא להו. עניות: כי לא יהיה בך אביון. בך בעצמך: חיי העולם הבא. תורה: חיי שעה. עולם הזה זה סחורה: קיימא ליה שעתא. עתיד להתגדל ואין זמנו למות: שמע מינה. מדאנא שמעתיה איהדר איזיל לתורתי: עד דאתא אילפא. ממקום שהלך שם לסחורה: מלך רבי יוחנן. מינוהו ראש ישיבה עליהן מנהג הוא מי שהוא ראש ישיבה היו מגדלין אותו משלהן ומעשירין אותו כדאמרינן לגבי כהן גדול בסיפרא וביומא (דף יח.) והכהן הגדול מאחיו גדלוהו משל אחיו: אמרו לו. אנשי המקום לאילפא: אי (ג) אתיב מר וגרים. אם היית יושב ועוסק בתורה היינו ממליכין אותך כמו שעשינו לרבי יוחנן דאילפא הוי גמיר טפי מר׳ יוחנן: תלא נפשיה באסקריא. כלונס עץ ארוך תקוע בלב הספינה שמניחין עליה מכסה וילו״ן בלע״ז: דשאיל לי כו׳. כלומר אף על גב דעבדי עיסקא גריסנא אנא טפי מיניה: דבי ר׳ חייא ודבי ר׳ אושעיא. דהוו מסדרי מתניתא על פי רבינו הקדוש שהיה רבם: ולא פשיטנא ליה ממתני׳. דאשכחנא משנה כוותיה דההיא ברייתא: תנא ליה. שנה לפניו כלומר בעא מיניה: האומר תנו שקל לבניי. מי שמת והניח ממונו ביד איש נאמן ואמר תנו שקל חצי סלע לבניי להוצאה בשבוע: וראויין לתת להן סלע. שיש לו בנים הרבה ואין מסתפקין לשבת בפחות מסלע: נותנין להן סלע. דאי הוה בדעתיה דלא למיתן להו אלא שקל היה מצוה אל תתנו להן אלא שקל והאי דקאמר תנו להן שקל ולא אמר תנו סלע משום דבעי לזרוזינהו כדאמרן בכתובות (דף ע.) כדי לזרזן במשא ובמתן כדי שיטרחו וילמדו דרך ארץ וירויחו: אם מתו ירשו אחרים תחתיהן. אע״ג דאמר תנו שקל ולא אמר אל תתנו אלא שקל גלי בדעתיה דלא בעי למיתב להו אלא שקל בשבת כי היכי דאי מתו ירשו אחרים תחתיהן: אמר ליה. אילפא: הא מני. דקתני אע״ג דלא ספקי בבציר מסלע לא יהבינן להו אלא שקל (ד) ר״מ היא דאמר במסכת כתובות במתני׳ (דף סט:) מצוה לקיים דברי המת דאי לאו מצוה מן הדין נותנין להן כל הראוי להן שהרי כל הממון שלהן הוא ואין בו לאותן אחרים כלום אלא לאחר מיתתן אם יש מותר יש להן ואם לאו לא יטלו ומתוך שרוצין אנו לקיים דבריו שירשו אחרים תחתיהם אנו מקמצין את הממון כדי שיהא שם מותר: והיה מטתו מונחת כו׳. רגלי המטה מונחין בספלים מלאים מים שלא יעלו אליו נמלים דרך רגלי המטה מפני שהיה גידם ואם היו עולים אינו יכול ליטלם בידיו ולזורקן: דסלקי ליה. כל המאורע לו אפילו רעה: בת בההיא דיורא. לן לילה אחת באותו המלון: לסיפטיה. ארגז שלו: לכולהו. שלוחיהן של ישראל: כחד מינייהו. כאחד משרי קיסר: מעפרא דאברהם הוא. כשנלחם עם המלכים: גילי. קשין: ביתו. לנו במלון: (ה) כפר עמיקו שלשה מתים בשלשה ימים. מת אחד בכל יום:

ביום

תוספות

אמרו ליה לאילפא אי יתיב מר לא הוה מלך מר. פי׳ (ו) כלומר לא היית מולך לראש ישיבה וי״מ בניחותא דמר קאי אר׳ יוחנן כלומר אי יתיב מר לא הוה מליך ר׳ יוחנן:

יצא

עין משפט נר מצוה

טז א מיי׳ פי״ב מהלכות זכיה ומתנה הלכה ו טוש״ע ח״מ סי׳ רנג סעיף יח:

יז ב מיי׳ פ״כ מהלכות אישות הלכה יד סמג עשין מח טוש״ע אה״ע סי׳ נד וטוש״ע ח״מ סי׳ רנב סעיף ב:

יח ג מיי׳ פ״ב מהלכות תענית הלכה ה טוש״ע א״ח סי׳ תקעו סעיף ב:

תורה אור השלם

א) אֶפֶס כִּי לֹא יִהְיֶה בְּךָ אֶבְיוֹן כִּי בָרֵךְ יְבָרֶכְךָ יְיָ בָּאָרֶץ אֲשֶׁר יְיָ אֱלֹהֶיךָ נֹתֵן לְךָ נַחֲלָה לְרִשְׁתָּהּ: [דברים טו, ד]

ב) כִּי לֹא יֶחְדַּל אֶבְיוֹן מִקֶּרֶב הָאָרֶץ עַל כֵּן אָנֹכִי מְצַוְּךָ לֵאמֹר פָּתֹחַ תִּפְתַּח אֶת יָדְךָ לְאָחִיךָ לַעֲנִיֶּךָ וּלְאֶבְיֹנְךָ בְּאַרְצֶךָ: [דברים טו, יא]

ג) מִי הֵעִיר מִמִּזְרָח צֶדֶק יִקְרָאֵהוּ לְרַגְלוֹ יִתֵּן לְפָנָיו גּוֹיִם וּמְלָכִים יַרְדְּ יִתֵּן כֶּעָפָר חַרְבּוֹ כְּקַשׁ נִדָּף קַשְׁתּוֹ: [ישעיה מא, ב]

רבינו חננאל

אילפא ור׳ יוחנן דחיק להו עלמא אמרי ניקום ונעביד עסקא עד דהדר אילפא מלך ר״י. אתא אלפא תלא נפשיה. אמר אי איכא דשאיל לי מתנייתא מדבי ר׳ חייא ודבי ר׳ אושעיא ולא פשטנא ליה ממתני׳. כלומר כל מה שיש במשניות החיצונות עיקר שלהן במשנתנו ואין כל חכם יודעו לפיכך אני גדול מר״י. ולמה זכה לישב בראש ולא זכיתי אני ושאליה ההוא סבא הא דתניא האומר תנו לבניי שקל בשבת וצוה ומת וראויין לתת להן סלע. כי השקל הוא חצי סלע. אם אינו מספיק להן נותן להן סלע. אם אמר בלשון הזה אל תתנו להן אלא שקל אע״פ שאינו מספיק להן אינו נותן להן אלא שקל ואם אמר אם מתו יירשו אחרים תחתיהן כו׳. שמעינן מינה דאין אדם רשאי לשנות מדברי המת. ופשט אילפא הא מתניתא אליבא דר׳ מאיר היא ששנינו במשנתנו בכתובות בפרק מציאת האשה המשליש מעות לבתו והיא אומרת נאמן עלי בעלי יעשה שליש מה שהושלש בידו דברי ר׳ מאיר. ואוקימנא התם טעמא דר׳ מאיר משום דמצוה לקיים דברי המת ואין לשנות מדבריו: אמרו עליו על נחום איש גם זו. שם מקום הוא ראיה על אמתת הדבר בדברי הימים (ב׳ כ״ח) הוא שנקרא לשם שם אחת העיירות גמזו והוא האמת א) ירושלמי א״ר יוסי בר אבין בזכות ג׳ דברים גשמים יורדים. בזכות הארץ. ובזכות החסד ובזכות יסורין וכולן בפסוק אחד נאמרו. אם לשבט אם לארצו אם לחסד. מצאנו שבט אלו יסורין. מפני (ג׳) ד׳ דברים גשמים יורדין מלמעלה מפני טללים הרעים ומפני בעלי זרוע ושיהא שותה העליון כתחתון ושיהו עיני הכל נשואות לשמים. בעון (ג׳) ד׳ דברים גשמים נעצרים בעון ע״ז שנאמר ועבדתם שם אלהים אחרים וכתיב בתריה ועצר את השמים. בעון ג״ע שנאמר ותחניפי ארץ בזנותייכי וכתיב וימנעו רביבים וגו׳. בעון ש״ד שנאמר כי הדם הוא יחניף את הארץ. פי׳ יחן אף על הארץ. (וכתיב וחרה אף ה׳ בכם ועצר את השמים) ב) בעון פוסקי צדקה ברבים ואינן נותנים דכתיב נשיאים ורוח וגשם אין איש מתהלל במתת שקר. [חמשה] שמות נקרא אד [עב] ענן חזיז ונשיא א״ר חנינא מה יעשו גדולי הדור. ואין הצבור נידון אלא אחר רובו. שכן מצינו שכל ל״ח שנים שהיו ישראל כמנודים לשמים לא היה הדבור עם משה. שנאמר ויהי כאשר תמו כל אנשי המלחמה וגו׳ וכתיב וידבר ה׳ אלי לאמר. ר׳ אליעזר עבד תענית ולא נחית מטרא עבד ר׳ עקיבא תלמידי׳ ונחית מטרא. עאל ר״ע ואמר מלה״ד למלך שהיו לו ב׳ בנות אחת חצופה וכיון שהיתה נכנסת אצלו בבקשה הוא אומר תנו לה בקשתה ותצא ואחרת היתה צנועה. וכשהיתה נכנסת אצלו היה מאריך רוחו עמה כדי שישמע שיחתה שהיה מתאוה לשמוע שיחתה. עשה כן ר״ע בשביל ר׳ אליעזר רבו כדי שלא יאמרו כי אינו הגון ונמצא חלול שמים. (בירושלמי פ״ב ה״ה) כתיב ויקבצו המצפתה וישאבו מים וישפכו לפני ה׳ וכי מים שפכו אלא לבם שפכו כמים. ויאמרו שם חטאנו לה׳ לבש שמואל חלוקו של ישראל אמר לפניו רבש״ע כלום אתה דן את האדם ג) על אמרך לא חטאתי. ואלו אומרים לפניך חטאנו: מתני׳ איזו היא דבר. עיר המוציאה ת״ק רגלי עיר גדולה המוציאה אלף ת״ק רגלי יוצאי צבא כגון כפר עכו. ויצאו הימנה ט׳ מתים בג׳ ימים (בג׳ ימים אנשים ממש) [זא״ז] הרי דבר

חשק שלמה על רבינו חננאל א) עי׳ בערוך השלם ערך גם זו. ב) בירושלמי לפנינו ליתא זה אך רבינו היה גורס כן בירושלמי ומביא ראיה מהך קרא דהך אף דאידך קרא היינו שיהיה עצירת גשמים. ג) אלא על שהוא אומר לפניך לא חטאתי הנני נשפט אותך על אמרך לא חטאתי (ירמיה ב׳).

מסורת הש״ס

א) [שבת י. לג: ביצה טו:], ב) [כתובות סט:], ג) [עי׳ רש״י גיטין לב: ד״ה דתלי פי׳ נשען וכן בפסחים סח: פרש״י ד״ה ותלי נשען ובפרש״י חגיגה טו: תלי נשען], ד) ב״ב קכט. כתובות סט: [תוספתא כתובות פ״ו], ה) [נ״ל אם מתו], ו) סנהדרין קח: ע״ש, ז) עי׳ ברכות ס:, ח) [ברי״ף וברא״ש גרס ברישא עיר המוציאה ת״ק וכו׳ וסיפא אלף ות״ק וכו׳].

הגהות הב״ח

(א) גמ׳ אזלו אותיבו תותי גודא וכו׳ אי יתיב מר וגרים: (ב) שם ת״ר עיר גדולה המוציאה חמש מאות כו׳ ועיר קטנה המוציאה כו׳: (ג) רש״י ד״ה אי יתיב מר וגרים: (ד) ד״ה הא מני כו׳ אלא שקל הס״ד ומה״ד ר״מ היא וכו׳ שיהא שם מותר הס״ד ומה״ד ורגלי מטתו מונחין כו׳: (ה) ד״ה ביתו לנו במלון הס״ד ואח״כ מה״ד כגון כפר עמיקו ויצאו ממנה שלשה מתים: (ו) תוס׳ ד״ה אמרו כו׳. פי׳ בתמיה כלומר וכי לא היית:

רבינו גרשום

באסקריא דספינתא. מַשְׁט: נותנין להם סלע דאזלינן בתר אומדין דעתי׳ דלהכי אמר שקל אם אפשר להם לצמצם אבל אם אי אפשר להם נותנין להם סלע א) כיון שאמר תנו אין נותנים להם אלא שקל דאזלינן בתר אומדין דעתיה דכיון דבעי דלירשו אחרים ודאי הוה ליה צר עין על בניו א״ל הא מני ר״מ דמתניתין: מונחת על ארבעה ספלים שלא יעלו עליו הרחש: ביום אחד

חשק שלמה על רבינו גרשום א) נ״ל ואם אמר אם מתו ירשו אחרים תחתיהם בין שאמר תנו ובין שאמר אל תתנו אין נותנין להם וכו׳.

ליקוטי רש״י

מחוזא. עירו של רבא [פסחים ה:]. אילפא. שם חכם [כתובות סט:]. אפס כי לא יהיה בך אביון. הזהר בעצמך שלא תבא לידי עניות. כלומר אפס ודל וכלה עניות ממך אפס לשון חדלה וכליה כמו (בראשית מז) כי אפס כסף [סנהדרין סד:]. אביון. דל מעני ולשון אביון שהוא תאב לכל דבר [דברים טו, ד]. גודא. כותל [ברכות נא.]. תלא. נשען [פסחים סח: חגיגה טו: גיטין לב:]. תלא נפשיה באסקריא. בכלונסות ארזים שתולים בה וילון הספינה [כתובות סט:]. באסקריא. דהיינו תורן וקרוי פוס״ט בלע״ז [נזיר נה.]. אי איכא דשאיל לי במתניתא וכו׳. כלומר אע״פ שהלכתי בסחורה לא שכחתי תלמודי ויש בידי לתקן כל הברייתות שסידרו רבי חייא ורבי אושעיא [בתוספתא שלהן אמינא להן סמך במשנתנו של הש״ס שסדר רבי ולהכי נקט רבי חייא ורבי אושעיא] לפי שהן עיקר כדאמרי׳ בעלמא כל מתניתא דלא מיתניא בי ר׳ חייא ור׳ אושעיא לא תותבו מינה בבי מדרשא. תנא ליה. שנה לפניו ברייתא זו ושאלו למצוא לה סמך במשנה שסדר רבי [כתובות שם]. האומר תנו שקל כו׳. כגון שכיב מרע אי נמי בריא וכגון שהלך למדינת הים וצוה ליתן להם כשיעור הזה עד שיכלה הממון כולו. שקל. שבגמרא היינו חצי סלע שהוא שני דינרין [רשב״ם ב״ב קכט.]. ואין ראוין. שאין נזונין בפחות. נותנים להם סלע. דאי הוה ידע שיתייקרו המזונות ויצטרכו לסלע לא הוה אמר [כתובות סט:]. דלא אמר שקל אלא כדי לזונן בצמצום שלא יתנו יותר מכדי צרכן [רשב״ם שם]. אל תתנו. הרי מיחה בידם ולא עשאן יורשים אלא בענין זה [כתובות שם]. היינו קפידא אין נותנין להם אלא שקל בשילהי מציאת האשה במס׳ כתובות מוקמינן לה כר״מ דאמר מצוה לקיים דברי המת ומיהו אמרי׳ התם אמר רב חסדא אמר מר עוקבא הלכתא בין שאמר תנו בין שאמר אל תתנו נותנין להן כל צרכן ומקשינן והא קי״ל כר״מ דאמר מצוה לקיים דברי המת ומשנינן הני מילי אחרנייתא אבל בהא מינח ניחא ליה ומאי דאמר לזרוזינהו הוא דעבד [רשב״ם שם]. [אם] מתו. בלא בנים [כתובות שם]. ירשו אחרים. פלוני ופלוני ולא בני בניי גלי אדעתיה דניחא ליה בצמצום טפי כי היכי דלישתיור מהנהו נכסי להנהו אחרים ודוקא קאמר שקל [רשב״ם שם:]. אין נותנין להם אלא שקל. שאין לנו להפסיד את הבאים אחריהם והואיל ועשה את האחרים יורשים אחריהם ודאי דווקא שקל קאמר כדי שתפול ירושה אחריהם לאותן אחרים. הא מני. היכא דאמר להו אל תתנו להם אלא שקל אין נותנין להם אלא שקל ואע״ג דסוף סוף כולהו נכסי דידהו ניהו לא יהבינן להו בקוטנן אלא שקל בשבת והמותר יזונו מן הצדקה וליכא לאקשויי עלה הא דאמר בפ׳ נערה לא כל כמיניה שיעשיר את בניו ויפיל עצמו על הצבור דהתם הוא דאמר אל תקברוהו מנכסיו ונכסי דידיה ניהו הלכך לא צייתינן ליה לקוברו מן הצדקה כדי להעשיר את בניו אבל הכא נכסי לאו דיתמי ניהו כי אם לפי צוואתו [כתובות שם]. גידם. ידו קטועה [סנהדרין עא.]. דהוה סלקא ליה. כל דבר המאורע ליה [סנהדרין קח:]. מאן ייזיל. ביד מי נשלח. ושקלינהו לסיפטיה. התירו הארגזים והמרצופין ופתחום ונטלו כל מה שבתוכו. קא מחייכו. מלחקי [שם קט.]. גירי. חצים [ר״ה כד.].

אָזַל – **He went,** בָּת בְּהַהוּא דִּירָה – and on his journey **he spent a night in a certain residence.** בְּלֵילְיָא קָמוּ הַנָּךְ דְּיוֹרָאֵי – **During the night, the residents arose,** וְשַׁקְלִינְהוּ לְסִיפְטֵיהּ – **took his chest,** emptied the gems, וּמְלוּנְהוּ עַפְרָא – **and filled it with dirt.** (למחר כי חזנהו אמר גם זו לטובה – **The next day, when he saw [the dirt,] he said, "This, too, is for the best.")**[21] כִּי מָטָא הָתָם – **When he arrived there** at the palace, [שְׁרִינְהוּ לְסִיפְטָא – **they untied the chest** חֲזַנְהוּ דְּמָלוּ עַפְרָא – and **saw that it was full of dirt.]** בְּעָא מַלְכָּא לְמִקְטְלִינְהוּ לְכוּלְהוּ – **The emperor,** enraged, **wanted to kill them all,**[22] אָמַר קָא מְחַיְּיכוּ בִּי יְהוּדָאֵי – **declaring, "The Jews are mocking me"** by sending me such an insulting gift! [אָמַר גַּם זוּ לְטוֹבָה – **He** [Nachum] **said, "This, too, is for the best!"]** אָתָא אֵלִיָּהוּ – **Elijah** the Prophet then **came,** אִדְמֵי לֵיהּ כְּחַד מִינַּיְיהוּ – and **appeared to him** [Caesar] **as one of them,** i.e. disguised as a Roman official. אָמַר לֵיהּ – **[Elijah] said to [Caesar]:** דִּלְמָא הָא עַפְרָא מֵעַפְרָא דְּאַבְרָהָם אֲבוּהוֹן הוּא – **"Perhaps this dirt is from the dirt of their father Abraham,"** which he used during his war against the four kings.[23] דְּכִי הֲוָה שָׁדֵי עַפְרָא – **"For when [Abraham] would throw dirt** at an enemy, הֲווּ סַיְיפֵיהּ – **it turned into swords,** גִּילֵי – and when he threw **straw,** הֲווּ גִּירֵי – **it turned into arrows;** דִּכְתִיב: ,,יִתֵּן כֶּעָפָר חַרְבּוֹ כְּקַשׁ נִדָּף קַשְׁתּוֹ'' – **as it is written:**[24] ***He made his sword like the dirt, his bow like wind-blown straw."*** הַוְיָא חֲדָא מְדִינְתָּא דְּלָא מָצוּ לְמִיכְבְּשָׁהּ – **There was one city they** [the Romans] **had not been able to conquer.** בָּדְקוּ מִינֵּיהּ וּכְבָשׁוּהָ – **They tested some of [the dirt]** against that city, **and they conquered it.** עַיִּילוּ לְבֵי גְנָזֵיהּ – After their victory, **they went into [the emperor's] treasure vault,** וּמְלוּהוּ לְסִיפְטֵיהּ אֲבָנִים טוֹבוֹת וּמַרְגָּלִיּוֹת – **and filled [Nachum's] chest with precious stones and pearls** in gratitude for his wonderful gift, וְשַׁדְרוּהוּ בִּיקָרָא רַבָּה – **and sent him off with great honor.**

כִּי אָתוּ בֵּיתוּ בְּהַהוּא דְּיוֹרָא – **When they** [Nachum and his party] **were coming** home, **they** again **spent a night at that same residence.** אָמְרוּ לֵיהּ – **They** [the residents of that place] **said to [Nachum]:** מַאי אַיְיתִית בַּהֲדָךְ – **"What did you bring with you** to the Caesar דְּעָבְדֵי לָךְ יְקָרָא כּוּלֵּי הַאי – **that they accorded you such great honor?"** אָמַר לְהוּ – **[Nachum] said to them:** מַאי דְּשַׁקְלִי מֵהָכָא אַמְטִי לְהָתָם – **"Whatever I took from here, I brought there,"** to the palace. סָתְרוּ לְדִירַיְיהוּ – **They** immediately **demolished their residence,** וְאַמְטִינְהוּ לְבֵי מַלְכָּא – **and brought it**[25] [the rubble] **to the royal palace.** אָמְרוּ לֵיהּ – **They said to [the Caesar]:** הַאי עַפְרָא דְּאַיְיתִי הָכָא מִדִּידַן הוּא – **The dirt that he** [Nachum] **brought here,** which proved so miraculous, **was** from **our** residence. בָּדְקוּהַ וְלֹא אַשְׁכַּחוּהַ – **They tested it** in battle **and did not find it** to possess any miraculous properties, וְקָטְלִינְהוּ לְהָנָךְ דְּיוֹרָאֵי – **and they executed those residents** for attempting to defraud them.

Our Mishnah said:

אֵי זוּ הִיא דֶּבֶר עִיר הַמּוֹצִיאָה חֲמֵשׁ מֵאוֹת רַגְלִי כו׳ – WHAT IS considered A PESTILENCE? A CITY THAT CAN MUSTER FIVE HUNDRED men ON FOOT ETC. תָּנוּ רַבָּנָן – **The Rabbis taught in a Baraisa:** עִיר הַמּוֹצִיאָה חֲמֵשׁ מֵאוֹת וְאֶלֶף רַגְלִי – A CITY THAT CAN MUSTER FIFTEEN HUNDRED men ON FOOT,[26] כְּגוֹן כְּפַר עַכּוֹ – SUCH AS KFAR ACCO, וְיָצְאוּ הֵימֶנָּה תִּשְׁעָה מֵתִים בִּשְׁלֹשָׁה יָמִים זֶה אַחַר זֶה – AND NINE MEN DIED IN IT[27] OVER the course of THREE CONSECUTIVE DAYS, הֲרֵי זֶה דֶּבֶר – IT IS considered A PESTILENCE; בְּיוֹם אֶחָד – but if these nine deaths occurred IN ONE DAY,[28] אוֹ בְּד׳ יָמִים – OR OVER FOUR DAYS, אֵין זֶה דֶּבֶר – IT IS NOT considered A PESTILENCE.[29] וְעִיר הַמּוֹצִיאָה חָמֵשׁ מֵאוֹת רַגְלִי – A CITY THAT CAN MUSTER FIVE HUNDRED men ON FOOT, כְּגוֹן כְּפַר עָמִיקוֹ – SUCH AS KFAR AMIKO, וְיָצְאוּ מִמֶּנָּה שְׁלֹשָׁה מֵתִים בְּג׳ יָמִים זֶה אַחַר זֶה – AND THREE MEN DIED IN IT OVER the course of THREE CONSECUTIVE DAYS,[30] הֲרֵי זֶה דֶּבֶר – IT IS considered A PESTILENCE.

NOTES

21. The words enclosed by the parentheses are deleted by many from this part of the story and inserted below (where they appear in square brackets). Were they to be included, it would mean that Nachum became aware of the substitution the next morning and yet proceeded to the emperor's palace with a chest full of dirt. This seems highly unlikely. The parallel text in *Sanhedrin* (108b) does not have these words and gives no indication that Nachum became aware of the substitution before presenting the gift (*Gevuras Ari;* see also *Etz Yosef* and *Dikdukei Soferim*).

22. The entire Jewish people (*Rashi*).

23. *Genesis* ch. 14.

24. *Isaiah* 41:2.

25. [That is, they dug up the dirt that had been under the house and brought it to the palace.] *Ben Yehoyada* suggests that the dirt which they had used to fill Nachum's chest had come from a mound of rubble from a ruined part of their house. They therefore suspected that only dirt that had been a part of the house possessed these wondrous qualities. Consequently, they demolished their house to obtain the earth that had been used in building the house. This thought entered their mind, because it was the Divine will that not only would they be destroyed but their house as well.

26. This expression refers to adult males and excludes from the count women, children, and the elderly (see 19a note 6).

27. Literally: nine dead came out of it, i.e. three deaths on each of three consecutive days (*Rabbeinu Gershom*).

28. In such a case we interpret this as a passing occurrence [rather than as the sign of a spreading plague that could adversely affect many people] (*Rashi*).

29. The Mishnah taught that a series of deaths is not classified a pestilence requiring a public fast unless at least three people died out of a population of five hundred adult men. From this Baraisa we learn that this ratio holds true for larger populations as well. In order to be classified a plague requiring a public fast, there must have occurred at least three deaths per five hundred men (*Ran*).

30. That is, one per day (*Rashi*).

משום דנפישי בני חילא דמחוזא אילפא ור' יוחנן הוו גרסי באורייתא דחיקא להו מילתא טובא אמרי ניקום וניזיל וניעבד עיסקא ונקיים בנפשין (א) אפס כי לא יהיה בך אביון אזלו (א) אותבי תותי גודא רעיעא הוו קא כרכי ריפתא אתו תרי מלאכי השרת שמעיה רבי יוחנן דאמר חד לחבריה נישדי עלייהו האי גודא ונקטלינהו (א) שמניחין חיי עולם הבא ועוסקין בחיי שעה אמר ליה אידך שבקינהו דאיכא בהו חד דקיימא ליה שעתא רבי יוחנן שמע אילפא לא שמע אמר ליה ר' יוחנן לאילפא שמע מר מידי אמר ליה לא אמר מדשמעי אנא ואילפא לא שמע ש"מ לדידי קיימא לי שעתא אמר ליה רבי יוחנן איהדר ואוקי בנפשאי (ב) כי לא יחדל אביון מקרב הארץ ר' יוחנן הדר אילפא לא הדר עד דאתא אילפא מליך רבי יוחנן אמרו לו אי אתיב מר וגרים לא הוה מליך מר (ג) אזל (ג) תלא נפשיה באסקריא דספינתא אמר אי איכא דשאיל לי במתניתא דר' חייא ורבי אושעיא ולא פשטינא ליה ממתני' נפילנא מאסקריא דספינתא וטבענא אתא ההוא סבא תנא ליה (ד) האומר תנו שקל לבניי בשבת והן ראויין לתת להם סלע נותנין להם סלע ואם אמר אל תתנו להם אלא שקל אין נותנין להם אלא שקל (א) אם אמר (ה) מתו ירשו אחרים תחתיהם בין שאמר תנו בין שאמר אל תתנו אין נותנין להם אלא שקל א"ל הא מני ר"מ היא דאמר (ב) מצוה לקיים דברי המת אמרו עליו על נחום איש גם זו שהיה סומא משתי עיניו גידם משתי ידיו קיטע משתי רגליו וכל גופו מלא שחין והיה מוטל בבית רעוע ורגלי מטתו מונחין בספלין של מים כדי שלא יעלו עליו נמלים פעם אחת [היתה מטתו מונחת בבית רעוע] בקשו תלמידיו לפנות מטתו ואח"כ לפנות את הכלים אמר להם בניי פנו את הכלים ואח"כ פנו את מטתי שמובטח לכם כל זמן שאני בבית אין הבית נופל פינו את הכלים ואחר כך פינו את מטתו ונפל הבית אמרו לו תלמידיו רבי וכי מאחר שצדיק גמור אתה למה עלתה לך כך אמר להם בניי אני גרמתי לעצמי שפעם אחת הייתי מהלך בדרך לבית חמי והיה עמי משוי ג' חמורים אחד של מאכל ואחד של משתה ואחד של מיני מגדים בא עני אחד ועמד לי בדרך ואמר לי רבי פרנסני אמרתי לו המתן עד שאפרוק מן החמור לא הספקתי לפרוק מן החמור עד שיצתה נשמתו הלכתי ונפלתי על פניו ואמרתי עיני שלא חסו על עיניך יסומו ידיי שלא חסו על ידיך יתגדמו רגליי שלא חסו על רגליך יתקטעו ולא נתקררה דעתי עד שאמרתי כל גופי יהא מלא שחין אמרו לו אוי לנו שראינוך בכך אמר להם אוי לי אם לא ראיתוני בכך (ו) ואמאי קרו ליה נחום איש גם זו דכל מילתא דהוה סלקא ליה אמר גם זו לטובה (ז) זימנא חדא בעו לשדורי ישראל דורון לבי קיסר אמרו מאן ייזיל נחום איש גם זו דמלומד בניסין הוא שדרו בידיה מלא סיפטא דאבנים טובות ומרגליות אזל בת בההוא דירה בליליא קמו הנך דיוראי ושקלינהו לסיפטיה ומלונהו עפרא (למחר כי חזנהו אמר גם זו לטובה) כי מטא התם [שרינהו לסיפטא חזנהו דמלו עפרא] בעא מלכא למקטלינהו לכולהו אמר קא מחייכו בי יהודאי [אמר גם זו לטובה] אתא אליהו אדמי ליה כחד מינייהו א"ל דלמא הא עפרא מעפרא דאברהם אבוהון הוא דכי הוה שדי עפרא הוו סייפיה גילי הוו גירי דכתיב (ג) יתן כעפר חרבו כקש נדף קשתו הויא חדא מדינתא דלא מצו למיכבשה בדקו מיניה וכבשוה עיילו לבי גנזיה ומלוהו לסיפטיה אבנים טובות ומרגליות ושדרוהו ביקרא רבה כי אתו ביתו בההוא דיורא אמרו ליה מאי אייתית בהדך דעבדי לך יקרא כולי האי אמר להו מאי דשקלי מהכא אמטי להתם סתרו לדירייהו ואמטינהו לבי מלכא אמרו ליה האי עפרא דאייתי הכא מדידן הוא בדקוה ולא אשכחוה וקטלינהו להנך דיוראי:

אי זו היא דבר עיר המוציאה חמש מאות רגלי כו': ת"ר (ג) עיר (ב) המוציאה חמש מאות ואלף רגלי כגון כפר עכו ויצאו הימנה תשעה מתים בשלשה ימים זה אחר זה הרי זה דבר ביום אחד או בד' ימים אין זה דבר (ח) ועיר המוציאה חמש מאות רגלי כגון כפר עמיקו ויצאו ממנה שלשה מתים בג' ימים זה אחר זה הרי זה דבר

ביום

רש"י

משום דנפישי בני מחוזא. דאיכא עניי טפי וקא מיכלי קרנא: דחיקא להו. עניות: כי לא יהיה בך אביון. בך בעצמך: חיי העולם הבא. תורה: חיי שעה. עולם הזה זה סחורה: קיימא ליה שעתא. עתיד להתגדל ואין זמנו למות: שמע מינה. מדאנא שמעתיה איהדר איזיל לתורתי: עד דאתא אילפא. ממקום שהלך שם לסחורה: מלך רבי יוחנן. מינוהו ראש ישיבה עליהן מנהג הוא מי שהוא ראש ישיבה היו מגדלין אותו משלהן ומעשירין אותו כדאמרינן לגבי כהן גדול בסיפרא וביומא (דף יח.) והכהן הגדול מאחיו גדלוהו משל אחיו: אמרו לו. אנשי המקום לאילפא: אי (ג) אתיב מר וגרים. אם היית יושב ועוסק בתורה היינו ממליכין אותך כמו שעשינו לרבי יוחנן דאילפא הוי גמיר טפי מר' יוחנן: תלא נפשיה באסקריא. כלונס עץ ארוך תקוע בלב הספינה שמניחין עליה מכסה וילו"ן בלע"ז: דשאיל לי כו'. כלומר אף על גב דעבדי עיסקא גריסנא אנא טפי מיניה: דבי ר' חייא ודבי ר' אושעיא. דהוו מסדרי מתניתא על פי רבינו הקדוש שהיה רבם: ולא פשיטנא ליה ממתני'. דאשכחנא משנה כוותיה דההיא ברייתא: תנא ליה. שנה לפניו כלומר בעא מיניה: האומר תנו שקל לבניי. מי שמת והניח ממונו ביד איש נאמן ואמר תנו שקל חצי סלע לבניי להוצאה בשבוע: וראויין לתת להן סלע. שיש לו בנים הרבה ואין מספקין לשבת בפחות מסלע: נותנין להן סלע. דאי הוה בדעתיה דלא למיתן להו אלא שקל היה מצוה אל תתנו להן אלא שקל והאי דקאמר תנו להן שקל ולא אמר תנו סלע משום דבעי לזרוזינהו כדאמרן בכתובות (דף ע.) כדי לזרזן במשא ובמתן כדי שיטרחו וילמדו דרך ארץ וירויחו: אם מתו ירשו אחרים תחתיהן. אע"ג דאמר תנו שקל ולא אמר אל תתנו אלא שקל גלי בדעתיה דלא בעי למיתב להו אלא שקל בשבת כי היכי דלאי מתו ירשו אחרים תחתיהן: אמר ליה. אילפא: הא מני. דקתני אע"ג דלא ספקי בבציר מסלע לא יהבינן להו אלא שקל (ד) ר"מ היא דאמר במסכת כתובות במתני' (דף סט:) מצוה לקיים דברי המת דאי לאו מצוה מן הדין נותנין להן כל הראוי להן שהרי כל הממון שלהן הוא ואין בו לאותן אחרים כלום אלא לאחר מיתתן אם יש מותר יש להן ואם לאו לא יטלו ומתוך שרוצין אנו לקיים דבריו שירשו אחרים תחתיהם אנו מקמצין את הממון כדי שיהא שם מותר: והיה מטתו מונחת כו'. רגלי המטה מונחין בספלים מלאים מים שלא יעלו אליו נמלים דרך רגלי המטה מפני שהיה גידם ואם היו עולים אינו יכול ליטלם בידיו ולזורקן: דסלקי ליה. כל המאורע לו אפילו רעה: בת בההיא דיורא. לן לילה אחת באותו המלון: לסיפטיה. ארגז שלו: לכולהו. שונאיהן של ישראל: כחד מינייהו. כאחד משרי קיסר: מעפרא דאברהם הוא. כשנלחם עם המלכים: גילי. קשין: ביתו. לנו במלון: (ה) כפר עמיקו שלשה מתים בשלשה ימים. מת אחד בכל יום:

ביום

תוספות

אמרו ליה לאילפא אי יתיב מר לא הוה מלך מר. פי' (ו) כלומר לא היית מולך לראש ישיבה וי"מ בניחותא דמר קאי אר' יוחנן כלומר אי יתיב מר לא הוה מליך ר' יוחנן:

יבא

מסורת הש"ס

א) [שבת י. לג: ביצה טו:], ב) [כתובות סט:], ג) [עי' רש"י גיטין לב: ד"ה דתלי פי' נשען וכן בפסחים קח: פרש"י ד"ה ותלי נשען ובפרש"י חגיגה טו: תלי נשען], ד) ב"ב קכט. כתובות סט: [תוספתא כתובות פ"ו], ה) [נ"ל אם מתו], ו) סנהדרין קח: ע"ש, ז) עי' ברכות ס:, ח) [ברי"ף וברא"ש גרס ברישא עיר המוציאה ת"ק וכו' ובסיפא אלף ות"ק וכו'].

הגהות הב"ח

(א) גמ' אזלו אותיבו תותי גודא וכו' אי יתיב מר וגרים: (ב) שם ת"ר עיר גדולה המוציאה חמש מאות כו' ועיר קטנה המוציאה כו': (ג) רש"י ד"ה אי יתיב מר וגרים: (ד) ד"ה הא מני כו' אלא שקל הס"ד ומה"ד ר"מ היא וכו' שיהא שם מותר הס"ד ומה"ד ורגלי מטתו מונחין כו': (ה) ד"ה ביתו לנו במלון הס"ד ואח"כ מה"ד כגון כפר עמיקו ויצאו ממנה שלשה מתים: (ו) תוס' ד"ה אמרו כו'. פי' בתמיה כלומר וכי לא היית:

רבינו גרשום

באסקריא דספינתא. משט: נותנין להם סלע דאזלינן בתר אומדין דעתי' דלהכי אמר שקל אם אפשר להם לצמצם אבל אם אי אפשר להם נותנין להם סלע א) כיון שאמר תנו אין נותנים להם אלא שקל דאזלינן בתר אומדין דעתיה דכיון דבעי דלירשו אחרים ודאי הוה ליה צר עין על בניו א"ל הא מני ר"מ דמתניתין: מונחת על ארבעה ספלים שלא יעלו עליו הרחש: ביום אחד

חשק שלמה על רבינו גרשום

א) נ"ל ואם אמר אם מתו ירשו אחרים תחתיהם בין שאמר תנו ובין שאמר אל תתנו אין נותנין להם וכו'.

ליקוטי רש"י

מחוזא. עירו של רבא [פסחים ה:]. אילפא. שם חכם [כתובות סט:]. אפס כי לא יהיה בך אביון. הזהר בעצמך שלא תבא לידי עניות. כלומר אפס ודל וכלה עניות ממך אפס לשון חדלה וכליה כמו (בראשית מז) כי אפס כסף [סנהדרין סד:]. אביון. דל מעני ולשון אביון שהוא תאב לכל דבר [דברים טו, ד]. גודא. כותל [ברכות נא.]. תלא. נשען [פסחים סח: חגיגה טו: גיטין לב:]. תלא נפשיה באסקריא. בכלונסות ארזים שתולים בה וילון הספינה [כתובות סט:]. באסקריא. דהיינו תורן וקרוי פוש"ט בלע"ז [נזיר נה.]. אי איכא דשאיל לי במתניתא וכו'. כלומר אע"פ שהלכתי בסחורה לא שכחתי תלמודי ויש בידי לתקן כל הברייתות שסידרו רבי חייא ורבי אושעיא [בתוספתא שלהן אמינא להן סמך במשנתנו של הש"ס שסדר רבי ולהכי נקט רבי חייא ורבי אושעיא] לפי שהן עיקר כדאמרי' בעלמא כל מתניתא דלא מיתניא בי ר' חייא ור' אושעיא לא תותבו מינה בבי מדרשא. תנא ליה. שנה לפניו ברייתא זו ושאלו למצוא לה סמך במשנה שסדר רבי [כתובות שם]. האומר תנו שקל כו'. כגון שכיב מרע אי נמי בריא וכגון שהלך למדינת הים וצוה ליתן להם כשיעור הזה עד שיכלה הממון כולו. שקל. שבגמרא היינו חצי סלע שהוא שני דינרין [רשב"ם ב"ב קכט.]. ואין ראוין. שאין נזונין בפחות. נותנים להם סלע. דאי הוה ידע שיתייקרו המזונות ויצטרכו לסלע לא הוה אמר [כתובות סט:]. דלא אמר שקל אלא כדי לזונן בצמצום שלא יתנו יותר מכדי צרכן [רשב"ם שם]. אל תתנו. הרי מיחה בידם ולא עשאן יורשים אלא בענין זה [כתובות שם]. היינו קפידא אין נותנין להם אלא שקל בשילהי מציאת האשה במס' כתובות מוקמינן לה כר"מ דאמר מצוה לקיים דברי המת ומיהו אמרי' התם אמר רב חסדא אמר מר עוקבא הלכתא בין שאמר תנו בין שאמר אל תתנו נותנין להן כל צרכן ומקשינן והא קי"ל כר"מ דאמר מצוה לקיים דברי המת ומשנינן הני מילי אחרנייתא אבל בהא מינח ניחא ליה ומאי דאמר לזרוזינהו הוא דעבד [רשב"ם שם]. [אם] מתו. בלא בנים [כתובות שם]. ירשו אחרים. פלוני ופלוני ולא בני בניי גלי אדעתיה דניחא ליה בצמצום טפי כי היכי דלישתיור מהנהו נכסי להנהו אחרים ודוקא קאמר שקל [רשב"ם שם:]. אין נותנין להם אלא שקל. שאין לנו להפסיד את הבאים אחריהם והואיל ועשה את האחרים יורשים אחריהם ודאי דווקא שקל קאמר כדי שתפול ירושה אחריהם לאותן אחרים. הא מני. היכא דאמר להו אל תתנו להם אלא שקל אין נותנין להם אלא שקל ואע"ג דסוף סוף כולהו נכסי דידהו ניניהו לא יהבינן להו בקוטנן אלא שקל בשבת והמותר יזונו מן הצדקה וליכא לאקשויי עלה הא דאמר בפ' נערה לא כל כמיניה שיעשיר את בניו ויפיל עצמו על הצבור דהתם הוא דאמר אל תקברוהו מנכסיו ונכסי דידיה ניניהו הלכך לא ייתינן ליה לקוברו מן הצדקה כדי להעשיר את בניו אבל הכא נכסי לאו דיתמי ניניהו כי אם לפי גוותו [כתובות שם]. גידם. ידו קטועה [סנהדרין עא.]. דהוה סלקא ליה. כל דבר המאורע ליה [סנהדרין קח:]. מאן ייזיל. ביד מי נשלח. ושקלינהו לסיפטיה. המירו הארגזים והמרגלופין ופתחום ונטלו כל מה שבתוכו. קא מחייכו. מלחקי [שם קט.]. גירי. חיצים [ר"ה כד.].

עין משפט נר מצוה

טז א מיי' פי"ב מהלכות זכיה ומתנה הלכה ו טוש"ע ח"מ סי' רנג סעיף יז:

יז ב מיי' פ"כ מהלכות אישות הלכה יד סמג עשין מח טוש"ע אה"ע סי' נד וטוש"ע ח"מ סי' רנג סעיף כ:

יח ג מיי' פ"ב מהלכות תענית הלכה ה טוש"ע א"ח סי' תקעו סעיף כ:

תורה אור השלם

א) אֶפֶס כִּי לֹא יִהְיֶה בְּךָ אֶבְיוֹן כִּי בָרֵךְ יְבָרֶכְךָ יְיָ בָּאָרֶץ אֲשֶׁר יְיָ אֱלֹהֶיךָ נֹתֵן לְךָ נַחֲלָה לְרִשְׁתָּהּ: [דברים טו, ד]

ב) כִּי לֹא יֶחְדַּל אֶבְיוֹן מִקֶּרֶב הָאָרֶץ עַל כֵּן אָנֹכִי מְצַוְּךָ לֵאמֹר פָּתֹחַ תִּפְתַּח אֶת יָדְךָ לְאָחִיךָ לַעֲנִיֶּךָ וּלְאֶבְיֹנְךָ בְּאַרְצֶךָ: [דברים טו, יא]

ג) מִי הֵעִיר מִמִּזְרָח צֶדֶק יִקְרָאֵהוּ לְרַגְלוֹ יִתֵּן לְפָנָיו גּוֹיִם וּמְלָכִים יַרְדְּ יִתֵּן כֶּעָפָר חַרְבּוֹ כְּקַשׁ נִדָּף קַשְׁתּוֹ: [ישעיה מא, ב]

רבינו חננאל

אילפא ור' יוחנן דחיק להו עלמא אמרי ניקום ונעביד עסקא עד דהדר אילפא מלך ר"י. אתא אילפא תלא נפשיה. אמר אי איכא דשאיל לי מתנייתא מדבי ר' חייא ודבי ר' אושעיא ולא פשטנא ליה ממתני'. כלומר כל מה שיש במשניות החיצונות עיקר שלהן במשנתנו ואין כל חכם יודעו לפיכך אני גדול מר"י. ולמה זכה לישב בראש ולא זכיתי אני ושאליה ההוא סבא הא דתניא האומר תנו לבניי שקל בשבת וצוה ומת וראויין לתת להן סלע. כי השקל הוא חצי סלע. אם אינו מספיק להן נותן להן סלע. אם אמר בלשון הזה אל תתנו להן אלא שקל אע"פ שאינו מספיק להן אינו נותן להן אלא שקל ואם אמר אם מתו יירשו אחרים תחתיהן כו'. שמעינן מינה דאין אדם רשאי לשנות מדברי המת. ופשט אילפא הא מתניתא אליבא דר' מאיר היא ששנינו במשנתנו בכתובות בפרק מציאת האשה המשליש מעות לבתו והיא אומרת נאמן עלי בעלי יעשה שליש מה שהושלש בידו דברי ר' מאיר. ואוקימנא התם טעמא דר' מאיר משום דמצוה לקיים דברי המת ואין לשנות מדבריו: אמרו עליו על נחום איש גם זו. שם מקום הוא ראיה על אמתת הדבר בדברי הימים (ב' כ"ח) הוא שנקרא לשם שם אחת העיירות גמזו והוא האמת א) ירושלמי א"ר יוסי בר אבין בזכות ג' דברים גשמים יורדים. בזכות הארץ. ובזכות החסד ובזכות יסורין וכולן בפסוק אחד נאמרו. אם לשבט אם לארצו אם לחסד. מצאנו שבט אלו יסורין. מפני (ג') ד' דברים גשמים יורדין מלמעלה מפני טללים הרעים ומפני בעלי זרוע ושיהא שותה העליון כתחתון ושיהו עיני הכל נשואות לשמים. בעון (ג') ד' דברים גשמים נעצרים בעון ע"ז שנאמר ועבדתם שם אלהים אחרלדים וכתיב בתריה ועצר את השמים. בעון ג"ע שנאמר ותחניפי ארץ בזנותייכי וכתיב וימנעו רביבים וגו'. בעון ש"ד שנאמר כי הדם הוא יחניף את הארץ. פי' יחן אף על הארץ. (וכתיב וחרה אף ה' בכם ועצר את השמים) ב) בעון פוסקי צדקה ברבים ואינן נותנים דכתיב נשיאים ורוח וגשם אין איש מתהלל במתת שקר. [חמשה] שמות נקרא אד [עב] ענן חזיז ונשיא א"ר חנינא מה יעשו גדולי הדור. ואין הצבור נידון אלא אחר רובו. שכן מצינו שכל ל"ח שנים שהיו ישראל כמנודים לשמים לא היה הדבור עם משה. שנאמר ויהי כאשר תמו כל אנשי המלחמה וגו' וכתיב וידבר ה' אלי לאמר. ר' אליעזר עבד תענית ולא נחית מטרא עבד ר' עקיבא תלמידי' ונחית מטרא. עאל ר"ע ואמר מלה"ד למלך שהיו לו ב' בנות אחת חצופה וכיון שהיתה נכנסת אצלו בבקשה הוא אומר תנו לה בקשתה ותצא ואחרת היתה צנועה. וכשהיתה נכנסת אצלו היה מאריך רוחו עמה כדי שישמע שיחתה שהיה מתאוה לשמוע שיחתה. עשה כן ר"ע בשביל ר' אליעזר רבו כדי שלא יאמרו כי אינו הגון ונמצא חלול שמים. (בירושלמי פ"ב ה"ה) כתיב ויקבצו המצפתה וישאבו מים וישפכו לפני ה' וכי מים שפכו אלא לבם שפכו כמים. ויאמרו שם חטאנו לה' לבש שמואל חלוקו של ישראל אמר לפניו רבש"ע כלום אתה דן את האדם ג) על אמרך לא חטאתי. ואלו אומרים לפניך חטאנו: מתני' איזו היא דבר. עיר המוציאה ת"ק רגלי עיר גדולה המוציאה אלף ת"ק רגלי יוצאי צבא כגון כפר עכו. ויצאו הימנה ט' מתים בג' ימים (בג' ימים אנשים ממש) [זא"ז] הרי דבר

חשק שלמה על רבינו חננאל א) עי' בערוך השלם ערך גם זו. ב) בירושלמי לפנינו ליתא זה אך רבינו היה גורס כן בירושלמי ומביא ראיה מהך קרא דהך אף דאידך קרא היינו שיהיה עצירת גשמים. ג) אלא על שהוא אומר לפניך לא חטאתי הנני נשפט אותך על אמרך לא חטאתי (ירמיה ב').

ביום אחד או בארבעה ימים אין זה דבר דרוקרת עיר המוציאה חמש מאות רגלי הוה ויצאו ממנה שלשה מתים ביום אחד גזר רב נחמן בר רב חסדא תעניתא אמר רב נחמן בר יצחק כמאן כר"מ דאמר [א] ריחק נגיחותיו חייב קירב נגיחותיו לא כ"ש א"ל רב נחמן בר רב חסדא לרב נחמן בר יצחק ליקום מר ליתי לגבן א"ל תנינא רבי יוסי אומר לא מקומו של אדם מכבדו אלא אדם מכבד את מקומו שכן מצינו בהר סיני שכל זמן שהשכינה שרויה עליו אמרה תורה [א] גם הצאן והבקר אל ירעו אל מול ההר ההוא נסתלקה שכינה ממנו אמרה תורה [ב] במשוך היובל המה יעלו בהר וכן מצינו באהל מועד שבמדבר שכל זמן שהוא נטוי אמרה תורה [ג] וישלחו מן המחנה כל צרוע [ב] הוגללו הפרוכת הותרו זבין והמצורעים ליכנס שם אמר ליה אי הכי (א) ניקום אנא לגבי מר אמר ליה מוטב יבא מנה בן פרס אצל מנה בן מנה ואל יבא מנה בן מנה אצל מנה בן פרס בסורא הוות דברתא בשיבבותיה דרב לא הוות דברתא סברו מיניה משום זכותיה דרב דנפיש איתחזי להו בחילמא רב דנפישא זכותיה טובא הא מילתא זוטרא ליה לרב אלא משום ההוא גברא דשייל מרא וזבילא לקבורה בדרוקרת הוות דליקתא ובשיבבותיה דרב הונא לא הוות דליקתא סבור מינה בזכותא דרב הונא דנפיש איתחזי להו בחילמא האי זוטרא ליה לרב הונא אלא משום ההיא איתתא דמחממת תנורא (ב) ומשיילי לשיבבותיה אמרו ליה לרב יהודה אתו קמצי גזר תעניתא אמרו ליה לא קא מפסדן אמר להו זוודא אייתו בהדייהו אמרו ליה לרב יהודה איכא מותנא בחזירי גזר תעניתא נימא קסבר רב יהודה מכה משולחת (ג) ממין אחד משולחת מכל המינין לא [א] שאני חזירי דדמיין מעייהו לבני אינשי אמרו ליה לשמואל איכא מותנא בי חוזאי גזר תעניתא א"ל והא מרחק אמר ליכא מעברא הכא דפסיק ליה אמרו ליה לרב נחמן [ב] איכא מותנא בארעא דישראל גזר תעניתא אמר אם גבירה לוקה שפחה לא כל שכן טעמא דגבירה ושפחה הא שפחה ושפחה לא והא אמרו ליה לשמואל איכא מותנא בי חוזאי גזר תעניתא [ג] שאני התם כיון דאיכא שיירתא דלווי ואתיא בהדיה אבא אומנא הוה אתי ליה שלמא ממתיבתא דרקיעא כל יומא ולאביי כל מעלי יומא דשבתא לרבא כל מעלי יומא דכיפורי הוה קא חלשא דעתיה דאביי משום דאבא אומנא אמרו ליה לא מצית למיעבד כעובדיה (ד) ומאי הוו עובדיה דאבא אומנא דכי הוה עביד מילתא הוה מחית גברי לחוד ונשי לחוד ואית ליה לבושא דאית ביה קרנא דהוות בזיעא כי כוסילתא כי הוות אתיא ליה איתתא הוה מלביש לה כי היכי דלא ניסתכל בה ואית ליה דוכתא [ג] דצניעא דשדי ביה פשיטי דשקיל דאית ליה שדי ביה דלית ליה [ד] לא מיכסיף כי הוה אתרמי ליה צורבא מרבנן אגרא מיניה לא שקיל [ה] ובתר דקאי יהיב ליה פשיטי ואמר ליה זיל בריא נפשך יומא חד שדר אביי זוגא דרבנן למיבדקיה אותבינהו ואכלינהו ואשקינהו ומך להו ביסתרקי בליליא לצפרא

יבא מנה בן פרס. כלומר מוטב שיבא גדול בן הדיוט דפרס לא הוה אלא חצי מנה ואל יבא מנה בן מנה דהיינו רב חסדא דהיה מנה כלומר שהיה חשוב ופרס היינו יצחק אבוה דרב נחמן דלא מיקרי רב יצחק: [ט] אמר ליה זוודא אייתי בהדייהו. פירוש וכי צידה הביאו עמהם שיהו אוכלות כלומר אי אפשר שלא יאכלו התבואה והזרעים: אמרו ליה לרב יהודה איכא מותנא בחזירי גזר תעניתא וכו' עד שאני חזירי דדמו מעייהו לבני אינשי. פירוש שבני מעיו של חזיר דומין למעים של בני אדם ויש לחוש שיהא (ט) על בני אדם מכאן נראה שאם יהיה דבר על עובדי כוכבים שיש לחוש ויש להתענות דהא הכא חזינן דגזר תעניתא (י) מדבר שהיה בחזירין משום דדמו מעייהו לבני אדם וכל שכן דנכרים דדמו לישראל: גבירה לוקה. פי' זו ארץ ישראל:

טרפה

ביום אחד אין זה דבר. דאקראי בעלמא הוא: ה"ג עיר גדולה המוציאה אלף וחמש מאות רגלי יצאו הימנה תשעה מתים וכו'. אלף וחמש מאות איש דהיינו פי שלשה בעיר קטנה (ה): כפר עכו דרוקרת כ"א דיוקרא עיר ששמה יו"ד והיא קטנה על שם שיו"ד קטנה באותיות: ה"ג יצאו הימנה ג' מתים [ו] בג' ימים: ריחק נגיחותיו. בשור מועד קאי בבבא קמא בפרק כיצד הרגל מועדת אי זהו תם ואי זהו מועד כל שהעידו בו ג' ימים דברי ר' יהודה ר' מאיר אומר כל שהעידו בו ג' פעמים ביום אחד ר' יהודה סבר כתיב או נודע כי שור נגח הוא מתמול שלשום מתמול תרי שלשום תלת הרי ג' ימים ור"מ סבר ריחק נגיחותיו כשנגח בג' ימים זה אחר זה חייב קירב נגיחותיו שנגח ג' פעמים ביום אחד לא כל שכן: ליקום מר להכא. דרב נחמן בר יצחק הוה יתיב בין גברי דלא חשיבי כולי האי וקאמר ליה רב נחמן בר רב חסדא ליקום מר מהתם וליתי ליתיב גבאי: תנינא. תני אנא שונה אני ברייתא זו רבי יוסי אומר כו': לא מקומו של אדם מכבדו. ואם אלך ואשב שם אין המקום מכבדני: גם הצאן והבקר אל ירעו. דמשום שכינה היה הר סיני מכובד ומקודש: אל מול ההר ההוא. מדכתיב ההוא משמע כל זמן שהוא בגדולתו שהשכינה עליו (ו) נסתלקה השכינה במשוך היובל וגו' ואע"ג דהאי קרא בלוחות הראשונות כתיב לא נסתלקה שכינה עד לוחות האחרונות שניתנו ביום הכפורים וגם כל ימות החורף שעסקו במלאכת המשכן שהתה שכינה בהר ומשם ניתנו כל המצות בקולי קולות ולפידים ביום קבלת עשרת הדברות עד אחד בניסן שהוקם המשכן ונסעה וחזה שכינה מן ההר וישבה לה על [ז] הכפורת ושם באהל מועד נשנית התורה כללותיה ופרטותיה ועל אותה שעה היה מתיר להם בלוחות הראשונות לעלות כדאמרינן במסכת ביצה (דף ה.) כל דבר שבמנין צריך מנין אחר להתירו ובראש קונטרס רומי אתה מוצא תשובת [ח] רבים בכך: במשוך היובל. בסיום השופר כשתסתלק השכינה דרך הוא להאריך ולמשוך התקיעה בשעת סיום: הוגללו הפרוכת. שהיו נגללין בשעת נסיעתן (ז) היו נוסעין כולן ובאין זבים ומצורעים ונכנסין במחנה: פרס. חצי מנה ולשון פרוסה כמו פרס פריסת מלכותך (דניאל ה) שאביו של רב נחמן בר רב חסדא גדול מיצחק אביו של רב נחמן מדמיתקרי בר רב חסדא ואידך רב נחמן בר יצחק מכלל שלא נסמך: דברתא. דבר: בשיבבותיה. בשכונתו: איתחזי להו בחילמא. להנך אינשי דסברי (ח) משום זכותיה דרב הוא: הא זוטר ליה לרב. גם זה קטן הוא לפי גדולת רב: מרא. פוסיי"ר בלע"ז: זבילי. פלי"א בלע"ז: לקבורה. ומשום זכותיה דקבורה מדדו בו מדה כנגד מדה: ומשיילא לשיבבותה. ומשאילתו לשכנותיה לאחר שהסיקתו משלה לפיכך נמדדת השכר בה במדה: קמצא. ארבה שמכלה את התבואה: לא קא מפסדא. לא בעינן למיגזר תעניתא: זוודא אייתו בהדייהו. בתמיה וכי צידה הביאו עמהם שלא יפסידו את התבואה: מעייהו. בני מעיין שלהן שאין להן כרס הפנימי כשאר בהמה וסימן רע הוא: בי חוזאי. מקום במלכות בבל: גזר תעניתא. בעירו: הא מרחק. ואין לחוש שמא יבא עד כאן: אמר להו וכי מעברא פסיק להו. וכי מעברות ושאר מחילות מפסיקין לפני הדבר שלא יבא: שפחה לא כל שכן. ויש לחוש שמא ישתלח עד כאן: הא שפחה ושפחה. שתי עיירות של חוצה לארץ כגון בי חוזאי ונהרדעא דאתריה דשמואל: שיירתא. דאזלי מבי חוזאי לנהרדעא: דלווי. מתלוה ובא עמהן: שלמא מרקיעא. בת קול אומרת לו שלום עליך: אבא אומנא. מקיז דם: כי הוה עביד מילתא. כשהיה מקיז דם לבני אדם: ודנשים לחודייהו. לצניעותא: דאית ביה קרנא. וינטוז"א שהיה תקוע בו הקרן שהוא מקיז בו ולנשים הוי מלביש לה: ולא מכסיף. דלאחר [ט] שהכה לא הוה ידע מאן רמי (בכסילתיה) פשיטי להתם ומאן דלא רמי: בריא נפשך. תבריא עצמך: למיבדקיה. לבדקו במעשיו: ומך להו בסתרקי. קיפל תחתיהן תכשיטי למר טפיד"ו בלע"ז לישן בהן: לצפרא

עין משפט נר מצוה

יט א טוש"ע א"ח סי' תקעו סעיף ג:
כ ב ג מיי' פ"ג מהלכות תענית הלכה ו טוש"ע שם סעיף ב:

רבינו חננאל

בד' ימים או ביום אחד אינו דבר. א"ל רב נחמן בר רב חסדא לרב נחמן בר יצחק ליתי מר יקום הכא. א"ל תנינא לא המקום מכבד את האדם אלא אדם מכבד את מקומו. שכן מצינו בסיני כ"ז שהשכינה עליו כתיב גם הצאן והבקר אל ירעו. נסתלקה שכינה כתיב במשוך היובל המה יעלו בהר. וכן באהל מועד כ"ז שהיה נטוי כתיב וישלחו מן המחנה כל צרוע וגו' הוגללו הפרוכת הותרו הזבים והמצורעים להכנס. א"ל אבוא אני אצלך. א"ל מוטב יבא מנה בן פרס. פי' חכם בן מי שלא היה אביו חכם אצל חכם בן חכם. בסורא הוה מותנא בשיבבותיה דרב לא הות וכן הות דלקת בדיוקרתא ובשיבבותיה דרב הונא לא הות. ואסיקנא דלאו בזכותייהו דהני אלא בשביל ההוא גברא דמושיל מרא לאינשי לקבורה. ובדיל ההיא אתתא דמחממא תנורא ומושלא לשביבתא. אמרו לר"י איכא מותנא בחזירי אמר כיון דדמיין מעייהו לבני אדם גזרינן תעניתא

רבינו גרשום

אחד אין זה דבר דאקראי בעלמא הוא: או בארבעה מרוחקין: ט' מתים דהיינו נמי ג' מתים לג' ימים: ריחק נגיחותיו שנגח בג' ימים הוי מועד. קירב נגיחותיו שנגח ג' ביום אחד לא כ"ש. מעברי מפסקי כלומר שיירות מצויין שעוברין במעברות מבי חוזאי להכא כיון דשכיחי שיירתא מבי חוזאי להכא גזר אבל מא"י לבבל דלא שכיחי שיירתא אי לאו משום גבירתה לא הוה גזר. אתי ליה שלמא מכרזי עליה שלמא מרקיעא: דאית ביה קרני כלומר אתרא לקרני.

ליקוטי רש"י

ריחק נגיחותיו. ג' ימים. חייב. כדכתיב (שמות כא) תמול שלשום [ב"ק כד.]. שכל זמן שהשכינה שרויה עליו. מסיפיה דקרא יליף אל מול ההר ההוא כל זמן שהוא בהויית קדושתו שהשכינה עליו אסור אבל נסתלק שכינה מותר וכו' לא נסתלקה שכינה ממנו מיום מתן תורה עד אחד בחדש שהוקם המשכן ועד בעשרים באייר שנעלה הענן במשוך היובל. כשימשוך בהסתלק שכינה מן ההר ויאריך התוקע את קולו כמנהג התוקע באחרונה לשון אחר במשוך היובל שימשוך התוקע מלתקוע והכי מפרש לה במכילתא במשוך היובל בפסוק היובל [ביצה ה:]. כשימשוך היובל קול ארוך הוא סימן סלוק שכינה והפסקת הקול וכיון שנסתלק הם רשאין לעלות. היובל, הוא שופר של איל שכן בערביא קורין לדכרא יובלא ושופר של אילו של יצחק היה [שמות יט, יג]. וישלחו מן המחנה. שלש מחנות היו שם בשעת חנייתן תוך הקלעים היא מחנה שכינה חניית הלוים סביב כמו שמפורש בפרשת במדבר סיני היא מחנה לויה ומשם ועד סוף מחנה הדגלים לכל ארבע הרוחות היא מחנה ישראל הצרוע נשלח חוץ לכולן הזב מותר במחנה ישראל ומשולח מן השתים וטמא לנפש מותר אף בשל לויה ואינו משולח אלא משל שכינה וכל זה דרשו רבותינו מן המקראות במסכת פסחים (סז) [במדבר ה, ב]. פרס. לשון שבירה [ע"פ דניאל ה, כח]. מעלי יומא דשבתא. ערב שבת [מנחות מט:]. מחית. מניח [ע"ז כה.]. מחית, כמו מונח כדמתרגמינן ותנח בגדו אצלה (בראשית לט) ואחיתתיה [מגילה כו:]. בזיעא. מנוקבת [ע"פ חולין לא.]. כוסילתא. כלי אומן מקיז [כתובות לט:]. שם כלי המקיז [סנהדרין צג:]. פשיטי. מעות [ביצה טו.]. אגרא. שכר [ברכות ו:]. צורבא מרבנן. תלמיד חכם [שבת קיט.]. שדר. שלח [מגילה יב:].

מסורת הש"ס

א) ב"ק כד. ב"ב כח:, ב) [מנחות לה.], ג) ס"א מאבראי, ד) ס"א הוה אתי ויתיב ולא, ה) ס"א וכי הוי חזי איניש דלא אפשר ליה הוה יהיב ליה כו', ו) צ"ל ביום אחד. רש"א, ז) הכפורת באהל מועד ושם נשנית התורה כצ"ל. רש"א, ח) [רבינו ברוך ס"א], ט) צ"ל שצ"ל שהקיז, י) [צ"ל אמר להון].

הגהות הב"ח

(א) גמ' א"ל אי הכי איקום אנא ואיזול לגבי מר: (ב) שם ההיא איתתא דמחממת תנורא מע"ש לע"ש ומשיילא לשיבבותה: (ג) שם מכה משולחת במין אחד משולחת בכל המינין: (ד) שם למיעבד כעובדיה דאבא אומנא ומאי הוו כו' כי כוסילתא דכי הוות כו' דלא ליסתכל בה והוה ליה דוכתא דצניעא: (ה) רש"י ד"ה ה"ג עיר כו' ויצאו הימנה ט' מתים וכו' כגון כפר עכו אלף וחמש מאות וכו' בעיר קטנה הס"ד ואח"כ מה"ד דרוקרת כ"א יו"ד קרת עיר ששמה יו"ד והיא עיר קטנה על שם כו' כצ"ל ותיבות כפר עכו נמחק: (ו) ד"ה אל מול כו' שהשכינה עליו הס"ד ומה"ד נסתלקה וכו' ובראש קונטרס תשובת רומי: (ז) ד"ה הוגללו וכו' והיו נוסעין וכו' במחנה שכינה הס"ד: (ח) ד"ה איתחזי וכו' דמשום זכותיה: (ט) תוס' ד"ה אמרו כו' ויש לחוש שיהא דבר על בני אדם: (י) בא"ד אדבר שהיה בחזירין. נ"ב וקשה דאמרינן דשטנא בתרי זימני לא שלטא:

תורה אור השלם

א) וְאִישׁ לֹא יַעֲלֶה עִמָּךְ וְגַם אִישׁ אַל יֵרָא בְּכָל הָהָר גַּם הַצֹּאן וְהַבָּקָר אַל יִרְעוּ אֶל מוּל הָהָר הַהוּא: [שמות לד, ג]

ב) לֹא תִגַּע בּוֹ יָד כִּי סָקוֹל יִסָּקֵל אוֹ יָרֹה יִיָּרֶה אִם בְּהֵמָה אִם אִישׁ לֹא יִחְיֶה בִּמְשֹׁךְ הַיֹּבֵל הֵמָּה יַעֲלוּ בָהָר: [שמות יט, יג]

ג) צַו אֶת בְּנֵי יִשְׂרָאֵל וִישַׁלְּחוּ מִן הַמַּחֲנֶה כָּל צָרוּעַ וְכָל זָב וְכֹל טָמֵא לָנָפֶשׁ: [במדבר ה, ב]

בְּיוֹם אֶחָד – but if these three deaths occurred **IN ONE DAY,** אוֹ בְּאַרְבָּעָה יָמִים – **OR OVER FOUR DAYS,** אֵין זֶה דֶּבֶר – **IT IS NOT** considered **A PESTILENCE.**

The Gemara discusses a fast which was decreed because of three men who died in a single day:

דְּרוֹקַרְתְּ עִיר הַמּוֹצִיאָה חֲמֵשׁ מֵאוֹת רַגְלִי הֲוָה – **Derokart was a city that could muster five hundred men on foot,** וְיָצְאוּ מִמֶּנָּה שְׁלֹשָׁה מֵתִים בְּיוֹם אֶחָד – **and three persons died in it on one day.** גְּזַר רַב נַחְמָן בַּר רַב חִסְדָּא תַּעֲנִיתָא – In response, **Rav Nachman bar Rav Chisda decreed a fast,** contrary to the ruling of the Baraisa. אָמַר רַב נַחְמָן בַּר יִצְחָק – **Rav Nachman bar Yitzchak said:** כְּמַאן – **According to whose** opinion did Rav Nachman bar Rav Chisda decree this fast? כְּרַבִּי מֵאִיר דְּאָמַר – **According to** the opinion of **R' Meir, who says** in regard to an ox that has gored three times,[1] רִיחֵק נְגִיחוֹתָיו חַיָּיב – that if, when **it spaced its gorings** over three days, **[its owner] is liable** for the full payment, קֵירֵב נְגִיחוֹתָיו לֹא כָּל שֶׁכֵּן – then **how much more so** should he be liable for the full amount **when it concentrated them** on a single day.[2]

The Gemara tells of the esteem in which Rav Nachman bar Rav Chisda held Rav Nachman bar Yitzchak:

אָמַר לֵיהּ רַב נַחְמָן בַּר רַב חִסְדָּא לְרַב נַחְמָן בַּר יִצְחָק – **Rav Nachman bar Rav Chisda said to Rav Nachman bar Yitzchak:** לֵיקוּם מַר לֵיתֵי לְגַבָּן – **Let the master arise** and **come to** live among **us,** in our more distinguished town.[3] אָמַר לֵיהּ תְּנֵינָא – **He** [Rav Nachman bar Yitzchak] **replied to him: I have learned in a Baraisa** as follows: רַבִּי יוֹסֵי אוֹמֵר לֹא מְקוֹמוֹ שֶׁל אָדָם מְכַבְּדוֹ – **R' YOSE SAYS: IT IS NOT A PERSON'S PLACE THAT ACCORDS HIM HONOR,** אֶלָּא אָדָם מְכַבֵּד אֶת מְקוֹמוֹ – **BUT RATHER THE PERSON WHO ACCORDS HONOR TO HIS PLACE.** Thus, I will not gain honor simply from coming to live among distinguished people.[4] שֶׁכֵּן מָצִינוּ בְּהַר סִינַי – **FOR SO WE FIND IN REGARD TO MOUNT SINAI,** שֶׁכָּל זְמַן שֶׁהַשְּׁכִינָה שְׁרוּיָה עָלָיו – **THAT AS LONG AS THE *SHECHINAH* RESTED UPON IT,** at the time the Tablets of the Commandments were given, אָמְרָה תּוֹרָה: ,,גַּם־הַצֹּאן וְהַבָּקָר אַל־יִרְעוּ אֶל־מוּל הָהָר הַהוּא'' – **THE TORAH COMMANDED: *EVEN THE SHEEP AND THE CATTLE SHALL NOT GRAZE NEXT TO THAT MOUNTAIN.***[5] נִסְתַּלְּקָה שְׁכִינָה מִמֶּנּוּ – However, **ONCE THE *SHECHINAH* DEPARTED FROM IT,** אָמְרָה תּוֹרָה: ,,בִּמְשֹׁךְ הַיֹּבֵל הֵמָּה יַעֲלוּ בָהָר'' – **THE TORAH SAID: *WHEN THE BLAST OF THE SHOFAR EXTENDS, THEY MAY GO UP ON THE MOUNTAIN.***[6] Thus, we see that the mountain possessed no sanctity, but rather it was the presence of the *Shechinah* that imparted honor and sanctity to the mountain.[7]

The Baraisa offers a second demonstration of this principle:

וְכֵן מָצִינוּ בְּאֹהֶל מוֹעֵד שֶׁבַּמִּדְבָּר – **AND SO WE FIND IN REGARD TO THE TENT OF MEETING** (i.e. the Mishkan) **IN THE DESERT** encampment of the Israelites: שֶׁכָּל זְמַן שֶׁהוּא נָטוּי – **SO LONG AS [THE TENT] WAS PITCHED** אָמְרָה תּוֹרָה: ,,וִישַׁלְּחוּ מִן־הַמַּחֲנֶה כָּל־צָרוּעַ'' – **THE TORAH COMMANDED: *THEY SHALL SEND OUT OF THE CAMP ANYONE AFFLICTED WITH TZARAAS*** *or a zav, or anyone contaminated with the tumah of the dead.*[8] הוּגְלְלוּ הַפָּרוֹכֶת – However, once **THE CURTAIN** surrounding the Tent of Meeting[9] **WAS ROLLED UP,** when they broke camp to move on to a different location, הוּתְּרוּ זָבִין וְהַמְצוֹרָעִים לִיכָּנֵס שָׁם – ***ZAVIM* AND *METZORAIM***[10] **WERE PERMITTED TO ENTER THAT PLACE** where the Tent had stood. Thus, we see that the site possessed no sanctity other than that bestowed upon it by the presence of the Tent of Meeting.

NOTES

1. The Torah requires the owner of an ox that gores to pay for the damage. However, the first three times it gores, he is obligated to pay only half the damages. After that, its owner is on notice that he has a dangerous animal in his possession, and he is henceforth required to pay any future damages in full. Such an animal is referred to as a *muad* (literally: forewarned), i.e. a habitual gorer.

The Mishnah in *Bava Kamma* 2:4 says: *Which animal is regarded as a muad? Anyone that was warned three days; [these are] the words of R' Yehudah. R' Meir says: A muad is one that was warned three times* [*even in a single day*]. The Gemara (ibid. 24a) explains that R' Meir holds that a pattern is established more quickly by goring at short intervals. Therefore, since an animal is considered a *muad,* a habitual gorer, by goring three animals in three days, it surely is considered a *muad* if it gores three animals in a single day.

2. Rav Nachman bar Yitzchak maintains that the same is true in regard to establishing that a plague is at hand. If the death of three people over three days indicates an ongoing pattern of plague, then their deaths in a single day is surely such an indication (*Rashi*). He attributes the Mishnah and Baraisa which state otherwise to R' Yehudah, who rules that three gorings do not establish an ox as a *muad* unless they are spaced over three days. According to R' Meir, however, who rules that three gorings even on a single day establish an ox as a *muad,* a plague-pattern is established even by three deaths in a single day. Thus, Rav Nachman bar Rav Chisda, who decreed a fast for Derokart after three deaths in one day, was following the view of R' Meir.

3. Rav Nachman bar Yitzchak lived among undistinguished people. Perceiving his Torah greatness, Rav Nachman bar Rav Chisda invited him to take his place alongside himself among the more distinguished residents of his town (*Rashi*).

4. The esteem in which a person is held is not dependent on the company he keeps. If he is not worthy, his association with great people will not make others consider him great; and if he is worthy in his own right, recognition will come his way regardless of where he is. Thus, Rav Nachman bar Yitzchak, in his humility, rejected the invitation to come live among more distinguished people, arguing that it would accomplish nothing (*Rashi, Meiri*).

5. *Exodus* 34:3. [The Torah does not simply say that the animals may not graze on *the* mountain, but rather that they may not graze upon *that* mountain, i.e. the mountain upon which the *Shechinah* rests.] This indicates that the mountain retained its sanctity (and remained barred to animals) for as long as the *Shechinah* rested upon it [and not just during the period in which the Ten Commandments were being given]. Thus, we see that the *Shechinah* accorded honor to the mountain for as long as it was present (*Rashi*).

6. *Exodus* 19:13. The extended shofar blast was the signal that the *Shechinah* was departing the mountain. (A drawn out *tekiah* is used to mark a conclusion.) Once the shofar sounded, people and animals were permitted to go onto the mountain (*Rashi*).

Rashi points out that although the verse, *when the blast of the shofar extends etc.,* is found in the section dealing with the giving of the Ten Commandments [implying that the *Shechinah* departed the mountain at the conclusion of the giving of the Ten Commandments], the *Shechinah* in fact remained on Mt. Sinai for nearly ten months, until the following Rosh Chodesh Nissan when the Mishkan was erected. At that point the *Shechinah* left the mountain and entered the Mishkan, above the *Kaporess* (the cover of the Holy Ark), and it was only then that permission was granted for people and animals to go up on the mountain.

7. Since the prohibition to trespass upon the mountain was lifted at the departure of the *Shechinah,* we see that the mountain possessed no independent sanctity. It was only the presence of the *Shechinah* that made the mountain sacred and forbidden to humans and animals.

8. *Numbers* 5:2. [*Tzaraas* refers to a class of skin afflictions, characterized by a whitish discoloration of the skin, which render the afflicted person *tamei.*] The desert encampment of the Israelites was subdivided into three camps: the Camp of the *Shechinah,* the Camp of the Leviim, and the Camp of Israel. A person contaminated with *tzaraas* was excluded from all three camps; a *zav* (see below) was excluded from the Camp of the Leviim and the Camp of the *Shechinah,* and a person contaminated with corpse-*tumah* was excluded from the Camp of the *Shechinah.* Thus, all three were excluded from the Tent of Meeting, located in the Camp of the *Shechinah,* the camp referred to in this verse (from *Rashi* to *Numbers* 5:2).

9. See *Menachos* 95a with *Rashi* ד״ה אימת מידלו.

10. *Metzoraim* are those afflicted with *tzaraas.* The term *zav* (pl. *zavim*) refers to men rendered *tamei* by a series of unusual seminal emissions.

עין משפט
נר מצוה

יט א טוש"ע א"ח סי' תקעו סעיף ג:
כ ב ג מיי' פ"ב מהלכות תענית הלכה ו טוש"ע שם סעיף ב:

יבא מנה בן פרס. כלומר מוטב שיבא גדול בן הדיוט דפרס לא הוה אלא חצי מנה ואל יבא מנה בן מנה דהיינו רב חסדא דהיה מנה כלומר שהיה חשוב ופרס היינו יצחק אבוה דרב נחמן דלא מיקרי רב יצחק: **אמר** ליה זוודא אייתי בהדייהו. פירוש וכי לידה הביאו עמהם שיהו אוכלות כלומר אי אפשר שלא יאכלו התבואה והזרעים: **אמרו** ליה לרב יהודה איכא מותנא בחזירי גזר תעניתא וכו' עד שאני חזירי דדמו מעייהו לבני אינשי. פירוש שבני מעיו של חזיר דומין למעיים של בני אדם ויש לחוש שיהא (ט) על בני אדם מכאן נראה שאם יהיה דבר על עובדי כוכבים שיש לחוש ויש להתענות דהא הכא חזינן דגזר תעניתא (י) מדבר שהיה בחזירין משום דדמו מעייהו לבני אדם וכל שכן דנכרים דדמו לישראל: **גבירה** לוקה. פי' זו ארץ ישראל:
טרפה

ביום אחד אין זה דבר. דאקראי בעלמא הוא: ה"ג עיר גדולה המוציאה אלף וחמש מאות רגלי יצאו הימנה תשעה מתים וכו'. אלף וחמש מאות איש דהיינו פי שלשה בעיר קטנה (ה): כפר עכו דרוקרת נ"א דיוקרא עיר ששמה יו"ד והיא קטנה על שם שיו"ד קטנה באותיות: ה"ג יצאו הימנה ג' מתים [י] בג' ימים: ריחק נגיחותיו. בשור מועד קאי בבבא קמא בפרק כילד הרגל מועדת אי זהו תם ואי זהו מועד כל שהעידו בו ג' ימים דברי ר' יהודה ר' מאיר אומר כל שהעידו בו ג' פעמים ביום אחד ר' יהודה סבר כתיב או נודע כי שור נגח הוא מתמול שלשום מתמול תרי שלשום תלת הרי ג' ימים ור"מ סבר ריחק נגיחותיו כשנגח בג' ימים זה אחר זה חייב קירב נגיחותיו שנגח ג' פעמים ביום אחד לא כל שכן: ליקום מר להכא. דרב נחמן בר יצחק הוה יתיב בין גברי דלא חשיבי כולי האי וקאמר ליה רב נחמן בר רב חסדא ליקום מר מהתם וליתי ליתיב גבאי: תנינא. תני אנא שונה אני ברייתא זו רבי יוסי אומר כו': **לא** מקומו של אדם מכבדו. ואם אלך ואשב שם אין המקום מכבדני: **גם** הצאן והבקר אל ירעו. דמשום שכינה היה הר סיני מכובד ומקודש: **אל** מול ההר ההוא. מדכתיב ההוא משמע כל זמן שהוא בגדולתו שהשכינה עליו (ו) נסתלקה השכינה במשוך היובל וגו' ואע"ג דהאי קרא בלוחות הראשונות כתיב לא נסתלקה שכינה עד לוחות האחרונות שניתנו ביום הכפורים וגם כל ימות החורף שעסקו במלאכת המשכן שהתה שכינה בהר ומשם ניתנו כל המצות בקולי קולות ולפידים ביום קבלת עשרת הדברות עד אחד בניסן שהוקם המשכן ונסעה וזזה שכינה מן ההר וישבה לה על [י] הכפורת ושם באהל מועד נשנית התורה כללותיה ופרטותיה ועל אותה שעה היה מתיר להם בלוחות הראשונות לעלות כדאמרינן במסכת ביצה (דף ה.) כל דבר שבמנין צריך מנין אחר להתירו ובראש קונטרס רומי אתה מוצא תשובת [ח] רבים בכך: במשוך היובל. בסיום השופר כשתסתלק השכינה דרך הוא להאריך ולמשוך התקיעה בשעת סיום: הוגללו הפרוכת. שהיו נגללין בשעת נסיעתן (ז) היו נוסעין כולן ובאין זבים ומצורעים ונכנסין במחנה: פרס. חצי מנה ולשון פרוסה כמו פרס פריסת מלכותך (דניאל ה) שאביו של רב נחמן בר רב חסדא גדול מיצחק אביו של רב נחמן מדמיתקרי בר רב חסדא ואידך רב נחמן בר יצחק מכלל שלא נסמך: דברתא. דבר: בשיבבותיה. בשכונתו: איתחזי להו בחילמא. להנך אינשי דסברי (ח) משום זכותיה דרב הוא: הא זוטר ליה לרב. גם זה קטן הוא לפי גדולת רב: מרא. פוסיי"ר בלע"ז: זבילי. פלי"א בלע"ז: לקבורה. ומשום זכותיה דקבורה מדדו בו מדה כנגד מדה: ומשיילא לשיבבותה. ומשאילתו לשכנותיה לאחר שהסיקתו מתלה לפיכך נמדדת השכר בה במדה: קמצא. ארבה שמכלה את התבואה: לא קא מפסדא. לא בעינן למיגזר תעניתא: זוודא אייתו בהדייהו. בתמיה וכי לידה הביאו עמהם שלא יפסידו את התבואה: מעייהו. בני מעיין שלהן שאין להן כרס הפנימי כשאר בהמה וסימן רע הוא: בי חוזאי. מקום במלכות בבל: גזר תעניתא. בעירו: הא מרחק. ואין לחוש שמא יבא עד כאן: אמר להו וכי מעברא פסיק להו. וכי מעברות ושאר מסילות מפסיקין לפני הדבר שלא יבא: שפחה לא כל שכן. ויש לחוש שמא ישתלח עד כאן: הא שפחה ושפחה. שתי עיירות של חוצה לארץ כגון בי חוזאי ונהרדעא דאתריה דשמואל: שיירתא. דאזלי מבי חוזאי לנהרדעא: דלווי. מתלוה ובא עמהן: שלמא מרקיעא. בת קול אומרת לו שלום עליך: אבא אומנא. מקיז דם: כי הוה עביד מילתא. כשהיה מקיז דם לבני אדם: ודנשים לחודייהו. לצניעותא: דאית ביה קרנא. וינטוס"א שהיה תקוע בו הקרן שהוא מקיז בו ולנשים הוי מלביש לה: ולא מכסיף. דלאחר [ט] שהכה לא הוה ידע מאן רמי (בכסילתיה) פשיטי להתם ומאן דלא רמי: בריא נפשך. תבריא עצמך: למיבדקיה. לבדקו במעשיו: ומך להו בסתרקי. קיפל תחתיהן תכשיטי צמר טפיד"ו בלע"ז ליסן בהן:
לצפרא

ביום אחד או בארבעה ימים אין זה דבר דרוקרת עיר המוציאה חמש מאות רגלי הוה ויצאו ממנה שלשה מתים ביום אחד גזר רב נחמן בר רב חסדא תעניתא אמר רב נחמן בר יצחק כמאן כר"מ דאמר [א] ריחק נגיחותיו חייב קירב נגיחותיו לא כ"ש א"ל רב נחמן בר רב חסדא לרב נחמן בר יצחק ליקום מר ליתי לגבן א"ל תנינא רבי יוסי אומר לא מקומו של אדם מכבדו אלא אדם מכבד את מקומו שכן מצינו בהר סיני שכל זמן שהשכינה שרויה עליו אמרה תורה [א] גם הצאן והבקר אל ירעו אל מול ההר ההוא נסתלקה שכינה ממנו אמרה תורה [ב] במשוך היובל המה יעלו בהר וכן מצינו באהל מועד שבמדבר שכל זמן שהוא נטוי אמרה תורה [ג] וישלחו מן המחנה כל צרוע [ב] הוגללו הפרוכת הותרו זבין והמצורעים ליכנס שם אמר ליה אי הכי (א) ניקום אנא לגבי מר אמר ליה מוטב יבא מנה בן פרס אצל מנה בן מנה ואל יבא מנה בן מנה אצל מנה בן פרס בסורא הוות דברתא בשיבבותיה דרב לא הוות דברתא סברו מיניה משום זכותיה דרב דנפיש איתחזי להו בחילמא רב דנפישא זכותיה טובא הא מילתא זוטרא ליה לרב אלא משום ההוא גברא דשייל מרא וזבילא לקבורה בדרוקרת הוות דליקתא ובשיבבותיה דרב הונא לא הוות דליקתא סבור מינה בזכותא דרב הונא דנפיש איתחזי להו בחילמא האי זוטרא ליה לרב הונא אלא משום ההיא איתתא דמחממת תנורא (ב) ומשיילי לשיבבותיה אמרו ליה לרב יהודה אתו קמצי גזר תעניתא אמרו ליה לא קא מפסדן אמר להו זוודא אייתו בהדייהו אמרו ליה לרב יהודה איכא מותנא בחזירי גזר תעניתא נימא קסבר רב יהודה מכה משולחת (ג) ממין אחד משולחת מכל המינין לא [א] שאני חזירי דדמיין מעיידו לבני אינשי אמרו ליה לשמואל איכא מותנא בי חוזאי גזר תעניתא א"ל והא מרחק אמר ליכא מעברא הכא דפסיק ליה אמרו ליה לרב נחמן [ב] איכא מותנא בארעא דישראל גזר תעניתא אמר אם גבירה לוקה שפחה לא כל שכן טעמא דגבירה ושפחה הא שפחה ושפחה לא והא אמרו ליה לשמואל איכא מותנא בי חוזאי גזר תעניתא [ג] שאני התם כיון דאיכא שיירתא דלווי ואתיא בהדיה אבא אומנא הוה אתי ליה שלמא ממתיבתא דרקיעא כל יומא ולאביי כל מעלי יומא דשבתא לרבא כל מעלי יומא דכיפורי הוה קא חלשא דעתיה דאביי משום דאבא אומנא אמרו ליה לא מצית למיעבד כעובדיה (ד) ומאי הוו עובדיה דאבא אומנא דכי הוה עביד מילתא הוה מחית גברי לחוד ונשי לחוד ואית ליה לבושא דאית ביה קרנא דהוות בזיעא כי כוסילתא כי הוות אתיא ליה איתתא הוה מלביש לה כי היכי דלא ניסתכל בה ואית ליה דוכתא [ג] דצניעא דשדי ביה פשיטי דשקיל דאית ליה שדי ביה דלית ליה [ד] לא מיכסיף כי הוה אתרמי ליה צורבא מרבנן אגרא מיניה לא שקיל [ה] ובתר דקאי יהיב ליה פשיטי ואמר ליה זיל בריא נפשך יומא חד שדר אביי זוגא דרבנן למיבדקיה אותבינהו ואכלינהו ואשקינהו ומך להו ביסתרקי בליליא
לצפרא

רבינו חננאל

בד' ימים או ביום אחד אינו דבר. א"ל רב נחמן בר רב חסדא לרב נחמן בר יצחק ליתי מר יקום הכא. א"ל תנינא לא המקום מכבד את האדם אלא אדם מכבד את מקומו. שכן מצינו בסיני כ"ז שהשכינה עליו כתיב גם הצאן והבקר אל ירעו. נסתלקה שכינה כתיב במשוך היובל המה יעלו בהר. וכן באהל מועד כ"ז שהיה נטוי כתיב וישלחו מן המחנה כל צרוע וגו' הוגללו הפרוכת הותרו הזבים והמצורעים להכנס. א"ל אבוא אני אצלך. א"ל מוטב יבא מנה בן פרס. פי' חכם בן מי שלא היה אביו חכם אצל חכם בן חכם. **בסורא** הוה מותנא בשיבבותיה דרב לא הות וכן הות דלקת בדיוקרתא ובשיבבותיה דרב הונא לא הות. ואסיקנא דלאו בזכותייהו דהני אלא בשביל ההוא גברא דמושיל מרא לאינשי לקבורה. ובדיל ההיא אתתא דמחממא תנורא ומושלא לשביבתא. אמרו לר"י איכא מותנא בחזירי אמר כיון דדמיין מעייהו לבני אדם גזרינן תעניתא

רבינו גרשום

אחד אין זה דבר דאקראי בעלמא הוא: **או בארבעה** מרוחקין: **ט' מתים** דהיינו נמי ג' מתים לג' ימים: **ריחק נגיחותיו** שנגח בג' ימים הוי מועד. **קירב נגיחותיו** שנגח ג' ביום אחד לא כ"ש. **מעברי מפסקי** כלומר שיירות מצויין שעוברין במעברות מבי חוזאי להכא כיון דשכיחי שיירתא מבי חוזאי להכא גזר אבל מא"י לבבל דלא שכיחי שיירתא אי לאו משום גבירתה לא הוה גזר. **אתי ליה שלמא** מכרזי עליה שלמא מרקיעא: **דאית ביה קרני** כלומר אתרא לקרני.

ליקוטי רש"י

ריחק נגיחותיו. ג' ימים. **חייב.** כדכתיב (שמות כא) תמול שלשום [ב"ק כד.]. **שכל זמן שהשכינה שרויה עליו.** מסיפיה דקרא יליף אל מול ההר ההוא כל זמן שהוא בהויית קדושתו שהשכינה עליו אסור אבל נסתלק שכינה מותר וכו' לא נסתלקה שכינה ממנו מיום מתן תורה עד אחד בחדש שהוקם המשכן ועד בעשרים באייר שנעלה הענן **במשוך היובל.** שימשוך בהסתלק שכינה מן ההר ויאריך התוקע את קולו כמנהג התוקע באחרונה לשון אחר במשוך היובל שימשוך התוקע מלתקוע והכי מפרש לה במכילתא במשוך היובל בפסוק היובל [ביצה ה:]. כשימשוך היובל קול ארוך הוא סימן סלוק שכינה והפסקת הקול וכיון שנסתלק הם רשאין לעלות. היובל, הוא שופר של איל שכן בערביא קורין לדכרא יובלא ושופר של אילו של יצחק היה [שמות יט, יג]. **וישלחו מן המחנה.** שלש מחנות היו שם בשעת חנייתן תוך הקלעים היא מחנה שכינה חניית הלוים סביב כמו שמפורש בפרשת במדבר סיני היא מחנה לויה ומשם ועד סוף מחנה הדגלים לכל ארבע הרוחות היא מחנה ישראל הצרוע נשתלח חוץ לכולן הזב מותר במחנה ישראל ומשולח מן השתים וטמא לנפש מותר אף בשל לויה ואינו משולח אלא משל שכינה וכל זה דרשו רבותינו מן המקראות במסכת פסחים (סז) [במדבר ה, ב]. **פרס.** לשון שבירה [ע"פ דניאל ה, כח]. **מעלי יומא דשבתא.** ערב שבת [מנחות מט:]. **מחית.** מניח [ע"ז כה.]. מחית, כמו מונח כדמתרגמינן ותנח בגדו אצלה (בראשית לט) ואחיתתיה [מגילה כו:]. **בזיעא.** מנוקבת [ע"פ חולין לא.]. **כוסילתא.** כלי אומן מקיז [כתובות לט:]. שם כלי המקיז [סנהדרין צג:]. **פשיטי.** מעות [ביצה טו.]. **אגרא.** שכר [ברכות ו:]. **צורבא מרבנן.** תלמיד חכם [שבת קיט.]. **שדר.** שלח [מגילה יב:].

מסורת הש"ס

א) ב"ק כד. ב"ב כח., ב) [מנחות לה.], ג) ס"א מאבראי, ד) ס"א הוה אתי ויתיב ולא, ה) ס"א וכי הוי חזי אינש דלא אפשר ליה הוה יהיב ליה כו', ו) נ"ל ביום אחד. רש"א, ז) הכפורת באהל מועד ושם נשנית התורה כצ"ל. רש"א, ח) [רבינו ברוך ס"א], ט) נ"ל שאל שהקיז, י) [נ"ל אמר להון].

הגהות הב"ח

(א) גמ' א"ל אי הכי איקום אנא ואיזיל לגבי מר: (ב) שם ההיא איתתא דמחממת תנורא מע"ש לע"ש ומשיילא לשיבבותה: (ג) שם מכה משולחת במין אחד משולחת בכל המינין: (ד) שם למיעבד כעובדיה דאבא אומנא ומאי הוו כו' כי כוסילתא דכי הוות כו' דלא ליסתכיל בה והוה ליה דוכתא דצניעא: (ה) רש"י ד"ה ה"ג עיר כו' ויצאו הימנה ט' מתים וכו' כגון כפר עכו אלף וחמש מאות וכו' בעיר קטנה הס"ד ואח"כ מה"ד דרוקרת נ"א יו"ד קרת עיר ששמה יו"ד והיא עיר קטנה על שם כו' כצ"ל ותיבות כפר עכו נמחק: (ו) ד"ה אל מול כו' שהשכינה עליו הס"ד ומה"ד נסתלקה וכו' ובראש קונטרס תשובת רומי: (ז) ד"ה הוגללו וכו' והיו נוסעין וכו' במחנה שכינה הס"ד: (ח) ד"ה איתחזי וכו' משום זכותיה: (ט) תוס' ד"ה אמרו כו' ויש לחוש שיהא דבר על בני אדם: (י) בא"ד לדבר שהיה בחזירין. נ"ב וקשה דאמרינן דשבתא בחרי אומי לא שלטא:

תורה אור השלם

א) וְאִישׁ לֹא יַעֲלֶה עִמָּךְ וְגַם אִישׁ אַל יֵרָא בְּכָל הָהָר גַּם הַצֹּאן וְהַבָּקָר אַל יִרְעוּ אֶל מוּל הָהָר הַהוּא: [שמות לד, ג]

ב) לֹא תִגַּע בּוֹ יָד כִּי סָקוֹל יִסָּקֵל אוֹ יָרֹה יִיָּרֶה אִם בְּהֵמָה אִם אִישׁ לֹא יִחְיֶה בִּמְשֹׁךְ הַיֹּבֵל הֵמָּה יַעֲלוּ בָהָר: [שמות יט, יג]

ג) צַו אֶת בְּנֵי יִשְׂרָאֵל וִישַׁלְּחוּ מִן הַמַּחֲנֶה כָּל צָרוּעַ וְכָל זָב וְכֹל טָמֵא לָנָפֶשׁ: [במדבר ה, ב]

Having failed to persuade Rav Nachman bar Yitzchak to join him, Rav Nachman bar Rav Chisda made the following offer: אָמַר לֵיהּ – **He said to [Rav Nachman bar Yitzchak]:** אִי הָכִי נֵיקוּם אֱנָא לְגַבֵּי מַר – **If that is the case, I will arise** and move next **to you, master.** אָמַר לֵיהּ – **[Rav Nachman bar Yitzchak] answered him:** מוּטָב יָבֹא מָנֶה בֶּן פְּרָס אֵצֶל מָנֶה בֶּן מָנֶה – **It is better that a** ***maneh*** (a hundred dinars) **the son of a** ***pras*** (fifty dinars) **should come to a** ***maneh*** **the son of a** ***maneh*****,** וְאַל יָבֹא מָנֶה בֶּן מָנֶה אֵצֶל מָנֶה בֶּן פְּרָס – **and not that a** ***maneh*** **the son of a** ***maneh*** **should come to a** ***maneh*** **the son of a** ***pras.***[11]

The Gemara relates how the merits of a *tzaddik* saved a neighborhood from a plague:

בְּסוּרָא הֲוַות דְּבַרְתָּא – **There was** once **a plague in Sura,** the city of Rav; בְּשִׁיבְבוּתֵיהּ דְּרַב לֹא הֲוַות דְּבַרְתָּא – however, **in Rav's neighborhood there was no plague.** סָבְרוּ מִינֵּיהּ מִשּׁוּם זְכוּתֵיהּ דְּרַב דְּנָפִישׁ – **[People] concluded from this that** the neighborhood was spared **due to the merit of Rav, which was** so **great.** אִיתְחֲזִי לְהוּ בְּחֶילְמָא – **It was shown to them in a dream** דְּנְפִישָׁא זְכוּתֵיהּ טוּבָא – that for **Rav, whose merit is very great,** הָא מִילְּתָא זוּטְרָא לֵיהּ לְרַב – **this would be a minor matter for Rav.**[12] אֶלָּא מִשּׁוּם הַהוּא גַּבְרָא – **Rather, it was due to** the merit of **a certain man** דְּשָׁיֵיל מָרָא וּזְבִילָא לְקְבוּרָה – **who would** regularly **lend out a hoe and shovel for burials.**[13]

The Gemara relates a similar story about a fire:

בְּדְרוּקַרְתְּ הֲוַות דְּלֵיקְתָא – **There was** once **a fire in Derokart,** where Rav Huna lived; וּבְשִׁיבְבוּתֵיהּ דְּרַב הוּנָא לֹא הֲוַות דְּלֵיקְתָא – **however, in Rav Huna's neighborhood there was no fire,** i.e. miraculously, the fire did not spread there. סָבוּר מִינָּהּ בִּזְכוּתָא דְּרַב הוּנָא דְּנָפִישׁ – **[People] concluded from this that it was in the merit of Rav Huna, which was** so **great.** אִיתְחֲזִי לְהוּ בְּחֶילְמָא – **It was shown to them in a dream** הַאי זוּטְרָא לֵיהּ לְרַב הוּנָא – that **this** miracle **would be a minor** matter **for Rav Huna.** אֶלָּא מִשּׁוּם הַהִיא אִיתְּתָא – **Rather, it was due to** the merit **of a certain woman** דִּמְחַמְּמַת תַּנּוּרָא וּמַשְׁיְילֵי לְשִׁיבְבוּתֵיהּ – **who would heat her oven and make it available to her neighbors.**[14]

The Gemara tells about a fast decreed because of a locust plague:

אָמְרוּ לֵיהּ לְרַב יְהוּדָה: אָתוּ קַמְצֵי – **They** once **said to Rav Yehudah: Locusts have come.** גְּזַר תַּעֲנִיתָא – **He decreed a fast,** as taught in our Mishnah. אָמְרוּ לֵיהּ לֹא קָא מַפְסְדָן – **They said to him:** But **[the locusts] are not destroying** anything! אָמַר לְהוּ – **He said to them:** וְזוּוָדָא אַיְיתוּ בַּהֲדַיְיהוּ – **Have they brought provisions with them?!** Without Divine intercession, we may be sure that they will soon start devouring the crops.

The Gemara relates another story about a fast proclaimed by Rav Yehudah:

אָמְרוּ לֵיהּ לְרַב יְהוּדָה: אִיכָּא מוֹתָנָא בַּחֲזִירֵי – **They** once **said to Rav Yehudah: There is a deadly plague among the pigs.** גְּזַר תַּעֲנִיתָא – **He decreed a fast,** even though Jews would not be directly affected by the destruction of pigs.

The Gemara asks:

נֵימָא קָסָבַר רַב יְהוּדָה – **Shall we say that Rav Yehudah holds** מַכָּה מְשׁוּלַּחַת מִמִּין אֶחָד מְשׁוּלַּחַת מִכָּל הַמִּינִין – **that a plague which is visited on one species** of animal **is** apt to be **visited on all species** of animals?[15] Thus, kosher livestock were threatened by the plague that struck pigs.

The Gemara answers:

לֹא – **No.** שָׁאנֵי חֲזִירֵי – **Pigs are different,** דִּדְמִיָין מְעַיְיהוּ לִבְנֵי אִינָשֵׁי – **in that their digestive tracts resemble those of humans.**[16] Therefore a plague that strikes pigs bodes ill for the people of that place, which is why Rav Yehudah decreed a fast.

The Gemara relates a story about a fast decreed by Shmuel:

אָמְרוּ לֵיהּ לִשְׁמוּאֵל: אִיכָּא מוֹתָנָא בֵּי חוֹזָאֵי – **They** once **said to Shmuel: There is a deadly plague in Bei Chozaei,** a town in Babylonia. גְּזַר תַּעֲנִיתָא – **He decreed a fast** for his city. אָמַר לֵיהּ וְהָא מְרַחַק – **They said to him: But it is far away** from where we live, and we are not in any danger! אָמַר – **He said** to them: לֵיכָּא מַעַבְּרָא הָכָא דְּפָסֵיק לֵיהּ – **There is no** river **crossing here to halt its** spread, and there is therefore a danger of its spreading to our area.[17]

The Gemara tells of a fast decreed by Rav Nachman because of a distant plague:

אָמְרוּ לֵיהּ לְרַב נַחְמָן – **They** once **said to Rav Nachman,** who lived in Babylonia: אִיכָּא מוֹתָנָא בְּאַרְעָא דְיִשְׂרָאֵל – **There is a deadly plague in the Land of Israel.** גְּזַר תַּעֲנִיתָא – **He decreed a fast,** אָמַר אִם גְּבִירָה לוֹקָה שִׁפְחָה לֹא כָּל שֶׁכֵּן – **saying: If the mistress,** i.e. the Land of Israel, **is stricken, then certainly the maidservant,** Babylonia, is in danger![18]

The Gemara questions whether Rav Nachman's rationale indicates a dispute with Shmuel's view in the previous case:

טַעְמָא דִּגְבִירָה וְשִׁפְחָה – Now **the reason** Rav Nachman decreed a fast **was because** the stricken country was **"the mistress" and** his country was **"a maidservant."** הָא שִׁפְחָה וְשִׁפְחָה לֹא – **However,** had **both** been **"maidservants"** [lands outside Eretz

NOTES

11. A *maneh* is one hundred dinars; a *pras* is half that amount. Rav Nachman bar Yitzchak referred to himself as a *maneh* the son of a *pras* because his father was not as great as the father of Rav Nachman bar Rav Chisda. This is evident from the fact that the latter was called *Rav* Chisda [the famous Amora, Rav Chisda], while the former was known simply as Yitzchak, implying that he never attained the title *Rav* (*Rashi*).

12. Although the miracle could certainly have happened in Rav's merit, the heavenly message indicated that in fact Rav's merit was not necessary to effect it, and that it actually occurred in the merit of another man. Alternatively, when a miracle is performed on behalf of a *tzaddik,* it may be deducted from his reward in the World to Come, as we learned above (20b). Since the deliverance of Rav's neighborhood from plague did not require Rav's great merit to happen, and occurred in the merit of someone other than Rav, it was not subject to being deducted from Rav's share in the World to Come. It was this point that the heavenly message conveyed (*Maharsha*).

13. This miracle was in accord with the principle that God treats people measure for measure [מִדָּה כְּנֶגֶד מִדָּה]. Because this man assisted in the mitzvah of burying the dead by lending the necessary tools, measure for measure, his neighborhood was spared having to bury anyone during the plague (*Rashi*).

14. She would heat her oven each Friday and make it available to her [impoverished] neighbors to bake for the Sabbath (*Bach*). This too was in the nature of "measure for measure" (*Rashi*). [Since she provided fire for her neighbors, fire did not damage her neighborhood.]

15. The translation follows *Bach's* emendation, which changes מִמִּין to בְּמִין, and מִכָּל to בְּכָל.

16. Pigs, like humans, have no rumen, unlike other livestock (*Rashi*). Thus, people are more susceptible to epidemics that affect pigs than to those affecting other livestock (*Meiri*).

17. I.e. there is no natural barrier against the spread of disease. *Rashi* has a somewhat different reading of this statement: וְכִי מַעַבְּרָא פָּסֵק לְהוּ – *Can a bridge* [or other barrier] *halt* [the spread of] *the plague*?

18. The Land of Israel is considered the mistress to other lands because it was created first, and because God provides for its needs first, as we learned above (10a) in regard to rain (*Maharsha*). Accordingly, if a plague strikes the land which is under God's special providence, there is certainly reason to fear that it will strike lesser lands as well.

ביום אחד או בארבעה ימים אין זה דבר דרוקרת עיר המוציאה חמש מאות רגלי הוה ויצאו ממנה שלשה מתים ביום אחד גזר רב נחמן בר רב חסדא תעניתא אמר רב נחמן בר יצחק כמאן כר"מ דאמר ריחק נגיחותיו חייב קירב נגיחותיו לא כ"ש א"ל רב נחמן בר רב חסדא לרב נחמן בר יצחק ליקום מר ליתי לגבן א"ל תנינא רבי יוסי אומר לא מקומו של אדם מכבדו אלא אדם מכבד את מקומו שכן מצינו בהר סיני שכל זמן שהשכינה שרויה עליו אמרה תורה א) גם הצאן והבקר אל ירעו אל מול ההר ההוא נסתלקה שכינה ממנו אמרה תורה ב) במשוך היובל המה יעלו בהר וכן מצינו באהל מועד שבמדבר שכל זמן שהוא נטוי אמרה תורה ג) וישלחו מן המחנה כל צרוע הוגללו הפרוכת הותרו זבין והמצורעים ליכנס שם אמר ליה אי הכי (א) ניקום אנא לגבי מר אמר ליה מוטב יבא מנה בן פרס אצל מנה בן מנה ואל יבא מנה בן מנה אצל מנה בן פרס בסורא הוות דברתא בשיבבותיה דרב לא הוות דברתא סברו מיניה משום זכותיה דרב דנפיש איתחזי להו בחילמא רב דנפישא זכותיה טובא הא מילתא זוטרא ליה לרב אלא משום ההוא גברא דשייל מרא וזבילא לקבורה בדרוקרת הוות דליקתא ובשיבבותיה דרב הונא לא הוות דליקתא סבור מינה בזכותא דרב הונא דנפיש איתחזי להו בחילמא האי זוטרא ליה לרב הונא אלא משום ההיא איתתא דמחממת תנורא (ב) ומשיילי לשיבבותיה אמרו ליה לרב יהודה אתו קמצי גזר תעניתא אמרו ליה לא קא מפסדן אמר להו זוודא אייתו בהדייהו אמרו ליה לרב יהודה איכא מותנא בחזירי גזר תעניתא נימא קסבר רב יהודה מכה משולחת (ג) ממין אחד משולחת מכל המינין לא שאני חזירי דדמיין מעייהו לבני אינשי אמרו ליה לשמואל איכא מותנא בי חוזאי גזר תעניתא א"ל והא מרחק אמר ליכא מעברא הכא דפסיק ליה אמרו ליה לרב נחמן איכא מותנא בארעא דישראל גזר תעניתא אמר אם גבירה לוקה שפחה לא כל שכן טעמא דגבירה ושפחה הא שפחה ושפחה לא והא אמרו ליה לשמואל איכא מותנא בי חוזאי גזר תעניתא שאני התם כיון דאיכא שיירתא דלווי ואתיא בהדיה אבא אומנא הוה אתי ליה שלמא ממתיבתא דרקיעא כל יומא ולאביי כל מעלי יומא דשבתא לרבא כל מעלי יומא דכיפורי הוה קא חלשא דעתיה דאביי משום דאבא אומנא אמרו ליה לא מצית למיעבד כעובדיה (ד) ומאי הוו עובדיה דאבא אומנא דכי הוה עביד מילתא הוה מחית גברי לחוד ונשי לחוד ואית ליה לבושא דאית ביה קרנא דהוות בזיעא כי כוסילתא כי הוות אתיא ליה איתתא הוה מלביש לה כי היכי דלא ניסתכל בה ואית ליה דוכתא דצניעא דשדי ביה פשיטי דשקיל דאית ליה שדי ביה דלית ליה לא מיכסיף כי הוה אתרמי ליה צורבא מרבנן אגרא מיניה לא שקיל ובתר דקאי יהיב ליה פשיטי ואמר ליה זיל בריא נפשך יומא חד שדר אביי זוגא דרבנן למיבדקיה אותבינהו ואכלינהו ואשקינהו ומך להו ביסתרקי בליליא לצפרא

רש"י

ביום אחד אין זה דבר. דאקראי בעלמא הוא: ה"ג עיר גדולה המוציאה אלף וחמש מאות רגלי יצאו הימנה תשעה מתים וכו'. אלף וחמש מאות איש דהיינו פי שלשה בעיר קטנה (ה): כפר עכו דרוקרת כ"א דיוקרא עיר שמה יו"ד והיא קטנה על שם שיו"ד קטנה באותיות: ה"ג יצאו הימנה ג' מתים בג' ימים: ריחק נגיחותיו. בשור מועד קאי בבבא קמא בפרק כיצד הרגל מועדת אי זהו תם ואי זהו מועד כל שהעידו בו ג' ימים דברי ר' יהודה ר' מאיר אומר כל שהעידו בו ג' פעמים ביום אחד ר' יהודה סבר כתיב או נודע כי שור נגח הוא מתמול שלשום מתמול תרי שלשום תלת הרי ג' ימים ור"מ סבר ריחק נגיחותיו כשנגח בג' ימים זה אחר זה חייב קירב נגיחותיו שנגח ג' פעמים ביום אחד לא כל שכן: ליקום מר להכא. דרב נחמן בר יצחק הוה יתיב בין גברי דלא חשיבי כולי האי וקאמר ליה רב נחמן בר רב חסדא ליקום מר מהתם וליתי ליתיב גבאי: תנינא. תני אנא שונה אני ברייתא זו רבי יוסי אומר כו': לא מקומו של אדם מכבדו. ואם אלך ואשב שם אין המקום מכבדני: גם הצאן והבקר אל ירעו. דמשום שכינה היה הר סיני מכובד ומקודש: אל מול ההר ההוא. מדכתיב ההוא משמע כל זמן שהוא בגדולתו שהשכינה עליו (ו) נסתלקה השכינה במשוך היובל וגו' ואע"ג דהאי קרא בלוחות הראשונות כתיב לא נסתלקה שכינה עד לוחות האחרונות שניתנו ביום הכפורים וגם כל ימות החורף שעסקו במלאכת המשכן שהתה שכינה בהר ומשם ניתנו כל המצות בקולי קולות ולפידים ביום קבלת עשרת הדברות עד אחד בניסן שהוקם המשכן ונסעה וחזה שכינה מן ההר וישבה לה על הכפורת ושם באהל מועד נשנית התורה כללותיה ופרטותיה ועל אותה שעה היא מתיר להם בלוחות הראשונות לעלות כדאמרינן במסכת ביצה (דף ה.) כל דבר שבמנין צריך מנין אחר להתירו ובראש קונטרס רומי אתה מוצא תשובת רבים בכך: במשוך היובל. בסיום השופר כשתסתלק השכינה דרך הוא להאריך ולמשוך התקיעה בשעת סיום: הוגללו הפרוכת. שהיו נגללין בשעת נסיעתן (ז) היו נוסעין כולן ובאין זבים ומצורעים ונכנסין במחנה: פרס. חצי מנה ולשון פרוסה כמו פרס פריסת מלכותך (דניאל ה) שאביו של רב נחמן בר רב חסדא גדול מיצחק אביו של רב נחמן מדמיתקרי בר רב חסדא ואילך רב נחמן בר יצחק מכלל שלא נסמך: דברתא. דבר: בשיבבותיה. בשכונתו: איתחזי להו בחילמא. להנך אינשי דסברי (ח) משום זכותיה דרב הוא: הא זוטר ליה לרב. גם זה קטן הוא לפי גדולת רב: מרא. פוסוי"ר בלע"ז: זבילי. פלי"א בלע"ז: לקבורה. ומשום זכותיה דקבורה מדדו בו מדה כנגד מדה: ומשיילא לשיבבותה. ומשאילתו לשכנותיה לאחר שהסיקתו מצלה לפיכך נמדדת השכר בה במדה: קמצא. ארבה שמכלה את התבואה: לא קא מפסדא. לא בעינן למיגזר תעניתא: זוודא אייתו בהדייהו. בתמיה וכי צידה הביאו עמם שלא יפסידו את התבואה: מעייהו. בני מעיין שלהן שאין להן כרס הפנימי כשאר בהמה וסימן רע הוא: בי חוזאי. מקום במלכות בבל: גזר תעניתא. בעירו: הא מרחק. ואין לחוש שמא יבא עד כאן: אמר להו וכי מעברא פסיק להו. וכי מעברות ושאר מחילות מפסיקין לפני הדבר שלא יבא: שפחה לא כל שכן. ויש לחוש שמא ישתלח עד כאן: הא שפחה ושפחה. שתי עיירות של חוצה לארץ כגון בי חוזאי ונהרדעא דאתריה דשמואל: שיירתא. דאזלי מבי חוזאי לנהרדעא: דלווי. מתלוה ובא עמהן: שלמא מרקיעא. בת קול אומרת לו שלום עליך: אבא אומנא. מקיז דם: כי הוה עביד מילתא. כשהיה מקיז דם לבני אדם: ודנשים לחודייהו. לצניעותא: דאית ביה קרנא. וינטוז"א שהיה תקוע בו הקרן שהוא מקיז בו ולנשים הוי מלביש לה: ולא מכסיף. דלאחר שהכה לא הוה ידע מאן רמי (בכסילתיה) פשיטי להתם ומאן דלא רמי: בריא נפשך. תבריא עצמך: למיבדקיה. לבדקו במעשיו: ומך להו בסתרקי. קיפל תחתיהן תכסיטי למר טפיד"ו בלע"ז ליסן בהן: לצפרא

תוספות

יבא מנה בן פרס. כלומר מוטב שיבא גדול בן הדיוט דפרס לא הוה אלא חצי מנה ואל יבא מנה בן מנה דהיינו רב חסדא דהיה מנה כלומר שהיה חשוב ופרס היינו יצחק אבוה דרב נחמן דלא מיקרי רב יצחק: אמר ליה זוודא אייתי בהדייהו. פירוש וכי צידה הביאו עמהם שיהו אוכלות כלומר אי אפשר שלא יאכלו התבואה והזרעים: אמרו ליה לרב יהודה איכא מותנא בחזירי גזר תעניתא וכו' עד שאני חזירי דדמו מעייהו לבני אינשי. פירוש שבני מעיו של חזיר דומין למעים של בני אדם ויש לחוש שיהא (ט) על בני אדם מכאן נראה שאם יהיה דבר על עובדי כוכבים שיש לחוש ויש להתענות דהא הכא חזינן דגזר תעניתא (י) מדבר שהיה בחזירין משום דדמו מעייהו לבני אדם וכל שכן דנכרים דדמו לישראל: גבירה לוקה. פי' זו ארץ ישראל: טרפה

עין משפט נר מצוה

יט א טוש"ע א"ח סי' תקעו סעיף ג:
כ ב ג מיי' פ"ב מהלכות תענית הלכה ו טוש"ע שם סעיף ב:

רבינו חננאל

בד' ימים או ביום אחד אינו דבר. א"ל רב נחמן בר רב חסדא לרב נחמן בר יצחק ליתי מר יקום הכא. א"ל תנינא לא המקום מכבד את האדם אלא אדם מכבד את מקומו. שכן מצינו בסיני כ"ז שהשכינה עליו כתיב גם הצאן והבקר אל ירעו. נסתלקה שכינה כתיב במשוך היובל המה יעלו בהר. וכן באהל מועד כ"ז שהיה נטוי כתיב וישלחו מן המחנה כל צרוע וגו' הוגללו הפרוכת הותרו הזבים והמצורעים להכנס. א"ל אבוא אני אצלך. א"ל מוטב יבא מנה בן פרס. פי' חכם בן מי שלא היה אביו חכם אצל חכם בן חכם. בסורא הוה מותנא בשיבבותיה דרב לא הות וכן הות דלקת בדיוקרתא ובשיבבותיה דרב הונא לא הות. ואסיקנא דלאו בזכותייהו דהני אלא בשביל ההוא גברא דמושיל מרא לאינשי לקבורה. ובדיל ההיא אתתא דמחממא תנורא ומושלא לשביבתא. אמרו לר"י איכא מותנא בחזירי אמר כיון דדמיין מעייהו לבני אדם גזרינן תעניתא

רבינו גרשום

אחד אין זה דבר דאקראי בעלמא הוא: או בארבעה מרוחקין: ט' מתים דהיינו נמי ג' מתים לג' ימים: ריחק נגיחותיו שנגח בג' ימים הוי מועד. קירב נגיחותיו שנגח ג' ביום אחד לא כ"ש. מעברי מפסקי כלומר שיירות מצויין שעוברין במעברות מבי חוזאי להכא כיון דשכיחי שיירתא מבי חוזאי להכא גזר אבל מא"י לבבל דלא שכיחי שיירתא אי לאו משום גבירתה לא הוה גזר. אתי ליה שלמא מכרזי עליה שלמא מרקיעא: דאית ביה קרני כלומר אתרא לקרני.

ליקוטי רש"י

ריחק נגיחותיו. ג' ימים. חייב. כדכתיב (שמות כא) תמול שלשום [ב"ק כד.]. שכל זמן שהשכינה שרויה עליו. מקפיה דקרא יליף אל מול ההר ההוא כל זמן שהוא בהויית קדושתו שהשכינה עליו אסור אבל נסתלק שכינה מותר וכו' לא נסתלקה שכינה ממנו מיום מתן תורה עד אחד בחדש שהוקם המשכן ועד בעשרים באייר שנעלה הענן במשוך היובל. שימשוך בהסתלק שכינה מן ההר ויאריך התוקע את קולו כמנהג התוקע באחרונה לשון אחר במשוך היובל שימשוך התוקע מלתקוע והכי מפרש לה במכילתא במשוך היובל בפסוק היובל [ביצה ה:]. כשימשוך היובל קול ארוך הוא סימן סלוק שכינה והפסקת הקול וכיון שנסתלק הם רשאין לעלות. היובל, הוא שופר של איל שכן בערביא קורין לדכרא יובלא ושופר של אילו של יצחק היה [שמות יט, יג]. וישלחו מן המחנה. שלש מחנות היו שם בשעת חנייתן תוך הקלעים היא מחנה שכינה חניית הלוים סביב כמו שמפורש בפרשת במדבר סיני היא מחנה לויה ומשם ועד סוף מחנה הדגלים לכל ארבע הרוחות היא מחנה ישראל הצרוע נשלח חוץ לכולן הזב מותר במחנה ישראל ומשולח מן השתים וטמא לנפש מותר אף בשל לויה ואינו משולח אלא משל שכינה וכל זה דרשו רבותינו מן המקראות במסכת פסחים (סז) [במדבר ה, ב]. פרס. לשון שבירה [ע"פ דניאל ה, כח]. מעלי יומא דשבתא. ערב שבת [מנחות מט:]. מחית. מניח [ע"ז כה.]. מחית, כמו מונח כדמתרגמינן ותנח בגדו אצלה (בראשית לט) ואחיתתיה [מגילה כו:]. בזיעא. מנוקבת [ע"פ חולין לא.]. כוסילתא. כלי אומן מקיז [כתובות לט:]. שם כלי המקיז [סנהדרין צג:]. פשיטי. מעות [ביצה טו.]. אגרא. שכר [ברכות ו:]. צורבא מרבנן. תלמיד חכם [שבת קיט.]. שדר. שלח [מגילה יב:].

מסורת הש"ס

א) ב"ק כד. ב"ב כח:, ב) [מנחות לה.], ג) ס"א מאבראי, ד) ס"א הוה אתי ויתיב ולא, ה) ס"א וכי הוי חזי אינש דלא אפשר ליה הוה יהיב ליה כו', ו) ל"ל ביום אחד. רש"א, ז) הכפורת באהל מועד ושם נשנית התורה כצ"ל. רש"א, ח) [רבינו ברוך ס"א], ט) נ"ל שאל שהקיז, י) [צ"ל אמר להו].

הגהות הב"ח

(א) גמ' א"ל אי הכי איקום אנא ואיזול לגבי מר: (ב) שם ההיא איתתא דמחממת תנורא מע"ש לע"ש ומשיילא לשיבבותה: (ג) שם מכה משולחת במין אחד משולחת בכל המינין: (ד) שם למיעבד כעובדיה דאבא אומנא ומאי הוו כו' כי כוסילתא דכי הוות כו' דלא ליסתכיל בה והוה ליה דוכתא דצניעא: (ה) רש"י ד"ה ה"ג עיר כו' ויצאו הימנה ט' מתים וכו' כגון כפר עכו אלף וחמש מאות וכו' בעיר קטנה הס"ד ואח"כ מה"ד דרוקרת כ"א יו"ד קרת עיר ששמה יו"ד והיא עיר קטנה על שם כו' כצ"ל ותיבות כפר עכו נמחק: (ו) ד"ה אל מול כו' שהשכינה עליו הס"ד ומה"ד נסתלקה וכו' ובראש קונטרס תשובת רומי: (ז) ד"ה הוגללו וכו' והיו נוסעין וכו' במחנה שכינה הס"ד: (ח) ד"ה איתחזי וכו' דמשום זכותיה: (ט) תוס' ד"ה אמרו כו' ויש לחוש שיהא דבר על בני אדם: (י) בא"ד מדבר שהיה בחזירין. נ"ב וקשה דאמרינן דשנא בתרי אומי לא שלטא:

תורה אור השלם

א) וְאִישׁ לֹא יַעֲלֶה עִמָּךְ וְגַם אִישׁ אַל יֵרָא בְּכָל הָהָר גַּם הַצֹּאן וְהַבָּקָר אַל יִרְעוּ אֶל מוּל הָהָר הַהוּא: [שמות לד, ג]

ב) לֹא תִגַּע בּוֹ יָד כִּי סָקוֹל יִסָּקֵל אוֹ יָרֹה יִיָּרֶה אִם בְּהֵמָה אִם אִישׁ לֹא יִחְיֶה בִּמְשֹׁךְ הַיֹּבֵל הֵמָּה יַעֲלוּ בָהָר: [שמות יט, יג]

ג) צַו אֶת בְּנֵי יִשְׂרָאֵל וִישַׁלְּחוּ מִן הַמַּחֲנֶה כָּל צָרוּעַ וְכָל זָב וְכֹל טָמֵא לָנָפֶשׁ: [במדבר ה, ב]

Yisrael], he would **not have** decreed a fast in his city because of a plague raging in another area. **וְהָא אָמְרוּ לֵיהּ לִשְׁמוּאֵל אִיכָּא מוֹתָנָא בֵּי חוֹזָאֵי** – **But** when **they said to Shmuel: There is a deadly plague in** far-off **Bei Chozaei, גְּזַר תַּעֲנִיתָא** – **he decreed a fast** in his city of Nehardea, even though both Bei Chozaei and Nehardea are in Babylonia!?

The Gemara answers:

שָׁאנֵי הָתָם – **That** case of Shmuel **is different, כֵּיוָן דְּאִיכָּא שַׁיְירָתָא דְּלָווּ וְאָתְיָא בַּהֲדֵיהּ** – **because there are caravans** between Bei Chozaei and Nehardea **which [the plague] can accompany and travel along with** to Nehardea. Thus, the distance between them is not significant. But if not for these caravans, Shmuel would not have decreed a fast, since he agrees with Rav Nachman that great distance serves as a barrier against the spread of a plague.[19]

The Gemara relates a story about another *tzaddik*:

אַבָּא אוּמָּנָא הֲוָה אָתֵי לֵיהּ שְׁלָמָא מִמְּתִיבְתָּא דִּרְקִיעָא כָּל יוֹמָא – **Abba the surgeon**[20] **would receive greetings from the Heavenly Academy each day,**[21] **וּלְאַבַּיֵי כָּל מַעֲלֵי יוֹמָא דְּשַׁבַּתָּא** – **while Abaye** would receive such greetings **each Friday, לְרָבָא כָּל מַעֲלֵי יוֹמָא דְּכִיפּוּרֵי** – **and Rava each Yom Kippur eve. הֲוָה קָא חָלְשָׁא דַּעְתֵּיהּ דְּאַבַּיֵי מִשּׁוּם דְּאַבָּא אוּמָּנָא** – **Abaye felt distressed because of Abba the surgeon** and wondered why he did not merit to receive these greetings just as frequently.[22] **אָמְרוּ לֵיהּ** – **They said to [Abaye]: לָא מָצֵית לְמֶיעְבַּד כְּעוֹבָדֵיהּ** – **You are not able to perform deeds such as his. וּמַאי הֲווּ עוֹבָדֵיהּ דְּאַבָּא אוּמָּנָא** – **And what were the** special **deeds of Abba the surgeon? דְּכִי הֲוָה עָבֵיד מִילְּתָא** – **When he would perform the procedure** of letting blood, **הֲוָה מַחֵית גַּבְרֵי לְחוּד וְנָשֵׁי לְחוּד** – **he would place the men separately and women separately,** to prevent their commingling. **וְאִית לֵיהּ לְבוּשָׁא דְּאִית בֵּיהּ קַרְנָא** – **He had a garment which had a cupping horn**[23] attached to it, **דַּהֲווֹת בְּזִיעָא כִּי כּוּסִילְתָא** – **and [the garment] was slit** just **enough to** accommodate **the lancet** used to make the incision in the vein. **כִּי הֲווֹת אַתְיָא לֵיהּ אִיתְּתָא** – **When a woman would come to him, הֲוָה מַלְבִּישׁ לָהּ** – **he would have her put it on, כִּי הֵיכִי דְּלָא נִיסְתַּכֵּל בָּהּ** – **so that he would not** have to **look at her** exposed body.[24] **וְאִית לֵיהּ דּוּכְתָּא דִּצְנִיעָא** – **Moreover, he had a private place** outside his operating room **דְּשָׁדֵי בֵּיהּ פְּשִׁיטֵי דְּשָׁקִיל** – **in which [the patients] would deposit the coins he took** as his fee; **דְּאִית לֵיהּ שָׁדֵי בֵּיהּ** – **whoever had** money and could afford to pay **would deposit** money **in it; דְּלֵית לֵיהּ לָא מִיכְסִיף** – **and whoever did not have** money **was** thus **not embarrassed,** because no one could see who paid and who did not. **כִּי הֲוָה אִתְרְמֵי לֵיהּ צוּרְבָא מֵרַבָּנָן** – **Whenever it happened that his patient was a young Torah scholar,**[25] **אַגְרָא מִינֵּיהּ לָא שָׁקִיל** – **he would accept no fee from him; וּבָתַר דְּקָאֵי** – **and when [that patient] would get up** to leave, **יָהֵיב לֵיהּ פְּשִׁיטֵי** – **he** [Abba] **would give him** some **coins, וְאָמַר לֵיהּ זִיל בְּרִיא נַפְשָׁךְ** – **and tell him: Go and restore your health,** i.e. take this money and buy something to eat to regain your strength after the loss of blood.

After hearing the praises of Abba the surgeon, Abaye decided to investigate him:

יוֹמָא חַד שָׁדַר אַבַּיֵי זוּגָא דְּרַבָּנָן לְמִיבְדְּקֵיהּ – **One day, Abaye sent a pair of rabbis to test him. אוֹתְבִינְהוּ וְאָכְלִינְהוּ וְאַשְׁקְיָנְהוּ** – When they came, **[Abba] sat them down, fed them and gave them** to **drink, וּמָךְ לְהוּ בִּיסְתַּרְקֵי בְּלֵילְיָא** – **and folded up woolen rugs for them** to sleep on **at night.**

NOTES

19. Accordingly, when Shmuel gave as his reason for decreeing the fast the fact that there was no natural barrier to prevent the spread of the plague, implicit in his reply was that distance alone could not serve as a barrier, because regular caravans connected the cities (*Maharsha*).

In Summary: If a plague strikes an area, all the surrounding areas declare a fast. Distant regions, however, need not declare a fast unless there are caravans connecting them to the affected area (*Meiri*). However, if a plague strikes Eretz Yisrael, all countries that hear about it must fast (*Orach Chaim* 576:2). *Rama* adds (citing *Ran*) that this is so only if *all* Eretz Yisrael is afflicted with the plague. But if the plague is limited to specific areas within Eretz Yisrael, the Diaspora need not fast.

20. Specifically, a bloodletter (*Rashi*). Bloodletting was, until recent times, a medical procedure performed at regular intervals to promote general health, as well as to treat certain illness.

21. A *bas kol* [heavenly voice] would call out to him, *"Shalom alecha!"* (peace unto you) (*Rashi*).

22. Abaye attributed the difference to some virtue that Abba possessed which he lacked. He thus felt distress at his own deficiency and sought to discover what virtue he lacked. He was informed that the virtue which merited this special treatment for Abba was related to his professional activities and thus not a reflection of any defect in Abaye, who was otherwise occupied as head of the yeshivah (*Maharsha*).

23. This was a kind of suction tube, which drew the blood from the patient.

24. The patient would put on a large, loose garment that had a slit in it. Abba would insert his lancet through this slit to make the incision into the vein. Then the garment would be adjusted so that the cupping horn sewn into the garment could be moved over the incision and the blood could then be drawn through the horn, all without the patient's having to expose any part of her body.

25. [He did this even for a young Torah scholar, and certainly for the older, more established ones.]

לְצַפְרָא כַּרְכִינְהוּ וְשַׁקְלִינְהוּ – In the morning, they rolled them up and took them, וְקָמוּ וְנָפְקוּ לְהוּ לְשׁוּקָא – and arose and went out to the marketplace וְאַשְׁכְּחִינְהוּ – and found him [Abba]. **אָמְרוּ לֵיהּ – They said to him: לְשַׁיְּימֵיהּ מַר הֵיכִי שָׁוּוּ – "Evaluate, master, how much these rugs are worth,** and buy them from us."[1] **אָמַר לְהוּ – He said to them: הָכִי וְהָכִי –** "They are worth **such-and-such." אָמְרוּ לֵיהּ וְדִלְמָא שָׁווּ טְפֵי – They said to him: "Perhaps they are worth more?" אָמַר לְהוּ – He said to them: בְּהָכִי שַׁקְלִינְהוּ – "This is what I bought them for." אָמְרוּ לֵיהּ – They said to him: דִּידָךְ נִיהוּ וְשַׁקְלִינְהוּ מִינָּךְ – "These are** really **yours, and we took them from your** house!"

They then revealed to him that they had merely been testing him, and asked him what had gone through his mind: **אָמְרוּ לֵיהּ – They said to him: בְּמָטוּתָא מִינָּךְ בְּמַאי חֲשַׁדְתִּינָן – "Please** tell us, **of what did you suspect us** when we took the rugs this morning?" **אָמַר לְהוּ – He said to them: אֲמִינָא פִּדְיוֹן שְׁבוּיִים אִיקְלַע לְהוּ לְרַבָּנָן – "I said** to myself: A case of **ransoming captives must have come** before **the rabbis,"** i.e. you needed money to ransom some captives, **וְאִכְסִיפוּ לְמֵימַר לִי – "but [the rabbis] were embarrassed to tell me** about it," and ask for the money openly. You therefore went through this entire charade to get me to give you the money.[2] **אָמְרוּ לֵיהּ – They said to him: הַשְׁתָּא נִשְׁקְלִינְהוּ מַר – "Now** that you know, **master, take them** back." **אָמַר לְהוּ – He said to them: מֵהַהוּא שַׁעְתָּא אַסַּחְתִּינְהוּ מִדַּעְתָּאִי לִצְדָקָה – "From that moment** that I concluded that you took the rugs to raise money to redeem captives, **I put them out of my mind,** and assigned them **to charity."**[3]

Abaye had been distressed because he did not merit the daily heavenly greeting received by Abba the surgeon. The Gemara relates that Rava, in turn, was distressed to learn that he did not merit the weekly greeting received by his colleague Abaye:

הֲוָה קָא חַלְשָׁא דַּעְתֵּיהּ דְּרָבָא מִשּׁוּם דְּאַבַּיֵי – Rava felt distressed because of Abaye.[4] **אָמְרוּ לֵיהּ – They said to him: מִסְתַּיְיךְ דְּקָא מַגְנִית אַכּוּלָּהּ כְּרַכָּא – It should be enough for you that you protect the entire city** with your merit.

The Gemara relates a story about the saintly deeds of some seemingly ordinary people:

ר׳ בְּרוֹקָא חוֹזָאָה הֲוָה שְׁכִיחַ בְּשׁוּקָא דְּבֵי לְפֶט – R' Beroka of Bei Chozai used to frequent the marketplace of Bei Lefet. הֲוָה שְׁכִיחַ אֵלִיָּהוּ גַּבֵּיהּ – Elijah the Prophet **frequently appeared to him. אָמַר לֵיהּ –** Once **[R' Beroka] said to him: אִיכָּא בְּהַאי שׁוּקָא בַּר עָלְמָא דְּאָתֵי – "Is there anyone in this marketplace who is destined for the World to Come?" אָמַר לֵיהּ לָא – [Elijah] answered him: "No." אַדְּהָכִי וְהָכִי – In the meantime, חֲזָא לְהַהוּא גַּבְרָא דַּהֲוָה סַיֵּים מְסָאנֵי אוּכָמֵי – he saw a certain man who was wearing black shoes,**[5] **וְלָא רָמֵי חוּטָא דְּתְכֶלְתָּא בִּגְלִימֵיהּ – and who had no *tzitzis* on the corners of his garment,**[6] so that he did not appear to be Jewish. **אָמַר לֵיהּ – [Elijah] said to [R' Beroka]: הַאי בַּר עָלְמָא דְּאָתֵי הוּא – "This** person **is destined for the World to Come." רְהַט בַּתְרֵיהּ – [R' Beroka] ran after him** and caught up to him. **אָמַר לֵיהּ מַאי עוֹבָדָךְ – He said to [the man]: "What do you do?" אָמַר לֵיהּ – [He] replied: זִיל הָאִידָּנָא וְתָא לְמָחָר – "Go** away **today and come** back **tomorrow." לְמָחָר אָמַר לֵיהּ מַאי עוֹבָדָךְ – The next day [R' Beroka]** returned and **said to him** again, **"What do you do?" אָמַר לֵיהּ זַנְדּוּקָנָא אֲנָא – He said to [R' Beroka]: "I am a jail guard, וְאַסְרְנָא גַּבְרֵי לְחוּד וְנָשֵׁי לְחוּד – and I incarcerate the men separately, and the women separately,** i.e. on different sides of the jail, **וּרְמֵינָא פּוּרְיָיאִי בֵּין הָנֵי לְהָנֵי – and I place my bed between these** [the men] **and those** [the women], **כִּי הֵיכִי דְּלָא לֵיתוּ לִידֵי אִיסוּרָא – so that they should not come to** do **that which is forbidden. כִּי חָזֵינָא בַּת יִשְׂרָאֵל דְּיָהֲבֵי נׇכְרִים עֲלָהּ עֵינַיְיהוּ – When I see an** imprisoned **Jewish girl whom the Gentile** wardens **are focusing their attention on, מָסַרְנָא נַפְשַׁאי וּמַצֵּילְנָא לָהּ – I risk my life to save her. יוֹמָא חַד – One day, הֲוַות נַעֲרָה מְאוֹרָסָה גַּבָּן – there was a betrothed** Jewish **girl with us** among the prisoners, **דְּיָהֲבוּ בָּהּ נׇכְרִים עֵינַיְיהוּ – on whom the Gentiles were focusing their attention. שְׁקַלִי דּוּרְדְּיָיא דְּחַמְרָא – I took the lees of** red **wine, וּשְׁדָאִי לָהּ בְּשִׁיפּוּלָהּ – and threw them on the lower part of her** skirt to make it appear blood stained, **וַאֲמַרִי דִּיסְתָּנָא הִיא – and I said** to them, **'She is menstruating.' "**[7]

After discovering that the man was indeed a worthy person, R' Beroka sought an explanation for his unconventional dress:

אָמַר לֵיהּ – [R' Beroka] then **said to him: מַאי טַעְמָא לֵית לָךְ חוּטֵי – "Why do you not have *tzitzis*** on your clothes, **וְרָמֵית מְסָאנֵי אוּכָמֵי – and** why do **you wear black shoes?" אָמַר לֵיהּ – He said to [R' Beroka]: עָיְילְנָא וְנָפֵיקְנָא בֵּינֵי נׇכְרִים – "I come and go among the Gentiles,** and I therefore do not wear *tzitzis*[8] or the customary Jewish footwear, **כִּי הֵיכִי דְּלָא לֵידְעוּ דִּיהוּדָאָה אֲנָא – so that they should not know that I am a Jew. כִּי הָווּ גָּזְרֵי גְּזֵירְתָא –** I do this so that **whenever they make a decree** that is detrimental to Jews, **מוֹדַעְנָא לְהוּ לְרַבָּנָן – I inform the Rabbis** immediately, **וּבָעוּ רַחֲמֵי וּמְבַטְּלֵי לִגְזֵירְתַּיְיהוּ – and they pray for** Divine **mercy and annul their decrees."**

R' Beroka continued questioning the man's behavior:

וּמַאי טַעְמָא כִּי אֲמִינָא לָךְ אֲנָא מַאי עוֹבָדָךְ – "Why, when I said to you, 'What do you do?' וַאֲמַרְתְּ לִי זִיל הָאִידָּנָא וְתָא לְמָחָר – did

NOTES

1. They were testing him to see whether he would openly accuse them of having robbed them, or if he would at least conclude in his mind that they were thieves and attempt to recoup part of his loss by [taking advantage of their declared lack of knowledge in these matters to] deliberately undervalue the rugs and buy them back for less than their worth (*Rashi*).

There is a question, however, as to how they could take the carpets without permission, in light of the rule (*Choshen Mishpat* 359), that it is forbidden to steal something even with the intention of returning the object (see *Ben Yehoyada*).

2. That is, rather than ask for the money outright, you stayed in my house, took the rugs, and offered to sell them back to me [so that I should understand on my own that you were in urgent need of the money and give it to you without your having to ask for it] (*Rashi*). *Ben Yehoyada* suggests that he assumed that the source of their embarrassment was that the captives were members of their family [and they were thus collecting for their own needs].

3. Abba did not wish to renege on his charitable donation even though it had been solicited under false pretenses.

4. He assumed that it reflected a Heavenly assessment that he was less worthy than his colleague.

5. It was not the custom for Jewish people in those days to wear black shoes (*Rashi*). Others explain that Jews did not wear black laces. This person's shoes were completely black, including the laces (*Maharsha* from *Tosafos, Bava Kamma* 59b).

6. Literally: he did not put a thread of *techeiles* on his garment. [*Techeiles* is wool dyed blue with the blood of the *chilazon* fish. *Tzitzis* are supposed to contain a thread of *techeiles*. Idiomatically, however, *techeiles* is used to refer to *tzitzis* as a whole.]

7. Even the wardens considered it repulsive to have relations with a menstruant, and they therefore left her alone (*Rashi*; see *Doros HaRishonim* vol. 6, p. 61).

8. *Ben Yehoyada* (in *Benayahu*) suggests that the man would inconspicuously round off one of the four corners of his garment, so as not to actually violate the Biblical commandment that four-cornered garments have *tzitzis*. Nevertheless, the lack of *tzitzis* reinforced the impression that he was not Jewish.

לצפרא כרכינהו ושקלינהו וקמו ונפקו להו לשוקא ואשכחינהו א"ל לשיימיה מר היכי שוו א"ל הכי והכי א"ל ודלמא שוו טפי א"ל בהכי שקלינהו אמרו ליה דידך ניהו ושקלינהו מינך אמרו ליה במטותא מינך במאי חשדתינן א"ל אמינא פדיון שבויים איקלע להו לרבנן ואכסיפו למימר לי אמרו ליה השתא נשקלינהו מר אמר להו מההוא שעתא אסחתינהו מדעתאי לצדקה הוה קא חלשא דעתיה דרבא משום דאביי (א) אמרו ליה מסתייך דקא מגנית אכולה כרכא ר' ברוקא חוזאה הוה שכיח בשוקא דבי לפט הוה שכיח אליהו גביה א"ל [ב] איכא בהאי שוקא בר עלמא דאתי א"ל לא אדהכי והכי חזא לההוא גברא דהוה סיים מסאני אוכמי ולא רמי חוטא דתכלתא בגלימיה א"ל האי בר עלמא דאתי הוא (ב) רהט בתריה א"ל מאי עובדך א"ל זיל האידנא ותא למחר למחר א"ל מאי עובדך א"ל [א] זנדוקנא אנא ואסרנא גברי לחוד ונשי לחוד ורמינא פורייאי בין הני להני כי היכי דלא ליתו לידי איסורא כי חזינא בת ישראל דיהבי נכרים עלה עינייהו מסרנא נפשאי ומצילנא לה יומא חד הוות נערה מאורסה גבן דיהבו בה נכרים עינייהו שקלי דורדייא דחמרא ושדאי לה בשיפולה ואמרי [ב] דיסתנא היא א"ל מאי טעמא לית לך חוטי (ג) ורמית מסאני אוכמי א"ל עיילנא ונפיקנא ביני נכרים כי היכי דלא לידעו דיהודאה אנא כי הוו גזרי גזירתא מודענא להו לרבנן ובעו רחמי ומבטלי לגזירתייהו ומאי טעמא כי אמינא לך אנא מאי עובדך ואמרת לי זיל האידנא ותא למחר א"ל בההיא שעתא גזרי גזירתא ואמינא ברישא איזיל ואשמע להו לרבנן דלבעי רחמי עלה דמילתא אדהכי והכי אתו הנך תרי [ג] אתי א"ל הנך נמי בני עלמא דאתי נינהו אזל לגבייהו אמר להו מאי עובדייכו אמרו ליה אינשי בדוחי אנן מבדחינן עציבי אי נמי כי חזינן בי תרי דאית להו תיגרא בהדייהו טרחינן ועבדינן להו שלמא: על אלו מתריעין בכל מקום כו': ת"ר על אלו מתריעין בכל מקום על השדפון ועל הירקון ועל ארבה וחסיל ועל חיה רעה [ד] ר' עקיבא אומר על השדפון ועל הירקון בכל שהוא [א] ארבה וחסיל אפילו לא נראה בא"י אלא כנף אחד מתריעין עליהן: ועל חיה וכו': ת"ר חיה רעה שאמרו בזמן שהיא משולחת מתריעין עליה אינה משולחת אין מתריעין עליה [ב] אי זו היא משולחת ואי זו היא שאינה משולחת נראית בעיר משולחת בשדה אינה משולחת ביום משולחת בלילה אינה משולחת ראתה שני בני אדם ורצתה אחריהן משולחת [ה] נחבאת מפניהן אינה משולחת טרפה שני בני אדם ואכלה אחד מהן משולחת אכלה שניהן אינה משולחת עלתה לגג ונטלה תינוק מעריסה משולחת הא גופה קשיא אמרת נראתה בעיר משולחת לא שנא ביום ולא שנא בלילה והדר אמרת ביום משולחת בלילה אינה משולחת לא קשיא [ג] הכי קאמר נראתה בעיר ביום משולחת בעיר בלילה אינה משולחת אי נמי בשדה [אפילו] ביום [אינה] משולחת (בשדה בלילה אינה משולחת) ראתה שני בני אדם ורצתה אחריהן משולחת הא עומדת אינה משולחת והדר אמרת נחבאת מפניהן אינה משולחת הא עומדת משולחת לא קשיא [ד] כאן בשדה הסמוכה לאגם כאן בשדה שאינה סמוכה לאגם טרפה שני בני אדם כאחד ואכלה אחד מהן משולחת שניהם אינה משולחת והא אמרת אפילו רצתה אמר רב פפא [ה] כי תני ההיא באגמא: גופא עלתה לגג ונטלה תינוק מעריסה משולחת פשיטא אמר רב פפא [ו] בכוכי דציידי: על החרב וכו': ת"ר [ז] חרב שאמרו אינו צריך לומר חרב שאינו של שלום אלא אפילו חרב של שלום שאין לך חרב של שלום יותר מפרעה נכה ואעפ"כ נכשל בה המלך יאשיהו שנאמר

וישליח

רש"י

לצפרא כרכינהו. רבנן לביסתרקי דאבא אומנא ואייתינהו לשוקא לזבנינהו: אמרו ליה. לאבא אומנא לשיימינהו מר והא לן דמייהו והיו בודקין אותו אם יחשדם כגזלנין או אם יהא שם אותם פחות מכדי דמיהם: במאי חשדתינן. כשלקחנום: וכסיפא. לכו מילתא למימר לי לאלתר ליתן אותם ואהכי אתו למיגבי גבאי למיעבד כולי האי: לשקלינהו מר. שלא היינו רוצין אלא לנסותך: חלשא דעתיה דרבא אדאביי. דלרבא לא אתי שלמא אלא ממעלי יומא דכיפורי למעלי יומא דכיפורי ולאביי כל מעלי שבתא: אכולא כרכא. על כל בני עירך: רב ברוקא חוזאה. שהיה מבי חוזאי: דבי לפט. מקום: א"ל. רב ברוקא לאליהו מי איכא בהאי שוקא כו': מסאני אוכמי. מנעלים שחורים (ד) שלא כמנהג היהודים: ולא רמי חוטא. לא הטיל ציצית בטליתו: אמר ליה. אליהו לרב ברוקא האי בר עלמא דאתי הוא: קרא ליה. רב ברוקא לההוא גברא: זנדוקנא. שומר בית האסורין (ה): רמינא פורייאי כו'. מטיל אני מטתי בין אנשים לנשים: דיהבי נכרים עינייהו עלה. בעלי בית האסורים: איתרמי נערה כו'. דהויא בבית הסוהר: דורדיא דחמרא. שמרים של יין האדומים כדם: בשיפולה. בשולי בגדיה: דיסתנא. דרך נשים לה ומאוסה היא והוא לשון פרסי [ו]: אמר ליה. אליהו לרב ברוקא הני נמי בני עלמא דאתי ניהו: בדוחי. שמחים ומשמחים בני אדם: טרחינן. במילי דבדיחותא בינייהו: עד דעבדי שלמא. (ו) שהן דברים שאדם אוכל פירותיהן בעולם הזה והקרן קיימת וכו' הבאת שלום בין אדם לחבירו: שדפון וירקון. כיון שנראה כל שהוא מתריעין ומלא תנור דמתניתין להתענות אי נמי מעשה (ז) היה כך: כנף אחד. עוף אחד של אותו מין כעין צפור כל כנף (בראשית ז): משולחת. מן השמים: בשדה אינה משולחת. דהיינו אורחה: טרפה שני בני אדם. ולא אכלה אלא אחד מהם ודאי משולחת דכיון דלא היתה רעבה אלא לאחד מאי טעמא קטלה ליה לאידך: שניהן אינה משולחת. שמפני הרעב אכלתם: עלתה לגג. רגילין היו להשתמש כל תשמישיהן בגגות שלא היו משופעים אלא חלקים ושוין והוא הדין לבית שתחתיו: עריסה. ברצו"ל בלע"ז: הכי קאמר. האי דקתני נראתה בעיר כו' הכי קאמר נראתה בעיר כגון שנראתה ביום דסתם נראתה ביום משמע אבל בלילה אינה משולחת והאי דקתני נראתה ביום (ח) אן אשדה קאי דאם נראתה בשדה ביום אינה משולחת: הא עמדה. בשדה דלא רצתה ולא נחבאת: בשדה הסמוכה לאגם. עמדה אינה משולחת דכיון דסמוכה לאגם היינו רביתה ולא ברחה סברה אי אתי בתראי עריקנא לאגם מיד: בשדה שאינה סמוכה לאגם. עמדה משולחת דכיון דלאו מקום רביתה הוא וקיימא ודאי משולחת גזירה היא: אגם. מרשי"ק בלע"ז הסמוך לעיר והוא מלא קוצים: כי תניא ההיא. דאכלה אין רצתה לא באגם (ט) דכיון דהיינו דוכתה סמכה אדעתה ורהטא אבתרייהו: כבוכא דציידי. כוך קטן של ציידין שיחפרו למארב העופות ואף על גב דלאו בנין קבוע הוא ולא הוה כיישוב הויא משולחת: אין צריך לומר חרב שאינו של שלום. שמתריעין עליה (י) אלא אפילו חרב של שלום. העוברת דרך אותו מלכות לילך להלחם במקום אחרת:

וישלח

תוספות

טרפה שני בני אדם אכלה אחד מהן משולחת. והוא הדין לא אכלה אחד מהם משולחת שהרי אם אכלה שניהם אינה משולחת דהא דאכלה שניהם לא הוי מטעם משולחת אלא מטעם דהיא רעיבה והא דנקט אכלה אחד מהם רבותא הוי דאע"ג דאכלה אחד מהן הוי משולחת:

כמלא

עין משפט נר מצוה

כא א מיי' פ"ב מהלכות תעניות הל' י טוש"ע א"ח סי' תקעו סעיף ט:

כב ב ג ד ה ו מיי' שם הלכה ז ח טוש"ע שם סעיף ו ז:

כג ז מיי' שם הלכה ד טוש"ע שם סעיף א:

רבינו חננאל

רבא מגנא זכותיה אכולא כרכא: א"ל ר' ברוקה לאליהו הראיני אדם שהוא מבני העוה"ב א"ל זה הלך אחריו שאלו אמר לו שומר האסורים אני ואסרנא גברי לחוד ונשי לחוד ולא רמינא ציצית כי היכי דלא לרגשו דאנא יהודאי. וכי שמענא דגזרה על ישראל מהודענא להון ובעו רחמי ומבטלי. דורדיא שמרים של יין. דשתנא נדה. וזה הנראה בבגדיה ככתם דמיה הן. תוב א"ל אליהו הני נמי בני עלמא דאתי נינהו ושאלינהו ואמרו ליה משמחי לב עציבי אנן כלומר יש לנו חן שפה ודברים המסירים עצב מן הלב וכי חזינן נמי צערא בין גברא לחבריה אי בין גברא לאתתיה טרחינן ועבדינן שלמא בינייהו: על אלו מתריעין בכל מקום על השדפון ועל הירקון כו' וקי"ל כר' עקיבא דברייתא דתני על השדפון ועל [הירקון] (הארבה) בכל שהוא ואוקימנא למתני' לקמן דנראה באשקלון שדפון כמלא פי תנור תבואה כלומר כשיעור פי תנור נשדפה תבואה בשדה וגזרו תענית ואיבעיא לן האי שדפון דמשערינן ליה בשדה שיעור ככיסוי פי התנור הוא. אי כשיעור דרא רפתא דהדר לפומא דתנורא ועלתה בתיקו. וכן נמי א"ר עקיבא וכן בארבה ובחסיל אפילו לא נראה אלא כנף אחד בא"י מתריעין עליהן מיד: פיסקא ועל חיה רעה ת"ר חיה רעה בזמן שהיא משולחת כו' ואוקימנא איזו היא משולחת שנראתה בעיר בלילה אי נמי נראתה בשדה ביום אינה משולחת. ראתה שנים ורצתה אחריהן משולחת אבל ראתה אותם ונחבאת מפניהם אי נמי לא נחבאת אלא עמדה בשדה הסמוכה לאגם אינה משולחת טרפה שנים באגם ואכלה אחד מהם משולחת ואם לא אכלה ולא אחד מהם אינה משולחת והני מילי באגם אבל שלא במקום אגם אע"פ שלא אכלה אלא רצתה אליהם משולחת: פיסקא ועל החרב מתריעין. ת"ר אין צ"ל חרב שאינה של שלום שודאי מתריעין אלא אפי' חרב של שלום מתריעין שאין לך חרב של שלום יותר מפרעה נכה ואעפ"כ נכשל בה

ליקוטי רש"י

צפרא. בקר [שופטים ז, ג]. מסתייך. דייך [ברכות נה.]. מגנית. שומר [ע"פ ע"ז טז.]. ולא רמי חוטא. זה לשון תליית ציצית כדאמרינן בעלמא (תענית דף כב.) לא רמי חוטי [שבת קיח:]. האידנא. עכשיו [סוכה יח.]. [דשתנא]. נוטריקון ד' דרך ש' נשים [ע"ז כד:]. השדפון. בתבואות. ירקון. חולי. חיה רעה. משכלת בני אדם [לעיל יט.]. כוכי דציידי. כוכא, צריף קטן כמו כוכא דליידי [גיטין סח. ע' שם בהגר"פ].

מסורת הש"ס

א) [גי' הערוך זנדוקא], ב) [נ"ל דשתנא עי' ע"ז כד: וכן גי' הערוך], ג) ס"א אחי, ד) [גי' רי"ף ורא"ש ת"ר על השדפון וכו'], ה) [גי' רי"ף ורא"ש ברחה], ו) [עי' ע"ז כד:].

הגהות הב"ח

(א) גמ' חלשא דעתיה דרבא משום דאביי איתמזי ליה בחלמא אמרו ליה מסתייך: (ב) שם האי בר עלמא דאתי הוא קרא ליה ולא אתא לגביה רהט בתריה א"ל: (ג) שם מ"ט לית לך חוטי וסיימת מסאני אוכמי כו' דיהודאה אנא דכי הוו גזרי: (ד) רש"י ד"ה מסאני אוכמי כו' שלא כמנהג היהודים. נ"ב עי' בתוס' פרק בן סורר ומורה דף ע"ד ובפ' הכונס דף נ"ט: (ה) ד"ה זנדוקנא כו' האסורין של מלך הס"ד: (ו) ד"ה עד דעבדי שלמא. דהבאת שלום בין אדם לחבירו היא אחד מן הדברים שאדם אוכל פירותיהן בעוה"ז והקרן קיימת לעוה"ב הס"ד: (ז) ד"ה שדפון כו' אי נמי מעשה שהיה כך היה הס"ד: (ח) ד"ה הכי קאמר כו' והאי דקתני נראתה ביום אעיר קאי דאם נראתה בשדה אפילו ביום אינה: (ט) ד"ה כי תניא כו' רצתה לא באגם גופא דכיון דהיינו: (י) ד"ה אין צריך לומר כו' שמתריעין עליה הס"ד ומה"ד אלא כו':

גליון הש"ס

גמ' איכא בהאי שוקא. עיין בתורת חיים סנהדרין דף פח ע"ב ד"ה שלחו מתם:

הגהות מהר"ב רנשבורג

אן רש"י ד"ה הכי קאמר וכו' והאי דקתני נראתה ביום אשדה וכו'. נמחק מלת אשדה וצ"ל אעיר:

רבינו גרשום

כרכינהו להני ביסתרקי למזבן ואמרי ליה כ"ע לישיימינהו מר. אמר להו הכי והכי שוו דבעי למיהב שורי' אילו בסתרקי להנהו זוגא דרבנן א"ל ההוא זוגא דרבנן חשדתינן דאתינן לוותך לישקלינהו מר לבסתרקי דלא בעינא להו. מסאני אוכמי. כנכרים ולא רמו חוטי. ציצית: מפני שהיא מכה מהלכת. שלאחר שנראה כל שהוא אינו מפסיק: שניהם אינה משולחת דאקראי היא מחמת רעבתינתא. א"נ בשדה ביום מסיים הברייתא בשדה הסמוכה לאגם. עמדה אינה משולחת לפי שלבה גסה באגם שהיא מצויה שם. בשדה שאינה סמוכה לאגם עמדה משולחת. באגם גופיה לא הוה משולחת עד דאכלה מהן. כוכי דאגמא דציידי. צריפין דיורין קטנים שדרין בהן ציידים ועל אותו גג עלתה דס"ד לא חשיב גג קמ"ל:

you respond to me, 'Go away today and come back tomorrow?'" אָמַר לֵיהּ – **He said to [R' Beroka]:** בְּהַהִיא שַׁעְתָּא גָּזְרֵי גְּזֵירְתָא – **"At that moment, they had just issued a decree** against the Jews, וְאָמִינָא בְּרֵישָׁא אֵיזִיל וְאַשְׁמַע לְהוּ לְרַבָּנָן – **so I said** to myself: **Let me first go and inform the Rabbis,** דְּלִבְעֵי רַחֲמֵי עֲלָהּ דְּמִילְּתָא – **so that they may pray for** Divine **mercy concerning this matter** and have it annulled." Therefore, I did not have time to converse with you.

R' Beroka is introduced to two other persons destined for the World to Come:

אַדְּהָכִי וְהָכִי אָתוּ הָנָךְ תְּרֵי – **In the meantime, these two** others came by the marketplace. אָתֵי אָמַר לֵיהּ – **[Elijah] came** again[9] and **said to [R' Beroka]:** הָנָךְ נַמִּי בְּנֵי עָלְמָא דְּאָתֵי נִינְהוּ – **These, too, are destined for the World to Come.** אָזַל לְגַבַּיְיהוּ – **[R' Beroka] went up to them,** אָמַר לְהוּ מַאי עוֹבָדַיְיכוּ – and **said to them: "What do you do?"** אָמְרוּ לֵיהּ – **They said to him:** אִינָשֵׁי בְּדוּחֵי אֲנַן – **"We are comedians,** מְבַדְּחִינַן עֲצִיבֵי – and **we go to cheer up those who are depressed.** אִי נַמִּי – **Additionally,** כִּי חָזֵינַן בֵּי תְּרֵי דְּאִית לְהוּ תִּיגְרָא בַּהֲדַיְיהוּ – **whenever we see two people involved in a quarrel,** טָרְחִינַן וְעָבְדִינַן לְהוּ שְׁלָמָא – **we strive hard to make peace between them."**[10]

The Mishnah states:

עַל אֵלּוּ מַתְרִיעִין בְּכָל מָקוֹם כו׳ – FOR THESE CALAMITIES WE CRY OUT EVERYWHERE **etc.** [for windblasts, for yellowing, for *arbeh* locusts, and for *chasil* locusts].

The Gemara cites a Baraisa that elaborates this segment of our Mishnah:[11]

תָּנוּ רַבָּנָן – **The Rabbis taught in a Baraisa:** עַל אֵלּוּ מַתְרִיעִין בְּכָל מָקוֹם – FOR THESE calamities WE CRY OUT EVERYWHERE: עַל הַשִּׁדָּפוֹן – FOR WINDBLASTS, i.e. gusts of wind that are so strong that they detach the kernels from their husks, וְעַל הַיֵּרָקוֹן – FOR YELLOWING, וְעַל אַרְבֶּה – FOR *ARBEH* LOCUSTS וְחָסִיל – AND *CHASIL* LOCUSTS, וְעַל חַיָּה רָעָה – AND FOR A DANGEROUS BEAST that attacks humans. ר׳ עֲקִיבָא אוֹמֵר – R' AKIVA SAYS: עַל הַשִּׁדָּפוֹן וְעַל הַיֵּרָקוֹן – FOR WINDBLASTS AND YELLOWING we cry out בְּכָל שֶׁהוּא – FOR even THE SLIGHTEST AMOUNT of damage.[12] אַרְבֶּה וְחָסִיל – For *ARBEH* LOCUSTS AND *CHASIL* LOCUSTS, אֲפִילּוּ לֹא נִרְאָה בְּאֶרֶץ יִשְׂרָאֵל – EVEN IF THERE DOES NOT APPEAR IN ERETZ YISRAEL אֶלָּא כָּנָף אֶחָד – BUT ONE WINGED CREATURE[13] of either of these species, מַתְרִיעִין עֲלֵיהֶן – WE CRY OUT OVER THEM.

In its list of calamities for which we cry out everywhere, our Mishnah includes:

וְעַל חַיָּה וכו׳ – FOR A DANGEROUS BEAST, **etc.**

Public days of crying out and fasting are decreed only for unusual calamities, not normal ones. The Gemara now cites a Baraisa that defines when incidents involving predatory beasts are deemed an unusual danger to the community warranting crying out (and fasting):

תָּנוּ רַבָּנָן – **The Rabbis taught in a Baraisa:** חַיָּה רָעָה שֶׁאָמְרוּ – THE DANGEROUS BEAST OF WHICH THEY SPOKE in the Mishnah: בִּזְמַן שֶׁהִיא מְשׁוּלַּחַת – WHEN IT IS A Divine VISITATION, i.e. when the beast's predatory behavior is unusual and thus a sign of a Heaven-sent plague, מַתְרִיעִין עָלֶיהָ – WE CRY OUT OVER IT; אֵינָהּ מְשׁוּלַּחַת – however, if IT IS NOT A Divine VISITATION, but rather the beast's natural behavior, אֵין מַתְרִיעִין עָלֶיהָ – WE DO NOT CRY OUT OVER IT.[14] אֵי זוּ הִיא מְשׁוּלַּחַת – WHICH IS deemed A VISITATION וְאֵי זוּ הִיא שֶׁאֵינָהּ מְשׁוּלַּחַת – AND WHICH IS NOT deemed A VISITATION? נִרְאֵית בָּעִיר – If IT APPEARED IN TOWN, which is unusual, מְשׁוּלַּחַת – IT IS deemed A Divine VISITATION; בַּשָּׂדֶה – but if it appeared IN THE FIELD, which is natural, אֵינָהּ מְשׁוּלַּחַת – IT IS NOT deemed A Divine VISITATION. בַּיּוֹם – If it appeared DURING THE DAY, which is unusual, מְשׁוּלַּחַת – IT IS A VISITATION; בַּלַּיְלָה – but if it appeared AT NIGHT, אֵינָהּ מְשׁוּלַּחַת – IT IS NOT A VISITATION, since that is the beast's usual time to hunt. רָאֲתָה שְׁנֵי בְּנֵי אָדָם וְרָצְתָה אַחֲרֵיהֶן – If IT SAW TWO PEOPLE AND PURSUED THEM, which is unusual, מְשׁוּלַּחַת – IT IS A VISITATION; נֶחְבֵּאת מִפְּנֵיהֶן – but if IT HID FROM THEM, אֵינָהּ מְשׁוּלַּחַת – IT IS NOT A VISITATION. טָרְפָה שְׁנֵי בְּנֵי אָדָם – If IT KILLED TWO PEOPLE at one time וְאָכְלָה אֶחָד מֵהֶן – BUT DEVOURED only ONE OF THEM, מְשׁוּלַּחַת – IT IS deemed A VISITATION; אָכְלָה שְׁנֵיהֶן – but if IT DEVOURED BOTH OF THEM, אֵינָהּ מְשׁוּלַּחַת – IT IS NOT A VISITATION, since it may be acting out of hunger.[15] עָלְתָה לַגַּג – If IT CLIMBED TO A ROOF וְנָטְלָה תִּינוֹק מֵעֲרִיסָה – AND SNATCHED AN INFANT FROM A CRADLE, מְשׁוּלַּחַת – IT IS A VISITATION.[16] The Gemara will now clarify the rulings of the Baraisa.

The Gemara notes an apparent contradiction between the first two rulings of the Baraisa:

הָא גּוּפָהּ קַשְׁיָא – **This** Baraisa **is self-contradictory!** אָמְרַת – First **you say** that נִרְאֲתָה בָּעִיר מְשׁוּלַּחַת – if [THE BEAST] APPEARED IN TOWN, IT IS deemed A VISITATION, לֹא שְׁנָא בַּיּוֹם וְלֹא שְׁנָא בַּלַּיְלָה – implying that **there is no distinction whether** it appeared **during the day or whether** it appeared **at night.** וְהָדַר אָמְרַת – **You then say** that בַּיּוֹם מְשׁוּלַּחַת – only if it appeared DURING THE DAY IS IT A VISITATION, בַּלַּיְלָה אֵינָהּ מְשׁוּלַּחַת – but if it appeared AT NIGHT, IT IS NOT A VISITATION. – ? –

The Gemara answers that the second rule is not independent of the first but qualifies it:

לֹא קַשְׁיָא – **There is no contradiction** between these two rulings.

NOTES

9. See *R' Chananel*. However, many old manuscripts have the word אַחֵי (*brothers*) in place of אָתֵי (*he came*). Thus, the reading would be: אַדְּהָכִי וְהָכִי אָתוּ הָנָךְ תְּרֵי אַחֵי אָמַר לֵיהּ – *In the meantime these two brothers came by the marketplace. [Elijah] said to [R' Beroka]...*

10. I.e. they devoted their comic talents solely to these types of situations and thus acted for the sake of Heaven.

11. See 19a notes 10-12 for an explanation of this Baraisa.

12. The Mishnah records that the Sages decreed a fast for a windblast that damaged enough grain to fill the mouth of an oven, implying that there is a minimum for decreeing a fast. This seems to contradict R' Akiva's ruling that there is no minimum!

It may be that R' Akiva refers specifically to the obligation to *cry out.* This response is mandated for even the slightest amount of windblast. However, we do not declare a *fast* unless the windblast damage is enough to fill the mouth of an oven (*Rashi*). Alternatively, there is no difference in the requirements for fasting and crying out, and both are called for when there is *any* amount of damage. The Mishnah does not mean to imply that the amount that would fill the mouth of an oven is the minimum for which a fast is declared. The Mishnah is merely relating the incident as it happened in Ashkelon. Indeed, they would have declared the fast even for less, but, in fact, this was the amount that had been found (*Rashi;* see, however, *Maggid Mishneh* to *Hil. Taaniyos* 2:11, who questions this explanation in light of the Gemara on 22b).

13. *Rashi* from *Genesis* 7:14; see also *Rashi* ad loc.

14. Although any attack by a wild beast is a calamity, it does not call for public "crying out" and fasting if it is the type of incident that can be expected to occur. [See above, 20b note 10.]

15. It is thus not evidence of a Divine visitation. However, if it devoured only one of them [and left the other corpse alone], it is evidence of a Divine visitation, since there was no reason for it to kill two people if it was only hungry enough to devour one of them (*Rashi*).

16. In Mishnaic times house roofs were flat, and they were used as regular extensions of the house. The same ruling would apply if the predator entered the house and snatched the infant (*Rashi*).

לצפרא כרכינהו ושקלינהו וקמו ונפקו להו לשוקא ואשכחינהו א"ל לשיימיה מר היכי שוו א"ל הכי והכי א"ל ודלמא שוו טפי א"ל בהכי שקלינהו אמרו ליה דידך ניהו ושקלינהו מינך אמרו ליה במטותא מינך במאי חשדתינן א"ל אמינא פדיון שבויים איקלע להו לרבנן ואכסיפו למימר לי אמרו ליה השתא נשקלינהו מר אמר להו מההוא שעתא אסחתינהו מדעתאי לצדקה הוה קא חלשא דעתיה דרבא משום דאביי (א) אמרו ליה מסתייך דקא מגנית אכולה כרכא ר' ברוקא חוזאה הוה שכיח בשוקא דבי לפט הוה שכיח אליהו גביה א"ל ° איכא בהאי שוקא בר עלמא דאתי א"ל לא אדהכי והכי חזא לההוא גברא דהוה סיים מסאני אוכמי ולא רמי חוטא דתכלתא בגלימיה א"ל האי בר עלמא דאתי הוא (ב) רהט בתריה א"ל מאי עובדך א"ל זיל האידנא ותא למחר למחר א"ל מאי עובדך א"ל [א]זנדוקנא אנא ואסרנא גברי לחוד ונשי לחוד ורמינא פורייאי בין הני להני כי היכי דלא ליתו לידי איסורא כי חזינא בת ישראל דיהבי נכרים עלה עינייהו מסרנא נפשאי ומצילנא לה יומא חד הוות נערה מאורסה גבן דיהבו בה נכרים עינייהו שקלי דורדייא דחמרא ושדאי לה בשיפולה ואמרי [ב]דיסתנא היא א"ל מאי טעמא לית לך חוטי (ג) ורמית מסאני אוכמי א"ל עיילנא ונפיקנא ביני נכרים כי היכי דלא לידעו דיהודאה אנא כי הוו גזרי גזירתא מודענא להו לרבנן ובעו רחמי ומבטלי לגזירתייהו ומאי טעמא כי אמינא לך אנא מאי עובדך ואמרת לי זיל האידנא ותא למחר א"ל בההיא שעתא גזרי גזירתא ואמינא ברישא איזיל ואשמע להו לרבנן דלבעי רחמי עלה דמילתא אדהכי והכי אתו הנך תרי [ג]אתי א"ל הנך נמי בני עלמא דאתי נינהו אזל לגבייהו אמר להו מאי עובדייכו אמרו ליה אינשי בדוחי אנן מבדחינן עציבי אי נמי כי חזינן בי תרי דאית להו תיגרא בהדייהו טרחינן ועבדינן להו שלמא: על אלו מתריעין בכל מקום כו': ת"ר על אלו מתריעין בכל מקום על השדפון ועל הירקון ועל ארבה וחסיל ועל חיה רעה [ד]ר' עקיבא אומר על השדפון ועל הירקון בכל שהוא [א]ארבה וחסיל אפילו לא נראה בא"י אלא כנף אחד מתריעין עליהן: ועל חיה וכו': ת"ר חיה רעה שאמרו בזמן שהיא משולחת מתריעין עליה אינה משולחת אין מתריעין עליה [ב]אי זו היא משולחת ואי זו היא שאינה משולחת נראית בעיר משולחת בשדה אינה משולחת ביום משולחת בלילה אינה משולחת ראתה שני בני אדם ורצתה אחריהן משולחת [ה]נחבאת מפניהן אינה משולחת טרפה שני בני אדם ואכלה אחד מהן משולחת אכלה שניהן אינה משולחת עלתה לגג ונטלה תינוק מעריסה משולחת הא גופה קשיא אמרת נראתה בעיר משולחת לא שנא ביום ולא שנא בלילה והדר אמרת ביום משולחת בלילה אינה משולחת לא קשיא [ג]הכי קאמר נראתה בעיר ביום משולחת בעיר בלילה אינה משולחת אי נמי בשדה [אפילו] ביום [אינה] משולחת (בשדה בלילה אינה משולחת) ראתה שני בני אדם ורצתה אחריהן משולחת הא עומדת אינה משולחת והדר אמרת נחבאת מפניהן אינה משולחת הא עומדת משולחת לא קשיא [ד]כאן בשדה הסמוכה לאגם כאן בשדה שאינה סמוכה לאגם טרפה שני בני אדם כאחד ואכלה אחד מהן משולחת שניהם אינה משולחת והא אמרת אפילו רצתה אמר רב פפא [ה]כי תני ההיא באגמא: גופא עלתה לגג ונטלה תינוק מעריסה משולחת פשיטא אמר רב פפא [ו]ככוכי דציידי: על החרב וכו': ת"ר [ז]חרב שאמרו אינו צריך לומר חרב שאינו של שלום אלא אפילו חרב של שלום שאין לך חרב של שלום יותר מפרעה נכה ואעפ"כ נכשל בה המלך יאשיהו שנאמר

ושליח

רש"י

לצפרא כרכינהו. רבנן לביסתרקי דאבא אומנא ואייתינהו לשוקא לזבנינהו: אמרו ליה. לאבא אומנא לשיימינהו מר והב לן דמייהו והיו בודקין אותו אם יחשדם כגזלנין או אם יהא שם אותם פחות מכדי דמיהם: במאי חשדתינן. כשלקחנום: וכסיפא. לכו מילתא למימר לי לאלתר ליתן אותם ואהכי אתו למיגני גבאי למיעבד כולי האי: לשקלינהו מר. שלא היינו רוצין אלא לנסותך: חלשא דעתיה דרבא אדאביי. דלרבא לא אתי שלמא אלא ממעלי יומא דכיפורי למעלי יומא דכיפורי ולאביי כל מעלי שבתא: אכולא כרכא. על כל בני עירך: רב ברוקא חוזאה. שהיה מבי חוזאי: דבי לפט. מקום: א"ל. רב ברוקא לאליהו מי איכא בהאי שוקא כו': מסאני אוכמי. מנעלים שחורים (ד) שלא כמנהג היהודים: ולא רמי חוטא. לא הטיל ציצית בטליתו: אמר ליה. אליהו לרב ברוקא האי בר עלמא דאתי הוא: קרא ליה. רב ברוקא לההוא גברא: זנדוקנא. שומר בית האסורין (ה): רמינא פורייאי כו'. מטיל אני מטתי בין אנשים לנשים: דיהבי נכרים עינייהו עלה. בעלי בית האסורים: איתרמי נערה כו'. דהויא בבית הסוהר: דורדיא דחמרא. שמרים של יין האדומים כדם: בשיפולה. בשולי בגדיה: דיסתנא. דרך נשים לה ומאוסה היא והוא לשון פרסי [ו]: אמר ליה. אליהו לרב ברוקא הני נמי בני עלמא דאתי ניניהו: בדוחי. שמחים ומשמחים בני אדם: טרחינן. במילי דבדיחותא בינייהו: עד דעבדי שלמא. (ו) שהן דברים שאדם אוכל פירותיהן בעולם הזה והקרן קיימת וכו' הבאת שלום בין אדם לחבירו: שדפון וירקון. כיון שנראה כל שהוא מתריעין ומלא תנור דמתניתין להתענות אי נמי מעשה (ז) היה כך: כנף אחד. עוף אחד של אותו מין כעין צפור כל כנף (בראשית ז): משולחת. מן השמים: בשדה אינה משולחת. דהיינו אורחה: טרפה שני בני אדם. ולא אכלה אלא אחד מהם ודאי משולחת דכיון דלא היתה רעבה אלא לאחד מאי טעמא קטלה ליה לאידך: שניהן אינה משולחת. שמפני הרעב אכלתם: עלתה לגג. רגילין היו להשתמש כל תשמישיהן בגגות שלא היו משופעים אלא חלקים ושוין והוא הדין לבית שתחתיו: עריסה. ברצו"ל בלע"ז: הכי קאמר. האי דקתני נראתה בעיר כו' הכי קאמר נראתה בעיר כגון שנראתה ביום דסתם נראתה ביום משמע אבל בלילה אינה משולחת והאי דקתני נראתה ביום (ח) או אשדה קאי דאם נראתה בשדה ביום אינה משולחת: הא עמדה. בשדה דלא רצתה ולא נחבאת: בשדה הסמוכה לאגם. עמדה אינה משולחת דכיון דסמוכה לאגם היינו רביתה ולא ברחה סברה אי אתי בתראי עריקנא לאגם מיד: בשדה שאינה סמוכה לאגם. עמדה משולחת דכיון דלאו מקום רביתה הוא וקיימא ודאי משולחת גזירה היא: אגם. מרש"ק בלע"ז הסמוך לעיר והוא מלא קנים: כי תניא ההיא. דאכלה אין רצתה לא באגם (ט) דכיון דהיינו דוכתה סמכה אדעתה ורהטא אבתרייהו: ככוכא דציידי. כוך קטן של ציידין שיחפרו למארב העופות ואף על גב דלאו בנין קבוע הוא ולא הוה כיישוב הויא משולחת: אין צריך לומר חרב שאינו של שלום. שמתריעין עליה (י) אלא אפילו חרב של שלום. העוברת דרך אותו מלכות לילך להלחם במקום אחרת:

תוספות

טרפה שני בני אדם אכלה אחד מהן משולחת. והוא הדין לא אכלה אחד מהם משולחת שהרי אם אכלה שניהם אינה משולחת דהא דאכלה שניהם לא הוי מטעם משולחת אלא מטעם דהיא רעיבה והא דנקט אכלה אחד מהם רבותא הוי דאע"ג דאכלה אחד מהן הוי משולחת:

כמלא

מסורת הש"ס

א) [גי' הערוך זנדוקא], ב) [נ"ל דשתנא עי' ע"ז כד: וכן גי' הערוך], ג) ס"א אתי, ד) [גי' רי"ף ורא"ש ת"ר על השדפון וכו'], ה) [גי' רי"ף ורא"ש ברחה], ו) [עי' ע"ז כד:].

הגהות הב"ח

(א) גמ' חלשא דעתיה דרבא משום דאביי איתמוי ליה בחלמא אמרו ליה מסתייך: (ב) שם האי בר עלמא דאתי הוא קרא ליה ולא אתא לגביה רהט בתריה א"ל: (ג) שם מ"ט לית לך חוטי וסיימת מסאני אוכמי כו' דיהודאה אנא דכי הוו גזרי: (ד) רש"י ד"ה מסאני אוכמי כו' שלא כמנהג היהודים. נ"ב עי' בתוס' פרק בן סורר ומורה דף ע"ד ובפ' הכונס דף נ"ט: (ה) ד"ה זנדוקנא כו' האסורין של מלך הס"ד: (ו) ד"ה עד דעבדי שלמא. דהבאת שלום בין אדם לחבירו היא אחד מן הדברים שאדם אוכל פירותיהן בעוה"ז והקרן קיימת לעוה"ב הס"ד: (ז) ד"ה שדפון כו' אי נמי מעשה שהיה כך היה הס"ד: (ח) ד"ה הכי קאמר כו' והאי דקתני נראתה ביום אעיר קאי דאם נראתה בשדה אפילו ביום אינה: (ט) ד"ה כי תניא כו' רצתה לא באגם גופא דכיון דהיינו: (י) ד"ה אין צריך לומר כו' שמתריעין עליה הס"ד ומה"ד אלא כו':

גליון הש"ס

גמ' איכא בהאי שוקא. עיין בתורת חיים סנהדרין דף פח ע"ב ד"ה שלחו מתם:

הגהות מהר"ב רנשבורג

א] רש"י ד"ה הכי קאמר וכו' והאי דקתני נראתה ביום אשדה וכו'. נמחק מלת אשדה ונ"ב צ"ל אעיר:

רבינו גרשום

כרכינהו להני ביסתרקי למזבן ואמרי ליה כ"ע לישיימינהו מר. אמר להו הכי והכי שוו דבעי למיהב שורי' אילו בסתרקי להנהו זוגא דרבנן א"ל ההוא זוגא דרבנן חשדתינן דאתינן לוותך לישקלינהו מר לבסתרקי דלא בעינא להו. מסאני אוכמי. כנכרים ולא רמו חוטי. ציצית: מפני שהיא מכה מהלכת. שלאחר שנראה כל שהוא אינו מפסיק: שניהם אינה משולחת דאקראי היא מחמת רעבתינתא. א"נ בשדה ביום מסיים הברייתא בשדה הסמוכה לאגם. עמדה אינה משולחת לפי שלבה גסה באגם שהיא מצויה שם. בשדה שאינה סמוכה לאגם עמדה משולחת. באגם גופיה לא הוה משולחת עד דאכלה מהן. כוכי דאגמא דציידי. צריפין דיורין קטנים שדרין בהן ציידים ועל אותו גג עלתה דס"ד לא חשיב גג קמ"ל:

עין משפט נר מצוה

כא א מיי' פ"ב מהלכות תעניות הל' י טוש"ע א"ח סי' תקעו סעיף ט:
כב ב ג ד ה ו מיי' שם הלכה ז ח טוש"ע שם סעיף ו ז:
כג ז מיי' שם הלכה ד טוש"ע שם סעיף א:

רבינו חננאל

רבא מגנא זכותיה אכולא כרכא: א"ל ר' ברוקה לאליהו הראיני אדם שהוא מבני העוה"ב א"ל זה הלך אחריו שאלו אמר לו שומר האסורים אני ואסרנא גברי לחוד ונשי לחוד ולא רמינא ציצית כי היכי דלא לרגשו דאנא יהודאי. וכי שמענא דגזרה על ישראל מהודענא להון ובעו רחמי ומבטלי. דורדיא שמרים של יין. דשתנא נדה. וזה הנראה בבגדיה ככתם דמיה הן. תוב א"ל אליהו הני נמי בני עלמא דאתי נינהו ושאלינהו ואמרו ליה משמחי לב עציבי אנן כלומר יש לנו חן שפה ודברים המסירים עצב מן הלב וכי חזינן נמי צערא בין גברא לחבריה אי בין גברא לאתתיה טרחינן ועבדינן שלמא בינייהו: על אלו מתריעין בכל מקום על השדפון ועל הירקון כו' וקי"ל כר' עקיבא דברייתא דתני על השדפון ועל [הירקון] (הארבה) בכל שהוא ואוקימנא למתני' לקמן דנראה באשקלון שדפון כמלא פי תנור תבואה כלומר כשיעור פי תנור נשדפה תבואה בשדה וגזרו תענית ואיבעיא לן האי שדפון דמשערינן ליה בשדה שיעור ככיסוי פי התנור הוא. אי כשיעור דרא רפתא דהדר לפומא דתנורא ועלתה בתיקו. וכן נמי א"ר עקיבא וכן בארבה ובחסיל אפילו לא נראה אלא כנף אחד בא"י מתריעין עליהן מיד: פיסקא ועל חיה רעה ת"ר חיה רעה בזמן שהיא משולחת כו' ואוקימנא איזו היא משולחת שנראתה בעיר בלילה אי נמי נראתה בשדה ביום אינה משולחת. ראתה שנים ורצתה אחריהן משולחת אבל ראתה אותם ונחבאת מפניהם אי נמי לא נחבאת אלא עמדה בשדה הסמוכה לאגם אינה משולחת טרפה שנים באגם ואכלה אחד מהם משולחת ואם לא אכלה ולא אחד מהם אינה משולחת והני מילי באגם אבל שלא במקום אגם אע"פ שלא אכלה אלא רצתה אליהם משולחת: פיסקא ועל החרב מתריעין. ת"ר אין צ"ל חרב שאינה של שלום שודאי מתריעין אלא אפי' חרב של שלום מתריעין שאין לך חרב של שלום יותר מפרעה נכה ואעפ"כ נכשל בה

ליקוטי רש"י

צפרא. בקר [שופטים ז, ג]. מסתייך. דייך [ברכות נה.]. מגנית. שומר [ע"פ ע"ז טז.]. ולא רמי חוטא. זה לשון תלית ציצית כדאמרינן בעלמא (תענית דף כב.) לא רמי חוטי [שבת קיח:]. האידנא. עכשיו [סוכה יח.]. [דשתנא]. נוטריקון ד' דרך ש' נשים [ע"ז כד:]. השדפון. במבואות. ירקון. חולי. חיה רעה. משכלת בני אדם [לעיל יט.]. כוכי דציידי. כוכא, צריף קטן כמו כוכא לציידי [גיטין סח. עי' שם בהגרי"פ].

ויצלח

הָכִי קָאָמַר – This is what the Baraisa means to say: **נִרְאֲתָה בָּעִיר בַּיּוֹם – If it appeared in town during the day, מְשׁוּלַּחַת – it is a visitation; בָּעִיר בַּלַּיְלָה –** but if it appeared **in town at night, אֵינָהּ מְשׁוּלַּחַת – it is not a visitation. אִי נַמִּי בַּשָּׂדֶה – Alternatively,** if it appeared **in the field, [אֲפִילוּ] בַּיּוֹם [אֵינָהּ] מְשׁוּלַּחַת (בשדה בלילה אינה משולחת) – even during the day, it is not a visitation.**[17]

The Gemara now notes an apparent contradiction in the second part of the Baraisa. Here the Baraisa refers to the behavior of a predator in the *field,* where its mere *appearance* is not considered evidence of a Divine visitation, only its lack of fear of humans:

רָאֲתָה שְׁנֵי בְּנֵי אָדָם – First you say that if IT SAW TWO PEOPLE in the field **וְרָצְתָה אַחֲרֵיהֶן – AND PURSUED THEM, מְשׁוּלַּחַת – IT IS A VISITATION; הָא עוֹמֶדֶת – implying** that if it merely **stands still,** and neither pursues the people nor hides from them, **אֵינָהּ מְשׁוּלַּחַת – it is not a visitation. וְהָדַר אָמְרַת – Then you say** that **נֶחְבֵּאת מִפְּנֵיהֶן –** if IT HID FROM THEM, **אֵינָהּ מְשׁוּלַּחַת – IT IS NOT A VISITATION, הָא עוֹמֶדֶת – implying** that if it merely **stands still מְשׁוּלַּחַת – it is** deemed **a visitation,** since it was not afraid enough of the sight of humans to run and hide from them. – ? –

The Gemara answers:

לֹא קַשְׁיָא – There is no contradiction between these two rulings of the Baraisa: **כָּאן – Here,** where the Baraisa states that only pursuit is deemed a visitation, **בְּשָׂדֶה הַסְּמוּכָה לַאֲגַם –** it **refers to a field that is near the marsh,** the beast's natural habitat. Thus, it is not unnatural for a beast to remain standing when it sees people, since it can easily escape attack by fleeing into the marsh. **כָּאן –** Whereas **here,** where the Baraisa implies that not fleeing at the sight of humans *is* deemed a visitation, **בְּשָׂדֶה שֶׁאֵינָהּ סְמוּכָה לַאֲגַם – it refers to a field that is not near the marsh.** Since it has no ready avenue of escape, the natural thing would be for the beast to fear humans and flee from them. If it does not, its lack of fear is evidence of a Divine visitation.

The Gemara now notes an apparent contradiction in the next segment of the Baraisa:

טָרְפָה שְׁנֵי בְּנֵי אָדָם בְּאֶחָד – You say that if IT KILLED TWO PEOPLE AT ONE TIME **וְאָכְלָה אֶחָד מֵהֶן – BUT DEVOURED** only **ONE OF THEM, מְשׁוּלַּחַת – IT IS A VISITATION; שְׁנֵיהֶם –** but that if it devoured **BOTH OF THEM, אֵינָהּ מְשׁוּלַּחַת – IT IS NOT A VISITATION. וְהָא אָמְרַת אֲפִילוּ רָצְתָה – But you** have just **said** that **even if it** merely **pursued** them and did not kill or devour either of them, it is a sign of a Divine visitation. – ? –

The Gemara answers:

אָמַר רַב פַּפָּא – Rav Pappa said: כִּי תָּנֵי הַהִיא – In which case was that taught, that killing and devouring two people is considered natural and not a Divine visitation? **בְּאַגְמָא – In a marsh.** Since the predator is in its natural habitat, it feels secure, and it is natural for it to pursue and even kill humans. Thus, it is not a sign of a Divine visitation unless the predator kills two people and devours only one of them, which is highly unusual.[18]

The Gemara analyzes the final segment of the Baraisa:

גּוּפָא – The text itself of the Baraisa cited above stated: **עָלְתָה לַגַּג וְנָטְלָה תִּינוֹק מֵעֲרִיסָה מְשׁוּלַּחַת –** If IT CLIMBED TO A ROOF AND SNATCHED AN INFANT FROM A CRADLE, IT IS A VISITATION.

The Gemara asks:

פְּשִׁיטָא – This is obvious. Since it is unusual for a beast to climb to the roof of a house (even at night), and surely not to snatch a child, such an occurrence is obviously the sign of a Divine visitation. Why then does the Baraisa add this example?

The Gemara answers:

אָמַר רַב פַּפָּא – Rav Pappa said: כְּכוּכֵי דְצַיָּידֵי – The Baraisa refers to structures **such as hunters' dugouts,** i.e. makeshift structures built in uninhabited areas.[19] Such structures in the wild do not frighten off predatory beasts and it is not unusual for them to appear in their environs. Nevertheless, it is unusual for them to climb to the roof of one or enter it and snatch an infant. Thus, if this happens, it is a sign of a Divine visitation.[20]

In its list of calamities for which we cry out everywhere, our Mishnah includes:

עַל הַחֶרֶב וכו׳ – FOR THE SWORD.

The Gemara defines the parameters of this rule:

תָּנוּ רַבָּנָן – The Rabbis taught in a Baraisa: חֶרֶב שֶׁאָמְרוּ – THE SWORD OF WHICH THEY SPOKE in the Mishnah refers, **אֵינוֹ צָרִיךְ לוֹמַר חֶרֶב שֶׁאֵינוֹ שֶׁל שָׁלוֹם –** IT GOES WITHOUT SAYING, to A SWORD WHICH IS NOT OF PEACE, i.e. to the hostile sword of an invading enemy; **אֶלָּא אֲפִילוּ חֶרֶב שֶׁל שָׁלוֹם –** BUT it also refers EVEN to A SWORD OF PEACE, i.e. a non-hostile foreign army which is merely passing through Jewish territory on its way to attack a different enemy.[21] **שֶׁאֵין לְךָ חֶרֶב שֶׁל שָׁלוֹם יוֹתֵר מִפַּרְעֹה נְכֹה –** FOR YOU HAVE NO BETTER EXAMPLE OF A SWORD OF PEACE THAN that OF PHARAOH NECHO, **וְאַף עַל פִּי כֵן נִכְשַׁל בָּהּ הַמֶּלֶךְ יֹאשִׁיָּהוּ –** AND NEVERTHELESS, KING YOSHIAHU FELL ON ITS ACCOUNT;[22] **שֶׁנֶּאֱמַר –** as it says:[23]

NOTES

17. The first distinction made by the Baraisa, between town and field, must be understood in light of the second one. The Baraisa first rules that a beast that appears in town is considered a Divine visitation, while a beast that appears in the field is not considered a visitation. The second rule modifies this further. Even in town the appearance of a beast is considered a visitation *only* if it appears by day. If it appears at night, it is not deemed a visitation even in town (*Rashi*, as emended by *Bach*).

18. Outside its natural habitat, however, even in a field near a marsh, it is unusual for a predator to attack a group of two or more people, even if it is hungry enough to devour both. Consequently, if it does so, its lack of fear of humans is deemed a sign of a Divine visitation. In a field distant from a marsh, it is unusual for a predator even to remain in its place when it sees two humans. Thus, if it feels bold enough not to run and hide from humans, it is considered evidence of a Divine visitation. However, it is so unnatural for a predator to enter a town by day that even its mere appearance there [even if it runs at the first sight of humans] is considered evidence of a Divine visitation.

19. Hunters make an excavation [in which to lie] while they hunt birds. This [and other types of makeshift camps in deserted areas] are not sufficiently residential to keep animals from wandering into them (*Rashi*). From *Rambam* (*Hil. Taaniyos* 2:8) and *Ritva* it seems that even fixed, permanent structures in wild areas do not frighten away predatory beasts. Thus, the Baraisa's rule would apply even to [isolated] houses in the uninhabited areas that form the habitat of wild beasts.

20. *Rashi.* However, should tragedies occur outside these structures, it is not evidence of a Divine visitation, since these people knowingly endangered their lives by entering the habitat of wild beasts (*Rambam, Hil. Taaniyos* 2:8).

21. This is considered a danger because the very presence of foreign troops amidst the Jewish population represents an inherently inflammatory situation, with the potential for friction between the soldiery and the populace (*Meiri*).

22. King Yoshiahu (Josiah) fell in battle against the Egyptian army when he opposed their passage through his kingdom on their way to battle Assyria.

23. *II Chronicles* 35:21.

לצפרא כרכינהו ושקלינהו וקמו ונפקו להו לשוקא ואשכחינהו א"ל לשיימיה מר היכי שוו א"ל הכי והכי א"ל ודלמא שוו טפי א"ל בהכי שקלינהו אמרו ליה דידך ניהו ושקלינהו מינך אמרו ליה במטותא מינך במאי חשדתינן א"ל אמינא פדיון שבויים איקלע להו לרבנן ואכסיפו למימר לי אמרו ליה השתא נשקלינהו מר אמר להו מההוא שעתא אסחתינהו מדעתאי לצדקה הוה קא חלשא דעתיה דרבא משום דאביי (א) אמרו ליה מסתייך דקא מגנית אכולה כרכא ר' ברוקא חוזאה הוה שכיח בשוקא דבי לפט הוה שכיח אליהו גביה א"ל איכא בהאי שוקא בר עלמא דאתי א"ל לא אדהכי והכי חזא לההוא גברא דהוה סיים מסאני אוכמי ולא רמי חוטא דתכלתא בגלימיה א"ל האי בר עלמא דאתי הוא (ב) רהט בתריה א"ל מאי עובדך א"ל זיל האידנא ותא למחר למחר א"ל מאי עובדך א"ל [א]זנדוקנא אנא ואסרנא גברי לחוד ונשי לחוד ורמינא פורייאי בין הני להני כי היכי דלא ליתו לידי איסורא כי חזינא בת ישראל דיהבי נכרים עלה עינייהו מסרנא נפשאי ומצילנא לה יומא חד הוות נערה מאורסה גבן דיהבו בה נכרים עינייהו שקלי דורדייא דחמרא ושדאי לה בשיפולה ואמרי [ב]דיסתנא היא א"ל מאי טעמא לית לך חוטי (ג) ורמית מסאני אוכמי א"ל עיילנא ונפיקנא ביני נכרים כי היכי דלא לידעו דיהודאה אנא כי הוו גזרי גזירתא מודענא להו לרבנן ובעו רחמי ומבטלי לגזירתייהו ומאי טעמא כי אמינא לך אנא מאי עובדך ואמרת לי זיל האידנא ותא למחר א"ל בההיא שעתא גזרי גזירתא ואמינא ברישא איזיל ואשמע להו לרבנן דלבעי רחמי עלה דמילתא אדהכי והכי אתו הנך תרי [ג]אתי א"ל הנך נמי בני עלמא דאתי נינהו אזל לגבייהו אמר להו מאי עובדייכו אמרו ליה אינשי בדוחי אנן מבדחינן עציבי אי נמי כי חזינן בי תרי דאית להו תיגרא בהדייהו טרחינן ועבדינן להו שלמא: על אלו מתריעין בכל מקום כו': ת"ר על אלו מתריעין בכל מקום על השדפון ועל הירקון ועל ארבה וחסיל ועל חיה רעה [ד]ר' עקיבא אומר על השדפון ועל הירקון בכל שהוא [א]ארבה וחסיל אפילו לא נראה בא"י אלא כנף אחד מתריעין עליהן: ועל חיה וכו': ת"ר חיה רעה שאמרו בזמן שהיא משולחת מתריעין עליה אינה משולחת אין מתריעין עליה [ב]אי זו היא משולחת ואי זו היא שאינה משולחת נראית בעיר משולחת בשדה אינה משולחת ביום משולחת בלילה אינה משולחת ראתה שני בני אדם ורצתה אחריהן משולחת [ה]נחבאת מפניהן אינה משולחת טרפה שני בני אדם ואכלה אחד מהן משולחת אכלה שניהן אינה משולחת עלתה לגג ונטלה תינוק מעריסה משולחת הא גופה קשיא אמרת נראתה בעיר משולחת לא שנא ביום ולא שנא בלילה והדר אמרת ביום משולחת בלילה אינה משולחת לא קשיא [ג]הכי קאמר נראתה בעיר ביום משולחת בעיר בלילה אינה משולחת אי נמי בשדה [אפילו] ביום [אינה] משולחת (בשדה בלילה אינה משולחת) ראתה שני בני אדם ורצתה אחריהן משולחת הא עומדת אינה משולחת והדר אמרת נחבאת מפניהן אינה משולחת הא עומדת משולחת לא קשיא [ד]כאן בשדה הסמוכה לאגם כאן בשדה שאינה סמוכה לאגם טרפה שני בני אדם כאחד ואכלה אחד מהן משולחת שניהם אינה משולחת והא אמרת אפילו רצתה אמר רב פפא [ה]כי תני ההיא באגמא: גופא עלתה לגג ונטלה תינוק מעריסה משולחת פשיטא אמר רב פפא [ו]כבוכי דציידי: על החרב וכו': ת"ר [ז]חרב שאמרו אינו צריך לומר חרב שאינו של שלום אלא אפילו חרב של שלום שאין לך חרב של שלום יותר מפרעה נכה ואעפ"כ נכשל בה המלך יאשיהו שנאמר

ושליח

טרפה שני בני אדם אכלה אחד מהן משולחת. והוא הדין לא אכלה אחד מהם משולחת שהרי אם אכלה שניהם אינה משולחת דהא דאכלה שניהם לא הוי מטעם משולחת אלא מטעם דהיא רעיבה והא דנקט אכלה אחד מהן רבותא הוי דאע"ג דאכלה אחד מהן הוי משולחת:

לצפרא כרכינהו. רבנן לביסתרקי דאבא אומנא ואייתינהו לשוקא לזבנינהו: אמרו ליה. לאבא אומנא לשיימינהו מר והב לן דמייהו והיו בודקין אותו אם יחשדם כגזלנין או אם יתא שם אותם פחות מכדי דמיהם: במאי חשדתינן. כשלקחתם: וכסיפא. לכו מילתא למימר לי לאמר ליתן אותם ואהכי אתו למיגבי גבאי למיעבד כולי האי: לשקלינהו מר. שלא היינו רוצין אלא לנסותך: חלשא דעתיה דרבא אדאביי. דלרבא לא אתי שלמא אלא ממעלי יומא דכיפורי למעלי יומא דכיפורי ולאביי כל מעלי שבתא: אכולא כרכא. על כל בני עירך: רב ברוקא חוזאה. שהיה מבי חוזאי: דבי לפט. מקום: א"ל. רב ברוקא לאליהו מי איכא בהאי שוקא כו': מסאני אוכמי. מנעלים שחורים (ד) שלא כמנהג היהודים: ולא רמי חוטא. לא הטיל ציצית בטליתו: אמר ליה. אליהו לרב ברוקא האי בר עלמא דאתי הוא: קרא ליה. רב ברוקא לההוא גברא: זנדוקנא. שומר בית האסורין (ה): רמינא פורייאי כו'. מטיל אני מטתי בין אנשים לנשים: דיהבי נכרים עינייהו עלה. בעלי בית האסורים: איתרמי נערה כו'. דהואי בבית הסוהר: דורדיא דחמרא. שמרים של יין האדומים כדם: בשיפולה. בשולי בגדיה: דיסתנא. דרך נשים לה ומאוסה היא והוא לשון פרסי [ו]: אמר ליה. אליהו לרב ברוקא הני נמי בני עלמא דאתי נינהו: בדוחי. שמחים ומשמחים בני אדם: טרחינן. במילי דבדיחותא בינייהו: עד דעבדי שלמא. (ו) שהן דברים שאדם אוכל פירותיהן בעולם הזה והקרן קיימת וכו' הבאת שלום בין אדם לחבירו: שדפון וירקון. כיון שנראה כל שהוא מתריעין ומלא תנור דמתניתין להתענות אי נמי מעשה (ז) היה כך: כנף אחד. עוף אחד של אותו מין כעין צפור כל כנף (בראשית ז): משולחת. מן השמים: בשדה אינה משולחת. דהיינו אורחה: טרפה שני בני אדם. ולא אכלה אלא אחד מהם ודאי משולחת דכיון דלא היתה רעבה אלא לאחד מאי טעמא קטלה ליה לאידך: שניהן אינה משולחת. שמפני הרעב אכלתם: עלתה לגג. רגילין היו להשתמש כל תשמישיהן בגגות שלא היו משופעים אלא חלקים ושוין והוא הדין לבית שתחתיו: עריסה. ברלו"ל בלע"ז: הכי קאמר. האי דקתני נראתה בעיר כו' הכי קאמר נראתה בעיר כגון שנראתה ביום דסתם נראתה ביום משמע אבל בלילה אינה משולחת והאי דקתני נראתה ביום (ח) אן אשדה קאי דאם נראתה בשדה ביום אינה משולחת: הא עמדה. בשדה דלא רצתה ולא נחבאת: בשדה הסמוכה לאגם. עמדה אינה משולחת דכיון דסמוכה לאגם היינו רביתה ולא ברחה סברה אי אתי בתראי עריקנא לאגם מיד: בשדה שאינה סמוכה לאגם. עמדה משולחת דכיון דלאו מקום רביתה הוא וקיימא ודאי משולחת גזירה היא: אגם. מרשי"ק בלע"ז הסמוך לעיר והוא מלא קנים: כי תניא ההיא. דאכלה אין רצתה לא באגם (ט) דכיון דהיינו דוכתה סמכה אדעתה ורהטא אבתרייהו: כוכא דציידי. כוך קטן של ציידין שיספרו לאמרב העופות ואף על גב דלאו בנין קבוע הוא ולא הוה כיישוב היא משולחת: אין צריך לומר חרב שאינו של שלום. שמתריעין עליה (י) אלא אפילו חרב של שלום. העוברת דרך אותו מלכות לילך להלחם במקום אחרת:

וישלח

מסורת הש"ס

א) [גי' הערוך זנדוקא], ב) [צ"ל דשתנא עי' ע"ז כד: וכן גי' הערוך], ג) ס"א אחי, ד) [גי' רי"ף ורא"ש ת"ר על השדפון וכו'], ה) [גי' רי"ף ורא"ש ברחה], ו) [עי' ע"ז כד:].

הגהות הב"ח

(א) גמ' אלשא דעתיה דרבא משום דאביי איתמזי ליה בחלמא אמרו ליה מסתייך: (ב) שם האי בר עלמא דאתי הוא קרא ליה ולא אתא לגביה רהט בתריה א"ל: (ג) שם מ"ט לית לך חוטי וקיימת מסאני אוכמי כו' דיהודאה אנא דכי הוו גזרי: (ד) רש"י ד"ה מסאני אוכמי כו' שלא כמנהג היהודים. נ"ב עי' בתוס' פרק בן סורר ומורה דף ע"ד ובפ' הכונס דף נ"ט: (ה) ד"ה זנדוקנא כו' האסורין של מלך הס"ד: (ו) ד"ה עד דעבדי שלמא. דהבאת שלום בין אדם לחבירו היא אחד מן הדברים שאדם אוכל פירותיהן בעוה"ז והקרן קיימת לעוה"ב הס"ד: (ז) ד"ה שדפון כו' אי נמי מעשה שהיה כך היה הס"ד: (ח) ד"ה הכי קאמר כו' והאי דקתני נראתה ביום אעיר קאי דאם נראתה בשדה אפילו ביום אינה: (ט) ד"ה כי תניא כו' רצתה לא באגם גופה דכיון דהיינו: (י) ד"ה אין צריך לומר כו' שמתריעין עליה הס"ד ומה"ד אלא כו':

גליון הש"ס

גמ' איכא בהאי שוקא. עיין במורת חיים סנהדרין דף פח ע"ב ד"ה שלחו מתם:

הגהות מהר"ב רנשבורג

א] רש"י ד"ה הכי קאמר וכו' והאי דקתני נראתה ביום אשדה וכו'. נמחק מלת אשדה ונ"ב צ"ל אעיר:

רבינו גרשום

כרכינהו להני ביסתרקי למזבן ואמרי ליה כ"ע לישיימינהו מר. אמר להו הכי והכי שוו דבעי למיהב שווי' אילו בסתרקי להנהו זוגא דרבנן א"ל ההוא זוגא דרבנן חשדתינן דאתינן לוותך לישקלינהו מר לבסתרקי דלא בעינא להו. מסאני אוכמי. כנכרים ולא רמו חוטי. ציצית: מפני שהיא מכה מהלכת. שלאחר שנראה כל שהוא אינו מפסיק: שניהם אינה משולחת דאקראי היא מחמת רעבתינתא. א"נ בשדה ביום מסיים הברייתא בשדה הסמוכה לאגם. עמדה אינה משולחת לפי שלבה גסה באגם שהיא מצויה שם. בשדה שאינה סמוכה לאגם עמדה משולחת. באגם גופיה לא הוה משולחת עד דאכלה מהן. כוכי דאגמא דציידי. צריפין דיורין קטנים שדרין בהן ציידים ועל אותו גג עלתה דס"ד לא חשיב גג קמ"ל:

עין משפט נר מצוה

כא א מיי' פ"ב מהלכות תעניות הל' י טוש"ע א"ח סי' תקעו סעיף ט:
כב ב ג ד ה ו מיי' שם הלכה ז ח טוש"ע שם סעיף ו ז:
כג ז מיי' שם הלכה ד טוש"ע שם סעיף א:

רבינו חננאל

רבא מגנא זכותיה אכולא כרכא: א"ל ר' ברוקה לאליהו הראיני אדם שהוא מבני העוה"ב א"ל זה הלך אחריו שאלו אמר לו שומר האסורים אני ואסרנא גברי לחוד ונשי לחוד ולא רמינא ציצית כי היכי דלא לרגשו דאנא יהודאי. וכי שמענא דגזרה על ישראל מהודענא להון ובעו רחמי ומבטלי. דורדיא שמרים של יין. דשתנא נדה. וזה הנראה בבגדיה ככתם דמיה הן. תוב א"ל אליהו הני נמי בני עלמא דאתי נינהו ושאלינהו ואמרו ליה משמחי לב עציבי אנן כלומר יש לנו חן שפה ודברים המסירים עצב מן הלב וכי חזינן נמי צערא בין גברא לחבריה אי בין גברא לאתתיה טרחינן ועבדינן שלמא בינייהו: על אלו מתריעין בכל מקום על השדפון ועל הירקון כו' וקי"ל כר' עקיבא דברייתא דתני על השדפון ועל [הירקון] (הארבה) בכל שהוא ואוקימנא למתני' לקמן דנראה באשקלון שדפון כמלא פי תנור תבואה כלומר כשיעור פי תנור נשדפה תבואה בשדה וגזרו תענית ואיבעיא לן האי שדפון דמשערינן ליה בשדה שיעור ככיסוי פי התנור הוא. אי כשיעור דרא רפתא דהדר לפומא דתנורא ועלתה בתיקו. וכן נמי א"ר עקיבא וכן בארבה ובחסיל אפילו לא נראה אלא כנף אחד בא"י מתריעין עליהן מיד: פיסקא ועל חיה רעה ת"ר חיה רעה בזמן שהיא משולחת כו' ואוקימנא איזו היא משולחת שנראתה בעיר בלילה אי נמי נראתה בשדה ביום אינה משולחת. ראתה שנים ורצתה אחריהן משולחת אבל ראתה אותם ונחבאת מפניהם אי נמי לא נחבאת אלא עמדה בשדה הסמוכה לאגם אינה משולחת טרפה שנים באגם ואכלה אחד מהם משולחת ואם לא אכלה ולא אחד מהם אינה משולחת והני מילי באגם אבל שלא במקום אגם אע"פ שלא אכלה אלא רצתה אליהם משולחת: פיסקא ועל החרב מתריעין. ת"ר אין צ"ל חרב שאינה של שלום שודאי מתריעין אלא אפי' חרב של שלום מתריעין שאין לך חרב של שלום יותר מפרעה נכה ואעפ"כ נכשל בה

ליקוטי רש"י

צפרא. בקר [שופטים ז, ג]. מסתייך. דייך [ברכות נה.]. מגנית. שומר [ע"פ ע"ז טז.]. ולא רמי חוטא. זה לשון תליית ציצית כדאמרינן בעלמא (תענית דף כב.) לא רמי חוטי [שבת קיח:]. האידנא. עכשיו [סוכה יח.]. [דשתנא]. נוטריקון ד' דלך ש' נשים [ע"ז כד:]. השדפון. בתבואות. ירקון. חולי. חיה רעה. משכלת בני אדם [לעיל יט.]. כוכי דציידי. כוכא, צריף קטן כמו כוכא דליידי [גיטין סח. עי' שם בהגר"פ].

א) וישלח אליו מלאכים לאמר מה לי ולך מלך יהודה לא עליך אתה היום כי אל בית מלחמתי ואלהים אמר לבהלני חדל לך מאלהים אשר עמי ואל ישחיתך (א) מאי אלהים אשר עמי אמר רב יהודה אמר רב זו ע"ז אמר הואיל וקא בטח בע"ז יכילנא ליה (ב) ב) ויורו היורים למלך יאשיהו ויאמר המלך לעבדיו העבירוני כי החליתי מאד מאי כי החליתי מאד א) אמר רב יהודה אמר רב מלמד שעשו כל גופו ככברה אמר ר' שמואל בר נחמני אמר רבי ב) (יוחנן) מפני מה נענש יאשיהו מפני שהיה לו לימלך בירמיהו ולא נמלך מאי דרש ג) וחרב לא תעבור בארצכם מאי חרב אילימא חרב שאינה של שלום והכתיב ג) ונתתי שלום בארץ אלא אפילו (ג) של שלום והוא אינו יודע שאין דורו דומה יפה כי הוה ניחא נפשיה חזא ירמיהו שפוותיה דקא מרחשן אמר שמא ח"ו מילתא דלא מהגנא אמר אגב צעריה גחין ושמעיה דקא מצדיק עליה דינא אנפשיה אמר ד) צדיק הוא ה' כי פיהו מריתי פתח עליה ההיא שעתא ה) רוח אפינו משיח ה': מעשה וירדו זקנים מירושלים לעריהם כו': איבעיא להו כמלא תנור תבואה או דלמא כמלא תנור פת תא שמע א) כמלא פי תנור ועדיין תיבעי להו ככיסויא דתנורא או דלמא כי דרא דריפתא דהדר ליה לפומא דתנורא תיקו: ועוד גזרו תענית על שאכלו זאבים כו': אמר עולא משום ר' שמעון בן יהוצדק ג) מעשה ובלעו זאבים שני תינוקות והקיאום דרך בית הרעי ובא מעשה לפני חכמים ב) וטיהרו את הבשר וטמאו את העצמות: על אלו מתריעין בשבת כו': תנו רבנן (ד) ד) עיר שהקיפוה נכרים או נהר ואחד ספינה המיטרפת בים ואחד יחיד שנרדף מפני נכרים או מפני לסטין ה) ומפני רוח רעה ג) על כולן יחיד רשאי לסגף את עצמו בתענית רבי יוסי אומר אין היחיד רשאי לסגף את עצמו בתענית שמא יצטרך לבריות ואין הבריות מרחמות עליו אמר רב יהודה אמר רב מ"ט דרבי יוסי דכתיב ו) ויהי האדם לנפש חיה נשמה שנתתי בך החייה: שמעון התימני אומר אף על הדבר כו': איבעיא להו לא הודו לו חכמים בשבת ד) אבל בחול הודו לו או דלמא לא הודו לו כלל ת"ש דתניא מתריעין על הדבר בשבת ואצ"ל בחול ר' חנן בן פיטום תלמידו של ר' עקיבא משום רבי עקיבא אומר אין מתריעין על הדבר כל עיקר: על כל צרה שלא תבא על הצבור כו': ת"ר על כל צרה שלא תבא על הצבור מתריעין עליה חוץ מרוב גשמים מ"ט אמר ר' ו) יוחנן ה) לפי שאין מתפללין על רוב הטובה ואמר רבי יוחנן מניין שאין מתפללין על רוב הטובה שנאמר ז) הביאו את כל המעשר אל בית האוצר וגו' ז) מאי עד בלי די אמר רמי בר ח) רב (יוד) עד שיבלו שפתותיכם מלומר די אמר ט) רמי בר רב יוד ו) ובגולה מתריעין עליה תניא נמי הכי שנה שגשמיה מרובין אנשי משמר שולחין לאנשי מעמד תנו עיניכם באחיכם שבגולה שלא יהא בתיהם קבריהם שאלו את ר' אליעזר עד היכן גשמים יורדין ויתפללו שלא ירדו אמר להם כדי שיעמוד אדם בקרן אפל וישכשך רגליו במים והתניא ידיו רגליו כידיו קאמינא אמר רבה בר בר חנה לדידי חזיא לי קרן אפל דקם ההוא טייעא כי רכיב גמלא ונקיט רומחא בידיה מתחזי י) איניבא ת"ר ח) ונתתי גשמיכם בעתם לא שכורה ולא צמאה אלא בינונית שכל זמן שהגשמים מרובין מטשטשין את הארץ ואינה מוציאה פירות דבר אחר בעתם

רש"י

וישלח אליו מלאכים לאמר מה לי ולך מלך יהודה לא עליך אתה היום כי אל בית מלחמתי ואלהים אמר לבהלני חדל לך מאלהים אשר עמי וגו' לא עליך אני הולך היום. יאשיה יצא לקראתו למלחמה ולא נתנו לעבור בארצו ושלח לו פרעה נכה מלאכים לאמר כו': מאן אלהים. דקאמר ליה פרעה נכה חדל לך מאלהים אשר עמי (ה): מלמד. מדכתיב ויורו המורים דמשמע יריות רבות יורו המורים: ב) אמר רב יהודה אמר רב מלמד שעשו כל גופו ככברה: הא כתיב ונתתי שלום בארץ. ולמאי הלכתא כתביה רחמנא לאידך קרא וחרב לא תעבור בארצכם אלא אפי' חרב של שלום: שאין דורו דומה יפה. בעיני המקום: איבעיא להו כמלא תנור תבואה. דהיינו שיעור גדול יותר ממלוא תנור פת דשיעור קטן הוא שאין דרך למלאות כל חלל התנור פת אלא בדפנות מדביקין אותו: ת"ש. דקתני הדא כי האי לישנא כמלא פי התנור דהיינו פת דאילו תבואה לא מלי קיימא על פי התנור: או דלמא כי דרא דריפתא. שורה של לחם הדבוקין זה אצל זה בפי התנור אי נמי שמדביקין זה למעלה מזה עד פי התנור: ובלען. כשהן שלימין: וטהרו את הבשר. שאינו מטמא טומאת מת דנתעכל ונתבטל תוך מעיו וכגון ששהו ימי עיכול ופירשא בעלמא הוא: וטימאו את העצמות. דלא מתעכלו: מפני רוח רעה. שנכנס בו רוח שידה ורץ והולך ושמא יטבע בנהר או יפול וימות: לסגף. לענות נפש מתרגמינן לסגפא נפש (במדבר ל): יצטרך לבריות. כי אין בו כח להרויח ולהתפרנס מיגיעו: דכתיב לנפש חיה. החייה: (ו) חנן בן פטום אומר אין מתריעין על הדבר. אפי' בחול דגזירה היא: רמי בר רב יוד. אכם ששמו יוד: ובגולה. בבל שהיא במצולה: מתריעין על רוב גשמים. שלא ירדו: שלא יהו בתיהם קבריהן. שעמוקה היא ונטבעים בתיהם במים: אנשי משמר ואנשי מעמד. מפרש בשלשה פרקים לקמן (דף כו.): תנו עיניכם. התבוננו בתפלתכם בתעניות עליהם שלא ירדו רוב גשמים: קרן אפל. שן סלע גבוה וכך שמו: וישכשך רגליו במים. כלומר לעולם אין מתפללין: והתניא ידו. עד שישכשך ידו (ז): רגלו כידו. וכיון דיכול לשכשך ברגלו אי שוחה יכול לשכשך בידו נמי: טייעא. סוחר ישמעאל: ומיתחזי. האי טייעא וגמליה ורומחא לרבה בר בר חנה דהוה על קרן אפל: איניבא. תולעת ל"א כי אנבא לינדינ"א בלע"ז: לא שכורה. לא שתויה יותר מדאי שמטשטשין את הארץ: דכתיב

תוספות

כמלא תנור תבואה או דלמא כמלא תנור פת. כמלא תנור תבואה הוי פי' כמלא חלל התנור תבואה דהיינו יותר ממלא תנור פת תא שמע כמלא פי תנור פת ואם כן מיירי בפת: ועדיין תבעי לך כמלא פי תנור כמלא עגול פי תנור. דהיינו שורה של לחם סביבות פי התנור או דלמא כי דרא דריפתא ואהדר ליה לפומיה דתנורא שורות שורות של לחם זו למעלה מזו עד פי התנור: וטהרו את הבשר. פירוש לפי שנתעכלו במעי הזאבים וטמאו את העצמות דלא מיעכלו: ועל כולן רשאי לסגף עצמו בתענית. פי' לענות נפש מתרגמינן לסגפא נפש: ר' יוסי אומר אין היחיד רשאי לסגף. וצ"ל דהני תנאי ל"פ בהא דמיירי הני אמוראי בפרקין דלעיל (דף יא:) אם נקרא חוטא או נקרא קדוש וכו' דהאמוראי פליגי במאי דצעורי נפשיה והני תנאי פליגי בדלא מצי לצעורי נפשיה: לאנשי (ח) משמר. פי' דהיינו אנשי מעמד דיש בישראל שהיו נחלקים למעמדות להתפלל שיתפללו על אחיהם שבגולה פי' לפי שגגותיהם שוים ונימוקים מחמת גשמים: קרן אפל. פי' שם מקום: אינבא. פירוש לנד"א בלע"ז מחמת גובהו של הר: ל) בלילי רביעיות ובלילי שבתות. פי' שלא היו בני אדם הולכין בדרכים באותן לילות מפני אגרת בת מחלת כדמפרש במסכת פסחים (דף קיב:):

השולה

עין משפט נר מצוה

כד א מיי' פ"ב מהל' תענית הלכה יא טוש"ע א"ח סימן תקעו סעיף ח:

כה ב מיי' פ"כ מהלכות טומאת מת הל' ד:

כו ג מיי' פ"א מהל' תענית הלכה ט טוש"ע א"ח סימן תקעא סעיף א:

כז ד מיי' פ"ב מהל' תענית הלכה ה טוש"ע א"ח סימן תקעו סעיף ב:

כח ה ו מיי' שם הל' טו טוש"ע שם סעיף יא:

רבינו גרשום

והכתיב ונתתי שלום ואין צריך לומר חרב שאינה של שלום שאינה עוברת: שאין דורו דומה יפה שאין מעשה ידי הדור יפה שלפיכך הוא בא: כמלא תנור תבואה כמו שהיה קרקע התנור מכוסה מתבואה. כמלא תנור פת היינו מעט. כמלא פי תנור משמע פת שהוא סביב הפה. כי כיסא דתנורא ככיסוי פי התנור דהיינו פת אחד: וטיהרו את הבשר שהרי נתעכל. וטמאו את העצמות. שלא נתעכל: לסגף לענות כדמתרגמינן לענות לסגפא: או לא הודו לו כלל. דאין מתריעין על הדבר כלל אפי' בחול בזמן שישנו במקום אחד. מאי טעמא אין מתריעין על רוב גשמים: ובגולה מתריעין על רוב גשמים לפי שהן יושבין באגם ורוב גשמים קשה להם. תנו עיניכם שתתפללו. אופל הר גבוה: לשפשף במים. מילתא דלא אפשר רגלו כידו (למ"ה) רגלו או ידו. אינבא. לנטרא: בלילי רביעיות שאין בני אדם מצויים לחוץ מפני אגרת בת מחלת. אם נמחת נתכסה. צריך אתה להתנדות שמטיח דברים כלפי מעלה:

רבינו חננאל

יאשיהו ונהרג דכתיב ויורו המורים למלך יאשיהו ואמר עשאוה ככברה ולמה נענש מפני שלא נמלך בירמיהו כד הוה ניח נפשיה שמעיה ירמיהו דהוה קאמר צדיק הוא ה' כי פיהו מריתי פתח עליה ירמיהו רוח אפינו משיח ה': ועוד גזרו תענית על שבלעו זאבים ב' תינוקות בעבר הירדן והקיאום דרך בית רעי וטיהרו הבשר וטמאו העצמות מ"ט כיון דבשר עביד להתעכולי כמעוכל הוא וכפרש הוא חשוב וכגללים שאין להם טומאה אבל העצמות דאקישי טפי לא עבידי לאיתעכלי ובחזקתייהו קיימי לפיכך מטמאי. ומפורש זה כאשר אמרנו במנחות בפ' ר' ישמעאל אומר בבעיא דרמי בר חמא בפיל שבלע כפיפה מצרית והקיאה דרך בית הרעי כו' ואמרינן תפשוט ליה מהא דאמר עולא מעשה שבלעו ב' זאבים ב' תינוקות והקיאום דרך הרעי כו': על אלו מתריעין בשבת על עיר שהקיפוה נכרים כו' ואוקימנא בפרק הראשון דהתרעה זו בעננו. ר' יוסי אומר לעזרה ולא לצעקה: ת"ר עיר שהקיפוה נכרים נהר וספינה המטורפת בים. ויחיד הנרדף לפני נכרים או מפני רוח רעה או מפני לסטים מתריעין עליהן בשבת. ועל כולן יחיד רשאי לסגף עצמו בתענית ר' יוסי אומר אין היחיד רשאי לסגף עצמו בתענית שמא יצטרך לבריות ואין מרחמין עליו. ואמרי' מ"ט דר' יוסי כתיב ויהי האדם לנפש חיה. נשמה שנתתי בך החיה. שמעון התימני אומר מתריעין אף על הדבר. [משום ר"ע אמרו אין מתריעין על הדבר] כל עיקר. על כל צרה הבאה על הצבור מתריעין עליהן חוץ מרוב גשמים. מעשה שאמרו בחוני המעגל התפלל אולי ירדו גשמים. עוד אמר להם צאו וראו אם נמחית אבן הטועין פי' כדאמרן בפרק אלו מציאות ת"ר אבן הטועין היתה בירושלים כל מי שאבדה לו אבדה נפנה לשם וכל המוצא אבדה נפנה לשם המוצא היה עולה על אותה האבן והיה מכריז מי שאבדה לו אבדה יבא ויתן סימניה ויקח. ומי שאבדה לו אבדה היה נותן סימניה ונוטלה וזו ששנינו צאו וראו אם נמחית אבן הטועין. והוו רבותי מפרשין אם נמחית אבן הטועין מלשון וימח את כל היקום כלומר אם כיסוה המים כאלו נמחית מן העולם עד שראינו בירושלמי פירוש אחרת כשם שאי אפשר לאבן הזה להמחות כך אי אפשר להתפלל על הגשמים שילכו שלח לו שמעון בן שטח צריך אתה להתנדות אלו נגזרה גזרה בימי אליהו שנשבע שלא יבא מטר אלא לפי דברו ונשבעת אתה שעתה מיד יבא מטר לא נמצאת מביא רבים לידי חטא וחלול השם וכל המביא הרבים לידי חלול השם צריך נדוי וכל המעכב את הרבים מלעשות מצוה צריך נידוי. מניין שאין מתפללין על רוב גשמים שנאמר והריקותי לכם ברכה עד בלי די ואמר רב עד שיבלו שפתותיכם מלומר די. ובגולה מתריעין על רוב גשמים. תניא נמי הכי שנה שגשמיה מרובים אנשי משמר שולחין לאנשי מעמד תנו עיניכם לאחיכם שבגולה שלא יפלו עליהן בתיהן. יניבא תולעת דגרסינן בכיסוי הדם נפל ליה לר' חייא יאניבא בכיתניה. פי' גאון גירסא כך הוא כינבא ונבא זהו מן כנים. כגון הא דגרס בפרק (ר' אליעזר אומר תולין) [שמונה שרצים קז:] הטפויין וביצי כנים. ועוד בפרק (ב"ש אומר) [שלשה מינים אסורין בנזיר (לט.)] ת"ש מאנבא חיה דמשתכחא בעיקבא ואנבא מיתה משתכחא ברישא דמזיא ובלשון ישמעאל קורין אותן ציבאן והדעת נוטה על הפירוש שפירשנו אנו. שאלו לר' אליעזר עד מתי יהו הגשמים יורדין ולא יתפללו עליהן שלא ירדו גשמים אמר להן עד כדי שישב אדם (במקום אפל) בקרן אפל וישכשך רגלו כידו במים: ת"ר ונתתי גשמיכם בעתם לא שכורה ולא צמאה אלא בינונית שבזמן שהגשמים רבים מטשטשין את הארץ ואינה עושה פירות.

מסורת הש"ס

א) מו"ק כח: [סנהדרין מח:], ב) [צ"ל יונתן], ג) מנחות סט:, ד) לעיל יד., ה) ומפני רוח רעה מתריעין בשבת ועל כולן כצ"ל רש"א, ו) [גי' רי"ף ורא"ש אמר ר' אבא אמר שמואל לפין], ז) לעיל ט. שבת לב: מכות כג:, ח) [לעיל ט. ובשבת ובמכות איתא חמא וכן אמר רב וברש"י כאן דגרס יוד הוא שם אכם צ"ל דכוונתו על זה דלקמן בסמוך דאמר ובגולה מתריעין וכו'], ט) [גי' רי"ף ורא"ש ר"י אמר רב וכן גי' רש"א], י) [צ"ל יניבא פי' תולעת כדאיתא בחולין פה: ר' חייא נפל ליה יניבא. ערוך ערך אנבא], כ) [עי' רש"י שבע"י ד"ה ה"ג וכו'], ל) שייך לדף כג ע"א.

הגהות הב"ח

(א) גמ' ואל ישחיתך מאן אלהים אמר רב יהודה אמר רב כו' כצ"ל ותיבות אשר עמי נמחק: (ב) שם יכילנא ליה וכתיב ויורו היורים וכו' כי החליתי מאד אמר רב יהודה אמר רב עשו כל גופו וכו' כצ"ל ותיבות מאי כי החליתי מאד ותיבת מלמד נמחק: (ג) שם שלום בארץ אלא אפילו חרב של שלום כו' כי הוה קא ניחא נפשיה: (ד) שם ת"ר אחד עיר שהקיפוה נכרים: (ה) רש"י ד"ה מאן אלהים כו' אשר עמי הס"ד ואח"כ מה"ד אמר יאשיהו הואיל וקא בטח פרעה בע"ז יכילנא ליה והיינו דכתיב ולא השיב יאשיהו לא השיבו כלום הס"ד ואח"כ מה"ד כל גופו מדכתיב ויורו כו' המורים הס"ד ואח"כ מה"ד ה"ג אמר רב יהודה אמר רב עשו כל גופו ככברה הס"ד ותיבת מלמד נמחק: (ו) ד"ה דכתיב כו' החייה הס"ד ואח"כ מה"ד רבי חנן בן כו': (ז) ד"ה והתניא וכו' ידו במים הס"ד: (ח) תום' ד"ה לאנשי מעמד פי' היינו אנשי מעמד כו'. נ"ב עי' לקמן דף כ"ז:

תורה אור השלם

א) וַיִּשְׁלַח אֵלָיו מַלְאָכִים לֵאמֹר מַה לִּי וָלָךְ מֶלֶךְ יְהוּדָה לֹא עָלֶיךָ אַתָּה הַיּוֹם כִּי אֶל בֵּית מִלְחַמְתִּי וֵאלֹהִים אָמַר לְבַהֲלֵנִי חֲדַל לְךָ מֵאֱלֹהִים אֲשֶׁר עִמִּי וְאַל יַשְׁחִיתֶךָ: [דברי הימים ב' לה, כא]

ב) וַיֹּרוּ הַיֹּרִים לַמֶּלֶךְ יֹאשִׁיָּהוּ וַיֹּאמֶר הַמֶּלֶךְ לַעֲבָדָיו הַעֲבִירוּנִי כִּי הָחֳלֵיתִי מְאֹד: [דברי הימים ב' לה, כג]

ג) וְנָתַתִּי שָׁלוֹם בָּאָרֶץ וּשְׁכַבְתֶּם וְאֵין מַחֲרִיד וְהִשְׁבַּתִּי חַיָּה רָעָה מִן הָאָרֶץ וְחֶרֶב לֹא תַעֲבֹר בְּאַרְצְכֶם: [ויקרא כו, ו] ד) צַדִּיק הוּא יְיָ כִּי פִיהוּ מָרִיתִי שִׁמְעוּ נָא כָל הָעַמִּים וּרְאוּ מַכְאֹבִי בְּתוּלֹתַי וּבַחוּרַי הָלְכוּ בַשֶּׁבִי: [איכה א, יח] ה) רוּחַ אַפֵּינוּ מְשִׁיחַ יְיָ נִלְכַּד בִּשְׁחִיתוֹתָם אֲשֶׁר אָמַרְנוּ בְּצִלּוֹ נִחְיֶה בַגּוֹיִם: [איכה ד, כ] ו) וַיִּיצֶר יְיָ אֱלֹהִים אֶת הָאָדָם עָפָר מִן הָאֲדָמָה וַיִּפַּח בְּאַפָּיו נִשְׁמַת חַיִּים וַיְהִי הָאָדָם לְנֶפֶשׁ חַיָּה: [בראשית ב, ז] ז) הָבִיאוּ אֶת כָּל הַמַּעֲשֵׂר אֶל בֵּית הָאוֹצָר וִיהִי טֶרֶף בְּבֵיתִי וּבְחָנוּנִי נָא בָּזֹאת אָמַר יְיָ צְבָאוֹת אִם לֹא אֶפְתַּח לָכֶם אֵת אֲרֻבּוֹת הַשָּׁמַיִם וַהֲרִיקֹתִי לָכֶם בְּרָכָה עַד בְּלִי דָי: [מלאכי ג, י] ח) וְנָתַתִּי גִשְׁמֵיכֶם בְּעִתָּם וְנָתְנָה הָאָרֶץ יְבוּלָהּ וְעֵץ הַשָּׂדֶה יִתֵּן פִּרְיוֹ: [ויקרא כו, ד]

ליקוטי רש"י

אלא אפילו של שלום. ויצא לקראתו, שדרש וחרב לא תעבור בארצכם (ויקרא כ"ו) אפילו חרב של שלום לא תעבור בארצכם ולא ידע חטא ליצני הדור אשר אחרי הדלת קמו לסדור כמו שמפורש במסכת תענית [דברי הימים ב לה, כ]. משיח השם. כמו שנאמר בדברי הימים ויקונן ירמיהו על יאשיהו [איכה ד, כ]. שהקיפוה נכרים. ולרין עליה. נהר. המתפשט ויוצא לחוץ לשטוף את השדה ואת הבתים. ועל ספינה המיטרפת. כמו בילים טרופות (חולין דף סד.) שהולכת ונדה ועתידה להיטבע במים [לעיל יד.]. מלשון טרף אבנא (ברכות דף כח.) ומלשון בילה טרופה (עדיות פ"ב מ"ד) כו' כדמפרש בפרק שלמעלה (דף יד.) [לעיל יט.]. שיבלו. כלומר שייגעו דולורא"ט בלעז [לעיל ט.]. טייעא. סוחר ערבי [חולין ז.]. איניבא. תולעת האוכלת פשתן טיי"ש בלע"ז [חולין פה:]. מטשטשין. עושות את הארץ כטיט [ב"ב טז.].

„וַיִּשְׁלַח אֵלָיו מַלְאָכִים לֵאמֹר מַה־לִּי וָלָךְ מֶלֶךְ יְהוּדָה — *HE* [Pharaoh Necho] *SENT TO HIM* [Yoshiahu], saying: *"WHAT HAVE I [TO DO] WITH YOU, KING OF JUDAH?* לֹא־עָלֶיךָ אַתָּה הַיּוֹם כִּי אֶל־בֵּית מִלְחַמְתִּי וֵאלֹהִים אָמַר לְבַהֲלֵנִי — it is *NOT AGAINST YOU THAT I MARCH THIS DAY BUT TO THE THEATER OF MY WAR; AND GOD HAS ORDERED THAT I HASTEN.* חֲדַל־לְךָ מֵאֱלֹהִים אֲשֶׁר־עִמִּי וְאַל־יַשְׁחִיתֶךָ" — *DO NOT INTERFERE WITH GOD, WHO IS WITH ME, SO THAT HE WILL NOT DESTROY YOU!"* We see from this verse that Pharaoh Necho had no desire to attack Judah but merely to pass through to reach his true adversary to the north.[1] Nevertheless, Yoshiahu, the king of Judah, tried to prevent his passage and was killed in battle, as the Baraisa will quote below.[2]

The Gemara interrupts the Baraisa to elaborate on Pharaoh's statement and King Yoshiahu's response to it:

מַאי: „אֱלֹהִים אֲשֶׁר־עִמִּי" — **What is** the meaning of the phrase: *GOD, WHO IS WITH ME?* To whom did the Pharaoh refer?

The Gemara answers:

אָמַר רַב יְהוּדָה אָמַר רַב — **Rav Yehudah said in the name of Rav:** זוֹ עֲבוֹדָה זָרָה — **This refers to a pagan deity.** אָמַר — Upon hearing Pharaoh Necho's words, **[Yoshiahu] said:** הוֹאִיל וְקָא בָּטַח בַּעֲבוֹדָה זָרָה — **Since [Pharaoh Necho] places his trust in a pagan deity,** יָכִילְנָא לֵיהּ — **I can overcome him.**

The Gemara now resumes the Baraisa, which concludes with the verse describing King Yoshiahu's death in battle:

„וַיֹּרוּ הַיֹּרִים לַמֶּלֶךְ יֹאשִׁיָּהוּ וַיֹּאמֶר הַמֶּלֶךְ לַעֲבָדָיו הַעֲבִירוּנִי כִּי הָחֳלֵיתִי מְאֹד" — *THE ARCHERS SHOT AT KING YOSHIAHU, AND THE KING SAID TO HIS SERVANTS, "MOVE ME* from here, *FOR I HAVE BECOME GRAVELY ILL!"*[3] Thus we see that what began as a non-hostile march through Judah ended in a battle and the death of the king.

The Gemara elaborates on the circumstances surrounding King Yoshiahu's death:

מַאי: „כִּי הָחֳלֵיתִי מְאֹד" — **What is** the meaning of the phrase: *FOR I HAVE BECOME GRAVELY ILL?* אָמַר רַב יְהוּדָה אָמַר רַב — **Rav Yehudah said in the name of Rav:** מְלַמֵּד שֶׁעָשׂוּ כָּל גּוּפוֹ כִּכְבָרָה — **This teaches that** they pierced him with so many arrows that **they made his entire body resemble a sieve.**[4]

The Gemara discusses the reason for King Yoshiahu's death:

אָמַר ר׳ שְׁמוּאֵל בַּר נַחְמָנִי אָמַר רַבִּי (יוחנן) [יוֹנָתָן] — **R' Shmuel bar Nachmani said in the name of R' Yonasan:** מִפְּנֵי מָה נֶעֱנַשׁ יֹאשִׁיָּהוּ — **On account of what was Yoshiahu punished?**[5] מִפְּנֵי שֶׁהָיָה לוֹ לִימָּלֵךְ בְּיִרְמְיָהוּ וְלֹא נִמְלַךְ — **Because he should have consulted with Jeremiah** about going to war against Pharaoh Necho, **and he did not.** Rather, he concluded on the basis of his own Scriptural analysis that he should block the passage of Pharaoh's forces. מַאי דְּרַשׁ — **What** verse **did [Yoshiahu] expound?** „וְחֶרֶב לֹא־תַעֲבֹר בְּאַרְצְכֶם" — He expounded the following verse: ***And a sword will not pass through your land.***[6] מַאי „חֶרֶב" — Yoshiahu argued: **What is *the sword*** of which the verse speaks? אִילֵימָא חֶרֶב שֶׁאֵינָהּ שֶׁל שָׁלוֹם — **If you say that** it speaks of **a sword which is not of peace,** but rather a hostile sword (i.e. army), וְהָכְתִיב: „וְנָתַתִּי שָׁלוֹם בָּאָרֶץ" — **but it is** already **written** in the first part of that verse: ***I will provide peace to the land***, indicating that the Land of Israel will not suffer invasion by hostile forces. אֶלָּא אֲפִילּוּ שֶׁל שָׁלוֹם — **Rather,** the phrase must mean that **even a sword of peace** will not pass. Based on this, Yoshiahu sought to block the passage of Pharaoh Necho's army.[7] וְהוּא אֵינוֹ יוֹדֵעַ שֶׁאֵין דּוֹרוֹ דּוֹמֶה יָפֶה — **However, [Yoshiahu] did not know that his generation did not appear proper** in the sight of God.[8]

King Yoshiahu's miscalculation led to his being mortally wounded in battle:

כִּי הֲוָה נִיחָא נַפְשֵׁיהּ — **As he was dying,** חֲזָא יִרְמְיָהוּ שִׂפְוָותֵיהּ דְּקָא מְרַחֲשָׁן — **Jeremiah saw that his lips were moving.** אָמַר שֶׁמָּא חַס וְשָׁלוֹם מִילְּתָא דְּלָא מְהַגְּנָא אָמַר אַגַּב צַעֲרֵיהּ — **[Jeremiah] said: Perhaps, God forbid, he is saying something improper on account of his pain.**[9] גְּחִין וְשַׁמְעֵיהּ דְּקָא מַצְדִּיק עֲלֵיהּ דִּינָא אַנַּפְשֵׁיהּ — **[Jeremiah] bent over** the dying king **and heard him justifying to himself the** Divine **judgment.** אָמַר: „צַדִּיק הוּא ה׳ כִּי פִיהוּ מָרִיתִי" — **He** [Yoshiahu] **was saying:** ***It is HASHEM Who is righteous, for I disobeyed His utterance.***[10] פָּתַח עֲלֵיהּ הַהִיא שַׁעְתָּא — **[Jeremiah] commenced** his eulogy **for [the fallen king] at that moment** with the following words: „רוּחַ אַפֵּינוּ מְשִׁיחַ ה׳" — ***The breath of our nostrils, the anointed of HASHEM.***[11]

NOTES

1. *II Chronicles* 35:21; see *Rashi* there. The Egyptian Pharaoh fought against the Assyrians at Carchemish on the Euphrates, to the north of the Land of Israel.

2. We see from this that though the Egyptian army meant only to pass in peace, their presence roused the resistance of Yoshiahu and led to his death. See above, 22a note 21.

3. Ibid. v. 23.

4. This is derived from the phrase: וַיֹּרוּ הַיֹּרִים, which literally means: *the shooters shot* (*Rashi*). [The verse could have just stated: ... וַיֹּרוּ לַמֶּלֶךְ — *they shot at King* ... By emphasizing that *the shooters* (i.e. archers) *shot*, at him, the verse implies that they shot and struck him repeatedly.]

[From *Rashi's* explanation it seems that he did not have the reading: מַאי: „כִּי הָחֳלֵיתִי מְאֹד" ... מְלַמֵּד ... — *What is the meaning of the phrase: "for I have become gravely ill?" ... This teaches* ... This reading states that the point is derived from this last phrase of the verse, whereas *Rashi* explains it to be derived from the earlier phrase: וַיֹּרוּ הַיֹּרִים, *the shooters shot.* Indeed, *Bach* emends the text of the Gemara to remove these words. See also *Rashi* in *Ein Yaakov.*]

5. Yoshiahu was one of the great pious kings of our people, concerning whom it states: *And like him there was no king before him, who returned to Hashem, with all his heart and with all his soul, and with all his might, according to the entire law of Moses; nor did any other arise afterwards like him* (*II Kings* 23:25). Surely, Yoshiahu did not act out of personal pride to prevent the passage of the Egyptian army. Why then did he deserve to die in battle? Was he not correct in viewing the mere passage of foreign forces through Jewish territory a calamity to be prevented?

6. *Leviticus* 26:6. This verse, which speaks of the blessings that God will bestow on Israel if they remain faithful to the Torah, gives two apparently identical blessings: וְנָתַתִּי שָׁלוֹם בָּאָרֶץ ... וְחֶרֶב לֹא־תַעֲבֹר בְּאַרְצְכֶם — *I will provide peace to the land ... and a sword will not pass though your land.*

7. That is, the verse promises that not only will Israel not be attacked (if they are faithful to God's commandments), but they will not suffer the passage through their land of even non-hostile forces. Yoshiahu, who had inaugurated a great revival of Torah observance after the wicked reigns of his father and grandfather (see *II Kings* chs. 22, 23, and *II Chronicles* chs. 34, 35), assumed that his efforts had been fully successful, and that the Divine promise to protect Israel against the passage of non-hostile forces was in effect. He therefore confronted Pharaoh Necho and refused to allow him to pass.

8. He did not know that his generation was not righteous enough to deserve the Divine protection promised in the verse. Had he consulted Jeremiah, he would have been informed of this. Thus, his failure to consult Jeremiah proved to be his undoing (see *Maharsha*).

9. That is, perhaps in the agony of dying he was being critical of God's treatment of him.

10. *Lamentations* 1:18. King Yoshiahu accepted his death as just judgment for not having consulted Jeremiah (*Maharsha;* see there for an alternative explanation).

Jeremiah later composed the Book of *Lamentations* [מְגִילַּת אֵיכָה] in which he used Yoshiahu's dying words to proclaim the Divine justice in the destruction of the Temple and Israel.

11. *Lamentations* 4:20. On hearing the righteous words of the dying king, Jeremiah praised him as "the breath of our nostrils" (i.e. as precious to us as the very breath of our nostrils; see *Targum*), and "the anointed of *Hashem.*"

א) וישלח אליו מלאכים לאמר מה לי ולך מלך יהודה לא עליך אתה היום כי אל בית מלחמתי ואלהים אמר לבהלני חדל לך מאלהים אשר עמי ואל ישחיתך (א) מאי אלהים אשר עמי אמר רב יהודה אמר רב זו ע"ז אמר הואיל וקא בטח בע"ז יכילנא ליה (ב) ב) ויורו היורים למלך יאשיהו ויאמר המלך לעבדיו העבירוני כי החליתי מאד מאי כי החליתי מאד א) אמר רב יהודה אמר רב מלמד שעשו כל גופו ככברה אמר ר' שמואל בר נחמני אמר רבי ב) (יוחנן) מפני מה נענש יאשיהו מפני שהיה לו לימלך בירמיהו ולא נמלך מאי דרש ג) וחרב לא תעבור בארצכם מאי חרב אילימא חרב שאינה של שלום והכתיב ג) ונתתי שלום בארץ אלא אפילו (ג) של שלום והוא אינו יודע שאין דורו דומה יפה כי הוה ניחא נפשיה חזא ירמיהו שפוותיה דקא מרחשן אמר שמא ח"ו מילתא דלא מהגנא אמר אגב צעריה גחין ושמעיה דקא מצדיק עליה דינא אנפשיה אמר ד) צדיק הוא ה' כי פיהו מריתי פתח עליה ההיא שעתא ה) רוח אפינו משיח ה': מעשה וירדו זקנים מירושלים לעריהם כו': איבעיא להו כמלא תנור תבואה או דלמא כמלא תנור פת תא שמע א) כמלא פי תנור ועדיין תיבעי להו ככיסויא דתנורא או דלמא כי דרא דריפתא דהדר ליה לפומא דתנורא תיקו: ועוד גזרו תענית על שאכלו זאבים כו': אמר עולא משום ר' שמעון בן יהוצדק ג) מעשה ובלעו זאבים שני תינוקות והקיאום דרך בית הרעי ובא מעשה לפני חכמים ב) וטיהרו את הבשר וטמאו את העצמות: על אלו מתריעין בשבת כו': תנו רבנן (ד) עיר שהקיפוה נכרים או נהר ואחד ספינה המיטרפת בים ואחד יחיד שנרדף מפני נכרים או מפני לסטין ה) ומפני רוח רעה ג) על כולן יחיד רשאי לסגף את עצמו בתענית רבי יוסי אומר אין היחיד רשאי לסגף את עצמו בתענית שמא יצטרך לבריות ואין הבריות מרחמות עליו אמר רב יהודה אמר רב מ"ט דרבי יוסי דכתיב ו) ויהי האדם לנפש חיה נשמה שנתתי בך החייה: שמעון התימני אומר אף על הדבר כו': איבעיא להו לא הודו לו חכמים בשבת ד) אבל בחול הודו לו או דלמא לא הודו לו כלל ת"ש דתניא מתריעין על הדבר בשבת ואצ"ל בחול ר' חנן בן פיטום תלמידו של ר' עקיבא משום רבי עקיבא אומר אין מתריעין על הדבר כל עיקר: על כל צרה שלא תבא על הצבור כו': ת"ר על כל צרה שלא תבא על הצבור מתריעין עליה חוץ מרוב גשמים מ"ט אמר ר' ו) יוחנן ה) לפי שאין מתפללין על רוב הטובה ואמר רבי יוחנן מניין שאין מתפללין על רוב הטובה שנאמר ז) הביאו את כל המעשר אל בית האוצר וגו' ז) מאי עד בלי די אמר רמי בר ח) רב (יוד) עד שיבלו שפתותיכם מלומר די אמר ט) רמי בר רב יוד ו) ובגולה מתריעין עליה תניא נמי הכי שנה שגשמיה מרובין אנשי משמר שולחין לאנשי מעמד תנו עיניכם באחיכם שבגולה שלא יהא בתיהם קבריהם שאלו את ר' אליעזר עד היכן גשמים יורדין ויתפללו שלא ירדו אמר להם כדי שיעמוד אדם בקרן אפל וישכשך רגליו במים והתניא ידיו רגליו כידיו קאמינא אמר רבה בר בר חנה לדידי חזיא לי קרן אפל דקם ההוא טייעא כי רכיב גמלא ונקיט רומחא בידיה מתחזי י) איניבא ת"ר ח) ונתתי גשמיכם בעתם לא שכורה ולא צמאה אלא בינונית שכל זמן שהגשמים מרובין מטשטשין את הארץ ואינה מוציאה פירות דבר אחר בעתם

רש"י

וישלח אליו מלאכים לאמר מה לי ולך מלך יהודה לא עליך אתה היום כי אל בית מלחמתי ואלהים אמר לבהלני חדל לך מאלהים אשר עמי וגו' לא עליך אני הולך היום. יאשיה יצא לקראתו למלחמה ולא נתנו לעבור בארצו ושלח לו פרעה נכה מלאכים לאמר כו': מאן אלהים. דקאמר ליה פרעה נכה חדל לך מאלהים אשר עמי (ה): מלמד. מדכתיב ויורו המורים דמשמע יריות רבות יורו המורים: כ) אמר רב יהודה אמר רב מלמד שעשו כל גופו ככברה: הא כתיב ונתתי שלום בארץ. ולמאי הלכתא כתביה רחמנא לאידך קרא וחרב לא תעבור בארצכם אלא אפי' חרב של שלום: שאין דורו דומה יפה. בעיני המקום: איבעיא להו כמלא תנור תבואה. דהיינו שיעור גדול יותר ממלוא תנור פת דשיעור קטן הוא שאין דרך למלאות כל חלל התנור פת אלא בדפנות מדביקין אותו: ת"ש. דקתני חדא כי האי לישנא כמלא פי התנור דהיינו פת דאילו תבואה לא מצי קיימא על פי התנור: או דלמא כי דרא דריפתא. שורה של לחם הדבוקין זה אצל זה בפי התנור אי נמי שמדביקין זה למעלה מזה עד פי התנור: ובלען. כשהן שלימין: וטהרו את הבשר. שאינו מטמא טומאת מת דנתעכל ונתבטל תוך מעיו וכגון ששהו ימי עיכול ופירשא בעלמא הוא: וטימאו את העצמות. דלא מתעכלו: מפני רוח רעה. שנכנס בו רוח שידה ורץ והולך ושמא יטבע בנהר או יפול וימות: לסגף. לענות נפש מתרגמינן לסגפא נפש (במדבר ל): יצטרך לבריות. כי אין בו כח להרויח ולהתפרנס מיגיעו: דכתיב לנפש חיה. החייה: (ו) חנן בן פטום אומר אין מתריעין על הדבר. אפי' בחול דגזירה היא: רמי בר רב יוד. חכם ששמו יוד: ובגולה. בבל שהיא במצולה: מתריעין על רוב גשמים. שלא ירדו: שלא יהו בתיהם קבריהן. שעמוקה היא ונטבעים בתיהם במים: אנשי משמר ואנשי מעמד. מפרש בשלשה פרקים לקמן (דף כו.): תנו עיניכם. התבוננו בתפלתכם בתעניות עליהם שלא ירדו רוב גשמים: קרן אפל. שן סלע גבוה וכך שמו: וישכשך רגליו במים. כלומר לעולם אין מתפללין: והתניא ידו. עד שישכשך ידו (ז): רגלו כידו. וכיון דיכול לשכשך ברגלו אי שוחה יכול לשכשך בידו נמי: טייעא. סוחר ישמעאל: ומיתחזי. האי טייעא וגמליה ורומחא לרבה בר בר חנה דהוה על קרן אפל: איניבא. תולעת ל"א כי אנבא לינדיג"א בלע"ז: לא שכורה. לא שתויה יותר מדאי שמטשטשין את הארץ:

דכתיב

תוספות

כמלא תנור תבואה או דלמא כמלא תנור פת. כמלא תנור תבואה הוי פי' כמלא חלל התנור תבואה דהיינו יותר ממלא תנור פת תא שמע כמלא פי תנור ואם כן מיירי בפת: ועדיין תבעי לך כמלא פי תנור כמלא עגול פי תנור. דהיינו שורה של לחם סביבות פי התנור או דלמא כי דרא דריפתא והדר ליה לפומיה דתנורא שורות שורות של לחם זו למעלה מזו עד פי התנור: וטהרו את הבשר. פירוש לפי שנתעכלו במעי הזאבים וטמאו את העצמות דלא מיעכלו: ועל כולן רשאי לסגף עצמו בתענית. פי' לענות נפש מתרגמינן לסגפא נפש: ר' יוסי אומר אין היחיד רשאי לסגף. וצ"ל דהני תנאי לית להו דמיירי הני אמוראי בפרקין דלעיל (דף יא:) אם נקרא חוטא או נקרא קדוש וכו' דהאמוראי פליגי במאי לצעורי נפשיה והני תנאי פליגי בדלא מצי לצעורי נפשיה: לאנשי (ח) משמר. פי' דהיינו אנשי מעמד דיש בישראל שהיו נחלקים למעמדות להתפלל שיתפללו על אחיהם שבגולה פי' לפי שגגותיהם שוים ונימוקים מחמת גשמים: קרן אפל. פי' שם מקום: אינבא. פירוש לנד"א בלע"ז מחמת גובהו של הר: ל) בלילי רביעיות ובלילי שבתות. פי' שלא היו בני אדם הולכין בדרכים באותן לילות מפני אגרת בת מחלת כדמפרש במסכת פסחים (דף קיב:):

השולה

עין משפט נר מצוה

כד א מיי' פ"ב מהל' תענית הלכה יא טוש"ע א"ח סימן תקעו סעיף ח:

כה ב מיי' פ"כ מהלכות טומאת מת הל' ד:

כו ג מיי' פ"א מהל' תענית הלכה ט טוש"ע א"ח סימן תקעח סעיף א:

כז ד מיי' פ"ב מהל' תענית הלכה ה טוש"ע א"ח סימן תקעו סעיף ג:

כח ה ו מיי' שם הל' טו טוש"ע שם סעיף יא:

רבינו גרשום

והכתיב ונתתי שלום ואין צריך לומר חרב שאינה של שלום שאינה עוברת: שאין דורו דומה יפה שאין מעשה ידי הדור יפה שלפיכך הוא בא: כמלא תנור תבואה כמו שהיה קרקע התנור מכוסה מתבואה. כמלא תנור פת היינו מעט. כמלא פי תנור משמע פת שהוא סביב הפה. כי כיסא דתנורא ככיסוי פי התנור דהיינו פת אחד: וטיהרו את הבשר שהרי נתעכל. וטמאו את העצמות. שלא נתעכל: לסגף לענות כדמתרגמינן לענות לסגפא: או לא הודו לו כלל. דאין מתריעין על הדבר כלל אפי' בחול בזמן שישנו במקום אחד. מאי טעמא אין מתריעין על רוב גשמים: ובגולה מתריעין על רוב גשמים לפי שהן יושבין באגם ורוב גשמים קשה להם. תנו עיניכם שתתפללו. אופל הר גבוה: לשפשף במים. מילתא דלא אפשר רגלו כידו (למ"ה) רגלו או ידו. אינבא. לנטרא: בלילי רביעיות שאין בני אדם מצויים לחוץ מפני אגרת בת מחלת. אם נמחת נתכסה. צריך אתה להתנדות שמטיח דברים כלפי מעלה:

רבינו חננאל

יאשיהו ונהרג דכתיב ויורו המורים למלך יאשיהו ואמר עשאוה ככברה ולמה נענש מפני שלא נמלך בירמיהו כד הוה ניח נפשיה שמעיה ירמיהו דהוה קאמר צדיק הוא ה' כי פיהו מריתי פתח עליה ירמיהו רוח אפינו משיח ה': ועוד גזרו תענית על שבלעו זאבים ב' תינוקות בעבר הירדן והקיאום דרך בית רעי וטיהרו הבשר וטמאו העצמות מ"ט כיון דבשר עביד להתעכולי כמעוכל הוא וכפרש הוא חשוב וכגללים שאין להם טומאה אבל העצמות דאקישי טפי לא עבידי לאיתעכלי ובחזקתייהו קיימי לפיכך מטמאי. ומפורש זה כאשר אמרנו במנחות בפ' ר' ישמעאל אומר בבעיא דרמי בר חמא בפיל שבלע כפיפה מצרית והקיאה דרך בית הרעי כו' ואמרינן תפשוט ליה מהא דאמר עולא מעשה שבלעו ב' זאבים ב' תינוקות והקיאום דרך הרעי כו': על אלו מתריעין בשבת על עיר שהקיפוה נכרים כו' ואוקימנא בפרק הראשון דהתרעה זו בעננו. ר' יוסי אומר לעזרה ולא לצעקה: ת"ר עיר שהקיפוה נכרים נהר וספינה המטורפת בים. ויחיד הנרדף לפני נכרים או מפני רוח רעה או מפני לסטים מתריעין עליהן בשבת. ועל כולן יחיד רשאי לסגף עצמו בתענית ר' יוסי אומר אין היחיד רשאי לסגף עצמו בתענית שמא יצטרך לבריות ואין מרחמין עליו. ואמרי' מ"ט דר' יוסי כתיב ויהי האדם לנפש חיה. נשמה שנתתי בך החיה. שמעון התימני אומר מתריעין אף על הדבר. [משום ר"ע אמרו אין מתריעין על הדבר] כל עיקר. על כל צרה הבאה על הצבור מתריעין עליהן חוץ מרוב גשמים. מעשה שאמרו בחוני המעגל התפלל אולי ירדו גשמים. עוד אמר להם צאו וראו אם נמחית אבן הטוען פי' כדאמרן בפרק אלו מציאות ת"ר אבן הטוען היתה בירושלים כל מי שאבדה לו אבדה נפנה לשם וכל המוצא אבדה נפנה לשם המוצא היה עולה על אותה האבן והיה מכריז מי שאבדה לו אבדה יבא ויתן סימניה ויקח. ומי שאבדה לו אבדה היה נותן סימניה ונוטלה וזו ששנינו צאו וראו אם נמחית אבן הטוען. והוו רבותי מפרשין אם נמחית אבן הטוען מלשון וימח את כל היקום כלומר אם כיסוה המים כאלו נמחית מן העולם עד שראינו בירושלמי פירוש אחרת כשם שאי אפשר לאבן הזה להמחות כך אי אפשר להתפלל על הגשמים שילכו שלח לו שמעון בן שטח צריך אתה להתנדות אלו נגזרה גזרה בימי אליהו שנשבע שלא יבא מטר אלא לפי דברו ונשבעת אתה שעתה מיד יבא מטר לא נמצאת מביא רבים לידי חטא וחלול השם וכל המביא הרבים לידי חלול השם צריך נדוי וכל המעכב את הרבים מלעשות מצוה צריך נידוי. מניין שאין מתפללין על רוב גשמים שנאמר והריקותי לכם ברכה עד בלי די ואמר רב עד שיבלו שפתותיכם מלומר די. ובגולה מתריעין על רוב גשמים. תניא נמי הכי שנה שגשמיה מרובים אנשי משמר שולחין לאנשי מעמד תנו עיניכם לאחיכם שבגולה שלא יפלו עליהן בתיהן. יניבא תולעת דגרסינן בכיסוי הדם נפל ליה לר' חייא יאניבא בכיתניה. פי' גאון גירסא כך הוא כינבא ונבא זהו מן כנים. כגון הא דגרס בפרק (ר' אליעזר אומר תולין) [שמונה שרצים קז:] הטפויין וביצי כנים. ועוד בפרק (ב"ש אומר) [שלשה מינים אסורין בנזיר (לט.)] ת"ש מאנבא חיה דמשתכחא בעיקבא ואנבא מיתה משתכחא ברישא דמזיא ובלשון ישמעאל קורין אותן ציבאן והדעת נוטה על הפירוש שפירשנו אנו. שאלו לר' אליעזר עד מתי יהו הגשמים יורדין ולא יתפללו עליהן שלא ירדו גשמים אמר להן עד כדי שישב אדם (במקום אפל) בקרן אפל וישכשך רגלו כידו במים: ת"ר ונתתי גשמיכם בעתם לא שכורה ולא צמאה אלא בינונית שבזמן שהגשמים רבים מטשטשין את הארץ ואינה עושה פירות.

מסורת הש"ס

א) מו"ק כח: [סנהדרין מח:], ב) [צ"ל יונתן], ג) מנחות סט:, ד) לעיל יד., ה) ומפני רוח רעה מתריעין בשבת ועל כולן כצ"ל רש"א, ו) [גי' ר"ף ורא"ש אמר ר' אבא אמר שמואל לפין], ז) לעיל ט. שבת לב: מכות כג., ח) [לעיל ט. ובשבת ובמכות איתא חמא וכן אמר רב וברש"י כאן דגרס יוד הוא שם חכם צ"ל דכוונתו על זה דלקמן בסמוך דאמר ובגולה מתריעין וכו'], ט) [גי' ר"ף ורא"ש ר"י אמר רב וכן גי' רש"א], י) [צ"ל יניבא פי' תולעת כדאיתא בחולין פה: ר' חייא נפל ליה יניבא. ערוך ערך אנבא], כ) [עי' רש"י שבע"י ד"ה ה"ג וכו'], ל) שייך לדף כג ע"א.

הגהות הב"ח

(א) גמ' ואל ישחיתך מאן אלהים אמר רב יהודה אמר רב כו' כצ"ל ותיבות אשר עמי נמחק: (ב) שם יכילנא ליה וכתיב ויורו היורים וכו' כי החליתי מאד אמר רב יהודה אמר רב עשו כל גופו וכו' כצ"ל ותיבות מאי כי החליתי מאד ותיבת מלמד נמחק: (ג) שם שלום בארץ אלא אפילו חרב של שלום כו' כי הוה קא ניחא נפשיה: (ד) שם ת"ר אחד עיר שהקיפוה נכרים: (ה) רש"י ד"ה מאן אלהים כו' אשר עמי הס"ד ואח"כ מה"ד אמר יאשיהו הואיל וקא בטח פרעה בע"ז יכילנא ליה והיינו דכתיב ולא השיב יאשיהו לא השיבו כלום הס"ד ואח"כ מה"ד כל גופו מדכתיב ויורו כו' המורים הס"ד ואח"כ מה"ד ה"ג אמר רב יהודה אמר רב עשו כל גופו ככברה הס"ד ותיבת מלמד נמחק: (ו) ד"ה דכתיב כו' החייה הס"ד ואח"כ מה"ד רבי חנן בן כו': (ז) ד"ה והתניא וכו' ידו במים הס"ד: (ח) תוס' ד"ה לאנשי מעמד פי' היינו אנשי מעמד כו'. נ"ב עי' לקמן דף כ"ז:

תורה אור השלם

א) וַיִּשְׁלַח אֵלָיו מַלְאָכִים לֵאמֹר מַה לִּי וָלָךְ מֶלֶךְ יְהוּדָה לֹא עָלֶיךָ אַתָּה הַיּוֹם כִּי אֶל בֵּית מִלְחַמְתִּי וֵאלֹהִים אָמַר לְבַהֲלֵנִי חֲדַל לְךָ מֵאֱלֹהִים אֲשֶׁר עִמִּי וְאַל יַשְׁחִיתֶךָ: [דברי הימים ב' לה, כא]

ב) וַיֹּרוּ הַיֹּרִים לַמֶּלֶךְ יֹאשִׁיָּהוּ וַיֹּאמֶר הַמֶּלֶךְ לַעֲבָדָיו הַעֲבִירוּנִי כִּי הָחֳלֵיתִי מְאֹד: [דברי הימים ב' לה, כג]

ג) וְנָתַתִּי שָׁלוֹם בָּאָרֶץ וּשְׁכַבְתֶּם וְאֵין מַחֲרִיד וְהִשְׁבַּתִּי חַיָּה רָעָה מִן הָאָרֶץ וְחֶרֶב לֹא תַעֲבֹר בְּאַרְצְכֶם: [ויקרא כו, ו] ד) צַדִּיק הוּא יְיָ כִּי פִיהוּ מָרִיתִי שִׁמְעוּ נָא כָל הָעַמִּים וּרְאוּ מַכְאֹבִי בְּתוּלֹתַי וּבַחוּרַי הָלְכוּ בַשֶּׁבִי: [איכה א, יח] ה) רוּחַ אַפֵּינוּ מְשִׁיחַ יְיָ נִלְכַּד בִּשְׁחִיתוֹתָם אֲשֶׁר אָמַרְנוּ בְּצִלּוֹ נִחְיֶה בַגּוֹיִם: [איכה ד, כ] ו) וַיִּיצֶר יְיָ אֱלֹהִים אֶת הָאָדָם עָפָר מִן הָאֲדָמָה וַיִּפַּח בְּאַפָּיו נִשְׁמַת חַיִּים וַיְהִי הָאָדָם לְנֶפֶשׁ חַיָּה: [בראשית ב, ז] ז) הָבִיאוּ אֶת כָּל הַמַּעֲשֵׂר אֶל בֵּית הָאוֹצָר וִיהִי טֶרֶף בְּבֵיתִי וּבְחָנוּנִי נָא בָּזֹאת אָמַר יְיָ צְבָאוֹת אִם לֹא אֶפְתַּח לָכֶם אֵת אֲרֻבּוֹת הַשָּׁמַיִם וַהֲרִיקֹתִי לָכֶם בְּרָכָה עַד בְּלִי דָי: [מלאכי ג, י] ח) וְנָתַתִּי גִשְׁמֵיכֶם בְּעִתָּם וְנָתְנָה הָאָרֶץ יְבוּלָהּ וְעֵץ הַשָּׂדֶה יִתֵּן פִּרְיוֹ: [ויקרא כו, ד]

ליקוטי רש"י

אלא אפילו של שלום. ויצא לקראתו, שדרש וחרב לא תעבור בארצכם (ויקרא כ"ו) אפילו חרב של שלום לא תעבור בארצכם ולא ידע שטא ליצני הדור אשר אחרי הדלת קמו לסדור כמו שמפורש במסכת תענית [דברי הימים ב לה, כ]. משיח השם. כמו שנאמר בדברי הימים ויקונן ירמיהו על יאשיהו [איכה ד, כ]. שהקיפוה נכרים. וצרין עליה. נהר. המתפשט ויוצא לחוץ לשטוף את השדה ואת הבתים. ועל ספינה המיטרפת. כמו כילים טרופות (חולין דף סד.) שהולכת ונדה ועתידה להיטבע במים [לעיל יד.]. מלשון טרף אבנא (ברכות דף כח.) ומלשון בילה טרופה (עדיות פ"ב מ"ד) כו' כדמפרש בפרק שלמעלה (דף יד.) [לעיל יט.]. שיבלו. כלומר שייגעו דולורא"ט בלעז [לעיל ט.]. טייעא. סוחר ערבי [חולין ז.]. איניבא. תולעת האוכלת פשתן טיי"ש בלע"ז [חולין פה:]. מטשטשין. עושות את הארץ כטיט [ב"ב טז.].

Our Mishnah said:

מַעֲשֶׂה וְיָרְדוּ זְקֵנִים מִירוּשָׁלַיִם לְעָרֵיהֶם כו׳ – IT ONCE HAPPENED THAT THE ELDERS of the Sanhedrin WENT DOWN FROM JERUSALEM TO THEIR CITIES etc. [and decreed a fast because windblast had damaged grain in Ashkelon equivalent to an oven's mouth].

The Gemara discusses the meaning of the phrase, "the size of an oven's mouth":

אִיבַּעְיָא לְהוּ – **They inquired:** כִּמְלֹא תַּנּוּר תְּבוּאָה – Does the Mishnah mean **the size of an ovenful of grain,** i.e. that the damaged grain would fill an oven, אוֹ דִּלְמָא כִּמְלֹא תַּנּוּר פַּת – **or** does it **perhaps** mean **the size of an ovenful of bread,** i.e. the damaged grain would have produced enough flour to bake an ovenful of bread?[12]

The Gemara answers:

תָּא שְׁמַע – **Come, learn** the answer to this from the following phrase in a Baraisa: כִּמְלֹא פִּי תַּנּוּר – THE SIZE OF AN OVEN'S MOUTH, which indicates that the Mishnah speaks of the size of an ovenful of bread.[13]

The Gemara accepts that the Mishnah refers to the amount of grain that would produce bread to fill the mouth of an oven, but questions how much this is:

וַעֲדַיִין תִּיבָּעֵי לְהוּ – **But they may still inquire:** כְּכִיסוּיָא דְּתַנּוּרָא – Does it mean **as much** bread **as the lid of the oven,** אוֹ דִּלְמָא כִּי דָּרָא דְּרִיפְתָּא דְּהָדַר לֵיהּ לְפוּמָא דְּתַנּוּרָא – **or** does it **perhaps mean** as much **as the row of bread** that would go **around the mouth of the oven?**[14] תֵּיקוּ – **[The question] stands,** i.e. it remains unresolved.

Our Mishnah said:

וְעוֹד גָּזְרוּ תַּעֲנִית עַל שֶׁאָכְלוּ זְאֵבִים כו׳ – THEY FURTHER DECREED A FAST BECAUSE WOLVES had devoured two children in the Transjordan **etc.**

The Gemara relates an incident similar to the incident of the Mishnah but pertaining to the laws of *tumah:*

אָמַר עוּלָּא מִשּׁוּם ר׳ שִׁמְעוֹן בֶּן יְהוֹצָדָק – **Ulla said in the name of R' Shimon ben Yehotzadak:** מַעֲשֶׂה וּבָלְעוּ זְאֵבִים שְׁנֵי תִינוֹקוֹת – **It once happened that wolves swallowed two infants,** וֶהֱקִיאוּם דֶּרֶךְ בֵּית הָרְעִי – **and passed them out through the excretory canal.** וּבָא מַעֲשֶׂה לִפְנֵי חֲכָמִים – **The matter came before the Sages,** וְטִיהֲרוּ אֶת הַבָּשָׂר – **and they declared the flesh** of the infants ***tahor,*** וְטִמְּאוּ אֶת הָעֲצָמוֹת – **and the bones *tamei.***[15]

Our Mishnah states:

עַל אֵלּוּ מַתְרִיעִין בְּשַׁבָּת כו׳ – FOR THESE calamities WE CRY OUT even ON THE SABBATH etc.[16]

The Gemara cites a Baraisa that elaborates on this segment of our Mishnah:

תָּנוּ רַבָּנַן – **The Rabbis taught in a Baraisa:** עִיר שֶׁהִקִּיפוּהָ נָכְרִים – If A CITY WAS SURROUNDED BY hostile GENTILES, אוֹ נָהָר – OR A swollen RIVER threatening to flood its fields and houses, וְאֶחָד סְפִינָה הַמִּיטָּרֶפֶת בַּיָּם – OR if A SHIP IS BEING TOSSED AT SEA and is in danger of sinking, וְאֶחָד יָחִיד שֶׁנִּרְדָּף מִפְּנֵי נָכְרִים – OR AN INDIVIDUAL IS BEING PURSUED BY GENTILES, אוֹ מִפְּנֵי לִסְטִין – OR BY BANDITS, וּמִפְּנֵי רוּחַ רָעָה – OR BY AN EVIL SPIRIT:[17] עַל כּוּלָּן – FOR ANY OF THESE, יָחִיד רַשַּׁאי לְסַגֵּף אֶת עַצְמוֹ בְּתַעֲנִית – AN INDIVIDUAL IS PERMITTED TO AFFLICT HIMSELF BY FASTING.[18] רַבִּי יוֹסֵי אוֹמֵר – R' YOSE SAYS: אֵין הַיָּחִיד רַשַּׁאי לְסַגֵּף אֶת עַצְמוֹ בְּתַעֲנִית – AN INDIVIDUAL MAY NOT AFFLICT HIMSELF BY FASTING, שֶׁמָּא יִצְטָרֵךְ לַבְּרִיּוֹת – FOR HE MAY BE REDUCED TO NEEDING the support of PEOPLE in his weakened condition, וְאֵין הַבְּרִיּוֹת מְרַחֲמוֹת עָלָיו – AND THE PEOPLE MAY NOT TAKE PITY ON HIM.[19]

The Gemara cites a source for R' Yose's ruling that one may not afflict himself by fasting:

אָמַר רַב יְהוּדָה אָמַר רַב – **Rav Yehudah said in the name of Rav:** מַאי טַעְמָא דְּרַבִּי יוֹסֵי – **What is R' Yose's reason?**[20] דִּכְתִיב – **For it is written:** "וַיְהִי הָאָדָם לְנֶפֶשׁ חַיָּה", – ***And man became a living being;*** this is expounded homiletically to mean: נְשָׁמָה שֶׁנָּתַתִּי בְּךָ – **The soul that I gave you,** הַחֲיֵיהָ – **keep it alive.**[21]

The Gemara now explains the next segment of our Mishnah which states:

שִׁמְעוֹן הַתִּימְנִי אוֹמֵר אַף עַל הַדֶּבֶר כו׳ – SHIMON THE TIMNITE SAYS: ALSO FOR PESTILENCE etc. we cry out in prayer on the Sabbath. But the Sages did not agree with him:

The Gemara asks:

אִיבַּעְיָא לְהוּ – **They inquired:** לֹא הוֹדוּ לוֹ חֲכָמִים בְּשַׁבָּת – Did **the**

NOTES

12. An ovenful of grain represents a greater quantity than an ovenful of bread. When baking bread, one does not fill the entire interior of the oven. (In Mishnaic times bread was baked by sticking dough against the interior walls of the oven.) On the other hand, when pouring grain into an oven, it fills the entire inside area (*Rashi*).

13. Because only a solid substance such as bread could plug the mouth of an oven and thus fit the description of "the size of an oven's *mouth*." Grain, on the other hand, would fall through the mouth of the oven unless the entire oven were filled (*Rashi*).

It seems from this discussion that the original reading of the Mishnah was not: כִּמְלֹא פִּי תַּנּוּר, *the size of an oven's mouth,* as we have it, but rather: כִּמְלֹא תַּנּוּר, *the size of an oven.* The phrase, כִּמְלֹא פִּי תַּנּוּר, is introduced only on the basis of the Baraisa quoted here (*Cheishek Shlomo*). Indeed, *Rashi* to the Mishnah has the reading: כִּמְלֹא תַּנּוּר.

14. That is, the row of loaves that one adheres to the wall of the oven around its mouth to bake. Alternatively, the amount of bread with which one may line the interior wall of the oven from the bottom up to the oven's mouth (*Rashi; R' Gershom*).

15. Human corpses are sources of *tumah.* Thus, when the wolves killed and swallowed the two infants, their corpses were certainly capable of transmitting *tumah.* The question arose, however, whether these corpses still transmitted *tumah* after having passed through the digestive system of the wolves.

The corpses had remained within the digestive tracts of the wolves for three days, the time it takes for food to be fully digested (see *Oholos* 11:7). The Sages therefore ruled that the flesh was no longer deemed corpse flesh but excrement, which does not transmit *tumah*. However, the bones, which are hard and thus not digestible, could not be classified as excrement, and were thus still judged as human corpse bones capable of transmitting *tumah* (*Rashi;* see also *Rabbeinu Chananel*).

16. "Crying out" in this context refers only to prayer, not sounding the shofar. See Gemara above, 14a.

17. The evil spirit (demon) enters his body and causes him to run about out of control, which could lead to his falling from a height and killing himself or into water and drowning (*Rashi*). *Meiri* explains this to refer to one who suffers from hallucinations from which he flees madly.

18. The language of our Gemara indicates that it is not incumbent upon an individual to fast when confronted with another individual's calamity (see *Ritva, Meiri*). *Rambam* (*Hil. Taaniyos* 1:9; see *Maggid Mishneh* ad loc.) indicates that it is obligatory, however, for an individual to fast for his *own* calamity, wherever practical (see *Ritva* and *Ramban* to 19a; see *Mishnah Berurah* 578:1).

19. Due to his weakened condition, he may not be able to earn his livelihood, and he will require the assistance of others (*Rashi*). [They, however, may be unwilling to support him, considering his condition to be self-inflicted.]

Tosafos note that the dispute between the Tanna Kamma and R' Yose is not the same as the dispute of Amoraim (11b) as to whether an individual who accepts fasts upon himself is considered a sinner or a holy man. That dispute is relevant to a case in which an individual is strong enough not to be adversely affected by the fast, whereas the dispute here refers to the individual who is not that strong.

20. Why does R' Yose rule that a person may not fast even if he is willing to take the chance? (*Ben Yehoyada*).

21. *Genesis* 2:7. The word נֶפֶשׁ (*being*) also has the meaning of *soul.*

וישלח אליו מלאכים לאמר מה לי ולך מלך יהודה לא עליך אתה היום כי אל בית מלחמתי ואלהים אמר לבהלני חדל לך מאלהים אשר עמי ואל ישחיתך (א) מאי אלהים אשר עמי אמר רב יהודה אמר רב זו ע"ז אמר הואיל וקא בטח בע"ז יכילנא ליה (ב) ויורו היורים למלך יאשיהו ויאמר המלך לעבדיו העבירוני כי החליתי מאד מאי כי החליתי מאד אמר רב יהודה אמר רב מלמד שעשו כל גופו ככברה אמר ר' שמואל בר נחמני אמר רבי (יוחנן) מפני מה נענש יאשיהו מפני שהיה לו לימלך בירמיהו ולא נמלך מאי דרש וחרב לא תעבור בארצכם מאי חרב אילימא חרב שאינה של שלום והכתיב ונתתי שלום בארץ אלא אפילו (ג) של שלום והוא אינו יודע שאין דורו דומה יפה כי הוה ניחא נפשיה חזא ירמיהו שפוותיה דקא מרחשן אמר שמא ח"ו מילתא דלא מהגנא אמר אגב צעריה גחין ושמעיה דקא מצדיק עליה דינא אנפשיה אמר צדיק הוא ה' כי פיהו מריתי פתח עליה ההיא שעתא רוח אפינו משיח ה': מעשה וירדו זקנים מירושלים לעריהם כו': איבעיא להו כמלא תנור תבואה או דלמא כמלא תנור פת תא שמע כמלא פי תנור ועדיין תיבעי להו ככיסויא דתנורא או דלמא כי דרא דריפתא דהדר ליה לפומא דתנורא תיקו: ועוד גזרו תענית על שאכלו זאבים כו': אמר עולא משום ר' שמעון בן יהוצדק מעשה ובלעו זאבים שני תינוקות והקיאום דרך בית הרעי ובא מעשה לפני חכמים וטיהרו את הבשר וטמאו את העצמות: על אלו מתריעין בשבת כו': תנו רבנן (ד) עיר שהקיפוה נכרים או נהר ואחד ספינה המיטרפת בים ואחד יחיד שנרדף מפני נכרים או מפני לסטין ומפני רוח רעה על כולן יחיד רשאי לסגף את עצמו בתענית רבי יוסי אומר אין היחיד רשאי לסגף את עצמו בתענית שמא יצטרך לבריות ואין הבריות מרחמות עליו אמר רב יהודה אמר רב מ"ט דרבי יוסי דכתיב ויהי האדם לנפש חיה נשמה שנתתי בך החייה: שמעון התימני אומר אף על הדבר כו': איבעיא להו לא הודו לו חכמים בשבת אבל בחול הודו לו או דלמא לא הודו לו כלל ת"ש דתניא מתריעין על הדבר בשבת ואצ"ל בחול ר' חנן בן פיטום תלמידו של ר' עקיבא משום רבי עקיבא אומר אין מתריעין על הדבר כל עיקר: על כל צרה שלא תבא על הצבור כו': ת"ר על כל צרה שלא תבא על הצבור מתריעין עליה חוץ מרוב גשמים מ"ט אמר ר' יוחנן לפי שאין מתפללין על רוב הטובה ואמר רבי יוחנן מניין שאין מתפללין על רוב הטובה שנאמר הביאו את כל המעשר אל בית האוצר וגו' מאי עד בלי די אמר רמי בר רב (יוד) עד שיבלו שפתותיכם מלומר די אמר רמי בר רב יוד ובגולה מתריעין עליה תניא נמי הכי שנה שגשמיה מרובין אנשי משמר שולחין לאנשי מעמד תנו עיניכם באחיכם שבגולה שלא יהא בתיהם קבריהם שאלו את ר' אליעזר עד היכן גשמים יורדין ויתפללו שלא ירדו אמר להם כדי שיעמוד אדם בקרן אפל וישכשך רגליו במים והתניא ידיו רגליו כידיו קאמינא אמר רבה בר בר חנה לדידי חזיא לי קרן אפל דקם ההוא טייעא כי רכיב גמלא ונקיט רומחא בידיה מתחזי איניבא ת"ר ונתתי גשמיכם בעתם לא שכורה ולא צמאה אלא בינונית שכל זמן שהגשמים מרובין מטשטשין את הארץ ואינה מוציאה פירות דבר אחר בעתם

כמלא תנור תבואה או דלמא כמלא תנור פת. כמלא תנור תבואה הוי פי' כמלא חלל התנור תבואה דהיינו יותר ממלא תנור פת תא שמע כמלא פי תנור ואם כן מיירי בפת: **ועדיין** תבעי לך כמלא פי תנור כמלא עגול פי תנור. דהיינו שורה של לחם סביבות פי התנור או דלמא כי דרא דריפתא והדר ליה לפומיה דתנורא שורות שורות של לחם זו למעלה מזו עד פי התנור: **וטהרו** את הבשר. פירוש לפי שנתעכלו במעי הזאבים וטמאו את העצמות דלא מיעכלו: **ועל** כולן רשאי לסגף עצמו בתענית. פי' לענות נפש מתרגמינן לסגפא נפש: **ר'** יוסי אומר אין היחיד רשאי לסגף. וכ"ל דהני תנאי ל"פ בהא דמיירי הני אמוראי בפרקין דלעיל (דף יא:) אם נקרא חוטא או נקרא קדוש וכו' דהאמוראי פליגי במאי לצעורי נפשיה והני תנאי פליגי בדלא מצי לצעורי נפשיה: **לאנשי** (ה) משמר. פי' דהיינו אנשי מעמד דיש בישראל שהיו נחלקים למעמדות להתפלל שיתפללו על אחיהם שבגולה פי' לפי שגגותיהם שוים ונימוקים מחמת גשמים: **קרן** אפל. פי' שם מקום: **אינבא.** פירוש לנד"א בלע"ז מחמת גוהו של הר: **בלילי** רביעיות ובלילי שבתות. פי' שלא היו בני אדם הולכין בדרכים באותן לילות מפני אגרת בת מחלת כדמפרש במסכת פסחים (דף קיב:):

השולה

וישלח אליו מלאכים לאמר מה לי ולך מלך יהודה לא עליך אתה היום כי אל בית מלחמתי ואלהים אמר לבהלני חדל לך מאלהים אשר עמי וגו' לא עליך אני הולך היום. יאשיה יצא לקראתו למלחמה ולא נתנו לעבור בארצו ושלח לו פרעה נכה מלאכים לאמר כו': **מאן אלהים.** דקאמר ליה פרעה נכה חדל לך מאלהים אשר עמי (ה): **מלמד.** מדכתיב ויורו המורים דמשמע יריות רבות יורו המורים: אמר רב יהודה אמר רב מלמד שעשו כל גופו ככברה: **הא כתיב ונתתי שלום בארץ.** ולמאי הלכתא כתביה רחמנא לאידך קרא וחרב לא תעבור בארצכם אלא אפי' חרב של שלום: **שאין דורו דומה יפה.** בעיני המקום: **איבעיא להו כמלא תנור תבואה.** דהיינו שיעור גדול יותר ממלוא תנור פת דשיעור קטן הוא שאין דרך למלאות כל חלל התנור פת אלא בדפנות מדביקין אותו: **ת"ש.** דקתני חדא כי האי לישנא כמלא פי התנור דהיינו פת דאילו תבואה לא מצי קיימא על פי התנור: **או דלמא כי דרא דריפתא.** שורה של לחם הדבוקין זה אצל זה בפי התנור אי נמי שמדביקין זה למעלה מזה עד פי התנור: **ובלען.** כשהן שלימין: **וטהרו את הבשר.** שאינו מטמא טומאת מת דנתעכל ונתבטל תוך מעיו וכגון ששהו ימי עיכול ופירשא בעלמא הוא: **וטימאו את העצמות.** דלא מתעכלו: **מפני רוח רעה.** שנכנס בו רוח שידה ורץ והולך ושמא יטבע בנהר או יפול וימות: **לסגף.** לענות נפש מתרגמינן לסגפא נפש (במדבר ל): **יצטרך לבריות.** כי אין בו כח להרויח ולהתפרנס מיגיעו: **דכתיב לנפש חיה.** החייה: (ו) **חנן בן פטום אומר אין מתריעין על הדבר.** אפי' בחול דגזירה היא: **רמי בר רב יוד.** חכם ששמו יוד: **ובגולה.** בבל שהיא במצולה: **מתריעין על רוב גשמים.** שלא ירדו: **שלא יהו בתיהם קבריהן.** שעמוקה היא ונטבעים בתיהם במים: **אנשי משמר ואנשי מעמד.** מפרש בשלשה פרקים לקמן (דף כו.): **תנו עיניכם.** התבוננו בתפלתכם בתעניות עליהם שלא ירדו רוב גשמים: **קרן אפל.** שן סלע גבוה וכך שמו: **וישכשך רגליו במים.** כלומר לעולם אין מתפללין: **והתניא ידו.** עד שישכשך ידו (ז): **רגלו כידו.** וכיון דיכול לשכשך ברגלו אי שוהה יכול לשכשך בידו נמי: **טייעא.** סוחר ישמעאל: **ומיתחזי.** האי טייעא וגמליה ורומחא לרבה בר בר חנה דהוה על קרן אפל: **איניבא.** תולעת ל"א כי אנבא לינדינ"א בלע"ז: **לא שכורה.** לא שתויה יותר מדאי שמטשטשין את הארץ:

דכתיב

עין משפט נר מצוה

כד א מיי' פ"ג מהל' תענית הלכה יא טוש"ע א"ח סימן תקעו סעיף ח:
כה ב מיי' פ"ב מהלכות טומאת מת הל' ד:
כו ג מיי' פ"א מהל' תענית הלכה ט טוש"ע א"ח סימן תקעא סעיף א:
כז ד מיי' פ"ב מהל' תענית הלכה ה טוש"ע א"ח סימן תקעו סעיף ג:
כח ה ו מיי' שם הל' טו טוש"ע שם סעיף יא:

רבינו גרשום

והכתיב ונתתי שלום ואין צריך לומר חרב שאינה של שלום שאינה עוברת: **שאין דורו דומה יפה** שאין מעשה ידי הדור יפה שלפיכך הוא בא: **כמלא תנור תבואה** כמו שהיה קרקע התנור מכוסה מתבואה. **כמלא תנור פת** היינו מעט. **כמלא פי תנור** משמע פת שהוא סביב הפה. **כי כיסא דתנורא** ככיסוי פי התנור דהיינו פת אחד: **וטיהרו את הבשר** שהרי נתעכל. **וטמאו את העצמות.** שלא נתעכל: **לסגף** לענות כדמתרגמינן לענות לסגפא: **או לא הודו לו כלל.** דאין מתריעין על הדבר כלל אפי' בחול בזמן שישנו במקום אחד. **מאי טעמא** אין מתריעין על רוב גשמים: **ובגולה מתריעין** על רוב גשמים לפי שהן יושבין באגם ורוב גשמים קשה להם. **תנו עיניכם** שתתפללו. **אופל הר גבוה: לשפשף במים.** מילתא דלא אפשר רגלו כידו (למ"ה) רגלו או ידו. **אינבא.** לנטרא: **בלילי רביעיות** שאין בני אדם מצויים לחוץ מפני אגרת בת מחלת. אם נמחת נתכסה. **צריך אתה להתנדות** שמטיח דברים כלפי מעלה:

רבינו חננאל

יאשיהו ונהרג דכתיב ויורו המורים למלך יאשיהו ואמר עשאוה ככברה ולמה נענש מפני שלא נמלך בירמיהו כד הוה ניח נפשיה שמעיה ירמיהו דהוה קאמר צדיק הוא ה' כי פיהו מריתי פתח עליה ירמיהו רוח אפינו משיח ה': **ועוד** גזרו תענית על שבלעו זאבים ב' תינוקות בעבר הירדן והקיאום דרך בית רעי וטיהרו הבשר וטמאו העצמות מ"ט כיון דבשר עביד להתעכולי כמעוכל הוא וכפרש הוא חשוב וכגללים שאין להם טומאה אבל העצמות דאקישי טפי לא עבידי לאיתעכולי ובחזקתייהו קיימי לפיכך טמאי. ומפורש זה כאשר אמרנו במנחות בפ' ר' ישמעאל אומר בבעיא דרמי בר חמא בפיל שבלע כפיפה מצרית והקיאה דרך בית הרעי כו' ואמרינן תפשוט ליה מהא דאמר עולא מעשה שבלעו ב' זאבים ב' תינוקות והקיאום דרך [illegible]

מסורת הש"ס

א) מו"ק כח: [סנהדרין מח:], ב) [נ"ל יונתן], ג) מנחות סט:, ד) לעיל יד., ה) ומפני רוח רעה מתריעין בשבת ועל כולן כנ"ל רש"א, ו) [גי' רי"ף ורא"ש אמר ר' אבא אמר שמואל לפין], ז) לעיל ט. שבת לב: מכות כג:, ח) [לעיל ט. ובשבת ובמכות איתא חמא וכן אמר רב וברש"י כאן דגרס יוד הוא שם חכם נ"ל דכוונתו על זה דלקמן בסמוך דאמר ובגולה מתריעין וכו'], ט) [גי' רי"ף ורא"ש ר"י אמר רב וכן גי' רש"א], י) [נ"ל יניבא פי' תולעת כדאיתא בחולין סה: ר' חייא נפל ליה יניבא. ערוך ערך אנבא], כ) [עי' רש"י שבע"י ד"ה ה"ג וכו'], ל) שייך לדף כג ע"א.

הגהות הב"ח

(א) גמ' ואל ישחיתך מאן אלהים אמר רב יהודה אמר רב כו' כנ"ל ותיבות אשר עמי נמחק: (ב) שם יכילנא ליה וכתיב ויורו היורים וכו' כי החליתי מאד אמר רב יהודה אמר רב עשו כל גופו וכו' כנ"ל ותיבות מאי כי החליתי מאד ותיבת מלמד נמחק: (ג) שם שלום בארץ אלא אפילו חרב של שלום כו' כי הוה קא ניחא נפשיה: (ד) שם ת"ר אחד עיר שהקיפוה נכרים: (ה) רש"י ד"ה מאן אלהים כו' אשר עמי הס"ד ואח"כ מה"ד אמר יאשיהו הואיל וקא בטח פרעה בע"ז יכילנא ליה והיינו דכתיב ולא הסיב יאשיהו לא הסיבו כלום הס"ד ואח"כ מה"ד כל גופו מדכתיב ויורו כו' המורים הס"ד ואח"כ מה"ד ה"ג אמר רב יהודה אמר רב עשו כל גופו ככברה הס"ד ותיבת מלמד נמחק: (ו) ד"ה דכתיב כו' החייה הס"ד ואח"כ מה"ד רבי חנן בן כו': (ז) ד"ה והתניא וכו' ידו במים הס"ד: (ח) תוס' ד"ה לאנשי מעמד כו'. נ"ב עי' לקמן דף כ"ו:

תורה אור השלם

א) וַיִּשְׁלַח אֵלָיו מַלְאָכִים לֵאמֹר מַה לִּי וָלָךְ מֶלֶךְ יְהוּדָה לֹא עָלֶיךָ אַתָּה הַיּוֹם כִּי אֶל בֵּית מִלְחַמְתִּי וֵאלֹהִים אָמַר לְבַהֲלֵנִי חֲדַל לְךָ מֵאֱלֹהִים אֲשֶׁר עִמִּי וְאַל יַשְׁחִיתֶךָ: [דברי הימים ב' לה, כא]
ב) וַיֹּרוּ הַיֹּרִים לַמֶּלֶךְ יֹאשִׁיָּהוּ וַיֹּאמֶר הַמֶּלֶךְ לַעֲבָדָיו הַעֲבִירוּנִי כִּי הָחֳלֵיתִי מְאֹד: [דברי הימים ב' לה, כג]
ג) וְנָתַתִּי שָׁלוֹם בָּאָרֶץ וּשְׁכַבְתֶּם וְאֵין מַחֲרִיד וְהִשְׁבַּתִּי חַיָּה רָעָה מִן הָאָרֶץ וְחֶרֶב לֹא תַעֲבֹר בְּאַרְצְכֶם: [ויקרא כו, ו]
ד) צַדִּיק הוּא יְיָ כִּי פִיהוּ מָרִיתִי שִׁמְעוּ נָא כָל הָעַמִּים וּרְאוּ מַכְאֹבִי בְּתוּלֹתַי וּבַחוּרַי הָלְכוּ בַשֶּׁבִי: [איכה א, יח]
ה) רוּחַ אַפֵּינוּ מְשִׁיחַ יְיָ נִלְכַּד בִּשְׁחִיתוֹתָם אֲשֶׁר אָמַרְנוּ בְּצִלּוֹ נִחְיֶה בַגּוֹיִם: [איכה ד, כ]
ו) וַיִּיצֶר יְיָ אֱלֹהִים אֶת הָאָדָם עָפָר מִן הָאֲדָמָה וַיִּפַּח בְּאַפָּיו נִשְׁמַת חַיִּים וַיְהִי הָאָדָם לְנֶפֶשׁ חַיָּה: [בראשית ב, ז]
ז) הָבִיאוּ אֶת כָּל הַמַּעֲשֵׂר אֶל בֵּית הָאוֹצָר וִיהִי טֶרֶף בְּבֵיתִי וּבְחָנוּנִי נָא בָּזֹאת אָמַר יְיָ צְבָאוֹת אִם לֹא אֶפְתַּח לָכֶם אֵת אֲרֻבּוֹת הַשָּׁמַיִם וַהֲרִיקֹתִי לָכֶם בְּרָכָה עַד בְּלִי דָי: [מלאכי ג, י]
ח) וְנָתַתִּי גִשְׁמֵיכֶם בְּעִתָּם וְנָתְנָה הָאָרֶץ יְבוּלָהּ וְעֵץ הַשָּׂדֶה יִתֵּן פִּרְיוֹ: [ויקרא כו, ד]

ליקוטי רש"י

אלא אפילו של שלום. [illegible]

(רבינו חננאל, המשך) הרעי כו': **על אלו** מתריעין בשבת [illegible]

[illegible]

Sages not agree with him only **with regard to the Sabbath,** אֲבָל בְּחוֹל הוֹדוּ לוֹ – **but with regard to weekdays they did agree with him** that we cry out[22] on account of pestilence; אוֹ דִּלְמָא לֹא הוֹדוּ לוֹ כְּלָל – **or perhaps they did not agree with him at all?**

The Gemara resolves the question from a Baraisa:

תָּא שְׁמַע – **Come, learn** from the following proof: דְּתַנְיָא – **For it was taught in a Baraisa:** מַתְרִיעִין עַל הַדֶּבֶר בְּשַׁבָּת – WE CRY OUT ON ACCOUNT OF PESTILENCE even ON THE SABBATH, וְאֵין צָרִיךְ לוֹמַר בְּחוֹל – AND NEEDLESS TO SAY, ON WEEKDAYS. ר׳ חָנָן בֶּן פִּיטוֹם תַּלְמִידוֹ שֶׁל ר׳ עֲקִיבָא מִשּׁוּם רַבִּי עֲקִיבָא אוֹמֵר – R' CHANAN BEN PITOM, A DISCIPLE OF R' AKIVA, SAID IN THE NAME OF R' AKIVA: אֵין מַתְרִיעִין עַל הַדֶּבֶר כָּל עִיקָּר – WE DO NOT CRY OUT ON ACCOUNT OF PESTILENCE AT ALL, even on weekdays.[23]

The Gemara comments on the next segment of the Mishnah, which begins:

עַל כָּל צָרָה שֶׁלֹּא תָּבֹא עַל הַצִּבּוּר כו׳ – FOR EVERY CALAMITY THAT MAY NOT BEFALL THE COMMUNITY etc.

The Gemara cites a Baraisa that parallels our Mishnah:

תָּנוּ רַבָּנָן – **The Rabbis taught in a Baraisa:** עַל כָּל צָרָה שֶׁלֹּא תָּבֹא עַל הַצִּבּוּר – FOR EVERY CALAMITY THAT MAY NOT BEFALL THE COMMUNITY,[24] מַתְרִיעִין עָלֶיהָ – WE CRY OUT ON ACCOUNT OF IT, חוּץ מֵרוֹב גְּשָׁמִים – EXCEPT FOR EXCESSIVE RAIN, if it is merely burdensome, not disastrous.

The Gemara asks:

מַאי טַעְמָא – **What is the reason** that we may not cry out for an end to excessive rain?

The Gemara answers:

אָמַר ר׳ יוֹחָנָן – **R' Yochanan said:** לְפִי שֶׁאֵין מִתְפַּלְּלִין עַל רוֹב הַטּוֹבָה – **Because we may not pray regarding an abundance of good** that it should cease. וְאָמַר רַבִּי יוֹחָנָן – **And R' Yochanan said:** מִנַּיִין שֶׁאֵין מִתְפַּלְּלִין עַל רוֹב הַטּוֹבָה – **From where** do we derive **that we may not pray regarding an abundance of good** that it should cease? שֶׁנֶּאֱמַר – **For it is stated:** ,,הָבִיאוּ אֶת־כָּל־הַמַּעֲשֵׂר אֶל־בֵּית הָאוֹצָר וגו׳ " – *Bring all the tithes to the storehouse* **etc.** *and I will pour out blessing to you without limit.*[25] מַאי ,,עַד־בְּלִי־דָי" – **What is** meant by the verse's conclusion: *blessing* ***without limit?*** אָמַר רָמִי בַּר רַב (יוד) – **Rami bar Rav said** homiletically: עַד שֶׁיִּבְלוּ שִׂפְתוֹתֵיכֶם מִלּוֹמַר דַּי – **until your lips wear out from saying, "Enough."**[26]

The Gemara qualifies this ruling:

אָמַר רָמִי בַּר רַב יוּד – **Rami bar Rav Yud said:** וּבְגוֹלָה – **But in the Diaspora,** i.e. Babylonia, which is a low-lying area, and thus might suffer great loss of life and property if hit by excessive rains, מַתְרִיעִין עָלֶיהָ – **we cry out on account of it** [excessive rain], to pray that it should cease to fall.[27]

The Gemara cites a Baraisa in support of this qualification:

תַּנְיָא נַמִּי הָכִי – **This was taught in a Baraisa as well:** שָׁנָה שֶׁגְּשָׁמֶיהָ מְרוּבִּין – In A YEAR IN WHICH THE RAINS ARE EXCESSIVE, אַנְשֵׁי מִשְׁמָר שׁוֹלְחִין לְאַנְשֵׁי מַעֲמָד – THE MEMBERS OF THE *MISHMAR* SEND a message TO THE MEMBERS OF THE *MAAMAD:*[28] תְּנוּ עֵינֵיכֶם בַּאֲחֵיכֶם שֶׁבַּגּוֹלָה – TURN YOUR ATTENTION TO YOUR BRETHREN IN THE DIASPORA and pray that שֶׁלֹּא יְהֵא בָּתֵּיהֶם קִבְרֵיהֶם – THAT THEIR HOUSES, which are in low-lying areas, SHOULD NOT BECOME THEIR GRAVES by being flooded by excessive rains.

The Gemara discusses at what point people in Eretz Yisrael may pray for an end to the rain:

שָׁאֲלוּ אֶת ר׳ אֱלִיעֶזֶר – **They asked R' Eliezer:** עַד הֵיכָן גְּשָׁמִים יוֹרְדִין וְיִתְפַּלְּלוּ שֶׁלֹּא יֵרְדוּ – **How much rain must fall** in Eretz Yisrael **before they may pray that it should not fall** anymore? אָמַר לָהֶם – **He answered them:** כְּדֵי שֶׁיַּעֲמוֹד אָדָם בְּקֶרֶן אֹפֶל – **So** much **that a person may stand on Keren Ofel,** a high precipice, וִישַׁכְשֵׁךְ רַגְלָיו בַּמַּיִם – **and dabble his feet in the water** below; meaning, in effect, that there is no point at which we may pray for an end to the rains.[29]

The Gemara asks:

וְהָתַנְיָא – **But it was taught in a Baraisa:** יָדָיו – HIS HANDS, i.e. the criterion is that he must stand on Keren Ofel and be able to dabble his hands in the water. – ? –

The Gemara answers:

רַגְלָיו כְּיָדָיו קָאֲמִינָא – **I meant** that he must be able to dabble **his feet just as well as his hands.**[30]

The Gemara relates a story which demonstrates the height of Keren Ofel:

NOTES

22. See above, 18b[4] note 7 and 19a note 3, whether crying out during the week would include sounding the shofar.

23. The Rabbis, according to this view, decreed not to cry out on weekdays on account of pestilence so that we should not mistakenly do so on the Sabbath as well (*Rashi*). We see from this that those who rule that we do not cry out on account of pestilence on the Sabbath hold that we do not do so even on weekdays. Thus, the Sages who disagree with Shimon the Timnite dispute him even in regard to weekdays.

This conclusion presents great difficulty, because the Mishnah ruled earlier (at the very beginning of 19a) that we *do* cry out and even decree fasts on account of pestilence! *Ran* explains that the Mishnah's earlier ruling refers to the public outcry of prayer that accompanies the fasts decreed on account of the pestilence. These do not occur daily, but are restricted to Mondays and Thursdays (like the fasts decreed over the lack of rain). The issue dividing Shimon the Timnite and the Sages is whether pestilence calls for crying out on a *daily* basis, even on those days on which there are no fasts. Shimon the Timnite rules that since the danger of pestilence is immediate and critical, it should be treated the same way we treat a beleaguered or flood-threatened city, for which we cry out immediately and continuously until the danger passes. Thus, we must cry out publicly (with prayer) *every* day of the week – even on the Sabbath – for pestilence, in *addition* to fasting on Mondays and Thursdays. The Sages in the Mishnah (and R' Akiva in the Baraisa) dispute this because of their concern that the daily public services would lead to people holding them on the Sabbath as well, when such behavior is (in their opinion) inappropriate. Accordingly, the Sages do not permit the *additional* prayer services even on weekdays. They do, however, agree that fasting is decreed for Mondays and Thursdays on account of pestilence. These fasts *are* accompanied by "crying out," even according to the Sages, as explained in the Mishnah (*Ran;* cf. *Ritva*).

24. That is, for any calamity that befalls the community. The expression used by the Baraisa is a euphemism. The negative (שֶׁלֹּא תָּבֹא, that may *not* befall) is added so that the phrase should not read as an evil portent.

25. *Malachi* 3:10. The verse concludes: וַהֲרִיקֹתִי לָכֶם בְּרָכָה עַד־בְּלִי־דָי, *and I will pour out blessing to you without limit.* [Since it is God's desire to bless us without limit, it is not proper to ask Him to withhold His blessing.]

26. The phrase עַד־בְּלִי־דָי literally means, "to without enough," i.e. without any limit. This exposition, however, relates the word בְּלִי to the root בלה, which means "to wear out." Thus, the homiletic translation of this phrase is, "until [you] wear out [from saying] enough."

27. In Babylonia, an excess of rain is not merely too much of a good thing, but a potentially hazardous condition. Thus, we may pray for it to stop. In Eretz Yisrael, however, which is mountainous, excess rain does not generally pose a threat, since the water runs off.

28. *Mishmar* – The Kohanim were divided into twenty-four groups known as *mishmaros* (literally watches), with each *mishmar* serving in the Temple for a week at a time on a rotating basis. Parallel to them were groups representing the people, who prayed and fasted that the offerings of the week be accepted. These groups were each known as a *maamad,* see 15b note 15.

29. Since the water never rises to such a high level, R' Eliezer was, in effect, ruling that in Eretz Yisrael we may never pray that the rains should cease (*Rashi*).

30. I.e. since the water is high enough for him to dabble his feet in it, he can also bend over and dabble his hands in it (*Rashi*).

א) וישלח אליו מלאכים לאמר מה לי ולך מלך יהודה לא עליך אתה היום כי אל בית מלחמתי ואלהים אמר לבהלני חדל לך מאלהים אשר עמי ואל ישחיתך (א) מאי אלהים אשר עמי אמר רב יהודה אמר רב זו ע״ז אמר הואיל וקא בטח בע״ז יכילנא ליה (ב) ב) ויורו היורים למלך יאשיהו ויאמר המלך לעבדיו העבירוני כי החליתי מאד מאי כי החליתי מאד א) אמר רב יהודה אמר רב מלמד שעשו כל גופו ככברה אמר ר׳ שמואל בר נחמני אמר רבי ב) (יוחנן) מפני מה נענש יאשיהו מפני שהיה לו לימלך בירמיהו ולא נמלך מאי דרש ג) וחרב לא תעבור בארצכם מאי חרב אילימא חרב שאינה של שלום והכתיב ג) ונתתי שלום בארץ אלא אפילו (ג) של שלום והוא אינו יודע שאין דורו דומה יפה כי הוה ניחא נפשיה חזא ירמיהו שפוותיה דקא מרחשן אמר שמא ח״ו מילתא דלא מהגנא אמר אגב צעריה גחין ושמעיה דקא מצדיק עליה דינא אנפשיה אמר ד) צדיק הוא ה׳ כי פיהו מריתי פתח עליה ההיא שעתא ה) רוח אפינו משיח ה׳: מעשה וירדו זקנים מירושלים לעריהם כו׳: איבעיא להו כמלא תנור תבואה או דלמא כמלא תנור פת תא שמע א) כמלא פי תנור ועדיין תיבעי להו ככיסויא דתנורא או דלמא כי דרא דריפתא דהדר ליה לפומא דתנורא תיקו: ועוד גזרו תענית על שאכלו זאבים כו׳: אמר עולא משום ר׳ שמעון בן יהוצדק ג) מעשה ובלעו זאבים שני תינוקות והקיאום דרך בית הרעי ובא מעשה לפני חכמים ב) וטיהרו את הבשר וטמאו את העצמות: על אלו מתריעין בשבת כו׳: תנו רבנן (ד) ד) עיר שהקיפוה נכרים או נהר ואחד ספינה המיטרפת בים ואחד יחיד שנרדף מפני נכרים או מפני לסטין ה) ומפני רוח רעה ג) על כולן יחיד רשאי לסגף את עצמו בתענית רבי יוסי אומר אין היחיד רשאי לסגף את עצמו בתענית שמא יצטרך לבריות ואין הבריות מרחמות עליו אמר רב יהודה אמר רב מ״ט דרבי יוסי דכתיב ו) ויהי האדם לנפש חיה נשמה שנתתי בך החייה: שמעון התימני אומר אף על הדבר כו׳: איבעיא להו לא הודו לו חכמים בשבת ד) אבל בחול הודו לו או דלמא לא הודו לו כלל ת״ש דתניא מתריעין על הדבר בשבת ואצ״ל בחול ר׳ חנן בן פיטום תלמידו של ר׳ עקיבא משום רבי עקיבא אומר אין מתריעין על הדבר כל עיקר: על כל צרה שלא תבא על הצבור כו׳: ת״ר על כל צרה שלא תבא על הצבור מתריעין עליה חוץ מרוב גשמים מ״ט אמר ר׳ ו) יוחנן ה) לפי שאין מתפללין על רוב הטובה ואמר רבי יוחנן מניין שאין מתפללין על רוב הטובה שנאמר ז) הביאו את כל המעשר אל בית האוצר וגו׳ ז) מאי עד בלי די אמר רמי בר ח) רב (יוד) עד שיבלו שפתותיכם מלומר די אמר ט) רמי בר רב יוד ו) ובגולה מתריעין עליה תניא נמי הכי שנה שגשמיה מרובין אנשי משמר שולחין לאנשי מעמד תנו עיניכם באחיכם שבגולה שלא יהא בתיהם קבריהם שאלו את ר׳ אליעזר עד היכן גשמים יורדין ויתפללו שלא ירדו אמר להם כדי שיעמוד אדם בקרן אפל וישכשך רגליו במים והתניא ידיו רגליו כידיו קאמינא אמר רבה בר בר חנה לדידי חזיא לי קרן אפל דקם ההוא טייעא כי רכיב גמלא ונקיט רומחא בידיה מתחזי י) איניבא ת״ר ח) ונתתי גשמיכם בעתם לא שכורה ולא צמאה אלא בינונית שכל זמן שהגשמים מרובין מטשטשין את הארץ ואינה מוציאה פירות דבר אחר בעתם

רש״י

וישלח אליו מלאכים לאמר מה לי ולך מלך יהודה לא עליך אתה היום כי אל בית מלחמתי ואלהים אמר לבהלני חדל לך מאלהים אשר עמי וגו׳ לא עליך אני הולך היום. יאשיה יצא לקראתו למלחמה ולא נתנו לעבור בארצו ושלח לו פרעה נכה מלאכים לאמר כו׳: מאן אלהים. דקאמר ליה פרעה נכה חדל לך מאלהים אשר עמי (ה): מלמד. מדכתיב ויורו המורים דמשמע יריות רבות יורו המורים: ו) אמר רב יהודה אמר רב מלמד שעשו כל גופו ככברה: הא כתיב ונתתי שלום בארץ. ולמאי הלכתא כתביה רחמנא לאידך קרא וחרב לא תעבור בארצכם אלא אפי׳ חרב של שלום: שאין דורו דומה יפה. בעיני המקום: איבעיא להו כמלא תנור תבואה. דהיינו שיעור גדול יותר ממלוא תנור פת דשיעור קטן הוא שאין דרך למלאות כל חלל התנור פת אלא בדפנות מדביקין אותו: ת״ש. דקתני סתא כי האי לישנא כמלא פי התנור דהיינו פת דאילו תבואה לא מצי קיימא על פי התנור: או דלמא כי דרא דריפתא. שורה של לחם הדבוקין זה אצל זה בפי התנור אי נמי שמדביקין זה למעלה מזה עד פי התנור: ובלען. כשהן שלימין: וטהרו את הבשר. שאינו מטמא טומאת מת דנתעכל ונתבטל תוך מעיו וכגון ששהו ימי עיכול ופירשא בעלמא הוא: וטימאו את העצמות. דלא מתעכלו: מפני רוח רעה. שנכנס בו רוח שידה ורץ והולך ושמא יטבע בנהר או יפול וימות: לסגף. לענות נפש מתרגמינן לסגפא נפש (במדבר ל): יצטרך לבריות. כי אין בו כח להרויח ולהתפרנס מיגיעו: דכתיב לנפש חיה. החייה: (ו) חנן בן פטום אומר אין מתריעין על הדבר. אפי׳ בחול דגזירה היא: רמי בר רב יוד. חכם ששמו יוד: ובגולה. בבל שהיא במצולה: מתריעין על רוב גשמים. שלא ירדו: שלא יהו בתיהם קבריהן. שעמוקה היא ונטבעים בתיהם במים: אנשי משמר ואנשי מעמד. מפרש בשלשה פרקים לקמן (דף כו.): תנו עיניכם. התבוננו בתפלתכם בתעניות עליהם שלא ירדו רוב גשמים: קרן אפל. שן סלע גבוה וכך שמו: וישכשך רגליו במים. כלומר לעולם אין מתפללין: והתניא ידו. עד שישכשך ידו (ז): רגלו כידו. וכיון דיכול לשכשך ברגלו אי שוהה יכול לשכשך בידו נמי: טייעא. סוחר ישמעאל: ומיתחזי. האי טייעא וגמליה ורומחא לרבה בר בר חנה דהוה על קרן אפל: איניבא. תולעת ל״א כי אנבא ליינדיני״א בלע״ז: לא שכורה. לא שתויה יותר מדאי שמטשטשין את הארץ: דכתיב

תוספות

כמלא תנור תבואה או דלמא כמלא תנור פת. כמלא תנור תבואה הוי פי׳ כמלא חלל התנור תבואה דהיינו יותר ממלא תנור פת תא שמע כמלא פי תנור פת ואם כן איירי בפת: ועדיין תבעי לך כמלא פי תנור כמלא עגול פי תנור. דהיינו שורה של לחם סביבות פי התנור או דלמא כי דרא דריפתא ואהדר ליה לפומיה דתנורא שורות שורות של לחם זו למעלה מזו עד פי התנור: וטהרו את הבשר. פירוש לפי שנתעכלו במעי הזאבים וטמאו את העצמות דלא מיעכלו: ועל כולן רשאי לסגף עצמו בתענית. פי׳ לענות נפש מתרגמינן לסגפא נפש: ר׳ יוסי אומר אין היחיד רשאי לסגף. ונ״ל דהני תנאי ל״פ בהא דמיירי הני אמוראי בפרקין לעיל (דף יא:) אם נקרא חוטא או נקרא קדוש וכו׳ דהאמוראי פליגי במאי לצעורי נפשיה והני תנאי פליגי בדלא מצי לצעורי נפשיה: לאנשי (ח) משמר. פי׳ דהיינו אנשי מעמד דיש בישראל שהיו נחלקים למעמדות להתפלל שיתפללו על אחיהם שבגולה פי׳ לפי שגגותיהם שוים ונמוכים מחמת גשמים: קרן אפל. פי׳ שם מקום: אינבא. פירוש לנד״א בלע״ז מחמת גובהו של הר: ל) בלילי רביעיות ובלילי שבתות. פי׳ שלא היו בני אדם הולכין בדרכים באותן לילות מפני אגרת בת מחלת כדמפרש במסכת פסחים (דף קיב:):

השולה

עין משפט נר מצוה

כד א מיי׳ פ״ב מהל׳ תענית הלכה יא טוש״ע א״ח סימן תקעו סעיף ח:
כה ב מיי׳ פ״כ מהלכות טומאת מת הל׳ ד:
כו ג מיי׳ פ״א מהל׳ תענית הלכה ט טוש״ע א״ח סימן תקעח סעיף א:
כז ד מיי׳ פ״ב מהל׳ תענית הלכה ה טוש״ע א״ח סימן תקעו סעיף ב:
כח ה ו מיי׳ שם הל׳ טו טוש״ע שם סעיף יא:

רבינו גרשום

והכתיב ונתתי שלום ואין צריך לומר חרב שאינה של שלום שאינה עוברת: שאין דורו דומה יפה שאין מעשה ידי הדור יפה שלפיכך הוא בא: כמלא תנור תבואה כמו שהיה קרקע התנור מכוסה מתבואה. כמלא תנור פת היינו מעט. כמלא פי תנור משמע פת שהוא סביב הפה. כי כיסא דתנורא ככיסוי פי התנור דהיינו פת אחד: וטיהרו את הבשר שהרי נתעכל. וטמאו את העצמות. שלא נתעכל: לסגף לענות כדמתרגמינן לענות לסגפא: או לא הודו לו כלל. דאין מתריעין על הדבר כלל אפי׳ בחול בזמן שישנו במקום אחד. מאי טעמא אין מתריעין על רוב גשמים: ובגולה מתריעין על רוב גשמים לפי שהן יושבין באגם ורוב גשמים קשה להם. תנו עיניכם שתתפללו. אופל הר גבוה: לשפשף במים. מילתא דלא אפשר רגלו כידו (למ״ה) רגלו או ידו. אינבא. לנטרא: בלילי רביעיות שאין בני אדם מצויים לחרץ מפני אגרת בת מחלת. אם נמחת נתכסה. צריך אתה להתנדות שמטיח דברים כלפי מעלה:

רבינו חננאל

יאשיהו ונהרג דכתיב ויורו המורים למלך יאשיהו ואמר עשאוה ככברה ולמה נענש מפני שלא נמלך בירמיהו כד הוה ניח נפשיה שמעיה ירמיהו דהוה קאמר צדיק הוא ה׳ כי פיהו מריתי פתח עליה ירמיהו רוח אפינו משיח ה׳: ועוד גזרו תענית על שבלעו זאבים ב׳ תינוקות בעבר הירדן והקיאום דרך בית רעי וטיהרו הבשר וטמאו העצמות מ״ט כיון דבשר עביד להתעכולי כמעוכל הוא וכפרש הוא חשוב וכגללים שאין להם טומאה אבל העצמות דאקישי טפי לא עבידי לאיתעכלי ובחזקתייהו קיימי לפיכך מטמאי. ומפורש זה כאשר אמרנו במנחות בפ׳ ר׳ ישמעאל אומר בבעיא דרמי בר חמא בפיל שבלע כפיפה מצרית והקיאה דרך בית הרעי כו׳ ואמרינן תפשוט ליה מהא דאמר עולא מעשה שבלעו ב׳ זאבים ב׳ תינוקות והקיאום דרך הרעי כו׳: על אלו מתריעין בשבת על עיר שהקיפוה נכרים כו׳ ואוקימנא בפרק הראשון דהתרעה זו בעננו. ר׳ יוסי אומר לעזרה ולא לצעקה: ת״ר עיר שהקיפוה נכרים נהר וספינה המטורפת בים. ויחיד הנרדף לפני נכרים או מפני רוח רעה או מפני לסטים מתריעין עליהן בשבת. ועל כולן יחיד רשאי לסגף עצמו בתענית ר׳ יוסי אומר אין היחיד רשאי לסגף עצמו בתענית שמא יצטרך לבריות ואין מרחמין עליו. ואמרי׳ מ״ט דר׳ יוסי כתיב ויהי האדם לנפש חיה. נשמה שנתתי בך החיה. שמעון התימני אומר מתריעין אף על הדבר. [משום ר״ע אמרו אין מתריעין על הדבר] כל עיקר. על כל צרה הבאה על הצבור מתריעין עליהן חוץ מרוב גשמים. מעשה שאמרו בחוני המעגל התפלל אולי ירדו גשמים. עוד אמר להם צאו וראו אם נמחית אבן הטועין פי׳ כדאמרן בפרק אלו מציאות ת״ר אבן הטועין היתה בירושלים כל מי שאבדה לו אבדה נפנה לשם וכל המוצא אבדה היה עולה על אותה האבן והיה מכריז מי שאבדה לו אבדה יבא ויתן סימניה ויקח. ומי שאבדה לו אבדה היה נותן סימניה ונוטלה וזו ששנינו צאו וראו אם נמחית אבן הטוען. והוו רבותי מפרשין אם נמחית אבן הטועין מלשון וימח את כל היקום כלומר אם כיסוה המים כאלו נמחית מן העולם עד שראינו בירושלמי פירוש אחרת כשם שאי אפשר לאבן הזה להמחות כך אי אפשר להתפלל על הגשמים שילכו שלח לו שמעון בן שטח צריך אתה להתנדות אלו נגזרה גזרה בימי אליהו שנשבע שלא יבא מטר אלא לפי דברו ונשבעת אתה שעתה מיד יבא מטר לא נמצאת מביא רבים לידי חטא וחלול השם וכל המביא הרבים לידי חלול השם צריך נדוי וכל המעכב את הרבים מלעשות מצוה צריך נידוי. מניין שאין מתפללין על רוב גשמים שנאמר והריקותי לכם ברכה עד בלי די ואמר רב עד שיבלו שפתותיכם מלומר די. ובגולה מתריעין על רוב גשמים. תניא נמי הכי שנה שגשמיה מרובים אנשי משמר שולחין לאנשי מעמד תנו עיניכם לאחיכם שבגולה שלא יפלו עליהן בתיהן. יניבא תולעת דגרסינן בכיסוי הדם נפל ליה לר׳ חייא יאניבא בכיתניה. פי׳ גאון גירסא כך הוא כינבא ונבא זהו מן כנים. כגון הא דגרס בפרק (ר׳ אליעזר אומר תולין) [שמונה שרצים קז:] הטפויין וביצי כנים. ועוד בפרק (ב״ש אומר) [שלשה מינים אסורין בנזיר (לט.)] ת״ש מאנבא חיה דמשתכחא בעיקבא ואנבא מיתה משתכחא ברישא דמזיא ובלשון ישמעאל קורין אותן ציבאן והדעת נוטה על הפירוש שפירשנו אנו. שאלו לר׳ אליעזר עד מתי יהו הגשמים יורדין ולא יתפללו עליהן שלא ירדו גשמים אמר להן עד כדי שישב אדם (במקום אפל) בקרן אפל וישכשך רגלו כידו במים: ת״ר ונתתי גשמיכם בעתם לא שכורה ולא צמאה אלא בינונית שבזמן שהגשמים רבים מטשטשין את הארץ ואינה עושה פירות.

מסורת הש״ס

א) מו״ק כח: [סנהדרין מח:], ב) [צ״ל יונתן], ג) מנחות סט:, ד) לעיל יד., ה) ומפני רוח רעה מתריעין בשבת ועל כולן כצ״ל רש״א, ו) [גי׳ רי״ף ורא״ש אמר ר׳ אבא אמר שמואל לפין], ז) לעיל ט. שבת לב: מכות כג:, ח) [לעיל ט. ובשבת ובמכות איתא חמא וכן אמר רב וברש״י כאן דגרס יוד הוא שם חכם צ״ל דכוונתו על זה דלקמן בסמוך דאמר ובגולה מתריעין וכו׳], ט) [גי׳ רי״ף ורא״ש ר״י אמר רב וכן גי׳ רש״א], י) [צ״ל יניבא פי׳ תולעת כדאיתא בחולין פה: ר׳ חייא נפל ליה יניבא. ערוך ערך אנבא], כ) [עי׳ רש״י שבע״י ד״ה ה״ג וכו׳], ל) שייך לדף כג ע״א.

הגהות הב״ח

(א) גמ׳ ואל ישחיתך מאן אלהים אמר רב יהודה אמר רב כו׳ כצ״ל ותיבות אשר עמי נמחק: (ב) שם יכילנא ליה וכתיב ויורו היורים וכו׳ כי החליתי מאד אמר רב יהודה אמר רב עשו כל גופו וכו׳ כצ״ל ותיבות מאי כי החליתי מאד ותיבת מלמד נמחק: (ג) שם שלום בארץ אלא אפילו חרב של שלום כו׳ כי הוה קא ניחא נפשיה: (ד) שם ת״ר אחד עיר שהקיפוה נכרים: (ה) רש״י ד״ה מאן אלהים כו׳ אשר עמי הס״ד ואח״כ מה״ד אמר יאשיהו הואיל וקא בטח פרעה בע״ז יכילנא ליה והיינו דכתיב ולא השיב יאשיהו לא השיבו כלום הס״ד ואח״כ מה״ד כל גופו מדכתיב ויורו כו׳ המורים הס״ד ואח״כ מה״ד ה״ג אמר רב יהודה אמר רב עשו כל גופו ככברה הס״ד ותיבת מלמד נמחק: (ו) ד״ה דכתיב כו׳ החייה הס״ד ואח״כ מה״ד רבי חנן בן כו׳: (ז) ד״ה והתניא וכו׳ ידו במים הס״ד: (ח) תוס׳ ד״ה לאנשי מעמד פי׳ היינו אנשי מעמד כו׳. נ״ב עי׳ לקמן דף כ״ז:

תורה אור השלם

א) וַיִּשְׁלַח אֵלָיו מַלְאָכִים לֵאמֹר מַה לִּי וָלָךְ מֶלֶךְ יְהוּדָה לֹא עָלֶיךָ אַתָּה הַיּוֹם כִּי אֶל בֵּית מִלְחַמְתִּי וֵאלֹהִים אָמַר לְבַהֲלֵנִי חֲדַל לְךָ מֵאֱלֹהִים אֲשֶׁר עִמִּי וְאַל יַשְׁחִיתֶךָ: [דברי הימים ב׳ לה, כא]
ב) וַיֹּרוּ הַיֹּרִים לַמֶּלֶךְ יֹאשִׁיָּהוּ וַיֹּאמֶר הַמֶּלֶךְ לַעֲבָדָיו הַעֲבִירוּנִי כִּי הָחֳלֵיתִי מְאֹד: [דברי הימים ב׳ לה, כג]
ג) וְנָתַתִּי שָׁלוֹם בָּאָרֶץ וּשְׁכַבְתֶּם וְאֵין מַחֲרִיד וְהִשְׁבַּתִּי חַיָּה רָעָה מִן הָאָרֶץ וְחֶרֶב לֹא תַעֲבֹר בְּאַרְצְכֶם: [ויקרא כו, ו] ד) צַדִּיק הוּא יְיָ כִּי פִיהוּ מָרִיתִי שִׁמְעוּ נָא כָל הָעַמִּים וּרְאוּ מַכְאֹבִי בְּתוּלֹתַי וּבַחוּרַי הָלְכוּ בַשֶּׁבִי: [איכה א, יח] ה) רוּחַ אַפֵּינוּ מְשִׁיחַ יְיָ נִלְכַּד בִּשְׁחִיתוֹתָם אֲשֶׁר אָמַרְנוּ בְּצִלּוֹ נִחְיֶה בַגּוֹיִם: [איכה ד, כ] ו) וַיִּיצֶר יְיָ אֱלֹהִים אֶת הָאָדָם עָפָר מִן הָאֲדָמָה וַיִּפַּח בְּאַפָּיו נִשְׁמַת חַיִּים וַיְהִי הָאָדָם לְנֶפֶשׁ חַיָּה: [בראשית ב, ז] ז) הָבִיאוּ אֶת כָּל הַמַּעֲשֵׂר אֶל בֵּית הָאוֹצָר וִיהִי טֶרֶף בְּבֵיתִי וּבְחָנוּנִי נָא בָּזֹאת אָמַר יְיָ צְבָאוֹת אִם לֹא אֶפְתַּח לָכֶם אֵת אֲרֻבּוֹת הַשָּׁמַיִם וַהֲרִיקֹתִי לָכֶם בְּרָכָה עַד בְּלִי דָי: [מלאכי ג, י] ח) וְנָתַתִּי גִשְׁמֵיכֶם בְּעִתָּם וְנָתְנָה הָאָרֶץ יְבוּלָהּ וְעֵץ הַשָּׂדֶה יִתֵּן פִּרְיוֹ: [ויקרא כו, ד]

ליקוטי רש״י

אלא אפילו של שלום. ויצא לקראתו, שדרש וחרב לא תעבור בארצכם (ויקרא כ״ו) אפילו חרב של שלום לא תעבור בארצכם ולא ידע שטא ליצני הדור אשר אחרי הדלת קמו לסדור כמו שמפורש במסכת תענית [דברי הימים ב לה, כ]. משיח השם. כמו שנאמר בדברי הימים ויקונן ירמיהו על יאשיהו [איכה ד, כ]. שהקיפוה נכרים. ולרין עליה. נהר. המתפשט ויוצא לחוץ לשטוף את השדה ואת הבתים. ועל ספינה המיטרפת. כמו גלים טרופות (חולין דף סד.) שהולכת ונדה ועתידה להיטבע במים [לעיל יד.]. מלשון טרף אבנא (ברכות דף כח.) ומלשון בילה טרופה (עדיות פ״ב מ״ד) כו׳ כדמפרש בפרק שלמעלה (דף יד.) [לעיל יט.]. שיבלו. כלומר שייגעו דולורא״ט בלעז [לעיל ט.]. טייעא. סוחר ערבי [חולין ז.]. איניבא. תולעת האוכלת פשתן טיי״ש בלע״ז [חולין פה:]. מטשטשין. עושות את הארץ כטיט [ב״ב טז.].

אָמַר רַבָּה בַּר בַּר חָנָה – Rabbah bar bar Chanah said: לְדִידִי חֲזְיָא לִי קֶרֶן אֹפֶל – I once saw Keren Ofel, and standing atop it I saw **דְּקָם הַהוּא טַיְיעָא כִּי רָכִיב גַּמְלָא – that** when **an Arab merchant stopped while riding on a camel, וְנָקִיט רוּמְחָא בִּידֵיהּ – and he was holding a spear in his hand, מִתְחֲזֵי אִינִיבָא – he looked** as small **as a worm.**

The Gemara cites a Baraisa:

תָּנוּ רַבָּנָן – The Rabbis taught in a Baraisa: "וְנָתַתִּי גִשְׁמֵיכֶם בְּעִתָּם" – The verse says: ***AND I WILL PROVIDE YOUR RAINS IN THEIR PROPER TIMES.***[31] This means the rains will leave the earth לֹא שִׁכּוֹרָה – NEITHER DRUNK, i.e. overly saturated, וְלֹא צְמֵאָה – NOR THIRSTY, אֶלָּא בֵּינוֹנִית – BUT MODERATELY wet.[32] שֶׁכָּל זְמַן שֶׁהַגְּשָׁמִים מְרוּבִּין – FOR WHENEVER THE RAINS ARE EXCESSIVE, מְטַשְׁטְשִׁין אֶת הָאָרֶץ – THEY MAKE THE EARTH MUDDY, וְאֵינָהּ מוֹצִיאָה פֵּירוֹת – AND IT DOES NOT YIELD PRODUCE. דָּבָר אַחֵר – ANOTHER INTERPRETATION of this verse:

NOTES

31. *Leviticus* 26:4.

32. The blessing described in this verse is that God will provide for us neither excessive rain, nor insufficient rain, but rain in moderation. [It is not clear, however, how the Gemara derives this from the word בְּעִתָּם, *in their proper times.* Perhaps the use of the plural, *proper times,* indicates that the rains will not come all at once but spread over a period of time (so as not to make the earth too soggy). Nor will they be spaced over too great a period of time, which would not sufficiently moisten the earth. Rather, they will come in their proper times, in the amounts needed to moisten the soil to the proper degree.]

בְּעִתָּם – *IN THEIR PROPER TIMES.* בְּלֵילֵי רְבִיעִיּוֹת וּבְלֵילֵי שַׁבָּתוֹת – That the rains will fall **ON THE EVES OF WEDNESDAYS AND ON THE EVES OF THE SABBATHS,** i.e. on Tuesday and Friday nights when people are not inconvenienced by the rain.[1]

שֶׁכֵּן מָצִינוּ בִּימֵי שִׁמְעוֹן בֶּן שָׁטַח – **FOR SO WE FIND IN THE DAYS OF SHIMON BEN SHATACH,**[2] שֶׁיָּרְדוּ לָהֶם גְּשָׁמִים – **THAT RAINS FELL FOR THEM** only בְּלֵילֵי רְבִיעִיּוֹת וּבְלֵילֵי שַׁבָּתוֹת – **ON THE EVES OF WEDNESDAYS AND ON THE EVES OF THE SABBATHS,** עַד שֶׁנַּעֲשׂוּ חִטִּים כִּכְלָיוֹת – **UNTIL THE** kernels of **WHEAT BECAME** as large **AS KIDNEYS,** וּשְׂעוֹרִים כְּגַרְעִינֵי זֵיתִים – **THE BARLEY** as large **AS OLIVE PITS,** וַעֲדָשִׁים כְּדִינָרֵי זָהָב – **AND THE LENTILS** as large **AS GOLD DINAR** coins. וְצָרְרוּ מֵהֶם – **AND THEY PUT AWAY BUNDLES OF THEM** to save דּוּגְמָא לְדוֹרוֹת – **AS EXAMPLES FOR** future **GENERATIONS,** לְהוֹדִיעַ כַּמָּה הַחֵטְא גּוֹרֵם – **TO DEMONSTRATE HOW MUCH** ruin **SIN CAUSES;**[3] שֶׁנֶּאֱמַר – **AS IT IS STATED:**[4] ,,עֲוֹנוֹתֵיכֶם הִטּוּ־אֵלֶּה וְחַטֹּאותֵיכֶם מָנְעוּ הַטּוֹב מִכֶּם'' – ***YOUR SINS HAVE TURNED THESE*** blessings of rain ***AWAY, AND YOUR TRANSGRESSIONS HAVE WITHHELD THE GOOD FROM YOU.***

וְכֵן מָצִינוּ בִּימֵי הוֹרְדוֹס – **AND SO WE FIND IN THE DAYS OF HEROD,** שֶׁהָיוּ עוֹסְקִין בְּבִנְיַן בֵּית הַמִּקְדָּשׁ – **WHEN THEY WERE ENGAGED IN BUILDING THE HOLY TEMPLE,**[5] וְהָיוּ יוֹרְדִין גְּשָׁמִים בַּלַּיְלָה – **AND THE RAINS WOULD FALL** only **AT NIGHT** when no work was being done. לְמָחָר – **THE NEXT DAY,** נָשְׁבָה הָרוּחַ – **THE WIND** would **BLOW,** וְנִתְפַּזְּרוּ הֶעָבִים – **THE CLOUDS** would **DISPERSE,** וְזָרְחָה הַחַמָּה – **AND THE SUN** would **COME OUT;** וְיָצְאוּ הָעָם לִמְלַאכְתָּן – **AND THE PEOPLE** would **GO OUT TO THEIR WORK** וְיָדְעוּ שֶׁמְּלֶאכֶת שָׁמַיִם בִּידֵיהֶם – **KNOWING THAT THE WORK OF HEAVEN WAS IN THEIR HANDS,** i.e. their work was approved by Heaven.

A quote from our Mishnah:

מַעֲשֶׂה שֶׁשָּׁלְחוּ לְחוֹנִי הַמְעַגֵּל וכו' – **IT ONCE HAPPENED THAT THEY SENT** a message **TO CHONI THE CIRCLE-MAKER etc.**

The incident related by our Mishnah is elaborated in the following Baraisa:[6]

תָּנוּ רַבָּנָן – **The Rabbis taught in a Baraisa:** פַּעַם אַחַת – **IT ONCE HAPPENED** יָצָא רוֹב אֲדָר וְלֹא יָרְדוּ גְּשָׁמִים – that **MOST OF** the month of **ADAR HAD PASSED AND NO RAINS HAD** yet **FALLEN** that season.[7] שָׁלְחוּ לְחוֹנִי הַמְעַגֵּל – **THEY SENT** a message **TO CHONI THE CIRCLE-MAKER:** הִתְפַּלֵּל וְיֵרְדוּ גְּשָׁמִים – **"PRAY THAT RAIN SHOULD FALL."** הִתְפַּלֵּל וְלֹא יָרְדוּ גְּשָׁמִים – **HE PRAYED, BUT NO RAIN FELL.** עָג עוּגָה וְעָמַד בְּתוֹכָהּ – **HE DREW A CIRCLE AND STOOD WITHIN IT,** כְּדֶרֶךְ שֶׁעָשָׂה חֲבַקּוּק הַנָּבִיא – **THE WAY THE PROPHET CHAVAKUK HAD DONE;** שֶׁנֶּאֱמַר – **AS IT IS STATED:** ,,עַל־מִשְׁמַרְתִּי אֶעֱמֹדָה וְאֶתְיַצְּבָה־עַל מָצוֹר וגו' '' – ***I WILL STAND AT MY POST AND I WILL SET MYSELF FOR A SIEGE*** **ETC.**[8] אָמַר לְפָנָיו – **HE SAID BEFORE GOD:** רִבּוֹנוֹ שֶׁל עוֹלָם – **"MASTER OF THE UNIVERSE!** בָּנֶיךָ שָׂמוּ פְּנֵיהֶם עָלַי – **YOUR CHILDREN HAVE TURNED THEIR FACES TOWARDS ME,** שֶׁאֲנִי כְּבֶן בַּיִת לְפָנֶיךָ – **BECAUSE I AM LIKE A MEMBER OF THE HOUSEHOLD BEFORE YOU.**[9] נִשְׁבָּע אֲנִי בְּשִׁמְךָ הַגָּדוֹל – **I SWEAR BY YOUR GREAT NAME** שֶׁאֵינִי זָז מִכָּאן עַד שֶׁתְּרַחֵם עַל בָּנֶיךָ – **THAT I WILL NOT BUDGE FROM HERE UNTIL YOU TAKE PITY ON YOUR CHILDREN."** הִתְחִילוּ גְּשָׁמִים מְנַטְּפִין – In response, **THE RAIN BEGAN TO SPRINKLE.** אָמְרוּ לוֹ תַּלְמִידָיו – **HIS DISCIPLES SAID TO HIM:** רַבִּי – **"OUR TEACHER,** רְאִינוּךָ וְלֹא נָמוּת – **WE WISH TO SEE YOU AND NOT DIE,** i.e. we need more rain or we will die. כִּמְדוּמִין אָנוּ – **IT SEEMS TO US** שֶׁאֵין גְּשָׁמִים יוֹרְדִין – **THAT THE** sprinkling of **RAIN IS NOT FALLING** אֶלָּא לְהַתִּיר שְׁבוּעָתְךָ – **EXCEPT TO RELEASE** you from **YOUR OATH,"** that you swore not to move out of the circle until it rained.[10] אָמַר – **HE SAID** before God: לֹא כַּךְ שָׁאַלְתִּי – **"NOT SUCH** rains **HAVE I REQUESTED,** אֶלָּא גִּשְׁמֵי בּוֹרוֹת שִׁיחִין וּמְעָרוֹת – **BUT RAINS** ample enough to fill the **WATER HOLES, DITCHES AND CAVES"** where drinking water is stored. יָרְדוּ בְּזַעַף – **[THE RAINS]** began **TO FALL WITH GREAT FORCE,** עַד שֶׁכָּל טִפָּה וְטִפָּה כִּמְלֹא פִּי חָבִית – **UNTIL EACH DROP WAS THE SIZE OF THE MOUTH OF A JUG,** i.e. it rained in torrents; וְשִׁיעֲרוּ חֲכָמִים שֶׁאֵין טִפָּה פְּחוּתָה מִלּוֹג – **AND THE SAGES ESTIMATED THAT THERE WAS NO DROP LESS THAN A** ***LOG.*** אָמְרוּ לוֹ תַּלְמִידָיו – **HIS DISCIPLES SAID TO HIM:** רַבִּי רְאִינוּךָ וְלֹא נָמוּת – **"OUR TEACHER, WE WISH TO SEE YOU AND NOT DIE,** i.e. we will die if these rains continue. כִּמְדוּמִין אָנוּ שֶׁאֵין גְּשָׁמִים יוֹרְדִין אֶלָּא לְאַבֵּד הָעוֹלָם – **IT SEEMS TO US THAT THE** heavy **RAINS ARE NOT FALLING EXCEPT TO DESTROY THE WORLD."** אָמַר לְפָנָיו – **HE SAID BEFORE [GOD]:** לֹא כַּךְ שָׁאַלְתִּי – **"NOT SUCH** rains **HAVE I REQUESTED,** אֶלָּא גִּשְׁמֵי רָצוֹן בְּרָכָה וּנְדָבָה – **BUT RAINS OF GOODWILL, BLESSING, AND BENEVOLENCE."** יָרְדוּ כְּתִיקְנָן – **[THE RAINS]** then **FELL NORMALLY,** and continued עַד שֶׁעָלוּ כָּל הָעָם לְהַר הַבַּיִת מִפְּנֵי הַגְּשָׁמִים – **UNTIL ALL THE PEOPLE** were forced to **GO UP ONTO THE TEMPLE MOUNT BECAUSE OF THE RAIN.**[11] אָמְרוּ לוֹ – **THEY SAID TO HIM:** רַבִּי – **"OUR TEACHER,** כְּשֵׁם שֶׁהִתְפַּלַּלְתָּ שֶׁיֵּרְדוּ – **JUST AS YOU PRAYED FOR [THE RAINS] TO FALL,** כַּךְ הִתְפַּלֵּל וְיֵלְכוּ לָהֶם – **SO PRAY THAT THEY SHOULD DEPART."** אָמַר לָהֶם – **HE SAID TO THEM:** כַּךְ מְקוּבְּלַנִי – **"I HAVE A TRADITION** from my teachers שֶׁאֵין מִתְפַּלְּלִין עַל רוֹב הַטּוֹבָה – **THAT WE MAY NOT PRAY REGARDING AN ABUNDANCE OF GOOD** that it should cease. אַף עַל פִּי כֵן – **NEVERTHE-**

NOTES

1. People generally do not venture out on these nights because of the demon *Igras bas Machalas* who is abroad then and can cause harm (*Rashi* from *Pesachim* 112b). Moreover, the Sabbath restrictions effectively curtail any travel on Friday nights (*Maharsha*). Thus, people are, for the most part, not inconvenienced by rain on these nights.

2. Shimon ben Shatach was one of the early Tannaim, the head of the Sanhedrin (*Avos* 1:8) approximately 150 years before the destruction of the Second Temple. [For nine years following the death of the wicked king Yannai (3685 or 76 B.C.E.), Israel was ruled by the righteous Queen Shlomis (Salome) under the guidance of her great brother, Shimon ben Shatach. During this period, political power was in the hands of the elders of the Sanhedrin, and the nation prospered both spiritually and materially.]

3. By seeing how much larger the crops were when the Jewish people followed God's commandments, future generations will come to understand how detrimental sin is to the world.

4. *Jeremiah* 5:25.

5. Herod ruled over Eretz Yisrael from 3725-3757 (36-4 B.C.E.). During his reign, the Temple built by Ezra was taken down, and a more beautiful one was erected in its place (*Rashi* from *Bava Basra* 4a).

6. This Baraisa appears in *Yerushalmi* with some variations. See our commentary and notes to the Mishnah for further explanation.

7. The rainy season generally ends shortly after the end of Adar.

8. *Habbakuk* 2:1. The verse continues: וַאֲצַפֶּה לִרְאוֹת מַה־יְדַבֶּר־בִּי, *and I will wait to see what He will say to me*. Chavakuk wanted an explanation from God as to why the wicked often succeed and the righteous often suffer (*Rashi* to verse). He dug a circular pit, something like a dungeon (*Rashi*), and declared his intention of remaining in it until he received an answer. [The word מִשְׁמָר (*post*) can also have the meaning of *prison* or *dungeon;* see *Numbers* 15:34.]

9. It is not because of my greatness that they came to me to pray on their behalf, but because I am like a member of Your household staff, and therefore in regular attendance before You (*Maharsha;* see *Ibn Ezra* to *Numbers* 12:7).

10. The minimal amount of rain that fell was certainly not enough to end the drought and its only purpose could have been to fulfill the condition of Choni's oath. Although Choni swore that he would not budge until God had mercy on His people, his disciples had only heard Choni say that he would not move out of the circle until it rained. They therefore believed that a few drops of rain would release him from his oath (*Maharsha*).

11. That is, they ascended the Temple Mount to seek shelter under its roof (*Yerushalmi* 3:9). Alternatively, they left the inundated lower areas of Jerusalem for the higher elevation of the Temple Mount (*Meiri*).

מסורת הש"ס

א) חולין קיט:, ב) [עי' תוספות שבת טז: ד"ה דאמר וכו'], ג) ברכות יט. לעיל יט., ד) [ב"ב טז:], ה) [עי' ברש"י שבע"י פי' על זה].

בעתם בלילי רביעיות ובלילי שבתות שכן מצינו א) בימי שמעון בן שטח ב) שירדו להם גשמים בלילי רביעיות ובלילי שבתות עד שנעשו חטים ככליות ושעורים כגרעיני זיתים ועדשים כדינרי זהב וצררו מהם דוגמא לדורות להודיע כמה החטא גורם שנאמר א) עונותיכם הטו אלה וחטאתיכם מנעו הטוב מכם וכן מצינו בימי הורדוס שהיו עוסקין בבנין בהמ"ק והיו יורדין גשמים בלילה למחר נשבה הרוח ונתפזרו העבים וזרחה החמה ויצאו העם למלאכתן וידעו שמלאכת שמים בידיהם: מעשה ששלחו לחוני המעגל וכו': ת"ר פעם אחת יצא רוב אדר ולא ירדו גשמים שלחו לחוני המעגל התפלל וירדו גשמים התפלל ולא ירדו גשמים עג עוגה ועמד בתוכה כדרך שעשה חבקוק הנביא שנאמר ב) על משמרתי אעמדה ואתיצבה על מצור וגו' אמר לפניו רבונו של עולם בניך שמו פניהם עלי שאני כבן בית לפניך נשבע אני בשמך הגדול שאיני זז מכאן עד שתרחם על בניך התחילו גשמים מנטפין אמרו לו תלמידיו רבי ראינוך ולא נמות כמדומין אנו שאין גשמים יורדין אלא להתיר שבועתך אמר (א) לא כך שאלתי אלא גשמי בורות שיחין ומערות ירדו בזעף עד שכל טפה וטפה כמלא פי חבית ושיערו חכמים שאין טפה פחותה מלוג אמרו לו תלמידיו רבי ראינוך ולא נמות כמדומין אנו שאין גשמים יורדין אלא לאבד העולם אמר לפניו לא כך שאלתי אלא גשמי רצון ברכה ונדבה ירדו כתיקנן עד שעלו כל העם להר הבית מפני הגשמים אמרו לו רבי כשם שהתפללת שירדו כך התפלל וילכו להם אמר להם כך מקובלני שאין מתפללין על רוב הטובה אעפ"כ הביאו לי פר הודאה הביאו לו פר הודאה סמך שתי ידיו עליו ואמר לפניו רבש"ע עמך ישראל שהוצאת ממצרים אינן יכולין (ב) לא ברוב טובה ולא ברוב פורענות כעסת עליהם אינן יכולין לעמוד השפעת עליהם טובה אינן יכולין לעמוד יהי רצון מלפניך שיפסקו הגשמים ויהא ריוח בעולם מיד נשבה הרוח ונתפזרו העבים וזרחה החמה ויצאו העם לשדה והביאו להם כמהין ופטריות ג) שלח לו שמעון בן שטח אלמלא חוני אתה גוזרני עליך נידוי [א] שאילו שנים כשני אליהו שמפתחות גשמים בידו של אליהו לא נמצא שם שמים מתחלל על ידך אבל מה אעשה לך שאתה מתחטא לפני המקום ועושה לך רצונך כבן שמתחטא על אביו ועושה לו רצונו ואומר לו אבא הוליכני לרחצני בחמין שטפני בצונן תן לי אגוזים שקדים אפרסקים ורמונים ונותן לו ועליך הכתוב אומר ג) ישמח אביך ואמך ותגל יולדתך תנו רבנן מה שלחו בני לשכת הגזית לחוני המעגל ד) ותגזר אומר ויקם לך ועל דרכיך נגה אור ותגזר אומר אתה גזרת מלמטה והקדוש ברוך הוא מקיים מאמרך מלמעלה ועל דרכיך נגה אור דור שהיה אפל הארת בתפלתך ה) כי השפילו ותאמר גוה דור שהיה שפל הגבהתו בתפלתך ה) ושח עינים יושיע דור ששח בעונו הושעתו בתפלתך ו) ימלט אי נקי דור שלא היה נקי מלטתו בתפלתך ו) ונמלט בבור כפיך מלטתו במעשה ידיך הברורין אמר ר' יוחנן כל ימיו של אותו צדיק היה מצטער על מקרא זה ז) שיר המעלות בשוב ה' את שיבת ציון היינו כחולמים אמר מי איכא דניים שבעין שנין בחלמא יומא חד הוה אזל באורחא חזייה להה[ו]א גברא דהוה נטע חרובא אמר ליה האי עד כמה שנין טעין אמר ליה עד שבעין שנין אמר ליה פשיטא לך דחיית שבעין שנין אמר ליה (ג) האי [גברא] עלמא בחרובא אשכחתיה כי היכי דשתלי לי אבהתי שתלי נמי לבראי יתיב קא כריך ריפתא אתא ליה שינתא נים אהדרא ליה משוניתא איכסי מעינא ונים שבעין שנין כי קם חזייה להההוא גברא דהוה קא מלקט מינייהו אמר ליה את הוא דשתלתיה א"ל בר בריה אנא אמר ליה שמע מינה דניימי שבעין שנין חזא לחמריה דאתיילידא ליה רמכי רמכי אזל לביתיה אמר להו בריה דחוני המעגל מי קיים אמרו ליה בריה ליתא בר בריה איתא אמר להו אנא חוני המעגל לא הימנוהו אזל לבית המדרש שמעינהו לרבנן דקאמרי נהירן שמעתתין כבשני חוני המעגל דכי הוי עייל לבית מדרשא כל קושיא דהוו להו לרבנן הוה מפרק להו אמר להו אנא ניהו לא הימנוהו ולא עבדי ליה יקרא כדמבעי ליה חלש דעתיה בעי רחמי ומית אמר רבא היינו דאמרי אינשי או חברותא ד) או מיתותא אבא חלקיה בר בריה דחוני המעגל הוה וכי מצטריך עלמא למיטרא הוו משדרי רבנן לגביה ובעי רחמי ואתי מיטרא זימנא חדא איצטריך עלמא למיטרא שדור רבנן זוגא דרבנן לגביה למבעי רחמי דניתי מיטרא אזול לביתיה ולא אשכחוהו אזול בדברא ואשכחוהו דהוה קא רפיק (ד) יהבו ליה שלמא ולא

רש"י

(ה) דכתיב בעתם. זהו בלילי רביעיות ובלילי שבתות דאין טורח לבני אדם דאינם הולכין לדרכים בלילי רביעיות מפני אגרת בת מחלת בפסחים (דף קיב:): שכן מצינו. כלומר ושמא תאמר אין סיפק בגשמים של ב' לילות בשבת מצינו בימי שמעון בן שטח כו': וצררו. קשרו ואצרו: הורדוס. סתר בנין דעזרא ובנה בנין יפה ממנו בב"ב (דף ד.): עוגה. שורה עגולה כמו עוגה שהיא עגולה: כדרך שעשה חבקוק. כדמפרש בתרגום של תפלת חבקוק (ו) על משמרתי אעמדה כמין בית האסורים עשה וישב: ראינוך ולא נמות. נראה אותך ולא נמות בניחותא השתדל שלא נמות ברעב מפני עצירת גשמים: פר הודאה. להתודות עליו ועשה (ז) לו סמיכה והביאו שלמים חוני בזמן הבית היה: כמהין ופטריות. בולי"ן בלע"ז שיצאו מלחלוח הגשמים וידעו כי של ברכה היו: אלמלא חוני אתה. ואדם גדול (ח): לנדות. שמנדין על כבוד הרב שהטיח דברים ואמר לא כך שאלתי: שאלמלא היו שנים כשני אליהו. גזירת עצירת גשמים ומפתח של גשמים בידו של אליהו גרסינן: לא נמצא שם שמים מתחלל. בתמיה (ט) שאליהו נשבע חי ה' אם יהיה השנים האלה טל ומטר כי אם לפי דברי (מלכים א יז) ואתה נשבע שאין אתה זז עד שירדו גשמים: נמצא שם שמים מתחלל על ידך. דזה או זה בא לידי שבועת שוא: מתחטא. לשון חטא כלומר (י) הוי הולך וחוטא: לשכת הגזית. סנהדרין: דור שהיה אפל. מרוב צער שלא ירדו גשמים: הושעת בתפלתך. מן המיתה שהבאת עליהם שוכע: של אותו צדיק. חוני המעגל היה מצטער על המקרא הזה: שיר המעלות. לשון עילוי: היינו כחולמים. כחלום נדמה גלות בבל שהיה שבעים שנה: שבעין שני בחלמא. בתמיה מי איתא דניים שבעין שנין בחלמיה (כ) ויש אדם ישן שבעים שנה בשינה אחת: עד שבעין שנין. לא טעין פירא בטעינא קמייתא: יתיב. חוני המעגל וקא כריך רפתא: הכי גרסי' אנא עלמא בחרובא אשכחתיה כי היכי דשתלי לי אבהתי אנא נמי אישתיל לבראי: אהדרא ליה משוניתא. עלתה סביבותיו שן סלע: ואיכסי מעינא דאינשי. ולא אשכחוהו התם: רמכי רמכי. וולדי וולדות באלו השנים דניים מעוברת זכר היתה וחזר ובא עליה והולידו: אמר להו. שאל להון בנו של חוני המעגל קיים הוא: נהירנא לן הנך שמעתתא. מוגהת לנו שמועה זו כאילו למדוה בחייו של חוני המעגל שהיה מפרקה לנו ומגיה לנו יפה יפה: או חברותא או מיתותא. ולא גרסינן הכא כחברי דאיוב אלא בבבא בתרא (דף טז:) גבי מעשה דאיוב אם אין חביריו של אדם נוהגין בו כבוד כבתחילה נוח לו שימות אי ה) נמי משום (ל) הנך בריוני לא כתוב בספרינו: רפיק בדברא. עודר בשדה: לא

תוספות

(לא) לא כך שאלתי אלא. אם תאמר ...

הגהות הב"ח

(א) גמ' אלא להתיר שבועתך אמר לפניו לא כך שאלתי כו' אלא לאבד העולם אמר להם לא תמותו אמר לפניו: (ב) שם אינן יכולין לעמוד לא: (ג) דחיית שבעין שנין א"ל אנא עלמא בחרובא אשכחתיה: (ד) שם בפה"ע דהוה קא רפיק בדברא יהבו ליה שלמא: (ה) רש"י בריש העמוד נ"ל ד"א בעתם ותיבת דכתיב נמחק. וזהו כו' דאין טורח על בני אדם דאינם: (ו) ד"ה כדרך כו' תפלת חבקוק הס"ד: (ז) ד"ה פר כו' ועשה עליו סמיכה והביאו: (ח) ד"ה אלמלא כו' ואדם גדול אתה הס"ד: (ט) ד"ה לא נמצא כו' בתמיה שאם אליהו היה נשבע חי ה' וכו' שאין אתה זז משם עד שירדו גשמים נמצא כצ"ל והד"א: (י) ד"ה מתחטא כו' כלומר הולך וחוטא הס"ד ותיבת הוי נמחק ואח"כ מה"ד בני לשכת כו': (כ) ד"ה שבעין כו' שבעין שנין בחלמיה כלומר ויש אדם ישן: (ל) ד"ה או חברותא כו' אי נמי משום הנהו בריוני לא כתוב:

הגהות הגר"א

[א] גמרא גוזרני עליך נדוי. נ"ב ולא עוד אלא:

תורה אור השלם

א) עֲוֹנוֹתֵיכֶם הִטּוּ אֵלֶּה וְחַטֹּאותֵיכֶם מָנְעוּ הַטּוֹב מִכֶּם: [ירמיה ה, כה]

ב) עַל מִשְׁמַרְתִּי אֶעֱמֹדָה וְאֶתְיַצְּבָה עַל מָצוֹר וַאֲצַפֶּה לִרְאוֹת מַה יְדַבֶּר בִּי וּמָה אָשִׁיב עַל תּוֹכַחְתִּי: [חבקוק ב, א]

ג) יִשְׂמַח אָבִיךָ וְאִמֶּךָ וְתָגֵל יוֹלַדְתֶּךָ: [משלי כג, כה]

ד) וְתִגְזַר אוֹמֶר וְיָקָם לָךְ וְעַל דְּרָכֶיךָ נָגַהּ אוֹר: [איוב כב, כח]

ה) כִּי הִשְׁפִּילוּ וַתֹּאמֶר גֵּוָה וְשַׁח עֵינַיִם יוֹשִׁעַ: [איוב כב, כט]

ו) יְמַלֵּט אִי נָקִי וְנִמְלַט בְּבֹר כַּפֶּיךָ: [איוב כב, ל]

ז) שִׁיר הַמַּעֲלוֹת בְּשׁוּב יְיָ אֶת שִׁיבַת צִיּוֹן הָיִינוּ כְּחֹלְמִים: [תהלים קכו, א]

רבינו חננאל

בעתם בלילי ד' ובלילי ד'. וכן היו בימי שמעון בן שטח עד שנעשו חטים ככליות שעורים כזיתים ועדשים כדינרין וצררו מהם דוגמא לדורות להודיע כמה החטא גורם שנאמר וחטאתיכם מנעו הטוב מכם. וכן מצינו בבנין בהמ"ק ירדו גשמים בלילות ולמחר נשבה הרוח ונתפזרו העבים וזרחה השמש והשכימו כל אחד ואחד למלאכתן להודיע שמלאכת שמים בידיהם: ת"ר פעם אחת יצא רוב אדר ולא ירדו גשמים שלחו לחוני המעגל להתפלל התפלל ולא ירדו גשמים כו'. מעשה בחוני המעגל דנים ע' שנה כו' ומעשה דאבא חלקיהו בר בריה דחוני המעגל דאצטריך עלמא למיטרא ושדרו רבנן לוותיה ואשכחוה רבנן דקא רפיק בדברא יהבו ליה שלמא כו'

רבינו גרשום

ת"ר פעם אחת וכו' היינו (פ"ע) [פ"א] עצמו דמתניתין: עג עוגה וצר צורה. ראינוך ולא נמות בתימא. בשביל שראינוך לא נמות. שאלו היו שנים כשני אליהו שאין מפתחות של מטר ביד הקב"ה לא נמצא שם שמים מתחלל. שנמצאת מחלל את שבועתו: משוניתא סלע: רמכי ולדות. אי חברא שיהא לו חבר טוב שנוהג לו כבוד:

ליקוטי רש"י

בעתם. בשעה שאין דרך בני אדם לצאת כגון (בלילי רביעית) בלילי שבתות [ויקרא כו, ד]. בלילי שבתות שהכל מצויין בבתיהן [דברים יא, יד]. שנעשו חטים ככליות. כשתי כליות של שור הגדול [חולין קיט:]. עונותיכם הטו אלה. הטו החוקות האלה מאליכם שאינם שומרים לכם ואתם כלים ברעב [ירמיה ה, כה]. עג עוגה. עוגיות, עגול סביב כמו עג עוגה ועמד בתוכה (תענית דף יט.) [מו"ק ד:]. על משמרתי אעמדה. עג עוגה חבקוק ועמד בתוכה ואמר לא אזוז מכאן עד שאשמע מה ידבר בי על שאלתי זאת למה הוא מביט ורואה בהצלחתו של רשע ומה אשיב אל הבאים להתווכח לפני [חבקוק ב, א]. אלא גשמי בורות. שיפוע גשמים למלאות בורות. ונדבות. רצון ועין יפה [לעיל יט.]. אלמלא חוני אתה. שיצא שמך בגדולה ובחשיבות [ברכות יט.]. גוזרני עליך נידוי. על כבוד הרב [לעיל יט.]. לפי שהטריח לפני המקום על עסק גשמים לא כך שאלתי כמה פעמים וכבוד המקום כבוד הרב הוא [ברכות שם]. שאתה מתחטא. פורפיי"ש בלעז [לעיל שם]. לשון חוטא נקל בלבו לחטוא לאביו ולהטריחו על תאותו [ברכות שם]. ונתחטא, נטייל כמו (תענית דף יט.) בן מתחטא לפני אביו [מנחות סו.]. נתחטא לשון ירידה ושבירו ובמסכת תענית (דף יט.) בן המתחטא לפני אביו [בכורות נז:]. לשכת הגזית. שהיא בנויה בתוך העזרה חציה בקודש וחציה בחול כדאמרינן בסדר יומא (דף כה.) [סנהדרין פו:]. ויקם לך. כמו ויקום לך. כי השפילו ותאמר גוה. ואם רואה דורך שפל תאמר בהבטחה להגביהו ויגבה. ושח עינים. בגרה הבאה (אליו) בעונו. יושיע. אותו אלוה בידך ובתפילתך. ימלט אי נקי. אין נקי כמו אי כבוד (ש"א ד) אין כבוד וכן (משלי לא) ולרוזנים אי שכר אין שכר אין נאה להם שכרות שלשתן חברם מנחם במחלוקת אחת ואע"פ שכן שתי תיבות מפרשין כן ונמלט את אי נקי בבור כפיך וכן שמעתי לשון אחר שמעתי שהיו אומרים מפי ר' יעקב שהוא לשון אדם השרוי בצער ובאנקה והיו"ד יתירה כתיבה כמו היושבי בשמים (תהלים קכג) אבל לא שמעתי מפי הרב [איוב כב, כח-ל]. בשוב ה' את שיבת ציון. מגלות בבל [תהלים קכו, א]. או חברותא או מיתותא. אם אין לו לאדם חוברים נוח לו שימות [ב"ב טז:].

LESS," Choni said, הָבִיאוּ לִי פַּר הוֹדָאָה – "BRING ME A BULL FOR CONFESSION" of sins.[12] הֵבִיאוּ לוֹ פַּר הוֹדָאָה – So THEY BROUGHT HIM A BULL FOR CONFESSION. סָמַךְ שְׁתֵּי יָדָיו עָלָיו – HE LEANED HIS TWO HANDS ON IT[13] וְאָמַר לְפָנָיו – AND SAID BEFORE [GOD]: רִבּוֹנוֹ שֶׁל עוֹלָם – "MASTER OF THE UNIVERSE! עַמְּךָ יִשְׂרָאֵל שֶׁהוֹצֵאתָ מִמִּצְרַיִם – YOUR NATION, ISRAEL, WHOM YOU HAVE TAKEN OUT OF EGYPT, אֵינָן יְכוֹלִין לֹא בְּרוֹב טוֹבָה וְלֹא בְּרוֹב פּוּרְעָנוּת – THEY CANNOT bear EITHER AN ABUNDANCE OF GOOD OR AN ABUNDANCE OF MISFORTUNE.[14] כָּעַסְתָּ עֲלֵיהֶם – YOU BECAME ANGRY WITH THEM, אֵינָן יְכוֹלִין לַעֲמוֹד – and THEY CANNOT BEAR it; הִשְׁפַּעְתָּ עֲלֵיהֶם טוֹבָה – YOU BESTOWED UPON THEM an abundance of GOOD, אֵינָן יְכוֹלִין לַעֲמוֹד – and THEY CANNOT BEAR it. יְהִי רָצוֹן מִלְּפָנֶיךָ שֶׁיִּפָּסְקוּ הַגְּשָׁמִים וִיהֵא רֶיוַח בָּעוֹלָם – MAY IT BE YOUR WILL THAT THE RAINS SHOULD CEASE AND RELIEF SHOULD COME TO THE WORLD." מִיָּד נָשְׁבָה הָרוּחַ – IMMEDIATELY, THE WIND began TO BLOW, וְנִתְפַּזְּרוּ הֶעָבִים וְזָרְחָה הַחַמָּה – THE CLOUDS DISPERSED, AND THE SUN CAME OUT, וְיָצְאוּ הָעָם לַשָּׂדֶה – AND THE PEOPLE WENT OUT INTO THE FIELDS וְהֵבִיאוּ לָהֶם כְּמֵהִין וּפִטְרִיּוֹת – AND BROUGHT BACK FOR THEMSELVES TRUFFLES AND MUSHROOMS.[15] שָׁלַח לוֹ שִׁמְעוֹן בֶּן שָׁטַח – SHIMON BEN SHATACH SENT HIM the following message: אִלְמָלֵא חוֹנִי אַתָּה – "WERE YOU NOT CHONI, גּוֹזְרַנִי עָלֶיךָ נִידּוּי – I WOULD PRONOUNCE A BAN UPON YOU.[16] שֶׁאִילּוּ[17] שָׁנִים כִּשְׁנֵי אֵלִיָּהוּ – Moreover, even your oath was improper, for HAD THESE YEARS been SIMILAR TO THE YEARS OF ELIJAH the prophet, שֶׁמַּפְתְּחוֹת גְּשָׁמִים בְּיָדוֹ שֶׁל אֵלִיָּהוּ – WHEN THE KEYS TO THE RAINS WERE IN THE HANDS OF ELIJAH,[18] לֹא נִמְצָא שֵׁם שָׁמַיִם מִתְחַלֵּל עַל יָדְךָ – WOULD NOT THE NAME OF HEAVEN BE FOUND TO HAVE BEEN DESECRATED ON ACCOUNT OF YOU?[19] אֲבָל מָה אֶעֱשֶׂה לְךָ – BUT WHAT SHALL I DO TO YOU, שֶׁאַתָּה מִתְחַטֵּא לִפְנֵי הַמָּקוֹם – THAT YOU MISBEHAVE BEFORE GOD by expressing dissatisfaction and demanding from Him different rain, וְעוֹשֶׂה לְךָ רְצוֹנְךָ – AND HE FULFILLS YOUR WISH, כְּבֵן שֶׁמִּתְחַטֵּא עַל אָבִיו – LIKE A SON WHO MISBEHAVES TOWARDS HIS FATHER by demanding from him whatever he desires, וְעוֹשֶׂה לוֹ רְצוֹנוֹ – AND [HIS FATHER] FULFILLS HIS WISH. וְאוֹמֵר לוֹ – [THE SON] SAYS TO HIM without proper respect: אַבָּא – FATHER, הוֹלִיכֵנִי לְרַחֲצֵנִי בְּחַמִּין שְׁטְפֵנִי בְּצוֹנֵן – TAKE ME TO BATHE ME IN WARM WATER; RINSE ME OFF WITH COLD WATER; תֵּן לִי אֱגוֹזִים שְׁקֵדִים אֲפַרְסְקִים וְרִמּוֹנִים – GIVE ME NUTS, ALMONDS, PEACHES, AND POMEGRANATES; וְנוֹתֵן לוֹ – AND [HIS FATHER] GIVES IT TO HIM. וְעָלֶיךָ הַכָּתוּב אוֹמֵר – CONCERNING people such as YOURSELF, SCRIPTURE STATES: "יִשְׂמַח־אָבִיךָ וְאִמֶּךָ וְתָגֵל יוֹלַדְתֶּךָ" – *MAY YOUR FATHER AND MOTHER REJOICE, AND MAY SHE WHO BORE YOU BE GLAD.*"[20]

תָּנוּ רַבָּנָן – The Rabbis taught in a Baraisa: מַה שָּׁלְחוּ בְּנֵי לִשְׁכַּת הַגָּזִית לְחוֹנִי הַמְּעַגֵּל – WHAT message DID THE MEMBERS OF THE CHAMBER OF HEWN STONE, i.e. the Great Sanhedrin,[21] SEND TO CHONI THE CIRCLE-MAKER? They applied to him the following Scriptural passage:[22] "וְתִגְזַר־אֹמֶר וְיָקָם לָךְ וְעַל־דְּרָכֶיךָ נָגַהּ אוֹר" – *YOU WILL PRONOUNCE A DECREE, AND IT WILL BE FULFILLED FOR YOU, AND LIGHT WILL SHINE ON YOUR WAYS*. They expounded it in regard to Choni as follows: "וְתִגְזַר־אֹמֶר" – *YOU WILL PRONOUNCE A DECREE, and it will be fulfilled for you:* אַתָּה גָּזַרְתָּ מִלְּמַטָּה – YOU [Choni] DECREED FROM BELOW on earth that it should rain, וְהַקָּדוֹשׁ בָּרוּךְ הוּא מְקַיֵּים מַאֲמָרְךָ מִלְמַעְלָה – AND THE HOLY ONE, BLESSED IS HE, FULFILLS YOUR WORD FROM Heaven ABOVE. "וְעַל־דְּרָכֶיךָ נָגַהּ אוֹר" – *AND LIGHT WILL SHINE ON YOUR WAYS:* דּוֹר שֶׁהָיָה אָפֵל הֵאַרְתָּ בִּתְפִלָּתְךָ – A GENERATION THAT WAS IN DARKNESS[23] YOU BRIGHTENED THROUGH YOUR PRAYER!

The message from the Great Sanhedrin continues with expositions relating the next two verses to Choni:

"כִּי־הִשְׁפִּילוּ וַתֹּאמֶר גֵּוָה" – *IF THEY HAVE FALLEN LOW, YOU HAVE SAID THAT THEY SHOULD BE UPLIFTED:*[24] דּוֹר שֶׁהָיָה שָׁפֵל הִגְבַּהְתּוֹ בִּתְפִלָּתְךָ – A GENERATION THAT WAS IN A LOW STATE because of the lack of rain, YOU RAISED THROUGH YOUR PRAYER! "וְשַׁח עֵינַיִם יוֹשִׁעַ" – *AND ONE WHOSE EYES ARE DOWNCAST HE WILL SAVE:* דּוֹר שֶׁשַּׁח בַּעֲוֹנוֹ הוֹשַׁעְתּוֹ בִּתְפִלָּתְךָ – A GENERATION THAT WAS LAID LOW BY ITS SIN, YOU SAVED from death THROUGH YOUR PRAYER, which God answered.[25] "יְמַלֵּט אִי־נָקִי" – *HE WILL DELIVER ONE*

NOTES

12. To confess the sin of asking for the abundant rain to cease. This bull was then offered as a *shelamim* offering (*Maharsha* in explanation of *Rashi*).

Gevuras Ari, however, questions *Rashi's* explanation on the grounds that confessions are not made in conjunction with *shelamim* offerings. He therefore translates הוֹדָאָה not as confession, but as *thanksgiving*; they offered a *todah* (thanksgiving) offering to God for having provided them with rain.

13. *Semichah,* leaning, is a rite performed for almost all personal offerings, including the *shelamim* offering (Mishnah, *Menachos* 92a). The owner of the offering places both his hands on the animal's head and leans his weight against it. In the case of any kind of sin offering, he makes his confession over the offering during *semichah.* In the case of a *shelamim* or *todah* offering, he recites psalms and words of praise and thanks to God (*Rambam, Maaseh HaKorbanos* 3:13, 15).

14. [They cannot bear either the lack of rain or the abundance of it.] This aspect of Israel's nature was evident in their earliest days, when they left Egypt and spent forty years in the desert. When they lacked water to drink, they complained bitterly (*Numbers* 20:1-12); and when they tired of the wonderful manna, they complained bitterly (*Numbers* 11:15). By alluding to the "nation ... whom You [God] have taken out of Egypt," Choni was in effect stating that there was nothing new about their current behavior, and that their inability to stand extremes was a national trait of long standing (*Maharsha*).

15. Thus, the people knew that the rainfall was, in fact, one of goodwill and blessing (*Rashi*).

16. For being disrespectful to God by twice saying: "Not such rains have I requested" (*Rashi*). See 19a note 29.

17. *Gra* emends the text to read: ... וְלֹא עוֹד אֶלָּא שֶׁאִילּוּ, *and not only this, but had* ... Our explanation ("moreover") follows *Gra's* emendation; see also *Gevuras Ari.*

18. When the Jewish people sinned, Elijah took an oath that no rain would fall until he so decreed (see *I Kings* 17:1), and God gave him control over the rain (see *Sanhedrin* 113a).

19. You, Choni, swore that you would not move out of the circle until it rained, and Elijah swore that it would not rain unless he wished it. [Had Elijah lived and made this oath during Choni's times,] one of their oaths would have proven false, and this would have resulted in a desecration of the Name of Heaven (*Rashi*). [Shimon ben Shatach used the example of Elijah to illustrate the principle that there are times when the decree withholding rains should not be countermanded. Had the current drought been the product of such a severe decree, forcing the issue with an oath would have resulted in either the oath being voided, or in the decree of Heaven being forcibly rescinded, so to speak. Either way, the result would have been a desecration of God's Name. Accordingly, it was improper for Choni to have chanced this situation by taking this oath (cf. *Yerushalmi*).]

20. *Proverbs* 23:25. [Since God grants your wishes, it must be that you find grace in His eyes, and therefore I, Shimon ben Shatach, cannot pronounce a ban on you.]

21. The Great Sanhedrin sat in the Chamber of Hewn Stone in the Temple; see *Middos* 5:4.

22. *Job* 22:28-30. These verses speak of how God fulfills the will of the perfectly righteous man. The Sages saw the fulfillment of these verses in Choni.

23. That is, in great distress because of the lack of rain (*Rashi*).

24. Ibid. v. 29. If you find your generation in a low state you may safely promise them better times, for God will fulfill your promise (*Rashi* to the verse).

25. In this exposition of the verse, the word עֵינַיִם is seen as deriving from the root עָוֹן (sin) rather than עַיִן (eye). Thus, according to this exposition the verse would read: *And one who has been laid low by sins He will save.*

בעתם בלילי רביעיות ובלילי שבתות שכן מצינו א) בימי שמעון בן שטח ג) שירדו להם גשמים בלילי רביעיות ובלילי שבתות עד שנעשו חטים ככליות ושעורים כגרעיני זיתים ועדשים כדינרי זהב וצררו מהם דוגמא לדורות להודיע כמה החטא גורם שנאמר א) עונותיכם הטו אלה וחטאתיכם מנעו הטוב מכם וכן מצינו בימי הורדוס שהיו עוסקין בבנין בהמ"ק והיו יורדין גשמים בלילה למחר נשבה הרוח ונתפזרו העבים וזרחה החמה ויצאו העם למלאכתן וידעו שמלאכת שמים בידיהם: מעשה ששלחו לחוני המעגל וכו': ת"ר פעם אחת יצא רוב אדר ולא ירדו גשמים שלחו לחוני המעגל התפלל וירדו גשמים התפלל ולא ירדו גשמים עג עוגה ועמד בתוכה כדרך שעשה חבקוק הנביא שנאמר ב) על משמרתי אעמדה ואתיצבה על מצור וגו' אמר לפניו רבונו של עולם בניך שמו פניהם עלי שאני כבן בית לפניך נשבע אני בשמך הגדול שאיני זז מכאן עד שתרחם על בניך התחילו גשמים מנטפין אמרו לו תלמידיו רבי ראינוך ולא נמות כמדומין אנו שאין גשמים יורדין אלא להתיר שבועתך אמר (א) לא כך שאלתי אלא גשמי בורות שיחין ומערות ירדו בזעף עד שכל טפה וטפה כמלא פי חבית ושיערו חכמים שאין טפה פחותה מלוג אמרו לו תלמידיו רבי ראינוך ולא נמות כמדומין אנו שאין גשמים יורדין אלא לאבד העולם אמר לפניו לא כך שאלתי אלא גשמי רצון ברכה ונדבה ירדו כתיקנן עד שעלו כל העם להר הבית מפני הגשמים אמרו לו רבי כשם שהתפללת שירדו כך התפלל וילכו להם אמר להם כך מקובלני שאין מתפללין על רוב הטובה אעפ"כ הביאו לי פר הודאה הביאו לו פר הודאה סמך שתי ידיו עליו ואמר לפניו רבש"ע עמך ישראל שהוצאת ממצרים אינן יכולין (ב) לא ברוב טובה ולא ברוב פורענות כעסת עליהם אינן יכולין לעמוד השפעת עליהם טובה אינן יכולין לעמוד יהי רצון מלפניך שיפסקו הגשמים ויהא ריוח בעולם מיד נשבה הרוח ונתפזרו העבים וזרחה החמה ויצאו העם לשדה והביאו להם כמהין ופטריות ג) שלח לו שמעון בן שטח אלמלא חוני אתה גוזרני עליך נידוי [א] שאילו שנים כשני אליהו שמפתחות גשמים בידו של אליהו לא נמצא שם שמים מתחלל על ידך אבל מה אעשה לך שאתה מתחטא לפני המקום ועושה לך רצונך כבן שמתחטא על אביו ועושה לו רצונו ואומר לו אבא הוליכני לרחצני בחמין שטפני בצונן תן לי אגוזים שקדים אפרסקים ורמונים ונותן לו ועליך הכתוב אומר ג) ישמח אביך ואמך ותגל יולדתך תנו רבנן מה שלחו בני לשכת הגזית לחוני המעגל ד) ותגזר אומר ויקם לך ועל דרכיך נגה אור ותגזר אומר אתה גזרת מלמטה והקדוש ברוך הוא מקיים מאמרך מלמעלה ועל דרכיך נגה אור דור שהיה אפל הארת בתפלתך ה) כי השפילו ותאמר גוה דור שהיה שפל הגבהתו בתפלתך ה) ושח עינים יושיע דור ששח בעונו הושעתו בתפלתך ו) ימלט אי נקי דור שלא היה נקי מלטתו בתפלתך ו) ונמלט בבור כפיך מלטתו במעשה ידיך הברורין אמר ר' יוחנן כל ימיו של אותו צדיק היה מצטער על מקרא זה ז) שיר המעלות בשוב ה' את שיבת ציון היינו כחולמים אמר מי איכא דניים שבעין שנין בחלמא יומא חד הוה אזל באורחא חזייה להו גברא דהוה נטע חרובא אמר ליה האי עד כמה שנין טעין אמר ליה עד שבעין שנין אמר ליה פשיטא לך דחיית שבעין שנין אמר ליה (ג) האי [גברא] עלמא בחרובא אשכחתיה כי היכי דשתלי לי אבהתי שתלי נמי לבראי יתיב קא כריך ריפתא אתא ליה שינתא נים אהדרא ליה משוניתא איכסי מעינא ונים שבעין שנין כי קם חזייה להההוא גברא דהוה קא מלקט מינייהו אמר ליה את הוא דשתלתיה א"ל בר בריה אנא אמר ליה שמע מינה דניימי שבעין שנין חזא לחמריה דאתיילידא ליה רמכי רמכי אזל לביתיה אמר להו בריה דחוני המעגל מי קיים אמרו ליה בריה ליתא בר בריה איתא אמר להו אנא חוני המעגל לא הימנוהו אזל לבית המדרש שמעינהו לרבנן דקאמרי נהירן שמעתתין כבשני חוני המעגל דכי הוי עייל לבית מדרשא כל קושיא דהוו להו לרבנן הוה מפרק להו אמר להו אנא ניהו לא הימנוהו ולא עבדי ליה יקרא כדמבעי ליה חלש דעתיה בעי רחמי ומית אמר רבא היינו דאמרי אינשי או חברותא ז) או מיתותא אבא חלקיה בר בריה דחוני המעגל הוה וכי מצטריך עלמא למיטרא הוו משדרי רבנן לגביה ובעי רחמי ואתי מיטרא זימנא חדא איצטריך עלמא למיטרא שדור רבנן זוגא דרבנן לגביה למבעי רחמי דניתי מיטרא אזול לביתיה ולא אשכחוהו אזול בדברא ואשכחוהו דהוה קא רפיק (ד) יהבו ליה שלמא ולא

רש"י

(ה) דכתיב בעתם. זהו בלילי רביעיות ובלילי שבתות דאין טורח לבני אדם דאינם הולכין לדרכים בלילי רביעיות מפני אגרת בת מחלת בפסחים (דף קיב:): שכן מצינו. כלומר ושמא תאמר אין סיפק בגשמים של ב' לילות בשבת אלינו בימי שמעון בן שטח כו': וצררו. קשרו ואצרו: הורדוס. סתר בנין דעזרא ובנה בנין יפה ממנו בב"ב (דף ד.): עוגה. שורה עגולה כמו עוגה שהיא עגולה: כדרך שעשה חבקוק. כדמפרש בתרגום של תפלת חבקוק (ו) על משמרתי אעמדה כמין בית האסורים עשה וישב: ראינוך ולא נמות. נראה אותך ולא נמות בניחותא השתדל שלא נמות ברעב מפני עצירת גשמים: פר הודאה. להתודות עליו ועשה (ז) לו סמיכה והביאו שלמים חוני בזמן הבית היה: כמהין ופטריות. בולי"ן בלע"ז שיצאו מלחלוח הגשמים וידעו כי של ברכה היו: אלמלא חוני אתה. ואדם גדול (ח): לנדות. שמנדין על כבוד הרב שהטיח דברים ואמר לא כך שאלתי: שאלמלא היו שנים כשני אליהו. גזירת עצירת גשמים ומפתח של גשמים בידו של אליהו גרסינן: לא נמצא שם שמים מתחלל. בתמיה (ט) שאליהו נשבע חי ה' אם יהיה השנים האלה טל ומטר כי אם לפי דברי (מלכים א יז) ואתה נשבע שאין אתה זז עד שירדו גשמים: נמצא שם שמים מתחלל על ידך. דזה או זה בא לידי שבועת שוא: מתחטא. לשון חטא כלומר (י) הוי הולך ומוטא: לשכת הגזית. סנהדרין: דור שהיה אפל. מרוב צער שלא ירדו גשמים: הושעת בתפלתך. מן המיתה שהבאת עליהם שובע: של אותו צדיק. חוני המעגל היה מצטער על המקרא הזה: שיר המעלות. לשון עילוי: היינו כחולמים. כחלום נדמה גלות בבל שהיה שבעים שנה: שבעין שני בחלמא. בתמיה מי איכא דניים שבעין שנין בחלמיה (כ) ויש אדם ישן שבעים שנה בשינה אחת: עד שבעין שנין. לא טעין פירא בטעינא קמייתא: יתיב. חוני המעגל וקא כריך ריפתא: הכי גרסי' אנא עלמא בחרובא אשכחתיה כי היכי דשתלי לי אבהתי אנא נמי אישתיל לבראי: אהדרא ליה משוניתא. עלתה סביבותיו שן סלע: ואיכסי מעינא דאינשי. ולא אשכחוהו התם: רמכי רמכי. וולדי וולדות באלו השנים דניים מעוברת זכר היתה וחזר ובא עליה והולידו: אמר להו. שאל להון בנו של חוני המעגל קיים הוא: נהירנא לן הנך שמעתתא. מוגהת לנו שמועה זו כאילו למדנוה בחייו של חוני המעגל שהיה מפרקה לנו ומגיה לנו יפה יפה: או חברותא או מיתותא. ולא גרסינן הכא כחברי דאיוב אלא בבבא בתרא (דף טז:) גבי מעשה דאיוב אם אין חביריו של אדם נוהגין בו כבוד כבתחילה נוח לו שימות אי ה) נמי משום (ל) הנך בריוני לא כתוב בספרינו: רפיק בדברא. עודר בשדה: לא

(דף יט.) בן המתחטא לפני אביו [בכורות נז:]. לשכת הגזית. שהיא בנויה בתוך העזרה חציה בקודש וחציה בחול כדאמרינן בסדר יומא (דף כה.) [סנהדרין פו:]. ויקם לך. כמו ויקום לך. כי השפילו ותאמר גוה. ואם רואך דורך שפל תאמר בהבטחה להגביהו ויגבה. ושח עינים. בצרה הבאה (אליו) בעונו. יושיע. אותו אלוה בידך ובתפילתך. ימלט אי נקי. אין נקי כמו אי כבוד (ש"א ד) אין כבוד וכן (משלי לא) ולרוזנים אי שכר אין שכר אין נאה להם שכרות שלשתן חברס מנחס במחלוקת אחת ואע"פ שכן שתי תיבות מפרשין כן ונמלט את אי נקי בבור כפיך וכן שמעתי לשון אחר שמעתי שהיו אומרים מפי ר' יעקב שהוא לשון אדם השרוי בצער ובאנקה והיו"ד יתירה בתיבה כמו היושבי בשמים (תהלים קכג) אבל לא שמעתי מפי הרב [איוב כב, כח-ל]. בשוב ה' את שיבת ציון. מגלות בבל [תהלים קכו, א]. או חברותא או מיתותא. אם אין לו לאדם אוהבים נוח לו שימות [ב"ב טז:].

מסורת הש"ס

א) חולין קיט., ב) [ע' תוספות שבת טו: ד"ה דלמאר וכו'], ג) ברכות יט. לעיל יט., ד) [ב"ב טז:], ה) [ע' ברש"י שבע' פי' על זה].

הגהות הב"ח

(א) גמ' אלא להתיר שבועתך אמר לפניו לא כך שאלתי כו' אלא לאבד העולם אמר להם לא תמוהו אמר לפניו: (ב) שם אין יכולין לעמוד לא: (ג) דחיית שבעין שנין א"ל אנא עלמא בחרובא אשכחתיה: (ד) שם בכה"ע הוה קא רפיק בדברא יהבו ליה שלמא: (ה) רש"י ד"ה בעתם זהו בלילי רביעית ותיבת דכתיב נמחק. וזהו כו' דאין טורח על כל אדם דאינם: (ו) ד"ה כדרך כו' תפלת חבקוק הס"ד: (ז) ד"ה פר כו' ועשה עליו סמיכה והביאו: (ח) ד"ה אלמלא אתה כו' ואדם גדול אתה הס"ד: (ט) ד"ה לא נמצא כו' בתמיה שנשבע חי ה' כו' שאין אתה זז משם עד שירדו גשמים נמצא כל"ל: (י) ד"ה מתחטא כו' כלומר הולך ומוטא הס"ד ואח"כ מה"ד ותיבת הוי נמחק ואח"כ מה"ד בני לשכת כו': (כ) ד"ה שבעין שנין בחלמיה כלומר ויש אדם ישן: (ל) ד"ה או אכרותא כו' אי נמי משום הנהו בריוני לא כתוב:

הגהות הגר"א

[א] גמרא גוזרני עליך נדוי. נ"ב ולא עוד אלא:

תורה אור השלם

א) עֲוֹנוֹתֵיכֶם הִטּוּ אֵלֶּה וְחַטֹּאותֵיכֶם מָנְעוּ הַטּוֹב מִכֶּם: [ירמיה ה, כה]

ב) עַל מִשְׁמַרְתִּי אֶעֱמֹדָה וְאֶתְיַצְּבָה עַל מָצוֹר וַאֲצַפֶּה לִרְאוֹת מַה יְדַבֶּר בִּי וּמָה אָשִׁיב עַל תּוֹכַחְתִּי: [חבקוק ב, א]

ג) יִשְׂמַח אָבִיךָ וְאִמֶּךָ וְתָגֵל יוֹלַדְתֶּךָ: [משלי כג, כה]

ד) וְתִגְזַר אֹמֶר וְיָקָם לָךְ וְעַל דְּרָכֶיךָ נָגַהּ אוֹר: [איוב כב, כח]

ה) כִּי הִשְׁפִּילוּ וַתֹּאמֶר גֵּוָה וְשַׁח עֵינַיִם יוֹשִׁעַ: [איוב כב, כט]

ו) יְמַלֵּט אִי נָקִי וְנִמְלַט בְּבֹר כַּפֶּיךָ: [איוב כב, ל]

ז) שִׁיר הַמַּעֲלוֹת בְּשׁוּב יְיָ אֶת שִׁיבַת צִיּוֹן הָיִינוּ כְּחֹלְמִים: [תהלים קכו, א]

רבינו חננאל

בעתם בלילי ד' ובלילי ד'. וכן היו בימי שמעון בן שטח עד שנעשו חטים ככליות שעורים כזיתים ועדשים כדינרי זהב וצררו מהם דוגמא לדורות להודיע כמה החטא גורם שנאמר וחטאתיכם מנעו הטוב מכם. וכן מצינו בבנין בהמ"ק ירדו גשמים בלילות ולמחר נשבה הרוח ונתפזרו העבים וזרחה השמש והשכימו כל אחד ואחד למלאכתו להודיע שמלאכת שמים בידיהם: ת"ר פעם אחת יצא רוב אדר ולא ירדו גשמים שלחו לחוני המעגל להתפלל התפלל ולא ירדו גשמים כו'. מעשה בחוני המעגל דנים ע' שנה כו' ומעשה דאבא חלקיהו בר בריה דחוני המעגל דאצטריך עלמא למיטרא ושדרו רבנן לוותיה ואשכחוה דקא רפיק בדברא יהבו ליה שלמא כו'

רבינו גרשום

ת"ר פעם אחת וכו' היינו [פ"ע] [פ"א] עצמו דמתניתין: עג עוגה וצר צורה. ראינוך ולא נמות בתימא. בשביל שראינוך לא נמות. שאלו היו שנים כשני אליהו שאין מפתחות של מטר ביד הקב"ה לא נמצא שם שמים מתחלל. שנמצאת מחלל את שבועתו: משוניתא סלע: רמכי ולדות. אי חברא שיהא לו חבר טוב שנוהג לו כבוד:

ליקוטי רש"י

בעתם. בשעה שאין דרך בני אדם לצאת כגון (בלילי רביעית) בלילי שבתות [ויקרא כו, ד]. בלילי שבתות שהכל מצויין בבתיהן [דברים יא, יד]. שנעשו חטים ככליות. כשתי כליות של שור הגדול [חולין קיט:]. עונותיכם הטו אלה. אותן החקות הטו לכם ואתם כלים ברעב [ירמיה ה, כה]. עג עוגה. עוגות, עגול סביב כמו עג עוגה ועמד בתוכה (תענית דף יט.) [מו"ק ד.]. על משמרתי אעמדה. עג עוגה חבקוק ועמד בתוכה ואמר לא אזוז מכאן עד שאשמע מה ידבר בי על שאלתי זאת ומה ישיב על שאלתי ורואה בהצלחתו של רשע ומה אשיב אל המביאים להתווכח לפני [חבקוק ב, א]. אלא גשמי ברכה. שיפוע גשמים למלאות בורות. ונדבות. לשון ועין יפה [לעיל יט.]. אלמלא חוני אתה. שיש שמך גדולה ובתמיבות [ברכות יט.]. גוזרני עליך נידוי. על כבוד הרב [לעיל יט.]. לפי שהטריח לפני המקום על עסק גשמים לא כך שאלתי כמה פעמים וכבוד המקום כבוד הרב הוא [ברכות שם]. שאתה מתחטא. פורפי"ש בלע"ז [לעיל שם]. לשון חוטא נקל בלבו להתחטא ולהטריח לאלהיו [ברכות שם]. ומתחטא. נטייל כמו (תענית דף יט.) בן המתחטא לפני אביו [מנחות סו.]. נתחטא לשון ירידה וקבירו במסכת תענית

WHO IS NOT INNOCENT:[26] דּוֹר שֶׁלֹּא הָיָה נָקִי מִלַּטְתּוֹ בִּתְפִלָּתְךָ – A GENERATION THAT WAS NOT INNOCENT, YOU DELIVERED THROUGH YOUR PRAYER! "וְנִמְלַט בְּבֹר כַּפֶּיךָ" – *AND HE WILL BE DELIVERED BECAUSE OF THE PURITY OF YOUR HANDS:* מִלַּטְתּוֹ בְּמַעֲשֵׂה יָדֶיךָ הַבְּרוּרִין – YOU HAVE DELIVERED [YOUR GENERATION] THROUGH THE CLEAR, i.e. pure, DEEDS OF YOUR HANDS.[27]

R' Yochanan relates the story of the end of Choni's life:

אָמַר ר' יוֹחָנָן – **R' Yochanan said:** כָּל יָמָיו שֶׁל אוֹתוֹ צַדִּיק – **All that righteous man's days,** הָיָה מִצְטַעֵר עַל מִקְרָא זֶה – **he was troubled by this verse:** "שִׁיר הַמַּעֲלוֹת בְּשׁוּב ה' אֶת־שִׁיבַת צִיּוֹן הָיִינוּ כְּחֹלְמִים" – ***A song of exaltation,***[28] ***when HASHEM will return the captivity of Zion, we will be like dreamers!***[29] אָמַר מִי אִיכָּא דְּנָיֵים שִׁבְעִין שְׁנִין בְּחֶלְמָא – **[Choni] said: Is it possible for anyone to sleep for seventy years with one** continuous **dream,** i.e. in one continuous sleep, as this verse implies? יוֹמָא חַד הֲוָה אָזַל בְּאוֹרְחָא – **One day he was going on the road,** חֲזְיֵיהּ לְהַהוּא גַּבְרָא דַּהֲוָה נָטַע חָרוּבָא – **and he saw a certain man planting a carob tree.** אָמַר לֵיהּ – **[Choni] said to him:** הַאי עַד כַּמָּה שְׁנִין טָעִין – **"How many years does it take for this** carob **tree to bear fruit?"** אָמַר לֵיהּ – **He said to [Choni]:** עַד שִׁבְעִין שְׁנִין – **"Seventy years."** אָמַר לֵיהּ – **[Choni] said to him:** פְּשִׁיטָא לָךְ דְּחָיֵית שִׁבְעִין שְׁנִין – **"Is it clear to you that you will live** another **seventy years?"**[30] אָמַר לֵיהּ – **He replied to [Choni]:** הַאי [גַּבְרָא] עָלְמָא בְּחָרוּבָא אַשְׁכַּחְתֵּיהּ – **"This man found a world containing** full-grown **carob trees.** כִּי הֵיכִי דִּשְׁתָלֵי לִי אֲבָהָתַי – **Just as my ancestors planted** those trees **for me,** knowing that they themselves would never live to see them fully grown, שָׁתְלֵי נַמִּי לִבְרָאִי – **so too, I plant** them **for my children."**

Choni falls asleep for seventy years:

יָתִיב קָא כָּרִיךְ רִיפְתָּא – **[Choni] sat down** and **ate bread;**[31] אָתָא לֵיהּ שִׁינְתָא – **drowsiness overcame him,** נִים – **and he fell asleep.** אֲהַדְרָא לֵיהּ מְשׁוּנִיתָא – **An outcropping of rock rose around him** as he slept, אִיכַּסִּי מֵעֵינָא – **and he became hidden from sight** וְנִים שִׁבְעִין שְׁנִין – **and slept for seventy years.**[32]

כִּי קָם – **When he arose** from his sleep, חַזְיֵיהּ לְהַהוּא גַּבְרָא דַּהֲוָה קָא מְלַקֵּט מִינַּיְיהוּ – **he saw** what looked to be **that** same **man picking some of [the fruit]** from the carob tree he had planted! אָמַר לֵיהּ – **[Choni] said to him:** אַתְּ הוּא דִּשְׁתַלְתֵּיהּ – **"Are you** indeed **the man who planted [this tree]?"** אָמַר לֵיהּ – **He replied to [Choni]:** בַּר בְּרֵיהּ אֲנָא – "No, **I am his grandson."** אָמַר לֵיהּ – **[Choni] said to him:** שְׁמַע מִינַּהּ דְּנָיְימִי שִׁבְעִין שְׁנִין – **"It is evident from this that I have slept for seventy years,"** just as described in the psalm! חָזָא לַחֲמָרֵיהּ דְּאִתְיְלִידָא לֵיהּ רַמְכֵי רַמְכֵי – **He saw that his mare had given birth to generations of offspring.**[33]

Choni returns home:

אָזַל לְבֵיתֵיהּ – **He** then **went to his house.** אָמַר לְהוּ – **He said to [the members of the household]:** בְּרֵיהּ דְּחוֹנִי הַמְעַגֵּל מִי קַיָּים – **"Is the son of Choni the Circle-maker** still **alive?"** אָמְרוּ לֵיהּ – **They answered him:** בְּרֵיהּ לֵיתָא – **"His son is not** alive, בַּר בְּרֵיהּ אִיתָא – **but his grandson is** alive." אָמַר לְהוּ אֲנָא חוֹנִי הַמְעַגֵּל – **He said to them: "I am Choni the Circle-maker!"** לֹא הֵימְנוּהוּ – **They did not believe him,** since seventy years had passed since Choni had last been seen. אָזַל לְבֵית הַמִּדְרָשׁ – **He** left and **went to the house of study.** שַׁמְעִינְהוּ לְרַבָּנָן דְּקָאָמְרֵי – **He heard the rabbis saying:** נְהִירָן שְׁמַעְתְּתִין כִּבְשְׁנֵי חוֹנִי הַמְעַגֵּל – **"Our teachings are as clear to us as** they used to be **in the years of Choni the Circle-maker.**[34] דְּכִי הֲוֵי עָיֵיל לְבֵית מִדְרָשָׁא – **For whenever he would come to the house of study,** כָּל קוּשְׁיָא דַּהֲווּ לְהוּ לְרַבָּנָן הֲוָה מְפָרֵק לְהוּ – **whatever difficulties the rabbis had** with the teachings they were studying, **he would resolve for them."** אָמַר לְהוּ – **[Choni] said to them:** אֲנָא נִיהוּ – **"I am he!"** לֹא הֵימְנוּהוּ – **They did not believe him.** וְלֹא עָבְדֵי לֵיהּ יְקָרָא כִּדְמִבָּעֵי לֵיהּ – **and they** therefore **did not accord him the honor due him.**[35] חֲלַשׁ דַּעְתֵּיהּ בָּעֵי רַחֲמֵי וּמִית – **He became distressed,** and **prayed for** Divine **mercy and died.** אָמַר רָבָא – **Rava said:** הַיְינוּ דְּאָמְרֵי אִינָשֵׁי – **This** is an example **of the popular adage:**[36] אוֹ חַבְרוּתָא אוֹ מִיתוּתָא – **Either companionship or death.**[37]

NOTES

26. Ibid. v. 30.

27. Although the exposition of all these phrases seems to be making the same point — that Choni, by his righteousness, saved the people from catastrophe — *Maharsha* suggests that each was actually meant to describe a different phase of the sequence of events. [After making the general statement that Choni's decree on earth was answered from heaven,] the Sages commented that through Choni's prayer, "a generation that had been completely darkened" by lack of rain, "had been brightened" by the light drizzle that initially fell. Although this gave them some hope, they remained "in a low state" because they feared that the drizzle was not a harbinger of the heavy rains they needed, but merely a device to release Choni from his vow. Choni then "raised them" from their low state by praying again and bringing the heavy rains. Nevertheless, "they were laid low by their sins," because the rains fell with such force that they threatened destruction. Again, Choni "saved them" with his prayers by praying that the rains should fall in the proper manner. However, the rains continued to fall until the people had to go up to the Temple Mount to escape. This was because "the generation was not innocent of sin." Nevertheless, Choni "delivered them" from their predicament by the "pure deeds of his hands," when he offered the *todah* offering and leaned his hands on its head to ask God to spare His people.

28. *Rashi*. Elsewhere, however, *Rashi* relates the word מַעֲלוֹת to the fifteen steps in the Temple Courtyard leading to the Sanctuary (*Maharsha*).

29. *Psalms* 126:1. This verse is understood to refer to the return of the Jewish people from the Babylonian exile, which lasted seventy years (cf. *Jeremiah* 25:11; 29:10). Thus, the Psalmist compares the Babylonian exile to a dream lasting seventy years (*Rashi*).

30. In other words, why do you waste time laboring for something you will likely never get to use?

31. Literally: to wrap bread. See 20b note 25.

32. Because of the rock formation, nobody was able to find him (*Rashi*). Thus, to the world at large, Choni had simply disappeared.

The *Yuchsin* cites from *Yossipon* (ch. 35; also found in *Josephus, Antiquities* 14:2) that Choni was killed in the war of succession between the brothers Horkynos and Aristoblus (the last of the Hasmoneans), when he refused to pray on behalf of one of the combatants. *Maharsha* suggests that this rumor circulated because Choni seemed to have simply disappeared without trace. In reality, he had vanished behind this rock in a deep sleep and had not been a victim of the hostilities. Nevertheless, such was the strength of the rumor that his own grandchildren refused to believe the possibility of his still being alive when he returned after seventy years, as the Gemara will tell below.

33. [This, too, tended to confirm that he had slept for seventy years.] Choni's pregnant donkey had given birth over the seventy years to male donkeys, and those donkeys had subsequently sired other donkeys by their mother (*Rashi*).

34. That is, the teachings we have just learned are as free of inaccuracies as they were in the days of Choni, who was able to establish the proper texts of the teachings and resolve any problems associated with them.

35. Although they could see from talking to him that he was a *talmid chacham* of the first order, and they honored him accordingly, they did not believe that he was the famous Choni. Thus, they did not treat him with the respect due a man of his great piety (*Maharsha*).

36. Literally: This is what people say.

37. Life is not worth living if one's colleagues do not treat him with the respect to which he is accustomed (*Rashi*). [Without the respect of his colleagues, Choni could no longer fulfill his life's task of teaching Torah, or participate in the work of the new generation. He did not wish to live beyond the normal life span of people if there was no longer a task left for him to accomplish.]

בעתם בלילי רביעיות ובלילי שבתות שכן מצינו (א) בימי שמעון בן שטח (ג) שירדו להם גשמים בלילי רביעיות ובלילי שבתות עד שנעשו חטים ככליות ושעורים כגרעיני זיתים ועדשים כדינרי זהב וצררו מהם דוגמא לדורות להודיע כמה החטא גורם שנאמר (א) עונותיכם הטו אלה וחטאתיכם מנעו הטוב מכם וכן מצינו בימי הורדוס שהיו עוסקין בבנין בהמ"ק והיו יורדין גשמים בלילה למחר נשבה הרוח ונתפזרו העבים וזרחה החמה ויצאו העם למלאכתן וידעו שמלאכת שמים בידיהם: מעשה ששלחו לחוני המעגל וכו': ת"ר פעם אחת יצא רוב אדר ולא ירדו גשמים שלחו לחוני המעגל התפלל וירדו גשמים התפלל ולא ירדו גשמים עג עוגה ועמד בתוכה כדרך שעשה חבקוק הנביא שנאמר (ב) על משמרתי אעמדה ואתיצבה על מצור וגו' אמר לפניו רבונו של עולם בניך שמו פניהם עלי שאני כבן בית לפניך נשבע אני בשמך הגדול שאיני זז מכאן עד שתרחם על בניך התחילו גשמים מנטפין אמרו לו תלמידיו רבי ראינוך ולא נמות כמדומין אנו שאין גשמים יורדין אלא להתיר שבועתך אמר (א) לא כך שאלתי אלא גשמי בורות שיחין ומערות ירדו בזעף עד שכל טפה וטפה כמלא פי חבית ושיערו חכמים שאין טפה פחותה מלוג אמרו לו תלמידיו רבי ראינוך ולא נמות כמדומין אנו שאין גשמים יורדין אלא לאבד העולם אמר לפניו לא כך שאלתי אלא גשמי רצון ברכה ונדבה ירדו כתיקנן עד שעלו כל העם להר הבית מפני הגשמים אמרו לו רבי כשם שהתפללת שירדו כך התפלל וילכו להם אמר להם כך מקובלני שאין מתפללין על רוב הטובה אעפ"כ הביאו לי פר הודאה הביאו לו פר הודאה סמך שתי ידיו עליו ואמר לפניו רבש"ע עמך ישראל שהוצאת ממצרים אינן יכולין (ב) לא ברוב טובה ולא ברוב פורענות כעסת עליהם אינן יכולין לעמוד השפעת עליהם טובה אינן יכולין לעמוד יהי רצון מלפניך שיפסקו הגשמים ויהא ריוח בעולם מיד נשבה הרוח ונתפזרו העבים וזרחה החמה ויצאו העם לשדה והביאו להם כמהין ופטריות (ג) שלח לו שמעון בן שטח אלמלא חוני אתה גוזרני עליך נידוי [א] שאילו שנים כשני אליהו שמפתחות גשמים בידו של אליהו לא נמצא שם שמים מתחלל על ידך אבל מה אעשה לך שאתה מתחטא לפני המקום ועושה לך רצונך כבן שמתחטא על אביו ועושה לו רצונו ואומר לו אבא הוליכני לרחצני בחמין שטפני בצונן תן לי אגוזים שקדים אפרסקים ורמונים ונותן לו ועליך הכתוב אומר (ג) ישמח אביך ואמך ותגל יולדתך תנו רבנן מה שלחו בני לשכת הגזית לחוני המעגל (ד) ותגזר אומר ויקם לך ועל דרכיך נגה אור ותגזר אומר אתה גזרת מלמטה והקדוש ברוך הוא מקיים מאמרך מלמעלה ועל דרכיך נגה אור דור שהיה אפל הארת בתפלתך (ה) כי השפילו ותאמר גוה דור שהיה שפל הגבהתו בתפלתך (ה) ושח עינים יושיע דור ששח בעונו הושעתו בתפלתך (ו) ימלט אי נקי דור שלא היה נקי מלטתו בתפלתך (ו) ונמלט בבור כפיך מלטתו במעשה ידיך הברורין אמר ר' יוחנן כל ימיו של אותו צדיק היה מצטער על מקרא זה (ז) שיר המעלות בשוב ה' את שיבת ציון היינו כחולמים אמר מי איכא דניים שבעין שנין בחלמא יומא חד הוה אזל באורחא חזייה לההוא גברא דהוה נטע חרובא אמר ליה האי עד כמה שנין טעין אמר ליה עד שבעין שנין אמר ליה פשיטא לך דחיית שבעין שנין אמר ליה (ג) האי [גברא] עלמא בחרובא אשכחתיה כי היכי דשתלי לי אבהתי שתלי נמי לבראי יתיב קא כריך ריפתא אתא ליה שינתא נים אהדרא ליה משוניתא איכסי מעינא ונים שבעין שנין כי קם חזייה לההוא גברא דהוה קא מלקט מינייהו אמר ליה את הוא דשתלתיה א"ל בר בריה אנא אמר ליה שמע מינה דניימי שבעין שנין חזא לחמריה דאתיילידא ליה רמכי רמכי אזל לביתיה אמר להו בריה דחוני המעגל מי קיים אמרו ליה בריה ליתא בר בריה איתא אמר להו אנא חוני המעגל לא הימנוהו אזל לבית המדרש שמעינהו לרבנן דקאמרי נהירן שמעתתין כבשני חוני המעגל דכי הוי עייל לבית מדרשא כל קושיא דהוו להו לרבנן הוה מפרק להו אמר להו אנא ניהו לא הימנוהו ולא עבדי ליה יקרא כדמבעי ליה חלש דעתיה בעי רחמי ומית אמר רבא היינו דאמרי אינשי או חברותא (ד) או מיתותא אבא חלקיה בר בריה דחוני המעגל הוה וכי מצטריך עלמא למיטרא הוו משדרי רבנן לגביה ובעי רחמי ואתי מיטרא זימנא חדא איצטריך עלמא למיטרא שדור רבנן זוגא דרבנן לגביה למבעי רחמי דניתי מיטרא אזול לביתיה ולא אשכחוהו אזול בדברא ואשכחוהו דהוה קא רפיק (ד) יהבו ליה שלמא ולא

(ה) דכתיב בעתם. זהו בלילי רביעיות ובלילי שבתות דאין טורח לבני אדם דאינם הולכין לדרכים בלילי רביעיות מפני אגרת בת מחלת בפסחים (דף קיב:): שכן מצינו. כלומר ושמא תאמר אין סיפק בגשמים של ב' לילות בשבת אלינו בימי שמעון בן שטח כו': וצררו. קשרו ואצרו: הורדוס. סתר בנין לעזרא ובנה בנין יפה ממנו בב"ב (דף ד.): עוגה. שורה עגולה כמו עוגה שהיא עגולה: כדרך שעשה חבקוק. כדמפרש בתרגום של תפלת חבקוק (ו) על משמרתי אעמדה כמין בית האסורים עשה וישב: ראינוך ולא נמות. נראה אותך ולא נמות בניחותא השתדל שלא נמות ברעב מפני עצירת גשמים: פר הודאה. להתודות עליו ועשה (ז) לו סמיכה והביאו שלמים חוני בזמן הבית היה: כמהין ופטריות. בולי"ן בלע"ז שיצאו מחלחול הגשמים וידעו כי של ברכה היו: אלמלא חוני אתה. ואדם גדול (ח): לנדות. שמנדין על כבוד הרב שהטיח דברים ואמר לא כך שאלתי: שאלמלא היו שנים כשני אליהו. גזירת עצירת גשמים ומפתח של גשמים בידו של אליהו גרסינן: לא נמצא שם שמים מתחלל. בתמיה (ט) שאליהו נשבע חי ה' אם יהיה השנים האלה טל ומטר כי אם לפי דברי (מלכים א יז) ואתה נשבע שאין אתה זז עד שירדו גשמים: נמצא שם שמים מתחלל על ידך. דזה או זה בא לידי שבועת שוא: מתחטא. לשון חטא כלומר (י) הוי הולך ומוטא: לשכת הגזית. סנהדרין: דור שהיה אפל. מרוב צער שלא ירדו גשמים: הושעת בתפלתך. מן המיתה שהבאת עליהם שובע: של אותו צדיק. חוני המעגל היה מצטער על המקרא הזה: שיר המעלות. לשון עילוי: היינו כחולמים. כחלום נדמה גלות בבל שהיה שבעים שנה: שבעין שני בחלמא. בתמיה מי איתא דניים שבעין שנין בחלמיה (כ) ויש אדם ישן שבעים שנה בשינה אחת: עד שבעין שנין. לא טעין פירא בטעינא קמייתא: יתיב. חוני המעגל וקא כריך רפתא: הכי גרסי' אנא עלמא בחרובא אשכחתיה כי היכי דשתלי לי אבהתי אנא נמי אישתיל לבראי: אהדרא ליה משוניתא. עלתה סביבותיו שן סלע: ואיכסי מעינא דאינשי. ולא אשכחוהו התם: רמכי רמכי. וולדי וולדות באלו השנים דניים מעוברת זכר היתה וחזר ובא עליה והולידו: אמר להו. שאל להון בנו של חוני המעגל קיים הוא: נהירנא לן הנך שמעתתא. מוגהת לנו שמועה זו כאילו למדנוה בחייו של חוני המעגל שהיה מפרקה לנו ומגיה לנו יפה יפה: או חברותא או מיתותא. ולא גרסינן הכא כחברי דאיוב אלא בבבא בתרא (דף טז:) גבי מעשה דאיוב אם אין חביריו של אדם נוהגין בו כבוד כבתחילה נוח לו שימות אי (ה) נמי משום (ל) הנך בריוני לא כתוב בספרינו: רפיק בדברא. עודר בשדה: לא

(דף יט.) בן המתחטא לפני אביו [בכורות נז:]. לשכת הגזית. שהיא בנויה בתוך העזרה חציה בקודש וחציה בחול כדאמרינן בסדר יומא (דף כה.) [סנהדרין פו:]. ויקם לך. כמו ויקום לך. כי השפילו ותאמר גוה. ואם רואך דורך שפל תאמר בהבטחה להגביהו ויגבה. ושח עינים. בגרה הגאה (אליו) בעונו. יושיע. אותו אלוה בידך ובתפילתך. ימלט אי נקי. אין נקי כמו אי כבוד (ש"א ד) אין כבוד וכן (משלי לא) ולרוזנים אי שכר אין שכר אין נאה להם שכרות שלאמן חברם מנחם במחלוקת אחת ואע"פ שהן שתי תיבות מפרשין כן ונמלט את אי נקי בבור כפיך וכן שמעתי לשון אחר שמעתי שהיו אומרים מפי ר' יעקב שהוא לשון אדם השרוי בצער ובאנקה והיו"ד יתירה בתיבה כמו היושבי בשמים (תהלים קכג) אבל לא שמעתי מפי הרב [איוב כב, כח-ל]. בשוב ה' את שיבת ציון. מגלות בבל [תהלים קכו, א]. או חברותא או מיתותא. אם אין לו לאדם אוהבים נוח לו שימות [ב"ב טז:].

מסורת הש"ס

א) חולין קיט:, ב) [עי' תוספות שבת טו: ד"ה דאמר וכו'], ג) ברכות יט. לעיל יט., ד) [ב"ב טז:], ה) [עי' ברש"י שבע"י פי' על זה].

הגהות הב"ח

(א) גמ' אלא להתיר שבועתך אמר לפניו לא כך שאלתי כו' אלא לאבד העולם אמר להם לא תמותו אמר לפניו: (ב) שם אינן יכולין לעמוד לא: (ג) דחיית שבעין שנין א"ל אנא עלמא בחרובא אשכחתיה: (ד) שם בסה"ע דהוה קא רפיק בדברא יהבו ליה שלמא: (ה) רש"י בריש העמוד צ"ל ד"ה בעתם ותיבת דכתיב נמחק. זהו כו' דאין טורח על בני אדם דאינם: (ו) ד"ה כדרך כו' תפלת חבקוק הס"ד: (ז) ד"ה פר כו' ועשה עליו סמיכה והביאו: (ח) ד"ה אלמלא כו' ואדם גדול אתה הס"ד: (ט) ד"ה לא נמצא כו' בתמיה שאם אליהו היה נשבע חי ה' וכו' שאין אתה זז משם עד שירדו גשמים נמצא כצ"ל והד"א: (י) ד"ה מתחטא כו' כלומר הולך ומוטא הס"ד ותיבת הוי נמחק ואח"כ מה"ד בני לשכת כו': (כ) ד"ה שבעין כו' שבעין שנין בחלמיה כלומר ויש אדם ישן: (ל) ד"ה או חברותא כו' אי נמי משום הנהו בריוני לא כתוב:

הגהות הגר"א

[א] גמרא גוזרני עליך נדוי. נ"ב ולא עוד אלא:

תורה אור השלם

א) עֲוֹנוֹתֵיכֶם הִטּוּ אֵלֶּה וְחַטֹּאותֵיכֶם מָנְעוּ הַטּוֹב מִכֶּם: [ירמיה ה, כה]
ב) עַל מִשְׁמַרְתִּי אֶעֱמֹדָה וְאֶתְיַצְּבָה עַל מָצוֹר וַאֲצַפֶּה לִרְאוֹת מַה יְדַבֶּר בִּי וּמָה אָשִׁיב עַל תּוֹכַחְתִּי: [חבקוק ב, א]
ג) יִשְׂמַח אָבִיךָ וְאִמֶּךָ וְתָגֵל יוֹלַדְתֶּךָ: [משלי כג, כה]
ד) וְתִגְזַר אוֹמֶר וְיָקָם לָךְ וְעַל דְּרָכֶיךָ נָגַהּ אוֹר: [איוב כב, כח]
ה) כִּי הִשְׁפִּילוּ וַתֹּאמֶר גֵּוָה וְשַׁח עֵינַיִם יוֹשִׁעַ: [איוב כב, כט]
ו) יְמַלֵּט אִי נָקִי וְנִמְלַט בְּבֹר כַּפֶּיךָ: [איוב כב, ל]
ז) שִׁיר הַמַּעֲלוֹת בְּשׁוּב יְיָ אֶת שִׁיבַת צִיּוֹן הָיִינוּ כְּחֹלְמִים: [תהלים קכו, א]

רבינו חננאל

בעתם בלילי ד' ובלילי ז'. וכן היו בימי שמעון בן שטח עד שנעשו חטים ככליות שעורים כזיתים ועדשים כדינרין וצררו מהם דוגמא לדורות להודיע כמה החטא גורם שנאמר וחטאתיכם מנעו הטוב מכם. וכן מצינו בבנין בהמ"ק ירדו גשמים בלילות ולמחר נשבה הרוח ונתפזרו העבים וזרחה השמש והשכימו כל אחד ואחד למלאכתן להודיע שמלאכת שמים בידיהם: ת"ר פעם אחת יצא רוב אדר ולא ירדו גשמים שלחו לחוני המעגל להתפלל התפלל ולא ירדו גשמים כו'. מעשה בחוני המעגל דנים ע' שנה כו' ומעשה דאבא חלקיהו בר בריה דחוני המעגל דאצטריך עלמא למיטרא ושדרו רבנן לוותיה ואשכחוה רבנן דקא רפיק בדברא יהבו ליה שלמא כו'

רבינו גרשום

ת"ר פעם אחת וכו' היינו (פ"ע) [פ"א] עצמו דמתניתין: עג עוגה וצר צורה. ראינוך ולא נמות בתימא. בשביל שראינוך לא נמות. שאלו היו שנים כשני אליהו שאין מפתחות של מטר ביד הקב"ה לא נמצא שם שמים מתחלל. שנמצאת מחלל את שבועתו: משוניתא סלע: רמכי ולדות. אי חברא שיהא לו חבר טוב שנוהג לו כבוד:

ליקוטי רש"י

בעתם. בשעה שאין דרך בני אדם לצאת כגון (בלילי רביעית) בלילי שבתות [ויקרא כו, ד]. בלילי שבתות שהכל מצויין בבתיהן [דברים יא, יד]. שנעשו חטים ככליות. כשתי כליות של שור הגדול [חולין קיט:]. עונותיכם הטו אלה. הטו החוקות האלה מאליכם שאינם שומרים לכם ואתם כלים ברעב [ירמיה ה, כה]. עג עוגה. עוגיות, עגול סביב כמו עג עוגה ועמד בתוכה (תענית דף יט.) [מו"ק ד:]. על משמרתי אעמדה. עג עוגה חבקוק ועמד בתוכה ואמר לא אזוז מכאן עד שאשמע מה ידבר בי על שאלתי זאת למה הוא מביט ורואה בהצלחתו של רשע ומה אשיב אל הבאים להתווכח לפני [חבקוק ב, א]. אלא גשמי בורות. שיפוע גשמים למלאות בורות. ונדבות. רצון ועין יפה [לעיל יט.]. אלמלא חוני אתה. שילא שמך בגדולה ובחשיבות [ברכות יט.]. גוזרני עליך נידוי. על כבוד הרב [לעיל יט.]. לפי שהטריח לפני המקום על עסק גשמים לא כך שאלתי כמה פעמים וכבוד המקום כבוד הרב הוא [ברכות שם]. שאתה מתחטא. פורפיי"ש בלעז [לעיל שם]. לשון חוטא נקל בלבו לחטוא לאביו ולהטריחו על תאותו [ברכות שם]. ומתחטא, נטייל כמו (תענית דף יט.) בן מתחטא לפני אביו [מנחות סו.]. נתחטא לשון ירידה ובזיון ובמסכת תענית

The Gemara relates a story about Choni's grandson, who also had the gift of bringing the rains with his prayers:

אַבָּא חִלְקִיָּה בַּר בְּרֵיהּ דְּחוֹנִי הַמְעַגֵּל הֲוָה – Abba Chilkiyah was a grandson of Choni the Circle-maker, **וְכִי מִצְטְרִיךְ עָלְמָא לְמִיטְרָא – and when the world needed rain,** **הֲוו מְשַׁדְּרֵי רַבָּנָן לְגַבֵּיהּ – the Rabbis would send** a request **to him,** **וּבָעֵי רַחֲמֵי – and he would pray for mercy,** **וְאָתֵי מִיטְרָא – and the rains would come.** **זִימְנָא חֲדָא אִיצְטְרִיךְ עָלְמָא לְמִיטְרָא – Once,** when **the world needed rain,** **שָׁדוּר רַבָּנָן זוּגָא דְּרַבָּנָן לְגַבֵּיהּ – the Rabbis sent a pair of rabbis to him** **לְמִבְעֵי רַחֲמֵי דְּנֵיתֵי מִיטְרָא –** to ask him **to pray for mercy that the rains come.** **אָזוּל לְבֵיתֵיהּ וְלֹא אַשְׁכְּחוּהוּ – They went to his house but did not find him.** **אָזוּל בְּדַבְרָא – They went** out **to the fields** **וְאַשְׁכְּחוּהוּ דַּהֲוָה קָא רָפִיק – and found him hoeing.** **יָהֲבוּ לֵיהּ שְׁלָמָא – They greeted him,**

בעתם בלילי רביעיות ובלילי שבתות שכן מצינו [א] בימי שמעון בן שטח [ב] שירדו להם גשמים בלילי רביעיות ובלילי שבתות עד שנעשו חטים ככליות ושעורים כגרעיני זיתים ועדשים כדינרי זהב וצררו מהם דוגמא לדורות להודיע כמה החטא גורם שנאמר [א] עונותיכם הטו אלה וחטאתיכם מנעו הטוב מכם וכן מצינו בימי הורדוס שהיו עוסקין בבנין בהמ"ק והיו יורדין גשמים בלילה למחר נשבה הרוח ונתפזרו העבים וזרחה החמה ויצאו העם למלאכתן וידעו שמלאכת שמים בידיהם: מעשה ששלחו לחוני המעגל וכו': ת"ר פעם אחת יצא רוב אדר ולא ירדו גשמים שלחו לחוני המעגל התפלל וירדו גשמים התפלל ולא ירדו גשמים עג עוגה ועמד בתוכה כדרך שעשה חבקוק הנביא שנאמר [ב] על משמרתי אעמדה ואתיצבה על מצור וגו' אמר לפניו רבונו של עולם בניך שמו פניהם עלי שאני כבן בית לפניך נשבע אני בשמך הגדול שאיני זז מכאן עד שתרחם על בניך התחילו גשמים מנטפין אמרו לו תלמידיו רבי ראינוך ולא נמות כמדומין אנו שאין גשמים יורדין אלא להתיר שבועתך אמר (א) לא כך שאלתי אלא גשמי בורות שיחין ומערות ירדו בזעף עד שכל טפה וטפה כמלא פי חבית ושיערו חכמים שאין טפה פחותה מלוג אמרו לו תלמידיו רבי ראינוך ולא נמות כמדומין אנו שאין גשמים יורדין אלא לאבד העולם אמר לפניו לא כך שאלתי אלא גשמי רצון ברכה ונדבה ירדו כתיקנן עד שעלו כל העם להר הבית מפני הגשמים אמרו לו רבי כשם שהתפללת שירדו כך התפלל וילכו להם אמר להם כך מקובלני שאין מתפללין על רוב הטובה אעפ"כ הביאו לי פר הודאה הביאו לו פר הודאה סמך שתי ידיו עליו ואמר לפניו רבש"ע עמך ישראל שהוצאת ממצרים אינן יכולין (ב) לא ברוב טובה ולא ברוב פורענות כעסת עליהם אינן יכולין לעמוד השפעת עליהם טובה אינן יכולין לעמוד יהי רצון מלפניך שיפסקו הגשמים ויהא ריוח בעולם מיד נשבה הרוח ונתפזרו העבים וזרחה החמה ויצאו העם לשדה והביאו להם כמהין ופטריות [ג] שלח לו שמעון בן שטח אלמלא חוני אתה גוזרני עליך נידוי [א] שאילו שנים כשני אליהו שמפתחות גשמים בידו של אליהו לא נמצא שם שמים מתחלל על ידך אבל מה אעשה לך שאתה מתחטא לפני המקום ועושה לך רצונך כבן שמתחטא על אביו ועושה לו רצונו ואומר לו אבא הוליכני לרחצני בחמין שטפני בצונן תן לי אגוזים שקדים אפרסקים ורמונים ונותן לו ועליך הכתוב אומר [ג] ישמח אביך ואמך ותגל יולדתך תנו רבנן מה שלחו בני לשכת הגזית לחוני המעגל [ד] ותגזר אומר ויקם לך ועל דרכיך נגה אור ותגזר אומר אתה גזרת מלמטה והקדוש ברוך הוא מקיים מאמרך מלמעלה ועל דרכיך נגה אור דור שהיה אפל הארת בתפלתך [ה] כי השפילו ותאמר גוה דור שהיה שפל הגבהתו בתפלתך [ה] ושח עינים יושיע דור ששח בעונו הושעתו בתפלתך [ו] ימלט אי נקי דור שלא היה נקי מלטתו בתפלתך [ו] ונמלט בבור כפיך מלטתו במעשה ידיך הברורין אמר ר' יוחנן כל ימיו של אותו צדיק היה מצטער על מקרא זה [ז] שיר המעלות בשוב ה' את שיבת ציון היינו כחולמים אמר מי איכא דניים שבעין שנין בחלמא יומא חד הוה אזל באורחא חזייה להוא גברא דהוה נטע חרובא אמר ליה האי עד כמה שנין טעין אמר ליה עד שבעין שנין אמר ליה פשיטא לך דחיית שבעין שנין אמר ליה (ג) האי [גברא] עלמא בחרובא אשכחתיה כי היכי דשתלי לי אבהתי שתלי נמי לבראי יתיב קא כריך ריפתא אתא ליה שינתא נים אהדרא ליה משוניתא איכסי מעינא ונים שבעין שנין כי קם חזייה להוא גברא דהוה קא מלקט מינייהו אמר ליה את הוא דשתלתיה א"ל בר בריה אנא אמר ליה שמע מינה דניימי שבעין שנין חזא לחמריה דאתיילידא ליה רמכי רמכי אזל לביתיה אמר להו בריה דחוני המעגל מי קיים אמרו ליה בריה ליתא בר בריה איתא אמר להו אנא חוני המעגל לא הימנוהו אזל לבית המדרש שמעינהו לרבנן דקאמרי נהירן שמעתתין כבשני חוני המעגל דכי הוי עייל לבית מדרשא כל קושיא דהוו להו לרבנן הוה מפרק להו אמר להו אנא ניהו לא הימנוהו ולא עבדי ליה יקרא כדמבעי ליה חלש דעתיה בעי רחמי ומית אמר רבא היינו דאמרי אינשי או חברותא [ד] או מיתותא אבא חלקיה בר בריה דחוני המעגל הוה וכי מצטריך עלמא למיטרא הוו משדרי רבנן לגביה ובעי רחמי ואתי מיטרא זימנא חדא איצטריך עלמא למיטרא שדור רבנן זוגא דרבנן לגביה למבעי רחמי דניתי מיטרא אזול לביתיה ולא אשכחוהו אזול בדברא ואשכחוהו דהוה קא רפיק (ד) יהבו ליה שלמא ולא

(ה) דכתיב בעתם. זהו בלילי רביעיות ובלילי שבתות דאין טורח לבני אדם דאינם הולכין לדרכים בלילי רביעיות מפני אגרת בת מחלת בפסחים (דף קיב:): שכן מצינו. כלומר ושמא תאמר אין סיפק בגשמים של ב' לילות בשבת אלינו בימי שמעון בן שטח כו': וצררו. קשרו ואצרו: הורדוס. סתר בנין לעזרא ובנה בנין יפה ממנו בב"ב (דף ד.): עוגה. שורה עגולה כמו עוגה שהיא עגולה: כדרך שעשה חבקוק. כדמפרש בתרגום של תפלת חבקוק (ו) על משמרתי אעמדה כמין בית האסורים עשה וישב: ראינוך ולא נמות. נראה אותך ולא נמות בניחותא השתדל שלא נמות ברעב מפני עצירת גשמים: פר הודאה. להתודות עליו ועשה (ז) לו סמיכה והביאו שלמים חוני בזמן הבית היה: כמהין ופטריות. בולי"ן בלע"ז שיצאו מלחלוח הגשמים וידעו כי של ברכה היו: אלמלא חוני אתה. ואדם גדול (ח): לנדות. שמנדין על כבוד הרב שהטיח דברים ואמר לא כך שאלתי: שאלמלא היו שנים כשני אליהו. גזירת עצירת גשמים ומפתח של גשמים בידו של אליהו גרסינן: לא נמצא שם שמים מתחלל. בתמיה (ט) שאליהו נשבע חי ה' אם יהיה השנים האלה טל ומטר כי אם לפי דברי (מלכים א יז) ואתה נשבע שאין אתה זז עד שירדו גשמים: נמצא שם שמים מתחלל על ידך. דזה או זה בא לידי שבועת שוא: מתחטא. לשון חטא כלומר (י) הוי הולך וחוטא: לשכת הגזית. סנהדרין: דור שהיה אפל. מרוב צער שלא ירדו גשמים: הושעת בתפלתך. מן המיתה שהבאת עליהם שובע: של אותו צדיק. חוני המעגל היה מצטער על המקרא הזה: שיר המעלות. לשון עילוי: היינו כחולמים. כחלום נדמה גלות בבל שהיה שבעים שנה: שבעין שני בחלמא. בתמיה מי איכא דניים שבעין שנין בחלמיה (כ) ויש אדם ישן שבעים שנה בשינה אחת: עד שבעין שנין. לא טעין פירא בטעינא קמייתא: יתיב. חוני המעגל וקא כריך רפתא: הכי גרסי' אנא עלמא בחרובא אשכחתיה כי היכי דשתלי לי אבהתי אנא נמי אישתיל לבראי: אהדרא ליה משוניתא. עלתה סביבותיו כמין סלע: ואיכסי מעינא דאינשי. ולא אשכחוהו התם: רמכי רמכי. וולדי וולדות באלו הסוסים דנייס מעוברת זכר היתה וחזר ובא עליה והולידו: אמר להו. שאל להון בנו של חוני המעגל קיים הוא: נהירנא לן הנך שמעתתא. מוגהת לנו שמועה זו כאילו למדוה בחייו של חוני המעגל שהיה מפרקה לנו ומגיה לנו יפה יפה: או חברותא או מיתותא. ולא גרסינן הכא כחברי דאיוב אלא בבבא בתרא (דף טז:) גבי מעשה דאיוב אם אין חביריו של אדם נוהגין בו כבוד כבתחילה נוח לו שימות אי [ה] נמי משום (ל) הנך בריוני לא כתוב בספרינו: רפיק בדברא. עודר בשדה: לא

מסורת הש"ס

א) חולין קיט:, ב) [עי' תוספות שבת טו: ד"ה לאמר וכו'], ג) ברכות יט. לעיל יט., ד) [ב"ב טז:], ה) [עי' ברש"י שבע"י פי' על זה].

הגהות הב"ח

(א) גמ' אלא להתיר שבועתך אמר לפניו לא כך שאלתי כו' אלא לאבד העולם אמר להם לא תמותו אמר לפניו: (ב) שם אינן יכולין לעמוד לא: (ג) דחיית שבעין שנין א"ל אנא עלמא בחרובא אשכחתיה: (ד) שם בסה"ע דהוה קא רפיק בדברא יהבו ליה שלמא: (ה) רש"י בריש העמוד צ"ל ד"א בעתם ותיבת דכתיב נמחק. זהו כו' דאין טורח על בני אדם דאינם: (ו) ד"ה כדרך כו' תפלת חבקוק הס"ד: (ז) ד"ה פר כו' ועשה עליו סמיכה והביאו: (ח) ד"ה אלמלא כו' ואדם גדול אתה הס"ד: (ט) ד"ה לא נמלא כו' בתמיה שאם אליהו היה נשבע חי ה' וכו' שאין אתה זז משם עד שירדו גשמים נמלא כצ"ל והד"א: (י) ד"ה מתחטא כו' כלומר הולך וחוטא הס"ד ותיבת הוי נמחק ואח"כ מה"ד בני לשכת כו': (כ) ד"ה שבעין כו' שבעין שנין בחלמיה כלומר ויש אדם ישן: (ל) ד"ה או חברותא כו' אי נמי משום הנהו בריוני לא כתוב:

הגהות הגר"א

[א] גמרא גוזרני עליך נדוי. נ"ב ולא עוד אלא:

תורה אור השלם

א) עֲוֹנוֹתֵיכֶם הִטּוּ אֵלֶּה וְחַטֹּאותֵיכֶם מָנְעוּ הַטּוֹב מִכֶּם: [ירמיה ה, כה]

ב) עַל מִשְׁמַרְתִּי אֶעֱמֹדָה וְאֶתְיַצְּבָה עַל מָצוֹר וַאֲצַפֶּה לִרְאוֹת מַה יְדַבֶּר בִּי וּמָה אָשִׁיב עַל תּוֹכַחְתִּי: [חבקוק ב, א]

ג) יִשְׂמַח אָבִיךָ וְאִמֶּךָ וְתָגֵל יוֹלַדְתֶּךָ: [משלי כג, כה]

ד) וְתִגְזַר אוֹמֶר וְיָקָם לָךְ וְעַל דְּרָכֶיךָ נָגַהּ אוֹר: [איוב כב, כח]

ה) כִּי הִשְׁפִּילוּ וַתֹּאמֶר גֵּוָה וְשַׁח עֵינַיִם יוֹשִׁעַ: [איוב כב, כט]

ו) יְמַלֵּט אִי נָקִי וְנִמְלַט בְּבֹר כַּפֶּיךָ: [איוב כב, ל]

ז) שִׁיר הַמַּעֲלוֹת בְּשׁוּב יְיָ אֶת שִׁיבַת צִיּוֹן הָיִינוּ כְּחֹלְמִים: [תהלים קכו, א]

רבינו חננאל

בעתם בלילי ד' ובלילי ד'. וכן היו בימי שמעון בן שטח עד שנעשו חטים ככליות שעורים כזיתים ועדשים כדינרין וצררו מהם דוגמא לדורות להודיע כמה החטא גורם שנאמר וחטאתיכם מנעו הטוב מכם. וכן מצינו בבנין בהמ"ק ירדו גשמים בלילות ולמחר נשבה הרוח ונתפזרו העבים וזרחה השמש והשכימו כל אחד ואחד למלאכתן להודיע שמלאכת שמים בידיהם: ת"ר פעם אחת יצא רוב אדר ולא ירדו גשמים שלחו לחוני המעגל להתפלל התפלל ולא ירדו גשמים כו'. מעשה בחוני המעגל דנים ע' שנה כו' ומעשה דאבא חלקיהו בר בריה דחוני המעגל דאצטריך עלמא למיטרא ושדרו רבנן לוותיה ואשכחוה רבנן דקא רפיק בדברא יהבו ליה שלמא כו'

רבינו גרשום

ת"ר פעם אחת וכו' היינו (פ"ע) [פ"א] עצמו דמתניתין: עג עוגה וצר צורה. ראינוך ולא נמות בתימא. בשביל שראינוך לא נמות. שאלו היו שנים כשני אליהו שאין מפתחות של מטר ביד הקב"ה לא נמצא שם שמים מתחלל. שנמצאת מחלל את שבועתו: משוניתא סלע: רמכי ולדות. אי חברא שיהא לו חבר טוב שנוהג לו כבוד:

ליקוטי רש"י

בעתם. בשעה שאין דרך בני אדם לצאת כגון (בלילי רביעית) בלילי שבתות [ויקרא כו, ד]. בלילי שבתות שהכל מצויין בבתיהן [דברים יא, יד]. שנעשו חטים ככליות. כשתי כליות של שור הגדול [חולין קיט:]. עונותיכם הטו אלה. הטו החוקות האלה מאליכם שהיום שומרים לכם ואתם כלים ברעב [ירמיה ה, כה]. עג עוגה. עוגיות, עגול סביב כמו עג עוגה ועמד בתוכה (תענית דף יט.) [מו"ק ד:]. על משמרתי אעמדה. עג עוגה חבקוק ועמד בתוכה ואמר לא אזוז מכאן עד שאשמע מה ידבר בי על שאלתי זאת למה הוא מביט ורואה בהצלחתו של רשע ומה אשיב אל הבאים להתווכח לפני [חבקוק ב, א]. אלא גשמי בורות. שיפוע גשמים למלאות בורות. ונדבות. רצון ועין יפה [לעיל יט.]. אלמלא חוני אתה. שיצא שמך בגדולה ובחשיבות [ברכות יט.]. גוזרני עליך נידוי. על כבוד הרב [לעיל יט.]. לפי שהטריח לפני המקום על עסק גשמים לא כך שאלתי כמה פעמים וכבוד המקום כבוד הרב הוא [ברכות שם]. שאתה מתחטא. פורפיי"ש בלעז [לעיל שם]. לשון חוטא נקל בלבו לחטוא לאביו ולהטריחו על תאותו [ברכות שם]. ונתחטא, נטייל כמו (תענית דף יט.) בן מתחטא לפני אביו [מנחות סו.]. נתחטא לשון ירידה ותבירו במסכת תענית (דף יט.) בן המתחטא לפני אביו [בכורות נז:]. לשכת הגזית. שהיא בנויה בתוך העזרה חציה בקודש וחציה בחול כדאמרינן בסדר יומא (דף כה.) [סנהדרין פו:]. ויקם לך. כמו ויקום לך. כי השפילו ותאמר גוה. ואם רואך דורך שפל תאמר בהבטחה להגביהו ויגבה. ושח עינים. בצרה הבאה (אליו) בעונו. יושיע. אותו אלוה בידך ובתפילתך. ימלט אי נקי. אין נקי כמו אי כבוד (ש"א ד) אין כבוד וכן (משלי לא) ולרוזנים אי שכר אין שכר אין נאה להם שכרות שלשתן חברם מנחם במחלוקת אחת ואע"פ שכן שתי תיבות מפרשין כן ונמלט את אי נקי בבור כפיך וכן שמעתי שהיו אומרים מפי ר' יעקב שהוא לשון אדם השרוי בצער ובאנקה והיו"ד יתירה בתיבה כמו היושבי בשמים (תהלים קכג) אבל לא שמעתי מפי הרב [איוב כב, כח-ל]. בשוב ה' את שיבת ציון. מגלות בבל [תהלים קכו, א]. או חברותא או מיתותא. אם אין לו לאדם אוהבים נוח לו שימות [ב"ב טז:].

ולא אסבר להו אפיה בפניא כי הוה מנקט ציבי דרא ציבי ומרא בחד כתפא וגלימא בחד כתפא כולה אורחא לא סיים מסאני כי מטי למיא סיים מסאניה כי מטא להיזמי והיגי דלינהו למניה (א) כי מטא למתא נפקא דביתהו לאפיה כי מיקשטא כי מטא לביתיה עלת דביתהו ברישא והדר עייל איהו והדר עיילי רבנן יתיב וכריך ריפתא ולא אמר להו לרבנן (ב) תו כרוכו פלג ריפתא לינוקי לקשישא חדא ולזוטרא תרי אמר לה לדביתהו ידענא דרבנן (ג) משום מיטרא קא אתו ניסק לאיגרא וניבעי רחמי אפשר דמרצי הקדוש ברוך הוא וייתי מיטרא ולא נחזיק טיבותא לנפשין סקו לאיגרא קם איהו בחדא זויתא ואיהי בחדא זויתא קדים סלוק ענני מהך זויתא דדביתהו כי נחית אמר להו אמאי אתו רבנן אמרו ליה שדרי לן רבנן לגבי דמר למיבעי רחמי אמיטרא אמר להו ברוך המקום שלא הצריך אתכם לאבא חלקיה אמרו ליה ידעינן דמיטרא מחמת מר הוא דאתא אלא לימא לן מר הני מילי דתמיהא לן מאי טעמא כי יהיבנא למר שלמא לא אסבר לן מר אפיה אמר להו שכיר יום הואי ואמינא לא איפגר ומאי טעמא דרא מר ציבי אחד כתפיה וגלימא אחד כתפיה אמר להו טלית שאולה היתה להכי שאלי ולהכי לא שאלי מאי טעמא כולה אורחא לא סיים מר מסאניה וכי מטי למיא סיים מסאניה אמר להו כולה אורחא חזינא במיא לא קא חזינא מ"ט כי מטא מר להיזמי והיגי דלינהו למניה אמר להו [א] זה מעלה ארוכה וזה אינה מעלה ארוכה מאי טעמא כי מטא מר למתא נפקא דביתהו דמר כי מיקשטא אמר להו כדי שלא אתן עיני באשה אחרת מאי טעמא עיילא היא ברישא והדר עייל מר אבתרה והדר עיילינן אנן אמר להו משום דלא בדקיתו לי מאי טעמא כי כריך מר ריפתא לא אמר לן איתו כרוכו משום דלא נפישא ריפתא ואמינא לא אחזיק בהו ברבנן טיבותא בחנם מאי טעמא יהיב מר לינוקא קשישא חדא ריפתא ולזוטרא תרי אמר להו האי קאי בביתא והאי יתיב בבי כנישתא ומאי טעמא קדים סלוק ענני מהך זויתא דהוות קיימא דביתהו דמר לעננא דידיה משום דאיתתא שכיחא בביתא ויהבא ריפתא לעניי [ב] ומקרבא הנייתה [ואנא יהיבנא] זוזא ולא מקרבא הנייתיה אי נמי (ד) הנהו בירוני דהוו בשיבבותן [אנא] בעי רחמי דלימותו והיא [*] בעיא רחמי דליהדרו בתיובתא [ואהדרו] חנן הנחבא בר ברתיה דחוני המעגל הוה כי (ה) מצטריך עלמא למיטרא הוו משדרי רבנן ינוקי דבי רב לגביה ונקטי ליה בשיפולי גלימיה ואמרו ליה אבא אבא הב לן מיטרא אמר לפני הקב"ה רבש"ע עשה בשביל אלו שאין מכירין בין אבא דיהיב מיטרא לאבא דלא יהיב מיטרא ואמאי קרי ליה חנן הנחבא מפני שהיה מחביא עצמו בבית הכסא אמר ליה רבי זריקא לרב ספרא [ג] תא חזי [מה] בין תקיפי דארעא דישראל לחסידי דבבל רב הונא ורב חסדא כי הוה מצטריך עלמא למיטרא אמרי ניכניף (ו) הדדי וניבעי רחמי אפשר דמירצי הקדוש ברוך הוא דייתי מיטרא תקיפי דארעא דישראל כגון ר' יונה אבוה דרבי מני כי הוה מצטריך עלמא למיטרא הוה עייל לביתיה ואמר להו הבו לי גואלקי ואיזיל ואייתי לי בזוזא עיבורא כי הוה נפיק לברא אזיל וקאי בדוכתא עמיקתא דכתיב [א] ממעמקים קראתיך ה' וקאי בדוכתא צניעא (ז) ומכסי בשקא ובעי רחמי ואתי מיטרא כי הוה אתי לביתיה אמרי ליה אייתי (ח) מר עיבורא אמר להו אמינא הואיל ואתא מיטרא השתא רווח עלמא ותו רבי מני בריה הוו קא מצערי ליה דבי נשיאה אישתטח על קברא דאבוה אמר ליה אבא אבא הני מצערו לי יומא חד הוו קא חלפי התם אינקוט כרעא דסוסוותייהו עד דקבילו עלייהו דלא קא מצערו ליה ותו רבי מני הוה שכיח קמיה דרבי יצחק בן אלישיב אמר ליה עתירי דבי חמי קא מצערו לי אמר ליענו ואיענו אמר קא דחקו לי אמר ליעתרו ואיעתרו אמר לא מיקבלי עלי אינשי ביתי א"ל מה שמה חנה תתייפי חנה ונתייפת אמר ליה קא מגנדרא עלי א"ל אי הכי תחזור חנה לשחרוריתה וחזרה חנה לשחרוריתה הנהו תרי תלמידי דהוו קמיה דרבי יצחק בן אלישיב אמרו ליה ניבעי מר רחמי עלן דניחכים טובא אמר להו עמי היתה ושלחתיה רבי יוסי בר אבין הוה שכיח קמיה דר' יוסי דמן יוקרת שבקיה ואתא לקמיה דרב אשי

יומא

רש"י

לא אסבר להו אפיה. לא החזיר להם פניו: **בפניא.** לפנות ערב כשהלך לביתו: **דלינהו למניה.** הגביה בגדיו אחר כתיפיו כדי שלא יקרעו: **כי מיקשטא.** בתכשיטין: **לאיגרא.** עלייה: **זויתא.** זוית: **מזויתא דדביתהו.** מאותו הרוח שאשתו שם עלו העבים תחלה שהיא נענית תחלה: **לא איפגר.** לא אתבטל ממלאכתי כמו יומא דמיפגרי רבנן (שבת דף קכט:): **מ"ט דרת.** מדוע נשאת הטלית על כתף אחת ולא נתת בכתף תחת המשאוי: **להכי שאלה לי.** להתעטף בה: **ולהכי לא שאלה לי.** להטיל עליה קוצין לקרעה: **במיא לא חזינן.** מה דאית בה ושמא ישכנו דג או נחש: **דלא בדקיתו לי.** אם כשרים אם פריצים דאמר מר (במס' דרך ארץ רבה פ"ה) כל אדם יהי בעיניך כלסטים: (ט) **טובת הנאה חנם.** דאינהו לא הוו קא אכלי דליכא ריפתא וקא מחזקינן בהו טובה חנם: **ינוקא קאי בבי כנישתא.** קמי רביה ולא אתי כולי יומא: **דאיתתא שכיחא בביתא.** כל יומא וכי מיצטריך ענייא מידי אזלה ויהבה (י): **ועוד דמקרבא הנייתה.** שדבר אכילה היא נותנת לעני והוא בלא טורח ממה שהיתה נותנת מעות ויטריח העני עד שיקנה: **אי נמי.** אהכי קדים ענני דידה: **משום בירוני.** בורים עמי הארץ: **ינוקי דבי רב.** להמריך לבו ויתכוין בתפלתו: **בשיפולי.** בשולי בגדיו: **אבא אבא.** כך רגילים לקרותו כיתום שאמר אבי אבי: **שאין מכירין.** בין

תוספות

(כ) [ד] חוני לאבא כסבורין עלי שאני אביהן: ה"ג שהיה מחבא ולא גרסי' שהיה מחבא בבית הכסא. (ל) כי הוה בעי רחמי אמיא היה מחבא עצמו מרוב ענוה ומאן דגרס בית הכסא כלומר מתחבא בבגדיו כשהוא נכנס להסך את רגליו מרוב צניעות: **רב הונא ורב חסדא.** חסידי דבבל מפרסמין את הדבר ושל ארץ ישראל צנועין ולא מודיעין שבא המטר בשבילם: **תא ליכניף אהדדי.** (מ) אלמא משום חד מינייהו לא אתי מיטרא: **תקיפי דארץ ישראל רבי יונה.** וקא חזינן (נ) דמחמתיה אתי מיטרא: **גואלקא.** טשק"א בלע"ז: **ואייתי בזוזא עיבורא.** דגן משום כפנא (ס) שאפילו לבני ביתו לא היה מודיע: **אייתי לן מר מעיבורא.** דבעית למיזבן: **רווחא עלמא.** דליהוי שובע ואהכי לא זבני ביוקרא דהשתא: **הוו קא חלפי.** דבי נשיאה: **התם.** עלויה מערתא דרבי יונה: **אינקוט.** נדבקו בקרקע שעל גבי מערה ולא היו יכולין לזוז ממקומן (ע): **עתירי דבי חמי.** עשירים של בית חמי: **ליענו.** יהיו עניים: **קא דחקי לי.** ליתן להן פרנסה: **לא מקבלי עלי אינשי ביתי.** אין אשתי מקובלת עלי שאינה יפה: **מגנדרא.** מתגדלת עלי מתוך גבהות יופיה. מגנדרא מלשון מקום הניחו לי אבותי להתגדל בו (חולין דף ז.): **עמי היתה ושלחתיה.** (פ) דבר זה היה בידי שכל מה שאני מבקש היו נותנין לי ועכשיו אין תפלתי מקובלת כל כך (צ): **דמן דיוקרת.** מקום:

יומא

רבינו חננאל

מעשה בחנין הנחבא בר ברתיה דחוני המעגל (פי' קבלה בידינו הוא שהיו חכמים מתעסקין למנותו פרנס על הצבור ולא קביל והלך ונחבא לפיכך היו קורין אותו חנין הנחבא) דכי הוה אצטריך עלמא מיטרא שדרו רבנן ינוקי דבי רב ומנקטי ליה לגלימיה ואמרי ליה אבא אבא הב לן מיטרא אמר רבון העולמים עשה בשביל אלו שאין יודעין איזה אב נותן מטר. **תא חזי** חסידי דבבל מיכנפי ובעו רחמי אולי מירצי קב"ה אבל חסידי ארץ ישראל כגון חנין זה וכגון ר' יונה [אבוה דר' מני] כד הוה אצטריך עלמא למיטרא שקיל (אבוה דר' מני) ואלקי. פי' שקים אמר איזיל איזבין חטי אזל קאי בדוכתיה עמיקתא מיכסי שקא בצנעא בעי רחמי ואתי מיטרא כו'. ר' מני בריה הוו מצערי ליה דבי נשיאה אזל אישתטח אמערתא דאבוה הוו מחלפי התם אנקוט כרעיה דסוסוותיהו כו'. הוה שכיח קמיה דר' יצחק בן אלישיב. א"ל עתירי דבי חמוה קא מצערו לי א"ל ליענו ואיענו כו' עד חזרה חנה לשחרוריתה. תרי תלמידי הוו שכיחי קמיה אמרו ליה ליבעי עלן מר רחמי דניחכם. אמר להו עמי היתה אותה תפלה ושלחתיה. ר' יוסי ב"ר

רבינו גרשום

איפגר. איבטל: **להכי שאלה** להתעטף **ולהכי לא שיילה** למידר משאוי עלה. **מחביא עצמו** מתפלל בחשאי: **מחביא בבית הכסא** צנוע: **לחסידי דבבל.** שהיו מתפללין בפרהסיא ותקיפי דארעא דישראל מתפללין בצינעא א) וקול **התור** מכאן שהמלאך דומה לתור דהיינו עגל. **קואלקא.** בוצלא: **דבי חמי.** חמיו. **לא מקבלי אינשי בית עלי** דהויא מכוערת טפי: **עמי היתה ושלחתיה.** כלומר בתחילה היה לבי לכך אבל כבר קבלתי עלי שלא להטריח את קוני:

חשק שלמה על רבינו גרשום

א) מתיבות וקול התור עד דהיינו עגל לא שייך כאן ומקומו להלן כה ע"ב.

גליון הש"ס

גמ' **בעיא רחמי דליהדרו בתיובתא.** עיין ברכות דף י ע"א:

תורה אור השלם

א) שִׁיר הַמַּעֲלוֹת מִמַּעֲמַקִּים קְרָאתִיךָ יְיָ: [תהלים קל, א]

מסורת הש"ס

א) [ב"ק דף לא:], ב) [כתובות דף סז:], ג) [חולין קכב: מגילה כח:], ד) [נ"ל קוני. הגהות יעב"ץ].

הגהות הב"ח

(א) גמ' להיזמי והיגי דלינהו למניה וסיים מסאניה כי מטא למתא: (ב) שם איתו כרוכו: (ג) שם ידענא דרבנן אמטול מיטרא קא אתו: (ד) שם אי נמי משום הנהו בריוני כו'. נ"ב עי' פרש"י בסוף עמוד א': (ה) שם הוה מצטריך: (ו) שם אמרי ניכניף לגבי הדדי וניבעי רחמי: (ז) שם וקאי בדוכתא צניעא והוה מיכסי בשקא כו': (ח) שם אמרי ליה אייתי לן מר עיבורא: (ט) רש"י ד"ה דלא כו' כלסטים מה"ד טיבותא טובת הנאה כו': (י) ד"ה דאיתתא וד"ה ועוד הד"א: (כ) ד"ה שאין מכירין בין חנן לאביהן שבשמים כסבורין עלי: (ל) ד"ה ה"ג וכו'. בבית הכסא כלומר מתחבא כי: (מ) ד"ה תא ליכניף אהדדי אלמא בפרהסיא היו עושין ולא בצינעא ל"א נכניף אהדדי אלמא משום חד מינייהו לא הוה אתי: (נ) ד"ה תקיפי כו' וקא חזינן כו' דמחמתיה בלחוד אתי מיטרא: (ס) ד"ה ואייתי כו' דגן משום כפנא הס"ד ואח"כ מה"ד בדוכתא עמיקתא בעמק או תחת הסלע כדי שלא יראוהו בני אדם שאפילו לבני ביתו: (ע) ד"ה אינקוט כו' לזוז ממקומן שלא הניחם לילך עד שיקבלו עליהם שלא לצער עוד את רבי מני בנו הס"ד ואח"כ מה"ד הוה שכיח ר' מני לפני ר' יצחק בן אלישיב הס"ד: (פ) ד"ה עמי היתה ושלחתיה. נ"ב ס"א כלומר שקבלתי עלי שלא להתפלל על ענין זה שהתפללתי קודם: (צ) בא"ד מקובלת כל כך ומפני שלא רצה להטריח לפני המקום אמר כן הס"ד:

ליקוטי רש"י

היזמי והיגי. מיני סנה [סוכה יג.]. קולים וברקנים. [ע"ז מז:]. **דאיתתא שכיחא בביתא.** אנא שכיחנא בגו ביתא, ועניים מוצאין אותי לפיכך זכותי גדול. **ומקרבא הנייתה.** ומקרבא הנייתי, הנאתי מזומנת שאני מחלקת לחם ובשר ומלח אבל אתה נותן מעות לעניים והם טורחים וקונים סעודה [כתובות סז:]. **בריוני.** פריצים [ברכות י.].

וְלֹא אַסְבַּר לְהוּ אַפֵּיהּ — **but he did not welcome them with a smile.**[1] בְּפַנְיָא — **In the evening** כִּי הֲוָה מְנַקֵּט צִיבֵי — **when he gathered up some wood** to take home with him, דְּרָא צִיבֵי וּמָרָא בְּחַד כַּתְפָּא — **he carried the wood and hoe on one shoulder,** וּגְלִימָא בְּחַד כַּתְפָּא — **and his cloak on [the other] shoulder.** כּוּלַּהּ אוֹרְחָא לֹא סַיֵּים מְסָאנֵי — **The entire way** home, **he did not wear shoes;** כִּי מָטֵי לְמַיָּא סַיֵּים מְסָאנֵיהּ — but **when he came to** a stream of **water, he put on his shoes** to cross it. כִּי מָטָא לְהִיזְמֵי וְהִיגֵי — **When he came to** an area of **thorns and thistles,** דְּלִינְהוּ לְמָנֵיהּ — **he lifted** the hem of **his clothing,** thereby exposing his legs to the thorns. כִּי מָטָא לְמָתָא נַפְקָא דְּבֵיתְהוּ לְאַפֵּיהּ כִּי מִיקַּשְּׁטָא — **When he reached the town, his wife came out to meet him adorned.** כִּי מָטָא לְבֵיתֵיהּ — **When he reached his house,** עָלַת דְּבֵיתְהוּ בְּרֵישָׁא — **his wife entered first,** וְהָדַר עָיֵיל אִיהוּ — **then he entered,** וְהָדַר עָיְילֵי רַבָּנָן — **and the rabbis** were **then** invited to **enter.** יָתֵיב וְכָרֵיךְ רִיפְתָּא — **He** then **sat down and ate bread,** וְלֹא אָמַר לְהוּ לְרַבָּנָן תּוּ כְּרוֹכוּ — **without saying to the rabbis, "Come and eat,"** i.e. he did not invite them to join in the meal. פְּלַג רִיפְתָּא לִינוּקֵי — **He apportioned bread to the children;** לְקַשִּׁישָׁא חֲדָא וּלְזוּטְרָא תְּרֵי — **to the older** child he gave **one** bread to eat, **and to the younger** child he gave **two.** אָמַר לָהּ לִדְבֵיתְהוּ — **He** then **said** quietly **to his wife:** יָדַעְנָא דְּרַבָּנָן מִשּׁוּם מִיטְרָא קָא אָתוּ — **"I know that the rabbis have come** to ask me to pray **for rain.** נֵיסַּק לְאִיגְּרָא וְנִיבְעֵי רַחֲמֵי — **Let us go up to the roof and pray for mercy;** אֶפְשָׁר דְּמִרַצֵּי הַקָּדוֹשׁ בָּרוּךְ הוּא וְיֵיתֵי מִיטְרָא — **perhaps the Holy One, Blessed is He, will accept** our prayer, **and rain will come,** וְלֹא נַחֲזִיק טֵיבוּתָא לְנַפְשִׁין — **and we will not** have to **take credit for ourselves** for bringing the rain.[2]

סַקוּ לְאִיגְּרָא — **They went up to the roof.** קָם אִיהוּ בְּחַדָא זָוִיתָא — **He stood at one corner** וְאִיהִי בְּחַדָא זָוִיתָא — **and she** stood **at [another] corner,** and they prayed and were answered. קְדִים סָלוּק עֲנָנֵי מֵהַךְ זָוִיתָא דִּדְבֵיתְהוּ — When the rain came, **the clouds arrived earlier from that corner where his wife** stood in prayer.[3] כִּי נָחִית — **When he came down** from the roof, אָמַר לְהוּ אַמַּאי אָתוּ רַבָּנָן — **he said to them: "Why have the rabbis come?"** אָמְרוּ לֵיהּ — **They said to him:** שַׁדְּרֵי לָן רַבָּנָן לְגַבֵּי דְּמָר לְמִיבְעֵי רַחֲמֵי אַמִּיטְרָא — **"The Rabbis have sent us to you to ask you to pray for mercy for rain."** אָמַר לְהוּ — **He said to them:** בָּרוּךְ הַמָּקוֹם שֶׁלֹּא הִצְרִיךְ אֶתְכֶם לְאַבָּא חִלְקִיָּה — **Blessed is the Omnipresent, Who did not require you** to depend **upon Abba Chilkiyah,** but sent the rains before you could even ask me to pray.

The rabbinical messengers were not fooled, and understood that Abba Chilkiyah had prayed for the rain. They now sought an explanation for his unusual behavior throughout this incident: אָמְרוּ לֵיהּ — **They said to him:** יָדְעִינַן דְּמִיטְרָא מֵחֲמַת מָר הוּא דְּאָתָא — **"We know that the rain has come on account of** the prayer of **the master,** אֶלָּא לֵימָא לָן מָר — **but would the master** please **explain to us** הָנֵי מִילֵּי דְּתַמְיהָא לָן — **these things that puzzle us.**[4]

מַאי טַעְמָא כִּי יְהִיבְנָא לְמָר שְׁלָמָא לֹא אַסְבַּר לָן מָר אַפֵּיהּ — **Why, when we greeted the master, did the master not welcome us with a smile?"** אָמַר לְהוּ שְׂכִיר יוֹם הֲוַאי — **He said to them: "I was** hired as **a dayworker,** וְאָמִינָא לֹא אִיפַּגַּר — **and I said to myself** that since I am being paid by the day, **let me not interrupt** my work even for a moment to welcome you."[5]

וּמַאי טַעְמָא דְּרָא מָר צִיבֵי אַחַד כַּתְפֵּיהּ וּגְלִימָא אַחַד כַּתְפֵּיהּ — They then asked him: **"Why did the master carry the wood on his one shoulder and the cloak on his [other] shoulder?"** It would have made more sense to carry the wood on top of the cloak to protect the shoulder from abrasion! אָמַר לְהוּ — **He said to them:** טַלִּית שְׁאוּלָה הָיְתָה — **"It was a borrowed cloak;** לְהָכִי שְׁאֵלִי וּלְהָכִי לֹא שְׁאֵלִי — **for this** [to wear it] **I borrowed it** and received permission to use it, **but for this** [to carry wood on it], **I did not borrow it,"** and thus did not receive permission to use it for that purpose and risk snagging it.

מַאי טַעְמָא כּוּלַּהּ אוֹרְחָא לֹא סַיֵּים מָר מְסָאנֵיהּ — They then asked him: **"Why is it that the entire way** home **the master did not wear his shoes,** וְכִי מָטֵי לְמַיָּא סַיֵּים מְסָאנֵיהּ — **but when [the master] came to** a stream of **water, he put on his shoes?"** אָמַר לְהוּ — **He said to them:** כּוּלַּהּ אוֹרְחָא חָזֵינָא — **"The entire way I could see** where I was stepping," and therefore did not require the protection of shoes, בְּמַיָּא לֹא קָא חָזֵינָא — **"but in the water I could not see** where I was stepping," and therefore had to wear shoes to protect my feet.[6]

מַאי טַעְמָא כִּי מָטָא מָר לְהִיזְמֵי וְהִיגֵי דְּלִינְהוּ לְמָנֵיהּ — They asked him: **"Why, when the master came to** an area of **thorns and thistles, did he lift** the hem of **his clothing,"** thereby exposing his legs to them? אָמַר לְהוּ — **He said to them:** זֶה מַעֲלֶה אֲרוּכָה — **"This** [my leg] **heals,** וְזֶה אֵינָהּ מַעֲלָה אֲרוּכָה — **while this** [my garment] **does not heal."**[7]

מַאי טַעְמָא כִּי מָטָא מָר לְמָתָא נַפְקָא דְּבֵיתְהוּ דְּמָר כִּי מִיקַּשְּׁטָא — They asked him: **"Why, when the master reached the town, did the master's wife come out** to greet him **adorned?"** אָמַר לְהוּ — **He said to them:** כְּדֵי שֶׁלֹּא אֶתֵּן עֵינַי בְּאִשָּׁה אַחֶרֶת — **"So that I should** have **no** desire to **glance at any other woman."**

מַאי טַעְמָא עָיְילָא הִיא בְּרֵישָׁא — They asked him: **"Why,** when we came to your house, **did she** [your wife] **enter first,** וְהָדַר עָיֵיל מָר אַבַּתְרָהּ — **and the master then enter after her,**[8] וְהָדַר עָיְילִינַן אֲנַן — **and then we** were invited to **enter?"** אָמַר לְהוּ — **He said to them:** מִשּׁוּם דְּלֹא בְּדַקְיתוּ לִי — **"Because your character was not known to me."**[9]

NOTES

1. Literally: he did not show them recognition with his face. That is, his reception of them was perfunctory and brief, without any sign of friendship. He did not interrupt his work to greet them warmly, as would be appropriate for such guests (*Ben Yehoyada*). [This was the reverse of Shammai's injunction to welcome every person with a pleasant countenance, i.e. with a smile (*Avos* 1:15).] The reason for his behavior is explained below.

2. By praying for rain on the roof (out of the sight of the rabbis) without having been asked, they hoped to conceal the fact that the rain came due to their prayers. In their humility, they did not wish to be given credit for bringing the rain.

3. This indicated that her prayer was answered first.

4. [Proper behavior and attitudes are learned by observing the conduct of great Torah personalities. Thus, when these two rabbis observed the mystifying conduct of a great man like Abba Chilkiyah, they felt it incumbent to learn the reasons behind it.]

5. A worker being paid for his time (rather than by the job) is duty bound not to waste any of the time for which he is being paid (*Rambam, Hil. Sechirus* 13:7). Abba Chilkiyah was very scrupulous in his observance of this law. In *Makkos* (24a) the Gemara describes him as the paragon of an honest worker.

6. To protect his feet from aquatic creatures and snakes (*Rashi*). [Abba Chilkiyah was very poor and could not afford to wear out his shoes. He therefore wore them only when absolutely necessary.] However, even when he was not wearing shoes, he did not go barefoot (which one should not do; see *Shabbos* 129a), but wore a protective covering of rags over his feet (*Ben Yehoyada*).

7. Literally: grows a replacement. Scratches on the legs heal, but a torn garment does not. Thus, he raised the hem of his robe above the level of the thorns, preferring to risk scratching his legs to tearing his garment.

8. A man should not walk behind a woman, even his own wife (see *Berachos* 61a).

9. Literally: because you were not investigated to me. Thus, he did not feel it was proper to enter the house first and leave his wife outside in the company of two strange men. One must not take for granted the good character of people (*Rashi*).

ולא אסבר להו אפיה בפניא כי הוה מנקט ציבי דרא ציבי ומרא בחד כתפא וגלימא בחד כתפא כולה אורחא לא סיים מסאני כי מטי למיא סיים מסאניה כי מטא להיזמי והיגי דלינהו למניה (א) כי מטא למתא נפקא דביתהו לאפיה כי מיקשטא כי מטא לביתיה עלת דביתהו ברישא והדר עייל איהו והדר עיילי רבנן יתיב וכריך ריפתא ולא אמר להו לרבנן (ב) תו כרוכו פלג ריפתא לינוקי לקשישא חדא ולזוטרא תרי אמר לה לדביתהו ידענא דרבנן (ג) משום מיטרא קא אתו ניסק לאיגרא וניבעי רחמי אפשר דמרצי הקדוש ברוך הוא וייתי מיטרא ולא נחזיק טיבותא לנפשין סקו לאיגרא קם איהו בחדא זויתא ואיהי בחדא זויתא קדים סלוק ענני מהך זויתא דדביתהו כי נחית אמר להו אמאי אתו רבנן אמרו ליה שדרי לן רבנן לגבי דמר למיבעי רחמי אמיטרא אמר להו ברוך המקום שלא הצריך אתכם לאבא חלקיה אמרו ליה ידעינן דמיטרא מחמת מר הוא דאתא אלא לימא לן מר הני מילי דתמיהא לן מאי טעמא כי יהיבנא למר שלמא לא אסבר לן מר אפיה אמר להו שכיר יום הואי ואמינא לא איפגר ומאי טעמא דרא מר ציבי אחד כתפיה וגלימא אחד כתפיה אמר להו טלית שאולה היתה להכי שאלי ולהכי לא שאלי מאי טעמא כולה אורחא לא סיים מר מסאניה וכי מטי למיא סיים מסאניה אמר להו כולה אורחא חזינא במיא לא קא חזינא מ"ט כי מטא מר להיזמי והיגי דלינהו למניה אמר להו א) זה מעלה ארוכה וזה אינה מעלה ארוכה מאי טעמא כי מטא מר למתא נפקא דביתהו דמר כי מיקשטא אמר להו כדי שלא אתן עיני באשה אחרת מאי טעמא עיילא היא ברישא והדר עייל מר אבתרה והדר עיילינן אנן אמר להו משום דלא בדקיתו לי מאי טעמא כי כריך מר ריפתא לא אמר לן איתו כרוכו משום דלא נפישא ריפתא ואמינא לא אחזיק בהו ברבנן טיבותא בחנם מאי טעמא יהיב מר לינוקא קשישא חדא ריפתא ולזוטרא תרי אמר להו האי קאי בביתא והאי יתיב בבי כנישתא ומאי טעמא קדים סלוק ענני מהך זויתא דהוות קיימא דביתהו דמר לעננא דידיה משום דאיתתא שכיחא בביתא ויהבא ריפתא לעניי ג) ומקרבא הנייתה [ואנא יהיבנא] זוזא ולא מקרבא הנייתיה אי נמי (ד) הנהו בירייוני דהוו בשיבבותן [אנא] בעי רחמי דלימותו והיא ◦ בעיא רחמי דליהדרו בתיובתא [ואהדרו] חנן הנחבא בר ברתיה דחוני המעגל הוה כי (ה) מצטריך עלמא למיטרא הוו משדרי רבנן ינוקי דבי רב לגביה ונקטי ליה בשיפולי גלימיה ואמרו ליה אבא אבא הב לן מיטרא אמר לפני הקב"ה רבש"ע עשה בשביל אלו שאין מכירין בין אבא דיהיב מיטרא לאבא דלא יהיב מיטרא ואמאי קרי ליה חנן הנחבא מפני שהיה מחביא עצמו בבית הכסא אמר ליה רבי זריקא לרב ספרא ◦ תא חזי [מה] בין תקיפי דארעא דישראל לחסידי דבבל חסידי דבבל רב הונא ורב חסדא כי הוה מצטריך עלמא למיטרא אמרי ניכניף (ו) הדדי וניבעי רחמי אפשר דמירצי הקדוש ברוך הוא דייתי מיטרא תקיפי דארעא דישראל כגון ר' יונה אבוה דרבי מני כי הוה מצטריך עלמא למיטרא הוה עייל לביתיה ואמר להו הבו לי גואלקי ואיזיל ואייתי לי בזוזא עיבורא כי הוה נפיק לברא אזיל וקאי בדוכתא עמיקתא דכתיב א) ממעמקים קראתיך ה' וקאי בדוכתא צניעא (ז) ומכסי בשקא ובעי רחמי ואתי מיטרא כי הוה אתי לביתיה אמרי ליה אייתי (ח) מר עיבורא אמר להו אמינא הואיל ואתא מיטרא השתא רווח עלמא ותו רבי מני בריה הוו קא מצערי ליה דבי נשיאה אישתטח על קברא דאבוה אמר ליה אבא אבא הני מצערו לי יומא חד הוו קא חלפי התם אינקוט כרעא דסוסוותייהו עד דקבילו עלייהו דלא קא מצערו ליה ותו רבי מני הוה שכיח קמיה דרבי יצחק בן אלישיב אמר ליה עתירי דבי חמי קא מצערו לי אמר ליענו ואיענו אמר קא דחקו לי אמר ליעתרו ואיעתרו אמר לא מיקבלי עלי אינשי ביתי א"ל מה שמה חנה תתייפי חנה ונתייפת אמר ליה קא מגנדרא עלי א"ל אי הכי תחזור חנה לשחרוריתה וחזרה חנה לשחרוריתה הנהו תרי תלמידי דהוו קמיה דרבי יצחק בן אלישיב אמרו ליה ניבעי מר רחמי עלן דניחכים טובא אמר להו עמי היתה ושלחתיה רבי יוסי בר אבין הוה שכיח קמיה דר' יוסי דמן יוקרת שבקיה ואתא לקמיה דרב אשי

יומא

לא אסבר להו אפיה. לא החזיר להם פניו: בפניא. לפנות ערב כשהלך לביתו: דלינהו למניה. הגביה בגדיו אחר כתיפיו כדי שלא יקרעו: כי מיקשטא. בתכשיטין: לאיגרא. עלייה: זויתא. זוית: מזויתא דדביתהו. מאותו הרוח שאשתו שם עלו העבים תחלה שהיא נענית תחלה: לא אפגר. לא אתבטל ממלאכתי כמו יומא דמיפגרי רבנן (שבת דף קכט:): מ"ט דרת. מדוע נשאת הטלית על כתף אחת ולא נתת בכתף תחת המשאוי: להכי שאלה לי. להתעטף בה: ולהכי לא שאלה לי. להטיל עליה קוצין לקרעה: במיא לא חזינן. מה דאית בה ושמא ישכנו דג או נחש: דלא בדקיתו לי. אם כשרים אם פריצים דאמר מר (במס' דרך ארץ רבה פ"ה) כל אדם יהי בעיניך כלסטים: (ט) טובת הנאה חנם. דאינהו לא הוו קא אכלי דליכא ריפתא וקא מחזקין בהו טובה חנם: ינוקא קאי בבי כנישתא. קמי רביה ולא אתי כולי יומא: דאיתתא שכיחא בביתא. כל יומא וכי מיצטריך ענייא מידי אזלה ויהבה (י): ועוד דמקרבא הנייתה. שדבר אכילה היא נותנת לעני והוא בלא טורח ממה שהיתה נותנת מעות ויטריח העני עד שיקנה: אי נמי. אהכי קדים ענני דידה: משום בירייוני. בורים עמי הארץ: ינוקי דבי רב. להמריך לבו ויתכוין בתפלתו: בשיפולי. בשולי בגדיו: אבא אבא. כך רגילים לקרותו כינוס שאמר אבי אבי: שאין מכירין. בין (כ) ד) חוני לאבא כסבורין עלי שאני אביהן: ה"ג שהיה מחבא ולא גרסי' שהיה מחבא בבית הכסא. (ל) כי הוה בעי רחמי אמילא היה מחבא עלמו מרוב ענוה ומאן דגרס בית הכסא כלומר מתחבא בבגדיו כשהוא נכנס להסך את רגליו מרוב לניעות: רב הונא ורב חסדא. חסידי דבבל מפרסמין את הדבר ושל ארץ ישראל לנועין ולא מודיעין שבא המטר בשבילם: תא ליכניף אהדדי. (מ) אלמא משום חד מינייהו לא אתי מיטרא: תקיפי דארץ ישראל רבי יונה. וקא חזינן (נ) דמחמתיה אתי מיטרא: גואלקא. טסק"א בלע"ז: ואייתי בזוזא עיבורא. דגן משום כפנא (ס) שאפילו לבני ביתו לא היה מודיע: אייתי לן מר מעיבורא. דבעית למיזבן: רווחא עלמא. דליהוי שובע ואהכי לא זבני ביוקרא דהשתא: הוו קא חלפי. דבי נשיאה: התם. עלויה מערתא דרבי יונה: אינקוט. נדבקו בקרקע שעל גבי מערה ולא היו יכולין לזוז ממקומן (ע): עתירי דבי חמי. עשירים של בית חמי: ליענו. יהיו עניים: קא דחקי לי. ליתן להן פרנסה: לא מקבלי עלי אינשי ביתי. אין אשתי מקובלת עלי שאינה יפה: מגנדרא. מתגדלת עלי מתוך גבהות יופיה. מגנדרא מלשון מקום הניחו לי אבותי להתגדר בו (חולין דף ז.): עמי היתה ושלחתיה. (פ) דבר זה היה בידי שכל מה שאני מבקש היו נותנין לי ועכשיו אין תפלתי מקובלת כל כך (צ): דמן דיוקרת. מקום:

יומא

רבינו חננאל

מעשה בחנין הנחבא בר ברתיה דחוני המעגל (פי' קבלה בידינו הוא שהיו חכמים מתעסקין למנותו פרנס על הצבור ולא קביל והלך ונחבא לפיכך היו קורין אותו חנין הנחבא) דכי הוה אצטריך עלמא מיטרא שדרו רבנן ינוקי דבי רב ומנקטי ליה לגלימיה ואמרי ליה אבא אבא הב לן מיטרא אמר רבון העולמים עשה בשביל אלו שאין יודעין איזה אב נותן מטר. תא חזי חסידי דבבל מיכנפי ובעו רחמי אולי מירצי קב"ה אבל חסידי ארץ ישראל כגון חנין זה וכגון ר' יונה [אבוה דר' מני] כד הוה אצטריך עלמא למיטרא שקיל (אבוה דר' מני) ואלקי. פי' שקים אמר איזיל איזבין חטי אזל קאי בדוכתיה עמיקתא מיכסי שקא בצנעא בעי רחמי ואתי מיטרא כו'. ר' מני בריה הוו מצערי ליה דבי נשיאה אזל אישתטח אמערתא דאבוה הוו מחלפי התם אנקוט כרעיה דסוסוותיהו כו'. הוה שכיח קמיה דר' יצחק בן אלישיב. א"ל עתירי דבי חמוה קא מצערו לי א"ל ליענו ואיענו כו' עד חזרה חנה לשחרוריתה. תרי תלמידי הוו שכיחי קמיה אמרו ליה ליבעי עלן מר רחמי דניחכם. אמר להו עמי היתה אותה תפלה ושלחתיה. ר' יוסי ב"ר

רבינו גרשום

איפגר. איבטל: להכי שאלה להתעטף ולהכי לא שיילה למידר משאוי עלה. מחביא עצמו מתפלל בחשאי: מחביא בבית הכסא צנוע: לחסידי דבבל. שהיו מתפללין בפרהסיא ותקיפי דארעא דישראל מתפללין בצינעא א) וקול התור מכאן שהמלאך דומה לתור דהיינו עגל. קואלקא. בוצלא: דבי חמי. חמיו. לא מקבלי אינשי בית עלי דהויא מכוערת טפי: עמי היתה ושלחתיה. כלומר בתחילה היה לבי לכך אבל כבר קבלתי עלי שלא להטריח את קוני:

חשק שלמה על רבינו גרשום

א) מתיבות וקול התור עד דהיינו עגל לא שייך כאן ומקומו להלן כה ע"ב.

גליון הש"ס

גמ' בעיא רחמי דליהדרו בתיובתא. עיין ברכות דף י ע"א:

תורה אור השלם

א) שִׁיר הַמַּעֲלוֹת מִמַּעֲמַקִּים קְרָאתִיךָ יְיָ: [תהלים קל, א]

מסורת הש"ס

א) [ב"ק דף לא:], ב) [כתובות דף סז:], ג) [חולין קכב: מגילה כח:], ד) [צ"ל קוני. הגהות יעב"ץ].

הגהות הב"ח

(א) גמ' להיזמי והיגי דלינהו למניה וסיים מסאניה כי מטא למתא: (ב) שם איתו כרוכו: (ג) שם ידענא דרבנן אמטול מיטרא קא אתו: (ד) שם אי נמי משום הנהו בריוני כו'. נ"ב עי' פרש"י בסוף עמוד א': (ה) שם הוה מצטריך: (ו) שם אמרי ניכניף לגבי הדדי וניבעי רחמי: (ז) שם וקאי בדוכתא צניעא והוה מיכסי בשקא כו': (ח) שם אמרי ליה אייתי לן מר עיבורא: (ט) רש"י ד"ה דלא כו' כלסטים מה"ד טיבותא טובת הנאה כו': (י) ד"ה דאיתתא וד"ה ועוד הד"א: (כ) ד"ה שאין מכירין בין חנן לאביהן שבשמים כסבורין עלי: (ל) ד"ה ה"ג וכו'. בבית הכסא כלומר מתחבא כי: (מ) ד"ה תא ליכניף אהדדי אלמא בפרהסיא היו עושין ולא בצינעא ל"א נכניף אהדדי אלמא משום חד מינייהו לא הוה אתי: (נ) ד"ה תקיפי כו' וקא חזינן כו' דמחמתיה בלמוד אתי מיטרא: (ס) ד"ה ואייתי כו' דגן משום כפנא הס"ד ואח"כ מה"ד בדוכתא עמיקתא בעמק או תחת הסלע כדי שלא יראוהו בני אדם שאפילו לבני ביתו: (ע) ד"ה אינקוט כו' לזוז ממקומן שלא הניחם לילך עד שיקבלו עליהם שלא לצער עוד את רבי מני בנו הס"ד ואח"כ מה"ד הוה שכיח ר' מני לפני ר' יצחק בן אלישיב הס"ד: (פ) ד"ה עמי היתה ושלחתיה. נ"ב פ"א כלומר שקבלתי עלי שלא להתפלל על ענין זה שהתפללתי קודם: (צ) בא"ד מקובלת כל כך ומפני שלא רצה להטריח לפני המקום אמר כן הס"ד:

ליקוטי רש"י

היזמי והיגי. מיני קנה [סוכה יג.]. קוצים ובקנים. [ע"ז מז:]. דאיתתא שכיחא בביתא. אבל שכיחה בגו ביתה, ועניים מוצאין אותה לפיכך זכותה גדול. ומקרבא הנייתה. ומקרבת הנייתה, הנאה מזומנת שאני מוציא זמנו ובשר ומלח אבל אתה נותן מעות לעניים והם טורחים וקונים סעודה [כתובות סז:]. בריוני. פריצים [ברכות י.].

מַאי טַעֲמָא כִּי כָּרִיךְ מַר רִיפְתָּא לֹא אָמַר לָן אִיתוּ כְּרוּכוּ – They asked him: **"Why, when the master ate his bread, did he not say to us, 'Come and eat'?"** מִשּׁוּם דְּלָא נְפִישָׁא רִיפְתָּא – He answered: **"Because there was** clearly **not enough bread** for everyone, so that you would have declined my invitation in any case. וְאָמִינָא לֹא אַחֲזִיק בְּהוּ בְּרַבָּנָן טִיבוּתָא בְּחִנָּם – **I** therefore **said, let me not cause the rabbis to give me credit for nothing."**[10]

מַאי טַעֲמָא יָהִיב מַר לִינוּקָא קַשִּׁישָׁא חֲדָא רִיפְתָּא וּלְזוּטְרָא תְּרֵי – They asked: **"Why did the master give the older child** only **one bread** to eat **and to the younger** child **two** breads?" אָמַר לְהוּ – **He said to them:** הַאי קָאֵי בְּבֵיתָא – **"This one stays at home** during the day, where he is able to eat, וְהַאי יָתִיב בְּבֵי כְנִישְׁתָּא – **while this** [the younger] **one sits in the synagogue** all day studying Torah with his teacher, so that he is much hungrier at night than his older brother."

וּמַאי טַעֲמָא קָדִים סָלוּק עֲנָנֵי מֵהָךְ זָוִיתָא דַּהֲוָות קַיְימָא דְּבֵיתְהוּ דְּמַר לַעֲנָנָא דִּידֵיהּ – They asked: **"Why did the clouds arrive earlier from the corner where the master's wife was standing than the clouds of [the master];** i.e. earlier than the clouds from Abba Chilkiyah's direction?" מִשּׁוּם דְּאִיתְּתָא שְׁכִיחָא בְּבֵיתָא – He replied: **"Because a woman is generally present in the house,** וְיָהֲבָא רִיפְתָּא לַעֲנִיֵּי – **so that she** is available to **give bread to poor people** whenever they are in need, וּמְקָרְבָא הֲנָיָיתָהּ – **and its benefit is more immediate.**[11] [וַאֲנָא יָהִיבְנָא] זוּזָא וְלָא מְקָרְבָא הֲנָיָיתֵיהּ – **Whereas I give money** to the poor, **and its benefit is not immediate,"** since they must first go and buy food with it.[12] אִי נַמִּי – **"Alternatively,** her prayer was answered earlier because הָנְהוּ בִּירְיוֹנֵי דַּהֲווּ בְּשִׁיבָבוּתָן – **there were these boors**[13] **in our neighborhood.** [אֲנָא] בָּעֵי רַחֲמֵי דְּלֵימוּתוּ – **I prayed that they should die,** וְהִיא בָּעֲיָא רַחֲמֵי דְּלִיהַדְרוּ בִּתְיוּבְתָּא – **but she prayed that they should repent;** [וְאַהֲדְרוּ] – **and they repented."**[14]

The Gemara now relates a story about another grandson of Choni the Circle-maker:

בַּר בְּרַתֵּיהּ דְּחוֹנִי הַמְעַגֵּל הֲוָה חָנָן הַנֶּחְבָּא – **Chanan the Hidden**[15] **– was the son of the daughter of Choni the Circle-maker.** כִּי הֲוֵי מִצְטְרִיךְ עָלְמָא לְמִיטְרָא – **When the world needed rain,** מְשַׁדְּרֵי רַבָּנָן יְנוּקֵי דְּבֵי רַב לְגַבֵּיהּ – **the Rabbis would send schoolchildren to him,**[16] וְנָקְטֵי לֵיהּ בְּשִׁיפּוּלֵי גְלִימֵיהּ – **and they would grasp him by the hem of his garment** וְאָמְרוּ לֵיהּ אַבָּא אַבָּא הַב לָן מִיטְרָא – **and say to him, "Father, Father, give us rain."** אָמַר לִפְנֵי הַקָּדוֹשׁ בָּרוּךְ הוּא – **[Chanan] would** then **say** in prayer **before the Holy One, Blessed is He:** רִבּוֹנוֹ שֶׁל עוֹלָם – **Master of the Universe!** עֲשֵׂה בִּשְׁבִיל אֵלּוּ – **Do,** i.e. send rain, **for the sake of these** children שֶׁאֵין מַכִּירִין בֵּין אַבָּא דְּיָהִיב מִיטְרָא לְאַבָּא דְּלָא יָהִיב מִיטְרָא – **who cannot** even **distinguish between the Father** in Heaven **Who gives rain, and an** earthly **father who does not** have the power to **give rain.**

The Gemara explains the origin of his name:

וְאַמַּאי קָרֵי לֵיהּ חָנָן הַנֶּחְבָּא – **And why was he called Chanan the Hidden?** מִפְּנֵי שֶׁהָיָה מַחְבִּיא עַצְמוֹ בְּבֵית הַכִּסֵּא – **Because he used to conceal himself in the privy,** i.e. he was careful not to expose himself even in the privy.[17]

The Gemara now contrasts the very different ways in which the righteous men of Eretz Yisrael and those of Babylonia prayed for rain:

אָמַר לֵיהּ רַבִּי זְרִיקָא לְרַב סַפְרָא – **R' Zerika said to Rav Safra:** תָּא חֲזִי [מַה] בֵּין תַּקִּיפֵי דְּאַרְעָא דְיִשְׂרָאֵל לַחֲסִידֵי דְּבָבֶל – **Come see – what** a difference there **is between the aloof ones of the Land of Israel and the pious ones of Babylonia:**[18] חֲסִידֵי דְּבָבֶל רַב הוּנָא וְרַב חִסְדָּא – **The pious ones of Babylonia** were **Rav Huna and Rav Chisda.** כִּי הֲוָה מִצְטְרִיךְ עָלְמָא לְמִיטְרָא – **When the world was in need of rain,** אָמְרֵי נִיכַנְיף הֲדָדֵי וְנִיבָּעֵי רַחֲמֵי – **they would say: Let us gather together and pray for mercy,** אֶפְשָׁר דְּמִירַצֵּי הַקָּדוֹשׁ בָּרוּךְ הוּא – **perhaps the Holy One, Blessed is He, will accept** our prayers דְּיֵיתֵי מִיטְרָא – **that the rains should come.**

On the other hand:

תַּקִּיפֵי דְּאַרְעָא דְיִשְׂרָאֵל – **The aloof ones of the Land of Israel,** כְּגוֹן ר׳ יוֹנָה אֲבוּהּ דְּרַבִּי מָנִי – **such as R' Yonah the father of R' Mani,** כִּי הֲוָה מִצְטְרִיךְ עָלְמָא לְמִיטְרָא – **when the world was in need of rain,** הֲוָה עָיֵיל לְבֵיתֵיהּ וְאָמַר לְהוּ – **he would go to his house and say to them** [his family]: הָבוּ לִי גְוָאלְקִי – **"Give me my sack** וְאֵיזִיל וְאַיְיתֵי לִי בְּזוּזָא עִיבוּרָא – **and let me go and bring** some **grain for a** ***zuz.***"[19] כִּי הֲוָה נְפִיק לְבָרָא – **When he would go outside,** אָזִיל וְקָאֵי בְּדוּכְתָּא עֲמִיקְתָּא – **he would go and stand in a deep place** to pray, דִּכְתִיב: ,,מִמַּעֲמַקִּים קְרָאתִיךָ ה׳ " – **as it is written:**[20] ***From the depths, I called You, HASHEM,*** וְקָאֵי בְּדוּכְתָּא צְנִיעָא – **and stand in a secluded place.**[21] וּמְכַסֵּי בְּשַׂקָּא וּבָעֵי רַחֲמֵי – **He would** then **cover himself with sackcloth and pray for mercy,**[22] וְאָתֵי מִיטְרָא – **and the rains would come.** כִּי הֲוָה אָתֵי לְבֵיתֵיהּ – **When he would come home,** אָמְרֵי לֵיהּ – **they** [the members of his household] **would**

NOTES

10. This would be a form of dishonesty.

11. Two virtues of her charity are noted — she is more readily accessible to the poor in their moment of need, and her charity is of immediate benefit (see *Rashi*).

12. Thus, her charity is of a higher level, which merits her prayers being answered more quickly.

13. *Rashi*. Elsewhere, this word has the connotation of *ruffian*. See *Gevuras Ari*.

14. See *Berachos* 10a, where a similar incident is recorded.

15. The Gemara will explain below how he received the cognomen *HaNechba,* literally, "the one who hides himself."

16. Schoolchildren were chosen as emissaries to soften his heart, so that he would pray more fervently (*Rashi*).

17. He kept his body covered by clothing and hidden from view even while relieving himself.

Rashi prefers the reading that deletes the words בְּבֵית הַכִּסֵּא, *in the privy,* from the text of the Gemara. According to this second reading, the Gemara says that the source of his cognomen was that "he used to hide himself" — i.e. while praying for rain. In his humility, he did not want people to know that the rain came as a result of his prayers. He therefore hid himself when he prayed for rain (*Rashi*).

18. The righteous men of Eretz Yisrael were referred to as the *aloof ones* [literally, *strong ones*] because they were extremely selective regarding whom they would associate with publicly (see *Rashi* to *Megillah* 28b ד״ה תקיפי). [This caused them to appear haughty in the eyes of many. Their Babylonian counterparts, on the other hand, were widely recognized for their pious goodness and assistance to their fellow Jews.] Nevertheless, the righteous of Eretz Yisrael were careful to conceal that their prayers were successful in bringing the rains, whereas their Babylonian counterparts would gather for prayer in public (*Rashi*). Actually, the righteous men of Eretz Yisrael were just as pious as their Babylonian counterparts, but they kept their great piety concealed from public view (*Maharsha*).

19. A *zuz* was a lot of money to spend for some grain, and the inflated price was the result of the drought (*Rashi* in *Ein Yaakov*). R' Yonah used the pretext of going out to buy food to hide even from his family that he was going out to pray for rain (*Rashi*).

20. *Psalms* 130:1. See above, 15a, note 11.

21. That is, he would find a secluded depression in which to stand and pray, for he concealed the efficiency of his prayers even from the members of his household (*Rashi* in *Ein Yaakov*; see *Rashi* with *Hagahos HaBach*).

22. Covering oneself with sackcloth is a mark of contrition, humility, and repentance; see *Jonah* 3:5,6; *Esther* 4:1,3; *Daniel* 9:3, and *Gemara* above, 16a.

ולא אסבר להו אפיה בפניא כי הוה מנקט ציבי דרא ציבי ומרא בחד כתפא וגלימא בחד כתפא כולה אורחא לא סיים מסאני כי מטי למיא סיים מסאניה כי מטא להיזמי והיגי דלינהו למניה (א) כי מטא למתא נפקא דביתהו לאפיה כי מיקשטא כי מטא לביתיה עלת דביתהו ברישא והדר עייל איהו והדר עיילי רבנן יתיב וכריך ריפתא ולא אמר להו לרבנן (ב) תו כרוכו פלג ריפתא לינוקי לקשישא חדא ולזוטרא תרי אמר לה לדביתהו ידענא דרבנן (ג) משום מיטרא קא אתו ניסק לאיגרא וניבעי רחמי אפשר דמרצי הקדוש ברוך הוא וייתי מיטרא ולא נחזיק טיבותא לנפשין סקו לאיגרא קם איהו בחדא זויתא ואיהי בחדא זויתא קדים סלוק ענני מהך זויתא דדביתהו כי נחית אמר להו אמאי אתו רבנן אמרו ליה שדרי לן רבנן לגבי דמר למיבעי רחמי אמיטרא אמר להו ברוך המקום שלא הצריך אתכם לאבא חלקיה אמרו ליה ידעינן דמיטרא מחמת מר הוא דאתא אלא לימא לן מר הני מילי דתמיהא לן מאי טעמא כי יהיבנא למר שלמא לא אסבר לן מר אפיה אמר להו שכיר יום הואי ואמינא לא איפגר ומאי טעמא דרא מר ציבי אחד כתפיה וגלימא אחד כתפיה אמר להו טלית שאולה היתה להכי שאלי ולהכי לא שאלי מאי טעמא כולה אורחא לא סיים מר מסאניה וכי מטי למיא סיים מסאניה אמר להו כולה אורחא חזינא במיא לא קא חזינא מ"ט כי מטא מר להיזמי והיגי דלינהו למניה אמר להו [א] זה מעלה ארוכה וזה אינה מעלה ארוכה מאי טעמא כי מטא מר למתא נפקא דביתהו דמר כי מיקשטא אמר להו כדי שלא אתן עיני באשה אחרת מאי טעמא עיילא היא ברישא והדר עייל מר אבתרה והדר עיילינן אנן אמר להו משום דלא בדקיתו לי מאי טעמא כי כריך מר ריפתא לא אמר לן איתו כרוכו משום דלא נפישא ריפתא ואמינא לא אחזיק בהו ברבנן טיבותא בחנם מאי טעמא יהיב מר לינוקא קשישא חדא ריפתא ולזוטרא תרי אמר להו האי קאי בביתא והאי יתיב בבי כנישתא ומאי טעמא קדים סלוק ענני מהך זויתא דהוות קיימא דביתהו דמר לעננא דידיה משום דאיתתא שכיחא בביתא ויהבא ריפתא לענייי [ב] ומקרבא הנייתה [ואנא יהיבנא] זוזא ולא מקרבא הנייתיה אי נמי (ד) הנהו בירוני דהוו בשיבבותן [אנא] בעי רחמי דלימותו והיא [ג] בעיא רחמי דליהדרו בתיובתא [ואהדרו] חנן הנחבא בר ברתיה דחוני המעגל הוה כי (ה) מצטריך עלמא למיטרא הוו משדרי רבנן ינוקי דבי רב לגביה ונקטי ליה בשיפולי גלימיה ואמרו ליה אבא אבא הב לן מיטרא אמר לפני הקב"ה רבש"ע עשה בשביל אלו שאין מכירין בין אבא דיהיב מיטרא לאבא דלא יהיב מיטרא ואמאי קרי ליה חנן הנחבא מפני שהיה מחביא עצמו בבית הכסא אמר ליה רבי זריקא לרב ספרא [ד] תא חזי [מה] בין תקיפי דארעא דישראל לחסידי דבבל רב הונא ורב חסדא כי הוה מצטריך עלמא למיטרא אמרי ניכניף (ו) הדדי וניבעי רחמי אפשר דמירצי הקדוש ברוך הוא דייתי מיטרא תקיפי דארעא דישראל כגון ר' יונה אבוה דרבי מני כי הוה מצטריך עלמא למיטרא הוה עייל לביתיה ואמר להו הבו לי גואלקי ואיזיל ואייתי לי בזוזא עיבורא כי הוה נפיק לברא אזיל וקאי בדוכתא עמיקתא דכתיב [א] ממעמקים קראתיך ה' וקאי בדוכתא צניעא (ז) ומכסי בשקא ובעי רחמי ואתי מיטרא כי הוה אתי לביתיה אמרי ליה אייתי (ח) מר עיבורא אמר להו אמינא הואיל ואתא מיטרא השתא רווח עלמא ותו רבי מני בריה הוו קא מצערי ליה דבי נשיאה אישתטח על קברא דאבוה אמר ליה אבא אבא הני מצערו לי יומא חד הוו קא חלפי התם אינקוט כרעא דסוסוותיהו עד דקבילו עלייהו דלא קא מצערו ליה ותו רבי מני הוה שכיח קמיה דרבי יצחק בן אלישיב אמר ליה עתירי דבי חמי קא מצערו לי אמר ליענו ואיענו אמר קא דחקו לי אמר ליעתרו ואיעתרו אמר לא מיקבלי עלי אינשי ביתי א"ל מה שמה חנה תתייפי חנה ונתייפת אמר ליה קא מגנדרא עלי א"ל אי הכי תחזור חנה לשחרוריתה וחזרה חנה לשחרוריתה הנהו תרי תלמידי דהוו קמיה דרבי יצחק בן אלישיב אמרו ליה ניבעי מר רחמי עלן דניחכים טובא אמר להו עמי היתה ושלחתיה רבי יוסי בר אבין הוה שכיח קמיה דר' יוסי דמן יוקרת שבקיה ואתא לקמיה דרב אשי

יומא

רש"י

לא אסבר להו אפיה. לא החזיר להם פניו: בפניא. לפנות ערב כשהלך לביתו: דלינהו למניה. הגביה בגדיו אחר כתיפיו כדי שלא יקרעו: כי מיקשטא. בתכשיטין: לאיגרא. עלייה: זויתא. זוית: מזויתא דדביתהו. מאותו הרוח שאשתו שם עלו העבים תחלה שהיא נענית תחלה: לא אפגר. לא אתבטל ממלאכתי כמו יומא דמיפגרי רבנן (שבת דף קכט:): מ"ט דרת. מדוע נשאת הטלית על כתף אחת ולא נתת בכתף תחת המשאוי: להכי שאלה לי. להתעטף בה: ולהכי לא שאלה לי. להטיל עליה קוצין לקרעה: במיא לא חזינן. מה דאית בה ושמא ישכנו דג או נחש: דלא בדקיתו לי. אם כשרים אם פריצים דאמר מר (במס' דרך ארץ רבה פ"ה) כל אדם יהי בעיניך כלסטים: (ט) טובת הנאה חנם. דאינהו לא הוו קא אכלי דליכא ריפתא וקא מחזיקין בהו טובה חנם: ינוקא קאי בבי כנישתא. קמי רביה ולא אתי כולי יומא: דאיתתא שכיחא בביתא. כל יומא וכי מילטריך ענייא מידי אזלה ויהבה (י): ועוד דמקרבא הנייתה. שדבר אכילה היא נותנת לעני והוא בלא טורח ממה שהיתה נותנת מעות ויטריח העני עד שיקנה: אי נמי. אהכי קדים ענני דידה: משום בירוני. בורים עמי הארץ: ינוקי דבי רב. להמריך לבו ויתכוין בתפלתו: בשיפולי. בשולי בגדיו: אבא אבא. כך רגילים לקרותו כיתום שאומר אבי אבי: שאין מכירין. בין

תוספות

(כ) [ד] הוי לאבא כסבורין עלי שאני אביהן: ה"ג שהיה מחבא ולא גרסי' שהיה מחבא בבית הכסא. (ל) כי הוה בעי רחמי אמיא היה מחבא עצמו מרוב ענוה ומאן דגרס בית הכסא כלומר מתחבא בבגדיו כשהוא נכנס להסך את רגליו מרוב צניעות: רב הונא ורב חסדא. חסידי דבבל מפרסמין את הדבר ושל ארץ ישראל צנועין ולא מודיעין שבא המטר בשבילם: תא ליכניף אהדדי. (מ) אלמא משום חד מינייהו לא אתי מיטרא: תקיפי דארץ ישראל רבי יונה. וקא חזינן (נ) דמתמהיה אתי מיטרא: גואלקא. טשק"א בלע"ז: ואייתי בזוזא עיבורא. דגן משום כפנא (ס) שאפילו לבני ביתו לא היה מודיע: אייתי לן מר מעיבורא. דבעית למיזבן: רווחא עלמא. דליהוי שובע ואהכי לא זבני ביוקרא דהשתא: הוו קא חלפי. דבי נשיאה: התם. עלויה מערתא דרבי יונה: אינקוט. נדבקו בקרקע שעל גבי מערה ולא היו יכולין לזוז ממקומן (ע): עתירי דבי חמי. עשירים של בית חמי: ליענו. יהיו עניים: קא דחקי לי. ליתן להן פרנסה: לא מקבלי עלי אינשי ביתי. אין אשתי מקובלת עלי שאינה יפה: מגנדרא. מתגדלת עלי מתוך גבהות יופיה. מגנדרא מלשון מקום הניחו לי אבותי להתגדר בו (חולין דף ז.): עמי היתה ושלחתיה. (פ) דבר זה היה בידי שכל מה שאני מבקש היו נותנין לי ועכשיו אין תפלתי מקובלת כל כך (צ): דמן דיוקרת. מקום:

יומא

רבינו חננאל

מעשה בחנין הנחבא בר ברתיה דחוני המעגל (פי' קבלה בידינו הוא שהיו חכמים מתעסקין למנותו פרנס על הצבור ולא קביל והלך ונחבא לפיכך היו קורין אותו חנין הנחבא) דכי הוה אצטריך עלמא מיטרא שדרו רבנן ינוקי דבי רב ומנקטי ליה לגלימיה ואמרי ליה אבא אבא הב לן מיטרא אמר רבון העולמים עשה בשביל אלו שאין יודעין איזה אב נותן מטר. תא חזי חסידי דבבל מיכנפי ובעו רחמי אולי מירצי קב"ה אבל חסידי ארץ ישראל כגון חנין זה וכגון ר' יונה [אבוה דר' מני] כד הוה אצטריך עלמא למיטרא שקיל (אבוה דר' מני) ואלקי. פי' שקים אמר איזיל איזבין חטי אזל קאי בדוכתיה עמיקתא מיכסי שקא בצנעא בעי רחמי ואתי מיטרא כו'. ר' מני בריה הוו מצערי ליה דבי נשיאה אזל אישתטח אמערתא דאבוה הוו מחלפי התם אנקוט כרעיה דסוסוותיהו כו'. הוה שכיח קמיה דר' יצחק בן אלישיב. א"ל עתירי דבי חמוה קא מצערו לי א"ל ליענו ואיענו כו' עד חזרה חנה לשחרוריתה. תרי תלמידי הוו שכיחי קמיה אמרו ליה ליבעי עלן מר רחמי דניחכם. אמר להו עמי היתה אותה תפלה ושלחתיה. ר' יוסי ב"ר

רבינו גרשום

איפגר. איבטל: להכי שאלה להתעטף ולהכי לא שיילה למידר משאוי עלה. מחביא עצמו מתפלל בחשאי: מחביא בבית הכסא צנוע: לחסידי דבבל. שהיו מתפללין בפרהסיא ותקיפי דארעא דישראל מתפללין בצינעא א) וקול התור מכאן שהמלאך דומה לתור דהיינו עגל. קואלקא. בוצלא: דבי חמי. חמיו. לא מקבלי אינשי בית עלי דהויא מכוערת טפי: עמי היתה ושלחתיה. כלומר בתחילה היה לבי לכך אבל כבר קבלתי עלי שלא להטריח את קוני:

חשק שלמה על רבינו גרשום

א) מתיבות וקול התור עד דהיינו עגל לא שייך כאן ומקומו להלן כה ע"ב.

גליון הש"ס

גמ' בעיא רחמי דליהדרו בתיובתא. עיין ברכות דף י ע"א:

תורה אור השלם

א) שִׁיר הַמַּעֲלוֹת מִמַּעֲמַקִּים קְרָאתִיךָ יְיָ: [תהלים קל, א]

מסורת הש"ס

א) [ב"ק דף נא:], ב) [כתובות דף סז:], ג) [חולין קכב: מגילה כח:], ד) [נ"ל קוני. הגהות יעב"ץ].

הגהות הב"ח

(א) גמ' להיזמי והיגי דלינהו למניה וסיים מסאניה כי מטא למתא: (ב) שם איתו כרוכו: (ג) שם ידענא דרבנן אמטול מיטרא קא אתו: (ד) שם אי נמי משום הנהו בריוני כו'. נ"ב עי' פרש"י בסוף עמוד א': (ה) שם הוה מצטריך: (ו) שם אמרי ניכניף לגבי הדדי וניבעי רחמי: (ז) שם וקאי בדוכתא צניעא והוה מיכסי בשקא כו': (ח) שם אמרי ליה אייתי לן מר עיבורא: (ט) רש"י ד"ה דלא כו' כלסטים מה"ד טיבותא טובת הנאה כו': (י) ד"ה דאיתתא וד"ה ועוד הד"א: (כ) ד"ה שאין מכירין בין חנן לאביהן שבשמים כסבורין עלי: (ל) ד"ה ה"ג וכו'. בבית הכסא כלומר מתחבא כי: (מ) ד"ה תא ליכניף אהדדי אלמא בפרהסיא היו עושין ולא בצינעא נ"א נכניף אהדדי אלמא משום חד מינייהו לא הוה אתי: (נ) ד"ה תקיפי כו' וקא חזינן כו' דמתמהיה בלחוד אתי מיטרא: (ס) ד"ה ואייתי כו' דגן משום כפנא הס"ד ואח"כ מה"ד בדוכתא עמיקתא בעמק או תחת הסלע כדי שלא יראוהו בני אדם שאפילו לבני ביתו: (ע) ד"ה אינקוט כו' לזוז ממקומן שלא הניחם לילך עד שיקבלו עליהם שלא לצער עוד את רבי מני בנו הס"ד ואח"כ מה"ד הוה שכיח ר' מני לפני ר' יצחק בן אלישיב הס"ד: (פ) ד"ה עמי היתה ושלחתיה. נ"ב ס"א כלומר שקבלתי עלי שלא להתפלל על ענין זה שהתפללתי קודם: (צ) בא"ד מקובלת כל כך ומפני שלא רצה להטריח לפני המקום אמר כן הס"ד:

ליקוטי רש"י

היזמי והיגי. מיני סנה [סוכה יג.]. קוצים וברקנים. [ע"ז מז:]. דאיתתא שכיחא בביתא. אשה שכיחא בגו ביתא, ועניים מוצאין אותי לפיכך זכותי גדול. ומקרבא הנייתה. ומקרבא הנייתי, הנאתי מזומנת שאני מחלקת לחם ובשר ומלח אבל אתה נותן מעות לעניים והם טורחים וקונים סעודה [כתובות סז:]. בריוני. פריצים [ברכות י.].

say to him: **אַיְיתֵי מַר עִיבּוּרָא** – **"Did the master bring any grain?"** **אָמַר לְהוּ אַמִינָא הוֹאִיל וְאָתָא מִיטְרָא** – **He would say to them: "I said** to myself **that since the rains have come,** **הַשְׁתָּא רָווּח עָלְמָא** – **the world is now relieved."** Therefore, it does not pay to buy now, since prices will soon go down.[23]

The Gemara now relates a story about R' Mani the son of R' Yonah. This, too, demonstrates the great power of prayer possessed by the righteous men of Eretz Yisrael:

וְתוּ – **Moreover,** **רַבִּי מָנִי בְּרֵיהּ** – **R' Mani, his son,** **הֲוו קָא מְצַעֲרֵי לֵיהּ דְּבֵי נְשִׂיאָה** – **was being harassed by members of the** ***Nasi's*** **court.** **אִישְׁתַּטַּח עַל קִבְרָא דַּאֲבוּהּ** – **He prostrated himself on the grave of his father** **אָמַר לֵיהּ אַבָּא אַבָּא הָנֵי מְצַעֲרוּ לִי** – and **said to him: "Father, father, these people are harassing me."** **יוֹמָא חַד הֲווּ קָא חָלְפֵי הָתָם** – **One day, some of them were passing over that place** [the cave in which R' Yonah was buried], **אִינְקוּט כַּרְעָא דְּסוּסְוָותַיְיהוּ** – and **the legs of their horses became rooted**[24] to the place **עַד דְּקַבִּילוּ עֲלַיְיהוּ דְּלֹא קָא מְצַעֲרוּ לֵיהּ** – **until they accepted upon themselves not to harass [R' Mani]** any longer.

The Gemara relates another story about R' Mani:

וְתוּ – **And moreover,** **רַבִּי מָנִי הֲוָה שְׁכִיחַ קַמֵּיהּ דְּרַבִּי יִצְחָק בֶּן אֶלְיָשִׁיב** – **R' Mani used to attend** the lectures of **R' Yitzchak ben Elyashiv.** **אָמַר לֵיהּ** – Once, **[R' Mani] said to him:** **עַתִּירֵי דְּבֵי חָמִי קָא מְצַעֲרוּ לִי** – **"The rich members of my father-in-law's household harass me."** **אָמַר** – **[R' Yitzchak ben Elyashiv] said:** **לִיעֲנוּ** – **"Let them become poor,"**[25] **וְאִיעֲנוּ** – **and they became poor.** **אָמַר** – After a while **[R' Mani]** came back and **said:** **קָא דָּחֲקוּ לִי** – **"They** now **press me"** to support them. **אָמַר** – **[R' Yitzchak ben Elyashiv] said:** **לִיעַתְּרוּ** – **"Let them become rich** again,**"** **וְאִיעַתְּרוּ** – **and they became rich** again.

On a different occasion, R' Mani came to R' Yitzchak ben Elyashiv for help with another problem:

אָמַר – **[R' Mani] said:** **לֹא מִיקַּבְּלִי עֲלַי אִינְשֵׁי בֵּיתִי** – **"The person of my household** [i.e. my wife] **is not satisfactory to me,"** i.e. she is not comely. **אָמַר לֵיהּ** – **[R' Yitzchak ben Elyashiv] said to him:** **מַה שְּׁמָהּ** – **"What is her name?"** **חַנָּה** – R' Mani answered: **"Channah."** **תִּתְיַיפִּי חַנָּה** – So R' Yitzchak decreed: **"Let Channah become beautiful,"** **וְנִתְיַיפַּת** – **and she became beautiful.** **אָמַר לֵיהּ** – Later, **R' Mani** returned and **said to him:** **קָא מִגַּנְדְּרָא עֲלַי** – **"She has become overbearing to me."**[26] **אָמַר לֵיהּ** – **[R' Yitzchak ben Elyashiv] said to him:** **אִי הָכִי תַּחֲזוֹר חַנָּה לְשַׁחֲרוּרִיתָהּ** – **"If so, let Channah revert to her plainness,"**[27] **וְחָזְרָה חַנָּה לְשַׁחֲרוּרִיתָהּ** – **and Channah reverted to her plainness.**

The Gemara relates a subsequent request that was made of R' Yitzchak ben Elyashiv:

הַנְהוּ תְּרֵי תַּלְמִידֵי – **There were these two students** **דַּהֲווּ קַמֵּיהּ דְּרַבִּי יִצְחָק בֶּן אֶלְיָשִׁיב** – **who [studied] before R' Yitzchak ben Elyashiv.** **אָמְרוּ לֵיהּ** – **They said to him:** **נִיבָעֵי מַר רַחֲמֵי עֲלַן דְּנִיחְכַּים טוּבָא** – **"Would the master pray for mercy for us that we become very wise?"** **אָמַר לְהוּ** – **[R' Yitzchak ben Elyashiv] said to them:** **עִמִּי הָיְתָה וּשְׁלַחְתִּיהָ** – "The power to decree **this was once with me, but it has departed."**[28]

The Gemara now relates some incidents in the life of R' Yose of Yukras:

רַבִּי יוֹסֵי בַּר אָבִין הֲוָה שְׁכִיחַ קַמֵּיהּ דְּר׳ יוֹסֵי דְּמִן יוֹקְרַת – **R' Yose bar Avin used to attend** the lectures of **R' Yose from Yukras.** **שַׁבְקֵיהּ וְאָתָא לְקַמֵּיהּ דְּרַב אַשִׁי** – **He left him and went** to study Torah **before Rav Ashi.**

NOTES

23. We see from these two stories the contrast between the great rabbis of Babylonia and those of Eretz Yisrael. When the rabbis of Babylonia prayed for rain, they would do so as part of a communal action, and therefore their pious deeds were well known to the public. When the saintly men of Eretz Yisrael prayed for rain, they did so without disclosing the fact, because of their great modesty (*Rashi*). Moreover, those of Eretz Yisrael were able to bring rain by their own individual prayers.

24. Literally: became seized, i.e. they became paralyzed.

25. [This will humble them and make them less prone to criticizing you.]

26. Her beauty had made her vain and haughty (*Rashi*).

27. Literally: to her darkness.

28. My prayers are not answered as much as they used to be (*Rashi*). The translation follows *Rashi*. However, *Maharsha* translates וּשְׁלַחְתִּיהָ more literally: *I have banished it.* R' Yitzchak ben Elyashiv regretted having troubled God to change the nature of things, so as to make a rich person poor and then reverse it, and an ugly person beautiful and then reverse it. He thus accepted upon himself not to do this anymore. [See also *Bach*.] Accordingly, the story that follows, of how R' Yose of Yukras was disturbed when his son prayed for the laws of nature to be altered, is a proper sequel to this story.

יוֹמָא חַד שַׁמְעֵיהּ דְּקָא גָרֵיס – **One day he** [R' Yose bar Avin] **heard [Rav Ashi] reciting** the following teaching: אָמַר שְׁמוּאֵל – **Shmuel said:** הַשּׁוֹלֶה דָּג מִן הַיָּם בְּשַׁבָּת – **If one takes a fish from the sea on the Sabbath,** כֵּיוָן שֶׁיָּבַשׁ בּוֹ כְּסֶלַע – **as soon as there is a dry spot on it** as large **as a** ***sela,*** חַיָּיב – **he** [the fisherman] **is liable** for desecrating the Sabbath.[1] אָמַר לֵיהּ – **[R' Yose bar Avin] said to him:** וְלֵימָא מַר וּבֵין סְנַפִּירָיו – **"Let the master add** to this ruling, **'and between its fins,'** " i.e. that the dry spot must be between the fins of the fish to make him liable.[2] אָמַר לֵיהּ – **[Rav Ashi] said to him:** וְלֹא סָבַר לָהּ מַר דְּהַהִיא רַבִּי יוֹסֵי בֶּן רַבִּי אָבִין אֲמָרָהּ – **"And is the master not of the opinion that R' Yose ben R' Avin has stated that** qualification?" Why do you not repeat it in his name?[3] אָמַר לֵיהּ אֲנָא נִיהוּ – **[R' Yose bar Avin] said to him: "I am he."** אָמַר לֵיהּ – **[Rav Ashi] said to him:** וְלָאו קַמֵּיהּ דר' יוֹסֵי דְּמִן יוֹקֶרֶת הֲוָה שְׁכִיחַ מַר – **"But did the master not regularly attend** the sessions of **R' Yose of Yukras?"** אָמַר לֵיהּ הֵין – **He said to him: "Yes."** אָמַר לֵיהּ – **[Rav Ashi] said to him:** וּמַאי טַעְמָא שַׁבְקֵיהּ מַר וְאָתָא הָכָא – **"Why did the master leave him and come here** to attend my sessions?" אָמַר לֵיהּ – **He answered him:** גַּבְרָא דְּעַל בְּרֵיהּ וְעַל בְּרַתֵּיהּ לֹא חָס – **"A man who takes no pity on his** own **son and daughter,** עֲלַי דִּידִי הֵיכִי חָיֵיס – **how** can I expect that **he would take pity on me?"**

The Gemara now relates what happened to the son and daughter of R' Yose of Yukras:

בְּרֵיהּ מַאי הִיא – **What is** the story concerning **his son?** יוֹמָא חַד הֲווּ אָגְרֵי לֵיהּ אֲגִירֵי בְּדַבְרָא – **One day [R' Yose of Yukras] hired workers** to work **for him in the field.** נְגַהּ לְהוּ וְלֹא אַיְיתִי לְהוּ רִיפְתָּא – **The evening came upon them but he did not bring bread for [the workers]** to eat.[4] אָמְרוּ לֵיהּ לִבְרֵיהּ – **They said to his son:** כְּפִינַן – **"We are hungry."** הֲווּ יָתְבִי תּוּתֵי תְּאֵינְתָּא – **They were sitting** at that time **under a fig tree** that was not in season. אָמַר – **He** [the son] **said:** תְּאֵנָה תְּאֵנָה הוֹצִיאִי פֵּירוֹתַיִךְ – **"Fig tree, fig tree, bring forth your fruit,** וְיֵאכְלוּ פּוֹעֲלֵי אַבָּא – **so that the workers of my father may eat."** אַפִּיקוּ וְאָכְלוּ – **It brought forth** its fruit **and [the workers] ate.** אַדְּהָכִי וְהָכִי אֲתָא אֲבוּהָ – **In the meantime, his father arrived** with the food. אָמַר לְהוּ – **He said to them:** לֹא תִּינְקְטוּ בְּדַעְתַּיְיכוּ – **"Do not harbor doubts**[5] against me for not bringing your food sooner, דְּהַאי דְּנַגְהַנָא – **because the reason I was** delayed **until evening** אַמִּצְוָה טַרְחָנָא – **was that I was busy with a mitzvah,** וְעַד הַשְׁתָּא הוּא דְּסַגַּאי – **and it took me until now** to come." אָמְרוּ לֵיהּ – **They** [the workers] **said to him:** רַחֲמָנָא לִישַׂבְּעָךְ כִּי הֵיכִי דְּאַשְׂבְּעָן בְּרָךְ – **"May God satisfy you the way your son satisfied us."** אָמַר לְהוּ מֵהֵיכָא – **He said to them: "From where** did my son get food to give you?" אָמְרוּ הָכִי וְהָכִי הֲוָה מַעֲשֶׂה – **They replied: "Such-and-such was the story."** אָמַר לוֹ – **He said to [his son]:** בְּנִי אַתָּה הִטְרַחְתָּ אֶת קוֹנְךָ לְהוֹצִיא תְּאֵנָה פֵּירוֹתֶיהָ שֶׁלֹּא בִּזְמַנָּהּ – **"My son, you troubled your Creator to make the fig tree bring forth its fruit when it was not its time;** יֵאָסֵף שֶׁלֹּא בִּזְמַנּוֹ – **let [that person] be taken** from the world **when it is not** yet **his time."**

The Gemara now relates what happened to the daughter of R' Yose of Yukras:

בְּרַתֵּיהּ מַאי הִיא – **What is** the story concerning **his daughter?** הֲוָיָא לֵיהּ בְּרַתָּא בַּעֲלַת יוֹפִי – **He had a beautiful daughter.** יוֹמָא חַד חֲזָיָא לְהַהוּא גַּבְרָא דַּהֲוָה כַּרְיָא בְּהוּצָא – **One day, he observed a certain man making a hole in the fence** וְקָא חָזֵי לָהּ – **and looking at her.** אָמַר לוֹ מַאי הַאי – **[R' Yose] said to him: "What is** the meaning of **this?"** אָמַר לֵיהּ רַבִּי אִם לְלוֹקְחָהּ לֹא זָכִיתִי – **He answered him: "My master, if I have not merited to marry her,** לִרְאוֹתָהּ לֹא אֶזְכֶּה – **may I not** at least **merit to glimpse her?"** אָמַר לָהּ – **[R' Yose] said to her:** בִּתִּי קָא מְצַעֲרַתְּ לְהוּ לִבְרִיָּיתָא – **"My daughter, you are causing anguish to people;** שׁוּבִי לַעֲפָרֵיךְ – **return to your** state of **dust** וְאַל יִכָּשְׁלוּ בִּיךְ בְּנֵי אָדָם – **and let mankind not sin on account of you."**[6]

The Gemara now relates another extraordinary story about R' Yose of Yukras:

הֲוָיָא לֵיהּ הַהוּא חֲמָרָא – **He had this donkey** that כְּדַהֲווּ אָגְרֵי לָהּ לְאוּרְתָּא כָּל יוֹמָא – **when [people] would rent it each day,** הֲווּ מְשַׁדְּרֵי לָהּ אַגְרָהּ אַגַּבָּהּ – **in the evening, they would send** back **the payment on its back,** וְאָתְיָא לְבֵי מָרָהּ – **and it would come** back **to its master's home.** וְאִי טָפוּ לָהּ אוֹ בָּצְרֵי לָהּ לֹא אַתְיָא – **However, if they overpaid [the rental], or underpaid it, it would not come,** i.e. it would not move. יוֹמָא חַד אִינְשׁוּ זוּגָא דְסַנְדְּלֵי עֲלָהּ – **One day a pair of sandals were forgotten on the donkey,** וְלֹא אָזְלָה עַד דְּשַׁקְלוּנְהוּ מִינָּהּ – **and it would not move until they were removed from it,** וְהָדַר אָזְלָה – **and** only **then did it go** home.

The Gemara now tells of the great charitableness of Elazar ish Birta,[7] and his refusal to benefit from a miracle performed on his behalf:

אֶלְעָזָר אִישׁ בִּירְתָּא – **Elazar ish Birta,** כַּד הֲווּ חָזוּ לֵיהּ גַּבָּאֵי צְדָקָה – **whenever the administrators of the charity** funds **would see him** coming, הֲווּ טָשׁוּ מִינֵּיהּ – **they would** go and **hide**

NOTES

1. Killing a living thing on the Sabbath is a forbidden *melachah* (labor), under the category of *shechitah,* slaughtering (*Rashi*). One who does so inadvertently [not realizing that it was forbidden or that it was the Sabbath day,] must bring a *chatas* (sin) offering in atonement. The ruling quoted by Rav Ashi teaches that if a person took a fish out of the water, and left it out until a spot the size of a *sela* dried on its skin, he is liable for a *chatas* [even if we do not see the fish die; i.e. even if he throws it back into the water while it is still alive and flopping about]. Once this much of the fish has dried, the fish must surely die (*Rashi*).

Seemingly, he should be liable for a *chatas* just for catching the fish, which violates the *melachah* of צֵידָה, *trapping*, whether or not the fish dies. However, Shmuel is speaking of a case in which the fish was caught before the Sabbath and placed in a basket [left submerged in the sea]. Thus, the only *melachah* that concerns us here is the *melachah* of killing, when he removes it from the water (*Rashi*).

2. A dry spot elsewhere on the fish is not a sure sign that the fish will die. Thus, if he throws it back into the water while it is still flopping around, he would not be liable.

3. Rav Ashi was implying a criticism of R' Yose bar R' Avin for not crediting this comment to the one who originally made it. The Sages teach (*Megillah* 15a) that one who repeats a comment in the name of its author brings redemption to the world (*Rashi*). [Rav Ashi was obviously not aware of the identity of his questioner.]

4. Part of their hire was to be given a meal during the day. The Mishnah (*Bava Metzia* 83a) states that if the custom in the area is for the employer to supply his workers with a meal, he is obligated to do so. This may have been the custom in Yukras, or perhaps R' Yose had promised them food when he hired them.

5. Literally: do not take in your minds. That is, do not suspect me [of being negligent] (*Rashi*).

6. Literally: stumble over you. *Bach* adds to the text of the Gemara: וְכֵן הֲוָיָא – *and so it happened,* that is, she died.

Although motivated by great piety, R' Yose of Yukras acted too strictly in this matter. We see that Abraham did not will Sarah's death when her beauty caused Pharaoh and Abimelech to sin over her (*Maharsha*). Because R' Yose of Yukras' standards were so terribly strict, R' Yose bar Avin was afraid to remain his student and left him for Rav Ashi.

7. *Ein Yaakov* and others have the reading Eliezer ish Bartusa. He would seem to be identical with R' Elazar of Birtusa, whose statement regarding charity is cited in Mishnah [*Avos* 3:7] (*Anaf Yosef*).

יומא חד שמעיה דקא גריס אמר שמואל [א] השולה דג מן הים בשבת כיון שיבש בו כסלע חייב א"ל ולימא מר [ב] ובין סנפיריו אמר ליה ולא סבר לה מר דההיא רבי יוסי בן רבי אבין אמרה אמר ליה אנא ניהו א"ל ולאו קמיה דר' יוסי דמן יוקרת הוה שכיח מר א"ל ([ב] הין) א"ל ומ"ט שבקיה מר ואתא הכא אמר ליה גברא דעל בריה ועל ברתיה לא חס עלי דידי היכי חייס בריה מאי היא יומא חד הוו אגרי ליה אגירי בדברא נגה להו ולא אייתי להו ריפתא אמרו ליה לבריה (א) כפינן הוו יתבי תותי תאינתא אמר תאנה תאנה הוציאי פירותיך ויאכלו פועלי אבא אפיקו ואכלו אדהכי והכי אתא אבוה אמר להו לא תינקטו בדעתייכו דהאי דנגהנא אמצוה טרחנא ועד השתא הוא דסגאי אמרו ליה רחמנא לישבעך כי היכי דאשבען ברך אמר להו מהיכא אמרו הכי והכי הוה מעשה אמר לו בני אתה הטרחת את קונך להוציא תאנה פירותיה שלא בזמנה יאסף שלא בזמנו ברתיה מאי היא הויא ליה ברתא בעלת יופי יומא חד חזיא לההוא גברא דהוה כריא בהוצא וקא חזי לה אמר לו מאי האי אמר ליה רבי אם ללוקחה לא זכיתי לראותה לא אזכה אמר לה בתי קא מצערת להו לברייתא שובי לעפריך ואל יכשלו ביך בני אדם (ב) הויא ליה ההוא חמרא כדהוו אגרי לה כל יומא לאורתא הוו משדרי לה אגרה אגבה ואתיא לבי מרה ואי טפו לה או בצרי לה לא אתיא יומא חד אינשו זוגא דסנדלי עלה ולא אזלה עד דשקלונהו מינה והדר אזלה אלעזר איש בירתא כד הוו חזו ליה גבאי צדקה הוו טשו מיניה דכל מאי דהוה גביה יהיב להו יומא חד הוה סליק לשוקא למיזבן נדוניא לברתיה חזיוהו גבאי צדקה טשו מיניה אזל ורהט בתרייהו אמר להו אשבעתיכו במאי עסקיתו אמרו ליה ביתום ויתומה אמר להן העבודה שהן קודמין לבתי שקל כל דהוה בהדיה ויהב להו פש ליה חד זוזא זבן (ג) ליה חיטי ואסיק שדייה באכלבא אתאי דביתהו אמרה לה לברתיה מאי אייתי אבוך אמרה לה כל מה דאייתי באכלבא שדיתיה אתיא למיפתח בבא דאכלבא חזת אכלבא דמליא חיטי וקא נפקא בצינורא דדשא ולא מיפתח בבא מחיטי אזלא ברתיה לבי מדרשא אמרה ליה בא וראה מה עשה לך אוהבך אמר לה העבודה הרי הן הקדש עליך ואין לך בהן אלא כאחד מעניי ישראל ר' יהודה נשיאה גזר תעניתא בעי רחמי ולא אתא מיטרא אמר כמה איכא משמואל הרמתי ליהודה בן גמליאל אוי לו לדור שכן נתקע אוי לו למי שעלתה בימיו כך חלש דעתיה ואתא מיטרא דבי נשיאה גזר תעניתא ולא אודעינהו לרבי יוחנן ולריש לקיש לצפרא אודעינהו אמר ליה ריש לקיש לרבי יוחנן הא לא קבילנא עלן מאורתא אמר ליה אנן בתרייהו גררינן דבי נשיאה גזר תעניתא ולא אתא מיטרא תנא להו אושעיא זעירא [ג] דמן חברייא [א] והיה אם מעיני העדה נעשתה לשגגה משל לכלה שהיא בבית אביה כל זמן שעיניה יפות אין כל גופה צריכה בדיקה עיניה [ד] טרוטות כל גופה צריכה בדיקה אתו עבדיה ורמו ליה סודרא בצואריה וקא מצערו ליה אמרו ([ה] ליה) בני מאתיה שבקיה דהא נמי מצער לן כיון דחזינן דכל מיליה לשום שמים לא אמרי ליה (ד) מידי ושבקינן ליה אתון נמי שבקוהו רבי גזר תעניתא ולא אתא מיטרא נחית קמיה אילפא ואמרי לה רבי אילפי [ו] אמר משיב הרוח [ז] ונשא זיקא מוריד הגשם ואתא מיטרא אמר ליה מאי עובדך אמר ליה דיירנא בקוסטא דחיקא דלית ביה חמרא לקידושא ואבדלתא טרחנא ואתינא חמרא לקידושא ואבדלתא ומפיקנא להו ידי חובתייהו רב איקלע להוא אתרא גזר תעניתא ולא אתא מיטרא נחית קמיה שליחא דצבורא אמר משיב הרוח ונשב זיקא אמר מוריד הגשם ואתא מיטרא אמר ליה מאי עובדך אמר ליה מיקרי דרדקי אנא ומקרינא לבני עניי כבני עתירי וכל דלא אפשר ליה לא שקלינא מיניה מידי ואית לי פירא דכוורי וכל מאן דפשע משחדינא ליה מינייהו ומסדרינן ליה ומפייסינן ליה עד דאתי וקרי רב נחמן גזר תעניתא בעא רחמי ולא אתא מיטרא אמר שקלוה לנחמן חבוטו מן גודא לארעא חלש דעתיה ואתא מיטרא רבה גזר תעניתא בעי רחמי ולא אתא מיטרא אמרו ליה והא רב יהודה כי הוה גזר תעניתא אתא מיטרא אמר להו מאי אעביד אי משום תנויי אנן עדיפינן מינייהו דבשני דרב יהודה [ח] כל תנויי

בנזיקין

יומא חד שמעיה. רב אשי לרבי יוסי בר אבין ל"א יומא חד שמעיה רבי יוסי בר אבין לרב אשי דקא גריס אמר שמואל השולה דג מן הים בשבת כיון דיבש בו כסלע אע"פ שהוא מפרכס לאחר כן ובעוד שהוא מפרכס השליכו במים חייב משום נטילת נשמה שהיא אב מלאכה דתנן (שבת דף עג.) השוחטו כו' אמר ליה רבי יוסי ובין סנפיריו דודאי לא חי וכשאין מחוסר צידה עסקינן כגון שלדו בתוך הסל והניחו במים לחיות כדרך שעושין הדייגין: א"ל. רב אשי ולא סבר לה מר דהאי ובין סנפיריו רבי יוסי בר אבין אמרה כלומר מ"ט לא אמרת ליה משמיה שכל האומר דבר בשם אומרו מביא גאולה לעולם: סנפיריו. שפורח בהן: לא תנקטו לי בדעתייכו. אל תחשדוני שלא הבאתי לכם מזונות עד עכשיו: דסגאי. שטרחתי ואיחרתי: דהוה כריא בהוצא. סותר גדר העצים כדי להסתכל דרך הנקב: אמר ליה רבי יוסי מאי האי. מה אתה מעיין כאן: אינשו. שכחו: טשו מפניו. היו מתחבאים: העבודה. שבועה: ביתום ויתומה. לזווג זה לזו: אכלבא. אוצר של חטים: אוהבך. הקב"ה: אלא כאחד מעניי ישראל. משום דמעשה נסים הוא ואסור לאדם להנות ממעשה נסים כדאמר לעיל (דף כ:) ואם עושין לו נס מנכין לו מזכיותיו: רבי יהודה נשיאה. היה בנו של רבן גמליאל בר רבי: לשמואל הרמתי. שיורדין גשמים בשבילו דכתיב [ט] הלא קציר חטים היום ועכשיו באין כל ישראל והטילו על ר' יהודה בן גמליאל דלווח וליכא דמשגח ביה: שנתקע. תקוע: והא לא קבלינן מאתמול. בהדייהו (ה): גרירין. (גרירינן) גרורין ומשוכין אנו אחריהן וכמי שקבלנו עלינו: זעירא דמן חבריא. לעיר שבישיבה והאי דקרי ליה הכי משום דאושעיא אחרינא הוה התם: מעיני העדה. זקנים מאירי עיני העם: בזמן שעיניה יפות אין כל גופה וכו'. דודאי כל גופה יפה: אין עיניה יפות כו'. הואיל והנהו דבי נשיאה דהוו עיני העדה רשעים דלת העם אין צריכין לבדוק מה מעשיהם לכך לא משגחו בהו מן שמים: אתו עבדי דריש גלותא וקא מצערו ליה. לאושעיא: אמרו ליה בני מתא. לעבדי דבי נשיאה: מצער לן. מחרף ומגדף אותנו: נחית קמיה. לפני התיבה: נשא. כמו נשב: בקוסטא דחיקא. בכפר דחוק שיש בו עניות ביותר: פירא דכוורי. מחילות של דגים: כל מאן דפשע. דלא בעי (ו) מיקרי משחדינא ליה כו': ומסדרינא ליה ומפייסינא ליה. מתקן כסדר:

ה"ג

השולה דג מן הים. שולה כמו מגביה כיון שיבש בו כסלע (ז) שעדיין הוא מפרכס ובשעה שמפרכס חוזר והשליכו לים חייב משום נטילת נשמה שהיא אב מלאכה דתנן (שבת דף עג.) השוחטו והמפשיטו גבי אבות מלאכות:

הא

עין משפט נר מצוה

כט א ב מיי' פי"א מהל' שבת הל' א סמג לאוין סה:

רבינו חננאל

אבין שמע לרב אשי דתני אמר שמואל השולה דג מן הים כיון שיבש בו כסלע חייב. א"ל איהו ובין סנפירין. א"ל רב אשי הני דבי ר' יוסי אינון א"ל אנא הוא א"ל רב אשי ואמאי שבקת לר' יוסי דמן יוקרת רבך א"ל גברא דלא חס אבריה ואברתיה עלי דידי חייס. בריה וברתיה מאי היא כו'. כלבא אוצר. ר' יהודה נשיאה גזר תעניתא ולא אתא מיטרא. אמר משמואל הרמתי שאמר הלא קציר חטים היום כו' וכיון שקרא בא המטר הגיע שפלות הדור ליהודה בן גמליאל שהוא פרנס הדור וצועק ואינו נענה. אוי לו לדור הנתקע לכך אוי מי שעלתה בימיו צרה ואין מי שראוי להתפלל ולהשיב חימה. חלש דעתיה [דר"י נשיאה] ואתא מיטרא. דבי נשיאה גזר תענית ולא אודועינהו לר' יוחנן ולר"ש בן לקיש לצפרא אודיעינהו. אמר ר"ל לא קבלנו עלינו מאתמול. א"ר יוחנן ניתיב בתעניתא דאנן בתרייהו גרירינן. דבי נשיאה גזור תעניתא בעו רחמי ולא אתא מיטרא. תנא להו והיה אם מעיני העדה נעשתה לשגגה. משל לכלה בזמן שעיניה יפין אין הגוף צריך בדיקה כו' כלומר פרנסי הדור הוא דלא מעלי. **רבי אילפי** ירד לפני התיבה לפני ר' אמי אמר משיב הרוח אתא זיקא אמר מוריד הגשם אתא מטרא אמרי ליה מאי עובדך אמר להו בקיפא פי' בכפר דחוק דאירנא וטרחנא ומייתינא קדושא ואבדלתא ומפקנא להו ידי חובתייהו. וכן ההוא שליחא דצבורא דנחית קמי דרבא ושאלוהו ואמר מקרי ינוקי אנא ומקרינא לבני עניי כבני עתירי ואית לי פירא (דסורי) דכוורי דמפרנסנא מיניה כל

רבינו גרשום

שיבש בו כסלע חייב משום צידה ומשום נטילת נשמה: **אמר ליה** ר' יוסי בר ר' אבין **ובין סנפיריו** א"ל רב יוסף הא בין סנפיריו ר' יוסי היא. **כלבא** גורן. **משמואל הרמתי** שהיה מבקש ומביא מטר אפי' בימי קציר חטים דכתיב הלא קציר חטים וגו': **בתריהו דבי נשיאה אזלינן** וכי קבילו אינהו הוי כמו קבילו אנו. **מעיני העדה** עיקר העדה היינו דבי נשיאה. **קוסא** אתרא. **דחיקא.** בני אדם דחוקים:

מסורת הש"ס

א) שבת קז., ב) צ"ל הן, ג) [עי' פרש"י ותוס' חולין יב: ד"ה דמן ופרש"י שם לא. ד"ה זעירא], ד) [עי' רש"י שבת לא.], ה) [צ"ל להון], ו) [לקמן כה: ב"מ פה.], ז) [צ"ל ונשב וכן לקמן בסמוך וכן לקמן כה: וב"מ פה: איתא ונשב אמנם לפני רש"י היה הגירסא ונשא הלכך פי' רש"י הכא ונשא כמו ונשב], ח) ברכות כ. סנהדרין קו: ע"ש, ט) שמואל א יב.

הגהות הב"ח

(א) גמ' ליה לבריה כפינן הוו יתבי: (ב) שם ואל יכשלו ביך בני אדם וכן הוה הויא ליה ההוא חמרא: (ג) שם חד זוזא זבן ביה חיטי ואסיק כו' מאי אייתי לך אבוך אמרה: (ד) שם לא אמרי ליה ולא מידי ושבקינן ליה: (ה) רש"י ד"ה והא לא כו' בהדייהו כדאמרינן לעיל מאימתי מקבל רב אמר במנחה ושמואל אמר בתפלת המנחה הס"ד: (ו) ד"ה כל מאן דפשע דלא בעי מיקרי הס"ד ואח"כ מה"ד משחדינא ליה כוורי כי היכי דגמיר הס"ד: (ז) תוס' ד"ה השולה כו' שיבש בו כסלע אע"פ שעדיין הוא מפרכס ובשעה:

תורה אור השלם

א) וְהָיָה אִם מֵעֵינֵי הָעֵדָה נֶעֶשְׂתָה לִשְׁגָגָה וְעָשׂוּ כָל הָעֵדָה פַּר בֶּן בָּקָר אֶחָד לְעֹלָה לְרֵיחַ נִיחֹחַ לַייָ וּמִנְחָתוֹ וְנִסְכּוֹ כַּמִּשְׁפָּט וּשְׂעִיר עִזִּים אֶחָד לְחַטָּת: [במדבר טו, כד]

ליקוטי רש"י

השולה דג. שהיה ניצוד ועומד מבעוד יום. **כסלע.** כרוחב סלע. **חייב.** משום נטילת נשמה דתו לא חיי [שבת קז:]. **ובין סנפיריו.** אלו כנפים ששט בהם [ויקרא יא, ט]. אלו כנפים ששט בהן על פני המים [נדה נא:]. **בצנורא דדשא.** חור שבמפתן וציר הדלת סובב בו [כתובות סז:]. **זעירא דמן חבריא.** לעיר הישיבה ולי נראה דאושעיא זעירא היה נקרא דמן חבריא שמבני הישיבה [חולין לא.]. **טרוטות.** רכות ובמקום אחר מפרש טרוטות לשון עגולות בית מושב שלהן [שבת לא.]. **פירא.** שוחה [עירובין כו.]. **פירא דכוורא.** בריכה עשויה לגדל דגים ובלע"ז ביבר [קידושין עב.].

from him, דְּכָל מַאי דַּהֲוָה גַּבֵּיהּ יָהֵיב לְהוּ – **because** if he would encounter them, **he would give them whatever he had with him** for whatever charity they were then collecting.[8] יוֹמָא חַד – **One day,** הֲוָה סָלֵיק לְשׁוּקָא לְמִיזְבַּן נְדוּנְיָא לִבְרַתֵּיהּ – **he was going out to the market to buy a trousseau for his daughter.** חֲזְיוּהוּ גַּבָּאֵי צְדָקָה – **The administrators of the charity saw him** coming, טָשׁוּ מִינֵּיהּ – and went and **hid from him.** אֲזַל וְרָהַט בַּתְרַיְיהוּ – Seeing this, **he went and ran after them** and found them. אֲמַר לְהוּ אַשְׁבַּעְתִּיכוּ בְּמַאי עֲסַקִיתוּ – **He said to them: "I adjure you** to tell me, **for what** charity **are you** now **involved** in collecting money?" אָמְרוּ לֵיהּ בְּיָתוֹם וִיתוֹמָה – **They answered him: "To** marry off **an orphan boy** to **an orphan girl."** אֲמַר לְהֶן – **He said to them:** הָעֲבוֹדָה – "By **the Temple service,**[9] שֶׁהֵן קוֹדְמִין לְבִתִּי – **they come before my own daughter."** שְׁקַל כָּל דַּהֲוָה בַּהֲדֵיהּ – **He took all** the money **he had with him** וִיהַב לְהוּ – **and gave it to them.**[10] פָּשׁ לֵיהּ חַד זוּזָא – **He was left with one** ***zuz.*** זְבַן (ליה) [בֵּיהּ] חִיטֵּי – **He** went and **bought with it** some **wheat,**[11] וְאַסֵּיק שַׁדְיֵיהּ בְּאַכְלְבָא – **and brought it** home **and tossed it in** his **granary.** אֲתָאי דְּבֵיתְהוּ – **His wife came** אָמְרָה לָהּ לִבְרַתֵּיהּ – and **said to her daughter:** מַאי אַיְיתִי אָבוּךְ – **"What did your father bring** home?" אָמְרָה לָהּ – **She said to her** mother: כָּל מַה דְּאַיְיתֵי בְּאַכְלְבָא שְׁדִיתֵיהּ – **"Whatever he brought home, he tossed in the granary."** אַתְיָא לְמִיפְתַּח בָּבָא דְּאַכְלְבָא – **She went to open the door of the granary** to see what her husband had brought, חֲזַת אַכְלְבָא דְּמַלְיָא חִיטֵּי – and **saw that the granary was filled with wheat,** וְקָא נָפְקָא בְּצִינּוֹרָא דְּדַשָּׁא – to the extent **that it was coming out through the hinges of the door,** וְלֹא מִיפְתַּח בָּבָא מֵחִיטֵּי – **and the door would not open because of the wheat** that was pressing against it.[12] אָזְלָא בְּרַתֵּיהּ לְבֵי מִדְרְשָׁא – **His daughter went to the house of study** אָמְרָה לֵיהּ – **and said to [her father]:** בֹּא וּרְאֵה מָה עָשָׂה לְךָ אוֹהַבְךָ – **"Come and see what the One Who loves you has done for you."** אָמַר לָהּ – **He said to her:** הָעֲבוֹדָה – "By **the Temple service,** הֲרֵי הֵן הֶקְדֵּשׁ עָלַיִךְ – **[this grain] shall be to you like consecrated property,**[13] וְאֵין לָךְ בָּהֶן אֶלָּא כְּאֶחָד מֵעֲנִיֵּי יִשְׂרָאֵל – **and you have no more share in it than any** other **poor person in Israel."**

The Gemara now relates a series of stories concerning fasts decreed by various great people for the lack of rain:

ר׳ יְהוּדָה נְשִׂיאָה – **R' Yehudah Nesiah** גְּזַר תַּעֲנִיתָא – **decreed a fast** over the lack of rain. בְּעֵי רַחֲמֵי וְלָא אָתָא מִיטְרָא – **He prayed for mercy, but the rains did not come.** אֲמַר – **He said:** כַּמָּה אִיכָּא מִשְּׁמוּאֵל הָרָמָתִי לִיהוּדָה בֶּן גַּמְלִיאֵל – See **how much** of a difference **there is between Samuel the Ramathi and Yehudah ben Gamliel.**[14] אוֹי לוֹ לַדּוֹר שֶׁכָּךְ נִתְקַע – **Woe is to the generation that has been put in such a state.**[15] אוֹי לוֹ לְמִי שֶׁעָלְתָה בְּיָמָיו כָּךְ – **Woe to him**[16] **in whose days such a thing has occurred.** חֲלַשׁ דַּעְתֵּיהּ – **[R' Yehudah Nesiah] became dejected,** וְאָתָא מִיטְרָא – **and the rains came.**[17]

Having just recounted a story regarding a fast proclaimed by the *Nasi*, the Gemara now teaches a law based on the right of the *Nasi* to declare a fast:

דְּבֵי נְשִׂיאָה גְּזַר תַּעֲנִיתָא – **The Court of the** ***Nasi*** **decreed a fast,** וְלָא אוֹדְעִינְהוּ לְרַבִּי יוֹחָנָן וּלְרֵישׁ לָקִישׁ – **but no one informed R' Yochanan and Reish Lakish** of this. לְצַפְרָא אוֹדְעִינְהוּ – **In the morning they were informed** that the Court of the *Nasi* had yesterday proclaimed this day a fast. אֲמַר לֵיהּ רֵישׁ לָקִישׁ לְרַבִּי יוֹחָנָן – **Reish Lakish said to R' Yochanan:** הָא לָא קַבִּילְנָא עֲלָן מֵאוּרְתָּא – **But we did not accept** this fast **upon ourselves** last **evening.**[18] אֲמַר לֵיהּ – **He answered him:**

NOTES

8. The sums he gave exceeded the limits set by the Sages on charitable expenditures (*Anaf Yosef*), and left him impoverished (see *Maharsha*). The charity collectors therefore avoided him whenever possible, so as not to reduce him and his family to penury.

But why would Elazar violate the enactment made in Usha (see *Kesubos* 50a) that one may not donate more than a fifth of his possessions to charity? Some answer that the Gemara (*Arachin* 28a) cites an opinion that there was no such formal enactment, and that Elazar followed this opinion (*Gevuras Ari*). Others answer that Elazar lived before the enactment of Usha was legislated (*Ben Yehoyada*).

9. An expression used as an oath.

10. He supplied the charity administrators with all the money needed to marry off this orphaned couple (*Ben Yehoyada*).

11. He bought this wheat to prepare food for his daughter's wedding. He thus demonstrated his unwavering faith that God would provide him with the money necessary to make the wedding (*Ben Yehoyada*).

12. A miracle had occurred and the small amount of wheat that Elazar had bought for a *zuz* increased many times over.

13. In this context, consecrated property connotes money set aside for charity, not property consecrated to the Temple (*Hagahos Yavetz;* see *Rama, Yoreh Deah* 256:1; *Beur HaGra* there).

Elazar did not wish to benefit from a miracle, so that it would not detract from his merits in the World to Come (*Rashi*, based on Gem. 20b). Instead, he donated the wheat to charity.

14. R' Yehudah Nesiah was the son of Rabban Gamliel [the third] and the grandson of R' Yehudah HaNasi [Rebbi] (*Rashi*). [The office of *Nasi* (Prince) passed on the death of R' Yehudah HaNasi to his son Rabban Gamliel, and on the latter's death, to his son R' Yehudah. The grandson was referred to as R' Yehudah Nesiah, *nesiah* being the Aramaic word for *nasi*. In this passage he calls himself Yehudah ben Gamliel.]

The prophet Samuel [who was from the town of Ramah (see *I Samuel* 1:1, 2:11, 8:4)] prayed alone and still rain fell (see *I Samuel* 12:17). Yet I am not worthy enough to be answered by God even when I proclaim a fast and pray together with the community (*Rashi*, as explained by *Maharsha*). Furthermore, Samuel asked for rain out of season and yet it came, while I cannot bring rain even in season (*Rashi* and *Tosafos* found in *Ein Yaakov*).

15. Literally: in which this [peg] has been driven.

16. That is, the leader of the generation who cannot bring rain with his fasting and prayers. [R' Yehudah Nesiah was referring to himself.]

17. Humility is essential to the acceptance of prayer, as stated in Scripture: לֵב נִשְׁבָּר וְנִדְכֶּה אֱלֹהִים לֹא תִבְזֶה – *A heart broken and humbled, O God, You will not despise* (*Psalms* 51:19). Thus, the distress felt by R' Yehudah Nesiah over the great decline in the generations and their leadership since the days of the prophet Samuel was sufficient to bring about a favorable response to the prayers. [For this reason, we learned above (Gem. 15b, 16a) that ashes were placed by others on the heads of the *Nasi* and the Chief of the Court (see note 1 on 16a).]

18. We learned above (12a) that a voluntary fast does not take effect unless one accepted it upon himself before sunset of the previous day. One who fasts without doing so is not credited with having fasted.

Seemingly, the point of this question was that since they had not accepted the fast the previous afternoon, there would be no point in fasting, because their abstention from food would not count as a fast in any case. This presents a difficulty, however. We learned above (10b) that if one arrives in a place where fasts have been decreed, he is obligated to fast along with the local population even though no one is fasting in his own city. Certainly, then, one who is a resident of a city in which everyone is fasting must join them even if he is technically exempt from the fast! (See *Orach Chaim* 574:2.)

Gevuras Ari explains that Reish Lakish's question related to saying the fast-day prayer of *Aneinu*. One who participates in a community fast without a personal obligation to fast would not say *Aneinu*. Alternatively, he suggests, that just as R' Yochanan and Reish Lakish were not informed of the fast on the previous afternoon, so too most of the other people in the town were also not informed. Thus, Reish Lakish was asking whether anyone had a reason to fast, since the town as a whole had not accepted the fast the previous day.

יומא חד שמעיה דקא גרים אמר שמואל (א) א השולה דג מן הים בשבת כיון שיבש בו כסלע חייב א"ל ולימא מר ב ובין סנפיריו אמר ליה ולא סבר לה מר דההיא רבי יוסי בן רבי אבין אמרה אמר ליה אנא ניהו א"ל ולאו קמיה דר' יוסי דמן יוקרת הוה שכיח מר א"ל (ג הין) א"ל ומ"ט שבקיה מר ואתא הכא אמר ליה גברא דעל בריה ועל ברתיה לא חס עלי דידי היכי חיים בריה מאי היא יומא חד הוו אגרי ליה אגירי בדברא נגה להו ולא אייתי להו ריפתא אמרו ליה לבריה (א) כפינן הוו יתבי תותי תאינתא אמר תאנה תאנה הוציאי פירותיך ויאכלו פועלי אבא אפיקו ואכלו אדהכי והכי אתא אבוה אמר להו לא תינקטו בדעתייכו דהאי דנהגנא אמצוה טרחנא ועד השתא הוא דסגאי אמרו ליה רחמנא לישבעך כי היכי דאשבען ברך אמר להו מהיכא אמרו הכי והכי הוה מעשה אמר לו בני אתה הטרחת את קונך להוציא תאנה פירותיה שלא בזמנה יאסף שלא בזמנו ברתיה מאי היא הויא ליה ברתא בעלת יופי יומא חד חזיא להההוא גברא דהוה כריא בהוצא וקא חזי לה אמר לו מאי האי אמר ליה רבי אם ללוקחה לא זכיתי לראותה לא אזכה אמר לה בתי קא מצערת להו לברייתא שובי לעפריך ואל יכשלו ביך בני אדם (ב) הויא ליה ההוא חמרא כדהוו אגרי לה כל יומא לאורתא הוו משדרי לה אגרה אגבה ואתיא לבי מרה ואי טפו לה או בצרי לה לא אתיא יומא חד אינשו זוגא דסנדלי עלה ולא אזלה עד דשקלונהו מינה והדר אזלה אלעזר איש בירתא כד הוו חזו ליה גבאי צדקה הוו טשו מיניה דכל מאי דהוה גביה יהיב להו יומא חד הוה סליק לשוקא למזבן נדוניא לברתיה חזיוהו גבאי צדקה טשו מיניה אזל ורהט בתרייהו אמר להו אשבעתיכו במאי עסקיתו אמרו ליה ביתום ויתומה אמר להן העבודה שהן קודמין לבתי שקל כל דהוה בהדיה ויהב להו פש ליה חד זוזא זבן (ג) ליה חיטי ואסיק שדייה באכלבא אתאי דביתהו אמרה לה לברתיה מאי אייתי אבוך אמרה לה כל מה דאייתי באכלבא שדיתיה אתיא למיפתח בבא דאכלבא חזת אכלבא דמליא חיטי וקא נפקא בצינורא דדשא ולא מיפתח בבא מחיטי אזלא ברתיה לבי מדרשא אמרה ליה בא וראה מה עשה לך אוהבך אמר לה העבודה הרי הן הקדש עליך ואין לך בהן אלא כאחד מעניי ישראל ר' יהודה נשיאה גזר תעניתא בעי רחמי ולא אתא מיטרא אמר כמה איכא משמואל הרמתי ליהודה בן גמליאל אוי לו לדור שכן נתקע אוי לו למי שעלתה בימיו כך חלש דעתיה ואתא מיטרא דבי נשיאה גזר תעניתא ולא אודעינהו לרבי יוחנן ולריש לקיש לצפרא אודעינהו אמר ליה ריש לקיש לרבי יוחנן הא לא קבילנא עלן מאורתא אמר ליה אנן בתרייהו גררינן דבי נשיאה גזר תעניתא ולא אתא מיטרא תנא להו אושעיא זעירא ג דמן חבריא א והיה אם מעיני העדה נעשתה לשגגה משל לכלה שהיא בבית אביה כל זמן שעיניה יפות אין כל גופה צריכה בדיקה עיניה ד טרוטות כל גופה צריכה בדיקה אתו עבדיה ורמו ליה סודרא בצואריה וקא מצערו ליה אמרו ליה (ה ליה) בני מאתיה שבקיה דהא נמי מצער לן כיון דחזינן דכל מיליה לשום שמים לא אמרי ליה (ד) מידי ושבקינן ליה אתון נמי שבקוהו רבי גזר תעניתא ולא אתא מיטרא נחית קמיה אילפא ואמרי לה רבי אילפי ו אמר משיב הרוח ז ונשב זיקא מוריד הגשם ואתא מיטרא אמר ליה מאי עובדך אמר ליה דיירנא בקוסטא דחיקא דלית ביה חמרא לקידושא ואבדלתא טרחנא ואתינא חמרא לקידושא ואבדלתא ומפיקנא להו ידי חובתייהו רב איקלע להההוא אתרא גזר תעניתא ולא אתא מיטרא נחית קמיה שליחא דצבורא אמר משיב הרוח ונשב זיקא אמר מוריד הגשם ואתא מיטרא אמר ליה מאי עובדך אמר ליה מיקרי דרדקי אנא ומקרינא לבני עניי כבני עתירי וכל דלא אפשר ליה לא שקלינא מיניה מידי ואית לי פירא דכוורי וכל מאן דפשע משחדינא ליה מינייהו ומסדרינן ומפייסינן ליה עד דאתי וקרי רב נחמן גזר תעניתא בעא רחמי ולא אתא מיטרא אמר שקלוה לנחמן חבוטו מן גודא לארעא חלש דעתיה ואתא מיטרא רבה גזר תעניתא בעי רחמי ולא אתא מיטרא אמרו ליה והא רב יהודה כי הוה גזר תעניתא אתא מיטרא אמר להו מאי אעביד אי משום תנויי אנן עדיפינן מינייהו דבשני דרב יהודה ח כל תנויי

בנזיקין

רש"י

יומא חד שמעיה. רב אשי לרבי יוסי בר אבין ל"א יומא חד שמעיה רבי יוסי בר אבין לרב אשי דקא גרים אמר שמואל השולה דג מן הים בשבת כיון דיבש בו כסלע אע"פ שהוא מפרכס לאחר כן ובעוד שהוא מפרכס השליכו במים חייב משום נטילת נשמה שהיא אב מלאכה דתנן (שבת דף עג.) השוחטו כו' אמר ליה רבי יוסי ובין סנפיריו דודאי לא חי וכשאין מחוסר צידה עסקינן כגון שלדו בתוך הסל והניחו במים לחיות כדרך שעושין הדייגין: א"ל. רב אשי ולא סבר לה מר דהאי ובין סנפיריו רבי יוסי בר אבין אמרה כלומר מ"ט לא אמרת ליה משמיה שכל האומר דבר בשם אומרו מביא גאולה לעולם: סנפיריו. שפורח בהן: לא תנקטו לי בדעתייכו. אל תחשדוני שלא הבאתי לכם מזונות עד עכשיו: דסגאי. שטרחתי ואיחרתי: דהוה כריא בהוצא. סותר גדר העלים כדי להסתכל דרך הנקב: אמר ליה רבי יוסי מאי האי. מה אתה מעיין כאן: אינשו. שכחו: טשו מפניו. היו מתחבאים: העבודה. שבועה: ביתום ויתומה. לזווג זה לזו: אכלבא. אוצר של חטים: אוהבך. הקב"ה: אלא כאחד מעניי ישראל. משום דמעשה נסים הוא ואסור לאדם להנות ממעשה נסים כדאמר לעיל (דף כ:) ואם עושין לו נס מנכין לו מזכיותיו: רבי יהודה נשיאה. היה בנו של רבן גמליאל בר רבי: לשמואל הרמתי. שיורדין גשמים בשבילו דכתיב ט) הלא קציר חטים היום ועכשיו באין כל ישראל והטילו על ר' יהודה בן גמליאל לצוות וליכא דמשגח ביה: שנתקע. תקוע: והא לא קבלינן מאתמול. בהדייהו (ה): גרירין. (גרירינן) גרורין ומשוכין אנו אחריהן וכמי שקבלנו עלינו: זעירא דמן חבריא. לעיר שבישיבה והאי דקרי ליה הכי משום דאושעיא אחרינא הוה התם: מעיני העדה. זקנים מאירי עיני העם: בזמן שעיניה יפות אין כל גופה וכו'. דודאי כל גופה יפה: אין עיניה יפות כו'. הואיל והנהו דבי נשיאה דהוו עיני העדה רשעים דלת העם אין צריכין לבדוק מה מעשיהם לכך לא משגחו בהו מן שמים: אתו עבדי דריש גלותא וקא מצערו ליה. לאושעיא: אמרו ליה בני מתא. לעבדי דבי נשיאה: מצער לן. מחרף ומגדף אותנו: נחית קמיה. לפני התיבה: נשא. כמו נשב: בקוסטא דחיקא. בכפר דחוק שיש בו עניות ביותר: פירא דכוורי. מחילות של דגים: כל מאן דפשע. דלא בעי (ו) מיקרי משחדינא ליה כו': ומסדרינא ליה ומפייסינא ליה. מתקן כסדר:

ה"ג

תוספות

השולה דג מן הים. שולה כמו מגביה כיון שיבש בו כסלע (ז) שעדיין הוא מפרכס ובשעה שמפרכס חזר והשליכו לים חייב משום נטילת נשמה שהיא אב מלאכה דתנן (שבת דף עג.) השוחטו והמפשיטו גבי אבות מלאכות:

הא

מסורת הש"ס

א) שבת קז., ב) נ"ל הן, ג) [עי' פרש"י ותוס' חולין יב: ד"ה דמן ופרש"י שם לא. ד"ה זעירא], ד) [עי' רש"י שבת לא.], ה) [נ"ל להו], ו) [לקמן כה: ב"מ פה:], ז) [נ"ל ונשב וכן לקמן בסמוך וכן לקמן כה: וב"מ פה: איתא ונשב אמנם לפני רש"י היה הגירסא ונשא הלכך פי' רש"י הכא ונשא כמו ונשב], ח) ברכות כ. סנהדרין קו: ע"ש, ט) שמואל א יב.

הגהות הב"ח

(א) גמ' ליה לבריה כפינן הוו יתבי: (ב) שם ואל יכשלו ביך בני אדם וכן הוה הויא ליה ההוא חמרא: (ג) שם חד זוזא זבן ביה חיטי ואסיק כו' מאי אייתי לך אבוך אמרה: (ד) שם לא אמרי ליה ולא מידי ושבקינן ליה: (ה) רש"י ד"ה והא לא כו' בהדייהו כדאמרינן לעיל מאימתי מקבל רב אמר במנחה ושמואל אמר בתפלת המנחה הס"ד: (ו) ד"ה כל מאן דפשע דלא בעי מיקרי הס"ד ואח"כ מה"ד משחדינא ליה כוורי כי היכי דגמיר הס"ד: (ז) תוס' ד"ה השולה כו' שיבש בו כסלע אע"פ שעדיין הוא מפרכס ובשעה:

תורה אור השלם

א) וְהָיָה אִם מֵעֵינֵי הָעֵדָה נֶעֶשְׂתָה לִשְׁגָגָה וְעָשׂוּ כָל הָעֵדָה פַּר בֶּן בָּקָר אֶחָד לְעֹלָה לְרֵיחַ נִיחֹחַ לַייָ וּמִנְחָתוֹ וְנִסְכּוֹ כַּמִּשְׁפָּט וּשְׂעִיר עִזִּים אֶחָד לְחַטָּת: [במדבר טו, כד]

ליקוטי רש"י

השולה דג. שהיה ניצוד ועומד מבעוד יום. **כסלע.** כרוחב סלע. **חייב.** משום נטילת נשמה דתו לא חיי [שבת קז:]. **ובין סנפיריו.** אלו כנפים ששט בהם [ויקרא יא, ט]. אלו כנפים ששט בהן על פני המים [נדה נא:]. **בצנורא דדשא.** חור שבמפתן וציר הדלת סובב בו [כתובות סז:]. **זעירא דמן חבריא.** לעיר הישיבה ולי נראה דאושעיא זעירא היה נקרא דמן חבריא שמבני הישיבה [חולין לא.]. **טרוטות.** רכות ובמקום אחר מפרש תרוטות לשון עגולות בית מושב שלהן [שבת לא.]. **פירא.** שוחה [עירובין כו.]. **פירא דכוורא.** בריכה עשויה לגדל דגים ובלע"ז ביבר [קידושין עב.].

עין משפט נר מצוה

כט א ב מיי' פי"א מהל' שבת הל' א סמג לאוין סה:

רבינו חננאל

אבין שמע לרב אשי דתני אמר שמואל השולה דג מן הים כיון שיבש בו כסלע חייב. א"ל איהו ובין סנפירין. א"ל רב אשי הני דבי ר' יוסי אינון א"ל אנא הוא א"ל רב אשי ואמאי שבקת לר' יוסי דמן יוקרת רבך א"ל גברא דלא חס אבריה ואברתיה עלי דידי חיים. בריה וברתיה מאי היא כו'. כלבא אוצר. ר' יהודה נשיאה גזר תעניתא ולא אתא מיטרא. אמר משמואל הרמתי שאמר הלא קציר חטים היום כו' וכיון שקרא בא המטר הגיע שפלות הדור ליהודה בן גמליאל שהוא פרנס הדור וצועק ואינו נענה. אוי לו לדור הנתקע לכך אוי מי שעלתה בימיו צרה ואין מי שראוי להתפלל ולהשיב חימה. חלש דעתיה [דר"י נשיאה] ואתא מיטרא. דבי נשיאה גזר תענית ולא אודועינהו לר' יוחנן ולר"ש בן לקיש לצפרא אודיעינהו אמר ר"ל לא קבלנו עלינו מאתמול. א"ר יוחנן ניתיב בתעניתא דאנן בתרייהו גרירינן. דבי נשיאה גזור תעניתא בעו רחמי ולא אתא מיטרא. תנא להו והיה אם מעיני העדה נעשתה לשגגה. משל לכלה בזמן שעיניה יפין אין הגוף צריך בדיקה כו' כלומר פרנסי הדור הוא דלא מעלי. **רבי אילפי** ירד לפני התיבה לפני ר' אמי אמר משיב הרוח אתא זיקא אמר מוריד הגשם אתא מטרא אמרי ליה מאי עובדך אמר להו בקיפא פי' בכפר דחוק דאירנא וטרחנא ומייתינא קדושא ואבדלתא ומפקנא להו ידי חובתייהו. וכן ההוא שליחא דצבורא דנחית קמי דרבא ושאלוהו ואמר מקרי ינוקי אנא ומקרינא לבני עניי כבני עתירי ואית לי פירא (דסורי) דכוורי דמפרנסנא מיניה כל

רבינו גרשום

שיבש בו כסלע חייב משום צידה ומשום נטילת נשמה: **אמר ליה** ר' יוסי בר ר' אבין **ובין סנפיריו** א"ל רב יוסף הא בין סנפיריו ר' יוסי היא. **כלבא** גורן. **משמואל הרמתי** שהיה מבקש ומביא מטר אפי' בימי קציר חטים דכתיב הלא קציר חטים וגו': **בתרייהו דבי נשיאה אזלינן** וכי קבילו אינהו הוי כמו קבילו אנו. **מעיני העדה** עיקר העדה היינו דבי נשיאה. **קוסא** אתרא. **דחיקא.** בני אדם דחוקים:

אֲנַן בָּתְרַיְיהוּ גָּרְרִינַן – **We are drawn after them.**[19]

The Gemara relates another story concerning a fast proclaimed by the Court of the *Nasi*:

דְּבֵי נְשִׂיאָה גְּזַר תַּעֲנִיתָא – Once, **the Court of the *Nasi* decreed a fast,** וְלֹא אָתָא מִיטְרָא – **but the rains did not come.** תְּנָא לְהוּ אוֹשַׁעְיָא זְעֵירָא דְּמִן חַבְרַיָּיא – In response, **Oshaya, the youngest of the colleagues** in the yeshivah, **quoted to them the teaching of a Baraisa,**[20] said in regard to the following verse: ,,וְהָיָה אִם מֵעֵינֵי הָעֵדָה נֶעֶשְׂתָה לִשְׁגָגָה" – ***If it should happen that it was hidden from the eyes of the congregation and done in error . . .***[21] The verse uses the expression "eyes of the congregation" to refer to the Sanhedrin (the leadership of the people), giving rise to the following analogy: מָשָׁל לְכַלָּה – **This is comparable to a bride**-to-be שֶׁהִיא בְּבֵית אָבִיהָ – **who is** still living **in her father's home.** כָּל זְמַן שֶׁעֵינֶיהָ יָפוֹת – **As long as her eyes are comely,** אֵין כָּל גּוּפָהּ צְרִיכָה בְּדִיקָה – **the rest of her body need not be checked.**[22] עֵינֶיהָ טְרוּטוֹת – But **if her eyes are weak,**[23] כָּל גּוּפָהּ צְרִיכָה בְּדִיקָה – **her entire body needs to be checked.** Similarly, if the leadership of the people is found to be worthy, the deeds of the populace are not so carefully scrutinized. Since the continued lack of rain is evidence of Divine displeasure with the people, it is also evidence of the unworthiness of the *Nasi's* Court.[24]

The *Nasi's* court did not take kindly to this reproach and sought to punish Oshaya:

אָתוּ עַבְדֵיהּ – **[The *Nasi's*] servants came** וְרָמוּ לֵיהּ סוּדָרָא בְּצַוָּארֵיהּ – **and threw a kerchief around [Oshaya's] neck,** וְקָא מְצַעֲרוּ לֵיהּ – **and** began **hurting him.** אָמְרוּ (ליה) [לְהוּ] בְּנֵי מָאתֵיהּ – **The people of his place** came to the aid of Oshaya and **said to them** [the *Nasi's* agents]: שַׁבְקֵיהּ – **"Leave him** be, דְּהָא נַמִּי מְצַעֵר לָן – **because he harasses us** with his reproaches as well. כֵּיוָן דְּחָזֵינַן דְּכָל מִילֵּיהּ לְשׁוּם שָׁמַיִם – **However, since we see that all his actions are** meant **for the sake of Heaven,** לֹא אַמְרֵי לֵיהּ מִידֵי וְשָׁבְקִינַן לֵיהּ – **we no** longer **say anything to him and leave him** be. אַתּוּן נַמִּי שַׁבְקוּהוּ – **You too should** therefore **leave him** be."

The Gemara relates another story about a *Nasi's* prayer for rain that was not immediately answered:

רַבִּי גְּזַר תַּעֲנִיתָא – **Rebbi decreed a fast** וְלֹא אָתָא מִיטְרָא – **but the rains did not come.** נְחִית קַמֵּיהּ אִילְפָא – **Ilfa** then **went down** before the ark[25] **in [Rebbi's] presence** to lead the prayers, וְאָמְרֵי לָהּ רַבִּי אִילְפַי – **and some say it was R' Ilfai** who went down to lead the prayers. אָמַר: ,,מַשִּׁיב הָרוּחַ" – When **he said: *He makes the wind blow,*** (ונשא) [וְנָשַׁב] זִיקָא – **the wind blew,** ,,מוֹרִיד הַגֶּשֶׁם" – and when he said: ***He makes the rain fall,***[26] וְאָתָא מִיטְרָא – **the rains came.** אָמַר לֵיהּ – **Rebbi said to him:** מַאי עוֹבָדָךְ – **"What do you do"** that you merit to have your prayer answered immediately? אָמַר לֵיהּ – **He said to him:** דָּיֵירְנָא בְּקוּסְטָא דְּחִיקָא – **"I live in a poverty-stricken village** דְּלֵית בֵּיהּ חַמְרָא לְקִידּוּשָׁא וְאַבְדַּלְתָּא – **which lacks wine for Kiddush and Havdalah.** טָרַחְנָא וְאָתֵינָא חַמְרָא לְקִידּוּשָׁא וְאַבְדַּלְתָּא – I therefore **exert myself to bring wine for Kiddush and Havdalah,** and recite the Kiddush and Havdalah for them over the wine, וּמַפֵּיקְנָא לְהוּ יְדֵי חוֹבָתַיְיהוּ – **and** thereby **discharge their obligations for them."**[27]

The Gemara relates another incident similar to the last:

רַב אִיקְּלַע לְהַהוּא אַתְרָא – **Rav came to a certain place** which was experiencing a drought. גְּזַר תַּעֲנִיתָא וְלֹא אָתָא מִיטְרָא – **He decreed a fast but the rains did not come.** נְחִית קַמֵּיהּ שְׁלִיחָא דְּצִבּוּרָא – **A *shliach tzibbur* went down** before the Ark **in [Rav's] presence** to lead the prayers. אָמַר: ,,מַשִּׁיב הָרוּחַ" – When **he said: *He makes the wind blow,*** וְנָשַׁב זִיקָא – **the wind blew,** אָמַר: ,,מוֹרִיד הַגֶּשֶׁם" – and when **he said: *He makes the rain fall,*** וְאָתָא מִיטְרָא – **the rains came.** אָמַר לֵיהּ – **[Rav] said to him:** מַאי עוֹבָדָךְ – **"What do you do"** that you merit to have your prayer answered immediately? אָמַר לֵיהּ – **He said to [Rav]:** מִיקְרֵי דַּרְדְּקֵי אֲנָא – **"I am a teacher of small children,** וּמַקְרֵינָא לִבְנֵי עַנְיֵי כִּבְנֵי עַתִּירֵי – **and I teach the children of the poor as well as the children of the rich;** וְכָל דְּלָא אֶפְשַׁר לֵיהּ – **and whoever can not afford** to pay me, לָא שָׁקְלִינָא מִינֵּיהּ מִידֵי – **I do not take anything from him.** וְאִית לִי פִּירָא דְּכַוְורֵי – Moreover, **I own fish ponds;** וְכָל מַאן דְּפָשַׁע – **and any [child] who rebels** and refuses to study, מְשַׁחֲדִינָא לֵיהּ מִינַּיְיהוּ – **I bribe him with some of [the fish,]** וּמְסַדְּרִינַן לֵיהּ – **and I arrange** matters **for him,** וּמְפַיְּיסִינַן לֵיהּ – **and appease him,** עַד דְּאָתֵי וְקָרֵי – **until he** is ready to **come and study."**[28]

NOTES

19. That is, we rely on the Court of the *Nasi* [as the leadership of the community] and follow their lead. Their declaration of a fast is effective even for us, and it is deemed as if we ourselves undertook to fast at the proper time (*Rashi*; see *Rashi* in *Ein Yaakov*). Alternatively, since the *Nasi* has the power to proclaim a public fast, everyone in the community is obligated to follow his order, and the fast is valid without a formal expression of acceptance (*Rosh* 1:13, *Ritva* and *Ran* to 12b; see *Orach Chaim* 562:12).

20. He cited this teaching as a critical commentary on the *Nasi's* Court for the failure of the fast declared by them to bring the rains.

Oshaya was referred to as the youngest of the colleagues to distinguish him from another Oshaya who was also a member of the yeshivah (*Rashi*; cf. *Gevuras Ari*).

21. *Numbers* 15:24. [The verse refers to the offering that is brought to atone for community-wide idol worship that resulted from an error by the Sanhedrin regarding the permissibility of such a practice.] The elders of the community are referred to in this verse as "the eyes of the congregation" because their leadership and example are supposed to shine as a light of inspiration in the eyes of the people (*Rashi*). [Their leadership should enable the people to see the proper way through the the tangle of issues confronting them. Thus, the moral leaders of the nation serve as its "eyes."]

22. I.e. it can be assumed that the rest of the body is also healthy. [Were she suffering from some illness or defect, some sign of her distress would be evident in her eyes.]

23. This translation is from *Rashi* to *Shabbos* 31a ד״ה תרוטות. In this Gemara, however, it is clear that *Rashi* did not have the reading טרוטות, *weak*, but אֵין עֵינֶיהָ יָפוֹת, *her eyes are not comely.*

24. The failure of the rains to arrive after they had fasted and prayed indicated that the spiritual standing of the people had been investigated by Heaven and been found wanting. Oshaya's point was that if the leaders of the people — the "eyes of the congregation" — had been truly God-fearing, the Heavenly Court would not have focused on the failings of the common people, and the rains would have come (*Rashi*).

25. Going down before the Ark is the Talmudic expression for serving as the *shliach tzibbur* to lead the prayers. See 15a note 11.

26. מַשִּׁיב הָרוּחַ וּמוֹרִיד הַגֶּשֶׁם, *He makes the wind blow and makes the rain fall,* is the prayer for rain inserted in the second blessing of the Shemoneh Esrei during the winter months.

27. This incident should not be understood as a reflection on Rebbi's lack of merit. Rebbi's humility and piety were legend, and unequaled after his time (Mishnah, *Sotah* 49a). The rains came as a result of someone else's merit rather than his, only because Rebbi's great merit was not needed to bring an end to the drought, and it thus came about in the merit of a different righteous person. The Gemara above (21b) cited a number of examples of this pattern (*Maharsha*).

28. His fish ponds were a source of income to him (*Rabbeinu Chananel*). Thus, not only did he not charge the poor for teaching their children, but he used his own resources to inspire them to learn. It was this dedication to teaching Torah to youngsters that merited for him having his prayers for rain answered.

יומא חד שמעיה דקא גרים אמר שמואל (א) [א]השולה דג מן הים בשבת כיון שיבש בו כסלע חייב א"ל ולימא מר [ב]ובין סנפיריו אמר ליה ולא סבר לה מר דההיא רבי יוסי בן רבי אבין אמרה אמר ליה אנא ניהו א"ל ולאו קמיה דר' יוסי דמן יוקרת הוה שכיח מר א"ל ([ג]הין) א"ל ומ"ט שבקיה מר ואתא הכא אמר ליה גברא דעל בריה ועל ברתיה לא חס עלי דידי היכי חייס בריה מאי היא יומא חד הוו אגרי ליה אגירי בדברא נגה להו ולא אייתי להו ריפתא אמרו ליה לבריה (א) כפינן הוו יתבי תותי תאינתא אמר תאנה תאנה הוציאי פירותיך ויאכלו פועלי אבא אפיקו ואכלו אדהכי והכי אתא אבוה אמר להו לא תינקטו בדעתייכו דהאי דנגהנא אמצוה טרחנא ועד השתא הוא דסגאי אמרו ליה רחמנא לישבעך כי היכי דאשבען ברך אמר להו מהיכא אמרו הכי והכי הוה מעשה אמר לו בני אתה הטרחת את קונך להוציא תאנה פירותיה שלא בזמנה יאסף שלא בזמנו ברתיה מאי היא הויא ליה ברתא בעלת יופי יומא חד חזיא להההוא גברא דהוה כריא בהוצא וקא חזי לה אמר לו מאי האי אמר ליה רבי אם ללוקחה לא זכיתי לראותה לא אזכה אמר לה בתי קא מצערת להו לברייתא שובי לעפריך ואל יכשלו ביך בני אדם (ב) הויא ליה ההוא חמרא כדהוו אגרי לה כל יומא לאורתא הוו משדרי לה אגרה אגבה ואתיא לבי מרה ואי טפו לה או בצרי לה לא אתיא יומא חד אינשו זוגא דסנדלי עלה ולא אזלה עד דשקלונהו מינה והדר אזלה אלעזר איש בירתא כד הוו חזו ליה גבאי צדקה הוו טשו מיניה דכל מאי דהוה גביה יהיב להו יומא חד הוה סליק לשוקא למיזבן נדוניא לברתיה חזיוהו גבאי צדקה טשו מיניה אזל ורהט בתרייהו אמר להו אשבעתיכו במאי עסקיתו אמרו ליה ביתום ויתומה אמר להן העבודה שהן קודמין לבתי שקל כל דהוה בהדיה ויהב להו פש ליה חד זוזא זבן (ג) ליה חיטי ואסיק שדייה באכלבא אתאי דביתהו אמרה לה לברתיה מאי אייתי אבוך אמרה לה כל מה דאייתי באכלבא שדיתיה אתיא למיפתח בבא דאכלבא חזת אכלבא דמליא חיטי וקא נפקא בצינורא דדשא ולא מיפתח בבא מחיטי אזלא ברתיה לבי מדרשא אמרה ליה בא וראה מה עשה לך אוהבך אמר לה העבודה הרי הן הקדש עליך ואין לך בהן אלא כאחד מעניי ישראל ר' יהודה נשיאה גזר תעניתא בעי רחמי ולא אתא מיטרא אמר כמה איכא משמואל הרמתי ליהודה בן גמליאל אוי לו לדור שכן נתקע אוי לו למי שעלתה בימיו כך חלש דעתיה ואתא מיטרא דבי נשיאה גזר תעניתא ולא אודעינהו לרבי יוחנן ולריש לקיש לצפרא אודעינהו אמר ליה ריש לקיש לרבי יוחנן הא לא קבילנא עלן מאורתא אמר ליה אנן בתרייהו גררינן דבי נשיאה גזר תעניתא ולא אתא מיטרא תנא להו אושעיא זעירא [ג]דמן חברייא [א]והיה אם מעיני העדה נעשתה לשגגה משל לכלה שהיא בבית אביה כל זמן שעיניה יפות אין כל גופה צריכה בדיקה עיניה [ד]טרוטות כל גופה צריכה בדיקה אתו עבדיה ורמו ליה סודרא בצואריה וקא מצערו ליה אמרו ([ה]ליה) בני מאתיה שבקיה דהא נמי מצער לן כיון דחזינן דכל מיליה לשום שמים לא אמרי ליה (ד) מידי ושבקינן ליה אתון נמי שבקוהו רבי גזר תעניתא ולא אתא מיטרא נחית קמיה אילפא ואמרי לה רבי אילפי [ו]אמר משיב הרוח [ז]ונשא זיקא מוריד הגשם ואתא מיטרא אמר ליה מאי עובדך אמר ליה דיירנא בקוסטא דחיקא דלית ביה חמרא לקידושא ואבדלתא טרחנא ואתינא חמרא לקידושא ואבדלתא ומפיקנא להו ידי חובתייהו רב איקלע להההוא אתרא גזר תעניתא ולא אתא מיטרא נחית קמיה שליחא דצבורא אמר משיב הרוח ונשב זיקא אמר מוריד הגשם ואתא מיטרא אמר ליה מאי עובדך אמר ליה מיקרי דרדקי אנא ומקרינא לבני עניי כבני עתירי וכל דלא אפשר ליה לא שקלינא מיניה מידי ואית לי פירא דכוורי וכל מאן דפשע משחדינא ליה מינייהו ומסדרינן ליה ומפייסינן ליה עד דאתי וקרי רב נחמן גזר תעניתא בעא רחמי ולא אתא מיטרא אמר שקלוה לנחמן חבוטו מן גודא לארעא חלש דעתיה ואתא מיטרא רבה גזר תעניתא בעי רחמי ולא אתא מיטרא אמרו ליה והא רב יהודה כי הוה גזר תעניתא אתא מיטרא אמר להו מאי אעביד אי משום תנויי אנן עדיפינן מינייהו דבשני דרב יהודה [ח]כל תנויי

בנזיקין

רש"י

יומא חד שמעיה. רב אשי לרבי יוסי בר אבין ל"א יומא חד שמעיה רבי יוסי בר אבין לרב אשי דקא גרים אמר שמואל השולה דג מן הים בשבת כיון דיבש בו כסלע אע"פ שהוא מפרכס לאחר כן ובעוד שהוא מפרכס השליכו במים חייב משום נטילת נשמה שהיא אב מלאכה דתנן (שבת דף עג.) השוחטו כו' אמר ליה רבי יוסי ובין סנפיריו דודאי לא חי וכשאין מחוסר לידה עסקינן כגון שלדו בתוך הסל והניחו במים לחיות כדרך שעושין הדייגין: א"ל. רב אשי ולא סבר לה מר דהאי ובין סנפיריו רבי יוסי בר אבין אמרה כלומר מ"ט לא אמרת ליה משמיה שכל האומר דבר בשם אומרו מביא גאולה לעולם: סנפיריו. שפורח בהן: לא תנקטו לי בדעתייכו. אל תחשדוני שלא הבאתי לכם מזונות עד עכשיו: דסגאי. שטרחתי ואיחרתי: דהוה כריא בהוצא. סותר גדר העצים כדי להסתכל דרך הנקב: אמר ליה רבי יוסי מאי האי. מה אתה מעיין כאן: אינשו. שכחו: טשו מפניו. היו מתחבאים: העבודה. שבועה: ביתום ויתומה. לזווג זה לזו: אכלבא. אוצר של חטים: אוהבך. הקב"ה: אלא כאחד מעניי ישראל. משום דמעשה נסים הוא ואסור לאדם להנות ממעשה נסים כדאמר לעיל (דף כ:) ואם עושין לו נס מנכין לו מזכיותיו: רבי יהודה נשיאה. היה בנו של רבן גמליאל בר רבי: לשמואל הרמתי. שיורדין גשמים בשבילו דכתיב [ט]הלא קציר חטים היום ועכשיו באין כל ישראל והטילו על ר' יהודה בן גמליאל דלווח וליכא דמשגח ביה: שנתקע. תקוע: והא לא קבלינן מאתמול. בהדייהו (ה): גרירין. (גרירנן) גרורין ומשוכין אנו אחריהן וכמי שקבלנו עלינו: זעירא דמן חבריא. לעיר שבישיבה והאי דקרי ליה הכי משום דאושעיא אחרינא הוה התם: מעיני העדה. זקנים מאירי עיני העם: בזמן שעיניה יפות אין כל גופה וכו'. דודאי כל גופה יפה: אין עיניה יפות כו'. הואיל והנהו דבי נשיאה דהוו עיני העדה רשעים דלת העם אין צריכין לבדוק מה מעשיהם לכך לא משגחו בהו מן שמים: אתו עבדי דריש גלותא וקא מצערו ליה. לאושעיא: אמרו ליה בני מתא. לעבדי דבי נשיאה: מצער לן. מחרף ומגדף אותנו: נחית קמיה. לפני התיבה: נשא. כמו נשב: בקוסטא דחיקא. בכפר דחוק שיש בו עניות ביותר: פירא דכוורי. מחילות של דגים: כל מאן דפשע. דלא בעי (ו) מיקרי משחדינא ליה כו': ומסדרינא ליה ומפייסינא ליה. מתקן כסדר: ה"ג

תוספות

השולה דג מן הים. שולה כמו מגביה כיון שיבש בו כסלע (ז) שעדיין הוא מפרכס ובשעה שמפרכס חוזר והשליכו לים חייב משום נטילת נשמה שהיא אב מלאכה דתנן (שבת דף עג.) השוחטו והמפשיטו גבי אבות מלאכות:

הא

מסורת הש"ם

א) שבת קז., ב) נ"ל הן, ג) [עי' פרש"י ותוס' חולין יב: ד"ה דמן ופרש"י שם לא. ד"ה זעירא], ד) [עי' רש"י שבת לא.], ה) [נ"ל להו], ו) [לקמן כה: ב"מ פה:], ז) [נ"ל ונשב וכן לקמן בסמוך וכן לקמן כה: וב"מ פה: איתא ונשב אמנם לפני רש"י היה הגירסא ונשא הלכך פי' רש"י הכא ונשא כמו ונשב], ח) ברכות כ. סנהדרין קו: ע"ש, ט) שמואל א יב.

הגהות הב"ח

(א) גמ' ליה לבריה כפינן הוו יתבי: (ב) שם ואל יכשלו בך בני אדם וכן הוה הויא ליה ההוא חמרא: (ג) שם חד זוזא זבן ביה חיטי ואסיק כו' מאי אייתי לך אבוך אמרה: (ד) שם לא אמרי ליה ולא מידי ושבקינן ליה: (ה) רש"י ד"ה והא לא כו' בהדייהו כדאמרינן לעיל מאימתי מקבל רב אמר במנחה ושמואל אמר בתפלת המנחה הס"ד: (ו) ד"ה כל מאן דפשע דלא בעי מיקרי הס"ד ואח"כ מה"ד משחדינא ליה כוורי כי היכי דגמיר הס"ד: (ז) תוס' ד"ה השולה כו' שיבש בו כסלע אע"פ שעדיין הוא מפרכס ובשעה:

תורה אור השלם

א) וְהָיָה אִם מֵעֵינֵי הָעֵדָה נֶעֶשְׂתָה לִשְׁגָגָה וְעָשׂוּ כָל הָעֵדָה פַּר בֶּן בָּקָר אֶחָד לְעֹלָה לְרֵיחַ נִיחֹחַ לַייָ וּמִנְחָתוֹ וְנִסְכּוֹ כַּמִּשְׁפָּט וּשְׂעִיר עִזִּים אֶחָד לְחַטָּת: [במדבר טו, כד]

ליקוטי רש"י

השולה דג. שהיה ניצוד ועומד מבעוד יום. כסלע. כרוחב סלע. חייב. משום נטילת נשמה דתו לא חיי [שבת קז:]. ובין סנפיריו. אלו כנפים ששט בהם [ויקרא יא, ט]. אלו כנפים ששט בהן על פני המים [נדה נא:]. בצנורא דדשא. חור שבמפתן וציר הדלת סובב בו [כתובות סז:]. זעירא דמן חבריא. צעיר הישיבה ולי נראה דאושעיא זעירא היה נקרא דמן חבריא שמבני הישיבה [חולין לא.]. טרוטות. רכות ובמקום אחר מפרש תרוטות לשון עגולות בית מושב שלהן [שבת לא.]. פירא. גומא [עירובין כו.]. פירא דכוורא. בריכה עשויה לגדל דגים ובלע"ז ויבר [קידושין עב.].

עין משפט נר מצוה

כט א ב מיי' פי"א מהל' שבת הל' א סמג לאוין סה:

רבינו חננאל

אבין שמע לרב אשי דתני אמר שמואל השולה דג מן הים כיון שיבש בו כסלע חייב. א"ל איהו ובין סנפירין. א"ל רב אשי הני דבי ר' יוסי אינון א"ל אנא הוא א"ל רב אשי ואמאי שבקת לר' יוסי דמן יוקרת רבך א"ל גברא דלא חס אבריה ואברתיה עלי דידי חייס. בריה וברתיה מאי היא כו'. כלבא אוצר. ר' יהודה נשיאה גזר תעניתא ולא אתא מיטרא. אמר משמואל הרמתי שאמר הלא קציר חטים היום כו' וכיון שקרא בא המטר הגיע שפלות הדור ליהודה בן גמליאל שהוא פרנס הדור וצועק ואינו נענה. אוי לו לדור הנתקע לכך אוי מי שעלתה בימיו צרה ואין מי שראוי להתפלל ולהשיב חימה. חלש דעתיה [דר"י נשיאה] ואתא מיטרא. דבי נשיאה גזר תענית ולא אודועינהו לר' יוחנן ולר"ש בן לקיש לצפרא אודיעינהו אמר ר"ל לא קבלנו עלינו מאתמול. א"ר יוחנן ניתיב בתעניתא דאנן בתרייהו גרירינן. דבי נשיאה גזור תעניתא בעו רחמי ולא אתא מיטרא. תנא להו והיה אם מעיני העדה נעשתה לשגגה. משל לכלה בזמן שעיניה יפין אין הגוף צריך בדיקה כו' כלומר פרנסי הדור הוא דלא מעלי. רבי אילפי ירד לפני התיבה לפני ר' אמי אמר משיב הרוח אתא זיקא אמר מוריד הגשם אתא מטרא אמרי ליה מאי עובדך אמר להו בקיפא פי' בכפר דחוק דאירנא וטרחנא ומייתינא קדושא ואבדלתא ומפקנא להו ידי חובתייהו. וכן ההוא שליחא דצבורא דנחית קמי דרבא ושאלוהו ואמר מקרי ינוקי אנא ומקרינא לבני עניי כבני עתירי ואית לי פירא (דסורי) דכוורי דמפרנסנא מיניה כל

רבינו גרשום

שיבש בו כסלע חייב משום צידה ומשום נטילת נשמה: אמר ליה ר' יוסי בר ר' אבין ובין סנפיריו א"ל רב יוסף הא בין סנפיריו ר' יוסי היא. כלבא גורן. משמואל הרמתי שהיה מבקש ומביא מטר אפי' בימי קציר חטים דכתיב הלא קציר חטים וגו': בתרייהו דבי נשיאה אזלינן וכי קבילו אינהו הוי כמו קבילו אנו. מעיני העדה עיקר העדה היינו דבי נשיאה. קוסא אתרא. דחיקא. בני אדם דחוקים:

The Gemara recounts another story of a prayer for rain that was not initially answered:

רַב נַחְמָן גָּזַר תַּעֲנִיתָא – Rav Nachman decreed a fast. **בָּעָא רַחֲמֵי וְלֹא אָתָא מִיטְרָא – He prayed for mercy but the rains did not come.** **אָמַר שַׁקְלוּהָ לְנַחְמָן – He said** aloud: **Take Nachman** **חֲבוֹטוּ מִן גּוּדָא לְאַרְעָא – and throw him down from** the top of **the wall to the ground.**[29] **חָלַשׁ דַּעְתֵּיהּ – He became dejected** **וְאָתָא מִיטְרָא – and the rains came.**[30]

Another incident along these lines:

רַבָּה גָּזַר תַּעֲנִיתָא – Rabbah decreed a fast. **בְּעֵי רַחֲמֵי וְלֹא אָתָא מִיטְרָא – He prayed for mercy but the rains did not come.** **אָמְרוּ לֵיהּ – They said to him:** **וְהָא רַב יְהוּדָה כִּי הֲוָה גָּזַר תַּעֲנִיתָא אָתָא מִיטְרָא – But when Rav Yehudah decreed a fast, the rains did come.** Why are your prayers not as effective? **אָמַר לְהוּ מַאי אַעֲבֵיד – He said to them: What shall I do?** **אִי מִשּׁוּם תְּנוּיֵי – If** you think that this is **because of the study** of Torah, which was greater under Rav Yehudah,[31] **אֲנַן עֲדִיפִינַן מִינַּיְיהוּ – we are,** in fact, **superior to** them in this regard. **דִּבְשְׁנֵי דְּרַב יְהוּדָה – Because in Rav Yehudah's time,** **כָּל תְּנוּיֵי – all of the teaching**

NOTES

29. That is, remove me from my high position, since it is evident from the lack of response to my prayer for rain that I am not worthy of it.

30. See note 17.

31. If you argue that the reason Rav Yehudah's prayers were answered while ours are not is because we study Torah less than he and his students did and know less.

יומא חד שמעיה דקא גריס אמר שמואל א) השולה דג מן הים בשבת כיון שיבש בו כסלע חייב א"ל ולימא מר ב) ובין סנפיריו אמר ליה ולא סבר לה מר דההיא רבי יוסי בן רבי אבין אמרה אמר ליה אנא ניהו א"ל ולאו קמיה דר' יוסי דמן יוקרת הוה שכיח מר א"ל (ג) הין) א"ל ומ"ט שבקיה מר ואתא הכא אמר ליה גברא דעל בריה ועל ברתיה לא חס עלי דידי היכי חייס בריה מאי היא יומא חד הוו אגרי ליה אגירי בדברא נגה להו ולא אייתי להו ריפתא אמרו ליה לבריה (א) כפינן הוו יתבי תותי תאינתא אמר תאנה תאנה הוציאי פירותיך ויאכלו פועלי אבא אפיקו ואכלו אדהכי והכי אתא אבוה אמר להו לא תינקטו בדעתייכו דהאי דנגהנא אמצוה טרחנא ועד השתא הוא דסגאי אמרו ליה רחמנא לישבעך כי היכי דאשבען ברך אמר להו מהיכא אמרו הכי והכי הוה מעשה אמר לו בני אתה הטרחת את קונך להוציא תאנה פירותיה שלא בזמנה יאסף שלא בזמנו ברתיה מאי היא הויא ליה ברתא בעלת יופי יומא חד חזיא לההוא גברא דהוה כריא בהוצא וקא חזי לה אמר לו מאי האי אמר ליה רבי אם ללוקחה לא זכיתי לראותה לא אזכה אמר לה בתי קא מצערת להו לברייתא שובי לעפריך ואל יכשלו ביך בני אדם (ב) הויא ליה ההוא חמרא כדהוו אגרי לה כל יומא לאורתא הוו משדרי לה אגרה אגבה ואתיא לבי מרה ואי טפו לה או בצרי לה לא אתיא יומא חד אינשו זוגא דסנדלי עלה ולא אזלה עד דשקלונהו מינה והדר אזלה אלעזר איש בירתא כד הוו חזו ליה גבאי צדקה הוו טשו מיניה דכל מאי דהוה גביה יהיב להו יומא חד הוה סליק לשוקא למיזבן נדוניא לברתיה חזיוהו גבאי צדקה טשו מיניה אזל ורהט בתרייהו אמר להו אשבעתיכו במאי עסקיתו אמרו ליה ביתום ויתומה אמר להן העבודה שהן קודמין לבתי שקל כל דהוה בהדיה ויהב להו פש ליה חד זוזא זבן (ג) ליה חיטי ואסיק שדייה באכלבא אתאי דביתהו אמרה לה לברתיה מאי אייתי אבוך אמרה לה כל מה דאייתי באכלבא שדיתיה אתיא למיפתח בבא דאכלבא חזת אכלבא דמליא חיטי וקא נפקא בצינורא דדשא ולא מיפתח בבא מחיטי אזלא ברתיה לבי מדרשא אמרה ליה בא וראה מה עשה לך אוהבך אמר לה העבודה הרי הן הקדש עליך ואין לך בהן אלא כאחד מעניי ישראל ר' יהודה נשיאה גזר תעניתא בעי רחמי ולא אתא מיטרא אמר כמה איכא משמואל הרמתי ליהודה בן גמליאל אוי לו לדור שכן נתקע אוי לו למי שעלתה בימיו כך חלש דעתיה ואתא מיטרא דבי נשיאה גזר תעניתא ולא אודעינהו לרבי יוחנן ולריש לקיש לצפרא אודעינהו אמר ליה ריש לקיש לרבי יוחנן הא לא קבילנא עלן מאורתא אמר ליה אנן בתרייהו גררינן דבי נשיאה גזר תעניתא ולא אתא מיטרא תנא להו אושעיא זעירא ג) דמן חברייא א) והיה אם מעיני העדה נעשתה לשגגה משל לכלה שהיא בבית אביה כל זמן שעיניה יפות אין כל גופה צריכה בדיקה עיניה ד) טרוטות כל גופה צריכה בדיקה אתו עבדיה ורמו ליה סודרא בצואריה וקא מצערו ליה אמרו (ה) ליה) בני מאתיה שבקיה דהא נמי מצער לן כיון דחזינן דכל מיליה לשום שמים לא אמרי ליה (ד) מידי ושבקינן ליה אתון נמי שבקוהו רבי גזר תעניתא ולא אתא מיטרא נחית קמיה אילפא ואמרי לה רבי אילפי ו) אמר משיב הרוח ז) ונשא זיקא מוריד הגשם ואתא מיטרא אמר ליה מאי עובדך אמר ליה דיירנא בקוסטא דחיקא דלית ביה חמרא לקידושא ואבדלתא טרחנא ואתינא חמרא לקידושא ואבדלתא ומפיקנא להו ידי חובתייהו רב איקלע להה[ו]א אתרא גזר תעניתא ולא אתא מיטרא נחית קמיה שליחא דצבורא אמר משיב הרוח ונשב זיקא אמר מוריד הגשם ואתא מיטרא אמר ליה מאי עובדך אמר ליה מיקרי דרדקי אנא ומקרינא לבני עניי כבני עתירי וכל דלא אפשר ליה לא שקלינא מיניה מידי ואית לי פירא דכוורי וכל מאן דפשע משחדינא ליה מינייהו ומסדרינן ליה ומפייסינן ליה עד דאתי וקרי רב נחמן גזר תעניתא בעא רחמי ולא אתא מיטרא אמר שקלוה לנחמן חבוטו מן גודא לארעא חלש דעתיה ואתא מיטרא רבה גזר תעניתא בעי רחמי ולא אתא מיטרא אמרו ליה והא רב יהודה כי הוה גזר תעניתא אתא מיטרא אמר להו מאי אעביד אי משום תנויי אנן עדיפינן מינייהו דבשני דרב יהודה ח) כל תנויי

בנזיקין

רש"י

יומא חד שמעיה. רב אשי לרבי יוסי בר אבין ל"א יומא חד שמעיה רבי יוסי בר אבין לרב אשי דקא גריס אמר שמואל השולה דג מן הים בשבת כיון דיבש בו כסלע אע"פ שהוא מפרכס לאחר כן ובעוד שהוא מפרכס השליכו במים חייב משום נטילת נשמה שהיא אב מלאכה דתנן (שבת דף עג.) השוחטו כו' אמר ליה רבי יוסי ובין סנפיריו דודאי לא חי וכשאין מחוסר לידה עסקינן כגון שלדו בתוך הסל והניחו במים לחיות כדרך שעושין הדייגין: א"ל. רב אשי ולא סבר לה מר דהאי ובין סנפיריו רבי יוסי בר אבין אמרה כלומר מ"ט לא אמרת ליה משמיה שכל האומר דבר בשם אומרו מביא גאולה לעולם: סנפיריו. שפורח בהן: לא תנקטו לי בדעתייכו. אל תחשדוני שלא הבאתי לכם מזונות עד עכשיו: דסגאי. שטרחתי ואיחרתי: דהוה כריא בהוצא. סותר גדר העצים כדי להסתכל דרך הנקב: אמר ליה רבי יוסי מאי האי. מה אתה מעיין כאן: אינשו. שכחו: טשו מפניו. היו מתחבאים: העבודה. שבועה: ביתום ויתומה. לזווג זה לזו: אכלבא. אוצר של חטים: אוהבך. הקב"ה: אלא כאחד מעניי ישראל. משום דמעשה נסים הוא ואסור לאדם להנות ממעשה נסים כדאמר לעיל (דף כ:) ואם עושין לו נס מנכין לו מזכיותיו: רבי יהודה נשיאה. היה בנו של רבן גמליאל בר רבי: לשמואל הרמתי. שיורדין גשמים בשבילו דכתיב ט) הלא קציר חטים היום ועכשיו באין כל ישראל והטילו על ר' יהודה בן גמליאל דלווח וליכא דמשגח ביה: שנתקע. תקוע: והא לא קבלינן מאתמול. בהדייהו (ה): גרירין. (גרירינן) גרורין ומשוכין אנו אחריהן וכמי שקבלנו עלינו: זעירא דמן חבריא. לעיר שבישיבה והאי דקרי ליה הכי משום דאושעיא אחרינא הוה התם: מעיני העדה. זקנים מאירי עיני העם: בזמן שעיניה יפות אין כל גופה וכו'. דודאי כל גופה יפה: אין עיניה יפות כו'. הואיל והנהו דבי נשיאה דהוו עיני העדה רשעים דלת העם אין צריכין לבדוק מה מעשיהם לכך לא משגחו בהו מן שמים: אתו עבדי דריש גלותא וקא מצערו ליה. לאושעיא: אמרו ליה בני מתא. לעבדי דבי נשיאה: מצער לן. מחרף ומגדף אותנו: נחית קמיה. לפני התיבה: נשא. כמו נשב: בקוסטא דחיקא. בכפר דחוק שיש בו עניות ביותר: פירא דכוורי. מחילות של דגים: כל מאן דפשע. דלא בעי (ו) מיקרי משחדינא ליה כו': ומסדרינא ליה ומפייסינא ליה. מתקנן כסדר: ה"ג

תוספות

השולה דג מן הים. שולה כמו מגביה כיון שיבש בו כסלע (ז) שעדיין הוא מפרכס ובשעה שמפרכס חזר והשליכו לים חייב משום נטילת נשמה שהיא אב מלאכה דתנן (שבת דף עג.) השוחטו והמפשיטו גבי אבות מלאכות: הא

עין משפט נר מצוה

כט א ב מיי' פי"א מהל' שבת הל' א סמג לאוין סה:

רבינו חננאל

אבין שמע לרב אשי דתני אמר שמואל השולה דג מן הים כיון שיבש בו כסלע חייב. א"ל איהו ובין סנפירין. א"ל רב אשי הני דבי ר' יוסי אינון א"ל אנא הוא א"ל רב אשי ואמאי שבקת לר' יוסי דמן יוקרת רבך א"ל גברא דלא חס אבריה ואברתיה עלי דידי חייס. בריה וברתיה מאי היא כו'. כלבא אוצר. ר' יהודה נשיאה גזר תעניתא ולא אתא מיטרא. אמר משמואל הרמתי שאמר הלא קציר חטים היום כו' וכיון שקרא בא המטר הגיע שפלות הדור ליהודה בן גמליאל שהוא פרנס הדור וצועק ואינו נענה. אוי לו לדור הנתקע לכך אוי מי שעלתה בימיו צרה ואין מי שראוי להתפלל ולהשיב חימה. חלש דעתיה [דר"י נשיאה] ואתא מיטרא. דבי נשיאה גזר תענית ולא אודועינהו לר' יוחנן ולר"ש בן לקיש לצפרא אודייעינהו אמר ר"ל לא קבלנו עלינו מאתמול. א"ר יוחנן ניתיב בתעניתא דאנן בתרייהו גרירינן. דבי נשיאה גזור תעניתא בעו רחמי ולא אתא מיטרא. תנא להו והיה אם מעיני העדה נעשתה לשגגה. משל לכלה בזמן שעיניה יפין אין הגוף צריך בדיקה כו' כלומר פרנסי הדור הוא דלא מעלי. **רבי אילפי** ירד לפני התיבה לפני ר' אמי אמר משיב הרוח אתא זיקא אמר מוריד הגשם אתא מטרא אמרי ליה מאי עובדך אמר להו בקיפא פי' בכפר דחוק דאירנא וטרחנא ומייתינא קדושא ואבדלתא ומפקנא להו ידי חובתייהו. וכן ההוא שליחא דצבורא דנחית קמי דרבא ושאלוהו ואמר מקרי ינוקי אנא ומקרינא לבני עניי כבני עתירי ואית לי פירא (דסורי) דכוורי דמפרנסנא מיניה כל

רבינו גרשום

שיבש בו כסלע חייב משום צידה ומשום נטילת נשמה: **אמר ליה** ר' יוסי בר ר' אבין **ובין סנפיריו** א"ל רב יוסף הא בין סנפיריו ר' יוסי היא. **כלבא** גורן. **משמואל הרמתי** שהיה מבקש ומביא מטר אפי' בימי קציר חטים דכתיב הלא קציר חטים וגו': **בתרייהו דבי נשיאה אזלינן** וכי קבילו אינהו הוי כמו קבילו אנו. **מעיני העדה** עיקר העדה היינו דבי נשיאה. **קוסא** אתרא. דחיקא. בני אדם דחוקים:

מסורת הש"ס

א) שבת קז., ב) נ"ל הן, ג) [עי' פרש"י ותוס' חולין יב: ד"ה דמן ופרש"י שם לא. ד"ה זעירא], ד) [עי' רש"י שבת לא.], ה) [נ"ל להו], ו) [לקמן כה: ב"מ פה:], ז) [נ"ל ונשב וכן לקמן בסמוך וכן לקמן כה: וב"מ פה: איתא ונשב אמנם לפני רש"י היה הגירסא ונשא הלכך פי' רש"י הכא ונשא כמו ונשב], ח) ברכות כ. סנהדרין קו: ע"ש, ט) שמואל א יב.

הגהות הב"ח

(א) גמ' ליה לבריה כפינין הוו יתבי: (ב) שם ואל יכשלו ביך בני אדם וכן הוה הויא ליה ההוא חמרא: (ג) שם חד זוזא זבן ביה חיטי ואסיק כו' מאי אייתי לך אבוך אמרה: (ד) שם לא אמרי ליה ולא מידי ושבקינן ליה: (ה) רש"י ד"ה והא לא כו' בהדייהו כדאמרינן לעיל מאימתי מקבל רב אמר במנחה ושמואל אמר בתפלת המנחה הס"ד: (ו) ד"ה כל מאן דפשע דלא בעי מיקרי הס"ד ואח"כ מה"ד משחדינא ליה כוורי כי היכי דגמיר הס"ד: (ז) תוס' ד"ה השולה כו' שיבש בו כסלע אע"פ שעדיין הוא מפרכס ובשעה:

תורה אור השלם

א) וְהָיָה אִם מֵעֵינֵי הָעֵדָה נֶעֶשְׂתָה לִשְׁגָגָה וְעָשׂוּ כָל הָעֵדָה פַּר בֶּן בָּקָר אֶחָד לְעֹלָה לְרֵיחַ נִיחֹחַ לַייָ וּמִנְחָתוֹ וְנִסְכּוֹ כַּמִּשְׁפָּט וּשְׂעִיר עִזִּים אֶחָד לְחַטָּת: [במדבר טו, כד]

ליקוטי רש"י

השולה דג. שהיה נילוד ועומד מבעוד יום. **כסלע.** כרוחב סלע. **חייב.** משום נטילת נשמה דתו לא חיי [שבת קז:]. **ובין סנפיריו.** אלו כנפים ששט בהם [ויקרא יא, ט]. אלו כנפים ששט בהן על פני המים [נדה נא:]. **בצנורא דדשא.** חור שבמפתן וציר הדלת סובב בו [כתובות סז:]. **זעירא דמן חבריא.** לעיר הישיבה ולי נראה דאושעיא זעירא היה נקרא דמן חבריא שמבני הישיבה [חולין לא.]. **טרוטות.** רכות ובמקום אחר מפרש תרוטות לשון עגולות בית מושב שלהן [שבת לא.]. **פירא.** שוחה [עירובין כו.]. **פירא דכוורא.** בריכה עשויה לגדל דגים ובלע"ז ביבר [קידושין עב.].

בנזיקין הוה ואנן קא מתנינן בשיתא סדרין וכי הוה מטי רב יהודה בעוקצין [א] האשה שכובשת ירק בקדירה ואמרי לה [ב] זיתים שכבשן בטרפיהן טהורין אמר הויי' דרב ושמואל קא חזינא הכא ואנן קא מתנינן בעוקצין תליסר מתיבתא ואילו רב יהודה כי הוה שליף חד מסאנא אתי מיטרא ואנן קא צווחינן כולי יומא וליכא דאשגח בן אי משום עובדא אי איכא דחזא מידי לימא אבל מה יעשו גדולי הדור שאין דורן דומה יפה רב יהודה חזא הנהו בי תרי דהוו קא פרצי בריפתא אמר שמע מינה איכא שבעא בעלמא יהיב עיניה הוה כפנא אמרו ליה רבנן לרב כהנא בריה דרב נחוניא שמעיה (א) מר דשכיח קמיה ניעשייה דליפוק בפתחא דסמוך לשוקא עשייה ונפק לשוקא חזא כנופיא אמר להו מאי האי אמרו ליה אכוספא דתמרי קיימי דקא מזדבן אמר שמע מינה כפנא בעלמא אמר ליה לשמעיה שלוף לי מסאניי שלף ליה חד מסאנא ואתא מיטרא כי מטא למישלף אחרינא אתא אליהו ואמר ליה אמר הקדוש ברוך הוא אי שלפת אחרינא מחריבנא לעלמא אמר רב מרי ברה דבת שמואל אנא הוה קאימנא אגודא דנהר פפא חזאי למלאכי דאידמו למלחי דקא מייתי חלא ומלונהו לארבי והוה קמחא דסמידא (ב) אתו כולי עלמא למיזבן אמר להו מהא לא תיזבנון דמעשה נסים הוא למחר אתיין ארבי דחיטי [ג] דפרזינא רבא איקלע להגרוניא גזר תעניתא ולא אתא מיטרא אמר להו ביתו כולי עלמא בתעניתייכו למחר אמר להו מי איכא דחזא חילמא לימא אמר להו ר' אלעזר מהגרוניא לדידי אקריון בחלמי שלם טב לרב טב מריבון טב דמטוביה מטיב לעמיה אמר שמע מינה [ד] עת רצון היא מבעי רחמי בעי רחמי ואתי מיטרא ההוא גברא דאיחייב נגדא בבי דינא דרבא משום דבעל כותית נגדיה רבא ומית אשתמע מילתא בי שבור מלכא בעא לצעורי לרבא אמרה ליה איפרא הורמיז אימיה דשבור מלכא לבריה לא ליהוי לך עסק דברים בהדי יהודאי דכל מאן דבעיין ממרייהו יהיב להו אמר לה מאי היא בעין רחמי ואתי מיטרא אמר לה ההוא משום דזימנא דמיטרא הוא אלא לבעו רחמי האידנא בתקופת תמוז וליתי מיטרא שלחה ליה לרבא כוין דעתך ובעי רחמי דליתי מיטרא בעי רחמי ולא אתי מיטרא אמר לפניו רבונו של עולם [א] אלהים באזנינו שמענו אבותינו ספרו לנו פועל פעלת בימיהם בימי קדם ואנו בעינינו לא ראינו אתא מיטרא עד דשפוך מרזבי [ה] דצפורי לדיגלת אתא אבוה איתחזי ליה בחלמיה ואמר ליה מי איכא דמיטרח קמי שמיא כולי האי אמר ליה שני דוכתיך שני דוכתיה למחר אשכחיה דמרשם פורייה בסכיני רב פפא גזר תעניתא ולא אתא מיטרא חלש ליביה שרף פינכא דדייסא ובעי רחמי ולא אתא מיטרא אמר ליה רב נחמן בר [ו] אושפזתי אי שריף מר פינכא אחריתי דדייסא אתי מיטרא איכסיף וחלש דעתיה ואתא מיטרא [ז] ר' חנינא בן דוסא הוה קא אזיל באורחא אתא מיטרא אמר לפניו רבונו של עולם כל העולם כולו בנחת וחנינא בצער פסק מיטרא כי מטא לביתיה אמר לפניו רבונו של עולם כל העולם כולו בצער וחנינא בנחת אתא מיטרא אמר רב יוסף מאי אהניא ליה צלותא דכהן גדול לגבי רבי חנינא בן דוסא דתנן [ח] היה מתפלל תפלה קצרה בבית החיצון [ט] מאי מצלי רבין בר אדא ורבא בר אדא דאמרי תרוייהו משמיה דרב יהודה יהי רצון מלפניך ה' אלהינו שתהא השנה הזו גשומה ושחונה שחונה מעלייתא היא אדרבה גריעותא היא אלא [ב] אם שחונה תהא גשומה וטלולה ואל יכנס לפניך תפלת עוברי דרכים רב אחא בריה דרבא מסיים משמיה דרב יהודה [ג] לא יעדי עביד שולטן מדבית יהודה ואל יהו עמך ישראל צריכין להתפרנס זה מזה ולא לעם אחר אמר רב יהודה אמר רב [י] בכל יום ויום בת קול יוצאת ואומרת כל העולם כולו ניזון בשביל חנינא בני וחנינא בני דיו בקב חרובים מע"ש לע"ש הוה רגילא דביתהו למיחמא תנורא כל מעלי דשבתא ושדייא אקטרתא משום

רש"י

ה"ג בנזיקין הוה. למודם לא היה גדול אלא בסדר נזיקין: שכובשת ירק בקדירה. במסכת [ס טהרות] היא בפ' שני (מ"א) גבי ידות מיירי דקיי"ל (עוקצין פ"א משנה א) כל ידות האוכלין אם נגעה טומאה בהן נטמא גם האוכל הצריך לידות דיד מכניס ומוציא כדאמרינן בהעור והרוטב (חולין דף קיח.) מכל האוכל לרבות הידות וקתני התם אשה שהיא כובשת ירק דידות שלהן טהורין דכשהיא עוצרת אותם הידות משתברות וא"א ליטול הירקות בידות שלהן שנשמטו ונפסק האוכל מן היד מחמת כבישה: כובשת. שול"ץ בלע"ז עוצרת שיצא המשקה שלהן ויבשו דרך אשה בכך כובשת ירק ממים שישתמרו לזמן מרובה: טהורין. העלין והקלחין: ואמרי לה. כי מטא לאידך בפרק שני (דעוקצין משנה א) זיתים שכבשן בטרפיהן כתרגומו עלה טרפא (בראשית ח) עלין שלהן דהיינו ידות: טהורין. הידות להביא טומאה לאוכל דתו לא חזי למהוי בית יד: הוויות דרב ושמואל. עומק גדול ולא הוה נהירא ליה: תליסר מתיבתא. שלש עשרה ישיבות איכא בהן מתא דגמרי מסכת עוקצין: כי הוה שליף חד מסאנא. משום עינוי: דחזא מידי. חס ושלום בעובדי בישי: פרצי בריפתא. זורקים אותם זה לזה (ג): ניעשייה. יעשנו שילא לחוץ: אכוספא דתמרי. על כלי מלא תמרים או פסולת של תמרים: קאימנא אנהר פפא. ההוא יומא דעבד רב יהודה הכי: חלא. חול: דסמידא. סולת והן עצמן מוכרין אותו: אמר להו מעשה נסים כו'. וכמה דאפשר להתרחק ממעשה נסים יותר טוב ונכון: דפרזינא. מקום: אקרון. הקרוני הייתי קורא בחלומי: נגדא. מלקות: איפרא הורמיז. כך שמה איפרא חן יופי שדים היה [ל] לה: מאי היא. מאי עביד להו: אמרה ליה. דכל אימת דבעי מיטרא: זימנא דמיטרא הוא. ואפילו לא בעו נמי אתי מיטרא: שלחה ליה לרבא. דרחמא ליה לרבא: אבותינו ספרו לנו פועל פעלת בימיהם בימי קדם. שהיית מפליא להם נסים (ד): עד דשפיך מרזבי דציפורי. שקילחו מים מן המרזיבות עד ששוטפין בחוצות ויורדין ושופכין לדיגלת. לנהר חדקל: אשני מטתך. אל תשכב במטתך הלילה: בסכיני. שרצו שדים להורגו וחתכו את מטתו והיינו דאמרי' בשחיטת חולין בפרק הזרוע (דף קלג.) וליקריוה לרבא רבא נזוף היה לא מצינו לו נזיפה בכל הש"ם אלא בזה המעשה כשביקש הגשמים בתמוז שלא לצורך: הכי גרסינן ר"פ גזר תעניתא חלש לביה טעים מידי בעא רחמי ולא אתא מיטרא: אי שריף מר חדא פינכא דדייסא. מלשון שורפה חיה (ע"ז דף כט:) (ה) פינכא מלא כף כמו מלחיך פינכי (פסחים דף מט.) דייסא טריי"ס בלע"ז ולחוכא קאמר ליה הכי משום דטעים ברישא והדר בעא רחמי: רבי חנינא בן דוסא. תנא הוא: כל העולם כולו בצער. שמבקשין מים לשדותיהן: בנחת. שאני יושב בביתי ואיני צריך לגשמים לפי שאין לי שדות: מאי אהניא ליה צלותיה דכהן גדול. כשהיה מתפלל תפלה קצרה ביום הכפורים שהיה אומר אל יכנס לפניך תפלת עוברי דרכים דר' חנינא מבטל ליה לצלותיה דכהן גדול שאעפ"כ שמע הקב"ה תפלתו ופסיק מיטרא: שחונה. חמה כמו חמותי ראיתי אור (ישעיה מד) תירגם יונתן בן עוזיאל שחינת: אם שחונה תהא גשומה. כשהיא חמה צריכה הארץ לגשמים מאד ותדיר: בת קול יוצאת ואומרת כל העולם כולו. ולא גרסי' מהר חורב: קב חרובים מערב שבת לערב שבת. כל השבת היה ניזון בכך חסר לחם היה ומתגלגל היה בחרובין: אקטרתא. דבר שמעלה עשן כקיטור הכבשן (ו):

משום

עין משפט נר מצוה

ל א ב ג מיי' פ"ד מהל' עבודת יוה"כ הלכה א:

רבינו חננאל

מאן דפשע משחדינא ליה בהו עד דקרי א) בימי רב יהודה מצלו ואתי מטרא. אמרי אי משום תורה כלהו תנויי בנזיקין הוה ואנן מתנינן טובא. וכי הוה רב יהודה מטי להאשה שכובשת ירק בקדרה. ואמרי לה זיתים שכבשן בטרפיהן זו היא משנה בעוקצין פ"ב. הוה א' הויה דרב ושמואל קא חזינא הכא כלומר זו קושיא גדולה היא ואנן האידנא מתנינן י"ג מתיבתא בעוקצין אלא מה יעשו פרנסי גדולי הדור שאין דורן יפה: רב יהודה שלף מסניה למבעי רחמי אמטרא אתחזי ליה חלמא אי שלפת אחרינא מחריב עלמא. ההוא דבעל כותית נגדיה רב יהודה ומית אכלו ביה קורצי. הלשינו עליו שהמית אדם. פי' אכלו קראו עליו מלשינות כדמתרגם קרא בגרון אל תחשוך אכלי. בעא שבור מלכא לצעוריה כו'. ר' חנינא בן דוסא הוה אזיל באורחא אתא מיטרא אמר רבון העולמים כל העולם בנחת וחנינא בצער פסק מיטרא כי אתא לביתיה אמר כל העולם בצער וחנינא בנחת אתא מיטרא אמר רב יוסף מאי אהני צלותא דכ"ג דהוה מצלי ביוה"כ יר"מ שאם תהיה השנה הזאת שחונה תהיה גשומה ואל תכנס לפניך תפלת עוברי דרכים שמתפללין לפסוק המטר הנה ר' חנינא התפלל ופסק המטר. ועוד היה מתפלל ואל יעדי עביד שלטון מדבית יהודה. ואל יהיו עמך בית ישראל צריכין זה לזה לפרנסה: בכל יום ב"ק יוצאה כל העולם כולו ניזון בשביל חנינא בני וחנינא בני דיו קב חרובין מע"ש לע"ש:

חשק שלמה על רבינו חננאל

א) נראה דצ"ל אמרו ליה וכא בימי רב יהודה מצלו ואתי מטרא אמר להו מאי אעביד אי משום תורה וכו' כצ"ל.

רבינו גרשום

האשה שכובשת ירק בקדרה ונגע טומאה לקלח אין מביאין טומאה לירק כיון דנכבשו בטיל ליה בתורת יד: זיתים בטרפיהן טרפא נמי הם ידות: אנא קיימנא בההיא שעתא: דפרזינא מקום: שחונה חמימה:

תורה אור השלם

א) אֱלֹהִים בְּאָזְנֵינוּ שָׁמַעְנוּ אֲבוֹתֵינוּ סִפְּרוּ לָנוּ פֹּעַל פָּעַלְתָּ בִימֵיהֶם בִּימֵי קֶדֶם: [תהלים מד, ב]

מסורת הש"ס

א) טהרו' פ"ב מ"א, ב) עוקצין פ"ב מ"א, ג) [גי' הערוך ערך ארזן א' דארזנאי פי' ספינות מלאות ארז], ד) [ברכות ח. יומא סט. יבמות עב. סנהדרין קד.], ה) [צ"ל דמחוזא וכ"א בע"י], ו) [גי' הערוך אושפרתי פי' הוא שם אמו של רב פפא], ז) יומא נג:, ח) יומא נב: ע"ש, ט) שם נג:, י) ברכות יז: חולין פו., כ) [ועיין בסנהדרין קו: בפרש"י וע"ע בפי' רש"י ברכות כ.], ל) [וע"ע רש"י נדה כ: ד"ה איפרא ועי' תוס' גיטין יא. ד"ה הורמין וכו' הקשו על פרש"י].

הגהות הב"ח

(א) גמ' שמעיה דמר דשכיח: (ב) שם ואתו כולי עלמא למיזבן מיניה ואמינא להו מהא כו' להגרוניא גזר תעניתא בעא רחמי ולא אתא כו' בתענייתייכו ביתו למחר אמר להו כו' עת רצון היא למבעי רחמי בעי רחמי: (ג) רש"י ד"ה פרצי כו' זה לזה כמשחקין זה עם זה הס"ד: (ד) ד"ה אבותינו כו' מפליא להם נסים אבל בעינינו לא ראינו כלומר עכשיו הראה לנו נפלאותיך הס"ד: (ה) ד"ה אי שריף כו' מל' שורפה חיה אי אכיל מר חדא פינכא מלא כף: (ו) ד"ה אקטרתא כו' כקיטור הכבשן כדי שיהיו סבורין השכנים שאופה בתנור הס"ד:

גליון הש"ס

גמ' א"ל שני דוכתיך. עיין חולין דף קלג ע"א רש"י ד"ה נזוף:

ליקוטי רש"י

בנזיקין הוה. לא היו גדולים בכל גמרא של ארבעה סדרים אלא במלתא בבי שלנו [ברכות כ.]. כל הגמרא שלהן לא הוה אלא בסדר נזיקין שלא היו מרבין כל כך [לדרוש] [סנהדרין קו:]. האשה שכובשת ירק. משנה היא במסכת עוקצין [ברכות כ.]. לא אשכחתיה במסכת עוקצין. שכובשת ירק. בחומץ או בציר טהורים דאין מקבלין טומאה על ידי עוקצין שאם נגע טומאה בשרשיו העלין טהורין שאין נעשין יד לעלין מאחר שכבשם שאין מניחין לשם אלא למראה. זיתים שכבשן בטרפיהן. איתא במסכת עוקצין (פ"ב מ"א). טרפיהן. עלין שלהן טהורין הזיתים שאין נעשין להם בית יד להכניס להם טומאה [סנהדרין שם]. טהורים. שמוקקין זיתים עם העלין כדי לאחוז בהן דהוו להו עלין יד לזיתים להביא להם טומאה כדאמרינן בהעור והרוטב (חולין דף קיח.) שהיד מביא טומאה על האוכל ואם כבשן בטרפיהן בחומץ בטלה תורת יד מן העלין לפי שאינן ראויין להכניס ומרכבשן ואינן ראוין להן לאחוז בהן. הויי' דרב

ושמואל. כלומר טעם המשניות הללו קשה עלי ככל הקושיות שהיו שני רבותי מתקשין בהן בכל הגמרא [ברכות שם]. דלא הוה ידע מאי טעמא הן טהורין [סנהדרין שם]. בתליסר מתיבתא. בשלש עשרה פנים יש בינינו משנה וברייתא [illegible] עוקצין גם היא בשלש עשרה פנים כגון משנת רבי ורבי חייא ומשנת בר קפרא ולוי ותנא דבי שמואל והכי אמרינן במסכת נדרים (דף מא.) רבי מתני הלכתא בשלש עשרה פנים [ברכות שם]. שלש עשרה ישיבות שאנו עוסקין כולן במסכת עוקצין [illegible] ואפילו הכי בהם היו מקפידים יותר ממנו דאלו ר' יהודה כו' [סנהדרין שם]. עת רצון היא. שעה שהיא של רצון [ברכות ח.]. שבור מלכא. מלך פרס היה [סוכה נג.]. איפרא הורמיז. שד כדאמר הורמיז בר לילתא בבא בתרא (דף עג.) [illegible] היתה וכן שמה. הורמיז, כמו (ב"ב דף עג) הורמיז בר ליליתא כלומר יופי שדים היה לה [נדה כ:]. הורמין, בנו"ן גרסי' כך שמעתי מאבא מרי ואני שמעתי הורמיז בזיי"ן שד כדאמרי' בסנהדרין (דף לט) מפלגא דתתא דהורמיז [רשב"ם ב"ב עג.]. דמיטרח וכו'. דבעא מיטרא ללא צורך משום יקרא דאמיה דשבור מלכא. דמרשם פורייה בסכיני. שנועדו מלאכי חבלה להורגו בלילה [חולין קלג.]. דדייסא. של חטים כתושות במכתשת [ברכות לו:]. וחנינא בנחת. שאין לי זריעה [illegible] בבית החיצון. בהיכל [שם נב:]. עוברי דרכים. מתפללים שלא ירדו גשמים. עביד שולטן. עושה ממשלה [שם נג:]. חנינא בני. הוא רבי חנינא בן דוסא ובימיו היה קול זה יוצא. דיו לו בקב חרובים. מתפרנס בצער [illegible]

בִּנְזִיקִין הֲוָה – **was in** the Mishnaic Order of ***Nezikin,***[1] וַאֲנַן קָא מַתְנֵינַן בְּשִׁיתָּא סִדְרִין – **whereas we are well versed in** all **six Orders** of the Mishnah. וְכִי הֲוָה מָטֵי רַב יְהוּדָה בְּעוּקְצִין – **Moreover, when Rav Yehudah would reach** matters relating to the laws of ***Uktzin,***[2] such as the following Mishnah: הָאִשָּׁה שֶׁכּוֹבֶשֶׁת יֶרֶק בִּקְדֵירָה – If A WOMAN IS PRESERVING A VEGETABLE IN A POT;[3] וְאָמְרֵי לָהּ זֵיתִים שֶׁכְּבָשָׁן בְּטַרְפֵּיהֶן טְהוֹרִין – **and others say** it was this Mishnah: OLIVES THAT ONE PRESERVED TOGETHER WITH THEIR LEAVES ARE *TAHOR;*[4] אָמַר – **he would say:** הֲוָיוֹת דְּרַב וּשְׁמוּאֵל קָא חֲזֵינָא הָכָא – **I see here** a need for **the** penetrating **analyses of Rav and Shmuel;**[5] וַאֲנַן קָא מַתְנֵינַן בְּעוּקְצִין תְּלֵיסַר מְתִיבָתָא – **whereas we teach** tractate ***Uktzin* in thirteen** different **schools** in this city.[6] וְאִילּוּ רַב יְהוּדָה כִּי הֲוָה שָׁלִיף חַד מְסָאנָא – **Yet when Rav Yehudah would remove one shoe** as a sign of affliction,[7] אָתֵי מִיטְרָא – God would answer him and **the rains would come;** וַאֲנַן קָא צָוְוחִינַן כּוּלֵּי יוֹמָא – **whereas we cry out all day** in prayer וְלֵיכָּא דְּאַשְׁגַּח בָּן – **and no attention is paid us.** אִי מִשּׁוּם עוּבָדָא – **If it is because of my deeds,** אִי אִיכָּא דְּחָזָא מִידֵּי לֵימָא – then **if there is anyone who saw** me do **anything** improper, **let him** come forth and **say.** אֲבָל מַה יַּעֲשׂוּ גְּדוֹלֵי הַדּוֹר – **But what can the leaders of the generation do** שֶׁאֵין דּוֹרָן דּוֹמֶה יָפֶה – **if** the people of **their generation do not appear favorably** in the eyes of God.[8]

The Gemara relates how the rains came for Rav Yehudah: רַב יְהוּדָה חָזָא הַנְהוּ בֵּי תְּרֵי דַּהֲווּ קָא פָּרְצֵי בְּרִיפְתָּא – **Rav Yehudah saw two people who were sporting with bread,** by throwing it back and forth playfully. אָמַר – **He said:** שְׁמַע מִינָּהּ אִיכָּא שָׂבְעָא בְּעָלְמָא – **It is evident from this that there is an abundance of food in the world.** יָהִיב עֵינֵיהּ הֲוָה כַּפְנָא – **He focused his eyes** angrily upon these people, **and there was a famine.**[9] אָמְרוּ לֵיהּ רַבָּנָן לְרַב כַּהֲנָא בְּרֵיהּ דְּרַב נְחוּנְיָא שַׁמְעֵיהּ – **The rabbis** then **said to Rav Kahana the son of Rav Nechunya, [Rav Yehudah's] attendant:** מַר דִּשְׁכִיחַ קַמֵּיהּ – "You, **master, who appear regularly before [Rav Yehudah,]** נִיעַשְׂיֵיהּ דְּלֵיפּוּק בְּפִתְחָא דְּסָמוּךְ לְשׁוּקָא – **cause him to go out through the door that is near the marketplace"** so that he will pass through there and see how desperate the situation is.[10] עַשְׂיֵיהּ וְנָפַק לְשׁוּקָא – **He caused him to do so, and [Rav Yehudah] went out into the marketplace.** חָזָא כְּנוּפְיָא – **He saw a crowd** of people there. אָמַר לְהוּ מַאי הַאי – **He said to them** [his attendants]: **"What is** the meaning of **this?"** אָמְרוּ לֵיהּ – **They said to him:** אַכּוּסְפָּא דְּתַמְרֵי קַיְימֵי דְּקָא מִזְדַּבֵּן – **"They are standing** waiting **for a container of dates that is to be sold."**[11] אָמַר שְׁמַע מִינָּהּ כַּפְנָא בְּעָלְמָא – **He said: "It is evident from this** that there is **a** severe **famine in the world."** אָמַר לֵיהּ לְשַׁמְעֵיהּ – **He said to his attendant:** שְׁלוֹף לִי מְסָאנַיי – **"Take off my shoes."** שָׁלַף לֵיהּ חַד מְסָאנָא – **He removed one shoe** וְאָתָא מִיטְרָא – **and the rains came.**[12] כִּי מָטָא לְמִישְׁלַף אַחֲרִינָא – **When he reached out to remove the other shoe,** אָתָא אֵלִיָּהוּ וְאָמַר לֵיהּ – the prophet **Elijah appeared and said to him:** אָמַר הַקָּדוֹשׁ בָּרוּךְ הוּא – **"The Holy One, Blessed is He, has said,** אִי שָׁלְפַתְּ אַחֲרִינָא – **'If you remove**

NOTES

1. They excelled only in that Order of *Nezikin* (*Rashi*). [The Mishnah is divided into six orders, the fourth of which is *Nezikin* (*Damages*). This order deals primarily with matters of civil law, such as damages, debts, transactions and ownership, and the like.] Some interpret the term *Nezikin* here to refer specifically to the tractates *Bava Kamma, Bava Metzia,* and *Bava Basra* rather than the entire order of that name (*Rashi, Berachos* 20a).

2. Literally: *stems.* Only food that is edible to humans is susceptible to *tumah* (*Rambam, Hil. Tumas Ochalin* 1:1). However, even the inedible stems of fruits and vegetables are also susceptible to *tumah* (in many cases). Furthermore, not only are they susceptible to *tumah,* but they serve as conduits to convey *tumah* to the entire fruit (see *Uktzin* 1:1). When they do and do not convey *tumah* is the subject of tractate *Uktzin*.

3. These words form the opening sentence of *Taharos* 2:1. Although the language of our Gemara would indicate that this Mishnah is from tractate *Uktzin,* no such Mishnah appears there, as noted by *Rashi* to *Sanhedrin* 106b. Accordingly, *Tzlach* (*Berachos* 20a) explains that the Gemara means that Rav Yehudah expressed uncertainty when he reached Mishnayos relating to the *laws* of *Uktzin,* not specifically that tractate (see *Rash* to *Toharos* 2:1).

Vegetable leaves, like stems, can serve as conduits for conveying *tumah* to the vegetable as a whole, but they must qualify as יָדוֹת, *handles*, i.e. something by which the vegetable may be held up. The manner in which these vegetables were preserved, however, precludes the stalks from serving as handles. The leaves were pressed to remove all their natural moisture. In doing so, the stalks cracked and lost their ability to serve as "handles" by which to lift or hold up the vegetables. Thus, the leaves must be considered as separate entities, and the vegetables, therefore, do not automatically become *tamei* when *tumah* touches the leaves [nor do the leaves automatically become *tamei* when the *tumah* touches the vegetable] (*Rashi*).

[This Mishnah does not actually discuss the question of יָדוֹת, *handles*, but another matter entirely. However, the fact that the pressed leaves are not considered handles to the vegetables is implicit in this Mishnah's ruling. Nevertheless, *Rashi's* explanation presents many difficulties. See *Tzlach* to *Berachos* 20a, who attempts to resolve these.]

4. *Uktzin* 2:1. Although the leaves qualify as handles to the olives to which they are connected, they do not convey *tumah* to them after they have been pressed, because they are no longer firmly attached to them (*Rashi*). [*Tahor* in this context does not refer to the *tumah* status of the leaves themselves, but to their ability to convey *tumah* to the olives. After pressing, the leaves are *tahor* in the sense that they are no longer capable of conveying *tumah* to the olives (*Rashi*).]

5. Rav Yehudah considered the investigations of Rav and Shmuel into the meaning of a Mishnah the archetype of penetrating analysis. Thus, Rav Yehudah admitted that there was a need for a great deal of analysis to clarify the exact meaning of these Mishnayos, because he did not fully understand them.

6. Alternatively: We have thirteen different ways to explain the tractate of *Uktzin* (see *Rashi, Berachos* 20a). This demonstrates that we are superior to Rav Yehudah's generation in our study of Torah.

7. On all fasts for rain except the first three, it is forbidden to wear shoes (Mishnah 12b). [Although Rav Yehudah did not remove his shoe as part of a fast, he acted to afflict himself in a manner symbolic of a fast; see note 12 below.] The incident in which the rains came for Rav Yehudah as soon as he removed his shoe is related by the Gemara below.

8. Thus, Rabbah answered that he was not to blame for his prayers not being answered, but rather the blame lay with the people (see *Gevuras Ari*).

9. One must treat bread with a respect commensurate with its standing as the staple of life and one of God's great gifts to mankind. [When food becomes too plentiful, people take for granted this blessing and lose their appreciation for the good fortune bestowed upon them by God. A scarcity of food restores to mankind a proper appreciation for God's bounty.]

Some interpret that Rav Yehudah only intended these two people to be denied an abundance of food, but the decree was extended in Heaven to all the inhabitants of that area (*Benayahu*).

10. Rav Yehudah was aware of the famine but the rabbis felt that if he witnessed the terrible results of the famine with his own eyes, it would make a bigger impression upon him and he would pray for the famine to end (*Maharsha*).

11. There is such a shortage of food that people line up for a chance to purchase a few dates.

12. Removal of one's shoes is a sign of affliction and symbolic of a major fast day (see note 7). However, Rav Yehudah could not have been doing this because of a fast decreed for that day, because a fast cannot be decreed in the middle of a day, as we learned above (Gemara 12a). Nor is this a form of declaration [for the following day]. Rather, he meant merely to afflict himself [and share in the suffering of the community] (*Maharsha*).

עין משפט
נר מצוה

ל א ב ג מיי' פ"ד מהל' עבודת יוה"כ הלכה א:

בנזיקין הוה ואנן קא מתנינן בשיתא סדרין וכי הוה מטי רב יהודה בעוקצין א) האשה שכובשת ירק בקדירה ואמרי לה ב) זיתים שכבשן בטרפיהן טהורין אמר הויי' דרב ושמואל קא חזינא הכא ואנן קא מתנינן בעוקצין תליסר מתיבתא ואילו רב יהודה כי הוה שליף חד מסאנא אתי מיטרא ואנן קא צווחינן כולי יומא וליכא דאשגח בן אי משום עובדא אי איכא דחזא מידי לימא אבל מה יעשו גדולי הדור שאין דורן דומה יפה רב יהודה חזא הנהו בי תרי דהוו קא פרצי בריפתא אמר שמע מינה איכא שבעא בעלמא יהיב עיניה הוה כפנא אמרו ליה רבנן לרב כהנא בריה דרב נחוניא שמעיה (א) מר דשכיח קמיה ניעשייה דליפוק בפתחא דסמוך לשוקא עשייה ונפק לשוקא חזא כנופיא אמר להו מאי האי אמרו ליה אכוספא דתמרי קיימי דקא מזדבן אמר שמע מינה כפנא בעלמא אמר ליה לשמעיה שלוף לי מסאניי שלף ליה חד מסאנא ואתא מיטרא כי מטא למישלף אחרינא אתא אליהו ואמר ליה אמר הקדוש ברוך הוא אי שלפת אחרינא מחריבנא לעלמא אמר רב מרי ברה דבת שמואל אנא הוה קאימנא אגודא דנהר פפא חזאי למלאכי דאידמו למלחי דקא מייתי חלא ומלונהו לארבי והוה קמחא דסמידא (ב) אתו כולי עלמא למיזבן אמר להו מהא לא תיזבנון דמעשה נסים הוא למחר אתיין ארבי דחיטי ג) דפרזינא רבא איקלע להגרוניא גזר תעניתא ולא אתא מיטרא אמר להו ביתו כולי עלמא בתעניתייכו למחר אמר להו מי איכא דחזא חילמא לימא אמר להו ר' אלעזר מהגרוניא לדידי אקריון בחלמי שלם טב לרב טב מריבון טב דמטוביה מטיב לעמיה אמר שמע מינה ד) עת רצון היא מבעי רחמי בעי רחמי ואתי מיטרא ההוא גברא דאיחייב נגדא בבי דינא דרבא משום דבעל כותית נגדיה רבא ומית אשתמע מילתא בי שבור מלכא בעא לצעורי לרבא אמרה ליה איפרא הורמיז אימיה דשבור מלכא לבריה לא ליהוי לך עסק דברים בהדי יהודאי דכל מאן דבעיין ממרייהו יהיב להו אמר לה מאי היא בעין רחמי ואתי מיטרא אמר לה ההוא משום דזימנא דמיטרא הוא אלא לבעו רחמי האידנא בתקופת תמוז וליתי מיטרא שלחה ליה לרבא כוין דעתך ובעי רחמי דליתי מיטרא בעי רחמי ולא אתי מיטרא אמר לפניו רבונו של עולם א) אלהים באזנינו שמענו אבותינו ספרו לנו פועל פעלת בימיהם בימי קדם ואנו בעינינו לא ראינו אתא מיטרא עד דשפוך מרזבי ה) דציפורי לדיגלת אתא אבוה איתחזי ליה בחלמיה ואמר ליה מי איכא דמיטרח קמי שמיא כולי האי ° אמר ליה שני דוכתיך שני דוכתיה למחר אשכחיה דמרשם פורייה בסכיני רב פפא גזר תעניתא ולא אתא מיטרא חלש ליביה שרף פינכא דדייסא ובעי רחמי ולא אתא מיטרא אמר ליה רב נחמן בר ו) אושפזתי אי שריף מר פינכא אחריתי דדייסא אתי מיטרא איכסיף וחלש דעתיה ואתא מיטרא ז) ר' חנינא בן דוסא הוה קא אזיל באורחא אתא מיטרא אמר לפניו רבונו של עולם כל העולם כולו בנחת וחנינא בצער פסק מיטרא כי מטא לביתיה אמר לפניו רבונו של עולם כל העולם כולו בצער וחנינא בנחת אתא מיטרא אמר רב יוסף מאי אהניא ליה צלותא דכהן גדול לגבי רבי חנינא בן דוסא דתנן ח) א היה מתפלל תפלה קצרה בבית החיצון ט) מאי מצלי רבין בר אדא ורבא בר אדא דאמרי תרוייהו משמיה דרב יהודה יהי רצון מלפניך ה' אלהינו שתהא השנה הזו גשומה ושחונה שחונה מעלייתא היא אדרבה גריעותא היא אלא ב אם שחונה תהא גשומה וטלולה ואל יכנס לפניך תפלת עוברי דרכים רב אחא בריה דרבא מסיים משמיה דרב יהודה ג לא יעדי עביד שולטן מדבית יהודה ואל יהו עמך ישראל צריכין להתפרנס זה מזה ולא לעם אחר אמר רב יהודה אמר רב י) בכל יום ויום בת קול יוצאת ואומרת כל העולם כולו ניזון בשביל חנינא בני וחנינא בני דיו בקב חרובים מע"ש לע"ש הוה רגילא דביתהו למיחמא תנורא כל מעלי דשבתא ושדייא אקטרתא משום

רש"י

ה"ג בנזיקין הוה. למודם לא היה גדול אלא בסדר נזיקין: שכובשת ירק בקדירה. במסכת [ס) טהרות] היא בפ' שני (מ"א) גבי ידות מיירי דקיי"ל (עוקצין פ"א משנה א) כל ידות האוכלין אם נגעה טומאה בהן נטמא גם האוכל הצריך לידות דיד מכנים ומוציא כדאמרינן בהעור והרוטב (חולין דף קיח.) מכל האוכל לרבות הידות וקתני התם אשה שהיא כובשת ירק דידות שלהן טהורין דכשהיא עוצרת אותם הידות משתברות וא"א ליטול הירקות בידות שלהן שנשמטו ונפסק האוכל מן היד מחמת כבישה: כובשת. שול"ץ בלע"ז עוצרת שיצא המשקה שלהן ויבשו דרך אשה בכך כובשת ירק ממים שישתמרו לזמן מרובה: טהורין. העלין והקלחין: ואמרי לה. כי מטא לאידך בפרק שני (דעוקצין משנה א) זיתים שכבשן בטרפיהן כתרגומו עלה טרפא (בראשית ח) עלין שלהן דהיינו ידות: טהורין. הידות להביא טומאה לאוכל דתו לא חזי למהוי בית יד: הוויות דרב ושמואל. עומק גדול ולא הוה נהירא ליה: תליסר מתיבתא. שלש עשרה ישיבות איכא בהן מתא דגמרי מסכת עוקצין: כי הוה שליף חד מסאנא. משום עינוי: דחזא מידי. חס ושלום בעוודי ביש: פרצי בריפתא. זורקים אותם זה לזה (ג): ניעשייה. יעשנו שיצא לחוץ: אכוספא דתמרי. על כלי מלא תמרים או פסולת של תמרים: קאימנא אנהר פפא. ההוא יומא דעבד רב יהודה הכי: חלא. חול: דסמידא. סולת והן עצמן מוכרין אותו: אמר להו מעשה נסים כו'. וכמה דאפשר להתרחק ממעשה נסים יותר טוב ונכון: דפרזינא. מקום: אקרון. הקרוני הייתי קורא בחלומי: נגדא. מלקות: איפרא הורמיז. כך שמה איפרא חן יופי שדים היה ו) לה: מאי היא. מאי עביד להו: אמרה ליה. דכל אימת דבעי מיטרא: זימנא דמיטרא הוא. ואפילו לא בעו נמי אתי מיטרא: שלחה ליה לרבא. דרחמא ליה לרבא: אבותינו ספרו לנו פועל פעלת בימיהם בימי קדם. שהיית מפליא להם נסים (ד): עד דשפיך מרזבי דציפורי. שקילחו מים מן המרזיבות עד ששוטפין בחולות ויורדין ושופכין לדיגלת. לנהר חדקל: אשני מטתך. אל תשכב במטתך הלילה: בסכיני. שרצו שדים להורגו וחתכו את מטתו והיינו דאמרי' בשחיטת חולין בפרק הזרוע (דף קלג.) וליקריוה לרבא רבא נזוף היה לא מצינו לו נזיפה בכל הש"ס אלא בזה המעשה כשביקש הגשמים בתמוז שלא לצורך: הכי גרסינן ר"פ גזר תעניתא חלש לביה טעים מידי בעא רחמי ולא אתא מיטרא: אי שריף מר חדא פינכא דדייסא. מלשון שורפה חיה (ע"ז דף כט:) (ה) פינכא מלא כף כמו מלחיך פינכי (פסחים דף מט.) דייסא טריי"ש בלע"ז ולחוכא קאמר ליה הכי משום דטעים ברישא והדר בעא רחמי: רבי חנינא בן דוסא. תנא הוא: כל העולם כולו בצער. שמבקשין מים לשדותיהן: בנחת. שאני יושב בביתי ואיני צריך לגשמים לפי שאין לי שדות: מאי אהניא ליה צלותיה דכהן גדול. כשהיה מתפלל תפלה קצרה ביום הכפורים שהיה אומר אל יכנס לפניך תפלת עוברי דרכים דר' חנינא מבטל ליה לצלותיה דכהן גדול שאעפ"כ שמע הקב"ה תפלתו ופסיק מיטרא: שחונה. חמה כמו חמותי ראיתי אור (ישעיה מד) תירגם יונתן בן עוזיאל שחינת: אם שחונה תהא גשומה. כשהיא חמה צריכה הארץ לגשמים מאד ותדיר: בת קול יוצאת ואומרת כל העולם כולו. ולא גרסי' מהר חורב: קב חרובים מערב שבת לערב שבת. כל השבת היה ניזון בכך חסר לחם היה ומתגלגל היה בחרובין: אקטרתא. דבר שמעלה עשן כקיטור הכבשן (ו): משום

רבינו חננאל

מאן דפשע משחדינא ליה בהו עד דקרי א) בימי רב יהודה מצלו ואתי מטרא. אמרי אי משום תורה כלהו תנויי בנזיקין הוה ואנן מתנינן טובא. וכי הוה רב יהודה מטי להאשה שכובשת ירק בקדרה. ואמרי לה זיתים שכבשן בטרפיהן זו היא משנה בעוקצין פ"ב. הוה א' הויה דרב ושמואל קא חזינא הכא כלומר זו קושיא גדולה היא ואנן האידנא מתנינן י"ג מתיבתא בעוקצין אלא מה יעשו פרנסי גדולי הדור שאין דורן יפה: רב יהודה שלף מסניה למבעי רחמי אמטרא אתחזי ליה חלמא אי שלפת אחרינא מחריב עלמא. ההוא דבעל כותית נגדיה רב יהודה ומית אכלו ביה קורצי. הלשינו עליו שהמית אדם. פי' אכלו קראו עליו מלשינות כדמתרגם קרא בגרון אל תחשוך אכלי. בעא שבור מלכא לצעוריה כו'. ר' חנינא בן דוסא הוה אזיל באורחא אתא מיטרא אמר רבון העולמים כל העולם בנחת וחנינא בצער פסק מיטרא כי אתא לביתיה אמר כל העולם בצער וחנינא בנחת אתא מיטרא אמר רב יוסף מאי אהני צלותא דכ"ג דהוה מצלי ביוה"כ יר"מ שאם תהיה השנה הזאת שחונה תהיה גשומה ואל תכנס לפניך תפלת עוברי דרכים שמתפללין לפסוק המטר הנה ר' חנינא התפלל ופסק המטר. ועוד היה מתפלל ואל יעדי עביד שלטון מדבית יהודה. ואל יהיו עמך בית ישראל צריכין זה לזה לפרנסה: בכל יום ב"ק יוצאה כל העולם כולו ניזון בשביל חנינא בני וחנינא בני דיו קב חרובין מע"ש לע"ש:

חשק שלמה על רבינו חננאל

א) נראה דצ"ל אמרו ליה והא בימי רב יהודה מצלו ואתי מטרא אמר להו מאי אעביד אי משום תורה וכו' כצ"ל.

רבינו גרשום

האשה שכובשת ירק בקדרה ונגע טומאה לקלח אין מביאין טומאה לירק כיון דנכבשו בטיל ליה בתורת יד: זיתים בטרפיהן טרפא נמי הם ידות: אנא קיימנא בההיא שעתא: דפרונאי מקום: שחונה חמימה:

תורה אור השלם

א) אֱלֹהִים בְּאָזְנֵינוּ שָׁמַעְנוּ אֲבוֹתֵינוּ סִפְּרוּ לָנוּ פֹּעַל פָּעַלְתָּ בִימֵיהֶם בִּימֵי קֶדֶם: [תהלים מד, ב]

מסורת הש"ס

א) טהרו' פ"ב מ"א, ב) עוקצין פ"ב מ"א, ג) [גי' הערוך ערך ארזן א' דארזנאי פי' ספינות מלאות אורז], ד) [ברכות ח. יומא סט. יבמות עב. סנהדרין סד.], ה) [צ"ל דמחוזא וכ"א בע"י], ו) [גי' הערוך אושפרתי פי' הוא שם אמו של רב פפא], ז) יומא נג:, ח) יומא נב: ע"ש, ט) שם נג:, י) ברכות יז: חולין פו., כ) [ועיין בסנהדרין קו: בפרש"י וע"ע בפי' רש"י ברכות כ.], ל) [וע"ע רש"י נדה כ: ד"ה איפרא ועי' תוס' גיטין יא. ד"ה הורמין וכו' הקשו על פרש"י].

הגהות הב"ח

(א) גמ' שמעיה דמר דשכיח: (ב) שם ואתו כולי עלמא למיזבן מיניה ואמינא להו מהא כו' להגרוניא גזר תעניתא בעא רחמי ולא אתא כו' בתעניתייכו ביתו למחר אמר להו כו' עת רצון היא למבעי רחמי בעי רחמי: (ג) רש"י ד"ה פרצי כו' זה לזה כמשחקין זה עם זה הס"ד: (ד) ד"ה אבותינו כו' מפליא להם נסים אבל בעינינו לא ראינו כלומר עכשיו הראה לנו נפלאותיך הס"ד: (ה) ד"ה אי שריף כו' מל' שורפה חיה אי אכיל מר חדא פינכא מלא כף: (ו) ד"ה אקטרתא כו' כקיטור הכבשן כדי שיהיו סבורין השכנים שאופה בתנור הס"ד:

גליון הש"ס

גמ' א"ל שני דוכתיך. עיין חולין דף קלג ע"א רש"י ד"ה נזוף:

ליקוטי רש"י

בנזיקין הוה. לא היו גדולים בכל גמרא של ארבעה סדרים אלא בתלתא בבי שלנו [ברכות כ.]. כל הגמרא שלהן לא הוה אלא בסדר נזיקין שלא היו מרבין כל כך [לדרוש] [סנהדרין קו:]. האשה שכובשת ירק. משנה היא במסכת עוקצין [ברכות כ.]. לא אשכחתיה במסכת עוקצין. שכובשת ירק. בחומץ או בציר טהורים דאין מקבלין טומאה על ידי עוקצין שאם נגע טומאה בשרשיו העלין טהורין שאין נעשין יד לעלין מאחר שכבשם שאין מניחין לשם אלא למראה. זיתים שכבשן בטרפיהן. איתא במסכת עוקצין (פ"ב מ"א). טרפיהן. עלין שלהן טהורין הזיתים שאין נעשין להם בית יד להכניס להם טומאה [סנהדרין שם]. טהורים. שמוקקין זיתים עם העלין כדי לאחוז בהן דהוו להו עלין יד לזיתים להביא להם טומאה כדאמרינן בהעור והרוטב (חולין דף קיח.) שהיד מביא טומאה אל האוכל ואם כבשן בטרפיהן בחומץ בטלה תורת יד מהן לפי שהכבישה מרקבתן ומרככתן ואין ראוין שוב לאחוז בהן. הויי' דרב ושמואל. כלומר טעם המשניות הללו קשה עלי ככל הקושיות שהיו שני רבותי מתקשין בהן בכל הגמרא [ברכות שם]. דלא הוה ידע מאי טעמא הן טהורין [סנהדרין שם]. בתליסר מתיבתא. בשלש עשרה פנים יש בינינו משנה וברייתא של ששה סדרים ומסכת עוקצין גם היא בשלש עשרה פנים כגון משנת רבי ורבי חייא ומשנת בר קפרא ולוי ותנא דבי שמואל והכי אמרינן במסכת נדרים (דף מא.) רבי מתני הלכתא בשלש עשרה פנים [ברכות שם]. שלש עשרה ישיבות שאנו עוסקין כולן במסכת עוקצין ויודעין אותה יפה ואפילו הכי בהם היו חסידים יותר ממנו דאלו ר' יהודה כו' [סנהדרין שם]. עת רצון היא. שעה שהיא של רצון [ברכות ח.]. שבור מלכה. מלך פרס היה [סוכה נג.]. איפרא הורמיז. שד כדאמר הורמיז בר לילתא בבא בתרא (דף עג.) [סנהדרין לט.]. נכרית היתה וכן שמה. הורמיז, כמו (ב"ב דף עג) הורמיז בר ליליתא כלומר יופי שדים היה לה [נדה כ:]. הורמין, בנו"ן גרסי' כך שמעתי מאבא מרי ואני שמעתי הורמיז בזיי"ן שד כדאמרי' בסנהדרין (דף לט) מפלגא דתתא דהורמיז [רשב"ם ב"ב עג.]. מי איכא דמיטרח וכו'. דבעא מיטרא ללא צורך משום יקרא דאמיה דשבור מלכא. דמרשם פורייה בסכיני. שנועדו מלאכי חבלה להורגו בלילה [חולין קלג.]. דדייסא. של חטים כתושות במכתשת [ברכות לו:]. וחנינא בנחת. שאין לי זריעה בשדות [יומא נג:]. בבית החיצון. בהיכל [שם נב:]. עוברי דרכים. מתפללים שלא ירדו גשמים. עביד שולטן. עושה ממשלה [שם נג:]. חנינא בני. הוא רבי חנינא בן דוסא ובימיו היה קול זה יוצא. דיו לו בקב חרובים. מתפרנס בצער ובצמצום [חולין פו.].

the other shoe, מַחֲרִיבְנָא לְעָלְמָא – **I will destroy the world.' "**[13]

An epilogue to the story:

אָמַר רַב מָרִי בְּרָהּ דִּבַת שְׁמוּאֵל – **Rav Mari the son of Shmuel's daughter said:** אֲנָא הֲוָה קָאֵימְנָא אַגּוּדָּא דִּנְהַר פָּפָּא – **I was standing on the bank of the River Pappa** that day that Rav Yehudah brought the rains, חֲזַאי לְמַלְאֲכֵי – **and I saw angels** דְּאִידַּמּוּ לְמַלָּחֵי – **who appeared in the guise of sailors,** דְּקָא מַיְיתֵי חָלָא וּמָלוּנְהוּ לְאַרְבֵי – **bringing sand and loading the** cargo **boats with it,** וַהֲוָה קִמְחָא דִּסְמִידָא – **and** the sand miraculously **became fine flour.** אָתוּ כּוּלֵּי עָלְמָא לְמִיזְבַּן – They then sailed into the famine-stricken port, and **the entire population came** out **to buy** flour from them. אָמַר לְהוּ מֵהָא לֹא תִּיזְבְּנוּן – **He said to them:**[14] **Do not buy from this** flour, דְּמַעֲשֵׂה נִסִּים הוּא – **because it is the product of a miracle.**[15] לְמָחָר אַתְיָין אַרְבֵי דְּחִיטֵּי דְּפַרְזִינָא – **The next day the wheat boats of Parzina arrived** and the famine was relieved in a natural manner.

The Gemara relates another story about a prayer for rain:

רָבָא אִיקְלַע לְהַגְרוֹנְיָא – **Rava once came to** the city of **Hagronya.** גְּזַר תַּעֲנִיתָא – While there, **he proclaimed a fast** due to the lack of rain, וְלֹא אָתָא מִיטְרָא – **but the rains did not come.** אָמַר לְהוּ – **He said to them:** בִּיתוּ כּוּלֵּי עָלְמָא בְּתַעֲנִיתַיְיכוּ – **"Pass the night, all** of you, **in your fast,"** i.e. let no one break his fast tonight. לְמָחָר אָמַר לְהוּ – **The next day,** when they reassembled, **he said to them:** מִי אִיכָּא דַּחֲזָא חֶילְמָא לֵימָא – **"Is there anyone who saw** something **in a dream? Let him tell it."** אָמַר לְהוּ ר' אֶלְעָזָר מֵהַגְרוֹנְיָא – **R' Elazar from Hagronya said to them:** לְדִידִי אַקְרְיוּן בְּחֶלְמִי – **"I was caused to call out in my dream,** שְׁלָם טָב לְרַב טָב מֵרִיבּוֹן טָב – **'Good greetings to the good teacher from the good Master,** דְּמִטּוּבֵיהּ מֵטִיב לְעַמֵּיהּ – **Who, from His goodness, dispenses good to His people.' "** אָמַר – **[Rava] said:** שְׁמַע מִינָּהּ עֵת רָצוֹן הִיא מִבְּעֵי רַחֲמֵי – **It is evident from this** dream **that this is an opportune time to pray for mercy.** בָּעֵי רַחֲמֵי וְאָתֵי מִיטְרָא – **He prayed for mercy and the rains came.**

The Gemara tells of an incident in which Rava's prayer for rain was deemed inappropriate:

הָהוּא גַּבְרָא דְּאִיחַיַּיב נִגְדָּא בְּבֵי דִּינָא דְּרָבָא – **There was a certain person who was sentenced to lashes in the court of Rava** מִשּׁוּם דְּבָעַל כּוּתִית – **because he had cohabited with a Cuthite woman.**[16] נַגְדֵּיהּ רָבָא וּמִית – **Rava had the man flogged and [the man] died.** אִשְׁתַּמַּע מִילְּתָא בֵּי שְׁבוּר מַלְכָּא – **The matter became known at the palace of King Shapur,**[17] בָּעָא לְצַעוּרֵי לְרָבָא – **who wanted to punish Rava.** אָמְרָה לֵיהּ אִיפְרָא הוּרְמִיז אִימֵּיהּ דִּשְׁבוּר מַלְכָּא לִבְרָהּ – **Ifra Hurmiz,**[18] **the mother of King Shapur, said to her son:** לֹא לֵיהֱוֵי לָךְ עֵסֶק דְּבָרִים בַּהֲדֵי יְהוּדָאֵי – **"Do not quarrel with the Jews,** דְּכָל מַאן דְּבָעְיָין מִמָּרַיְיהוּ יָהִיב לְהוּ – **because whatever they ask from their God, He grants them."** אָמַר לָהּ מַאי הִיא – **He said to her: "What is it** that He grants them?" בָּעְיָין רַחֲמֵי וְאָתֵי מִיטְרָא – She answered: **"They pray for mercy and the rains come."** אָמַר לָהּ – **[The king] said to her:** הַהוּא מִשּׁוּם דִּזְימְנָא דְּמִיטְרָא הוּא – **"That is because it is the season for rain,"** and the rains would have come in any case. אֶלָּא לִבְעוּ רַחֲמֵי הָאִידָּנָא בִּתְקוּפַת תַּמּוּז – **"Rather,** a true test would be: **Let them pray for mercy now, in the summer season,** וְלֵיתֵי מִיטְרָא – **and let** me see **the rains come."**[19] שָׁלְחָה לֵיהּ לְרָבָא – **[Ifra Hurmiz,]** who admired Rava and wished to save him, **sent** a message **to Rava:** כַּוֵּין דַּעְתָּךְ וּבְעֵי רַחֲמֵי דְּלֵיתֵי מִיטְרָא – **"Concentrate, and pray for mercy that rain should come."** בָּעֵי רַחֲמֵי וְלֹא אָתֵי מִיטְרָא – **He prayed for mercy but no rain came.** אָמַר לְפָנָיו – **He [Rava] said before [God]:** רִבּוֹנוֹ שֶׁל עוֹלָם – **"Master of the Universe!** "אֱלֹהִים בְּאָזְנֵינוּ שָׁמַעְנוּ אֲבוֹתֵינוּ סִפְּרוּ־לָנוּ – ***God, with our ears we have heard, our fathers have recounted to us,*** פֹּעַל־פָּעַלְתָּ בִימֵיהֶם בִּימֵי קֶדֶם" – ***the work which You wrought in their days, in days of old.***[20] וְאָנוּ בְּעֵינֵינוּ לֹא רָאִינוּ – **But we have never** been privileged to **see** these miracles **with our own eyes."** אָתָא מִיטְרָא עַד דִּשְׁפוּךְ מַרְזְבֵי דְּצִפּוֹרִי לְדִיגְלַת – The **rains** came in such volume **that the gutters of Tzippori**[21] **emptied into the Tigris River,** i.e. there were streams of water running from the houses to the river. אָתָא אֲבוּהָ אִיתְחֲזֵי לֵיהּ בְּחֶלְמֵיהּ – **[Rava's] father came and appeared to him in a dream** וְאָמַר לֵיהּ – **and said to him:** מִי אִיכָּא דְּמִיטְרַח קַמֵּי שְׁמַיָּא כּוּלֵּי הַאי – **"Is there anyone who** has the audacity to **impose upon Heaven to such an extent?"**[22] אָמַר לֵיהּ שַׁנֵּי דּוּכְתִּיךְ – **[His father]** then **said to him: "Change your** sleeping **place."** שַׁנֵּי דּוּכְתֵּיהּ – **He changed his place,** לְמָחָר אַשְׁכְּחֵיהּ דְּמִרְשָׁם פּוּרְיֵיהּ בְּסַכִּינֵי – **and the next day he discovered his bed marked up by knives.**[23]

Another story about a prayer for rain that went unanswered at first:

רַב פָּפָּא גְּזַר תַּעֲנִיתָא – **Rav Pappa decreed a fast** וְלֹא אָתָא מִיטְרָא – **but the rains did not come.** חָלַשׁ לִיבֵּיהּ – **He became faint.** שְׂרַף פִּינְכָּא דְּדַיְיסָא – **He consumed a spoonful of grits,** וּבָעֵי רַחֲמֵי וְלֹא אָתָא מִיטְרָא – **and prayed for mercy, but the rains did not come.** אָמַר לֵיהּ רַב נַחְמָן בַּר אוּשְׁפַּזְתִּי – **Rav Nachman**

NOTES

13. *Maharsha* suggests that after bringing enough rain to end the drought and famine by removing one shoe, Rav Yehudah wished to remove the other shoe and bring more rain to restore the prosperity that had existed before. He was told, however, that after causing Heaven to alter radically the course of nature once, it was not proper for him to ask that it be done a second time, when such intervention was not critical.

Others explain this in quite the reverse manner. God's love for Rav Yehudah was so great that He would not permit Rav Yehudah to further afflict himself (*Benayahu*).

14. According to this reading, the speaker was Rav Yehudah. *Bach*, however, emends this to read: אֲמִינָא לְהוּ, *I said* to them, i.e. Rav Mari.

15. It is best, whenever possible, not to derive benefit from a miracle (*Rashi*), as we learned above in the story of Elazar ish Birta (Gemara 24a).

16. It is forbidden for a Jew to cohabit with a non-Jewish woman.

17. It was reported to the palace of the emperor that Rava had executed someone (*R' Chananel*). [Shapur was emperor of the Sassanid dynasty, which ruled in Persia and Mesopotamia.]

18. Ifra means grace. Hurmiz is the name of a demon (*Bava Basra* 73a). The name connotes that she had the bewitching beauty of a demon (*Rashi*; see *Rashi, Niddah* 20b; cf. *Tos., Bava Basra* 8a, ד"ה איפרא).

19. Like Eretz Yisrael, rain falls in Babylonia only in winter, not summer. [The summer solstice occurs in the month of Tammuz, for which reason summer is known (literally) as the Tammuz season.]

20. *Psalms* 44:2. Rava quoted this verse as a reference to the miracle God wrought in the days of Samuel, when He answered Samuel's prayer and it rained in the summer [*I Samuel* 12:17,18] (*Maharsha*).

21. Tzippori is a city in Eretz Yisrael and this story took place in Babylonia. The reading should properly be Mechuza, Rava's city (*Mesoras HaShas* from *Ein Yaakov; Maharatz Chayes*).

22. God's will is generally for the laws of nature to remain operative. Importuning Him to alter them is, so to speak, an imposition.

Although Samuel performed this miracle as well, he did it for the benefit of all of Israel, to teach them a lesson (see *I Samuel* 12:16,17). Rava, however, did it only for the need of King Shapur (*Maharsha*).

23. That is, he discovered slash marks on his bed. Demons had attempted to kill Rava for soliciting this miracle (*Rashi*). It seems from this story that when demons are given the power to harm a person in a certain place, they have no power to harm him elsewhere (*Maharsha*). Thus, Rava was spared by the expedient of moving to a different place.

בנזיקין הוה ואנן קא מתנינן בשיתא סדרין וכי הוה מטי רב יהודה בעוקצין (א) האשה שכובשת ירק בקדירה ואמרי לה (ב) זיתים שכבשן בטרפיהן טהורין אמר הויי' דרב ושמואל קא חזינא הכא ואנן קא מתנינן בעוקצין תליסר מתיבתא ואילו רב יהודה כי הוה שליף חד מסאנא אתי מיטרא ואנן קא צווחינן כולי יומא וליכא דאשגח בן אי משום עובדא אי איכא דחזא מידי לימא אבל מה יעשו גדולי הדור שאין דורן דומה יפה רב יהודה חזא הנהו בי תרי דהוו קא פרצי בריפתא אמר שמע מינה איכא שבעא בעלמא יהיב עיניה הוה כפנא אמרו ליה רבנן לרב כהנא בריה דרב נחוניא שמעיה (א) מר דשכיח קמיה ניעשייה דליפוק בפתחא דסמוך לשוקא עשייה ונפק לשוקא חזא כנופיא אמר להו מאי האי אמרו ליה אכוספא דתמרי קיימי דקא מזדבן אמר שמע מינה כפנא בעלמא אמר ליה לשמעיה שלוף לי מסאניי שלף ליה חד מסאנא ואתא מיטרא כי מטא למישלף אחרינא אתא אליהו ואמר ליה אמר הקדוש ברוך הוא אי שלפת אחרינא מחריבנא לעלמא אמר רב מרי ברה דבת שמואל אנא הוה קאימנא אגודא דנהר פפא חזאי למלאכי דאידמו למלחי דקא מייתי חלא ומלונהו לארבי והוה קמחא דסמידא (ב) אתו כולי עלמא למיזבן אמר להו מהא לא תיזבנון דמעשה נסים הוא למחר אתיין ארבי דחיטי (ג) דפרזינא רבא איקלע להגרוניא גזר תעניתא ולא אתא מיטרא אמר להו ביתו כולי עלמא בתעניתייכו למחר אמר להו מי איכא דחזא חילמא לימא אמר להו ר' אלעזר מהגרוניא לדידי אקריון בחלמי שלם טב לרב טב מריבון טב דמטוביה מטיב לעמיה אמר שמע מינה (ד) עת רצון היא מבעי רחמי בעי רחמי ואתי מיטרא ההוא גברא דאיחייב נגדא בבי דינא דרבא משום דבעל כותית נגדיה רבא ומית אשתמע מילתא בי שבור מלכא בעא לצעורי לרבא אמרה ליה איפרא הורמיז אימיה דשבור מלכא לברה לא ליהוי לך עסק דברים בהדי יהודאי דכל מאן דבעיין ממרייהו יהיב להו אמר לה מאי היא בעין רחמי ואתי מיטרא אמר לה ההוא משום דזימנא דמיטרא הוא אלא לבעו רחמי האידנא בתקופת תמוז וליתי מיטרא שלחה ליה לרבא כוין דעתך ובעי רחמי דליתי מיטרא בעי רחמי ולא אתי מיטרא אמר לפניו רבונו של עולם (א) אלהים באזנינו שמענו אבותינו ספרו לנו פועל פעלת בימיהם בימי קדם ואנו בעינינו לא ראינו אתא מיטרא עד דשפוך מרזבי (ה) דצפורי לדיגלת אתא אבוה איתחזי ליה בחלמיה ואמר ליה מי איכא דמיטרח קמי שמיא כולי האי אמר ליה שני דוכתיך שני דוכתיה למחר אשכחיה דמרשם פורייה בסכיני בעי רב פפא גזר תעניתא ולא אתא מיטרא חלש ליביה שרף פינכא דדייסא ובעי רחמי ולא אתא מיטרא אמר ליה רב נחמן בר (ו) אושפזתי אי שריף מר פינכא אחריתי דדייסא אתי מיטרא איכסיף וחלש דעתיה ואתא מיטרא (ז) ר' חנינא בן דוסא הוה קא אזיל באורחא אתא מיטרא אמר לפניו רבונו של עולם כל העולם כולו בנחת וחנינא בצער פסק מיטרא כי מטא לביתיה אמר לפניו רבונו של עולם כל העולם כולו בצער וחנינא בנחת אתא מיטרא אמר רב יוסף מאי אהניא ליה צלותא דכהן גדול לגבי רבי חנינא בן דוסא דתנן (ח) היה מתפלל תפלה קצרה בבית החיצון (ט) מאי מצלי רבין בר אדא ורבא בר אדא דאמרי תרוייהו משמיה דרב יהודה יהי רצון מלפניך ה' אלהינו שתהא השנה הזו גשומה ושחונה שחונה מעלייתא היא אדרבה גריעותא היא אלא אם שחונה תהא גשומה וטלולה ואל יכנס לפניך תפלת עוברי דרכים רב אחא בריה דרבא מסיים משמיה דרב יהודה (ג) לא יעדי עביד שולטן מדבית יהודה ואל יהו עמך ישראל צריכין להתפרנס זה מזה ולא לעם אחר אמר רב יהודה אמר רב (י) בכל יום ויום בת קול יוצאת ואומרת כל העולם כולו ניזון בשביל חנינא בני וחנינא בני דיו בקב חרובים מע"ש לע"ש הוה רגילא דביתהו למיחמא תנורא כל מעלי דשבתא ושדייא אקטרתא משום

רש"י

ה"ג בנזיקין הוה. למודם לא היה גדול אלא בסדר נזיקין: שכובשת ירק בקדירה. במסכת [(ל) טהרות] היא בפ' שני (מ"א) גבי ידות מיירי דקיי"ל (עוקצין פ"א משנה א) כל ידות האוכלין אם נגעה טומאה בהן נטמא גם האוכל הצריך לידות דיד מכניס ומוציא כדאמרינן בהעור והרוטב (חולין דף קיח.) מכל האוכל לרבות הידות וקתני התם אשה שהיא כובשת ירק דידות שלהן טהורין דכשהיא עוצרת אותם הידות משתברות וא"א ליטול הירקות בידות שלהן שנשמטו ונפסק האוכל מן היד מחמת כבישה: כובשת. שול"ך בלע"ז עוצרת שיצא המשקה שלהן ויבשו דרך אשה בכך כובשת ירק ממים שישתמרו לזמן מרובה: טהורין. העלין והקלחין: ואמרי לה. כי מטא לאידך בפרק שני (דעוקצין משנה א) זיתים שכבשן בטרפיהן כתרגומו עלה טרפא (בראשית ח) עלין שלהן דהיינו ידות: טהורין. הידות להביא טומאה לאוכל דתו לא חזי למהוי בית יד: הוויות דרב ושמואל. עומק גדול ולא הוה נהירא ליה: תליסר מתיבתא. שלש עשרה ישיבות איכא בהך מתא דגמרי מסכת עוקצין: כי הוה שליף חד מסאנא. משום עינוי: דחזא מידי. חס ושלום בעובדי בישי: פרצי בריפתא. זורקים אותם זה לזה (ג): ניעשייה. יעשנו שילא לחוץ: אכוספא דתמרי. על כלי מלא תמרים או פסולת של תמרים: קאימנא אנהר פפא. ההוא יומא דעבד רב יהודה הכי: חלא. חול: דסמידא. סולת והן עצמן מוכרין אותו: אמר להו מעשה נסים כו'. ובמה דאפשר להתרחק ממעשה נסים יותר טוב ונכון: דפרזינא. מקום: אקרון. הקרוני הייתי קורא בחלומי: נגדא. מלקות: איפרא הורמיז. כך שמה איפרא חן יופי שדים היה (ל) לה: מאי היא. מאי עביד להו: אמרה ליה. דכל אימת דבעי מיטרא: זימנא דמיטרא הוא. ואפילו לא בעו נמי אתי מיטרא: שלחה ליה לרבא. דרחמא ליה לרבא: אבותינו ספרו לנו פועל פעלת בימיהם בימי קדם. שהיית מפליא להם נסים (ד): עד דשפיך מרזבי דציפורי. שקילחו מים מן המרזיבות עד ששוטפין בחולות ויורדין ושופכין לדיגלת. לנהר חדקל: אשני מטתך. אל תשכב במטתך הלילה: בסכיני. שרצו שדים להורגו וחתכו את מטתו והיינו דאמרי' בשחיטת חולין בפרק הזרוע (דף קלג.) וליקריוה לרבא רבא נזוף היה לא מצינו לו נזיפה בכל הש"ס אלא בזה המעשה כשביקש הגשמים בתמוז שלא לצורך: הכי גרסינן ר"פ גזר תעניתא חלש לביה טעים מידי בעא רחמי ולא אתא מיטרא: אי שריף מר חדא פינכא דדייסא. מלשון שורפה חיה (ע"ז דף כט:) (ה) פינכא מלא כף כמו מלחיך פינכי (פסחים דף מט.) דייסא טריי"ש בלע"ז ולחוכא קאמר ליה הכי משום דטעים ברישא והדר בעא רחמי: רבי חנינא בן דוסא. תנא הוא: כל העולם כולו בצער. שמבקשין מים לשדותיהן: בנחת. שאני יושב בביתי ואיני צריך לגשמים לפי שאין לי שדות: מאי אהניא ליה צלותיה דכהן גדול. כשהיה מתפלל תפלה קצרה ביום הכפורים שהיה אומר אל יכנס לפניך תפלת עוברי דרכים דר' חנינא מבטל ליה לצלותיה דכהן גדול שאעפ"כ שמע הקב"ה תפלתו ופסיק מיטרא: שחונה. חמה כמו חמותי ראיתי אור (ישעיה מד) תירגם יונתן בן עוזיאל שחינת: אם שחונה תהא גשומה. כשהיא חמה צריכה הארץ לגשמים מאד ותדיר: בת קול יוצאת ואומרת כל העולם כולו. ולא גרסי' מהר חורב: קב חרובים מערב שבת לערב שבת. כל השבת היה ניזון בכך חסר לאם היה ומתגלגל היה בחרובין: אקטרתא. דבר שמעלה עשן כקיטור הכבשן (ו): משום

עין משפט נר מצוה

ל א ב ג מיי' פ"ד מהל' עבודת יוה"כ הלכה א:

רבינו חננאל

מאן דפשע משחדינא ליה בהו עד דקרי א) בימי רב יהודה מצלו ואתי מטרא. אמרי אי משום תורה כלהו תנויי בנזיקין הוה ואנן מתנינן טובא. וכי הוה רב יהודה מטי להאשה שכובשת ירק בקדרה. ואמרי לה זיתים שכבשן בטרפיהן זו היא משנה בעוקצין פ"ב. הוה א' הויה דרב ושמואל קא חזינא הכא כלומר זו קושיא גדולה היא ואנן האידנא מתנינן י"ג מתיבתא בעוקצין אלא מה יעשו פרנסי גדולי הדור שאין דורן יפה: רב יהודה שלף מסניה למבעי רחמי אמטרא אתחזי ליה חלמא אי שלפת אחרינא מחריב עלמא. ההוא דבעל כותית נגדיה רב יהודה ומית אכלו ביה קורצי. הלשינו עליו שהמית אדם. פי' אכלו קראו עליו מלשינות כדמתרגם קרא בגרון אל תחשוך אכלי. בעא שבור מלכא לצעוריה כו'. ר' חנינא בן דוסא הוה אזיל באורחא אתא מיטרא אמר רבון העולמים כל העולם בנחת וחנינא בצער פסק מיטרא כי אתא לביתיה אמר כל העולם בצער וחנינא בנחת אתא מיטרא אמר רב יוסף מאי אהני צלותא דכ"ג דהוה מצלי ביוה"כ יר"מ שאם תהיה השנה הזאת שחונה תהיה גשומה ואל תכנס לפניך תפלת עוברי דרכים שמתפללין לפסוק המטר הנה ר' חנינא התפלל ופסק המטר. ועוד היה מתפלל ואל יעדי עביד שלטון מדבית יהודה. ואל יהיו עמך בית ישראל צריכין זה לזה לפרנסה: בכל יום ב"ק יוצאה כל העולם כולו ניזון בשביל חנינא בני וחנינא בני דיו קב חרובין מע"ש לע"ש:

חשק שלמה על רבינו חננאל

א) נראה דל"ל אמרו ליה והא בימי רב יהודה מצלו ואתי מטרא אמר להו מאי אעביד אי משום תורה וכו' כצ"ל.

רבינו גרשום

האשה שכובשת ירק בקדרה ונגע טומאה לקלח אין מביאין טומאה לירק כיון דנכבשו בטיל ליה בתורת יד: זיתים בטרפיהן טרפא נמי הם ידות: אנא קיימנא בההיא שעתא: דפרונאי מקום: שחונה חמימה:

תורה אור השלם

א) אֱלֹהִים בְּאָזְנֵינוּ שָׁמַעְנוּ אֲבוֹתֵינוּ סִפְּרוּ לָנוּ פֹּעַל פָּעַלְתָּ בִימֵיהֶם בִּימֵי קֶדֶם: [תהלים מד, ב]

מסורת הש"ס

א) טהרו' פ"ב מ"א, ב) עוקצין פ"ב מ"א, ג) [גי' הערוך ערך ארזן א' דארזנאי פי' ספינות מלאות אורז], ד) [ברכות ח. יומא סט. יבמות עב. סנהדרין סד.], ה) [ל"ל דמחוזא וכ"א בע"י], ו) [גי' הערוך אושפרתי פי' הוא שם אמו של רב פפא], ז) יומא נג:, ח) יומא נג: ע"ש, ט) שם נג:, י) ברכות יז: חולין פו., כ) [ועיין בסנהדרין קו: בפרש"י וע"ע בפי' רש"י ברכות כ.], ל) [וע"ע רש"י נדה כ: ד"ה איפרא ועי' תוס' גיטין יא. ד"ה הורמין וכו' הקשו על פרש"י].

הגהות הב"ח

(א) גמ' שמעיה דמר דשכיח: (ב) שם ואתו כולי עלמא למיזבן מיניה ואמינא להו מהא כו' להגרוניא גזר תעניתא בעא רחמי ולא אתא כו' בתעניתייכו ביתו למחר אמר להו כו' עת רצון היא למבעי רחמי בעי רחמי: (ג) רש"י ד"ה פרצי כו' זה לזה כמשחקין זה עם זה הס"ד: (ד) ד"ה אבותינו כו' מפליא להם נסים אבל בעינינו לא ראינו כלומר עכשיו הראה לנו נפלאותיך הס"ד: (ה) ד"ה אי שריף כו' מל' שורפה חיה אי אכיל מר חדא פינכא מלא כף: (ו) ד"ה אקטרתא כו' כקיטור הכבשן כדי שיהיו סבורין השכנים שאופה בתנור הס"ד:

גליון הש"ס

גמ' א"ל שני דוכתיך. עיין חולין דף קלג ע"א רש"י ד"ה נזוף:

ליקוטי רש"י

בנזיקין הוה. לא היו גדולים בכל גמרא של ארבעה סדרים אלא בתלתא בבי שלנו [ברכות כ.]. כל הגמרא שלהן לא הוה אלא בסדר נזיקין שלא היו מרבין כל כך [לדרוש] [סנהדרין קו:]. האשה שכובשת ירק. משנה היא במסכת עוקצין [ברכות כ.]. לא אשכחיה במסכת עוקצין. שכובשת ירק. בחומץ או בציר טהורים דאין מקבלין טומאה על ידי עוקצין שאם נגע טומאה בשרשיו העלין טהורין שאין נעשין יד לעלין מאחר שכבשם שאין מניחין לשם אלא למראה. זיתים שכבשן בטרפיהן. איתא במסכת עוקצין (פ"ב מ"א). טרפיהן. עלין שלהן טהורין הזיתים שאין נעשין להם בית יד להכניס להם טומאה [סנהדרין שם]. טהורים. שמוקקין זיתים עם העלין כדי לאחוז בהן דהוו להו עלין יד לזיתים להביא להם טומאה כדאמרינן בהעור והרוטב (חולין דף קיח.) שהיד מביא טומאה על האוכל ואם כבשן בטרפיהן בחומץ בטלה תורת יד מן העלין לפי שהכבישה מרקבתן ומרככתן ואין ראוין שוב לאחוז בהן. הוויי' דרב ושמואל. כלומר טעם המשניות הללו קשה עלי ככל הקושיות שהיו שני רבותי מקשין בהן בכל הגמרא [ברכות שם]. דלא הוה ידע מאי טעמא הן טהורין [סנהדרין שם]. בתליסר מתיבתא. בשלש עשרה פנים יש בינינו משנה וברייתא של ששה סדרים ומסכת עוקצין גם היא בשלש עשרה פנים כגון משנת רבי ורבי חייא ומשנת בר קפרא ולוי ותנא דבי שמואל והכי אמרינן במסכת נדרים (דף מא.) רבי מתני הלכתא בשלש עשרה פנים [ברכות שם]. שלש עשרה ישיבות שאנו עוסקין כולן במסכת עוקצין ויודעין אותה יפה ואפילו הכי בהם היו חסידים יותר ממנו דאלו ר' יהודה כו' [סנהדרין שם]. עת רצון היא. שעה שהיא של רצון [ברכות ח.]. שבור מלכה. מלך פרס היה [סוכה נג.]. איפרא הורמיז. שד כדאמר הורמיז בר לילתא בבא בתרא (דף עג.) [סנהדרין לט.]. נכרית היתה וכן שמה. הורמיז, כמו (ב"ב דף עג) הורמיז בר ליליתא כלומר יופי שדים היה לה [נדה כ:]. הורמין, בנו"ן גרסי' כך שמעתי מאבא מרי ואני שמעתי הורמיז בזיי"ן שד כדאמרי' בסנהדרין (דף לט) מפלגא דתתא דהורמיז [רשב"ם ב"ב עג.]. מי איכא דמיטרח וכו'. דבעא מיטרא שלא לצורך משום יקרא דאמיה דשבור מלכא. דמרשם פורייה בסכיני. שנועדו מלאכי חבלה להורגו בלילה [חולין קלג.]. דדייסא. של חטים כתושות במכתשת [ברכות לו:]. וחנינא בנחת. שאין לי זריעה בשדות [יומא נג:]. בבית החיצון. בהיכל [שם נב:]. עוברי דרכים. מתפללים שלא ירדו גשמים. עביד שולטן. עושה ממשלה [שם נג:]. חנינא בני. הוא רבי חנינא בן דוסא ובימיו היה קול זה יוצא. דיו לו בקב חרובים. מתפרנס בצער ובצמצום [חולין פו.].

bar Ushpazti said to him: **אִי שָׁרֵיף מַר פִּינְכָּא אַחֲרִיתִי** דְּדַיְיסָא אָתֵי מִיטְרָא – Perhaps **if the master were to consume another spoonful of grits, the rains would come.**[24] **אִיכְסִיף וְחָלַשׁ דַּעְתֵּיהּ – Rav Pappa became ashamed and dejected, וְאָתָא מִיטְרָא – and the rains came.**

The Gemara now relates a series of stories about the Tanna, R' Chanina ben Dosa:

ר׳ חֲנִינָא בֶּן דוֹסָא הֲוָה קָא אָזִיל בְּאוֹרְחָא – R' Chanina ben Dosa was once **walking on the road אָתָא מִיטְרָא** – when **the rains came. אָמַר לְפָנָיו רִבּוֹנוֹ שֶׁל עוֹלָם – He said before [God]: "Master of the Universe! כָּל הָעוֹלָם כּוּלּוֹ בְּנַחַת – The entire world is at ease וַחֲנִינָא בְּצַעַר – but Chanina is in distress!"**[25] **פָּסַק מִיטְרָא – The rain ceased** as a result of R' Chanina's prayer. **כִּי מָטָא לְבֵיתֵיהּ – When he reached his house, אָמַר לְפָנָיו רִבּוֹנוֹ שֶׁל עוֹלָם – he said before [God]: "Master of the Universe! כָּל הָעוֹלָם כּוּלּוֹ בְּצַעַר – The entire world is in distress וַחֲנִינָא בְּנַחַת – while Chanina is at ease!"**[26] **אָתָא מִיטְרָא – The rains came** again as a result of this prayer.

Rav Yosef comments on the power of R' Chanina ben Dosa's prayer:

אָמַר רַב יוֹסֵף – Rav Yosef said: מַאי אַהַנְיָא לֵיהּ צְלוֹתָא דְּכֹהֵן גָּדוֹל לְגַבֵּי רַבִּי חֲנִינָא בֶּן דוֹסָא – Of what value was the prayer of the Kohen Gadol in regard to R' Chanina ben Dosa?[27] **דִּתְנַן – For we learned in a Mishnah: הָיָה מִתְפַּלֵּל תְּפִלָּה קְצָרָה בַּבַּיִת הַחִיצוֹן – HE** [the Kohen Gadol] **WOULD PRAY A SHORT PRAYER IN THE OUTER CHAMBER.**[28] **מַאי מְצַלֵּי – What would he pray? רָבִין בַּר אַדָּא וְרָבָא בַּר אַדָּא דְּאָמְרֵי תַּרְוַיְיהוּ מִשְּׁמֵיהּ דְּרַב יְהוּדָה – Ravin bar Adda and Rava bar Adda both said in the name of Rav Yehudah** that the prayer consisted of the following: **יְהִי רָצוֹן מִלְּפָנֶיךָ ה׳ אֱלֹהֵינוּ – May it be Your will, HASHEM, our God, שֶׁתְּהֵא הַשָּׁנָה הַזּוּ גְּשׁוּמָה וּשְׁחוּנָה – that this year be rainy and hot.**

The Gemara interrupts the text of the prayer to question it:

שְׁחוּנָה מַעַלְיוּתָא הִיא – Is excessive **heat a benefit? אַדְּרַבָּה גְּרִיעוּתָא הִיא – On the contrary, it is a detriment!** Why then would the Kohen Gadol pray for it?

The Gemara therefore revises the text of this prayer:

אֶלָּא – Rather, he said as follows: **אִם שְׁחוּנָה תְּהֵא גְּשׁוּמָה וּטְלוּלָה – If it is to be hot, may it be rainy and dewy,** to counteract the drying effect of the heat.

The Gemara now continues the text of the prayer of the Kohen Gadol:

וְאַל יִכָּנֵס לְפָנֶיךָ תְּפִלַּת עוֹבְרֵי דְרָכִים – And may the prayer of travelers to hold back the rain **not** be permitted to **enter before You. רַב אַחָא בְּרֵיהּ דְּרָבָא מְסַיֵּים מִשְּׁמֵיהּ דְּרַב יְהוּדָה – Rav Acha the son of Rava** stated **in the name of Rav Yehudah** that the prayer of the Kohen Gadol **would conclude** as follows: **לֹא יַעֲדֵי עָבִיד שׁוּלְטָן מִדְּבֵית יְהוּדָה – And may one who exercises rulership not pass from the House of Judah.**[29] **וְאַל יְהוּ עַמְּךָ יִשְׂרָאֵל צְרִיכִין לְהִתְפַּרְנֵס זֶה מִזֶּה – And may Your people Israel not be required to receive sustenance from one another, וְלֹא לְעַם אַחֵר – nor from any other nation.**

The Gemara notes the greatness of R' Chanina ben Dosa and the poverty in which he lived:

אָמַר רַב יְהוּדָה אָמַר רַב – Rav Yehudah said in the name of Rav: בְּכָל יוֹם וָיוֹם בַּת קוֹל יוֹצֵאת וְאוֹמֶרֶת – Each and every day[30] **a heavenly voice emanates and proclaims: כָּל הָעוֹלָם כּוּלּוֹ נִיזּוֹן בִּשְׁבִיל חֲנִינָא בְּנִי – The entire world receives its sustenance in the merit of Chanina, My son, וַחֲנִינָא בְּנִי דַּיּוֹ בְּקַב חֲרוּבִים מֵעֶרֶב שַׁבָּת לְעֶרֶב שַׁבָּת – while Chanina, My son, finds it sufficient** to live on just **one *kav* of carobs from** one **Sabbath eve to** the next **Sabbath eve,** i.e. from Friday to Friday.[31]

The Gemara relates an incident regarding the wife of R' Chanina ben Dosa:

הֲוָה רְגִילָא דְּבֵיתְהוּ לְמֵיחְמָא תַּנּוּרָא כָּל מַעֲלֵי דְּשַׁבַּתָּא – His wife was in the habit of heating the oven every Friday, וְשַׁדְיָיא אַקְטַרְתָּא – and throwing in a smoke-causing substance

NOTES

24. Although it might have been necessary for Rav Pappa to break his fast because of his weakened condition, Rav Nachman ridiculed him for breaking it before praying for rain (*Rashi*, as explained by *Maharsha*). By causing Rav Pappa to feel the severity of his humiliation [in not having his prayer answered], he hoped that God would show him favor and compensate him by answering his prayer (*Hagahos Yavetz*).

25. Everyone else is at home taking pleasure in the rain because it is good for their fields, but I am in discomfort, because I must be on the road.

26. Everyone is distressed by the break in the rains, because they need rain for their fields, while I am sitting at home and do not need any rain, because I do not own any fields (*Rashi*).

27. When the Kohen Gadol emerged on Yom Kippur from the Holy of Holies, he offered a short prayer, which the Gemara will cite below. One of the things he asked was that God not listen to the prayers of travelers to hold back the rain. This prayer, however, proved completely ineffective against the counter-prayer of R' Chanina ben Dosa, for whom God halted the rains (*Rashi*). [R' Chanina ben Dosa lived during the period of the Second Temple.]

28. *Yoma* 52b. This took place in the *Heichal*, the Holy (*Rashi* ibid.).

29. This is a reference to the רֵישֵׁי גָלוּתָא, *Exilarchs*, in Babylonia who were descendants of King David and enjoyed autonomy and a semi-royal status. It cannot refer to the rulers of Eretz Yisrael, because the kings in the period of the Second Temple were not of Davidic descent, but of Kohanic [Hasmonean] and even non-Jewish descent [Herod].

30. During the years in which R' Chanina ben Dosa lived (see *Hagahos Yavetz*).

31. R' Chanina ben Dosa had no bread to eat and survived on carobs.

מִשּׁוּם כִּיסוּפָא – **because of embarrassment.**[1] הֲוָה לָהּ הַהִיא שִׁיבָבְתָּא בִּישְׁתָּא – **She had this bad neighbor** אָמְרָה – **who said** to herself, מִכְּדִי – **"Now,** let me see: יָדַעְנָא דְּלֵית לְהוּ וְלָא מִידֵּי – **I know that these people have nothing.** מַאי כּוּלֵּי הַאי – **What is** producing **all this** smoke coming out of the oven?" אָזְלָא וְטָרְפָא אַבָּבָא – **She went and knocked on the door.** אִיכְסִיפָא – **She** [R' Chanina's wife] **felt embarrassed**[2] וְעַיְילָא לְאִינְדְּרוֹנָא – **and withdrew to the inner chamber.** אִיתְעֲבִיד לָהּ נִיסָּא – **A miracle was wrought for her** וַחֲזָיָא לְתַנּוּרָא מָלֵא לַחְמָא – **and** [her neighbor] **saw an oven full of bread** וַאֲגָנָא מָלֵא לִישָׁא – **and a kneading trough full of dough.** אָמְרָה לָהּ – **[The neighbor] called out to her:** פְּלָנִיתָא פְּלָנִיתָא – **"Madam! Madam!**[3] אַיְיתִי מָסָא דְּקָא חָרִיךְ לַחְמִיךְ – **Bring a baker's shovel because your bread is getting burnt!"** אָמְרָה לָהּ – **[R' Chanina's wife] replied to her,** אַף אֲנָא לְהָכִי עַיילִי – **"Indeed, it was for this reason that I went** into the inner chamber," i.e. to fetch a baker's shovel. תָּנָא – **A Tanna taught:** אַף הִיא לְהָבִיא מַרְדֶּה נִכְנְסָה – **SHE INDEED ENTERED** the inner chamber **TO BRING A BAKER'S SHOVEL,**[4] מִפְּנֵי שֶׁמְּלוּמֶּדֶת בְּנִסִּים – **FOR SHE WAS ACCUSTOMED TO MIRACLES** being wrought for her.[5]

The Gemara now relates another story about this intensely pious couple:

אָמְרָה לֵיהּ דְּבֵיתְהוּ – Once **[R' Chanina ben Dosa's] wife said to him,** עַד אֵימַת נֵיזִיל וְנִצְטַעֵר כּוּלֵּי הַאי – **"How long are we going** to continue **to suffer so much** from dire poverty?" אָמַר לָהּ – **He said to her,** מַאי נַעֲבִיד – **"What should we do?"** בְּעֵי רַחֲמֵי דְּנִיתְּבוּ לָךְ מִידֵּי – She replied, **"Pray for mercy that you should be given something** of value." בָּעָא רַחֲמֵי – **He prayed for mercy,** יָצְתָה כְּמִין פִּיסַּת יָד – and **something like the palm of a hand emerged** from Heaven וְיָהֲבוּ לֵיהּ חַד כַּרְעָא דְּפָתוֹרָא דְּדַהֲבָא – **and he was given one leg of a golden table.** חֲזַאי בְּחֶלְמָא – He then said to her, **"I have seen in a dream** עֲתִידִי צַדִּיקֵי דְּאָכְלֵי אַפָּתוֹרָא דְּדַהֲבָא – **that in the future**[6] **the righteous are eating at a golden table** דְּאִית לֵיהּ תְּלָת כַּרְעֵי – **that has three legs,** וְאַתְּ אוֹכֶלֶת אַפָּתוֹרָא דִּתְרֵי כַּרְעֵי – **but you are eating at a table that has only two legs."** אָמְרָה לֵיהּ נִיחָא לָךְ דְּמִיכַל אָכְלֵי כּוּלֵּי עָלְמָא אַפָּתוֹרָא דְּמִשְׁלַם – **She said to him, "Are you content that everyone eats at a complete table** וַאֲנַן אַפָּתוֹרָא דִּמְחַסַּר – **but** we eat **at a defective table?"**[7] אָמְרָה לֵיהּ – **She said to him,** וּמַאי נַעֲבִיד – **"What, then, shall we do** to rectify this situation? בְּעֵי רַחֲמֵי דְּנִשְׁקְלִינְהוּ מִינָּךְ – **Pray for mercy that it should be taken back from you!"** בָּעֵי רַחֲמֵי וּשְׁקָלוּהוּ – **He prayed for mercy and it was taken back.** תָּנָא – **A Tanna taught:** גָּדוֹל הָיָה נֵס אַחֲרוֹן יוֹתֵר מִן הָרִאשׁוֹן – **THE LAST MIRACLE WAS GREATER THAN THE FIRST** miracle[8] דִּגְמִירֵי – **For we have a tradition** דְּמֵיהַב יָהֲבֵי – **that [things] are given** from Heaven, מִישְׁקַל לָא שָׁקְלֵי – but **are not taken back.**

The Gemara now relates another incident about R' Chanina ben Dosa:

חַד בֵּי שִׁמְשֵׁי – **One Friday evening at twilight,** חַזְיֵיהּ לִבְרַתֵּיהּ דַּהֲוָות עֲצִיבָא – **he saw that his daughter was sad.** אָמַר לָהּ בִּתִּי לְמַאי עֲצִיבַת – **He said to her, "My daughter, why are you sad?"** אָמְרָה לֵיהּ – **She replied to him,** כְּלִי שֶׁל חוֹמֶץ נִתְחַלֵּף לִי בִּכְלִי שֶׁל שֶׁמֶן – **"I mistook a container of vinegar for a container of oil,** וְהִדְלַקְתִּי מִמֶּנּוּ אוֹר לַשַּׁבָּת – **and I** poured the vinegar into the lamp and **lit the Sabbath light with it."**[9] אָמַר לָהּ – **He said to her,** בִּתִּי מַאי אִכְפַּת לָךְ – **"My daughter, what does it matter to you?** מִי שֶׁאָמַר לַשֶּׁמֶן וְיִדְלוֹק – **The One Who commanded oil to burn,** הוּא יֹאמַר לַחוֹמֶץ וְיִדְלוֹק – **He can command vinegar to burn as well."** תָּנָא – **A Tanna taught:** הָיָה דּוֹלֵק וְהוֹלֵךְ כָּל הַיּוֹם כּוּלּוֹ – **[THE LAMP] CONTINUED TO BURN THE ENTIRE DAY** of the Sabbath עַד שֶׁהֵבִיאוּ מִמֶּנּוּ אוּר לְהַבְדָּלָה – **UNTIL THEY TOOK FROM IT THE FLAME FOR *HAVDALAH*** at the conclusion of the Sabbath.[10]

The Gemara relates another story about R' Chanina ben Dosa:

ר׳ חֲנִינָא בֶּן דּוֹסָא הֲווּ לֵיהּ הָנָךְ עִיזֵּי – **R' Chanina ben Dosa had some goats.** אָמְרוּ לֵיהּ – **[People] complained to him,** קָא מַפְסְדָן – **"[Your goats] are damaging** our fields!" אָמַר – **He said** to them, אִי קָא מַפְסְדָן – **"If** it is true that **they are damaging** other people's fields, נֵיכְלִינְהוּ דּוּבֵּי – **may bears devour them.**[11] וְאִי לָא – **And if** it is **not** true, כָּל חֲדָא וַחֲדָא תֵּיתֵי לְאוּרְתָּא דּוּבָּא בְּקַרְנַיְיהוּ – may **each goat bring** home with it **in the evening a bear on its horns!"**[12] לְאוּרְתָּא אַיְיתִי כָּל חֲדָא וַחֲדָא דּוּבָּא בְּקַרְנַיְיהוּ – **In the evening each and every** goat **brought back a bear on its horns.**

The Gemara tells of another miracle wrought by R' Chanina ben Dosa:

הֲוָה לֵיהּ הַהִיא שִׁיבָבְתָּא – **[R' Chanina] had a certain woman neighbor** דְּקָא בָנְיָא בֵּיתָא – **who was building a house** וְלָא מָטוּ כְּשׁוּרֵי – **but the beams did not reach** from wall to wall. אַתְיָא לְקַמֵּיהּ – **She came before [R' Chanina]** אָמְרָה לֵיהּ – and **said to him,** בָּנִיתִי בֵּיתִי וְלֹא קָמְטוּ כְּשׁוּרַאי – **"I built my house but my beams do not reach** from wall to wall." אָמַר לָהּ מַה שְּׁמֵךְ – **He asked her, "What is your name?"** אָמְרָה לֵיהּ אִיכּוּ – **She replied to him, "Aiku."** אָמַר אִיכּוּ נִימְטוּ כְּשׁוּרַיִךְ – **He said, "Aiku, may your beams** elongate and **reach** from wall to wall." תָּנָא – **A Tanna taught:** הִגִּיעוּ עַד שֶׁיָּצְאוּ אַמָּה לְכָאן וְאַמָּה לְכָאן – **[THE BEAMS] ELONGATED UNTIL THEY PROTRUDED A CUBIT ON EACH SIDE** of the wall. וְיֵשׁ אוֹמְרִין – **AND SOME SAY:** סְנִיפִין עֲשָׂאוּם – **[THE BEAMS] WERE MADE** longer by means **OF SECTIONS** that were miraculously added to their extremities.[13] תַּנְיָא – **It was taught in a Baraisa:** פְּלִימוֹ אוֹמֵר – **PELIMO SAYS:** אֲנִי

NOTES

1. She was embarrassed that her neighbors were baking for the honor of the Sabbath and she had nothing to bake (*Rashi*; see *Rashi* in *Ein Yaakov*).

2. That it would become public knowledge that the smoke from her oven was only a camouflage, but in reality there was nothing of substance in the oven.

3. פְּלָנִיתָא is the Aramaic feminine form of פְּלוֹנִי, used to denote an individual not identified by name.

4. [And it was not a mere retort meant to save herself from embarrassment (see *Sfas Emes*).]

5. I.e. She kept her own baker's shovel on hand because she was accustomed to have miracles wrought for her and thus could expect to have bread in the oven even when she had prepared none (*Rashi* as explained by *Maharsha*; cf. *Sfas Emes*).

6. I.e. in the World to Come.

7. *Rashi's* reading of the account seems to have been that it was R' Chanina's wife who had the dream (see *Rashi* ד״ה חזיא and *Mesoras HaShas*). In *Ein Yaakov*, the reading of this account is: *He saw in his dream the righteous eating . . . He said to her, "Are you content that . . .?"*

8. The taking back of the table leg was a greater miracle than its initially being given.

9. She was troubled because vinegar does not burn, and the Sabbath lamp would soon be extinguished.

10. R' Chanina did not want to use the miraculous light for *havdalah,* because one should distance himself as much as possible from benefiting from a miracle. On the Sabbath, R' Chanina had no choice but to use the miraculous light; but after the Sabbath concluded, he lit an ordinary lamp from its flame, and extinguished the miraculous light (see *Rashi*; cf. *Hagahos Yavetz*).

11. [The wording of *Rashi* ד״ה דובים would suggest that his version read נֵיכְלִינְהוּ דֵּיבֵי, *may wolves devour them.* (דֵּיבֵי is Aramaic for *wolves*.)]

12. This miraculous feat will be proof of their innocence.

13. *Rashi* (see also *Rashi* in *Ein Yaakov*). *Rabbeinu Gershom* explains: Angels lengthened the beams by adding sections.

גמרא

משום כיסופא הוה לה הך שיבבתא בישתא אמרה מכדי ידענא דלית להו ולא מידי מאי כולי האי אזלא וטרפא אבבא איכספא ועיילא לאינדרונא איתעביד לה ניסא דחזיא לתנורא מלא לחמא ואגנא מלא לישא אמרה לה פלניתא פלניתא אייתי מסא דקא חריך לחמיך אמרה לה אף אנא להכי עיילי תנא אף היא להביא מרדה נכנסה מפני שמלומדת בנסים (א) אמרה ליה דביתהו עד אימת ניזיל ונצטער כולי האי אמר לה מאי נעביד בעי רחמי דניתבו לך מידי[ה] ° בעא רחמי יצתה כמין פיסת יד ויהבו ליה חד כרעא דפתורא דדהבא ([ב] חזאי) בחלמא עתידי צדיקי דאכלי אפתורא דדהבא דאית ליה תלת כרעי ([ג] ואת) אוכלת אפתורא דתרי כרעי ([ד] אמרה ליה) ניחא לך דמיכל אכלי כולי עלמא אפתורא דמשלם ואנן אפתורא דמחסר אמרה ליה ומאי נעביד בעי רחמי דנשקלינהו מינך בעי רחמי ושקלוהו תנא גדול היה נס אחרון יותר מן הראשון דגמירי דמיהב יהבי מישקל לא שקלי חד בי שמשי חזייה לברתיה דהוות עציבא אמר לה בתי [ה] למאי עציבת אמרה ליה כלי של חומץ נתחלף לי בכלי של שמן והדלקתי ממנו אור לשבת אמר לה בתי מאי איכפת לך מי שאמר לשמן וידלוק הוא יאמר לחומץ וידלוק תנא היה דולק והולך כל היום כולו עד שהביאו ממנו אור להבדלה ר' חנינא בן דוסא הוו ליה הנך עיזי אמרו ליה קא מפסדן (ב) אמר אי קא מפסדן ניכלינהו דובי ואי לא כל חדא וחדא תיתי לאורתא דובא בקרניהו לאורתא אייתי כל חדא וחדא דובא בקרנייהו הוה ליה ההיא שיבבתא דקא בניא ביתא ולא מטו כשורי אתיא לקמיה אמרה ליה בניתי ביתי ולא קמטו כשוראי אמר לה מה שמך אמרה ליה איכו אמר איכו נימטו כשוריך תנא הגיעו עד שיצאו אמה לכאן ואמה לכאן ויש אומרין [ו] סניפין עשאום תניא פלימו אומר אני ראיתי אותו הבית והיו קורותיו יוצאות אמה לכאן ואמה לכאן ואמרו לי בית זה שקירה ר' חנינא בן דוסא בתפלתו [ז] ור' חנינא בן דוסא מהיכן הוו ליה עזים [א] והא עני הוי ועוד אמרו חכמים [ח] א אין מגדלין בהמה דקה בא"י אמר רב פנחס מעשה ועבר אדם אחד על פתח ביתו והניח שם תרנגולין ומצאתן אשתו של ר' חנינא בן דוסא ואמר לה אל תאכלי מביציהן והרבו ביצים ותרנגולין והיו מצערין אותם ומכרן וקנה בדמיהן עזים פעם אחת עבר אותו אדם שאבדו ממנו התרנגולין ואמר לחבירו בכאן הנחתי התרנגולין שלי שמע ר' חנינא אמר לו יש לך בהן סימן אמר לו הן נתן לו סימן ונטל את העזין והן הן [ט] עיזי דאייתו דובי בקרנייהו רבי אלעזר בן פדת דחיקא ליה מילתא טובא עבד מלתא ולא הוה ליה מידי למטעם שקל ברא דתומא ושדייה בפומיה חלש לביה ונים אזול רבנן לשיולי ביה חזיוהו דקא בכי וחייך ונפק צוציתא דנורא מאפותיה כי אתער אמרו ליה מ"ט קבכית וחייכת אמר להו דהוה יתיב עמי הקב"ה ואמרי ליה עד מתי אצטער בהאי עלמא ואמר לי אלעזר בני ניחא לך דאפכיה לעלמא מרישא אפשר דמתילדת בשעתא דמזוני אמרי לקמיה כולי האי ואפשר אמרי ליה דחיי טפי או דחיינא א"ל דחיית אמרי לקמיה א"כ לא בעינא אמר לי בהאי אגרא דאמרת לא בעינא יהיבנא לך לעלמא דאתי תליסרי נהרוותא דמשחא אפרסמון דכיין [י] כפרת ודיגלת דמענגת בהו אמרי לקמיה האי ותו לא אמר לי ולחברך מאי יהיבנא אמרי ליה ואנא מגברא דלית ליה בעינא מחיין באסקוטלא [כ] אפותאי ואמר לי אלעזר ברי [ל] גירי בך גירי ר' חמא בר חנינא גזר תעניתא ולא אתא מיטרא אמרו ליה והא רבי יהושע בן לוי גזר תעניתא ואתי מיטרא אמר להו הא אנא הא בר ליואי אמרו ליה דניתי וניכוין דעתין איפשר דתברי ציבורא לבייהו דאתי מיטרא בעון רחמי ולא אתי מיטרא אמר להו ניחא לכו שיבא מטר בשבילנו אמרו ליה הן אמר רקיע רקיע כסי פניך לא איכסי אמר כמה עזין פני רקיע איכסי (ג) ואתא מיטרא לוי גזר תעניתא ולא אתא מיטרא אמר לפניו רבונו של עולם עלית וישבת במרום ואין אתה מרחם על בניך אתא מיטרא ואיטלע אמר רבי אלעזר [מ] לעולם אל יטיח אדם דברים כלפי מעלה שהרי אדם גדול הטיח דברים כלפי מעלה ואיטלע ומנו לוי והא גרמא ליה והא לוי אחוי קידה קמיה דרבי ואיטלע הא והא גרמא ליה רבי חייא בר לולייני שמעינהו להנך ענני דקאמרי ניתו וניתבי מיא בעמון ומואב אמר לפניו רבונו של עולם כשנתת תורה לעמך ישראל חזרת על כל אומות העולם ולא קיבלוה ועכשיו אתה נותן להם מטר שדו הכא שדיוה אדוכתיהו [נ] דרש רבי חייא בר לולייני מאי דכתיב א צדיק כתמר יפרח כארז בלבנון ישגה אם נאמר תמר למה נאמר ארז ואם נאמר ארז למה נאמר תמר אילו נאמר תמר ולא נאמר ארז הייתי אומר מה תמר

אין

רש"י

משום כיסופא. שהיו שכינותיה אופות עיסה לכבוד שבת והיא אינה עושה כלום: אגנא. עריבה: מסא. עתר שמוליכין בו הלחם מרדה פאלי"א בלע"ז ומרדה ומסא חדא מילתא היא (ד): תנא אף היא להביא מרדה נכנסה. פל"א בלע"ז על שם שרודין בה פת מן התנור[ס] שלא היתה בושה מפני שרגילה בניסין: חזיא. דביתהו בחלמא: מישקל לא שקלי. בתר דיהבי: כל היכא דתני בי שמשי היינו ערב שבת ° לא שמעתי טעם[ע]: במנא דחלא. בכלי שיש בו החומץ ושמתי החומץ בנר ויכבה הנר: עד שנטלו ממנו אור להבדלה. הדליק ממנו נר אחר ליהנות בו ונר של מעשה נסים כיבה כי היכי דעבד רב יהודה (לעיל דף כד:) בחלא דהוה סמידא: קא מפסדי לן. שדות: דובים. ואוכלים בשדות: ולא מטו כשורי. אין הקורות מגיעות מכותל לכותל: איכו נימטו כשוריך. יאריכו הקורות: סניפין היו. הקורות של אליות היו במעשה נס נדבקו להן חתיכות קטנות לאורכן: ר"א בן פדת. אמורא היה והוא הנקרא מרא דארעא דא"י במסכת נדה (דף כ:) בעל הוראות היה והוא שימש ר' יוחנן [פ] אחרי מות ריש לקיש והיה דחוק ועני: עבד מילתא. הקיז דם: ברא דתומא. בן השום צלע של שום: חלש ליביה. נתעלפה: צוציתא. ניצוץ: מאפותיה. ממצחו: כולי האי ואפשר. בתמיה כולי האי עבדת ואכתי הך ספיקא דלמא לא מיתרמינא בשעתא דמזוני: דחיי נפישא או דחיינא. ימי חיי שחייתי כבר הם רבים ממה שאני עתיד לחיות: אמר דחיית. מה שכבר חיית מרובים ממה שאתה עתיד לחיות והיינו דקא בכי כי אמר שכינה הכי והאי דחייך משום י"ג נהרוותא לרחוץ בהן ולטייל בהן מזה לזה: אי הכי לא בעינא. דתיחרביה לעלמא: ותו לא. וכי אין אתה נותן לי דברים אחרים: א"ל ולחברך מאי קא יהיבנא. אנא מגברא דלית ליה בעינא לא גרים בספר רבי ובספר שלי כתוב: באסקוטלא אפותאי. היינו צוציתא דנפק מיניה שמדביק אצבע צרדה עם הגודל ומכה בצפורן האצבע: איגרו בך גירי. כלומר הכיתי בחילי לחדווה בעלמא אמר כן: הא אנא והא בר ליואי. הוא איש אחד ואני איש אחד הוא עדיף מינאי: דתברי. שוברים: שיבא מטר בשבילנו. מקבלים אתם עליכם ומסכימין לדעת אחד: כמה עזין. דלא כסין מלבורא: לוי אחוי קידה. נועץ שני גודליו בארץ ושוחה ונושק את הרצפה: הא והא גרמא ליה. החטא גרם לו שנצלע בקידה: ואין

תוספות

הא והא גרמו ליה. ° פי' הראב"ד הא כדעבד דאחוי קידה קמי רבי איטלע והא דהטיח דברים כלפי מעלה גרמא ליה דאיטלע: שאני

מסורת הש"ס

א) נ"א מטיבותא דגניזא לצדיקי לעלמא דאתי, ב) [נ"ל חזיא עי' רש"י], ג) [נ"ל ואיהו אפתורא גירס' ע"י], ד) [נ"ל אמר לה וכן איתא בע"י], ה) [נ"ל אמאי וכ"ה בדפו"י], ו) [עי' ערוך ערך סנף], ז) [עי' בע"י וברמ"א שם דכל זה אינו מן הגמרא מכאן עד דאייתו דובי בקרנייהו], ח) ב"ק עט:, ט) ב"מ קו., י) תיבות כפרת ודיגלת ליתא בע"י, כ) [גי' הערוך אאפותא פי' מצח], ל) ס"א אגרי [עי' פי' הערוך ערך גר], מ) סוכה נג: מגילה כב., נ) ב"ב פ:, ס) עי' שבת קיז: רש"י ד"ה מרדה, ע) [ובכתובות קג. מפרש רש"י הטעם ועיין רש"י שבת פו: ד"ה וליטבלו וכו'], פ) [כדאיתא ב"מ פד.].

הגהות הב"ח

(א) גמ' מפני שמלומדת בניסין היתה אמרה ליה דביתהו כו' אמר לה מאי נעביד אמרה ליה בעי רחמי דניתבו כו' ומאי נעביד אמרה ליה בעי רחמי כו' דגמירי מן שמיא מיהב יהבי: (ב) שם אמרי ליה קא מפסדן עיזך אמר אי כו' אמרה ליה בנאי ביתי ולא קמטו: (ג) שם כמה עזין פני רקיע איכסי בעיבא ואתא מיטרא: (ד) רש"י ד"ה מסא כו' חדא מילתא היא הס"ד ואח"כ מה"ד מרדה פליא בלע"ז על שם שרודין בה פת מן התנור הס"ד ואח"כ מה"ד תנא אף היא להביא מרדה נכנסה שלא היתה בושה כו' כצ"ל:

גליון הש"ס

גמרא בעי רחמי יצאת כמין פיסת יד. עי' שמות רבה פ' שמות פ' נ"ב: רש"י ד"ה כל היכא כו' לא שמעתי טעם. עיין ברכות דף כה ע"ב ד"ה מאן שמעת ליה וש"נ: תוספות ד"ה הא והא וכו' פי' הראב"ד. הובא עוד שמעתא דראב"ד בתוספות יומא דף יח ע"א ע"ז דף לח ע"א:

הגהות הגר"א

[א] גמ' (והא עני הוי ועוד א"ח א"מ בהמה דקה בא"י). תא"מ:

תורה אור השלם

א) צַדִּיק כַּתָּמָר יִפְרָח כְּאֶרֶז בַּלְּבָנוֹן יִשְׂגֶּה: [תהלים צב, יג]

עין משפט נר מצוה

לא א מיי' פ"ה מהל' נזקי ממון הל' ב סמג עשין סז טוש"ע ח"מ סימן תט סעיף א:

רבינו חננאל

חד [בי] שימשא איחלף לברתיה ורמייא חלא לשרגא דשבתא והוות עציבא א"ל אבוה אל תעצבי מי שאמר לשמן וידלוק [יאמר לחומץ וידלוק] תנא [היה דולק] כל השבת עד דשקיל מיניה אור להבדלה: ר' אלעזר בן פדת הוה דחיק ליה עלמא הקיז ולא הוה ליה מידי למיכל אשכח בר תומא שדא לפומא חלש לביה עיילו רבנן לשיוליה ביה ומצאוהו ישן חזייה דבכא ואחיך ונפיק ציציתא דנורא מאפותיה כשהקיץ משנתו אמרו ליה מאי היא. אמר להו חזאי שכינה בחלמא ואמרי קמיה עד מתי אהא בהאי דוחקא אתאמר לי מקמיה ניחא לך דליחרב עלמא ואבריה מרישא אפשר דמתיילדת בשעתא דמזוני אמרי קמיה כולי האי ואולי לא בעינא [א"ל בהאין] אגרא [דאמרת] לא בעינא יהיבנא לך לעלמא דאתי י"ג מעיינתא דמשכי אפרסמון דכייא כו' עד מחיין באסקוטלא אפותאי כלומר הכהו מלאך באצבעו על מצחו ונראת להן ההכאה כניצוצת של אש כשכופף אדם אצבעו על בוהנו ושומט אותה בכח ומכה את חבירו נקראת המכה ההיא אסקוטלא. אפותא פדחת. לוי גזר תעניתא ולא אתי מיטרא אמר רבון העולמים אינך משגיח בצער בניך ומרחם עליהם כלומר ראוים הם להתרחם ואינך מרחם ולפי

רבינו גרשום

מרדה לרדות הפת: סניפין שמלאכים האריכום בחתכי קורה: מגביהו מן הקרקע שלא יקרץ סמוך לקרקע שיחליף גזעו:

ליקוטי רש"י

לאינדרונא. חדר אפל [ב"ב ז.]. מרדה. כלי שרודין בו הפת ומפרידין אותו מכותל התנור שנדבק בה [שבת קיז:]. מישקל לא שקלי. הטובה משנתנה [חולין ס.]. בי שמשי. לילי שבת קרי בי שמשא בכל דוכתא מפני שבין השמשות שלו חלוק מכל ימים והולכך להזכירו בכמה מקומות [שבת פו:]. ערב שבת ונראה בעיני לפי שבין השמשות שלו שגור בפי כל והכל חרידים אליו לגמור מלאכתן עד שלא תחשך קרו ליה בי שמשי [כתובות קג.]. סניפין עשאום. וסנפו, חברו כמו סניפין עשאום דתענית (דף כה.) [ב"מ פ.]. אין מגדלין בהמה דקה בא"י. משום ישוב א"י שמבעיר את השדות וכל שדות א"י סתמן דישראל [ב"ק עט:]. יטיח. יזרוק לשון כמטחוי קשת (בראשית

כא) [סוכה נג.]. אחוי קידה וכו' ואיטלע. נועץ גודליו ונשען עליהם ושוחה עד שנושק את הרצפה וזוקף ומתוך שאינו יכול להשען על גודליו ואין ידיו מסייעות אותו בזקיפתו וצריך להתאמץ במתניו ומתוך כך נצלע בבוקא דאטמא [מגילה כב:]. נעשה חיגר לפי שכשזוקף גופו מאליו ואינו נשען על ידיו כמחזקה לדחוף גופו למעלה נמצא כל אונס זקיפתו על מתניו. קמיה דרבי. בביתו שהיה נשיא ומכבדין אותו לשמחו שהיה דואג תמיד בצרת ישראל ובחוליו כדאמרינן בנדרים (נ): יומא דמחיך ביה רבי אתי פורענות לעלמא. הא והא גרמא ליה. נענש בחטא דברים ונענש בשעת המאורע כדאמרינן במסכת שבת (דף לב.) נפל תורא חדד לסכינא [סוכה נג.]. לפי שהטיח נתקלקל בשעת הסכנה [מגילה כב:]. אם נאמר תמר. שעושה פירות ואין גזעו מחליף למה נאמר ארז שגזעו מחליף ואין עושה פירות קשו קראי אהדדי אם מדמהו לארז ותמר מכל וכל [רשב"ם ב"ב פ:].

רָאִיתִי אוֹתוֹ הַבַּיִת וְהָיוּ קוֹרוֹתָיו יוֹצְאוֹת אַמָּה לְכָאן וְאַמָּה לְכָאן – I SAW THAT HOUSE AND ITS BEAMS PROTRUDED A CUBIT ON EACH SIDE of the wall. וְאָמְרוּ לִי – AND PEOPLE TOLD ME: בַּיִת זֶה שֶׁקֵּירָה ר׳ חֲנִינָא בֶּן דּוֹסָא בִּתְפִלָּתוֹ – THIS IS THE HOUSE THAT R' CHANINA BEN DOSA COVERED WITH BEAMS THROUGH HIS PRAYER.

The Gemara returns to the incident cited above regarding R' Chanina ben Dosa's goats, and asks:

וְר׳ חֲנִינָא בֶּן דּוֹסָא מֵהֵיכָן הָווּ לֵיהּ עִזִּים – From where did R' Chanina ben Dosa come to possess goats? וְהָא עָנִי הֲוֵי – Why, he was poor in the extreme! וְעוֹד אָמְרוּ חֲכָמִים – And moreover, the Sages said: אֵין מְגַדְּלִין בְּהֵמָה דַקָּה בְּאֶרֶץ יִשְׂרָאֵל – One is not permitted to raise small cattle in Eretz Yisrael.[14] – ? –

The Gemara answers:

אָמַר רַב פִּנְחָס – Rav Pinchas said: מַעֲשֶׂה וְעָבַר אָדָם אֶחָד עַל פֶּתַח בֵּיתוֹ – It happened that a person passed by the doorway of [R' Chanina's] house וְהִנִּיחַ שָׁם תַּרְנְגוֹלִין – and inadvertently left some chickens there וּמְצָאָתָן אִשְׁתּוֹ שֶׁל ר׳ חֲנִינָא בֶּן דּוֹסָא – and R' Chanina ben Dosa's wife found them. וְאָמַר לָהּ – [R' Chanina] told her, אַל תֹּאכְלִי מִבֵּיצֵיהֶן – "Do not eat their eggs."[15] וְהִרְבּוּ בֵּיצִים וְתַרְנְגוֹלִין – Eventually, they produced many eggs and chickens, וְהָיוּ מְצַעֲרִין אוֹתָם – which became a nuisance to them [R' Chanina and his wife]. וּמְכָרָן – So they sold [the eggs and the chickens][16] וְקָנָה בִּדְמֵיהֶן עִזִּים – and he bought goats with their proceeds.[17] פַּעַם אַחַת עָבַר אוֹתוֹ אָדָם שֶׁאָבְדוּ מִמֶּנּוּ הַתַּרְנְגוֹלִין – One time, the very man who had lost the chickens passed by the house of R' Chanina וְאָמַר לַחֲבֵירוֹ – and mentioned to his friend, בְּכָאן הִנַּחְתִּי הַתַּרְנְגוֹלִין שֶׁלִּי – "I once left my chickens here." שָׁמַע ר׳ חֲנִינָא – R' Chanina overheard this אָמַר לוֹ – and said to him, יֵשׁ לְךָ בָּהֶן סִימָן – "Do you have any identifying mark in [those chickens]?" אָמַר לוֹ הֵן – He replied to [R' Chanina], "Yes!" נָתַן לוֹ סִימָן – He provided [R' Chanina] with a valid identifying mark, וְנָטַל אֶת הָעִזִּין – and took the goats. וְהֵן הֵן עִיזֵּי דְּאַיְיתוּ דּוּבֵּי בְּקַרְנַיְיהוּ – And these were the very goats that brought bears on their horns, as related in the Gemara above.

The Gemara now tells about the poverty of the Amora, R' Elazar ben Pedas:

רַבִּי אֶלְעָזָר בֶּן פְּדָת דְּחִיקָא לֵיהּ מִילְּתָא טוּבָא – R' Elazar ben Pedas was exceedingly poor. עֲבַד מִלְּתָא – Once, he had his blood let וְלֹא הֲוָה לֵיהּ מִידֵּי לְמִטְעַם – and had nothing to eat.[18] שְׁקַל בְּרָא דְתוּמָא – So he took a clove of garlic וְשַׁדְיֵיהּ בְּפוּמֵיהּ – and put it into his mouth. חָלַשׁ לִבֵּיהּ וְנִים – He grew faint and fell asleep. אָזוּל רַבָּנָן לְשַׁיוּלֵי בֵּיהּ – The Rabbis went to inquire about him חַזְיוּהוּ דְּקָא בָּכֵי וְחָיֵיךְ – and they saw that he was crying and laughing in his sleep, וּנְפַק צוּצִיתָא דְּנוּרָא מֵאַפּוּתֵיהּ – and that a ray of light emanated from his forehead. כִּי אִתְּעַר – When he awoke, אָמְרוּ לֵיהּ – they asked him, מַאי טַעְמָא קָבָכִית וְחָיְיכַת – "Why were you crying and laughing?" אָמַר לְהוּ – He said to them, דַּהֲוָה יָתִיב עִמִּי הַקָּדוֹשׁ בָּרוּךְ הוּא – "For I had a dream[19] in which the Holy One, Blessed is He, was sitting with me וַאֲמַרִי לֵיהּ – and I said to Him, עַד מָתַי אֶצְטַעֵר בְּהַאי עָלְמָא – 'How long will I continue to suffer in this world?' וְאָמַר לִי אֶלְעָזָר בְּנִי – And He said to me, 'Elazar, My son, נִיחָא לָךְ דְּאַפְכֵיהּ לְעָלְמָא מֵרֵישָׁא – would you like Me to turn the world back to the beginning and create it anew? אֶפְשָׁר דְּמִתְיַלְּדַת בְּשַׁעְתָּא דִּמְזוֹנֵי – Perhaps, you would then be born at a time of abundant food.'[20] אֲמַרִי לְקַמֵּיהּ – I said before Him, כּוּלֵּי הַאי וְאֶפְשָׁר – 'You would do all this and still only "perhaps" my situation would improve?' אֲמַרִי לֵיהּ – I then said to Him, דְּחַיֵּי טְפֵי אוֹ דְּחָיֵינָא – 'Is what I have lived so far the greater part of my life or what I am still destined to live?' אָמַר לִי דְּחָיִית – He said to me, 'What you have already lived is more than what you are still destined to live.' אֲמַרִי לְקַמֵּיהּ אִם כֵּן לֹא בְּעֵינָא – I replied before Him, 'If so, I do not want You to turn the world back.'[21] אָמַר לִי – He said to me, בְּהַאי אַגְרָא דְּאָמְרַת לֹא בְּעֵינָא – 'As a reward for your saying, "I do not desire that the world be turned back,"[22] יָהֵיבְנָא לָךְ לְעָלְמָא דְּאָתֵי – I will give you in the World to Come תְּלֵיסַרֵי נַהֲרָוָותָא דְּמִשְׁחָא אֲפַרְסְמוֹן דַּכְיָין כְּפְרָת וְדִיגְלַת – thirteen rivers of balsam oil as clear as the Euphrates and the Tigris דְּמִעַנְּגַת בְּהוּ – for you to enjoy them.'[23] אֲמַרִי לְקַמֵּיהּ – I said before Him, הַאי וְתוּ לֹא – 'Only this will You give me and nothing more?' אָמַר לִי – He said to me, וּלְחַבְרָךְ מַאי יְהֵיבְנָא – 'What then will I give your fellow?'[24] אֲמַרִי לֵיהּ – I said to Him, וַאֲנָא מִגַּבְרָא דְּלֵית לֵיהּ בְּעֵינָא – 'But I ask only the portion of the person who does not have the privilege to enjoy his share in the World to Come.'[25] מָחְיַין בְּאַסְקוּטְלָא אַפּוּתַאי – He flicked me with His fingers on my forehead[26]

NOTES

14. [See Mishnah, *Bava Kamma* 79b.] The Sages forbade raising small cattle (such as sheep and goats) in Eretz Yisrael, because such animals tend to graze in other people's fields and thereby damage them. How, then, is it possible that R' Chanina ben Dosa, who lived in Eretz Yisrael, owned goats in violation of this prohibition?

15. For they belong to the original owner and must be returned to him together with the chickens.

16. As permitted by *Bava Metzia* 28b.

17. The Gemara questioned how R' Chanina could own goats if it is prohibited to raise goats in Eretz Yisrael. The Gemara has apparently not given a satisfactory answer to this question, since R' Chanina could have exchanged the chickens for something other than goats. Indeed, *Maharsha* points out that some Gemara texts omit this entire passage [from ור׳ חנינא בן דוסא מהיכן הוו ליה עזים until רבי אלעזר בן פדת דחיקא ליה מילתא]. He also cites a *Tosafos* (preserved in *Ein Yaakov*) who discuss, independent of a Gemara text, the question of how R' Chanina came to own goats, since he was so poor. *Tosafos* report in the name of the Geonim that R' Chanina found these very goats. [Accordingly, he was bound to raise them until the owner returned to claim them.] See *Gevuras Ari*, who discusses the problem of owning goats in Eretz Yisrael. See also *Hagahos HaGra*.

18. It is important to eat after letting blood (see *Shabbos* 129a).

19. *Rabbeinu Chananel*.

20. *Maharsha* questions whether God would indeed destroy the entire world merely to better the lot of one man. He suggests that the Gemara here means only that God offered to overturn the creation of R' Elazar ben Pedas himself and create him anew. (See also *Yad Yosef* in *Ein Yaakov*.)

21. [Since I have only the lesser portion of my life to live and will soon enjoy my share in the World to Come, it is not worth it to me for God to recreate my life again and to delay my arrival in the next world.]

22. [And you agree to remain in the circumstances that I have decreed for your particular life.]

23. The fragrant balsam oil is used to symbolize the spiritual enjoyment of the World to Come, since the sense of smell is the most spiritual of all the physical senses (see *Maharsha*). R' Elazar laughed because he was informed of this great reward in store for him (*Rashi*).

24. I can not unjustly take away a reward from someone else and award it to you.

25. Every Jew has a portion set aside for him in the Garden of Eden. When a wicked person fails to earn his portion, it is given to a righteous person, who then has this unclaimed portion in addition to his own (*Maharsha* from *Chagigah* 15a).

An alternative rendering: "Am I making this a request of a person, who is limited in what he can give?" Everything belongs to You, and You have the wherewithal to give abundantly to my fellows and to me (*Sfas Emes*).

26. The ray of light shone forth as a result of this (*Rashi*).

אַסְקוּטְלָא means *a flick with the fingers (R' Chananel; Aruch)*. [It is derived from the Greek for *fingertip (Mosaf HaAruch)*.] The flicking motion is produced by tensing the nail of the middle (or index) finger against the inner tip of the thumb (*Rashi* in *Ein Yaakov*; see *Rashi*).

משום כיסופא הוה לה הך שיבבתא בישתא אמרה מכדי ידענא דלית להו ולא מידי מאי כולי האי אזלא וטרפא אבבא איכספא ועיילא לאינדרונא איתעביד לה ניסא דחזיא לתנורא מלא לחמא ואגנא מלא לישא אמרה לה פלניתא פלניתא אייתי מסא דקא חריך לחמיך אמרה לה אף אנא להכי עיילי תנא אף היא להביא מרדה נכנסה מפני שמלומדת בנסים (א) אמרה ליה דביתהו עד אימת ניזיל ונצטער כולי האי אמר לה מאי נעביד בעי רחמי דניתבו לך מידי[א] ° בעא רחמי יצתה כמין פיסת יד ויהבו ליה חד כרעא דפתורא דדהבא ([ב] חזאי) בחלמא עתידי צדיקי דאכלי אפתורא דדהבא דאית ליה תלת כרעי ([ג] ואת) אוכלת אפתורא דתרי כרעי ([ד] אמרה ליה) ניחא לך דמיכל אכלי כולי עלמא אפתורא דמשלם ואנן אפתורא דמחסר אמרה ליה ומאי נעביד בעי רחמי דנשקלינהו מינך בעי רחמי ושקלוהו תנא גדול היה נס אחרון יותר מן הראשון דגמירי דמיהב יהבי מישקל לא שקלי חד בי שמשי חזייה לברתיה דהוות עציבא אמר לה בתי [ה] למאי עציבת אמרה ליה כלי של חומץ נתחלף לי בכלי של שמן והדלקתי ממנו אור לשבת אמר לה בתי מאי איכפת לך מי שאמר לשמן וידלוק הוא יאמר לחומץ וידלוק תנא היה דולק והולך כל היום כולו עד שהביאו ממנו אור להבדלה ר' חנינא בן דוסא הוו ליה הנך עיזי אמרו ליה קא מפסדן (ב) אמר אי קא מפסדן ניכלינהו דובי ואי לא כל חדא וחדא תיתי לאורתא דובא בקרנייהו לאורתא אייתי כל חדא וחדא דובא בקרנייהו הוה ליה ההיא שיבבתא דקא בניא ביתא ולא מטו כשורי אתיא לקמיה אמרה ליה בניתי ביתי ולא קמטו כשוראי אמר לה מה שמך אמרה ליה איכו אמר איכו נימטו כשוריך תנא הגיעו עד שיצאו אמה לכאן ואמה לכאן ויש אומרין [ו] סניפין עשאום תניא פלימו אומר אני ראיתי אותו הבית והיו קורותיו יוצאות אמה לכאן ואמה לכאן ואמרו לי בית זה שקירה ר' חנינא בן דוסא בתפלתו [ז] ור' חנינא בן דוסא מהיכן הוו ליה עזים [א] והא עני הוי ועוד אמרו חכמים [ח] א אין מגדלין בהמה דקה בא"י אמר רב פנחס מעשה ועבר אדם אחד על פתח ביתו והניח שם תרנגולין ומצאתן אשתו של ר' חנינא בן דוסא ואמר לה אל תאכלי מביציהן והרבו ביצים ותרנגולין והיו מצערין אותם ומכרן וקנה בדמיהן עזים פעם אחת עבר אותו אדם שאבדו ממנו התרנגולין ואמר לחבירו בכאן הנחתי התרנגולין שלי שמע ר' חנינא אמר לו יש לך בהן סימן אמר לו הן נתן לו סימן ונטל את העזין והן הן [ט] עיזי דאייתו דובי בקרנייהו רבי אלעזר בן פדת דחיקא ליה מילתא טובא עבד מלתא ולא הוה ליה מידי למטעם שקל ברא דתומא ושדייה בפומיה חלש לביה ונים אזול רבנן לשיולי ביה חזיוהו דקא בכי וחייך ונפק צוציתא דנורא מאפותיה כי אתער אמרו ליה מ"ט קבכית וחייכת אמר להו דהוה יתיב עמי הקב"ה ואמרי ליה עד מתי אצטער בהאי עלמא ואמר לי אלעזר בני ניחא לך דאפכיה לעלמא מרישא אפשר דמתילדת בשעתא דמזוני אמרי לקמיה כולי האי ואפשר אמרי ליה דחיי טפי או דחיינא א"ל דחיית אמרי לקמיה א"כ לא בעינא אמר לי בהאי אגרא דאמרת לא בעינא יהיבנא לך לעלמא דאתי תליסרי נהרוותא דמשחא אפרסמון דכיין [י] כפרת ודיגלת דמענגת בהו אמרי לקמיה האי ותו לא אמר לי ולחברך מאי יהיבנא אמרי ליה ואנא מגברא דלית ליה בעינא מחיין באסקוטלא [כ] אפותאי ואמר לי אלעזר ברי [ל] גירי בך גירי ר' חמא בר חנינא גזר תעניתא ולא אתא מיטרא אמרו ליה והא רבי יהושע בן לוי גזר תעניתא ואתי מיטרא אמר להו הא אנא הא בר ליואי אמרו ליה דניתי וניכוין דעתין איפשר דתברי ציבורא לבייהו דאתי מיטרא בעון רחמי ולא אתי מיטרא אמר להו ניחא לכו שיבא מטר בשבילנו אמרו ליה הן אמר רקיע רקיע כסי פניך לא איכסי אמר כמה עזין פני רקיע איכסי (ג) ואתא מיטרא לוי גזר תעניתא ולא אתא מיטרא אמר לפניו רבונו של עולם עלית וישבת במרום ואין אתה מרחם על בניך אתא מיטרא ואיטלע אמר רבי אלעזר [מ] לעולם אל יטיח אדם דברים כלפי מעלה שהרי אדם גדול הטיח דברים כלפי מעלה ואיטלע ומנו לוי והא גרמא ליה והא לוי אחוי קידה קמיה דרבי ואיטלע הא והא גרמא ליה רבי חייא בר לולייני שמעינהו להנך ענני דקאמרי ניתו וניתבי מיא בעמון ומואב אמר לפניו רבונו של עולם כשנתת תורה לעמך ישראל חזרת על כל אומות העולם ולא קיבלוה ועכשיו אתה נותן להם מטר שדו הכא שדיוה אדוכתיהו [נ] דרש רבי חייא בר לולייני מאי דכתיב [א] צדיק כתמר יפרח כארז בלבנון ישגה אם נאמר תמר למה נאמר ארז ואם נאמר ארז למה נאמר תמר אילו נאמר תמר ולא נאמר ארז הייתי אומר מה תמר אין

תוספות

הא והא גרמו ליה. ° פי' הראב"ד הא כדעבד דאחוי הקידה קמי רבי איטלע והא דהטיח דברים כלפי מעלה גרמא ליה דאיטלע: שאני

רש"י

משום כיסופא. שהיו שכינותיה אופות עיסה לכבוד שבת והיא אינה עושה כלום: **אגנא.** עריבה: **מסא.** עתר שמוציאין בו הלחם מרדה פאליי"א בלע"ז ומרדה ומסא חדא מילתא היא (ד): **תנא אף היא להביא מרדה נכנסה.** פל"א בלע"ז על שם שרודין בה פת מן התנור[פ] שלא היתה שואלת מפני שרגילה בניסין: **חזיא.** דביתהו בחלמא: **מישקל לא שקלי.** בתר דיהבי: כל היכא דתני בי שמשי היינו ערב שבת ° לא שמעתי טעם[ע]: **במנא דחלא.** בכלי שיש בו החומץ ושמתי החומץ בנר ויכבה הנר: **עד שנטלו ממנו אור להבדלה.** הדליק ממנו נר אחר ליהנות בו ונר של מעשה נסים כיבה כי היכי דעבד רב יהודה (לעיל דף כד:) בחלא דהוה סמידא: **קא מפסדי לן.** שדות: **דובים.** ואוכלים בשדות: **ולא מטו כשורי.** אין הקורות מגיעות מכותל לכותל: **איכו נימטו כשוריך.** יאריכו הקורות: **סניפין היו.** הקורות של חליות היו במעשה נס נדבקו להן חתיכות קטנות לאורכן: **ר"א בן פדת.** אמורא היה והוא הנקרא מרא דארעא דא"י במסכת נדה (דף כ:) בעל הוראות היה והוא שימש ר' יוחנן[פ] אחרי מות ריש לקיש והיה דחוק ועני: **עבד מילתא.** הקיז דם: **ברא דתומא.** בן השום גלע של שום: **חלש ליביה.** נתעלפה: **צוציתא.** נילון: **מאפותיה.** ממלחו: **כולי האי ואפשר.** בתמיה כולי האי עבדת ואכתי הך ספיקא דלמא לא מיתרמינא בשעתא דמזוני: **דחיי נפישא או דחיינא.** ימי חיי שחייתי כבר הם רבים ממה שאני עתיד לחיות: **אמר דחיית.** מה שכבר חיית מרובים ממה שאתה עתיד לחיות והיינו דקא בכי כי אמר שכינה הכי והאי דחייך משום י"ג נהרוותא לרחוץ בהן ולטייל בהן מזה לזה: **אי הכי לא בעינא.** דתיחרביה לעלמא: **ותו לא.** וכי אין אתה נותן לי דברים אחרים: **א"ל ולחברך מאי קא יהיבנא.** אנא מגברא דלית ליה בעינא לא גרים בספר רבי ובספר שלי כתוב: **באסקוטלא אפותאי.** היינו גוליתא דנפק מיניה שמדביק אצבע גרדא עם הגודל ומכה בצפורן האצבע: **איגרו בך גירי.** כלומר הכיתי בחילי לחדווה בעלמא אמר כן: **הא אנא והא בר ליואי.** הוא איש אחד ואני איש אחד הוא עדיף מינאי: **דתברי.** שוברים: **שיבא מטר בשבילנו.** מקבלים אתם עליכם ומסכימין לדעת אחד: **כמה עזין.** דלא כסין מצבורא: **לוי אחוי קידה.** נועץ שני גודליו בארץ ושוחה ונושק את הרצפה: **הא והא גרמא ליה.** החטא גרם לו שנצלע בקידה: ואין

מסורת הש"ס

א) נ"א מטיבותא דגניזא לצדיקי לעלמא דאתי, ב) [נ"ל חזיא עי' רש"י], ג) [נ"ל ואיהו אפתורא גירס' ע"י], ד) [נ"ל אמר לה וכן איתא בע"י], ה) [נ"ל אמאי וכ"ה בדפו"י], ו) [עי' ערוך ערך סנף], ז) [עי' בע"י וכת"א שם דכל זה אינו מן הגמרא מכאן עד דאייתו דובי בקרנייהו], ח) ב"ק עט:, ט) ב"מ קו., י) תיבות כפרת ודיגלת ליתא בע"י, כ) [גי' הערוך אאפותא פי' מצח], ל) ס"א אגרי [עי' פי' הערוך ערך גר], מ) סוכה נג: מגילה כב., נ) ב"ב פ:, ס) עי' שבת קיז: רש"י ד"ה מרדה, ע) [ובכתובות קג. מפרש רש"י הטעם ועיין רש"י שבת פו: ד"ה וליטבלו וכו'], פ) [כדאיתא ב"מ פד.].

הגהות הב"ח

(א) גמ' מפני שמלומדת בניסין היתה אמרה ליה דביתהו כו' אמר לה מאי נעביד אמרה ליה בעי רחמי דניתבו כו' ומאי נעביד אמרה ליה בעי רחמי כו' דגמירי מן שמיא מיהב יהבי: (ב) שם אמרי ליה קא מפסדן עיזך אמר אי כו' אמרה ליה בנאי ביתי ולא קמטו: (ג) שם כמה עזין פני רקיע איכסי בעיבא ואתא מיטרא: (ד) רש"י ד"ה מסא כו' חדא מילתא היא הס"ד ואח"כ מה"ד מרדה פליא בלע"ז על שם שרודין בה פת מן התנור הס"ד ואח"כ מה"ד תנא אף היא להביא מרדה נכנסה שלא היתה שואלת כו' כצ"ל:

גליון הש"ס

גמרא בעי רחמי יצאת כמין פיסת יד. עי' שמות רבה פ' שמות פ' נ"ב: רש"י ד"ה כל היכא כו' לא שמעתי טעם. עיין ברכות דף כה ע"ב ד"ה מאן שמעת ליה וש"נ: תוספות ד"ה הא והא וכו' פי' הראב"ד. הובא עוד שמעתא דראב"ד בתוספות יומא דף יח ע"א ע"ז דף לח ע"א:

הגהות הגר"א

[א] גמ' (והא עני הוי ועוד א"ח בהמה דקה בא"י. תא"מ:

תורה אור השלם

א) צַדִּיק כַּתָּמָר יִפְרָח כְּאֶרֶז בַּלְּבָנוֹן יִשְׂגֶּה: [תהלים צב, יג]

עין משפט נר מצוה

לא א מיי' פ"ה מהל' נזקי ממון הל' ג סמג עשין סז טוש"ע ח"מ סימן תט סעיף א:

רבינו חננאל

חד [בי] שימשא איחלף לברתיה ורמייא חלא לשרגא דשבתא והוות עציבא א"ל אבוה אל תעצבי מי שאמר לשמן וידלוק [יאמר לחומץ וידלוק] תנא [היה דולק] כל השבת עד דשקיל מיניה אור להבדלה: **ר' אלעזר** בן פדת הוה דחיק ליה עלמא הקיז ולא הוה ליה מידי למיכל אשכח בר תומא שדא לפומא חלש לביה עיילו רבנן לשיילויה ביה ומצאוהו ישן חזייה דבכא ואחיך ונפיק ציציתא דנורא מאפותיה כשהקיץ משנתו אמרו ליה מאי היא. אמר להו חזאי שכינה בחלמא ואמרי קמיה עד מתי אהא בהאי דוחקא אתאמר לי מקמיה ניחא לך דליחרב עלמא ואבריה מרישא אפשר דמתיילדת בשעתא דמזוני אמרי קמיה כולי האי ואולי לא בעינא [א"ל בהאי] אגרא [דאמרת] לא בעינא יהיבנא לך לעלמא דאתי י"ג מעיינתא דמשכי אפרסמון דכייא כו' עד מחיין באסקוטלא אפותאי כלומר הכהו מלאך באצבעו על מצחו ונראת להן ההכאה כניצוצת של אש כשכופף אדם אצבעו על בוהנו ושומט אותה בכח ומכה את חבירו נקראת המכה ההיא אסקוטלא. אפותא פדחת. **לוי** גזר תעניתא ולא אתי מיטרא אמר רבון העולמים אינך משגיח בצער בניך ומרחם עליהם כלומר ראוים הם להתרחם ואינך מרחם ולפי

רבינו גרשום

מרדה לרדות הפת: סניפין שמלאכים האריכום בחתכי קורה: מגבהין מן הקרקע שלא יקרן סמוך לקרקע שיחליף גזעו:

ליקוטי רש"י

לאינדרונא. חדר אחד [ב"ב ז.]. **מרדה.** כלי שרודין בו הפת ומפרידין אותו מכותל התנור שנדבק בו [שבת קיז:]. **מישקל לא שקלי.** [חולין ס.]. **בי שמשי.** לילי שבת קרי בי שמשא לכל דוכתא מפני שבין השמשות שלו ניכר מכל ימים והוכירו בכמה מקומות [שבת פו:]. ערב שבת ונראה בעיני לפי שבין השמשות שלו שגור בפי כל והכל מרידים אליו לגמור מלאכתן עד שלא תחשך קרו ליה בי שמשי [כתובות קג.]. **סניפין עשאום.** ונכנסו. חבורו כמו סניפין שמשלימין לתעניות (דף כח.) [ב"מ פ.]. **אין מגדלין בהמה דקה בא"י.** משום ישוב א"י שמפסדות את השדות וכל שדות א"י מצויין דישראל [ב"ק עט:]. **יטיח.** לשון מטמטו קשה [ברכות

א) [סוכה נג.]. **אחוי קידה וכו' ואיטלע.** נועץ גודליו ונשען עליהם ושוחה עד שנושק את הרצפה וזוקף ומתוך שאינו יכול להשען על גודליו ואין ידיו מסייעות אותו בזקיפתו וצריך להתאמץ במתניו ומתוך כך נצלע בנוקה דלאמלא [מגילה כב:]. נעשה חיגר לפי שכשזוקף גופו מאליו ואינו נשען על ידיו בחזקה לדחוף גופו למעלה נמלא כל אונס זקיפתו על מתניו. **קמיה דרבי.** כבימו שהיה נשיא ומכבדין אותו לשמחו שהיה דולג תמיד בלכת ישראל כדאמרינן בנדרים (נ:): יומא דמחיך ביה רבי אתי פורענות לעלמא. **הא והא גרמא ליה.** נענש בהטאת דברים ונענש בשעת המאורע כדאמרינן במסכת שבת (דף לב.) נפל תורא חדד לסכינא [סוכה נג.]. לפי שהיה בשעת הסכנה [מגילה כב:]. **אם נאמר תמר.** שעושה פירות ואין גזעו מחליף למה נאמר ארז שגזעו מחליף ואין עושה פירות קשו קראי אהדדי אם מדמהו לארז ותמר מכל וכל [רשב"ם ב"ב פ.].

וְאָמַר לִי — **and He said to me,** אֶלְעָזָר בְּרִי — **'Elazar, My son,** גִּירֵי בָּךְ גִּירַי — **My arrows have struck you, My arrows.'** "[27] This concludes R' Elazar ben Pedas' account.

The Gemara now returns to the subject of prayers for rain discussed on 24b, and relates another story about a prayer for rain that was not readily answered:

ר׳ חָמָא בַּר חֲנִינָא גָּזַר תַּעֲנִיתָא — **R' Chama bar Chanina proclaimed a fast** וְלֹא אָתָא מִיטְרָא — **but rain did not come.** אָמְרוּ לֵיהּ — So **the people said to him;** וְהָא רַבִּי יְהוֹשֻׁעַ בֶּן לֵוִי גָּזַר תַּעֲנִיתָא וְאָתֵי מִיטְרָא — **"But R' Yehoshua ben Levi proclaimed a fast and** his prayers were accepted and **rain came!"** אָמַר לְהוּ — **He replied to them,** הָא אֲנָא הָא בַּר לֵיוָאי — "What is the comparison? **Here it is I** who prays; **there it is the son of Levi!**[28] אִמְרוּ לֵיהּ דְּנֵיתֵי — **Say to him** [Rabbi Yehoshua ben Levi] **that he should come** here[29] וְנִיכַּוֵּין דַּעְתִּין — **and we will concentrate our minds** on prayer. אֵיפְשַׁר דְּתָבְרֵי צִיבּוּרָא לִבַּיְיהוּ — **Perhaps** thereby **the people will break** the stubbornness of **their hearts** and repent דְּאָתֵי מִיטְרָא — so **that rain will come."** בָּעוּן רַחֲמֵי וְלֹא אָתֵי מִיטְרָא — **They prayed for mercy but rain still did not come.** אָמַר לְהוּ — **He said to them,** נִיחָא לְכוּ שֶׁיָּבֹא מָטָר בִּשְׁבִילֵנוּ — **"Is it agreeable to you that the rain should come in our merits?"**[30] אָמְרוּ לֵיהּ הֵן — **They said to him, "Yes,** we are amenable to this." אָמַר רָקִיעַ רָקִיעַ כַּסִּי פָּנַיִךְ — **He** then looked skyward and **exclaimed, "Sky, sky, cover your face** with clouds!" לֹא אִיכַּסֵּי — But **[the sky] did not become overcast.** אָמַר כַּמָּה עַזִּין פְּנֵי רָקִיעַ — **He** then **declared, "How brazen is the face of the sky!"**[31] אִיכַּסֵּי וְאָתָא מִיטְרָא — **[The sky]** then **became overcast and rain came.**

The Gemara now relates another story about prayers for rain:

לֵוִי גָּזַר תַּעֲנִיתָא — **Levi** once **proclaimed a fast** וְלֹא אָתָא מִיטְרָא — **but rain did not come.** אָמַר לְפָנָיו — **He said before [God],** רִבּוֹנוֹ שֶׁל עוֹלָם — **"Master of the Universe!** עָלִיתָ וְיָשַׁבְתָּ בַּמָּרוֹם — **You went up and sat on high**[32] וְאֵין אַתָּה מְרַחֵם עַל בָּנֶיךָ — **and You do not have mercy on Your children."** אָתָא מִיטְרָא — God answered Levi's prayer and **rain came,** וְאִיטְלַע — **but Levi became lame** because he spoke disrespectfully to God.

אָמַר רַבִּי אֶלְעָזָר — **R' Elazar said:** לְעוֹלָם אַל יַטִּיחַ אָדָם דְּבָרִים כְּלַפֵּי מַעְלָה — **A person should never cast** words of complaint **upward** to Heaven, שֶׁהֲרֵי אָדָם גָּדוֹל הִטִּיחַ דְּבָרִים כְּלַפֵּי מַעְלָה וְאִיטְלַע — **for a great person** once **cast** words of complaint **upward** to Heaven **and he became lame** because of it. וּמַנּוּ לֵוִי — **And who was this** person? **Levi.**

The Gemara asks:

וְהָא גַּרְמָא לֵיהּ — **Was it this** act of disrespect **that caused him** to become lame? וְהָא לֵוִי אַחְוֵי קִידָה קַמֵּיהּ דְּרַבִּי וְאִיטְלַע — **But** elsewhere we learned that **Levi demonstrated** ***kidah*-bowing**[33] **in front of Rebbi and he became lame** from it. It was thus this *kidah*-bowing that made him lame, not his disrespect to God. — ? —

The Gemara answers:

הָא וְהָא גַּרְמָא לֵיהּ — Both **this and that caused him** to become lame.[34]

The Gemara relates another story about rain:

רַבִּי חִיָּיא בַּר לוּלְיָינִי שַׁמְעִינְהוּ לְהַנְהוּ עֲנָנֵי דְּקָאָמְרֵי — **R' Chiya bar Luliani heard some clouds saying** to each other,[35] נֵיתוּ וְנִיתְבֵי מַיָּא בְּעַמּוֹן וּמוֹאָב — **"Let us go and give water to Ammon and Moab."** אָמַר לְפָנָיו רִבּוֹנוֹ שֶׁל עוֹלָם — Thereupon, **[R' Chiya] said before [God], "Master of the Universe!** כְּשֶׁנָּתַתָּ תּוֹרָה לְעַמְּךָ יִשְׂרָאֵל — **When You gave the Torah to Your people Israel** חָזַרְתָּ עַל כָּל אוּמּוֹת הָעוֹלָם — **You** first **went around to all the nations of the world** and offered them the Torah, וְלֹא קִיבְּלוּהָ — **but they did not accept it.** וְעַכְשָׁיו אַתָּה נוֹתֵן לָהֶם מָטָר — **And now You are going to give them rain?** שְׁדוֹ הָכָא — **Let [the clouds]** rather **pour out** their rain **here** in Israel." שַׁדְיוּהָ אַדּוּכְתַּיְהוּ — R' Chiya's prayer was answered and **[the clouds] poured out [their rain] in their** very **place,** in the Land of Israel.

Having cited this incident involving R' Chiya bar Luliani, the Gemara cites an exposition of his:

דָּרַשׁ רַבִּי חִיָּיא בַּר לוּלְיָינִי — **R' Chiya bar Luliani expounded:** מַאי דִּכְתִיב — **What is** the meaning of **that which is written:** "צַדִּיק כַּתָּמָר יִפְרָח כְּאֶרֶז בַּלְּבָנוֹן יִשְׂגֶּה" — ***The righteous man will flourish like a date palm, like a cedar in the Lebanon he will grow tall?***[36] אִם נֶאֱמַר תָּמָר לָמָּה נֶאֱמַר אֶרֶז — He asked: **If it is said** that a righteous man is like **a date palm, why is it** also **said** that he is like **a cedar?** וְאִם נֶאֱמַר אֶרֶז לָמָּה נֶאֱמַר תָּמָר — **And if it is said** that he is like **a cedar, why is it** also **said** that he is like **a date palm?** Why must the verse liken the righteous to both trees? אִילּוּ נֶאֱמַר תָּמָר וְלֹא נֶאֱמַר אֶרֶז — R' Chiya bar Luliani answered: **Had it been said** only that the righteous man is like **a date palm but it had not been said** that he is like **a cedar,** הָיִיתִי אוֹמֵר — **I would have said** that מַה תָּמָר — **just as a date palm**

NOTES

27. This was said merely to show the delight that God took in R' Elazar ben Pedas (*Rashi*).

28. I.e. since R' Yehoshua ben Levi is greater than I, his prayers were answered more readily (*Rashi*).

29. [See variant readings in *Ein Yaakov* and *Dikdukei Sofrim*.]

30. He wished to join the prayers of the entire community together with the prayers of the two sages and thus invoke their combined merits in an effort to bring a plentiful rainfall (see *Hagahos Yavetz*; *Rashi* below, ד״ה כמה עזין; cf. *Maharsha* and *Iyun Yaakov*).

31. For they do not accede to the request of the community (*Rashi*).

32. I.e. it is as if You are aloof from Your people and their needs.

33. In this form of bowing, the bower brings his face to the ground from a standing position, using only his thumbs for support in front, and then rises. Since he rests on his thumbs rather than on his hands, there is an inordinate strain placed on the back of his legs when rising. This caused Levi to dislocate his hip and become lame (*Rashi* here, to *Megillah* 22b, and to *Succah* 53a).

34. Because of his disrespect, he was punished with lameness when he exposed himself to injury by demonstrating *kidah*-bowing (*Rashi* here and to *Megillah* 22b; see also *Cheishek Shlomo*).

35. I.e. he heard the angels in charge of rainfall talking to one another (*Maharsha*).

36. *Psalms* 92:13.

משום כיסופא הוה לה הך שיבבתא בישתא אמרה מכדי ידענא דלית להו ולא מידי מאי כולי האי אזלא וטרפא אבבא איכספא ועיילא לאינדרונא איתעביד לה ניסא דחזיא לתנורא מלא לחמא ואגנא מלא לישא אמרה לה פלניתא פלניתא אייתי מסא דקא חריך לחמיך אמרה לה אף אנא להכי עיילי תנא אף היא להביא מרדה נכנסה מפני שמלומדת בנסים (א) אמרה ליה דביתהו עד אימת ניזיל ונצטער כולי האי אמר לה מאי נעביד בעי רחמי דניתבו לך מידי[א] ° בעא רחמי יצתה כמין פיסת יד ויהבו ליה חד כרעא דפתורא דדהבא ([ב] חזאי) בחלמא עתידי צדיקי דאכלי אפתורא דדהבא דאית ליה תלת כרעי ([ג] ואת) אוכלת אפתורא דתרי כרעי ([ד] אמרה ליה) ניחא לך דמיכל אכלי כולי עלמא אפתורא דמשלם ואנן אפתורא דמחסר אמרה ליה ומאי נעביד בעי רחמי דנשקלינהו מינך בעי רחמי ושקלוהו תנא גדול היה נס אחרון יותר מן הראשון דגמירי דמיהב יהבי מישקל לא שקלי חד בי שמשי חזייה לברתיה דהוות עציבא אמר לה בתי [ה] למאי עציבת אמרה ליה כלי של חומץ נתחלף לי בכלי של שמן והדלקתי ממנו אור לשבת אמר לה בתי מאי איכפת לך מי שאמר לשמן וידלוק הוא יאמר לחומץ וידלוק תנא היה דולק והולך כל היום כולו עד שהביאו ממנו אור להבדלה ר' חנינא בן דוסא הוו ליה הנך עיזי אמרו ליה קא מפסדן (ב) אמר אי קא מפסדן ניכלינהו דובי ואי לא כל חדא וחדא תיתי לאורתא דובא בקרנייהו לאורתא אייתי כל חדא וחדא דובא בקרנייהו הוה ליה ההיא שיבבתא דקא בניא ביתא ולא מטו כשורי אתיא לקמיה אמרה ליה בניתי ביתי ולא קמטו כשוראי אמר לה מה שמך אמרה ליה איכו אמר איכו נימטו כשוריך תנא הגיעו עד שיצאו אמה לכאן ואמה לכאן ויש אומרין [ו] סניפין עשאום תניא פלימו אומר אני ראיתי אותו הבית והיו קורותיו יוצאות אמה לכאן ואמה לכאן ואמרו לי בית זה שקירה ר' חנינא בן דוסא בתפלתו [ז] ור' חנינא בן דוסא מהיכן הוו ליה עזים [א] והא עני הוי ועוד אמרו חכמים [ח] א אין מגדלין בהמה דקה בא"י אמר רב פנחס מעשה ועבר אדם אחד על פתח ביתו והניח שם תרנגולין ומצאתן אשתו של ר' חנינא בן דוסא ואמר לה אל תאכלי מביציהן והרבו ביצים ותרנגולין והיו מצערין אותם ומכרן וקנה בדמיהן עזים פעם אחת עבר אותו אדם שאבדו ממנו התרנגולין ואמר לחבירו בכאן הנחתי התרנגולין שלי שמע ר' חנינא אמר לו יש לך בהן סימן אמר לו הן נתן לו סימן ונטל את העזין והן הן [ט] עיזי דאייתו דובי בקרנייהו רבי אלעזר בן פדת דחיקא ליה מילתא טובא עבד מילתא ולא הוה ליה מידי למטעם שקל ברא דתומא ושדייה בפומיה חלש לביה ונים אזול רבנן לשיולי ביה חזיוהו דקא בכי וחייך ונפק צוציתא דנורא מאפותיה כי אתער אמרו ליה מ"ט קבכית וחייכת אמר להו דהוה יתיב עמי הקב"ה ואמרי ליה עד מתי אצטער בהאי עלמא ואמר לי אלעזר בני ניחא לך דאפכיה לעלמא מרישא אפשר דמתילדת בשעתא דמזוני אמרי לקמיה כולי האי ואפשר אמרי ליה דחיי טפי או דחיינא א"ל דחיית אמרי לקמיה א"כ לא בעינא אמר לי בהאי אגרא דאמרת לא בעינא יהיבנא לך לעלמא דאתי תליסרי נהרוותא דמשחא אפרסמון דכיין [י] כפרת ודיגלת דמענגת בהו אמרי לקמיה האי ותו לא אמר לי ולחברך מאי יהיבנא אמרי ליה ואנא מגברא דלית ליה בעינא מחיין באסקוטלא [כ] אפותאי ואמר לי אלעזר ברי [ל] גירי בך גירי ר' חמא בר חנינא גזר תעניתא ולא אתא מיטרא אמרו ליה והא רבי יהושע בן לוי גזר תעניתא ואתי מיטרא אמר להו הא אנא הא בר ליואי אמרו ליה דניתי וניכוין דעתין איפשר דתברי ציבורא לבייהו דאתי מיטרא בעון רחמי ולא אתי מיטרא אמר להו ניחא לכו שיבא מטר בשבילנו אמרו ליה הן אמר רקיע רקיע כסי פניך לא איכסי אמר כמה עזין פני רקיע איכסי (ג) ואתא מיטרא לוי גזר תעניתא ולא אתא מיטרא אמר לפניו רבונו של עולם עלית וישבת במרום ואין אתה מרחם על בניך אתא מיטרא ואיטלע אמר רבי אלעזר [מ] לעולם אל יטיח אדם דברים כלפי מעלה שהרי אדם גדול הטיח דברים כלפי מעלה ואיטלע ומנו לוי והא גרמא ליה והא לוי אחוי קידה קמיה דרבי ואיטלע הא והא גרמא ליה רבי חייא בר לוליני שמעינהו להנך ענני דקאמרי ניתו וניתבי מיא בעמון ומואב אמר לפניו רבונו של עולם כשנתת תורה לעמך ישראל חזרת על כל אומות העולם ולא קיבלוה ועכשיו אתה נותן להם מטר שדו הכא שדיוה אדוכתיהו [נ] דרש רבי חייא בר לוליני מאי דכתיב א) צדיק כתמר יפרח כארז בלבנון ישגה אם נאמר תמר למה נאמר ארז ואם נאמר ארז למה נאמר תמר אילו נאמר תמר ולא נאמר ארז הייתי אומר מה תמר

אין

רש"י

משום כיסופא. שהיו שכינותיה אופות עיסה לכבוד שבת והיא אינה עושה כלום: אגנא. עריבה: מסא. עתר שמוליאין בו הלחם מרדה פאלי"א בלע"ז ומרדה ומסא חדא מילתא היא (ד): תנא אף היא להביא מרדה נכנסה. פל"א בלע"ז על שם שרודין בה פת מן התנור[ס] שלא היתה שואלת מפני שרגילה בניסין: חזיא. דביתהו בחלמא: מישקל לא שקלי. בתר דיהבי: כל היכא דתני בי שמשי היינו ערב שבת ° לא שמעתי טעם[ע]: במנא דחלא. בכלי שיש בו החומץ ושמתי החומץ בנר ויכבה הנר: עד שנטלו ממנו אור להבדלה. הדליק ממנו נר אחר ליהנות בו ונר של מעשה נסים לינה כי היכי דעבד רב יהודה (לעיל דף כד:) בחלא דהוה סמידא: קא מפסדי לן. שדות: דובים. ואוכלים בשדות: ולא מטו כשורי. אין הקורות מגיעות מכותל לכותל: איכו נימטו כשוריך. יאריכו הקורות: סניפין היו. הקורות של חליות היו במעשה נס נדבקו להן חתיכות קטנות לאורכן: ר"א בן פדת. אמורא היה והוא הנקרא מרא דארעא דא"י במסכת נדה (דף כ:) בעל הוראות היה והוא שימש ר' יוחנן[פ] אחרי מות ריש לקיש והיה דחוק ועני: עבד מילתא. הקיז דם: ברא דתומא. בן השום גלע של שום: חלש ליביה. נתעלפה: צוציתא. נילוץ: מאפותיה. ממצחו: כולי האי ואפשר. בתמיה כולי האי עבדת ואכתי הך ספיקא דלמא לא מיתרמינא בשעתא דמזוני: דחיי נפישא או דחיינא. ימי חיי שחייתי כבר הם רבים ממה שאני עתיד לחיות: אמר דחיית. מה שכבר חיית מרובים ממה שאתה עתיד לחיות והיינו דקא בכי כי אמר שכינה הכי והאי דחייך משום י"ג נהרוותא לרחוץ בהן ולטייל בהן מזה לזה: אי הכי לא בעינא. דתיחרביה לעלמא: ותו לא. וכי אין אתה נותן לי דברים אחרים: א"ל ולחברך מאי קא יהיבנא. אנא מגברא דלית ליה בעינא לא גרים בספר רבי ובספר שלי כתוב: באסקוטלא אפותאי. היינו צוליתא דנפק מיניה שמדביק אצבע צרדא עם הגודל ומכה בצפורן האצבע: איגרו בך גירי. כלומר הכיתי בחילי לאדווה בעלמא אמר כן: הא אנא והא בר ליואי. הוא איש אחד ואני איש אחד הוא עדיף מינאי: דתברי. שוברים: שיבא מטר בשבילנו. מקבלים אתם עליכם ומסכימין לדעת אחד: כמה עזין. דלא כסין מלבורא: לוי אחוי קידה. נועץ שני גודליו בארץ ושוחה ונושק את הרצפה: הא והא גרמא ליה. החטא גרס לו שנגלע בקידה:

ואין

תוספות

הא והא גרמו ליה. ° פי' הראב"ד הא כדעבד דאחוי הקידה קמי רבי איטלע והא דהטיח דברים כלפי מעלה גרמא ליה דאיטלע:

שאני

מסורת הש"ס

א) נ"א מטיבותא דגניזא לצדיקי לעלמא דאתי, ב) [נ"ל חזיא עי' רש"י], ג) [נ"ל ואיהו אפתורא גירס' ע"י], ד) [נ"ל אמר לה וכן איתא בע"י], ה) [נ"ל אמאי וכ"ה בדפו"י], ו) [עי' ערוך ערך סנף], ז) [עי' בע"י ובה"א שם דכל זה אינו מן הגמרא מכאן עד דאייתו דובי בקרנייהו], ח) ב"ק עט:, ט) ב"מ קו., י) תיבות כפרת ודיגלת ליתא בע"י, כ) [גי' הערוך אאפותא פי' מלאך], ל) ס"א אגרי [עי' פי' הערוך ערך גר], מ) סוכה נג: מגילה כב., נ) ב"ב פ:, ס) עי' שבת קיז: רש"י ד"ה מרדה, ע) [ובכתובות קג. מפרש רש"י הטעם ועיין רש"י שבת פו: ד"ה וליטבלו וכו'], פ) [כדאיתא ב"מ פד.].

עין משפט נר מצוה

לא א מיי' פ"ה מהל' נזקי ממון הל' ב סמג עשין סז טוש"ע ח"מ סימן תט סעיף א:

רבינו חננאל

חד [בין] שימשא איחלף לברתיה ורמייא חלא לשרגא דשבתא והוות עציבא א"ל אבוה אל תעצבי מי שאמר לשמן וידלוק [יאמר לחומץ וידלוק] תנא [היה דולק] כל השבת עד דשקיל מיניה אור להבדלה: ר' אלעזר בן פדת הוה דחיק ליה עלמא הקיז ולא הוה ליה מידי למיכל אשכח בר תומא שדא לפומא חלש לביה עיילו רבנן לשיילה ביה ומצאוהו ישן חזייה דבכא ואחיך ונפיק ציציתא דנורא מאפותיה כשהקיץ משנתו אמרו ליה מאי היא. אמר להו חזאי שכינה בחלמא ואמרי קמיה עד מתי אהא בהאי דוחקא אתאמר לי מקמיה ניחא לך דליחרב עלמא ואבריה מרישא אפשר דמתיילדת בשעתא דמזוני אמרי קמיה כולי האי ואולי לא בעינא [א"ל בהאין] אגרא [דאמרת] לא בעינא יהיבנא לך לעלמא דאתי י"ג מעיינתא דמשכי אפרסמון דכייא כו' עד מחיין באסקוטלא אפותאי כלומר הכהו מלאך באצבעו על מצחו ונראת להן ההכאה כניצוצת של אש כשכופף אדם אצבעו על בוהנו ושומט אותה בכח ומכה את חבירו נקראת המכה ההיא אסקוטלא. אפותא פדחת. לוי גזר תעניתא ולא אתי מיטרא אמר רבון העולמים אינך משגיח בצער בניך ומרחם עליהם כלומר ראוים הם להתרחם ואינך מרחם ולפי

רבינו גרשום

מרדה לרדות הפת: סניפין שמלאכים האריכום בחתכי קורה: מגביהו מן הקרקע שלא יקרן סמוך לקרקע שיחליף גזעו:

ליקוטי רש"י

לאינדרונא. חדר אפל [ב"ב ז.]. מרדה. כלי שרודין בו הפת ומפרידין אותו מכותל התנור שנדבק בה [שבת קיז:]. מישקל לא שקלי. הטובה משנתנה [חולין ס.]. בי שמשי. לילי שבת קרי בי שמשא בכל דוכתא מפני שבין השמשות שלו חלוק מכל ימים והוצרך להזכירו בכמה מקומות [שבת פו:]. ערב שבת ונראה בעיני לפי שבין השמשות שלו שגור בפי כל והכל חרידים אליו לגמור מלאכתן עד שלא תחשך קרו ליה בי שמשי [כתובות קג.]. סניפין עשאום. וסנפו, חברו כמו סניפין עשאום דתענית (דף כה.) [ב"מ פ.]. אין מגדלין בהמה דקה בא"י. משום ישוב א"י שמבעיר את השדות וכל שדות א"י סתמן דישראל [ב"ק עט:]. יטיח. יזרוק לשון כמטחוי קשת (בראשית כא) [סוכה נג.]. אחוי קידה וכו' ואיטלע. נועץ גודליו ונשען עליהם ושוחה עד שנושק את הרצפה וזוקף וממוך שאינו יכול להשען על גודליו ואין ידיו מסייעות אותו בזקיפתו וצריך להתאמץ במתניו ומתוך כך נגלע בבוקא דאטמא [מגילה כב:]. נעשה חיגר לפי שכשזוקף גופו מאליו ואינו נשען על ידיו במזקה לדחוף גופו למעלה נמלא כל אונם וזקיפתו על מתניו. קמיה דרבי. בזימו שהיה נשיא ומכבדין אותו לשמחו שהיה דואג תמיד בצרת ישראל ובחולייו כדאמרינן בנדרים (נ:) יומא דמפיך ביה רבי אתי פורענות לעלמא. הא והא גרמא ליה. נענש בהטאת דברים ונענש בשעת המאורע כדאמרינן במסכת שבת (דף לג.) נפל מורא חדד לסכינא [סוכה נג.]. לפי שהטיח נתקלקל בשעת הסכנה [מגילה כב:]. אם נאמר תמר. שעושה פירות ואין גזעו מחליף למה נאמר ארז שגזעו מחליף ואין עושה פירות קשו קראי אהדדי אם מדמהו לארז ותמר מכל וכל [רשב"ם ב"ב פ:].

הגהות הב"ח

(א) גמ' מפני שמלומדת בניסין היתה אמרה ליה דביתהו כו' אמר לה מאי נעביד אמרה ליה בעי רחמי דניתבו כו' ומאי נעביד אמרה ליה בעי רחמי כו' דגמירי מן שמיא מיהב יהבי: (ב) שם אמרי ליה קא מפסדן עיזך אמר אי כו' אמרה ליה בנאי ביתי ולא קמטו: (ג) שם כמה עזין פני רקיע איכסיא ואתא מיטרא: (ד) רש"י ד"ה מסא כו' חדא מילתא היא הס"ד ואח"כ מה"ד מרדה פליא בלע"ז על שם שרודין בה פת מן התנור הס"ד ואח"כ מה"ד תנא אף היא להביא מרדה נכנסה שלא היתה שואלת כו' כצ"ל:

גליון הש"ס

גמרא בעי רחמי יצאת כמין פיסת יד. עי' שמות רבה פ' שמות פ' נ"ב: רש"י ד"ה כל היכא כו' לא שמעתי טעם. עיין ברכות דף כה ע"ב ד"ה מאן שמעת ליה וש"נ: תוספות ד"ה הא והא וכו' פי' הראב"ד. הובא עוד שמעתא דראב"ד בתוספות יומא דף יח ע"א ע"ז דף לח ע"א:

הגהות הגר"א

[א] גמ' (והא עני הוי ועוד א"ח א"מ בהמה דקה בא"י). תא"מ:

תורה אור השלם

א) צַדִּיק כַּתָּמָר יִפְרָח כְּאֶרֶז בַּלְּבָנוֹן יִשְׂגֶּה: [תהלים צב, יג]

אין גזעו מחליף אף צדיק ח"ו אין גזעו מחליף לכך נאמר ארז אילו נאמר ארז ולא נאמר תמר הייתי אומר מה ארז אין עושה פירות אף צדיק ח"ו אין עושה פירות לכך נאמר תמר ונאמר ארז וארז גזעו מחליף והתניא [א] הלוקח אילן מחבירו לקוץ מגביהו מן הקרקע טפח וקוצץ בסדן השקמה שני טפחים בבתולת השקמה שלשה טפחים בקנים ובגפנים מן הפקק ולמעלה בדקלים ובארזים חופר למטה ומשריש לפי שאין גזעו מחליף הכא במאי עסקינן בשאר מיני ארזים כדרבה בר הונא דאמר רבה בר הונא [ב] עשרה מיני ארזים הן שנאמר [א] אתן במדבר ארז שיטה והדס וגו' ת"ר מעשה ברבי אליעזר שגזר שלש עשרה תעניות על הצבור ולא ירדו גשמים באחרונה התחילו הצבור לצאת אמר להם תקנתם קברים לעצמכם געו כל העם בבכיה וירדו גשמים שוב מעשה בר' אליעזר שירד לפני התיבה ואמר עשרים וארבע ברכות ולא נענה ירד רבי עקיבא אחריו ואמר אבינו מלכנו אין לנו מלך אלא אתה אבינו מלכנו למענך רחם עלינו וירדו גשמים הוו מרנני רבנן יצתה בת קול ואמרה לא מפני שזה גדול מזה אלא שזה מעביר על מדותיו וזה אינו מעביר על מדותיו ת"ר עד מתי יהו הגשמים יורדין והצבור פוסקין מתעניתם כמלא ברך המחרישה דברי רבי מאיר [ג] וחכמים אומרים [ב] בחרבה טפח בבינונית טפחיים בעבודה שלשה טפחים תניא [ד] רבי שמעון בן אלעזר אומר אין לך טפח מלמעלה שאין תהום יוצא לקראתו שלשה טפחים והא תניא טפחיים לא קשיא כאן בעבודה כאן בשאינה עבודה א"ר אלעזר כשמנסכין את המים בחג תהום אומר לחבירו אבע מימיך קול שני ריעים אני שומע שנאמר [ב] תהום אל תהום קורא לקול צנוריך וגו' אמר רבה לדידי חזי לי האי רידיא דמי לעיגלא (תלתא) ופירסא [ה] שפוותיה וקיימא בין תהומא תתאה לתהומא עילאה לתהומא עילאה א"ל חשור מימיך לתהומא תתאה א"ל אבע מימיך שנא' [ג] הנצנים נראו בארץ וגו': היו מתענין וירדו גשמים קודם הנץ החמה כו': ת"ר היו מתענין וירדו להם גשמים קודם הנץ החמה לא ישלימו לאחר הנץ החמה ישלימו דברי ר' מאיר ר' יהודה אומר קודם חצות לא ישלימו לאחר חצות ישלימו רבי יוסי אומר קודם ט' שעות לא ישלימו לאחר ט' שעות ישלימו שכן מצינו באחאב מלך ישראל שהתענה מתשע שעות ולמעלה שנאמר [ד] הראית כי נכנע אחאב וגו' ר' יהודה נשיאה גזר תעניתא וירדו להם גשמים לאחר הנץ החמה סבר לאשלומינהו א"ל רבי אמי קודם חצות ואחר חצות שנינו שמואל הקטן גזר תעניתא וירדו להם גשמים קודם הנץ החמה כסבורין העם לומר שבחו של צבור הוא אמר להם [משל] למה הדבר דומה לעבד שמבקש פרס מרבו אמר להם תנו לו ואל אשמע קולו שוב שמואל הקטן גזר תעניתא וירדו להם גשמים לאחר שקיעת החמה כסבורים העם לומר שבחו של צבור הוא אמר להם שמואל לא שבח של צבור הוא אלא אמשול לכם משל למה הדבר דומה לעבד שמבקש פרס מרבו ואמר להם המתינו לו עד שיתמקמק ויצטער ואחר כך תנו לו ולשמואל הקטן שבחו של צבור היכי דמי אמר [ו] משיב הרוח ונשב זיקא אמר מוריד הגשם ואתא מיטרא: מעשה וגזרו תענית בלוד כו': ונימא הלל מעיקרא [ז] אביי ורבא דאמרי תרווייהו לפי שאין אומרים הלל אלא

רש"י

[ח] ואין גזעו מחליף. אם נפסק: אף צדיק. אין לו זכר לצדיק אין גזעו מחליף אינו בתחיית המתים: צדיק אינו עושה פירות. אין לו שכר לעתיד: בתולת השקמה. נטיעה שלא נקצצה מעולם: סדן. שכבר הזקין טרונ"ק בלע"ז שנקצץ וחוזר ומתעבה והוא מלשון סדנא בסדניה יתיב (פסחים דף כח.): שני טפחים. שכבר גזעו מחליף: מן הפקק. קשר התחתון: מיני ארזים. שנאמר אתן במדבר ארז שטה והדס וגו'. ובציר להו תלת ובראש השנה (דף כג.) מפרש הוסיפו עליהם אלונים אלמונים אלמוגים: מעשה ברבי אליעזר בן הורקנוס. י"ג תעניות שהתענו והלכו עד שגמרו י"ג כדתנן (לעיל דף יב:) עברו אלו ולא נענו כו': התחילו הצבור לצאת. מבית הכנסת: קברים תקנתם. בתמיה אין לכם אלא לכו קברו עצמכם מפני הרעב: געו. צעקו כמו אם יגעה שור על בלילו (איוב ו) הלוך וגעו (שמואל א ו): ויהיו הצבור פוסקין מתעניתם. דתנן (שם) עברו אלו ולא נענו ב"ד גוזרין עוד כו' אבל נענו שוב אין צריכין להתענות והני מילי לצבור אבל יחיד שהיה מתענה על החולה ונתרפא או על צרה ועברה הרי מתענה ומשלים כדאמרן לעיל (דף י:) כך שמעתי: כמלא ברך המחרישה. אם טשטשו הגשמים בעומק הקרקע כשיעור שורת מענית המחרישה: ברך. הוא הכלי שחורשין בו ומבריכין אותו סמוך לקרקע כשחורשין בו כלומר (א) מילא התלם שיראו המים בתלם מחרישתו שקורין קולטר"א: בחרבה. קרקע יבישה טפח כיון דחריבה היא ונכנסו בה הגשמים טפח ודאי רוב גשמים ירדו: בעבודה. חרושה כגון שדה ניר הנכנסים בה גשמים הרבה ג' טפחים דאפי' בגשמים מועטין נכנסין בה בטפח או בטפחיים: אין לך כל טפח. כשנכנסו הגשמים בעומק הקרקע טפח תהום עולה ומתגבר ג' טפחים ואע"ג דסומכא דארעא אלפא גרמידי בפרק החליל (סוכה דף נג:) אפ"ה רטיבותא מהנייא: והתניא. תהום יוצא לקראתו ב' טפחים: הא דקתני טפחיים ותו לא בעבודה. דאע"ג דנכנסו טפח בקרקע פורתא הוא דנחית ואהכי לא נפיק בהו לקבליה שלשה טפחים אלא פורתא טפחיים: בשאינה עבודה. דכי נכנסו בה טפח טפי הוא דנחית ונפיק תהום לקבליה ג' טפחים: אבע. לשון נחל נובע: קול שני ריעים. ניסוך המים וניסוך היין: תהום אל תהום קורא. מים עליונים ומים תחתונים: צנוריך. אותן שני ספלים: האי רידיא. מלאך הממונה על הגשמים כך שמו: דמי לעיגלא. ול"ג תלתא: בין תהומא עילאה לתתאה. בין הרקיע לאוקיינוס היכא דנשקי ארעא ורקיע: תהומא עלאה. מים העליונים: חשור מימיך. ברקיע: אבע מימיך. למטה בקרקע: הנצנים נראו בארץ. כלומר כשמנסכין מים בחג שהניסוכין נראו בארץ שאין באין אלא משנה לחבירתה כנץ זה שאינו יוצא אלא משנה לשנה ועת הזמיר הגיע זמירות החג אז קול התור מלאך דומה לשור תרגום שור תור שבשעה שמנסכין מים בחג הוא אומר כן לשון אחר כמשמעו הנצנים נראו והזמיר הגיע בשעה שקול התור נשמע: [ט] קודם הנץ החמה לא ישלימו. דאכתי לא חל עלייהו תענית כי נחתי גשמים: קודם חצות. דעד חצות זמן אכילה היא מחצות ואילך חל התענית כיון שלא סעדו בשעת סעודה: ועשו יו"ט. מתוך שמחה: הלל הגדול. הודו לאלהי האלהים כי לעולם חסדו ומפני שנאמר בו נותן לחם לכל בשר כדאמרינן בשילהי פסחים (דף קיח.): שכן מצינו כו'. כלומר שאין לך אדם בעולם שאין תענית חל עליו מתשע שעות ואילך אפי' בני מלכים שדרכן לאכול בט' שעות שעד ג' שעות הן ישנים במטותיהן ושוהין ששה שעות ואוכלין וכדאמרינן בפסחים (דף קז:) אפי' אגריפס המלך שרגיל לאכול בט' שעות ביום לא יאכל עד שתחשך שנאמר הראית כי נכנע אחאב מפני ואחאב לא חלה תעניתו עליו אלא מט' שעות ואילך ועד ט' שעות היה יכול לאכול שלא גמר בדעתו להתענות אלא שבא אליהו אותו היום שנכנס בכרם נבות היזרעאלי ואמר ליה הרצחת וגם ירשת וגו' (מלכים א כא) ילקו הכלבים וגו' (שם) וכתיב ויצום שהתענה אותו היום: הכי גרסינן שמואל הקטן גזר תעניתא וירדו גשמים קודם הנץ החמה: שבח צבור הוא. שעדיין לא קראו ונענו: למה הדבר דומה וכו': אלא

עין משפט נר מצוה

לב א מיי' פכ"ג מהל' מכירה הלכה טו סמג עשין פב טוש"ע ח"מ סימן ריו סעיף יד:

לג ב מיי' פ"ד מהלכות תענית הלכה יט טוש"ע א"ח סימן תקעה סעיף יא:

רבינו חננאל

שהטיח דברים הללו איטלע ונעשה פיסח. והיינו דאמרינן בכל מקום לעולם לא יטיח אדם דברים כלפי למעלה שהרי אדם גדול הטיח דברים כלפי למעלה ואיטלע ומנו לוי. זה שדרשו [צדיק כתמר יפרח] כארז בלבנון ישגה. תמר עושה פירות ואין גזעו מחליף ארז גזעו מחליף ואין עושה פירות לפיכך נמשלו הצדיקים כתמר לעשות פירות וכארז להחליף גזעו ואקשינן וכי ארז גזעו מחליף והתני' הלוקח (לולב) אילן מחבירו לקוץ מגביהו מן הקרקע טפח בדקלין ובארזין חופר ומשרש לפי שאין גזעם מחליף ושנינן האי ארז שנמשלו בו הצדיקים כגון שטה והדס ועץ שמן וכדרבא דאמר עשרה מיני ארזים הן והללו כולן גזעם מחליף זולתי הארז לבדו. והא דר' אליעזר דירד לפני התיבה ואמר כ"ד ברכות ולא ירדו גשמים וירד אחריו ר' עקיבא ואמר אבינו מלכנו אבינו אתה ואין לנו מלך אלא אתה אבינו מלכנו רחם עלינו ומיד ירדו גשמים הוו מרננו (כ"ע) רבנן. יצתה ב"ק ואמרה לא מפני שרבי עקיבא גדול מר' אליעזר אלא ר' עקיבא מעביר על מדותיו ור' אליעזר עומד על מדותיו ואינו מעביר: ת"ר עד היכן גשמים יורדין וצבור פוסקין מתעניתן כמלוא ברך המחרישה. פי' כשיעור חפירת האת בחרישה אם ירדו הגשמים כשיעור הזה ר' יהודה אומר בחרבה טפח בבינונית טפחים בעבודה שלשה טפחים וקיי"ל כר' יהודה: תניא אין לך טפח שיורד מלמעלה שאין תהום עולה לקראתו טפחיים ואם שדה עבודה שלשה טפחים. א"ר אליעזר בשעה שמנסכין מים בחג תהום אומר לחבירו אבע מימך קול ב' רעים אני שומע פי' קול ב' צנורים ניסוך המים וניסוך היין הנמשכין מנקבי הספלים שעל המזבח כדכתיב תהום אל תהום קורא לקול צנוריך. אמר רבה בר בר חנה לדידי חזי לי הא רידיא דמיא לעגלא תלתא פי' בת ג' שנים וקיימי בין תהומא עלאה לתהומא תתאה כדכתיב הנצנים נראו בארץ עת הזמיר הגיע וקול התור נשמע בארצנו פי' קול עגלא הוא קול התור הכתוב בפסוק כי העגל הוא השור: מתני' היו מתענין וירדו גשמים כו'. חזינן דסוגיא (דשמעתין) דירושלמי הכי סלקן קודם חצות לא ישלימו (והא תנן) [והא אמרינן] נמי בגמרא ר' אמי ור' יהודה נשיאה בתר דאהדריה ר' אמי דאמר אחר חצות שנינו ולכ"ע אין אומרים הלל הגדול אלא על נפש שבעה ואי איכא אתרא דחיישי משום שכרות גומרין הלל הגדול ואח"כ אוכלין. הלל הגדול א) דכתיב ביה מעלה נשיאים מקצה הארץ ברקים למטר עשה דאמר ר' יוחנן הלל הגדול משעומדין בבית ה' עד סוף הלל הגדול. ואסיקנא שאין שבח לצבור אם ירדו גשמים קודם הנץ החמה אלא אם אמרו משיב הרוח אתא זיקא מוריד הגשם ואתא מטרא זהו שבח צבור והכל פשוטה היא: ירושלמי ר' אחא ור' אבהו בשם ר' יוסי בר' חנינא אסור להתענות עד שש שעות בשבת. א"ר יוסי ב"ר אבין מתניתין היא קודם חצות לא ישלימו עד כדון צפרא הוא לאחר חצות ישלימו כבר עבר רובו של יום בקדושה. ריב"ז כד הוה בעי דייחות מיטרא הוה אמר לספריה אזל קום קמיה היכלא ואמרו בגין דר' בעי מספרא ולית בחיילי' מצטער ומיד מיטרא נחית. רב אדא בר אהבה כד הוה שליף מסאניה הוה מיטרא נחית וכד הוה שליף תרווייהו הוה עלמא טייף מפולת בתים הוה תמן והוה רב מייתי חד מן תלמידוי בביתא עד דהוו מפנין ביתא וכיון דהיה נפיק מביתא מיד הוה נפיל ואית דאמרי (א') רב אדא בר אהבה הות. שלחו לו חכמים מה מעשים טובים יש בידך שלח להם מימי לא קדמני אדם בבית הכנסת ולא הנחתי אדם בבית הכנסת ויצאתי ולא הלכתי ד' אמות בלא תורה ובלא תפילין ולא הזכרתי דברי תורה במקום מטונף ולא הצעתי וישנתי שינת קבע אלא שינת עראי. ולא כיניתי שם לחבירי. ולא צעדתי בין החברים ולא שמחתי בתקלת חבירי. ולא עלה קללת חבירי על מטתי. ולא עברתי בשוק אצל מי שהוא חייב לי. ולא הקפדתי בתוך ביתי לקיים מה שנאמר אתהלך בתם לבבי בקרב ביתי: ג) קבלה ביד חכמים כי ביום שנהרג נבות בו ביום הגיע השמועה לאיזבל ובו ביום ירד אחאב אל כרמו לרשתו ובו ביום אמר לו אליהו הרצחת וגם ירשת ומיד נכנע שנאמר ויהי כשמוע אחאב את הדברים האלה ויקרע את בגדיו וישם שק על בשרו ויצום וישכב בשק ויהלך אט. וגמירי דההיא שעתא שעה תשיעית הואי וצם שלש שעות האחרונות מן היום ונחשב צום דכתיב הראית כי נכנע אחאב אבל ראיה ברורה שנתענה אחאב מתשע שעות ולמעלה ליכא:

הדרן עלך סדר תעניות אלו האמור

חשק שלמה על רבינו חננאל א) נראה דחסר וצ"ל הלל הגדול צריך להתחיל ממזמור הללו את שם ה' שעומדים בבית ה' וגו' דכתיב ביה מעלה נשיאים וכו'. ב) קאי אמ"ש בגמרא שכן מצינו באחאב כו'.

מסורת הש"ס

א) ב"ב פ:, ב) ר"ה כג. סוכה נג. ב"ב פ:, ג) גי' רי"ף ורא"ש ר' יהודה אומר, ד) [תוספתא פרק א], ה) [ס"א ופריטא], ו) [לעיל כד. ב"מ פה:], ז) גי' רא"ש רב ושמואל, ח) נ"ל אין, ט) [מד"ה קודם עד ד"ה שכן מצינו שייך לפי' המשנה לעיל יט.].

הגהות הב"ח

(א) רש"י ד"ה ברך כו' כלומר מלוא התלם שיראו:

רבינו גרשום

ארז עצמו אין גזעו מחליף שאר מיני ארזים גזען מחליף: כמלא ברך המחרישה. גומות של מחרישה: כאן בעבודה שהיא מפורדת דרכה ונכנסת בה מים טפח מהרה (אין שוה) מלמטה טפחים ובשאינה עבודה שהיא קשה עד שנכנס טפח מלמעלה עולה ג' טפחים מלמטה: שני ריעים ניסוך המים וניסוך היין קול צינוריך היינו שני ניסוכין: שנענה מט' שעות ולמעלה שהיה רגיל לאכול בט' שכן דרך אדם לאכול בשש ומלך שישן עד שלש שעות אוכל [בט'] ולפי שלא אכל בט' אלא בעשר חשיב תענית: קודם חצות שנינו דאין משלימין ואין צריך לו להשלים: דשכיחא ביה שכרות ולא מצי מכווני לאחר אכילה:

הדרן עלך סדר תעניות

תורה אור השלם

א) אֶתֵּן בַּמִּדְבָּר אֶרֶז שִׁטָּה וַהֲדַס וְעֵץ שָׁמֶן אָשִׂים בָּעֲרָבָה בְּרוֹשׁ תִּדְהָר וּתְאַשּׁוּר יַחְדָּו: [ישעיה מא, יט]

ב) תְּהוֹם אֶל תְּהוֹם קוֹרֵא לְקוֹל צִנּוֹרֶיךָ כָּל מִשְׁבָּרֶיךָ וְגַלֶּיךָ עָלַי עָבָרוּ: [תהלים מב, ח]

ג) הַנִּצָּנִים נִרְאוּ בָאָרֶץ עֵת הַזָּמִיר הִגִּיעַ וְקוֹל הַתּוֹר נִשְׁמַע בְּאַרְצֵנוּ: [שיר השירים ב, יב]

ד) הֲרָאִיתָ כִּי נִכְנַע אַחְאָב מִלְּפָנָי יַעַן כִּי נִכְנַע מִפָּנַי לֹא אָבִיא הָרָעָה בְּיָמָיו בִּימֵי בְנוֹ אָבִיא הָרָעָה עַל בֵּיתוֹ: [מלכים א' כא, כט]

ליקוטי רש"י

אין גזעו מחליף. אם נקצץ. אף צדיק ח"ו אין גזעו מחליף. אם מת שלא יוליד בן כמותו א"נ אם יפול לא יקום. לכך נאמר ארז. כדכתיב כי שבע יפול צדיק וקם (משלי כד). אף צדיק ח"ו אין עושה פירות. שאוכל לדקותיו בעוה"ז ואין לו לעוה"ב א"נ שאין מאכילין אותו פרי מעלליו לכך נאמר תמר כדכתיב נמי קרא אחרינא אמרו צדיק כי טוב כי פרי מעלליהם יאכלו (ישעיהו ג). מגביהו מן הקרקע טפח. דהדר וצמח ואע"ג דלא הניח שום גרופית. סדן. שכבר נקצץ פעם אחרת וגדל. בתולת השקמה. שלא נקצצה מעולם [רשב"ם ב"ב פ:]. מן הפקק ולמעלה. מותר לקטום פקק קשר [ב"ק פא.]. היא הקשר שבלל הקנה פקוק וסתום שם [ברכות כח:]. לפי שאין גזעו מחליף. אם יניח ממנו תוך לקרקע הואיל ונקצץ בראשו [רשב"ם שם]. מעביר על מדותיו. שאינו מדקדק למדוד מדה למצעריו אותו ומניח מדותיו והולך לו כמו אין מעבירין על המצות (יומא דף לג.) אין מעבירין על האוכלין (עירובין דף סד:) מניחן והולך לו [ר"ה יז.]. חזי לי האי רידיא. מלאך הממונה על השקות הארץ ממטר השמים ממעל ומן התהום מתחת וקורא להן שנאמר תהום אל תהום קורא כדאמרינן במסכת תענית ואמרינן התם דדמי לעגלא לכך נקרא רידייא לשון שור החורש מתרגמינן לא תחרוש לא תרידי (דברים כב) [יומא כא.].

אֵין גִּזְעוֹ מַחֲלִיף – Just as the trunk of a date palm does not regenerate,[1] **אַף צַדִּיק חַס וְשָׁלוֹם אֵין גִּזְעוֹ מַחֲלִיף – so too, Heaven forbid, the trunk of a righteous man does not regenerate.**[2] **לְכָךְ נֶאֱמַר אֶרֶז – Therefore, it is stated** in the verse that a righteous man is compared to **a cedar**, to indicate that he will indeed regenerate. **אִילּוּ נֶאֱמַר אֶרֶז** – On the other hand **if it had been stated** in the verse only that a righteous man is compared **to a cedar**, **וְלֹא נֶאֱמַר תָּמָר – but it had not been stated** that he is compared to **a date palm**, **הָיִיתִי אוֹמֵר – I might have said: מָה אֶרֶז אֵין עוֹשֶׂה פֵּירוֹת – Just as a cedar does not produce fruits, אַף צַדִּיק חַס וְשָׁלוֹם אֵין עוֹשֶׂה פֵּירוֹת – so too, Heaven forbid, a righteous man does not produce fruits.**[3] **לְכָךְ נֶאֱמַר תָּמָר וְנֶאֱמַר אֶרֶז – Therefore, both date palms and cedar are stated** in the verse, to indicate that a righteous man produces fruit and regenerates.

The Gemara asks:

וְאֶרֶז גִּזְעוֹ מַחֲלִיף – Does a cedar regenerate? וְהָתַנְיָא – But it was taught in a Baraisa: הַלּוֹקֵחַ אִילָן מֵחֲבֵרוֹ לָקוֹץ – IF A PERSON PURCHASES A TREE FROM HIS FELLOW TO CUT IT DOWN and use the wood, **מַגְבִּיהוֹ מִן הַקַּרְקַע טֶפַח** – HE MUST LEAVE at least ONE HANDBREADTH of the trunk ABOVE THE GROUND **וְקוֹצֵץ** – AND CUT the tree there, so that it will regenerate. **בְּסַדַּן הַשִּׁקְמָה** – IN THE CASE OF A SYCAMORE TRUNK, i.e. an old sycamore tree, that had once been cut down and increased in girth when it grew back,[4] **שְׁנֵי טְפָחִים** – he must leave at least TWO HANDBREADTHS of the trunk above the ground, to allow for regeneration. **בִּבְתוּלַת הַשִּׁקְמָה** – IN THE CASE OF A VIRGIN SYCAMORE, i.e. a sycamore tree that was never cut down before, **שְׁלֹשָׁה טְפָחִים** – he must leave at least THREE HANDBREADTHS of the trunk above the ground to allow for regeneration. **בְּקָנִים וּבִגְפָנִים** – IN THE CASE OF REEDS AND VINES, **מִן הַפְּקָק וּלְמַעְלָה** – he may cut only FROM THE lowermost KNOT AND ABOVE, so that what remains will regenerate. **בִּדְקָלִים וּבַאֲרָזִים** – IN THE CASE OF DATE PALMS AND CEDARS, **חוֹפֵר לְמַטָּה וּמְשָׁרֵישׁ** – HE MAY DIG BELOW the ground AND UPROOT the tree entirely, **לְפִי שֶׁאֵין גִּזְעוֹ מַחֲלִיף** – BECAUSE ITS TRUNK DOES NOT REGENERATE. Thus, we see from this Baraisa that a cedar does not regenerate, unlike the Gemara's assertion above. – ? –

The Gemara answers:

הָכָא בְּמַאי עַסְקִינַן – Here, in our Gemara, where we speak of an *erez* tree that regenerates, **with what are we dealing? בִּשְׁאָר מִינֵי אֲרָזִים – With other types of *erez* trees** than those referred to in the Baraisa; for, **כִּדְרַבָּה בַּר הוּנָא – as** stated by **Rabbah bar Huna,** there are various different trees that belong to the general classification of *erez*. **דְּאָמַר רַבָּה בַּר הוּנָא – For Rabbah bar Huna stated: עֲשָׂרָה מִינֵי אֲרָזִים הֵן – There are ten types of** *erez* trees, **שֶׁנֶּאֱמַר: ,,אֶתֵּן בַּמִּדְבָּר אֶרֶז שִׁטָּה וַהֲדַס וגו׳ ״ – as it is stated:** ***I will put in the desert a cedar, an acacia tree, and a myrtle tree* etc.**[5]

The Gemara returns to its recording of incidents regarding fasts decreed for lack of rain (from which the Gemara digressed on 25a):

תָּנוּ רַבָּנָן – The Rabbis taught in a Baraisa: מַעֲשֶׂה בְּרַבִּי אֱלִיעֶזֶר שֶׁגָּזַר שְׁלֹשׁ עֶשְׂרֵה תַּעֲנִיּוֹת עַל הַצִּבּוּר – IT ONCE HAPPENED THAT R' ELIEZER ben Horkenos PROCLAIMED THIRTEEN FASTS ON THE COMMUNITY,[6] **וְלֹא יָרְדוּ גְּשָׁמִים** – BUT NO RAINS FELL. **בָּאַחֲרוֹנָה הִתְחִילוּ הַצִּבּוּר לָצֵאת** – AFTER THE FINAL fast, THE PEOPLE BEGAN TO LEAVE the synagogue. **אָמַר לָהֶם** – [R' ELIEZER] SAID TO THEM, **תִּקַּנְתֶּם קְבָרִים לְעַצְמְכֶם** – "DID YOU PREPARE GRAVES FOR YOURSELVES?"[7] **גָּעוּ כָּל הָעָם בִּבְכִיָּה** – ALL THE PEOPLE BURST OUT CRYING, **וְיָרְדוּ גְּשָׁמִים** – AND RAINS FELL.[8] **שׁוּב מַעֲשֶׂה בְּר׳ אֱלִיעֶזֶר שֶׁיָּרַד לִפְנֵי הַתֵּיבָה** – ANOTHER TIME, IT HAPPENED THAT R' ELIEZER WENT DOWN BEFORE THE ARK in the capacity of a *shliach tzibbur* **וְאָמַר עֶשְׂרִים וְאַרְבַּע בְּרָכוֹת** – AND SAID the *Shemoneh Esrei* of TWENTY-FOUR BLESSINGS that was enacted for fasts,[9] **וְלֹא נַעֲנָה** – BUT HE WAS NOT ANSWERED. **יָרַד רַבִּי עֲקִיבָא אַחֲרָיו** – R' AKIVA then WENT DOWN before the Ark AFTER HIM **וְאָמַר** – AND PRAYED: **אָבִינוּ מַלְכֵּנוּ אֵין לָנוּ מֶלֶךְ אֶלָּא אָתָּה** – "OUR FATHER, OUR KING, WE HAVE NO KING BUT YOU! **אָבִינוּ מַלְכֵּנוּ לְמַעַנְךָ רַחֵם עָלֵינוּ** – OUR FATHER, OUR KING, FOR YOUR SAKE HAVE COMPASSION ON US!" **וְיָרְדוּ גְּשָׁמִים** – AND RAINS then FELL. **הָווּ מְרַנְנֵי רַבָּנָן** – THE RABBIS BEGAN MURMURING against R' Eliezer.[10] **יָצְתָה בַּת קוֹל וְאָמְרָה** – Thereupon, A HEAVENLY VOICE WENT FORTH AND DECLARED: **לֹא מִפְּנֵי שֶׁזֶּה גָּדוֹל מִזֶּה** – NOT BECAUSE THIS ONE [R' Akiva] IS GREATER THAN THE OTHER, **אֶלָּא שֶׁזֶּה מַעֲבִיר עַל מִדּוֹתָיו** – BUT BECAUSE THIS ONE [R' Akiva] IS A FORGIVING PERSON,[11] **וְזֶה אֵינוֹ מַעֲבִיר עַל מִדּוֹתָיו** – WHEREAS THAT ONE [R' Eliezer] IS NOT A FORGIVING PERSON.

On 12b, the Mishnah stated that if a series of fasts was concluded and rain still did not come, a subsequent series of fasts was declared. The implication is that if rain did come, then no further fasts need be declared. The following Baraisa considers the amount of rainfall that is deemed to be an end to the drought, thereby making further fasting unnecessary:

תָּנוּ רַבָּנָן – The Rabbis taught in a Baraisa: עַד מָתַי יְהוּ הַגְּשָׁמִים יוֹרְדִין וְהַצִּבּוּר פּוֹסְקִין מִתַּעֲנִיתָם – HOW MUCH MUST IT RAIN THAT THE COMMUNITY SHOULD CEASE FASTING?[12] **כִּמְלֹא בֶּרֶךְ הַמַּחֲרֵישָׁה דִּבְרֵי רַבִּי מֵאִיר** – TO THE DEPTH OF THE BLADE OF THE PLOW.[13] THESE ARE THE WORDS OF R' MEIR. **וַחֲכָמִים אוֹמְרִים** – BUT THE SAGES SAY: **בַּחֲרֵבָה טֶפַח** – IN THE CASE OF DRY soil, a penetration of even ONE HANDBREADTH is sufficient to cease

NOTES

1. I.e. the tree will not regenerate by growing new shoots once it is cut down (*Rashi*).

2. I.e. [even a righteous man] will not be resurrected once he has died (*Rashi*). Alternatively: he will not produce a son that follows in his footsteps and carries on his work after his death. Alternatively: if he falls, he will not rise again (*Rashbam* to *Bava Basra* 80b).

3. I.e. he will not receive reward in the World to Come [for the good deeds he has performed in his lifetime] (*Rashi*).

4. *Rashi*. [See also *Rashi* to *Niddah* 8b ד״ה שלא נקצצה.]

5. *Isaiah* 41:19. This verse lists seven types of trees. The other three trees classified as *erez* by Rabbah bar Huna are enumerated in *Rosh Hashanah* 23a (*Rashi*).

Thus, the *erez* mentioned in the Baraisa as not regenerating is not identical with the regenerating *erez* to which the verse compares a righteous man.

6. As per the procedure stated in the Mishnah above, 12b.

7. Since our prayers for rain have not been answered, we have no choice but to prepare ourselves for death from starvation (*Rashi*).

8. [R' Eliezer's remarks made a profound impression on the people and they sincerely regretted their sins. This contrition caused their prayers to be accepted and the rains fell.]

9 See 15a.

10. Since R' Akiva's prayers had been answered where R' Eliezer's had not, they took this as an indication that R' Akiva was greater.

11. Since R' Akiva was a forgiving person, God acted likewise toward him, forgave the sins of the people, and blessed them with rain (see *Eitz Yosef*).

12. The question of the Baraisa is relevant only to a *communal* fast. However, an individual must complete a private fast even if the difficulty for which he has been fasting becomes resolved in the course of his fast (*Rashi*; cf. *Keren Orah*).

13. I.e. the ground should be saturated to the depth of the furrow created by the plow (see *Rashi*).

עין משפט נר מצוה

לב א מיי' פכ"ג מהל' מכירה הלכה טו סמג עשין מב טוש"ע ח"מ סימן ריו סעיף יד:
לג ב מיי' פ"ד מהלכות תענית הלכה יט טוש"ע א"ח סימן תקעה סעיף יא:

רבינו חננאל

שהטיח דברים הללו איטלע ונעשה פיסח. והיינו דאמרינן בכל מקום לעולם לא יטיח אדם דברים כלפי למעלה שהרי אדם גדול הטיח דברים כלפי למעלה ואיטלע ומנו לוי. **זה** שדרשו [צדיק כתמר יפרח] כארז בלבנון ישגה. תמר עושה פירות ואין גזעו מחליף ארז גזעו מחליף ואין עושה פירות לפיכך נמשלו הצדיקים כתמר לעשות פירות וכארז להחליף גזעו ואקשינן וכי ארז גזעו מחליף והתני' הלוקח (לולב) אילן מחבירו לקוץ מגביהו מן הקרקע טפח בדקלין ובארזין חופר ומשרש לפי שאין גזעם מחליף ושנינן האי ארז שנמשלו בו הצדיקים כגון שטה והדס ועץ שמן וכדרבא דאמר עשרה מיני ארזים הן והללו כולן גזעם מחליף זולתי הארז לבדו. **והא** דר' אליעזר דירד לפני התיבה ואמר כ"ד ברכות ולא ירדו גשמים וירד אחריו ר' עקיבא ואמר אבינו מלכנו אבינו אתה ואין לנו מלך אלא אתה אבינו מלכנו רחם עלינו ומיד ירדו גשמים הוו מרננו (כ"ע) רבנן. יצתה ב"ק ואמרה לא מפני שרבי עקיבא גדול מר' אליעזר אלא ר' עקיבא מעביר על מדותיו ור' אליעזר עומד על מדותיו ואינו מעביר: **ת"ר** עד היכן גשמים יורדין וצבור פוסקין מתעניתן כמלוא ברך המחרישה. פי' כשיעור חפירת האת בחרישה אם ירדו הגשמים כשיעור הזה ר' יהודה אומר בחרבה טפח בבינונית טפחים בעבודה שלשה טפחים וקיי"ל כר' יהודה: **תניא** אין לך טפח שיורד מלמעלה שאין תהום עולה לקראתו טפחיים ואם שדה עבודה שלשה טפחים. א"ר אליעזר בשעה שמנסכין מים בחג תהום אומר לחבירו אבע מימך קול ב' רעים אני שומע פי' קול ב' צנורים ניסוך המים וניסוך היין הנמשכין מנקבי הספלים שעל המזבח כדכתיב תהום אל תהום קורא לקול צנוריך. **אמר רבה בר בר חנה** לדידי חזי לי הא רידיא דמיא לעגלא תלתא פי' בת ג' שנים וקיימי בין תהומא עלאה לתהומא תתאה כדכתיב הנצנים נראו בארץ עת הזמיר הגיע וקול התור נשמע בארצנו פי' קול עגלא הוא קול התור הכתוב בפסוק כי העגל הוא השור: **מתני'** היו מתענין וירדו גשמים כו'. חזינן דסוגיא (דשמעתין) דירושלמי הכי סלקן קודם חצות לא ישלימו (והא תנן) [והא אמרינן] נמי בגמרא ר' אמי ור' יהודה נשיאה בתר דאהדריה ר' אמי דאמר אחר חצות שנינו ולכ"ע אין אומרים הלל הגדול אלא על נפש שבעה ואי איכא אתרא דחיישי משום שכרות גומרין הלל הגדול ואח"כ אוכלין. הלל הגדול א) דכתיב ביה מעלה נשיאים מקצה הארץ ברקים למטר עשה דאמר ר' יוחנן הלל הגדול משעומדין בבית ה' עד סוף הלל הגדול. ואסיקנא שאין שבח לצבור אם ירדו גשמים קודם הנץ החמה אלא אם אמרו משיב הרוח אתא זיקא מוריד הגשם ואתא מטרא זהו שבח צבור והכל פשוטה היא: **ירושלמי** ר' אחא ור' אבהו בשם ר' יוסי בר' חנינא אסור להתענות עד שש שעות בשבת. א"ר יוסי ב"ר אבין מתניתין היא קודם חצות לא ישלימו עד כדון צפרא הוא לאחר חצות ישלימו כבר עבר רובו של יום בקדושה. ריב"ז כד הוה בעי דייחות מיטרא הוה אמר לספריה אזל קום קמיה היכלא ואמרו בגין דר' בעי מספרא ולית בחיילי' מצטער ומיד מיטרא נחית. רב אדא בר אהבה כד הוה שליף מסאניה הוה מיטרא נחית וכד הוה שליף תרווייהו הוה עלמא טייף מפולת בתים הוה תמן והוה רב מייתי חד מן תלמידוי בביתא עד דהוו מפנין ביתא וכיון דהיה נפיק מביתא מיד הוה נפיל ואית דאמרי (א') רב אדא בר אהבה הות. שלחו לו חכמים מה מעשים טובים יש בידך שלח להם מימי לא קדמני אדם בבית הכנסת ולא הנחתי אדם בבית הכנסת ויצאתי ולא הלכתי ד' אמות בלא תורה ובלא תפילין ולא הזכרתי דברי תורה במקום מטונף ולא הצעתי וישנתי שינת קבע אלא שינת עראי. ולא כיניתי שם לחבירי. ולא צעדתי בין החברים ולא שמחתי בתקלת חבירי. ולא עלה קללת חבירי על מטתי. ולא עברתי בשוק אצל מי שהוא חייב לי. ולא הקפדתי בתוך ביתי לקיים מה שנאמר אתהלך בתם לבבי בקרב ביתי: ב) **קבלה** ביד חכמים כי ביום שנהרג נבות בו ביום הגיע השמועה לאיזבל ובו ביום ירד אחאב לרשתו ובו ביום אמר לו אליהו הרצחת וגם ירשת ומיד נכנע שנאמר ויהי כשמוע אחאב את הדברים האלה ויקרע את בגדיו וישם שק על בשרו ויצום וישכב בשק ויהלך אט. וגמירי דההיא שעתא שעה תשיעית הואי וצם שלש שעות האחרונות מן היום ונחשב צום דכתיב הראית כי נכנע אחאב אבל ראיה ברורה שנתענה אחאב מתשע שעות ולמעלה ליכא:

הדרן עלך סדר תעניות האלו האמור

גמרא

אין גזעו מחליף אף צדיק ח"ו אין גזעו מחליף לכך נאמר ארז אילו נאמר ארז ולא נאמר תמר הייתי אומר מה ארז אין עושה פירות אף צדיק ח"ו אין עושה פירות לכך נאמר תמר ונאמר ארז וארז גזעו מחליף והתניא א) א הלוקח אילן מחבירו לקוץ מגביהו מן הקרקע טפח וקוצץ בסדן השקמה שני טפחים בבתולת השקמה שלשה טפחים בקנים ובגפנים מן הפקק ולמעלה בדקלים ובארזים חופר למטה ומשריש לפי שאין גזעו מחליף הכא במאי עסקינן בשאר מיני ארזים כדרבה בר הונא דאמר רבה בר הונא ב) עשרה מיני ארזים הן שנאמר א) אתן במדבר ארז שיטה והדס וגו' ת"ר מעשה ברבי אליעזר שגזר שלש עשרה תעניות על הצבור ולא ירדו גשמים באחרונה התחילו הצבור לצאת אמר להם תקנתם קברים לעצמכם געו כל העם בבכיה וירדו גשמים שוב מעשה בר' אליעזר שירד לפני התיבה ואמר עשרים וארבע ברכות ולא נענה ירד רבי עקיבא אחריו ואמר אבינו מלכנו אין לנו מלך אלא אתה אבינו מלכנו למענך רחם עלינו וירדו גשמים הוו מרנני רבנן יצתה בת קול ואמרה לא מפני שזה גדול מזה אלא שזה מעביר על מדותיו וזה אינו מעביר על מדותיו ת"ר עד מתי יהו הגשמים יורדין והצבור פוסקין מתעניתם כמלא ברך המחרישה דברי רבי מאיר ג) וחכמים אומרים ב בחרבה טפח בבינונית טפחיים בעבודה שלשה טפחים תניא ד) רבי שמעון בן אלעזר אומר אין לך טפח מלמעלה שאין תהום יוצא לקראתו שלשה טפחים והא תניא טפחיים לא קשיא כאן בעבודה כאן בשאינה עבודה א"ר אלעזר כשמנסכין את המים בחג תהום אומר לחבירו אבע מימיך קול שני ריעים אני שומע שנאמר ב) תהום אל תהום קורא לקול צנוריך וגו' אמר רבה לדידי חזי לי האי רידיא דמי לעיגלא (תלתא) ופירסא ה) שפוותיה וקיימא בין תהומא תתאה לתהומא עילאה לתהומא עילאה א"ל חשור מימיך לתהומא תתאה א"ל אבע מימיך שנא' ג) הנצנים נראו בארץ וגו': היו מתענין וירדו גשמים קודם הנץ החמה כו': ת"ר היו מתענין וירדו להם גשמים קודם הנץ החמה לא ישלימו לאחר הנץ החמה ישלימו דברי ר' מאיר ר' יהודה אומר קודם חצות לא ישלימו לאחר חצות ישלימו רבי יוסי אומר קודם ט' שעות לא ישלימו לאחר ט' שעות ישלימו שכן מצינו באחאב מלך ישראל שהתענה מתשע שעות ולמעלה שנאמר ד) הראית כי נכנע אחאב וגו' ר' יהודה נשיאה גזר תעניתא וירדו להם גשמים לאחר הנץ החמה סבר לאשלומינהו א"ל רבי אמי קודם חצות ואחר חצות שנינו שמואל הקטן גזר תעניתא וירדו להם גשמים קודם הנץ החמה כסבורין העם לומר שבחו של צבור הוא אמר להם אמשול לכם [משל] למה הדבר דומה לעבד שמבקש פרס מרבו אמר להם תנו לו ואל אשמע קולו שוב שמואל הקטן גזר תעניתא וירדו להם גשמים לאחר שקיעת החמה כסבורים העם לומר שבחו של צבור הוא אמר להם שמואל לא שבח של צבור הוא אלא אמשול לכם משל למה הדבר דומה לעבד שמבקש פרס מרבו ואמר להם המתינו לו עד שיתמקמק ויצטער ואחר כך תנו לו ולשמואל הקטן שבחו של צבור היכי דמי אמר ו) משיב הרוח ונשב זיקא אמר מוריד הגשם ואתא מיטרא: מעשה וגזרו תענית בלוד כו': ונימא הלל מעיקרא ז) אביי ורבא דאמרי תרווייהו לפי שאין אומרים הלל אלא

רש"י

ח) ואין גזעו מחליף. אם נפסק: אף צדיק. אין לו זכר לצדיק אין גזעו מחליף אינו בתחיית המתים: צדיק אינו עושה פירות. אין לו שכר לעתיד: בתולת השקמה. נטיעה שלא נקללה מעולם: סדן. שכבר הזקין טרונ"ק בלע"ז שנקלץ וחוזר ומתעבה והוא מלשון סדנא בסדניה יתיב (פסחים דף כח.): שני טפחים. שכבר גזעו מחליף: מן הפקק. קשר התחתון: מיני ארזים. שנאמר אתן במדבר ארז שטה והדס וגו'. ובליר להו תלת ובראש השנה (דף כג.) מפרש הוסיפו עליהם אלונים אלמונים אלמוגים: מעשה ברבי אליעזר בן הורקנוס. י"ג תעניות שהתענו והלכו עד שגמרו י"ג כדתנן (לעיל דף יב:) עברו אלו ולא נענו כו': התחילו הצבור לצאת. מבית הכנסת: קברים תקנתם. בתמיה אין לכם אלא לכו קברו עצמכם מפני הרעב: געו. לעקו כמו אם יגעה שור על בלילו (איוב ו) הלוך וגעו (שמואל א ו): ויהיו הצבור פוסקין מתעניתם. דתנן (שם) עברו אלו ולא נענו ב"ד גוזרין עוד כו' אבל נענו שוב אין צריכין להתענות והני מילי לצבור אבל יחיד שהיה מתענה על החולה ונתרפא או על צרה ועברה הרי מתענה ומשלים כדאמרן לעיל (דף י:) כך שמעתי: כמלא ברך המחרישה. אם טשטשו הגשמים בעומק הקרקע כשיעור שורת מענית המחרישה: ברך. הוא הכלי שחורשין בו ומבריכין אותו סמוך לקרקע כשחורשין בו כלומר (א) מילא התלם שירא‍ו המים בתלם מחרישתו שקורין קולטר"א: בחרבה. קרקע יבשה טפח כיון דחריבה היא ונכנסו בה הגשמים טפח ודאי רוב גשמים ירדו: בעבודה. חרושה כגון שדה ניר הנכנסים בה גשמים הרבה ג' טפחים דאפי' בגשמים מועטין נכנסין בה בטפח או בטפחיים: אין לך כל טפח. כשנכנסו הגשמים בעומק הקרקע טפח תהום עולה ומתגבר ג' טפחים ואע"ג דסומכא דארעא אלפא גרמידי בפרק החליל (סוכה דף נג:) אפ"ה רטיבותא מהנייא: והתניא. תהום יוצא לקראתו ב' טפחים: הא דקתני טפחיים ותו לא בעבודה. דאע"ג דנכנסו טפח בקרקע פורתא הוא דנחית ואהכי לא נפיק בהו לקבליה שלשה טפחים אלא פורתא טפחיים: בשאינה עבודה. דכי נכנסו בה טפח טפי הוא דנחית ונפיק תהום לקיבליה ג' טפחים: אבע. לשון נחל נובע: קול שני ריעים. ניסוך המים וניסוך היין: תהום אל תהום קורא. מים עליונים ומים תחתונים: צנוריך. אותן שני ספלים: האי רידיא. מלאך הממונה על הגשמים כך שמו: דמי לעיגלא. ול"ג תלתא: בין תהומא עילאה לתתאה. בין הרקיע לאוקיינוס היכא דנשקי ארעא ורקיע: תהומא עלאה. מים העליונים: חשור מימיך. ברקיע: אבע מימיך. למטה בקרקע: הנצנים נראו בארץ. כלומר כשמנסכין מים בחג שהניסוכין נראו בארץ שאין באין אלא משנה לחבירתה כנץ זה שאינו יוצא אלא משנה לשנה ועת הזמיר הגיע זמירות החג אז קול התור מלאך דומה לשור תרגום שור תור שבשעה שמנסכין מים בחג הוא אומר כן לשון אחר כמשמעו הנצנים נראו והזמיר הגיע בשעה שקול התור נשמע: ט) קודם הנץ החמה לא ישלימו. דאכתי לא חל עלייהו תענית כי נחתי גשמים: קודם חצות. דאלות זמן אכילה היא מאלות ואילך חל התענית כיון שלא סעדו בשעת סעודה: ועשו יו"ט. מתוך שמחה: הלל הגדול. הודו לאלהי האלהים כי לעולם חסדו ומפני שנאמר בו נותן לחם לכל בשר כדאמרינן בשילהי פסחים (דף קיח.): שכן מצינו כו'. כלומר שאין לך אדם בעולם שאין תענית חל עליו מתשע שעות ואילך אפי' בני מלכים שדרכן לאכול בט' שעות שעד ג' שעות הן ישנים במטותיהן ושוהין ששה שעות ואוכלין וכדאמרינן בפסחים (דף קז:) אפי' אגריפס המלך שרגיל לאכול בט' שעות ביום לא יאכל עד שתחשך שנאמר הראית כי נכנע אחאב מפני ואחאב לא חלה תעניתו עליו אלא מט' שעות ואילך ועד ט' שעות היה יכול לאכול שלא גמר בדעתו להתענות אלא שבא אליהו אותו היום שנכנס בכרם נבות היזרעאלי ואמר ליה הרצחת וגם ירשת וגו' (מלכים א כא) ילקו הכלבים וגו' (שם) וכתיב וילום שהתענה אותו היום: הכי גרסינן שמואל הקטן גזר תעניתא וירדו גשמים קודם הנץ החמה: שבח צבור הוא. שעדיין לא קראו ונענו: למה הדבר דומה וכו': אלא

מסורת הש"ס

א) ב"ב פ:, ב) ר"ה כג. סוכה לז. ב"ב פ:, ג) גי' רי"ף ורא"ש ר' יהודה אומר, ד) [תוספתא פרק א], ה) [ס"א ופריטא], ו) [לעיל כד. ב"מ פה:], ז) גי' רא"ש רב ושמואל, ח) נ"ל אין, ט) [מד"ה קודם עד ד"ה שכן מלינו שייך לפי' המשנה לעיל יט.].

הגהות הב"ח

(א) רש"י ד"ה ברך כו' כלומר מלוא התלם שיראו:

רבינו גרשום

ארז עצמו אין גזעו מחליף שאר מיני ארזים גזען מחליף: **כמלא ברך המחרישה.** גומות של מחרישה: **כאן בעבודה** שהיא מפוררת דרכה ונכנסת בה מים טפח מהרה (אין שוה) מלמטה טפחים **ובשאינה עבודה** שהיא קשה עד שנכנס טפח מלמעלה עולה ג' טפחים מלמטה: **שני ריעים** ניסוך המים וניסוך היין קול צינוריך היינו שני ניסוכין: **שנענה מט' שעות ולמעלה** שהיה רגיל לאכול בט' שכן דרך אדם לאכול בשש ומלך שישן עד שלש שעות אוכל [בט'] ולפי שלא אכל בט' אלא בעשר חשיב תענית: **קודם חצות שנינו** דאין משלימין ואין צריך לו להשלים: **דשכיחא ביה** שכרות ולא מצי מכווני לאחר אכילה:

הדרן עלך סדר תעניות

תורה אור השלם

א) אֶתֵּן בַּמִּדְבָּר אֶרֶז שִׁטָּה וַהֲדַס וְעֵץ שָׁמֶן אָשִׂים בָּעֲרָבָה בְּרוֹשׁ תִּדְהָר וּתְאַשּׁוּר יַחְדָּו: [ישעיה מא, יט]

ב) תְּהוֹם אֶל תְּהוֹם קוֹרֵא לְקוֹל צִנּוֹרֶיךָ כָּל מִשְׁבָּרֶיךָ וְגַלֶּיךָ עָלַי עָבָרוּ: [תהלים מב, ח]

ג) הַנִּצָּנִים נִרְאוּ בָאָרֶץ עֵת הַזָּמִיר הִגִּיעַ וְקוֹל הַתּוֹר נִשְׁמַע בְּאַרְצֵנוּ: [שיר השירים ב, יב]

ד) הֲרָאִיתָ כִּי נִכְנַע אַחְאָב מִלְּפָנָי יַעַן כִּי נִכְנַע מִפָּנַי לֹא אָבִא הָרָעָה בְּיָמָיו בִּימֵי בְנוֹ אָבִיא הָרָעָה עַל בֵּיתוֹ: [מלכים א' כא, כט]

ליקוטי רש"י

אין גזעו מחליף. אם נקצץ. אף צדיק ח"ו אין גזעו מחליף. אם מת שלא יוליד בן כמותו א"נ אם יפול לא יקום. לכך נאמר ארז. לכדכתיב כי שבע יפול צדיק וקם (משלי כד). אף צדיק ח"ו אין עושה פירות. שאוכל לדקוטיו בעוה"ז ואין לו לעוה"ב שאין מאכלין אותו פרי מעלליו לכך נאמר תמר כדכתיב נמי קרא אחרינא אמרו צדיק כי טוב כי פרי מעלליהם יאכלו (ישעיה ג). מגביהו מן הקרקע טפח. דהדר ולמח ואע"ג דלא הניח שום גרופית. סדן. שכבר נקלץ פעם אחרת וגדל. בתולת השקמה. שלא נקללה מעולם [רשב"ם ב"ב פ:]. מן הפקק ולמעלה. מותר לקטוס פקק קשר [ב"ק פא.]. היא הקשר [illegible] [ברכות כח:]. לפי שאין גזעו מחליף. אם יניח ממנו תוך לקרקע הואיל ונקלץ בראשו [רשב"ם שם]. מעביר על מדותיו. שאינו מדקדק למדוד מדה למצערים אותו ומניח מדותיו והולך לו כמו אין מעבירין על המצות (יומא לג.). אין מעבירין על האוכלין (עירובין דף סד:) מניחן והולך לו [ר"ה יז.]. חזי לי האי רידיא. מלאך הממונה על השמים ממעל ומן התהום מתחת וקורא להן שנאמר תהום אל תהום קורא כדאמרינן במסכת תענית ואמרינן התם דלעגלא לכך נקרא רידיא לשון שור החורש מתרגמינן לא תחרוש לא תירדי (דברים כב) [יומא כא.].

חשק שלמה על רבינו חננאל א) נראה דחסר וצ"ל הלל הגדול צריך להתחיל ממזמור הללו את שם ה' שעומדים בבית ה' וגו' דכתיב ביה מעלה נשיאים וכו'. ב) קאי אמ"ש בגמרא שכן מלינו באחאב כו'.

fasting. בְּבֵינוֹנִית טְפָחַיִים – **IN THE CASE OF MEDIUM** soil, **TWO HANDBREADTHS.** בַּעֲבוּדָה שְׁלֹשָׁה טְפָחִים – **IN THE CASE OF PLOWED** soil, **THREE HANDBREADTHS.**[14]

The Gemara cites another Baraisa:

תַּנְיָא – **It was taught in a Baraisa:** רַבִּי שִׁמְעוֹן בֶּן אֶלְעָזָר אוֹמֵר – **R' SHIMON BEN ELAZAR SAYS:** אֵין לְךָ טֶפַח מִלְמַעְלָה – **THERE IS NO** time that **YOU HAVE** rain penetrating **A HANDBREADTH** of ground **FROM ABOVE** שֶׁאֵין תְּהוֹם יוֹצֵא לִקְרָאתוֹ שְׁלֹשָׁה טְפָחִים – **THAT THE DEEP WATERS** in the earth do not correspondingly **RISE THREE HANDBREADTHS TOWARDS IT.**[15]

The Gemara asks:

וְהָא תַּנְיָא טְפָחַיִים – **But it was taught in a** different **Baraisa** that the deep waters correspondingly rise only **TWO HANDBREADTHS.**

The Gemara answers:

לֹא קַשְׁיָא – **There is no difficulty.** כַּאן בַּעֲבוּדָה כַּאן בְּשֶׁאֵינָהּ עֲבוּדָה – **Here,** in the second Baraisa, it deals **with plowed soil; here** in the first Baraisa, it deals **with unplowed soil.**[16]

אָמַר רַבִּי אֶלְעָזָר – **R' Elazar said:** כְּשֶׁמְּנַסְּכִין אֶת הַמַּיִם בֶּחָג – **When the water libations are poured** on the Altar **during Succos,**[17] תְּהוֹם אוֹמֵר לַחֲבֵירוֹ – **the deep waters**[18] **say one to another:** אַבַּע מֵימֶיךָ – **"Gush forth your waters,** קוֹל שְׁנֵי רֵיעִים אֲנִי שׁוֹמֵעַ – because **I hear the voice of the two friends,"** i.e. the water libation and the wine libation. שֶׁנֶּאֱמַר: ,,תְּהוֹם־אֶל־תְּהוֹם קוֹרֵא לְקוֹל צִנּוֹרֶיךָ וגו׳ ״ – **As it is stated:** ***The deep waters to the deep waters call out to the roar of Your water channels,*** **etc.**[19]

אָמַר רַבָּה – **Rabbah said:** לְדִידִי חָזֵי לִי הַאי רִידְיָא – **I saw** a vision of **this** angel **Ridya.**[20] דָּמֵי לְעֶיגְלָא (תלתא)[21] וּפִירְסָא שִׂפְוָותֵיהּ – **He looks like a calf and his lips are parted,**[22] וְקַיְּימָא בֵּין תְּהוֹמָא תַּתָּאָה לִתְהוֹמָא עִילָּאָה – **and he stands between the lower deep waters and the upper deep waters.**[23] לִתְהוֹמָא עִילָּאָה אָמַר לֵיהּ – **To the upper deep waters, he declares:** חֲשׁוֹר מֵימֶיךָ – **"Sprinkle down your waters!"** לִתְהוֹמָא תַּתָּאָה אָמַר לֵיהּ – **To the lower deep waters he declares:** אַבַּע מֵימֶיךָ – **"Gush forth your waters!"** שֶׁנֶּאֱמַר: ,,הַנִּצָּנִים נִרְאוּ בָאָרֶץ וגו׳ ״ – **As it is stated:** ***The blossoms are seen in the land*** **etc.**[24]

The Gemara proceeds to analyze the next passage of the Mishnah:

הָיוּ מִתְעַנִּין וְיָרְדוּ גְשָׁמִים קוֹדֶם הָנֵץ הַחַמָּה כו׳ – **IF THEY WERE FASTING** from dawn **AND RAINS FELL BEFORE SUNRISE etc.** [they need not complete the fast. If it did not rain until after sunrise, they must complete the fast. R' Eliezer, however, says that they need not complete the fast unless it did not rain until after midday.]

תָּנוּ רַבָּנָן – **The Rabbis taught in a Baraisa:** הָיוּ מִתְעַנִּין וְיָרְדוּ לָהֶם גְשָׁמִים קוֹדֶם הָנֵץ הַחַמָּה – **IF THEY WERE FASTING AND RAINS FELL FOR THEM BEFORE SUNRISE,** לֹא יַשְׁלִימוּ – **THEY NEED NOT COMPLETE** the fast.[25] לְאַחַר הָנֵץ הַחַמָּה יַשְׁלִימוּ דִּבְרֵי ר׳ מֵאִיר – If it did not rain until **AFTER SUNRISE, THEY MUST COMPLETE** the fast, since it has already started. **THESE ARE THE WORDS OF R' MEIR.** ר׳ יְהוּדָה אוֹמֵר – **R' YEHUDAH SAYS:** קוֹדֶם חֲצוֹת לֹא יַשְׁלִימוּ – If it began to rain **BEFORE MIDDAY, THEY NEED NOT COMPLETE** the fast. לְאַחַר חֲצוֹת יַשְׁלִימוּ – But if it did not rain until **AFTER MIDDAY, THEY MUST COMPLETE** the fast.[26] רַבִּי יוֹסֵי אוֹמֵר – **R' YOSE SAYS:** קוֹדֶם ט׳ שָׁעוֹת לֹא יַשְׁלִימוּ – If it began to rain **BEFORE NINE HOURS** of the day have elapsed,[27] **THEY NEED NOT COMPLETE** the fast. לְאַחַר ט׳ שָׁעוֹת יַשְׁלִימוּ – But if it did not rain until **AFTER NINE HOURS** of the day have elapsed, **THEY MUST COMPLETE** the fast, because by then the time for eating has passed even for royalty, who eat the latest of all.[28] שֶׁכֵּן מָצִינוּ בְּאַחְאָב מֶלֶךְ יִשְׂרָאֵל – **FOR SO WE FIND REGARDING AHAB, KING OF ISRAEL,** שֶׁהִתְעַנָּה מִתֵּשַׁע שָׁעוֹת וּלְמַעְלָה – **THAT HE FASTED FROM NINE HOURS** into the day **ONWARD,** שֶׁנֶּאֱמַר: ,,הֲרָאִיתָ כִּי־נִכְנַע אַחְאָב וגו׳ ״ – **AS IT IS STATED:** ***DID YOU SEE THAT AHAB HAS HUMBLED HIMSELF*** **ETC.?**[29] ר׳ יְהוּדָה נְשִׂיאָה גָּזַר תַּעֲנִיתָא – **R'**

NOTES

14. It takes the same amount of rainfall to penetrate one handbreadth of dry soil, two handbreadths of average soil, or three handbreadths of plowed soil (*Rashi*).

15. Although these rising waters of the deep still remain far below the Earth's surface, there is nevertheless a certain amount of moisture generated that benefits the surface soil (*Rashi*).

16. It takes more water to penetrate to the depth of a handbreadth in unplowed soil than in plowed. The first Baraisa deals with a large rainfall that penetrates a handbreadth into unplowed soil; such abundant rainfall activates a three-handbreadth rise in the waters of the deep. The second Baraisa deals with a lesser rainfall, which penetrates a handbreadth into plowed soil; this smaller rainfall activates only a two-handbreadth rise in the waters of the deep (*Rashi*).

17. Normally, the libations poured on the Temple Altar were exclusively of wine. But during the seven days of Succos, a water libation was poured simultaneously with the wine libation appended to the daily *olah* sacrifice of the morning (see above 2b and *Succah* 48a).

18. I.e. the celestial and earthly repositories of water (*Rashi*; see Gemara below).

The word תְּהוֹם, *deep waters*, refers to any voluminous collection of water (*Radak* in *Shorashim*).

19. *Psalms* 42:8. I.e. the upper waters call out to the lower waters at the sound of the liquids trickling down the twin channels of the Altar, one draining the wine libation and the other the water libation (*Rashi*).

20. Ridya is the name of the angel placed in charge of rain (*Rashi*). His role is limited to making the declaration cited immediately below in the Gemara, but the absolute control over whether or not it rains is solely in the hands of God (*Benayahu*; see 2a).

21. *Rashi* deletes the word תלתא, *three*. [The expression עֶיגְלָא תִּילְתָּא is found in several places in the Talmud. It is variously interpreted as *a one-third-grown calf*, a *third-year calf*, or *a third-born* (and thus robust) *calf.*]

22. I.e he smiles as he announces the joyous tidings that a rain of blessing is about to descend to earth (*Hagahos Yavetz*).

23. I.e. where the sky meets the ocean (*Rashi*). [Regarding the upper and lower waters – see Gemara above, 9b.]

24. *Song of Songs* 2:12. The verse reads: הַנִּצָּנִים נִרְאוּ בָאָרֶץ עֵת הַזָּמִיר הִגִּיעַ וְקוֹל הַתּוֹר נִשְׁמַע בְּאַרְצֵנוּ, *The blossoms have appeared in the land, the time of song has arrived; and the voice of the turtledove is heard in our land.* Since the word תור [literally: *turtledove*] means *bull* in Aramaic, the Gemara expounds this verse as follows: *When the dual libations* [which occur once yearly, like blossoms] *have appeared in the land, and the time of [the festive] song [of Succos] has arrived, then the voice of "the bull" is heard in our land*, i.e. the voice of the calf-like angel Ridya declaring that the repositories of water should water the earth (*Rashi*, first explanation).

25. Although they have been forbidden to eat since dawn, they are not considered to be fasting until sunrise. Thus, the cause of the fast was removed before the start of the fast (*Rashi*; see 19a note 32).

26. Since midday is the usual time of the day's first major meal, R' Yehudah does not consider the people to have started fasting until they forgo that meal (*Rashi*; see 19a note 33).

27. I.e. nine "relative hours." A relative hour of the day is calculated by dividing the day from daybreak to nightfall into twelve equal parts (see *Rambam Comm.* to *Berachos* 1:5, *Orach Chaim* 58:1).

28. *Rashi*, based on *Pesachim* 107b.

29. *I Kings* 21:29. In that chapter, it is related that Ahab, king of the Ten Northern Tribes of Israel, coveted the neighboring vineyard of Navos the Yizre'elite, but Navos would not sell it to him. Thereupon, Ahab's wife, Jezebel, had Navos executed on trumped-up charges. When Ahab then went to take possession of the vineyard, God sent Elijah the Prophet to inform Ahab that as punishment for his hand in the murder, his entire family would be destroyed. When Ahab heard this pronouncement, he rent his garments, donned sackcloth and fasted. God then said to Elijah: *Did you see that Ahab has humbled himself before Me? Because he has humbled himself before Me, I will not bring the evil in his days;*

עין משפט נר מצוה

לב א מיי׳ פכ״ג מהל׳ מכירה הלכה טו סמג עשין מב טוש״ע ח״מ סימן ריו סעיף יד:

לג ב מיי׳ פ״ד מהלכות תענית הלכה יט טוש״ע א״ח סימן תקעה סעיף יא:

אין גזעו מחליף אף צדיק ח״ו אין גזעו מחליף לכך נאמר ארז אילו נאמר ארז ולא נאמר תמר הייתי אומר מה ארז אין עושה פירות אף צדיק ח״ו אין עושה פירות לכך נאמר תמר ונאמר ארז וארז גזעו מחליף והתניא [א] הלוקח אילן מחבירו לקוץ מגביהו מן הקרקע טפח וקוצץ בסדן השקמה שני טפחים בבתולת השקמה שלשה טפחים בקנים ובגפנים מן הפקק ולמעלה בדקלים ובארזים חופר למטה ומשריש לפי שאין גזעו מחליף הכא במאי עסקינן בשאר מיני ארזים כדרבה בר הונא דאמר רבה בר הונא [ג] עשרה מיני ארזים הן שנאמר [א] אתן במדבר ארז שיטה והדס וגו׳ ת״ר מעשה ברבי אליעזר שגזר שלש עשרה תעניות על הצבור ולא ירדו גשמים באחרונה התחילו הצבור לצאת אמר להם תקנתם קברים לעצמכם געו כל העם בבכיה וירדו גשמים שוב מעשה בר׳ אליעזר שירד לפני התיבה ואמר עשרים וארבע ברכות ולא נענה ירד רבי עקיבא אחריו ואמר אבינו מלכנו אין לנו מלך אלא אתה אבינו מלכנו למענך רחם עלינו וירדו גשמים הוו מרנני רבנן יצתה בת קול ואמרה לא מפני שזה גדול מזה אלא שזה מעביר על מדותיו וזה אינו מעביר על מדותיו ת״ר עד מתי יהו הגשמים יורדין והצבור פוסקין מתעניתם כמלא ברך המחרישה דברי רבי מאיר [ג] וחכמים אומרים [ב] בחרבה טפח בבינונית טפחיים בעבודה שלשה טפחים תניא [ד] רבי שמעון בן אלעזר אומר אין לך טפח מלמעלה שאין תהום יוצא לקראתו שלשה טפחים והא תניא טפחיים לא קשיא כאן בעבודה כאן בשאינה עבודה א״ר אלעזר כשמנסכין את המים בחג תהום אומר לחבירו אבע מימיך קול שני ריעים אני שומע שנאמר [ב] תהום אל תהום קורא לקול צנוריך וגו׳ אמר רבה לדידי חזי לי האי רידיא דמי לעיגלא (תלתא) ופירסא [ה] שפוותיה וקיימא בין תהומא תתאה לתהומא עילאה לתהומא עילאה א״ל חשור מימיך לתהומא תתאה א״ל אבע מימיך שנא׳ [ג] הנצנים נראו בארץ וגו׳: היו מתענין וירדו גשמים קודם הנץ החמה כו׳: ת״ר היו מתענין וירדו להם גשמים קודם הנץ החמה לא ישלימו לאחר הנץ החמה ישלימו דברי ר׳ מאיר ר׳ יהודה אומר קודם חצות לא ישלימו לאחר חצות ישלימו רבי יוסי אומר קודם ט׳ שעות לא ישלימו לאחר ט׳ שעות ישלימו שכן מצינו באחאב מלך ישראל שהתענה מתשע שעות ולמעלה שנאמר [ד] הראית כי נכנע אחאב וגו׳ ר׳ יהודה נשיאה גזר תעניתא וירדו להם גשמים לאחר הנץ החמה סבר לאשלומינהו א״ל רבי אמי קודם חצות ואחר חצות שנינו שמואל הקטן גזר תעניתא וירדו להם גשמים קודם הנץ החמה כסבורין העם לומר שבחו של צבור הוא אמר להם אמשול לכם [משל] למה הדבר דומה לעבד שמבקש פרס מרבו אמר להם תנו לו ואל אשמע קולו שוב שמואל הקטן גזר תעניתא וירדו להם גשמים לאחר שקיעת החמה כסבורים העם לומר שבחו של צבור הוא אמר להם שמואל לא שבח של צבור הוא אלא אמשול לכם משל למה הדבר דומה לעבד שמבקש פרס מרבו ואמר להם המתינו לו עד שיתמקמק ויצטער ואחר כך תנו לו ולשמואל הקטן שבחו של צבור היכי דמי אמר [ו] משיב הרוח ונשב זיקא אמר מוריד הגשם ואתא מיטרא: מעשה וגזרו תענית בלוד כו׳: ונימא הלל מעיקרא [ז] אביי ורבא דאמרי תרווייהו לפי שאין אומרים הלל אלא

רש״י

[ח] ואין גזעו מחליף. אם נפסק: אף צדיק. אין לו זכר לצדיק אין גזעו מחליף אינו בתחיית המתים: צדיק אינו עושה פירות. אין לו שכר לעתיד: בתולת השקמה. נטיעה שלא נקצצה מעולם: סדן. שכבר הזקין טרונ״ק בלע״ז שנקצץ וחוזר ומתעבה והוא מלשון סדנא בסדניה יתיב (פסחים דף כח.): שני טפחים. שכבר גזעו מחליף: מן הפקק. קשר התחתון: מיני ארזים. שנאמר אתן במדבר ארז שטה והדס וגו׳. ובציר להו תלת וברא״ש השנה (דף כג.) מפרש הוסיפו עליהם אלונים אלמונים אלמוגים: מעשה ברבי אליעזר בן הורקנוס. י״ג תעניות שהתענו והלכו עד שגמרו י״ג כדתנן (לעיל דף יב:) עברו אלו ולא נענו כו׳: התחילו הצבור לצאת. מבית הכנסת: קברים תקנתם. בתמיה אין לכם אלא לכו קברו עצמכם מפני הרעב: געו. לעקו כמו אם יגעה שור על בלילו (איוב ו) הלוך וגעו (שמואל א ו): ויהיו הצבור פוסקין מתעניתם. דתנן (שם) עברו אלו ולא נענו ב״ד גוזרין עוד כו׳ אבל נענו שוב אין צריכין להתענות והני מילי לצבור אבל יחיד שהיה מתענה על החולה ונתרפא או על צרה ועברה הרי מתענה ומשלים כדאמרן לעיל (דף י:) כך שמעתי: כמלא ברך המחרישה. אם טשטשו הגשמים בעומק הקרקע כשיעור שורת מענית המחרישה: ברך. הוא הכלי שחורשין בו ומבריכין אותו סמוך לקרקע כשחורשין בו כלומר (א) מילא התלם שיראו המים בתלם מחרישתו שקורין קולטר״א: בחרבה. קרקע יבישה טפח כיון דחריבה היא ונכנסו בה הגשמים טפח ודאי רוב גשמים ירדו: בעבודה. חרושה כגון שדה ניר הנכנסים בה גשמים הרבה ג׳ טפחים דאפי׳ בגשמים מועטין נכנסין בה בטפח או בטפחיים: אין לך כל טפח. כשנכנסו הגשמים בעומק הקרקע טפח תהום עולה ומתגבר ג׳ טפחים ואע״ג דסומכא דארעא אלפא גרמידי בפרק החליל (סוכה דף נג:) אפ״ה רטיבותא מהנייא: והתניא. תהום יוצא לקראתו ב׳ טפחים: הא דקתני טפחיים ותו לא בעבודה. דאע״ג דנכנסו טפח בקרקע פורתא הוא דנחית ואהכי לא נפיק בהו לקבליה שלשה טפחים אלא פורתא טפחיים: בשאינה עבודה. דכי נכנסו בה טפח טפי הוא דנחית ונפיק תהום לקיבליה ג׳ טפחים: אבע. לשון נחל נובע: קול שני ריעים. ניסוך המים וניסוך היין: תהום אל תהום קורא. מים עליונים ומים תחתונים: צנוריך. אותן שני ספלים: האי רידיא. מלאך הממונה על הגשמים כך שמו: דמי לעיגלא. ול״ג תלתא: בין תהומא עילאה לתתאה. בין הרקיע לאוקיינוס היכא דנשקי ארעא ורקיע: תהומא עלאה. מים העליונים: חשור מימיך. ברקיע: אבע מימיך. למטה בקרקע: הנצנים נראו בארץ. כלומר כשמנסכין מים בחג שהניסוכין נראו בארץ שאין באין אלא משנה לחבירתה כנך זה שאינו יוצא אלא משנה לשנה ועת הזמיר הגיע זמירות החג אז קול התור מלאך דומה לשור תרגום שור תור שבשעה שמנסכין מים בחג הוא אומר כן לשון אחר כמשמעו הנצנים נראו והזמיר הגיע בשעה שקול התור נשמע: [ט] קודם הנץ החמה לא ישלימו. דאכתי לא חל עלייהו תענית כי נחתי גשמים: קודם חצות. דחצות זמן אכילה היא מחצות ואילך חל התענית כיון שלא סעדו בשעת סעודה: ועשו יו״ט. מתוך שמחה: הלל הגדול. הודו לאלהי האלהים כי לעולם חסדו ומפני שנאמר בו נותן לחם לכל בשר כדאמרינן בשילהי פסחים (דף קיח.): שכן מצינו כו׳. כלומר שאין לך אדם בעולם שאין תענית חל עליו מתשע שעות ואילך אפי׳ בני מלכים שדרכן לאכול בט׳ שעות שעד ג׳ שעות הן ישנים במטותיהן ושוהין ששה שעות ואוכלין וכדאמרינן בפסחים (דף קז:) אפי׳ אגריפס המלך שרגיל לאכול בט׳ שעות ביום לא יאכל עד שתחשך שנאמר הראית כי נכנע אחאב מפני ואחאב לא חלה תעניתו עליו אלא מט׳ שעות ואילך ועד ט׳ שעות היה יכול לאכול שלא גמר בדעתו להתענות אלא שבא אליהו אותו היום שנכנס בכרם נבות היזרעאלי ואמר ליה הרצחת וגם ירשת וגו׳ (מלכים א כא) ילקו הכלבים וגו׳ (שם) וכתיב וילום שהתענה אותו היום: הכי גרסינן שמואל הקטן גזר תעניתא וירדו גשמים קודם הנץ החמה: שבח צבור הוא. שעדיין לא קראו ונענו: למה הדבר דומה וכו׳: אלא

מסורת הש״ס

א) ב״ב פ:, ב) ר״ה כג. סוכה לז. ב״ב פ:, ג) גי׳ רי״ף ורא״ש ר׳ יהודה אומר, ד) [תוספתא פרק א], ה) [ס״א ופריטא], ו) [לעיל כד. ב״מ פה:], ז) גי׳ רא״ש רב ושמואל, ח) ל״ל אין, ט) [מד״ה קודם עד ד״ה שכן מצינו שייך לפי׳ המשנה לעיל יט.].

הגהות הב״ח

(א) רש״י ד״ה ברך כו׳ כלומר מלוא התלם שיראו:

רבינו גרשום

ארז עצמו אין גזעו מחליף שאר מיני ארזים גזען מחליף: כמלא ברך המחרישה. גומות של מחרישה: כאן בעבודה שהיא מפוררת דרכה ונכנסת בה מים טפח מהרה (אין שוה) מלמטה טפחים ובשאינה עבודה שהיא קשה עד שנכנס טפח מלמעלה עולה ג׳ טפחים מלמטה: שני ריעים ניסוך המים וניסוך היין קול צינוריך היינו שני ניסוכין: שנענה מט׳ שעות ולמעלה שהיה רגיל לאכול בט׳ שכן דרך אדם לאכול בשש ומלך שישן עד שלש שעות אוכל [בט׳] ולפי שלא אכל בט׳ אלא בעשר חשיב תענית: קודם חצות שנינו דאין משלימין ואין צריך לו להשלים: דשכיחא ביה שכרות ולא מצי מכווני לאחר אכילה:

הדרן עלך סדר תעניות

תורה אור השלם

א) אֶתֵּן בַּמִּדְבָּר אֶרֶז שִׁטָּה וַהֲדַס וְעֵץ שָׁמֶן אָשִׂים בָּעֲרָבָה בְּרוֹשׁ תִּדְהָר וּתְאַשּׁוּר יַחְדָּו: [ישעיה מא, יט]

ב) תְּהוֹם אֶל תְּהוֹם קוֹרֵא לְקוֹל צִנּוֹרֶיךָ כָּל מִשְׁבָּרֶיךָ וְגַלֶּיךָ עָלַי עָבָרוּ: [תהלים מב, ח]

ג) הַנִּצָּנִים נִרְאוּ בָאָרֶץ עֵת הַזָּמִיר הִגִּיעַ וְקוֹל הַתּוֹר נִשְׁמַע בְּאַרְצֵנוּ: [שיר השירים ב, יב]

ד) הֲרָאִיתָ כִּי נִכְנַע אַחְאָב מִלְּפָנָי יַעַן כִּי נִכְנַע מִפָּנַי לֹא אָבִיא הָרָעָה בְּיָמָיו בִּימֵי בְנוֹ אָבִיא הָרָעָה עַל בֵּיתוֹ: [מלכים א׳ כא, כט]

ליקוטי רש״י

אין גזעו מחליף. אם נקלץ. אף צדיק ח״ו אין גזעו מחליף. אם מת שלא יוליד בן כמותו א״נ אם יפול לא יקום. לכך נאמר ארז. כדכתיב כי שבע יפול לדיק וקם (משלי כד). אף צדיק ח״ו אין עושה פירות. שאוכל לדקותיו בעוה״ז ואין לו לעוה״ב א״נ שאין מאכילין אותו פרי מעלליו לכך נאמר תמר כדכתיב נמי קרא אחרינא אמרו לדיק כי טוב כי פרי מעלליהם יאכלו (ישעיה ג). מגביהו מן הקרקע טפח. דהדר ולמח ואע״ג דלא הניח שום גרופית. סדן. שכבר נקלץ פעם אחרת וגדל. בתולת השקמה. שלא נקללה מעולם [רשב״ם ב״ב פ:]. מן הפקק ולמעלה. מותר לקטום פקק קשר [ב״ק פא.]. היא הקשר שאלל הקנה פקוק וסתום שם [ברכות כח:]. לפי שאין גזעו מחליף. אם יניח ממנו תוך לקרקע הואיל ונקלץ ברלשו [רשב״ם שם]. מעביר על מדותיו. שאינו מדקדק למדוד מדה למלעריס אותו ומניח מדותיו והולך לו כמו אין מעבירין על המלות (יומא דף לג.) אין מעבירין על האוכלין (עירובין דף סד:) מניחן והולך לו [ר״ה יז.]. חזי לי האי רידיא. מלאך הממונה על השקות הארץ ממטר השמים ממעל ומן התהום מתחת וקורא להן שנאמר תהום אל תהום קורא כדאמרינן במסכת תענית ואמרינן התם דדמי לעגלא לכך נקרא רידייא לשון שור החורש מתרגמינן לא תחרוש לא תירדי (דברים כב) [יומא כא.].

רבינו חננאל

שהטיח דברים הללו איטלע ונעשה פיסח. והיינו דאמרינן בכל מקום לעולם לא יטיח אדם דברים כלפי למעלה שהרי אדם גדול הטיח דברים כלפי למעלה ואיטלע ומנו לוי. זה שדרשו [צדיק כתמר יפרח] כארז בלבנון ישגה. תמר עושה פירות ואין גזעו מחליף ארז גזעו מחליף ואין עושה פירות לפיכך נמשלו הצדיקים כתמר לעשות פירות וכארז להחליף גזעו ואקשינן וכי ארז גזעו מחליף והתני׳ הלוקח (לולב) אילן מחבירו לקוץ מגביהו מן הקרקע טפח בדקלין ובארזין חופר ומשרש לפי שאין גזעם מחליף ושנינן האי ארז שנמשלו בו הצדיקים כגון שטה והדס ועץ שמן וכדרבא דאמר עשרה מיני ארזים הן וההללו כולן גזעם מחליף זולתי הארז לבדו. והא דר׳ אליעזר דירד לפני התיבה ואמר כ״ד ברכות ולא ירדו גשמים וירד אחריו ר׳ עקיבא ואמר אבינו מלכנו אבינו אתה ואין לנו מלך אלא אתה אבינו מלכנו רחם עלינו ומיד ירדו גשמים הוו מרננו (כ״ע) רבנן. יצתה ב״ק ואמרה לא מפני שרבי עקיבא גדול מר׳ אליעזר אלא ר׳ עקיבא מעביר על מדותיו ור׳ אליעזר עומד על מדותיו ואינו מעביר: ת״ר עד היכן גשמים יורדין וצבור פוסקין מתעניתן כמלוא ברך המחרישה. פי׳ כשיעור חפירת האת בחרישה אם ירדו הגשמים כשיעור הזה ר׳ יהודה אומר בחרבה טפח בבינונית טפחים בעבודה שלשה טפחים וקיי״ל כר׳ יהודה: תניא אין לך טפח שיורד מלמעלה שאין תהום עולה לקראתו טפחיים ואם שדה עבודה שלשה טפחים. א״ר אליעזר בשעה שמנסכין מים בחג תהום אומר לחבירו אבע מימך קול ב׳ רעים אני שומע פי׳ קול ב׳ צנורים ניסוך המים וניסוך היין הנמשכין מנקבי הספלים שעל המזבח כדכתיב תהום אל תהום קורא לקול צנוריך. אמר רבה בר בר חנה לדידי חזי לי הא רידיא דמיא לעגלא תלתא פי׳ בת ג׳ שנים וקיימי בין תהומא עלאה לתהומא תתאה כדכתיב הנצנים נראו בארץ עת הזמיר הגיע וקול התור נשמע בארצנו פי׳ קול עגלא הוא קול התור הכתוב בפסוק כי העגל הוא השור: מתני׳ היו מתענין וירדו גשמים כו׳. חזינן דסוגיא (דשמעתין) דירושלמי הכי סלקן קודם חצות לא ישלימו (והא תנן) [והא אמרינן] נמי בגמרא ר׳ אמי ור׳ יהודה נשיאה בתר דאהדריה ר׳ אמי דאמר אחר חצות שנינו ולכ״ע אין אומרים הלל הגדול אלא על נפש שבעה ואי איכא אתרא דחיישי משום שכרות גומרין הלל הגדול ואח״כ אוכלין. הלל הגדול א) דכתיב ביה מעלה נשיאים מקצה הארץ ברקים למטר עשה דאמר ר׳ יוחנן הלל הגדול משעומדין בבית ה׳ עד סוף הלל הגדול. ואסיקנא שאין שבח לצבור אם ירדו גשמים קודם הנץ החמה אלא אם אמרו משיב הרוח אתא זיקא מוריד הגשם ואתא מטרא זהו שבח צבור והכל פשוטה היא: ירושלמי ר׳ אחא ור׳ אבהו בשם ר׳ יוסי בר׳ חנינא אסור להתענות עד שש שעות בשבת. א״ר יוסי ב״ר אבין מתניתין היא קודם חצות לא ישלימו עד כדון צפרא הוא לאחר חצות ישלימו כבר עבר רובו של יום בקדושה. ריב״ז כד הוה בעי דייחות מיטרא הוה אמר לספריה אזל קום קמיה היכלא ואמרו בגין דר׳ בעי מספרא ולית בחיילי׳ מצטער ומיד מיטרא נחית. רב אדא בר אהבה כד הוה שליף מסאניה הוה מיטרא נחית וכד הוה שליף תרווייהו הוה עלמא טייף מפולת בתים הוה תמן והוה רב מייתי חד מן תלמידוי בביתא עד דהוו מפנין ביתא וכיון דהיה נפיק מביתא מיד הוה נפיל ואית דאמרי (א׳) רב אדא בר אהבה הות. שלחו לו חכמים מה מעשים טובים יש בידך שלח להם מימי לא קדמני אדם בבית הכנסת ולא הנחתי אדם בבית הכנסת ויצאתי ולא הלכתי ד׳ אמות בלא תורה ובלא תפילין ולא הזכרתי דברי תורה במקום מטונף ולא הצעתי וישנתי שינת קבע אלא שינת עראי. ולא כיניתי שם לחבירי. ולא צעדתי בין החברים ולא שמחתי בתקלת חבירי. ולא עלה קללת חבירי על מטתי. ולא עברתי בשוק אצל מי שהוא חייב לי. ולא הקפדתי בתוך ביתי לקיים מה שנאמר אתהלך בתם לבבי בקרב ביתי: ב) קבלה ביד חכמים כי ביום שנהרג נבות בו ביום הגיע השמועה לאיזבל ובו ביום ירד אחאב אל כרמו לרשתו ובו ביום אמר לו אליהו הרצחת וגם ירשת ומיד נכנע שנאמר ויהי כשמוע אחאב את הדברים האלה ויקרע את בגדיו וישם שק על בשרו ויצום וישכב בשק ויהלך אט. וגמירי דההיא שעתא שעה תשיעית הואי וצם שלש שעות האחרונות מן היום ונחשב צום דכתיב הראית כי נכנע אחאב אבל ראיה ברורה שנתענה אחאב מתשע שעות ולמעלה ליכא:

הדרן עלך סדר תעניות האלו האמור

חשק שלמה על רבינו חננאל א) נראה דחסר וצ״ל הלל הגדול לריך להתחיל ממזמור הללו את שם ה׳ שעומדים בבית ה׳ וגו׳ דכתיב ביה מעלה נשיאים וכו׳. ב) קאי אמ״ש בגמרא שכן מלינו באחאב כו׳.

Yehudah Nesiah[30] once **proclaimed a fast,** **וְיָרְדוּ לָהֶם גְּשָׁמִים לְאַחַר הָנֵץ הַחַמָּה** – **and rains fell for them after sunrise.** **סָבַר לְאַשְׁלוּמִינְהוּ** – **He thought to** rule that they should **complete** the fast by refraining from eating until night. **אָמַר לֵיהּ רַבִּי אַמִּי** – **R' Ami said to him:** **קוֹדֶם חֲצוֹת וְאַחַר חֲצוֹת שָׁנִינוּ** – **We learned in the Mishnah** that the criterion for continuing the fast is whether the cause ceases **before midday or after midday.**[31]

Another incident:

שְׁמוּאֵל הַקָּטָן גָּזַר תַּעֲנִיתָא – **Shmuel HaKatan** once **proclaimed a fast** **וְיָרְדוּ לָהֶם גְּשָׁמִים קוֹדֶם הָנֵץ הַחַמָּה** – **and rains fell for them before sunrise.** **כִּסְבוּרִין הָעָם לוֹמַר שִׁבְחוֹ שֶׁל צִבּוּר הוּא** – **The people thought to say** that **it is** to **the credit of the community** that God fulfilled their needs before they had a chance to request them. **אָמַר לָהֶם** – **Shmuel HaKatan** dispelled their complacency and **said to them:** **אֶמְשׁוֹל לָכֶם [מָשָׁל]** – **"I will give for you a parable."** **לְמָה הַדָּבָר דּוֹמֶה** – **To what may the matter be compared?** **לְעֶבֶד שֶׁמְּבַקֵּשׁ פְּרָס מֵרַבּוֹ** – **To a servant who seeks** to obtain **an allotment from his master.** **אָמַר לָהֶם** – Wishing to avoid personal contact with the approaching servant, **[the master] said to [his agents]:** **תְּנוּ לוֹ וְאַל אֶשְׁמַע קוֹלוֹ** – **"Give him** what he needs **so that I will not hear his voice** petitioning me."[32]

שׁוּב שְׁמוּאֵל הַקָּטָן גָּזַר תַּעֲנִיתָא – **Subsequently, Shmuel HaKatan proclaimed a fast** **וְיָרְדוּ לָהֶם גְּשָׁמִים לְאַחַר שְׁקִיעַת הַחַמָּה** – **and the rains fell for them after sunset.** **כִּסְבוּרִים הָעָם לוֹמַר שִׁבְחוֹ שֶׁל צִבּוּר הוּא** – **The people thought to say** that **it is** to **the credit of the community** that rain did not fall until the end of the fast, since it shows that God desired to hear their prayers all day. **אָמַר לָהֶם שְׁמוּאֵל** – **Shmuel** HaKatan again dispelled their complacency and **said to them:** **לֹא שֶׁבַח שֶׁל צִבּוּר הוּא** – **"This is not** to **the credit of the community.** **אֶלָּא אֶמְשׁוֹל לָכֶם מָשָׁל** – **Rather, I will give you a parable."** **לְמָה הַדָּבָר דּוֹמֶה** – **To what may the matter be compared?** **לְעֶבֶד שֶׁמְּבַקֵּשׁ פְּרָס מֵרַבּוֹ** – **To a servant who seeks** to obtain **an allotment from his master.** **וְאָמַר לָהֶם** – **But,** wishing to punish the servant, **[the master] said to [his agents]:** **הַמְתִּינוּ לוֹ עַד שֶׁיִּתְמַקְמֵק וְיִצְטַעֵר** – **"Wait until he is humbled and distressed** by excessive petitioning **וְאַחַר כָּךְ תְּנוּ לוֹ** – **and** only **then give him** what he needs."[33]

The Gemara continues:

וְלִשְׁמוּאֵל הַקָּטָן שִׁבְחוֹ שֶׁל צִבּוּר הֵיכִי דָּמֵי – **What manner, then, indicates the credit of the community according to Shmuel HaKatan?** **אָמַר "מַשִּׁיב הָרוּחַ" וְנָשַׁב זִיקָא** – When **he** [the *shliach tzibbur*] **says** the words: ***He [God] makes the wind blow***, **and** immediately **the wind blows;** **אָמַר "מוֹרִיד הַגֶּשֶׁם" וְאָתָא מִיטְרָא** – When he **says** the words: ***He [God] makes the rain fall*** **and** immediately **the rain comes.**[34]

The Gemara now discusses the final segment of this Mishnah: **מַעֲשֶׂה וְגָזְרוּ תַּעֲנִית בְּלוֹד כו'** – **IT ONCE HAPPENED THAT A FAST WAS DECREED IN LOD etc.** [and R' Tarfon told them to eat and be festive, after which they recited the Great Hallel].

The Gemara asks:

וְנֵימָא הַלֵּל מֵעִיקָּרָא – **Let them say Hallel initially,** before they go home to eat. – ? –

The Gemara answers:

אַבַּיֵי וְרָבָא דְּאָמְרֵי תַּרְוַיְיהוּ – **Abaye and Rava both say:** **לְפִי שֶׁאֵין אוֹמְרִים הַלֵּל** – **Because** the Great **Hallel is not recited**

NOTES

in the days of his son, I will bring the evil upon his house.

Now, though Ahab did not accept upon himself the restrictions of a fast until well into the day, after the events related above had transpired, Scripture accounts his behavior a fast. The reason must be that he refrained from eating his main meal at nine hours, the main mealtime for royalty. [Since this partial fast from nine hours onward is accounted a fast, it must be that the essential time for fasting did not start until then.] Accordingly, R' Yose rules that a fast is not considered to have absolutely begun for the entire community until nine hours of the day have passed, and with it the mealtime for all segments of the community (*Rashi*; see also *R' Chananel*).

30. A grandson of Rebbi, redactor of the Mishnah, who is often referred to in similar terms.

31. Although R' Yehudah Nesiah sought to rule in accordance with R' Meir, R' Ami insisted that the halachah follows the view of R' Eliezer in the Mishnah [and R' Yehudah in the Baraisa], that midday is the cutoff point.

32. Similarly, the granting of rain before the fast may in fact signify God's displeasure with the community in that He did not wish to hear their voice petitioning Him, for He desires to hear only the prayers of the righteous (see *Yevamos* 69a).

33. Similarly, the withholding of rain until the end of the fast may signify God's displeasure with the community in that He did not grant their request until they were sufficiently humbled by a full day of fasting.

34. Since there is an immediate response to their words of prayer, it is a sign that God desires to hear their voice, but He does not wish that they should suffer for long (cf. *Maharsha*).

אֶלָּא עַל נֶפֶשׁ שְׂבֵעָה וְכֶרֶס מְלֵאָה – except when one is satiated and has a full stomach.[1]

The Gemara asks:

אֵינִי – Is this so? וְהָא רַב פָּפָּא אִיקְלַע לְבֵי כְנִישְׁתָּא דַּאֲבִי גוֹבָר – But Rav Pappa once visited the synagogue of Abi Govar[2] **וְגָזַר תַּעֲנִית – and he proclaimed a fast** on account of lack of rain, **וְיָרְדוּ לָהֶם גְּשָׁמִים עַד חֲצוֹת – and rains fell for them before midday. וְאָמַר הַלֵּל – So he recited** the Great **Hallel** first, **וְאַחַר כָּךְ אָכְלוּ וְשָׁתוּ – and** only **afterwards did they eat and drink,** unlike the reverse procedure mentioned above. **– ? –**

The Gemara answers:

שָׁאנֵי בְּנֵי מְחוֹזָא – It is different in the case of **the people of Mechuza, דִּשְׁכִיחֵי בְּהוּ שִׁכְרוּת – because drunkenness is common among them.**[3]

הדרן עלך סדר תעניות אלו

WE WILL RETURN TO YOU, SEDER TAANIYOS EILU

NOTES

1. Since one of the verses of the Great Hallel states: (*Psalms* 136:25) *He gives nourishment to all flesh for His kindness endures forever* [and it is based on this verse that the Gemara (*Pesachim* 118a) calls this psalm "the Great Hallel"], it is fitting that it be recited when satiated (*Rashi*).

2. This is the name of a person or a place (*Rashi*). This synagogue was located in the vicinity of Mechuza.

3. If one would then allow them to eat and drink, they might become drunk and be unable to return to the synagogue and recite the Great Hallel. Therefore, Rav Pappa ruled that under these circumstances, it is preferable to reverse the ideal procedure and recite the Great Hallel before eating (*Rashi*).

מסורת הש"ס

א) יומא פז:, ב) [סוטה ח. ע"ש פרש"י], ג) ירושלמי ל"ג, ד) מגילה כב., ה) [יומא ד:].

הגהות הב"ח

(א) מתני' כל יום שיש בו הלל אין בו מעמד בשחרית כו' אין בו בנעילה כו' אין בו במנחה כו' כצ"ל וכן בסמוך: (ב) שם בט"ו בו בני זתוא. נ"ב ס"א זתא: (ג) רש"י ד"ה כהנים כו' היו עולים לירושלים כהנים כו' על קרבן אחיהם והשאר היו כו' כצ"ל והד"א: (ד) ד"ה כל יום כו' אין בו מעמד בשחרית אותן וכו' אחיהם ביום שיש בו הלל: (ה) ד"ה קרבן כו' אין בו מעמד בנעילה כו' שהוא אחד דאין לך מוסף: (ו) ד"ה כך היה כו' אין בו במנחה: (ז) ד"ה בני ארח כו' באחד בניסן וספקו להם עלים כו' בני דוד ארח כך שמו ומשבט יהודה היה כצ"ל ותיבת שמואל נמחק:

תורה אור השלם

א) צַו אֶת בְּנֵי יִשְׂרָאֵל וְאָמַרְתָּ אֲלֵהֶם אֶת קָרְבָּנִי לַחְמִי לְאִשַּׁי רֵיחַ נִיחֹחִי תִּשְׁמְרוּ לְהַקְרִיב לִי בְּמוֹעֲדוֹ: [במדבר כח, ב]

רש"י

אלא בנפש שבעה. מתוך שכתוב בו נותן לחם לכל בשר (תהלים קלו) נאה להאמר על השבע: **דאבי גובר.** שם אדם או מקום: דשכיח בהו. יין ושכרות ופשעי ולא יאמרו הלל:

הדרן עלך סדר תעניות אלו

בשלשה פרקים במוסף. מפרש בגמרא: **נעילת שערים.** מפורש בברכות ירושלמי בפרק תפלת השחר אימתי נעילה יש אומרים נעילת שערי מקדש וי"א נעילת שערי שמים שנועלים אותן לעת ערב בגמר תפלה ונוהגין היו להתפלל תפלת נעילה בכל תעניתם כדרך שמתפללין ביוהכ"פ: **אלו הן מעמדות.** המתענין מתפללין בעריהם שיתקבל ברצון קרבן אחיהם כדלקמן: **לפי שנאמר צו את בני ישראל וגו'.** שהתמיד בא מן השקלים של כל ישראל ואי אפשר שיהו כל ישראל עומדין על גבי קרבנם ומינו מעמדות להיות במקומם: **נביאים הראשונים.** שמואל ודוד בגמרא מפרש: **על כל משמר.** ארבעה ועשרים משמרות של כהנים היו ושמואל ודוד תיקנום ועל כל משמר היה מעמד בירושלים שקבועין ועומדין בעיר ועומדין על קרבן אחיהם ולבד אלו הדרים בירושלים היו מעמדות בכל עיר שישראל נחלקו לכ"ד מעמדות כנגד ארבעה ועשרים משמרות כדתניא בברייתא של מ"ט מדות והיינו דתנן היה מעמד בירושלים כהנים לוים וישראלים: **כהנים ולוים.** של משמר היו עולים (ג) בירושלים כהנים לעבודה ולוים לשיר ומכל המעמדות היו קבועין בירושלים לעמוד על קרבן אחיהם: **והשאר היו מתכנסין לעריהם.** ומתפללין על קרבן אחיהם שיתקבל ברצון ומתענין ומוציאין ספר תורה ביום תעניתם: **וקורין במעשה בראשית.** ובגמרא מפרש טעמא: **ביום הראשון.** של שבוע: **קורין בראשית כו'.** פרשה ראשונה ופרשת יהי רקיע לפי שאין בפרשת בראשית לבדה ט' פסוקים כדי קריאת כהן לוי ישראל וכן כולן: **בששי ותוצא הארץ עד ויכולו.** לפי שבפרשת תוצא הארץ אין בה אלא שמונה פסוקים לפיכך אומר ויכולו: **פרשה גדולה.** שבפרשיות הללו קורין אותה בשנים כגון פרשה ראשונה של בראשית יש בה חמשה פסוקים היו קורין אותה בשנים כדאמרינן בגמרא יהי רקיע באחד וביום השני יהי רקיע באחד יקוו בשנים שיש בה ה' פסוקים ביום השלישי יקוו באחד שאין בה אלא ה' פסוקים ויהי מאורות בשנים שיש בה ו' פסוקים: **וקורין אותה על פיהן.** כל אחד בפני עצמו ובעי בגמרא מאי קאמר מעיקרא קתני פרשה קטנה כו' דמשמע דבספר תורה קורין והדר תנא על פיהם. פרשה בנעילה ליכא: **כל יום שיש בו הלל אין בו מעמד** (ד) **שחרית.** אותן שהיו בירושלים לא היו מתפללין על קרבן אחיהם שיש בו הלל לפי שאין להן פנאי לעשות מעמדם שקורין את הלל ומפני ההלל היו דוחין את המעמד: **קרבן מוסף.** יום שיש בו קרבן מוסף בירושלים אין (ה) מעמד בנעילה בירושלים וכל שכן במנחה הסמוכה למוסף לפי שהיו טרודין במוסף שיש בו להקריב בהמות יותר מתמיד שהוא אחד אין לך מוסף בלא שתי בהמות ולא היה להם פנאי כלל שהכהנים של מעמד טרודים במוסף וישראל שבהן היו טרודים לחטוב עלים ולשאוב מים ודוחה אפי' מעמד דנעילה: **קרבן עצים.** בגמרא מפרש כגון אחד מט' זמנים ואותו יום שהיה בו קרבן עלים אפילו לא היה בו מוסף היה נדחה מעמד של מנחה מפני קרבן עלים מפני שקרבן עלים קודם למנחה ודוחה מעמד הסמוך לו [ולא] של נעילה: **כך היה רבי יהושע דורש קרבן מוסף אין** (ו) **במנחה.** וטעמא מפרש בגמרא: **זמן עצי כהנים והעם.** שמתנדבים עלים: **תשעה.** באלו הט' זמנים היו הכהנים והעם מתנדבים להביא עלים והיו מקריבים קרבן אותו היום ואפילו היו עלים הרבה למערכה היו אלו מתנדבין ומקריבין באלו תשעה זמנים: **בני ארח בן יהודה.** שכשעלו בני הגולה הם התנדבו תחילה באחד בניסן (ז) וספק להם עלים עד כ' בתמוז שהתנדבו בני דוד ארח שמואל ומשבט יהודה היה: **בני דוד.** ממשפחת דוד המלך: **סנאה בן בנימין זתוא בן יהודה בני גונבי עלי ובני קוצעי קציעות** משפחה אחת הן ובגמ' מפרש אמאי מיקרו הכי: **בני עדין באחד בטבת שבו בני פרעוש שניה.** ובגמרא מפרש אמאי קבעו להן אלו הזמנים: **באחד בטבת.** שהיה ר"ח [וחנוכה] לא היה בו מעמד כו':

נשתברו

גמרא

אלא על נפש שבעה וכרם מלאה איני והא רב פפא איקלע לבי כנישתא דאבי גובר וגזר תענית וירדו להם גשמים עד חצות ואמר הלל ואחר כך אכלו ושתו שאני בני מחוזא דשכיחי בהו שכרות:

הדרן עלך סדר תעניות אלו

משנה

בשלשה [א] פרקים בשנה כהנים נושאין את כפיהן ארבע פעמים ביום בשחרית במוסף במנחה ובנעילת שערים בתעניות ובמעמדות וביום הכפורים אלו הן מעמדות לפי שנאמר [א] צו את בני ישראל את קרבני לחמי [ב] וכי היאך [ב] קרבנו של אדם קרב והוא אינו עומד על גביו התקינו נביאים הראשונים עשרים וארבעה משמרות על כל משמר ומשמר היה מעמד בירושלים של כהנים של לוים ושל ישראלים [ג] הגיע זמן המשמר לעלות כהנים ולוים עולים לירושלים וישראל שבאותו משמר מתכנסין לעריהן וקוראין במעשה בראשית (ג) [ד] ואנשי המעמד היו מתענין ארבעה ימים בשבוע מיום ב' ועד יום חמישי ולא היו מתענין ערב שבת מפני כבוד השבת ולא באחד בשבת כדי שלא יצאו ממנוחה ועונג ליגיעה ותענית וימותו) [ד] [ה] ביום הראשון בראשית ויהי רקיע בשני יהי רקיע ויקוו המים בשלישי יקוו המים ויהי מאורות ברביעי יהי מאורות וישרצו המים בחמישי ישרצו המים ותוצא הארץ בששי ותוצא הארץ ויכלו השמים [ו] פרשה גדולה קורין אותה בשנים והקטנה ביחיד בשחרית במוסף ובמנחה נכנסין וקורין על פיהן כקורין את שמע ערב שבת במנחה לא היו נכנסין מפני כבוד השבת [ז] כל יום שיש בו הלל אין (א) מעמד בשחרית קרבן מוסף אין בנעילה קרבן עצים אין במנחה דברי ר' עקיבא אמר לו בן עזאי [ח] כך היה רבי יהושע שונה קרבן מוסף אין במנחה קרבן עצים אין בנעילה חזר רבי עקיבא להיות שונה כבן עזאי זמן עצי כהנים והעם תשעה באחד בניסן בני ארח בן יהודה בעשרים בתמוז בני דוד בן יהודה בחמשה באב בני פרעוש בן יהודה בשבעה בו בני יונדב בן רכב בעשרה בו בני סנאה בן בנימן בחמשה עשר בו בני (ב) זתוא בן יהודה ועמהם כהנים ולוים וכל מי שטעה בשבטו ובני גונבי עלי ובני קוצעי קציעות בעשרים בו בני פחת מואב בן יהודה בעשרים באלול בני עדין בן יהודה באחד בטבת שבו בני פרעוש שניה באחד בטבת לא היה בו מעמד שהיה בו הלל וקרבן מוסף וקרבן עצים [ט] חמשה דברים אירעו את אבותינו בשבעה עשר בתמוז וחמשה בתשעה באב [י] בשבעה עשר בתמוז נשתברו

תוספות

שאני בני מחוזא דשכיחי בהו שכרות. ולהכי היו אומרים הלל הגדול קודם שיאכלו וישתו ובפסוקי דזמרה נוהגין לומר שחרית ודווקא בפסוקי דזמרה קודם התפלה אבל בשעת תפלה אין אומרים אותו אלא בנפש שבעה ובכרס מלאה:

הדרן עלך סדר תעניות אלו

בכל יום שיש בו הלל אין בו מעמד שחרית. פי' דהיינו חנוכה דבשאר יום טוב לא משכחת לה בלא קרבן מוסף:

קרבן מוסף אין בו נעילה. פירוש יום שקרבין בו מוסף אין בו נעילה לפי שטרודין הם במוסף ואין להם פנאי לומר נעילה:

קרבן עצים אין בו מנחה. משום דעד המנחה היו טרודים בקרבן העלים אבל יש בו נעילה דכל כך לא היו מאחרים עד שעת נעילה דאמר בן עזאי כך היה וכו':

מנחה

עין משפט נר מצוה

לד א מיי' פ"א מהל' תענית הלכה טו [וטוש"ע א"ח סימן תקעה סעיף יא]:
א ב מיי' פ"ו מהלכות כלי מקדש הלכה א סמג עשין קעב:
ב ג מיי' שם הלכה ב:
ג ד מיי' שם הלכה ג:
ד ה מיי' שם הלכה ו:
ה ו מיי' שם הלכה ז:
ו ז ח מיי' שם הלכה ח:
ז ט מיי' פ"ה מהלכות תענית הלכה ב סמג עשין מד"ס ג טור א"ח סימן תקמט:

רבינו חננאל

בשלשה פעמים בשנה הכהנים נושאין את כפיהם כו'.

רבינו גרשום

בשלשה פרקים כו' בתעניות ובמעמדות ודאי מעמדות הן בכל יום אלא לכך חשיב פרק בפני עצמו דלא כל ישראל הן אלא של אותו משמר ובתעניות יש כל ישראל ויש מהן ד' פרקים ביום:

ליקוטי רש"י

נושאין את כפיהן. שיגביהו את ידיהן [סוטה לח.]. **בתעניות.** של גשמים. **ובמעמדות.** ארבעה ימים בכל שבת שאנשי משמר ישראל מתכנסין בעריהן ומתענין וקורין במעשה בראשית כדאמרינן במסכת תענית (דף כו.) והתם מקשינן ותעניות ומעמדות מי איכא בהו מוסף ומשנינן הכי קאמר כהנים נושאין את כפיהן כל זמן שמתפללין ואפילו במנחה לפי שבשלשה פרקים הללו תעניות הם ואין שכרות במנחה אבל שאר ימות השנה אין נשיאות כפים במנחה ויש מהן ארבע פעמים ביום [יומא פז:]. **וכי האיך קרבנו של אדם קרב.** מלוה על האדם שיעמוד וישמור על קרבנו ונפקא לן בספרי מתשמרו להקריב לי במועדו (במדבר כח) [סוטה ח.]. **וקוראין במעשה בראשית.** טעמא מאי קורין במעשה בראשית במעמדות שבשביל הקרבנות מתקיימים שמים וארץ [מגילה ל:]. **ביום הראשון.** באחד בשבת [שם כב.]. **זמן עצי כהנים והעם.** האמור במסכת תענית (דף כח.) שהיו משפחות של ישראל שקבוע להם ימים בכל שנה להביא עלים למקדש לצורך המערכה ומביאין קרבן עלים עמהן [שם ה.]. **בני סנאה בן בנימן.** משפחה היא משבט בנימין שנפל להן גורל לקרבן עלים בעשרה באב בימי עזרא ויום טוב היה להם לעולם כדתנן בפרק בתרא דתענית [עירובין מא.].

Chapter Four

Mishnah בִּשְׁלֹשָׁה פְּרָקִים בַּשָּׁנָה – **On three occasions of the year** כֹּהֲנִים נוֹשְׂאִין אֶת כַּפֵּיהֶן – **the Kohanim raise their hands** to bless the people[1] אַרְבַּע פְּעָמִים בַּיּוֹם – **four times during the day,** בַּשַּׁחֲרִית בַּמּוּסָף בַּמִּנְחָה וּבִנְעִילַת שְׁעָרִים – **at Shacharis, Mussaf, Minchah and Ne'ilah.**[2] בַּתַּעֲנִיּוֹת וּבַמַּעֲמָדוֹת וּבְיוֹם הַכִּפּוּרִים – The three occasions are: **fast days,** ***maamados***[3] **and Yom Kippur.**[4]

Having mentioned *maamados,* the Mishnah explains this institution further: אֵלּוּ הֵן מַעֲמָדוֹת – **These are the** ***maamados:***[5] לְפִי שֶׁנֶּאֱמַר: ,,צַו אֶת בְּנֵי יִשְׂרָאֵל . . . אֶת־קָרְבָּנִי לַחְמִי'' – **Because it is stated** in reference to the *tamid* offering:[6] ***Command the Children of Israel*** *and tell them,* ***My offering, My food,*** etc. – which implies that the *tamid* is a communal offering in which each member of Israel is a partner – וְכִי הֵיאַךְ קָרְבָּנוֹ שֶׁל אָדָם קָרֵב וְהוּא אֵינוֹ עוֹמֵד עַל גַּבָּיו – **and how can a person's sacrifice be offered when he is not present?**[7] הִתְקִינוּ נְבִיאִים הָרִאשׁוֹנִים עֶשְׂרִים וְאַרְבָּעָה מִשְׁמָרוֹת – Therefore, **the early prophets**[8] **instituted twenty-four** ***mishmaros***; i.e. they divided the Kohanim and Leviim into twenty-four groups that served in the Temple, a week at a time, on a rotating basis, עַל כָּל מִשְׁמָר וּמִשְׁמָר – **and corresponding to each and every** ***mishmar*** הָיָה מַעֲמָד בִּירוּשָׁלַיִם שֶׁל כֹּהֲנִים שֶׁל לְוִיִּם וְשֶׁל יִשְׂרְאֵלִים – **there was a** ***maamad*** **in Jerusalem** consisting **of Kohanim, Leviim and Yisraelim** that would stand by the offering acting as emissaries for the people.[9] הִגִּיעַ זְמַן הַמִּשְׁמָר לַעֲלוֹת – **When the time came for** each ***mishmar*** **to ascend,** כֹּהֲנִים וּלְוִיִּם עוֹלִים לִירוּשָׁלַיִם – **the Kohanim and Leviim** of that *mishmar* **would ascend to Jerusalem** from their home towns,[10] וְיִשְׂרָאֵל שֶׁבְּאוֹתוֹ מִשְׁמָר מִתְכַּנְּסִין לְעָרֵיהֶן – **and the Yisraelim assigned to that** ***mishmar,*** who were not stationed in Jerusalem, **would assemble in their towns,**[11] וְקוֹרְאִין בְּמַעֲשֵׂה בְרֵאשִׁית – **and read from** the narrative of **the Creation.**[12]

The Mishnah elaborates on the activities of the *maamados:*[13] (וְאַנְשֵׁי הַמַּעֲמָד הָיוּ מִתְעַנִּין – **The members of the** ***maamad*** **would fast** אַרְבָּעָה יָמִים בְּשָׁבוּעַ – on **four days of** their

NOTES

1. The Kohanim are commanded to bless Israel (*Numbers* 6:22-27). Since they are required to raise their hands during its recitation, the blessing is referred to as נְשִׂיאַת כַּפַּיִם, *Raising of the Hands.* [It is also known as בִּרְכַּת כֹּהֲנִים (*Birkas Kohanim*), *the Priestly Blessing.*]

2. נְעִילָה, *Ne'ilah*, is an additional prayer recited at the end of the day on Yom Kippur, and in Talmudic times, on other fast days as well. [This applies only to the fast days decreed in times of calamity, not to the fixed fast days, such as Tishah B'Av, that commemorate tragic occasions of the past – see *Ritva*, see also 26b note 28.]

The full title of this prayer is נְעִילַת שְׁעָרִים, *Closing of the Gates.* According to R' Yochanan this refers to the closing of the Temple gates [after the lighting of the Menorah which took place before sunset], whereas Rav maintains that this term figuratively refers to the closing of the gates of Heaven at nightfall when the daily prayers have ended (*Rashi,* from *Yerushalmi*).

Consequently, according to R' Yochanan the time for the Ne'ilah prayer is before the end of the day, while according to Rav its time is at night. Nevertheless, the *Yerushalmi* reports that Rav himself began reciting Ne'ilah before sunset, when the sun was still visible over the treetops. The *Yerushalmi* explains that although Rav would *begin* his prayer before the "closing of the Heavenly gates," he would *extend* it until nightfall. Thus, according to Rav, it is sufficient that the prayer be *concluded* at nightfall, for it to be considered a night-time prayer. (See the various views on this halachah in *Ritva, Rosh* to *Yoma* 8:20 and *Beis Yosef Orach Chaim* 623.)

3. Explained in the Mishnah below.

4. That is, on these three occasions *Birkas Kohanim* is recited at each prayer service of the day: Shacharis, Mussaf, Minchah and Ne'ilah. The Gemara (26b) raises the difficulty that the Mussaf prayer is not recited on the *maamados,* or on fast days (other than Yom Kippur).

5. The Gemara (27a) explains why the Mishnah proceeds to give the Scriptural source for the *maamados* when the phrase אֵלּוּ הֵן מַעֲמָדוֹת, *these are the maamados,* implies an introduction to the definition of *maamados.*

6. *Numbers* 28:2. The Torah commands the Jewish nation to bring the קָרְבַּן תָּמִיד, *tamid* (continual) *offering,* twice daily, every day of the year – once in the morning and once in the afternoon. As the verse implies, the responsibility for this offering is that of all Israel. This responsibility is fulfilled by purchasing the offering with mandatory half-*shekel* donations given by every adult male Jew every year (*Rashi;* see *Shekalim* 4:1).

7. One who brings an offering to the Temple is required to stand by his offering and watch over it. *Sifri* derives this from the continuation of the aforementioned verse: תִּשְׁמְרוּ לְהַקְרִיב לִי, *you must guard it to bring it to Me* (*Rashi* to *Sotah* 8a ד״ה אקורבנייהו). Since the offering of the *tamid* is incumbent on all Israel, theoretically it would require the presence of every Jew in the Temple Court during the service – a physical impossibility. For this reason, the *maamados* were instituted, as the Mishnah proceeds to explain.

8. Namely, Samuel and David. This is discussed further in the Gemara, 27a (*Rashi*).

9. Kohanim, Leviim and Yisraelim participated in the *maamad* (station). They would stand by the offering at the time of the service and pray that the sacrifice of their brethren be accepted with Divine will (*Rashi* to 15b ד״ה אנשי, see also *Rashi* here and to 27a ד״ה מעכבין).

According to *Ritva,* however, only Yisraelim participated in the *maamad.* The Mishnah's reference to Kohanim and Leviim applies not to the actual *maamad,* but to the fact that the Kohanim and Leviim were present in the Temple at that time, attending to their respective jobs: the Kohanim performed the service and the Leviim provided musical accompaniment to the service (see *Meiri*).

10. The Kohanim went to the Temple in Jerusalem [primarily] to perform the sacrificial service and the Leviim to provide musical accompaniment *(Rashi).*

11. There were twenty-four groups of Yisraelim, known as *maamados* (sing. *maamad),* corresponding to the twenty-four *mishmaros* of Kohanim and Leviim. When its turn came, some members of the *maamad* would stand by the offering in the Temple (as described in note 9), and the others would gather in their local synagogues and pray, fast and read special Torah portions.

From *Rashi's* commentary it seems that certain members of each *maamad* [of Yisraelim] were stationed permanently in Jerusalem and it was they who stood by the offerings; the other members of the *maamad* assembled in their home towns. The Kohanim and Leviim, however, who stood by the offering (see note 9) were drawn from those who ascended to Jerusalem in their role as members of that week's *mishmar* (see *Tosefos HaRosh* cited by *Pesach Einayim;* cf. *Rambam Hil. Klei HaMikdash* 6:2 and *Meiri*).

According to some commentators, all the *maamad* members, including those present at the Temple service, fasted and read the appropriate Torah portions (*Rambam* ibid. 2-6, *Ritva*).

Rambam writes (ibid. 31) that only worthy and sin-fearing men were selected to be members of the *maamados.*

12. The Gemara (27b) explains why they read the narrative of the Creation (*Rashi*).

13. The following paragraph is in parentheses in the Vilna Shas for it does not appear in many editions of the Mishnah, or in the *Yerushalmi* (see *Tos. Yom Tov*).

[א] אלא על נפש שבעה וכרם מלאה איני והא רב פפא איקלע לבי כנישתא דאבי גובר וגזר תענית וירדו להם גשמים עד חצות ואמר הלל ואחר כך אכלו ושתו שאני בני מחוזא דשכיחי בהו שכרות:

הדרן עלך סדר תעניות אלו

בשלשה [א] פרקים בשנה כהנים נושאין את כפיהן ארבע פעמים ביום בשחרית במוסף במנחה ובנעילת שערים בתעניות ובמעמדות וביום הכפורים אלו הן מעמדות לפי שנאמר [א] צו את בני ישראל את קרבני לחמי [ב] וכי היאך [ג] קרבנו של אדם קרב והוא אינו עומד על גביו התקינו נביאים הראשונים עשרים וארבעה משמרות על כל משמר ומשמר היה מעמד בירושלים של כהנים של לוים ושל ישראלים [ג] הגיע זמן המשמר לעלות כהנים ולוים עולים לירושלים וישראל שבאותו משמר מתכנסין לעריהן וקוראין במעשה בראשית (ג) [ד] ואנשי המעמד היו מתענין ארבעה ימים בשבוע מיום ב' ועד יום חמישי ולא היו מתענין ערב שבת מפני כבוד השבת ולא באחד בשבת כדי שלא יצאו ממנוחה ועונג ליגיעה ותענית וימותו) [ד] [ה] ביום הראשון בראשית ויהי רקיע בשני יהי רקיע ויקוו המים בשלישי יקוו המים ויהי מאורות ברביעי יהי מאורות וישרצו המים בחמישי ישרצו המים ותוצא הארץ בששי ותוצא הארץ ויכלו השמים [ו] פרשה גדולה קורין אותה בשנים והקטנה ביחיד בשחרית במוסף ובמנחה נכנסין וקורין על פיהן כקורין את שמע ערב שבת במנחה לא היו נכנסין מפני כבוד השבת [ז] כל יום שיש בו הלל אין (א) מעמד בשחרית קרבן מוסף אין בנעילה קרבן עצים אין במנחה דברי ר' עקיבא אמר לו בן עזאי [ח] כך היה רבי יהושע שונה קרבן מוסף אין במנחה קרבן עצים אין בנעילה חזר רבי עקיבא להיות שונה כבן עזאי זמן עצי כהנים והעם תשעה באחד בניסן בני ארח בן יהודה בעשרים בתמוז בני דוד בן יהודה בחמשה באב בני פרעוש בן יהודה בשבעה בו בני יונדב בן רכב בעשרה בו בני סנאה בן בנימן בחמשה עשר בו בני (ב) זתוא בן יהודה ועמהם כהנים ולוים וכל מי שטעה בשבטו ובני גונבי עלי ובני קוצעי קציעות בעשרים בו בני פחת מואב בן יהודה בעשרים באלול בני עדין בן יהודה באחד בטבת שבו בני פרעוש שניה באחד בטבת לא היה בו מעמד שהיה בו הלל וקרבן מוסף וקרבן עצים [ט] חמשה דברים אירעו את אבותינו בשבעה עשר בתמוז וחמשה בתשעה באב [י] בשבעה עשר בתמוז נשתברו

רש"י

אלא בנפש שבעה. מתוך שכתוב בו נותן לחם לכל בשר (תהלים קלו) נאה להאמר על השבע: **דאבי גובר.** שם אדם או מקום: **דשכיח בהו.** יין ושכרות ופשעי ולא יאמרו הלל:

הדרן עלך סדר תעניות אלו

בשלשה פרקים במוסף. מפרש בגמרא: **נעילת שערים.** מפורש בברכות ירושלמי בפרק תפלת השחר אימתי נעילה יש אומרים נעילת שערי מקדש וי"א נעילת שערי שמים שנועלים אותן לעת ערב בגמר תפלה ונוהגין היו להתפלל תפלת נעילה בכל תעניתם כדרך שמתפללין ביוהכ"פ: **אלו הן מעמדות.** המתענין מתפללין בעריהם שיתקבל ברצון קרבן אחיהם כדלקמן: **לפי שנאמר צו את בני ישראל וגו'.** שהתמיד בא מן השקלים של כל ישראל ואי אפשר שיהו כל ישראל עומדין על גבי קרבנם ומינו מעמדות להיות במקומם: **נביאים הראשונים.** שמואל ודוד בגמרא מפרש: **על כל משמר.** ארבעה ועשרים משמרות של כהנים היו ושמואל ודוד תיקנום ועל כל משמר היה מעמד בירושלים שקבועין ועומדין בעיר ועומדין על קרבן אחיהם ולבד אלו הדרים בירושלים היו מעמדות בכל עיר שישראל נחלקו לכ"ד מעמדות כנגד ארבעה ועשרים משמרות כדתניא בברייתא של מ"ט מדות והיינו דתנן היה מעמד בירושלים כהנים לוים וישראלים: **כהנים ולוים.** של משמר היו עולים (ג) בירושלים כהנים לעבודה ולוים לשיר ומכל המעמדות היו קבועין בירושלים לעמוד על קרבן אחיהם: **והשאר היו מתכנסין לעריהם.** ומתפללין על קרבן אחיהם שיתקבל ברצון ומתענין ומוליאין ספר תורה ביום תעניתם: **וקורין במעשה בראשית.** ובגמרא מפרש טעמא: **ביום הראשון.** של שבוע: **קורין בראשית כו'.** פרשה ראשונה ופרשת יהי רקיע לפי שאין בפרשת בראשית לבדה ט' פסוקים כדי קריאת כהן לוי ישראל וכן כולן: **בששי ותוצא הארץ עד ויכולו.** לפי שבפרשת תוצא הארץ אין בה אלא שמונה פסוקים לפיכך אומר ויכולו: **פרשה גדולה.** שבפרשיות הללו קורין אותה בשנים כגון פרשה ראשונה של בראשית יש בה חמשה פסוקים היו קורין אותה בשנים כדאמרינן בגמרא יהי רקיע באחד וביום השני יהי רקיע באחד יקוו בשנים שיש בה ה' פסוקים ביום השלישי יקוו באחד שאין בה אלא ה' פסוקים ויהי מאורות בשנים שיש בה ו' פסוקים: **וקורין אותה על פיהן.** כל אחד בפני עצמו ובעי בגמרא מאי קאמר מעיקרא קתני פרשה קטנה כו' דמשמע דבספר תורה קורין והדר תנא על פיהם. פרשה בנעילה ליכא: **כל יום שיש בו הלל אין בו מעמד** (ד) **שחרית.** אותן שהיו בירושלים לא היו מתפללין על קרבן אחיהם שיש בו הלל לפי שאין להן פנאי לעשות מעמדם שקורין את הלל ומפני ההלל היו דוחין את המעמד: **קרבן מוסף.** יום שיש בו קרבן מוסף בירושלים אין (ה) מעמד בנעילה בירושלים וכל שכן במנחה הסמוכה למוסף לפי שהיו טרודין במוסף שיש בו להקריב בהמות יותר מתמיד שהוא אחד אין לך מוסף בלא שתי בהמות ולא היה להם פנאי כלל שהכהנים של מעמד טרודים במוסף וישראל שבהן היו טרודים לחטוב עלים ולשאוב מים ודוחה אפי' מעמד דנעילה: **קרבן עצים.** בגמרא מפרש כגון אחד מט' זמנים ואותו יום שהיה בו קרבן עלים אפילו לא היה בו מוסף היה נדחה מעמד של מנחה מפני קרבן עלים מפני שקרבן עלים קודם למנחה ודוחה מעמד הסמוך לו [ולא] של נעילה: **כך היה רבי יהושע** דורש קרבן מוסף אין (ו) במנחה. וטעמא מפרש בגמרא: **זמן עצי כהנים והעם.** שמתנדבים עלים: **תשעה.** באלו הט' זמנים היו הכהנים והעם מתנדבים להביא עלים והיו מקריבים קרבן אותו היום ואפילו היו עלים הרבה למערכה היו אלו מתנדבין ומקריבין באלו תשעה זמנים: **בני ארח בן יהודה.** שכשעלו בני הגולה הם התנדבו תחילה באחד בניסן (ז) וספק להם עלים עד כ' בתמוז שהתנדבו בני דוד ארח שמואל ומשבט יהודה היה: **בני דוד.** ממשפחת דוד המלך: **סנאה בן בנימין** זתוא בן יהודה בני גונבי עלי ובני קוצעי קציעות משפחה אחת הן ובגמ' מפרש אמאי מיקרו הכי: **בני עדין באחד בטבת** שבו בני פרעוש שניה. ובגמרא מפרש אמאי קבעו להן אלו הזמנים: **באחד בטבת.** שהיה ר"ח [וחנוכה] לא היה בו מעמד כו':

נשתברו

תוספות

שאני בני מחוזא דשכיחי בהו שכרות. ולהכי היו אומרים הלל הגדול קודם שיאכלו וישתו ובפסוקי דזמרה נוהגין לומר שחרית ודווקא בפסוקי דזמרה קודם התפלה אבל בשעת תפלה אין אומרים אותו אלא בנפש שבעה ובכרס מלאה:

הדרן עלך סדר תעניות אלו

בכל יום שיש בו הלל אין בו מעמד שחרית. פי' דהיינו חנוכה דבשאר יום טוב לא משכחת לה בלא קרבן מוסף:

קרבן מוסף אין בו נעילה. פירוש יום שקרבין בו מוסף אין בו נעילה לפי שטרודין הם במוסף ואין להם פנאי לומר נעילה:

קרבן עצים אין בו מנחה. משום דעד המנחה היו טרודים בקרבן העלים אבל יש בו נעילה דכל כך לא היו מאחרים עד שעת נעילה דאמר בן עזאי כך היה וכו':

מנחה

מסורת הש"ס

א) יומא פז:, ב) [סוטה ח. ע"ש פרש"י], ג) ירושלמי ל"ג, ד) מגילה כב., ה) [יומא ד:].

הגהות הב"ח

(א) מתני' כל יום שיש בו הלל אין בו מעמד בשחרית כו' אין בו בנעילה כו' אין בו במנחה כו' כצ"ל וכן בסמוך: (ב) שם בט"ו בו בני זתוא. נ"ב ס"א זתוא: (ג) רש"י ד"ה כהנים כו' היו עולים לירושלים כהנים כו' על קרבן אחיהם והשאר היו כו' כצ"ל והד"א: (ד) ד"ה כל יום כו' אין בו מעמד בשחרית אותן וכו' אחיהם ביום שיש בו הלל: (ה) ד"ה קרבן כו' אין בו מעמד בנעילה כו' שהוא אחד דאין לך מוסף: (ו) ד"ה כך היה כו' אין בו במנחה: (ז) ד"ה בני ארח כו' באחד בניסן וספקו להם עלים כו' בני דוד ארח כך שמו ומשבט יהודה היה כצ"ל ותיבת שמואל נמחק:

תורה אור השלם

א) צַו אֶת בְּנֵי יִשְׂרָאֵל וְאָמַרְתָּ אֲלֵהֶם אֶת קָרְבָּנִי לַחְמִי לְאִשַּׁי רֵיחַ נִיחֹחִי תִּשְׁמְרוּ לְהַקְרִיב לִי בְּמוֹעֲדוֹ: [במדבר כח, ב]

עין משפט נר מצוה

לד א מיי' פ"א מהל' תענית הלכה טז [וטוש"ע א"ח סימן תקעה סעיף יא]:

א ב מיי' פ"ו מהלכות כלי מקדש הלכה א סמג עשין קעב:

ב ג מיי' שם הלכה ב:

ג ד מיי' שם הלכה ג:

ד ה מיי' שם הלכה ו:

ה ו מיי' שם הלכה ז:

ו ז ח מיי' שם הלכה ח:

ז ט מיי' פ"ה מהלכות תענית הלכה ב סמג עשין מד"ס ג טור א"ח סימן תקמט:

רבינו חננאל

בשלשה פעמים בשנה הכהנים נושאין את כפיהם כו'.

רבינו גרשום

בשלשה פרקים כו' בתעניות ובמעמדות ודאי מעמדות הן בכל יום אלא לכך חשיב פרק בפני עצמו דלא כל ישראל הן אלא של אותו משמר ובתעניות יש כל ישראל ויש מהן ד' פרקים ביום:

ליקוטי רש"י

נושאין את כפיהן. שיגביהו את ידיהן [סוטה לח.]. **בתעניות.** של גשמים. **ובמעמדות.** ארבעה ימים בכל שבת שאנשי משמר ישראל מתכנסין בעריהן ומתענין וקורין במעשה בראשית כדאמרינן במסכת תענית (דף כו.) והתם מקשינן ותעניות ומעמדות מי אית בהו מוסף ומשנינן הכי קאמר כהנים נושאין את כפיהן כל זמן שמתפללין ואפילו במנחה לפי שבשלשה פרקים הללו תעניות הם ואין שכרות במנחה אבל שאר ימות השנה אין נשיאות כפים במנחה ויש מהן ארבע פעמים ביום [יומא פז:]. **וכי האיך קרבנו של אדם קרב.** מלוה על האדם שיעמוד וישמור על קרבנו ונפקא לן בספרי מתשמרו להקריב לי במועדו (במדבר כח) [סוטה ח.]. **וקוראין במעשה בראשית.** טעמא מאי קורין במעשה בראשית במעמדות שבשביל הקרבנות מתקיימים שמים וארץ [מגילה ל:]. **ביום הראשון.** באחד בשבת [שם כב.]. **זמן עצי כהנים והעם.** האמור במסכת תענית (דף כח.) שהיו משפחות של ישראל שקבוע להם ימים בכל שנה להביא עלים למקדש לצורך המערכה ומביאין קרבן עלים עמהן [שם ה.]. **בני סנאה בן בנימן.** משפחה היא משבט בנימין שנפל להן גורל לקרבן עלים בעשרה באב בימי עזרא ויום טוב היה להם לעולם כדתנן בפרק בתרא דתענית [עירובין מא.].

week: מִיּוֹם ב׳ וְעַד יוֹם חֲמִישִׁי – from Monday through Thursday.[14] וְלֹא הָיוּ מִתְעַנִּין עֶרֶב שַׁבָּת מִפְּנֵי כְבוֹד הַשַּׁבָּת – They did not fast on Friday because of the honor due the Sabbath,[15] וְלֹא בְּאֶחָד בְּשַׁבָּת כְּדֵי שֶׁלֹּא יֵצְאוּ מִמְּנוּחָה וְעוֹנֶג לִיגִיעָה וְתַעֲנִית וְיָמוּתוּ – nor on Sunday lest they go from rest and pleasure to toil and fast and become faint.[16])

The Torah readings of the *maamados:* בַּיּוֹם הָרִאשׁוֹן ,,בְּרֵאשִׁית״ וְ,,יְהִי רָקִיעַ״ – On Sunday they read the paragraphs: ***In the beginning*** (*Genesis* 1:1-5) and ***Let there be a firmament*** (vs. 6-8).[17] בַּשֵּׁנִי ,,יְהִי רָקִיעַ״ וְ,,יִקָּווּ הַמַּיִם״ – On Monday they read: ***Let there be a firmament*** (ibid.) and ***Let the waters gather*** (vs. 9-13). בַּשְּׁלִישִׁי ,,יִקָּווּ הַמַּיִם״ וְ,,יְהִי מְאֹרֹת״ – On Tuesday they read: ***Let the waters gather*** (ibid.) and ***Let there be luminaries*** (vs. 14-19). בָּרְבִיעִי ,,יְהִי מְאֹרֹת״ וְ,,יִשְׁרְצוּ הַמַּיִם״ – On Wednesday they read: ***Let there be luminaries*** (ibid.) and ***Let the waters swarm*** (vs. 20-23). בַּחֲמִישִׁי ,,יִשְׁרְצוּ הַמַּיִם״ וְ,,תּוֹצֵא הָאָרֶץ״ – On Thursday they read: ***Let the waters swarm*** (ibid.) and ***Let the earth bring forth*** (vs. 24-31). בַּשִּׁשִּׁי ,,וְתּוֹצֵא הָאָרֶץ״ ,,וַיְכֻלּוּ הַשָּׁמַיִם״ – On Friday they read: ***Let the earth bring forth*** (ibid.) and ***And the heaven** and the earth **were finished*** (2:1-3).
פָּרָשָׁה גְדוֹלָה קוֹרִין אוֹתָהּ בִּשְׁנַיִם וְהַקְּטַנָּה בְּיָחִיד – Every day, **the longer paragraph was read by two** people **and the shorter one by one** person.[18] בַּשַּׁחֲרִית בַּמּוּסָף – This was the procedure followed **at Shacharis and at Mussaf.** וּבַמִּנְחָה נִכְנָסִין וְקוֹרִין עַל פִּיהֶן – **But at Minchah [the members of the *maamad*] would enter** the synagogue **and** simply **recite the verses** to themselves **by heart,** כְּקוֹרִין אֶת שְׁמַע – in the same way **as one recites the Shema.**[19] עֶרֶב שַׁבָּת בַּמִּנְחָה לֹא הָיוּ נִכְנָסִין מִפְּנֵי כְבוֹד הַשַּׁבָּת – **On Friday at Minchah they would not enter** the synagogue and conduct the *maamad* services **because of the honor due the Sabbath.**[20]

The Mishnah notes certain exceptional circumstances when the *maamad* services are *not* held: כָּל יוֹם שֶׁיֵּשׁ בּוֹ הַלֵּל אֵין מַעֲמָד בַּשַּׁחֲרִית – **On any day when Hallel [is recited],**[21] **there is no *maamad*** service **at Shacharis;**[22] קָרְבַּן מוּסָף אֵין בִּנְעִילָה – on any day when a ***mussaf*** offering is brought in the Temple, **there is no** *maamad* service even **at Ne'ilah;**[23] קָרְבַּן עֵצִים אֵין בַּמִּנְחָה – on any day when a **wood offering** is brought, **there is no** *maamad* service **at Minchah;**[24] דִּבְרֵי ר׳ עֲקִיבָא – these are **the words of R' Akiva.** אָמַר לוֹ בֶּן עַזַּאי – **Ben Azzai said to [R' Akiva]:** כָּךְ הָיָה רַבִּי יְהוֹשֻׁעַ שׁוֹנֶה – **R' Yehoshua would teach the following:** קָרְבַּן מוּסָף אֵין בַּמִּנְחָה – On any day when a ***mussaf* offering** is brought, **there is no** *maamad* service **at Minchah.**[25] קָרְבַּן עֵצִים אֵין בִּנְעִילָה

NOTES

14. They fasted each day from morning until nightfall, and at night they would eat (*Tiferes Yisrael*).

15. It is improper to enter the Sabbath famished from a fast (see *Eruvin* 41a). It goes without saying that they refrained from fasting on the Sabbath itself (Baraisa, 27b).

16. Literally: and they will die. The contrast from feasting to fasting may unduly weaken the body; therefore, the Rabbis did not require it. Though the Mishnah uses the term וְיָמוּתוּ, *and they will die,* the expression is meant figuratively (*Tiferes Yisrael*).

17. The halachah is that one who reads the Torah must read at least three verses. Three people — a Kohen, Levi, and Yisrael — are called to read from the Torah as part of the *maamad* service and therefore there is a need for at least nine verses. Since the paragraph of *In the beginning* does not consist of nine verses, they read the adjoining portion, *Let there be a firmament,* as well. A similar pattern, of reading two paragraphs, was repeated on all the days of the week (*Rashi*).

18. Of the two paragraphs that were read each day, the longer one was divided and read by two people. The shorter one was read by one person. For example, on Sunday, the paragraph of *In the beginning,* which is five verses long, was divided between two people, and the paragraph of *Let there be a firmament,* which has three verses, was read by one person (*Rashi*). [The Gemara, 27b, explains how a paragraph of five verses can be divided between two readers, in view of the fact that a single reader may not read fewer than three verses.]

19. Just as the Shema is recited (individually) by heart, without reading from a Torah Scroll, so too, at the *maamad* service of Minchah the Torah portions were recited by heart. (See 28a, note 2.)

From the actual language of the Mishnah it is unclear whether the term בַּמּוּסָף, *at Mussaf,* belongs to the preceding clause [i.e. at Mussaf the portion was read by a designated reader for the entire assemblage, as at Shacharis] or to the following clause [i.e. at Mussaf each person would recite the portion to himself, as at Minchah]. The Gemara discusses this question below, 28a. In the text we have followed the conclusion of the Gemara, according to which the procedure for the Torah reading at Mussaf is the same as that for Shacharis.

[At Ne'ilah there was no Torah reading (*Rashi*).]

20. On Friday afternoon, the members of the *maamad* were not required to go to the synagogue or to read the appropriate verses privately. They were given an opportunity to prepare properly for the Sabbath (*Rav*).

21. I.e. Chanukah, when Hallel is recited, but no *mussaf* offering [which is dealt with in the following clause] is brought (*Tosafos*).

22. The members of the *maamad* in Jerusalem had no time to recite the prayers for the acceptance of the *tamid* offering because they were occupied with the recitation of the Hallel (*Rashi;* cf. *Rambam Comm.* to *Mishnah* and *Keren Orah*).

According to *Ritva* the recitation of Hallel frees *all* members of the *maamad* from their special *maamad* services, even those outside Jerusalem (see *R' Yehonasan* cited by *Meleches Shlomo, Keren Orah*, *Rashash* and *Aruch HaShulchan Hil. Klei HaMikdash* 26:19). [*Ritva,* however, agrees with *Rashi* in the case of the other exceptions, listed below in the Mishnah, that the dispensations apply only to the *maamad* members in Jerusalem.]

23. The regular *tamid* offering consisted of only one animal [in the morning and one in the afternoon]. However, the *mussaf* offerings consisted of a minimum of two animals, and the members of the *maamad* in Jerusalem were occupied with preparing wood and water for these additional offerings. Consequently, they had no time to hold *maamad* services at Mussaf, Minchah and Ne'ilah (*Rashi;* see *Rashash*).

24. As the Mishnah teaches below, at nine junctures of the year certain families had the honor of contributing firewood for the Altar (see note 28). In honor of the occasion they were accorded the privilege of bringing a wood offering [a portion of wood that was burned separately on the Altar — see *Menachos* 106b] and an [animal] offering as well. Since these offerings were brought before Minchah, the *maamad* services of Minchah were suspended. However, the Ne'ilah *maamad* services were held as usual (*Rashi* here and above 12a ד״ה שיו״ט; cf. *Rambam Hil. Klei HaMikdash* 6:9 and *Ritva*).

The question arises: How could the private offering of a single family exempt the *maamad* members from their special services? *Ritva* answers, in the name of *Raavad,* that the exemption applied only to those *maamad* members who were also members of the family donating the wood offering.

Others, however, maintain that *all* the members of the *maamad,* along with the entire population of Jerusalem, would go out to greet the family that was bringing the wood. This honor, accorded the family, superseded the recitation of the *maamad* services (*Meiri*).

25. But at Ne'ilah the services were held as usual. R' Yehoshua maintains that the labor necessitated by the *mussaf* sacrifice was sufficient to warrant suspension of the *maamad* services of Mussaf and Minchah, but not of Ne'ilah (*Gevuras Ari, Keren Orah*).

אלא על נפש שבעה וכרם מלאה איני והא רב פפא איקלע לבי כנישתא דאבי גובר וגזר תענית וירדו להם גשמים עד חצות ואמר הלל ואחר כך אכלו ושתו שאני בני מחוזא דשכיחי בהו שכרות:

הדרן עלך סדר תעניות אלו

בשלשה פרקים בשנה כהנים נושאין את כפיהן ארבע פעמים ביום בשחרית במוסף במנחה ובנעילת שערים בתעניות ובמעמדות וביום הכפורים אלו הן מעמדות לפי שנאמר (א) צו את בני ישראל את קרבני לחמי וכי היאך קרבנו של אדם קרב והוא אינו עומד על גביו התקינו נביאים הראשונים עשרים וארבעה משמרות על כל משמר ומשמר היה מעמד בירושלים של כהנים של לוים ושל ישראלים הגיע זמן המשמר לעלות כהנים ולוים עולים לירושלים וישראל שבאותו משמר מתכנסין לעריהן וקוראין במעשה בראשית (ג) ואנשי המעמד היו מתענין ארבעה ימים בשבוע מיום ב' ועד יום חמישי ולא היו מתענין ערב שבת מפני כבוד השבת ולא באחד בשבת כדי שלא יצאו ממנוחה ועונג ליגיעה ותענית וימותו) ביום הראשון בראשית ויהי רקיע בשני יהי רקיע ויקוו המים בשלישי יקוו המים ויהי מאורות ברביעי יהי מאורות וישרצו המים בחמישי ישרצו המים ותוצא הארץ בששי ותוצא הארץ ויכלו השמים פרשה גדולה קורין אותה בשנים והקטנה ביחיד בשחרית במוסף ובמנחה נכנסין וקורין על פיהן כקורין את שמע ערב שבת במנחה לא היו נכנסין מפני כבוד השבת כל יום שיש בו הלל אין (א) מעמד בשחרית קרבן מוסף אין בנעילה קרבן עצים אין במנחה דברי ר' עקיבא אמר לו בן עזאי כך היה רבי יהושע שונה קרבן מוסף אין במנחה קרבן עצים אין בנעילה חזר רבי עקיבא להיות שונה כבן עזאי זמן עצי כהנים והעם תשעה באחד בניסן בני ארח בן יהודה בעשרים בתמוז בני דוד בן יהודה בחמשה באב בני פרעוש בן יהודה בשבעה בו בני יונדב בן רכב בעשרה בו בני סנאה בן בנימן בחמשה עשר בו בני (ב) זתוא בן יהודה ועמהם כהנים ולוים וכל מי שטעה בשבטו ובני גונבי עלי ובני קוצעי קציעות בעשרים בו בני פחת מואב בן יהודה בעשרים באלול בני עדין בן יהודה באחד בטבת שבו בני פרעוש שניה באחד בטבת לא היה בו מעמד שהיה בו הלל וקרבן מוסף וקרבן עצים חמשה דברים אירעו את אבותינו בשבעה עשר בתמוז וחמשה בתשעה באב בשבעה עשר בתמוז נשתברו

רש"י

אלא בנפש שבעה. מתוך שכתוב בו נותן לחם לכל בשר (תהלים קלו) נאה להאמר על השבע: **דאבי גובר.** שם אדם או מקום: **דשכיח בהו.** יין ושכרות ופשעי ולא יאמרו הלל:

הדרן עלך סדר תעניות אלו

בשלשה פרקים במוסף. מפרש בגמרא: **נעילת שערים.** מפורש בברכות ירושלמי בפרק תפלת השחר אימתי נעילה יש אומרים נעילת שערי מקדש וי"א נעילת שערי שמים שנועלים אותן לעת ערב בגמר תפלה ונוהגין היו להתפלל תפלת נעילה בכל תעניתם כדרך שמתפללין ביוה"כ: **אלו הן מעמדות.** המתענין מתפללין בעריהם שיתקבל ברצון קרבן אחיהם כדלקמן: **לפי שנאמר צו את בני ישראל וגו'.** שהתמיד בא מן השקלים של כל ישראל ואי אפשר שיהו כל ישראל עומדין על גבי קרבנם ומינו מעמדות להיות במקומם: **נביאים הראשונים.** שמואל ודוד בגמרא מפרש: **על כל משמר.** ארבעה ועשרים משמרות של כהנים היו ושמואל ודוד תיקנום ועל כל משמר היה מעמד בירושלים שקבועין ועומדין בעיר ועומדין על קרבן אחיהם ולבד אלו הדרים בירושלים היו מעמדות בכל עיר שישראל נחלקו לכ"ד מעמדות כנגד ארבעה ועשרים משמרות כדתניא בברייתא של מ"ט מדות והיינו דתנן היה מעמד בירושלים כהנים לוים וישראלים: **כהנים ולוים.** של משמר היו עולים (ג) בירושלים כהנים לעבודה ולוים לשיר ומכל המעמדות היו קבועין בירושלים לעמוד על קרבן אחיהם: **והשאר היו מתכנסין לעריהם.** ומתפללין על קרבן אחיהם שיתקבל ברצון ומתענין ומוציאין ספר תורה ביום תעניתם: **וקורין במעשה בראשית.** ובגמרא מפרש טעמא: **ביום הראשון.** של שבוע: **קורין בראשית כו'.** פרשה ראשונה ופרשת יהי רקיע לפי שאין בפרשת בראשית לבדה ט' פסוקים כדי קריאת כהן לוי ישראל וכן כולן: **בששי ותוצא הארץ עד ויכולו.** לפי שבפרשת תוצא הארץ אין בה אלא שמונה פסוקים לפיכך אומר ויכולו: **פרשה גדולה.** שבפרשיות הללו קורין אותה בשנים כגון פרשה ראשונה של בראשית יש בה חמשה פסוקים היו קורין אותה בשנים כדאמרינן בגמרא יהי רקיע באחד וביום השני יהי רקיע ויקוו בשנים שיש בה ה' פסוקים ביום השלישי יקוו באחד שאין בה אלא ה' פסוקים ויהי מאורות בשנים שיש בה ו' פסוקים: **וקורין אותה על פיהן.** כל אחד בפני עצמו ובעי בגמרא מאי קאמר מעיקרא קתני פרשה קטנה כו' דמשמע דבספר תורה קורין והדר תנא על פיהם. פרשה בנעילה ליכא: **כל יום שיש בו הלל אין בו מעמד** (ד) **שחרית.** אותן שהיו בירושלים לא היו מתפללין על קרבן אחיהם שיש בו הלל לפי שאין להן פנאי לעשות מעמדם שקורין את הלל ומפני ההלל היו דוחין את המעמד: **קרבן מוסף.** יום שיש בו קרבן מוסף בירושלים אין (ה) מעמד בנעילה בירושלים וכל שכן במנחה הסמוכה למוסף לפי שהיו טרודין במוסף שיש בו להקריב בהמות יותר מתמיד שהוא אחד אין לך מוסף בלא שתי בהמות ולא היה להם פנאי כלל שהכהנים של מעמד טרודים במוסף וישראל שבהן היו טרודים לחטוב עצים ולשאוב מים ודוחה אפי' מעמד דנעילה: **קרבן עצים.** בגמרא מפרש כגון אחד מט' זמנים ואותו יום שהיה בו קרבן עצים אפילו לא היה בו מוסף היה נדחה מעמד של מנחה מפני שקרבן עצים קודם למנחה ודוחה מעמד הסמוך לו [ולא] של נעילה: **כך היה רבי יהושע דורש קרבן מוסף אין** (ו) **במנחה.** וטעמא מפרש בגמרא: **זמן עצי כהנים והעם.** שמתנדבים עצים: **תשעה.** באלו הט' זמנים היו הכהנים והעם מתנדבים להביא עצים והיו מקריבים קרבן אותו היום ואפילו היו עצים הרבה למערכה היו אלו מתנדבין ומקריבין באלו תשעה זמנים: **בני ארח בן יהודה.** שכשעלו בני הגולה הם התנדבו תחילה באחד בניסן (ז) וספק להם עצים עד כ' בתמוז שהתנדבו בני דוד ארח שמואל ומשבט יהודה היה: **בני דוד.** ממשפחת דוד המלך: סנאה בן בנימין זתוא בן יהודה בני גונבי עלי ובני קוצעי קציעות משפחה אחת הן ובגמ' מפרש אמאי מיקרו הכי: **בני עדין באחד בטבת שבו בני פרעוש שניה.** ובגמרא מפרש אמאי קבעו להן אלו הזמנים: **באחד בטבת.** שהיה ר"ח [וחנוכה] לא היה בו מעמד כו':
נשתברו

תוספות

שאני בני מחוזא דשכיחי בהו שכרות. ולהכי היו אומרים הלל הגדול קודם שיאכלו וישתו ובפסוקי דזמרה נוהגין לומר שחרית ודווקא בפסוקי דזמרה קודם התפלה אבל בשעת תפלה אין אומרים אותו אלא בנפש שבעה ובכרם מלאה:

הדרן עלך סדר תעניות אלו

בכל יום שיש בו הלל אין בו מעמד שחרית. פי' דהיינו חנוכה דבשאר יום טוב לא משכחת לה בלא קרבן מוסף:

קרבן מוסף אין בו נעילה. פירוש יום שקרבין בו מוסף אין בו נעילה לפי שטרודין הם במוסף ואין להם פנאי לומר נעילה:

קרבן עצים אין בו מנחה. משום דעד המנחה היו טרודים בקרבן העצים אבל יש בו נעילה דכל כך לא היו מאחרים עד שעת נעילה דאמר בן עזאי כך היה וכו':
מנחה

מסורת הש"ס

א) יומא פז., ב) [סוטה ח. ע"ש פרש"י], ג) ירושלמי ל"ג, ד) מגילה כב., ה) [יומא ד:].

הגהות הב"ח

(א) מתני' כל יום שיש בו הלל אין בו מעמד בשחרית כו' אין בו בנעילה כו' אין בו במנחה כו' כצ"ל וכן בסמוך: (ב) שם בע"ו בו בני זתוא. נ"ב ס"א זתא: (ג) רש"י ד"ה כהנים כו' היו עולים לירושלים כהנים כו' על קרבן אחיהם והשאר היו כו' כצ"ל והד"א: (ד) ד"ה כל יום כו' אין בו מעמד בשחרית אותן וכו' אחיהם ביום שיש בו הלל: (ה) ד"ה קרבן כו' אין בו מעמד בנעילה כו' שהוא אחד דאין לך מוסף: (ו) ד"ה כך היה כו' אין בו במנחה: (ז) ד"ה בני ארח כו' באחד בניסן וספקו להם עצים כו' בני דוד ארח כך שמו ומשבט יהודה היה כצ"ל ותיבת שמואל נמחק:

תורה אור השלם

א) צַו אֶת בְּנֵי יִשְׂרָאֵל וְאָמַרְתָּ אֲלֵהֶם אֶת קָרְבָּנִי לַחְמִי לְאִשַּׁי רֵיחַ נִיחֹחִי תִּשְׁמְרוּ לְהַקְרִיב לִי בְּמוֹעֲדוֹ: [במדבר כח, ב]

עין משפט נר מצוה

לד א מיי' פ"א מהל' תענית הלכה טז [וטוש"ע א"ח סימן תקעה סעיף יא]:
א ב מיי' פ"ו מהלכות כלי מקדש הלכה א סמג עשין קעב:
ב ג מיי' שם הלכה ב:
ג ד מיי' שם הלכה ג:
ד ה מיי' שם הלכה ו:
ה ו מיי' שם הלכה ז:
ו ז ח מיי' שם הלכה ח:
ז ט מיי' פ"ה מהלכות תענית הלכה ב סמג עשין מד"ס ג טור א"ח סימן תקמט:

רבינו חננאל

בשלשה פעמים בשנה הכהנים נושאין את כפיהם כו'.

רבינו גרשום

בשלשה פרקים כו' בתעניות ובמעמדות ודאי מעמדות הן בכל יום אלא לכך חשיב פרק בפני עצמו דלא כל ישראל הן אלא של אותו משמר ובתעניות יש כל ישראל ויש מהן ד' פרקים ביום:

ליקוטי רש"י

נושאין את כפיהן. שיגביהו את ידיהן [סוטה לח.]. **בתעניות.** של גשמים. **ובמעמדות.** ארבעה ימים בכל שבת שאנשי משמר ישראל מתכנסין בעריהן ומתענין וקורין במעשה בראשית כדאמרינן במסכת תענית (דף כו.) והתם מקשינן ותעניות ומעמדות מי אית בהו מוסף ומשנינן הכי קאמר כהנים נושאין את כפיהן כל זמן שמתפללין ואפילו במנחה לפי שבשלשה פרקים הללו תעניות הם ואין שכרות במנחה אבל שאר ימות השנה אין נשיאות כפים במנחה ויש מהן ארבע פעמים ביום [יומא פז:]. **וכי האיך קרבנו של אדם קרב.** מלוה על האדם שיעמוד וישמור על קרבנו ונפקא לן בספרי מתשמרו להקריב לי במועדו (במדבר כח) [סוטה ח.]. **וקוראין במעשה בראשית.** טעמא מאי קורין במעשה בראשית במעמדות שבשביל הקרבנות מתקיימים שמים וארץ [מגילה ל:]. **ביום הראשון.** באחד בשבת [שם כב.]. **זמן עצי כהנים והעם.** האמור במסכת תענית (דף כח.) שהיו משפחות של ישראל שקבוע להם ימים בכל שנה להביא עצים למקדש לצורך המערכה ומביאין קרבן עצים עמהן [שם ה.]. **בני סנאה בן בנימן.** משפחה היא משבט בנימין שנפל להן גורל לקרבן עצים בעשרה באב בימי עזרא ויום טוב היה להם לעולם כדתנן בפרק בתרא דתענית [עירובין מא.].

– On any day when a **wood offering** is brought, **there is no** *maamad* service **at Ne'ilah.**[26] **חָזַר רַבִּי עֲקִיבָא לִהְיוֹת שׁוֹנֶה כְּבֶן עַזַּאי – R' Akiva retracted and adopted the position of Ben Azzai.**

The Mishnah elaborates on the wood offerings mentioned above:

זְמַן עֲצֵי כֹהֲנִים וְהָעָם תִּשְׁעָה – The wood festival of the Kohanim and the people was celebrated **nine times** a year.[27] **בְּאֶחָד בְּנִיסָן בְּנֵי אָרַח בֶּן יְהוּדָה – On the first of Nissan the family of Arach of the tribe of Judah**[28] donated wood. **בְּעֶשְׂרִים בְּתַמּוּז בְּנֵי דָוִד בֶּן יְהוּדָה – On the twentieth of Tammuz** it was the turn of **the family of David**[29] **of the tribe of Judah. בַּחֲמִשָּׁה בְּאָב בְּנֵי פַרְעוֹשׁ בֶּן יְהוּדָה – On the fifth of Av** it was the turn of **the family of Parosh of the tribe of Judah. בְּשִׁבְעָה בּוֹ בְּנֵי יוֹנָדָב בֶּן רֵכָב – On the seventh of [that month]** it was the turn of **the family of Yonadav the son of Reichav. בַּעֲשָׂרָה בּוֹ בְּנֵי סְנָאָה בֶּן בִּנְיָמִן – On the tenth of [that month]** it was the turn of **the family of Senaah of the tribe of Benjamin. בַּחֲמִשָּׁה עָשָׂר בּוֹ בְּנֵי זַתּוּא בֶּן יְהוּדָה – On the fifteenth of [that month]** it was the turn of **the family of Zattu of the tribe of Judah וְעִמָּהֶם כֹּהֲנִים וּלְוִיִּם – and** along **with them** participated **the Kohanim, Leviim, וְכָל מִי שֶׁטָּעָה בְשִׁבְטוֹ – anyone who was uncertain of his tribal** affiliation,[30] **וּבְנֵי גוֹנְבֵי עֱלִי וּבְנֵי קוֹצְעֵי קְצִיעוֹת – the family of "pestle-smugglers" and the family of "fig-cutters."**[31] **בְּעֶשְׂרִים בּוֹ בְּנֵי פַּחַת מוֹאָב בֶּן יְהוּדָה – On the twentieth of [that month]** it was the turn of **the family of Pachas Moav of the tribe of Judah. בְּעֶשְׂרִים בֶּאֱלוּל בְּנֵי עָדִין בֶּן יְהוּדָה – On the twentieth of Elul** it was the turn of **the family of Adin of the tribe of Judah. בְּאֶחָד בְּטֵבֵת שָׁבוּ בְּנֵי פַרְעוֹשׁ שְׁנִיָּה – On the first of Teves, the family of Parosh returned** to donate wood **a second time.**[32]

בְּאֶחָד בְּטֵבֵת לֹא הָיָה בּוֹ מַעֲמָד – On the first of Teves there were no *maamad* services at all, **שֶׁהָיָה בּוֹ הַלֵּל וְקָרְבַּן מוּסָף וְקָרְבַּן עֵצִים – because on [that day] there was** recitation of the **Hallel, a** *mussaf* **offering and a wood offering.**[33]

Having delineated the laws of fasts decreed in cases of drought or other current calamities, the Mishnah discusses two fasts that are observed annually in commemoration of historic tragedies that befell our nation:

חֲמִשָּׁה דְבָרִים אֵירְעוּ אֶת אֲבוֹתֵינוּ בְּשִׁבְעָה עָשָׂר בְּתַמּוּז – Five tragic **events befell our ancestors on the Seventeenth of Tammuz וַחֲמִשָּׁה בְּתִשְׁעָה בְּאָב – and five on Tishah B'Av: בְּשִׁבְעָה עָשָׂר בְּתַמּוּז – On the Seventeenth of Tammuz**

NOTES

26. But the regular *maamad* service is held at Minchah. The Gemara explains why the wood offering supersedes the *maamad* service of Ne'ilah but not that of Minchah (see Gemara 28a and *Rashi* there, *Gevuras Ari* and *Keren Orah* here; cf. *Rav*).

27. When the Jews returned from the Babylonian exile and prepared to offer sacrifices, there was no firewood in the Temple. In order to facilitate the sacrificial service, families came forward and volunteered to contribute wood. In recognition of their gesture, the prophets among them decreed that, in future years, these families should continue to contribute even if the Temple wood chamber is full (Gemara, 28a).

Each family celebrated the day on which they brought wood as a festival. They accepted the custom of refraining from eulogies, fasting and work on their respective days (*Rambam Hil. Klei HaMikdash* 6:9).

28. Literally: the sons of Arach the son of Judah. When the Jews returned from Babylon, the family of Arach made the first contribution of wood on Rosh Chodesh Nissan. The wood lasted until the twentieth of Tammuz, when the next family made its contribution (*Rashi*).

29. I.e. the descendants of King David (*Rashi*).

30. Anyone, who knew he was descended from one of the families which donated wood but did not know from which one, would join the family of Zattu in bringing a wood offering on the fifteenth of Av (*Meiri*).

31. The "pestle-smugglers" and "fig-cutters" were actually one family. The Gemara (28a) explains why it was given these names (*Rashi*).

32. Upon the return from Babylon the wood that was brought on the twentieth of Elul lasted until the first of Teves. No other family came forward, so lots were cast among those who had already donated. The lot fell on the Parosh family which was required to bring enough wood to last until the first of Nissan when the cycle repeated itself (*Tos. Yom Tov*).

33. Since the first of Teves occurs during Chanukah when Hallel is recited, the *maamad* service of Shacharis is omitted. Furthermore, it is a Rosh Chodesh, and the *mussaf* offering of Rosh Chodesh supersedes the *maamad* services of Mussaf and Minchah. In addition, a wood offering is brought on this day and thus no *maamad* services are recited at Ne'ilah (see *Rashi*). [The Hallel of Rosh Chodesh, since it is recited merely out of custom, does not override the *maamad* services (*Rav*, from Gemara 28b).]

[א] אלא על נפש שבעה וכרם מלאה איני והא רב פפא איקלע לבי כנישתא דאבי גובר וגזר תענית וירדו להם גשמים עד חצות ואמר הלל ואחר כך אכלו ושתו שאני בני מחוזא דשכיחי בהו שכרות:

הדרן עלך סדר תעניות אלו

בשלשה (א) פרקים בשנה כהנים נושאין את כפיהן ארבע פעמים ביום בשחרית במוסף במנחה ובנעילת שערים בתעניות ובמעמדות וביום הכפורים אלו הן מעמדות לפי שנאמר (א) צו את בני ישראל את קרבני לחמי [ב] וכי היאך (ב) קרבנו של אדם קרב והוא אינו עומד על גביו התקינו נביאים הראשונים עשרים וארבעה משמרות על כל משמר ומשמר היה מעמד בירושלים של כהנים של לוים ושל ישראלים [ג] הגיע זמן המשמר לעלות כהנים ולוים עולים לירושלים וישראל שבאותו משמר מתכנסין לעריהן וקוראין במעשה בראשית (ג) [ד] ואנשי המעמד היו מתענין ארבעה ימים בשבוע מיום ב' ועד יום חמישי ולא היו מתענין ערב שבת מפני כבוד השבת ולא באחד בשבת כדי שלא יצאו ממנוחה ועונג ליגיעה ותענית וימותו) (ד) [ה] ביום הראשון בראשית ויהי רקיע בשני יהי רקיע ויקוו המים בשלישי יקוו המים ויהי מאורות ברביעי יהי מאורות וישרצו המים בחמישי ישרצו המים ותוצא הארץ בששי ותוצא הארץ ויכלו השמים [ו] פרשה גדולה קורין אותה בשנים והקטנה ביחיד בשחרית במוסף ובמנחה נכנסין וקורין על פיהן כקורין את שמע ערב שבת במנחה לא היו נכנסין מפני כבוד השבת [ז] כל יום שיש בו הלל אין (א) מעמד בשחרית קרבן מוסף אין בנעילה קרבן עצים אין במנחה דברי ר' עקיבא אמר לו בן עזאי [ח] כך היה רבי יהושע שונה קרבן מוסף אין במנחה קרבן עצים אין בנעילה חזר רבי עקיבא להיות שונה כבן עזאי זמן עצי כהנים והעם תשעה באחד בניסן בני ארח בן יהודה בעשרים בתמוז בני דוד בן יהודה בחמשה באב בני פרעוש בן יהודה בשבעה בו בני יונדב בן רכב בעשרה בו בני סנאה בן בנימן בחמשה עשר בו בני (ב) זתוא בן יהודה ועמהם כהנים ולוים וכל מי שטעה בשבטו ובני גונבי עלי ובני קוצעי קציעות בעשרים בו בני פחת מואב בן יהודה בעשרים באלול בני עדין בן יהודה באחד בטבת שבו בני פרעוש שניה באחד בטבת לא היה בו מעמד שהיה בו הלל וקרבן מוסף וקרבן עצים [ט] חמשה דברים אירעו את אבותינו בשבעה עשר בתמוז וחמשה בתשעה באב (ה) בשבעה עשר בתמוז נשתברו

רש"י

אלא בנפש שבעה. מתוך שכתוב בו נותן לחם לכל בשר (תהלים קלו) נאה להאמר על השבע: **דאבי גובר.** שם אדם או מקום: **דשכיח בהו.** יין ושכרות ופשעי ולא יאמרו הלל:

הדרן עלך סדר תעניות אלו

בשלשה פרקים במוסף. מפרש בגמרא: **נעילת שערים.** מפורש בברכות ירושלמי בפרק תפלת השחר אימתי נעילה יש אומרים נעילת שערי מקדש וי"א נעילת שערי שמים שנועלים אותן לעת ערב בגמר תפלה ונוהגין היו להתפלל תפלת נעילה בכל תעניתם כדרך שמתפללין ביוהכ"פ: **אלו הן מעמדות.** המתענין מתפללין בעריהם שיתקבל ברצון קרבן אחיהם כדלקמן: **לפי שנאמר צו את בני ישראל וגו'.** שהתמיד בא מן השקלים של כל ישראל ואי אפשר שיהו כל ישראל עומדין על גבי קרבנם ומינו מעמדות להיות במקומם: **נביאים הראשונים.** שמואל ודוד בגמרא מפרש: **על כל משמר.** ארבעה ועשרים משמרות של כהנים היו ושמואל ודוד תיקנום ועל כל משמר היה מעמד בירושלים שקבועין ועומדין בעיר ועומדין על קרבן אחיהם ולבד אלו הדרים בירושלים היו מעמדות בכל עיר שישראל נחלקו לכ"ד מעמדות כנגד ארבעה ועשרים משמרות כדתניא בברייתא של מ"ט מדות והיינו דתנן היה מעמד בירושלים כהנים לוים וישראלים: **כהנים ולוים.** של משמר היו עולים (ג) בירושלים כהנים לעבודה ולוים לשיר ומכל המעמדות היו קבועין בירושלים לעמוד על קרבן אחיהם: **והשאר היו מתכנסין לעריהם.** ומתפללין על קרבן אחיהם שיתקבל ברצון ומתענין ומוציאין ספר תורה ביום תעניתם: **וקורין במעשה בראשית.** ובגמרא מפרש טעמא: **ביום הראשון.** של שבוע: **קורין בראשית כו'.** פרשה ראשונה ופרשת יהי רקיע לפי שאין בפרשת בראשית לבדה ט' פסוקים כדי קריאת כהן לוי ישראל וכן כולן: **בששי ותוצא הארץ עד ויכולו.** לפי שבפרשת תוצא הארץ אין בה אלא שמונה פסוקים לפיכך אומר ויכולו: **פרשה גדולה.** שבפרשיות הללו קורין אותה בשנים כגון פרשה ראשונה של בראשית יש בה חמשה פסוקים היו קורין אותה בשנים כדאמרינן בגמרא יהי רקיע באחד וביום השני יהי רקיע באחד יקוו בשנים שיש בה ה' פסוקים ביום השלישי יקוו באחד שאין בה אלא ה' פסוקים ויהי מאורות בשנים שיש בה ו' פסוקים: **וקורין אותה על פיהן.** כל אחד בפני עצמו ובעי בגמרא מאי קאמר מעיקרא קתני פרשה קטנה כו' דמשמע דבספר תורה קורין והדר תנא על פיהם. פרשה בנעילה ליכא: **כל יום שיש בו הלל אין בו מעמד** (ד) **שחרית.** אותן שהיו בירושלים לא היו מתפללין על קרבן אחיהם שיש בו הלל לפי שאין להן פנאי לעשות מעמדם שקורין את הלל ומפני ההלל היו דוחין את המעמד: **קרבן מוסף.** יום שיש בו קרבן מוסף בירושלים אין (ה) מעמד בנעילה בירושלים וכל שכן במנחה הסמוכה למוסף לפי שהיו טרודין במוסף שיש בו להקריב בהמות יותר מתמיד שהוא אחד אין לך מוסף בלא שתי בהמות ולא היה להם פנאי כלל שהכהנים של מעמד טרודים במוסף וישראל שבהן היו טרודים לחטוב עלים ולשאוב מים ודוחה אפי' מעמד דנעילה: **קרבן עצים.** בגמרא מפרש כגון אחד מט' זמנים ואותו יום שהיה בו קרבן עלים אפילו לא היה בו מוסף היה נדחה מעמד של מנחה מפני שקרבן עלים קודם למנחה ודוחה מעמד הסמוך לו [ולא] של נעילה: **כך היה רבי יהושע דורש קרבן מוסף אין** (ו) **במנחה.** וטעמא מפרש בגמרא: **זמן עצי כהנים והעם.** מתנדבים עלים: **תשעה.** באלו הט' זמנים היו הכהנים והעם מתנדבים להביא עלים והיו מקריבים קרבן אותו היום ואפילו היו עלים הרבה למערכה היו אלו מתנדבין ומקריבין באלו תשעה זמנים: **בני ארח בן יהודה.** שכשעלו בני הגולה הם התנדבו תחילה באחד בניסן (ז) וספק להם עלים עד כ' בתמוז שהתנדבו בני דוד ארח שמואל ומשבט יהודה היה: **בני דוד.** ממשפחת דוד המלך: **סנאה בן בנימין** וזתוא בן יהודה בני גונבי עלי ובני קוצעי קציעות משפחה אחת הן ובגמ' מפרש אמאי מיקרו הכי: **בני עדין באחד בטבת שבו בני פרעוש שניה.** ובגמרא מפרש אמאי קבעו להן אלו הזמנים: **באחד בטבת.** שהיה ר"ח [וחנוכה] לא היה בו מעמד כו':

נשתברו

תוספות

שאני בני מחוזא דשכיחי בהו שכרות. ולהכי היו אומרים הלל הגדול קודם שיאכלו וישתו ובפסוקי דזמרה נוהגין לומר שחרית ודווקא בפסוקי דזמרה קודם התפלה אבל בשעת תפלה אין אומרים אותו אלא בנפש שבעה ובכרם מלאה:

הדרן עלך סדר תעניות אלו

בכל יום שיש בו הלל אין בו מעמד שחרית. פי' דהיינו חנוכה דבשאר יום טוב לא משכחת לה בלא קרבן מוסף:

קרבן מוסף אין בו נעילה. פירוש יום שקרבין בו מוסף אין בו נעילה לפי שטרודין הם במוסף ואין להם פנאי לומר נעילה:

קרבן עצים אין בו מנחה. משום דעד המנחה היו טרודים בקרבן העצים אבל יש בו נעילה דכל כך לא היו מאחרים עד שעת נעילה דאמר בן עזאי כך היה וכו':

מנחה

מסורת הש"ס

א) יומא פז:, ב) [סוטה ח. ע"ש פרש"י], ג) ירושלמי ל"ג, ד) מגילה כב., ה) [יומא ד:].

הגהות הב"ח

(א) מתני' כל יום שיש בו הלל אין בו מעמד בשחרית כו' אין בו בנעילה כו' אין בו במנחה כו' כצ"ל וכן בסמוך: (ב) שם בט"ו בו בני זתוא. נ"ב ס"א זתא: (ג) רש"י ד"ה כהנים כו' היו עולים לירושלים כהנים כו' על קרבן אחיהם והשאר היו כו' כצ"ל והד"א: (ד) ד"ה כל יום כו' אין בו מעמד בשחרית אותן וכו' אחיהם ביום שיש בו הלל: (ה) ד"ה קרבן כו' אין בו מעמד בנעילה כו' שהוא אחד דאין לך מוסף: (ו) ד"ה כך היה כו' אין בו במנחה: (ז) ד"ה בני ארח כו' באחד בניסן וספקו להם עלים כו' בני דוד ארח כך שמו ומשבט יהודה היה כצ"ל ותיבת שמואל נמחק:

תורה אור השלם

א) צו אֶת בְּנֵי יִשְׂרָאֵל וְאָמַרְתָּ אֲלֵהֶם אֶת קָרְבָּנִי לַחְמִי לְאִשַּׁי רֵיחַ נִיחֹחִי תִּשְׁמְרוּ לְהַקְרִיב לִי בְּמוֹעֲדוֹ: [במדבר כח, ב]

עין משפט נר מצוה

לד א מיי' פ"א מהל' תענית הלכה טז [וטוש"ע א"ח סימן תקעה סעיף יא]:

א ב מיי' פ"ו מהלכות כלי מקדש הלכה א סמג עשין קעב:

ב ג מיי' שם הלכה ב:

ג ד מיי' שם הלכה ג:

ד ה מיי' שם הלכה ו:

ה ו מיי' שם הלכה ז:

ו ז ח מיי' שם הלכה ח:

ז ט מיי' פ"ה מהלכות תענית הלכה ב סמג עשין מד"ס ג טור א"ח סימן תקמט:

רבינו חננאל

בשלשה פעמים בשנה הכהנים נושאין את כפיהם כו'.

רבינו גרשום

בשלשה פרקים כו' בתעניות ובמעמדות ודאי מעמדות הן בכל יום אלא לכך חשיב פרק בפני עצמו דלא כל ישראל הן אלא של אותו משמר ובתעניות יש כל ישראל ויש מהן ד' פרקים ביום:

ליקוטי רש"י

נושאין את כפיהן. שיגביהו את ידיהן [סוטה לח.]. **בתעניות.** של גשמים. **ובמעמדות.** ארבעה ימים בכל שבת שאנשי משמר ישראל מתכנסין בעריהן ומתענין וקורין במעשה בראשית כדאמרינן במסכת תענית (דף כו.) והתם מקשינן ותעניות ומעמדות מי איכא בהו מוסף ומשנינן הכי קאמר כהנים נושאין את כפיהן כל זמן שמתפללין ואפילו במנחה לפי שבשלשה פרקים הללו תעניות הם ואין שכרות במנחה אבל שאר ימות השנה אין נשיאות כפים במנחה ויש מהן ארבע פעמים ביום [יומא פז:]. **וכי האיך קרבנו של אדם קרב.** מלוה על האדם שיעמוד וישמור על קרבנו ונפקא לן בספרי מתשמרו להקריב לי במועדו (במדבר כח) [סוטה ח.]. **וקוראין במעשה בראשית.** טעמא מאי קורין במעשה בראשית במעמדות שבשביל הקרבנות מתקיימים שמים וארץ [מגילה ל:]. **ביום הראשון.** באחד בשבת [שם כב.]. **זמן עצי כהנים והעם.** האמור במסכת תענית (דף כח.) שהיו משפחות של ישראל שקבוע להם ימים בכל שנה להביא עלים למקדש לצורך המערכה ומביאין קרבן עלים עמהן [שם ה.]. **בני סנאה בן בנימן.** משפחה היא משבט בנימין שנפל להן גורל לקרבן עלים בעשרה באב בימי עזרא ויום טוב היה להם לעולם כדתנן בפרק בתרא דתענית [עירובין מא.].

מנחה ונעילה דכל יומא שכיחי בהו שכרות גזרו רבנן. אפילו ביומא דתענית דלית בהו שכרות וקשיא דהכא משמע דבמנחה שייכא שכרות ובפ"ק דשבת (דף י. ושם) קאמר בהדיא דבמנחה לא שייכא שכרות וי"ל דהא דקאמר התם דבמנחה לא שייכא שכרות ר"ל לגבי ערבית שכרות דמנחה לאו כלום (לגבי שבת) דיותר שכיח שכרות בערבית (יותר) מבמנחה אבל לעולם במנחה שייך שכרות לגבי שחרית ומוסף:

ומאן דאמר נהגו אורויי נמי לא מורינן. פירשנו בפ"ק דראש השנה (דף טו: ד"ה וכו'):

והאידנא נהוג עלמא דפרסי כהני ידייהו במנחה (ז) סמוך לשקיעת החמה. ולכך לא נהגו העם לומר נשיאת כפים במנחה ביום הכפורים לפי שמתפללין מנחה בעוד היום גדול אבל במנחה בשאר תעניות יש נשיאת כפים אבל מכל מקום בנעילה ביום הכפורים יש נשיאת כפים:

נשתברו הלוחות (א) ובטל התמיד והובקעה העיר ושרף אפוסטמוס את התורה (ב) והעמיד צלם בהיכל בתשעה באב נגזר על אבותינו שלא יכנסו לארץ א) וחרב הבית בראשונה ובשניה ונלכדה ביתר ונחרשה העיר א משנכנס אב ממעטין בשמחה ב) ב שבת שחל תשעה באב להיות בתוכה אסור מלספר ומלכבס ובחמישי מותרין מפני כבוד השבת ג) ג ערב תשעה באב לא יאכל אדם שני תבשילין לא יאכל בשר ולא ישתה יין רבן שמעון בן גמליאל אומר ישנה רבי יהודה מחייב בכפיית המטה ולא הודו לו חכמים ד) אמר רבן שמעון בן גמליאל לא היו ימים טובים לישראל כחמשה עשר באב וכיוה"כ שבהן בנות ירושלים יוצאות בכלי לבן שאולין ה) שלא לבייש את מי שאין לו (ג) כל הכלים טעונין טבילה ובנות ירושלים יוצאות וחולות בכרמים ומה היו אומרות בחור שא נא עיניך וראה מה אתה בורר לך אל תתן עיניך בנוי תן עיניך במשפחה א) שקר החן והבל היופי אשה יראת ה' היא תתהלל ואומר ב) תנו לה מפרי ידיה ויהללוה בשערים מעשיה וכן הוא אומר ג) צאינה וראינה בנות ציון במלך שלמה בעטרה שעטרה לו אמו ביום חתונתו וביום שמחת לבו ביום חתונתו זה מתן תורה וביום שמחת לבו זה בנין בית המקדש שיבנה במהרה בימינו: **גמ'** בשלשה פרקים בשנה כהנים נושאין את כפיהם כו': תעניות ומעמדות מי איכא מוסף חסורי מיחסרא והכי קתני בשלשה פרקים כהנים נושאין את כפיהן כל זמן שמתפללין ויש מהן ארבעה פעמים ביום שחרית ומוסף מנחה ונעילת שערים ואלו הן שלשה פרקים תעניות ומעמדות ויום הכפורים א"ר נחמן אמר רבה בר אבוה זו דברי רבי מאיר אבל חכמים אומרים שחרית ומוסף יש בהן נשיאת כפים מנחה ונעילה אין בהן נשיאת כפים ו) מאן חכמים ר' יהודה היא דתניא שחרית ומוסף מנחה ונעילה כולן יש בהן נשיאת כפים דברי ר"מ ר"י אומר שחרית ומוסף יש בהן נשיאת כפים מנחה ונעילה אין בהן נשיאת כפים רבי יוסי אומר נעילה יש בה נשיאת כפים מנחה אין בה נשיאת כפים במאי קמיפלגי רבי מאיר סבר כל יומא טעמא מאי לא פרשי כהני ידייהו במנחתא משום שכרות האידנא ליכא שכרות רבי יהודה סבר שחרית ומוסף דכל יומא לא שכיח שכרות לא גזרו בהו רבנן מנחה ונעילה דכל יומא שכיחא שכרות גזרו בהו רבנן רבי יוסי סבר מנחה דאיתה בכל יומא גזרו בה רבנן נעילה דליתה בכל יומא לא גזרו בה רבנן אמר רב יהודה אמר רב הלכה כרבי מאיר ורבי יוחנן אמר נהגו העם כרבי מאיר ורבא אמר מנהג כרבי מאיר מאן דאמר הלכה כרבי מאיר דרשינן לה בפירקא מאן דאמר מנהג מידרש לא דרשינן אורויי מורינן ומאן דאמר נהגו אורויי לא מורינן ואי עביד עביד ולא מהדרינן ליה ורב נחמן אמר הלכה כרבי יוסי ד והלכה כרבי יוסי (ד) והאידנא מ"ט פרשי כהני ידייהו במנחתא דתעניתא ה כיון דבסמוך לשקיעת החמה קא פרשי כתפלת נעילה דמיא דכולי עלמא מיהת ו שכור אסור בנשיאת כפים מנהני מילי אמר רבי יהושע בן לוי משום בר קפרא למה נסמכה פרשת כהן מברך לפרשת נזיר לומר מה נזיר אסור ביין אף כהן מברך אסור ביין מתקיף לה אבוה דרבי זירא ואמרי לה אושעיא בר זבדא אי מה נזיר אסור בחרצן אף כהן מברך אסור בחרצן א"ר יצחק אמר קרא ד) לשרתו ולברך בשמו מה משרת מותר בחרצן אף כהן מברך מותר בחרצן

אי

נשתברו הלוחות. בגמ' מפרש: ובטל התמיד. לפי שגזרה המלכות גזרה מלהקריב עוד: והועמד צלם בהיכל. שהעמידו מנשה כדמפורש בתרגום ירושלמי בפרשת השמים כסאי וגו' (ישעיה סו): על אבותינו. דור המדבר אם יראה איש באנשים האלה הדור הרע הזה את הארץ וגו' (דברים א): ביתר. עיר גדולה והיו ישראל דרין בה במסכת גיטין פרק הניזקין (דף נז.) אשקא דריספק חרב ביתר: שבת שחל תשעה באב כו'. שבוע: בחמישי מותרין. אם חל תשעה באב בערב שבת מותרין לכבס בחמישי וכשחל ט' באב בד' בשבת לא איצטריך למיתני דמותרין כדאמרינן בגמרא לא שנו אלא לפניו כו': שני תבשילין. ז) בשר ודגים או בשר וביצים שעליו או דג וביצה שעליו כדאמר בפרק ערבי פסחים (דף קיד:): ישנה. בגמרא מפרש: כפיית המטה. על פניה ולא יישן עליה: שאולין. שכולן שואלות זו מזו אפילו עשירות כדי שלא לבייש כו': טעונין טבילה. קודם שילבשום לפי שאין כל אחת בקיאה בחברתה שמא נדה היתה: וחולות. כמו לחול במחולות (שופטים כא): במלך שלמה. במלך שהשלום שלו: אמו. כנסת ישראל: זה מתן תורה. יום הכפורים שניתנו בו לוחות האחרונות: **גמ'** כל זמן שמתפללין. דהיינו שחרית ומנחה ונעילה: (ה) יש מהן ארבעה פעמים ביום. יום הכפורים שיש בו מוסף: כל יומא מאי טעמא לא פרשי כהני ידייהו במנחה. דכל יומא שכיחא ביה שכרות שכבר סעד וזימנין דמשכא סעודתיה ומשתכר ופריש ידיה בהדי חמריה וכהן שתוי יין אסור לישא את כפיו שנאמר יין ושכר אל תשת בבואכם וגו' (ויקרא י) ונשיאת כפים מעין עבודה כדלקמן: האידנא. בתעניות ובמעמדות לא שכיחא שכרות ובמעמדות נמי מתענין כדלקמן (דף כז:): גזרינן. תענית אטו שאר ימים: נעילה דליתה בכל יומא. אלא ביום התענית: דדרשינן בפירקא. הלכה כרבי מאיר דבעינן דליקום כוותיה עלמא: אורויי אורינן. כרבי מאיר אי אתי לקמן אבל בפירקא לא דרשינן דלא פשיטא ליה כולי האי דתיהוי הלכה כר"מ ומ"ד נהגו משמע הן נהגו מאליהן אבל אינו עיקר ומנהג משמע תורת מנהג יש בדבר ומנהג כשר הוא: ורב נחמן אמר הלכה כרבי יוסי והלכה כרבי יוסי. גמרא קא פסיק ומהדר סתמא ומוקי לה הלכה כרבי יוסי ואהכי קא פריך ואלא האידנא כו': כיון דסמוך לשקיעת החמה וכו'. שמאחרין (ו) עד שקיעת החמה ומתפללין כל שעה ואין הולכין לבית הכנסת משש שעות ומחצה ולמעלה כמו שהיו עושין לאותן הימים: כתפלת נעילה דמיא. דהשתא ליכא למיגזר משום מנחה דכל יומא דמנחתא כי הא ליתא בכל יומא: שכור מיהא אסור בנשיאת כפים. דאפילו ר"מ לא קאמר אלא משום דהאידנא לאו שכרות הוא: פרשת כהן מברך. כה תברכו את בני ישראל אמור להם (במדבר ו): מה משרת כו'. עובד עבודה דלא מיתסר אלא שתויי יין ממש דכתיב יין ושכר אל תשת וגו' הא בחרצן מותר:

מאי

עין משפט נר מצוה

ח א מיי' פ"ה מהלכות תענית הלכה ו סמג עשין מד"ס ג טוש"ע א"ח סי' תקנא סעיף א:
ט ב מיי' וסמג שם טוש"ע א"ח שם סעיף ג:
י ג מיי' שם הלכה ז סמג שם טוש"ע א"ח סימן תקנב סעיף א:
יא ד ה מיי' פי"ד מהל' תפלה הלכה א ג סמג עשין כ טוש"ע א"ח סימן קכט סעיף א:
יב ו מיי' שם פט"ו הלכה ד סמג שם טוש"ע א"ח סימן קכח סעיף לח:

רבינו גרשום

במוסף דהיינו יוה"כ שיש בו מוסף: **אמר רב נחמן זו** דקתני נושאין כפיהן בשחרית במוסף במנחה בנעילה ר"מ היא. **כל יומא טעמא מאי** אין נושאין כפיהן. א) **האידנא** בתענית ובמעמדות וביוה"כ (ובמעמדות) דאית בהו תענית נמי שכיחא שכרות להכי נושאין כפיהן בכל ד' תפלות שבהן: **מנחה ונעילה** דבשאר יומי שכיחא שכרות **גזרו בהו רבנן** בהני דלמא אתי למיעבד בשאר יומי נמי: אבל **אורויי מורינן** כרבי מאיר למאן דבעי כמאן הלכה: והואיל והלכה כרבי יוסי **האידנא מאי טעמא פרסי כהני ידייהו** ביום הכפורים במנחה כיון דבשקיעת החמה פרסי שהיו מאחרין לתפלת המנחה: **שכור אסור בנשיאת כפים** דקתני מאי טעמא לא דשכיחא ביה שכרות: ב) **מהו משרת מותר** דכתיב יין ושכר אל תשת אבל אוכל הוא חרצן: **אף כהן מברך** לא יהא בעל מום והא קיימא לן דבעל מום מברך אלא אם כן יהו מומין שבגלוי. **הא איתקש לנזיר** מה נזיר בעל מום אף מברך בעל מום: **מאי חזית דאקשית לקולא** דאקשת ליה לנזיר דבעל מום מותר ואקשת ליה למשרת דבחרצן מותר **אקיש לחומרא** ונימא מה נזיר אסור בחרצן אף מברך אסור בחרצן ומה משרת בעל מום לא אף מברך בעל מום לא:

אסמכתא

חשק שלמה על רבינו גרשום

א) אולי צ"ל במנחה משום שכרות האידנא וכו' דלית בהו תענית ליכא שכרות ולהכי וכו'.
ב) צ"ל מה משרת מותר בחרצן וכו' אף כהן מברך מותר בחרצן: אף כהן וכו'.

רבינו חננאל

ואקשינן וכי תעניות אית בהו מוסף ותרצינן לה הכי בג' פרקים כהנים נושאין את כפיהם כ"ז שמתפללין ויש מהן ד' פעמים ביום בשחרית במוסף ובמנחה ובנעילה. ואלו הן ג' פרקים תעניות ומעמדות ויוה"כ. וסתם מתני' ר' מאיר היא דלא משכחת לה דנושאין כפיהם כל זמן שמתפללין אלא לרבי מאיר דתני שחרית ומוסף מנחה ונעילה יש בהן נשיאות כפים דברי ר' מאיר וטעמא דר' מאיר מפורש הוא כיון דביום הכפורים ובמעמדות ליכא שכרות במנחה נושאין כפיהם ולא גזרינן. ור' יהודה תני שחרית ומוסף בלבד יש בהן נשיאות כפים דבכל יומא לית בהו שכרות לפיכך לא גזרינן בהו. שמעינן מינה דר' יהודה אין אדם רשאי ליכול אלא אחר תפלת מוסף. אבל במנחה דבשאר יומי איכא בהו שכרות גזרינן בהו ביוה"כ ובמעמדות ר' יוסי אומר מנחה אין בה נשיאות כפים משום דאיתא כל יומא ואתי לאחלופי גזרינן אבל נעילה דליתא אלא ביוה"כ ובמעמדות יש בה נשיאות כפים דכיון דליתא כל יומא לא גזרינן. ואסיקנא דהלכתא כר' יוסי דאמר שחרית ומוסף ונעילה יש בהן נשיאות כפים מנחה אין בה נשיאות כפים. והאידנא דלא מצלו מנחה דתעניתא אלא סמוך לשקיעת החמה כדאוקימנא (לעיל יב:) דרביעית היום האחרון הוא דמתפללין בו תפלת תענית כדכתיב ובמנחת הערב קמתי מתעניתי וגו' כנעילה דמיא ויש בה נשיאות כפים. ואע"ג דאמר רב הלכתא כרבי מאיר ודרשינן לה בפירקא ורב הונא אמר מנהג כר"מ אורויי מורינן הכי בפירקא לא דרשי לה (ואף ר') [ור' יוחנן אמר] נהגו כר"מ לא דרשי ולא מורינן כוותיה ואי עביד לא מהדרינן ליה: **ודייקי** כו' אלמא שכור אסור בנשיאת כפים מנא לן ופשיט דכתיב לשרתו ולברך בשמו אתקש (משרת ולו למברך) [מברך למשרת] ולנזיר מה משרת אסור. ביין שנאמר יין ושכר אל תשת אף מברך אסור ביין ושכר דקיימא לן כל המשכר [אסור] ומותר בחרצן אי הכי למאי אתקש לנזיר להכשיר

מסורת הש"ס

א) [ר"ה יח:], ב) יבמות מג., ג) סנהדרין ע., ד) ב"ב קכא., ה) [פסחים פב. וש"נ], ו) [עירובין פג. וש"נ], ז) [כוונת רש"י בשר מליח דשרי כדאיתא לקמן ל. בברייתא תנא אבל אוכל הוא בשר מליח כו'], ח) רש"א מ"ג.

הגהות הב"ח

(א) במשנה ובוטל התמיד: (ב) והעמידו צלם בהיכל. נ"ב גי' רש"י והועמד: (ג) שם את מי שאין לו וכל הכלים טעונין: (ד) גמ' והלכה כר' יוסי ואלא האידנא מ"ט פרסי כו' כיון דסמוך לשקיעת החמה: (ה) רש"י ד"ה ויש מהן: (ו) ד"ה כיון דסמוך כו' שמאחרים עד שקיעת החמה. נ"ב נראה שרש"י דקדק לבאר שלא יסמכו עלה דהאי להתחיל מנחה סמוך לשקיעת החמה דזה אסור אלא ר"ל כשכבר התחילו בזמנו קאמר דמתפללין כל שעה ומאחרין עד שקיעת החמה: (ז) תוס' ד"ה והאידנא כו' ידייהו במנחה כיון דסמוך לשקיעת החמה כו' בשאר תעניות יש לומר נשיאת כפים כו' ביוה"כ יש לומר נשיאת כפים:

תורה אור השלם

א) שֶׁקֶר הַחֵן וְהֶבֶל הַיֹּפִי אִשָּׁה יִרְאַת יְיָ הִיא תִתְהַלָּל: [משלי לא, ל]
ב) תְּנוּ לָהּ מִפְּרִי יָדֶיהָ וִיהַלְלוּהָ בַשְּׁעָרִים מַעֲשֶׂיהָ: [משלי לא, לא]
ג) צְאֶינָה וּרְאֶינָה בְּנוֹת צִיּוֹן בַּמֶּלֶךְ שְׁלֹמֹה בָּעֲטָרָה שֶׁעִטְּרָה לּוֹ אִמּוֹ בְּיוֹם חֲתֻנָּתוֹ וּבְיוֹם שִׂמְחַת לִבּוֹ: [שיר השירים ג, יא]
ד) בָּעֵת הַהִוא הִבְדִּיל יְיָ אֶת שֵׁבֶט הַלֵּוִי לָשֵׂאת אֶת אֲרוֹן בְּרִית יְיָ לַעֲמֹד לִפְנֵי יְיָ לְשָׁרְתוֹ וּלְבָרֵךְ בִּשְׁמוֹ עַד הַיּוֹם הַזֶּה: [דברים י, ח]

ליקוטי רש"י

ובטל התמיד. התמיד הוסר ו' שנים לפני החורבן ב"ש והעמיד צלם בהיכל ויום י"ז בתמוז היה ששרף אפוסטמוס את התורה ובטל את התמיד והעמיד צלם בהיכל כמו ששנינו במסכת תענית. ושש שנים שכתבתי אין בידי ראיה מפורשת אך יש ראיה ששבוע שלם לא בטל התמיד לפני החורבן שכן ניבא דניאל על טיטוס (לקמן ט) וחצי השבוע ישבית זבח ומנחה כלומר מקצת השבוע שלפני החורבן יבטלו הקרבנות כך מפורש למטה בענין [דניאל ח, יד]. שלא היו להם כבשים מחמת שהיו צרים על ירושלים ואין יוצא וכו' [ערכין יא:]. **שאולין.** שאפי' מי שיש לה היתה שואלת שלא לבייש את השואלת מחמת שאין לה כדאמרי' במסכת תענית (דף לא) בת מלך שואלת מבת כהן גדול כו' [רשב"ם קכא.]. **שלא לבייש את מי שאין לו.** שלא לבייש את השואלת מתוך שאין לה [לקמן לא.]. **בעטרה שעטרה לו אמו.** אהל מועד שהוא מעוטר בגוונין תכלת וארגמן ותולעת שני אמר רבי נחוניא שאל רבי שמעון בן יוחאי את רבו אלעזר ברבי יוסי אי אפשר ששמעת מאביך מהו שעטרה לו אמו אמר לו משל למלך שהיתה לו בת יחידה והיה אוהבה ביותר לא זז מחבבה עד שקראה בתי שנאמר (תהלים מה) שמעי בת וראי לא זז מחבבה עד שקראה אחותי שנאמר פתחי לי אחותי רעיתי לא זז מחבבה עד שקראה אמי שנאמר (ישעיה נא) שמעו אלי עמי ולאומי אלי האזינו ולאמי כתיב עמד רבי שמעון בן יוחאי ונשקו על ראשו וכו'. **ביום חתונתו.** יום מתן תורה שעטרוהו להם למלך וקבלו עולו. **וביום שמחת לבו.** זה שמיני למילואים שנתחנך בו המשכן במדבר [שיר השירים ג, יא]. **הלכה.** ממש וכו' למיגמר מעשה מיניה. [עירובין מו:]. **דדרשינן לה בפירקא** ברבים. **מידרש.** בפירקא לא דרשינן אבל אורויי מורינן לה בבא לישאל ומאן דאמר נהגו אורויי נמי לא מורינן אבל אי עבדי לא מחינן בידייהו [עירובין סב:].

נִשְׁתַּבְּרוּ הַלּוּחוֹת – the Tablets were broken,[1] **וּבָטֵל הַתָּמִיד – the *tamid*** offering **was discontinued,**[2] **וְהוּבְקְעָה הָעִיר – the city** wall **was breached,**[3] **וְשָׂרַף אַפּוֹסְטְמוֹס אֶת הַתּוֹרָה – Apostumos burned the Torah,**[4] **וְהֶעֱמִיד צֶלֶם בַּהֵיכָל – and placed an** idolatrous **image in the Sanctuary.**[5] **בְּתִשְׁעָה בְּאָב – On Tishah B'Av** the following five tragedies occurred: **נִגְזַר עַל אֲבוֹתֵינוּ שֶׁלֹּא יִכָּנְסוּ לָאָרֶץ – It was decreed upon our ancestors that they would not enter the Land** of Israel,[6] **וְחָרַב הַבַּיִת בָּרִאשׁוֹנָה וּבַשְּׁנִיָּה – the Temple was destroyed** for **the first and second** time, **וְנִלְכְּדָה בֵּיתָר –** the city of **Bethar was conquered**[7] **וְנֶחְרְשָׁה הָעִיר – and the city** of Jerusalem **was plowed under.**[8] **מִשֶּׁנִּכְנַס אָב מְמַעֲטִין בְּשִׂמְחָה –** Therefore, **when** the month of **Av begins, we curtail** our **joy.**[9]

The Mishnah details some of the laws of mourning that pertain to Tishah B'Av and the days that precede it: **שַׁבָּת שֶׁחָל תִּשְׁעָה בְּאָב לִהְיוֹת בְּתוֹכָהּ אָסוּר מִלְּסַפֵּר וּמִלְּכַבֵּס – During the week of Tishah B'Av it is forbidden to cut hair or launder** clothes. **וּבַחֲמִישִׁי מוּתָּרִין מִפְּנֵי כְבוֹד הַשַּׁבָּת – However,** when Tishah B'Av falls on a Friday[10] **it is permitted** to launder clothes **on** the preceding **Thursday, because of the honor due the Sabbath.**[11] **עֶרֶב תִּשְׁעָה בְּאָב – On the eve of Tishah B'Av,**[12] **לֹא יֹאכַל אָדָם שְׁנֵי תַבְשִׁילִין – a person may not eat two cooked foods,**[13] **לֹא יֹאכַל בָּשָׂר וְלֹא יִשְׁתֶּה יַיִן – nor may one eat meat or drink wine.** **רַבָּן שִׁמְעוֹן בֶּן גַּמְלִיאֵל אוֹמֵר יְשַׁנֶּה – Rabban Shimon ben Gamliel says: One need** only **make some variance.**[14] **רַבִּי יְהוּדָה מְחַיֵּיב בִּכְפִיַּית הַמִּטָּה – R' Yehudah requires overturning the beds,**[15] **וְלֹא הוֹדוּ לוֹ חֲכָמִים – but the Sages did not agree with him.**

The Mishnah concludes with a discussion of festive days: **אָמַר רַבָּן שִׁמְעוֹן בֶּן גַּמְלִיאֵל – Rabban Shimon ben Gamliel said:** **לֹא הָיוּ יָמִים טוֹבִים לְיִשְׂרָאֵל כַּחֲמִשָּׁה עָשָׂר בְּאָב וּכְיוֹם הַכִּפּוּרִים – Israel had no days as festive as the Fifteenth of Av and Yom Kippur,** **שֶׁבָּהֶן בְּנוֹת יְרוּשָׁלַיִם יוֹצְאוֹת בִּכְלֵי לָבָן שְׁאוּלִין – when the maidens of Jerusalem would go out** dressed **in white garments** that were **borrowed,** **שֶׁלֹּא לְבַיֵּישׁ אֶת מִי שֶׁאֵין לוֹ –** so as **not to embarrass one who had none.**[16] **כָּל הַכֵּלִים טְעוּנִין טְבִילָה – All the garments** worn on these occasions **required immersion** in a *mikveh.*[17] **וּבְנוֹת יְרוּשָׁלַיִם יוֹצְאוֹת וְחוֹלוֹת בַּכְּרָמִים – The**

NOTES

1. When Moses descended from Mount Sinai, with the Tablets on which the Ten Commandments were written, and saw the people worshiping the Golden Calf, he smashed the tablets at the foot of the mountain (*Exodus* 32:15-19). The Gemara (28b) deduces that this occurred on the Seventeenth of Tammuz.

2. The *Yerushalmi* cites two views on the time frame of this occurrence. R' Shimon maintains that it happened during a siege of the Temple by the Greeks, in the Second Temple era. (See there at length for the details of the narrative. A similar story is told about a siege of the Temple during the rule of the Hasmoneans in *Bava Kamma* 82b.) R' Levi, however, maintains that the Mishnah refers to the cessation of the *tamid* offering during the siege of Jerusalem by the Romans (just before the destruction of the Second Temple).

Rambam (Taaniyos 5:2) asserts that the Mishnah refers to an occurrence that took place during the siege of Jerusalem by the Babylonians at the end of the First Temple era. Suppport for this position may be found in *Arachin* 11b.

[*Rashi's* comment, that the "government" decreed to terminate the *tamid* offering, indicates that he follows none of these views. Indeed *Rashi* to *Daniel* 8:14. states that this was the result of another decree by the Greek general Apostumos (see note 4).]

3. Jerusalem's walls were breached by the invading Roman army on the 17th of Tammuz, three weeks before the final destruction of the Second Temple (see *Tur O.C.* 549).

4. Apostumos, a Greek general, burned the Torah that was kept in the עֲזָרָה, *Temple Court.* Written by Ezra, it was the most authoritative copy of the Torah and was used to check the accuracy of other Scrolls and therefore this was deemed a great tragedy.

An alternative explanation: Apostumos burned all the Torah Scrolls that he found with the intention of causing the Torah to be forgotten (*Tiferes Yisrael*).

5. Apostumos, who burned the Torah, also placed an idolatrous image in the Temple during the Greek occupation of Eretz Yisrael in the Second Temple era (one opinion in *Yerushalmi*).

Rashi's version of the text is: וְהוּעֲמַד צֶלֶם בַּהֵיכָל, *And an image was placed in the Temple.* According to *Rashi* this refers to the idolatrous image that Menasheh, king of Judah, placed in the First Temple, as recorded in the *Targum Yerushalmi* to *Isaiah* ch. 66 (it is not found in our *Targum*). This interpretation as well is recorded in the *Yerushalmi.*

6. The spies whom Moses sent to Eretz Yisrael returned with their malicious report on the eve of the Ninth of Av. When the people wept in response to this report, God decreed that they would wander in the desert for forty years and all adult males of that generation would die in the desert and not enter Eretz Yisrael (*Numbers* chs. 13,14; see Gemara 29a).

7. Bethar was a great city with a large Jewish population (*Rashi*). When it fell to the Romans, 52 years after the destruction of the Second Temple, all its inhabitants were massacred (see *Gittin* 57a and *Rambam, Hil. Taaniyos* 5:3). This was considered a calamity as great as the destruction of the Temple itself (*Rambam* ibid.).

8. On this date the Roman general, Turanus Rufus, plowed the [Second] Temple site and its environs (*Gemara* 29a, *Yerushalmi, Rambam Hil. Taaniyos* 5:3).

9. One must limit certain types of construction and business (see *Megillah* 5b). Marriages are forbidden, as are betrothal celebrations. A betrothal per se, however, is permitted (*Orach Chaim* 551; see Gemara 29b).

10. *Rashi*. This was possible in the Mishnaic era, when Rosh Chodesh was determined by the Beis Din on the basis of reports of actual sightings of the moon by witnesses. However, according to our fixed calendar [that went into effect in the time of Hillel the second, 359 C.E.] Tishah B'Av never occurs on a Friday (*Ran*). *Tosafos* (30a ד״ה ותרוייהו) assert that the Mishnah speaks of a Tishah B'Av which fell on a Thursday, and that it permits laundering on the fast itself in honor of the Sabbath. *Ritva*, however, rejects this contention and maintains that surely no laundering is permitted on the fast itself, especially since one can wait until the next day (see also *Beis Yosef Orach Chaim* 551).

11. [If laundering were not permitted on Thursday, there would be no opportunity to prepare clean clothes for the Sabbath. Therefore, the Rabbis permitted laundering on Thursday, even though it was the day before the fast.]

Rashi apparently limits this dispensation to laundering. However, *Tosafos* (30a ד״ה ותרוייהו) permit haircutting as well (*Tos. R' Akiva Eiger;* see *Magen Avraham* 551:14).

12. The Gemara (30a) discusses whether the following rulings apply specifically to the סְעוּדָה הַמַּפְסֶקֶת, *the concluding meal* (the last meal eaten before the fast), or to any meal eaten after midday.

13. [That is, the meal may include a single cooked dish but not two cooked dishes.] For example, it is forbidden to eat meat and fish, or meat cooked with eggs on it, or fish and eggs (*Rashi*). [*Rashi* refers to salted meat which is otherwise permitted – see Gemara 30a (gloss to *Vilna Shas*).] The custom practiced nowadays (by Ashkenazim) is to abstain from all types of meat from Rosh Chodesh on (see *Orach Chaim* 551:9).

14. The Gemara (30a) explains this ruling.

15. One must turn over one's bed, and not sleep on it (*Rashi*) [on Tishah B'Av – see *Beur HaGra* to *Orach Chaim* 555:2 and 559:3]. This is in keeping with the practice recorded in the Gemara (*Moed Katan* 15a) in regard to a mourner.

16. Even the wealthy maidens [were forbidden to wear their own clothing lest they embarrass girls from poor families who had no suitable garments of their own] (*Rashi*).

17. The borrower could not be sure that the owner was strict in her observance of the laws of purity. Therefore, the garment had to be ritually immersed before it was used, because the owner might have contaminated it while in a *niddah*-state (see *Rashi*).

נשתברו הלוחות (א) ובטל התמיד והובקעה העיר ושרף אפוסטמוס את התורה (ב) והעמיד צלם בהיכל בתשעה באב נגזר על אבותינו שלא יכנסו לארץ [א] וחרב הבית בראשונה ובשניה ונלכדה ביתר ונחרשה העיר [א] משנכנס אב ממעטין בשמחה [ב] [ב] שבת שחל תשעה באב להיות בתוכה אסור מלספר ומלכבס ובחמישי מותרין מפני כבוד השבת [ג] [ג] ערב תשעה באב לא יאכל אדם שני תבשילין לא יאכל בשר ולא ישתה יין רבן שמעון בן גמליאל אומר ישנה רבי יהודה מחייב בכפיית המטה ולא הודו לו חכמים [ד] אמר רבן שמעון בן גמליאל לא היו ימים טובים לישראל כחמשה עשר באב וכיוה"כ שבהן בנות ירושלים יוצאות בכלי לבן שאולין [ה] שלא לבייש את מי שאין לו (ג) כל הכלים טעונין טבילה ובנות ירושלים יוצאות וחולות בכרמים ומה היו אומרות בחור שא נא עיניך וראה מה אתה בורר לך אל תתן עיניך בנוי תן עיניך במשפחה (א) שקר החן והבל היופי אשה יראת ה' היא תתהלל ואומר (ב) תנו לה מפרי ידיה ויהללוה בשערים מעשיה וכן הוא אומר (ג) צאינה וראינה בנות ציון במלך שלמה בעטרה שעטרה לו אמו ביום חתונתו וביום שמחת לבו ביום חתונתו זה מתן תורה וביום שמחת לבו זה בנין בית המקדש שיבנה במהרה בימינו: **גמ'** בשלשה פרקים בשנה כהנים נושאין את כפיהם כו': תעניות ומעמדות מי איכא מוסף חסורי מיחסרא והכי קתני בשלשה פרקים כהנים נושאין את כפיהן כל זמן שמתפללין ויש מהן ארבעה פעמים ביום שחרית ומוסף מנחה ונעילת שערים ואלו הן שלשה פרקים תעניות ומעמדות ויום הכפורים א"ר נחמן אמר רבה בר אבוה זו דברי רבי מאיר אבל חכמים אומרים שחרית ומוסף יש בהן נשיאת כפים מנחה ונעילה אין בהן נשיאת כפים [ו] מאן חכמים ר' יהודה היא דתניא שחרית ומוסף מנחה ונעילה כולן יש בהן נשיאת כפים דברי ר"מ ר"י אומר שחרית ומוסף יש בהן נשיאת כפים מנחה ונעילה אין בהן נשיאת כפים רבי יוסי אומר נעילה יש בה נשיאת כפים מנחה אין בה נשיאת כפים במאי קמיפלגי רבי מאיר סבר כל יומא טעמא מאי לא פרשי כהני ידייהו במנחתא משום שכרות האידנא ליכא שכרות רבי יהודה סבר שחרית ומוסף דכל יומא לא שכיח שכרות לא גזרו בהו רבנן מנחה ונעילה דכל יומא שכיחא שכרות גזרו בהו רבנן רבי יוסי סבר מנחה דאיתה בכל יומא גזרו בה רבנן נעילה דליתה בכל יומא לא גזרו בה רבנן אמר רב יהודה אמר רב הלכה כרבי מאיר ורבי יוחנן אמר נהגו העם כרבי מאיר ורבא אמר מנהג כרבי מאיר מאן דאמר הלכה כרבי מאיר דרשינן לה בפירקא מאן דאמר מנהג מידרש לא דרשינן אורויי מורינן ומאן דאמר נהגו אורויי לא מורינן ואי עביד עביד ולא מהדרינן ליה ורב נחמן אמר הלכה כרבי יוסי [ד] והלכה כרבי יוסי (ד) והאידנא מ"ט פרשי כהני ידייהו במנחתא דתעניתא [ה] כיון דבסמוך לשקיעת החמה קא פרשי כתפלת נעילה דמיא דכולי עלמא מיהת [ו] שכור אסור בנשיאת כפים מנהני מילי אמר רבי יהושע בן לוי משום בר קפרא למה נסמכה פרשת כהן מברך לפרשת נזיר לומר מה נזיר אסור ביין אף כהן מברך אסור ביין מתקיף לה אבוה דרבי זירא ואמרי לה אושעיא בר זבדא אי מה נזיר אסור בחרצן אף כהן מברך אסור בחרצן א"ר יצחק אמר קרא (ד) לשרתו ולברך בשמו מה משרת מותר בחרצן אי

רש"י

נשתברו הלוחות. בגמ' מפרש: ובטל התמיד. לפי שגזרה המלכות גזרה מלהקריב עוד: והועמד צלם בהיכל. שהעמידו מנשה כדמפורש בתרגום ירושלמי בפרשת השמים כסאי וגו' (ישעיה סו): על אבותינו. דור המדבר אם יראה איש באנשים האלה הדור הרע הזה את הארץ וגו' (דברים א): ביתר. עיר גדולה והיו ישראל דרין בה במסכת גיטין פרק הניזקין (דף נז.) אשקא דריספק חרב ביתר: שבת שחל תשעה באב כו'. שבוע: בחמישי מותרין. אם חל תשעה באב בערב שבת מותרין לכבס בחמישי וכשחל ט' באב בד' בשבת לא איצטריך למיתני דמותרין כדאמרינן בגמרא לא שנו אלא לפניו כו': שני תבשילין. [ז] בשר ודגים או בשר וביצים שעליו או דג וביצה שעליו כדאמר בפרק ערבי פסחים (דף קיד:): ישנה. בגמרא מפרש: כפיית המטה. על פניה ולא יישן עליה: שאולין. שכולן שואלות זו מזו אפילו עשירות כדי שלא לבייש כו': טעונין טבילה. קודם שילבשום לפי שאין כל אחת בקיאה בחברתה שמא נדה היתה: וחולות. כמו לחול במחולות (שופטים כא): במלך שלמה. במלך שהשלום שלו: אמו. כנסת ישראל: זה מתן תורה. יום הכפורים שניתנו בו לוחות האחרונות: **גמ'** כל זמן שמתפללין. דהיינו שחרית ומנחה ונעילה: (ה) יש מהן ארבעה פעמים ביום. יום הכפורים שיש בו מוסף: כל יומא מאי טעמא לא פרשי כהני ידייהו במנחה. דכל יומא שכיחא ביה שכרות שכבר סעד וזימנין דמשכא סעודתיה ומשתכר ופריש ידיה בהדי חמריה וכהן שתוי יין אסור לישא את כפיו שנאמר יין ושכר אל תשת בבואכם וגו' (ויקרא י) ונשיאת כפים מעין עבודה כדלקמן: האידנא. בתעניות ובמעמדות לא שכיחא שכרות ובמעמדות נמי מתענין כדלקמן (דף כז:): גזרינן. תענית אטו שאר ימים: נעילה דליתה בכל יומא. אלא ביום התענית: דדרשינן בפירקא. הלכה כרבי מאיר דבעינן דליקום כוותיה עלמא: אורויי אורינן. כרבי מאיר אי אתי לקמן אבל בפירקא לא דרשינן דלא פשיטא ליה כולי האי דתיהוי הלכה כר"מ ומ"ד נהגו משמע הן נהגו מאליהן אבל אינו עיקר ומנהג משמע תורת מנהג יש בדבר ומנהג כשר הוא: ורב נחמן אמר הלכה כרבי יוסי והלכה כרבי יוסי. גמרא קא פסיק ומהדר סתמא ומוקי לה הלכה כרבי יוסי ואהכי קא פריך ואלא האידנא כו': כיון דסמוך לשקיעת החמה וכו'. שמאחרין (ו) עד שקיעת החמה ומתפללין כל שעה ואינן הולכין לבית הכנסת משש שעות ומחצה ולמעלה כמו שהיו עושין לאותן הימים: כתפלת נעילה דמיא. דהשתא ליכא למיגזר משום מנחה דכל יומא דמנחתא כי הא ליתא בכל יומא: שכור מיהא אסור בנשיאת כפים. דאפילו ר"מ לא קאמר אלא משום דהאידנא לאו שכרות הוא: פרשת כהן מברך. כה תברכו את בני ישראל אמור להם (במדבר ו): מה משרת כו'. עובד עבודה דלא מיתסר אלא שתויי יין ממש דכתיב יין ושכר אל תשת וגו' הא בחרצן מותר: מאי

תוספות

מנחה ונעילה דכל יומא שכיחי בהו שכרות גזרו רבנן. אפילו ביומא דתענית דלית בהו שכרות וקשיא דהכא משמע דמנחה שייכא שכרות ובפ"ק דשבת (דף י. ושם) קאמר בהדיא דמנחה לא שייכא שכרות וי"ל דהא דקאמר התם דמנחה לא שייכא שכרות ר"ל לגבי ערבית שכרות דמנחה לאו כלום ([ח] לגבי שבת) דיותר שכיח שכרות בערבית (יותר) מבמנחה אבל לעולם במנחה שייך שכרות לגבי שחרית ומוסף:

ומאן דאמר נהגו אורויי נמי לא מורינן. פירשנו בפ"ק דראש השנה (דף טו: ד"ה וכי):

והאידנא נהוג עלמא דפרסי כהני ידייהו במנחה (ז) סמוך לשקיעת החמה. ולכך לא נהגו העם לומר נשיאת כפים במנחה ביום הכפורים לפי שמתפללין מנחה בעוד היום גדול אבל במנחה בשאר תעניות יש נשיאת כפים אבל מכל מקום בנעילה ביום הכפורים יש נשיאת כפים:

עין משפט נר מצוה

ח א מיי' פ"ה מהלכות תענית הלכה ו סמג עשין מד"ס ג טוש"ע א"ח סי' תקנא סעיף א:
ט ב מיי' וסמג שם טוש"ע א"ח שם סעיף ג:
י ג מיי' שם הלכה ז סמג שם טוש"ע א"ח סימן תקנב סעיף א:
יא ד ה מיי' פי"ד מהל' תפלה הלכה א ב סמג עשין כ טוש"ע א"ח סימן קכט סעיף א:
יב ו מיי' שם פט"ו הלכה ד סמג שם טוש"ע א"ח סימן קכח סעיף לח:

רבינו גרשום

במוסף דהיינו יוה"כ שיש בו מוסף: **אמר רב נחמן זו** דקתני נושאין כפיהן בשחרית במוסף במנחה בנעילה ר"מ היא. **כל יומא טעמא מאי** אין נושאין כפיהן. א) **האידנא** בתענית ובמעמדות וביוה"כ (ובמעמדות) דאית בהו תענית נמי שכיחא שכרות להכי נושאין כפיהן בכל ד' תפלות שבהן: **מנחה ונעילה** דבשאר יומי שכיחא שכרות **גזרו בהו רבנן** בהני דלמא אתי למיעבד בשאר יומי נמי: אבל **אורויי מורינן** כרבי מאיר למאן דבעי כמאן הלכה: והואיל והלכה כרבי יוסי **האידנא מאי טעמא פרסי כהני ידייהו** ביום הכפורים במנחה כיון דבשקיעת החמה פרסי שהיו מאחרין לתפלת המנחה: **שכור אסור בנשיאת כפים** דקתני מאי טעמא לא דשכיחא ביה שכרות: ב) **מהו משרת מותר** דכתיב יין ושכר אל תשת אבל אוכל הוא חרצן: **אף כהן מברך** לא יהא בעל מום והא קיימא לן דבעל מום מברך אלא אם כן יהו מומין שבגלוי. **הא איתקש לנזיר** מה נזיר בעל מום אף מברך בעל מום: **מאי חזית דאקשית לקולא** דאקשת ליה לנזיר דבעל מום מותר ואקשת ליה למשרת דבחרצן מותר **אקיש לחומרא** ונימא מה נזיר אסור בחרצן אף מברך אסור בחרצן ומה משרת בעל מום לא אף מברך בעל מום לא: אסמכתא

חשק שלמה על רבינו גרשום

א) אולי צ"ל במנחה משום שכרות האידנא וכו' דאית בהו תענית ליכא שכרות ולהכי וכו'. ב) צ"ל מה משרת מותר בחרצן וכו' אף כהן מברך מותר בחרצן: אף כהן וכו'.

רבינו חננאל

ואקשינן וכי תעניות אית בהו מוסף ותרצינן לה הכי בג' פרקים כהנים נושאין את כפיהם כ"ז שמתפללין ויש מהן ד' פעמים ביום בשחרית במוסף ובמנחה ובנעילה. ואלו הן ג' פרקים תעניות ומעמדות ויוה"כ. וסתם מתני' ר' מאיר היא דלא משכחת לה דנושאין כפיהם כל זמן שמתפללין אלא לרבי מאיר דתני שחרית ומוסף מנחה ונעילה יש בהן נשיאת כפים דברי ר' מאיר וטעמא דר' מאיר מפורש הוא כיון דביום הכפורים ובמעמדות ליכא שכרות במנחה נושאין כפיהם ולא גזרינן. ור' יהודה תני שחרית ומוסף בלבד יש בהן נשיאות כפים דבכל יומא לית בהו שכרות לפיכך לא גזרינן בהו. שמעינן מינה דר' יהודה אין אדם רשאי ליכול אלא אחר תפלת מוסף. אבל במנחה דבשאר יומי אית בהו שכרות גזרינן בהו ביוה"כ ובמעמדות ר' יוסי אומר מנחה אין בה נשיאות כפים משום דאיתא כל יומא ואתי לאחלופי גזרינן אבל נעילה דליתא אלא ביוה"כ ובמעמדות יש בה נשיאות כפים דכיון דליתא כל יומא לא גזרינן. ואסיקנא דהלכתא כר' יוסי דאמר שחרית ומוסף ונעילה יש בהן נשיאות כפים מנחה אין בה נשיאות כפים. והאידנא דלא מצלו מנחה דתעניתא אלא סמוך לשקיעת החמה כדאוקימנא (לעיל יב:) דרביעית היום האחרון הוא דמתפללין בו תפלת תענית כדכתיב ובמנחת הערב קמתי מתעניתי וגו' כנעילה דמיא ויש בה נשיאות כפים. ואע"ג דאמר רב הלכתא כרבי מאיר ודרשינן לה בפירקא ורב הונא אמר מנהג כר"מ אוריי מורינן הכי בפרקא לא דרשי לה (ואף ר') [ור' יוחנן אמר] נהגו כר"מ לא דרשי ולא מורינן כוותיה ואי עביד לא מהדרינן ליה: **ודייקי** כו' אלמא שכור אסור בנשיאת כפים מנא לן ופשיט דכתיב לשרתו ולברך בשמו אתקש (משרת ולו למברך) [מברך למשרת] ולנזיר מה משרת אסור ביין שנאמר יין ושכר אל תשת אף מברך אסור ביין ושכר דקיימא לן כל המשכר [אסור] ומותר בחרצן אי הכי למאי אתקש לנזיר להכשיר

מסורת הש"ס

א) [ר"ה יח:], ב) יבמות מג., ג) סנהדרין ע:, ד) ב"ב קכא., ה) [פסחים פב. וש"נ], ו) [עירובין פג. וש"נ], ז) [כוונת רש"י בשר מליח דשרי כדאיתא לקמן ל. בברייתא תנא אבל אוכל הוא בשר מליח כו'], ח) רש"א מ"ז.

הגהות הב"ח

(א) במשנה ובוטל התמיד: (ב) והעמידו צלם בהיכל. נ"ב גי' רש"י והועמד: (ג) שם את מי שאין לו וכל הכלים טעונין: (ד) גמ' והלכה כר' יוסי ואלא האידנא מ"ט פרסי כו' כיון דסמוך לשקיעת החמה: (ה) רש"י ד"ה ויש מהן: (ו) ד"ה כיון דסמוך כו' שמאחרים עד שקיעת החמה. נ"ב נראה שרש"י דקדק לבאר שלא יסמכו עלה דהאי להתחיל מנחה סמוך לשקיעת החמה דזה אסור אלא ר"ל כשכבר התחילו בזמנו קאמר דמתפללין כל שעה ומאחרין עד שקיעת החמה: (ז) תוס' ד"ה והאידנא כו' ידייהו במנחה כיון דסמוך לשקיעת החמה כו' בשאר תעניות יש לומר נשיאת כפים כו' ביוה"כ יש לומר נשיאת כפים:

תורה אור השלם

א) שָׁקֶר הַחֵן וְהֶבֶל הַיֹּפִי אִשָּׁה יִרְאַת יְיָ הִיא תִתְהַלָּל: [משלי לא, ל]
ב) תְּנוּ לָהּ מִפְּרִי יָדֶיהָ וִיהַלְלוּהָ בַשְּׁעָרִים מַעֲשֶׂיהָ: [משלי לא, לא]
ג) צְאֶינָה וּרְאֶינָה בְּנוֹת צִיּוֹן בַּמֶּלֶךְ שְׁלֹמֹה בָּעֲטָרָה שֶׁעִטְּרָה לּוֹ אִמּוֹ בְּיוֹם חֲתֻנָּתוֹ וּבְיוֹם שִׂמְחַת לִבּוֹ: [שיר השירים ג, יא]
ד) בָּעֵת הַהִוא הִבְדִּיל יְיָ אֶת שֵׁבֶט הַלֵּוִי לָשֵׂאת אֶת אֲרוֹן בְּרִית יְיָ לַעֲמֹד לִפְנֵי יְיָ לְשָׁרְתוֹ וּלְבָרֵךְ בִּשְׁמוֹ עַד הַיּוֹם הַזֶּה: [דברים י, ח]

ליקוטי רש"י

ובטל התמיד. התמיד הופסק ו' שנים לפני החורבן ב"ש והעמיד צלם בהיכל ויום י"ז בתמוז היה ששרף אפוסטמוס את התורה ובטל את התמיד והעמיד צלם בהיכל כמו ששנינו במסכת תענית. ושש שנים שכתבתי אין בידי ראיה מפורשת אך יש ראיה שבשבוע שלם לא בטל התמיד לפני החורבן שכן ניבא דניאל על טיטוס (לקמן ט) וחצי השבוע ישבית זבח ומנחה כלומר מקצת השבוע שלפני החורבן יבטלו הקרבנות כך מפורש למטה בענין [דניאל ח, יד]. שלא היו להם כבשים מאמת שהיו גריס על ירושלים ואין יוצא וכא [ערכין יא:]. **שאולין**. שאפי' מי שיש לה היתה שואלת שלא לבייש את השואלת מאמת שאין לה כדאמרי' במסכת תענית (דף לא) בת מלך שואלת מבת כהן גדול כו' [רשב"ם קכא.]. **שלא לבייש את מי שאין לו**. שלא לבייש את השואלת מתוך שאין לה [לקמן לא.]. **בעטרה שעטרה לו אמו**. אהל מועד שהוא מעוטר בגוונין תכלת וארגמן ותולעת שני אמר רבי נחוניא שאל רבי שמעון בן יוחאי את רבו אלעזר ברבי יוסי אי איפשר ששמעת מאביך מהו שעטרה לו אמו אמר לו משל למלך שהיתה לו בת יחידה והיה אוהבה ביותר לא זז מחבבה עד שקראה בתי שנאמר (תהלים מה) שמעי בת וראי לא זז מחבבה עד שקראה אחותי שנאמר פתחי לי אחותי רעיתי לא זז מחבבה עד שקראה אמי שנאמר (ישעיה נא) שמעו אלי עמי ולאומי אלי האזינו ולאמי כתיב עמד רבי שמעון בן יוחאי ונשקו על ראשו וכו'. **ביום חתונתו**. יום מתן תורה שעטרוהו להם למלך וקבלו עולו. **וביום שמחת לבו**. זה שמיני למילואים שנתחנך בו המשכן במדבר [שיר השירים ג, יא]. **הלכה**. ממש וכו' למיגמר מעשה מיניה. [עירובין מו:]. דדרשינן לה בפירקא ברבים. **מידרש**. בפירקא לא דרשינן אבל אורויי מורינן לה בבא לישאל ומאן דאמר נהגו אורוי נמי לא מורינן אבל אי עבדי לא מחינן בידייהו [עירובין סב:].

maidens of Jerusalem would go out and dance in the vineyards.[18] וּמָה הָיוּ אוֹמְרוֹת — **And what would they say?** בָּחוּר שָׂא נָא עֵינֶיךָ — **Young man, raise your eyes** וּרְאֵה מָה אַתָּה בּוֹרֵר לָךְ — **and see what you choose for yourself.** אַל תִּתֵּן עֵינֶיךָ בַּנּוֹי — **Do not pay attention to beauty,** תֵּן עֵינֶיךָ בַּמִּשְׁפָּחָה — **pay attention to family.** "שֶׁקֶר הַחֵן וְהֶבֶל הַיֹּפִי — ***Grace is false and beauty is vain,*** אִשָּׁה יִרְאַת־ה׳ הִיא תִתְהַלָּל" — ***a woman who fears HASHEM she should be praised.***[19] וְאוֹמֵר: "תְּנוּ־לָהּ מִפְּרִי יָדֶיהָ וִיהַלְלוּהָ בַשְּׁעָרִים מַעֲשֶׂיהָ" — **And** the next verse **says:** ***Give her the fruits of her hands, and let her be praised in the cities with her deeds.***[20]

Rabban Shimon ben Gamliel expounds a related verse: וְכֵן הוּא אוֹמֵר — **Similarly, it says** elsewhere:[21] "צְאֶינָה וּרְאֶינָה בְּנוֹת צִיּוֹן בַּמֶּלֶךְ שְׁלֹמֹה — ***Go forth and gaze, O daughters of Zion, upon King Solomon*** בָּעֲטָרָה שֶׁעִטְּרָה־לּוֹ אִמּוֹ בְּיוֹם חֲתֻנָּתוֹ וּבְיוֹם שִׂמְחַת לִבּוֹ" — ***adorned with the crown his mother made him on the day of his wedding and on the day of his heart's joy.*** Rabban Shimon ben Gamliel expounds this verse as an allegory, in which "King Solomon" is taken as an allusion to God[22] and "his mother" as a reference to Israel:[23] "בְּיוֹם חֲתֻנָּתוֹ" זֶה מַתַּן תּוֹרָה — The phrase, ***on the day of His wedding,*** **is** a reference to the day of **the giving of the Torah.**[24] "וּבְיוֹם שִׂמְחַת לִבּוֹ" זֶה בִּנְיַן בֵּית הַמִּקְדָּשׁ — The phrase, ***and on the day of His heart's joy,*** **is** a reference to **the building of the Holy Temple**[25] — שֶׁיִּבָּנֶה בִּמְהֵרָה בְיָמֵינוּ — **may it be built speedily in our days!**

Gemara

The Mishnah stated: בִּשְׁלֹשָׁה פְּרָקִים בַּשָּׁנָה כֹּהֲנִים נוֹשְׂאִין אֶת כַּפֵּיהֶם כו׳ — ON THREE OCCASIONS OF THE YEAR THE KOHANIM RAISE THEIR HANDS **etc.** [to bless the people four times during the day, at Shacharis, Mussaf, Minchah and Ne'ilah — the three occasions are: fast days, *maamados* and Yom Kippur].

The Mishnah implies that these four prayers are recited on all the occasions enumerated in the Mishnah. Therefore, the Gemara asks: תַּעֲנִיּוֹת וּמַעֲמָדוֹת מִי אִיכָּא מוּסָף — **Is there a Mussaf** prayer **on fast days and** ***maamados?***[26]

The Gemara answers: חַסּוּרֵי מִיחַסְּרָא וְהָכִי קָתָנֵי — It is as if **[words] are missing** from the Mishnah and **this is how it ought to read:** בִּשְׁלֹשָׁה פְּרָקִים כֹּהֲנִים נוֹשְׂאִין אֶת כַּפֵּיהֶן — ON THREE OCCASIONS of the year, THE KOHANIM RAISE THEIR HANDS to bless the people כָּל זְמַן שֶׁמִּתְפַּלְּלִין — **every time they pray;**[27] וְיֵשׁ מֵהֶן אַרְבָּעָה פְּעָמִים בַּיּוֹם — **and on one** of **[these occasions]** — viz. Yom Kippur — they bless the people FOUR TIMES IN THE DAY: שַׁחֲרִית וּמוּסָף מִנְחָה וּנְעִילַת שְׁעָרִים — at SHACHARIS, MUSSAF, MINCHAH AND NE'ILAH. וְאֵלּוּ הֵן שְׁלֹשָׁה פְּרָקִים — **The three** said **occasions are:** תַּעֲנִיּוֹת וּמַעֲמָדוֹת וְיוֹם הַכִּפּוּרִים — FAST DAYS,[28] *MAAMADOS*,[29] AND YOM KIPPUR.

The Gemara identifies the Tanna of the Mishnah: אָמַר רַב נַחְמָן אָמַר רַבָּה בַּר אֲבוּהָ — **Rav Nachman said in the name of Rabbah bar Avuha:** זוּ דִּבְרֵי רַבִּי מֵאִיר — **This** ruling that on these three occasions the Kohanim bless the people at *every* prayer of the day is in accordance with the **view of R' Meir.** אֲבָל חֲכָמִים אוֹמְרִים — **But the Sages say:** שַׁחֲרִית וּמוּסָף יֵשׁ בָּהֶן נְשִׂיאַת כַּפַּיִם — **At Shacharis and Mussaf there is a Priestly Blessing,**[30] מִנְחָה וּנְעִילָה אֵין בָּהֶן נְשִׂיאַת כַּפַּיִם — **but at Minchah and Ne'ilah there is no Priestly Blessing.**

The Gemara asks: מַאן חֲכָמִים — **Who are the Sages** who maintain that there is no Priestly Blessing at Minchah and Ne'ilah?

The Gemara answers: ר׳ יְהוּדָה הִיא — **It is** the opinion of **R' Yehudah.** דְּתַנְיָא — **For it was taught in a Baraisa:** שַׁחֲרִית וּמוּסָף מִנְחָה וּנְעִילָה — SHACHARIS, MUSSAF, MINCHAH, AND NE'ILAH: כּוּלָּן יֵשׁ בָּהֶן נְשִׂיאַת כַּפַּיִם — AT ALL OF [THESE PRAYERS] THERE IS A PRIESTLY BLESSING; דִּבְרֵי רַבִּי מֵאִיר — THESE ARE THE WORDS OF R' MEIR. רַבִּי יְהוּדָה אוֹמֵר — R' YEHUDAH SAYS: שַׁחֲרִית וּמוּסָף יֵשׁ בָּהֶן נְשִׂיאַת כַּפַּיִם — AT SHACHARIS AND MUSSAF THERE IS A PRIESTLY BLESSING, מִנְחָה וּנְעִילָה אֵין בָּהֶן נְשִׂיאַת כַּפַּיִם — but AT MINCHAH AND NE'ILAH THERE IS NO PRIESTLY BLESSING. רַבִּי יוֹסֵי אוֹמֵר — R' YOSE SAYS: נְעִילָה יֵשׁ בָּהּ נְשִׂיאַת כַּפַּיִם — AT NE'ILAH THERE IS A PRIESTLY BLESSING מִנְחָה אֵין בָּהּ נְשִׂיאַת כַּפַּיִם — but AT MINCHAH THERE IS NO PRIESTLY BLESSING.

The Gemara gives the reasoning behind each opinion: בְּמַאי קָמִיפַּלְגֵי — **In what point do they argue?** רַבִּי מֵאִיר סָבַר — **R' Meir reasons** as follows: כָּל יוֹמָא טַעְמָא מַאי לֹא פָּרְשֵׂי כַּהֲנֵי יְדַיְיהוּ בְּמִנְחְתָא — For **what reason do the Kohanim not bless the people every day at Minchah?**[31] מִשּׁוּם שִׁכְרוּת — It is **because**

NOTES

18. Unmarried men would also go there (Baraisa, 31a).

19. *Proverbs* 31:30.

20. The Mishnah refers to three groups: The attractive maidens would say: "Young man, raise your eyes and see what you choose for yourself." The maidens of good family, but not of attractive appearance, would say: "Do not pay attention to beauty, pay attention to family." Those who lacked natural beauty and were not of noble family would cite the passage from *Proverbs: Grace is false etc.,* that stresses the inner qualities of a woman (*Eliyah Rabbah* 580:10, see Baraisa 31a).

21. *Song of Songs* 3:11.

22. מֶלֶךְ שֶׁהַשָּׁלוֹם שֶׁלּוֹ=מֶלֶךְ שְׁלֹמֹה, *the King to Whom peace belongs* (*Rashi*).

23. God, in His great love for Israel, refers to her alternately as daughter, sister, and mother — the familial terms that are most descriptive of a close bond (*Rashi* to the verse, citing *Midrash*). [Each of these alludes to a different facet of their special relationship.]

24. I.e. Yom Kippur, the day when the second set of Tablets were given (*Rashi*).

25. This also refers to Yom Kippur. The dedication ceremonies for the First Temple lasted from the seventh to the twenty-first of Tishrei. Thus, Yom Kippur (the tenth of Tishrei) is described here as a day of God's gladness for it was included in this joyous period (*Tos. Yom Tov* from *Moed Katan* 9a; cf. *Maharsha* who writes that the Scriptural allusion is to the Fifteenth of Av).

26. The Mussaf prayer is recited only on days when a *mussaf* offering is brought; i.e. on Sabbaths, Rosh Chodesh, and Scriptural festivals, as enumerated in *Numbers* 28-29.

27. I.e. at Shacharis, Minchah, and Ne'ilah (*Rashi*). The Priestly Blessing is not recited at Maariv, because the blessing is always inserted in the leader's repetition of the Shemoneh Esrei, and at Maariv there is no such repetition (see *Gilyon HaShas* to *Yerushalmi* 4:1). Furthermore, the Priestly Blessing is not recited at night (*Meiri*; see *Magen Avraham* 623:3).

28. Ne'ilah is recited at the "middle" fasts and the "final" fasts that are decreed on the community in the event of drought (see Mishnah on 12b). However, in regard to the "first" fasts (see Mishnah, 10a), it is questionable whether Ne'ilah is recited or not (*Ran*). *Ritva* (26a) asserts that Ne'ilah was recited on all these fast days (cf. *Meiri*).

29. As far as the *maamad* services are concerned, according to some Rishonim (see *Ritva*), Ne'ilah is recited only Monday through Thursday, when the members of the *maamad* fast. Others maintain that Ne'ilah is recited by the *maamad* members even on Sunday and Friday (*Meiri*).

30. Literally: a raising of hands (see 26a[2], note 1).

31. The Gemara's language reflects the practice of reciting the Priestly Blessing every day of the year (at Shacharis, and where applicable, at Mussaf as well, but not at Minchah). This is indeed the custom in (southern) Eretz Yisrael and in Sephardic communities everywhere.

נשתברו הלוחות (א) ובטל התמיד והובקעה העיר ושרף אפוסטמוס את התורה (ב) והעמיד צלם בהיכל בתשעה באב נגזר על אבותינו שלא יכנסו לארץ [א] וחרב הבית בראשונה ובשניה ונלכדה ביתר ונחרשה העיר [א] משנכנס אב ממעטין בשמחה [ב] שבת שחל תשעה באב להיות בתוכה אסור מלספר ומלכבס ובחמישי מותרין מפני כבוד השבת [ג] ערב תשעה באב לא יאכל אדם שני תבשילין לא יאכל בשר ולא ישתה יין רבן שמעון בן גמליאל אומר ישנה רבי יהודה מחייב בכפיית המטה ולא הודו לו חכמים [ד] אמר רבן שמעון בן גמליאל לא היו ימים טובים לישראל כחמשה עשר באב וכיוה"כ שבהן בנות ירושלים יוצאות בכלי לבן שאולין [ה] שלא לבייש את מי שאין לו (ג) כל הכלים טעונין טבילה ובנות ירושלים יוצאות וחולות בכרמים ומה היו אומרות בחור שא נא עיניך וראה מה אתה בורר לך אל תתן עיניך בנוי תן עיניך במשפחה [א] שקר החן והבל היופי אשה יראת ה' היא תתהלל ואומר [ב] תנו לה מפרי ידיה ויהללוה בשערים מעשיה וכן הוא אומר [ג] צאינה וראינה בנות ציון במלך שלמה בעטרה שעטרה לו אמו ביום חתונתו וביום שמחת לבו ביום חתונתו זה מתן תורה וביום שמחת לבו זה בנין בית המקדש שיבנה במהרה בימינו: **גמ'** בשלשה פרקים בשנה כהנים נושאין את כפיהם כו': תעניות ומעמדות מי איכא מוסף חסורי מיחסרא והכי קתני בשלשה פרקים כהנים נושאין את כפיהן כל זמן שמתפללין ויש מהן ארבעה פעמים ביום שחרית ומוסף מנחה ונעילת שערים ואלו הן שלשה פרקים תעניות ומעמדות ויום הכפורים א"ר נחמן אמר רבה בר אבוה זו דברי רבי מאיר אבל חכמים אומרים שחרית ומוסף יש בהן נשיאת כפים מנחה ונעילה אין בהן נשיאת כפים [ו] מאן חכמים ר' יהודה היא דתניא שחרית ומוסף מנחה ונעילה כולן יש בהן נשיאת כפים דברי ר"מ ר"י אומר שחרית ומוסף יש בהן נשיאת כפים מנחה ונעילה אין בהן נשיאת כפים רבי יוסי אומר נעילה יש בה נשיאת כפים מנחה אין בה נשיאת כפים במאי קמיפלגי רבי מאיר סבר כל יומא טעמא מאי לא פרשי כהני ידייהו במנחתא משום שכרות האידנא ליכא שכרות רבי יהודה סבר שחרית ומוסף דכל יומא לא שכיח שכרות לא גזרו בהו רבנן מנחה ונעילה דכל יומא שכיחא שכרות גזרו בהו רבנן רבי יוסי סבר מנחה דאיתה בכל יומא גזרו בה רבנן נעילה דליתה בכל יומא לא גזרו בה רבנן אמר רב יהודה אמר רב הלכה כרבי מאיר ורבי יוחנן אמר נהגו העם כרבי מאיר ורבא אמר מנהג כרבי מאיר מאן דאמר הלכה כרבי מאיר דרשינן לה בפירקא מאן דאמר מנהג מידרש לא דרשינן אורויי מורינן ומאן דאמר נהגו אורויי לא מורינן ואי עביד עביד ולא מהדרינן ליה ורב נחמן אמר הלכה כרבי יוסי [ד] והלכה כרבי יוסי (ד) והאידנא מ"ט פרשי כהני ידייהו במנחתא דתעניתא [ה] כיון דבסמוך לשקיעת החמה קא פרשי כתפלת נעילה דמיא דכולי עלמא מיהת [ו] שכור אסור בנשיאת כפים מנהני מילי אמר רבי יהושע בן לוי משום בר קפרא למה נסמכה פרשת כהן מברך לפרשת נזיר לומר מה נזיר אסור ביין אף כהן מברך אסור ביין מתקיף לה אבוה דרבי זירא ואמרי לה אושעיא בר זבדא אי מה נזיר אסור בחרצן אף כהן מברך אסור בחרצן א"ר יצחק אמר קרא [ד] לשרתו ולברך בשמו מה משרת מותר בחרצן אף כהן מברך מותר בחרצן

אי

רש"י

נשתברו הלוחות. בגמ' מפרש: ובטל התמיד. לפי שגזרה המלכות גזרה מלהקריב עוד: והועמד צלם בהיכל. שהעמידו מנשה כדמפורש בתרגום ירושלמי בפרשת השמים כסאי וגו' (ישעיה סו): על אבותינו. דור המדבר אם יראה איש באנשים האלה הדור הרע הזה את הארץ וגו' (דברים א): ביתר. עיר גדולה והיו ישראל דרין בה במסכת גיטין פרק הניזקין (דף נז.) אשקא דריספק חרב ביתר: שבת שחל תשעה באב כו'. שבוע: בחמישי מותרין. אם חל תשעה באב בערב שבת מותרין לכבס בחמישי וכשחל ט' באב בד' בשבת לא איצטריך למיתני דמותרין כדאמרינן בגמרא לא שנו אלא לפניו כו': שני תבשילין. [ז] בשר ודגים או בשר וביצים שעליו או דג וביצה שעליו כדאמר בפרק ערבי פסחים (דף קיד:): ישנה. בגמרא מפרש: כפיית המטה. על פניה ולא יישן עליה: שאולין. שכולן שואלות זו מזו אפילו עשירות כדי שלא לבייש כו': טעונין טבילה. קודם שילבשום לפי שאין כל אחת בקיאה בחברתה שמא נדה היתה: וחולות. כמו לחול במחולות (שופטים כא): במלך שלמה. במלך שהשלום שלו: אמו. כנסת ישראל: זה מתן תורה. יום הכפורים שניתנו בו לוחות האחרונות: **גמ'** כל זמן שמתפללין. דהיינו שחרית ומנחה ונעילה: (ה) יש מהן ארבעה פעמים ביום. יום הכפורים שיש בו מוסף: כל יומא מאי טעמא לא פרשי כהני ידייהו במנחה. דכל יומא שכיחא ביה שכרות שכבר סעד וזימנין דמשכא סעודתיה ומשתכר ופריש ידיה בהדי חמריה וכהן שתוי יין אסור לישא את כפיו שנאמר יין ושכר אל תשת בבואכם וגו' (ויקרא י) ונשיאת כפים מעין עבודה כדלקמן: האידנא. בתעניות ובמעמדות לא שכיחא שכרות ובמעמדות נמי מתענין כדלקמן (דף כז:): גזרינן. תענית אטו שאר ימים: נעילה דליתה בכל יומא. אלא ביום התענית: דדרשינן בפירקא. הלכה כרבי מאיר דבעינן דליקום כוותיה עלמא: אורויי אורינן. כרבי מאיר אי אתי לקמן אבל בפירקא לא דרשינן דלא פשיטא ליה כולי האי דתיהוי הלכה כר"מ ומ"ד נהגו משמע הן נהגו מאיליהן אבל אינו עיקר ומנהג משמע תורת מנהג יש בדבר ומנהג כשר הוא: ורב נחמן אמר הלכה כרבי יוסי והלכה כרבי יוסי. גמרא קא פסיק ומהדר סתמא ומוקי לה הלכה כרבי יוסי והכי קא פריך ואלא האידנא כו': כיון דסמוך לשקיעת החמה וכו'. שמאחרין (ו) עד שקיעת החמה ומתפללין כל שעה ואינן הולכין לבית הכנסת משש שעות ומחצה ולמעלה כמו שהיו עושין לאותן הימים: כתפלת נעילה דמיא. דהשתא ליכא למיגזר משום מנחה דכל יומא דמנחתא כי הא ליתא בכל יומא: שכור מיהא אסור בנשיאת כפים. דאפילו ר"מ לא קאמר אלא משום דהאידנא לאו שכרות הוא: פרשת כהן מברך. כה תברכו את בני ישראל אמור להם (במדבר ו): מה משרת כו'. עובד עבודה דלא מיתסר אלא שתויי יין ממש דכתיב יין ושכר אל תשת וגו' הא בחרצן מותר:

מאי

תוספות

מנחה ונעילה דכל יומא שכיחי בהו שכרות גזרו רבנן. אפילו ביומא דתענית דלית בהו שכרות וקשיא דהכא משמע דמנחה שייכא שכרות ובפ"ק דשבת (דף י. ושם) קאמר בהדיא דמנחה לא שייכא שכרות וי"ל דהא דקאמר התם דמנחה לא שייכא שכרות ר"ל לגבי ערבית שכרות דמנחה לאו כלום (ט) לגבי שבת) דיותר שכיח שכרות בערבית (יותר) מבמנחה אבל לעולם במנחה שייך שכרות לגבי שחרית ומוסף:

ומאן דאמר נהגו אורויי נמי לא מורינן. פירשנו בפ"ק דראש השנה (דף טו: ד"ה וכי):

והאידנא נהוג עלמא דפרסי כהני ידייהו במנחה (ז) סמוך לשקיעת החמה. ולכך לא נהגו העם לומר נשיאת כפים במנחה ביום הכפורים לפי שמתפללין מנחה בעוד היום גדול אבל במנחה בשאר תעניות יש נשיאת כפים אבל מכל מקום בנעילה ביום הכפורים יש נשיאת כפים:

אי

עין משפט נר מצוה

ח א מיי' פ"ה מהלכות תענית הלכה ו סמג עשין מד"ס ג טוש"ע א"ח סי' תקנא סעיף א:
ט ב מיי' וסמג שם טוש"ע א"ח שם סעיף ג:
י ג מיי' שם הלכה ז סמג שם טוש"ע א"ח סימן תקנב סעיף א:
יא ד ה מיי' פי"ד מהל' תפלה הלכה א ב סמג עשין כ טוש"ע א"ח סימן קכט סעיף א:
יב ו מיי' שם פט"ו הלכה ד סמג שם טוש"ע א"ח סימן קכח סעיף לח:

רבינו גרשום

במוסף דהיינו יוה"כ שיש בו מוסף: אמר רב נחמן זו דקתני נושאין כפיהן בשחרית במוסף במנחה בנעילה ר"מ היא. כל יומא טעמא מאי אין נושאין כפיהן. א) האידנא בתענית ובמעמדות וביוה"כ (ובמעמדות) דאית בהו תענית נמי שכיחא שכרות להכי נושאין כפיהן בכל ד' תפלות שבהן: מנחה ונעילה דבשאר יומי שכיחא שכרות גזרו בהו רבנן בהני דלמא אתי למיעבד בשאר יומי נמי: אבל אורויי מורינן כרבי מאיר למאן דבעי כמאן הלכה: והואיל והלכה כרבי יוסי האידנא מאי טעמא פרסי כהני ידייהו ביום הכפורים במנחה כיון דבשקיעת החמה פרסי שהיו מאחרין לתפלת המנחה: שכור אסור בנשיאת כפים דקתני מאי טעמא לא דשכיחא ביה שכרות: ב) מהו משרת מותר דכתיב יין ושכר אל תשת אבל אוכל הוא חרצן: אף כהן מברך לא יהא בעל מום והא קיימא לן דבעל מום מברך אלא אם כן יהו מומין שבגלוי. הא איתקש לנזיר מה נזיר בעל מום אף מברך בעל מום: מאי חזית דאקשית לקולא דאקשת ליה לנזיר דבעל מום מותר ואקשת ליה למשרת דבחרצן מותר אקיש לחומרא ונימא מה נזיר אסור בחרצן אף מברך אסור בחרצן ומה משרת בעל מום לא אף מברך בעל מום לא:

אסמכתא

חשק שלמה על רבינו גרשום

א) אולי צ"ל במנחה משום שכרות האידנא וכו' דאית בהו תענית ליכא שכרות ולהכי וכו'. ב) צ"ל מה משרת מותר בחרצן וכו' אף כהן מברך מותר בחרצן: אף כהן וכו'.

רבינו חננאל

ואקשינן וכי תעניות אית בהו מוסף ותרצינן לה הכי בג' פרקים כהנים נושאין את כפיהם כ"ז שמתפללין ויש מהן ד' פעמים ביום בשחרית במוסף ובמנחה ובנעילה. ואלו הן ג' פרקים תעניות ומעמדות ויוה"כ. וסתם מתני' ר' מאיר היא דלא משכחת לה דנושאין כפיהם כל זמן שמתפללין אלא לרבי מאיר דתני שחרית ומוסף מנחה ונעילה יש בהן נשיאות כפים דברי ר' מאיר וטעמא דר' מאיר מפורש הוא כיון דביום הכפורים ובמעמדות ליכא שכרות במנחה נושאין כפיהם ולא גזרינן. ור' יהודה תני שחרית ומוסף בלבד יש בהן נשיאות כפים דבכל יומא לית בהו שכרות לפיכך לא גזרינן בהו. שמעינן מינה דר' יהודה אין אדם רשאי ליכול אלא אחר תפלת מוסף. אבל במנחה דבשאר יומי אית בהו שכרות גזרינן בהו ביוה"כ ובמעמדות ר' יוסי אומר מנחה אין בה נשיאות כפים משום דאיתא כל יומא ואתי לאחלופי גזרינן אבל נעילה דליתא אלא ביוה"כ ובמעמדות יש בה נשיאות כפים דכיון דליתא כל יומא לא גזרינן. ואסיקנא דהלכתא כר' יוסי דאמר שחרית ומוסף ונעילה יש בהן נשיאות כפים מנחה אין בה נשיאות כפים. והאידנא דלא מצלו מנחה דתעניתא אלא סמוך לשקיעת החמה כדאוקימנא (לעיל יב:) דרביעית היום האחרון הוא דמתפללין בו תפלת תענית כדכתיב ובמנחת הערב קמתי מתעניתי וגו' כנעילה דמיא ויש בה נשיאות כפים. ואע"ג דאמר רב הלכתא כרבי מאיר ודרשינן לה בפירקא ורב הונא אמר מנהג כר"מ אוריי מורינן הכי בפרקא לא דרשי לה (ואף ר') [ור' יוחנן אמר] נהגו כר"מ לא דרשי ולא מורינן כוותיה ואי עביד לא מהדרינן ליה: ודייקי כו' אלמא שכור אסור בנשיאת כפים מנא לן ופשיט דכתיב לשרתו ולברך בשמו אתקש (משרת ולו למברך) [מברך למשרת] ולנזיר מה משרת אסור ביין שנאמר יין ושכר אל תשת אף מברך אסור ביין ושכר דקיימא לן כל המשכר [אסור] ומותר בחרצן אי הכי למאי אתקש לנזיר להכשיר

מסורת הש"ס

א) [ר"ה יח:], ב) יבמות מג., ג) סנהדרין ע:, ד) ב"ב קכא., ה) [פסחים פב. וש"נ], ו) [עירובין פג. וש"נ], ז) [כוונת רש"י בשר מליח דשרי כדאיתא לקמן ל. בברייתא תנא אבל אוכל הוא בשר מליח כו'], ח) רש"א מ"ז.

הגהות הב"ח

(א) במשנה ובוטל התמיד: (ב) והעמידו צלם בהיכל. נ"ב גי' רש"י והועמד: (ג) שם את מי שאין לו וכל הכלים טעונין: (ד) גמ' והלכה כר' יוסי ואלא האידנא מ"ט פרסי כו' כיון דסמוך לשקיעת החמה: (ה) רש"י ד"ה ויש מהן: (ו) ד"ה כיון דסמוך כו' שמאחרים עד שקיעת החמה. נ"ב נראה שרש"י דקדק לגמר שלא יסמכו עלה דהאי להתחיל מנחה סמוך לשקיעת החמה דזה אסור אלא ר"ל כשכבר התחילו בזמנו קאמר דמתפללין כל שעה ומאחרין עד שקיעת החמה: (ז) תוס' ד"ה והאידנא כו' ידייהו במנחה כיון דסמוך לשקיעת החמה כו' בשאר תעניות יש לומר נשיאת כפים כו' ביוה"כ יש לומר נשיאת כפים:

תורה אור השלם

א) שֶׁקֶר הַחֵן וְהֶבֶל הַיֹּפִי אִשָּׁה יִרְאַת יְיָ הִיא תִתְהַלָּל: [משלי לא, ל]

ב) תְּנוּ לָהּ מִפְּרִי יָדֶיהָ וִיהַלְלוּהָ בַשְּׁעָרִים מַעֲשֶׂיהָ: [משלי לא, לא]

ג) צְאֶינָה וּרְאֶינָה בְּנוֹת צִיּוֹן בַּמֶּלֶךְ שְׁלֹמֹה בָּעֲטָרָה שֶׁעִטְּרָה לּוֹ אִמּוֹ בְּיוֹם חֲתֻנָּתוֹ וּבְיוֹם שִׂמְחַת לִבּוֹ: [שיר השירים ג, יא]

ד) בָּעֵת הַהִוא הִבְדִּיל יְיָ אֶת שֵׁבֶט הַלֵּוִי לָשֵׂאת אֶת אֲרוֹן בְּרִית יְיָ לַעֲמֹד לִפְנֵי יְיָ לְשָׁרְתוֹ וּלְבָרֵךְ בִּשְׁמוֹ עַד הַיּוֹם הַזֶּה: [דברים י, ח]

ליקוטי רש"י

ובטל התמיד. התמיד הופסק ו' שנים לפני החורבן ב"ש והעמיד צלם בהיכל ויום י"ז בתמוז היה שסרף אפוסטמוס את התורה ובטל את התמיד והעמיד צלם בהיכל כמו ששנינו במסכת תענית. ושש שנים שכתבתי אין בידי ראיה מפורשת אך יש ראיה ששבוע שלם לא בטל התמיד לפני החורבן שכן ניבא דניאל על טיטוס (לקמן ט) וחצי השבוע ישבית זבח ומנחה כלומר מקצת השבוע שלפני החורבן יבטלו הקרבנות כך מפורש למטה בענין [דניאל ח, יד]. שלא היו להם כבשים מחמת שהיו גרים על ירושלים ואין יוצא ובא [ערכין יא:]. שאולין. שאפי' מי שיש לה היתה שואלת שלא לבייש את השואלת מחמת שאין לה כדאמרי' במסכת תענית (דף לא) בת מלך שואלת מבת כהן גדול כו' [רשב"ם קכא.]. שלא לבייש את מי שאין לו. שלא לבייש את השואלת מתוך שאין לה [לקמן לא.]. בעטרה שעטרה לו אמו. אהל מועד שהוא מעוטר בגוונין תכלת וארגמן ותולעת שני אמר רבי נחוניא שאל רבי שמעון בן יוחאי את רבו אלעזר ברבי יוסי אי איפשר ששמעת מאביך מהו שעטרה לו אמו אמר לו משל למלך שהיתה לו בת יחידה והיה אוהבה ביותר לא זז מחבבה עד שקראה בתי שנאמר (תהלים מה) שמעי בת וראי לא זז מחבבה עד שקראה אחותי שנאמר פתחי לי אחותי רעיתי לא זז מחבבה עד שקראה אמי שנאמר (ישעיה נא) שמעו אלי עמי ולאומי אלי האזינו ולאמי כתיב עמד רבי שמעון בן יוחאי ונשקו על ראשו וכו'. ביום חתונתו. יום מתן תורה שעטרוהו להם למלך וקבלו עולו. וביום שמחת לבו. זה שמיני למילואים שנתחנך בו המשכן במדבר [שיר השירים ג, יא]. הלכה. ממש וכו' למיגמר מעשה מיניה. [עירובין מו:]. דדרשינן לה בפירקא ברבים. מידרש. בפירקא לא דרשינן אבל אורויי מורינן לה בבא לישאל ומאן דאמר נהגו אורוי נמי לא מורינן אבל אי עבדי לא מחינן בידייהו [עירובין סב:].

drunkenness is prevalent at that time of the day.[32] הָאִידְנָא לֵיכָּא שִׁכְרוּת – But **on this day** [a fast day, *maamad* day or Yom Kippur] when the people fast, **there is no drunkenness.** Therefore, the Priestly Blessing may be recited on these days, even at Minchah.[33]

רַבִּי יְהוּדָה סָבַר – R' Yehudah reasons as follows: שַׁחֲרִית וּמוּסָף – With respect to the prayers of **Shacharis and Mussaf,** דְּכָל יוֹמָא לָא שְׁכִיחַ שִׁכְרוּת – at **which,** on **every day** of the year, **drunkenness is not prevalent,** לָא גָּזְרוּ בְּהוּ רַבָּנָן – **the Rabbis did not decree against** reciting the Priestly Blessing during **them** on fast days. מִנְחָה וּנְעִילָה – However, with respect to the prayer times of **Minchah and Ne'ilah** דְּכָל יוֹמָא שְׁכִיחָא שִׁכְרוּת – at **which,** on **every** other **day** of the year, **drunkenness is prevalent,** גָּזְרוּ בְּהוּ רַבָּנָן – **the Rabbis decreed against** reciting the Priestly Blessing at **[these prayers]** even on fast days.[34]

רַבִּי יוֹסֵי סָבַר – R' Yose reasons as follows: מִנְחָה דְּאִיתָהּ בְּכָל יוֹמָא – Only with regard to the prayer of **Minchah, which is** held **every day** of the year, גָּזְרוּ בָּהּ רַבָּנָן – **did the Rabbis decree** against reciting the Priestly Blessing on a fast day. נְעִילָה דְּלֵיתָהּ בְּכָל יוֹמָא – But with regard to the prayer of **Ne'ilah, which is not** held **every day** of the year (only on fast days), לָא גָּזְרוּ בָּהּ רַבָּנָן – **the Rabbis did not decree** against reciting the Priestly Blessing.[35]

The Gemara notes the accepted practice:

אָמַר רַב יְהוּדָה אָמַר רַב – Rav Yehudah said in the name of Rav: הֲלָכָה כְּרַבִּי מֵאִיר – **The halachah accords with** the opinion **of R' Meir** that the Priestly Blessing is recited on fast days even at Minchah and Ne'ilah. **וְרַבִּי יוֹחָנָן אָמַר – And R' Yochanan said:** נָהֲגוּ הָעָם כְּרַבִּי מֵאִיר – **The people act in accordance with** the opinion of **R' Meir.** **וְרָבָא אָמַר – And Rava said:** מִנְהָג כְּרַבִּי מֵאִיר – **The custom accords with** the opinion of **R' Meir.**

The Gemara explains the differences between these three views:

מַאן דְּאָמַר הֲלָכָה כְּרַבִּי מֵאִיר – According to **the one** [Rav] **who said that the halachah accords with** the opinion of **R' Meir,** דָּרְשִׁינָן לָהּ בְּפִירְקָא – **we teach** this ruling **at public discourses.** מַאן דְּאָמַר מִנְהָג – According to **the one** [Rava] **who said** that the **custom** accords with the opinion of R' Meir, מִידְרַשׁ לָא דָּרְשִׁינָן אוֹרוּיֵי מוֹרִינַן – **we do not teach** this ruling **publicly but we do rule** in accordance with it on a case-by-case basis.[36] וּמַאן דְּאָמַר נָהֲגוּ – **And** according to **the one** [R' Yochanan] **who said** merely that **[the people] act** in accordance with the opinion of R' Meir, אוֹרוּיֵי לָא מוֹרִינַן – **we do not** even **give** this **ruling** in individual cases; וְאִי עָבִיד עָבִיד וְלָא מְהַדְּרִינַן לֵיהּ – **however, if one acted** in accordance with this ruling, **his act is valid and we do not make him go back.**[37]

The Gemara cites a variant view:

וְרַב נַחְמָן אָמַר – And Rav Nachman said: הֲלָכָה כְּרַבִּי יוֹסֵי – **The halachah accords with** the opinion of **R' Yose** that on fast days the Priestly Blessing is recited at Ne'ilah but not at Minchah.

The Gemara concludes:

וְהִלְכְתָא כְּרַבִּי יוֹסֵי – **And** indeed **the halachah accords with** the opinion of **R' Yose.**

Based on its conclusion, that the halachah follows the view of R' Yose and the Priestly Blessing is *not* recited at Minchah on fast days, the Gemara inquires:

וְהָאִידְנָא מַאי טַעְמָא פָּרְשֵׂי כַּהֲנֵי יְדַיְיהוּ בְּמִנְחָתָא דְּתַעֲנִיתָא – **So nowadays, why do the Kohanim bless** the people **at Minchah on a fast day?**

The Gemara answers:

כֵּיוָן דִּבְסָמוּךְ לִשְׁקִיעַת הַחַמָּה קָא פָּרְשֵׂי – **Since** nowadays, when **the Kohanim bless** the people at Minchah, they do so **close to sunset,** כִּתְפִלַּת נְעִילָה דָּמְיָא – **[the law] is the same as** in the case of **the Ne'ilah prayer.**[38]

The Gemara inquires:

דְּכוּלֵּי עָלְמָא מִיהַת שִׁכּוֹר אָסוּר בִּנְשִׂיאַת כַּפַּיִם – **At any rate,** it is the opinion **of all** the Amoraim cited above that a Kohen who is **intoxicated is forbidden to give the Priestly Blessing.**[39] מְנָהָנֵי מִילֵּי – **From where is this ruling** derived?

The Gemara answers:

אָמַר רַבִּי יְהוֹשֻׁעַ בֶּן לֵוִי מִשּׁוּם בַּר קַפָּרָא – R' Yehoshua ben Levi said in the name of Bar Kappara: לָמָּה נִסְמְכָה פָּרָשַׁת כֹּהֵן מְבָרֵךְ לְפָרָשַׁת נָזִיר – **Why is the Scriptural section that deals with the Kohen who recites the** Priestly **Blessing next to the Scriptural section that deals with a** ***nazir?***[40] לוֹמַר מַה נָּזִיר אָסוּר בְּיַיִן –

NOTES

32. Minchah is recited after the midday meal, and since this meal is sometimes extended, a person might be in a state of intoxication at Minchah time. A Kohen who has drunk wine is not allowed to give the Priestly Blessing as it is stated (*Lev.* 10:9): יַיִן וְשֵׁכָר אַל־תֵּשְׁתְּ אַתָּה וּבָנֶיךָ אִתָּךְ בְּבֹאֲכֶם אֶל־אֹהֶל מוֹעֵד, *Do not drink intoxicating wine, you* [Aaron] *nor your sons with you, when you enter the Tent of Meeting.* This verse prohibits a Kohen from serving in the Temple after having drunk wine and since, as the Gemara explains below, the Priestly Blessing is related to the Temple service, this restriction applies to the recitation of the Priestly Blessing as well (*Rashi*).

If one drinks a *reviis* (4-6 ounces) of undiluted wine or more than a *reviis* of diluted wine, one is considered to be under the influence of wine and is legally unfit to perform the Temple service and to give the Priestly Blessing (see above 17b, *Kereisos* 13b, *Rambam Hil. Tefillah* 15:4).

33. *Rashi.* Those who maintain that the Ne'ilah prayer was said even on those *maamad* days when the people did not fast (see note 29), concede that the Priestly Blessing was *not* said at the Minchah and Ne'ilah prayers of those days (*Meiri*; cf. *Rambam Klei HaMikdash* 6:4, *Rashash*).

34. Even though on fast days there is no drunkenness at Minchah or Ne'ilah, the Rabbis banned the recital of Priestly Blessing at these prayers, in conformity with the law that applies at this time of day on every other day of the year (see *Rashi*).

35. [The laws governing the Minchah prayer of fast days should conform with the laws that apply to the recital of Minchah on every other day of the year (see preceding note). However, this is irrelevant in the case of Ne'ilah which is recited *only* on fast days.]

36. I.e. if someone inquires as to what the halachah is, we instruct him to follow the opinion of R' Meir. However, we do not publicize R' Meir's ruling in discourses because we are not absolutely certain that this is in fact the correct halachic view (*Rashi*).

37. I.e. if a Kohen stepped up to perform the Priestly Blessing, we do not compel him to desist. Rather, we allow him to proceed with the Blessing (*R' Chaim Konievski* in *Kiryas Melech* to *Rambam, Hil. Tefillah* 14:2; see *Keren Orah*).

As opposed to Rava who said מִנְהָג, *custom,* which implies a valid and acceptable custom, R' Yochanan said נָהֲגוּ, *they acted,* which implies that the people acted in this way of their own accord, and the ruling itself is not of halachic primacy (*Rashi*).

38. On a fast day, Minchah is prolonged until sunset. Thus a fast-day Minchah differs from the Minchah of other days [which is recited earlier]. Consequently, there is no basis for making the law of a fast day Minchah conform with that of other days (*Rashi*).

39. Even R' Meir, who permits the Priestly Blessings at all the prayers of a fast day, does so only because there is no possibility of drunkenness on such a day (*Rashi*).

40. A *nazir* is a person who has bound himself with a vow not to consume wine or any part of the grape, cut his hair, or contaminate himself with corpse *tumah*. The Scriptural portion dealing with the laws of *nazir* is *Numbers* 6:1-21. This portion is immediately followed by the section about the Priestly Blessing – ibid. vs. 22-27.

נשתברו הלוחות (א) ובטל התמיד והובקעה העיר ושרף אפוסטמוס את התורה (ב) והעמיד צלם בהיכל בתשעה באב נגזר על אבותינו שלא יכנסו לארץ א) וחרב הבית בראשונה ובשניה ונלכדה ביתר ונחרשה העיר א משנכנס אב ממעטין בשמחה ב) ב שבת שחל תשעה באב להיות בתוכה אסור מלספר ומלכבס ובחמישי מותרין מפני כבוד השבת ג) ג ערב תשעה באב לא יאכל אדם שני תבשילין לא יאכל בשר ולא ישתה יין רבן שמעון בן גמליאל אומר ישנה רבי יהודה מחייב בכפיית המטה ולא הודו לו חכמים ד) אמר רבן שמעון בן גמליאל לא היו ימים טובים לישראל כחמשה עשר באב וכיוה"כ שבהן בנות ירושלים יוצאות בכלי לבן שאולין ה) שלא לבייש את מי שאין לו (ג) כל הכלים טעונין טבילה ובנות ירושלים יוצאות וחולות בכרמים ומה היו אומרות בחור שא נא עיניך וראה מה אתה בורר לך אל תתן עיניך בנוי תן עיניך במשפחה א) שקר החן והבל היופי אשה יראת ה' היא תתהלל ואומר ב) תנו לה מפרי ידיה ויהללוה בשערים מעשיה וכן הוא אומר ג) צאינה וראינה בנות ציון במלך שלמה בעטרה שעטרה לו אמו ביום חתונתו וביום שמחת לבו ביום חתונתו זה מתן תורה וביום שמחת לבו זה בנין בית המקדש שיבנה במהרה בימינו: **גמ'** בשלשה פרקים בשנה כהנים נושאין את כפיהם כו': תעניות ומעמדות מי איכא מוסף חסורי מיחסרא והכי קתני בשלשה פרקים כהנים נושאין את כפיהן כל זמן שמתפללין ויש מהן ארבעה פעמים ביום שחרית ומוסף מנחה ונעילת שערים ואלו הן שלשה פרקים תעניות ומעמדות ויום הכפורים א"ר נחמן אמר רבה בר אבוה זו דברי רבי מאיר אבל חכמים אומרים שחרית ומוסף יש בהן נשיאת כפים מנחה ונעילה אין בהן נשיאת כפים ו) מאן חכמים ר' יהודה היא דתניא שחרית ומוסף מנחה ונעילה כולן יש בהן נשיאת כפים דברי ר"מ ר"י אומר שחרית ומוסף יש בהן נשיאת כפים מנחה ונעילה אין בהן נשיאת כפים רבי יוסי אומר נעילה יש בה נשיאת כפים מנחה אין בה נשיאת כפים במאי קמיפלגי רבי מאיר סבר כל יומא טעמא מאי לא פרשי כהני ידייהו במנחתא משום שכרות האידנא ליכא שכרות רבי יהודה סבר שחרית ומוסף דכל יומא לא שכיח שכרות לא גזרו בהו רבנן מנחה ונעילה דכל יומא שכיחא שכרות גזרו בהו רבנן רבי יוסי סבר מנחה דאיתה בכל יומא גזרו בה רבנן נעילה דליתה בכל יומא לא גזרו בה רבנן אמר רב יהודה אמר רב הלכה כרבי מאיר ורבי יוחנן אמר נהגו העם כרבי מאיר ורבא אמר מנהג כרבי מאיר מאן דאמר הלכה כרבי מאיר דרשינן לה בפירקא מאן דאמר מנהג מידרש לא דרשינן אורויי מורינן ומאן דאמר נהגו אורויי לא מורינן ואי עביד עביד ולא מהדרינן ליה ורב נחמן אמר הלכה כרבי יוסי ד) והלכה כרבי יוסי (ד) והאידנא מ"ט פרשי כהני ידייהו במנחתא דתעניתא ה) כיון דבסמוך לשקיעת החמה קא פרשי כתפלת נעילה דמיא דכולי עלמא מיהת ו) שכור אסור בנשיאת כפים מנהני מילי אמר רבי יהושע בן לוי משום בר קפרא למה נסמכה פרשת כהן מברך לפרשת נזיר לומר מה נזיר אסור ביין אף כהן מברך אסור ביין מתקיף לה אבוה דרבי זירא ואמרי לה אושעיא בר זבדא אי מה נזיר אסור בחרצן אף כהן מברך אסור בחרצן א"ר יצחק אמר קרא ד) לשרתו ולברך בשמו מה משרת מותר בחרצן אף כהן מברך מותר בחרצן

אי

רש"י

נשתברו הלוחות. בגמ' מפרש: ובטל התמיד. לפי שגזרה המלכות גזרה מלהקריב עוד: והועמד צלם בהיכל. שהעמידו מנשה כדמפורש בתרגום ירושלמי בפרשת השמים כסאי וגו' (ישעיה סו): על אבותינו. דור המדבר אם יראה איש באנשים האלה הדור הרע הזה את הארץ וגו' (דברים א): ביתר. עיר גדולה והיו ישראל דרין בה במסכת גיטין פרק הניזקין (דף נז.) אשקא דריספק חרב ביתר: שבת שחל תשעה באב כו'. שבוע: בחמישי מותרין. אם חל תשעה באב בערב שבת מותרין לכבס בחמישי וכשחל ט' באב בד' בשבת לא איצטריך למיתני דמותרין כדאמרינן בגמרא לא שנו אלא לפניו כו': שני תבשילין. ז) בשר ודגים או בשר וביצים שעליו או דג וביצה שעליו כדאמר בפרק ערבי פסחים (דף קיד:): ישנה. בגמרא מפרש: כפיית המטה. על פניה ולא ייסן עליה: שאולין. שכולן שואלות זו מזו אפילו עשירות כדי שלא לבייש כו': טעונין טבילה. קודם שילבשום לפי שאין כל אחת בקיאה בחברתה שמא נדה היתה: וחולות. כמו לחול במחולות (שופטים כא): במלך שלמה. במלך שהשלום שלו: אמו. כנסת ישראל: זה מתן תורה. יום הכפורים שניתנו בו לוחות האחרונות: **גמ'** כל זמן שמתפללין. דהיינו שחרית ומנחה ונעילה: (ה) יש מהן ארבעה פעמים ביום. יום הכפורים שיש בו מוסף: כל יומא מאי טעמא לא פרשי כהני ידייהו במנחה. דכל יומא שכיחא ביה שכרות שכבר סעד וזימנין דמשכא סעודתיה ומשתכר ופריש ידיה בהדי חמריה וכהן שתוי יין אסור לישא את כפיו שנאמר יין ושכר אל תשת בבואכם וגו' (ויקרא י) ונשיאת כפים מעין עבודה כדלקמן: האידנא. בתעניות ובמעמדות לא שכיחא שכרות ובמעמדות נמי מתענין כדלקמן (דף כז:): גזרינן. תענית אטו שאר ימים: נעילה דליתה בכל יומא. אלא ביום התענית: דדרשינן בפירקא. הלכה כרבי מאיר דבעינן דליקום כוותיה עלמא: אורויי אורינן. כרבי מאיר אי אתי לקמן אבל בפירקא לא דרשינן דלא פשיטא ליה כולי האי דתיהוי הלכה כר"מ ומ"ד נהגו משמע הן נהגו מאיליהן אבל אינו עיקר ומנהג משמע תורת מנהג יש בדבר ומנהג כשר הוא: ורב נחמן אמר הלכה כרבי יוסי והלכה כרבי יוסי. גמרא קא פסיק ומהדר סתמא ומוקי לה הלכה כרבי יוסי והכי קא פריך ואלא האידנא כו': כיון דסמוך לשקיעת החמה וכו'. שמאחרין (ו) עד שקיעת החמה ומתפללין כל שעה ואינן הולכין לבית הכנסת משש שעות ומחצה ולמעלה כמו שהיו עושין לאותן הימים: כתפלת נעילה דמיא. דהשתא ליכא למיגזר משום מנחה דכל יומא דמנחתא כי הא ליתא בכל יומא: שכור מיהא אסור בנשיאת כפים. דאפילו ר"מ לא קאמר אלא משום דהאידנא לאו שכרות הוא: פרשת כהן מברך. כה תברכו את בני ישראל אמור להם (במדבר ו): מה משרת כו'. עובד עבודה דלא מיתסר אלא שתויי יין ממש דכתיב יין ושכר אל תשת וגו' הא בחרצן מותר:

מאי

תוספות

מנחה ונעילה דכל יומא שכיחי בהו שכרות גזרו רבנן. אפילו ביומא דתענית דלית בהו שכרות וקשיא דהכא משמע דבמנחה שייכא שכרות ובפ"ק דשבת (דף י. ושם) קאמר בהדיא דבמנחה לא שייכא שכרות וי"ל דהא דקאמר התם דבמנחה לא שייכא שכרות ר"ל לגבי ערבית שכרות דמנחה לאו כלום (ח) לגבי שבת) דיותר שכיח שכרות בערבית (יותר) מבמנחה אבל לעולם במנחה שייך שכרות לגבי שחרית ומוסף:

ומאן דאמר נהגו אורויי נמי לא מורינן. פירשנו בפ"ק דראש השנה (דף טו: ד"ה וכי):

והאידנא נהוג עלמא דפרסי כהני ידייהו במנחה (ז) סמוך לשקיעת החמה. ולכך לא נהגו העם לומר נשיאת כפים במנחה ביום הכפורים לפי שמתפללין מנחה בעוד היום גדול אבל במנחה בשאר תעניות יש נשיאת כפים אבל מכל מקום בנעילה ביום הכפורים יש נשיאת כפים:

אי

עין משפט נר מצוה

ח א מיי' פ"ה מהלכות תענית הלכה ו סמג עשין מד"ס ג טוש"ע א"ח סי' תקנא סעיף א:

ט ב מיי' וסמג שם טוש"ע א"ח שם סעיף ג:

י ג מיי' שם הלכה ז סמג שם טוש"ע א"ח סימן תקנב סעיף א:

יא ד ה מיי' פי"ד מהל' תפלה הלכה א ב סמג עשין כ טוש"ע א"ח סימן קכט סעיף א:

יב ו מיי' שם פט"ו הלכה ד סמג שם טוש"ע א"ח סימן קכח סעיף לח:

רבינו גרשום

במוסף דהיינו יוה"כ שיש בו מוסף: אמר רב נחמן זו דקתני נושאין כפיהן בשחרית במוסף במנחה בנעילה ר"מ היא. כל יומא טעמא מאי אין נושאין כפיהן. א) האידנא בתענית ובמעמדות וביוה"כ (ובמעמדות) דאית בהו תענית נמי שכיחא שכרות להכי נושאין כפיהן בכל ד' תפלות שבהן: מנחה ונעילה דבשאר יומי שכיחא שכרות גזרו בהו רבנן בהני דלמא אתי למיעבד בשאר יומי נמי: אבל אורויי מורינן כרבי מאיר למאן דבעי כמאן הלכה: והואיל והלכה כרבי יוסי האידנא מאי טעמא פרסי כהני ידייהו ביום הכפורים במנחה כיון דבשקיעת החמה פרסי שהיו מאחרין לתפלת המנחה: שכור אסור בנשיאת כפים דקתני מאי טעמא לא דשכיחא ביה שכרות: ב) מהו משרת מותר דכתיב יין ושכר אל תשת אבל אוכל הוא חרצן: אף כהן מברך לא יהא בעל מום והא קיימא לן דבעל מום מברך אלא אם כן יהו מומין שבגלוי. הא איתקש לנזיר מה נזיר בעל מום אף מברך בעל מום: מאי חזית דאקשית לקולא דאקשת ליה לנזיר דבעל מום מותר ואקשת ליה למשרת דבחרצן מותר אקיש לחומרא ונימא מה נזיר אסור בחרצן אף מברך אסור בחרצן ומה משרת בעל מום לא אף מברך בעל מום לא:

אסמכתא

חשק שלמה על רבינו גרשום

א) אולי צ"ל במנחה משום שכרות האידנא וכו' דלית בהו תענית ליכא שכרות ולהכי וכו'. ב) צ"ל מה משרת מותר בחרצן וכו' אף כהן מברך מותר בחרצן: אף כהן וכו'.

רבינו חננאל

ואקשינן וכי תעניות אית בהו מוסף ותרצינן לה הכי בג' פרקים כהנים נושאין את כפיהם כ"ז שמתפללין ויש מהן ד' פעמים ביום בשחרית במוסף ובמנחה ובנעילה. ואלו הן ג' פרקים תעניות ומעמדות ויוה"כ. וסתם מתני' ר' מאיר היא דלא משכחת לה דנושאין כפיהם כל זמן שמתפללין אלא לרבי מאיר דתני שחרית ומוסף מנחה ונעילה יש בהן נשיאות כפים דברי ר' מאיר וטעמא דר' מאיר מפורש הוא כיון דביום הכפורים ובמעמדות ליכא שכרות במנחה נושאין כפיהם ולא גזרינן. ור' יהודה תני שחרית ומוסף בלבד יש בהן נשיאות כפים דבכל יומא לית בהו שכרות לפיכך לא גזרינן בהו. שמעינן מינה דר' יהודה אין אדם רשאי ליכול אלא אחר תפלת מוסף. אבל במנחה דבשאר יומי אית בהו שכרות גזרינן בהו ביוה"כ ובמעמדות ר' יוסי אומר מנחה אין בה נשיאות כפים משום דאיתא כל יומא ואתי לאחלופי גזרינן אבל נעילה דליתא אלא ביוה"כ ובמעמדות יש בה נשיאות כפים דכיון דליתא כל יומא לא גזרינן. ואסיקנא דהלכתא כר' יוסי דאמר שחרית ומוסף ונעילה יש בהן נשיאות כפים מנחה אין בה נשיאות כפים. והאידנא דלא מצלו מנחה דתעניתא אלא סמוך לשקיעת החמה כדאוקימנא (לעיל יב:) דרביעית היום האחרון הוא דמתפללין בו תפלת תענית כדכתיב ובמנחת הערב קמתי מתעניתי וגו' כנעילה דמיא ויש בה נשיאות כפים. ואע"ג דאמר רב הלכתא כרבי מאיר ודרשינן לה בפירקא ורב הונא אמר מנהג כר"מ אוריי מורינן הכי בפרקא לא דרשי לה (ואף ר') [ור' יוחנן אמר] נהגו כר"מ לא דרשי ולא מורינן כוותיה ואי עביד לא מהדרינן ליה: **ודייקי** כו' אלמא שכור אסור בנשיאת כפים מנא לן ופשיט דכתיב לשרתו ולברך בשמו אתקש (משרת ולו למברך) [מברך למשרת] ולנזיר מה משרת אסור ביין שנאמר יין ושכר אל תשת אף מברך אסור ביין ושכר דקיימא לן כל המשכר [אסור] ומותר בחרצן אי הכי למאי אתקש לנזיר להכשיר

מסורת הש"ס

א) [ר"ה יח:], ב) יבמות מג., ג) סנהדרין ע:, ד) ב"ב קכא., ה) [פסחים פב. וש"נ], ו) [עירובין פג. וש"נ], ז) [כוונת רש"י בשר מליח דשרי כדאיתא לקמן ל. בברייתא תנא אבל אוכל הוא בשר מליח כו'], ח) רש"א מ"ז.

הגהות הב"ח

(א) במשנה ובוטל התמיד: (ב) והעמידו צלם בהיכל. נ"ב גי' רש"י והועמד: (ג) שם את מי שאין לו וכל הכלים טעונין: (ד) גמ' והלכה כר' יוסי ואלא האידנא מ"ט פרסי כו' כיון דסמוך לשקיעת החמה: (ה) רש"י ד"ה ויש מהן: (ו) ד"ה כיון דסמוך כו' שמאחרים עד שקיעת החמה. נ"ב נראה שרש"י דקדק לבאר שלא יסמכו עלה דהאי להתחיל מנחה סמוך לשקיעת החמה דזה אסור אלא ר"ל כשכבר התחילו בזמנו קאמר דמתפללין כל שעה ומאחרין עד שקיעת החמה: (ז) תוס' ד"ה והאידנא כו' ידייהו במנחה כיון דסמוך לשקיעת החמה כו' בשאר תעניות יש לומר נשיאת כפים כו' ביוה"כ יש לומר נשיאת כפים:

תורה אור השלם

א) שֶׁקֶר הַחֵן וְהֶבֶל הַיֹּפִי אִשָּׁה יִרְאַת יְיָ הִיא תִתְהַלָּל: [משלי לא, ל]

ב) תְּנוּ לָהּ מִפְּרִי יָדֶיהָ וִיהַלְלוּהָ בַשְּׁעָרִים מַעֲשֶׂיהָ: [משלי לא, לא]

ג) צְאֶינָה וּרְאֶינָה בְּנוֹת צִיּוֹן בַּמֶּלֶךְ שְׁלֹמֹה בָּעֲטָרָה שֶׁעִטְּרָה לּוֹ אִמּוֹ בְּיוֹם חֲתֻנָּתוֹ וּבְיוֹם שִׂמְחַת לִבּוֹ: [שיר השירים ג, יא]

ד) בָּעֵת הַהִוא הִבְדִּיל יְיָ אֶת שֵׁבֶט הַלֵּוִי לָשֵׂאת אֶת אֲרוֹן בְּרִית יְיָ לַעֲמֹד לִפְנֵי יְיָ לְשָׁרְתוֹ וּלְבָרֵךְ בִּשְׁמוֹ עַד הַיּוֹם הַזֶּה: [דברים י, ח]

ליקוטי רש"י

ובטל התמיד. התמיד הוסר ו' שנים לפני החורבן ב"ש והעמיד צלם בהיכל ויום י"ז בתמוז היה ששרף אפוסטמוס את התורה ובטל את התמיד והעמיד צלם בהיכל כמו ששנינו במסכת תענית. ושש שנים שכתבתי אין בידי ראיה מפורשת אך יש ראיה ששבוע שלם לא בטל התמיד לפני החורבן שכן ניבא דניאל על טיטוס (לקמן ט) וחצי השבוע ישבית זבח ומנחה כלומר מקצת השבוע שלפני החורבן יבטלו הקרבנות כך מפורש למטה בענין [דניאל ח, יד]. שלא היו להם כבשים מחמת שהיו גרים על ירושלים ואין יוצא ובא [ערכין יא:]. שאולין. שאפי' מי שיש לה היתה שואלת שלא לבייש את השואלת מחמת שאין לה כדאמרי' במסכת תענית (דף לא) בת מלך שואלת מבת כהן גדול כו' [רשב"ם קכא.]. שלא לבייש את מי שאין לו. שלא לבייש את השואלת מתוך שאין לה [לקמן לא.]. בעטרה שעטרה לו אמו. אהל מועד שהוא מעוטר בגוונין תכלת וארגמן ותולעת שני אמר רבי נחוניא שאל רבי שמעון בן יוחאי את רבו אלעזר ברבי יוסי אי איפשר ששמעת מאביך מהו שעטרה לו אמו אמר לו משל למלך שהיתה לו בת יחידה והיה אוהבה ביותר לא זז מחבבה עד שקראה בתי שנאמר (תהלים מה) שמעי בת וראי לא זז מחבבה עד שקראה אחותי שנאמר פתחי לי אחותי רעיתי לא זז מחבבה עד שקראה אמי שנאמר (ישעיה נא) שמעו אלי עמי ולאומי אלי האזינו ולאמי כתיב עמד רבי שמעון בן יוחאי ונשקו על ראשו וכו'. ביום חתונתו. יום מתן תורה שעטרוהו להם למלך וקבלו עולו. וביום שמחת לבו. זה שמיני למילואים שנתחנך בו המשכן במדבר [שיר השירים ג, יא]. הלכה. ממש וכו' למיגמר מעשה מיניה. [עירובין מו:]. דדרשינן לה בפירקא ברבים. מידרש. בפירקא לא דרשינן אבל אורויי מורינן לה בבא לישאל ומאן דאמר נהגו אורוי נמי לא מורינן אבל אי עבדי לא מחינן בידייהו [עירובין סב:].

This is **to teach that just as a *nazir* is forbidden** to drink **wine,** אַף כֹּהֵן מְבָרֵךְ אָסוּר בְּיַיִן – so **too a Kohen who recites the** Priestly **blessing is forbidden** to drink **wine.**

The Gemara challenges this analogy:

מַתְקִיף לָהּ אֲבוּהּ דְּרַבִּי זֵירָא – **The father of R' Zeira asked,** וְאָמְרֵי לָהּ אוֹשַׁעְיָא בַּר זַבְדָּא – **and others say** it was **Oshaya bar Zavda** who asked: אִי מַה נָּזִיר אָסוּר בְּחַרְצָן – If so, **then just as a *nazir* is forbidden to eat the seed of a grape,** אַף כֹּהֵן מְבָרֵךְ אָסוּר בְּחַרְצָן – **so too a Kohen who recites the** Priestly **Blessing should be forbidden to eat the seed of a grape.**[41] – ? –

The Gemara answers:

אָמַר רַבִּי יִצְחָק – **R' Yitzchak answered:** אָמַר קְרָא – **The verse states:**[42] ,,לְשָׁרְתוֹ וּלְבָרֵךְ בִּשְׁמוֹ'' – ***To serve Him and to bless with His Name***. Scripture compares the Temple service to the Priestly Blessing. מַה מְשָׁרֵת מוּתָּר בְּחַרְצָן – This is to teach that **just as one who serves** in the Temple **is permitted** to eat **the seed of a grape,**[43] אַף כֹּהֵן מְבָרֵךְ מוּתָּר בְּחַרְצָן – so **too a Kohen who recites the** Priestly **Blessing is permitted** to eat **the seed of a grape.**

NOTES

41. [Since this is not the case, the analogy is apparently invalid.]

42. *Deuteronomy* 10:8.

43. Scripture states (*Lev.* 10:9): יַיִן וְשֵׁכָר אַל־תֵּשְׁתְּ ... בְּבֹאֲכֶם אֶל־אֹהֶל מוֹעֵד, *Do not drink wine and intoxicating drink ... when you enter the Tent of Meeting*. Since the verse specifies wine and intoxicating drink, we infer that other grape extracts, such as grape seeds, are permitted (*Rashi*).

The Gemara now asks that since a comparison has been established between a Kohen who serves in the Temple and one who recites the Priestly Blessing, the comparison should be extended as follows:

אִי מַה מְשָׁרֵת בַּעַל מוּם לֹא – Then just as is the case with **a [Kohen] who serves** in the Temple, that **one who has a blemish is disqualified,**[1] **אַף כֹּהֵן מְבָרֵךְ בַּעַל מוּם לֹא** – so **too** in the case of **a Kohen who recites the** Priestly **Blessing, one who has a blemish should be disqualified.**[2] – ? –

The Gemara answers:

הָא אִיתְקַשׁ לְנָזִיר – But a Kohen who recites the Priestly Blessing is also **compared to a *nazir*.** Accordingly, a blemish is not a disqualification for a Kohen who recites the Priestly Blessing, just as it is not a disqualification in the case of a *nazir*.

The Gemara asks:

וּמַאי חָזִית דְּמַקְּשַׁתְּ לְקוּלָּא – But why do you see fit **to make** these **comparisons** in such a way that **lenient** rulings result? I.e. a Kohen who recites the Priestly Blessing is compared to one who serves in the Temple to permit grape seeds, and he is compared to a *nazir* to permit a blemish. **אַקֵּישׁ לְחוּמְרָא** – Instead, **make the comparisons** in such a way that **strict** rules result. I.e. a Kohen who recites the Priestly Blessing should be compared to one who performs the Temple service to prohibit blemishes, and to a *nazir* to prohibit grape seeds.[3] – ? –

The Gemara answers:

אַסְמַכְתָּא נִינְהוּ מִדְּרַבָּנָן – These comparisons **are** merely **support for Rabbinic** rulings, they do not represent Biblical law; **וּלְקוּלָּא – consequently,** they are drawn in such a way that **lenient** rulings result, in conformity with the Rabbinic legislation.

The Mishnah stated:

אֵלּוּ הֵן מַעֲמָדוֹת – THESE ARE THE *MAAMADOS:* **לְפִי שֶׁנֶּאֱמַר: ,,צַו אֶת־בְּנֵי יִשְׂרָאֵל כו׳ ״** – BECAUSE IT IS SAID:[4] *COMMAND THE CHILDREN OF ISRAEL* ETC.

The Gemara asks:

מַאי קָאָמַר – What is [the Mishnah] saying?[5]

The Gemara explains:

הָכִי קָאָמַר – This is what **[the Mishnah] is saying: אֵלּוּ הֵן מַעֲמָדוֹת** – THESE procedures that will be described below in the Mishnah ARE a definition of THE *MAAMADOS*. But the Mishnah first interjects: **וּמָה טַעַם תִּיקְנוּ מַעֲמָדוֹת – Why were the *maamados* instituted? לְפִי שֶׁנֶּאֱמַר** – BECAUSE IT IS STATED in reference to the *tamid* offering: **,,צַו אֶת־בְּנֵי יִשְׂרָאֵל וְאָמַרְתָּ אֲלֵהֶם אֶת־קָרְבָּנִי לַחְמִי לְאִשַּׁי״** – *COMMAND THE CHILDREN OF ISRAEL AND SAY TO THEM, MY OFFERING, MY FOOD FOR MY FIRES* – which implies that the *tamid* is a communal offering in which each member of Israel is a partner – **וְהֵיאַךְ קָרְבָּנוֹ שֶׁל אָדָם קָרֵב וְהוּא אֵינוֹ עוֹמֵד עַל גַּבָּיו** – AND HOW CAN A PERSON'S OFFERING BE BROUGHT WHEN HE IS NOT PRESENT? **הִתְקִינוּ נְבִיאִים הָרִאשׁוֹנִים עֶשְׂרִים וְאַרְבָּעָה מִשְׁמָרוֹת** – Therefore THE EARLY PROPHETS INSTITUTED TWENTY-FOUR *MISHMAROS;* i.e. they divided the Kohanim and Leviim into twenty-four groups respectively that served in the Temple, a week at a time, on a rotating basis, **עַל כָּל מִשְׁמָר וּמִשְׁמָר** – and CORRESPONDING TO EACH AND EVERY *MISHMAR* **הָיָה מַעֲמָד בִּירוּשָׁלַיִם שֶׁל כֹּהֲנִים וְשֶׁל לְוִיִּם וְשֶׁל יִשְׂרְאֵלִים** – THERE WAS A *MAAMAD* IN JERUSALEM consisting OF KOHANIM, LEVIIM, AND YISRAELIM that would stand by the offering, acting as emissaries for the people. **הִגִּיעַ זְמַן מִשְׁמָר לַעֲלוֹת** – WHEN THE TIME CAME FOR each *MISHMAR* TO ASCEND, **כֹּהֲנִים וּלְוִיִּם עוֹלִין לִירוּשָׁלַיִם** – THE KOHANIM AND LEVIIM of that *mishmar* WOULD ASCEND TO JERUSALEM etc.

A Baraisa that discusses the *mishmaros*:

תָּנוּ רַבָּנָן – The Rabbis taught in a Baraisa: עֶשְׂרִים וְאַרְבָּעָה מִשְׁמָרוֹת בְּאֶרֶץ יִשְׂרָאֵל – THERE WERE TWENTY-FOUR *MISHMAROS* IN ERETZ YISRAEL **וּשְׁתֵּים עֶשְׂרֵה בִּירִיחוֹ** – AND TWELVE IN JERICHO.

The Gemara interjects to ask:

שְׁתֵּים עֶשְׂרֵה בִּירִיחוֹ – There were an additional **twelve** *mishmaros* **in Jericho! נְפִישָׁן לְהוּ טוּבָא** – But then **there were many more** than twenty-four *mishmaros* in all of Eretz Yisrael.[6] – ? –

The Gemara explains:

אֶלָּא שְׁתֵּים עֶשְׂרֵה מֵהֶן בִּירִיחוֹ – Rather, the Baraisa means that **twelve of them** [i.e. of the twenty-four previously mentioned *mishmaros*] were stationed **in Jericho.**

The Gemara cites the continuation of the Baraisa which explains this point:

הִגִּיעַ זְמַן הַמִּשְׁמָר לַעֲלוֹת – WHEN THE TIME CAME FOR A *MISHMAR* TO ASCEND, **חֲצִי הַמִּשְׁמָר הָיָה עוֹלֶה מֵאֶרֶץ יִשְׂרָאֵל לִירוּשָׁלַיִם** – HALF OF THE members of that *MISHMAR* WOULD ASCEND FROM their towns in ERETZ YISRAEL TO JERUSALEM. **וַחֲצִי הַמִּשְׁמָר הָיָה עוֹלֶה (מירִיחוֹ) [לִירִיחוֹ]** – AND the other HALF OF THE *MISHMAR* WOULD ASCEND TO the nearby city of JERICHO, **כְּדֵי שֶׁיְּסַפְּקוּ מַיִם וּמָזוֹן לַאֲחֵיהֶם שֶׁבִּירוּשָׁלַיִם** – IN ORDER TO SUPPLY WATER AND FOOD FOR THEIR BROTHERS IN JERUSALEM.[7]

The Gemara records a dispute:

אָמַר רַב יְהוּדָה אָמַר שְׁמוּאֵל – Rav Yehudah said in the name of Shmuel: כֹּהֲנִים וּלְוִיִּם וְיִשְׂרְאֵלִים מְעַכְּבִין אֶת הַקָּרְבָּן – Kohanim, Leviim and Yisraelim are essential to the validity of the offering.[8] **בְּמַתְנִיתָא תָּנָא – In a Baraisa it was taught:**

NOTES

1. See *Leviticus* 21:17-24.

2. [Since this is not the case, it calls the comparison into question.]

[The Gemara (*Megillah* 24b) teaches that only *external* blemishes, that would distract the congregation and prevent them from concentrating on the blessing, disqualify a Kohen from giving the Priestly Blessing. Other blemishes, however, do not constitute a disqualification.]

3. *Tosafos*. As a rule, לְחוּמְרָא מַקְשִׁינַן, *we make comparisons stringently*. Whenever a comparison could result in either a stringent or a lenient ruling, we follow the stringent one (*Yevamos* 8a).

4. *Numbers* 28:2.

5. This segment of the Mishnah begins with the words: אֵלּוּ הֵן מַעֲמָדוֹת, *These are the maamados*, which imply an introduction to a basic definition of *maamados* and a description of their services. Instead, however, the Mishnah continues with the verse: אֶת קָרְבָּנִי לַחְמִי, *My offering, My food* (see *Rashi*).

6. The language of the Baraisa seems to indicate that the 12 *mishmaros* in Jericho were in addition to the 24 already mentioned – making a total of 36 (*Rashi*). This contradicts the introductory clause of the Baraisa that in all of Eretz Yisrael there were only 24 *mishmaros*.

7. This is what the Baraisa means by saying that twelve [i.e. half] of the twenty-four *mishmaros* were stationed in Jericho (*Rashi*).

Some explain that after the first three days of their week, those in Jerusalem would change places with those in Jericho, thus allowing for each member of the *mishmar* to serve in Jerusalem (*Meiri;* cf. *R' Chananel*).

8. The *maamad,* which represents the entire nation during the offering of the daily sacrifices, must consist of Kohanim, Leviim, and Yisraelim (*Rashi*).

According to the dissenting view cited above (26a note 9), the Kohanim and Leviim are not mentioned here as members of the *maamad*, but as participants in the Temple service. That is, the Kohanim perform the actual sacrificial service and the Leviim provide musical accompaniment to the service (see *Ritva, Meiri, Gevuras Ari*).

The word מְעַכְּבִין (lit. obstruct) generally signifies the invalidation of an act where a certain critical component is lacking. Thus, in this context, it would mean that the absence of the Kohanim etc. invalidate the offering. Indeed this is how *Gevuras Ari* (ד״ה שיר) and *Tosafos* in *Arachin* (11a ד״ה שיר) understand this. *Raavad* (cited by *Meiri*), how-

אי מה משרת בעל מום לא אף כהן מברך בעל מום לא [א]הא איתקש לנזיר ומאי חזית דמקשת לקולא אקיש לחומרא אסמכתא נינהו ° מדרבנן ולקולא: אלו הן מעמדות לפי שנאמר צו את בני ישראל כו': מאי קאמר ה"ק אלו הן מעמדות ומה טעם תיקנו מעמדות לפי שנאמר א) צו את בני ישראל ואמרת אליהם את קרבני לחמי לאשי והיאך קרבנו של אדם קרב והוא אינו עומד על גביו התקינו נביאים הראשונים עשרים וארבעה משמרות על כל משמר ומשמר היה מעמד בירושלים של כהני' ושל לוים ושל ישראלים הגיע זמן משמר לעלות כהנים ולוים עולין לירושלים ת"ר עשרים וארבעה משמרות [א] (א) בארץ ישראל ושתים עשרה ביריחו שתים עשרה ביריחו נפישן להו טובא אלא שתים עשרה מהן ביריחו הגיע זמן המשמר לעלות חצי המשמר היה עולה מארץ ישראל לירושלים וחצי המשמר היה עולה א) מיריחו כדי שיספקו מים ומזון לאחיהם שבירושלים אמר רב יהודה אמר שמואל כהנים ולוים וישראלים מעכבין את הקרבן במתניתא תנא ר"ש בן אלעזר (ב) כהנים ולוים וכלי שיר מעכבין את הקרבן במאי קמיפלגי מר סבר ב) ב עיקר שירה בפה ומר סבר עיקר שירה בכלי אמר רב ג) חמא בר גוריא אמר רב ג משה תיקן להם לישראל שמונה משמרות ארבעה מאלעזר וד' מאיתמר בא שמואל והעמידן על שש עשרה בא דוד והעמידן על עשרים וארבעה שנאמר ב) בשנת הארבעים למלכות דוד נדרשו וימצא בהם גבורי החיל ביעזר גלעד מיתיבי משה תיקן להם לישראל שמונה משמרות ארבעה מאלעזר וארבעה מאיתמר ד בא דוד ושמואל והעמידן על עשרים וארבע שנאמר ג) המה יסד דוד ושמואל הרואה באמונתם הכי קאמר מיסודו של דוד ושמואל הרמתי העמידום על עשרים וארבע תניא אידך משה תיקן להם לישראל שש עשרה משמרות שמונה מאלעזר ושמונה מאיתמר וכשרבו בני אלעזר על בני איתמר חלקום והעמידום על עשרים וארבע שנאמר ד) וימצאו בני אלעזר רבים לראשי הגברים מן בני איתמר ויחלקום לבני אלעזר ראשים לבית אבות ששה עשר ולבני איתמר לבית אבותם שמונה ואומר ה) בית אב אחד אחוז לאלעזר ואחוז אחוז לאיתמר מאי ואומר וכי תימא כי היכי דנפישי בני אלעזר הכי נמי נפישי בני איתמר שמנה מעיקרא ארבעה הוו ת"ש בית אב אחד אחוז לאלעזר ואחוז אחוז לאיתמר תיובתא דרב ג) חמא בר גוריא אמר לך רב ג) חמא בר גוריא תנאי היא ואנא דאמרי כי האי תנא דאמר שמונה ת"ר ז) ארבעה משמרות עלו מן הגולה ואלו הן ידעיה [חרים] פשחור ואימר עמדו נביאים שביניהם וחלקום

רש"י

מאי קאמר. דקא בעי מאי ניהו מעמדות ומייתי קרא את קרבני לחמי לאשי וגו': הכי קאמר אלו הן מעמדות. דלקמן וטעמא מאי תקון מעמדות לפי שנאמר צו את בני ישראל ואמרת אליהם את קרבני לחמי לאשי וגו': ה"ג תנו רבנן כ"ד משמרות היו בא"י וי"ב ביריחו י"ב ביריחו בתמיה נפישי להו טובא אלא אימא וי"ב מהן ביריחו. ברישא משמע לבד הכ"ד שבעיירות א"י היו י"ב ביריחו דהוו להו ל"ו וי"ב מהן משמע שמאותן הכ"ד היו י"ב ביריחו: ה"ג הגיע זמן המשמר חצי המשמר עולה לירושלים וחצי המשמר עולה ליריחו כדי שיספקו מים ומזון לאחיהם שבירושלים. כלומר כילד היו י"ב ביריחו כשהגיע זמן המשמר לעלות לירושלים בשבת מתחלקים אנשי המשמר חליין הולכין לירושלים לעבודה וחליין הולכין ליריחו הסמוכה לירושלים ומתקנין שם מים ומזון לאחיהם וכך עושין כל הכ"ד משמרות נמצא י"ב ביריחו א] לשון אחר נהירא לי: מעכבין את הקרבן. אם אין מעמד מכולן בירושלים כדתנן (לעיל דף כו.) על כל משמר היה מעמד בירושלים של כהנים לוים וישראלים כיון דכולהו בעלים בעינן דליהוי (ג) כמוהו על גבי עבודה: וכלי שיר מעכבין את הקרבן. פלוגתא בשלהי מסכת סוכה (דף נ:) ובערכין (דף יא.) מפורשת: עיקר שירה בפה. וכלי לבסומי קלא בעלמא וכיון דאיכא לוים לא מעכב משום כלי שיר: עיקר שירה בכלי. אבוב וכן בפרק החליל (שם): ארבעה מאלעזר. מבניו של אלעזר שעשה מהן ד' משמרות וגמרא גמר לה: המה יסד דוד ושמואל הרואה באמונתם. ותיובתא דרב חמא דאמר שמואל העמידם על י"ו ודוד העמידן על כ"ד דהא שמעי' מינה דתרווייהו בהדי הדדי תקינינהו: מיסודו של שמואל הרמתי. שהעמידן על י"ו בא דוד והעמידן על כ"ד אית ספרים שכתוב בהן מיסודו של שמואל ודוד העמידום על כ"ד כלומר שניהם הועילו בדבר ושמואל העמידם על י"ו ודוד על כ"ד: וימצאו בני אלעזר רבים לראשי הגברים מבני איתמר ויחלקו בני אלעזר ראשים לבית אבותם ששה עשר ולבני איתמר ראשים לבית אבותם שמונה ואומר בית אב אחד אחוז לאלעזר ואחוז אחוז לאיתמר. וימצאו בני אלעזר רבים לראשי הגברים כלומר ראשי הגברים של בני אלעזר היו רבים מאיתמר והאי וימצאו משמע דקודם לכן היו קבועים ועכשיו הוסיפו עליהן ויחלקום לי"ו בית אב אחד אחוז שהיה מתחילה לאלעזר דהיינו ח' אחוז אחד בגורל דהיינו נמי ח' והוו להו י"ו: ואחוז אחוז לאיתמר. מה שהיה מתחילה אחוז לאיתמר אחוזים עתה כבתחילה שלא הרבו עליהם שום בית אב: מאי ואומר. וכי תימא מעיקרא הוו ד' לאלעזר וד' לאיתמר: וכי היכי דנפישי בני אלעזר הכי נמי נפישי בני איתמר. ומיהו בני אלעזר נפישי טפי דהא לאיתמר לא אוקמינהו אלא על ח' ולאלעזר על י"ו: תא שמע ואחוז אחוז לאיתמר. אלמא כדקיימי קיימי ושמע מינה דמשה תיקן להם י"ו ח' מזה וח' מזה וקשיא לרב חמא דאמר ד' וד' והא דכתב לעיל ובשנת הארבעים וגו' המה יסד במה שהוסיפו עליהן עד כ"ד משתעי [אבל] משה תיקן להם י"ו משמרות: תנאי היא. דהא איכא תנא לעיל דקתני משה תיקן להן ח' משמרות משניהן ואנא קאימנא כוותיה: עלו מן הגולה. בבית שני והשאר לא עלו שהרבה מישראל נשתיירו ולא רצו לעלות: פשחור ואימר. ומבעיא לי דפשחור (ד) לא כתיב גבי כ"ד משמרות (דה"א כד): וחלקום

תוספות

אי מה משרת בעל מום לא אף מברך בעל מום לא. פי' כיון דילפינן ג"ש ממשרת נימא כמו משרת דמשרת בעל מום לא אף מברך וכו' ומשני הא איתקש לנזיר וכו' מכאן נראה דבעל מום מברך ברכת כהנים ה) מדקא חזינן דהש"ס רוצה ללמוד מברך ממשרת ולבעל מום ודחינן ליה אם כן נראה דלענין נשיאת כפים כהן בעל מום נושא כפיו ומכאן יש להוכיח דכהן שהמיר דתו נושא כפיו וכשר לישא כפיו ולקרות בתורה כמו שלא המיר וראיה ו) מהא דכהנים ששימשו בבית חוניו לא ישמשו במקדש אבל נוטלים חלק עם אחיהם כמו בעלי מומין מדקאמר שהם כבעלי מומין משמע דכל עבודה שבעל מום ראוי לעשות יעשו וכהן בעל מום נושא כפיו ז):

ומאי חזית דאקשת לקולא אקיש לחומרא. פי' מאי חזית דמקשת כהן לנזיר להקל ולומר כמו שנזיר הוי בעל מום כמו כן כהן בעל מום כשר ואקשת למשרת מה משרת מותר בחרצן אף כהן מברך מותר בחרצן אקשה לחומרא פירוש ונימא דכמו שנזיר אסור בחרצן אף כהן אסור בחרצן וכמו כהן משרת אסור בעל מום אף כהן מברך בעל מום אסור ומשני אסמכתא וכו':

מר סבר עיקר שירה בפה. ולכך הכל כשרים אפילו פסולים אפילו ממזרים לומר שירה דלא הוי אלא בפה ולמאן דאמר עיקר שירה בכלי אם כן צריך שיהו כהנים או לוים דהא הכלי זמר היה קדוש:

עין משפט נר מצוה

יג א מיי' פט"ו מהל' תפלה הל' ב סמג עשין כ טוש"ע א"ח סימן קכח סעיף ל:

יד ב מיי' פ"ג מהל' כלי המקדש הל' ג סמג עשין קסט:

טו ג ד מיי' שם פ"ד הלכה ג סמג עשין קעא:

רבינו גרשום

אסמכתא דרבנן הוא הא דמקשינן מברך לנזיר ולמשרת מדרבנן היא: ה"ק ואלו הן מעמדות דקתני לקמיה התקינו נביאים הראשונים כ"ד משמרות (כל) [של] כהנים על כל משמר היה מעמד בירושלים כהנים ולוים שבמשמר עולין בירושלים וישראל שבאותו משמר מתענין וכו' ומקצתן עולין לירושלים כדי שיעמדו על הקרבנות: אי הכי נפישי להו דמשמע דהוי ל"ו משמרות אלא אימא שתים עשרה כלומר מאותן עשרים וארבעה הוי מהן שתים עשרה מיריחו ושתים עשרה מכל שאר ישראל: כיצד הגיע זמן משמרות לעלות חצי משמר עולה מא"י וחצי משמר מיריחו וכן כל משמר ומשמר עולה חצי מא"י וחצי מיריחו דהיינו שתים עשרה מא"י ושתים עשרה מיריחו ולמה כל משמר חציו מיריחו לפי שהן קרובין לירושלים מספקין מזון לאחיהן שאר חצי משמר הבאין מא"י ממקום רחוק ואין יכולין להביא מזון עמהן: עיקר שירה בפה ואין צריך כלי שיר: בא דוד ושמואל והעמידום בין שניהם כ"ד קשיא לרב חסדא דאמר שמואל תיקן י"ו ודוד כ"ד תריץ הכי קאמר מיסודו של שמואל הרמתי שהוא העמידן על י"ו חזר דוד והעמידן על כ"ד. מיתיבי משה תקן י"ו משמרות וקשיא לרב חסדא דאמר ח' משמרות וכשרבו בני אלעזר חילקום לי"ו משמרות היינו כ"ד משמרות וכי תימא כי היכי דנפישי בני אלעזר כן רבו בני איתמר ולעולם בימי משה הוא ארבע מאלעזר וארבע מאיתמר כדאמר רב חסדא והתרבו בני אלעזר והעמידום על י"ו נתרבו בני איתמר והעמידום על ח' והיינו דכתיב וימצאו בני אלעזר וגו'. ת"ש בית אב אחד אחוז לאלעזר ואחוז אחוז לאיתמר כלומר כל בית אב אחד של אלעזר חילקו לשנים אבל בני איתמר כדקיימי בימי משה קיימי עכשיו ומדכתיב ולבני איתמר לבית אבותם שמנה אלמא דבימי משה הא שמנה מאלעזר ושמנה

רבינו חננאל

להכשיר בו בעל מום להיות כשר לברכה. ואמרינן מה ראית להקשות לקולא אקשתו למשרת להיות מותר בחרצן. ואקשתו לנזיר להיות בעל מום כשר לברכה. אדרבה הקשהו לחומרא. הקשהו למשרת להיות כהן בעל מום פסול בנשיאות כפים והקשהו לנזיר להיות אסור בחרצן. ושנינן אסמכתא בעלמא היא. פי' דרשת סמוכין מדרבנן היא הלכך לקולא דרשינן. וכתיב נמי לעמוד לשרת א) מה משרת עומד אף נשיאות כפים מעומד: פיסקא אלו הן המעמדות. מה טעם תקינו מעמדות לפי שנאמר צו את בני ישראל: ירושלמי א"ר יונה תמידין קרבנן דכל ישראל אינון וא"ת יהיו כל ישראל כל השנה כולה בירושלים עומדים על קרבנן. לא חייבתם התורה אלא ג' רגלים בשנה. ואם יש לומר יהיו יושבין בטילין בעריהם הא כתיב ואספת דגנך הנם מוזהרין לאסוף דגנם ותירושם של כל השנה כולה. התקינו הנביאים הראשונים כ"ד משמרות ועל כל משמר ומשמר היה מעמד בירושלים של כהנים ושל לוים ושל ישראל: ת"ר כ"ד משמרות היו בא"י מהן י"ב ביריחו. הגיע זמן המשמר לעלות חצי המשמר עולה מא"י וחצי משמר מיריחו כדי שיספקו מים ומזון לאחיהם. כלומר חצי המשמר הנותר מספיקין צורכי העולים. ובפעם אחרת מתחלפים. מי שלא עלה יעלה עכשיו. מי שעלה כבר ישב עתה בביתו ויספק צרכי העולים: ירושלמי תני ר' שמעון בן אלעזר ישראל והכהנים והלוים וכלי שיר מעכבין את הקרבן שנאמר כל הקהל משתחוים אלו ישראל. והשיר משורר אלו הלוים וחצוצרות מחצצרים אלו הכהנים הכל עד לעלות העולה. אמר רב חסדא אמר רב משה תקן לישראל שמונה משמרות. ד' מאלעזר וד' מאיתמר. בא שמואל והעמידן עד שש עשרה. בא דוד והעמידן עד כ"ד. שנאמר בשנת הארבעים למלכות דוד נדרשו. ואותבינן עליה מהא דתניא משה תיקן להם לישראל ט"ז משמרות. ח' מאלעזר וח' מאיתמר וכשרבו בני אלעזר על בני איתמר חלקום לכ"ד שנאמר וימצאו בני אלעזר רבים לראשי הגברים מבני איתמר ויחלקום לבני אלעזר ראשים לבית אבות ששה עשר. ולבני איתמר לבית אבותם שמונה. היו ח' לאלעזר וח' מאיתמר כגון שהיו ח' אלפים מזה וח' אלפים [מזה] כל משמר אלף רבו בני אלעזר וכאשר דרשום נמצאו י"ו אלף ובני איתמר ח' אלפים כמו שהיו חלקו בני אלעזר לי"ו משמר אלף כל משמר ובני איתמר נשארו ח' משמרות כמו שהוא וזהו שכתב ויחלקום לבני אלעזר ראשים לבית אבות ששה עשר ולבני איתמר לבית אבותם שמונה. וכתיב בית אב אחד אחוז לאלעזר ואחוז אחוז לאיתמר כל האחוז שהיה לאיתמר מקודם הוא האחוז עתה. אבל לבני אלעזר הוסיפו ח' אחרים. תיובתא דרב חסדא דאמר משה תיקן להם לישראל ח' משמרות כו' הנה זה הברייתא תנא י"ו משמרות תיקן להם משה לישראל. ושנינן תנאי היא ואנא דאמרי כי האי תנא דתניא משה תיקן לישראל ח' משמרות ד' מאלעזר וד' מאיתמר אכתי סיפא דקתני באו שמואל

חשק שלמה על רבינו חננאל א) דברי רבינו אין לו ביאור לכאורה ואולי דחסר איזה תיבות וצ"ל ועיקר הקישא דלשרתו ולברך בשמו לענין עמידה אתי דכתיב התם לעמוד לשרת ואמרינן מה משרת עומד וכו' כצ"ל וכ"ה בסוטה ד' לח ע"ש ועי' תוס' מנחות קט. סד"ה לא וכרא"ש פ"ג דמגילה סי' יט.

מסורת הש"ס

א) ס"א ליריחו, ב) סוכה נא. [ערכין יא. ע"ז מז.], ג) ס"א חסדא, ד) ערכין יב:, ה) כ"ה במגילה כד: ע"ש, ו) [מנחות דף קט. וע"ש בתוס' ד"ה לא], ז) [וע"ע תוס' סוטה לט. ד"ה כי מהדר ותוס' מנחות קט. ד"ה לא].

הגהות הב"ח

(א) גמ' ת"ר כ"ד משמרות היו בא"י כו' אלא אימא ושתים עשרה מהן: (ב) שם ר"ש בן אלעזר אומר כהנים: (ג) רש"י ד"ה מעכבין כו' בעינן דליהוי כולהו על גבי עבודה: (ד) ד"ה פשחור כו' לא כתיב גבי. נ"ב פי' המעיין בדברי הימים דקחשיב כ"ד משמרות ויצא הגורל הראשון ליהויריב לידעיה השני כו' ולא קא חשיב פשחור ולפע"ד יש לתרץ דכיון דבעזרא א' ב' כתוב העולים מן הכהנים היו ארבע משמרות וקא חשיב פשחור שמעינן דחדא מכ"ד משמרות היה לה עוד שם אחר אי נמי נשתנה שמה לשם השעה כדפרש"י בחומש בסדר פנחס אצל משפחות השבטים:

גליון הש"ס

גמ' מדרבנן ולקולא. כעין זה שבת דף פג ע"ב:

הגהות הגר"א

[א] גמ' ת"ר כ"ד משמרות. נ"ב של לוים:

הגהות מהר"ב רנשבורג

א] רש"י ד"ה ה"ג הגיע זמן וכו' לשון אחר נהירא לי. נ"ל ולא נסירא לי:

תורה אור השלם

א) צַו אֶת בְּנֵי יִשְׂרָאֵל וְאָמַרְתָּ אֲלֵהֶם אֶת קָרְבָּנִי לַחְמִי לְאִשַּׁי רֵיחַ נִיחֹחִי תִּשְׁמְרוּ לְהַקְרִיב לִי בְּמוֹעֲדוֹ: [במדבר כח, ב]

ב) לַחֶבְרוֹנִי יְרִיָּה הָרֹאשׁ לַחֶבְרוֹנִי לְתֹלְדֹתָיו לְאָבוֹת בִּשְׁנַת הָאַרְבָּעִים לְמַלְכוּת דָּוִיד נִדְרָשׁוּ וַיִּמָּצֵא בָהֶם גִּבּוֹרֵי חַיִל בְּיַעְזֵיר גִּלְעָד: [דברי הימים א' כו, לא]

ג) כֻּלָּם הַבְּרוּרִים לְשֹׁעֲרִים בַּסִּפִּים מָאתַיִם וּשְׁנֵים עָשָׂר הֵמָּה בְחַצְרֵיהֶם הִתְיַחְשָׂם הֵמָּה יִסַּד דָּוִיד וּשְׁמוּאֵל הָרֹאֶה בֶּאֱמוּנָתָם: [דברי הימים א' ט, כב]

ד) וַיִּמָּצְאוּ בְנֵי אֶלְעָזָר רַבִּים לְרָאשֵׁי הַגְּבָרִים מִן בְּנֵי אִיתָמָר וַיַּחְלְקוּם לִבְנֵי אֶלְעָזָר רָאשִׁים לְבֵית אָבוֹת שִׁשָּׁה עָשָׂר וְלִבְנֵי אִיתָמָר לְבֵית אֲבוֹתָם שְׁמוֹנָה: [דברי הימים א' כד, ד]

ה) וַיִּכְתְּבֵם שְׁמַעְיָה בֶן נְתַנְאֵל הַסּוֹפֵר מִן הַלֵּוִי לִפְנֵי הַמֶּלֶךְ וְהַשָּׂרִים וְצָדוֹק הַכֹּהֵן וַאֲחִימֶלֶךְ בֶּן אֶבְיָתָר וְרָאשֵׁי הָאָבוֹת לַכֹּהֲנִים וְלַלְוִיִּם בֵּית אָב אֶחָד אָחֻז לְאֶלְעָזָר וְאָחֻז אָחֻז לְאִיתָמָר: [דברי הימים א' כד, ו]

ליקוטי רש"י

והוא אינו עומד על גביו. וישראל במעמדן, עומדין על תמידי צבור בשעת הקרבן כדתנן במסכת תענית (דף כו.) תשמרו להקריב לי במועדו היאך שומר אם אינו עומד על גביו תיקנו נביאים הראשונים עשרים וארבעה משמרות על כל משמר ומשמר היה מעמד כו' [מגילה ג.]. היה מעמד בירושלים. העומדים בשליחות הציבור על הקרבן [יומא לז:]. עיקר שירה. שקרבן צבור טעון שיר מן התורה כדאמרינן במסכת ערכין (דף יא.) מכמה מקראות. עיקר שירה בפה. הלוים אומרים השיר דבר יום ביומו כגון לה' הארץ ומלואה (תהלים כד) בראשון גדול ה' ומהולל (שם מח) בשני וכן כולם ובשבת שאי אפשר לחליל אינו דוחה שאין כלי שיר המצוה ולקמן ילפינן טעמייהו מקראי. עיקר שירה בכלי. עיקר השיר אינו אלא אם כן חליל מכה עם השיר וכן כנורות ונבלים הכל כמנין המפורש שם הלכך עבודה היא וכי היכי דתמיד דוחה שבת שיר שלו נמי דוחה שבת [סוכה נ:]. ויחלקום לבני אלעזר ראשים לבית אבות ששה עשר. מתחלה במשכן שילה לא היו כ"א י"ו משמרות ח' מאלעזר וח' מאיתמר כמפורש במסכת תענית וכשראה דוד שהיו ראשי הגבורים לאלעזר רבים חלקם לכל משמר ומשמר של אלעזר לשנים והעמידם על י"ו משמרות ומשמרת בני איתמר העמיד על מעמד משמר כבראשונה על שמנה משמרות וכן מוכיח בסמוך בית אב אחז לאלעזר ואחד אחז לאיתמר כלומר כאחוז למעמד למשמרת שבמשכן כמו כן העמידן דוד עתה בבית המקדש [דברי הימים א כד, ד]. עלו מן הגולה. בימי עזרא. ידעיה חרים פשחור ואימר. שבמקדש ראשון היתה משמרת ידעיה קודם לחרים ומשמרת חרים קודם לפשחור ושל פשחור לאימר [ערכין יב:].

רַבִּי שִׁמְעוֹן בֶּן אֶלְעָזָר – R' SHIMON BEN ELAZAR SAYS: כֹּהֲנִים וּלְוִיִּם וּכְלֵי שִׁיר מְעַכְּבִין אֶת הַקָּרְבָּן – KOHANIM, LEVIIM, AND MUSICAL INSTRUMENTS ARE ESSENTIAL TO THE VALIDITY OF THE OFFERING.

The Gemara asks:

בְּמַאי קָמִיפַּלְגִי – **In what point do [these two opinions] differ?** Why does R' Shimon ben Elazar make mention of musical instruments whereas Shmuel does not?[9]

The Gemara explains the dispute:

מַר סָבַר עִיקַּר שִׁירָה בַּפֶּה – One **master** [Shmuel] **maintains** that the **principal music** in the Temple is **vocal,**[10] וּמַר סָבַר עִיקַּר שִׁירָה בִּכְלִי – whereas the other **master** [R' Shimon ben Elazar] **maintains** that the **principal music** in the Temple is **instrumental.**[11]

The Gemara discusses the historic background to the twenty-four *mishmaros*:

אָמַר רַב חָמָא בַּר גּוּרְיָא אָמַר רַב – **Rav Chama bar Guria said in the name of Rav:** מֹשֶׁה תִּיקֵּן לָהֶם לְיִשְׂרָאֵל שְׁמוֹנָה מִשְׁמָרוֹת – **Moses instituted for Israel eight** ***mishmaros:*** אַרְבָּעָה מֵאֶלְעָזָר וְד׳ מֵאִיתָמָר – **four** *mishmaros* **from** the family of **Elazar, and four from** the family of **Ithamar.**[12] בָּא שְׁמוּאֵל וְהֶעֱמִידָן עַל שֵׁשׁ עֶשְׂרֵה – **Samuel came and set [the number of** ***mishmaros*****] at sixteen.** בָּא דָּוִד וְהֶעֱמִידָן עַל עֶשְׂרִים וְאַרְבָּעָה – **Then David came and set [the number of** ***mishmaros*****] at twenty-four,** שֶׁנֶּאֱמַר – **as it is stated:** ,,בִּשְׁנַת הָאַרְבָּעִים לְמַלְכוּת דָּוִיד נִדְרָשׁוּ וַיִּמָּצֵא בָהֶם גִּבּוֹרֵי חַיִל בְּיַעְזֵיר גִּלְעָד'' – ***In the fortieth year of the kingdom of David, they were sought, and there were found among them mighty men of valor in Yazer of Gilead.***[13]

The Gemara asks:

מֵיתִיבֵי – **They raised an objection** to Rav's teaching from the following Baraisa: מֹשֶׁה תִּיקֵּן לָהֶם לְיִשְׂרָאֵל שְׁמוֹנָה מִשְׁמָרוֹת – MOSES INSTITUTED EIGHT *MISHMAROS* FOR ISRAEL, אַרְבָּעָה מֵאֶלְעָזָר וְאַרְבָּעָה מֵאִיתָמָר – FOUR FROM the family of ELAZAR AND FOUR FROM the family of ITHAMAR. בָּא דָּוִד וּשְׁמוּאֵל וְהֶעֱמִידָן עַל עֶשְׂרִים וְאַרְבַּע – DAVID CAME WITH SAMUEL CAME AND SET [THE NUMBER OF *MISHMAROS*] AT TWENTY-FOUR, שֶׁנֶּאֱמַר – AS IT IS STATED: ,,הֵמָּה יִסַּד דָּוִיד וּשְׁמוּאֵל הָרֹאֶה בֶּאֱמוּנָתָם'' – *IT IS THEY WHOM DAVID AND SAMUEL THE SEER ESTABLISHED FOR ALL TIME.*[14] This Baraisa, which implies that David and Samuel together increased the number of *mishmaros* to twenty-four, contradicts Rav's view that the increase was performed in stages. – ? –

The Gemara resolves the contradiction:

הָכִי קָאָמַר – **This** is what **[the Baraisa] is saying:** מִיסוֹדוֹ שֶׁל דָּוִד וּשְׁמוּאֵל הָרָמָתִי – **From the legislation of David and Samuel the Ramahite,** הֶעֱמִידוּם עַל עֶשְׂרִים וְאַרְבַּע – it transpired that the number of *mishmaros* **was set at twenty-four.**[15]

A dissenting Baraisa:

תַּנְיָא אִידָךְ – **It was taught in another Baraisa:** מֹשֶׁה תִּיקֵּן לָהֶם לְיִשְׂרָאֵל שֵׁשׁ עֶשְׂרֵה מִשְׁמָרוֹת – MOSES INSTITUTED SIXTEEN *MISHMAROS* FOR ISRAEL. שְׁמוֹנָה מֵאֶלְעָזָר וּשְׁמוֹנָה מֵאִיתָמָר – EIGHT FROM the family of ELAZAR AND EIGHT FROM the family of ITHAMAR. וּכְשֶׁרַבּוּ בְּנֵי אֶלְעָזָר עַל בְּנֵי אִיתָמָר – BUT WHEN THE DESCENDANTS OF ELAZAR BECAME MORE NUMEROUS THAN THE DESCENDANTS OF ITHAMAR, חִלְּקוּם וְהֶעֱמִידוּם עַל עֶשְׂרִים וְאַרְבַּע – THEY DIVIDED [THE *MISHMAROS*] again AND SET [THEIR NUMBER] AT TWENTY-FOUR (sixteen for Elazar and eight for Ithamar), שֶׁנֶּאֱמַר – AS IT IS STATED: ,,וַיִּמָּצְאוּ בְנֵי־אֶלְעָזָר רַבִּים לְרָאשֵׁי הַגְּבָרִים מִן־בְּנֵי אִיתָמָר – *AND THE DESCENDANTS OF ELAZAR WERE FOUND TO BE MORE NUMEROUS BY THE COUNT OF MEN THAN THE DESCENDANTS OF ITHAMAR,* וַיַּחְלְקוּם לִבְנֵי אֶלְעָזָר רָאשִׁים לְבֵית־אָבוֹת שִׁשָּׁה עָשָׂר – *SO THEY DIVIDED THEM; TO THE DESCENDANTS OF ELAZAR SIXTEEN HEADS OF FAMILIES,* וְלִבְנֵי אִיתָמָר לְבֵית אֲבוֹתָם שְׁמוֹנָה'' – *AND TO THE DESCENDANTS OF ITHAMAR EIGHT FAMILIES.*[16] וְאוֹמֵר – AND furthermore IT SAYS:[17] ,,בֵּית־אָב אֶחָד אָחֻז לְאֶלְעָזָר וְאָחֻז אָחֻז לְאִיתָמָר'' – *ONE* [extra] *FAMILY UNIT FOR ELAZAR, BUT FOR ITHAMAR THE UNIT AS THE UNIT HAD BEEN,* i.e. for every *mishmar* of Elazar another *mishmar* was added (making a new total of sixteen), but the number of *mishmaros* of Ithamar remained the same (eight).

The Gemara questions the Baraisa's need for citing two verses:

מַאי וְאוֹמֵר – **Why** does the Baraisa add: AND furthermore IT SAYS: *one* [extra] *family unit* etc? What is added by this verse that is not conveyed by the previously mentioned one?

The Gemara answers that the second verse serves to disprove the following fallacious argument:

וְכִי תֵּימָא – **Because if you** wish to **say** כִּי הֵיכִי דִּנְפִישִׁי בְּנֵי אֶלְעָזָר – **that just as the descendants of Elazar increased** in number, הָכָא נַמֵּי דִּנְפִישִׁי בְּנֵי אִיתָמָר – **so too the descendants of Ithamar increased** in number; שְׁמוֹנָה מֵעִיקָּרָא אַרְבָּעָה הֲווּ – i.e.

NOTES

ever, asserts that the offering is not disqualified by the absence of Kohanim etc. The Gemara means merely that they *delay* the offering; i.e. we should wait until these accompaniments are available in order to perform the mitzvah in an ideal and complete manner (one view in *Tosefos HaRosh*, cited in *Shitah Mekubetzes* to *Arachin* 11a §6, concurs with the opinion of *Raavad*).

9. [The fact that only Shmuel, and not the Baraisa, mentions Yisraelim is not an issue, because in other versions of the Baraisa, Yisraelim are indeed included. See the version of the Baraisa as quoted in *Yerushalmi* 4:1 and in the commentary of *R' Chananel* (*Menachem Meishiv Nefesh*).]

10. According to this view, the musical instruments serve merely to enhance the singing of the Leviim (*Rashi*). [Shmuel maintains that this issue is a matter of debate between Tannaim (see *Succah* 50b-51a) and he rules in accordance with the view that the principal music in the Temple is vocal.]

11. The main instrument was the אַבּוּב (*abuv*), a type of flute (see Mishnah *Arachin* 10a).

This dispute is mentioned at the end of tractate *Succah* (50b), and it is explained further in tractate *Arachin* (11a) (*Rashi*).

12. Rav had a tradition to this effect (*Rashi*). [Elazar and Ithamar were two of the sons of Aaron.]

13. *I Chronicles* 26:31. [The previous chapters (23*ff*) enumerate the prominent men among the Leviim and Kohanim, and how David divided them into 24 groups, i.e. *mishmaros* (see there, 24:4). The verse cited here appears at the end of this list of names, and it teaches that the appointment of the *mishmaros* occurred in the fortieth year of David's reign.] Since in the fortieth year of David's reign Samuel was no longer alive, the Gemara derives from this verse that it was David, and not Samuel, who increased the number of *mishmaros* to twenty-four (*Meiri*).

The institution of *mishmaros* is Biblical, based on *Deuteronomy* 18:8 (see *Rashi* and *Targum Onkelos* there). However, the Torah did not specify a number for the *mishmaros*. Moses, Samuel and David determined the appropriate number of *mishmaros* based on the number of Kohanim in their respective generations (*Ritva*; cf. *Sefer HaMitzvos Mitzvah Asei* 36, *Ramban* there and *Megillas Esther* #4).

14. *I Chronicles* 9:22. See *Rashi*, *Radak*, and *Targum Rav Yosef* to the verse.

15. Literally: they set them at twenty-four. I.e. both Samuel and David played a role in the increase. Samuel raised the number of *mishmaros* to sixteen and David increased their number to twenty-four, as Rav had taught (*Rashi*).

16. *I Chronicles* 24:4. The expression, וַיִּמָּצְאוּ, *and they were found*, indicates that until that point Elazar's population was [assumed to be] stable and then an increase was discovered. Previously the *mishmaros* of Elazar numbered eight and then they were doubled to sixteen (*Rashi*).

17. *I Chronicles* 24:6.

אי מה משרת בעל מום לא אף כהן מברך בעל מום לא א) הא איתקש לנזיר ומאי חזית דמקשת לקולא אקיש לחומרא אסמכתא נינהו ° מדרבנן ולקולא: **אלו הן מעמדות לפי שנאמר צו את בני ישראל כו':** מאי קאמר ה"ק אלו הן מעמדות ומה טעם תיקנו מעמדות לפי שנאמר א) צו את בני ישראל ואמרת אליהם את קרבני לחמי לאשי והיאך קרבנו של אדם קרב והוא אינו עומד על גביו התקינו נביאים הראשונים עשרים וארבעה משמרות על כל משמר ומשמר היה מעמד בירושלים של כהני' ושל לוים ושל ישראלים הגיע זמן משמר לעלות כהנים ולוים עולין לירושלים ת"ר עשרים וארבעה משמרות [א] (א) בארץ ישראל ושתים עשרה ביריחו שתים עשרה ביריחו נפישן להו טובא אלא שתים עשרה מהן ביריחו הגיע זמן המשמר לעלות חצי המשמר היה עולה מארץ ישראל לירושלים וחצי המשמר היה עולה א) מיריחו כדי שיספקו מים ומזון לאחיהם שבירושלים אמר רב יהודה אמר שמואל כהנים ולוים וישראלים מעכבין את הקרבן במתניתא תנא ר"ש בן אלעזר (ב) כהנים ולוים וכלי שיר מעכבין את הקרבן במאי קמיפלגי מר סבר ג) ב עיקר שירה בפה ומר סבר עיקר שירה בכלי אמר רב ג) חמא בר גוריא אמר רב ג משה תיקן להם לישראל שמונה משמרות ארבעה מאלעזר וד' מאיתמר בא שמואל והעמידן על שש עשרה בא דוד והעמידן על עשרים וארבעה שנאמר ב) בשנת הארבעים למלכות דוד נדרשו וימצא בהם גבורי החיל ביעזר גלעד מיתיבי משה תיקן להם לישראל שמונה משמרות ארבעה מאלעזר וארבעה מאיתמר ד בא דוד ושמואל והעמידן על עשרים וארבע שנאמר ג) המה יסד דוד ושמואל הרואה באמונתם הכי קאמר מיסודו של דוד ושמואל הרמתי העמידום על עשרים וארבע תניא אידך משה תיקן להם לישראל שש עשרה משמרות שמונה מאלעזר ושמונה מאיתמר וכשרבו בני אלעזר על בני איתמר חלקום והעמידום על עשרים וארבע שנאמר ד) וימצאו בני אלעזר רבים לראשי הגברים מן בני איתמר ויחלקום לבני אלעזר ראשים לבית אבות ששה עשר ולבני איתמר לבית אבותם שמונה ואומר ה) בית אב אחד אחוז לאלעזר ואחוז אחוז לאיתמר מאי ואומר וכי תימא כי היכי דנפישי בני אלעזר הכי נמי נפישי בני איתמר שמנה מעיקרא ארבעה הוו ת"ש בית אב אחד אחוז לאלעזר ואחוז אחוז לאיתמר תיובתא דרב ג) חמא בר גוריא אמר לך רב ג) חמא בר גוריא תנאי היא ואנא דאמרי כי האי תנא דאמר שמונה ת"ר ד) ארבעה משמרות עלו מן הגולה ואלו הן ידעיה [חרים] פשחור ואימר עמדו נביאים שביניהם

וחלקום

רש"י

מאי קאמר. דקא בעי מאי ניהו מעמדות ומייתי קרא את קרבני לחמי לאשי וגו': **הכי קאמר אלו הן מעמדות.** דלקמן וטעמא מאי תקון מעמדות לפי שנאמר צו את בני ישראל ואמרת אליהם את קרבני לחמי לאשי וגו': **ה"ג תנו רבנן כ"ד משמרות היו בא"י וי"ב ביריחו** י"ב ביריחו בתמיה נפישי להו טובא **אלא אימא וי"ב מהן ביריחו.** ברישא משמע לבד הכ"ד שבעיירות א"י היו י"ב ביריחו דהוו להו ל"ו וי"ב מהן משמע שמאותן הכ"ד היו י"ב ביריחו: **ה"ג הגיע זמן המשמר חצי המשמר עולה לירושלים וחצי המשמר עולה ליריחו כדי שיספקו מים ומזון לאחיהם שבירושלים.** כלומר כילד היו י"ב ביריחו כשהגיע זמן המשמר לעלות לירושלים בשבת מתחלקים אנשי המשמר חליין הולכין לירושלים לעבודה וחליין הולכין ליריחו הסמוכה לירושלים ומתקנין שם מים ומזון לאחיהם וכך עושין כל הכ"ד משמרות נמלא י"ב ביריחו אן לשון אחר נהירא לי: **מעכבין את הקרבן.** אם אין מעמד מכולן בירושלים כדתנן (לעיל דף כו.) על כל משמר היה מעמד בירושלים של כהנים לוים וישראלים כיון דכולהו בעלים בעינן דליהוי (ג) כמוהו על גבי עבודה: **וכלי שיר מעכבין את הקרבן.** פלוגתא בשילהי מסכת סוכה (דף נ:) ובערכין (דף יא.) מפורשת: **עיקר שירה בפה.** וכלי לבסומי קלא בעלמא וכיון דאיכא לוים לא מעכב משום כלי שיר: **עיקר שירה בכלי.** אבוב וכן בפרק החליל (שם): **ארבעה מאלעזר.** מבניו של אלעזר שעשה מהן ד' משמרות וגמרא גמר לה: **המה יסד דוד ושמואל הרואה באמונתם.** ותיובתא דרב חמא דאמר שמואל העמידם על י"ו ודוד העמידן על כ"ד דהא שמעי' מינה דתרוייהו בהדי הדדי תקינינהו: **מיסודו של שמואל הרמתי.** שהעמידן על י"ו בא דוד והעמידן על כ"ד אית ספרים שכתוב בהן מיסודו של שמואל ודוד העמידום על כ"ד כלומר שניהם הועילו בדבר ושמואל העמידם על י"ו ודוד על כ"ד: **וימצאו בני אלעזר רבים לראשי הגברים מבני איתמר ויחלקו בני אלעזר ראשים לבית אבותם ששה עשר ולבני איתמר ראשים לבית אבותם שמונה ואומר בית אב אחד אחוז לאלעזר ואחוז אחוז לאיתמר.** וימלאו בני אלעזר רבים לראשי הגברים כלומר ראשי הגברים של בני אלעזר היו רבים מאיתמר והאי וימלאו משמע דקודם לכן היו קבועים ועכשיו הוסיפו עליהן ויחלקום לי"ו בית אב אחד אחוז אחד בגורל דהיינו נמי ח' והוו להו י"ו: **ואחוז אחוז לאיתמר.** מה שהיה מתחילה אחוז לאיתמר אחוזים עתה כבתחילה שלא הרבו עליהם שום בית אב: **מאי ואומר.** וכי תימא מעיקרא הוו ד' לאלעזר וד' לאיתמר: **וכי היכי דנפישי בני אלעזר הכי נמי נפישי בני איתמר.** ומיהו בני אלעזר נפישי טפי דהא לאיתמר לא אוקמינהו אלא על ח' ולאלעזר על י"ו: **תא שמע ואחוז אחוז לאיתמר.** אלמא כדקיימי קיימי ושמע מינה דמשה תיקן להם י"ו ח' מזה וח' מזה וקשיא לרב חמא דאמר ד' וד' והא דכתב לעיל ובשנת הארבעים וגו' המה יסד במה שהוסיפו עליהן עד כ"ד משתעי [אבל] משה תיקן להם י"ו משמרות: **תנאי היא.** דהא איכא תנא דלעיל דקתני משה תיקן להן ח' משמרות משניהן ואנא קאימנא כוותיה: **עלו מן הגולה.** בבית שני והשאר לא עלו שהרבה מישראל נשתיירו ולא רצו לעלות: **פשחור ואימר.** ומבעיא לי דפשחור (ד) לא כתיב גבי כ"ד משמרות (דה"א כד):

וחלקום

תוספות

אי מה משרת בעל מום לא אף מברך בעל מום לא. פי' כיון דילפינן ג"ש ממשרת נימא כמו משרת דמשרת בעל מום לא אף מברך וכו' ומשני הא איתקש לנזיר וכו' מכאן נראה דבעל מום מברך ברכת כהנים ו) מדקא חזינן דהש"ס רוצה ללמוד מברך ממשרת ולבעל מום ודחינן ליה אם כן נראה דלענין נשיאת כפים כהן בעל מום נושא כפיו ומכאן יש להוכיח דכהן שהמיר דתו נושא כפיו וכשר לישא כפיו ולקרות בתורה כמו שלא המיר ורא' ז) מהא דכהנים ששימשו בבית חוניו לא ישמשו במקדש אבל נוטלים חלק עם אחיהם כמו בעלי מומין מדקאמר שהם כבעלי מומין משמע דכל עבודה שבעל מום ראוי לעשות יעשו וכהן בעל מום נושא כפיו ז):

ומאי חזית דאקשת לקולא אקיש לחומרא. פי' מאי חזית דמקשת כהן לנזיר להקל ולומר כמו שנזיר הוי בעל מום כמו כן כהן בעל מום כשר ואקשת למשרת מה משרת מותר בחרצן אף כהן מברך מותר בחרצן אקשה לחומרא פירוש ונימא דכמו שנזיר אסור בחרצן אף כהן אסור בחרצן וכמו כהן משרת אסור בעל מום אף כהן מברך בעל מום אסור ומשני אסמכתא וכו':

מר סבר עיקר שירה בפה. ולכך הכל כשרים אפילו פסולים אפילו ממזרים לומר שירה דלא הוי אלא בפה ולמאן דאמר עיקר שירה בכלי אם כן צריך שיהו כהנים או לוים דהא הכלי זמר היה קדוש:

רב

עין משפט נר מצוה

יג א מיי' פט"ו מהל' תפלה הל' ג סמג עשין כ טוש"ע א"ח סימן קכח סעיף ל:

יד ב מיי' פ"ג מהל' כלי המקדש הל' ג סמג עשין קסט:

טו ג ד מיי' שם פ"ד הלכה ג סמג עשין קעא:

רבינו גרשום

אסמכתא דרבנן הוא הא דמקשינן מברך לנזיר ולמשרת מדרבנן היא: **ה"ק ואלו הן מעמדות** דקתני לקמיה **התקינו נביאים הראשונים כ"ד משמרות** (כל) [של] כהנים **על כל משמר היה מעמד בירושלים** כהנים ולוים שבמשמר עולין בירושלים וישראל שבאותו משמר מתענין וכו' ומקצתן עולין לירושלים כדי שיעמדו על הקרבנות: **אי הכי נפישי להו** דמשמע דהוי ל"ו משמרות **אלא אימא שתים עשרה** כלומר מאותן עשרים וארבעה הוי מהן שתים עשרה מיריחו ושתים עשרה מכל שאר ישראל: **כיצד הגיע זמן משמרות לעלות חצי משמר עולה מא"י וחצי משמר מיריחו** וכן כל משמר ומשמר עולה חצי מא"י וחצי מיריחו דהיינו שתים עשרה מא"י ושתים עשרה מיריחו ולמה כל משמר חציו מיריחו לפי שהן קרובין לירושלים מספקין מזון לאחיהן שאר חצי משמר הבאין מא"י ממקום רחוק ואין יכולין להביא מזון עמהן: **עיקר שירה בפה** ואין צריך כלי שיר: **בא דוד ושמואל והעמידום בין שניהם כ"ד** קשיא לרב חסדא דאמר שמואל תיקן י"ו ודוד כ"ד תריץ **הכי קאמר מיסודו של שמואל הרמתי** שהוא העמידן על י"ו חזר דוד והעמידן על כ"ד. **מיתיבי משה תקן י"ו משמרות** וקשיא לרב חסדא דאמר ח' משמרות וכשרבו בני אלעזר חילקום לי"ו משמרות היינו כ"ד משמרות **וכי תימא כי היכי דנפישי בני אלעזר כן רבו בני איתמר** ולעולם בימי משה הוא ארבע מאלעזר וארבע מאיתמר כדאמר רב חסדא והתרבו בני אלעזר והעמידום על י"ו נתרבו בני איתמר והעמידום על ח' והיינו דכתיב וימצאו בני אלעזר וגו'. **ת"ש בית אב אחד אחוז לאלעזר ואחוז אחוז לאיתמר** כלומר כל בית אב אחד של אלעזר חילקו לשנים אבל בני איתמר כדקיימי בימי משה קיימי עכשיו ומדכתיב ולבני איתמר לבית אבותם שמנה אלמא דבימי משה הא שמנה מאלעזר ושמנה

מסורת הש"ס

א) ס"א ליריחו, ב) סוכה נא. [ערכין יא. ע"ז מז.], ג) ס"א חסדא, ד) ערכין יב:, ה) כ"ה במגילה כד: ע"ש, ו) [מנחות דף קט. וע"ש בתוס' ד"ה לא], ז) [וע"ע תוס' סוטה לט. ד"ה כי מהדר ותוס' מנחות קט. ד"ה לא].

הגהות הב"ח

(א) גמ' ת"ר כ"ד משמרות היו בא"י כו' אלא אימא ושתים עשרה מהן: (ב) שם ר"ש בן אלעזר אומר כהנים: (ג) רש"י ד"ה מעכבין כו' בעינן דליהוי כולהו על גבי עבודה: (ד) ד"ה פשחור כו' לא כתיב גבי. נ"ב פי' המעיין בדברי הימים דקחשיב כ"ד משמרות ויצא הגורל הראשון ליהויריב לידעיה השני כו' ולא קא חשיב פשחור ולפע"ד יש לתרץ דכיון דבעזרא א' ב' כתוב העולים מן הכהנים היו ארבע משמרות וקא חשיב פשחור שמעינן דהלא מכ"ד משמרות היה לה עוד שם אחר אי נמי נשתנה שמה לשם השעה כדפרש"י בחומש בסדר פנחס אצל משפחות השבטים:

גליון הש"ס

גמ' מדרבנן ולקולא. כעין זה שבת דף פג ע"ב:

הגהות הגר"א

[א] גמ' ת"ר כ"ד משמרות. נ"ב של לוים:

הגהות מהר"ב רנשבורג

א] רש"י ד"ה ה"ג הגיע זמן וכו' לשון אחר נהירא לי. נ"ל ולא נסירא לי:

תורה אור השלם

א) צַו אֶת בְּנֵי יִשְׂרָאֵל וְאָמַרְתָּ אֲלֵהֶם אֶת קָרְבָּנִי לַחְמִי לְאִשַּׁי רֵיחַ נִיחֹחִי תִּשְׁמְרוּ לְהַקְרִיב לִי בְּמוֹעֲדוֹ: [במדבר כח, ב]

ב) לַחֶבְרוֹנִי יְרִיָּה הָרֹאשׁ לַחֶבְרוֹנִי לְתֹלְדֹתָיו לְאָבוֹת בִּשְׁנַת הָאַרְבָּעִים לְמַלְכוּת דָּוִיד נִדְרָשׁוּ וַיִּמָּצֵא בָהֶם גִּבּוֹרֵי חַיִל בְּיַעְזֵיר גִּלְעָד: [דברי הימים א' כו, לא]

ג) כֻּלָּם הַבְּרוּרִים לְשֹׁעֲרִים בַּסִּפִּים מָאתַיִם וּשְׁנֵים עָשָׂר הֵמָּה בְחַצְרֵיהֶם הִתְיַחְשָׂם הֵמָּה יִסַּד דָּוִיד וּשְׁמוּאֵל הָרֹאֶה בֶּאֱמוּנָתָם: [דברי הימים א' ט, כב]

ד) וַיִּמָּצְאוּ בְנֵי אֶלְעָזָר רַבִּים לְרָאשֵׁי הַגְּבָרִים מִן בְּנֵי אִיתָמָר וַיַּחְלְקוּם לִבְנֵי אֶלְעָזָר רָאשִׁים לְבֵית אָבוֹת שִׁשָּׁה עָשָׂר וְלִבְנֵי אִיתָמָר לְבֵית אֲבוֹתָם שְׁמוֹנָה: [דברי הימים א' כד, ד]

ה) וַיִּכְתְּבֵם שְׁמַעְיָה בֶן נְתַנְאֵל הַסּוֹפֵר מִן הַלֵּוִי לִפְנֵי הַמֶּלֶךְ וְהַשָּׂרִים וְצָדוֹק הַכֹּהֵן וַאֲחִימֶלֶךְ בֶּן אֶבְיָתָר וְרָאשֵׁי הָאָבוֹת לַכֹּהֲנִים וְלַלְוִיִּם בֵּית אָב אֶחָד אָחֻז לְאֶלְעָזָר וְאָחֻז אָחֻז לְאִיתָמָר: [דברי הימים א' כד, ו]

רבינו חננאל

להכשיר בו בעל מום להיות כשר לברכה. ואמרינן מה ראית להקשות לקולא אקשתו למשרת להיות מותר בחרצן. ואקשתו לנזיר להיות בעל מום כשר לברכה. אדרבה הקשהו לחומרא. הקשהו למשרת להיות כהן בעל מום פסול בנשיאות כפים והקשהו לנזיר להיות אסור בחרצן. ושנינן אסמכתא בעלמא היא. פי' דרשת סמוכין מדרבנן היא הלכך לקולא דרשינן. וכתיב נמי לעמוד לשרת א) מה משרת עומד אף נשיאות כפים מעומד: **פיסקא** אלו הן המעמדות. מה טעם תקנו מעמדות לפי שנאמר צו את בני ישראל: **ירושלמי** א"ר יונה תמידין קרבנן דכל ישראל אינון וא"ת יהיו כל ישראל כל השנה כולה בירושלים עומדים על קרבנן. לא חייבתם התורה אלא ג' רגלים בשנה. ואם יש לומר יהיו יושבין בטלין בעריהם הא כתיב ואספת דגנך הנם מוזהרין לאסוף דגנם ותירושם של כל השנה כולה. התקינו הנביאים הראשונים כ"ד משמרות ועל כל משמר ומשמר היה מעמד בירושלים של כהנים ושל לוים ושל ישראל: **ת"ר** כ"ד משמרות היו בא"י מהן י"ב ביריחו. הגיע זמן המשמר לעלות חצי המשמר עולה מא"י וחצי משמר מיריחו כדי שיספקו מים ומזון לאחיהם. כלומר חצי המשמר הנותר מספיקין צורכי העולים. ובפעם אחרת מתחלפים. מי שלא עלה יעלה עכשיו. מי שעלה כבר ישב עתה בביתו ויספק צרכי העולים: **ירושלמי** תני ר' שמעון בן אלעזר ישראל והכהנים והלוים וכלי שיר מעכבין את הקרבן שנאמר כל הקהל משתחוים אלו ישראל. והשיר משורר אלו הלוים וחצוצרות מחצצרים אלו הכהנים הכל עד לעלות העולה. הכל מעכבין את הקרבן. אמר רב חסדא אמר רב משה תקן לישראל שמונה משמרות. ד' מאלעזר וד' מאיתמר. בא שמואל והעמידן עד שש עשרה. בא דוד והעמידן עד כ"ד. שנאמר בשנת הארבעים למלכות דוד נדרשו. ואותבינן עליה מהא דתניא משה תיקן להם לישראל ט"ז משמרות. ח' מאלעזר וח' מאיתמר וכשרבו בני אלעזר על בני איתמר חלקום לכ"ד שנאמר וימצאו בני אלעזר רבים לראשי הגברים מבני איתמר ויחלקום לבני אלעזר ראשים לבית אבות ששה עשר. ולבני איתמר לבית אבותם שמונה. היו ח' לאלעזר וח' מאיתמר כגון שהיו ח' אלפים מזה וח' אלפים [מזה] כל משמר אלף רבו בני אלעזר וכאשר דרשום נמצאו י"ו אלף ובני איתמר ח' אלפים כמו שהיו חלקו בני אלעזר לי"ו משמר אלף כל משמר ובני איתמר נשארו ח' משמרות כמו שהוא וזהו שכתב ויחלקום לבני אלעזר ראשים לבית אבות ששה עשר ולבני איתמר לבית אבותם שמונה. וכתיב בית אב אחד אחוז לאלעזר ואחוז אחוז לאיתמר כל האחוז שהיה לאיתמר מקודם הוא האחוז עתה. אבל לבני אלעזר הוסיפו ח' אחרים. תיובתא דרב חסדא דאמר משה תיקן להם לישראל ח' משמרות כו' הנה זה הברייתא תנא י"ו משמרות תיקן להם משה לישראל. ושנינן תנאי היא ואנא דאמרי כי האי תנא דתניא משה תיקן לישראל ח' משמרות ד' מאלעזר וד' מאיתמר אכתי סיפא דקתני באו שמואל

חשק שלמה על רבינו חננאל א) דברי רבינו אין לו ביאור לכאורה ואולי דחסר איזה תיבות וצ"ל ועיקר הקישא דלשרתו ולברך בשמו לענין עמידה אתי דכתיב התם לעמוד לשרת ואמרינן מה משרת עומד וכו' כצ"ל וכ"ה בסוטה ד' לח ע"ש ועי' תוס' מנחות קט. סד"ה לא ובר"ש פ"ג דמגילה סי' יט.

ליקוטי רש"י **והוא אינו עומד על גביו.** וישראל במעמדן, עומדין על תמידי צבור בשעת הקרבן כדתנן במסכת תענית (דף כו.) תשמרו להקריב לי במועדו היאך שומר אם אינו עומד על גביו תיקנו נביאים הראשונים עשרים וארבעה משמרות על כל משמר ומשמר היה מעמד כו' [מגילה ג.]. **היה מעמד בירושלים.** העומדים בשליחות הציבור על הקרבן [יומא לז:]. **עיקר שירה.** שקרבן צבור טעון שיר מן התורה כדאמרינן במסכת ערכין (דף יא.) מכמה מקראות. **עיקר שירה בפה.** הלוים אומרים השיר דבר יום ביומו כגון לה' הארץ ומלואה (תהלים כד) בראשון גדול ה' ומהולל (שם מח) בשני וכן כולם ובשבת שאי אפשר לחליל אינו דוחה שאין כלי שיר המצוה ולקמן ילפינן טעמייהו מקראי. **עיקר שירה בכלי.** עיקר השיר אינו אלא אם כן חליל מכה עם השיר וכן כנורות ונבלים הכל כמנין המפורש שם הלכך עבודה היא וכי היכי דתמיד דוחה שבת שיר שלו נמי דוחה שבת [סוכה נ:]. **ויחלקום לבני אלעזר ראשים לבית אבות ששה עשר.** מתחלה במשכן שילה לא היו כ"א י"ו משמרות ח' מאלעזר וח' מאיתמר כמפורש במסכת תענית וכשראה דוד שהיו ראשי הגבורים לאלעזר רבים חלקם לכל משמר ומשמר של אלעזר לשנים והעמידם על י"ו משמרות ומשמרת בני איתמר העמיד על מעמד משמר כבראשונה על שמנה משמרות וכן מוכיח בסמוך בית אב אחז לאלעזר ואחד אחז לאיתמר כלומר כאחוז למעמד למשמרת שבמשכן כמו כן העמידן דוד עתה בבית המקדש [דברי הימים א כד, ד]. **עלו מן הגולה.** בימי עזרא. **ידעיה חרים פשחור ואימר.** שבמקדש ראשון היתה משמרת ידעיה קודם לחרים ומשמרת חרים קודם לפשחור ושל פשחור לאימר [ערכין יב:].

originally the *mishmaros* of Ithamar numbered **four** and then **they were** increased to **eight,**[18] תָּא שְׁמַע – **come** then and **learn** from the following verse that this was not so: "בֵּית־אָב אֶחָד אָחֻז לְאֶלְעָזָר וְאָחֻז אָחֻז לְאִיתָמָר" – ***One*** [extra] ***family unit for Elazar, but for Ithamar the unit as the unit had been;*** i.e. the number of Ithamar's *mishmaros* remained the same (viz. eight, as reported by the first verse).

The Gemara asks:

תְּיוּבְתָּא דְּרַב חָמָא בַּר גּוּרְיָא – The last-mentioned Baraisa apparently represents **a refutation of** the opinion of **Rav Chama bar Guria.** The Baraisa reports that Moses instituted a total of sixteen *mishmaros,* whereas according to Rav Chama bar Guria he instituted only eight.[19] – ? –

The Gemara answers:

אָמַר לָךְ רַב חָמָא בַּר גּוּרְיָא תַּנָּאֵי הִיא – **Rav Chama bar Guria could answer you** that **this** issue **is a** matter of **dispute between Tannaim.** Granted, the Tanna of the latter Baraisa holds that Moses instituted sixteen *mishmaros*; וַאֲנָא דְּאָמְרִי כִּי הַאי תַּנָּא דְּאָמַר שְׁמוֹנָה – **however, I hold in accordance with the Tanna** of the former Baraisa **who said** that Moses instituted only **eight** *mishmaros.*

Another Baraisa on the subject of the *mishmaros*:

תָּנוּ רַבָּנָן – **The Rabbis taught in a Baraisa:** אַרְבָּעָה מִשְׁמָרוֹת עָלוּ מִן הַגּוֹלָה – Only FOUR ***MISHMAROS*** of the original twenty-four ASCENDED to Eretz Yisrael FROM THE Babylonian EXILE when the Second Temple was built.[20] וְאֵלּוּ הֵן – THEY WERE: יְדַעְיָה [חָרִים] פַּשְׁחוּר וְאִימֵּר – YEDAIAH, [CHARIM,] PASHCHUR, AND IMMEIR.[21] עָמְדוּ נְבִיאִים שֶׁבֵּינֵיהֶם – THE PROPHETS AMONG THEM AROSE

NOTES

18. The fallacious argument would be that originally Ithamar and Elazar had four *mishmaros* each. Then the populations of *both* families increased, albeit Elazar at a greater rate, until eventually Elazar was assigned sixteen *mishmaros* and Ithamar eight [as reported in the first verse: *to the descendants of Elazar sixteen . . . to the descendants of Ithamar eight*] (*Rashi*).

19. According to the Baraisa's view that the total number of *mishmaros* was originally sixteen, the verses cited above, which indicate that David increased the number of *mishmaros,* signify that he increased their number from sixteen to twenty-four (*Rashi*).

20. The other *mishmaros* did not return to Eretz Yisrael. In fact, many of the Jewish people remained in Babylonia and did not wish to return (*Rashi*).

21. [These four *mishmaros* are the four Kohanic families listed in *Ezra* 2:36 among the returnees.]

Rashi raises the difficulty that Pashchur's name does not appear among the twenty-four *mishmaros* that served in the First Temple, listed in *I Chronicles* 24:7-18 (see *Hagahos HaBach*).

עין משפט נר מצוה

יג א מיי' פט"ו מהל' תפלה הל' ג סמג עשין כ טוש"ע א"ח סימן קכח סעיף ל:

יד ב מיי' פ"ג מהל' כלי המקדש הל' ג סמג עשין קסט:

טו ג ד מיי' שם פ"ד הלכה ג סמג עשין קעא:

מסורת הש"ס

א) ס"א לירידו, ב) סוכה נא. [ערכין יא. ע"ז מז.], ג) ס"א חסדא, ד) ערכין יב., ה) כ"ה במגילה כד: ע"ש, ו) [מנחות דף קט. וע"ש בתוס' ד"ה לא], ז) [וע"ע תוס' סוטה לט. ד"ה כי מהדר ותוס' מנחות קט. ד"ה לא].

גמרא

אי מה משרת בעל מום לא אף כהן מברך בעל מום לא [א]הא איתקש לנזיר ומאי חזית דמקשת לקולא אקיש לחומרא אסמכתא נינהו ° מדרבנן ולקולא: אלו הן מעמדות לפי שנאמר צו את בני ישראל כו': מאי קאמר ה"ק אלו הן מעמדות ומה טעם תיקנו מעמדות לפי שנאמר א) צו את בני ישראל ואמרת אליהם את קרבני לחמי לאשי והיאך קרבנו של אדם קרב והוא אינו עומד על גביו התקינו נביאים הראשונים עשרים וארבעה משמרות על כל משמר ומשמר היה מעמד בירושלים של כהני' ושל לוים ושל ישראלים הגיע זמן משמר לעלות כהנים ולוים עולין לירושלים ת"ר עשרים וארבעה משמרות [א] (א) בארץ ישראל ושתים עשרה בירחו שתים עשרה בירחו נפישן להו טובא אלא שתים עשרה מהן בירחו הגיע זמן המשמר לעלות חצי המשמר היה עולה מארץ ישראל לירושלים וחצי המשמר היה עולה [א]מירחו כדי שיספקו מים ומזון לאחיהם שבירושלים אמר רב יהודה אמר שמואל כהנים ולוים וישראלים מעכבין את הקרבן במתניתא תנא ר"ש בן אלעזר (ב) כהנים ולוים וכלי שיר מעכבין את הקרבן במאי קמיפלגי מר סבר [ב]עיקר שירה בפה ומר סבר עיקר שירה בכלי אמר רב [ג]חמא בר גוריא אמר רב [ג]משה תיקן להם לישראל שמונה משמרות ארבעה מאלעזר וד' מאיתמר בא שמואל והעמידן על שש עשרה בא דוד והעמידן על עשרים וארבעה שנאמר ב) בשנת הארבעים למלכות דוד נדרשו וימצא בהם גבורי החיל ביעזר גלעד מיתיבי משה תיקן להם לישראל שמונה משמרות ארבעה מאלעזר וארבעה מאיתמר [ד]בא דוד ושמואל והעמידן על עשרים וארבע שנאמר ג) המה יסד דוד ושמואל הרואה באמונתם הכי קאמר מיסודו של דוד ושמואל הרמתי העמידום על עשרים וארבע תניא אידך משה תיקן להם לישראל שש עשרה משמרות שמונה מאלעזר ושמונה מאיתמר וכשרבו בני אלעזר על בני איתמר חלקום והעמידום על עשרים וארבע שנאמר ד) וימצאו בני אלעזר רבים לראשי הגברים מן בני איתמר ויחלקום לבני אלעזר ראשים לבית אבות ששה עשר ולבני איתמר לבית אבותם שמונה ואומר ה) בית אב אחד אחוז לאלעזר ואחוז אחוז לאיתמר מאי ואומר וכי תימא כי היכי דנפישי בני אלעזר הכי נמי נפישי בני איתמר שמנה מעיקרא ארבעה הוו ת"ש בית אב אחד אחוז לאלעזר ואחוז אחוז לאיתמר תיובתא דרב [ג]חמא בר גוריא אמר לך רב [ג]חמא בר גוריא תנאי היא ואנא דאמרי כי האי תנא דאמר שמונה ת"ר [ד]ארבעה משמרות עלו מן הגולה ואלו הן ידעיה [חרים] פשחור ואימר עמדו נביאים שביניהם וחלקום

רש"י

מאי קאמר. דקא בעי מאי ניהו מעמדות ומייתי קרא את קרבני לחמי לאשי וגו': הכי קאמר אלו הן מעמדות. דלקמן וטעמא מאי תקון מעמדות לפי שנאמר צו את בני ישראל ואמרת אליהם את קרבני לחמי לאשי וגו': ה"ג תנו רבנן כ"ד משמרות היו בא"י וי"ב בירחו י"ב בירחו בתמיה נפישי להו טובא אלא אימא וי"ב מהן בירחו. ברישא משמע לבד הכ"ד שבעיירות א"י היו י"ב בירחו דהוו להו ל"ו וי"ב מהן משמע שמאותן הכ"ד היו י"ב בירחו: ה"ג הגיע זמן המשמר חצי המשמר עולה לירושלים וחצי המשמר עולה לירחו כדי שיספקו מים ומזון לאחיהם שבירושלים. כלומר כילד היו י"ב בירחו כשהגיע זמן המשמר לעלות לירושלים בשבת מתחלקים אנשי המשמר חליין הולכין לירושלים לעבודה וחליין הולכין לירחו הסמוכה לירושלים ומתקנין שם מים ומזון לאחיהם וכך עושין כל הכ"ד משמרות נמלא י"ב בירחו [א] לשון אחר נהירא לי: מעכבין את הקרבן. אם אין מעמד מכוון בירושלים כדתנן (לעיל דף כו.) על כל משמר היה מעמד בירושלים של כהנים לוים וישראלים כיון דכולהו בעלים בעינן דליהוי (ג) כמוהו על גבי עבודה: וכלי שיר מעכבין את הקרבן. פלוגתא בשילהי מסכת סוכה (דף נ:) ובערכין (דף יא.) מפורשת: עיקר שירה בפה. וכלי לבסומי קלא בעלמא וכיון דאיכא לוים לא מעכב משום כלי שיר: עיקר שירה בכלי. אבוב וכן בפרק החליל (שם): ארבעה מאלעזר. מבניו של אלעזר עשה מהן ד' משמרות וגמרא גמר לה: המה יסד דוד ושמואל הרואה באמונתם. ותיובתא דרב חמא דאמר שמואל העמידם על י"ו ודוד העמידן על כ"ד דהא שמעי' מינה דתרוייהו בהדי הדדי תקינהו: מיסודו של שמואל הרמתי. שהעמידן על י"ו בא דוד והעמידן על כ"ד אית ספרים שכתוב בהן מיסודו של שמואל ודוד העמידום על כ"ד כלומר שניהם הועילו בדבר ושמואל העמידם על י"ו ודוד על כ"ד: וימצאו בני אלעזר רבים לראשי הגברים מבני איתמר ויחלקו בני אלעזר ראשים לבית אבותם ששה עשר ולבני איתמר ראשים לבית אבותם שמונה ואומר בית אב אחד אחוז לאלעזר ואחוז אחוז לאיתמר. וימלאו בני אלעזר רבים לראשי הגברים כלומר ראשי הגברים של בני אלעזר היו רבים מאיתמר והאי וימלאו משמע דקודם לכן היו קבועים ועכשיו הוסיפו עליהן ויחלקום לי"ו בית אב אחד אחוז שהיה מתחילה לאלעזר דהיינו נמי ח' אחוז אחד בגורל והוו להו י"ו: ואחוז אחוז לאיתמר. מה שהיה מתחילה אחוז לאיתמר אחוזים עתה כבתחילה שלא הרבו עליהם שום בית אב: מאי ואומר. וכי תימא מעיקרא הוו ד' לאלעזר וד' לאיתמר: וכי היכי דנפישי בני אלעזר הכי נמי נפישי בני איתמר. ומיהו בני אלעזר נפישי טפי דהא לאיתמר לא אוקמינהו אלא על ח' ולאלעזר על י"ו: תא שמע ואחוז אחוז לאיתמר. אלמא כדקיימי קיימי ושמע מינה דמשה תיקן להם י"ו ח' מזה וח' מזה וקשיא לרב חמא דאמר ד' וד' והא דכתב לעיל ובשנת הארבעים וגו' המה יסד במה שהוסיפו עליהן עד כ"ד משמעי' [אבל] משה תיקן להם י"ו משמרות: תנאי היא. דהא איכא תנא לעיל דקתני משה תיקן להן ח' משמרות משניהן ואנא קאימנא כוותיה: עלו מן הגולה. בבית שני והשאר לא עלו שהרבה מישראל נשתיירו ולא רצו לעלות: פשחור ואימר. ומבעיא לי דפשחור (ד) לא כתיב גבי כ"ד משמרות (דה"א כד):

תוספות

אי מה משרת בעל מום לא אף מברך בעל מום לא. פי' כיון דילפינן ג"ש ממשרת נימא כמו משרת דמשרת בעל מום לא אף מברך וכו' ומשני הא איתקש לנזיר וכו' מכאן נראה דבעל מום מברך ברכת כהנים [ה] מדקא חזינן דהש"ס רוצה ללמוד מברך ממשרת ולבעל מום ודחינן ליה אם כן נראה דלענין נשיאת כפים כהן בעל מום נושא כפיו ומכאן יש להוכיח דכהן שהמיר דתו נושא כפיו וכשר לישא כפיו ולקרות בתורה כמו שלא המיר ורא"ה [ו] מהא דכהנים ששימשו בבית חוניו לא ישמשו במקדש אבל נוטלים חלק עם אחיהם כמו בעלי מומין מדקאמר שהם כבעלי מומין משמע דכל עבודה שבעל מום ראוי לעשות יעשו וכהן בעל מום נושא כפיו [ז]:

ומאי חזית דאקשת לקולא אקיש לחומרא. פי' מאי חזית דמקשת כהן לנזיר להקל ולומר כמו שנזיר הוי בעל מום כמו כן כהן בעל מום כשר ואקשת למשרת מה משרת מותר בשרלן אף כהן מברך מותר בשרלן אקשה לחומרא פירוש ונימא דכמו שנזיר אסור בשרלן אף כהן אסור בשרלן וכמו כהן משרת אסור בעל מום אף כהן מברך בעל מום אסור ומשני אסמכתא וכו':

מר סבר עיקר שירה בפה. ולכך הכל כשרים אפילו פסולים אפילו ממזרים לומר שירה דלא הוי אלא בפה ולמאן דאמר עיקר שירה בכלי אם כן צריך שיהו כהנים או לוים דהא הכלי זמר היה קדוש:

רב

רבינו גרשום

אסמכתא דרבנן הוא הא דמקשינן מברך לנזיר ולמשרת מדרבנן היא: ה"ק ואלו הן מעמדות דקתני לקמיה התקינו נביאים הראשונים כ"ד משמרות (כל) [של] כהנים על כל משמר היה מעמד בירושלים כהנים ולוים שבמשמר עולין בירושלים וישראל שבאותו משמר מתענין וכו' ומקצתן עולין לירושלים כדי שיעמדו על הקרבנות: אי הכי נפישי להו דמשמע דהוי ל"ו משמרות אלא אימא שתים עשרה כלומר מאותן עשרים וארבעה הוי מהן שתים עשרה מיריחו ושתים עשרה מכל שאר ישראל: כיצד הגיע זמן משמרות לעלות חצי משמר עולה מא"י וחצי משמר מיריחו וכן כל משמר ומשמר עולה חצי מא"י וחצי מיריחו דהיינו שתים עשרה מא"י ושתים עשרה מיריחו ולמה כל משמר חציו מיריחו לפי שהן קרובין לירושלים מספקין מזון לאחיהן שאר חצי משמר הבאין מא"י ממקום רחוק ואין יכולין להביא מזון עמהן: עיקר שירה בפה ואין צריך כלי שיר: בא דוד ושמואל והעמידום בין שניהם כ"ד קשיא לרב חסדא דאמר שמואל תיקן י"ו ודוד כ"ד תריץ הכי קאמר מיסודו של שמואל הרמתי שהוא העמידן על י"ו חזר דוד והעמידן על כ"ד. מיתיבי משה תקן י"ו משמרות וקשיא לרב חסדא דאמר ח' משמרות וכשרבו בני אלעזר חילקום לי"ו משמרות היינו כ"ד משמרות וכי תימא כי היכי דנפישי בני אלעזר כן רבו בני איתמר ולעולם בימי משה הוא ארבע מאלעזר וארבע מאיתמר כדאמר רב חסדא והתרבו בני אלעזר והעמידום על י"ו נתרבו בני איתמר והעמידום על ח' והיינו דכתיב וימצאו בני אלעזר וגו'. ת"ש בית אב אחד אחוז לאלעזר ואחוז אחוז לאיתמר כלומר כל בית אב אחד של אלעזר חילקו לשנים אבל בני איתמר כדקיימי בימי משה קיימי עכשיו ומדכתיב ולבני איתמר לבית אבותם שמנה אלמא דבימי משה הא שמנה מאלעזר ושמנה

רבינו חננאל

הגהות הב"ח

(א) גמ' ת"ר כ"ד משמרות היו בא"י כו' אלא אימא ושתים עשרה מהן: (ב) שם ר"ש בן אלעזר אומר כהנים: (ג) רש"י ד"ה מעכבין כו' בעינן דליהוי כולהו על גבי עבודה: (ד) ד"ה פשחור כו' לא כתיב גבי. נ"ב פי' המעיין בדברי הימים דקחשיב כ"ד משמרות ויצא הגורל הראשון ליהויריב לידעיה השני כו' ולא קא חשיב פשחור ולפע"ד יש לתרץ דכיון דבעזרא א' ב' כתוב העולים מן הכהנים היו ארבע משמרות וקא חשיב פשחור שמעינן דמדא מכ"ד משמרות היה לה עוד שם אחר אי נמי נשתנה שמה לשם השעה כדפרש"י בחומש בסדר פנחס אצל משפחות השבטים:

גליון הש"ס

גמ' מדרבנן ולקולא. כעין זה שבת דף פג ע"ב:

הגהות הגר"א

[א] גמ' ת"ר כ"ד משמרות. נ"ב של לוים:

הגהות מהר"ב רנשבורג

א] רש"י ד"ה ה"ג הגיע זמן וכו' לשון אחר נהירא לי. נ"ל ולא נהירא לי:

תורה אור השלם

א) צַו אֶת בְּנֵי יִשְׂרָאֵל וְאָמַרְתָּ אֲלֵהֶם אֶת קָרְבָּנִי לַחְמִי לְאִשַּׁי רֵיחַ נִיחֹחִי תִּשְׁמְרוּ לְהַקְרִיב לִי בְּמוֹעֲדוֹ: [במדבר כח, ב]

ב) לַחֶבְרוֹנִי יְרִיָּה הָרֹאשׁ לַחֶבְרוֹנִי לְתֹלְדֹתָיו לְאָבוֹת בִּשְׁנַת הָאַרְבָּעִים לְמַלְכוּת דָּוִיד נִדְרָשׁוּ וַיִּמָּצֵא בָהֶם גִּבּוֹרֵי חַיִל בְּיַעְזֵיר גִּלְעָד: [דברי הימים א' כו, לא]

ג) כֻּלָּם הַבְּרוּרִים לְשֹׁעֲרִים בַּסִּפִּים מָאתַיִם וּשְׁנֵים עָשָׂר הֵמָּה בְחַצְרֵיהֶם הִתְיַחְשָׂם הֵמָּה יִסַּד דָּוִיד וּשְׁמוּאֵל הָרֹאֶה בֶּאֱמוּנָתָם: [דברי הימים א' ט, כב]

ד) וַיִּמָּצְאוּ בְנֵי אֶלְעָזָר רַבִּים לְרָאשֵׁי הַגְּבָרִים מִן בְּנֵי אִיתָמָר וַיַּחְלְקוּם לִבְנֵי אֶלְעָזָר רָאשִׁים לְבֵית אָבוֹת שִׁשָּׁה עָשָׂר וְלִבְנֵי אִיתָמָר לְבֵית אֲבוֹתָם שְׁמוֹנָה: [דברי הימים א' כד, ד]

ה) וַיִּכְתְּבֵם שְׁמַעְיָה בֶן נְתַנְאֵל הַסּוֹפֵר מִן הַלֵּוִי לִפְנֵי הַמֶּלֶךְ וְהַשָּׂרִים וְצָדוֹק הַכֹּהֵן וַאֲחִימֶלֶךְ בֶּן אֶבְיָתָר וְרָאשֵׁי הָאָבוֹת לַכֹּהֲנִים וְלַלְוִיִּם בֵּית אָב אֶחָד אָחֻז לְאֶלְעָזָר וְאָחֻז אָחֻז לְאִיתָמָר: [דברי הימים א' כד, ו]

חשק שלמה על רבינו חננאל

א) דברי רבינו כאן לא כיון לכאורה ואולי לפי ע"ש ...

ליקוטי רש"י

והוא אינו עומד על גביו. וישראל מעמדות, עומדין על תמידי צבור כשעת הקרבן כדתנן במסכת תענית (דף כו.) ... עיקר שירה. שקרבן צבור טעון שיר מן התורה ... עיקר שירה בפה. ... עיקר שירה בכלי. ... עלו מן הגולה. בימי עזרא.

וחלקום והעמידום על עשרים וארבעה בללום ונתנום בקלפי בא ידעיה ונטל חלקו וחלק חבריו שש בא [חרים] ונטל חלקו וחלק חבריו שש וכן פשחור וכן אימר וכן התנו נביאים שבינידם שאפי' (א) יהודיב) ראש משמרת עולה לא ידחה ידעיה ממקומו אלא ידעיה עיקר (ב) ויהודיב) טפל לו: וישראל שבאותו משמר מתכנסין בעריהן וקורין במעשה בראשית: מנהני מילי א"ר יעקב בר אחא ° (ג) אמר רב אסי (ד) אלמלא מעמדות לא נתקיימו שמים וארץ שנאמר א) ויאמר ה' אלהים במה אדע כי אירשנה אמר אברהם רבש"ע שמא ישראל חוטאין לפניך אתה עושה להם כדור המבול וכדור הפלגה א"ל לאו אמר לפניו רבש"ע הודיעני במה אירשנה א"ל ב) קחה לי עגלה משולשת ועז משולשת וגו' אמר לפניו רבש"ע תינח בזמן שבית המקדש קיים בזמן שאין בית המקדש קיים מה תהא עליהם אמר לו כבר תקנתי להם סדר קרבנות בזמן שקוראין בהן לפני מעלה אני עליהם כאילו הקריבום לפני ואני מוחל להם על כל עונותיהם ת"ר (ה) אנשי

א) [א] משמר היו מתפללין על קרבן אחיהם שיתקבל ברצון ואנשי מעמד מתכנסין לבית הכנסת ויושבין ד' תעניות בשני בשבת בשלישי ברביעי ובחמישי בשני על יורדי הים בשלישי על הולכי מדברות ברביעי על אסכרא שלא תיפול על התינוקות בחמישי על עוברות ומיניקות עוברות שלא יפילו מיניקות שיניקו את בניהם ובערב שבת לא היו מתענין מפני כבוד השבת ק"ו בשבת עצמה באחד בשבת מ"ט לא אמר ר' יוחנן מפני הנוצרים ר' שמואל בר נחמני אמר מפני שהוא שלישי ליצירה ריש לקיש אמר מפני נשמה יתירה דאמר ריש לקיש (ו) נשמה יתירה ניתנה בו באדם בע"ש במוצאי שבת נוטלין אותה ממנו שנאמר ג) שבת וינפש כיון ששבת ווי אבדה נפש: ביום הראשון בראשית ויהי רקיע: (ז) תנא בראשית בשנים יהי רקיע באחד בשלמא יהי רקיע באחד תלתא פסוקי הוו אלא בראשית בשנים (ח) (מ"ט) ה' פסוקי הויין (ט) ותנן) (י) א הקורא בתורה אל יפחות מג' פסוקים רב אמר ב דולג ושמואל אמר פוסק ורב דאמר דולג מ"ט לא אמר פוסק קסבר כל פסוקא (כ) דלא פסקיה משה אנן לא פסקינן ליה ושמואל אמר פוסק ומי פסקינן והאמר רבי חנינא קרא צער גדול היה לי אצל ר' חנינא הגדול ולא התיר לי לפסוק אלא לתינוקות של בית רבן הואיל ולהתלמד עשוין (ל) ושמואל התם טעמא מאי משום דלא אפשר הכא נמי לא אפשר ושמואל אמר פוסק מ"ט לא אמר דולג גזירה משום הנכנסין וגזירה משום היוצאין מיתיבי (מ) פרשה של ששה פסוקים קורין אותה בשנים ושל חמשה (א) [ביחיד ואם] הראשון קורא ג' השני קורא שנים מפרשה זו ואחד מפרשה אחרת וי"א ג' לפי שאין מתחילין בפרשה פחות משלשה פסוקין למ"ד דולג לידלוג ולמאן דאמר פוסק ליפסוק שאני התם

דאית

רש"י

וחלקום. לכ"ד וכתבו כנוי של כל אחד ואחד בחלק: בללום ונתנום בקלפי. כתבו על כ"ד חתיכות קלף ראשי משמרות שחלקו מאותן ד': בא ידעיה. משמרה של ידעיה בא אחד מהן ונוטל חלקו וחלק ה' חתיכות קלף דהוו להו שש ומי שהיה עולה בידו ראשון היה לשבת ראשונה שבסדר שהיו עולין בידו זו אחר זו כך היו עובדין בשבתותיהן זו אחר זו: וכך התנו. שאפי' יהויריב שהיה במקדש ראשון ראשון למשמרות עולה מן הגולה: לא ידחה ידעיה. הואיל ומתחלה לא עלה יהויריב אלא כל משמרות הנעשות מידעיה קודמות לעבודה ליהויריב ויהויריב בא ועובד אחריהן במקום משמר אחר וששה דידעיה עושין אותן ה' שלא להרבות במשמרות: א"ר אסי לפי שאלמלא מעמדות. עיסקי קרבנות שישראל עושין הן היו כליס בחטאן ומשהן כלין שמים וארץ העומדים בזכותן אין מתקיימין כו': כאנשי דור המבול. שמאחר שהן כלין אין העולם מתקיים והואיל שעל עיסקי קרבן העולם עומד לכך קורין אנשי מעמד בעריהן במעשה בראשית: כבר תקנתי להם כו'. כל זמן שקורין בהן כו' מהיכא יליף לה להאי גמגום: ת"ר אנשי משמר מתפללין על קרבן אחיהן. תמידים שבכל יום: אנשי משמר. (ב) אותן כ"ד שהיו בעריהן: בשני על יורדי הים. דכתיב בשני (בראשית א) יהי רקיע בתוך המים וצריך להזכיר ולרצות על הדבר: בשלישי על הולכי מדברות. דכתיב ותראה היבשה תהי ראויה יבשה להולכיה שלא יזוקו מפני חיות רעות: ברביעי על האסכרא. שבו נתלו המאורות וכתיב ביה (שם) יהי מאורות מארת כתיב: ועל עוברות כו'. דכתיב ביה (שם) ישרצו המים שרץ נפש חיה: מפני הנוצרים. שעושים אותו יום טוב שלהם: שלישי ליצירה. דאדם נברא ביום ששי ובכל יום שלישי הוי חלוש כדכתיב (שם לד) ויהי ביום השלישי בהיותם כואבים: נשמה יתירה. שנוטלין אותה ממנו והוי חלש: נשמה יתירה. שמרחיבים דעתו לאכילה ושתיה: כיון ששבת. שנח ושמר את השבת: ווי אבדה נפש. וינפש דורש בנוטריקון ווי נפש: בראשית בשנים. כהן ולוי קורין ביום תענית בראשית: תלתא פסוקי הוי. וסגיא בהו לחד גברא: רב אמר דולג. הראשון קורא שלשה פסוקים והשני מתחיל בפסוק שסיים בו הראשון והשנים עמו הרי שלשה ומשום אין מסיירין בפרשה פחות משלשה פסוקים ליכא משום דלא אפשר: פוסק. מפסיק הפסוק לשנים ראשון קורא שני פסוקים וחצי ולוי משלים חצי אותו הפסוק שקרא הכהן עם שנים הנותרים: ר' חנינא קרא. שהיה בעל מקרא ויודע בגירסא ובקי בטעמיה: צער גדול. הרבה טרחתי וחזרתי עליו שיתיר לי לפסוק הפסוק לשנים לצורך תינוקות שלומדים לפני שאין יכולין לקרוא פסוק כולו: הכא נמי לא אפשר. גבי ס"ת (ג) ובדילוג אי אפשר משום הנכנסין והיוצאין אם שני דולג ומתחיל בפסוק שסיים בו הראשון בני אדם הנכנסין שלא שמעו קריאת הראשון סבורין לומר שלא קרא הראשון אלא שני פסוקים ונפיק מיניה חורבא וכשהראשון קורא ג' פסוקים ואינו משייר אלא שנים איכא גזרת יוצאין דסברי האי שני דסגיא ליה בשני פסוקים: מיתיבי פרשה של ששה פסוקים. אשאר ימות השנה קאי: ויש אומרים שלשה. מפרשה אחריתי: הכי גרסינן למאן דאמר (י) דולג לידלוג למ"ד פוסק ליפסוק. כלומר פרשה של חמשה פסוקין (ד) אמאי קורא שני שלשה פסוקין בפרשה אחרת לידלוג או ליפסוק:

דלית

תוספות

רב אמר דולג. פי' הראשון קורא מראש הפרשה ג' פסוקים והשני שאין לו כי אם שני פסוקים מדלג פסוק אחד וקורא ממה שקרא הראשון וכן נמי בראשי חדשים מדלגין והקשה ה"ר יהודה בר נתן ואמאי מדלגין אמאי אינו קורא למעלה בפרשה דהא בשבת בחוש"מ קורא הוא מראה אתה אומר אלי (שמות לג) אע"פ שעיקר הפרשה אינה מתחלת כי אם מפסל לך (שם לד) וי"ל דמ"ה הוא קורא ראה בפרשה של מעלה לפי שכל אותה הפרשה משתעי בחד עניינא אבל פרשה דר"ח לעיל מינה לא משתעי כלל מחד עניינא ולכך אינו קורא בפרשה של מעלה אלא דולג ומזה ראיה למנהגנו אהא דלא קרינן בכל שבת ושבת פרשה של שבת כמו שאנו עושין בי"ט שאנו קורין פרשיות לפי המאורע לפי שאין בפרשה של שבת שלשה פסוקים דאין לומר שנדלג לעיל דלא הוי מחד עניינא:

גזירה משום הנכנסין והיוצאין. פי' שהנכנסין שלא ראו (ה) הראשונים שקרא ג' פסוקים ויראו השני שקורא פסוק אחד מלמעלה יאמרו שהראשון לא קרא אלא שני פסוקים והיוצאין כשהראשון קורא שלשה פסוקים ואינו משייר אלא שני פסוקים איכא גזירת יוצאין דסברי האי שני סגיא ליה בשני פסוקים:

עין משפט נר מצוה

טז א מיי' פי"ב מהל' תפלה הלכה ג סמג עשין יט טוש"ע א"ח סימן קלז סעיף ב:

יז ב מיי' פי"ג שם ה"ד סמג שם טוש"ע א"ח סי' תכג סעיף ב:

רבינו גרשום

ושמנה מאיתמר וקשיא לרב חסדא אמר לך רב חסדא תנאי הוא דאשכחן תנא דלעיל דתניא משה תיקן ד' מאלעזר וד' מאיתמר ואנא דאמרי כוותיה: בללום ונתנום בקלפי שכשחלקו כל משמר לד' משמרות היה מחלוקת ביניהם שזו אומר אני עולה תחלה וזו אומר אני עולה תחלה מה עשו כתבו שמות ראשי של אותן ה' משמרות שהוסיפו ממשמר ידעיה ובא ידעיה ונטל חלקו וחלק חבריו שהניח ידיו בקלפי ואומר שם אותה משמורה שעולה בידי תחלה היא עולה תחלה אחרי וכן בשניה וכן בשלישית וכן ברביעית וכן חמישית וכן עשה חרים וכו'. שאפי' יהויריב עולה שהוא לא רצה לעלות עם עזרא: מנה"מ דקורין במעמדות מעשה בראשית אמר רב אסי אילמלא מעמדות כלומר קרבנות לא נתקיימו שמים וארץ שנא' ויאמר ה' אלהים במה אדע וגו' קחה לי עגלה משולשת וגו' דהיינו קרבנות לפיכך קוראין במעשה בראשית כשעוסקין בקרבנות לפי שכל מעשה בראשית אינו מתקיים אלא בשביל הקרבנות: אנשי משמר היו מתפללין על קרבן אחיהם שיתקבל ברצון שבו כהנים של משמר נחלק לז' בתי אבות וכל בית אב עובד יום אחד וביום שבית אב עובד שאר כל כהנים אנשי משמר ז' בתי אבות מתפללין על קרבן שמקריבין אחיהם בית אב שביעי שיתקבל ברצון: אנשי מעמד היו יושבין ד' תעניות כלו' אותן ישראל של מעמד כדאמרנו לעיל במשנתנו שמתכנסין בעריהן יושבין ד' תעניות על יורדי הים לפי שנאמר בו והיה רקיע בתוך המים על הולכי מדברות לפי שנאמר בו ותראה היבשה על אסכרא לפי שנאמר בו יהי מאורות מארת כתיב דמשמע מארה על עוברות ומיניקות לפי שנאמר בו ישרצו המים נפש חיה דהיינו דמעוברות. מפני הנוצרים לפי שיום חג שלהם באחד בשבת ואם היו ישראל מתענין היו כועסים. שלישי דיצירה שאדם נוצר בערב שבת

רבינו חננאל

שמואל ודוד והעמידום על (י"ו) [כ"ד] קשיא לרב חסדא ושנינן הכי מיסוד של שמואל שהוסיף על שתיקן משה. בא דוד והוסיף על מה שתיקן שמואל [והעמידום על כ"ד] שנא' המה יסד דוד ושמואל הרואה באמונתם: ת"ר ד' משמרות עלו מן הגולה. ידעיה חרים פשחור אימר. עמדו הנביאים שביניהם וחלקום לכ"ד משמרות בללום ונתנום בקלפי בא ידעיה ונטל חלקו וחלק חבירו שש וכן חרים וכן פשחור וכן אימר וכן התנו נביאים שביניהם שאע"פ שיהויריב ראש משמרה עולה לא ידחה ידעיה ממקומו אלא ידעיה עיקר ויהויריב טפל לו עמדו ראשי א) משמרות וקבעו עצמן בתי אבות. משמר שהיה בו ה' בתי אבות ג' מקריבין ב) ג' ימים וב' מקריבין ד' ימים. ומי שהיה בו ג) ו' בית אבות כל אחד מקריב יומו וכן כולן. יש מי שקבעו עצמן לעולם. בית אב שהיה בשבת לעולם אינו מקריב אלא בשבת. ומי שהוא ביום ראשון לעולם ביום ראשון. ויש שמגדילין ד) על כל משמר. ויש שהוא מגדילין בכל שבוע ושבוע: ירושלמי ר' הוה ממני (מוציאין) [תרין מנויין] אי הוין כדי הוין מתקיימין ואין לא הוו מסתלקין מדדמך. תרגום ויישן ויחלום ודמוך וחלם. (ר') פקיד לבריה לא תעביד כן אלא מני כולהו כחדא ומני ר' חמא בר' חנינא בראש. ולמה לא מנייה ר' בגין שהשיבו ברבים. ומה השיבו ר' הוה יתיב מתני [יחזקאל ז] ופלטו פליטיהם והיו אל ההרים כיוני הגאיות כולם (הומות) [הומיות אמר] ליה רבי חנינא (כלם) הומות א"ל הן קריתיה א"ל קומי רב המנונא דבבל. א"ל כד תיחות תמן אמור ליה דמנייתך חכים וידע דלא מיתמני ביומרי. מן דמך ר' א' איני מקבל עד דתמני ר' אפס דדרומא והוה תמן חד סב ה) א"ר חנינא קדמאי אנא תניין וקביל עליה ר' חנינא מתמנן תליתאי שמואל ודבית שילה הוי עיילין שאלין בשלמא דנשיאה כל יומא והוו דבית שילה עלין ויתבין קדמאי פלגו יקר לשמואל ואותיביה קדמאי על רב לתמן פלג ליה שמואל יקר ואותיביה קדמאי אמרו דבית שילה אנן תניין וקביל שמואל עלויה מיתב תליתאי. המה יסד דוד ושמואל הרואה באמונתם אומנות גדולה היתה שאין משמר נוטל ושונה בשדה אחוזה עד שיטול חבירו. תנא בתוספתא. אלו משמרות כהנים לוים וישראלים עמדו נביאים שביניהם וקבעום כ"ד משמרות שנאמר צו את בני ישראל אי אפשר לומר כל ישראל אלא מלמד ששלוחו של אדם כמותו הגיע זמן המשמר כהנים ולוים עולין בירושלים וישראל שבאותו משמר שאין יכולין לעלות לירושלים מתקבצין בעריהם וקורין בענין קרבנות ובענין מעשה בראשית ובטלין מן המלאכה (של) [כל] אותה שבת ולמה קורין בקרבנות ובמעשה בראשית ללמדך שאלמלא המעמדות שמתקבצין וקורין לא נתקיימו מעשה בראשית שנא' אם לא בריתי יומם ולילה חקות שמים וארץ לא שמתי. וכתיב ויאמר ה' במה אדע כי אירשנה. אמר אברהם לפני הקב"ה רבש"ע מתירא אני שמא ישראל יחטאו כו': ת"ר אנשי

חשק שלמה על רבינו חננאל א) מכאן עד ויש מהם שמגדילין הוא לשון התוספתא דמכילתין פ"ב ובירושלמי כאן ה"ב. ב) בתוספתא הגי' שלשה מקריבין שני ימים [ור"ל דכל אחד מהבתי אבות מקריבין שני ימים] ושנים מקריבין יום אחד משמר שיש בו ששה חמשה מקריבין חמשה ימים ואחד מקריב שני ימים עכ"ל התוספתא ועיין בזה ודו"ק. ג) נראה דצ"ל ומי שהי' בו ז' בתי אבות וכ"ה בתוספתא ובירושלמי. ד) בירושלמי הגי' שמגרלין וע"ש במפרש. ה) אמר אי חנינא קדמאי אפס דרומא קדמאי אנא תניין כ"ה בירושלמי.

מסורת הש"ס

א) צ"ל יהויריב, ב) צ"ל ויהויריב, ג) מגילה לא: ע"ש, ד) [ע' תוספות מגילה כא.], ה) [מס' סופרים פי"ז ה"ה ע"ש], ו) [ביצה טז.], ז) מגילה כב., ח) [ליתא במגילה], ט) [צ"ל ותניא], י) ג"ז שם, כ) [מגילה שם ברכות יב:], ל) [במגילה שם ליתא], מ) מגילה שם ע"ש, נ) [ע' רש"י במגיל' כב. ד"ה למאן וקצ"ע].

הגהות הב"ח

(א) גמ' קורין אותה בשנים ושל חמשה פסוקים הראשון קורא: (ב) רש"י ד"ה אנשי משמר שהיו בירושלים. אנשי מעמד אותן כ"ד שהיו: (ג) ד"ה ה"נ לא אפשר גבי ס"ת דבדילוג א"א משום: (ד) ד"ה ה"ג כו' אמאי קורא שני ג'. נ"ב עי' פ"ג דמגילה דף כב ע"א פירש איפכא משום דברייתא דמייתי התם מיירי בקרא כבר ע"ש אבל ברייתא דהכא תנא קורא לכתחילה קשיא אמאי קורא לידלג או ליפסק: (ה) תום' ד"ה גזירה כו' שלא ראו את הראשון שקרא כו' ויראו את השני:

גליון הש"ס

גמ' אמר רב אסי אלמלא מעמדות. ע' תוי"ט פ"א מ"ב דאבות:

הגהות הגר"א

[א] גמ' ת"ר אנשי משמר (רשום עליו אות ב') היו כו' ואנשי מעמד (רשום עליו אות א'. כלומר דצ"ל להיפך):

הגהות מהר"ב רנשבורג

א] גמ' ת"ר אנשי משמר. נ"ב נלע"ד שצ"ל איפכא דאנשי מעמד היו מתפללין ואנשי משמר מתכנסין לבהכ"נ וכן מוכח במתני' וברמב"ם פ"ו מהלכות כלי מקדש הלכה א' ב' ג' ודו"ק:

תורה אור השלם

א) וַיֹּאמַר אֲדֹנָי יֱיָ בַּמָּה אֵדַע כִּי אִירָשֶׁנָּה: [בראשית טו, ח]

ב) וַיֹּאמֶר אֵלָיו קְחָה לִי עֶגְלָה מְשֻׁלֶּשֶׁת וְעֵז מְשֻׁלֶּשֶׁת וְאַיִל מְשֻׁלָּשׁ וְתֹר וְגוֹזָל: [בראשית טו, ט]

ג) בֵּינִי וּבֵין בְּנֵי יִשְׂרָאֵל אוֹת הִוא לְעֹלָם כִּי שֵׁשֶׁת יָמִים עָשָׂה יְיָ אֶת הַשָּׁמַיִם וְאֶת הָאָרֶץ וּבַיּוֹם הַשְּׁבִיעִי שָׁבַת וַיִּנָּפַשׁ: [שמות לא, יז]

ליקוטי רש"י

וחלקום והעמידום על עשרים וארבעה. ולא היו יודעין כיצד יסדרן מי יעבוד אחר מי. בללום. שכתבו שם הכ"ד משמרות בכ"ד פתקין. ונתנום בקלפי. וכוון ידעיה ברוח הקודש ועלתה איגרתו בידו וחזר והכניס ידו ונטל איגרת וכן עד שש פעמים ובאותו סדר שעלו האיגרות בידו כך [עבדו] אחריו אותן הכתובין באיגרות זו אחר זו [ערכין יב:]. וכן פשחור וכן אימר. ויהויריב שוב לא עלה [שם יג.]. מנהני מילי. מה ענין בראשית אצל מעמדות. במה אירשנה. מה תאמר לי ללמדן דבר שיתכפרו בו עונותיהן. קחה לי עגלה משולשת. כלומר הקרבנות יכפרו עליהן [מגילה לא:]. אסכרא. בולמ"ע בלעז פעמים שנקבע בתוך פיו של אדם ומת לשון כי יסכר פי דוברי שקר (תהלים סג) והיא סרונכה מיתה משונה [לעיל יט.]. אישטר"אנגולמנט בלעז שבתוך הגוף [ברכות ח.]. אסכרא והוא בגרון מלנ"ט [כתובות ל:]. נשמה יתירה. רוחב לב למנוחה ולשמחה ולהיות פתוח לרוחה ויאכל וישתה ואין נפשו קצה עליו. וינפש. דרשינן ליה אוי על הנפש שהלכה לה [ביצה טז.]. רב אמר דולג. השני חוזר ומתחיל פסוק שגמר בו שלפניו. ושמואל אמר פוסק. הראשון קורא חצי הפסוק השלישי ופוסקו. גזירה משום הנכנסין. שישמעו השני מתחיל פסוק זה ויאמרו לא קרא ראשון אלא שנים וכן היוצאין שישמעו את הראשון קורא שלשה ויצאו מבית הכנסת ויאמרו לא יקרא השני אלא שנים. למ"ד דולג נדלוג. למאן דאמר פוסק ליכא למיפרך דהא קרא ראשון שלשה קתני דאי אפשר עוד לחזור [מגילה כב. כן גירסתו שם].

וְחִלְקוּם וְהֶעֱמִידוּם עַל עֶשְׂרִים וְאַרְבָּעָה – **divided them and made them into twenty-four** different *mishmaros;* i.e. each family was divided into six. They wrote the names of the *mishmaros* on twenty-four pieces of parchment, בְּלָלוּם וּנְתָנוּם בְּקַלְפִּי – **mixed up [the pieces of parchment] and put them in a lottery box.** בָּא יְדַעְיָה – A representative of **Yedaiah came** first וְנָטַל חֶלְקוֹ וְחֵלֶק חֲבֵרָיו שֵׁשׁ – **and drew his portion and the portions of his colleagues** – a total of **six** – from the lottery box.[1] בָּא [חָרִים] וְנָטַל חֶלְקוֹ וְחֵלֶק חֲבֵרָיו שֵׁשׁ – Then a representative of **[Charim] came and drew his portion and the portions of his colleagues** – also a total of **six,** וְכֵן פַּשְׁחוּר – **and likewise Pashchur,** וְכֵן אִימֵּר – **and likewise Immeir.** וְכֵן הִתְנוּ נְבִיאִים שֶׁבֵּינֵיהֶם – **And the prophets among them stipulated** שֶׁאֲפִילוּ (יהודיב) [יְהוֹיָרִיב] רֹאשׁ מִשְׁמֶרֶת עוֹלֶה – **that even** if the family of **Yehoyariv,** that was **the chief of** all **the *mishmaros*** in the First Temple, were to **ascend** to Eretz Yisrael from the exile, לֹא יְדַחֶה יְדַעְיָה מִמְּקוֹמוֹ – **it will not oust Yedaiah from its place** as the first of all the *mishmaros* in the Second Temple. אֶלָּא יְדַעְיָה עִיקָּר (יהודיב) [וִיהוֹיָרִיב] טָפֵל לוֹ – **Rather, Yedaiah** will remain the **principal** *mishmar* **and Yehoyariv** will be **subordinate to it.**[2]

The Gemara discusses the next clause of our Mishnah:

וְיִשְׂרָאֵל שֶׁבְּאוֹתוֹ מִשְׁמָר מִתְכַּנְּסִין בְּעָרֵיהֶן – AND THE YISRAELIM ASSIGNED TO THAT *MISHMAR,* who were not stationed in Jerusalem, WOULD ASSEMBLE IN THEIR TOWNS וְקוֹרִין בְּמַעֲשֵׂה בְּרֵאשִׁית – AND READ FROM THE narrative of the CREATION.

The Gemara inquires:

מְנָהָנֵי מִילֵּי – **From where is** this **matter derived?** I.e. what is the connection between the Creation and *maamados* that explains why the Creation narrative is read at the *maamados* services?

The Gemara responds:

אָמַר רַבִּי יַעֲקֹב בַּר אַחָא אָמַר רַב אַסִּי – **R' Yaakov bar Acha said in the name of Rav Assi:** אִלְמָלֵא מַעֲמָדוֹת – **If not for the *maamados,*** i.e. the offerings which are the focus of the *maamados,* לֹא נִתְקַיְּימוּ שָׁמַיִם וָאָרֶץ – **heaven and earth would not remain in existence;** שֶׁנֶּאֱמַר – **as it is said:**[3] ,,וַיֹּאמַר אֲדֹנָי אֱלֹהִים בַּמָּה אֵדַע כִּי אִירָשֶׁנָּה'' – ***And he*** [Abraham] ***said: Lord, God, whereby shall I know that I am to inherit it*** [Eretz Yisrael], which is interpreted as a part of the following dialogue between God and Abraham: אָמַר אַבְרָהָם – **Abraham said:** רִבּוֹנוֹ שֶׁל עוֹלָם – **Master of the Universe!** שֶׁמָּא יִשְׂרָאֵל חוֹטְאִין לְפָנֶיךָ – **Perhaps Israel will sin before You,** אַתָּה עוֹשֶׂה לָהֶם כְּדוֹר הַמַּבּוּל וּכְדוֹר הַפַּלָּגָה – **and You will do to them as** You did **to the generation of the Flood and the generation of the Dispersion.**[4] אָמַר לוֹ לָאו – **[God] answered him: No!** אָמַר לְפָנָיו – **[Abraham] said before [God]:** רִבּוֹנוֹ שֶׁל עוֹלָם – **Master of the Universe!** הוֹדִיעֵנִי בַּמָּה אִירָשֶׁנָּה – **Let me know whereby I shall inherit it;** i.e. by what means shall Israel atone for their sins and thereby be saved from destruction.[5] אָמַר לֵיהּ – **[God] answered [Abraham]** in the next verse: ,,קְחָה לִי עֶגְלָה מְשֻׁלֶּשֶׁת וְעֵז מְשֻׁלֶּשֶׁת וגו' '' – ***Bring Me three calves and three goats* etc.**; i.e. the offerings will achieve atonement for their sins. This proves that were it not for the offerings, Israel – and consequently, heaven and earth, which exist in the merit of Israel – would cease to exist. It is appropriate, therefore, for the members of the *maamad,* who pray for Divine acceptance of the offerings, to read the narrative of the creation of heaven and earth.

Rav Assi continues with the conclusion of this dialogue between God and Abraham:

אָמַר לְפָנָיו – **[Abraham] said before [God]:** רִבּוֹנוֹ שֶׁל עוֹלָם – **Master of the Universe!** תֵּינַח בִּזְמַן שֶׁבֵּית הַמִּקְדָּשׁ קַיָּים – **That is fine for the times when the Holy Temple will be in existence,** בִּזְמַן שֶׁאֵין בֵּית הַמִּקְדָּשׁ קַיָּים – but **in the times when the Holy Temple will not be in existence,** מַה תְּהֵא עֲלֵיהֶם – **what will be with them?** אָמַר לוֹ – **[God] answered [Abraham]:** כְּבָר תִּקַּנְתִּי לָהֶם סֵדֶר קָרְבָּנוֹת – **I have already established for them the** Scriptural **section of offerings.** בִּזְמַן שֶׁקּוֹרְאִין בָּהֶן לְפָנַי – **Whenever they read from them before Me,** מַעֲלֶה אֲנִי עֲלֵיהֶם כְּאִילּוּ הִקְרִיבוּם לְפָנַי – **I will consider it as if they had brought [offerings] before Me,** וַאֲנִי מוֹחֵל לָהֶם עַל כָּל עֲוֹנוֹתֵיהֶם – **and I will forgive them all their sins.**[6]

The Gemara cites a Baraisa that elaborates on the *maamados* services:

תָּנוּ רַבָּנָן – **The Rabbis taught in a Baraisa:** אַנְשֵׁי מִשְׁמָר – THE MEMBERS OF THE *MISHMAR,* i.e. the members of the *maamad* who joined their corresponding *mishmar* in the Temple, and attended the *tamid* offerings,[7] הָיוּ מִתְפַּלְּלִין עַל קָרְבַּן אֲחֵיהֶם שֶׁיִּתְקַבֵּל בְּרָצוֹן – WOULD PRAY THAT THE OFFERING OF THEIR BRETHREN BE ACCEPTED WITH Divine FAVOR. וְאַנְשֵׁי מַעֲמָד מִתְכַּנְּסִין לְבֵית הַכְּנֶסֶת וְיוֹשְׁבִין ד' תַּעֲנִיּוֹת – AND THE MEMBERS OF THE *MAAMAD* who were not stationed in Jerusalem[8] WOULD ASSEMBLE IN THE SYNAGOGUE AND OBSERVE a series of FOUR FASTS. בַּשֵּׁנִי בַּשְּׁלִישִׁי בָּרְבִיעִי וּבַחֲמִישִׁי – They fasted ON MONDAY, TUESDAY, WEDNESDAY AND THURSDAY. בַּשֵּׁנִי עַל יוֹרְדֵי הַיָּם – ON MONDAY they fasted and prayed FOR the safety of SEA TRAVELERS.[9] בַּשְּׁלִישִׁי עַל הוֹלְכֵי

NOTES

1. Yedaiah drew first, and then Charim, Paschchar and Immeir, because that was the order in which they served in the First Temple.

Although all twenty-four names were mixed together in a single lottery box, the representative of Yedaiah, through the influence of the Divine spirit [רוּחַ הַקֹּדֶשׁ, *Ruach HaKodesh*], drew only the six names that pertained to his family. The order of the six, as they were picked, determined the order of the weeks in which they would serve in the Temple (*Rashi* to *Arachin* 12b; cf. *Rashash*).

2. That is, if Yehoyariv returns, the *mishmaros* of Yedaiah will continue to serve first, and Yehoyariv will serve after them. Yehoyariv loses its status as chief *mishmar* because it was not among the *mishmaros* that returned first to Eretz Yisrael in the era of Ezra. However, the number of Yedaiah's *mishmaros* would be reduced to five, so that the total number of *mishmaros* is not increased (*Rashi;* cf. *Gevuras Ari*).

3. *Genesis* 15:8.

4. See *Genesis* 6:1-7; 7:1-24 and 11:1-9.

5. *Rashi* to *Megillah* 31b with *Maharsha* here.

Rav Assi interprets the verse as if its wording is reversed: אֵדַע בַּמֶּה כִּי אִירָשֶׁנָּה, *Let me know with what* [i.e. in what merit] *shall I inherit [the land]* (*Maharsha*). I.e. tell me what I must teach my descendants that will help them achieve atonement for their sins (*Rashi* to *Megillah* 31b) so that they can remain in the Land. [This interpretation is justified because the simple, apparent meaning of the verse – *whereby shall I know that I am to inherit it?* – which implies that Abraham lacked trust in God's promise, is problematic (see *Maharsha*).]

6. The commentators deal with the question of how this portion of the dialogue is alluded to by the verses under discussion (see *Rashi*). *Maharsha* suggests that the word אִירָשֶׁנָּה contains a hint to the destruction of the Temple and the exile in that it is similar to the word אוֹרִישׁ, *I will disperse.* And קְחָה לִי (literally, take for me) can be interpreted in the sense of speech, as קְחוּ עִמָּכֶם דְּבָרִים, *take with you words* (*Hosea* 14:3).

Alternatively, *Tos. Yom Tov* (*Avos* 1:2) explains: Since, as stated here, the existence of heaven and earth depend on the offerings, God must certainly have instituted a remedy whereby the merit of offerings can be attained even in an era when the Temple is not in existence.

7. Based on *Rashi* with emendation of *Bach;* cf. *Hagahos HaGra* and *Hagahos R' Betzalel Ronsburg.*

8. See 26a note 11.

9. Since the waters are mentioned in conjunction with the second day of Creation (*Let there be a firmament in the midst of the waters – Genesis* 1:6), it is appropriate on Monday, the second day of the week, to mention [by reading a Torah portion] and pray for the welfare of those who travel across the seas (*Rashi*).

וחלקום והעמידום על עשרים וארבעה בללום ונתנום בקלפי בא ידעיה ונטל חלקו וחלק חבריו שש בא [חרים] ונטל חלקו וחלק חבריו שש וכן פשחור וכן אימר וכן התנו נביאים שביניהם שאפי' (א) יהודיב) ראש משמרת עולה לא ידחה ידעיה ממקומו אלא ידעיה עיקר (ב) ויהודיב) טפל לו: וישראל שבאותו משמר מתכנסין בעריהן וקורין במעשה בראשית: מנהני מילי א"ר יעקב בר אחא ° ג) אמר רב אסי ד) אלמלא מעמדות לא נתקיימו שמים וארץ שנאמר א) ויאמר ה' אלהים במה אדע כי אירשנה אמר אברהם רבש"ע שמא ישראל חוטאין לפניך אתה עושה להם כדור המבול וכדור הפלגה א"ל לאו אמר לפניו רבש"ע הודיעני במה אירשנה א"ל ב) קחה לי עגלה משולשת ועז משולשת וגו' אמר לפניו רבש"ע תינח בזמן שבית המקדש קיים בזמן שאין בית המקדש קיים מה תהא עליהם אמר לו כבר תקנתי להם סדר קרבנות בזמן שקוראין בהן לפני מעלה אני עליהם כאילו הקריבום לפני ואני מוחל להם על כל עונותיהם ת"ר ה) אנשי משמר היו מתפללין על קרבן אחיהם שיתקבל ברצון ואנשי מעמד [א] אן מתכנסין לבית הכנסת ויושבין ד' תעניות בשני בשבת בשלישי ברביעי ובחמישי בשני על יורדי הים בשלישי על הולכי מדברות ברביעי על אסכרא שלא תיפול על התינוקות בחמישי על עוברות ומיניקות עוברות שלא יפילו מיניקות שיניקו את בניהם ובערב שבת לא היו מתענין מפני כבוד השבת ק"ו בשבת עצמה באחד בשבת מ"ט לא אמר ר' יוחנן מפני הנוצרים ר' שמואל בר נחמני אמר מפני שהוא שלישי ליצירה ריש לקיש אמר מפני נשמה יתירה דאמר ריש לקיש ו) נשמה יתירה ניתנה בו באדם בע"ש במוצאי שבת נוטלין אותה ממנו שנאמר ג) שבת וינפש כיון ששבת ווי אבדה נפש: ביום הראשון בראשית ויהי רקיע: ז) תנא בראשית בשנים יהי רקיע באחד בשלמא יהי רקיע תלתא פסוקי הוו אלא בראשית בשנים ח) (מ"ט) ה' פסוקי הויין (ט) ותנן) י) א הקורא בתורה אל יפחות מג' פסוקים רב אמר ב דולג ושמואל אמר פוסק ורב דאמר דולג מ"ט לא אמר פוסק קסבר כל פסוקא כ) דלא פסקיה משה אנן לא פסקינן ליה ושמואל אמר פוסק ומי פסקינן והאמר רבי חנינא קרא צער גדול היה לי אצל ר' חנינא הגדול ולא התיר לי לפסוק אלא לתינוקות של בית רבן הואיל ולהתלמד עשוין ל) ושמואל התם טעמא מאי משום דלא אפשר הכא נמי לא אפשר ושמואל אמר פוסק מ"ט לא אמר דולג גזירה משום הנכנסין וגזירה משום היוצאין מיתיבי מ) פרשה של ששה פסוקים קורין אותה בשנים ושל חמשה (א) [ביחיד ואם] הראשון קורא ג' השני קורא שנים מפרשה זו ואחד מפרשה אחרת וי"א ג' לפי שאין מתחילין בפרשה פחות משלשה פסוקין למ"ד דולג לידלוג ולמאן דאמר פוסק ליפסוק שאני התם דאית

וחלקום. לכ"ד וכתבו כנוי של כל אחד ואחד בחלק: בללום ונתנום בקלפי. כתבו על כ"ד חתיכות קלף ראשי משמרות שחלקו מאותן ד': בא ידעיה. משמרה של ידעיה בא אחד מהן ונוטל חלקו וחלק ה' חתיכות קלף דהוו להו שש ומי שהיה עולה בידו ראשון היה לשבת ראשונה שבסדר שהיו עולין בידו זו אחר זו כך היו עובדין בשבתותיהן זו אחר זו: וכך התנו. שאפי' יהויריב שהיה במקדש ראשון ראשון למשמרות עולה מן הגולה: לא ידחה ידעיה. הואיל ומתחלה לא עלה יהויריב אלא כל משמרות הנעשות מידעיה קודמות לעבודה ליהויריב ויהויריב בא ועובד אחריהן במקום משמר אחר וששה דידעיה עושין אותן ה' שלא להרבות במשמרות: א"ר אסי לפי שאלמלא מעמדות. עיסקי קרבנות שישראל עושין הן היו כלים בחטאן ומשהן כלין שמים וארץ העומדים בזכותן אין מתקיימין כו': כאנשי דור המבול. שמאחר שהן כלין אין העולם מתקיים והואיל שעל עיסקי קרבן העולם עומד לכך קורין אנשי מעמד בעריהן במעשה בראשית: כבר תקנתי להם כו'. כל זמן שקורין בהן כו' מהיכא יליף לה להאי גמגום: ת"ר אנשי משמר מתפללין על קרבן אחיהן. תמידים שבכל יום: אנשי משמר. (ג) אותן כ"ד שהיו בעריהן: בשני על יורדי הים. דכתיב בשני (בראשית א) יהי רקיע בתוך המים וצריך להזכיר ולרצות על הדבר: בשלישי על הולכי מדברות. דכתיב ותראה היבשה תהי ראויה יבשה להולכיה שלא יוזקו מפני חיות רעות: ברביעי על האסכרא. שבו נתלו המאורות וכתיב ביה (שם) יהי מאורות מארת כתיב: ועל עוברות כו'. דכתיב ביה (שם) ישרצו המים שרץ נפש חיה: מפני הנוצרים. שעושים אותו יום טוב שלהם: שלישי ליצירה. דאדם נברא ביום ששי ובכל יום שלישי הוי חלוש כדכתיב (שם לד) ויהי ביום השלישי בהיותם כואבים: נשמה יתירה. שנוטלין אותה ממנו והוי חלש: נשמה יתירה. שמרחיבים דעתו לאכילה ושתיה: כיון ששבת. שנח ושמר את השבת: ווי אבדה נפש. וינפש דורש בנוטריקון ווי נפש: בראשית בשנים. כהן ולוי קורין ביום תענית בראשית: תלתא פסוקי הוי. וסגיא בהו לחד גברא: רב אמר דולג. הראשון קורא שלשה פסוקים והשני מתחיל בפסוק שסיים בו הראשון והשנים עמו הרי שלשה ומשום אין משיירין בפרשה פחות משלשה פסוקים ליכא משום דלא אפשר: פוסק. מפסיק הפסוק לשנים ראשון קורא שני פסוקים וחצי ולוי משלים חצי אותו הפסוק שקרא הכהן עם שנים הנותרים: ר' חנינא קרא. שהיה בעל מקרא ויודעה בגירסא ובקי בטעמיה: צער גדול. הרבה טרחתי וחזרתי עליו שיתיר לי לפסוק הפסוק לשנים לצורך תינוקות שלומדים לפי שאינן יכולין לקרות פסוק כולו: הכא נמי לא אפשר. גבי ס"ת (ג) ובדילוג אי אפשר משום הנכנסין והיוצאין אם שני דולג ומתחיל בפסוק שסיים בו הראשון בני אדם הנכנסין שלא שמעו קריאת הראשון סבורין לומר שלא קרא הראשון אלא שני פסוקים ונפיק מיניה חורבא וכשהראשון קורא ג' פסוקים ואינו משייר אלא שנים איכא גזרת יוצאין דסברי האי שני דסגיא ליה בשני פסוקים: מיתיבי פרשה של ששה פסוקים. אשאר ימות השנה קאי: ויש אומרים שלשה. מפרשה אחריתי: הכי גרסינן למאן דאמר ו) דולג לידלוג למ"ד פוסק ליפסוק. כלומר פרשה של חמשה פסוקין (ד) אמאי קורא שני שלשה פסוקין בפרשה אחרת לידלוג או ליפסוק:

רב אמר דולג. פי' הראשון קורא מראש הפרשה ג' פסוקים והשני שאין לו כי אם שני פסוקים מדלג פסוק אחד וקורא ממה שקרא הראשון וכן נמי בראשי חדשים מדלגין והקשה ה"ר יהודה בר נתן ואמאי מדלגין אמאי אינו קורא למעלה בפרשה דהא בשבת בחוש"מ קורא הוא מראה אתה אומר אלי (שמות לג) אע"פ שעיקר הפרשה אינה מתחלת כי אם מפסל לך (שם לד) וי"ל דמ"ה הוא קורא ראה בפרשה של מעלה לפי שכל אותה הפרשה משתעי בחד ענינא אבל פרשה דר"ח לעיל מינה לא משתעי כלל מחד ענינא ולכך אינו קורא בפרשה של מעלה אלא דולג ומזה ראיה למנהגנו אהא דלא קרינן בכל שבת ושבת פרשה של שבת כמו שאנו עושין בי"ט שאנו קורין פרשיות לפי המאורע לפי שאין בפרשה של שבת שלשה פסוקים דאין לומר שנדלג לעיל דלא הוי מחד ענינא:

גזרה משום הנכנסין והיוצאין. פי' שהנכנסין שלא ראו (ה) הראשונים שקרא ג' פסוקים ויראו השני שקורא פסוק אחד מלמעלה יאמרו שהראשון לא קרא אלא שני פסוקים והיוצאין כשהראשון קורא שלשה פסוקים ואינו משייר אלא שני פסוקים איכא גזירת יוצאין דסברי האי שני סגיא ליה בשני פסוקים:

עין משפט
נר מצוה

טז א מיי' פי"ב מהל' תפלה הלכה ג סמג עשין יט טוש"ע א"ח סימן קלז סעיף ב:
יז ב מיי' פי"ג שם ה"ד סמג שם טוש"ע א"ח סי' תכג סעיף ב:

רבינו גרשום

ושמנה מאיתמר וקשיא לרב חסדא אמר לך רב חסדא תנאי הוא דאשכחן תנא דלעיל דתניא משה תיקן ד' מאלעזר וד' מאיתמר ואנא דאמרי כוותיה: בללום ונתנום בקלפי שכשחלקו כל משמר לד' משמרות היה מחלוקת ביניהם שזו אומר אני עולה תחלה וזו אומר אני עולה תחלה מה עשו כתבו שמות ראשי של אותן ה' משמרות שהוסיפו ממשמר ידעיה ובא ידעיה ונטל חלקו וחלק חבריו שהניח ידיו בקלפי ואומר שם אותה משמורה שעולה בידי תחלה היא עולה תחלה אחרי וכן בשניה וכן בשלישית וכן ברביעית וכן חמישית וכן עשה חרים וכו'. שאפי' יהויריב עולה שהוא לא רצה לעלות עם עזרא: מנה"מ דקורין במעמדות מעשה בראשית אמר רב אסי אילמלא מעמדות כלומר קרבנות לא נתקיימו שמים וארץ שנא' ויאמר ה' אלהים במה אדע וגו' קחה לי עגלה משולשת וגו' דהיינו קרבנות לפיכך קוראין במעשה בראשית כשעוסקין בקרבנות לפי שכל מעשה בראשית אינו מתקיים אלא בשביל הקרבנות: אנשי משמר היו מתפללין על קרבן אחיהם שיתקבל ברצון שבו כהנים של משמר נחלק לז' בתי אבות וכל בית אב עובד יום אחד וביום שבית אב עובד שאר כל כהנים אנשי משמר ז' בתי אבות מתפללין על קרבן שמקריבין אחיהם בית אב שביעי שיתקבל ברצון: אנשי מעמד היו יושבין ד' תעניות כלו' אותן ישראל של מעמד כדאמרנו לעיל במשנתנו שמתכנסין בעריהן יושבין ד' תעניות על יורדי הים לפי שנאמר בו והיה רקיע בתוך המים על הולכי מדברות לפי שנאמר בו ותראה היבשה על אסכרא לפי שנאמר בו יהי מאורות מארת כתיב דמשמע מארה על עוברות ומיניקות לפי שנאמר בו ישרצו המים נפש חיה דהיינו דמעוברות. מפני הנוצרים לפי שיום חג שלהם באחד בשבת ואם היו ישראל מתענין היו כועסים. שלישי דיצירה שאדם נוצר בערב שבת

מסורת הש"ס

א) נ"ל יהויריב, ב) נ"ל ויהויריב, ג) מגילה לא: ע"ש, ד) [ע' תוספות מגילה כא.], ה) [מס' סופרים פי"ז ה"ה ע"ש], ו) [ביצה טז.], ז) מגילה כב., ח) [ליתא במגילה], ט) [נ"ל ותניא], י) ג"ז שם, כ) [מגילה שם ברכות יב:], ל) [במגילה שם ליתא], מ) מגילה שם ע"ש, נ) [ע' רש"י במגיל' כב. ד"ה למאן וקל"ע].

הגהות הב"ח

(א) גמ' קורין אותה בשנים ושל חמשה פסוקים הראשון קורא: (ב) רש"י ד"ה אנשי משמר שהיו בירושלים. אנשי מעמד אותן כ"ד שהיו: (ג) ד"ה ה"נ לא אפשר גבי ס"ת דבדילוג א"א משום: (ד) ד"ה ה"ג כו' אמאי קורא שני ג'. נ"ב עי' פ"ג דמגילה דף כב ע"א פירש איפכא משום דברייתא דמייתי התם מיירי בקרא כבר ע"ש אבל ברייתא דהכא תנא קורא לכתחילה קשיא אמאי קורא לידלג או ליפסק: (ה) תוס' ד"ה גזירה כו' שלא ראו את הראשון שקרא כו' ויראו את השני:

גליון הש"ס

גמ' אמר רב אסי אלמלא מעמדות. ע' תוי"ט פ"א מ"ב דאבות:

הגהות הגר"א

[א] גמ' ת"ר אנשי משמר (רשום עליו אות ב') היו כו' ואנשי מעמד (רשום עליו אות א'. כלומר דצ"ל להיפך):

הגהות מהר"ב
רנשבורג

א] גמ' ת"ר אנשי משמר. נ"ב נלע"ד דצ"ל איפכא דאנשי מעמד היו מתפללין ואנשי משמר מתכנסין לבהכ"נ וכן מוכח במתני' ולהרמב"ם פ"ו מהלכות כלי מקדש הלכה א' ב' ג' ודו"ק.

תורה אור השלם

א) וַיֹּאמַר אֲדֹנָי יֱהֹוִה בַּמָּה אֵדַע כִּי אִירָשֶׁנָּה: [בראשית טו, ח]
ב) וַיֹּאמֶר אֵלָיו קְחָה לִי עֶגְלָה מְשֻׁלֶּשֶׁת וְעֵז מְשֻׁלֶּשֶׁת וְאַיִל מְשֻׁלָּשׁ וְתֹר וְגוֹזָל: [בראשית טו, ט]
ג) בֵּינִי וּבֵין בְּנֵי יִשְׂרָאֵל אוֹת הִוא לְעֹלָם כִּי שֵׁשֶׁת יָמִים עָשָׂה יְיָ אֶת הַשָּׁמַיִם וְאֶת הָאָרֶץ וּבַיּוֹם הַשְּׁבִיעִי שָׁבַת וַיִּנָּפַשׁ: [שמות לא, יז]

רבינו חננאל

שמואל ודוד והעמידום על (י"ו) [כ"ד] קשיא לרב חסדא ושנינן הכי מיסוד של שמואל שהוסיף על שתיקן משה. בא דוד והוסיף על מה שתיקן שמואל [והעמידום על כ"ד] שנא' המה יסד דוד ושמואל הרואה באמונתם: ת"ר ד' משמרות עלו מן הגולה. ידעיה חרים פשחור אימר. עמדו הנביאים שביניהם וחלקום לכ"ד משמרות בללום ונתנום בקלפי בא ידעיה ונטל חלקו וחלק חבירו שש וכן חרים וכן פשחור וכן אימר וכן התנו נביאים שביניהם שאע"פ שיהויריב ראש משמרה עולה לא ידחה ידעיה ממקומו אלא ידעיה עיקר ויהויריב טפל לו עמדו ראשי א) משמרות וקבעו עצמן בתי אבות. משמר שהיה בו ה' בתי אבות ג' מקריבין ב) ג' ימים וב' מקריבין ד' ימים. ומי שהיה בו ג) ו' בית אבות כל אחד מקריב יומו וכן כולן. יש מי שקבעו עצמן לעולם. בית אב שהיה בשבת לעולם אינו מקריב אלא בשבת. ומי שהוא ביום ראשון לעולם ביום ראשון. ויש שמגדילין ד) על כל משמר. ויש שהוא מגדילין בכל שבוע ושבוע: ירושלמי ר' הוה ממני (מוציאין) [תרין מנויין] אי הוין כדי הוין מתקיימין ואין לא הוו מסתלקין מדדמך. תרגום ויישן ויחלום ודמוך וחלם. (ר') פקיד לבריה לא תעביד כן אלא מני כולהו כחדא ומני ר' חמא בר' חנינא בראש. ולמה לא מנייה ר' בגין שהשיבו ר' הוה יתיב מתני [יחזקאל ז] ופלטו פליטיהם והיו אל ההרים כיוני הגאיות כולם (הומות) [הומות אמר] ליה ר' חנינא (כלם) הומות א"ל הן קריתיה א"ל קומי רב המנונא דבבל. א"ל כד תיחות תמן אמור ליה דמניתך חכים וידע דלא מיתמני ביומרי. מן דמך ר' א' איני מקבל עד דתמני ר' אפס דדרומא והוה תמן חד סב ה) א"ר חנינא קדמאי אנא תניין וקביל עליה ר' חנינא מתמנן תליתאי שמואל ודבית שילה הרי עיילין שאלין בשלמא דנשיאה כל יומא והוו דבית שילה עלין ויתבין קדמאי פלגו יקר לשמואל ואותיביה קדמאי על רב לתמן פלג ליה שמואל קדמאי אמרו דבית שילה אנן תניין וקביל שמואל עלויה מיתב תליתאי. המה יסד דוד ושמואל הרואה באמונתם אומנות גדולה היתה שאין משמר נוטל ושונה בשדה אחוזה עד שיטול חבירו. תנא בתוספתא. אלו משמרות כהנים לוים וישראלים עמדו נביאים שביניהם וקבעום כ"ד משמרות שנאמר צו את בני ישראל אי אפשר לומר כל ישראל אלא מלמד ששלוחו של אדם כמותו הגיע זמן המשמר כהנים ולוים עולין בירושלים וישראל שבאותו משמר שאין יכולין לעלות לירושלים מתקבצין בעריהם וקורין בענין קרבנות ובענין מעשה בראשית ובטלין מן המלאכה (של) [כל] אותה שבת ולמה קורין בקרבנות ובמעשה בראשית ללמדך שאלמלא המעמדות שמתקבצין וקורין לא נתקיימו שמים וארץ מעשה בראשית שנא' אם לא בריתי יומם ולילה חקות שמים וארץ לא שמתי. וכתיב ויאמר ה' במה אדע כי אירשנה. אמר אברהם לפני הקב"ה רבש"ע מתיירא אני שמא ישראל יחטאו כו': ת"ר אנשי

ליקוטי רש"י

וחלקום והעמידום על עשרים וארבעה. ולא היו יודעין כיצד יסדרן מי יעבוד אחר מי. בללום. שכתבו שם הכ"ד משמרות בכ"ד פתקין. ונתנום בקלפי. וכוון ידעיה ברוח הקודש ועלתה איגרתו בידו וחזר והכניס ידו ונטל איגרת וכן עד שש פעמים ועלו לו שש האיגרות בידו כך [עבדו] אחריו אותן הכתובין באיגרות זו אחר זו [ערכין יב:]. וכן פשחור וכן אימר. יהויריב לא עלה [שם יג.]. מנהגי מילי. מה ענין בראשית אצל מעמדות. במה אירשנה. מה תאמר לי ללמדן דבר שלא... קחה לי עגלה משולשת. כלומר הקרבנות יכפרו עליהן [מגילה לא:]. אסכרא. בולמ"ע בלעז פעמים של אדם ומת לשון כי יסכר פי דוברי שקר (תהלים סג) והיא סרונכה מיתה משונה [לעיל יט.]. איסטר"אנגולמנט בלעז שבתוך הגוף [ברכות ח.]. אסכרא והוא בגרון מלנ"ט [כתובות ל:]. נשמה יתירה. רוחב לב למנוחה ולשמחה ולהיות פתוח לרוחה ויאכל וישתה ואין נפשו קצה עליו. וינפש. דרשינן ליה אוי על הנפש שהלכה לה [ביצה טז.]. רב אמר דולג. השני חוזר ומתחיל פסוק שגמר בו שלפניו. ושמואל אמר פוסק. הראשון קורא חצי הפסוק השלישי ופוסקו. גזירה משום הנכנסין. שישמעו השני מתחיל פסוק זה ויאמרו לא קרא ראשון אלא שנים וכן היוצאין שישמעו את הראשון קורא שלשה ויצאו מבית הכנסת ויאמרו לא יקרא השני אלא שנים. למ"ד דולג נדלוג. למאן דאמר פוסק ליכא למיפרך דהא קרא ראשון שלשה קתני דאי אפשר עוד לחזור [מגילה כב. כן גירסתו שם].

חשק שלמה על רבינו חננאל א) מכאן עד ויש מהם שמגדילין הוא לשון התוספתא דמכילתין פ"ב וירושלמי כאן ה"ב. ב) בתוספתא הגי' שלשה מקריבין שני ימים [ור"ל דכל אחד מהכתי אבות מקריבין שני ימים] ושנים מקריבין יום אחד משמר שיש בו ששה ... ואחד מקריב שני ימים עכ"ל התוספתא אכן בירושלמי הגי' כמש"כ רבינו וכן צ"ל גם בתוספתא ודו"ק. ג) נראה דצ"ל ומי שהי' בו ז' בתי אבות וכ"ה בתוספתא ובירושלמי. ד) בירושלמי הגי' שמגרילין וע"ש במפרש. ה) אמר לו חנינא קדמאי אנא תניין אין ר' אפס דרומא קדמאי אנא תניין כ"ה בירושלמי.

מִדְבָּרוֹת – ON TUESDAY, FOR the safety of THOSE WHO TRAVEL IN THE DESERTS.[10] בְּרְבִיעִי עַל אַסְכָּרָא שֶׁלֹּא תִּיפּוֹל עַל הַתִּינוֹקוֹת – ON WEDNESDAY, THAT CHILDREN SHOULD NOT BE STRICKEN WITH *ASKERA*.[11] בַּחֲמִישִׁי עַל עוּבָּרוֹת וּמֵינִיקוֹת – ON THURSDAY, FOR PREGNANT AND NURSING WOMEN;[12] עוּבָּרוֹת שֶׁלֹּא יַפִּילוּ – i.e. THAT PREGNANT WOMEN WILL NOT MISCARRY, מֵינִיקוֹת שֶׁיָּנִיקוּ אֶת בְּנֵיהֶם – and THAT NURSING WOMEN WILL have sufficient milk to NURSE THEIR CHILDREN. וּבְעֶרֶב שַׁבָּת לֹא הָיוּ מִתְעַנִּין – AND ON THE EVE OF THE SABBATH [Friday] THEY DID NOT FAST מִפְּנֵי כְבוֹד הַשַּׁבָּת – IN DEFERENCE TO THE HONOR OF THE SABBATH,[13] קַל וָחוֹמֶר בַּשַּׁבָּת עַצְמָהּ – and they CERTAINLY did not fast ON THE SABBATH ITSELF.

The Gemara inquires:

בְּאֶחָד בַּשַּׁבָּת מַאי טַעְמָא לֹא – Why did they **not** fast **on Sunday?**

The Gemara gives three reasons:

אָמַר ר׳ יוֹחָנָן – R' Yochanan said: מִפְּנֵי הַנּוֹצְרִים – Because of the Nazareans.[14]

ר׳ שְׁמוּאֵל בַּר נַחְמָנִי אָמַר – R' Shmuel bar Nachmani said: מִפְּנֵי שֶׁהוּא שְׁלִישִׁי לִיצִירָה – Because [Sunday] is the third day **from the creation** of Man, which took place on a Friday.[15]

רֵישׁ לָקִישׁ אָמַר – Reish Lakish said: מִפְּנֵי נְשָׁמָה יְתֵירָה – Because of the additional soul. דְּאָמַר רֵישׁ לָקִישׁ – As Reish Lakish said: נְשָׁמָה יְתֵירָה נִיתְּנָה בּוֹ בְּאָדָם בְּעֶרֶב שַׁבָּת – An additional soul is placed into a person on the eve of the Sabbath, בְּמוֹצָאֵי שַׁבָּת נוֹטְלִין אוֹתָהּ מִמֶּנּוּ – and **at the conclusion of the Sabbath it is taken away from him. שֶׁנֶּאֱמַר – As it is said:**[16] **,,שָׁבַת וַיִּנָּפַשׁ" –** ***He rested and was refreshed,*** which is interpreted homiletically as follows: **כֵּיוָן שֶׁשָּׁבַת – Once one has rested** [i.e. once the Sabbath has concluded], **וַי אָבְדָה נֶפֶשׁ – woe, the** additional **soul is gone!**[17]

The Mishnah stated:

בַּיּוֹם הָרִאשׁוֹן ,,בְּרֵאשִׁית" וְ,,יְהִי רָקִיעַ" – ON SUNDAY they read the paragraphs of *IN THE BEGINNING* (*Gen.* 1:1-5) AND *LET THERE BE A FIRMAMENT* (vs. 6-8).

The Gemara cites a Baraisa that elaborates on this ruling:

תָּנָא – A Tanna taught in a Baraisa: ,,בְּרֵאשִׁית" בִּשְׁנַיִם – The paragraph of *IN THE BEGINNING* is divided and read BY TWO people, ,,יְהִי רָקִיעַ" בְּאֶחָד – and the paragraph of *LET THERE BE A FIRMAMENT* is read BY ONE person.

The Gemara questions this:

בִּשְׁלָמָא ,,יְהִי רָקִיעַ" בְּאֶחָד – It is understandable that the paragraph of ***Let there be a firmament*** is read **by one** person, **תְּלָתָא פְּסוּקֵי הֲווּ –** because **there are three verses** in that paragraph, the minimum amount that must be read by one person. **אֶלָּא ,,בְּרֵאשִׁית" בִּשְׁנַיִם (מַאי טַעְמָא) – But (why is)** the paragraph of ***In the beginning*** read **by two** people? **ה׳ פְּסוּקֵי הָוְיָין – There are** only **five verses** in that paragraph! **(וּתְנַן) – And we learned in a Mishnah:)**[18] הַקּוֹרֵא בַּתּוֹרָה אַל יִפְחוֹת מִג׳ פְּסוּקִים – ONE WHO READS THE TORAH for the congregation MAY NOT READ FEWER THAN THREE VERSES. How then can two readers divide a five-verse paragraph so that each reads a minimum of three verses?

The Gemara presents two differing resolutions to this problem:

רַב אָמַר דּוֹלֵג – Rav says: [The second reader] goes back and rereads the last verse read by the first reader.[19] **וּשְׁמוּאֵל אָמַר פּוֹסֵק – And Shmuel says: One splits** the third verse into two verses, one of which is read by the first reader and the other by the second.[20]

The Gemara now analyzes this dispute between Rav and Shmuel:

וְרַב דְּאָמַר דּוֹלֵג – Rav who says that **[the second reader] goes back, מַאי טַעְמָא לֹא אָמַר פּוֹסֵק – why does he not say** instead that **one splits** the middle verse, as Shmuel maintains?

The Gemara explains:

קָסָבַר כָּל פְּסוּקָא דְּלָא פַּסְקֵיהּ מֹשֶׁה – [Rav] holds that any verse that Moses did not divide, אֲנַן לָא פַּסְקִינַן לֵיהּ – we may not divide it.[21]

Accordingly, the Gemara asks:

וּשְׁמוּאֵל אָמַר פּוֹסֵק – And Shmuel says: One splits the third verse. **וּמִי פַּסְקִינַן – But may we split** a verse into two? **וְהָאָמַר רַבִּי חֲנִינָא קָרָא – But R' Chanina the Scriptural expert has said: צַעַר גָּדוֹל הָיָה לִי אֵצֶל ר׳ חֲנִינָא הַגָּדוֹל – I took great pains that R' Chanina the Great** should permit me to divide a verse into

NOTES

10. Scripture states in connection with the third day of Creation: וְתֵרָאֶה הַיַּבָּשָׁה, *that the land may appear* (ibid. v. 9). Since תֵרָאֶה, *it shall appear*, is similar to תְּהֵא רְאוּיָה, *it shall be fit*, this verse is interpreted homiletically: *may the land be fit*, i.e. the land should be fit for travel, that those who go there will not be harmed by wild beasts (*Rashi*).

11. *Askera* is a disease whereby the throat is constricted, causing difficulty in breathing (*Rashi* to *Shabbos* 33a ד״ה אסכרא).

On the fourth day of Creation the celestial bodies of light were put in position: יְהִי מְאֹרֹת, *Let there be luminaries* (ibid. v. 14). Since in the Torah it is written מְאֹרֹת (without a *vav* between the *aleph* and the *reish*), it can be read מְאֵרַת, *curse of . . .*, indicating that on that day of the week *askera* is liable to be contracted (see *Rashi* to *Gen.* 1:4). Therefore, it is appropriate, on the fourth day of the week, to pray for the protection of children from *askera* (*Rashi*).

12. In conjunction with the fifth day of Creation the verse states: יִשְׁרְצוּ הַמַּיִם שֶׁרֶץ נֶפֶשׁ חַיָּה, *Let the waters teem with creeping living creatures* (*Genesis* 1:20). The word חַיָּה, *living,* is homiletically interpreted as a blessing that infants will live (*Rashi,* as explained by *Nachalas Yaakov* to *Maseches Sofrim* 17:5).

13. It is improper to enter the Sabbath famished from a fast (*Tos. Yom Tov* to the Mishnah; see Mishnah 15b and *Eruvin* 40b-41a).

14. The Nazareans observe Sunday as a holiday and would take offense if the Jews fasted on it (*Rashi*; cf. *Maharsha* and *Maseches Sofrim* 17:5).

15. As a rule, on the third day after a traumatic experience one feels particularly weak. This is derived from the verse (*Genesis* 34:25): וַיְהִי בַיּוֹם הַשְּׁלִישִׁי בִּהְיוֹתָם כֹּאֲבִים, *and it came to pass on the third day when they were weak* (*Rashi*). [This condition of weakness repeatedly occurs in mankind every Sunday. The Rabbis, not wishing to exacerbate this situation, refrained from instituting a fast for the *maamados* on Sunday.]

16. *Exodus* 31:17.

17. The word וַיִּנָּפַשׁ is homiletically interpreted as a contraction of two words: וַי, *woe,* and נֶפֶשׁ, *soul* (*Rashi*). This is a reference to the "extra soul" granted to a person on the Sabbath that puts him in an expansive frame of mind so that he can fully enjoy the eating, drinking and relaxation of the Sabbath (*Rashi* here and to *Beitzah* 16a).

The loss of this soul at the conclusion of the Sabbath weakens a person and therefore the Rabbis did not institute a *maamados* fast on Sunday (*Nachalas Yaakov* to *Maseches Sofrim* 17:5).

[The fact that the Gemara seeks reasons for not fasting on Sunday, and ignores the reason given in the Mishnah, is a further indication that the authentic text of the Mishnah lacks that section (*Tos. Yom Tov;* see 26a note 13).

18. *Megillah* 23b (see *Rashash*).

19. I.e. the first reader reads verses 1, 2, and 3, and the second reader reads verses 3, 4, and 5. Thus, each reader has read three verses, even though the entire paragraph consists of only five verses.

Although the first reader, by reading the first three verses of the paragraph, leaves over fewer than three verses in the paragraph, which is not permitted (see *Megillah* 22a), in this case, where there is no alternative option, it is permitted (*Rashi*).

20. I.e. the first reader reads verses 1 and 2 and the first half of 3. The second reader reads the second half of 3 and then verses 4 and 5 (*Rashi*).

21. Although the verse endings are not indicated in the Written Torah, they were transmitted to us by Moses as part of the Oral Tradition. We are not permitted to merge two verses into one or to divide one verse into two.

וחלקום והעמידום על עשרים וארבעה בללום ונתנום בקלפי בא ידעיה ונטל חלקו וחלק חבריו שש בא [חרים] ונטל חלקו וחלק חבריו שש וכן פשחור וכן אימר וכן התנו נביאים שביניהם שאפי' (א) יהודיב ראש משמרת עולה לא ידחה ידעיה ממקומו אלא ידעיה עיקר (ב) ויהודיב טפל לו: וישראל שבאותו משמר מתכנסין בעריהן וקורין במעשה בראשית: מנהני מילי א"ר יעקב בר אחא ° (ג) אמר רב אסי (ד) אלמלא מעמדות לא נתקיימו שמים וארץ שנאמר א) ויאמר ה' אלהים במה אדע כי אירשנה אמר אברהם רבש"ע שמא ישראל חוטאין לפניך אתה עושה להם כדור המבול וכדור הפלגה א"ל לאו אמר לפניו רבש"ע הודיעני במה אירשנה א"ל ב) קחה לי עגלה משולשת ועז משולשת וגו' אמר לפניו רבש"ע תינח בזמן שבית המקדש קיים בזמן שאין בית המקדש קיים מה תהא עליהם אמר לו כבר תקנתי להם סדר קרבנות בזמן שקוראין בהן לפני מעלה אני עליהם כאילו הקריבום לפני ואני מוחל להם על כל עונותיהם ת"ר (ה) אנשי

א] [א] משמר היו מתפללין על קרבן אחיהם שיתקבל ברצון ואנשי מעמד מתכנסין לבית הכנסת ויושבין ד' תעניות בשני בשבת בשלישי ברביעי ובחמישי בשני על יורדי הים בשלישי על הולכי מדברות ברביעי על אסכרא שלא תיפול על התינוקות בחמישי על עוברות ומיניקות עוברות שלא יפילו מיניקות שיניקו את בניהם ובערב שבת לא היו מתענין מפני כבוד השבת ק"ו בשבת עצמה באחד בשבת מ"ט לא אמר ר' יוחנן מפני הנוצרים ר' שמואל בר נחמני אמר מפני שהוא שלישי ליצירה ריש לקיש אמר מפני נשמה יתירה דאמר ריש לקיש (ו) נשמה יתירה ניתנה בו באדם בע"ש במוצאי שבת נוטלין אותה ממנו שנאמר ג) שבת וינפש כיון ששבת ווי אבדה נפש: ביום הראשון בראשית ויהי רקיע: (ז) תנא בראשית בשנים יהי רקיע באחד בשלמא יהי רקיע באחד תלתא פסוקי הוו אלא בראשית בשנים (ח) (מ"ט) ה' פסוקי הויין (ט) ותנן) (י) א הקורא בתורה אל יפחות מג' פסוקים רב אמר ב דולג ושמואל אמר פוסק ורב דאמר דולג מ"ט לא אמר פוסק קסבר כל פסוקא (כ) דלא פסקיה משה אנן לא פסקינן ליה ושמואל אמר פוסק ומי פסקינן והאמר רבי חנינא קרא צער גדול היה לי אצל ר' חנינא הגדול ולא התיר לי לפסוק אלא לתינוקות של בית רבן הואיל ולהתלמד עשוין (ל) ושמואל התם טעמא מאי משום דלא אפשר הכא נמי לא אפשר ושמואל אמר פוסק מ"ט לא אמר דולג גזירה משום הנכנסין וגזירה משום היוצאין מיתיבי (מ) פרשה של ששה פסוקים קורין אותה בשנים ושל חמשה (א) [ביחיד ואם] הראשון קורא ג' השני קורא שנים מפרשה זו ואחד מפרשה אחרת וי"א ג' לפי שאין מתחילין בפרשה פחות משלשה פסוקין למ"ד דולג לידלוג ולמאן דאמר פוסק ליפסוק שאני התם דאית

וחלקום. לכ"ד וכתבו כנוי של כל אחד ואחד בחלק: בללום ונתנום בקלפי. כתבו על כ"ד חתיכות קלף ראשי משמרות שחלקו מאותן ד': בא ידעיה. משמרה של ידעיה בא אחד מהן ונוטל חלקו וחלק ה' חתיכות קלף דהוו להו שש ומי שהיה עולה בידו ראשון היה לשבת ראשונה שבסדר שהיו עולין בידו זו אחר זו כך היו עובדין בשבתותיהן זו אחר זו: וכך התנו. שאפי' יהויריב שהיה במקדש ראשון ראשון למשמרות עולה מן הגולה: לא ידחה ידעיה. הואיל ומתחלה לא עלה יהויריב אלא כל משמרות הנעשות מידעיה קודמות לעבודה ליהויריב ויהויריב בא ועובד אחריהן במקום משמר אחר וששה דידעיה עושין אותן ה' שלא להרבות במשמרות: א"ר אסי לפי שאלמלא מעמדות. עיסקי קרבנות שישראל עושין הן היו כלים בחטאן ומשהן כלין שמים וארץ העומדים בזכותן אין מתקיימין כו': כאנשי דור המבול. שמאחר שהן כלין אין העולם מתקיים והואיל שעל עיסקי קרבן העולם עומד לכך קורין אנשי מעמד בעריהן במעשה בראשית: כבר תקנתי להם כו'. כל זמן שקורין בהן כו' מהיכא יליף לה להאי גמגום: ת"ר אנשי משמר מתפללין על קרבן אחיהן. תמידים שבכל יום: אנשי משמר. (ב) אותן כ"ד שהיו בעריהן: בשני על יורדי הים. דכתיב בשני (בראשית א) יהי רקיע בתוך המים וצריך להזכיר ולרצות על הדבר: בשלישי על הולכי מדברות. דכתיב ותראה היבשה תהי ראויה יבשה להולכיה שלא יזוקו מפני חיות רעות: ברביעי על האסכרא. שבו נתלו המאורות וכתיב ביה (שם) יהי מאורות מארת כתיב: ועל עוברות כו'. דכתיב ביה (שם) ישרצו המים שרץ נפש חיה: מפני הנוצרים. שעושים אותו יום טוב שלהם: שלישי ליצירה. דאדם נברא ביום ששי ובכל יום שלישי הוי חלוש כדכתיב (שם לד) ויהי ביום השלישי בהיותם כואבים: נשמה יתירה. שנוטלין אותה ממנו והוי חלש: נשמה יתירה. שמרחיבים דעתו לאכילה ושתיה: כיון ששבת. שנח ושמר את השבת: ווי אבדה נפש. וינפש דורש בנוטריקון ווי נפש: בראשית בשנים. כהן ולוי קורין ביום תענית בראשית: תלתא פסוקי הוי. וסגיא בהו לחד גברא: רב אמר דולג. הראשון קורא שלשה פסוקים והשני מתחיל בפסוק שסיים בו הראשון והשנים עמו הרי שלשה ומשום אין משיירין בפרשה פחות משלשה פסוקים ליכא משום דלא אפשר: פוסק. מפסיק הפסוק לשנים ראשון קורא שני פסוקים וחצי ולוי משלים חצי אותו הפסוק שקרא הכהן עם שנים הנותרים: ר' חנינא קרא. שהיה בעל מקרא ויודע בגירסא ובקי בטעמיה: צער גדול. הרבה טרחתי וחזרתי עליו שיתיר לי לפסוק הפסוק לשנים לצורך תינוקות שלומדים לפני שאינן יכולין לקרוא פסוק כולו: הכא נמי לא אפשר. גבי ס"ת (ג) ובדילוג אי אפשר משום הנכנסין והיוצאין אם שני דולג ומתחיל בפסוק שסיים בו הראשון בני אדם הנכנסין שלא שמעו קריאת הראשון סבורין לומר שלא קרא הראשון אלא שני פסוקים ונפיק מיניה חורבא וכשהראשון קורא ג' פסוקים ואינו משייר אלא שנים איכא גזרת יוצאין דסברי האי שני דסגיא ליה בשני פסוקים: מיתיבי פרשה של ששה פסוקים. אשאר ימות השנה קאי: ויש אומרים שלשה. מפרשה אחריתי: הכי גרסינן למאן דאמר דולג לידלוג למ"ד פוסק ליפסוק. כלומר פרשה של חמשה פסוקין (ד) אמאי קורא שני שלשה פסוקין בפרשה אחרת לידלוג או ליפסוק:

דאית

רב אמר דולג. פי' הראשון קורא מראש הפרשה ג' פסוקים והשני שאין לו כי אם שני פסוקים מדלג פסוק אחד וקורא ממה שקרא הראשון וכן נמי בראשי חדשים מדלגין והקשה ה"ר יהודה בר נתן ואמאי מדלגין אמאי אינו קורא למעלה בפרשה דהא בשבת בחוש"מ קורא הוא מראה אתה אומר אלי (שמות לג) אע"פ שעיקר הפרשה אינה מתחלת כי אם מפסל לך (שם לד) וי"ל דמ"ה הוא קורא ראה בפרשה של מעלה לפי שכל אותה הפרשה משתעי בחד עניינא אבל פרשה דר"ח לעיל מינה לא משתעי כלל מחד עניינא ולכך אינו קורא בפרשה של מעלה אלא דולג ומזה ראיה למנהגנו אהא דלא קרינן בכל שבת ושבת פרשה של שבת כמו שאנו עושין בי"ט שאנו קורין פרשיות לפי המאורע לפי שאין בפרשה של שבת שלשה פסוקים דאין לומר שנדלג לעיל דלא הוי מחד עניינא:

גזרה משום הנכנסין והיוצאין. פי' שהנכנסין שלא ראו (ה) הראשונים שקרא ג' פסוקים ויראו השני שקורא פסוק אחד מלמעלה יאמרו שהראשון לא קרא אלא שני פסוקים והיוצאין כשהראשון קורא שלשה פסוקים ואינו משייר אלא שני פסוקים איכא גזירת יוצאין דסברי האי שני סגיא ליה בשני פסוקים:

עין משפט נר מצוה

טז א מיי' פי"ג מהל' תפלה הלכה ג סמג עשין יט טוש"ע א"ח סימן קלו סעיף ב:
יז ב מיי' פי"ג שם ה"ד סמג שם טוש"ע א"ח סי' תכג סעיף ב:

רבינו גרשום

ושמנה מאיתמר וקשיא לרב חסדא אמר לך רב חסדא תנאי הוא דאשכחן תנא דלעיל דתניא משה תיקן ד' מאלעזר וד' מאיתמר ואנא דאמרי כוותיה: בללום ונתנום בקלפי שכשחלקו כל משמר לו' משמרות היה מחלוקת ביניהם שזו אומר אני עולה תחלה וזו אומר אני עולה תחלה מה עשו כתבו שמות ראשי של אותן ה' משמרות שהוסיפו ממשמר ידעיה ובא ידעיה ונטל חלקו וחלק חבריו שהניח ידיו בקלפי ואומר שם אותה משמורה שעולה בידי תחלה היא עולה תחלה אחרי וכן בשניה וכן בשלישית וכן ברביעית וכן חמישית וכן עשה חרים וכו'. שאפי' יהויריב עולה שהוא לא רצה לעלות עם עזרא: מנה"מ דקורין במעמדות מעשה בראשית אמר רב אסי אילמלא מעמדות כלומר קרבנות לא נתקיימו שמים וארץ שנא' ויאמר ה' אלהים במה אדע וגו' קחה לי עגלה משולשת וגו' דהיינו קרבנות לפיכך קוראין במעשה בראשית כשעוסקין בקרבנות לפי שכל מעשה בראשית אינו מתקיים אלא בשביל הקרבנות: אנשי משמר היו מתפללין על קרבן אחיהם שיתקבל ברצון שבו כהנים של משמר נחלק לז' בתי אבות וכל בית אב עובד יום אחד וביום שבית אב עובד שאר כל כהנים אנשי משמר ז' בתי אבות מתפללין על קרבן שמקריבין אחיהם בית אב שביעי שיתקבל ברצון: אנשי מעמד היו יושבין ד' תעניות כלו' אותן ישראל של מעמד כדאמרנו לעיל במשנתנו שמתכנסין בעריהן יושבין ד' תעניות על יורדי הים לפי שנאמר בו והיה רקיע בתוך המים על הולכי מדברות לפי שנאמר בו ותראה היבשה על אסכרא לפי שנאמר בו יהי מאורות מארת כתיב דמשמע מארה על עוברות ומיניקות לפי שנאמר בו ישרצו המים נפש חיה דהיינו דמעוברות. מפני הנוצרים לפי שיום חג שלהם באחד בשבת ואם היו ישראל מתענין היו כועסים. שלישי דיצירה שאדם נוצר בערב שבת

רבינו חננאל

שמואל ודוד והעמידום על (י"ו) [כ"ד] קשיא לרב חסדא ושנינן הכי מיסוד של שמואל שהוסיף על שתיקן משה. בא דוד והוסיף על מה שתיקן שמואל [והעמידום על כ"ד] שנא' המה יסד דוד ושמואל הרואה באמונתם: ת"ר ד' משמרות עלו מן הגולה. ידעיה חרים פשחור אימר. עמדו הנביאים שביניהם וחלקום לכ"ד משמרות בללום ונתנום בקלפי בא ידעיה ונטל חלקו וחלק חבירו שש וכן חרים וכן פשחור וכן אימר וכן התנו נביאים שביניהם שאע"פ שיהויריב ראש משמרה עולה לא ידחה ידעיה ממקומו אלא ידעיה עיקר ויהויריב טפל לו עמדו ראשי א) משמרות וקבעו עצמן בתי אבות. משמר שהיה בו ה' בתי אבות ג' מקריבין ב) ג' ימים וב' מקריבין ד' ימים. ומי שהיה בו ג) ו' בית אבות כל אחד מקריב יומו וכן כולן. יש מי שקבעו עצמן לעולם. בית אב שהיה בשבת לעולם אינו מקריב אלא בשבת. ומי שהוא ביום ראשון לעולם ביום ראשון. ויש שמגדילין ד) על כל משמר. ויש שהוא מגדילין בכל שבוע ושבוע: ירושלמי ר' הוה ממני (מוציאין) [תרין מניין] אי הוין כדי הוין מתקיימין ואין לא הוו מסתלקין מדדמך. תרגום ויישן ויחלום ודמוך וחלם. (ר') פקיד לבריה לא תעביד כן אלא מני כולהו כחדא ומני ר' חמא בר' חנינא בראש. ולמה לא מנייה ר' בגין שהשיבו ברבים. ומה השיבו ר' הוה יתיב מתני [יחזקאל ז] ופלטו פליטיהם והיו אל ההרים כיוני הגאיות כולם (הומות) [הומיות אמר] ליה רבי חנינא (כלם) הומות א"ל הן קריתיה א"ל קומי רב המנונא דבבל. א"ל כד תיחות תמן אמור ליה דמנייתך חכים וידע דלא מיתמני ביומוי. מן דמך ר' א' איני מקבל עד דתמני ר' אפס דדרומא והוה תמן חד סב ה) א"ר חנינא קדמאי אנא תניין וקביל עליה ר' חנינא מתמנן תליתאי שמואל ודבית שילה הוי עיילין שאלין בשלמא דנשיאה כל יומא והוו דבית שילה עלין ויתבין קדמאי פלגו יקר לשמואל ואותיביה קדמאי על רב לתמן פלג ליה שמואל יקר ואותיביה קדמאי אמרו דבית שילה אנן תניין וקביל שמואל עלויה מיתב תליתאי. המה יסד דוד ושמואל הרואה באמונתם אומנות גדולה היתה שאין משמר נוטל ושונה בשדה אחוזה עד שיטול חבירו. תנא בתוספתא. אלו משמרות כהנים לוים וישראלים עמדו נביאים שביניהם וקבעום כ"ד משמרות שנאמר צו את בני ישראל אי אפשר לומר כל ישראל אלא מלמד ששלוחו של אדם כמותו הגיע זמן המשמר כהנים ולוים עולין בירושלים וישראל שבאותו משמר שאין יכולין לעלות לירושלים מתקבצין בעריהם וקורין בענין קרבנות ובענין מעשה בראשית ובטלין מן המלאכה (של) [כל] אותה שבת ולמה קורין בקרבנות ובמעשה בראשית ללמדך שאלמלא המעמדות שמתקבצין וקורין לא נתקיימו מעשה בראשית שנא' אם לא בריתי יומם ולילה חקות שמים וארץ לא שמתי. וכתיב ויאמר ה' במה אדע כי אירשנה. אמר אברהם לפני הקב"ה רבש"ע מתיירא אני שמא ישראל יחטאו כו': ת"ר אנשי

חשק שלמה על רבינו חננאל א) מכאן עד ויש מהם שמגדילין הוא לשון התוספתא דמכלתין פ"ב ובירושלמי כאן ה"ב. ב) בתוספתא הגי' שלשה מקריבין שני ימים [ור"ל דכל אחד מהבתי אבות מקריבין שני ימים] ושנים מקריבין יום אחד משמר שיש בו ששה חמשה מקריבין חמשה ימים ואחד מקריב שני ימים עכ"ל התוספתא אבן בירושלמי הגי' כמש"כ רבינו וכן צ"ל גם בתוספתא ודו"ק. ג) נראה דצ"ל ומי שהי' בו ז' בתי אבות וכ"ה בתוספתא ובירושלמי. ד) בירושלמי הגי' שמגרלין וע"ש במפרש. ה) אמר אי תנינא קדמאי אנא תניין אין ר' אפס דרומא קדמאי אנא תניין כ"ה בירושלמי.

מסורת הש"ס

א) צ"ל יהויריב, ב) צ"ל ויהויריב, ג) מגילה לא: ע"ש, ד) [ע' תוספות מגילה כא.], ה) [מס' סופרים פי"ז ה"ה ע"ש], ו) [ביצה טז.], ז) מגילה כב., ח) [ליתא במגילה], ט) [צ"ל ותניא], י) ג"ז שם, כ) [מגילה שם ברכות יב:], ל) [במגילה שם ליתא], מ) מגילה שם ע"ש, נ) [ע' רש"י במגיל' כב. ד"ה למאן וקל"ע].

הגהות הב"ח

(א) גמ' קורין אותה בשנים ושל חמשה פסוקים הראשון קורא: (ב) רש"י ד"ה אנשי משמר שהיו בירושלים. אנשי מעמד אותן כ"ד שהיו: (ג) ד"ה ה"נ לא אפשר גבי ס"ת דבדילוג א"א משום: (ד) ד"ה ה"ג כו' אמאי קורא שני ג'. נ"ב עי' פ"ג דמגילה דף כב ע"א פירש איפכא משום דברייתא דמייתי התם מיירי בקרא כבר ע"ש אבל ברייתא דהכא תנא קורא לכתחילה קשיא אמאי קורא לידלג או ליפסק: (ה) תום' ד"ה גזירה כו' שלא ראו את הראשון שקרא כו' ויראו את השני:

גליון הש"ס

גמ' אמר רב אסי אלמלא מעמדות. ע' תוי"ט פ"א מ"ב דאבות:

הגהות הגר"א

[א] גמ' ת"ר אנשי משמר (רשום עליו אות ב') היו כו' ואנשי מעמד (רשום עליו אות א'. כלומר דצ"ל להיפך):

הגהות מהר"ב רנשבורג

א] גמ' ת"ר אנשי משמר. נ"ב נלע"ד שצ"ל איפכא דאנשי מעמד היו מתפללין ואנשי משמר מתכנסין לבהכ"נ וכן מוכח במתני' וברמב"ם פ"ו מהלכות כלי מקדש הלכה א' ב' ג' ודו"ק:

תורה אור השלם

א) וַיֹּאמַר אֲדֹנָי יֱיָ בַּמָּה אֵדַע כִּי אִירָשֶׁנָּה: [בראשית טו, ח]

ב) וַיֹּאמֶר אֵלָיו קְחָה לִי עֶגְלָה מְשֻׁלֶּשֶׁת וְעֵז מְשֻׁלֶּשֶׁת וְאַיִל מְשֻׁלָּשׁ וְתֹר וְגוֹזָל: [בראשית טו, ט]

ג) בֵּינִי וּבֵין בְּנֵי יִשְׂרָאֵל אוֹת הִוא לְעֹלָם כִּי שֵׁשֶׁת יָמִים עָשָׂה יְיָ אֶת הַשָּׁמַיִם וְאֶת הָאָרֶץ וּבַיּוֹם הַשְּׁבִיעִי שָׁבַת וַיִּנָּפַשׁ: [שמות לא, יז]

ליקוטי רש"י

וחלקום והעמידום על עשרים וארבעה. ולא היו יודעין כילד יסדרן מי יעבוד אחר מי. בללום. שכתבו שם הכ"ד משמרות בכ"ד פתקין. ונתנום בקלפי. וכוון ידעיה ברוח הקודש ועלתה איגרתו בידו וחזר והכניס ידו ונטל איגרת וכן עד שש פעמים וכאותו סדר שעלו האיגרות בידו כך [עבדו] אחריו אותן הכתובין באיגרות זו אחר זו [ערכין יב:]. וכן פשחור וכן אימר. ויהויריב שוב לא עלה [שם יג.]. מנהני מילי. מה ענין בראשית אצל מעמדות. במה אירשנה. מה תאמר לי ללמדן דבר שיתכפרו בו עונותיהן. קחה לי עגלה משולשת. כלומר הקרבנות יכפרו עליהן [מגילה לא:]. אסכרא. בולמל"ע בלעז פעמים שנקבע בתוך פיו של אדם ומת לשון כי יסכר פי דוברי שקר (תהלים סג) והיא סרונכה מיתה משונה [לעיל יט.]. איסטר"אנגולמנט בלעז שבתוך הגוף [ברכות ח.]. אסכרא והוא בגרון מלנ"ט [כתובות ל:]. נשמה יתירה. רוחב לב למנוחה ולשמחה ולהיות פתוח לרוחה ויאכל וישתה ואין נפשו קצה עליו. וינפש. דרשינן ליה אוי על הנפש שהלכה לה [ביצה טז.]. רב אמר דולג. השני חוזר ומתחיל פסוק שגמר בו שלפניו. ושמואל אמר פוסק. הראשון קורא חצי הפסוק השלישי ופוסקו. גזירה משום הנכנסין. שישמעו השני מתחיל פסוק זה ויאמרו לא קרא ראשון אלא שנים וכן היוצאין שישמעו את הראשון קורא שלשה ויצאו מבית הכנסת ויאמרו לא יקרא השני אלא שנים. למ"ד דולג נדלוג. למאן דאמר פוסק ליכא למיפרך דהא קרא ראשון שלשה קתני דאי אפשר עוד לחזור [מגילה כב. כן גירסתו שם].

two,[22] וְלֹא הִתִּיר לִי לִפְסוֹק אֶלָּא לְתִינוֹקוֹת שֶׁל בֵּית רַבָּן – **and he did not permit me to divide** any verses **except for schoolchildren,** הוֹאִיל וּלְהִתְלַמֵּד עֲשׂוּיִן – **since** in that particular case **[the verses] are** being **made** into several parts **to be taught** more easily. How then can Shmuel say that a verse may be divided for the sake of the Torah readings of the *maamados?*

The Gemara answers:

וּשְׁמוּאֵל – Shmuel can answer: הָתָם טַעְמָא מַאי – **There,** in the case of schoolchildren, **what is the reason** that it is permitted to divide verses? מִשּׁוּם דְּלֹא אֶפְשָׁר – **Because it is not possible** to teach them any other way. הָכָא נַמִּי לֹא אֶפְשָׁר – **Here, too,** in the case of the Torah reading of the *maamados,* **it is not possible** to divide the reading without splitting a verse.[23] Therefore, it is permitted.

The Gemara inquires:

וּשְׁמוּאֵל אָמַר פּוֹסֵק – And Shmuel, who **says one splits** the third verse into two, מַאי טַעְמָא לֹא אָמַר דּוֹלֵג – **why does he not say,** as Rav does, that **[the second reader] should go back** and reread the last verse read by the first reader?

The Gemara replies:

גְּזֵירָה מִשּׁוּם הַנִּכְנָסִין – It is prohibited **by** Rabbinic **decree because of those who enter** the synagogue in the middle of the Torah reading, וּגְזֵירָה מִשּׁוּם הַיּוֹצְאִין – **and by** Rabbinic **decree because of those who leave** the synagogue in the middle of the Torah reading.[24]

The Gemara asks:

מֵיתִיבֵי – They challenged the above rulings of Rav and Shmuel **from the following Baraisa:**[25] פָּרָשָׁה שֶׁל שִׁשָּׁה פְּסוּקִים קוֹרִין אוֹתָהּ בִּשְׁנַיִם – A PARAGRAPH OF SIX VERSES IS divided and READ BY TWO people. וְשֶׁל חֲמִשָּׁה [בְּיָחִיד וְאִם] הָרִאשׁוֹן קוֹרֵא ג׳ – AND A PARAGRAPH OF FIVE verses IS READ BY A SINGLE reader. AND IF THE FIRST reader READS THREE verses, הַשֵּׁנִי קוֹרֵא שְׁנַיִם מִפָּרָשָׁה זוֹ וְאֶחָד מִפָּרָשָׁה אַחֶרֶת – THE SECOND reader READS the TWO verses that remain FROM THIS PARAGRAPH, AND ONE additional verse FROM THE NEXT PARAGRAPH, to complete a total of three verses. וְיֵשׁ אוֹמְרִים ג׳ – AND SOME SAY: The second reader reads THREE verses from the next paragraph, לְפִי שֶׁאֵין מַתְחִילִין בְּפָרָשָׁה פָּחוֹת מִשְּׁלֹשָׁה פְּסוּקִין – BECAUSE ONE MAY NOT BEGIN A PARAGRAPH and read FEWER THAN THREE VERSES from it.[26]

The Gemara concludes its challenge to the opinions of Rav and Shmuel:

לְמַאן דְּאָמַר דּוֹלֵג לִידְלוֹג – **According to the one** [Rav] **who says that [the second reader] goes back** and rereads one verse, in the Baraisa's case as well **we should** let the second reader **go back** and reread the last verse read by the reader before him, plus the next two verses, to total three verses. וּלְמַאן דְּאָמַר פּוֹסֵק לִיפְסוֹק – **And according to the one** [Shmuel] **who says that one splits** the third verse, in the Baraisa's case as well **we should** have the two readers **split** the third verse, so why does the Baraisa advise that a paragraph of five verses be read by a single reader?[27]

The Gemara answers:

שָׁאנֵי הָתָם – **It is different there,** in the Baraisa,

NOTES

22. For the sake of schoolchildren who are unable to read an entire verse at once (*Rashi*).

23. For, as the Gemara states next, Shmuel does not consider Rav's method of going back to be a viable option (*Rashi*).

24. I.e. the Rabbis did not allow the first reader to read the first three of the five verses of the paragraph, and the next reader to reread verse three and the last two, because of the following concerns: One who *enters* the synagogue late, as the second reader begins from verse 3, may mistakenly think that the first reader read only two verses, and will conclude that there is no three-verse minimum. Similarly, one who *leaves* early, as the first reader concludes his reading with verse 3, may mistakenly think that the second reader will read only the concluding two verses (*Rashi*).

25. This Baraisa refers to an ordinary Torah reading and not to the reading of the *maamados* (*Rashi*).

26. A reader should not stop less than three verses into a new paragraph, because we are concerned that a latecomer will enter the synagogue after this reader has begun the new paragraph and think that he began his reading with this paragraph. Seeing the reader stop after only one or two verses, the latecomer will mistakenly think that a reader is permitted to read less than three verses (*Rashi* to *Megillah* 22a ד״ה כשם). Also, if the reader stops less than three verses into the new paragraph, a latecomer might enter as the next reader continues from where this one has left off. Seeing the next reader begin within three verses of the paragraph's beginning, the latecomer might mistakenly conclude that the previous reader began at the paragraph's beginning and read less than three verses (*Ritva* ibid.).

27. This is the explanation of the Gemara's challenge to Shmuel's view given by *Gevuras Ari* and *Keren Orah.* The challenge cannot be from the clause which discusses the course to be followed if the first reader has already read three complete verses, since then the option of splitting the third verse is no longer viable (cf. *Rashi* to *Megillah* 22a and *Hagahos HaBach* here §1 and 4).

דְּאִית לֵיהּ רַוְוחָא – **because he has leeway;** i.e. he has the option of reading further from the next paragraph, consequently there is no need to resort to the methods of Rav and Shmuel.[1]

The Mishnah, translated literally, reads as follows: פָּרָשָׁה גְּדוֹלָה קוֹרִין אוֹתָהּ בִּשְׁנַיִם בְּשַׁחֲרִית וּבְמוּסָף וּבְמִנְחָה קוֹרִין עַל פִּיהֶן כו׳ – THE LONGER PARAGRAPH IS READ BY TWO PEOPLE and the shorter paragraph by one person AT SHACHARIS AND AT MUSSAF AND AT MINCHAH THEY enter the synagogue and RECITE the Torah portion individually BY HEART etc. [in the same way as one recites the Shema].

The Gemara notes that it is unclear whether the phrase "and at Mussaf" belongs to the preceding or the following clause: אִיבַּעְיָא לְהוּ – **They inquired:** הֵיכִי קָאָמַר – **What is the Mishnah saying?** Does the Mishnah mean that בְּשַׁחֲרִית וּבְמוּסָף קוֹרִין אוֹתָהּ בְּסֵפֶר – **at Shacharis and Mussaf [the Torah portion] was read from a Scroll,** וּבְמִנְחָה קוֹרִין אוֹתָהּ עַל פֶּה כְּקוֹרִין אֶת שְׁמַע – **and at Minchah they recited it by heart** individually in the same way **as one recites the Shema?** אוֹ דִּלְמָא הָכִי קָתָנֵי – **Or perhaps this is what [the Mishnah] teaches:** בְּשַׁחֲרִית קוֹרִין אוֹתָהּ בְּסֵפֶר – only **at Shacharis was [the Torah portion] read from a Scroll,** וּבְמוּסָף וּבְמִנְחָה קוֹרִין אוֹתָהּ עַל פֶּה כְּקוֹרִין אֶת שְׁמַע – **but at Mussaf and Minchah they recited it by heart** individually in the same way **as one recites the Shema?**

The Gemara resolves the inquiry with the following Baraisa: תָּא שְׁמַע – **Come** and **hear** the following proof; דְּתַנְיָא – **for it was taught in a Baraisa:** בְּשַׁחֲרִית וּבְמוּסָף נִכְנָסִין לְבֵית הַכְּנֶסֶת – AT SHACHARIS AND MUSSAF [THE MEMBERS OF THE *MAAMAD*] ENTER THE SYNAGOGUE, וְקוֹרִין כְּדֶרֶךְ שֶׁקּוֹרִין כָּל הַשָּׁנָה – AND READ from a Torah Scroll IN THE SAME MANNER AS THEY READ from the Torah ALL YEAR ROUND. וּבְמִנְחָה יָחִיד קוֹרֵא אוֹתָהּ עַל פֶּה – BUT AT MINCHAH, AN INDIVIDUAL RECITES [THE TORAH PORTION] BY HEART, and the congregation fulfills its obligation by hearing his reading. אָמַר ר׳ יוֹסֵי – R' YOSE SAYS: וְכִי יָחִיד יָכוֹל לִקְרוֹת דִּבְרֵי תוֹרָה עַל פֶּה בְּצִבּוּר – CAN AN INDIVIDUAL RECITE WORDS OF SCRIPTURE BY HEART IN PUBLIC and thereby fulfill the congregation's obligation?! אֶלָּא כּוּלָּן נִכְנָסִין – RATHER, ALL [THE MEMBERS OF THE *MAAMAD*] ENTER the synagogue וְקוֹרִין אוֹתָהּ עַל פֶּה כְּקוֹרִין אֶת שְׁמַע – AND THEY each RECITE [THE TORAH READING] BY HEART to themselves in the same way AS ONE RECITES THE SHEMA.[2]

The Gemara introduces its next discussion with a quote from the Mishnah: כָּל יוֹם שֶׁיֵּשׁ בּוֹ הַלֵּל אֵין בּוֹ מַעֲמָד כו׳ – ON ANY DAY WHEN HALLEL IS [RECITED] THERE IS NO *MAAMAD* ETC.

The Mishnah reports that according to R' Yehoshua whenever a wood offering is brought, there is no *maamad* service at Ne'ilah but the *maamad* service of Minchah is held as usual. The Gemara seeks the reason for this distinction: מַה הֶפְרֵשׁ בֵּין זֶה לָזֶה – **What is the difference between this** [Ne'ilah] **and the other** [Minchah]; why does the wood offering suspend the *maamad* service of Ne'ilah, but not the *maamad* service of Minchah?

The Gemara answers: הַלָּלוּ דִּבְרֵי תוֹרָה – **This** [Minchah] **is** of **Biblical** origin, וְהַלָּלוּ דִּבְרֵי סוֹפְרִים – **whereas this** [Ne'ilah] **is of Rabbinic** origin.[3]

The Gemara quotes from our Mishnah and cites an explanatory Baraisa: זְמַן עֲצֵי כֹהֲנִים וְהָעָם כו׳ – THE WOOD FESTIVAL OF THE KOHANIM AND THE PEOPLE etc. [was celebrated nine times a year]. תָּנוּ רַבָּנָן – **The Rabbis taught in a Baraisa:** לָמָּה הוּצְרְכוּ לוֹמַר זְמַן עֲצֵי כֹהֲנִים וְהָעָם – WHY WAS IT NECESSARY for the Mishnah TO MENTION THE TIMES OF THE WOOD FESTIVALS OF THE KOHANIM AND THE PEOPLE? אָמְרוּ – THE [SAGES] SAID: כְּשֶׁעָלוּ בְּנֵי הַגּוֹלָה – WHEN THE EXILES ASCENDED to Eretz Yisrael from Babylonia, לֹא מָצְאוּ עֵצִים בַּלִּשְׁכָּה – THEY COULD NOT FIND any WOOD IN THE Temple wood CHAMBER. וְעָמְדוּ אֵלּוּ וְהִתְנַדְּבוּ מִשֶּׁלָּהֶם – THESE families (mentioned in the Mishnah) then AROSE and VOLUNTEERED to contribute wood OF THEIR OWN וְכָךְ הִתְנוּ נְבִיאִים שֶׁבֵּינֵיהֶן – AND in recognition of this act THE PROPHETS AMONG THEM STIPULATED AS FOLLOWS: שֶׁאֲפִילּוּ לִשְׁכָּה מְלֵאָה עֵצִים יִהְיוּ אֵלּוּ מִתְנַדְּבִין מִשֶּׁלָּהֶן – EVEN WHEN the wood CHAMBER IS FULL OF WOOD, THESE families WILL continue to CONTRIBUTE wood OF THEIR OWN;[4] שֶׁנֶּאֱמַר – AS IT IS STATED:[5] ,,וְהַגּוֹרָלוֹת הִפַּלְנוּ עַל־קֻרְבַּן הָעֵצִים הַכֹּהֲנִים הַלְוִיִּם וְהָעָם – *AND WE – THE KOHANIM, THE LEVIIM AND THE PEOPLE – CAST LOTS FOR THE WOOD OFFERING* לְהָבִיא לְבֵית אֱלֹהֵינוּ – *TO BRING it TO THE HOUSE OF OUR GOD* לְבֵית־אֲבֹתֵינוּ לְעִתִּים מְזֻמָּנִים שָׁנָה בְשָׁנָה – *ACCORDING TO OUR FAMILIES AT APPOINTED TIMES, YEAR BY YEAR,* לְבַעֵר עַל־מִזְבַּח ה׳ אֱלֹהֵינוּ כַּכָּתוּב בַּתּוֹרָה" – *TO BURN UPON THE ALTAR OF HASHEM OUR GOD, AS IT IS WRITTEN IN THE TORAH.*

The Mishnah stated: וְעִמָּהֶם כֹּהֲנִים וּלְוִיִּם וְכָל מִי כו׳ – AND along WITH THEM participated the KOHANIM, LEVIIM AND ANYONE ETC. [who was uncertain of his tribal affiliation, and the family of "pestle-smugglers," and family of "fig-cutters"].

The Gemara cites a Bariasa which explains these names: תָּנוּ רַבָּנָן – **The Rabbis taught in a Baraisa:** מָה הָיוּ בְּנֵי גוֹנְבֵי עֱלִי וּבְנֵי קוֹצְעֵי קְצִיעוֹת – WHO WERE THE FAMILY OF "PESTLE-SMUGGLERS" AND THE FAMILY OF "FIG-CUTTERS"? אָמְרוּ – THE [SAGES] SAID: פַּעַם אַחַת גָּזְרָה הַמַּלְכוּת גְּזֵירָה עַל יִשְׂרָאֵל – It ONCE happened that THE GOVERNMENT PASSED A DECREE AGAINST ISRAEL, שֶׁלֹּא יָבִיאוּ עֵצִים לַמַּעֲרָכָה – THAT THEY MAY NOT BRING

NOTES

1. In regard to the *maamados* services, however, where the Torah reading is limited to the paragraphs of that particular day, there is no alternative but to follow the methods of Rav and Shmuel (from *Rashi*).

2. This is not a contradiction to the principle of דְּבָרִים שֶׁבִּכְתָב אִי אַתָּה רַשַּׁאי לְאָמְרָם בְּעַל פֶּה, *Words of Scripture may not be recited by heart* (see *Gittin* 60b, *Temurah* 14b), because that means only that one person cannot fulfill the obligation of another by reciting a Scriptural portion by heart. However, it is permissible for an individual to fulfill his own obligation with recital of verses by heart (*Tosafos* to *Temurah* ibid. ד״ה דברים, *Tosafos Yeshanim* to *Yoma* 70a ד״ה ובעשור, *Tur Orach Chaim* 49 citing *Rosh;* see *Magen Avraham* 49:1, *Beur HaGra* there and *Keren Orah* here).

3. Consequently, the *maamad* service of Ne'ilah, but not of Minchah, is omitted on the days when a wood offering is brought. Minchah is considered to be of Biblical origin for it was instituted by our forefather, Isaac, as is derived from the verse (*Genesis* 24:63): וַיֵּצֵא יִצְחָק לָשׂוּחַ בַּשָּׂדֶה לִפְנוֹת עָרֶב, *Isaac went out to supplicate in the field toward evening* (*Rashi* based on *Berachos* 26b; cf. *Gevuras Ari*). [Minchah is certainly a Rabbinic rather than a Biblical obligation. The Gemara's intent is merely that Scripture contains some allusion to Minchah, as opposed to Ne'ilah for which there is no Scriptural support (*Yad David*).]

[There are several other explanations of this passage in the Gemara, some of them based on variant texts of the Mishnah – see *Tosafos*, *R' Chananel*, *R' Gershom* and *Rambam's Commentary to the Mishnah.*]

4. For this reason, it was necessary for the Mishnah to mention the dates when each family donates wood so that they will never be shifted from their designated times (*Rashi*).

5. *Nehemiah* 10:35.

דאית ליה רווחא: פרשה גדולה קורין אותה בשנים בשחרית ובמוסף ובמנחה קורין על פיהן כו': איבעיא להו היכי קאמר בשחרית ובמוסף קורין אותה בספר ובמנחה קורין אותה על פה כקורין את שמע או דלמא הכי קתני בשחרית קורין אותה בספר ובמוסף ובמנחה קורין אותה על פה כקורין את שמע תא שמע דתניא בשחרית ובמוסף נכנסין לבית הכנסת וקורין כדרך שקורין כל השנה ובמנחה יחיד קורא אותה על פה אמר ר' יוסי וכי יחיד יכול לקרות דברי תורה על פה בצבור אלא *כולן נכנסין וקורין אותה על פה כקורין את שמע: כל יום שיש בו הלל אין בו מעמד כו': מה הפרש בין זה לזה הללו דברי תורה והללו דברי סופרים: זמן עצי כהנים והעם כו': ת"ר למה הוצרכו לומר זמן עצי כהנים והעם אמרו כשעלו בני הגולה לא מצאו עצים בלשכה ועמדו אלו והתנדבו משלהם וכך התנו נביאים שביניהן שאפי' לשכה מלאה עצים יהיו אלו מתנדבין משלהן שנאמר א) והגורלות הפלנו על קרבן העצים הכהנים הלוים והעם להביא לבית אלהינו לבית אבותינו לעתים מזומנים שנה בשנה לבער על מזבח ה' אלהינו ככתוב בתורה: ועמהם כהנים ולוים וכל מי כו': תנו רבנן מה היו בני גונבי עלי ובני קוצעי קציעות אמרו פעם אחת גזרה המלכות גזירה על ישראל שלא יביאו עצים למערכה ושלא יביאו בכורים לירושלים והושיבו פרוזדאות על הדרכים כדרך שהושיב ירבעם בן נבט שלא יעלו ישראל לרגל מה עשו כשרין א) (שבאותו הדור ויראי חטא) הביאו סלי בכורים וחיפום בקציעות ונטלום ועלי על כתפיהן וכיון שהגיעו אצל פרוזדאות אמרו להם להיכן אתם הולכין אומרין להם לעשות שני עיגולי דבילה במכתשת שלפנינו ובעלי שעל כתפינו כיון שעברו מהן עיטרום בסלים והביאום לירושלים תנא הן הן בני סלמאי הנתופתי ת"ר מה הן בני סלמאי הנתופתי אמרו פעם אחת גזרה המלכות גזירה על ישראל שלא יביאו עצים למערכה והושיבו פרוזדאות על הדרכים כדרך שהושיב ירבעם בן נבט על הדרכים שלא יעלו ישראל לרגל מה עשו יראי חטא שבאותו הדור הביאו גזיריהן ועשו סולמות והניחו על כתפיהם והלכו להם כיון שהגיעו אצלן אמרו להם להיכן אתם הולכין אמרו להם להביא גוזלות משובך שלפנינו ובסולמות שעל כתפינו כיון שעברו מהן פירקום והביאום והעלום לירושלים ועליהם ועל כיוצא בהם הוא אומר ב) זכר צדיק לברכה ועל ירבעם בן נבט וחבריו נאמר ב) ושם רשעים ירקב: בעשרים בו בני פחת מואב בן יהודה: תנא בני פחת מואב בן יהודה הן הן בני דוד בן יהודה דברי ר' מאיר רבי יוסי אומר הן הן בני יואב בן צרויה: בעשרים באלול בני עדין בן יהודה וכו': תנו רבנן בני עדין בן יהודה הן הן בני דוד בן יהודה דברי רבי יהודה רבי יוסי אומר הן הן בני יואב בן צרויה: באחד בטבת שבו בני פרעוש שניה כו': מני מתני' לא ר' מאיר ולא רבי יהודה ולא רבי יוסי אי ר"מ ליתני שבו בני דוד בן יהודה שניה אי רבי יהודה ליתני שבו בני דוד בן יהודה שניה אי רבי יוסי ליתני שבו בני יואב בן צרויה שניה לעולם ר' יוסי ותרי תנאי אליבא דר' יוסי: באחד בטבת לא היה בו מעמד כו': אמר ליה מר קשישא בריה דרב חסדא לרב אשי

מאי

רש"י

דאית ליה רווחא. שיכול לקרות מפרשה אחרת אבל הכא לית ליה רווחא דהא לא מצי למיקרי אלא בראשית ויהי רקיע: מה הפרש בין זה לזה. מאי שנא דקרבן עצים דחי מעמד לנעילה ומעמד דמנחה לא דחי: הללו דברי תורה. מנחה כדאמרי' בברכות (דף כו:) יצחק אבינו תיקן תפלת מנחה שנאמר ויצא יצחק לשוח בשדה לפנות ערב ודנעילה מדברי סופרים. וצריכין חיזוק לא גרסינן [א] הכא: עמדו אלו. זמן דקתני במתני' אהכי הוצרכו למנות משום דהיא תקנה דעבוד להו הנך נביאים כי היכי דלא לידחינהו מאחרייהו: פרוזדאות. שומרים: בכורים. אדם נכנס לתוך שדהו ורואה אשכול שביכר תאנה שביכרה קושר עליה גמי ועושה אותה בכורים: בקציעות. תאנים יבשים כותשין אותן ועושין מהן עגולין: ה"ג והעלי על כתפיהן. ([ג] בוכיא): במכתשת שלפנינו. שהוא במקום אחר (א) לפני בסמוך וזהו גונבי עלי על שם שמתגנבין מן הפרוזדאות על עסקי עלי: הן הן בני סלמאי הנתופתי. כעין מעשה זה עשו (ב): הן הן בני דוד בן יהודה. דוד מלך ישראל ואהכי קרו ליה פחת מואב שבא מרות המואביה: יואב בן צרויה. שבא מרות המואביה כי צרויה אם יואב אחות דוד היתה שנאמר (דה"א ב) ואחיותיהם צרויה ואביגיל: בני עדין הן הן בני דוד. להכי קרי ליה בספר שמואל (ב כג) עדינו העצני [ג] שבשעה שעוסק בתורה מעדן עצמו כתולעת וכשיוצא למלחמה מתקשה כעץ: הן הן בני יואב בן צרויה. פלוגתא היא ([ד] במס' חגיגה) חד אמר עדינו העצני זה דוד [ה] וחד אמר זה יואב: ליתני שבו בני דוד שניה. דהא קאמר ר' מאיר פחת מואב היינו דוד: ולר' יהודה. בני עדין היינו דוד ובמתניתין קתני בהדיא בני דוד והדר קתני בני פחת מואב דלר"מ ולר' יהודה בני עדין היינו דוד שבו שניה מיבעי ליה: ולר' יוסי. דאמר פחת מואב ועדין היינו יואב שבו שניה מיבעי ליה: לעולם ר' יוסי ותרי תנאי אליבא דר' יוסי. דמאן דאמר בני עדין בן יהודה היינו בני יואב לא סבר לה דבני פחת מואב היינו יואב ולהכי לא קתני שבו בני יואב שניה ולא סבירא ליה נמי דהן בני דוד דאם כן שבו בני דוד שניה מיבעי ליה למיתני אלא משפחה אחרת הן ומאן דאמר בני פחת מואב היינו בני יואב לא סבירא ליה דבני עדין היינו יואב אלא משפחה אחרת הן:

מאי

תוספות

מה הפרש בין זה לזה. כלומר מה הפרש בין קרבן מוסף לקרבן עצים דקרבן מוסף דוחה מנחה וקרבן עצים לא דחי מנחה: הללו דברי תורה. מוסף ולהכי קדמי מנחה דהוי מדברי תורה אבל קרבן עצים דהוי מדברי סופרים והלכך לא דחיא אלא נעילה דהויא מדברי סופרים אבל לא דחיא מנחה דהויא מדברי תורה: בני פחת מואב וכו' הן הן בני דוד. ולכך נקראו בני פחת (ג) שבאו מרות המואביה: הן הן בני יואב בן צרויה. פירוש דצרויה היתה [ו] אחות דוד כדכתיב (דה"א ב) ואחיותיהם צרויה והם באים מזרע רות המואביה: אי ר"מ. דקאמר בני פחת מואב בן יהודה הן הן בני דוד בן יהודה ליתני במתניתין כי קאמר בעשרים כו' בני פחת מואב בן יהודה היה ה"ל למיתני בני דוד בן יהודה שבו שניה כמו שאומר שבו בני פרעוש שניה אי ר' יהודה דקאמר בני עדין בן יהודה הן הן בני דוד בן יהודה ליתני שבו בני דוד בן יהודה שניה אי ר' יוסי ליתני שבו בני יואב שניה ומשני תרי תנאי ואליבא דר' יוסי וקשיא אמאי לא מוקי אליבא דר"מ ותרי תנאי אליבא דר"מ שהרי טפי יש לן לאוקמא כר"מ דסתמא דמתני' כר' מאיר ונראה לי דלהכי מוקי לה כרבי יוסי משום דרבי יוסי נימוקו עמו ומסתברא כוותיה בכל מקום ואפילו מחביריו:

ויום

מסורת הש"ס

א) [נ"ל ויראי חטא שבאותו הדור], ב) [נ"ל בוכיא], ג) [מו"ק טז:], ד) במו"ק טז: כצ"ל, ה) [לא נמצא שם דחד אמר זה יואב ובתיקוני כלי שרת תקנוהו על נכון], ו) נ"ל בת ישי.

הגהות הב"ח

(א) רש"י ד"ה במכתשת כו' במקום אחר לפנינו בסמוך: (ב) ד"ה הן הן כו' עשו בסמוך הס"ד: (ג) תוס' ד"ה בני כו' נקראו בני פחת מואב שבאו מרות:

הגהות הגר"א

[א] רש"י ד"ה הללו. וצריכין חיזוק לא"ג. נ"ב אבל הגאונים גרסי וערע"ב:

תורה אור השלם

א) וְהַגּוֹרָלוֹת הִפַּלְנוּ עַל קֻרְבַּן הָעֵצִים הַכֹּהֲנִים הַלְוִיִּם וְהָעָם לְהָבִיא לְבֵית אֱלֹהֵינוּ לְבֵית אֲבֹתֵינוּ לְעִתִּים מְזֻמָּנִים שָׁנָה בְשָׁנָה לְבַעֵר עַל מִזְבַּח יְיָ אֱלֹהֵינוּ כַּכָּתוּב בַּתּוֹרָה: [נחמיה י, לה]

ב) זֵכֶר צַדִּיק לִבְרָכָה וְשֵׁם רְשָׁעִים יִרְקָב: [משלי י, ז]

רבינו גרשום

שבת והוי אחד בשבת שלישי ויש בו חולשא. במוצאי שבת ניטלת ממנו ויש בו חולשא: במוסף במנחה וכו' ופי' בגמ' רב אמר דולג שראשון קורא ג' פסוקים ושמואל אמר פוסק שאינו דולג משום גזרה משום הנכנסין ומשום היוצאין שאם קורא ראשון ג' פסוקים שלמין א' היוצא לאחר כשסיים הראשון שלא נשתייר לשני לקרות אלא ב' פסוקין וכן אם מתחיל השני בפסוק הג' הנכנס לאחר שסיים הראשון כששומע ששני קורא הג' אומר לא קרא הראשון אלא ב' פסוקים: דאית ביה רווחא שיכול לקרות פסוק אחד מפרשה אחרת אבל דלא מצי למקרי מפרשה אחרת דאית לה למיקרא למחר או דולג או פוסק. ובמנחה קורין על פיהן מה שקורין שחרית בספר כדרך שקורין כל השנה בספר: ערב שבת במנחה לא היו נכנסין לקרות בפה לפי שהן עוסקין לכבוד שבת לטרוח בסעודת שבת והאי דקתני בששי ותצא וגו' היינו בשחרית בספר: אין בו מעמד שחרית כלומר אין קורין מה שקורין במעמדות לפי שעוסקין בהלל. קרבן מוסף אין בו נעילה כלומר שיש בו קרבן מוסף אין בו תפלת נעילה ואין קורין במעמדות לפי שעוסקין בקרבן וקסבר דתפלת נעילה קודם לתפלת מנחה ולפי שתפלת מוסף עד הערב עוסקין במוסף בשעת נעילה. קרבן עצים אין במנחה כלומר ביום שמביאין קרבן עצים אין קוראין במעמדות במנחה. לפי שעוסקין בקרבן עצים: קרבן מוסף אין במנחה כלומר מנחה קודם לנעילה ובשעת מנחה עוסקין במוסף ואין פנאי לקרות במעמדות: מה הפרש בין זה לזה כלומר מ"ש דמוסף דוחה מנחה ואין דוחה נעילה וקרבן עצים דוחה אפי' נעילה: הללו קרבן מוסף דברי תורה ואין צריכין חיזוק ואין צריך שיהא דוחה אלא מנחה שסמוך לו אבל קרבן עצים שהן מדברי סופרים וצריכין חיזוק לפיכך עשו בו חיזוק שדוחה אפי' נעילה שאינו סמוך לו: ועמהן עם זתוא שהוא אחרון כהנים ולוים וכל מי שטעה שבטו שאינו יודע מאיזה שבט הוא: שבו בני פרעוש שניה. הן הולכין פעם שניה להביא עצים. באחד בטבת לא היה בו מעמד כל היום שהיה בו הלל בשחרית וקרבן מוסף במנחה וקרבן עצים בנעילה: למה הוצרכו לקבוע הני זמנים להביא עצים למערכה: פרדסאות. ממונים: בקציעות. של דבילה: עיטרום בסלים כמצוה דכתיב ונתת בטנא. פרקום והביאום. עצים של סולמות לירושלים לקרבן עצים. בני פחת מואב הן בני דוד ולהכי קרי ליה מואב משום דאתי מרות המואביה הן בני יואב דאתי נמי ממואב מאמו: הן בני דוד ועל שם עדינו העצני קרי ליה בני עדין. הן בני יואב ועל שם דוד שהיה ראש משפחותם קרי להו בני עדין על שם דוד. אי ר"מ ליתני נמי שבו בני דוד שניה דר"מ קאמר הני פחת מואב הן בני דוד כיון דתרוייהו קתני להו במתניתין כדתני בני דוד איבעי להו למיתני שבו שניה דכבר קתני דבאו פעם ראשונה דקתני באו בני פחת מואב. אי ר' יהודה ליתני שבו בני דוד שניה נמי דהא תני במתניתין שתי פעמים בני דוד דר' יהודה אמר דבני עדין הן בני דוד אי ר' יוסי ליתני שבו בני יואב שניה. תרי תנאי אליבא דר' יוסי דהאי תנא דאמר אליבא דר' יוסי בני פחת מואב הני בני יואב לא אמר דר' יוסי אמר בני עדין הן בני יואב ומאן דאמר אליבא דר' יוסי בני עדין הן בני יואב לא אמר דר' יוסי אמר בני פחת מואב הן בני יואב ולא תני במתניתין בני יואב אלא פעם אחת להכי לא קתני שבו

עין משפט נר מצוה

יח א מיי' פ"ו מהל' כלי המקדש הל' ז:

ליקוטי רש"י

דאית ליה רווחא. לקרות מפרשה זו לאחריה דהך מתניתא קיימא בשני ובחמישי שהוא יכול לקרות מה שירצה שהכל מענינו של יום [מגילה כב.]. והגורלות הפלנו. כמה יביא כל אחד. קרבן העצים. תקרובת של עצי המערכה למזבח. לבית אבותינו. שהיא בית קדושת אבותינו [נחמיה י, לה]. הנתופתי. מיושבי נתופת [דברי הימים א ב, נד ועי' הגהות יעב"ץ]. זכר צדיק לברכה. המזכיר לצדיק מברכו. ושם רשעים ירקב. רקבון עולה בשמם שאין אדם חפץ להזכיר שמו והוא משתכח מאליו [משלי י, ז]. מר קשישא. מר קשישא ומר ינוקא, שני בנים היו לרב חסדא ושם שניהם שוין אלא שהגדול קורין לו מר קשישא ולצעיר קורין לו מר ינוקא [כתובות פט:].

רבינו חננאל

משמר. מתפללין על קרבן אחיהם שיתקבל ברצון. ואנשי מעמד מתענין ד' תעניות בשבוע. בשני על יורדי הים. שנאמר ויאמר אלהים יהי רקיע בתוך המים וגו'. בשלישי על הולכי מדברות שנאמר יקוו המים ותראה היבשה. בד' על האסכרה שלא תעל בתינוקות שנאמר יהי מאורות. מארת כתיב חסר ו'. בה' על עוברות שלא יפילו ועל המניקות שיגדלו בניהם שנאמר ישרצו המים שרץ [נפש חיה]. בע"ש לא היו מתענין מפני כבוד בשבת וכ"ש שבת עצמה. א) וסנהדרין לבתי אבות מתענין עמהם. באחד בשבת מ"ט לא. ר' יוחנן אומר מפני הנוצרים. פי' שיו"ט שלהם הוא. ר' שמואל ב"נ אומר מפני שהוא שלישי ליצירה. וכתיב ויהי ביום השלישי בהיותם כאבים. כלומר נברא האדם בששי הנה ששי ושבת ויום ראשון הרי שלש ליצירה והוא עדיין חלש. ר' שמעון בן לקיש אמר מפני נשמה יתירה שנתנת לאדם בשבת כדי לאכול ולשתות ולשמוח ולהתענג כגבור בשתיית היין ואם אין בו כח גדול אין בו יכולת לשתות ובמ"ש ניטלת מן האדם. ונשתייר תשוי כח לפיכך אין בו יכולת. כדכתיב שבת וינפש. כיון ששבת ווי אבדה נפש. כלומר אבדה הנפש היתירה: מתני' וישראל שבאותו משמר מתכנסין בעריהם. פי' קבלנו מרבותינו שהיו בכל יום קורין פרשת קרבנות. ואח"כ היו קורין סדר בראשית. ביום הראשון בראשית ויהי רקיע. תנא בראשית בשנים אמאי בשנים והא ה' פסוקי נינהו. ותנא הקורא בתורה לא יפחות מג' פסוקים. רב אמר דולג. פי' הראשון קורא שלשה. השני חוזר וקורא אחד מאלו השלשה שקראם הראשון והשני פסוקים הנותרים מן הפרשה. ושמואל אמר פוסק הפסוק אחד לשנים כל אחד קורא שלשה. רב אמר דולג. כל פסוקא דלא פסקיה משה אנן לא פסקינן ליה. וקיי"ל כרב וכבר פירשנוהו במגילה. פי' בשחרית במוסף כו'. תנא בשחרית ובמוסף נכנסין בכנסת וקורא בתורה בצבור. ע"ש לא היו נכנסין מפני כבוד השבת: מתני' כל יום שיש בו הלל ואין בו מוסף כגון חנוכה וכיוצא בו לא היה בו בשחרית כלומר לא היה בו מעמד בשחרית לא היו אנשי מעמד נכנסין בכנסת וקורין פרשיותיהן בשחרית וכל יום שיש בו קרבן מוסף כגון ר"ח וחש"מ אין בו לאנשי מעמד קריאה במנחה. כל יום שיש בו קרבן עצים כגון אלו ט' ימים שאנו עתידין לפרשן כדתנא זמן עצי הכהנים והעם ט' אין לאנשי המעמד תפלה בנעילה. אמר בן עזאי משום ר' יהושע כל יום שיש בו קרבן מוסף אין מעמד ב) בנעילה. קרבן עצים אין במנחה. ואמרינן מה הפרש בין זה לזה. ופרקינן הללו דברי תורה כלומר הימים שיש בהן קרבן מוסף כגון ר"ח וחולו של מועד מן התורה אסורים בתענית ואין צריכין [חיזוק] אלא דוחין המעמד שבנעילה. ואע"פ שאינה תדירה. ואינו דבר ידוע. אבל זמן הכהנים שהוא אסור בתענית מדרבנן צריך חיזוק. לפי' אין בו מעמד במנחה שהוא תדיר והוא ידוע. וכיון שרואין כי דוחה את המנחה נוהגין בו יו"ט. כדתניא [במגלת תענית] ואלו ימים זמן עצי הכהנים והעם אסורין בהספד ותענית: ת"ר למה הוזכרו זמן עצי הכהנים והעם להמנות כשעלו ישראל מן הגולה לא מצאו עצים למערכה ועמדו אלו והתנדבו משלהם. פי' גונבין עלי וקוצעי קציעות גונבין דעת יושבי פרדסאות באמרם להם כי התאנים הבכורות הללו אנו הולכים בהן לכתוש במכתש שלפנינו ובעלי שעל כתפינו לעשותן קציעה של דבילה. פי' עלי יד המכתש כדכתיב אם תכתוש את האויל במכתש בתוך הריפות בעלי. דברים פשוטים הן

חשק שלמה על רבינו חננאל א) כן הוא בירושלמי. ב) כן היתה גרסת רבינו להיפך מגרסא שלנו במתני' בדברי ר"ע וכ"ע.

WOOD FOR THE ALTAR PYRE וְשֶׁלֹּא יָבִיאוּ בִּכּוּרִים לִירוּשָׁלַיִם — **AND THEY MAY NOT BRING *BIKKURIM* TO JERUSALEM.**[6] וְהוֹשִׁיבוּ פְּרוּזְדָאוֹת עַל הַדְּרָכִים — **AND SENTRIES WERE STATIONED ON THE ROADS,** כְּדֶרֶךְ שֶׁהוֹשִׁיב יָרָבְעָם בֶּן נְבָט — **IN THE SAME MANNER AS YARAVAM BEN NEVAT HAD STATIONED** sentries שֶׁלֹּא יַעֲלוּ יִשְׂרָאֵל לָרֶגֶל — **TO PREVENT ISRAEL FROM GOING UP** to Jerusalem **FOR THE PILGRIMAGE FESTIVALS.**[7] מֶה עָשׂוּ כְּשֵׁרִין (שֶׁבְּאוֹתוֹ הַדּוֹר וְיִרְאֵי חֵטְא)[8] — **WHAT DID THE WORTHY AND SIN-FEARING MEN OF THAT GENERATION DO** to circumvent this decree? הֵבִיאוּ סַלֵּי בִּכּוּרִים וְחִיפּוּם בִּקְצִיעוֹת — **THEY TOOK THE BASKETS OF *BIKKURIM*, COVERED THEM WITH DRIED FIGS,** וּנְטָלוּם וְעֶלִי עַל כִּתְפֵיהֶן — **AND CARRIED THEM** to Jerusalem together **WITH A PESTLE ON THEIR SHOULDERS.** וְכֵיוָן שֶׁהִגִּיעוּ אֵצֶל פְּרוּזְדָאוֹת — **WHEN THEY REACHED THE SENTRIES,** אָמְרוּ לָהֶם — **[THE SENTRIES] ASKED THEM:** לְהֵיכָן אַתֶּם הוֹלְכִין — **WHERE ARE YOU GOING?** אוֹמְרִין לָהֶם — **THE [WORTHY MEN] WOULD ANSWER,** לַעֲשׂוֹת שְׁנֵי עִיגּוּלֵי דְבֵילָה בַּמַּכְתֶּשֶׁת שֶׁלְּפָנֵינוּ — We are going **TO MAKE TWO CAKES OF PRESSED FIGS WITH THE MORTAR THAT IS** in a nearby place **BEFORE US** וּבְעֶלִי שֶׁעַל כְּתֵפֵינוּ — **AND WITH THE PESTLE THAT IS ON OUR SHOULDERS.** כֵּיוָן שֶׁעָבְרוּ מֵהֶן — **ONCE THEY HAD PASSED [THE SENTRIES],** עִיטְּרוּם בְּסַלִּים וֶהֱבִיאוּם לִירוּשָׁלַיִם — **THEY DECORATED THE BASKETS** of *bikkurim*[9] **AND BROUGHT THEM TO JERUSALEM.**[10]

A Baraisa relates a similar incident, which pertains to the previously mentioned decree against bringing wood to the Temple:

תָּנָא — **A Tanna taught in a Baraisa,** הֵן הֵן בְּנֵי סַלְמָאי הַנְּתוֹפָתִי — **A SIMILAR** act was performed by **THE FAMILY OF SALMAI FROM NATOFAH.** תָּנוּ רַבָּנָן — **The Rabbis taught in a Baraisa:** מָה הֵן בְּנֵי סַלְמָאי הַנְּתוֹפָתִי — **WHO WERE THE FAMILY OF SALMAI FROM NATOFAH?** אָמְרוּ — **THE [SAGES] SAID:** פַּעַם אַחַת גָּזְרָה הַמַּלְכוּת גְּזֵירָה עַל יִשְׂרָאֵל — It **ONCE** happened that **THE GOVERNMENT PASSED A DECREE AGAINST ISRAEL** שֶׁלֹּא יָבִיאוּ עֵצִים לַמַּעֲרָכָה — **THAT THEY MAY NOT BRING WOOD FOR THE ALTAR PYRE** וְהוֹשִׁיבוּ פְּרוּזְדָאוֹת עַל הַדְּרָכִים — **AND SENTRIES WERE STATIONED ON THE ROADS,** כְּדֶרֶךְ שֶׁהוֹשִׁיב יָרָבְעָם בֶּן נְבָט עַל הַדְּרָכִים — **IN THE SAME MANNER AS YARAVAM BEN NEVAT HAD STATIONED** sentries שֶׁלֹּא יַעֲלוּ יִשְׂרָאֵל לָרֶגֶל — **TO PREVENT ISRAEL FROM GOING UP** to Jerusalem **FOR THE PILGRIMAGE FESTIVALS.** מֶה עָשׂוּ יִרְאֵי חֵטְא שֶׁבְּאוֹתוֹ הַדּוֹר — **WHAT DID THE SIN-FEARING MEN OF THAT GENERATIONS DO** to circumvent the decree? הֵבִיאוּ גְּזִירֵיהֶן וְעָשׂוּ סוּלָּמוֹת — **THEY TOOK LOGS AND MADE THEM INTO LADDERS,** וְהִנִּיחוּ עַל כִּתְפֵיהֶם — **THEY PLACED** these ladders **ON THEIR SHOULDERS** וְהָלְכוּ לָהֶם — **AND WENT ON THEIR WAY.** כֵּיוָן שֶׁהִגִּיעוּ אֶצְלָן — **WHEN THEY REACHED [THE SENTRIES],** אָמְרוּ לָהֶם — **THE SENTRIES ASKED THEM:** לְהֵיכָן אַתֶּם הוֹלְכִין — **WHERE ARE YOU GOING** אָמְרוּ לָהֶם — **THEY ANSWERED [THE SENTRIES]:** לְהָבִיא גּוֹזָלוֹת מִשּׁוֹבָךְ שֶׁלְּפָנֵינוּ — We are going **TO GET PIGEONS FROM A DOVECOTE** that is in a nearby place **BEFORE US,** וּבְסוּלָּמוֹת שֶׁעַל כְּתֵפֵינוּ — **WITH THE LADDERS THAT ARE ON OUR SHOULDERS.** כֵּיוָן שֶׁעָבְרוּ מֵהֶן — **ONCE THEY HAD PASSED [THE SENTRIES],** פֵּירְקוּם וֶהֱבִיאוּם וְהֶעֱלוּם לִירוּשָׁלַיִם — **THEY DISMANTLED [THE LADDERS] AND TOOK [THE LOGS] UP TO JERUSALEM.** וַעֲלֵיהֶם וְעַל כַּיּוֹצֵא בָּהֶם הוּא אוֹמֵר — **IN REFERENCE TO THESE PEOPLE AND THOSE WHO ARE LIKE THEM, IT SAYS:** ,,זֵכֶר צַדִּיק לִבְרָכָה" — ***THE MENTION OF A RIGHTEOUS MAN IS FOR A BLESSING.***[11] וְעַל יָרָבְעָם בֶּן נְבָט וַחֲבֵרָיו נֶאֱמַר — **BUT IN REFERENCE TO YARAVAM BEN NEVAT AND HIS COLLEAGUES, IT IS SAID** in the continuation of that verse: ,,וְשֵׁם רְשָׁעִים יִרְקָב" — ***AND THE NAME OF THE WICKED SHALL ROT.***

The Mishnah stated:

בְּעֶשְׂרִים בּוֹ בְּנֵי פַּחַת מוֹאָב בֶּן יְהוּדָה — **ON THE TWENTIETH OF [AV]** it was the turn of **THE FAMILY OF PACHAS MOAV OF THE TRIBE OF JUDAH.**

A Baraisa presents a dispute on the identification of this family:

תָּנָא — **A Tanna taught in a Baraisa:** בְּנֵי פַּחַת מוֹאָב בֶּן יְהוּדָה הֵן הֵן בְּנֵי דָוִד בֶּן יְהוּדָה — **THE FAMILY OF PACHAS MOAV OF THE TRIBE OF JUDAH IS** actually **THE FAMILY OF DAVID**[12] **OF THE TRIBE OF JUDAH;** דִּבְרֵי ר׳ מֵאִיר — **THESE ARE THE WORDS OF R' MEIR.** רַבִּי יוֹסֵי אוֹמֵר — **R' YOSE SAYS:** הֵן הֵן בְּנֵי יוֹאָב בֶּן צְרוּיָה — **IT IS THE FAMILY OF YOAV BEN TZERUIAH.**[13]

The Mishnah continues:

בְּעֶשְׂרִים בֶּאֱלוּל בְּנֵי עָדִין בֶּן יְהוּדָה וכו׳ — **ON THE TWENTIETH OF ELUL** it was the turn of **THE FAMILY OF ADIN OF THE TRIBE OF JUDAH etc.**

A Baraisa presents a dispute on the identification of this family:

תָּנוּ רַבָּנָן — **The Rabbis taught in a Baraisa:** בְּנֵי עָדִין בֶּן יְהוּדָה הֵן הֵן בְּנֵי דָוִד בֶּן יְהוּדָה — **THE FAMILY OF ADIN OF THE TRIBE OF JUDAH**

NOTES

6. It is a Biblical obligation to bring the first fruits [בִּיכּוּרִים, *bikkurim*] to the Temple in Jerusalem and give them to the Kohen on duty. One would tie a marker around the first fruits of one's crop to bud, designate them as *bikkurim,* and [when they ripen] bring them to the Temple (*Rashi*).

This incident occurred when Eretz Yisrael was under Gentile domination, during the era of the Second Temple. The occupying forces sought to ban practices that were associated with joyfulness. Hence, they focused on these two practices in particular, because the wood festivals and the bringing of *bikkurim* were especially joyous occasions (see *Bikkurim* ch. 3; and above, 26a note 27). At that juncture, the occupying government did not yet wield sufficient power to suspend the Temple service itself. However, they could position sentries on the roads outside Jerusalem to prevent the transport of *bikkurim* and wood to the Temple (*Maharsha*).

The Baraisa is ambiguous in respect to the time frame of this event. According to the *Tosefta* (3:7) it occurred during the Greek (Syrian) occupation of Eretz Yisrael, and this view is corroborated by *Megillas Taanis* (15 Av). However, the *Yerushalmi* (here) indicates that it took place during the reign of King Yaravam over the kingdom of Israel in the First Temple Era. (*Dikdukei Sofrim* reports that all the old prints read, מַלְכוּת הָרְשָׁעָה, *the wicked kingdom,* which is usually a reference to Rome.)

7. Every Jewish male is obligated to visit the Temple in Jerusalem on the three pilgrimage festivals: Pesach, Succos, and Shavuos. Jeroboam decreed the abolition of this practice (see below, 30b).

8. According to the *Mesoras HaShas*, the correct text is: כְּשֵׁרִין וְיִרְאֵי חֵטְא שֶׁבְּאוֹתוֹ הַדּוֹר, *the worthy and sin-fearing men of that generation.*

9. See *Bikkurim* 3:3.

10. Since they deceived the sentries by means of a pestle, this family was given the appellation גּוֹנְבֵי עֱלִי, literally, *the robbers of the pestle* (*Rashi*). [Alternatively, they were called קוֹצְעֵי קְצִיעוֹת, *fig-cutters;* see 26a, note 31.]

This family was accorded the honor of being included amongst those families which annually contributed wood to the Temple, because in addition to bringing *bikkurim,* they donated their pestles for use as firewood on the Altar (*Maharsha;* cf. *Rav*).

11. *Proverbs* 10:7. The very appellation by which these families were known recalled their worthy act. סַלְמָאי, *Salmai,* is from סוּלָּם, *ladder.* Alternatively, here we refer to the family of "pestle-smugglers" or "fig-cutters" mentioned above (*Maharsha*).

12. I.e. King David, a descendant of Ruth who came from Moav. Hence, the name *Pachas Moav* [lit. governor of Moav] (*Rashi*). [Since, as the Mishnah reported, the family of David contributed wood on the twentieth of Tammuz, it turns out that according to R' Meir the family of David contributed twice every year — once on the twentieth of Tammuz and once on the twentieth of Av (Gemara below).]

13. Yoav was also a descendant of Moav, through Ruth. Yoav's mother, Tzeruiah, was a sister of David [see previous note and *I Chronicles* 2:16] (*Rashi*).

דאית ליה רווחא: פרשה גדולה קורין אותה בשנים בשחרית ובמוסף ובמנחה קורין על פיהן כו': איבעיא להו היכי קאמר בשחרית ובמוסף קורין אותה בספר ובמנחה קורין אותה על פה כקורין את שמע או דלמא הכי קתני בשחרית קורין אותה בספר ובמוסף ובמנחה קורין אותה על פה כקורין את שמע תא שמע דתניא בשחרית ובמוסף נכנסין לבית הכנסת וקורין כדרך שקורין כל השנה ובמנחה יחיד קורא אותה על פה אמר ר' יוסי וכי יחיד יכול לקרות דברי תורה על פה בצבור אלא ^אכולן נכנסין וקורין אותה על פה כקורין את שמע: כל יום שיש בו הלל אין בו מעמד כו': מה הפרש בין זה לזה הללו דברי תורה והללו דברי סופרים: זמן עצי כהנים והעם כו': ת"ר למה הוצרכו לומר זמן עצי כהנים והעם אמרו כשעלו בני הגולה לא מצאו עצים בלשכה ועמדו אלו והתנדבו משלהם וכך התנו נביאים שביניהן שאפי' לשכה מלאה עצים יהיו אלו מתנדבין משלהן שנאמר ^{א)} והגורלות הפלנו על קרבן העצים הכהנים הלוים והעם להביא לבית אלהינו לבית אבותינו לעתים מזומנים שנה בשנה לבער על מזבח ה' אלהינו ככתוב בתורה: ועמהם כהנים ולוים וכל מי כו': תנו רבנן מה היו בני גונבי עלי ובני קוצעי קציעות אמרו פעם אחת גזרה המלכות גזירה על ישראל שלא יביאו עצים למערכה ושלא יביאו בכורים לירושלים והושיבו פרוזדאות על הדרכים כדרך שהושיב ירבעם בן נבט שלא יעלו ישראל לרגל מה עשו כשרין ^{א)} (שבאותו הדור ויראי חטא) הביאו סלי בכורים וחיפום בקציעות ונטלום ועלי על כתפיהן וכיון שהגיעו אצל פרוזדאות אמרו להם להיכן אתם הולכין אומרין להם לעשות שני עיגולי דבילה במכתשת שלפנינו ובעלי שעל כתפינו כיון שעברו מהן עיטרום בסלים והביאום לירושלים תנא הן הן בני סלמאי הנתופתי ת"ר מה הן בני סלמאי הנתופתי אמרו פעם אחת גזרה המלכות גזירה על ישראל שלא יביאו עצים למערכה והושיבו פרוזדאות על הדרכים כדרך שהושיב ירבעם בן נבט על הדרכים שלא יעלו ישראל לרגל מה עשו יראי חטא שבאותו הדור הביאו גזיריהן ועשו סולמות והניחו על כתפיהם והלכו להם כיון שהגיעו אצלן אמרו להם להיכן אתם הולכין אמרו להם להביא גוזלות משובך שלפנינו ובסולמות שעל כתפינו כיון שעברו מהן פירקום והביאום והעלום לירושלים ועליהם ועל כיוצא בהם הוא אומר ^{ב)} זכר צדיק לברכה ועל ירבעם בן נבט וחבריו נאמר ^{ב)} ושם רשעים ירקב: בעשרים בו בני פחת מואב בן יהודה: תנא בני פחת מואב בן יהודה הן הן בני דוד בן יהודה דברי ר' מאיר רבי יוסי אומר הן הן בני יואב בן צרויה: בעשרים באלול בני עדין בן יהודה וכו': תנו רבנן בני עדין בן יהודה הן הן בני דוד בן יהודה דברי רבי יהודה רבי יוסי אומר הן הן בני יואב בן צרויה: באחד בטבת שבו בני פרעוש שניה כו': מני מתני' לא ר' מאיר ולא רבי יהודה ולא רבי יוסי אי ר"מ ליתני שבו בני דוד בן יהודה שניה אי רבי יהודה ליתני שבו בני דוד בן יהודה שניה אי רבי יוסי ליתני שבו בני יואב בן צרויה שניה לעולם ר' יוסי ותרי תנאי אליבא דר' יוסי: באחד בטבת לא היה בו מעמד כו': אמר ליה מר קשישא בריה דרב חסדא לרב אשי מאי

רש"י

דאית ליה רווחא. שיכול לקרות מפרשה אחרת אבל הכא לית ליה רווחא דהא לא מצי למיקרי אלא בראשית ויהי רקיע: מה הפרש בין זה לזה. מאי שנא דקרבן עצים דחי מעמד דנעילה ומעמד דמנחה לא דחי: הללו דברי תורה. מנחה כדאמרי' בברכות (דף כו:) יצחק אבינו תיקן תפלת מנחה שנאמר ויצא יצחק לשוח בשדה לפנות ערב ודנעילה מדברי סופרים. וצריכין חיזוק לא גרסינן [א] הכא: עמדו אלו. זמן דקתני במתני' אהכי הוצרכו למנות משום ההיא תקנה דעבוד להו הנך נביאים כי היכי דלא לידחינהו מאתרייהו: פרוזדאות. שומרים: בכורים. אדם נכנס לתוך שדהו ורואה אשכול שביכר תאנה שביכרה קושר עליה גמי ועושה אותה בכורים: בקציעות. תאנים יבשים כותשין אותן ועושין מהן עגולין: ה"ג והעלי על כתפיהן. (^{ב)} בוכיא): במכתשת שלפנינו. שהוא במקום אחר (א) לפני בסמוך וזהו גונבי עלי על שם שמתגנבין מן הפרוזדאות על עסקי עלי: הן הן בני סלמאי הנתופתי. כעין מעשה זה עשו (ב): הן הן בני דוד בן יהודה. דוד מלך ישראל ואהכי קרו ליה פחת מואב שבא מרות המואביה: יואב בן צרויה. שבא מרות המואביה כי צרויה אם יואב אחות דוד היתה שנאמר (דה"א ב) ואחיותיהם צרויה ואביגיל: בני עדין הן הן בני דוד. להכי קרי ליה בספר שמואל (ב כג) עדינו העצני ^{ג)} שבשעה שעוסק בתורה מעדן עצמו כתולעת וכשיוצא למלחמה מתקשה כעץ: הן הן בני יואב בן צרויה. פלוגתא היא (^{ד)} במס' חגיגה) חד אמר עדינו העצני זה דוד ^{ה)} וחד אמר זה יואב: ליתני שבו בני דוד שניה. דהא קאמר ר' מאיר פחת מואב היינו דוד: ולר' יהודה. בני עדין היינו דוד ובמתניתין קתני בהדיא בני דוד והדר קתני בני פחת מואב דלר"מ ולר' יהודה בני עדין היינו דוד שבו שניה מיבעי ליה: ולר' יוסי. דאמר פחת מואב ועדין היינו יואב שבו שניה מיבעי ליה: לעולם ר' יוסי ותרי תנאי אליבא דר' יוסי. דמאן דאמר בני עדין בן יהודה היינו בני יואב לא סבר לה דבני פחת מואב היינו יואב והכי לא קתני שבו בני יואב שניה ולא סבירא ליה נמי דהן הן בני דוד דאם כן שבו בני דוד שניה מיבעי ליה למיתני אלא משפחה אחרת הן ומאן דאמר בני פחת מואב היינו בני יואב לא סבירא ליה דבני עדין היינו יואב אלא משפחה אחרת הן: מאי

תוספות

מה הפרש בין זה לזה. כלומר מה הפרש בין קרבן מוסף לקרבן עצים דקרבן מוסף דוחה מנחה וקרבן עצים לא דחי מנחה: הללו דברי תורה. מוסף ולהכי קדמי מנחה דהוי מדברי תורה אבל קרבן עצים דהוי מדברי סופרים והלכך לא דחיא אלא נעילה דהויא מדברי סופרים אבל לא דחיא מנחה דהויא מדברי תורה: בני פחת מואב וכו' הן הן בני דוד. ולכך נקראו בני פחת (ג) שבאו מרות המואביה:

הן הן בני יואב בן צרויה. פירוש דצרויה היתה ^{ו)} אחות דוד כדכתיב (דה"א ב) ואחיותיהם צרויה והם באים מזרע רות המואביה:

אי ר"מ. דקאמר בני פחת מואב בן יהודה הן הן בני דוד בן יהודה ליתני במתניתין כי קאמר בעשרים כו' בני פחת מואב בן יהודה היה ה"ל למיתני בני דוד בן יהודה שבו שניה כמו שאומר שבו בני פרעוש שניה אי ר' יהודה דקאמר בני עדין בן יהודה הן הן בני דוד בן יהודה ליתני שבו בני דוד בן יהודה שניה אי ר' יוסי ליתני שבו בני יואב שניה ומשני תרי תנאי ואליבא דר' יוסי וקשיא אמאי לא מוקי אליבא דר"מ ותרי תנאי אליבא דר"מ שהרי טפי יש לן לאוקמא כר"מ דסתמא דמתני' כר' מאיר ונראה לי דלהכי מוקי לה כרבי יוסי משום דרבי יוסי נימוקו עמו ומסתברא כוותיה בכל מקום ואפילו מחביריו:

ויום

מסורת הש"ס

א) [נ"ל ויראי חטא שבאותו הדור], ב) [נ"ל בוכנא], ג) [מו"ק טז:], ד) במו"ק טז: כצ"ל, ה) [לא נמצא שם דחד אמר זה יואב ובתיקוני כלי שרת תקנתי על נכון], ו) נ"ל בת ישי.

הגהות הב"ח

(א) רש"י ד"ה במכתשת כו' במקום אחר לפנינו בסמוך: (ב) ד"ה הן הן כו' עשו בסמוך הס"ד: (ג) תוס' ד"ה בני כו' נקראו בני פחת מואב שבאו מרות:

הגהות הגר"א

[א] רש"י ד"ה הללו. וצריכין חיזוק ל"ג. נ"ב אבל הגאונים גרסי וערע"ב:

תורה אור השלם

א) וְהַגּוֹרָלוֹת הִפַּלְנוּ עַל קָרְבַּן הָעֵצִים הַכֹּהֲנִים הַלְוִיִּם וְהָעָם לְהָבִיא לְבֵית אֱלֹהֵינוּ לְבֵית אֲבֹתֵינוּ לְעִתִּים מְזֻמָּנִים שָׁנָה בְשָׁנָה לְבַעֵר עַל מִזְבַּח יְיָ אֱלֹהֵינוּ כַּכָּתוּב בַּתּוֹרָה: [נחמיה י, לה]

ב) זֵכֶר צַדִּיק לִבְרָכָה וְשֵׁם רְשָׁעִים יִרְקָב: [משלי י, ז]

רבינו גרשום

שבת והוי אחד בשבת שלישי ויש בו חולשא. במוצאי שבת ניטלת ממנו ויש בו חולשא: במוסף במנחה וכו' ופי' בגמ' רב אמר דולג שראשון קורא ג' פסוקים ושמואל אמר פוסק שאינו דולג משום גזרה משום הנכנסין ומשום היוצאין שאם קורא ראשון ג' פסוקים שלמין א' היוצא לאחר כשסיים הראשון שלא נשתייר לשני לקרות אלא ב' פסוקין וכן אם מתחיל השני בפסוק הג' הנכנס לאחר שסיים הראשון כששומע ששני קורא הג' אומר לא קרא הראשון אלא ב' פסוקים: דאית ביה רווחא שיכול לקרות פסוק אחד מפרשה אחרת אבל דלא מצי למקרי מפרשה אחרת דאית לה למיקרא למחר או דולג או פוסק. ובמנחה קורין על פיהן מה שקורין שחרית בספר כדרך שקורין כל השנה בספר: ערב שבת במנחה לא היו נכנסין לקרות בפה לפי שהן עוסקין לכבוד שבת לטרוח בסעודת שבת והאי דקתני בששי ותצא וגו' היינו בשחרית בספר: אין בו מעמד שחרית כלומר אין קורין מה שקורין במעמדות לפי שעוסקין בהלל. **קרבן מוסף אין בו נעילה** כלומר שיש בו קרבן מוסף אין בו תפלת נעילה ואין קורין במעמדות לפי שעוסקין בקרבן וקסבר דתפלת נעילה קודם לתפלת מנחה ולפי שתפלת מוסף עד הערב עוסקין במוסף בשעת נעילה. **קרבן עצים אין במנחה** כלומר ביום שמביאין קרבן עצים אין קוראין במעמדות במנחה. לפי שעוסקין בקרבן עצים: **קרבן מוסף אין במנחה** כלומר מנחה קודם לנעילה ובשעת מנחה עוסקין במוסף ואין פנאי לקרות במעמדות: **מה הפרש בין זה לזה** כלומר מ"ש דמוסף דוחה מנחה ואין דוחה נעילה וקרבן עצים דוחה אפי' נעילה: **הללו** קרבן מוסף **דברי תורה** ואין צריכין חיזוק ואין צריך שיהא דוחה אלא מנחה שסמוך לו אבל קרבן עצים שהן מדברי סופרים וצריכין חיזוק לפיכך עשו בו חיזוק שדוחה אפי' נעילה שאינו סמוך לו: **ועמהן עם זתוא** שהוא אחרון כהנים ולוים וכל מי שטעה שבטו שאינו יודע מאיזה שבט הוא: **שבו בני פרעוש שניה.** הן הולכין פעם שניה להביא עצים. **באחד בטבת לא היה בו מעמד** כל היום שהיה בו הלל בשחרית וקרבן מוסף במנחה וקרבן עצים בנעילה: **למה הוצרכו** לקבוע הני זמנים להביא עצים למערכה: **פרדסאות.** ממונים: **בקציעות.** של דבילה: **עיטרום בסלים** כמצוה דכתיב ונתת בטנא. **פרקום והביאום. עצים של סולמות** לירושלים לקרבן עצים. **בני פחת מואב** הן בני דוד ולהכי קרי ליה מואב משום דאתי מרות המואביה **הן בני יואב** דאתי נמי ממואב מאמו: **הן בני דוד** ועל שם עדינו העצני קרי ליה בני עדין. **הן בני יואב** ועל שם דוד שהיה ראש משפחותם קרי להו בני עדין על שם דוד. **אי ר"מ ליתני נמי שבו בני דוד שניה** דר"מ קאמר הני פחת מואב הן בני דוד כיון דתרווייהו קתני להו במתניתין כדתני בני דוד איבעי להו למיתני שבו שניה דככר קתני דבאו פעם ראשונה דקתני באו בני פחת מואב. **אי ר' יהודה ליתני שבו בני דוד שניה** נמי דהא תני במתניתין שתי פעמים בני דוד דר' יהודה אמר דבני עדין הן בני דוד **אי ר' יוסי ליתני שבו בני יואב שניה. תרי תנאי אליבא דר' יוסי** דהאי תנא דאמר אליבא דר' יוסי בני פחת מואב הני בני יואב לא אמר דר' יוסי אמר בני עדין הן בני יואב ומאן דאמר אליבא דר' יוסי בני עדין הן בני יואב לא אמר דר' יוסי אמר בני פחת מואב הן בני יואב ולא תני במתניתין בני יואב אלא פעם אחת להכי לא קתני שבו

עין משפט נר מצוה

יח א מיי' פ"ו מהל' כלי המקדש הל' ז:

ליקוטי רש"י

דאית ליה רווחא. לקרות מפרשה זו לאחריה דהך מתניתא קיימא בשני ובחמישי שהוא יכול לקרות מה שירצה שהכל מעניינו של יום [מגילה כב.]. והגורלות הפלנו. כמה יביא כל אחד. קרבן העצים. מקרובת של עצי המערכה למזבח. לבית אבותינו. שהיא בית קדושת אבותינו [נחמיה י, לה]. הנתופתי. מיושבי נתופת [דברי הימים א ב, נד ועי' הגהות יעב"ץ]. זכר צדיק לברכה. המזכיר לצדיק מברכו. ושם רשעים ירקב. רקבון עולה בשמם שאין אדם חפץ להזכיר שמו והוא משתכח מאליו [משלי י, ז]. מר קשישא. מר קשישא ומר ינוקא, שני בנים היו לרב חסדא ושם שניהם שוין אלא שהגדול קורין לו מר קשישא ולצעיר קורין לו מר ינוקא [כתובות פט:].

רבינו חננאל

משמר. מתפללין על קרבן אחיהם שיתקבל ברצון. ואנשי מעמד מתענין ד' תעניות בשבוע. בשני על יורדי הים. שנאמר ויאמר אלהים יהי רקיע בתוך המים וגו'. בשלישי על הולכי מדברות שנאמר יקוו המים ותראה היבשה. בד' על האסכרה שלא תעל בתינוקות שנאמר יהי מאורות. מארת כתיב חסר ו'. בה' על עוברות שלא יפילו ועל המניקות שיגדלו בניהם שנאמר ישרצו המים שרץ [נפש חיה]. בע"ש לא היו מתענין מפני כבוד בשבת וכ"ש שבת עצמה. א) וסנהדרין לבתי אבות מתענין עמהם. באחד בשבת מ"ט לא. ר' יוחנן אומר מפני הנוצרים. פי' שיו"ט שלהם הוא. ר' שמואל ב"נ אומר מפני שהוא שלישי ליצירה. וכתיב ויהי ביום השלישי בהיותם כאבים. כלומר נברא האדם בששי הנה ששי ושבת ויום ראשון הרי שלש ליצירה והוא עדיין חלש. ר' שמעון בן לקיש אמר מפני נשמה יתירה שנתנת לאדם בשבת כדי לאכול ולשתות ולשמוח ולהתענג כגבור בשתיית היין ואם אין בו כח גדול אין בו יכולת לשתות ובמ"ש ניטלת מן האדם. ונשתייר תשוי כח לפיכך אין בו יכולת. כדכתיב שבת וינפש. כיון ששבת ווי אבדה נפש. כלומר אבדה הנפש היתירה: מתני' וישראל שבאותו משמר מתכנסין בעריהם. פי' קבלנו מרבותינו שהיו בכל יום קורין פרשת קרבנות. ואח"כ היו קורין סדר בראשית. ביום הראשון בראשית ויהי רקיע. תנא בראשית בשנים אמאי בשנים והא ה' פסוקי נינהו. ותנא הקורא בתורה לא יפחות מג' פסוקים. רב אמר דולג. פי' הראשון קורא שלשה. השני חוזר וקורא אחד מאלו השלשה שקראם הראשון והשני פסוקים הנותרים מן הפרשה. ושמואל אמר פוסק הפסוק אחד לשנים כל אחד קורא שלשה. רב אמר דולג. כל פסוקא דלא פסקיה משה אנן לא פסקינן ליה. וקיי"ל כרב וכבר פירשנוהו במגילה. פי' בשחרית במוסף כו'. תנא בשחרית ובמוסף נכנסין בכנסת וקורא בתורה בצבור. ע"ש לא היו נכנסין מפני כבוד השבת: מתני' כל יום שיש בו הלל ואין בו מוסף כגון חנוכה וכיוצא בו לא היה בו בשחרית כלומר לא היה בו מעמד בשחרית לא היו אנשי מעמד נכנסין בכנסת וקורין פרשיותיהן בשחרית וכל יום שיש בו קרבן מוסף כגון ר"ח וחש"מ אין בו לאנשי מעמד קריאה במנחה. כל יום שיש בו קרבן עצים כגון אלו ט' ימים שאנו עתידין לפרשן כדתנא זמן עצי הכהנים והעם ט' אין לאנשי המעמד תפלה בנעילה. אמר בן עזאי משום ר' יהושע כל יום שיש בו קרבן מוסף אין מעמד ב) בנעילה. קרבן עצים אין במנחה. ואמרינן מה הפרש בין זה לזה. ופרקינן הללו דברי תורה כלומר הימים שיש בהן קרבן מוסף כגון ר"ח וחולו של מועד מן התורה אסורים בתענית ואין צריכין [חיזוק] אלא דוחין המעמד שבנעילה. ואע"פ שאינה תדירה. ואינו דבר ידוע. אבל זמן הכהנים שהוא אסור בתענית מדרבנן צריך חיזוק. לפי' אין בו מעמד במנחה שהוא תדיר והוא ידוע. וכיון שרואין כי דוחה את המנחה נוהגין בו יו"ט. כדתניא [במגלת תענית] ואלו ימים זמן עצי הכהנים והעם אסורין בהספד ותענית: ת"ר למה הוזכרו זמן עצי הכהנים והעם להמנות כשעלו ישראל מן הגולה לא מצאו עצים למערכה ועמדו אלו והתנדבו משלהם. פי' גונבין עלי וקוצעי קציעות גונבין דעת יושבי פרדסאות באמרם להם כי התאנים הבכורות הללו אנו הולכים בהן לכתוש במכתש שלפנינו ובעלי שעל כתפינו לעשותן קציעה של דבילה. פי' עלי יד המכתש כדכתיב אם תכתוש את האויל במכתש בתוך הריפות בעלי. דברים פשוטים הן

חשק שלמה על רבינו חננאל א) כן הוא בירושלמי. ב) כן היתה גרסת רבינו לסיפך מגרסא שלנו במתני' בדברי ר"ע וכ"ע.

IS actually THE FAMILY OF DAVID[14] OF THE TRIBE OF JUDAH; דִּבְרֵי רַבִּי יְהוּדָה – THESE ARE THE WORDS OF R' YEHUDAH. רַבִּי יוֹסֵי אוֹמֵר – However, R' YOSE SAYS: הֵן הֵן בְּנֵי יוֹאָב בֶּן צְרוּיָה – IT IS THE FAMILY OF YOAV BEN TZERUIAH.[15]

The Mishnah continues:

בְּאֶחָד בְּטֵבֵת שָׁבוּ בְּנֵי פַּרְעוֹשׁ שְׁנִיָּה כו׳ – ON THE FIRST OF TEVES THE FAMILY OF PAROSH OF THE TRIBE OF JUDAH RETURNED to donate wood A SECOND TIME etc.

The Gemara notes that the Mishnah is apparently at variance with all the views recorded in the previously cited Baraisos:

מַנִּי מַתְנִיתִין – **Whose view does our Mishnah reflect?** לֹא ר׳ מֵאִיר וְלֹא רַבִּי יְהוּדָה וְלֹא רַבִּי יוֹסֵי – It is in accordance with the view of **neither R' Meir, nor R' Yehudah, nor R' Yose.** אִי רַבִּי מֵאִיר – For **if** our Mishnah followed the view of **R' Meir,** לִיתְנֵי שָׁבוּ בְּנֵי דָוִד בֶּן יְהוּדָה שְׁנִיָּה – **it should have stated** that **the family of David of the tribe of Judah returned** to donate wood **a second time.**[16] אִי רַבִּי יְהוּדָה – **If** it followed the view of **R' Yehudah,** לִיתְנֵי שָׁבוּ בְּנֵי דָוִד בֶּן יְהוּדָה שְׁנִיָּה – likewise **it should have stated** that **the family of David of the tribe of Judah returned** to donate wood **a second time.**[17] אִי רַבִּי יוֹסֵי – **If** it followed the view of **R' Yose,** לִיתְנֵי שָׁבוּ בְּנֵי יוֹאָב בֶּן צְרוּיָה שְׁנִיָּה – it **should have stated** that **the family of Yoav ben Tzeruiah returned a second time.**[18]

The Gemara identifies the Tanna whose opinion our Mishnah follows:

לְעוֹלָם ר׳ יוֹסֵי – **Actually** the Mishnah follows the view of **R' Yose.** The opinions attributed to R' Yose in the Baraisos cited above were not directly reported by R' Yose himself וּתְרֵי תַּנָּאֵי אַלִּיבָּא דְּר׳ יוֹסֵי – **but** by **two** other **Tannaim** who rule **in accordance with R' Yose,** but have variant versions of his opinion.[19]

The Mishnah stated:

בְּאֶחָד בְּטֵבֵת לֹא הָיָה בּוֹ מַעֲמָד כו׳ – ON THE FIRST OF TEVES, THERE WERE NO *MAAMAD* SERVICES at all etc. [because on that day there was recitation of the Hallel, a *mussaf* offering and a wood offering].

The Gemara asks:

אָמַר לֵיהּ מַר קַשִׁישָׁא בְּרֵיהּ דְּרַב חִסְדָּא לְרַב אַשִׁי – **Mar Kashisha the son of Rav Chisda said to Rav Ashi:**

NOTES

14. I.e. King David. This is based on *II Samuel* (23:8) where King David is referred to as עֲדִינוֹ הָעֶצְנִי, *Adino the Eznite.* The Gemara (*Moed Katan* 16b) interprets this name as follows: When David studied Torah he was עֲדִין, *soft and pliable,* but when he went into battle he was הָעֶצְנִי, *the wooden one;* i.e. he made himself as hard as wood (*Rashi*).

[According to this view, the family of David donated wood twice every year – once on the twentieth of Tammuz as recorded explicitly in the Mishnah, and once on the twentieth of Elul, the date assigned by the Mishnah to the family of Adin (Gemara below).]

15. [Since, according to R' Yose, the family of Yoav is also identified in the Mishnah as Pachas Moav (previous Baraisa), this family apparently donated wood twice every year – on the twentieth of Av and the twentieth of Elul (see Gemara below).]

16. According to R' Meir, the family of David donated twice in the annual cycle; see note 12. Thus, R' Meir's view is contradicted by the Mishnah which mentions only the family Parosh as donating twice.

17. See note 14.

18. See note 15.

19. R' Yose identified one of the families listed in the Mishnah as the family of Yoav ben Tzeruiah. Two Tannaim disagreed as to which family R' Yose meant. According to the Tanna of the first Baraisa R' Yose was referring to the family of Pachas Moav, whereas according to the Tanna of the second Baraisa he was referring to the family of Adin. However, there is no question that R' Yose meant only one of these families; hence, his view is compatible with that of our Mishnah (see *Rashi*).

דאית ליה רווחא: פרשה גדולה קורין אותה בשנים בשחרית ובמוסף ובמנחה קורין על פיהן כו': איבעיא להו היכי קאמר בשחרית ובמוסף קורין אותה בספר ובמנחה קורין אותה על פה כקורין את שמע או דלמא הכי קתני בשחרית קורין אותה בספר ובמוסף ובמנחה קורין אותה על פה כקורין את שמע תא שמע דתניא בשחרית ובמוסף נכנסין לבית הכנסת וקורין כדרך שקורין כל השנה ובמנחה יחיד קורא אותה על פה אמר ר' יוסי וכי יחיד יכול לקרות דברי תורה על פה בצבור אלא [א]כולן נכנסין וקורין אותה על פה כקורין את שמע: כל יום שיש בו הלל אין בו מעמד כו': מה הפרש בין זה לזה הללו דברי תורה והללו דברי סופרים: זמן עצי כהנים והעם כו': ת"ר למה הוצרכו לומר זמן עצי כהנים והעם אמרו כשעלו בני הגולה לא מצאו עצים בלשכה ועמדו אלו והתנדבו משלהם וכך התנו נביאים שביניהן שאפי' לשכה מלאה עצים יהיו אלו מתנדבין משלהן שנאמר א) והגורלות הפלנו על קרבן העצים הכהנים הלוים והעם להביא לבית אלהינו לבית אבותינו לעתים מזומנים שנה בשנה לבער על מזבח ה' אלהינו ככתוב בתורה: ועמהם כהנים ולוים וכל מי כו': תנו רבנן מה היו בני גונבי עלי ובני קוצעי קציעות אמרו פעם אחת גזרה המלכות גזירה על ישראל שלא יביאו עצים למערכה ושלא יביאו בכורים לירושלים והושיבו פרוזדאות על הדרכים כדרך שהושיב ירבעם בן נבט שלא יעלו ישראל לרגל מה עשו כשרין א) (שבאותו הדור ויראי חטא) הביאו סלי בכורים וחיפום בקציעות ונטלום ועלי על כתפיהן וכיון שהגיעו אצל פרוזדאות אמרו להם להיכן אתם הולכין אומרין להם לעשות שני עיגולי דבילה במכתשת שלפנינו ובעלי שעל כתפינו כיון שעברו מהן עיטרום בסלים והביאום לירושלים תנא הן הן בני סלמאי הנתופתי ת"ר מה הן בני סלמאי הנתופתי אמרו פעם אחת גזרה המלכות גזירה על ישראל שלא יביאו עצים למערכה והושיבו פרוזדאות על הדרכים כדרך שהושיב ירבעם בן נבט על הדרכים שלא יעלו ישראל לרגל מה עשו יראי חטא שבאותו הדור הביאו גזיריהן ועשו סולמות והניחו על כתפיהם והלכו להם כיון שהגיעו אצלן אמרו להם להיכן אתם הולכין אמרו להם להביא גוזלות משובך שלפנינו ובסולמות שעל כתפינו כיון שעברו מהן פירקום והביאום והעלום לירושלים ועליהם ועל כיוצא בהם הוא אומר ב) זכר צדיק לברכה ועל ירבעם בן נבט וחבריו נאמר ב) ושם רשעים ירקב: בעשרים בו בני פחת מואב בן יהודה: תנא בני פחת מואב בן יהודה הן הן בני דוד בן יהודה דברי ר' מאיר רבי יוסי אומר הן הן בני יואב בן צרויה: בעשרים באלול בני עדין בן יהודה וכו': תנו רבנן בני עדין בן יהודה הן הן בני דוד בן יהודה דברי רבי יהודה רבי יוסי אומר הן הן בני יואב בן צרויה: באחד בטבת שבו בני פרעוש שניה כו': מני מתני' לא ר' מאיר ולא רבי יהודה ולא רבי יוסי אי ר"מ ליתני שבו בני דוד בן יהודה שניה אי רבי יהודה ליתני שבו בני דוד בן יהודה שניה אי רבי יוסי ליתני שבו בני יואב בן צרויה שניה לעולם ר' יוסי ותרי תנאי אליבא דר' יוסי: באחד בטבת לא היה בו מעמד כו': אמר ליה מר קשישא בריה דרב חסדא לרב אשי

מאי

רש"י

דאית ליה רווחא. שיכול לקרות מפרשה אחרת אבל הכא לית ליה רווחא דהא לא מצי למיקרי אלא בראשית ויהי רקיע: מה הפרש בין זה לזה. מאי שנא דקרבן עצים דחי מעמד דנעילה ומעמד דמנחה לא דחי: הללו דברי תורה. מנחה כדאמרי' בברכות (דף כו:) יצחק אבינו תיקן תפלת מנחה שנאמר ויצא יצחק לשוח בשדה לפנות ערב ודנעילה מדברי סופרים. וצריכין חיזוק לא גרסינן [א] הכא: עמדו אלו. זמן דקתני במתני' אהכי הוצרכו למנות משום דהיא תקנה דעבוד להו הנך נביאים כי היכי דלא לידחינהו מאתרייהו: פרוזדאות. שומרים: בכורים. אדם נכנס לתוך שדהו ורואה אשכול שביכר תאנה שביכרה קושר עליה גמי ועושה אותה בכורים: בקציעות. תאנים יבשים כותשין אותן ועושין מהן עגולין: ה"ג והעלי על כתפיהן. (ג) בוכיא): במכתשת שלפנינו. שהוא במקום אחר (א) לפני בסמוך וזהו גונבי עלי על שם שמתגנבין מן הפרוזדאות על עסקי עלי: הן הן בני סלמאי הנתופתי. כעין מעשה זה עשו (ב): הן הן בני דוד בן יהודה. דוד מלך ישראל ואהכי קרו ליה פחת מואב שבא מרות המואביה: יואב בן צרויה. שבא מרות המואביה כי צרויה אם יואב אחות דוד היתה שנאמר (דה"א ב) ואחיותיהם צרויה ואביגיל: בני עדין הן הן בני דוד. להכי קרי ליה בספר שמואל (ב כג) עדינו העצני ג) שבשעה שעוסק בתורה מעדן עצמו כתולעת וכשיוצא למלחמה מתקשה כעץ: הן הן בני יואב בן צרויה. פלוגתא היא (ד) במס' חגיגה) חד אמר עדינו העצני זה דוד ה) וחד אמר זה יואב: ליתני שבו בני דוד שניה. דהא קאמר ר' מאיר פחת מואב היינו דוד: ולר' יהודה. בני עדין היינו דוד ובמתניתין קתני בהדיא בני דוד והדר קתני בני פחת מואב דלר"מ ולר' יהודה בני עדין היינו דוד שבו שניה מיבעי ליה: ולר' יוסי. דאמר פחת מואב ועדין היינו יואב שבו שניה מיבעי ליה: לעולם ר' יוסי ותרי תנאי אליבא דר' יוסי. דמאן דאמר בני עדין בן יהודה היינו בני יואב לא סבר לה דבני פחת מואב היינו יואב ולהכי לא קתני שבו בני יואב שניה ולא סבירא ליה נמי דהן בני דוד דאם כן שבו בני דוד שניה מיבעי ליה למיתני אלא משפחה אחרת הן ומאן דאמר בני פחת מואב היינו בני יואב לא סבירא ליה דבני עדין היינו יואב אלא משפחה אחרת הן:

מאי

תוספות

מה הפרש בין זה לזה. כלומר מה הפרש בין קרבן מוסף לקרבן עצים דקרבן מוסף דוחה מנחה וקרבן עצים לא דחי מנחה: הללו דברי תורה. מוסף ולהכי קדחי מנחה דהוי מדברי תורה אבל קרבן עצים דהוי מדברי סופרים והלכך לא דחיא אלא נעילה דהויא מדברי סופרים אבל לא דחיא מנחה דהויא מדברי תורה: בני פחת מואב וכו' הן הן בני דוד. ולכך נקראו בני פחת (ג) שבאו מרות המואביה: הן הן בני יואב בן צרויה. פירוש דצרויה היתה ו) אחות דוד כדכתיב (דה"א ב) ואחיותיהם צרויה והם באים מזרע רות המואביה: אי ר"מ. דקאמר בני פחת מואב בן יהודה הן הן בני דוד בן יהודה ליתני במתניתין כי קאמר בעשרים כו' בני פחת מואב בן יהודה היה ה"ל למיתני בני דוד בן יהודה שבו שניה כמו שאומר שבו בני פרעוש שניה אי ר' יהודה דקאמר בני עדין בן יהודה הן הן בני דוד בן יהודה ליתני שבו בני דוד בן יהודה שניה אי ר' יוסי ליתני שבו בני יואב שניה ומשני תרי תנאי ואליבא דר' יוסי וקשיא אמאי לא מוקי אליבא דר"מ ותרי תנאי אליבא דר"מ שהרי טפי יש לן לאוקמא כר"מ דסתמא דמתני' כר' מאיר ונראה לי דלהכי מוקי לה כרבי יוסי משום דרבי יוסי נימוקו עמו ומסתברא כוותיה בכל מקום ואפילו מחביריו:

ויוס

עין משפט נר מצוה

יח א מיי' פ"ו מהל' כלי המקדש הל' ז:

ליקוטי רש"י

דאית ליה רווחא. לקרות מפרשה זו לאחריה דהך מתניתא קיימא בשני ובחמישי שהוא יכול לקרות מה שירצה שהכל מענינו של יום [מגילה כב.]. **והגורלות הפלנו.** כמה יביא כל אחד. **קרבן העצים.** תקרובת של עצי המערכה למזבח. **לבית אבותינו.** שהיא בית קדושת אבותינו [נחמיה י, לה]. **הנתופתי.** מיושבי נתופת [דברי הימים א ב, נד ועי' הגהות יעב"ץ]. **זכר צדיק לברכה.** המזכיר צדיק מברכו. **ושם רשעים ירקב.** רקבון עולה בשמם שאין אדם חפץ להזכיר שמו והוא משתכח מאליו [משלי י, ז]. **מר קשישא.** מר קשישא ומר יעוקא, שני בנים היו לרב חסדא ושם שניהם שוין אלא שהגדול קורין לו מר קשישא ולצעיר קורין לו מר יעוקא [כתובות פט:].

רבינו חננאל

משמר. מתפללין על קרבן אחיהם שיתקבל ברצון. ואנשי מעמד מתענין ד' תעניות בשבוע. בשני על יורדי הים. שנאמר ויאמר אלהים יהי רקיע בתוך המים וגו'. בשלישי על הולכי מדברות שנאמר יקוו המים ותראה היבשה. בד' על האסכרה שלא תעל בתינוקות שנאמר יהי מאורות. מארת כתיב חסר ו'. בה' על עוברות שלא יפילו ועל המניקות שיגדלו בניהם שנאמר ישרצו המים שרץ [נפש חיה]. בע"ש לא היו מתענין מפני כבוד השבת וכ"ש שבת עצמה. א) וסנהדרין לבתי אבות מתענין עמהם. באחד בשבת מ"ש לא. ר' יוחנן אומר מפני הנוצרים. ר' שי"ט שלהם הוא. ר' שמואל ב"נ אומר מפני שהוא שלישי ליצירה. וכתיב ויהי ביום השלישי בהיותם כאבים. כלומר נברא האדם בששי הנה ששי ושבת ויום ראשון הרי שלש ליצירה והוא עדיין חלש. ר' שמעון בן לקיש אמר מפני נשמה יתירה שנתנת לאדם בשבת כדי לאכול ולשתות ולשמוח ולהתענג כגבור בשתית היין ואם אין בו כח גדול אין בו יכולת לשתות ובמו"ש ניטלת מן האדם. ונשתייר תשוי כח לפיכך אין בו יכולת. כדכתיב שבת וינפש. כיון ששבת ווי אבדה נפש. כלומר אבדה הנפש היתירה: מתני' וישראל שבאותו משמר מתכנסין בעריהם. פי' קבלנו מרבותינו שהיו בכל יום קורין בפרשת קרבנות. ואח"כ היו קורין סדר בראשית. ביום הראשון בראשית ויהי רקיע. תנא בראשית בשנים אמאי בשנים והא ה' פסוקי ניתנה. ותנא הקורא בתורה לא יפחות מג' פסוקים. רב אמר דולג. פי' הראשון קורא שלשה. השני חוזר וקורא אחד מאלו השלשה שקראם הראשון והשני פסוקים הנותרים מן הפרשה. ושמואל אמר פוסק הפסוק אחד לשנים כל אחד קורא חציו. רב אמר דולג. כל פסוקא דלא פסקיה משה אנן לא פסקינן ליה. וקיי"ל כרב וכבר פירשנוהו במגילה. פי' בשחרית במוסף כו'. תנא בשחרית ובמוסף נכנסין בכנסת וקורא בתורה בצבור. ע"ש לא היו נכנסין מפני כבוד השבת: מתני' כל יום שיש בו הלל ואין בו מוסף כגון חנוכה וכיוצא בו לא היה בו בשחרית כלומר לא היה בו בשחרית לא היו אנשי מעמד נכנסין בכנסת וקורין פרשיותיהן בשחרית וכל יום שיש בו קרבן מוסף כגון ר"ח וחש"מ אין בו לאנשי מעמד קריאה במנחה. כל יום שיש בו קרבן עצים כגון אלו ט' ימים שאנו עתידין לפרשן כדתנא זמן עצי הכהנים והעם ט' אין לאנשי המעמד תפלה בנעילה. אמר בן עזאי משום ר' יהושע כל יום שיש בו מוסף אין בו מעמד ב) בנעילה. קרבן עצים אין במנחה. ואמרינן מה הפרש בין זה לזה. ופרקינן הללו דברי תורה כלומר הימים שיש בהן קרבן מוסף כגון ר"ח וחולו של מועד מן התורה אסורים בתענית ואין צריכין [חיזוק] אלא דוחין המעמד שבנעילה. ואע"פ שאינה תדירה. ואינו דבר ידוע. אבל זמן הכהנים שהוא אסור בתענית מדרבנן צריכין חיזוק. לפי' אין בו מעמד במנחה שהוא תדיר והוא ידוע. וכיון שרואין כי דוחה את המנחה נוהגין בו יו"ט. כדתנא [במגלת תענית] ואלו ימים זמן עצי הכהנים והעם אסורין בהספד ותענית: ת"ר למה הוזכרו זמן עצי הכהנים והעם למנות כשעלו ישראל מן הגולה לא מצאו עצים למערכה ועמדו אלו והתנדבו משלהם. פי' גונבין עלי וקוצעי קציעות גונבין דעת יושבי פרדסאות באמרם להם כי התאנים הבכורות הללו אנו הולכים בהן לכתוש במכתש שלפנינו ובעלי שבכתפינו לעשותן קציעה של דבילה. פי' עלי יד המכתש כדכתיב אם תכתוש את האויל במכתש בתוך הריפות בעלי. דברים פשוטים

הן

חשק שלמה על רבינו חננאל א) כן הוא בירושלמי. ב) כן היתה גרסת רבינו להיפך מגרסא שלנו במתני' דברי ר"ע וב"ע.

מסורת הש"ס

א) [נ"ל ויראי חטא שבאותו הדור], ב) [נ"ל בוכנא], ג) [מו"ק טז:], ד) במו"ק טז: כנ"ל, ה) [לא נמצא שם דחד אמר זה יואב ובתיקוני כלי שרת תקנתי על נכון], ו) נ"ל בת ישי.

הגהות הב"ח

(א) רש"י ד"ה במכתשת כו' במקום אחר לפנינו בסמוך: (ב) ד"ה הן הן כו' עשו בסמוך הס"ד: (ג) תוס' ד"ה בני כו' נקראו בני פחת מואב שבאו מרות:

הגהות הגר"א

[א] רש"י ד"ה הללו. וצריכין חיזוק ל"ג. נ"ב אבל הגאונים גרסי וערע"ב:

תורה אור השלם

א) וְהַגּוֹרָלוֹת הִפַּלְנוּ עַל קֻרְבַּן הָעֵצִים הַכֹּהֲנִים הַלְוִיִּם וְהָעָם לְהָבִיא לְבֵית אֱלֹהֵינוּ לְבֵית אֲבֹתֵינוּ לְעִתִּים מְזֻמָּנִים שָׁנָה בְשָׁנָה לְבַעֵר עַל מִזְבַּח יְיָ אֱלֹהֵינוּ כַּכָּתוּב בַּתּוֹרָה: [נחמיה י, לה]

ב) זֵכֶר צַדִּיק לִבְרָכָה וְשֵׁם רְשָׁעִים יִרְקָב: [משלי י, ז]

רבינו גרשום

שבת והוי אחד בשבת שלישי ויש בו חולשא. **במוצאי שבת ניטלת ממנו** ויש בו חולשא: **במוסף במנחה וכו'** ופי' בגמ' **רב אמר דולג** שראשון קורא ג' פסוקים **ושמואל אמר פוסק** שאינו דולג **משום גזרה משום הנכנסין ומשום היוצאין** שאם קורא ראשון ג' פסוקים שלמין א' היוצא לאחר כשסיים הראשון שלא נשתייר לשני לקרות אלא ב' פסוקין וכן אם מתחיל השני בפסוק הג' הנכנס לאחר שסיים הראשון כששומע ששני קורא הג' אומר לא קרא הראשון אלא ב' פסוקים: **דאית ביה רווחא** שיכול לקרות פסוק אחד מפרשה אחרת אבל דלא מצי למקרי מפרשה אחרת דאית לה למיקרא למחר או דולג או פוסק. **ובמנחה קורין על פיהן** מה שקורין שחרית בספר כדרך שקורין כל השנה בספר: **ערב שבת במנחה לא היו נכנסין** לקרות בפה לפי שהן עוסקין לכבוד שבת לטרוח בסעודת שבת והאי דקתני בששי ותצא וגו' היינו בשחרית בספר: **אין בו מעמד שחרית** כלומר אין קורין מה שקורין במעמדות לפי שעוסקין בהלל. **קרבן מוסף אין בו נעילה** כלומר שיש בו קרבן מוסף אין בו תפלת נעילה ואין קורין במעמדות לפי שעוסקין בקרבן וקסבר דתפלת נעילה קודם לתפלת מנחה ולפי שתפלת מוסף עד הערב עוסקין במוסף בשעת נעילה. **קרבן עצים אין במנחה** כלומר ביום שמביאין קרבן עצים אין קוראין במעמדות במנחה. לפי שעוסקין בקרבן עצים: **קרבן מוסף אין במנחה** כלומר מנחה קודם לנעילה ובשעת מנחה עוסקין במוסף ואין פנאי לקרות במעמדות: **מה הפרש בין זה לזה** כלומר מ"ש דמוסף דוחה מנחה ואין דוחה נעילה וקרבן עצים דוחה אפי' נעילה: **הללו** קרבן מוסף **דברי תורה** ואין צריכין חיזוק ואין צריך שיהא דוחה אלא מנחה שסמוך לו אבל קרבן עצים שהן מדברי סופרים וצריכין חיזוק לפיכך עשו בו חיזוק שדוחה אפי' נעילה שאינו סמוך לו: **ועמהן עם זתוא** שהוא אחרון כהנים ולוים וכל מי שטעה שבטו שאינו יודע מאיזה שבט הוא: **שבו בני פרעוש שניה.** הן הולכין פעם שניה להביא עצים. **באחד בטבת לא היה בו מעמד** כל היום שהיה בו הלל בשחרית וקרבן מוסף במנחה וקרבן עצים בנעילה: **למה הוצרכו** לקבוע הני זמנים להביא עצים למערכה: **פרדסאות.** ממונים: **בקציעות.** של דבילה: **עיטרום בסלים** כמצוה דכתיב ונתת בטנא. **פרקום והביאום. עצים של סולמות** לירושלים לקרבן עצים. **בני פחת מואב** הן בני דוד ולהכי קרי ליה מואב משום דאתי מרות המואביה **הן בני יואב** דאתי נמי ממואב מאמו: **הן בני דוד** ועל שם עדינו העצני קרי ליה בני עדין. **הן בני יואב** ועל שם דוד שהיה ראש משפחותם קרי להו בני עדין על שם דוד. **אי ר"מ ליתני נמי שבו בני דוד שניה** דר"מ קאמר הני פחת מואב הן בני דוד כיון דתרוייהו קתני להו במתניתין כדתני בני דוד איבעי להו למיתני שבו שניה דכבר קתני דבאו פעם ראשונה דקתני באו בני פחת מואב. **אי ר' יהודה ליתני שבו בני דוד שניה** נמי דהא תני במתניתין שתי פעמים בני דוד דר' יהודה אמר דבני עדין הן בני דוד **אי ר' יוסי ליתני שבו בני יואב שניה. תרי תנאי אליבא דר' יוסי** דהאי תנא דאמר אליבא דר' יוסי בני פחת מואב הני בני יואב לא אמר דר' יוסי אמר בני עדין הן בני יואב ומאן דאמר אליבא דר' יוסי בני עדין הן בני יואב לא אמר דר' יוסי אמר בני פחת מואב הן בני יואב ולא תני במתניתין בני יואב אלא פעם אחת להכי לא קתני שבו

מאי שנא הלל דדחי דידיה ומאי שנא מוסף דלא דחי דידיה א"ל רב אשי השתא דלאו דידיה דחי דידיה לא כל שכן אמר ליה הכי קאמינא לך לא לידחי אלא דידיה אמר ליה איכא ר' יוסי דקאי כוותך דתניא ר' יוסי אומר כל יום שיש בו מוסף יש בו מעמד דמאי אילימא מעמד דשחרית הא תנא קמא נמי הכי קאמר אלא מעמד דמוסף דידיה נמי לא דחי אלא דמנחה [א] קרבן עצים דחי אלא לאו דנעילה שמע מינה דידיה דחי דלאו דידיה לא דחי שמע מינה וליתני נמי באחד בניסן לא היה בו מעמד מפני שיש בו הלל וקרבן מוסף וקרבן עצים אמר רבא זאת אומרת הלילא דבריש ירחא לאו דאורייתא דאמר רבי יוחנן משום רבי שמעון בן יהוצדק (א) א שמונה עשר יום בשנה יחיד גומר בהן את הלל ואלו הן שמונת ימי החג ושמונת ימי חנוכה ויום טוב הראשון של פסח ויום טוב (ראשון) של עצרת ב ובגולה עשרים ואחד יום ואלו הן ג תשעת ימי החג ד ושמונת ימי חנוכה ה ושני ימים הראשונים של פסח ו וב' ימים טובים של עצרת רב איקלע לבבל חזינהו דקא קרו הלילא בריש ירחא סבר לאפסוקינהו כיון דחזא דקא מדלגי דלוגי אמר שמע מינה ז מנהג אבותיהם בידיהם תנא יחיד לא יתחיל ואם התחיל גומר: ה' דברים אירעו את אבותינו בשבעה עשר בתמוז כו': נשתברו הלוחות מנלן דתניא (ב) בששה לחדש ניתנו עשרת הדברות לישראל רבי יוסי אומר בשבעה בו מאן דאמר בששה ניתנו בששה ניתנו ובשבעה עלה משה מ"ד בשבעה בשבעה ניתנו ובשבעה עלה משה דכתיב א) ויקרא אל משה ביום השביעי וכתיב ב) ויבא משה בתוך הענן ויעל אל ההר ויהי משה בהר ארבעים יום וארבעים לילה עשרים וארבעה דסיון ושיתסר דתמוז מלו להו ארבעין בשיבסר בתמוז נחית אתא ותברינהו ללוחות וכתיב ג) ויהי כאשר קרב אל המחנה וירא את העגל וישלך מידיו את הלוחות וישבר אותם תחת ההר: בטל התמיד גמרא: הובקעה העיר בי"ז הוה והכתיב ד) בחדש הרביעי בתשעה לחדש ויחזק הרעב בעיר וכתיב בתריה ה) ותבקע העיר וגו' אמר רבא לא קשיא כאן בראשונה כאן בשניה דתניא בראשונה הובקעה העיר בתשעה בתמוז בשניה בשבעה עשר בו: שרף אפוסטמוס את התורה גמרא: העמיד צלם בהיכל מנלן דכתיב ו) ומעת הוסר התמיד ולתת שקוץ שומם וחד הוה והכתיב ז) ועל כנף שקוצים משומם אמר רבא תרי הוו ונפל חד על חבריה ותבריה ליה לידיה ואשתכח דהוה כתיב (א) אנת

רש"י

מאי שנא הלל דדחי דידיה. מעמד דשחרית: ומאי שנא מוסף דלא דחי דידיה. דקתני יום שיש בו מוסף אין בו (ג) מנחה ולא קתני אין בו מוסף דלא דחי דידיה אלא דמנחה: הכי קאמינא. הכי קא בעינא למימר: אלא דידיה. דמוסף: ה"ג רבי יוסי אומר כל יום שיש בו מוסף יש בו מעמד. ואתנא קמא פליג דאמר יום שיש בו מוסף אין בו (ג) נעילה ואתא ר' יוסי למימר דיש בו מעמד אע"פ שיש בו מוסף: אלא לאו דנעילה הוא. דאמר ר' יוסי דיש בו מעמד ואין מוסף דוחה אותו: באחד בניסן. דאית ביה הלל דראש חדש: (ד) קרבן עצים. (קרבן מוסף) דבני ארח בן יהודה: זאת אומרת. מדלא קתני נמי באחד בניסן אלמא הלל דראש חדש לא דחי ליה למעמד שמע מינה דלאו דאורייתא הוה א] אלא מנהגא כדלקמן: מנהג אבותיהם בידיהן. אבל הלל דחנוכה כגון באחד בטבת ודאי דחי דכיון דנביאים תיקנוהו שיהו אומרים אותו על כל פרק ופרק ועל כל צרה שלא תבא עליהן כשנגאלין יהו אומרין אותו על גאולתן כדאורייתא דמי: יחיד. כלומר אפי' יחיד גומר בהן את ההלל שכל אחד ואחד חייב לגמור בו את ההלל במסכת ערכין מפורש מאי שנא דגומר כל ימי החג ובפסח לא גומר אלא יום ראשון משום דחג הסוכות חלוק בקרבנותיו וכל אחד ואחד כחג בפני עצמו דמי: ובגולה. שעושין שני ימים טובים משום ספיקא: דמדלגי דלוגי. כגון אנן דמדלגין לא לנו ה' לא לנו ונתחיל מן ה' זכרנו יברך: לא יתחיל. אינו צריך להתחיל בראש חדש: ר' יוסי אומר בשבעה. וטעמייהו מקרא במסכת שבת בפרק ר"ע: בשבעה עלה משה. לקבל הלוחות כלומר ודאי ליכא מאן דפליג עלה דמתני' דקתני דבי"ז בתמוז נשתברו הלוחות מכלל דכולהו סבירא להו דבשבעה עלה (ה) ולאו מקרא נפקא לן דבשבעה עלה דהאי דכתיב וישכון כבוד ה' על הר סיני ויכסהו הענן ששת ימים ויקרא אל משה ביום השביעי איכא מאן דדריש ליה במסכת יומא כי אחר מתן תורה הוה: משבעה בסיון עד י"ז בתמוז איכא מ' יום כ"ד דסיון שהוא מלא וי"ו דתמוז הרי מ' יום שעמד משה בהר: גמרא. כך קיבלנו מאבותינו: ומעת הוסר התמיד לתת שקוץ שומם וגו'. דבעת שהוסר ונתבטל התמיד באותו היום נתן שקוץ שומם דהיינו הועמד צלם בהיכל: ה"ג והא כתיב על כנף שקוצים. כלומר הא כתיב קרא אחרינא דכתיב ביה שקוצים דמשמע תרי: תרי הוו. שהעמידן מנשה בהיכל: ונפל חד על חבריה וקטעיה לידיה. והנקטע לא קא חשיב והיינו דכתיב שקוץ אחד: אשתכח דכתיב. על ההוא צלם הכי: אנת

תוספות

ויום טוב הראשון של פסח. הוא גומר הלל אבל שמונה ימי פסח לא משום דלא דמי לחנוכה וסוכות דחנוכה דינא הוא לגמור הלל דכל הח' ימים היה הנס מתגדל והיה כל חד וחד יום טוב וכן בסוכות ג) כל יומא ויומא הוי י"ט לעצמו לפי שפרי החג מתמעטין והולכין אבל פסח אינו משתנה לא מקרבנות ולא מיום טוב לכך אין גומרים בו ההלל אלא יום הראשון והאידנא דגומרין תרי יומי משום דעבדינן אותו מספק הוי חד יומא לענין קריאת הלל וכן ביום שני של עצרת וכן יום של שמחת תורה ומש"ה יש לנו כ"א יום לגמור הלל:

אמר שמע מינה מנהג אבותיהם בידיהם. י"מ דאמנהג לא מברכינן (ו) מהכא וכן משמע בסוכה בפרק לולב וערבה (דף מד:) דקאמר ד) אמר אביי הוה קאימנא קמיה דר' יצחק ואייתי ההיא ערבה לקמיה שקל חביט חביט ולא בריך קסבר ערבה מנהג נביאים היא אלמא אמנהג לא מברכינן אבל רבינו תם פסק דמברכינן דאי איתא דלא מברכינן אם כן מאי קאמר בגמרא כיון דשמעינהו דמדלגי ואזלי שמע מינה מנהג אבותיהם בידיהם וכי לא היה לו להכיר אי משום מנהג קרו ליה לא מברכי אי איתא דאמנהג לא מברכינן ואי מברכי לא מנהג הוא וכי תימא דלא בא בתחילת קריאת הלל הא לא מצי אמרת דהא רב איקלע לבבל קאמר דאי איתא דבאמצע תפלה בא הוה ליה למימר איקלע לבי כנישתא ומדלא אמר דלא ברכי מנהג הוא שמע מינה דאמנהגא נמי מברכינן וההיא דסוכה דמשמע דאמנהגא לא מברכינן היינו דווקא אמנהג דערבה דלא הוי אלא מנהג טלטול בעלמא ואמנהג דטלטול לא מברכינן אבל בשאר מנהג כמו קריאת הלל ואחריני כמו אותו מנהג ודאי מברכינן וכן הלכה למעשה ולפי זה יש ליזהר שלא לדבר באמצע ההלל כיון שבירך דאם כן הוי מפסיק ונראה דאין יחיד מחויב לקרוא ההלל אכן אם רוצה לחייב עצמו הרשות בידו ה):

ואשתכח דכתיב עילויה. על אותו יד פירוש מלאו כתוב על היד שנחתכה מן הצלם אנת צבי לאחרובי ביתיה כלומר ביתו של הקב"ה (ז) אשלמת ליה כלומר וכחך נתת לו ויש מפרשים דהכתיבה הוה על הצלם השלם וה"ק אשכחי' עליה על הצלם השלם אנת צבי לאיחרובי ביתיה כלומר אתה רצית להחריב ביתו של הקדוש ברוך הוא וידך אשלמת ליה לכך שלמתי את ידך להקדוש ברוך הוא שחתכתי:

דכתיב

עין משפט נר מצוה

יט א מיי' פ"ג מהל' מגילה וחנוכה הל' ו:
כ ב מיי' שם הלכה ז: [רב אלפס שבת פ"ב דף יא:]:
כא ג מיי' שם טוש"ע א"ח סימן תרמד סעיף א:
כב ד מיי' שם טוש"ע א"ח סימן תרפג:
כג ה מיי' שם טוש"ע שם סימן תפח סעיף א:
כד ו מיי' שם טוש"ע א"ח סימן תלד סעיף א:
כה ז מיי' שם טוש"ע א"ח סימן תכב סעיף ב:

רבינו גרשום

בני יואב שניה: מ"ש הלל דדחי דידיה ומ"ש מוסף דלא דחה דידיה התם קאי דקתני במתניתין יש בו הלל אין בו מעמד דשחרית קרבן מוסף אין בו במנחה ופריך מר קשישא מ"ש הלל דדחי מעמד בתפלה דידיה דהיינו שחרית ומוסף לא דחי מעמד בתפלה דידיה דקתני מוסף אין במנחה דמשמע אבל במוסף עצמו איכא מעמד: א"ל ומי בעיא לך דמוסף דחי דידיה השתא מנחה דלא הוה דידיה דחי ליה מוסף ממעמד דידיה דמוסף מיבעיא אמאי א) דחי נמי במנחה הא הלל לא דחי אלא דידיה דשחרית לחודיה: ר' יוסי קאי כוותך. דמוסף לא דחי אלא מעמד דמוסף ולא דמנחה: דידיה נמי לא דחי. תמי' וכי מוסף לא דחי מעמד שבמוסף: י"ח יום גומרין את ההלל ולא קתני ר"ח. לא יתחיל הלל בר"ח: ובשבעה (עשר) [עלה] ואותו יום לא חשבינן אלא מכן ואילך חשיב מ' יום כ"ג דסיון שהוא מלא וי"ז בתמוז הרי מ' נמצא שבמ' ירד ושבר את הלוחות. מעת הוסר התמיד לתת שקוץ כלומר ביום שהוסר התמיד הקים צלם וכבר אמר בי"ז בטל התמיד (דכתיב עלה לליצנותא) בט' באב נגזרה גזרה על אבותינו שלא יכנסו לארץ ובערב ט"ב חזרו מרגלים ולמחר קבעו ט"ב: דרך שלשת ימים הרי כ"ב דיום עשרים עצמו דאייר הוא מחשבון הג' ימים וכתיב עד חדש ימים דהיינו כ"ט ימים וחשוב ד' דאייר לפי שהוא חסר וכ"ב דסיון הרי החדש ימים ועדין נשתיירו ח' דסיון לפי שהוא מלא וכתיב ותסגר מרים שבעת ימים הרי כ"ט דסיון ובאותו יום עצמו שלח מרגלים וכתיב וישובו מקץ ארבעים יום חשוב ב' דסיון וכ"ט דתמוז הרי ל"א וח' דאב דאמרת דבערב

חשק שלמה על רבינו גרשום

א) חסר כאן ול"ל א"ל הכי קאמינא לך לא לדחי אלא דידיה ואמאי דחי וכו'.

מסורת הש"ס

א) ערכין י. [תוספ' סוכה פ"ג ע"ש מס' סופרים פ"כ הל' ט ע"ש], ב) שבת פו: יומא ד:, ג) [הטעם מבואר להדיא בגמרא ערכין י.], ד) [צ"ל אמר אייבו כו' קמיה דרבי אלעזר בר צדוק], ה) [וע"ע תוס' ברכות יד. ד"ה ימים ותו' ערכין י. ד"ה י"ח ותו' סוכה מד: ד"ה כאן].

הגהות הב"ח

(א) גמ' בסוה"ע ואשתכח דהוה כתיב עילויה אנת צבית לאחרובי ביתיה וידך אשלימת ליה: (ב) רש"י ד"ה ומ"ש מוסף כו' אין בו במנחה ולא קתני אין בו במוסף דלא: (ג) ד"ה ה"ג ר' יוסי כו' אין בו בנעילה ואתא: (ד) ד"ה באחד כו' דר"ח מה"ד וקרבן מוסף וקרבן עצים דבני ארח: (ה) ד"ה בשבעה כו' ס"ל דבשבעה עלה ולא בששה דמקרא נפקא לן כו' מתן תורה הוה משבעה כו' והד"א: (ו) תוס' ד"ה אמר כו' לא מברכינן כדמוכח הכא וכן משמע כו' דקאמר אמר אייבו הוה קאימנא קמיה דר' אלעזר בר צדוק ואייתי ההוא גברא ערבה קמיה: (ז) שם ד"ה ואשתכח כו' הקב"ה וידך אשלמת וכו' להקב"ה שחתכתי ידך הס"ד:

הגהות הגר"א

[א] גמ' אלא דמנחה ודנעילה ש"מ כו'. כצ"ל:

הגהות מהר"ב רנשבורג

א] רש"י ד"ה זאת אומרת וכו' אלא מנהגא כדלקמן מנהג וכו'. נ"ב הכל דבור אחד ודו"ק:

ליקוטי רש"י

יחיד גומר בהן את הלל. שהוא חובה לכל אדם והם אחד ועשרים יום בשנה כדאמרינן במסכת ערכין (דף י.) [ברכות יד.]. בששה לחדש כו'. דהא דכתיב ויכסהו הענן ששת ימים ויקרא אל משה ביום השביעי סבירא להו כר' יוסי הגלילי דאמר בפרק קמא דיומא (דף ד.) זה היה מעשה אחר עשרת הדברות ור' יוסי סבירא ליה דמשה וכל ישראל עומדים לקבל עשרת הדברות ולא בא הכתוב אלא לחלק כבוד למשה [שבת פו:]. ובשבעה עלה. לקבל הלוחות ושהה ארבעים יום [יומא ד:].

תורה אור השלם

א) וַיִּשְׁכֹּן כְּבוֹד יְיָ עַל הַר סִינַי וַיְכַסֵּהוּ הֶעָנָן שֵׁשֶׁת יָמִים וַיִּקְרָא אֶל מֹשֶׁה בַּיּוֹם הַשְּׁבִיעִי מִתּוֹךְ הֶעָנָן: [שמות כד, טז] ב) וַיָּבֹא מֹשֶׁה בְּתוֹךְ הֶעָנָן וַיַּעַל אֶל הָהָר וַיְהִי מֹשֶׁה בָּהָר אַרְבָּעִים יוֹם וְאַרְבָּעִים לָיְלָה: [שמות כד, יח] ג) וַיְהִי כַּאֲשֶׁר קָרַב אֶל הַמַּחֲנֶה וַיַּרְא אֶת הָעֵגֶל וּמְחֹלֹת וַיִּחַר אַף מֹשֶׁה וַיַּשְׁלֵךְ מִיָּדָו אֶת הַלֻּחֹת וַיְשַׁבֵּר אֹתָם תַּחַת הָהָר: [שמות לב, יט] ד) בַּחֹדֶשׁ הָרְבִיעִי בְּתִשְׁעָה לַחֹדֶשׁ וַיֶּחֱזַק הָרָעָב בָּעִיר וְלֹא הָיָה לֶחֶם לְעַם הָאָרֶץ: [ירמיה נב, ו] ה) וַתִּבָּקַע הָעִיר וְכָל אַנְשֵׁי הַמִּלְחָמָה יִבְרְחוּ וַיֵּצְאוּ מֵהָעִיר לַיְלָה דֶּרֶךְ שַׁעַר בֵּין הַחֹמֹתַיִם אֲשֶׁר עַל גַּן הַמֶּלֶךְ וְכַשְׂדִּים עַל הָעִיר סָבִיב וַיֵּלְכוּ דֶּרֶךְ הָעֲרָבָה: [ירמיה נב, ז] ו) וּמֵעֵת הוּסַר הַתָּמִיד וְלָתֵת שִׁקּוּץ שֹׁמֵם יָמִים אֶלֶף מָאתַיִם וְתִשְׁעִים: [דניאל יב, יא] ז) וְהִגְבִּיר בְּרִית לָרַבִּים שָׁבוּעַ אֶחָד וַחֲצִי הַשָּׁבוּעַ יַשְׁבִּית זֶבַח וּמִנְחָה וְעַל כְּנַף שִׁקּוּצִים מְשֹׁמֵם וְעַד כָּלָה וְנֶחֱרָצָה תִּתַּךְ עַל שֹׁמֵם: [דניאל ט, כז]

רבינו חננאל

הן. תנא לפי שמסרו עצמן על המצות נזכרין לברכה. כדכתיב זכר צדיק לברכה. זמן עצי הכהנים והעם תשעה. באחד בניסן בני ארח בן יהודה כו'. מני מתני' אינה לר' מאיר דאמר בני פחת מואב הן הן בני דוד בן יהודה דאי ר' מאיר היא כיון שהקריבו בני דוד בן יהודה (כ"ג) [כ'] בתמוז ובאו בני פחת מואב להקריב בכ' באב היה לו לומר אם בני פחת מואב הן בני דוד בן יהודה שבו בני פחת מואב שניה כמו שאמר בני פרעוש שניה. אי מתני' ר' יהודה היא כיון דאמר בני עדין בן יהודה הן בני דוד בן יהודה היה לו לומר שבו בני עדין בן יהודה שניה אי ר' יוסי כיון דאמר בני פחת מואב בן יהודה בני יואב בן צרויה הן ובני עדין הן הן בני יואב בן צרויה היה לו לומר שבו בני עדין שניה. ואוקמיה לר' יוסי ותרי תנאי אליבא דר' יוסי: באחד בטבת לא היה בו מעמד מפני שיש בו הלל שהיא חנוכה והלל דוחה מעמד של שחרית ויש בו קרבן מוסף של ר"ח שדוחה מעמד של נעילה וכ"ש של מוסף דבהדיא תנינן באחד בטבת לא הוה בו מעמד כלל והוא זמן קרבן עצים. דתנן באחד בטבת שבו בני פרעוש שניה וקרבן עצים דוחה מעמד דמנחה ואוקימנא למתני' דתנא דידן סבר קרבן מוסף דוחה מעמד דנעילה ומעמד דמוסף. ור' יוסי פליג עליה. דתניא ר' יוסי אומר כל יום שיש בו מוסף יש בו מעמד ואוקימנא יש בו מעמד בנעילה. דסבר דידיה והוא מעמד דמוסף דחי דלאו דידיה והוא מעמד דנעילה לא דחי. דייק רבא מדלא קתני באחד בניסן לא היה בו מעמד והנה יש בו קרבן עצים וקרבן מוסף (כגון) [והלל כמו] אחד בטבת (שאר') [ש"מ] הלל דחנוכה הוא כמו הלל של תורה. אבל הלל דר"ח לאו דאורייתא הוא. דא"ר יוחנן משום רבי שמעון בן יהוצדק י"ח ימים בשנה יחיד גומר בהן את הלל ואלו הן ח' ימי החג וח' דחנוכה. ויו"ט הראשון של פסח ויו"ט של עצרת. ובגולה כ"א יום ט' ימי החג וח' ימי חנוכה וב' ימים של פסח וב' ימים של עצרת. רב אקלע לבבל ושמע דקרו הלל בר"ח בעא למיפסקינהו כיון דשמע להן דפסקי שבק להו. אמר מנהג אבותיהם בידיהם. תנא יחיד לא יתחיל בברכה בזמן שקורין בהן כגון ר"ח וחוש"מ פסח ואם טעה ובירך בא"י אמ"ה אקב"ו לקרוא (והתחיל לגמור) [את הלל גומר] וזהו אם התחיל גומר וקיי"ל הכי דאין חובה: ה' דברים אירעו את אבותינו וכו' נשתברו הלוחות מנלן לפי שעלה משה למרום בז' בסיון דכתיב ויקרא אל משה ביום השביעי מתוך הענן נמצא שעמד משה במרום כ"ד ימים תשלום סיון וי"ו מתמוז הרי מ' יום. כדכתיב ויהי משה בהר ארבעים יום. למחר ירד ושבר לוחות נמצאת שבירת הלוחות בי"ז בתמוז. בטל תמיד גמרא. א) כר' לוי דאמר אף בימי מלכות הרשעה היו משלשלין להן קופות של זהב. והן היו מעלין להן שני כבשים. ובסוף העלו להן ב' חזירים כו'. אותה שעה גרמו העונות ובטל התמיד ונחרב הבית. והובקעה העיר בחרבן השני י"ז כדתנא בט' לחדש הרביעי הובקעה העיר בראשונה ובשניה בי"ז שרף אפוסטמוס בי"ז בתמוז את התורה גמרא: ירושלמי היכן שרפה ב) העמיד צלם בהיכל מנלן דכתיב ומעת הוסר התמיד. הנה בפירוש כי מעת שהוסר ובטל התמיד ניתן השקוץ בהיכל. וכבר אמרנו בי"ז בטל התמיד

חשק שלמה על רבינו חננאל

א) חסר כאן ול"ל ובירושלמי ר' סימון בשם ר"י בן לוי בימי מלכות וכו' ואמר ר' אף בימי כו'. ב) נראה שחסר כאן ועי' בירושלמי.

מַאי שְׁנָא הַלֵּל דְּדָחֵי דִּידֵיהּ – **Why is Hallel different in that it suspends its own** *maamad;* i.e. Hallel, which is recited after Shacharis, suspends the *maamad* service of Shacharis, וּמַאי שְׁנָא מוּסָף דְּלָא דָּחֵי דִּידֵיהּ – **while the *mussaf* offering does not suspend its own** *maamad;* i.e. the *mussaf* offering does not suspend the *maamad* service of Mussaf?[1]

The Gemara rejects the premise of the question:

אָמַר לֵיהּ רַב אַשִׁי – **Rav Ashi replied:** הַשְׁתָּא דְּלָאו דִּידֵיהּ דָּחֵי – **Since [the *mussaf* offering] suspends** the *maamad* of Minchah, **which is not** even **its own** *maamad,* דִּידֵיהּ לֹא כָּל שֶׁכֵּן – **is it not** then **certain** that it suspends **its own** *maamad* [the *maamad* of Mussaf]!?[2]

The Gemara explains the intent of its original question:

אָמַר לֵיהּ – **[Mar Kashisha] said to [Rav Ashi]:** הָכִי קָאָמִינָא לָךְ – **This is what I meant to ask you:** לֹא לִידְחֵי אֶלָּא דִּידֵיהּ – The *mussaf* offering **should not suspend** any *maamad* **other than its own** [the *maamad* of Mussaf]. Why does it override the *maamad* of Minchah as well?

The Gemara responds:

אָמַר לֵיהּ – **[Rav Ashi] replied to [Mar Kashisha]:** אִיכָּא ר׳ יוֹסֵי דְּקָאֵי כְּוָותָךְ – **There is** the Tanna, **R' Yose, who is** of the same opinion **as you.** דְּתַנְיָא – **For it was taught in a Baraisa:** ר׳ יוֹסֵי אוֹמֵר – R' YOSE SAYS: כָּל יוֹם שֶׁיֵּשׁ בּוֹ מוּסָף יֵשׁ בּוֹ מַעֲמָד – ON ANY DAY when A *MUSSAF* offering [IS BROUGHT], THERE IS A *MAAMAD* service.[3]

The Gemara ascertains the *maamad* service to which R' Yose refers:

מַעֲמָד דְּמַאי – **To which *maamad*** service does R' Yose refer? אִילֵימָא מַעֲמָד דְּשַׁחֲרִית – **If one says** that R' Yose refers to **the *maamad* of Shacharis;** i.e. that the *maamad* service of Shacharis is held even when a *mussaf* offering is brought,[4] such an explanation is untenable הָא תַּנָּא קַמָּא נַמִּי הָכִי קָאָמַר – because **the Tanna Kamma also says** that this is **so.**[5] אֶלָּא מַעֲמָד דְּמוּסָף – **Rather, R' Yose** must refer to the ***maamad* of Mussaf?**[6] But this too is untenable דִּידֵיהּ נַמִּי לֹא דָּחֵי – because is it possible to suggest that the *mussaf* offering **does not suspend even its own** *maamad* [the *maamad* of Mussaf]?! אֶלָּא דְּמִנְחָה – **Rather,** R' Yose must refer to the *maamad* **of Minchah?** קָרְבַּן עֵצִים דָּחֵי – But **the wood-offering suspends** the *maamad* of Minchah, so neither is this a viable explanation.[7] אֶלָּא לָאו דִּנְעִילָה – **Rather,** R' Yose **must** refer to the *maamad* service **of Ne'ilah;** i.e. R' Yose holds that the Ne'ilah *maamad* is held even on days when a *mussaf* offering is brought. שְׁמַע מִינָּהּ דִּידֵיהּ דָּחֵי – **Learn from this that** according to R' Yose, though **[the *mussaf* offering] suspends its own** *maamad* [the *maamad* of Mussaf], דְּלָאו דִּידֵיהּ לֹא דָּחֵי – **it does not suspend** a *maamad* **that is not its own.** שְׁמַע מִינָּהּ – Indeed, we can conclusively **learn from this.**[8]

The Mishnah listed only Rosh Chodesh Teves as a day on which no *maamad* services were held at all. The Gemara questions why the Mishnah omitted a different date which apparently should have the same status:

וְלִיתְנֵי נַמִּי בְּאֶחָד בְּנִיסָן לֹא הָיָה בּוֹ מַעֲמָד – **But let the Mishnah also state** that **on the first of Nissan there was no *maamad*** מִפְּנֵי שֶׁיֵּשׁ בּוֹ הַלֵּל וְקָרְבַּן מוּסָף וְקָרְבַּן עֵצִים – **because on [that day] there was** recitation of the **Hallel** (Rosh Chodesh), **a *mussaf* offering** (Rosh Chodesh) **and a wood offering** (the family of Arach). – ? –

The Gemara explains why the Mishnah omitted the first of Nissan:

אָמַר רָבָא – **Rava said:** זֹאת אוֹמֶרֶת הַלֵּילָא דְּבְרֵישׁ יַרְחָא לָאו דְּאוֹרַיְיתָא – **This indicates that the Hallel of Rosh Chodesh is not** of **Biblical** origin.[9] דְּאָמַר רַבִּי יוֹחָנָן מִשּׁוּם רַבִּי שִׁמְעוֹן בֶּן יְהוֹצָדָק

NOTES

1. The Gemara assumes at this point that R' Yehoshua's ruling in our Mishnah, that the *mussaf* offering overrides the *maamad* service of Minchah, applies specifically to Minchah, but the *maamad* service of Mussaf are held as usual (*Rashi*).

Rashi states that Mar Kashisha refers to the ruling of R' Yehoshua (and not to that of R' Akiva) because R' Akiva himself eventually retracted and adopted the view of R' Yehoshua (*Menachem Meishiv Nefesh* in explanation of *Rashi;* see *Maharsha*; cf. *Hagahos HaBach*).

2. [The Mishnah did not explicitly state that the *mussaf* offering overrides the *maamad* service of Mussaf because it goes without saying.]

3. The Gemara, presumably based on knowledge of the full text of this Baraisa, assumes that the view of the Tanna Kamma of the Baraisa to whom R' Yose responded was identical with the original view of R' Akiva in our Mishnah. In the Mishnah, before retracting his opinion, R' Akiva ruled that when a *mussaf* offering is brought, there are no *maamad* services at Mussaf, Minchah and Ne'ilah. In response to this view, R' Yose states here that a *mussaf* offering does not warrant suspension of *all* these *maamad* services (*Rashi*). The Gemara proceeds to ascertain the service(s) to which R' Yose specifically refers.

4. [For example, on Rosh Hashanah when Hallel is not recited. However, on virtually all other occasions when a *mussaf* offering is brought, Hallel is recited, and thus there is no *maamad* service at Shacharis due to the recitation of Hallel].

5. [R' Akiva, even in his original position, did not dispute that the *maamad* of Shacharis is held even when a *mussaf* offering is brought. Thus, if R' Yose refers only to the *maamad* of Shacharis there is no difference between his opinion and that of the Tanna Kamma of his Baraisa – see note 3.]

6. I.e. even on days when a *mussaf* offering is brought the Mussaf *maamad* is held.

7. Since R' Yose refers to "any" day on which a *mussaf* offering is brought, evidently he includes even those days that are also celebrated as wood festivals. Consequently, he cannot refer to the *maamad* service of Minchah, which is sometimes suspended due to the wood offering. [As it seeks to define R' Yose's opinion, the Gemara assumes that R' Yose is responding to R' Akiva's original view (see note 3), according to which the wood offering overrides the *maamad* of Minchah] (*Menachem Meishiv Nefesh;* cf. *Maharsha*). [The Gemara also assumes that R' Yose *agrees* with R' Akiva's opinion vis-a-vis the wood offerings. This is based on the fact that R' Yose disputes R' Akiva's view only with regard to the *mussaf* offerings, implying that as far the wood offerings are concerned their views correspond.]

8. [Since it has been shown that according to R' Yose the *mussaf* offering never suspends the Ne'ilah *maamad*, it may be assumed that he accepts the principle that intrinsically the *mussaf* offering suspends only its own *maamad*. (This is borne out by his general statement: "On any day when a *mussaf* offering is brought, there is a *maamad*.") In practice, this means that when no suspending factor other than the *mussaf* offering is present – e.g. a Rosh Chodesh on which no wood offering is brought – the *maamad* services of both Minchah and Ne'ilah are held as usual. Thus, the Gemara has found Tannaic support for Mar Kashisha's argument to this effect.]

The *Gra* records an alternative text of the Gemara, according to which the following words are deleted: אֶלָּא דְּמִנְחָה קָרְבַּן עֵצִים דָּחֵי אֶלָּא לָאו דִּנְעִילָה, *Rather, R' Yose must refer to the maamad of Minchah? But the wood offering suspends the maamad of Minchah. Rather, R' Yose must refer to the maamad of Ne'ilah.* In their stead, the Gemara reads: אֶלָּא דְּמִנְחָה וְדִנְעִילָה, *Rather R' Yose must refer to the maamad services of Minchah and of Ne'ilah.* I.e. R' Yose holds that even when a Mussaf offering is brought, the *maamad* services of Minchah and Ne'ilah are held as usual, as Mar Kashisha had suggested. [According to this emendation, R' Yose refers to those days when there is no wood offering – cf. note 7.]

9. The recitation of Hallel on Rosh Chodesh is not obligatory but customary. [It may not even have been recited at all in the Jerusalem of the Temple era, and is surely not of sufficient significance to override a *maamad* service.] This is in contrast to the first of Teves, when the Hallel of Chanukah is recited, which is obligatory, and thus supersedes the Shacharis *maamad.* Indeed, the requirement to recite Hallel on Chanukah is similar to a Biblical obligation, for it was instituted in

מאי שנא הלל דדחי דידיה ומאי שנא מוסף דלא דחי דידיה א"ל רב אשי השתא דלאו דידיה דחי דידיה לא כל שכן אמר ליה הכי קאמינא לך לא לידחי אלא דידיה אמר ליה איכא ר' יוסי דקאי כוותך דתניא ר' יוסי אומר כל יום שיש בו מוסף יש בו מעמד מעמד דמאי אילימא מעמד דשחרית הא תנא קמא נמי הכי קאמר אלא מעמד דמוסף דידיה נמי לא דחי אלא דמנחה [א] קרבן עצים דחי אלא לאו דנעילה שמע מינה דידיה דחי דלאו דידיה לא דחי שמע מינה וליתני נמי באחד בניסן לא היה בו מעמד מפני שיש בו הלל וקרבן מוסף וקרבן עצים אמר רבא זאת אומרת הלילא דבריש ירחא לאו דאורייתא דאמר רבי יוחנן משום רבי שמעון בן יהוצדק א) א שמונה עשר יום בשנה יחיד גומר בהן את הלל ואלו הן שמונת ימי החג ושמונת ימי חנוכה ויום טוב הראשון של פסח ויום טוב (ראשון) של עצרת ב ובגולה עשרים ואחד יום ואלו הן ג תשעת ימי החג ד ושמונת ימי חנוכה ה ושני ימים הראשונים של פסח ו וב' ימים טובים של עצרת רב איקלע לבבל חזינהו דקא קרו הלילא בריש ירחא סבר לאפסוקינהו כיון דחזא דקא מדלגי דלוגי אמר שמע מינה ז מנהג אבותיהם בידיהם תנא יחיד לא יתחיל ואם התחיל גומר: ה' דברים אירעו את אבותינו בשבעה עשר בתמוז כו': נשתברו הלוחות מנלן דתניא ב) בששה לחדש ניתנו עשרת הדברות לישראל רבי יוסי אומר בשבעה בו מאן דאמר בששה ניתנו בששה ניתנו ובשבעה עלה משה מ"ד בשבעה בשבעה ניתנו ובשבעה עלה משה דכתיב א) ויקרא אל משה ביום השביעי וכתיב ב) ויבא משה בתוך הענן ויעל אל ההר ויהי משה בהר ארבעים יום וארבעים לילה עשרים וארבעה דסיון ושיתסר דתמוז מלו להו ארבעין בשיבסר בתמוז נחית אתא ותברינהו ללוחות וכתיב ג) ויהי כאשר קרב אל המחנה וירא את העגל וישלך מידיו את הלוחות וישבר אותם תחת ההר: בטל התמיד גמרא: הובקעה העיר בי"ז הוה והכתיב ד) בחדש הרביעי בתשעה לחדש ויחזק הרעב בעיר וכתיב בתריה ה) ותבקע העיר וגו' אמר רבא לא קשיא כאן בראשונה כאן בשניה דתניא בראשונה הובקעה העיר בתשעה בתמוז בשניה בשבעה עשר בו: שרף אפוסטמוס את התורה גמרא: העמיד צלם בהיכל מנלן דכתיב ו) ומעת הוסר התמיד ולתת שקוץ שומם וחד הוה והכתיב ז) ועל כנף שקוצים משומם אמר רבא תרי הוו ונפל חד על חבריה ותבריה ליה לידיה ואשתכח דהוה כתיב (א) אנת

רש"י

מאי שנא הלל דדחי דידיה. מעמד דשחרית: ומאי שנא מוסף דלא דחי דידיה. דקתני יום שיש בו מוסף אין בו (ג) מנחה ולא קתני אין בו מוסף דלא דחי דידיה אלא דמנחה: הכי קאמינא. הכי קא בעינא למימר: אלא דידיה. דמוסף: ה"ג רבי יוסי אומר כל יום שיש בו מוסף יש בו מעמד. ואתנא קמא פליג דאמר יום שיש בו מוסף אין בו (ג) נעילה ואתא ר' יוסי למימר דיש בו מעמד אע"פ שיש בו מוסף: אלא לאו דנעילה הוא. דאמר ר' יוסי דיש בו מעמד ואין מוסף דוחה אותו: באחד בניסן. דאית ביה הלל דראש חדש: (ד) קרבן עצים. (קרבן מוסף) דבני ארח בן יהודה: זאת אומרת. מדלא קתני נמי באחד בניסן אלמא הלל דראש חדש לא דחי ליה למעמד שמע מינה דלאו דאורייתא הוה א] אלא מנהגא כדלקמן: מנהג אבותיהם בידיהן. אבל הלל דחנוכה כגון באחד בטבת ודאי דחי דכיון דנביאים תיקנוהו שיהו אומרים אותו על כל פרק ופרק ועל כל צרה שלא תבא עליהן כשנגאלין יהו אומרין אותו על גאולתן כדאורייתא דמי: יחיד. כלומר אפי' יחיד גומר בהן את ההלל שכל אחד ואחד חייב לגמור בו את ההלל במסכת ערכין מפורש מאי שנא דגומר כל ימי החג ובפסח לא גומר אלא יום ראשון משום דחג הסוכות חלוק בקרבנותיו וכל אחד ואחד כחג בפני עצמו דמי: ובגולה. שעושין שני ימים טובים משום ספיקא: דמדלגי דלוגי. כגון אנן דמדלגין לא לנו ה' לא לנו ונתחיל מן ה' זכרנו יברך: לא יתחיל. אינו צריך להתחיל בראש חדש: ר' יוסי אומר בשבעה. וטעמייהו מקרא במסכת שבת בפרק ר"ע: בשבעה עלה משה. לקבל הלוחות כלומר ודאי ליכא מאן דפליג עלה דמתני' דקתני דבי"ז בתמוז נשתברו הלוחות מכלל דכולהו סבירא להו דבשבעה עלה (ה) ולאו מקרא נפקא לן דבשבעה עלה דהאי דכתיב וישכון כבוד ה' על הר סיני ויכסהו הענן ששת ימים ויקרא אל משה ביום השביעי איכא מאן דדריש ליה במסכת יומא כי אחר מתן תורה הוה: משבעה בסיון עד י"ז בתמוז איכא מ' יום כ"ד דסיון שהוא מלא וי"ו דתמוז הרי מ' יום שעמד משה בהר: גמרא. כך קיבלנו מאבותינו: ומעת הוסר התמיד לתת שקוץ שומם וגו'. דבעת שהוסר ונתבטל התמיד באותו היום נתן שקוץ שומם דהיינו הועמד צלם בהיכל: ה"ג והא כתיב על כנף שקוצים. כלומר הא כתיב קרא אחרינא דכתיב ביה שקוצים דמשמע תרי: תרי הוו. שהעמידן מנשה בהיכל: ונפל חד על חבריה וקטעיה לידיה. והנקטע לא קא חשיב והיינו דכתיב שקוץ אחד: אשתכח דכתיב. על ההוא צלם הכי: אנת

תוספות

ויום טוב הראשון של פסח. הוא גומר הלל אבל שמונה ימי פסח לא משום דלא דמי לחנוכה וסוכות דחנוכה דינא הוא לגמור הלל דכל הח' ימים היה הנס מתגדל והיה כל חד וחד יום טוב וכן בסוכות ג) כל יומא ויומא הוי י"ט לעצמו לפי שפרי החג מתמעטין והולכין אבל פסח אינו משתנה לא מקרבנות ולא מיום טוב לכך אין גומרים בו ההלל אלא יום הראשון והאידנא דגומרין תרי יומי משום דעבדינן אותו מספק הוי חד יומא לענין קריאת הלל וכן ביום שני של עצרת וכן יום של שמחת תורה ומש"ה יש לנו כ"א יום לגמור הלל: אמר שמע מינה מנהג אבותיהם בידיהם. י"מ דאמנהג לא מברכינן (ו) מהכא וכן משמע בסוכה בפרק לולב וערבה (דף מד:) דקאמר ד) אמר אביי הוה קאימנא קמיה דר' יצחק ואייתי ההיא ערבה לקמיה שקל חביט חביט ולא בריך קסבר ערבה מנהג נביאים היא אלמא אמנהג לא מברכינן אבל רבינו תם פסק דמברכינן דאי איתא דלא מברכינן אם כן מאי קאמר בגמרא כיון דשמעינהו דמדלגי ואזלי שמע מינה מנהג אבותיהם בידיהם וכי לא היה לו להכיר אי משום מנהג קרו ליה לא מברכי אי איתא דאמנהג לא מברכינן ואי מברכי לא מנהג הוא וכי תימא דלא בא בתחילת קריאת הלל הא לא מאי אמרת דהא רב איקלע לבבל קאמר דאי איתא דבאמצע תפלה בא הוה ליה למימר איקלע לבי כנישתא ומדלא אמר מדלא ברכי מנהג הוא שמע מינה דאמנהגא נמי מברכינן וההיא דסוכה דמשמע דאמנהגא לא מברכינן היינו דווקא אמנהג דערבה דלא הוי אלא מנהג טלטול בעלמא ואמנהג דטלטול לא מברכינן אבל בשאר מנהג כמו קריאת הלל ואחריני כמו אותו מנהג ודאי מברכינן וכן הלכה למעשה ולפי זה יש ליזהר שלא לדבר באמצע ההלל כיון שבירך דאם כן הוי מפסיק ונראה דאין יחיד מחויב לקרות ההלל אכן אם רוצה לחייב עצמו הרשות בידו ה): ואשתכח דכתיב עליה. על אותו יד פירוש מצאו כתוב על היד שנחתכה מן הצלם אנת צבית לאחרובי ביתיה כלומר ביתו של הקב"ה (ז) אשלמת ליה כלומר וכחך נתת לו ויש מפרשים דהכתיבה הוה על הצלם השלם וה"ק אשכחי' עליה על הצלם השלם אנת צבי לאיחרובי ביתיה כלומר אתה רצית להחריב ביתו של הקדוש ברוך הוא וידך אשלמת ליה לכך שלמתי את ידך להקדוש ברוך הוא שחתכתי:

דכתיב

עין משפט נר מצוה

יט א מיי' פ"ג מהל' מגילה וחנוכה הל' ו:
כ ב מיי' שם הלכה ז: [רב אלפס שבת פ"ב דף יא:]:
כא ג מיי' שם טוש"ע א"ח סימן תרמד סעיף א:
כב ד מיי' שם טוש"ע א"ח סימן תרפג:
כג ה מיי' שם טוש"ע שם סימן תפח סעיף א:
כד ו מיי' שם טוש"ע א"ח סימן תלד סעיף א:
כה ז מיי' שם טוש"ע א"ח סימן תכב סעיף ב:

רבינו גרשום

בני יואב שניה: מ"ש הלל דדחי דידיה ומ"ש מוסף דלא דחה דידיה התם קאי דקתני במתניתין יש בו הלל אין בו מעמד דשחרית קרבן מוסף אין בו במנחה ופריך מר קשישא מ"ש הלל דדחי מעמד בתפלה דידיה דהיינו שחרית ומוסף לא דחי מעמד בתפלה דידיה דקתני מוסף אין במנחה דמשמע אבל במוסף עצמו איכא מעמד: א"ל ומי בעיא לך דמוסף דחי דידיה השתא מנחה דלא הוה דידיה דחי ליה מוסף ממעמד דידיה דמוסף מיבעיא אמאי א) דחי נמי במנחה הא הלל לא דחי אלא דידיה דשחרית לחודיה: ר' יוסי קאי כוותך. דמוסף לא דחי אלא מעמד דמוסף ולא דמנחה: דידיה נמי לא דחי. תמי' וכי מוסף לא דחי מעמד שבמוסף: י"ח יום גומרין את ההלל ולא קתני ר"ח. לא יתחיל הלל בר"ח: ובשבעה (עשר) [עלה] ואותו יום לא חשבינן אלא מכן ואילך חשיב מ' יום כ"ג דסיון שהוא מלא וי"ז בתמוז הרי מ' נמצא שבמ' ירד ושבר את הלוחות. מעת הוסר התמיד לתת שקוץ כלומר ביום שהוסר התמיד הקים צלם וכבר אמר בי"ז בטל התמיד (דכתיב עלה לליצנותא) בט' באב נגזרה גזרה על אבותינו שלא יכנסו לארץ ובערב ט"ב חזרו מרגלים ולמחר קבעו ט"ב: דרך שלשת ימים הוי כ"ב דיום עשרים עצמו דאייר הוא מחשבון הג' ימים וכתיב עד חדש ימים דהיינו כ"ט ימים וחשוב ד' דאייר לפי שהוא חסר וכ"ב דסיון הרי החדש ימים ועדין נשתיירו ח' דסיון לפי שהוא מלא וכתיב ותסגר מרים שבעת ימים הרי כ"ט דסיון ובאותו יום עצמו שלח מרגלים וכתיב וישובו מקץ ארבעים יום חשוב ב' דסיון וכ"ט דתמוז הרי ל"א וח' דאב דאמרת דבערב

חשק שלמה על רבינו גרשום

א) חסר כאן וצ"ל א"ל הכי קאמינא לך לא לדחי אלא דידיה ואמאי דחי וכו'.

מסורת הש"ס

א) ערכין י. [תוספ' סוכה פ"ג ע"ש מס' סופרים פ"כ הל' ט ע"ש], ב) שבת פו: יומא ד:, ג) [הטעם מבואר להדיא בגמרא ערכין י.], ד) [צ"ל אמר אייבו כו' קמיה דרבי אלעזר בר צדוק], ה) [וע"ע תוס' ברכות יד. ד"ה ימים ותו' ערכין י. ד"ה י"ח ותו' סוכה מד: ד"ה כאן].

הגהות הב"ח

(א) גמ' בסופ"ע ואשתכח דהוה כתיב עליה אנת צבית לאחרובי ביתיה וידך אשלימת ליה: (ב) רש"י ד"ה ומ"ש מוסף כו' אין בו במנחה ולא קתני אין בו במוסף דלא: (ג) ד"ה ה"ג ר' יוסי כו' אין בו בנעילה ואתא: (ד) ד"ה באחד כו' דר"ח מה"ד וקרבן מוסף וקרבן עצים דבני ארח: (ה) ד"ה בשבעה כו' ס"ל דבשבעה עלה ולא בששה דמקרא נפקא לן כו' מתן תורה הוה משבעה כו' והד"א: (ו) תוס' ד"ה אמר כו' לא מברכינן כדמוכח הכא וכן משמע כו' דקאמר אמר אייבו הוה קאימנא קמיה דר' אלעזר בר צדוק ואייתי ההוא גברא ערבה קמיה: (ז) שם ד"ה ואשתכח כו' הקב"ה וידך אשלמת וכו' להקב"ה שחתכתי ידך הס"ד:

הגהות הגר"א

[א] גמ' אלא דמנחה ודנעילה ש"מ כו'. כצ"ל:

הגהות מהר"ב רנשבורג

א] רש"י ד"ה זאת אומרת וכו' אלא מנהגא כדלקמן מנהג וכו'. נ"ב הכל דבור אחד ודו"ק:

ליקוטי רש"י

יחיד גומר בהן את הלל. שהוא חובה לכל אדם והם אחד ועשרים יום בשנה כדאמרינן במסכת ערכין (דף י.) [ברכות יד.]. בששה לחדש כו'. דהא דכתיב ויכסהו הענן ששת ימים ויקרא אל משה ביום השביעי סבירא להו כר' יוסי הגלילי דאמר בפרק קמא דיומא (דף ד.) זה היה מעשה אחר עשרת הדברות ור' יוסי סבירא ליה דמשה וכל ישראל עומדים לקבל עשרת הדברות ולא בא הכתוב אלא לחלק כבוד למשה [שבת פו:]. ובשבעה עלה. לקבל הלוחות ושהה ארבעים יום [יומא ד:].

תורה אור השלם

א) וַיִּשְׁכֹּן כְּבוֹד יְיָ עַל הַר סִינַי וַיְכַסֵּהוּ הֶעָנָן שֵׁשֶׁת יָמִים וַיִּקְרָא אֶל מֹשֶׁה בַּיּוֹם הַשְּׁבִיעִי מִתּוֹךְ הֶעָנָן: [שמות כד, טז] ב) וַיָּבֹא מֹשֶׁה בְּתוֹךְ הֶעָנָן וַיַּעַל אֶל הָהָר וַיְהִי מֹשֶׁה בָּהָר אַרְבָּעִים יוֹם וְאַרְבָּעִים לָיְלָה: [שמות כד, יח] ג) וַיְהִי כַּאֲשֶׁר קָרַב אֶל הַמַּחֲנֶה וַיַּרְא אֶת הָעֵגֶל וּמְחֹלֹת וַיִּחַר אַף מֹשֶׁה וַיַּשְׁלֵךְ מִיָּדָו אֶת הַלֻּחֹת וַיְשַׁבֵּר אֹתָם תַּחַת הָהָר: [שמות לב, יט] ד) בַּחֹדֶשׁ הָרְבִיעִי בְּתִשְׁעָה לַחֹדֶשׁ וַיֶּחֱזַק הָרָעָב בָּעִיר וְלֹא הָיָה לֶחֶם לְעַם הָאָרֶץ: [ירמיה נב, ו] ה) וַתִּבָּקַע הָעִיר וְכָל אַנְשֵׁי הַמִּלְחָמָה יִבְרְחוּ וַיֵּצְאוּ מֵהָעִיר לַיְלָה דֶּרֶךְ שַׁעַר בֵּין הַחֹמֹתַיִם אֲשֶׁר עַל גַּן הַמֶּלֶךְ וְכַשְׂדִּים עַל הָעִיר סָבִיב וַיֵּלְכוּ דֶּרֶךְ הָעֲרָבָה: [ירמיה נב, ז] ו) וּמֵעֵת הוּסַר הַתָּמִיד וְלָתֵת שִׁקּוּץ שֹׁמֵם יָמִים אֶלֶף מָאתַיִם וְתִשְׁעִים: [דניאל יב, יא] ז) וְהִגְבִּיר בְּרִית לָרַבִּים שָׁבוּעַ אֶחָד וַחֲצִי הַשָּׁבוּעַ יַשְׁבִּית זֶבַח וּמִנְחָה וְעַל כְּנַף שִׁקּוּצִים מְשֹׁמֵם וְעַד כָּלָה וְנֶחֱרָצָה תִּתַּךְ עַל שֹׁמֵם: [דניאל ט, כז]

רבינו חננאל

הן. תנא לפי שמסרו עצמן על המצות נזכרין לברכה. כדכתיב זכר צדיק לברכה. זמן עצי הכהנים והעם תשעה. באחד בניסן בני ארח בן יהודה כו'. מני מתני' אינה לר' מאיר דאמר בני פחת מואב הן הן בני דוד בן יהודה דאי ר' מאיר היא כיון שהקריבו בני דוד בן יהודה (כ"ג) [כ'] בתמוז ובאו בני פחת מואב להקריב בכ' באב היה לו לומר אם בני פחת מואב הן בני דוד בן יהודה שבו בני פחת מואב שניה כמו שאמר בני פרעוש שניה. אי מתני' ר' יהודה היא כיון דאמר בני עדין בן יהודה הן בני דוד בן יהודה היה לו לומר שבו בני עדין בן יהודה שניה אי ר' יוסי כיון דאמר בני פחת מואב בן יהודה בני יואב בן צרויה הן ובני עדין הן הן בני יואב בן צרויה היה לו לומר שבו בני עדין שניה. ואוקמיה לר' יוסי ותרי תנאי אליבא דר' יוסי: **באחד** בטבת לא היה בו מעמד מפני שיש בו הלל שהיא חנוכה והלל דוחה מעמד של שחרית ויש בו קרבן מוסף של ר"ח שדוחה מעמד של נעילה וכ"ש של מוסף דבהדיא תנינן באחד בטבת לא הוה בו מעמד כלל והוא זמן קרבן עצים. דתנן באחד בטבת שבו בני פרעוש שניה וקרבן עצים דוחה מעמד דמנחה ואוקימנא למתני' דתנא דידן סבר קרבן מוסף דוחה מעמד דנעילה ומעמד דמוסף. ור' יוסי פליג עליה. דתניא ר' יוסי אומר כל יום שיש בו מוסף יש בו מעמד ואוקימנא יש בו מעמד בנעילה. דסבר דידיה והוא מעמד דמוסף דחי דלאו דידיה והוא מעמד דנעילה לא דחי. דייק רבא מדלא קתני באחד בניסן לא היה בו מעמד והנה יש בו קרבן עצים וקרבן מוסף (כגון) [והלל כמו] אחד בטבת (שאר) [ש"מ] הלל דחנוכה הוא כמו הלל של תורה. אבל הלל דר"ח לאו דאורייתא הוא. דא"ר יוחנן משום רבי שמעון בן יהוצדק י"ח ימים בשנה יחיד גומר בהן את הלל ואלו הן ח' ימי החג וח' דחנוכה. ויו"ט הראשון של פסח ויו"ט של עצרת. ובגולה כ"א יום ט' ימי החג וח' ימי חנוכה וב' ימים של פסח וב' ימים של עצרת. רב אקלע לבבל ושמע דקרו הלל בר"ח בעא למיפסקינהו כיון דשמע להן דפסקי שבק להו. אמר מנהג אבותיהם בידיהם. תנא יחיד לא יתחיל בברכה בזמן שקורין בהן כגון ר"ח וחוש"מ פסח ואם טעה ובירך בא"י אמ"ה אקב"ו לקרוא (והתחיל לגמור) [את הלל גומר] וזהו אם התחיל גומר וקיי"ל הכי דאין חובה: **ה' דברים** אירעו את אבותינו וכו' נשתברו הלוחות מנלן לפי שעלה משה למרום בז' בסיון דכתיב ויקרא אל משה ביום השביעי מתוך הענן נמצא שעמד משה במרום כ"ד ימים של סיון וי"ו מתמוז הרי מ' יום. כדכתיב ויהי משה בהר ארבעים יום. למחר ירד ושבר לוחות נמצאת שבירת הלוחות בי"ז בתמוז. בטל תמיד גמרא. א) כר' לוי דאמר אף בימי מלכות הרשעה היו משלשלין להן קופות של זהב. והן היו מעלין להן שני כבשים. ובסוף העלו להן ב' חזירים כו'. אותה שעה גרמו העונות ובטל התמיד ונחרב הבית. והובקעה העיר בחרבן השני י"ז כדתנא בט' לחדש הרביעי הובקעה העיר בראשונה ובשניה בי"ז שרף אפוסטמוס בי"ז בתמוז את התורה גמרא: **ירושלמי** היכן שרפה ב) העמיד צלם בהיכל מנלן דכתיב ומעת הוסר התמיד. הנה בפירוש כי מעת שהוסר ובטל התמיד ניתן השקוץ בהיכל. וכבר אמרנו בי"ז בטל התמיד

חשק שלמה על רבינו חננאל א) חסר כאן וצ"ל ובירושלמי ר' סימון בשם ר"י בן לוי בימי מלכות וכו' ואמר ר' אף בימי כו'. ב) נראה שחסר כאן ועי' בירושלמי.

– As R' Yochanan said in the name of R' Shimon ben Yehotzadak: שְׁמוֹנָה עָשָׂר יוֹם בַּשָּׁנָה יָחִיד גּוֹמֵר בָּהֶן אֶת הַלֵּל **– On eighteen days of the year** even **an individual,** who prays privately, **must recite the entire Hallel.**[10] וְאֵלּוּ הֵן **– They are:** שְׁמוֹנַת יְמֵי הֶחָג **– The eight days of the Festival** [seven days of Succos and one day of Shemini Atzeres],[11] וּשְׁמוֹנַת יְמֵי חֲנוּכָּה **– the eight days of Chanukah,** וְיוֹם טוֹב הָרִאשׁוֹן שֶׁל פֶּסַח **– the first Yom Tov of Pesach,**[12] וְיוֹם טוֹב (ראשון) שֶׁל עֲצֶרֶת **– and** the one **Yom Tov of Shavuos.** וּבַגּוֹלָה עֶשְׂרִים וְאֶחָד יוֹם **– And in the Diaspora** the entire Hallel is recited on **twenty-one days** of the year.[13] וְאֵלּוּ הֵן **– They are:** תִּשְׁעַת יְמֵי הֶחָג **– The nine days of the Festival** [Succos and the two days of Shemini Atzeres], וּשְׁמוֹנַת יְמֵי חֲנוּכָּה **– the eight days of Chanukah,** וּשְׁנֵי יָמִים וּב׳ יָמִים טוֹבִים הָרִאשׁוֹנִים שֶׁל פֶּסַח **– the first two days of Pesach,** שֶׁל עֲצֶרֶת **– and the two Yomim Tovim of Shavuos.** Rosh Chodesh, however, is not reckoned as a day on which the recitation of Hallel is obligatory. Therefore, the Hallel of Rosh Chodesh does not suspend the Shacharis *maamad.*

The Gemara cites a related incident:

רַב אִיקְלַע לְבָבֶל **– Rav visited Babylon**[14] חֲזִינְהוּ דְּקָא קָרוּ הַלֵּילָא בְּרֵישׁ יַרְחָא **– and saw that [the people]** there **were reciting Hallel on Rosh Chodesh.** סָבַר לְאַפְסוּקִינְהוּ **– He considered stopping them** because the recitation of Hallel on Rosh Chodesh is not obligatory. כֵּיוָן דַּחֲזָא דְּקָא מְדַלְּגֵי דַּלּוּגֵי אָמַר **– But when he saw that they were omitting** certain sections,[15] **he said:** שְׁמַע מִינָּהּ מִנְהַג אֲבוֹתֵיהֶם בִּידֵיהֶם **– From this it is evident** that their recitation of Hallel on Rosh Chodesh is **a custom of their fathers** that **they are upholding.**[16]

A related Baraisa:

תָּנָא **– A Tanna taught in a Baraisa:** יָחִיד לֹא יַתְחִיל **– AN INDIVIDUAL DOES NOT** have to **START** reciting Hallel on Rosh Chodesh,[17] וְאִם הִתְחִיל גּוֹמֵר **– BUT IF HE BEGAN, HE MUST FINISH.**[18]

The Mishnah stated:

ה׳ דְּבָרִים אֵירְעוּ אֶת אֲבוֹתֵינוּ בְּשִׁבְעָה עָשָׂר בְּתַמּוּז כו׳ **– FIVE** tragic **EVENTS BEFELL OUR ANCESTORS ON THE SEVENTEENTH OF TAMMUZ etc.** [the Tablets were broken].

The Gemara inquires:

נִשְׁתַּבְּרוּ הַלּוּחוֹת מְנָלַן **– From where do we know** that **the Tablets were broken** on the seventeenth of Tammuz?

The Gemara cites a Baraisa that is the basis for computing the date of the breaking of the Tablets:

דְּתַנְיָא **– For it was taught in a Baraisa:** בְּשִׁשָּׁה לַחֹדֶשׁ נִיתְּנוּ עֲשֶׂרֶת הַדִּבְּרוֹת לְיִשְׂרָאֵל **– ON THE SIXTH OF THE MONTH** of Sivan **[THE JEWS] WERE GIVEN THE TEN COMMANDMENTS.** רַבִּי יוֹסֵי אוֹמֵר בְּשִׁבְעָה בּוֹ **– R' YOSE SAYS:** This took place **ON THE SEVENTH [OF SIVAN].**[19]

The Gemara comments in regard to this dispute:

מַאן דְּאָמַר בְּשִׁשָּׁה נִיתְּנוּ **– The one** [Tanna Kamma] **who said** that **[the Ten Commandments] were given on the sixth** of Sivan בְּשִׁשָּׁה נִיתְּנוּ וּבְשִׁבְעָה עָלָה מֹשֶׁה **–** maintains that **on the sixth they were given and on the seventh Moses ascended** Mount Sinai to receive the Tablets. מַאן דְּאָמַר בְּשִׁבְעָה **– The one** [R' Yose] **who says** that the Ten Commandments were given **on the seventh** of Sivan בְּשִׁבְעָה נִיתְּנוּ וּבְשִׁבְעָה עָלָה מֹשֶׁה **–** maintains that **on the seventh they were given and on the seventh Moses ascended** Mount Sinai; דִּכְתִיב **– as it is written:** ,,וַיִּקְרָא אֶל־מֹשֶׁה בַּיּוֹם הַשְּׁבִיעִי'' **– *And He called to Moses on the seventh day.***[20]

Based on this, the Gemara computes the date of the breaking of the Tablets:

NOTES

accordance with the practice established by the prophets of reciting Hallel whenever Israel is rescued from a perilous situation (*Rashi* here and to *Pesachim* 117a ד״ה ועל, see Gemara there).

The authorities dispute the exact status of the obligation to recite Hallel. According to some, it is a Biblical obligation. In fact, *Behag* and *Yereim* include it in their list of the 613 mitzvos. However, others (*Rambam, Sefer HaMitzvos Shoresh* 1, *Hil. Chanukah* 3:5,6) hold that Hallel is merely of Rabbinic origin. From *Rashi's* commentary it seems that the obligation of reciting Hallel belongs to the category of דִּבְרֵי קַבָּלָה, *prophetically-ordained law,* which is akin in some respects to Biblical law.

According to *Ramban* (*Sefer HaMitzvos Shoresh* 1) the full Hallel of Yom Tov is a Biblical obligation, but the Hallel of Chanukah is of Rabbinic origin (cf. *Chasam Sofer* 223).

10. On the occasions listed below, the recitation of Hallel (psalms 113-118) is obligatory. This is in contrast to all the other days of the year when there is no obligation to recite *any* part of the Hallel. However, the custom has been adopted to recite an abridged version (the first eleven verses of psalms 115 and 116 respectively are omitted) on Rosh Chodesh and the last six days of Pesach (*Tosafos* to *Arachin* 10a ד״ה י״ח; cf. *Ramban,* cited by *Ran* to *Shabbos* 24b and *Beis Yosef O.C.* 490, who holds that the abridged Hallel of Pesach is a Rabbinic obligation).

11. See above, 2a note 2.

12. On the remaining six days of Pesach it is not obligatory to recite Hallel; it is customary, however, to recite the abridged version (see note 10).

Although on Succos it is obligatory to recite Hallel on each day of the festival, on Pesach the obligation of Hallel applies only on the first day. This is because a different *mussaf* offering is brought on each day of Succos, indicating that all the days of Succos are considered distinct festivals in their own regard (*Rashi,* from *Arachin* 8a).

With respect to Chanukah, Hallel is obligatory on each of its eight days because the miracle of Chanukah grew in stature from day to day (*Tosafos*).

An apparent question: Why is it not obligatory to recite Hallel on the seventh day of Pesach when the distinct miracle of the splitting of the Red Sea occurred? The answer to this is that since God's creatures, the Egyptians, perished in the Red Sea, it would be inappropriate to recite Hallel in commemoration of this miracle [see *Megillah* 10b] (*Shibolei Haleket,* cited by *Beis Yosef* 490 ד״ה כל, as explained by *R' Aharon Kotler* in *Mishnas R' Aharon* vol. 3; cf *Mishnah Berurah* 490:7).

13. Those who lived far away from the Beis Din were not informed in time of the exact date to celebrate the festivals of Pesach, Shavuos and Succos. Therefore, out of doubt they observed two consecutive days of Yom Tov to cover all possibilities (*Rashi*). [For a more detailed explanation, see above, 4b note 24.]

14. [The word בָּבֶל can refer to the city of Babylon or to the general region of Babylonia (see *Rashi* to *Megillah* 22a ד״ה שלא and ד״ה הא). This incident apparently took place in the city of Babylon.]

15. See note 10.

16. Literally: a custom of their fathers in their hands.

The reason for this custom is to publicize that the day is Rosh Chodesh (*Meiri*).

17. *Tosafos* (*Arachin* 10a ד״ה י״ח) explain why the Baraisa specifies an individual: As opposed to a community which is bound by custom to recite Hallel on Rosh Chodesh, an individual does not even have to recite it out of custom (see *Beur HaGra Orach Chaim* 422:2).

18. But he does not recite those verses that are customarily omitted (*Tosafos* to *Arachin* 10a ד״ה י״ח and *Meiri* here).

19. The Tanna Kamma and R' Yose derive their opinions from Scriptural sources, as explained in *Shabbos* 86b.

20. *Exodus* 24:16. The Gemara assumes that according to both opinions of the Baraisa, the Tanna Kamma and R' Yose, Moses ascended the mountain on the seventh. The basis for this assumption is our Mishnah's categorical teaching that the Tablets were broken on the seventeenth of Tammuz, which could not have been so unless Moses ascended on the seventh (see the Gemara's computation below). This verse, although cited in the Gemara, is actually *not* a conclusive proof that Moses ascended on the seventh of Sivan, for there is an opinion which holds that it refers to a different event which occurred not on the seventh of Sivan, but on the seventh day after the giving of the Ten Commandments (*Rashi,* from *Yoma* 4a-b).

מאי שנא הלל דדחי דידיה ומאי שנא מוסף דלא דחי דידיה א"ל רב אשי השתא דלאו דידיה דחי דידיה לא כל שכן אמר ליה הכי קאמינא לך לא לידחי אלא דידיה אמר ליה איכא ר' יוסי דקאי כוותך דתניא ר' יוסי אומר כל יום שיש בו מוסף יש בו מעמד מעמד דמאי אילימא מעמד דשחרית הא תנא קמא נמי הכי קאמר אלא מעמד דמוסף דידיה נמי לא דחי אלא דמנחה [א] קרבן עצים דחי אלא לאו דנעילה שמע מינה דידיה דחי דלאו דידיה לא דחי שמע מינה וליתני נמי באחד בניסן לא היה בו מעמד מפני שיש בו הלל וקרבן מוסף וקרבן עצים אמר רבא זאת אומרת הלילא דבריש ירחא לאו דאורייתא דאמר רבי יוחנן משום רבי שמעון בן יהוצדק (א) א שמונה עשר יום בשנה יחיד גומר בהן את הלל ואלו הן שמונת ימי החג ושמונת ימי חנוכה ויום טוב הראשון של פסח ויום טוב (ראשון) של עצרת ב ובגולה עשרים ואחד יום ואלו הן ג תשעת ימי החג ד ושמונת ימי חנוכה ה ושני ימים הראשונים של פסח ו וב' ימים טובים של עצרת רב איקלע לבבל חזינהו דקא קרו הלילא בריש ירחא סבר לאפסוקינהו כיון דחזא דקא מדלגי דלוגי אמר שמע מינה ז מנהג אבותיהם בידיהם תנא יחיד לא יתחיל ואם התחיל גומר: ה' דברים אירעו את אבותינו בשבעה עשר בתמוז כו': נשתברו הלוחות מנלן דתניא (ב) בששה לחדש ניתנו עשרת הדברות לישראל רבי יוסי אומר בשבעה בו מאן דאמר בששה ניתנו בששה ניתנו ובשבעה עלה משה מ"ד בשבעה בשבעה ניתנו ובשבעה עלה משה דכתיב (א) ויקרא אל משה ביום השביעי וכתיב (ב) ויבא משה בתוך הענן ויעל אל ההר ויהי משה בהר ארבעים יום וארבעים לילה עשרים וארבעה דסיון ושיתסר דתמוז מלו להו ארבעין בשיבסר בתמוז נחית אתא ותברינהו ללוחות וכתיב (ג) ויהי כאשר קרב אל המחנה וירא את העגל וישלך מידיו את הלוחות וישבר אותם תחת ההר: בטל התמיד גמרא: הובקעה העיר בי"ז הוה והכתיב (ד) בחדש הרביעי בתשעה לחדש ויחזק הרעב בעיר וכתיב בתריה (ה) ותבקע העיר וגו' אמר רבא לא קשיא כאן בראשונה כאן בשניה דתניא בראשונה הובקעה העיר בתשעה בתמוז בשניה בשבעה עשר בו: שרף אפוסטמוס את התורה גמרא: העמיד צלם בהיכל מנלן דכתיב (ו) ומעת הוסר התמיד ולתת שקוץ שומם וחד הוה והכתיב (ז) ועל כנף שקוצים משומם אמר רבא תרי הוו ונפל חד על חבריה ותבריה ליה לידיה ואשתכח דהוה כתיב (א) אנת

ויום טוב הראשון של פסח. הוא גומר הלל אבל שמונה ימי פסח לא משום דלא דמי לחנוכה וסוכות דחנוכה דינא הוא לגמור הלל דכל הח' ימים היה הנס מתגדל והיה כל חד וחד יום טוב וכן בסוכות (ג) כל יומא ויומא הוי י"ט לעצמו לפי שפרי החג מתמעטין והולכין אבל פסח אינו משתנה לא מקרבנות ולא מיום טוב לכך אין גומרים בו ההלל אלא יום הראשון והאידנא דגומרין תרי יומי משום דעבדינן אותו מספק הוי חד יומא לענין קריאת הלל וכן ביום שני של עצרת וכן יום של שמחת תורה ומש"ה יש לנו כ"א יום לגמור הלל:

אמר שמע מינה מנהג אבותיהם בידיהם. י"מ דאמנהג לא מברכינן (ו) מהכא וכן משמע בסוכה בפרק לולב וערבה (דף מד:) דקאמר (ד) אמר אביי הוה קאימנא קמיה דר' יצחק ואייתי ההיא ערבה לקמיה שקל חביט חביט ולא בריך קסבר ערבה מנהג נביאים היא אלמא אמנהג לא מברכינן אבל רבינו תם פסק דמברכינן דאי איתא דלא מברכינן אם כן מאי קאמר בגמרא כיון דשמעינהו דמדלגי ואזלי שמע מינה מנהג אבותיהם בידיהם וכי לא היה לו להכיר אי משום מנהג קרו ליה לא מברכי אי איתא דאמנהג לא מברכינן ואי מברכי לא מנהג הוא וכי תימא דלא בא בתחילת קריאת הלל הא לא מצי אמרת דהא רב איקלע לבבל קאמר דאי איתא דבאמצע תפלה בא הוה ליה למימר איקלע לבי כנישתא ומדלא אמר מדלא ברכי מנהג הוא שמע מינה דאמנהגא נמי מברכינן והיא דסוכה דמשמע דאמנהגא לא מברכינן היינו דווקא אמנהג דערבה דלא הוי אלא מנהג טלטול בעלמא ואמנהג דטלטול לא מברכינן אבל בשאר מנהג כמו קריאת הלל ואחריני כמו אותו מנהג ודאי מברכינן וכן הלכה למעשה ולפי זה יש ליזהר שלא לדבר באמצע ההלל כיון שבירך דאם כן הוי מפסיק ונראה דאין יחיד מחויב לקרות ההלל אכן אם רוצה לחייב עצמו הרשות בידו (ה): ואשתכח דכתיב עילויה. על אותו יד פירוש מלאו כתוב על היד שנחתכה מן הצלם אנת צבי לאחרובי ביתיה כלומר ביתו של הקב"ה (ז) אשלמת ליה כלומר וכחך נתת לו ויש מפרשים דהכתיבה הוה על הצלם השלם וה"ק אשכחי' עליה על הצלם השלם אנת צבי לאיחרובי ביתיה כלומר אתה רצית להחריב ביתו של הקדוש ברוך הוא וידך אשלמת ליה לכך שלמתי את ידך להקדוש ברוך הוא שחתכתי:

דכתיב

מאי שנא הלל דדחי דידיה. מעמד דשחרית: ומאי שנא מוסף דלא דחי דידיה. דקתני יום שיש בו מוסף אין בו (ב) מנחה ולא קתני אין בו מוסף דלא דחי דידיה אלא דמנחה: הכי קאמינא. הכי קא בעינא למימר: אלא דידיה. דמוסף: ה"ג רבי יוסי אומר כל יום שיש בו מוסף יש בו מעמד. ואתנא קמא פליג דאמר יום שיש בו מוסף אין בו (ג) נעילה ואתא ר' יוסי למימר דיש בו מעמד אע"פ שיש בו מוסף: אלא לאו דנעילה הוא. דאמר ר' יוסי דיש בו מעמד ואין מוסף דוחה אותו: באחד בניסן. דאית ביה הלל דראש חדש: (ד) קרבן עצים. (קרבן מוסף) דבני ארח בן יהודה: זאת אומרת. מדלא קתני נמי באחד בניסן אלמא הלל דראש חדש לא דחי ליה למעמד שמע מינה דלאו דאורייתא הוה אן אלא מנהגא כדלקמן: מנהג אבותיהם בידיהן. אבל הלל דחנוכה כגון באחד בטבת ודאי דחי דכיון דנביאים תיקנוהו שיהו אומרים אותו על כל פרק ופרק ועל כל צרה שלא תבא עליהן כשנגאלין יהו אומרין אותו על גאולתן כדאורייתא דמי: יחיד. כלומר אפי' יחיד גומר בהן את ההלל שכל אחד ואחד חייב לגמור בו את ההלל במסכת ערכין מפורש מאי שנא דגומר כל ימי החג ובפסח לא גומר אלא יום ראשון משום דחג הסוכות חלוק בקרבנותיו וכל אחד ואחד כחג בפני עצמו דמי: ובגולה. שעושין שני ימים טובים משום ספיקא: דמדלגי דלוגי. כגון אנן דמדלגין לא לנו ה' לא לנו ונתחיל מן ה' זכרנו יברך: לא יתחיל. אינו צריך להתחיל בראש חדש: ר' יוסי אומר בשבעה. וטעמייהו מקרא במסכת שבת בפרק ר"ע: בשבעה עלה משה. לקבל הלוחות כלומר ודאי ליכא מאן דפליג עלה דמתני' דקתני דבי"ז בתמוז נשתברו הלוחות מכלל דכולהו סבירא להו דבשבעה עלה (ה) ולאו מקרא נפקא לן דבשבעה עלה דהאי דכתיב וישכון כבוד ה' על הר סיני ויכסהו הענן ששת ימים ויקרא אל משה ביום השביעי איכא מאן דדריש ליה במסכת יומא כי אחר מתן תורה הוה: משבעה בסיון עד י"ז בתמוז איכא מ' יום כ"ד דסיון שהוא מלא וי"ו דתמוז הרי מ' יום שעמד משה בהר: גמרא. כך קיבלנו מאבותינו: ומעת הוסר התמיד לתת שקוץ שומם וגו'. דבעת שהוסר ונתבטל התמיד באותו היום נתן שקוץ שומם דהיינו הועמד צלם בהיכל: ה"ג והא כתיב על כנף שקוצים. כלומר הא כתיב קרא אחרינא דכתיב ביה שקוצים דמשמע תרי: תרי הוו. שהעמידן מנשה בהיכל: ונפל חד על חבריה וקטעיה לידיה. והנקטע לא קא חשיב והיינו דכתיב שקוץ אחד: אשתכח דכתיב. על ההוא צלם הכי:

אנת

עין משפט נר מצוה

יט א מיי' פ"ג מהל' מגילה וחנוכה הל' ו:
כ ב מיי' שם הלכה ז: [רב אלפס שבת פ"ב דף יא:]:
כא ג מיי' שם טוש"ע א"ח סימן תרמד סעיף א:
כב ד מיי' שם טוש"ע א"ח סימן תרפג:
כג ה מיי' שם טוש"ע שם סימן תפח סעיף א:
כד ו מיי' שם טוש"ע א"ח סימן תלד סעיף א:
כה ז מיי' שם טוש"ע א"ח סימן תכב סעיף ב:

רבינו גרשום

בני יואב שניה: מ"ש הלל דדחי דידיה ומ"ש מוסף דלא דחה דידיה התם קאי דקתני במתניתין יש בו הלל אין בו מעמד דשחרית קרבן מוסף אין בו במנחה ופריך מר קשישא מ"ש הלל דדחי מעמד בתפלה דידיה דהיינו שחרית ומוסף לא דחי מעמד בתפלה דידיה דקתני מוסף אין במנחה דמשמע אבל במוסף עצמו איכא מעמד: א"ל ומי בעיא לך דמוסף דחי דידיה השתא מנחה דלא הוה דידיה דחי ליה מוסף ממעמד דידיה דמוסף מיבעיא אמאי א) דחי נמי במנחה הא הלל לא דחי אלא דידיה דשחרית לחודיה: ר' יוסי קאי כוותך. דמוסף לא דחי אלא מעמד דמוסף ולא דמנחה: דידיה נמי לא דחי. תמי' וכי מוסף לא דחי מעמד שבמוסף: י"ח יום גומרין את ההלל ולא קתני ר"ח. לא יתחיל הלל בר"ח: ובשבעה (עשר) [עלה] ואותו יום לא חשבינן אלא מכן ואילך חשיב מ' יום כ"ג דסיון שהוא מלא וי"ז בתמוז הרי מ' נמצא שבמ' ירד ושבר את הלוחות. מעת הוסר התמיד לתת שקרץ כלומר ביום שהוסר התמיד הקים צלם וכבר אמר בי"ז בטל התמיד (דכתיב עלה לליצנותא) בט' באב נגזרה גזרה על אבותינו שלא יכנסו לארץ ובערב ט"ב חזרו מרגלים ולמחר קבעו ט"ב: דרך שלשת ימים הרי כ"ב דיום עשרים עצמו דאייר הוא מחשבון הג' ימים וכתיב עד חדש ימים דהיינו כ"ט ימים וחשוב ד' דאייר לפי שהוא חסר וכ"ב דסיון הרי החדש ימים ועדין נשתיירו ח' דסיון לפי שהוא מלא וכתיב ותסגר מרים שבעת ימים הרי כ"ט דסיון ובאותו יום עצמו שלח מרגלים וכתיב וישובו מקץ ארבעים יום חשוב ב' דסיון וכ"ט דתמוז הרי ל"א וח' דאב דאמרת דבערב

חשק שלמה על רבינו גרשום

א) חסר כאן וצ"ל א"ל הכי קאמינא לך לא לדחי אלא דידיה ואמאי דחי וכו'.

מסורת הש"ס

א) ערכין י. [תוספ' סוכה פ"ג ע"ש מס' סופרים פ"כ הל' ט ע"ש], ב) שבת פו: יומא ד:, ג) [הטעם מבואר להדיא בגמרא ערכין י.], ד) [צ"ל אמר אייבו כו' קמיה דרבי אלעזר בר צדוק], ה) [וע"ע תוס' ברכות יד. ד"ה ימים ותו' ערכין י. ד"ה י"ח ותו' סוכה מד: ד"ה כאן].

הגהות הב"ח

(א) גמ' בסוה"ע ואשתכח דהוה כתיב עילויה אנת צבית לאחרובי ביתיה וידך אשלימת ליה: (ב) רש"י ד"ה ומ"ש מוסף כו' אין בו במנחה ולא קתני אין בו במוסף דלא: (ג) ד"ה ה"ג ר' יוסי כו' אין בו בנעילה ואתא: (ד) ד"ה באחד כו' דר"ח מה"ד וקרבן מוסף וקרבן עצים דבני ארח: (ה) ד"ה בשבעה כו' ס"ל דבשבעה עלה ולא בששה דמקרא נפקא לן כו' מתן תורה הוה משבעה כו' והד"א: (ו) תוס' ד"ה אמר כו' לא מברכינן כדמוכח הכא וכן משמע כו' דקאמר אמר אייבו הוה קאימנא קמיה דר' אלעזר בר צדוק ואייתי ההוא גברא ערבה קמיה: (ז) שם ד"ה ואשתכח כו' הקב"ה וידך אשלמת וכו' להקב"ה שחתכתי ידך הס"ד:

הגהות הגר"א

[א] גמ' אלא דמנחה ודנעילה ש"מ כו'. כצ"ל:

הגהות מהר"ב רנשבורג

אן רש"י ד"ה זאת אומרת וכו' אלא מנהגא כדלקמן מנהג וכו'. נ"ב הכל דבור אחד ודו"ק:

ליקוטי רש"י

יחיד גומר בהן את הלל. שהוא חובה לכל אדם והם אחד ועשרים יום בשנה כדאמרינן במסכת ערכין (דף י.) [ברכות יד.]. בששה לחדש כו'. דהא דכתיב ויכסהו הענן ששת ימים ויקרא אל משה ביום השביעי סבירא להו כר' יוסי הגלילי דאמר בפרק קמא דיומא (דף ד.) זה היה מעשה אחר עשרת הדברות ור' יוסי סבירא ליה דמשה וכל ישראל עומדים לקבל עשרת הדברות ולא בא הכתוב אלא לחלק כבוד למשה [שבת פו:]. ובשבעה עלה. לקבל הלוחות ושהה ארבעים יום [יומא ד:].

תורה אור השלם

א) וַיִּשְׁכֹּן כְּבוֹד יְיָ עַל הַר סִינַי וַיְכַסֵּהוּ הֶעָנָן שֵׁשֶׁת יָמִים וַיִּקְרָא אֶל מֹשֶׁה בַּיּוֹם הַשְּׁבִיעִי מִתּוֹךְ הֶעָנָן: [שמות כד, טז] ב) וַיָּבֹא מֹשֶׁה בְּתוֹךְ הֶעָנָן וַיַּעַל אֶל הָהָר וַיְהִי מֹשֶׁה בָּהָר אַרְבָּעִים יוֹם וְאַרְבָּעִים לָיְלָה: [שמות כד, יח] ג) וַיְהִי כַּאֲשֶׁר קָרַב אֶל הַמַּחֲנֶה וַיַּרְא אֶת הָעֵגֶל וּמְחֹלֹת וַיִּחַר אַף מֹשֶׁה וַיַּשְׁלֵךְ מִיָּדָו אֶת הַלֻּחֹת וַיְשַׁבֵּר אֹתָם תַּחַת הָהָר: [שמות לב, יט] ד) בַּחֹדֶשׁ הָרְבִיעִי בְּתִשְׁעָה לַחֹדֶשׁ וַיֶּחֱזַק הָרָעָב בָּעִיר וְלֹא הָיָה לֶחֶם לְעַם הָאָרֶץ: [ירמיה נב, ו] ה) וַתִּבָּקַע הָעִיר וְכָל אַנְשֵׁי הַמִּלְחָמָה יִבְרְחוּ וַיֵּצְאוּ מֵהָעִיר לַיְלָה דֶּרֶךְ שַׁעַר בֵּין הַחֹמֹתַיִם אֲשֶׁר עַל גַּן הַמֶּלֶךְ וְכַשְׂדִּים עַל הָעִיר סָבִיב וַיֵּלְכוּ דֶּרֶךְ הָעֲרָבָה: [ירמיה נב, ז] ו) וּמֵעֵת הוּסַר הַתָּמִיד וְלָתֵת שִׁקּוּץ שֹׁמֵם יָמִים אֶלֶף מָאתַיִם וְתִשְׁעִים: [דניאל יב, יא] ז) וְהִגְבִּיר בְּרִית לָרַבִּים שָׁבוּעַ אֶחָד וַחֲצִי הַשָּׁבוּעַ יַשְׁבִּית זֶבַח וּמִנְחָה וְעַל כְּנַף שִׁקּוּצִים מְשֹׁמֵם וְעַד כָּלָה וְנֶחֱרָצָה תִּתַּךְ עַל שֹׁמֵם: [דניאל ט, כז]

רבינו חננאל

הן. תנא לפי שמסרו עצמן על המצות נזכרין לברכה. כדכתיב זכר צדיק לברכה. זמן עצי הכהנים והעם תשעה. באחד בניסן בני ארח בן יהודה כו'. מני מתני' אינה לר' מאיר דאמר בני פחת מואב הן הן בני דוד בן יהודה דאי ר' מאיר היא כיון שהקריבו בני דוד בן יהודה (כ"ג) [כ'] בתמוז ובאו בני פחת מואב להקריב בכ' באב היה לו לומר אם בני פחת מואב הן בני דוד בן יהודה שבו בני פחת מואב שניה כמו שאמר בני פרעוש שניה. אי מתני' ר' יהודה היא כיון דאמר בני עדין בן יהודה הן בני דוד בן יהודה היה לו לומר שבו בני עדין בן יהודה שניה אי ר' יוסי כיון דאמר בני פחת מואב בן יהודה בני יואב בן צרויה הן ובני עדין הן בני יואב בן צרויה היה לו לומר שבו בני עדין שניה. ואוקמיה לר' יוסי ותרי תנאי אליבא דר' יוסי: באחד בטבת לא היה בו מעמד מפני שיש בו הלל שהיא חנוכה והלל דוחה מעמד של שחרית ויש בו קרבן מוסף של ר"ח שדוחה מעמד של נעילה וכ"ש של מוסף דבהדיא תנינן באחד בטבת לא הוה בו מעמד כלל והוא זמן קרבן עצים. דתנן באחד בטבת שבו בני פרעוש שניה וקרבן עצים דוחה מעמד דמנחה ואוקימנא למתני' דתנא דידן סבר קרבן מוסף דוחה מעמד דנעילה ומעמד דמוסף. ור' יוסי פליג עליה. דתניא ר' יוסי אומר כל יום שיש בו מוסף יש בו מעמד ואוקימנא יש בו מעמד בנעילה. דסבר דידיה והוא מעמד דמוסף דחי דלאו דידיה והוא מעמד דנעילה לא דחי. דייק רבא מדלא קתני באחד בניסן לא היה בו מעמד והנה יש בו קרבן עצים וקרבן מוסף (כגון) [והלל כמו] אחד בטבת (שאר) [ש"מ] הלל דחנוכה הוא כמו הלל של תורה. אבל הלל דר"ח לאו דאורייתא הוא. דא"ר יוחנן משום רבי שמעון בן יהוצדק י"ח ימים בשנה יחיד גומר בהן את הלל ואלו הן ח' ימי החג וח' ימי חנוכה וב' ימים של פסח וב' ימים של עצרת. ובגולה כ"א יום ט' ימי החג וח' דחנוכה. ויו"ט הראשון של פסח ויו"ט של עצרת. רב אקלע לבבל ושמע דקרו הלל בר"ח בעא למיפסקינהו כיון דשמע להן דפסקי שבק להו. אמר מנהג אבותיהם בידיהם. תנא יחיד לא יתחיל בברכה בזמן שקורין בהן כגון ר"ח וחוש"מ פסח ואם טעה ובירך בא"י אמ"ה אקב"ו לקרוא (והתחיל לגמור) [את הלל גומר] וזהו אם התחיל גומר וקיי"ל הכי דאין חובה: ה' דברים אירעו את אבותינו וכו' נשתברו הלוחות מנלן לפי שעלה משה למרום בז' בסיון דכתיב ויקרא אל משה ביום השביעי מתוך הענן נמצא שעמד משה במרום כ"ד ימים דסיון וי"ו מתמוז הרי מ' יום. כדכתיב ויהי משה בהר ארבעים יום. למחר ירד ושבר לוחות נמצאת שבירת הלוחות בי"ז בתמוז. בטל תמיד גמרא. א) כו' לוי דאמר אף בימי מלכות הרשעה היו משלשלין להן קופות של זהב. והן היו מעלין להן שני כבשים. ובסוף העלו להן ב' חזירים כו'. אותה שעה גרמו העונות ובטל התמיד ונחרב הבית. והובקעה העיר בחרבן השני י"ז כדתנא בט' לחדש הרביעי הובקעה העיר בראשונה ובשניה בי"ז שרף אפוסטמוס בי"ז בתמוז את התורה גמרא: ירושלמי היכן שרפה ב) העמיד צלם בהיכל מנלן דכתיב ומעת הוסר התמיד. הנה בפירוש כי מעת שהוסר ובטל התמיד ניתן השקרן בהיכל. וכבר אמרנו בי"ז בטל התמיד

חשק שלמה על רבינו חננאל א) חסר כאן וצ"ל ובירושלמי ר' סימון בשם ר"י בן לוי בימי מלכות וכו' ואמר ר' אף בימי כו'. ב) נראה שחסר כאן ועי' בירושלמי.

וּכְתִיב – **And** further **it is written:**[21] ,,וַיָּבֹא מֹשֶׁה בְּתוֹךְ הֶעָנָן וַיַּעַל אֶל־הָהָר – ***And Moses went into the midst of the cloud and ascended the mountain*** וַיְהִי מֹשֶׁה בָּהָר אַרְבָּעִים יוֹם וְאַרְבָּעִים לָיְלָה" – ***and Moses was on the mountain for forty days and forty nights.*** Since, as stated above, Moses ascended the mountain on the seventh of Sivan, evidently he was there, עֶשְׂרִים וְאַרְבָּעָה דְּסִיוָן – for the last **twenty-four** days **of Sivan,**[22] וְשִׁיתְסַר דְּתַמּוּז – **and** the first **sixteen** days **of** the following month, **Tammuz,** מָלוּ לְהוּ אַרְבָּעִין – for this **completes** the total of **forty** days that Moses stayed on the mountain.[23] בְּשִׁיבְסַר בְּתַמּוּז נָחִית אָתָא וּתְבַרִינְהוּ לַלּוּחוֹת – Consequently, it must have been **on the seventeenth of Tammuz** that **[Moses] descended** Mount Sinai **and broke the Tablets;** וּכְתִיב – as **it is written** that upon Moses' descent from the mountain:[24] ,,וַיְהִי כַּאֲשֶׁר קָרַב אֶל־הַמַּחֲנֶה וַיַּרְא אֶת־הָעֵגֶל – ***And it came to pass, when he drew near to the camp that he saw the*** Golden ***Calf . . .*** וַיַּשְׁלֵךְ מִיָּדָיו אֶת־הַלֻּחֹת וַיְשַׁבֵּר אֹתָם תַּחַת הָהָר" – ***and he cast the Tablets out of his hands and broke them beneath the mountain.***

The second tragedy listed by the Mishnah as occurring on the Seventeenth of Tammuz:

בָּטַל הַתָּמִיד – **THE *TAMID*** offering **WAS DISCONTINUED.**

The Gemara gives the basis for the Mishnah's teaching that this occurred on the seventeenth of Tammuz:

גְּמָרָא – This is **a tradition** received from our forefathers.

The third tragedy listed by our Mishnah as occurring on the Seventeenth of Tammuz was the breaching of the city walls of Jerusalem. The Gemara asks:

הוּבְקְעָה הָעִיר בי"ז הֲוָה – **Was the city** of Jerusalem **breached on the Seventeenth of Tammuz?** וְהָכְתִיב: ,,בַּחֹדֶשׁ הָרְבִיעִי בְּתִשְׁעָה לַחֹדֶשׁ וַיֶּחֱזַק הָרָעָב בָּעִיר" – **But it is written:**[25] ***In the fourth month*** [Tammuz][26] ***on the ninth of the month, and the famine became severe in the city.*** וּכְתִיב בַּתְרֵיהּ – And immediately **after [that verse]** it **is written:** ,,וַתִּבָּקַע הָעִיר וגו' " – ***And the city was breached.*** This indicates that the city walls were breached on the ninth of Tammuz, and not on the seventeenth as reported by our Mishnah. – ? –

The Gemara resolves the apparent contradiction:

אָמַר רָבָא – **Rava said:** לֹא קַשְׁיָא – This poses **no difficulty.** כַּאן בָּרִאשׁוֹנָה – **Here** [in *Jeremiah*] the reference is to **the first** Temple era, כַּאן בַּשְּׁנִיָּה – while **here** [in our Mishnah] the reference is to **the second** Temple era. דְּתַנְיָא – **As it was taught in a Baraisa:** בָּרִאשׁוֹנָה הוּבְקְעָה הָעִיר בְּתִשְׁעָה בְּתַמּוּז – **IN THE FIRST** Temple era **THE CITY WAS BREACHED ON THE NINTH OF TAMMUZ.** בַּשְּׁנִיָּה בְּשִׁבְעָה עָשָׂר בּוֹ – **IN THE SECOND** Temple era the city was breached **ON THE SEVENTEENTH [OF TAMMUZ].**[27]

The fourth tragedy cited by our Mishnah as occurring on the Seventeenth of Tammuz:

שָׂרַף אַפּוֹסְטְמוּס אֶת הַתּוֹרָה – **APOSTUMOS BURNED THE TORAH.**

The Gemara gives the basis for the Mishnah's teaching that this occurred on the seventeenth of Tammuz:

גְּמָרָא – This is **a tradition** received from our forefathers.

The fifth tragedy listed by our Mishnah as occurring on the Seventeenth of Tammuz was the erection of an idol in the Sanctuary:

הֶעֱמִיד צֶלֶם בַּהֵיכָל מְנָלַן – **From where** do we know that **an** idolatrous **image was erected in the Sanctuary** on the seventeenth of Tammuz? דִּכְתִיב – **As it is written:** ,,וּמֵעֵת הוּסַר הַתָּמִיד וְלָתֵת שִׁקּוּץ שֹׁמֵם" – ***And from the time the tamid was removed*** [the seventeenth of Tammuz] ***and the mute abomination was placed*** . . .[28]

The Gemara asks:

וְחַד הֲוָה – **Was** only **one** idol put in the Temple? וְהָכְתִיב: ,,וְעַל כְּנַף שִׁקּוּצִים מְשׁוֹמֵם" – **But it is written:** ***And upon soaring heights will the mute abominations be,***[29] which implies that there were two idols. – ? –

The Gemara resolves the apparent contradiction:

אָמַר רָבָא – **Rava said:** תְּרֵי הֲווּ – In fact **there were two** idols placed in the Sanctuary by Menasheh;[30] וְנָפַל חַד עַל חַבְרֵיהּ וּתְבָרֵיהּ לֵיהּ לִידֵיהּ – however, **one** idol **fell on the other and broke** off **its hand.** The idol without a hand is not reckoned in the first verse cited above. וְאִשְׁתַּכַּח דַּהֲוָה כְּתִיב – **And** the following message **was found written** on the unbroken idol:

NOTES

21. *Exodus* 24:18.

22. Sivan was a full month that year; i.e. it lasted thirty days (*Rashi*). See 29a, note 16.

23. The period of forty days and forty nights actually began on the morning of the seventh of Sivan and ended after the night following the sixteenth of Tammuz (*Tosafos* to *Shabbos* 89a ד"ה לסוף). [The night after the sixteenth of Tammuz made up for the night preceding Moses' ascent during the daytime of the seventh of Sivan.]

[*Rashi* to *Shabbos* 89a gives an alternative computation, which is difficult to reconcile with our Gemara, as pointed out by *Tosafos* there.]

24. *Exodus* 32:19.

25. *Jeremiah* 52:6.

26. The fourth month of the year, counting from Nissan, is Tammuz.

27. The Rabbis sought not to burden the community with two separate fasts; therefore, they selected the seventeenth rather than the ninth as a fast day, for it recalls the destruction that ushered in the present exile (*Tur O.C.* 549).

28. *Daniel* 12:11. The "mute abomination" was an idolatrous image. The verse thus indicates that on the day the *tamid* offering was discontinued, which is known [by tradition] to be the seventeenth of Tammuz, an idol was placed in the Sanctuary (*Rashi*).

29. *Daniel* 9:27.

30. *Rashi*. See 26b, note 5.

אַנְתְּ צָבִית לַחֲרוּבֵי בֵּיתָא – **"You wanted to destroy the house** of God by leading the Jews astray into idol worship. יָדָךְ אַשְׁלִימַת לֵיהּ – Therefore I have taken vengeance on behalf of God and **I have paid Him your hand** that I cut off."[1]

The Gemara now discusses the passage of our Mishnah that states:

בְּתִשְׁעָה בְּאָב נִגְזַר עַל אֲבוֹתֵינוּ שֶׁלֹּא יִכָּנְסוּ לָאָרֶץ – **ON THE NINTH OF AV IT WAS DECREED UPON OUR ANCESTORS THAT THEY WOULD NOT ENTER THE LAND.**

The Gemara seeks the Mishnah's source for this statement:

מְנָלָן – **From where do we know this?**

The Gemara replies by chronicling the events leading up to the decree that the Generation of the Wilderness would not enter the Land, in order to establish the date of that decree:

דִּכְתִיב: ,,וַיְהִי בַּחֹדֶשׁ הָרִאשׁוֹן בַּשָּׁנָה הַשֵּׁנִית בְּאֶחָד לַחֹדֶשׁ הוּקַם הַמִּשְׁכָּן" – **For it is written:** ***And it came to pass in the first month, in the second year, on the first day of the month, that the Tabernacle was erected.***[2] וְאָמַר מַר – **And the master said:** שָׁנָה רִאשׁוֹנָה עָשָׂה מֹשֶׁה אֶת הַמִּשְׁכָּן – **In the first year** following the Exodus from Egypt, **Moses made the Tabernacle.** שְׁנִיָּה הֵקִים מֹשֶׁה אֶת הַמִּשְׁכָּן וְשָׁלַח מְרַגְּלִים – **In the second year Moses erected the Tabernacle and sent the spies** to scout the land of Canaan.[3] וּכְתִיב: ,,וַיְהִי בַּשָּׁנָה הַשֵּׁנִית בַּחֹדֶשׁ הַשֵּׁנִי בְּעֶשְׂרִים בַּחֹדֶשׁ נַעֲלָה הֶעָנָן מֵעַל מִשְׁכַּן הָעֵדֻת" – **And** furthermore **it is written:** ***And it came to pass in the second year, in the second month, on the twentieth day of the month, that the cloud rose from above the Tabernacle of Testimony.***[4] וּכְתִיב: ,,וַיִּסְעוּ מֵהַר ה׳ דֶּרֶךְ שְׁלֹשֶׁת יָמִים" – **And** furthermore **it is written:** ***And they traveled from the mountain of HASHEM [Mount Sinai] a journey of three days.***[5] אָמַר רַבִּי חָמָא בַּר חֲנִינָא – Expounding this last verse, **R' Chama bar Chanina said:** אוֹתוֹ הַיּוֹם סָרוּ מֵאַחֲרֵי ה׳ – **On that day, they turned away from Hashem.**[6] וּכְתִיב: ,,וְהָאסַפְסֻף אֲשֶׁר בְּקִרְבּוֹ הִתְאַוּוּ תַּאֲוָה וַיָּשֻׁבוּ וַיִּבְכּוּ גַּם בְּנֵי יִשְׂרָאֵל וגו׳" – **And** furthermore **it is written:** ***And the mixed multitude that was in its*** [Israel's] ***midst had a desire, and the Israelites, too, turned and cried etc.***[7] וּכְתִיב: ,,עַד חֹדֶשׁ יָמִים וגו׳" – **And** furthermore **it is written:** ***Until a month of days etc.,***[8] דַּהֲווּ לְהוּ עֶשְׂרִין וְתַרְתֵּין בְּסִיוָן – **which adds up to the twenty-second day of Sivan.**[9] וּכְתִיב: ,,וַתִּסָּגֵר מִרְיָם . . . שִׁבְעַת יָמִים" – **And** furthermore **it is written:** ***And Miriam was confined*** *outside the camp* ***for seven days,***[10] דַּהֲווּ לְהוּ עֶשְׂרִין וְתִשְׁעָה בְּסִיוָן – **which adds up to the twenty-ninth day of Sivan.**[11] וּכְתִיב: ,,שְׁלַח לְךָ אֲנָשִׁים" – **And** furthermore **it is written:** ***Send men*** *who shall spy out the Land of Canaan . . .*[12] וְתַנְיָא – **And it was taught in a Baraisa:** בְּעֶשְׂרִים וְתִשְׁעָה בְּסִיוָן שָׁלַח מֹשֶׁה מְרַגְּלִים – **ON THE TWENTY-NINTH OF SIVAN MOSES SENT THE SPIES.**[13] וּכְתִיב: ,,וַיָּשֻׁבוּ מִתּוּר הָאָרֶץ מִקֵּץ אַרְבָּעִים יוֹם" – **And** furthermore **it is written:** ***And they returned from spying the Land at the end of forty days.***[14]

The Gemara interrupts and asks:

הָנֵי אַרְבָּעִים יוֹם נַכִּי חַד הָווּ – **But these are** only **forty days minus one!** I.e. there are only thirty-nine days from Sivan 29 to Av 8.[15] – ? –

The Gemara answers:

אָמַר אַבַּיֵּי תַּמּוּז דְּהַהִיא שַׁתָּא מַלּוּיֵי מַלְיוּהַ – **Abaye said:** Although Tammuz usually has only twenty-nine days, **in that particular year [the *Beis Din*] made Tammuz** a **full** month of thirty days;[16] דִּכְתִיב: ,,קָרָא עָלַי מוֹעֵד לִשְׁבֹּר בַּחוּרָי" – **as it is written:** ***He*** [God] ***proclaimed a set time against me to crush my young men.***[17]

The Gemara now concludes its demonstration that Tishah B'Av was the date on which it was decreed that the Generation of the Wilderness would not enter the Land:

וּכְתִיב: ,,וַתִּשָּׂא כָּל־הָעֵדָה וַיִּתְּנוּ־אֶת־קוֹלָם וַיִּבְכּוּ הָעָם בַּלַּיְלָה הַהוּא" – **And it is written** that upon the spies' report: ***And all the***

NOTES

1. The translation follows the second explanation given in *Tos.* to 28b, ד״ה ואשתכח. [Our text of *Rashi* ד״ה אנת is corrupt – see *Hagahos R' Yaakov Zvi Yolles.* (*Chida* in *Shem HaGedolim* writes that many copyist errors have entered our versions of *Rashi* to this tractate.)]

2. *Exodus* 40:17. The verse states that the Tabernacle was erected on the first day of Nissan of the second year from the Exodus from Egypt.

3. The Gemara cites this Baraisa to establish that the spies were not sent in the first year but in the second. Thus, we can establish the date of their being sent by tracing other events that occurred in that year (see *Maharsha*). [The Gemara's calculation in this discussion assumes that the events from the Book of *Numbers* listed below happened in immediate succession, an assumption borne out by a Baraisa cited below (see note 13).]

4. *Numbers* 10:11. The movement of the cloud from above the Tabernacle signaled the Israelites that it was time to move onward (ibid. 9:17).

5. *Numbers* 10:33.

6. This exposition interprets the word מֵהַר, *from the mountain,* as if it were vowelized מַהֵר, *quickly*. That is, they were in a rush to leave Mount Sinai, where they had learned Torah [indicating that they found the Torah burdensome]. The Midrash compares the departure of the Israelites from Mount Sinai to children who rush to leave school after dismissal. The rush to leave constituted a departure from God (*Rashi, Tosafos* to *Shabbos* 116a ד״ה פורענות; cf. *Rashi* cited by *Tos.* there).

7. *Numbers* 11:4. The mixed multitude of Egyptians and other nationalities who had attached themselves to the Israelites upon their redemption were not satisfied with the manna but desired meat. This prompted the Israelites to clamor for meat as well.

8. *Numbers* 11:20. The verse states that God would grant them meat, which they would eat for "a month of days," until they would become disgusted with it. Since a lunar month consists of 29 ½ days, a "month of days" means 29 days (*Rashi*; see *Bach;* cf. *Gevuras Ari*). Thus, they ate meat for twenty-nine days (a lunar month).

9. Starting from Iyar 20, we count three days of travel plus twenty-nine days of eating meat, and arrive at Sivan 22 [see chart in note 20].

10. *Numbers* 12:15. Miriam had been afflicted with *tzaraas,* for which she had to remain confined outside the Israelite camp for seven days. The verse concludes that *the people did not travel until Miriam was gathered in* to the camp.

11. Sivan 22 plus seven days brings us to Sivan 29.

12. *Numbers* 13:2.

13. This Baraisa supports the computation of days just made by the Gemara.

14. *Numbers* 13:25. Forty days from Sivan 29 brings us to the eighth of Av. [The Gemara will soon analyze this computation.] Upon their return, the spies gave their discouraging report about the Land. [As the Gemara explains below, the people wept that night, the night of Tishah B'Av, and because of their faithless reaction, God decreed that the generation would not enter the Land.]

15. Sivan 29-30=2 days; Tammuz 1-29=29 days; Av 1-8=8 days; total 39 days (*Rashi*). [See chart in note 20.] Since the verse states that they spied out the Land for forty days, it emerges that they did not return until the ninth of Av; hence the people wept not on Tishah B'Av but on the *following* night.

16. It takes slightly more than 29 ½ days for the moon to complete its circuit of the earth. Thus, the twelve months of the lunar calendar generally alternate between "full months" of thirty days, and "defective months" of twenty-nine days. Though Tammuz is usually a defective month, it is *Beis Din's* prerogative to delay the declaration of the new month and thereby expand what should have been a defective month to a full month of thirty days.

Thus, Abaye answers that Tammuz of that year had been expanded to thirty days. Hence, the spies returned not on the ninth of Av but on the eighth.

17. *Lamentations* 1:15. The word מוֹעֵד, *set time,* is often used in Scripture in the sense of *festival.* Thus, Abaye expounds the verse to mean that God caused an extra festival to be proclaimed in order to crush the Jews. That is, an extra day of Rosh Chodesh (which is a form of festival) was added to Tammuz. [In a full month of thirty days, both day one and day

אנת צבית לחרובי ביתא ידך אשלימת ליה בתשעה באב נגזר על אבותינו שלא יכנסו לארץ מנלן דכתיב א) ויהי בחדש הראשון בשנה השנית באחד לחדש הוקם המשכן ואמר מר א) שנה ראשונה עשה משה את המשכן שניה הקים משה את המשכן ושלח מרגלים וכתיב ב) ויהי בשנה השנית בחדש השני בעשרים בחדש נעלה הענן מעל משכן העדות וכתיב ג) ויסעו מהר ה' דרך שלשת ימים אמר רבי חמא בר חנינא ב) אותו היום סרו מאחרי ה' וכתיב ד) והאספסוף אשר בקרבו התאוו תאוה וישובו ויבכו גם בני ישראל וגו' וכתיב ה) עד חדש ימים וגו' דהוו להו עשרין ותרתין בסיון וכתיב ו) ותסגר מרים שבעת ימים דהוו להו עשרין ותשעה בסיון וכתיב ז) שלח לך אנשים ותניא בעשרים ותשעה בסיון שלח משה מרגלים וכתיב ח) וישובו מתור הארץ מקץ ארבעים יום הני ארבעים יום נכי חד הוו אמר אביי ג) תמוז דההיא שתא מלויי מליוה דכתיב ט) קרא עלי מועד לשבור בחורי וכתיב י) ותשא כל העדה ויתנו את קולם ויבכו העם בלילה ההוא ד) אמר רבה אמר ר' יוחנן (א) (ה) אותו היום ערב) תשעה באב היה אמר להם הקב"ה אתם בכיתם בכיה של חנם ואני קובע לכם בכיה לדורות חרב הבית בראשונה (ב) דכתיב כ) ובחדש החמישי בשבעה לחדש היא שנת תשע עשרה [שנה] למלך נבוכדנצר מלך בבל בא נבוזראדן רב טבחים עבד מלך בבל ירושלם וישרוף את בית ה' וגו' וכתיב ל) ובחדש החמישי בעשור לחדש היא שנת תשע עשרה [שנה] למלך ו) נבוכדנצר מלך בבל בא נבוזראדן רב טבחים עמד לפני מלך בבל בירושלם וגו' ותניא אי אפשר לומר בשבעה שהרי כבר נאמר בעשור ואי אפשר לומר בעשור שהרי כבר נאמר בשבעה הא כיצד בשבעה נכנסו נכרים להיכל ואכלו וקלקלו בו שביעי שמיני א ותשיעי סמוך לחשכה הציתו בו את האור והיה דולק והולך כל היום כולו ז) שנאמר מ) אוי לנו כי פנה היום כי ינטו צללי ערב והיינו דאמר רבי יוחנן (ג) אלמלי הייתי באותו הדור לא קבעתיו אלא בעשירי מפני שרובו של היכל בו נשרף ורבנן אתחלתא דפורענותא עדיפא ובשניה מנלן דתניא ח) מגלגלין זכות ליום זכאי וחובה ליום חייב אמרו א) כשחרב בית המקדש בראשונה (ד) אותו היום ערב תשעה באב היה ומוצאי שבת היה ומוצאי שביעית היתה ומשמרתה של יהויריב היתה והלוים היו אומרי' שירה ועומדין על דוכנם ומה שירה היו אומרים נ) וישב עליהם את אונם וברעתם יצמיתם ולא הספיקו לומר יצמיתם ה' אלהינו עד שבאו נכרים וכבשום ט) וכן בשניה נלכדה ביתר גמרא י) נחרשה העיר תניא כ) כשחרב טורנוסרופוס הרשע את ההיכל נגזרה גזרה על רבן גמליאל להריגה בא אדון אחד ועמד בבית המדרש ואמר בעל החוטם מתבקש בעל החוטם מתבקש שמע רבן גמליאל אזל טשא מינייהו אזל לגביה בצנעא א"ל אי מצילנא לך מייתית לי לעלמא דאתי א"ל הן א"ל אשתבע לי אשתבע ליה סליק לאיגרא נפיל ומית וגמירי דכי גזרי גזירתא ומית חד מינייהו מבטלי לגזרתייהו יצתה בת קול ואמרה אדון זה מזומן לחיי העולם הבא תנו רבנן משחרב הבית בראשונה נתקבצו כיתות כיתות של פרחי כהונה ומפתחות ההיכל בידן ועלו לגג ההיכל ואמרו לפניו רבונו של עולם הואיל ולא זכינו להיות גזברין נאמנים יהיו מפתחות מסורות לך וזרקום כלפי מעלה ויצתה כעין פיסת יד וקיבלתן מהם והם קפצו ונפלו לתוך האור ועליהן קונן ישעיהו הנביא ס) משא גיא חזיון מה לך איפוא כי עלית כולך לגגות תשואות מלאה עיר הומיה קריה עליזה חלליך לא חללי חרב ולא מתי מלחמה אף בהקב"ה נאמר ע) מקרקר קיר ושוע אל ההר: משנכנס אב ממעטין בשמחה כו': אמר רב יהודה בריה דרב שמואל בר שילת משמיה דרב כשם שמשנכנס אב ממעטין בשמחה כך משנכנס אדר מרבין בשמחה

אמר

רש"י

אנת צבית לאחרובי ביתיה וידך אשלימת ליה. הכלס אומר לחבירו אתה רצית להחריב ביתו של מקום שהטית ישראל אחריך ואני עשיתי בך נקמה ושילמתי לך ידי ל"א אנת צבית לאחרובי ביתא וידך ל) [אושלית] לי לשון שאילת מ) [כליס] כלומר ועלה בידי: ואמר רבי חמא בר חנינא אותו היום וכו'. מהר לשון מהר עכשיו כשתטול י"ט ימים מחדש אייר קודם עליית הענן פשו להו י' והנהו י' היו בין דרך שלשת ימים וז' דהסגרת מרים וחדש (ה) של כ"ט ימים שאכלו בשר הוה ל"ט והשתא אשתכח דמשה שלח מרגלים בכ"ט דסיון: הני ארבעים נכי חד. ב' מסיון וכ"ט מתמוז הוה ל"א וח' מאב הוה ל"ט: וחובה על ידי חייב. היינו תשעה באב דרגילין להיות בו רעות: ה"ג מגלגלין זכות ע"י זכאי: מוצאי שבת. יום ראשון: מוצאי שביעית. שמינית: דוכן. מקום עשוי כעין איצטבא ועליו לוים עומדין לשורר: וישב עליהם את אונם וברעתם יצמיתם ה' אלהינו. במזמור אל נקמות ה' והוא שיר של יום רביעי והאי דאמרי ליה ביום ראשון איליא בעלמא (ו) הוא דנפל בפומייהו כדאמרינן בערכין (דף יא:) פי' איליא קינה שכן תרגום יונתן בן עוזיאל שא קינה (יחזקאל כח) טול איליא וכמו אלי כבתולה חגורת שק על בעל נעוריה (יואל א) שפירושו קונני וכו': נחרשה העיר. כדכתיב (מיכה ג) ציון שדה תחרש שנחרשה כולה ונעשית כשדה חרושה: בעל החוטם. בעל קומה ואורה ל"א גדול הדור: מתבקש. ליהרג ברמז אמר ליה שלא יכירו בו אנשי המלך: טשא. נחבא כמו טשו במערתא (שבת דף לג:): אזל. האדון אצל רבן גמליאל בצנעא: ומית חד מינייהו. מן היועצין וכסבורין שאירע להן על שהרעו לגזור: גיא חזיון. ירושלים שהכל מסתכלין שם: מקרקר. לשון יללה: קיר ושוע. מקונן וזועק לשון הנה קול שועת בת עמי (ירמיה ח) קיר כמו קירי דבשחיטת חולין (דף מ) קלט:): אל ההר. בשביל הר ציון ששמם: משנכנס אדר. ימי נסים היו לישראל פורים ופסח:

ניזיל

תוספות

(ז) דכתיב עד חדש ימים הוו להו כ"ב בסיון. פי' חשוב מעשרים ימים של ר"ח אייר עד סופו תמלא ט' ימים נמלא בכ' בסיון כ"ט ועד חדש ימים הוי שלשים ימים אם כן לפי זה תמלא מעשרים ושנים לחדש השני דזה אייר חדש שלם עד כ"ב דסיון וג' ימים שנסעו מהר ה' הרי ל"ג דל מינייהו ב' ימים דבעשרים בחדש נעלה הענן ואייתר להו שני ימים פשו כ"ג דל יומא מן שלשה שהאחד מן הג' ימים היה בכלל החדש (ח) שאייר חסר פש להו כ"ב י):

אמר אביי תמוז דההיא שתא מלויי מליוה. ועשו אותו משלשים ימים כדי שיכלו המ' ימים בתשעה באב שלשים יום דתמוז ואחד דסיון דבכ"ט שלח המרגלים ותשעה באב הרי ארבעים ימים וביום תשעה באב שבו המרגלים מתור הארץ: וישב עליהם את אונם וברעתם יצמיתם ולא הספיקו לומר יצמיתם ה' אלהינו עד שבאו האויבים וכו'. פי' באותו פסוק יש ב' פעמים יצמיתם ולא הספיקו לומר השני עד שבאו וכבשום ואומר ר"י ס) אע"ג דאין אותו פסוק כלל במזמור שיר של מוצ"ש אירע להם כך שאמרו אותו פסוק ובירושל' מפרש איליא נקט פירוש איליא הוי כמו אלי כבתולה דהוי לשון קינה כמו שקורין העולם ריאוני"א בלע"ז:

אמר

עין משפט נר מצוה

כו א טוש"ע א"ח סימן תקנח:

רבינו חננאל

וה' דברים אירעו את אבותינו בט' באב נגזר על אבותינו שלא יכנסו לארץ מנא לן. דתניא בכ"ט בסיון שלח המרגלים הנה שני ימים הנותרים מסיון ול' יום של תמוז שאותה שנה תמוז מלא היה. כדכתיב קרא עלי מועד לשבור בחורי הרי ל"ב וח' ימים באב הרי מ' יום שלמים. נמצאו שהגיעו ט' באב. אמר רבא אותו היום ט' באב היה והיו ישראל יושבים ובוכים. אמר הקב"ה אתם בכיתם בכיה של חנם אני אקבע לכם בכיה לדורות. חרב הבית בראשונה שנאמר בחדש החמישי בעשור לחדש בא נבוזראדן וגו' וכתיב קרא אחרי' וישרוף את בית ה' ואת בית המלך וכתיב קרא אחרינא בחדש החמישי בשבעה לחדש היא שנת תשע עשרה בא נבוזראדן רב טבחים עבד מלך בבל וישרוף את בית ה' ואת בית המלך. אי אפשר לומר בשבעה שכבר נאמר בעשרה ואי אפשר לומר בעשרה שכבר נאמר וכו' ואכלו ושתו וקרקרו עד ט' בו בערב (באב) הציתו סמוך לחשכה והיה דולק והולך כל היום שנא' אוי לנו כי פנה היום כי ינטו צללי ערב. א"ר יוחנן אלמלא הייתי באותו הדור לא קבעתיו אלא בעשירי מפני שרובו של היכל בעשירי נשרף. ותנא דידן תחלת פורענותא עדיפא. ובשניה דתניא ר' יוסי אומר מגלגלין זכות ליום זכאי וחובה ליום חייב. כשחרב הבית בראשונה ט' באב היה ומ"ש ומוצאי שביעית היתה ומשמרת יהויריב היתה כו'. נלכדה ביתר ונחרשה העיר גמרא. פי' שאמר הנביא לתת

תורה אור השלם

א) וַיְהִי בַּחֹדֶשׁ הָרִאשׁוֹן בַּשָּׁנָה הַשֵּׁנִית בְּאֶחָד לַחֹדֶשׁ הוּקַם הַמִּשְׁכָּן: [שמות מ, יז]

ב) וַיְהִי בַּשָּׁנָה הַשֵּׁנִית בַּחֹדֶשׁ הַשֵּׁנִי בְּעֶשְׂרִים בַּחֹדֶשׁ נַעֲלָה הֶעָנָן מֵעַל מִשְׁכַּן הָעֵדֻת: [במדבר י, יא]

ג) וַיִּסְעוּ מֵהַר יְיָ דֶּרֶךְ שְׁלֹשֶׁת יָמִים וַאֲרוֹן בְּרִית יְיָ נֹסֵעַ לִפְנֵיהֶם דֶּרֶךְ שְׁלֹשֶׁת יָמִים לָתוּר לָהֶם מְנוּחָה: [במדבר י, לג]

ד) וְהָאסַפְסֻף אֲשֶׁר בְּקִרְבּוֹ הִתְאַוּוּ תַּאֲוָה וַיָּשֻׁבוּ וַיִּבְכּוּ גַּם בְּנֵי יִשְׂרָאֵל וַיֹּאמְרוּ מִי יַאֲכִלֵנוּ בָּשָׂר: [במדבר יא, ד]

ה) עַד חֹדֶשׁ יָמִים עַד אֲשֶׁר יֵצֵא מֵאַפְּכֶם וְהָיָה לָכֶם לְזָרָא יַעַן כִּי מְאַסְתֶּם אֶת יְיָ אֲשֶׁר בְּקִרְבְּכֶם וַתִּבְכּוּ לְפָנָיו לֵאמֹר לָמָּה זֶּה יָצָאנוּ מִמִּצְרָיִם: [במדבר יא, כ] ו) וַתִּסָּגֵר מִרְיָם מִחוּץ לַמַּחֲנֶה שִׁבְעַת יָמִים וְהָעָם לֹא נָסַע עַד הֵאָסֵף מִרְיָם: [במדבר יב, טו] ז) שְׁלַח לְךָ אֲנָשִׁים וְיָתֻרוּ אֶת אֶרֶץ כְּנַעַן אֲשֶׁר אֲנִי נֹתֵן לִבְנֵי יִשְׂרָאֵל אִישׁ אֶחָד אִישׁ אֶחָד לְמַטֵּה אֲבֹתָיו תִּשְׁלָחוּ כֹּל נָשִׂיא בָהֶם: [במדבר יג, ב] ח) וַיָּשֻׁבוּ מִתּוּר הָאָרֶץ מִקֵּץ אַרְבָּעִים יוֹם: [במדבר יג, כה] ט) סִלָּה כָל אַבִּירַי אֲדֹנָי בְּקִרְבִּי קָרָא עָלַי מוֹעֵד לִשְׁבֹּר בַּחוּרָי גַּת דָּרַךְ אֲדֹנָי לִבְתוּלַת בַּת יְהוּדָה: [איכה א, טו] י) וַתִּשָּׂא כָּל הָעֵדָה וַיִּתְּנוּ אֶת קוֹלָם וַיִּבְכּוּ הָעָם בַּלַּיְלָה הַהוּא: [במדבר יד, א] כ) וּבַחֹדֶשׁ הַחֲמִישִׁי בְּשִׁבְעָה לַחֹדֶשׁ הִיא שְׁנַת תְּשַׁע עֶשְׂרֵה שָׁנָה לַמֶּלֶךְ נְבֻכַדְנֶאצַּר מֶלֶךְ בָּבֶל בָּא נְבוּזַרְאֲדָן רַב טַבָּחִים עֶבֶד מֶלֶךְ בָּבֶל יְרוּשָׁלָם: וַיִּשְׂרֹף אֶת בֵּית יְיָ וְאֶת בֵּית הַמֶּלֶךְ וְאֵת כָּל בָּתֵּי יְרוּשָׁלַם וְאֶת כָּל בֵּית גָּדוֹל שָׂרַף בָּאֵשׁ: [מלכים ב' כה, ח-ט] ל) וּבַחֹדֶשׁ הַחֲמִישִׁי בֶּעָשׂוֹר לַחֹדֶשׁ הִיא שְׁנַת תְּשַׁע עֶשְׂרֵה שָׁנָה לַמֶּלֶךְ נְבוּכַדְרֶאצַּר מֶלֶךְ בָּבֶל בָּא נְבוּזַרְאֲדָן רַב טַבָּחִים עָמַד לִפְנֵי מֶלֶךְ בָּבֶל בִּירוּשָׁלָם: [ירמיה נב, יב] מ) קַדְּשׁוּ עָלֶיהָ מִלְחָמָה קוּמוּ וְנַעֲלֶה בַצָּהֳרָיִם אוֹי לָנוּ כִּי פָנָה הַיּוֹם כִּי יִנָּטוּ צִלְלֵי עָרֶב: [ירמיה ו, ד] נ) וַיָּשֶׁב עֲלֵיהֶם אֶת אוֹנָם וּבְרָעָתָם יַצְמִיתֵם יַצְמִיתֵם יְיָ אֱלֹהֵינוּ: [תהלים צד, כג] ס) מַשָּׂא גֵּיא חִזָּיוֹן מַה לָּךְ אֵפוֹא כִּי עָלִית כֻּלָּךְ לַגַּגּוֹת: תְּשֻׁאוֹת מְלֵאָה עִיר הוֹמִיָּה קִרְיָה עַלִּיזָה חֲלָלַיִךְ לֹא חַלְלֵי חֶרֶב וְלֹא מֵתֵי מִלְחָמָה: [ישעיה כב, א-ב] ע) כִּי יוֹם מְהוּמָה וּמְבוּסָה וּמְבוּכָה לַאדֹנָי יְיָ צְבָאוֹת בְּגֵיא חִזָּיוֹן מְקַרְקַר קִר וְשׁוֹעַ אֶל הָהָר: [ישעיה כב, ה]

מסורת הש"ס

א) [סנהדרין סט: זבחים קיח: ערכין יג.], ב) [שבת קטז.], ג) פסחים עז. שבועות י., ד) סוטה לה. [סנהדרין קד:], ה) [נ"ל אותה לילה ליל וכן איתא בע"י], ו) [לפנינו בקרא נבוכדראצר], ז) נ"א של עשירי, ח) ערכין יא:, ט) [ר"ה יח:], י) גי' עין יעקב נחרשה העיר נמי גמרא. תניא כשחרש כו' ובטור סי' תקמט מעתיק נחרשה העיר שחרש טורנוסרופוס כו', כ) [כשחרש כצ"ל ועיין תי"ט], ל) רש"א, מ) [ע"ש ברש"י ל"ע ולענ"ד צ"ל כמו מקרקרן דבשחיטת חולין נג.], נ) עי' מהרש"א, ס) [כל זה איתא בערכין יא: ומשני רבא ואיתימא רב אשי איליא בעלמא כו'].

רבינו גרשום

דבערב ט"ב חזרו א"כ לא הוו בדרך אלא מ' נכי חדא וקרא אמר ארבעים: תמוז מליוה ואיכא ל' דתמוז נמצא בערב ט"ב מ' מלאים ולמחר קבעי לט"ב. קרא עלי מועד שקבעו תמוז של שלשים. וחובה ע"י חייב לפי שבט"ב היה כבר חייב ששרף בו בראשונה. כשהרס משמע נחרש: בעל החוטם כלומר עין שבהם חשוב שבהם. דבטלי קצרי. לכבס וללבוש מאי כבוד שבת איכא במאי דלבוש בחמישי אלא לאו להניח וללבוש בשבת דהיינו כבוד שבת טעמא דבחמישי לפי שהוא קרוב לשבת אבל שאר יומי אפילו להניח וקשיא לרב הונא:

הגהות מהר"י לנדא

א] גמ' כשחרב בהמ"ק בראשונה אותו היום תשעה באב היה. כצ"ל:

הגהות הב"ח

(א) גמ' אותו היום ערב. תא"מ וכ"ב ס"א אותו היום תשעה באב היה: (ב) שם חרב הבית בראשונה מנלן דכתיב ובחדש: (ג) שם דאמר ר' יוחנן אלמלי. כ"ב ע' ר"פ הקורא עומד בתוס' ד"ה אלמלא: (ד) שם כשחרב בהמ"ק בראשונה (אותו היום ערב ת"ב היה) תא"מ וכ"ב ס"א אותו היום תשעה באב היה: (ה) רש"י ד"ה אמר רבי חמא כו' וחדש של כ"ט ימים. כ"ב מפרש"י מבואר דמפרש עד חדש ימים וגו' חדש של לבנה דהיינו כ"ט י"ב תשל"ג ונמצא שלשה ימים שסרו הוו כ' וכ"א וכ"ב מאייר נשארו שבעה מאייר וכ"ב מסיון שבו כלה חדש ימים שאכלו בשר דהיינו כ"ט יום עוד ס"ל לרש"י דהמרגלים באו בסוף שמיני לאב שהרי ליל ט' בכו בכיה של חנם והוקבע לדורות אבל התוס' נחלקו עליו וס"ל דעד חדש ימים וגו' הוה חדש שלם של שלשים יום שלמים ונדחקו לפרש דיום ג' שסרו דהיינו כ"ב מאייר נחשב לכאן ולכאן דיום הג' שסרו הוא עצמו היום הראשון מהחדש שאכלו בשר ועוד נחלקו וס"ל דכ"ט דסיון שבו שלח מרגלים אינו נחשב בחשבון מ' יום דמרגלים אלא הוא נחשב מז' ימים דהסגרת מרים ולא נשאו המרגלים רגליהם אלא ביום ל' דסיון ולפי זה צריך לפרש דלא שבו המרגלים אלא בט' באב בסוף היום שאז בכו בכיה של חנם ונקבע עליהם בכיה לדורות כי לעת הערב סמוך לחשיכה הציתו בו האש ולפי זה לא גרסינן אותו היום ערב תשעה באב היה כו' אלא ה"ג אותו היום ט' באב היה: (ו) ד"ה וישב כו' איליא בעלמא הוא דנפל: (ז) תוס' ד"ה וכתיב כו' מעשרים ימים של חדש אייר וכו' הוי שלשים יום א"כ: (ח) בא"ד היה בכלל החדש פש להו כ"ב כצ"ל ותיבות שאייר חסר נמחק:

ליקוטי רש"י

שניה הקים משה את המשכן. דכתיב (שמות מ) ויהי בשנה השנית בחדש הראשון וגו' [זבחים קיח:]. דרך שלשת ימים. מהלך שלשת ימים [במדבר י, לג]. אותו היום סרו מאחרי ה'. בתוך שלשה ימים למסעם התאוו האספסוף תאוה להתרעם על הבשר כדי למרוד בהקדוש ברוך הוא [שבת קטז.]. והאספסוף. אלו ערב רב שנאספו עליהם בצאתם ממצרים [במדבר יא, ד]. קרא עלי מועד. יעידת גייסות לבא עלי ורבותינו דרשו מה שדרשו תמוז דהוא שתא מלוי' מליוה של שנה שנייה לצאתם ממצרים לכך אירע חזרתן של מרגלים ליל תשעה באב שעליה הוקבעה בכייתן לדורות [איכה א, טו]. במסכת תענית (דף כט) תמוז דההיא שתא של שנה השניה ליציאת מצרים שנשתלחו בה מרגלים בעשרים ותשעה בסיון מלויי מליוהו לתמוז לפיכך אירע בו יום חזרת מרגלים בשמונה באב ויבכו העם בלילה ההוא בתשעה באב בכו בכיה של חנם והוקבעה להם בכיה לדורות [שבועות י.]. ויום עיבור החודש קרי מועד [פסחים עז.]. לשבור בחורי. בחורבן הבית [שבועות שם]. אוי לנו. לעת פנות היום. כי פנה היום. כאשר פנה לעת ערב הציתו האור בבה"מ [ירמיה ו, ד]. מגלגלין זכות ליום זכאי. בניסן נגאלו בניסן עתידין להיגאל. ומוצאי שבת. אחד בשבת. דוכן. כמין אצטבא היה. וישב עליהם את אונם. פסוק הוא בתהלים במזמור אל נקמות ה'. והא שירה דאחד בשבת לה' הארץ ומלואה כדאמר בראש השנה (דף לא) והאי קרא במזמור אל נקמות ה' שהוא שיר של רביעי בשבת. איליא, קינה כדמתרגמינן ושא על שפים קינה וטלי על נגדין איליא (ירמיהו ז) [ערכין יא:]. משא גיא חזיון. היא ירושלים גיא שנתנבאו עליה רוב נבואות. כי עלית כולך לגגות. כשבא עליהם חיל עולים על גגותיהם לראות החיל ולהלחם ורבותינו פירשו על כהנים שעלו על גגו של היכל ומפתחות העזרה בידם כדאיתא במסכת תענית ומדרש אגדה אומר שהיו גסי הרוח במלכה רבתי [ישעיה כב, א].

congregation raised their voices and cried out, and the people wept on that night.[18] אָמַר רַבָּה אָמַר ר׳ יוֹחָנָן – **Rabbah said in the name of R' Yochanan:** אותו הַיּוֹם עֶרֶב תִּשְׁעָה בְּאָב הָיָה – **That day** of the spies' return **was the day before Tishah B'Av.**[19] אָמַר לָהֶם הַקָּדוֹשׁ בָּרוּךְ הוּא – **The Holy One, Blessed is He, said to them:** אַתֶּם בְּכִיתֶם בְּכִיָּה שֶׁל חִנָּם וַאֲנִי קוֹבֵעַ לָכֶם בְּכִיָּה לְדוֹרוֹת – **"You wept a weeping without cause;**[20] **therefore, I shall establish for you a weeping for generations** on this day."

The Gemara now discusses the second calamity listed in the Mishnah as occurring on Tishah B'Av.

חָרַב הַבַּיִת בָּרִאשׁוֹנָה – THE TEMPLE WAS DESTROYED FOR THE FIRST TIME. How is this known? דִּכְתִיב: ,,וּבַחֹדֶשׁ הַחֲמִישִׁי בְּשִׁבְעָה לַחֹדֶשׁ הִיא שְׁנַת תְּשַׁע־עֶשְׂרֵה שָׁנָה לַמֶּלֶךְ נְבֻכַדְנֶאצַּר מֶלֶךְ־בָּבֶל בָּא נְבוּזַרְאֲדָן רַב־טַבָּחִים עֶבֶד מֶלֶךְ־בָּבֶל יְרוּשָׁלָם וַיִּשְׂרֹף אֶת־בֵּית ה׳ וגו׳ ״ – **For it is written:** ***Now, in the fifth month on the seventh of the month – which was the nineteenth year of King Nebuchadnezzar, the king of Babylon – came Nebuzaradan, captain of the executioners, a servant of the king of Babylon, into Jerusalem. And he burned the House of Hashem etc.***[21] וּכְתִיב: ,,וּבַחֹדֶשׁ הַחֲמִישִׁי בֶּעָשׂוֹר לַחֹדֶשׁ הִיא שְׁנַת תְּשַׁע־עֶשְׂרֵה שָׁנָה לַמֶּלֶךְ נְבוּכַדְרֶאצַּר מֶלֶךְ־בָּבֶל בָּא נְבוּזַרְאֲדָן רַב טַבָּחִים עָמַד לִפְנֵי מֶלֶךְ־בָּבֶל בִּירוּשָׁלָם וגו׳ ״ – **And** elsewhere **it is written:** ***Now, in the fifth month on the tenth of the month – which was the nineteenth year of King Nebuchadrezzar, king of Babylon – came Nebuzaradan, captain of the executioners, who stood before the king of Babylon, into Jerusalem etc.***[22]

The Gemara cites a Baraisa that notes and reconciles the apparent discrepancy between these two accounts.

וְתַנְיָא – **And it was taught in a Baraisa:** אִי אֶפְשָׁר לוֹמַר בְּשִׁבְעָה שֶׁהֲרֵי כְּבָר נֶאֱמַר בֶּעָשׂוֹר – IT IS NOT POSSIBLE TO SAY that the Temple was destroyed on THE SEVENTH of Av, as would appear from the verse in *Kings,* BECAUSE IT IS ALREADY STATED in *Jeremiah* that the incident took place ON THE TENTH. וְאִי אֶפְשָׁר לוֹמַר בֶּעָשׂוֹר שֶׁהֲרֵי כְּבָר נֶאֱמַר בְּשִׁבְעָה – AND IT IS NOT POSSIBLE TO SAY the Temple was destroyed ON THE TENTH of Av, as would appear from the verse in *Jeremiah,* BECAUSE IT IS ALREADY STATED in *Kings* that the incident took place ON THE SEVENTH. הָא כֵּיצַד – HOW IS IT that these verses can be reconciled? בְּשִׁבְעָה נִכְנְסוּ נָכְרִים לַהֵיכָל – ON THE SEVENTH, THE HEATHENS ENTERED THE SANCTUARY, וְאָכְלוּ וְקִלְקְלוּ בּוֹ שְׁבִיעִי שְׁמִינִי – AND THEY ATE AND PERFORMED DEPRAVED ACTS THERE ON THE SEVENTH AND EIGHTH. וּתְשִׁיעִי סָמוּךְ לַחֲשֵׁכָה הֵצִיתוּ בּוֹ אֶת הָאוּר – AND ON THE NINTH, TOWARDS EVENING, THEY SET FIRE TO IT, וְהָיָה דוֹלֵק וְהוֹלֵךְ כָּל הַיּוֹם כּוּלּוֹ – AND IT CONTINUED TO BURN THE ENTIRE DAY of the tenth of Av, שֶׁנֶּאֱמַר: ,,אוֹי לָנוּ כִּי־פָנָה הַיּוֹם כִּי־יִנָּטוּ צִלְלֵי־עָרֶב״ – AS IT IS STATED: *WOE UNTO US THAT THE DAY HAS DECLINED, THAT THE SHADOWS OF EVENING ARE APPROACHING.*[23] וְהַיְינוּ דְּאָמַר רַבִּי יוֹחָנָן – **And thus did R' Yochanan say,** in light of the Baraisa's teaching that the Temple burned primarily on the tenth of Av: אִלְמָלֵי הָיִיתִי בְּאוֹתוֹ הַדּוֹר לֹא קְבַעְתִּיו אֶלָּא בָּעֲשִׂירִי – **Had I been** present **in that generation** which fixed the date for commemorating the Temple's destruction, **I would not have fixed [the commemoration]** on any day **other than the tenth** of Av, and not on the ninth, מִפְּנֵי שֶׁרוּבּוֹ שֶׁל הֵיכָל בּוֹ נִשְׂרַף – **because it was then that most of the Sanctuary was** actually **burned.**

The Gemara explains the other view:

וְרַבָּנָן – And **the Rabbis**, who nevertheless instituted the mourning for the Temple on the ninth of Av, held that אַתְחַלְתָּא דְּפוּרְעָנוּתָא עֲדִיפָא – **it is better** to fix the commemoration according to **the inception of the calamity** than according to the major unfolding of the calamity itself.

The Gemara now discusses the third calamity listed in the Mishnah as occurring on Tishah B'Av:

וּבַשְּׁנִיָּה – AND THE SECOND TIME, the Temple was also destroyed on Tishah B'Av.

מְנָלַן – **From where do we learn this?** דְּתַנְיָא – **For it was taught in a Baraisa:** מְגַלְגְּלִין זְכוּת לְיוֹם זַכַּאי וְחוֹבָה לְיוֹם חַיָּיב – GOOD THINGS ARE BROUGHT TO PASS ON AN AUSPICIOUS DAY, AND BAD THINGS ON AN OMINOUS DAY. The Baraisa now demonstrates this principle: אָמְרוּ – THEY SAID: כְּשֶׁחָרַב בֵּית הַמִּקְדָּשׁ בָּרִאשׁוֹנָה – WHEN THE TEMPLE WAS DESTROYED FOR THE FIRST TIME, אוֹתוֹ הַיּוֹם עֶרֶב תִּשְׁעָה בְּאָב הָיָה – THAT DAY WAS THE AFTERNOON OF TISHAH B'AV,[24] וּמוֹצָאֵי שַׁבָּת הָיָה – IT WAS THE DAY AFTER THE SABBATH, וּמוֹצָאֵי שְׁבִיעִית הָיְתָה – IT WAS THE YEAR AFTER *SHEVIIS.* וּמִשְׁמַרְתָּהּ שֶׁל יְהוֹיָרִיב הָיְתָה – AND IT WAS THE *MISHMAR* OF YEHOYARIV that was on duty,[25] וְהַלְוִיִּם הָיוּ אוֹמְרִים

NOTES

thirty are Rosh Chodesh; thus, the month has an additional festive day of Rosh Chodesh.] In this way, the return of the spies would fall out on the eighth day of Av and the people's faithless weeping on the night of Tishah B'Av, so that Tishah B'Av would be a time predisposed to misfortune, and the Jewish people would be crushed on that day in the massacres that accompanied the Temple's destruction (see *Rashi* to *Ein Yaakov*).

18. *Numbers* 14:1.

19. Thus, the people wept on the night of Tishah B'Av.

[Some Gemara texts read instead: אותו לַיְלָה לֵיל תִּשְׁעָה בְּאָב הָיָה, *that night* [of weeping] *was the night of Tishah B'Av* (see *Mesoras HaShas; Ein Yaakov*).]

20. For, in truth, there was no reason for them to weep, since God had already promised that He would give them the Land. They should have disregarded the discouraging report of the spies and had faith that God would keep his promise.

Thus, we see that the decree that the Generation of the Wilderness would not enter Eretz Yisrael was issued on Tishah B'Av.

21. *II Kings* 25:8-9, regarding the destruction of the First Temple. This verse would suggest that the Temple was burned on the seventh of Av.

22. This is a complete citation of *Jeremiah* 52:12. The next verse continues: *And he burned the House of* HASHEM. . . This account suggests that the Temple was burned on the tenth of Av.

23. *Jeremiah* 6:4. This verse, which foretells the destruction of Jerusalem, is understood here to refer to the torching of the Temple towards evening that would occur on Tishah B'Av.

Thus, the Baraisa explains that the verse in *Kings* provides the date of Nebuzaradan's initial entry into the Temple (Av 7), whereas the verse in *Jeremiah* provides the date of the actual burning of the Temple (Av 10).

24. Though the expression עֶרֶב תִּשְׁעָה בְּאָב usually means the *day preceding Tishah B'Av,* in this case it must be translated as *the afternoon of Tishah B'Av* (*Maharsha*). Other texts altogether omit the word עֶרֶב (*Bach;* see *Tosefta* 3:9).

25. As explained on 15b, the Kohanim were divided into twenty-four groups [called *mishmaros*; sing.: *mishmar*] that served in the Temple on

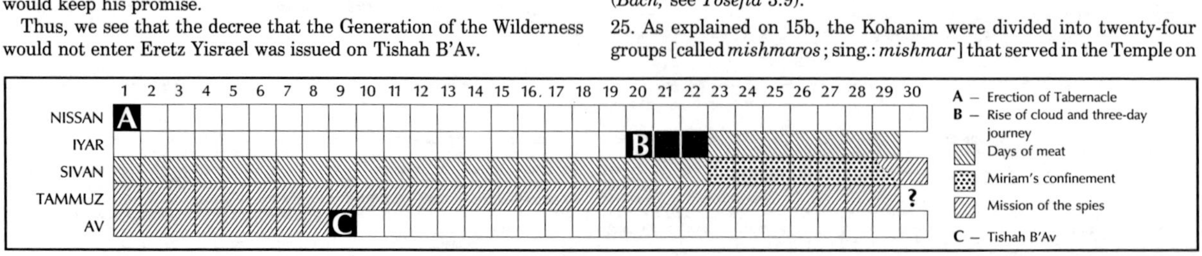

מסורת הש"ס

א) [סנהדרין סט: זבחים קיח: ערכין יג.], ב) [שבת קטז.], ג) פסחים עז. שבועות י., ד) סוטה לה. [סנהדרין קד:], ה) [נ"ל אותה לילה ליל וכן איתא בע"י], ו) [לפנינו בקרא נבוכדראצר], ז) כ"א של עשירי, ח) ערכין יא:, ט) [ר"ה יח:], י) גי' עין יעקב נחרשה העיר נמי גמרא. תניא כשחרש כו' ובטור סי' תקמט מעתיק נחרשה העיר שחרש טורנוסרופוס כו', כ) [כשחרש כצ"ל ועיין תי"ט], ל) רש"א, מ) [ע"ש ברש"י נ"ע ולענ"ד נ"ל כמו מקרקרן דבשחיטת חולין נג.], נ) עי' מהרש"א, ס) [כל זה איתא בערכין יא: ומשני רבא ואיתימא רב אשי איליא בעלמא כו'].

גמרא

אנת צבית לחרובי ביתא ידך אשלימת ליה בתשעה באב נגזר על אבותינו שלא יכנסו לארץ מנלן דכתיב א) ויהי בחדש הראשון בשנה השנית באחד לחדש הוקם המשכן ואמר מר א) שנה ראשונה עשה משה את המשכן שניה הקים משה את המשכן ושלח מרגלים וכתיב ב) ויהי בשנה השנית בחדש השני בעשרים בחדש נעלה הענן מעל משכן העדות וכתיב ג) ויסעו מהר ה' דרך שלשת ימים אמר רבי חמא בר חנינא ב) אותו היום סרו מאחרי ה' וכתיב ד) והאספסוף אשר בקרבו התאוו תאוה וישובו ויבכו גם בני ישראל וגו' וכתיב ה) עד חדש ימים וגו' דהוו להו עשרין ותרתין בסיון וכתיב ו) ותסגר מרים שבעת ימים דהוו להו עשרין ותשעה בסיון וכתיב ז) שלח לך אנשים ותניא בעשרים ותשעה בסיון שלח משה מרגלים וכתיב ח) וישובו מתור הארץ מקץ ארבעים יום הני ארבעים יום נכי חד הוו אמר אביי ג) תמוז דההיא שתא מלויי מליוה דכתיב ט) קרא עלי מועד לשבור בחורי וכתיב י) ותשא כל העדה ויתנו את קולם ויבכו העם בלילה ההוא ד) אמר רבה אמר ר' יוחנן (א) (ה) אותו היום ערב) תשעה באב היה אמר להם הקב"ה אתם בכיתם בכיה של חנם ואני קובע לכם בכיה לדורות חרב הבית בראשונה (ב) דכתיב כ) ובחדש החמישי בשבעה לחדש היא שנת תשע עשרה [שנה] למלך נבוכדנצר מלך בבל בא נבוזראדן רב טבחים עבד מלך בבל ירושלם וישרוף את בית ה' וגו' וכתיב ל) ובחדש החמישי בעשור לחדש היא שנת תשע עשרה [שנה] למלך ו) נבוכדנצר מלך בבל בא נבוזראדן רב טבחים עמד לפני מלך בבל בירושלם וגו' ותניא אי אפשר לומר בשבעה שהרי כבר נאמר בעשור ואי אפשר לומר בעשור שהרי כבר נאמר בשבעה הא כיצד בשבעה נכנסו נכרים להיכל ואכלו וקלקלו בו שביעי שמיני א ותשיעי סמוך לחשכה הציתו בו את האור והיה דולק והולך כל היום כולו ז) שנאמר מ) אוי לנו כי פנה היום כי ינטו צללי ערב והיינו דאמר רבי יוחנן (ג) אלמלי הייתי באותו הדור לא קבעתיו אלא בעשירי מפני שרובו של היכל בו נשרף ורבנן אתחלתא דפורענותא עדיפא ובשניה מנלן דתניא ח) מגלגלין זכות ליום זכאי וחובה ליום חייב אמרו א) כשחרב בית המקדש בראשונה (ד) אותו היום ערב תשעה באב היה ומוצאי שבת היה ומוצאי שביעית היתה ומשמרתה של יהויריב היתה והלוים היו אומרי' שירה ועומדין על דוכנם ומה שירה היו אומרים נ) וישב עליהם את אונם וברעתם יצמיתם ולא הספיקו לומר יצמיתם ה' אלהינו עד שבאו נכרים וכבשום ט) וכן בשניה נלכדה ביתר גמרא י) נחרשה העיר תניא כ) כשחרב טורנוסרופוס הרשע את ההיכל נגזרה גזרה על רבן גמליאל להריגה בא אדון אחד ועמד בבית המדרש ואמר בעל החוטם מתבקש בעל החוטם מתבקש שמע רבן גמליאל אזל טשא מינייהו אזל לגביה בצנעא א"ל אי מצילנא לך מייתית לי לעלמא דאתי א"ל הן א"ל אשתבע לי אשתבע ליה סליק לאיגרא נפיל ומית וגמירי דכי גזרי גזירתא ומית חד מינייהו מבטלי לגזרתייהו יצתה בת קול ואמרה אדון זה מזומן לחיי העולם הבא תנו רבנן משחרב הבית בראשונה נתקבצו כיתות כיתות של פרחי כהונה ומפתחות ההיכל בידן ועלו לגג ההיכל ואמרו לפניו רבונו של עולם הואיל ולא זכינו להיות גזברין נאמנים יהיו מפתחות מסורות לך וזרקום כלפי מעלה ויצתה כעין פיסת יד וקיבלתן מהם והם קפצו ונפלו לתוך האור ועליהן קונן ישעיהו הנביא ס) משא גיא חזיון מה לך איפוא כי עלית כולך לגגות תשואות מלאה עיר הומיה קריה עליזה חלליך לא חללי חרב ולא מתי מלחמה אף בהקב"ה נאמר ע) מקרקר קיר ושוע אל ההר: משנכנס אב ממעטין בשמחה כו': אמר רב יהודה בריה דרב שמואל בר שילת משמיה דרב כשם שמשנכנס אב ממעטין בשמחה כך משנכנס אדר מרבין בשמחה

אמר

רש"י

אנת צבית לאחרובי ביתיה וידך אשלימת ליה. הגלס אומר לחבירו אתה רצית להחריב ביתו של מקום שהטית ישראל אחריך ואני עשיתי בך נקמה ושילמתי לך ידי ל"א אנת צבית לאחרובי ביתא וידך ס) [אושלית] לי לשון שאילת ס) [כליס] כלומר ועלה בידי: ואמר רבי חמא בר חנינא אותו היום וכו'. מהר לשון מהר עכשיו כשתטול י"ט ימים מחדש אייר קודם עליית הענן פשו להו י' והנהו י' היו בין דרך שלשת ימים וז' דהסגרת מרים וחדש (ה) של כ"ט ימים שאכלו בשר הוה ל"ט והשתא אשתכח דמשה שלח מרגלים בכ"ט דסיון: הני ארבעים נכי חד. ב' מסיון וכ"ט מתמוז הוה ל"א וח' מאב הוה ל"ט: וחובה על ידי חייב. היינו תשעה באב דרגילין להיות בו רעות: ה"ג מגלגלין זכות ע"י זכאי: מוצאי שבת. יום ראשון: מוצאי שביעית. שמינית: דוכן. מקום עשוי כעין איצטבא ועליו לוים עומדין לשורר: וישב עליהם את אונם וברעתם יצמיתם ה' אלהינו. במזמור אל נקמות ה' והוא שיר של יום רביעי והאי דאמרי ליה ביום ראשון איליא בעלמא (ו) הוה דנפל בפומייהו כדאמרינן בערכין (דף יב.) פי' איליא קינה שכן תרגום יונתן בן עוזיאל שא קינה (יחזקאל כח) טול אילייא וכמו אלי כבתולה חגורת שק על בעל נעוריה (יואל א) שפירושו קונני ובכי: נחרשה העיר. כדכתיב (מיכה ג) ציון שדה תחרש שנחרשה כולה ונעשית כשדה חרושה: בעל החוטם. בעל קומה וצורה ל"א גדול הדור: מתבקש. ליהרג ברמז אמר ליה שלא יכירו בו אנשי המלך: טשא. נחבא כמו טשו במערתא (שבת דף לג:): אזל. האדון אצל רבן גמליאל בצנעא: ומית חד מינייהו. מן היועצין וכסבורין שאירע להן על שהרעו לגזור: גיא חזיון. ירושלים שהכל מסתכלין שם: מקרקר. לשון יללה: קיר ושוע. מקונן וזועק לשון הנה קול שועת בת עמי (ירמיה ח) קיר כמו קירי דבשחיטת חולין (דף מ) קלט:): אל ההר. בשביל הר ציון ששמם: משנכנס אדר. ימי נסים היו לישראל פורים ופסח:

ניזיל

תוספות

(ז) דכתיב עד חדש ימים הוו להו כ"ב בסיון. פי' חשוב מעשרים ימים של ר"ח אייר עד סופו תמצא ט' ימים נמצא בכ' בסיון כ"ט ועד חדש ימים הוי שלשים ימים אם כן לפי זה תמצא מעשרים ושנים לחדש השני דזה אייר חדש שלם עד כ"ב דסיון וג' ימים שנסעו מהר ה' הרי ל"ג דל מינייהו ב' ימים דבעשרים בחדש נעלה הענן ואייתר להו שני ימים פשו כ"ג דל יומא מן שלשה שהאחד מן הג' ימים היה בכלל החדש (ח) שאייר חסר פש להו כ"ב י):

אמר אביי תמוז דההיא שתא מלויי מליוה. ועשו אותו משלשים ימים כדי שיכלו המ' ימים בתשעה באב שלשים יום דתמוז ואחד דסיון דבכ"ט שלח המרגלים ותשעה באב הרי ארבעים ימים וביום תשעה באב שבו המרגלים מתור הארץ: וישב עליהם את אונם וברעתם יצמיתם ולא הספיקו לומר יצמיתם ה' אלהינו עד שבאו האויבים וכו'. פי' באותו פסוק יש ב' פעמים יצמיתם ולא הספיקו לומר השני עד שבאו וכבשום ואומר ר"י פ) אע"ג דאין אותו פסוק כלל במזמור שיר של מוצ"ש אירע להם כך שאמרו אותו פסוק ובירושל' מפרש איליא נקט פירוש איליא הוי כמו אלי כבתולה דהוי לשון קינה כמו שקורין העולם ריאוני"א בלע"ז:

עין משפט נר מצוה

כו א טוש"ע א"ח סימן תקנא:

רבינו חננאל

וה' דברים אירעו את אבותינו בט' באב נגזר על אבותינו שלא יכנסו לארץ מנא לן. דתניא בכ"ט בסיון שלח המרגלים הנה שני ימים הנותרים מסיון ול' יום של תמוז שאותה שנה תמוז מלא היה. כדכתיב קרא עלי מועד לשבור בחורי הרי ל"ב וח' ימים באב הרי מ' יום שלמים. נמצאו שהגיעו ט' באב. אמר רבא אותו היום ט' באב היה והיו ישראל יושבים ובוכים. אמר הקב"ה אתם בכיתם בכיה של חנם אני אקבע לכם בכיה לדורות. חרב הבית בראשונה שנאמר בחדש החמישי בעשור לחדש בא נבוזראדן וגו' וכתיב קרא אחרי' וישרוף את בית ה' ואת בית המלך וכתיב קרא אחרינא בחדש החמישי בשבעה לחדש היא שנת תשע עשרה בא נבוזראדן רב טבחים עבד מלך בבל וישרוף את בית ה' ואת בית המלך. אי אפשר לומר בשבעה שכבר נאמר בעשרה ואי אפשר לומר בעשרה שכבר נאמר וכו' ואכלו ושתו וקרקרו עד ט' בו בערב (באב) הציתו סמוך לחשכה והיה דולק והולך כל היום שנא' אוי לנו כי פנה היום כי ינטו צללי ערב. א"ר יוחנן אלמלא הייתי באותו הדור לא קבעתיו אלא בעשירי מפני שרובו של היכל בעשירי נשרף. ותנא דידן תחלת פורענותא עדיפא. ובשניה דתניא ר' יוסי אומר מגלגלין זכות ליום זכאי וחובה ליום חייב. כשחרב הבית בראשונה ט' באב היה ומ"ש ומוצאי שביעית היתה ומשמרת יהויריב היתה כו'. נלכדה ביתר ונחרשה העיר גמרא. פי' שאמר הנביא לתת

תורה אור השלם

א) וַיְהִי בַּחֹדֶשׁ הָרִאשׁוֹן בַּשָּׁנָה הַשֵּׁנִית בְּאֶחָד לַחֹדֶשׁ הוּקַם הַמִּשְׁכָּן: [שמות מ, יז]

ב) וַיְהִי בַּשָּׁנָה הַשֵּׁנִית בַּחֹדֶשׁ הַשֵּׁנִי בְּעֶשְׂרִים בַּחֹדֶשׁ נַעֲלָה הֶעָנָן מֵעַל מִשְׁכַּן הָעֵדֻת: [במדבר י, יא]

ג) וַיִּסְעוּ מֵהַר יְיָ דֶּרֶךְ שְׁלֹשֶׁת יָמִים וַאֲרוֹן בְּרִית יְיָ נֹסֵעַ לִפְנֵיהֶם דֶּרֶךְ שְׁלֹשֶׁת יָמִים לָתוּר לָהֶם מְנוּחָה: [במדבר י, לג]

ד) וְהָאסַפְסֻף אֲשֶׁר בְּקִרְבּוֹ הִתְאַוּוּ תַּאֲוָה וַיָּשֻׁבוּ וַיִּבְכּוּ גַּם בְּנֵי יִשְׂרָאֵל וַיֹּאמְרוּ מִי יַאֲכִלֵנוּ בָּשָׂר: [במדבר יא, ד]

ה) עַד חֹדֶשׁ יָמִים עַד אֲשֶׁר יֵצֵא מֵאַפְּכֶם וְהָיָה לָכֶם לְזָרָא יַעַן כִּי מְאַסְתֶּם אֶת יְיָ אֲשֶׁר בְּקִרְבְּכֶם וַתִּבְכּוּ לְפָנָיו לֵאמֹר לָמָּה זֶּה יָצָאנוּ מִמִּצְרָיִם: [במדבר יא, כ]

ו) וַתִּסָּגֵר מִרְיָם מִחוּץ לַמַּחֲנֶה שִׁבְעַת יָמִים וְהָעָם לֹא נָסַע עַד הֵאָסֵף מִרְיָם: [במדבר יב, טו]

ז) שְׁלַח לְךָ אֲנָשִׁים וְיָתֻרוּ אֶת אֶרֶץ כְּנַעַן אֲשֶׁר אֲנִי נֹתֵן לִבְנֵי יִשְׂרָאֵל אִישׁ אֶחָד אִישׁ אֶחָד לְמַטֵּה אֲבֹתָיו תִּשְׁלָחוּ כֹּל נָשִׂיא בָהֶם: [במדבר יג, ב]

ח) וַיָּשֻׁבוּ מִתּוּר הָאָרֶץ מִקֵּץ אַרְבָּעִים יוֹם: [במדבר יג, כה]

ט) סִלָּה כָל אַבִּירַי אֲדֹנָי בְּקִרְבִּי קָרָא עָלַי מוֹעֵד לִשְׁבֹּר בַּחוּרָי גַּת דָּרַךְ אֲדֹנָי לִבְתוּלַת בַּת יְהוּדָה: [איכה א, טו]

י) וַתִּשָּׂא כָּל הָעֵדָה וַיִּתְּנוּ אֶת קוֹלָם וַיִּבְכּוּ הָעָם בַּלַּיְלָה הַהוּא: [במדבר יד, א]

כ) וּבַחֹדֶשׁ הַחֲמִישִׁי בְּשִׁבְעָה לַחֹדֶשׁ הִיא שְׁנַת תְּשַׁע עֶשְׂרֵה שָׁנָה לַמֶּלֶךְ נְבֻכַדְנֶאצַּר מֶלֶךְ בָּבֶל בָּא נְבוּזַרְאֲדָן רַב טַבָּחִים עֶבֶד מֶלֶךְ בָּבֶל יְרוּשָׁלָם: וַיִּשְׂרֹף אֶת בֵּית יְיָ וְאֶת בֵּית הַמֶּלֶךְ וְאֵת כָּל בָּתֵּי יְרוּשָׁלַם וְאֶת כָּל בֵּית גָּדוֹל שָׂרַף בָּאֵשׁ: [מלכים ב' כה, ח-ט]

ל) וּבַחֹדֶשׁ הַחֲמִישִׁי בֶּעָשׂוֹר לַחֹדֶשׁ הִיא שְׁנַת תְּשַׁע עֶשְׂרֵה שָׁנָה לַמֶּלֶךְ נְבוּכַדְרֶאצַּר מֶלֶךְ בָּבֶל בָּא נְבוּזַרְאֲדָן רַב טַבָּחִים עָמַד לִפְנֵי מֶלֶךְ בָּבֶל בִּירוּשָׁלָם: [ירמיה נב, יב]

מ) קַדְּשׁוּ עָלֶיהָ מִלְחָמָה קוּמוּ וְנַעֲלֶה בַצָּהֳרָיִם אוֹי לָנוּ כִּי פָנָה הַיּוֹם כִּי יִנָּטוּ צִלְלֵי עָרֶב: [ירמיה ו, ד]

נ) וַיָּשֶׁב עֲלֵיהֶם אֶת אוֹנָם וּבְרָעָתָם יַצְמִיתֵם יַצְמִיתֵם יְיָ אֱלֹהֵינוּ: [תהלים צד, כג]

ס) מַשָּׂא גֵּיא חִזָּיוֹן מַה לָּךְ אֵפוֹא כִּי עָלִית כֻּלָּךְ לַגַּגּוֹת: תְּשֻׁאוֹת מְלֵאָה עִיר הוֹמִיָּה קִרְיָה עַלִּיזָה חֲלָלַיִךְ לֹא חַלְלֵי חֶרֶב וְלֹא מֵתֵי מִלְחָמָה: [ישעיה כב, א-ב]

ע) כִּי יוֹם מְהוּמָה וּמְבוּסָה וּמְבוּכָה לַאדֹנָי יְיָ צְבָאוֹת בְּגֵיא חִזָּיוֹן מְקַרְקַר קִר וְשׁוֹעַ אֶל הָהָר: [ישעיה כב, ה]

רבינו גרשום

דבערב ט"ב חזרו א"כ לא הוו בדרך אלא מ' נכי חדא וקרא אמר ארבעים: תמוז מליוה ואיכא ל' דתמוז נמצא בערב ט"ב מ' מלאים ולמחר קבעי לט"ב. קרא עלי מועד שקבעו תמוז של שלשים. וחובה ע"י חייב לפי שבט"ב היה כבר חייב ששרף בו בראשונה. כשהרס משמע נחרש: בעל החוטם כלומר עין שבהם חשוב שבהם. דבטלי קצרי. לכבס וללבוש מאי כבוד שבת איכא במאי דלבוש בחמישי אלא לאו להניח וללבוש בשבת דהיינו כבוד שבת טעמא דבחמישי לפי שהוא קרוב לשבת אבל שאר יומי אפילו להניח וקשיא לרב הונא:

הגהות מהר"י לנדא

א] גמ' כשחרב בהמ"ק בראשונה אותו היום תשעה באב היה. כצ"ל:

הגהות הב"ח

(א) גמ' אותו היום ערב. תא"מ ונ"ב ס"א אותו היום תשעה באב היה: (ב) שם חרב הבית בראשונה מנלן דכתיב ובחדש: (ג) שם דאמר ר' יוחנן אלמלי. נ"ב ע' ר"פ הקורא עומד בתוס' ד"ה אלמלא: (ד) שם כשחרב בהמ"ק בראשונה (אותו היום ערב ט"ב היה) תא"מ ונ"ב ס"א אותו היום תשעה באב היה: (ה) רש"י ד"ה אמר רבי חמא כו' וחדש של כ"ט ימים. נ"ב מפרש"י מבואר דמפרש עד חדש ימים וגו' חדש של לבנה דהיינו כ"ט י"ב תשל"ג ונמצא שלשה ימים שסרו הוו כ' וכ"א וכ"ב מאייר נשארו שבעה מאייר וכ"ב מסיון שבו כלה חדש ימים שאכלו בשר דהיינו כ"ט יום עוד ס"ל לרש"י דהמרגלים באו בסוף שמיני לאב שהרי ליל ט' בכו בכיה של חנם והוקבע לדורות אבל התוס' נחלקו עליו וס"ל דעד חדש ימים וגו' הוה חדש שלם של שלשים יום שלמים ודחקו לפרש דיום ג' שסרו דהיינו כ"ב מאייר נחשב לכאן ולכאן דיום הג' שסרו הוא עצמו היום הראשון מהחדש שאכלו בשר ועוד נחלקו וס"ל דכ"ט דסיון שבו שלח מרגלים אינו נחשב בחשבון מ' יום דמרגלים אלא הוא נחשב מז' ימים דהסגרת מרים ולא נשאו המרגלים רגליהם אלא ביום ל' דסיון ולפי זה צריך לפרש דלא שבו המרגלים אלא בט' באב בסוף היום שאז בכו בכיה של חנם ונקבע עליהם בכיה לדורות כי לעת הערב סמוך לחשיכה הליתו בו האש ולפי זה לא גרסינן אותו היום ערב תשעה באב היה כו' אלא ה"ג אותו היום ט' באב היה: (ו) ד"ה וישב כו' איליא בעלמא הוא דנפל: (ז) תוס' ד"ה וכתיב כו' מעשרים ימים של חדש אייר וכו' הוי שלשים יום א"כ: (ח) בא"ד היה בכלל החדש פש להו כ"ב כצ"ל ותיבות שאייר חסר נמחק:

ליקוטי רש"י

שניה הקים משה את המשכן. דכתיב (שמות מ) ויהי בשנה השנית בחדש הראשון וגו' [זבחים קיח:]. דרך שלשת ימים. מהלך שלשת ימים [במדבר י, לג]. אותו היום סרו מאחרי ה'. בתוך שלשה ימים למסעם התאוו האספסוף תאוה להתרעם על הבשר כדי למרוד בהקדוש ברוך הוא [שבת קטז.]. והאספסוף. אלו ערב רב שנאספו עליהם כשיצאו ממצרים [במדבר יא, ד]. קרא עלי מועד. יעידת גייסות לבא עלי ורבותינו דרשו מה שדרשו תמוז דהשוא שנה מלוי' מליוה של שנה שנייה כשיצאו ממצרים לכך אירע חורבן של מרגלים ליל תשעה באב שעליה הוקבעה בכיתן לדורות [איכה א, טו]. במסכת תענית (דף כט) תמוז דהשיא שנה של שנה השנייה ליציאת מצרים שנשתלחו בה מרגלים בעשרים ותשעה בסיון מלוי' מליוהו לתמוז לפיכך אירע בו יום חזרת מרגלים בשמונה בשא"ב ויבכו העם בלילה ההוא בתשעה באב בכו בכיה של חנם והוקבעה להם בכיה לדורות [שבועות י.]. ויום עיבור החודש קרי מועד [פסחים עז.]. לשבור בחורי. במורכן הבית [שבועות שם]. אוי לנו. לעת פנות היום. כי פנה היום. כאשר פנה לעת ערב הציתו האור בבה"מ [ירמיה ו, ד]. מגלגלין זכות ליום זכאי. בניסן נגאלו בניסן עתידין להיגאל. ומוצאי שבת. אחד בשבת. דוכן. כמין אצטבא היה. וישב עליהם את אונם. פסוק הוא בתהלים במזמור אל נקמות ה'. והא שירה דאחד בשבת לה' הארץ ומלואה כדאמר בראש השנה (דף לא) והאי קרא במזמור אל נקמות ה' שהוא שיר של רביעי בשבת. איליא, קינה כדמתרגמינן ושא על שפים קינה וטול על נגדין אילייא (ירמיהו ז) [ערכין יא:]. משא גיא חזיון. היא ירושלים גיא שנתנבאו עליה רוב נבואות. כי עלית כולך לגגות. כשבא עליהם חיל עולים על גגותיהם לראות החיל ולהלחם ורבותינו פירשו על כהנים שעלו על גגו של היכל ומפתחות העזרה בידם כדאיתא במסכת תענית ומדרש אגדה אומר שהיו גסי הרוח באיכה רבתי [ישעיה כב, א].

שִׁירָה וְעוֹמְדִין עַל דּוּכָנָם – **AND THE LEVIIM WERE CHANTING THE SONG WHILE STANDING ON THEIR PLATFORM** specially made for this purpose, as they ordinarily did to accompany the sacrificial service. וּמַה שִּׁירָה הָיוּ אוֹמְרִים – **AND WHAT SONG WERE THEY CHANTING** at that time? ,,וַיָּשֶׁב עֲלֵיהֶם אֶת־אוֹנָם וּבְרָעָתָם יַצְמִיתֵם'' – ***AND HE*** [God] ***TURNED UPON THEM THEIR OWN VIOLENCE AND WITH THEIR OWN EVIL HE WILL CUT THEM OFF***[26] וְלֹא הִסְפִּיקוּ לוֹמַר ,,יַצְמִיתֵם ה' אֱלֹהֵינוּ'' – **AND THEY DID NOT HAVE TIME TO SAY** the verse's concluding words: ***HASHEM, OUR GOD, WILL CUT THEM OFF,***[27] עַד שֶׁבָּאוּ נָכְרִים וּכְבָשׁוּם – **BEFORE THE HEATHENS CAME AND CONQUERED THEM.** וְכֵן בַּשְּׁנִיָּה – **AND THE SAME** thing happened **THE SECOND TIME** that the Temple was destroyed.[28]

The fourth calamity listed in the Mishnah as occurring on Tishah B'Av:

נִלְכְּדָה בֵּיתָר – **BETHAR WAS CONQUERED.** How is the date of this calamity known? גְּמָרָא – **It is** purely **a tradition** that Tishah B'Av was the date of Bethar's conquest.

The fifth calamity listed in the Mishnah as occurring on Tishah B'Av:

נֶחֶרְשָׁה הָעִיר – **THE CITY** of Jerusalem **WAS PLOWED UNDER.**[29]

The Gemara cites a Baraisa:

תַּנְיָא – **It was taught in a Baraisa:** (כשחרב) [כְּשֶׁחָרַשׁ] טוּרְנוּסְרוּפוּס הָרָשָׁע אֶת הַהֵיכָל – **WHEN TURANUS RUFUS PLOWED UNDER** the ruins of **THE SANCTUARY** נִגְזְרָה גְּזֵרָה עַל רַבָּן גַּמְלִיאֵל לַהֲרִיגָה – **IT WAS DECREED** by the Roman government **UPON RABBAN GAMLIEL TO BE PUT TO DEATH.** בָּא אוֹתוֹ אָדוֹן אֶחָד וְעָמַד בְּבֵית הַמִּדְרָשׁ וְאָמַר – **A CERTAIN** Roman **OFFICIAL CAME AND STOOD IN THE STUDY HALL AND ANNOUNCED:** בַּעַל הַחוֹטֶם מִתְבַּקֵּשׁ בַּעַל הַחוֹטֶם מִתְבַּקֵּשׁ – **THE ONE WITH THE PROMINENT NOSE IS WANTED, THE ONE WITH A PROMINENT NOSE IS WANTED,** for execution.[30] שָׁמַע רַבָּן גַּמְלִיאֵל אָזַל טָשָׁא מִינַּיְיהוּ – **RABBAN GAMLIEL UNDERSTOOD AND WENT AND HID FROM [THE ROMANS].** אָזַל לְגַבֵּיהּ בְּצִינְעָא – **[THE ROMAN OFFICIAL] WENT SECRETLY TO [RABBAN GAMLIEL]** אֲמַר לֵיהּ אִי מַצִּילְנָא לָךְ מַיְיתִית לִי לְעָלְמָא דְּאָתֵי – **AND SAID TO HIM: "IF I SAVE YOU** from being executed, **WILL YOU BRING ME TO THE WORLD TO COME?"** אֲמַר לֵיהּ הֵן – **[RABBAN GAMLIEL] ANSWERED HIM: "YES."** אֲמַר לֵיהּ אִשְׁתַּבַּע לִי – **[THE OFFICIAL] SAID TO HIM: "SWEAR** it **TO ME."** אִשְׁתַּבַּע לֵיהּ – **[RABBAN GAMLIEL] SWORE** it **TO HIM.** סָלִיק לְאִגְּרָא נָפִיל וּמִית – **[THE OFFICIAL]** thereupon **WENT UP TO THE ROOF AND FELL OFF AND DIED,** in order to save Rabban Gamliel, וּגְמִירֵי דְּכִי גָּזְרֵי גְּזֵירְתָּא וּמִית חַד מִינַּיְיהוּ מְבַטְּלֵי לִגְזֵרַתַּיְיהוּ – **SINCE THERE WAS A TRADITION** among the Romans **THAT IF A DECREE IS ISSUED AND ONE OF [THE COUNCIL MEMBERS] DIES, THEY ANNUL THEIR DECREE.**[31] יָצְתָה בַּת קוֹל וְאָמְרָה – **A HEAVENLY VOICE CAME FORTH AND DECLARED:** אָדוֹן זֶה מְזוּמָּן לְחַיֵּי הָעוֹלָם הַבָּא – **"THIS OFFICIAL IS PREPARED FOR THE LIFE OF THE WORLD TO COME."**

תָּנוּ רַבָּנָן – **The Rabbis taught in a** different **Baraisa:** מִשֶּׁחָרַב הַבַּיִת בָּרִאשׁוֹנָה – **WHEN THE TEMPLE WAS DESTROYED THE FIRST TIME,** נִתְקַבְּצוּ כִּיתּוֹת כִּיתּוֹת שֶׁל פִּרְחֵי כְהוּנָּה וּמַפְתְּחוֹת הַהֵיכָל בְּיָדָן – **GROUPS UPON GROUPS OF YOUNG KOHANIM ASSEMBLED WITH THE KEYS TO THE SANCTUARY IN THEIR HANDS,** וְעָלוּ לְגַג הַהֵיכָל – **AND THEY WENT UP TO THE ROOF OF THE SANCTUARY,** וְאָמְרוּ לְפָנָיו רִבּוֹנוֹ שֶׁל עוֹלָם – **AND THEY SAID BEFORE HIM** [God]: **"MASTER OF THE UNIVERSE!** הוֹאִיל וְלֹא זָכִינוּ לִהְיוֹת גִּזְבָּרִין נֶאֱמָנִים – **SINCE WE WERE NOT PRIVILEGED TO BE TRUSTED CARETAKERS** of the Temple, יְהִיוּ מַפְתְּחוֹת מְסוּרוֹת לָךְ – **LET THE KEYS BE HANDED OVER TO YOU."** וּזְרָקוּם כְּלַפֵּי מַעְלָה – **AND THEY THREW [THE KEYS] TOWARDS HEAVEN** וְיָצְתָה כְּעֵין פִּיסַּת יָד – **AND SOMETHING LIKE THE PALM OF A HAND EMERGED** from heaven וְקִיבְּלָתַן מֵהֶם – **AND RECEIVED [THE KEYS] FROM THEM.** וְהֵם קָפְצוּ וְנָפְלוּ לְתוֹךְ הָאוּר – **AND [THE KOHANIM]** then **JUMPED AND FELL INTO THE FLAMES** that were consuming the Temple. וַעֲלֵיהֶן קוֹנֵן יְשַׁעְיָהוּ הַנָּבִיא – **AND CONCERNING THEM, ISAIAH THE PROPHET LAMENTS** when he says: ,,מַשָּׂא גֵּיא חִזָּיוֹן מַה־לָּךְ אֵפוֹא כִּי־עָלִית כֻּלָּךְ לַגַּגּוֹת תְּשֻׁאוֹת מְלֵאָה עִיר הוֹמִיָּה קִרְיָה עַלִּיזָה חֲלָלַיִךְ לֹא חַלְלֵי־חֶרֶב וְלֹא מֵתֵי מִלְחָמָה'' – ***A PROPHECY ABOUT THE VALLEY OF VISION*** [i.e. Jerusalem]: ***WHAT HAS HAPPENED TO YOU NOW THAT YOU HAVE ALL ASCENDED TO THE ROOFTOPS? [FORMERLY] FILLED WITH COMMOTION, A JOYOUS CITY, YOUR SLAIN ARE NOT VICTIMS OF THE SWORD NOR CASUALTIES OF WAR.***[32] אַף בְּהַקָּדוֹשׁ בָּרוּךְ הוּא נֶאֱמַר – **IT IS ALSO STATED** several verses later **IN REGARD TO THE HOLY ONE, BLESSED IS HE,** that – so to speak – ,,מְקַרְקַר קִר וְשׁוֹעַ אֶל־הָהָר'' – ***HE WAILS AND LAMENTS CONCERNING THE MOUNTAIN*** of Zion[33]

NOTES

a rotating basis. The Baraisa records that at the time of the First Destruction, the *mishmar* on duty was that of Yehoyariv.

26. *Psalms* 94:23. Although this psalm was chanted as the song for Wednesday's service, not Sunday's [see *Tamid* 7:4], Providence caused this portentous verse [as if to say: the sins of the Jews caused God to punish them severely] to issue forth from their mouths at this particular time (*Rashi* from *Arachin* 12a).

27. The words *will cut them off* are repeated in the verse.

28. The Baraisa states several features of the First Destruction, and concludes that the same happened at the Second Destruction. This certainly means that the Second Destruction, too, occurred on Tishah B'Av. It does not, however, mean that the *mishmar* of Yehoyariv was on duty, since there was no such *mishmar* during the Second Temple. There is a question in the Gemara whether the Baraisa means that the Second Destruction, too, occurred in the year after *Sheviis* (see *Arachin* 12b-13a at length).

Thus, the Gemara here shows from this Baraisa that Tishah B'Av was the date of the Second Destruction.

Certainly, the Sages of the Mishnah clearly knew the date of the Second Temple's destruction [which occurred in the Mishnaic period] (*Meiri*). [But the Gemara observes that it could not have been otherwise, since misfortune is brought about in an ominous time.]

29. This fulfilled Micah's prophecy (*Micah* 3:12): *Zion will be plowed under like a field* (*Rashi*; *Rambam, Hil. Taaniyos* 5:3). Tradition tells us that this took place on Tishah B'Av (*R' Chananel, Meiri*). [In *Ein Yaakov* (cited in *Mesoras HaShas*) the Gemara text explicitly states: נֶחֶרְשָׁה הָעִיר נַמִּי גְּמָרָא, *That the city was plowed under* [on Tishah B'Av] *is also a tradition.*

30. The official was making a veiled reference to Rabban Gamliel, to warn him of the outstanding warrant for his arrest and execution. He could not warn Rabban Gamliel openly, for fear of the imperial agents. Rather, he spoke of "the man with the prominent nose," which Rabban Gamliel correctly understood as alluding to himself, since he was of prominent and imposing appearance. Alternatively, "the man with the prominent nose" alluded to Rabban Gamliel's status as the great sage of his generation. For just as a well-formed nose makes the face beautiful, so too does the great sage beautify his generation (*Rashi; Rashi* to *Ein Yaakov*).

31. The Romans viewed the death of one of the council members as an omen that they had erred in their judgment when they made the decree. Accordingly, the decree to execute Rabban Gamliel was annulled (*Rashi*).

32. *Isaiah* 22:1-2. The "Valley of Vision" is a reference to Jerusalem, since all eyes are focused on Jerusalem (*Rashi*). [Alternatively, Jerusalem is the valley that is the subject of most prophetic visions (*Rashi* to *Isaiah* ad loc.).] The verse is understood as alluding to the young Kohanim who were not slain in battle, but who ascended to the Temple's roof and jumped into the flames and died.

33. Ibid. v. 5. The verse in its entirety reads: כִּי יוֹם מְהוּמָה וּמְבוּסָה וּמְבוּכָה לַאדֹנָי אֱלֹהִים צְבָאוֹת בְּגֵי חִזָּיוֹן מְקַרְקַר קִר וְשׁוֹעַ אֶל־הָהָר. The simple meaning of the verse is: *For it is a day of upheaval and trampling and confusion from God the Lord of Hosts in the Valley of Vision; tearing down the wall and [the refugees] shouting [in flight] to the mountain* (see *Rashi* there).

מסורת הש"ס

א) [סנהדרין סט: זבחים קיח: ערכין יג.], ב) [שבת קטז.], ג) פסחים עז. שבועות י., ד) סוטה לה. [סנהדרין קד:], ה) [נ"ל אותה לילה ליל וכן איתא בע"י], ו) [לפנינו בקרא נבוכדראצר], ז) נ"א של עשירי, ח) ערכין יא:, ט) [ר"ה יח:], י) גי' עין יעקב נחרשה העיר נמי גמרא. תניא כשחרש כו' ובטור סי' תקמט מעתיק נחרשה העיר שחרש טורנוסרופוס כו', כ) [כשחרש כצ"ל ועיין סי"ט], ל) רש"א, מ) [ע"ש ברש"י צ"ע ולענ"ד צ"ל כמו מקרקרן דבשחיטת חולין נג.], נ) עי' מהרש"א, ס) [כל זה איתא בערכין יא: ומשני רבא ואיתימא רב אשי איליא בעלמא כו'].

עין משפט נר מצוה

כו א טוש"ע א"ח סימן תקנח:

גמרא

אנת צבית לחרובי ביתא ידך אשלימת ליה בתשעה באב נגזר על אבותינו שלא יכנסו לארץ מנלן דכתיב א) ויהי בחדש הראשון בשנה השנית באחד לחדש הוקם המשכן ואמר מר א) שנה ראשונה עשה משה את המשכן שניה הקים משה את המשכן ושלח מרגלים וכתיב ב) ויהי בשנה השנית בחדש השני בעשרים בחדש נעלה הענן מעל משכן העדות וכתיב ג) ויסעו מהר ה' דרך שלשת ימים אמר רבי חמא בר חנינא ב) אותו היום סרו מאחרי ה' וכתיב ד) והאספסוף אשר בקרבו התאוו תאוה וישובו ויבכו גם בני ישראל וגו' וכתיב ה) עד חדש ימים וגו' דהוו להו עשרין ותרתין בסיון וכתיב ו) ותסגר מרים שבעת ימים דהוו להו עשרין ותשעה בסיון וכתיב ז) שלח לך אנשים ותניא בעשרים ותשעה בסיון שלח משה מרגלים וכתיב ח) וישובו מתור הארץ מקץ ארבעים יום הני ארבעים יום נכי חד הוו אמר אביי ג) תמוז דההיא שתא מלויי מליוה דכתיב ט) קרא עלי מועד לשבור בחורי וכתיב י) ותשא כל העדה ויתנו את קולם ויבכו העם בלילה ההוא ד) אמר רבה אמר ר' יוחנן (א) (ה) אותו היום (ערב) תשעה באב היה אמר להם הקב"ה אתם בכיתם בכיה של חנם ואני קובע לכם בכיה לדורות חרב הבית בראשונה (ב) דכתיב כ) ובחדש החמישי בשבעה לחדש היא שנת תשע עשרה [שנה] למלך נבוכדנצר מלך בבל בא נבוזראדן רב טבחים עבד מלך בבל ירושלם וישרוף את בית ה' וגו' וכתיב ל) ובחדש החמישי בעשור לחדש היא שנת תשע עשרה [שנה] למלך ו) נבוכדנצר מלך בבל בא נבוזראדן רב טבחים עמד לפני מלך בבל בירושלם וגו' ותניא אי אפשר לומר בשבעה שהרי כבר נאמר בעשור ואי אפשר לומר בעשור שהרי כבר נאמר בשבעה הא כיצד בשבעה נכנסו נכרים להיכל ואכלו וקלקלו בו שביעי שמיני א ותשיעי סמוך לחשכה הציתו בו את האור והיה דולק והולך כל היום כולו ז) שנאמר מ) אוי לנו כי פנה היום כי ינטו צללי ערב והיינו דאמר רבי יוחנן (ג) אלמלי הייתי באותו הדור לא קבעתיו אלא בעשירי מפני שרובו של היכל בו נשרף ורבנן אתחלתא דפורענותא עדיפא ובשניה מנלן דתניא ח) מגלגלין זכות ליום זכאי וחובה ליום חייב אמרו א] כשחרב בית המקדש בראשונה (ד) אותו היום ערב תשעה באב היה ומוצאי שבת היה ומוצאי שביעית היתה ומשמרתה של יהויריב היתה והלוים היו אומרי' שירה ועומדין על דוכנם ומה שירה היו אומרים נ) וישב עליהם את אונם וברעתם יצמיתם ולא הספיקו לומר יצמיתם ה' אלהינו עד שבאו נכרים וכבשום ט) וכן בשניה נלכדה ביתר גמרא י) נחרשה העיר תניא כ) כשחרב טורנוסרופוס הרשע את ההיכל נגזרה גזרה על רבן גמליאל להריגה בא אדון אחד ועמד בבית המדרש ואמר בעל החוטם מתבקש בעל החוטם מתבקש שמע רבן גמליאל אזל טשא מינייהו אזל לגביה בצנעא א"ל אי מצילנא לך מייתית לי לעלמא דאתי א"ל הן א"ל אשתבע לי אשתבע ליה סליק לאיגרא נפיל ומית וגמירי דכי גזרי גזירתא ומית חד מינייהו מבטלי לגזרתייהו יצתה בת קול ואמרה אדון זה מזומן לחיי העולם הבא תנו רבנן משחרב הבית בראשונה נתקבצו כיתות כיתות של פרחי כהונה ומפתחות ההיכל בידן ועלו לגג ההיכל ואמרו לפניו רבונו של עולם הואיל ולא זכינו להיות גזברין נאמנים יהיו מפתחות מסורות לך וזרקום כלפי מעלה ויצתה כעין פיסת יד וקיבלתן מהם והם קפצו ונפלו לתוך האור ועליהן קונן ישעיהו הנביא ס) משא גיא חזיון מה לך איפוא כי עלית כולך לגגות תשואות מלאה עיר הומיה קריה עליזה חלליך לא חללי חרב ולא מתי מלחמה אף בהקב"ה נאמר ע) מקרקר קיר ושוע אל ההר: משנכנס אב ממעטין בשמחה כו': אמר רב יהודה בריה דרב שמואל בר שילת משמיה דרב כשם שמשנכנס אב ממעטין בשמחה כך משנכנס אדר מרבין בשמחה

אמר

רש"י

אנת צבית לאחרובי ביתיה וידך אשלימת ליה. הגלס אומר לחבירו אתה רצית להחריב ביתו של מקום שהטית ישראל אחריך ואני עשיתי בך נקמה ושילמתי לך ידי ל"א אנת צבית לאחרובי ביתא וידך ל) [אושלית] לי לשון שאילת ל) [כליס] כלומר ועלה בידי: ואמר רבי חמא בר חנינא אותו היום וכו'. מהר לשון מהר עכשיו כשתטול י"ט ימים מחדש אייר קודם עליית הענן פשו להו י' והנהו י' היו בין דרך שלשת ימים וז' דהסגרת מרים וחדש (ה) של כ"ט ימים שאכלו בשר הוה ל"ט והשתא אשתכח דמשה שלח מרגלים בכ"ט דסיון: הני ארבעים נכי חד. ב' מסיון וכ"ט מתמוז הוה ל"א וח' מאב הוה ל"ט: וחובה על ידי חייב. היינו תשעה באב דרגילין להיות בו רעות: ה"ג מגלגלין זכות ע"י זכאי: מוצאי שבת. יום ראשון: מוצאי שביעית. שמינית: דוכן. מקום עשוי כעין איצטבא ועליו לוים עומדין לשורר: וישב עליהם את אונם וברעתם יצמיתם ה' אלהינו. במזמור אל נקמות ה' והוא שיר של יום רביעי והאי דאמרי ליה ביום ראשון איליא בעלמא (ו) הוה דנפל בפומייהו כדאמרינן בערכין (דף יב.) פי' איליא קינה שכן תרגום יונתן בן עוזיאל שא קינה (יחזקאל כח) טול איליא וכמו אלי כבתולה חגורת שק על בעל נעוריה (יואל א) שפירושו קונני ובכי: נחרשה העיר. כדכתיב (מיכה ג) ציון שדה תחרש שנחרשה כולה ונעשית כשדה חרושה: בעל החוטם. בעל קומה וצורה ל"א גדול הדור: מתבקש. ליהרג ברמז אמר ליה שלא יכירו בו אנשי המלך: טשא. נחבא כמו טשו במערתא (שבת דף לג:): אזל. האדון אצל רבן גמליאל בצנעא: ומית חד מינייהו. מן היועצין וכסבורין שאירע להן על שהרעו לגזור: גיא חזיון. ירושלים שהכל מסתכלין שם: מקרקר. לשון יללה: קיר ושוע. מקונן וזועק לשון הנה קול שועת בת עמי (ירמיה ח) קיר כמו קירי דבשחיטת חולין (דף מ) קלט:): אל ההר. בשביל הר ציון ששמם: משנכנס אדר. ימי נסים היו לישראל פורים ופסח:

ניזיל

תוספות

(ז) דכתיב עד חדש ימים הוו להו כ"ב בסיון. פי' חשוב מעשרים ימים של ר"ח אייר עד סופו תמלא ט' ימים נמלא בכ' בסיון כ"ט ועד חדש ימים הוי שלשים ימים אם כן לפי זה תמלא מעשרים ושנים לחדש השני דזה אייר חדש שלם עד כ"ב דסיון וג' ימים שנסעו מהר ה' הרי ל"ג דל מינייהו ב' ימים דבעשרים בחדש נעלה הענן ואייתר להו שני ימים פשו כ"ג דל יומא מן שלשה שהאחד מן הג' ימים היה בכלל החדש (ח) שאייר חסר פש להו כ"ב: אמר אביי תמוז דההיא שתא מלויי מליוה. ועשו אותו משלשים ימים כדי שיכלו המ' ימים בתשעה באב שלשים יום דתמוז ואחד דסיון דבכ"ט שלח המרגלים ותשעה באב הרי ארבעים ימים וביום תשעה באב שבו המרגלים מתור הארץ: וישב עליהם את אונם וברעתם יצמיתם ולא הספיקו לומר יצמיתם ה' אלהינו עד שבאו האויבים וכו'. פי' באותו פסוק יש ב' פעמים יצמיתם ולא הספיקו לומר השני עד שבאו וכבשום ואומר ר"י ס) אע"ג דאין אותו פסוק כלל במזמור שיר של מוצ"ש אירע להם כך שאמרו אותו פסוק ובירושל' מפרש איליא נקט פירוש איליא הוי כמו אלי כבתולה דהוי לשון קינה כמו שקורין העולם ריאוני"א בלע"ז:

אמר

רבינו חננאל

וה' דברים אירעו את אבותינו בט' באב נגזר על אבותינו שלא יכנסו לארץ מנא לן. דתניא בכ"ט בסיון שלח המרגלים הנה שני ימים הנותרים מסיון ול' יום של תמוז שאותה שנה תמוז מלא היה. כדכתיב קרא עלי מועד לשבור בחורי הרי ל"ב וח' ימים באב הרי מ' יום שלמים. נמצאו שהגיעו ט' באב. אמר רבא אותו היום ט' באב היה והיו ישראל יושבים ובוכים. אמר הקב"ה אתם בכיתם בכיה של חנם אני אקבע לכם בכיה לדורות. חרב הבית בראשונה שנאמר בחדש החמישי בעשור לחדש בא נבוזראדן וגו' וכתיב קרא אחרי' וישרוף את בית ה' ואת בית המלך וכתיב קרא אחרינא בחדש החמישי בשבעה לחדש היא שנת תשע עשרה בא נבוזראדן רב טבחים עבד מלך בבל וישרוף את בית ה' ואת בית המלך. אי אפשר לומר בשבעה שכבר נאמר בעשרה ואי אפשר לומר בעשרה שכבר נאמר וכו' ואכלו ושתו וקרקרו עד ט' בו בערב (באב) הציתו סמוך לחשכה והיה דולק והולך כל היום שנא' אוי לנו כי פנה היום כי ינטו צללי ערב. א"ר יוחנן אלמלא הייתי באותו הדור לא קבעתיו אלא בעשירי מפני שרובו של היכל בעשירי נשרף. ותנא דידן תחלת פורענותא עדיפא. ובשניה דתניא ר' יוסי אומר מגלגלין זכות ליום זכאי וחובה ליום חייב. כשחרב הבית בראשונה ט' באב היה ומ"ש ומוצאי שביעית היתה ומשמרת יהויריב היתה כו'. נלכדה ביתר ונחרשה העיר גמרא. פי' שאמר הנביא לתת

רבינו גרשום

דבערב ט"ב חזרו א"כ לא הוו בדרך אלא מ' נכי חדא וקרא אמר ארבעים: תמוז מליוה ואיכא ל' דתמוז נמצא בערב ט"ב מ' מלאים ולמחר קבעי לט"ב. קרא עלי מועד שקבעו תמוז של שלשים. וחובה ע"י חייב לפי שבט"ב היה כבר חייב ששרף בו בראשונה. כשהרס משמע נחרש: בעל החוטם כלומר עין שבהם חשוב שבהם. דבטלי קצרי. לכבס וללבוש מאי כבוד שבת איכא במאי דלבוש בחמישי אלא לאו להניח וללבוש בשבת דהיינו כבוד שבת טעמא דבחמישי לפי שהוא קרוב לשבת אבל שאר יומי אפילו להניח וקשיא לרב הונא:

הגהות מהר"י לנדא

א] גמ' כשחרב בהמ"ק בראשונה אותו היום תשעה באב היה. כצ"ל:

הגהות הב"ח

(א) גמ' אותו היום ערב. תא"מ ונ"ב ס"א אותו היום תשעה באב היה: (ב) שם חרב הבית בראשונה מנלן דכתיב ובחדש: (ג) שם דאמר ר' יוחנן אלמלי. נ"ב ע' ר"פ הקורא עומד בתוס' ד"ה אלמלא: (ד) שם כשחרב בהמ"ק בראשונה (אותו היום ערב ת"ב היה) תא"מ ונ"ב ס"א אותו היום תשעה באב היה: (ה) רש"י ד"ה אמר רבי חמא כו' וחדש של כ"ט ימים. נ"ב מפרש"י מבואר דמפרש עד חדש ימים וגו' חדש של לבנה דהיינו כ"ט י"ב תשל"ג ונמלא שלשה ימים שסרו הוו כ' וכ"א וכ"ב מאייר נשארו שבעה מאייר וכ"ב מסיון שבו כלה חדש ימים שאכלו בשר דהיינו כ"ט יום עוד ס"ל לרש"י [illegible] נחלקו עליו וס"ל דעד חדש ימים [illegible] לכאן ולכאן דיום הג' שסרו הוא [illegible] נחשב בחשבון מ' יום דמרגלים אלא [illegible] צריך לפרש דלא שבו המרגלים אלא [illegible] למשיכה הציתו בו האש ולפי זה לא [illegible] כו' איליא בעלמא הוא דנפל: (ו) [illegible]

תורה אור השלם

א) וַיְהִי בַּחֹדֶשׁ הָרִאשׁוֹן בַּשָּׁנָה הַשֵּׁנִית בְּאֶחָד לַחֹדֶשׁ הוּקַם הַמִּשְׁכָּן: [שמות מ, יז]

ב) וַיְהִי בַּשָּׁנָה הַשֵּׁנִית בַּחֹדֶשׁ הַשֵּׁנִי בְּעֶשְׂרִים בַּחֹדֶשׁ נַעֲלָה הֶעָנָן מֵעַל מִשְׁכַּן הָעֵדֻת: [במדבר י, יא]

ג) וַיִּסְעוּ מֵהַר יְיָ דֶּרֶךְ שְׁלֹשֶׁת יָמִים וַאֲרוֹן בְּרִית יְיָ נֹסֵעַ לִפְנֵיהֶם דֶּרֶךְ שְׁלֹשֶׁת יָמִים לָתוּר לָהֶם מְנוּחָה: [במדבר י, לג]

ד) וְהָאסַפְסֻף אֲשֶׁר בְּקִרְבּוֹ הִתְאַוּוּ תַּאֲוָה וַיָּשֻׁבוּ וַיִּבְכּוּ גַּם בְּנֵי יִשְׂרָאֵל וַיֹּאמְרוּ מִי יַאֲכִלֵנוּ בָּשָׂר: [במדבר יא, ד]

ה) עַד חֹדֶשׁ יָמִים עַד אֲשֶׁר יֵצֵא מֵאַפְּכֶם וְהָיָה לָכֶם לְזָרָא יַעַן כִּי מְאַסְתֶּם אֶת יְיָ אֲשֶׁר בְּקִרְבְּכֶם וַתִּבְכּוּ לְפָנָיו לֵאמֹר לָמָּה זֶּה יָצָאנוּ מִמִּצְרָיִם: [במדבר יא, כ]

ו) ותסגר מרים מחוץ למחנה שבעת ימים והעם לא נסע עד האסף מרים: [במדבר יב, טו] ז) שלח לך אנשים ויתרו את ארץ כנען אשר אני נתן לבני ישראל איש אחד איש אחד למטה אבתיו תשלחו כל נשיא בהם: [במדבר יג, ב] ח) וישבו מתור הארץ מקץ ארבעים יום: [במדבר יג, כה] ט) סלה כל אבירי אדני בקרבי קרא עלי מועד לשבר בחורי גת דרך אדני לבתולת בת יהודה: [איכה א, טו] י) ותשא כל העדה ויתנו את קולם ויבכו העם בלילה ההוא: [במדבר יד, א] כ) ובחדש החמישי בשבעה לחדש היא שנת תשע עשרה שנה למלך נבכדנאצר מלך בבל בא נבוזראדן רב טבחים עבד מלך בבל ירושלם: וישרף את בית יי ואת בית המלך ואת כל בתי ירושלם ואת כל בית גדול שרף באש: [מלכים ב כה, ח-ט] ל) ובחדש החמישי בעשור לחדש היא שנת תשע עשרה שנה למלך נבוכדראצר מלך בבל בא נבוזראדן רב טבחים עמד לפני מלך בבל בירושלם: [ירמיה נב, יב] מ) קדשו עליה מלחמה קומו ונעלה בצהרים אוי לנו כי פנה היום כי ינטו צללי ערב: [ירמיה ו, ד] נ) וישב עליהם את אונם וברעתם יצמיתם יצמיתם יי אלהינו: [תהלים צד, כג] ס) משא גיא חזיון מה לך אפוא כי עלית כלך לגגות: תשאות מלאה עיר הומיה קריה עליזה חלליך לא חללי חרב ולא מתי מלחמה: [ישעיה כב, א-ב] ע) כי יום מהומה ומבוסה ומבוכה לאדני יהוה צבאות בגיא חזיון מקרקר קר ושוע אל ההר: [ישעיה כב, ה]

ליקוטי רש"י

[illegible]

that has been laid desolate.

Our Mishnah said:
מִשֶּׁנִּכְנָס אָב מְמַעֲטִין בְּשִׂמְחָה כו' – THEREFORE, WHEN AV BEGINS, WE CURTAIL JOY **etc.**

אָמַר רַב יְהוּדָה בְּרֵיהּ דְּרַב שְׁמוּאֵל בַּר שִׁילַת מִשְּׁמֵיהּ דְּרַב – Rav Yehudah the son of Rav Shmuel bar Shilas said in the name of Rav: כְּשֵׁם שֶׁמִּשֶּׁנִּכְנָס אָב מְמַעֲטִין בְּשִׂמְחָה – Just as when Av begins we curtail joy,[34] **כָּךְ מִשֶּׁנִּכְנָס אֲדָר מַרְבִּין בְּשִׂמְחָה – so too when Adar begins we increase joy.**[35]

NOTES

The Baraisa, however, expounds the words מְקַרְקַר קִיר [literally: *tearing down the wall*] as *wailing*, and וְשׁוֹעַ [literally: *shouting*] as *lamenting* – i.e. God (so to speak) wails and laments what He has had to do to His holy mountain (*Rashi*).

34. Some maintain that the expression *curtail joy* is not to be taken literally, but in fact all joyous activities must be *eliminated* (*Magen Avraham* 551:1; cf. *Shaar HaTziyun* there §1).

35. Since this month ushers in the time during which the great miracles of Purim and Pesach [in the following month of Nissan] occurred to the Jewish people (*Rashi; see She'eilos Yavetz* II:88).

אנת צבית לחרובי ביתא ידך אשלימת ליה בתשעה באב נגזר על אבותינו שלא יכנסו לארץ מנלן דכתיב א) ויהי בחדש הראשון בשנה השנית באחד לחדש הוקם המשכן ואמר מר [א] שנה ראשונה עשה משה את המשכן שניה הקים משה את המשכן ושלח מרגלים וכתיב ב) ויהי בשנה השנית בחדש השני בעשרים בחדש נעלה הענן מעל משכן העדות וכתיב ג) ויסעו מהר ה' דרך שלשת ימים אמר רבי חמא בר חנינא [ב] אותו היום סרו מאחרי ה' וכתיב ד) והאספסוף אשר בקרבו התאוו תאוה וישובו ויבכו גם בני ישראל וגו' וכתיב ה) עד חדש ימים וגו' דהוו להו עשרין ותרתין בסיון וכתיב ו) ותסגר מרים שבעת ימים דהוו להו עשרין ותשעה בסיון וכתיב ז) שלח לך אנשים ותניא בעשרים ותשעה בסיון שלח משה מרגלים וכתיב ח) וישובו מתור הארץ מקץ ארבעים יום הני ארבעים יום נכי חד הוו אמר אביי [ג] תמוז דההיא שתא מלויי מליוה דכתיב ט) קרא עלי מועד לשבור בחורי וכתיב י) ותשא כל העדה ויתנו את קולם ויבכו העם בלילה ההוא [ד] אמר רבה אמר ר' יוחנן (א) ([ה] אותו היום ערב) תשעה באב היה אמר להם הקב"ה אתם בכיתם בכיה של חנם ואני קובע לכם בכיה לדורות חרב הבית בראשונה (ב) דכתיב כ) ובחדש החמישי בשבעה לחדש היא שנת תשע עשרה [שנה] למלך נבוכדנצר מלך בבל בא נבוזראדן רב טבחים עבד מלך בבל ירושלם וישרוף את בית ה' וגו' וכתיב ל) ובחדש החמישי בעשור לחדש היא שנת תשע עשרה [שנה] למלך [ו] נבוכדנצר מלך בבל בא נבוזראדן רב טבחים עמד לפני מלך בבל בירושלם וגו' ותניא אי אפשר לומר בשבעה שהרי כבר נאמר בעשור ואי אפשר לומר בעשור שהרי כבר נאמר בשבעה הא כיצד בשבעה נכנסו נכרים להיכל ואכלו וקלקלו בו שביעי שמיני [א] ותשיעי סמוך לחשכה הציתו בו את האור והיה דולק והולך כל היום כולו [ז] שנאמר מ) אוי לנו כי פנה היום כי ינטו צללי ערב והיינו דאמר רבי יוחנן (ג) אלמלי הייתי באותו הדור לא קבעתיו אלא בעשירי מפני שרובו של היכל בו נשרף ורבנן אתחלתא דפורענותא עדיפא ובשניה מנלן דתניא [ח] מגלגלין זכות ליום זכאי וחובה ליום חייב אמרו [א] כשחרב בית המקדש בראשונה (ד) אותו היום ערב תשעה באב היה ומוצאי שבת היה ומוצאי שביעית היתה ומשמרתה של יהויריב היתה והלוים היו אומרי' שירה ועומדין על דוכנם ומה שירה היו אומרים נ) וישב עליהם את אונם וברעתם יצמיתם ולא הספיקו לומר יצמיתם ה' אלהינו עד שבאו נכרים וכבשום [ט] וכן בשניה נלכדה ביתר גמרא [י] נחרשה העיר תניא [כ] כשחרב טורנוסרופוס הרשע את ההיכל נגזרה גזרה על רבן גמליאל להריגה בא אדון אחד ועמד בבית המדרש ואמר בעל החוטם מתבקש בעל החוטם מתבקש שמע רבן גמליאל אזל טשא מינייהו אזל לגביה בצנעא א"ל אי מצילנא לך מייתית לי לעלמא דאתי א"ל הן א"ל אשתבע לי אשתבע ליה סליק לאיגרא נפיל ומית וגמירי דכי גזרי גזירתא ומית חד מינייהו מבטלי לגזרתייהו יצתה בת קול ואמרה אדון זה מזומן לחיי העולם הבא תנו רבנן משחרב הבית בראשונה נתקבצו כיתות כיתות של פרחי כהונה ומפתחות ההיכל בידן ועלו לגג ההיכל ואמרו לפניו רבונו של עולם הואיל ולא זכינו להיות גזברין נאמנים יהיו מפתחות מסורות לך וזרקום כלפי מעלה ויצתה כעין פיסת יד וקיבלתן מהם והם קפצו ונפלו לתוך האור ועליהן קונן ישעיהו הנביא ס) משא גיא חזיון מה לך איפוא כי עלית כולך לגגות תשואות מלאה עיר הומיה קריה עליזה חלליך לא חללי חרב ולא מתי מלחמה אף בהקב"ה נאמר ע) מקרקר קיר ושוע אל ההר: משנכנס אב ממעטין בשמחה כו': אמר רב יהודה בריה דרב שמואל בר שילת משמיה דרב כשם שמשנכנס אב ממעטין בשמחה כך משנכנס אדר מרבין בשמחה

אמר

רש"י

אנת צבית לאחרובי ביתיה וידך אשלימת ליה. הללם אומר לחבירו אתה רצית להחריב ביתו של מקום שהטית ישראל אחריך ואני עשיתי בך נקמה ושילמתי לך ידי ל"א אנת צבית לאחרובי ביתא וידך [אושלית] לי לשון שאילת [כליס] כלומר ועלה בידי: ואמר רבי חמא בר חנינא אותו היום וכו'. מהר לשון מהר עכשיו כשתטול י"ט ימים מחדש אייר קודם עליית הענן פשו להו י' והנהו י' היו בין דרך שלשת ימים וז' דהסגרת מרים וחדש (ה) של כ"ט ימים שאכלו בשר הוה ל"ט והשתא אשתכח דמשה שלח מרגלים בכ"ט דסיון: הני ארבעים נכי חד. ב' מסיון וכ"ט מתמוז הוה ל"א וח' מאב הוה ל"ט: וחובה על ידי חייב. היינו תשעה באב דרגילין להיות בו רעות: ה"ג מגלגלין זכות ע"י זכאי: מוצאי שבת. יום ראשון: מוצאי שביעית. שמינית: דוכן. מקום עשוי כעין אצטבא ועליו לוים עומדין לשורר: וישב עליהם את אונם וברעתם יצמיתם ה' אלהינו. במזמור אל נקמות ה' והוא שיר של יום רביעי והאי דאמרי ליה ביום ראשון איליא בעלמא (ו) הוה דנפל בפומייהו כדאמרינן בערכין (דף יב.) פי' איליא קינה שכן תרגום יונתן בן עוזיאל שא קינה (יחזקאל כח) טול איליא וכמו אלי כבתולה חגורת שק על בעל נעוריה (יואל א) שפירושו קונני ובכי: נחרשה העיר. כדכתיב (מיכה ג) ציון שדה תחרש שנחרשה כולה ונעשית כשדה חרושה: בעל החוטם. בעל קומה ולורה ל"א גדול הדור: מתבקש. ליהרג ברמז אמר ליה שלא יכירו בו אנשי המלך: טשא. נחבא כמו טשו במערתא (שבת דף לג:): אזל. האדון אצל רבן גמליאל בצנעא: ומית חד מינייהו. מן היועצין וכסבורין שאירע להן על שהרעו לגזור: גיא חזיון. ירושלים שהכל מסתכלין שם: מקרקר. לשון יללה: קיר ושוע. מקונן וזועק לשון הנה קול שועת בת עמי (ירמיה ח) קיר כמו קירי דשחיטת חולין (דף [מ] קלט:): אל ההר. בשביל הר ציון ששמם: משנכנס אדר. ימי נסים היו לישראל פורים ופסח:

ניזיל

תוספות

(ז) **דכתיב** עד חדש ימים הוו להו כ"ב בסיון. פי' חשוב מעשרים ימים של ר"ח אייר עד סופו תמלא ט' ימים נמלא בכ' בסיון כ"ט ועד חדש ימים הוי שלשים ימים אם כן לפי זה תמלא מעשרים ושנים לחדש השני דזה אייר חדש שלם עד כ"ב דסיון וג' ימים שנסעו מהר ה' הרי ל"ג דל מינייהו ב' ימים דבעשרים בחדש נעלה הענן ואייתר להו שני ימים פשו כ"ג דל יומא מן שלשה שהאחד מן הג' ימים היה בכלל החדש (ח) שאייר חסר פש להו כ"ב[י]:

אמר אביי תמוז דההיא שתא מלויי מליוה. ועשו אותו משלשים ימים כדי שיכלו המ' ימים בתשעה באב שלשים יום דתמוז ואחד דסיון דבכ"ט שלח המרגלים ותשעה באב הרי ארבעים ימים וביום תשעה באב שבו המרגלים מתור הארץ: **וישב** עליהם את אונם וברעתם יצמיתם ולא הספיקו לומר יצמיתם ה' אלהינו עד שבאו האויבים וכו'. פי' באותו פסוק יש ב' פעמים יצמיתם ולא הספיקו לומר השני עד שבאו וכבשום ואומר ר"י [פ] אע"ג דאין אותו פסוק כלל במזמור שיר של מוצ"ש אירע להם כך שאמרו אותו פסוק וירושל' מפרש איליא נקט פירוש איליא הוי כמו אלי כבתולה דהוי לשון קינה כמו שקורין העולם ריאוני"א בלע"ז:

עין משפט נר מצוה

כו א טוש"ע א"ח סימן תקנח:

רבינו חננאל

וה' דברים אירעו את אבותינו בט' באב נגזר על אבותינו שלא יכנסו לארץ מנא לן. דתניא בכ"ט בסיון שלח המרגלים הנה שני ימים הנותרים מסיון ול' יום של תמוז שאותה שנה תמוז מלא היה. כדכתיב קרא עלי מועד לשבור בחורי הרי ל"ב וח' ימים באב הרי מ' יום שלמים. נמצאו שהגיעו ט' באב. אמר רבא אותו היום ט' באב היה והיו ישראל יושבים ובוכים. אמר הקב"ה אתם בכיתם בכיה של חנם אני אקבע לכם בכיה לדורות. חרב הבית בראשונה שנאמר בחדש החמישי בעשור לחדש בא נבוזראדן וגו' וכתיב קרא אחרי' וישרוף את בית ה' ואת בית המלך וכתיב קרא אחרינא בחדש החמישי בשבעה לחדש היא שנת תשע עשרה בא נבוזראדן רב טבחים עבד מלך בבל וישרוף את בית ה' ואת בית המלך. אי אפשר לומר בשבעה שכבר נאמר בעשרה ואי אפשר לומר בעשרה שכבר נאמר וכו' ואכלו ושתו וקרקרו עד ט' בו בערב (באב) הציתו סמוך לחשכה והיה דולק והולך כל היום שנא' אוי לנו כי פנה היום כי ינטו צללי ערב. א"ר יוחנן אלמלא הייתי באותו הדור לא קבעתיו אלא בעשירי מפני שרובו של היכל בעשירי נשרף. ותנא דידן תחלת פורענותא עדיפא. ובשניה דתניא ר' יוסי אומר מגלגלין זכות ליום זכאי וחובה ליום חייב. **כשחרב** הבית בראשונה ט' באב היה ומ"ש ומוצאי שביעית היתה ומשמרת יהויריב היתה כו'. נלכדה ביתר ונחרשה העיר גמרא. פי' שאמר הנביא לתת

תורה אור השלם

א) וַיְהִי בַּחֹדֶשׁ הָרִאשׁוֹן בַּשָּׁנָה הַשֵּׁנִית בְּאֶחָד לַחֹדֶשׁ הוּקַם הַמִּשְׁכָּן: [שמות מ, יז]

ב) וַיְהִי בַּשָּׁנָה הַשֵּׁנִית בַּחֹדֶשׁ הַשֵּׁנִי בְּעֶשְׂרִים בַּחֹדֶשׁ נַעֲלָה הֶעָנָן מֵעַל מִשְׁכַּן הָעֵדֻת: [במדבר י, יא]

ג) וַיִּסְעוּ מֵהַר יְיָ דֶּרֶךְ שְׁלֹשֶׁת יָמִים וַאֲרוֹן בְּרִית יְיָ נֹסֵעַ לִפְנֵיהֶם דֶּרֶךְ שְׁלֹשֶׁת יָמִים לָתוּר לָהֶם מְנוּחָה: [במדבר י, לג]

ד) וְהָאסַפְסֻף אֲשֶׁר בְּקִרְבּוֹ הִתְאַוּוּ תַּאֲוָה וַיָּשֻׁבוּ וַיִּבְכּוּ גַּם בְּנֵי יִשְׂרָאֵל וַיֹּאמְרוּ מִי יַאֲכִלֵנוּ בָּשָׂר: [במדבר יא, ד]

ה) עַד חֹדֶשׁ יָמִים עַד אֲשֶׁר יֵצֵא מֵאַפְּכֶם וְהָיָה לָכֶם לְזָרָא יַעַן כִּי מְאַסְתֶּם אֶת יְיָ אֲשֶׁר בְּקִרְבְּכֶם וַתִּבְכּוּ לְפָנָיו לֵאמֹר לָמָּה זֶּה יָּצָאנוּ מִמִּצְרָיִם: [במדבר יא, כ] ו) וַתִּסָּגֵר מִרְיָם מִחוּץ לַמַּחֲנֶה שִׁבְעַת יָמִים וְהָעָם לֹא נָסַע עַד הֵאָסֵף מִרְיָם: [במדבר יב, טו] ז) שְׁלַח לְךָ אֲנָשִׁים וְיָתֻרוּ אֶת אֶרֶץ כְּנַעַן אֲשֶׁר אֲנִי נֹתֵן לִבְנֵי יִשְׂרָאֵל אִישׁ אֶחָד אִישׁ אֶחָד לְמַטֵּה אֲבֹתָיו תִּשְׁלָחוּ כֹּל נָשִׂיא בָהֶם: [במדבר יג, ב] ח) וַיָּשֻׁבוּ מִתּוּר הָאָרֶץ מִקֵּץ אַרְבָּעִים יוֹם: [במדבר יג, כה] ט) סִלָּה כָל אַבִּירַי אֲדֹנָי בְּקִרְבִּי קָרָא עָלַי מוֹעֵד לִשְׁבֹּר בַּחוּרָי גַּת דָּרַךְ אֲדֹנָי לִבְתוּלַת בַּת יְהוּדָה: [איכה א, טו] י) וַתִּשָּׂא כָּל הָעֵדָה וַיִּתְּנוּ אֶת קוֹלָם וַיִּבְכּוּ הָעָם בַּלַּיְלָה הַהוּא: [במדבר יד, א] כ) וּבַחֹדֶשׁ הַחֲמִישִׁי בְּשִׁבְעָה לַחֹדֶשׁ הִיא שְׁנַת תְּשַׁע עֶשְׂרֵה שָׁנָה לַמֶּלֶךְ נְבֻכַדְנֶאצַּר מֶלֶךְ בָּבֶל בָּא נְבוּזַרְאֲדָן רַב טַבָּחִים עֶבֶד מֶלֶךְ בָּבֶל יְרוּשָׁלָם: וַיִּשְׂרֹף אֶת בֵּית יְיָ וְאֶת בֵּית הַמֶּלֶךְ וְאֵת כָּל בָּתֵּי יְרוּשָׁלַם וְאֶת כָּל בֵּית גָּדוֹל שָׂרַף בָּאֵשׁ: [מלכים ב' כה, ח-ט] ל) וּבַחֹדֶשׁ הַחֲמִישִׁי בֶּעָשׂוֹר לַחֹדֶשׁ הִיא שְׁנַת תְּשַׁע עֶשְׂרֵה שָׁנָה לַמֶּלֶךְ נְבוּכַדְרֶאצַּר מֶלֶךְ בָּבֶל בָּא נְבוּזַרְאֲדָן רַב טַבָּחִים עָמַד לִפְנֵי מֶלֶךְ בָּבֶל בִּירוּשָׁלָם: [ירמיה נב, יב] מ) קַדְּשׁוּ עָלֶיהָ מִלְחָמָה קוּמוּ וְנַעֲלֶה בַצָּהֳרָיִם אוֹי לָנוּ כִּי פָנָה הַיּוֹם כִּי יִנָּטוּ צִלְלֵי עָרֶב: [ירמיה ו, ד] נ) וַיָּשֶׁב עֲלֵיהֶם אֶת אוֹנָם וּבְרָעָתָם יַצְמִיתֵם יְיָ אֱלֹהֵינוּ: [תהלים צד, כג] ס) מַשָּׂא גֵּיא חִזָּיוֹן מַה לָּךְ אֵפוֹא כִּי עָלִית כֻּלָּךְ לַגַּגּוֹת: תְּשֻׁאוֹת מְלֵאָה עִיר הוֹמִיָּה קִרְיָה עַלִּיזָה חֲלָלַיִךְ לֹא חַלְלֵי חֶרֶב וְלֹא מֵתֵי מִלְחָמָה: [ישעיה כב, א-ב] ע) כִּי יוֹם מְהוּמָה וּמְבוּסָה וּמְבוּכָה לַאדֹנָי יְיָ צְבָאוֹת בְּגֵיא חִזָּיוֹן מְקַרְקַר קִר וְשׁוֹעַ אֶל הָהָר: [ישעיה כב, ה]

מסורת הש"ס

א) [סנהדרין סט: זבחים קיח: ערכין יג.], ב) [שבת קטז.], ג) פסחים עז. שבועות י., ד) סוטה לה. [סנהדרין קד:], ה) [צ"ל אותה לילה ליל וכן איתא בע"י], ו) [לפנינו בקרא נבוכדראצר], ז) נ"א של עשירי, ח) ערכין יא:, ט) [ר"ה יח:], י) גי' עין יעקב נחרשה העיר נמי גמרא. תניא כשחרש כו' ובטור סי' תקמט מעתיק נחרשה העיר שחרש טורנוסרופוס כו', כ) [כשחרש כצ"ל ועיין תי"ט], ל) רש"א, מ) [ע"ש ברש"י צ"ע ולענ"ד צ"ל כמו מקרקרן דבשחיטת חולין נג.], נ) עי' מהרש"א, ס) [כל זה איתא בערכין יא: ומשני רבא ואיתימא רב אשי איליא בעלמא כו'].

רבינו גרשום

דבערב ט"ב חזרו א"כ לא הוו בדרך אלא מ' נכי חדא וקרא אמר ארבעים: תמוז מליוה ואיכא ל' דתמוז נמצא בערב ט"ב מ' מלאים ולמחר קבעי לט"ב. קרא עלי מועד שקבעו תמוז של שלשים. וחובה ע"י חייב לפי שבט"ב היה כבר חייב ששרף בו בראשונה. כשהרס משמע נחרש: בעל החוטם כלומר עין שבהם חשוב שבהם. דבטלי קצרי. לכבס וללבוש מאי כבוד שבת איכא במאי דלבוש בחמישי אלא לאו להניח וללבוש בשבת דהיינו כבוד שבת טעמא דבחמישי לפי שהוא קרוב לשבת אבל שאר יומי אפילו להניח וקשיא לרב הונא:

הגהות מהר"י לנדא

א] גמ' כשחרב בהמ"ק בראשונה אותו היום תשעה באב היה. כצ"ל:

הגהות הב"ח

(א) גמ' אותו היום ערב. תא"מ ונ"ב ס"א אותו היום תשעה באב היה: (ב) שם חרב הבית בראשונה מנלן דכתיב ובחדש: (ג) שם דאמר ר' יוחנן אלמלי. נ"ב ע' ר"פ הקורא עומד בתוס' ד"ה אלמלא: (ד) שם כשחרב בהמ"ק בראשונה (אותו היום ערב ט"ב היה) תא"מ ונ"ב ס"א אותו היום תשעה באב היה: (ה) רש"י ד"ה אמר רבי חמא כו' וחדש של כ"ט ימים. נ"ב מפרש"י מבואר דמפרש עד חדש ימים וגו' חדש של לבנה דהיינו כ"ט י"ב תשל"ג ונמצא שלשה ימים שסרו הוו כ' וכ"א וכ"ב מאייר נשארו שבעה מאייר וכ"ב מסיון שבו כלה חדש ימים שאכלו בשר דהיינו כ"ט יום עוד ס"ל לרש"י דהמרגלים באו בסוף שמיני לאב שהרי ליל ט' בכו בכיה של חנם והוקבע לדורות אבל התוס' נחלקו עליו וס"ל דעד חדש ימים וגו' הוה חדש שלם של שלשים יום שלמים ודחקו לפרש דיום ג' שסרו דהיינו כ"ב מאייר נחשב לכאן ולכאן דיום הג' שסרו הוא עצמו היום הראשון מהחדש שאכלו בשר ועוד נחלקו וס"ל דכ"ט דסיון שבו שלח מרגלים אינו נחשב בחשבון מ' יום דמרגלים אלא הוא נחשב מז' ימים דהסגרת מרים ולא נשאו המרגלים רגליהם אלא ביום ל' דסיון ולפי זה צריך לפרש דלא שבו המרגלים אלא בט' באב בסוף היום שאז בכו בכיה של חנם ונקבע עליהם בכיה לדורות כי לעת הערב סמוך לחשיכה הליתו בו האש ולפי זה לא גרסינן אותו היום ערב תשעה באב היה כו' אלא ה"ג אותו היום ט' באב היה: (ו) ד"ה וישב כו' איליא בעלמא הוא דנפל: (ז) תוס' ד"ה וכתיב כו' מעשרים ימים של חדש אייר וכו' הוי שלשים יום א"כ: (ח) בא"ד היה בכלל החדש פש להו כ"ב כצ"ל ותיבות שאייר חסר נמחק:

ליקוטי רש"י

שניה הקים משה את המשכן. דכתיב (שמות מ) ויהי בשנה השנית בחדש הראשון וגו' [זבחים קיח:]. דרך שלשת ימים. מהלך שלשת ימים [במדבר י, לג]. אותו היום סרו מאחרי ה'. בתוך שלשה ימים למסעם התאוו האספסוף תאוה להתרעם על הבשר כדי למרוד בהקדוש ברוך הוא [שבת קטז.]. והאספסוף. אלו ערב רב שנאספו עליהם בצאתם ממצרים [במדבר יא, ד]. קרא עלי מועד. יעידת גייסות לבא עלי ורבותינו דרשו מה שדרשו תמוז דההוא שתא מלוי' מליוה של שנה שנייה לצאתם ממצרים לכך אירע חזרתן של מרגלים ליל תשעה באב שעליה הוקבעה בכייתן לדורות [איכה א, טו]. במסכת תענית (דף כט) תמוז דההיא שתא של שנה השניה ליציאת מצרים שנשתלחו בה מרגלים בעשרים ותשעה בסיון מלויי מליוהו לתמוז לפיכך אירע בו יום חזרת מרגלים בשמונה באב ויבכו העם בלילה ההוא בתשעה באב בכו בכיה של חנם והוקבעה להם בכיה לדורות [שבועות י.]. ויום עיבור החודש קרי מועד [פסחים עז.]. לשבור בחורי. בחורבן הבית [שבועות שם]. אוי לנו. לעת פנות היום. כי פנה היום. כאשר פנה לעת ערב הציתו האור בבה"מ [ירמיה ו, ד]. מגלגלין זכות ליום זכאי. בניסן נגאלו בניסן עתידין להיגאל. ומוצאי שבת. אחד בשבת. דוכן. כמין אצטבא היה. וישב עליהם את אונם. פסוק הוא בתהלים במזמור אל נקמות ה'. והא שירה דאחד בשבת לה' הארץ ומלואה כדאמר בראש השנה (דף לא) והאי קרא במזמור אל נקמות ה' שהוא שיר של רביעי בשבת. איליא, קינה כדמתרגמינן ושאי על שפים קינה ועלי על נגדין איליא (ירמיהו ז) [ערכין יא:]. משא גיא חזיון. היא ירושלים גיא שנתנבאו עליה רוב נבואות. כי עלית כולך לגגות. כשבא עליהם חיל עולים על גגותיהם לראות החיל ולהלחם ורבותינו פירשו על כהנים שעלו על גגו של היכל ומפתחות העזרה בידם כדאיתא במסכת תענית ומדרש אגדה אומר שהיו גבהי הרוח באיכה רבתי [ישעיה כב, א].

אמר רב פפא [א] הלכך בר ישראל דאית ליה דינא בהדי נכרי לישתמיט מיניה באב דריע מזליה ולימצי נפשיה באדר [א] דבריא מזליה א) לתת לכם אחרית ותקוה אמר רב יהודה בריה דרב שמואל בר שילת משמיה דרב אלו דקלים וכלי פשתן ב) ויאמר ראה ריח בני כריח שדה אשר ברכו ה' אמר רב יהודה בריה דרב שמואל בר שילת משמיה דרב כריח שדה של תפוחים: שבת שחל תשעה באב להיות בתוכה אסורין לספר ולכבס: אמר רב נחמן לא שנו אלא לכבס וללבוש אבל לכבס ולהניח מותר ורב ששת אמר אפילו לכבס ולהניח אסור אמר רב ששת תדע דבטלי קצרי דבי רב מתיב רב המנונא (א) [ג] בחמישי מותרים מפני כבוד השבת למאי אילימא לכבס וללבוש מאי כבוד שבת איכא אלא להניח ובחמישי הוא דשרי אבל השבת כולה אסור לעולם לכבס וללבוש וכשאין לו אלא חלוק אחד [ג] דאמר רב אסי א"ר יוחנן [ב] מי שאין לו אלא חלוק אחד מותר לכבסו בחולו של מועד איתמר נמי אמר רבי בנימין אמר ר' אלעזר לא שנו אלא לכבס וללבוש אבל להניח מותר מיתיבי [ג] אסור לכבס לפני תשעה באב אפילו להניח לאחר תשעה באב וגיהוץ שלנו ככיבוס שלהן וכלי פשתן אין בהם משום גיהוץ תיובתא [ד] שלח רב יצחק בר גיורי משמיה דרבי יוחנן אע"פ שאמרו כלי פשתן אין בהן משום גיהוץ אבל אסור ללובשן בשבת שחל תשעה באב להיות בתוכה אמר רב לא שנו אלא לפניו [ה] אבל לאחריו מותר ושמואל אמר אפילו לאחריו נמי אסור מיתיבי שבת שחל תשעה באב להיות בתוכה אסור לספר ולכבס ובחמישי מותרין מפני כבוד השבת כיצד חל להיות באחד בשבת מותר לכבס כל השבת כולה בשני בשלישי ברביעי ובחמישי לפניו אסור לאחריו מותר חל להיות בערב שבת מותר לכבס בחמישי מפני כבוד השבת ואם לא כבס בחמישי בשבת מותר לכבס בערב שבת מן המנחה ולמעלה [ו] לייט עלה אביי ואיתימא רב אחא בר יעקב אהא [ד] חל להיות בשני ובחמישי קורין שלשה ומפטיר אחד בשלישי וברביעי קורא אחד ומפטיר אחד רבי יוסי אומר [ו] לעולם קורין שלשה ומפטיר אחד תיובתא דשמואל אמר לך שמואל תנאי היא דתניא [ט] [ז] תשעה באב שחל להיות בשבת וכן ערב תשעה באב שחל להיות בשבת אוכל ושותה כל צרכו ומעלה על שולחנו אפילו כסעודת שלמה בשעתו ואסור לספר ולכבס מר"ח ועד התענית דברי רבי מאיר רבי יהודה אומר כל החדש כולו אסור רשב"ג אומר אינו אסור אלא אותה שבת בלבד ותניא אידך ונוהג אבל מראש חדש ועד התענית דברי ר' מאיר רבי יהודה אומר כל החדש כולו אסור רשב"ג אומר אינו אסור אלא אותה שבת בלבד אמר ר' יוחנן ושלשתן מקרא אחד דרשו דכתיב ג) והשבתי כל משושה חגה חדשה ושבתה מאן דאמר מר"ח ועד התענית

מחגה

ניזיל בהדיה. בערכאות שלהן: [ז] ונתתי לכם אחרית ותקוה. איידי דאיירי רב יהודה לעיל נקיט ואזיל: דקלים. להתפרנס מהן שיש מהן בבבל הרבה כדאמרינן בפ"ק (דף ט:) עולא איקלע לבבל חזא מלא צנא דתמרי כו': כלי פשתן. ללבוש: לא שנו. במתני' שכל השבוע אסור לכבס: אפילו לכבס ולהניח. כדי שילבוש לאחר זמן לאחר ט' באב אסור דנראה כמסיח דעתו שעוסק בכיבוס בגדים: אמר רב ששת תדע. דאפי' לכבס ולהניח אסור: קצרי. כך שמם [ח] בלשון ישמעאל והם כובסין שמעתי אומרים על שם שמקצרין בגדי צמר כשדורסין אותן ברגליהן במים שקורין פורלוי"ר והיינו דמתרגמינן עין רוגל (שמואל ב יז) עינא דקצרא: אילימא לכבס וללבוש. מיד בחמישי מאי כבוד שבת איכא: אלא. לאו לכבס ולהניח עד השבת: לעולם לכבס וללבוש. מיד בחמישי (ב): ובמי שאין לו אלא חלוק אחד. דאין לו להחליף ומאי מפני כבוד השבת דאי לא מכבס השתא בחמישי תו לא מצי לכבס ליה: (ג) חולו של מועד. שאין לו אלא חלוק אחד דלא סגיא דלא מכבס מפני הכנימה ואפי' כיבס לפני המועד מותר לכבסה במועד: וגיהוץ שלנו. אינו יפה אלא ככיבוס שלהן ואסור לגהץ לפני תשעה באב אפילו להניח לאחר תשעה באב אבל כיבוס שלנו מותר: כלי פשתן אין בהן. ליאסר משום גיהוץ אלא בכלי מילת לושקי"י בלע"ז: לא שנו. שאסור ללובשו בשבוע שחל תשעה באב להיות בתוכה אלא בימים שלפני תשעה באב שאם חל ביום רביעי אסור ללובשו ראשון ושני ושלישי: אבל לאחריו. חמישי וששי [א] א) ושביעי מותר: חל להיות באחד בשבת מותר לכבס כל השבת כולה. דהיינו לאחריו: חל להיות בשני או בשלישי ברביעי ובחמישי כו': לייט עלה אביי ואיתימא רב אחא בר יעקב אהא. המכבס בתשעה באב אפילו מן המנחה ולמעלה ואדקאי בברייתא מפסיק לה למילתא וקאמר לייט עלה אביי כו': חל להיות בשני כו'. סיפא דההיא ברייתא גופה היא: ומפטיר. (ה) מאותן שלשה אחרון מפטיר מתוך שאין מוסיפין בחול יותר מג' אנשים ולא בר"ח על ד' שאין לנו להוסיף אלא בשבת וביו"ט כדמפרש במגילה (דף כא.) ולפיכך קורין ג' דזמן ספר תורה הוא ובלאו הכי הוו קרו שלשה שהוא מתקנת עזרא לקרות בשני ובחמישי כהן ולוי וישראל: קורא אחד ומפטיר אחד. אחד קורא והוא עצמו המפטיר קתני מיהת לאחריו מותר תיובתא דשמואל: וכן ערב תשעה באב שחל להיות בשבת. [ט] אינו מפסיק סעודתו ואינו ממעט בתבשילין אלא אוכל כל צרכו ומעלה על שולחנו אפי' כסעודת שלמה בשעתו דפלוגתא היא במסכת גיטין בפרק [מי שאחזו] (דף סח:) דאיכא למאן דאמר מלך והדיוט ומלך ואיכא למ"ד מלך והדיוט כלומר כשנטרד שוב לא חזר למלכותו לפיכך הוצרך לומר בשעתו בעת מלכו ותקפו שהיה אוכל הוא ושריו ס' כור סולת כו': ועד התענית. אלמא דסבירא ליה לרבי מאיר לפניו אסור לאחריו מותר ורבי יהודה ורבנן ([י] גמליאל) סבירא להו דאפילו לאחריו נמי אסור:

מחגה

אמר רב פפא הלכך האי בר ישראל דאית ליה דינא בהדי נכרי לישתמיט וכו'. פירוש משום דאמר לעיל מגלגלין חובה ליום החייב: של תפוחים. י"מ תפוחים [כ] כריח אתרוגים: קצרי דבי רב. פירוש כובסין הבגדים ולכך קרי להו קצרי על שם שמקצרין הבגדים ע"י רחיצת המים: מי שאין לו אלא חלוק אחד מותר לכבס במועד. ([ל] ובטבול יום) ובפ' אלו מגלחין (מו"ק דף יח.) דקאמר וליטעמיך הא דאמר רבי אסי אמר רבי יוחנן מי שאין לו אלא חלוק אחד וכו' דפריך יאמרו כל החלוקים אסורים לכבס בחול המועד וחלוק זה מותר ומתרץ זה אזורו מוכיח עליו שאין לו אלא חלוק אחד וא"כ דוקא להם אבל לנו ודאי אסור אפי' אין לנו אלא חלוק אחד שאין אנו אוגדין אזור על חלוקות שלנו ולא הוי אזורו מוכיח עליו וכן צריך ליזהר שלא לכבס המטפחת בחול המועד אע"ג שאין לנו אלא אחת אבל מ"מ יש לנשים לכבס בגדי התינוקות כדי לשכוב דהוי כמי שאין לו אלא חלוק אחד שיש רגילות להחליף בגדיהם וכל שעה צריך לו כל בגדיו ועל זה נהגו העולם לכבס בחול המועד: בשני ובחמישי קורין שלש ומפטיר אחד. מכאן מוכיח רבינו תם דמפטיר עולה למנין שבעה מדקאמר קורין שלש ומפטיר אחד שמפטיר אחד מן הג' דקא מיבעיא ליה במגילה (דף כג. ושם) מפטיר עולה למנין שבעה או לא משמע מהכא דעולה:

ותרווייהו

עין משפט נר מצוה

כז א טוש"ע א"ח סימן תקנא סעיף א:

כח ב מיי' פ"ז מהל' י"ט הלכה כא סמג לאוין עה טוש"ע שם סימן תקלד סעיף א:

כט ג ד מיי' פ"ה מהל' תענית הלכה ו סמג עשין מד"ס ג טוש"ע שם סימן תקנא סעיף ג:

ל ה מיי' שם טוש"ע שם סעיף ד:

לא ו מיי' פי"ב מהל' תפלה הלכה טו טור א"ח סימן תקנט:

לב ז מיי' פ"ה מהל' תענית הלכה ח טוש"ע א"ח סימן תקנב סעיף י:

רבינו גרשום

לעולם לכבס וללבוש בחמישי ודאמרת מאי כבוד שבת איכא **דלית ליה אלא אותו חלוק** ולא מצי להמתין עד שבת והיינו כבוד שבת דמכבס ליה ולהכי שאר יומי אסור אבל להניח לא הוי אסור וגיהוץ שלנו אסור. **לייט עלה אביי** במאן דכביס בע"ש בט' באב מן המנחה ולמעלה. **קורין ג'** הואיל וכל חמישי ושני קורין ג'. **מפטיר** אסוף אסיפם. **תיובתא דשמואל** הא דקתני מותר לכבס כל השבוע ושמואל אמר

רבינו חננאל

לתת לכם אחרית ותקוה. אמרינן משמיה דרב אלו דקלין וכלי פשתן. ראה ריח בני כריח שדה. כריח שדה של תפוחין: **בגדים** מגוהצין אסור ללובשן בשבת שחל ט' באב להיות בתוכה עד יום תענית ואפילו הן בגדים של פשתן. פי' גיהוץ בלשון ישמעאל צקל והוא מעברי ליה חומרתא (כתובות י:) שבת שחל להיות ט' באב בתוכה אסור לספר ולכבס. ובחמישי מותר מפני כבוד השבת. אוקימנא בזמן שחל ט' באב בע"ש בה' שמקודם יום ט' באב התירו לו לכבס וללבוש כשאין לו אלא חלוק אחד ומותר לכבסו אפילו בחוש"מ. כבוס א) חלוקת רב נחמן ורב ששת היא וקיי"ל בהא כרב ששת דא' אפילו לכבס ולהניח אחר ט' באב אסור תדע דקא בטלי קצרי דבי רב ומותבינן מהא דתניא אסור לכבס לפני ט' באב ואפילו להניח לאחר ט' באב וגיהוץ של בני ארץ בבל כבוס של בני א"י. וכלי פשתן אין בהן משום גיהוץ. אבל אסור ללובשן בשבת שחל ט' באב להיות בתוכה: **[שבת שחל ט"ב להיות בתוכה]** אסורין לספר ולכבס ובחמישי מותרין מפני כבוד השבת כיצד חל להיות באחד בשבת מותרין לכבס כל השבת כולה חל להיות ט' באב בב' או בג' או בד' או בה' לפניו אסור לאחריו מותר. חל ט' באב להיות בע"ש מותרין לכבס בחמישי. פי' מי שאין לו אלא חלוק אחד ואם לא כיבס בה' יכבס בע"ש בט' באב עצמו מן המנחה ולמעלה. לייט אביי מי שהצריך ודחק עצמו לכך. ובקריאת הספר קיי"ל כר' יוסי דאמר

חשק שלמה על רבינו חננאל א) נראה דל"ל וכבוס להניח לאחר ט"ב.

מסורת הש"ס

א) [גירסת רא"ש דתקיף מזליי], ב) [לעיל כו:], ג) מ"ק יח. יט. חולין קז:, ד) [קדושין לג: וש"נ], ה) [מגילה כב:], ו) עירובין מ:, ז) [צ"ל לתת], ח) [ע' ב"ק קיט: וברש"י שם], ט) [עי' בהה"ט בא"ח סי' תקנב ס"ק יב כוונת רש"י במ"ש אינו מפסיק סעודתו], י) [צ"ל שמעון בן גמליאל], כ) [עי' תוס' שבת פח. ד"ה פריו קודם], ל) [צ"ל ובחולין דף קז:].

הגהות הב"ח

(א) גמ' ובחמישי מותרין מפני כבוד השבת מאי מותרין אילימא לכבס כו' הוא דשרי אבל כל השבת כולה: (ב) רש"י ד"ה לעולם כו' מיד בחמישי ובמי שאין כו' הד"א: (ג) ד"ה בחולו של מועד דכיון שאין לו אלא חלוק אחד לא סגי דלא מכבס ליה מפני הכנימה: (ד) ד"ה ומפטיר אחד מאותן שלש:

הגהות הגר"א

[א] רש"י ד"ה אבל ושביעי. רשום קו עליו למחקו:

הגהות מהר"ב רנשבורג

א] רש"י ד"ה אבל לאחריו וכו' ושביעי. נמחק מלת ושביעי:

תורה אור השלם

א) כִּי אָנֹכִי יָדַעְתִּי אֶת הַמַּחֲשָׁבֹת אֲשֶׁר אָנֹכִי חֹשֵׁב עֲלֵיכֶם נְאֻם יְיָ מַחְשְׁבוֹת שָׁלוֹם וְלֹא לְרָעָה לָתֵת לָכֶם אַחֲרִית וְתִקְוָה: [ירמיה כט, יא]

ב) וַיִּגַּשׁ וַיִּשַּׁק לוֹ וַיָּרַח אֶת רֵיחַ בְּגָדָיו וַיְבָרֲכֵהוּ וַיֹּאמֶר רְאֵה רֵיחַ בְּנִי כְּרֵיחַ שָׂדֶה אֲשֶׁר בֵּרֲכוֹ יְיָ: [בראשית כז, כז]

ג) וְהִשְׁבַּתִּי כָּל מְשׂוֹשָׂהּ חַגָּהּ חָדְשָׁהּ וְשַׁבַּתָּהּ וְכֹל מוֹעֲדָהּ: [הושע ב, יג]

ליקוטי רש"י

קצרי. הכובס נקרא קצרי בלשון ארמי [ב"ק קיט:]. בחמישי מותרים מפני כבוד השבת. אם חל תשעה באב בערב שבת מותרין לכבס בחמישי וכשחל תשעה באב ברביעי בשבת לא איצטריך למיתני דמותרין כדאמרינן בגמרא לא שנו אלא לפניו כו' [לעיל כו:]. וגיהוץ. לשיקיי"ר באבן הזכוכית. ככיבוס שלהן. שהיו מימיהם יפים לכבס או שמנין יפים היו להן לכבס וכיבוס שלנו אין הבגד מלובן עד שיהיה מגוהץ [כתובות י:]. וכן ערב תשעה באב שחל להיות בשבת. אף על פי שאם חל להיות בחול לא יאכל שני תבשילין ולא יאכל בשר ולא ישתה יין עכשיו שהוא שבת אוכל כל צורכו. בשעתו. שהיתה שעתו עומדת לו במלכותו דמלך והדיוט הוה [עירובין מא.].

אָמַר רַב פָּפָּא – **Rav Pappa said:** הִלְכָּךְ בַּר יִשְׂרָאֵל דְּאִית לֵיהּ דִּינָא בַּהֲדֵי נָכְרִי – **Therefore,**[1] **a Jew who has a lawsuit with a Gentile** לִישְׁתַּמֵּיט מִינֵּיהּ בְּאָב – **should avoid him during** the month of **Av,** דְּרִיעַ מַזָּלֵיהּ – **when [a Jew's] luck is bad,**[2] וְלִימְצִי נַפְשֵׁיהּ בַּאֲדָר – **and should make himself available** to appear even before a Gentile court **during** the month of **Adar,** דְּבָרִיא מַזָּלֵיהּ – **when his luck is good.**[3]

The Gemara cites another statement of Rav Yehudah the son of Rav Shmuel bar Shilas in the name of Rav:

"לָתֵת לָכֶם אַחֲרִית וְתִקְוָה" – Scripture states: ***To give you a future and a hope*** .[4] אָמַר רַב יְהוּדָה בְּרֵיהּ דְּרַב שְׁמוּאֵל בַּר שֵׁילַת מִשְּׁמֵיהּ דְּרַב – **Rav Yehudah the son of Rav Shmuel bar Shilas said in the name of Rav** in explanation of this verse: אֵלּוּ דְּקָלִים וּכְלֵי פִשְׁתָּן – **These are date trees and linen garments.** Even in the Babylonian exile the Jews will obtain an ample supply of food from date trees[5] and an ample supply of clothing made from linen.

The Gemara cites a third statement made by Rav Yehudah the son of Rav Shmuel bar Shilas in the name of Rav:

"וַיֹּאמֶר רְאֵה רֵיחַ בְּנִי כְּרֵיחַ שָׂדֶה אֲשֶׁר בֵּרֲכוֹ ה׳" – The Torah states: ***He said: See, the fragrance of my son is like the fragrance of a field that Hashem has blessed.*** [6] אָמַר רַב יְהוּדָה בְּרֵיהּ דְּרַב שְׁמוּאֵל בַּר שֵׁילַת מִשְּׁמֵיהּ דְּרַב – **Rav Yehudah the son of Rav Shmuel bar Shilas said in the name of Rav:** כְּרֵיחַ שָׂדֶה שֶׁל תַּפּוּחִים – Scripture means: **Like the fragrance of a field of apple trees.**[7]

The Mishnah stated:

שַׁבָּת שֶׁחָל תִּשְׁעָה בְּאָב לִהְיוֹת בְּתוֹכָהּ אֲסוּרִין לְסַפֵּר וּלְכַבֵּס – DURING THE WEEK IN WHICH TISHAH B'AV FALLS, WE ARE FORBIDDEN TO CUT HAIR OR LAUNDER CLOTHES.

The Gemara discusses the latter prohibition:

אָמַר רַב נַחְמָן – **Rav Nachman said:** לֹא שָׁנוּ אֶלָּא לְכַבֵּס וְלִלְבּוֹשׁ – **They taught only** that this prohibition against laundering applied **to laundering clothing** in order **to wear** them on or before Tishah B'Av. אֲבָל לְכַבֵּס וּלְהַנִּיחַ מוּתָּר – **However, to launder clothing and put** them **away** until after Tishah B'Av **is permitted.** וְרַב שֵׁשֶׁת אָמַר – **And Rav Sheishess said:** אֲפִילּוּ לְכַבֵּס וּלְהַנִּיחַ אָסוּר – **Even to launder clothing and put** them **away** until after Tishah B'Av **is prohibited.**[8] אָמַר רַב שֵׁשֶׁת תֵּדַע – **Rav Sheishess said: Know** that it is forbidden to launder during this week even for wear after Tishah B'Av, דְּבָטְלֵי קַצְרֵי דְּבֵי רַב – **for the launderers**[9] **of Rav's household were idle** at that time.

The Gemara challenges the opinion of Rav Nachman:

מָתִיב רַב הַמְנוּנָא – **Rav Hamnuna raised an objection** from our Mishnah: בַּחֲמִישִׁי מוּתָּרִים מִפְּנֵי כְּבוֹד הַשַּׁבָּת – ON THURSDAY WE ARE PERMITTED to launder clothes BECAUSE OF THE HONOR DUE THE SABBATH.[10] לְמַאי – **For what** use may we launder clothing on Thursday? אִילֵימָא לְכַבֵּס וְלִלְבּוֹשׁ – **If you say** that we are permitted **to launder clothing and wear** them at once, on Thursday itself, מַאי כְּבוֹד שַׁבָּת אִיכָּא – **what honor is there for the Sabbath** if one wears the freshly laundered clothing on Thursday? אֶלָּא לְהַנִּיחַ – **Rather,** the Mishnah allows laundering clothing on Thursday in order **to put** them **away** for use on the Sabbath, the day after Tishah B'Av. וּבַחֲמִישִׁי הוּא דְּשָׁרֵי – **And,** yet, only **on Thursday is it permitted** to launder clothing for use on the Sabbath following Tishah B'Av. אֲבָל הַשַּׁבָּת כּוּלָּהּ אָסוּר – **However,** during **the entire** rest of the **week** of Tishah B'Av it **is prohibited** to launder clothing, even for use on the Sabbath following Tishah B'Av.[11] The Mishnah thus disproves Rav Nachman, who held that laundering clothing for use after Tishah B'Av is in all cases permitted. – ? –

The Gemara reconciles Rav Nachman's view with our Mishnah:

לְעוֹלָם לְכַבֵּס וְלִלְבּוֹשׁ – **Actually,** the Mishnah's case concerns **laundering clothing** on Thursday in order **to wear** them at once, on Thursday. Yet, this dispensation is indeed issued for the honor of the Sabbath, for the Mishnah speaks of one וּכְשֶׁאֵין לוֹ אֶלָּא חָלוּק אֶחָד – **who has only one tunic.**[12] דְּאָמַר רַב אַסִּי אָמַר רַבִּי יוֹחָנָן – **For Rav Assi said in the name of R' Yochanan:** מִי שֶׁאֵין לוֹ אֶלָּא חָלוּק אֶחָד – **One who possesses only one tunic** מוּתָּר לְכַבְּסוֹ בְּחוּלּוֹ שֶׁל מוֹעֵד – **is permitted to launder it on the Intermediate Days of the Festival.**[13]

NOTES

1. I.e. although the Gemara states (*Shabbos* 156a) that Jews are not absolutely dominated by astrological forces (see *Rashi* there), nevertheless, the Gemara stated above (29a) that on a day that is propitious for Jews, favorable events are likely to occur, and on a day of Jewish misfortune unfavorable events are not uncommon. Hence, one should not rely on his prayers and his merits and thus decline to take advantage of an auspicious time, or disregard the legacy of a tragic time (*Maharsha*).

2. I.e. when the astrological influences affecting him are adverse.

3. I.e. when the astrological influences affecting him are advantageous.

4. *Jeremiah* 29:11, which refers to the Babylonian exile.

5. Babylonia abounded with date trees, whose fruit can provide ample nourishment (*Rashi,* from the Gemara 9b).

Date trees and linen garments afforded the exiled Jewish nation "a future and a hope" because they are enduring (*Maharsha*).

6. *Genesis* 27:27, which begins: וַיִּגַּשׁ וַיִּשַּׁק־לוֹ וַיָּרַח אֶת־רֵיחַ בְּגָדָיו וַיְבָרְכֵהוּ, *So [Isaac] drew close and kissed him [Jacob.] He smelled the fragrance of his garments and blessed him.* Scripture speaks of the time when Jacob, disguised as his elder brother, entered Isaac's presence to receive the blessing intended for Esau.

7. *Tosafos* (here and to *Shabbos* 88a ד״ה פרו) interpret תַּפּוּחִים to mean *esrogim,* perhaps in line with *midrashim* that assert that the fragrance of Gan Eden that entered with Jacob emanated from his clothing, as it says: *He smelled the fragrance of his garments.* For Jacob's clothing had originally belonged to Adam in Gan Eden. (Subsequently, they passed to Nimrod, and were then stolen by Esau. When Jacob appeared before his father in the guise of his elder brother, he donned these garments.) Inasmuch as Adam ate from the *esrog* tree in Gan Eden, his garments absorbed the fragrance of its fruit. [The Sages dispute the identity of the forbidden Tree of Knowledge. R' Abba (in *Bereishis Rabbah* 15:8) maintains that it was the *esrog,* the only tree among those mentioned by the Sages whose fruit emits a fragrance.] It was this exquisite fragrance that Isaac smelled centuries later (*Maharsha*). See *Beur HaGra, Orach Chaim* 583.

8. For by engaging in laundering, one appears as having distracted himself from mourning the destruction of the Temple (*Rashi*).

9. The Gemara refers to launderers as קַצְרֵי because they cause woolen garments to shrink (מְקַצְּרִין) when they trample the garments in water during the washing process. Alternatively, קַצְרֵי is the Arabic word for launderers (*Rashi*).

10. In the Mishnah's case Tishah B'Av falls on a Friday (*Rashi* 26b ד״ה בחמישי).

11. The proximity in time of Thursday to the Sabbath ensures that laundering on Thursday will be construed as a preparation for the Sabbath. However, an activity performed before Thursday will not be similarly construed; hence, the Mishnah does not permit laundering on these earlier days in this case (*Ritva* 26b).

12. When one has no change of clothing, he is permitted to launder his garment so that it will be clean in honor of the Sabbath. However, since Friday is Tishah B'Av, on which laundering is certainly prohibited, one has no choice but to wash the garment on Thursday, and wear it on Thursday and Friday.

13. Ordinarily, it is prohibited to launder clothing on *Chol HaMoed* (see *Moed Katan* 13b). However, one who has only one garment may wash it on *Chol HaMoed* to prevent it from becoming infested with vermin, even if the garment was laundered just prior to the festival (*Rashi*).

The Gemara understands that this dispensation applies during the week of Tishah B'Av as well. Thus, he may launder his garment once a week [i.e. in honor of the Sabbath], and since Thursday is the last day when he may launder, he may clean his garment then. Since he has only

אמר רב פפא [א] הלכך בר ישראל דאית ליה דינא בהדי נכרי לישתמיט מיניה באב דריע מזליה ולימצי נפשיה באדר [א] דבריא מזליה [א] לתת לכם אחרית ותקוה אמר רב יהודה בריה דרב שמואל בר שילת משמיה דרב אלו דקלים וכלי פשתן [ב] ויאמר ראה ריח בני כריח שדה אשר ברכו ה' אמר רב יהודה בריה דרב שמואל בר שילת משמיה דרב כריח שדה של תפוחים: שבת שחל תשעה באב להיות בתוכה אסורין לספר ולכבס: אמר רב נחמן לא שנו אלא לכבס וללבוש אבל לכבס ולהניח מותר ורב ששת אמר אפילו לכבס ולהניח אסור אמר רב ששת תדע דבטלי קצרי דבי רב מתיב רב המנונא (א) [ג] בחמישי מותרים מפני כבוד השבת למאי אילימא לכבס וללבוש מאי כבוד שבת איכא אלא להניח ובחמישי הוא דשרי אבל השבת כולה אסור לעולם לכבס וללבוש וכשאין לו אלא חלוק אחד [ג] דאמר רב אסי א"ר יוחנן [ב] מי שאין לו אלא חלוק אחד מותר לכבסו בחולו של מועד איתמר נמי אמר רבי בנימין אמר ר' אלעזר לא שנו אלא לכבס וללבוש אבל להניח מותר מיתיבי [ג] אסור לכבס לפני תשעה באב אפילו להניח לאחר תשעה באב וגיהוץ שלנו ככיבוס שלהן וכלי פשתן אין בהם משום גיהוץ תיובתא [ד] שלח רב יצחק בר גיורי משמיה דרבי יוחנן אע"פ שאמרו כלי פשתן אין בהן משום גיהוץ אבל אסור ללובשן בשבת שחל תשעה באב להיות בתוכה אמר רב לא שנו אלא לפניו [ה] אבל לאחריו מותר ושמואל אמר אפילו לאחריו נמי אסור מיתיבי שבת שחל תשעה באב להיות בתוכה אסור לספר ולכבס ובחמישי מותרין מפני כבוד השבת כיצד חל להיות באחד בשבת מותר לכבס כל השבת כולה בשני בשלישי ברביעי ובחמישי לפניו אסור לאחריו מותר חל להיות בערב שבת מותר לכבס בחמישי מפני כבוד השבת ואם לא כבס בחמישי בשבת מותר לכבס בערב שבת מן המנחה ולמעלה [ד] לייט עלה אביי ואיתימא רב אחא בר יעקב אהא [ה] חל להיות בשני ובחמישי קורין שלשה ומפטיר אחד בשלישי וברביעי קורא אחד ומפטיר אחד רבי יוסי אומר [ו] לעולם קורין שלשה ומפטיר אחד תיובתא דשמואל אמר לך שמואל תנאי היא דתניא [ו] [ז] תשעה באב שחל להיות בשבת וכן ערב תשעה באב שחל להיות בשבת אוכל ושותה כל צרכו ומעלה על שולחנו אפילו כסעודת שלמה בשעתו ואסור לספר ולכבס מר"ח ועד התענית דברי רבי מאיר רבי יהודה אומר כל החדש כולו אסור רשב"ג אומר אינו אסור אלא אותה שבת בלבד ותניא אידך ונוהג אבל מראש חדש ועד התענית דברי ר' מאיר רבי יהודה אומר כל החדש כולו אסור רשב"ג אומר אינו אסור אלא אותה שבת בלבד אמר ר' יוחנן ושלשתן מקרא אחד דרשו דכתיב [ג] והשבתי כל משושה חגה חדשה ושבתה מאן דאמר מר"ח ועד התענית

מחגה

רש"י

ניזיל בהדיה. בערכאות שלהן: [ו] ונתתי לכם אחרית ותקוה. איידי דאיירי רב יהודה לעיל נקיט ואזיל: דקלים. להתפרנס מהן שיש מהן בבבל הרבה כדאמרינן בפ"ק (דף ט:) עולא איקלע לבבל חזא מלא צנא דתמרי כו': כלי פשתן. ללבוש: לא שנו. במתני' שכל השבוע אסור לכבס: אפילו לכבס ולהניח. כדי שילבוש לאחר זמן לאחר ט' באב אסור דנראה כמסיח דעתו שעוסק בכיבוס בגדים: אמר רב ששת תדע. דאפי' לכבס ולהניח אסור: קצרי. כך שמם [ח] בלשון ישמעאל והם כובסין שמעתי אומרים על שם שמקצרין בגדי צמר כשדורסין אותן ברגליהן במים שקורין פורלוי"ר והיינו דמתרגמינן עין רוגל (שמואל ב יז) עינא דקצרא: אילימא לכבס וללבוש. מיד בחמישי מאי כבוד שבת איכא: אלא. לאו לכבס ולהניח עד השבת: לעולם לכבס וללבוש. מיד בחמישי (ב): ובמי שאין לו אלא חלוק אחד. דאין לו להחליף ומאי מפני כבוד השבת דאי לא מכבס השתא בחמישי תו לא מצי לכבס ליה: (ג) חולו של מועד. שאין לו אלא חלוק אחד דלא סגיא דלא מכבס מפני הכנימה ואפי' כיבס לפני המועד מותר לכבסה במועד: וגיהוץ שלנו. אינו יפה אלא ככיבוס שלהן ואסור לגהץ לפני תשעה באב אפילו להניח לאחר תשעה באב אבל כיבוס שלנו מותר: כלי פשתן אין בהן. ליאסר משום גיהוץ אלא בכלי מילת לושקי"י בלע"ז: לא שנו. שאסור ללובשו בשבוע שחל תשעה באב להיות בתוכה אלא בימים שלפני תשעה באב שאם חל ביום רביעי אסור ללובשו ראשון ושני ושלישי: אבל לאחריו. חמישי וששי [א] [א] ושביעי מותר: חל להיות באחד בשבת מותר לכבס כל השבת כולה. דהיינו לאחריו: חל להיות בשני או בשלישי ברביעי ובחמישי כו': לייט עלה אביי ואיתימא רב אחא בר יעקב אהא. המכבס בתשעה באב אפילו מן המנחה ולמעלה ואדקאי בברייתא מפסיק לה למילתא וקאמר לייט עלה אביי כו': חל להיות בשני כו'. סיפא דההיא ברייתא גופה היא: ומפטיר. (ה) מאותן שלשה אחרון מפטיר מתוך שאין מוסיפין בחול יותר מג' אנשים ולא בר"ח על ד' שאין לנו להוסיף אלא בשבת וי"ט כדמפרש במגילה (דף כא.) ולפיכך קורין ג' דזמן ספר תורה הוא ובלאו הכי הוו קרו שלשה שהוא מתקנת עזרא לקרות בשני ובחמישי כהן ולוי וישראל: קורא אחד ומפטיר אחד. אחד קורא והוא עצמו המפטיר קתני מיהת לאחריו מותר תיובתא דשמואל: וכן ערב תשעה באב שחל להיות בשבת. [ט] אינו מפסיק סעודתו ואינו ממעט בתבשילין אלא אוכל כל צרכו ומעלה על שולחנו אפי' כסעודת שלמה בשעתו דפלוגתא היא במסכת גיטין בפרק [מי שאחזו] (דף סח:) דאיכא למאן דאמר מלך והדיוט ומלך ואיכא למ"ד מלך והדיוט כלומר כשנטרד שוב לא חזר למלכותו לפיכך הוצרך לומר בשעתו בעת מלכו ותקפו שהיה אוכל הוא ושריו ס' כור סולת כו': ועד התענית. אלמא דסבירא ליה לרבי מאיר לפניו אסור לאחריו מותר ורבי יהודה ורבן ([י] גמליאל) סבירא להו דאפילו לאחריו נמי אסור:

מחגה

תוספות

אמר רב פפא הלכך האי בר ישראל דאית ליה דינא בהדי נכרי לישתמיט וכו'. פירוש משום דאמר לעיל מגלגלין חובה ליום חייב: של תפוחים. י"מ תפוחים [מ] כריח אתרוגים: קצרי דבי רב. פירוש כובסין הבגדים ולכך קרי להו קצרי על שם שמקצרין הבגדים ע"י רחיצת המים: מי שאין לו אלא חלוק אחד מותר לכבס במועד. ([ל] ובטבול יום) ובפ' אלו מגלחין (מו"ק דף יד.) דקאמר וליטעמיך הא דאמר רבי אסי אמר רבי יוחנן מי שאין לו אלא חלוק אחד וכו' דפריך יאמרו כל החלוקים אסורים לכבס בחול המועד וחלוק זה מותר ומתרץ זה אזורו מוכיח עליו שאין לו אלא חלוק אחד וא"כ דוקא להם אבל לנו ודאי אסור אפי' אין לנו אלא חלוק אחד שאין אנו אוגדין אזור על חלוקות שלנו ולא הוי אזורו מוכיח עליו וכן צריך ליזהר שלא לכבס המטפחת בחול המועד אע"ג שאין לנו אלא אחת אבל מ"מ יש לנשים לכבס בגדי התינוקות כדי לשכוב דהוי כמי שאין לו אלא חלוק אחד שיש רגילות להחליף בגדיהם וכל שעה צריך לו כל בגדיו ועל זה נהגו העולם לכבס בחול המועד:

בשני ובחמישי קורין שלש ומפטיר אחד. מכאן מוכיח רבינו תם דמפטיר עולה למנין שבעה מדקאמר קורין שלש ומפטיר אחד שמפטיר אחד מן הג' דקא מיבעיא ליה במגילה (דף כג. ושם) מפטיר עולה למנין שבעה או לא משמע מהכא דעולה:

ותרוייהו

עין משפט נר מצוה

כז א טוש"ע א"ח סימן תקנא סעיף א:
כח ב מיי' פ"ז מהל' י"ט הלכה כא סמג לאוין עה טוש"ע שם סימן תקלד סעיף א:
כט ג ד מיי' פ"ה מהל' תענית הלכה ו סמג עשין מד"ס ג טוש"ע שם סימן תקנא סעיף ג:
ל ה מיי' שם טוש"ע שם סעיף ד:
לא ו מיי' פי"ב מהל' תפלה הלכה טז טור א"ח סימן תקנט:
לב ז מיי' פ"ה מהל' תענית הלכה ח טוש"ע א"ח סימן תקנב סעיף י:

רבינו גרשום

לעולם לכבס וללבוש בחמישי ודאמרת מאי כבוד שבת איכא דלית ליה אלא אותו חלוק ולא מצי להמתין עד שבת והיינו כבוד שבת דמכבס ליה ולהכי שאר יומי אסור אבל להניח לא הוי אסור וגיהוץ שלנו אסור. לייט עלה אביי במאן דכביס בע"ש בט' באב מן המנחה ולמעלה. קורין ג' הואיל וכל חמישי ושני קורין ג'. מפטיר אסוף אסיפם. תיובתא דשמואל הא דקתני מותר לכבס כל השבוע ושמואל אמר

רבינו חננאל

לתת לכם אחרית ותקוה. אמרינן משמיה דרב אלו דקלין וכלי פשתן. ראה ריח בני כריח שדה. כריח שדה של תפוחין: בגדים מגוהצין אסור ללובשן בשבת שחל ט' באב להיות בתוכה עד יום תענית ואפילו הן בגדים של פשתן. פי' גיהוץ בלשון ישמעאל צקל והוא מעברי ליה חומרתא (כתובות י:) שבת שחל להיות ט' באב בתוכה אסור לספר ולכבס. ובחמישי מותר מפני כבוד השבת. אוקימנא בזמן שחל ט' באב בע"ש בה' שמקודם יום ט' באב התירו לו לכבס וללבוש כשאין לו אלא חלוק אחד ומותר לכבסו אפילו בחוש"מ. כבוס א) חלוקת רב נחמן ורב ששת היא וקיי"ל בהא כרב ששת דא' אפילו לכבס ולהניח אחר ט' באב אסור תדע דקא בטלי קצרי דבי רב ומותבינן מהא דתניא אסור לכבס לפני ט' באב ואפילו להניח לאחר ט' באב וגיהוץ של בני ארץ בבל כבוס של בני א"י. וכלי פשתן אין בהן משום גיהוץ. אבל אסור ללובשן בשבת שחל ט' באב להיות בתוכה: [שבת שחל ט"ב להיות בתוכה] אסורין לספר ולכבס ובחמישי מותרין מפני כבוד השבת כיצד חל להיות באחד בשבת מותרין לכבס כל השבת כולה חל להיות ט' באב בב' או בג' או בד' או בה' לפניו אסור לאחריו מותר. חל ט' באב להיות בע"ש מותרין לכבס בחמישי. פי' מי שאין לו אלא חלוק אחד ואם לא כיבס בה' יכבס בע"ש בט' באב עצמו מן המנחה ולמעלה. לייט אביי מי שהצריך ודחק עצמו לכך. ובקריאת הספר קיי"ל כר' יוסי דאמר

חשק שלמה על רבינו חננאל א) נראה דצ"ל וכבוס להניח לאחר ט"ב.

מסורת הש"ס

א) [גירסת רא"ש דתקיף מזליה], ב) [לעיל כו:], ג) מ"ק יד. יח. חולין קז:, ד) [קדושין לג: וש"נ], ה) [מגילה כב:], ו) עירובין מ:, ז) [צ"ל לתת], ח) [ע' ב"ק קיט: וברש"י שם], ט) [עי' בהה"ט בא"ח סי' תקנב ס"ק יב כוונת רש"י במ"ש אינו מפסיק סעודתו], י) [צ"ל שמעון בן גמליאל], כ) [עי' תוס' שבת פח. ד"ה פריו קודם], ל) [צ"ל ובחולין דף קז:].

הגהות הב"ח

(א) גמ' ובחמישי מותרין מפני כבוד השבת מאי מותרין אילימא לכבס כו' הוא דשרי אבל כל השבת כולה: (ב) רש"י ד"ה לעולם כו' מיד בחמישי ובמי שאין כו' הד"א: (ג) ד"ה בחולו של מועד דכיון שאין לו אלא חלוק אחד לא סגי דלא מכבס ליה מפני הכנימה: (ד) ד"ה ומפטיר אחד מאותן שלש:

הגהות הגר"א

[א] רש"י ד"ה אבל ושביעי. רשום קו עליו למחקו:

הגהות מהר"ב רנשבורג

א] רש"י ד"ה אבל לאחריו וכו' ושביעי. נמחק מלת ושביעי:

תורה אור השלם

א) כִּי אָנֹכִי יָדַעְתִּי אֶת הַמַּחֲשָׁבֹת אֲשֶׁר אָנֹכִי חֹשֵׁב עֲלֵיכֶם נְאֻם יְיָ מַחְשְׁבוֹת שָׁלוֹם וְלֹא לְרָעָה לָתֵת לָכֶם אַחֲרִית וְתִקְוָה: [ירמיה כט, יא]

ב) וַיִּגַּשׁ וַיִּשַּׁק לוֹ וַיָּרַח אֶת רֵיחַ בְּגָדָיו וַיְבָרְכֵהוּ וַיֹּאמֶר רְאֵה רֵיחַ בְּנִי כְּרֵיחַ שָׂדֶה אֲשֶׁר בֵּרֲכוֹ יְיָ: [בראשית כז, כז]

ג) וְהִשְׁבַּתִּי כָּל מְשׂוֹשָׂהּ חַגָּהּ חָדְשָׁהּ וְשַׁבַּתָּהּ וְכֹל מוֹעֲדָהּ: [הושע ב, יג]

ליקוטי רש"י

קצרי. הכובס נקרא קצרי בלשון ארמי [ב"ק קיט:]. בחמישי מותרים מפני כבוד השבת. אם חל תשעה באב בערב שבת מותרין לכבס בחמישי וכשחל תשעה באב ברביעי בשבת לא איצטריך למיתני דמותרין כדאמרינן בגמרא לא שנו אלא לפניו כו' [לעיל כו:]. וגיהוץ. לשיקיי"ר באבן הזכוכית. ככיבוס שלהן. שהיו מימיהם יפים לכבס או סמנין יפים היו להן לכבס וכיבוס שלנו אין הבגד מלובן עד שיהיה מגוהץ [כתובות י:]. וכן ערב תשעה באב שחל להיות בשבת. אף על פי שאם חל להיות בחול לא יאכל בשר ולא ישתה יין עכשיו שהוא שבת אוכל כל צורכו. בשעתו. שהיתה שעתו עומדת לו במלכותו למלך והדיוט הוה [עירובין מא.].

The Gemara cites another Amora, who concurs with Rav Nachman's ruling:

אִיתְּמַר נַמִּי – **It was also said:** אָמַר רַבִּי בִּנְיָמִין אָמַר ר׳ אֶלְעָזָר – **R' Binyamin said in the name of R' Elazar:** לֹא שָׁנוּ אֶלָּא לְכַבֵּס וְלִלְבּוֹשׁ – **They taught only** that it was prohibited **to launder clothing and to wear** them at once, אֲבָל לְהָנִיחַ מוּתָּר – **but** to launder clothing and **to put** them **away** for use after Tishah B'Av **is permitted.**

The Gemara questions R' Elazar's ruling:

מֵיתִיבֵי – **They raised an objection** from the following Baraisa: אָסוּר לְכַבֵּס לִפְנֵי תִּשְׁעָה בְּאָב – IT IS FORBIDDEN TO LAUNDER CLOTHING BEFORE TISHAH B'AV, אֲפִילּוּ לְהָנִיחַ לְאַחַר תִּשְׁעָה בְּאָב – EVEN in order TO PUT them AWAY FOR AFTER TISHAH B'AV. וְגִיהוּץ שֶׁלָּנוּ כְּכִיבּוּס שֶׁלָּהֶן – AND OUR PRESSING IS LIKE THEIR LAUNDERING;[14] hence, in the Diaspora one may not press clothing before Tishah B'Av even for wearing afterward.[15] וּכְלֵי פִשְׁתָּן אֵין בָּהֶם מִשּׁוּם גִּיהוּץ – BUT LINEN GARMENTS ARE NOT SUBJECT TO the prohibition against PRESSING during the week of Tishah B'Av.[16] The Baraisa explicitly prohibits laundering (i.e. in Eretz Yisrael) during the week of Tishah B'Av, even if one does not intend to wear the garments until after Tishah B'Av, thus refuting R' Elazar's (and Rav Nachman's) ruling. – ? –

תְּיוּבְתָּא – This is indeed **a refutation** of R' Elazar's ruling.

The Gemara adds a related halachah:

שְׁלַח רַב יִצְחָק בַּר גִּיוֹרֵי מִשְּׁמֵיהּ דְּרַבִּי יוֹחָנָן – **Rav Yitzchak bar Giyorei sent** a message **in the name of R' Yochanan:** אַף עַל פִּי שֶׁאָמְרוּ כְּלֵי פִשְׁתָּן אֵין בָּהֶן מִשּׁוּם גִּיהוּץ – **Even though [the Rabbis] ruled that linen garments are not subject to** the prohibition against **pressing,** אֲבָל אָסוּר לְלוֹבְשָׁן בְּשַׁבָּת שֶׁחָל תִּשְׁעָה בְּאָב לִהְיוֹת בְּתוֹכָהּ – **it is nevertheless forbidden to wear them during the week in which Tishah B'Av falls** if they have been pressed.[17]

An Amora qualifies the ruling of the Mishnah, and is disputed:[18]

אָמַר רַב – **Rav said:** לֹא שָׁנוּ אֶלָּא לְפָנָיו – The prohibition against laundering clothing during the week of Tishah B'Av **was taught only** with regard to laundering **before [Tishah B'Av],** אֲבָל לְאַחֲרָיו מוּתָּר – **but after [Tishah B'Av]** laundering **is permitted.**[19] וּשְׁמוּאֵל אָמַר – **But Shmuel said:** אֲפִילּוּ לְאַחֲרָיו נַמִּי אָסוּר – **Even after [Tishah B'Av] as well** laundering **is prohibited.**

The Gemara questions Shmuel's ruling:

מֵיתִיבֵי – **They raised an objection** from the following Baraisa: שַׁבָּת שֶׁחָל תִּשְׁעָה בְּאָב לִהְיוֹת בְּתוֹכָהּ אָסוּר לְסַפֵּר וּלְכַבֵּס – During the WEEK ON WHICH TISHAH B'AV FALLS, IT IS FORBIDDEN TO CUT HAIR OR LAUNDER CLOTHES. וּבַחֲמִישִׁי מוּתָּרִין מִפְּנֵי כְבוֹד הַשַּׁבָּת – BUT ON THURSDAY WE ARE PERMITTED to launder clothes to wear on the Sabbath BECAUSE OF THE HONOR DUE THE SABBATH. כֵּיצַד – How is this so? חָל לִהְיוֹת בְּאֶחָד בְּשַׁבָּת – IF [TISHAH B'AV] FALLS ON A SUNDAY, מוּתָּר לְכַבֵּס כָּל הַשַּׁבָּת כּוּלָּהּ – IT IS PERMITTED TO LAUNDER CLOTHING THE ENTIRE WEEK.[20] בְּשֵׁנִי בִּשְׁלִישִׁי בִּרְבִיעִי וּבַחֲמִישִׁי – Similarly, if Tishah B'Av falls ON A MONDAY, TUESDAY, WEDNESDAY OR THURSDAY, לְפָנָיו אָסוּר – BEFORE [TISHAH B'AV] laundering IS PROHIBITED, לְאַחֲרָיו מוּתָּר – but laundering AFTER [TISHAH B'AV] IS PERMITTED. חָל לִהְיוֹת בְּעֶרֶב שַׁבָּת – IF [TISHAH B'AV] FALLS ON AN EVE OF THE SABBATH, i.e. on a Friday, מוּתָּר לְכַבֵּס בַּחֲמִישִׁי מִפְּנֵי כְבוֹד הַשַּׁבָּת – IT IS PERMITTED TO LAUNDER CLOTHES ON THURSDAY to wear on the Sabbath BECAUSE OF THE HONOR DUE THE SABBATH. וְאִם לֹא כִּבֵּס בַּחֲמִישִׁי בַּשַּׁבָּת – AND IF for some reason HE DID NOT LAUNDER his clothing ON THURSDAY, מוּתָּר לְכַבֵּס בְּעֶרֶב שַׁבָּת מִן הַמִּנְחָה וּלְמַעְלָה – HE MAY LAUNDER them ON THE SABBATH EVE, i.e. on Tishah B'Av itself, FROM the time of MINCHAH AND ONWARD.[21]

The Gemara interrupts its citation of the Baraisa to report Abaye's reaction to the implications of the last halachah:

לַיִיט עֲלָהּ אַבַּיֵי וְאִיתֵימָא רַב אַחָא בַּר יַעֲקֹב אַהָא – **Abaye, and some say Rav Acha bar Yaakov, uttered a curse upon one** who launders his clothing on Tishah B'Av, even from the time for Minchah and onward, regarding which the Baraisa is lenient.[22]

The Gemara cites the remainder of the Baraisa:

חָל לִהְיוֹת בְּשֵׁנִי וּבַחֲמִישִׁי – IF [TISHAH B'AV] FALLS ON A MONDAY OR THURSDAY, קוֹרִין שְׁלֹשָׁה וּמַפְטִיר אֶחָד – THREE people are called to READ the Torah[23] AND ONE of them CONCLUDES with the

NOTES

this one garment, the dispensation also includes permission to wear the garment during the week of Tishah B'Av (see *Rashi*).

14. I.e. the laundering process per se as performed in Eretz Yisrael achieves the same result as laundering *and* pressing in the Diaspora.

The Rishonim dispute what *gihutz* entails. We have translated it as *pressing*, in accordance with *Ritva* here and *Rashi*, who in *Kesubos* (10b) writes that a smooth stone is employed in the process. However, *Nimukei Yosef* (to *Moed Kattan* 14a; cf. his commentary here) defines *gihutz* as laundering with detergent.

15. The Baraisa thus implies that laundering per se is permitted in the Diaspora during the week of Tishah B'Av (if the clothes are to be put away until after Tishah B'Av), since their laundering process was inferior to that employed in Eretz Yisrael (*Rashi*). However, another opinion is cited (see *Ran, Ritva* and *Orach Chaim* 551:3) which maintains that this leniency with respect to laundering perhaps pertains only to Babylonia, whose waters are murky and so cleanse less effectively.

16. Either because linen garments cannot be pressed to look new (*Ritva*), or because they cannot be cleaned effectively (*Ran;* cf. *Rosh*). *Ran* explains that this leniency applies per se to old linen garments. Woolen garments are, however, subject to the restriction on pressing (see *Rashi*).

17. Even if they were pressed before the week in which Tishah B'Av falls (*Beis Yosef* 551; *Mishnah Berurah* 551:25). Certainly, then, if clothing have been laundered according to the standards of Eretz Yisrael, they may not be worn during the week of Tishah B'Av (see *Rosh, Orach Chaim* 551:3).

Clothing that has been laundered outside of Eretz Yisrael has the same status as pressed linen garments regarding this halachah (*Ran;* see *Orach Chaim* 551:3 with *Beur HaGra,* and *Sfas Emes*).

18. Although *Rashi* explains that it is R' Yochanan's ruling (that one may not wear pressed linen garments during the week of Tishah B'Av) that Rav comes to qualify, *Keren Orah* insists that Rav must also be addressing the Mishnah's prohibition against laundering during that week [inasmuch as the Baraisa cited to refute Shmuel speaks of laundering]. Our elucidation follows *Keren Orah's* understanding.

19. For example, if Tishah B'Av fell on Wednesday, the prohibition applies only on Sunday, Monday, Tuesday [and certainly Wednesday,] but not on Thursday and Friday (*Rashi*, as emended by *Hagahos HaGra* and *R' Betzalel Ronsburg*).

20. [I.e. from Monday until the end of the week,] which in these circumstances is the period of "after Tishah B'Av" that Rav treats leniently (*Rashi*).

21. It is not clear whether the Baraisa refers to *Minchah Gedolah, the greater Minchah,* which commences six and one-half hours after sunrise and extends until sunset, or to *Minchah Ketanah, the small Minchah*, which commences nine and one-half hours after sunrise and extends until sunset (*Gevuras Ari*).

22. Abaye cursed anyone who negligently fails to make preparations before Tishah B'Av, and therefore must avail himself of the Baraisa's leniency and perform this otherwise forbidden activity on Tishah B'Av. Abaye does not, however, curse the halachah itself (*Rabbeinu Chananel*, as explained by *Sfas Emes*). It would appear that *Rashi* interprets similarly (cf. *Gevuras Ari*).

23. Just as on any Monday or Thursday. For Ezra instituted that the previously established Monday and Thursday readings should each be divided among three people – a Kohen, a Levi and a Yisrael (*Rashi*; see also *Bava Kamma* 82a, ArtScroll *Megillah* 21a-2 notes 6-8).

עין משפט נר מצוה

כז א טוש"ע א"ח סימן תקנא סעיף א:
כח ב מיי' פ"ז מהל' י"ט הלכה כא סמג לאוין עה טוש"ע שם סימן תקלד סעיף א:
כט ג ד מיי' פ"ה מהל' תענית הלכה ו סמג עשין מד"ס ג טוש"ע שם סימן תקנא סעיף ג:
ל ה מיי' שם טוש"ע שם סעיף ד:
לא ו מיי' פי"ב מהל' תפלה הלכה טז טור א"ח סימן תקנט:
לב ז מיי' פ"ה מהל' תענית הלכה ח טוש"ע א"ח סימן תקנב סעיף י:

אמר רב פפא [א] הלכך בר ישראל דאית ליה דינא בהדי נכרי לישתמיט מיניה באב דריע מזליה ולימצי נפשיה באדר [א] דבריא מזליה (א) לתת לכם אחרית ותקוה אמר רב יהודה בריה דרב שמואל בר שילת משמיה דרב אלו דקלים וכלי פשתן (ב) ויאמר ראה ריח בני כריח שדה אשר ברכו ה' אמר רב יהודה בריה דרב שמואל בר שילת משמיה דרב כריח שדה של תפוחים: שבת שחל תשעה באב להיות בתוכה אסורין לספר ולכבס: אמר רב נחמן לא שנו אלא לכבס וללבוש אבל לכבס ולהניח מותר ורב ששת אמר אפילו לכבס ולהניח אסור אמר רב ששת תדע דבטלי קצרי דבי רב מתיב רב המנונא (א) [ב] בחמישי מותרים מפני כבוד השבת למאי אילימא לכבס וללבוש מאי כבוד שבת איכא אלא להניח ובחמישי הוא דשרי אבל השבת כולה אסור לעולם לכבס וללבוש וכשאין לו אלא חלוק אחד [ג] דאמר רב אסי א"ר יוחנן [ב] מי שאין לו אלא חלוק אחד מותר לכבסו בחולו של מועד איתמר נמי אמר רבי בנימין אמר ר' אלעזר לא שנו אלא לכבס וללבוש אבל להניח מותר מיתיבי [ג] אסור לכבס לפני תשעה באב אפילו להניח לאחר תשעה באב וגיהוץ שלנו ככיבוס שלהן וכלי פשתן אין בהם משום גיהוץ תיובתא [ד] שלח רב יצחק בר גיורי משמיה דרבי יוחנן אע"פ שאמרו כלי פשתן אין בהן משום גיהוץ אבל אסור ללובשן בשבת שחל תשעה באב להיות בתוכה אמר רב לא שנו אלא לפניו [ה] אבל לאחריו מותר ושמואל אמר אפילו לאחריו נמי אסור מיתיבי שבת שחל תשעה באב להיות בתוכה אסור לספר ולכבס ובחמישי מותרין מפני כבוד השבת כיצד חל להיות באחד בשבת מותר לכבס כל השבת כולה בשני בשלישי ברביעי ובחמישי לפניו אסור לאחריו מותר חל להיות בערב שבת מותר לכבס בחמישי מפני כבוד השבת ואם לא כבס בחמישי בשבת מותר לכבס בערב שבת מן המנחה ולמעלה [ו] לייט עלה אביי ואיתימא רב אחא בר יעקב אהא [ה] חל להיות בשני ובחמישי קורין שלשה ומפטיר אחד בשלישי וברביעי קורא אחד ומפטיר אחד רבי יוסי אומר [ו] לעולם קורין שלשה ומפטיר אחד תיובתא דשמואל אמר לך שמואל תנאי היא דתניא [י] [ז] תשעה באב שחל להיות בשבת וכן ערב תשעה באב שחל להיות בשבת אוכל ושותה כל צרכו ומעלה על שולחנו אפילו כסעודת שלמה בשעתו ואסור לספר ולכבס מר"ח ועד התענית דברי רבי מאיר רבי יהודה אומר כל החדש כולו אסור רשב"ג אומר אינו אסור אלא אותה שבת בלבד ותניא אידך ונוהג אבל מראש חדש ועד התענית דברי ר' מאיר רבי יהודה אומר כל החדש כולו אסור רשב"ג אומר אינו אסור אלא אותה שבת בלבד אמר ר' יוחנן ושלשתן מקרא אחד דרשו דכתיב (ג) והשבתי כל משושה חגה חדשה ושבתה מאן דאמר מר"ח ועד התענית מחגה

תוספות

אמר רב פפא הלכך האי בר ישראל דאית ליה דינא בהדי נכרי לישתמיט וכו'. פירוש משום דאמר לעיל מגלגלין חובה ליום חייב: **של** תפוחים. י"מ תפוחים [כ] כריח אתרוגים: **קצרי** דבי רב. פירוש כובסין הבגדים ולכך קרי להו קצרי על שם שמקצרין הבגדים ע"י רחיצת המים: **מי** שאין לו אלא חלוק אחד מותר לכבס במועד. ([ל] ובטבול יום) ובפ' אלו מגלחין (מו"ק דף יד.) דקאמר וליטעמיך הא דאמר רבי אסי אמר רבי יוחנן מי שאין לו אלא חלוק אחד וכו' דפריך יאמרו כל החלוקים אסורים לכבס בחול המועד וחלוק זה מותר ומתרץ זה אזורו מוכיח עליו שאין לו אלא חלוק אחד וא"כ דוקא להם אבל לנו ודאי אסור אפי' אין לנו אלא חלוק אחד שאין אנו אוגדין אזור על חלוקות שלנו ולא הוי אזורו מוכיח עליו וכן צריך ליזהר שלא לכבס המטפחת בחול המועד אע"ג שאין לנו אלא אחת אבל מ"מ יש לנשים לכבס בגדי התינוקות כדי לשכוב דהוי כמי שאין לו אלא חלוק אחד שיש רגילות להחליף בגדיהם וכל שעה צריך לו כל בגדיו ועל זה נהגו העולם לכבסם בחול המועד:

בשני ובחמישי קורין שלש ומפטיר אחד. מכאן מוכיח רבינו תם דמפטיר עולה למנין שבעה מדקאמר קורין שלש ומפטיר אחד שמפטיר אחד מן הג' דקא מיבעיא ליה במגילה (דף כג. ושם) מפטיר עולה למנין שבעה או לא משמע מהכא דעולה: ותרוייהו

רש"י

ניזיל בהדיה. בערכאות שלהן: [ז] ונתתי לכם אחרית ותקוה. אידי דאיירי רב יהודה לעיל נקיט ואזיל: דקלים. להתפרנס מהן שיש מהן בבבל הרבה כדאמרינן בפ"ק (דף ט:) עולא איקלע לבבל חזא מלא צנא דתמרי כו': כלי פשתן. ללבוש: לא שנו. במתני' שכל השבוע אסור לכבס: אפילו לכבס ולהניח. כדי שילבוש לאחר זמן לאחר ט' באב אסור דנראה כמסיח דעתו שעוסק בכיבוס בגדים: אמר רב ששת תדע. דאפי' לכבס ולהניח אסור: קצרי. כך שמם [ח] בלשון ישמעאל והם כובסין שמעתי אומרים על שם שמקצרין בגדי צמר כשדורסין אותן ברגליהן במים שקורין פורלו"ר והיינו דמתרגמינן עין רוגל (שמואל ב יז) עינא דקצרא: אילימא לכבס וללבוש. מיד בחמישי מאי כבוד שבת איכא: אלא. לאו לכבס ולהניח עד השבת: לעולם לכבס וללבוש. מיד בחמישי (ב): ובמי שאין לו אלא חלוק אחד. דאין לו להחליף ומאי מפני כבוד השבת דאי לא מכבס השתא בחמישי תו לא מצי לכבס ליה: (ג) חולו של מועד. שאין לו אלא חלוק אחד דלא סגיא דלא מכבס מפני הכנימה ואפי' כיבס לפני המועד מותר לכבסה במועד: וגיהוץ שלנו. אינו יפה אלא ככיבוס שלהן ואסור לגהץ לפני תשעה באב אפילו להניח לאחר תשעה באב אבל כיבוס שלנו מותר: כלי פשתן אין בהן. ליאסר משום גיהוץ אלא בכלי מילת לושקי"י בלע"ז: לא שנו. שאסור ללובשו בשבוע שחל תשעה באב להיות בתוכה אלא בימים שלפני תשעה באב שאם חל ביום רביעי אסור ללובשו ראשון ושני ושלישי: אבל לאחריו. חמישי וששי [א] א) ושביעי מותר: חל להיות באחד בשבת מותר לכבס כל השבת כולה. דהיינו לאחריו: חל להיות בשני או בשלישי ברביעי ובחמישי כו': לייט עלה אביי ואיתימא רב אחא בר יעקב אהא. המכבס בתשעה באב אפילו מן המנחה ולמעלה ואדקאי בברייתא מפסיק לה למילתא וקאמר לייט עלה אביי כו': חל להיות בשני כו'. סיפא דההיא ברייתא גופה היא: ומפטיר. (ה) מאותן שלשה אחרון מפטיר מתוך שאין מוסיפין בחול יותר מג' אנשים ולא בר"ח על ד' שאין לנו להוסיף אלא בשבת וביו"ט כדמפרש במגילה (דף כא.) ולפיכך קורין ג' דזמן ספר תורה הוא ודלאו הכי הוו קרו שלשה שהוא מתקנת עזרא לקרות בשני ובחמישי כהן ולוי וישראל: קורא אחד ומפטיר אחד. אחד קורא והוא עצמו המפטיר קתני מיהת לאחריו מותר תיובתא דשמואל: וכן ערב תשעה באב שחל להיות בשבת. [ט] אינו מפסיק סעודתו ואינו ממעט בתבשילין אלא אוכל כל צרכו ומעלה על שולחנו אפי' כסעודת שלמה בשעתו דפלוגתא היא במסכת גיטין בפרק [מי שאחזו] (דף סח:) דאיכא למאן דאמר מלך והדיוט ומלך ואיכא למ"ד מלך והדיוט כלומר כשנטרד שוב לא חזר למלכותו לפיכך הוצרך לומר בשעתו בעת מלכו ותקפו שהיה אוכל הוא ושריו ס' כור סולת כו': ועד התענית. אלמא דסבירא ליה לרבי מאיר לפניו אסור לאחריו מותר ורבי יהודה ורבן ([י] גמליאל) סבירא להו דאפילו לאחריו נמי אסור: מחגה

רבינו גרשום

לעולם לכבס וללבוש בחמישי ודאמרת מאי כבוד שבת איכא דלית ליה אלא אותו חלוק ולא מצי להמתין עד שבת והיינו כבוד שבת דמכבס ליה ולהכי שאר יומי אסור אבל להניח לא הוי אסור וגיהוץ שלנו אסור. לייט עלה אביי במאן דכביס בע"ש בט' באב מן המנחה ולמעלה. קורין ג' הואיל וכל חמישי ושני קורין ג'. מפטיר אסוף אסיפם. תיובתא דשמואל הא דקתני מותר לכבס כל השבוע ושמואל אמר

רבינו חננאל

לתת לכם אחרית ותקוה. אמרינן משמיה דרב אלו דקלין וכלי פשתן. ראה ריח בני כריח שדה. כריח שדה של תפוחין: בגדים מגוהצין אסור ללובשן בשבת שחל ט' באב להיות בתוכה עד יום תענית ואפילו הן בגדים של פשתן. פי' גיהוץ בלשון ישמעאל צקל והוא מעברי ליה חומרתא (כתובות י:) שבת שחל להיות ט' באב בתוכה אסור לספר ולכבס. ובחמישי מותר מפני כבוד השבת. אוקימנא בזמן שחל ט' באב בע"ש בה' שמקודם יום ט' באב התירו לו לכבס וללבוש כשאין לו אלא חלוק אחד ומותר לכבסו אפילו בחוש"מ. כבוס א) חלוקת רב נחמן ורב ששת היא וקיי"ל בהא כרב ששת דא' אפילו לכבס ולהניח אחר ט' באב אסור תדע דקא בטלי קצרי דבי רב ומותבינן מהא דתניא אסור לכבס לפני ט' באב ואפילו להניח לאחר ט' באב וגיהוץ של בני ארץ בבל כבוס של בני א"י. וכלי פשתן אין בהן משום גיהוץ. אבל אסור ללובשן בשבת שחל ט' באב להיות בתוכה: [שבת שחל ט"ב להיות בתוכה] אסורין לספר ולכבס ובחמישי מותרין מפני כבוד השבת כיצד חל להיות באחד בשבת מותרין לכבס כל השבת כולה חל להיות ט' באב בב' או בג' או בד' או בה' לפניו אסור לאחריו מותר. חל ט' באב להיות בע"ש מותרין לכבס בחמישי. פי' מי שאין לו אלא חלוק אחד ואם לא כיבס בה' יכבס בע"ש בט' באב עצמו מן המנחה ולמעלה. לייט אביי מי שהצריך ודחק עצמו לכך. ובקריאת הספר קיי"ל כר' יוסי דאמר

חשק שלמה על רבינו חננאל א) נראה דל"ל וכבוס להניח לאחר ט"ב.

מסורת הש"ס

א) [גירסת רא"ש דתקיף מזלי"], ב) [לעיל כו:], ג) מ"ק יד. יח. חולין קז:, ד) [קדושין לג: וש"נ], ה) [מגילה כב:], ו) עירובין מ:, ז) [צ"ל לתת], ח) [ע' ב"ק קיט: וברש"י שם], ט) [עי' באה"ט בא"ח סי' תקנב ס"ק יב כוונת רש"י במ"ש אינו מפסיק סעודתו], י) [צ"ל שמעון בן גמליאל], כ) [עי' תוס' שבת פח. ד"ה פריו קודם], ל) [צ"ל ובמולין דף קז:].

הגהות הב"ח

(א) גמ' ובחמישי מותרין מפני כבוד השבת מאי מותרין אילימא לכבס כו' הוא דשרי אבל כל השבת כולה: (ב) רש"י ד"ה לעולם כו' מיד בחמישי ובמי שאין כו' הד"א: (ג) ד"ה בחולו של מועד דכיון שאין לו אלא חלוק אחד לא סגי דלא מכבס ליה מפני הכנימה: (ד) ד"ה ומפטיר אחד מאותן שלש:

הגהות הגר"א

[א] רש"י ד"ה אבל ושביעי. רשום קו עליו למחקו:

הגהות מהר"ב רנשבורג

א] רש"י ד"ה אבל לאחריו וכו' ושביעי. נמחק מלת ושביעי:

תורה אור השלם

א) כִּי אָנֹכִי יָדַעְתִּי אֶת הַמַּחֲשָׁבֹת אֲשֶׁר אָנֹכִי חֹשֵׁב עֲלֵיכֶם נְאֻם יְיָ מַחְשְׁבוֹת שָׁלוֹם וְלֹא לְרָעָה לָתֵת לָכֶם אַחֲרִית וְתִקְוָה: [ירמיה כט, יא]

ב) וַיִּגַּשׁ וַיִּשַּׁק לוֹ וַיָּרַח אֶת רֵיחַ בְּגָדָיו וַיְבָרְכֵהוּ וַיֹּאמֶר רְאֵה רֵיחַ בְּנִי כְּרֵיחַ שָׂדֶה אֲשֶׁר בֵּרֲכוֹ יְיָ: [בראשית כז, כז]

ג) וְהִשְׁבַּתִּי כָּל מְשׂוֹשָׂהּ חַגָּהּ חָדְשָׁהּ וְשַׁבַּתָּהּ וְכֹל מוֹעֲדָהּ: [הושע ב, יג]

ליקוטי רש"י

קצרי. הכובס נקרא קצרי בלשון ארמי [ב"ק קיט:]. בחמישי מותרים מפני כבוד השבת. אם חל תשעה באב בערב שבת מותרין לכבס בחמישי וכשחל תשעה באב ברביעי בשבת לא איצטריך למיתני דמותרין כדאמרינן בגמרא לא שנו אלא לפניו כו' [לעיל כו:]. וגיהוץ. לשיקיי"ר באבן הזכוכית. ככיבוס שלהן. שהיו מימיהם יפים לכבס או סמנין יפים היו להן לכבס וכביבוס שלנו אין הכבוד מלובן עד שיהיה מגוהץ [כתובות י:]. וכן ערב תשעה באב שחל להיות בשבת. אף על פי שאם חל להיות בחול לא יאכל בשר ולא ישתה יין עכשיו שהוא שבת אוכל כל צרכו. בשעתו. שהיתה שעתו עומדת לו במלכותו לפני שנטרד ממלכו והדיוט הוה [עירובין מא.].

haftarah selection from the Prophets.[24] בִּשְׁלִישִׁי וּבִרְבִיעִי – If Tishah B'Av falls ON TUESDAY OR WEDNESDAY,[25] קוֹרֵא אֶחָד וּמַפְטִיר אֶחָד – ONE person is called to READ the Torah AND that ONE CONCLUDES with the haftarah. רַבִּי יוֹסֵי אוֹמֵר – R' YOSE SAYS: לְעוֹלָם קוֹרִין שְׁלֹשָׁה וּמַפְטִיר אֶחָד – IN ALL CASES, THREE people are called to READ the Torah AND ONE of them CONCLUDES with the haftarah.[26]

The first half of the Baraisa clearly states that the prohibition against laundering during the week of Tishah B'Av applies only on the days preceding Tishah B'Av, but not on the days which follow. The Gemara therefore asks:

תְּיוּבְתָּא דִשְׁמוּאֵל – Shall we say that this Baraisa is a **refutation of Shmuel's** ruling?

The Gemara suggests a defense for Shmuel:

אָמַר לָךְ שְׁמוּאֵל – **Shmuel could answer you** that while it is true that this Baraisa explicitly refutes my opinion, תַּנָּאֵי הִיא – **[the issue]** is, in fact, **disputed by *Tannaim*,** and I follow the view of the Tanna who extends the prohibition against laundering to the days after Tishah B'Av. דְּתַנְיָא – **For it was taught in a Baraisa:** תִּשְׁעָה בְּאָב שֶׁחָל לִהְיוֹת בַּשַּׁבָּת – On TISHAH B'AV WHICH FALLS ON THE SABBATH, וְכֵן עֶרֶב תִּשְׁעָה בְּאָב שֶׁחָל לִהְיוֹת בַּשַּׁבָּת – AND SO, TOO, on THE EVE OF TISHAH B'AV WHICH FALLS ON THE SABBATH,[27] אוֹכֵל וְשׁוֹתֶה כָּל צָרְכּוֹ – ONE MAY EAT AND DRINK ALL HE NEEDS, וּמַעֲלֶה עַל שׁוּלְחָנוֹ – AND HE MAY SERVE UPON HIS TABLE all types of food,[28] אֲפִילּוּ כִּסְעוּדַת שְׁלֹמֹה בִּשְׁעָתוֹ – EVEN LIKE THE BANQUET OF KING SOLOMON[29] IN HIS TIME.[30]

The Baraisa continues:

וְאָסוּר לְסַפֵּר וּלְכַבֵּס מֵרֹאשׁ חֹדֶשׁ וְעַד הַתַּעֲנִית – IT IS PROHIBITED TO CUT HAIR OR LAUNDER clothing FROM ROSH CHODESH Av UNTIL THE FAST of Tishah B'Av. דִּבְרֵי רַבִּי מֵאִיר – These are THE WORDS OF R' MEIR. רַבִּי יְהוּדָה אוֹמֵר – **R' Yehudah says:** כָּל הַחֹדֶשׁ כּוּלּוֹ אָסוּר – During THE ENTIRE MONTH of Av IT IS PROHIBITED to engage in these activities. רַבָּן שִׁמְעוֹן בֶּן גַּמְלִיאֵל אוֹמֵר – RABBAN SHIMON BEN GAMLIEL SAYS: אֵינוֹ אָסוּר אֶלָּא אוֹתָהּ שַׁבָּת בִּלְבָד – IT IS PROHIBITED to perform these labors ONLY ON THAT WEEK ALONE, i.e. the entire week of Tishah B'Av. Thus, while R' Meir prohibits laundering only on the days preceding Tishah B'Av, R' Yehudah and Rabban Shimon ben Gamliel extend the prohibition to after Tishah B'Av as well. Shmuel follows the view of Rabban Shimon ben Gamliel.

The Gemara cites a related dispute between these three Tannaim:

וְתַנְיָא אִידָךְ – **And it was taught in another Baraisa:** וְנוֹהֵג אֵבֶל מֵרֹאשׁ חֹדֶשׁ וְעַד הַתַּעֲנִית – MOURNING IS PRACTICED FROM ROSH CHODESH Av UNTIL THE FAST of Tishah B'Av. דִּבְרֵי ר׳ מֵאִיר – These are THE WORDS OF R' MEIR. רַבִּי יְהוּדָה אוֹמֵר – R' YEHUDAH SAYS: כָּל הַחֹדֶשׁ כּוּלּוֹ אָסוּר – During THE ENTIRE MONTH of Av IT IS PROHIBITED to engage in those activities which are forbidden to a mourner. רַבָּן שִׁמְעוֹן בֶּן גַּמְלִיאֵל אוֹמֵר – RABBAN SHIMON BEN GAMLIEL SAYS: אֵינוֹ אָסוּר אֶלָּא אוֹתָהּ שַׁבָּת בִּלְבָד – IT IS PROHIBITED to engage in those activities ONLY ON THAT WEEK ALONE, i.e. the entire week of Tishah B'Av.

The Gemara gives the sources for these diverse opinions:

אָמַר ר׳ יוֹחָנָן – **R' Yochanan said:** וּשְׁלָשְׁתָּן מִקְּרָא אֶחָד דָּרְשׁוּ – All **three of them** [R' Meir, R' Yehudah and Rabban Shimon ben Gamliel] **derived** their rulings from **the one verse,** דִּכְתִיב – **for it is written:**[31] "וְהִשְׁבַּתִּי כָּל־מְשׂוֹשָׂהּ חַגָּהּ חָדְשָׁהּ וְשַׁבַּתָּהּ" – ***I will bring all of her joy to an end: her festivals, her months, and her Sabbaths.*** מַאן דְּאָמַר מֵרֹאשׁ חֹדֶשׁ וְעַד הַתַּעֲנִית – **The one who said** that laundering and haircuts are prohibited **from Rosh Chodesh** Av **until the fast** of Tishah B'Av

NOTES

24. Since on an ordinary weekday we may not call more than three people to the Torah, the third reader must read the haftarah (*Rashi*).

25. Or, for that matter, when Tishah B'Av falls on a Sunday or Friday (*Gevuras Ari*), all days on which the Torah is not ordinarily read in the synagogue.

26. The Tanna Kamma and R' Yose both agree that when Tishah B'Av falls on a Monday or a Thursday, three people are called to read from the Torah, since three people are called every Monday and Thursday (see note 23 above). A dispute arises, however, when Tishah B'Av occurs on the other weekdays, when we do not normally read from the Torah. R' Yose maintains that three people read on that occasion as well, while the Tanna Kamma rules that only one is called.

27. In both of these cases the fast of Tishah B'Av is observed on Sunday.

28. [As we have learned above (26b), in the final meal prior to the Tishah B'Av fast, i.e. the סְעוּדָה הַמַּפְסֶקֶת or *concluding meal,* one may neither consume wine or meat nor eat two *cooked dishes.*] When the fast of Tishah B'Av is observed on Sunday, however, a normal Sabbath meal may be eaten before the fast (*Rashi*; see *Ba'er Heitev Orach Chaim* 552:12).

29. The elaborate feasts of King Solomon are described in *I Kings* 5:2,3.

30. Solomon was deposed by Ashmedai the demon and became a mere pauper (see *Gittin* 68b). Our Gemara refers to the bounty of his royal table during his prosperous years as king (*Rashi*).

31. *Hoshea* 2:13.

מ,,חַגָּהּ" – derives his opinion **from** the term ***her festival***, which is a reference to Rosh Chodesh.[1] וּמַאן דְּאָמַר כָּל הַחֹדֶשׁ כּוּלּוֹ אָסוּר מ,,חָדְשָׁהּ" – **The one** [R' Yehudah] **who said** that **it is prohibited** to engage in these activities **throughout the entire month** of Av derives his opinion **from** the term ***her month.*** וּמַאן דְּאָמַר כָּל הַשַּׁבָּת כּוּלָּהּ אָסוּר מ,,שַׁבַּתָּהּ" – **The one** [Rabban Shimon ben Gamliel] **who said** that **it is forbidden** to engage in these activities **throughout the entire week** of Tishah B'Av derives his opinion **from** the term ***her Sabbath***.[2]

The Gemara decides the halachah:

אָמַר רָבָא הֲלָכָה כְּרַבָּן שִׁמְעוֹן בֶּן גַּמְלִיאֵל – **Rava said: The halachah accords with** the opinion of **Rabban Shimon ben Gamliel,** who holds that the restrictions apply only during the week of Tishah B'Av.

וְאָמַר רָבָא הֲלָכָה כְּרַבִּי מֵאִיר – **And Rava** also **said: The halachah accords with** the opinion of **R' Meir**, who holds that the restrictions apply only before Tishah B'Av, but not after.

The Gemara explains Rava's statements:

וְתַרְוַיְיהוּ לְקוּלָּא – **And both [decisions of Rava]** were intended as **lenient** rulings,[3] וּצְרִיכָא – **and it was necessary** for Rava to state them both. דְּאִי אַשְׁמוּעִינַן הֲלָכָה כְּר׳ מֵאִיר – **For if he would have informed us** only **that the halachah accords with** the opinion of **R' Meir,** הֲוָה אַמִינָא אֲפִילּוּ מֵרֹאשׁ חֹדֶשׁ – **I might have** erroneously **thought** that the restrictions take effect **even from Rosh Chodesh** Av and continue until Tishah B'Av. קָמַשְׁמַע לָן הֲלָכָה כְּרַבָּן שִׁמְעוֹן בֶּן גַּמְלִיאֵל – **[Rava]** therefore **informs us** that **the halachah is in accord with** the opinion of **Rabban Shimon ben Gamliel,** who said that the restrictions apply only during the actual week of Tishah B'Av. וְאִי אַשְׁמוּעִינַן הֲלָכָה כְּרַבָּן שִׁמְעוֹן בֶּן גַּמְלִיאֵל – **And,** conversely, **if [Rava] had informed us** only that **the halachah is in accord with** the opinion of **Rabban Shimon ben Gamliel,** הֲוָה אַמִינָא אֲפִילּוּ לְאַחֲרָיו – **I might have** erroneously **thought** that the restrictions apply throughout the week of Tishah B'Av, **even after [Tishah B'Av]** itself; קָא מַשְׁמַע לָן הֲלָכָה כְּרַבִּי מֵאִיר – **[Rava]** therefore **informs us** that **the halachah accords with** the opinion of **R' Meir,** who said that the restrictions apply only before Tishah B'Av, but not after.

The Mishnah said:

עֶרֶב תִּשְׁעָה בְּאָב לֹא יֹאכַל אָדָם ב׳ תַּבְשִׁילִין כו׳ – ON THE EVE OF TISHAH B'AV A PERSON MAY NOT EAT TWO COOKED FOODS **etc.**[4]

The Gemara elaborates:

אָמַר רַב יְהוּדָה – **Rav Yehudah said:** לֹא שָׁנוּ אֶלָּא מִשֵּׁשׁ שָׁעוֹת וּלְמַעְלָה – **They taught only** that it is forbidden to eat two cooked dishes **from the sixth hour** of the day **and onward,** i.e. after midday.[5] אֲבָל מִשֵּׁשׁ שָׁעוֹת וּלְמַטָּה מוּתָּר – **However, from the sixth hour and before,** i.e. prior to midday, **it is permitted** to eat two cooked dishes. וְאָמַר רַב יְהוּדָה – **And Rav Yehudah** also **said:** לֹא שָׁנוּ אֶלָּא בִּסְעוּדָה הַמַּפְסִיק בָּהּ – **They taught only** that the restriction against eating two cooked dishes applies **to the meal in which he concludes** his eating prior to the commencement of the fast. אֲבָל בִּסְעוּדָה שֶׁאֵינוֹ מַפְסִיק בָּהּ מוּתָּר – **However, in a meal in which he does not conclude** his eating prior to the fast, **it is permitted** for him to eat two or more cooked dishes.

The Gemara comments on Rav Yehudah's two statements:

וְתַרְוַיְיהוּ לְקוּלָּא – **And both [opinions]** were intended as **lenient** rulings, וּצְרִיכָא – **and it was necessary** for Rav Yehudah to state them both. דְּאִי אַשְׁמְעִינַן בִּסְעוּדָה הַמַּפְסִיק בָּהּ – **For if [Rav Yehudah] had informed us** that the restriction on two cooked dishes applies only **to the meal in which he concludes** eating, but failed to mention that it applies only after midday, הֲוָה אַמִינָא אֲפִילּוּ מִשֵּׁשׁ שָׁעוֹת וּלְמַטָּה – **I might have** erroneously **thought** that the restriction applies **even** if the concluding meal is eaten **before the sixth hour.** קָא מַשְׁמַע לָן מִשֵּׁשׁ שָׁעוֹת וּלְמַעְלָה – **[Rav Yehudah]** therefore **informs us** in his first ruling that the restriction takes effect only **from the sixth hour and onward.**

The Gemara now explains the necessity for the second ruling:

וְאִי אַשְׁמְעִינַן מִשֵּׁשׁ שָׁעוֹת וּלְמַעְלָה – **And if [Rav Yehudah] had informed us** that the restriction against eating two or more cooked dishes takes effect **from the sixth hour and onward,** but had failed to mention that it applies only to the concluding meal, הֲוָה אַמִינָא אֲפִילּוּ בִּסְעוּדָה שֶׁאֵינוֹ מַפְסִיק בָּהּ – **I might have** erroneously **thought** that the restriction applies **even to a meal in which he does not conclude** his pre-fast eating, so long as that meal is consumed after midday. קָא מַשְׁמַע לָן בִּסְעוּדָה הַמַּפְסִיק בָּהּ – **[Rav Yehudah]** therefore **informs us** in his second ruling that the restriction applies only **to the meal in which he concludes** his pre-fast eating.[6]

The Gemara adduces support for Rav Yehudah's two rulings:

תַּנְיָא כְּלִישְׁנָא קַמָּא – **A Baraisa taught in accordance with** Rav Yehudah's **first ruling,** which stated that the restriction against eating two cooked dishes applies only after midday, תַּנְיָא כְּלִישְׁנָא בַּתְרָא – and **a** different **Baraisa taught in accordance with** Rav Yehudah's **last ruling,** which stated that the restriction applies only to the concluding meal. תַּנְיָא כְּלִישְׁנָא בַּתְרָא – **A Baraisa taught in accordance with the last ruling,** as follows: הַסּוֹעֵד עֶרֶב תִּשְׁעָה בְּאָב – Regarding ONE WHO DINES ON THE AFTERNOON PRECEDING TISHAH B'AV, אִם עָתִיד לִסְעוֹד סְעוּדָה אַחֶרֶת – IF HE INTENDS TO EAT ANOTHER MEAL later, מוּתָּר לֶאֱכוֹל בָּשָׂר וְלִשְׁתּוֹת יַיִן – HE IS PERMITTED TO EAT MEAT AND DRINK WINE at this meal,

NOTES

1. Rosh Chodesh is called a festival, as the Gemara (29a) derives from the verse (*Lamentations* 1:15): קָרָא עָלַי מוֹעֵד, *He proclaimed a set time against me (Rashi;* see 29a, note 15).

2. The term שַׁבָּת (literally: *Sabbath*) also means *week*.

3. As the Gemara proceeds to explain, R' Meir's ruling that the restrictions apply before Tishah B'Av and not after is taken in conjunction with Rabban Shimon ben Gamliel's ruling that the restrictions apply only during the week of Tishah B'Av. This means that the prohibition is limited to the days of the week of Tishah B'Av that precede Tishah B'Av. The restrictions do not apply to the preceding week at all (*Rashi*).

4. The Gemara now discusses the laws of the *seudah hamafsekes, the concluding meal,* before the onset of the fast. The Mishnah rules that at this final meal a person may eat one, but not two, *cooked dishes.* The Rishonim dispute what constitutes a *cooked dish.* Cooked food which could have been eaten raw, such as melted cheese or baked apples, is subject to just such debate. *Tosafos* (ד״ה ערב) do not regard these items as *cooked dishes*, while other Rishonim (*Raavad,* cited by *Rosh*) do. *Rosh* explains that inasmuch as a plenitude of cooked dishes confers honor and pleasure upon diners, benefits which are inimical to the somber mood of Tishah B'Av, the Sages therefore limited the number of cooked dishes in the *concluding meal* to one. Since a cooked dish containing cheese or fruit is no less impressive and enjoyable than one containing ingredients that are inedible when raw, it clearly falls within the purview of this restriction.

Another point of controversy concerns two types of food cooked in one pot. Some Rishonim regard the combination as one cooked dish, and thus permit it to be eaten at the *concluding meal* (see *Ritva*). However, others maintain that the combination counts as two dishes, and is therefore prohibited (see *Rashi* above, 26b ד״ה חבשילין; *Orach Chaim* 552:3).

5. The hours referred to here are *shaos zemaniyos*, or pro-rated hours. According to this reckoning, the day (or night) is divided into twelve equal units (hours), regardless of the actual length of daylight (or darkness). Hence, Rav Yehudah is referring to the second half of the daytime period.

6. Thus, the restriction on two *cooked dishes* applies only at the concluding meal and only when the concluding meal is eaten after midday.

מחגה ומ"ד כל החדש כולו אסור מחדשה ומ"ד כל השבת כולה אסור משבתה אמר רבא הלכה כרשב"ג ואמר רבא הלכה כרבי מאיר ותרוייהו לקולא וצריכא דאי אשמועינן הלכה כר' מאיר הוה אמינא אפי' מר"ח קמ"ל הלכה כרשב"ג ואי אשמועינן הלכה כרשב"ג הוה אמינא אפילו לאחריו קמ"ל הלכה כרבי מאיר: ערב תשעה באב לא יאכל אדם ב' תבשילין כו': אמר רב יהודה לא שנו אלא משש שעות ולמעלה אבל משש שעות ולמטה מותר ואמר רב יהודה לא שנו אלא בסעודה המפסיק בה אבל בסעודה שאינו מפסיק בה מותר [א] ותרוייהו לקולא וצריכא דאי אשמועינן בסעודה המפסיק בה הוה אמינא אפי' משש שעות ולמטה קמ"ל משש שעות ולמעלה ואי אשמועינן משש שעות ולמעלה הוה אמינא אפי' בסעודה שאינו מפסיק בה קמ"ל בסעודה המפסיק בה תניא כלישנא קמא תניא כלישנא בתרא תניא כלישנא בתרא הסועד ערב תשעה באב אם עתיד לסעוד סעודה אחרת מותר לאכול בשר ולשתות יין ואם לאו אסור לאכול בשר ולשתות יין תניא כלישנא קמא ערב תשעה באב לא יאכל אדם שני תבשילין לא יאכל בשר ולא ישתה יין רבן שמעון בן גמליאל אומר ישנה אמר רבי יהודה כיצד משנה אם היה רגיל לאכול שני תבשילין יאכל מין אחד ואם היה רגיל לסעוד בעשרה בני אדם סועד בחמשה היה רגיל לשתות עשרה כוסות שותה חמשה כוסות במה דברים אמורים משש שעות ולמעלה אבל משש שעות ולמטה מותר תניא אידך ערב תשעה באב לא יאכל אדם שני תבשילין לא יאכל בשר ולא ישתה יין דברי ר"מ וחכ"א ישנה וממעט בבשר וביין כיצד ממעט אם היה רגיל לאכול ליטרא בשר יאכל חצי ליטרא היה רגיל לשתות לוג יין ישתה חצי לוג יין ואם אינו רגיל כל עיקר אסור רשב"ג אומר אם היה רגיל לאכול צנון או מליח אחר סעודתו הרשות בידו תניא אידך כל שהוא משום תשעה באב אסור לאכול בשר ואסור לשתות יין ואסור לרחוץ כל שאינו משום ט"ב מותר לאכול בשר ולשתות יין ואסור לרחוץ ר' ישמעאל בר' יוסי אומר משום אביו כל שעה שמותר לאכול [א] בשר מותר לרחוץ ת"ר כל מצות הנוהגות באבל נוהגות בט' באב [ב] אסור באכילה ובשתיה [א] ובסיכה ובנעילת הסנדל ובתשמיש המטה ואסור לקרות בתורה בנביאים ובכתובים ולשנות במשנה בתלמוד ובמדרש ובהלכות ובאגדות אבל קורא הוא במקום שאינו רגיל לקרות ושונה במקום שאינו רגיל לשנות וקורא באיוב ובקינות ובדברים הרעים שבירמיה ותינוקות של בית רבן [ב] [ב] בטלין משום שנאמר (א) פקודי ה' ישרים משמחי לב ר' יהודה אומר אף אינו קורא במקום שאינו רגיל לקרות ואינו שונה במקום שאינו רגיל לשנות אבל קורא הוא באיוב ובקינות ובדברים הרעים שבירמיהו ותינוקות של בית רבן בטלים בו משום שנאמר פקודי ה' ישרים משמחי לב: לא יאכל בשר ולא ישתה יין: תנא [ג] [ג] אבל אוכל הוא בשר מליח ושותה יין מגתו בשר מליח עד כמה אמר רב חיננא בר כהנא משמיה דשמואל [ד] כל זמן ([ד] שאינו) כשלמים ויין מגתו עד כמה כל זמן שהוא תוסס תנא [ה] [ה] יין תוסס אין בו משום גילוי [ו] וכמה תסיסתו ג' ימים אמר רב יהודה אמר רב [ז] כך היה מנהגו של רבי יהודה ברבי אילעאי ערב תשעה באב מביאין לו פת חריבה במלח ויושב

בין

רש"י

מחגה. כלומר יליף טעמא מן חגה דהיינו ר"ח שנקרא חג כדאמרי' לעיל (דף כט.) קרא עלי מועד: הלכה כר"מ. דלפניו אסור ולאחריו מותר: הלכה כרבן שמעון בן גמליאל. דאין איסור נוהג אלא באותה שבת: תרוייהו לקולא. כדמפרש ואזיל דלפניו מוקי הלכה כר"מ דלפניו ולא לאחריו ובאותה שבת אבל קודם אותה שבת אפילו לפניו מותר: משש שעות ולמטה. כלפי השחר: המפסיק בה. דשוב אינו אוכל עוד מאותה סעודה ואילך: ה"ג כיצד ישנה א"ר יהודה אם הוא רגיל כו': בעשרה. שהיו סועדין עמו לכבודו: וחכ"א ישנה. אשני תבשילין קיימי (א) בשר ויין ימעט: מליח. דג או בשר מליח דאין בו טעם כל כך אחר ששהה שלשה ימים במלח כדלקמן (ב) כשלמים והנותר מבשר זבח השלמים וגו' טפי לא אשכחן דמקרי בשר: כל שהוא משום ט' באב. כגון סעודה המפסיק בה: כל שאינו משום ט"ב. כגון סעודה המפסיק בה בתענית צבור אי נמי סעודה שאינו מפסיק בה: ה"ג ר' ישמעאל בר' יוסי אומר משום אביו כל שעה שמותר לאכול מותר לרחוץ. ולא גרסינן בשר כלומר אפי' בשעת סעודה המפסיק מותר לרחוץ הואיל ומותר לאכול: אסור באכילה ובשתיה. הני אין נוהגין באבל דקא חשיב נמי איסורים שנוהגין בו לבד מהני דנהיגי באבל רחילה סיכה ונעילה כו': ואסור לקרות בתורה כו'. דכתיב בהו משמחי לב (ג): במקום שאינו רגיל לקרות. דכיון דלא ידע אית ליה צערא: עד כמה. הוי בשר גמור דלא הוי בשר מליח כל זמן שהוא כשלמים שלא שהה במלחו אלא שני ימים ולילה אחד כזמן אכילת שלמים ולהכי נקט כשלמים דבזמן אכילת שלמים אשכחן דאקרי בשר דכתיב (ויקרא ז) [ו] והנותר מבשר זבח השלמים וגו' טפי לא אשכחן דמקרי בשר שהטעם נפסל אחרי ב' וג' ימים: יין מגתו. חדש ומתוק ואינו טוב כיין ישן ומשלשל ומזיק: תוסס. רותח: אין בו משום גילוי. שאין נחש שותהו כי יברח מרתיחתו:

בין

תוספות

ותרוייהו לקולא. כלומר תרוייהו כדר"מ דאמר מר"ח ועד התענית וכרשב"ג דאמר אינו אסור אלא אותה שבת בלבד הלכה כתרוייהו לקולא כלומר דאינו אסור אלא אותה שבת בלבד כרשב"ג ודוקא [עד] התענית אבל לאחר התענית מותר דהלכה כר"מ דאמר דאינו אסור אלא עד התענית ואע"ג דשלחו משמיה דר' יוחנן דכלי פשתן מותר לכבס במועד מ"מ החמיר לנו מורינו רש"י לתת סדינין שלנו לכובס אותה שבוע שהיה בה ט"ב קודם התענית [ג] אבל היכא דחל ט"ב בה' בשבת מותר לכבס ולספר מחמת ואילך מפני כבוד השבת דאין להמתין עד ערב שבת מפני טורח השבת[ז]:

ערב ט"ב לא יאכל אדם ב' תבשילין. פירוש ב' תבשילין ר"ל בשתי קדירות כגון שקורין העולם אכלנו ב' מינים שקורין מייסו"ן אבל אין לאסור לאכול תבשיל שעושין מבצלים ומגבינה ומביצים דאע"ג דאין רגילין העולם לאכול בצלים חיין כדאמר בעירובין (ד' כט.) אכל בצל והשכים ומת וכו' שקשין לכל גופו של אדם כחרבות אעפ"כ מאחר שאין עושין מהם תבשיל בעצמו אם לא ישימו (ד) או שומן או שום דבר שנותן בהם טעם אינו קרוי תבשיל כדי לאסור הביצים שמשימין עמהם אבל מן גבינה המבושל בקדירה אין חשש לאכול דכל דבר שהוא נאכל כמו שהוא חי כמו חלב כמו גבינה כמו תפוחים אין בהם תורת בשול כלל וכלל: ואם היה רגיל לסעוד בעשרה יסעוד בחמשה. צריך למעט בכבודו: ואע"ג דקאמר הש"ס דבשר מליח מותר כל זמן שאינו כשלמים כלומר שעבר יותר מב' ימים משחיטתו אפ"ה לדידן אסור לאכול בשר אפי' מלוח מזמן מרובה כיון דאנו רגילים לאכול בשר מליח וכן צריך למעט בשתייתו שאם היה רגיל לשתות עשרה כוסות משכר או ממשקה אחר לא ישתה כי אם חמשה וצריך לשנות מקומו שהוא רגיל לאכול בו כמו שהיה מנהגו של רבי יהודה בר' אילעאי שישב ואכל ערב ט"ב בין תנור לכיריים מקום שהיה מנוול:

כל

מסורת הש"ס

א) [צ"ל וברחיצה ובסיכה וע' ברי"ף ורא"ש דלא גרסי באכיל' ובשתי'], ב) [גירס' הרי"ף והרא"ש אינן בטילין בו דברי ר"מ ר' יהודה אומר אף אינו קורא במקום וכו' ותינוקות של בית רבן בטילין בו משום שנאמר פקודי ה' ישרים משמחי לב וע"ע טור א"ח ר"ס תקנד], ג) [סנהדרין ע.], ד) [צ"ל שהוא וכ"א בסנהדרין ע. וכן בפרש"י דהכא ודהתם], ה) [סנהדרין ע. ע"ז ל. תוספתא תרומות פ"ז], ו) [צ"ל ואם האכל יאכל מבשר], ז) [עי' ב"י בא"ח סי' תקנא מה שתמה על דברי תוס' אלו].

הגהות הב"ח

(א) רש"י ד"ה וחכ"א ישנה אשני תבשילין קיימי אבל בשר ויין: (ב) ד"ה מליח כו' כדלקמן הס"ד והשאר נמחק: (ג) ד"ה ואסור לקרות כו' משמחי לב במקום שהוא רגיל הס"ד: (ד) תוס' ד"ה ערב כו' אם לא ישימו בו שומן או:

הגהות הגר"א

[א] גמרא כל שעה שמותר לאכול (בשר). תז"מ (וכן מתקו רש"י וכן בתוספתא ליתא): [ב] שם ותינוקות של ב"ר אינן בטלין ר' יהודה כו'. כצ"ל (וכ"ה ברי"ף ורא"ש וכא"ז וגירסתם בת"ק דברי ר"מ וכ"ד הפוסקים שפסקו כר' יהודה): [ג] תוס' סד"ה ותרוייהו. (אבל היכא כו' עד טורח השבת). תא"מ (וכבר תמה הב"י ע"ז):

ליקוטי רש"י

בסעודה המפסיק בה. סעודה אחרונה של ערב ט' באב ויוה"כ קרי סעודה המפסקת שמפסיקים בה [כתובות סג.]. בשר מליח ויין מגתו. לא חשיבי. כל זמן שהוא כשלמים. שלא עבר עליו זמן אכילת שלמים שני ימים ולילה אחד עדיין בלחלוחו הוא ולא אקרי מליח ומשמח את הלב דכתיב (דברים כז) וזבחת שלמים ואכלת שם ושמחת אלמא בר שמחה הוא אבל בתר הכי הוי מליח ונחלף טעמו במלחו. כל זמן שהוא תוסס. שהוא נוסך בגרון מחמת שהוא מחמיץ [סנהדרין ע.]. יין תוסס. יין חדש מגיתו עד שהוא מחמיץ להיות יין קרי ליה תוסס [ע"ז ל:]. אין בו משום גילוי. שאין נחש שותה הימנו [שם.].

עין משפט נר מצוה

לג א מיי' פ"ה מהל' תענית הלכה ז סמג עשין ג טוש"ע א"ח סימן תקנב סעיף א וסעיף ט:

לד ב מיי' שם הלכה י סמג שם טוש"ע שם סי' תקנד סעיף א:

לה ג ד מיי' שם הלכה ז סמג שם (טוש"ע שם סי' תקנב סעיף ב):

לו ה ו מיי' פי"א מהל' רוצח ושמירת נפש הלכה ח סמג עשין לט וטור י"ד סימן קטז:

לז ז מיי' פ"ה מהל' תענית הלכה ט טוש"ע א"ח סימן תקנב סעיף ו:

רבינו גרשום

אמר לאחריו נמי אסור: מחגה מה חגה ח' ימים אף מיעוט שמחה ח' ימים: ותרוייהו לקולא הלכה כר"מ דאמר אין אסור אלא עד התענית והלכה כרשב"ג דאין איסור אלא אותה שבת והוא שלפני ט' באב: בסעודה המפסיק סעודה אחרונה שמקבל עליו תענית. אבל בסעודה שאין מפסיק כגון סעודה שאוכל קודם לכן שעדיין יאכל אחריה. כל שהוא משום ת"ב היינו ט' באב עצמו כל שאינו משום ת"ב שאר תעניות. קורא הוא במקום שאינו רגיל לקרות לפי שמצטער: כל זמן שהוא כשלמים שני ימים ולילה אחד אינו אוכל בערב ת"ב אבל אחר כן אוכל שבטל מתורת בשר.

תורה אור השלם

א) פִּקּוּדֵי יְיָ יְשָׁרִים מְשַׂמְּחֵי לֵב מִצְוַת יְיָ בָּרָה מְאִירַת עֵינָיִם: [תהלים יט, ט]

רבינו חננאל

לעולם קורין ג' בט' באב ומפטיר אחד. ואסיקנא הלכתא (כר' יוחנן) כרשב"ג דאמר אינו נוהג אלא אותה שבת בלבד שחל ט' באב להיות בתוכה. והלכתא כר' מאיר דאמר עד התענית. אבל לאחר התענית שאר א) שבוע מותר. וזהו פי' הלכתא כתרוויהו לקולא: ערב ט' באב לא יאכל ב' תבשילין כו' ואפילו אורז ועדשים. אבל אוכל תבשיל אחד בלבד שלא יהיה אותו תבשיל בשר ואם הוא בשר בן ג' ימים מותר. דא' כל בשר שאינו כשלמים בן ב' ימים ולילה אחד כדכתיב ביום זבחכם יאכל וממחרת וגו' אינו קרוי בשר אלא מליח ויין תוסס נמי כגון שנסחט בתוך ג' ימים מותר שאינו עדיין יין. אמר רב יהודה אמר רב ל"ש לא יאכל ב' תבשילין ולא יאכל בשר ולא ישתה יין בערב ט' באב משעה שיעברו שש שעות מן היום כגון שיקבע סעודתו משעה שביעית ולמעלה. והני מילי בסעודה שהוא מפסיק בה כלומר בתענית. אבל אם בדעתו לאכול עדיין פעם אחרת או קודם שעה ששית מותר ב) (מתשתא מיברדי). הני מילי פשוטות הן. רשבג"א אם היה רגיל לאכול אחר סעודתו צנון או מלח הרשות בידו: ת"ר כל שהוא משום ט' באב אסור לאכול בשר ולשתות יין ואסור לרחוץ ג) משעה שאסור לאכול אסור לרחוץ. ואע"ג דתנינן נוהג אבל עד התענית ואמרינן הלכתא אבל אסור לרחוץ כל גופו בין בחמין בין בצונן כל ד' אבל פניו ידיו ורגליו בחמין אסור בצונן מותר. הא גרסינן בפסחים פרק מקום שנהגו (דף נד:) אין בין ט' באב ליוה"כ כו' מסייע ליה לר' אלעזר דאמר אסור לאדם שיושיט אצבעו במים בט' באב כדרך שאסור ביוה"כ. אע"ג דמותבינן עליה הא משני רב פפא חמורי לא קתני. וגרסינן בפ' יוה"כ (יומא עח.) מטפחת היה לו לריב"ל (ביוה"כ) [עיוה"כ] מקנח פניו ידיו ורגליו למחר מעבירה ע"ג עיניו ואינו חושש. ערב ט' באב שורה במים ועושה כמין כלים נגובים למחר מעביר ע"ג עיניו ואינו חושש ש"מ מהני כלהו דרחיצת פניו ידיו ורגליו בט' באב אפילו בצונן אסור אלא אם היו מטונפות: ת"ר כל מצות הנהוגות באבל נוהגות בט' באב. אסור ברחיצה ובסיכה ובנעילת הסנדל ובתשמיש המטה. שלח רב ד) הגאון בלשון הזה יהא בנדוי כל מי שעושה אחת מכל אלו בט' באב כל היום. וא' לקרות בתורה בנביאים ובכתובים ולשנות במשנה בתלמוד כו'. ר' יהודה ה) אומר אינו קורא אלא במקום שאינו רגיל לקרות מפני שצער הוא לו וקורא באיוב ובקינות פי' איכה ובדברים הרעים שבירמיה ותינוקות של בית רבן בטילים משום פקודי ה' ישרים משמחי לב. תנא יין תוסס אין בו משום גילוי. וכמה תסיסתו ג' ימים. לפיכך בערב ט' באב מותר:

חשק שלמה על רבינו חננאל א) אולי צ"ל כל שאר ימי השבוע מותר. ב) אולי צ"ל מחלוקת ר"מ וחכמים פשוטות הן. ג) אולי צ"ל ר' ישמעאל בר"י אמר משעה שמותר לאכול מותר לרחוץ. ד) אולי צ"ל רב האי גאון. ה) נראה דצ"ל ר"י אומר אף אינו קורא במקום שאינו רגיל וכו'.

וְאִם לַאו אָסוּר לֶאֱכוֹל בָּשָׂר וְלִשְׁתּוֹת יַיִן – BUT IF NOT,[7] HE IS FORBIDDEN TO EAT MEAT OR DRINK WINE.[8]

Support is cited for Rav Yehudah's other ruling:

תַּנְיָא כְּלִישְׁנָא קַמָּא – **A Baraisa taught in accordance with the first ruling:** עֶרֶב תִּשְׁעָה בְּאָב לֹא יֹאכַל אָדָם שְׁנֵי תַבְשִׁילִין – ON THE EVE OF TISHAH B'AV A PERSON MAY NOT EAT TWO COOKED FOODS; לֹא יֹאכַל בָּשָׂר וְלֹא יִשְׁתֶּה יַיִן – NOR MAY HE EAT MEAT OR DRINK WINE. רַבָּן שִׁמְעוֹן בֶּן גַּמְלִיאֵל אוֹמֵר – RABBAN SHIMON BEN GAMLIEL SAYS: יְשַׁנֶּה – HE SHOULD merely MODIFY his eating habits. אָמַר רַבִּי יְהוּדָה כֵּיצַד מְשַׁנֶּה – R' YEHUDAH SAID: HOW DOES ONE MODIFY his habits? אִם הָיָה רָגִיל לֶאֱכוֹל שְׁנֵי תַבְשִׁילִין – IF HE WAS ACCUSTOMED TO EATING TWO COOKED DISHES, יֹאכַל מִין אֶחָד – HE SHOULD EAT only ONE TYPE, וְאִם הָיָה רָגִיל לִסְעוֹד בַּעֲשָׂרָה בְּנֵי אָדָם – AND IF HE WAS ACCUSTOMED TO DINING WITH TEN PEOPLE, סוֹעֵד בַּחֲמִשָּׁה – HE SHOULD DINE WITH FIVE.[9] הָיָה רָגִיל לִשְׁתּוֹת עֲשָׂרָה כּוֹסוֹת – IF HE WAS ACCUSTOMED TO DRINKING TEN CUPS of wine, שׁוֹתֶה חֲמִשָּׁה כּוֹסוֹת – HE SHOULD DRINK FIVE CUPS.[10] בַּמֶּה דְּבָרִים אֲמוּרִים – REGARDING WHAT ARE these WORDS SAID? מִשֵּׁשׁ שָׁעוֹת וּלְמַעְלָה – Regarding eating FROM THE SIXTH HOUR AND ONWARD. אֲבָל מִשֵּׁשׁ שָׁעוֹת וּלְמַטָּה מוּתָּר – HOWEVER, BEFORE THE SIXTH HOUR HE MAY eat as usual.[11]

The Gemara presents another Baraisa on the subject:

תַּנְיָא אִידָךְ – **Another Baraisa taught:** עֶרֶב תִּשְׁעָה בְּאָב לֹא יֹאכַל אָדָם שְׁנֵי תַבְשִׁילִין – ON THE EVE OF TISHAH B'AV A PERSON MAY NOT EAT TWO COOKED FOODS; לֹא יֹאכַל בָּשָׂר וְלֹא יִשְׁתֶּה יַיִן – NOR MAY HE EAT MEAT OR DRINK WINE. דִּבְרֵי רַבִּי מֵאִיר – These are THE WORDS OF R' MEIR. וַחֲכָמִים אוֹמְרִים יְשַׁנֶּה – BUT THE SAGES SAY: HE NEED merely MODIFY his consumption of multiple dishes,[12] וּמְמַעֵט בְּבָשָׂר וּבְיַיִן – AND REDUCE his consumption OF MEAT AND OF WINE. כֵּיצַד מְמַעֵט – HOW SHOULD ONE REDUCE his consumption of meat and wine? אִם הָיָה רָגִיל לֶאֱכוֹל לִיטְרָא בָּשָׂר – IF HE WAS ACCUSTOMED TO EATING A *LITRA* OF MEAT,[13] יֹאכַל חֲצִי לִיטְרָא – HE SHOULD EAT only A HALF-*LITRA*. הָיָה רָגִיל לִשְׁתּוֹת לוֹג יַיִן – IF HE WAS ACCUSTOMED TO DRINKING A *LOG* OF WINE,[14] יִשְׁתֶּה חֲצִי לוֹג יַיִן – HE SHOULD DRINK HALF A *LOG* OF WINE. וְאִם אֵינוֹ רָגִיל כָּל עִיקָּר אָסוּר – BUT IF HE IS NOT ACCUSTOMED to partaking of meat or wine AT ALL, HE IS FORBIDDEN to do so at the concluding meal. רַבָּן שִׁמְעוֹן בֶּן גַּמְלִיאֵל אוֹמֵר – RABBAN SHIMON BEN GAMLIEL SAYS: אִם הָיָה רָגִיל לֶאֱכוֹל צְנוֹן אוֹ מָלִיחַ אַחַר סְעוּדָתוֹ – IF HE WAS ACCUSTOMED TO EATING RADISHES OR SALTED fish or meat AFTER HIS MEAL, הָרְשׁוּת בְּיָדוֹ – HE HAS PERMISSION to do so now as well.

The Gemara presents another Baraisa on the subject of the concluding meal before a fast:

תַּנְיָא אִידָךְ – **Another Baraisa taught:** כָּל שֶׁהוּא מִשּׁוּם תִּשְׁעָה בְּאָב – At ANY meal THAT IS eaten ON ACCOUNT OF TISHAH B'AV,[15] אָסוּר לֶאֱכוֹל בָּשָׂר – IT IS FORBIDDEN TO EAT MEAT, וְאָסוּר לִשְׁתּוֹת יַיִן – AND IT IS FORBIDDEN TO DRINK WINE, וְאָסוּר לִרְחוֹץ – AND IT IS FORBIDDEN TO WASH oneself from that time onward. כָּל שֶׁאֵינוֹ מִשּׁוּם תִּשְׁעָה בְּאָב – At ANY meal THAT IS NOT eaten ON ACCOUNT OF TISHAH B'AV,[16] מוּתָּר לֶאֱכוֹל בָּשָׂר וְלִשְׁתּוֹת יַיִן – IT IS PERMITTED TO EAT MEAT AND DRINK WINE, וְאָסוּר לִרְחוֹץ – BUT IT IS FORBIDDEN TO WASH oneself from that time onward.[17] ר׳ יִשְׁמָעֵאל בְּר׳ יוֹסֵי אוֹמֵר מִשּׁוּם אָבִיו – R' YISHMAEL SON OF R' YOSE SAYS IN THE NAME OF HIS FATHER: כָּל שָׁעָה שֶׁמּוּתָּר לֶאֱכוֹל בָּשָׂר מוּתָּר לִרְחוֹץ – AS LONG AS ONE IS PERMITTED TO EAT MEAT, ONE IS PERMITTED TO WASH.[18]

A Baraisa enumerates the restrictions that apply on Tishah B'Av:

תָּנוּ רַבָּנַן – **The Rabbis taught in a Baraisa:** כָּל מִצְוֹת הַנּוֹהֲגוֹת בְּאָבֵל – ALL RESTRICTIONS THAT APPLY TO A MOURNER נוֹהֲגוֹת בְּט׳ בְּאָב – APPLY to everyone ON TISHAH B'AV. אָסוּר בַּאֲכִילָה וּבִשְׁתִיָּה וּבְסִיכָה וּבִנְעִילַת הַסַּנְדָּל וּבְתַשְׁמִישׁ הַמִּטָּה – Hence, IT IS FORBIDDEN to engage IN EATING, DRINKING,[19] ANOINTING ONESELF,[20] WEARING LEATHER SHOES, AND MARITAL RELATIONS on Tishah B'Av. וְאָסוּר לִקְרוֹת בַּתּוֹרָה בַּנְּבִיאִים וּבַכְּתוּבִים – IT IS

NOTES

7. I.e. if this is his last meal before the fast.

8. Our Mishnah states that on the eve of Tishah B'Av a person may not eat two cooked foods; it further states that he may not consume meat or wine. Since the Baraisa expressly applies the latter restriction to the concluding meal, we may assume that the restriction on two cooked foods similarly obtains.

9. Since his companions dined with him as a sign of respect, reducing their number diminishes the honor he receives (*Rashi, Tosafos*).

10. See *Rashash*.

11. The Baraisa thus corroborates Rav Yehudah's first ruling, for according to both the Tanna Kamma and Rabban Shimon ben Gamliel the restriction against eating two cooked dishes on the eve of Tishah B'Av takes effect only after midday.

12. The Sages do not proscribe the consumption of two or more cooked dishes, as R' Meir does, but require only that the meal be somewhat modest.

13. According to *Rashi* (*Eruvin* 29a ד״ה עוכלא), the *litra* is a volume measure equal to the *log*, or to six egg volumes. *Aruch* (ד״ה ליטרא, based on *Yerushalmi*) maintains that *litra* is a weight measure equal to a *maneh,* or 100 *dinar* (approximately 17 oz. according to *Chazon Ish*). However, *Rambam* (*Eruvin* 1:12) asserts that a *litra* equals only 35 *dinar.*

14. A *log* is a volume measurement equal to six eggs.

15. I.e. the concluding meal eaten on the afternoon of Tishah B'Av eve (*Rashi*).

16. I.e. a concluding meal prior to any other public fast, or a meal eaten on the afternoon of Tishah B'Av eve that is not the concluding meal (*Rashi*).

17. *Rosh's* text (and that of other Rishonim) of the Baraisa reads: *and it is permitted to wash* (oneself) (see *Rashash*). *Keren Orah* maintains that what appears in our text, *and it is forbidden to wash* (oneself), is a scribal error.

18. [Our version of the Baraisa states: "As long as one is permitted to eat *meat*." Inclusion of the word *meat* implies that R' Yishmael disputes the Tanna Kamma's second ruling, which states that even when meat and wine are permitted, washing is nonetheless prohibited.] However, *Rashi* (see also *Hagahos HaGra*) emends the Baraisa by deleting the word *meat*, so that R' Yishmael is understood to dispute the Tanna Kamma's first ruling, which prohibited washing at the time of the concluding meal preceding Tishah B'Av, since meat at that time was forbidden. With that R' Yishmael takes issue, holding that as long as eating *in general* is permitted, washing is likewise permitted.

Ramban concurs with *Rashi's* emendation, and explains the Tanna Kamma's position as follows: Since at the time of the concluding meal before Tishah B'Av one has partially accepted upon himself the status of a mourner (since henceforth he abstains from consuming meat and wine), he must adhere also to the law that prohibits a mourner to wash himself (see *Ran*). *Ramban* distinguishes between washing and the other restrictions placed upon a mourner (such as the stricture against wearing shoes), which the Tanna Kamma does not prescribe in our case, by explaining that washing uniquely affords an ongoing pleasure, one that extends into Tishah B'Av itself, while the other restrictions do not. Hence, if one were allowed to wash oneself from the time of the concluding meal and onward, it would seem as though he were washing on Tishah B'Av itself. However, R' Yishmael does not ascribe to the Tanna Kamma's appreciation of the matter, and so rules that washing is permitted so long as one may eat – until sunset.

Cf. *Ravad* (cited by *Rosh*), who offers a different interpretation of the Tanna Kamma's position.

19. Although these first two restrictions do not apply to a mourner, the Baraisa enumerates those strictures that apply on Tishah B'Av, in addition to those that pertain to a mourner as well (*Rashi*).

20. *Mesoras HaShas* emends the text to read: . . . *washing, anointing oneself.*

מחגה ומ"ד כל החדש כולו אסור מחדשה ומ"ד כל השבת כולה אסור משבתה אמר רבא הלכה כרשב"ג ואמר רבא הלכה כרבי מאיר ותרווייהו לקולא וצריכא דאי אשמועינן הלכה כר' מאיר הוה אמינא אפי' מר"ח קמ"ל הלכה כרשב"ג ואי אשמועינן הלכה כרשב"ג הוה אמינא אפילו לאחריו קמ"ל הלכה כרבי מאיר: ערב תשעה באב לא יאכל אדם ב' תבשילין כו': אמר רב יהודה לא שנו אלא משש שעות ולמעלה אבל משש שעות ולמטה מותר ואמר רב יהודה לא שנו אלא בסעודה המפסיק בה אבל בסעודה שאינו מפסיק בה מותר א ותרווייהו לקולא וצריכא דאי אשמעינן בסעודה המפסיק בה הוה אמינא אפי' משש שעות ולמטה קמ"ל משש שעות ולמעלה ואי אשמעינן משש שעות ולמעלה הוה אמינא אפי' בסעודה שאינו מפסיק בה קמ"ל בסעודה המפסיק בה תניא כלישנא קמא תניא כלישנא בתרא תניא כלישנא בתרא הסועד ערב תשעה באב אם עתיד לסעוד סעודה אחרת מותר לאכול בשר ולשתות יין ואם לאו אסור לאכול בשר ולשתות יין תניא כלישנא קמא ערב תשעה באב לא יאכל אדם שני תבשילין לא יאכל בשר ולא ישתה יין רבן שמעון בן גמליאל אומר ישנה אמר רבי יהודה כיצד משנה אם היה רגיל לאכול שני תבשילין יאכל מין אחד ואם היה רגיל לסעוד בעשרה בני אדם סועד בחמשה היה רגיל לשתות עשרה כוסות שותה חמשה כוסות במה דברים אמורים משש שעות ולמעלה אבל משש שעות ולמטה מותר תניא אידך ערב תשעה באב לא יאכל אדם שני תבשילין לא יאכל בשר ולא ישתה יין דברי ר"מ וחכ"א ישנה וממעט בבשר וביין כיצד ממעט אם היה רגיל לאכול ליטרא בשר יאכל חצי ליטרא היה רגיל לשתות לוג יין ישתה חצי לוג יין ואם אינו רגיל כל עיקר אסור רשב"ג אומר אם היה רגיל לאכול צנון או מליח אחר סעודתו הרשות בידו תניא אידך כל שהוא משום תשעה באב אסור לאכול בשר ואסור לשתות יין ואסור לרחוץ כל שאינו משום ט"ב מותר לאכול ולשתות יין ואסור לרחוץ ר' ישמעאל בר' יוסי אומר משום אביו כל שעה שמותר לאכול [א] בשר מותר לרחוץ ת"ר כל מצות הנוהגות באבל נוהגות בט' באב ב אסור באכילה ובשתיה א ובסיכה ובנעילת הסנדל ובתשמיש המטה ואסור לקרות בתורה בנביאים ובכתובים ולשנות במשנה בתלמוד ובמדרש ובהלכות ובאגדות אבל קורא הוא במקום שאינו רגיל לקרות ושונה במקום שאינו רגיל לשנות וקורא בקינות באיוב ובדברים הרעים שבירמיה ותינוקות של בית רבן ג [ב] בטלין משום שנאמר א פקודי ה' ישרים משמחי לב ר' יהודה אומר אף אינו קורא במקום שאינו רגיל לקרות ואינו שונה במקום שאינו רגיל לשנות אבל קורא הוא באיוב ובקינות ובדברים הרעים שבירמיהו ותינוקות של בית רבן בטלים בו משום שנאמר פקודי ה' ישרים משמחי לב: לא יאכל בשר ולא ישתה יין: תנא ג אבל אוכל הוא בשר מליח ושותה יין מגתו בשר מליח עד כמה אמר רב חיננא בר כהנא משמיה דשמואל ד כל זמן (ד שאינו) כשלמים ויין מגתו עד כמה כל זמן שהוא תוסס תנא ה יין תוסס אין בו משום גילוי ו וכמה תסיסתו ג' ימים אמר רב יהודה אמר רב ז כך היה מנהגו של רבי יהודה ברבי אילעאי ערב תשעה באב מביאין לו פת חריבה במלח ויושב בין

רש"י

מחגה. כלומר יליף טעמא מן חגה דהיינו ר"ח שנקרא חג כדאמרי' לעיל (דף כט.) קרא עלי מועד: הלכה כר"מ. דלפניו אסור ולאחריו מותר: הלכה כרבן שמעון בן גמליאל. דאין איסור נוהג אלא באותה שבת: תרווייהו לקולא. כדמפרש ואזיל דבלפניו מוקי הלכה כר"מ דלפניו ולא לאחריו ובאותה שבת אבל קודם אותה שבת אפילו לפניו מותר: משש שעות ולמטה. כלפי השחר: המפסיק בה. דשוב אינו אוכל עוד מאותה סעודה ואילך: ה"ג כיצד ישנה א"ר יהודה אם הוא רגיל כו': בעשרה. שהיו סועדין עמו לכבודו: וחכ"א ישנה. אשני תבשילין קיימי (א) בשר ויין ימעט: מליח. דג או בשר מליח דאין בו טעם כל כך אחר שהה שלשה ימים במלח כדלקמן (ב) כשלמים והנותר מבשר זבח השלמים וגו' טפי לא אשכחן דמקרי בשר: כל שהוא משום ט' באב. כגון סעודה המפסיק בה: כל שאינו משום ט"ב. כגון סעודה המפסיק בה בתענית צבור אי נמי סעודה שאינו מפסיק בה: ה"ג ר' ישמעאל בר' יוסי אומר משום אביו כל שעה שמותר לאכול מותר לרחוץ. ולא גרסינן בשר כלומר אפי' בשעת סעודה המפסיק מותר לרחוץ הואיל ומותר לאכול: אסור באכילה ובשתיה. הני אין נוהגין באבל דקא חשיב נמי איסורים שנוהגין בו לבד מהני דנהיגי באבל רחילה סיכה ונעילה כו': ואסור לקרות בתורה כו'. דכתיב בהו משמחי לב (ג): במקום שאינו רגיל לקרות. דכיון דלא ידע אית ליה צערא: עד כמה. הוי בשר גמור דלא הוי בשר מליח כל זמן שהוא כשלמים שלא שהה במלחו אלא שני ימים ולילה אחד כזמן אכילת שלמים ולהכי נקט כשלמים דבזמן אכילת שלמים אשכחן דאקרי בשר דכתיב (ויקרא ז) י) והנותר מבשר זבח השלמים וגו' טפי לא אשכחן דמקרי בשר שהטעם נפסל אחרי ב' וג' ימים: יין מגתו. חדש ומתוק ואינו טוב כיין ישן ומשלשל ומזיק: תוסס. רותח: אין בו משום גילוי. שאין נחש שותהו כי יברח מרתיחתו: בין

תוספות

ותרווייהו לקולא. כלומר תרווייהו כדר"מ דאמר מר"ח ועד התענית וכרשב"ג דאמר אינו אסור אלא אותה שבת בלבד הלכה כתרווייהו לקולא כלומר דאינו אסור אלא אותה שבת בלבד כרשב"ג ודוקא [עד] התענית אבל לאחר התענית מותר דהלכה כר"מ דאמר דאינו אסור אלא עד התענית ואע"ג דשלחו משמיה דר' יוחנן דכלי פשתן מותר לכבס במועד מ"מ החמיר לנו מורינו רש"י לתת סדינין שלנו לכובס אותה שבוע שהיה בה ט"ב קודם התענית [ג] אבל היכא דחל ט"ב בה' בשבת מותר לכבס ולספר מחמשי ואילך מפני כבוד השבת דאין להמתין עד ערב שבת מפני טורח השבת י):

ערב ט"ב לא יאכל אדם ב' תבשילין. פירוש ב' תבשילין ר"ל בשתי קדירות כגון שקורין העולם אכלנו ב' מינים שקורין מייסו"ן אבל אין לאסור לאכול תבשיל שעושין מבצלים ומגבינה ומבילים דאע"ג דאין רגילין העולם לאכול בצלים חיין כדאמר בעירובין (ד' כט.) אכל בצל והשכים ומת וכו' שקשין לכל גופו של אדם כחרבות אעפ"כ מאחר שאין עושין מהם תבשיל בעצמו אם לא ישימו (ד) או שומן או שום דבר שנותן בהם טעם אינו קרוי תבשיל כדי לאסור הבילים שמשימין עמהם אבל מן גבינה המבושל בקדירה אין חששא לאכול דכל דבר שהוא נאכל כמו שהוא חי כמו חלב כמו גבינה כמו תפוחים אין בהם תורת בשול כלל וכלל: ואם היה רגיל לסעוד בעשרה יסעוד בחמשה. צריך למעט בכבודו: ואע"ג דקאמר הש"ס דבשר מליח מותר כל זמן שאינו כשלמים כלומר שעבר יותר מב' ימים משחיטתו אפ"ה לדידן אסור לאכול בשר אפי' מלוח מזמן מרובה כיון דאנו רגילים לאכול בשר מליח וכן צריך למעט בשתייתו שאם היה רגיל לשתות עשרה כוסות משכר או ממשקה אחר לא ישתה כי אם חמשה וצריך לשנות מקומו שהוא רגיל לאכול בו כמו שהיה מנהגו של רבי יהודה בר' אילעאי שישב ואכל ערב ט"ב בין תנור לכיריים מקום שהיה מנוול: כל

מסורת הש"ס

א) [צ"ל וברחיצה ובסיכה וע' ברי"ף ובהרא"ש דלא גרסי באכילה ובשתיה], ב) [גירס' הרי"ף והרא"ש אינן בטלין בו דברי ר"מ ר' יהודה אומר אף אינו קורא במקום כו' ותינוקות של בית רבן בטלין בו משום שנאמר פקודי ה' ישרים משמחי לב וע"ע טור א"ח ר"ס תקנד], ג) [סנהדרין ע.], ד) [צ"ל שהוא וכ"ה בסנהדרין ע.], ה) [סנהדרין ע. ע"ז ל. תוספתא תרומות פ"ז], ו) [צ"ל ואם הגיל יאכל מבשר], ז) [עי' ב"י בא"ח סי' תקנא מה שתמה על דברי תוס' אלו].

עין משפט נר מצוה

לג א מיי' פ"ה מהל' תענית הלכה ו סמג עשין ג טוש"ע א"ח סימן תקנא סעיף א וסעיף ט:
לד ב מיי' שם הלכה ז סמג שם טוש"ע שם סי' תקנב סעיף א:
לה ג ד מיי' שם הלכה ז סמג שם (טוש"ע שם סי' תקנב סעיף ב):
לו ה ו מיי' פי"ב מהל' רוצח ושמירת נפש הלכה ח סמג עשין עט וטור י"ד סימן קטז:
לז ז מיי' פ"ה מהל' תענית הלכה ט טוש"ע א"ח סימן תקנב סעיף ו:

רבינו גרשום

אמר לאחריו נמי אסור: מחגה מה חגה ח' ימים אף מיעוט שמחה ח' ימים: ותרווייהו לקולא הלכה כר"מ דאמר אין אסור אלא עד התענית והלכה כרשב"ג דאין איסור אלא אותה שבת והוא שלפני ט' באב: בסעודה המפסיק סעודה אחרונה שמקבל עליו תענית. אבל בסעודה שאין מפסיק כגון סעודה שאוכל קודם לכן שעדיין יאכל אחריה. כל שהוא משום ת"ב היינו ט' באב עצמו כל שאינו משום ת"ב שאר תעניות. קורא הוא במקום שאינו רגיל לקרות לפי שמצטער: כל זמן שהוא כשלמים שני ימים ולילה אחד אינו אוכל בערב ת"ב אבל אחר כן אוכל שבטל מתורת בשר.

תורה אור השלם

א) פִּקּוּדֵי יְיָ יְשָׁרִים מְשַׂמְּחֵי לֵב מִצְוַת יְיָ בָּרָה מְאִירַת עֵינָיִם: [תהלים יט, ט]

רבינו חננאל

לעולם קורין ג' בט' באב ומפטיר אחד. ואסיקנא הלכתא (כר' יוחנן) כרשב"ג דאמר אינו נוהג אלא אותה שבת בלבד שחל ט' באב להיות בתוכה. והלכתא כר' מאיר דאמר עד התענית. אבל לאחר התענית שאר א) שבוע מותר. וזהו פי' הלכתא כתרווייהו לקולא: ערב ט' באב לא יאכל ב' תבשילין כו' ואפילו אורז ועדשים. אבל אוכל תבשיל אחד בלבד שלא יהיה אותו תבשיל בשר ואם הוא בשר בן ג' ימים מותר. דא' כל בשר שאינו כשלמים בתוך ב' ימים ולילה אחד דכתיב ביום זבחכם יאכל וממחרת וגו' אינו קרוי בשר אלא מליח ויין תוסס נמי כגון שנסחט בתוך ג' ימים מותר שאינו עדיין יין. אמר רב יהודה אמר רב ל"ש לא יאכל ב' תבשילין ולא יאכל בשר ולא ישתה יין בערב ט' באב אלא שיעברו שש שעות מן היום כגון שקיבע סעודתו משעה שביעית ולמעלה. והני מילי בסעודה שהוא מפסיק בה כלומר בתענית. אבל אם בדעתו לאכול עדיין פעם אחרת או קודם שעה ששית מותר ב) (מתשתא מיכרבי). הני מילי פשוטות הן. רשב"א אם היה רגיל לאכול אחר סעודתו צנון או מלח הרשות בידו: ת"ר כל שהוא משום ט' באב אסור לאכול בשר ולשתות יין ואסור לרחוץ ג) משנה שאסור לאכול אסור לרחוץ. ואע"ג דתנינן נוהג אבל עד התענית ואמרינן הלכתא אבל אסור לרחוץ כל גופו בין בחמין בין בצונן אבל פניו ידיו ורגליו בחמין אסור בצונן מותר. הא גרסינן בפסחים פרק מקום שנהגו (דף נד:) אין בין ט' באב ליוה"כ כו' כל מסייע ליה לר' אלעזר דאמר אסור לאדם שיושיט אצבעו במים בט' באב כדרך שאסור ביוה"כ. אע"ג דמותבינן עליה הא משני רב פפא חמורי לא קתני. וגרסינן בפ' יוה"כ (יומא עח.) מטפחת היה לו לריב"ל (ביוה"כ) [ערב יוה"כ] מקנח פניו ידיו ורגליו למחר מעבירה ע"ג עיניו ואינו חושש. ערב ט' באב מעבירה ע"ג עיניו ואינו חושש ש"מ מהני כולהו דרחיצת פניו ידיו ורגליו בט' באב אפילו בצונן אסור אלא אם היו מטונפות: ת"ר כל מצות הנוהגות באבל נוהגות בט' באב. אסור ברחיצה ובסיכה ובנעילת הסנדל ובתשמיש המטה. ד) הגאון בלשון הזה עד שאין יהא בנדוי בכל מי שעושה מלאכה מכל אלו בט' באב כל היום. ואו לקרות בתורה בנביאים ובכתובים ולשנות במשנה בתלמוד כו'. ה) ר' יהודה אומר אף אינו קורא אלא במקום שאינו רגיל לקרות מפני שצער הוא לו וקורא באיוב ובקינות ובדברים הרעים שבירמיהו ותינוקות של בית רבן בטלים בו משום שנאמר פקודי ה' ישרים משמחי לב. וכמה תסיסתו ג' ימים אין בו משום גילוי. ולפיכך בערב ט' באב מותר:

חשק שלמה על רבינו חננאל א) אולי צ"ל כל שאר ימי השבוע מותר. ב) אולי צ"ל מחלוקת ר"מ וחכמים פשוטות הן. ג) אולי צ"ל ר' ישמעאל בר' יוסי אמר משעה שמותר לאכול מותר לרחוץ. ד) אולי צ"ל רב האי גאון. ה) נראה דצ"ל ר' יהודה אומר אף אינו קורא אלא במקום שאינו רגיל וכו'.

הגהות הב"ח

(א) רש"י ד"ה וחכ"א ישנה אשני תבשילין קיימי ובשר ויין: (ב) ד"ה מליח כו' כדלקמן הס"ד והשאר נמחק: (ג) ד"ה ואסור לקרות כו' משמחי לב במקום שהוא רגיל לקרות הס"ד: (ד) תוס' ד"ה ערב כו' אם לא ישימו בו שומן או:

הגהות הגר"א

[א] גמרא כל שעה שמותר לאכול (בשר). נמ"ב (וכן ממקון רש"י וכן בתוספתא ליתא): [ב] שם ותינוקות של ב"ר אינן בטלין ר' יהודה כו'. כצ"ל (וכ"ה ברי"ף ורא"ש וכ"ה בטור וגירסא בתרא כבר ר"מ וכ"ד הפוסקים שפסקו כר' יהודה): [ג] תוס' סד"ה ותרווייהו. (אבל היכא כו' עד טורח השבת. תמ"מ (וכבר תמה הב"י ע"ז).

ליקוטי רש"י

בסעודה המפסיק בה. סעודה אחרונה של ערב ט' באב ויוה"כ קרי סעודה המפסקת שמפסיקים בה [כתובות סג.]. בשר מליח ויין מגתו. כל זמן שהוא כשלמים. שלא עבר עליו זמן אכילת שלמים שני ימים ולילה אחד עדיין בלחלוחית הוא ולא אקרי מליח ומשמחת את הלב דכתיב (דברים כז) וזבחת שלמים ואכלת ושמחת שלמה בר שמחה הוא אבל בשר זה כבר הוי מליח ונחלש טעמו במלחו. כל זמן שהוא תוסס. שהוא נוסך כנגרון מתמת שהוא ממתיק [סנהדרין ע.]. יין תוסס. יין חדש מגיתו עד שהוא מתמתיק להיות יין קרי ליה תוסס [ע"ז ל.]. אין בו משום גילוי. שאין נחש שותה הימנו [שם].

FORBIDDEN TO READ THE TORAH, THE PROPHETS AND THE WRITINGS,[21] וְלִשְׁנוֹת בַּמִּשְׁנָה בַּתַּלְמוּד וּבַמִּדְרָשׁ וּבַהֲלָכוֹת וּבָאַגָּדוֹת – AND TO STUDY THE MISHNAH, TALMUD, MIDRASH, HALACHOS AND AGGADOS. אֲבָל קוֹרֵא הוּא בְּמָקוֹם שֶׁאֵינוֹ רָגִיל לִקְרוֹת – HOWEVER, ONE MAY READ from the Scriptures IN A PLACE THAT HE IS NOT ACCUSTOMED TO READ,[22] וְשׁוֹנֶה בְּמָקוֹם שֶׁאֵינוֹ רָגִיל לִשְׁנוֹת – AND MAY STUDY Mishnah or Talmud etc. IN A PLACE THAT HE IS NOT ACCUSTOMED TO STUDY. וְקוֹרֵא בְּקִינוֹת בְּאִיּוֹב וּבִדְבָרִים הָרָעִים שֶׁבְּיִרְמְיָה – Further, HE MAY READ FROM *LAMENTATIONS, JOB*, AND THE UNPLEASANT PASSAGES IN *JEREMIAH*. וְתִינוֹקוֹת שֶׁל בֵּית רַבָּן בְּטֵלִין – AND SCHOOLCHILDREN MUST REMAIN[23] IDLE, מִשּׁוּם שֶׁנֶּאֱמַר – BECAUSE IT IS STATED:[24] ,,פִּקּוּדֵי ה׳ יְשָׁרִים מְשַׂמְּחֵי-לֵב״ – *THE ORDERS OF HASHEM ARE UPRIGHT, GLADDENING THE HEART*.

R' Yehudah takes issue with the Tanna Kamma, as the Baraisa continues:

ר׳ יְהוּדָה אוֹמֵר – R' YEHUDAH SAYS: אַף אֵינוֹ קוֹרֵא בְּמָקוֹם שֶׁאֵינוֹ רָגִיל לִקְרוֹת – ONE MAY NOT READ EVEN IN A PLACE THAT HE IS UNACCUSTOMED TO READ, וְאֵינוֹ שׁוֹנֶה בְּמָקוֹם שֶׁאֵינוֹ רָגִיל לִשְׁנוֹת – AND HE MAY NOT STUDY Torah even IN A PLACE THAT HE IS UNACCUSTOMED TO STUDY, because perforce he will experience some joy. אֲבָל קוֹרֵא הוּא בְּאִיּוֹב וּבְקִינוֹת וּבִדְבָרִים הָרָעִים שֶׁבְּיִרְמְיָהוּ – HOWEVER, HE MAY READ FROM *JOB, LAMENTATIONS*, AND THE UNPLEASANT PASSAGES IN *JEREMIAH*. וְתִינוֹקוֹת שֶׁל בֵּית רַבָּן בְּטֵלִים בּוֹ – SCHOOLCHILDREN MUST REMAIN IDLE, מִשּׁוּם שֶׁנֶּאֱמַר – BECAUSE IT IS STATED:[24] ,,פִּקּוּדֵי ה׳ יְשָׁרִים מְשַׂמְּחֵי-לֵב״ – *THE ORDERS OF HASHEM ARE UPRIGHT, GLADDENING THE HEART*.[25]

The Mishnah said:

לֹא יֹאכַל בָּשָׂר וְלֹא יִשְׁתֶּה יַיִן – NOR MAY ONE EAT MEAT OR DRINK WINE.

A Baraisa modifies the rule of the Mishnah:

תָּנָא – A Tanna taught: אֲבָל אוֹכֵל הוּא בָּשָׂר מָלִיחַ וְשׁוֹתֶה יַיִן מִגִּתּוֹ – HOWEVER, HE MAY at the concluding meal EAT SALTED MEAT AND DRINK WINE FROM HIS WINE PRESS.

The Gemara inquires:

בָּשָׂר מָלִיחַ עַד כַּמָּה – How long can salting meat remain in salt and still be considered ordinary meat, which is prohibited at the concluding meal?

The Gemara answers:

אָמַר רַב חִינָּנָא בַּר כַּהֲנָא מִשְּׁמֵיהּ דִּשְׁמוּאֵל – Rav Chinana bar Kahana said in the name of Shmuel: כָּל זְמַן (שאינו) [שֶׁהוּא] כִּשְׁלָמִים – As long as it resembles the *shelamim* offering, it is considered ordinary meat and may not be eaten at the concluding meal.[26]

The Gemara further inquires:

וְיַיִן מִגִּתּוֹ עַד כַּמָּה – How long is wine considered still fresh from his wine press, and therefore permitted for consumption at the concluding meal?[27]

The Gemara answers:

כָּל זְמַן שֶׁהוּא תּוֹסֵס – As long as it is fermenting it is considered new wine, and is therefore permitted at the concluding meal.

A Baraisa elaborates:

תָּנָא – A Tanna taught: יַיִן תּוֹסֵס אֵין בּוֹ מִשּׁוּם גִּילּוּי – [THE LAW OF] UNCOVERED [LIQUIDS] DOES NOT APPLY TO FERMENTING WINE.[28] וְכַמָּה תְּסִיסָתוֹ – HOW LONG does ITS early stage of FERMENTATION last? ג׳ יָמִים – THREE DAYS.

The Gemara describes how R' Yehudah conducted himself during the concluding meal:[29]

אָמַר רַב יְהוּדָה אָמַר רַב – Rav Yehudah said in the name of Rav: כָּךְ הָיָה מִנְהָגוֹ שֶׁל רַבִּי יְהוּדָה בְּרַבִּי אִילְעַאי – Thus was the custom of R' Yehudah the son of R' Ilai: עֶרֶב תִּשְׁעָה בְּאָב מְבִיאִין לוֹ פַּת חֲרֵיבָה בְּמֶלַח – On the afternoon before Tishah B'Av they would bring him dry bread with salt, וְיוֹשֵׁב – and he would sit

NOTES

21. Since King David attests that the words of Torah *gladden the heart* (*Psalms* 19:9), it would be inappropriate to read familiar parts of the Torah on Tishah B'Av (*Rashi*; see *Bach* §3).

22. Since he does not [readily] understand what he is reading, he will be distressed (*Rashi*).

23. *Hagahos HaGra*, citing *Rif, Rosh* and *Or Zarua*, emends the text to read: *And schoolchildren must not remain idle.* He notes that the text quoted by these Rishonim attributes the Tanna Kamma's ruling to R' Meir.

24. *Psalms* 19:9.

25. As is evident from the Baraisa, only the *restrictions* imposed upon a mourner were prescribed for Tishah B'Av as well. However, a mourner's positive obligations do not apply. Hence, while a mourner must, for instance, turn over his couch and cloak his head with his garment, these practices are not required on Tishah B'Av. Moreover, only those restrictions which unconditionally bind a mourner for the entire seven days of his mourning period apply to Tishah B'Av. Accordingly, we must don *tefillin* on Tishah B'Av, since a mourner is forbidden to don *tefillin* only on the first day of *shivah*. Further, one may work on Tishah B'Av, except where local custom dictates otherwise, because a mourner who lacks food may work in the privacy of his home after the third day of *shivah* (*Rosh, Ritva*).

26. That is, during the first two days and one night of salting the meat is not yet considered "salted," and thus is still forbidden. This time frame is derived from the period allowed for eating the *shelamim* offering after its sacrifice, regarding which the Torah states: *But the remainder from the* **meat** *of the* shelamim *offering must be burned in the fire on the third day (Lev.* 7:17). Up until two days and one night after slaughter, animal flesh is called by Scripture בָּשָׂר, *meat;* beyond that time it is not, since after two or three days its taste spoils (*Rashi*). [Similarly, after two days and one night of salting, meat will lose its natural flavor.]

Tosafos (ד״ה ואע״ג) maintain that since in their day people were accustomed to eating salted meat, it was therefore forbidden to eat at the concluding meal meat that was salted even for a lengthy period of time (cf. *Meiri*). See *Sanhedrin* 70a and *Rashi* there, ד״ה כל זמן.

27. New wine is inferior to old wine, and is detrimental to a person's health (*Rashi*). [Hence, its consumption at the concluding meal is not inappropriate, for such wine does not inspire joy.]

28. The Rabbis prohibited the consumption of wine, water or milk that was left uncovered, for fear that a snake drank from the liquid and in the process ejected poison into it (*Terumos* 8:4).

However, the effervescence of fermenting wine will repel a snake. Thus, since there is no basis for suspecting that the liquid was poisoned, fermenting wine that was left uncovered may be drunk (*Rashi*).

29. The Gemara, however, does not mean to imply that everyone should comport himself in this manner, since such conduct is beyond the ken of the average person. Rather, the Gemara intimates that such behavior is appropriate for the especially pious (*Rambam, Hil. Taaniyos* 5:9).

מסורת הש"ס

א) [נ"ל וברחיצה ובסיכה וע' ברי"ף ורא"ש דלא גרסי באכיל' ובשתי'], ב) [גירס' הרי"ף והרא"ש אינן בטילין בו דברי ר"מ ר' יהודה אומר אף אינו קורא במקום וכו' ותינוקות של בית רבן בטילין בו משום שנאמר פקודי ה' ישרים משמחי לב וע"ע טור א"ח ר"ס תקנד], ג) [סנהדרין ע.], ד) [נ"ל שהוא וכ"א בסנהדרין ע. וכן בפרש"י דהכא והתם], ה) [סנהדרין ע. ע"ז ל. תוספתא תרומות פ"ו], ו) [נ"ל ואם האכל יאכל מבשר], ז) [עי' ב"י בא"ח סי' תקנא מה שתמה על דברי תוס' אלו].

מחגה ומ"ד כל החדש כולו אסור מחדשה ומ"ד כל השבת כולה אסור משבתה אמר רבא הלכה כרשב"ג ואמר רבא הלכה כרבי מאיר ותרווייהו לקולא וצריכא דאי אשמועינן הלכה כר' מאיר הוה אמינא אפי' מר"ח קמ"ל הלכה כרשב"ג ואי אשמועינן הלכה כרשב"ג הוה אמינא אפילו לאחריו קמ"ל הלכה כרבי מאיר: ערב תשעה באב לא יאכל אדם ב' תבשילין כו': אמר רב יהודה לא שנו אלא משש שעות ולמעלה אבל משש שעות ולמטה מותר ואמר רב יהודה לא שנו אלא בסעודה המפסיק בה אבל בסעודה שאינו מפסיק בה מותר [א] ותרווייהו לקולא וצריכא דאי אשמעינן בסעודה המפסיק בה הוה אמינא אפי' משש שעות ולמטה קמ"ל משש שעות ולמעלה ואי אשמעינן משש שעות ולמעלה הוה אמינא אפי' בסעודה שאינו מפסיק בה קמ"ל בסעודה המפסיק בה תניא כלישנא קמא תניא כלישנא בתרא תניא כלישנא בתרא הסועד ערב תשעה באב אם עתיד לסעוד סעודה אחרת מותר לאכול בשר ולשתות יין ואם לאו אסור לאכול בשר ולשתות יין תניא כלישנא קמא ערב תשעה באב לא יאכל אדם שני תבשילין לא יאכל בשר ולא ישתה יין רבן שמעון בן גמליאל אומר ישנה אמר רבי יהודה כיצד משנה אם היה רגיל לאכול שני תבשילין יאכל מין אחד ואם היה רגיל לסעוד בעשרה בני אדם סועד בחמשה היה רגיל לשתות עשרה כוסות שותה חמשה כוסות במה דברים אמורים משש שעות ולמעלה אבל משש שעות ולמטה מותר תניא אידך ערב תשעה באב לא יאכל אדם שני תבשילין לא יאכל בשר ולא ישתה יין דברי ר"מ וחכ"א ישנה וממעט בבשר וביין כיצד ממעט אם היה רגיל לאכול ליטרא בשר יאכל חצי ליטרא היה רגיל לשתות לוג יין ישתה חצי לוג יין ואם אינו רגיל כל עיקר אסור רשב"ג אומר אם היה רגיל לאכול צנון או מליח אחר סעודתו הרשות בידו תניא אידך כל שהוא משום תשעה באב אסור לאכול בשר ואסור לשתות יין ואסור לרחוץ כל שאינו משום ט"ב מותר לאכול בשר ולשתות יין ואסור לרחוץ ר' ישמעאל בר' יוסי אומר משום אביו כל שעה שמותר לאכול [א] בשר מותר לרחוץ ת"ר כל מצות הנוהגות באבל נוהגות בט' באב [ב] אסור באכילה ובשתיה [א] ובסיכה ובנעילת הסנדל ובתשמיש המטה ואסור לקרות בתורה בנביאים ובכתובים ולשנות במשנה בתלמוד ובמדרש ובהלכות ובאגדות אבל קורא הוא במקום שאינו רגיל לקרות ושונה במקום שאינו רגיל לשנות וקורא בקינות באיוב ובדברים הרעים שבירמיה ותינוקות של בית רבן [ג] [ב] בטלין משום שנאמר [א] פקודי ה' ישרים משמחי לב ר' יהודה אומר אף אינו קורא במקום שאינו רגיל לקרות ואינו שונה במקום שאינו רגיל לשנות אבל קורא הוא באיוב ובקינות ובדברים הרעים שבירמיהו ותינוקות של בית רבן בטלים בו משום שנאמר פקודי ה' ישרים משמחי לב: לא יאכל בשר ולא ישתה יין: תנא [ג] [ג] אבל אוכל הוא בשר מליח ושותה יין מגתו בשר מליח עד כמה אמר רב חיננא בר כהנא משמיה דשמואל [ד] כל זמן ([ד] שאינו) כשלמים ויין מגתו עד כמה כל זמן שהוא תוסס תנא [ה] [ה] יין תוסס אין בו משום גילוי [ו] וכמה תסיסתו ג' ימים אמר רב יהודה אמר רב [ז] כך היה מנהגו של רבי יהודה ברבי אילעאי ערב תשעה באב מביאין לו פת חריבה במלח ויושב בין

רש"י

מחגה. כלומר יליף טעמא מן חגה דהיינו ר"ח שנקרא חג כדאמרי' לעיל (דף כט.) קרא עלי מועד: הלכה כר"מ. דלפניו אסור ולאחריו מותר: הלכה כרבן שמעון בן גמליאל. דאין איסור נוהג אלא באותה שבת: תרווייהו לקולא. כדמפרש ואזיל דלפניו מוקי הלכה כר"מ דלפניו ולא לאחריו ובאותה שבת אבל קודם אותה שבת אפילו לפניו מותר: משש שעות ולמטה. כלפי השחר: המפסיק בה. דשוב אינו אוכל עוד מאותה סעודה ואילך: ה"ג כיצד ישנה א"ר יהודה אם הוא רגיל כו': בעשרה. שהיו סועדין עמו לכבודו: וחכ"א ישנה. אשני תבשילין קיימי (א) בשר ויין ימעט: מליח. דג או בשר מליח דאין בו טעם כל כך אחר ששהה שלשה ימים במלח כדלקמן (ב) כשלמים והנותר מבשר זבח השלמים וגו' טפי לא אשכחן דמקרי בשר: כל שהוא משום ט' באב. כגון סעודה המפסיק בה: כל שאינו משום ט"ב. כגון סעודה המפסיק בה בתענית צבור אי נמי סעודה שאינו מפסיק בה: ה"ג ר' ישמעאל בר' יוסי אומר משום אביו כל שעה שמותר לאכול מותר לרחוץ. ולא גרסינן בשר כלומר אפי' בשעת סעודה המפסיק מותר לרחוץ הואיל ומותר לאכול: אסור באכילה ובשתיה. הני אין נוהגין באבל דקא חשיב נמי איסורים שנוהגין בו לבד מהני דנהיגי באבל רחילה סיכה ונעילה כו': ואסור לקרות בתורה כו'. דכתיב בהו משמחי לב (ג): במקום שאינו רגיל לקרות. דכיון דלא ידע אית ליה צערא: עד כמה. הוי בשר גמור דלא הוי בשר מליח כל זמן שהוא כשלמים שלא שהה במלחו אלא שני ימים ולילה אחד כזמן אכילת שלמים ולהכי נקט כשלמים דבזמן אכילת שלמים אשכחן דאקרי בשר דכתיב (ויקרא ז) [ו] והנותר מבשר זבח השלמים וגו' טפי לא אשכחן דמקרי בשר שהטעם נפסל אחרי ב' וג' ימים: יין מגתו. חדש ומתוק ואינו טוב כיין ישן ומשלשל ומזיק: תוסס. רותח: אין בו משום גילוי. שאין נחש שותהו כי יברח מרתיחתו: בין

תוספות

ותרווייהו לקולא. כלומר תרוייהו כדר"מ דאמר מר"ח ועד התענית וכרשב"ג דאמר אינו אסור אלא אותה שבת בלבד הלכה כתרוייהו לקולא כלומר דאינו אסור אלא אותה שבת בלבד כרשב"ג ודוקא [עד] התענית אבל לאחר התענית מותר דהלכה כר"מ דאמר דאינו אסור אלא עד התענית ואע"ג דשלחו משמיה דר' יוחנן דכלי פשתן מותר לכבס במועד מ"מ החמיר לנו מורינו רש"י לתת סדינין שלנו לכובס אותה שבוע שהיה בה ט"ב קודם התענית [ג] אבל היכא דחל ט"ב בה' בשבת מותר לכבס ולספר מחצות ואילך מפני כבוד השבת דאין להמתין עד ערב שבת מפני טורח השבת[ז]:

ערב ט"ב לא יאכל אדם ב' תבשילין. פירוש ב' תבשילין ר"ל בשתי קדירות כגון שקורין העולם אכלנו ב' מינים שקורין מיישו"ן אבל אין לאסור לאכול תבשיל שעושין מבצלים ומגבינה ומביצים דאע"ג דאין רגילין העולם לאכול בצלים חיין כדאמר בעירובין (ד' כט.) אכל בצל והשכים ומת וכו' שקשין לכל גופו של אדם כחרבות אעפ"כ מאחר שאין עושין מהם תבשיל בעצמו אם לא ישימו (ד) או שומן או שום דבר שנותן בהם טעם אינו קרוי תבשיל כדי לאסור הביצים שמשימין עמהם אבל מן גבינה המבושל בקדירה אין חששא לאכול דכל דבר שהוא נאכל כמו שהוא חי כמו חלב כמו גבינה כמו תפוחים אין בהם תורת בשול כלל וכלל: **ואם** היה רגיל לסעוד בעשרה יסעוד בחמשה. צריך למעט בכבודו: **ואע"ג** דקאמר הש"ס דבשר מליח מותר כל זמן שאינו כשלמים כלומר שעבר יותר מב' ימים משחיטתו אפ"ה לדידן אסור לאכול בשר אפי' מלוח מזמן מרובה כיון דאנו רגילים לאכול בשר מליח וכן צריך למעט בשתייתו שאם היה רגיל לשתות עשרה כוסות משכר או ממשקה אחר לא ישתה כי אם חמשה וצריך לשנות מקומו שהוא רגיל לאכול בו כמו שהיה מנהגו של רבי יהודה בר' אילעאי שישב ואכל ערב ט"ב בין תנור לכיריים מקום שהיה מנוול: כל

עין משפט נר מצוה

לג א מיי' פ"ה מהל' תענית הלכה ז סמג עשין ג טוש"ע א"ח סימן תקנב סעיף א וסעיף ט:
לד ב מיי' שם הלכה י סמג שם טוש"ע שם סי' תקנד סעיף א:
לה ג ד מיי' שם הלכה ז סמג שם (טוש"ע שם סי' תקנב סעיף ב):
לו ה ו מיי' פי"א מהל' רוצח ושמירת נפש הלכה ח סמג עשין לט וטור י"ד סימן קטו:
לז ז מיי' פ"ה מהל' תענית הלכה ט טוש"ע א"ח סימן תקנב סעיף ו:

רבינו גרשום

אמר לאחריו נמי אסור: מחגה מה חגה ח' ימים אף מיעוט שמחה ח' ימים: ותרווייהו לקולא הלכה כר"מ דאמר אין אסור אלא עד התענית והלכה כרשב"ג דאין איסור אלא אותה שבת והוא שלפני ט' באב: בסעודה המפסיק סעודה אחרונה שמקבל עליו תענית. אבל בסעודה שאין מפסיק כגון סעודה שאוכל קודם לכן שעדיין יאכל אחריה. כל שהוא משום ת"ב היינו ט' באב עצמו כל שאינו משום ת"ב שאר תעניות. קורא הוא במקום שאינו רגיל לקרות לפי שמצטער: כל זמן שהוא כשלמים שני ימים ולילה אחד אינו אוכל בערב ת"ב אבל אחר כן אוכל שבטל מתורת בשר.

תורה אור השלם

א) פִּקּוּדֵי יְיָ יְשָׁרִים מְשַׂמְּחֵי לֵב מִצְוַת יְיָ בָּרָה מְאִירַת עֵינָיִם: [תהלים יט, ט]

רבינו חננאל

לעולם קורין ג' בט' באב ומפטיר אחד. ואסיקנא הלכתא (כר' יוחנן) כרשב"ג דאמר אינו נוהג אלא אותה שבת בלבד שחל ט' באב להיות בתוכה. והלכתא כר' מאיר דאמר עד התענית. אבל לאחר התענית שאר א) שבוע מותר. וזהו פי' הלכתא כתרווייהו לקולא: ערב ט' באב לא יאכל ב' תבשילין כו' ואפילו אורז ועדשים. אבל אוכל תבשיל אחד בלבד שלא יהיה אותו תבשיל בשר ואם הוא בשר בן ג' ימים מותר. דא' כל בשר שאינו כשלמים בן ב' ימים ולילה אחד כדכתיב ביום זבחכם יאכל וממחרת וגו' אינו קרוי בשר אלא מליח ויין תוסס נמי כגון שנסחט בתוך ג' ימים מותר שאינו עדיין יין. אמר רב יהודה אמר רב ל"ש לא יאכל ב' תבשילין ולא יאכל בשר ולא ישתה יין בערב ט' באב משעה שיעברו שש שעות מן היום כגון שיקבע סעודתו משנה שביעית ולמעלה. והני מילי בסעודה שהוא מפסיק בה כלומר בתענית. אבל אם בדעתו לאכול עדיין פעם אחרת או קודם שעה ששית מותר ב) (מתשתא מיכרדי). הני מילי פשוטות הן. רשב"א אם היה רגיל לאכול אחר סעודתו צנון או מלח הרשות בידו: ת"ר כל שהוא משום ט' באב אסור לאכול בשר ולשתות יין ואסור לרחוץ ג) משנה שאסור לאכול בשר ולשתות יין ואסור לרחוץ. ואע"ג דתנינן נוהג אבל אסור לרחוץ כל גופו בין בחמין בין בצונן כל ד' אבל פניו ידיו ורגליו בחמין אסור בצונן מותר. הא גרסינן בפסחים פרק מקום שנהגו (דף נד:) אין בין ט' באב ליוה"כ כו' מסייע ליה לר' אלעזר דאמר אסור לאדם שיושיט אצבעו במים בט' באב כדרך שאסור ביוה"כ. אע"ג דמותבינן עליה הא משני רב פפא חמורי לא קתני. וגרסינן בפ' יוה"כ (יומא עז.) מטפחת היה לו לריב"ל [עיה"כ] מקנח פניו ידיו ורגליו בה למחר מעבירה ע"ג עיניו ואינו חושש. ערב ט' באב שורה במים ועושה כמין כלים נגובים למחר מעביר ע"ג עיניו ואינו חושש בט' באב אלא אם היו מטנפות: ת"ר כל מצות הנוהגות באבל נוהגות בט' באב. אסור ברחיצה ובסיכה ובנעילת הסנדל ובתשמיש המטה. שלח רב ד) הגאון בלשון הזה יהא בנדוי כל מי שעושה אחת מכל אלו בט' באב כל היום. וא' לקרות בתורה בנביאים ובכתובים ולשנות במשנה בתלמוד כר. ר' יהודה ה) אומר אינו קורא אלא במקום שאינו רגיל לקרות מפני שצער הוא לו וקורא באיוב ובקינות בדברים הרעים שבירמיהו ותינוקות של בית רבן בטלים משום פקודי ה' ישרים משמחי לב. תנא יין תוסס אין בו משום גילוי. וכמה תוססו ג' ימים. לפיכך בערב ט' באב מותר:

חשק שלמה על רבינו חננאל א) אולי צ"ל כל שאר ימי השבוע מותר. ב) אולי צ"ל ר' ישמעאל בר"י אמר משעה שמותר לאכול מותר לרחוץ. ג) אולי צ"ל מחלוקת ר"מ וחכמים פשוטות הן. ד) אולי צ"ל רב האי גאון. ה) נראה דצ"ל ר' יוסי אומר אף אינו קורא במקום שאינו רגיל וכו'.

הגהות הב"ח

(א) רש"י ד"ה וחכ"א ישנה אשני תבשילין קיימי אבל בשר ויין: (ב) ד"ה מליח כו' כדלקמן הס"ד והשאר נמחק: (ג) ד"ה ואסור לקרות כו' משמחי לב במקום שהוא רגיל הס"ד: (ד) תוס' ד"ה ערב כו' אם לא ישימו בו שומן או:

הגהות הגר"א

[א] גמרא כל שעה שמותר לאכול (בשר). תז"מ (וכן מתקו רש"י וכן בתוספתא ליתא): [ב] שם ותינוקות של ב"ר אינן בטלין ר' יהודה כו'. כצ"ל (וכ"ה ברי"ף ורא"ש ובא"ז וגירסתם בת"ק דברי ר"מ וכ"ד הפוסקים שפסקו כר' יהודה): [ג] תוס' סד"ה ותרווייהו. (אבל היכא כו' עד טורח השבת). תא"מ (וכבר תמה הב"י ע"ז):

ליקוטי רש"י

בסעודה המפסיק בה. סעודה אחרונה של ערב ט' באב ויוה"כ קרי סעודה המפסקת שמפסיקים בה [כתובות סג.]. בשר מליח ויין מגתו. לא חשיבי. כל זמן שהוא כשלמים. שלא עבר עליו זמן אכילת שלמים שני ימים ולילה אחד עדיין בלחלוחו הוא ולא אקרי מליח ומשמח את הלב דכתיב (דברים כז) וזבחת שלמים ואכלת שם ושמחת אלמא בר שמחה הוא אבל בתר הכי הוי מליח ונחלף טעמו במלחו. כל זמן שהוא תוסס. שהוא נושך בגרון מחמת שהוא מחמיץ [סנהדרין ע.]. יין תוסס. יין חדש מגיתו עד שהוא מחמיץ להיות יין קרי ליה תוסס [ע"ז ל:]. אין בו משום גילוי. שאין נחש שותה הימנו [שם.].

עין משפט נר מצוה

לח א מיי' פ"ה מהל' תענית הל' י סמג עשין ג טוש"ע א"ח סי' תקנד סעיף כב:
לט ב מיי' שם טוש"ע שם סעיף כד:
מ ג ד טוש"ע שם סעיף כה:
מא ה מיי' פ"ה מהל' אבל הלכה יא טור י"ד סימן שפז:

רבינו גרשום

מחייב בכפיית המטה לכוף מטתו כאבל: עוברות ומניקות שאי אפשר להם בלא מטות מה תהא עליהם: שאר מטות שאינו שוכב עליה דר' יהודה מחייב לכוף כל המטות שבבית וחכ"א אינו חייב לכוף אלא מטתו בלבד: כל הכלים המשאילות זו לזו טעונות טבילה שמא דנדה היו. יום שכלו מתי מדבר וקבעו יום טוב לפי שחזר הדיבור למשה. יום שפוסקין מלכרות עצים למערכה ומיכן ואילך מוסיפין לעסוק בתורה:

רבינו חננאל

ר' אומר כל האוכל ושותה בט' באב כאלו אוכל ושותה ביוה"כ. ר' עקיבא אומר העושה מלאכה בט' באב אינו רואה סימן ברכה לעולם. וחכ"א העושה מלאכה בט' באב ואינו מתאבל על ירושלים אינו רואה בשמחת ירושלים שנאמר שמחו את ירו' וגו' שישו אתה משוש כל המתאבלים. כל שאינו מתאבל על ירושלים אינו רואה בשמחתה. וכל האוכל בט' באב עליו הכתוב אומר ותהי עונותם על עצמותם. עונותיו חקוקים על עצמותיו. ר' יהודה מחייב בכפיית המטה ולא הודו לו חכמים. תנא בשאינו יכול כגון עוברות ומניקות וכיוצא בהן שאין כופין מטותיהן. ומודים חכמים לר' יהודה שכופה כל אדם מטתו מי שיכול לישן על הקרקע ואמר רבא הלכתא כתנא דידן דקתני לא הודו לו חכמים. מנהגו של ר' יהודה ברבי אלעאי בערב ט' באב היה יושב בין תנור לכיריים ואוכל פת חריבה במלח. ושותה קיתון של מים ודומה כמי שמתו מוטל לפניו: ארשב"ג לא היו ימים טובים לישראל כט"ו באב וכיוה"כ. בשלמא יוה"כ משום שהוא יום שנתנו לוחות האחרונות לפי שכשתחשב מז' בסיון שעלה משה לקבל לוחות הראשונות מ' יום עד י"ז בתמוז שנא' ואתנפל לפני ה' וגו' עד כ"ט באב ומיד א"ל הקב"ה למשה עלה אלי ההרה. ועלה ביום ל' של אב (עשה ג') [עמד מ'] יום וירד בלוחות האחרונות והוא יוה"כ לפיכך ראוי להיות יו"ט. אלא ט"ו באב מפני מה הוא יו"ט ואמרי' יום שהותרו שבטים לבוא זה בזה. דדרוש זה הדבר שכתוב בענין ולא תסוב נחלה ממטה למטה אחר. לא יהא נוהג אלא באותו דור שנכנסו לארץ. ולהם נחלקה הארץ בלבד. ור' יוחנן אמר שהותר שבט בנימין דדרוש איש ממנו לא יתן בתו לבנימין ממנו ולא מבנינו. רב נחמן אמר יום שכלו בו מתי מדבר. ומצינו בפירוש בירושלמי ר' אבון אמר שבטל בו החפירה דא"ר לוי בכל ערב ט' באב היה משה רבינו מוציא כרוז במחנה ישראל צאו לחפור היו יוצאין (עצמן) וחופרין קברות וכל אחד ישן בקברו. ובשחר מי שנמצא חי חוזר למחנה והמתים נשארו בקבריהן ומוצאין עצמן בכל שנה חסרים ט"ו אלף ופרוטרוט בשנת ל"ח שנה עשו כמנהג כל השנים עמדו כולן לא מת אחד מהן. אמרו טעינו בחשבון אינו היום ט' באב וכן אמרו בי"א בי"ב ובי"ג ובי"ד כיון שהגיע ט"ו באב וראו הלבנה מלאה

גמרא

בין תנור לכיריים ואוכל ושותה עליה קיתון של מים ודומה כמי שמתו מוטל לפניו תנן התם (א) א מקום שנהגו לעשות מלאכה בט' באב עושין מקום שנהגו שלא לעשות אין עושין ובכל מקום ת"ח בטלים רשב"ג אומר לעולם יעשה כל אדם עצמו כתלמיד חכם תניא נמי הכי רשב"ג אומר לעולם יעשה אדם עצמו כתלמיד חכם כדי שיתענה תניא אידך (ב) רשב"ג אומר כל האוכל ושותה בט' באב כאילו אוכל ושותה ביוה"כ ר"ע אומר ב כל העושה מלאכה בתשעה באב אינו רואה סימן ברכה לעולם וחכ"א כל העושה מלאכה בט' באב ואינו מתאבל על ירושלים אינו רואה בשמחתה שנא' (ג) א) שמחו את ירושלם וגילו בה כל אוהביה שישו אתה משוש כל המתאבלים עליה מכאן אמרו (ד) ג כל המתאבל על ירושלים זוכה ורואה בשמחתה ושאינו מתאבל על ירושלים אינו רואה בשמחתה (ה) תניא נמי הכי ד כל האוכל בשר ושותה יין בט' באב עליו הכתוב אומר ב) ותהי עונותם על עצמותם: רבי יהודה מחייב בכפיית המטה ולא הודו לו חכמים: תניא אמרו לו לרבי יהודה לדבריך עוברות ומניקות מה תהא עליהן אמר להם אף אני לא אמרתי אלא ביכול תניא נמי הכי מודה ר' יהודה לחכמים בשאינו יכול ומודים חכמים לרבי יהודה ביכול מאי בינייהו איכא בינייהו שאר מטות כדתניא (ו) ה כשאמרו לכפות המטה לא מטתו בלבד הוא כופה אלא כל המטות כולן הוא כופה אמר רבא הלכתא כתנא דידן (ז) ולא הודו לו חכמים כל עיקר: א"ר שמעון ב"ג לא היו ימים טובים לישראל כחמשה עשר באב וכיוה"כ: (ח) בשלמא יום הכפורים משום דאית ביה סליחה ומחילה יום שניתנו בו לוחות האחרונות אלא ט"ו באב מאי היא אמר רב יהודה אמר שמואל יום שהותרו שבטים לבוא זה בזה מאי דרוש ג) זה הדבר אשר צוה ה' לבנות צלפחד וגו' דבר זה לא יהא נוהג אלא בדור זה אמר רב יוסף אמר רב נחמן יום שהותר שבט בנימן לבוא בקהל שנאמר ד) ואיש ישראל נשבע במצפה לאמר איש ממנו לא יתן בתו לבנימן לאשה מאי דרוש אמר רב ממנו ולא מבנינו ((ט) אמר) רבה בר בר חנה א"ר יוחנן יום שכלו בו מתי מדבר דאמר מר עד שלא כלו מתי מדבר לא היה דבור עם משה שנאמר ה) ויהי כאשר תמו כל אנשי המלחמה למות וידבר ה' אלי אלי היה הדבור עולא אמר יום שביטל הושע בן אלה (י) פרוסדיות (כ) שהושיב ירבעם בן נבט על הדרכים שלא יעלו ישראל לרגל ואמר לאיזה

רש"י

בין תנור לכיריים. מקום מנוול שבבית: אינו רואה סימן ברכה. מאותה מלאכה: כל האוכל בשר ושותה יין בתשעה באב עליו הכתוב אומר ותהי עונותם על עצמותם. בתשעה באב כלומר בסעודה המפסיק בה: עוברות ומניקות. שאינן יכולות לישן על גבי קרקע: ביכול. שאפשר לו: מאי בינייהו. כיון דזה מודה לו ביכול וזה מודה לו בשאינו יכול: שאר מטות. שבבית שאינו שוכב בהן ר' יהודה דמחייב במתני' בכפיית המטה קמחייב נמי ביכול בשאר מטות ורבנן סברי מטתו כופה ולא שאר מטות וכדתניא גבי אבל: שניתנו בו לוחות אחרונות. שבי"ז בתמוז ירד משה מן ההר תחלה ושיבר את הלוחות ובי"ח טחן את העגל ודן את הפושעים ועלה למרום נשתהה שם שמונים יום ארבעים יום עמד בתפלה דכתיב (דברים ט) ואתנפל לפני ה' ארבעים יום וארבעים לילה וארבעים יום עמד כבראשונה חשוב מי"ז בתמוז עד יום הכפורים והוו להו שמונים יום שנים עשרה שנשתיירו מתמוז דהוא חסר ושלשים דאב ותשעה ועשרים דאלול הרי אחד ושבעים ותשעה דתשרי הרי שמונים יום וליל יום (א) השלים כנגד לילו של י"ז תמוז דלא הוה בחושבניה דהא נפק ליה כבר בשעה שעלה השתא הוי להו פ' שלמין לילה ויום ובוקר יום כפור ירד שהוא עשרה בתשרי ואותו היום נקבע ליום כפור להודיע שמחל וניחם על הרעה אשר דבר לעשות לעמו ועל כן נקבע יום כפור בעשרה בתשרי כך שמעתי: שהותרו שבטים לבא זה בזה. דרחמנא אמר וכל בת יורשת נחלה וגו' (במדבר לו) וכתיב (שם) ולא תסוב נחלה ממטה למטה אחר כי איש בנחלתו ידבקו בני ישראל ועמדו והתירו דבר זה בחמשה עשר באב: זה הדבר אשר צוה ה' לבנות צלפחד וגו'. זה מיעוט הוא כלו' לא יהיה דבר זה נוהג אלא בדור זה בדור של בנות צלפחד: לבא בקהל. לישא נשים לפי שנשבעו ישראל מלהינשא להם כדכתיב בשופטים (כא): ממנו. מיעוט הוא דכתיב איש ממנו לא יתן בתו לבנימין לא גזרו אלא מהם (ממנו) אבל מבניהם לא גזרו: שכלו מתי מדבר. דתניא כל ארבעים שנה שהיו במדבר בכל ערב תשעה באב היה הכרוז יוצא ואומר צאו לחפור והיה כל אחד ואחד יוצא וחופר לו קבר וישן בו שמא ימות קודם שיחפור ולמחר הכרוז יוצא וקורא יבדלו חיים מן המתים וכל שהיה בו נפש חיים היה עומד ויוצא וכל שנה היו עושין כן ובשנת ארבעים שנה עשו ולמחר עמדו כולן חיים וכיון שראו כך תמהו ואמרו שמא טעינו בחשבון החדש חזרו ושכבו בקבריהן בלילות עד ליל חמשה עשר וכיון שראו שנתמלאה הלבנה בט"ו ולא מת אחד מהם ידעו שחשבון חדש מכוון וכבר מ' שנה של גזרה נשלמו קבעו אותו הדור לאותו היום יו"ט: דאמר מר כו'. לפיכך יו"ט הוא: לא היה הדבור עם משה. ביחוד וחיבה דכתיב וידבר ה' אלי לאמר אלי נתייחד הדיבור ואע"ג דמקמי הכי כתיבי קראי בהו וידבר איכא דאמרי לא היה פה אל פה אלא בחזיון לילה גמגום: לאיזה

תוספות

כל העושה מלאכה בתשעה באב אינו רואה סימן ברכה לעולם. כלומר באותה מלאכה שרגיל לעשות בתשעה באב אינו רואה סימן ברכה לעולם וחייב אדם לצער ולמעט בכבודו ובהנאותיו שאם היה רגיל לשכב על שני כרים לא ישכב כי אם על אחד אבל עוברות ומניקות אינן חייבות כולי האי שאינם יכולות להצטער בעצמן ואוכלין סעודה המפסקת מבעוד יום וכן נמי ביום הכפורים (נמי) צריך לסעוד מבע"י דתוספת יום הכפורים מן התורה כדכתיב (ויקרא כג) מערב ועד ערב וכתיב בעצם היום הזה (שם) אבל מכל מקום אין לאסור לשתות משאכל סעודה מפסקת ועדיין הוי היום גדול ° כדמשמע בירושלמי דר' יוסי איקלע לבצרה אכל סעודה מפסקת אתא לגבי דריש כנישתא והוה סעיד אמר ליה ההוא ריש כנישתא סעוד אללי אמר ליה אכלית ואפסקית אמר לו אסגא עלי דלא לימרון הדין גברא לא אסגא עליה אכל מכל עיגול פתית ואכל מכל תבשיל ותבשיל חד פת ושתה מכל חבית חד כסא והכי הלכתא אם עדיין היום גדול לאחר שאכל סעודה המפסקת מותר לשתות אפילו ערב יוה"כ וכל שכן ערב תשעה באב:

אמר רבא הלכה כתנא דידן ולא הודו לו חכמים. פירוש שאין צריך לכפות המטה והאידנא דחיישינן לכשפים לא עבדינן כפיית המטה ואפילו באבל:

יום שהותרו השבטים לבא זה בזה. פירוש דהיינו י"ט:

יום שבו כלו מתי מדבר. כדאמרי' (במדרש איכה) כל ט' באב היו עושין קבריהן ושוכבין בתוכן ולמחר הכרוז יוצא הבדלו החיים ואותה השנה שכלתה הגזרה קמו כולם והיו סבורים שמא טעו בחודש עד שראו הלבנה מלאה ואז ידעו שכלתה הגזרה ועשו יו"ט ופרשב"ם (בב"ב דף קכא. ל) כל המ' שנים לא היו מתים אלא בט' באב ° ובכל ט' באב היו מתים מ) כ"א אלף ופרוטרוט ומפרש התם דאותו פרוטרוט עולה למ' שנים ט"ו אלף וי"מ שהיו מתים בכל יום אך רוב המתים היו לעולם בתשעה באב ובחמשה עשר באב פסקה הגזרה ולא מתו כלל ועשו י"ט: תיקנו

מסורת הש"ס

א) [ברכות יז:] פסחים נד:, ב) [כרי"ף וברא"ש מהופכים דברי רשב"ג לר"ע], ג) גיטין נז., ד) [ב"ב ס:], ה) כרי"ף וברא"ש ליתא ר"ג, ו) מו"ק כ. נדרים ע. סנהדרין כ., ז) בס"א דקאמר ולא הודו, ח) ב"ב קכא., ט) [ב"ב קכא. איתא רב דימי בר יוסף אמר רב נחמן יום וכו'], י) [גיר' הערוך פרוזדאות פי' שומרים וע' לעיל כח. והוסיפו פרוזדיות כו'], כ) [גיטין פח.] [ושם הגי' פרדסיות וכן הגי' בב"ב קכא:], ל) [ע"ש ברשב"ם וע' מהרש"א], מ) מתים מח"ר אלף כפרוטרוט כל"ל.

הגהות הב"ח

(א) רש"י ד"ה שניתנו כו' הרי שמונים יום וליל לוס כפור השלים כנגד:

גליון הש"ס

תוס' ד"ה כל העושה וכו' כדמשמע בירושלמי. בעירובין דף מא ע"א בתוס' ד"ה ולא אתא כתבו כן בשם מדרש איכה רבתי: שם ד"ה יום שבו וכו' ובכל ט"ב היו מתים. עיין תשובת נוב"י ביהודה קמא בספר תשובה מאהבה של הגאון מוהר"ד זצ"ל בסופו:

תורה אור השלם

א) שִׂמְחוּ אֶת יְרוּשָׁלִַם וְגִילוּ בָהּ כָּל אֹהֲבֶיהָ שִׂישׂוּ אִתָּהּ מָשׂוֹשׂ כָּל הַמִּתְאַבְּלִים עָלֶיהָ: [ישעיה סו, י]

ב) וְלֹא יִשְׁכְּבוּ אֶת גִּבּוֹרִים נֹפְלִים מֵעֲרֵלִים אֲשֶׁר יָרְדוּ שְׁאוֹל בִּכְלֵי מִלְחַמְתָּם וַיִּתְּנוּ אֶת חַרְבוֹתָם תַּחַת רָאשֵׁיהֶם וַתְּהִי עֲוֹנֹתָם עַל עַצְמוֹתָם כִּי חִתִּית גִּבּוֹרִים בְּאֶרֶץ חַיִּים: [יחזקאל לב, כז]

ג) זֶה הַדָּבָר אֲשֶׁר צִוָּה יְיָ לִבְנוֹת צְלָפְחָד לֵאמֹר לַטּוֹב בְּעֵינֵיהֶם תִּהְיֶינָה לְנָשִׁים אַךְ לְמִשְׁפַּחַת מַטֵּה אֲבִיהֶם תִּהְיֶינָה לְנָשִׁים: [במדבר לו, ו]

ד) וְאִישׁ יִשְׂרָאֵל נִשְׁבַּע בַּמִּצְפָּה לֵאמֹר אִישׁ מִמֶּנּוּ לֹא יִתֵּן בִּתּוֹ לְבִנְיָמִן לְאִשָּׁה: [שופטים כא, א]

ה) וַיְהִי כַאֲשֶׁר תַּמּוּ כָּל אַנְשֵׁי הַמִּלְחָמָה לָמוּת מִקֶּרֶב הָעָם: וַיְדַבֵּר יְיָ אֵלַי לֵאמֹר: [דברים ב, טז-יז]

ליקוטי רש"י

ובכל מקום. בין נהגו בין לא נהגו. תלמידי חכמים בטלים. ממלאכה אותו היום. רבן שמעון כו'. ולא אמרינן מיחזי כיוהרא ואם רצה ליבטל רשאי [פסחים נד:]. יום שנתנו בו לוחות האחרונות. כדתניא בסדר עולם משה עלה בששה בסיון לקבל לוחות הראשונות וירד בי"ז בתמוז דהיינו בסוף ארבעים יום עלה בי"ח ובקש רחמים בשביל עון העגל שנא' ואתנפל לפני ה' את ארבעים היום ואת ארבעים הלילה אשר התנפלתי כי אמר ה' להשמיד אתכם (דברים ט) ובאותה שעה נתרצה הקב"ה לישראל ואמר לו למשה פסל לך שני לוחות אבנים כראשונים וירד בכ"ח באב ופסל שני לוחות אבנים כדכתיב ויפסול שני לוחות אבנים כראשונים וישכם משה בבקר ועלה בכ"ט באב ועשה עוד מ' יום מל' באב עד י' בתשרי שנאמר ואנכי עמדתי בהר כימים הראשונים ארבעים וגו' בי' בתשרי הוא יום הכפורים נתרצה המקום בשמחה לישראל ואותו היום ירד משה והלוחות בידו. יום שהותרו שבטים. הכי הוה קים להו. לבוא זה בזה. שהותרו הסבת נחלה שפסק אותו דור של באי הארץ שנאסר להם הסבת נחלה והשתא מיהא אם נשתיירו עדיין בני אדם שהיו באותו הדור אכתי באיסורייהו קיימי אבל שאר בני אדם שלא היו באותו הדור מותרין ויש מפרשים יום שהותרו שבטים שהרי בט"ו באב כלו מתי מדבר כדלקמן וטעות הוא בידם שהרי לא לדור המדבר נאמר אלא לבאי הארץ בערבות מואב בסוף המ' שנה. יום שהותר שבט בנימן. כל הנך אמוראי לא פליגי אלא מר גמיר האי מרביה ומר גמיר האי מרביה. שכלו בו מתי מדבר. במדרש איכה יום שבטל בו החפר דאמר ר' לוי כל ערב תשעה באב היה כרוז יוצא הכל יצאו לחפור חפרין וישנין בהן ובשחרית הכרוז יוצא יבדלו החיים מן המתים והיו בודקין אותן ונמצאו ט"ו אלף ופרוטרוט חסרין בכל שנה וכך עשו מ' שנה יום לשנה הרי מ' שנה בשנה אחרונה עשו כן בדקו עצמן ונמצאו שלמים אמרו שמא טעינו בחשבון וכן בי' בו וכן בי"א וכן בי"ב וכן בי"ג ובי"ד עד דאימלי סיהרא כיון דאימלי סיהרא אמרו ביטל הקב"ה אותה גזירה קשה מעלינו ועשו משתה ושמחה ויו"ט. ולכך עשו ימי משתה ושמחה על הדיבור שחזר למשה [רשב"ם ב"ב קכא.]. לא היה דיבור עם משה. פה אל פה כבתחלה אבל אם הוצרכו לדיבור כגון במעשה דקרח שהיה אחר מעשה המרגלים היה מדבר על ידי מלאך או באורים ותומים אי נמי לא היה מדבר עמו אלא על ידי צורך מעשה הצריך להם. אלי היה הדיבור. דמאי למכתב ויאמר ה' אלי כדכתיב לעיל ויאמר ה' אלי אל תצר את מואב אי נמי מדסמכו לויהי כאשר תמו קדריש הכי ולא ממשמעותא דקרא אלא מייתורא דויהי כאשר תמו דקרא יתירה הוא. יום שביטל הושע בן אלה פרוסדיות. שומרים כדתניא בסדר עולם כשראה הושע בן אלה שגלו עגלי הזהב עמד והעביר פרדסאות שהושיב ירבעם בן נבט שלא יעלו ישראל לרגל שבכל מלכי ישראל הוא אומר וילך בדרך ירבעם בן נבט ובחטאתו אשר החטיא את ישראל אבל בהושע כתיב רק לא כמלכי ישראל אשר היו לפניו [שם:].

בֵּין תַּנּוּר לְכִירַיִים – **between the oven and the stove**[1] וְאוֹכֵל – **and** there **eat** his dry bread, וְשׁוֹתֶה עָלֶיהָ קִיתּוֹן שֶׁל מַיִם – **and he would drink with it a container of water,** וְדוֹמֶה כְּמִי שֶׁמֵּתוֹ מוּטָּל לְפָנָיו – **and he resembled one whose deceased** relative **is lying before him.**[2]

The Gemara discusses the permissibility of performing work on Tishah B'Av:

תְּנַן הָתָם – **We learned there in a Mishnah:**[3] מָקוֹם שֶׁנָּהֲגוּ לַעֲשׂוֹת מְלָאכָה בְּט׳ בְּאָב – IN A PLACE WHERE THEY ARE ACCUSTOMED TO DO WORK ON TISHAH B'AV, עוֹשִׂין – THEY MAY DO it. מָקוֹם שֶׁנָּהֲגוּ שֶׁלֹּא לַעֲשׂוֹת אֵין עוֹשִׂין – IN A PLACE WHERE THEY ARE NOT ACCUSTOMED TO DO work, THEY MAY NOT DO it. וּבְכָל מָקוֹם תַּלְמִידֵי חֲכָמִים בְּטֵלִים – HOWEVER, IN EVERY PLACE SCHOLARS must remain IDLE. רַבָּן שִׁמְעוֹן בֶּן גַּמְלִיאֵל אוֹמֵר – RABBAN SHIMON BEN GAMLIEL SAYS: לְעוֹלָם יַעֲשֶׂה כָּל אָדָם עַצְמוֹ כְּתַלְמִיד חָכָם – EACH PERSON SHOULD ALWAYS COMPORT HIMSELF AS A SCHOLAR. תַּנְיָא נַמִּי הָכִי – **This was also taught in a Baraisa:** רַבָּן שִׁמְעוֹן בֶּן גַּמְלִיאֵל אוֹמֵר – RABBAN SHIMON BEN GAMLIEL SAYS: לְעוֹלָם יַעֲשֶׂה אָדָם עַצְמוֹ כְּתַלְמִיד חָכָם כְּדֵי שֶׁיִּתְעַנֶּה – A PERSON SHOULD ALWAYS COMPORT HIMSELF AS A SCHOLAR and thus refrain from working on Tishah B'Av IN ORDER TO AFFLICT HIMSELF.[4]

The Gemara discusses what is in store for those who properly observe Tishah B'Av, and for those who do not:

תַּנְיָא אִידָךְ – **It was taught in another Baraisa:** רַבָּן שִׁמְעוֹן בֶּן גַּמְלִיאֵל אוֹמֵר – RABBAN SHIMON BEN GAMLIEL SAYS: כָּל הָאוֹכֵל וְשׁוֹתֶה בְּט׳ בְּאָב – ANYONE WHO EATS OR DRINKS ON THE NINTH OF AV כְּאִילּוּ אוֹכֵל וְשׁוֹתֶה בְּיוֹם הַכִּיפּוּרִים – is regarded AS THOUGH HE ATE AND DRANK ON YOM KIPPUR. רַבִּי עֲקִיבָא אוֹמֵר – R' AKIVA SAYS: כָּל הָעוֹשֶׂה מְלָאכָה בְּתִשְׁעָה בְּאָב – WHOEVER PERFORMS WORK ON TISHAH B'AV אֵינוֹ רוֹאֶה סִימַן בְּרָכָה לְעוֹלָם – WILL NEVER SEE A SIGN OF BLESSING.[5] וַחֲכָמִים אוֹמְרִים – AND THE SAGES SAY: כָּל הָעוֹשֶׂה מְלָאכָה בְּט׳ בְּאָב – ANYONE WHO PERFORMS WORK ON THE NINTH OF AV וְאֵינוֹ מִתְאַבֵּל עַל יְרוּשָׁלַיִם – AND DOES NOT MOURN FOR JERUSALEM אֵינוֹ רוֹאֶה בְּשִׂמְחָתָהּ – WILL NOT WITNESS HER JOY at the time of the Redemption, שֶׁנֶּאֱמַר – AS IT SAYS:[6] "שִׂמְחוּ אֶת־יְרוּשָׁלַם וְגִילוּ בָהּ כָּל־אֹהֲבֶיהָ שִׂישׂוּ אִתָּהּ מָשׂוֹשׂ כָּל־הַמִּתְאַבְּלִים עָלֶיהָ" – *MAKE GLAD JERUSALEM AND REJOICE WITH HER, ALL THOSE WHO LOVE HER; BE ELATED WITH HER, ALL THOSE WHO MOURN FOR HER.* מִכָּאן אָמְרוּ – FROM HERE [THE SAGES] SAID: כָּל הַמִּתְאַבֵּל עַל יְרוּשָׁלַיִם זוֹכֶה וְרוֹאֶה בְּשִׂמְחָתָהּ – ALL THOSE WHO MOURN FOR JERUSALEM WILL MERIT TO WITNESS HER JOY, וְשֶׁאֵינוֹ מִתְאַבֵּל עַל יְרוּשָׁלַיִם אֵינוֹ רוֹאֶה בְּשִׂמְחָתָהּ – AND [ALL THOSE] WHO DO NOT MOURN FOR JERUSALEM WILL NOT merit to WITNESS HER JOY. תַּנְיָא נַמִּי הָכִי – **It was also taught thus in a Baraisa:** כָּל הָאוֹכֵל בָּשָׂר וְשׁוֹתֶה יַיִן בְּט׳ בְּאָב – ANYONE WHO EATS MEAT OR DRINKS WINE ON THE NINTH OF AV,[7] – עָלָיו הַכָּתוּב אוֹמֵר – CONCERNING HIM SCRIPTURE STATES:[8] "וַתְּהִי עֲוֹנוֹתָם עַל־עַצְמוֹתָם" – *AND THEIR SINS ARE ON THEIR BONES.*[9]

The Mishnah said:

רַבִּי יְהוּדָה מְחַיֵּיב בִּכְפִיַּית הַמִּטָּה – R' YEHUDAH REQUIRES OVERTURNING THE BEDS, וְלֹא הוֹדוּ לוֹ חֲכָמִים – BUT THE SAGES DID NOT CONCEDE TO HIM.

A Baraisa elaborates on their dispute:

תַּנְיָא – **It was taught in a Baraisa:** אָמְרוּ לוֹ לְרַבִּי יְהוּדָה – [THE SAGES] SAID TO R' YEHUDAH: לְדְבָרֶיךָ – ACCORDING TO YOUR OPINION, that on Tishah B'Av everyone must adopt the practice of a mourner and overturn his bed, עוּבָּרוֹת וּמֵינִיקוֹת מַה תְּהֵא עֲלֵיהֶן – WHAT WILL BECOME OF PREGNANT AND NURSING WOMEN, who are not able to sleep on the ground? אָמַר לָהֶם – [R' YEHUDAH] REPLIED TO THEM: אַף אֲנִי לֹא אָמַרְתִּי אֶלָּא בְּיָכוֹל – I ALSO PRONOUNCED this ruling ONLY FOR THOSE WHO ARE CAPABLE of complying with it; however, pregnant and nursing women are exempt.

Another Baraisa confirms this interpretation of their dispute:

תַּנְיָא נַמִּי הָכִי – **It was also taught thus in** another **Baraisa:** מוֹדֶה ר׳ יְהוּדָה לַחֲכָמִים בְּשֶׁאֵינוֹ יָכוֹל – R' YEHUDAH CONCEDES TO THE SAGES IN THE CASE OF THOSE WHO ARE INCAPABLE, agreeing that they are exempt from the obligation to overturn their beds and sleep on the floor, וּמוֹדִים חֲכָמִים לְרַבִּי יְהוּדָה בְּיָכוֹל – AND THE SAGES CONCEDE TO R' YEHUDAH IN THE CASE OF THOSE WHO ARE CAPABLE, agreeing that they are obligated to do so.

In light of this consensus, the Gemara inquires:

מַאי בֵּינַיְיהוּ – **What,** then, is the point of dispute **between [R' Yehudah and the Sages]?**

The Gemara answers:

אִיכָּא בֵּינַיְיהוּ שְׁאָר מִטּוֹת – Whether the capable should overturn **the remaining,** unused **beds** in the house **is** at issue **between them.** The Sages rule that on Tishah B'Av they need overturn only the beds upon which they sleep, while R' Yehudah requires that they overturn all the beds in the house, as is the practice in the house of a mourner, כִּדְתַנְיָא – **in line with what was taught in a Baraisa** with respect to a mourner: כְּשֶׁאָמְרוּ לִכְפּוֹת הַמִּטָּה – WHEN [THE SAGES] SAID that a mourner is obligated TO OVERTURN THE BED, לֹא מִטָּתוֹ בִּלְבַד הוּא כּוֹפֶה – they meant that HE MUST OVERTURN NOT ONLY HIS OWN BED; אֶלָּא כָּל הַמִּטּוֹת כּוּלָּן הוּא כּוֹפֶה – RATHER, HE MUST OVERTURN ALL THE BEDS in his house.

The Gemara decides the issue:

אָמַר רָבָא – **Rava said:** הִלְכְתָא כְּתַנָּא דִּידַן – **The halachah accords with our Tanna,** who stated in the Mishnah: וְלֹא הוֹדוּ לוֹ חֲכָמִים – BUT THE SAGES DID NOT CONCEDE TO HIM, כָּל עִיקָּר – implying that they did not concur with R' Yehudah **at all!**[10]

NOTES

1. This was the most repugnant area in the house (*Rashi*) [because it was covered with soot generated by the oven and the stove].

2. I.e. like an actual mourner, R' Yehudah appeared sorrowful, desolate and tearful (*Rambam, Hil. Taaniyos* 5:9).

3. *Pesachim* 54b.

4. Above (10b), Rabban Shimon ben Gamliel had ruled that an ordinary person may not always adopt the practices of Torah scholars. Only when a practice is of a distressing nature may he do so without appearing conceited. Thus, Rabban Shimon stresses that with respect to work every man may comport himself like a scholar, because abstaining from work that one needs to do is inherently distressful and self-afflicting (*Rashash, Maharatz Chayos*).

5. If he customarily performs a certain labor on Tishah B'Av, he will gain no benefit from that labor (*Rashi* and *Tosafos*). *Mishnah Berurah* (554:50) explains that he will gain no benefit from money earned by working on Tishah B'Av. This dictum applies even to a place where they customarily work on Tishah B'Av (ibid. 49).

6. *Isaiah* 66:10.

7. The Baraisa refers not to Tishah B'Av itself, but to the concluding meal on the eve of Tishah B'Av (*Rashi*), inasmuch as on Tishah B'Av all food and drink are prohibited, not just meat and wine (*Maharatz Chayos*).

8. *Ezekiel* 32:27.

9. I.e. it is as if their sin is engraved on their bones (*Rabbeinu Chananel*), and they will surely not escape punishment (*Metzudos David*). Scripture further intimates that their bones will not rise at the time of the resurrection of the dead that will occur when the Third Temple is rebuilt (*Ritva*).

10. In truth, Rava is not deciding the halachah with regard to the actual dispute between R' Yehudah and the Sages; rather, he is ruling on the correct interpretation of their dispute — whether that of the Tanna of our Mishnah or that espoused by the Baraisos. Accordingly, in line with the preferred interpretation in the Mishnah, the Sages would permit even one who is capable of sleeping on the floor to sleep in his own bed during Tishah B'Av (see *Tosafos*).

Nowadays, because of concern that the Gentiles will accuse us of

גמרא

בין תנור לכיריים ואוכל ושותה עליה קיתון של מים ודומה כמי שמתו מוטל לפניו תנן התם [א] מקום שנהגו לעשות מלאכה בט' באב עושין מקום שנהגו שלא לעשות אין עושין ובכל מקום ת"ח בטלים רשב"ג אומר לעולם יעשה כל אדם עצמו כתלמיד חכם תניא נמי הכי רשב"ג אומר לעולם יעשה אדם עצמו כתלמיד חכם כדי שיתענה תניא אידך [ב] רשב"ג אומר כל האוכל ושותה בט' באב כאילו אוכל ושותה ביוה"כ ר"ע אומר [ב] כל העושה מלאכה בתשעה באב אינו רואה סימן ברכה לעולם וחכ"א כל העושה מלאכה בט' באב ואינו מתאבל על ירושלים אינו רואה בשמחתה שנא' [ג] [א] שמחו את ירושלם וגילו בה כל אוהביה שישו אתה משוש כל המתאבלים עליה מכאן אמרו [ד] [ג] כל המתאבל על ירושלים זוכה ורואה בשמחתה ושאינו מתאבל על ירושלים אינו רואה בשמחתה [ה] תניא נמי הכי [ד] כל האוכל בשר ושותה יין בט' באב עליו הכתוב אומר [ב] ותהי עונותם על עצמותם: רבי יהודה מחייב בכפיית המטה ולא הודו לו חכמים: תניא אמרו לו לרבי יהודה לדבריך עוברות ומניקות מה תהא עליהן אמר להם אף אני לא אמרתי אלא ביכול תניא נמי הכי מודה ר' יהודה לחכמים בשאינו יכול ומודים חכמים לרבי יהודה ביכול מאי בינייהו איכא בינייהו שאר מטות כדתניא [ו] [ה] כשאמרו לכפות המטה לא מטתו בלבד הוא כופה אלא כל המטות כולן הוא כופה אמר רבא הלכתא כתנא דידן [ז] ולא הודו לו חכמים כל עיקר: א"ר שמעון ב"ג לא היו ימים טובים לישראל כחמשה עשר באב וכיוה"כ: [ח] בשלמא יום הכפורים משום דאית ביה סליחה ומחילה יום שניתנו בו לוחות האחרונות אלא ט"ו באב מאי היא אמר רב יהודה אמר שמואל יום שהותרו שבטים לבוא זה בזה מאי דרוש [ג] זה הדבר אשר צוה ה' לבנות צלפחד וגו' דבר זה לא יהא נוהג אלא בדור זה אמר רב יוסף אמר רב נחמן יום שהותר שבט בנימן לבוא בקהל שנאמר [ד] ואיש ישראל נשבע במצפה לאמר איש ממנו לא יתן בתו לבנימן לאשה מאי דרוש אמר רב ממנו ולא מבנינו ([ט] אמר) רבה בר בר חנה א"ר יוחנן יום שכלו בו מתי מדבר דאמר מר עד שלא כלו מתי מדבר לא היה דבור עם משה שנאמר [ה] ויהי כאשר תמו כל אנשי המלחמה למות וידבר ה' אלי אלי היה הדבור עולא אמר יום שביטל הושע בן אלה [י] פרוסדיות [כ] שהושיב ירבעם בן נבט על הדרכים שלא יעלו ישראל לרגל ואמר לאיזה

רש"י

בין תנור לכיריים. מקום מנוול שבבית: אינו רואה סימן ברכה. מאותה מלאכה: כל האוכל בשר ושותה יין בתשעה באב עליו הכתוב אומר ותהי עונותם על עצמותם. בתשעה באב כלומר בסעודה המפסיק בה: עוברות ומניקות. שאין יכולות לישן על גבי קרקע: ביכול. שאפשר לו: מאי בינייהו. כיון דזה מודה לו ביכול וזה מודה לו בשאינו יכול: שאר מטות. שבבית שאינו שוכב בהן ר' יהודה דמחייב במתני' בכפיית המטה קמחייב נמי ביכול בשאר מטות ורבנן סברי מטתו כופה ולא שאר מטות וכדתניא גבי אבל: שניתנו בו לוחות אחרונות. שבי"ז בתמוז ירד משה מן ההר תחלה ושיבר את הלוחות ובי"ח טחן את העגל ודן את הפושעים ועלה למרום נשתהה שם שמונים יום ארבעים יום עמד בתפלה דכתיב (דברים ט) ואתנפל לפני ה' ארבעים יום וארבעים לילה וארבעים יום עמד כבראשונה חשוב מי"ז בתמוז עד יום הכפורים והוו להו שמונים יום שנים עשרה שנשתיירו מתמוז דהוא חסר ושלשים דאב ותשעה ועשרים דאלול הרי אחד ושבעים ותשעה דתשרי הרי שמונים יום וליל לום (א) השלים כנגד לילו של י"ז תמוז דלא הוה בחושבניה דהא נפק ליה כבר בשעה שעלה השתא הוי להו פ' שלמין לילה ויום ובוקר יום כפור ירד שהוא עשרה בתשרי ואותו היום נקבע ליום כפור להודיע שמחל וניחם על הרעה אשר דבר לעשות לעמו ועל כן נקבע לום כפור בעשרה בתשרי כך שמעתי: שהותרו שבטים לבא זה בזה. דרחמנא אמר וכל בת יורשת נחלה וגו' (במדבר לו) וכתיב (שם) ולא תסוב נחלה ממטה למטה אחר כי איש בנחלתו ידבקו בני ישראל ועמדו והתירו דבר זה בחמשה עשר באב: זה הדבר אשר צוה ה' לבנות צלפחד וגו'. זה מיעוט הוא כלו' לא יהיה דבר זה נוהג אלא בדור זה בדור של בנות צלפחד: לבא בקהל. לישא נשים לפי שנשבעו ישראל מלהינשא להם כדכתיב בשופטים (כא): ממנו. מיעוט הוא דכתיב איש ממנו לא יתן בתו לבנימין לא גזרו אלא מהם (ממנו) אבל מבניהם לא גזרו: שכלו מתי מדבר. דתניא כל ארבעים שנה שהיו במדבר בכל ערב תשעה באב היה הכרוז יוצא ואומר צאו לחפור והיה כל אחד ואחד יוצא וחופר לו קבר וישן בו שמא ימות קודם שיחפור ולמחר הכרוז יוצא וקורא יבדלו חיים מן המתים וכל שהיה בו נפש חיים היה עומד ויוצא וכל שנה היו עושין כן ובשנת ארבעים שנה עשו ולמחר עמדו כולן חיים וכיון שראו כך תמהו ואמרו שמא טעינו בחשבון החדש חזרו ושכבו בקבריהן בלילות עד ליל חמשה עשר וכיון שראו שנתמלאה הלבנה בט"ו ולא מת אחד מהם ידעו שחשבון חדש מכוון וכבר מ' שנה של גזרה נשלמו קבעו אותו הדור לאותו היום יו"ט: דאמר מר כו'. לפיכך יו"ט הוא: לא היה הדבור עם משה. ביחוד וחיבה דכתיב וידבר ה' אלי לאמר אלי נתייחד הדיבור ואע"ג דמקמי הכי כתיבי קראי בהו וידבר איכא דאמרי לא היה פה אל פה אלא בחזיון לילה גמגום: לאיזה

תוספות

כל העושה מלאכה בתשעה באב אינו רואה סימן ברכה לעולם. כלומר באותה מלאכה שרגיל לעשות בתשעה באב אינו רואה סימן ברכה לעולם וחייב אדם לצער ולמעט בכבודו ובהנאותיו שאם היה רגיל לשכב על שני כרים לא ישכב כי אם על אחד אבל עוברות ומניקות אין חייבות כולי האי שאינם יכולות להצטער בעצמן ואוכלין סעודה המפסקת מבעוד יום וכן נמי ביום הכפורים (נמי) צריך לסעוד מבע"י דתוספת יום הכפורים מן התורה כדכתיב (ויקרא כג) מערב ועד ערב וכתיב בעצם היום הזה (שם) אבל מכל מקום אין לאסור לשתות משאכל סעודה מפסקת ועדיין הוי היום גדול [ס] כדמשמע בירושלמי דר' יוסי איקלע לבצרה אכל סעודה מפסקת אתא לגבי דריש כנישתא והוה סעיד אמר ליה ההוא ריש כנישתא סעוד אללי אמר ליה אכלית ואפסקית אמר לו אשגח עלי דלא לימרון הדין גברא לא אשגח עליה אכל מכל עיגול פתית ואכל מכל תבשיל ותבשיל חד פת ושתה מכל חבית חד כסא והכי הלכתא אם עדיין היום גדול לאחר שאכל סעודה המפסקת מותר לשתות אפילו ערב יוה"כ וכל שכן ערב תשעה באב:

אמר רבא הלכה כתנא דידן ולא הודו לו חכמים. פירוש שאין צריך לכפות המטה והאידנא דחיישינן לכשפים לא עבדינן כפיית המטה ואפילו באבל:

יום שהותרו השבטים לבא זה בזה. פירוש דהיינו י"ט:

יום שבו כלו מתי מדבר. כדאמרי' (במדרש איכה) כל ט' באב היו עושין קבריהן ושוכבין בתוכן ולמחר הכרוז יוצא הבדלו החיים ואותה השנה שכלתה הגזרה קמו כולם והיו סבורים שמא טעו בחודש עד שראו הלבנה מלאה ואז ידעו שכלתה הגזרה ועשו יו"ט ופרשב"ם (ב"ב דף קכא. [ל]) כל המ' שנים לא היו מתים אלא בט' באב [ס] ובכל ט' באב היו מתים [מ] כ"א אלף ופרוטרוט ומפרש התם דאותו פרוטרוט עולה למ' שנים ט"ו אלף וי"מ שהיו מתים בכל יום אך רוב המתים היו לעולם בתשעה באב ובחמשה עשר באב פסקה הגזרה ולא מתו כלל ועשו י"ט:

תיקנו

שהיו באותו הדור אבתי באיסורייהו קיימי אבל שאר בני אדם שלא היו באותו הדור מותרין ויש מפרשים יום שהותרו שבטים שהרי בט"ו באב כלו מתי מדבר כדלקמן וטעות הוא בידם שהרי לא לדור המדבר נאמר אלא לבאי הארץ בערבות מואב בסוף המ' שנה. יום שהותר שבט בנימן. כל הנך אמוראי לא פליגי אלא מר גמיר האי מרביה ומר גמיר האי מרביה. שכלו בו מתי מדבר. במדרש איכה יום שבטל בו החפר דאמר ר' לוי כל ערב תשעה באב היה כרוז יוצא הכל יצאו לחפור חפרין וישנין בהן ובשחרית הכרוז יוצא יבדלו החיים מן המתים והיו בודקין אותן ונמצאו ט"ו אלף ופרוטרוט חסרין בכל שנה וכך עשו מ' שנה יום לשנה יום לשנה הרי מ' שנה בשנה אחרונה עשו כן בדקו עצמן ונמצאו שלמים אמרו שמא טעינו בחשבון וכן בי' בו וכן בי"א וכן בי"ב וכן בי"ג ובי"ד עד דאיתמלי סיהרא כיון דאיתמלי סיהרא אמרו ביטל הקב"ה אותה גזירה קשה מעלינו ועשו משתה ושמחה ויו"ט. דאמר מר כו'. ולכך עשו ימי משתה ושמחה על הדיבור שחזר למשה [רשב"ם ב"ב קכא.]. לא היה דיבור עם משה. פה אל פה כבתחלה אבל אם הוצרכו לדיבור כגון במעשה דקרח שהיה אחר מעשה המרגלים היה מדבר על ידי מלאך או באורים ותומים אי נמי לא היה מדבר עמו אלא על ידי צורך מעשה הצריך להם. אלי היה הדיבור. דמלי למכתב ויאמר ה' אלי כדכתיב לעיל ויאמר ה' אלי אל תצר את מואב אי נמי מדסמכו לויהי כאשר תמו קדריש הכי ולא ממשמעותא דקרא אלא מייתורא דויהי כאשר תמו דקרא יתירא הוא. יום שביטל הושע בן אלה פרוסדיות. שומרים כדתניא בסדר עולם כשראה הושע בן אלה שגלו עגלי הזהב עמד והעביר פרדסאות שהושיב ירבעם בן נבט שלא יעלו ישראל לרגל שבכל מלכי ישראל הוא אומר וילך בדרך ירבעם בן נבט ובחטאתו אשר החטיא את ישראל אבל בהושע כתיב רק לא כמלכי ישראל אשר היו לפניו [שם:].

עין משפט נר מצוה

לח א מיי' פ"ה מהל' תענית הל' י סמג עשין ג טוש"ע א"ח סי' תקנד סעיף כב:
לט ב מיי' שם טוש"ע שם סעיף כד:
מ ג ד טוש"ע שם סעיף כה:
מא ה מיי' פ"ה מהל' אבל הלכה יח טור י"ד סימן שפז:

רבינו גרשום

מחייב בכפיית המטה לכוף מטתו כאבל: עוברות ומיניקות שאי אפשר להם בלא מטות מה תהא עליהם: שאר מטות שאינו שוכב עליה דר' יהודה מחייב לכוף כל המטות שבבית וחכ"א אינו חייב לכוף אלא מטתו בלבד: כל הכלים המשאילות זו לזו טעונות טבילה שמא דנדה היו. יום שכלו מתי מדבר וקבעו יום טוב לפי שחזר הדיבור למשה. יום שפוסקין מלכרות עצים למערכה ומיכן ואילך מוסיפין לעסוק בתורה:

רבינו חננאל

ר' אומר כל האוכל ושותה בט' באב כאלו אוכל ושותה ביוה"כ. ר' עקיבא אומר העושה מלאכה בט' באב אינו רואה סימן ברכה לעולם. וחכ"א העושה מלאכה בט' באב אינו רואה בשמחת ירושלים שנאמר שמחו את וגו' שישו אתה משוש כל המתאבלים עליה. כל שאינו מתאבל על ירושלים אינו רואה בשמחתה. וכל האוכל בט' באב עליו הכתוב אומר ותהי עונותם על עצמותם. עונותיו חקוקים על עצמותיו. ר' יהודה מחייב בכפיית המטה ולא הודו לו חכמים. תנא מודה ר' יהודה לחכמים בשאינו יכול כגון עוברות ומיניקות וכיוצא בהן שאין כופין מטותיהן. ומודים חכמים לר' יהודה שכופה כל אדם מטתו מי שהוא יכול לישן על הקרקע ואמר רבא הלכתא כתנא דידן דקתני לא הודו לו חכמים. מנהגו של ר' יהודה ברבי אלעאי בערב ט' באב היה יושב בין תנור לכיריים ואוכל פת חריבה במלח. ושותה קיתון של מים ודומה כמי שמתו מוטל לפניו: ארשב"ג לא היו ימים טובים לישראל כט"ו באב וכיוה"כ. בשלמא יוה"כ משום שהוא יום שנתנו לוחות האחרונות לפי שכשתחשב מ' בסיון שעלה משה לקבל לוחות הראשונות מ' יום עד י"ז בתמוז שנא' ואתנפל לפני ה' וגו' עד כ"ט באב ומיד א"ל הקב"ה למשה עלה אלי ההרה. ועלה ביום ל' של אב (עשה ג') [עמד מ'] יום וירד בלוחות האחרונות והוא יוה"כ לפיכך ראוי להיות יו"ט. אלא ט"ו באב מפני מה הוא יו"ט ואמרי' יום שהותרו שבטים לבוא זה בזה. דדרוש זה הדבר שכתוב בענין ולא תסוב נחלה ממטה למטה אחר. לא יהא נוהג אלא באותו דור שנכנסו לארץ. ולהם נחלקה הארץ בלבד. ור' יוחנן אמר שהותר שבט בנימין דדרוש איש ממנו לא יתן בתו לבנימין ממנו ולא מבנינו. רב נחמן אמר יום שכלו בו מתי מדבר. ומצינו בפירוש בירושלמי ר' אבון אמר שבטל בו החפירה דא"ר לוי בכל ערב ט' באב היה משה רבינו מוציא כרוז במחנה ישראל צאו לחפור היו יוצאין (עצמן) וחופרין קברות וכל אחד ישן בקברו. ובשחר מי שנמצא חי חוזר למחנה והמתים נשארו בקבריהן ומוצאין עצמן בכל שנה חסרים ט"ו אלף ופרוטרוט בשנת ל"ח שנה עשו כמנהג כל השנים עמדו כולן לא מת אחד מהן. אמרו טעינו בחשבון אינו היום ט' באב וכן אמרו בי"א בי"ב ובי"ג ובי"ד כיון שהגיע ט"ו באב וראו הלבנה מלאה

מסורת הש"ס

א) [ברכות יז:] פסחים נד:, ב) [בה"ג ובר"ח מהופכים דברי ר"ע לרשב"ג ודברי רשב"ג לר"ע], ג) גיטין נז., ד) [ב"ב ס:], ה) בה"ג וברא"ש ליתא תנ"ה, ו) מו"ק טו. נדרים נו. סנהדרין כ., ז) בס"י אי' דקאמר ולא הודו, ח) ב"ב קכא. ע"ש, ט) [בב"ב קכא. ליתא רב דימי בר יוסף אמר רב נחמן יום וכו'], י) [גיר' הערוך פרוזדאות פי' שומרים וע' לעיל כח. והושיבו פרחדאות כו'], כ) [גיטין פח.] [ושם הגי' פרדסיות וכן הגי' בב"ב קכא:], ל) [ע"ש ברשב"ם וע' מהרש"א], מ) מתים מח"ר אלף בפרוטרוט כל"ל.

הגהות הב"ח

(א) רש"י ד"ה שניתנו כו' הרי שמונים יום וליל לום השלים כנגד:

גליון הש"ס

תוס' ד"ה כל העושה וכו' כדמשמע בירושלמי. בעירובין דף מא ע"א בתוס' ד"ה אי אתם כתבו כן בשם מדרש איכה רבתי: שם ד"ה יום שבו וכו' ובכל ט"ב היו מתים. עיין תשובת חות יאיר בסוף הספר תשובה של הגאון מוהר"ד זצ"ל בסופו:

תורה אור השלם

א) שִׂמְחוּ אֶת יְרוּשָׁלַ‍ִם וְגִילוּ בָהּ כָּל אֹהֲבֶיהָ שִׂישׂוּ אִתָּהּ מָשׂוֹשׂ כָּל הַמִּתְאַבְּלִים עָלֶיהָ: [ישעיה סו, י]

ב) וְלֹא יִשְׁכְּבוּ אֶת גִּבּוֹרִים נֹפְלִים מֵעֲרֵלִים אֲשֶׁר יָרְדוּ שְׁאוֹל בִּכְלֵי מִלְחַמְתָּם וַיִּתְּנוּ אֶת חַרְבוֹתָם תַּחַת רָאשֵׁיהֶם וַתְּהִי עֲוֹנֹתָם עַל עַצְמוֹתָם כִּי חִתִּית גִּבּוֹרִים בְּאֶרֶץ חַיִּים: [יחזקאל לב, כז]

ג) זֶה הַדָּבָר אֲשֶׁר צִוָּה יְיָ לִבְנוֹת צְלָפְחָד לֵאמֹר לַטּוֹב בְּעֵינֵיהֶם תִּהְיֶינָה לְנָשִׁים אַךְ לְמִשְׁפַּחַת מַטֵּה אֲבִיהֶם תִּהְיֶינָה לְנָשִׁים: [במדבר לו, ו]

ד) וְאִישׁ יִשְׂרָאֵל נִשְׁבַּע בַּמִּצְפָּה לֵאמֹר אִישׁ מִמֶּנּוּ לֹא יִתֵּן בִּתּוֹ לְבִנְיָמִן לְאִשָּׁה: [שופטים כא, א]

ה) וַיְהִי כַאֲשֶׁר תַּמּוּ כָּל אַנְשֵׁי הַמִּלְחָמָה לָמוּת מִקֶּרֶב הָעָם: וַיְדַבֵּר יְיָ אֵלַי לֵאמֹר: [דברים ב, טז-יז]

ליקוטי רש"י

ובכל מקום. בין נהגו בין לא נהגו. תלמידי חכמים בטלים. ממלאכה אותו היום. רבן שמעון כו'. ולא אמרינן מיחזי כיוהרא ואם רצה ליבטל רשאי [פסחים נד:]. יום שנתנו בו לוחות האחרונות. כדתניא בסדר עולם משה עלה בששה בסיון לקבל לוחות הראשונות וירד בי"ז בתמוז דהיינו בסוף ארבעים יום עלה בי"ח ובקש רחמים בשביל עון העגל שנא' ואתנפל לפני ה' את ארבעים היום ואת ארבעים הלילה אשר התנפלתי כי אמר ה' להשמיד אתכם (דברים ט) ובאותה שעה נתרצה הקב"ה לישראל ואמר לו למשה פסל לך שני לוחות אבנים כראשונים וירד בכ"ט באב ופסל שני לוחות אבנים כדכתיב ויפסול שני לוחות אבנים כראשונים וישכם משה בבקר ועלה בכ"ט באב ועשה עוד מ' יום מל' באב עד י' בתשרי שנאמר ואנכי עמדתי בהר כימים הראשונים ארבעים וגו' בי' בתשרי הוא יום הכפורים נתרצה המקום בשמחה לישראל ואותו היום ירד משה והלוחות בידו. יום שהותרו שבטים. הכי הוה קים להו. לבוא זה בזה. שהותרו הסבת נחלה שפסק אותו דור של באי הארץ שנאסר להם הסבת נחלה והשתא מיהא אם נשתיירו עדיין בני אדם

Our Mishnah stated:

אָמַר רַבָּן שִׁמְעוֹן בֶּן גַּמְלִיאֵל – **RABBAN SHIMON BEN GAMLIEL SAID:** לֹא הָיוּ יָמִים טוֹבִים לְיִשְׂרָאֵל כַּחֲמִשָּׁה עָשָׂר בְּאָב וּכְיוֹם הַכִּפּוּרִים – **ISRAEL HAD NO DAYS AS FESTIVE AS THE FIFTEENTH OF AV AND YOM KIPPUR.**

The Gemara asks:

בִּשְׁלָמָא יוֹם הַכִּפּוּרִים – **Now, it is understandable** that **Yom Kippur** is considered an especially festive day, מִשּׁוּם דְּאִית בֵּיהּ סְלִיחָה וּמְחִילָה – **since it is** a day of **forgiveness and pardon,** יוֹם שֶׁנִּיתְּנוּ בּוֹ לוּחוֹת הָאַחֲרוֹנוֹת – and also because it was the **day on which the Second Tablets** of the Ten Commandments **were given.**[11] אֶלָּא ט״ו בְּאָב מַאי הִיא – **However, what is** the significance of **the fifteenth of Av,** that it should be observed as a festive day?

The Gemara answers:

אָמַר רַב יְהוּדָה אָמַר שְׁמוּאֵל – **Rav Yehudah said in the name of Shmuel:** יוֹם שֶׁהוּתְּרוּ שְׁבָטִים לָבוֹא זֶה בָּזֶה – This was the **day that the tribes were permitted to intermarry.**[12]

The Gemara asks:

מַאי דְּרוּשׁ – **What** verse **was interpreted** to derive that the tribes may henceforth intermarry?

The Gemara answers:

,,זֶה הַדָּבָר אֲשֶׁר־צִוָּה ה׳ לִבְנוֹת צְלָפְחָד וגו׳ ״ – The Torah states: ***This is the law that HASHEM commanded to the daughters of Tzelaphchad.***[13] The Gemara interprets: דָּבָר זֶה לֹא יְהֵא נוֹהֵג אֶלָּא בְּדוֹר זֶה – **This law,** which regulates the marriages of women who have inherited property, **applies only to this generation.**[14]

The Gemara offers another explanation for the festive nature of the fifteenth of Av:[15]

אָמַר רַב יוֹסֵף אָמַר רַב נַחְמָן – **Rav Yosef said in the name of Rav Nachman:** יוֹם שֶׁהוּתַּר שֵׁבֶט בִּנְיָמִין לָבוֹא בַּקָּהָל – The fifteenth of Av was the **day that the tribe of Benjamin was permitted to marry into the congregation** of Israel, שֶׁנֶּאֱמַר – **as it says:** ,,וְאִישׁ יִשְׂרָאֵל נִשְׁבַּע בַּמִּצְפָּה לֵאמֹר אִישׁ מִמֶּנּוּ לֹא־יִתֵּן בִּתּוֹ לְבִנְיָמִן לְאִשָּׁה״ – ***And each Israelite swore in Mitzpah, saying: No man from among us shall give his daughter to Benjamin for a wife.***[16]

The Gemara asks:

מַאי דְּרוּשׁ – **What** verse **was interpreted** as implying permission for subsequent generations to offer their children in marriage to members of the tribe of Benjamin?

The Gemara answers:

אָמַר רַב – **Rav said:** ,,מִמֶּנּוּ״ – The oathtakers had said specifically, ***From among us,*** implying: וְלֹא מִבָּנֵינוּ – **but not from among our children.**[17]

The Gemara offers a third explanation:

(אָמַר) רַבָּה בַּר בַּר חָנָה אָמַר רַבִּי יוֹחָנָן – **Rabbah bar bar Chana (said) in the name of Rav Yochanan:** יוֹם שֶׁכָּלוּ בּוֹ מֵתֵי מִדְבָּר – The fifteenth of Av was the **day on which those destined to die in the wilderness finished** dying.[18] דְּאָמַר מַר – **For Mar said:** עַד שֶׁלֹּא כָּלוּ מֵתֵי מִדְבָּר – **So long as those destined to die in the wilderness were not finished** dying, לֹא הָיָה דִּבּוּר עִם מֹשֶׁה – **there was no Divine communication with Moses.**[19]

NOTES

practicing witchcraft, even mourners do not overturn their beds (*Tosafos;* cf. *Tosafos, Moed Kattan* 21a ד״ה אלו and *Yoreh Deah* 387:2, who offer another explanation for our custom not to overturn the beds in a mourner's house).

11. As mentioned above (28b), Moses descended from Mount Sinai and broke the First Tablets on the seventeenth of Tammuz. On the eighteenth he ground up the Golden Calf and sat in judgment of those who worshiped it. On the same day he ascended Mount Sinai and returned to Heaven, where he remained for eighty days. During the first forty days he entreated God to spare Israel (see *Deuteronomy* 9:18). Moses remained there another forty days, after which he received the Second Tablets. If we add the last twelve days of Tammuz (which had twenty-nine days), the thirty days of Av, and the twenty-nine days of Elul, we arrive at a total of seventy-one days. Hence, by the ninth of Tishrei eighty days had elapsed since his ascension. However, since Moses had ascended the mountain during the *day* of the eighteenth of Tammuz, a *full* eighty days had not elapsed. The following night (the night of Yom Kippur) completed the total of eighty days and eighty nights. Hence, Moses descended with the tablets on the morning of the tenth of Tishrei, Yom Kippur. See *Gevuras Ari.*

The tenth of Tishrei was thereby established as a day of atonement, to publicize that God forgave the Jews for the sin of the Golden Calf and relented from punishing them as He had intended. For that reason the fast day of Yom Kippur was fixed on the tenth of Tishrei (*Rashi*).

12. The Torah states (*Numbers* 36:8-9): *Every maiden who inherits property . . . shall marry one from a family of the tribe of her father, so that . . . an inheritance will not remove from one tribe to another.* These two verses teach that a woman who had inherited land was prohibited from marrying out of her tribe, lest her real property transfer permanently to her husband's tribe upon her death. On the fifteenth of Av the Sages arrived at the conclusion, based on an exegesis cited by the Gemara below, that this prohibition applied only to the generation that entered Eretz Yisrael with Joshua (*Rashi*, as interpreted by *Gevuras Ari*).

13. *Numbers* 36:6. The daughters of Tzelaphchad had inquired of Moses whether a daughter may inherit her father's property if she has no brothers. Moses' affirmative reply included verses 8-9 (cited above in note 12), which enjoin such a woman from marrying into another tribe.

14. *This (is the law)* is a restrictive phrase, connoting that the ruling applied only to *this* generation, i.e. to the generation of the daughters of Tzelaphchad (*Rashi*).

15. The contributing Amoraim did not dispute the validity of each other's explanation. However, each only reported the tradition that he received from his teacher (*Rashbam, Bava Basra* 121a).

16. *Judges* 21:1. After the incident involving the concubine of Givah (*Judges* 19-20), the Jews all swore not to give their daughters in marriage to members of the tribe of Benjamin (ibid. ch. 21). Subsequently, on the fifteenth of Av, it was ruled that the oathtakers had meant to bind only themselves, but that the next generation was free to betroth their daughters to whomever they wished.

17. *From among us* is a restrictive phrase, limiting the terms of the oath to those who actually took the oath, but not to their children (*Rashi*).

18. [After the spies returned from their journey to Eretz Yisrael and discouraged the people from attempting to enter the Land, God swore that all men between the ages of twenty and sixty would die by the time they reached sixty (see *Numbers* 14:26-38, *Bava Basra* 121b).] Every year each man in that age group dug a grave on the eve of Tishah B'Av and lay down to sleep in it. The next morning an announcement was made: "Let the living separate themselves from the dead." All those who had survived the night would rise and leave their graves. This grim scenario recurred year after year. However, when the announcement was made in the fortieth year, everyone rose, thus arousing the suspicion that they had erred in calculating the date of Tishah B'Av. Hence, they returned to their graves and slept there every night until the fifteenth of the month. The appearance of a full moon convinced them that, indeed, Tishah B'Av had passed and that the decree had expired. For that reason they celebrated the fifteenth of Av in that year as a festive day (*Rashi*), with feasting and drinking (*Rashbam, Bava Basra* 121a סוד״ה שכלו בה).

Although God had announced that the decree would terminate after forty years (one year corresponding to each day the spies toured the Land, counting from the beginning of the Exodus [see *Rashi, Numbers* 14:33]), nevertheless, God forgave the Jews in the last year of their sojourn in the wilderness, and those destined to die in that year survived Tishah B'Av (*R' Tam* in *Tosafos, Bava Basra* 121a ד״ה יום; cf. *Tos. Yom Tov* here and *Rashash*).

19. I.e. God did not speak to Moses in the particular and affectionate manner that He employed before the issuance of the decree. However, when the dying abated, this intimate tenor of prophecy was restored to

בין תנור לכיריים ואוכל ושותה עליה קיתון של מים ודומה כמי שמתו מוטל לפניו תנן התם [א] א מקום שנהגו לעשות מלאכה בט' באב עושין מקום שנהגו שלא לעשות אין עושין ובכל מקום ת"ח בטלים רשב"ג אומר לעולם יעשה כל אדם עצמו כתלמיד חכם תניא נמי הכי רשב"ג אומר לעולם יעשה אדם עצמו כתלמיד חכם כדי שיתענה תניא אידך [ב] רשב"ג אומר כל האוכל ושותה בט' באב כאילו אוכל ושותה ביוה"כ ר"ע אומר ב כל העושה מלאכה בתשעה באב אינו רואה סימן ברכה לעולם וחכ"א כל העושה מלאכה בט' באב ואינו מתאבל על ירושלים אינו רואה בשמחתה שנא' [ג] א) שמחו את ירושלם וגילו בה כל אוהביה שישו אתה משוש כל המתאבלים עליה מכאן אמרו [ד] ג כל המתאבל על ירושלים זוכה ורואה בשמחתה ושאינו מתאבל על ירושלים אינו רואה בשמחתה [ה] תניא נמי הכי ד כל האוכל בשר ושותה יין בט' באב עליו הכתוב אומר ב) ותהי עונותם על עצמותם: רבי יהודה מחייב בכפיית המטה ולא הודו לו חכמים: תניא אמרו לו לרבי יהודה לדבריך עוברות ומניקות מה תהא עליהן אמר להם אף אני לא אמרתי אלא ביכול תניא נמי הכי מודה ר' יהודה לחכמים בשאינו יכול ומודים חכמים לרבי יהודה ביכול מאי בינייהו איכא בינייהו שאר מטות כדתניא [ו] ה כשאמרו לכפות המטה לא מטתו בלבד הוא כופה אלא כל המטות כולן הוא כופה אמר רבא הלכתא כתנא דידן [ז] ולא הודו לו חכמים כל עיקר: א"ר שמעון ב"ג לא היו ימים טובים לישראל כחמשה עשר באב וכיוה"כ: [ח] בשלמא יום הכפורים משום דאית ביה סליחה ומחילה יום שניתנו בו לוחות האחרונות אלא ט"ו באב מאי היא אמר רב יהודה אמר שמואל יום שהותרו שבטים לבוא זה בזה מאי דרוש ג) זה הדבר אשר צוה ה' לבנות צלפחד וגו' דבר זה לא יהא נוהג אלא בדור זה אמר רב יוסף אמר רב נחמן יום שהותר שבט בנימן לבוא בקהל שנאמר ד) ואיש ישראל נשבע במצפה לאמר איש ממנו לא יתן בתו לבנימן לאשה מאי דרוש אמר רב ממנו ולא מבנינו ([ט] אמר) רבה בר בר חנה א"ר יוחנן יום שכלו בו מתי מדבר דאמר מר עד שלא כלו מתי מדבר לא היה דבור עם משה שנאמר ה) ויהי כאשר תמו כל אנשי המלחמה למות וידבר ה' אלי אלי היה הדבור עולא אמר יום שביטל הושע בן אלה [י] פרוסדיות [כ] שהושיב ירבעם בן נבט על הדרכים שלא יעלו ישראל לרגל ואמר לאיזה

כל העושה מלאכה בתשעה באב אינו רואה סימן ברכה לעולם. כלומר באותה מלאכה שרגיל לעשות בתשעה באב אינו רואה סימן ברכה לעולם וחייב אדם לצער ולמעט בכבודו ובהנאותיו שאם היה רגיל לשכב על שני כרים לא ישכב כי אם על אחד אבל עוברות ומניקות אינן חייבות כולי האי שאינם יכולות להצטער בעצמן ואוכלין סעודה המפסקת מבעוד יום וכן נמי ביום הכפורים (נמי) צריך לסעוד מבעו"י דתוספת יום הכפורים מן התורה כדכתיב (ויקרא כג) מערב ועד ערב וכתיב בעצם היום הזה (שם) אבל מכל מקום אין לאסור לשתות משאכל סעודה מפסקת ועדיין הוי היום גדול ° כדמשמע בירושלמי דר' יוסי איקלע לבצרה אכל סעודה מפסקת אתא לגבי דריש כנישתא והוה סעיד אמר ליה ההוא ריש כנישתא סעוד אצלי אמר ליה אכלית ואפסקית אמר לו אשגח עלי דלא לימרון הדין גברא לא אשגח עליה אכל מכל עיגול פתית ואכל מכל תבשיל ותבשיל חד פת ושתה מכל חבית חד כסא והכי הלכתא אם עדיין היום גדול לאחר שאכל סעודה המפסקת מותר לשתות אפילו ערב יוה"כ וכל שכן ערב תשעה באב:

אמר רבא הלכה כתנא דידן ולא הודו לו חכמים. פירוש שאין צריך לכפות המטה והאידנא דחיישינן לכשפים לא עבדינן כפיית המטה ואפילו באבל:

יום שהותרו השבטים לבא זה בזה. פירוש דהיינו יו"ט:

יום שבו כלו מתי מדבר. כדאמרי' (במדרש איכה) כל ט' באב היו עושין קבריהן ושוכבין בתוכן ולמחר הכרוז יוצא הבדלו החיים ואותה השנה שכלתה הגזרה קמו כולם והיו סבורים שמא טעו בחודש עד שראו הלבנה מלאה ואז ידעו שכלתה הגזרה ועשו יו"ט ופרשב"ם (בב"ב דף קכא. [ל]) כל המ' שנים לא היו מתים אלא בט' באב ° ובכל ט' באב היו מתים [מ] כ"א אלף ופרוטרוט ומפרש התם דאותו פרוטרוט עולה למ' שנים ט"ו אלף וי"מ שהיו מתים בכל יום אך רוב המתים היו לעולם בתשעה באב ובחמשה עשר באב פסקה הגזרה ולא מתו כלל ועשו יו"ט: תיקנו

בין תנור לכיריים. מקום מנוול שבבית: אינו רואה סימן ברכה. מאותה מלאכה: כל האוכל בשר ושותה יין בתשעה באב עליו הכתוב אומר ותהי עונותם על עצמותם. בתשעה באב כלומר בסעודה המפסיק בה: עוברות ומניקות. שאין יכולות לישן על גבי קרקע: ביכול. שאפשר לו: מאי בינייהו. כיון דזה מודה לו ביכול וזה מודה לו בשאינו יכול: שאר מטות. שבבית שאינו שוכב בהן ר' יהודה דמחייב במתני' בכפיית המטה קמחייב נמי ביכול בשאר מטות ורבנן סברי מטתו כופה ולא שאר מטות וכדתניא גבי אבל: שניתנו בו לוחות אחרונות. שבי"ז בתמוז ירד משה מן ההר תחלה ושיבר את הלוחות ובי"ח טחן את העגל ודן את הפושעים ועלה למרום נשתהה שם שמונים יום ארבעים יום עמד בתפלה דכתיב (דברים ט) ואתנפל לפני ה' ארבעים יום וארבעים לילה וארבעים יום עמד כבראשונה חשוב מי"ז בתמוז עד יום הכפורים והוו להו שמונים יום שנים עשרה שנשתיירו מתמוז דהוא חסר ושלשים דאב ותשעה ועשרים דאלול הרי אחד ושבעים ותשעה דתשרי הרי שמונים יום וליל יום (א) השלים כנגד לילו של י"ז תמוז דלא הוה בחושבניה דהא נפק ליה כבר בשעה שעלה השתא הוי להו פ' שלמין לילה ויום ובוקר יום כפור ירד שהוא עשרה בתשרי ואותו היום נקבע ליום כפור להודיע שמחל וניחם על הרעה אשר דבר לעשות לעמו ועל כן נקבע יום כפור בעשרה בתשרי כך שמעתי: שהותרו שבטים לבא זה בזה. דרחמנא אמר וכל בת יורשת נחלה וגו' (במדבר לו) וכתיב (שם) ולא תסוב נחלה ממטה למטה אחר כי איש בנחלתו ידבקו בני ישראל ועמדו והתירו דבר זה בחמשה עשר באב: זה הדבר אשר צוה ה' לבנות צלפחד וגו'. זה מיעוט הוא כלו' לא יהיה דבר זה נוהג אלא בדור זה בדור של בנות צלפחד: לבא בקהל. לישא נשים לפי שנשבעו ישראל מלהינשא להם כדכתיב בשופטים (כא): ממנו. מיעוט הוא דכתיב איש ממנו לא יתן בתו לבנימין לא גזרו אלא מהם (ממנו) אבל מבניהם לא גזרו: שכלו מתי מדבר. דתניא כל ארבעים שנה שהיו במדבר בכל ערב תשעה באב היה הכרוז יוצא ואומר צאו לחפור והיה כל אחד ואחד יוצא וחופר לו קבר וישן בו שמא ימות קודם שיחפור ולמחר הכרוז יוצא וקורא יבדלו חיים מן המתים וכל שהיה בו נפש חיים היה עומד ויוצא וכל שנה היו עושין כן ובשנת ארבעים שנה עשו ולמחר עמדו כולן חיים וכיון שראו כך תמהו ואמרו שמא טעינו בחשבון החדש חזרו ושכבו בקבריהן בלילות עד ליל חמשה עשר וכיון שראו שנתמלאה הלבנה בט"ו ולא מת אחד מהם ידעו שחשבון חדש מכוון וכבר מ' שנה של גזרה נשלמו קבעו אותו הדור לאותו היום יו"ט: דאמר מר כו'. לפיכך יו"ט הוא: לא היה הדבור עם משה. ביחוד וחיבה דכתיב וידבר ה' אלי לאמר אלי נתייחד הדיבור ואע"ג דמקמי הכי כתיבי קראי בהו וידבר איכא דאמרי לא היה פה אל פה אלא בחזיון לילה גמגום:

לאיזה

לח א מיי' פ"ה מהל' תענית הל' י סמג עשין ג טוש"ע א"ח סי' תקנד סעיף כד:
לט ב מיי' שם טוש"ע שם סעיף כד:
מ ג ד טוש"ע שם סעיף כה:
מא ה מיי' פ"ה מהל' אבל הלכה יט טור י"ד סימן שפז:

רבינו גרשום

מחייב בכפיית המטה לכוף מטתו כאבל: עוברות ומניקות שאי אפשר להם בלא מטות מה תהא עליהם: שאר מטות שאינו שוכב עליה דר' יהודה מחייב לכוף כל המטות שבבית וחכ"א אינו חייב לכוף אלא מטתו בלבד: כל הכלים המשאולות זו לזו טעונות טבילה שמא דנדה היו. יום שכלו מתי מדבר וקבעו יום טוב לפי שחזר הדיבור למשה. יום שפוסקין מלכרות עצים למערכה ומכאן ואילך מוסיפין לעסוק בתורה.

רבינו חננאל

ר' אומר כל האוכל ושותה בט' באב כאלו אוכל ושותה ביוה"כ. ר' עקיבא אומר העושה מלאכה בט' באב אינו רואה סימן ברכה לעולם. וחכ"א העושה מלאכה בט' באב ואינו רואה בשמחת ירושלים שנאמר שמחו את וגו' שישו אתה משוש כל המתאבלים עליה. כל שאינו מתאבל על ירושלים אינו רואה בשמחתה. כל האוכל בט' באב עליו הכתוב אומר ותהי עונותם על עצמותם. עונותיו חקוקים על עצמותיו. ר' יהודה מחייב בכפיית המטה ולא הודו לו חכמים. תנא מודה ר' יהודה לחכמים בשאינו יכול כגון עוברות ומיניקות וכיוצא בהן שאין כופין מטותיהן. ומודים חכמים לר' יהודה שכופה כל אדם מטתו מי שהוא יכול לישן על הקרקע ואמר רבא הלכתא כתנא דידן דקתני לא הודו לו חכמים. מנהגו של ר' יהודה ברבי אלעאי בערב ט' באב היה יושב בין תנור לכיריים ואוכל פת חריבה במלח. ושותה קיתון של מים ודומה כמי שמתו מוטל לפניו: ארשב"ג לא היו ימים טובים לישראל כט"ו באב וכיוה"כ. בשלמא יוה"כ משום שהוא יום שניתנו בו לוחות האחרונות לפי שכשחשב מ' בסיון שעלה משה לקבל לוחות הראשונות מ' יום עד י"ז בתמוז שנא' ואתנפל לפני ה' וגו' עד כ"ט באב א"ל הקב"ה למשה עלה אלי ההרה. ועלה ביום ל' של אב (עשה ג') [עמד מ'] יום וירד בלוחות האחרונות והוא יוה"כ לפיכך ראוי להיות יו"ט. אלא ט"ו באב מפני מה הוא יו"ט אמרי' יום שבטלו בו לבוא זה בזה. דדרוש זה הדבר שכתוב בענין ולא תסוב נחלה ממטה למטה אחר. לא יהא נוהג אלא באותו דור שנכנסו לארץ. ולהם נחלקה הארץ בלבד. ור' יוחנן אמר שהותר שבט בנימין דדרוש איש ממנו לא יתן בתו לבנימין ממנו ולא מבנינו. רב נחמן אמר יום שכלו בו מתי מדבר. ומצינו בפירוש בירושלמי ר' אבון אמר שבטל בו החפירה דא"ר לוי בכל ערב ט' באב היה משה רבינו מוציא כרוז בכל מחנה ישראל צאו לחפור היו יוצאין (עצמן) וחופרין קברות וכל אחד ישן בקברו. ובשחר מי שנמצא חי חוזר למחנה והמתים נשארו בקבריהן ומוצאין עצמן בכל שנה חסרים ט"ו אלף ופרוטרוט בשנת ל"ח שנה עשו כמנהג כל השנים עמדו כולן לא מת אחד מהן. אמרו טעינו בחשבון אינו היום ט' באב וכן אמרו בי"א בי"ב ובי"ג ובי"ד כיון שהגיע ט"ו באב וראו הלבנה מלאה

א) [ברכות יז:] פסחים נד:, ב) [בכ"ר ובכל"ח המקופים דברי ר"ע לרשב"ג ודברי רשב"ג לר"ע], ג) גיטין נז., ד) [ב"ב קכא.] ובכל"ח ליתא תנ"ה, ו) מו"ק כז. נדרים נו. סנהדרין כ., ז) בס"א דקאמר ולא הודו, ח) ב"ב קכא. ע"ש, ט) [בב"ב קכא. איתא רב דימי בר יוסף אמר רב נחמן יום וכו'], י) [ערוך פרוזדאות פי' שומרים וע' לעיל כח. והוכיר פרוזדות כו'], כ) [גיטין פח.] [ושם הגי' פרדסיות וכן הגי' בב"ב קכא:], ל) [ע"ש ברשב"ם ועי' מהרש"א], מ) מתים מ"ר אלף פרוטרוט כל"ל.

הגהות הב"ח

(א) רש"י ד"ה שניתנו כו' הרי שמונים יום וליל לום כפור השלים כנגד:

גליון הש"ס

תוס' ד"ה כל העושה וכו' כדמשמע בירושלמי. בעירובין דף מא ע"א בתוס' ד"ה אחת: אלא שהיה כאן כסה מדלג איכה רבתי: שם ד"ה יום שבו וכו' בכל ט"ב היו מתים. עיין תשובות חות יאיר בסוף הספר תשוב' לס' הגאון מוהר"ר צ"ל בסופו:

תורה אור השלם

א) שִׂמְחוּ אֶת יְרוּשָׁלַיִם וְגִילוּ בָהּ כָּל אֹהֲבֶיהָ שִׂישׂוּ אִתָּהּ מָשׂוֹשׂ כָּל הַמִּתְאַבְּלִים עָלֶיהָ: [ישעיה סו, י]

ב) וְלֹא יִשְׁכְּבוּ אֶת גִּבּוֹרִים נֹפְלִים מֵעֲרֵלִים אֲשֶׁר יָרְדוּ שְׁאוֹל בִּכְלֵי מִלְחַמְתָּם וַיִּתְּנוּ אֶת חַרְבוֹתָם תַּחַת רָאשֵׁיהֶם וַתְּהִי עֲוֹנֹתָם עַל עַצְמוֹתָם כִּי חִתִּית גִּבּוֹרִים בְּאֶרֶץ חַיִּים: [יחזקאל לב, כז]

ג) זֶה הַדָּבָר אֲשֶׁר צִוָּה יְיָ לִבְנוֹת צְלָפְחָד לֵאמֹר לַטּוֹב בְּעֵינֵיהֶם תִּהְיֶינָה לְנָשִׁים אַךְ לְמִשְׁפַּחַת מַטֵּה אֲבִיהֶם תִּהְיֶינָה לְנָשִׁים: [במדבר לו, ו]

ד) וְאִישׁ יִשְׂרָאֵל נִשְׁבַּע בַּמִּצְפָּה לֵאמֹר אִישׁ מִמֶּנּוּ לֹא יִתֵּן בִּתּוֹ לְבִנְיָמִן לְאִשָּׁה: [שופטים כא, א]

ה) וַיְהִי כַאֲשֶׁר תַּמּוּ כָּל אַנְשֵׁי הַמִּלְחָמָה לָמוּת מִקֶּרֶב הָעָם: וַיְדַבֵּר יְיָ אֵלַי לֵאמֹר: [דברים ב, טז-יז]

ליקוטי רש"י

ובכל מקום. בין נהגו בין לא נהגו. תלמידי חכמים בטלים. ממלאכה אותו היום. רבן שמעון כו'. ולא אמרינן מיחזי כיוהרא ואם רצה ליבטל [פסחים נה:]. יום שנתנו בו לוחות האחרונות. כדתניא בסדר עולם משה עלה בששה בסיון לקבל לוחות הראשונות ועמד שם ארבעים יום וירד בי"ז בתמוז בסוף ארבעים יום עלה בי"ח ובקש רחמים בשביל עון העגל שנא' ואתנפל לפני ה' את ארבעים היום ואת ארבעים הלילה אשר התנפלתי כי אמר ה' להשמיד אתכם (דברים ט) ובאותה שעה נתרצה הקב"ה לישראל ואמר לו למשה פסל לך שני לוחות אבנים כראשונים וירד בכ"ח באב ופסל שני לוחות אבנים כדכתיב ויפסול שני לוחות אבנים כראשונים וישכם משה בבקר ועלה בכ"ט באב ועשה עוד מ' יום מל' באב עד י' בתשרי שנאמר ואנכי עמדתי בהר כימים הראשונים ארבעים וגו' בי' בתשרי נתרצה המקום בשמחה לישראל ואותו היום ירד משה והלוחות בידו. יום שהותרו שבטים. הכי הוה קרי להו לבא זה בזה. שהותרו הסבת נחלה שפסק אותו דור של באי הארץ שנאמר להם הסבת נחלה והשתא מיהא אם נשתיירו עדיין בני אדם שהיו באותו הדור באיסורייהו קיימי אבל שאר בני אדם שלא היו באותו הדור מותרין ויש מפרשים יום שהותרו שבטים שהרי בט"ו באב כלו מתי מדבר כדלקמן וטעות הוא בידם שהרי לא לדור המדבר נאמר אלא לבאי הארץ בערבות מואב. יום שהותר שבט בנימן. כל הנך אמוראי לא פליגי אלא מר גמיר האי מרביה ומר גמיר האי מרביה. שכלו בו מתי מדבר. במדרש איכה יום שבטל בו החפר דאמר ר' לוי כל ערב תשעה באב היה כרוז יוצא הכל יצאו לחפור חפור והכרוז יוצא ויבדלו החיים מן המתים והיו בודקין אותן ונמצאו ט"ו אלף ופרוטרוט חסרין בכל שנה וכך עשו מ' שנה יום לשנה הרי מ' שנה בשנה אחרונה עשו כן בדקו עצמן ונמצאו שלמים אמרו שמא טעינו בחשבון וכן בי' בו וכן בי"ב ובי"ג ובי"ד עד ט"ו כיון דאיתמלי סיהרא אמרו ביטל הקב"ה אותה גזירה קשה מעלינו ועשו משתה ושמחה ויו"ט. דאמר מר כו'. ולכך עשו ימי משתה ושמחה על הדיבור שחזר למשה [רשב"ם ב"ב קכא.]. לא היה דיבור עם משה ביחוד וחיבה לדיבור כגון במעשה דקרח שהיה אחר מעשה המרגלים היה מדבר על ידי מלאך או באורים ותומים אי נמי לא היה מדבר עמו אלא על ידי צורך מעשה הצריך להם. אלי היה הדיבור. דמצי למכתב ויאמר ה' אלי ... נמי מדסמכו לויהי כאשר תמו קדריש הכי ולא ממשמעותא דקרא אלא מייתורא דויהי כאשר תמו דקרא יתירא הוא. יום שביטל הושע בן אלה פרוסדיות. שומרים כדתניא בסדר עולם כשראה הושע בן אלה ... פרדסאות שהושיב ירבעם בן נבט שלא יעלו ישראל לרגל שבכל מלכי ישראל הוא אומר וילך בדרך ירבעם בן נבט ובחטאתו אשר החטיא את ישראל אבל בהושע כתיב רק לא כמלכי ישראל אשר היו לפניו [שם]:

שֶׁנֶּאֱמַר – For it is stated:[20] ,,וַיְהִי כַאֲשֶׁר־תַּמּוּ כָּל־אַנְשֵׁי הַמִּלְחָמָה לָמוּת ... וַיְדַבֵּר ה׳ אֵלַי״ – ***And it was when all the men of war ceased dying ... Hashem spoke to me ...*** אֵלַי הָיָה הַדִּבּוּר – Only then **was the Divine communication** restored ***to me.***[21]

A fourth explanation for the day's festive nature is offered:

עוּלָּא אָמַר – Ulla said: **יוֹם שֶׁבִּיטֵּל הוֹשֵׁעַ בֶּן אֵלָה פְּרוֹסְדִיּוֹת** – The fifteenth of Av is the **day that Hoshea ben Elah**[22] **removed the sentries** **שֶׁהוֹשִׁיב יָרָבְעָם בֶּן נְבָט עַל הַדְּרָכִים** – **that Yaravam ben Nevat**[23] **had stationed on the roads** leading to Jerusalem **שֶׁלֹּא יַעֲלוּ יִשְׂרָאֵל לְרֶגֶל** – **to prevent Jews from ascending** to the Holy Temple **on the pilgrimage festivals.** **וְאָמַר** – **And** at that time **[Hoshea ben Elah] said:**

NOTES

Moses (for the benefit of the entire nation), and so the fifteenth of Av was established as a permanent day of festivity and celebration (*Rashi;* see also *Rashbam* ibid. ד״ה דאמר מר, and *Rashi* to *Deut.* 2:17). [The cessation of dying was of itself insufficient reason to establish the fifteenth of Av as a permanent holiday; rather, it was cause only for a single celebration of their deliverance from Divine punishment. Only the restoration of the affectionate quality in the Divine communication, which bespoke a renewal of the loving and intimate relationship between God and His people, justified the establishment of a permanent holiday.]

20. *Deuteronomy* 2:16-17.

21. Although God *did* speak to Moses during that forty-year period (e.g. during the Korach uprising), He did not do so directly and explicitly ("face to face") as before. Rather, He communicated with Moses in indistinct nocturnal visions, or through the agency of an angel or the Kohen Gadol's *Urim v'Tumim* (*Rashi* citing others and *Rashbam* ibid. 121b). However, *Rashi* himself disputes this, explaining here and in his commentary to *Deut.* 2:17 that the clarity of Moses' prophecy did not diminish during the forty years; only the quality of intimacy and affection disappeared (see *Levush HaOrah* there in *Deuteronomy*). *Gevuras Ari* strongly supports this view, arguing that it is unthinkable that Moses ever received prophetic communication through a medium or while unconscious, like any ordinary prophet.

22. Hoshea was the last king of the (northern) kingdom of Israel, which was populated by all the tribes except Judah and Benjamin. During his rule his subjects were taken captive by the king of Assyria and were permanently exiled from Eretz Yisrael (see *II Kings* 17:1-23).

23. Yaravam ben Nevat was the first king of the schismatic kingdom of Israel. He incited the ten tribes to revolt against the rule of Rechavom (the son and successor of King Solomon), and to establish an independent kingdom. In order to sever the people's attachment to the Temple in Jerusalem (which stood in the rival kingdom of Judah), he prevented them from participating in the festival pilgrimages, establishing instead the idolatry of the golden calves (see *I Kings* ch. 12).

לְאֵיזֶה שֶׁיִּרְצוּ יַעֲלוּ – **Let them go up** to worship **whichever they desire.**[1]

The Gemara advances another explanation:

רַב מַתְנָה אָמַר – **Rav Masnah said:** יוֹם שֶׁנִּתְּנוּ הֲרוּגֵי בֵיתָר לִקְבוּרָה – The fifteenth of Av was the **day that** the **slain** Jews **of Bethar were afforded burial.**[2] וְאָמַר רַב מַתְנָה – **And Rav Masnah said** further on this topic: אוֹתוֹ יוֹם שֶׁנִּתְּנוּ הֲרוּגֵי בֵיתָר לִקְבוּרָה – On **the same day** the **slain** Jews **of Bethar were afforded burial,** תִּקְּנוּ בְּיַבְנֶה הַטּוֹב וְהַמֵּטִיב – **[the Sages] in Yavneh instituted** the fourth blessing of Grace after Meals, ***Who is good and Who confers good.*** הַטּוֹב שֶׁלֹּא הִסְרִיחוּ – ***Who is good*** commemorates **that,** miraculously, the bodies **did not decay.** וְהַמֵּטִיב שֶׁנִּתְּנוּ לִקְבוּרָה – ***And Who confers good*** signifies that God ultimately ordained **that** the bodies **be afforded burial.**

The Gemara offers a sixth and final reason for the festive nature of the day:

רַבָּה וְרַב יוֹסֵף דְּאָמְרֵי תַּרְוַיְיהוּ – **Rabbah and Rav Yosef both said:** יוֹם שֶׁפָּסְקוּ מִלִּכְרוֹת עֵצִים לַמַּעֲרָכָה – The fifteenth of Av was the **day that they stopped felling trees for the Altar pyre.**[3] (תַּנְיָא) – **As we learned in a Baraisa:**[4] רַבִּי אֱלִיעֶזֶר הַגָּדוֹל אוֹמֵר – R' ELIEZER THE GREAT SAID: מֵחֲמִשָּׁה עָשָׂר בְּאָב וְאֵילָךְ תָּשַׁשׁ כֹּחָהּ שֶׁל חַמָּה – FROM THE FIFTEENTH OF AV AND ONWARD THE SUN'S STRENGTH WANES, וְלֹא הָיוּ כּוֹרְתִין עֵצִים לַמַּעֲרָכָה – and thereafter THEY WOULD NOT FELL TREES FOR THE ALTAR PYRE, לְפִי שֶׁאֵינָן יְבֵשִׁין – SINCE the wood WAS NOT sufficiently DRY.[5] אָמַר רַב מְנַשְּׁיָא – **Rav Menashya said:** וְקָרוּ לֵיהּ יוֹם תְּבַר מַגָּל – **They** therefore **called [that day] the day of the axe's breaking.**[6]

In light of this waning of the sun's influence, the Gemara cautions:

מִכָּאן וְאֵילָךְ – **From now** (i.e. the fifteenth of Av) **and onward,** דְּמוֹסִיף יוֹסִיף – **he who adds** nocturnal hours to his daytime Torah-study schedule **will** in effect **add** to the length of his life, וּדְלֹא מוֹסִיף – **but he who does not add** at night to his Torah studies (יֶאֱסַף)[7] – **shall be gathered.** (תני רב יוסף) מַאי יֶאֱסַף – **What is** the meaning of **"shall be gathered"?** אָמַר רַב יוֹסֵף – **Rav Yosef said:** תִּקְבְּרֵיהּ אִימֵּיהּ – **His mother will bury him.**[8]

The Mishnah said:

שֶׁבָּהֶן בְּנוֹת יְרוּשָׁלַיִם כו' – . . . FOR ON [THOSE DAYS] THE MAIDENS OF JERUSALEM etc.[9]

The Gemara details the protocol for borrowing:

תָּנוּ רַבָּנָן – **The Rabbis taught in a Baraisa:** בַּת מֶלֶךְ שׁוֹאֶלֶת מִבַּת כֹּהֵן גָּדוֹל – THE KING'S DAUGHTER[10] WOULD BORROW a white garment FROM THE KOHEN GADOL'S DAUGHTER, who was of slightly lower rank.[11] בַּת כֹּהֵן גָּדוֹל מִבַּת סְגָן – THE KOHEN GADOL'S DAUGHTER would borrow FROM THE DEPUTY Kohen Gadol's[12] DAUGHTER; וּבַת סְגָן מִבַּת מְשׁוּחַ מִלְחָמָה – AND THE DEPUTY Kohen Gadol's DAUGHTER would borrow FROM THE DAUGHTER OF THE Kohen ANOINTED FOR BATTLE;[13] וּבַת מְשׁוּחַ מִלְחָמָה מִבַּת כֹּהֵן הֶדְיוֹט – AND THE DAUGHTER OF THE Kohen ANOINTED FOR BATTLE would borrow FROM THE DAUGHTER OF AN ORDINARY KOHEN; וְכָל יִשְׂרָאֵל שׁוֹאֲלִין זֶה מִזֶּה – AND ALL other JEWS WOULD BORROW FROM ONE ANOTHER. כְּדֵי שֶׁלֹּא יִתְבַּיֵּישׁ אֶת מִי שֶׁאֵין לוֹ – This chain of borrowing was instituted SO THAT a poor girl WHO HAD NO beautiful clothing of her own WOULD NOT BE EMBARRASSED.

The Mishnah said:

כָּל הַכֵּלִים טְעוּנִין טְבִילָה – ALL THE GARMENTS [worn on these occasions] REQUIRE IMMERSION.

The Gemara elaborates:

אָמַר רַבִּי אֶלְעָזָר – **R' Elazar said:** אֲפִילוּ מְקוּפָּלִין וּמוּנָּחִין בְּקוּפְסָא – **Even** a garment that was **folded and lying in a chest** (and thus was unquestionably *tahor*) requires immersion in a *mikveh.*[14]

The Mishnah said:

בְּנוֹת יִשְׂרָאֵל יוֹצְאוֹת וְחוֹלוֹת בַּכְּרָמִים – THE MAIDENS OF ISRAEL[15] WOULD GO OUT AND DANCE IN THE VINEYARDS.

The Gemara explains the purpose of this activity:

תָּנָא – **A Tanna taught:** מִי שֶׁאֵין לוֹ אִשָּׁה נִפְנֶה לְשָׁם – WHOEVER LACKED A WIFE WOULD TURN THERE to find one.

The Mishnah said:[16]

מְיוּחָסוֹת שֶׁבָּהֶן הָיוּ אוֹמְרוֹת בָּחוּר וכו' – THE DISTINGUISHED AMONG THEM WOULD SAY: YOUNG MAN etc.

A Baraisa expands on the Mishnah:

תָּנוּ רַבָּנָן – **The Rabbis taught in a Baraisa:** יְפֵיפִיּוֹת שֶׁבָּהֶן מֶה הָיוּ

NOTES

1. Hoshea ben Elah was a wicked man, as it is written: *And he did that which was evil in the eyes of God, only not [as evil] as the kings of Israel who had preceded him* (*II Kings* 17:2). [For Yaravam had erected idols in Beth El and Dan, and] had stationed sentries on the roads to turn back pilgrims attempting to reach the Temple in Jerusalem. Hoshea removed the sentries and provided the people with a choice of worship (*Rashi*).

2. The corpses of those Jews slain during the Roman conquest of the city of Bethar (pursuant to Bar Kochba's ill-fated revolt) had lain exposed throughout the reign of Hadrian, who obstructed their burial. Miraculously, the bodies did not decompose.

3. Since on this day they completed a great mitzvah, they observed it as a festive day (*Rashbam, Bava Basra* 121b).

4. *Ein Yaakov's* version is: דְּתַנְיָא. Our translation follows this version.

5. The moist wood of a newly felled tree is an inviting habitat for worms. However, wood which contains worms is invalid for burning on the Altar (*Middos* 2:5). Since after the fifteenth of Av the heat of the sun is inadequate to dry out freshly cut wood, the mitzvah of chopping down trees for the Altar was terminated at that date (*Rashi*).

6. I.e. the day the woodcutter ceased felling trees (*Rashi*).

7. *Mesoras HaShas* emends the text to read יָסִיף, as it appears in *Bava Basra* 121b.

8. I.e. he will die prematurely (*Rashi*). [See *Ben Yehoyada,* who explains the significance of Rav Yosef's choice of expression.] *Rashbam* (*Bava Basra* 121b) explains that since the days begin to shorten after the fifteenth of Av, one must learn more at night in order to maintain the amount of time one devotes to Torah study. For regarding Torah it is written: *For it is your life* (*Deut.* 30:20); and further: *For length of days and years of life, and peace, will they add to you* (*Proverbs* 3:2). Correspondingly, a diminution of Torah study curtails the life of a man.

9. The Mishnah continues: ". . . would go out [dressed] in borrowed white garments – in order not to embarrass one who had none."

10. Even wealthy maidens were forbidden to wear their own clothing, lest they embarrass girls from poor families who were forced to borrow (*Rashi*).

11. A Kohen Gadol ranked just after the king in prominence (*Rashi*).

12. The deputy Kohen Gadol was a prominent Kohen who was designated to replace the Kohen Gadol on Yom Kippur if the latter became disqualified (*Rashi;* cf. ArtScroll Mishnah *Yoma* 1:1).

13. Before Jewish troops are sent into battle, they are addressed by a specially designated Kohen (one who was anointed with the oil of the Temple). He fortifies them with these words of encouragement: *Let not your heart falter; fear not . . . for HASHEM your God is He Who goes with you, to fight for you against your enemies, to save you* [*Deut.* 20:3,4] (*Rashi,* as emended by *Mesoras HaShas*).

14. In order not to embarrass menstruants, whose garments did require immersion, all the garments were subject to this requirement – even those stored away in chests and not intended for use on the fifteenth of Av (*Rashi*).

15. The Mishnah actually stated: *The maidens of Jerusalem.*

16. This excerpt differs from the version on 26b.

לאיזה שירצו יעלו [א] רב מתנה אמר יום שנתנו הרוגי ביתר לקבורה ואמר רב מתנה [ב] אותו יום שנתנו הרוגי ביתר לקבורה [א] תקנו ביבנה הטוב והמטיב הטוב שלא הסריחו והמטיב שנתנו לקבורה רבה ורב יוסף דאמרי תרוייהו יום שפסקו מלכרות עצים למערכה ([ג] תניא) רבי אליעזר הגדול אומר מחמשה עשר באב ואילך תשש כחה של חמה ולא היו כורתין עצים למערכה לפי שאינן יבשין אמר רב מנשיא וקרו ליה יום תבר מגל מכאן ואילך דמוסיף יוסיף ודלא מוסיף ([ד] יאסף) ([ה] תני רב יוסף) מאי יאסף אמר רב יוסף תקבריה אימיה: שבהן בנות ירושלים כו': ת"ר בת מלך שואלת מבת כהן גדול בת כהן גדול מבת סגן ובת סגן מבת משוח מלחמה ובת משוח מלחמה מבת כהן הדיוט וכל ישראל שואלין זה מזה כדי [ו] שלא יתבייש את מי שאין לו: כל הכלים טעונין טבילה: אמר רבי אלעזר אפילו מקופלין ומונחין בקופסא: בנות ישראל יוצאות וחולות בכרמים: תנא מי שאין לו אשה נפנה לשם: [ז] מיוחסות שבהן היו אומרות בחור וכו': תנו רבנן יפיפיות שבהן מה היו אומרות תנו עיניכם ליופי שאין האשה אלא ליופי מיוחסות שבהן מה היו אומרות תנו עיניכם למשפחה לפי [ח] שאין האשה אלא לבנים מכוערות שבהם מה היו אומרות קחו מקחכם לשום שמים ובלבד שתעטרונו בזהובים אמר עולא ביראה אמר רבי אלעזר עתיד הקדוש ברוך הוא לעשות מחול לצדיקים והוא יושב ביניהם בגן עדן וכל אחד ואחד מראה באצבעו שנאמ' [א] ואמר ביום ההוא הנה אלהינו זה קוינו לו ויושיענו זה ה' קוינו לו נגילה ונשמחה בישועתו:

הדרן עלך בשלשה פרקים וסליקא לה מסכת תענית

רש"י

לאיזה שירצה יעלו. הושע בן אלה רשע היה דכתיב (מלכים ב יז) ויעש הרע בעיני ה' רק לא כמלכי ישראל והיינו דקאמר רק שבטל את הפרוסדאות ואמר לאיזה שירצו יעלו: **הרוגי ביתר.** בפרק הניזקין (גיטין דף נז.): **מלכרות.** לפי שהן לחין ומאותו הזמן אין כח בחמה לייבשן וחיישינן מפני התולעת לפי שעץ שיש בו תולעת פסול למערכה כדאמרינן (מדות פ"ב מ"ה): **יום תבר מגל.** שבירת הגרזן שפסק החוטב מלחטוב עצים: **מכאן ואילך.** מחמשה עשר באב ואילך דמוסיף לילות על הימים לעסוק בתורה יוסיף חיים על חייו: **דלא יוסיף.** לעסוק בתורה בלילות: **תקבריה אימיה.** כלומר ימות בלא עתו: **בת מלך.** אף על פי שהיה לה שואלת מבת כהן גדול כו' שלא לבייש את השואלת מתוך שאין לה: **מבת כהן גדול.** שהוא קרוב וסמוך למלכות: **סגן.** כהן חשוב ממונה תחת כהן גדול להיות תחתיו ביום הכפורים אם יארע פסול בכהן גדול ביום הכפורים ישמש זה הסגן תחתיו: **משוח מלחמה.** הוא הכהן המכריז במלחמה [ט] מי האיש הירא ורך הלבב וגו' (דברים כ): **אפילו מקופלין ומונחין בקופס'.** אישקוריי"ן: צריכין טבילה. כולן שלא לבייש את שצריכה טבילה: **שאין אשה אלא לבנים.** אם בניך יהיו מיוחסין הכל קופלין עליהם בין זכרים בין נקבות: **על מנת שתעטרונו בזהובים.** שאחרי הנישואין תתנו לנו תכשיטין ומילתא בעלמא הוא דאמרי כלומר ובלבד שתתנו לנו מלבושים נאים: **מחול.** סביב לשון מחול הכרם (כלאים פ"ד מ"א): **מראה באצבעו.** ואומר זה ה' קוינו לו ויושיענו זה ה' קוינו לו נגילה ונשמחה בישועתו:

הדרן עלך בשלשה פרקים וסליקא לה מסכת תענית

תוספות

תיקנו ביבנה הטוב והמטיב. פירוש בברכת המזון ומש"ה תקנו יותר על היין הטוב והמטיב טפי מבשאר דברים לפי שהיו [כמו] גדר בכרם ולא נסרחו: **יום** תבר מגל. פירוש שמונעין מלכרות עלים למערכה פירוש משום שחלש כחה של חמה ומגדלין התולעים באילנות ועלים מתולעים פסולים למערכה כדאמר [במדות] (פ"ב מ"ה) שהכהנים בעלי מומין הם מנקרים העלים ומסירין העלים מתולעים שפסולות למערכה:

דלא מוסיף יאסף. פי' אותו שאינו מוסיף מן הלילות על הימים יאסף: **מאי** יאסף תקבריה אימיה. תימה וכי היה מסופק מאי יאסף אלא נראה לומר דלא מוסיף יסיף (א) ומיהא קבעי גמרא מאי יסיף אבל לעולם הוה ידע דיאסף הוא לשון מיתה כדכתיב (בראשית מט) ויגוע ויאסף אל עמיו: **כל** אחד ואחד מראה הקדוש ברוך הוא באצבעו שנאמר הנה אלהינו זה קוינו לו וגו' נגילה ונשמחה בישועתו:

הדרן עלך בשלשה פרקים וסליקא לה מסכת תענית

מסורת הש"ס

א) ב"ב קכא:, ב) ברכות מח:, ג) [גיר' ע"י דתניא], ד) [נ"ל יסיף כך אי' בב"ב וע"ש ברשב"ם], ה) [בב"ב ליתא אלא כך איתא מאי יסיף תני רב יוסף תקבריה אימיה], ו) [פסחים פב. וש"נ], ז) [עי' הגיר' בע"י], ח) כתובות נט:, ט) [נראה שצ"ל אל ירך לבבכם וגו' עי' פרש"י בתורה ובמכות יא. ובסוטה מג.].

הגהות הב"ח

(א) תוס' ד"ה מאי כו' דלא מוסיף יסיף ומשום הכי קבעי גמרא מאי:

תורה אור השלם

א) וְאָמַר בַּיּוֹם הַהוּא הִנֵּה אֱלֹהֵינוּ זֶה קִוִּינוּ לוֹ וְיוֹשִׁיעֵנוּ זֶה יְיָ קִוִּינוּ לוֹ נָגִילָה וְנִשְׂמְחָה בִּישׁוּעָתוֹ: [ישעיה כה, ט]

ליקוטי רש"י

הרוגי ביתר. במס' גיטין (דף נז.). **ואמר רב מתנה כו'.** ולכך שמחו שזכו לקבורה ושלא הסריחו. **ברכת הטוב והמטיב.** שבברכת המזון תקנו באותו היום דמן התורה אינה אלא שלש ראשונות כדנפקא לן מהאי קרא וברכת את ה' אלהיך על הארץ וגו' [רשב"ם ב"ב קכא.]. **יום שפסקו מלכרות עצים למערכה.** מניסן ועד ט"ו באב, היו כורתים עלים לצורך המערכה לכל השנה מכאן ואילך תשש כח החמה ויש בעלים לחלוחית ומעלין עשן וגם יגדל תולעת וכדאמרינן במדרש איכה רבי יעקב בר אחא בשם רבי יוסי אומר שבו כלה זמן קלילה למזבח שכל עץ שנמצא בו תולעת פסול למזבח וכל עץ שהוא נקלן אינו עושה מאכולת ואותו יום שפסקו היו שמחים לפי שבאותו יום היו משלימין מצוה גדולה כזאת. **יום תבר מגל.** שנשברו הקרדומות שאין צורך עוד בהן לחטוב עלים. **מכאן ואילך דמוסיף.** מן הלילה על היום לשנות יוסיף ימים כדכתיב כי הוא חייך (דברים ל) וכתיב (משלי ג) כי אורך ימים ושנות חיים [ושלום] יוסיפו לך שמתוך שהלילות מאריכין והימים מתקצרין צריך לעסוק בלימודו גם בלילה ודלא מוסיף יסיף. **מאי [יסיף]** תני רב יוסף תקבריה אימיה. שימות בחצי ימיו כמו (אסתר ט) וזכרם לא יסוף מזרעם לשון כליה ולא גרסי' יאסף דא"כ מאי קבעי תלמודא הא מילתא דפשיטא היא דיאסף לשון מיתה כדכתיב (במדבר כ) יאסף אהרן אל עמיו [רשב"ם ב"ב שם:]. **משוח מלחמה.** כהן שנתברר לכך [סוטה מב.]. **ואמר.** עמו ביום ההוא הנה וגו'. **קוינו לו ויושיענו.** היינו מקוים לו שיושיענו במהרה בימינו אמן [ישעיה כה, ט].

עין משפט נר מצוה

מב א מיי' פ"ב מהל' ברכות הל' א:

רבינו חננאל

מלאה אמרו ודאי בטל הקב"ה אותה גזרה לפיכך עשאוהו יו"ט. **רב מתנה** אמר יום שנתנו הרוגי ביתר לקבורה בו ביום תקנו הטוב והמטיב הטוב שלא הסריחו והמטיב שנתנו לקבורה. יום שפוסקין בו לכרות עצים למערכה כדתניא ר"א הגדול אומר מט"ו באב תשש כחה של חמה ולא היו כורתים עצים למערכה מפני שאין יבשים וכיון שאין יבשים מתליעין וקרו ליה יום תבר מגל. כלומר מעתה אין אנו צריכין מגל לחתוך בו עצים. [מכאן ואילך] פי' מט"ו באב מי שמוסיף מן הלילה ליום כלומר עומד בלילה ושונה שכבר האריך הלילה. ומי שלא יוסיף תקבריה אימיה שאינו מן החכמים שמנדדין שינה מעיניהם בעולם הזה וחיים לעוה"ב: **הדרן עלך בשלשה פרקים**

רבינו גרשום

תשש כחה של חמה. ואינה מייבשת העצים. **יום תבר מגל** כלומר מיכן ואילך אין צריכין המגל לכרות עצים: **ודלא מוסיף** מלילות על הימים לעסוק בתורה **[יסיף]** לפי שכבר גדולין הלילות: **אפי' מקופלין** חיישינן (שמה) [שמא] ישבה עליהן נדה. **לעשות מחול להצדיקים** שהצדיקים עושין מחול והקב"ה יושב באמצע ומראין זה לזה ואומרים הנה אלהינו זה קוינו לו ויושיענו זה ה' קוינו לו נגילה ונשמחה בישועתו:

הדרן עלך בשלשה פרקים וכולה מסכתא ופרקיהון ארבעה וסימניהן הזכרת סדר תעניות שלשה:

אוֹמְרוֹת – WHAT DID THE BEAUTIFUL ONES AMONG THOSE maidens SAY? תְּנוּ עֵינֵיכֶם לְיוֹפִי – PAY ATTENTION TO BEAUTY, שֶׁאֵין הָאִשָּׁה אֶלָּא לְיוֹפִי – FOR A WIFE IS primarily FOR BEAUTY.[17] מְיוּחָסוֹת שֶׁבָּהֶן מֶה הָיוּ אוֹמְרוֹת – WHAT DID THE ONES OF DISTINGUISHED LINEAGE AMONG THOSE maidens SAY? תְּנוּ עֵינֵיכֶם לַמִּשְׁפָּחָה – PAY ATTENTION TO FAMILY, לְפִי שֶׁאֵין הָאִשָּׁה אֶלָּא לְבָנִים – FOR A WIFE IS primarily FOR CHILDBEARING.[18] מְכוֹעָרוֹת שֶׁבָּהֶם מֶה הָיוּ אוֹמְרוֹת – WHAT DID THE HOMELY ONES AMONG THOSE maidens SAY? קְחוּ מִקַּחֲכֶם לְשׁוּם שָׁמַיִם – ACQUIRE YOUR PURCHASE FOR THE SAKE OF HEAVEN,[19] וּבִלְבַד שֶׁתְּעַטְּרוּנוּ בִּזְהוּבִים – BUT ONLY ON CONDITION THAT after marriage YOU ADORN US WITH GOLD JEWELRY and beautiful clothing.[20]

The tractate concludes with an allusion to the marital relationship of a spiritual nature that exists between God and the righteous of Israel:[21]

אָמַר עוּלָּא בִּירָאָה אָמַר רַבִּי אֶלְעָזָר – **Ulla Biraah said in the name of R' Elazar:** עָתִיד הַקָּדוֹשׁ בָּרוּךְ הוּא לַעֲשׂוֹת מָחוֹל לַצַּדִּיקִים – **In the future the Holy One, Blessed is He, will make a circle**[22] **of all the righteous people,** וְהוּא יוֹשֵׁב בֵּינֵיהֶם בְּגַן עֵדֶן – **and He will sit among them,** in the middle of the circle, **in the Garden of Eden;** וְכָל אֶחָד וְאֶחָד מַרְאֶה בְּאֶצְבָּעוֹ – **and each and every one will point with his finger** toward Him, שֶׁנֶּאֱמַר – **as it says:**[23] ,,וְאָמַר בַּיּוֹם הַהוּא הִנֵּה אֱלֹהֵינוּ זֶה קִוִּינוּ לוֹ וְיוֹשִׁיעֵנוּ זֶה ה׳ קִוִּינוּ לוֹ נָגִילָה וְנִשְׂמְחָה בִּישׁוּעָתוֹ" – ***He shall say on that day, "Behold! This is our God; we hoped to Him and He saved us; this is Hashem to Whom we hoped; let us exult and be glad in His salvation."***[24]

הדרן עלך בשלשה פרקים

WE SHALL RETURN TO YOU, BISHLOSHAH PERAKIM

וסליקא לה מסכת תענית

AND TRACTATE TAANIS IS CONCLUDED

NOTES

17. The Mishnah alludes to this category when it says: *Young man, lift up your eyes and see what you choose for yourself* (*Rambam, Tos. Yom Tov*).

18. Children from a distinguished family – be they male or female – will have no shortage of suitors (*Rashi*). Moreover, a woman with a good upbringing will tend to raise her own children well (*Eliyah Rabbah, Orach Chaim* 580:10).

The Mishnah refers to this category when it says: *Do not consider beauty; consider family* (*Rambam, Tos. Tom Yov*).

19. And pay no heed to the grace of the girls from distinguished families or to the beauty of the fair ones, for neither attribute is praiseworthy, as the Mishnah states with regard to this third category: *Grace is false and beauty is vain; a woman who fears Hashem – she will be praised* (*Proverbs* 31:30). Such girls possessed the fear of God, and they advised the young men to pay heed only to that paramount virtue (*Eliyah Rabbah* ibid.).

20. This was merely an incidental – rather than promotional – remark (*Rashi*). Alternatively, the homely girls wished to convey the idea that fine jewelry and attractive clothing can compensate for a lack of natural beauty (*Eliyah Rabbah, Orach Chaim* 580:10).

21. Just as a bride circles her groom, so the righteous will form a circle, as it were, around the Holy One. Further, the אֶצְבַּע with which they will point to Him suggests a bride's *ring finger* (*Ben Yehoyada;* see also *Pri Tzaddik, Korach* §1).

22. It is interesting to note that מָחוֹל, *circle,* has the same root letters as the word מחל, *forgive.* The Gemara thus implies that in the future God will forgive all the sins of Israel, and that all Israel will be privileged to join this circle, as Scripture states (*Isaiah* 60:21): *And Your people are all righteous . . .* (*Hagahos Yaavetz*).

23. *Isaiah* 25:9. ***This** is our God . . . **this** is Hashem* indicates that they actually pointed to His Presence (*Rashi*).

24. In a profounder sense, this encirclement of God (as it were) represents a level of Divine revelation beyond what is possible for the rational human intellect to experience. The Gemara thus teaches that in the future God will significantly reveal Himself to the righteous, and that, further, they will perceive the revelation equally. For a circle has no head or end; rather, all points in the circle are equidistant from the center. Similarly, all the *tzaddikim* privileged to join this circle will be in equal proximity to the Divine light emanating from the center (*Pri Tzaddik, Korach* §1; see also *Takanas Hashavim* p. 4a and *Resisei Lailah* p. 8b).

לאיזה שירצו יעלו [א] רב מתנה אמר יום שנתנו הרוגי ביתר לקבורה ואמר רב מתנה [ב] אותו יום שנתנו הרוגי ביתר לקבורה [א] תקנו ביבנה הטוב והמטיב הטוב שלא הסריחו והמטיב שנתנו לקבורה רבה ורב יוסף דאמרי תרוייהו יום שפסקו מלכרות עצים למערכה ([ג] תניא) רבי אליעזר הגדול אומר מחמשה עשר באב ואילך תשש כחה של חמה ולא היו כורתין עצים למערכה לפי שאינן יבשין אמר רב מנשיא וקרו ליה יום תבר מגל מכאן ואילך דמוסיף יוסיף ודלא מוסיף ([ד] יאסף) ([ה] תני רב יוסף) מאי יאסף אמר רב יוסף תקבריה אימיה: שבהן בנות ירושלים כו': ת"ר בת מלך שואלת מבת כהן גדול בת כהן גדול מבת סגן ובת סגן מבת משוח מלחמה ובת משוח מלחמה מבת כהן הדיוט וכל ישראל שואלין זה מזה כדי [ו] שלא יתבייש את מי שאין לו: כל הכלים טעונין טבילה: אמר רבי אלעזר אפילו מקופלין ומונחין בקופסא: בנות ישראל יוצאות וחולות בכרמים: תנא מי שאין לו אשה נפנה לשם: [ז] מיוחסות שבהן היו אומרות בחור וכו': תנו רבנן יפיפיות שבהן מה היו אומרות תנו עיניכם ליופי שאין האשה אלא ליופי מיוחסות שבהן מה היו אומרות תנו עיניכם למשפחה לפי [ח] שאין האשה אלא לבנים מכוערות שבהם מה היו אומרות קחו מקחכם לשום שמים ובלבד שתעטרונו בזהובים אמר עולא ביראה אמר רבי אלעזר עתיד הקדוש ברוך הוא לעשות מחול לצדיקים והוא יושב ביניהם בגן עדן וכל אחד ואחד מראה באצבעו שנאמ' [א] ואמר ביום ההוא הנה אלהינו זה קוינו לו ויושיענו זה ה' קוינו לו נגילה ונשמחה בישועתו:

הדרן עלך בשלשה פרקים וסליקא לה מסכת תענית

רש"י

לאיזה שירצה יעלו. הושע בן אלה רשע היה דכתיב (מלכים ב יז) ויעש הרע בעיני ה' רק לא כמלכי ישראל והיינו דקאמר רק שבטל את הפרוסדאות ואמר לאיזה שירצו יעלו: הרוגי ביתר. בפרק הניזקין (גיטין דף נז.): מלכרות. לפי שהן לחין ומאותו הזמן אין כח בחמה לייבשן וחיישינן מפני התולעת לפי שעץ שיש בו תולעת פסול למערכה כדאמרינן (מדות פ"ב מ"ה): יום תבר מגל. שבירת הגרזן שפסק החוטב מלחטוב עצים: מכאן ואילך. מחמשה עשר באב ואילך דמוסיף לילות על הימים לעסוק בתורה יוסיף חיים על חייו: דלא יוסיף. לעסוק בתורה בלילות: תקבריה אימיה. כלומר ימות בלא עתו: בת מלך. אף על פי שהיה לה שואלת מבת כהן גדול כו' שלא לבייש את השואלת מתוך שאין לה: מבת כהן גדול. שהוא קרוב וסמוך למלכות: סגן. כהן חשוב ממונה תחת כהן גדול להיות תחתיו ביום הכפורים אם יארע פסול בכהן גדול ביום הכפורים ישמש זה הסגן תחתיו: משוח מלחמה. הוא הכהן המכריז במלחמה [ט] מי האיש הירא ורך הלבב וגו' (דברים כ): אפילו מקופלין ומונחין בקופס'. איסקוריי"ן: צריכין טבילה. כולן שלא לבייש את שצריכה טבילה: שאין אשה אלא לבנים. אם בניך יהיו מיוחסין הכל קופלין עליהם בין זכרים בין נקבות: על מנת שתעטרונו בזהובים. שאחרי הנישואין תתנו לנו תכשיטין ומילתא בעלמא הוא דאמרי כלומר ובלבד שתתנו לנו מלבושים נאים: מחול. סביב לשון מחול הכרם (כלאים פ"ד מ"א): מראה באצבעו. ואומר זה ה' קוינו לו ויושיענו זה ה' קוינו לו נגילה ונשמחה בישועתו:

הדרן עלך בשלשה פרקים וסליקא לה מסכת תענית

תוספות

תיקנו ביבנה הטוב והמטיב. פירוש בברכת המזון ומש"ה תקנו יותר על היין הטוב והמטיב טפי מבשאר דברים לפי שהיו [כמו] גדר בכרם ולא נסרחו: יום תבר מגל. פירוש שמונעין מלכרות עצים למערכה פירוש משום שחלש כחה של חמה ומגדלין התולעים באילנות ועצים מתולעים פסולים למערכה כדאמר [במדות] (פ"ב מ"ה) שהכהנים בעלי מומין הם מנקרים העצים ומסירין העצים מתולעים שפסולות למערכה:

דלא מוסיף יאסף. פי' אותו שאינו מוסיף מן הלילות על הימים יאסף: מאי יאסף תקבריה אימיה. תימה וכי היה מסופק מאי יאסף אלא נראה לומר דלא מוסיף יסיף (א) ומיהא קבעי גמרא מאי יסיף אבל לעולם הוה ידע דיאסף הוא לשון מיתה כדכתיב (בראשית מט) ויגוע ויאסף אל עמיו: כל אחד ואחד מראה הקדוש ברוך הוא באצבעו שנאמר הנה אלהינו זה קוינו לו וגו' נגילה ונשמחה בישועתו:

הדרן עלך בשלשה פרקים וסליקא לה מסכת תענית

מסורת הש"ס

א) ב"ב קכא., ב) ברכות מח:, ג) [גיר' ע"י דתניא], ד) [צ"ל יסיף כך אי' בב"ב וע"ש ברשב"ם], ה) [בב"ב ליתא אלא כך איתא מאי יסיף תני רב יוסף תקבריה אימיה], ו) [פסחים פב. וש"נ], ז) [עי' הגיר' בע"י], ח) כתובות נט:, ט) [נראה שצ"ל אל ירך לבבכם וגו' עי' פרש"י בתורה ובמכות יא. ובסוטה מג.].

הגהות הב"ח

(א) תוס' ד"ה מאי כו' דלא מוסיף יסיף ומשום הכי קבעי גמרא מאי:

תורה אור השלם

א) וְאָמַר בַּיּוֹם הַהוּא הִנֵּה אֱלֹהֵינוּ זֶה קִוִּינוּ לוֹ וְיוֹשִׁיעֵנוּ זֶה יְיָ קִוִּינוּ לוֹ נָגִילָה וְנִשְׂמְחָה בִּישׁוּעָתוֹ: [ישעיה כה, ט]

ליקוטי רש"י

הרוגי ביתר. במס' גיטין (דף נז.). ואמר רב מתנה כו'. ולכך שמחו שזכו לקבורה ושלא הסריחו. ברכת הטוב והמטיב. שבברכת המזון תקנו באותו היום דמן התורה אינה אלא שלש ראשונות כדנפקא לן מהאי קרא וברכת את ה' אלהיך על הארץ וגו' [רשב"ם ב"ב קכא.]. יום שפסקו מלכרות עצים למערכה. מניסן ועד ט"ו באב, היו כורתים עצים לצורך המערכה לכל השנה מכאן ואילך תשש כח החמה ויש בעצים לחלוחית ומעלין עשן וגם יגדל תולעת וכדאמרינן במדרש איכה רבי יעקב בר אחא בשם רבי יוסי אומר שבו כלה זמן קלילה למזבח שכל עץ שנמצא בו תולעת פסול למזבח וכל עץ שהוא נקלץ אינו עושה מאכולת ואותו יום שפסקו היו שמחים לפי שבאותו יום היו משלימין מצוה גדולה כזאת. יום תבר מגל. שנשברו הקרדומות שאין צורך עוד בהן לחטוב עצים. מכאן ואילך דמוסיף. מן הלילה על היום לשנות יוסיף ימים כדכתיב כי הוא חייך (דברים ל) וכתיב (משלי ג) כי אורך ימים ושנות חיים [ושלום] יוסיפו לך שמתוך שהלילות מאריכין והימים מתקצרין צריך לעסוק בלימודו גם בלילה ודלא מוסיף יסיף. מאי [יסיף] תני רב יוסף תקבריה אימיה. שימות בחצי ימיו כמו (אסתר ט) וזכרם לא יסוף מזרעם לשון כליה ולא גרסי' יאסף דא"כ מאי קבעי תלמודא הא מילתא דפשיטא היא דיאסף לשון מיתה כדכתיב (במדבר כ) יאסף אהרן אל עמיו [רשב"ם ב"ב שם:]. משוח מלחמה. כהן שנתברר לכך [סוטה מב.]. ואמר. עמו ביום ההוא הנה וגו'. קוינו לו ויושיענו. היינו מקוים לו שיושיענו במהרה בימינו אמן [ישעיה כה, ט].

עין משפט נר מצוה

מב א מיי' פ"ב מהל' ברכות הל' א:

רבינו חננאל

מלאה אמרו ודאי בטל הקב"ה אותה גזרה לפיכך עשאוהו יו"ט. רב מתנה אמר יום שנתנו הרוגי ביתר לקבורה בו ביום תקנו הטוב והמטיב הטוב שלא הסריחו והמטיב שנתנו לקבורה. יום שפוסקין בו לכרות עצים למערכה כדתניא ר"א הגדול אומר מט"ו באב תשש כחה של חמה ולא היו כורתים עצים למערכה מפני שאין יבשים וכיון שאין יבשים מתליעין וקרו ליה יום תבר מגל. כלומר מעתה אין אנו צריכין מגל לחתוך בו עצים. [מכאן ואילך] פי' מט"ו באב מי שמוסיף מן הלילה ליום כלומר עומד בלילה ושונה שכבר האריך הלילה. ומי שלא יוסיף תקבריה אימיה שאינו מן החכמים שמנדדין שינה מעיניהם בעולם הזה וחיים לעוה"ב: **הדרן עלך בשלשה פרקים**

רבינו גרשום

תשש כחה של חמה. ואינה מייבשת העצים. **יום תבר מגל** כלומר מיכן ואילך אין צריכין המגל לכרות עצים: **ודלא מוסיף** מלילות על הימים לעסוק בתורה **[יסיף]** לפי שכבר גדולין הלילות: **אפי' מקופלין** חיישינן (שמה) [שמא] ישבה עליהן נדה. **לעשות מחול להצדיקים** שהצדיקים עושין מחול והקב"ה יושב באמצע ומראין זה לזה ואומרים הנה אלהינו זה קוינו לו ויושיענו זה ה' קוינו לו נגילה ונשמחה בישועתו:

הדרן עלך בשלשה פרקים וכולה מסכתא ופרקיהון ארבעה וסימניהן הזכרת סדר תעניות שלשה:

Hadran – הַדְרָן

Hadran – הַדְרָן

Upon the סיום, *completion*, of the study of an entire tractate, a festive meal (which has the status of a *seudas mitzvah*) should be eaten – preferably with a *minyan* in attendance. The following prayers of thanksgiving are recited by those who have completed the learning. [The words in brackets are inserted according to some customs.]

The first paragraph is recited three times.

הַדְרָן *We shall return[1] to you, Tractate Taanis, and you shall return to us. Our thoughts are on you, Tractate Taanis, and your thoughts are on us. You will not forget us, Tractate Taanis, and we will not forget you – neither in This World, nor in the World to Come.*

הַדְרָן עֲלָךְ מַסֶּכֶת תַּעֲנִית וְהַדְרָךְ עֲלָן. דַּעְתָּן עֲלָךְ מַסֶּכֶת תַּעֲנִית וְדַעְתָּךְ עֲלָן. לָא נִתְנַשֵׁי מִנָּךְ מַסֶּכֶת תַּעֲנִית וְלָא תִתְנַשֵׁי מִנָּן – לָא בְּעָלְמָא הָדֵין וְלָא בְּעָלְמָא דְאָתֵי.

יְהִי רָצוֹן *May it be Your will, Hashem, our God, and the God of our forefathers, that Your Torah be our preoccupation in This World, and may it remain with us in the World to Come. Chanina bar Pappa,[2] Rami bar Pappa, Nachman bar Pappa, Achai bar Pappa, Abba Mari bar Pappa, Rafram bar Pappa, Rachish bar Pappa, Surchav bar Pappa, Adda bar Pappa, Daru bar Pappa.*

יְהִי רָצוֹן מִלְּפָנֶיךָ יי אֱלֹהֵינוּ וֵאלֹהֵי אֲבוֹתֵינוּ, שֶׁתְּהֵא תוֹרָתְךָ אֻמָּנוּתֵנוּ בָּעוֹלָם הַזֶּה וּתְהֵא עִמָּנוּ לָעוֹלָם הַבָּא. חֲנִינָא בַּר פָּפָּא, רָמִי בַּר פָּפָּא, נַחְמָן בַּר פָּפָּא, אַחַאי בַּר פָּפָּא, אַבָּא מָרִי בַּר פָּפָּא, רַפְרָם בַּר פָּפָּא, רָכִישׁ בַּר פָּפָּא, סוּרְחָב בַּר פָּפָּא, אַדָּא בַּר פָּפָּא, דָּרוּ בַּר פָּפָּא.

הַעֲרֶב נָא *Please, Hashem, our God, sweeten the words of Your Torah in our mouth and in the mouths of Your people, the House of Israel, and may [we all –] we, our offspring, [the offspring of our offspring,] and the offspring of Your people, the House of Israel, all of us – know Your Name and study Your Torah. Your commandment makes me wiser than my enemies, for it is forever with me.[3] May my heart be perfect in Your statutes, so that I not be shamed.[4] I will never forget Your precepts, for through them You have preserved me.[5] Blessed are You, Hashem, teach me Your statutes.[6] Amen. Amen. Amen. Selah! Forever!*

הַעֲרֶב נָא יי אֱלֹהֵינוּ אֶת דִּבְרֵי תוֹרָתְךָ בְּפִינוּ וּבְפִיפִיּוֹת עַמְּךָ בֵּית יִשְׂרָאֵל. וְנִהְיֶה [כֻּלָּנוּ,] אֲנַחְנוּ וְצֶאֱצָאֵינוּ [וְצֶאֱצָאֵי צֶאֱצָאֵינוּ] וְצֶאֱצָאֵי עַמְּךָ בֵּית יִשְׂרָאֵל, כֻּלָּנוּ יוֹדְעֵי שְׁמֶךָ וְלוֹמְדֵי תוֹרָתֶךָ [לִשְׁמָהּ]. מֵאֹיְבַי תְּחַכְּמֵנִי מִצְוֺתֶךָ, כִּי לְעוֹלָם הִיא לִי. יְהִי לִבִּי תָמִים בְּחֻקֶּיךָ, לְמַעַן לֹא אֵבוֹשׁ. לְעוֹלָם לֹא אֶשְׁכַּח פִּקּוּדֶיךָ, כִּי בָם חִיִּיתָנִי. בָּרוּךְ אַתָּה יי, לַמְּדֵנִי חֻקֶּיךָ. אָמֵן אָמֵן אָמֵן, סֶלָה וָעֶד.

מוֹדִים *We express gratitude before You, Hashem, our God, and the God of our forefathers, that You have established our portion with those who dwell in the study hall, and have not established our portion with idlers. For we arise early and they arise early; we arise early for the words of Torah, while they arise early for idle words. We toil and they toil; we toil and receive reward, while they toil and do not receive reward. We run and they run; we run to the life of the World to Come, while they run to the well of destruction, as it is said: But You, O God, You will lower them into the well of destruction, men of bloodshed and deceit shall not live out half their days; and I will trust in You.[7]*

מוֹדִים אֲנַחְנוּ לְפָנֶיךָ יי אֱלֹהֵינוּ וֵאלֹהֵי אֲבוֹתֵינוּ, שֶׁשַּׂמְתָּ חֶלְקֵנוּ מִיּוֹשְׁבֵי בֵית הַמִּדְרָשׁ, וְלֹא שַׂמְתָּ חֶלְקֵנוּ מִיּוֹשְׁבֵי קְרָנוֹת. שֶׁאָנוּ מַשְׁכִּימִים וְהֵם מַשְׁכִּימִים, אָנוּ מַשְׁכִּימִים לְדִבְרֵי תוֹרָה, וְהֵם מַשְׁכִּימִים לִדְבָרִים בְּטֵלִים. אָנוּ עֲמֵלִים וְהֵם עֲמֵלִים, אָנוּ עֲמֵלִים וּמְקַבְּלִים שָׂכָר, וְהֵם עֲמֵלִים וְאֵינָם מְקַבְּלִים שָׂכָר. אָנוּ רָצִים וְהֵם רָצִים, אָנוּ רָצִים לְחַיֵּי הָעוֹלָם הַבָּא, וְהֵם רָצִים לִבְאֵר שַׁחַת, שֶׁנֶּאֱמַר: וְאַתָּה אֱלֹהִים, תּוֹרִדֵם לִבְאֵר שַׁחַת, אַנְשֵׁי דָמִים וּמִרְמָה לֹא יֶחֱצוּ יְמֵיהֶם, וַאֲנִי אֶבְטַח בָּךְ.

---

1. הַדְרָן עֲלָךְ – *We shall return to you* . . . We express the hope that we will review constantly what we have learned and that, in the merit of our desire to learn, the Torah itself will long to return to us, as it were. Thus, the word is derived from הָדַר, *to return.* This is in the spirit of the Talmudic dictum that תּוֹרָה מְחַזֶּרֶת עַל אַכְסַנְיָא שֶׁלָּהּ, *the Torah returns to its inn*, i.e., the place or people where it was made welcome (*Bava Metzia* 88a).

According to *Sefer HaChaim*, the term is derived from the word הָדָר, *glory.* Thus, whatever glory we have attained is due to the Torah, and we pray that the Torah shed its glory upon us.

2. חֲנִינָא בַּר פָּפָּא – *Chanina bar Pappa* . . . In the simple sense, Rav Pappa was a very wealthy man who, whenever he completed a tractate, used to make great celebrations to which he invited his ten sons, as well as many others. As a result, he brought glory to the Torah, which was reflected in the scholarly attainments of his sons. The nation, therefore, honors Rav Pappa and his family by mentioning them at every *siyum.* Furthermore, esoterically, Rav Pappa symbolizes Moses and the names of his sons symbolize the Ten Commandments (*Teshuvos HaRema; Yam Shel Shelomo, Bava Kamma,* end of ch. 7).

3. *Psalms* 119:98. 4. 119:80. 5. 119:93. 6. 119:12. 7. 55:24.

יְהִי רָצוֹן לְפָנֶיךָ יי אֱלֹהַי, כְּשֵׁם שֶׁעֲזַרְתַּנִי לְסַיֵּים מַסֶּכֶת תַּעֲנִית כֵּן תַּעַזְרֵנִי לְהַתְחִיל מַסֶּכְתּוֹת וּסְפָרִים אֲחֵרִים וּלְסַיְּמָם, לִלְמוֹד וּלְלַמֵּד לִשְׁמוֹר וְלַעֲשׂוֹת וּלְקַיֵּם אֶת כָּל דִּבְרֵי תַלְמוּד תּוֹרָתֶךָ בְּאַהֲבָה. וּזְכוּת כָּל הַתַּנָּאִים וַאֲמוֹרָאִים וְתַלְמִידֵי חֲכָמִים יַעֲמוֹד לִי וּלְזַרְעִי, שֶׁלֹּא תָמוּשׁ הַתּוֹרָה מִפִּי וּמִפִּי זַרְעִי וְזֶרַע זַרְעִי עַד עוֹלָם. וְתִתְקַיֶּם בִּי: בְּהִתְהַלֶּכְךָ תַּנְחֶה אֹתָךְ, בְּשָׁכְבְּךָ תִּשְׁמֹר עָלֶיךָ, וַהֲקִיצוֹתָ הִיא תְשִׂיחֶךָ. כִּי בִי יִרְבּוּ יָמֶיךָ, וְיוֹסִיפוּ לְךָ שְׁנוֹת חַיִּים. אֹרֶךְ יָמִים בִּימִינָהּ, בִּשְׂמֹאלָהּ עֹשֶׁר וְכָבוֹד. יי עֹז לְעַמּוֹ יִתֵּן, יי יְבָרֵךְ אֶת עַמּוֹ בַשָּׁלוֹם.

יְהִי רָצוֹן *May it be Your will, HASHEM, my God, that just as You have helped me complete Tractate Taanis, so may You help me to begin other tractates and books, and to complete them; to learn and to teach, to safeguard and to perform, and to fulfill all the words of Your Torah's teachings with love. May the merit of all the Tannaim, Amoraim, and Torah scholars stand by me and my children, that the Torah shall not depart from my mouth and from the mouth of my children and my children's children forever. May there be fulfilled for me the verse: When you walk, it (i.e., the Torah) will guide you; when you lie down, it will watch over you; and when you wake up, it will converse with you.*[8] *For because of me (i.e., the Torah), your days will increase, and years of life will be added to you.*[9] *Long days are in its right hand, and in its left hand are wealth and honor.*[10] *HASHEM will give might to His people, HASHEM will bless His people with peace.*[11]

If a *minyan* is present, the following version of the Rabbis' *Kaddish* is recited by one or more of those present. It may be recited even by one whose parents are still living.

יִתְגַּדַּל וְיִתְקַדַּשׁ שְׁמֵהּ רַבָּא. (.Cong – אָמֵן.) בְּעָלְמָא דִּי הוּא עָתִיד לְאִתְחַדָּתָא, וּלְאַחֲיָאָה מֵתַיָּא, וּלְאַסָּקָא יָתְהוֹן לְחַיֵּי עָלְמָא, וּלְמִבְנֵא קַרְתָּא דִּי יְרוּשְׁלֵם, וּלְשַׁכְלְלָא הֵיכְלֵהּ בְּגַוַּהּ, וּלְמֶעְקַר פָּלְחָנָא נֻכְרָאָה מִן אַרְעָא, וְלַאֲתָבָא פָּלְחָנָא דִי שְׁמַיָּא לְאַתְרֵהּ, וְיַמְלִיךְ קֻדְשָׁא בְּרִיךְ הוּא בְּמַלְכוּתֵהּ וִיקָרֵהּ, [וְיַצְמַח פֻּרְקָנֵהּ וִיקָרֵב מְשִׁיחֵהּ (.Cong – אָמֵן)] בְּחַיֵּיכוֹן וּבְיוֹמֵיכוֹן וּבְחַיֵּי דְכָל בֵּית יִשְׂרָאֵל, בַּעֲגָלָא וּבִזְמַן קָרִיב. וְאִמְרוּ: אָמֵן.

(.Cong – אָמֵן. יְהֵא שְׁמֵהּ רַבָּא מְבָרַךְ לְעָלַם וּלְעָלְמֵי עָלְמַיָּא.)

יְהֵא שְׁמֵהּ רַבָּא מְבָרַךְ לְעָלַם וּלְעָלְמֵי עָלְמַיָּא.

יִתְבָּרַךְ וְיִשְׁתַּבַּח וְיִתְפָּאַר וְיִתְרוֹמַם וְיִתְנַשֵּׂא וְיִתְהַדָּר וְיִתְעַלֶּה וְיִתְהַלָּל שְׁמֵהּ דְּקֻדְשָׁא בְּרִיךְ הוּא (.Cong – בְּרִיךְ הוּא) °לְעֵלָּא מִן כָּל (From Rosh Hashanah to Yom Kippur substitute – °לְעֵלָּא וּלְעֵלָּא מִכָּל) בִּרְכָתָא וְשִׁירָתָא תֻּשְׁבְּחָתָא וְנֶחֱמָתָא, דַּאֲמִירָן בְּעָלְמָא. וְאִמְרוּ: אָמֵן. (.Cong – אָמֵן.)

עַל יִשְׂרָאֵל וְעַל רַבָּנָן, וְעַל תַּלְמִידֵיהוֹן וְעַל כָּל תַּלְמִידֵי תַלְמִידֵיהוֹן, וְעַל כָּל מָאן דְּעָסְקִין בְּאוֹרַיְתָא, דִּי בְאַתְרָא הָדֵין וְדִי בְכָל אֲתַר וַאֲתַר. יְהֵא לְהוֹן וּלְכוֹן שְׁלָמָא רַבָּא, חִנָּא וְחִסְדָּא וְרַחֲמִין, וְחַיִּין אֲרִיכִין, וּמְזוֹנֵי רְוִיחֵי, וּפֻרְקָנָא מִן קֳדָם אֲבוּהוֹן דִּי בִשְׁמַיָּא [וְאַרְעָא]. וְאִמְרוּ: אָמֵן. (.Cong – אָמֵן.)

יְהֵא שְׁלָמָא רַבָּא מִן שְׁמַיָּא, וְחַיִּים [טוֹבִים] עָלֵינוּ וְעַל כָּל יִשְׂרָאֵל. וְאִמְרוּ: אָמֵן. (.Cong – אָמֵן.)

Take three steps back. Bow left and say . . . עֹשֶׂה; bow right and say . . . הוּא; bow forward and say וְעַל כָּל . . . אָמֵן. Remain standing in place for a few moments, then take three steps forward.

עֹשֶׂה שָׁלוֹם בִּמְרוֹמָיו, הוּא בְּרַחֲמָיו יַעֲשֶׂה שָׁלוֹם עָלֵינוּ, וְעַל כָּל יִשְׂרָאֵל. וְאִמְרוּ: אָמֵן. (.Cong – אָמֵן.)

יִתְגַּדַּל *May His great Name grow exalted and sanctified* (Cong. – *Amen*) *in the world that will be renewed and where He will resuscitate the dead and raise them up to eternal life, and rebuild the city of Jerusalem and complete His Temple within it, and uproot alien worship from the earth, and return the service of Heaven to its place, and may the Holy One, Blessed is He, reign in His sovereignty and splendor [and cause salvation to sprout and bring near His Messiah* (Cong. – *Amen*)*] in your lifetimes and in your days, and in the lifetimes of the entire House of Israel, swiftly and soon. Now respond: Amen.*

(Cong. – *Amen. May His great Name be blessed forever and ever.*)

May His great Name be blessed forever and ever.

Blessed, praised, glorified, exalted, extolled, mighty, upraised, and lauded be the Name of the Holy One, Blessed is He (Cong. – *Blessed is He*), (From Rosh Hashanah to Yom Kippur add: *exceedingly*) *beyond any blessing and song, praise, and consolation that are uttered in the world. Now respond: Amen.* (Cong. – *Amen.*)

Upon Israel, upon the teachers, upon their disciples and upon all of their disciples' disciples and upon all those who engage in the study of Torah, who are here or anywhere else; may they and you have abundant peace, grace, kindness, and mercy, long life, ample nourishment, and salvation, from before their Father Who is in Heaven [and on earth]. Now respond: Amen. (Cong. – *Amen.*)

May there be abundant peace from Heaven, and [good] life upon us and upon all Israel. Now respond: Amen. (Cong. – *Amen.*)

Take three steps back. Bow left and say, *'He Who makes peace . . .'*; bow right and say, *'may He . . .'*; bow forward and say, *'and upon all Israel . . . Amen.'* Remain standing in place for a few moments, then take three steps forward.

He Who makes peace in His heights, may He, in His compassion, make peace upon us, and upon all Israel. Now respond: Amen. (Cong. – *Amen.*)

8. *Proverbs* 6:22. 9. 9:11. 10. 3:16. 11. *Psalms* 29:11.

Glossary
Scriptural Index

Glossary

Adar – the twelfth month of the Hebrew calendar.

Adar Sheni – when it is deemed necessary for a leap year to be designated, an extra month is added. This thirteenth month is placed between **Adar** and **Nissan** and is called **Adar Sheni** (lit. the second *Adar*).

Aggadah – see **Aggadata.**

Aggadata – the homiletic teachings of the **Sages.**

Akeidah – the binding of Isaac, as related in *Genesis* ch. 22.

aliyah [pl. **aliyos**] – (a) the act of going to the Torah to read for the congregation or to read along with the official reader; (b) the individual portion read by the reader.

Amora [pl. **Amoraim**] – sage of the Gemara; cf. **Tanna.**

Aneinu – on fast days a special prayer beginning with the word *Aneinu* (answer us) is inserted in the **Shemoneh Esrei.** An individual inserts this prayer into the *Shema Koleinu* blessing. In the public repetition of the Shemoneh Esrei by the **shliach tzibbur,** *Aneinu* is a separate blessing, recited after the *Goel Israel* blessing.

Anshei Knesses HaGedolah – see **Men of the Great Assembly.**

Antechamber – a tall chamber leading to the **Sanctuary** in the **Beis HaMikdash.**

askera – a disease whereby the throat is constricted, causing difficulty in breathing.

Av – the fifth month of the Hebrew calendar.

Av Beis Din – Chief of the Court. This position was second in importance to the **Nasi** who served as head of the **Sanhedrin.**

av [pl. **avos**] **hatumah** – primary source of **tumah;** an object possessing a degree of *tumah* sufficient to contaminate a person or utensil. Usually *av hatumah* is one of the substances which are the original sources of *tumah,* such as *neveilah,* **metzora,** et al.

av [pl. **avos**] **melachah** – any of the thirty-nine labors forbidden on the Sabbath.

Baal – a (particular) heathen god.

Baitusim – heretical sect.

Baraisa [pl. **Baraisos**] – the statement(s) of Tannaim that were not included by Rebbi in the **Mishnah.** R' Chiya and R' Oshaya, the students of **Rebbi,** researched and reviewed the Baraisos and issued an authoritative edition of them, based on the teachings of Rebbi.

bas kol – a heavenly voice

beis av (pl. **batei avos**) – each **mishmar** that served in the Temple on a rotating basis for a week at a time was subdivided into seven *batei avos.* Each *beis av* served one day of the week of their *mishmar*. While the privilege of performing the service on a given day belonged to the *beis av* assigned to that day, all members of the *mishmar* were required to make themselves available in the event of an unusually heavy work load.

beis din – court, Rabbinical court.

beis hamidrash – a Torah study hall.

Beis HaMikdash – Holy Temple in Jerusalem in which the offerings were brought. The Temple edifice was comprised of (a) the **Antechamber;** (b) the **Holy** or *Heichal,* and (c) the **Holy of Holies.**

beis kor – 75,000 square *amos.* The area of land needed for planting a **kor** of barley seeds.

beis se'ah – 2,500 square *amos.* The area needed for sowing a **se'ah** of barley seeds.

bikkurim – first fruits; it is a Biblical obligation to bring the first fruits of one's crop to ripen to the Temple, and give them to the Kohen on duty. A brief ceremony is held and then these fruits are distributed among the Kohanim.

Bircas Kohanim – see **Priestly Blessing.**

bogeress – a girl who has attained the age of 12½ years.

Camp of Israel – one of the three subdivisions of the Israelite encampment in the desert.

Camp of the Leviim – one of the three subdivisions of the Israelite encampment in the desert.

Camp of the Shechinah – one of the three subdivisions of the Israelite encampment in the desert.

chagigah offering – the Festival peace offering that every adult Jewish male was required to bring on the first day of the festivals of **Pesach, Shavuos,** and **Succos.** It is one of the **offerings of lesser holiness,** specifically a type of **shelamim** offering.

Chamber of Hewn Stone – the area on the **Temple Mount** in Jerusalem where the **Great Sanhedrin** convened.

Chanukah – Festival of Lights. The holiday which commemorates the Maccabean victory over the Greeks.

chatas – sin offering (one of the **most holy offerings**).

chaver [pl. **chaverim**] – lit. colleague. *Chaver* is a technical term that applies to one who observes the laws of ritual purity. In everyday life it commonly connotes a Torah scholar who is stringent in his observance of mitzvos.

chazzan – (a) in Talmudic usage – the synagogue attendant, (b) the **shliach tzibbur.**

Chol HaMoed – the intermediary days of the festivals of **Pesach** and **Succos.** They have a partial **Yom Tov** status.

chumash [pl. **chumashim**] – lit. a fifth. The **Torah** (Pentateuch) is comprised of five books, each called a *chumash*.

Cuthites – a non-Jewish tribe brought by the Assyrians to settle the part of Eretz Yisrael left vacant by the exile of the Ten Tribes; their subsequent conversion to Judaism was considered questionable and their observance of many laws was lax.

daf – one *leaf* in the Gemara.

Deputy Kohen Gadol – he served as assistant to the **Kohen Gadol.** One of his functions was to replace the *Kohen Gadol* on Yom Kippur in the event that the latter becomes disqualified.

dinar – a silver coin having the denomination of six *ma'ah* or 192 **perutah.** Four dinar are the equivalent of one **sela.** See **zuz.**

Elul – the sixth month of the Hebrew calendar.

Eretz Yisrael – Land of Israel.

esrog – citron; one of the **four species**.

Exilarch – descendants of King Yechanyah (and thus King David) who lived in Babylonia and enjoyed a semi-royal status. They served as the political leaders of Babylonian Jewry. Several of the **Rashei Galusa** were Torah sages who made a noteworthy contribution to the development of the Talmud. The office of the Exilarch existed from the onset of the Babylonian exile almost until the twelfth century C.E.

four species – these consist of (1) **lulav** – palm branch, (2) hadasim – myrtle branches, (3) aravos – willow branches, (4) **esrog** – citron. We are commanded to hold these four species on the Festival of **Succos.**

Gaon [pl. **Geonim**] – (a) title accorded the heads of the academies in Sura and Pumbedisa, the two Babylonian seats of Jewish learning, from the late 6th to mid-11th centuries C.E.; they served as the link in the chain of Torah tradition that joined the **Rishonim** to the **Amoraim;** (b) later used to describe any brilliant Torah scholar.

gezeirah shavah – one of the thirteen Divinely ordained methods of hermeneutical exposition. If a similar word or phrase occurs in two otherwise unrelated passages in the Torah, the principle of *gezeirah shavah* teaches that these passages are linked to one another, and the laws of one passage are applied to the subject of the other. Only those words which are designated by the Oral tradition for this purpose may serve as a basis for a *gezeirah shavah.*

gifts to the poor – the Torah commands the owner of a field to allow the poor to take certain portions of his crop. These portions include: **leket, shich'chah, pe'ah, peret,** and **olelos.**

Great Hallel – *Psalm* 136. This is recited in celebration of a drought-breaking rainfall, and on various other occasions.

Great Sanhedrin – see **Sanhedrin.**

haftarah – the reading from the Prophets which follows the Torah reading on the Sabbath, festivals and fast days. It is so called because it concludes the public reading of the Scriptures.

hagashah – presentation to the Altar.

Hagiographa – the section of the Bible called *Kesuvim* – **Writings.**

Halachah L'Moshe MiSinai – laws taught orally to Moses at Sinai, which *cannot* be derived from the Written Torah.

halachah [pl. **halachos**] – (a) a Torah law; (b) [cap.] the body of Torah law; (c) in cases of dispute, the position accepted as definitive by the later authorities and followed in practice; (d) a **Halachah L'Moshe MiSinai.**

Hallel – a prayer is recited on **Pesach, Succos, Shavuos, Chanukah** and **Rosh Chodesh.** It consists of *Psalms* 113-118.

Hashem – lit. the Name; an expression used to refer to God without pronouncing His Ineffable Name.

Havdalah – (a) prayer inserted in the **Shemoneh Esrei** of the **Maariv** service that follows the conclusion of the Sabbath or Yom Tov to signify the differentiation between the Sabbath and the other days of the week; (b) ritual blessing recited over wine at the departure of the Sabbath or **Yom Tov.**

Heichal – see **Holy.**

Holy – anterior chamber of the **Temple** edifice containing the **Shulchan, Inner Altar** and **Menorah.**

Holy Ark – the Ark in which rested the Tablets of the Ten Commandments and the **Torah** Scroll written by Moses; it stood in the **Holy of Holies.**

Holy of Holies – interior chamber of the **Temple** edifice. During most of the First Temple era, it contained the **Holy Ark;** later it was empty of any utensil. Even the **Kohen Gadol** is prohibited from entering it except on Yom Kippur.

Holy Scriptures – comprised of three sections: 1) the **Pentateuch,** 2) the **Prophets,** 3) the **Writings.**

Inner Altar – the gold-plated Altar which stands in the **Sanctuary.** It is used for the daily incense service, and for the blood applications of **inner chataos.**

Intermediate Days of the Festival – see **Chol HaMoed.**

Iyar – the second month of the Hebrew calendar.

Kabbalah – (a) term used throughout the Talmud to refer to the books of the Prophets. It derivesfrom the Aramaic root – to complain or cry out. It thus refers primarily to the admonitory passages of these books. (b) Receiving the blood of a sacrificial animal that is slaughtered; one of the four blood *avodos.*

kal vachomer – an a fortiori argument. One of the thirteen principles of hermeneutics by which the Torah is expounded. It involves the following reasoning: If a particular stringency applies in a usually lenient case, it must certainly apply in a more serious case (and vice versa).

Kallah – (a) one of the minor tractates; (b) a great assembly of Torah scholars which convened before the **Pesach** and **Succos** holidays.

kares – Divinely imposed premature death decreed by the Torah for certain classifications of transgression.

kav – a Mishnaic measure of volume equal to four **lugin.**

kemitzah – the first of the four essential services of a **minchah** offering. The **Kohen** holds his hand open, puts it vertically into the vessel containing the *minchah,* bends his three middle fingers against his palm, turns his hand upward and lifts it out of the vessel. He now holds the **kometz,** which is the only part of the *minchah* that is offered on the Altar.

Kesuvim – see **Writings.**

kezayis – an olive's volume; (a) the minimum volume of forbidden food for which one is liable to punishment; (b) the minimum volume of food with which one fulfills a positive commandment that involves eating.

kikar – a talent of silver equal to 6,000 **dinars** of silver.

Kislev – the ninth month of the Hebrew calendar.

kodashim kalim – offerings of lesser holiness (one of the two classifications of sacrificial offerings); they include the *todah, nazir's* ram, *bechor, maaser, pesach* and personal *shelamim* offerings.

kodshei kodashim – most-holy offerings (one of the two classifications of sacrificial offerings); they include the *chatas, olah, asham,* and communal *shelamim* offerings. This category of offerings is subject to greater stringencies than **kodashim kalim.**

Kohen Anointed for Battle – before Jewish troops are sent into battle, they are addressed by a specially designated Kohen. He fortifies them with the words of encouragement found in *Deuteronomy* 20:3,4.

Kohen Gadol – High Priest

Kohen [pl. **Kohanim**] – a member of the priestly family descended in the male line from Aaron. The **Kohen** is accorded the special priestly duties and privileges associated with the **Temple** service and is bound by special laws of sanctity decreed by the Torah.

kometz – see **kemitzah.**

kor – the equivalent of thirty **se'ah.**

Krias Shema – the following three sections of the Torah – *Deut.* 6:4-9, *Deut.* 11:13-20, *Num.* 15:37-41 – are collectively known as *Krias Shema.* They are recited twice daily, in the morning and evening prayers.

lashon hara – lit. evil speech, the term used for disparaging statements (defamatory speech) made about another. *Lashon hara* is forbidden by Biblical law.

laws of mourning – these laws must be observed upon the death of a parent, child, spouse or sibling. For most relatives, the laws apply at two distinct periods of time and diminish in severity. The first and stricter period is **shivah,** the initial seven-day period; the second extends from **shivah's** conclusion to the end of **sheloshim** (thirty days). For children mourning their parents there is a third mourning period, extending to the end of a full year.

leket – one of the **gifts to the poor.** It consists of one or two stalks that fell during the harvest.

Levi [pl. **Leviim**] – descendant of the tribe of Levi, sanctified for tasks in the Temple. Among their functions was to provide musical accompaniment for the **tamid** offerings. Leviim were the recipients of **maaser rishon.**

litra – (a) a liquid measure equal to a **log;** (b) a weight measure equal to a **maneh** or 100 **dinar.**

log [pl. **luggin**] – a liquid measure that equals the volume of six eggs.

lulav – the branch of a date palm tree. See **four species.**

ma'ah – the smallest silver unit in Talmudic coinage. Thirty-two **perutah** equal one **ma'ah** and six *ma'ah* equal a silver **dinar.**

maamad [**pl. maamados**] – stations. The entire nation is theoretically obligated to be present when the **tamid** is offered. In order to fulfill this requirement, the early prophets established the practice of selecting worthy Yisraelim and dividing them into twenty-four groups, known as *maamados* (corresponding to the twenty-four **mishmaros** of Kohanim and Leviim). Each group (*maamad*) served a week at a time on a rotating basis. When its turn came, some members of the *maamad* stood by the offering in the Temple, acting as emissaries for the people and prayed for Divine acceptance of the offering. The other members of that *maamad* gathered in their local towns and fasted, prayed and read certain Torah portions.

Maariv – the evening prayer service.

maaser [pl. **maaseros**] – tithe(s). Every year (other than **shemittah**), one must separate two tithes from one's produce. The first tithe (*maasar rishon*) is given to the **Leviim.** The second tithe (*maaser sheni*) is taken to Jerusalem and consumed there in the first, second, fourth and fifth years of the *shemittah* cycle; it is donated to the poor (*maaser ani*) in the third and sixth years.

maftir – (a) the concluding portion of the Torah reading. It is followed by the **haftarah.** (b) The person who has been designated to read the *haftarah.*

Malchiyos – lit. kingship. One of the three sections added to the **Mussaf** of **Rosh Hashanah.**

malkosh – the late rain that descends at the end the season.

mamzer – (a) offspring of certain illicit relationships punishable by **kares** or capital punishment; (b) offspring of a *mamzer* or **mamzeress.**

mamzeress – fem. **mamzer.**

maneh – (a) a large denomination of money, equivalent to 100 **zuz;** (b) a measure of weight, equal to 17 ounces.

manna – the miraculous food from Heaven, which was eaten by the Jews during their forty years sojourn in the wilderness before entering **Eretz Yisrael.**

Marcheshvan – the eighth month of the Hebrew calendar.

mashiv haruach u'morid hageshem – lit. He makes the wind blow and He makes the rain fall. The formula is inserted during the winter in the second blessing of the Shemoneh Esrei. It is not a request for rain, but a mention of God's rain-giving power (see **Powers of Rain**).

meal offerings – see **minchah.**

Megillas Taanis – lit. the Scroll of Fasts. A document recorded by Chananyah ben Chizkiah and his colleagues during the period of the Second Temple. All the other **Baraisos** were originally transmitted orally. However, Megillas Taanis was written down during the Mishnaic era so as to preserve the memory of those miracles which occurred for the Jewish people during the second commonwealth era. These days were celebrated as minor holidays on which fasting and often eulogizing were prohibited. With the exception of Chanukah and Purim; these holidays were abolished after the destruction of the Second Temple.

melachah – lit. work – see **av melachah.**

Men of the Great Assembly – a group of 120 sages active at the end of the Babylonian exile and during the early years of the Second Temple. They were responsible for the formulation of our prayers, the institution of Purim and many other enactments.

menachos – see **minchah.**

menorah – (a) [cap.] the seven branched gold candelabrum which stood in the **Holy;** (b) a lamp of eight flames used on Chanukah.

meturgeman – lit. translator. It was customary to employ someone to translate the Torah and prophet readings into Aramaic. The *meturgeman* also repeated the Rabbi's lecture. The translation was presented in Aramaic – the language spoken by the Jews at that time.

metzora [pl. **metzoraim**] – a person afflicted with any of a number of skin conditions (called **tzaraas**) described in *Lev.* ch. 13. He is thereby rendered **tamei,** and upon healing must undergo the purification process outlined in *Lev.* ch. 14 and bring offerings.

mikveh – ritualarium. A body of standing water containing at least forty **se'ah.** It is used to cleanse (by immersion) people and utensils of their **tumah** contamination. The waters of a *mikveh* must collect naturally without direct human intervention. Therefore, water which has been drawn with a vessel is not valid for forming a *mikveh*.

mil – equal to 2,000 **amos;** in modern equivalents opinions range between 3,000 and 4,000 feet.

minchah – (a) [cap.] the afternoon prayer service; (b) [pl. **menachos**] a flour-offering, generally consisting of fine wheat flour, oil and frankincense burnt on the **Altar.**

minchah gedolah – *the greater Minchah,* the earliest time to pray the Minchah service, beginning six and one-half hours after sunrise and extends until *minchah ketanah.*

minchah ketanah – *the small Minchah,* commences nine and one-half hours after sunrise and extends until sunset.

minyan – quorum of ten adult Jewish males necessary for the communal prayer service and other matters.

Mishkan – see **Tabernacle.**

mishmar [pl. **mishmaros**] – lit. watches. (a) The twenty-four watches of the **Kohanim** and **Leviim.** A watch consisted of a family of Kohanim or Leviim, according to a grouping determined at the beginning of the Second Temple era. Each watch served for a week at a time at the Temple service according to a prearranged rotation. (b) The week to which a watch is assigned.

Mishnah [pl. **Mishnayos**] – (a) the organized teachings of the Tannaim compiled by R' Yehudah HaNasi; (b) a paragraph of that work.

mitzvah – [pl. **mitzvos**] (a) Biblical or Rabbinic precept; (b) good deed.

Moed – (a) lit. appointed season. The term used for a festival and also **Rosh Chodesh.** (b) The second of the six *Sedarim* (Orders) which comprise the Mishnah.

morid hageshem – see **mashiv haruach u'morid hageshem.**

most-holy offerings – see **kodshei kodashim**

muad – lit. forewarned. This term designates an ox that gores habitually. The owner of an ox is liable to pay for half the damages the first three times it inflicts injury. Afterward the ox is a *muad* and the owner is considered to be on notice that his animal is dangerous, and he is required to pay any further damages in full.

mussaf – (a) offerings brought to mark the Sabbath and other special occasions; (b) [cap.] the prayer service which is recited in lieu of these offerings.

na'arah – a girl between the ages of 12 and 12½ who has sprouted at least two pubic hairs. This marks her coming of age as an adult.

Nasi – the prince. He served as the head of the **Sanhedrin** and de facto as the spiritual leader of the people. This position came into being during the Second Temple Era.

nazir – a person who has bound himself with a vow not to drink wine or eat grapes, cut his hair, or contaminate himself with corpse **tumah.** The period of **nezirus** is concluded by bringing three offerings.

Ne'ilah – an extra prayer service recited at the end of the day on Yom Kippur and, in Talmudic times, on the fast days decreed in the event of calamities that befell the community.

neder – restrictive vow.

Neviim – see **Prophets**

Nezikin – the fourth of the six *sedarim* (orders) which comprise the Mishnah.

nezirus – the state of being a **nazir.**

niddah – a woman who has menstruated. She is **tamei** and is forbidden to have marital relations until she has completed a purification process.

Nissan – the first month of the Hebrew calendar.

obligatory offering – 1) communal offerings such as the daily *tamid* offerings and the additional *mussaf* offerings for Rosh Chodesh on the festivals; 2) personal offerings such as *chatas, asham,* some *olos,* and the *pesach* offering.

offerings of lesser holiness – see **kodashim kalim**

ohol – a type of plant substance used in laundering.

olah – burnt or elevation offering; an offering which is consumed in its entirety by the Altar fire. It is a one of the **most-holy offerings.**

oleilos – one of the **gifts to the poor.** It consists of deformed clusters of grapes.

omer – the barley **minchah** offering. A measure of barley flour from the new crop is offered on the sixteenth of Nissan. A portion of it is burnt on the **Altar,** and the remainder is eaten by the **Kohanim.** The new crop may not be eaten until the *omer* is offered.

parsah – one *parsah* equals four *mil*, approximately 12,000-16,000 feet (2.3-2.9 miles).

pe'ah – one of the **gifts to the poor.** It consists of the crop in one corner of the field that must be left unharvested.

peace offering – see **shelamim.**

peret – one of the **gifts to the poor.** It consists of grapes that fell during the harvest.

perutah – the smallest coin used in Talmudic times. In most cases its value is the minimum that is legally significant and thus anything of lesser value cannot effect the transfer of ownership.

Pesach – Passover. The **Yom Tov** that celebrates the exodus of the Jewish nation from Egypt.

pilgrimage – a title designated for the holidays of **Pesach, Shavuos** and **Succos,** when all Jewish males were obligated to appear at the **Beis HaMikdash** in Jerusalem.

piryah verivyah – the mitzvah to be fruitful and multiply. It is incumbent upon males and is fulfilled when one has fathered a boy and a girl.

plag haminchah – one hour and a quarter before night.

ploni – a term denoting an unidentified individual.

Poskim – authoritative decisors of Torah law.

Powers of Rain – God's rain-giving power; the prayer **morid hageshem** (inserted during the winter, in the second blessing of the **Shemoneh Esrei**) is often referred to as "the mention of the *Powers of Rain.*"

Priestly Blessing – the blessing the **Kohanim** are obligated to confer upon the congregation. It contains the Scriptural verses designated for the blessing in the Torah (*Numbers* 6:24-26), and is recited aloud by the Kohanim, while they keep their hands raised, toward the conclusion of the **Shemoneh Esrei.** The rite is also known as *Nesias Kapayim,* **Raising of the Hands.**

Prophets – the second part of the Bible, containing the books of Joshua, Judges, Samuel (I and II), Kings (I and II), Isaiah, Jeremiah, Ezekiel, and the book of *Trei Assar* containing the twelve minor prophets.

R' – Rabbi; specifically a **Tanna,** or **Amora** of **Eretz Yisrael**.

Rabbis – see **Sages.**

Raising of the Hands – see **Priestly Blessing**.

Rebbi – R' Yehudah HaNasi, prince or president of the Supreme **Sanhedrin.** He was the redactor of the **Mishnah.**

Reish Galusa – see **Exilarch.**

reviah – the **yoreh** consists of a series of three rainfalls, each of which is called a *reviah*.

reviis – lit. a quarter [of a **log**]; opinions regarding the modern equivalents range between 3 and 5.5 fluid oz.

Rosh Chodesh – (a) the first day of the Jewish month; (b) festival celebrating this event.

Rosh Hashanah – the New Year.

rosh hayeshivah – head of the yeshivah.

Ruach HaKodesh – lit. Divine spirit. The Divine influence through which an individual becomes aware of future events or through which his actions are guided along a particular path.

Sabbatical year – see **shemittah.**

Sadducees – heretical sect during the Second Temple era named after Tzaddok, a disciple of Antignos of Socho. They denied the validity of the Oral Law and refused to accept the Sages' interpretation of the **Torah.**

Sages – (a) the collective body of Torah authorities in the Mishnaic era; (b) the anonymous majority opinion in a Mishnah or Baraisa; (c) [l.c.] Torah scholars and authorities.

Sanctuary – main Temple building, which housed the **Inner (Golden) Altar** for incense, the **Shulchan** and the **Menorah,** and in whose rear was the **Holy of Holies** containing the **Holy Ark.**

Sanhedrin – (a) the High Court of Israel; the supreme court consisting of seventy-one judges, whose decisions on questions of Torah law were definitive and binding on all courts; (b) a lesser High Court of twenty-three judges authorized to inflict capital and corporal punishment.

se'ah – a Mishnaic measure of volume; 6 **kav.**

sela – a silver coin having the weight of 384 barley-corns. This is the equivalent of four **dinars.**

Selichos – penitential prayers recited before Rosh Hashanah, the period between Rosh Hashanah and Yom Kippur, fast days and other occasions.

semichah – (a) rabbinical ordination empowering one to serve as a judge; (b) a rite performed for almost all personal offerings. The owner of the offering places both his hands on the animal's head and leans his weight against it. In the case of any kind of sin offering, he makes his confession during *semichah.* In the case of a *shelamim* or *todah* offering, he recites psalms and words of praise and thanks to God.

seudah hamafsekes – the concluding meal. The final meal before the onset of the fast.

Seventeenth of Tammuz – a fast day. Among the tragedies that occurred on this day were: (a) Moses descended from Mt. Sinai and smashed the tablets of the Ten Commandments when he saw the people worshipping the Golden Calf. (b) Jerusalem's walls were breached by the invading Roman army three weeks before the final destruction of the Second Temple (on Tishah B'Av).

Shabbos – the Sabbath.

Shacharis – the morning prayer service.

shaos zemaniyos – pro-rated hours. According to this reckoning the day (or night) – regardless of its length – is divided into twelve equal units (hours).

Shavuos – Pentecost. The festival that celebrates the giving of the Torah to the Jewish nation on Mount Sinai.

Shechinah – Divine Presence.

shechitah – ritual slaughter.

shekel – a Scriptural coin equivalent to the Aramaic **sela** or four **dinar.** In Mishnaic terminology the Scriptural half-**shekel** is called a **shekel,** and the Scriptural **shekel** is called by its Aramaic name, **sela.**

shelamim – peace-offering; an **offering of lesser holiness,** generally brought by an individual on a voluntary basis.

Shemini Atzeres – the eighth and concluding day of the **Succos** celebration. It is a **Yom Tov** in its own right.

shemittah – the Sabbatical year, occurring every seventh year, during which the Land of Israel may not be cultivated. Various restrictions also apply to any produce that grows wild.

Shemoneh Esrei – (lit. eighteen) the prayer that is the main feature of the daily prayer services.

sheretz – one of the eight small creatures listed in *Leviticus* 11:29-30, whose carcasses convey **tumah** by contact.

Shevat – the eleventh month of the Hebrew calendar.

sheviis – see **shemittah.**

shich'chah – one of the **gifts to the poor.** It consists of sheaves that were forgotten in the field.

shivah – see **laws of mourning.**

shliach tzibbur – lit. messenger of the congregation. The individual leading the prayer service.

shloshim – see **laws of mourning.**

shofar – the hollow horn, generally of a ram, that is sounded on **Rosh Hashanah.** It is also sounded on the last seven fast days declared for rain.

shofaros – (a) plural of **shofar;** (b) [cap.] one of the three sections added to the **Mussaf** of **Rosh Hashanah** and certain fast days.

Shulchan – lit. table; the golden Table for the *lechem hapanim,* located in the **Holy.**

sin offering – see **chatas.**

Sivan – the third month of the Hebrew calendar.

Succos – one of the three **pilgrimage festivals.**

Tabernacle – a portable **Sanctuary** for the sacrificial service during the forty years of national wandering in the wilderness.

Tabernacle of Testimony – see **Tabernacle.**

tachanun – the special supplication recited in a prostrate or semi-prostrate position immediately after the daily morning and afternoon **Shemoneh Esrei.**

taharah – a halachically defined state of ritual or spiritual purity; the absence of **tumah** contamination.

tahor – a person or object in a state of **taharah.**

tamei – a person or object that has been contaminated by **tumah.**

tamid – an obligatory communal offering. It was offered in the **Temple** twice daily – once in the morning and once after the conclusion of the Temple services (always before nightfall). It consisted of a lamb in its first year.

Tammuz – the fourth month of the Hebrew calendar.

Tanna Kamma – the anonymous first opinion of a **Mishnah**; it generally reflects the majority view.

Tanna [pl. **Tannaim**] – (a) a sage quoted in the **Mishnah** or in other works of that period (e.g. **Baraisa**); (b) a teacher of **Baraisos** in the Amoraic period.

Targum – lit. translation. The Aramaic interpretive translation of Scripture.

techeiles – wool dyed with the blood of the *chilazon*, an aquatic creature. **Tzitzis** are supposed to contain a thread of *techeiles.*

tefach [pl. **tefachim**] – handbreadth; a measure of length equal to the width of four thumbs.

tefillah – (a) prayer; (b) in Talmudic usage, tefillah invariably refers to **Shemoneh Esrei.**

tekiah (pl. **tekios**) – shofar sound. A long unbroken sound.

Temple – see **Beis HaMikdash.**

Temple Mount – the site of the Holy Temple, see **Beis HaMikdash.**

Ten Days of Penitence or Repentance – the ten-day period that begins with Rosh Hashanah and ends with Yom Kippur.

Tent of Meeting – *Ohel Moed;* see **Tabernacle.**

teruah [pl. **teruos**] – **shofar** sound. A series of short staccato sounds.

terumah [pl. **terumos**] – the first portion of the crop, which must be separated and given to a **Kohen,** usually between $^1/_{40}$ and $^1/_{60}$ of the total crop. Upon separation it attains a state of sanctity, which prohibits it from being eaten by a non-Kohen or by a **Kohen** in a state of **tumah.**

Teves – the tenth month of the Hebrew calendar.

the Festival – term used to denote **Succos** or the combination of the festivals of Succos and **Shemini Atzeres.**

Tishah B'Av – lit. the Ninth of Av; the fast day that commemorates the destruction of the First and Second Temples and other national tragedies.

Tishrei – the seventh month of the Hebrew calendar.

Torah – the five books of Moses; the **Chumash** or **Pentateuch.**

tumah – a legally defined state of contamination [or impurity] inherent in certain people (e.g. a **niddah**) or objects (e.g. a corpse). Under specific conditions this contamination can be transmitted to other people or objects, with the degree of *tumah* generally declining with each transmission. Those in a state of *tumah* are restricted from contact and specified forms of interaction with sanctified or holy objects, by a body of intricate and complex laws.

tzaddik – righteous person.

tzaraas – (a) various skin afflictions listed in *Lev.* ch.13; (b) a discoloration on the walls of a house that causes the house to become **tamei** (see ibid. 14:33-53). *Tzaraas* is often, though erroneously, described as leprosy. The individual inflicted with *tzaraas* is known as **metzora.**

tzitzis – fringes placed on four-cornered garments. This is a Biblical obligation.

Urim v'Tumim – a parchment with the Name of God written on it. It was inserted into the breastplate of the **Kohen Gadol,** causing the letters engraved on the precious stones of the breastplate to light up with God's answer to the queries placed to it.

voluntary offering – an offering which is vowed or donated by the donor. Voluntary offerings can be either **olah** or **shelamim** offerings.

v'sein tal umatar livrachah – lit. and give rain and dew for blessing. The formula inserted, during the winter, in the ninth blessing of the Shemoneh Esrei. It is known as the "request for rain."

water-libation service – on each of the seven days of **Succos,** water was ceremoniously poured on the Altar in the **Temple.** The purpose of this was to entreat God for a favorable judgment concerning the rainfall for the coming year. This water libation was poured simultaneously with the **wine libation** appended to the **tamid** sacrifice of the morning.

wine libations – a specific quantity of wine poured on the Altar.

wood festival – at nine times in the year, certain families (listed in the Mishnah on 26a) donated wood for use on the **Altar** in the **Temple.** Each family celebrated their day as a festival (see **wood offering**).

wood offering – certain families had the privilege to provide wood for the **Altar** annually on a specific day. On that day they brought an offering known as a *wood offering.*

Writings – the third part of the Bible, consisting of the following books: 1. *Psalms*, 2. *Proverbs,* 3. *Job,* 4. *Song of Songs,* 5. *Ruth,* 6. *Lamentations,* 7. *Ecclesiastes,* 8. *Esther,* 9. *Daniel* 10. *Ezra-Nehemiah,* 11. *Chronicles.*

Yisraelim – all members of the Jewish nation excluding **Kohanim** and **Leviim.**

Yom Kippur – Day of Atonement. A day of prayer, penitence and fasting.

Yom Tov [pl. **Yomim Tovim**] – holiday. Specifically **Pesach, Shavuos, Succos, Shemini Atzeres, Rosh Hashanah** and **Yom Kippur.**

yoreh – the early rain; a series of three rainfalls that descend at the beginning of the rainy season.

Yovel – the Jubilee year; the fiftieth year; the year which follows the conclusion of a set of seven **shemittah** cycles. On **Yom Kippur** of that year the **shofar** is sounded to proclaim freedom for Jewish servants and to signal the return of any field sold during the previous forty-nine years to its original owner. The mitzvah of *Yovel* applies only when the majority of Jews are settled in Eretz Yisrael.

zav [pl. **zavim**] – a man who has become **tamei** because of a specific type of seminal emission. If three emissions were experienced during a three-day period, the man must bring offerings upon his purification.

Zeraim – the first of the six *sedarim* (orders) which comprise the Mishnah.

Zichronos – lit. remembrances. One of the three sections added to the **Mussaf** of **Rosh Hashanah** and certain fasts.

zuz – (a) a monetary unit equal to a **dinar;** (b) a coin of that value; (c) the weight of a *zuz* coin.

Scriptural Index

Proverbs – משלי

Job – איוב

Song of Songs – שיר השירים

Lamentations – איכה

Ecclesiastes – קהלת

Daniel – דניאל

Ezra – עזרא

Nehemiah – נחמיה

I Chronicles – דברי הימים א׳

II Chronicles – דברי הימים ב׳

TALMUD BAVLI תלמוד בבלי